Ami lecteur

Cette 88e édition du Guide Michelin France propose une sélection actualisée d'hôtels et de restaurants.

Réalisée en toute indépendance par nos Inspecteurs, elle offre au voyageur de passage un large choix d'adresses à tous les niveaux de confort et de prix.

Toujours soucieux d'apporter à nos lecteurs l'information la plus récente, nous avons mis à jour cette édition avec le plus grand soin.

C'est pourquoi, seul le Guide de l'année en cours mérite votre confiance.

Merci de vos commentaires toujours appréciés.

Bon voyage avec Michelin _____

Sommaire

Le choix d'un hôtel, d'un restaurant

Ce guide vous propose une sélection d'hôtels et restaurants établie à l'usage de l'automobiliste de passage. Les établissements, classés selon leur confort, sont cités par ordre de préférence dans chaque catégorie.

Catégories

🏨	XXXXX	*Grand luxe et tradition*
🏨	XXXX	*Grand confort*
🏨	XXX	*Très confortable*
🏨	XX	*De bon confort*
🏨	X	*Assez confortable*
🏖		*Simple mais convenable*
M		*Dans sa catégorie, hôtel d'équipement moderne*
sans rest.		*L'hôtel n'a pas de restaurant*
	avec ch.	*Le restaurant possède des chambres*

Agrément et tranquillité

Certains établissements se distinguent dans le guide par les symboles rouges indiqués ci-après.
Le séjour dans ces hôtels se révèle particulièrement agréable ou reposant.
Cela peut tenir d'une part au caractère de l'édifice, au décor original, au site, à l'accueil et aux services qui sont proposés, d'autre part à la tranquillité des lieux.

🏨 à 🏠	*Hôtels agréables*
XXXXX à X	*Restaurants agréables*
« Parc fleuri »	*Élément particulièrement agréable*
🖐	*Hôtel très tranquille ou isolé et tranquille*
🖐	*Hôtel tranquille*
⩽ mer	*Vue exceptionnelle*
⩽	*Vue intéressante ou étendue.*

Les localités possédant des établissements agréables ou très tranquilles sont repérées sur les cartes pages 30 à 37.
Consultez-les pour la préparation de vos voyages et donnez-nous vos appréciations à votre retour, vous faciliterez ainsi nos enquêtes.

L'installation

Les chambres des hôtels que nous recommandons possèdent, en général, des installations sanitaires complètes. Il est toutefois possible que dans les catégories 🏠, 🏠 et ☆, certaines chambres en soient dépourvues.

30 ch	Nombre de chambres
🛗	Ascenseur
▤	Air conditionné (dans tout ou partie de l'établissement)
TV	Télévision dans la chambre
⇖	Chambres réservées aux non-fumeurs
☎	Téléphone dans la chambre, direct avec l'extérieur
📞	Prise Modem-Minitel dans la chambre
♿	Chambres accessibles aux handicapés physiques
☂	Repas servis au jardin ou en terrasse
🏋	Salle de remise en forme
⚊ ⚊	Piscine : de plein air ou couverte
⚊ ⚊	Plage aménagée – Jardin de repos
⚞	Tennis à l'hôtel
🚣 25 à 150	Salles de conférences : capacité des salles
🚗	Garage dans l'hôtel (généralement payant)
P	Parking réservé à la clientèle
P	Parking clos réservé à la clientèle
⚠	Accès interdit aux chiens (dans tout ou partie de l'établissement)
Fax	Transmission de documents par télécopie
mai-oct.	Période d'ouverture, communiquée par l'hôtelier
sais.	Ouverture probable en saison mais dates non précisées. En l'absence de mention, l'établissement est ouvert toute l'année.

La table

Les étoiles

*Certains établissements méritent d'être signalés
à votre attention pour la qualité de leur cuisine.
Nous les distinguons par les étoiles de bonne table.*

*Nous indiquons, pour ces établissements,
trois spécialités culinaires et des vins locaux
qui pourront orienter votre choix.*

✿✿✿
18
Une des meilleures tables, vaut le voyage
*On y mange toujours très bien, parfois merveilleusement,
grands vins, service impeccable, cadre élégant...
Prix en conséquence.*

✿✿
74
Table excellente, mérite un détour
*Spécialités et vins de choix...
Attendez-vous à une dépense en rapport.*

✿
423
Une très bonne table dans sa catégorie
*L'étoile marque une bonne étape sur votre itinéraire.
Mais ne comparez pas l'étoile d'un établissement
de luxe à prix élevés avec celle d'une petite maison où,
à prix raisonnables,
on sert également une cuisine de qualité.*

Repas soignés à prix modérés

🍴
*Vous souhaitez parfois trouver des tables
plus simples, à prix modérés ; c'est pourquoi
nous avons sélectionné des restaurants proposant,
pour un rapport qualité-prix particulièrement
favorable, un repas soigné, souvent de type régional.
Ces restaurants sont signalés par 🍴 et* Repas
Ex. Repas 100/130.

*Consultez les cartes des localités (étoiles de bonne table
et 🍴* Repas *) pages 38 à 45.*

Voir aussi 🔖 *page suivante*

Les vins et les mets : voir p. 28 et 29

Les prix

Les prix indiqués dans ce guide ont été établis
en automne 1996 et s'appliquent à **la haute saison.**
Ils sont susceptibles de modifications, notamment
en cas de variations des prix des biens et services.
Ils s'entendent taxes et services compris.
Aucune majoration ne doit figurer sur votre note,
sauf éventuellement la taxe de séjour.

Les hôtels et restaurants figurent en gros caractères
lorsque les hôteliers nous ont donné tous leurs prix
et se sont engagés, sous leur propre responsabilité,
à les appliquer aux touristes de passage
porteurs de notre guide.

Hors saison, certains établissements proposent
des conditions avantageuses, renseignez-vous
lors de votre réservation.

Entrez à l'hôtel le guide à la main, vous montrerez
ainsi qu'il vous conduit là en confiance.

Repas

enf. 60	Prix du menu pour enfants
☙	Établissement proposant un menu simple
	à **moins de 85 F**

Menus à prix fixe :

Repas 90 (déj.)	90 (déj.) servi au déjeuner uniquement
110/150	minimum 110, maximum 150
100/150	Menu à prix fixe minimum 100 non servi les fins de semaine et jours fériés
bc	Boisson comprise
🍶	Vin de table en carafe

Repas à la carte :

Repas carte	Le premier prix correspond à un repas normal
140 à 310	comprenant : hors-d'œuvre, plat garni et dessert. Le 2ᵉ prix concerne un repas plus complet (avec spécialité) comprenant : deux plats, fromage et dessert (boisson non comprise).

Chambres

ch 190/380   *Prix minimum* 190 *pour une chambre*
d'une personne et prix maximum 380
pour une chambre de deux personnes

29 ch ☕ 210/450   *Prix des chambres petit déjeuner compris*

☕ 35   *Prix du petit déjeuner (généralement servi*
dans la chambre)

Demi-pension

1/2 P 220/350   *Prix minimum et maximum de la demi-pension*
(chambre, petit déjeuner et un repas) par personne
et par jour, en saison ; ces prix s'entendent pour
une chambre double occupée par deux personnes,
pour un séjour de trois jours minimum.
Une personne seule occupant une chambre double
se voit parfois appliquer une majoration.
La plupart des hôtels saisonniers pratiquent
également, sur demande, la pension complète.
Dans tous les cas, il est indispensable de s'entendre
par avance avec l'hôtelier pour conclure
un arrangement définitif.

Les arrhes

Certains hôteliers demandent le versement d'arrhes.
Il s'agit d'un dépôt-garantie qui engage l'hôtelier
comme le client.
Bien faire préciser les dispositions de cette garantie.
Demandez à l'hôtelier de vous fournir
dans sa lettre d'accord toutes précisions utiles
sur la réservation et les conditions de séjour.

Cartes de crédit

AE ⓪ GB JCB   *Cartes de crédit acceptées par l'établissement :*
American Express. Diners Club. Carte Bancaire
(Visa, Eurocard, MasterCard). Japan Credit Bureau

Les villes

63300	Numéro de code postal de la localité (les deux premiers chiffres correspondent au numéro du département)
✉ 57130 Ars	Numéro de code postal et nom de la commune de destination
P ◁SP▷	Préfecture – Sous-préfecture
🗟🗟 ⑤	Numéro de la Carte Michelin et numéro du pli
G. Jura	Voir le Guide Vert Michelin Jura
1 057 h.	Population
alt. 75	Altitude de la localité
Stat. therm.	Station thermale
1 200/1 900	Altitude de la station et altitude maximum atteinte par les remontées mécaniques
2 ⛷	Nombre de téléphériques ou télécabines
14 ⛷	Nombre de remonte-pentes et télésièges
⛷	Ski de fond
BY **B**	Lettres repérant un emplacement sur le plan
▶₁₈	Golf et nombre de trous
☀ ⪵	Panorama, point de vue
✈	Aéroport
🚗	Localité desservie par train-auto. Renseignements au numéro de téléphone indiqué
⛴	Transports maritimes
⛴	Transports maritimes pour passagers seulement
🛈 A.C.	Information touristique – Automobile Club

Les curiosités

Intérêt

★★★	Vaut le voyage
★★	Mérite un détour
★	Intéressant
	Les musées sont généralement fermés le mardi

Situation

Voir	Dans la ville
Env.	Aux environs de la ville
N, S, E, O	La curiosité est située : au Nord, au Sud, à l'Est, à l'Ouest
② ④	On s'y rend par la sortie ② ou ④ repérée par le même signe sur le plan du Guide et sur la carte
2 km	Distance en kilomètres

La voiture, les pneus

Garagistes, réparateurs, fournisseurs de pneus Michelin ____

RENAULT — *Concessionnaire (ou succursale) de la marque Renault.*

PEUGEOT — *Agent de la marque Peugeot.*

Gar. de la Côte — *Garagiste qui ne représente pas de marque de voiture.*

🏁 — *Spécialistes du pneu.*

Établissements généralement fermés samedi ou parfois lundi.

Dans nos agences, nous nous faisons un plaisir de donner à nos clients tous conseils pour la meilleure utilisation de leurs pneus.

Dépannage ____

N **La nuit** – *Cette lettre désigne des garagistes qui assurent, la nuit, les réparations courantes.*

Le dimanche – *Il existe dans toutes les régions un service de dépannage le dimanche. La Police, la Gendarmerie peuvent en général indiquer le garagiste de service le plus proche ou le numéro téléphonique d'appel du groupement départemental d'assistance routière.*

Les cartes
de voisinage

Avez-vous pensé à les consulter ? _____

Vous souhaitez trouver une bonne adresse,
par exemple, aux environs de Clermont-Ferrand ?
Consultez la carte qui accompagne le plan
de la ville.

La « carte de voisinage » (ci-contre) attire
votre attention sur toutes les localités citées au Guide
autour de la ville choisie, et particulièrement
celles qui sont accessibles en automobile en moins
de 30 minutes (limite de couleur).

Les « cartes de voisinage » vous permettent ainsi
le repérage rapide de toutes les ressources proposées
par le Guide autour des métropoles régionales.

Nota :

Lorsqu'une localité est présente sur une
« carte de voisinage », sa métropole de rattachement
est imprimée en BLEU sur la ligne des distances
de ville à ville.

Vous trouverez
Châtelguyon sur
la carte de
voisinage de
Clermont-Ferrand.

Exemple :

CHÂTELGUYON *63140 P.-de-D.* 73 ④ **G. Auvergne**
Voir *Gorges d'Enval★ 3 km par* ③
🛈 *Office de Tourisme parc E.-Clementel*
Paris 375 ① – *Clermont-Fd 20* ② – *Aubusson 99* ③

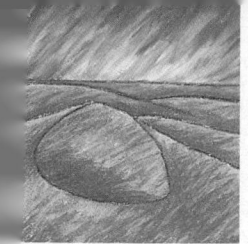

- Localité possédant au moins un hôtel et un restaurant cités au Guide
- Localité possédant au moins un restaurant cité au Guide
□ Localité possédant au moins un hôtel sans restaurant cité au Guide

St-Eloy-les-Mines
Bellenaves
Charroux
Chouvigny
N 144
A 71
N 9
N 209
Vichy
Cusset
le Mayet-de-Montagne
A 719
N 209
Bellerive
Abrest
St-Pardoux
St-Priest-Bramefant
St-Yorre
St-Gervais-d'Auvergne
Châteauneuf-les-Bs.
Randan
Pont-du-Bouchet
Châtelguyon
Maringues
St-Rémy-s-Durolle
Pontaumur
St-Hippolyte
Riom
Ennezat
30 minutes
Allier
D 906
D 941
Pontgibaud
Thiers
Chamalières
CLERMONT-Fd.-AULNAT
A 72
Mazaye
la Baraque
Royat
CLERMONT-FERRAND
Pont-du-Château
Bouzel
Lezoux
Pont-de-Dore
Bort-l'Etang
Courpière
Aubusson-d'A.
Herment
Ceyrat
Pérignat-lès-S.
le Brugeron
N 89
Saulzet-le-Chaud
D 906
Laqueuille
Orcival
Longues
St-Jean-des-Ollières
N 89
St-Sauves
le Genestoux
Parent
Sallèdes
Avèze
la Bourboule
St-Nectaire
Champeix
Sauxillanges
Ambert
le Mont-Dore
Murol
Issoire
la Tour-d'Auvergne
Chambon (Lac)
le Cheix
Perrier
Parentignat
Super-Besse
Besse-en-Ch.
St-Germain-l'Herm
D 922
Picherande
Pavin (Lac)
Boudes
A 75
Ste-Florine
Brassac-les-Mines

0   10 km

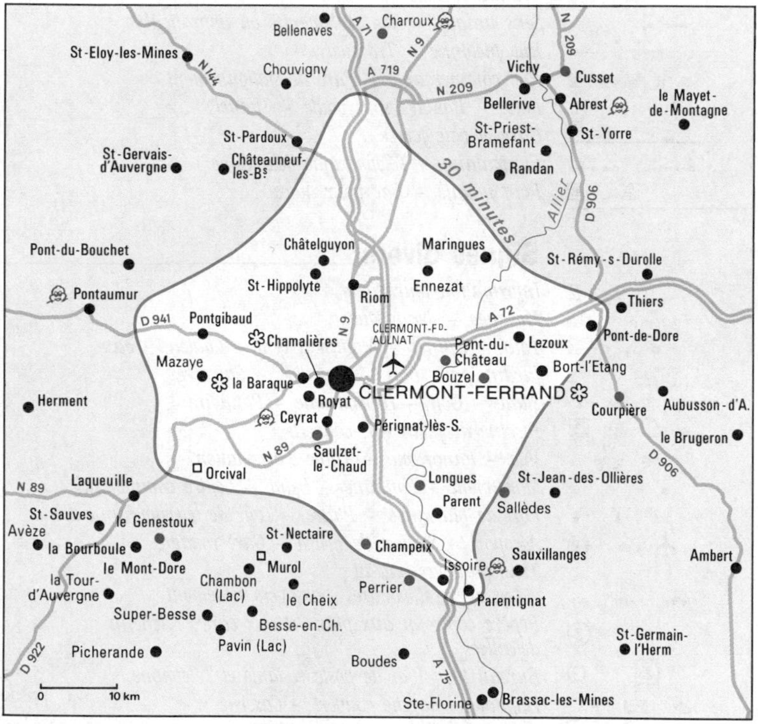

Toutes les « Cartes de voisinage » sont localisées sur l'Atlas en fin de Guide.

Les plans

□ ● *Hôtels*
■ ● *Restaurants*

Curiosités

Bâtiment intéressant et entrée principale
Édifice religieux intéressant :
- Catholique – Protestant

Voirie

Autoroute, double chaussée de type autoroutier
Échangeurs numérotés : complet, partiels
Grande voie de circulation
Sens unique – Rue réglementée ou impraticable
Rue piétonne – Tramway
R. Pasteur P *Rue commerçante – Parc de stationnement*
Porte – Passage sous voûte – Tunnel
Gare et voie ferrée
Funiculaire – Téléphérique, télécabine
Ⓑ *Pont mobile – Bac pour autos*

Signes divers

Information touristique
Mosquée – Synagogue
Tour – Ruines – Moulin à vent – Château d'eau
Jardin, parc, bois – Cimetière – Calvaire
Stade – Golf – Hippodrome – Patinoire
Piscine de plein air, couverte
Vue – Panorama – Table d'orientation
Monument – Fontaine – Usine – Centre commercial
Port de plaisance – Phare – Tour de télécommunications
Aéroport – Station de métro – Gare routière
Transport par bateau :
- passagers et voitures, passagers seulement
③ *Repère commun aux plans et aux cartes Michelin*
détaillées
Bureau principal de poste restante et Téléphone
Hôpital – Marché couvert – Caserne
Bâtiment public repéré par une lettre :
A C *- Chambre d'agriculture – Chambre de commerce*
G H J *- Gendarmerie – Hôtel de ville – Palais de justice*
M P T *- Musée – Préfecture, sous-préfecture – Théâtre*
U *- Université, grande école*
POL *- Police (commissariat central)*
4ᵐ⁵ 18 T ⑱ *Passage bas (inf. à 4 m 50) – Charge limitée (inf. à 19 t)*
Garage : Peugeot, Citroën, Renault

14

Dear Reader

This 88th edition of the Michelin Guide to France offers the latest selection of hotels and restaurants.

Independently compiled by our inspectors, the Guide provides travellers with a wide choice of establishments at all levels of comfort and price.

We are committed to providing readers with the most up to date information and this edition has been produced with the greatest care.

That is why only this year's guide merits your complete confidence.

Thank you for your comments, which are always appreciated.

Bon voyage ! —————————————

Contents

Choosing a hotel or restaurant

This guide offers a selection of hotels and restaurants to help motorists on their travels. In each category establishments are listed in order of preference according to the degree of comfort they offer.

Categories

🏨	XXXXX	*Luxury in the traditional style*
🏨	XXXX	*Top class comfort*
🏨	XXX	*Very comfortable*
🏠	XX	*Comfortable*
🏠	X	*Quite comfortable*
🏡		*Simple comfort*
M		*In its category, hotel with modern amenities*
sans rest.		*The hotel has no restaurant*
	avec ch.	*The restaurant also offers accommodation*

Peaceful atmosphere and setting

Certain establishments are distinguished in the guide by the red symbols shown below.

Your stay in such hotels will be particularly pleasant or restful, owing to the character of the building, its decor, the setting, the welcome and services offered, or simply the peace and quiet to be enjoyed there.

🏨 to 🏡		*Pleasant hotels*
XXXXX to X		*Pleasant restaurants*
« Parc fleuri »		*Particularly attractive feature*
⤸		*Very quiet or quiet, secluded hotel*
⤸		*Quiet hotel*
≤ mer		*Exceptional view*
≤		*Interesting or extensive view*

The maps on pages 30 to 37 indicate places with such very peaceful, pleasant hotels and restaurants. By consulting them before setting out and sending us your comments on your return you can help us with our enquiries.

Hotel facilities

In general the hotels we recommend have full bathroom and toilet facilities in each room.
This may not be the case, however, for certain rooms in categories 🏨, 🏠 and ⚲.

30 ch	Number of rooms
‖❖‖	Lift (elevator)
▤	Air conditioning (in all or part of the hotel)
TV	Television in room
⇥✕	Rooms reserved for non-smokers
☏	Direct-dial phone in room
✆	Minitel-modem point in the bedrooms
♿	Rooms accessible to disabled people
⌂	Meals served in garden or on terrace
⌗	Exercise room
⚐ ⚑	Outdoor or indoor swimming pool
⛱ ✿	Beach with bathing facilities – Garden
✗	Hotel tennis court
⚑ 25/150	Equipped conference hall (minimum and maximum capacities)
⇔	Hotel garage (additional charge in most cases)
P	Car park for customers only
P	Enclosed car park for customers only
✗	Dogs are excluded from all or part of the hotel
Fax	Telephone document transmission
mai-oct.	Dates when open, as indicated by the hotelier
sais.	Probably open for the season – precise dates not available.

Where no date or season is shown, establishments are open all year round.

Cuisine

Stars

*Certain establishments deserve to be brought
to your attention for the particularly fine quality
of their cooking. **Michelin stars** are awarded
for the standard of meals served.*

*For such restaurants we list
three culinary specialities and a number
of local wines to assist you in your choice.*

❀❀❀ Exceptional cuisine, worth a special journey
18
*One always eats here extremely well, sometimes
superbly. Fine wines, faultless service, elegant
surroundings. One will pay accordingly!*

❀❀ Excellent cooking, worth a detour
74
*Specialities and wines of first class quality.
This will be reflected in the price.*

❀ A very good restaurant in its category
423
*The star indicates a good place to stop on your journey.
But beware of comparing the star given
to an expensive "de luxe" establishment to that
of a simple restaurant where you can appreciate
fine cuisine at a reasonable price.*

Good food at moderate prices

⊛ *You may also like to know of other restaurants
with less elaborate, moderately priced menus
that offer good value for money and serve
carefully prepared meals, often of regional cooking.
In the guide such establishments are marked ⊛ and
Repas just before the price of the menu, for example
Repas 100/130.*

*Please refer to the map of star-rated restaurants
and good food at moderate prices ⊛ Repas (pp 38 to 45).*

See also ✿ on next page

Food and wine: see pages 28 and 29

Prices

The prices indicated in this Guide, supplied in Autumn 1996, apply to **high season.** *Changes may arise if goods and service costs are revised.*
The rates include tax and service and no extra charge should appear on your bill,
with the possible exception of visitors' tax.

Hotels and restaurants in bold type have supplied details of all their rates and have assumed responsibility for maintaining them for all travellers in possession of this guide.

Out of season, certain establishments offer special rates. Ask when booking.

Your recommendation is self evident if you always walk into a hotel Guide in hand.

Meals

enf. 60	*Price of children's menu*
⊜	*Establishment serving a simple menu* **for less than 85 F**

Set meals:

Repas 90 (déj.)	90 (déj.) *served only at lunch time*
110/150	*Lowest* 110 *and highest* 150 *prices for set meals*
100/150	*The cheapest set meal* 100 *is not served on Saturdays, Sundays or public holidays*
bc	*House wine included*
⌁	*Table wine available by the carafe*

"A la carte" meals:

Repas carte	*The first figure is for a plain meal and includes*
140 à 310	*hors-d'œuvre, main dish of the day with vegetables and dessert*
	The second figure is for a fuller meal (with "spécialité") and includes 2 main courses, cheese, and dessert (drinks not included).

Rooms

ch 190/380   *Lowest price* 190 *for a single room and highest price* 380 *for a double*

29 ch ☕ 210/450   *Price includes breakfast*

☕ 35   *Price of continental breakfast (generally served in the bedroom)*

Half board

1/2 P 220/350   *Lowest and highest prices of half board (room, breakfast and a meal) per person, per day in season. These prices are valid for a double room occupied by two people for a minimum stay of three days. When a single person occupies a double room he may have to pay a supplement. Most of the hotels also offer full board terms on request. It is essential to agree on terms with the hotelier before making a firm reservation.*

Deposits

Some hotels will require a deposit, which confirms the commitment of customer and hotelier alike. Make sure the terms of the agreement are clear. Ask the hotelier to provide you, in his letter of confirmation, with all terms and conditions applicable to your reservation.

Credit cards

AE ⓪ GB JCB   *American Express – Diners Club – Carte Bancaire (includes Eurocard, MasterCard and Visa) – Japan Credit Bureau*

Towns

63300	Local postal number (the first two numbers represent the département number)
⊠ 57130 Ars	Postal number and name of the postal area
P ◁**SP**▷	Prefecture – Sub-prefecture
80 ⑤	Number of the appropriate sheet and section of the Michelin road map
G. Jura	See the Michelin Green Guide Jura
1 057 h.	Population
alt. 75	Altitude (in metres)
Stat. therm.	Spa
Sports d'hiver	Winter sports
1 200/1 900	Altitude (in metres) of resort and highest point reached by lifts
2 ⛴	Number of cable-cars
14 ⚡	Number of ski and chair-lifts
⛷	Cross country skiing
BY **B**	Letters giving the location of a place on the town plan
⛳18	Golf course and number of holes
✳ ≼	Panoramic view. Viewpoint
✈	Airport
🚗	Places with motorail pick-up point. Further information from phone no. listed
⛴	Shipping line
⛵	Passenger transport only
🛈 A.C.	Tourist Information Centre – Automobile Club

Sights

Star-rating

★★★	Worth a journey
★★	Worth a detour
★	Interesting
	Museums and art galleries are generally closed on Tuesdays

Location

Voir	Sights in town
Env.	On the outskirts
N, S, E, O	The sight lies north, south, east or west of the town
② ④	Sign on town plan and on the Michelin road map indicating the road leading to a place of interest
2 km	Distance in kilometres

Car, tyres

Car dealers, repairers
and Michelin tyre suppliers

RENAULT   *Renault main agent*
PEUGEOT   *Peugeot dealer*
Gar. de la Côte   *General repair garage*
    Tyre specialist

*These workshops are usually closed on Saturdays
and occasionally on Mondays.
The staff at our depots will be pleased to give
advice on the best way to look after your tyres.*

Breakdown service

N **At night** – *Symbol indicating garage offering night
breakdown service.*

On Sunday – *Each town has a breakdown
service available on Sunday. In any event,
the Gendarmerie, Police, etc., should usually be able
to give the address of the garage on duty.*

Local maps

May we suggest that you consult them ——

Should you be looking for a hotel or restaurant not too far from Clermont-Ferrand, for example, you can consult the map along with the town plan.

The local map (opposite) draws your attention to all places around the town or city selected, provided they are mentioned in the Guide. Places located within a thirty minute drive are clearly identified by the use of a different coloured background.

The various facilities recommended near the different regional capitals can be located quickly and easily.

Note:

Entries in the Guide provide information on distances to nearby towns. Whenever a place appears on one of the local maps, the name of the town or city to which it is attached is printed in BLUE.

Example :

Châtelguyon is to be found on the local map Clermont-Ferrand.

CHÂTELGUYON *63140 P.-de-D.* 🎟 ④ G. Auvergne
Voir *Gorges d'Enval*★ *3 km par* ③
🅱 *Office de Tourisme parc E.-Clementel*
Paris 375 ① – *Clermont-Fd 20* ② – *Aubusson 99* ③

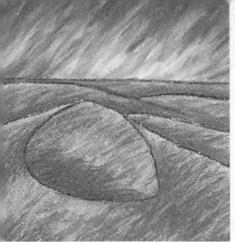

• *Place with at least one hotel and restaurant included in the Guide*

• *Place with at least one restaurant included in the Guide*

□ *Place with at least one hotel, without restaurant, included in the Guide*

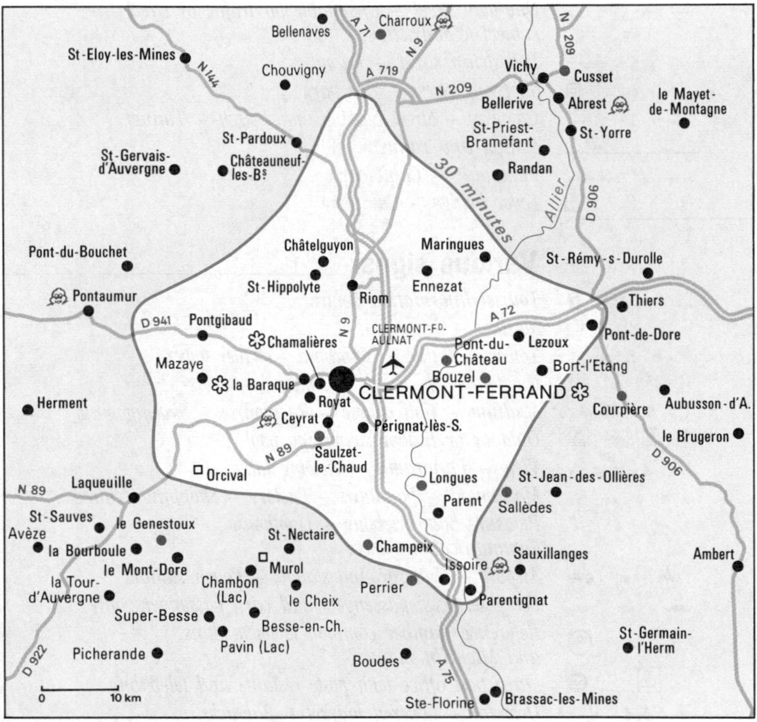
Bellenaves
Charroux
A 71
N 9
St-Eloy-les-Mines
N 144
Chouvigny
A 719
Vichy
Cusset
N 209
N 209
Bellerive
Abrest
le Mayet-de-Montagne
St-Priest-Bramefant
St-Yorre
St-Pardoux
St-Gervais-d'Auvergne
Châteauneuf-les-Bs
Randan
30 minutes
Allier
D 906
Châtelguyon
Maringues
Pont-du-Bouchet
St-Rémy-s-Durolle
St-Hippolyte
Riom
Ennezat
Pontaumur
Thiers
A 72
D 941
Pontgibaud
N 9
CLERMONT-FD. AULNAT
Chamalières
Pont-du-Château
Lezoux
Pont-de-Dore
Mazaye
Bouzel
Bort-l'Etang
la Baraque
CLERMONT-FERRAND
Herment
Royat
Courpière
Aubusson-d'A.
Ceyrat
Pérignat-lès-S.
le Brugeron
N 89
Saulzet-le-Chaud
D 906
Orcival
Longues
St-Jean-des-Ollières
N 89
Laqueuille
Parent
Sallèdes
St-Sauves
le Genestoux
Avèze
St-Nectaire
la Bourboule
Champeix
Sauxillanges
Ambert
le Mont-Dore
Murol
Issoire
la Tour-d'Auvergne
Chambon (Lac)
Perrier
Parentignat
le Cheix
Super-Besse
Besse-en-Ch.
St-Germain-l'Herm
Pavin (Lac)
D 922
Picherande
Boudes
A 75
0
10 km
Ste-Florine
Brassac-les-Mines

All towns with local maps are indicated on the Atlas at the end of the Guide.

Town plans

□ ●   *Hotels*
■ ●   *Restaurants*

Sights

Place of interest and its main entrance
Interesting place of worship:
- Catholic – Protestant

Roads

Motorway, dual carriageway
   Numbered junctions: complete, limited
Major thoroughfare
One-way street – Unsuitable for traffic or street subject to restrictions
Pedestrian street – Tramway
R. Pasteur   P   *Shopping street – Car park*
Gateway – Street passing under arch – Tunnel
Station and railway
Funicular – Cable-car
Lever bridge – Car ferry

Various signs

Tourist Information Centre
Mosque – Synagogue
Tower – Ruins – Windmill – Water tower
Garden, park, wood – Cemetery – Cross
Stadium – Golf course – Racecourse – Skating rink
Outdoor or indoor swimming pool
View – Panorama – Viewing table
Monument – Fountain – Factory – Shopping centre
Pleasure boat harbour – Lighthouse
Communications tower
Airport – Underground station – Coach station
Ferry services: passengers and cars, passengers only
③   *Reference number common to town plans and Michelin maps*
Main post office with poste restante and telephone
Hospital – Covered market – Barracks
Public buildings located by letter:
A   C   *- Chamber of Agriculture – Chamber of Commerce*
G H J   *- Gendarmerie – Town Hall – Law Courts*
M P T   *- Museum – Prefecture or sub-prefecture – Theatre*
U   *- University, College*
POL.   *- Police (in large towns police headquarters)*
Low headroom (15 ft. max.) – Load limit (under 19 t)
Garage: Peugeot, Citroën, Renault

Les vins
Wines

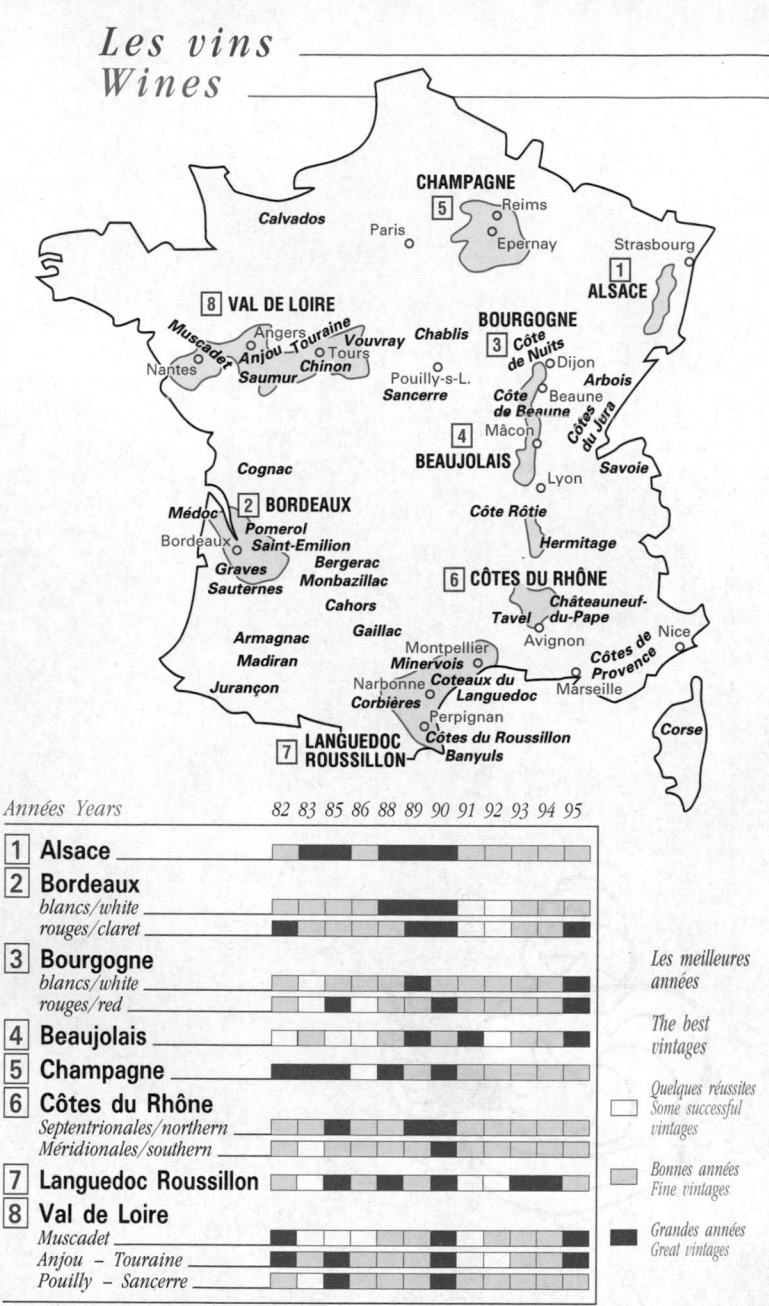

Années Years	82	83	85	86	88	89	90	91	92	93	94	95

1 Alsace

2 Bordeaux
blancs/white
rouges/claret

3 Bourgogne
blancs/white
rouges/red

4 Beaujolais

5 Champagne

6 Côtes du Rhône
Septentrionales/northern
Méridionales/southern

7 Languedoc Roussillon

8 Val de Loire
Muscadet
Anjou – Touraine
Pouilly – Sancerre

Les meilleures années

The best vintages

Quelques réussites / Some successful vintages

Bonnes années / Fine vintages

Grandes années / Great vintages

Rappel des « Grandes années du siècle »

1911 • 1921 • 1928 • 1929 • 1934 • 1945 • 1947 • 1949 • 1953 •
1955 • 1961 • 1989 • 1990

Les vins et les mets
Food and wine

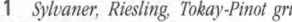

Quelques suggestions de vins selon les mets...
A few hints on selecting the right wine with the right dish...

Vins blancs secs
Dry white wines

1 *Sylvaner, Riesling, Tokay-Pinot gris*
2 *Graves secs*
3 *Chablis, Meursault, Pouilly-Fuissé, Mâcon*
5 *Champagne (brut)*
6 *Condrieu, Hermitage, Provence*
7 *Picpoul de Pinet*
8 *Muscadet, Pouilly-s.-L., Sancerre,*
– *Vouvray sec, Montlouis*

Vins rouges légers
Light red wines

1 *Pinot noir, Riesling (blanc)*
2 *Graves, Médoc*
3 *Côtes de Beaune, Mercurey*
4 *Beaujolais*
5 *Coteaux champenois*
6 *Tavel (rosé), Côtes de Provence*
7 *Coteaux du Languedoc*
8 *Bourgueil, Chinon*

Vins rouges corsés
Full bodied red wines

2 *Pomerol, St-Émilion*
3 *Chambertin, Côte-de-Nuits, Pommard...*
6 *Châteauneuf-du-Pape, Cornas, Côte-Rotie*
7 *Corbières, Côtes du Roussillon,*
– *Fitou, Minervois*

Vins de dessert
Sweet wines

1 *Muscat, Gewurztraminer (vins secs)*
2 *Sauternes, Monbazillac*
5 *Champagne (demi-sec)*
6 *Beaumes-de-Venise*
7 *Banyuls, Maury, Muscat de Frontignan,*
– *Muscat de Rivesaltes*
8 *Anjou, Vouvray (demi-sec)*

Un mets préparé avec une sauce au vin s'accommode, si possible, du même vin. Vins et fromages d'une même région s'associent souvent avec succès.

En dehors des grands crus, il existe en maintes régions de France des vins locaux qui, bus sur place, vous réserveront d'heureuses surprises.

Dishes prepared with a wine sauce are best accompanied by the same kind of wine. Wines and cheeses from the same region usually go very well together.

In addition to the fine wines, there are many French wines, best drunk in their region of origin and which you will find extremely pleasant.

◇ =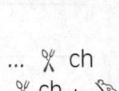

L'agrément
Peaceful atmosphere
and setting

◇ = 🏠🏠 ... ✗ ch

◆ = 🏠🏠 ... ✗ ch + 🛶

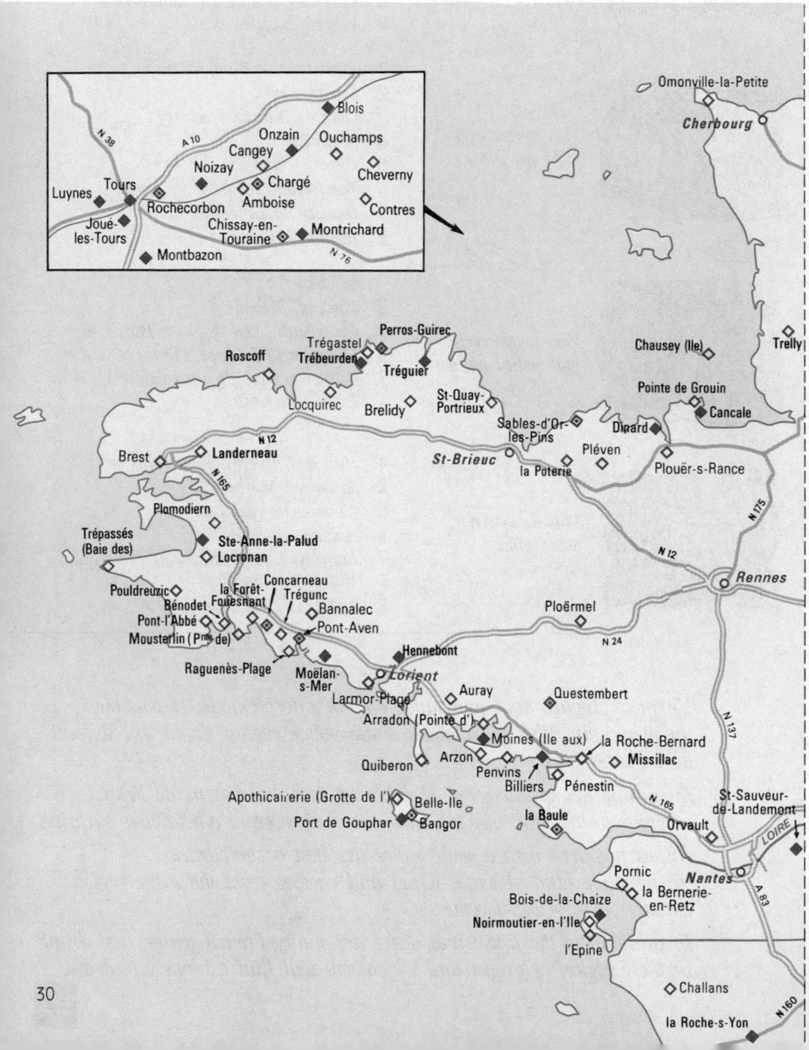

Blois
N 38 · A 10 · Onzain · Ouchamps
Cangey
Noizay · Chargé · Cheverny
Luynes · Tours · Rochecorbon · Amboise · Contres
Joué-les-Tours · Chissay-en-Touraine · Montrichard
Montbazon · N 76

Omonville-la-Petite
Cherbourg

Trégastel · Perros-Guirec
Roscoff · Trébeurden · Tréguier
Locquirec · Brelidy · St-Quay-Portrieux · Chausey (Ile) · Trelly
Pointe de Grouin
Brest · Landerneau · N 12 · St-Brieuc · Sables-d'Or-les-Pins · Dinard · Cancale
N 165 · la Poterie · Pléven · Plouër-s-Rance
Plomodiern
Trépassés (Baie des) · Ste-Anne-la-Palud · N 12 · Rennes
Locronan
Pouldreuzic · la Forêt-Fouesnant · Concarneau
Bénodet · Trégunc · Bannalec · Ploërmel
Pont-l'Abbé · Pont-Aven · N 24
Mousterlin (Pte de)
Raguenès-Plage · Hennebont
Moëlan-s-Mer · Lorient
Larmor-Plage · Auray · Questembert · N 137
Arradon (Pointe d')
Moines (Ile aux) · la Roche-Bernard
Quiberon · Arzon · Missillac
Penvins · Billiers · Pénestin · N 165 · St-Sauveur-de-Landemont
Apothicairerie (Grotte de l') · Belle-Ile · la Baule · Orvault · LOIRE
Port de Gouphar · Bangor
Pornic · Nantes · A 83
Bois-de-la-Chaize · la Bernerie-en-Retz
Noirmoutier-en-l'Ile
l'Epine
Challans · N 160
la Roche-s-Yon

30

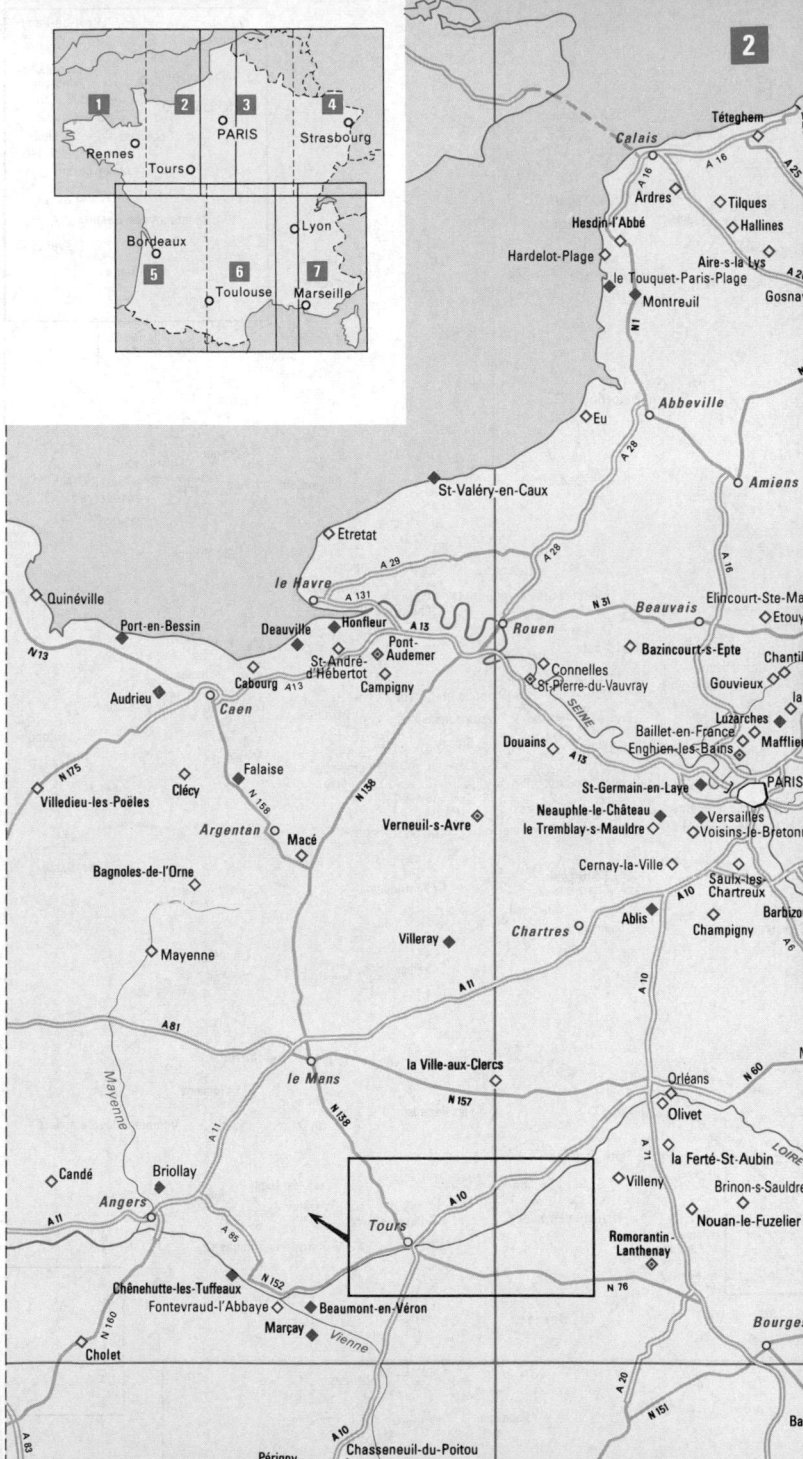

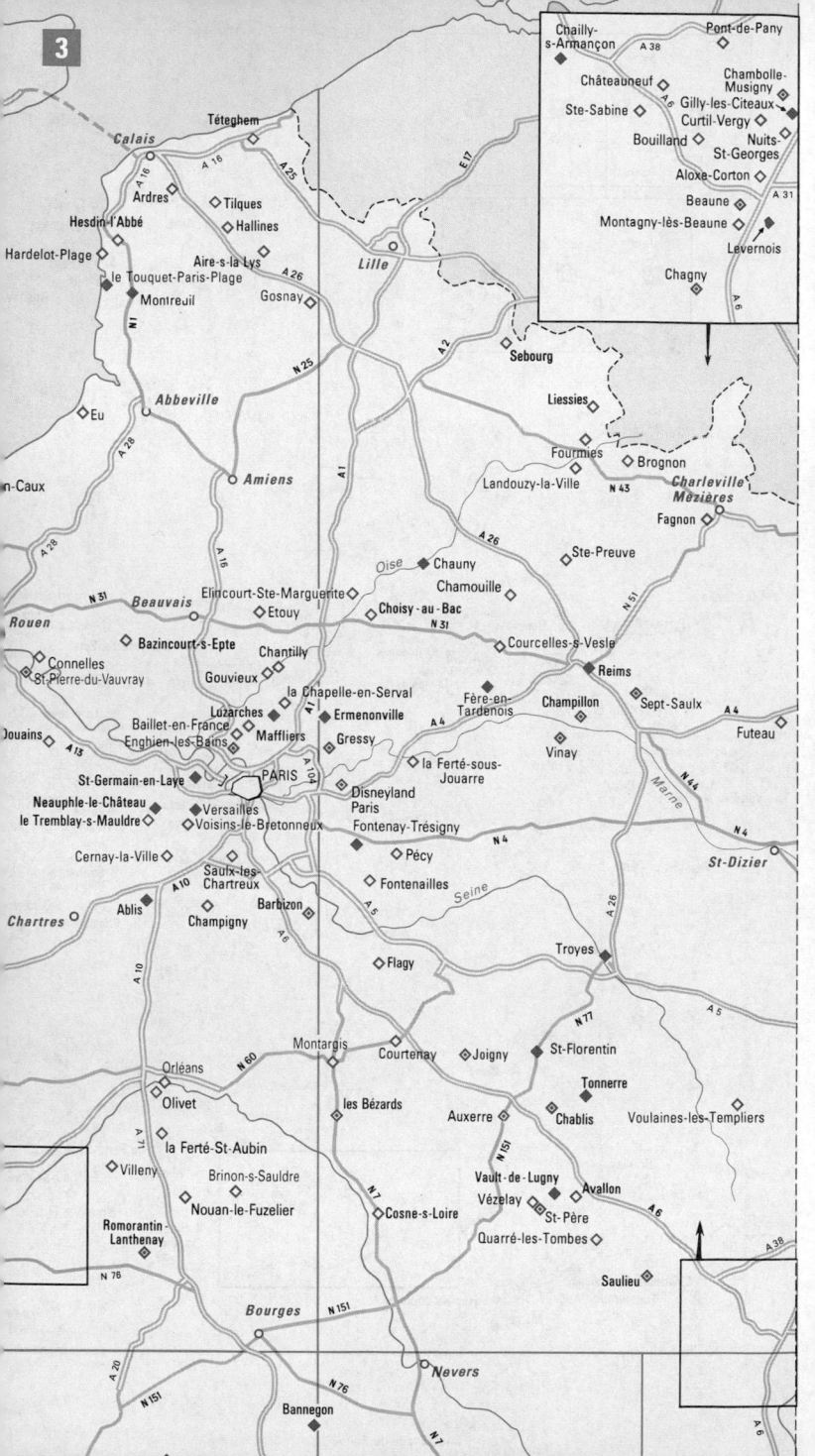

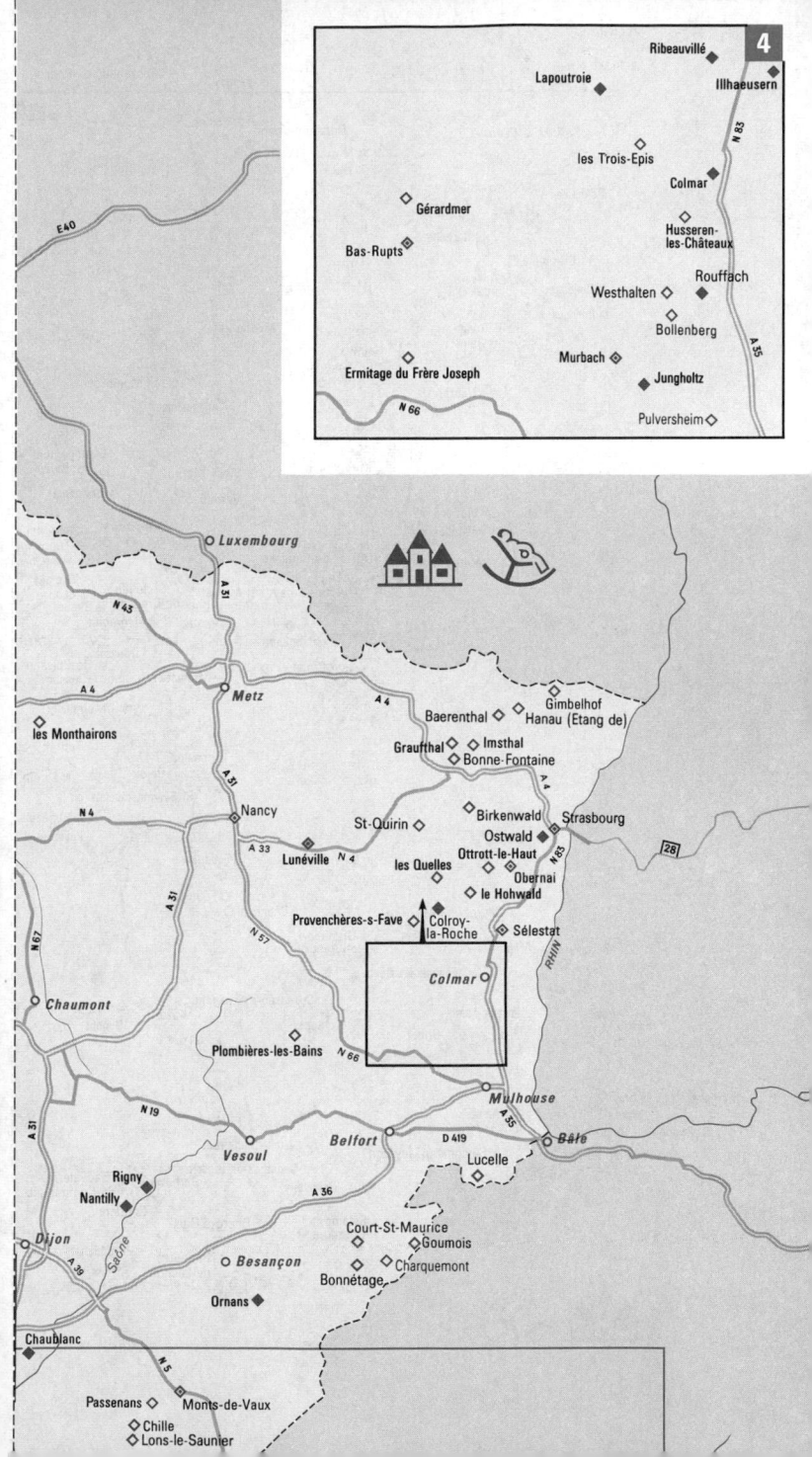

4

Ribeauvillé

Lapoutroie

Illhaeusern

N 83

les Trois-Epis

Colmar

Gérardmer

Husseren-
les-Châteaux

Bas-Rupts

Rouffach

Westhalten

Murbach

Bollenberg

A 35

Ermitage du Frère Joseph

Jungholtz

N 66

Pulversheim

E 40

N 43

A 31

Luxembourg

A 4

Metz

A 4

Baerenthal

Gimbelhof
Hanau (Etang de)

les Monthairons

Grauffhal

Imsthal
Bonne-Fontaine

A 31

Nancy

St-Quirin

Birkenwald

Strasbourg

N 4

A 33

Ostwald

Lunéville

N 4

les Quelles

Ottrott-le-Haut

28

Obernai

le Hohwald

N 57

Provenchères-s-Fave

Colroy-
la-Roche

Sélestat

Colmar

RHIN

Chaumont

Plombières-les-Bains

N 66

Mulhouse

A 35

N 19

Bâle

A 31

Belfort

D 419

Vesoul

Lucelle

Rigny

A 36

Nantilly

Court-St-Maurice

Goumois

Dijon

Besançon

Charquemont

Bonnétage

A 39

Saône

Ornans

Chaublanc

N 5

Passenans

Monts-de-Vaux

Chille
Lons-le-Saunier

5

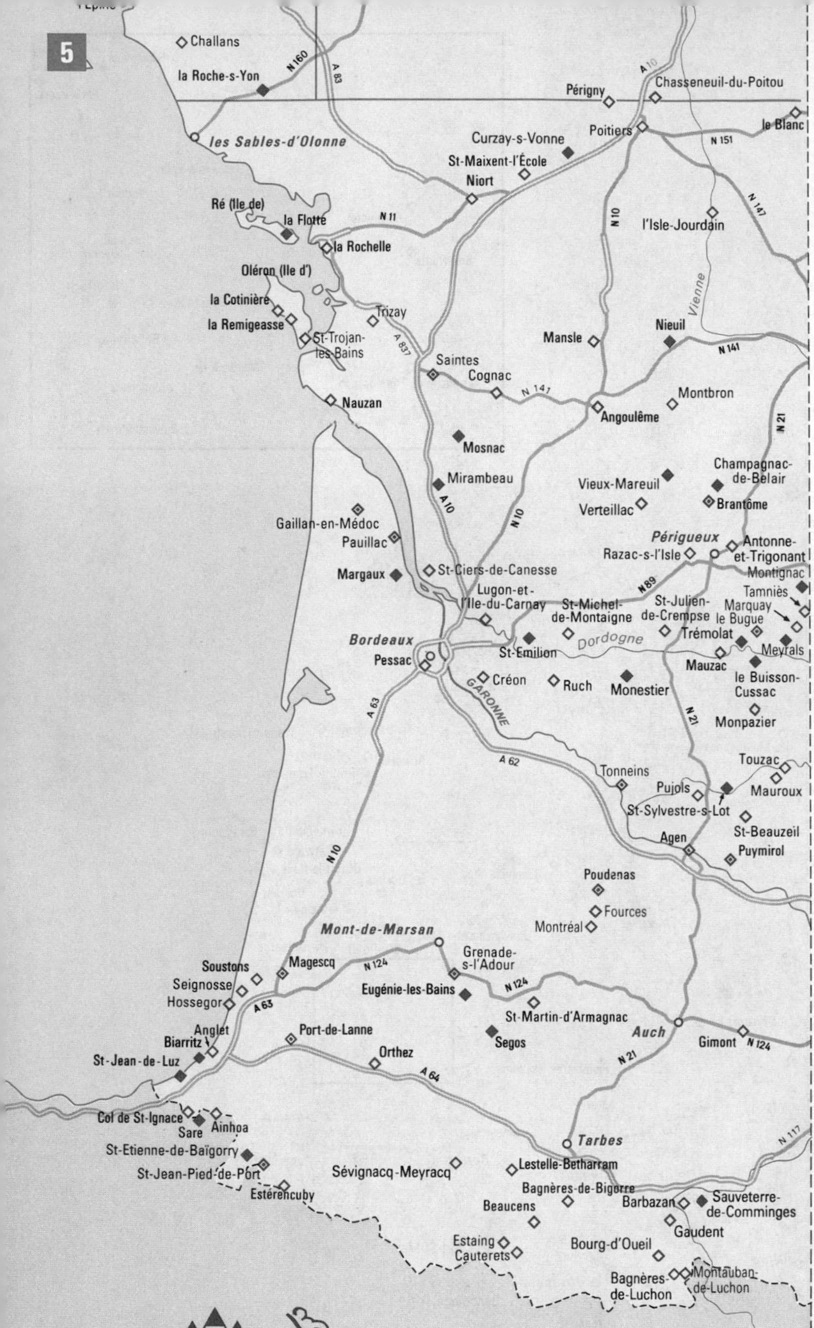

Challans

la Roche-s-Yon

N 160

A 83

A 10

Périgny

Chasseneuil-du-Poitou

Poitiers

le Blanc

les Sables-d'Olonne

Curzay-s-Vonne

St-Maixent-l'École

Niort

N 151

N 10

l'Isle-Jourdain

N 147

Ré (Ile de)

la Flotte

N 11

la Rochelle

Vienne

Oléron (Ile d')

la Cotinière

la Remigeasse

St-Trojan-les-Bains

Trizay

Mansle

Nieuil

N 141

Saintes

Cognac

N 141

Montbron

Nauzan

Angoulême

Mosnac

Mirambeau

Vieux-Mareuil

Verteillac

Champagnac-de-Belair

Brantôme

A 10

N 10

Périgueux

Antonne-et-Trigonant

Gaillan-en-Médoc

Pauillac

Razac-s-l'Isle

Montignac

Margaux

St-Ciers-de-Canesse

Tamniès

Marquay

Lugon-et-l'Ile-du-Carnay

St-Michel-de-Montaigne

St-Julien-de-Crempse

le Bugue

Trémolat

Meyrals

Bordeaux

N 89

Dordogne

Pessac

St-Emilion

Mauzac

le Buisson-Cussac

Créon

Ruch

Monestier

Monpazier

GARONNE

A 63

N 21

Touzac

A 62

Tonneins

Mauroux

Pujols

St-Sylvestre-s-Lot

St-Beauzeil

Agen

Puymirol

N 10

Poudenas

Fources

Montréal

Mont-de-Marsan

Soustons

Magescq

Grenade-s-l'Adour

N 124

Seignosse

Hossegor

A 63

Eugénie-les-Bains

N 124

St-Martin-d'Armagnac

Auch

Anglet

Port-de-Lanne

Gimont

N 124

Biarritz

St-Jean-de-Luz

Orthez

Segos

N 21

A 64

Col de St-Ignace

Sare

Ainhoa

St-Etienne-de-Baïgorry

Sévignacq-Meyracq

Tarbes

Lestelle-Betharram

N 117

St-Jean-Pied-de-Port

Estérençuby

Bagnères-de-Bigorre

Barbazan

Sauveterre-de-Comminges

Beaucens

Gaudent

Estaing

Cauterets

Bourg-d'Oueil

Montauban-de-Luchon

Bagnères-de-Luchon

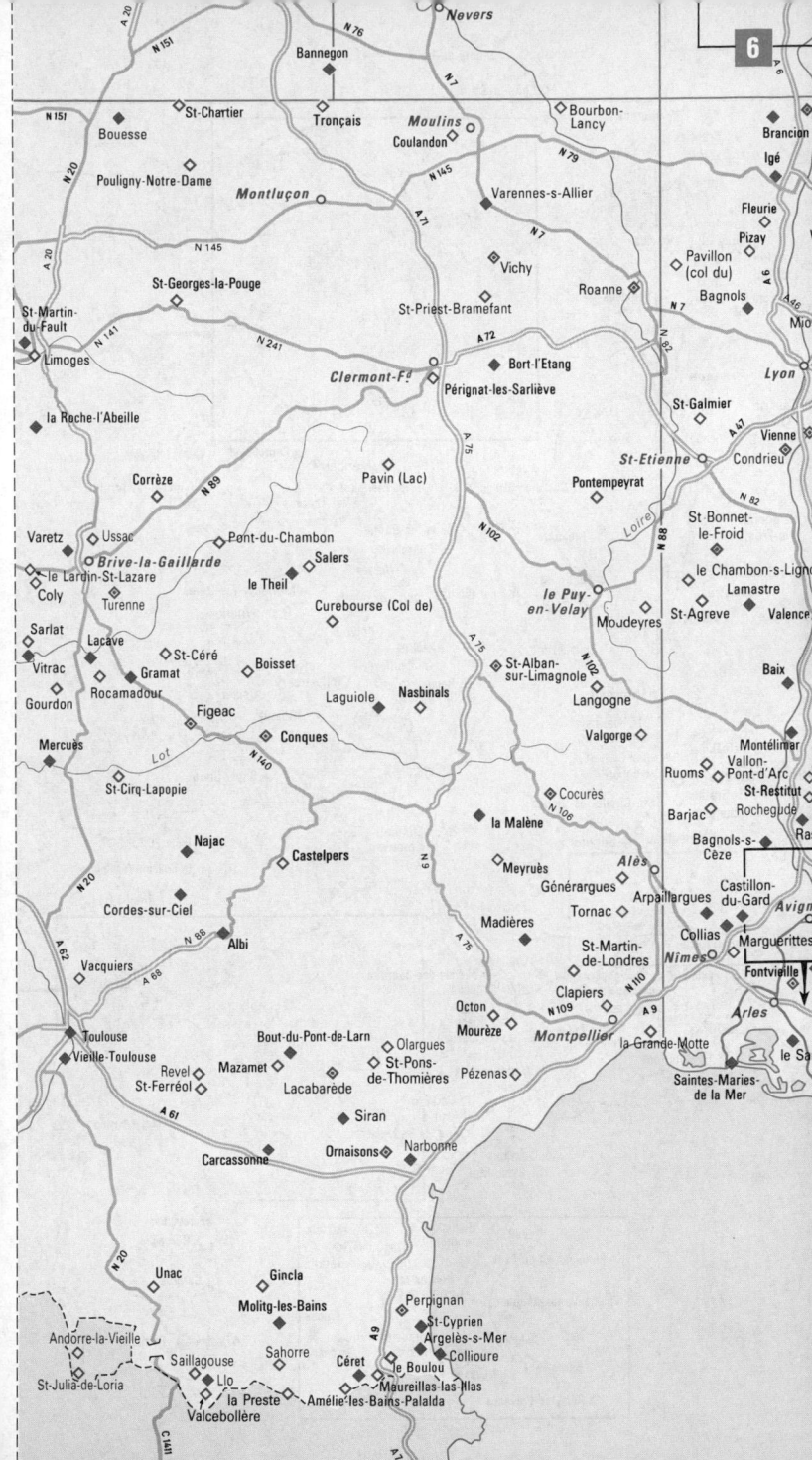

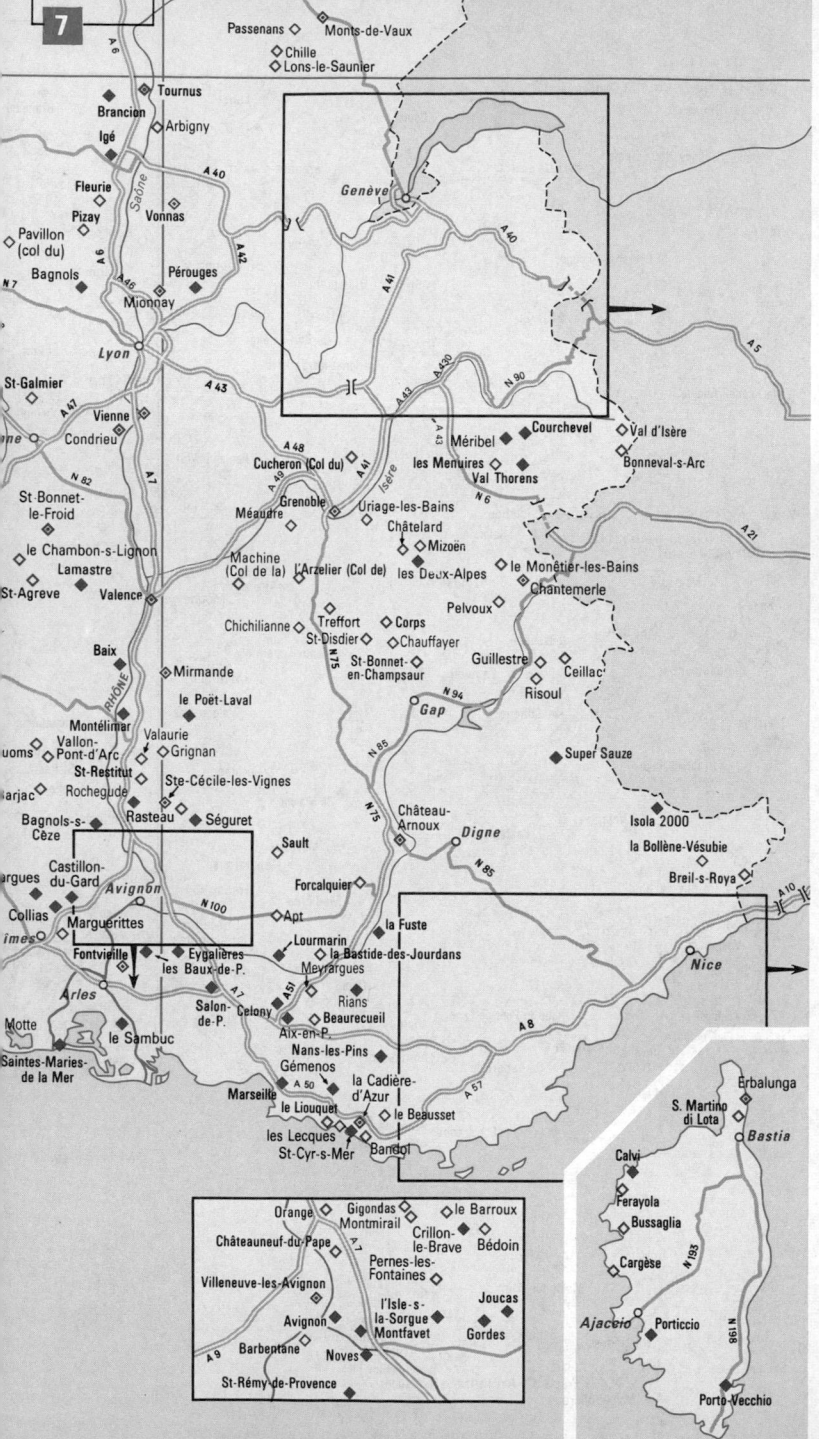

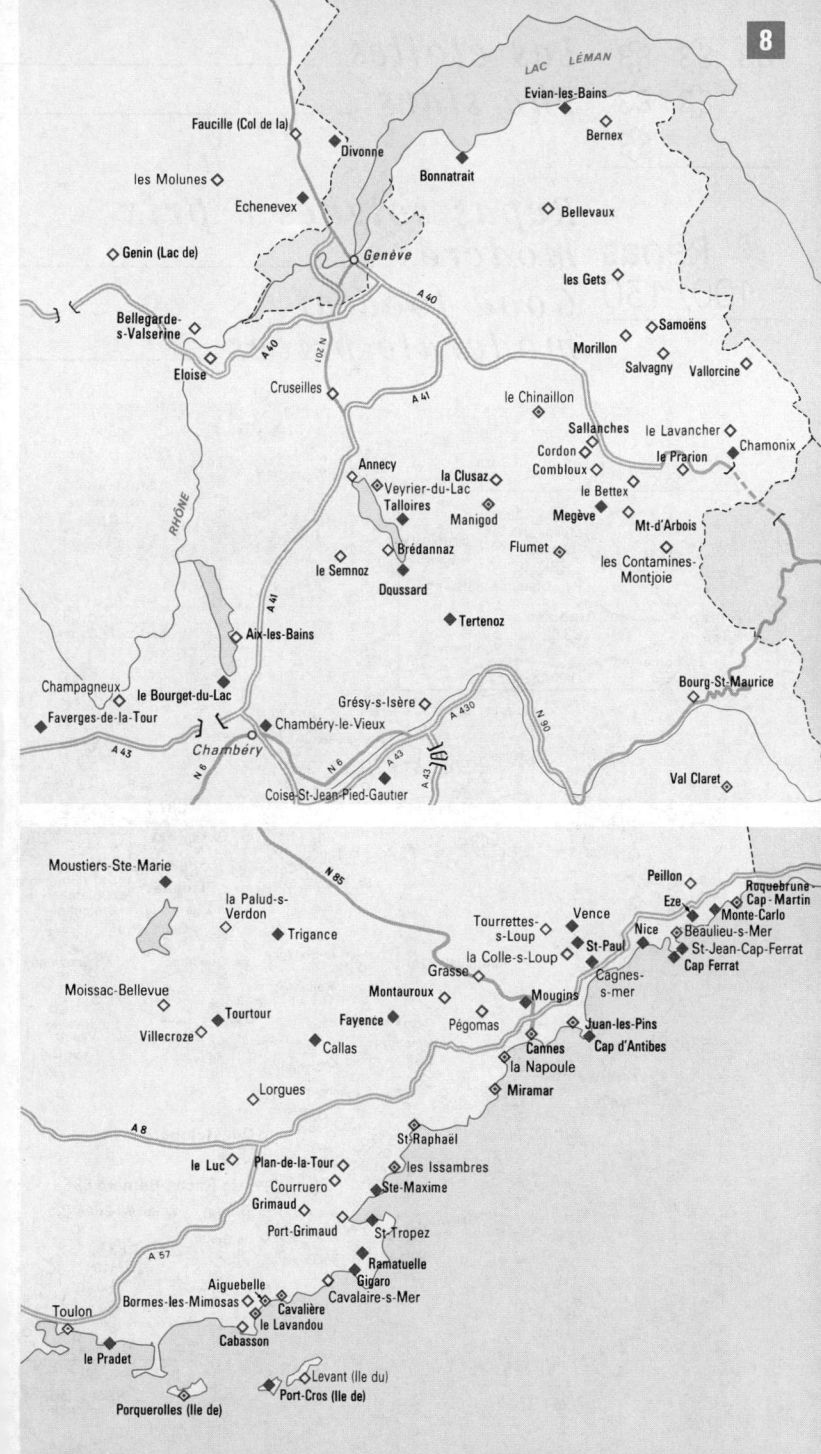

✿ ✿ ✿
✿ ✿
✿
Les étoiles _____
The stars _____

🦜 **Repas**
100/130
Repas soignés à prix modérés _____
Good food at moderate prices _____

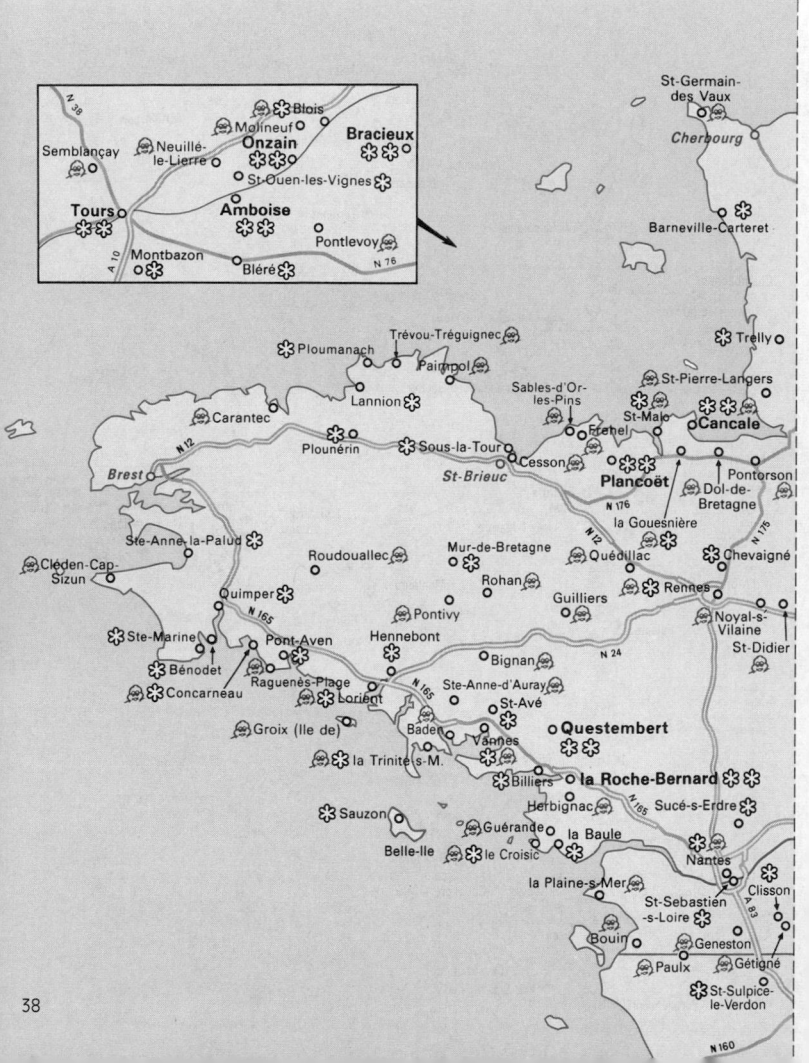

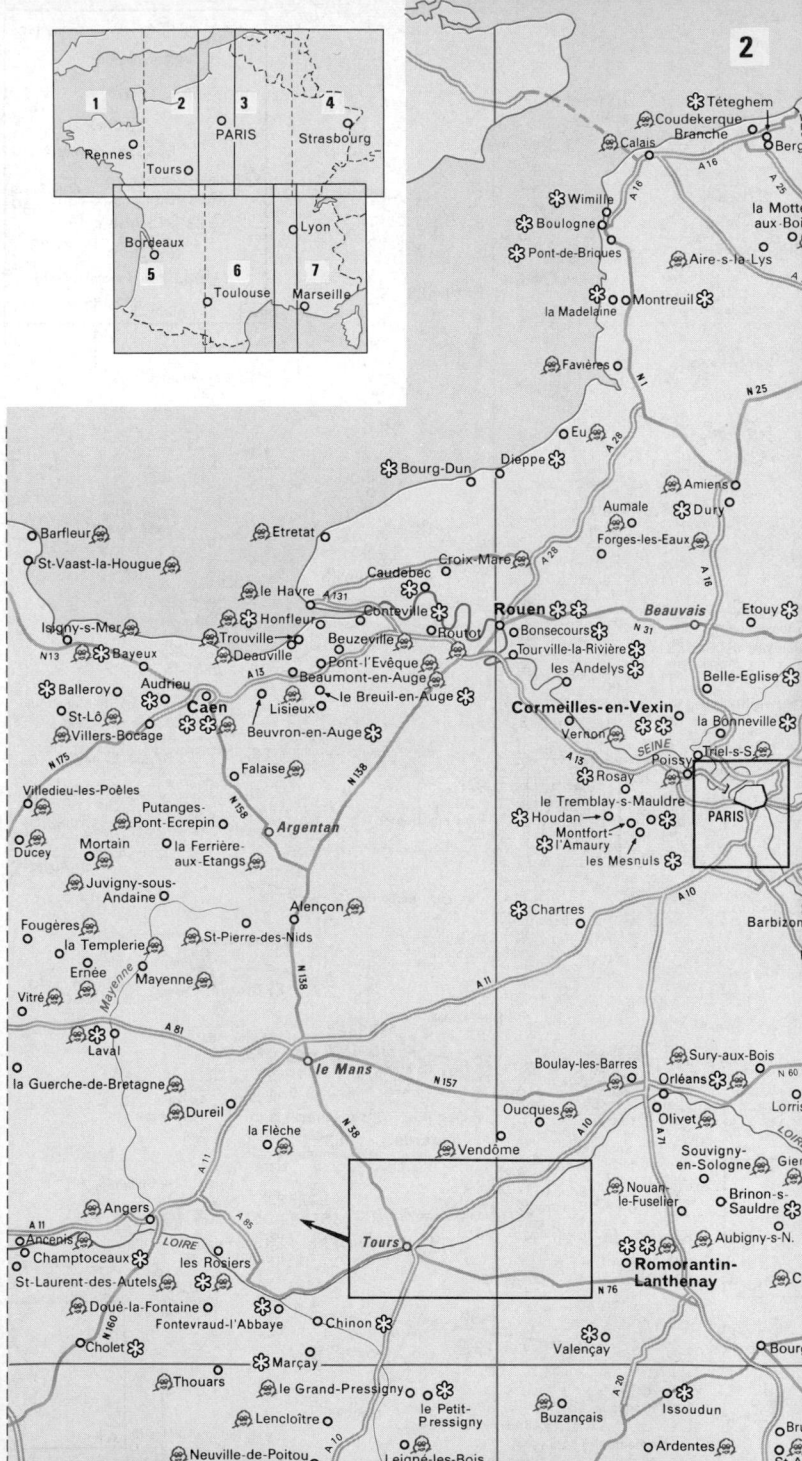

2

Téteghem
Coudekerque-Branche
Calais
Bergu
la Motte-aux-Bois
Wimille
Boulogne
Pont-de-Briques
Aire-s-la-Lys
Montreuil
la Madelaine
Favières
Eu
Dieppe
Amiens
Bourg-Dun
Aumale
Dury
Forges-les-Eaux
Etretat
Barfleur
St-Vaast-la-Hougue
Caudebec
Croix-Maré
Beauvais
Etouy
le Havre
Conteville
Rouen
Honfleur
Bonsecours
N 31
Belle-Eglise
Isigny-s-Mer
Beuzeville
Routot
Bayeux
Trouville
Pont-l'Evêque
Tourville-la-Rivière
Deauville
Beaumont-en-Auge
les Andelys
Ballerov
Audrieu
Cormeilles-en-Vexin
St-Lô
Caen
Lisieux
le Breuil-en-Auge
la Bonneville
Villers-Bocage
Beuvron-en-Auge
Vernon
Triel-s-S
Poissy
Falaise
Rosay
PARIS
Villedieu-les-Poèles
Putanges-
Argentan
le Tremblay-s-Mauldre
Pont-Ecrepin
Houdan
Montfort-
Ducey
Mortain
la Ferrière-
l'Amaury
aux-Etangs
les Mesnuls
Juvigny-sous-
Andaine
Alençon
Chartres
Barbizon
Fougères
St-Pierre-des-Nids
la Templerie
Ernée
Vitré
Mayenne
Laval
Sury-aux-Bois
la Guerche-de-Bretagne
le Mans
Boulay-les-Barres
Orléans
N 60
Dureil
Oucques
Lorris
la Flèche
Olivet
Souvigny-
en-Sologne
Gien
Vendôme
Nouan-
le-Fuselier
Brinon-s-
Sauldre
Angers
Ancenis
Aubigny-s.-N.
Champtoceaux
les Rosiers
Ch
St-Laurent-des-Autels
Romorantin-
Lanthenay
Doué-la-Fontaine
Chinon
Fontevraud-l'Abbaye
Cholet
Valençay
Bourg
Marçay
Thouars
le Grand-Pressigny
Lencloître
le Petit-
Pressigny
Buzançais
Issoudun
Brue
Neuville-de-Poitou
Leigné-les-Bois
Ardentes
St-An

1 | **2** | **3** | **4**
Rennes Tours | PARIS | Strasbourg
Bordeaux | Lyon
5 | **6** | **7**
Toulouse | Marseille

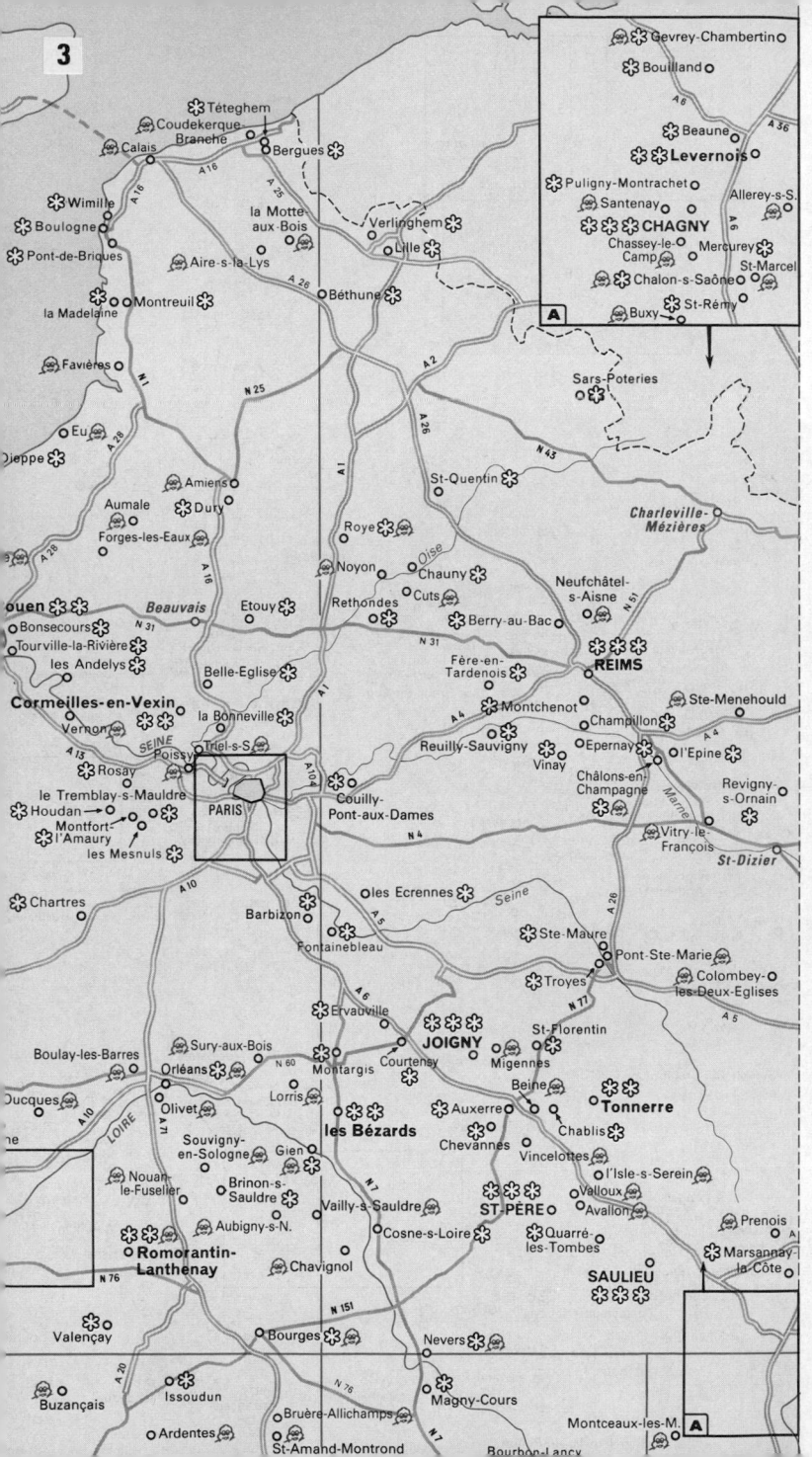

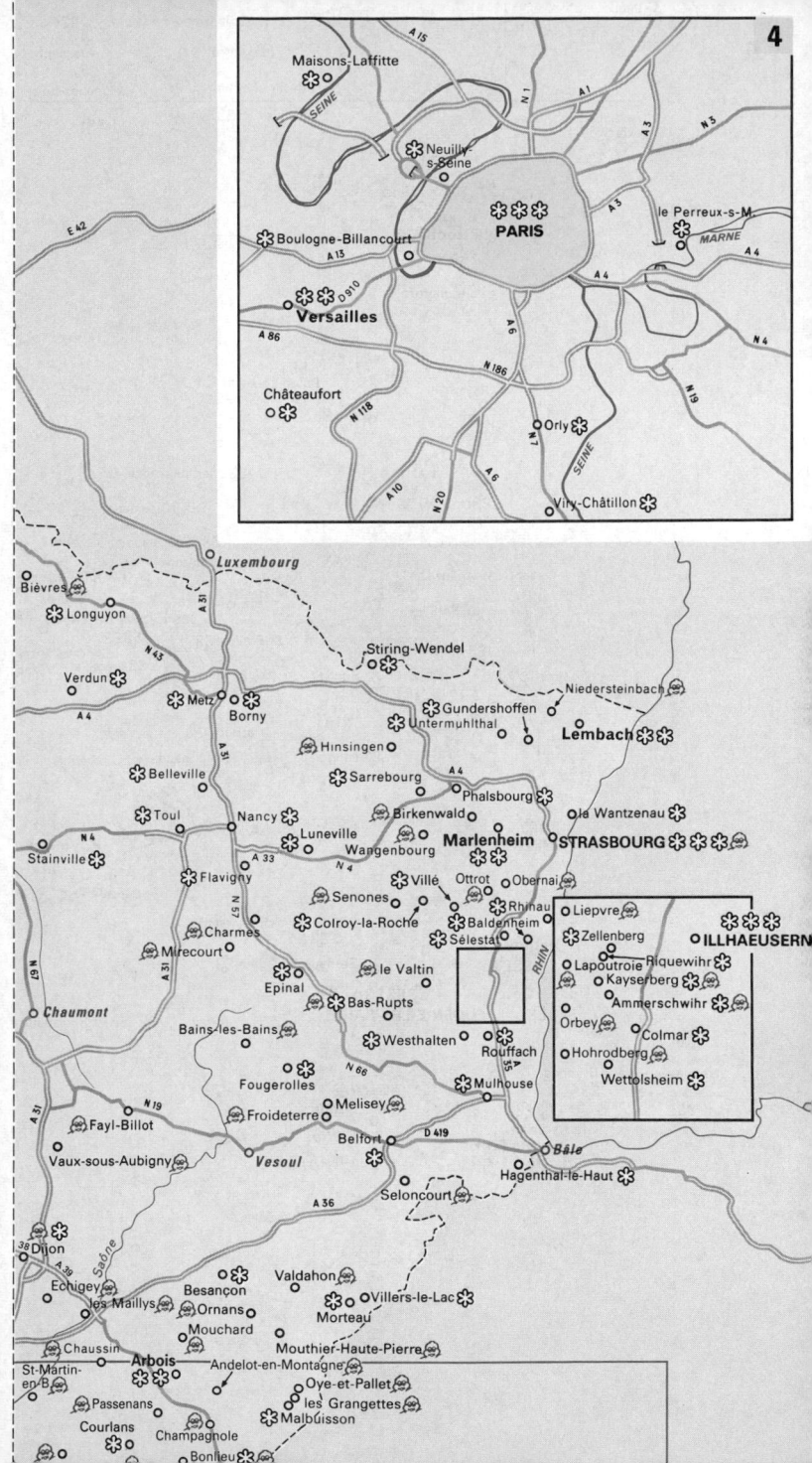

4

Maisons-Laffitte

SEINE

Neuilly-s-Seine

PARIS

le Perreux-s-M.

MARNE

Boulogne-Billancourt

Versailles

Châteaufort

Orly

Viry-Châtillon

Luxembourg

Bièvres

Longuyon

Verdun

Metz Borny

Stiring-Wendel

Niedersteinbach

Gundershoffen
Untermuhlthal

Lembach

Hinsingen

Belleville

Sarrebourg

Phalsbourg

le Wantzenau

Toul

Nancy

Luneville
Wangenbourg

Birkenwald

Marlenheim

STRASBOURG

Stainville

Flavigny

Senones

Villé

Ottrot Obernai

Rhinau

Liepvre

Zellenberg

ILLHAEUSERN

Charmes
Mirecourt

Colroy-la-Roche

Baldenheim
Sélestat

Lapoutroie
Kayserberg

Riquewihr

Chaumont

Epinal

le Valtin

Ammerschwihr

Bas-Rupts

Orbey

Colmar

Bains-les-Bains

Westhalten

Rouffach

Hohrodberg

Wettolsheim

Fougerolles

Melisey

Mulhouse

Fayl-Billot

Froideterre

Belfort

Vesoul

Vaux-sous-Aubigny

Bâle

Hagenthal-le-Haut

Seloncourt

Dijon

Echigey
les Maillys

Besançon

Valdahon

Villers-le-Lac

Ornans
Mouchard

Morteau

Chaussin

St-Martin-en-B.

Arbois

Mouthier-Haute-Pierre

Andelot-en-Montagne

Oye-et-Pallet

Passenans

les Grangettes

Courlans

Champagnole

Malbuisson

Bonlieu

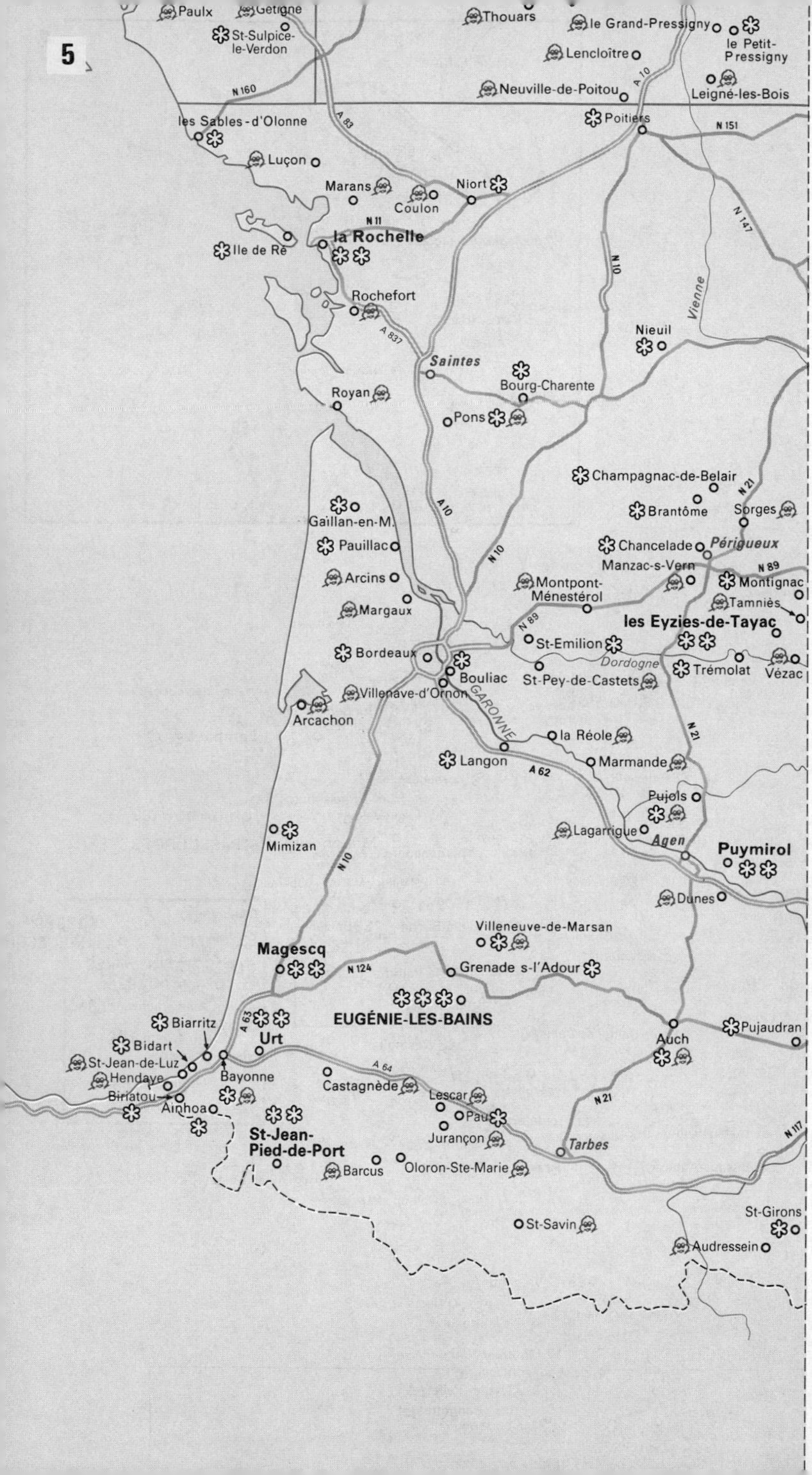

Paulx
Getigné
Thouars
le Grand-Pressigny
le Petit-Pressigny
St-Sulpice-le-Verdon
Lencloître
Leigné-les-Bois
Neuville-de-Poitou
N 160
A 83
Poitiers
N 151
les Sables-d'Olonne
Luçon
N 147
Marans
Niort
Vienne
Coulon
N 11
la Rochelle
Ile de Ré
Rochefort
A 837
N 10
Saintes
Nieuil
Bourg-Charente
Royan
Pons
Champagnac-de-Belair
A 10
N 21
Brantôme
Sorges
Gaillan-en-M.
Chancelade
Périgueux
Pauillac
Manzac-s-Vern
N 89
Montignac
Arcins
Montpont-Ménestérol
Tamniès
Margaux
les Eyzies-de-Tayac
Bordeaux
St-Emilion
Dordogne
Trémolat
Bouliac
Vézac
Villenave-d'Ornon
St-Pey-de-Castets
GARONNE
Arcachon
la Réole
N 21
Langon
Marmande
A 62
Pujols
Lagarrigue
Agen
Mimizan
N 10
Puymirol
Dunes
Villeneuve-de-Marsan
Magescq
Grenade s-l'Adour
N 124
Biarritz
EUGÉNIE-LES-BAINS
Bidart
Urt
A 63
Auch
Pujaudran
St-Jean-de-Luz
Hendaye
Bayonne
Castagnède
Lescar
N 117
Biriatou
Ainhoa
Pau
Jurançon
St-Jean-Pied-de-Port
A 64
N 21
Tarbes
Barcus
Oloron-Ste-Marie
St-Savin
St-Girons
Audressein

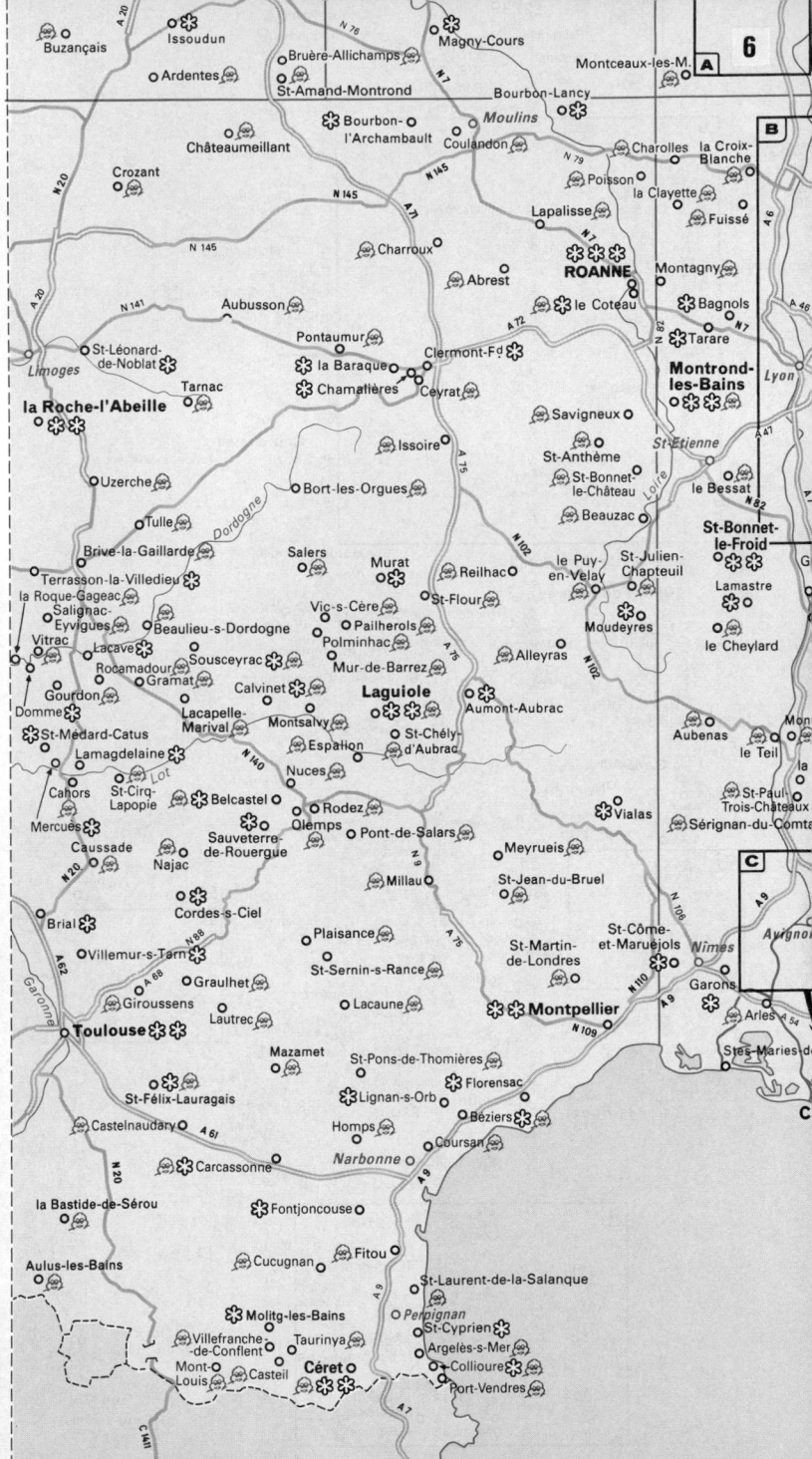

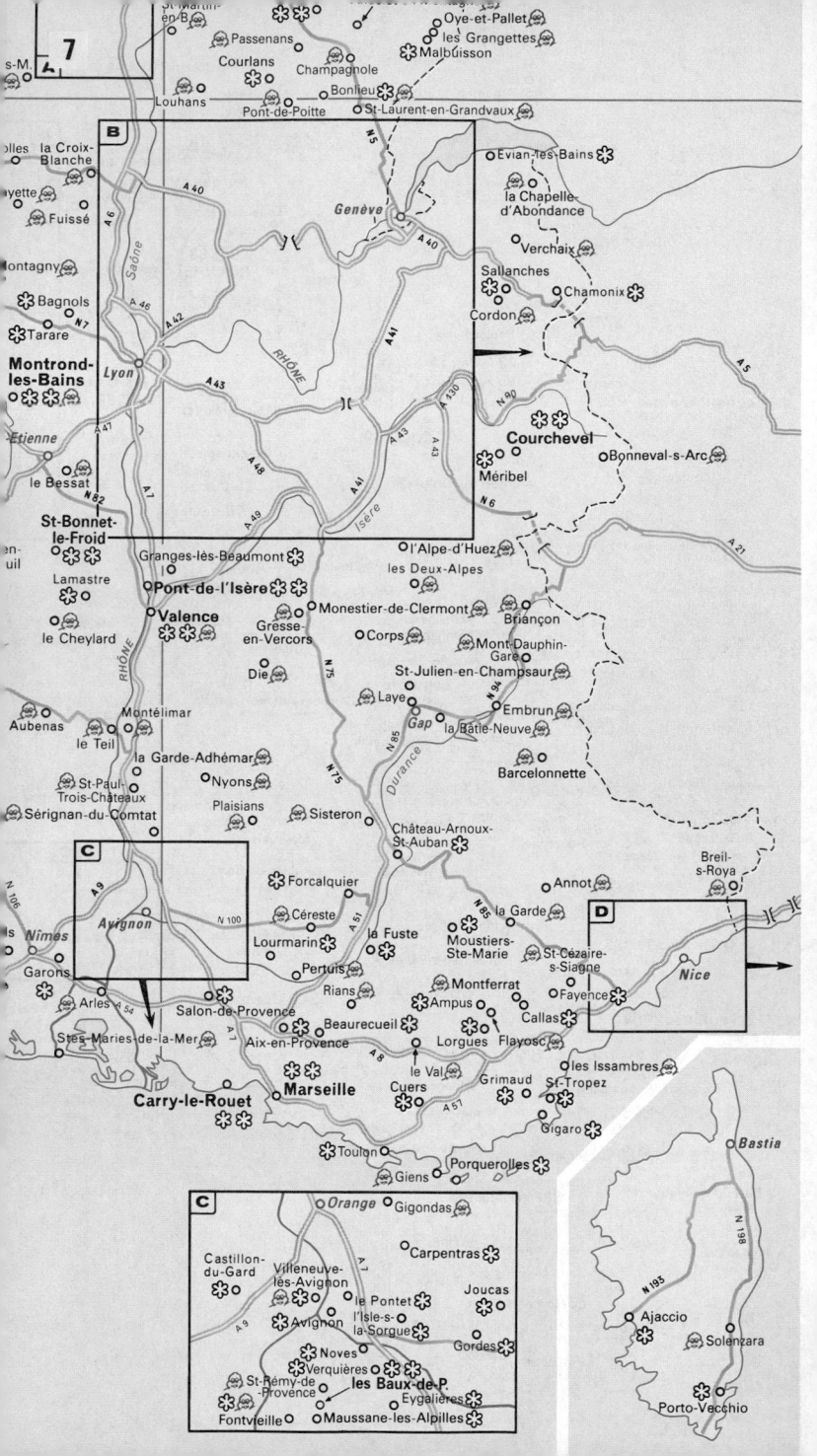

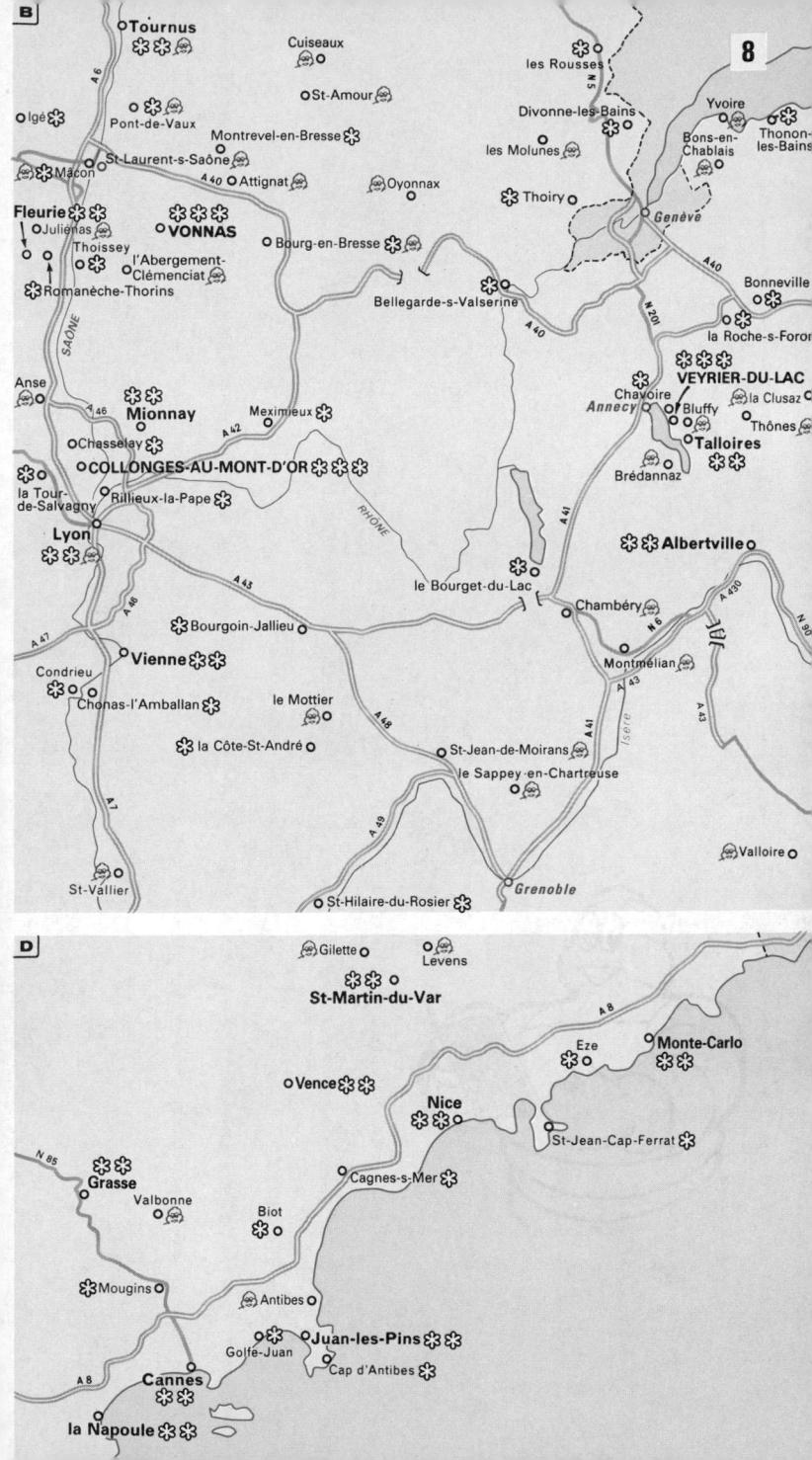

Localités
par ordre alphabétique

Places
in alphabetical order

ABBEVILLE 〈〉 80100 Somme 🗺🗺 ⑥ ⑦ G. Flandres Artois Picardie – 23 787 h alt. 8.

Voir Vitraux★★ de l'église du St-Sépulcre BY – Château de Bagatelle★ BZ – Façade★ de l'église St-Vulfran AZ – Musée Boucher de Perthes★ BY **M**.

Env. St-Riquier : intérieur★★ de l'église★ 9 km par ② – Vallée de la Somme★ SE.

🏌 ℘ 03 22 24 98 58 à Grand-Laviers, E : 4 km par ⑦.

🛈 Office de Tourisme 1 pl. Amiral Courbet ℘ 03 22 24 27 92, Fax 03 22 31 08 26 et pl. Gén.-de-Gaulle (juil.-août).

Paris 180 ③ – Amiens 46 ② – Arras 79 ② – Beauvais 103 ③ – Béthune 87 ② – Boulogne-sur-Mer 80 ① – Dieppe 66 ④ – Le Havre 168 ④ – Rouen 106 ④ – St-Omer 88 ①.

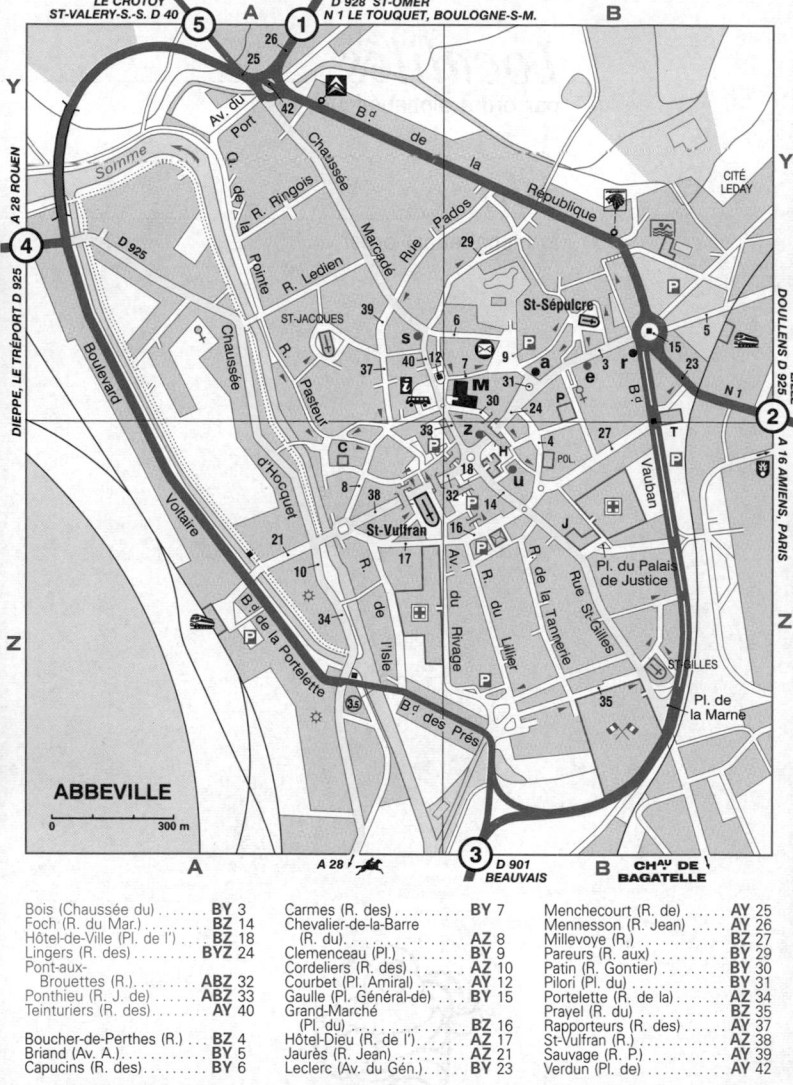

ABBEVILLE

0   300 m

Bois (Chaussée du) ..... **BY** 3	Carmes (R. des) .... **BY** 7	Menchecourt (R. de) ..... **AY** 25
Foch (R. du Mar.) .... **BZ** 14	Chevalier-de-la-Barre	Mennesson (R. Jean) ..... **AY** 26
Hôtel-de-Ville (Pl. de l') .. **BZ** 18	(R. du) .... **AZ** 8	Millevoye (R.) .... **BZ** 27
Lingers (R. des) .... **BYZ** 24	Clemenceau (Pl.) .... **BY** 9	Pareurs (R. aux) .... **AY** 29
Pont-aux-	Cordeliers (R. des) ...... **AZ** 10	Patin (R. Gontier) .... **BY** 30
Brouettes (R.) .... **ABZ** 32	Courbet (Pl. Amiral) ..... **AY** 12	Pilori (Pl. du) .... **BY** 31
Ponthieu (R. J. de) ..... **ABZ** 33	Gaulle (Pl. Général-de) ... **BY** 15	Portelette (R. de la) ..... **AZ** 34
Teinturiers (R. des) ..... **AY** 40	Grand-Marché	Prayel (R. du) .... **BZ** 35
	(Pl. du) .... **BZ** 16	Rapporteurs (R. des) ..... **AY** 37
Boucher-de-Perthes (R.) ... **BZ** 4	Hôtel-Dieu (R. de l') ..... **AZ** 17	St-Vulfran (R.) .... **AY** 38
Briand (Av. A.) .... **BY** 5	Jaurès (R. Jean) .... **AZ** 21	Sauvage (R. P.) .... **AY** 39
Capucins (R. des) .... **BY** 6	Leclerc (Av. du Gén.) ..... **BY** 23	Verdun (Pl. de) .... **AY** 42

Utilisez toujours les **cartes Michelin** récentes.
Pour une dépense minime vous aurez des informations sûres.

🏨 **France**, 19 pl. Pilori 🕿 03 22 24 00 42, Fax 03 22 24 26 15 – |‡| 🍽 rest 📺 🕿 ✆ –
🔬 35 à 70. 🖭 ⑤ 🆐, ✵ rest   BY a
Repas *(fermé 23 déc. au 2 janv.)* 100 🍷, enf. 38 – � 44 – **69 ch** 244/350 – ½ P 275.

🏨 **Relais Vauban** sans rest, 4 bd Vauban 🕿 03 22 25 38 00, Fax 03 22 31 75 97 – 📺 🕿 ✆.
🆐   BY r
⊑ 30 – **22 ch** 240/280.

🏨 **Ibis**, par ② *et rte d'Amiens : 2 km* 🕿 03 22 24 80 80, Fax 03 22 31 75 96, 🏤 – ✳ 📺 🕿 ৬,
🅿 – 🔬 40. 🖭 ⑤ 🆐
Repas 120/140 🍷, enf. 39 – ⊑ 35 – **45 ch** 259/309.

✕✕ **La Corne**, 32 chaussée du Bois 🕿 03 22 24 06 34, Fax 03 22 24 03 65 – 🖭 ⑤ 🆐
fermé sam. midi et dim. – **Repas** carte 130 à 210 🍷.   BY e

✕✕ **Au Châteaubriant**, 1 pl. Hôtel de Ville 🕿 03 22 24 08 23, Fax 03 22 24 22 64 – 🖭 🆐
⊛   *fermé 28 juil. au 13 août, dim. soir et lundi* – **Repas** 85/140 🍷, enf. 40.   BYZ z

✕✕ **L'Escale en Picardie**, 15 r. Teinturiers 🕿 03 22 24 21 51 – 🖭 ⑤ 🆐, ✵   AY s
fermé vacances de fév., dim. soir et lundi – **Repas** - poissons et coquillages - 125/275.

✕ **Condé**, 14 pl. Libération 🕿 03 22 24 06 33 – 🆐   BZ u
⊛   *fermé dim. soir et mardi sauf fériés* – **Repas** 85/195 🍷, enf. 44.

CITROEN Auto Diffusion de Picardie, 214 bd   RENAULT Palais Autom., ZI rte de Doullens par
République 🕿 03 22 24 30 80   ② 🕿 03 22 24 29 80 🛚 🕿 03 22 31 52 23
FORD Viking-Autom., 29 chaussée d'Hocquet
🕿 03 22 24 08 54   🛢 Lagrange Pneus, 76 rte de Doullens
PEUGEOT Gds Gar. de l'Avenir, 8-22 bd de la   🕿 03 22 24 14 72
République 🕿 03 22 24 77 55 🛚 🕿 03 22 31 53 25

L'ABERGEMENT-CLÉMENCIAT *01 Ain* 🔢 ② – *rattaché à Châtillon-sur-Chalaronne.*

ABLIS *78660 Yvelines* 🔢 ⑨, 🔢 ㊵ – *2 033 h alt. 151.*
Paris 63 – Chartres 31 – Étampes 30 – Mantes 65 – Orléans 75 – Rambouillet 14 – Versailles 47.

à l'Ouest : *6 km par D 168 – ⊠ 28700 St-Symphorien-le-Château :*

🏰 **Château d'Esclimont** Ⓜ ৯, 🕿 02 37 31 15 15, Fax 02 37 31 57 91, ≤, 🏤, « Parc,
étang, forêt », ⽔, ✕ – |‡| 📺 🕿 🅿 – 🔬 120. 🖭 ⑤ 🆐 🖫, ✵ rest
Repas 260 bc *(déj.)*, 320/495, enf. 100 – ⊑ 90 – **47 ch** 600/1850, 6 appart – ½ P 755/1355.

ABONDANCE *74360 H.-Savoie* 🔢 ⑱ *G. Alpes du Nord* – *1 251 h alt. 930* – *Sports d'hiver : 930/
1 650 m ≤ 1 ৬ 8 ﹩.*
Voir *Abbaye★ : Fresques★★ du cloître.*
🛈 Office de Tourisme 🕿 04 50 73 02 90.
Paris 597 – Thonon-les-Bains 28 – Annecy 100 – Évian-les-Bains 30 – Morzine 26.

🏨 **Les Touristes**, 🕿 04 50 73 02 15, Fax 04 50 73 04 20, 🏤, 🖃 – 📺 🕿 🅿. 🆐, ✵ rest
1ᵉʳ juin-30 sept. et vacances de Noël-début avril – **Repas** 98/260, enf. 48 – ⊑ 40 – **21 ch**
200/350 – ½ P 220/300.

CITROEN Gar. Trincaz, à Richebourg   RENAULT, TOYOTA Gar. des Alpes,
🕿 04 50 73 03 16   🕿 04 50 73 01 41 🛚 🕿 04 50 73 01 41

ABRESCHVILLER *57560 Moselle* 🔢 ⑧ – *1 233 h alt. 340.*
Paris 436 – Strasbourg 81 – Baccarat 47 – Lunéville 61 – Phalsbourg 24 – Sarrebourg 17.

✕✕ **Aub. de la Forêt**, à Lettenbach : 0,5 km 🕿 03 87 03 71 78, Fax 03 87 03 79 96, 🏤 – 🅿.
🆐
fermé 23 déc. au 10 janv. et lundi – **Repas** 59 *(déj.)*, 130/190 🍷, enf. 65.

ABREST *03 Allier* 🔢 ⑤ – *rattaché à Vichy.*

ACCOLAY *89460 Yonne* 🔢 ⑤ – *377 h alt. 125.*
Paris 188 – Auxerre 23 – Avallon 31 – Tonnerre 42.

✕✕ **Host. de la Fontaine** ৯ avec ch, 🕿 03 86 81 54 02, Fax 03 86 81 52 78, 🏤, 🖃 – 🕿 🅿.
🖭 🆐
fermé 2 janv. au 1ᵉʳ fév., dim. soir et lundi de nov. à mars – **Repas** 95/240 🍷, enf. 55 – ⊑ 32
– **11 ch** 250/300 – ½ P 270/290.

ADÉ *65 H.-Pyr.* 🔢 ⑧ – *rattaché à Lourdes.*

Les ADRETS-DE-L'ESTÉREL 83600 Var **84** ⑧, **114** ㉕, **115** ㉝ – 1 474 h alt. 295.

Env. *Mt Vinaigre* ≈ ★★★ *S : 8 km puis 30 mn*, G. Côte d'Azur.

🛈 *Office de Tourisme pl. de la Mairie ℘ 04 94 40 93 57.*

Paris 884 – Fréjus 17 – Cannes 25 – Draguignan 43 – Grasse 30 – Mandelieu-la-Napoule 16 – St-Raphaël 18.

🏨 **Le Chrystalin** ⌖, chemin des Philippons, près église ℘ 04 94 40 97 56, Fax 04 94 40 94 66, ≤, 🌣, ⌙ – 📺 ☎ 🅿, 🖭 GB
1ᵉʳ mars-31 oct. et fermé le midi du 1ᵉʳ mars au 1ᵉʳ juin – **Repas** 105/155 – ⬡ 55 – **11 ch** 400/650, 3 duplex – ½ P 420/530.

🏠 **La Verrerie** ⌖ sans rest, ℘ 04 94 40 93 51, ≈ – 📺 ☎ 🅿. GB
1ᵉʳ avril-30 sept. – ⬡ 40 – **7 ch** 250/310.

au Sud-Est : *3 km par D 237 et N 7* – ✉ *83600 Les Adrets-de-l'Esterel :*

🏛 **Aub. des Adrets** avec ch, ℘ 04 94 40 36 24, Fax 04 94 40 34 06, 🌣, ≈ – 📺 ☎ 📞 🅿. GB
fermé 1ᵉʳ nov. au 1ᵉʳ déc. – **Repas** *(fermé dim. soir et lundi sauf juil.-août)* 138 et carte 205 à 310, enf. 55 – ⬡ 58 – **8 ch** 500/850 – ½ P 473/603.

AFA *2A Corse-du-Sud* **90** ⑯ – *voir à Corse (Ajaccio).*

AGAY 83530 Var **84** ⑧, **114** ㉘, **115** ㉝ ㉞ G. Côte d'Azur.

🐚 *du Cap Estérel ℘ 04 94 82 55 00, S : 2 km par N 98.*

🛈 *Office de Tourisme bd de la Plage, N 98 ℘ 04 94 82 01 85, Fax 04 94 82 74 20.*

Paris 884 – Fréjus 13 – Cannes 32 – Draguignan 44 – Nice 63 – St-Raphaël 9.

🏛 **France-Soleil** sans rest, ℘ 04 94 82 01 93, Fax 04 94 82 73 95 – 📺 ☎ 🅿. 🖭 GB 🇯🇨🇧
Pâques-oct. – ⬡ 48 – **18 ch** 420/580.

Une réservation confirmée par écrit est toujours plus sûre.

AGDE 34300 Hérault **83** ⑮ ⑯ G. Gorges du Tarn **(plan)** – 17 583 h alt. 5 – Casino .

Voir *Ancienne cathédrale St-Étienne★*.

🐚 *de St-Martin-Cap-d'Agde ℘ 04 67 26 54 40, S : 4 km par D 32ᴱ.*

🛈 *Office de Tourisme 1 place Molière ℘ 04 67 94 29 68, Fax 04 67 94 03 50.*

Paris 770 – Montpellier 53 – Béziers 24 – Lodève 60 – Millau 119 – Sète 24.

🏨 **Athéna** M sans rest, Sud-Est : 2 km par D 32ᴱ¹⁰, rte de Cap d'Agde ℘ 04 67 94 21 90, Fax 04 67 94 80 80, ⌙ – 📺 ☎ ⌖ ⇦ 🅿. GB
⬡ 35 – **24 ch** 400.

à La Tamarissière *Sud-Ouest : 4 km par D 32ᴱ¹²* – ✉ *34300 Agde :*

🏩 **La Tamarissière**, ℘ 04 67 94 20 87, Fax 04 67 21 38 40, 🌣, « Jardin fleuri », ⌙ – 📺 ☎ 🅿 – 🔏 25. 🖭 ⓪ GB
fermé 2 janv. au 15 mars – **Repas** *(fermé lundi midi du 15 juin au 15 sept., dim. soir et lundi du 15 sept. au 15 juin)* 155/350 – ⬡ 65 – **27 ch** 500/575 – ½ P 550/590.

au Grau d'Agde *Sud-Ouest : 4 km par D 32ᴱ* – ✉ *34300 :*

🏛 **L'Adagio**, ℘ 04 67 21 13 00, Fax 04 67 21 43 00, 🌣 – ≡. GB
fermé 18 nov. au 6 déc. et merc. d'oct. à fév. – **Repas** 102/230.

au Cap d'Agde *Sud-Est : 5 km par D 32ᴱ¹⁰* – ✉ *34300 Agde :.*

Voir *Ephèbe d'Agde★ au musée de l'Ephèbe.*

🏩 **du Golf** sans rest, Ile des Loisirs ℘ 04 67 26 87 03, Fax 04 67 26 26 89, ⌙, 🐚 – ≡ 📺 ☎ ⌖ 🅿 – 🔏 60. 🖭 ⓪ GB
1ᵉʳ mai-30 sept. – ⬡ 55 – **50 ch** 630/660.

🏩 **Capaō**, av. Corsaires ℘ 04 67 26 99 44, Fax 04 67 26 55 41, 🌣, 🎿, 🐚, ≈ – ≡ 📺 ☎ ⌖ 🅿 – 🔏 45. 🖭 ⓪ GB
1ᵉʳ avril-31 oct. – **Repas** 95/195, enf. 46 – ⬡ 50 – **46 ch** 555/705, 9 duplex – ½ P 460/525.

🏩 **St-Clair** sans rest, pl. St-Clair ℘ 04 67 26 36 44, Fax 04 67 26 31 11, ⌙ – 🔏 ≡ 📺 ☎ 🅿 – 🔏 25. 🖭 ⓪ GB
1ᵉʳ avril-31 oct. – ⬡ 40 – **60 ch** 505/605.

🏨 **Les Pins** sans rest, Mont-St-Martin ℘ 04 67 26 00 11, Fax 04 67 26 66 63, ⌙, ≈ – 📺 ☎ 🅿. GB 🇯🇨🇧
1ᵉʳ avril-15 oct. – ⬡ 45 – **40 ch** 470/700.

🏠 **Azur** M sans rest, 18 av. Iles d'Amérique ℘ 04 67 26 98 22, Fax 04 67 26 48 14, ⌙ – 📺 ☎ 📞 🅿. 🖭 GB
⬡ 32 – **34 ch** 350/400.

🏠 **Les Grenadines** 🦞, 6 impasse Marie Céleste 𝒫 04 67 26 27 40, Fax 04 67 26 10 80 – 📺
🦞 ☎ 🕭 🅿 ⚙
Pâques-oct. – **Repas** (snack) 69 (dîner), 80/150 – ⊡ 35 – **19 ch** 410 – ½ P 325.

🏠 **Alizé** sans rest, av. Alizés 𝒫 04 67 26 77 80, Fax 04 67 01 26 21, 🏊 – cuisinette 📺 ☎ 🕭 🅿.
🆀 ⚙
Pâques-fin sept. – ⊡ 36 – **33 ch** 360/410.

CITROEN Agde Auto, 21 av. R.-Pitet
𝒫 04 67 94 24 84
CITROEN Gar. Four, 12 av. Gén.-de-Gaulle
𝒫 04 67 94 11 41 🅽 𝒫 04 67 94 82 01
RENAULT Occitane Auto, ZI rte de Sète
𝒫 04 67 94 22 81 🅽 𝒫 08 00 05 15 15

🔘 Gautrand Pneus Vulco, rte de Sète
𝒫 04 67 94 30 60

AGEN 🅿 47000 L.-et-G. 🟦🟦 ⑮ *G. Pyrénées Aquitaine* – 30 553 h alt. 50.
Voir *Musée*★★ **AXY M.**
Env. *Église de Moirax*★ *9 km par* ④.
🏌 Agen-Bon Encontre 𝒫 05 53 96 95 78, *par* ③.
✈ d'Agen-la-Garenne : 𝒫 05 53 96 22 50, SO : 3 km.
🛈 Office de Tourisme 107 bd Carnot 𝒫 05 53 47 36 09, Fax 05 53 47 29 98.
Paris 719 ① – *Auch 74* ④ – *Bordeaux 142* ⑤ – *Pau 164* ⑤ – *Périgueux 140* ① – *Toulouse 119* ⑤.

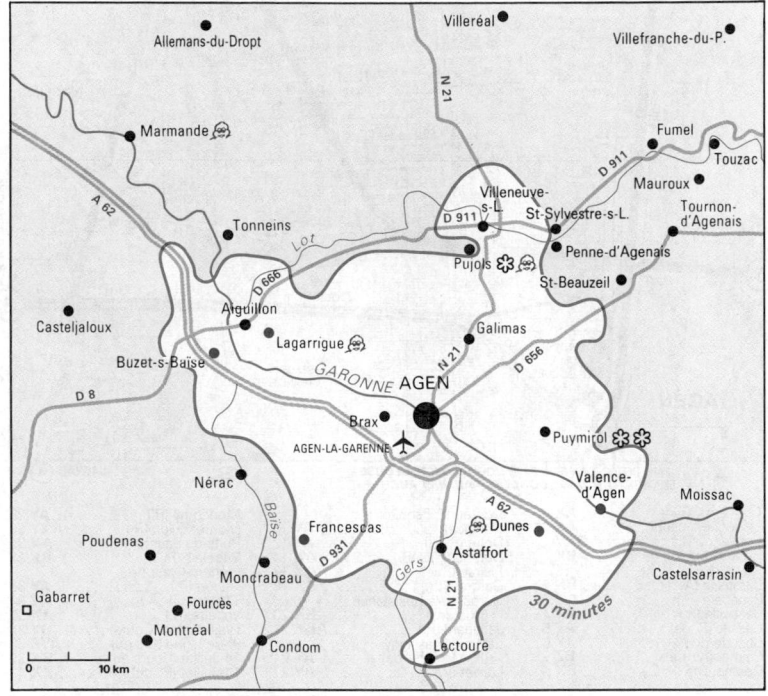

🏨 **Host. des Jacobins** 🦞 sans rest, 1 ter pl. Jacobins 𝒫 05 53 47 03 31,
Fax 05 53 47 02 80 – 🔆 🍴 📺 ☎ 🅿 🆀 ① ⚙ 🆎   AY f
⊡ 70 – **15 ch** 400/600.

🏨 **Le Provence** sans rest, 22 cours 14 Juillet 𝒫 05 53 47 39 11, Fax 05 53 68 26 24 – 🛗 🍴
📺 ☎ 📶 🆀 ⚙   BX s
⊡ 35 – **20 ch** 275/330.

🏨 **Atlantic H.** sans rest, 133 av. J. Jaurès par ③ 𝒫 05 53 96 16 56, Fax 05 53 98 34 80, 🏊 – 🛗
📺 ☎ 📶 🕭 ⏵, 🆀 ① ⚙
fermé 24 déc. au 2 janv. – ⊡ 33 – **44 ch** 240/320.

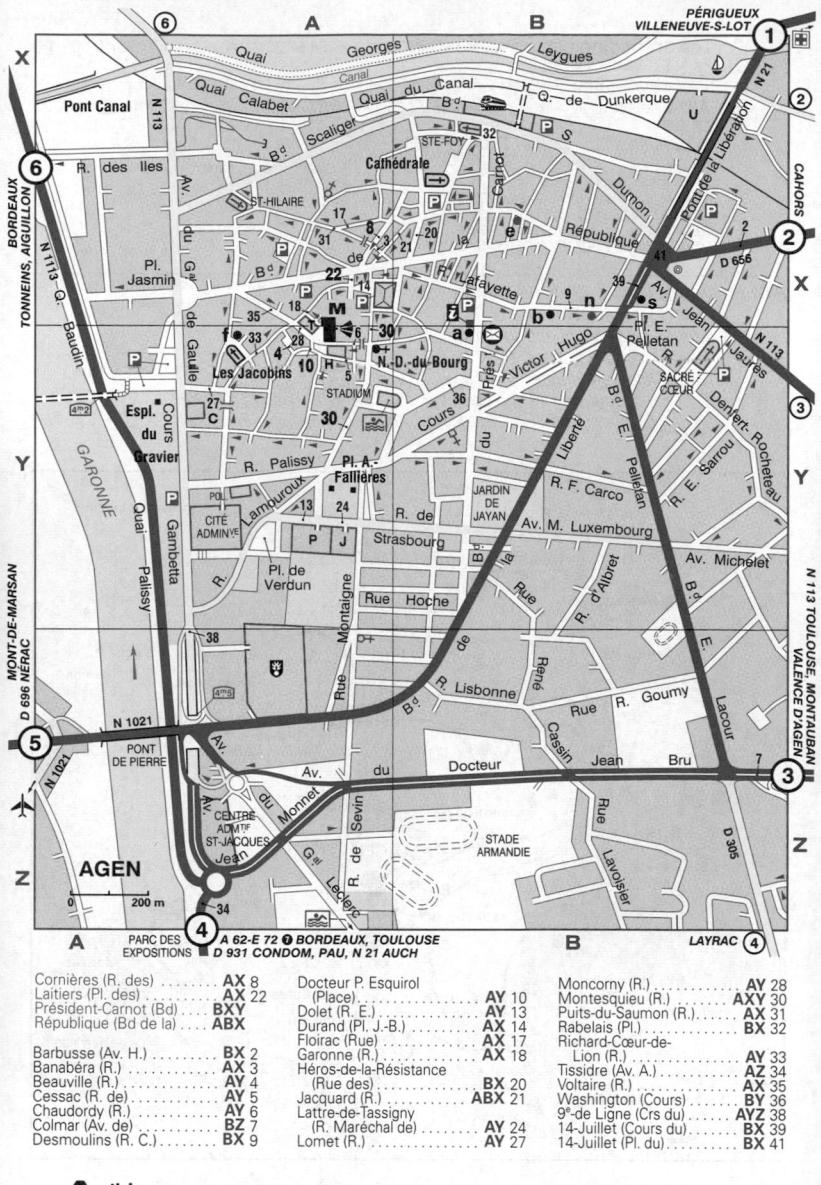

🏠 **Ibis** sans rest, 16 r. C. Desmoulins ℰ 05 53 47 43 43, Fax 05 53 47 68 54 – 📶 ⋟⋟ 📺 ☎ ✦ ♿
⟵ 🅿 🆎 ⓞ ⤹
🛏 35 – **56 ch** 295/330.
BX b

🏠 **Stim'Otel**, 105 bd Carnot ℰ 05 53 47 31 23, Fax 05 53 47 48 70 – 📶 🍴 📺 ☎ ♿ – 🔒 40.
🆎 ⤹
fermé sam. midi et dim. midi – **Repas** 81/150 ♨, enf. 42 – 🛏 36 – **58 ch** 290.
BY a

🏠 **Campanile**, par ⑤ : 3 km ℰ 05 53 68 08 08, Fax 05 53 98 32 46 – ⋟⋟ ☰ rest 📺 ☎ ✦ ♿
🅿 🆎 ⓞ ⤹
Repas 84 bc/107 bc, enf. 39 – 🛏 32 – **48 ch** 278.

XXX **Michel Latrille,** 66 r. C. Desmoulins ℰ 05 53 66 24 35, Fax 05 53 66 77 57 – ■. AE ⓞ GB
fermé 2 au 15 juin, sam. midi et dim. – **Repas** 105/310 et carte 310 à 400.   BX **n**

X **La Bohème,** 14 r. E. Sentini ℰ 05 53 68 31 00, 🍴 – GB   BX **e**
🍴 *fermé 1ᵉʳ au 10 sept., 1ᵉʳ au 10 fév., merc. soir sauf juil.-août et dim.* – **Repas** 57 (déj.),
69/130 bc ⅃, enf. 40.

à Galimas *par ① : 11 km –* ⊠ *47340 La Croix-Blanche :*

🏡 **La Sauvagère,** ℰ 05 53 68 81 21, Fax 05 53 68 82 19, 🌳 – TV ☎ ⅃ P. AE ⓞ GB
fermé 20 déc. au 20 janv., lundi en sais. et dim. hors sais. – **Repas** 115/165, enf. 55 – 🍽 40 –
12 ch 248/384 – ½ P 245/310.

rte de Toulouse *par ③ : 6 km sur N 113 –* ⊠ *47550 Boé :*

🏰 **Château St Marcel** M ♨, ℰ 05 53 96 61 30, Fax 05 53 96 94 33, parc, « Demeure du
17ᵉ siècle, ♨ », ※ – ■ TV ☎ ⅃ P – ♨ 50. AE ⓞ GB JCB
Repas *(fermé dim. soir et lundi d'oct à mai)* 160/250 – 🍽 65 – **25 ch** 600/950 – ½ P 525/
975.

à Brax *par ⑤ et D 119 : 6 km – 1 370 h. alt. 49 –* ⊠ *47310 :*

🏰 **La Renaissance de l'Étoile,** ℰ 05 53 68 69 23, Fax 05 53 68 62 89, 🌳, « Jardin
fleuri » – TV ☎ ⅃ P. AE ⓞ GB JCB
Repas 105/195 ⅃, enf. 60 – 🍽 42 – **10 ch** 220/305 – ½ P 310.

rte de Bordeaux *par ⑦ : 1,5 km –* ⊠ *47450 Colayrac :*

XX **La Corne d'Or** avec ch, N 113 ℰ 05 53 47 02 76, Fax 05 53 66 87 23 – ■ rest TV ☎ ⅃ P –
♨ 30. AE ⓞ GB
fermé 12 juil. au 11 août et dim. soir – **Repas** 100/230 – 🍽 35 – **14 ch** 260/320 – ½ P 225/
245.

HONDA Gar. Boudou, av. Gén.-Leclerc
ℰ 05 53 68 34 34
JAGUAR Gar. Tastets, 182 bd Liberté
ℰ 05 53 47 10 63

OPEL Palissy Garage, av. du Docteur Jean-Bru
ℰ 05 53 77 88 88 ⋈ ℰ 05 53 98 11 11
RENAULT SAVRA, r. du Midi Agen Sud par ④
ℰ 05 53 77 70 20 ⋈ ℰ 05 53 68 94 61

Périphérie et environs

ALFA ROMEO, FIAT Pradat Auto, 25 av. de Bigorre
à Boé ℰ 05 53 96 43 78
BMW Gar. Chollet, rte de Toulouse à Boé
ℰ 05 53 96 29 55
CITROEN S.A.G.G., bd E.-Lacour prolongé à Boé
ℰ 05 53 77 55 55 ⋈ ℰ 05 53 77 55 55
FORD Malbet Autom., av. Gén.-Leclerc à Boé
ℰ 05 53 77 15 40
MERCEDES Gar. TVI, rte de Toulouse à Bon
Encontre ℰ 05 53 96 22 25

NISSAN Gar. Leberon, rte de Toulouse à Lafox
ℰ 05 53 68 52 94

🔧 Euromaster, rte de Layrac à Boé
ℰ 05 53 96 46 43
Faure Pneu, ZI J.-Malèze à Bon-Encontre
ℰ 05 53 96 08 63
Villeneuve Pneus, N 113 Lafon à Bon Encontre
ℰ 05 53 98 28 18

AGON-COUTAINVILLE *50230 Manche* 54 ⑫ *G. Normandie Cotentin – 2 510 h alt. 36 – Casino.*
📞 ℰ 02 33 47 03 31.
🎫 *Office de Tourisme pl. 28 Juillet 1944* ℰ 02 33 47 01 46, Fax 02 33 45 47 68.
Paris 342 – Barneville-Carteret 48 – Carentan 43 – Cherbourg 78 – Coutances 13 – St-Lô 42.

🏨 **Neptune** sans rest, à Coutainville-centre ℰ 02 33 47 07 66, ⬅ – ☎. AE ⓞ GB
22 mars-1ᵉʳ oct. – 🍽 47 – **11 ch** 340/400.

XX **Hardy** avec ch, à Coutainville-centre ℰ 02 33 47 04 11, Fax 02 33 47 39 00 – TV ☎. AE ⓞ
GB
fermé 15 janv. au 10 fév., dim. soir et lundi d'oct. à mars sauf vacances scolaires et fériés –
Repas 110/350 ⅃ – 🍽 48 – **16 ch** 270/500 – ½ P 325/390.

AGOS-VIDALOS *65 H.-Pyr.* 85 ⑰ *– rattaché à Argelès-Gazost.*

AGUESSAC *12520 Aveyron* 80 ⑭ *– 811 h alt. 375.*
Paris 643 – Mende 92 – Rodez 60 – Florac 69 – Millau 9 – Sévérac-le-Château 24.

🏡 **Le Rascalat,** Nord-Ouest : 2 km sur N 9 ℰ 05 65 59 80 43, Fax 05 65 59 73 90, 🍴, 🌳 –
TV ☎ P. GB
fermé janv., fév., dim. soir et lundi d'oct. à déc. – **Repas** 100/240 – 🍽 35 – **18 ch** 190/350 –
½ P 203/285.

Pour aller loin rapidement,
utilisez les **cartes Michelin** *des pays d'***Europe** *à 1/1 000 000.*

L'AIGLE 61300 Orne **60** ⑤ G. Normandie Vallée de la Seine – 9 466 h alt. 220.

🛈 Office de Tourisme pl. F.-de-Beina ℘ 02 33 24 12 40, Fax 02 33 34 23 77.

Paris 139 – Alençon 62 – Chartres 81 – Dreux 61 – Évreux 56 – Lisieux 59.

🏠 **Dauphin**, pl. Halle ℘ 02 33 84 18 00, Fax 02 33 34 09 28 – 📺 ☎ ❦ 🅿 – 🛦 25 à 100. ＡＥ ⓞ GB JCB

Repas (fermé 4 au 17 août, 17 fév. au 9 mars, dim. soir et lundi) 150/440 bc, enf. 70 - **La Renaissance** (brasserie) **Repas** 67/85 ⅃, enf. 47 – ☑ 45 – **30 ch** 359/461 – ½ P 354/401.

à l'Est : 3,5 km par rte de Chartres – ⊠ 61300 L'Aigle :

XX **Aub. St-Michel**, N 26 ℘ 02 33 24 20 12, Fax 02 33 34 96 62, 🏤 – 🅿. ⓞ GB

fermé 3 au 20 janv., merc. soir et jeudi – **Repas** 87 bc/168 ⅃, enf. 45.

PEUGEOT BG Autom., à St-Sulpice-sur-Risle ℘ 02 33 24 14 66
RENAULT Gar. Pavard, rte de Paris à St-Sulpice-sur-Risle ℘ 02 33 24 18 99 Ⓝ ℘ 02 33 24 51 50
RENAULT Gar. Dano, 4 r. L.-Pasteur ℘ 02 33 24 00 34

VAG Gar. Poirier, N 26 à St-Michel-Tuboeuf ℘ 02 33 24 02 43

⑩ Lallemand Pneus, rte de Paris à St-Sulpice-sur-Risle ℘ 02 33 24 48 24

AIGUEBELETTE-LE-LAC 73 Savoie **74** ⑮ G. Alpes du Nord – 170 h alt. 410.

Voir Lac★ – Site★ de la Combe.

Paris 557 – Grenoble 59 – Belley 36 – Chambéry 24 – Voiron 37.

à la Combe Sud : 4 km par D 41 – ⊠ 73610 Aiguebelette :

XX **de la Combe "chez Michelon"** ⌘ avec ch, ℘ 04 79 36 05 02, Fax 04 79 44 11 93, ≤ Lac, 🏤 – ☎ 🅿. GB. ❧

fermé 30 oct. au 3 déc., lundi soir et mardi de sept. à mai – **Repas** 130/240, enf. 72 – ☑ 38 – **9 ch** 204/315 – ½ P 268/344.

à Novalaise-Lac – 1 234 h. alt. 427 – ⊠ 73470 :

🏠 **Novalaise-Plage** ⌘, ℘ 04 79 36 02 19, Fax 04 79 36 04 22, ≤ lac, 🏤, 🐾, 🚗 – ☎ 🅿. GB

1er avril-30 sept. et fermé mardi sauf du 15 juin au 15 sept. – **Repas** 95/190 – ☑ 35 – **10 ch** 250/350 – ½ P 250/350.

à St-Alban-de-Montbel – 418 h. alt. 400 – ⊠ 73610 :

🏠 **St-Alban-Plage** ⌘ sans rest, Nord-Est : 1,5 km D 921 ℘ 04 79 36 02 05, Fax 04 79 44 10 37, ≤ Lac, 🐾, 🚗 – 📺 ☎ 🅿. GB

Pâques-oct. – ☑ 38 – **16 ch** 180/390.

à Attignat-Oncin – 398 h. alt. 570 – ⊠ 73610 :

XX **Mont-Grêle** ⌘ avec ch, ℘ 04 79 36 07 06, Fax 04 79 36 09 54, ≤, 🏤, 🏊, 🚗 – 📺 ☎ 🅿. GB

fermé 2 janv. au 15 fév., mardi soir et merc. sauf juil.-août – **Repas** 115/180, enf. 68 – ☑ 38 – **11 ch** 190/270 – ½ P 245/295.

AIGUEBELLE 83 Var **84** ⑰., **114** ⑱ – rattaché au Lavandou.

AIGUES-MORTES 30220 Gard **83** ⑧ G. Provence **(plan)** – 4 999 h alt. 3.

Voir Remparts★★ et tour de Constance★★ – ⁂★★ – Tour Carbonnière ⁂★ NE : 3,5 km.

🛈 Office de Tourisme porte de la Gardette ℘ 04 66 53 73 00, Fax 04 66 53 65 94.

Paris 748 – Montpellier 32 – Arles 49 – Nîmes 42 – Sète 54.

🏠 **Templiers** ⌘ sans rest, 23 r. République ℘ 04 66 53 66 56, Fax 04 66 53 69 61, « Demeure du 17e siècle » – 🗏 📺 ☎ & 🚗. ＡＥ ⓞ GB

23 mars-1er nov. – ☑ 45 – **10 ch** 500/750.

🏠 **St-Louis**, 10 r. Amiral Courbet ℘ 04 66 53 72 68, Fax 04 66 53 75 92, 🏤 – 📺 ☎ 🚗. ＡＥ ⓞ GB

hôtel : 15 mars-15 nov. ; rest. : 1er avril-31 oct. – **Repas** 98/195, enf. 60 – ☑ 45 – **22 ch** 290/490 – ½ P 295/380.

🏠 **Croisades** sans rest, 2 r. Port ℘ 04 66 53 67 85, Fax 04 66 53 72 95 – 🗏 📺 ☎ & 🅿. GB. ❧

fermé 15 nov. au 15 déc. et 15 janv. au 15 fév. – ☑ 36 – **14 ch** 250/260.

XX **Arcades** Ⓜ avec ch, 23 bd Gambetta ℘ 04 66 53 81 13, Fax 04 66 53 75 46, 🏤, « Demeure du 16e siècle » – 🗏 📺 ☎. ＡＥ ⓞ GB JCB. ❧ ch

fermé 13 au 28 nov., 13 fév. au 5 mars – **Repas** (fermé lundi sauf le soir en juil.-août et mardi midi sauf fériés) 128/250, enf. 60 – **6 ch** ☑ 480/550.

X **Maguelone**, 38 r. République ℘ 04 66 53 74 60, 🏤 – ＡＥ GB

fermé nov., 2 janv. au 28 fév. et du lundi au jeudi du 15 oct. au 31 mars – **Repas** carte 140 à 220.

rte de Nîmes *Nord-Est : 1,5 km –* ⊠ *30220 Aigues-Mortes :*

🏨 **Royal H.,** 𝒫 04 66 53 66 40, Fax 04 66 53 72 29, 🌧, 🏊 – 🗏 ch 📺 ☎ 🅿. 🟩
🍴 Repas 64/170, enf. 40 – ☷ 30 – **44 ch** 263/286 – ½ P 233.

RENAULT Gar. Guyon Autom., 𝒫 04 66 53 81 10 🅽 𝒫 04 66 53 81 10

AIGUILLON *47190 L.-et-G.* 🔟🔟 ⑭ *– 4 169 h alt. 35.*
Paris 688 – Agen 31 – Houeillès 30 – Marmande 36 – Nérac 28 – Villeneuve-sur-Lot 34.

🏨 **La Terrasse de l'Étoile,** *cours A.-Lorraine* 𝒫 05 53 79 64 64, Fax 05 53 79 46 48, 🌧, 🏊
🍴 – 📺 🕭 🕭 – 🍴 25. 🄰🄴 🟩
Repas 75/200 🍷, enf. 45 – ☷ 28 – **18 ch** 190/260 – ½ P 220.

à Lagarrigue *Est : 4,5 km par D 278 et rte secondaire – 280 h. alt. 105 –* ⊠ *47190 :*

🍴🍴 **Aub. des 4 Vents,** 𝒫 05 53 79 62 18, Fax 05 53 88 73 82, ⩽ *Aiguillon et environs,* 🌧,
🍷 🌧 – 🅿. 🟩
fermé vacances de fév., dim. soir et lundi sauf juil.-août – Repas 95 (déj.), 100/198, enf. 60.

AILEFROIDE *05 H.-Alpes* 🔟🔟 ⑰ *– rattaché à Pelvoux (Commune de).*

AIME *73210 Savoie* 🔟🔟 ⑱ *G. Alpes du Nord – 2 963 h alt. 690.*
Voir *Ancienne basilique St-Martin*★.
🅱 *Office de Tourisme av. Tarentaise* 𝒫 04 79 55 67 00.
Paris 625 – Albertville 42 – Bourg-St-Maurice 12 – Chambéry 89 – Moutiers 15.

🏨 **Palanbo** *sans rest, av. de Tarentaise* 𝒫 04 79 55 67 55, Fax 04 79 09 70 74 – 📺 ☎ 🕭 🅿. 🄰🄴
🄾 🟩
☷ 30 – **20 ch** 260/320.

🏨 **Le Cormet** *sans rest, av. de Tarentaise* 𝒫 04 79 09 71 14, Fax 04 79 55 53 26 – 📺 ☎ 🅿.
🟩. 🎿
fermé 15 au 30 juin et dim. en nov. – ☷ 30 – **14 ch** 240/300.

🍴🍴 **L'Atre,** *av. de Tarentaise* 𝒫 04 79 09 75 93 – 🟩
🍴 *fermé 27 mai au 10 juin et mardi –* Repas 85/155 🍷.

🔘 Olympic Pneus Vulco, 𝒫 04 79 09 75 99

AINCILLE *64 Pyr.-Atl.* 🔟🔟 ③ *– rattaché à St-Jean-Pied-de-Port.*

AINHOA *64250 Pyr.-Atl.* 🔟🔟 ② *G. Pyrénées Aquitaine – 539 h alt. 130.*
Voir *Rue principale*★.
Paris 796 – Biarritz 29 – Bayonne 28 – Cambo-les-Bains 11 – Pau 128 – St-Jean-de-Luz 24.

🏯 **Ithurria** *(Isabal),* 𝒫 05 59 29 92 11, Fax 05 59 29 81 28, « Joli décor rustique, jardin, 🏊 »,
❀ 🗝 – 🗏 rest 📺 ☎ 🅿. – 🍴 25. 🄰🄴 🄾 🟩
26 nov.-3 mars. et fermé merc. hors sais. – Repas (dim. prévenir) 165/245 et carte 230 à
370 – ☷ 48 – **27 ch** 520/600 – ½ P 550/580
Spéc. Foie gras des Landes au naturel. Salade tiède de queues de langoustines. Pigeon rôti
à l'ail doux sur canapé. **Vins** Jurançon, Irouléguy.

🏯 **Argi-Eder** ⌖, 𝒫 05 59 93 72 00, Fax 05 59 93 72 13, ⩽, 🌧, « Jardin », 🏊, 🎾 – 🗏 rest
📺 ☎ 📞 🅿 – 🍴 30. 🄰🄴 🄾 🟩 🄼🄲🄱. 🎿 ch
22 mars-15 nov. et fermé dim. soir et merc. hors sais. – Repas (dim. prévenir) 135/240, enf.
75 – ☷ 54 – **30 ch** 650/850, 6 appart – ½ P 620/630.

🏨 **Oppoca,** 𝒫 05 59 29 90 72, Fax 05 59 29 81 03, 🌧 – ☎ 🅿. 🄰🄴 🟩
fermé 1ᵉʳ au 7 déc., 15 janv. au 15 fév. et lundi – Repas 90/200, enf. 50 – ☷ 35 – **12 ch**
190/320 – ½ P 270.

AIRAINES *80270 Somme* 🔟🔟 ⑦ *G. Flandres Artois Picardie – 2 175 h alt. 30.*
Paris 151 – Amiens 29 – Abbeville 22 – Beauvais 69 – Le Tréport 50.

🍴 **Relais Forestier du Pont d'Hure,** *Ouest : 5 km sur D 936 (rte d'Oisemont)*
𝒫 03 22 29 42 10, Fax 03 22 29 89 73 – 🅿. 🟩
fermé 28 juil. au 13 août, 2 au 20 janv., mardi et le soir sauf sam. – Repas 87/178, enf. 43.

---

*Die auf den **Michelin-Karten** im Maßstab 1 : 200 000 rot unterstrichenen
Orte sind in diesem Führer erwähnt.*

Nur eine neue Karte gibt Ihnen die aktuellsten Hinweise.

AIRE-SUR-L'ADOUR 40800 Landes 🎴🎴 ① ②
G. Pyrénées Aquitaine – 6 205 h alt. 80.

Voir Sarcophage de Ste-Quitterie★ dans
l'église Ste-Quitterie B.

🛈 Office de Tourisme ℘ 05 58 71 64 70.

Paris 723 ① – Mont-de-Marsan 32 ① –
Auch 84 ② – Condom 68 ② – Dax 77 ① –
Orthez 59 ③ – Pau 54 ③ – Tarbes 71 ②.

CITROEN Gar. Couralet, ZI rte de Bordeaux par ①
℘ 05 58 71 65 65 🗓 ℘ 05 58 79 93 35
FORD Gar. Daudon-Sadra, 52 av. 4 Septembre
℘ 05 58 71 60 64
PEUGEOT Gar. Labarthe, ZI Cap de la Coste, N 124
par ① ℘ 05 58 71 71 95 🗓 ℘ 05 58 06 75 19

Carnot (R.)	2
Gambetta (R.)	8
Despagnet (R. F.)	4
Duprat (R. P.)	6
Labeyrie (R. H.)	10
Mendès-France (R.)	11
Verdun (Av. de)	12

🏠🏠 **Adour H.** Ⓜ ⚶ sans rest, 28 av. du
4 Septembre **(b)** ℘ 05 58 71 66 17,
Fax 05 58 71 87 66, ⚒ – 📺 ☎ ⚑ ⚫ ⇔ 🅿.
🖭
fermé nov. – ⚏ 30 – **31 ch** 210/245.

🏠 **Les Platanes,** 2 pl. Liberté **(d)**
℘ 05 58 71 60 36 – 📺 ☎. 🖭. ⚒ ch
fermé au 30 nov. et vend. sauf le soir en
sais. – **Repas** 70/180 ⅋, enf. 45 – ⚏ 25 –
12 ch 150/290 – ½ P 170/230.

🏠 **Les Bruyères,** par ① : 1 km
℘ 05 58 71 80 90, Fax 05 58 71 87 21, ⚞
– 📺 ⚑ ⚫ 🅿. 🖭 ⓪ 🖭
fermé 15 au 30 oct. et dim. soir – **Repas**
70/215 ⅋, enf. 40 – ⚏ 30 – **8 ch** 200/230 –
½ P 200.

🍴 **Chez l'Ahumat** avec ch, 2 r. Mendès-France **(e)** ℘ 05 58 71 82 61 – 🖭. ⚒ ch
fermé 13 au 26 mars et 1ᵉʳ au 15 sept. – **Repas** (fermé merc.) 55/145 ⅋ – ⚏ 20 – **13 ch**
105/185 – ½ P 150/175.

à Ségos (32 Gers) par ③, N 134 et D 260 : 9 km – 248 h. alt. 111 – ⊠ 32400 :

🏠🏠🏠 **Domaine de Bassibé** ⚶, ℘ 05 62 09 46 71, Fax 05 62 08 40 15, ⚞, ⚒, ⚞ – 📺 ☎ 🅿.
🖭 ⓪ 🖭
1ᵉʳ avril-31 déc. – **Repas** (fermé merc. midi et mardi hors sais.) 160/240 – ⚏ 75 – **11 ch**
650/750, 7 appart – ½ P 640/720.

rte de Bordeaux par ① et N 124 : 4,5 km – ⊠ 40270 Cazères-sur-l'Adour :

🏠 **Airotel** Ⓜ ⚶ sans rest, ℘ 05 58 71 72 72, Fax 05 58 71 81 94, parc, ⚒, ⚒ – ⇔ 📺 ☎ ⚑
⚑ 🅿 – ⚞ 25.
⚏ 28 – **34 ch** 195/230.

RENAULT SADIA, 101 av. de Bordeaux par ①
℘ 05 58 71 60 01 🗓 ℘ 05 58 06 73 20

⚫ Euromaster, 65, av. de Bordeaux
℘ 05 58 71 62 14

Le Guide change, changez de guide tous les ans.

AIRE-SUR-LA-LYS 62120 P.-de-C. 🎴🎴 ⑭ G. Flandres Artois Picardie – 9 529 h alt. 30.

Voir Bailliage★ B – Collégiale St-Pierre★ E.

🛈 Office de Tourisme le Bailliage, Grand'Place ℘ 03 21 39 65 66.

Paris 236 ② – Calais 61 ④ – Arras 56 ② – Béthune 26 ② – Boulogne-sur-Mer 64 ③ –
Lille 58 ① – Montreuil 54 ③.

Plan page ci-contre

🏠🏠🏠 **Host. Trois Mousquetaires** ⚶, Château de la Redoute **(a)** ℘ 03 21 39 01 11,
Fax 03 21 39 50 10, « Parc avec pièce d'eau » – 📺 ☎ 🅿 – ⚞ 35. 🖭 ⓪ 🖭. ⚒
fermé 15 déc. à 15 janv. – **Repas** 115/340 ⅋ – ⚏ 55 – **33 ch** 450/570 – ½ P 550.

à la gare de Berguette Sud-Est : 6 km par D 187 – ⊠ 62330 Isbergues :

🍴🍴 **Le Buffet** avec ch, ℘ 03 21 25 82 40, Fax 03 21 27 86 42, ⚞, ⚞ – 📺. 🖭
fermé 1ᵉʳ au 20 août, dim. soir et lundi sauf fériés – **Repas** 75 (déj.), 98/270 ⅋ – ⚏ 35 – **5 ch**
220/270 – ½ P 280.

CITROEN Gar. Warmé, 14 r. Lyderic
℘ 03 21 39 00 31
RENAULT Gar. Noel, 5 pl. Jéhan-d'Aire
℘ 03 21 39 02 98 🗓 ℘ 03 21 38 34 00

VAG Gar. Inglard, N 43 ℘ 03 21 38 00 11

AIRE-SUR-LA-LYS

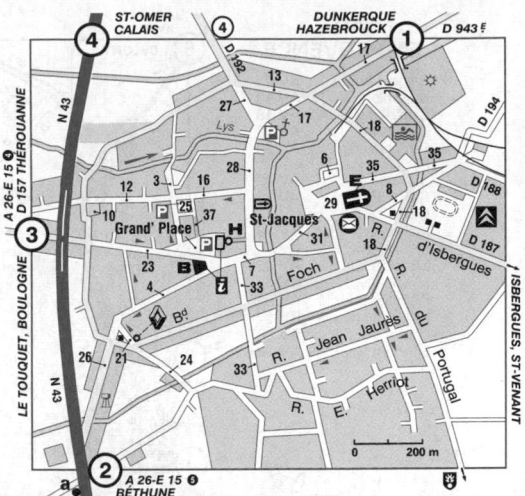

*Konsultieren Sie vor Ihrer Reise die **Michelin-Karte** Nr.* 911 .

Sie gibt die geschätzte Fahrzeit von Stadt zu Stadt an
und trägt zur Zeitersparnis bei.

AISEY-SUR-SEINE 21400 Côte-d'Or 65 ⑧ – 172 h alt. 255.
Paris 247 – Chaumont 74 – Châtillon-sur-Seine 15 – Dijon 72 – Montbard 27.

Roy ⑤, 🖉 03 80 93 21 63, Fax 03 80 93 25 74, 🛲 – ☎ 🅿 🖭 ☉☉
fermé janv., lundi soir et mardi sauf juil.-août – **Repas** 70/220, enf. 48 – ☑ 30 – **9 ch**
160/260 – ½ P 270.

AIX-EN-PROVENCE ◀▶ 13100 B.-du-R. 84 ③, 93 ⑬, 114 ⑮ G. Provence – 123 842 h alt. 206
– Stat. therm. (ouvre le 2 avril) – Casino AZ.

Voir Le Vieil Aix★★ BXY : Cours Mirabeau★★ BY, Cathédrale St-Sauveur★ BX (Triptyque du
Buisson Ardent★★), Place de l'hôtel de ville★ BY 37, Cour★ de l'hôtel de ville BY **H**, – Cloître
St-Sauveur★ BX **N** – Quartier Mazarin★ BCY : fontaine des Quatre-Dauphins★ BY **S** –
Musée Granet★ CY **M⁴** – Musée des Tapisseries★ BX **M²** – Fondation Vasarely★ AV **M⁵**
O : 2,5 km.

🏌 d'Aix-Marseille 🖉 04 42 24 20 41, par ④ et D 9 : 8,5 km ; 🏌 du Château d'Arc à Fuveau
🖉 04 42 53 28 38 par ② et D 6 ; 🏌 Set Golf International 🖉 04 42 64 11 82, O : 6 km par
D 17 AV.

🛈 Office de Tourisme pl. Gén.-de-Gaulle 🖉 04 42 16 11 61, Fax 04 42 16 11 62 – Automobile
Club 7 bd J.-Jaurès 🖉 04 42 23 33 73, Fax 04 42 23 13 77.

Paris 756 ③ – Marseille 31 ③ – Avignon 83 ④ – Nice 176 ② – Sisteron 100 ① – Toulon 85 ②.

Plans pages suivantes

🏨 **Villa Gallici** Ⓜ ⑤, 18 bis av. Violette 🖉 04 42 23 29 23, Fax 04 42 96 30 45, ≼, 🛱, 🏊, 🛲
– 🔄 ch 📺 ☎ & 🅿 – 🔬 25. 🖭 ☉ ☉☉ 🎴 BV **k**
Repas (fermé le midi de nov. à mars et lundi soir) (résidents seul.) carte environ 270 –
☑ 100 – **15 ch** 900/1850, 4 appart – ½ P 850/1850.

🏨 **Le Pigonnet** ⑤, 5 av. Pigonnet ✉ 13090 🖉 04 42 59 02 90, Fax 04 42 59 47 77, ≼, 🛱,
« Parc ombragé fleuri », 🏊 – 🔄 🗏 📺 ☎ 🅿 – 🔬 60. 🖭 ☉ ☉☉ 🎴 AV **a**
Repas (fermé dim. midi et sam. midi sauf juil.) 250/320 – ☑ 65 – **52 ch** 700/1500 –
½ P 675/750.

🏨 **Gd H. Roi René** Ⓜ, 24 bd Roi René 🖉 04 42 37 61 00, Fax 04 42 37 61 11, 🛱, 🏊 – 🔄 ⌖
🗏 📺 ☎ & ⇔ – 🔬 150. 🖭 ☉ ☉☉ 🎴 BZ **e**
La Table du Roi : **Repas** 165 – ☑ 70 – **131 ch** 590/910, 3 appart.

🏨 **des Augustins** Ⓜ sans rest, 3 r. Masse 🖉 04 42 27 28 59, Fax 04 42 26 74 87, « Ancien
couvent du 15ᵉ siècle » – 🗏 🗐 📺 ☎. 🖭 ☉ ☉☉ 🎴. 🛠 BY **x**
☑ 65 – **29 ch** 500/1200.

AIX-EN-PROVENCE

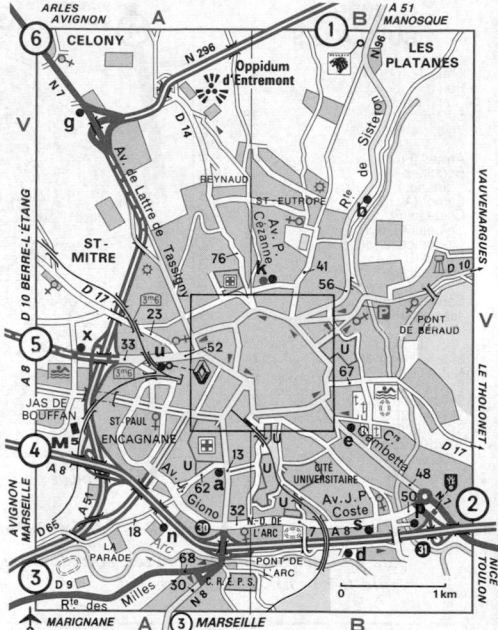

Mercure Paul Cézanne sans rest, 40 av. V. Hugo ℰ 04 42 26 34 73, Fax 04 42 27 20 95, « Mobilier ancien » – 🛗 ⤬ 🗐 📺 ☎. 🖭 ⓞ 🖼   **BZ h**
☐ 50 – **55 ch** 390/545.

Holiday Inn Garden Court 🅜, 5 rte Galice ⌧ 13090 ℰ 04 42 20 22 22, Fax 04 42 59 96 61, 佘, ⤉, – 🛗 ⤬ 🗐 📺 ☎ 🕭 ☎ – 🕍 250. 🖭 ⓞ 🖼 ⎖⏃⏃   **AV u**
Repas 105/243 – ☐ 60 – **90 ch** 470/900, 4 appart – ½ P 355/375.

Novotel Beaumanoir 🅜, Résidence Beaumanoir (sortie autoroute 3 Sautets) ℰ 04 42 27 47 50, Fax 04 42 38 46 41, 佘, ⤉, ⌖ – 🛗 ⤬ 🗐 📺 ☎ 🕭 🅿 – 🕍 100. 🖭 ⓞ 🖼   **BV p**
Repas carte environ 190, enf. 50 – ☐ 52 – **102 ch** 440/490.

Bleu Marine 🅜, 42 rte Galice ℰ 04 42 95 04 41, Fax 04 42 59 47 29, 佘, 🐟, ⤉, – 🛗 🗐 📺 ☎ 🕭 ☎ – 🕍 50. 🖭 ⓞ 🖼 ⎖⏃⏃   **AV x**
Repas 95/145, enf. 49 – ☐ 50 – **87 ch** 420/490.

St-Christophe 🅜, 2 av. V. Hugo ℰ 04 42 26 01 24, Fax 04 42 38 53 17 – 🛗 🗐 📺 ☎ 🕭 ☎ – 🕍 30. 🖭 🖼 ⎖⏃⏃   **BY a**
Brasserie Léopold : **Repas** 100/155, ⅃, enf. 49 – ☐ 42 – **57 ch** 340/525, 6 studios – ½ P 290/360.

Gd H. Nègre Coste sans rest, 33 cours Mirabeau ℰ 04 42 27 74 22, Fax 04 42 26 80 93 – 🛗 ⤬ 🗐 📺 ☎ 🅿 🖭 ⓞ 🖼 ⎖⏃⏃   **BY q**
☐ 50 – **36 ch** 350/595.

Mascotte 🅜, av. Cible ℰ 04 42 37 58 58, Fax 04 42 37 58 59, 佘, ⤉, – 🛗 ⤬ 🗐 📺 ☎ ✆ 🕭 🅿 – 🕍 100. 🖭 ⓞ 🖼   **BV s**
Repas 95/130 ⅃, enf. 42 – ☐ 42 – **93 ch** 350/440 – ½ P 300.

Mozart ⌖ sans rest, 49 cours Gambetta ℰ 04 42 21 62 86, Fax 04 42 96 17 36 – 🛗 📺 ☎ 🕭 🅿. 🖼   **BV e**
48 ch ☐ 295/380.

Globe sans rest, 74 cours Sextius ℰ 04 42 26 03 58, Fax 04 42 26 13 68 – 🛗 📺 ☎ 🕭 🖭 ⓞ 🖼 ⎖⏃⏃   **AY e**
fermé 20 déc. au 31 janv. – ☐ 38 – **46 ch** 240/320.

Le Manoir ⌖ sans rest, 8 r. Entrecasteaux ℰ 04 42 26 27 20, Fax 04 42 27 17 97 – 🛗 📺 ☎ 🅿 ⓞ 🖼 ⎖⏃⏃   **AY d**
fermé 11 janv. au 8 fév. – ☐ 40 – **40 ch** 325/485.

Quatre Dauphins sans rest, 54 r. Roux Alpheran ℰ 04 42 38 16 39, Fax 04 42 38 60 19 –
📺 ☎. GB
BY **t**
⌖ 40 – **12 ch** 280/400.

Campanile La Beauvalle, r. J. Andréani (par av. Pigonnet) ⊠ 13090 ℰ 04 42 26 35 24,
Fax 04 42 26 25 47, ☆ – 📶 ✵ 🖃 📺 ☎ ✆ & 🅿 – 🔬 50. 🖭 ◑ GB
AV **n**
Repas 88 bc/114 bc, enf. 39 – ⌖ 33 – **116 ch** 278.

Résidence Rotonde sans rest, 15 av. Belges ℰ 04 42 26 29 88, Fax 04 42 38 66 98 – 📶
📺 ☎ 🅿. 🖭 ◑ GB JCB
AZ **u**
fermé 25 nov. au 10 janv. – ⌖ 35 – **42 ch** 250/380.

Clos de la Violette (Banzo), 10 av. Violette ℰ 04 42 23 30 71, Fax 04 42 21 93 03, ☆ –
🖃 🖭 GB. ⋘
BV **k**
fermé vacances de Toussaint, de fév., lundi midi et dim. – **Repas** (nombre de couverts
limité, prévenir) 240 (déj.), 390/500 et carte 430 à 540
Spéc. Asperges vertes de Villelaure et ravioles de raves aux truffes (mars à juin). Saucisse
ménagère de chapon de roches aux herbes (mai à oct.). Pot-au-feu de queue de boeuf à la
truffe noire (déc. à mars). **Vins** Coteaux d'Aix-en-Provence.

XX **L'Aixquis**, 22 r. Leydet ℰ 04 42 27 76 16, Fax 04 42 93 10 61 – ▤. 佴 ⒼⒷ 🇯🇨🇧   AY   f
fermé 1er au 15 août, lundi midi et dim. – **Repas** 138/326.

XX **Amphitryon**, 2 r. P. Doumer ℰ 04 42 26 54 10, Fax 04 42 38 36 15, 佘 – ▤. 佴 ⒼⒷ   BY   u
(fermé lundi midi et dim.) – **Repas** 100 (déj.)/300.

XX **Chez Féraud**, 8 r. Puits Juif ℰ 04 42 63 07 27 – ▤. 佴 ⒼⒷ   BY   k
fermé août, lundi midi et dim. – **Repas** 100/135 ⅃.

XX **Les Bacchanales**, 10 r. Couronne ℰ 04 42 27 21 06, Fax 04 42 27 21 06 – ▤. 佴 ⒼⒷ 🇯🇨🇧   BY   z
fermé jeudi midi et merc. – **Repas** 85 (déj.), 135/285, enf. 75.

X **Yōji**, 7 av. V. Hugo ℰ 04 42 38 48 76, Fax 04 42 28 83 29, 佘 – ▤. 佴 ⓓ ⒼⒷ 🇯🇨🇧   BY   g
fermé lundi d'oct. à avril – **Repas** - cuisine japonaise et coréenne - 75 (déj.), 119/200 ⅃.

X **Chez Maxime**, 12 pl. Ramus ℰ 04 42 26 28 51, Fax 04 42 26 74 70, 佘 – ⒼⒷ 🇯🇨🇧. ⌘   BY   v
fermé 15 au 31 janv., lundi midi et dim. – **Repas** 95 (déj.), 125/260 ⅃.

X **Bistro Latin**, 18 r. Couronne ℰ 04 42 38 22 88, Fax 04 42 38 36 15 – ▤. 佴 ⓓ ⒼⒷ   BY   r
fermé lundi midi et dim. – **Repas** 75 (déj.), 99/160.

rte de St-Canadet *par ① et D 13 : 9 km* – ✉ *13100 Aix-en-Provence :*

XX **Puyfond**, ℰ 04 42 92 13 77, 佘, parc – 🄿. 佴 ⒼⒷ
fermé 15 août au 10 sept., 2 au 10 janv., vacances de fév., dim. soir et lundi – **Repas** 130/190,
enf. 60.

rte de Sisteron *vers ① : 3 km :*

🏠 **Le Prieuré** ⌘ sans rest, ℰ 04 42 21 05 23, Fax 04 42 21 60 56, ⪕ – ☎ ✆ 🄿. ⒼⒷ. ⌘
⚏ 40 – **23 ch** 298/400.   BV   b

à Le Canet *par ② : 8 km sur N 7* – ✉ *13590 Meyreuil :*

XX **Aub. Provençale**, ℰ 04 42 58 68 54, Fax 04 42 58 68 05, 佘 – ▤ 🄿. 佴 ⓓ ⒼⒷ
fermé vacances de fév., mardi soir et merc. – **Repas** 125/240.

par ③, D 9 ou A 51, sortie Les Milles : 5 km – ✉ *13546 Aix-en-Provence :*

🏨 **Château de la Pioline** ⌘, zone commerciale de la Pioline ℰ 04 42 20 07 81,
Fax 04 42 59 96 12, ⪕, 佘, parc, « Belle demeure dans un jardin à la française », ⍿ – 📺 ☎
🄿 – 🛆 30. 佴 ⒼⒷ 🇯🇨🇧. ⌘ rest
Repas 180 (déj.)/250 – ⚏ 90 – **21 ch** 1000/1400 – ½ P 880/980.

au Sud-Ouest *par D 65 (accès par av. Club Hippique) : 5 km :*

🏨 **Mas des Écureuils** ⌘, Petite Route des Milles ✉ 13090 ℰ 04 42 24 40 48,
Fax 04 42 39 24 57, 佘, parc, « Dans une pinède », ⍿ – 📺 ☎ & 🄿. 佴 ⓓ ⒼⒷ 🇯🇨🇧
Repas *(fermé sam. midi et dim. de sept. à juin)* 128/255 – ⚏ 50 – **23 ch** 380/760 –
½ P 405/545.

à Celony *par ⑥ : 3 km sur N 7* – ✉ *13090 Aix-en-Provence :*

🏨 **Mas d'Entremont** ⌘, ℰ 04 42 17 42 42, Fax 04 42 21 15 83, ⪕, 佘, « Demeure provençale avec terrasses dans un parc », ⍿, ⌘ – ▐ cuisinette ▤ ch 📺 ☎ 🄿 – 🛆 50. ⒼⒷ
🇯🇨🇧   AV   g
15 mars-1er nov. – **Repas** *(fermé dim. soir et lundi midi sauf fériés)* 210/240 – ⚏ 75 – **18 ch**
640/840 – ½ P 600/700.

Les hôtels ou restaurants agréables
sont indiqués dans le guide par un symbole rouge.   🏨 ... 🏠

Aidez-nous en nous signalant les maisons où,
par expérience, vous savez qu'il fait bon vivre.   XXXXX ... X

Votre **guide Michelin** sera encore meilleur.

AIX (Ile d') ★ *17123 Char.-Mar.* **71** ⑬ *G. Poitou Vendée Charentes – 199 h.*

Accès *par transports maritimes.*

🚢 *depuis* **Pointe de la Fumée** *(2,5 km NO de Fouras). Traversée 25 mn - Renseignements et tarifs à Société Fouras-Aix, 14 bis cours des Dames (La Rochelle)* ☏ *05 46 41 76 24.*

🚢 *depuis* **La Rochelle.** *Services saisonniers - Traversée 1 h - Renseignements : Croisières Inter Iles, 14 bis cours des Dames (La Rochelle)* ☏ *05 46 50 55 54, Fax 05 46 41 16 96.*

🚢 *depuis* **Boyardville** *(Ile d'Oléron). Services saisonniers - Traversée 30 mn - Renseignements Inter Iles* ☏ *05 46 47 01 45 (Boyarville).*

AIX-LES-BAINS *73100 Savoie* **74** ⑮ *G. Alpes du Nord – 24 683 h alt. 200 – Stat. therm. (6 janv.-14 déc.) et Marlioz – Casinos Grand Cercle* **CZ**, *Nouveau Casino* **BZ**.

Voir *Esplanade au bord du Lac*★ **AX** *– Escalier*★ *de l'Hôtel de Ville* **CZ H** *– Musée Faure*★ **CY**.

Env. *Le tour du lac du Bourget*★★ *51 km, en bateau*★ *: 4 h – Abbaye de Hautecombe*★★ *(Chant Grégorien), en bateau : 2 h – Renseignements sur excursions en bateau : Cie Savoyarde de Navigation, Grand Port* ☏ *04 79 61 42 40 – <*★★ *sur le lac du Bourget, à la Chambotte par* ① *: 14 km – Mont Revard* ☀★★★ *21 km par* ② *et D 913.*

🏌️**₁₈** ☏ *04 79 61 23 35, par* ③ *: 3 km.*

🛫 *de Chambéry-Aix-les-Bains :* ☏ *04 79 54 49 54, au Bourget-du-Lac par* ④ *: 8 km.*

🛈 *Office de Tourisme pl. M.-Mollard* ☏ *04 79 35 05 92, Fax 04 79 88 88 01.*

Paris 540 ④ *– Annecy 34* ① *– Bourg-en-Bresse 111* ④ *– Chambéry 18* ④ *– Lyon 108* ④*.*

Plan page suivante

🏰 **Park Hôtel du Casino** Ⓜ ☞, av. Ch. de Gaulle ☏ 04 79 34 19 19, Fax 04 79 88 11 49, 🌇, 𝄆₅, 🏊, ☞ – 🛗 ✳ 🔲 ☎ & ⬌ 🅿 – 🔏 400. 🖭 ⓞ 🖼   CZ x
  Repas brasserie 115/140 🍷, enf. 50 – 🖂 **92 ch** 540/800, 10 appart – P 565/640.

🏰 **Ariana** Ⓜ &, av. de Marlioz à Marlioz : 1,5 km ☏ 04 79 61 79 79, Fax 04 79 61 79 00, 🌇, centre de balnéothérapie, « Parc », 𝄆₅, 🔲 – 🛗 ✳ 🔲 ch 🖵 ☎ & 🅿 – 🔏 150. 🖭 ⓞ 🖼   AX a
  fermé 26 nov. au 27 déc. – **Repas** 95/130, enf. 60 – 🖂 65 – **60 ch** 515/625 – P 509/567.

🏯 **Astoria,** pl. Thermes ☏ 04 79 35 12 28, Fax 04 79 35 11 05 – 🛗 🖵 ☎ &. 🖭 🖼   CZ z
  fermé déc. – **Repas** 90 (dîner), 110/135 – 🖂 36 – **135 ch** 265/460 – ½ P 298/350.

🏯 **Le Manoir** &, 37 r. Georges-1er ☏ 04 79 61 44 00, Fax 04 79 35 67 67, « Jardin ombragé », 𝄆₅, 🔲 – 🛗 🖵 ☎ ⬌ 🅿 – 🔏 200. 🖭 ⓞ 🖼   CZ r
  Repas 138/250 – 🖂 55 – **73 ch** 295/595 – ½ P 335/495.

🏯 **Acquaviva** Ⓜ, av. de Marlioz à Marlioz : 1,5 km ☏ 04 79 61 77 77, Fax 04 79 61 77 00, 🌇, « Parc » – 🛗 cuisinette ✳ 🖵 ☎ & 🅿 – 🔏 250. 🖭 ⓞ 🖼   AX s
  Repas 65/123 bc – 🖂 48 – **48 ch** 360/475, 3 appart, 52 studios – ½ P 405/445.

🏨 **Agora** Ⓜ, 1 av. Marlioz ☏ 04 79 34 20 20, Fax 04 79 34 20 30, 🔲 – 🛗 🖵 rest 🖵 ☎ & & ⬌ – 🔏 50. 🖭 ⓞ 🖼   CZ u
  Repas brasserie 80/148 🍷 – 🖂 45 – **60 ch** 295/425 – ½ P 285/325.

🏨 **Palais des Fleurs** &, 17 r. Isaline ☏ 04 79 88 35 08, Fax 04 79 35 42 79, 🌇, 𝄆₅, 🏊, ☞ – 🛗 cuisinette 🖵 ☎ & ⬌ 🅿 – 🔏 40. 🖼 ☞ ch   CZ m
  hôtel : 1er fév.-30 nov. ; rest. : 1er mars-2 nov. – **Repas** 75/165, enf. 50 – 🖂 38 – **40 ch** 270/355 – ½ P 285/325.

🏨 **Parc,** 28 r. Chambéry ☏ 04 79 61 29 11, Fax 04 79 88 33 49, 🌇 – 🛗 🖵 rest 🖵 ☎ & ⬌. 🖼 ☞ rest   CZ n
  20 avril-30 oct. – **Repas** 100/135 – 🖂 35 – **47 ch** 290 – ½ P 285/295.

🏨 **Vendôme,** 12 av. Marlioz ☏ 04 79 61 23 16, Fax 04 79 88 93 77 – 🛗 🖵 rest 🖵 ☎ 🅿. 🖭 ⓞ 🖼   CZ b
  1er avril-31 oct. – **Repas** 98/160 – 🖂 40 – **32 ch** 280/400 – ½ P 270/310.

🏨 **Beaulieu,** 29 av. Ch. de Gaulle ☏ 04 79 35 01 02, Fax 04 79 34 04 82, 🌇 – 🛗 🖵 ☎ – 🔏 25. 🖭 ⓞ 🖼   BCZ r
  hôtel : 2 avril-20 déc. ; rest : 2 avril-15 nov. – **Repas** 95/250 – 🖂 37 – **31 ch** 210/300 – ½ P 310/320.

🏠 **Eglantiers,** 20 bd Berthollet ☏ 04 79 88 04 38, Fax 04 79 34 17 33 – 🛗 🖵 rest 🖵 ☎ 🅿 – 🔏 25. 🖭 ⓞ 🖼 ᴊᴄʙ   CZ h
  fermé 15 fév. au 15 mars – **Le Salon d'Elvire** *(fermé dim. soir et merc. soir)* **Repas** 98/390 – 🖂 35 – **29 ch** 250/270 – ½ P 295/310.

🏠 **Cottage H.,** 9 r. Davat ☏ 04 79 35 00 55, Fax 04 79 88 22 85, 🌇 – 🛗 🖵 ☎. 🖼 ☞ rest   CZ k
  1er mars-10 nov. – **Repas** 85 (dîner), 95/130 🍷 – 🖂 31 – **50 ch** 270/300 – ½ P 255/320.

🏠 **Cécil H.** sans rest, 20 av. Victoria ☏ 04 79 35 04 12, Fax 04 79 61 32 08 – 🛗 🖵 ☎. 🖼 ☞   CZ a
  fermé 15 fév. au 15 mars – 🖂 30 – **21 ch** 200/280.

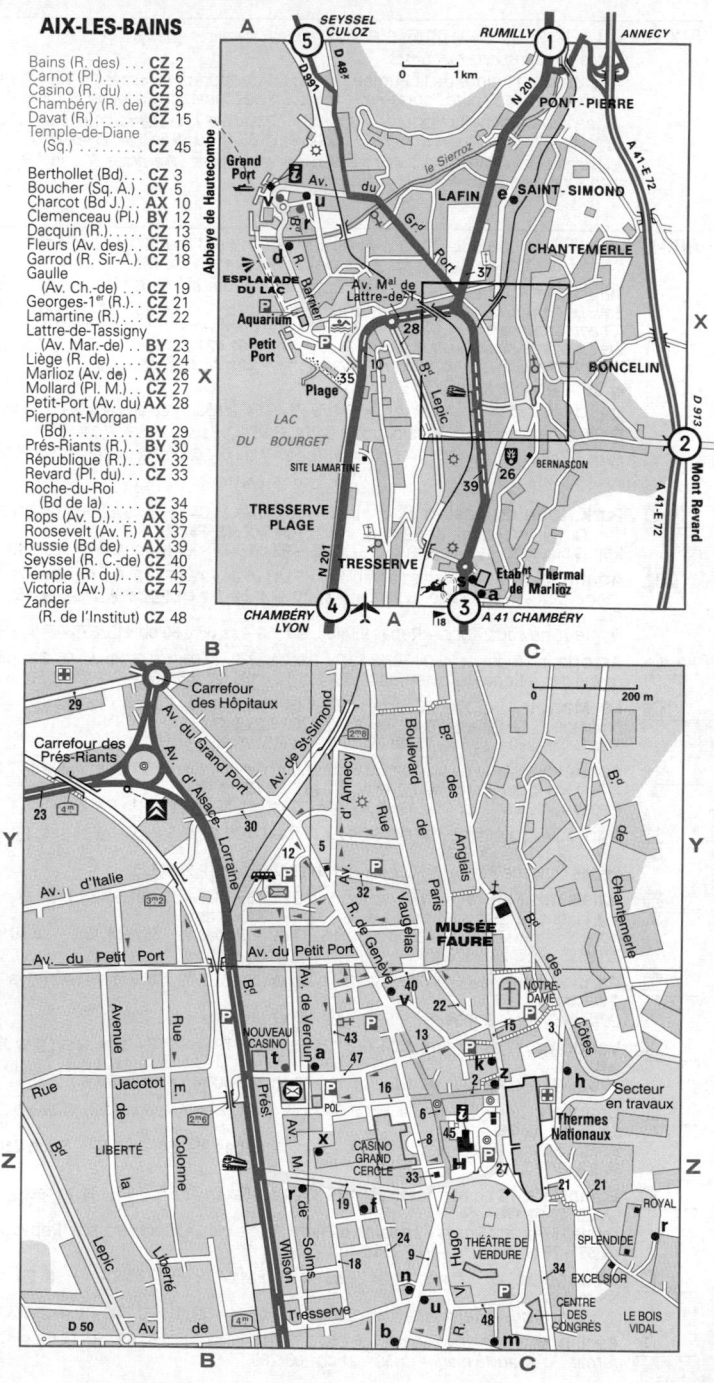

🏠 **Revotel** sans rest, 40 r. Genève ℰ 04 79 35 03 37, Fax 04 79 88 82 99 – 📶 📺 ☎. 🆎 ⓞ
GB, ⛟
CZ v
fermé fin nov. à mi-janv. – ☲ 28 – **18 ch** 189/229.

🏠 **Aub. St-Simond,** 130 av. St-Simond ℰ 04 79 88 35 02, Fax 04 79 88 38 45, ☂, 🐎 – 📺
☎ 🅿. 🆎 GB
AX e
fermé 29 déc. au 18 janv. – **Repas** *(fermé dim. soir d'oct. à avril)* 80/165 🗴, enf. 50 – ☲ 40 –
25 ch 180/250 – P 270/320.

🏠 **Croix du Sud** sans rest, 3 r. Dr Duvernay ℰ 04 79 35 05 87 – ☎
CZ f
fin mars-mi-oct. – ☲ 30 – **16 ch** 140/240.

✕ **Brasserie de la Poste,** 32 av. Victoria ℰ 04 79 35 00 65 – 🆎 GB
BZ t
fermé lundi – **Repas** 80/160 🗴, enf. 40.

au Grand Port : 3 km – ☒ 73100 Aix-les-Bains :

🏯 **Adelphia** 🅼, 215 bd Barrier ℰ 04 79 88 72 72, Fax 04 79 88 27 77, ≼, ☂, centre de
balnéothérapie, 🗗, 🔲, 🐎 – 📶 ⚒ ≡ 🔟 📺 ☎ 🕭, 🚐 – 🕍 100. 🆎 ⓞ GB 🇯🇨🇧
Repas 110/185 🗴 – ☲ 50 – **70 ch** 470/660 – ½ P 395/480.
AX d

🏯 **La Pastorale,** 221 av. Grand Port ℰ 04 79 63 40 60, Fax 04 79 63 44 26, ☂, « Jardin » –
📶 🔟 📺 🅿 – 🕍 30. 🆎 ⓞ GB
AX u
fermé 1er fév. au 15 mars – **Repas** 90/200 – ☲ 40 – **30 ch** 330/400 – ½ P 345.

✕✕ **Lille** avec ch, ℰ 04 79 63 40 00, Fax 04 79 34 00 30, 🐎 – 📶 🔟 📺 ☎ 🕭 🅿 – 🕍 25. 🆎 ⓞ GB
fermé mardi soir et merc. de sept. à juin – **Repas** (dim. et fêtes prévenir) 100/350 – ☲ 40 –
18 ch 290/350 – ½ P 360.
AX v

✕✕ **Davat** avec ch, à 100 m Grand Port ℰ 04 79 63 40 40, Fax 04 79 54 35 68, ☂, « Cadre de
verdure, jardin fleuri » – 🔟 📺 ☎ 🅿. 🆎 GB
AX r
1er mars-1er nov. – **Repas** *(fermé lundi soir et mardi sauf juil.-août)* (dim. prévenir) 90/250 –
☲ 35 – **17 ch** 215/280 – P 370.

par la sortie ① :

à Grésy-sur-Aix : 5 km – 2 374 h. alt. 350 – ☒ 73100 :

✕ **Le Pont Neuf,** (près gare) ℰ 04 79 34 84 64 – 🅿. GB
fermé 14 juil. au 4 août, 19 janv. au 2 fév., dim. soir et lundi – **Repas** 70/220 🗴.

par la sortie ③ :

à Viviers-du-Lac : 5 km – 1 144 h. alt. 270 – ☒ 73420 :

🏨 **Chambaix H.** sans rest, D 991 ℰ 04 79 61 31 11, Fax 04 79 88 43 69, 🔲, 🐎, ✕ – 📶 🔟
☎ 🕭 🅿. 🆎 ⓞ GB
☲ 35 – **29 ch** 280/320.

par la sortie ④ :

à Tresserve sur N 201 : 3 km – 2 806 h. alt. 338 – ☒ 73100 :

✕ **La Toque Blanche,** 103 rte bord du lac ℰ 04 79 88 87 99, Fax 04 79 88 87 99, ☂ – 🆎
GB, ⛟
fermé 15 au 30 mars, 1er au 15 oct., mardi soir et merc. – **Repas** - produits de la mer -
98 (déj.), 130/220.

sur N 201 : 5 km – ☒ 73420 Viviers-du-Lac :

🏠 **Assinie** sans rest, 85 rte du Bourget ℰ 04 79 54 40 07, Fax 04 79 54 40 76 – ≡ 🔟 📺 🕭 🅿.
– 🕍 30. GB
☲ 35 – **41 ch** 260/280.

CITROEN Gar. Domenge, Les Prés Riants, 17 bd de
Lattre-de-Tassigny ℰ 04 79 35 07 89
FORD Gar. Seigle, 41 av. Marlioz ℰ 04 79 61 09 55
LANCIA Gar. Coudurier-Curioz, 104 av. Marlioz
ℰ 04 79 35 39 82
MITSUBISHI, PORSCHE Gar. du Mt-Blanc, 1 square
A.-Boucher ℰ 04 79 35 22 60
PEUGEOT Gar. du Golf, D 991 à Drumettaz par ③
ℰ 04 79 61 12 88
ROVER Gar. de Savoie, 7 bd de Russie
ℰ 04 79 61 26 80

TOYOTA Gar. Perrel, 11 square A.-Boucher
ℰ 04 79 35 01 66
VAG SEAT Jean Lain Autom. Nord, ZAC Chauvets
à Grésy-sur-Aix ℰ 04 79 34 80 00

🛞 Aix Pneus, 205 av. de St-Simond
ℰ 04 79 88 11 56
Bollon Pneus, 11 av. de Marlioz
ℰ 04 79 61 45 35

AIZENAY 85190 Vendée 🔠 ⑬ – 5 344 h alt. 62.
🛈 *Office de Tourisme av. de la Gare (saison)* ℰ 02 51 94 62 72.
Paris 441 – La Roche-sur-Yon 18 – Challans 25 – Nantes 60 – Les Sables-d'Olonne 33.

✕✕ **La Sitelle,** 33 r. Mar. Leclerc ℰ 02 51 34 79 90 – 🅿. GB
fermé 3 au 31 août, dim. soir et lundi – **Repas** 125 (déj.), 215/280.

PEUGEOT Gar. Neau, rte de la Roche
ℰ 02 51 94 70 67

RENAULT Gar. Barre, rte de St-Gilles
ℰ 02 51 94 60 40 🅽 ℰ 02 51 94 60 40

ALBERT 80300 Somme 🗓 ⑨ G. Flandres Artois Picardie – 10 010 h alt. 65.

🛈 Office de Tourisme, 9 r. Gambetta 🖉 03 22 75 16 42, Fax 03 22 75 11 72.

Paris 152 – Amiens 31 – Arras 48 – St-Quentin 54.

🏨 **Royal Picardie** Ⓜ, rte Amiens 🖉 03 22 75 37 00, Fax 03 22 75 60 19, ℀ – ⇆ 📺 ☎ ᵴ 🅿
– 🔺 80. 🅰🅴 ⒼⒷ

Repas (fermé dim. soir) 78/240 ᵭ – ⊡ 35 – **23 ch** 260/290 – ½ P 210.

🏠 **Basilique**, 3 rue Gambetta 🖉 03 22 75 04 71, Fax 03 22 75 10 47 – 📺 ☎ ℀ – 🔺 25. ⒼⒷ
fermé 3 au 17 août, 21 déc. au 10 janv., sam. soir et dim. hors sais. – Repas 78/150 ᵭ,
enf. 52 – ⊡ 32 – **10 ch** 220/300 – ½ P 260.

CITROEN Gar. Richard, 39-41 av. A.-France 🖉 03 22 75 27 76 Ⓝ 🖉 08 00 05 24 24

Ne prenez pas la route sans connaître votre temps de parcours.
La carte Michelin nᵒ 🔢 c'est "la carte du temps gagné".

ALBERTVILLE ◁🆂🅿▷ 73200 Savoie 🔢 ⑰ G. Alpes du Nord – 17 411 h alt. 344.

Voir à Conflans : Bourg⋆, Porte de Savoie ⇐⋆ Υ B.

Env. Route du fort du Mont ⇐⋆⋆ E : 11 km par D 105 Υ.

🛈 Office de Tourisme 11 r. Pargoud 🖉 04 79 32 04 22, Fax 04 79 32 87 09.

Paris 583 ① – Annecy 45 ① – Chambéry 51 ③ – Chamonix-Mont-Blanc 68 ① – Grenoble 81 ③.

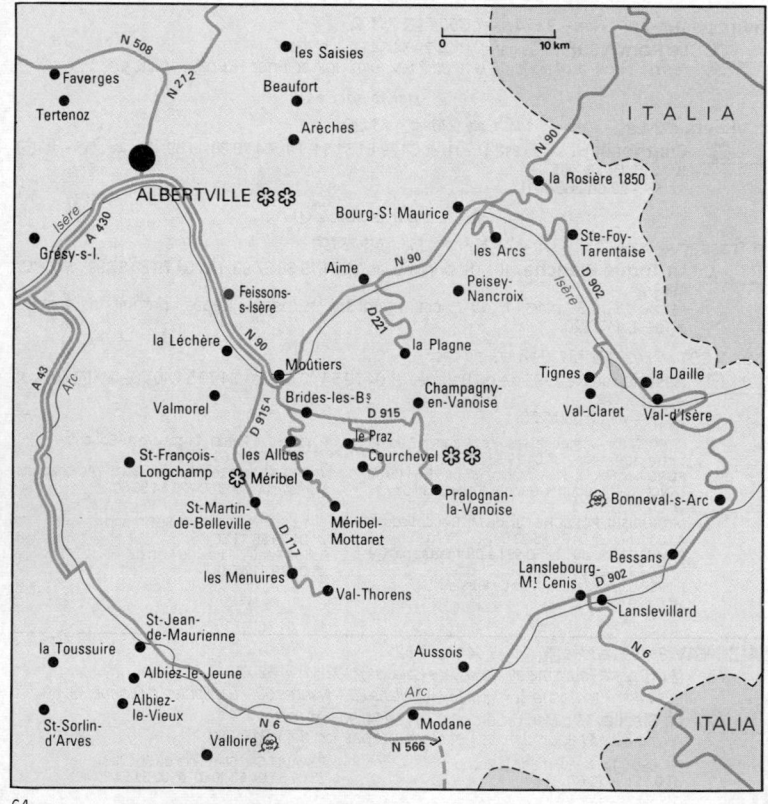

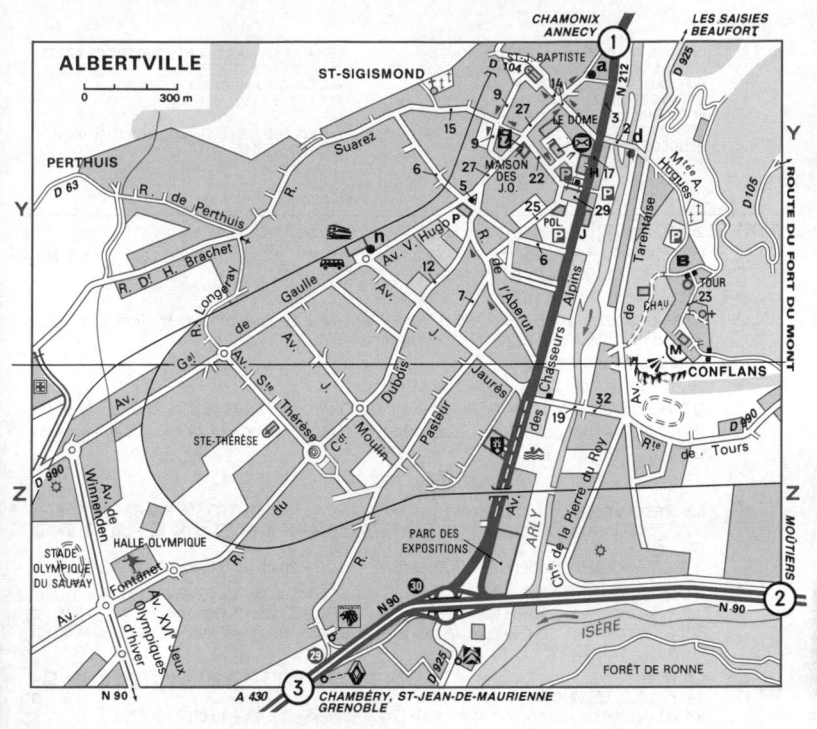

ALBERTVILLE

Gambetta (R.)	**Y** 14	Chautemps (R. F.)	**Y** 6	Mirantin (Pont du)	**Z** 19
République (R. de la)	**Y** 27	Clemenceau (R.)	**Y** 7	Pargoud (R.)	**Y** 22
		Coty (R. Président)	**Y** 9	Pérouse (R. G.)	**Y** 23
Adoubes (Pont des)	**Y** 2	Docteur Mathias (R. J.-B.)	**Y** 12	Porraz (R. J.)	**Y** 25
Allobroges (Quai des)	**Y** 3	Genoux (R. Cl.)	**Y** 15	Soutiras (Square)	**Y** 29
Bulle (Pl. Cdt)	**Y** 5	Hôtel-de-Ville (Crs)	**Y** 17	8 Mai 1945 (Av.)	**Z** 32

Million, 8 pl. Liberté ℰ 04 79 32 25 15, Fax 04 79 32 25 36, 淤, 淤 – 淤 淤 rest 淤 淤 淤
淤 淤 – 淤 25. 淤 淤 淤 淤   **Y a**
hôtel : fermé dim. soir sauf juil.-août ; rest : fermé dim. soir et lundi – **Repas** 160/550 et
carte 330 à 530 – 淤 55 – **26 ch** 400/600 – ½ P 510/535
Spéc. Salade d'écrevisses à la vinaigrette de truffes (mai à nov.). Pigeonneau farci de ses
abats. Fraicheur de pamplemousse aux épices. **Vins** Chignin-Bergeron, Mondeuse.

Le Roma 淤, rte Chambéry par ③ : *4 km* ℰ 04 79 37 15 56, Fax 04 79 37 01 31, 淤, 淤,
淤 淤 – 淤 淤 淤 淤 – 淤 450. 淤 淤 淤
La Montgolfière : **Repas** 120 淤, enf. 55 – 淤 50 – **136 ch** 280/500, 10 appart – ½ P 320/
500.

Albert 1er, 38 av. V. Hugo ℰ 04 79 37 77 33, Fax 04 79 37 89 01 – 淤 淤 淤 – 淤 35. 淤
淤   **Y n**
Repas brasserie *(fermé dim. d'avril à déc.)* 78 (déj.), 100/120 淤, enf. 58 – 淤 48 – **12 ch**
310/400 – ½ P 320.

La Berjann 淤 sans rest, à l'Est par D 990, rte Tours ℰ 04 79 32 47 88, Fax 04 79 37 74 09,
淤 – 淤 淤 淤 淤 淤 淤
淤 35 – **11 ch** 200/300.

Ibis 淤, rte Chambéry par ③ : *4 km* ℰ 04 79 37 89 99, Fax 04 79 37 89 98, 淤 – 淤 淤 淤
淤 淤 淤 – 淤 60. 淤 淤 淤 淤
Repas 95, enf. 39 – 淤 35 – **75 ch** 270/310.

Bouchon des Adoubes, Pont des Adoubes ℰ 04 79 32 00 50, Fax 04 79 31 21 41, 淤
淤 – 淤 淤 淤   **Y d**
fermé 25 juin au 5 juil., mardi soir et merc. – **Repas** 70/130 淤.

CITROEN Albertville Auto Diffusion, 9 rte de Grignon, pt. Albertin par D 925 ℘ 04 79 31 10 00
FIAT, LANCIA S.A.V.A., r. Lt Eysseric
℘ 04 79 32 06 82
FORD Tarentaise Auto, 1 rte de Grignon
℘ 04 79 32 04 98
PEUGEOT Arly Auto, 113 r. Pasteur
℘ 04 79 32 23 75 🄽 ℘ 04 79 37 49 81

RENAULT S.A.G.A.M., N 90 ℘ 04 79 31 15 70 🄽
℘ 04 79 31 15 70
VAG Gar. Lain Autom., 1 r. R.-Piddat
℘ 04 79 32 31 97

🔘 Euromaster, ZI du Chiriac, 156 r. L.-Armand
℘ 04 79 32 04 60

ALBI 🄿 *81000 Tarn* �⑧🇳 ⑩ *G. Pyrénées Roussillon – 46 579 h alt. 174.*

Voir *Cathédrale Ste-Cécile*★★★ Y – *Palais de la Berbie*★ *: musée Toulouse-Lautrec*★★ Y M – *Le vieil Albi*★★ YZ *: hôtel de Reynès*★ Z C – *Pont Vieux*★ Y.

Env. *Église St-Michel de Lescure*★ *5,5 km par* ①.

🛈ₛ *de Lasbordes* ℘ 05 63 54 98 07, *O : 4 km par r. de la Berchère ;* 🛈ₛ *Florentin-Gaillac* ℘ 05 63 55 20 50 à *Florentin, O : 11 km par* ⑤.

Autodrome *2 km par* ⑤.

🛫 *Le Séquestre : T.A.T.* ℘ 05 63 54 45 28, *par* ⑤.

🄱 *Office de Tourisme Palais de la Serbie, pl. Ste-Cécile* ℘ 05 63 49 48 80, Fax 05 63 49 48 98.

Paris 710 ⑤ *– Toulouse 76* ⑤ *– Béziers 149* ④ *– Clermont-Ferrand 296* ① *– St-Étienne 354* ①.

Plan page ci-contre

🏛️ **La Réserve** Ⓜ ≶, rte Cordes par ⑥ *: 3 km* ℘ 05 63 60 80 80, Fax 05 63 47 63 60, ≤, 🍴, « *Dans un parc au bord du Tarn* », ⏚, ⚒ – 🎞 📺 🕾 📞 🄿 – 🅐 50. 🄰🄴 ⓞ 🄶🄱 🄹🄲🄱
mai-oct. – **Repas** 125 (déj.), 160/300, enf. 60 – � 70 – **24 ch** 490/1000 – ½ P 580/900.

🏛️ **Host. St Antoine** Ⓜ, 17 r. St Antoine ℘ 05 63 54 04 04, Fax 05 63 47 10 47, « *Jardin, meubles anciens* » – 🛗 ⟵ 🎞 📺 🕾 📞 🄿 – 🅐 30 à 50. 🄰🄴 ⓞ 🄶🄱 🄹🄲🄱   Z d
Repas *(fermé dim. sauf le soir de mai à sept. et sam. midi)* 140, enf. 60 – ⊃ 60 – **40 ch** 360/650 – ½ P 390/950.

🏛️ **Chiffre**, 50 r. Séré-de-Rivières ℘ 05 63 54 04 60, Fax 05 63 47 20 61 – 🛗 🎞 📺 🕾 🚗 🄿 – 🅐 25 à 100. 🄰🄴 ⓞ 🄶🄱   Z b
Repas *(fermé dim. de nov. à mars)* 100/220 ᵹ, enf. 55 – ⊃ 40 – **40 ch** 270/470.

🏠 **Mercure** Ⓜ, 41 bis r. Porta ℘ 05 63 47 66 66, Fax 05 63 46 18 40, ≤ le Tarn et la cathédrale, 🍴 – 🛗 ⟵ 🎞 📺 📞 🐾 🄿. 🄰🄴 ⓞ 🄶🄱 🄹🄲🄱   Y n
Repas *(fermé 21 au 31 déc., dim. midi et sam. midi)* 100/180 – ⊃ 55 – **56 ch** 395/530.

🏠 **Gd H. Orléans**, pl. Stalingrad ℘ 05 63 54 16 56, Fax 05 63 54 43 41, ⏚ – 🛗 🎞 📺 🕾 📞 🚗 – 🅐 50. 🄰🄴 ⓞ 🄶🄱 🄹🄲🄱   X e
fermé 19 déc. au 5 janv. – **Repas** *(fermé lundi midi en août, sam. midi et dim.)* 115/250, enf. 70 – ⊃ 42 – **56 ch** 320/550 – ½ P 300/340.

🏠 **Cantepau** sans rest, 9 r. Cantepau ℘ 05 63 60 75 80, Fax 05 63 47 57 91 – 🛗 📺 🕾 🄿. 🄰🄴 ⓞ 🄶🄱. 🐾   V a
fermé vacances de Noël – ⊃ 32 – **33 ch** 225/245.

🏠 **Host. du Vigan**, 16 pl. Vigan ℘ 05 63 54 01 23, Fax 05 63 47 05 42, 🍴 – 🛗 📺 🕾 🚗 – 🅐 35. 🄰🄴 ⓞ 🄶🄱   Z s
Repas 92/200, enf. 40 – ⊃ 35 – **40 ch** 250/360 – ½ P 250/270.

🏠 **George V** sans rest, 29 av. Mar. Joffre ℘ 05 63 54 24 16, Fax 05 63 49 90 78 – 📺 🕾 📞. 🄰🄴 🄶🄱. 🐾   X g
⊃ 28 – **9 ch** 160/240.

XXX **Moulin de La Mothe**, r. de la Mothe ℘ 05 63 60 38 15, Fax 05 63 60 38 15, ≤, 🍴, parc, « *Au bord du Tarn* » – 🎞 🄿. 🄰🄴 ⓞ 🄶🄱   V f
fermé vacances de Toussaint, de fév., dim. soir et merc. sauf juil.-août – **Repas** 140/190 et carte 220 à 300, enf. 70.

XXX **L'Esprit du Vin**, 11 quai Choiseul ℘ 05 63 54 60 44, Fax 05 63 54 54 79, 🍴 – 🎞. 🄶🄱. 🐾   Y h
fermé 10 au 28 fév., dim. soir et lundi – **Repas** 98/300.

XX **Jardin des Quatre Saisons**, 19 bd Strasbourg ℘ 05 63 60 77 76, Fax 05 63 60 77 76 – 🎞. 🄰🄴 🄶🄱   V d
fermé lundi – **Repas** 135/160 bc.

XX **Le Vieil Alby** avec ch, 25 r. Toulouse-Lautrec ℘ 05 63 54 14 69, Fax 05 63 54 96 75, 🍴 – 🎞 rest 📺 🕾 📞. 🄰🄴 🄶🄱 🄹🄲🄱. 🐾 ch   Z k
fermé 23 juin au 6 juil., 12 janv. au 9 fév., lundi de sept. à juin et dim. – **Repas** 90/250 ᵹ, enf. 55 – ⊃ 35 – **9 ch** 245/290 – ½ P 280/300.

ALBI

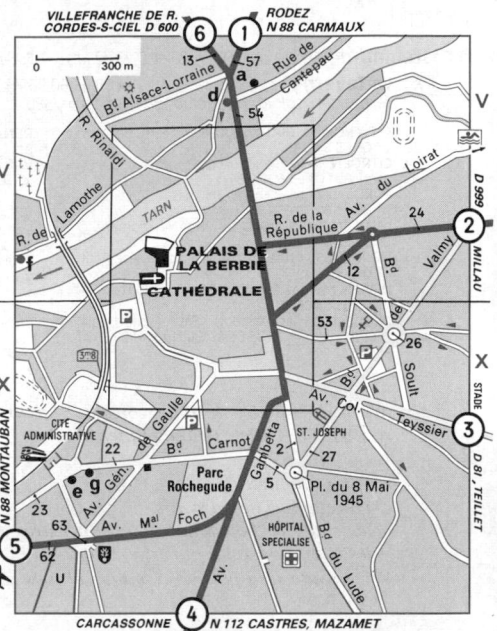

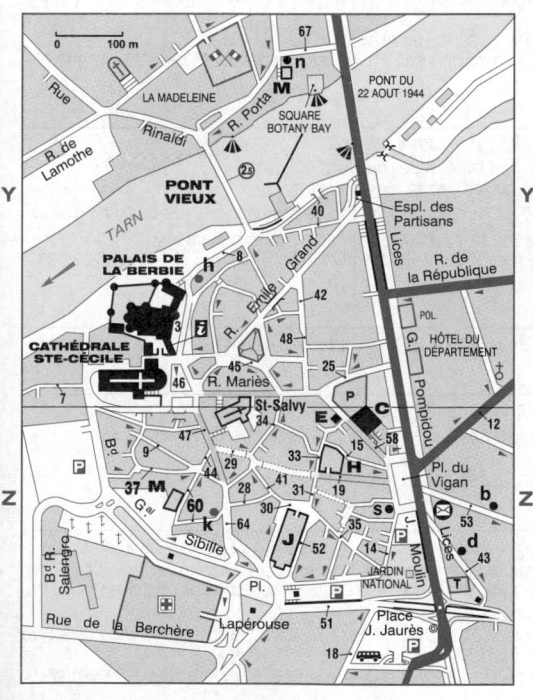

à Castelnau-de-Lévis *par* ⑥, *D 600 et D 12 : 7 km – 1 308 h. alt. 221 –* ✉ *81150 :*

✕✕ **La Taverne,** ✆ 05 63 60 90 16, Fax 05 63 60 96 73, 佘 – 🍴. 🅰🅴 ⒼⒷ *fermé dim. soir en hiver et lundi –* **Repas** 115/380.

ALFA ROMEO, FIAT Autom. Service, rte de Castres ✆ 05 63 54 03 02
CITROEN Gar. Marlaud, rte de Rodez, Lescure par ① ✆ 05 63 60 70 84
FORD Albi Auto, 22 av. A.-Thomas ✆ 05 63 60 79 03
LADA, VOLVO Gar. Grimal, 128 av. A.-Thomas ✆ 05 63 60 72 05
MERCEDES Antras Auto Albi, 8 r. du Puech Petit ✆ 05 63 47 19 40
NISSAN Mauries Autom., 101 av. Gambetta ✆ 05 63 54 06 75
PEUGEOT Gd Gar. Albigeois, 15 r. J.-Monod, Val de Caussels par ② ✆ 05 63 47 54 31 Ⓝ ✆ 05 63 47 86 34

RENAULT Rossi Autom., 179 av. Gambetta par ④ ✆ 05 63 48 18 88 Ⓝ ✆ 05 63 47 87 21
VAG Centre Auto Tarnais, rte de Castres ✆ 05 63 48 85 55

🚙 Bellet Pneus, rte de Castres ✆ 05 63 54 23 47
Euromaster, 30 r. Ampère, ZI de Jarlard ✆ 05 63 46 01 07
Soulet, 51 av. A.-Thomas ✆ 05 63 60 71 98
Vulco, 276 rte de Toulouse ✆ 05 63 54 04 99

Avant de prendre la route, consultez la **carte Michelin** *n° 🟡🟡🟡 "FRANCE - Grands Itinéraires".*

Vous y trouverez :

– votre kilométrage,
– votre temps de parcours,
– les zones à "bouchons" et les itinéraires de dégagement,
– les stations-service ouvertes 24 h/24...

Votre route sera plus économique et plus sûre.

ALBIEZ-LE-JEUNE 73300 Savoie 🟦🟦 ⑦ – 61 h alt. 1350.

Paris 647 – *Albertville* 73 – Chambéry 84 – St-Jean-de-Maurienne 12 – St-Michel-de-Maurienne 20.

🏠 **L'Escale** 📞, ✆ 04 79 59 85 08, Fax 04 79 64 32 40, ≤ – ☎. ⒼⒷ
fermé 12 nov. au 11 déc., merc. hors sais. et dim. soir – **Repas** 85/250 – ⌑ 30 – **12 ch** 215 – ½ P 265.

ALBIEZ-LE-VIEUX 73300 Savoie 🟦🟦 ⑦ – 301 h alt. 1560.

Voir *Col du Mollard* ≤★ S : 3 km, G. Alpes du Nord.
🅱 *Office de Tourisme* ✆ 04 79 59 30 48, Fax 04 79 59 32 30.
Paris 652 – *Albertville* 77 – Chambéry 88 – St-Jean-de-Maurienne 16 – St-Sorlin-d'Arves 14.

🏠 **La Rua** 📞, ✆ 04 79 59 30 76, Fax 04 79 59 33 15, ≤ – ☎ 🅿. ⒼⒷ. 🍴 rest
15 juin-15 sept. et 15 déc.-15 avril – **Repas** 85/150, enf. 50 – ⌑ 32 – **22 ch** 225/280 – ½ P 300.

ALBIGNY-SUR-SAONE 69 Rhône 🟦🟦 ①., 🟦🟦🟦 ⑭ – rattaché à Neuville-sur-Saône.

Les ALBRES 12220 Aveyron 🟦🟦 ① – 342 h alt. 450.

Paris 594 – *Rodez* 48 – Decazeville 10 – Figeac 20 – Villefranche-de-Rouergue 36.

🏠 **Frechet,** ✆ 05 65 80 42 46, 🍴 – 🛏 ☎. ⒼⒷ
Repas 60/170 🥂, enf. 50 – ⌑ 30 – **18 ch** 215 – ½ P 240.

ALENÇON 🅿 61000 Orne 🟦🟦 ③ G. Normandie Cotentin – 29 988 h alt. 135.

Voir *Église Notre-Dame★ (porche★, vitraux★)* – Musée des Beaux-Arts et de la Dentelle★ : *collection de dentelles★★* BZ M – Musée de la Dentelle : *collection de dentelles★★* CZ M[1].
Env. *Forêt de Perseigne★* 9 km par ③.
🅱 *Office de Tourisme Maison d'Ozé* ✆ 02 33 26 11 36, Fax 02 33 32 10 53 – *Automobile Club* 2 cours Clemenceau ✆ 02 33 32 27 27.
Paris 193 ② – Chartres 119 ③ – Évreux 119 ② – Laval 91 ⑤ – Le Mans 50 ④ – Rouen 147 ①.

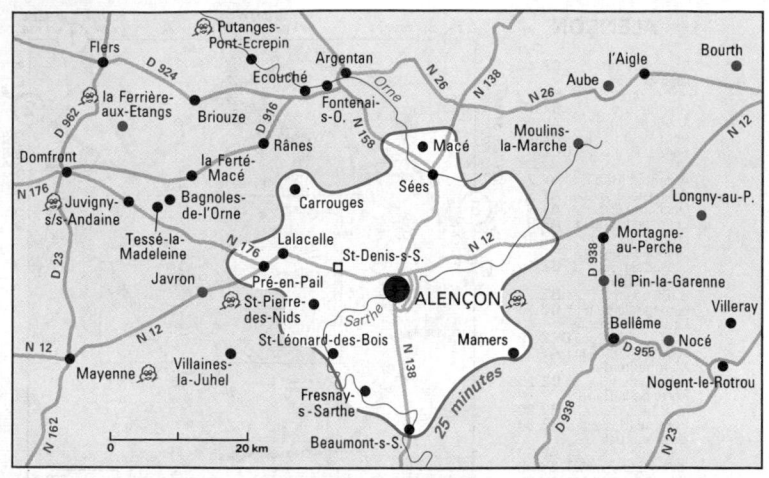

Arcade Ⓜ sans rest, 187 av. Gén. Leclerc par ④ ℰ 02 33 28 64 64, Fax 02 33 28 64 72 – 🛗 ⚞ 📺 ☎ ✆ 🅟 🅿 – 🏛 50. 🆎 ⓪ 🅶🅱 ☷ 35 – **55 ch** 290/330.

Chapeau Rouge sans rest, 3 bd Duchamp ℰ 02 33 26 20 23, Fax 02 33 26 54 05 – 📺 ☎ ✆ 🅿 🅎 🅶🅱 ☷ 30 – **16 ch** 160/280.
AY v

Ibis sans rest, 13 pl. Poulet Malassis ℰ 02 33 26 55 55, Fax 02 33 26 02 88 – 🛗 ⚞ 📺 ☎ ✆ 🅎 🅶🅱 ☷ 35 – **52 ch** 250/270.
CZ n

Marmotte, rte de Rouen par ① : *2 km* ✉ 61250 Valframbert ℰ 02 33 27 42 64, Fax 02 33 27 52 62 – 📺 ☎ ✆ 🅟 🅿 – 🏛 50. 🅶🅱 **Repas** 72/92 🍷, enf. 38 – ☷ 27 – **45 ch** 175/198.

XXX **Au Petit Vatel**, 72 pl. Cdt Desmeulles ℰ 02 33 26 23 78, Fax 02 33 82 64 57 – 🅎 ⓪ 🅶🅱 *fermé 28 juil. au 17 août, vacances de fév., dim. soir et merc.* – **Repas** 118/238 et carte 240 à 290.
BZ s

XX **Escargot Doré**, 183 av. Gén. Leclerc par ④ ℰ 02 33 28 67 67, Fax 02 33 27 77 39 – 🅿 🅶🅱 *fermé 21 juil. au 4 août, dim. soir et lundi* – Repas 98/205, enf. 50.

XX **Au Jardin Gourmand**, 14 r. Sarthe ℰ 02 33 32 22 56, Fax 02 33 82 62 60 – 🅶🅱 *fermé dim. soir et lundi* – **Repas** 70/125 🍷.
BZ u

XX **Grand St-Michel** avec ch, 7 r. Temple ℰ 02 33 26 04 77, Fax 02 33 26 71 82 – 📺 ☎ ✆ ☲, 🅎 ⓪ 🅶🅱 *fermé 30 juin au 29 juil. et vacances de fév.* – **Repas** (fermé dim. soir et lundi) 95/175 🍷, enf. 50 – ☷ 28 – **13 ch** 145/260 – ½ P 200/250.
BZ a

X **Le Bistrot**, 21 r. Sarthe ℰ 02 33 26 51 69 – 🅶🅱 *fermé 14 au 20 avril, 4 au 25 août, 25 déc. au 1er janv., dim. et lundi* – **Repas** 69 🍷.
BZ b

rte de Mamers par ③ : *5 km* – ✉ 72610 Le Chevain (Sarthe) :

XX **Chai de l'Abbaye**, ℰ 02 33 31 81 78, Fax 02 33 28 95 79 – 🅶🅱 *fermé vacances de fév., mardi soir et merc.* – **Repas** 89/235.

CITROEN Roques, N 138 rte du Mans par ④
ℰ 02 33 28 10 20 🆘 ℰ 02 33 28 10 20
FIAT, LANCIA Kosellek, 45 av. de Quakenbruck
ℰ 02 33 29 40 67
FORD Auto 3000, 132 av. de Quakenbruck
ℰ 02 33 29 45 61
NISSAN Auto maxi service, ZAT du Londeau
ℰ 02 33 31 06 06
OPEL Europe Autom., ZAT du Londeau
ℰ 02 33 27 75 75
PEUGEOT Gds Garage de l'Orne, 111 av. de Basing-stoke par ① ℰ 02 33 29 22 22
RENAULT SODIAC, N 12, rte de Paris à Cerisé par ②
ℰ 02 33 29 20 22 🆘 ℰ 02 33 28 24 19

ROVER Gar. de Bretagne, 141 r. de Bretagne
ℰ 02 33 26 08 27
TOYOTA Gar. Baroche, 136 av. Rhin-et-Danube
ℰ 02 33 31 00 00
VAG Gar. Poirier, 36 r. Ampère, ZI Nord
ℰ 02 33 31 10 74

🏵 Alençon Pneus, 71 av. de Basingstoke
ℰ 02 33 29 16 22
Marsat Pneus, ZI Nord, 26 r. L.-Carnot
ℰ 02 33 27 78 83

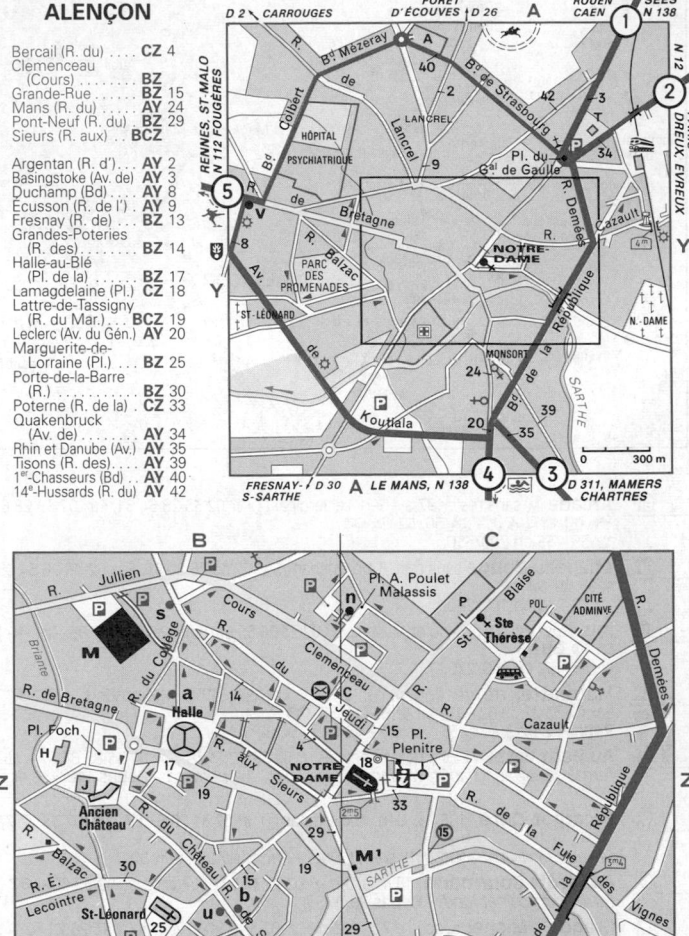

ALENÇON

Bercail (R. du) .... **CZ** 4
Clemenceau (Cours) .... **BZ**
Grande-Rue ...... **BZ** 15
Mans (R. du) ..... **AY** 24
Pont-Neuf (R. du) . **BZ** 29
Sieurs (R. aux) .. **BCZ**

Argentan (R. d') ... **AY** 2
Basingstoke (Av. de) **AY** 3
Duchamp (Bd) .... **AY** 8
Écusson (R. de l') . **AY** 9
Fresnay (R. de) ... **BZ** 13
Grandes-Poteries (R. des) .... **BZ** 14
Halle-au-Blé (Pl. de la) ...... **BZ** 17
Lamagdelaine (Pl.) **CZ** 18
Lattre-de-Tassigny (R. du Mar.) ... **BCZ** 19
Leclerc (Av. du Gén.) **AY** 20
Marguerite-de-Lorraine (Pl.) ... **BZ** 25
Porte-de-la-Barre (R.) .... **BZ** 30
Poterne (R. de la) . **CZ** 33
Quakenbruck (Av. de) .... **AY** 34
Rhin et Danube (Av.) **AY** 35
Tisons (R. des).... **AY** 39
1er-Chasseurs (Bd) .. **AY** 40
14e-Hussards (R. du) **AY** 42

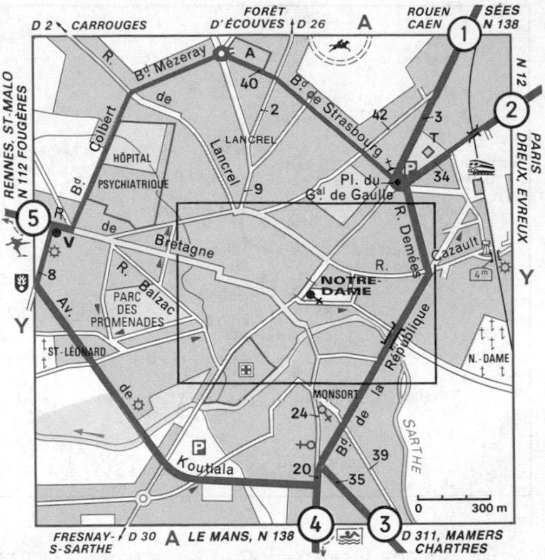

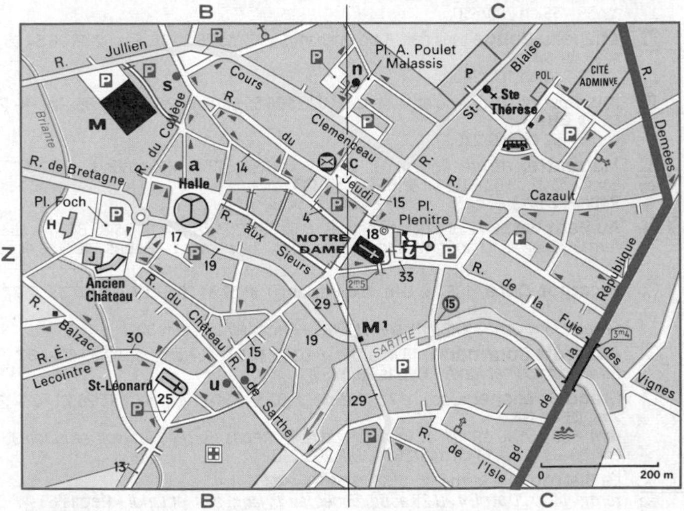

ALÈS

SP 30100 Gard 80 ⑰ ⑱ *G. Gorges du Tarn – 41 037 h alt. 136.*

Voir *Musée minéralogique de l'Ecole des Mines★, N par l'avenue de Lattre de Tassigny – Musée-bibliothèque Pierre-André-Benoit★, O : 2 km par le pont de Rochebelle – Mine-témoin★, O : 3 km par le pont de Rochebelle.*

Office de Tourisme pl. Gabriel-Péri ✆ 04 66 52 32 15, Fax 04 66 30 15 90.

Paris 707 ② – Albi 230 ③ – Avignon 73 ③ – Montpellier 77 ③ – Nîmes 46 ③ – Valence 149 ②.

Plan page suivante

Ceven'H., 18 r. E. Quinet ✆ 04 66 52 27 07, Fax 04 66 52 36 33 – 25. AE GB B e
Repas *(fermé sam., dim. et fériés)* 70 (déj.), 90/150 – 45 – **75 ch** 310/330.

Le Riche avec ch, 42 pl. Sémard ✆ 04 66 86 00 33, Fax 04 66 30 02 63, salle 1900 – rest – 25. GB B n
fermé 2 au 24 août – **Repas** 97/286 – 35 – **19 ch** 170/320 – ½ P 240/260.

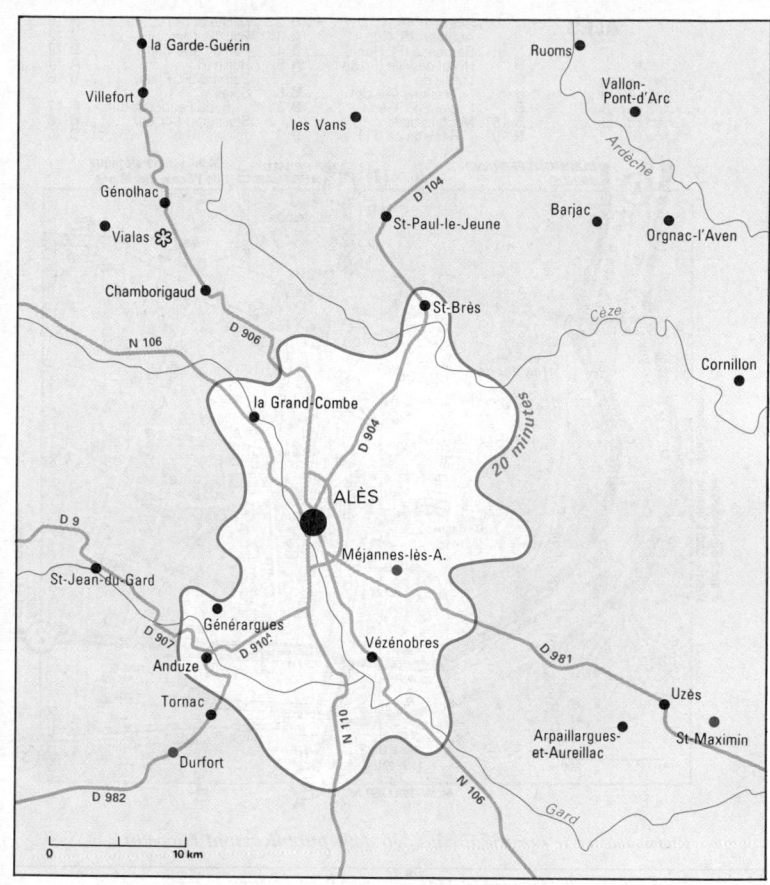

✕✕	**Parc,** 174 rte Nîmes par ② : *2 km* ℰ 04 66 30 62 33, Fax 04 66 30 98 54, 佘, ☞ – 🅿 🖭 GB	
	fermé dim. soir et lundi – **Repas** 100/260, enf. 60.	
✕	**Le Guévent,** 12 bd Gambetta ℰ 04 66 30 31 98 – GB	B a
	fermé 15 juil. au 15 août, sam. midi et dim. soir – **Repas** 95/210.	

rte de Nîmes *par ② : 4 km sur N 106* – ✉ 30560 St-Hilaire-de-Brethmas :

✕✕✕	**Aub. de St-Hilaire,** ℰ 04 66 30 11 42, Fax 04 66 86 72 79, 佘 – ☰ 🅿 GB
	Repas *(fermé dim. soir et lundi sauf fériés)* 100/400 et carte 250 à 360, enf. 70.

à Méjannes-lès-Alès *par ② et D 981 : 7,5 km* – 810 h. alt. 141 – ✉ 30340 Salindres :

✕✕	**Aub. des Voutins,** ℰ 04 66 61 38 03, 佘, ☞ – 🅿 🖭 ⓞ GB
	fermé dim. soir et lundi sauf fériés – **Repas** 150/320.

BMW Méridional Autos, 571 ch. de la Tourtugue Rocade Est ℰ 04 66 30 14 14
CITROEN Rokad Auto, Rocade Est, Rd-Pt A.-Citroën ℰ 04 66 86 25 25 🖪 ℰ 04 66 30 08 73
FIAT Kamon Autom., rte d'Aubenas à St-Martin-de-Valgalgues ℰ 04 66 30 88 66
NISSAN Auto Hall, Rocade Sud ℰ 04 66 52 24 41
PEUGEOT Gar. Guiraud, 1165 rte d'Uzès par ② ℰ 04 66 56 28 28 🖪 ℰ 04 66 78 01 15

RENAULT Auto Christol, Quai du Mas d'Hours ℰ 04 66 56 22 22 🖪 ℰ 08 00 05 15 15

Ⓜ Ayme Pneus, av. Rameau, ZI Croupillac ℰ 04 66 30 22 10
Rouveyran, rte de Nîmes à St-Hilaire-de-Brethmas ℰ 04 66 61 33 30
Vulco, ZI av. Frères-Lumière ℰ 04 66 56 77 77

71

ALÈS

Avéjan (R. d') . . . . B
Docteur-Serres (R.) . . . . . B
Edgar-Quinet (R.) . . . . B
Louis-Blanc (Bd) . . . . B
St-Vincent (R.) . . . . B 15
Taisson (R.) . . . . B 19

Albert-1er (R.) . . . . B 2
Audibert (R. Cdt) . . . . A 3
Barbusse (Pl. Henri) . . . . . B 4
Hôtel-de-Ville (Pl. de l') . . A 5
Lattre de Tassigny (Av. de) . . . . . . B 6
Leclerc (Pl. Gén.) . . . . B 8
Martyrs-de-la-Résistance (Pl.) . . . . B 9

Michelet (R.) . . . . B 10
Paul (R. Marcel) . . . . B 12
Péri (Pl. Gabriel) . . . . B 13
Rollin (R.) . . . . A 14
Semard (Pl. Pierre) . . . . . . B 16
Soleil (R. du Faubourg-du) . . . B 17
Stalingrad (Av. de) . . . . B 18
Talabot (Bd) . . . . B 20

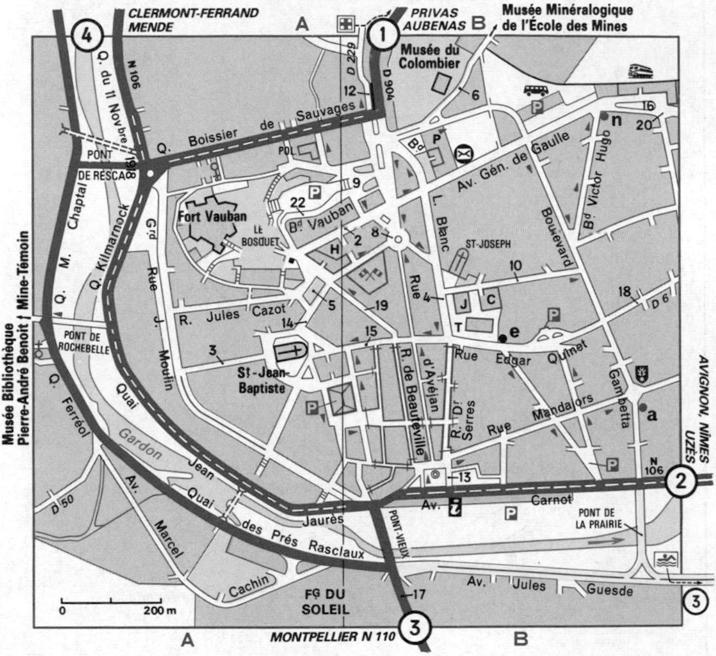

Richiedete nelle librerie il catalogo delle ***pubblicazioni Michelin.***

ALFORTVILLE *94 Val-de-Marne* 61 ①, 101 ㉗ *– voir à Paris, Environs.*

ALGAJOLA *2B H.-Corse* 90 ⑬ *– voir à Corse.*

ALISE-STE-REINE *21 Côte-d'Or* 65 ⑱ *– rattaché à Venarey-les-Laumes.*

ALISSAS *07 Ardèche* 76 ⑲,, 77 ⑪ *– rattaché à Privas.*

ALIX *69380 Rhône* 73 ⑨, 74 ①, 110 ② *– 665 h alt. 287.*

Paris 446 – Lyon 30 – L'Arbresle 13 – Villefranche-sur-Saône 12.

Le Vieux Moulin, ✆ 04 78 43 91 66, Fax 04 78 47 98 46, – P. GB
fermé 11 août au 9 sept., lundi et mardi sauf fériés – **Repas** 106/250.

ALLAS-LES-MINES *24 Dordogne* 75 ⑰ *– rattaché à St-Cyprien.*

ALLÈGRE *43270 H.-Loire* 76 ⑥ *G. Vallée du Rhône – 1 176 h alt. 1057.*

Voir *Ruines du château* ✻★.

Office de Tourisme r. du Mont Bar ✆ *04 71 00 72 52.*

Paris 533 – Le Puy-en-Velay 28 – Ambert 45 – Brioude 48 – Langeac 32.

Voyageurs, D 13 ✆ 04 71 00 70 12, Fax 04 71 00 20 67, – TV ☎ P. GB
15 mars-15 déc. – **Repas** 65/150, enf. 45 – 35 – **20 ch** 165/280 – 1/2 P 185/220.

PEUGEOT Gar. Marrel, ✆ 04 71 00 70 62 N ✆ 04 71 00 70 62

ALLEMANS-DU-DROPT 47800 L.-et-G. **79** ④ – 455 h alt. 44.

Paris 574 – *Agen 67* – Marmande 30 – Villeneuve-sur-Lot 48.

🏠 **Étape Gasconne,** *✆* 05 53 20 23 55, Fax 05 53 93 51 42, 🛋, *🍽* – ▤ rest 📺 ☎ ⌖, ⊝
🍴 **Repas** *(fermé sam. midi et dim. soir hors sais.)* 60 bc/230 ⅄, enf. 48 – ⊡ 30 – **27 ch** 180/320
– ½ P 210/260.

ALLEMONT 38114 Isère **77** ⑥ – 600 h alt. 830.

Voir *Traverse d'Allemont* ✳✱✱ *O : 6 km,* G. Alpes du Nord.

Paris 613 – *Grenoble 48* – Le Bourg-d'Oisans 11 – St-Jean-de-Maurienne 59 – Vizille 29.

🏠 **Giniès** 🏠, *✆* 04 76 80 70 03, Fax 04 76 80 73 13, ≼, 🍽, *🍽* – 📺 ☎ ⌖ ⊡, ⊝. 🍴
Repas *(2 mai-15 sept. et vacances de fév.-15 avril)* 98/175 ⅄, enf. 65 – ⊡ 35 – **27 ch**
210/280 – ½ P 250/280.

ALLEREY-SUR-SAÔNE 71 S.-et-L. **70** ② – *rattaché à Verdun-sur-le-Doubs.*

ALLEVARD 38580 Isère **74** ⑯, **77** ⑥ *G. Alpes du Nord* – 2 558 h alt. 470 – Stat. therm. (19 mai-20 sept.) – Sports d'hiver au Collet d'Allevard : 1 450/1 700 m ⌦ 13.

Voir *Route du Collet*✱✱ *par D 525ᴬ* – *Route de Brame-Farine*✱ *NE par Av. Louaraz.*

🄳 *Office de Tourisme pl. Résistance ✆ 04 76 45 10 11, Fax 04 76 97 59 32.*

Paris 600 ① – *Grenoble 41* ② – Albertville 50 ① – Chambéry 37 ① – St-Jean-de-Maurienne
69 ①.

ALLEVARD

Rues piétonnes en saison thermale

Baroz (R. Emma)	2
Bir-Hakeim (R. de)	3
Charamil (R.)	5
Chataing (R. Laurent)	6
Chenal (R.)	7
Davallet (Av.)	8
Docteur-Mansord (R.)	9
Gerin (Av. Louis)	15
Grand-Pont (R. du)	19
Libération (R. de la)	21
Louaraz (Av.)	22
Niepce (R. Bernard)	23
Ponsard (R.)	24
Rambaud (Pl. P.)	25
Résistance	
(Pl. de la)	27
Savoie (Av. de)	28
Thermes (R. des)	29
Verdun (Pl. de)	32
8-Mai-1945 (R. du)	34

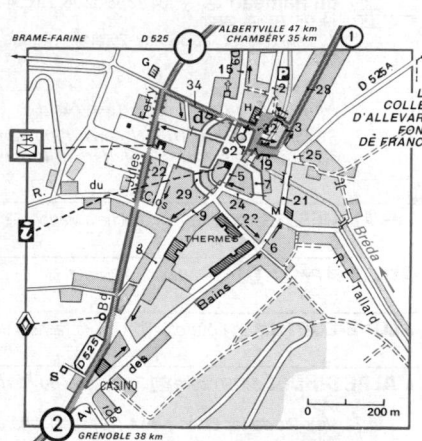

🏨 **Les Pervenches** 🏠, (s) *✆* 04 76 97 50 73, Fax 04 76 45 09 52, ≼, parc, 🛋, 🍽 – 📺 ☎ ⊡.
⍺ ⓞ ⊝. 🍴 rest
9 mai-10 oct. et 1ᵉʳ fév.-20 avril – **Repas** *(fermé dim. midi du 1ᵉʳ fév. au 20 avril)* 110/220,
enf. 58 – ⊡ 43 – **30 ch** 314/372 – ½ P 334.

🏠 **Speranza** 🏠, rte Moutaret par ① *et D 9 : 1 km ✆* 04 76 97 50 56, ≼, *🍽* – cuisinette ☎
⊡. 🍴 rest
13 mai-30 sept. – **Repas** 93/140 – ⊡ 34 – **12 ch** 190/270, 8 studios – ½ P 228/270.

🏡 **Alpes, (d)** *✆* 04 76 97 51 18, Fax 04 76 45 80 81 – ⌖⌖ 📺 ☎ ⌖, ⊝
🍴 **Repas** *(fermé dim. soir hors sais.)* 69 (déj.), 80/250 ⅄, enf. 38 – ⊡ 40 – **16 ch** 220/335 –
½ P 225/245.

à Pinsot Sud : 7 km par D 525 A – 145 h. alt. 730 – ⊠ 38580 :

🏨 **Pic Belle Étoile** 🏠, *✆* 04 76 45 89 45, Fax 04 76 45 89 46, ≼, 🍽, Ⅰ₆, 🛋, *🍽*, 🍴 – ▥ 📺
☎ ⌖ ⊡ – ⌂ 40. ⊝
fermé 20 avril au 15 mai et 20 oct. au 19 déc. – **Repas** 100/200, enf. 66 – ⊡ 52 – **40 ch**
330/425 – ½ P 390.

RENAULT Gar. des Alpes, *✆* 04 76 45 11 16 🄽 *✆* 04 76 97 56 27

Les prix   Pour toutes précisions sur les prix indiqués dans ce guide,
reportez-vous aux pages explicatives.

ALLEYRAS 43580 H.-Loire 🔢 ⑱ – 232 h alt. 779.

Paris 556 – Le Puy-en-Velay 33 – Brioude 71 – Langogne 43 – St-Chély-d'Apcher 60.

🏠 **Haut-Allier** ⬩, au Pont d'Alleyras, Nord : 2 km par D 40 🐾 04 71 57 57 63,
🐾 Fax 04 71 57 57 99 – 🔲 rest 📺 ☎. **GB**, ❄
4 mars-15 nov. – Repas (fermé dim. soir et lundi sauf juil.-août) 120/265 – ☑ 38 – **14 ch**
235/330 – ½ P 280/320.

ALLONNE 60 Oise 🔢 ⑩ – rattaché à Beauvais.

ALLOS 04260 Alpes-de-H.-P. 🔢 ⑧ G. Alpes du Sud – 705 h alt. 1425.

Env. ❄** du col d'Allos NO : 15 km.
Paris 776 – Digne-les-Bains 80 – Barcelonnette 36 – Colmars 8.

au Seignus Ouest : 2 km par D 26 – alt. 1500 – Sports d'hiver 1 400/2 426 m ✦ 1 ✦ 11 – ⊠ 04260
Allos.

🚹 Office de Tourisme 🐾 04 92 83 02 81, Fax 04 92 83 06 66.

🔆 **Altitude 1500** ⬩, 🐾 04 92 83 01 07, ⬩, 🏛 – ☎ 🄿, **GB**, ❄ ch
🍴 1er juil.-8 sept. et 20 déc.-10 avril – Repas 75/150, enf. 45 – ☑ 45 – **16 ch** 200/250 –
½ P 300.

à la Foux d'Allos Nord-Ouest : 9 km par D 908 – Sports d'hiver 1 800/2 600 m ✦ 3 ✦ 19 – ⊠ 04260
Allos

🏨 **du Hameau** ⬩, 🐾 04 92 83 82 26, Fax 04 92 83 87 50, ⬩, 🏛, 🔋, 🔄 – 🔁 📺 ☎ ⚭ 🄿 –
🐾 🔐 25. 🄰🄴 ⓞ **GB**
10 juin-20 sept. et 30 nov.-20 avril – Repas 85/170, enf. 50 – ☑ 42 – **36 ch** 355/546 –
½ P 360/400.

Ne prenez pas la route au hasard !

3615 - 3617 MICHELIN *vous apportent sur votre Minitel ou sur fax*
ses conseils routiers, hôteliers et touristiques.

Les ALLUES 73 Savoie 🔢 ⑰ – rattaché à Méribel-les-Allues.

ALOTZ 64 Pyr.-Atl. 🔢 ⑱ – rattaché à Biarritz.

ALOXE-CORTON 21 Côte-d'Or 🔢 ① – rattaché à Beaune.

L'ALPE D'HUEZ 38750 Isère 🔢 ⑥ G. Alpes du Nord – Sports d'hiver : 1 400/3 350 m ✦ 14 ✦ 67
❄.

Voir Pic du Lac Blanc ❄*** NE par téléphérique B – Route de Villars-Reculas★ 4 km par D
211ᴮ.
Altiport 🐾 04 76 80 41 15, SE.
🚹 Office de Tourisme pl. Paganon 🐾 04 76 80 35 41, Fax 04 76 80 69 54.
Paris 629 ① – Grenoble 63 ① – Le Bourg-d'Oisans 13 ① – Briançon 72 ①.

Plan page ci-contre

🏨 **Au Chamois d'Or** Ⓜ ⬩, 🐾 04 76 80 31 32, Fax 04 76 80 34 90, ⬩ pistes et montagnes,
🏛, 🔋, 🔄, ❄ – 🔁 📺 ☎ ⚭ 🄿 – 🐾 🔐 25. **GB**, ❄ rest   B e
20 déc.-25 avril – Repas 150 (déj.), 230/290 – ☑ 80 – **45 ch** 850/1390 – ½ P 740/1000.

🏨 **Les Grandes Rousses**, 🐾 04 76 80 33 11, Fax 04 76 80 69 57, ⬩ massif de l'Oisans, 🏛,
🔄 (été), ❄ – 🔁 📺 ☎ ⚭ – 🐾 🔐 25. 🄰🄴 **GB**   A d
15 juin-15 sept. et 1er déc.-3 mai – Repas 200/240 ⬩ – ☑ 68 – **45 ch** 690/860, 4 duplex –
½ P 780/920.

🏨 **Le Christina** ⬩, 🐾 04 76 80 33 32, Fax 04 76 80 66 12, ⬩ massif de l'Oisans, 🏛, ❄ – 🔁
📺 ☎. 🄰🄴 ⓞ **GB** 🄹🄲🄱. ❄ rest   B n
juil.-août et 14 déc.-20 avril – Repas 160/180 – ☑ 55 – **27 ch** 650 – ½ P 643/723.

🏨 **Le Dôme** sans rest, 🐾 04 76 80 32 11, Fax 04 76 80 66 48, ⬩ massif de l'Oisans – 🔁 📺 ☎
⚭ 🄰🄴 **GB**   B q
juil.-août et 29 nov.-26 avril – ☑ 55 – **20 ch** 620/725.

🏨 **Le Castillan**, 🐾 04 76 80 34 51, Fax 04 76 80 63 37, ⬩, 🏛, 🔋 – 🔁 📺 ☎ ✦ ⚭ 🄿. **GB**.
❄ rest   A r
1er juil.-30 août et 15 déc.-15 avril – Repas 150 – ☑ 50 – **38 ch** 500/600 – ½ P 465/510.

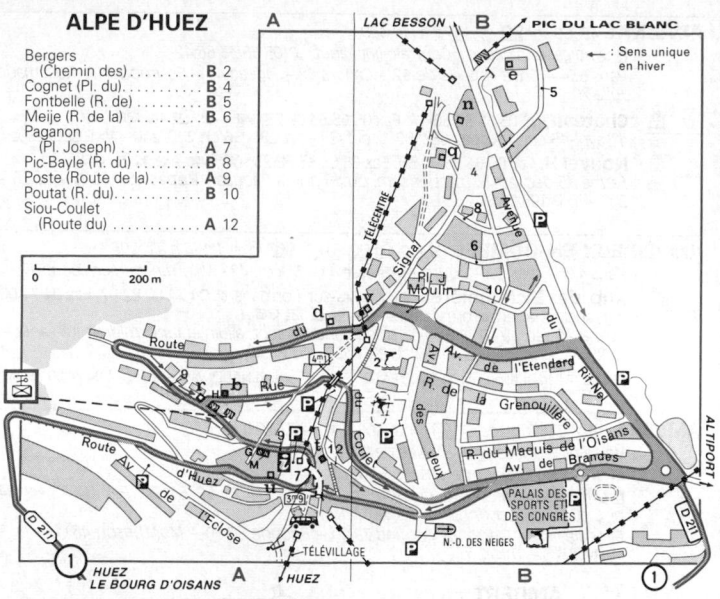

ALPE D'HUEZ

Bergers
  (Chemin des) .... **B** 2
Cognet (Pl. du) .... **B** 4
Fontbelle (R. de) .... **B** 5
Meije (R. de la) .... **B** 6
Paganon
  (Pl. Joseph) .... **A** 7
Pic-Bayle (R. du) .... **B** 8
Poste (Route de la) .... **A** 9
Poutat (R. du) .... **B** 10
Siou-Coulet
  (Route du) .... **A** 12

Le Mariandre sans rest, ℘ 04 76 80 66 03, Fax 04 76 80 31 50, ≼ – 🛗 TV ☎ ⑄, 🖭 GB, ❀

    A u

juil.-août et 1er déc.-1er mai – ⊆ 50 – **21 ch** 530/630.

Alp'Azur sans rest, ℘ 04 76 80 34 02, ≼ – ☎. GB   B v

27 juin-30 sept. et 27 nov.-4 mai – ⊆ 40 – **24 ch** 350/440.

Gérard Astic, ℘ 04 76 80 68 92 – GB   A b

juil.-août et 1er déc.-1er mai – Repas (dîner seul. en hiver) 125/198.

Au P'tit Creux, ℘ 04 76 80 62 80, Fax 04 76 80 39 37, � – ⓞ GB   A t

fermé 2 mai au 5 juin, 26 oct. au 3 nov. et dim. soir en sept. et oct. – **Repas** 128/150, enf. 58.

La Cabane du Poutat secteur des Bergers, accès piétons depuis gare départ télé-cabine des Marmottes ℘ 04 76 80 42 88, Fax 04 76 80 68 92, ≼ massif de l'Oisans, �, « Restaurant d'altitude au milieu des pistes » – GB

1er déc.-1er mai – **Repas** (déj. seul.) carte 140 à 180.

ALTENSTADT 67 B.-Rhin 57 ⑲ – rattaché à Wissembourg.

ALTKIRCH 〈◆〉 68130 H.-Rhin 66 ⑨ G. Alsace Lorraine – 5 090 h alt. 312.

  🛈 Office de Tourisme, pl. Xavier Jourdain ℘ 03 89 40 02 90, Fax 03 89 08 86 90.
  Paris 458 – Mulhouse 21 – Basel 32 – Belfort 35 – Montbéliard 52 – Thann 27.

à Hirtzbach Sud : 4 km – 1 143 h. alt. 308 – ✉ 68118 :

Ottié, à la bifurcation D 432 et D 17 ℘ 03 89 40 93 22, Fax 03 89 08 85 19, �, 🐎 – 🚐 🅿. GB

fermé 22 juin au 8 juil., Noël au Jour de l'An, lundi soir sauf août et mardi – **Repas** 58 (déj.), 88/220 🍷.

à Wahlbach : Est : 10 km par D 419 et D 19B – 242 h. alt. 320 – ✉ 68130 :

Aub. de la Gloriette avec ch, ℘ 03 89 07 81 49, Fax 03 89 07 40 56, �, 🐎 – ▤ rest TV ☎ 🅿. 🖭 GB

fermé 15 au 30 sept. et 15 au 28 fév. – **Repas** (fermé lundi et mardi) 98 (déj.), 140/280 🍷 – ⊆ 45 – **9 ch** 280/450 – ½ P 360/380.

CITROEN Gar. Ditner, 68 r. de Thann à Spechbach-le-Bas ℘ 03 89 25 40 52
PEUGEOT SIAM, 57 rte de Carspach ℘ 03 89 08 83 84

RENAULT Gar. Fritsch, 29 r. 3e Zouaves ℘ 03 89 08 9393 🅽 ℘ 03 88 19 39 65

🔘 Altkirch Pneus, 50 av. du 8e-R.-H. ℘ 03 89 40 95 26

ALVIGNAC *46500 Lot* 75 ⑲ *– 473 h alt. 400.*

Syndicat d'initiative r. Centrale (juil.-août) ✆ 05 65 33 66 42.

Paris 534 – Brive-la-Gaillarde 52 – Cahors 62 – Figeac 43 – Gourdon 41 – Rocamadour 9 – Tulle 70.

Château, ✆ 05 65 33 60 14, Fax 05 65 33 69 28, – ☎. AE ⓓ GB
1er avril-15 oct. – **Repas** 68/180, enf. 37 – ☕ 28 – **36 ch** 200/240 – ½ P 250/260.

Nouvel H., ✆ 05 65 33 60 30, Fax 05 65 33 68 25, , – ☎ P. GB
fermé 15 déc. au 1er mars et sam. du 15 nov. à Pâques – **Repas** 65/160 – ☕ 25 – **13 ch** 200 – ½ P 195/225.

AMBÉRIEUX-EN-DOMBES *01330 Ain* 74 ① ②, 110 ⑤ *– 1 156 h alt. 296.*

Paris 437 – Lyon 32 – Bourg-en-Bresse 41 – Mâcon 42 – Villefranche-sur-Saône 17.

Aub. des Bichonnières , rte Ars-sur-Formans ✆ 04 74 00 82 07, Fax 04 74 00 89 61, , ancienne ferme bressanne, – ☎ P. AE GB
fermé 23 déc. au 10 janv., dim. soir et lundi de sept. à juin et lundi midi en juil.-août – **Repas** 98/250, enf. 80 – ☕ 40 – **9 ch** 220/320 – ½ P 260.

PEUGEOT Gar. Butillon, ✆ 04 74 00 84 02 — RENAULT Vacheresse, ✆ 04 74 00 83 46

AMBERT SP *63600 P.-de-D.* 73 ⑯ *G. Auvergne – 7 420 h alt. 535.*

Voir *Église St-Jean*★ **Y** – *Vallée de la Dore*★ *N et S.*

Env. *Moulin Richard-de-Bas*★ *5,5 km par* ②.

Office de Tourisme 4 pl. Hôtel de Ville ✆ 04 73 82 61 90, Fax 04 73 82 44 00 et pl. G.-Courtial (saison) ✆ 04 73 82 14 15.

Paris 491 ① – Clermont-Ferrand 78 ① – Brioude 60 ③ – Montbrison 46 ② – Le Puy-en-Velay 70 ③ – Thiers 57 ①.

AMBERT

Chabrier (Av. E.)	Z	
Château (R. du)	Z	3
Cheix (Rue du Petit)	Z	
Clemenceau (Av. G.)	Y	4
Courtial (Pl. G.)	Y	6
Croves du Mas (Av. des)	Y	
Filéterie (R. de la)	Z	7
Foch (Av. du Mar.)	Y	8
Gaulle (Pl. Ch.-de)	Z	
Goye (R. de)	Y	12
Henri IV (Bd)	Z	
Livradois (Pl. du)	Z	
Lyon (Av. de)	Z	13
Nord (Bd du)	YZ	
Pontel (Pl. du)	Z	16
Portette (Bd de la)	Y	17
République (R. de la)	Z	19
St-Jean (Pl.)	Y	20
St-Joseph (R.)	Z	
Sully (Bd)	Z	21
11-Novembre (Av. du)	Z	23

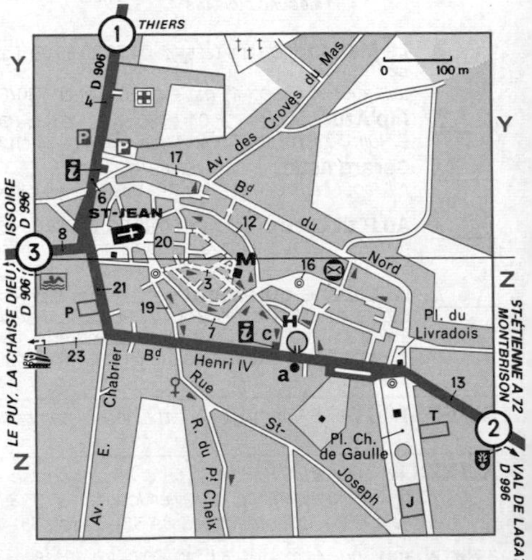

Michelin n'accroche pas de panonceau aux hôtels et restaurants qu'il signale.

Chaumière, 41 av. Mar. Foch par ③ ✆ 04 73 82 14 94, Fax 04 73 82 33 52 – TV ☎ ♿ P. AE ⓓ GB
fermé 26 déc. au 31 janv. et sam. d'oct. à mai – **Repas** *(fermé vend. soir de nov. à mars, sam. d'oct. à mai et dim. soir sauf fêtes)* 93/200, enf. 62 – ☕ 42 – **23 ch** 270/360 – ½ P 270/290.

Copains, 42 bd Henri IV ✆ 04 73 82 01 02, Fax 04 73 82 67 34 – ☎. GB. ch — Z a
fermé sept., sam. sauf juil.-août et fêtes et dim. soir – **Repas** 65/210 – ☕ 34 – **11 ch** 260/300 – ½ P 230/260.

CITROEN Gar. Rigaud, rte de Clermont par ① ✆ 04 73 82 01 57 — Arcis Pneus, 34 av. Dore ✆ 04 73 82 02 69

Sorgfältig zubereitete, preiswerte Mahlzeiten : Repas 100/130

AMBIALET 81340 Tarn 🔟 ⑫ *G. Gorges du Tarn* – *386 h alt. 220.*

Voir *Site*★.

Paris 699 – Albi 23 – Castres 56 – Lacaune 53 – Rodez 70 – St-Affrique 62.

🏨 **Pont**, ℘ 05 63 55 32 07, Fax 05 63 55 37 21, ≤, 🍴, ⚒, 🚗 – ▤ rest 📺 ☎ 🅿 – 🔬 25. 🆎 ⓪ 🕮
fermé 22 nov. au 20 déc. et dim. soir du 1ᵉʳ nov. au 31 mars – **Repas** 100/280, enf. 65 –
☲ 40 – **20 ch** 275/315 – ½ P 300.

AMBIERLE 42820 Loire 🔟🗿 ⑦ *G. Vallée du Rhône* – *1 763 h alt. 467.*

Voir *Église*★.

Paris 372 – Roanne 18 – Lapalisse 35 – Thiers 66 – Vichy 52.

✗✗ **Le Prieuré**, ℘ 04 77 65 63 24, Fax 04 77 65 69 90 – 🕮
fermé 17 août au 4 sept., vacances de fév., mardi soir et merc. – **Repas** 90 (déj.), 120/300 ♨.

AMBOISE 37400 I.-et-L. 🔟🗿 ⑯ *G. Châteaux de la Loire* – *10 982 h alt. 60.*

Voir *Château*★★ (spectacle son et lumière) **B** : ≤★★ *de la terrasse,* ≤★★ *de la tour des Minimes* – *Clos-Lucé*★ **B** – *Pagode de Chanteloup*★ *3 km par* ④.

🛈 *Office de Tourisme quai Gén.-de-Gaulle* ℘ 02 47 57 09 28, Fax 02 47 57 14 35.

Paris 223 ① – *Tours 26* ⑤ – *Blois 36* ① – *Loches 34* ④ – *Vierzon 91* ③.

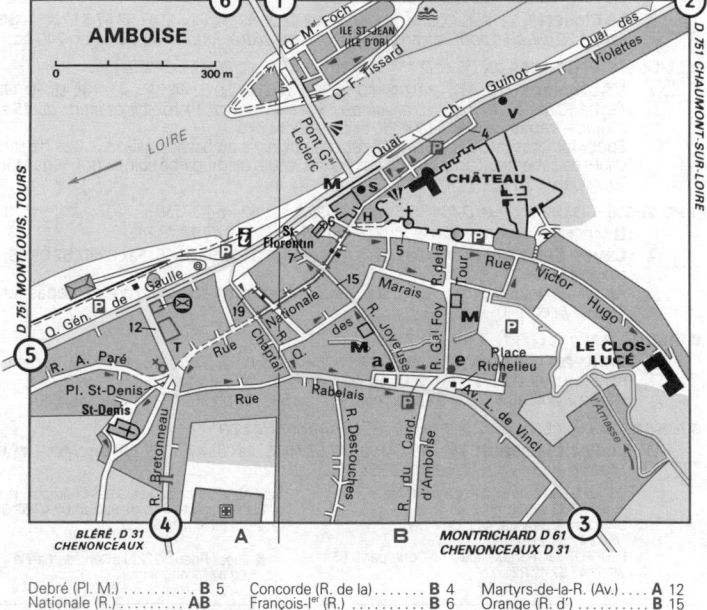

🏨 **Le Choiseul**, 36 quai Ch. Guinot ℘ 02 47 30 45 45, Fax 02 47 30 46 10, ≤, 🍴, « Élégante
❀❀ installation, piscine et jardin fleuri » – ▤ 📺 ☎ 🗢 🅿 – 🔬 80. 🆎 ⓪ 🕮 🕱 **B v**
fermé 30 nov. au 20 janv. – **Repas** 220 bc (déj.), 270/440 et carte 290 à 460 – ☲ 130 – **28 ch**
600/1300 – ½ P 730/1080
Spéc. Vichyssoise d'asperges vertes et huîtres de Marennes. Blanc de géline farci de girolles
et moules bouchot. Crumble de framboises acidulées à la fleur d'hibiscus. **Vins** Touraine.

🏨 **Novotel** ⚘, Sud : 2 km par ③ *rte de Chenonceaux* ℘ 02 47 57 42 07, Fax 02 47 30 40 76,
≤, 🍴, ⚒, 🚗, ✗ – ↩ ▤ rest 📺 ☎ ♿ 🅿 – 🔬 150. 🆎 ⓪ 🕮
Repas 140, enf. 55 – ☲ 53 – **121 ch** 420/570.

🏨 **Belle Vue** sans rest, 12 quai Ch. Guinot ℘ 02 47 57 02 26, Fax 02 47 30 51 23 – ↕ 📺 ☎.
🕮 ✗ **B s**
15 mars-15 nov. – ☲ 35 – **32 ch** 280/350.

🏠 **L'Arbrelle** 🐾, rte des Ormeaux, Sud : 2 km par ③ *rte de Chenonceaux* 𝄞 02 47 57 57 17,
Fax 02 47 57 64 89, ≤, 😊, parc, 🏊, – 📺 ☎ 👌 🄿 – 🛏 30. GB
fermé 25 déc. à début mars, dim. soir et lundi hors sais. – **Repas** 77/125 ⅃, enf. 45 – ⌑ 35 –
11 ch 295/360 – ½ P 295/315.

🏠 **Le Blason,** 11 pl. Richelieu 𝄞 02 47 23 22 41, Fax 02 47 57 56 18, 😊 – ▤ rest 📺 ☎ 👌. 🄰🄴
⑩ GB   B   a
fermé 5 janv. au 5 fév. – **Repas** *(fermé mardi et sam. midi)* 75/225, enf. 49 – ⌑ 30 – **28 ch**
270/295 – ½ P 245.

🏠 **La Brèche,** 26 r. J. Ferry par ① *(rive droite de la Loire et gare SNCF)* 𝄞 02 47 57 00 79,
Fax 02 47 57 65 49, 😊, ⨝, 🍴 ch
fermé 22 déc. au 31 janv., dim. soir et lundi du 1er oct. au 1er avril – **Repas** 75/170 ⅃, enf. 49
– ⌑ 35 – **13 ch** 160/310 – ½ P 180/255.

🏠 **Ibis,** Est : Z.I. La Boitardière par ② *et D 31* : 3 km 𝄞 02 47 23 10 23, Fax 02 47 57 31 41, 😊
– ⩔ 📺 ☎ 👌 🄿 – 🛏 120. 🄰🄴 ⑩ GB
Repas 95, enf. 39 – ⌑ 35 – **70 ch** 275/320.

XXX **Le Manoir Saint Thomas,** pl. Richelieu 𝄞 02 47 57 22 52, Fax 02 47 30 44 71, 😊,
« Élégant pavillon Renaissance, jardin » – 🄰🄴 GB ⫯⫯   B   e
fermé 15 janv. au 15 mars, dim. soir d'oct. à juin, mardi midi de juin à oct. et lundi – **Repas**
175/295.

XX **La Bonne Étape** avec ch, Nord-Est par ② : 2 km 𝄞 02 47 57 08 09, Fax 02 47 57 12 33,
😊, ⨝ – 📺 ☎ 🄿. GB
fermé 20 déc. au 8 janv. et 17 fév. au 6 mars – **Repas** *(fermé dim. soir et lundi)* 76/255,
enf. 55 – ⌑ 29 – **7 ch** 220/280.

X **La Closerie,** 2 r. P.-L. Courier par ⑤ 𝄞 02 47 23 10 76, Fax 02 47 57 67 31, 😊 – GB
fermé 20 juil. au 4 août, vacances de fév., sam. midi et lundi – **Repas** 130 bc/240 bc.

à St-Ouen-les-Vignes *par* ① *et D 431* : 6,5 km – 747 h. alt. 80 – ⊠ 37530 :

XXX **L'Aubinière** (Arrayet), 𝄞 02 47 30 15 29, Fax 02 47 30 02 44, 😊, ⨝ – 🄿. 🄰🄴 ⑩ GB
⑭ *fermé 10 fév. au 10 mars, dim. soir du 15 oct. au 15 avril, mardi soir et merc. du 15 sept. au
15 juin* – **Repas** 100 (déj.), 190/350 et carte 290 à 370
Spéc. Tomates farcies d'escargots et champignons au basilic (mai-oct.). Dos de sandre au
coulis de cabernet. Sablé breton aux fraises, coulis de rhubarbe (juin-sept.). **Vins** Montlouis,
Touraine Mesland.

à Pocé-sur-Cisse *par* ① *et D 431* : 3,5 km – 1 493 h. alt. 60 – ⊠ 37530 :.
🄱 *Office de Tourisme, Mairie 𝄞 02 47 57 18 15, Fax 02 47 30 49 24.*

X **Caves de la Croix Verte,** rte d'Amboise 𝄞 02 47 57 03 65, Fax 02 47 57 03 65, « Salle
troglodytique » – 🄿. GB
fermé 18 janv. au 2 fév. , dim. soir, lundi soir et mardi soir sauf fériés – **Repas** (prévenir)
98/150 ⅃, enf. 40.

à Chargé *par* ② *et D 751* : 3 km – 862 h. alt. 60 – ⊠ 37400 :

🏛 **Château de Pray** 🐾, 𝄞 02 47 57 23 67, Fax 02 47 57 32 50, ≤, 😊, « Terrasse dominant la vallée, parc » – 📺 ☎ 🄿. 🄰🄴 ⑩ GB ⫯⫯
fermé 2 janv. au 3 fév. – **Repas** 145/295 – ⌑ 50 – **19 ch** 560/750 – ½ P 545/640.

à Négron *par* ⑥ *et N 152* : 2,5 km – ⊠ 37530 Nazelles-Négron :

🏠 **Le Petit Lussault** sans rest, 𝄞 02 47 57 30 30, Fax 02 47 57 77 80, parc, ⨝ – ☎ 🄿. GB
Pâques-2 nov. – ⌑ 29 – **22 ch** 255/295.

CITROEN Gar. Guérin, à Pocé sur Cisse
𝄞 02 47 57 27 84
OPEL Gar. A.-France, 41 r. de Blois
𝄞 02 47 57 11 30
PEUGEOT Gar. Forcet, 108 r. St-Denis par D 83
𝄞 02 47 57 42 82

SEAT, VAG Gar. du Relais des Châteaux, rte de
Chenonceaux, Rocade Sud 𝄞 02 47 57 07 64 🄽
𝄞 06 09 37 72 36

🛞 Super Pneus, 27 quai Gén.-de-Gaulle
𝄞 02 47 57 44 71

AMBONNAY 51150 Marne 🅵🅶 ⑰ – 917 h alt. 95.
Paris 161 – Reims 29 – Châlons-en-Champagne 22 – Épernay 20 – Vouziers 66.

🏛 **Aub. St-Vincent,** 𝄞 03 26 57 01 98, Fax 03 26 57 81 48 – 📺 ☎. 🄰🄴 ⑩ GB, ⨝ ch
fermé dim. soir et lundi – **Repas** 100/300, enf. 50 – ⌑ 45 – **10 ch** 300/380 – ½ P 350/375.

Gar. Mirbel, 𝄞 03 26 57 01 71

AMÉLIE-LES-BAINS-PALALDA 66110 Pyr.-Or. 🅶🅶 ⑱ ⑲ G. Pyrénées Roussillon – 3 239 h
alt. 230 – Stat. therm. (mi-janv.-fin déc.) – Casino .
Voir *Vallée du Mondony★ S : voir plan.*
🏌 de Falgos 𝄞 04 68 39 51 42 à St-Laurent-de-Cerdans par ③.
🄱 *Office du Tourisme et du Thermalisme quai du 8 Mai 1945 𝄞 04 68 39 01 98, Fax 04 68 39
20 20.*
Paris 900 ② – Perpignan 38 ② – Céret 9 ② – Prats-de-Mollo-la-Preste 24 ③ – Quillan 106 ②.

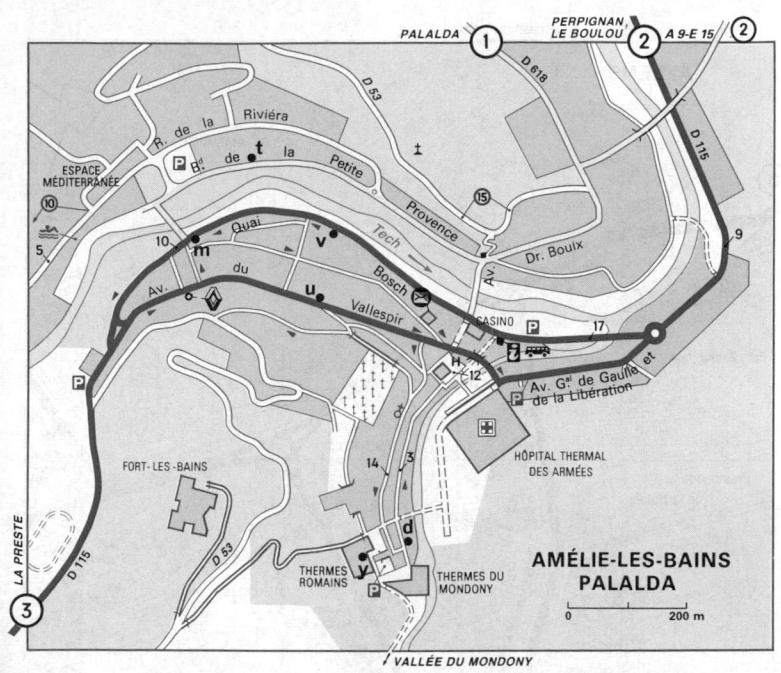

Gd H. Reine-Amélie, bd Petite Provence (t) ℰ 04 68 39 04 38, Fax 04 68 39 31 13, ≤, ⌁ – ‖ TV ☎ ⌷ P. AE ① GB
Repas 95 (dîner), 105/180, enf. 60 – ⌷ 39 – **69 ch** 340/450 – P 310/400.

Castel Émeraude ⌂, par rte de la Corniche - ouest du plan ℰ 04 68 39 02 83, Fax 04 68 39 03 09, ≤, ⌂, ⌁ – ‖ TV ☎ ⌷ P. AE GB
fermé déc. et janv. – **Repas** 85/195, enf. 65 – ⌷ 40 – **59 ch** 240/360 – P 295/370.

Palmarium H., av. Vallespir (u) ℰ 04 68 39 19 38, Fax 04 68 39 04 23 – ‖ TV ☎ ⌷ ⌂. GB
fermé 10 déc. au 17 janv. – **Repas** 95/160 ⌂, enf. 55 – ⌷ 34 – **65 ch** 220/310 – P 294/320.

Martinet ⌂, r. Herma-Bessière (d) ℰ 04 68 39 00 64, ≤ – ‖ TV ☎. GB. ⌂ rest
fermé 30 nov. au 1ᵉʳ fév. – **Repas** 90 (dîner), 100/120 – ⌷ 28 – **42 ch** 220/250 – P 270/290.

Le Roussillon Ⓜ, av. Beau Soleil par ② ℰ 04 68 39 34 39, Fax 04 68 39 81 21, ⌂, ⌁, ⌁ – ‖ TV ☎ ⌂ ⌷ P – ⌂ 25. GB
fermé 15 déc. au 15 fév. – **Repas** 85/145, enf. 40 – ⌷ 35 – **30 ch** 220/260 – P 295/395.

Bains et Gorges, pl. Arago (y) ℰ 04 68 39 29 02, Fax 04 68 39 82 52 – ‖ TV ☎. GB
fermé 10 déc. au 1ᵉʳ fév. – **Repas** 90 – ⌷ 32 – **44 ch** 200/250 – P 245/260.

Palm-Tech H., quai G. Bosch (v) ℰ 04 68 83 98 00, Fax 04 68 39 84 27 – ‖ ☎ ⌷ ⌂. GB
fermé 10 déc. au 1ᵉʳ fév. – **Repas** 105/135 ⌂, enf. 55 – ⌷ 34 – **56 ch** 180/270 – P 270/290.

Ensoleillade La Rive sans rest, 70 r. J. Coste (m) ℰ 04 68 39 06 20 – ‖ cuisinette ☎ P. GB – ⌷ 27 – **14 ch** 135/220.

RENAULT Gar. du Vallespir, ℰ 04 68 39 05 05   **Gar. Cédo,** ℰ 04 68 39 29 05 N ℰ 04 68 83 98 35

L'AMÉLIE-SUR-MER 33 Gironde ⁷¹ ⑯ – *rattaché à Soulac-sur-Mer.*

Vous aimez le camping ?
Utilisez le guide Michelin **Camping Caravaning France.**

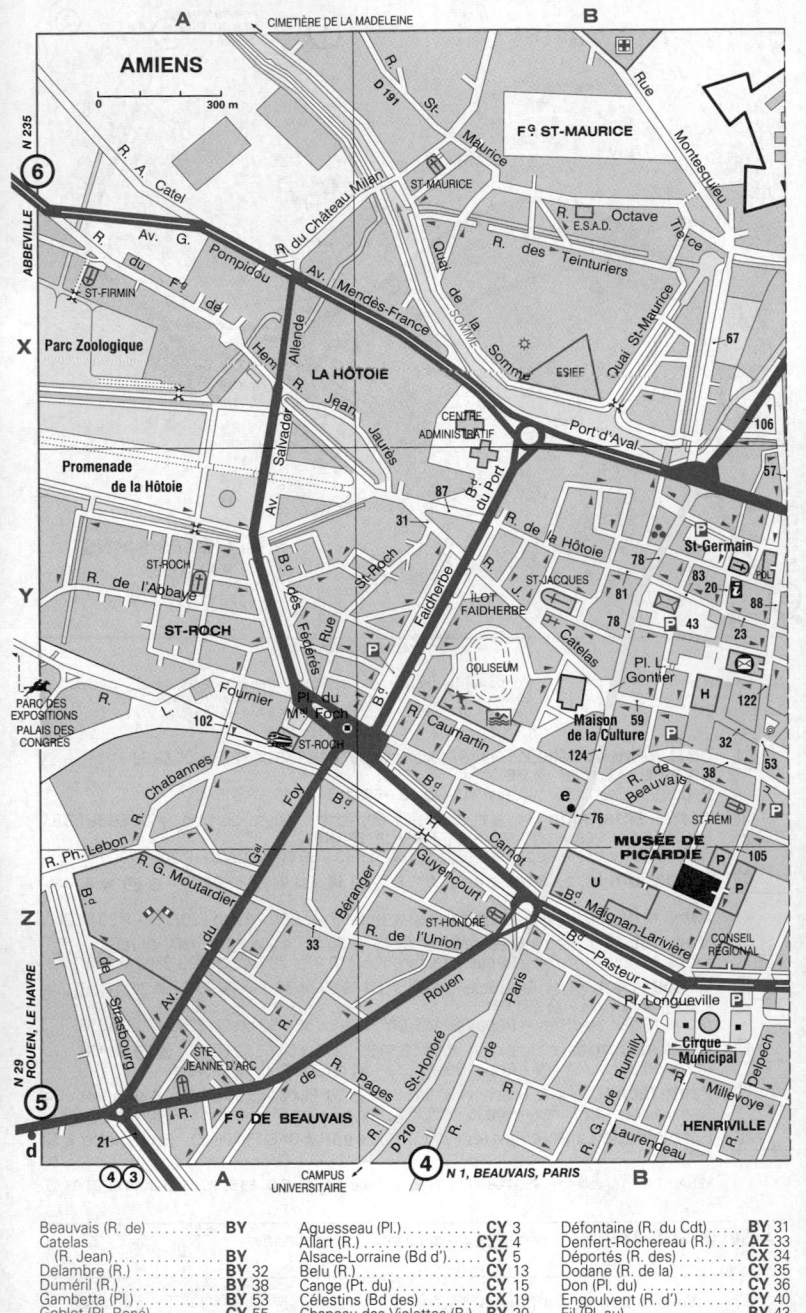

AMIENS

0   300 m

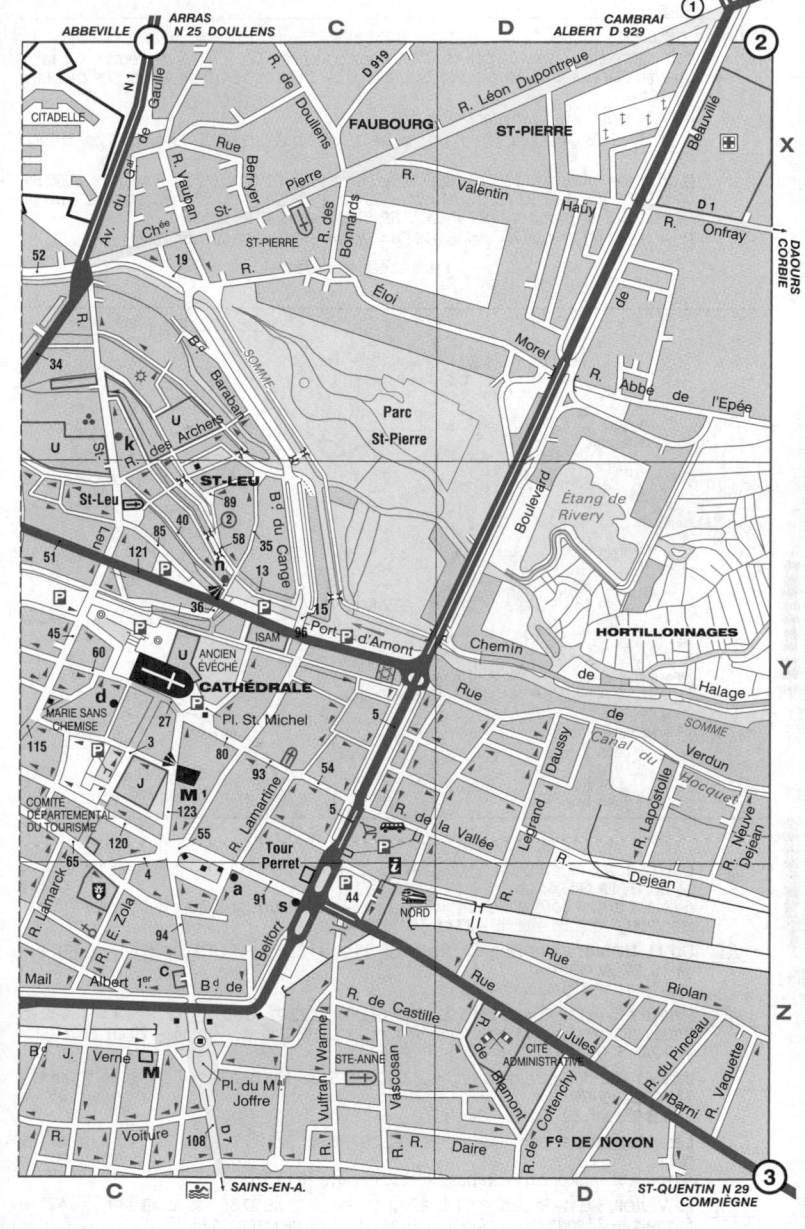

AMIENS 🅿 80000 Somme 🗟🗟 ⑧ G. Flandres Artois Picardie – 131 872 h alt. 34.

Voir *Cathédrale Notre-Dame*★★★ CY – *Hortillonnages*★ DY – *Hôtel de Berny*★ CY M¹ – *Quartier St-Leu*★ CY – *Musée de Picardie*★★ BZ – *Théâtre de marionnettes "ché cabotans d'Amiens"*.

Env. *Samara*★ NO : 10 km par D191.

🏌 ℘ 03 22 93 04 26, par ② : 7 km ; 🏌 de Salouël (privé) ℘ 03 22 95 40 49, S par D 210 : 4,5 km.

🇧 *Office de Tourisme 12 r. du Chapeau de Violettes* ℘ 03 22 91 79 28, *Fax 03 22 92 50 58, gare SNCF* ℘ 03 22 92 65 04, *pl. Notre-Dame* ℘ 03 22 80 94 52 – *Automobile Club de Picardie 472 av. 14 Juillet 1789* ℘ 03 22 89 15 20, *Fax 03 22 89 15 58.*

Paris 138 ③ – *Lille 121* ② – *Reims 171* ③ – *Rouen 119* ⑤ – *St-Quentin 75* ③.

Plans pages précédentes

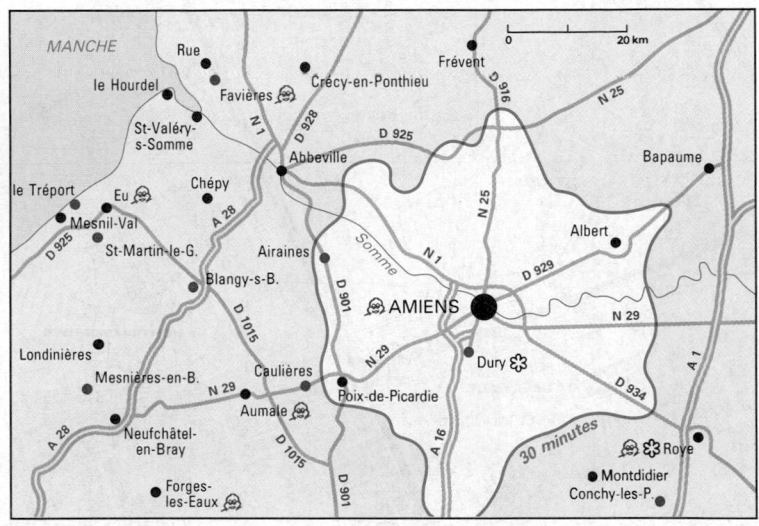

🏨 **Carlton** 🅼, 42 r. Noyon ℘ 03 22 97 72 22, Fax 03 22 97 72 00 – 🛗 🍽 rest 📺 ☎ ᵭ –
🏊 50. 🖭 ⓞ 🖼. ✻ ch   CZ s
fermé 4 au 24 août et 25 déc. au 2 janv. – **Le Baron** (grill) *(fermé dim. soir)* Repas
84bc/200 🍷, enf. 55 – ☲ 55 – **23 ch** 380/620.

🏨 **Gd H. Univers** sans rest, 2 r. Noyon ℘ 03 22 91 52 51, Fax 03 22 92 81 66 – 🛗 📺 ☎ –
🏊 35. 🖭 ⓞ 🖼 ᴊᴄʙ   CZ a
☲ 55 – **41 ch** 325/485.

🏨 **Prieuré** ⬙, 17 r. Porion ℘ 03 22 92 27 67, Fax 03 22 92 46 16 – 📺 ☎. 🖭 ⓞ 🖼 CY d
Repas *(fermé 2 au 17 nov., dim. soir et lundi)* 98/210 🍷 – ☲ 36 – **20 ch** 260/400 –
½ P 245/320.

🏨 **Ibis**, 4 r. Mar. de-Lattre-de-Tassigny ℘ 03 22 92 57 33, Fax 03 22 91 67 50 – 🛗 ✻ 📺 ☎ ᶜ –
🏊 40. 🖭 ⓞ 🖼   BY e
Repas 95, enf. 39 – ☲ 35 – **94 ch** 300.

🍴🍴🍴 **Les Marissons,** pont Dodane ℘ 03 22 92 96 66, Fax 03 22 91 50 50, 🌿 – 🍽. 🖭 ⓞ
🖼   CY n
fermé sam. midi et dim. – **Repas** 120/255 et carte 280 à 370.

🍴🍴 **Le Vivier,** 593 rte Rouen ℘ 03 22 89 12 21, Fax 03 22 45 27 36 – 🅿. 🖭 ⓞ 🖼 AZ d
fermé 4 au 24 août, dim. et lundi – **Repas** - produits de la mer - 128/250.

🍴🍴 **La Couronne,** 64 r. St Leu ℘ 03 22 91 88 57 – 🖼   CX k
fermé 14 juil. au 14 août, 2 au 11 janv., dim. soir et sam. – **Repas** 92/168.

par ③ *et N 29 : 7 km* – ✉ 80440 Boves :

🏨 **Novotel** 🅼 ⬙, ℘ 03 22 46 22 22, Fax 03 22 53 94 75, 🍽, 🏊, 🌿 – ✻ 🍽 rest 📺 ☎ ᵭ 🅿
– 🏊 25 à 150. 🖭 ⓞ 🖼
Repas carte environ 170 🍷 – ☲ 51 – **94 ch** 430/470.

à Dury par ④ : 6 km – 1 341 h. alt. 115 – ⊠ 80480 :

XXX
✿
L'Aubergade (Grandmougin), 78 rte Nationale ℘ 03 22 89 51 41, Fax 03 22 95 44 05 – AE GB
fermé 1ᵉʳ au 15 août, vacances de fév., dim. soir et lundi sauf fériés – **Repas** 115/230
Spéc. Fricassée de Saint-Jacques aux champignons (oct. à avril). Risotto de homard. Nougat glacé au coulis de framboises.

XX
La Bonne Auberge, 63 rte Nationale ℘ 03 22 95 03 33, Fax 03 22 45 37 38 – AE GB
fermé dim. soir et lundi sauf fériés – **Repas** 99/269.

MICHELIN, Agence, 212 av. de la Défense Passive, D 929 à Rivery par ②
℘ 03 22 92 47 28

CITROEN Fournier, r. d'Australie par ⑥
℘ 03 22 43 01 16
CITROEN Succursale, 112 rte d'Amiens à Dury
℘ 03 22 53 44 40 N ℘ 08 00 05 24 24
FIAT, LANCIA Auto Picardie, 7 bd de Beauville
℘ 03 22 44 53 12
FORD Gar. Leroux Autom., 49 r. A.-Colas,ZI de la
Borne à Rivery ℘ 03 22 70 23 23
HONDA, MITSUBISHI, PORSCHE Gar. La Bretèche,
33 q. C.-Tellier ℘ 03 22 52 04 61
MERCEDES TECHSTAR 80, 5 r. A.-Bombard,ZA Hte
Borne à Rivery ℘ 03 22 70 02 80
NISSAN Gar. Pechon, 89 av. de la Défense Passive
℘ 03 22 66 49 00
OPEL Gar. Renel, N 1, Dury ℘ 03 22 95 42 42

PEUGEOT S.C.A., 350 rte d'Amiens à Dury par ④
℘ 03 22 33 88 00 N ℘ 08 00 44 24 24
RENAULT Gar. Gueudet Sarva, r. P.-E.-Victor ZA
La Borne à Rivery CZ ℘ 03 22 97 70 00 N ℘ 06
07 28 40 37
TOYOTA Gar. Pruvost, r. P.-E.-Victor ZA la Borne à
Rivery ℘ 03 22 70 27 00
VAG JPC Rivery Autom., 9 r. A.-Bombard ZA à
Rivery ℘ 03 22 70 22 22

Ⓜ Euromaster, 120 chaussée J.-Ferry
℘ 03 22 53 95 50
Picardie Pneus Point S, 126 r. G.-de-Rumilly
℘ 03 22 95 33 89

Before setting out on your journey through France
*Consult the **Michelin Map** no 𝟡𝟙𝟙 FRANCE – Route Planning.*
On this map you will find
- distances
- journey times
- alternative routes to avoid traffic congestion
- 24-hour petrol stations
Plan for a cheaper and trouble-free journey.

AMILLY 45 Loiret 𝟞𝟝 ② – *rattaché à Montargis.*

AMMERSCHWIHR 68770 H.-Rhin 𝟞𝟚 ⑱ ⑲ *G. Alsace Lorraine* – 1 869 h alt. 215.
Voir *Nécropole nationale de Sigolsheim* ✳ ✱ *du terre-plein central N : 4 km.*
🛈 ℘ 03 89 47 17 30, E : 2 km par D 11ᴵ.
Paris 469 – Colmar 8 – Gérardmer 54 – St-Dié 48 – Sélestat 26.

🏠
🍴
A l'Arbre Vert, ℘ 03 89 47 12 23, Fax 03 89 78 27 21, « Salle à manger avec boiseries sculptées » – 📺 ☎. AE ① GB. ✀ ch
fermé 16 au 27 nov., 10 fév. au 25 mars et mardi – **Repas** 80/225 ⅃, enf. 45 – ☲ 35 – **17 ch**
220/350 – ½ P 290/360.

XXX
✿
Aux Armes de France (Gaertner) avec ch, ℘ 03 89 47 10 12, Fax 03 89 47 38 12 – 📺 ☎
🅿. AE ① GB JCB
fermé jeudi midi et merc. – **Repas** (prévenir) 270/510 et carte 310 à 550 ⅃, enf. 90 – ☲ 50 –
10 ch 360/460
Spéc. Presskopf de homard et tête de veau. Grenouilles et escargots à la crème de lentilles. Gibier (saison). **Vins** Riesling, Tokay-Pinot gris.

XX
🍴
Aux Trois Merles avec ch, ℘ 03 89 78 24 35, Fax 03 89 78 13 06 – ☎ 🅿. AE GB. ✀ ch
fermé 1ᵉʳ au 15 fév., dim. soir du 30 oct. au 14 juil. et lundi sauf le soir du 14 juil. au 30 oct. –
Repas 68/290 ⅃, enf. 45 – ☲ 35 – **16 ch** 185/275 – ½ P 245/295.

AMNÉVILLE 57360 Moselle 𝟝𝟟 ③ *G. Alsace Lorraine* – 8 926 h alt. 162 – Stat. therm. (mi fév.-mi déc.) – Casino .
Voir *Parc zoologique du bois de Coulange*✱.
🛈 ℘ 03 87 71 30 13 au Bois de Coulange, S : 2,5 km.
🅳 *Office de Tourisme Centre thermal et touristique* ℘ 03 87 70 10 40, Fax 03 87 71 90 94.
Paris 318 – Metz 21 – Briey 14 – Thionville 17 – Verdun 65.

au Parc de Loisirs *bois de Coulange, Sud : 2,5 km –* ⊠ *57360 Amnéville :*

🏨 **Diane H.** Ⓜ ⤸ sans rest, ℘ 03 87 70 16 33, Fax 03 87 72 36 72 – 🛗 📺 ☎ ₺ – 🏇 35. 🖭 ⓪ 🖼
fermé 4 au 17 août, 22 déc. au 11 janv., vend., sam. et dim. d'oct. à avril – ⟐ 30 – **48 ch** 300/340, 4 appart.

🏨 **Saint Éloy** Ⓜ ⤸, ℘ 03 87 70 32 62, Fax 03 87 71 71 59, 🌳 – 📺 ☎ ₺ – 🏇 50. 🖭 ⓪ 🖼
fermé 22 déc. au 4 janv. – **Repas** (fermé dim. soir) 100/190 ₰, enf. 60 – ⟐ 30 – **36 ch** 230/320 – ½ P 220/240.

🏨 **Orion** Ⓜ ⤸, ℘ 03 87 70 20 20, Fax 03 87 72 36 21, 🌳 – 📺 ☎ ₺ – 🏇 30 à 60. 🖭 ⓪ 🖼
fermé 22 déc. au 4 janv., vend., sam. et dim. de nov. à mars (sauf rest.) – **Repas** (fermé sam. midi) 90/120 ₰ – ⟐ 45 – **44 ch** 230/270 – ½ P 220.

🍽 **La Forêt,** ℘ 03 87 70 34 34, Fax 03 87 72 36 72, 🌳 – 🪑. 🖭 ⓪ 🖼
fermé 23 déc. au 8 janv., dim. soir et lundi – **Repas** 120/250.

CITROEN Gar. du Centre, 17 r. Clemenceau ℘ 03 87 71 35 52

AMOU *40330 Landes* 🔢 ⑦ *– 1 481 h alt. 44.*
Paris 756 – Mont-de-Marsan 47 – Aire-sur-l'Adour 52 – Dax 32 – Hagetmau 18 – Orthez 14 – Pau 49.

🏠 **Commerce,** près Église ℘ 05 58 89 02 28, Fax 05 58 89 24 45, 🌳 – 📺 ☎ ⊸. 🖭 ⓪ 🖼
fermé 12 au 25 nov. et 24 fév. au 4 mars – **Repas** 80/220 – ⟐ 35 – **20 ch** 240/260 – ½ P 240/260.

AMPHION-LES-BAINS *74 H.-Savoie* 🔢 ⑰ *G. Alpes du Nord –* ⊠ *74500 Publier.*
Paris 575 – Thonon-les-Bains 6 – Annecy 78 – Évian-les-Bains 4 – Genève 40.

🏨 **Princes,** ℘ 04 50 75 02 94, Fax 04 50 75 59 93, ≤, port privé, 🐎, 🌷 – 🛗 📺 ☎ 🅿. 🖭 ⓪ 🖼
1er mai-30 sept. – **Repas** 85/250, enf. 60 – ⟐ 35 – **35 ch** 300/450 – ½ P 300/350.

🏠 **Tilleul,** ℘ 04 50 70 00 39, Fax 04 50 70 05 57, 🌷 – 🛗 📺 ☎ 🅿. 🖭 ⓪ 🖼
fermé 22 déc. au 1er fév. – **Repas** (fermé dim. soir et lundi sauf juil.-août) 90/170 ₰ – ⟐ 35 – **27 ch** 190/280 – ½ P 290/310.

🏠 **Parc et Beau Séjour,** ℘ 04 50 75 14 52, Fax 04 50 75 42 36, ≤, 🌳, port privé, 🐎, 🌷, ✖ – 🛗 📺 ✆. 🖼
10 fév.-31 oct. et fermé dim. soir et lundi hors sais. – **Repas** 75/190 – ⟐ 36 – **50 ch** 200/370 – ½ P 240/305.

🏠 **Chablais,** Sud : 1 km vers Publier ℘ 04 50 75 28 06, Fax 04 50 74 67 32, ≤, 🌳, 🌷 – 📺 ☎ 🅿. ⓪ 🖼. ✖ rest
fermé 24 déc. au 24 janv. et dim. d'oct. à mai – **Repas** 84/170 ₰, enf. 50 – ⟐ 34 – **23 ch** 180/280 – ½ P 200/265.

🍽 **Le Relais,** ℘ 04 50 70 00 21, Fax 04 50 70 88 02, ≤, 🌳 – 🖭 ⓪ 🖼
fermé janv., mardi sauf juil.-août et lundi sauf le midi de sept. à juin – **Repas** 86/250 ₰.

AMPUIS *69420 Rhône* 🔢 ⑪, 🔢 ㉞ *– 2 051 h alt. 150.*
Paris 495 – Lyon 37 – Condrieu 5 – Givors 18 – Rive-de-Gier 34 – Vienne 8.

🍽 **Le Côte Rôtie,** pl. Église ℘ 04 74 56 12 05, Fax 04 74 56 00 20 – 🖭 🖼
fermé 25 août au 21 sept., dim. soir et lundi – **Repas** 108 (déj.), 160/340.

AMPUS *83111 Var* 🔢 ⑥, 🔢 ㉒ *G. Côte d'Azur – 622 h alt. 600.*
Paris 837 – Castellane 57 – Draguignan 15 – Toulon 96.

🍴 **Roche Aiguille,** ℘ 04 94 70 97 24, Fax 04 94 70 97 24, 🌳 – 🅿. 🖼
fermé janv., dim. soir et lundi sauf juil.-août – **Repas** 110/190.

🍴 **Fontaine d'Ampus** (Haye), ℘ 04 94 70 97 74, 🌳 – 🖼
❀ fermé 13 au 19 oct., fév., lundi et mardi sauf le soir en juil-août – **Repas** (nombre de couverts limité, prévenir) 100 bc (déj.), 158/280
Spéc. Menu "truffes" (saison).

ANCENIS ⬮ *44150 Loire-Atl.* 🔢 ⑱ *G. Châteaux de la Loire – 6 896 h alt. 13.*
🏌 de l'Ile d'Or ℘ 02 40 98 58 00, au Cellier, O : 17 km par RN 23.
🅱 Office de Tourisme pl. Millénaire ℘ 02 40 83 07 44.
Paris 346 – Nantes 37 – Angers 54 – Châteaubriant 44 – Cholet 49 – Laval 93 – La Roche-sur-Yon 104.

🏨 **Akwaba** Ⓜ, bd Dr Moutel 𝄐 02 40 83 30 30, Fax 02 40 83 25 10 – 🛗 🗏 📺 ☎ ✆ 🅿 –
🕊 50. 🄰🄴 ⑩ 🄶🄱
Repas *(fermé sam. soir et dim.)* 70/118 ₰, enf. 40 – 🖂 38 – **51 ch** 280/345.

✕✕ **Les Terrasses de Bel Air,** Est : 1 km rte Angers 𝄐 02 40 83 02 87, Fax 02 40 83 33 46,
🏕, 🍴 – 🄶🄱
fermé lundi (sauf le midi hors vacances scolaires) et dim. soir – **Repas** 96/280, enf. 75.

✕ **La Toile à Beurre,** 82 r. St-Pierre (près église) 𝄐 02 40 98 89 64, 🏕 – 🄶🄱
fermé 1er au 15 sept. et dim. soir – **Repas** 80 (déj.), 100/190.

CITROEN Gar. Moderne, 339 av. F.-Robert   🔘 Clinique du Pneu, 151 r. de Barème
𝄐 02 40 83 28 06   𝄐 02 40 83 27 73
RENAULT Gar. Leroux, 765 r. des Maîtres à St
Géréon 𝄐 02 40 96 40 40 🄽 𝄐 02 40 09 92 45

ANCY-LE-FRANC 89160 Yonne 🗺🗒 ⑦ G. Bourgogne – *1 174 h alt. 180.*
Voir *Château★★*.
🅱 *Office de Tourisme* 𝄐 03 86 75 03 15 ou Mairie 𝄐 03 86 75 13 21.
Paris 215 – Auxerre 55 – Châtillon-sur-Seine 38 – Montbard 29 – Tonnerre 18.

🏨 **Host. du Centre,** 𝄐 03 86 75 15 11, Fax 03 86 75 14 13, 🏕, 🛋 – 📺 ☎ 🅿. 🄰🄴 🄶🄱
🐕 **Repas** 78/260, enf. 48 – 🖂 40 – **22 ch** 195/295 – ½ P 220/280.

PEUGEOT Gar. Marquand, 𝄐 03 86 75 12 21   RENAULT Gar. Royer, 𝄐 03 86 75 15 29 🄽
                                                       𝄐 03 86 75 15 29

*Avec votre **guide Rouge** utilisez la **carte** et le guide Vert **Michelin** :
ils sont inséparables.*

ANDELOT-EN-MONTAGNE 39110 Jura 🗺 ⑤ – *561 h alt. 600.*
Voir *Forêt de la Joux★★ : sapin Président★ E : 4 km, G. Jura.*
Paris 412 – Arbois 19 – Champagnole 16 – Lons-le-Saunier 48 – Pontarlier 41 – Salins-les-Bains 14.

🏠 **Bourgeois,** 𝄐 03 84 51 43 77 – ☎. 🍴
🐕 *fermé 15 nov. au 15 déc.* – **Repas** 65/130 ₰ – 🖂 27 – **18 ch** 150/230 – ½ P 190/210.

Les ANDELYS 🔷 27700 Eure 🗺🗒 ⑰ G. Normandie Vallée de la Seine – *8 455 h alt. 28.*
Voir *Ruines du Château Gaillard★★ A – Église N.-Dame★ B.*
🅱 *Office de Tourisme 24 r. Philippe-Auguste* 𝄐 02 32 54 41 93.
Paris 92 ② – Rouen 39 ① – Beauvais 62 ② – Évreux 38 ③ – Gisors 29 ② – Mantes-la-Jolie 52 ③.

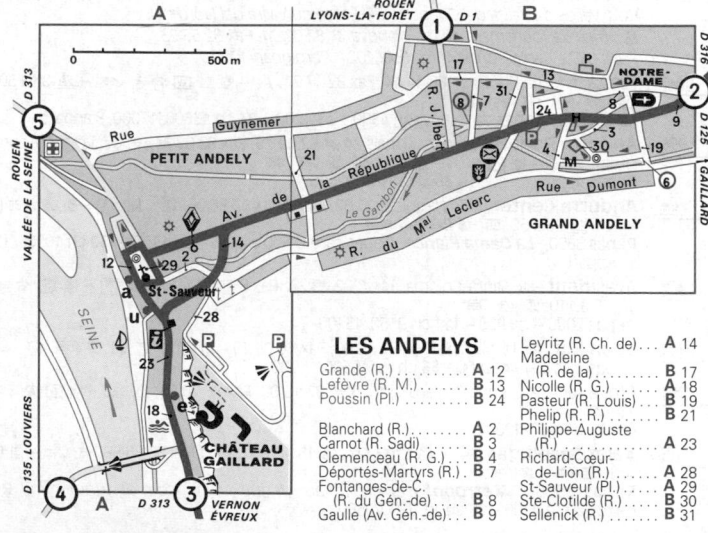

LES ANDELYS

Grande (R.)	A 12
Lefèvre (R. M.)	B 13
Poussin (Pl.)	B 24
Blanchard (R.)	A 2
Carnot (R. Sadi)	B 3
Clemenceau (R. G.)	B 4
Déportés-Martyrs (R.)	B 7
Fontanges-de-C.	
(R. du Gén.-de)	B 8
Gaulle (Av. Gén.-de)	B 9
Leyritz (R. Ch. de)	A 14
Madeleine	
(R. de la)	B 17
Nicolle (R. G.)	A 18
Pasteur (R. Louis)	B 19
Phelip (R. R.)	B 21
Philippe-Auguste	
(R.)	A 23
Richard-Cœur-	
de-Lion (R.)	A 28
St-Sauveur (Pl.)	A 29
Ste-Clotilde (R.)	B 30
Sellenick (R.)	B 31

XXX ✿ **Chaîne d'Or** ⟿ avec ch, 27 r. Grande ℘ 02 32 54 00 31, Fax 02 32 54 05 68, ⟸ – 🅣 🕿 🅿.
ᴀᴇ ɢʙ   A   a
fermé 22 déc. au 29 janv., dim. soir et lundi – **Repas** 140/298 et carte 280 à 430 – ⌑ 65 –
10 ch 395/740
Spéc. Salade de homard à l'estragon. Pigeonneau rôti à l'aigre-doux d'abricot (juin-sept.).
Plaisir au chocolat chaud, sirop de jasmin.

XX **Villa du Vieux Château,** 78 r. G. Nicolle par ③ ℘ 02 32 54 30 10, Fax 02 32 54 30 06 –
ᴀᴇ ɢʙ   A   e
fermé 17 au 31 août, 25 au 31 déc., lundi et mardi – **Repas** 105/200.

X **Normandie** avec ch, 1 r. Grande ℘ 02 32 54 10 52, Fax 02 32 54 25 84, 🏤 – 🅣 🕿 🅿. ᴀᴇ
ɢʙ   A   u
fermé déc., merc. soir et jeudi – **Repas** 100/270 – ⌑ 39 – **11** ch 280/300.

PEUGEOT Gar. Berrier, 25 r. H.-Remy   ROVER Gar. J.F.C. Autom., 44 av. République
℘ 02 32 54 11 36   ℘ 02 32 54 12 80
RENAULT Consortium Autom., 75 av. République
℘ 02 32 54 21 49 🅽 ℘ 02 32 54 11 69

ANDLAU *67140 B.-Rhin* 🟨 ⑨ *G. Alsace Lorraine* – *1 632 h alt. 215.*

Voir *Église★ : porche★★.*

🛈 *Office de Tourisme 5 r. du Gén.-de-Gaulle* ℘ 03 88 08 22 57, Fax 03 88 08 42 22.
Paris 498 – *Strasbourg 40* – *Erstein 23* – *Le Hohwald 8* – *Molsheim 23* – *Sélestat 17.*

🏨 **Zinck** Ⓜ sans rest, 13 r. Marne ℘ 03 88 08 27 30, Fax 03 88 08 42 50, 🚲 – 🕿 🅰 🅿. ɢʙ. 🛇
fermé vacances de fév. – ⌑ 38 – **14** ch 295/600.

🏨 **Kastelberg** ⟿, 10 r. Gén. Koenig ℘ 03 88 08 97 83, Fax 03 88 08 48 34, 🏤, 🚲 – 🅣 🕿
🅿 – 🅰 30. ɢʙ
fermé mi-fév. à début mars – **Repas** (dîner seul.) 98/280 ⅊, enf. 55 – ⌑ 60 – **28** ch 295/355
– ½ P 300/330.

XX **Boeuf Rouge,** ℘ 03 88 08 96 26, Fax 03 88 08 99 29 – ᴀᴇ ⓞ ɢʙ
fermé 18 juin au 11 juil., 21 janv. au 6 fév., merc.soir et jeudi sauf fériés – **Repas** 98/122 ⅊,
enf. 43.

RENAULT Gar. Roeder Liebmann, ℘ 03 88 08 93 31 🅽 ℘ 03 88 08 93 31

ANDOLSHEIM *68 H.-Rhin* 🟨 ⑲ – *rattaché à Colmar.*

ANDORRE (Principauté d') ★★ 🟨 ⑭ ⑮ *G. Pyrénées Roussillon* – *61 599 h* – ✿ *00-376 de-*
puis la France.

Les prix sont indiqués en pesetas

Andorre-la-Vieille Capitale de la Principauté *G. Pyrénées Roussillon* (plan) – *alt. 1029.*
Voir *Vallée du Valira del Orient★* NE – *Vallée du Valira del Nord★* N.
🛈 *Office de Tourisme r. du Dr.-Vilanova* ℘ 82 02 14, Fax 82 58 23.
Paris 880 – *Carcassonne 166* – *Foix 102* – *Perpignan 171.*

🏰 **Plaza,** r. Maria Pla 19 ℘ 86 44 44, Fax 82 17 21, 🛌 – 🛗 🖿 🅣 🕿 🕭 ⟿ – 🅰 25 à 300. ᴀᴇ
ⓞ ɢʙ ᴊᴄʙ. 🛇 rest
La Cúpula : **Repas** carte environ 4300 – ⌑ 1200 – **93** ch 13600/17000, 8 appart.

🏨 **Andorra Park H.** ⟿, r. Les Canals 24 ℘ 82 09 79, Fax 82 09 83, ⟸, 🏤, « 🛝 entourée de
jardins », 🛇 – 🛗 🅣 🕿 🅿 – 🅰 25 à 80. ᴀᴇ ɢʙ. 🛇
Repas 4225 – ⌑ 1750 – **38** ch 18100/22600.

🏨 **Andorra Center,** r. Dr Nequi 12 ℘ 82 48 00, Fax 82 86 06, 🏤, 🛌, 🅽 – 🛗 🖿 rest 🅣 🕿
⟿ – 🅰 25 à 50. ᴀᴇ ⓞ ɢʙ. 🛇 rest
Repas 3600 - *La Dama Blanca :* **Repas** carte 2500 à 4375 – ⌑ 1150 – **130** ch 10500/12800,
10 appart.

🏨 **President,** av. Santa Coloma 44 ℘ 82 29 22, Fax 86 14 14, ⟸, 🛌, 🅽 – 🛗 🅣 🕿 ⟿ –
🅰 25 à 110. ᴀᴇ ⓞ ɢʙ
Repas 2000 – ⌑ 950 – **111** ch 9550/13100.

🏨 **Eden Roc,** av. Dr Mitjavila 1 ℘ 82 10 00, Fax 86 03 19 – 🛗 🅣 🕿 🅿. ᴀᴇ ⓞ ɢʙ. 🛇
Repas *(fermé juin)* 2100 – **56** ch ⌑ 10500/15000.

🏨 **Flora** sans rest, Antic Carrer Major 25 ℘ 82 15 08, Fax 86 20 85, 🛝, 🛇 – 🛗 🅣 🕿 ⟿. ᴀᴇ
ⓞ ɢʙ ᴊᴄʙ. 🛇
45 ch ⌑ 7000/12000.

🏨 **Xalet Sasplugas** ⟿, r. La Creu Grossa 15 ℘ 82 03 11, Fax 82 86 98, ⟸, 🏤 – 🛗 🅣 🕿
⟿. ᴀᴇ ɢʙ. 🛇 rest
Repas 2500 - *Metropol* (fermé 1ᵉʳ au 15 juil., dim. soir et lundi midi) **Repas**
carte 3200 à 4100 – **26** ch ⌑ 6800/9500.

🏨 **Pyrénées,** av. Princep Benlloch 20 🟤 86 00 06, Fax 82 02 65, 🔥, ❄ – 🛗 ▤ rest 📺 ☎
🚗, 🅰🅴 ⓪ 🆖. 🍴 rest
Repas carte environ 4 250 – **74 ch** 😑 5600/9000.

🏨 **Font del Marge,** Baixada del Moli 49 🟤 82 34 43, Fax 82 31 82, ≤ – 🛗 ▤ rest 📺 ☎ 🛆
🚗. 🆖
Repas 2100 – 😑 750 – **42 ch** 6825/9975.

🏨 **de l'Isard,** av. Meritxell 36 🟤 82 00 96, Fax 86 66 95 – 🛗 ▤ rest 📺 ☎ 🚗. 🅰🅴 🆖. 🍴 rest
Repas 2500 – 😑 1000 – **61 ch** 6500/8000.

🏨 **Cassany** sans rest, av. Meritxell 28 🟤 82 06 36, Fax 86 36 09 – 🛗 📺 ☎. 🆖
😑 800 – **54 ch** 7000/8000.

🏨 **Florida** sans rest, r. Llacuna 15 🟤 82 01 05, Fax 86 19 25 – 🛗 📺 ☎. 🅰🅴 ⓪ 🆖
48 ch 😑 4400/8500.

🏨 Sant Jordi sans rest, Princep Benlloch 5 🟤 82 08 65 – 🛗 📺 ☎
30 ch.

🍴🍴 **Celler d'En Toni** avec ch, r. Verge del Pilar 4 🟤 82 12 52, Fax 82 18 72 – 🛗 📺 ☎. 🅰🅴 🆖.
🍴
Repas carte 3 300 à 6 050 – 😑 400 – **17 ch** 3000/5000.

🍴🍴 **Borda Estevet,** rte de La Comella 2 🟤 86 40 26, Fax 82 31 42, « Décor rustique » – ▤ 🅿.
🅰🅴 🆖 🆓
Repas carte environ 3 600.

🍴 Can Manel, Mestre Xavier Plana 6 🟤 82 23 97 – ▤ 🅿.

Arinsal – alt. 1145 – Sports d'hiver 1 550/2 560 m ⚡ 15.
Andorra la Vella 9.

🏨 **Solana,** 🟤 83 51 27, Fax 83 73 95, ≤, 🔳 – 🛗 📺 ☎ 🚗 – 🏛 25 à 40. 🅰🅴 ⓪ 🆖. 🍴 rest
fermé nov. – **Repas** 2500 – 😑 800 – **95 ch** 5000/8500.

Canillo – alt. 1531.
Voir *Crucifixion★ dans l'église de Sant Joan de Caselles NE : 1 km.*
Andorra la Vella 12.

🏨 **Bonavida,** pl. Major 🟤 85 13 00, Fax 85 17 22, ≤ – 🛗 📺 ☎ 🚗. 🅰🅴 ⓪ 🆖. 🍴
fermé 1er oct. au 4 déc. – **Repas** (fermé 5 mai au 30 juin et 1er oct. au 4 déc.) (dîner seul. sauf
juil.-août) 2400 – **43 ch** 😑 8750/11500.

🏨 **Roc del Castell** sans rest, rte General 🟤 85 18 25, Fax 85 17 07 – 🛗 📺 ☎ 🚗. 🅰🅴 🆖.
🍴
😑 800 – **44 ch** 5500/9000.

Encamp – alt. 1313.
Voir *Les Bons : site★ N : 1 km.*
Andorra la Vella 7.

🏨 **Coray,** chemin dels Caballers 38 🟤 83 15 13, Fax 83 18 06, ≤, 🌳 – 🛗 📺 ☎ 🚗. 🆖.
🍴 ch
fermé 4 au 30 nov. – **Repas** carte 1 100 à 2 400 – **85 ch** 😑 4500/6000.

🏨 **Univers,** r. René Baulard 13 🟤 83 10 05, Fax 83 19 70 – 🛗 📺 ☎ 🅿. 🅰🅴 🆖. 🍴
fermé nov. – **Repas** 1400 – **36 ch** 😑 4200/6000.

Les Escaldes-Engordany – alt. 1105.
Andorra la Vella 2.

🏨 **Roc de Caldes** 🦌, rte d'Engolasters 🟤 86 27 67, Fax 86 33 25, « A flanc de montagne,
≤ », 🔳 – 🛗 ▤ 📺 ☎ 🛆 🚗 🅿 – 🏛 25 à 120. 🅰🅴 ⓪ 🆖. 🍴 rest
Repas 3500 – **45 ch** 😑 13500/18000.

🏨 **Roc Blanc,** pl. dels Co-Princeps 5 🟤 82 14 86, Fax 86 02 44, 🎵, 🔥, 🔳 – 🛗 ▤ rest 📺 ☎
🚗 🅿 – 🏛 25 à 600. 🅰🅴 ⓪ 🆖 🆓. 🍴 rest
Repas 4900 **- El Pí : Repas** carte 3700 à 5200 – ***L'Entrecôte*** brasserie : **Repas**
carte 3150 à 4650 – 😑 1700 – **240 ch** 11550/17900.

🏨 **Delfos,** av. del Fener 17 🟤 82 46 42, Fax 86 16 42 – 🛗 ▤ rest 📺 ☎ 🚗 – 🏛 25 à 75. 🅰🅴
⓪ 🆖 🆓. 🍴 rest
Repas 2800 – **200 ch** 😑 8700/10400.

🏨 **Panorama,** rte de l'Obac 🟤 86 18 61, Fax 86 17 42, Terrasse avec ≤ vallée et montagnes,
🎵, 🔳 – 🛗 ▤ rest 📺 ☎ 🛆 🚗 – 🏛 25 à 500. 🅰🅴 ⓪ 🆖. 🍴 rest
Repas 2950 – 😑 1200 – **177 ch** 10200/12000.

🏨 **Valira,** av. Carlemany 37 🟤 82 05 65, Fax 86 67 80 – 🛗 📺 ☎ 🅿. 🅰🅴 🆖. 🍴
Repas 2500 – 😑 1050 – **55 ch** 6450/7900.

🏨 Eureka, av. Carlemany 36 🏂 86 66 00, Fax 86 68 00 – 🛗 🖥 TV ☎
75 ch.

🏨 Eurotel, av. Fiteri i Rosell 51 🏂 86 30 31, Fax 86 30 24 – 🛗 TV ☎ 🚗 🅿
70 ch.

🏨 **Comtes d'Urgell,** av. Escoles 29 🏂 82 06 21, Fax 82 04 65 – 🛗 🖥 rest TV ☎ 🚗. AE ①
GB JCB. ⅏ rest
Repas 2500 – **200 ch** 😴 5725/8400.

🏨 **Les Closes** sans rest, av. Carlemany 93 🏂 82 83 11, Fax 86 39 70 – 🛗 TV ☎ 🚗. AE GB
78 ch 😴 6000/9000.

🏨 **Espel,** pl. Creu Blanca 1 🏂 82 08 55, Fax 82 80 56 – 🛗 TV ☎ 🚗. AE GB. ⅏
fermé nov. – **Repas** 1800 – **102 ch** 😴 4800/6500.

XX Aquarius, Parc de La Mola 10 (Caldea) 🏂 82 86 00, Fax 82 92 22, ≼ centre aquatique, décor
moderne – 🖥 🅿.

X **Don Denis,** r. Isabel Sandy 3 🏂 82 06 92, Fax 86 31 30 – 🖥. AE ① GB JCB. ⅏
Repas carte environ 3 900.

La Massana – *alt. 1241.*
Andorra la Vella 4.

🏨 **Xalet Ritz** 🦢, rte de Sispony, Sud : 1,8 km 🏂 83 78 77, Fax 83 77 20, ≼, « Belle décoration intérieure », 🏊, – 🛗 TV ☎ 🚗. AE ① GB. ⅏
Repas 3000 – **47 ch** 😴 14000/19000.

🏨 **Rutllan,** av. del Ravell 🏂 83 50 00, Fax 83 51 80, ≼, 🎿, 🌿, XX – 🛗 TV ☎ 🚗. AE ① GB.
⅏ rest
Repas 3000 – 😴 1300 – **100 ch** 6000/10000.

XXX **El Rusc,** rte d'Arinsal : 1,5 km 🏂 83 82 00, Fax 83 51 80, élégant décor rustique – 🖥 🅿. AE
① GB. ⅏
fermé dim. soir et lundi – **Repas** carte 5 250 à 7 700.

XX **La Borda de l'Avi,** rte d'Arinsal : 0,7 km 🏂 83 51 54, Fax 83 53 90 – 🅿. AE ① GB
Repas - viandes - carte 4 025 à 5 650.

X Borda Raubert, rte d'Arinsal : 2 km 🏂 83 54 20, Fax 86 61 65, décor rustique, cuisine
typique – 🅿.

à La Aldosa *NE : 2,7 km :*

🏨 **Del Bisset** 🦢, rte d'Ordino 🏂 83 75 55, Fax 83 79 89, ≼ – 🛗 TV ☎ 🚗 🅿. GB. ⅏ rest
Repas 2500 – 😴 600 – **30 ch** 6000.

Ordino – *alt. 1304.*
Andorra la Vella 7.

🏨 **Coma** 🦢, 🏂 83 51 16, Fax 83 79 38, ≼, 🌿, 🏊, XX – 🛗 🖥 rest TV ☎ 🚗 🅿. AE GB. ⅏
fermé nov. – **Repas** 2500 – **48 ch** 😴 7750/10500.

à Ansalonga *Nord-Ouest : 1,8 km :*

🏨 **Sant Miquel,** 🏂 85 07 70, Fax 85 05 71, ≼, 🌿 – 🛗 TV ☎ 🅿. GB. ⅏ ch
Repas 1450 – **19 ch** 😴 5000/7500.

Pas-de-la-Case – *alt. 2091 – Sports d'hiver 2050/2600 m ⅏ 27.*
Andorra la Vella 29.

🏨 **Esqui d'Or,** r. Catalunya 9 🏂 85 51 27, Fax 85 51 78 – 🛗 TV ☎ 🚗. GB. ⅏ rest
déc.-avril – **Repas** 2500 – 😴 1000 – **62 ch** 13000.

Santa-Coloma – *alt. 970.*
Andorra la Vella 3.

🏨 **Cerqueda** 🦢, r. Mossen Lluis Pujol 🏂 82 02 35, Fax 86 19 09, ≼, 🏊, 🌿 – 🛗 TV ☎ 🅿. AE
① GB. ⅏ rest
fermé 8 janv. au 8 fév. – **Repas** 2400 – 😴 600 – **65 ch** 4400/8100.

X **Don Pernil,** av. d'Enclar 94 🏂 86 52 55, Fax 86 36 24, 🌿, décor rustique – 🖥 🅿. AE ①
GB
fermé nov. – **Repas** - viandes grillées - carte 2 250 à 3 550.

Sant-Julià-de-Lòria – *alt. 909.*

Andorra la Vella 7.

🏠 **Pol,** r. Verge de Canolich 52 ℘ 84 11 22, Fax 84 18 52 – 🛗 ▤ rest 📺 ☎ 🅿. ⅁ℬ. ✁
fermé 7 janv. au 9 fév. – **Repas** (dîner seul.) 2400 – **80 ch** ⚏ 9800.

🏠 **Imperial** sans rest, av. Rocafort 27 ℘ 84 33 92, Fax 84 34 79 – 🛗 ▤ 📺 ☎ 🅿. ⅁ℬ
fermé mai – **44 ch** ⚏ 7500/9500.

✗✗ **La Guingueta,** rte de la Rabassa ℘ 84 29 45, Fax 84 39 45, 🛋, « Décor rustique » – ☒
◍ ⅁ℬ
fermé dim. soir et lundi – **Repas** carte environ 6 700.

au Sud-Est : *7 km :*

🏠 **Coma Bella** ⌂, alt. 1 300 ℘ 84 12 20, Fax 84 14 60, ≤, parc, « Dans la forêt de la Rabassa », 🛋 – 🛗 📺 ☎ 🅿. ☒ ⅁ℬ
fermé 12 nov. au 3 déc. – **Repas** 1700 – **35 ch** ⚏ 6500/8200.

Soldeu – *alt. 1826 – Sports d'hiver 1700/2560 m. ⚡21.*

Env. Port d'Envalira ☀★★ *SE : 7,5 km.*
Andorra la Vella 19.

à Incles *Ouest : 1,8 km :*

🏠 **Parador Canaro,** ℘ 85 10 46, Fax 85 17 20, ≤ – 📺 ☎ 🚗 🅿. ☒ ◍ ⅁ℬ ⌧. ✁
fermé 15 mai au 20 juin – **Repas** 1900 – ⚏ 550 – **18 ch** 4000/6900.

à El Tarter *Ouest : 3 km :*

🏠 **Del Tarter,** ℘ 85 11 65, Fax 85 14 74, ≤ – 🛗 📺 ☎ 🚗 🅿. ☒ ◍ ⅁ℬ. ✁
fermé mai et 15 oct. au 4 déc. – **Repas** 2250 – ⚏ 1000 – **37 ch** 6000/9000.

🏠 **Llop Gris** ⌂, ℘ 85 15 59, Fax 85 12 29, ≤, 🛋, ◻ – 🛗 📺 ☎ 🚗 🅿 – 🔔 30 à 80. ☒ ⅁ℬ.
✁ rest
Repas 3000 – **68 ch** ⚏ 14000/17600.

🏠 **Del Clos** ⌂, ℘ 85 15 00, Fax 85 15 54, ≤ – 🛗 📺 ☎ 🚗. ☒ ◍ ⅁ℬ. ✁
fermé 1er mai au 25 juin – **Repas** (dîner seul.) 1500 – **29 ch** ⚏ 9000/10000.

✗✗ **de Sant Pere** ⌂ avec ch, ℘ 85 10 87, Fax 85 10 87, ≤, 🛋, « Décor rustique » – 📺 ☎
🅿. ☒ ⅁ℬ. ✁
Repas carte 3 500 à 5 500 – **6 ch** ⚏ 9000/12000.

ANDRÉZIEUX-BOUTHÉON 42160 Loire 🔢 ⑱ – *9 407 h alt. 395.*

Voir *Lac de retenue de Grangent★★ S : 9 km, G. Vallée du Rhône.*
🛈 *Office de Tourisme 41 av. de St-Étienne ℘ 04 77 55 37 03.*
Paris 511 – St-Étienne 19 – Lyon 78 – Montbrison 19 – Roanne 72.

🏠 **Les Iris** ⌂, 32 av. J. Martouret ℘ 04 77 36 09 09, Fax 04 77 36 09 00, 🛋, ◻, 🌳 – ✁ 📺
☎ 🍷 🅿 – 🔔 25. ◍ ⅁ℬ ⌧
fermé 12 au 20 août et 1er au 8 janv. – **Repas** *(fermé 12 au 20 août, vacances de Toussaint, 1er au 8 janv., vacances de fév., dim. soir et lundi)* 110/255 ⚖, enf. 70 – ⚏ 45 – **10 ch** 405 – ½ P 345.

ANDUZE 30140 Gard 🔢 ⑰ G. Gorges du Tarn – *2 913 h alt. 135.*

Voir *Bambouseraie de Prafrance★ N : 3 km par D 129.*
Env. *Grottes de Trabuc★★ NO : 10 km – Le Mas soubeyran : musée du Désert★ (souvenirs portestants 17e - 18e s.) NO : 7 km.*
🛈 *Office de Tourisme plan de Brie ℘ 04 66 61 98 17.*
Paris 719 – Alès 14 – Montpellier 62 – Florac 67 – Lodève 83 – Nîmes 46 – Le Vigan 51.

au Nord-Ouest : *3 km par rte de St-Jean-du-Gard –* ✉ *30140 Anduze :*

🏠 **Porte des Cévennes** ⌂, ℘ 04 66 61 99 44, Fax 04 66 61 73 65, ≤, 🛋, 🌳 – 📺 ☎ 🅿.
☒ ◍ ⅁ℬ. ✁
1er avril-25 oct. – **Repas** (dîner seul.) 90/150, enf. 55 – ⚏ 42 – **37 ch** 320 – ½ P 270.

🏠 **La Régalière,** ℘ 04 66 61 81 93, Fax 04 66 61 85 94, 🛋, ◻, 🌳 – 📺 ☎ 🅿. ☒ ◍ ⅁ℬ
15 mars-20 nov. – **Repas** *(fermé merc. midi sauf juil.-août)* 90/230, enf. 45 – ⚏ 38 – **12 ch** 270/310 – ½ P 282.

✗✗ **Moulin de Corbès,** ℘ 04 66 61 61 83, Fax 04 66 61 68 06, 🛋 – 🅿. ⅁ℬ
fermé janv., fév., dim. soir et lundi sauf du 15 juin au 15 sept. – **Repas** 148/310, enf. 70.

à Générargues *Nord-Ouest : 5,5 km par D 129 et D 50 – 546 h. alt. 160 –* ✉ *30140 :*

🏠 **Trois Barbus** ⌂, rte Mialet ℘ 04 66 61 72 12, Fax 04 66 61 72 74, ≤ vallée des Camisards, 🛋, ◻, 🌳 – 📺 ☎ 🅿 – 🔔 25. ☒ ⅁ℬ. ✁ rest
1er avril-2 nov. et fermé dim. soir et lundi en oct. – **Repas** 140 (déj.), 190/320 – ⚏ 58 – **34 ch** 370/620 – ½ P 385/510.

à Tornac *Sud-Est : 6 km par D 982 – 650 h. alt. 140 –* ⊠ *30140 :*

🏨🏨 **Demeures du Ranquet** Ⓜ ⚑, rte St-Hippolyte-du-Fort : 2 km ℰ 04 66 77 51 63, Fax 04 66 77 55 62, 斎, parc, ⌘ – ✻ 🆃🆅 ☎ ❤ ℙ – 🅰 30. 🆖🅱. ✄ rest
fermé 2 janv. au 15 mars, mardi soir et merc. sauf du 15 juin au 15 sept. – **Repas** 160/380, enf. 80 – � 80 – **10 ch** 660/800 – ½ P 680/720.

à Durfort *Sud-Ouest : 12 km par D 982 – 492 h. alt. 150 –* ⊠ *30170 :*

🍴 **Le Real**, rte St-Hippolyte-du-Fort ℰ 04 66 77 50 68, 斎 – ℙ
fermé 23 au 29 juin, dim. soir et lundi – **Repas** (déj. seul. de fin sept. à fin juin) 85 bc (déj.), 100/190 ♨.

ANET *28260 E.-et-L.* 🗺️ ⑰, 🗺️ ⑬ *– 2 696 h alt. 73.*
Voir *Château★*, G. Normandie Vallée de la Seine.
🛈 *Syndicat d'initiative 8 r. Delacroix* ℰ 02 37 41 49 09.
Paris 77 – Chartres 51 – Dreux 16 – Évreux 34 – Mantes-la-Jolie 28 – Versailles 58.

🏨 **Dousseine** ⚑ sans rest, rte Sorel Moussel ℰ 02 37 41 49 93, Fax 02 37 41 90 54, « Jardin fleuri », ✻ – 🆃🆅 ☎ & ℙ – 🅰 50. 🆖
⊇ 40 – **20 ch** 250/280.

🍴🍴 **Aub. de la Rose** avec ch, 6 r. Ch. Lechevrel ℰ 02 37 41 90 64 – 🆖
fermé dim. soir et lundi – **Repas** 153/240 – ⊇ 35 – **7 ch** 190/240.

🍴🍴 **Manoir d'Anet**, 3 pl. Château ℰ 02 37 41 91 05, Fax 02 37 41 91 04 – 🆖
fermé 26 déc. au 15 janv., mardi soir, jeudi soir et merc. – **Repas** 145/238.

à Ézy-sur-Eure *(27 Eure) Nord-Ouest : 2 km –* ⊠ *27530 :*

🍴🍴 **Maître Corbeau**, rte Ivry ℰ 02 37 64 73 29, Fax 02 37 64 68 98, 斎 – ℙ. 🅰🅴 🆖
fermé 1er au 7 sept., 4 au 15 janv., mardi soir et merc. sauf juil.-août – **Repas** 98/220 ♨.

PEUGEOT Gar. Dafeur, ℰ 02 37 41 91 02 🅽 ℰ 02   RENAULT Gar. Bonnin, ℰ 02 37 41 90 51
37 41 91 02
RENAULT Ezy Auto, rte de Dreux à Ezy-sur-Eure
ℰ 02 37 64 74 33 🅽 ℰ 06 09 96 88 43

ANGERS ℗ *49000 M.-et-L.* 🗺️ ⑳ *G. Châteaux de la Loire – 141 404 h Agglo. 208 282 h alt. 41.*
Voir *Château★★★* **AYZ** : *tenture de l'Apocalypse★★★, tenture de la Passion et Tapisseries mille-fleurs★★* – *Vieille ville★* : *cathédrale★★* **BY**, *galerie romane★★ de la Préfecture★* **BZ P**, *galerie David d'Angers★* **BZ E**, *Maison d'Adam★* **BYZ D**, *hôtel Pincé★* **BY** – *Chœur★★ de l'église St-Serge★* **CY** – *Musée Jean Lurçat et de la Tapisserie contemporaine★★ dans l'ancien hôpital St-Jean* **ABY** – *La Doutre★* **AY**.
🏌 ℰ 02 41 91 96 56, par ④ : 8 km; 🏌 ℰ 02 41 69 22 50, à Avrillé : 5 km par ⑥.
🛈 *Office de Tourisme pl. Kennedy* ℰ 02 41 23 51 11, Fax 02 41 23 51 10 – *Automobile Club pl. République (près Halles)* ℰ 02 41 88 40 22.
Paris 294 ① – Caen 246 ⑤ – Laval 79 ⑤ – Le Mans 96 ① – Nantes 91 ⑤ – Rennes 129 ⑤ – Saumur 48 ② – Tours 108 ①.

Plan page suivante

🏨🏨 **Anjou et rest. Salamandre,** 1 bd Mar. Foch ⊠ 49100 ℰ 02 41 88 24 82, Fax 02 41 87 22 21, « Belle décoration intérieure » – 🛗 🆃🆅 ☎ ⟷ – 🅰 60. 🅰🅴 ⓞ 🆖 🇯🇧.
✄ rest   CZ h
Repas 130 (déj.), 170/220 – ⊇ 60 – **53 ch** 360/660.

🏨🏨 **Mercure Centre** Ⓜ, pl. Mendès-France (Centre des Congrès) ⊠ 49100 ℰ 02 41 60 34 81, Fax 02 41 60 57 84 – 🛗 ✻ ▤ 🆃🆅 ☎ & ⟷ – 🅰 30. 🅰🅴 ⓞ 🆖   CY a
Repas 130 bc, enf. 48 – ⊇ 55 – **83 ch** 450/490.

🏨🏨 **France et rest. Plantagenêts,** 8 pl. Gare ⊠ 49100 ℰ 02 41 88 49 42, Fax 02 41 86 76 70 – 🛗 ✻ ▤ rest 🆃🆅 ☎ – 🅰 30. 🅰🅴 ⓞ 🆖   AZ t
Repas (fermé 2 au 17 août, sam. midi et dim. soir) 97/153 ♨ – ⊇ 50 – **56 ch** 330/480 – ½ P 295.

🏨🏨 **Bleu Marine,** 18 bd Mar. Foch ⊠ 49100 ℰ 02 41 87 37 20, Fax 02 41 87 49 54, 🛗 – 🛗 🆃🆅 ☎ – 🅰 100. 🅰🅴 ⓞ 🆖   CZ u
Repas 89/145 ♨, enf. 49 – ⊇ 60 – **70 ch** 390/480.

🏨 **St-Julien** sans rest, 9 pl. Ralliement ⊠ 49100 ℰ 02 41 88 41 62, Fax 02 41 20 95 19 – 🛗 🆃🆅 ☎ ❤. 🅰🅴 🆖   CY e
⊇ 32 – **34 ch** 225/300.

🏨 **Mail** ⚑ sans rest, 8 r. Ursules ⊠ 49100 ℰ 02 41 88 56 22, Fax 02 41 86 91 20 – 🆃🆅 ☎ ❤ ℙ. 🅰🅴 ⓞ 🆖   CY b
⊇ 32 – **27 ch** 150/310.

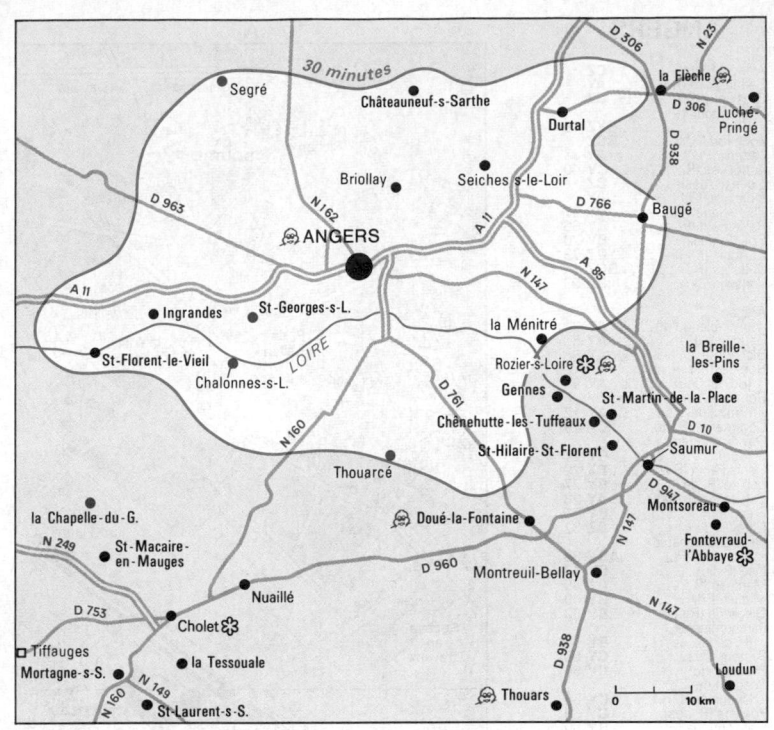

🏠 **Ibis**, r. Poissonnerie ⊠ 49100 ℘ 02 41 86 15 15, Fax 02 41 87 10 41 – 📶 🛬 📺 ☎ ✆ 🔥 –
🔬 40. ⒶⒺ ⓪ ⒼⒷ   BY b
Repas 95, enf. 39 – ☕ 35 – **95 ch** 295/320.

🏠 **Univers** sans rest, 16 r. Gare ⊠ 49100 ℘ 02 41 88 43 58, Fax 02 41 86 97 28 – 📶 📺 ☎. ⒶⒺ
⓪ ⒼⒷ   AZ m
☕ 30 – **45 ch** 200/290.

🏠 **Continental** sans rest, 12 r. L. de Romain ⊠ 49100 ℘ 02 41 86 94 94, Fax 02 41 86 96 60
– 📶 📺 ☎ ✆. ⒶⒺ ⓪ ⒼⒷ   BYZ n
☕ 25 – **25 ch** 215/300.

🏠 **Royalty** sans rest, 21 bd Ayrault ⊠ 49100 ℘ 02 41 43 78 76, Fax 02 41 60 37 51 – 📶 📺 ☎
✆. ⒼⒷ   CY z
fermé 1ᵉʳ au 10 août et 25 déc. au 1ᵉʳ janv. – ☕ 32 – **20 ch** 220/280.

🏠 **Champagne** sans rest, 34 r. D. Papin ⊠ 49100 ℘ 02 41 88 78 06, Fax 02 41 87 03 94 – 📶
📺 ☎. ⒼⒷ   AZ x
☕ 34 – **30 ch** 169/284.

🏠 **Europe** sans rest, 3 r. Château-Gontier ⊠ 49100 ℘ 02 41 88 67 45, Fax 02 41 86 17 42 –
📺 ☎. ⒶⒺ ⓪ ⒼⒷ   CZ a
☕ 36 – **29 ch** 220/280.

🍴🍴🍴 **Le Toussaint**, 7 pl. Kennedy ⊠ 49100 ℘ 02 41 87 46 20, Fax 02 41 87 96 64 – 🍴. ⒶⒺ
ⒼⒷ   AZ v
fermé vacances de fév., dim. soir et lundi – **Repas** 98/250 et carte 210 à 300 ⅓, enf. 65.

🍴🍴🍴 **Pavillon Paul Le Quéré** Ⓜ avec ch, 3 bd Foch ℘ 02 41 20 00 20, Fax 02 41 20 06 20,
« Ancien hôtel particulier du 19ᵉ siècle », 🌳 – 📶 📺 ☎ ✆ 🔥 🅿. ⒶⒺ ⒼⒷ   CZ h
fermé dim. soir et lundi – **Repas** 170/450 et carte 300 à 390 – ☕ 60 – **10 ch** 450/1200 –
½ P 600/900.

🍴🍴 **Provence Caffé**, 9 pl. Ralliement ℘ 02 41 87 44 15, Fax 02 41 87 44 15 – ⒶⒺ ⒼⒷ.
🍲   BCY e
fermé 4 au 26 août, 24 déc. au 2 janv. et dim. – **Repas** 89.

🍴🍴 **Rose d'Or**, 21 r. Delaâge ⊠ 49100 ℘ 02 41 88 38 38 – 🍴. ⒼⒷ. 🍲   BZ v
fermé 1ᵉʳ au 18 août, dim. soir et lundi – **Repas** (nombre de couverts limité, prévenir)
110/180, enf. 65.

ANGERS

*Pas de publicité
payée dans ce guide*

XX **Ma Campagne,** 14 prom. de Reculée ⊠ 49100 ℘ 02 41 48 38 06, Fax 02 41 48 04 37,
🏠 – ᴳᴮ EV f
fermé dim. soir et lundi – **Repas** 80 bc (déj.), 98/188 ♣.

X **Lucullus,** 5 r. Hoche ⊠ 49100 ℘ 02 41 87 00 44, Fax 02 41 87 00 44, « Salles voûtées » –
ᴬᴱ ⓞ ᴳᴮ AZ d
fermé 1ᵉʳ au 17 août, 1ᵉʳ au 12 janv., dim. soir et lundi – **Repas** 78 (déj.), 98/200.

près du Parc des Expositions *par* ① *N 23 : 6 km* – ⊠ *49480 St Sylvain d'Anjou :*

🏨 **Acropole** Ⓜ, ℘ 02 41 60 87 88, Fax 02 41 60 30 03, 🏠, ⊤, 🦮, – 🛗 ᴛᴠ ☎ 🔥 ꗇ –
🎪 50 à 100. ᴬᴱ ⓞ ᴳᴮ
Repas *(fermé sam. et dim.)* 85/140 – ⊥ 44 – **50 ch** 290/310 – ½ P 245.

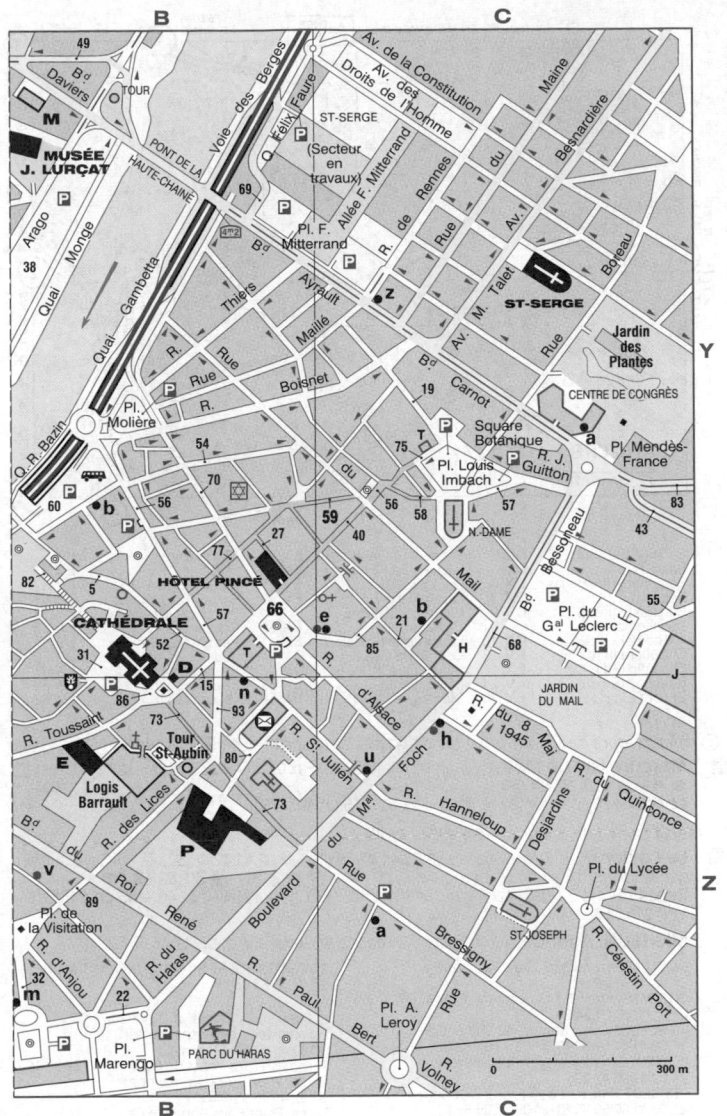

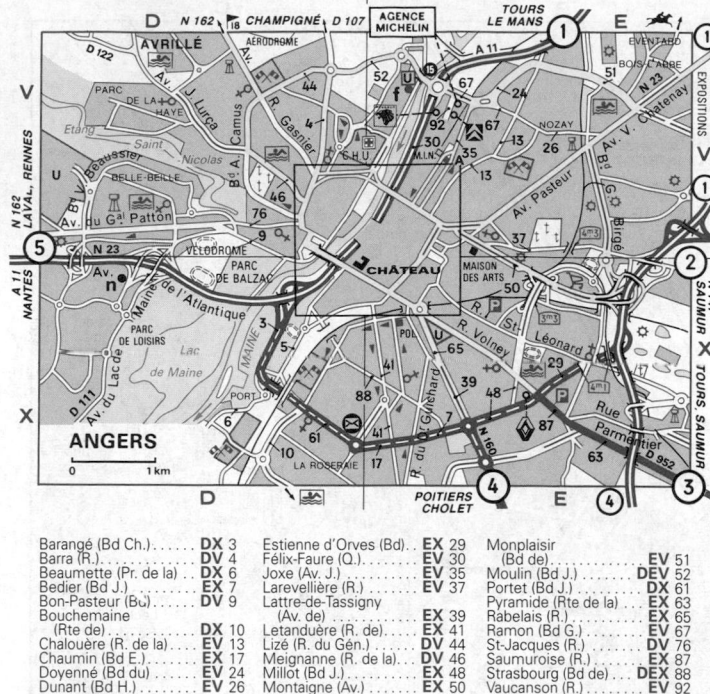

Barangé (Bd Ch.)	**DX** 3	Estienne d'Orves (Bd)	**EX** 29	Monplaisir		
Barra (R.)	**DV** 4	Félix-Faure (Q.)	**EV** 30	(Bd de)	**EV** 51	
Beaumette (Pr. de la)	**DX** 6	Joxe (Av. J.)	**EV** 35	Moulin (Bd J.)	**DEV** 52	
Bedier (R.)	**EX** 7	Larevellière (R.)	**EV** 37	Portet (Bd J.)	**DX** 61	
Bon-Pasteur (Bd)	**DV** 9	Lattre-de-Tassigny		Pyramide (Rte de la)	**EX** 63	
Bouchemaine		(Av. de)	**EX** 39	Rabelais (R.)	**EX** 65	
(Rte de)	**DX** 10	Letanduère (R. de)	**EX** 41	Ramon (Bd G.)	**EV** 67	
Chalouère (R. de la)	**EV** 13	Lizé (R. du Gén.)	**DV** 44	St-Jacques (R.)	**DV** 76	
Chaumin (Bd E.)	**EX** 17	Meignanne (R. de la)	**DV** 46	Saumuroise (R.)	**EX** 87	
Doyenné (Bd du)	**EV** 24	Millot (Bd J.)	**EX** 48	Strasbourg (Bd de)	**DEX** 88	
Dunant (Bd H.)	**EV** 26	Montaigne (Av.)	**EX** 50	Vaucanson (R.)	**EV** 92	

vers ⑥ *par autoroute de Nantes sortie Lac de Maine Ouest : 2 km –* ⊠ *49000 Angers :*

🏤 **Mercure Lac de Maine** M, ℰ 02 41 48 02 12, Fax 02 41 48 57 51, ₤₆ – 🛊 ⇔ ▤ rest 📺
☎ 🅿 – 🅰 120. 🖭 ① 🖙   **DX n**
Le Diffen : **Repas** 90/182, enf. 62 – ☲ 52 – **75 ch** 405/450.

rte de Laval *par N 162 : 8 km DV –* ⊠ *49240 Avrillé :*

🏠 **Le Cavier** M, La Croix-Cadeau ℰ 02 41 42 30 45, Fax 02 41 42 40 32, �, « Salles à manger installées dans un ancien moulin », ⊼, 🐎 – 📺 ☎ 🕭 🅿 – 🅰 30. 🖭 ① 🖙
Repas *(fermé 21 déc. au 5 janv. et dim.)* 105/170 ⅃, enf. 54 – ☲ 46 – **43 ch** 245/316 –
½ P 215/263.

MICHELIN, Agence, 18 bd Gaston Ramon, ZI St-Serge **EV** ℰ 02 41 43 65 52

BMW Guitteny Autom., 2 av. Besnardière
ℰ 02 41 43 72 88
CITROEN Sovam, 3 r. Vaucanson ℰ 02 41 21 22 22
🛚 ℰ 08 00 05 24 24
MERCEDES Gar. Bretagne, 107 bd Bedier
ℰ 02 41 44 51 51 🛚 ℰ 02 41 66 82 66
PEUGEOT Gar. Lafayette, 21 pl. Lafayette
ℰ 02 41 88 42 20
PEUGEOT SIAA, 9 quai F.-Faure, ZI St-Serge
ℰ 02 41 60 56 05 🛚 ℰ 06 07 09 55 66
RENAULT Gar. Plessis, 5 pl. Dr Bichon
ℰ 02 41 87 46 86
RENAULT Succursale, 46 bd J.-Millot
ℰ 02 41 54 55 56 🛚 ℰ 06 07 82 49 76

ROVER Gar. Rallye-Service, 4 bis r. St-Maurille
ℰ 02 41 88 03 39

🔘 Cailleau, 9 r. Thiers ℰ 02 41 88 73 20
Euromaster, 4 av. Besnardières
ℰ 02 41 43 67 49
Euromaster, les Ponts de Cé ℰ 02 41 69 96 16
Rodier Pneus, 7 bd Romanerie
ℰ 02 41 43 95 14
Sofrap Point S, les Ponts de Cé
ℰ 02 41 44 97 87

ANGERVILLE 91670 Essonne 🖽🄌 ⑲ – *3 012 h alt. 141.*
Paris 69 – *Chartres 46* – Ablis 30 – Étampes 20 – Évry 56 – Orléans 53 – Pithiviers 28.

🏨 **France,** pl. du Marché ℰ 01 69 95 11 30, Fax 01 64 95 39 59 – 🛊 📺 ☎ – 🅰 30. 🖭 🖙
Repas 140 – ☲ 40 – **17 ch** 300/520.

à La Poste de Boisseaux *Sud : 7 km sur N 20 –* ⊠ *28310 (E.-et-L.) Barmainville :*

XX **La Panetière,** ℰ 02 38 39 58 26, Fax 02 38 39 53 40, 🐎 – 🅿. 🖙
fermé 4 au 10 août, dim. soir, mardi soir et lundi – **Repas** 100/160.

Les ANGLES *30133 Gard*  ⑪ – *6 838 h alt. 66.*

Paris 683 – Avignon 6 – Alès 71 – Nîmes 45 – Remoulins 21.

Voir plan de Avignon agglomération.

Le Petit Manoir ⑤, av. J. Ferry *℘ 04 90 25 03 36, Fax 04 90 25 49 13*, ㊟, ⚓, – ⊡ ☎ ﹠
P – ⑊ 35. ⭗. ⬚ rest   AV s
Repas 91/220 – ☲ 37 – **48 ch** 270/350 – ½ P 260/305.

Host. Ermitage, à Bellevue sur D 900 rte Nîmes *℘ 04 90 25 41 02, Fax 04 90 25 11 68*, ⚓,
– ⊡ ☎ **P**, ⒜ ⓪ ⭗   AV r
fermé janv. et fév. – voir rest. **Ermitage Meissonnier** ci-après – ☲ 55 – **16 ch** 230/500.

Ermitage-Meissonnier, à Bellevue sur D 900 rte Nîmes *℘ 04 90 25 41 68,
Fax 04 90 25 11 68*, ㊟, ⚓, – **P**, ⒜ ⓪ ⭗ ⒿⒸⒷ   AV r
fermé 1ᵉʳ au 15 mars, dim. soir de nov. à avril et lundi sauf le soir en juil.-août – **Repas**
160/450 et carte environ 400 ⑂, enf. 120 - **Côté Bouchon : Repas** 100/120⑂.

Les ANGLES *66210 Pyr.-Or.* ⑧⑥ ⑱ – *528 h alt. 1650 – Sports d'hiver : 1 600/2 400 m* ⬍ 2 ⥮ 21 ⚐.
🛈 *Office de Tourisme av. de l'Aude ℘ 04 68 04 32 76, Fax 04 68 30 93 09.*
Paris 878 – Font-Romeu-Odeillo-Via 19 – Mont-Louis 11 – Perpignan 93 – Quillan 59.

Le Yaka, *℘ 04 68 04 46 46, Fax 04 68 04 39 56*, ⬍, ㊟ – ⊡ ☎ **P**, ⒜ ⓪ ⭗. ⬚ rest
fermé mai et 15 oct. au 30 nov. – **Repas** 87/182 ⑂, enf. 42 – ☲ 40 – **35 ch** 265/285 –
½ P 289.

Llaret, *℘ 04 68 30 90 90, Fax 04 68 30 91 66*, ⬍ – ⊡ ☎ ⚑ **P**, ⭗, ⬚
15 juin-30 sept., 1ᵉʳ déc.-30 avril et fermé merc. hors sais. sauf vacances scolaires – **Repas**
95/150, enf. 50 – ☲ 40 – **26 ch** 320 – ½ P 300/320.

La Ramballade, *℘ 04 68 04 43 48* – ⭗
fermé 20 sept. au 20 oct. et 10 au 30 nov. – **Repas** 72/110 ⑂, enf. 40.

Pour vos voyages,

en complément indispensable de ce guide

utilisez

les **cartes Michelin** détaillées à 1/200 000.

ANGLES-SUR-L'ANGLIN *86260 Vienne* ⑥⑧ ⑮ *G. Poitou Vendée Charentes – 424 h alt. 100.*

Voir Site⋆ – Ruines du château⋆.

🛈 *Office de Tourisme, Mairie ℘ 05 49 48 86 87.*

*Paris 297 – Poitiers 50 – Châteauroux 78 – Châtellerault 34 – Montmorillon 34 –
La Roche-Posay 12.*

Relais du Lyon d'Or ⑤ avec ch, *℘ 05 49 48 32 53, Fax 05 49 84 02 28*, ㊟, « Maison
du 15ᵉ siècle » ⊡ ☎. ⭗
fermé janv. et fév. – **Repas** *(fermé merc. soir et jeudi sauf juil.-août)* 98/179 – ☲ 45 – **13 ch**
300/350 – ½ P 275.

ANGLET *64600 Pyr.-Atl.* ⑦⑧ ⑱ *G. Pyrénées Aquitaine – 33 041 h alt. 20.*

🛆 *de Chiberta ℘ 05 59 63 83 20, N : 5 km par D 5 ;* 🛆 *Makila ℘ 05 59 58 42 42 à Bassussarry,
S : 4 km par D 203 et D 932.*

🛫 *de Biarritz-Parme ℘ 05 59 43 83 83, SO : 2 km.*

🛈 *Office de Tourisme 1 av. Chambre-d'Amour ℘ 05 59 03 77 01, Fax 05 59 03 55 91.*

Paris 773 – Biarritz 4 – Bayonne 5 – Cambo-les-Bains 18 – Pau 119 – St-Jean-de-Luz 18.

Plan : voir Biarritz-Anglet-Bayonne.

Atlanthal Ⓜ ⑤, 153 bd Plages - **ABX** *℘ 05 59 52 75 75, Fax 05 59 52 75 13*, ⬍, ㊟,
centre de thalassothérapie, ⒡⑂, ⚓, ⓥ, ⬚ – ▦ ⬚ rest ⊡ ☎ ﹠ **P** – ⑊ 150. ⒜ ⓪ ⭗.
⬚ rest
Repas 180 – ☲ 60 – **99 ch** 640/1550 – ½ P 650/970.

Novotel Biarritz Aéroport Ⓜ, 68 av. Espagne, N 10 *℘ 05 59 58 50 50,
Fax 05 59 03 33 55*, ㊟, ⚓, ⬚ – ▦ ⬚ ⊡ ☎ ﹠ **P** – ⑊ 25 à 150. ⒜ ⓪ ⭗
Repas 108/180 bc ⑂, enf. 50 – ☲ 52 – **121 ch** 495/580.   **BX** m

ALFA ROMEO, FIAT Gar. Côte Basque, 44 av. de
Bayonne *℘ 05 59 63 04 04*
CITROEN C et C, bd du Bab *℘ 05 59 52 86 86*
FORD Auto Durruty, ZI des Pontots, bd du Bab
℘ 05 59 58 33 33 Ⓝ *℘ 05 59 23 68 68*
NISSAN Gar. Corro, 22 bis r. Lannebere
℘ 05 59 52 15 52

OPEL Gar. Lafontaine, BAB 2, les Pontots
℘ 05 59 52 26 46
RENAULT Gar. Aylies, 54 av. d'Espagne **BX**
℘ 05 59 03 98 13
VOLVO Darmendrail Autom., 1 r. du Col. M Lynch
℘ 05 59 31 43 43

ANGOULÊME 🅿 16000 *Charente* 🞅🞅 ⑬ ⑭ *G. Poitou Vendée Charentes* – 42 876 h Agglo. 102 908 h alt. 98.

Voir *La ville haute★★* – *Site★* – *Promenade des Remparts★★* YZ – *Cathédrale St-Pierre★* : *façade★★* Y F – *C.N.B.D.I. (Centre national de la bande dessinée et de l'image)★* Y

🏌 de l'Hirondelle ☎ 05 45 61 16 94, S : 2 km X.

✈ d'Angoulême-Champniers, ☎ 05 45 69 88 09, par ① : 12 km.

🄑 *Office de Tourisme*, pl. des Halles ☎ 05 45 95 16 84, Fax 05 45 95 91 76 – *Automobile Club de la Charente* 8 r. Marcel-Paul ☎ 05 45 95 16 14.

Paris 448 ① – *Bordeaux 118* ⑤ – *Limoges 102* ② – *Niort 115* ① – *Périgueux 87* ③ – *Royan 109* ⑥.

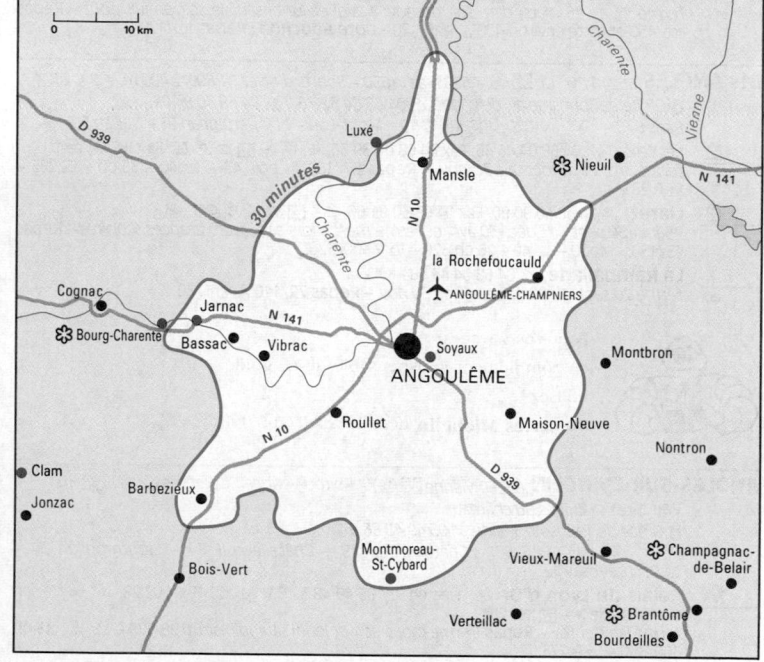

🏨🏨🏨 **Mercure - H. de France** Ⓜ, 1 pl. Halles ☎ 05 45 95 47 95, Fax 05 45 92 02 70, 🏡 , 🚗 – 🛗 🍴 🗒 📺 ☎ 🕭 👝 – 🔏 25 à 200. 🄰🄴 ⓞ 🄶🄱   Y e
fermé sam. midi, dim. midi et fériés le midi – **Repas** 157 🔥, enf. 60 – ☒ 57 – **90 ch** 420/570.

🏨🏨 **Européen** Ⓜ sans rest, pl. G. Pérot ☎ 05 45 92 06 42, Fax 05 45 94 88 29 – 🛗 🍴 📺 ☎ 🕭 👝 – 🔏 25. 🄰🄴 🄶🄱   Y a
☒ 45 – **32 ch** 320/480.

🏨🏨 **St-Antoine**, 31 r. St Antoine ☎ 05 45 68 38 21, Fax 05 45 69 10 31 – 🛗 📺 ☎ 🕭 👝 🄿 – 🔏 25. 🄰🄴 ⓞ 🄶🄱   X f
Repas *(fermé sam. midi et dim. soir)* 85/160 – ☒ 37 – **32 ch** 280/320 – ½ P 255.

🏨🏨 **Épi d'Or** sans rest, 66 bd René Chabasse ☎ 05 45 95 67 64, Fax 05 45 92 97 23 – 🛗 📺 ☎ 🄿 – 🔏 30. 🄶🄱   X v
☒ 35 – **33 ch** 300.

🏨 **Palais** sans rest, 4 pl. F. Louvel ☎ 05 45 92 54 11, Fax 05 45 92 01 83 – 📺 ☎ 👝. 🄰🄴 ⓞ 🄶🄱 🄹🄲🄱   Y k
☒ 36 – **49 ch** 210/370.

🞩🞩🞩 **La Ruelle**, 6 r. Trois Notre-Dame ☎ 05 45 95 15 19 – 🄰🄴 ⓞ 🄶🄱   Y x
fermé 14 au 20 avril, 4 au 17 août, vacances de fév., sam. midi et dim. – **Repas** 155/240 et carte 220 à 320 🔥.

🞩🞩 **Rest. Le Terminus**, pl. Gare ☎ 05 45 95 27 13, Fax 05 45 94 04 09 – 🄰🄴 🄶🄱   Y n
fermé 15 au 19 août, dim. soir et lundi – **Repas** 85/205 🔥.

ANGOULÊME

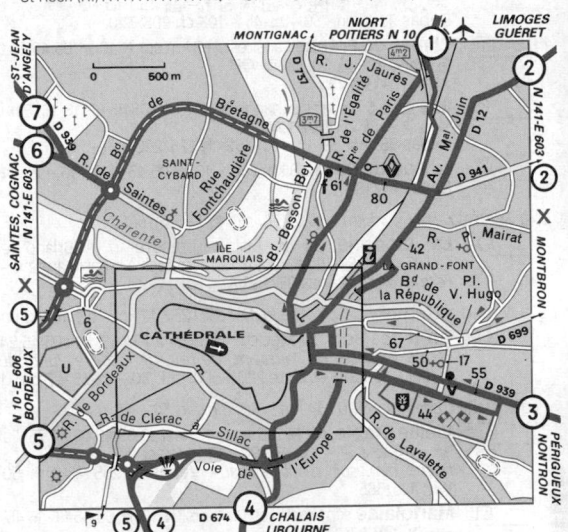

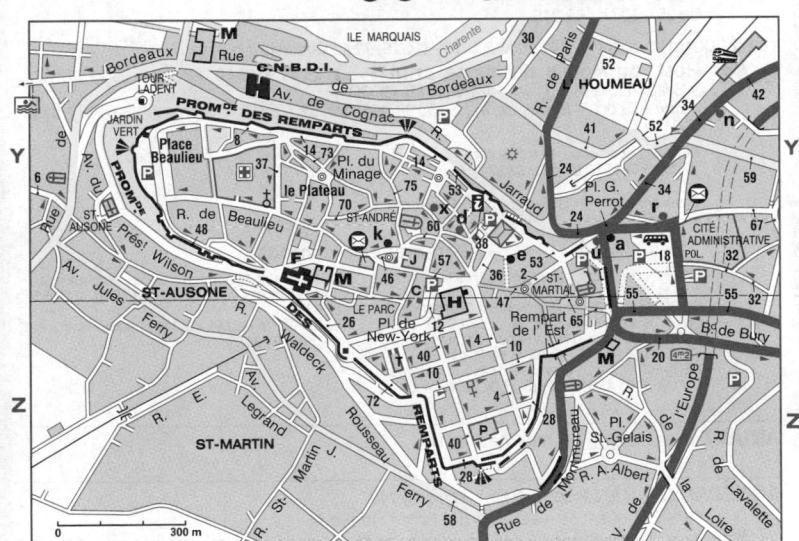

✗ **Les Gourmandines,** 25 r. Genève ✆ 05 45 92 58 98 – ⊞   **Y d**
🍴 *fermé dim.* – **Repas** 79/189.

✗ **La Cité,** 28 r. St-Roch ✆ 05 45 92 42 69 – ⊙ ⊞   **Y r**
🍴 *fermé 3 au 18 août, vacances de fév., dim. et lundi* – **Repas** 72/155 ♣.

✗ **Le Palma,** 4 rampe d'Aguesseau ✆ 05 45 95 22 89, Fax 05 45 94 26 66 – ⊞   **Y u**
🍴 *fermé 3 au 17 août et dim.* – **Repas** 63/160 ♣, enf. 48.

rte de Poitiers *par* ① – ✉ *16430 Champniers* :

🏨 **Relais Mercure** 🅼, à 6 km près échangeur Nord ✆ 05 45 68 53 22, Fax 05 45 68 33 83, �です, 🍽, ☞ – 🛗 ⭝ 🖥 ☎ ⅋ 🅿 – 🛎 150. 🆎 ⓞ 🆖
Repas 98 🍷, enf. 50 – ⌷ 46 – **103 ch** 295/370.

🏨 **Climat de France** sans rest, à 8 km sur N 10 ✆ 05 45 68 03 22, Fax 05 45 69 07 67, ☞ – 🖥 ☎ ⅋ 🅿 – 🛎 50. 🆎 ⓞ 🆖
⌷ 37 – **41 ch** 295.

🏨 **Ibis** 🅼, à 6 km près échangeur Nord ✆ 05 45 69 16 16, Fax 05 45 68 20 77, 🌱です – ⅋⭝ 🖥 ☎ ⅋ 🅿 – 🛎 25. 🆎 ⓞ 🆖
Repas 95, enf. 39 – ⌷ 35 – **62 ch** 275/290.

🍽🍽 **Le Feu de Bois**, à 8 km sur N 10 ✆ 05 45 68 69 96 – 🅿. 🆖
Repas 84/180 🍷.

à Soyaux *par* ③ : *4 km – 10 353 h. alt. 133* – ✉ *16800* :

🍽🍽 **La Cigogne**, (à la Mairie, prendre r. A.-Briand et 1 km) ✆ 05 45 95 89 23, Fax 05 45 95 89 23, ≤, 🌱です, « Terrasse face à la campagne » – 🅿. 🆎 🆖
fermé lundi – **Repas** 95/135 🍷.

à Maison-Neuve *par* ③ *et D 939, D 4 et D 25 : 17 km* – ✉ *16410 Vouzan* :

🍽🍽 **Orée des Bois** 🐾 avec ch, ✆ 05 45 24 94 38, Fax 05 45 24 97 51, ☞ – 🖥 ☎ 🅿. 🆖
fermé vacances de Toussaint, de fév., dim. soir et lundi du 15 sept. au 15 juin – **Repas** 90 (déj.), 130/285 et carte 220 à 300, enf. 50 – ⌷ 35 – **7 ch** 210/280 – ½ P 240/300.

à Roullet *par* ⑤ *et N 10 : 14 km – 3 378 h. alt. 50* – ✉ *16440* :

🏨 **Vieille Étable**, rte Mouthiers, 1,5 km ✆ 05 45 66 31 75, Fax 05 45 66 47 45, 🌱です, parc, 🍽, 🍽 – 🖥 ☎ ⅋ 🅿 – 🛎 25 à 80. 🆖. 🌱 rest
fermé dim. soir d'oct. à mai – **Repas** 85/285 🍷, enf. 50 – ⌷ 36 – **29 ch** 295/375 – ½ P 325/365.

🏨 **Marjolaine** sans rest, Les Glamots, N 10 ✆ 05 45 66 46 46, Fax 05 45 66 43 29 – 🖥 ☎ ⅋ ☞ 🅿. 🆖. 🌱
⌷ 25 – **30 ch** 165/215.

rte de Cognac *par* ⑥, *N 141 et D 120 : 10* – ✉ *16290 Asnières-sur-Nouère* :

🏨 **Host. du Moulin du Maine Brun** 🐾, ✆ 05 45 90 83 00, Fax 05 45 96 91 14, 🌱です, « Beau mobilier », 🍽, ☞ – 🖥 ☎ 🅿. 🆎 ⓞ 🆖
15 avril-15 oct. – **Repas** *(fermé lundi)* 98/195, enf. 55 – ⌷ 65 – **18 ch** 450/550 – ½ P 475/560.

RENAULT Succursale, 11 rte de Paris
✆ 05 45 69 50 50 🆕 ✆ 06 07 57 10 69

Rogeon Pneus Point S, ZI de Rabion
✆ 05 45 91 35 36

⚙ Euromaster, Port l'Houmeau, 37 bd Besson-Bey
✆ 05 45 92 06 04 🆕 ✆ 04 76 29 55 49

Périphérie et environs

CITROEN Gar. Léger, rte de Bordeaux à la Couronne par ⑤ ✆ 05 45 67 26 03
CITROEN DAC, ZA les Montagnes à Champniers par ① ✆ 05 45 69 44 00 🆕 ✆ 06 07 67 09 45
MERCEDES Savia, ZI N°3 à Gond Pontouvre ✆ 05 45 68 00 11 🆕 ✆ 05 45 68 00 11
PEUGEOT SCAA, ZA Les montagnes à Champniers par ① ✆ 05 45 68 78 33 🆕 ✆ 08 00 44 24 24

PEUGEOT Gar. Bonetta, 82 rte de Bordeaux à La Couronne par ⑤ ✆ 05 45 67 21 38 🆕 ✆ 02 51 82 92 41
VAG MCA, ZA Les Montagnes à Champniers ✆ 05 45 91 94 55

ANIANE *34 Hérault* 🔢 ⑥ – *rattaché à Gignac.*

ANNEBAULT *14430 Calvados* 🔢 ⑰ – *317 h alt. 140.*
Paris 202 – Caen 35 – Cabourg 15 – Pont-l'Évêque 11.

🍽🍽 **Aub. Le Cardinal** avec ch, ✆ 02 31 64 81 96, Fax 02 31 64 64 65, 🌱です, ☞ – 🖥 ☎ 🅿. 🆖
fermé 15 janv. au 1ᵉʳ mars, mardi soir et merc. sauf juil.-août – **Repas** 100/270, enf. 58 – ⌷ 35 – **7 ch** 290/440 – ½ P 300/350.

Ne confondez pas :

Confort des hôtels	: 🏨🏨🏨 … 🏠, 🏡
Confort des restaurants	: 🍽🍽🍽🍽🍽 … 🍽
Qualité de la table	: ❀❀❀, ❀❀, ❀, ⦿

ANNECY ⓟ 74000 H.-Savoie 🔢 ⑥ G. Alpes du Nord – 49 644 h Agglo. 126 729 h alt. 448 – Casino .

Voir *Le Vieil Annecy★★ : Descente de Croix★ dans l'église St-Maurice* **EY B**, *Palais de l'Isle★* **EY R**, *rue Ste-Claire★* **DEY**, *pont sur le Thiou ≼★* **EY N** – *Château★* **EY** – *Les Jardins de l'Europe★* **FY** – *Forêt du crêt du Maure★ : ≼★★ 3 km par D 41* **CV**.

Env. *Tour du lac★★★ 39 km (ou en bateau 1 h 30)* – *Gorges du Fier★★ : 11 km par* ⑥ – *Collections★ du château de Montrottier : 11 km par* ⑥ – *Crêt de Châtillon* ⁂*★★★ S : 18,5 km par D 41 puis 15 mn.*

🏌 *du Lac d'Annecy* ℰ 04 50 60 12 89, *par* ② *: 10 km;* 🏌🏌 *de Giez* ℰ 04 50 44 48 41, *24 km par* ③.

✈ *d'Annecy-Haute-Savoie : T.A.T* ℰ 04 50 27 30 30, *par N 508* **BU** *et D 14 : 4 km.*

🛈 *Office de Tourisme clos Bonlieu 1 r. J.-Jaurès* ℰ 04 50 45 00 33, *Fax 04 50 51 87 20* – *Automobile Club 15 r. Préfecture* ℰ 04 50 45 09 12, *Fax 04 50 23 61 31.*

Paris 539 ⑤ – *Aix-les-Bains 34* ⑤ – *Genève 45* ① – *Lyon 140* ⑤ – *St-Étienne 189* ⑤.

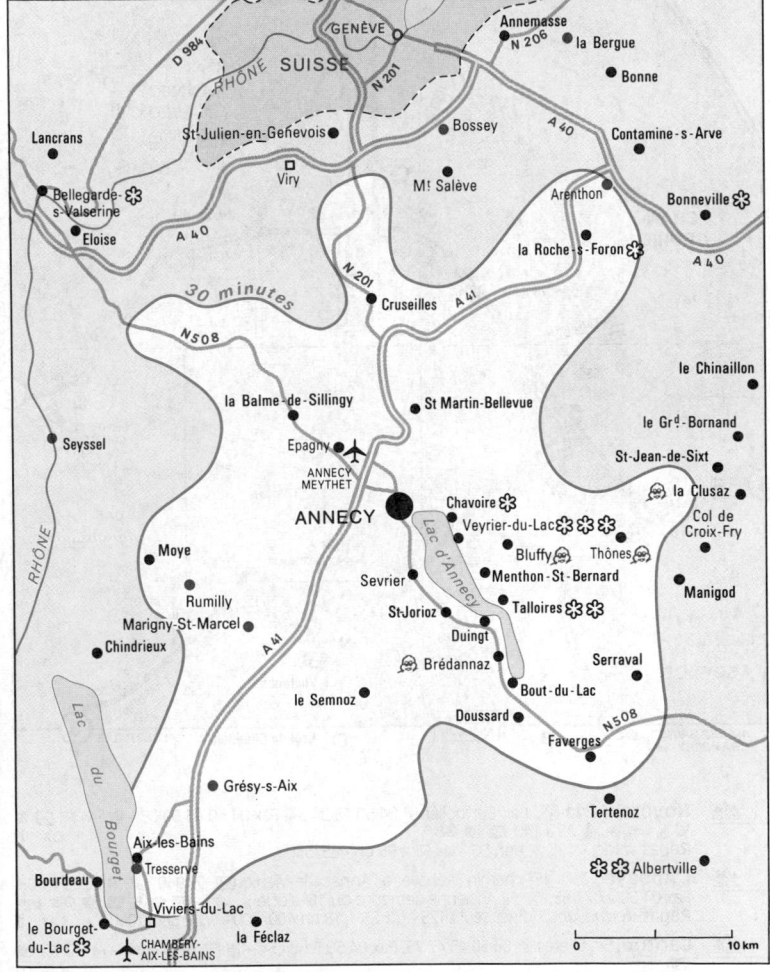

🏨 **Impérial Palace** Ⓜ ⤴, 32 av. Albigny ℰ 04 50 09 30 00, Fax 04 50 09 33 33, ≼, 🍴, « *Décor contemporain* », ⏮ – 📳 ⤱ 📺 ☎ ✆ 🕭 🄿 – ⛟ 25 à 700. 🅰🄴 ⓪ 🇬🇧 Ⓙⓒⓑ CV s

La Voile : Repas 160, enf. 100 – 🍽 100 – **91 ch** 1050/1500, 7 appart – ½ P 755.

99

ANNECY

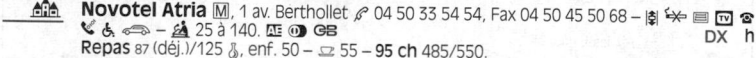

Novotel Atria Ⓜ, 1 av. Berthollet ℰ 04 50 33 54 54, Fax 04 50 45 50 68 – 📶 ✻ 📺 ☎
📞 ᚖ ᚗ – 📇 25 à 140. 🆎 ◉ 🅶🅱
Repas 87 (déj.)/125 ᚗ, enf. 50 – ☲ 55 – **95 ch** 485/550.　　　　　　DX h

L'Abbaye ⌁, 15 chemin Abbaye à Annecy-le-Vieux ⊠ 74940 ℰ 04 50 23 61 08,
Fax 04 50 27 77 65, 🍴, « Ancienne demeure du 16ᵉ siècle », ⟟ – 📺 ☎ 🅿. 🆎 ◉ 🅶🅱 🅹🅲🅱
Repas (fermé lundi) (dîner seul.) 125 – ☲ 55 – **18 ch** 400/700 – ½ P 380/1060.　CU b

Carlton, 5 r. Glières ℰ 04 50 45 47 75, Fax 04 50 51 84 54 – 📶 📺 ☎ 📞 ᚗ – 📇 30. 🆎 ◉
🅶🅱 🅹🅲🅱　　　　　　　　　　　　　　　　　　　　　　　　　　　　　　　DY g
Repas (1ᵉʳ juin-30 sept.) (dîner seul.) 100/140 – ☲ 45 – **55 ch** 450/560 – ½ P 411/434.

Splendid H. sans rest, 4 quai E. Chappuis ℰ 04 50 45 20 00, Fax 04 50 51 26 23 – 📶 📺 ☎.
🆎 ◉ 🅶🅱　　　　　　　　　　　　　　　　　　　　　　　　　　　　　　　EY s
fermé 15 déc. au 9 janv. – ☲ 50 – **52 ch** 520/600.

ANNECY

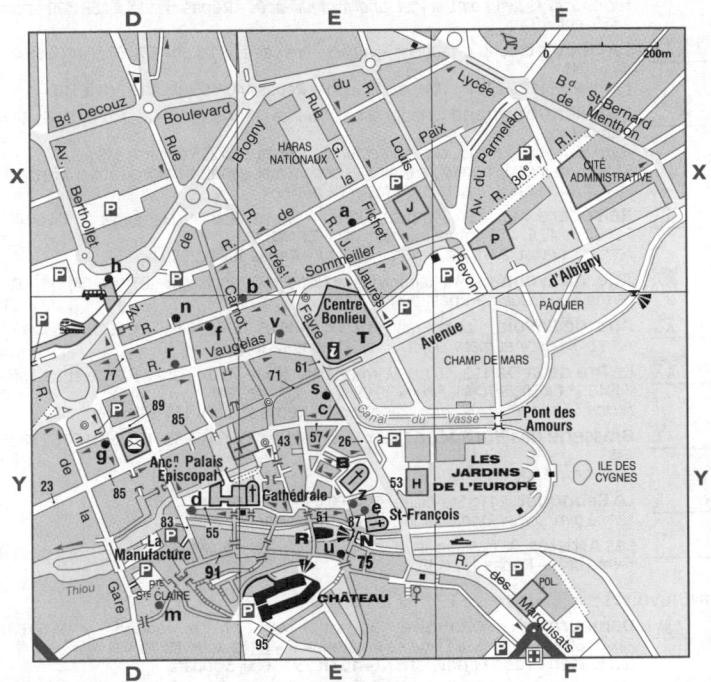

🏨 **Allobroges** sans rest, 11 r. Sommeiller ℰ 04 50 45 03 11, Fax 04 50 51 88 32 – 🛗 cuisinette 📺 ☎ ఉ, 𝔸𝔼 ⓞ 🆎 𝕁𝕔𝔹   DY n
☑ 65 – **54 ch** 395/880.

🏨 **Faisan Doré,** 34 av. Albigny ℰ 04 50 23 02 46, Fax 04 50 23 11 10 – 🛗 📺 ☎ ぜ – 🔏 25.
🆎   CV e
fermé 21 déc. au 26 janv. – **Repas** (fermé dim. soir et lundi d'oct. à avril) 100/190 ⅃, enf. 60 –
☑ 48 – **40 ch** 390/490 – ½ P 380/400.

🏨 **Le Flamboyant** sans rest, 52 r. Mouettes **CU** à Annecy-le-Vieux ✉ 74940
ℰ 04 50 23 61 69, Fax 04 50 27 97 23 – cuisinette 📺 ☎ 🅿, 𝔸𝔼 ⓞ 🆎
☑ 49 – **31 ch** 330/495.

🏨 **Marquisats** ⬙ sans rest, 6 chemin Colmyr ℰ 04 50 51 52 34, Fax 04 50 51 89 42 – 🛗 📺
☎ 🅿, 𝔸𝔼 ⓞ 🆎   CV n
☑ 45 – **22 ch** 360/580.

🏨 **Réserve,** 21 av. Albigny ℰ 04 50 23 50 24, Fax 04 50 23 51 17, ≤, 🎠 – 📺 ☎ 🅿, 𝔸𝔼 ⓞ 🆎
fermé 22 juin au 5 juil. et 21 déc. au 14 janv. – **Repas** 115/270, enf. 55 – ☑ 42 – **12 ch**
360/460 – ½ P 350/385.   CV v

🏨 **Palais de l'Isle** Ⓜ sans rest, 13 r. Perrière ℰ 04 50 45 86 87, Fax 04 50 51 87 15 – 🛗 ▤
📺 ☎. 𝔸𝔼 ⓞ 🆎. ✂   EY u
☑ 49 – **26 ch** 335/525.

🏨 **de Bonlieu** Ⓜ sans rest, 5 r. Bonlieu ℰ 04 50 45 17 16, Fax 04 50 45 11 48 – 🛗 📺 ☎ ぜ ఉ
– 🔏 25. 𝔸𝔼 ⓞ 🆎   EX a
☑ 42 – **35 ch** 324/388.

🏨 **Nord** sans rest, 24 r. Sommeiller ℰ 04 50 45 08 78, Fax 04 50 51 22 04 – 🛗 📺 ☎. 𝔸𝔼 🆎
☑ 33 – **32 ch** 248/298.   DY f

🏠 **Eden** sans rest, 3 r. Alpins ℘ 04 50 57 14 64, Fax 04 50 67 00 87 – 📺 ☎ ✆ ₺ 🅿 ⓿ 🆚,
※   CU d
fermé 15 au 30 oct. – ⛾ 30 – **10 ch** 220/288.

XXX **Clos des Sens**, 13 r. J. Mermoz à Annecy-le-Vieux par av. France et rte Thônes ✉ 74940
℘ 04 50 23 07 90, Fax 04 50 66 56 54, 🍽 – 🅰🅴 ⓿ 🆚   CU u
fermé 5 au 19 janv., dim. soir et lundi sauf juil.-août – **Repas** 128 (déj.), 158/320 et carte 250
à 350, enf. 78.

XXX **La Ciboulette**, 10 r. Vaugelas - impasse Pré Carré ℘ 04 50 45 74 57, Fax 04 50 45 76 75,
🍽 – 🆚   EY v
fermé 29 juin au 21 juil., dim. soir et lundi – **Repas** 140/195 et carte 240 à 310.

XXX **L'Atelier Gourmand** (Leloup), 2 r. St-Maurice ℘ 04 50 51 19 71, Fax 04 50 51 36 48, 🍽
– 🅰🅴 🆚   EY z
🥨   *fermé 24 nov. au 8 déc., dim. soir et lundi* – **Repas** 135/255 et carte 230 à 370
Spéc. Lasagnes de homard aux girolles et poireaux. Parfait de pigeon aux truffes, petit pâté
chaud. Succès aux noisettes, crémeux de praliné.

XX **Belvédère** ⌂, rte Semnoz Sud-Est : 2 km par r. Marquisat ℘ 04 50 45 04 90,
Fax 04 50 45 67 25, < Annecy et lac, 🍽 – 🅰🅴 🆚, ※   CV t
fermé 5 janv. au 21 mars, dim. soir et lundi – **Repas** 165 bc/350 bc.

XX **Aub. du Lyonnais**, 9 r. République ℘ 04 50 51 26 10, Fax 04 50 51 05 04, 🍽 – 🅰🅴 🆚
fermé 6 au 19 juin – **Repas** 104/180.   DY d

XX **Aub. de Savoie**, 1 pl. St-François ℘ 04 50 45 03 05, Fax 04 50 51 18 28 – 🅰🅴 🆚
fermé dim. soir et mardi d'oct. à mai – **Repas** 125 (déj.), 155/240.   EY e

XX **Le Pré de la Danse**, 16 r. J. Mermoz à Annecy-le-Vieux, par av. France et rte Thônes ✉
74940 ℘ 04 50 23 70 41, Fax 04 50 09 90 83, 🍽 – 🅿. 🆚   CU s
fermé 30 juin au 14 juil., dim. soir et lundi – **Repas** 98 (déj.), 135/248 🍷, enf. 55.

X **Brasserie des Européens**, 23 r. Sommeiller ℘ 04 50 51 30 70, Fax 04 50 52 88 55 – 🍴.
🆚   EXY b
Repas carte 200 à 330 🍷.

X **Le Bilboquet**, 14 fg Ste-Claire ℘ 04 50 45 21 68 – 🅰🅴 🆚   DY m
fermé dim. soir et lundi sauf juil.-août – **Repas** 94/180, enf. 50.

X **Les Artistes**, 26 r. Vaugelas ℘ 04 50 45 30 04 – 🅰🅴 ⓿ 🆚   DY r
fermé dim. – **Repas** 132/158 🍷.

à Chavoires *par* ② : *4,5 km –* ✉ *74290 Veyrier :*

🏨 **Demeure de Chavoire** 🅼 sans rest, 71 rte Annecy ℘ 04 50 60 04 38,
Fax 04 50 60 05 36, <, « Élégante installation » – 📺 ☎ ✆ 🅿 ⓿ 🆚 🅹🅲🅱
fermé dim. en déc. et janv. – ⛾ 70 – **10 ch** 750/1000, 3 appart.

XXX **L'Amandier** (Cortési), 91 rte Annecy ℘ 04 50 60 01 22, Fax 04 50 60 03 25, < lac, 🍽, 🥘
🥨 – 🅿 🅰🅴 ⓿ 🆚
fermé janv. et dim. d'oct. à mars – **Repas** 140 (déj.), 200/350 et carte 330 à 450, enf. 100
Spéc. "Farcettes" annéciennes en ravioles. Pot-au-feu de foie gras de canard. Rissoles de
poires et fruits secs. **Vins** Chignin-Bergeron, Pinot.

à Veyrier-du-Lac *par* ② : *5,5 km – 1 967 h. alt. 504 –* ✉ *74290 .*

🎗 *Office de Tourisme pl. Mairie ℘ 04 50 60 22 71.*

XXXXX **Aub. de l'Éridan** (Veyrat) 🅼 ⌂ avec ch, 13 Vieille rte des Pensières ℘ 04 50 60 24 00,
🥨🥨🥨 Fax 04 50 60 23 63, < lac, 🍽, 🥘 – 🛏 🍴 📺 ☎ ₺ 🚗 🅿 🅰🅴 ⓿ 🆚 🅹🅲🅱
Repas *(fermé lundi)* 385 (déj.), 595/995 et carte 680 à 900 – ⛾ 195 – **11 ch** 1500/4850
Spéc. Ravioles aux plantes des Alpes. Omble chevalier aux coquelicots. Coquelet en pot-au-
feu de génépi. **Vins** Chignin, Mondeuse.

rte du Semnoz *Sud-Est : 3,5 km par D 41* **CV** *et rte forestière –* ✉ *74000 Annecy :*

X **Super Panorama** ⌂ avec ch, ℘ 04 50 45 34 86, < lac et montagnes, 🍽, 🥘 – 🆚
fermé 20 déc. au 31 janv. lundi soir et mardi – **Repas** 105/250 🍷 – ⛾ 35 – **5 ch** 225.

à Épagny *par* ⑤ *et N 508 : 7 km – 2 061 h. alt. 455 –* ✉ *74330 :*

🏠 **Alpha** 🅼, ℘ 04 50 22 67 46, Fax 04 50 22 53 71, 🍽 – ⊁ 📺 ☎ ₺ 🚗 🅿 – 🔏 30. 🅰🅴 🆚
Repas *(fermé dim. sauf le midi de sept. à juin)* 98/120 🍷, enf. 39 – ⛾ 37 – **50 ch** 270/295 –
½ P 280.

MICHELIN, Agence, 23 r. de Sansy, ZI de Vovray, Seynod par av. de Loverchy **BV**
℘ 04 50 51 59 70

ALFA ROMEO, FIAT Pont Neuf Autom., 1 av. Pont   ⓪ Dupanloup, 119 av. de Genève
Neuf ℘ 04 50 51 40 30   ℘ 04 50 57 03 81
                                          Vulco, 3 r. de Rumilly ℘ 04 50 45 72 11

Périphérie et environs

BMW Aravis Autom., 100 av. d'Aix-les-Bains à Seynod ℰ 04 05 52 02 71
CITROEN Gar. Dieu, rte d'Aix, Seynod par ④ ℰ 04 50 69 16 72
FORD S.A.E.M., 140 av. d'Aix, Seynod ℰ 04 50 69 15 04
JAGUAR Gar. Ducros, 72 av. d'Aix, Seynod ℰ 04 50 52 03 81
LANCIA Astier Autom., rte d'Aix à Cran Gevrier ℰ 04 50 69 22 54
MAZDA Gar. Cochet, le Grand Epagny à Epagny ℰ 04 50 22 63 50
MERCEDES SEVI 74, ZAE des Césardes, ch. Croix-Seynod ℰ 04 50 69 17 40

OPEL Gar. du Parmelan Bocquet, 33 av. Petit Port, Annecy-le-Vieux ℰ 04 50 23 12 85
VAG SAT, ZI des Césardes, rte des Creuses à Seynod ℰ 04 50 69 06 79

⬙ Bollon Pneus, 1 r. de l'Egalité à Meythet ℰ 04 50 22 58 40
Bruyère, 8 bis r. du Vieux Moulin à Meythet ℰ 04 50 22 07 22
Comptoir du Pneu, 18 av. du Pont Neuf à Cran Gevrier ℰ 04 50 45 07 82
Euromaster, 6 r. Cèsière, ZI de Vovray à Seynod ℰ 04 50 51 72 85

ANNEMASSE 74100 H.-Savoie **74** ⑥ *G. Alpes du Nord* – 27 669 h alt. 432.

Country Club de Bossey ℰ 04 50 43 75 25, 7 km par ③ ; *d'Esery* ℰ 04 50 36 58 70, 7 km par ③.

𝐁 *Office de Tourisme r. de la Gare* ℰ 04 50 92 53 03, Fax 04 50 92 83 80.

Paris 540 ③ – *Annecy 49* ③ – *Thonon-les-Bains 31* ① – *Bonneville 21* ③ – *Genève 9* ③ – *St-Julien-en-Genevois 17* ③.

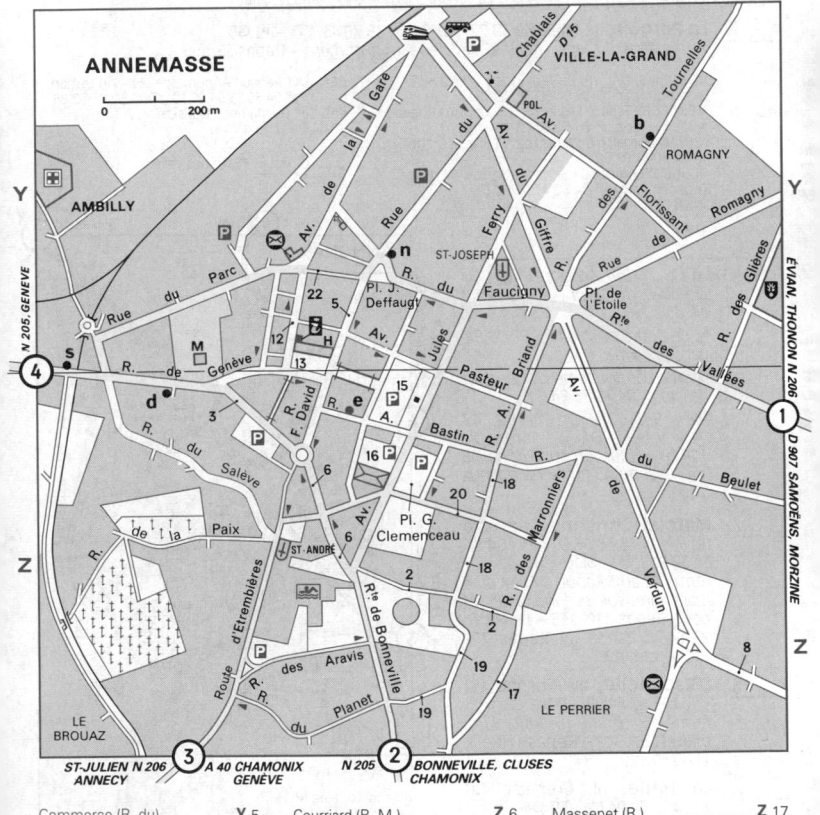

🏨 **Mercure** M, par ③ *et rte Gaillard* ⊠ 74240 Gaillard ℰ 04 50 92 05 25, Fax 04 50 87 14 57, 🐭, ⌲ – 🛗 ✦ ▤ 🕎 ☎ ₰ 🄿 – 🏛 70. 🖭 ⓪ ☑ ☑
Repas 110 ⅃, enf. 60 – ⊊ 53 – **78 ch** 495/515.

🏨 **Arc-en-Ciel** *sans rest,* 21 r. Tournelles (à Ville-la-Grand) ℰ 04 50 92 66 00, Fax 04 50 87 06 88 – 🛗 ✦ ▥ ☎ ❤ ₰ – 🏛 25. 🖭 ⓪ ☑
⊊ 33 – **41 ch** 280/390.   Y b

🏨 **Parc** *sans rest,* 19 r. Genève ℰ 04 50 38 44 60, Fax 04 50 92 75 71 – 🛗 ▥ ☎ 🄿. 🖭 ☑
fermé 23 déc. au 5 janv. – ⊊ 45 – **30 ch** 280/390.   Z d

🏨 **Hague** *sans rest,* 42 r. Genève ℰ 04 50 38 47 14, Fax 04 50 37 36 10 – 🛗 ✦ ▥ ☎ 🄿. 🖭 ⓪ ☑ ☑
⊊ 35 – **23 ch** 210/290.   Y s

🏨 **National** *sans rest,* 10 pl. J. Deffaugt ℰ 04 50 92 06 44, Fax 04 50 87 07 45 – 🛗 ▥ ☎ 🄿. 🖭 ⓪ ☑
⊊ 35 – **42 ch** 230/280.   Y n

🍴🍴 **Le Temps de Vivre,** 47 chemin des Belosses à Ambilly par ④ *et rte de Gaillard* ℰ 04 50 92 36 06 – 🖭 ⓪ ☑
fermé 4 au 24 août, lundi midi, sam. midi et dim. – **Repas** 120 (déj.), 165/230 ⅃.

🍴 **Le Florence,** 7 r. A. Bastin ℰ 04 50 92 82 57, Fax 04 50 37 64 30 – ☑   Z e
fermé dim. et lundi – **Repas** 89 (déj.), 138/290 ⅃, enf. 65.

à La Bergue *Est : 6 km par* ①, *D 907 et D 183* – ⊠ 74380 Cranves-Sales :

🍴 **La Pergola,** ℰ 04 50 39 30 27, Fax 04 50 36 76 43, 🐭 – 🄿. ☑
fermé 1ᵉʳ au 20 sept., 10 au 22 fév., jeudi midi et merc. – **Repas** 95/195 ⅃.

CITROEN SADAL, rte de Taninges à Vétraz Monthoux par ① ℰ 04 50 36 78 78
MERCEDES Espace Etoile 74, 5 R. coprins Chevelus à Ville La Grand ℰ 04 50 37 23 75
NISSAN Borgel, r. de Montréal, ZI Ville la Grand ℰ 04 50 37 07 60
PEUGEOT Lemuet Genevois Faucigny, 57 rte de Thonon par ① ℰ 04 50 43 98 00 🅽 ℰ 06 07 45 99 97

RENAULT Renault Annemasse, 2 av. du Léman par ② ℰ 04 50 95 91 00 🅽 ℰ 04 50 87 52 86
VAG Gar. Duchamp, r. Résistance, ZI ℰ 04 50 37 13 43

🏢 Euromaster, 75 rte des Vallées ℰ 04 50 37 27 11

ANNONAY 07100 Ardèche 🕖🕖 ①
G. Vallée du Rhône – 18 525 h
alt. 350.

🏌 de Gourdan ℰ 04 75 67 03 84, par ① : 6 km.

🛈 Office de Tourisme pl. des Cordeliers ℰ 04 75 33 24 51.

Paris 533 ① – St-Étienne 43 ④ – Valence 54 ① – Grenoble 107 ① – Tournon-sur-Rhône 36 ① – Vienne 45 ① – Yssingeaux 57 ③.

🍴🍴 **Marc et Christine,** face gare (e) ℰ 04 75 33 46 97, Fax 04 75 32 30 00, 🐭 – ☑
fermé 18 au 31 août, 17 fév. au 3 mars, dim. soir et lundi sauf fériés – **Repas** 110/235 - **Le Patio** ℰ 04 75 32 33 34 **Repas** 75/110, ⅃, enf. 49.

🍴 **L'Escabelle,** av. Europe (v) ℰ 04 75 67 64 09 – ☑
fermé 15 juil. au 15 août, sam. midi et dim. soir – **Repas** 84 (déj.), 112/280.

🍴 **La Halle,** pl. Grenette (a) ℰ 04 75 32 04 62 – 🖭 ☑
fermé 25 au 31 août, dim. soir et lundi sauf fériés – **Repas** 88/290 ⅃, enf. 45.

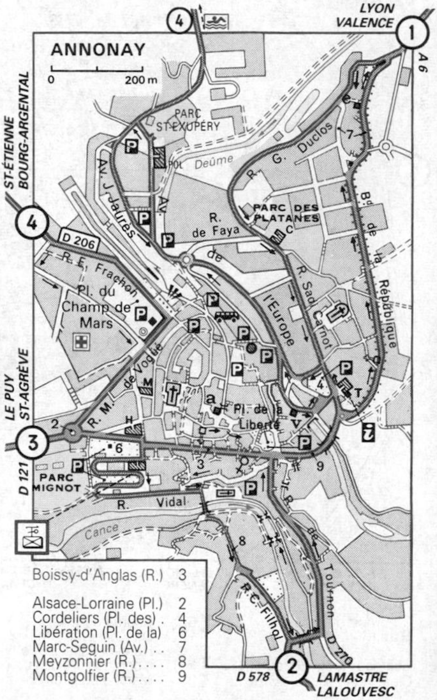

Boissy-d'Anglas (R.)   3

Alsace-Lorraine (Pl.)   2
Cordeliers (Pl. des) .   4
Libération (Pl. de la)   6
Marc-Seguin (Av.) . .   7
Meyzonnier (R.). . . .   8
Montgolfier (R.). . . .   9

à Davézieux *par* : *4,5 km sur D 82 – 2 371 h. alt. 440 –* ✉ *07430* .

　Voir *Safari-parc★ de Peaugres NE : 3 km.*

Don Quichotte et Siesta, rte Valence ℰ 04 75 33 11 99, Fax 04 75 67 57 19, 🍴, ⁑,
🍽 – ▮ 📺 ☎ 🅿 – ☒ 40. 🆎 ⑩ 🆖🅱
Repas 99/167 ⅃, enf. 50 – ⚌ 44 – **56 ch** 197/299 – ½ P 258.

CITROEN Gar. du Vivarais, ZI La Lombardière, à
Davézieux par ① ℰ 04 75 33 26 32 ☒ ℰ 04 75 33
42 27
FIAT Gar. Dhennin, 47 bd République
ℰ 04 75 67 78 43
FORD Gar. Caule, rte de Lyon, à Davézieux
ℰ 04 75 33 22 98
NISSAN JMB Autom., Le Mas à Davezieux
ℰ 04 75 33 43 96

PEUGEOT Desruol, N 82, St-Clair par ①
ℰ 04 75 33 10 98
RENAULT Automobiles du Limony, rte de Lyon à
Davézieux par ① ℰ 04 75 33 20 21
VAG Siterre, 33 bd République ℰ 04 75 33 42 10

⦿ Eyraud, Le Mas à Davezieux ℰ 04 75 33 42 19
Jurdit, 47 r. G.-Duclos ℰ 04 75 33 27 49

CONSTRUCTEUR : Renault Véhicules Industriels, rte de Roanne ℰ 04 75 67 23 23

ANNOT *04240 Alpes-de-H.-P.* 🟦 ⑱, 🟥 ⑫ *G. Alpes du Sud – 1 053 h alt. 708.*

　Voir *Vieille ville★ – Clue de Rouaine★ S : 4 km.*

　🅱 *Office de Tourisme pl. Mairie* ℰ *04 92 83 23 03, Fax 04 92 83 32 82.*

　Paris 816 – Digne-les-Bains 71 – Castellane 31 – Manosque 111.

Avenue, ℰ 04 92 83 22 07, Fax 04 92 83 34 07 – 📺 ☎. 🆖🅱
1er avril-4 nov. – Repas 85/150 – ⚌ 33 – **14 ch** 200/250 – ½ P 240/260.

Antes de ponerse en carretera, consulte el **mapa Michelin**
nº 🟥 *"FRANCIA - Grandes Itinerarios".*
En él encontrará :
– distancias kilométricas,
– duraciones medias de los recorridos,
– zonas de "atascos" e itinerarios alternativos,
– gasolineras abiertas durante las 24 horas del día...
Su viaje será más económico y seguro.

ANOST *71550 S.-et-L.* 🟦 ⑦ *G. Bourgogne – 746 h alt. 454.*

　Voir ⁕★ *de Notre-Dame de l'Aillant : 30 mn.*

　Paris 273 – Autun 24 – Château-Chinon 20 – Mâcon 137 – Montsauche 18.

La Galvache, ℰ 03 85 82 70 88, Fax 03 85 82 79 62, 🍴 – 🆖🅱
1er avril-11 nov. – **Repas** 65/165 ⅃.

Gar. Rateau, ℰ 03 85 82 76 94 ☒ ℰ 03 85 82 76 94

ANSE *69480 Rhône* 🟦 ①, 🟥 ③ *– 4 458 h alt. 170.*

　🏌 *du Beaujolais* ℰ *04 74 67 04 44, S : 2 km par D 30.*

　*Paris 437 – Lyon 27 – L'Arbresle 19 – Bourg-en-Bresse 58 – Mâcon 50 – Villefranche-sur-
Saône 6.*

St-Romain ☇, rte Graves ℰ 04 74 60 24 46, Fax 04 74 67 12 85, 🍴, 🌳 – 📺 ☎ 🅿 –
☒ 30. 🆎 ⑩ 🆖🅱 🇯🇨🇧
fermé 1er au 12 déc. et dim. soir du 2 nov. au 28 avril – **Repas** 98/300 ⅃, enf. 80 – ⚌ 34 –
24 ch 230/315 – ½ P 253/265.

à Lachassagne *Sud-Ouest : 4 km par D 39 – 605 h. alt. 368 –* ✉ *69480 :*

Paul Clavel, ℰ 04 74 67 14 99, Fax 04 74 67 14 99, 🍴, terrasse avec ⪕ les vignes – 🅿.
🆖🅱
fermé 1er au 15 août, vacances de Toussaint, de fév., merc. soir hors sais., dim. soir et lundi –
Repas 110 (déj.), 138/375, enf. 85.

ANTHY-SUR-LÉMAN *74 H.-Savoie* 🟦 ⑰ *– rattaché à Thonon-les-Bains.*

ANTIBES 06600 Alpes-Mar. 84 ⑨, 115 ㉟ ㊵ G. Côte d'Azur – 70 005 h alt. 2 – Casino "la Siesta" bord de mer par ①.

Voir *Vieille ville* ★ X : *Av. Amiral-de-Grasse* ≼ ★ – *Château Grimaldi* (*Déposition de Croix* ★, *Musée Picasso* ★) X **B** – *Musée Peynet* ★ X **M**¹ – *Marineland* ★ 4 km par ①.

🏌 *la Bastide du Roy* (*Biot*) 𝒫 04 93 65 08 48, NO : 4 km.

🛈 *Office de Tourisme* 11 pl. Gén.-de-Gaulle 𝒫 04 92 90 53 00, Fax 04 92 90 53 01 et 50 bd Ch. Guillaumont 𝒫 04 92 90 53 05.

Paris 912 ② – *Cannes 10* ③ – *Aix-en-Provence 159* ② – *Nice 23* ①.

ANTIBES

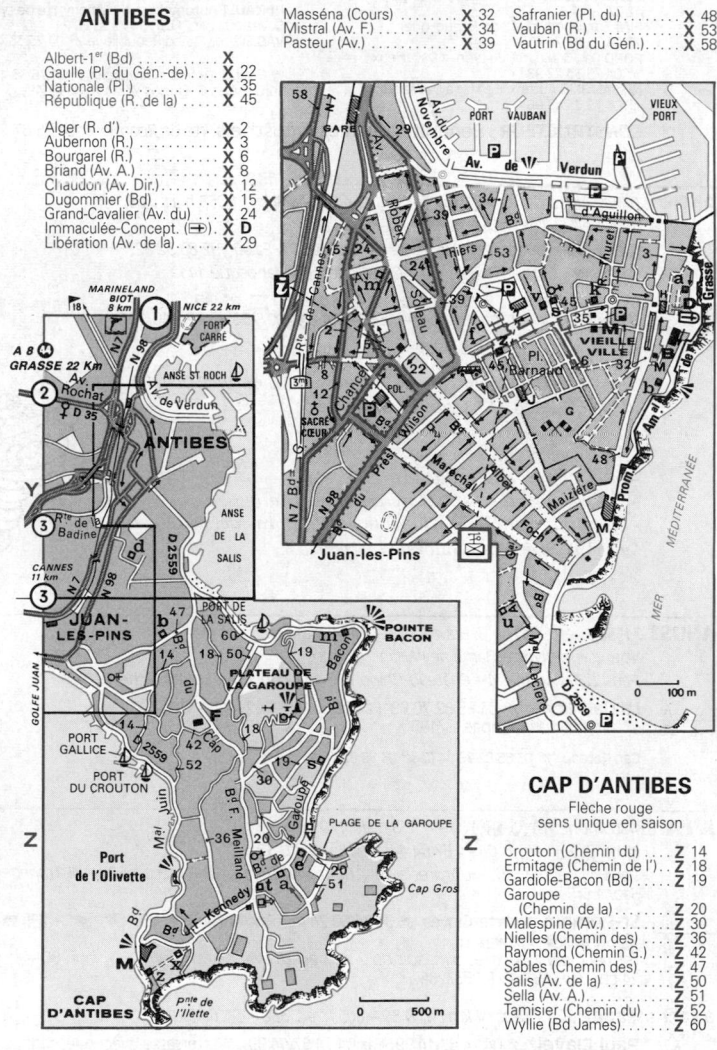

CAP D'ANTIBES

Flèche rouge
sens unique en saison

🏨 **Mas Djoliba** 🦢 sans rest, 29 av. Provence 𝒫 04 93 34 02 48, Fax 04 93 34 05 81, 🟦, 🌳 – 📺 ☎ 🅿, 🆎 ⑩ 🆖 🃏
fermé nov. – 🖵 45 – **13 ch** 420/590.　**Y d**

🏨 **L'Étoile** sans rest, 2 av. Gambetta 𝒫 04 93 34 26 30, Fax 04 93 34 41 48 – 🛗 📶 📺 ☎ 📞 🚗, 🆎 ⑩ 🆖 🃏
🖵 33 – **30 ch** 310/350.　**X m**

106

🏠 **Petit Castel** sans rest, 22 chemin des Sables ℰ 04 93 61 59 37, Fax 04 93 67 51 28 – 🗏
🔟 ☎ 🅿. 🖭 ⓞ 🖼 🎬. 🕸   **Z b**
fermé vacances de fév. – ☑ 45 – **16 ch** 460/520.

🏠 **Relais du Postillon,** 8 r. Championnet ℰ 04 93 34 20 77, Fax 04 93 34 61 24, 🏤 – 🗏 🔟
☎. 🖭 ⓞ 🖼   **X f**
Repas *(fermé nov.)* 98/245 ⅄ – ☑ 38 – **15 ch** 245/418.

🏖 **Ponteil** ⸗, 11 impasse Jean Mensier ℰ 04 93 34 67 92, Fax 04 93 34 49 47, 🏤 – 🔟 ☎ 🅿.
🖭 🖼   **X u**
fermé 22 nov. au 28 déc. et 8 janv. au 3 fév. – **Repas** (dîner seul.)(résidents seul.) – ☑ 45 –
15 ch 270/460 – ½ P 270/370.

XXX **Les Vieux Murs,** promenade Amiral de Grasse ℰ 04 93 34 06 73, Fax 04 93 34 81 08, ≤,
🏤 – 🗏. 🖭 🖼. 🕸   **X b**
fermé lundi d'oct. à mars – **Repas** 200 et carte 300 à 420.

XX **La Jarre,** 14 r. St Esprit ℰ 04 93 34 50 12, 🏤 – 🖭 🖼   **X a**
1er avril-10 oct. – **Repas** (dîner seul.)(nombre de couverts limité, prévenir) carte 220 à 350.

XX **Aub. Provençale** avec ch, pl. Nationale ℰ 04 93 34 13 24, Fax 04 93 34 89 88, 🏤 – 🔟
⊝ ☎ ✆. 🖭 🖼   **X k**
fermé janv., mardi midi et lundi – **Repas** 80/240 – ☑ 30 – **5 ch** 240/250.

X **Oscar's,** 8 r. Rostan ℰ 04 93 34 90 14 – 🖼   **X s**
⊛ *fermé dim. soir et lundi*
Repas (nombre de couverts limité, prévenir) 120.

X **L'Oursin,** 16 r. République ℰ 04 93 34 13 46 – 🗏. 🖼   **X z**
fermé 28 juil. au 31 août, dim. soir et lundi – **Repas** - produits de la mer - 95 ⅄.

X **Le Romantic,** 5 r. Rostan ℰ 04 93 34 59 39, Fax 04 93 34 70 98 – 🗏. 🖭 ⓞ 🖼 🎬
fermé 20 nov. au 10 déc., le midi en juil.-août, merc. midi et mardi – **Repas** 90/190.   **X v**

rte de Nice *par* ① *et N 7* – ✉ *06600 Antibes :*

🏨 **Bleu Marine** sans rest, 2,5 km chemin 4 Chemins (près hôpital) ℰ 04 93 74 84 84,
Fax 04 93 95 90 26 – 🗏 🔟 ☎ ✆ 🅿. 🖭 ⓞ 🖼. 🕸
☑ 35 – **18 ch** 310/360.

XXX **La Bonne Auberge,** à 4 km ℰ 04 93 33 36 65, Fax 04 93 33 48 52, 🏤 – 🗏 🅿. 🖼
fermé 15/11 au 15/12, dim. soir en hiver, mardi midi en sais. et lundi sauf juil.-août – **Repas**
195 ⅄.

par ② *rte de Grasse : 4,5 km* – ✉ *06600 Antibes :*

🏨 **Apogia** Ⓜ, 2599 rte de Grasse (près accès autoroute) ℰ 04 93 74 46 36,
Fax 04 93 74 53 04, 🏤, 🏊, 🕸 – 🗏 🗏 ch 🔟 ☎ ♿ 🅿. – 🛆 70. 🖭 ⓞ 🖼
Repas 102 ⅄, enf. 50 – ☑ 51 – **75 ch** 480 – ½ P 365.

CITROEN Gar. Riviera, bretelle autoroute par ②   RENAULT SACA, bretelle de l'autoroute par ②
ℰ 04 92 91 23 23 Ⓝ ℰ 04 93 64 62 31   ℰ 04 92 91 23 91 Ⓝ ℰ 04 92 06 66 40
PEUGEOT Ortelli, 1450 rte de Grasse, bretelle
autoroute par ② ℰ 04 92 91 32 32 Ⓝ
ℰ 08 00 44 24 24

Cap d'Antibes – ✉ *06160 Juan-les-Pins.*
Voir *Plateau de la Garoupe* ✳✱✱ Z – *Jardin Thuret*✱ Z F – ≤✱ *Pointe Bacon* Z – ≤✱ *de la
plate-forme du bastion (musée naval)* Z M.

🏨🏨 **du Cap** ⸗, bd Kennedy ℰ 04 93 61 39 01, Fax 04 93 67 76 04, ≤ littoral et massif de
l'Esterel, « Grand parc fleuri face à la mer », 🎐, 🏊, 🐎, 🕸 – 🗏 🗏 ch ☎ ⇐ – 🛆 200.
🕸   **Z x**
avril-oct. – **Repas** voir rest *Eden Roc* ci-après – ☑ 120 – **121 ch** 2300/3000, 9 appart.

🏨🏨 **La Baie Dorée** Ⓜ ⸗, 579 bd Garoupe ℰ 04 93 67 30 67, Fax 04 92 93 76 39, ≤, 🏤,
🏊 – 🗏 ch 🔟 ☎ 🅿. – 🛆 100. 🖭 🖼   **Z v**
hôtel : fermé 1er nov. au 14 déc. – **Repas** *(Pâques-oct. et fermé lundi)* 180/350 – ☑ 70 –
17 ch 1200/2200.

🏨🏨 **Don César** Ⓜ, 46 bd Garoupe ℰ 04 93 67 15 30, Fax 04 93 67 18 25, ≤, 🏤, 🏊 – 🗏 🔟 🔟
☎ ♿ ⇐ 🅿. 🖭 ⓞ 🖼   **Z s**
fermé déc. et janv. – **Repas** *(fermé lundi)* 190/360 – ☑ 80 – **19 ch** 1100/1550 – ½ P 790/
1015.

🏨 **Levant** ⸗ sans rest, à la Garoupe, chemin plage ℰ 04 92 93 72 99, Fax 04 92 93 72 60, ≤,
🐎 – 🗏 🔟 ☎ 🅿 🖭 🖼. 🕸   **Z e**
1er mai-30 sept. – ☑ 50 – **25 ch** 610/900.

🏨 **Castel Garoupe Axa** ⸗ sans rest, 959 bd la Garoupe ℰ 04 93 61 36 51,
Fax 04 93 67 74 88, 🏊, 🕸 – cuisinette 🔟 ☎ 🅿. 🖭 🖼. 🕸   **Z a**
8 mars-3 nov. – ☑ 60 – **22 ch** 710/800, 5 studios.

🏨 **Beau Site** sans rest, 141 bd Kennedy ℰ 04 93 61 53 43, Fax 04 93 67 78 16, 🏊 – 🔟 ☎ ♿.
🅿. 🖭 ⓞ 🖼   **Z t**
1er mars-25 oct. – ☑ 45 – **30 ch** 330/650.

XXXX **Eden Roc** - Hôtel du Cap, bd Kennedy ℘ 04 93 61 39 01, Fax 04 93 67 76 04, ≤ littoral et les îles, 佘, « Isolé sur un roc, en bordure de mer » – ■ **P**. ❀ Z z
avril-oct. – **Repas** carte 480 à 790.

XXX **Bacon**, bd Bacon ℘ 04 93 61 50 02, Fax 04 93 61 65 19, ≤ Antibes et baie des Anges, 佘 –
❀ ■ **P**. **AE** ◑ **GB**. ❀ Z m
fermé fév., mars et lundi sauf le soir en juil.-août – **Repas** - produits de la mer - (dîner à la carte en juil.-août) 250/400 et carte 540 à 800
Spéc. Bouillabaisse. Chapon en papillote (mai à sept.). Fricassée de rougets tièdes à l'estragon. **Vins** Côtes de Provence.

ANTONNE-ET-TRIGONANT 24 Dordogne 75 ⑥ – rattaché à Périgueux.

ANTONY 92 Hauts-de-Seine 60 ⑩., 101 ㉕ – Voir à Paris, Environs.

ANTRAIGUES-SUR-VOLANE 07530 Ardèche 76 ⑲ G. Vallée du Rhône – 506 h alt. 470.
Paris 639 – Le Puy-en-Velay 71 – Aubenas 14 – Lamastre 58 – Langogne 66 – Privas 41.

X **La Remise**, au pont de l'Huile ℘ 04 75 38 70 74 – **P**. ❀
fermé nov., dim. soir et vend. sauf du 16 au 22 juin et juil.-août – **Repas** 105/200, enf. 40.

AOSTE 38490 Isère 74 ⑭ – 1 548 h alt. 221.
Paris 517 – Grenoble 56 – Belley 27 – Chambéry 35 – Lyon 72.

à la Gare de l'Est Nord-Est : 2 km sur N 516 – ⊠ 38490 Aoste :

▥ **Vieille Maison**, ℘ 04 76 31 60 15, Fax 04 76 31 69 75, 佘, ▮, ☞ – ⊡ ☎ **P**. **AE** **GB**
fermé 18 déc. au 2 janv., dim. soir et merc. sauf juil.-août – **Repas** 110/290 – ⊊ 40 – **17 ch** 280/310 – ½ P 270.

XX **Au Coq en Velours** avec ch, ℘ 04 76 31 60 04, Fax 04 76 31 77 55, 佘, « Jardin fleuri »
– ⊡ ❀ **P**. **AE** **GB**
fermé 2 au 25 janv., dim. soir et lundi (sauf hôtel en juil.-août) – **Repas** 98/270 – ⊊ 35 – **7 ch** 240/350 – ½ P 250/330.

L'APOTHICAIRERIE 56 Morbihan 63 ⑪ ⑫ – voir à Belle-Ile-en-Mer.

APPOIGNY 89380 Yonne 65 ⑤ G. Bourgogne – 2 755 h alt. 110.
Paris 162 – Auxerre 11 – Joigny 18 – St-Florentin 29.

XX **Aub. Les Rouliers**, N 6 ℘ 03 86 53 20 09, Fax 03 86 53 02 61, 佘 – **P**. **AE** **GB**
fermé mardi soir, merc. soir et lundi hors sais. – **Repas** 85/195 ⅃, enf. 40.

APT ⟨SP⟩ 84400 Vaucluse 81 ⑭., 114 ② G. Provence – 11 506 h alt. 250.
🛈 Office de Tourisme av. Ph.-de-Girard ℘ 04 90 74 03 18, Fax 04 90 04 64 30.
Paris 729 ③ – Digne-les-Bains 92 ① – Aix-en-Provence 51 ② – Avignon 54 ③ – Carpentras 49 ③ – Cavaillon 32 ③.

Plan page ci-contre

XXX **Aub. du Luberon** avec ch, 8 pl. Fg du Ballet ℘ 04 90 74 12 50, Fax 04 90 04 79 49, 佘 –
⊡ ❀ ⇦. **AE** ◑ **GB** A a
fermé 1ᵉʳ au 7 juil. et 2 au 31 janv. – **Repas** (fermé lundi midi en sais., dim. soir et lundi hors sais.) (nombre de couverts limité, prévenir) 125 (déj.), 155/345 et carte 250 à 440 – ⊊ 45 – **15 ch** 235/420 – ½ P 310/405.

à Saignon Sud-Est : 4 km par D 48 – 1 018 h. alt. 450 – ⊠ 84400 Apt :

▥ **Aub. du Presbytère** ❀, ℘ 04 90 74 11 50, Fax 04 90 04 68 51, ≤, 佘 – **AE** **GB**
fermé 15 au 30 nov., 6 au 31 janv. et merc. – **Repas** (prévenir) 160 – ⊊ 50 – **10 ch** 220/420 – ½ P 288/378.

par ③ – ⊠ 84400 Apt :

▥ **Relais de Roquefure** ❀, à 6 km par N 100 et rte secondaire ℘ 04 90 04 88 88, Fax 04 90 74 14 86, ≤, 佘, parc, ▮ – ❀ **P**. **GB**
fermé 5 janv. au 15 fév. – **Repas** (fermé mardi soir hors sais.) (dîner seul. sauf dim.) 110/130 ⅃, enf. 60 – ⊊ 38 – **15 ch** 220/380 – ½ P 280/350.

XXX **Bernard Mathys**, Le Chêne, 4,5 km par N 100 ℘ 04 90 04 84 64, Fax 04 90 74 69 78, 佘, parc – **P**. **AE** **GB**
fermé mi-janv. à mi-fév., mardi et merc. – **Repas** 160/350 et carte 290 à 460.

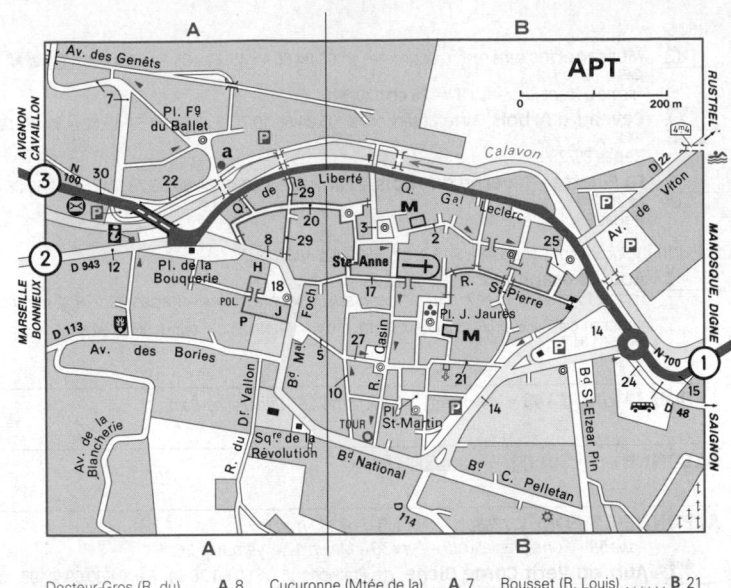

APT

0   200 m

CITROEN Gar. Chabas, 53 av. V.-Hugo par ③
𝒫 04 90 74 04 39 **N** 𝒫 04 90 04 89 98
NISSAN Auto Soleil Levant, N 100, quartier Lançon
𝒫 04 90 04 85 50
PEUGEOT Splendid Gar., quartier Lançon N 100 par
③ 𝒫 04 90 74 02 11

RENAULT Autom., Cavaillonnaise, quartier
Lançon, N 100 par ③ 𝒫 04 90 04 46 00 **N** 𝒫 08
00 05 15 15

Ⓜ Ayme Pneus, quartier Lançon, N 100
𝒫 04 90 74 07 78

ARBIGNY 01190 Ain 🔟 ⑫ – 314 h alt. 280.
Paris 376 – Mâcon 28 – Bourg-en-Bresse 45 – Lons-le-Saunier 61 – St-Amour 41 – Tournus
15.

🏠 **Le Moulin de la Brevette** ♨ sans rest, au Nord : 1,5 km 𝒫 03 85 36 49 27,
Fax 03 85 30 66 91 – ☎ ⛄ 🄿, 🄰🄴 ⓞ 🄶🄱 🄹🄲🄱
1ᵉʳ mars-31 oct. – ☲ 36 – **21 ch** 250/350.

ARBOIS 39600 Jura 🔟 ④ G. Jura (plan) – 3 900 h alt. 350.
Voir Maison paternelle de Pasteur★ – Reculée des Planches★★ et grottes des Planches★ E :
4,5 km par D 107.
Env. Cirque du Fer à Cheval★★ S : 7 km par D 469 puis 15 mn.
🄱 Office de Tourisme r. de l'Hôtel de ville 𝒫 03 84 37 47 37, Fax 03 84 66 25 50.
Paris 393 – Besançon 48 – Dole 35 – Lons-le-Saunier 39 – Salins-les-Bains 12.

🏯 **Jean-Paul Jeunet** Ⓜ, r. de l'Hôtel de Ville 𝒫 03 84 66 05 67, Fax 03 84 66 24 20 – 🛗 📺
✿✿ ☎ ⟷ – 🄰 40. 🄰🄴 ⓞ 🄶🄱
fermé déc., janv., merc. midi et mardi sauf en sept. et vacances scolaires – **Repas** 190/520
et carte 360 à 450, enf. 85 – ☲ 65 – **12 ch** 400/550
Spéc. Foie gras poché, caramel de macvin. Roulé d'écrevisses, réduit de brebis et caillette
aromatique (juin à sept.). Gigot de poularde au vin jaune et morilles. **Vins** Arbois, Arbois-
Pupillin.

Annexe Le Prieuré 🏠 ♨ sans rest, 🚗 – 📺 ☎ 🄿, 🄶🄱
fermé déc., janv. et mardi sauf en sept. et vacances scolaires – ☲ 65 – **6 ch** 340/420.

🏠 **des Cépages** Ⓜ, rte Villette-les-Arbois 𝒫 03 84 66 25 25, Fax 03 84 37 49 62 – 🛗 📺 ☎
🕏 ৬, 🄿, – 🄰 30. 🄰🄴 ⓞ 🄶🄱
Repas - buffet - (fermé sam. et dim.) (dîner seul.) 48/108 – ☲ 46 – **33 ch** 320/365 –
½ P 280.

🏠 **Messageries** sans rest, r. Courcelles ✆ 03 84 66 15 45, Fax 03 84 37 41 09 – 📺 ☎ ✆ 🚗.
GB
fermé déc. et janv. – 🖵 32 – **26 ch** 170/310.

XX **Caveau d'Arbois**, 3 rte Besançon ✆ 03 84 66 10 70, Fax 03 84 37 49 62 – 🗐 P. AE ⓪
GB. ⋘
Repas 85/280.

X **La Finette - Taverne d'Arbois**, 22 av. Pasteur ✆ 03 84 66 06 78, Fax 03 84 66 08 82 –
🗐 P. GB
Repas 85/144, enf. 41.

à Pupillin *Sud : 3 km par D 246 – 213 h. alt. 450* – ✉ 39600 :

X **Aub. Le Grapiot,** ✆ 03 84 66 23 25 – P. GB
fermé 15 janv. au 15 fév., dim. soir et lundi de sept. à fin mai – **Repas** 98/175 🍷, enf. 45.

PEUGEOT Gar. Ganeval, ✆ 03 84 66 02 78 N ✆ 03   RENAULT Gar. Dupré, ✆ 03 84 66 05 70
84 35 91 61

ARBOIS (Mont d') *74 H.-Savoie* 74 ⑧ *– rattaché à St-Gervais-les-Bains.*

ARBONNE *64 Pyr.-Atl.* 78 ⑱ *– rattaché à Biarritz.*

ARBONNE-LA-FORÊT *77630 S.-et-M.* 61 ① *– 762 h alt. 72.*
Paris 58 – Fontainebleau 10 – Évry 30 – Melun 17 – Nemours 26.

XX **Aub. du Petit Corne Biche,** rte Étampes ✆ 01 60 66 26 34, Fax 01 60 69 22 93, 🍽 –
AE GB
fermé lundi soir, mardi soir et merc. – **Repas** 85 bc (déj.), 120/210.

ARCACHON *33120 Gironde* 78 ② ⑫ *G. Pyrénées Aquitaine – 11 770 h alt. 5 – Casino* **BZ.**
Voir Boulevard de la Mer★ **AX** *– Front de mer★* **ABZ** *: ⩽★ de la jetée – La Ville d'Hiver★* **AZ** *–
Musée de la maquette marine : port★* **BZ M.**
🏌 ✆ 05 56 54 44 00, 4 km **ABX** ; 🏇 🏇 *de Gujan-Mestras* ✆ 05 56 66 86 36 *par* ① *N 250 puis
D 652.*
🛈 *Office de Tourisme esplanade G.-Pompidou* ✆ 05 56 83 01 69, Fax 05 57 52 22 10, accueil
: l'Aiguillon (juil.-août).
Paris 651 ① *– Bordeaux 74* ① *– Agen 197* ① *– Bayonne 184* ① *– Dax 145* ① *– Royan 191* ①.

Plan page ci-contre

🏨 **Arc Hôtel sur Mer** ⋙ sans rest, 89 bd Plage ✆ 05 56 83 06 85, Fax 05 56 83 53 72, ⩽,
🛋 – 🛗 🗐 📺 ☎ P AE ⓪ GB   **BZ b**
🖵 52 – **30 ch** 490/930.

🏨 **Mercure** M sans rest, 4 r. Prof. Jolyet ✆ 05 56 83 99 91, Fax 05 56 83 87 92, ⩽ – 🛗 ⋙ 🗐
📺 ☎ ✆ ₲ 🚗. AE ⓪ GB   **BZ r**
fermé 15 nov. au 15 déc. – 🖵 60 – **55 ch** 680/770.

🏨 **Gd H. Richelieu** sans rest, 185 bd Plage ✆ 05 56 83 16 50, Fax 05 56 83 47 78, ⩽ – 🛗 📺
☎ ✆ P. AE ⓪ GB JCB. ⋘   **BZ n**
15 mars-2 nov. – 🖵 50 – **43 ch** 400/720.

🏨 **Point France** sans rest, 1 r. Grenier ✆ 05 56 83 46 74, Fax 05 56 22 53 24 – 🛗 🗐 📺 ☎ ✆
🚗. AE ⓪ GB   **BZ q**
1er mars-1er nov. – 🖵 55 – **34 ch** 450/710.

🏨 **Les Vagues** ⋙, 9 bd Océan ✆ 05 56 83 03 75, Fax 05 56 83 77 16, ⩽ – 🛗 📺 ☎ P. –
🏋 35. AE ⓪ GB. ⋘ rest   **AZ b**
Repas *(Pâques-fin sept.)* 140/168, enf. 50 – 🖵 58 – **30 ch** 498/796 – ½ P 475/624.

🏨 **Sémiramis** ⋙, 4 allée Rebsomen ✆ 05 56 83 25 87, Fax 05 57 52 22 41, 🛋 – 📺 ☎ ✆ P.
AE GB. ⋘ rest   **AZ m**
fermé fév. et le midi – **Repas** (sur réservation seul.) 138/180 – 🖵 60 – **20 ch** 600/650 –
½ P 460/560.

🏨 **Aquamarina** M sans rest, 82 bd Plage ✆ 05 56 83 67 70, Fax 05 57 52 08 26 – 🛗 📺 ☎
₲. AE ⓪ GB   **BZ x**
fermé 20 déc. au 5 janv. – 🖵 55 – **34 ch** 399/565.

🏨 **Le Nautic** sans rest, 20 bd Plage ✆ 05 56 83 01 48, Fax 05 56 83 04 67 – 🛗 📺 ☎ P –
🏋 80. AE ⓪ GB   **BX y**
🖵 43 – **44 ch** 365/450.

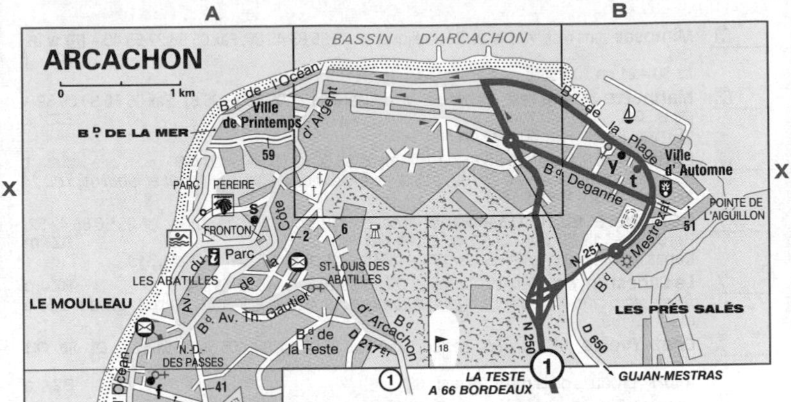

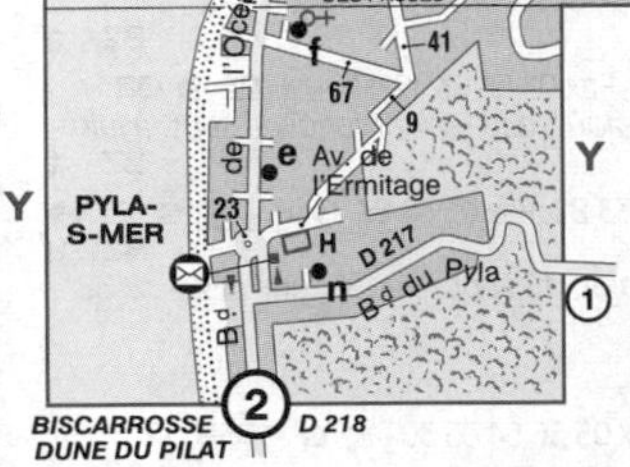

ARCACHON

0 — 1 km

BASSIN D'ARCACHON

Ville de-Printemps

B⁴ de l'Océan

PARC PEREIRE

FRONTON

Parc

LES ABATILLES

ST-LOUIS DES ABATILLES

LE MOULLEAU

Av. Th. Gautier

N.D.-DES-PASSES

B⁴ de la Teste

LA TESTE
A 66 BORDEAUX

GUJAN-MESTRAS

Ville d'Automne

POINTE DE L'AIGUILLON

LES PRÉS SALÉS

PYLA-S-MER

Av. de l'Ermitage

BISCARROSSE
DUNE DU PILAT

Gambetta (Av.) .... **BZ**	Figuier (Rd-Pt du) ...... **AY** 23
Lamarque-de-Plaisance (Cours). **ABZ**	Héricart-de-Thury (Crs) .. **BZ** 31
Lattre-de-Tassigny (R. Mar.-de) ... **AZ** 38	Lamartine (Av. de) ...... **BZ** 35
Plage (Bd de la) .... **ABZ**	Legallais (R. François) .. **AZ** 39
	Lyautey (Av. Mar.)..... **AXY** 41
Abatilles (Av. des) ..... **AX** 2	Michelet (R. Jules)..... **BX** 51
Balde (Allée Jean) ...... **AX** 6	Molière (R.) .... **BZ** 53
Bellevue (Av. de)........ **AY** 9	Parc Péreire (Av. du) ... **AX** 59
Chapelle (Allée de la)... **AZ** 16	Pompidou (Espl. G.) .... **BZ** 64
Expert (R. Roger) .... **AZ** 21	Prés-Roosevelt (Pl.) .... **BZ** 65
	St-François-Xavier (Av.) .. **AY** 67
	Thiers (Pl.) .... **BZ** 71

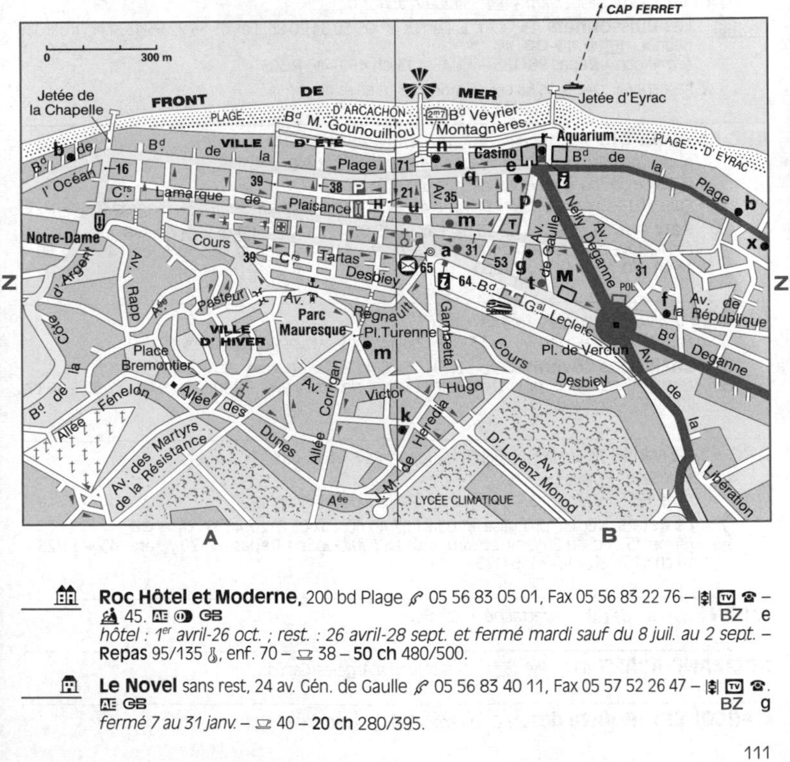

CAP FERRET

0 — 300 m

Jetée de la Chapelle

FRONT DE MER

PLAGE D'ARCACHON

Jetée d'Eyrac

B⁴ M. Gounouilhou

Veyrier Montagnères

Aquarium

PLAGE D'EYRAC

VILLE D'ÉTÉ

Casino

Lamarque de Plaisance

Notre-Dame

Tartas

Desbiey

Av. Gal Leclerc

Av. de République

Pasteur

VILLE D'HIVER

Parc Mauresque

Pl. Turenne

Regnault

Pl. de Verdun

Place Bremontier

Allée des Dunes

Av. Corrigan

Cours Desbiey

Victor Hugo

Av. Fénelon

Allée des Martyrs de la Résistance

LYCÉE CLIMATIQUE

🏨🏨 **Roc Hôtel et Moderne,** 200 bd Plage ℘ 05 56 83 05 01, Fax 05 56 83 22 76 – 🛗 📺 ☎ – 🕭 45. 🆎 ⓞ 🇬🇧   BZ e
hôtel : 1ᵉʳ avril-26 oct. ; rest. : 26 avril-28 sept. et fermé mardi sauf du 8 juil. au 2 sept. – **Repas** 95/135 ↥, enf. 70 – ☲ 38 – **50 ch** 480/500.

🏨 **Le Novel** sans rest, 24 av. Gén. de Gaulle ℘ 05 56 83 40 11, Fax 05 57 52 26 47 – 🛗 📺 ☎. 🆎 🇬🇧   BZ g
fermé 7 au 31 janv. – ☲ 40 – **20 ch** 280/395.

🏠 **Mimosas** sans rest, 77 bis av. République 🕿 05 56 83 45 86, Fax 05 56 22 53 40 – 📺 🕿 🅿.
GB   BZ f
� 30 – **21 ch** 300/380.

🏠 **Marinette** ⊗ sans rest, 15 allée J.-M. de Hérédia 🕿 05 56 83 06 67, Fax 05 56 83 09 59 –
📺 🕿. GB   BZ k
15 mars-1ᵉʳ nov. – ⊊ 30 – **23 ch** 300/380.

XX **Patio,** 10 bd Plage 🕿 05 56 83 02 72, Fax 05 56 54 89 98, 🏠 – ᴁᴇ GB   BX t
fermé 15 au 30 nov., 15 au 28 fév., mardi sauf le soir du 14 juil. au 31 août et lundi midi du 14
juil. au 31 août – **Repas** 160.

XX **L'Ombrière et H. Gascogne** avec ch, 79 cours H. de Thury 🕿 05 56 83 42 52,
Fax 05 56 83 15 55, 🏠 – 📺 🕿. ᴁᴇ ⓞ GB   BZ m
Repas (fermé merc. en hiver) 95/180 – ⊊ 35 – **27 ch** 199/370 – ½ P 221/313.

X **Le Cabestan,** 6 av. Gén. de Gaulle 🕿 05 56 83 18 62 – ▤, ᴁᴇ ⓞ GB   BZ p
fermé janv., dim. soir de sept. à juin et lundi sauf le soir en juil.-août – **Repas** - produits de la
mer - 93/180.

X **Chez Yvette,** 59 bd Gén. Leclerc 🕿 05 56 83 05 11, Fax 05 56 22 51 62 – ᴁᴇ ⓞ GB
🅙🅒🅑
Repas - produits de la mer - 98, enf. 68.   BZ a

X **Les Genêts,** 25 bd Gén. Leclerc 🕿 05 56 83 40 28, Fax 05 56 83 12 14 – ▤. ᴁᴇ ⓞ GB
fermé 6 au 15 oct., 5 au 15 janv., lundi midi en juil.-août, dim. soir et lundi de sept. à juin –
Repas 78/130 ⬙, enf. 50.   BZ t

X **Bayonne** avec ch, 9 cours Lamarque 🕿 05 56 83 33 82, Fax 05 56 83 73 06 – 📺 🕿. ᴁᴇ ⓞ
GB   BZ u
20 mars-25 oct. – **Repas** (fermé lundi sauf de juin au 15 sept.) 78/195, enf. 45 – ⊊ 38 –
18 ch 350/480 – ½ P 380/400.

aux Abatilles Sud-Ouest : 2 km – ✉ 33120 Arcachon :

🏨 **Parc** ⊗ sans rest, 5 av. Parc 🕿 05 56 83 10 58, Fax 05 56 54 05 30 – 🛗 🕿 🅿. GB. 🛇
15 juin-1ᵉʳ oct. – ⊊ 45 – **30 ch** 465/540.   AX s

au Moulleau Sud-Ouest : 5 km – ✉ 33120 Arcachon :

🏨 **Les Buissonnets** ⊗, 12 r. L. Garros 🕿 05 56 54 00 83, Fax 05 56 22 55 13, 🏠, « Jardin
fleuri » – 📺 🕿. ⓞ GB. 🛇   AY f
fermé oct. – **Repas** 96/185 – ⊊ 45 – **13 ch** 450 – ½ P 365.

PEUGEOT Gar. Gleizes, 36 bd Côte d'Argent 🕿 05 56 83 06 43

ARC-EN-BARROIS 52210 H.-Marne 🇬🇧 ② G. Champagne – 874 h alt. 270.

🏌 du Château d'Arc 🕿 03 25 01 54 54, sortie S par D 6.
🛈 Office de Tourisme Hôtel de Ville 🕿 03 25 02 52 17.
Paris 263 – Chaumont 24 – Bar-sur-Aube 54 – Châtillon-sur-Seine 42 – Langres 30.

XX **Parc** avec ch, 🕿 03 25 02 53 07, Fax 03 25 02 42 84, 🏠 – 📺 🕿 – 🔬 40. GB
fermé fév., dim. soir et lundi du 15 sept. au 31 mai – **Repas** 100/250 ⬙, enf. 45 – ⊊ 30 –
16 ch 270/350 – ½ P 260/300.

ARCENS 07310 Ardèche 🇬🇧 ⑱ – 479 h alt. 615.

Paris 602 – Le Puy-en-Velay 53 – Le Cheylard 15 – Privas 62 – St-Agrève 24.

🏠 **Chalet des Cévennes** ⊗, 🕿 04 75 30 41 90, ≤, 🚘 – 🕿 🚗 🅿. GB. 🛇 ch
fermé 1ᵉʳ oct. au 1ᵉʳ nov., dim. soir et vend. de nov. à avril – **Repas** 85/180 – ⊊ 30 – **16 ch**
200/260 – ½ P 240/260.

ARC-ET-SENANS 25610 Doubs 🇬🇧 ④ G. Jura – 1 277 h alt. 231.

Voir Saline Royale★★.
Paris 393 – Besançon 36 – Pontarlier 64 – Salins-les-Bains 19.

X **Le Relais** avec ch, pl. Église 🕿 03 81 57 40 60, Fax 03 81 57 46 17, 🏠 – GB
fermé 15 déc. au 20 janv. et dim. soir sauf juil.-août – **Repas** 55/170 ⬙, enf. 45 – ⊊ 28 –
10 ch 110/180 – ½ P 145/175.

ARCINS 33 Gironde 🇬🇧 ⑧ – rattaché à Margaux.

ARCIZANS-AVANT 65 H.-Pyr. 🇬🇧 ⑰ – rattaché à Argelès-Gazost.

L'ARCOUEST (Pointe de) 22 C.-d'Armor 🇬🇧 ② – rattaché à Paimpol.

Les ARCS 73 Savoie **74** ⑱ G. Alpes du Nord – Sports d'hiver : 850/3 226 m ⛷ 5 ⛷ 72 ⛷ – ⊠ 73700 Bourg-St-Maurice.

Voir Arc 1800 ⚬ ★★ – Arc 1600 ≤★.

🚠 des Arcs Le Chantel ℘ 04 79 07 43 95, NO : 5 km.

🛈 Office de Tourisme ℘ 04 79 07 12 57, Fax 04 79 07 45 96.

Paris 650 – Albertville 67 – Bourg-St-Maurice 14 – Chambéry 114 – Val-d'Isère 42.

🏨🏨 **Gd Hôtel Mercure** Ⓜ ⚲, Sud : 5 km - alt. 1800 m. ℘ 04 79 07 65 00, Fax 04 79 07 64 08, ≤, 🍴, 𝄃ₐ, 🏊 – 🗐 ⇄ 🆃🆅 ☎ ℃ ᕕ ⟵ – 🈂 60. 🅰🅴 ⓪ 🆖🆑
1er juin-30 sept. et 1er déc.-1er mai – **Repas** carte 180 à 240 🍷 – � 65 – **72 ch** 1040/1640, 9 appart – ½ P 730/930.

Les ARCS 83460 Var **84** ⑦, **114** ㉓ G. Côte d'Azur – 4 744 h alt. 80.

Voir Polyptyque★ dans l'église – Chapelle Ste-Roseline★ NE : 4 km.

🛈 Office de Tourisme pl. Gén.-de-Gaulle ℘ 04 94 73 37 30, Fax 04 94 47 47 94.

Paris 851 – Fréjus 28 – Brignoles 44 – Cannes 59 – Draguignan 10 – St-Raphaël 31 – Ste-Maxime 31.

XXX **Le Bacchus Gourmand**, à la Maison des Vins, Sud sur N 7 ℘ 04 94 47 48 47, Fax 04 94 47 55 13, 😊 – 🗐 🅿. 🅰🅴 🆖🆑
fermé 23 au 31 déc., dim. soir et lundi – **Repas** 150/250 et carte 330 à 450.

XX **Logis du Guetteur** ⚲ avec ch, au village médiéval, Sud-Est par D 57 ℘ 04 94 73 30 82, Fax 04 94 73 39 95, 😊, « Pittoresque installation dans un fort du 11e siècle », 🏊 – 🆃🆅 ☎ 🅿.
🅰🅴 ⓪ 🆖🆑
fermé 15 janv. au 20 fév. – **Repas** 135/280 – ⊷ 48 – **10 ch** 450 – ½ P 440.

XX **Le Relais des Moines,** Est : 1 km par rte Ste-Roseline ℘ 04 94 47 40 93, Fax 04 94 47 52 51, 😊, parc, « Ancienne bergerie », 🏊 – 🅿. 🆖🆑
fermé 27 oct. au 1er nov., 23 fév. au 8 mars, dim. soir et lundi sauf du 14 juil. au 15 août – **Repas** 118 (déj.), 169/300.

RENAULT Gar. des 4 Chemins, ℘ 04 94 47 40 43

ARCUEIL 94 Val-de-Marne **60** ⑩., **101** ㉖ – voir à Paris, Environs.

ARCY-SUR-CURE 89270 Yonne **65** ⑤ G. Bourgogne – 503 h alt. 133.

Paris 198 – Auxerre 33 – Avallon 21 – Vézelay 22.

X **Grottes** avec ch, N 6 ℘ 03 86 81 91 47, Fax 03 86 81 96 22, 😊 – ☎ 🅿. 🆖🆑
🍴 fermé 15 déc. au 25 janv. et merc. du 15 sept. au 15 juin – **Repas** 75/160 🍷, enf. 45 – ⊷ 28 – **7 ch** 130/220.

RENAULT Gar. Teissier, ℘ 03 86 81 90 42

ARDENTES 36120 Indre **68** ⑨ G. Berry Limousin – 3 511 h alt. 172.

Paris 277 – Bourges 66 – Argenton-sur-Creuse 41 – Châteauroux 13 – La Châtre 22 – Issoudun 30 – St-Amand-Montrond 57.

XX **Gare,** ℘ 02 54 36 20 24 – 🅿. 🆖🆑
🍴 fermé 3 au 25 août, dim. soir, lundi et soirs fériés
Repas 120/165.

XX **Chêne Vert** avec ch, 22 rte de La Châtre ℘ 02 54 36 22 40, Fax 02 54 36 64 33 – 🆃🆅 ☎ ℃.
🅰🅴 ⓪ 🆖🆑
fermé 3 au 11 août, 4 au 19 janv., dim. soir et lundi – **Repas** 100/225, enf. 68 – ⊷ 40 – **7 ch** 265/410 – ½ P 310/350.

CITROEN Godiard, 46 av. de Verdun
℘ 02 54 36 20 26
PEUGEOT Gar. Bucheron, 33 av. de Verdun
℘ 02 54 36 21 40

RENAULT Gar. du Chêne Vert, 30 av. de Verdun
℘ 02 54 36 22 47
Gar. Marteau, 2 av de Verdun ℘ 02 54 36 22 95

ARDRES 62610 P.-de-C. **51** ② G. Flandres Artois Picardie – 3 936 h alt. 11.

Paris 276 – Calais 16 – Arras 95 – Boulogne-sur-Mer 38 – Dunkerque 43 – Lille 91 – St-Omer 26.

🏡 **La Chaumière** sans rest, 67 av. Rouville ℘ 03 21 35 41 24, 🚲 – 🅿. 🆖🆑
⊷ 27 – **12 ch** 170/320.

CITROEN Gar. Carpentier, ℘ 03 21 35 42 16

Ⓜ Euromaster, av. Alliés à Audruicq
℘ 03 21 82 75 81

ARÊCHES 73 Savoie 🔟 ⑰ G. Alpes du Nord – alt. 1080 – Sports d'hiver : 1 050/2 100 m ⛷13 🎿 –
⊠ 73270 Beaufort-sur-Doron.
Voir Hameau de Boudin★ E : 2 km.
🛃 Office de Tourisme ℘ 04 79 38 15 33.
Paris 602 – Albertville 25 – Chambéry 76 – Megève 48.

🏠 **Aub. du Poncellamont** ⅏, ℘ 04 79 38 10 23, Fax 04 79 38 13 98, ≤, 🏠, 🛲 – 📺 ☎
📧 📭, GB, ⅏ ch
1er juin-30 sept., 20 déc.-20 avril et fermé dim. soir et merc. sauf vacances scolaires – **Repas**
125/200, enf. 62 – ⌷ 38 – **14 ch** 300/325 – ½ P 315/325.

ARENTHON 74 H.-Savoie 🔟 ⑦ – rattaché à La Roche-sur-Foron.

ARÈS 33740 Gironde 🔟 ⑲ G. Pyrénées Aquitaine – 3 911 h alt. 6.
Paris 630 – Bordeaux 48 – Arcachon 46.

✕✕ **St Éloi** avec ch, 11 bd Aérium ℘ 05 56 60 20 46, Fax 05 56 60 10 37, 🏠 – 🆎 GB
fermé vacances de fév., dim. soir et lundi de sept. à juin – **Repas** 90/280, enf. 60 – ⌷ 30 –
11 ch 140/180 – ½ P 200/250.

*Ask your bookseller for the catalogue of **Michelin publications**.*

ARGEIN 09800 Ariège 🔟 ② – 164 h alt. 548.
Paris 811 – Bagnères-de-Luchon 57 – Foix 60 – St-Girons 16.

⛲ **Host. la Terrasse,** ℘ 05 61 96 70 11, 🏠 – ☎
📭 fermé 15 nov. au 1er fév. – **Repas** 70/150, enf. 45 – ⌷ 30 – **10 ch** 160/250 – ½ P 200/230.

ARGELÈS-GAZOST ⬠ 65400 H.-Pyr. 🔟 ⑰ G. Pyrénées Aquitaine – 3 229 h alt. 462 – Stat.
therm. (mai-oct.).
Voir Route du Hautacam★ à l'Est
par D 100 Y.
🛃 Office de Tourisme Grande Terrasse ℘ 05 62 97 00 25, Fax 05 62
97 50 60.
Paris 824 ① – Pau 53 ① – Lourdes
13 ① – Tarbes 32 ①.

🏠 **Le Miramont,** 44 av. Pyrénées
📭 ℘ 05 62 97 01 26,
Fax 05 62 97 56 67, « Jardin fleuri » – 🛗 📭 rest 📺 ☎ 🕭 📭 GB
⅏   Z n
fermé 3 nov. au 18 déc. – **Repas**
(dim. prévenir) 75/220 – ⌷ 37 –
27 ch 250/340 – P 330/360.

🏠 **Les Cimes** ⅏, pl. Ourout
📭 ℘ 05 62 97 00 10,   Fax 05 62
97 10 19, 🔃, 🛲 – 🛗 cuisinette
📭 rest 📺 ☎ 📭 – 🕭 40. GB,
⅏ rest   Z a
fermé 3 nov. au 18 déc. – **Repas**
68/220, enf. 47 – ⌷ 36 – **27 ch**
242/320 – P 292/317.

🏠 **Soleil Levant,** 17 av. Pyrénées
📭 ℘ 05 62 97 08 68,   Fax 05 62
97 04 60, 🛲 – 🛗 📺 ☎ 📭 🆎 GB
fermé 1er au 25 déc. – **Repas** 60/
230, enf. 40 – ⌷ 35 – **33 ch** 210/
240 – P 260/280.

🏠 **Host. Le Relais,** 25 r. Mar. Foch
📭 ℘ 05 62 97 01 27,
Fax 05 62 97 90 00, 🏠 – 📭 rest
📺 ☎ 📭 GB   Y h
mars-oct. et vacances de fév.
– **Repas** 75/230, enf. 45 – ⌷ 35 –
23 ch 205/295 – ½ P 210/
260.

ARGELÈS-GAZOST

LOURDES 13 km

CAUTERETS 17 km
COL DU TOURMALET 37 km
GAVARNIE 39 km

30 km COL
D'AUBISQUE
42 km
EAUX-BONNES

Barère-de-			
Vieuzac (R.)	**Y** 2		
Bourdette (R.)	**Z** 3	Marne (Av. de la)	**Y** 12
Dambé (Av. Jules)	**Y** 4	Russel (R. Henri)	**Z** 13
Digoy (R. Capitaine)	**YZ** 6	Sassère (R. Hector)	**Y** 14
Hébrard		St-Orens (R.)	**Z** 16
(Av. Adrien)	**YZ** 7	Sorbé (R.)	**Y** 17
La Terrasse	**Z** 8	Victoire (Pl. de la)	**Y** 18
Mairie (Pl. de la)	**Z** 10	Victor-Hugo (Av.)	**Z** 20

🏠 **Printania**, av. Pyrénées ✆ 05 62 97 06 57, Fax 05 62 97 50 14 – 🛗 📺 ☎ 🖏 🅿 – 🏊 30. 🖭
GB
Repas 64/250, enf. 45 – 🖙 35 – **23 ch** 240 – P 295.

🏠 **Gabizos**, av. Pyrénées ✆ 05 62 97 01 36, Fax 05 62 97 02 70, 🏡, 🌳 – 🍽 rest ☎ 🅿. GB
28 mars-20 oct. et vacances de fév. – **Repas** 60/140, enf. 40 – 🖙 33 – **26 ch** 185/220 –
P 260.
Z x

XX **Le Temps de Vivre**, rte Lourdes par ① ✆ 05 62 97 05 12, Fax 05 62 97 91 58, 🏡 – 🅿.
🖭 ⓪ GB
1er mars-30 nov. et fermé lundi sauf juil.-août – **Repas** 75/200 ⅃, enf. 50.

à Agos par ① : 5 km – 270 h. alt. 450 – ✉ 65400 Agos-Vidalos :

🏠 **Chez Pierre d'Agos**, ✆ 05 62 97 05 07, Fax 05 62 97 50 14, 🏡, ⊠, 🎾 – 🛗 🍽 rest 📺
☎ 🖏 🅿 – 🏊 25. GB
fermé 1er au 22 déc. – **Repas** 56/210, enf. 47 – 🖙 34 – **70 ch** 247/271 – P 272.

à Beaucens Sud-Est : 5 km par D 100 - Y - et D 13 – 309 h. alt. 450 – Stat. therm. (13 mai-5 oct.) –
✉ 65400 :

🏠 **Thermal** ॐ, ✆ 05 62 97 04 21, Fax 05 62 97 16 60, ≤, « Parc », ⊠ – 📺 ☎ 🅿. GB.
🎾 rest
15 mai-30 sept. – **Repas** 90/155 – 🖙 35 – **22 ch** 200/320 – ½ P 260/270.

à St-Savin Sud : 3 km par D 101 - Z – 331 h. alt. 580 – ✉ 65400 .
Voir Site★ de la chapelle de Piétat S : 1 km.

XX **Viscos** avec ch, ✆ 05 62 97 02 28, Fax 05 62 97 04 95, 🏡 – 🖭 GB
fermé 1er au 27 déc. et lundi sauf vacances scolaires – **Repas** 110/285, enf. 55 – 🖙 38 –
16 ch 260/320 – P 340/360.

à Arcizans-Avant Sud : 3,5 km par D 101 et D 13 – 258 h. alt. 640 – ✉ 65400 :

🏠 **Aub. Le Cabaliros** ॐ, ✆ 05 62 97 04 31, Fax 05 62 97 91 48, ≤, 🏡, 🌳 – ☎ 🅿. GB. 🎾
fermé 1er oct. au 15 déc., 8 au 25 janv., merc. (sauf hôtel) et mardi soir sauf vacances
scolaires – **Repas** 87/142, enf. 45 – 🖙 35 – **8 ch** 250/280 – P 285/295.

Gar. Cappeleto et Lafaille, par D 100 ✆ 05 62 97 02 06 🅽 ✆ 05 62 97 00 76

ARGELÈS-SUR-MER 66700 Pyr.-Or. 🎱 ⑳ – 7 188 h alt. 19 – Casino à Argelès-Plage.
🖪 Office de Tourisme, annexe (saison) face à l'hôtel de ville ✆ 04 68 95 81 55.
Paris 891 – Perpignan 23 – Céret 28 – Port-Vendres 11 – Prades 63.

à Argelès-village – ✉ 66700 Argelès-sur-Mer :

🏨 **Cottage et rest. L'Orangeraie** 🅼 ॐ, r. A. Rimbaud ✆ 04 68 81 07 33,
Fax 04 68 81 59 69, 🏡, ⊠, 🎾 – 🛗 ☎ 🖏 🅿. 🖭 GB
1er avril-15 oct. – **Repas** (fermé lundi midi et merc. midi sauf de juin à sept.) 80 (déj.)/150,
enf. 60 – 🖙 50 – **32 ch** 420/560 – ½ P 350/460.

🏨 **Gd H. Commerce**, rte Nationale ✆ 04 68 81 00 33, Fax 04 68 81 69 49 – 🛗 🍽 rest 📺 ☎
🅿 🖭 ⓪ GB
fermé 25 déc. au 3 fév. – **Repas** (fermé dim. soir et lundi d'oct. à mai) 68/185 ⅃, enf. 47 –
🖙 38 – **38 ch** 235/295 – ½ P 248/271.

Annexe Le Parc 🅼 ॐ sans rest, ⊠, 🌳 – 🛗 ☎ 🅿 – 🏊 80
1er juin-30 sept. – 🖙 39 – **24 ch** 290/350.

🏠 **Soubirana**, rte Nationale ✆ 04 68 81 01 44, 🏡 – 🍽 rest ☎ ☞. GB
fermé 25 oct. au 25 nov. – **Repas** (fermé dim. soir et sam. du 15 sept. au 15 juin) 73/235 ⅃,
enf. 38 – 🖙 35 – **17 ch** 185/235 – ½ P 210.

XX **Relais de la Massane**, 32 r. Marcelin Albert ✆ 04 68 81 31 50, 🏡 – GB
fermé 5 au 26 nov. et jeudi de sept. à juin
Repas 90/190.

à Argelès-Plage Est : 2,5 km G. Pyrénées Roussillon – ✉ 66700 Argelès-sur-Mer.
Voir SE : Côte Vermeille★★ .
🖪 Office de Tourisme pl. de l'Europe ✆ 04 68 81 15 85.

🏨 **Lido** 🅼, bd Mer ✆ 04 68 81 10 32, Fax 04 68 81 10 98, ≤, 🏡, « En bordure de mer, ⊠ »,
🖏, – 🛗 ☎ 🖏 🅿 GB
17 mai-30 sept. – **Repas** 140/185, enf. 65 – 🖙 50 – **66 ch** 410/690 – ½ P 415/550.

🏨 **Plage des Pins**, ✆ 04 68 81 09 05, Fax 04 68 81 12 10, ≤, ⊠, 🎾 – 🛗 🍽 📺 ☎ 🅿 🖭 GB.
🎾
31 mai-30 sept. – **Repas** 115/140, enf. 60 – 🖙 45 – **50 ch** 440/520 – ½ P 395/435.

Beau Rivage sans rest, allée du Racou, ℰ 04 68 81 11 29, Fax 04 68 95 90 16 – ☎ ℰ, ⅃

1ᵉʳ juin-30 sept. – ☑ 38 – **26 ch** 290/325.

Maritime, bd des Albères ℰ 04 68 81 50 00, Fax 04 68 95 96 75, ㊟, ℥ – ⅏ ☎ & ⇔, ⅃

29 mars-20 oct. – **Repas** 130 ⅃, enf. 65 – ☑ 45 – **24 ch** 270/320 – ½ P 290.

L'Amadeus, av. Platanes ℰ 04 68 81 12 38 – ☰, ⅃

fermé janv., mardi sauf le soir de mars à juin, merc. et jeudi d'oct. à fév. et lundi – **Repas** 80 bc/240 ⅃, enf. 45.

à Racou-Plage Sud-Est : 3 km – ⊠ 66700 Argelès-sur-Mer :

Val Marie sans rest, ℰ 04 68 81 11 27, ⇌ – ☎ ℙ. ⅃
15 mai-30 sept. – ☑ 31 – **19 ch** 210/260.

rte de Collioure : 4 km – ⊠ 66700 Argelès-sur-Mer :

Mouettes, ℰ 04 68 81 21 69, Fax 04 68 81 32 73, ≤, ㊟, ℥ – ☆ ⅏ ☎ & ℙ. ⅃ ① ⅃
29 mars-15 oct. – **Repas** (fermé le midi de sept. à juin sauf dim.) 120/280, enf. 50 – ☑ 50 –
27 ch 350/600 – ½ P 350/380.

RENAULT Gar. Cadmas, 3 bis rte de Collioure
ℰ 04 68 81 12 29

Ⓜ Mallau Pneus, 80 rte de Collioure
ℰ 04 68 81 43 90

ARGENTAN ✆ 61200 Orne 🖥 ② ③ G. Normandie Cotentin – 16 413 h alt. 160.
Voir Église St-Germain★.
🛈 Office de Tourisme pl. du Marché ℰ 02 33 67 12 48, Fax 02 33 39 96 61.
Paris 193 ② – Alençon 46 ③ – Caen 59 ⑤ – Chartres 134 ② – Dreux 114 ② – Évreux 111 ②
– Flers 42 ④ – Laval 103 ④ – Lisieux 57 ①.

ARGENTAN

Chaussée (R. de la)	8
Henri-IV (Pl.)	18
Panthou (R. E.)	21
St-Germain (R.)	28
Beigle (R. du)	2
Boschet (R. P.)	3
Carnot (Bd)	7
Collège (R. du)	9
Forêt-Normande (Av. de la)	13
Gaulle (Bd Général-de)	14
Griffon (R. du)	15
Leclerc (Pl. Général)	19
Marché (Pl. du)	20
St-Martin (R.)	29
Semard (Pl. Pierre)	30
Trois-Croix (Pl. des)	31
Victor-Hugo (R.)	32
Vimal-du-Bouchet (Pl.)	33
Wolf (R. J.)	34
2ᵉ-D.-B. (Av. de la)	35
104ᵉ Régiment d'Infanterie (R. du)	38

*Pour un bon usage
des plans de villes,
voir les signes conventionnels
dans l'introduction.*

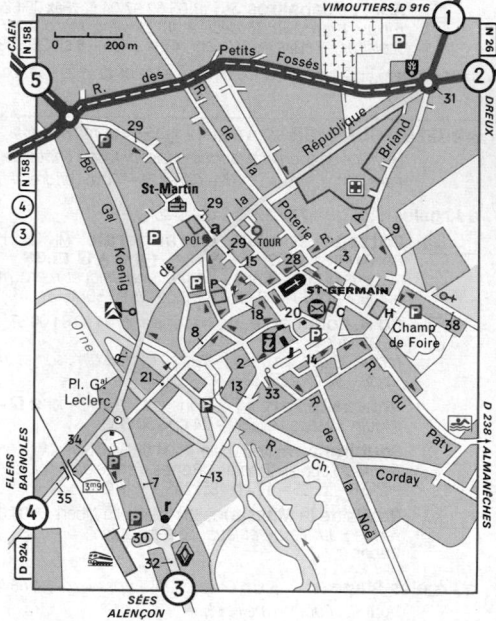

France, 8 bd Carnot (r) ℰ 02 33 67 03 65, Fax 02 33 36 62 24, ⇌ – ⅏ ☎ ℰ. ⅃
fermé 30 juin au 14 juil., 22 au 29 déc. et 16 au 28 fév. – **Repas** (fermé dim. soir et lundi)
70/192 ⅃ – ☑ 30 – **13 ch** 125/270 – ½ P 175/230.

Aub. de l'Ancienne Abbaye, 25 r. St-Martin (a) ℰ 02 33 39 37 42, Fax 02 33 39 37 42 –
ℙ. ⅃
fermé dim. soir et lundi – **Repas** 85 (déj.), 110/165.

à Fontenai-sur-Orne *par* ④ *: 4,5 km – 292 h. alt. 65 –* ⊠ *61200 :*

🏨 **Faisan Doré**, ℘ 02 33 67 18 11, Fax 02 33 35 82 15, 🐎 – 🛏️ 📺 ☎ 🅿️ – 🏊 100. 🆎 🆖
fermé dim. soir – **Repas** 95/298, enf. 55 – ⊑ 40 – **15 ch** 265/350 – ½ P 260/320.

par ② , *N 26 et D 16 : 10 km –* ⊠ *61310 Silly-en-Gouffern :*

🏨 **Pavillon de Gouffern**, ℘ 02 33 36 64 26, Fax 02 33 36 53 81, 🌳, parc, « Ancien pavillon de chasse », ⚒ – 📺 ☎ 🅿️ – 🏊 60. 🆎 ⓞ 🆖
Repas 90/230, enf. 80 – ⊑ 45 – **19 ch** 200/450 – ½ P 325.

à Écouché *par* ④ *: 9 km – 1 409 h. alt. 156 –* ⊠ *61150 :*

🍴🍴 **Lion d'Or** avec ch, 1 r. Pierre Pigot ℘ 02 33 35 16 92, Fax 02 33 36 60 48, 🐎 – 📺 ☎ 🅿️ –
🏊 60. 🆖
fermé dim. soir et lundi – **Repas** 88/171, enf. 55 – ⊑ 35 – **8 ch** 240/295.

CITROEN Gar. Brunet, 21 r. République
℘ 02 33 36 79 99
PEUGEOT Gar. Moderne, rte de Flers à Sarceaux,
℘ 02 33 67 11 21
RENAULT SVDVA, bd Victor Hugo
℘ 02 33 67 09 87

VAG Poirier Autom., rte de Falaise
℘ 02 33 36 19 19

⚙ Fischer Pneus, 1 imp. Clos Menou
℘ 02 33 36 08 36
Marsat Pneus, 30 av. 2ᵉ-D.-B. ℘ 02 33 67 26 79

ARGENTAT *19400 Corrèze* 🗺 ⑩ *G. Berry Limousin – 3 189 h alt. 183.*

Voir *Site★.*

Env. *Tours de Merle★★ E : 23 km.*

🅱 *Office de Tourisme av. Pasteur (15 juin-15 sept.) ℘ 05 55 28 16 05 et à la Mairie (hors saison) ℘ 05 55 28 10 91.*

Paris 509 – Brive-la-Gaillarde 53 – Aurillac 56 – Mauriac 50 – St-Céré 42 – Tulle 30.

🍴🍴 **St-Jacques**, 39 av. Foch ℘ 05 55 28 89 87, 🌳 – 🆖
🍽️ *avril-nov. et fermé mardi sauf juil.-août* – **Repas** 70/198.

CITROEN Gar. Frizon, 25 av. Xaintries ℘ 05 55 28 10 79

Ne prenez pas la route sans connaître votre temps de parcours.
La **carte Michelin** *nᵒ* 🔢 *c'est "la carte du temps gagné".*

ARGENTEUIL *95 Val-d'Oise* 🗺 ⑳ *,* 🔢 ⑭ *– voir à Paris, Environs.*

ARGENTIÈRE *74 H.-Savoie* 🗺 ⑨ *G. Alpes du Nord – alt. 1253 – Sports d'hiver : voir Chamonix –*
⊠ *74400 Chamonix-Mont-Blanc.*

Voir *SE : Aiguille des Grands Montets* ≤★★ *par téléphérique – Trélechamp* ≤★★ *N : 2,5 km –*
Réserve naturelle des Aiguilles Rouges★★ N : 3,5 km.

Paris 621 – Chamonix-Mont-Blanc 9 – Annecy 102 – Vallorcine 9.

🏨 **Montana** Ⓜ, ℘ 04 50 54 14 99, Fax 04 50 54 03 40, ≤, 🌳 – 📶 📺 ☎ & 🚗 🅿️ 🆖
15 juin-15 oct. et 15 déc.-15 mai – **Repas** 110/140 – ⊑ 45 – **24 ch** 490 – ½ P 430.

à Montroc-le-Planet *Nord-Est : 2 km par N 506 et rte secondaire –* ⊠ *74400 Argentière :*

🏨 **Les Becs Rouges** 🦢, ℘ 04 50 54 01 00, Fax 04 50 54 00 51, ≤ Mont-Blanc et aiguilles,
🌳 – 📶 📺 ☎ 🅿️ 🆎 ⓞ 🆖 🚝 🦌 rest
fermé 5 nov. au 20 déc. – **Repas** 98 (déj.), 138/395, enf. 75 – ⊑ 75 – **24 ch** 245/575 –
½ P 388/455.

PEUGEOT Gar. Costa, ℘ 04 50 54 04 30 🅽 ℘ 04 50 54 04 30

ARGENTON-SUR-CREUSE *36200 Indre* 🗺 ⑰ ⑱ *G. Berry Limousin – 5 193 h alt. 100.*

Voir *Vieux pont* ≤★ *–* ≤★ *de la terrasse de la chapelle N.-D.-des-Bancs – Vallée de la Creuse★ SE par D 48.*

🅱 *Office de Tourisme pl. de la République ℘ 02 54 24 05 30.*

Paris 299 ① – Châteauroux 30 ① – Guéret 66 ③ – Limoges 95 ④ – Montluçon 103 ② –
Poitiers 100 ⑤ – Tours 129 ⑤.

Plan page suivante

🏨 **Manoir de Boisvillers** 🦢 sans rest, 11 r. Moulin de Bord (e) ℘ 02 54 24 13 88,
Fax 02 54 24 27 83, 🏊, 🌳 – 📺 ☎ 🅿️ 🆎 🆖
fermé 1ᵉʳ au 15 déc. et dim. du 1ᵉʳ janv. au 28 fév. – ⊑ 40 – **14 ch** 240/380.

🏨 **Cheval Noir**, 27 r. Auclert-Descottes (n) ℘ 02 54 24 00 06, Fax 02 54 24 11 22, 🌳 –
🍽️ rest 📺 ☎ 🅿️ – 🏊 30. 🆖
fermé 15 au 28 fév. et dim. soir hors sais. – **Repas** 88/250 🍷, enf. 50 – ⊑ 35 – **20 ch** 220/320
– ½ P 240.

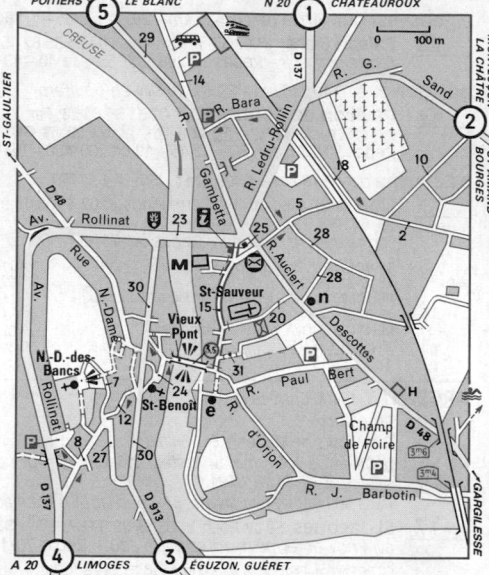

ARGENTON-SUR-CREUSE

Acacias (Allée des)..... 2
Barbès (R.) 5
Chapelle-N.-D.
(R. de la) 7
Châteauneuf (R.) 8
Chauvigny (R. A. de) ... 10
Coursière (R. de la) ... 12
Gare (R. de la) 14
Grande (Rue)......... 15
Merle-Blanc (R. du) 18
Point-du-Jour
(R. du) 20
Pont-Neuf (R. du) 23
Raspail (R.) 24
République (Pl. de la)... 25
Rochers-St-Jean
(R. des) 27
Rosette (R.) 28
Rousseau (R. Jean-J.) .. 29
Victor-Hugo (R.) 30
Villers (Imp. de) 31

*Les plans de villes
sont orientés
le Nord en haut.*

à St-Marcel *par* ① : *2 km – 1 687 h. alt. 146 –* ⊠ *36200* .

Voir *Église★ – Musée archéologique d'Argentomagus★ – Théâtre du Virou★.*

🏠 **Le Prieuré,** ℰ 02 54 24 05 19, Fax 02 54 24 32 28, ≼, 🏠, 🎐 – ☎ 🄿 – ᴚ 30. ⒼⒷ
fermé mi-janv. à mi-fév. et lundi – **Repas** 90/190 ⅋, enf. 45 – 🖵 35 – **12 ch** 220/280 –
½ P 280.

à Tendu *par* ① : *8 km – 446 h. alt. 171 –* ⊠ *36200* :

ⵝⵝ **Moulin des Eaux Vives,** Sud-Est : 4 km par D 30 et rte secondaire ℰ 02 54 24 12 25,
Fax 02 54 24 34 62, « Moulin du 18ᵉ siècle au bord de l'eau » – ⒶⒺ ⒼⒷ
fermé 12 janv. au 8 fév., lundi soir et mardi sauf juil.-août – **Repas** (dim. prévenir) 122/200.

à Bouësse *par* ② : *11 km – 416 h. alt. 185 –* ⊠ *36200* :

🏰 **Château de Bouësse** ⑊, ℰ 02 54 25 12 20, Fax 02 54 25 12 30, ≼, « Château du
13ᵉ siècle dans un parc » – ☎ 🄿 ⒶⒺ ⒼⒷ, ⑊
mi-mars - mi-nov. et fermé mardi midi et lundi hors sais. – **Repas** 95 (déj.), 160/190, enf. 80
– 🖵 55 – **8 ch** 380/480 – ½ P 395/475.

CITROEN Gar. Besson, N 20 à Tendu par ① 　　　　Ⓖ Gebhard Pneu, rte de Limoges, N 20
ℰ 02 54 24 12 26 　　　　　　　　　　　　　　　ℰ 02 54 24 13 08
PEUGEOT Chavegrand, rte de Limoges par ④
ℰ 02 54 24 04 32 Ⓝ ℰ 02 54 26 37 62
VAG Gar. Allignet, 15 bis bd G.-Sand
ℰ 02 54 24 07 01 Ⓝ ℰ 02 54 24 24 95

ARGENT-SUR-SAULDRE 18410 Cher 🖰🖰 ⑪ *G. Châteaux de la Loire – 2 525 h alt. 171.*
Env. *Château★ de Blancafort : 8 km au SE.*
Paris 170 – Orléans 61 – Bourges 58 – Cosne-sur-Loire 45 – Gien 21 – Salbris 41 – Vierzon 53.

ⵝⵝ **Relais de la Poste** avec ch, ℰ 02 48 73 60 25, Fax 02 48 73 30 62 – 📺 ☎ 🄿 – ᴚ 40. ⒶⒺ
ⒼⒷ
fermé lundi hors sais. – **Repas** 90/330 – 🖵 35 – **10 ch** 220/300 – ½ P 240/290.

ⵝⵝ **Relais du Cor d'Argent** avec ch, ℰ 02 48 73 63 49, Fax 02 48 73 73 55 – 📺 ☎. ⒼⒷ
ⓔ *fermé 20 au 24 oct., 13 fév. au 8 mars, mardi soir et merc. –* **Repas** 85/280 ⅋ – 🖵 28 – **7 ch**
190/245 – ½ P 195.

PEUGEOT Gar. Léger, ℰ 02 48 73 63 06 　　　　　RENAULT Gar. Carlot, ℰ 02 48 73 61 83

ARGOULES *80120 Somme* **51** ⑫ *G. Flandres Artois Picardie* – *363 h alt. 18.*
Paris 201 – Calais 89 – Abbeville 32 – Amiens 67 – Hesdin 20 – Montreuil 22.

XX   **Aub. Coq-en-Pâte**, ℘ 03 22 29 92 09, 😊 – **P**. **GB**
fermé 29 sept. au 11 oct., 12 janv. au 1er fév., dim. soir et lundi sauf fériés – **Repas** (nombre de couverts limité, prévenir) 90/120.

ARINSAL **86** ⑭ – *voir à Andorre (Principauté d').*

ARLEMPDES *43490 H.-Loire* **76** ⑰ *G. Vallée du Rhône* – *142 h alt. 840.*
Voir *Site*★★ – ≼★★ *de la chapelle.*
Paris 567 – Le Puy-en-Velay 29 – Aubenas 68 – Langogne 28.

🏛   **Manoir** ⊗, ℘ 04 71 57 17 14, ≼, 😊 – 🕿. 🛏 ch
8 mars-1er nov. – **Repas** 89/200, enf. 50 – � 37 – **16 ch** 190/270 – ½ P 235.

ARLES ⊛ *13200 B.-du-R.* **83** ⑩ *G. Provence* – *52 058 h alt. 13.*
Voir *Arènes*★★ **YZ** – *Théâtre antique*★★ **Z** – *Cloître St-Trophime*★ *et église*★ **Z** : *portail*★★ – *Les Alyscamps*★ **X** – *Palais Constantin*★ **Y F** – *Hôtel de ville : voûte*★ *du vestibule* **Z H** – *Cryptoportiques*★ **Z V** – *Musée de l'Arles antique*★★ *(sarcophages*★★ *)* **X M**[1] – *Museon Arlaten*★ **Z M**[3] – *Musée Réattu*★ **Y M**[4] – *Ruines de l'abbaye de Montmajour*★ *5 km par* ①.
🛈 *Office de Tourisme 35 pl. de la République* ℘ 04 90 18 41 20, Fax 04 90 93 17 17 *, accueil gare SNCF* ℘ 04 90 49 36 90 *et esplanade des Lices.*
Paris 720 ① – *Avignon 36* ① – *Aix-en-Provence 79* ② – *Cavaillon 43* ① – *Marseille 96* ② – *Montpellier 79* ⑤ – *Nîmes 32* ⑥ – *Salon-de-Provence 45* ②.

Plan page suivante

🏨   **Jules César,** bd Lices ℘ 04 90 93 43 20, Fax 04 90 93 33 47, 😊, « Ancien couvent avec son cloître, jardins intérieurs », ⊼, – 🔲 📺 🕿 🍴 🚗 – 🔬 30. 🆎 ⓞ **GB** **JCB**   **Z b**
fermé 3 nov. au 23 déc. – **Lou Marquès** : **Repas** 150(déj.)195/380, enf. 65 – **Le Cloître :** *(déj. seul.)* **Repas** 98/120 bc, enf. 65 – ⊖ 75 – **52 ch** 650/1150, 3 appart – ½ P 620/1030.

🏨   **D'Arlatan** ⊗ sans rest, 26 r. Sauvage (près pl. Forum) ℘ 04 90 93 56 66, Fax 04 90 49 68 45, « Demeure du 15e siècle, vestiges médiévaux et beau mobilier », 😊 – 🔲 📺 🕿 🍴 🚗 – 🔬 25. 🆎 ⓞ **GB**   **Y f**
⊖ 60 – **33 ch** 450/695, 7 appart.

🏨   **Nord Pinus,** pl. Forum ℘ 04 90 93 44 44, Fax 04 90 93 34 00, 😊, « Décoration évoquant la tauromachie » – 🔲 ch 📺 🕿 🚗. 🆎 ⓞ **GB** **JCB**   **Z t**
fermé fév. – **Repas** brasserie *(fermé merc. en hiver)* 120 bc (déj.), 140/180 ⅄ – ⊖ 65 – **22 ch** 700/1500 – ½ P 672.

🏨   **New H. Arles Camargue** 🅼, 45 av. Sadi-Carnot ℘ 04 90 99 40 40, Fax 04 90 93 32 50, ⊼ – 🔲 📺 🕿 🛆 **P** – 🔬 70. 🆎 ⓞ **GB** **JCB**   **X a**
Repas 92/115 ⅄, enf. 50 – ⊖ 45 – **63 ch** 380, 4 duplex – ½ P 350.

🏨   **Mireille** 🅼, 2 pl. St Pierre à Trinquetaille ℘ 04 90 93 70 74, Fax 04 90 93 87 28, 😊, ⊼ – ⅏ 🔲 📺 🕿 🚗. 🆎 ⓞ **GB** **JCB**   **Y h**
début mars-mi-nov. – **Repas** 109/310, enf. 70 – ⊖ 59 – **34 ch** 299/620 – ½ P 430/525.

🏨   **Musée** sans rest, 11 r. Gd-Prieuré ℘ 04 90 93 88 88, Fax 04 90 49 98 15 – 🔲 📺 🕿 🚗. 🆎 ⓞ **GB** **JCB**   **Y u**
fermé 10 janv. au 10 fév. – ⊖ 35 – **20 ch** 200/310.

🏛   **Calendal** ⊗ sans rest, 22 pl. Pomme ℘ 04 90 96 11 89, Fax 04 90 96 05 84, « Jardin ombragé » – 🔲 📺 🕿 🛆. 🆎 ⓞ **GB** **JCB**   **Z s**
⊖ 36 – **27 ch** 250/460.

🏛   **St-Trophime** sans rest, 16 r. Calade ℘ 04 90 96 88 38, Fax 04 90 96 92 19 – ⅏ 📺 🕿. 🆎 **GB**   **Z x**
fermé 15 nov. au 1er fév. – ⊖ 33 – **22 ch** 210/310.

🏛   **La Roseraie** ⊗ sans rest, à Pont-de-Crau Est : 2 km par N 453 - **X** - ℘ 04 90 96 06 58, « Jardin fleuri » – **P**. 🛏
15 mars-15 oct. – ⊖ 35 – **12 ch** 270/330.

🏛   **de la Muette** sans rest, 15 r. Suisses ℘ 04 90 96 15 39, Fax 04 90 49 73 16 – 📺 🕿 🍴. 🆎 **GB** **JCB**   **Y q**
⊖ 35 – **18 ch** 210/300.

🏛   **Porte de Camargue** sans rest, 15 r. Noguier à Trinquetaille ℘ 04 90 96 17 32, Fax 04 90 18 97 92 – ⅏ 🔲 📺 🕿 🛆. 🆎 **GB**   **Y g**
⊖ 35 – **26 ch** 320.

🏛   **Mirador** sans rest, 3 r. Voltaire ℘ 04 90 96 28 05, Fax 04 90 96 59 89 – 📺 🕿. 🆎 ⓞ **GB** **JCB**   **Y n**
fermé 15 janv. au 15 fév. – ⊖ 28 – **15 ch** 190/255.

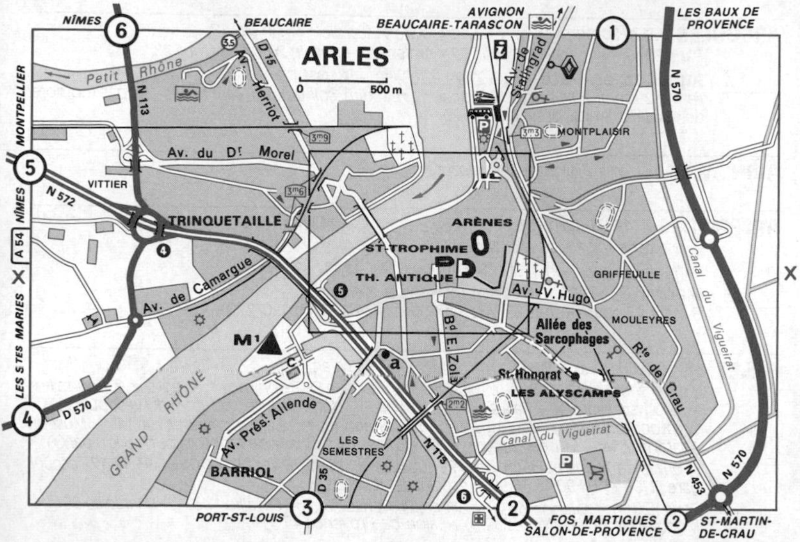

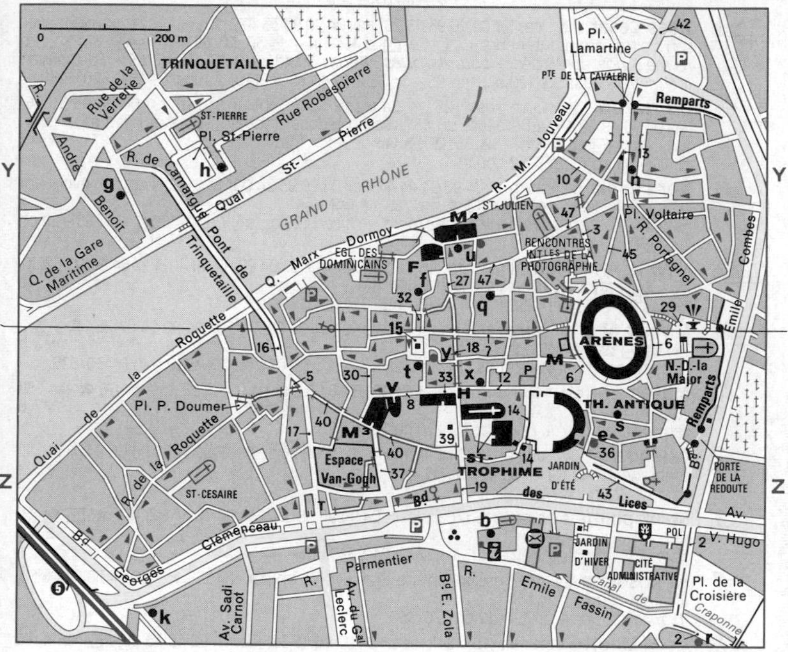

Antonelle (Pl.) .... Z 5
Cavalerie (R. de la) .... Y 13
Forum (Pl. du) .... Z 15
Hôtel-de-Ville (R.) .... Z 18
Jaurès (R. Jean) .... Z 19
Lices (Bd des) .... Z
République (R. de la) .... Z 40
4-Septembre (R. du) .... Y 47

Alyscamps (Av. des) .... Z 2

Amphithéâtre (Pl. de l') .... Y 3
Arènes (Rd-Pt des) .... YZ 6
Arènes (R. des) .... YZ 7
Balze (R.) .... Z 8
Blum (R. Léon) .... Y 10
Calade (R. de la) .... Z 12
Cloître (R. du) .... Z 14
France (R. A.) .... Z 16
Gambetta (R.) .... Z 17
Maïsto (R. D.) .... Y 27

Major (Pl. de la) .... Y 29
Mistral (R. Frédéric) .... Z 30
Place (R. de la) .... Y 32
Plan de la Cour .... Z 33
Porte-de-Laure (R.) .... Z 36
Président-Wilson (R. du) .... Z 37
République (Pl. de la) .... Z 39
Stalingrad (Av. de) .... Y 42
Vauban (Montée) .... Z 43
Voltaire (R.) .... Y 45

🏠 **Constantin** sans rest, 59 bd Craponne ℰ 04 90 96 04 05, Fax 04 90 96 84 07 – ☎ 🅿 🖾
🖾   Z k
15 mars-15 nov. et Noël au Jour de l'An – 🖃 29 – **15 ch** 160/260.

XXX **L'Olivier,** 1 bis r. Réattu ℰ 04 90 49 64 88, 🎨 – ▣. 🖾   Y u
fermé dim. et lundi sauf juil.-août – **Repas** 128/218.

XX **Le Vaccarès,** pl. Forum (1er étage, entrée r. Favorin) ℰ 04 90 96 06 17, Fax 04 90 96 24 52,
🖾 🎨, « Balcon-terrasse dominant la place du Forum » – ▣. 🖾 🖾
fermé 15 janv. au 15 fév., dim. sauf le midi de sept. à juin et lundi sauf le soir en juil.-août –
Repas 98 (déj.), 135/280.   Z y

X **Lou Caleu,** 27 r. Porte de Laure ℰ 04 90 49 71 77, Fax 04 90 93 75 30 – ▣. 🖾 🖾 🖾
🖾   Z e
Repas 85/230, enf. 60.

X **Jardin de Manon,** 14 av. Alyscamps ℰ 04 90 93 38 68, Fax 04 90 49 62 03, 🎨 – 🖾 🖾
fermé 15 janv. au 15 fév. et merc. sauf juil.-août – **Repas** 90/158.   Z r

à Fourques *(Gard)* par ⑥ : 4 km – 2 251 h. alt. 3 – 🖂 30300 :

🏠 **Le Mas des Piboules** Ⓜ, N 113 ℰ 04 90 96 25 25, Fax 04 90 93 68 88, 🏊, – 📺 ☎ 📞 ♿
🅿 🖾 🖾
fermé 1er janv. au 28 fév., vend. et sam. en nov. et déc. – **Repas** 90/110 🍷 – 🖃 45 – **50 ch**
300/345 – ½ P 260/280.

BMW Meridional Auto, Parc activité "L'Aurélienne"
ℰ 04 90 93 81 44
CITROEN Trébon Auto, 35 av. Libération par ①
ℰ 04 90 96 42 83
PEUGEOT Gar. Roux, 12 av. de la Libération par ①
ℰ 04 90 18 42 42 Ⓝ ℰ 04 90 99 80 58
RENAULT Arles Autom. Services, rte de Tarascon
ℰ 04 90 18 82 00 Ⓝ ℰ 08 00 05 15 15

Gar. Lacoste, 27 av. Sadi-Carnot
ℰ 04 90 96 37 76

🏢 Ayme Pneus, ZI Nord, r. Cotton
ℰ 04 90 93 56 95
Cay Pneus, av. du Pont de Crau
ℰ 04 90 18 44 04
Jauffret Pneus, 22 bd V.-Hugo ℰ 04 90 93 50 14
Vulcania, 8 bd V.-Hugo ℰ 04 90 96 02 03

Si vous cherchez un hôtel tranquille,
consultez d'abord les cartes de l'introduction
ou repérez dans le texte les établissements indiqués avec le signe 🐾.

ARMBOUTS-CAPPEL 59 Nord 🗺 ③ – rattaché à Dunkerque.

ARMENTIÈRES 59280 Nord 🗺 ⑯, 🗺 ⑪ G. Flandres Artois Picardie – 25 219 h alt. 16.
🛈 Office de Tourisme 33 r. de Lille ℰ 03 20 44 18 19, Fax 03 20 77 48 15 – Automobile-Club
pl. St-Vaast ℰ 03 20 77 10 12.
Paris 239 ③ – Lille 19 ③ – Dunkerque 59 ⑤ – Kortrijk 48 ② – Lens 34 ③ – St-Omer 51 ⑤.

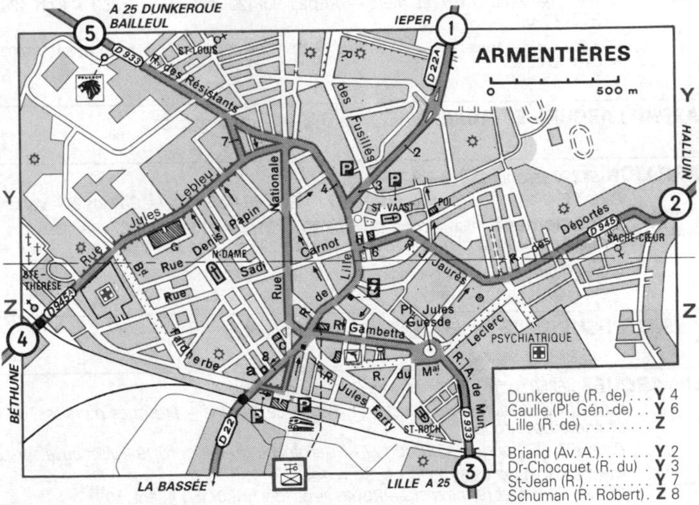

Dunkerque (R. de)	**Y** 4
Gaulle (Pl. Gén.-de)	**Y** 6
Lille (R. de)	**Z**
Briand (Av. A.)	**Y** 2
Dr-Chocquet (R. du)	**Y** 3
St-Jean (R.)	**Y** 7
Schuman (R. Robert)	**Z** 8

🏨 **Albert 1er** sans rest, 28 r. Robert Schuman ℰ 03 20 77 31 02, Fax 03 20 77 05 16 – 📺 ☎.
GB. ❄
⬭ 30 – **20 ch** 165/270.

PEUGEOT Flandres Autom., 29 av. P.-Brossolette
ℰ 03 20 44 06 50 🆚 ℰ 06 08 24 24 81
RENAULT Gar. de la Lys, 1797 r. d'Armentières,
Nieppe par ⑤ ℰ 03 20 48 57 50 🆚
ℰ 06 07 40 16 54

Ⓦ Hennette, 75 bis rte Nat. à Ennetières-en-
Weppes ℰ 03 20 35 85 28
Hennette, 68 r. des Résistants ℰ 03 20 77 00 29

ARMOY 74 H.-Savoie **70** ⑰ – rattaché à Thonon-les-Bains.

ARNAC-POMPADOUR 19230 Corrèze **75** ⑧ G. Berry Limousin – 1 444 h alt. 413.
Paris 454 – Brive-la-Gaillarde 42 – Limoges 61 – Périgueux 67 – St-Yrieix-la-Perche 25 –
Uzerche 23.

🏨 **Parc**, pl. Vieux Lavoir ℰ 05 55 73 30 54, Fax 05 55 73 39 79, ☰ – 📺 ☎ ✎. AE GB
fermé 21 déc. au 20 janv., sam. et dim. du 1er nov. au 1er mars – **Repas** 60 (déj.), 100/175 🍷,
enf. 45 – ⬭ 34 – **10 ch** 250 – ½ P 260.

rte de Lanouaille 5 km par D 7 – ⬚ 19230 Arnac-Pompadour :

🏨 **Aub. de la Mandrie** ⬙, ℰ 05 55 73 37 14, Fax 05 55 73 67 13, 佘, parc, ☰ – 📺 ☎ ৬
🅿 – 🔬 30. ⓞ GB
Repas (fermé dim. soir de déc. à mars) 70/175 🍷, enf. 50 – ⬭ 36 – **22 ch** 240/270 –
½ P 240/270.

CITROEN Nouaille, à Pompadour ℰ 05 55 73 30 18
🆚 ℰ 05 55 73 30 18

RENAULT Gar. Labrot, 14 av. du Limousin
ℰ 05 55 73 30 57 🆚 ℰ 05 55 98 55 92

*Demandez chez le libraire le catalogue des **publications Michelin**.*

ARNAY-LE-DUC 21230 Côte-d'Or **65** ⑱ G. Bourgogne – 2 040 h alt. 375.
Paris 285 – Dijon 58 – Autun 27 – Beaune 35 – Chagny 41 – Montbard 74 – Saulieu 29.

🏨 **Chez Camille**, ℰ 03 80 90 01 38, Fax 03 80 90 04 64 – 📺 ☎ ⇐ 🅿. AE ⓞ GB JCB
Repas 78/367 🍷 – ⬭ 50 – **11 ch** 395 – ½ P 426.

Annexe Clair de Lune 🏨 sans rest, ℰ 03 80 90 15 50 – 📺 ☎ 🅿. AE ⓞ GB JCB
⬭ 25 – **14 ch** 180.

🎋 **Poste** sans rest, ℰ 03 80 90 00 76, 絫 – 🅿. GB. ❄
1er mai-1er oct. – ⬭ 29 – **9 ch** 170/270.

🍴 **Terminus** avec ch, N 6 ℰ 03 80 90 00 33, Fax 03 80 90 01 30 – 📺 ☎ 🅿. AE GB
fermé 7 janv. au 6 fév. et merc. – **Repas** 90/120, enf. 45 – ⬭ 30 – **8 ch** 180/300 –
½ P 230/290.

PEUGEOT Gar. de l'Arquebuse, ℰ 03 80 90 05 16 🆚
ℰ 03 80 61 02 23

RENAULT Gar. Contant, ℰ 03 80 90 07 09 🆚
ℰ 03 80 90 07 09

ARPAILLARGUES-ET-AUREILLAC 30 Gard **80** ⑲ – rattaché à Uzès.

ARPAJON 91290 Essonne **60** ⑩ – 8 713 h alt. 51.
Paris 33 – Fontainebleau 50 – Chartres 71 – Évry 18 – Melun 41 – Orléans 90 – Versailles 34.

🍴🍴🍴 **Saint Clément**, 16 av. Hoche ℰ 01 64 90 21 01, Fax 01 60 83 32 67 – ▤. GB
fermé 4 au 24 août, dim. soir et lundi – **Repas** 220 et carte 230 à 340.

Ⓦ Green Autos, 56 r. Salvador Allende à la Norville ℰ 01 60 83 03 55

ARPAJON-SUR-CÈRE 15 Cantal **76** ⑫ – rattaché à Aurillac.

Les ARQUES 46250 Lot **79** ⑦ G. Périgord Quercy – 160 h alt. 254.
Voir Église St-Laurent★ : Christ★ et Pietà★ de Zadkine – Fresques murales★ de l'église
St-André-des-Arques.
Paris 575 – Cahors 27 – Gourdon 27 – Villefranche-du-Périgord 19 – Villeneuve-sur-Lot 59.

🍴 **Récréation**, ℰ 05 65 22 88 08, 佘 – GB
1er avril-15 oct. et fermé merc. – **Repas** 75 bc (déj.), 100/150 🍷, enf. 50.

ARRADON 56 Morbihan 🔲🔲 ③ – rattaché à Vannes.

ARRAS 🅿 62000 P.-de-C. 🔲🔲 ② G. Flandres Artois Picardie – 38 983 h alt. 72.

Voir Grand'Place★★ CY et Place des Héros★★ CY – Hôtel de Ville et beffroi★ BY H – Ancienne abbaye St-Vaast★★ : musée★ BY.

🇼 à Anzin-Saint-Aubin ✆ 03 21 50 24 24, NO : 4 km par ⑤ et D 64; 🇼 des Bruyères à Pelves ✆ 03 21 58 95 42, 14 km par N 39 et D 33.

🖪 Office de Tourisme à l'Hôtel de Ville ✆ 03 21 51 26 95, Fax 03 21 71 07 34 – Automobile Club Centre Routier, Z.I. Arras Est ✆ et Fax 03 21 50 25 25.

Paris 179 ② – Lille 53 ① – Amiens 66 ④ – Calais 110 ① – Charleville-Mézières 159 ② – Douai 26 ① – Rouen 185 ④ – St-Quentin 81 ②.

Plans pages suivantes

🏯 **L'Univers** Ⓜ, 3 pl. Croix Rouge ✆ 03 21 71 34 01, Fax 03 21 71 41 42 – 🛗 📺 ☎ 🔥 🅿 – 🎴 120. 🆎 🇬🇧. ✹ rest
                    BZ v
La Providence : Repas 99/245, ⒥, enf. 85 – ⊂⊃ 50 – **38 ch** 290/490 – ½ P 410/490.

🏯 **Mercure Atria** Ⓜ, 58 bd Carnot ✆ 03 21 23 88 88, Fax 03 21 23 88 89 – 🛗 ✹⇐ 🖥 📺 ☎ 🔥 – 🎴 300. 🆎 ⓞ 🇬🇧 🇯🇨🇧. ✹ rest
                    CZ b
Repas 110, enf. 50 – ⊂⊃ 53 – **80 ch** 495.

🏨 **Moderne,** 1 bd Faidherbe ✆ 03 21 23 39 57, Fax 03 21 71 55 42 – 🛗 🖥 rest 📺 ☎ – 🎴 30 à 50. 🆎 ⓞ 🇬🇧 🇯🇨🇧. ✹ rest
                    CZ u
fermé 24 déc. au 2 janv. et dim. soir – Repas 78/100 ⒥, enf. 49 – ⊂⊃ 35 – **54 ch** 200/320 – ½ P 255.

🏠 **Les 3 Luppars** Ⓜ sans rest, 49 Grand'Place ✆ 03 21 07 41 41, Fax 03 21 24 24 80 – 🛗 📺 ☎ 📞 🆎 ⓞ 🇬🇧
                    CY r
⊂⊃ 35 – **42 ch** 180/280.

🏠 **Ibis** Ⓜ sans rest, 11 r. Justice ✆ 03 21 23 61 61, Fax 03 21 71 31 31 – 🛗 ✹⇐ 📺 ☎ 📞 🔥 🆎 ⓞ 🇬🇧
                    CZ n
⊂⊃ 35 – **63 ch** 290/300.

🏠 **Astoria et rest. Carnot,** 12 pl. Foch ✆ 03 21 71 08 14, Fax 03 21 71 60 95 – 🖥 rest 📺 ☎ 📞 🆎 ⓞ 🇬🇧
                    CZ s
Repas 93/250 ⒥, enf. 50 – ⊂⊃ 30 – **28 ch** 260/280 – ½ P 230.

🏠 **La Belle Etoile,** Z.A. Les Alouettes à St-Nicolas par ① et N 17 ✉ 62223 ✆ 03 21 58 59 00, Fax 03 21 48 86 49 – ✹⇐ 📺 ☎ 📞 🔥 🅿 – 🎴 40. 🆎
Repas (fermé Noël au Jour de l'An, dim. soir et soirs fériés) 70/300 ⒥, enf. 45 – ⊂⊃ 37 – **36 ch** 265/292 – ½ P 248.

XXX **La Faisanderie,** 45 Grand'Place ✆ 03 21 48 20 76, Fax 03 21 50 89 18, « Cave du 17ᵉ siècle » – 🆎 ⓞ 🇬🇧 🇯🇨🇧
                    CY f
fermé 4 au 25 août, 5 au 18 janv., dim. soir et lundi – Repas 125/395 et carte 400 à 500, enf. 65.

XXX **Ambassadeur** (Buffet Gare), ✆ 03 21 23 29 80, Fax 03 21 71 17 07 – 🆎 ⓞ 🇬🇧
                    CZ
fermé dim. soir – Repas 100/280 et carte 160 à 290.

XXX **Le Régent** avec ch, r. A. France à St-Nicolas ✉ 62223 ✆ 03 21 71 51 09, Fax 03 21 07 87 56, 🍽, 🌳 – 📺 ☎ 🅿 – 🎴 25. 🇬🇧
                    BY d
fermé dim. soir – Repas 110/295 et carte 320 à 390 – ⊂⊃ 40 – **11 ch** 220/330.

XX **La Rapière,** 44 Grand'Place ✆ 03 21 55 09 92, Fax 03 21 22 24 29 – 🆎 🇬🇧 🇯🇨🇧
                    CY a
Repas 80/170 ⒥, enf. 50.

XX **La Coupole d'Arras,** 26 bd Strasbourg ✆ 03 21 71 88 44, Fax 03 21 71 52 46, brasserie – 🆎 ⓞ 🇬🇧
                    CZ x
fermé sam. midi – Repas 119/178 ⒥.

MICHELIN, Agence, rte de Béthune, D 63 Ste-Catherine-lès-Arras AY ✆ 03 21 71 12 08

ALFA ROMEO, FIAT Gar. Michonneau, 6 av. Michonneau ✆ 03 21 50 92 00
CITROEN Citroën Arras, 2 r. des Rosati ✆ 03 21 55 39 10
FORD Autovale Bleu, 16 av. Michonneau ✆ 03 21 60 42 42 🗎 ✆ 03 21 22 48 99
PEUGEOT Gar. Cyr-Leroy, 75 rte de Cambrai par ② ✆ 03 21 73 26 26 🗎 ✆ 08 00 44 24 24
RENAULT Arras Sud-Autom., 134 rte de Cambrai par ② ✆ 03 21 55 46 15 🗎 ✆ 08 00 05 15 15
RENAULT Gar. de l'Artois, 40 voie N.-D.-de-Lorette ✆ 03 21 23 02 56 🗎 ✆ 08 00 05 15 15

TOYOTA Autoleader, 95 av. W.-Churchill ✆ 03 21 51 75 74
VAG Willerval, 13 bis r. G.-Clémenceau à St-Laurent-Blangy ✆ 03 21 60 45 45

🛞 Delit Pneus, av. Michonneau Prolongée à St-Nicolas ✆ 03 21 55 38 25
Euromaster, 245 av. Kennedy ✆ 03 21 71 31 95

ARRAS

Welcome to France!
Remember,
keep to the right.

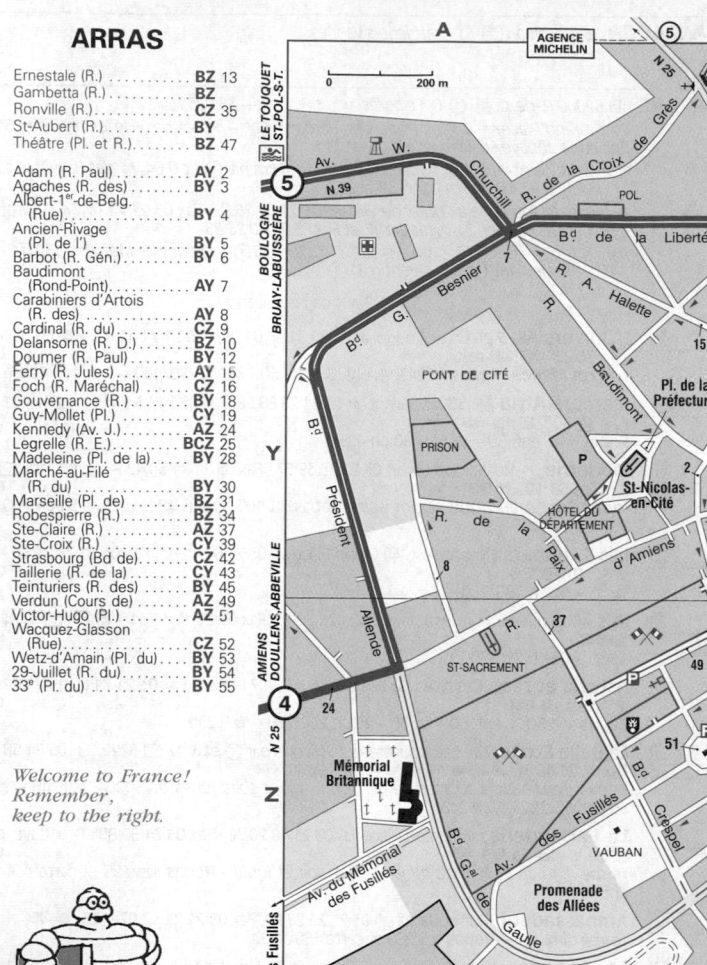

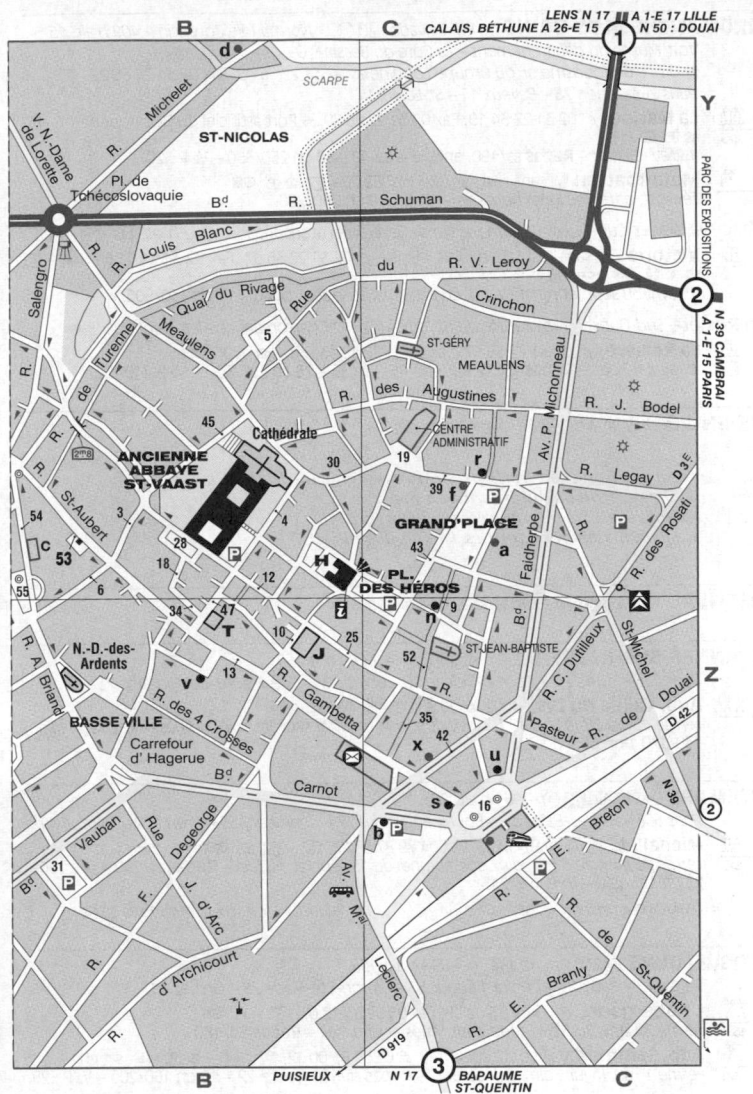

ARREAU 65240 H.-Pyr. 85 ⑲ G. Pyrénées Aquitaine – 853 h alt. 705.

Voir Vallée d'Aure★ S.

Env. ✳★★★ du col d'Aspin NO : 13 km.

🛈 Syndicat d'Initiative Château de Neste ℘ 05 62 98 63 15.

Paris 851 – Bagnères-de-Luchon 33 – Auch 92 – Lourdes 79 – St-Gaudens 55 – Tarbes 59.

Angleterre, rte Luchon ℘ 05 62 98 63 30, Fax 05 62 98 69 66, 😤, 🐾 – 🗏 rest 📺 ☎ 📳 – 🔬 30. 🖸🖪 🕉
30 mai-30 sept., 26 déc.-5 janv., fév., weeks-ends en mars et fermé lundi sauf vacances scolaires – **Repas** 70/185, enf. 45 – 🖵 38 – **24 ch** 290/320 – ½ P 275/300.

RENAULT Gar. Buetas, ℘ 05 62 98 60 67 🆑 ℘ 05 62 98 60 67

125

ARROMANCHES-LES-BAINS 14117 Calvados 54 ⑮ G. Normandie Cotentin – 409 h alt. 15.
Voir Musée du débarquement – La Côte du Bessin★ O.
🅱 Office de Tourisme pl. du Groupe Lorraine ℘ 02 31 22 36 45, Fax 02 31 21 80 22.
Paris 263 – Caen 28 – Bayeux 11 – St-Lô 48.

🏨 **La Marine**, ℘ 02 31 22 34 19, Fax 02 31 22 98 80, ≼ Port artificiel du Débarquement – 📺
🍴 ☎ 🅿️ 🄰🄴 ⚌ 🄶🄱
15 fév.-15 nov. – Repas 85/190, enf. 45 – ⚌ 40 – **30 ch** 250/350 – ½ P 320.

🏨 **Mountbatten** Ⓜ sans rest, ℘ 02 31 22 59 70 – 📺 ☎ 🅿️. 🄶🄱
fév.-oct. et fermé lundi hors sais. – ⚌ 33 – **9 ch** 260/280.

à Tracy-sur-Mer Sud-Ouest : 2,5 km par rte de Bayeux et rte secondaire – 252 h. alt. 60 – ✉ 14117 :

🏨 **Victoria** ⤳ sans rest, chemin de l'Église ℘ 02 31 22 35 37, Fax 02 31 21 41 66, ﹏ – 📺
🍴 ☎ 🅿️. 🄶🄱 ⚌ ⚌ 🛇
1er avril-30 sept. et fermé vend. en avril, mai et sept. – ⚌ 40 – **13 ch** 330/500.

à la Rosière Sud-Ouest : 3 km par rte de Bayeux – ✉ 14117 Arromanches-les-Bains :

🏨 **La Rosière**, ℘ 02 31 22 36 17, Fax 02 31 22 19 33, ﹏ – ☎ ⴵ 🅿️. 🄶🄱
🍴 1er avril-10 oct. – Repas 75/195 ⅃, enf. 45 – ⚌ 35 – **26 ch** 220/320 – ½ P 240/320.

ARS-EN-RÉ 17 Char.-Mar. 71 ⑫ – voir Ré (Île de).

Können Sie wegen Verkehrsstauungen erst nach 18 Uhr
in Ihrem Hotel sein, bestätigen Sie
telefonisch Ihre Zimmerreservierung ;
Sie gehen sicherer... und es ist Gepflogenheit.

ARSONVAL 10 Aube 61 ⑱ – rattaché à Bar-sur-Aube.

ARTANNES-SUR-INDRE 37260 I.-et-L. 64 ⑭ – 2 089 h alt. 50.
Paris 256 – Tours 23 – Azay-le-Rideau 10 – Chinon 31 – Ste-Maure-de-Touraine 26.

❌❌ **Aub. Vallée du Lys**, ℘ 02 47 26 80 02 – 🄰🄴 🄾 🄶🄱 🄹🄲🄱
fermé 15 au 28 juil., 2 au 8 janv., dim. soir et lundi sauf les midis fériés – Repas 90 (déj.), 130/170, enf. 60.

ARTEMARE 01510 Ain 74 ④ – 961 h alt. 245.
Paris 506 – Aix-les-Bains 33 – Bourg-en-Bresse 77 – Chambéry 55 – Lyon 102 – Nantua 49.

🏨 **Michallet**, ℘ 04 79 87 39 33, Fax 04 79 87 39 20, 🌤 – 📺 ☎. 🄶🄱
🍴 fermé 25 janv. au 3 fév., dim. soir et lundi du 15 sept. au 15 juin – Repas 75/250 ⅃ – ⚌ 30 – **23 ch** 195/250 – ½ P 195/215.

CITROEN Gar. Mochon, ℘ 04 79 87 30 14   PEUGEOT Gar. Pochet, ℘ 04 79 87 32 67

ARTIGUELOUVE 64230 Pyr.-Atl. 85 ⑥ – 898 h alt. 156.
Paris 779 – Pau 12 – Aire-sur-l'Adour 57 – Oloron-Ste-Marie 28 – Orthez 41.

❌❌ **L'Aubergade**, ℘ 05 59 83 02 66, Fax 05 59 83 12 07, 🌤 – 🅿️. 🄶🄱
🍴 fermé 20 janv. au 5 fév., jeudi sauf fériés et dim. soir – Repas 80/180.

❌ **Aub. Semmarty** avec ch, sur D 146 ℘ 05 59 83 00 12, 🌤, ﹏ – ☎ 🅿️. 🄶🄱. 🛇 ch
🍴 fermé 1er au 15 juil., dim. soir et lundi – Repas 60/150 ⅃ – ⚌ 22 – **10 ch** 160/200 – ½ P 125.

ARTIX 64170 Pyr.-Atl. 85 ⑥ – 3 038 h alt. 108.
Paris 774 – Pau 27 – Bayonne 92 – Dax 58 – Mont-de-Marsan 66 – Oloron-Ste-Marie 33.

❌ **Les Plaisirs de la Table**, pl. Mairie ℘ 05 59 83 27 99 – 🄶🄱
fermé 1er au 15 août et dim. – Repas 80 (déj.), 110/165, enf. 40.

ARTZENHEIM 68320 H.-Rhin 62 ⑲ – 607 h alt. 180.
Paris 488 – Colmar 16 – Mulhouse 56 – Sélestat 20 – Strasbourg 72.

❌❌ **Aub. d'Artzenheim** ⤳ avec ch, ℘ 03 89 71 60 51, Fax 03 89 71 68 21, 🌤, « Jardin » –
📺 ☎ 🅿️. 🄶🄱. 🛇 ch
fermé 15 fév. au 15 mars, lundi soir et mardi soir – Repas 120 (déj.), 165/355 ⅃, enf. 50 –
⚌ 40 – **10 ch** 255/345 – ½ P 295/310.

ARUDY 64260 Pyr.-Atl. 85 ⑥ G. Pyrénées Aquitaine – 2 537 h alt. 413.
Paris 801 – Pau 27 – Argelès-Gazost 57 – Lourdes 44 – Oloron-Ste-Marie 21.

🏠 **France**, pl. Hôtel de Ville ℘ 05 59 05 60 16, Fax 05 59 05 70 06 – 📺 ☎ 🄿. GB. ⚭
🍴 fermé mai et sam. sauf vacances scolaires – **Repas** 69/112 ⅃, enf. 50 – 🞍 31 – **19 ch**
125/275 – ½ P 180/230.

CITROEN Gar. Dos Santos, ℘ 05 59 05 60 23 🄽   RENAULT Gar. Orensanz, ℘ 05 59 05 61 93 🄽
℘ 05 59 05 75 16   ℘ 05 59 05 61 93

L'ARZELIER (Col de) 38 Isère 77 ④ – rattaché à Château-Bernard.

ARZON 56640 Morbihan 63 ⑫ G. Bretagne – 1 754 h alt. 9.
Voir Tumulus de Tumiac ⚜★ E : 2 km puis 30 mn.
🄱 Office de Tourisme pl. de l'Ancienne Gare de Port-Navalo ℘ 02 97 53 81 63, Fax 02 97 53
76 10.
Paris 489 – Vannes 32 – Auray 51 – Lorient 91 – Quiberon 78 – La Trinité-sur-Mer 63.

au Port du Crouesty Sud-Ouest : 2 km – ✉ 56640 Arzon :
🏨 **Miramar** 🅼 ≫, ℘ 02 97 67 68 00, Fax 02 97 67 68 99, ≼, institut de thalassothérapie,
« Architecture originale évoquant un paquebot », ʃₐ, 🖭 – ⅏ ▤ 📺 ☎ ⚭ ⅂ ⟷ 🄿 – 🕭 80.
🄰🄴 ⓪ GB. ⚭ rest
fermé 20 nov. au 26 déc. – **La Salle à Manger :** Repas 275, enf.127 – **Le Ruban Bleu** (rest.
diététique) (non-fumeurs exclusivement) **Repas** 275, enf. 127 – 🞍 92 – **108 ch** 1050/1650,
12 appart – ½ P 992/1192.

🏠 **Le Crouesty** 🅼 sans rest, ℘ 02 97 53 87 91, Fax 02 97 53 66 76 – 📺 ☎ 🄿. GB
fermé janv. – 🞍 39 – **26 ch** 330/450.

à Port Navalo Ouest : 3 km – ✉ 56640 Arzon :
XXX **Grand Largue**, à l'embarcadère ℘ 02 97 53 71 58, Fax 02 97 53 92 20, ≼ golfe, 🍽 – GB
fermé 15 nov. au 24 déc., 2 janv. au 4 fév., lundi midi en juil.-août, lundi soir et mardi hors
sais. – **Repas** 95 (déj.), 145/328 et carte 260 à 340.

ASCAIN 64310 Pyr.-Atl. 85 ② G. Pyrénées Aquitaine – 2 653 h alt. 24.
🄱 Office de Tourisme ℘ 05 59 54 00 84.
Paris 795 – Biarritz 21 – Cambo-les-Bains 26 – Hendaye 19 – Pau 137 – St-Jean-de-Luz 7.

🏨 **Oberena** ≫ sans rest, chemin Carrières ℘ 05 59 54 03 60, Fax 05 59 54 41 67, ʃₐ, 🜄, 🖭,
⚭ – 📺 ☎ 🄿 GB
1ᵉʳ avril-5 janv. – 🞍 50 – **25 ch** 350/610.

🏠 **Parc Trinquet-Larralde**, ℘ 05 59 54 00 10, Fax 05 59 54 01 23, 🍽, ⚭ – 📺 ☎. 🄰🄴 GB
🍴 fermé 2 janv. au 15 fév., dim. et lundi de nov. à mars – **Repas** (fermé dim. soir et lundi d'oct.
à juin) 75/200, enf. 40 – 🞍 40 – **28 ch** 310/400 – ½ P 320/350.

au col de St-Ignace Sud-Est : 3,5 km – ✉ 64310 Ascain.
Voir Montagne de la Rhune ⚜★★★, 1h par chemin de fer à crémaillère.

X **Les Trois Fontaines** ≫ avec ch, ℘ 05 59 54 20 80, 🍽, ⚭ – 🄿. GB. ⚭ ch
🍴 hôtel : 1ᵉʳ mai-31 oct. ; rest. : fermé fév. et merc. hors sais. – **Repas** 75/138 – 🞍 30 – **5 ch**
220/255 – ½ P 255.

ASNIÈRES-SUR-SEINE 92 Hauts-de-Seine 55 ⑳,, 101 ⑮ – voir à Paris, Environs.

ASPRES-SUR-BUËCH 05140 H.-Alpes 81 ⑤ G. Alpes du Sud – 743 h alt. 778.
Paris 662 – Gap 34 – Grenoble 97 – Sisteron 46 – Valence 127.

🏠 **Parc**, ℘ 04 92 58 60 01, Fax 04 92 58 67 84, 🍽 – ☎ 🄿. 🄰🄴 ⓪ GB JCB
fermé merc. hors sais. sauf fériés – **Repas** 98/150 ⅃, enf. 62 – 🞍 35 – **24 ch** 275 –
½ P 205/264.

ASTAFFORT 47220 L.-et-G. 79 ⑮ – 1 828 h alt. 65.
Paris 729 – Agen 19 – Auvillar 30 – Condom 33 – Lectoure 20.

🏨 **Le Square** 🅼, ℘ 05 53 47 20 40, Fax 05 53 47 10 38, 🍽, « Bel aménagement intérieur »
– ▤ ch 📺 ☎. ⓪ GB
fermé janv., sam. midi, dim. soir et lundi midi – **Repas** 92/190, enf. 50 – 🞍 32 – **8 ch**
295/460 – ½ P 270.

ATHIS-MONS 91 Essonne 61 ①,, 101 ㊱ – voir à Paris, Environs.

ATTICHY 60350 Oise 🎛 ③ – 1 651 h alt. 73.

Paris 100 – Compiègne 19 – Laon 59 – Noyon 24 – Soissons 24.

※ **La Croix d'Or** avec ch, ℰ 03 44 42 15 37 – 📺 🔄 ⅁ℬ

Repas (fermé 12 au 30 nov., 10 au 28 fév., lundi soir et mardi) 85/240 ⅃, enf. 40 – **5 ch**
 ⊡ 210/250 – ½ P 210.

ATTIGNAT 01340 Ain 🔢 ⑫ ⑬ – 1 776 h alt. 227.

Paris 402 – Mâcon 34 – Bourg-en-Bresse 12 – Lons-le-Saunier 62 – Louhans 45 – Tournus 41.

※※※ **Dominique Marcepoil** Ⓜ avec ch, D 975 ℰ 04 74 30 92 24, Fax 04 74 25 93 48, ⌂ , ⌸
 – 📺 ☎ ⅃ 🅿 – ⅍ 25. 🔄 ⓞ ⅁ℬ ⅍ ch
fermé 26 mai au 9 juin, 18 août au 1er sept., dim. soir et lundi – **Repas** 125 bc/360 bc et
carte 185 à 360, enf. 80 – ⊡ 36 – **10 ch** 220/370 – ½ P 265/315.

ATTIGNAT-ONCIN 73 Savoie 🔢 ⑮ – rattaché à Aiguebelette-le-Lac.

ATTIN 62 P.-de-C. 🔢 ⑫ – rattaché à Montreuil.

AUBAGNE 13400 B.-du-R. 🔢 ⑬, 🔢 ㉙ G. Provence – 41 100 h alt. 102.

Voir Musée de la Légion Étrangère★.

🅱 Office de Tourisme av. A.-Boyer ℰ 04 42 03 49 98, Fax 04 42 03 83 62.

Paris 791 – Marseille 18 – Toulon 49 – Aix-en-Provence 38 – Brignoles 50.

à St-Pierre-lès-Aubagne Nord : 5 km par N 96 ou D 43 – ⌧ 13400 :

🏯 **Host. de la Source** Ⓜ ⌂, ℰ 04 42 04 09 19, Fax 04 42 04 58 72, ≼, ⌂, « Parc fleuri,
 ⬛ », ※ – ▦ ch 📺 ☎ ⅃ 🅿 – ⅍ 40. 🔄 ⓞ ⅁ℬ ⅃ℂℬ
Repas (fermé vacances de Toussaint, de fév., dim. soir et lundi) 150 (déj.), 190/290 – ⊡ 65 –
26 ch 360/1000 – ½ P 410/700.

CITROEN Parascandola, CD 2, Camp Major
ℰ 04 42 78 90 00 Ⓝ ℰ 04 42 78 90 00
FORD Gar. Gargalian, 31 av. Goums
ℰ 04 42 03 04 99
NISSAN Gar. Reybert, 99 r. de la République
ℰ 04 42 70 32 16
PEUGEOT Gar. Richelme, rte de la Ciotat
ℰ 04 42 82 13 10 Ⓝ ℰ 04 91 97 36 65
RENAULT Gar. Viano Forum Auto, Rd-Pt du Pont
des Six Fenêtres ℰ 04 42 18 68 18 Ⓝ ℰ 06 09 56
85 97

VAG Auto-Sud, ZI les Paluds 2 ℰ 04 42 70 03 06

🅦 Chivalier Point S, ZI St-Mitre ℰ 04 42 03 29 33
Chivalier Point S, 13 av. des Goums
ℰ 04 42 03 12 31
Euromaster, N 8, quartier les Fyols
ℰ 04 42 82 16 02
Gay Pneus, 153 av. des Paluds, ZI des Paluds
ℰ 04 42 84 26 38
Pasero, ZI des Paluds Centre Agora
ℰ 04 42 84 36 06

AUBAZINE 19190 Corrèze 🔢 ⑨ G. Périgord Quercy – 788 h alt. 345.

Voir Abbatiale★, clocher★, mobilier★ : tombeau de St-Étienne★★ au monastère d'hommes
– Puy de Pauliac ≼★ NE : 3,5 km puis 15 mn.

🔟 d'Aubazine ℰ 05 55 27 25 66, E : 4 km.

🅱 Office de Tourisme ℰ 05 55 25 79 93.

Paris 497 – Brive-la-Gaillarde 14 – Aurillac 89 – St-Céré 54 – Tulle 18.

🏠 **de la Tour,** ℰ 05 55 25 71 17, Fax 05 55 84 61 83 – 📺 🔄 ⓞ ⅁ℬ
fermé 12 au 25 janv., dim. soir et lundi midi d'oct. à mai – **Repas** 85/145 ⅃, enf. 48 – ⊡ 35 –
20 ch 160/280 – ½ P 230/280.

🏠 **Le Coiroux** ⌂, ℰ 05 55 25 75 22, Fax 05 55 25 75 70, ≼, ⌂, ⅃ – ⅀ ▦ rest 📺 ☎ ⇔
 🅿.
fermé 1er au 15 nov. – **Repas** 80/160 ⅃ – ⊡ 30 – **38 ch** 230/260 – ½ P 260.

※ **Le Saut de la Bergère** ⌂ avec ch, Est : 2 km par D 48 ℰ 05 55 25 74 09,
Fax 05 55 84 63 05, ⌂, ⌸ – 📺 ☎ ⅃ 🅿. ⅁ℬ
fermé 20 déc. au 28 fév. – **Repas** 78/190 ⅃, enf. 45 – ⊡ 32 – **8 ch** 130/280 – ½ P 195/250.

AUBE 61270 Orne 🔢 ④ G. Normandie Vallée de la Seine – 1 681 h alt. 230.

Paris 146 – Alençon 55 – L'Aigle 7 – Argentan 47 – Mortagne-au-Perche 33.

※ **Aub. St-James,** 62 rte Paris ℰ 02 33 24 01 40 – ⅁ℬ
fermé 1er au 15 sept., dim. soir et lundi – **Repas** 65/152 ⅃.

07200 Ardèche **7 6** ⑲ *G. Vallée du Rhône* – 11 105 h alt. 330.

Voir *Site★*.

🛈 *Office de Tourisme 4 bd Gambetta ℘ 04 75 35 24 87, Fax 04 75 93 32 05 – Automobile Club 49 rte de Vals ℘ 04 75 93 47 83.*

Paris 630 ② – Le Puy-en-Velay 92 ① – Alès 75 ④ – Mende 114 ④ – Montélimar 41 ③ – Privas 31 ②.

AUBENAS

Gambetta (Bd)	**Z**
Gaulle (Pl. Gén.-de)	**Z** 7
Grand'-Rue	**Y** 8
Vernon (Bd de)	**Z** 33
Bouchet (R. Auguste)	**Y** 2
Champ-de-Mars (Pl.)	**Y** 3

Couderc (R. G.)	**Z** 5
Delichères (R.)	**Y** 6
Grenette (Pl. de la)	**Y** 9
Hoche (R.)	**Y** 12
Hôtel-de-Ville (Pl.)	**Y** 13
Jaurès (R. Jean)	**Y** 15
Jourdan (R.)	**Y** 16
Laprade (Bd C.)	**Z** 18
Lésin-Lacoste (R.)	**Y** 19
Montlaur (R.)	**Y** 21

Nationale (R.)	**Y** 22
Paix (Pl. de la)	**Z** 23
Parmentier (Pl.)	**Y** 24
Radal (R.)	**Z** 25
République (R. de la)	**Y** 26
Réservoirs (R. des)	**Y** 27
Roure (Pl. Jacques)	**Y** 29
St-Benoît (Rampe)	**Y** 30
Silhol (R. Henri)	**Y** 32
4-Septembre (R.)	**Y** 35

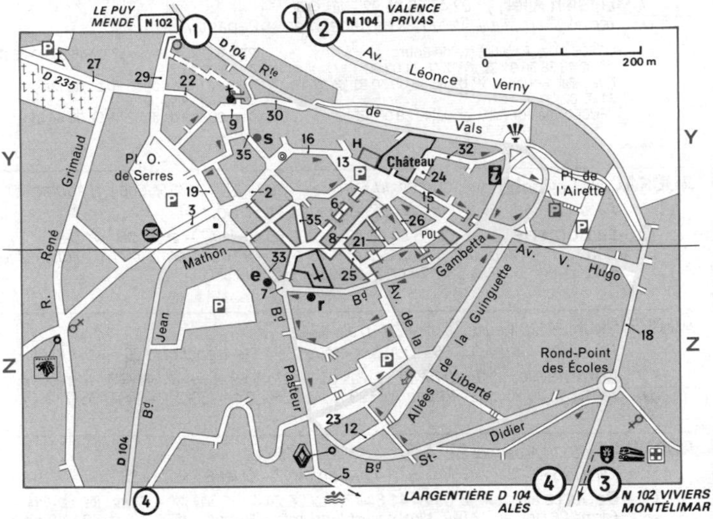

🏨🏨 **Le Cévenol** sans rest, 77 bd Gambetta ℘ 04 75 35 00 10, Fax 04 75 35 03 29 – 📶 📺 ☎ ✆ 🅿 ⚫ 🅖🅑 ✦   **Z r**
⇌ 35 – **45 ch** 190/290.

🏨 **Ibis** 🅜, rte Montélimar ℘ 04 75 35 44 45, Fax 04 75 93 01 01, 🍴, 🏊 – 🖙 📼 📺 ☎ ✆ 🕭 🅿 – 🔬 50. 🅰🅔 ⓪ 🅖🅑
Repas 95, enf. 39 – ⇌ 35 – **43 ch** 295/330.

🏨 **Provence** sans rest, 5 bd Vernon ℘ 04 75 35 28 43 – 📶 ☎ ✆ 🅖🅑   **Z e**
⇌ 27 – **21 ch** 135/245.

🍴🍴 **Le Fournil**, 34 r. 4-Septembre ℘ 04 75 93 58 68, Fax 04 75 93 58 68, 🍴 – 🅰🅔 🅖🅑
⚛ fermé 15 juin au 1er juil., vacances de Toussaint, de Noël, de fév., dim. soir et lundi – **Repas** 100/260, enf. 45.   **Y s**

à Lavilledieu *par ③ : 6 km – 1 264 h. alt. 226 –* ⌧ *07170 :*

🏨 **Persèdes**, N 102 ℘ 04 75 94 88 08, Fax 04 75 94 29 02, ≤, 🍴, 🏊, 🎿 – ☎ 🅿 🅖🅑
⚛ ✦ rest
1er avril-15 oct. – **Repas** *(fermé dim. soir et lundi midi sauf juil.-août et fériés)* 85/180, enf. 60 – ⇌ 40 – **24 ch** 280/360 – ½ P 290/330.

CITROEN Dumas Automobiles, rte de Montélimar par ③ ℘ 04 75 35 05 77 🅽 ℘ 04 75 35 09 82
FIAT, LANCIA Gar. Gounon, 22 bd St-Didier ℘ 04 75 35 08 21 🅽 ℘ 04 75 35 08 21
PEUGEOT Mirabel Chambaud, 2 r. Dr Saladin ℘ 04 75 35 30 30 🅽 ℘ 04 75 35 09 82
RENAULT Diffusion Automobiles, 4 bd St-Didier ℘ 04 75 93 70 88 🅽 ℘ 08 00 05 15 15

VOLVO Gar. Coudène, 28 rte de Vals ℘ 04 75 35 22 05

Ⓦ R.I.P.A., rte de Vals ℘ 04 75 35 40 66 🅽 ℘ 04 75 35 40 66

AUBIGNY-SUR-NÈRE 18700 Cher 🔢 ⑪ *G. Châteaux de la Loire* – 5 803 h alt. 180.

Voir *Maisons anciennes★*.

🅱 *Office de Tourisme r. des Dames (mai-sept.) ℰ 02 48 58 40 20 et à la Mairie (hors saison) ℰ 02 48 81 50 00, Fax 02 48 58 38 30.*

Paris 179 – Bourges 49 – Orléans 66 – Cosne-sur-Loire 41 – Gien 30 – Salbris 32 – Vierzon 44.

🏠 **La Fontaine,** 2 av. Gén. Leclerc ℰ 02 48 58 02 59, Fax 02 48 58 36 80 – 📺 ☎ 🅿. 🆎 ⑩ ⅭⒷ
fermé 1ᵉʳ au 21 mars et dim. soir – **Repas** 100/200 – ⌷ 35 – **16 ch** 260/330 – ½ P 250/270.

XX **La Chaumière** avec ch, 2 r. Paul Lasnier ℰ 02 48 58 04 01, Fax 02 48 58 10 31 – 📺 ☎ 🅿.
🍽 ⅭⒷ
fermé dim. sauf juil.-août – **Repas** *(fermé lundi sauf le soir en juil.-août et dim. soir de sept. à juin)* 90/210 – ⌷ 30 – **10 ch** 200/240 – ½ P 230/240.

aux Naudins *Sud-Est : 10 km par D 89* – ✉ 18700 :

X **Le Bien Aller,** ℰ 02 48 58 03 92 – 🆎 ⅭⒷ
🍽 *fermé 1ᵉʳ au 11 juil., vacances de fév. et merc.* – **Repas** 65/140 ⅃.

CITROEN Gar. Rafatin, rte de Bourges
ℰ 02 48 58 36 91 Ⓝ ℰ 02 48 71 02 02
FORD Gar. Bouchet, ℰ 02 48 58 05 30 Ⓝ ℰ 02 48 71 02 02
PEUGEOT Gar. Devailly, ℰ 02 48 58 00 43

RENAULT Gar. Petat, ℰ 02 48 58 00 26 Ⓝ ℰ 02 48 58 00 26
RENAULT Gar. Goget, 10 pl. du Mail
ℰ 02 48 58 10 95
Gar. Guérard, ℰ 02 48 58 00 64 Ⓝ ℰ 02 48 58 00 64

AUBRAC 12 Aveyron 🔢 ⑭ *G. Gorges du Tarn* – alt. 1300 – ✉ 12470 St-Chély-d'Aubrac.
Paris 588 – Aurillac 96 – Rodez 57 – Mende 67 – St-Flour 74.

🏠 **La Dômerie** 🔅, ℰ 05 65 44 28 42, Fax 05 65 44 21 47 – ☎ 🅿. ⅭⒷ. 🍽 rest
hôtel : 1ᵉʳ mai-15 oct. ; rest. : 6 mai-15 oct. – **Repas** *(fermé merc. midi sauf juil.-août)* 95/200, enf. 60 – ⌷ 38 – **24 ch** 250/395 – ½ P 220/330.

AUBREVILLE 55120 Meuse 🔢 ⑳ – 387 h alt. 184.
Paris 242 – Bar-le-Duc 55 – Dun-sur-Meuse 36 – Ste-Menehould 20 – Verdun 26.

🏔 **Commerce,** ℰ 03 29 87 40 35, Fax 03 29 87 43 69 – 🛏 🅿. ⑩ ⅭⒷ. 🍽 rest
🍽 *fermé 1ᵉʳ au 20 oct.* – **Repas** 70/120 ⅃ – ⌷ 25 – **8 ch** 160/210 – ½ P 185/210.

AUBRIVES 08320 Ardennes 🔢 ⑧ ⑨ – 1 139 h alt. 108.
Paris 273 – Charleville-Mézières 49 – Fumay 17 – Givet 8 – Rocroi 33.

XX **Debette** avec ch, ℰ 03 24 41 64 72, Fax 03 24 41 10 31, ☀ – 📺 ☎. 🆎 ⑩ ⅭⒷ
🍽 *fermé 26 janv. au 17 fév., dim. soir et lundi midi* – **Repas** 75/250 ⅃ – ⌷ 38 – **18 ch** 230/270 – ½ P 270.

AUBUSSON

Pour un bon usage des plans de villes, voir les signes conventionnels dans l'introduction.

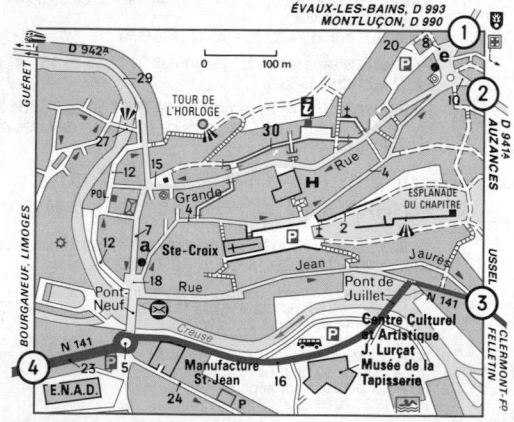

AUBUSSON ⟨SP⟩ *23200 Creuse* **73** ① *G. Berry Limousin – 5 097 h alt. 440.*

Voir *Musée départemental de la Tapisserie★ (centre culturel Jean-Lurçat).*

Office de Tourisme r. Vieille ☏ 05 55 66 32 12, Fax 05 55 83 84 51.

Paris 390 ① – Clermont-Ferrand 90 ③ – Guéret 44 ① – Limoges 89 ④ – Montluçon 63 ① – Tulle 107 ③ – Ussel 59 ③.

Plan page ci-contre

France, 6 r. Déportés **(a)** ☏ 05 55 66 10 22, Fax 05 55 66 88 64, – TV ☎. GB
Repas *(fermé dim. soir et lundi sauf juil.-août)* 90/260 – ☕ 40 – **24 ch** 300/600.

Le Lion d'Or, pl. Gén. Espagne **(e)** ☏ 05 55 66 13 88, Fax 05 55 66 84 73 – TV ☎. AE GB
fermé 9 au 24 fév. et dim. soir hors sais. – **Repas** 95/190 – ☕ 35 – **11 ch** 270/300 – ½ P 290.

PEUGEOT Gar. Ducros, à Moutier-Rozeille par ③ ☏ 05 55 66 29 33
PEUGEOT Gar. Barraud, Pont d'Alleyrat par D 942^A ☏ 05 55 66 19 91

RENAULT SAGA, av. d'Auvergne par ② ☏ 05 55 66 14 54 **N** ☏ 05 55 66 38 38

Gar. Loulergue, 2 av. d'Auvergne ☏ 05 55 66 10 50

AUBUSSON D'AUVERGNE *63120 P.-de-D.* **73** ⑯ *– 191 h alt. 418.*

Paris 475 – Clermont-Ferrand 62 – Ambert 42 – Thiers 19.

Au Bon Coin avec ch, ☏ 04 73 53 55 78, Fax 04 73 53 56 29 – GB. ch
fermé 22 déc. au 25 janv., dim. soir et lundi hors sais. – **Repas** 90/300 – ☕ 35 – **7 ch** 240 – ½ P 250/350.

AUCAMVILLE *31 H.-Gar.* **82** ⑧ *– rattaché à Toulouse.*

AUCH **P** *32000 Gers* **82** ⑤ *G. Pyrénées Aquitaine – 23 136 h alt. 169.*

Voir *Cathédrale Ste-Marie★★ : stalles★★★, vitraux★★* **AZ.**

9 de Fleurance ☏ 05 62 06 26 26, par ① sur N 21 : 20 km ; 18 d'Auch-Embats ☏ 05 62 05 20 80, par ⑤ N 124 : 5 km.

Office de Tourisme 1 r. Dessoles ☏ 05 62 05 22 89, Fax 05 62 05 92 04.

Paris 784 ① – Agen 74 ① – Bayonne 212 ④ – Bordeaux 207 ① – Lourdes 92 ④ – Montauban 85 ② – Pau 106 ④ – St-Gaudens 76 ④ – Tarbes 74 ④ – Toulouse 76 ②.

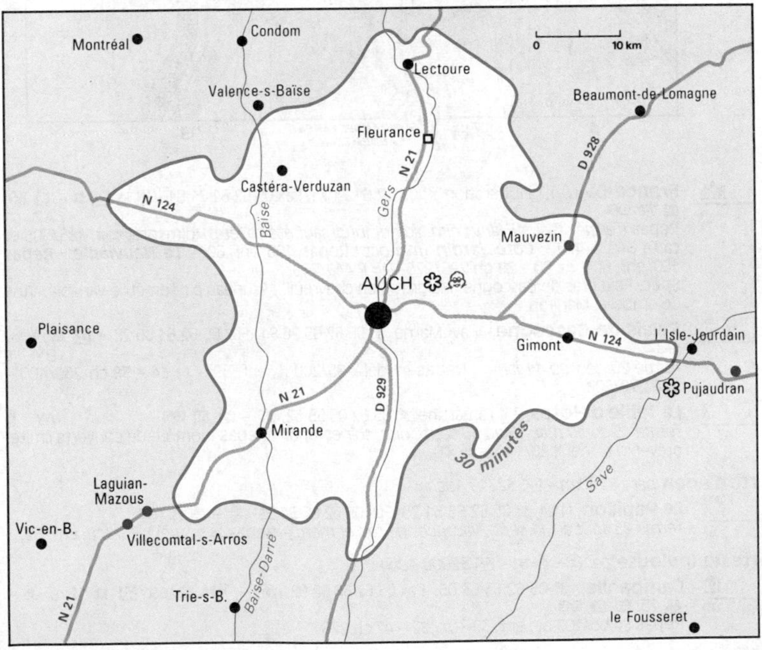

AUCH

Alsace (Av. d') .... **BY**
Dessolles (R.) .... **AY** 5
Gambetta (R.) .... **AY**

Caillou (Pl. du) .... **AZ** 2
Convention (R. de la) .... **AZ** 3
David (Pl. J.) .... **AY** 4
Marne (Av. de la) .... **BY** 17
Legarrasic (Allées) .... **ABZ** 14
Lissagaray (Q.) .... **BYZ** 15
Marceau (R.) .... **BY** 16
Montebello (R.) .... **BZ** 19
Pasteur (R.) .... **BZ** 20
Pont-National (R. du) .... **AZ** 21
Prieuré (Pt du) .... **BY** 23
Rabelais (R.) .... **BZ** 25
République (Pl. et R. de la) .... **AZ** 26
Somme (R. de la) .... **BY** 30

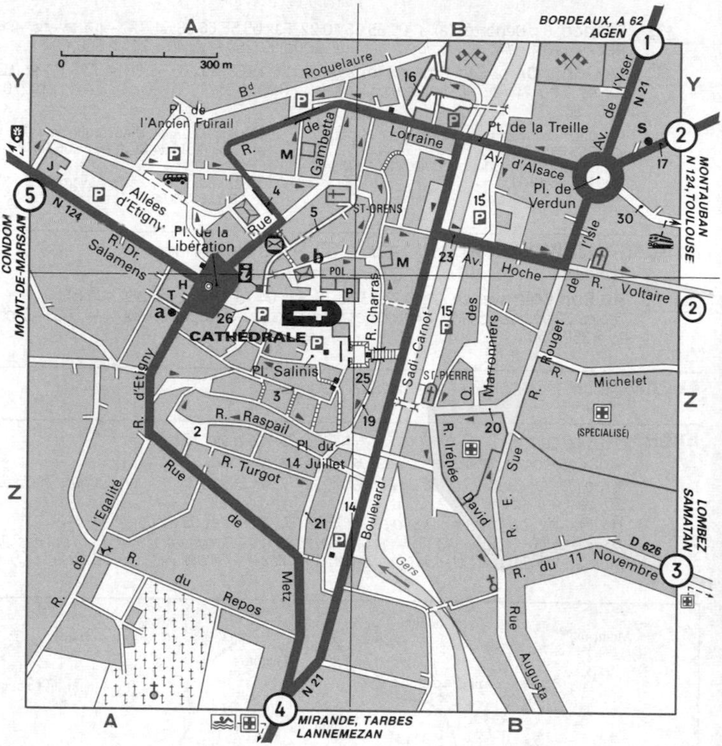

France (Daguin), pl. Libération ☎ 05 62 61 71 71, Fax 05 62 61 71 81 – 30. AE GB — AZ a
Repas *(fermé 1er au 15 janv., dim. soir et lundi sauf été et fêtes)* (dim. prévenir) 185/505 et carte 340 à 470 - ***Côté Jardin*** *(mai-oct.)* **Repas** 100, enf. 60 – ***Le Neuvième :*** **Repas** 100, enf. 60 – 80 – **29 ch** 295/975 – ½ P 448/570
Spéc. Foie gras de Gascogne. Maigret " en chevreuil". Pruneau à géométrie variable. **Vins** Colombelle, Madiran.

Relais de Gascogne, 5 av. Marne ☎ 05 62 05 26 81, Fax 05 62 63 30 22 – GB — BY s
fermé 20 déc. au 11 janv. – **Repas** 90 (déj.), 95/200, enf. 59 – 34 – **38 ch** 260/400 – ½ P 270/308.

La Table d'Hôtes, 7 r. Lamartine ☎ 05 62 05 55 62, – . AE GB — AY b
fermé 15 au 30 mai, 15 au 30 sept., dim. soir et lundi – **Repas** (nombre de couverts limité, prévenir) 60 (déj.), 90/140, enf. 40.

rte d'Agen *par ① : 7 km – ✉ 32810 Auch :*

Le Papillon, N 21 ☎ 05 62 65 51 29, Fax 05 62 65 54 33, – P. GB
fermé 25 août au 11 sept., vacances de fév. et merc. – **Repas** 74 bc (déj.), 96/248, enf. 52.

rte de Toulouse *par ② : 4 km – ✉ 32000 Auch :*

Campanile, ☎ 05 62 63 63 05, Fax 05 62 60 02 92, – rest P – 25. AE GB
Repas 84 bc/107 bc, enf. 39 – 32 – **47 ch** 278.

ALFA ROMEO, FIAT Beaulieu Auto Sce, rte de Tarbes ℘ 05 62 05 57 45
BMW, HONDA S.D.A. Sport, ZI Nord rte d'Agen ℘ 05 62 63 50 04
CITROEN Gd Gar. de Gascogne, ZI Nord rte d'Agen par ① ℘ 05 62 63 08 55
FORD SLADA, 52 av. des Pyrénées ℘ 05 62 05 63 07
MERCEDES, TOYOTA MERCEDES ZI Nord ℘ 05 62 63 03 44

PEUGEOT Gar. Téchené, rte de Toulouse par ② ℘ 05 62 60 10 30 Ⓝ ℘ 08 00 44 24 24
RENAULT Gar. Darrous, rte de Toulouse par ② ℘ 05 62 60 14 14 Ⓝ ℘ 05 62 22 27 80
VAG Gar. Dambax, ZI du Sousson à Pavie ℘ 05 62 05 93 55

🔘 Euromaster, ZI Nord, rte d'Agen ℘ 05 62 63 14 41
Rivière Point S, 193 r. V.-Hugo ℘ 05 62 05 64 21

AUDIERNE 29770 Finistère 🖫🖫 ⑬ G. Bretagne – 2 746 h alt. 5.
Voir Site★ – Chapelle de St-Tugen★ O : 4,5 km.
🚹 Office de Tourisme pl. de la Liberté ℘ 02 98 70 12 20, Fax 02 98 75 01 11.
Paris 600 – Quimper 37 – Douarnenez 20 – Pointe du Raz 16 – Pont-l'Abbé 32.

🏨 **Le Goyen,** sur le port ℘ 02 98 70 08 88, Fax 02 98 70 18 77, ≤, ㄫ – 🛗 📺 ☎ – 🔬 30. ⒶⒺ ⒼⒷ
mi-mars-mi-nov. – **Repas** (fermé lundi hors sais. sauf fériés) 160/450 – ⌑ 70 – **24 ch** 350/800, 3 appart – ½ P 565/750.

🏨 **Plage** Ⓜ, à la plage ℘ 02 98 70 01 07, Fax 02 98 75 04 69, ≤ – 🛗 ☎ &. ⒼⒷ
hôtel : Pâques-30 sept. et fermé mardi en juin ; rest. : 15 juin-30 sept. et fermé mardi en juin – **Repas** (dîner seul.)(résidents seul.) 160 – ⌑ 40 – **27 ch** 260/420 – ½ P 330/410.

🏨 **Roi Gradlon,** sur la plage ℘ 02 98 70 04 51, Fax 02 98 70 14 73, ≤ – 📺 ☎ 🅿 ⒶⒺ ⓞ ⒼⒷ
fermé 6 janv. au 15 fév. – **Repas** (fermé dim. soir et lundi d'oct. à mars) 120/230, enf. 80 – ⌑ 40 – **19 ch** 310/360 – ½ P 380/410.

Find out how long your journey will take before setting out.
*The **Michelin Map** no 🔲🔲🔲 helps you gain time.*

AUDINCOURT 25400 Doubs 🖫🖫 ⑧ ⑱ G. Jura – 16 361 h alt. 323.
Voir Église du Sacré-Coeur : baptistère★ AY B.
Paris 477 – Besançon 81 – Mulhouse 58 – Basel 67 – Baume-les-Dames 46 – Belfort 21 – Montbéliard 6 – Morteau 71.

Voir plan de Montbéliard agglomération.

🏨 **Les Tilleuls** ❧ sans rest, 51 r. Foch ℘ 03 81 30 77 00, Fax 03 81 30 57 20, 🏊, ㄫ – 📺 ☎ 📞 🅿 ⒶⒺ ⒼⒷ   AY s
⌑ 34 – **49 ch** 195/350.

à Taillecourt Nord : 1,5 km rte de Sochaux – 659 h. alt. 330 – ⊠ 25400 :
XXX **Aub. La Gogoline,** ℘ 03 81 94 54 82, Fax 03 81 95 20 42, ㄫ, ㄫ – 🅿 ⒶⒺ ⓞ ⒼⒷ
fermé 1er au 22 sept., vacances de fév., sam. midi, dim. soir et lundi sauf fériés – **Repas** 95/320 et carte 220 à 320.   AY k

à Séloncourt 3 km par ④ – 5 613 h. alt. 365 – ⊠ 25230 :
XX **Le Monarque,** 23 r. Berne ℘ 03 81 37 12 39, Fax 03 81 35 45 85 – 🅿 ⒼⒷ
🚗 fermé 29 juil. au 11 août, dim. soir et lundi – **Repas** 95/175, enf. 50.

🔘 Kautzmann EPS, ZI des Arbletiers ℘ 03 81 35 56 32
Pneus et Services D.K., 33 r. d'Audincourt à Exincourt ℘ 03 81 94 51 36

AUDRESSEIN 09 Ariège 🖫🖫 ② – rattaché à Castillon-en-Couserans.

AUDRIEU 14 Calvados 🖫🖫 ⑪ – rattaché à Bayeux.

AULLÈNE 2A Corse-du-Sud 🖫🖫 ⑦ – voir à Corse.

AULNAY-SOUS-BOIS 93 Seine-St-Denis 🖫🖫 ⑪,, 🔳🔳🔳 ⑱ – voir à Paris, Environs.

AULUS-LES-BAINS 09140 Ariège 🖫🖫 ③ ④ G. Pyrénées Aquitaine – 210 h alt. 750 – Stat. therm. (fin avril-mi oct.).
Voir Vallée du Garbet★ N.
🚹 Office de Tourisme résidence de l'Ars ℘ 05 61 96 01 79.
Paris 818 – Foix 61 – Oust 16 – St-Girons 33.

🏠 **Host. de la Terrasse,** 𝒫 05 61 96 00 98, ≤, 🏦 – ☎ 🅿. ⊖⊟. 🛱
🚐 *1ᵉʳ mai-30 sept.* – **Repas** (nombre de couverts limité, prévenir) 80/190 – ⊇ 45 – **17 ch** 180/500 – ½ P 250/280.

🏠 **Les Oussaillès,** 𝒫 05 61 96 03 68, Fax 05 61 96 03 70, 🏦, 🚗 – 📺 ☎ ⊖⊟
Repas 𝒫 05 61 96 03 38 - *(fermé 17 nov. au 18 déc. et mardi du 15 oct. à Pâques sauf vacances scolaires)* 88/198, enf. 42 – ⊇ 33 – **12 ch** 240/280 – ½ P 235/255.

🎋 **France,** 𝒫 05 61 96 00 90, Fax 05 61 96 03 29, 🚗 – ☎ 🅿. ⊖⊟
🍴 *fermé 15 oct. au 20 déc.* – **Repas** 65/160 🍴, enf. 40 – ⊇ 30 – **23 ch** 150/200 – ½ P 170/200.

AUMALE 76390 S.-Mar. 🗖🗖 ⑯ *G. Normandie Vallée de la Seine* – 2 690 h alt. 130.
Paris 133 ③ – Amiens 44 ② – Beauvais 50 ③ – Dieppe 69 ⑤ – Gournay-en-Bray 35 ③ – Rouen 76 ⑤.

AUMALE

Marchés (Pl. des)	16
Abbaye-d'Auchy (R. de l')	2
Bailliage (R. du)	3
Birmandreis (R. de)	5
Centrale (R.)	6
Foch (Av. Maréchal)	7
Fontaines (Bd des)	8
Gaulle (Av. du Gén.-de)	9
Hamel (R. du)	12
Libération (Pl. de la)	13
Louis-Philippe (R.)	14
Nationale (R.)	18
Normandie (R. de)	19
Picardie (R. de)	22
St-Lazare (R.)	24
St-Pierre (R.)	25
Tanneurs (R. des)	27
8-Mai-1945 (Av. du)	30

🏨 **Villa des Houx,** av. Gén. de Gaulle **(a)** 𝒫 02 35 93 93 30, Fax 02 35 93 03 94, 🚗 – 📺 ☎
🚐 ⟵🅿 – 🏂 25. 🅰🅴 ⊖⊟
Repas 98/290 – ⊇ 35 – **13 ch** 265/380 – ½ P 280/380.

✗✗ **Mouton Gras** avec ch, 2 r. Verdun **(e)** 𝒫 02 35 93 41 32, « *Maison normande fin 17ᵉ*
🍴 *siècle, bel intérieur* », 🚗 – 📺. 🅰🅴 ⓪ ⊖⊟
fermé 1ᵉʳ au 19 sept., lundi soir et mardi – **Repas** 100/170, enf. 50 – ⊇ 35 – **6 ch** 200/300.

CITROEN Gar. Legrand, 𝒫 02 35 93 42 04 ℕ 𝒫 02 35 93 42 04
RENAULT Gar. Ducrocq, 𝒫 02 35 93 41 17 ℕ 𝒫 02 35 93 41 17

🔘 Parin, rte de Beauvais à Quincampoix-Fleuzy 𝒫 02 35 93 93 93

AUMONT-AUBRAC 48130 Lozère 🗖🗖 ⑮ – 1 050 h alt. 1040.
Paris 556 – Aurillac 116 – Mende 42 – Le Puy-en-Velay 92 – Espalion 58 – Marvejols 24 – St-Chély-d'Apcher 10.

🏨 **Gd H. Prouhèze,** 𝒫 04 66 42 80 07, Fax 04 66 42 87 78, 🏦 – 📺 ☎ 🅿. – 🏂 25. 🅰🅴 ⊖⊟
❄ *29 mars-2 nov. et fermé dim. soir et lundi sauf juil.-août* – **Repas** 140 (déj.), 200/550 et carte 320 à 400, enf. 85 – ⊇ 85 – **27 ch** 330/570 – ½ P 470/570
Spéc. Ragoût de petits légumes et d'herbes sauvages aux jeunes morilles. Filets de rouget de la Méditerranée aux anchois de Collioure. Pot-au-feu de foie gras au bouillon de cèpes.
Vins Côtes d'Auvergne.

🏨 **Chez Camillou,** N 9 𝒫 04 66 42 80 22, Fax 04 66 42 93 70, 🎣, 🏊 – 🛗 📺 ☎ 🅿. ⊖⊟
1ᵉʳ avril-1ᵉʳ nov. – **Repas** 100/230, enf. 55 – ⊇ 43 – **46 ch** 320/500 – ½ P 300/310.

Gar. Benoit, 𝒫 04 66 42 80 17

AUNAY-SUR-ODON 14260 Calvados 🗖🗖 ⑮ *G. Normandie Cotentin* – 2 878 h alt. 188.
Paris 269 – Caen 35 – Falaise 42 – Flers 37 – St-Lô 41 – Vire 31.

✗✗ **St-Michel** avec ch, r. Caen 𝒫 02 31 77 63 16, Fax 02 31 77 05 83 – 📺 ☎ 📞. ⊖⊟
🍴 *fermé 15 janv. au 8 fév., dim. soir et lundi sauf juil.-août* – **Repas** 75/250 🍴, enf. 50 – ⊇ 30 – **7 ch** 190/230 – ½ P 185/240.

RENAULT Gar. Aunay, 𝒫 02 31 77 63 48 ℕ 𝒫 02 31 77 01 51

AURAY 56400 Morbihan 🔢 ② G. Bretagne – 10 323 h alt. 35.

Voir *Quartier St-Goustan★ – Promenade du Loch★ – Église St-Gildas★ – Ste-Avoye : Jubé★ et charpente★ de l'église 4 km par* ①.

🏌 *de St-Laurent* ℘ 02 97 56 85 18, *par* ③ : 11 km; 🏌 *de Baden* ℘ 02 97 57 18 96, *par* ① *puis D 101 : 9 km.*

🚗 ℘ 08 36 35 35 35.

🛈 *Office de Tourisme* 20 r. du Lait ℘ 02 97 24 09 75, Fax 02 97 50 80 75.

Paris 478 ① – *Vannes* 19 ① – *Lorient* 41 ④ – *Pontivy* 52 ④ – *Quimper* 100 ④.

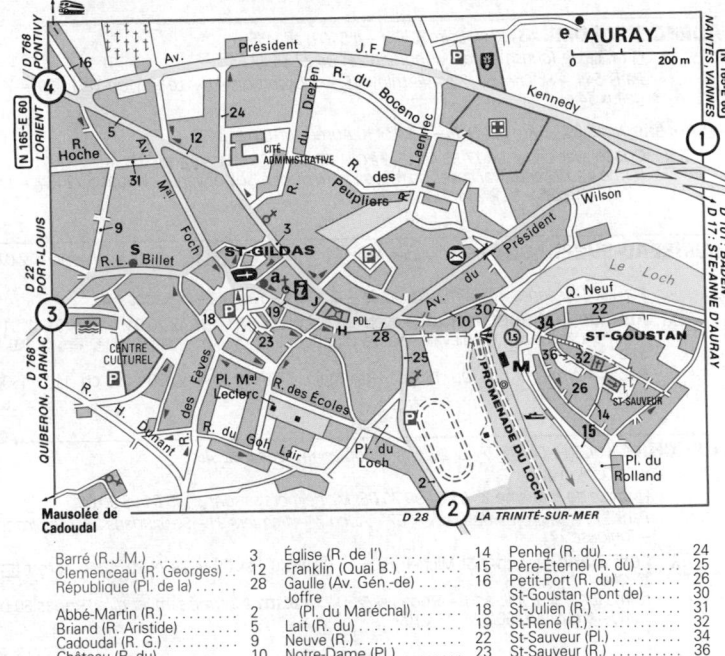

Barré (R.J.M.)	3	Église (R. de l')	14	Penher (R. du)		24
Clemenceau (R. Georges)	12	Franklin (Quai B.)	15	Père-Eternel (R. du)		25
République (Pl. de la)	28	Gaulle (Av. Gén.-de)	16	Petit-Port (R. du)		26
		Joffre		St-Goustan (Pont de)		30
Abbé-Martin (R.)	2	(Pl. du Maréchal)	18	St-Julien (R.)		31
Briand (R. Aristide)	5	Lait (R. du)	19	St-René (R.)		32
Cadoudal (R. G.)	9	Neuve (R.)	22	St-Sauveur (Pl.)		34
Château (R. du)	10	Notre-Dame (Pl.)	23	St-Sauveur (R.)		36

🏨🏨 **Loch et rest. La Sterne** Ⓜ ⌖, La Forêt **(e)** ℘ 02 97 56 48 33, Fax 02 97 56 63 55, 🚗 –
📶 📺 ☎ 🅿 – 🔬 30. 🇬🇧 🛎
Repas *(fermé dim. soir d'oct. à Pâques)* 99/250 ⓖ, enf. 68 – ☑ 38 – **30 ch** 310/340 –
½ P 305/315.

🏨🏨 **Voyageurs et Diligence** Ⓜ, 170 av. Gén. de Gaulle (près gare SNCF) ℘ 02 97 24 00 18,
Fax 02 97 56 67 93, 🚗 – 📶 📺 ☎ ⓖ 🅿 – 🔬 30. 🅰🅴 🇬🇧
fermé 26 janv. au 26 fév., dim. soir et lundi sauf de juil. à mi-sept. – **Repas** 88/190 – ☑ 45 –
19 ch 290/340.

🏨 **Le Branhoc** Ⓜ sans rest, rte du Bono : 1,5 km ℘ 02 97 56 41 55, Fax 02 97 56 41 35, 🚗
– 📺 ☎ 🅿. 🇬🇧 🛎
☑ 29 – **28 ch** 270/300.

XXX **La Closerie de Kerdrain**, 20 r. L. Billet **(s)** ℘ 02 97 56 61 27, Fax 02 97 24 15 79, 🌳,
« Demeure du 16e siècle », 🚗 – 🅿. 🅰🅴 🇬🇧
fermé 1er au 15 mars, 20 au 30 nov., dim. soir et lundi hors sais. – **Repas** 100 (déj.), 150/370 et
carte 260 à 380.

XX **Aub. La Plaine**, r. Lait **(a)** ℘ 02 97 24 09 40, Fax 02 97 50 76 53 – 🇬🇧
🛎 *fermé 3 au 18 mars, 14 oct. au 4 nov., lundi soir sauf juil.-août et mardi* – **Repas** 70/190,
enf. 45.

au golf de St-Laurent *par* ③ *et D 22 : 10 km* – ✉ 56400 *Auray* :

🏨🏨 **Fairway H.** Ⓜ ⌖, ℘ 02 97 56 88 88, Fax 02 97 56 88 28, ≤, 🌳, parc, 🛝, 🏊 – 📺 ☎ 🏌 ⓖ
🅿 – 🔬 60. 🅰🅴 🇬🇧, 🛎 rest
1er avril-30 nov. – **Repas** 135, enf. 80 – ☑ 48 – **42 ch** 535/625 – ½ P 475.

CITROEN Europe Diffusion Autom., ZAC de
Kerfontaine à Pluneret ℰ 02 97 24 01 71 **N** ℰ 02
97 24 81 81
OPEL Océane Autom., Porte Océane
ℰ 02 97 24 12 12 **N** ℰ 02 97 24 14 18
PEUGEOT Gar. Laine, rte de Lorient par ④
ℰ 02 97 24 05 14 **N** ℰ 02 99 24 23 73
RENAULT S.C.A.D.A., rte de Ste-Anne d'Auray
Kerfontaine par ① ℰ 02 97 24 05 94 **N** ℰ 06 07
32 81 12

VAG Gar. Kermorvant, rte de Quiberon, ZA de
Kerbois ℰ 02 97 24 11 73

🅦 Auray Pneus Sce, ZI de Toul Garros
ℰ 02 97 24 24 48
Auray Pneus, 12 r. Paix ℰ 02 97 56 50 55

AUREC-SUR-LOIRE 43110 H.-Loire **76** ⑧ – 4 510 h alt. 435.

🛈 Office de Tourisme r. du Monument ℰ 04 77 35 42 65.
Paris 541 – St-Étienne 22 – Firminy 15 – Montbrison 41 – Le Puy-en-Velay 59 – Yssin-geaux 34.

à Semène Nord-Est : 3 km par D 46 – ⊠ 43110 Aurec-sur-Loire :

XX **Coste** avec ch, ℰ 04 77 35 40 15, Fax 04 77 35 39 05, ☞ – 📺 ☎. 🈸
fermé 4 au 22 août, vacances de fév., sam. midi, dim. soir et vend. – **Repas** 92/215 🍴 – � 42
– **7 ch** 218/285 – ½ P 214/242.

AURIBEAU-SUR-SIAGNE 06810 Alpes-Mar. **84** ⑧, **114** ㉖, **115** ㉔ G. Côte d'Azur – 2 072 h alt. 85.

Paris 903 – Cannes 13 – Draguignan 63 – Grasse 9 – Nice 42 – St-Raphaël 41.

XXX **Aub. de la Vignette Haute** avec ch, rte village ℰ 04 93 42 20 01, Fax 04 93 42 31 16,
≤, ☞, « Ambiance médiévale, pièces d'antiquité », ⌨, ☞ – 🔲 📺 ☎ 🐴 ⇌ 🅿. 🇦🇪 🈸
🈐
Repas (fermé 15 nov. au 15 déc.) 160 (déj.), 370/520 🍴 – ⊷ 80 – **13 ch** 1100/1500 –
½ P 960/1110.

AURIGNAC 31420 H.-Gar. **82** ⑯ G. Pyrénées Aquitaine – 983 h alt. 430.

Voir Donjon ✳ ⭑.
🛈 Office de Tourisme ℰ 05 61 98 70 06, Mairie (hors saison) ℰ 05 61 98 90 08.
Paris 771 – Bagnères-de-Luchon 67 – Auch 71 – Pamiers 91 – St-Gaudens 23 – St-Girons 42
– Toulouse 77.

XX **Cerf Blanc** avec ch, r. St Michel ℰ 05 61 98 95 76, Fax 05 61 98 76 80, ☞ – 🔲 rest 📺 ☎
🅿. 🈸
fermé lundi sauf juil.-août – **Repas** 88/260 • **Le Bistrot** (fermé sam. et dim.) **Repas** 60 bc –
⊷ 40 – **9 ch** 190/260 – ½ P 320/360.

AURILLAC 🅿 15000 Cantal **76** ⑫ G. Auvergne – 30 773 h alt. 610.

Voir Route des Crêtes★★ NE par D 35 BY.
🛈 Golf Club de Vézac Aurillac ℰ 04 71 62 40 09 par ③ et D 990 : 8 km.
✈ Aurillac Tronquière ℰ 04 71 64 50 00 par ③.
🛈 Office de Tourisme pl. Square ℰ 04 71 48 46 58, Fax 04 71 48 99 39.
Paris 572 ② – Brive-la-Gaillarde 98 ④ – Clermont-Ferrand 158 ② – Montauban 173 ③ –
Montluçon 260 ④.

Plan page ci-contre

🏨 **Gd H. de Bordeaux** M sans rest, 2 av. République ℰ 04 71 48 01 84, Fax 04 71 48 49 93
– 📱 ⇆ 📺 ☎ 📞 ⇌ – 🛆 35. 🇦🇪 🅞 🈸   BY r
fermé 19 déc. au 4 janv. – ⊷ 49 – **34 ch** 350/480.

🏨 **St-Pierre,** 16 cours Monthyon ℰ 04 71 48 00 24, Fax 04 71 64 81 83 – 📱 ⇆ 📺 ☎ 📞 ⇌
– 🛆 40. 🇦🇪 🅞 🈸   BZ a
Repas 80 (déj.), 115/240, enf. 40 – ⊷ 38 – **29 ch** 280/480 – ½ P 330.

🏨 **La Ferraudie** ⧖ sans rest, 15 r. Bel Air ℰ 04 71 48 72 42, Fax 04 71 48 65 59 – 📱 📺 ☎
🅿. 🈸   AZ b
⊷ 32 – **22 ch** 250/350.

🏨 **Renaissance,** pl. Square ℰ 04 71 48 09 80, Fax 04 71 48 54 81 – 📱 📺 ☎. 🈸. ✀ ch
fermé 1er au 15 juil., 20 déc. au 10 janv. et dim. sauf juil.-août – **Repas** 78/160 🍴 – ⊷ 30 –
24 ch 180/280 – ½ P 210/250.   BZ k

🏨 **Delcher,** 20 r. Carmes ℰ 04 71 48 01 69, Fax 04 71 48 86 66 – 📺 ☎ 📞 🅿. 🇦🇪 🈸   BZ q
fermé 29 juin au 14 juil., Noël au Jour de l'An, dim. soir sauf juil.-août – **Repas** 74/185 🍴,
enf. 45 – ⊷ 29 – **16 ch** 250/280 – ½ P 230.

136

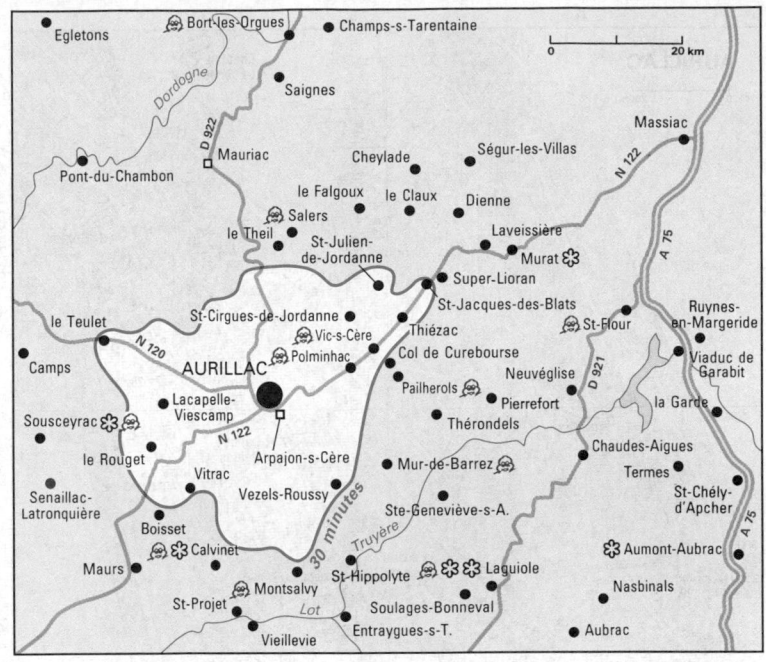

🏨 **Campanile**, rte de Clermont-Ferrand par ③ ℘ 04 71 64 64 84, Fax 04 71 64 55 90, 🈸 –
🍴 📺 ☎ ♥ ℗ – 🚗 25. ⚠ ⓞ 🆖
Repas 84 bc/107 bc, enf. 39 – 🖵 32 – **47 ch** 278.

🏨 **Les Arcades,** rte de Clermont-Ferrand par ③ ℘ 04 71 64 15 11, Fax 04 71 64 28 54, 🛁 –
📺 ☎ 🛆 ⇦ ℗ – 🚗 25. ⚠ ⓞ 🆖
Repas (fermé sam. midi et dim.) 75/140 🍷 – 🖵 32 – **41 ch** 200/290.

✕✕ **Reine Margot,** 19 r. G. de Veyre ℘ 04 71 48 26 46, Fax 04 71 48 92 39 – 🆖
fermé 15 au 28 fév., lundi sauf le soir en juil.-août et dim. soir de sept. à juin – **Repas** 95/260
🍷, enf. 48. BZ u

✕ **Quatre Saisons,** 10 r. Champeil ℘ 04 71 64 85 38 – ⚠ 🆖 BY v
fermé dim. soir et lundi – **Repas** 80/205 🍷.

à Arpajon-sur-Cère par ③ et D 920 : 2 km – 5 296 h. alt. 613 – ⊠ 15130 :

🏨 **Les Provinciales** sans rest, pl. Foirail ℘ 04 71 64 29 50, Fax 04 71 64 67 87 – 📺 ☎ ℗.
🆖
🖵 35 – **19 ch** 220/250.

MICHELIN, Agence, r. Gutenberg, ZI de Lescudillier par r. F-Meynard **AZ**
℘ 04 71 64 90 33

BMW, SEAT Auvergne Auto, av. G.-Pompidou
℘ 04 71 64 58 44
CITROEN Gar. Daix, av. G.-Pompidou par ③
℘ 04 71 64 14 82
CITROEN Auto Vialenc, av. G.-Pompidou par ③
℘ 04 71 48 00 00
FIAT, LANCIA Gar. Moderne Ladoux, 70 av.
Gén.-Leclerc ℘ 04 71 64 65 65
FORD Gar. Dalbouze, bd Vialenc ℘ 04 71 64 14 43
HONDA Cantal Auto Sport, ZI Sistrieres
℘ 04 71 63 76 15
MERCEDES, VAG TCS Autom. Sce, av. G.-Pompidou
℘ 04 71 63 41 83
NISSAN Gar. Vers, N 122 ℘ 04 71 63 51 32
OPEL Gar. Vidal, 47 av. Pupilles de la Nation
℘ 04 71 48 01 51
PEUGEOT Gar. Socauto, av. G.-Pompidou, ZI de
Sistrières par ③ ℘ 04 71 63 66 00 🅽 ℘ 04 71 45
22 77

RENAULT Gar. Rudelle Fabre, 100 av. Ch.-de-
Gaulle par r. F.-Maynard **AZ** ℘ 04 71 63 76 22 🅽
℘ 08 00 05 15 15
TOYOTA Gar. Arnaud, av. G.-Pompidou
℘ 04 71 48 12 31

🔵 Cantal Pneus, 8 r. Gutenberg, ZI de Lescudillier
℘ 04 71 63 57 30
Euromaster, rte Conthe ℘ 04 71 63 40 60
Ladoux Vulco, 1 bd de Verdun ℘ 04 71 48 17 01
Techni pneus, 6 r. Gutenberg ZI Lescudillier
℘ 04 71 64 96 22
Technic pneus services, 161 av Gén.-Leclerc
℘ 04 71 63 61 42

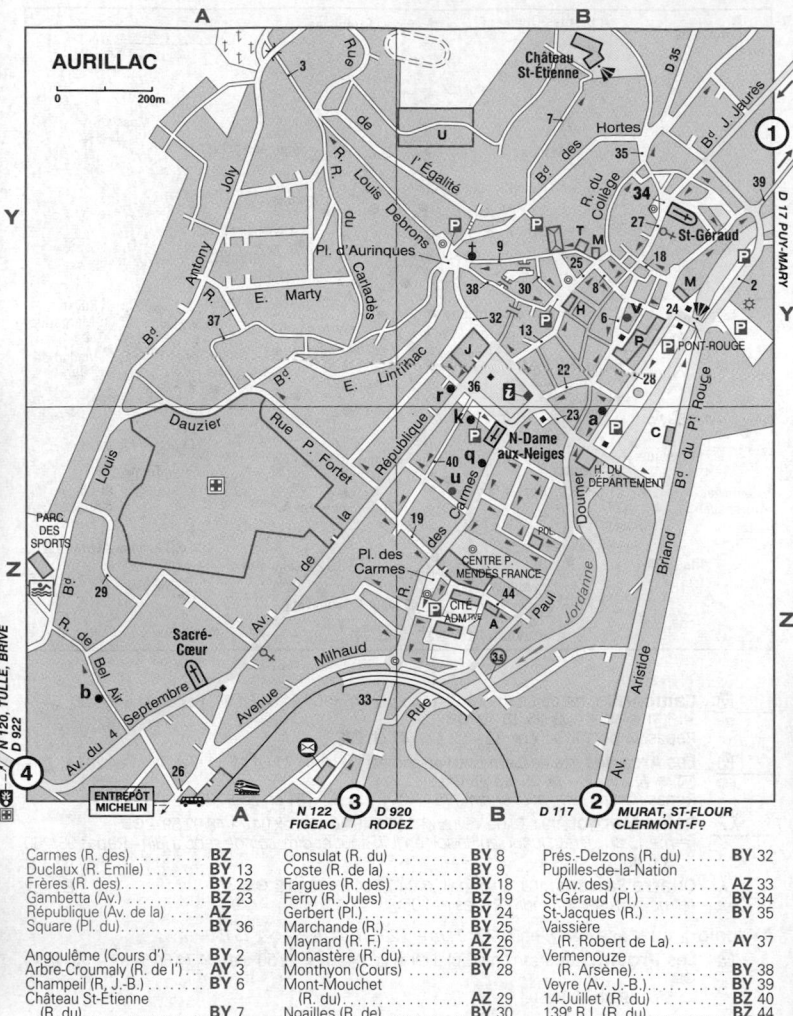

AURILLAC

AURIOL 13390 B.-du-R. 🟨🟨 ⑭, 🟥🟥 ㉚ – 6 788 h alt. 200.

🛈 Syndicat d'Initiative quai de l'Huveaune (Pentecôte à sept.) 𝒞 04 42 04 76 41.
Paris 782 – Marseille 30 – Aix-en-Provence 29 – Brignoles 39 – Toulon 60.

🏠 **Commerce "Chez Suzanne"** 🦐, 𝒞 04 42 04 70 25, 🍽 – 📺 ☎ 🅿 ⬛
fermé fév., dim. soir et lundi sauf juil.-août – Repas 58 (déj.), 85/190 – 🍽 35 – **11 ch**
200/250 – ½ P 220.

AUROUX 48600 Lozère 🟨🟩 ⑯ – 395 h alt. 960.
Paris 571 – Mende 50 – Le Puy-en-Velay 51 – Langogne 16.

France, D 988 𝒞 04 66 69 55 02 – ⬛
fermé 15 déc. au 30 janv. – Repas 65/140 🍴 – 🍽 28 – **23 ch** 130/170 – ½ P 230/240.

AUSSOIS 73500 Savoie 🔢 ⑧ G. Alpes du Nord – 530 h alt. 1489 – Sports d'hiver : 1 500/2 750 m
🚠 11 🎿.
Voir Site★ – Monolithe de Sardières★ NE : 3 km.
🄱 Office de Tourisme 🖉 04 79 20 30 80, Fax 04 79 20 37 00.
Paris 674 – Albertville 99 – Chambéry 110 – Lanslebourg-Mont-Cenis 17 – Modane 7 –
St-Jean-de-Maurienne 39.

🏨 **Soleil** Ⓜ ⊗, 🖉 04 79 20 32 42, Fax 04 79 20 37 78, ≼, 🍽 – 📺 ☎ 🅿. GB. 🍸
hôtel : 15 juin-1er oct. et 17 déc.-15 avril ; rest. : 3 juil.-31 août et 23 déc.-1er avril – **Repas**
(prévenir) 98/255, enf. 68 – �🖙 43 – **22 ch** 270/360 – ½ P 340.

🏠 **Les Mottets** Ⓜ, 🖉 04 79 20 30 86, Fax 04 79 20 34 22, ≼ – 📺 ☎ 📞 🅿. ① GB
Repas 94/180, enf. 55 – ☐ 38 – **25 ch** 210/330 – ½ P 295.

🏠 **Le Choucas,** 🖉 04 79 20 32 77, Fax 04 79 20 39 87, ≼, 🍽, 🐎 – 📺 ☎. ① GB. 🍸 rest
🍽 1er juin-30 sept. et 1er déc.-30 avril – **Repas** 85/150 – ☐ 35 – **28 ch** 210/330 – ½ P 300.

AUTERIVE 31190 H.-Gar. 🔢 ⑱ – 5 814 h alt. 185.
Paris 727 – Toulouse 33 – Carcassonne 88 – Castres 83 – Muret 20 – St-Gaudens 77.

🏠 **Delta,** 61 rte Toulouse 🖉 05 61 50 52 16, Fax 05 61 50 00 21 – ▤ rest 📺 ☎ ⅙ 🅿. ⒜Ⓔ GB
🍽 🍸
fermé dim. soir – **Repas** 59/167 ⅙, enf. 35 – ☐ 30 – **16 ch** 200 – ½ P 190.

CITROEN Gar. Gimbrède, N 20 🖉 05 61 50 76 76   RENAULT Gar. Blanc, 🖉 05 61 50 78 54

AUTRANS 38880 Isère 🔢 ④ – 1 406 h alt. 1050 – Sports d'hiver : 1 050/1 700 m 🚠 16 🎿.
🄱 Office de Tourisme rte de Méaudre 🖉 04 76 95 30 70, Fax 04 76 95 38 63.
Paris 589 – Grenoble 37 – Romans-sur-Isère 58 – St-Marcellin 46 – Villard-de-Lans 16.

🏠 **La Buffe,** 🖉 04 76 94 70 70, Fax 04 76 95 72 48, ≼, 🍽, 🌡, ⚖, 🐎 – 📺 ☎ 🅿. ⒜Ⓔ ① GB
🍽 fermé 15 au 30 avril, 11 nov. au 6 déc., mardi soir et merc. d'avril à juin et de sept. à nov. –
Repas 79 (déj.), 100/160, enf. 60 – ☐ 55 – **23 ch** 390/520 – ½ P 390/430.

🏠 **La Poste,** 🖉 04 76 95 31 03, Fax 04 76 95 30 17, 🍽, ⚖, 🌡, 🐎 – 🛗 📺 ☎. GB. 🍸 rest
🍽 fermé 25 avril au 10 mai et 25 oct. au 15 déc. – **Repas** 80/240 ⅙, enf. 50 – ☐ 45 – **29 ch**
350/360 – ½ P 420/440.

🏠 **La Tapia** sans rest, 🖉 04 76 95 33 00 – 📺 ☎ 🅿
fermé 15 au 30 mai et 15 au 30 nov. – ☐ 40 – **10 ch** 280/305.

🏠 **Montbrand** ⊗ sans rest, 🖉 04 76 95 34 58, Fax 04 76 95 72 71, ≼, 🐎 – 📺 ☎ 🅿. ⒜Ⓔ GB
juil.-août et Noël-fin mars – ☐ 38 – **8 ch** 300/330.

🏠 **Feu de Bois,** 🖉 04 76 95 33 32, ≼, 🍽, 🐎 – ☎ 🅿. GB
🍽 fermé 15 mai au 3 juin et 15 nov. au 3 déc. – **Repas** 85/145, enf. 50 – ☐ 41 – **9 ch** 295 –
½ P 315.

à Méaudre Sud : 5,5 km par D 106c – 840 h. alt. 1012 – Sports d'hiver 1000/1600 m 🚠 10 🎿 –
✉ 38112 :
🄱 Office de Tourisme 🖉 04 76 95 20 68, Fax 04 76 95 25 93.

🏠 **Prairie** ⊗, 🖉 04 76 95 22 55, Fax 04 76 95 20 59, ≼, 🌡, 🐎 – 📺 ☎ 🅿– 🍴 25. GB
🍽 fermé 10 avril au 2 mai, 10 oct. au 10 nov., sam. et dim. d'oct. au 15 déc. – **Repas** 85/130,
enf. 38 – ☐ 35 – **19 ch** 250/300 – ½ P 250.

🍽🍽 **Pertuzon** avec ch, 🖉 04 76 95 21 17, Fax 04 76 95 23 85, 🍽, 🐎 – 📺 ☎ 🅿. ⒜Ⓔ GB
fermé 1er au 15 juin, 1er au 15 oct., dim. soir hors sais., mardi soir et merc. – **Repas** 90/250,
enf. 50 – ☐ 42 – **8 ch** 220/270 – ½ P 270/310.

🍽 **Aub. du Furon** ⊗ avec ch, 🖉 04 76 95 21 47, Fax 04 76 95 24 71, ≼, 🍽 – 📺 ☎ 🅿. GB
🍽 fermé 1er nov. au 15 déc., dim. soir et lundi hors sais. – **Repas** 80/230, enf. 42 – ☐ 35 – **9 ch**
260 – ½ P 290.

PEUGEOT Gar. Gouy Velay, 🖉 04 76 95 30 04 🄽 🖉 04 76 95 30 04

AUTREVILLE 88300 Vosges 🔢 ④ – 108 h alt. 310.
Paris 307 – Nancy 41 – Neufchâteau 19 – Toul 24.

🏠 **Relais Rose,** 🖉 03 83 52 04 98, Fax 03 83 52 06 03, 🍽, 🐎 – ⅞ 📺 ☎ 🚗 🅿. ⒜Ⓔ GB
🍽 **Repas** 70 (déj.), 85/285 ⅙, enf. 40 – ☐ 40 – **18 ch** 140/360 – ½ P 170/280.

GREEN TOURIST GUIDES

Picturesque scenery, buildings
Attractive routes
Touring programmes
Plans of towns and buildings

AUTUN 71400 S.-et-L. 69 ⑦ G. Bourgogne – 17 906 h alt. 326.

Voir *Cathédrale St-Lazare*★★ *: tympan*★★★ **BZ** – *Porte St-André*★ **BY** – *Grilles*★ *du lycée Bonaparte* **AZ B** – *Manuscrits*★ *(bibliothèque de l'Hôtel de Ville)* **BZ H** – *Musée Rolin*★ *: statuaire romane*★★, *Nativité*★★ *du Maître de Moulins et vierge*★★ **BZ M¹**.

Env. *Croix de la Libération* ≤★ *SO : 6 km par D 256* **BZ.**

🏌 *du Vallon* 𝒫 *03 85 52 09 28, par ③ : 3 km.*

🛈 *Office de Tourisme 3 av. Ch.-de-Gaulle* 𝒫 *03 85 86 30 00, Fax 03 85 86 10 17 et pl. du Terreau (juin-sept.)* 𝒫 *03 85 52 56 03.*

Paris 288 ① – *Chalon-sur-Saône 54* ③ – *Auxerre 129* ① – *Avallon 80* ① – *Dijon 85* ② – *Mâcon 113* ③ – *Moulins 98* ④ – *Nevers 105* ⑤.

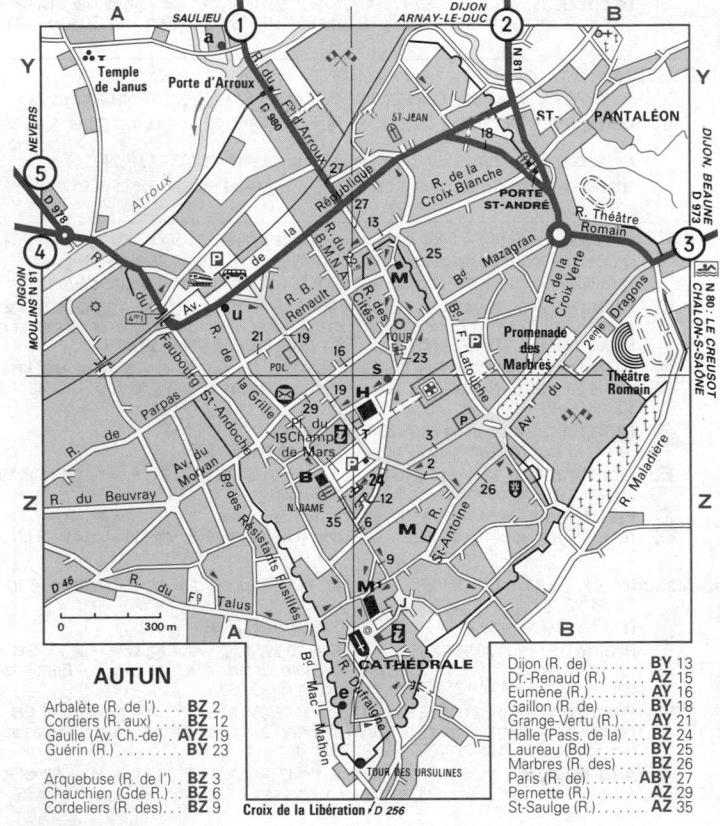

AUTUN

Arbalète (R. de l')	**BZ**	2
Cordiers (R. aux)	**BZ**	12
Gaulle (Av. Ch.-de)	**AYZ**	19
Guérin (R.)	**BY**	23
Arquebuse (R. de l')	**BZ**	3
Chauchien (Gde R.)	**BZ**	6
Cordeliers (R. des)	**BZ**	9

Dijon (R. de)	**BY**	13
Dr.-Renaud (R.)	**AZ**	15
Eumène (R.)	**AY**	16
Gaillon (R. de)	**BY**	18
Grange-Vertu (R.)	**AY**	21
Halle (Pass. de la)	**BZ**	24
Laureau (Bd)	**BY**	25
Marbres (R. des)	**BZ**	26
Paris (R. de)	**ABY**	27
Pernette (R.)	**AZ**	29
St-Saulge (R.)	**AZ**	35

Croix de la Libération D 256

🏨 **Ursulines** Ⓜ ⌖, 14 r. Rivault 𝒫 03 85 86 58 58, Fax 03 85 86 23 07, ≤, 🐎 – ▯ TV ☎ ♿
🚗 – ♨ 150. AE ⓪ GB   **AZ e**
Repas 90 (déj.), 155/375, enf. 80 – 🖃 60 – **38 ch** 350/465 – ½ P 480/658.

🏠 **Commerce et Touring,** 20 av. République 𝒫 03 85 52 17 90, Fax 03 85 52 37 63 – TV ☎
▣ GB   **AY u**
🚗
fermé déc. – **Repas** *(fermé lundi)* 62/135 ⅃, enf. 40 – 🖃 26 – **20 ch** 140/230 – ½ P 160/
190.

%% **Vieux Moulin** ⌖ avec ch, porte d'Arroux D 980 𝒫 03 85 52 10 90, Fax 03 85 86 32 15,
XX 🍽, « *Jardin ombragé* » – TV ☎ 🚗 ▣. AE GB   **AY a**
1ᵉʳ mars-1ᵉʳ déc. et fermé dim. soir et lundi hors sais. – **Repas** 90 (déj.), 150/250 – 🖃 45 –
16 ch 230/370.

%% **Chalet Bleu,** 3 r. Jeannin 𝒫 03 85 86 27 30, Fax 03 85 52 74 56 – AE GB   **BYZ s**
XX *fermé lundi soir et mardi* – **Repas** 90/250 ⅃, enf. 60.

au plan d'eau du Vallon par ③ : 2 km – ⊠ 71400 Autun :

Golf H., N 80 ℘ 03 85 52 00 00, Fax 03 85 52 20 20, 🍽 – ⚕ 📺 ☎ ⚓ & 🅿 – 🏛 60. 🖭 ⑩ 🖭 🗷
Repas (fermé dim. soir de nov. à mars) 87/195 ⓑ, enf. 45 – ⊒ 35 – **43 ch** 258/278 – ½ P 261.

CITROEN Auto-Gar. Lemaître, 56 rte d'Arnay, ZI par ② ℘ 03 85 52 15 32 🅽 ℘ 03 85 52 15 32
PEUGEOT S.A.V.A., ZI rte d'Arnay par ② ℘ 03 85 52 13 10

RENAULT Gar. Autun, av. Cdt Neucheze par ④ ℘ 03 85 86 13 14

⑩ Gaudry-Pneu Point S, 64 av. Ch.-de-Gaulle ℘ 03 85 52 16 62

AUVERS 77 S.-et M. 👁️ ⑪ – rattaché à Milly-la-Forêt (Essonne).

AUVERS-SUR-OISE 95430 Val-d'Oise 👁️ ⑳, 🔲 ③, 🔲 ⑥ G. Ile de France – 6 129 h alt. 30.

Voir Maison de Van Gogh★ – Château de Léry : parcours-spectacle "voyage au temps des Impressionnistes"★.

Paris 33 – Compiègne 78 – Beauvais 56 – Chantilly 30 – L'Isle-Adam 8 – Pontoise 7 – Taverny 7.

XX **Host. du Nord,** r. Gén. de Gaulle ℘ 01 30 36 70 74, Fax 01 30 36 72 75, 🍽 – 🅿. 🖭
fermé août, dim. soir et lundi – **Repas** 120/190.

X **Aub. Ravoux,** face Mairie ℘ 01 30 36 60 60, Fax 01 30 36 60 61, 🍽, « Ancien café d'artistes dit "Maison de Van Gogh" » – 🖭 🖭 🗷 ⚡
fermé dim. soir et lundi soir – **Repas** 140/175.

*Die auf den **Michelin-Karten** im Maßstab 1 : 200 000 rot unterstrichenen Orte sind in diesem Führer erwähnt.*

Nur eine neue Karte gibt Ihnen die aktuellsten Hinweise.

AUXERRE 🅿 89000 Yonne 👁️ ⑤ G. Bourgogne – 38 819 h alt. 130.

Voir Cathédrale St-Étienne★★ : trésor★ BY – Ancienne abbaye St-Germain★ BY.
Env. Gy-l'Évêque : Christ aux Orties★ de la chapelle 9,5 km par ③.
🅱 Office de Tourisme 1 et 2 quai République ℘ 03 86 52 06 19, Fax 03 86 51 23 27.
Paris 165 ⑤ – Bourges 136 ④ – Chalon-sur-Saône 176 ② – Chaumont 144 ② – Dijon 151 ② – Nevers 111 ③ – Sens 60 ⑤ – Troyes 81 ①.

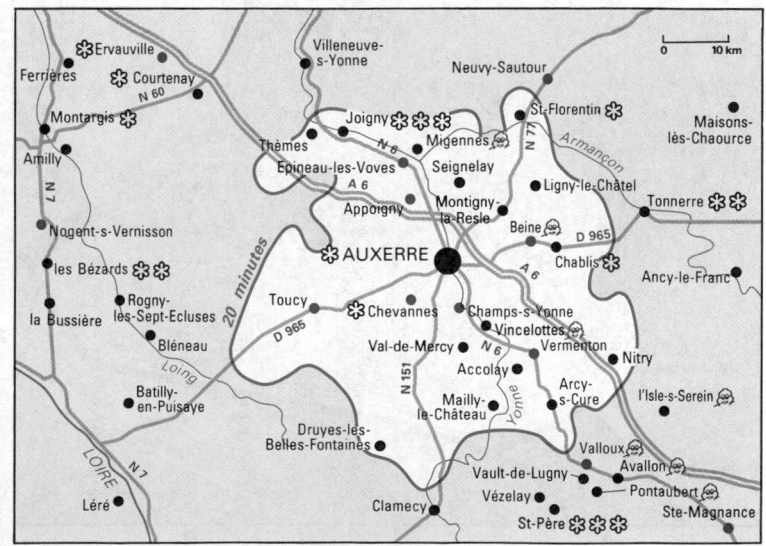

AUXERRE

🏠 **Parc des Maréchaux** sans rest, 6 av. Foch   *&* 03 86 51 43 77, Fax 03 86 51 31 72, parc –
📶 🔟 ☎ 📁 ⒶⒺ ⓞ 🄶🄱 🄹🄲🄱   **AZ**   **u**
☲ 50 – **25 ch** 350/480.

🏠 **H. Le Maxime** sans rest, 2 quai Marine   *&* 03 86 52 14 19, Fax 03 86 52 21 70 – 📶 🔟 ☎
⇦, ⒶⒺ ⓞ 🄶🄱   **BY**   **e**
fermé 21 déc. au 12 janv. et dim. soir hors sais. – ☲ 48 – **25 ch** 350/480.

🏠 **Normandie** sans rest, 41 bd Vauban   *&* 03 86 52 57 80, Fax 03 86 51 54 33, 🛵 – 📶 ⇤ 🔟
☎ ✆ ⇦ – 🏄 25. ⒶⒺ ⓞ 🄶🄱   **AY**   **b**
☲ 35 – **47 ch** 280/360.

🏠 **Les Clairions,** av. Worms par ⑤ : *2 km &* 03 86 46 85 64, Fax 03 86 48 16 38, 🍽, 🏊, 💥
– 📶 🔟 ☎ ✆ 🏃 ⇦ 📁 – 🏄 30 à 150. ⒶⒺ ⓞ 🄶🄱
Repas 95/160 🍴, enf. 55 – ☲ 29 – **60 ch** 290/330 – ½ P 275/380.

🏠 **Cygne** sans rest, 14 r. 24-Août   *&* 03 86 52 26 51, Fax 03 86 51 68 33 – 🔟 ☎ 📁 ⒶⒺ ⓞ 🄶🄱
🄹🄲🄱   **AZ**   **r**
☲ 36 – **30 ch** 240/420.

🍴🍴🍴🍴 **Barnabet,** 14 quai République   *&* 03 86 51 68 88, Fax 03 86 52 96 85, 🍽, « Élégante ins-
🪸 tallation » – ⒶⒺ 🄶🄱   **BYZ**   **s**
fermé 22 déc. au 5 janv., dim. soir et lundi – **Repas** 210/270 et carte 250 à 410, enf. 95
Spéc. Salade de Saint-Jacques ''en blanc-manger'' (oct. à mai). Carré d'agneau à la rôtis-
soire, purée de pommes de terre aux truffes (sept. à mars). ''Crapiau'' aux pommes. **Vins**
Sauvignon de St-Bris, Côtes d'Auxerre.

🍴🍴🍴 **Rest. Le Maxime,** 5 quai Marine   *&* 03 86 52 04 41, Fax 03 86 51 34 85 – 🍽. ⒶⒺ ⓞ
🄶🄱   **BY**   **e**
fermé 21 déc. au 4 janv. et dim. hors sais. – **Repas** 175/260 et carte 270 à 410, enf. 75.

🍴🍴🍴 **Jardin Gourmand,** 56 bd Vauban   *&* 03 86 51 53 52, Fax 03 86 52 33 82 – ⒶⒺ 🄶🄱
fermé 2 au 17 sept., 18 fév. au 5 mars, merc. sauf juil.-août et mardi – **Repas** 140/270 et
carte 210 à 350, enf. 80.   **AY**   **d**

🍴🍴 **La Salamandre,** 84 r. Paris   *&* 03 86 52 87 87, Fax 03 86 52 05 85 – 🍽. ⒶⒺ 🄶🄱   **AY**   **a**
fermé 20 déc. au 5 janv., sam. midi et dim. – **Repas** - produits de la mer - 98/278.

rte de Chablis *par ② : 8 km près échangeur A 6 Auxerre-Sud –* ✉ *89290 Venoy :*

🍴🍴 **Le Moulin** avec ch,   *&* 03 86 40 23 79, Fax 03 86 40 23 55, 🍽 – 📁 – 🏄 40. 🄶🄱
fermé janv., dim. soir et lundi – **Repas** 105/270, enf. 60 – ☲ 40 – **7 ch** 250/350 – ½ P 285.

à Champs-sur-Yonne *par ② et N 6 : 11 km –* 1 525 h. alt. 110 – ✉ 89290 :

🍴🍴 **Les Rosiers,**   *&* 03 86 53 11 11, Fax 03 86 53 31 11, 🍽 – 🄶🄱
fermé 20 déc. au 7 janv., mardi soir et merc. – **Repas** 100/135 🍴.

à Vincelottes *par ② N 6 et D 38 : 16 km –* 286 h. alt. 110 – ✉ 89290 :

🍴🍴 **Aub. Les Tilleuls** avec ch,   *&* 03 86 42 22 13, Fax 03 86 42 23 51, 🍽 – 🔟 ☎. 🄶🄱
🌳 *fermé 18 déc. au 20 fév., merc. soir et jeudi de fin sept. à Pâques* – **Repas** 130/350 – ☲ 40 –
5 ch 285/420 – ½ P 370.

à Chevannes *par ③ et D1 : 8 km –* 1 901 h. alt. 170 – ✉ 89240 :

🍴🍴🍴 **La Chamaille** (Siri),   *&* 03 86 41 24 80, Fax 03 86 41 34 80, 🌿 – 📁 ⒶⒺ 🄶🄱
🪸 *fermé 22 au 26 déc., 12 janv. au 8 fév., lundi et mardi* – **Repas** (nombre de couverts limité,
prévenir) 160/258 et carte 250 à 330, enf. 65
Spéc. Civet d'huîtres d'Isigny aux bigorneaux. Canard colvert au sang (mi-sept à mi-mars).
Moelleux au chocolat aux griottes. **Vins** Vézelay, Coulanges-la-Vineuse.

près échangeur Auxerre-Nord *par ⑤ : 7 km*

🏠 **Mercure,** N 6 ✉ 89380 Appoigny   *&* 03 86 53 25 00, Fax 03 86 53 07 47, 🍽, 🏊, 🌿 – ⇤
🔟 ☎ 🏃 📁 – 🏄 80. ⒶⒺ ⓞ 🄶🄱
Repas 115/165 🍴, enf. 51 – ☲ 52 – **77 ch** 390/445.

🏠 **Campanile,** ✉ 89470 Monéteau   *&* 03 86 40 71 11, Fax 03 86 40 50 74, 🍽 – ⇤ 🔟 ☎ ✆
⬥ 📁 – 🏄 25. ⒶⒺ ⓞ 🄶🄱
Repas 84 bc/107 bc, enf. 39 – ☲ 32 – **78 ch** 278.

AUXEY-DURESSES 21 Côte-d'Or 🔢 ⑨ – *rattaché à Beaune.*

AUXONNE 21130 Côte-d'Or 🖸🖸 ⑬ *G. Bourgogne* – 6 781 h alt. 184.

🛈 *Office de Tourisme 23 pl. d' Armes ℘ 03 80 37 34 46, Fax 03 80 31 02 34.*

Paris 343 – Dijon 32 – Dole 17 – Gray 37 – Vesoul 79.

à Villers-les-Pots *Nord-Ouest : 5 km par N 5 et D 976 – 855 h. alt. 193 –* ⊠ *21130 :*

🏨 **Aub. du Cheval Rouge,** ℘ 03 80 31 44 88, Fax 03 80 31 17 01, 🍴, 🦐 – 📺 ☎ 🄿. 🕮 ☎️

fermé vacances de Toussaint et dim. soir sauf vacances scolaires d'été – **Repas** 98/220, enf. 55 – 🍽 40 – **10 ch** 190/230 – ½ P 240/250.

à Lamarche-sur-Saône *Nord-Ouest : 11,5 km par N 5 et D 976 – 1 223 h. alt. 190 –* ⊠ *21760 :*

🍴🍴 **Host. St-Antoine** avec ch, ℘ 03 80 47 11 33, Fax 03 80 47 13 56, 🍴, 🛁, 🦐, 🌳 – ⇆ 📺 ☎ ✆ 🅿. 🕮 ☎️
Repas 100/300 ♨, enf. 38 – 🍽 48 – **12 ch** 285/310 – ½ P 290/310.

aux Maillys *Sud : 8 km par D 20 – 739 h. alt. 182 –* ⊠ *21130 :*

🍴🍴 **Virion,** ℘ 03 80 39 13 40, Fax 03 80 39 17 22 – 🍽. ☎️
🏍 *fermé 1er fév. au 1er mars, dim. soir et lundi* – **Repas** 75/100.

🏍 Jurassienne du Pneumatique, 64 av. Gén. de
Gaulle ℘ 03 80 31 46 58

AVALLON ◇ 89200 Yonne 🖸🖸 ⑯ *G. Bourgogne* – 8 617 h alt. 250.

Voir Site★ – Ville fortifiée★ : Portails★ de l'église St-Lazare – Miserere★ du musée de l'Avallonnais **M**[1] *– Vallée du Cousin★ S par D 427.*

🛈 *Office de Tourisme 6 r. Bocquillot ℘ 03 86 34 14 19, Fax 03 86 34 28 29.*

Paris 213 ② – Auxerre 53 ④ – Beaune 107 ② – Chaumont 132 ② – Nevers 97 ④ – Troyes 106 ①.

AVALLON

Pour visiter
la Bourgogne,
utilisez
le **guide vert**
Michelin.
**Bourgogne
Morvan**

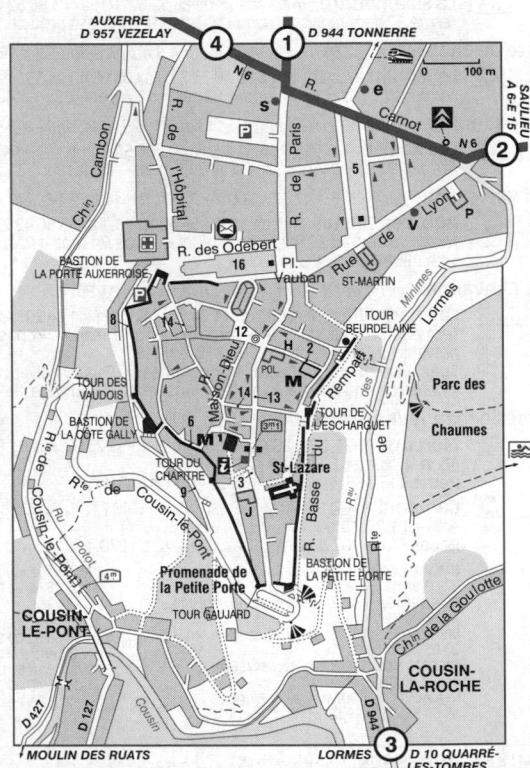

144

🏠 **Dak'Hôtel** Ⓜ sans rest, rte Saulieu par ② ℘ 03 86 31 63 20, Fax 03 86 34 25 28, ♨, ☞ – 📺 ☎ ♿ 🅿, 🅰 ⒼⒷ ☲ 33 – **26 ch** 270/300.

🍴🍴 **Les Capucins** avec ch, 6 av. P. Doumer (e) ℘ 03 86 34 06 52, Fax 03 86 34 58 47, 🏡, ☞ – 📺 ☎ 🅿, 🅰 ⒼⒷ *fermé mi-déc. à fin janv., mardi soir hors sais. et merc.* – **Repas** 100/250, enf. 55 – ☲ 33 – **8 ch** 290 – ½ P 280.

🍴🍴 **Relais des Gourmets**, 47 r. Paris (s) ℘ 03 86 34 18 90, Fax 03 86 31 60 21 – 🅰 ⒼⒷ
🐌 *fermé 20 déc. au 5 janv., vacances de fév., dim. soir et lundi hors sais.* – **Repas** (prévenir) 85/345 bc, enf. 55.

🍴 **Le Gourmillon**, 8 r. Lyon (v) ℘ 03 86 31 62 01, Fax 03 86 31 62 01 – 🍽. 🅰 ⒼⒷ
🐌 *fermé dim. soir et lundi d'oct. à mai* – **Repas** 78/156 ⅃, enf. 50.

rte de Saulieu *par ② : 6 km* – ✉ *89200 Avallon* :

🏛 **Relais Fleuri** Ⓜ ⬕, ℘ 03 86 34 02 85, Fax 03 86 34 09 98, « Dans un jardin avec piscine », 🍴 – 📺 ☎ ♿ 🅿, – 🏊 30. 🅰 ⓪ ⒼⒷ
Repas 145/195, enf. 65 – ☲ 50 – **48 ch** 375/450 – ½ P 400.

près échangeur Autoroute A 6 *par ② et D 50 : 7 km* – ✉ *89200 Magny* :

🏠 **Ibis** Ⓜ, ℘ 03 86 33 01 33, Fax 03 86 33 00 66 – 🐾 📺 ☎ ♿ 🅿, – 🏊 25. 🅰 ⓪ ⒼⒷ
Repas 95, enf. 42 – ☲ 37 – **42 ch** 250/280.

à Pontaubert *par ④ et D 957 : 5 km* – *336 h. alt. 160* – ✉ *89200* :

🍴🍴 **Les Fleurs** avec ch, ℘ 03 86 34 13 81, Fax 03 86 34 23 32, 🏡, ☞ – 📺 ☎ 🅿, ⒼⒷ
fermé 10 déc. au 10 fév., merc. de mai à sept. et jeudi midi – **Repas** 90/250 – ☲ 33 – **7 ch** 250/360 – ½ P 270/290.

dans la Vallée du Cousin *par ④, Pontaubert et D 427 : 6 km* – ✉ *89200 Avallon* :

🏘 **Moulin des Ruats** ⬕, ℘ 03 86 34 07 14, Fax 03 86 31 65 47, 🏡, « Jardin en bordure de rivière » – 📺 ☎ 🅿, 🅰 ⓪ ⒼⒷ 🍴 rest
fermé 15 nov. au 1ᵉʳ fév. – **Repas** *(fermé mardi midi hors sais. et lundi)* 150/230 – ☲ 50 – **24 ch** 370/650 – ½ P 440/595.

🏠 **Moulin des Templiers** ⬕ sans rest, à 4 km ℘ 03 86 34 10 80, « Jardin en bordure de rivière » – ☎ 🅿,
15 mars-30 oct. – ☲ 35 – **14 ch** 240/370.

à Vault de Lugny *par ④ et D 142 : 6 km* – *320 h. alt. 148* – ✉ *89200* :

🏘 **Château de Vault de Lugny**, ℘ 03 86 34 07 86, Fax 03 86 34 16 36, ≤, 🏡, « Château du 16ᵉ siècle dans un grand parc, ⬕ » , 🍴 – 📺 ☎ 🅿, ⒼⒷ
21 mars-12 nov. – **Repas** *(résidents seul.)* 210 (déj.), 280/430 – **11 ch** ☲ 900/2200 – ½ P 560/1310.

à Valloux *par ④ : 6 km sur N 6* – ✉ *89200 Avallon* :

🍴 **Les Chenêts**, ℘ 03 86 34 23 34, Fax 03 86 34 23 34 – ⒼⒷ
🐌 *fermé dim. soir du 15 sept. au 1ᵉʳ juil. et lundi* – **Repas** 80/230, enf. 45.

CITROEN Gar. Carnot, 10 r. Carnot
℘ 03 86 34 01 23
RENAULT Sodiva, N 6 ℘ 03 86 34 19 27 🔧 ℘ 08 00 05 15 15
VAG Gar. Jeannin, 2 rte de Paris ℘ 03 86 34 13 03

🏭 Comptoir du Pneu, ZI r. de l'Étang
℘ 03 86 34 16 19
Euromaster, 10 rte de Paris ℘ 03 86 34 20 04
Euromaster, av. Gal Leclerc Ctre Cial Mammouth
℘ 03 86 34 56 64

AVÈNE *34260 Hérault* 🎗🎗 ④ – *269 h alt. 350 – Stat. therm. (31 mars-oct.)*.
Paris 719 – Montpellier 83 – Bédarieux 25 – Clermont-l'Hérault 47.

🏘 **Val d'Orb** Ⓜ ⬕, ℘ 04 67 23 44 45, Fax 04 67 23 44 03, ≤, 🏡, ♨, ☞, 🍴 – 📱 🍽 rest 📺 ☎ ♿ 🅿, – 🏊 40. 🅰 ⒼⒷ, 🍴 rest
avril-oct. – **Repas** 89/140 – ☲ 49 – **58 ch** 425 – ½ P 328.

AVESNES-SUR-HELPE 🔷 *59440 Nord* 🎴 ⑥ *G. Flandres Artois Picardie – 5 108 h alt. 151*.
Voir *L'Avesnois★★ E par D 133*.
🅱 *Office de Tourisme 41 pl Gén.-Leclerc ℘ 03 27 57 92 40, Fax 03 27 61 23 48*.
Paris 209 ③ – St-Quentin 67 ③ – Charleroi 55 ① – Valenciennes 48 ⑤ – Vervins 33 ③.

Plan page suivante

🍴 **La Crémaillère**, 26 pl. Gén. Leclerc (a) ℘ 03 27 61 02 30 – 🅰 ⓪ ⒼⒷ
🐌 *fermé dim. soir et lundi* – **Repas** 85 bc/220 ⅃, enf. 40.

CITROEN Gar. Roze, 64 av. Stroh ℘ 03 27 57 92 00
PEUGEOT M.B.A., 39 rte de Sains, Avesnelles
par ② ℘ 03 27 61 15 70

RENAULT Gar. Moderne, rte de Maubeuge
par ① ℘ 03 27 61 09 73 🔧 ℘ 08 00 05 15 15

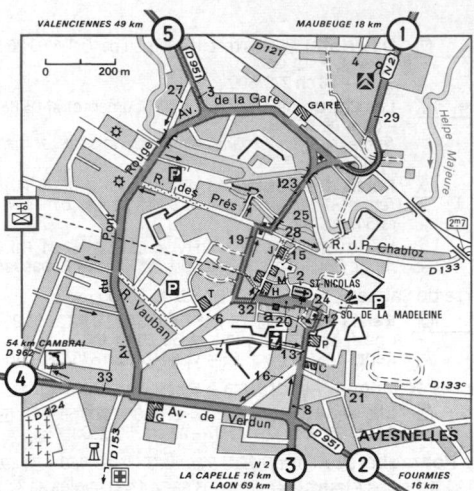

AVEUX 65 H.-Pyr. 📖 ⑳ – rattaché à St-Bertand-de-Comminges (31 - H.-Gar.).

AVÈZE 63690 P.-de-D. 📖 ⑫ – 258 h alt. 830.

Voir *Gorges d'Avèze★*, G. Auvergne.

Paris 476 – Clermont-Ferrand 55 – Le Mont-Dore 20 – Montluçon 112 – Ussel 39.

🏨 **Aub. Audigier** ⌂, ℘ 04 73 21 10 16, Fax 04 73 21 17 43, 🚗 – ☎, 🅶🅱
15 fév.-15 oct. – **Repas** 80/165 – ⌷ 35 – **8 ch** 190/360 – ½ P 220/280.

AVIGNON 🅿 84000 Vaucluse 📖 ⑪ ⑫ G. Provence – 86 939 h Agglo. 181 136 h alt. 21.

Voir *Palais des Papes★★★ EY : ≤★★ de la terrasse des Dignitaires – Rocher des Doms ≤★★ EY – Pont St-Bénézet★★ EY – Remparts★ – Vieux hôtels★ (rue Roi-René) EZ K – Coupole★ de la cathédrale Notre-Dame-des-Doms EY – Façade★ de l'hôtel des Monnaies EY B – Vantaux★ de l'église St-Pierre EY – Retable★ et fresques★ de l'église St-Didier EZ – Cour★ de l'Hospice St-Louis EZ – Musées : Petit Palais★★ EY, Calvet★ EZ M¹, Lapidaire★ EZ M², Louis Vouland (faïences★) DY M⁴.*

🏌 de Châteaublanc ℘ 04 90 33 39 08 E : 8 km par D 58 CX ; 🏌 Grand Avignon ℘ 04 90 31 49 94, E : 9 km par D 28 CV.

✈ d'Avignon-Caumont : ℘ 04 90 81 51 15, par ③ et N 7.

🚗 ℘ 08 36 35 35 35.

🅱 Office de Tourisme 41 cours J.-Jaurès ℘ 04 90 82 65 11, Fax 04 90 82 95 03 annexe : au Pont d'Avignon ℘ 04 90 85 60 16 – Automobile Club Vauclusien 185 rte Rémouleurs Z.I. de Courtine-Ouest ℘ 04 90 86 28 71.

Paris 685 ② – Aix-en-Provence 83 ③ – Arles 36 ④ – Marseille 99 ③ – Nîmes 47 ⑤ – Valence 126 ②.

Plans pages suivantes

🏨 **La Mirande** ⌂, 4 pl. Amirande ℘ 04 90 85 93 93, Fax 04 90 86 26 85, ≤, 🍽, « Ancien
palais cardinalice » – 🛗 📺 ☎ 🕭 🚗 – 🔏 30. 🅰🅴 🅾 🅶🅱   EY g
Repas 210/380 et carte 330 à 460 – ⌷ 95 – **19 ch** 1700/2100
Spéc. Turbot confit à l'huile d'olive (juin à sept.). Selle d'agneau du Luberon rôtie et purée de pois chiche au cumin (sept. à mars). Tarte à la rhubarbe meringuée à l'anis (avril à juin).
Vins Côtes du Lubéron, Côtes du Rhône Villages.

🏨 **Europe** Ⓜ ⌂, 12 pl. Crillon ℘ 04 90 14 76 76, Fax 04 90 85 43 66, 🍽, « Demeure du 16e
siècle, beau mobilier » – 🛗 📺 ☎ 🚗 – 🔏 40. 🅰🅴 🅾 🅶🅱 🅹🅲🅱   EY d
Repas *(fermé lundi midi et dim.)* 160 (déj.), 200/380 – ⌷ 89 – **44 ch** 620/1700, 3 appart
Spéc. Tartare de loup en aumônière de saumon fumé. Filet d'agneau sur un tian de courgettes au thym. Gourmandise "Jivara" au parfum de jasmin.

🏨 **Cloître St-Louis** Ⓜ ⌂, 20 r. Portail Boquier ℘ 04 90 27 55 55, Fax 04 90 82 24 01, 🍽,
« Décor contemporain dans un cloître du 16e siècle », 🌊 – 🛗 ♨ 📺 ☎ 🕭 🅿 🅰🅴 🅾 🅶🅱
🅹🅲🅱   EZ s
fermé fév. – **Repas** *(fermé sam. midi et dim.)* 150/190 – ⌷ 70 – **77 ch** 650/820, 3 duplex.

146

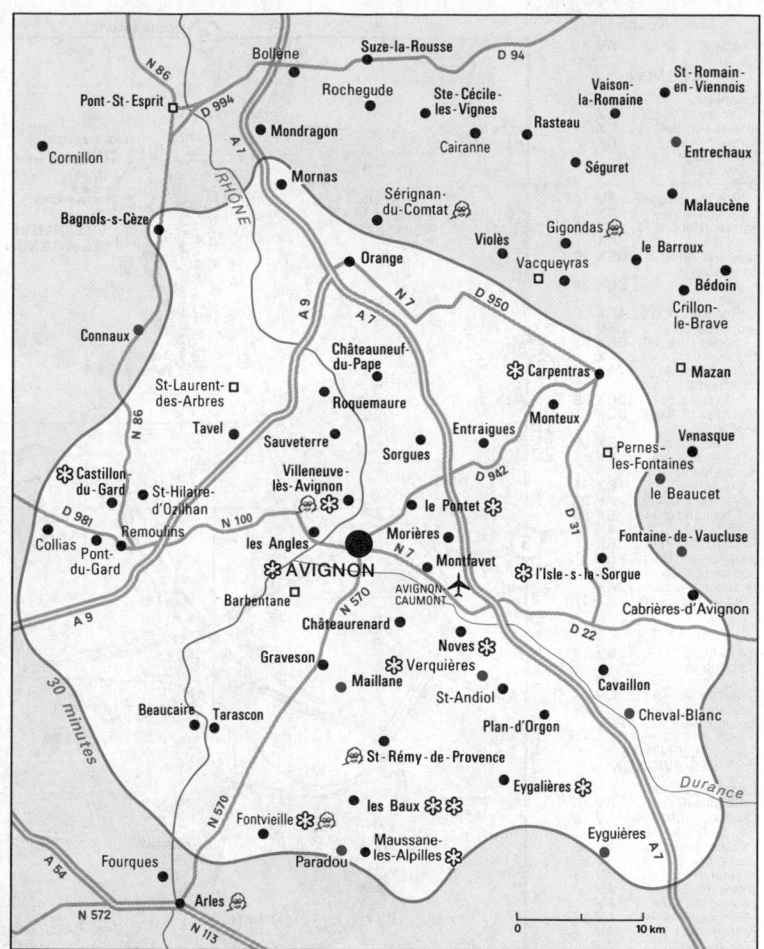

🏨🏨🏨	**Mercure Palais des Papes** Ⓜ ⚲ sans rest, quartier Balance ℘ 04 90 85 91 23, Fax 04 90 85 32 40 – 📳 ⤨ 🖃 📺 ☎ 🚗 – 🔏 80. ஊ ① ஊ ⎎ ⎗⎚ ⎚ 53 – **87 ch** 570.	EY **r**
🏨🏨	**Bristol** Ⓜ sans rest, 44 cours J. Jaurès ℘ 04 90 82 21 21, Fax 04 90 86 22 72 – 📳 ⤨ 🖃 📺 ☎ ♿ 🚗 – 🔏 30. ஊ ① ஊ *fermé 15 fév. au 9 mars* – ⎚ 45 – **65 ch** 420/520.	EZ **m**
🏨🏨	**Primotel Horloge** sans rest, 1 r. F. David (pl. Horloge) ℘ 04 90 86 88 61, Fax 04 90 82 17 32 – 📳 🖃 📺 ☎. ஊ ① ஊ ⎗⎚ ⎚ 48 – **70 ch** 455/555.	EY **t**
🏨🏨	**Mercure Cité des Papes** sans rest, 1 r. J. Vilar ℘ 04 90 86 22 45, Fax 04 90 27 39 21 – 📳 ⤨ 🖃 📺 ☎. ஊ ① ஊ ⎚ 50 – **61 ch** 455/550.	EY **b**
🏨🏨	**Blauvac** sans rest, 11 r. de la Bancasse ℘ 04 90 86 34 11, Fax 04 90 86 27 41 – 📺 ☎. ஊ ① ஊ ⚲ ⎚ 43 – **15 ch** 290/430.	EY **m**
🏨🏨	**Danieli** sans rest, 17 r. République ℘ 04 90 86 46 82, Fax 04 90 27 09 24 – 📳 📺 ☎. ஊ ① ஊ ⎚ 40 – **29 ch** 360/390.	EY **s**

147

LES ANGLES

Pinède (Ch. de la) . . . **AV**

AVIGNON

Amandier (Av. de l') . . . . **CX**
Aulnes (Av. des) . . . . **CX**
Avignon (Av. d') . . . . . **CX**
Croix-Rouge (Av. de la) . . . . **BX**
Docteur Pons (Rte Touristique) . . **BV**
Eisenhover (Av.) . . . . **AX**
Europe (Pont de l') . . **AX** 26
Ferry (Bd J.) . . . . **AX**
Folie (Av. de la) . . . . **BCX** 29
Foncouverte (Av. de) . . . . **BCX** 31
Gaulle (Rocade Ch. de) . **ABX**
Lyon (Rte de) . . . . **BV**
Marseille (Rte de) . . **BCX** 51
Monclar (Av.) . . . . **AX**
Monod (Bd J.) . . . . . . **AX** 58
Montfavet (Rte de) . . . . **BCX** 59
Morières (Rte de) . . **BCV**
Moulin-Notre-Dame (Av. du) . . . . **BX** 60
Réalpanier (Carr.) . . . . **CV**
Reine-Jeanne (Av. de la) . . . . **BX** 81
Royaume (Pont du) . . **AV** 92
St-Chamand (Av.) . . . **BX** 95
St-Ruf (Av.) . . . . **AX**
Semard (Av. P.) . . . . . **BX**
Sixte-Isnard (Bd) . . . . **BX** 112
Souspirous (Av. de) . . . **CX**
Tarascon (Av. de) . . . . **AX**
1re-D.-B. (Bd de la) . . . **BX** 125

LE PONTET

Avignon (Av. d') . . . . . **CV**
Carpentras (Av. de) . . . . **CV**
Delorme (Av. Th.) . . . **CV**
Goutarel (Av. G.) . . . . **CV** 38
Pasteur (Av. L.) . . . . . **CV**

VILLENEUVE-LÈS-AVIGNON

Camp de Bataille (R.) . . . . **AV** 15
Chartreux (Ch. des) . . **AV** 16
Fort St-André (Montée du) . . . . . . **AV** 32
Gaulle (Av. Ch.) . . . . . **AV** 33
Hôpital (R. de l') . . . . . **AV** 43
Joffre (Rte) . . . . **AV**
Leclerc (Av. Gén.) . . . . **AV**
Monnaie (R. de la) . . . **AV** 57
Pasteur (Av.) . . . . **AV**
Péri (Av. G.) . . . . **AV**
République (R. de la) . . . . **AV** 87
Tour (Montée de la) . **AV** 115
Verdun (Av. de) . . . . . **AV** 117

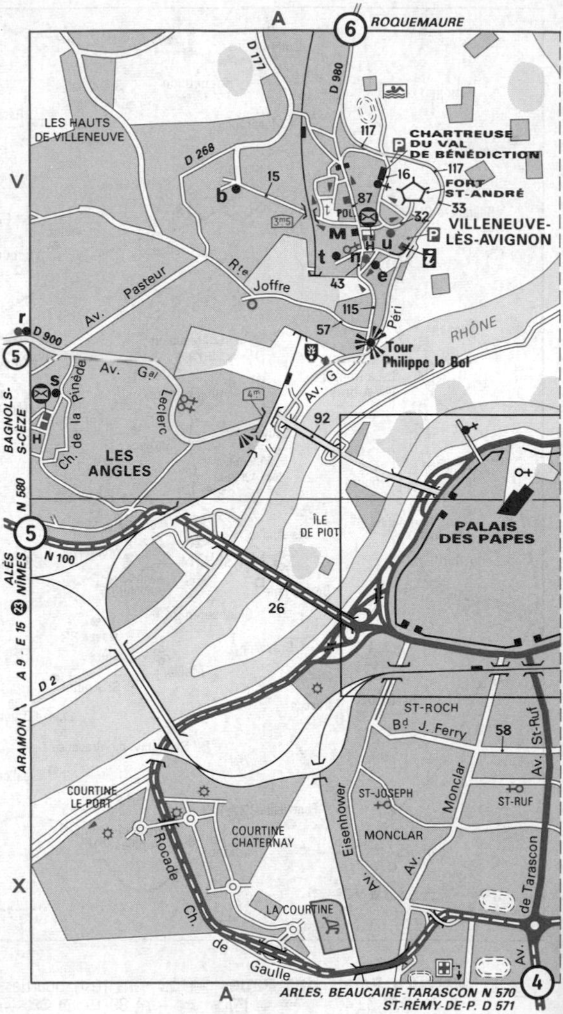

Angleterre sans rest, 29 bd Raspail ✆ 04 90 86 34 31, Fax 04 90 86 86 74 – GB. DZ a
fermé 19 déc. au 12 janv. – ☕ 38 – **40 ch** 230/390.

Ibis Pont de l'Europe M sans rest, 17 bd St-Dominique ✆ 04 90 82 00 00, Fax 04 90 85 67 16, – 30. AE GB DZ q
☕ 35 – **74 ch** 300/350.

Médiéval sans rest, 15 r. Petite Saunerie ✆ 04 90 86 11 06, Fax 04 90 82 08 64 – cuisinette. GB FY e
☕ 33 – **35 ch** 230/295.

Garlande sans rest, 20 r. Galante ✆ 04 90 85 08 85, Fax 04 90 27 16 58 – . AE GB EY f
☕ 45 – **12 ch** 290/440.

Mistral sans rest, 1 bd de Metz ✆ 04 90 88 57 65, Fax 04 90 88 22 36 – . GB BX k
☕ 30 – **15 ch** 220/240.

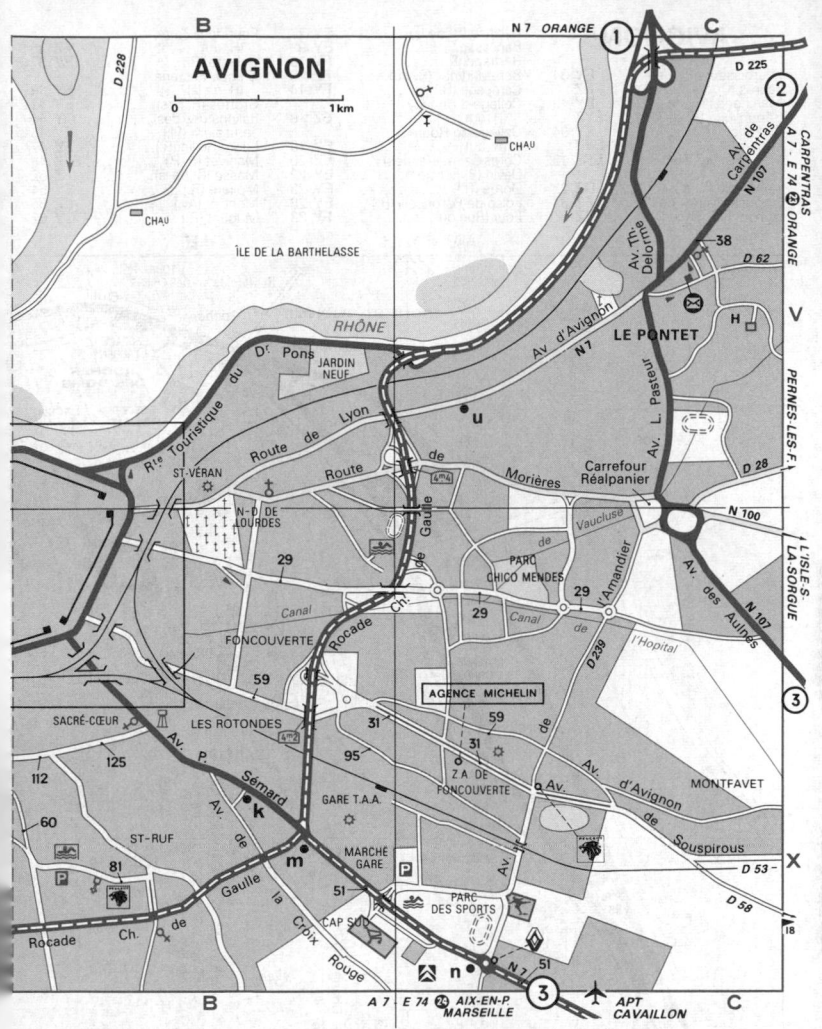

AVIGNON

ÎLE DE LA BARTHELASSE

🏠 **Magnan**, 63 r. Portail Magnanen ℰ 04 90 86 36 51, Fax 04 90 85 48 90, ☆ – ✄ ▦ rest
🅐 📺 ☎ ✆ 🅰🅴 🅞 🅶🅱 🅹🅲🅱　　　　　　　　　　　　　　　　　　　　FZ n
Repas *(fermé juil.-août, sam. et dim.)* (dîner pour résidents seul.) 60 (déj.), 70/95 bc – ☲ 32
– 30 ch 225/355 – ½ P 285/305.

🍴🍴🍴 **Christian Étienne**, 10 r. Mons ℰ 04 90 86 16 50, Fax 04 90 86 67 09, ☆, « Anciennes
❀ demeures des 13ᵉ et 14ᵉ siècles accolées au Palais des Papes » – ▦. 🅰🅴 🅞 🅶🅱　　　EY h
fermé sam. midi et dim. sauf juil. – **Repas** 160/480 et carte 330 à 410, enf. 100
Spéc. Menu des légumes. Lotte rôtie aux pommes fondantes et à l'ail. Sorbet au fenouil,
sauce safran. **Vins** Côtes-du-Rhône, Châteauneuf-du-Pape.

🍴🍴🍴 **Hiély-Lucullus**, 5 r. République (1ᵉʳ étage) ℰ 04 90 86 17 07, Fax 04 90 86 32 38 – ▦.
❀ 🅶🅱　　　　　　　　　　　　　　　　　　　　　　　　　　　　　　　　EY n
fermé 16 juin au 2 juil., 14 au 30 janv., mardi midi d'oct. à juin et lundi – **Repas** 150/320
Spéc. Terrine d'aubergines et salade de langoustines (mai à oct.). Saint-Pierre et barigoule
de légumes en cocotte. Pièce d'agneau des Alpilles grillée au thym. **Vins** Côtes-du-Rhône,
Châteauneuf-du-Pape.

AVIGNON

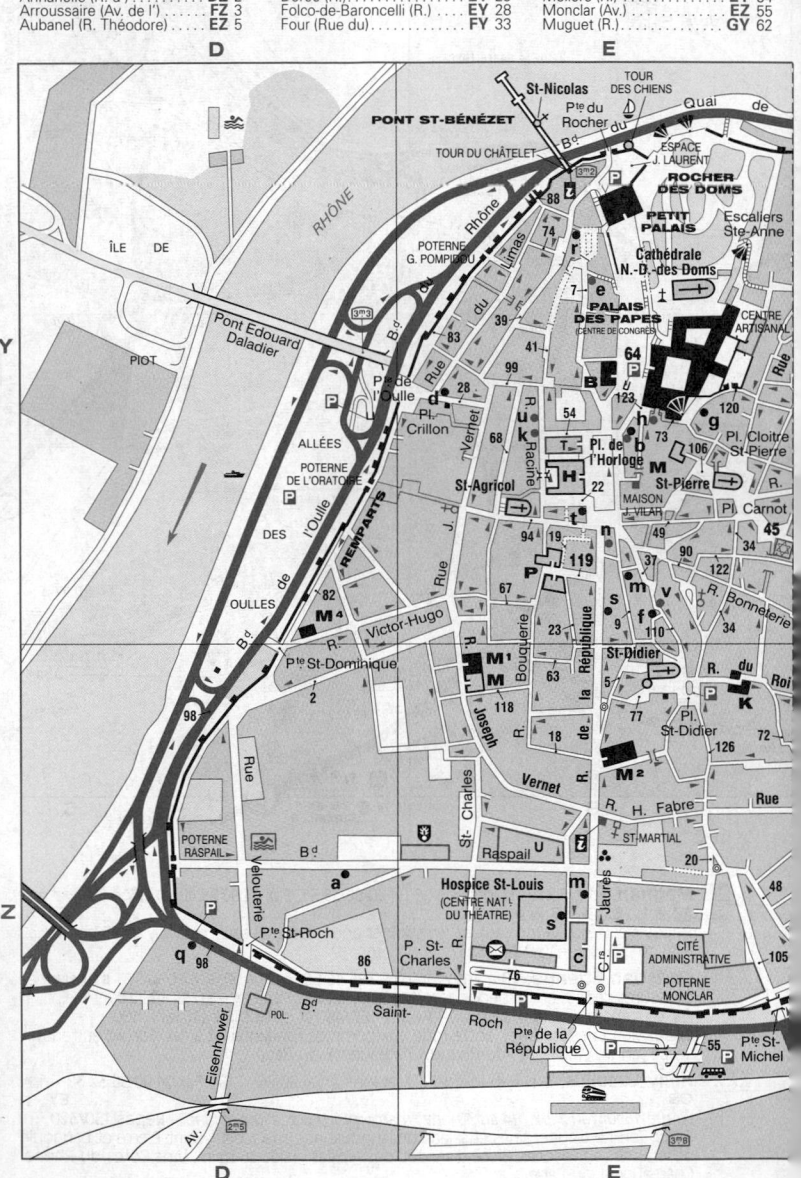

XXX **Brunel,** 46 r. Balance *ℰ* 04 90 85 24 83, Fax 04 90 86 26 67 – ▤. ☒   EY e
fermé dim. et lundi – **Repas** 172/300 et carte environ 370.

XXX **Le Grangousier,** 17 r. Galante *ℰ* 04 90 82 96 60, Fax 04 90 85 31 23 – ▤. ☒ ☒
fermé 17 août au 2 sept., vacances de fév., lundi midi et dim. sauf juil. – **Repas** (nombre de couverts limité, prévenir) 125 (déj.), 193/355, enf. 100.   EY v

XX **La Fourchette,** 17 r. Racine *ℰ* 04 90 85 20 93, Fax 04 90 85 57 60 – ▤. ☒
fermé 3 au 25 août, 23 au 28 fév., sam. et dim. – **Repas** (nombre de couverts limité, prévenir) 100 (déj.)/150 ⬧.   EY u

XX **Jardin de la Tour,** 9 r. Tour *ℰ* 04 90 85 66 50, Fax 04 90 27 90 72, ⌂, « Ancienne usine aménagée » – ☒ ⓞ ☒ ☒   GY a
fermé 15 au 31 août, dim. soir et lundi – **Repas** 135 (déj.), 165/265.

X **L'Isle Sonnante** (Gradassi), 7 r. Racine *ℰ* 04 90 82 56 01 – ▤. ☒. ⌀   EY k
🕸 *fermé août, 8 au 16 fév., dim., lundi et fériés* – **Repas** (nombre de couverts limité, prévenir) 145 (déj.)/220
Spéc. Filet de lapin farci à la purée d'olives noires de Nyons. Gibier (saison). Macaron praliné-chocolat. **Vins** Châteauneuf-du-Pape.

X **Les Domaines,** 28 pl. Horloge *ℰ* 04 90 82 58 86, Fax 04 90 86 26 31, ⌂ – ▤. ☒ ☒
Repas carte 150 à 230 ⬧.   EY b

dans l'île de la Barthelasse *Nord : 5 km par D 228 et rte secondaire* – ✉ 84000 Avignon :

🏨 **La Ferme** ⌖, chemin des Bois *ℰ* 04 90 82 57 53, Fax 04 90 27 15 47, ⌂, ⤢ – ⫞ ≒ ▤ ch
📺 ☒ ☒ ☒ ☒. ⌀ ch
4 mars-3 nov. – **Repas** *(fermé sam. midi et lundi en oct. et mars)* 110/210 – ⊒ 50 – **20 ch** 360/440 – ½ P 315/350.

vers ② par N 7 : 3,5 km – ✉ 84130 Le Pontet :

🏨 **Les Agassins** Ⓜ ⌖, 52 av. Ch. de Gaulle *ℰ* 04 90 32 42 91, Fax 04 90 32 08 29, ⌂, « Jardin fleuri », ⤢ – ⫞ ≒ ▤ 📺 ☒ 🅿 – ☝ 30. ☒ ⓞ ☒ ☒. ⌀ rest   CV u
fermé 1ᵉʳ janv. au 15 fév. – **Repas** *(fermé sam. midi de nov. à mars)* 150 bc/380, enf. 90 – ⊒ 85 – **30 ch** 750/1300 – ½ P 690/750.

au Pontet *vers ② par N 7 et D 62 : 6 km* – 15 688 h. alt. 40 – ✉ 84130 :

🏨 **Aub. de Cassagne** ⌖, 450 allée de Cassagne *ℰ* 04 90 31 04 18, Fax 04 90 32 25 09, ⌂, 🕸 ⤢, ☞, ⌀ – ▤ 📺 ☒ ☒ ☒ 🅿. ☒ ⓞ ☒ ☒
Repas 230 (déj.), 290/460 et carte 400 à 530, enf. 110 – ⊒ 95 – **26 ch** 420/1180, 4 appart – ½ P 720/1065
Spéc. Filet de rouget au citron vert. Escalope de foie gras de canard poêlée. Emincé d'agneau et côtelettes de lapereau panées. **Vins** Côtes-du-Rhône.

à l'Échangeur A 7 *Avignon-Nord par ② : 9 km* – ✉ 84700 Sorgues :

🏨 **Novotel Avignon Nord** Ⓜ, *ℰ* 04 90 31 16 43, Fax 04 90 32 22 21, ⌂, ⤢, ☞, ⌀ – ⫞ ≒ ▤ 📺 ☒ ☒ 🅿 – ☝ 150. ☒ ⓞ ☒ ☒
Repas carte environ 170, enf. 50 – ⊒ 52 – **100 ch** 430/490.

à Montfavet *Est : 7 km par av. Avignon -* CX – ✉ 84140 :

🏨 **Host. Les Frênes** Ⓜ ⌖, av. Vertes Rives *ℰ* 04 90 31 17 93, Fax 04 90 23 95 03, ⌂, « Parc, ⤢ » – ⫞ ▤ 📺 ☒ 🅿. ☒ ⓞ ☒
25 mars-31 oct. – **Repas** 195/495 – ⊒ 90 – **18 ch** 595/1590, 4 appart.

à Morières-lès-Avignon *par N 100, rte de l'Isle-sur -la-Sorgue : 9 km* – 6 405 h. alt. 38 – ✉ 84310 :

🏨 **Le Paradou,** *ℰ* 04 90 33 34 15, Fax 04 90 33 46 93, ⌂, ⤢, ☞ – 📺 ☒ 🅿 – ☝ 30. ☒ ⓞ ☒ ☒
22 mars-30 sept. – **Repas** *(fermé sam. midi)* 100/180, enf. 50 – ⊒ 45 – **31 ch** 250/340 – ½ P 300/320.

rte de Marseille *par N 7* – ✉ 84000 Avignon :

🏨 **Mercure Avignon Sud** Ⓜ, 3 km *ℰ* 04 90 88 91 10, Fax 04 90 87 61 88, ⤢ – ⫞ ≒ 📺 ☒ ☒ 🅿 – ☝ 100. ☒ ⓞ ☒   BX m
Repas carte 120 à 190 ⬧, enf. 55 – ⊒ 52 – **105 ch** 550.

🏨 **Novotel Avignon Sud** Ⓜ, 4 km *ℰ* 04 90 87 62 36, Fax 04 90 88 38 47, ⌂, ⤢, ☞ – ≒ ▤ 📺 ☒ ☒ 🅿 – ☝ 150. ☒ ⓞ ☒   CX n
Repas 100 ⬧, enf. 50 – ⊒ 52 – **79 ch** 420/480.

à l'aéroport *par ③ : 8 km* – ✉ 84140 Montfavet :

🏨 **Paradou-Avignon** Ⓜ, *ℰ* 04 90 84 18 30, Fax 04 90 84 19 16, ⌂, ⤢, ☞, ⌀ – ≒ ▤ 📺 ☒ ☒ 🅿 – ☝ 50. ☒ ⓞ ☒
Repas 100/180, enf. 50 – ⊒ 50 – **42 ch** 340/450 – ½ P 300/350.

152

Voir aussi ressources hôtelières de *Villeneuve-lès-Avignon* et *Les Angles*

MICHELIN, Agence, 26 av. de Fontcouverte CX ✆ 04 90 88 11 10

CITROEN Gar. Chabas, 340 ZAC Croix de Noves ✆ 04 90 81 00 37
FORD Festival Auto Sce, La Croix de Noves rte de Marseille ✆ 04 90 13 82 82
MERCEDES Autom. Avignonnaise, Park. Cap Sud, 285 r P.-Seghers ✆ 04 90 88 01 35
NISSAN Gar. Danse, ZI de Courtine, av. Petit Mas ✆ 04 90 27 05 11
PEUGEOT Gar. de l'Abbaye, 4-6 av. Reine Jeanne ✆ 04 90 82 15 51
PEUGEOT Gar. Vaucluse Auto, 35 av. Fontcouverte ✆ 04 90 88 07 61 🅽 ✆ 08 00 44 24 24
RENAULT A.S.A., rte de Marseille, N 7 ✆ 04 90 13 88 00 🅽 ✆ 04 90 82 90 05
RENAULT Autom. des Remparts, 14 bd Saint-Michel ✆ 04 90 14 58 00 🅽 ✆ 04 90 82 90 05
VAG E.G.S.A., Centre des Affaires Cap Sud ✆ 04 90 87 63 22 🅽 ✆ 04 90 88 50 39

VAG E.G.S.A., N 7 Zone Portuaire Le Pontet ✆ 04 90 32 20 33 🅽 ✆ 04 90 88 50 39

🏭 Ayme Pneus, av. de l'Etang, ZI Fontcouverte ✆ 04 90 87 65 37
Ayme Pneus, 32 bd St-Michel ✆ 04 90 82 71 38
Dibon Pneus, 1 av P.-Semard ✆ 04 90 86 31 65
Dibon Pneus, Le Pigeonnier, 66 av. Ch.-de-Gaulle au Pontet ✆ 04 90 31 14 13
Euromaster, Lot Activité La Gauloise Le Pontet ✆ 04 90 31 29 60
Gay Pneus, 27 av. de Fontcouverte ✆ 04 90 87 56 48
Perrot Pneus, 31 av. du Grand Gigognan ✆ 04 90 82 03 70

AVOINE 37420 I.-et-L. 🗟🗔 ⑬ – 1 664 h alt. 35.

Paris 293 – *Tours 54 – Azay-le-Rideau 28 – Chinon 8 – Langeais 27 – Saumur 23.*

🍴🍴 **L'Atlantide,** 17 r. Nationale ✆ 02 47 58 81 85, 🍽 – 🅿. ⒼⒷ
fermé 1ᵉʳ au 14 juil., 2 au 6 janv., dim. soir et lundi – **Repas** 119/199 ⅃, enf. 72.

L'Atlas Routier FRANCE de Michelin, c'est :

– toute la cartographie détaillée (1/200 000) en un seul volume,
– des dizaines de plans de villes,
– un index de repérage des localités.

Le copilote indispensable dans votre véhicule.

AVON 77 S.-et-M. 🗟🗔 ⑫ – *rattaché à Fontainebleau.*

AVRANCHES ◈ 50300 Manche 🗟🗔 ⑧ *G. Normandie Cotentin – 8 638 h alt. 108.*

Voir *Manuscrits** du Mont-St-Michel (musée)* AY – *Jardin des Plantes :* ✳✳★ AZ – *La "plate-forme"* ✳★ AY.

🏢 *Office de Tourisme* 2 r. Gén.-de-Gaulle ✆ 02 33 58 00 22 et pl. Carnot (juil.-août) ✆ 02 33 58 59 11.

Paris 338 ① – *St-Lô 59* ① – *St-Malo 67* ③ – *Caen 104* ① – *Dinan 67* ③ – *Flers 67* ① – *Fougères 42* ③ – *Rennes 79* ③.

Plan page suivante

🏨 **Croix d'Or** 🍴, 83 r. Constitution ✆ 02 33 58 04 88, Fax 02 33 58 06 95, « Décor rustique normand, jardin » – 🆃🆅 ☎ ⇦ 🅿. ⒼⒷ   BZ s
1ᵉʳ mars-30 nov. – **Repas** 75 (déj.), 110/250, enf. 55 – ⊇ 38 – **28 ch** 250/370 – ½ P 300/340.

🏨 **Les Abrincates** sans rest, 37 bd Luxembourg par ③ : *0,5 km* ✆ 02 33 58 66 64, Fax 02 33 58 40 11 – 🛗 🆃🆅 🅿. ⒼⒷ 🅹🅲🅱. 🎦
fermé 22 déc. au 6 janv. et dim. soir sauf de mai à sept. – ⊇ 35 – **29 ch** 250/350.

🏠 **Le Pratel** sans rest, 24 r. Vanniers par ③ ✆ 02 33 68 35 41, Fax 02 33 68 33 50, 🎋 – 🆃🆅 ☎ 🅿. 🄰🄴 ⒼⒷ
1ᵉʳ mars-31 oct. – ⊇ 32 – **7 ch** 280/290.

🏠 **Jardin des Plantes,** 10 pl. Carnot ✆ 02 33 58 03 68, Fax 02 33 60 01 72, 🎋 – 🆃🆅 ☎ 🅿.
⊗ ⒼⒷ 🅹🅲🅱   AZ u
Repas 72/170 ⅃, enf. 55 – ⊇ 48 – **26 ch** 150/320 – ½ P 220/285.

🏠 **Patton** sans rest, pl. Patton ✆ 02 33 48 52 52 – 🛗 ☎ ✆ 🅿. ⒼⒷ   BZ n
⊗ *fermé janv. et fév.* – ⊇ 30 – **26 ch** 220/300.

🍴 **Le Ménestrel,** 37 bd Luxembourg par ③ : *0,5 km* ✆ 02 33 58 12 20, Fax 02 33 58 12 20 –
⊗ ⒼⒷ
fermé vacances de Toussaint, 1/01 au 12/01, vacances de fév., dim. soir et lundi midi d'oct. à Pâques et sam. midi – **Repas** 68/188 ⅃, enf. 36.

à St-Quentin-sur-le-Homme Sud-Est : *5 km par D 78* BZ – *1 007 h. alt. 55* – ✉ 50220 :

🍴🍴🍴 **Le Gué du Holme** 🅼 🍴 avec ch, ✆ 02 33 60 63 76, Fax 02 33 60 06 77, 🍽, 🎋 – 🆃🆅 ☎
🕭 🅿. 🄰🄴 ⒼⒷ
fermé 2 au 24 janv., dim. soir et sam. midi du 1ᵉʳ oct. à Pâques – **Repas** 145/365 et carte 220 à 310, enf. 60 – ⊇ 50 – **10 ch** 400/490 – ½ P 500.

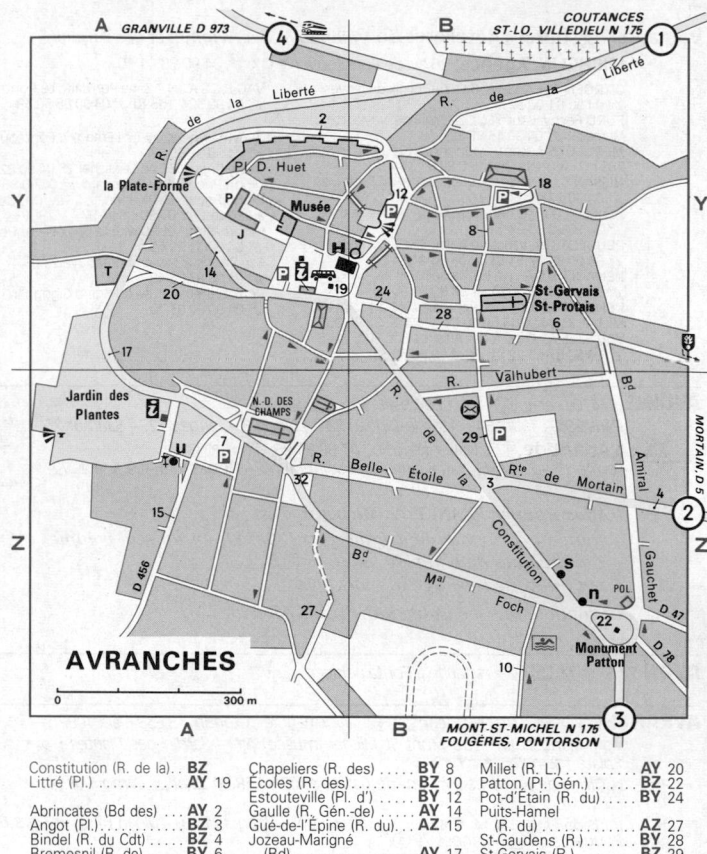

Constitution (R. de la).. **BZ**	Chapeliers (R. des) ..... **BY** 8	Millet (R. L.) .... **AY** 20
Littré (Pl.) .... **AY** 19	Écoles (R. des)......... **BZ** 10	Patton, (Pl. Gén.) ..... **BZ** 22
	Estouteville (Pl. d') ... **BY** 12	Pot-d'Étain (R. du)..... **BY** 24
Abrincates (Bd des) ... **AY** 2	Gaulle (R. Gén.-de) .... **AY** 14	Puits-Hamel
Angot (Pl.)............ **BZ** 3	Gué-de-l'Épine (R. du)... **AZ** 15	(R. du) .... **AZ** 27
Bindel (R. du Cdt) ..... **BZ** 4	Jozeau-Marigné	St-Gaudens (R.) .... **BY** 28
Bremesnil (R. de) ..... **BY** 6	(Bd)............... **AY** 17	St-Gervais (R.) .... **BZ** 29
Carnot (Pl.) .... **AZ** 7	Marché (Pl. du) .... **BY** 18	Scelle (Pl. G.) .... **AZ** 32

AVRILLÉ 85440 Vendée **67** ⑬ G. Poitou Vendée Charentes – 1 004 h alt. 45.

Voir St-Hilaire-la-Forêt : C.A.I.R.N. (centre archéologique d'initiation et de recherche sur le néolithique) SO : 3 km.

Paris 440 – La Rochelle 67 – La Roche-sur-Yon 27 – Luçon 26 – Les Sables-d'Olonne 25.

✂ **Le Menhir**, av. Sables ℘ 02 51 22 32 18, Fax 02 51 22 34 13 – ▥. **Æ ⓞ ⒼⒷ**
⊗ fermé mi-janv. à mi-fév., dim. soir et lundi hors sais. – **Repas** 70/250, enf. 50.

AX-LES-THERMES *09110 Ariège* 🎱🎱 ⑮ *G. Pyrénées Roussillon – 1 489 h alt. 720 – Stat. therm. –*
Sports d'hiver au Saquet par route du plateau de Bonascre★ (8 km) et télécabine : 1 400/
2 400 m ⟜ 1 ⟟ 16 – Casino .

Voir *Vallée d'Orlu★ au SE.*

Tunnel de Puymorens : *Péage en 1996, aller simple : autos 30 F, P.L 75 ou 120 F,*
deux-roues 18 F. Tarifs spéciaux A.R.

🛈 *Office de Tourisme pl. du Breilh ✆ 05 61 64 20 64, Fax 05 61 64 36 41.*

Paris 820 – Foix 42 – Andorra-la-Vella 61 – Carcassonne 106 – Prades 100 – Quillan 54.

🏨 **L'Auzeraie** Ⓜ, ✆ 05 61 64 20 70, Fax 05 61 64 38 50, 🚿 – 🛗 ☎. ᴁ ᴳᴮ
🍴 *fermé 15 nov. au 20 déc. –* **Repas** 80/220 – ☲ 50 – **33 ch** 280/480 – ½ P 270/290.

au Castelet *Nord-Ouest : 4 km – ⌧ 09110 Ax-les-Thermes :*

🏨 **Le Castelet** ⊗, ✆ 05 61 64 24 52, Fax 05 61 64 05 93, ≤, 🚿, 🌫 – 📺 ☎ 🅿. ᴁ ᴳᴮ
🍴 🦌 rest
juin-sept. et fermé mardi soir et merc. sauf juil.-août – **Repas** 67/160, enf. 48 – ☲ 35 –
27 ch 341 – ½ P 330.

à Unac *Nord-Ouest : 9 km par N 20 et D 2 – 118 h. alt. 650 – ⌧ 09250 :*

🍴🍴🍴 **L'Oustal** ⊗ avec ch, ✆ 05 61 64 48 44, ≤, 🚿, « Auberge rustique », 🌫 – ᴳᴮ
fermé 11 nov. au 1ᵉʳ fév. et lundi – **Repas** 195/325 et carte environ 250 – ☲ 45 – **5 ch**
195/350 – ½ P 335/420.

AYGUADE-CEINTURON *83 Var* 🎱🎱 ⑯,, 🎱🎱🎱 ㊼ – *rattaché à Hyères.*

AYTRÉ *17 Char.-Mar.* 🎱🎱 ⑫ – *rattaché à La Rochelle.*

AZAY-LE-RIDEAU *37190 I.-et-L.* 🎱🎱 ⑭ *G. Châteaux de la Loire* **(plan)** *– 3 053 h alt. 51.*

Voir *Château★★★ (spectacle son et lumière) – Façade★ de l'église St-Symphorien.*

Env. *Marnay : musée Maurice-Dufresne★ O : 6 km.*

🛈 *Office de Tourisme pl. de l'Europe ✆ 02 47 45 44 40, Fax 02 47 45 31 46.*

Paris 266 – Tours 27 – Châtellerault 60 – Chinon 21 – Loches 53 – Saumur 47.

🏨 **Gd Monarque**, ✆ 02 47 45 40 08, Fax 02 47 45 46 25, 🚿 – 📺 ☎ 🅿. ᴁ ᴳᴮ
fermé 15 déc. au 31 janv., dim. soir et lundi du 1ᵉʳ oct. au 25 mars – **Repas** 95 (déj.), 155/275,
enf. 55 – ☲ 45 – **26 ch** 300/900 – ½ P 360/490.

🏠 **Val de Loire** sans rest, 50 r. Nationale ✆ 02 47 45 28 29, Fax 02 47 45 91 19 – 📺 ☎ 🔥 🅿.
ᴳᴮ
1ᵉʳ mars-30 nov. – ☲ 37 – **27 ch** 215/315.

🏠 **de Biencourt** sans rest, ✆ 02 47 45 20 75, Fax 02 47 45 91 73 – ☎. ᴳᴮ. 🦌
1ᵉʳ mars-15 nov. – ☲ 36 – **16 ch** 210/380.

🍴🍴 **L'Aigle d'Or**, ✆ 02 47 45 24 58, Fax 02 47 45 90 18, 🚿 – 🍽. ᴳᴮ
fermé 1ᵉʳ au 7 sept., 10 au 25 déc., vacances de fév., mardi soir hors sais., dim. soir et merc.
– **Repas** (prévenir) 92 (déj.), 143/270, enf. 50.

🍴🍴 **Grottes**, ✆ 02 47 45 21 04, Fax 02 47 45 92 51, 🚿, « Salle troglodytique » – ᴳᴮ
fermé 1ᵉʳ au 7 sept., vacances de fév., jeudi soir hors sais. et lundi – **Repas** 86/190, enf. 46.

🍴 **L'Automate Gourmand,** à La Chapelle-St-Blaise, Sud : 1 km ✆ 02 47 45 39 07 – ᴳᴮ
fermé 24 nov. au 11 déc., 20 au 31 janv., lundi soir et mardi sauf juil-août – **Repas** 87/248 🍷,
enf. 50.

à Saché *Est : 6,5 km par D 17 – 868 h. alt. 78 – ⌧ 37190 :*

🍴🍴 **Aub. du XIIᵉ siècle**, ✆ 02 47 26 88 77, Fax 02 47 26 88 77, 🚿, « Décor rustique », 🌫 –
ᴁ ᴳᴮ
fermé 5 janv. au 1ᵉʳ mars, mardi en juil.-août, mardi soir et merc. de sept. à juin – **Repas**
145/350, enf. 95.

RENAULT Gar. Martin, à la Chapelle-St-Blaise ✆ 02 47 45 42 02

Circulez en Banlieue de Paris avec les **Plans Michelin** à 1/15 000.

🔢 Plan Nord-Ouest		🔢 Plan et répertoire des rues Nord-Ouest	
🔢 Plan Nord-Est		🔢 Plan et répertoire des rues Nord-Est	
🔢 Plan Sud-Ouest		🔢 Plan et répertoire des rues Sud-Ouest	
🔢 Plan Sud-Est		🔢 Plan et répertoire des rues Sud-Est	

AZAY-SUR-INDRE 37310 I.-et-L. 🔢 ⑱ G. Châteaux de la Loire – 309 h alt. 89.

Paris 250 – Tours 34 – Amboise 26 – Blois 64 – Loches 11 – Vierzon 95.

✗ **Aub. des Deux Rivières**, ℰ 02 47 92 58 11, 😀 – GB
🍴 fermé 14 au 23 avril, 20 au 31 oct., mardi soir du 16 sept. au 30 juin et merc. – **Repas** 61 bc (déj.), 73/118.

AZERAILLES 54120 M.-et-M. 🔢 ⑥ – 792 h alt. 268.

Paris 358 – Nancy 53 – Épinal 49 – Lunéville 21 – St-Dié 33 – Sarrebourg 46.

✗✗ **Gare** avec ch., ℰ 03 83 75 15 17, Fax 03 83 75 28 67, 🐎 – 📺. GB
🍴 fermé 14 au 21 juil., 26 au 31 déc., 18 janv. au 9 fév., dim. soir et lundi – **Repas** 80/220 🍷, enf. 45 – 🍽 30 – **7 ch** 150/250 – ½ P 200/230.

BACCARAT 54120 M.-et-M. 🔢 ⑦ G. Alsace Lorraine – 5 022 h alt. 260.

Voir Vitraux★ de l'église St-Rémy.

🟦 Syndicat d'Initiative pl. des Arcades (saison) ℰ 03 83 75 13 37.

Paris 364 – Nancy 59 – Épinal 45 – Lunéville 27 – St-Dié 27 – Sarrebourg 42.

🏨 **La Renaissance**, 31 r. Cristalleries ℰ 03 83 75 11 31, Fax 03 83 75 21 09, 😀 – 📺 ☎. 🅰🅴 GB
🍴 fermé vend. soir et lundi – **Repas** 60 (déj.), 80/180 🍷, enf. 40 – 🍽 30 – **16 ch** 260/310 – ½ P 240/260.

OPEL Gar. Ste-Catherine, 43 ter r. Ste-Catherine ℰ 03 83 75 13 89
PEUGEOT Ferry Autos, rte de Nancy à Gelacourt ℰ 03 83 75 12 25

RENAULT Sevrain Autom., 34 r. Ste-Catherine ℰ 03 83 75 11 40

BADEN 56870 Morbihan 🔢 ③ – 2 844 h alt. 28.

Paris 476 – Auray 10 – Lorient 53 – Quiberon 40 – Vannes 15.

🏨🏨 **Le Gavrinis**, à Toulbroch : 2 km par rte Vannes (D 101) ℰ 02 97 57 00 82,
🐎 Fax 02 97 57 09 47, 😀, 🐎 – 📺 ☎ 🅿 – 🔏 30. 🅰🅴 ⑩ GB
fermé 15 nov. au 31 janv. et lundi du 1er oct. au 30 avril – **Repas** (fermé lundi sauf le soir du 15 juin au 16 sept.) 110/350, enf. 68 – 🍽 46 – **20 ch** 300/460 – ½ P 375/399.

BAERENTHAL 57 Moselle 🔢 ⑱ – 723 h alt. 220 – ✉ 57230 Bitche.

Paris 448 – Strasbourg 64 – Bitche 16 – Haguenau 33 – Wissembourg 50.

🏨 **Le Kirchberg** Ⓜ 🍂 sans rest, ℰ 03 87 98 97 70, Fax 03 87 98 97 91, 🐎 – cuisinette 📺 ☎ 🅿. GB
🍽 35 – **12 ch** 230/380, 8 studios.

à Untermuhlthal Sud-Est : 4 km par D 87 – ✉ 57230 Baerenthal :

✗✗✗ **L'Arnsbourg** (Klein), ℰ 03 87 06 50 85, Fax 03 87 06 57 67, 🐎 – 🗏 🅿. 🅰🅴 ⑩ GB
❀ fermé 6 janv. au 6 fév., mardi et merc. – **Repas** 189/305 et carte 350 à 460
Spéc. Saumon au fenouil. Loup de mer grillé. Poitrine de pigeon au foie gras d'oie. **Vins** Pinot blanc, Riesling.

BÂGÉ-LE-CHÂTEL 01380 Ain 🔢 ⑫ – 751 h alt. 209.

🟦 Syndicat d'Initiative, 1 r. Marsale ℰ 03 85 30 56 66.

Paris 396 – Mâcon 8 – Bourg-en-Bresse 34 – Pont-de-Veyle 6 – St-Amour 41 – Tournus 40.

✗ **La Table Bâgesienne**, Gde Rue ℰ 03 85 30 54 22, Fax 03 85 30 58 33, 😀 – 🅰🅴 ⑩ GB.
🍴 ❀
fermé 24 fév. au 13 mars et merc. – **Repas** 85/197 🍷.

BAGES 11 Aude 🔢 ⑩ – rattaché à Narbonne.

Michelin Green Guides to France in English		Normandy
France	Châteaux of the Loire	Paris
Atlantic Coast	Dordogne	Provence
Auvergne Rhône Valley	Flanders Picardy and	Pyrénées Roussillon
Brittany	the Paris region	Gorges du Tarn
Burgundy Jura	French Riviera	Vallée du Rhône

BAGNÈRES-DE-BIGORRE
65200 H.-Pyr. 85 ⑱ G. Pyrénées Aquitaine – 8 424 h alt. 551 – Stat. therm. (mars-nov.) – Casino **AZ**.

Voir *Parc thermal de Salut★ par D 153* **AZ** – *Grotte de Médous★★ par* ② : *2,5 km*.

🏌₁₈ ℘ 05 62 91 06 20, N : 3 km par ①.

🛈 Office de Tourisme 3 allée Tournefort ℘ 05 62 95 50 71, Fax 05 62 95 33 13.

Paris 814 ③ – *Pau 63* ③ – *Lourdes 24* ③ – *St-Gaudens 59* ① – *Tarbes 22* ③.

BAGNÈRES-DE-BIGORRE

Coustous (Allées des)	**BZ** 7
Foch (R. Maréchal)	**BY** 8
Lafayette (Pl.)	**ABY** 22
Strasbourg (Pl. de)	**BZ** 32
Thermes (R. des)	**AZ** 34
Victor-Hugo (R.)	**AZ** 35

Alsace-Lorraine (R. d')	**BZ** 2
Arras (R. du Pont d')	**AZ** 3
Belgique (Av. de)	**AY** 4
Costallat (R.)	**BY** 6
Frossard (R. Émilien)	**BZ** 12
Gambetta (R.)	**AY** 13
Joffre (Av. Mar.)	**AY** 17
Jubinal (Pl. A.)	**BZ** 20
Leclerc (Av. Gén.)	**AY** 23
Lorry (R. de)	**BZ** 25
Pasteur (R.)	**BY** 26
Pyrénées (R. des)	**BZ** 27
République (R. de la)	**AY** 28
Thermes (Pl. des)	**AZ** 33
Vignaux (Pl. des)	**BY** 37
3-Frères-Duthu (R.)	**BZ** 39

Pour aller loin rapidement,
utilisez
les cartes Michelin
des pays d'Europe
à 1/1 000 000.

🏨 **La Résidence** ⌂, Parc Thermal de Salut ℘ 05 62 91 19 19, Fax 05 62 95 29 88, ≤, 🏤, 🏖, ⌁, 🏊, ℛ, ℀ – 📺 ☎ 🅿. GB. ℀ par av. P.-Noguès **AZ**
1ᵉʳ mai-10 oct. – **Repas** 70/150 ₰ – 🖙 45 – **31 ch** 400 – ½ P 360.

🏨 **Host. d'Asté,** par ② : 4 km ℘ 05 62 91 74 27, Fax 05 62 91 76 74, ≤, 🏤, ℛ, ℀ – 📺 ☎ 🅿 – 🕹 25. ⴕ GB. ℀
fermé 12 nov. au 15 déc. – **Repas** 79/199, enf. 40 – 🖙 37 – **21 ch** 240/310 – P 305/373.

🏨 **Le Parador,** 12 av. Mar. Joffre ℘ 05 62 91 05 43, Fax 05 62 91 00 93 – 📺 ☎ ⌨ ⓞ GB **BY** n
fermé nov. – **Repas** 60/120 ₰, enf. 38 – 🖙 32 – **12 ch** 220/320 – ½ P 235/300.

🏨 **Angleterre** sans rest, pl. La Fayette ℘ 05 62 95 22 24, Fax 05 62 91 18 91 – 🕹 📺 ☎. GB **BZ** v
fermé nov. – 🖙 26 – **30 ch** 95/235.

🏨 **Les Glycines** sans rest, 12 pl. Thermes ℘ 05 62 95 28 11 – ☎. ⴕ GB **AZ** t
🖙 28 – **18 ch** 160/240.

à Beaudéan *par* ② : *4,5 km* – 410 h. alt. 625 – ⊠ 65710 Campan :

🏨 **Le Catala** Ⓜ ⌂, ℘ 05 62 91 75 20, Fax 05 62 91 79 72 – 🕹 ⌦ 📺 ☎ ⌨ ⌁ 🅿. ⓞ GB. ℀
fermé Noël au Jour de l'An, – **Repas** *(fermé dim. soir sauf vacances scolaires)* 75/200, enf. 45 – 🖙 35 – **23 ch** 260/360, 3 appart – ½ P 250/350.

🍴 **La Petite Auberge,** ℘ 05 62 91 72 16, Fax 05 62 91 60 87, 🏤 – ⴕ GB
fermé 1ᵉʳ au 15 juin, 1ᵉʳ au 15 déc. et mardi – **Repas** 80/155 ₰.

CITROEN Fourcade, rte des Cols par ②
℘ 05 62 95 82 82 🅽 ℘ 05 62 95 82 82
PEUGEOT Laloubère, rte de Tarbes par ③
℘ 05 62 95 26 84 🅽 ℘ 05 62 95 26 84

Ⓦ Dulout Pneu Sce, 4 r. St-Vincent
℘ 05 62 95 03 58

BAGNÈRES-DE-LUCHON 31110 H.-Gar. 🟦🟦 ⑳ G. Pyrénées Aquitaine – 3 094 h alt. 630 – Stat. therm. (avril-26 oct.) – Sports d'hiver à Superbagnères : 1 440/2 260 m ⛷ 1 ⛷ 15 ⛷ – Casino Y.

Voir Route de Peyresourde★ O.

Env. Vallée du Lys★ SO : 5,5 km par D 125 et D 46.

🏌 ℰ 05 61 79 03 27 X.

🛈 Office de Tourisme 18 allée d'Etigny ℰ 05 61 79 21 21, Fax 05 61 79 11 23.

Paris 832 ① – Bagnères-de-Bigorre 70 ③ – St-Gaudens 46 ① – Tarbes 88 ① – Toulouse 139 ①.

🏨🏨 **Corneille** 🦢, 5 av. A. Dumas ℰ 05 61 79 36 22, Fax 05 61 79 81 11, ≤, 佘, « Résidence dans un parc » – 🛗 📺 ☎ 🅿 🆎 ⓞ 🅶🅱, 🕸 rest   Y u
fermé 1er nov. au 20 déc. – Repas 145/198, enf. 75 – ☑ 40 – **55 ch** 340/750 – ½ P 430/540.

🏨🏨 **d'Étigny,** face établ. thermal ℰ 05 61 79 01 42, Fax 05 61 79 80 64, 🌬 – 🛗 ▦ rest 📺 ☎ ☾ 🕳, 🅶🅱, 🕸 rest   Z k
1er avril-25 oct., vacances de Noël et de fév. – Repas 99/199, enf. 55 – ☑ 45 – **58 ch** 385/600, 3 appart – ½ P 360/450.

🏨🏨 **des Bains,** 75 allées Étigny ℰ 05 61 79 00 58, Fax 05 61 79 18 18 – 🛗 ☎, 🆎 🅶🅱, 🕸 rest
fermé 30 oct. au 20 déc. – Repas 100 ⓑ – ☑ 30 – **53 ch** 180/280 – ½ P 280.   YZ e

🏨🏨 **Royal H.,** 1 cours Quinconces ℰ 05 61 79 00 62 – 🛗 ☎, 🅶🅱, 🕸 rest   Z v
25 mai-8 oct. – Repas 95 – ☑ 30 – **48 ch** 150/250 – ½ P 240.

🏨 **La Recluse,** à St-Mamet ⊠ 31110 Bagnères-de-Luchon ℰ 05 61 79 02 81, Fax 05 61 79 82 99, 🌬 – 📺 🅿 🅶🅱, 🕸 rest   Z y
1er mai-6 oct. et vacances scolaires – Repas 72/160 – ☑ 34 – **23 ch** 200/300 – ½ P 270.

🏨 **Le Concorde,** 12 allées Etigny ℰ 05 61 79 00 69, Fax 05 61 79 86 11 – 🛗 📺 ☎ 🅿 🆎 🅶🅱, 🕸 rest   Y a
fermé 30 oct. au 20 déc. – Repas 65/155 ⓑ – ☑ 30 – **18 ch** 220/280 – ½ P 270.

🏨 **Deux Nations,** 5 r. Victor-Hugo ℰ 05 61 79 01 71, Fax 05 61 79 27 89 – 🛗 ☎, 🅶🅱   Y g
Repas *(fermé 12 nov. au 15 déc.)* 59/150 ⓑ – ☑ 30 – **27 ch** 140/230 – ½ P 180/210.

🏨 **Paris,** 9 cours Quinconces ℰ 05 61 79 13 70, Fax 05 61 79 22 08, 🌬 – 🛗 📺 ☎ 🅿, 🅶🅱, 🕸 rest   Z v
11 avril-20 oct. – Repas 94 – ☑ 34 – **40 ch** 260/310 – ½ P 260.

🏨 **Panoramic** sans rest, 6 av. Carnot ℰ 05 61 79 30 90, Fax 05 61 79 32 84 – 🛗 📺 ☎ 🅿, 🅶🅱   X v
fermé 12 au 19 janv. – ☑ 38 – **30 ch** 190/360.

à Montauban-de-Luchon Est : 2 km – 434 h. alt. 632 – ⊠ 31110 :

🍴 **Le Jardin des Cascades** 🦢 avec ch, ℰ 05 61 79 83 09, Fax 05 61 79 83 09, ≤ Luchon et montagnes, 佘, 🌬 – 🆎 🅶🅱
1er avril-15 oct. – Repas carte 180 à 270 – ☑ 33 – **10 ch** 190/220.

au Sud par D 125 : 4 km – ⊠ 31110 Bagnères-de-Luchon :

🍴 **Aub. de Castel Vielh** 🦢 avec ch, ℰ 05 61 79 36 79, Fax 05 61 79 36 79, 佘, 🌬 – 📺 🅿, 🆎 🅶🅱
fermé 1er nov. au 20 déc. et janv. sauf week-ends – Repas *(fermé mardi en sept. et oct.)* 108/175, enf. 50 – ☑ 38 – **3 ch** 250/300 – ½ P 235/270.

CITROEN Bardaji, av. R.-Comet par av. de Toulouse ℰ 05 61 79 16 93 🅽
ℰ 05 61 79 16 93
PEUGEOT Gar. Bedin, pl. Comminges ℰ 05 61 79 01 35

BAGNÈRES-DE-LUCHON
0   300 m

Carnot (Av.)	Y 6	Colomic (R.)	X 7
Dr-Germès (R. du)	X 9	Dardenne (Bd)	Y 8
Etigny (Allées d')	YZ 10	Fontan (Bd A.)	Y 12
		Lamartine (R.)	Y 20
Alexandre-Dumas (Av.)	Y 2	Quinconces	
Bains (Allées des)	Z 3	(Cours des)	Z 24
Barrau (Av. J.)	Z 4	Rostand (Bd E.)	Y 25
Boularan (Av. Jean)	Y 5	Toulouse (Av. de)	X 27

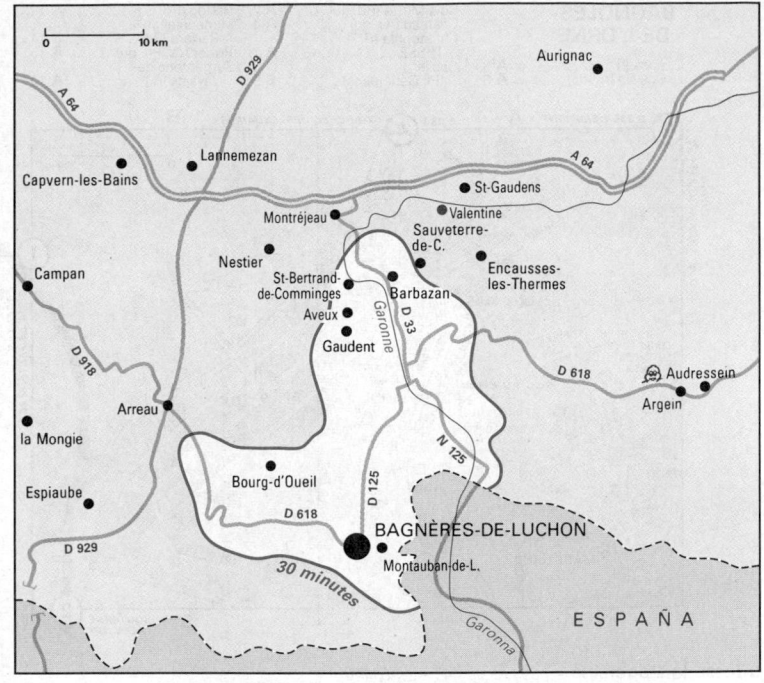

BAGNOLES-DE-L'ORNE 61140 Orne 🗗🗗 ① *G. Normandie Cotentin* – 875 h alt. 140 – Stat. therm. (avril-fin oct.) – Casino A.

Voir Site★ – Lac★ A – Parc★ AB.

🖪 ℘ 02 33 37 81 42, par ③ : 3 km.

🖪 Office de Tourisme pl. République ℘ 02 33 37 85 66, Fax 02 33 30 06 75.

Paris 240 ① – *Alençon 49* ② – *Argentan 38* ① – *Domfront 19* ③ – *Falaise 49* ① – *Flers 28* ④.

🏨🏨 **Lutetia-Reine Astrid** ⑤, bd Paul Chalvet ℘ 02 33 37 94 77, Fax 02 33 30 09 87, 🐎 – 🛊 📺 ☎ 🅿 – ⚒ 25. ᴁᴇ ⓪ ᴳᴮ, 🛠 rest
début avril-15 oct. – **Repas** 135/350 – ♋ 50 – **30 ch** 295/400 – P 397/517. B n

🏨🏨 **Bois Joli** ⑤, av. Ph. du Rozier ℘ 02 33 37 92 77, Fax 02 33 37 07 56, 帛, Ⅰ₅, 🐎 – 🛊 📺 ☎ 🅿 ᴁᴇ ⓪ ᴳᴮ
Repas *(fermé janv., jeudi midi et merc. de nov. à mars)* 85/295 – ♋ 40 – **20 ch** 285/485 – P 363/509. A w

🏨🏨 **Beaumont** ⑤, 26 bd Le Meunier-de-la-Raillère ℘ 02 33 37 91 77, Fax 02 33 38 90 61, 帛, « Jardin fleuri » – 🛊 ☎ 🅿 ᴳᴮ
1er mars-30 nov. et fermé dim. soir et lundi de nov. à mars – **Repas** 95/335 bc, enf. 50 – ♋ 34 – **40 ch** 220/350 – P 280/365. B f

🏨🏨 **Capricorne** ⑤, allée Montjoie ℘ 02 33 37 96 99, Fax 02 33 38 19 56, 🐎 – 🛊 📺 ☎ 🅿 ᴁᴇ ⓪ ᴳᴮ, 🛠 rest
Pâques-5 oct. – **Repas** 105/185 – ♋ 40 – **21 ch** 280/400, 3 appart – P 400/420. A v

🏨🏨 **Ermitage** ⑤ sans rest, 24 bd Paul Chalvet ℘ 02 33 37 96 22, Fax 02 33 38 59 22, 🐎 – 🛊 📺 ☎ 🚗 🅿 ᴳᴮ
début avril-fin oct. – ♋ 45 – **37 ch** 250/350. B p

🏨 **Camélias** ⑤, av. Château de Couterne ℘ 02 33 37 93 11, Fax 02 33 37 48 32, 🐎 – 🛊 ☎ 🅿 ᴁᴇ ᴳᴮ
15 mars-30 oct. – **Repas** 99/185 – ♋ 33 – **29 ch** 170/290 – P 255/320. A b

🏨 **Le Gd Veneur,** pl. République ℘ 02 33 37 86 79, Fax 02 33 30 19 74 – 🛊 ☎ 🅿 ᴁᴇ ᴳᴮ
fin mars-22 oct. – **Repas** 83/197, enf. 49 – ♋ 34 – **21 ch** 185/305 – P 299/348. A r

🏨 **Albert 1er,** av. Dr Poulain ℘ 02 33 37 80 97, Fax 02 33 30 03 64 – 🛊 📺 ☎ ᴁᴇ ⓪ ᴳᴮ
hôtel : 1er fév.-31 oct.; rest.: 9 fév.-31 oct. – **Repas** 80/165 ⅃, enf. 50 – ♋ 35 – **20 ch** 160/320 – P 300/350. A m

Casinos (R. des) .... **A** 3
Dr-Poulain (Av. du) ...... **A** 8

Bois-Motté (Bd. du) ...... **A** 2
Château (Av. du) .... **A** 4
Christophe (R. A.)
    TESSE .... **A** 7
Gaulle
    (Pl. Général-de) ...... **B** 9

Hartog (Bd. G.) .... **A** 13
Lemeunier de la
    Raillère (Bd) .... **B** 14
Rozier (Av. Ph. du) ...... **A** 15
Sergenterie-de-
    Javains (R.) .... **A** 18

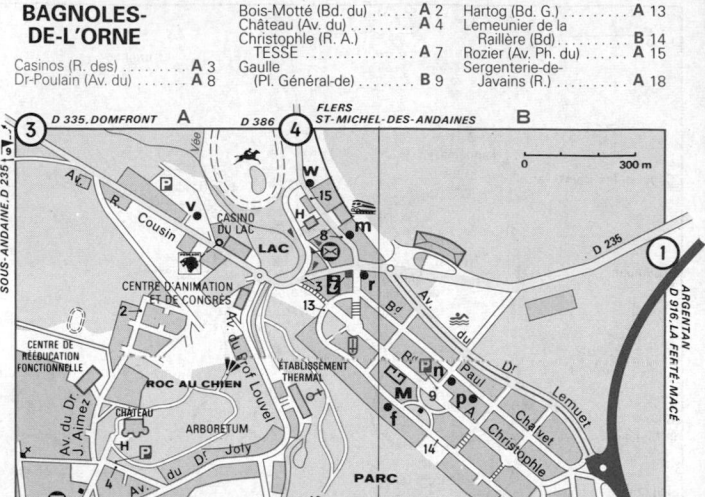

à Tessé-la-Madeleine – *1 091 h. alt. 145* – ⊠ *61140* :

Nouvel H., av. A. Christophe ✆ 02 33 37 81 22, Fax 02 33 38 04 68, ☞ – ⧉ TV ☎ ✦ P. GB. ⫽ rest
avril-oct. – **Repas** 85/155, enf. 50 – ⧠ 30 – **30 ch** 250/330 – P 290/345.
                                                                                    A e

par ③ *et D 235 : 3 km* – ⊠ *61140 Bagnoles-de-l'Orne :*

Manoir du Lys ⧉, ✆ 02 33 37 80 69, Fax 02 33 30 05 80, ㄹ, « Dans un parc fleuri », ⤢, ⫽ – ⧉ TV ☎ ✦ & P. – ⚿ 25 à 80. ⚙ ① GB JCB
fermé 5 janv. au 14 fév., dim. soir et lundi du 1er nov. à Pâques – **Repas** 130/330, enf. 80 – ⧠ 57 – **23 ch** 300/780 – P 570/750.

PEUGEOT Gar. Constant, 8 av. R.-Cousin ✆ 02 33 37 83 11

BAGNOLET *93 Seine-St-Denis* 56 ⑪., 101 ⑰. – *voir à Paris, Environs.*

BAGNOLS *69620 Rhône* 73 ⑨, 110 ① *G. Vallée du Rhône* – *636 h alt. 400.*
Paris 446 – Lyon 35 – Tarare 19 – Villefranche-sur-Saône 15.

Château de Bagnols ⧉, ✆ 04 74 71 40 00, Fax 04 74 71 40 49, ≼, ㄹ, parc, « Vieux château restauré, jardins ouverts sur la campagne beaujolaise » – ⧉ ⤢ 圁 ch TV ☎ P. ⚙ ① GB. ⫽
hôtel: 2 mai-2 janv. ; rest. : 15 mars-2 janv. – **Repas** 205 (déj.), 290/450 et carte 370 à 450 – ⧠ 120 – **16 ch** 2200/3500, 4 appart
Spéc. "Retour du marché" de légumes, vinaigrette d'écrevisses (saison). Dos de sandre poêlé à la peau, pomme ratte écrasée à la livèche. Galette sablée aux zestes de citron, framboises et glace verveine. **Vins** Beaujolais blanc et rouge.

BAGNOLS-LES-BAINS *48190 Lozère* 80 ⑥ *G. Gorges du Tarn* – *200 h alt. 913* – *Stat. therm. (avril-oct.).*
Paris 614 – Mende 20 – Langogne 43 – Villefort 37.

Bridge H.-Résidence du Pont, ✆ 04 66 47 60 03, Fax 04 66 47 62 78, ⤢, ☞ – ⧉ TV ☎. GB
30 mars-10 oct. – **Repas** 70/160 ⅛, enf. 46 – ⧠ 38 – **26 ch** 260/330 – ½ P 260/280.

Commerce, ✆ 04 66 47 60 07 – ☎. ① GB
1er mars-31 oct. et fermé jeudi sauf du 1er juin au 15 sept. – **Repas** 75/140 ⅛ – ⧠ 30 – **28 ch** 150/230 – ½ P 175/225.

BAGNOLS-SUR-CÈZE 30200 Gard 🔟 ⑩ G. Provence **(plan)** – 17 872 h alt. 51.

Voir *Musée d'Art moderne*★.

Env. *Belvédère*★★ *du Centre d'Énergie Atomique de Marcoule SE : 9,5 km.*

🅱 *Office de Tourisme espace St-Gilles, av. Léon Blum ℰ 04 66 89 54 61, Fax 04 66 89 83 38.*

Paris 655 – Avignon 34 – Alès 53 – Nîmes 54 – Orange 30 – Pont-St-Esprit 11.

🏨 **Mas de Ventadous** ♤, rte Avignon ℰ 04 66 89 61 26, Fax 04 66 79 99 88, 🍴, « Bungalows dans un parc, 🏊 », 🎾 – 🗏 ch 📺 ☎ 🕭 ₱ – 🔏 25. 🖭 ◑ ☷, 🎾 rest
fermé Noël au 5 janv. – **Repas** *(fermé sam. midi)* 125/225 – 🍽 50 – **22 ch** 500/550.

rte d'Alès *Ouest : 5 km par D 6 et D 143* – ✉ *30200 Bagnols-sur-Cèze :*

🏯 **Château de Montcaud** 🅼 ♤, ℰ 04 66 89 60 60, Fax 04 66 89 45 04, 🍴, « Parc arboré », 🎣, 🏊, 🎾 – 📳 🗏 ☎ 🕭 ₱ – 🔏 30. 🖭 ◑ ☷ 🏧
fermé 2 janv. au 24 mars – **Repas** 185 (déj.), 250/420 🍷 – 🍽 100 – **30 ch** 950/1900 – ½ P 905/1360.

rte de Pont-St-Esprit *Nord : 5,5 km par N 86* – ✉ *30200 Bagnols-sur-Cèze :*

🏨 **Valaurie** sans rest, ℰ 04 66 89 66 22, Fax 04 66 89 55 80, ≤, 🎋 – 🗏 📺 ☎ 🕭 ₱. ☷
🍽 38 – **22 ch** 260/300.

à Connaux *Sud : 8,5 km sur N 86* – 1 450 h. alt. 86 – ✉ *30330 :*

🍴🍴 **Paul Itier,** ℰ 04 66 82 00 24, 🍴 – 🗏 ₱. ☷
fermé vacances de Tév. – **Repas** 70 (déj.), 98/250 🍷.

CITROEN Gar. Jeolas, 239 rte d'Avignon
ℰ 04 66 89 60 43
PEUGEOT Gar. Pailhon, rte de Nîmes
ℰ 04 66 89 54 95 🔃 ℰ 04 66 90 91 02
RENAULT Gar. Stolard, 252 av. A.-Daudet
ℰ 04 66 90 56 80 🔃 ℰ 08 00 05 15 15

VAG Gar. Paulus et Fils, 37 av. L.-Blum
ℰ 04 66 89 60 30

🅾 Euromaster, Rd-Pt de l'Europe
ℰ 04 66 89 54 19

BAILLARGUES 34670 Hérault 🞵🞵 ⑦ – 4 375 h alt. 23.

Paris 747 – Montpellier 15 – Lunel 11 – Nîmes 42.

🏨 **Golf H. de Massane** 🅼 ♤, au golf de Massane Sud : 1,5 km par D 26ᴱ ℰ 04 67 87 87 87, Fax 04 67 87 87 90, 🍴, 🏊, 🎾 – ✻ 🗏 📺 ☎ 🕭 ₱ – 🔏 60. 🖭 ◑ ☷
Repas 110 (déj.), 137/185 🍷, enf. 54 – 🍽 45 – **32 ch** 390/500 – ½ P 395/420.

BAILLET-EN-FRANCE 95 Val-d'Oise 🞵🞵 ⑳„ 🞵🞵🞵 ⑤ – *voir à Paris, Environs.*

BAILLEUL 59270 Nord 🞵🞵 ⑤ G. Flandres Artois Picardie – 13 847 h alt. 44.

Voir ✳★ *du beffroi.*

🅱 *Office de Tourisme 3 Gd. Place ℰ 03 28 43 81 00, Fax 03 28 43 81 01.*

Paris 249 – Lille 29 – Armentières 13 – Béthune 31 – Dunkerque 44 – Ieper 20 – St-Omer 37.

🏨 **Belle H.** 🅼 sans rest, 19 r. Lille ℰ 03 28 49 19 00, Fax 03 28 49 22 11 – ✻ 📺 ☎ 🕭 ₱. 🖭 ◑ ☷ 🏧
🍽 50 – **31 ch** 350/500.

🍴 **Pomme d'Or** avec ch, 27 r. Ypres ℰ 03 28 49 11 01, Fax 03 28 49 22 11 – ✻ 📺 – 🔏 25.
🕭 🖭 ◑ ☷
fermé 4 au 24 août et dim. soir – **Repas** 69/139 🍷, enf. 39 – 🍽 31 – **7 ch** 120/260 – ½ P 240.

BAIN-DE-BRETAGNE 35470 I.-et-V. 🞵🞵 ⑦ – 5 257 h alt. 100.

🅱 *Syndicat d'Initiative 6 r. Joseph Bertrand ℰ 02 99 43 98 69 et Mairie (hors saison) ℰ 02 99 43 70 24.*

Paris 356 – Rennes 32 – Châteaubriant 30 – Nozay 35 – Redon 45 – Vitré 51.

🍴🍴 **Gentilys,** 78 av. Gén. Patton ℰ 02 99 43 83 83, Fax 02 99 43 83 30 – ₱. ☷
🕭 *fermé merc. soir et dim. soir* – **Repas** 55 bc (déj.), 78/162 🍷, enf. 38.

The **Michelin Road Atlas FRANCE** *offers:*

- *all of France, covered at a scale of 1:200 000, in one volume*
- *plans of principal towns and cities*
- *comprehensive index*

It makes the ideal navigator.

BAINS-LES-BAINS 88240 Vosges 62 (15) G. Alsace Lorraine – 1 466 h alt. 315 – Stat. therm. (avril-26 oct.).

🏢 Office de Tourisme pl. Bain Romain ℘ 03 29 36 31 75, Fax 03 29 36 23 24.
Paris 367 ④ – Épinal 27 ① – Luxeuil-les-Bains 28 ② – Nancy 98 ① – Neufchâteau 71 ④ – Vesoul 52 ② – Vittel 42 ④.

Les plans de villes
sont orientés
le Nord en haut.

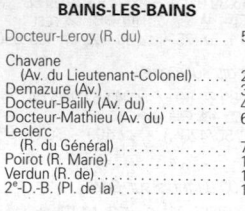

🏨 **Poste, (e)** ℘ 03 29 36 31 01, Fax 03 29 30 44 22 – 📺 ☎ ✆ ⇌. GB. ⚜
      hôtel : ouvert 30 mars au 18 oct. – Repas (fermé 18 au 28/10, 13/12 au 11/01, le soir du 13 janv. au 28 mars, lundi et sam.) (prévenir) 77/190 ♭, enf. 65 – ⌧ 31 – **15 ch** 167/242 – ½ P 223/235.

🏨 **Promenade, (r)** ℘ 03 29 36 30 06, Fax 03 29 30 44 28 – 📺 ☎ 🅿. GB. ⚜
      15 mars-31 oct. – **Repas** 75/215 ♭ – ⌧ 30 – **26 ch** 170/240 – ½ P 245/325.

      CITROEN Gar. Lachambre, La Rappe, rte d'Epinal par ① ℘ 03 29 36 34 82

BAIX 07210 Ardèche 77 ⑪ – 748 h alt. 80.
      Paris 591 – Valence 32 – Crest 30 – Montélimar 23 – Privas 17.

🏯 **La Cardinale et sa Résidence** ⌂, ℘ 04 75 85 80 40, Fax 04 75 85 82 07, ⇞, « Ancienne demeure seigneuriale » – ▤ ch 📺 ☎ 🅿. AE ① GB JCB
      8 mars-30 nov. – Repas (fermé lundi du 9 sept. au 31 mai) 220 bc (déj.), 260/395, enf. 100 – ⌧ 100 – **5 ch** 900/1850 – ½ P 790/1315.

      La Résidence ⌂ sans rest, 3 km, parc, ⌂ – ▤ 📺 ☎ 🅿. AE ① GB JCB
      15 mai-1ᵉʳ oct. – ⌧ 100 – **10 ch** 900/1850.

🏨 **Aub. des Quatre Vents** ⌂, rte Chomérac, Nord-Ouest : 2 km ℘ 04 75 85 84 49, ⇞, ⇞ – 📺 ☎ 🅿. GB
      fermé 15 au 30 oct. et 15 au 28 fév. – **Repas** 80/170 – ⌧ 35 – **16 ch** 160/250 – ½ P 200/260.

BALARUC-LES-BAINS 34540 Hérault 83 ⑯ G. Gorges du Tarn – 5 013 h alt. 3 – Stat. therm. (24 fév.-24 nov.).

🏢 Office de Tourisme Pavillon Sévigné ℘ 04 67 46 81 46, Fax 04 67 48 40 40.
Paris 783 – Montpellier 30 – Agde 30 – Béziers 50 – Frontignan 8 – Lodève 55 – Sète 9.

🏨 **Mercure** M, av. Hespérides ℘ 04 67 51 79 79, Fax 04 67 48 02 87, ⌂ – 🛗 ⚟ ▤ 📺 ♿ ♿
      ⇌ 🅿 – ♨ 55. AE ① GB
      Repas 85/125 ♭, enf. 45 – ⌧ 55 – **92 ch** 290/350.

🏨 **Ibis** ⌂, quartier Pech Meja ℘ 04 67 48 55 52, ⇞, centre de balnéothérapie, ⌂, ⇞ – 🛗 ⚟ 📺 ☎ ♿ 🅿 – ♨ 60. AE ① GB
      Repas 95, enf. 39 – ⌧ 39 – **57 ch** 295/360 – ½ P 230/290.

🏨 **Martinez**, 2 r. M. Clavel ℘ 04 67 48 50 22, Fax 04 67 43 18 13, ⇞, ⇞ – ⚟ 📺 ☎ 🅿. GB.
      ⚜
      fermé 15 janv. au 15 mars – **Repas** 100/250 – ⌧ 45 – **27 ch** 220/400 – P 330/450.

XXX **St Clair**, quai Port ℘ 04 67 48 48 91, Fax 04 67 18 86 96, ⇞ – GB
      fermé 22 déc. au 12 fév. – **Repas** 95 (déj.), 165/245 et carte 250 à 290.

à Balaruc-le-Vieux Nord : 3 km par D 129 – 1 065 h. alt. 12 – ⊠ 34540 :

🏨 **Campanile** ⌂, Zone de la Barrière ℘ 04 67 48 53 00, Fax 04 67 48 30 82 – ⚟ ▤ rest 📺 ☎
      ✆ ♿ 🅿 – ♨ 25. AE ① GB
      Repas 84 bc/107 bc, enf. 39 – ⌧ 32 – **49 ch** 278.

🏨 **Marotel**, centre commercial ℘ 04 67 48 61 01, Fax 04 67 43 14 89 – ▤ rest 📺 ☎ ♿ 🅿 –
      ♨ 25. GB
      Repas (fermé dim.) 75/135 ♭, enf. 40 – ⌧ 35 – **44 ch** 210/250 – P 275.

BALDENHEIM *67 B.-Rhin* 🖪🖪 ⑲ – *rattaché à Sélestat.*

BALDERSHEIM *68 H.-Rhin* 🖪🖪 ⑩ – *rattaché à Mulhouse.*

BÂLE *Suisse* 🖪🖪 ⑩, 🖪🖪🖪 ④.

Ressources hôtelières : *voir Guide Rouge Michelin* **Suisse/Schweiz/Svizzera**

BALLEROY *14490 Calvados* 🖪🖪 ⑭ *G. Normandie Cotentin – 613 h alt. 70.*

Voir *Château★*.

🖪 *Syndicat d'Initiative pl. de l'Hôtel de Ville (juin-sept.)* ℘ *02 31 21 60 26.*

Paris 278 – St-Lô 24 – Bayeux 15 – Caen 44 – Vire 47.

XXX **Manoir de la Drôme** (Leclerc), ℘ 02 31 21 60 94, Fax 02 31 21 88 67, ☞ – 🅿. 🖭 🖸🖰.
※
☼ *fermé 1er au 7 sept., 8 au 20 fév., dim. soir et lundi* – **Repas** 160/300 et carte 320 à 410
Spéc. Trilogie de foie gras de canard. Fricassée de sole au foie gras et pâtes fraiches. Tarte
au chocolat au vieux banyuls.

CITROEN Gar. du Bessin, ℘ 02 31 21 60 11 🖪 ℘ 02 31 21 69 59

BALMA *31 H.-Gar.* 🖪🖪 ⑧ – *rattaché à Toulouse.*

La BALME-DE-SILLINGY *74330 H.-Savoie* 🖪🖪 ⑥ – *3 075 h alt. 480.*

Paris 527 – Annecy 13 – Bellegarde-sur-Valserine 30 – Belley 62 – Frangy 14 – Genève 42.

🏠 **Les Rochers**, N 508 ℘ 04 50 68 70 07, Fax 04 50 68 82 74, ☞ – 🖳 ☎ ❤ 🅿 – 🛆 40. 🖭
☼ 🖸🖰
fermé 1er au 11 nov., 2 au 31 janv., dim. soir et lundi sauf de juin à sept. – **Repas** 85/260 ⅃,
enf. 52 – ☲ 35 – **27 ch** 200/280 – ½ P 220/280.

Annexe La Chrissandière 🏠 *sans rest, à 400 m.,* « Parc, 🏊 » – 🖳 ☎ 🅿. 🖭 🖸🖰
☲ 35 – **10 ch** 320/340.

BALOT *21 Côte-d'Or* 🖪🖪 ⑧ – *rattaché à Marcenay.*

BAN-DE-LAVELINE *88520 Vosges* 🖪🖪 ⑱ – *1 240 h alt. 427.*

Paris 404 – Colmar 59 – Épinal 63 – St-Dié 13 – Ste Marie-aux-Mines 15 – Sélestat 39.

XX **Aub. Lorraine** 🖭 *avec ch,* ℘ 03 29 51 78 17, Fax 03 29 51 71 72, 🍽 – 🖳 ☎ 🅿. 🖸🖰
*fermé 30 juin au 10 juil., 20 au 29 oct., 27 janv. au 3 fév., dim. soir et lundi du 1er sept. au 14
juil.* – **Repas** 68 (déj.), 99/190 ⅃, enf. 60 – ☲ 35 – **7 ch** 140/269 – ½ P 185/280.

BANDOL *83150 Var* 🖪🖪 ⑭, 🖪🖪🖪 ⑭ *G. Côte d'Azur – 7 431 h alt. 1 – Casino* Y.

Voir *Allées Jean-Moulin★* Z.

Accès *dans l'Île de Bendor par vedette 7 mn* ℘ 04 94 29 44 34 (Bandol).

🖪 *Office de Tourisme allées Vivien* ℘ 04 94 29 41 35, Fax 04 94 32 50 39.

Paris 824 ② *– Marseille 51* ② *– Toulon 19* ② *– Aix-en-Provence 71* ②.

Plan page suivante

🏰 **L'Île Rousse**, bd L. Lumière ℘ 04 94 29 33 00, Fax 04 94 29 49 49, ≤, 🍽, 🏊, 🐦 – 🛗
🖩 ch 🖳 ☎ 🚗 – 🛆 40. 🖭 ⑩ 🖸🖰 🖵🖲 Z a
Les Oliviers : **Repas** 185/390, enf. 75 – *La Goélette* (*1er avril-30 sept.*) **Repas**
carte 170 à 260 ⅃, enf. 40 – *Petit Navire* (*1er avril-30 sept.*)(*déj. seul.*) **Repas**
carte 170 à 250 ⅃, enf. 55 – ☲ 65 – **53 ch** 350/1130 – ½ P 434/879.

🏠 **Le Provençal**, r. Écoles ℘ 04 94 29 52 11, Fax 04 94 29 67 57, 🍽 – 🖳 ☎. 🖭 🖸🖰. ⋇ ch
hôtel : fermé 15 nov. au 20 déc. ; rest. : ouvert Pâques-30 sept. – **Repas** 98/170 – ☲ 38 –
20 ch 290/390 – ½ P 360. Z d

🏠 **Golf H.**, *sur plage Rénecros par bd L. Lumière -* Z *-* ℘ 04 94 29 45 83, Fax 04 94 32 42 47,
≤, 🍽, 🐦 – 🖩 ch 🖳 ☎ 🅿. 🖸🖰. ⋇
hôtel : 23 mars-fin oct. ; rest : mai-sept. – **Repas** (uniquement en terrasse) 90 (déj.)/140,
enf. 50 – ☲ 38 – **24 ch** 360/620.

🏠 **de la Baie** *sans rest*, 62 r. Dr L. Marçon ℘ 04 94 29 40 82, Fax 04 94 29 95 24 – 🖩 🖳 ☎.
🖸🖰 – ☲ 35 – **14 ch** 350/400. Y r

🏠 **Les Galets**, *par* ② *: 0,5 km* ℘ 04 94 29 43 46, Fax 04 94 32 44 36, ≤, 🍽 – ☎ 🅿. 🖸🖰. ⋇
hôtel : 15 mars-31 oct. ; rest. : 1er mai-30 sept. – **Repas** 132/210 – ☲ 34 – **21 ch** 180/295 –
½ P 256/313.

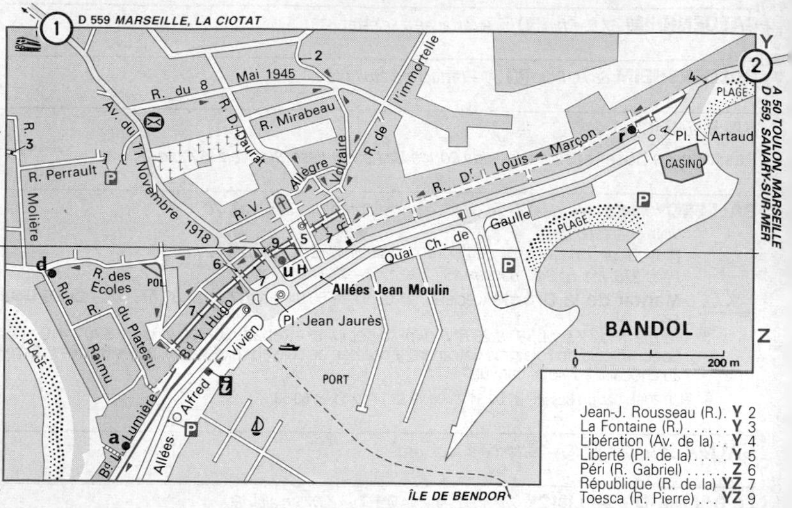

D 559 MARSEILLE, LA CIOTAT
A 50 TOULON, MARSEILLE D 559, SANARY-SUR-MER
R. du 8 Mai 1945
R. Mirabeau
R. D. Daurat
R. de l'Immortelle
Av. du 11 Novembre 1918
R. Perrault
R. V. Allègre
R. Voltaire
R. Dr Louis Marçon
Pl. L. Artaud
CASINO
PLAGE
Quai Ch. de Gaulle
Allées Jean Moulin
Pl. Jean Jaurès
R. des Ecoles
Rue Molière
R. du Plateau
R. Raimu
Bd V. Hugo
Bd L. Lumière
Allées Alfred Vivien
PORT
BANDOL
0
200 m
ÎLE DE BENDOR

Jean-J. Rousseau (R.). **Y** 2
La Fontaine (R.) . . . . . . **Y** 3
Libération (Av. de la) . . **Y** 4
Liberté (Pl. de la) . . . . . **Y** 5
Péri (R. Gabriel) . . . . . . **Z** 6
République (R. de la) **YZ** 7
Toesca (R. Pierre) . . . **YZ** 9

Bel Ombra ⑤, r. La Fontaine - **Y** - ✆ 04 94 29 40 90, Fax 04 94 25 01 11 – TV ☎. GB. ✈
hôtel : 1er avril-15 oct. ; rest. : 21 juin-22 sept. – **Repas** (dîner seul.) 105 – ☕ 38 – **21 ch** 240/340 – ½ P 313.

Aub. du Port, 9 allées J. Moulin ✆ 04 94 29 42 63, Fax 04 94 29 44 59, 🏖 – AE ⓓ GB JCB **Z u**
Repas 120/250 et carte 230 à 340, enf. 70.

Réserve avec ch, rte de Sanary par ② ✆ 04 94 29 30 00, Fax 04 94 29 30 13, ←, 🏖 – ▤ ch TV ☎ P. AE ⓓ GB
fermé 10 nov. au 10 déc. – **Repas** *(fermé dim. soir et lundi du 1er nov. à Pâques)* 130/390 – ☕ 40 – **13 ch** 330/590 – ½ P 400/560.

Ile de Bendor *: en bateau –* ✉ *83150 Bandol :*

Delos ⑤, ✆ 04 94 32 22 23, Fax 04 94 32 41 44, ← port et mer, 🏖, « Beau mobilier ancien », ⛱, ✗ – TV ☎ – 🏛 100. AE ⓓ GB
Repas 140/170 – ☕ 65 – **55 ch** 580/1100 – ½ P 570/780.

par ② *et rte de Sanary : 1,5 km –* ✉ *83110 Sanary-sur-Mer :*

Le Castel ⑤ avec ch, ✆ 04 94 29 82 98, Fax 04 94 32 53 32, 🏖 – TV ☎ P. AE ⓓ GB
fermé 15 au 25 nov., 15 au 25 janv. et dim. soir du 15 oct. au 30 mars – **Repas** (prévenir) 145/220 – ☕ 35 – **9 ch** 360 – ½ P 320/345.

BANGOR *56 Morbihan* 63 ⑪ *– voir à Belle-Ile-en-Mer.*

BANNALEC *29380 Finistère* 58 ⑯ *– 4 840 h alt. 98.*

Paris 535 – Quimper 33 – Carhaix-Plouguer 50 – Châteaulin 57 – Concarneau 24 – Pontivy 70.

rte de St-Thurien *Nord-Est : 4,5 km par D 23 et rte secondaire –* ✉ *29380 Bannalec :*

Manoir du Ménec ⑤, ✆ 02 98 39 47 47, Fax 02 98 39 46 17, parc, « Manoir dans la campagne », ⚲, ⛱ – TV ☎ P – 🏛 40. GB. ✈
Repas 100/300, enf. 50 – ☕ 35 – **16 ch** 280/360 – ½ P 315.

BANNEGON *18210 Cher* 69 ② *– 260 h alt. 180.*

Paris 287 – Bourges 42 – Moulins 71 – St-Amand-Montrond 22 – Sancoins 19.

Aub. Moulin de Chaméron ⑤ avec ch, Sud-Est : 3 km par D 76 et rte secondaire ✆ 02 48 61 83 80, Fax 02 48 61 84 92, 🏖, « Moulin du 18e siècle et musée de la meunerie », ⛱, ⛱ – TV ☎ 📞 P. AE GB
1er mars-15 nov. – **Repas** *(fermé mardi hors sais.)* 130/260 et carte 190 à 280, enf. 58 – ☕ 52 – **13 ch** 365/520.

The Guide changes, so renew your Guide every year.

BANYULS-SUR-MER *66650 Pyr.-Or.* 🔢 ⑳ *G. Pyrénées Roussillon – 4 662 h alt. 1.*

Voir ✳︎★★ *du cap Réderis E : 2 km.*

🅱 *Office de Tourisme av. République 🎱 04 68 88 31 58, Fax 04 68 88 36 84.*

Paris 907 – Perpignan 38 – Cerbère 10 – Port-Vendres 8.

🏨 **Le Catalan,** rte Cerbère 🎱 04 68 88 02 80, Fax 04 68 88 16 14, ≼ Banyuls et la côte, 🏊 –
|🛗 ▤ ch 📺 ☎ 🅿. 🅰🅴 ⓪ 🇬🇧
15 mars-1ᵉʳ nov. et 20 déc.-4 janv. – **Repas** 105/290, enf. 70 – 🖵 50 – **35 ch** 420/470 –
½ P 460/500.

🏨 **Les Elmes,** plage des Elmes 🎱 04 68 88 03 12, Fax 04 68 88 53 03, ≼ – ⁕⊷ ▤ 📺 ☎ ℃ 🅿.
🅰🅴 ⓪ 🇬🇧
La Littorine (fermé 1ᵉʳ au 18/12, 1ᵉʳ au 18/01 et lundi du 1ᵉʳ nov. au 1ᵉʳ avril) **Repas**
90/260, 🍷, enf. 65 – 🖵 40 – **31 ch** 280/500 – ½ P 280/400.

🏨 **Solhotel** Ⓜ sans rest, Cap d'Osne 🎱 04 68 98 34 34, Fax 04 68 88 55 45, ≼ mer – |🛗 ▤ 📺
☎ & ⟸ 🅿. 🇬🇧
🖵 30 – **23 ch** 370/390.

🏨 **Villa Miramar** ॐ sans rest, r. Lacaze Duthiers 🎱 04 68 88 33 85, Fax 04 68 66 90 08, ≼,
🏊, ⛵ – 📺 ☎ & 🅿. 🇬🇧
1ᵉʳ avril-15 oct. – 🖵 20 – **15 ch** 240/325.

🏠 **Eden** Ⓜ ॐ sans rest, av. E. Chatton 🎱 04 68 88 33 07, ≼ – 📺 ☎ & ⟸ 🅿. 🇬🇧
1ᵉʳ avril-31 oct. – 🖵 30 – **10 ch** 310.

✕✕✕ **Le Sardinal,** pl. Reig 🎱 04 68 88 30 07, Fax 04 68 88 58 99, 🌤 – ▤. 🅰🅴 🇬🇧 🇯🇨🇧
⊖ *fermé dim. soir et lundi sauf été* – **Repas** 85/280 et carte 200 à 360, enf. 70.

✕✕ **La Pergola** avec ch, av. Fontaulé 🎱 04 68 88 02 10, Fax 04 68 88 55 45 – 📺 ☎. 🇬🇧
⊖ *fermé déc. et janv.* – **Repas** 70/200, enf. 45 – 🖵 28 – **17 ch** 250/400 – ½ P 245/265.

✕ **Al Fanal** avec ch, av. Fontaulé 🎱 04 68 88 00 81, Fax 04 68 88 13 37, 🌤 – |🛗 ▤ ch 📺 ☎.
🇬🇧, ※ rest
fermé janv. – **Repas** 95/220 🍷, enf. 45 – 🖵 35 – **13 ch** 240/350 – ½ P 220/290.

BAPAUME *62450 P.-de-C.* 🔢 ⑫ *– 3 509 h alt. 123.*

Paris 156 – Amiens 51 – St-Quentin 51 – Arras 27 – Cambrai 29 – Douai 43 – Doullens 44.

🏨 **Paix** Ⓜ, av. A.-Guidet 🎱 03 21 07 11 03, Fax 03 21 07 43 66 – 📺 ☎ ⟸ 🅿. 🅰🅴 ⓪ 🇬🇧
⊖ *fermé dim. soir hors sais.* – **Repas** 85/240 🍷 – 🖵 35 – **12 ch** 260/290 – ½ P 240.

BAPEAUME-LÈS-ROUEN *76 S.-Mar.* 🔢 ⑭ *– rattaché à Rouen.*

La BARAQUE *63 P.-de-D.* 🔢 ⑭ *– rattaché à Clermont-Ferrand.*

BARAQUEVILLE *12160 Aveyron* 🔢 ② *– 2 458 h alt. 792.*

Paris 650 – Rodez 20 – Albi 60 – Millau 74 – Villefranche-de-Rouergue 42.

🏨 **Segala Plein Ciel** ॐ, rte Albi 🎱 05 65 69 03 45, Fax 05 65 70 14 54, ≼, 🏊, ⛵, ※ – |🛗
▤ rest 📺 ☎ ℃ & 🅿 – 🔺 200. 🇬🇧
fermé vend. soir et dim. soir de fin sept. à fin juin – **Repas** 100/250 – 🖵 35 – **43 ch** 230/400
– ½ P 295/318.

PEUGEOT Gar. Sacrispeyre, 🎱 05 65 69 00 43 🇳 🎱 05 65 69 00 43

La BARBATRE *85 Vendée* 🔢 ① *– voir à Noirmoutier (Ile de).*

BARBAZAN *31510 H.-Gar.* 🔢 ① *– 351 h alt. 464 – Stat. therm. (mai-oct.).*

*Paris 800 – Bagnères-de-Luchon 31 – Lannemezan 26 – St-Gaudens 14 – Tarbes 59 –
Toulouse 106.*

✕✕ **Host. de l'Aristou** ॐ avec ch, rte Sauveterre 🎱 05 61 88 30 67, Fax 05 61 95 55 66, ≼,
🌤, ⛵ – 📺 ☎ 🅿. 🅰🅴 🇬🇧. ※
fermé 21 déc. au 1ᵉʳ fév., dim. soir et lundi du 14 sept. au 1ᵉʳ mai – **Repas** 110/270 – 🖵 40 –
7 ch 240/330 – ½ P 295.

au Hameau de Burs *Nord-Ouest : 3 km par D 33 et rte secondaire – ✉ 31510 Barbazan :*

🏠 **Bella-Vista** ॐ, 🎱 05 61 89 33 35, Fax 05 61 88 38 95, ≼ Pyrénées, 🌤, ⛵ – ☎ 🅿 –
⊖ 🔺 30. 🇬🇧, ※ rest
Repas 80/190 – 🖵 35 – **20 ch** 250/280 – ½ P 220/260.

La BARBEN *13 B.-du-R.* 🔢 ② *– rattaché à Salon-de-Provence.*

BARBENTANE *13570 B.-du-R.* **83** ⑩ *G. Provence – 3 273 h alt. 40.*

Voir *Décoration intérieure★ du château – Abbaye St-Michel-de-Frigolet : boiseries★ de la chapelle N. -D.-du-Bon-Remède S : 5 km.*

🔋 *Syndicat d'Initiative à la Mairie* ℘ *04 90 95 50 39, Fax 04 90 95 50 18.*
Paris 694 – Avignon 10 – Arles 33 – Marseille 103 – Nîmes 38 – Tarascon 15.

🏠 **Castel Mouisson** ⬙ sans rest, quartier Castel-Mouisson, par rte Rognonas : 1,5 km ℘ 04 90 95 51 17, Fax 04 90 95 60 61, ⬙, ☞, ⬙ – ☎ 🅿. ⬙
15 mars-15 oct. – ⇌ 40 – **17 ch** 300/340.

BARBÈREY-ST-SULPICE *10 Aube* **61** ⑱ – *rattaché à Troyes.*

BARBEZIEUX *16 Charente* **72** ⑫ *G. Poitou Vendée Charentes – 4 774 h alt. 100 –* ✉ *16300 Barbe-zieux-St-Hilaire.*

🔋 *Office de Tourisme pl. du Château (saison)* ℘ *05 45 78 02 54.*
Paris 480 – Angoulême 34 – Bordeaux 85 – Cognac 36 – Jonzac 24 – Libourne 69.

🏨 **La Boule d'Or** Ⓜ, 9 bd Gambetta ℘ 05 45 78 64 13, Fax 05 45 78 63 83, ⬙, ☞ – 📶 📺 ☎ ⑂ 🛬, 🅰🅴 ⑥ 🈺
fermé 20 déc. au 1ᵉʳ janv. – **Repas** 75/205 – ⇌ 30 – **20 ch** 235/345 – ½ P 220.

🏠 **Bon Repos**, rte Angoulême : 1,5 km ℘ 05 45 78 01 92, Fax 05 45 78 89 81 – ▤ rest 📺 ☎ ⑂ 🛬 🅿. 🅰🅴 🈺
Repas *(fermé dim. soir d'oct. à Pâques et sam. midi)* 75/180 ⑃ – ⇌ 30 – **16 ch** 230/270 – ½ P 250/280.

à Bois-Vert *au Sud : 12 km sur N 10 –* ✉ *16360 Baignes-Ste-Radegonde :*

🏨 **La Venta**, ℘ 05 45 78 40 95, Fax 05 45 78 63 42, parc, ⬙, ⬙ – 📺 ☎ ⑂ 🅿. 🈺
fermé 1ᵉʳ au 20 janv., vend. soir et sam. midi du 1ᵉʳ nov. au 23 mars – **Repas** 75/125 ⑃, enf. 40 – ⇌ 32 – **23 ch** 150/230 – ½ P 192/218.

RENAULT Gar. Cholet, av. Vergnes ℘ 05 45 78 11 66 Ⓝ ℘ 05 45 24 76 27   ⑩ Charente-Pneus, St-Hilaire ℘ 05 45 78 03 58

BARBIZON *77630 S.-et-M.* **61** ① ②, **106** ㊺ *G. Ile de France – 1 407 h alt. 80.*

Voir *Auberge du Père Ganne★ – Gorges d'Apremont★ : Grand Belvédère★ E : 4 km puis 15 mn.*

🏌 *Cély Golf Club* ℘ *01 64 38 03 07 à Cély, O : 9 km par D64-D11.*
Paris 56 – Fontainebleau 10 – Étampes 40 – Melun 13 – Pithiviers 48.

🏯 **Bas-Bréau** ⬙, ℘ 01 60 66 40 05, Fax 01 60 69 22 89, ⬙, parc, « Jardin fleuri », ⬙, ⬙ – 📺 ☎ 🛬 🅿. 🅰🅴 🈺
❀ **Repas** 350 bc (déj.)/400 bc et carte 500 à 810 – ⇌ 95 – **12 ch** 900/1500, 8 appart
Spéc. Grosses langoustines de Loctudy, herbes fraîches. Grouse d'Ecosse rôtie (15 août au 31 déc.). Côte de veau de lait de Corrèze, poêlée de cèpes.

🏨 **Host. Clé d'Or** ⬙, ℘ 01 60 66 40 96, Fax 01 60 66 42 71, ⬙, ☞ – 📺 ☎ 🅿. 🅰🅴 ⑥ 🈺 🅹🅲🅱
Repas *(fermé dim. soir de nov. à mars)* 160/260, enf. 75 – ⇌ 50 – **16 ch** 300/490 – ½ P 350/420.

🏨 **Host. de la Dague**, ℘ 01 60 66 40 49, Fax 01 60 69 24 59, ⬙ – 🅿 – ⛌ 30. 🅰🅴 ⑥ 🈺 🅹🅲🅱
fermé 23 déc. au 2 janv. – **Repas** *(fermé dim. soir et lundi)* 140/250 – ⇌ 48 – **25 ch** 360/450 – ½ P 400.

✕✕ **L'Angélus**, ℘ 01 60 66 40 30, Fax 01 60 66 42 12, ⬙ – 🅿. 🅰🅴 ⑥ 🈺
Repas 175/230.

✕ **Le Relais de Barbizon**, ℘ 01 60 66 40 28, ⬙ – 🈺
fermé 18 au 29 août, mardi soir et merc. – **Repas** 100/190.

sur la N 7 *à l'orée de la forêt, Est : 1,5 km –* ✉ *77630 Barbizon :*

✕✕✕ **Grand Veneur**, ℘ 01 60 66 40 44, Fax 01 64 14 91 20, ⬙, « Décor de pavillon de chasse, cuisine à la broche », ☞ – 🅿. 🅰🅴 ⑥ 🈺
fermé merc. soir et jeudi sauf fériés – **Repas** 250 et carte 330 à 570.

BARBOTAN-LES-THERMES *32 Gers* **79** ⑫ *G. Pyrénées Aquitaine – alt. 136 – Stat. therm. (24 fév.-29 nov.) –* ✉ *32150 Cazaubon.*

🔋 *Office de Tourisme pl. Armagnac* ℘ *05 62 69 52 13, Fax 05 62 69 57 71.*
Paris 713 – Mont-de-Marsan 42 – Aire-sur-l'Adour 36 – Auch 74 – Condom 39 – Marmande 72 – Nérac 46.

🏚️ **La Bastide Gasconne** ⌂, ℰ 05 62 08 31 00, Fax 05 62 08 31 49, 😧, 🍵, 🐎 – 📺 🅿
– 🏖 30, 🗚 GB
28 mars-2 nov. – **Repas** *(fermé merc. sauf juil.-août)* 170 – ☑ 65 – **32 ch** 540/770 –
½ P 433/563.

🏨 **Paix**, ℰ 05 62 69 52 06, Fax 05 62 09 55 73, 🍵, 🐎 – 🕿 🅿, GB, ⋇ rest
20 mars-9 nov. – **Repas** 85 (dîner), 95/105, enf. 40 – ☑ 35 – **32 ch** 260/360 – P 308/350.

🏨 **Cante Grit**, ℰ 05 62 69 52 12, Fax 05 62 69 53 98 – 📺 🕿 🅿, GB, ⋇ rest
⊖ *8 avril-31 oct.* – **Repas** 85/105 – ☑ 35 – **22 ch** 165/290 – ½ P 202/252.

🏠 **Beauséjour**, ℰ 05 62 08 30 30, Fax 05 62 09 50 78, 🍵, 🐎 – 🕿 🅿, GB
mars-nov. – **Repas** 100/200 – ☑ 45 – **30 ch** 170/380 – P 230/290.

🏠 **Aubergade**, ℰ 05 62 69 55 43, Fax 05 62 69 52 09 – 📺 🕿, 🗚 GB, ⋇ ch
⊖ *mars-nov.* – **Repas** 62/145 🍷, enf. 30 – ☑ 35 – **18 ch** 230/400 – P 300/340.

🏠 **Roseraie**, ℰ 05 62 69 53 26, Fax 05 62 69 58 75, 😧, 🐎 – 📶 🕿 🅿, GB, ⋇ rest
⊖ *30 mars-31 oct.* – **Repas** 72 bc/200, enf. 35 – ☑ 32 – **30 ch** 160/260 – ½ P 188/223.

   RENAULT Gar. Sauvage, à Cazaubon ℰ 05 62 09 50 19 🅽 ℰ 05 57 67 07 91

BARCAGGIO *2B H.-Corse* 90 ① – *voir à Corse.*

BARCELONNETTE ◆ *04400 Alpes-de-H.-P.* 81 ⑧ *G. Alpes du Sud* – *2 976 h alt. 1135* – *Sports d'hiver : Le Sauze/Super Sauze 1 400/2450 m ⚡ 24 et Pra-Loup 1 600/2 500 m ⚡ 3 ⚡ 29.*
Voir *Portail Sud★ de l'église de St-Pons NO : 2 km.*
🛈 *Office de Tourisme pl. F.-Mistral ℰ 04 92 81 04 71, Fax 04 92 81 22 67.*
Paris 745 – Gap 69 – Briançon 89 – Cannes 164 – Cuneo 97 – Digne-les-Bains 84 – Nice 147.

🏚️ **Azteca** ⌂ sans rest, 3 r. F. Arnaud ℰ 04 92 81 46 36, Fax 04 92 81 43 92, « Mobilier et objets de l'artisanat mexicain » – 📶 📺 🕿 🕭 🅿 – 🏖 70, 🗚 ⓪ GB
☑ 45 – **27 ch** 360/500.

✕✕ **La Mangeoire Gourmande**, pl. 4-Vents (près Église) ℰ 04 92 81 01 61,
🍴 Fax 04 92 81 56 13, 😧, « Salle voûtée » – 🗚 GB
fermé 5 nov. au 5 déc., dim. soir et lundi – **Repas** 98 (déj.), 148/270, enf. 55.

au Sauze *Sud-Est : 4 km par D 900 et D 209 – Sports d'hiver : 1 400/2 450 m ⚡ 24 – ✉ 04400 Barcelonnette.*
🛈 *Office de Tourisme ℰ 04 92 81 05 61, Fax 04 92 81 21 60.*

🏨 **Alp'H.** ⌂, ℰ 04 92 81 05 04, Fax 04 92 81 45 84, ≤, 😧, 🍵 (été), 🅵🐎, 🐎 – 📶 cuisinette 📺
🕿 🚗 🅿 – 🏖 30, 🗚 ⓪ GB
25 mai-5 oct. et 20 déc.-7 avril – **Repas** *(fermé mardi sauf juil.-août)* 125/135, enf. 62 – ☑ 50
– **24 ch** 420/470, 9 appart – ½ P 380/400.

🏠 **L'Équipe**, ℰ 04 92 81 05 12, Fax 04 92 81 45 33, ≤, 😧 – 🕿 🚗 🅿, GB, ⋇ rest
hôtel : 21 juin-14 sept. et 20 déc.-15 avril ; rest. : 1er juil.-30 août et 20 déc.-15 avril – **Repas**
90/120, enf. 55 – ☑ 38 – **24 ch** 260/300 – ½ P 290/300.

à Super-Sauze *Sud : 10 km par D 900 et D 209 – Sports d'hiver : voir au Sauze – ✉ 04400 Barcelonnette :*

🏠 **Pyjama** ⌂ sans rest, ℰ 04 92 81 12 00, Fax 04 92 81 03 16, ≤ – cuisinette 📺 🕿 🕭 🅿, 🗚
⓪ GB
25 juin-5 sept. et 15 déc.-15 avril – ☑ 45 – **10 ch** 320/440, 4 studios.

à Pra-Loup *Sud-Ouest : 8,5 km par D 902, D 908 et D 109 – Sports d'hiver : 1 600/2 500 m ⚡ 3 ⚡ 29 –
✉ 04400 Barcelonnette.*
🛈 *Office de Tourisme ℰ 04 92 84 10 04, Fax 04 92 84 02 93.*

🏠 **Le Prieuré de Molanès**, à Molanès ℰ 04 92 84 11 43, Fax 04 92 84 01 88, 😧, 🍵 (été),
🐎 – 📺 🕿 🅿, GB
15 juin-15 sept. et 15 déc.-15 avril – **Repas** 130/180, enf. 45 – ☑ 42 – **14 ch** 300/400 –
½ P 390.

✕✕ **La Tisane**, Pra-Loup 1600 - Chenonceau 1 ℰ 04 92 84 10 55 – GB
⊖ *1er juil.-début sept., vacances de Toussaint et début déc.-1er mai* – **Repas** 85/245, enf. 55.

   CITROEN Gar. de l'Ubaye, ZI du Chazelas   PEUGEOT Gar. de la Gravette, ZI de St-Pons
   ℰ 04 92 81 02 45 🅽 ℰ 04 92 81 02 45   ℰ 04 92 81 01 66

BARCUS *64130 Pyr.-Atl.* 85 ⑤ – *788 h alt. 230.*
Paris 814 – Pau 53 – Mauléon-Licharre 15 – Oloron-Ste-Marie 18 – St-Jean-Pied-de-Port 55.

✕✕✕ **Chilo** ⌂ avec ch, ℰ 05 59 28 90 79, Fax 05 59 28 93 10, 😧, « Jardin », 🍵 – 📺 🕿 🕭 🅿,
🍴 🗚 ⓪ GB
fermé 17 au 23 mars, dim. soir et lundi d'oct. à mai – **Repas** 90/300 et carte 250 à 350 🍷,
enf. 50 – ☑ 45 – **10 ch** 170/450 – ½ P 260/375.

BAREMBACH 67 B.-Rhin 62 ⑧ – rattaché à Schirmeck.

BARENTIN 76360 S.-Mar. 55 ⑥ G. Normandie Vallée de la Seine – 12 721 h alt. 72.
Paris 150 – Rouen 18 – Dieppe 51 – Duclair 12 – Yerville 15 – Yvetot 19.

XX **Aub. Gd Saint-Pierre,** 19 av. V. Hugo ℰ 02 35 91 03 37 – P. GB
fermé 1er au 25 août, dim. soir et lundi – Repas 90/170.

PEUGEOT Bossart Automobiles, av. A. Briand, carr.   VAG Gar. Barbier, 32 av. V.-Hugo
La Liberté ℰ 02 35 92 80 01   ℰ 02 35 91 22 64

BARFLEUR 50760 Manche 54 ③ G. Normandie Cotentin – 599 h alt. 5.
Voir Phare de la Pointe de Barfleur : ❋ ★★ N : 4 km.
🅱 Office de Tourisme 2 Rd-Pt. G. le Conquérant ℰ 02 33 54 02 48.
Paris 355 – Cherbourg 29 – Carentan 49 – St-Lô 77 – Valognes 26.

🏠 **Conquérant** sans rest, ℰ 02 33 54 00 82, Fax 02 33 54 65 25, « Jardin à la française » –
📺 ☎ P. GB, ❧
15 fév.-15 nov. – ☷ 40 – 16 ch 200/360.

XX **Moderne** avec ch, ℰ 02 33 23 12 44, Fax 02 33 23 91 58 – GB
🍽 fermé 15 janv. au 15 mars, merc. du 15 sept. au 15 janv. et mardi du 15 sept. au 30 juin –
Repas 85/245, enf. 75 – ☷ 28 – 7 ch 150/230 – ½ P 235/270.

CITROEN Gar. Pesnelle, à Anneville-en-Saire ℰ 02 33 54 00 77 🅽 ℰ 02 33 54 00 77

BARGEMON 83830 Var 84 ⑦, 114 ㉓ G. Côte d'Azur – 1 069 h alt. 550.
Paris 881 – Castellane 46 – Comps-sur-Artuby 19 – Draguignan 23 – Grasse 44.

X **Chez Pierrot,** ℰ 04 94 76 62 19, 😁 – GB
fermé 23 au 30 oct., 15 fév. au 15 mars, dim. soir de nov. à avril et lundi de sept. à juin –
Repas (nombre de couverts limité, prévenir) 90/160, enf. 46.

BARJAC 48000 Lozère 80 ⑤ – 557 h alt. 660.
Paris 595 – Mende 14 – Millau 87 – Rodez 95 – St-Flour 82.

🏠 **Midi,** ℰ 04 66 47 01 02, Fax 04 66 47 07 07 – ☎ & P. GB
🍽 fermé vend. soir et sam. d'oct. à mars – Repas 60/120, enf. 40 – ☷ 30 – 20 ch 220/250 –
½ P 190/250.

BARJAC 30430 Gard 80 ⑨ – 1 361 h alt. 171.
Paris 668 – Alès 34 – Aubenas 48 – Mende 114.

🏨 **Le Mas du Terme** ⮐, Sud-Est : 4 km par D 901 et rte secondaire ℰ 04 66 24 56 31,
Fax 04 66 24 58 54, 😁, 🏊, 🖛 – 📺 ☎ P. GB
1er avril-30 nov. – Repas 95 (déj.), 160/280, enf. 65 – ☷ 45 – 27 ch 360/450 – ½ P 385/430.

X **Host. de Landes** ⮐ avec ch, Sud-Est : 5 km par D 901 ℰ 04 66 24 56 14,
Fax 04 66 60 22 39, 😁, 🖛 – P. AE ① GB
fermé 1er déc. au 7 janv., dim. soir et lundi du 15 oct. au 15 mars – Repas 105/230, enf. 75 –
☷ 40 – 4 ch 265/385 – ½ P 275/330.

BARJOLS 83670 Var 84 ⑤, 114 ⑲ G. Côte d'Azur – 2 166 h alt. 300.
Paris 817 – Aix-en-Provence 65 – Brignoles 21 – Digne-les-Bains 85 – Draguignan 46 –
Manosque 51.

🏠 **Pont d'Or,** rte St-Maximin ℰ 04 94 77 05 23, Fax 04 94 77 09 95 – 🍴 rest 📺 ☎ 🚗. AE
GB
fermé 29 nov. au 14 janv. – Repas (fermé dim. soir du 1er nov. au 23 mars et lundi de
mi-sept. à début juil.) 100/200, enf. 50 – ☷ 38 – 16 ch 160/300 – ½ P 258/288.

---

*Les nouveaux Guides Verts touristiques **Michelin**, c'est :*
– un texte descriptif plus riche,
– une information pratique plus claire,
– des plans, des schémas et des photos en couleurs,
... et, bien sûr, une actualisation détaillée et fréquente.
Utilisez toujours la dernière édition.

BAR-LE-DUC 🅿 *55000 Meuse* 🖫🖫 ① *G. Alsace Lorraine* – *17 545 h alt. 188.*

Voir *Ville haute★ : ''le Transi'' (statue)★★ dans l'église St-Étienne* **AZ.**

🏌 *de Combles-en-Barrois & 03 29 45 16 03, par* ③ *: 5 km.*

🖪 *Office de Tourisme 5 r. Jeanne d'Arc & 03 29 79 11 13, Fax 03 29 79 21 95 – Automobile-Club 22 av. du 94ᵉ R.I. & 03 29 79 27 67.*

Paris 253 ④ – *Châlons-en-Champagne 71* ④ – *Charleville-Mézières 140* ④ – *Épinal 153* ② – *Metz 97* ① – *Nancy 86* ② – *Neufchâteau 71* ② – *Reims 111* ④ – *St-Dizier 25* ③ – *Verdun 56* ①.

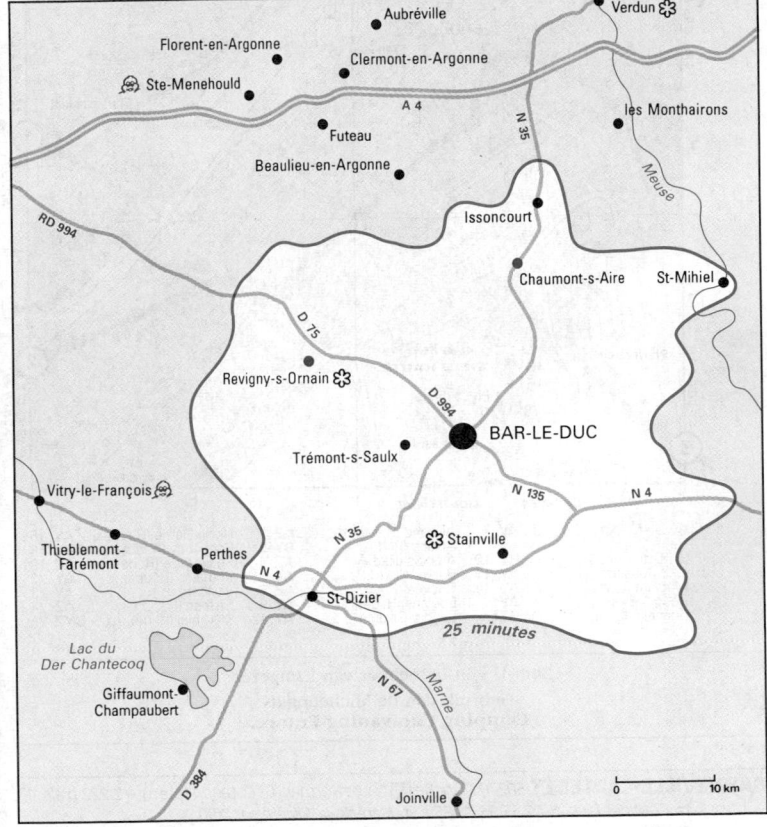

🏨 **Gare,** 2 pl. République & 03 29 79 01 45, Fax 03 29 76 39 19 – 📺 ☎ 🚗 – 🛗 50 à 80. 🖸🖻.
🍴
Repas 70/160 ⅃ – 🖵 35 – **45 ch** 230/290 – ½ P 230.

🍴🍴 **Meuse Gourmande,** 1 r. F. de Guise, Ville Haute & 03 29 79 28 40, Fax 03 29 45 40 71,
≤, �іiate – 🖭 ① 🖻   **AZ** e
fermé vacances de fév., dim. soir et merc. – **Repas** 90 (déj.), 155/300.

à Trémont-sur-Saulx *par* ③ *et D 3 : 9,5 km* – *608 h. alt. 166* – ✉ *55000 :*

🏨 **La Source** Ⓜ 🐾, & 03 29 75 45 22, Fax 03 29 75 48 55, 🌼, 🏋, 🌿 – 📺 ☎ 🕻 ⅙ 🅿 –
🛗 25. 🖭 🖻, 🍴 rest
fermé 1ᵉʳ au 22 août, 2 au 18 janv., dim. soir et lundi midi – **Repas** 100/320 ⅃, enf. 65 – 🖵 40
– **25 ch** 300/480 – ½ P 330/380.

CITROEN Gd Gar. Lorrain, rte de Reims à Fains-Veel
par ④ & 03 29 45 30 22
FORD Goullet Autom., 41 bd R. Poincarè
& 03 29 45 36 36
PEUGEOT Meny Automobiles, 83 r. Bradfer par ②
& 03 29 79 01 30

RENAULT gar. Central Parc Bradfer par ②
& 03 29 79 40 66 🅽 & 03 29 76 52 58

🔘 Leclerc-Pneus, 31 r. Bradfer & 03 29 79 13 01
Tiffay Pneus, r. du Lt.-Vasseur anc. cas. Oudinot
& 03 29 76 10 69

169

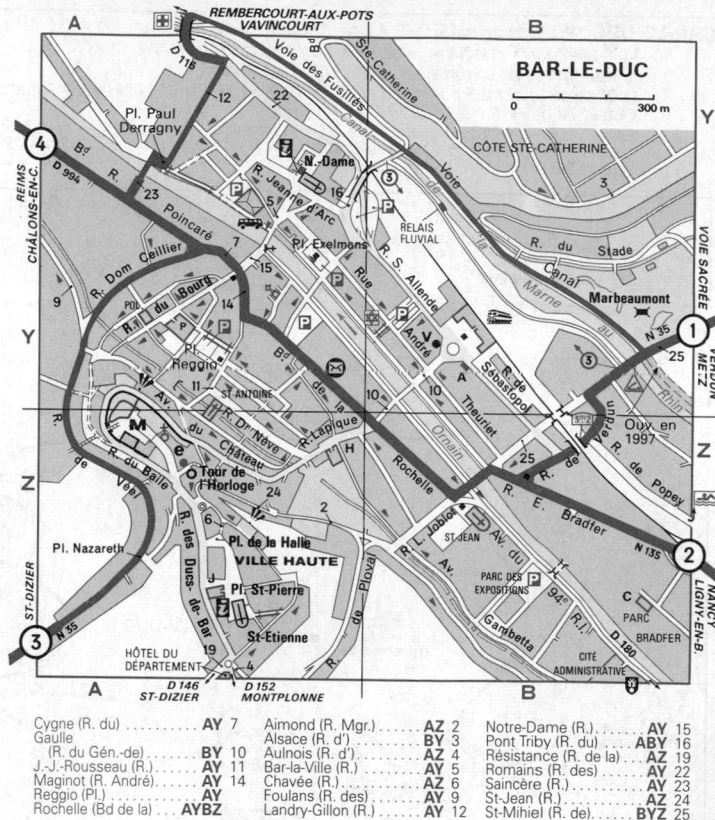

BAR-LE-DUC

BARNEVILLE-CARTERET 50270 Manche 54 ① G. Normandie Cotentin (plan) – 2 222 h alt. 47.
  Côte des Isles ℰ 02 33 93 44 85 à St-Jean-de-la-Rivière par D 90.
  🅱 Office de Tourisme 10 r. des Écoles ℰ et Fax 02 33 04 90 58.
  Paris 351 – Cherbourg 39 – St-Lô 63 – Carentan 43 – Coutances 49.

à Carteret.

  Voir Table d'orientation ≤★.

  🅱 Office de Tourisme, pl. des Flandres-Dunkerque (Pâques-sept.) ℰ 02 33 04 94 54.

🏨 **Marine** (Cesne) ⊗, ℰ 02 33 53 83 31, Fax 02 33 53 39 60, ≤ – 📺 ☎ 🅿️ 🄰🄴 ⓞ 🄶🄱
  21 fév.-2 nov. – **Repas** (fermé dim. soir et lundi en fév., mars et oct., lundi midi d'avril à
  sept.) 135/400 et carte 260 à 430 – 🖵 48 – **31 ch** 395/620 – ½ P 398/480
  Spéc. Huîtres creuses de Denneville en nage glacée de cornichon. Carré d'agneau du pays
  en croûte et gratin de coco au parmesan (juil.-août). Palmier fourré de pommes, beurre
  vanillé à la cannelle et cidre doux.

🏨 **des Ormes** Ⓜ sans rest, quai Barbey d'Aurevilly ℰ 02 33 52 23 50, Fax 02 33 52 91 65, ≤
  – 📺 ☎ ⅏ 🅿️ 🄶🄱
  fermé 10 janv. au 1er mars – 🖵 50 – **10 ch** 380/520.

PEUGEOT Gar. de la Poste, ℰ 02 33 04 95 22 🄽   RENAULT Gar. Dubost, ℰ 02 33 53 80 14 🄽
ℰ 02 33 04 95 22   ℰ 02 33 04 63 34

BARR 67140 B.-Rhin🔢 ⑨ G. Alsace Lorraine – 4 839 h alt. 200.

🛈 Office de Tourisme 🖉 03 88 08 66 65, Fax 03 88 08 57 27.

Paris 494 – Strasbourg 36 – Colmar 40 – Le Hohwald 12 – Saverne 45 – Sélestat 18.

🏠 **Le Manoir** sans rest, 11 r. St-Marc 🖉 03 88 08 03 40, Fax 03 88 08 53 71, 🚗 – 📺 ☎ 🅿 🆎 GB

🗮 40 – **18 ch** 240/330.

rte du Mont Ste-Odile par D 854 – ✉ 67140 Barr :

🏨 **Domaine St-Ulrich** 🅼 ⤳ sans rest, à 1,5 km 🖉 03 88 00 54 40, Fax 03 88 08 57 55, 🏊, 🚗 – 📺 ☎ ♿ 🅿 – 🔬 60. GB

fermé janv. et fév. – 🗮 30 – **18 ch** 250/360, 12 duplex.

🏠 **Château d'Andlau** ⤳ sans rest, à 2 km 🖉 03 88 08 96 78, Fax 03 88 08 00 93, 🚗 – ☎ 🅿. GB. ❀

🗮 37 – **23 ch** 250/400.

PEUGEOT Gar. Karrer, 15 q. de l'Abattoir 🖉 03 88 08 94 48

BARRAGE voir au nom propre du barrage.

Les BARRAQUES-EN-VERCORS 26 Drôme🔢 ③ ④ – ✉ 26420 La Chapelle-en-Vercors.

Env. NO : Gorges des Grands-Goulets★★★, G. Alpes du Nord.

Paris 600 – Grenoble 58 – Valence 58 – Die 46 – Romans-sur-Isère 41 – St-Marcellin 29 – Villard-de-Lans 23.

🏠 **Grands Goulets** ⤳, 🖉 04 75 48 22 45, Fax 04 75 48 10 24, 🈀, 🚗 – ☎ 🚗 🅿. GB. ❀ rest

15 avril-2 nov. – **Repas** 95/190, enf. 50 – 🗮 35 – **30 ch** 245/315 – ½ P 215/240.

Le BARROUX 84330 Vaucluse🔢 ⑬ G. Provence – 499 h alt. 325.

Paris 680 – Avignon 37 – Carpentras 11 – Vaison-la-Romaine 16.

🏨 **Host. François Joseph** 🅼 ⤳ sans rest, chemin Rabassières, 2 km rte des Monastères 🖉 04 90 62 52 78, Fax 04 90 62 33 54, ≼, « Jardin ombragé, 🏊 » – cuisinette 📺 ☎ ♿ 🅿. GB. ❀

mars-nov. – 🗮 50 – **12 ch** 300/450, 5 appart.

🏨 **Les Géraniums** ⤳, 🖉 04 90 62 41 08, Fax 04 90 62 56 48, ≼, 🈀, 🚗 – ☎ 🅿 🆎 ① GB

fermé 3 janv. au 1er mars et merc. de nov. à mars sauf fêtes – **Repas** 80/250 ♨, enf. 40 – 🗮 35 – **22 ch** 220/250 – ½ P 240/260.

BAR-SUR-AUBE ◁🛰▷ 10200 Aube🔢 ⑲ G. Champagne – 6 707 h alt. 190.

🛈 Office de Tourisme pl. de l'Hôtel de Ville 🖉 et Fax 03 25 27 24 25.

Paris 228 – Chaumont 41 – Châtillon-sur-Seine 60 – Troyes 53 – Vitry-le-François 66.

à Arsonval Nord-Ouest : 6 km sur N 19 – 365 h. alt. 159 – ✉ 10200 :

🍴🍴 **La Chaumière**, 🖉 03 25 27 91 02, Fax 03 25 27 90 26, 🈀, « Jardin fleuri » – 🅿. 🆎 GB

fermé dim. soir et lundi sauf juil.-août et fériés – **Repas** 100/280 ♨, enf. 60.

à Dolancourt Nord-Ouest : 9 km par rte Troyes – 169 h. alt. 112 – ✉ 10200 :

🏨 **Moulin du Landion** ⤳, 🖉 03 25 27 92 17, Fax 03 25 27 94 44, 🈀, « Parc », 🏊 – 📺 ☎ 🅿. 🔬 25. 🆎 ① GB. ❀ rest

fermé 1er déc. au 15 fév., dim. soir et lundi du 15 oct. au 1er mai sauf fériés – **Repas** 99/238 – 🗮 44 – **16 ch** 350/435 – ½ P 375/395.

CITROEN Gar. Privé, 11 av. Gén.-Leclerc 🖉 03 25 27 01 23 🅽 🖉 03 25 27 13 45
FORD Gar. Blavot, à Brienne-le-Château 🖉 03 25 92 80 39 🅽 🖉 03 25 92 64 85
OPEL Gar. Damotte, 12 rte de Jaucourt à Proverville 🖉 03 25 27 04 47
PEUGEOT Gar. Prugnot, à Brienne-le-Château 🖉 03 25 92 83 57

RENAULT Gar. Maigrot, 18 av. Gén.-Leclerc 🖉 03 25 27 01 29
RENAULT Gar. Consigny, à Brienne-le-Château 🖉 03 25 92 80 48
RENAULT Gar. Millon, à Brienne-le-Château 🖉 03 25 92 80 59

BAR-SUR-SEINE 10110 Aube🔢 ⑰ ⑱ G. Champagne – 3 630 h alt. 157.

Voir Intérieur★ de l'église St-Étienne.

🛈 Office de Tourisme 33, rue Gambetta 🖉 03 25 29 94 43.

Paris 197 – Troyes 33 – Bar-sur-Aube 39 – Châtillon-sur-Seine 36 – St-Florentin 57 – Tonnerre 49.

🏠 **Barséquanais**, av. Gén. Leclerc 🖉 03 25 29 82 75, Fax 03 25 29 70 01, 🈀 – 📺 ☎ 🅿. 🆎 GB

fermé fév., dim. soir sauf juil.-août et lundi – **Repas** 60/170 ♨, enf. 40 – 🗮 25 – **20 ch** 100/210 – ½ P 210.

XXX **Le Parc de Villeneuve,** 1 km par rte de Dijon ℘ 03 25 29 16 80, Fax 03 25 29 16 79, parc – **P**, **AE** **①** **GB**
fermé 22 sept. au 1ᵉʳ oct., 4 au 15 janv., vacances de fév., lundi soir d'oct. à mars, dim. soir et merc. – **Repas** 175/320 et carte 320 à 420.

X **Commerce** avec ch, r. République ℘ 03 25 29 86 36, Fax 03 25 29 64 87 – ▤ rest **TV** **☎**. **GB**. %% ch
fermé dim. soir sauf juil.-août – **Repas** 65/200 ⅃ – ⇌ 25 – **12 ch** 185/195 – ½ P 170.

près échangeur *autoroute A5, Nord-Ouest : 9 km par D 443* – ⊠ *10110 Magnant :*

🏠 **Val Moret,** ℘ 03 25 29 85 12, Fax 03 25 29 70 81, ඥ – **TV** **☎** **℃** **P**, **AE** **①** **GB**
Repas 79/210 ⅃, enf. 36 – ⇌ 35 – **30 ch** 190/290 – ½ P 200/240.

PEUGEOT Gar. Lamoureux Panot, ℘ 03 25 29 87 08   ⓦ Pneumatik'Seine, ℘ 03 25 29 86 12
RENAULT Jollois, ℘ 03 25 29 87 45 **N** ℘ 03 25 29
87 45

BARTENHEIM *68870 H.-Rhin* **66** ⑩ – *2 483 h alt. 260.*
Paris 486 – Mulhouse 19 – Altkirch 22 – Basel 15 – Belfort 64 – Colmar 57.

X **Aub. d'Alsace,** à la Gare, Est : 1 km ℘ 03 89 68 31 26, Fax 03 89 70 74 78, ඥ – **P**, **GB**
fermé 23 juin au 11 juil. – **Repas** 90/250.

BAS-RUPTS *88 Vosges* **62** ⑰ – *rattaché à Gérardmer.*

BASSAC *16 Charente* **72** ⑫ – *rattaché à Jarnac.*

BASSE-GOULAINE *44 Loire-Atl.* **67** ③ ④ – *rattaché à Nantes.*

BASTELICA *2A Corse-du-Sud* **90** ⑥ – *voir à Corse.*

BASTELICACCIA *2A Corse-du-Sud* **90** ⑰ – *voir à Corse (Ajaccio).*

BASTIA *2B H.-Corse* **90** ③ – *voir à Corse.*

La BASTIDE *83840 Var* **84** ⑦, **115** ㉒ – *136 h alt. 1000.*
Paris 823 – Digne-les-Bains 78 – Castellane 24 – Comps-sur-Artuby 12 – Draguignan 43 – Grasse 49.

⌖ **du Lachens** ⌂, ℘ 04 94 76 80 01, Fax 04 94 84 21 88, ඥ, ☞ – **☎** **P**, **GB**, %% ch
1ᵉʳ avril-30 nov. et fermé dim. soir et lundi sauf juil.-août – **Repas** 80/150, enf. 45 – ⇌ 30 – **12 ch** 160/300 – ½ P 180/260.

La BASTIDE-DE-SÉROU *09240 Ariège* **86** ④ *G. Pyrénées Roussillon* – *933 h alt. 410.*
Env. Grotte du Mas d'Azil★★ N : 17 km.
Paris 775 – Foix 17 – Le Mas-d'Azil 18 – St-Girons 28.

X **Delrieu** avec ch, rte St-Girons ℘ 05 61 64 50 26, ඥ – **P**, **GB**, %% ch
fermé 16 au 30 juil., 1ᵉʳ au 10 sept., dim. soir et lundi (sauf juil.-août et fêtes) – **Repas** 72/170 ⅃, enf. 50 – ⇌ 30 – **9 ch** 98/195 – ½ P 170.

RENAULT Montané, ℘ 05 61 64 50 06

La BASTIDE-DES-JOURDANS *84240 Vaucluse* **114** ④ – *814 h alt. 412.*
Paris 764 – Digne-les-Bains 76 – Aix-en-Provence 38 – Apt 41 – Manosque 17.

🏠 **Le Mirvy** ⌂, rte Manosque : 3 km ℘ 04 90 77 83 23, Fax 04 90 77 81 92, ≤, ⅃, ☞ – **TV** **☎** **℔** **P**, **GB**
fermé 17 au 30 nov. et 16 fév. au 15 mars – **Repas** *(fermé le soir en hiver sauf sam. et le midi en sais. sauf sam. et dim.)* 130/230, enf. 65 – ⇌ 50 – **16 ch** 300/550 – ½ P 350/425.

XX **Cheval Blanc** avec ch, ℘ 04 90 77 81 08, Fax 04 90 77 86 51, ඥ – **TV** **☎** **P**, **GB**
fermé 27 janv. au 28 fév., merc. soir (sauf hôtel) et jeudi sauf le soir en sais. – **Repas** 140/210 – ⇌ 40 – **5 ch** 125/250 – ½ P 260.

La BATIE-NEUVE *05230 H.-Alpes* **77** ⑯ – *1 327 h alt. 852.*
Paris 674 – Gap 11 – La Mure 68 – Sisteron 58.

X **Commerce,** au village ℘ 04 92 50 33 33 – **GB**
fermé 1ᵉʳ au 15 janv., dim. soir et lundi soir – **Repas** 70 bc (déj.), 85/167, enf. 50.

RENAULT Gar. Brenier Autom., N 94 ℘ 04 92 50 30 91

BATILLY-EN-PUISAYE 45420 Loiret 🔠 ② ③ – 95 h alt. 190.

Paris 163 – Auxerre 62 – Gien 24 – Montargis 53 – Orléans 94.

X **Aub. de Batilly** 🦢 avec ch, 𝒫 02 38 31 96 12, 🚗

🍽 *fermé août* – **Repas** 85/150 🍷 – 😐 20 – **7 ch** 125/200 – ½ P 170/210.

BATZ (Ile de) 29253 Finistère 🔠 ⑥ *G. Bretagne* – 746 h.

Accès *par transports maritimes.*

🛳 *depuis* **Roscoff.** *Traversée 15 mn - Renseignements et tarifs : Cie Finistérienne d'Aconage, BP 10 - 29253 Ile de Batz* 𝒫 02 98 61 78 87, *Fax* 02 98 61 75 94.

BATZ-SUR-MER 44740 Loire-Atl. 🔠 ⑭ *G. Bretagne* – 2 734 h alt. 12.

Voir ✳︎⋆⋆ de l'église⋆ – Chapelle N.-D. du Mûrier⋆ – Rochers⋆ du sentier des douaniers – La Côte Sauvage⋆ .

Paris 458 – Nantes 85 – La Baule 11 – Redon 62 – Vannes 76.

🏠 **Le Lichen** *sans rest*, Le Manérick, Sud-Est : 2 km par D 45 𝒫 02 40 23 91 92, Fax 02 40 23 84 88, ≤, 🌳 – 📺 ☎ 🅿. 🆎 🆒

😐 45 – **14 ch** 300/790.

XX **L'Atlantide,** 59 bd Mer 𝒫 02 40 23 92 20, Fax 02 40 23 84 88, ≤ – 🆎 🆒

15 mars-15 nov. et fermé lundi – **Repas** - produits de la mer - 120/250.

BAUGÉ 49150 M.-et-L. 🔠 ⑫ *G. Châteaux de la Loire* **(plan)** – 3 748 h alt. 55.

Voir Croix d'Anjou⋆⋆ dans la chapelle des Filles du Coeur de Marie – Pharmacie⋆ de l'Hôpital public – Le Vieil-Baugé : choeur⋆ de l'église SO : 2 km par D 61 – Forêt de Chandelais⋆ SE : 3 km – Pontigné : peintures murales⋆ dans l'église E : 5 km par D 141.

🏌 *de Baugé-Pontigné* 𝒫 02 41 89 01 27 *par D 766 : 2 km.*

🅱 *Office de Tourisme au Château* 𝒫 02 41 89 18 07, *Fax* 02 41 84 12 19.

Paris 261 – Angers 39 – La Flèche 19 – Le Mans 63 – Saumur 38 – Tours 69.

🏠 **La Boule d'Or,** 4 r. Cygne 𝒫 02 41 89 82 12 – 📺 ☎ 🚗. 🆒 🍽 ch

🍽 *fermé vacances de Noël, dim. soir sauf juil.-août et lundi* – **Repas** 85/220 🍷, *enf.* 50 – 😐 35

– **10 ch** 275/400 – ½ P 260/320.

CITROEN Michaud, 30 av. Gén.-de-Gaulle rte de Saumur 𝒫 02 41 89 18 12
PEUGEOT Gar. Baugé Autom., Ront Point Super U 𝒫 02 41 89 20 62 🅽 𝒫 02 41 89 20 62

RENAULT Ahier, 5 r. Foulgues-Nerra 𝒫 02 41 89 10 46 🅽 𝒫 02 41 89 00 07

La BAULE 44500 Loire-Atl. 🔠 ⑭ *G. Bretagne* – 14 845 h alt. 31 – *Casino* BZ.

Voir Front de mer⋆⋆ – Parc des Dryades⋆ DZ.

🏌 *à St-André-des-Eaux* 𝒫 02 40 60 46 18, *par* ② *: 7 km.*

🅱 *Office de Tourisme et Accueil de France 8 pl. Victoire* 𝒫 02 40 24 34 44, *Fax* 02 40 11 08 10.

Paris 451 ② – Nantes 78 ② – Rennes 136 ② – St-Nazaire 17 ③ – Vannes 72 ①.

Plan page suivante

🏨 **Hermitage** 🦢, espl. Lucien Barrière 𝒫 02 40 11 46 46, *Fax* 02 40 11 46 45, ≤, �, 🎰, ∑,

🏊, 🌳, ✗ – 🛗 ▤ 📺 ☎ & 🅿. – 🔏 200. 🆎 ① 🆒   BZ **h**

26 mars-27 oct. – **Les Ambassadeurs** *: (juil.-août)* **Repas** 185/240 – **Eden Beach** *:* Repas 165, *enf.* 95 – 😐 90 – **207 ch** 1520/2450, 14 appart – ½ P 1050/1515.

🏨 **Royal** 🦢, 6 av. P. Loti 𝒫 02 40 11 48 48, *Fax* 02 40 11 48 45, ≤, 🌞, *centre de thalasso-thérapie, parc,* ∑, ✗ – 🛗 ▤ rest 📺 ☎ & 🚗 – 🔏 40 à 100. 🆎 ① 🆒. ✗ rest   BZ **t**

fermé 2 janv. au 2 fév. – **Repas** 220 – 😐 90 – **94 ch** 1150/1730, 6 appart – ½ P 865/1155.

🏨 **Castel Marie-Louise** 🦢, 1 r. Andrieu 𝒫 02 40 11 48 38, *Fax* 02 40 11 48 35, ≤, 🌞,
❀ « Parc », ✗ – 🛗 📺 ☎ & 🅿. – 🔏 25. 🆎 ① 🆒. ✗ rest   BZ **g**

fermé 5 janv. au 14 fév. – **Repas** *(en saison : prévenir)* 170 *(déj.)*, 198/298 et carte 280 à 570, *enf.* 92 – 😐 90 – **31 ch** 1300/1900 – ½ P 980/1280

Spéc. Langoustines royales rôties à la truffe hachée (avril à sept.). Fritots de grenouilles au vieux porto et fumet de homard. Bouillon de langoustines grillées et petits crustacés aux vermicelles. **Vins** Muscadet.

🏨 **Majestic,** espl. Lucien Barrière 𝒫 02 40 60 24 86, *Fax* 02 40 42 03 13, ≤ – 🛗 ▤ rest 📺 ☎
🅿. – 🔏 50. 🆎 ① 🆒 🆓. ✗ rest   BZ **e**

fermé janv. et fév. – **Repas** *(fermé dim. soir et lundi sauf juil.-août)* 145/195 – 😐 60 – **60 ch** 630/790, 6 appart – ½ P 545/585.

🏨 **Bellevue Plage et rest. La Véranda** 🎥, 27 bd Océan 𝒫 02 40 60 28 55, Fax 02 40 60 10 18, ≤ – 🛗 ▤ rest 📺 ☎ 🅿. 🆎 ① 🆒. ✗ rest   DZ **r**

vacances de fév.-vacances de Toussaint – **Repas** *(fermé merc. hors sais.)* 130 bc *(déj.)*, 175/260 – 😐 50 – **35 ch** 490/830 – ½ P 460/630.

173

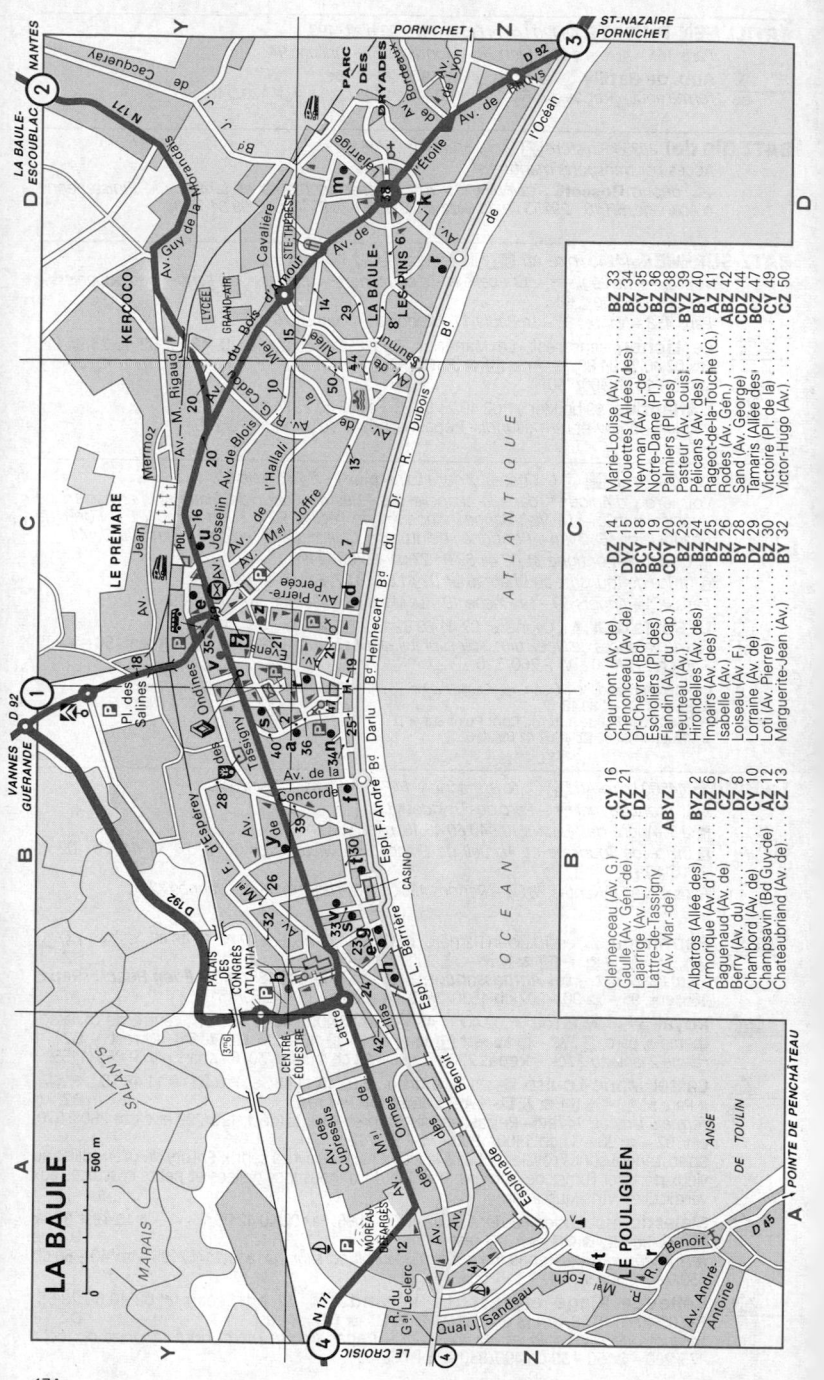

LA BAULE

0   500 m

174

🏨 **La Concorde** sans rest, 1 bis av. Concorde ℰ 02 40 60 23 09, Fax 02 40 42 72 14 – 🛗 📺
☎, ᴀᴇ ɢʙ, ℅   BZ f
27 mars-8 oct. – ☲ 45 – **47 ch** 390/560.

🏨 **La Mascotte** Ⓜ ⅍, 26 av. Marie Louise ℰ 02 40 60 26 55, Fax 02 40 60 15 67, �· , ᚐ –
▤ rest 📺 ☎ ⌂, ᴀᴇ ⓪ ɢʙ, ℅ rest   BZ v
1ᵉʳ mars-11 nov. – **Repas** 100/250 – ☲ 45 – **23 ch** 380/540 – ½ P 380/460.

🏨 **Alcyon** sans rest, 19 av. Pétrels ℰ 02 40 60 19 37, Fax 02 40 42 71 33 – 🛗 📺 ☎ ⌙ P., ᴀᴇ
⓪ ɢʙ   BY s
1ᵉʳ mars-15 nov. – ☲ 45 – **30 ch** 390/475.

🏨 **Christina**, 26 bd Hennecart ℰ 02 40 60 22 44, Fax 02 40 11 04 31, ≼, �· – 🛗 ▤ rest 📺
☎ P., ᴀᴇ ɢʙ   CZ d
Repas 100/195 🍷 – ☲ 47 – **37 ch** 450/550 – ½ P 410/460.

🏨 **Manoir du Parc** ⅍ sans rest, 3 allée Albatros ℰ 02 40 60 24 52, Fax 02 40 60 55 96 –
☎ ⅃., ᴀᴇ ɢʙ, ℅   BYZ a
26 mars-1ᵉʳ nov. – ☲ 55 – **17 ch** 360/520.

🏨 **La Palmeraie** ⅍, 7 allée Cormorans ℰ 02 40 60 24 41, Fax 02 40 42 73 71, « Cour fleurie » – 📺 ☎, ᴀᴇ ⓪ ɢʙ, ℅ rest   BZ n
début avril-1ᵉʳ oct. – **Repas** 130/160 – ☲ 42 – **23 ch** 380/440 – ½ P 370/400.

🏠 **Delice H.** sans rest, 19 av. Marie-Louise ℰ 02 40 60 23 17, Fax 02 40 24 48 88 – 📺 ☎ P. ᴀᴇ
ɢʙ   BZ s
fin avril - fin sept. – ☲ 39 – **14 ch** 360/420.

🏠 **Marini**, 22 av. G. Clemenceau ℰ 02 40 60 23 29, Fax 02 40 11 16 98, ℻ – 🛗 📺 ☎, ᴀᴇ ⓪
ɢʙ, ℅ rest   CY u
13 mars-17 nov. – **Repas** (résidents seul.)(dîner seul.) 98 🍷 – ☲ 39 – **33 ch** 322/362 –
½ P 298/318.

🏠 **Host. du Bois**, 65 av. Lajarrige ℰ 02 40 60 24 78, Fax 02 40 42 05 88, �· , ᚐ – 📺 ☎.
⊜   DZ m
1ᵉʳ avril-5 nov. – **Repas** 85/175, enf. 60 – ☲ 38 – **15 ch** 340/380 – ½ P 350.

🏠 **La Closerie** sans rest, 173 av. de Lattre-de-Tassigny ℰ 02 40 60 22 71, Fax 02 40 60 52 07
– 📺 ☎ ⌙ P., ᴀᴇ ⓪ ɢʙ   BY y
1ᵉʳ mars-16 nov. et vacances de Noël – ☲ 39 – **15 ch** 250/380.

🏠 **Le Paris**, 138 av. Ondines ℰ 02 40 60 30 53, Fax 02 40 60 83 76 – 📺 ☎, ᴀᴇ ⓪ ɢʙ
⊜   *fermé oct. et 24 déc. au 2 janv.* – **Repas** (fermé sam. et dim. d'oct. à Pâques) 68/159 🍷, enf.
45 – ☲ 35 – **16 ch** 245/355 – ½ P 252/272.   CY e

🏠 **Ty-Gwenn** sans rest, 25 av. Gde Dune ℰ 02 40 60 37 07, Fax 02 40 11 08 43 – 📺 ☎. ɢʙ
fermé 15 nov. au 15 déc. et 10 janv. au 10 fév. – ☲ 30 – **18 ch** 210/330.   DZ k

🍴🍴🍴 **La Marcanderie**, 5 av. d'Agen ℰ 02 40 24 03 12, Fax 02 40 11 08 21 – ᴀᴇ ɢʙ   BZ b
fermé lundi sauf le soir en juil.-août et dim. soir de sept. à juin sauf fériés – **Repas** 150/350
et carte 230 à 340.

🍴🍴 **Lutétia-Rossini** avec ch, 13 av. Evens ℰ 02 40 60 25 81, Fax 02 40 42 73 52 – 📺 ☎.
ɢʙ   CZ r
fermé 29 sept. au 6 oct. et 10 janv. au 2 fév. – **Repas** (fermé dim. soir et lundi hors sais.)
115/245, enf. 70 – ☲ 35 – **14 ch** 280/470 – ½ P 325/410.

🍴🍴 **Le Maréchal**, 277 av. de Lattre de Tassigny ℰ 02 40 24 51 14 – ▤ P. ᴀᴇ ⓪ ɢʙ   CY v
fermé nov. et merc. d'oct. à mars – **Repas** 99/295, enf. 40.

🍴 **Chalet Suisse**, 114 av. Gén. de Gaulle ℰ 02 40 60 23 41 – ᴀᴇ ɢʙ   CY z
⊜   *fermé dim. soir et merc. d'oct. à mai* – **Repas** 75/180.

CITROEN Salines-Automobiles, pl. Salines
ℰ 02 40 60 20 71
MERCEDES Gar. Quintallet Etoil Auto 44, 1 av. du
Bois d'Amour à la Baule Escoublac
ℰ 02 40 60 23 18

RENAULT Gar. Richard, 206 av. Mar.-de-Lattre-de-
Tassigny ℰ 02 40 60 20 30 Ⓝ ℰ 02 40 90 75 92

🅦 Le Pneu Baulois, 79 av. Mar.-de-Lattre-de-
Tassigny ℰ 02 40 24 22 46

BAULE *45 Loiret* 🟤🟤 ⑧ – *rattaché à Beaugency.*

BAUME-LES-DAMES *25110 Doubs* 🟤🟤 ⑯ *G. Jura* – *5 237 h alt. 280.*
🏌 *du Château de Bournel à Cubry* ℰ 03 81 86 00 10, N : 19 km par D 50.
🅱 *Office de Tourisme r. Provence* ℰ 03 81 84 27 98.
Paris 441 – Besançon 30 – Belfort 65 – Lure 49 – Montbéliard 48 – Pontarlier 63 – Vesoul 48.

🍴🍴 **Host. du Château d'As** avec ch, ℰ 03 81 84 00 66, Fax 03 81 84 39 67, ≼, �· – ☎ P.
ᴀᴇ ɢʙ
fermé 17 au 30 nov., 26 janv. au 8 fév., dim. soir et lundi sauf fériés – **Repas** 98 (déj.),
149/265 – ☲ 37 – **8 ch** 280/500 – ½ P 340/450.

🍴 **Le Charleston**, 10 r. Armuriers ℰ 03 81 84 24 07 – ᴀᴇ ɢʙ
fermé 15 au 30 mars, 15 au 30 nov., dim. soir et lundi – **Repas** 59 (déj.), 88/188 🍷, enf. 48.

à Pont-les-Moulins *Sud : 6 km par D 50 – 170 h. alt. 275 –* ⊠ *25110 :*

🏠 **Aub. des Moulins,** rte Pontarlier 🖉 03 81 84 09 97, Fax 03 81 84 04 44 – 📺 ☎ **P** –
🔥 25. **AE GB**
fermé 17 déc. au 23 janv., dim. soir et vend. du 15 oct. au 15 mars – **Repas** 98/155 ⅃ – ⊑ 29
– **10 ch** 230/290 *–* ½ P 275.

à Hyèvre-Paroisse *Est : 7 km sur N 83 – 183 h. alt. 288 –* ⊠ *25110 :*

🏠 **Ziss et rest. Crémaillère,** 🖉 03 81 84 41 81, Fax 03 81 84 11 08, 🏡 – 📳 ☎ 🚗 **P**, **AE**
GB *– fermé sam. midi –* **Repas** 60/180 ⅃ – ⊑ 30 *–* **20 ch** 230/250 *–* ½ P 240.

OPEL Gar. Routhier, à Pont-les-Moulins
🖉 03 81 84 02 15
PEUGEOT Sté Baumoise d'autom., 19 av. Kennedy
🖉 03 81 84 06 91 **N** 🖉 03 81 32 90 27

RENAULT Gar. Central, 10 av. Gén.-Leclerc
🖉 03 81 84 02 45 **N** 🖉 03 81 32 93 17

BAUME-LES-MESSIEURS *39210 Jura* **70** ④ *G. Jura – 196 h alt. 333.*
Voir *Retable à volets★ dans l'église – Belvédère des Roches de Baume* ≼★★★ *sur cirque★★★
et grottes★ de Baume S : 3,5 km.*
Paris 408 – Champagnole 28 – Dole 49 – Lons-le-Saunier 16 – Poligny 20.

✂ **Grottes,** aux Grottes Sud : 3 km 🖉 03 84 44 61 59, ≼, 🏡 – **P**. **GB**
🐟 *Pâques-fin sept. et fermé merc. sauf juil.-août –* **Repas** (prévenir)(déj. seul.) 82/150 ⅃.

BAUVIN *59221 Nord* **51** ⑮, **111** ㉙ *– 5 444 h alt. 25.*
Paris 209 – Lille 25 – Arras 34 – Béthune 21 – Lens 15.

XXX **Les Salons du Manoir,** 53 r. J. Guesde 🖉 03 20 85 64 77, Fax 03 20 86 72 22, parc – ▤
P, **AE** ⓞ **GB**
fermé août, 14 au 28 fév., lundi et le soir sauf sam. – **Repas** 160/450.

CITROEN Franchi, 13 r. Ghesquière 🖉 03 20 86 65 07

Les BAUX-DE-PROVENCE *13520 B.-du-R.* **84** ① *G. Provence* **(plan)** *– 457 h alt. 185.*
Voir *Site★★★ – Château ☀★★ – Monument Charloun Rieu ★★ – Place St-Vincent★ – Rue
du Trencat★ – Tour Paravelle ≼★ – Musée Yves-Brayer★ (dans l'hôtel des Porcelet) – Fête
des Bergers (Noël, messe de minuit)★★ – Cathédrale d'Images★ N : 1 km par D 27 – ☀★★★
sur le village N : 2,5 km par D 27.*
☘️ **9** 🖉 04 90 54 40 20, S : 2 km.
🛈 Office de Tourisme Ilot "Post Tenebras Lux" 🖉 04 90 54 34 39, Fax 04 90 54 51 15.
*Paris 713 – Avignon 29 – Arles 18 – Marseille 81 – Nîmes 52 – St-Rémy-de-Provence 10 –
Salon-de-Provence 33.*

dans le Vallon :

XXXXX **Oustaù de Baumanière** (Charial) ✆ avec ch, 🖉 04 90 54 33 07, Fax 04 90 54 40 46, ≼,
❄❄ 🏡, « Demeure du 16e siècle aménagée avec élégance », ♨, 🌳 – ▤ 📺 ☎ **P**, **AE** ⓞ **GB JCB**
fermé 15 janv. au 1er mars, jeudi midi et merc. de nov. à mars – **Repas** 480/740 *–* ⊑ 115 *–*
7 ch 1300, 4 appart *–* ½ P 1500
Spéc. Ravioli de truffes. Filets de rougets au basilic. Gigot d'agneau en croûte. **Vins**
Coteaux d'Aix-en-Provence.

🏠 **Le Manoir** 🏠 ✆ sans rest,, ≼, 🌳 – ▤ 📺 ☎ **P**, **AE** ⓞ **GB JCB**
fermé 15 janv. au 1er mars – ⊑ 115 *–* **5 ch** 1300, 4 appart 2000.

XXX **La Riboto de Taven** (Novi et Theme) ✆ avec ch, 🖉 04 90 54 34 23, Fax 04 90 54 38 88,
❄ ≼, 🏡, « Terrasse et jardin fleuri au pied des rochers » – 📺 ☎ **P**, **AE** ⓞ **GB JCB**
fermé 7 janv. au 15 mars, mardi soir hors sais. et merc. – **Repas** 200 (déj.), 300/450 et carte
330 à 470 *–* ⊑ 80 *–* **3 ch** 990 *–* ½ P 890
Spéc. Gratinée d'escargots "petits gris" de Provence. Tagliatelli de légumes aux langoustines rôties. Tarte au fenouil caramélisé et glace à la vanille. **Vins** Coteaux d'Aix-en-Provence, Châteauneuf-du-Pape.

rte d'Arles *Sud-Ouest par D 27 :*

🏠 **La Cabro d'Or** ✆, à 1 km 🖉 04 90 54 33 21, Fax 04 90 54 45 98, ≼, 🏡, « Jardins
fleuris », ♨, 🌳 – ▤ 📺 ☎ **P** – 🔥 60. **AE** ⓞ **GB JCB**
fermé 11 nov. au 20 déc., mardi midi et lundi de nov. à mars – **Repas** 180 (déj.), 270/395 *–*
⊑ 75 *–* **23 ch** 750/1100, 8 appart *–* ½ P 775/950.

🏠 **Aub. de la Benvengudo** ✆, à 2 km 🖉 04 90 54 32 54, Fax 04 90 54 42 58, ≼, 🏡,
« Jardin fleuri », ♨, 🌳 – ▤ ch 📺 ☎ **P**, **AE** ⓞ **GB** 🌳 rest
1er fév.-31 oct. – **Repas** *(fermé dim.)* (dîner seul.) 240 *–* ⊑ 60 *–* **17 ch** 530/800, 3 appart *–*
½ P 545/620.

🏠 **Mas de l'Oulivié** Ⓜ ✆ sans rest, à 2,5 km 🖉 04 90 54 35 78, Fax 04 90 54 44 31, ≼,
« Piscine dans un jardin fleuri », 🌳 – ▤ 📺 ☎ 🔥 **P**, **AE** ⓞ **GB**
21 mars-31 oct. – ⊑ 70 *–* **20 ch** 770/1050.

BAVAY *59570 Nord* 53 ⑤ *G. Flandres Artois Picardie – 3 751 h alt. 148.*
Paris 229 – Avesnes-sur-Helpe 24 – Le Cateau-Cambrésis 31 – Lille 78 – Maubeuge 15 – Mons 26.

XXX **Bagacum,** r. Audignies ✆ 03 27 66 87 00, Fax 03 27 66 86 44, 🏞 – 🅿. AE ⓓ GB
fermé dim. soir et lundi sauf fériés – **Repas** 95/260 bc et carte 240 à 320.

XXX **Le Bourgogne,** porte Gommeries ✆ 03 27 63 12 58, Fax 03 27 66 99 74 – AE GB
fermé 28 juil. au 20 août, dim. soir et lundi – **Repas** 125/270 et carte 190 à 300.

RENAULT Gar. Dal, ✆ 03 27 63 17 08

BAVELLA (col de) *2A Corse-du-Sud* 90 ⑦ *– voir à Corse.*

BAYARD (Col) *05 H.-Alpes* 77 ⑯ *G. Alpes du Nord –* ✉ *05500 St-Bonnet-en-Champsaur.*
Paris 663 – Gap 8 – La Mure 57 – Sisteron 58.

à Laye *Nord : 2,5 km – 192 h. alt. 1170 –* ✉ *05500 St-Bonnet-en-Champsaur :*

X **Laiterie du Col Bayard,** ✆ 04 92 50 50 06, Fax 04 92 50 19 91, 🏞 – 🅿. AE GB
fermé 15 nov. au 20 déc. et lundi sauf vacances scolaires et fériés – **Repas** - préparations à base de fromages - 70/180 bc.

BAYEUX 14400 *Calvados* 54 ⑮ *G. Normandie Cotentin – 14 704 h alt. 50.*
Voir *Tapisserie dite "de la reine Mathilde"* *** **Z** – *Cathédrale Notre-Dame*** **Z** – *Musée-mémorial de la bataille de Normandie** **Y M**¹ – *Maison à colombage* (rue St-Martin)* **ZD.**
Env. *Brécy : portail* et jardins* du château SE : 10 km par D 126* **Y** – *Port* de Port-en-Bessin NO : 9 km par ⑤.*
9 18 *Omaha Beach Golf Club ✆ 02 31 21 72 94, 11 r. de Bayeux par ⑤.*
Office de Tourisme Pont St-Jean ✆ 02 31 92 16 26, Fax 02 31 92 01 79.
Paris 264 ① – Caen 30 ① – Cherbourg 95 ④ – Flers 70 ② – St-Lô 37 ③ – Vire 61 ②.

Plan page suivante

Lion d'Or, 71 r. St Jean ✆ 02 31 92 06 90, Fax 02 31 22 15 64, « Ancien relais de poste », – TV ☎ P. AE ⓓ GB. ✗ rest Z e
fermé 21 déc. au 21 janv. – **Repas** 100 (déj.), 150/320 – ☕ 60 – **26 ch** 430/480 – ½ P 415/440.

Luxembourg, 25 r. Bouchers ✆ 02 31 92 00 04, Fax 02 31 92 54 26, 🏞 – 🛗 TV ☎ P. AE GB Z a
Repas 103/220, enf. 79 – ☕ 50 – **22 ch** 350/470 – ½ P 390.

Novotel, 117 r. St Patrice ✆ 02 31 92 16 11, Fax 02 31 21 88 76, 🏞, 🏊, 🌳 – 🛗 ⇔ TV ☎ ♿ P – 🏛 150. AE ⓓ GB Y x
Repas *(fermé sam. midi et dim. en janv. et fév.)* 65/150 🍷, enf. 50 – ☕ 50 – **77 ch** 395/435.

Château de Bellefontaine 🌿 sans rest, 49 rue Bellefontaine ✆ 02 31 22 00 10, Fax 02 31 22 19 09, « Château du 18ᵉ siècle dans un parc », 🎾 – 🛗 TV ☎ P – 🏛 30. AE ⓓ GB Y v
fermé 15 janv. au 15 fév. – ☕ 50 – **14 ch** 380/650.

Churchill et rest. l'Amirauté, 14 r. St Jean ✆ 02 31 21 31 80, Fax 02 31 21 41 66 – TV ☎ 📞 ♿. AE ⓓ GB JCB. ✗ Z h
15 mars-15 nov. – **Repas** 80/250 – ☕ 42 – **32 ch** 300/460 – ½ P 330/380.

Brunville, 9 r. G. Duhomme ✆ 02 31 21 18 00, Fax 02 31 51 70 89 – 🛗 TV ☎ P. AE GB
Repas 59/270, enf. 48 – ☕ 40 – **38 ch** 300/350 – ½ P 250/280. Z u

Reine Mathilde sans rest, 23 r. Larcher ✆ 02 31 92 08 13, Fax 02 31 92 09 93 – TV ☎. AE GB. ✗ Z r
fermé 20 déc. au 1ᵉʳ fév. et dim. du 15 nov. au 15 mars – ☕ 33 – **16 ch** 255/295.

Mogador sans rest, 20 r. A. Chartier ✆ 02 31 92 24 58 – TV ☎. GB. ✗ Z k
fermé 1ᵉʳ au 30 janv. – ☕ 30 – **14 ch** 230/290.

X **L'Amaryllis,** 32 r. St-Patrice ✆ 02 31 22 47 94 – GB Y b
fermé 24 déc. au 10 janv. et lundi – **Repas** 70 (déj.), 103/160.

à Audrieu *par ① et D 158 : 13 km – 868 h. alt. 71 –* ✉ *14250 :*

Château d'Audrieu 🌿, ✆ 02 31 80 21 52, Fax 02 31 80 24 73, ←, « Château du 18ᵉ siècle, parc », 🏊 – TV ☎ P. AE GB. ✗ rest
fermé 21 déc. au 31 janv. – **Repas** *(fermé lundi sauf le soir en sais.)* 180 (déj.), 250/430 et carte 300 à 430 – ☕ 100 – **25 ch** 700/1700, 5 appart – ½ P 760/1200
Spéc. Croustade de Saint-Jacques. Daube de canard à la livèche. "Teurgoule" caramélisé, beurre de fruits rouges.

BAYEUX

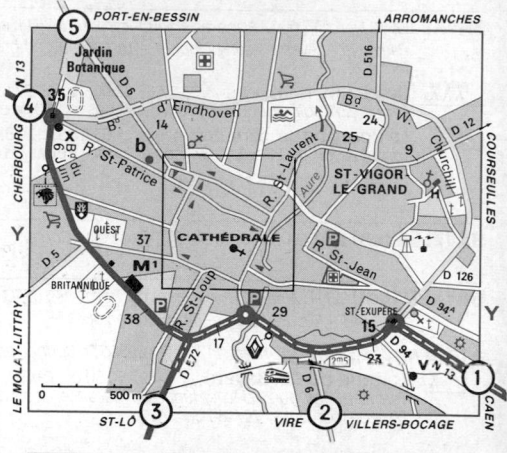

*Les pastilles numérotées
des plans de villes
①, ②, ③ sont répétées
sur les **cartes Michelin**
à 1/200 000.
Elles facilitent
ainsi le passage
entre les **cartes**
et les **guides Michelin.***

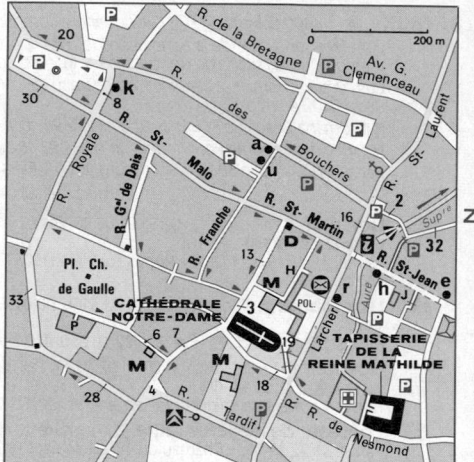

rte de Port-en-Bessin *par* ⑤ : *3 km –* ⊠ *14400 Bayeux :*

  Château de Sully Ⓜ ⑤, ℰ 02 31 22 29 48, Fax 02 31 22 64 77, « Château du 18e siècle
dans un parc », ℹ, ⬛, ⬛, ⬤ – 🖵 ☎ ⅙ 🅿, 🅰🅴 ⓞ ⒢🅱. 🐾 rest
10 mars-20 nov. et fermé lundi sauf le soir en sais. – **Repas** (nombre de couverts limité,
prévenir) 135/300 et carte 300 à 400 – ⊡ 70 – **23 ch** 500/600 – ½ P 490/540
Spéc. Petites crêpes parmentière à l'andouille de Vire. Dos de Saint-Pierre rôti à la
cardamome verte. Tricorne de pomme et rhubarbe, caramel à la badiane.

CITROEN Gar. St-Patrice Autom., rte de Cherbourg
à Vaucelles par ④ ℰ 02 31 92 18 35 🅽 ℰ 06 07 33
51 11
CITROEN Gar. Danjou, 13 r. Tardif ℰ 02 31 92 07 31
🅽 ℰ 02 31 92 13 51
PEUGEOT Gar. Fortin, bd 6 Juin ℰ 02 31 92 09 77
🅽 ℰ 02 31 21 51 00

RENAULT Gar. Braconnier, 16 bd Carnot
ℰ 02 31 51 18 51 🅽 ℰ 02 31 51 18 51

◉ Bayeux Pneus, ZI rte de Caen
ℰ 02 31 92 01 61
Schmitt Pneus Vulco, bd Eindhoven
ℰ 02 31 51 18 18

Pour traverser Paris et vous diriger en banlieue,
utilisez la **carte Michelin Banlieue de Paris** n° 🄁🄁🄁 à 1/50 000
et les **plans de banlieue** n°ˢ 🄁🄁-🄁🄁, 🄁🄁-🄁🄁, 🄁🄁-🄁🄁, 🄁🄁-🄁🄁 à 1/15 000.

BAYONNE  64100 Pyr.-Atl. **78** ⑱ G. Pyrénées Aquitaine – 40 051 h Agglo. 164 378 h alt. 3.

Voir *Cathédrale Ste-Marie*★ *AZ* et *cloître*★ *AZ* B – *Musée Bonnat*★★ *BY* M¹ – *Grandes fêtes*★ (fin juil.-début août).

Env. *Route Impériale des Cimes*★ au Sud-Est par D 936 *BZ* – *Croix de Mouguerre* ⩲★ *SE* : 5,5 km par D 312 *BZ*.

⟨ⁱ₈⟩ Makila ℘ 05 59 58 42 42 à Bassussarry, S : 6 kms par D 932.

✈ de Biarritz-Parme : ℘ 05 59 43 83 83, SO : 5 km par N 10 *AZ*.

🛈 Office de Tourisme pl. des Basques ℘ 05 59 46 01 46, Fax 05 59 59 37 55 et gare SNCF (saison) ℘ 05 59 55 20 45.

Paris 769 ③ – *Biarritz 9* – *Bordeaux 192* ③ – *Pamplona 110* ⑥ – *San Sebastián 57* ⑥ – *Toulouse 300* ④.

Accès et sorties : voir à Biarritz.

Port-Neuf (R. du) . . . . **AY** 98	Château-Vieux (Pl.) . . . . **AZ** 24	Marengo (Pont et R.) . . . . . **BZ** 80
Thiers (R.) . . . . **AY**	Dubourdieu (Q. Amiral) . . . **BZ** 31	Mayou (Pont) . . . . **BY** 83
Victor-Hugo (R.) . . . . **AZ** 125	Duvergier-de-	Monnaie (R. de la) . . . . **AZ** 86
	Hauranne (Av.) . . . . **BZ** 32	Orbe (R.) . . . . **AZ** 92
Allées Marines (Av. des) . . **AY** 2	Génie (Pont du) . . . . **BZ** 39	Pannecau (Pont) . . . . **BZ** 93
Argenterie (R.) . . . . **AZ** 3	Gouverneurs (R. des) . . . . . **AZ** 41	Port-de-Castets (R.) . . . . . . **AZ** 97
Basques (Pl. des) . . . . **AY** 10	Jauréguiberry (Q.) . . . . **AZ** 57	Ravignan (R.) . . . . **BZ** 104
Bernède (R.) . . . . **AY** 15	Lachepaillet (Rempart) . . . **AZ** 64	Roquebert (Q. du Cdt) . . . **BZ** 108
Bonnat (Av. Léon) . . . . **AY** 16	Laffitte (R. Jacques) . . . . . **BYZ** 65	Tour-de-Sault (R.) . . . . **BZ** 120
Bourg-Neuf (R.) . . . . **BYZ** 17	Liberté (Pl. de la) . . . . **BY** 73	11-Novembre (Av.) . . . . . . **AY** 128
Chanoine-Lamarque (Av.) . . **AZ** 23	Lormond (R.) . . . . **AY** 74	49ᵉ (R. du) . . . . **AY** 129

179

🏨 **Le Grand Hôtel**, 21 r. Thiers ℰ 05 59 59 14 61, Fax 05 59 25 61 70 – 📶 ╳ 📺 ☎. 🗚 🚅
GB JCB
AY n
Repas 130/200 ⅃ – 🖙 45 – **56 ch** 490/640 – ½ P 382/444.

🏨 **Mercure** M, av. J. Rostand ℰ 05 59 63 30 90, Fax 05 59 42 06 64, 😁, 🏊 – 📶 ╳ 🔲 📺 ☎
🅿 – 🔏 30 à 100. 🗚 🚅 GB
AZ e
carte 140 à 200 ⅃, enf. 48 – 🖙 55 – **109 ch** 360/495.

🏠 **Loustau**, 1 pl. République ℰ 05 59 55 08 08, Fax 05 59 55 69 36, ≼ – 📶 ╳ 📺 ☎. 🚅 GB
JCB, ❦ rest
BY u
Repas 90/130 ⅃, enf. 50 – 🖙 45 – **44 ch** 360/410 – ½ P 295.

🏠 **Ibis** M, 44 bd Alsace-Lorraine ℰ 05 59 50 38 38, Fax 05 59 50 38 00, 😁 – 📶 ╳ 🔲 📺 ☎
❧ 🕭 🅿 – 🔏 30. 🗚 🚅 GB
BY a
Repas 95, enf. 39 – 🖙 36 – **87 ch** 330/360.

XXX **Aub. du Cheval Blanc** (Tellechea), 68 r. Bourgneuf ℰ 05 59 59 01 33, Fax 05 59 59
😊 52 26 – 🔳. 🗚 🚅 GB
BZ b
😊 *fermé 6 au 10 août, 2 au 25 fév., dim. soir et lundi sauf juil.-août* – **Repas** 115/260 et carte
250 à 350
Spec. Saint-Jacques poêlées, piperade à l'Ibaïona et vinaigrette tiède de tomate (oct. à
mars). Merlu rôti au jus de volaille sur lit d'oignons dorés. Le "Xamengo" façon parmentier
au jus de veau truffé. **Vins** Irouléguy, Madiran.

XX **François Miura**, 24 r. Marengo ℰ 05 59 59 49 89 – 🔳. 🗚 🚅 GB
BZ r
😊 *fermé dim. soir et merc. sauf août* – **Repas** 105/180.

MICHELIN, Agence, ZAC St-Frédéric II, 89 r. Chalibardon ℰ 05 59 55 13 73

BMW Gar. Durruty, ZI St-Etienne ℰ 05 59 50 88 71
🔟 ℰ 08 00 00 16 24
CHRYSLER, FERRARI, JAGUAR Gar. Daverat, rd-pt
de Maignon ℰ 05 59 42 46 46 🔟 ℰ 05 59 23 68 68
FORD Gar. Xaby, 15 r. D.-Etcheverry
ℰ 05 59 55 33 33
MERCEDES Gar. Slavi, av. Mar.-Juin
ℰ 05 59 55 49 26 🔟 ℰ 08 00 24 24 30
PEUGEOT Gar. Gambade, av. Mar.-Soult, N 10
ℰ 05 59 52 45 45 🔟 ℰ 05 59 45 54 36
RENAULT Sté Basque Autom., 59 allées Marines
par D 5 ℰ 05 59 58 59 58 🔟 ℰ 06 07 46 11 28

ROVER Morin, 23 av. Mar.-Juin ℰ 05 59 55 05 61
SAAB VS Autom., ZA St-Frédéric, rte de Pau
ℰ 05 59 55 16 26
VOLVO Le Crom, 30 av. Dubrocq
ℰ 05 59 29 55 57

🚗 Euromaster, 35 allées Marines
ℰ 05 59 59 18 26
Euromaster, rte de Castéra, quartier Ste-Croix
ℰ 05 59 55 84 55
Sud-Ouest Sécurité, 34-36 bd Alsace-Lorraine
ℰ 05 59 59 24 72
Vulco, 2 allée Boufflers ℰ 05 59 59 75 80

BAZAS 33430 Gironde 🔢 ② G. Pyrénées Aquitaine – 4 379 h alt. 70.
Voir *Cathédrale St-Jean★*.
🚩 *Office de Tourisme* 1 pl. Cathédrale ℰ 05 56 25 25 84, Fax 05 56 25 18 30.
Paris 639 – Bordeaux 62 – Agen 85 – Bergerac 97 – Langon 16 – Mont-de-Marsan 69.

🏨 **Domaine de Fompeyre** ♨, rte Mont-de-Marsan ℰ 05 56 25 98 00,
Fax 05 56 25 16 25, 😁, parc, 🏊, ❡ – 📶 📺 ❧ 🕭 🅿 – 🔏 60. 🗚 GB
Repas *(fermé dim. soir du 1ᵉʳ nov. au 30 avril)* 165/235 – 🖙 50 – **37 ch** 340/465, 3 appart –
½ P 440/510.

BAZEILLES 08 Ardennes 🔢 ⑲ – *rattaché à Sedan.*

BAZINCOURT-SUR-EPTE 27 Eure 🔢 ⑧ ⑨ – *rattaché à Gisors.*

BEAUCAIRE 30300 Gard 🔢 ⑪ G. Provence – 13 400 h alt. 18.
Voir *Château★ : ☀★★ Y – Abbaye de St-Roman ≼★ 4,5 km par ⑥.*
🚩 *Office de Tourisme* 24 cours Gambetta ℰ 04 66 59 26 57.
*Paris 705 ⑦ – Avignon 26 ④ – Alès 68 ⑦ – Arles 17 ④ – Nîmes 25 ⑥ – St-Rémy-de-
Provence 19 ④.*

Plan page ci-contre

🏠 **Les Doctrinaires**, quai Gén. de Gaulle ℰ 04 66 59 23 70, Fax 04 66 59 22 26, 😁 – 📶 📺
☎ 🅿 – 🔏 40. GB
Z a
Repas *(fermé sam. midi)* 95/220, enf. 60 – 🖙 50 – **34 ch** 330/450 – ½ P 335/390.

XX **Le Sénéchal**, 49 bd Mar. Joffre ℰ 04 66 59 23 10, Fax 04 66 59 23 10 – 🔳. GB
Y s
fermé août, dim. soir et lundi – **Repas** 150/210.

🚗 Ayme Pneus, rte de St-Gilles ℰ 04 66 59 23 98

BEAUCAIRE

*Une réservation
confirmée par écrit
est toujours plus sûre.*

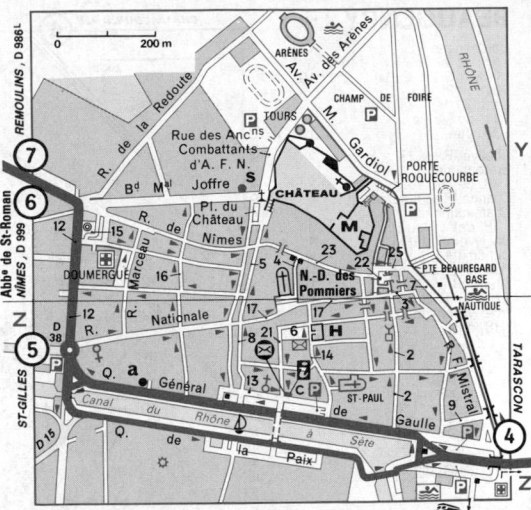

BEAUCENS 65 H.-Pyr. 85 ⑱ – *rattaché à Argelès-Gazost.*

Le BEAUCET 84 Vaucluse 81 ⑬ – *rattaché à Carpentras.*

BEAUDÉAN 65 H.-Pyr. 85 ⑱ – *rattaché à Bagnères-de-Bigorre.*

BEAUFORT 73270 Savoie 74 ⑰ ⑱ G. Alpes du Nord – *1 996 h alt. 750.*
 🛈 *Office de Tourisme pl. Mairie ✆ 04 79 38 37 57, Fax 04 79 38 16 70.*
 Paris 597 – Albertville 20 – Chambéry 70 – Megève 42.

🏠 **Grand Mont,** ✆ 04 79 38 33 36, Fax 04 79 38 39 07 – 📺 ☎. ⊖⊟. ⅏ ch
 fermé 24 avril au 2 mai et oct. – **Repas** 90/150 ⅃, enf. 55 – ⊡ 45 – **13 ch** 205/275 – ½ P 285.

🏠 **de la Roche,** ✆ 04 79 38 33 31, Fax 04 79 38 38 60, 佘, 🚲 – ☎ 🅿. ⊖⊟
 fermé 18 avril au 1ᵉʳ mai et nov. – **Repas** *(fermé dim. soir sauf juil.-août)* 65/155 ⅃, enf. 45 –
 ⊡ 35 – **17 ch** 160/250 – ½ P 200/230.

BEAUGENCY 45190 Loiret 64 ⑧ G. Châteaux de la Loire – *6 917 h alt. 99.*
 Voir *Église N.-Dame★ – Donjon★ – Tentures★ dans l'hôtel de ville* **H** *– Musée de l'Orléanais★
 dans le château.*
 🛈 *Office de Tourisme pl. de l'Hôtel de Ville ✆ 02 38 44 54 42, Fax 02 38 46 45 31.*
 *Paris 153 ① – Orléans 32 ① – Blois 36 ④ – Châteaudun 41 ⑥ – Vendôme 48 ⑤ –
 Vierzon 83 ②.*

Plan page suivante

🏠 **Écu de Bretagne,** pl. Martroi (n) ✆ 02 38 44 67 60, Fax 02 38 44 68 07, 佘 – 📺 ☎ 🅿 –
 ⚞ 30. ⬛ ⊙ ⊖⊟
 fermé dim. soir et lundi du 1ᵉʳ nov. au 1ᵉʳ avril – **Repas** 95/200 ⅃ – ⊡ 40 – **25 ch** 200/415 –
 ½ P 248/322.

🏠 **Sologne** sans rest, pl. St Firmin (e) ✆ 02 38 44 50 27, Fax 02 38 44 90 19 – 📺 ☎. ⊖⊟. ⅏
 fermé 22 déc. au 4 janv. – ⊡ 38 – **16 ch** 200/320.

🍴🍴 **Le P'tit Bateau,** 54 r. Pont (u) ✆ 02 38 44 56 38, Fax 02 38 46 44 37, 佘 – ⊖⊟
 fermé 20 août au 10 sept., 15 fév. au 1ᵉʳ mars, dim. soir, mardi soir et merc. – **Repas** 85/210
 ⅃, enf. 60.

🍴 **Au Vieux Fourneau,** 12 r. Cordonnerie (a) ✆ 02 38 46 40 56 – ⬛ ⊖⊟
 fermé 10 au 30 nov., dim. soir et lundi – **Repas** 95/185.

à Baule par ① : 5 km – *1 457 h. alt. 103* – ⊠ *45130* .
 Voir *Meung-sur-Loire : église St-Liphard★ NE : 2 km.*

🍴🍴 **Aub. Gourmande,** ✆ 02 38 45 01 02, Fax 02 38 45 03 08, 佘 – ⬛ ⊖⊟
 fermé merc. hors sais. et dim. soir – **Repas** 85/220.

BEAUGENCY

*Dans la liste des rues
des plans de villes,
les noms en rouge
indiquent
les principales voies
commerçantes.*

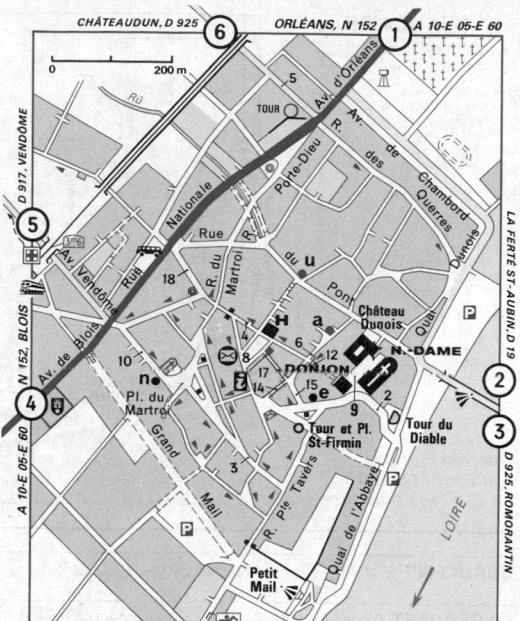

à Tavers par ④ : 3 km – 1 105 h. alt. 100 – ⊠ 45190 :

🏨🏨 **La Tonnellerie** ⬧, près Église ℘ 02 38 44 68 15, Fax 02 38 44 10 01, ☆, « Jardin fleuri, ♨ », ﹪ – 📺 ☎ 🅿, 🆎 ☲☲
fermé 2 janv. au 1ᵉʳ mars – **Repas** *(fermé dim. soir et lundi d'oct. à avril sauf fériés)* 95 (déj.), 135/245, enf. 65 – ☷ 65 – **15 ch** 450/840, 5 appart – ½ P 540/885.

PEUGEOT Gar. Mahu, 49 av. de Blois par ④   RENAULT Gar. de la Mardelle, ZI, 63 av. d'Orléans
℘ 02 38 44 53 20   par ① ℘ 02 38 44 50 40

BEAULIEU-EN-ARGONNE 55250 Meuse 56 ⑳ G. Champagne – 42 h alt. 275.

Voir *Pressoir★ dans l'ancienne abbaye.*
Paris 241 – Bar-le-Duc 37 – Futeau 10 – Ste-Menehould 23 – Verdun 38.

🏠 **Host. Abbaye** ⬧, ℘ 03 29 70 72 81, Fax 03 29 70 71 19, ≼, ☆, ﹪ – ☎. ☲☲. ﹪ ch
fermé 15 déc. au 1ᵉʳ fév. et dim. soir d'oct. à mars – **Repas** 95/180 ⅃ – ☷ 26 – **10 ch** 140/270 – ½ P 190/240.

BEAULIEU-SUR-DORDOGNE 19120 Corrèze 75 ⑲ G. Berry Limousin – 1 265 h alt. 142.

Voir *Église St-Pierre★★ – Vieille Ville★.*
🛈 Office de Tourisme pl. Marbot (Pâques-sept.) ℘ 05 55 91 09 94.
Paris 524 – Brive-la-Gaillarde 43 – Aurillac 71 – Figeac 59 – Sarlat-la-Canéda 69 – Tulle 44.

🏠 **Central H. Fournié,** ℘ 05 55 91 01 34, Fax 05 55 91 23 57, ☆ – ☎ 🅿. ☲☲
⬩ *fin mars-11 nov.*
Repas 100/250, enf. 60 – ☷ 38 – **27 ch** 200/320 – ½ P 250/320.

🏠 **Turenne,** ℘ 05 55 91 10 16, Fax 05 55 91 22 42, ☆ – 📺 ☎ ℅. 🆎 ⓞ ☲☲
fermé 20 déc. au 20 fév., lundi (sauf le soir et fériés de mai à sept.) et dim. soir d'oct. à avril –
Repas 95 (déj.), 135/350 bc ⅃, enf. 65 – ☷ 38 – **15 ch** 235/290 – ½ P 260/280.

RENAULT Gar. Lavastroux, ℘ 05 55 91 12 82

*Les pastilles numérotées des plans de ville ①, ②, ③
sont répétées sur les **cartes Michelin** à 1/200 000.*

*Elles facilitent ainsi le passage entre les **cartes** et les **guides Michelin**.*

BEAULIEU-SUR-MER *06310 Alpes-Mar.* 84 ⑩, 115 ㉗ *G. Côte d'Azur – 4 013 h alt. 10.*

Voir *Site★ de la Villa Kerylos★ – Baie des Fourmis★.*

Office de Tourisme pl. G.-Clemenceau ✆ 04 93 01 02 21, Fax 04 93 01 44 04.

Paris 938 ④ *– Nice 10* ④ *– Menton 25* ③.

BEAULIEU-SUR-MER

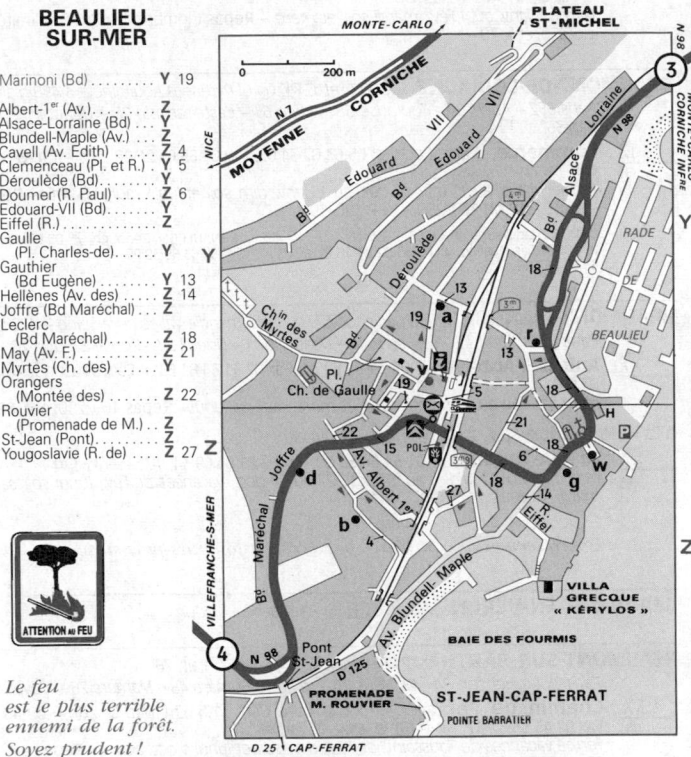

Marinoni (Bd) .... **Y** 19

Albert-1er (Av.) .... **Z**
Alsace-Lorraine (Bd) ... **Y**
Blundell-Maple (Av.) ... **Z**
Cavell (Av. Edith) .... **Z** 4
Clemenceau (Pl. et R.) . **Y** 5
Déroulède (Bd) .... **Y**
Doumer (R. Paul) .... **Z** 6
Edouard-VII (Bd) .... **Y**
Eiffel (R.) .... **Z**
Gaulle (Pl. Charles-de) ...... **Y**
Gauthier (Bd Eugène) .... **Y** 13
Hellènes (Av. des) ..... **Z** 14
Joffre (Bd Maréchal) ... **Z**
Leclerc (Bd Maréchal) .... **Z** 18
May (Av. F.) .... **Z** 21
Myrtes (Ch. des) ...... **Y**
Orangers (Montée des) .... **Z** 22
Rouvier (Promenade de M.) .. **Z**
St-Jean (Pont) .... **Z**
Yougoslavie (R. de) .... **Z** 27

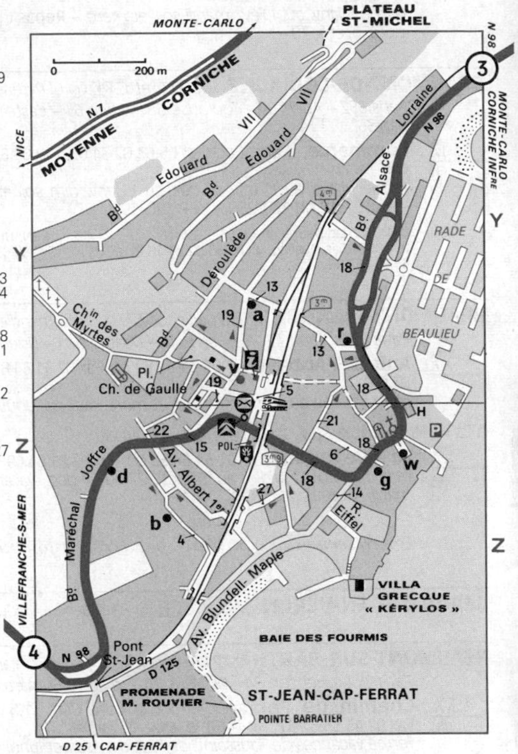

Le feu est le plus terrible ennemi de la forêt. Soyez prudent !

Réserve de Beaulieu ⑤, bd Mar. Leclerc ✆ 04 93 01 00 01, Fax 04 93 01 28 99, ≤, ☂, « En bordure de mer », ⛱ – 🛗 ▤ ch 📺 ☎ ♿ 🚗. AE ⓓ GB. ✕ rest — Z w
26 mars-31 oct. – **Repas** 300/400 – ☕ 125 – **33 ch** 2000/3700, 3 appart – ½ P 1925/2375.

Métropole ⑤, bd Mar. Leclerc ✆ 04 93 01 00 08, Fax 04 93 01 18 51, ≤, ☂, « Vaste terrasse sur mer, parc », ⛱, 🎾, ☂ – 🛗 ▤ 📺 ☎ P. AE GB — Z g
fermé 20 oct. au 20 déc. – **Repas** 400/500 et carte 370 à 640 – ☕ 120 – **46 ch** 1150/2900, 3 appart – ½ P 1350/1950.

Carlton, av. E. Cavell ✆ 04 93 01 14 70, Fax 04 93 01 29 62, ⛱, ☂ – 🛗 ▤ 📺 ☎ P. AE ⓓ GB — Z b
25 mars-15 oct. – **Repas** 120 – ☕ 65 – **33 ch** 650/980 – ½ P 600.

Frisia Ⓜ sans rest, bd E. Gauthier ✆ 04 93 01 01 04, Fax 04 93 01 31 92, ≤ – 🛗 ▤ 📺 ☎. AE GB — Y r
☕ 45 – **32 ch** 440/680.

Comté de Nice Ⓜ sans rest, bd Marinoni ✆ 04 93 01 19 70, Fax 04 93 01 23 09, 🏋 – 🛗 ▤ 📺 ☎. AE ⓓ GB – ☕ 45 – **32 ch** 500/550. — Y a

Havre Bleu sans rest, bd Mar. Joffre ✆ 04 93 01 01 40, Fax 04 93 01 29 92 – 📺 ☎ P. AE ⓓ GB — Z d
☕ 35 – **22 ch** 250/310.

XXX **Le Maxilien,** bd Marinoni ✆ 04 93 01 47 48 – ▤. AE ⓓ GB — Y v
fermé merc. midi et jeudi midi de juin à sept. et lundi sauf le soir de juin à sept. – **Repas** 98/290 et carte 260 à 380 🍷.

Autres ressources hôtelières : *voir à* **St-Jean-Cap-Ferrat**

CITROEN Gar. de la Poste, ✆ 04 93 01 00 13

BEAUMESNIL 27410 Eure 🔲 ⑲ G. Normandie Vallée de la Seine – 527 h alt. 169.

Voir Château★.

Paris 138 – Rouen 61 – Bernay 13 – Dreux 71 – Évreux 39.

XX **L'Étape Louis XIII,** ✆ 02 32 44 44 72, Fax 02 32 45 53 84, 😨, « Maison normande du 17ᵉ siècle », 🐎 – **P**, 📧 📧
fermé 5 janv. au 4 fév., mardi soir et merc. – **Repas** (nombre de couverts limité, prévenir) 110/320, enf. 70.

BEAUMONT-DE-LOMAGNE 82500 T.-et-G. 🔲 ⑥ G. Pyrénées Aquitaine – 3 488 h alt. 400.

Paris 682 – Auch 50 – Toulouse 58 – Agen 61 – Castelsarrasin 25 – Condom 61 – Montauban 36.

🏠 **Commerce,** r. Mar. Foch ✆ 05 63 02 31 02, Fax 05 63 65 26 22, 😨 – 📺 ☎ 🚗. 📧 ⓪
🍴 📧, 🐾 ch
fermé 14 avril au 1ᵉʳ mai, 15 déc. au 15 janv., dim. soir et lundi sauf juil.-août – **Repas** 75/195 – ⌑ 30 – **12 ch** 190/250 – ½ P 180/195.

CITROEN Gar. Daure, ✆ 05 63 02 35 76
PEUGEOT Gar. Oustric, ✆ 05 63 02 41 18 ⓝ ✆ 05 63 65 25 58

RENAULT Gar. Bedouch, ✆ 05 63 02 35 15 ⓝ ✆ 05 63 65 39 95

BEAUMONT-EN-AUGE 14950 Calvados 🔲 ③ G. Normandie Vallée de la Seine – 472 h alt. 90.

Paris 200 – Caen 41 – Le Havre 44 – Deauville 11 – Lisieux 22 – Pont-l'Évêque 10.

XX **Aub. de l'Abbaye,** ✆ 02 31 64 82 31, Fax 02 31 64 81 63, « Cadre rustique normand » – 📧 📧
fermé 16 fév. au 12 mars, mardi et merc. sauf juil.-août – **Repas** 160/290, enf. 80.

à la Haie Tondue Sud : 2 km par D 58 – ✉ 14130 :

XX **La Haie Tondue,** ✆ 02 31 64 85 00, Fax 02 31 64 69 34, 😨 – 🔲 **P**, 📧
🐾 fermé 23 au 30 juin, 6 au 14 oct., 22 au 26 déc., vacances de fév., lundi soir sauf août et mardi – **Repas** 112/204.

Une réservation confirmée par écrit est toujours plus sûre.

BEAUMONT-EN-VERON 37 I.-et-L. 🔲 ⑨ – rattaché à Chinon.

BEAUMONT-SUR-SARTHE 72170 Sarthe 🔲 ⑬ – 1 874 h alt. 76.

Paris 222 – Alençon 24 – Le Mans 26 – La Ferté-Bernard 48 – Mamers 26 – Mayenne 61.

XX **Chemin de Fer** avec ch, à la Gare Est : 1,5 km par D 26 ✆ 02 43 97 00 05, 🍴 Fax 02 43 33 52 17, 🐎 – 📺 ☎ 🚗, 📧 ⓪ 📧
fermé vacances de Toussaint, de fév., dim. soir et lundi d'oct. à avril – **Repas** 85/238 🍷, enf. 60 – ⌑ 30 – **15 ch** 204/375 – ½ P 204/290.

CITROEN Gar. Didier, ✆ 02 43 97 03 23 ⓝ ✆ 02 43 97 03 23
PEUGEOT Gar. Noyer ✆ 02 43 97 01 14

PEUGEOT Gar. Thureau, à la Croix-Margot-Juillé ✆ 02 43 97 00 33 ⓝ ✆ 02 43 97 00 33

BEAUMONT-SUR-VESLE 51360 Marne 🔲 ⑰ – 686 h alt. 100.

Voir Faux de Verzy★ S : 3,5 km, G. Champagne.

Paris 161 – Reims 18 – Châlons-en-Champagne 30 – Épernay 28 – Ste-Menehould 64.

XX **La Maison du Champagne** avec ch, ✆ 03 26 03 92 45, Fax 03 26 03 97 59, 🐎 – 📺 ☎ 🍴 **P**, 📧 ⓪ 📧, 🐾 ch
fermé 2 janv. au 17 fév., dim. soir et lundi – **Repas** 76/195, enf. 40 – ⌑ 35 – **11 ch** 200/270 – ½ P 231/246.

RENAULT Gar. Lahante, ✆ 03 26 03 90 59

BEAUNE 🔲 21200 Côte-d'Or 🔲 ⑨ G. Bourgogne – 21 289 h alt. 220.

Voir Hôtel-Dieu★★★ et polyptyque du Jugement dernier★★★ AZ – Collégiale N.-Dame★ : tapisseries★★ AY – Hôtel de la Rochepot★ AY B – Remparts★ AZ – Musée du vin de Bourgogne★ AYZ M¹ – Archéodrome de Bourgogne★ 7 km au Sud.

🏌 ✆ 03 80 24 10 29 à Levernois, 4 km par D 970 BZ.

🅱 Office de Tourisme r. de l'Hôtel-Dieu ✆ 03 80 26 21 30, Fax 03 80 26 21 39 – Automobile Club ✆ 03 80 26 21 30.

Paris 311 ③ – Chalon-sur-Saône 30 ③ – Dijon 45 ③ – Autun 49 ④ – Auxerre 152 ③ – Dole 65 ③.

BEAUNE

Carnot (R.) . . . . **AZ** 3
Lorraine (R. de) . . . . **AY**

Alsace (R. d') . . . . **AZ** 2
Carnot (Pl.) . . . . **AZ** 4
Château (R. du) . . . . **BY** 6
Fleury (Pl.) . . . . **AZ** 7
Fraysse (R. E.) . . . . **AZ** 8
Halle (Pl. de la) . . . . **AZ** 10
Maufoux (R.) . . . . **AZ** 12
Monge (Pl.) . . . . **AY** 13
Monge (R.) . . . . **AZ** 14
Perpreuil (Bd) . . . . **AZ** 16
Poterne (R.) . . . . **AZ** 17
Rousseau-Deslandes (R.) . . . **BY** 18
St-Nicolas (R. du fg.) . . . . **AY** 20
Tonneliers (R. des) . . . . . . **AY** 22

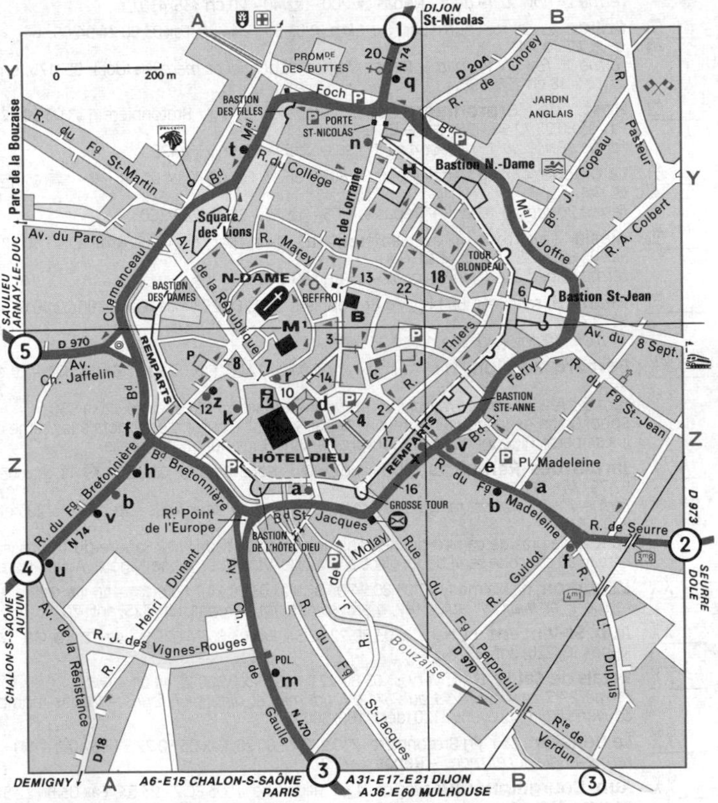

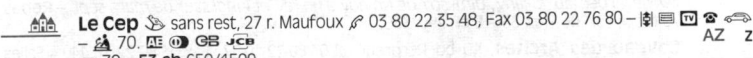

Le Cep sans rest, 27 r. Maufoux ☎ 03 80 22 35 48, Fax 03 80 22 76 80 – – 70. AE GB JCB — AZ z
70 – **53 ch** 650/1500.

Bleu Marine M, 12 bd Mar. Foch ☎ 03 80 24 01 01, Fax 03 80 24 09 90, – . AE GB — AY t
Repas *(fermé dim. soir et lundi sauf fériés)* 99 (déj.), 135/188, enf. 49 – 60 – **40 ch** 480/800 – ½ P 380/600.

Poste, 5 bd Clemenceau ☎ 03 80 22 08 11, Fax 03 80 24 19 71, – ch – 25. AE GB JCB — AZ f
fermé 23 au 31 déc. – ***St-Christophe :*** ☎ 03 80 22 23 39 *(fermé sam. midi)* Repas 145/360, enf. 90 – 67 – **23 ch** 650/1000, 7 appart – ½ P 500/850.

Mercure M, av. Ch. de Gaulle ☎ 03 80 22 22 00, Fax 03 80 22 91 74, , – P – 60. AE GB — AZ m
Repas *(fermé sam. et dim. de nov. à janv.)* 98/140, enf. 50 – 50 – **120 ch** 400/450.

Henry II sans rest, 12 r. Fg St-Nicolas ☎ 03 80 22 83 84, Fax 03 80 24 15 13 – . AE GB JCB. — AY q
40 – **50 ch** 420/520.

La Closerie sans rest, par ④ *rte Autun N 74* ☎ 03 80 22 15 07, Fax 03 80 24 16 22, , – P. AE GB
fermé 24 déc. au 15 janv. – 42 – **47 ch** 300/560.

🏨 **Belle Epoque** sans rest, 15. r. Fg Bretonnière 🕿 03 80 24 66 15, Fax 03 80 24 17 49, 🐾 – 📺 🕿 🚗 🅿 🆎 🆖   **AZ h**
⌂ 46 – **16 ch** 345/695.

🏨 **Central,** 2 r. V. Millot 🕿 03 80 24 77 24, Fax 03 80 22 30 40 – 📺 🕿. 🆖   **AZ n**
fermé 24 nov. au 19 déc. – **Repas** 99/200 – ⌂ 40 – **20 ch** 335/430.

🏨 **Grillon** ⬙, 21 rte Seurre par ② : 1 km 🕿 03 80 22 44 25, Fax 03 80 24 94 89, 🍴, 🐾 – 📺 🕿 🅿 🆎 ⓪ 🆖
fermé 1er fév. au 1er mars – **Repas** *(fermé jeudi midi et merc.)* 68 (déj.), 85/175, enf. 50 –
⌂ 32 – **18 ch** 258/298.

🏨 **Host. de Bretonnière** sans rest, 43 r. Fg Bretonnière 🕿 03 80 22 15 77,
Fax 03 80 22 72 54 – 🍴 📺 🕿 🅿. 🆖   **AZ v**
fermé 18 nov. au 15 déc. et 4 au 11 fév. – ⌂ 39 – **25 ch** 295/425.

🏨 **La Cloche,** 42 r. Fg Madeleine 🕿 03 80 24 66 33, Fax 03 80 24 04 24, 🐾 – ▤ rest 📺 🕿 🅿.
🆎 🆖   **BZ b**
fermé 24 déc. au 10 janv. – **Repas** 63/205 – ⌂ 37 – **22 ch** 290/380.

🏨 **Alésia** sans rest, 4 av. Sablières, rte Dijon par ① : 1 km 🕿 03 80 22 63 27,
Fax 03 80 24 95 28 – 🕿 📞 🅿. 🆖
fermé 15 déc. au 20 janv. – ⌂ 32 – **15 ch** 195/340.

🏨 **Beaun'H.** sans rest, 55 bis r. Fg Bretonnière 🕿 03 80 22 11 01, Fax 03 80 22 46 66 – 🕿 🆖
🆎 🆖   **AZ u**
1er mars-30 nov. – ⌂ 34 – **17 ch** 235/297.

XXX **Bernard Morillon,** 31 r. Maufoux 🕿 03 80 24 12 06, Fax 03 80 22 66 22, 🍴 – 🆎 ⓪ 🆖
🆓   JCB   **AZ z**
fermé 3 fév. au 3 mars, mardi midi et lundi – **Repas** 180/480 et carte 420 à 560
Spéc. Gratin de langoustines façon ''Brillat Savarin''. Tourte d'escargots à la crème d'ail et
jus de persil. Pigeonneau rôti ''Souvaroff''. **Vins** Saint-Aubin, Monthélie.

XXX **Jardin des Remparts** (Chanliaud), 10 r. Hôtel-Dieu 🕿 03 80 24 79 41, Fax 03 80 24
🆓 92 79, 🍴 – 🅿. 🆖   **AZ a**
fermé 1er au 11 août, mi-fév. à mi-mars, dim. et lundi sauf fêtes – **Repas** 130/295 et carte
250 à 360
Spéc. Foie gras de canard poché dans une gelée à l'hydromel. Sandre du Doubs (saison).
Gâteau au chocolat servi tiède, glace à la vanille. **Vins** Bourgogne Aligoté, Auxey-Duresses.

XX **L'Écusson,** pl. Malmédy 🕿 03 80 24 03 82, Fax 03 80 24 74 02, 🍴 – 🆎 ⓪ 🆖   **BZ f**
fermé 1er au 9 juil., 1er au 20 fév., merc. soir et dim. – **Repas** 136/325, enf. 70.

XX **Aub. St-Vincent,** pl. Halle 🕿 03 80 22 42 34, Fax 03 80 24 02 75 – ▤. 🆎 ⓪ 🆖   **AZ r**
Repas 95/220, enf. 85.

XX **Relais de Saulx,** 6 r. L. Véry 🕿 03 80 22 01 35, Fax 03 80 22 41 01 – 🆖   **AZ k**
fermé 27/7 au 4/8, 24/11 au 26/12, lundi midi et dim. sauf fériés – **Repas** (nombre de
couverts limité, prévenir) 120 (déj.), 160/300.

XX **Le Bénaton,** 25 r. Fg Bretonnière 🕿 03 80 22 00 26, Fax 03 80 22 51 95, 🍴 – 🆖
fermé jeudi midi et merc. – **Repas** 105/230.   **AZ b**

XX **Aub. Bourguignonne** avec ch, 4 pl. Madeleine 🕿 03 80 22 23 53, Fax 03 80 22 51 64 –
▤ rest 📺 🕿. 🆖   **BZ a**
fermé 15 déc. au 15 janv., dim. soir de fin nov. à fin fév. et lundi sauf de mai à sept. – **Repas**
79 (déj.), 89/206 – ⌂ 33 – **8 ch** 290/335.

XX **Caveau des Arches,** 10 bd Perpreuil 🕿 03 80 22 10 37, Fax 03 80 22 76 44, « Salles
voûtées » – ▤. 🆖   **ABZ x**
fermé 1er au 15 août, 20 déc. au 10 janv., lundi midi et dim. – **Repas** 85/144.

XX **Aub. de la Toison d'Or,** 4 bd J. Ferry 🕿 03 80 22 29 62, Fax 03 80 24 07 11 – ▤. 🆎
🆖   **BZ v**
fermé 24 déc. au 7 janv., dim. soir et lundi – **Repas** 89/240, enf. 50.

X **Maxime,** 3 pl. Madeleine 🕿 03 80 22 17 82, Fax 03 80 24 90 81, 🍴 – 🆎 🆖   **BZ e**
fermé 25 janv. au 17 fév., dim. soir du 20 sept. au 31 mai et lundi sauf fériés – **Repas** 76/149.

X **La Ciboulette,** 69 r. Lorraine 🕿 03 80 24 70 72, Fax 03 80 22 79 71 – ▤. 🆖   **AY n**
fermé 11 au 24 août, 16 au 28 fév., lundi soir et mardi
Repas 91/125.

X **Le Gourmandin,** 8 pl. Carnot 🕿 03 80 24 07 88, Fax 03 80 22 27 42 – ▤. 🆖   **AZ d**
fermé 1er au 20 fév., merc. midi et mardi d'oct. à mars – **Repas** 79/170.

à Savigny-lès-Beaune par ①, D 18 et D 2 : 7 km – 1 392 h. alt. 237 – ✉ 21420 :.
🛈 *Syndicat d'Initiative, r. Vauchey-Véry (saison)* 🕿 03 80 26 12 56.

🏨 **L'Ouvrée,** rte Bouilland 🕿 03 80 21 51 52, Fax 03 80 26 10 04, 🍴 – 🍴 📺 🕿 🅿. 🆖
fermé 1er fév. au 13 mars – **Repas** 95/250, enf. 50 – ⌂ 33 – **22 ch** 270/300 – ½ P 260/275.

rte de Dijon *par* ① : *4 km –* ⊠ *21200 Beaune :*

XXXX   **Ermitage de Corton** (Parra) Ⓜ avec ch, ℘ 03 80 22 05 28, Fax 03 80 24 64 51, ≤, 佘,
❀   😉 – 📺 ☎ 🅿 . 🆎 ⓪ 🆖
       fermé mi-janv. à mi-fév., dim. soir et lundi – **Repas** (nombre de couverts limité, prévenir)
       175 (déj.), 215/750 et carte 380 à 540 – 😑 95 – **4 ch** 1250, 6 appart 1500/1800
       Spéc. Pieds de porc farcis à la graine de moutarde. Brochette de Sot-l'y-laisse au foie gras.
       Côte de veau de lait, garniture grand-mère. **Vins** Chorey-les-Beaune, Saint-Aubin.

à Aloxe-Corton *par* ① : *6 km –* 187 *h. alt.* 255 – ⊠ 21420 :

🏨   **Villa Louise Clarion** 🦢 sans rest, ℘ 03 80 26 46 70, Fax 03 80 26 47 16, « Jardin » – 📺
     🐾 📍 🅿 . 🆖
     😑 75 – **10 ch** 500/800.

à Ladoix-Serrigny *par* ① : *7 km sur* N 74 *– 1 549 h. alt.* 200 – ⊠ 21550 :

🏠   **La Gremelle**, à Buisson ℘ 03 80 26 40 56, Fax 03 80 26 48 23, 佘, 🐾, 😉 – 📺 ☎ 🅿 . 🆎 ⓪
     🆖
     1ᵉʳ mars-30 nov. – **Repas** 120/250, enf. 60 – 😑 40 – **20 ch** 200/300 – ½ P 350.

XX   **Les Coquines,** à Buisson ℘ 03 80 26 43 58, Fax 03 80 26 49 59, 佘, 😉 – 🅿 . 🆎 ⓪ 🆖
     fermé 7 au 20 fév., merc. soir et jeudi – **Repas** 155/225.

à Challanges *par* ② *puis* D 111 : *4 km –* ⊠ *21200 Beaune :*

🏨   **Château de Challanges** Ⓜ 🦢 sans rest, r. Templiers ℘ 03 80 26 32 62,
     Fax 03 80 26 32 52, « Belle demeure dans un parc » – 📺 ☎ 🅿 . 🆎 ⓪ 🆖 , 🍴
     15 mars-30 nov. – 😑 60 – **9 ch** 530, 5 appart.

au Sud-Est près de l'échangeur A 6 *par* ③ : *2 km –* ⊠ *21200 Beaune :*

🏨   **Novotel** Ⓜ, av. Ch. de Gaulle ℘ 03 80 24 59 00, Fax 03 80 24 59 29, 佘, 🏊 – 🛗 ⤋ 🛏 📺
     ☎ 🅾 🅿 – 🔒 200. 🆎 ⓪ 🆖
     Repas 95/135, enf. 50 – 😑 54 – **127 ch** 430/530.

🏠   **Relais Motel 21,** rte Verdun ℘ 03 80 24 15 30, Fax 03 80 24 16 10, 佘, 🏊 – 📺 ☎ 🅾 🅿 –
🚍   🔒 30. 🆎 ⓪ 🆖
     Repas 85/138 🍴, enf. 45 – 😑 35 – **42 ch** 285.

à Levernois *Sud-Est : 5 km par rte de Verdun-sur-le-Doubs,* D 970 *et* D 111ᴸ - **BZ** – *285 h. alt.* 198 –
     ⊠ 21200 :

🏨   **Colvert Golf H.** Ⓜ 🦢 sans rest, ℘ 03 80 24 78 20, Fax 03 80 24 77 70, ≤ – 🛗 📺 ☎ 🐾 🅾
     😉 🅿 . 🆎 ⓪ 🆖
     fermé 20 déc. au 15 janv. – 😑 50 – **24 ch** 280/350.

🏠   **Parc** 🦢 sans rest, ℘ 03 80 24 63 00, Fax 03 80 24 21 19, parc – 📺 ☎ 🅿 . 🆖
     😑 35 – **25 ch** 200/490.

XXXX   **Host. de Levernois** (Crotet) Ⓜ 🦢 avec ch, ℘ 03 80 24 73 58, Fax 03 80 22 78 00, 佘,
❀❀   « Jardin fleuri et parc », 😉 – 🛏 rest 📺 ☎ 🅿 . 🆎 ⓪ 🆖
       *fermé 23 au 28 déc., vacances de fév., mardi sauf le soir d'avril à oct. et merc. midi de nov. à
       mars –* **Repas** 200 bc (déj.), 390/550 et carte 420 à 650 – 😑 100 – **16 ch** 950/1500 –
       ½ P 1100/1350
       Spéc. Petits escargots de Bourgogne en cocotte lutée. Poulet de Bresse rôti. Tarte aux
       pommes, sorbet estragon. **Vins** Bourgogne Aligoté, Savigny-lès-Beaune.

X   **La Garaudière,** ℘ 03 80 22 47 70, Fax 03 80 22 64 01, 佘, 🐾 – 🆖
     fermé Noël au Jour de l'An, vacances de fév. et lundi en sais. – **Repas** grill 90.

à Montagny-lès-Beaune *par* ③ *et* D 113 : *3 km –* 763 *h. alt.* 206 – ⊠ 21200 :

🏠   **Les Genièvres** 🦢 sans rest, ℘ 03 80 22 37 74, Fax 03 80 24 23 18, 🐾 – ☎ 🛞 🅿 . 🆎
     🆖
     fermé 20 déc. au 5 janv. et dim. de déc. à fév. – 😑 30 – **19 ch** 150/240.

a l'Archéodrome *Sud : 10 km par* D 18 *et* D 23 – ⊠ *21204 Beaune :*

🏨   **Beaune Motel** Ⓜ, ℘ 03 80 21 46 12, Fax 03 80 26 84 78 – 🛏 rest ☎ 🅾 🅿 . 🆎 ⓪ 🆖
     Repas rest. d'autoroute : *Brasserie Bourguignotte :* 89/120, enf. 44 – 😑 45 – **150 ch**
     290/430.

à Meursault *par* ④ : *8 km –* 1 538 *h. alt.* 243 – ⊠ 21190 .
     🅱 *Office de Tourisme pl. Hôtel de Ville (saison)* ℘ 03 80 21 25 90.

🏨   **Les Magnolias** 🦢 sans rest, 8 r. P. Joigneaux ℘ 03 80 21 23 23, Fax 03 80 21 29 10,
     « Belle décoration intérieure » – ⤋ ☎ 🅿 . 🆎 🆖 , 🍴
     15 mars-30 nov. – 😑 48 – **12 ch** 380/600.

🏨   **Les Charmes** 🦢 sans rest, pl. Murger ℘ 03 80 21 63 53, Fax 03 80 21 62 89, 🏊, 🐾 – 📺
     ☎ 🅾 🅿 . 🆖 . 🍴
     1ᵉʳ mars-1ᵉʳ déc. – 😑 45 – **14 ch** 410/570.

🏛 **Le Chevreuil,** 1 pl. de l'Hôtel de Ville ℰ 03 80 21 23 25, Fax 03 80 21 65 51 – 📺 ☎ 🚗.
GB
fermé 5 déc. au 5 janv., jeudi midi et merc. d'oct. à avril – **Repas** 95/205, enf. 40 – 🖙 35 –
16 ch 180/300 – ½ P 255.

🏛 **Motel Au Soleil Levant,** rte Beaune ℰ 03 80 21 23 47, Fax 03 80 21 65 67 – 📺 ☎ 🅿.
🚗 GB
Repas *(fermé 20 nov. au 20 déc.)* 67/131 ⅄ – 🖙 29 – **43 ch** 208/378.

XX **Relais de la Diligence,** à la gare Sud-Est : 2,5 km par D 23 ℰ 03 80 21 21 32,
🚗 Fax 03 80 21 64 69, ← – 🅿, ᴀᴇ ⓪ GB
fermé 8 déc. au 16 janv., mardi soir et merc. – **Repas** 71/170 ⅄, enf. 49.

à Puligny-Montrachet *par* ④ *et N 74 : 12 km* – *466 h. alt. 227* – ⊠ *21190* :

🏛 **Le Montrachet** 🌭, ℰ 03 80 21 30 06, Fax 03 80 21 39 06 – 📺 ☎ ♿. ᴀᴇ ⓪ GB
❀ *fermé 1ᵉʳ déc. au 10 janv.* – **Repas** *(fermé merc. midi)* 195/425 et carte 290 à 420 – 🖙 55 –
31 ch 450/795 – ½ P 575.
Spéc. Escargots de Bourgogne en coquille. Blanc de volaille de Bresse au foie gras. Tarte
chaude aux pommes, sorbet au cidre. **Vins** Puligny-Montrachet, Chassagne-Montrachet.

à Auxey-Duresses *par* ④ *et D 973 : 8 km* – *351 h. alt. 260* – ⊠ *21190* :

XX **La Crémaillère,** ℰ 03 80 21 22 60, Fax 03 80 21 62 65 – GB
🚗 *fermé fév., lundi soir et mardi* – **Repas** 85/270, enf. 45.

à Bouze-lès-Beaune *par* ⑤ *et D 970 : 6,5 km* – *247 h. alt. 400* – ⊠ *21200* :

X **La Bouzerotte,** ℰ 03 80 26 01 37, Fax 03 80 26 01 37, 🍽 – GB
fermé vacances de fév., lundi soir et mardi – **Repas** (dim. prévenir) 89/178.

BMW Gar. Savy 21, 23 r. J.-Germain ZI
ℰ 03 80 22 88 69
CITROEN Gar. Champion, 1 rte de Pommard
par ④ ℰ 03 80 25 03 03 N ℰ 03 80 25 03 03
CITROEN Gar. Chaffraix, 47 r. Fg-St-Nicolas par ①
ℰ 03 80 22 17 55
FIAT, LANCIA Gar. Bolatre, 40 fg Bretonnière
ℰ 03 80 24 02 18 N ℰ 03 80 61 55 57
FORD Gar. Moreau, 135 bis rte de Dijon
ℰ 03 80 25 02 00 N ℰ 03 80 20 73 28

PEUGEOT Gar. Champion, 42 rte de Pommard
par ④ ℰ 03 80 26 20 20 N ℰ 03 80 20 74 61
PEUGEOT Gar. Biais, 30 bd Foch
ℰ 03 80 24 71 72 N ℰ 03 80 24 71 72
RENAULT Beaune Auto, 78 rte de Pommard par
④ ℰ 03 80 24 35 00 N ℰ 03 80 22 87 04

🛞 Gaudry Pneu Point S, 148 rte de Dijon
ℰ 03 80 22 14 21

BEAUPRÉAU *49600 M.-et-L.* 🗺 ⑤ *G. Châteaux de la Loire* – *5 937 h alt. 73.*
🅱 *Office de Tourisme (saison)* ℰ 02 41 71 76 65.
Paris 345 – *Angers 52* – *Ancenis 29* – *Châteaubriant 71* – *Cholet 19* – *Nantes 53* – *Saumur 80.*

à la Chapelle-du-Genêt *Sud-Ouest : 3 km* – *924 h. alt. 95* – ⊠ *49600* :

XX **Aub. de la Source,** ℰ 02 41 63 03 89, Fax 02 41 63 35 34 – GB
fermé 1ᵉʳ au 18 août, sam. midi, dim. soir et lundi soir – **Repas** 105/265.

BEAURECUEIL *13100 B.-du-R.* 🗺 ③, 🗺 ⑯ – *510 h alt. 254.*
Paris 767 – *Marseille 36* – *Aix-en-Provence 10* – *Aubagne 33* – *Brignoles 49.*

XXX **Relais Ste-Victoire** (Jugy-Berges) 🌭 avec ch, D 46 ℰ 04 42 66 94 98,
❀ Fax 04 42 66 85 96, ←, 🍴, 🌳 – 🍽 📺 ☎ 🅿, ᴀᴇ ⓪ GB
fermé vacances de Toussaint, 1ᵉʳ au 15 janv., vacances de fév., dim. soir et lundi – **Repas**
(week-ends prévenir) 195/450 et carte 290 à 400, enf. 135 – 🖙 70 – **10 ch** 550/600 –
½ P 500/650
Spéc. Courgettes farcies aux girolles (été). Faisan à la broche rôti au pied de porc (oct. à
janv.). Pain perdu avec sa glace à l'huile d'olive. **Vins** Côtes de Provence, Coteaux d'Aix-en-
Provence.

BEAUREPAIRE *38270 Isère* 🗺 ② – *3 735 h alt. 259.*
Paris 521 – *Annonay 43* – *Grenoble 64* – *Romans-sur-Isère 39* – *St-Étienne 80* – *Tournon-
sur-Rhône 57* – *Vienne 32.*

XXX **Fiard** avec ch, av. Terreaux ℰ 04 74 84 62 02, Fax 04 74 84 71 13 – 📺 ☎. ᴀᴇ ⓪ GB
fermé 15 janv. au 10 fév., dim. soir sauf juil.-août et lundi midi sauf fêtes – **Repas** 128/300
et carte 230 à 380 ⅄ – 🖙 40 – **15 ch** 200/300.

aux Roches de Pajay *Est : 3 km par D 519* – ⊠ *38260 Pajay* :

X **Le Chandelier,** ℰ 04 74 84 66 67 – 🅿. GB
fermé midi sauf dim. – **Repas** (en hiver, dîner sur réservation) 60 (déj.), 98/198 ⅄.

CITROEN Gar. des Alpes, ℰ 04 74 84 60 13
PEUGEOT Gar. Boyet, ℰ 04 74 84 61 37

RENAULT Gar. des Terreaux, ℰ 04 74 84 61 50 N
ℰ 04 74 84 61 50

BEAUREPAIRE-EN-BRESSE 71 S.-et-L. **70** ⑬ – rattaché à Louhans.

BEAUSOLEIL 06 Alpes-Mar. **84** ⑩., **115** ㉗ – rattaché à Monaco.

Le BEAUSSET 83330 Var **84** ⑭, **114** ㊹ – 7 114 h alt. 167.

Voir ≤★ de la chapelle N.-D. du Beausset-Vieux S : 4 km, G. Côte d'Azur.

🛈 Office de Tourisme pl. Ch.-de-Gaulle ℘ 04 94 90 55 10, Fax 04 94 98 51 83.

Paris 819 – Toulon 20 – Aix-en-Provence 66 – Marseille 46.

🏨🏨 **Motel la Cigalière** ≫, Nord : 1,5 km par N 8 et rte secondaire ℘ 04 94 98 64 63, Fax 04 94 98 66 04, 佘, parc, ⒌, ※ – cuisinette ☎ 🅿 – ᴁ 25. ᴳᴮ. ※
hôtel : fermé 15 au 30 oct., 1ᵉʳ au 10 fév. et dim. soir de nov. à avril; rest : ouvert 15 mai-30 sept. – **Repas** (dîner seul.) 90/150 – ⲥⲭ 38 – **14 ch** 350/390, 5 studios – ½ P 325/355.

🏠 **Mas Lei Bancau** ≫ sans rest, Sud : 2 km par N 8 et rte secondaire ℘ 04 94 90 27 78, Fax 04 94 90 29 00, parc, ⒌ – 📺 ☎ 🅿. ᴳᴮ. ※
fermé 15 oct. au 15 nov. – ⲥⲭ 45 – **8 ch** 460/585.

✗ **La Fontaine des Saveurs,** 17 bd Chanzy ℘ 04 94 98 50 01 – ᴬᴱ ᴳᴮ
fermé 20 oct. au 6 nov., dim. soir et merc. d'oct. à mars – **Repas** 98 bc/195.

✗ **Aub. de la Couchoua,** Nord : 3,5 km par N 8 et rte secondaire ℘ 04 94 98 72 24, 佘, 邤 – 🅿. ※
fermé 3 au 14 mars, 6 au 19 oct., dim. soir et merc. – **Repas** - viandes grillées - 145.

✗ **La Miquelette,** Sud : 2 km par N 8 et rte secondaire ℘ 04 94 90 50 79, ≤, 佘, 邤 – 🅿. ᴳᴮ
8 mai-21 sept. et fermé le midi sauf sam. et dim. en juil.-août, dim. soir et lundi de sept. à juin – **Repas** (nombre de couverts limité, prévenir) carte 160 à 220.

RENAULT Central Gar. Augier, ℘ 04 94 98 70 10   Ⓜ Michel Pneum., ℘ 04 94 90 44 70

BEAUVAIS 🅿 60000 Oise **55** ⑨ ⑩ G. Flandres Artois Picardie – 54 190 h alt. 67.

Voir Cathédrale St-Pierre★★★ : horloge astronomique★ – Église St-Étienne★ : vitraux★★ et arbre de Jessé★★★ – Musée départemental de l'Oise★ dans l'ancien palais épiscopal M¹.

🛈 Office de Tourisme r. Beauregard ℘ 03 44 45 08 18, Fax 03 44 45 63 95.

Paris 83 ④ – Compiègne 60 ③ – Amiens 61 ② – Arras 135 ② – Boulogne-sur-Mer 180 ① – Dieppe 107 ⑤ – Évreux 97 ⑤ – Rouen 83 ⑤.

🏠 **du Cygne** sans rest, 24 r. Carnot ℘ 03 44 48 68 40, Fax 03 44 45 16 76 – ᴳᴮ
fermé 11 au 17 août – ⲥⲭ 33 – **20 ch** 190/310.

🏠 **La Résidence** ≫ sans rest, 24 r. L. Borel par ② et r. D. Maillart ℘ 03 44 48 30 98, Fax 03 44 45 09 42 – 📺 ☎ ＼ 🅿. ⓞ ᴳᴮ
ⲥⲭ 30 – **23 ch** 190/280.

✗✗✗ **A la Côtelette,** 8 r. Jacobins (e) ℘ 03 44 45 04 42, Fax 03 44 45 09 95 – ᴬᴱ ᴳᴮ
fermé 14 juil. au 15 août, dim. soir et lundi – **Repas** 120/160 et carte 220 à 350.

✗✗ **Les Trois Maillets-La Coquerie,** 1 r. St-Quentin (b) ℘ 03 44 48 58 45, Fax 03 44 48 51 30, 佘 – ᴬᴱ ᴳᴮ
fermé 6 au 21 août, sam. midi et dim. – **Repas** 160/260, enf. 60.

à l'Est par ③ : 3 km – ✉ 60000 Beauvais :

🏨🏨 **Host. St-Vincent** Ⓜ, r. Clermont ℘ 03 44 05 49 99, Fax 03 44 05 52 94, 佘 – 📺 ☎ ＼ ᵭ
⑥ᵦ 🅿 – ᴁ 70. ᴬᴱ ᴳᴮ
Repas 78/138 ⅃, enf. 42 – ⲥⲭ 37 – **48 ch** 295 – ½ P 240.

par ④ : 3 km sur rte de Paris – ✉ 60000 Beauvais :

🏨🏨 **Relais Mercure** Ⓜ sans rest, quartier St-Lazare ℘ 03 44 02 80 80, Fax 03 44 02 12 50, ⒌ – ＼※ 📺 ☎ ᵭ 🅿 – ᴁ 40. ᴬᴱ ⓞ ᴳᴮ
ⲥⲭ 52 – **60 ch** 350/390.

à Allonne par ④ et N 1 : 5 km – 1 199 h. alt. 80 – ✉ 60000 :

✗✗ **Le Bellevue,** ℘ 03 44 02 17 11, Fax 03 44 02 54 44 – 🟰 🅿. ᴬᴱ ᴳᴮ
fermé sam. soir et dim. – **Repas** carte 150 à 270.

BMW, TOYOTA Gar. du Franc Marché, r. P.-et-M.-
Curie ZAC St-Lazare ℘ 03 44 05 15 25
CITROEN Picardie Autom., rte d'Amiens par ②
℘ 03 44 06 07 70 🎇 ℘ 03 44 06 07 70
FIAT, LANCIA Gar. Piscine, r. Becquerel
℘ 03 44 05 14 08
MERCEDES Gar. Techstar, ZI du Bracheux r. du
Moulin ℘ 03 44 05 47 00 🎇 ℘ 03 20 67 48 04
PEUGEOT Le Nouveau Gar., N 1 - 2 r. Gay Lussac par
④ ℘ 03 44 05 20 40

RENAULT S.E.G.O Gueudet, N 181 rte d'Amiens
par ② ℘ 03 44 06 06 60 🎇 ℘ 03 44 04 95 01

Ⓜ Cacaux Point S, ZI n°2, 21 av. B.-Pascal
℘ 03 44 05 21 60
Euromaster, 55 r. E.-de-St-Fuscien à Grandvilliers
℘ 03 44 56 46 95
Vulco, 5 r. 51ᵉ R.-I. ℘ 03 44 45 91 23

189

BEAUVAIS

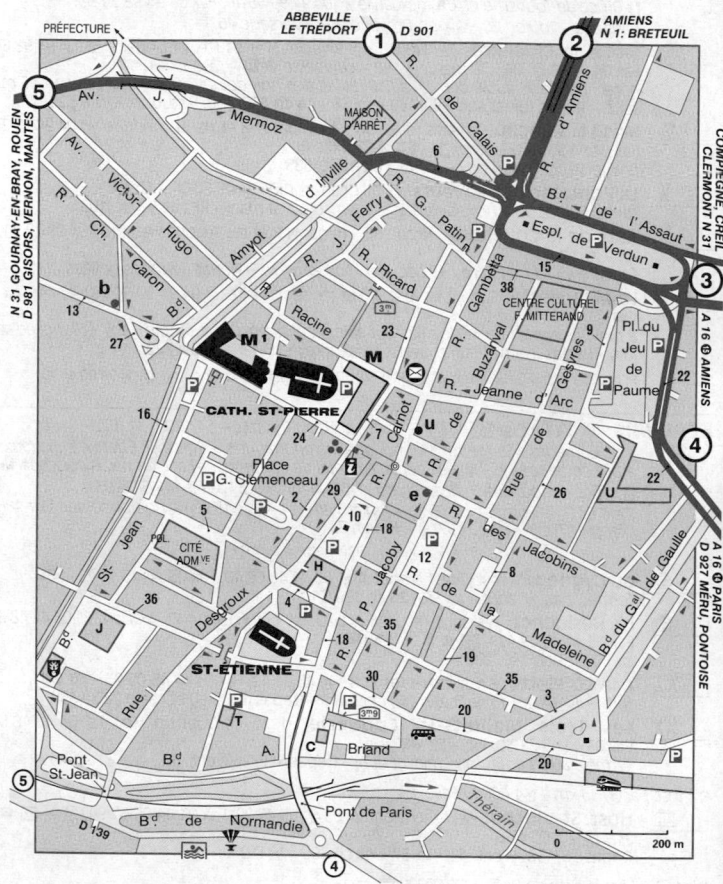

A good moderately priced meal : 🍴 Repas 100/130

BEAUVEZER 04370 Alpes-de-H.-P. **81** ⑧ G. Alpes du Sud – 226 h alt. 1150.
Paris 790 – Digne-les-Bains 66 – Annot 31 – Castellane 43 – Manosque 107 – Puget-Théniers 53.

🏠 **Bellevue,** pl. Église ℰ 04 92 83 51 60, 🍽 – ☎. 🖼
fermé nov., déc. et mardi sauf vacances scolaires – **Repas** 60 (déj.), 98/128 ⅃, enf. 45 – ☷ 38 – **12 ch** 210/225 – ½ P 205/230.

BEAUVOIR 50 Manche **59** ⑦ – rattaché au Mont-St-Michel.

BEAUVOIR-SUR-MER *85230 Vendée* **67** ① ② – *3 277 h alt. 8.*
   🛈 *Office de Tourisme r. Ch.-Gallet* ℰ *02 51 68 71 13.*
   Paris 446 – Nantes 60 – La Roche-sur-Yon 59 – Challans 15 – Noirmoutier-en-l'Île 29 – Pornic 32.

🏠 **Relais des Touristes** (annexe **🏠 M**), rte Gois ℰ 02 51 68 70 19, Fax 02 51 49 33 45, **Ⓕ₅**,
🍴 🏊 – 🔟 ☎ ✆ ৬ **🅿**. **ঃ ① এ 🥪**
   Repas 67/215 – 🖵 34 – **41 ch** 280/360 – ½ P 270/300.

BEAUVOIR-SUR-NIORT *79360 Deux-Sèvres* **72** ① – *1 242 h alt. 66.*
   Paris 419 – La Rochelle 61 – Niort 17 – St-Jean-d'Angély 28.

XX **Aub. des Voyageurs,** ℰ 05 49 09 70 16, Fax 05 49 09 65 78 – **এ ঃ**
🍴 *fermé 1ᵉʳ au 15 janv., dim. soir et merc. en hiver* – **Repas** 75/350 🍷.

   RENAULT Gar. Bello Visu, ℰ 05 49 09 70 12

BEAUVOIS-EN-CAMBRÉSIS *59157 Nord* **53** ④ – *2 099 h alt. 89.*
   Paris 192 – St-Quentin 39 – Arras 48 – Cambrai 12 – Valenciennes 36.

XX **La Buissonnière,** ℰ 03 27 85 29 97, Fax 03 27 76 25 74, 🍽 – **🅿**. **এ ① ঃ**
   fermé 11 au 17 août, vacances de fév., dim. soir et lundi – **Repas** 118/255.

   CITROEN Gar. Fontaine, ℰ 03 27 85 29 07

BEAUZAC *43590 H.-Loire* **76** ⑧ *G. Vallée du Rhône* – *1 955 h alt. 565.*
   Paris 557 – Le Puy-en-Velay 47 – St-Étienne 40 – Craponne-sur-Arzon 31.

XX **L'Air du Temps** avec ch, à Confolent, Ouest : 4 km par D 461 ℰ 04 71 61 49 05,
🏠 Fax 04 71 61 50 91 – **🔟 ☎**. **ঃ**
   fermé 1ᵉʳ au 7 sept., janv., dim. soir et lundi – **Repas** 90/315, enf. 55 – 🖵 35 – **8 ch** 230 –
   ½ P 210/240.

BÉDOIN *84410 Vaucluse* **81** ⑬ *G. Provence et Alpes du Sud* – *2 215 h alt. 295.*
   Voir *Le Paty* ≤★ *NO : 4,5 km.*
   🛈 *Office de Tourisme espace Marie-Louis Gravier* ℰ 04 90 65 63 95, Fax 04 90 12 81 55.
   Paris 694 – Avignon 42 – Carpentras 16 – Nyons 37 – Sault 35 – Vaison-la-Romaine 21.

🏠 **Pins** 🕭, 1 km chemin des Crans ℰ 04 90 65 92 92, Fax 04 90 65 60 66, 🍽, 🏊, 🌳 – 🔟 ☎
   ৬ **🅿**. **ঃ**
   hôtel : fermé 2 janv. au 2 fév. ; rest. : ouvert 15 mars-30 oct. – **Repas** (dîner seul.) 110/130 –
   🖵 45 – **25 ch** 320/350 – ½ P 325.

à Ste-Colombe *Est : 4 km par rte du Mont Ventoux* – ⊠ *84410 :*

🏠 **La Garance** **M** sans rest, ℰ 04 90 12 81 00, Fax 04 90 65 93 05, ≤, 🏊 – 🔟 ☎ ৬ **🅿**. **ঃ**
   🖵 36 – **14 ch** 250/290.

XX **La Colombe,** ℰ 04 90 65 61 20, ≤, 🍽 – **🅿**. **ঃ**. 🕭
   fermé 15 nov. au 31 mars sauf week-ends, mardi midi et lundi sauf fêtes – **Repas** 90/260,
   enf. 40.

rte du Mont-Ventoux *Est : 6 km* – ⊠ *84410 Bédoin :*

XX **Le Mas des Vignes,** au virage de St-Estève ℰ 04 90 65 63 91, ≤ Dentelles de Montmirail
   et le Comtat, 🍽 – **🅿**. **এ ঃ**
   *15 mars-2 nov. et fermé le midi sauf sam., dim. et fériés en juil.-août, dim. soir et lundi du
   15 mars au 30 juin* – **Repas** 150/170.

BEG-MEIL *29 Finistère* **58** ⑮ *G. Bretagne* – ⊠ *29170 Fouesnant.*
   🛈 *Office de Tourisme (15 juin-15 sept.)* ℰ 02 98 94 97 47.
   *Paris 561 – Quimper 21 – Carhaix-Plouguer 70 – Concarneau 17 – Pont-l'Abbé 23 –
   Quimperlé 44.*

🏠 **Bretagne** 🕭, 14 r. Glénan ℰ 02 98 94 98 04, Fax 02 98 94 90 58, 🍽, 🏊, 🌳 – 🔟 ☎ ৬ **🅿**
   – 🕭 40. **ঃ**. 🕭 rest
   1ᵉʳ avril-30 sept. – **Repas** (fermé mardi hors sais.) 100/199 🍷, enf. 55 – 🖵 35 – **28 ch**
   340/400 – ½ P 320/350.

🏠 **Thalamot** 🕭, ℰ 02 98 94 97 38, Fax 02 98 94 49 92, 🌳 – 🔟 ☎. **এ ঃ**. 🕭 rest
🍴 *Pâques-1ᵉʳ oct.* – **Repas** 80/258 🍷, enf. 59 – 🖵 37 – **32 ch** 365/410 – ½ P 300/365.

La BÉGUDE-DE-MAZENC 26160 Drôme 81 ② G. Vallée du Rhône – 1 053 h alt. 215.

Voir *Vieux village perché★*.

Paris 614 – Valence 55 – Crest 29 – Montélimar 16 – Nyons 35 – Orange 70.

🏨 **Host. du Château de Mazenc** ⬩, 𝓟 04 75 46 97 00, Fax 04 75 46 97 01, 🌸, « Demeure ancienne dans un parc » – 📺 ☎ 🅿. ⓘ 🅶🅱
fermé dim. soir et lundi du 17/03 au 1/06 et du 15/09 au 17/11, lundi, mardi, merc. et jeudi du 17/11 au 17/03 – **Repas** 100/235 – 🖵 45 – **12 ch** 350/650 – ½ P 480/780.

🏠 **Jabron,** 𝓟 04 75 46 28 85, Fax 04 75 46 24 31, 🌸 – ☎ 🅿. 🄰🄴 🅶🅱
fermé 2 au 31 janv. – **Repas** *(fermé mardi soir et merc. sauf juil.-août)* 65 bc (déj.), 100/180 ⌀ – 🖵 30 – **12 ch** 180/190 – ½ P 180.

BEINE 89 Yonne 65 ⑤ – rattaché à Chablis.

BEINHEIM 67930 B.-Rhin 87 ③ – 1 556 h alt. 115.

Paris 505 – Strasbourg 49 – Haguenau 26 – Karlsruhe 43 – Lauterbourg 21 – Wissembourg 28.

🏨 **François** sans rest, 58 r. Principale 𝓟 03 88 86 41 26, Fax 03 88 86 27 00, 🌸 – ⸻ 📺 ☎ �car 🅿. 🄰🄴 🅶🅱
🖵 32 – **13 ch** 225/300.

BELCAIRE 11340 Aude 86 ⑥ – 360 h alt. 1002.

Voir *Forêts★★ de la Plaine et Comus NO.*

Env. *Belvédère du Pas de l'Ours★★ E : 13 km puis 15 mn, G. Pyrénées Roussillon.*

Paris 820 – Foix 52 – Ax-les-Thermes 26 – Carcassonne 80 – Quillan 28.

X **Bayle** avec ch, 𝓟 04 68 20 31 05, Fax 04 68 20 35 24, 🌸, 🌱 – ☎ 🅿. 🅶🅱
15 fév.-3 nov. et fermé lundi d'oct. à mai sauf vacances scolaires – **Repas** 68/210 ⌀, enf. 45 – 🖵 30 – **13 ch** 160/260 – ½ P 180/240.

BELCASTEL 12390 Aveyron 80 ① G. Gorges du Tarn – 245 h alt. 406.

Paris 621 – Rodez 25 – Decazeville 31 – Villefranche-de-Rouergue 37.

XX **Vieux Pont** (Mme Fagegaltier) Ⓜ ⬩ avec ch, 𝓟 05 65 64 52 29, Fax 05 65 64 44 32, ≤, 🌸 – 🛏 rest 📺 ☎ 🅿. 🅶🅱
fermé janv., fév., dim. soir sauf juil.-août et lundi – **Repas** 135/330 et carte 240 à 340, enf. 65 – 🖵 50 – **7 ch** 420/470 – ½ P 430/455
Spéc. Craquant de cèpes à la crème d'ail, huile de persil. Poitrine de pigeon rissolée au lard, cuisses et ailes rôties. Prunes rôties et fourrées à la crème glacée (saison). **Vins** Marcillac, Vins d'Entraygues et du Fel.

BELFORT 🅿 90000 Ter.-de-Belf. 66 ⑧ G. Jura – 50 125 h alt. 360.

Voir *Le Lion★★ Z – Camp retranché★★ : ☀★★ de la terrasse du fort Z – Vieille ville★ : porte de Brisach★ Y – Orgues★ de la cathédrale St-Christophe Y B – Fresque★ (parking rue de l'As-de-Carreau Z 6).*

🏌18 *Golf Club de Rougemont 𝓟 03 84 23 74 74, NE par N 83 et D 25 : 16 km.*

🄱 *Office de Tourisme 2 r. G. Clemenceau 𝓟 03 84 28 12 23, Fax 03 84 21 03 99 – A.C. ZAC des Prés, Parc des Expositions à Andelnans 𝓟 03 84 28 00 30, Fax 03 84 28 51 46.*

Paris 422 ③ – Besançon 100 ③ – Mulhouse 41 ② – Basel 79 ② – Colmar 72 ② – Dijon 183 ③ – Épinal 97 ⑤ – Genève 227 ③ – Nancy 166 ⑤ – Troyes 258 ⑤.

Plan page ci-contre

🏨 **Novotel Atria** Ⓜ, av. Espérance (au centre des congrès) 𝓟 03 84 58 85 58, Fax 03 84 58 85 59 – 🛗 🌸 ▦ ch 📺 ☎ & 🚗 – 🔺 400. 🄰🄴 ⓘ 🅶🅱   Y u
Repas 100/135, enf. 50 – 🖵 54 – **79 ch** 435/465.

🏨 **Gd H. du Tonneau d'Or** Ⓜ, 1 r. Reiset 𝓟 03 84 58 57 56, Fax 03 84 58 57 50 – 🛗 🌸 📺 ☎ & – 🔺 60. 🄰🄴 ⓘ 🅶🅱   Y e
Repas *(fermé lundi midi et dim.)* 85 (déj.), 98/180 ⌀, enf. 50 – 🖵 49 – **52 ch** 440/680 – ½ P 356.

🏨 **Boréal** Ⓜ sans rest, 2 r. Comte de la Suze 𝓟 03 84 22 32 32, Fax 03 84 28 15 01 – 🛗 ▦ 📺 ☎ 🚾 & 🚗 – 🔺 30. 🄰🄴 ⓘ 🅶🅱   Z r
fermé 19 déc. au 4 janv. – 🖵 48 – **54 ch** 390/460.

🏨 **Modern H.** sans rest, 9 av. Wilson 𝓟 03 84 21 59 45, Fax 03 84 22 72 40 – 🛗 🌸 📺 ☎ 🚗. 🄰🄴 🅶🅱   VX a
fermé 20 déc. au 12 janv. et dim. du 1ᵉʳ nov. au 30 avril – 🖵 38 – **42 ch** 230/320.

🏠 **Capucins,** 20 fg Montbéliard 𝓟 03 84 28 04 60, Fax 03 84 55 00 92 – 🛗 📺 ☎. 🄰🄴 ⓘ 🅶🅱
fermé 26 juil. au 11 août, 19 déc. au 5 janv., sam. sauf le soir du 3 mai au 31 oct. et dim. – **Repas** 90/195 ⌀ – 🖵 35 – **35 ch** 255/320 – ½ P 260/280.   Z n

BELFORT

- Ancêtres (Fg des) .... Y 3
- Carnot (Bd) .... Z 15
- Dr-Corbis (Pl. du) .... Z 23
- France (Fg de) .... Z 30

- Armes (Pl. d') .... Y 5
- As-de-Carreau (R. de l') .... Z 6
- Auxelles (via d') .... V 7
- Besançon (R. de) .... X 9
- Boulloche (Pt A.) .... V 10
- Bourgeois (Pl. des) .... Y 12
- Château-d'Eau (Av. du) .... V 18
- Clemenceau (R. G.) .... Y 20
- Denfert-Rochereau (R.) .... Z 21
- Dr-Fréry (R. du) .... Y 24
- Dreyfus-Schmidt (R.) .... Y 25
- Dunant (Bd H.) .... X 27
- Espérance (Av. de l') .... Y 28
- Foch (Av. Mar.) .... Z 29
- Gaulard (R. du Gén.) .... Z 31
- Grande-Fontaine (R.) .... Y 33
- Grand'Rue .... Y 34
- Joffre (Bd du Mar.) .... VY 37
- Lebleu (R. F.) .... Z 40
- Lille (R. de) .... V 41
- Magasin (Q. du) .... Y 43
- Metz-Juteau (R.) .... Y 45
- Moulin (Av. J.) .... V 47
- Pompidou (R. G.) .... Y 48
- République (Pl. de la) .... Y 49
- République (R. de la) .... Z 50
- Roussel (R. du Gén.) .... Y 51
- Sarrail (Av. du Gén.) .... Z 52
- Vauban (Q.) .... Y 60

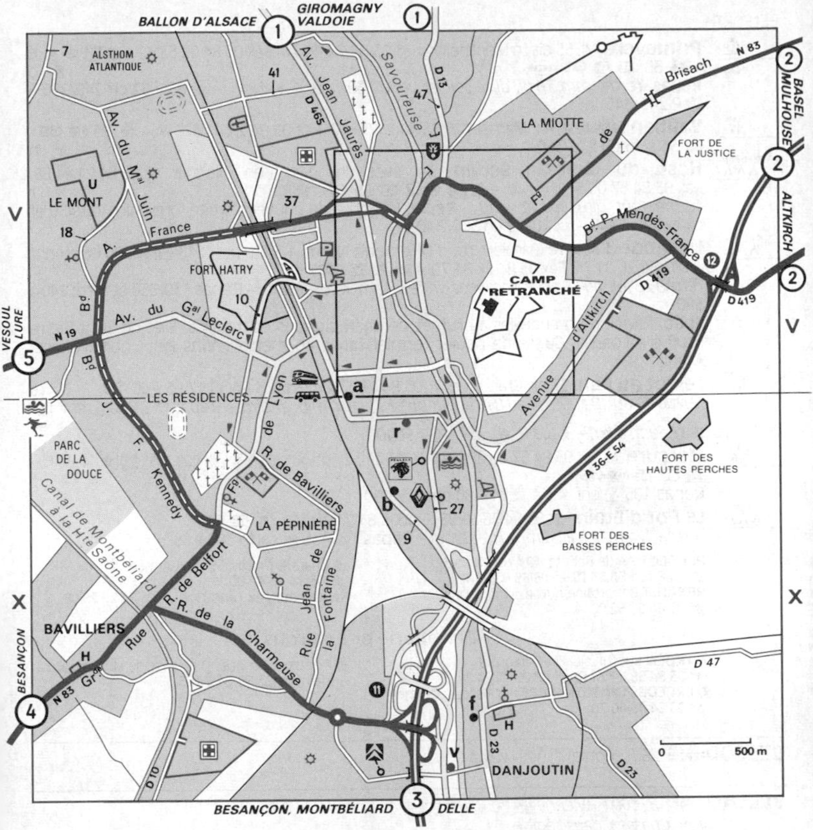

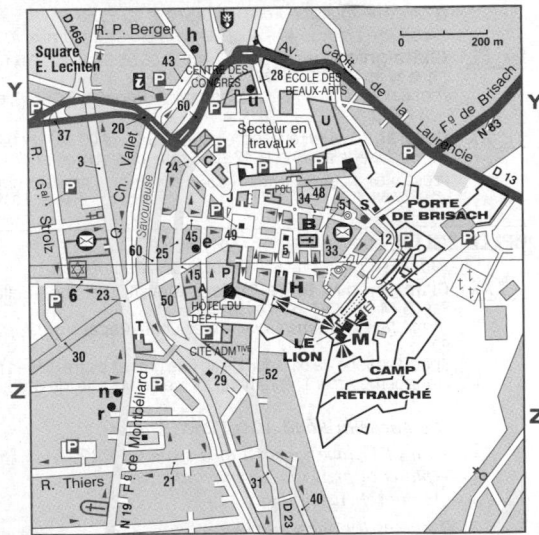

🏠 **Primevère** Ⓜ, 55 bis fg Montbéliard ℘ 03 84 22 46 76, Fax 03 84 22 53 32 – 🔄 🔟 ☎ ᵭ 🅿
🕏 – ᐞ 30, 🆎 ⓞ 🇬🇧 🇯🇨🇧
X   b
Repas *(fermé sam. midi, dim. soir et vend.)* 69/109 ⅃, enf. 41 – ⌁ 35 – **52 ch** 240/280 –
½ P 245/345.

🏠 **Vauban** sans rest, 4 r. Magasin ℘ 03 84 21 59 37, Fax 03 84 21 41 67, ☞ – ☎, 🆎 ⓞ 🇬🇧
⌁ 36 – **16 ch** 240/350.
Y   h

XXX **Host. du Château Servin** ⌾ avec ch, 9 r. Gén. Négrier ℘ 03 84 21 41 85,
Fax 03 84 57 05 57, ㄍ, ☞ – 🔄 🔟 ☎ 🅿, 🆎 ⓞ 🇬🇧, ⌾ ch
X   r
fermé août, dim. soir et vend. – **Repas** (nombre de couverts limité, prévenir) 100/450 et
carte 270 à 440 – ⌁ 40 – **9 ch** 300/340.

XXX **Le Sabot d'Annie** (Barbier), rte d'Offemont, Nord : 1,5 km par D 13 ⌸ 90300 Offemont
❀ ℘ 03 84 26 01 71, Fax 03 84 26 83 79 – 🔄 🅿, 🆎 🇬🇧
fermé 28 juil. au 18 août, vacances de fév., sam. midi et dim. – **Repas** 130/350 et carte 240 à
360
Spéc. Ravioli de grenouilles au fumet de champignons et morilles. Filet de Saint-Pierre
soufflé à l'oseille. Cuisse de poulet fermier farcie au metton. **Vins** Pinot noir d'Alsace,
Arbois.

XX **Le Pot au Feu**, 27 bis Grand'rue ℘ 03 84 28 57 84, Fax 03 84 58 17 65 – 🆎 🇬🇧   **Y   s**
fermé 1er au 18 août, 1er au 8 janv., lundi midi, sam. midi et dim. – **Repas** 155/230 ⅃, enf. 60.

à Danjoutin *Sud : 3 km – 3 103 h. alt. 354* – ⌸ *90400* :

🏢 **Mercure** Ⓜ, ℘ 03 84 57 88 88, Fax 03 84 21 32 12, ㄍ, ⯑, – 🔄 ᒥᐤ ▤ rest 🔟 ☎ ᵕ ᵭ 🅿 –
ᐞ 80, 🆎 ⓞ 🇬🇧
X   f
Repas 105 ⅃, enf. 49 – ⌁ 51 – **80 ch** 435/480.

XXX **Le Pot d'Étain**, ℘ 03 84 28 31 95, Fax 03 84 21 70 15 – 🅿, 🆎 🇬🇧   **X   v**
fermé 12 au 22 juil., dim. soir et lundi – **Repas** 135/435 et carte 300 à 390.

PEUGEOT SIA de Belfort, 10 r. du Rhône   Ⓟ Chapuis Pneus, 58 r. 1re-Armée
℘ 03 84 21 53 23 Ⓝ ℘ 03 89 63 86 15   ℘ 03 84 26 42 00
RENAULT Belfortaine Autom., bd H.-Dunant   Kautzmann, av. Laurencie ℘ 03 84 22 25 08
℘ 03 84 58 52 00

Périphérie et environs

CITROEN Succursale, ZI à Danjoutin   Ⓟ Pneus et Services D.K., 1 rte de Montbéliard à
℘ 03 84 58 71 71 Ⓝ ℘ 08 00 05 24 24   Andelnans ℘ 03 84 28 03 55
MERCEDES Gar. Etoile 90, 29 r. d'Alsace à Denney
℘ 03 84 46 60 70

BELGODÈRE *2B H.-Corse* 90 ⑬ *– voir à Corse.*

BELLAC ⬥ *87300 H.-Vienne* 72 ⑦ *G. Berry Limousin – 4 924 h alt. 236.*
Voir *Châsse★ dans l'église.*
🅘 *Office de Tourisme 1 bis r. L.-Jouvet* ℘ *05 55 68 12 79.*
Paris 378 – Limoges 40 – Angoulême 100 – Châteauroux 109 – Guéret 73 – Poitiers 80.

🏠 **Châtaigniers,** rte Poitiers : 2 km ℘ 05 55 68 14 82, Fax 05 55 68 77 56, ⯑, ☞ – ▤ rest
🔟 ☎ ᵕ 🅿 – ᐞ 25, 🆎 🇬🇧
fermé nov., dim. soir et lundi hors sais. – **Repas** 127/255 ⅃, enf. 66 – ⌁ 40 – **27 ch** 170/370
– ½ P 310.

XX **Central,** 7 av. Denfert-Rochereau ℘ 05 55 68 00 34, Fax 05 55 60 24 73 – 🇬🇧 🇯🇨🇧
fermé 29 sept. au 19 oct., 12 au 26 janv., dim. soir et lundi – **Repas** 88/170, enf. 52.

PEUGEOT Gar. Nogaret, 18 rte de Poitiers   RENAULT Bellac Autos, rte du Dorat
℘ 05 55 68 00 10   ℘ 05 55 60 24 64

BELLE-ÉGLISE *60540 Oise* 55 ⑳ *– 503 h alt. 69.*
Paris 45 – Compiègne 61 – Beauvais 32 – Pontoise 28.

XXX **Grange de Belle-Église** (Duval), 28 bd Belle église ℘ 03 44 08 49 00,
❀ Fax 03 44 08 45 97, ☞ – ▤ 🅿, 🆎 🇬🇧
fermé 16 fév. au 2 mars, dim. soir et lundi – **Repas** 100 (déj.), 150/300 et carte 350 à 450, enf.
90
Spéc. Escalope de bar soufflée au foie gras et truffe (janv. à mars). Pigeonneau fermier rôti
aux asperges (mai à septembre). Délice de Mélanie (dessert).

---

*The **Michelin Road Atlas FRANCE** offers:*

– all of France, covered at a scale of 1:200 000, in one volume
– plans of principal towns and cities
– comprehensive index

It makes the ideal navigator.

BELLEGARDE 45270 Loiret 65 ① *G. Châteaux de la Loire – 1 442 h alt. 113.*

Voir *Château*★.

ℹ *Office de Tourisme, pl. Charles Desvergnes ✆ 02 38 90 25 37, Fax 02 38 90 28 32 ou à la Mairie ✆ 02 38 90 10 03.*

Paris 109 – Orléans 50 – Gien 41 – Montargis 23 – Nemours 40 – Pithiviers 30.

🍴 **Agriculture** avec ch, ✆ 02 38 90 10 48, Fax 02 38 90 18 13 – ☎ 🅿. GB
◎ *fermé 6 au 22 oct., 12 janv. au 5 fév. et mardi* – **Repas** 75/165 🍷, enf. 45 – ☕ 29 – **18 ch** 105/225 – ½ P 180/300.

BELLEGARDE-SUR-VALSERINE 01200 Ain 74 ⑤ *G. Jura – 11 153 h alt. 350.*

Voir *La Valserine* ★★ *par* ⑤.

Env. *Défilé de l'Écluse*★★ *10 km par* ②.

ℹ *Office de Tourisme 24 pl. V.-Bérard ✆ 04 50 48 48 68.*

Paris 499 ⑤ – Annecy 43 ③ – Aix-les-Bains 55 ③ – Bourg-en-Bresse 73 ⑤ – Genève 43 ③ – Lyon 113 ⑤ – St-Claude 44 ⑤.

BELLEGARDE-SUR-VALSERINE

Beauséjour (R. de)	YZ	
Bérard (Pl. Victor)	Z	2
Bertola (R. Joseph)	YZ	4
Carnot (Pl.)	Y	
Dumont (R. Louis)	Y	5
Ferry (R. Jules)	Y	7
Gambetta (Pl.)	Y	8
Gare (Av. de la)	Y	10
Lafayette (R.)	Z	
Lamartine (R.)	YZ	12
Lilas (R. des)	Y	
Marin (R. G.)	Z	13
Musinens (R. de)	Y	14
Painlevé (R. Paul)	Y	15
République (R. de la)	Z	

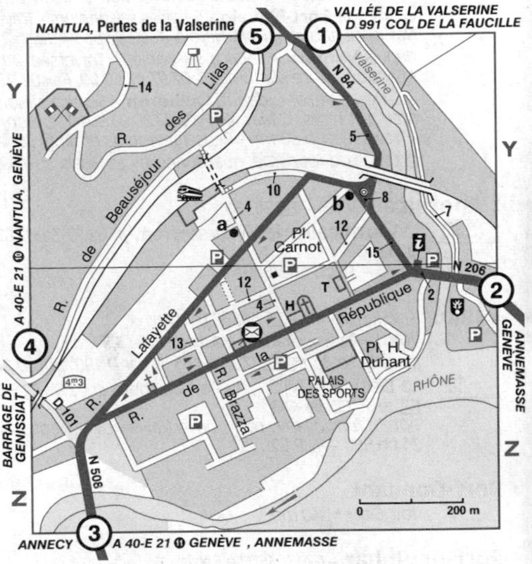

Avec votre guide Rouge
Utilisez la carte
et le guide Vert.

Ils sont inséparables.

🏨 **La Belle Époque** (Sevin), 10 pl. Gambetta ✆ 04 50 48 14 46, Fax 04 50 56 01 71 – ▤ 📺 ☎ 📞 🚗. GB — Y b
✿ *fermé 7 au 22 juil., 10 nov. au 2 déc., dim. soir et lundi midi hors sais.* – **Repas** 125/270 – ☕ 45 – **20 ch** 250/400 – ½ P 400
Spéc. Grenouilles sautées comme en Dombes. Volaille de Bresse aux morilles et à la crème. Tournedos Rossini. **Vins** Roussette de Seyssel, Vin du Bugey.

🏨 **Europa** sans rest, 19 r. Bertola ✆ 04 50 56 04 74, Fax 04 50 48 19 11 – ⇕ ⇷ 📺 ☎ 📞. GB — Y a
☕ 30 – **22 ch** 240/250.

à Lancrans *par ① : 3 km – 815 h. alt. 500 – ✉ 01200 :*

🏨 **Sorgia,** ✆ 04 50 48 15 81, Fax 04 50 48 44 72, ☂, ⛱ – 📺 ☎ 🅿. GB
◎ *fermé 22 août au 16 sept., 20 au 31 déc., dim. soir et lundi midi* – **Repas** 75/190 🍷 – ☕ 32 – **17 ch** 215/235 – ½ P 210/220.

à Éloise *(74 H.-Savoie) par ③ : 5 km – 656 h. alt. 511 – ✉ 01200 (Ain) :*

🏨 **Le Fartoret** 🐎, ✆ 04 50 48 07 18, Fax 04 50 48 23 85, ←, ☂, parc, 🏊, 🎾 – ⇕ 📺 ☎ 🅿 – 🧑‍🏫 50. AE ◑ GB
Repas 123/290, enf. 66 – ☕ 50 – **40 ch** 300/480 – ½ P 340/428.

à Ochiaz *par ④ et D 101 : 5 km – ✉ 01200 Châtillon-en-Michaille :*

🍴🍴 **Aub. de la Fontaine** avec ch, ✆ 04 50 56 57 23, Fax 04 50 56 56 55, ☂, ⛱ – ☎ 🅿. AE ◑ GB
fermé 3 au 13 juin, 6 au 31 janv., dim. soir et lundi – **Repas** 125/300 – ☕ 35 – **7 ch** 160/220.

rte du Plateau de Retord *par* ④ *: 12 km par Ochiaz et D 101 –* ⊠ *01200 Bellegarde-sur-Valserine :*

♈ **Aub. Le Catray** ⟨⟩, ℰ 04 50 56 56 25, ≤ Mt-Blanc et les Alpes, 🍴, cadre montagnard, 🐾 – ☎ 🅿, ⅁ℬ
fermé 16 au 20 juin, 8 au 19 sept., 17 au 28 nov., lundi soir et mardi – **Repas** 100/160 ⅃, enf. 45 – ☲ 30 – **7 ch** 180/280 – ½ P 220/245.

CITROEN Gar. Carrel, 62 av. St-Exupéry à Chatillon Michaille par ④ ℰ 04 50 48 06 85 🄽 ℰ 04 50 42 52 21
NISSAN Gar. du Centre, 20 rte de Vouvray ℰ 04 50 48 38 31

RENAULT Renault Bellegarde, 18 av. Mar.-Leclerc par D101 ZUP Musinens ℰ 04 50 48 27 21 🄽 ℰ 04 72 58 07 96

BELLE-ILE-EN-MER ★★ *56 Morbihan* 🖪🖪 ⑪ ⑫ *G. Bretagne* **(plan)**.

Accès *par transports maritimes, pour* **Le Palais** *(en été* **réservation indispensable** *pour le passage des véhicules).*

🚢 *depuis* **Quiberon** *(Port-Maria). Traversée 45 mn – Renseignements et tarifs : Cie Morbihannaise et Nantaise de Navigation* ℰ *02 97 31 80 01 (Le Palais), Fax 02 97 31 56 81.*

🚢 *depuis* **Port-Navalo** - *Services saisonniers - Traversée 1 h - Renseignements et tarifs : Navix Atlantique, à Port-Navalo* ℰ *02 97 53 74 12.*

depuis **Vannes** - *Service saisonnier - Traversée 2 h - Renseignements et tarifs : Navix Atlantique, Gare Maritime* ℰ *02 97 46 60 00, Fax 02 97 46 60 29.*

🚢 *Pour Sauzon : depuis* **Quiberon** - *Service saisonnier - Traversée 25 mn - Renseignements et tarifs : C.M.N.N.* ℰ *02 97 50 06 90 (Quiberon) – depuis* **Lorient** - *Service saisonnier - Traversée 1 h 30 mn - Renseignements et tarifs : C.M.N.N.* ℰ *02 97 21 03 97 (Lorient).*

🛈 *Office de Tourisme, quai Bonnelle - Le Palais* ℰ *02 97 31 81 93, Fax 02 97 31 56 17.*

L'Apothicairerie – ⊠ *56360*

🏨 **L'Apothicairerie** 🅼 ⟨⟩ sans rest, ℰ 02 97 31 62 62, Fax 02 97 31 63 63, ≤ – 📺 ☎ ≼ 🅿, ℻ ⊚ ⅁ℬ
☲ 45 – **38 ch** 400/580.

Bangor – *735 h alt. 45 –* ⊠ *56360 Le Palais.*
Voir *Le Palais : citadelle Vauban★ NE : 3,5 km.*
🐎 *de Belle-Ile* ℰ *02 97 31 64 65, N par D 190ᴬ puis D 25 : 9 km.*

🏨 **La Désirade** 🅼 ⟨⟩, rte Port Goulphar ℰ 02 97 31 70 70, Fax 02 97 31 89 63, 🍴, ⅏, 🌳 – 📺 ☎ 🅿, ℻ ⊚ ⅁ℬ
hôtel : fermé janv.; rest : ouvert avril-nov. – **Repas** (dîner seul.) (résidents seul.) – ☲ 60 – **24 ch** 550 – ½ P 520.

Port-Donnant.
Voir *Site★★, 30 mn.*

Port-Goulphar – ⊠ *56360 Le Palais.*
Voir *Site★, 15 mn – Aiguilles de Port-Coton★★ NO : 1 km – Grand Phare :* ✳ ★★ *N : 2,5 km.*

🏨 **Castel Clara** 🅼 ⟨⟩, ℰ 02 97 31 84 21, Fax 02 97 31 51 69, ≤ crique et falaises, 🍴, institut de thalassothérapie, 🛌, ⅏, 🌳, ✂ – 🍴 📺 ☎ 🅿, – 🛗 30. ℻ ⅁ℬ. ✳ rest
15 fév.-15 nov. – **Repas** 180/380 – ☲ 150 – **43 ch** 1195/1490 – ½ P 810/985.

Poulains (Pointe des) ★★.
Voir ✳★, *30 mn.*

Sauzon – *701 h alt. 35 –* ⊠ *56360.*
Voir *Site★.*

✕ **Contre Quai,** ℰ 02 97 31 60 60, Fax 02 97 31 66 70 – ⅁ℬ
❀ *Pâques-fin sept. et fermé mardi midi et lundi sauf juil.-août –* **Repas** 140/230
Spéc. Tourteau farci. Petites galettes d'avoine aux huîtres chaudes. Filet de rouget "en bécasse", pâtes fraîches.

✕ **Roz Avel,** derrière l'Église ℰ 02 97 31 61 48, 🍴 – ⅁ℬ
fermé 5 nov. au 19 déc., 5 janv. au 4 fév. et merc. sauf vacances scolaires – **Repas** 105.

BELLE-ISLE-EN-TERRE *22810 C.-d'Armor* 🖪🖪 ① *G. Bretagne – 1 067 h alt. 101.*
Voir *Loc-Envel : jubé★ et voûte★ de l'église S : 4 km.*
🛈 *Syndicat d'Initiative à la Mairie* ℰ *02 96 43 30 38.*
Paris 502 – St-Brieuc 51 – Guingamp 19 – Lannion 29 – Morlaix 34.

XX **Relais de l'Argoat** avec ch, ✆ 02 96 43 00 34, Fax 02 96 43 00 76 – ☎ P – 40. GB. ✂
fermé fév., dim. soir et lundi sauf juil.-août – **Repas** 120/250 – ☕ 42 – **8 ch** 195/240 – ½ P 280/300.
RENAULT Gar. Le Quenven, r. Guic ✆ 02 96 43 30 45 N ✆ 06 09 39 26 15

BELLÊME *61130 Orne* 60 ⑭ ⑮ *G. Normandie Vallée de la Seine* **(plan)** – *1 788 h alt. 241.*
Voir N : Forêt★.
18 de Bellême-St-Martin ✆ 02 33 73 00 07, SO : 1,5 km.
Office de Tourisme bd Bansard-des-Bois ✆ 02 33 73 09 69.
Paris 167 – Alençon 42 – Le Mans 56 – Chartres 75 – La Ferté-Bernard 23 – Mortagne-au-Perche 18.

Domaine du Golf M ⑤, Sud-Ouest : 1,5 km par D 938 ✆ 02 33 73 00 07, Fax 02 33 73 00 17, ←, « Golf 18 trous » – TV ☎ P – 100. AE GB. ✂ rest
Repas 98/290, enf. 50 – ☕ 55 – **37 ch** 480/710, 5 appart – ½ P 410.

à Noce *Est : 8 km par D 203 – ✉ 61340 :*

XXX **Aub. des 3 J.,** ✆ 02 33 73 41 03, Fax 02 33 83 33 66 – AE GB
fermé 6 au 15 sept., 18 au 31 janv., dim. soir sauf juil.-août et lundi – **Repas** 142/268 et carte 290 à 380 ♀.

BELLENAVES *03330 Allier* 73 ④ *G. Auvergne – 1 006 h alt. 340.*
Paris 373 – Clermont-Ferrand 58 – Moulins 53 – Aubusson 98 – Gannat 20 – Montluçon 52 – Vichy 40.

X **Host. du Château** avec ch, ✆ 04 70 58 37 19, Fax 04 70 58 37 23, 余 – TV ☎. GB. ✂ ch
fermé 27 oct. au 9 nov., 1er au 15 fév. dim. soir et lundi – **Repas** 65/150 ♀, enf. 45 – ☕ 28 – **8 ch** 190/210 – ½ P 175.

BELLERIVE-SUR-ALLIER *03 Allier* 73 ⑤ – *rattaché à Vichy.*

BELLES-HUTTES *88 Vosges* 62 ⑰ – *rattaché à La Bresse.*

BELLEVAUX *74470 H.-Savoie* 70 ⑰ *G. Alpes du Nord – 1 113 h alt. 913 – Sports d'hiver : 1 100/1 800 m* 22 .
Voir Site★.
Office de Tourisme ✆ 04 50 73 71 53, Fax 04 50 73 72 81.
Paris 578 – Thonon-les-Bains 23 – Annecy 71 – Bonneville 35 – Genève 48.

Les Moineaux ⑤, ✆ 04 50 73 71 11, Fax 04 50 73 75 79, ←, ⛱, 🌳, ✂ – TV ☎ P. AE ⓓ GB
20 juin-20 sept. et 25 déc.-10 avril – **Repas** 85/150, enf. 60 – ☕ 45 – **14 ch** 230/280 – ½ P 270.

au lac de Vallon *Sud-Est : 6 km par D 26 et D 236 – ✉ 74470 Bellevaux :*

Lac de Vallon ⑤, ✆ 04 50 73 74 55, Fax 04 50 73 77 95, ←, 余 – ☎ P. GB
fermé 15 nov. au 15 déc. – **Repas** *(fermé dim. soir et jeudi soir sauf en mars, juil.-août et fév.)* 85/170 – ☕ 35 – **16 ch** 200/260 – ½ P 240.

au Sud-Ouest *: 5 km par D 26, D 32 et rte secondaire – ✉ 74470 Bellevaux :*

Aub. Gai Soleil ⑤, ✆ 04 50 73 71 52, Fax 04 50 73 78 87, ←, 🌳 – ☎ P. ✂ rest
15 juin-20 sept. et 18 déc.-15 avril – **Repas** 60/80 ♀ – ☕ 31 – **20 ch** 200/210 – ½ P 235/275.

à Hirmentaz *Sud-Ouest : 7 km par D 26 et D 32 – ✉ 74470 Bellevaux :*

Christania ⑤, ✆ 04 50 73 70 77, Fax 04 50 73 76 08, ←, ⛱ – TV ☎ P. GB. ✂ rest
1er juin-20 sept. et 20 déc.-10 avril – **Repas** 95/135, enf. 50 – ☕ 35 – **35 ch** 280/290 – ½ P 285/305.

Excelsa ⑤, ✆ 04 50 73 73 22, Fax 04 50 73 72 73, ←, 余 – ▮ TV ☎ P. GB. ✂ rest
15 juin-10 sept. et 23 déc.-31 mars – **Repas** 85/120, enf. 50 – ☕ 40 – **20 ch** 240/260.

Panoramic ⑤, ✆ 04 50 73 70 34, Fax 04 50 73 74 82, ←, 余, ⛱ – TV ☎ P. AE GB
15 juin-15 sept. et 20 déc.-10 avril – **Repas** 75/120, enf. 50 – ☕ 30 – **31 ch** 220/250 – ½ P 285.

Skieurs ⑤, ✆ 04 50 73 70 46, Fax 04 50 73 70 46, ←, 余 – ☎. GB. ✂ rest
20 juin-5 sept. et 20 déc.-15 avril – **Repas** 80/150 ♀ – ☕ 28 – **22 ch** 200/220 – ½ P 240/260.

BELLEVILLE *54940 M.-et-M.* 57 ⑬ *– 1 276 h alt. 190.*

Paris 357 – Nancy 18 – Metz 41 – Pont-à-Mousson 13 – Toul 28.

XXX ✿ **Bistroquet** (Mme Ponsard), ✆ 03 83 24 90 12, Fax 03 83 24 04 01, ☂ – ▤ P. GB
fermé sam. midi, dim. soir et lundi – **Repas** (nombre de couverts limité, prévenir) 180/400 et carte 290 à 400 - ***Rôtisserie d'en Bas*** ✆ 03 83 24 04 80 *(fermé dim. et lundi)* **Repas** carte 140 à 200
Spéc. Ravioles de foie gras de canard dans un consommé au cerfeuil. Poêlée de langoustines en salade d'herbes fraîches. Pigeon fermier en cocotte, échalotes grises en chemise.
Vins Côtes de Toul.

XX **La Moselle,** face gare ✆ 03 83 24 91 44, Fax 03 83 24 99 38, ☂, ☂ – ▤ P. AE ⓓ GB
fermé 21 août au 4 sept., 5 au 18 fév., lundi soir et merc. soir – **Repas** 130/270, enf. 85.

BELLEVILLE *69220 Rhône* 74 ① *G. Vallée du Rhône – 5 935 h alt. 192.*

☐ Syndicat d'Initiative, Mairie ✆ 04 74 66 44 67, Maison du Beaujolais à St-Jean-d'Ardières, N 6 : 1,5 km sortie Autoroute Belleville ✆ 04 74 66 16 46.

Paris 416 – Mâcon 29 – Bourg-en-Bresse 43 – Lyon 48 – Villefranche-sur Saône 16.

🏠 **Ange Couronné,** 18 r. République ✆ 04 74 66 42 00, Fax 04 74 66 49 20 – ▤ rest ☎ 🚗. GB
fermé 5 au 13 oct., 4 au 19 janv., dim. soir et lundi – **Repas** 87/175, enf. 55 – ☕ 30 – **17 ch** 190/300.

XX ⓢ **Beaujolais,** 40 r. Mar. Foch ✆ 04 74 66 05 31 – ▤. AE ⓓ GB
fermé 6 au 22 août, 17 au 26 déc., mardi soir et merc. – **Repas** 85/240 🍷.

à Pizay *Nord-Ouest : 5 km par D18 et D69 – ✉ 69220 St-Jean-d'Ardières :*

🏰 **Château de Pizay** M 🐎, ✆ 04 74 66 51 41, Fax 04 74 69 65 63, ☂, parc, « Au milieu du vignoble, jardin à la française », 🏊, 🎾 – ▤ ch TV ☎ ♿ P – 🎤 200. AE ⓓ GB
fermé 24 déc. au 2 janv. – **Repas** 200/395, enf. 120 – ☕ 65 – **62 ch** 535/1200 – ½ P 555/790.

RENAULT Gar. Dépérier, ✆ 04 74 66 17 15

Ⓜ Relais du Pneu, ZAC des Gouchoux à St-Jean d'Ardières ✆ 04 74 66 41 09

BELLEY SP *01300 Ain* 74 ⑭ *G. Jura – 7 807 h alt. 279.*

Voir *Choeur★ de la cathédrale St-Jean.*

☐ Office de Tourisme 34 Gde Rue ✆ 04 79 81 29 06, Fax 04 79 81 08 80.

Paris 507 – Aix-les-Bains 33 – Bourg-en-Bresse 78 – Chambéry 38 – Lyon 99.

🏠 **Urbis** sans rest, îlot Baudin ✆ 04 79 81 01 20, Fax 04 79 81 53 83 – |$| ⇋ TV ☎ ♿. AE ⓓ GB
☕ 35 – **36 ch** 260/270.

🏠 **Le Manicle,** 2 bd Mail ✆ 04 79 81 42 40, Fax 04 79 81 07 88 – TV ☎ – 🎤 25. GB
fermé oct., dim. soir et lundi – **Repas** 65 (déj.), 95/180 🍷 – ☕ 32 – **11 ch** 195/260 – ½ P 205.

XXX **Pavillon Bellevue** avec ch, 1 av. Hoff ✆ 04 79 81 01 02, Fax 04 79 81 15 66, ☂ – ⇋ TV ☎ ✆ P – 🎤 40. AE GB
fermé dim. soir et lundi – **Repas** 130/350 et carte 250 à 350 – ☕ 50 – **3 ch** 350.

au Sud-Est *: 3 km sur rte Chambéry – ✉ 01300 Belley :*

XXX **Aub. la Fine Fourchette,** N 504 ✆ 04 79 81 59 33, Fax 04 79 81 55 43, ≤, ☂ – P. GB
fermé dim. soir et lundi – **Repas** 115/300 et carte 240 à 310.

à Contrevoz *Nord-Ouest : 9 km sur D 32 – 416 h. alt. 320 – ✉ 01300 :*

XX **Aub. la Plumardière,** ✆ 04 79 81 82 54, Fax 04 79 81 80 17, ☂, ☂ – P
fermé 23 au 28 juin, 1er au 6 sept., 14 déc. à fin janv., mardi du 15 sept. à Pâques, dim. soir et lundi – **Repas** 80 (déj.), 98/250, enf. 50.

CITROEN Gar. Callet, rte de Lyon ZA la Pelissière ✆ 04 79 81 06 43
PEUGEOT Belley Autom., ZI du Coron ✆ 04 79 81 05 53

RENAULT Gar. Benat, ZI de Coron ✆ 04 79 81 03 51

Ⓜ Ayme Pneus, rte de Bourg ✆ 04 79 81 20 09

BELVÈS *24170 Dordogne* 75 ⑯ *G. Périgord Quercy – 1 553 h alt. 175.*

⛳9 de Lolivarie ✆ 05 53 30 22 69 par D 56.

Paris 543 – Périgueux 64 – Sarlat-la-Canéda 34 – Bergerac 51 – Cahors 63 – Les Eyzies-de-Tayac 25.

🏠 **Belvédère,** 𝒫 05 53 29 90 50, Fax 05 53 29 90 74, 🌦 – 📺 ☎ 👒, 🝙 ⮋
🍽 *fermé 3 fév. au 3 mars, et mardi hors sais.* – **Repas** 59 (déj.), 78/220 🥄, enf. 39 – � 35 –
20 ch 240/365 – ½ P 240/280.

RENAULT Gar. Cypierre Da Silva, à Vaurez 🔘 Vaurez Pneus, 𝒫 05 53 29 02 59
𝒫 05 53 29 02 84

BÉNÉVENT-L'ABBAYE 23210 Creuse 𝟟𝟤 ⑨ *G. Berry Limousin* – *837 h alt. 480.*
Voir *Puy de Goth ≤★ 30 mn.*
Paris 363 – Limoges 59 – Bellac 62 – Châteauroux 95 – Guéret 26.

🏨 **Cèdre** Ⓜ 🗭, r. de l'Oiseau 𝒫 05 55 81 59 99, Fax 05 55 81 59 98, 🌦, « Belle demeure
🍽 creusoise », ⮋, 🍃 – 📺 ☎ 👒 🚿 📶 – 🏊 50. 🝙 ⓞ ⮋
(fermé lundi hors sais.) – **Repas** 70/130 – ⊆ 30 – **18 ch** 220/550 – ½ P 210/375.

BENFELD 67230 B.-Rhin 𝟾𝟽 ⑥ *G. Alsace Lorraine* – *4 330 h alt. 160.*
Paris 499 – Strasbourg 31 – Colmar 40 – Obernai 15 – Sélestat 18.

🍴🍴 **Au Petit Rempart,** 1 r. Petit Rempart 𝒫 03 88 74 42 26, Fax 03 88 74 18 58 – 🝙 ⮋
fermé 24 juin au 11 juil., 19 fév. au 12 mars, mardi soir et merc. – **Repas** 140/340, enf. 55 –
Au Canon 𝒫 03 88 74 12 79 **Repas** 46(déj.), 89/135 🥄, enf. 55.

Les nouveaux Guides Verts touristiques **Michelin**, *c'est :*
- *un texte descriptif plus riche,*
- *une information pratique plus claire,*
- *des plans, des schémas et des photos en couleurs,*
- *... et, bien sûr, une actualisation détaillée et fréquente.*

Utilisez toujours la dernière édition.

BÉNODET 29950 Finistère 𝟻𝟾 ⑮ *G. Bretagne* **(plan)** – *2 436 h alt. 20* – *Casino .*
Voir *Pont de Cornouaille ≤★ NO : 1 km.*
Excurs. *L' Odet★★ en bateau (1 h 30).*
🏌 *de l'Odet 𝒫 02 98 54 87 88, à Clohars-Fouesnant : 4 km.*
🅱 *Office de Tourisme 29 av. de la Mer 𝒫 02 98 57 00 14, Fax 02 98 57 23 00.*
Paris 565 – Quimper 18 – Concarneau 21 – Fouesnant 9 – Pont-l'Abbé 12 – Quimperlé 48.

🏨 **Ker Moor** 🗭, corniche de la Plage 𝒫 02 98 57 04 48, Fax 02 98 57 17 96, « Parc », ⮋, 🍴
– ⮋ 📺 ☎ 📶 – 🏊 80. 🝙 ⮋, 🍽 rest
1ᵉʳ avril-1ᵉʳ nov. – **Repas** 150/250, enf. 60 – ⊆ 40 – **60 ch** 400/550 – ½ P 500/540.

Annexe Kastel Moor sans rest, 𝒫 02 98 57 05 01, ≤ – ⮋ 📺 ☎ 📶 – 🏊 60. 🝙 ⮋
avril-oct. – ⊆ 40 – **22 ch** 450/550.

🏨 **Gwell Kaër,** av. Plage 𝒫 02 98 57 04 38, Fax 02 98 66 22 85, ≤, 🌦 – ⮋ 📺 ☎ 🅿. ⮋.
🍽 rest
fermé 1ᵉʳ déc. au 8 janv., dim. soir et lundi du 1ᵉʳ oct. à Pâques – **Repas** 98 (déj.), 140/260 –
⊆ 48 – **23 ch** 400/525 – ½ P 450/525.

🏨 **Domaine de Kereven** 🗭 sans rest, rte Quimper : 2 km 𝒫 02 98 57 02 46,
Fax 02 98 66 22 61, parc – ☎ 👒 🅿. ⮋. 🍽
Pâques-15 oct. – ⊆ 39 – **16 ch** 340/390.

🏨 **Armoric,** 2 r. Penfoul 𝒫 02 98 57 04 03, Fax 02 98 57 21 28, 🍃 – 📺 ☎ 👒 🅿. 🝙 ⓞ ⮋
Repas (dîner seul.) 125/170 – ⊆ 45 – **30 ch** 280/750 – ½ P 310/545.

🏨 **Le Minaret** 🗭, corniche de l'Estuaire 𝒫 02 98 57 03 13, Fax 02 98 66 23 72, ≤, 🌦,
« Jardin dominant l'estuaire » – ⮋ 📺 ☎ 🅿. ⮋. 🍽 rest
4 avril-30 sept. – **Repas** *(fermé mardi midi en avril et mai)* 90/210, enf. 48 – ⊆ 43 – **20 ch**
430 – ½ P 360/390.

🏠 **Bains de Mer,** r. Kerguelen 𝒫 02 98 57 03 41, Fax 02 98 57 11 07, ⮋ – ⮋ 🍽 rest 📺 ☎ 🅿.
🍽 🝙 ⮋. 🍽 ch
hôtel : 15 mars-15 nov. ; rest. : 1ᵉʳ avril-1ᵉʳ nov. – **Repas** 70/150, enf. 35 – ⊆ 35 – **32 ch**
300/350 – ½ P 320.

🍴🍴 **Ferme du Letty** (Guilbault), au Letty, Sud-Est : 2 km par D 44 et rte secondaire
✿ 𝒫 02 98 57 01 27, Fax 02 98 57 25 29, 🌦 – 🝙 ⓞ ⮋ 🃏
vacances de fév.-1ᵉʳ nov. et fermé merc. sauf le soir en juil.-août et jeudi midi – **Repas**
98/490 et carte 260 à 330, enf. 55
Spéc. Grande assiette de la fête du cochon. Homard et langoustines. Gourmandise des
vergers de Cornouaille.

à Clohars-Fouesnant Nord-Est : 3 km par D 34 – 1 279 h. alt. 30 – ⊠ 29950 :

XX **La Forge d'Antan**, ℘ 02 98 54 84 00, Fax 02 98 54 89 11, � – 🇵. ⊞
fermé vacances de fév., dim. soir de sept. à juin, mardi midi en juil.-août et lundi – **Repas**
149/295, enf. 75.

BÉNOUVILLE 14 Calvados 🖥🖥 ② – *rattaché à Caen.*

BERCK-SUR-MER 62600 P.-de-C. 🖥🖥 ⑪ G. Flandres Artois Picardie – 14 167 h alt. 5.

Voir *Phare* ⁎⁎⋆ **B** – *Parc d'attrac-*
tions de Bagatelle⋆ 5 km par ①.

🖥 *de Nampont-St-Martin (80)* ℘
03 22 29 92 90, par ③ : 15 km.

🖥 *Office de Tourisme 5 av. Tatte-*
grain ℘ 03 21 09 50 00, Fax 03 21
84 84 16.

Paris 219 ③ – *Calais 77* ② – *Abbe-*
ville 43 ③ – *Arras 93* ② – *Bou-*
logne-sur-Mer 39 ① – *Montreuil*
15 ② – *St-Omer 70* ② – *Le Tou-*
quet-Paris-Plage 16 ①.

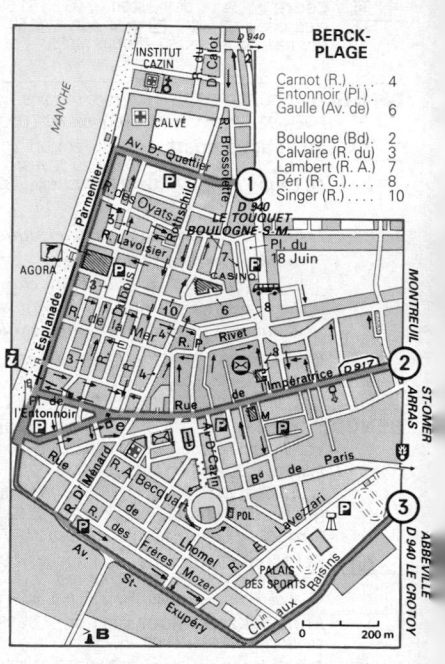

BERCK-PLAGE

Carnot (R.)	4
Entonnoir (Pl.)	
Gaulle (Av. de)	6
Boulogne (Bd.)	2
Calvaire (R. du)	
Lambert (R. A.)	7
Péri (R. G.)	8
Singer (R.)	10

à Berck-Plage :

🏕 **Littoral**, 36 av. Marianne-Toute-
Seule **(e)** ℘ 03 21 09 07 76,
Fax 03 21 09 57 38 – ⟦⟧ 📺 ☎. ⚏
⓪ ⊞
fermé 1er au 28 oct. et 15 nov. au
20 déc. – **Repas** 65/120 ⅃ – ⊇ 25
– **19 ch** 190/230 – ½ P 270.

X **Aub. du Bois**, 149 av. Dr Quet-
tier par ① ℘ 03 21 09 03 43,
Fax 03 21 09 48 21 – ⚏ ⓪ ⊞
ᴶᶜᴮ
fermé 14 janv. au 4 fév. et lundi –
Repas 90/200 ⅃.

CITROEN Artois Autom., ZI rte
d'Abbeville par ③ ℘ 03 21 09 26 42 ⩞
℘ 03 21 84 30 39
PEUGEOT Gar. Paillard, La Vigogne, rte
d'Abbeville par ③ ℘ 03 21 09 43 50 ⩞
℘ 03 22 31 54 02
RENAULT Campion Berck, pl. Fontaine
par ② ℘ 03 21 09 04 11 ⩞ ℘ 03 21
84 13 13

BERGERAC ⊗ 24100 Dordogne 🖥🖥 ⑭ ⑱ G. Périgord Quercy – 26 899 h alt. 37.

Voir *Le Vieux Bergerac*⋆ *: musée du Tabac*⋆⋆ *(maison Peyrarède*⋆*) AZ* – *Musée du Vin, de la*
Batellerie et de la Tonnellerie⋆ *AZ M2.*

Env. *Château de Monbazillac*⋆ S : 7 km par D 13.

🖥 *du Château des Vigiers* ℘ 05 53 61 50 33, O : 20 km par ⑤.

⚲ *Bergerac-Roumanière* : ℘ 05 53 57 00 09, par ③ : 5 km.

🖥 *Office de Tourisme 97 r. Neuve-d'Argenson* ℘ 05 53 57 03 11, Fax 05 53 61 11 04.

Paris 540 ① – *Périgueux 48* ① – *Agen 93* ③ – *Angoulême 110* ⑥ – *Bordeaux 94* ⑤ –
Pau 218 ④.

Plan page ci-contre

🏨 **La Flambée**, rte Périgueux par ① : 3 km ℘ 05 53 57 52 33, Fax 05 53 61 07 57, 🌳,
« Parc fleuri, ⅃ », ⁎⁎ – 📺 ☎ 🇵. 🔒 50. ⚏ ⊞
2 avril-2 janv. – **Repas** *(fermé dim. soir et lundi sauf juil.-août)* 100/340 – ⊇ 48 – **20 ch**
280/470 – ½ P 370/400.

🏨 **France** sans rest, 18 pl. Gambetta ℘ 05 53 57 11 61, Fax 05 53 61 25 70, ⅃ – 📺 ☎ ⟳.
⚏ ⓪ ⊞
AY u
⊇ 40 – **20 ch** 240/335.

🏨 **Bordeaux**, 38 pl. Gambetta ℘ 05 53 57 12 83, Fax 05 53 57 72 14, 🌳, ⅃, 🌳 – ⟦⟧ ▤ rest
📺 ☎ – 🔒 30. ⚏ ⓪ ⊞ ᴶᶜᴮ
AY f
fermé janv. – **Repas** 99/190, enf. 50 – ⊇ 46 – **40 ch** 290/395 – ½ P 350/375.

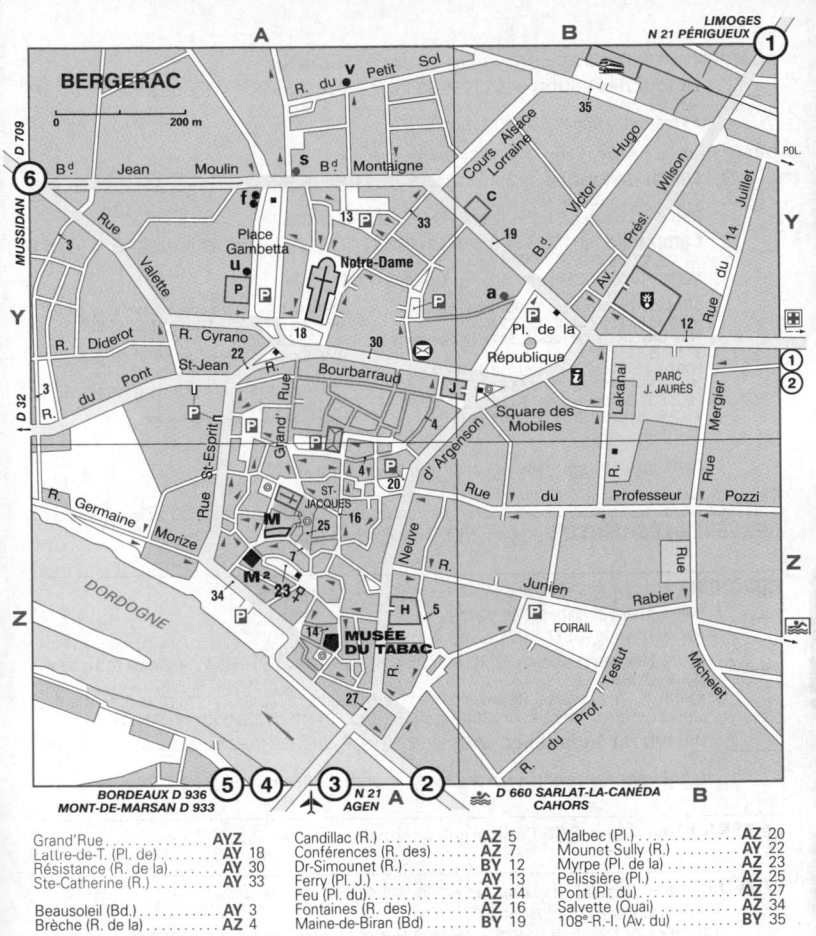

BERGERAC

0 — 200 m

🏦 **Windsor** Ⓜ, rte d'Agen par ③ : 3 km ℘ 05 53 24 89 76, Fax 05 53 57 72 24, 😚, ⌫ – 🛗 ▤ ch 📺 ☎ & 🅿 – 🔬 30. ⬛
Repas (fermé dim. soir et lundi midi sauf juil.-août) 70 (déj.), 90/180 ↓ – 😑 40 – **38 ch** 320, 12 duplex – ½ P 290.

🏦 **Europ H.** sans rest, 20 r. Petit Sol ℘ 05 53 57 06 54, Fax 05 53 58 67 60, ⌫, ⌘ – ⌣ 📺 ☎ ✆ 🅿. ⬛ ⬛   AY v
fermé 24 au 31 déc. – 😑 30 – **22 ch** 220/250.

🏦 **Commerce**, 36 pl. Gambetta ℘ 05 53 27 30 50, Fax 05 53 58 23 82 – 🛗 ▤ rest 📺 ☎ – 🔬 25. ⬛ ⓘ ⬛   AY f
Repas 88/150 ↓, enf. 48 – 😑 40 – **35 ch** 285/380 – ½ P 250/280.

🍴🍴 **Le Cyrano**, 2 bd Montaigne ℘ 05 53 57 02 76, Fax 05 53 57 78 15 – ▤. ⬛ ⓘ ⬛ ⬛
fermé 20 au 26 déc., sam. midi et dim. – **Repas** 100/130.   AY s

🍴 **La Sauvagine**, 18 r. Eugène Le Roy ℘ 05 53 57 06 97, 😚 – ▤   BY a
fermé 23 juin au 7 juil., 17 fév. au 3 mars, dim. soir et lundi – **Repas** 75 (déj.), 120/200.

à St-Julien-de-Crempse par ①, N 21, D 107 et rte secondaire : 12 km – 158 h. alt. 150 – ☒ 24140 :

🏦 **Manoir Grand Vignoble** ⬡, ℘ 05 53 24 23 18, Fax 05 53 24 20 89, 😚, parc, ⒑, ⌫, ❧ – 📺 ☎ 🅿 – 🔬 40. ⬛ ⬛
28 fév.-16 nov. – **Repas** 100 (déj.), 150/290 – 😑 58 – **44 ch** 540/680 – ½ P 471/534.

au Moulin de Malfourat *par* ④ *: 8 km –* ⊠ *24240 Monbazillac :*

ΧΧ **La Tour des Vents,** ℰ 05 53 58 30 10, Fax 05 53 58 89 55, ≤ vallée de Bergerac, 佘, 秝
⊖⊖ *– P̄, AE GB*
fermé janv. – **Repas** 80/290 ⅃, enf. 58.

par ⑤ *rte de Bordeaux : 5 km –* ⊠ *24100 Bergerac :*

🏨 **Climat de France,** D 936 ℰ 05 53 57 22 23, Fax 05 53 58 25 24, 佘, ⅃ – 🗐 ch 🆃🆅 ☎ ℃
⊖⊖ ⅍ P̄ – 🏛 25. AE ① GB
Repas 65 bc (déj.), 80/135 ⅃, enf. 39 – ⊇ 35 – **46 ch** 295.

🏨 **Campanile,** ℰ 05 53 57 86 10, Fax 05 53 57 72 21, 佘 – ⚡ 🗐 rest 🆃🆅 ☎ ℃ ⅍ P̄ –
⊖⊖ 🏛 25. AE ① GB
Repas 84 bc/107 bc, enf. 39 – ⊇ 32 – **49 ch** 278.

CITROEN Gar. Cazes, rte de Bordeaux par ⑤
ℰ 05 53 57 73 77 🅽 ℰ 05 53 57 73 77
FIAT, LANCIA Gar. de Naillac, 39 av. de Bordeaux
ℰ 05 53 57 18 97
FORD Centre Autom. Pecou, rte de Périgueux
ℰ 05 53 57 27 41 🅽 ℰ 05 53 57 27 41
PEUGEOT Gar. Géraud, 117 r. Clairat par ②
ℰ 05 53 57 62 72 🅽 ℰ 05 53 63 93 73

RENAULT Bergerac Autos, rte de Périgueux, 151
av. Pasteur par ① ℰ 05 53 63 65 65 🅽
ℰ 05 53 63 91 47
VAG Gar. Wilson, 26 av. Wilson ℰ 05 53 27 20 08

🏵 Service du Pneu Point S, rte d'Eymet
ℰ 05 53 57 19 54
Vulco, 112 av. Pasteur ℰ 05 53 57 46 77

Le Guide change, changez de guide tous les ans.

BERGÈRES-LÈS-VERTUS *51 Marne* 🔢 ⑯ *– rattaché à Vertus.*

BERGHEIM *68750 H.-Rhin* 🔢 ⑲ *G. Alsace Lorraine – 1 802 h alt. 235.*

Voir *Cimetière militaire allemand* ※★.

Paris 437 – Colmar 17 – Ribeauvillé 4 – Sélestat 10.

ΧΧ **Chez Norbert** avec ch, ℰ 03 89 73 31 15, Fax 03 89 73 60 65, 佘, « Cadre rustique » –
🆃🆅 ☎. AE GB
fermé 1ᵉʳ au 15 mars – **Repas** *(fermé 1ᵉʳ au 15 mars, 1ᵉʳ au 6 juil., 17 au 23 nov., mardi et
jeudi sauf le soir en sais.)* 180/300 ⅃, enf. 55 – ⊇ 50 – **12 ch** 320/350 – ½ P 390.

Χ **Wistub du Sommelier,** ℰ 03 89 73 69 99, Fax 03 89 73 36 58, restaurant à vins – GB
%
fermé vacances de fév., lundi de nov. à juin et dim. – **Repas** carte 130 à 170 ⅃.

La BERGUE *74 H.-Savoie* 🔢 ⑥ *– rattaché à Annemasse.*

BERGUES *59380 Nord* 🔢 ④ *G. Flandres Artois Picardie – 4 163 h alt. 4.*

Voir *Couronne d'Hondschoote★.*

🅱 *Office de Tourisme au Beffroi* ℰ 03 28 68 71 06, hors saison : ℰ 03 28 68 60 44.
Paris 282 – Calais 51 – Bourbourg 19 – Dunkerque 9 – Hazebrouck 33 – Lille 63 – St-Omer 30.

🏨 **Au Tonnelier,** près église ℰ 03 28 68 70 05, Fax 03 28 68 21 87 – 🆃🆅 ☎. GB. % ch
fermé 13 août au 2 sept. et 26 déc. au 15 janv. – **Repas** *(fermé vend. sauf fériés)* 95/165 –
⊇ 33 – **11 ch** 200/345 – ½ P 220/295.

🛏 **Commerce** sans rest, près église ℰ 03 28 68 60 37, Fax 03 28 68 70 76 – ☎. GB
⊇ 28 – **13 ch** 125/250.

ΧΧΧ **Cornet d'Or** (Tasserit), 26 r. Espagnole ℰ 03 28 68 66 27, Fax 03 28 68 66 27 – GB
❀ *fermé dim. soir et lundi sauf fériés* – **Repas** 158/220 et carte 260 à 360
Spéc. Tarte fine aux pommes et foie gras (sept. à avril). Turbot rôti aux crevettes. Canette
rôtie à l'ancienne.

PEUGEOT Gar. Moderne Desmidt, à Esquelbecq
ℰ 03 28 65 61 44

RENAULT Houtland Autom., à Wormhout
ℰ 03 28 62 99 00 🅽 ℰ 06 09 62 36 01

BERNAY ◉ *27300 Eure* 🔢 ⑮ *G. Normandie Vallée de la Seine* **(plan)** *– 10 582 h alt. 105.*

Voir *Boulevard des Monts★.*

🅱 *Office de Tourisme 29 r. Thiers* ℰ 02 32 43 32 08, Fax 02 32 45 82 68.
Paris 155 – Rouen 58 – Argentan 69 – Évreux 50 – Le Havre 69 – Louviers 52.

🏨 **Acropole** Ⓜ sans rest, Sud-Ouest : 3 km sur rte de Broglie ℰ 02 32 46 06 06,
Fax 02 32 44 01 04 – 🆃🆅 ☎ ⅍ P̄ – 🏛 30 à 80. AE GB
⊇ 37 – **51 ch** 255/305.

au Sud : *3,5 km par rte de St-Quentin-des-Isles –* ✉ *27300 Bernay :*

ХХ **Moulin Fouret** ⬩ avec ch, ℰ 02 32 43 19 95, Fax 02 32 45 55 50, 佘, « *Jardin fleuri en bordure de rivière* » – ☎ P. AE GB
fermé vacances de fév., dim. soir et lundi de mai à août – **Repas** 100/285 – ☲ 45 – **8 ch** 250.

CITROEN Gar. Lauvrière, 36 r. B.-Gombert
ℰ 02 32 43 22 78
NISSAN Gar. Edouin, carr. Malbrouck, N 13 à Carsix
ℰ 02 32 46 23 59 N ℰ 02 32 44 21 76
OPEL Gar. Robillard, N 138, rte de Broglie ZI
ℰ 02 32 43 09 99

PEUGEOT Gar. Lefèvre, N 138, rte de Broglie ZI
ℰ 02 32 43 34 28

⓪ Sube Pneurama Point S, 5 r. L.-Gillain
ℰ 02 32 43 37 78

La BERNERIE-EN-RETZ *44760 Loire-Atl.* 🛇 ① – *1 828 h alt. 24.*
Paris 433 – Nantes 47 – Challans 39 – St-Nazaire 37.

🏥 **Château de la Gressière** ⬩, r. Noue Fleurie ℰ 02 51 74 60 06, Fax 02 51 74 60 02, 梁, ※ – TV ☎ P. AE GB ※ ch
Repas *(fermé dim. soir et lundi)* 156 bc/270, enf. 100 – ☲ 50 – **15 ch** 280/680 – ½ P 380/520.

BERNEX *74500 H.-Savoie* 🛇 ⑱ *G. Alpes du Nord – 737 h alt. 955 – Sports d'hiver : 1 000/1 900 m ⬦ 18 ⤋.*
🅱 *Office de Tourisme* ℰ 04 50 73 60 72, Fax 04 50 73 16 17.
Paris 588 – Thonon-les-Bains 19 – Annecy 91 – Évian-les-Bains 16 – Morzine 35.

🏥 **Chez Tante Marie** ⬩, ℰ 04 50 73 60 35, Fax 04 50 73 61 73, ≤, 佘, « *Jardin fleuri* » – 🕸 TV ☎ P. ⓪ GB ※ ch
fermé 15 oct. au 15 déc. – **Repas** 95/235 🍷, enf. 55 – ☲ 43 – **27 ch** 365/400 – ½ P 340/370.

Х **L'Échelle et H. Grand Chenay** ⬩ avec ch, ℰ 04 50 73 60 42, Fax 04 50 73 69 21, 梁 – cuisinette P. GB
fermé 1ᵉʳ oct. au 7 nov., mardi midi et lundi sauf vacances scolaires – **Repas** 83/173 🍷 – ☲ 40 – **5 ch** 280/350, 6 studios – ½ P 320/350.

à La Beunaz *Nord-Ouest : 1,5 km par D 52 – alt. 1000 –* ✉ *74500 Évian-les-Bains :*

🏥 **Bois Joli** ⬩, ℰ 04 50 73 60 11, Fax 04 50 73 65 28, ≤, 佘, ⊿, 梁, ※ – TV ☎ P. AE ⓪ GB, ※ rest
28 mars-20 oct. et 20 déc.-26 fév. – **Repas** *(fermé merc. sauf juil.-août)* 100/240, enf. 60 – ☲ 40 – **24 ch** 350 – ½ P 330.

BERRY-AU-BAC *02190 Aisne* 🛇 ⑥ – *509 h alt. 62.*
Paris 161 – Reims 21 – Laon 30 – Rethel 47 – Soissons 48 – Vouziers 66.

ХХХ **La Côte 108** (Courville), ℰ 03 23 79 95 04, Fax 03 23 79 83 50, 梁 – P. AE GB
✿ *fermé 13 au 28 juil., 21 déc. au 13 janv., dim. soir et lundi* – **Repas** (dim. prévenir) 170/420
Spéc. Foie gras chaud en croque au sel. Coquilles Saint-Jacques (15 oct. au 15 avril). Turbot au beurre de cidre et pommes rôties. **Vins** Coteaux champenois blanc et rouge.

BESANÇON P *25000 Doubs* 🛇 ⑮ *G. Jura – 113 828 h Agglo. 122 623 h alt. 250 – Casino* BY.
Voir *Site*★★★ *– Citadelle*★★ *BZ : musée d'Histoire naturelle*★ *M³, musée comtois*★ *M¹, musée de la Résistance et de la Déportation*★ *– Vieille ville*★★ *ABYZ : Palais Granvelle*★, *Vierge aux Saints*★ *(cathédrale), horloge astronomique*★, *facades*★ *– Préfecture*★ *AZ P – Bibliothèque municipale*★ *BZ X – Grille*★ *de l'Hôpital St-Jacques AZ – Musée des Beaux-Arts et d'Archéologie*★★ *AY.*
Env. *N.-D.-de-la-Libération ≤★ SE : 5,5 km BX – Belvédère de Montfaucon ≤★ 8 km par D 111 BX.*
🛇 ℰ 03 81 55 73 54, par ② : 13 km.
🅱 *Office de Tourisme 2 pl. 1ère Armée Française* ℰ 03 81 80 92 55, Fax 03 81 80 58 30 – *Automobile Club Comtois, 7 av. Élysée-Cusenier* ℰ 03 81 81 26 11.
Paris 405 ④ – Basel 174 ⑤ – Bern 157 ② – Dijon 92 ④ – Genève 149 ② – Grenoble 297 ③ – Lyon 256 ④ – Nancy 207 ⑤ – Reims 332 ④ – Strasbourg 249 ⑤.

Plans pages suivantes

🏨 **Novotel** M ⬩, 22 bis r. Trey ℰ 03 81 50 14 66, Fax 03 81 53 51 57, 佘, ⊿, 梁 – 🕸 ✚ 🖥 TV ☎ ⬩ & P. – 🔏 120. AE GB
BX e
Repas 98, enf. 50 – ☲ 52 – **107 ch** 425/470.

🏨 **Mercure Parc Micaud,** 3 av. E. Droz ℰ 03 81 80 14 44, Fax 03 81 53 29 83 – 🕸 ✚
🖥 rest TV ☎ P. – 🔏 150. AE ⓪ GB
BY d
Repas 127 🍷 – ☲ 52 – **95 ch** 355/550.

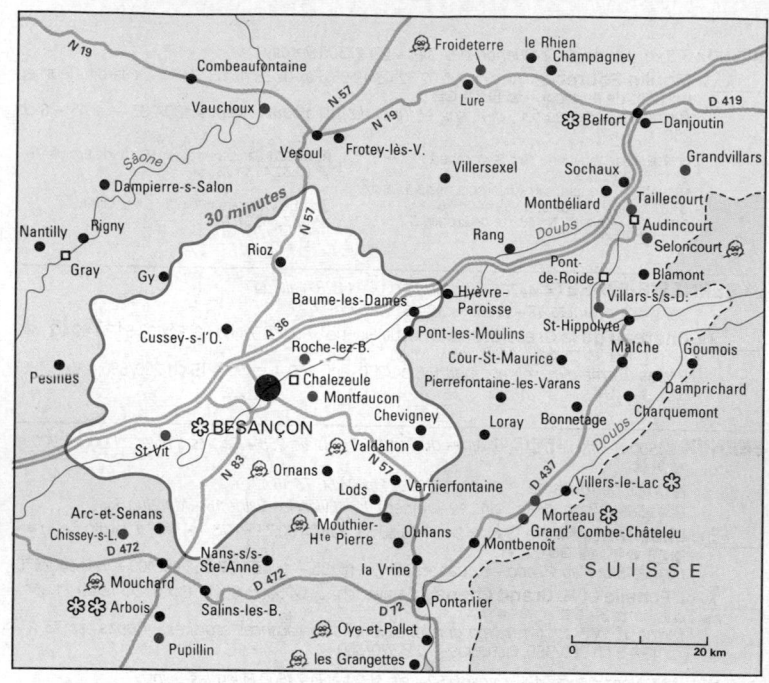

🏰 **Relais Castan** 🏡 sans rest, 6 square Castan ℰ 03 81 65 02 00, Fax 03 81 83 01 02, « Hôtel particulier des 17ᵉ et 18ᵉ siècles » – 🔲 ☎ P. AE GB
fermé 30 juil. au 20 août et 24 déc. au 4 janv. – ⚏ 50 – **8 ch** 550/980.
BZ **t**

🏨 **Relais Mercure H. des Bains** sans rest, 4 av. Carnot ℰ 03 81 80 33 11, Fax 03 81 88 11 14 – 🛗 ⇌ 🔲 ☎ ⅋ P. – 🔄 60. AE ◑ GB
fermé 19 déc. au 5 janv. – ⚏ 54 – **67 ch** 295/400.
BY **a**

🏨 **Nord** sans rest, 8 r. Moncey ℰ 03 81 81 34 56, Fax 03 81 81 85 96 – 🛗 🔲 ☎ 🚗. AE ◑ GB JCB
⚏ 34 – **44 ch** 185/310.
BY **r**

🏨 **Siatel** M, 3 chemin des Founottes par N 57 : 3 km ℰ 03 81 80 41 41, Fax 03 81 80 41 41 – ⇌ 🍴 rest 🔲 ☎ ⅋ P. – 🔄 40. GB
Repas 69/118 🍷, enf. 39 – ⚏ 35 – **36 ch** 265 – ½ P 195.
AX **q**

🏨 **Ibis Centre** M sans rest, 21 r. Gambetta ℰ 03 81 81 02 02, Fax 03 81 81 89 65 – 🛗 ⇌ 🍴 🔲 ☎ ⅋ P. AE ◑ GB
⚏ 37 – **49 ch** 315/355.
BY **k**

🏨 **Relais des Vallières**, 3 r. P. Rubens par bd de l'Ouest : 4 km ℰ 03 81 52 02 02, Fax 03 81 51 18 26 – ⇌ 🔲 ☎ ⅋ P. AE ◑ GB
Repas (fermé dim. soir de nov. à avril) 85/159 🍷, enf. 40 – ⚏ 35 – **49 ch** 270/340 – ½ P 228/258.
AX **n**

XXX **Mungo Park** (Mme Choquart), 11 r. Jean Petit ℰ 03 81 81 28 01, Fax 03 81 83 36 97, 🌤 – AE GB
❀ *fermé 1ᵉʳ au 15 août, lundi midi et dim.* – **Repas** 150 (déj.), 210/490 et carte 310 à 400
AY **e**
Spéc. Millefeuille de pommes de terre confites à la morteau, salade d'herbes vives. Suprême de volaille fermière aux morilles, foie gras et vin jaune. Moelleux au pain d'épice, marmelade d'abricots, glace au sapin. **Vins** Arbois, Etoile.

XX **Le Vauban**, à la Citadelle ℰ 03 81 83 02 77, Fax 03 81 83 17 25, 🌤, « A l'entrée de la Citadelle, salles voûtées » – AE GB. ⊗
fermé 1ᵉʳ janv. au 28 fév., lundi sauf le midi de juin à sept. et dim. soir – **Repas** 108/170 🍷, enf. 70.
BZ **h**

BESANÇON

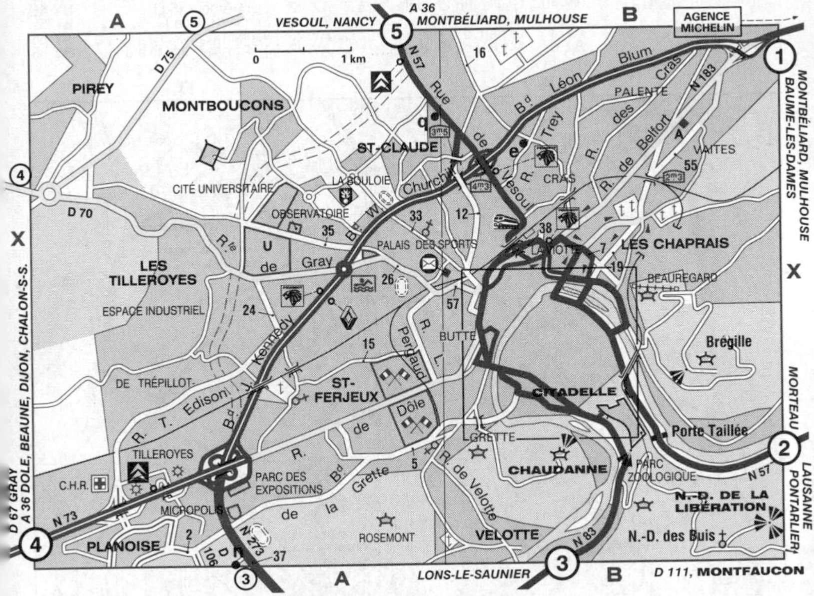

XX **Le Chaland,** promenade Micaud, près Pont Brégille ℰ 03 81 80 61 61, Fax 03 81 88 67 42,
« Bateau restaurant » – ▤. 🇦🇪 🇬🇧   BY s
fermé 20 déc. au 10 janv., sam midi et dim. – **Repas** 95/375.

XX **Poker d'As,** 14 square St-Amour ℰ 03 81 81 42 49, Fax 03 81 81 05 59 – 🇦🇪 ⓞ
🇬🇧   BY u
fermé 14 juil. au 4 août, Noël au Jour de l'An, dim. soir et lundi – **Repas** 92/200 ⓑ.

à Chalezeule par ① et D 217 : 5,5 km – 944 h. alt. 252 – ⊠ 25220 :

🏨 **des 3 Îles** 🦢 sans rest, ℰ 03 81 61 00 66, Fax 03 81 61 73 09 – 📺 ☎ 🅿. 🇬🇧
☕ 40 – **16 ch** 250/300.

à Roche-lez-Beaupré par ① : 8 km – 1 663 h. alt. 242 – ⊠ 25220 :

X **Les Terrasses,** 40 r. Nationale (face Poste) ℰ 03 81 57 05 82, Fax 03 81 57 05 97, 🌣 –
🇬🇧
fermé jeudi soir et lundi – **Repas** 95/250, enf. 50.

X **Aub. des Rosiers,** ℰ 03 81 57 05 85, Fax 03 81 60 51 54, 🌣 – 🅿. ⓞ 🇬🇧
⏵ *fermé 15 au 28 fév., lundi soir et mardi* – **Repas** 68/200 ⓑ, enf. 60.

à Montfaucon par ②, D 464 et D 146 : 9 km – 1 262 h. alt. 491 – ⊠ 25660 :

XX **La Cheminée,** rte Belvédère ℰ 03 81 81 17 48, Fax 03 81 82 86 45, ≤, 🌣 – 🅿. 🇦🇪
🇬🇧
fermé 20 août au 4 sept., 16 fév. au 11 mars, dim. soir et merc. sauf fériés – **Repas** 120/
260.

à l'Espace Valentin Vert-Bois-Vallon par ⑤ et D 75 : 5 km – ⊠ 25480 École-Valentin :

XXX **Le Valentin,** ℰ 03 81 80 03 90, Fax 03 81 53 45 49, 🌣, 🌲 – 🅿. 🇬🇧
fermé 28 juil. au 25 août, dim. soir et lundi – **Repas** 126/348 et carte 310 à 430.

MICHELIN, Agence, r. des Vallières Sud à Chalezeule par ① ℰ 03 81 80 24 53

BESANÇON

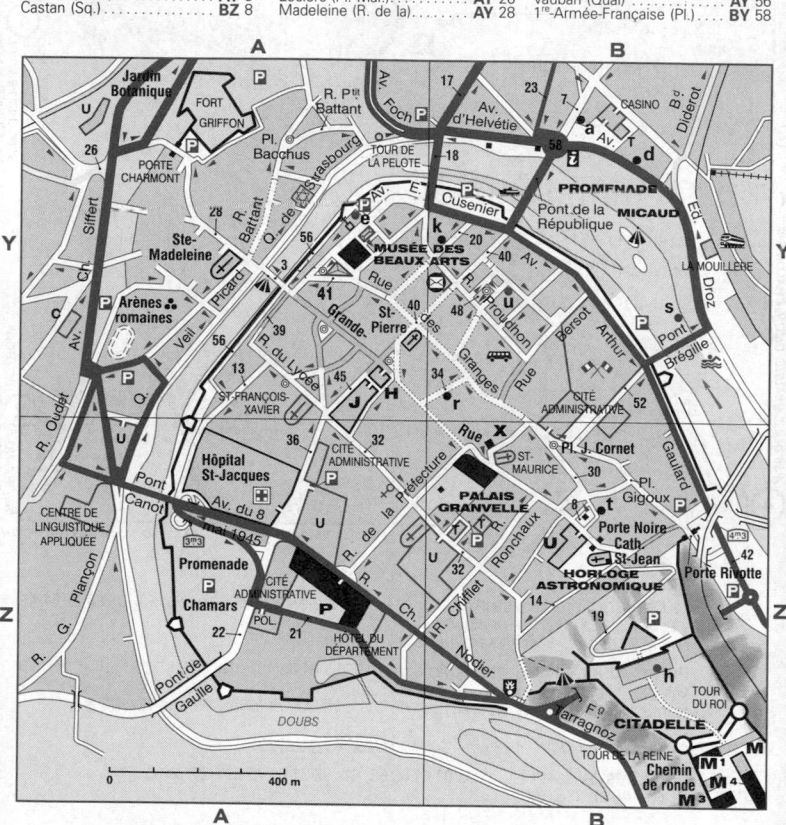

BMW S.O.D.I.A., ZAC Valentin à Ecole Valentin
  ☎ 03 81 88 48 48
CITROEN Cassard Auto Service, 123 r. de Vesoul
  ☎ 03 81 50 45 24
CITROEN Succursale, 228 rte de Dole
  ☎ 03 81 61 47 47 N ☎ 08 00 05 24 24
FORD Est Auto, 18 av. Carnot ☎ 03 81 80 85 11
MERCEDES CMB, ZAC de Valentin
  ☎ 03 81 50 47 34 N ☎ 03 81 50 47 34
NISSAN Mécanique et Loisirs Auto., rte de Belfort à
Chalezeule ☎ 03 81 88 29 23
PEUGEOT Gar. Morel, 48 r. de Vesoul
  ☎ 03 81 50 36 73
PEUGEOT Sté Ind. Autom. Besancon, bd Kennedy
ZI Trépillot ☎ 03 81 48 44 00 N ☎ 03 81 50 29 30
PEUGEOT Gar. Durand, 9 av. Foch ☎ 03 81 80 66 39

RENAULT Succursale, bd Kennedy
  ☎ 03 81 54 25 25 N ☎ 08 00 05 15 15
VAG Espace 3000, ZAC de Châteaufarine
  ☎ 03 81 41 28 28

Eco Pneu, 17 rte d'Epinal à Ecole Valentin
  ☎ 03 81 53 32 44
Kautzmann, 22 bis r. Jouchoux
  ☎ 03 81 53 09 56
La Maison du Pneu Mariotte, 1 r. Berthelot
  ☎ 03 81 53 24 28
Pneus et Services D.K., 8 bd L.-Blum
  ☎ 03 81 50 29 30
Pneus et Services D.K., 6 r. Weiss
  ☎ 03 81 50 05 54

Prices   For notes on the prices quoted in this Guide,
              see the explanatory pages.

BESSANS 73480 Savoie 🗖🗖 ⑨ G. Alpes du Nord – 303 h alt. 1730 – Sports d'hiver : 1 720/2 200 m ⚡4 ⚡.

Voir *Peintures★* de la chapelle St-Antoine.

🛈 Office de Tourisme ℘ 04 79 05 96 52, Fax 04 79 05 83 11.

Paris 702 – Albertville 127 – Chambéry 138 – Lanslebourg-Mont-Cenis 12 – Val-d'Isère 37.

🏛 **Mont-Iseran**, ℘ 04 79 05 95 97, Fax 04 79 05 84 67 – 🔟 ☎ ⇔, 🖭 ⅏ rest
25 juin-1er oct. et 10 déc.-25 avril – **Repas** 75/150 ⅄ – ⊆ 45 – **19 ch** 340/350 – ½ P 265/325.

🏛 **Vanoise** ⑤, ℘ 04 79 05 96 79, ≼, 🏤 – ☎ 🖫. 🖭 ⅏ ch
28 juin-20 sept. et 20 déc.-15 avril – **Repas** 80/120, enf. 48 – ⊆ 45 – **29 ch** 220/380 – ½ P 330.

Le BESSAT 42660 Loire 🗖🗖 ⑨ – 250 h alt. 1170 – Sports d'hiver : 1 170/1 427 m ⚡.
Paris 527 – St-Étienne 19 – Annonay 31 – Bourg-Argental 16 – St-Chamond 19 – Yssingeaux 65.

🏛 **France**, ℘ 04 77 20 40 99, Fax 04 77 20 46 66, 🏤, 🖙 – ☎ – ⚒ 30. 🖭 🖭
fermé 1er au 15 sept., janv., dim. soir et lundi – **Repas** 75/200 ⅄ – ⊆ 27 – **30 ch** 140/220 – ½ P 200/220.

🗡🗡 **La Fondue "Chez l'Père Charles"** avec ch, ℘ 04 77 20 40 09, Fax 04 77 20 45 20 – ☎. 🖭 ⓞ 🖭. ⅏
1er mars-30 nov. – Repas 76/192 – ⊆ 33 – **9 ch** 180/300.

BESSE-EN-CHANDESSE 63610 P.-de-D. 🗖🗖 ⑬ ⑭ G. Auvergne (plan) – 1 799 h alt. 1050 – Sports d'hiver à Super Besse.
Voir Église St-André★ – Rue de la Boucherie★ – Porte de ville★ – Lac Pavin★★ et Puy de Montchal★★ SO : 4 km par D 978.
Env. Vallée de Chaudefour★★ NO : 11 km.
🛈 Office de Tourisme pl. Dr-Pipet ℘ 04 73 79 52 84, Fax 04 73 79 52 08.
Paris 467 – Clermont-Ferrand 48 – Condat 28 – Issoire 32 – Le Mont-Dore 25.

🏛🏛 **Mouflons**, ℘ 04 73 79 56 93, Fax 04 73 79 51 18, 🛵 – 🔟 ☎ 🖫 – ⚒ 35. 🖭
15 mai-1er oct. et 27 déc.-1er avril – **Repas** 95/240 ⅄ – ⊆ 48 – **50 ch** 295/345 – ½ P 295.

🏛🏛 **Charmilles** sans rest, rte Super-Besse ℘ 04 73 79 50 79, ≼ – ☎ 🖫. 🖭
15 juin-20 sept., vacances scolaires et week-ends en hiver – ⊆ 32 – **20 ch** 240/290.

🏛🏛 **Levant**, ℘ 04 73 79 50 17, Fax 04 73 79 50 55, 🖙 – 🔟 ☎ ⇔. 🖭 ⅏ rest
hôtel : 15 juin-25 sept. et 20 déc.-20 avril ; rest. : 15 juin-25 sept. et 20 janv.-20 avril – **Repas** 95/150, enf. 45 – ⊆ 40 – **15 ch** 270 – ½ P 280.

🏛 **Le Clos** ⑤, rte Mont Dore : 0,5 km ℘ 04 73 79 52 77, Fax 04 73 79 56 67, 🏤, 🛵, 🔟, 🖙 – 🔟 ☎ 🖫. 🖭 ⅏ rest
5-27 avril, 31 mai-27 sept. et 20 déc.-31 mars – **Repas** 88/155, enf. 40 – ⊆ 40 – **27 ch** 290/300 – ½ P 310.

🏛 **Beffroy**, ℘ 04 73 79 50 08, Fax 04 73 79 57 87 – 🔟 ☎. 🖭 ⅏ rest
fermé vacances de printemps, 5 au 30 nov., dim. soir et lundi hors sais. et vacances scolaires – **Repas** 105/260 – ⊆ 40 – **12 ch** 260/360 – ½ P 320.

au Lac Pavin Sud-Ouest : 4 km – ✉ 63610 Besse-en-Chandesse :

🗡 **Lac Pavin** ⑤ avec ch, ℘ 04 73 79 62 79, Fax 04 73 79 61 22, ≼, 🏤 – 🖫. 🖭 ⅏
fermé 19 au 27 mars et 15 nov. au 26 déc. – **Repas** (fermé dim. soir, lundi et mardi) 90/175, enf. 50 – ⊆ 38 – **5 ch** 240 – ½ P 240.

à Super-Besse Ouest : 7 km – Sports d'hiver : 1 350/1 850 m ⚡1 ⚡20 ⚡ – ✉ 63610 Besse-en-Chandesse.
🛈 Office de Tourisme rond-point des Pistes (20 juin-10 sept., 20 déc.-20 avril) ℘ 04 73 79 60 29.

🏛🏛 **Gergovia** ⑤, ℘ 04 73 79 60 15, Fax 04 73 79 61 43, ≼, 🛵 – 🔟 ☎ ⇔ 🖫. 🖭
hôtel : mai-15 oct. et 15 déc.-avril ; rest. : juin-sept. et 15 déc.-avril – **Repas** 85/135 – ⊆ 50 – **51 ch** 200/400.

PEUGEOT Gar. Fabre à Besse et Saint-Anastaise ℘ 04 73 79 51 10

RENAULT Gar. des Lacs, à Besse et Saint-Anastaise ℘ 04 73 79 50 07

BESSENAY 69690 Rhône 🗖🗖 ⑲ – 1 611 h alt. 400.
Paris 465 – Roanne 69 – Lyon 33 – Montbrison 52 – St-Étienne 65.

🏛🏛 **Aub. de la Brevenne** Ⓜ, N 89 ℘ 04 74 70 80 01, Fax 04 74 70 82 31 – 🛗 🖿 rest 🔟 ☎ 🖫 🖭 🖭. ⅏ ch
Repas (fermé dim. soir) 95/260 ⅄, enf. 60 – ⊆ 35 – **20 ch** 260/330.

BESSÉ-SUR-BRAYE 72310 Sarthe 64 ⑤ – 2 815 h alt. 72.

Paris 198 – Le Mans 56 – La Ferté-Bernard 44 – Tours 55 – Vendôme 32.

La Chaumière, rte Troo ℰ 02 43 35 30 59, Fax 02 43 35 21 88 – 📺 ☎ ও. 🅿. – 🕍 25. 🖼
fermé 20 déc. au 10 janv. et dim. soir – **Repas** 64 (déj.), 95/209 ₰, enf. 54 – ☑ 23 – **15 ch**
202/244 – ½ P 182/192.

à Pont-de-Braye Sud-Ouest : 8 km par D 303 – ⊠ 72310 Lavenay :

Voir Escalier★★ du château de Poncé-sur-le-Loir O : 3,5 km, G. Châteaux de la Loire.

XX **Petite Auberge** avec ch, ℰ 02 43 44 45 08, Fax 02 43 44 18 57 – 🖼. ⅏ ch
fermé 17 au 23 nov., lundi soir d'oct. à mars et mardi sauf juil.-août – **Repas** 70/185, enf. 42
– ☑ 28 – **3 ch** 150/170.

CITROEN Gar. Legeay, ℰ 02 43 35 32 63   RENAULT Gar. Hubert, ℰ 02 43 35 30 70
PEUGEOT Gar. Ched'homme, ℰ 02 43 35 30 42 N
ℰ 02 43 35 30 42

BESSINES-SUR-GARTEMPE 87250 H.-Vienne 72 ⑧ – 2 988 h alt. 335.

Paris 360 – Limoges 38 – Argenton-sur-Creuse 58 – Bellac 30 – Guéret 54 – La Souterraine 21.

X **Bellevue**, N 20 ℰ 05 55 76 01 99, Fax 05 55 76 01 99 – 🅿. 🖼
fermé 10 fév. au 3 mars, lundi midi de nov. à mai et lundi soir sauf du 14 juil. au 15 août –
Repas 58/140 ₰.

à la Croix-du-Breuil Nord : 3 km sur N 20 – ⊠ 87250 Bessines-sur-Gartempe :

Manoir Henri IV, ℰ 05 55 76 00 56, Fax 05 55 76 14 14, 🐎 – 🔲 rest 📺 ☎ ୯ 🅿. 🖼
fermé lundi d'oct. à avril et dim. soir – **Repas** 115/265, enf. 60 – ☑ 32 – **11 ch** 230/280.

BÉTHUNE ⟨SP⟩ 62400 P.-de-C. 51 ⑭ G. Flandres Artois Picardie – 24 556 h alt. 34.

🏌 du Vert-Parc ℰ 03 20 29 37 87 à Herlies, 18 km par ②.

🔋 Office de Tourisme 69 pl. Senis ℰ 03 21 57 25 47, Fax 03 21 68 26 29 – Automobile Club
ℰ 03 21 68 26 29.

Paris 215 – Calais 83 ④ – Lille 40 ② – Amiens 86 ④ – Arras 34 ④ – Boulogne-sur-Mer 87
② – Douai 43 ② – Dunkerque 69 ⑥.

BÉTHUNE

Arras (R. d') . . . . . . Z 3
Clemenceau
  (Pl. G.) . . . . Z 4
Grand'Place . . . . . Y 5
Haynaut (R. Eug.) . Z 6
Sadi-Carnot (R.) . . Y
Treilles (R. des) . . Y 10

Jaurès (Av. Jean) . . Z 7
Kennedy
  (Av. Président) . Y 8
Leclerc (Bd Gén.) . Z 9

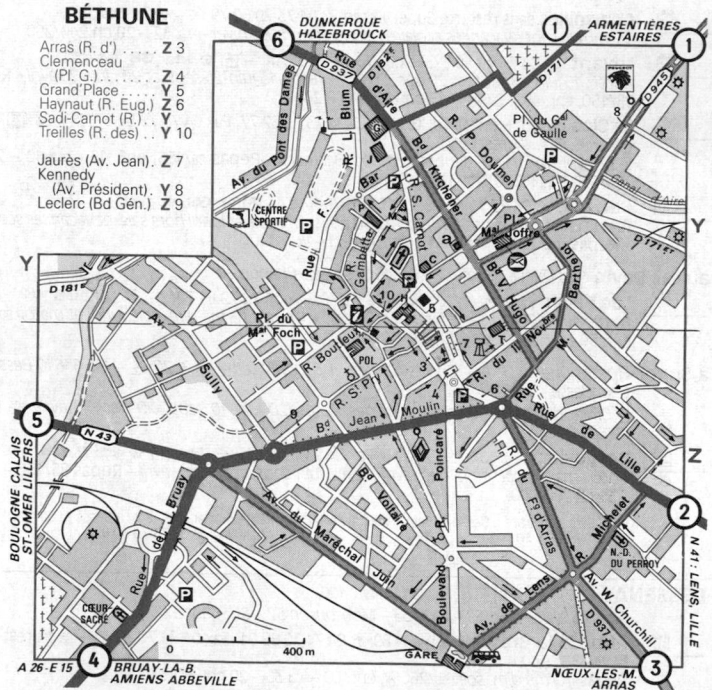

208

XXX **Le Meurin,** 15 pl. République ✆ 03 21 68 88 88, Fax 03 21 56 37 15 – AE ⓓ GB JCB
fermé 4 au 17 août, dim. soir et lundi – **Repas** 150/330 et carte 310 à 440 Y a
Spéc. Filet d'anguille au vert sur toasts. Noisette de lapereau à la flamande. Parfait glacé à la chicorée au sirop de genièvre.

par ④ *rte de Bruay-la-Buissière (sortie 6 par A 26) : 3 km – ✉ 62232 Fouquières-les-Béthune :*

Campanile, ✆ 03 21 57 76 76, Fax 03 21 56 98 50 – TV ☎ & P – 25. AE ⓓ GB
Repas 84 bc/107 bc, enf. 39 – ☕ 32 – **49 ch** 278.

à Gosnay *par ④ et N 41 : 5 km – 1 226 h. alt. 29 – ✉ 62199 :*

Chartreuse du Val St-Esprit, ✆ 03 21 62 80 00, Fax 03 21 62 42 50, parc, – TV ☎ & P – 25 à 130. AE ⓓ GB
Repas 210/365 – ☕ 50 – **56 ch** 390/850.

X **La Distillerie,** ✆ 03 21 62 89 89 – AE ⓓ GB
Repas *(fermé dim. soir)* 150 bc/250 bc et carte 120 à 170, enf. 48.

CITROEN SO.CA.BE., 1220 av. W.-Churchill par ③ ✆ 03 21 57 65 70 N ✆ 03 21 57 65 70
PEUGEOT Gar. Ste-Barbe, 1 r. A.-France à Labuissière par ④ ✆ 03 21 53 44 19
PEUGEOT Béthune Artois, 329 av. Kennedy par ① ✆ 03 21 61 48 06 N ✆ 06 07 63 96 42
RENAULT Dist. Autom. Béthunoise, 255 bd J.-Moulin ✆ 03 21 63 12 50 N ✆ 03 21 69 08 00
RENAULT Gar. Lourme, 13 r. d'Aire à Labuissière par ④ ✆ 03 21 52 28 19 N ✆ 03 21 69 07 92
TOYOTA Gar. Duhem, 4 av. W.-Churchill ✆ 03 21 57 20 60
VAG Auto Expo, N 41 Parc Porte Nord à Labuissière ✆ 03 21 61 65 90 N ✆ 08 00 00 24 24

Equipneu Point S, N 43 r. Martyrs-Prolongée à Lillers ✆ 03 21 64 55 55
La Maison du Pneu, 371 r. d'Aire ✆ 03 21 57 02 10

Benutzen Sie den Hotelführer des laufenden Jahres.

Le BETTEX *74 H.-Savoie 74 ⑧ – rattaché à St-Gervais-les-Bains.*

BEUIL *06470 Alpes-Mar. 81 ⑨, 115 ④ G. Alpes du Sud – 330 h alt. 1450 – Sports d'hiver : 1 400/2 000 m 8 .*
Voir *Site★.*
Office de Tourisme pl. Jean Robion ✆ 04 93 02 32 58, Fax 04 93 02 35 72.
Paris 825 – Barcelonnette 81 – Digne-les-Bains 118 – Nice 78 – Puget-Théniers 30 – St-Martin-Vésubie 51.

X **L'Escapade** avec ch, ✆ 04 93 02 31 27, <, – TV ☎
fermé 1er nov. au 25 déc. – **Repas** 105/150, enf. 65 – ☕ 50 – **11 ch** 220/310.

BEUVRON-EN-AUGE *14430 Calvados 54 ⑰ G. Normandie Vallée de la Seine – 274 h alt. 11.*
Voir *Village★ – ★ de l'église de Clermont-en-Auge NE : 3 km.*
Paris 220 – Caen 30 – Cabourg 15 – Lisieux 27 – Pont-l'Évêque 26.

XXX **Pavé d'Auge** (Bansard), ✆ 02 31 79 26 71, Fax 02 31 39 04 45, « Halles anciennes » – GB
fermé 1er au 27 déc., 7 au 18 fév., mardi de sept. à avril et lundi – **Repas** 140/280 et carte 260 à 330
Spéc. Poêlée d'huitres en parmentier. Assiette d'agneau en trois façons (mai à septembre). Tarte soufflée au calvados.

X **Aub. de la Boule d'Or** avec ch, ✆ 02 31 79 78 78 – GB. ch
fermé janv., dim. soir et lundi – **Repas** 99/160 – ☕ 35 – **3 ch** 230 – ½ P 230.

BEUZEVILLE *27210 Eure 55 ④ G. Normandie Vallée de la Seine – 2 702 h alt. 129.*
Paris 180 – Le Havre 31 – Bernay 38 – Deauville 31 – Évreux 77 – Honfleur 14 – Pont-l'Évêque 14.

Petit Castel sans rest, ✆ 02 32 57 76 08, Fax 02 32 42 25 70, – TV ☎. GB.
fermé 15 déc. au 15 janv. – ☕ 35 – **16 ch** 270/335.

Poste, 60 r. Constant Fouché ✆ 02 32 57 71 04, Fax 02 32 42 11 01, – ☎ P. AE GB. ch
15 mars-15 nov. – **Repas** *(fermé mardi soir sauf de juil.-août et merc.)* 76 bc (déj.), 98/188 – ☕ 40 – **16 ch** 250/330 – ½ P 240/340.

XXX **Aub. du Cochon d'Or** avec ch, ✆ 02 32 57 70 46, Fax 02 32 42 25 70 – ☎. GB.
fermé 15 déc. au 15 janv., dim. soir d'oct. à mars et lundi – **Repas** 81/240 – ☕ 35 – **4 ch** 195/235.

FORD Gar. Ecalard, à Boulleville ✆ 02 32 42 52 82 N ✆ 02 32 57 75 27
PEUGEOT Gar. Normandy, ✆ 02 32 57 70 94
RENAULT Gar. Coquerel, ✆ 02 32 57 70 26 N ✆ 02 32 42 33 77

BEYNAC ET CAZENAC 24220 Dordogne 75 ⑰ G. Périgord Quercy – 498 h alt. 75.

Voir Château★★ : site★★, ⁂★★ – Calvaire ⁂★★ – Village★ – Château de Castelnaud★ : site★★, ⁂★★★ S : 4 km.

Paris 529 – Brive-la-Gaillarde 63 – Périgueux 64 – Sarlat-la-Canéda 11 – Bergerac 62 – Fumel 60 – Gourdon 28.

à Vézac Sud-Est : 2 km rte de Sarlat – 620 h. alt. 90 – ⊠ 24220 :

XX   **Relais des Cinq Châteaux** avec ch, ℰ 05 53 30 30 72, Fax 05 53 31 19 39, ≼, 雍, 🛏 –
🏠   🍽 rest 📺 ☎ 🅿 – 🚗 25. 🆖
     fermé 10 au 28 fév. et merc. du 11 nov. au 1ᵉʳ mars – Repas 80/330, enf. 45 – ☲ 37 – **10 ch**
     255/275 – ½ P 285/310.

Les BÉZARDS 45 Loiret 65 ② – ⊠ 45290 Boismorand.

Paris 132 – Auxerre 76 – Cosne-sur-Loire 51 – Gien 18 – Joigny 57 – Montargis 22 – Orléans 74.

🏨   **Auberge des Templiers** M ⌖, ℰ 02 38 31 80 01, Fax 02 38 31 84 51, 雍, « Bel en-
❀❀   semble hôtelier dans un parc fleuri », 🛏, 🍽 – 📺 ☎ ♿ ⟷ 🅿 – 🚗 30. 🆎 🅾 🆖 🅹🅲🅱
     fermé fév. – **Repas** 290 (déj.), 390/700 et carte 450 à 650 – ☲ 90 – **22 ch** 600/1380, 8 appart
     – ½ P 750/1200
     Spéc. Marbré d'asperges vertes et foie gras à la vinaigrette d'huile de truffes. Gibier de
     Sologne (saison). Entremets de l'Auberge. **Vins** Sancerre, Pouilly fumé.

BÈZE 21 Côte-d'Or 66 ⑬ – rattaché à Mirebeau-sur-Bèze.

BÉZIERS ⌖ 34500 Hérault 83 ⑮ G. Gorges du Tarn – 70 996 h alt. 17.

Voir Anc. cathédrale St-Nazaire★ BZ : terrasse ≼★ – Musée St-Jacques★ BZ M¹.

🏌 de St-Thomas ℰ 04 67 98 62 01, par ② : 12 km.

✈ de Béziers-Vias : ℰ 04 67 90 99 10, par ④ : 12 km.

🚩 Office de Tourisme Hôtel du Lac, 27 r. du Quatre-Septembre ℰ 04 67 49 24 19 , Fax 04 67 28 42 41.

Paris 775 ③ – Montpellier 68 ③ – Clermont-Ferrand 361 ③ – Marseille 235 ③ – Perpignan 93 ⑥.

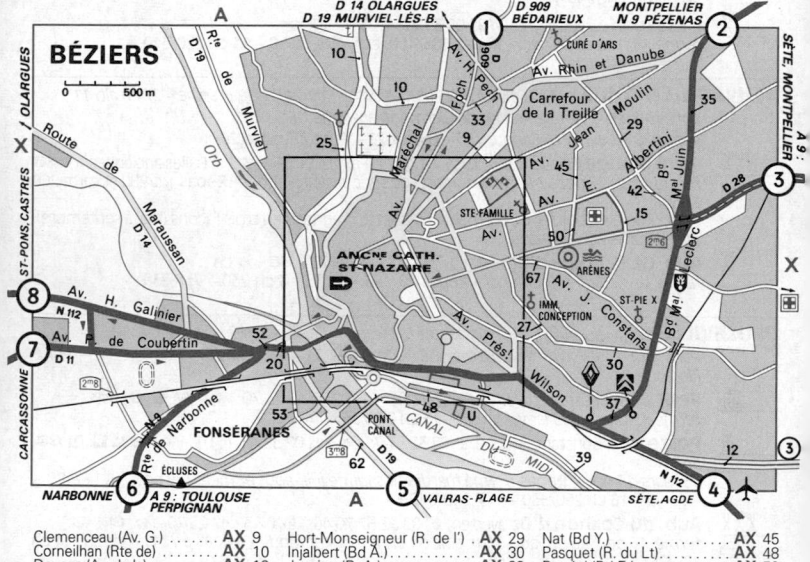

Clemenceau (Av. G.) . . . . **AX** 9	Hort-Monseigneur (R. de l') . **AX** 29	Nat (Bd Y.) . . . . **AX** 45
Corneilhan (Rte de) . . . . . . **AX** 10	Injalbert (Bd A.) . . . . **AX** 30	Pasquet (R. du Lt) . . . . **AX** 48
Deveze (Av. de la) . . . . **AX** 12	Jussieu (R. A.) . . . . **AX** 33	Perréal (Bd E.) . . . . **AX** 50
Dr-Mourrut (Bd) . . . . **AX** 15	Kennedy (Bd Prés.) . . . . **AX** 35	Pont-Vieux (Av. du) . . . . **AX** 52
Espagne (Rte d') . . . . **AX** 20	Lattre-de-T. (Bd Mar.-de) . . . **AX** 37	Port-Notre-Dame (Av. du) . . **AX** 53
Four-à-Chaux (Bd du) . . . . . **AX** 25	Lazare (Av. J.) . . . . **AX** 39	Sérignan (Rte de) . . . . **AX** 62
Genève (Bd de) . . . . **AX** 27	Malbosc (R. L.) . . . . **AX** 42	Verdi (R.) . . . . **AX** 67

BÉZIERS

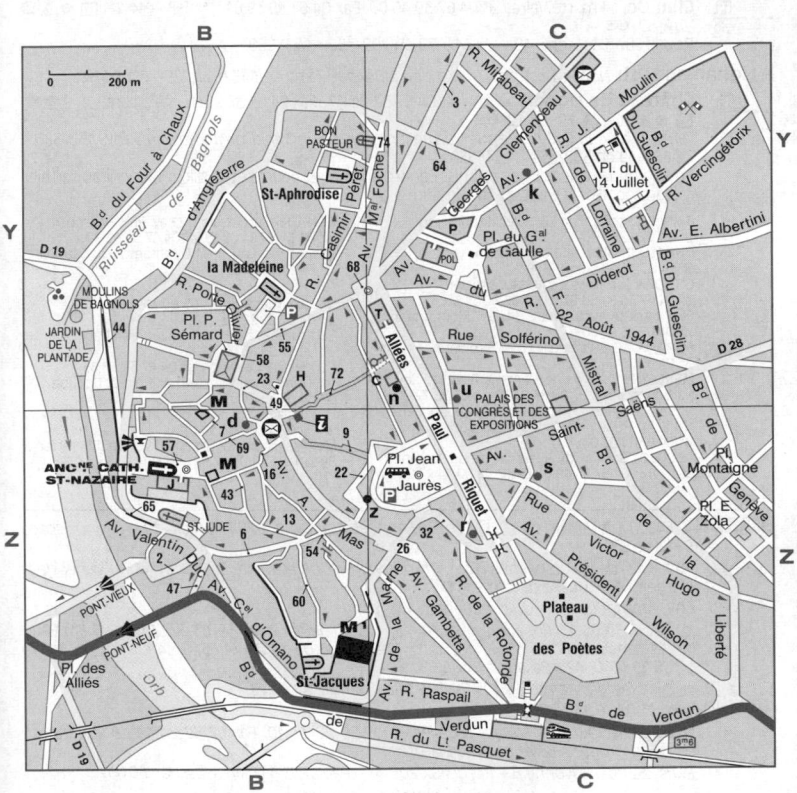

🏨 **Nord** sans rest, 15 pl. Jaurès ℰ 04 67 28 34 09, Fax 04 67 49 00 37 – |🛗| 🗏 📺 ☎. 🖭 ⓪ 🆖
JCB
BCZ **z**
⌷ 32 – **40 ch** 230/450.

🏨 **Imperator** sans rest, 28 allées P. Riquet ℰ 04 67 49 02 25, Fax 04 67 28 92 30 – |🛗| 📺 ☎
🚗. 🖭 ⓪ 🆖
CY **n**
⌷ 40 – **45 ch** 295/420.

XXX **Le Framboisier** (Yagues), 12 r. Boïeldieu ℰ 04 67 49 90 00, Fax 04 67 28 06 73 – 🗏. 🖭
ⓓ 🆖
CY **u**
❀
fermé 15 au 31 août, vacances de fév., dim. et lundi – **Repas** (nombre de couverts limité,
prévenir) 150/330 et carte 280 à 360
Spéc. Salade de caille aux lentilles tièdes. Filet de sole aux lardons fumés. Emincé de magret
de canard à la lie de faugères. **Vins** Faugères.

XX **Le Jardin**, 37 av. J. Moulin ℰ 04 67 36 41 31, Fax 04 67 28 72 55 – 🗏. 🖭 ⓪ 🆖   CY **k**
fermé 30 juin au 14 juil., vacances de fév., dim. soir et lundi – **Repas** 115 (déj.), 130/295,
enf. 65.

XX **La Potinière**, 15 r. A. de Musset ℰ 04 67 76 35 30, Fax 04 67 76 38 45 – 🗏. 🖭 🆖
fermé 23 juin au 6 juil., 24 fév. au 2 mars, sam. midi, dim. soir et lundi sauf du 1er au 17 août
– **Repas** 135/330, enf. 70.
CZ **s**

211

La Cigale, 60 allées P. Riquet ✆ 04 67 28 21 56 – ▤. AE GB — CZ r
fermé 21 juin au 9 juil., 21 nov. au 9 déc., lundi soir et mardi – **Repas** 90 (déj.)/150 ♁.

Le Cep d'Or, 7 r. Viennet ✆ 04 67 49 28 09, 🏖 – GB — BZ d
fermé dim. soir et lundi sauf juil.-août – **Repas** 75/148 ♁.

par ③ *: 6 km à l'échangeur A9-Béziers-Est – ✉ 34420 Villeneuve-lès-Béziers :*

Clim'Oc, 1 km, rte Valras ✆ 04 67 39 40 00, Fax 04 67 39 39 61, ⛱, ✂ – ⇋ ▤ TV ☎ ♿ P – 🏛 50. GB
Repas 68/188 ♁, enf. 48 – ☕ 34 – **79 ch** 298/358 – ½ P 250.

à Lignan-sur-Orb *Nord-Ouest par D 19 (rte de Murviel) : 7 km – 2 543 h. alt. 28 – ✉ 34490 :*

Château de Lignan M ♨, ✆ 04 67 37 91 47, Fax 04 67 37 99 25, 🏖, parc, ⛱ – |♦| ▤ TV ☎ ♿ P – 🏛 60. AE ◑ GB
fermé 5 janv. au 5 fév. – **Repas** *(fermé dim. soir et lundi midi du 1er nov. au 5 fév.)* 150/360 – ☕ 65 – **49 ch** 500/650 – ½ P 550
Spéc. Fondant de rouget à l'anis. Baudroie rôtie au beurre et basilic. Pigeonneau fermier rôti en cocotte au thym et au romarin.

BMW Passion Autom., ZAC de Montimaran ✆ 04 67 35 10 33
CHRYSLER, LADA SOCRA, 49 bd de Verdun ✆ 04 67 76 57 54
CITROEN Gar. Tressol, ZAC Montimaran ✆ 04 67 35 60 60 **N** ✆ 04 67 62 51 35
FIAT, LANCIA Auto service 34, ZAC Montimaran ✆ 04 67 35 91 00
FORD SAVAB, 30 av. de la voie Domitienne ✆ 04 67 76 55 34
MERCEDES S.A.B.V.I., le Manteau Bleu, rte de Narbonne ✆ 04 67 28 86 04 **N** ✆ 03 88 72 00 94
NISSAN Languedoc Roussillon Service, Ch. Parazols, N 112 Rd-Pt Cers à Villeneuve-les-Béziers ✆ 04 67 11 83 00
PEUGEOT Gds Gar. du Biterrois, rte de Bessan par ③ ✆ 04 67 35 49 00 **N** ✆ 08 00 44 24 24
RENAULT Succursale, 121 av. Prés.-Wilson ✆ 04 67 35 64 00 **N** ✆ 04 67 36 96 77
VAG Capiscol Auto, 11 r. Artisans ZI du Capiscol ✆ 04 67 76 50 25

Ⓜ Estournet Point S, 65 bd Mistral ✆ 04 67 28 22 82
Euromaster, av. de la Devèze, ZI du Capiscole ✆ 04 67 35 86 00
Fogues, 135 av. Foch ✆ 04 67 31 18 65
Gautrand Pneu Vulco, 48 av. Rhin et Danube ✆ 04 67 30 63 88
Longuelanes, 16 av. Pont-Vieux ✆ 04 67 49 00 47
Multi service auto, Lot initiative, rte d'Hérépian à Bédarieux ✆ 04 67 95 11 36

BIARRITZ *64200 Pyr.-Atl.* 78 ⑪ ⑱, 85 ② *G. Pyrénées Aquitaine – 28 742 h alt. 19 – Casino Espace Bellevue* **EY.**

Voir ⩽★★ *de la Perspective* **DZ** – ⩽★ *du phare et de la Pointe St-Martin* **AX** – *Rocher de la Vierge*★ **DY** – *Musée de la mer*★ **DY.**

Env. *Arcangues :* ✳★ *du cimetière S : 7 km.*

18 *✆ 05 59 03 71 80, NE : 1 km* **AX** *;* 18 *de Chiberta ✆ 05 59 63 83 20, N : 5 km* **BX** *;* 18 *d'Arcangues, ✆ 05 59 43 10 56 ;* 9 *Ilbarritz ✆ 05 59 23 74 65, S : 4 km* **AX** *;* 18 *Makila ✆ 05 59 58 42 42 à Bassussarry : 8,5 km par* ⑤.

✈ *de Biarritz-Parme : ✆ 05 59 43 83 83, 2 km* **ABX.**

🚗 *✆ 08 36 35 35 35.*

ℹ *Office de Tourisme square d'Ixelles ✆ 05 59 22 37 10, Fax 05 59 24 14 19, antennes : sortie autoroute A 63 et gare de Biarritz.*

Paris 782 ③ *– Bayonne 8 – Bordeaux 205* ③ *– Pau 124* ② *– San Sebastián 50* ⑥.

Plans pages suivantes

Palais ♨, 1 av. Impératrice ✆ 05 59 41 64 00, Fax 05 59 41 67 99, ⩽, 🏖, « Belle piscine avec grill », Ⅎ₆, ⛱ – |♦| ▤ TV ☎ ♿ P – 🏛 25 à 150. AE ◑ GB JCB. ✂ rest — EY k
fermé fév. – ***Villa Eugénie :*** **Repas** 395 et carte 330 à 480 – ***La Rotonde :*** **Repas** 280 et carte 270 à 420 – ***L'Hippocampe*** *(mi-avril-sept.)* **Repas** carte 290 à 430 – ☕ 120 – **136 ch** 1450/2750, 20 appart – ½ P 1325/1775
Spéc. Rougets en filets poêlés, sauté de chipirons à l'encre. Agneau de lait des Pyrénées (saison). Poêlée de framboises tièdes en croustillant (saison). **Vins** Irouleguy blanc et rouge.

Miramar M ♨, 13 r. L. Bobet ✆ 05 59 41 30 00, Fax 05 59 24 77 20, ⩽, 🏖, centre de thalassothérapie, Ⅎ₆, ⛱, 🏊 – |♦| ▤ TV ☎ 🚗 – 🏛 40 à 170. AE ◑ GB. ✂ rest — AX k
Relais Miramar : **Repas** 290, carte 290 à 460, enf. 100 – ***Les Piballes*** *(rest. diététique)* **Repas** 290, enf. 100 – ☕ 100 – **109 ch** 1570/2635, 17 appart – ½ P 1210/1610
Spéc. Homard breton confit à la graisse d'oie. Dos de turbot rôti au jus de viande (juin à début nov.). Agnelet des Pyrénées doré au four à la chapelure de piments doux (oct. à juin). **Vins** Jurançon, Irouléguy.

Régina et Golf, 52 av. Impératrice ✆ 05 59 41 33 00, Fax 05 59 41 33 99, ⩽, ⛱ – |♦| ▤ TV ☎ ♿ P – 🏛 30 à 70. AE ◑ GB. ✂ rest — AX s
Repas 180/220 – ☕ 90 – **60 ch** 1160/1385, 10 appart – ½ P 723/873.

Plaza, av. Édouard VII ✆ 05 59 24 74 00, Fax 05 59 22 22 01, ⩽ – |♦| ▤ ch TV ☎ ♿ P – 🏛 25. AE ◑ GB. ✂ rest — EY p
Repas *(fermé dim.)* 100/215 – ☕ 61 – **60 ch** 500/860 – ½ P 550/625.

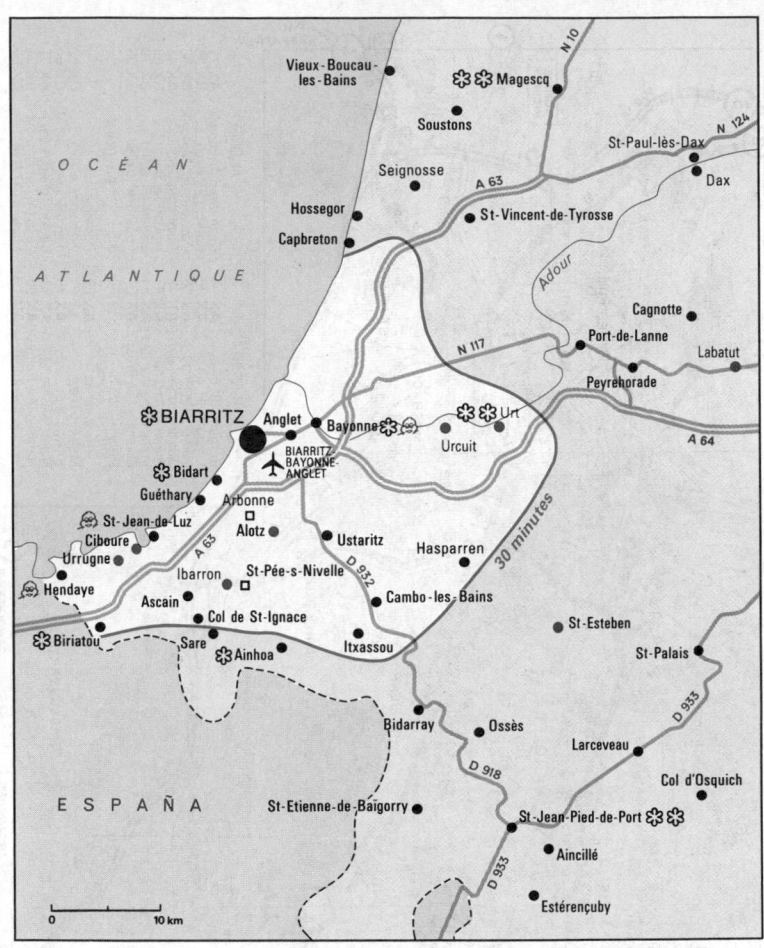

🏨 **Tonic** Ⓜ, 58 av. Édouard VII ☎ 05 59 24 58 58, Fax 05 59 24 86 14, 斎 – 🛗 ▤ rest �🺺 ☎ &.
🚗 🄿 – 🔏 40. 🅰🅴 ① 🄶🄱 EY d
Repas 83 bc/170 ⅃, enf. 40 – ▴ 40 – **63 ch** 520/820 – ½ P 420/570.

🏨 **Windsor,** Gde Plage ☎ 05 59 24 08 52, Fax 05 59 24 98 90 – 🛗 ⑺ ☎. 🅰🅴 ① 🄶🄱 🄹🄲🄱
fermé 20 janv. au 1ᵉʳ mars – **Repas** *(fermé mardi d'oct. à mai)* 100/140 – ▴ 50 – **49 ch**
350/750 – ½ P 365/565. EY z

🏨 **Florida,** 3 pl. Ste-Eugénie ☎ 05 59 24 01 76, Fax 05 59 24 36 54, 斎 – 🛗 ⑺ ☎. 🅰🅴 ① 🄶🄱.
🛇 rest DY u
1ᵉʳ avril-5 nov. – **Repas** 80/160 ⅃, enf. 55 – ▴ 45 – **45 ch** 360/670 – ½ P 430/490.

🏨 **Marbella,** 11 r. Port Vieux ☎ 05 59 24 04 06, Fax 05 59 24 63 26 – 🛗 ⑺ ☎ ✔. 🅰🅴 ① 🄶🄱
fermé 15 déc. au 15 janv., sam. et dim. d'oct. à Paques – **Repas** (dîner seul.) 115/135 ⅃ –
▴ 37 – **29 ch** 350/430 – ½ P 340/390. DY a

🏨 **Fronton et Résidence,** 35 av. Mar. Joffre ☎ 05 59 23 09 49, Fax 05 59 23 22 07 – 🛗 ⑺
🚗 🄿. 🄶🄱 EZ y
fermé 1ᵉʳ au 13 mars et 20 oct. au 23 nov. – **Repas** 70/128 – ▴ 34 – **42 ch** 310/340 –
½ P 270/290.

🏨 **Maïtagaria** sans rest, 34 av. Carnot ☎ 05 59 24 26 65, Fax 05 59 24 27 37, 🚗 – ⑺ ☎.
🄶🄱 EZ m
▴ 30 – **17 ch** 210/290.

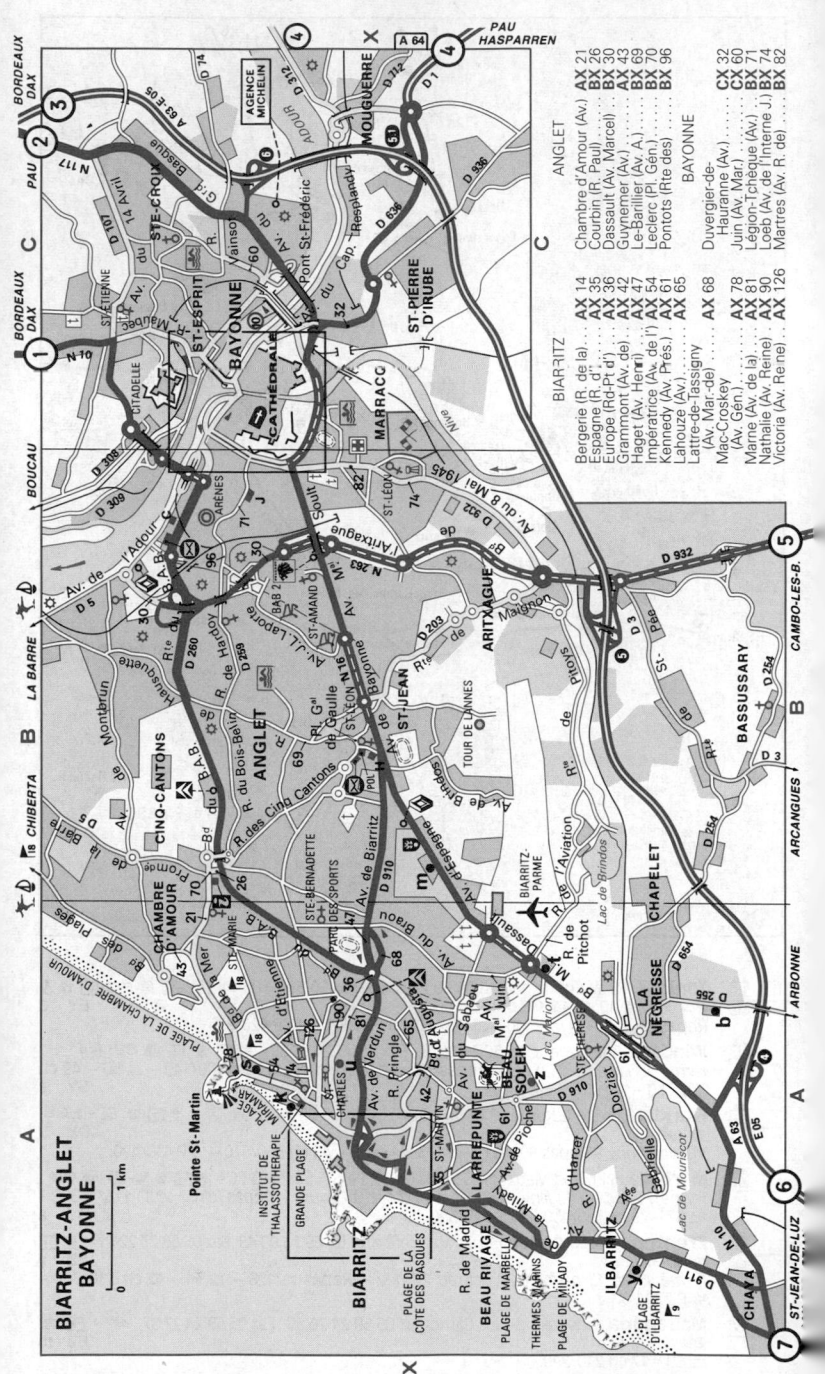

BIARRITZ-ANGLET BAYONNE

0   1 km

ANGLET

Chambre d'Amour (Av.)	**AX** 21
Corbin (R. Paul)	**BX** 26
Dassault (Av. Marcel)	**BX** 30
Cynheimer (Av.)	**AX** 43
Le-Barillier (Av. A.)	**BX** 69
Leclerc (Av. Gén.)	**BX** 70
Pontots (Rte des)	**BX** 96

BIARRITZ

Bergerie (R. de la)	**AX** 14
Espagne (R. d²)	**AX** 35
Europe (Rd-Pt d')	**AX** 36
Grammont (Av. de)	**AX** 42
Haget (Av. Henri)	**AX** 47
Impératrice (Av. de l')	**AX** 54
Kennedy (Av. Prés.)	**AX** 61
Lahouze (Av.)	**AX** 65
Lattre-de-Tassigny (Av. Mar.-de)	**AX** 68
Mac-Croskey (Av. Gén.)	**AX** 78
Marne (Av. de la)	**AX** 81
Nathalie (Av. Reine)	**AX** 90
Victoria (Av. Reine)	**AX** 126

BAYONNE

Duvergier-de-Hauranne (Av.)	**CX** 32
Juin (Av. Mar.)	**CX** 60
Légion-Tchèque (Av.)	**BX** 71
Loeb (Av. de l'Interne J.)	**BX** 74
Martres (Av. R. de)	**BX** 82

214

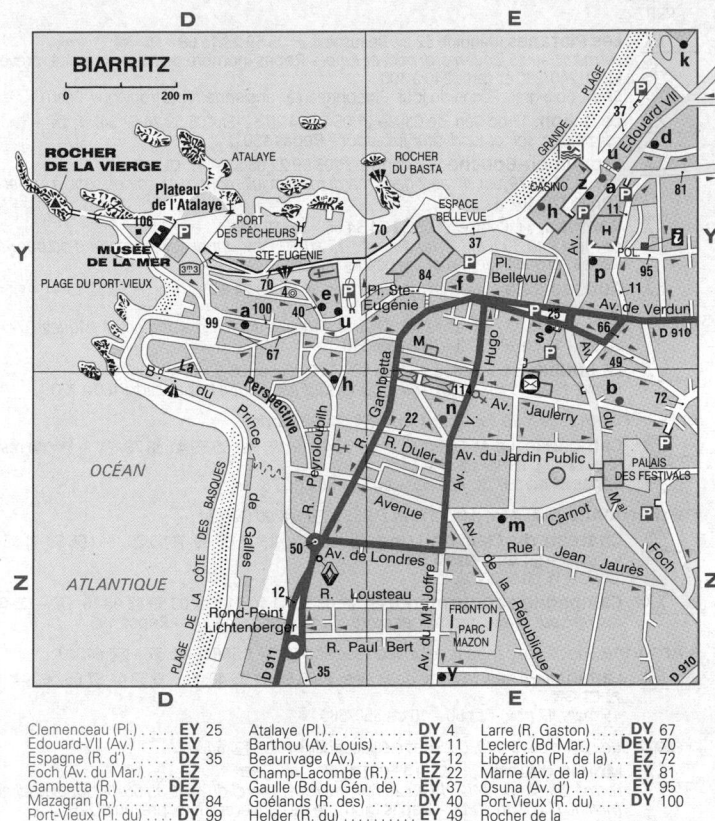

BIARRITZ

ROCHER DE LA VIERGE

MUSÉE DE LA MER

OCÉAN ATLANTIQUE

☗ **Président** sans rest, pl. Clemenceau ℘ 05 59 24 66 40, Fax 05 59 24 90 46 – 🛗 📺 ☎ ☏ – ☕ 50. 🄺 ⓞ 🆎
☐ 45 – **64 ch** 350/590.
EY s

☗ **Atalaye** sans rest, 6 r. Goélands ℘ 05 59 24 06 76, Fax 05 59 22 33 51 – 🛗 📺 ☎. 🆎
☐ 30 – **24 ch** 230/350.
DY e

☗ **Argi-Eder** sans rest, 13 r. Peyroloubilh ℘ 05 59 24 22 53, Fax 05 59 24 89 10 – ⇄ 📺 ☎.
🄺 🆎. ⚘
☐ 30 – **19 ch** 260/320.
DZ h

ⅩⅩⅩⅩ **Café de Paris** (Duhr et Oudill) 🄼 avec ch, 5 pl. Bellevue ℘ 05 59 24 19 53,
❉ Fax 05 59 24 18 20, ≤, « Bel aménagement intérieur » – 🛗 🎽 rest 📺 ☎ ♿. 🄺 ⓞ
🆎
EY f
Repas *(fermé fév., mars, merc. midi et mardi du 15 sept. au 15 juin)* 290/380 et carte 350 à
450 - *Bistrot Bellevue* : Repas 155, enf. 70 – ☐ 85 – **18 ch** 500/950 – ½ P 675
Spéc. Parmentier d'araignée de mer au bouillon de petits coquillages. Tuile de maïs
croquante aux langoustines et petites salades. Glace aux herbes de montagne et baies
sauvages. **Vins** Jurançon, Madiran.

ⅩⅩ **L'Operne,** 17 av. Edouard VII ℘ 05 59 24 30 30, Fax 05 59 24 37 89, ≤ océan, ☂ – 🎽. 🄺
ⓞ 🆎 🆺
EY u
Repas 135/245.

ⅩⅩ **Café de la Grande Plage,** 1 av. Edouard VII (casino) ℘ 05 59 22 77 88,
Fax 05 59 22 77 99, ≤ océan, ☂ – 🎽. 🄺 🆎
EY h
Repas carte 150 à 210, enf. 55.

XX **Les Platanes** (Daguin), 32 av. Beausoleil ✆ 05 59 23 13 68 – AE GB AX z
✿ *fermé 1er au 15 janv., mardi midi et lundi* – **Repas** (nombre de couverts limité, prévenir) 150 (déj.), 240/290 et carte 240 à 300
Spéc. Foie gras. Pêche du jour. Pigeonneau à l'ancienne. **Vins** Irouléguy, Béarn.

XX **Le Galion,** 17 bd Gén. de Gaulle ✆ 05 59 24 20 32, Fax 05 59 24 67 54, ≤, 余 – ▤. GB
fermé dim. soir et lundi sauf juil.-août – **Repas** 150. EY a

XX **Croque-en-Bouche,** 5 r. Centre ✆ 05 59 22 06 57 – ▤. AE GB EZ n
fermé 23 au 29 juin, 1er au 7 déc., mardi midi en juil.-août, dim. soir de sept. à juin et lundi – **Repas** 120/167 ♁.

XX **Ramona,** 5 r. Centre ✆ 05 59 24 34 66 – ▤. AE GB EZ n
fermé 15 au 30 juin, 1er au 15 oct., 15 au 30 janv., lundi soir et mardi d'octobre à juin – **Repas** - produits de la mer - 98 bc (déj.)/155.

XX **Aub. du Relais** avec ch, 44 av. Marne ✆ 05 59 24 85 90, Fax 05 59 22 13 94 – ▤ rest TV ☎. AE GB AX u
fermé 1er au 15 déc. et 12 au 31 janv. – **Repas** *(fermé mardi d'oct. à Pâques)* 97/154 ♁ – ☕ 34 – **12 ch** 285/320 – ½ P 235/314.

X **La Goulue,** 3 r. E. Ardouin ✆ 05 59 24 90 90, Fax 05 59 24 65 40 – GB EZ b
fermé 1er au 15 janv., dim. soir et lundi sauf juil.-août – **Repas** carte 160 à 220 ♁.

près aéroport *sur N 10 Sud-Est : 4 km* – ✉ *64200 Biarritz :*

Campanile, bd. M. Dassault ✆ 05 59 41 19 19, Fax 05 59 41 28 78, 余 – ⇔ ▤ rest TV ☎ ✆ ♿ P – 🏔 25. AE ⓓ GB AX t
Repas 84 bc/107 bc, enf. 39 – ☕ 32 – **88 ch** 278.

rte d'Arbonne *Sud : 4 km par D 910 et D 255* – ✉ *64200 Biarritz :*

Château du Clair de Lune ⛰ sans rest, ✆ 05 59 41 53 20, Fax 05 59 41 53 29, ≤, « Parc » – TV ☎ P. AE ⓓ GB AX b
☕ 50 – **15 ch** 550/700.

XX **Campagne et Gourmandise,** ✆ 05 59 41 10 11, Fax 05 59 43 96 16, 余 – AE GB
fermé 5 au 19 fév., dim. soir et merc. du 15 sept. au 14 juil. – **Repas** 195.

à Arbonne *Sud : 7 km par Pont de la Négresse et D 255 – 1 366 h. alt. 37* – ✉ *64210 :*

Laminak M sans rest, rte de St Pée ✆ 05 59 41 95 40, Fax 05 59 41 87 65, ≤, 🌳 – TV ☎ P. AE GB
15 mars-17 nov. – ☕ 50 – **10 ch** 350/560.

à Alotz *Sud : 8 km par D 910, D 255 et rte secondaire* **AX** – ✉ *64200 :*

XX **Moulin d'Alotz,** ✆ 05 59 43 04 54, 余, 🌳 – GB
fermé 20/11 au 15/12, 15 au 28 fév., mardi et merc. du 1/10 au 30/06, lundi midi et mardi midi du 01/07 au 30/09 – **Repas** (nombre de couverts limité, prévenir) 225.

CITROEN Gar. Artola, 88 av. Marne ✆ 05 59 41 01 30 N ✆ 05 59 41 01 30
HONDA Gar. Francoaméricain, 47 av. Prés. Kennedy ✆ 05 59 23 15 42
PEUGEOT Gar. Victoria, 48 av. Foch ✆ 05 59 24 53 80
RENAULT Central Auto Gar., 1 carr. Hélianthe ✆ 05 59 24 92 32 N ✆ 06 09 35 97 49

BIDARRAY *64780 Pyr.-Atl.* 85 ③ *G. Pyrénées Aquitaine – 585 h alt. 110.*
Paris 803 – Biarritz 36 – Cambo-les-Bains 16 – Pau 133 – St-Étienne-de-Baïgorry 16 – St-Jean-Pied-de-Port 20.

Erramundeya sans rest, D 918 ✆ 05 59 37 71 21, Fax 05 59 37 71 21, ≤ – ☎ P. GB
1er mars-30 nov. et fermé mardi sauf juil.-août – ☕ 32 – **10 ch** 165/240.

Pont d'Enfer, ✆ 05 59 37 70 88, Fax 05 59 37 76 60, ≤, 余 – TV ☎ P. AE GB
1er mars-30 oct. et fermé merc. midi et mardi sauf de juin à août – **Repas** 70/168 ♁, enf. 48 – ☕ 30 – **17 ch** 135/340 – ½ P 200/265.

BIDART *64210 Pyr.-Atl.* 78 ⑪ ⑱ *G. Pyrénées Aquitaine – 4 123 h alt. 40.*
Voir *Chapelle Ste-Madeleine* ※★.
⛳ *d'Ilbarritz* ✆ *05 59 23 74 65.*
ℹ *Office de Tourisme r. d'Erretegia* ✆ *05 59 54 93 85.*
Paris 781 – Biarritz 7 – Bayonne 16 – Pau 123 – St-Jean-de-Luz 9.

Villa L'Arche M ⛰ sans rest, chemin Camboénéa ✆ 05 59 51 65 95, Fax 05 59 51 65 99, ≤ Océan, 🌳 – TV ☎ P. GB
15 fév.-15 nov. – ☕ 60 – **8 ch** 700/750.

Gochoki sans rest, r. Caricartenea ✆ 05 59 26 59 55, Fax 05 59 54 71 00, 🌳 – cuisinette TV ☎ ♿ P. GB
fermé 6 nov. au 19 déc. et 3 janv. au 10 fév. – ☕ 32 – **10 ch** 320, 10 studios 350/550.

Pénélope, à Ilbarritz, Nord : 3 km sur D 911 ℰ 05 59 23 00 37, Fax 05 59 43 96 50, ≤, ☞ –
📺 ☎ 🅿. ⒼⒷ   plan Biarritz **AX** y
Repas (1ᵉʳ mai-30 oct.) 70 (dîner), 80/95 ⅃ – ☲ 26 – **23 ch** 290 – ½ P 250.

XXX **La Table des Frères Ibarboure,** Sud par N 10, rte Ahetze et rte secondaire : 4 km
ℰ 05 59 54 81 64, Fax 05 59 54 75 65, ㈜, parc – 🗐 🅿. ⒶⒺ ⓞ ⒼⒷ
fermé 15 nov. au 7 déc. et merc. d'oct. à juin – **Repas** 195/420 et carte 310 à 410
Spéc. Ravioles de morue à la biscayenne. Pêle-mêle d'encornets sur une galette croustillante à la luzienne. Foie chaud de canard aux agrumes confits. **Vins** Irouléguy, Jurançon.

RENAULT Gar. Cazenave, ℰ 05 59 54 92 57

BIELLE 64260 Pyr.-Atl. 🎖🎖 ⑱ G. Pyrénées Aquitaine – 470 h alt. 448.
Paris 805 – Pau 31 – Laruns 8 – Lourdes 44 – Oloron-Ste-Marie 26.

L'Ayguelade, Nord : 1 km par D 934 ℰ 05 59 82 60 06, Fax 05 59 82 61 17, ㈜, ☞ – ☎
⇐ 🅿. ⒼⒷ
fermé 17 nov. au 3 déc., 5 au 24 janv., lundi soir et mardi sauf du 10 juil. au 20 août – **Repas**
78/165 ⅃, enf. 38 – ☲ 28 – **10 ch** 200/250 – ½ P 180/220.

BIESHEIM 68 H.-Rhin 🎖🎖 ⑲ – rattaché à Neuf-Brisach.

BIÈVRES 08370 Ardennes 🎖🎖 ⑩ – 75 h alt. 241.
Paris 258 – Charleville-Mézières 60 – Longuyon 39 – Sedan 37 – Verdun 60.

XX **Relais de St-Walfroy,** ℰ 03 24 22 61 62, Fax 03 24 27 53 04 – 🗐 🅿. ⒼⒷ
fermé mardi – **Repas** 80/145 ⅃.

BIGNAN 56 Morbihan 🎖🎖 ③ – rattaché à Locminé.

BILLIERS 56190 Morbihan 🎖🎖 ⑭ – 760 h alt. 20.
Paris 464 – Nantes 91 – Vannes 28 – La Baule 43 – Muzillac 3 – Redon 39 – La Roche-Bernard
17.

Domaine de Rochevilaine ⬧, à la Pointe de Pen Lan-Sud : 2 km par D 5
ℰ 02 97 41 61 61, Fax 02 97 41 44 85, ≤ littoral, « Belles demeures en bordure de mer,
centre de remise en forme et piscines », ☞ – 🛗 📺 ☎ & 🅿 – 🔬 80. ⒶⒺ ⓞ ⒼⒷ
Repas 250/400 et carte 310 à 420 – ☲ 65 – **35 ch** 995/1450, 5 appart – ½ P 665/995
Spéc. Langoustines "rudoyées" au safran d'agrumes. Galette de homard aux pommes de
terre. Turbot rôti à la cervoise, tagliatelles de blé noir.

BINIC 22520 C.-d'Armor 🎖🎖 ③ G. Bretagne – 2 798 h alt. 35.
🖪 Office de Tourisme, esplanade de la Banche ℰ 02 96 73 60 12, Fax 02 96 73 35 23.
Paris 462 – St-Brieuc 14 – Guingamp 36 – Lannion 68 – Paimpol 33 – St-Quay-Portrieux 8.

Benhuyc Ⓜ, 1 quai St Bart ℰ 02 96 73 39 00, Fax 02 96 73 77 04, ㈜ – 🛗 🗐 rest 📺 ☎ &.
ⒶⒺ ⒼⒷ ⬧
Repas 95/195, enf. 48 – ☲ 35 – **25 ch** 325/395 – ½ P 290/340.

BIOT 06410 Alpes-Mar. 🎖🎖 ⑨, 🎞🎞 ㉕ G. Côte d'Azur – 5 575 h alt. 80.
Voir Musée Fernand Léger★★ – Retable du Rosaire★ dans l'église.
🖪 la bastide du Roy ℰ 04 93 65 08 48, S : 1,5 km.
🖪 Office de Tourisme pl. de la Chapelle ℰ 04 93 65 05 85, Fax 04 93 65 70 96.
Paris 918 – Cannes 16 – Nice 23 – Antibes 6 – Cagnes-sur-Mer 11 – Grasse 21 – Vence 20.

Domaine du Jas Ⓜ sans rest, 625 rte Mer (D 4) ℰ 04 93 65 50 50, Fax 04 93 65 02 01,
🛋, ☞ – 📺 ☎ 🅿. ⒼⒷ
fermé janv. – ☲ 60 – **14 ch** 600/1000, 3 duplex.

XXX **Les Terraillers,** au pied du village (D 4) ℰ 04 93 65 01 59, Fax 04 93 65 13 78, ㈜,
« Ancienne poterie du 16ᵉ siècle » – 🗐 🅿. ⒶⒺ ⒼⒷ
fermé vacances de Toussaint, jeudi midi en juil.-août et merc. – **Repas** 180/360 et carte 380
à 480
Spéc. Ravioles farcies de foie gras poêlé. Filets de rouget rôtis sur canapé de courgettes.
Millefeuille léger parfumé au kirch. **Vins** Côtes de Provence.

XXX **Aub. du Jarrier,** au village ℰ 04 93 65 11 68, Fax 04 93 65 50 03, ㈜ – 🗐. ⒶⒺ ⒼⒷ
fermé 10 janv. au 15 fév., lundi soir et mardi sauf juil.-août – **Repas** 260 bc/300 et carte 310
à 410, enf. 100 **- Le Bistrot** (fermé 1ᵉʳ au 26 fév., lundi soir et mardi sauf juil.-août)
Repas 135
Spéc. Ravioles de chanterelles au foie gras. Daurade royale en écailles de pomme de terre.
Délice cappuccino au chocolat noir. **Vins** Côtes de Provence.

XX **Plat d'Etain,** au village ℘ 04 93 65 09 37, Fax 04 93 69 90 26 – 🖭 ⓪ 🖼
fermé sam. midi en sais., dim. soir et lundi hors sais. – **Repas** 95 (déj.), 125/230, enf. 80.

X **Chez Odile,** au village ℘ 04 93 65 15 63, 🈸
fermé 20 nov. au 24 déc., merc. midi en juil.-août et jeudi sauf le soir en juil.-août – **Repas** 150.

BIRIATOU *64 Pyr.-Atl.* 🖽 ① – *rattaché à Hendaye.*

BIRKENWALD *67440 B.-Rhin* 🖽 ⑭ – *228 h alt. 295.*
Paris 460 – Strasbourg 34 – Molsheim 22 – Saverne 11.

🏨 **Au Chasseur** ♨, ℘ 03 88 70 61 32, Fax 03 88 70 66 02, ≼ Schneeberg, 🎿, 🗊, 🛲 – 🛌
🚗 📺 ☎ ℃ 🅿 – 🔬 25. 🖭 🖼 🛇 ch
fermé mardi midi et lundi – **Repas** 95/380 ℥, enf. 60 – ☲ 55 – **26 ch** 300/450 – ½ P 350/450.

BISCARROSSE *40600 Landes* 🛛🛯 ⑲ *G. Pyrénées Aquitaine* – *9 054 h alt. 22* – *Casino .*
🏌🏌 *de Biscarrosse, rte des Lacs* ℘ 05 58 09 84 93.
🛈 *Office de Tourisme av. de la Plage,* ℘ 05 58 78 20 96, Fax 05 58 78 23 65.
Paris 657 – Bordeaux 80 – Arcachon 40 – Bayonne 130 – Dax 92 – Mont-de-Marsan 87.

à Biscarrosse-Bourg :

🏨 **Atlantide** 🖻 sans rest, pl. Marsan ℘ 05 58 78 08 86, Fax 05 58 78 75 98 – 🛗 📺 ☎ ℃ 🕭 🅿.
🖭 ⓪ 🖼
☲ 38 – **33 ch** 250/440.

🏠 **St-Hubert** ♨ sans rest, 588 av. G. Latécoère ℘ 05 58 78 09 99, Fax 05 58 78 79 37, 🛲 –
📺 ☎ ℃ 🅿. 🖭 🖼
☲ 35 – **16 ch** 280/340.

🏠 **Le Relais** sans rest, 216 av. Mar. Lyautey ℘ 05 58 78 10 46, Fax 05 58 78 09 71 – 📺 ☎ ℃
🅿. ⓪ 🖼
fermé Noël au Jour de l'An – ☲ 36 – **24 ch** 260/360.

XX **La Fontaine Marsan,** pl. Marsan ℘ 05 58 82 81 29 – 🖭 🖼
🕭 *fermé 5 au 13 oct., 15 fév. au 2 mars, dim. soir et lundi sauf juil.-août* – **Repas** 80/195 ℥.

à Navarosse *Nord : 3,5 km par D 652 et D 305 –* ⊠ *40600 Biscarrosse :*

🏠 **Transaquitain** ♨ sans rest, ℘ 05 58 09 83 13, Fax 05 58 09 84 37, ⅃ – ☎ 🅿.
avril- sept. – ☲ 32 – **12 ch** 290/350.

à Ispe *Nord : 6 km par D 652 et D 305 –* ⊠ *40600 Biscarrosse :*

🏠 **La Caravelle** ♨, ℘ 05 58 09 82 67, Fax 05 58 09 82 18, ≼, 🈸 – 📺 ☎ 🅿. 🖼. 🛇 ch
Repas *(15 fév.-15 nov. et fermé lundi midi d'oct. à mai)* 88/250, enf. 40 – ☲ 40 – **11 ch**
290/390 – ½ P 290/320.

CITROEN Atlantic Autos, 68 r. E.-Branly ℘ 05 58 78 13 63
PEUGEOT Gar. Labarthe, rte de Parentis ZI ℘ 05 58 78 12 46
🕼 Biscarrosse Océan Pneu, 532 av. de Caupos ℘ 05 58 78 75 76

BISCHWIHR *68 H.-Rhin* 🖾 ⑲., 🖽 ⑦ – *rattaché à Colmar.*

BISCHWILLER *67240 B.-Rhin* 🖽 ④ – *10 969 h alt. 135.*
Paris 483 – Strasbourg 30 – Haguenau 9 – Saverne 41.

🏠 **Stade** sans rest, 29 rte Haguenau ℘ 03 88 53 96 96, Fax 03 88 53 89 49 – 🛗 📺 ☎ 🕭 🅿. 🖭
🖼. 🛇
☲ 30 – **20 ch** 250/280.

RENAULT Gar. Stern, 6 r. du Conseil ℘ 03 88 63 22 87

BITCHE *57230 Moselle* 🖾 ⑱ *G. Alsace Lorraine* – *5 517 h alt. 300.*
Voir Citadelle★ – Fort du Simserhof★ *O : 4 km.*
🏌🏌 ℘ 03 87 96 15 30, sortie E par N 62.
🛈 *Office de Tourisme à la Mairie* ℘ 03 87 06 16 16, Fax 03 87 96 10 23.
Paris 437 – Strasbourg 75 – Haguenau 45 – Sarrebourg 59 – Sarreguemines 35 – Saverne 53
– Wissembourg 49.

🏨 **Relais des Châteaux Forts** 🖻, 6 quai E. Branly (près gare) ℘ 03 87 96 14 14,
🕭 Fax 03 87 96 07 36, 🈸 – 🕭 📺 ☎ 🕭 🅿. 🖼
Repas *(fermé 20 au 30 nov., vacances de fév. et jeudi d'oct. à mai)* 75/175 ℥, enf. 50 – ☲ 42
– **30 ch** 250/350 – ½ P 310.

XX **Aub. de la Tour,** 3 r. Gare ℘ 03 87 96 29 25, Fax 03 87 96 02 61 – ⊞
⬟ *fermé fév., lundi soir et mardi* – **Repas** 70/250 ⅄, enf. 48.

XX **Strasbourg** avec ch, 24 r. Col. Teyssier ℘ 03 87 96 00 44, Fax 03 87 06 10 60 – 🖵 ☎ 🚗.
⊞
fermé 3 au 23 janv. – **Repas** *(fermé dim. soir et lundi)* 80 (déj.), 120/210 ⅄, enf. 49 – ⌑ 40 –
11 ch 150/290 – ½ P 275.

CITROEN Gar. du Bastion, 1 r. Bastion
℘ 03 87 96 00 08 🅽 ℘ 03 87 96 00 08
LADA, SEAT, TOYOTA Bitche Autos, 40 r. de
Sarreguemines ℘ 03 87 96 05 26 🅽
℘ 03 87 96 05 26

PEUGEOT Gar. Rêbmeister, 47 r. Pasteur à
Rahrbach-les-Bitche ℘ 03 87 09 70 36 🅽
℘ 03 87 09 70 36
RENAULT Gar. Hemmer, 103 r. d'Ingwiller à
Goetzenbruck ℘ 03 87 96 80 96 🅽
℘ 03 87 96 80 96

BLAESHEIM 67 B.-Rhin 57 2 ⑩ – *rattaché à Strasbourg.*

BLAGNAC 31 H.-Gar. 82 8 ⑧ – *rattaché à Toulouse.*

BLAMONT 25310 Doubs 66 ⑱ – *1 026 h alt. 576.*
Paris 484 – Besançon 88 – Baume-les-Dames 53 – Montbéliard 18 – Morteau 57.
⌖ **La Vieille Grange,** ℘ 03 81 35 19 00, ☞ – 🖵 ☎ க 🚗. ⊞
Repas *(fermé sam. midi, lundi midi et dim.)* carte 110 à 210 ⅄ – ⌑ 35 – **10 ch** 260.

Le BLANC ⬙ 36300 Indre 68 ⑯ G. Berry Limousin – *7 361 h alt. 85.*
🛈 Office de Tourisme pl. de la Libération ℘ 02 54 37 05 13.
Paris 330 – Poitiers 62 – Bellac 62 – Châteauroux 61 – Châtellerault 52.
🏠 **Théâtre** sans rest, 2 bis av. Gambetta ℘ 02 54 37 68 69, Fax 02 54 28 03 95 – 🖵 ☎ ✆. 🆎
⓪ ⊞ 🃏
⌑ 30 – **18 ch** 200/300.
🏠 **Ile d'Avant,** rte Châteauroux : 2 km ℘ 02 54 37 01 56, Fax 02 54 37 38 06, 🍴 – 🖵 ☎ ✆
⬟ 🄿 – 🛋 30. ⊞
fermé 22 déc. au 13 janv., dim. soir et lundi sauf juil.-août – **Repas** 82/110 ⅄, enf. 30 – ⌑ 34
– **15 ch** 190/290 – ½ P 190/235.

par rte de Belâbre , D 10 et rte secondaire : 6 km : – ✉ 36300 Le Blanc :
🏰 **Domaine de l'Étape** ⬙, ℘ 02 54 37 18 02, Fax 02 54 37 75 59, 🍴, parc – 🖵 ☎ 🄿 –
🛋 60. 🆎 ⓪ ⊞ 🃏
Repas 130/300 ⅄ – ⌑ 48 – **35 ch** 210/450.

CITROEN SAVRA, Av. P. Mendès-France
℘ 02 54 37 03 75
PEUGEOT Auto Agri, 28 r. A.-Chichery
℘ 02 54 37 06 38

RENAULT SADA Renault, 51 av. Pierre Mendès
France ℘ 02 54 37 07 32

⑩ Euromaster, 72 bis r. République
℘ 02 54 37 00 39

Le BLANC-MESNIL 93 Seine-St-Denis 56 ⑪ ⑩,, 101 ⑰ – *voir à Paris, Environs.*

BLANGY-SUR-BRESLE 76340 S.-Mar. 52 ⑥ – *3 447 h alt. 70.*
Paris 152 – Amiens 54 – Abbeville 28 – Dieppe 55 – Neufchâtel-en-Bray 32 – Le Tréport 26.
X **Les Pieds dans le Plat,** 27 r. St-Denis ℘ 02 35 93 38 36 – ⊞
⬟ *fermé vacances de fév., jeudi soir d'oct. à mai et lundi* – **Repas** 85/165 ⅄, enf. 40.

BLANQUEFORT 33290 Gironde 71 ⑨ – *12 843 h alt. 17.*
Paris 587 – Bordeaux 15 – Blaye 55 – Jonzac 91 – Libourne 40 – Saintes 122.
XX **Host. des Criquets** avec ch, 130 av. 11-Novembre ℘ 05 56 35 09 24, Fax 05 56 57 13 83,
🍴, 🞐 – 🖵 ☎ 🄿. 🆎 ⓪ ⊞
Repas *(fermé dim. soir et lundi)* 100 bc (déj.), 145/365 – ⌑ 52 – **20 ch** 295/310 – ½ P 290.

BLAYE ⬙ 33390 Gironde 71 ⑦ ⑧ G. Pyrénées Aquitaine **(plan)** – *4 286 h alt. 7.*
Voir *Citadelle⋆*.
Bac : *pour Lamarque, renseignements* ℘ 05 57 42 04 49, Fax 05 57 42 10 21.
🛈 Office de Tourisme Allées Marines ℘ 05 57 42 12 09.
Paris 544 – Bordeaux 50 – Cognac 83 – Libourne 46 – Royan 84.

🏨 **L'Olifant,** rte de Bordeaux ℰ 05 57 42 22 96, Fax 05 57 42 34 07 – 📺 ☎ ಈ 🄿 – 🔊 60. 🇬🇧
fermé dim. soir et lundi – **Repas** 65 bc (déj.), 95 bc/180 🍷 – ☑ 30 – **12 ch** 240/320 – ½ P 235.

PEUGEOT Gar. Fouchereau, ZI cours Bacalan
ℰ 05 57 42 08 09 🄽 ℰ 05 57 64 33 41

RENAULT Blaye Autom., 4 av. Haussmann
ℰ 05 57 42 02 20 🄽 ℰ 05 57 32 61 61

BLÉNEAU 89220 Yonne 🔢 ③ – 1 585 h alt. 200.
Paris 150 – *Auxerre 51* – Bonny-sur-Loire 21 – Briare 19 – Clamecy 61 – Gien 29 – Montargis 40.

🏨 **Blanche de Castille** Ⓜ, 17 r. d'Orléans ℰ 03 86 74 92 63, Fax 03 86 74 94 43, 🏡 – 📺
☎ 🄿 🄰🄴 🇬🇧
Repas *(fermé janv., dim. soir et vend. hors sais.)* 85/175 – ☑ 50 – **13 ch** 400 – ½ P 320/350.

🔺🔺🔺 **Aub. du Point du Jour,** pl. Mairie ℰ 03 86 74 94 38, Fax 03 86 74 85 92 – 🗐. 🄰🄴 ⑩ 🇬🇧
fermé 1ᵉʳ au 8 sept., 15 fév. au 15 mars, dim. soir et lundi sauf fériés – **Repas** 130/295 et carte 250 à 390.

BLÉNOD-LÈS-PONT-A-MOUSSON 54 M.-et-M. 🔢 ⑬ – rattaché à Pont-à-Mousson.

BLÉRÉ 37150 I.-et-L. 🔢 ⑯ G. Châteaux de la Loire – 4 388 h alt. 59.
🅱 Office de Tourisme r. J.-J.-Rousseau (15 juin-sept.) ℰ 02 47 57 93 00, Fax (mairie) 02 47 23 57 73.
Paris 234 – *Tours 26* – Blois 48 – Château-Renault 36 – Loches 24 – Montrichard 16.

🏨 **Cheval Blanc** (Blériot), pl. Église ℰ 02 47 30 30 14, Fax 02 47 23 52 80, 🏡, 🔲, 🌳 –
❀ 🛏 rest 📺 ☎ 🄿 🄰🄴 ⑩ 🇬🇧
fermé 2 janv. au 10 fév. – **Repas** *(fermé dim. soir sauf juil.-août et lundi)* (prévenir) 99/270 et carte 210 à 260, enf. 50 – ☑ 38 – **12 ch** 320/395 – ½ P 350/400
Spéc. Salade tiède de ravioles et queues de langoustines. Escalope de sandre au gratin de Saint-Jacques (oct. à mai). Géline de Touraine en deux cuissons. **Vins** Reuilly, Touraine.

🏨 **Cher,** r. Pont ℰ 02 47 57 95 15, Fax 02 47 30 26 35, 🏡 – 📺 ☎ 🄿 🇬🇧 🌂
fermé 15 au 29 nov., dim. soir et lundi midi d'oct. à mars – **Repas** 90/245 🍷, enf. 45 – ☑ 34
– **18 ch** 210/285 – ½ P 210/245.

CITROEN Gar. Caillet ℰ 02 47 30 26 26
PEUGEOT Gar. Vigean, ZAC la Vinerie La Croix en
Touraine ℰ 02 47 23 55 55

BLIENSCHWILLER 67650 B.-Rhin 🔢 ⑯ – 292 h alt. 230.
Paris 502 – *Strasbourg 44* – Barr 41 – Erstein 26 – Obernai 18 – Sélestat 12.

🏨 **Winzenberg** Ⓜ sans rest, 46 rte des Vins ℰ 03 88 92 62 77, Fax 03 88 92 45 22 – 📺 ☎ ✔
ஃ 🄿. 🇬🇧. 🌂
15 mars-15 déc. – ☑ 30 – **13 ch** 245/290.

BLIGNY-SUR-OUCHE 21360 Côte-d'Or 🔢 ⑨ G. Bourgogne – 745 h alt. 360.
Paris 289 – *Dijon 48* – Autun 43 – Beaune 19 – Pouilly-en-Auxois 22 – Saulieu 44.

🔺 **Trois Faisans** avec ch, ℰ 03 80 20 10 14, Fax 03 80 20 17 63, 🌳 – 🄿 🄰🄴 ⑩ 🇬🇧 🌂 rest
fermé 20 déc. au 1ᵉʳ fév, dim. soir et mardi d'oct. à juin – **Repas** 60 bc/170 🍷, enf. 50 –
☑ 30 – **7 ch** 190/230 – ½ P 165/195.

BLOIS 🄿 41000 L.-et-Ch. 🔢 ⑦ G. Châteaux de la Loire – 49 318 h alt. 73.
Voir Château★★★ (spectacle son et lumière) Z : musée des Beaux-Arts★ – Église St-Nicolas★
Z – Cour avec galeries★ de l'hôtel d'Alluye YZ E – jardins de l'Evêché ≤★ Y – Jardin du Roi
≤★ Z.
🇫 de la Carte à Chouzy-sur-Cisse ℰ 02 54 20 49 00, par ⑥ : 10 km; 🇫 du Château de
Cheverny ℰ 02 54 79 24 70, SE : 15 km par ④.
🅱 Office de Tourisme et Accueil de France 3, av. J.-Laigret ℰ 02 54 74 06 49, Fax 02 54 56 04
59 – A.C. 3 pl. Louis-XII ℰ 02 54 74 58 92.
Paris 182 ① – *Orléans 61* ① – Tours 65 ① – Le Mans 111 ⑧.

Plan page ci-contre

🏨 **Mercure Centre** Ⓜ, 28 quai St-Jean ℰ 02 54 56 66 66, Fax 02 54 56 67 00, 🎣, 🔲 – 🔊
✳☆ 🗐 📺 ☎ ஃ ⇦ – 🔊 30 à 300. 🄰🄴 ⑩ 🇬🇧   Z f
Repas 102/245 bc, enf. 52 – ☑ 55 – **84 ch** 410/495, 12 duplex.

🏨 **Holiday Inn Garden Court** Ⓜ, 26 av. Maunoury ℰ 02 54 55 44 88, Fax 02 54 74 57 97,
🏡 – 🛏 ✳☆ 🛏 rest 📺 ☎ ஃ 🄿 – 🔊 25 à 40. 🄰🄴 ⑩ 🇬🇧 🇯🇧   Y t
Repas *(fermé sam. midi et dim. midi du 1ᵉʳ nov. au 27 mars)* 70/130, enf. 40 – ☑ 48 – **78 ch**
410/440 – ½ P 348/363.

BLOIS

Commerce (R. du) . . . . . . Z
Orfèvres (R. des) . . . . Z 43
Papin (R. Denis) . . . . Z
Porte-Côté (R.) . . . . Z 48
Prés.-Wilson (Av.) . . . . Z 51

Abbé-Grégoire
(Quai de l') . . . . Z 2
Anne-de-Bretagne (R.) . . . Z 3
Balzac (R. H.) . . . . V 5
Beauvoir (R.) . . . . Y 6
Bourg-St-Jean
(R. du) . . . . Y 10
Cartier (R. R.) . . . . V 13
Chemonton (R.) . . . . Y 16
Clouseau (Mail) . . . . Y 17
Cordeliers (R. des) . . . . . . Y 18
Curie
(R. Pierre et Marie) . . . . X 19
Dion (R. R.) . . . . V 20
Dupuis (Bd) . . . . X 21
Fontaine-des-Élus (R.) . . . Z 22
Fossés-du-Château
(R. des) . . . . Z 23
Gambetta (Av.) . . . . X 25
Gaulle
(Pont Ch.-de) . . . . X 26
Gentils (Bd R.) . . . . X 27
Industrie
(Bd de l') . . . . V 29
Laigret (Av. J.) . . . . Z 32
Leclerc (Av. du Mar.) . . . . X 33
Lion-Ferré (R. du) . . . . Z 35

Louis-XII (Pl.) . . . . Z 38
Maunoury
(Av. du Mar.) . . . . Y 39
Monsabre
(R. du Père) . . . . Z 41
Papegaults (R. des) . . . . Y 44
Papin (Escaliers D.) . . . . Y 45
Pierre-de-Blois (R.) . . . . Z 46
Poids-du-Roi (R. du) . . . . Z 47

Puits-Châtel (R. du) . . . . Y 52
Remparts (R. des) . . . . Y 53
Résistance
(Rd-Pt-de la) . . . . Z 55
Ronsard (R. P.) . . . . X 58
St-Honoré (R.) . . . . YZ 59
St-Jean (Q.) . . . . Y 60
St-Louis (Pl.) . . . . Y 62
St-Martin (R.) . . . . Z 63

Schuman (Av. R.) . . . . V 64
Signeuix (R. de) . . . . V 66
Trois-Marchands
(R. des) . . . . Z 67
Trouessard (R.) . . . . Y 69
Vauvert (R.) . . . . Z 70
Verdun (Av. de) . . . . X 72
Vezin (R. A.) . . . . V 74
Villebois-Mareuil (Q.) . . . . . X, Z 75

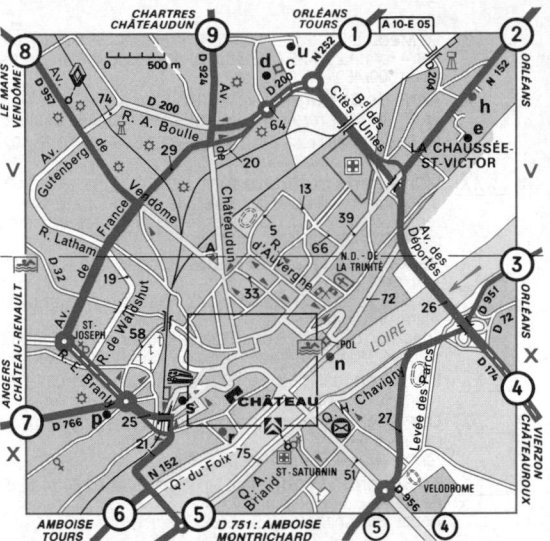

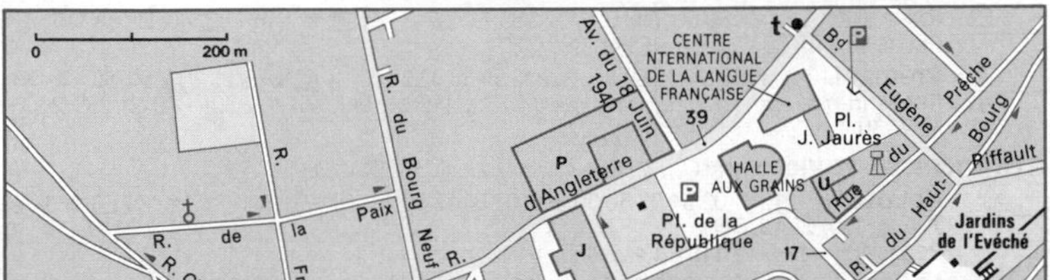

Le Médicis M, 2 allée François 1er ℰ 02 54 43 94 04, Fax 02 54 42 04 05 – 🍽 TV ☎. AE ①
GB – *fermé 2 au 25 janv. et dim. soir d'oct. à Pâques* – **Repas** 100/300, enf. 65 – ⇌ 50 –
12 ch 300/450 – ½ P 400/480.   X p

Anne de Bretagne sans rest, 31 av. J. Laigret ℰ 02 54 78 05 38, Fax 02 54 74 37 79 – TV
☎. AE ① GB – *fermé mi-fév. à mi-mars* – ⇌ 37 – **29 ch** 260/370.   Z k

Le Savoie sans rest, 6 r. Ducoux ℰ 02 54 74 32 21, Fax 02 54 74 29 58 – TV ☎. AE GB. ⋘
⇌ 30 – **26 ch** 180/280.   X s

L'Orangerie du Château, 1 av. Dr J. Laigret ℰ 02 54 78 05 36, Fax 02 54 78 22 78, ⇗,
« Élégante installation, terrasse, ≼ le château » – AE GB   Z e
fermé 20 au 27 août, vacances de fév., dim. soir et merc. sauf fériés – **Repas** 130/330 et
carte 290 à 450, enf. 70.

Rendez-vous des Pêcheurs (Reithler), 27 r. Foix ℰ 02 54 74 67 48, Fax 02 54 74 47 67
– 🍽. GB   X r
❀ *fermé 3 au 25 août, vacances de fév., lundi midi et dim.* – **Repas** (nombre de couverts
limité, prévenir) 145 et carte 230 à 320
Spéc. Flan de grenouilles au kaefferkopf et mousseline au cresson. Filet de sandre au corail
d'oursin. Millefeuille caramélisé à la vanille. **Vins** Cheverny, Touraine-Mesland.

L'Espérance, N 152, par ⑥ : 2,5 km ℰ 02 54 78 09 01, Fax 02 54 56 17 86, ≼ – 🍽 🅿. GB
fermé 10 au 28 août, vacances de fév., dim. soir et lundi – **Repas** 130/345, enf. 60.

La Péniche, promenade Mail ℰ 02 54 74 37 23, Fax 02 54 56 89 65, péniche aménagée –
🍽. AE ① GB   X n
fermé dim. sauf fériés – **Repas** 150.

Au Bouchon Lyonnais, 25 r. Violettes ℰ 02 54 74 12 87, ⇗ – GB   Z a
❀ *fermé janv., dim. et lundi*
Repas (prévenir) 115/165.

Z.A. Vallée Maillard *Nord : 3 km* – ⊠ 41000 Blois :

Ibis M, ℰ 02 54 74 60 60, Fax 02 54 74 85 71, ⇗ – ⋈ TV ☎ & 🅿 – 🔬 40. AE ① GB
Repas 95, enf. 39 – ⇌ 35 – **61 ch** 280/320.   V d

Préma H., ℰ 02 54 78 89 90, Fax 02 54 56 02 27, ⇗ – TV ☎ & 🅿 – 🔬 50. AE ① GB
Repas (fermé sam. midi et dim. midi) 81 bc/115 bc, enf. 45 – ⇌ 32 – **42 ch** 255/268 –
½ P 230.   V u

à La Chaussée-St-Victor *par ② : 4 km* – 4 036 h. alt. 105 – ⊠ 41260 :

Novotel M ⋙, ℰ 02 54 57 50 50, Fax 02 54 57 50 40, ⇗, ⅀, ⚘ – 🛗 ⋈ TV ☎ ⋞ &
🅿 – 🔬 100. AE ① GB   V e
Repas 105 – ⇌ 50 – **116 ch** 415/465.

La Tour, N 152 ℰ 02 54 78 98 91, Fax 02 54 74 74 52, ⇗, ⚘ – 🅿. GB   V h
fermé 4 au 31 août, dim. soir et lundi sauf fériés – **Repas** 135/205.

à Vineuil *par ④ et D 176 : 4 km* – 6 253 h. alt. 73 – ⊠ 41350 :

Climat de France, 48 r. Quatre Vents ℰ 02 54 42 70 22, Fax 02 54 42 43 81 – TV ☎ & 🅿
– 🔬 120. AE GB
Repas 75/135 ⅃, enf. 39 – ⇌ 35 – **58 ch** 305/375.

aux Grouëts *par ⑥ : 5 km* – ⊠ 41000 Blois :

L'Orée du Bois, ℰ 02 54 74 35 18, Fax 02 54 56 01 83, ⇗ – GB
fermé mi-janv. à mi-fév., lundi soir et mardi sauf juil.-août – **Repas** 98/260, enf. 55.

à Molineuf *par ⑦ : 9 km* – 810 h. alt. 115 – ⊠ 41190 :

Poste, ℰ 02 54 70 03 25, Fax 02 54 70 12 46 – 🍽 🅿. AE ① GB
❀ *fermé fév., dim. soir et merc.*
Repas 89/218, enf. 60.

par ⑧, *rte de Vendôme et D 26 : 15 km* – ⊠ 41190 Landes-le-Gaulois :

Château de Moulins ⋙, ℰ 02 54 20 17 93, Fax 02 54 20 17 99, ≼, ⇗, « Dans un
domaine boisé avec pièce d'eau » – ⋞ TV ☎ ⋐ 🅿 – 🔬 25. AE ① GB ⊖⊖
Repas 145/185 – ⇌ 50 – **22 ch** 400/600.

ALFA ROMEO, LANCIA Gar. Blot Frères, 47 bis RN à
la Chaussée-St-Victor ℰ 02 54 78 67 13
BMW Gar. Papon, 44 r. Mar.-de-Lattre-de-Tassigny
ℰ 02 54 78 77 06
CITROEN Alteam 2, ZA Gds Champs, bd Jos Paul
Boncour par ⑤ ℰ 02 54 78 42 22
FIAT Gar. Blanc, 42 av. Mar.-Maunoury
ℰ 02 54 78 04 62
MERCEDES Gar. Malard, rte de Paris à la Chaussée-
St-Victor ℰ 02 54 56 45 00
OPEL Auto Loisir, r. R.-Dion ℰ 02 54 74 29 30
PEUGEOT Beauciel autom., 11 N La Chaussée-St-
Victor par ② ℰ 02 54 55 22 22 N
ℰ 02 54 45 09 04

RENAULT Blois Warsemann Autom., 129 av de
Vendôme ℰ 02 54 52 12 12 N ℰ 08 00 05 15
15
VAG Auto Service, av. R.-Schuman
ℰ 02 54 78 67 84
VOLVO Prestige auto, 6 r. Berthonneau
ℰ 02 54 20 07 09

🔘 Euromaster, av. de Châteaudun
ℰ 02 54 78 18 74
Vulco, 44 av. de Vendôme ℰ 02 54 43 48 40

BLONVILLE-SUR-MER *14910 Calvados* 🗺️54 ⑰ – *1 062 h alt. 10.*
Paris 207 – Caen 43 – Le Havre 45 – Deauville 4 – Lisieux 34 – Pont-l'Évêque 16.

🏠 **L'Épi d'Or,** ℰ 02 31 87 90 48, Fax 02 31 87 08 98, 😤 – 📺 ☎. 🅰🅴 GB
fermé 1er au 14 mars, 17 au 30 déc. et 2 au 20 fév. – Repas (fermé merc. et jeudi du 1er sept. au 30 juin) 90/360, enf. 70 – ⊡ 35 – **12 ch** 320/480 – ½ P 385/435.

BLUFFY (Col de) *74 H.-Savoie* 🗺️74 ⑧ – *203 h alt. 640 – ⊠ 74290 Veyrier-du-Lac.*
Paris 549 – Annecy 11 – Albertville 38 – La Clusaz 23 – Megève 52.

🍴 **Aub. des Dents de Lanfon** avec ch, ℰ 04 50 02 82 51, Fax 04 50 02 85 19, 😤 – ☎ 🅿.
⚙ GB
fermé 26 mai au 10 juin, 5 au 27 janv., dim. soir (sauf hôtel) et lundi sauf juil.-août et fériés –
Repas 80 (déj.), 95/190 ⚑, enf. 45 – ⊡ 28 – **7 ch** 230/270 – ½ P 235/255.

BOBIGNY *93 Seine-St-Denis* 🗺️56 ⑪,, 🔲101 ⑰ – *voir à Paris, Environs.*

Au moment de chercher un hôtel ou un restaurant, soyez efficace.
*Sachez utiliser les noms soulignés en rouge sur les **cartes Michelin***
à 1/200 000.
Mais ayez une carte à jour!

La BOCCA *06 Alpes-Mar.* 🗺️84 ⑨ – *rattaché à Cannes.*

BOERSCH *67 B.-Rhin* 🗺️62 ⑨ – *rattaché à Obernai.*

BOIS-COLOMBES *92 Hauts-de-Seine* 🗺️55 ⑳,, 🔲101 ⑮ – *voir à Paris, Environs.*

BOIS DE LA CHAIZE *85 Vendée* 🗺️67 ① – *voir à Noirmoutier (Ile de).*

BOIS-DU-FOUR *12 Aveyron* 🗺️80 ④ – ⊠ *12780 Vézins-de-Lévézou.*
Paris 638 – Rodez 44 – Aguessac 16 – Millau 22 – Pont-de-Salars 25 – Sévérac-le-Château 18.

🏠 **Relais du Bois du Four** ⑧, ℰ 05 65 61 86 17, Fax 05 65 58 81 37, parc – ☎ 🚗 🅿.
⚙ GB, ⚙ rest
15 mars-30 nov. et fermé mardi soir et merc. hors sais. – Repas 75/180 ⚑, enf. 50 – ⊡ 35 –
27 ch 160/290 – ½ P 248/305.

BOIS-LE-ROI *77590 S.-et-M.* 🗺️61 ② – *4 744 h alt. 80.*
Paris 58 – Fontainebleau 9 – Melun 10 – Montereau-Fault-Yonne 25.

🏨 **Pavillon Royal** 🅼 sans rest, 40 av. Gallieni ℰ 01 64 10 41 00, Fax 01 64 10 41 10, 🔄, 🌿,
🍴 – 📺 ☎ ♿ 🅿 – 🔬 25. GB
⊡ 40 – **26 ch** 295.

🍴🍴 **La Marine,** 52 quai O. Metra (à l'Écluse) ℰ 01 60 69 61 38, Fax 01 60 66 38 59, 😤 – GB
fermé 15 sept. au 8 oct., lundi et mardi sauf fériés – Repas 130/220, enf. 70.

Gar. Gere, ℰ 01 60 69 60 65

BOIS-PLAGE-EN-RÉ *17 Char.-Mar.* 🗺️71 ⑫ – *voir à Ré (île de).*

BOISSERON *34160 Hérault* 🗺️83 ⑧ – *981 h alt. 32.*
Paris 743 – Montpellier 30 – Aigues-Mortes 27 – Alès 45 – Nîmes 37 – Sommières 3.

🍴 **Aub. Lou Caléou,** ℰ 04 67 86 60 76, Fax 04 67 86 60 76, « Cadre médiéval » – 🍽. 🅰🅴
GB
fermé mars, le soir de nov. à mars, dim. soir et merc. – Repas 98/210.

BOISSET *15600 Cantal* 🗺️76 ⑪ – *653 h alt. 426.*
Paris 565 – Aurillac 30 – Calvinet 17 – Entraygues-sur-Truyère 50 – Figeac 36 – Maurs 14.

🏨 **Aub. de Concasty** 🅼 ⑧, Nord-Est : 3 km par D 64 ℰ 04 71 62 21 16,
Fax 04 71 62 22 22, ≤, 😤, 🌿, 🔄, 🌿 – 📺 ☎ ♿ 🅿. 🅰🅴 ① GB
fermé 15 au 30 nov. et 5 au 15 janv. – Repas (fermé merc.) (sur réservation seul.) 150/200 –
⊡ 50 – **16 ch** 310/500 – ½ P 370/450.

BOISSEUIL 87220 H.-Vienne 72 ⑰ ⑱ – 1 558 h alt. 350.

Paris 403 – Limoges 10 – Bourganeuf 48 – Nontron 70 – Périgueux 96 – Uzerche 47.

XX **Gril de l'Anneau** avec ch, 𝒫 05 55 06 90 06, Fax 05 55 06 32 88, 🌤 – 🕿, GB. 🛠
fermé 28 avril au 5 mai, 28 juil. au 18 août, 24 déc. au 2 janv., dim. sauf fériés et lundi –
Repas - spécialité de viande limousine - 130 🍷 – ☁ 35 – **7 ch** 150/270.

BOIS-VERT 16 Charente 75 ② – rattaché à Barbezieux.

BOLBEC 76210 S.-Mar. 55 ④ – 12 372 h alt. 54.

Paris 186 – Le Havre 31 – Fécamp 26 – Rouen 60 – Yvetot 22.

⚓ **Fécamp** sans rest, 15 r. J. Fauquet 𝒫 02 35 31 00 52 – 📺 🕿, GB. 🛠
fermé 15 janv. au 1ᵉʳ fév. et dim. d'oct. à juin – ☁ 25 – **25 ch** 150/260.

PEUGEOT Gar. Quesnel, 484 av. Mar.-Joffre   Ⓟ Pain Pneu, 81 bis et 83 r. G.-Clémenceau
𝒫 02 35 31 07 11 🆗 𝒫 02 35 31 07 11   𝒫 02 35 31 06 87

BOLLENBERG 68 H.-Rhin 62 ⑱ ⑧ – rattaché à Rouffach.

BOLLÈNE 84500 Vaucluse 81 ① G. Provence **(plan)** – 13 907 h alt. 40.

🔁 Office de Tourisme pl Reynaud-de-la-Gardette 𝒫 et Fax 04 90 40 51 44.

Paris 636 – Avignon 53 – Montélimar 35 – Nyons 35 – Orange 25 – Pont-St-Esprit 10.

🏨 **Château de Rocher et rest. Belle Écluse**, 42 av. E. Lachaux (rte Nyons)
𝒫 04 90 40 09 09, Fax 04 90 40 09 30, 🌤, parc – 📺 🕿 🅿. 🕮 GB
Repas 100/250 – ☁ 50 – **20 ch** 220/370 – ½ P 210/270.

🏨 **De Chabrières**, 7 bd Gambetta 𝒫 04 90 40 08 08, Fax 04 90 40 52 88, 🌤 – 📺 🕿. 🕮 GB
Repas 95/190 🍷 – ☁ 50 – **10 ch** 270/340 – ½ P 240/270.

XXX **Lou Bergamoutié**, r. Abbé Prompsault 𝒫 04 90 40 10 33, Fax 04 90 40 10 39, 🌤 – 🗏.
GB
fermé dim. soir et lundi – **Repas** 200 bc/280 et carte 220 à 340.

PEUGEOT Gar. Portes de Provence, Quart la   Ⓟ Ayme Pneus, 633 r. J. Verne 𝒫 04 90 30 13 21
Deverasse 𝒫 04 90 30 10 46   Gaigne Pneus, av. S.-Allende 𝒫 04 90 30 14 40
RENAULT Gar. Fatiga, av. Salvador Allende
𝒫 04 90 30 51 52

La BOLLÈNE-VÉSUBIE 06 Alpes-Mar. 84 ⑲, 115 ⑰ G. Côte d'Azur – 308 h alt. 700 – ✉ 06450
Lantosque.

Voir Chapelle St-Honorat ⩹★ S : 1 km.

Paris 892 – Nice 57 – Puget-Théniers 59 – Roquebillière 7 – St-Martin-Vésubie 17 – Sospel
32.

🏨 **Gd H. du Parc** 🌖, D 70 𝒫 04 93 03 01 01, Fax 04 93 03 01 20, 🌤, parc – 📱 🕿 🅿. 🕮 ⓪
GB. 🛠 rest
1ᵉʳ mai-30 sept. – **Repas** 88/160 – ☁ 35 – **52 ch** 143/362 – ½ P 312/355.

BOLLEZEELE 59470 Nord 51 ③ – 1 476 h alt. 40.

Paris 278 – Calais 44 – Dunkerque 24 – Lille 67 – St-Omer 19.

🏨 **Host. St-Louis** Ⓜ 🌖, 𝒫 03 28 68 81 83, Fax 03 28 68 01 17, 🚑 – 📱 📺 🕿 🅿 – 🏌 40. 🕮
GB
fermé 2 au 16 janv., vacances de fév., dim. soir et lundi – **Repas** 140/315 bc – ☁ 40 – **28 ch**
250/450 – ½ P 330/350.

BONDUES 59 Nord 51 ⑯,, 111 ⑬ – rattaché à Lille.

Le BONHOMME 68650 H.-Rhin 62 ⑱ G. Alsace Lorraine – 607 h alt. 735 – Sports d'hiver : 850/
1 250 m ⩽ 12 🎿.

Paris 452 – Colmar 25 – Gérardmer 37 – St-Dié 31 – Ste-Marie-aux-Mines 16 – Sélestat 40.

🏨 **Poste,** au village 𝒫 03 89 47 51 10, Fax 03 89 47 23 85, 🚑 – 📺 🕿 🅿. 🕮 GB
fermé 10 au 20 mars, 3 nov. au 28 nov. et 11 au 22 janv. – **Repas** (fermé mardi soir et merc.
soir sauf vacances scolaires et merc. midi) 65/220 🍷, enf. 50 – ☁ 30 – **23 ch** 250/300 –
½ P 260/280.

BONIFACIO *2A Corse-du-Sud* **90** ⑨ – *voir à Corse.*

BONLIEU *39130 Jura* **70** ⑮ *G. Jura* – *206 h alt. 785.*

Voir *Belvédère de la Dame Blanche* ≤★ *NO : 2 km puis 30 mn.*

Paris 442 – Champagnole 23 – Lons-le-Saunier 33 – Morez 24 – St-Claude 42.

XX   **La Poutre** (Moureaux) avec ch, ℰ 03 84 25 57 77, Fax 03 84 25 51 61 – 📺 ☎ 𝐏. GB
✿   *1ᵉʳ avril-11 nov. et fermé dim. soir et lundi sauf juil.-août* – Repas 120/450 et carte 280 à
🐟   410, enf. 55 – ⚏ 42 – **10 ch** 160/450 – ½ P 300/350
      Spéc. Gratin d'écrevisses aux morilles (juil. à oct.). Filet de sandre aux poireaux confits.
      Galette de mirabelle et sorbet citron (août à oct.). **Vins** Arbois, Côtes-du-Jura.

BONNATRAIT *74 H.-Savoie* **70** ⑰ – *rattaché à Thonon-les-Bains.*

BONNE *74380 H.-Savoie* **74** ⑥ ⑦ – *1 815 h alt. 457.*

Paris 547 – Annecy 43 – Thonon-les-Bains 31 – Bonneville 15 – Genève 17 – Morzine 44.

XX   **Baud** avec ch, ℰ 04 50 39 20 15, Fax 04 50 36 28 96, ㄹ, ☞ – 📺 ☎ 𝐏. ⅍ GB
      fermé 23 juin au 10 juil. et 1ᵉʳ au 15 janv. – Repas *(fermé dim. soir sauf juil.-août)* 98 (déj.),
      138/225 ⅃, – ⚏ 40 – **8 ch** 230/270 – ½ P 180/270.

au Pont-de-Fillinges *Est : 2,5 km –* ⊠ *74250 Fillinges :*

XX   **Le Pré d'Antoine**, rte Boëge ℰ 04 50 36 45 06, Fax 04 50 31 12 28, ㄹ – 𝐏. ① GB
      fermé mi-juil. à mi-août, mardi soir et merc. – Repas 95 (déj.), 155/220.

BONNE-FONTAINE *57 Moselle* **57** ⑰ – *rattaché à Phalsbourg.*

BONNETAGE *25210 Doubs* **66** ⑱ – *657 h alt. 960.*

Paris 472 – Besançon 67 – Belfort 72 – Biel/Bienne 71 – La Chaux-de-Fonds 27.

XX   **Etang du Moulin** ⑤ avec ch, 1,5 km par D 236 et chemin privé ℰ 03 81 68 92 78,
      Fax 03 81 68 94 42, ≤ – 📺 ☎ 𝐏. GB
      fermé 22 au 25 déc. (sauf hôtel) et 2 janv. au 2 fév. – Repas *(fermé dim. soir d'oct. à avril et
      lundi sauf juil.-août et fériés)* 105/310, enf. 60 – ⚏ 35 – **18 ch** 180/280 – ½ P 220.

X   **Les Perce-Neige** avec ch, D 437 ℰ 03 81 68 91 51, Fax 03 81 68 95 25 – 🍽 rest 📺 ☎ 𝐏.
🐟   – 🔺 25. GB
      fermé 15 au 30 janv. – Repas *(fermé lundi soir)* 75/290 ⅃, enf. 55 – ⚏ 30 – **12 ch** 200/230 –
      ½ P 230.

BONNEUIL-SUR-MARNE *94 Val-de-Marne* **61** ①,, **101** ㉗ – *Voir à Paris, Environs.*

BONNEVAL *28800 E.-et-L.* **60** ⑰ *G. Châteaux de la Loire* – *4 420 h alt. 128.*

Voir *Porte fortifiée★ de l'ancienne abbaye.*

🛈 *Office de Tourisme 2 pl. de l'Eglise ℰ 02 37 47 55 89, Fax 02 37 96 28 62.*

Paris 118 – Chartres 31 – Orléans 56 – Ablis 62 – Châteaudun 15 – Étampes 90.

XXX **Host. Bois Guibert** avec ch, rte Châteaudun : 2 km sur N 10 ℰ 02 37 47 22 33,
      Fax 02 37 47 50 69, « Ancienne gentilhommière du 17ᵉ siècle », ☞ – 📺 ☎ 𝐏. ⅍ ① GB
      Repas 139/310 et carte 260 à 360, enf. 60 – ⚏ 50 – **14 ch** 290/550 – ½ P 325/475.

CITROEN Gar. Loire, 80 r. de Chartres   RENAULT Gar. Miard, 138 r. de Chartres
ℰ 02 37 47 28 90 🅽 ℰ 02 37 47 07 26   ℰ 02 37 47 46 60 🅽 ℰ 02 37 47 46 60
PEUGEOT Boudet, 45 r. de la Résistance
ℰ 02 37 47 24 39

BONNEVAL-SUR-ARC *73480 Savoie* **74** ⑲ *G. Alpes du Nord* – *216 h alt. 1800* – *Sports d'hiver :
1 800/3 000 m ⚡ 10.*

Voir *Vieux village★.*

🛈 *Office de Tourisme ℰ 04 79 05 95 95, Fax 04 79 05 86 87.*

Paris 710 – Albertville 135 – Chambéry 146 – Lanslebourg 20 – Val-d'Isère 30.

🏨   **La Marmotte** ⑤, ℰ 04 79 05 94 82, Fax 04 79 05 90 08, ≤, ㄹ, 𝔣ₛ – ☎ ⇔ 𝐏. ① GB
🔒   *15 juin-25 sept. et 19 déc.-1ᵉʳ mai* – Repas 105/195 ⅃, enf. 68 – ⚏ 38 – **28 ch** 320/350.

🏠   **A la Pastourelle** ⑤, ℰ 04 79 05 81 56, Fax 04 79 05 85 44, ≤ – ☎. ⅍ GB. 🔒
🐟   *hôtel : fermé 3 au 11 mai et vacances de Toussaint ; rest. : 28 juin-7 sept. et 20 déc.-2 mai –*
      Repas (snack) 62/79 – ⚏ 32 – **12 ch** 260/310 – ½ P 270/280.

▥ **La Bergerie** 🦢, ℰ 04 79 05 94 97, Fax 04 79 05 93 24, ≼ – ☎ 🅿. 🖭 GB. ⅏
🍴 *15 juin-30 sept. et 20 déc.-1ᵉʳ mai* – **Repas** 82/148 ⅃, enf. 45 – ⬚ 42 – **23 ch** 250/310 – ½ P 310/330.

✕ **Aub. Le Pré Catin**, ℰ 04 79 05 95 07, Fax 04 79 05 88 07, 🍽 – GB
🍴 *15 juin-28 sept., 20 déc.-4 mai et fermé lundi* – **Repas** 98/160 ⅃, enf. 60.

BONNEVILLE ◁🕾 74130 H.-Savoie ⑦⑪ ⑦ G. Alpes du Nord – 9 998 h alt. 450.
🔼 *Office de Tourisme pl. Hôtel de Ville* ℰ 04 50 97 38 37, Fax 04 50 97 19 33.
Paris 558 – Annecy 39 – Chamonix-Mont-Blanc 55 – Thonon-les-Bains 45 – Albertville 67 – Nantua 86.

▥ **Aub. du Coteau**, à Ayse, Est : 2,5 km par D 6 ℰ 04 50 97 25 07, Fax 04 50 25 67 02, 🍽 – 🖭 ☎ 🅿. GB. ⅏
Repas *(fermé 2 au 10 mai, 4 au 31 août, 24 déc. au 5 janv., lundi midi, dim. et fériés)* 75 (déj.)/135 ⅃ – ⬚ 28 – **9 ch** 225/285 – ½ P 235/245.

▥ **Bellevue** 🦢, à Ayse, Est : 2,5 km par D 6 ℰ 04 50 97 20 83, Fax 04 50 25 28 38, ≼, 🍽, 🌳 – 🖭 ☎ 🅿. GB
hôtel : mai-sept., vacances de fév. et fermé dim. soir en mai et juin ; rest. : 15 juin-10 sept. – **Repas** 90/160, enf. 50 – ⬚ 30 – **21 ch** 220/255 – ½ P 220/230.

XXX **L'Eau Sauvage et H. Sapeur** (Guénon) avec ch, pl. Hôtel de Ville ℰ 04 50 97 20 68, ✿ Fax 04 50 25 73 48 – |🛗| 🖭 ☎ – ⚠ 25. 🖭 GB JCB. ⅏
fermé 2 au 13 janv., dim. soir et lundi – **Repas** 150/440 et carte 340 à 500, enf. 80 – ⬚ 40 – **12 ch** 280/400 – ½ P 350/380
Spéc. "Matafan" de gambas poêlées et chèvre doux. "Farcette" de saumon de fontaine mi-fumé. "Biscoin" d'agneau au serpolet. **Vins** Chignin-Bergeron, Mondeuse.

PEUGEOT Gar. Andréoléty, 403 av. Glières ℰ 04 50 97 20 93   ⓜ Barret, 744 av. de Genève ℰ 04 50 97 02 22

BONNIÈRES-SUR-SEINE 78270 Yvelines ⑤⑤ ⑱, ⑩⑥ ② – 3 437 h alt. 20.
Paris 66 – Rouen 68 – Évreux 34 – Magny-en-Vexin 25 – Mantes-la-Jolie 12 – Vernon 11 – Versailles 55.

XX **Host. Bon Accueil**, rte Vernon : 1,5 km ℰ 01 30 93 01 00 – 🅿. 🖭 ⓞ GB
fermé août, vacances de fév., mardi soir et merc. – **Repas** 170/300.

BONNIEUX 84480 Vaucluse ⑧① ⑬, ⑪⑭ ① G. Provence – 1 422 h alt. 400.
Voir Tableaux★ dans l'église neuve – Terrasse ≼★.
Paris 723 – Aix-en-Provence 44 – Apt 11 – Carpentras 43 – Cavaillon 26 – Salon-de-Provence 50.

▦▦ **Host. du Prieuré** 🦢, ℰ 04 90 75 80 78, Fax 04 90 75 96 00, ≼, 🍽, « Demeure du 18ᵉ siècle » – 🖭 ☎ 🅿. GB
1ᵉʳ mars-2 nov. – **Repas** *(fermé mardi midi de juil. à sept., merc. sauf le soir de juil. à sept. et jeudi midi)* 198 – ⬚ 48 – **10 ch** 498/640 – ½ P 353/498.

✕ **Le Fournil**, pl. Carnot ℰ 04 90 75 83 62, Fax 04 90 75 96 19, 🍽 – GB
fermé 20 nov. au 10 déc., 5 janv. au 15 fév., mardi midi de sept. à juin, sam. midi en juil.-août et lundi – **Repas** (prévenir) 119/165, enf. 55.

RENAULT Gar. Morello, av. des Tilleuls ℰ 04 90 75 80 84

BONSECOURS 76 S.-Mar. ⑤⑤ ⑥ – rattaché à Rouen.

BONS-EN-CHABLAIS 74890 H.-Savoie ⑦⑩ ⑰ – 3 275 h alt. 565.
Paris 554 – Thonon-les-Bains 16 – Annecy 58 – Bonneville 30 – Genève 24.

▦▦ **Progrès** Ⓜ, ℰ 04 50 36 11 09, Fax 04 50 39 44 16 – |🛗| 🖭 ☎ ✆ & 🅿. GB
🍴 *fermé 30 juin au 20 juil., 29 déc. au 15 janv., dim. soir et lundi sauf du 22 juil. au 22 août* – **Repas** 95/275, enf. 55 – ⬚ 38 – **10 ch** 280/320 – ½ P 280/300.

BONSON 42160 Loire ⑦③ ⑱ – 3 880 h alt. 380.
Voir Sury-le-Comtal : décoration★ du château NO : 3 km – St-Rambert-sur-Loire : église★, bronzes★ du musée SE : 4 km, G. Vallée du Rhône.
Paris 513 – St-Étienne 21 – Feurs 29 – Montbrison 15.

✕ **Voyageurs** avec ch, à la Gare ℰ 04 77 55 16 15, Fax 04 77 36 76 33, 🍽 – 🖭 ☎ ✆ 🅿. 🖭
🍴 ⓞ GB
fermé 2 au 24 avril, dim. soir (sauf hôtel) et sam. – **Repas** 60 (déj.), 75/140 ⅃, enf. 56 – ⬚ 28 – **7 ch** 210/235 – ½ P 220/230.

BORDEAUX

P 33000 Gironde **71** ⑨ G. Pyrénées Aquitaine - 210 336 h. - Agglo. 696 364 h - alt. 4.

Paris 581 ① – Lyon 538 ② – Nantes 320 ① – Strasbourg 1064 ① – Toulouse 248 ⑤

OFFICES DE TOURISME

12 cours du 30-juillet ₰ 05 56 44 28 41, Fax 05 56 81 89 21, à la gare St-Jean ₰ 05 56 91 64 70 et à l'Aéroport (hall arrivées) ₰ 05 56 34 39 39
Automobile Club du Sud-Ouest, 8 pl. Quinconces ₰ 05 56 44 22 92
Maison du vin de Bordeaux, 1 cours du 30-juillet (Informations, dégustation - fermé week-end mi-oct à mi-mai) ₰ 05 56 00 22 66 **DX.**

RENSEIGNEMENTS PRATIQUES

TRANSPORTS
Auto-train ₰ 08 36 35 35 35.

AÉROPORT
Bordeaux-Mérignac ₰ 05 56 34 50 50, **AU** *: 11 km.*

QUELQUES GOLFS
🏴 *Golf Bordelais ₰ 05 56 28 56 04, NO par av. d'Eysines : 4 km* **AT**
🏴🏴 *de Bordeaux Lac ₰ 05 56 50 92 72, par D 209 : 10 km*
🏴🏴 *du Médoc à Louens ₰ 05 56 70 21 10 par* ⑨ *: 16 km*
🏴🏴🏴 *Bordeaux-Pessac ₰ 05 56 36 03 33 par N 250 : 16 km*
🏴 *Bordeaux-Cameyrac ₰ 05 56 72 96 79 par* ② *: 18 km.*

CURIOSITÉS

LE SITE
≤★ du croiseur Colbert★★ sur le port de la Lune **BU** *- ≤★★ du sommet de la tour Pey Berland* **DY E.**

BORDEAUX DU 18ᵉ S.
Grand Théâtre ★★ **DX** *- Place de la Comédie* **DX** *- Allées de Tourny* **DX** *- Place Gambetta* **DX** *- Cours de l'Intendance* **DX** *- Église Notre-Dame★* **DX.**
Fontaines★ de l'esplanade des Quinconces **DEX** *- Place de la Bourse★★* **EX** *- Place du Parlement★* **EX** *- Basilique St-Michel★* **EY** *- Grosse Cloche★* **EY D.**

QUARTIER DES CHARTRONS

Entrepôts de vins - Balcons★ du cours Xavier-Arnozan **BU** *- Entrepôt Laîné★★ : musée d'Art contemporain★* **BU M**[7] *- Musée des Chartrons* **BU M**[6].

QUARTIER PEY BERLAND

Cathédrale St-André★ **DY** *- Hôtel de ville* **DY H**.
Musées : Beaux-Arts★★ **DY M**[3], *Aquitaine★★* **DY M**[4], *Arts décoratifs★* **DY M**[2].

BORDEAUX CONTEMPORAIN

Quartier Mériadeck **CY** *: espaces verts, immeubles en verre et béton (Caisse d'Épargne, Bibliothèque, Hôtel de Région, Hôtel des Impôts).*
Quartier du Lac **BT** *: équipements sportifs, parc des expositions, Palais des congrès, pont d'Aquitaine.*

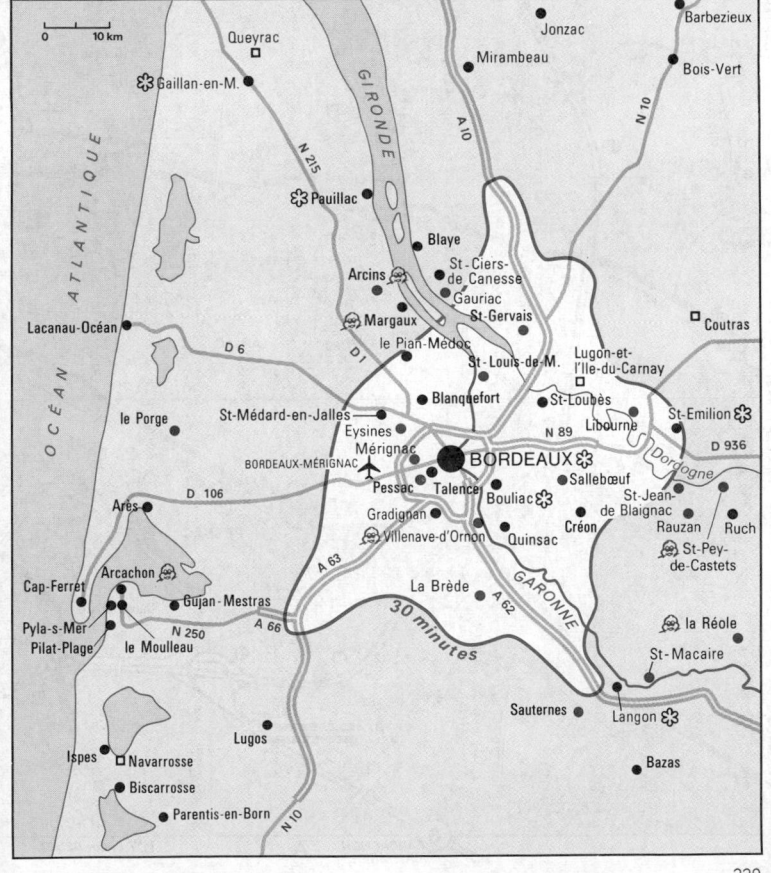

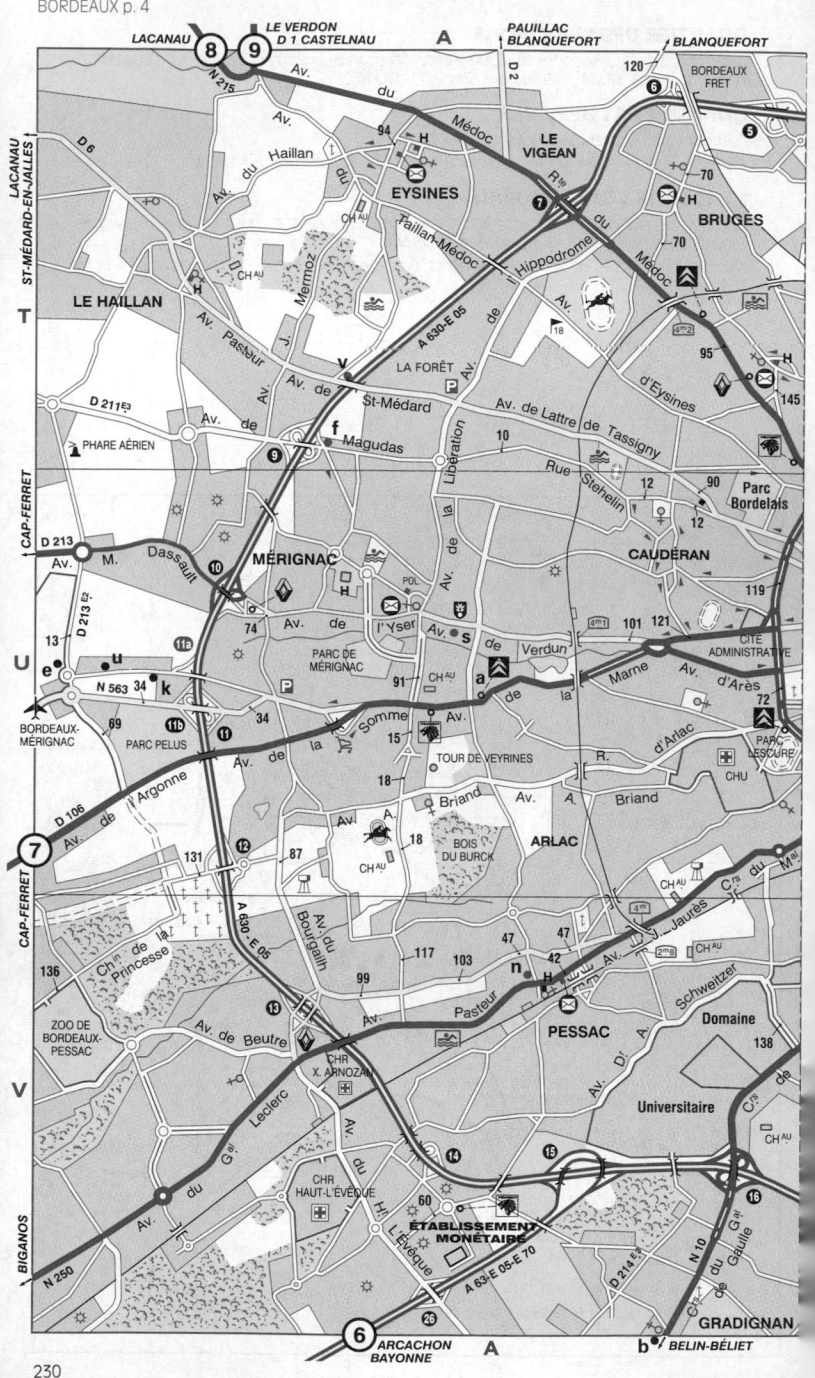

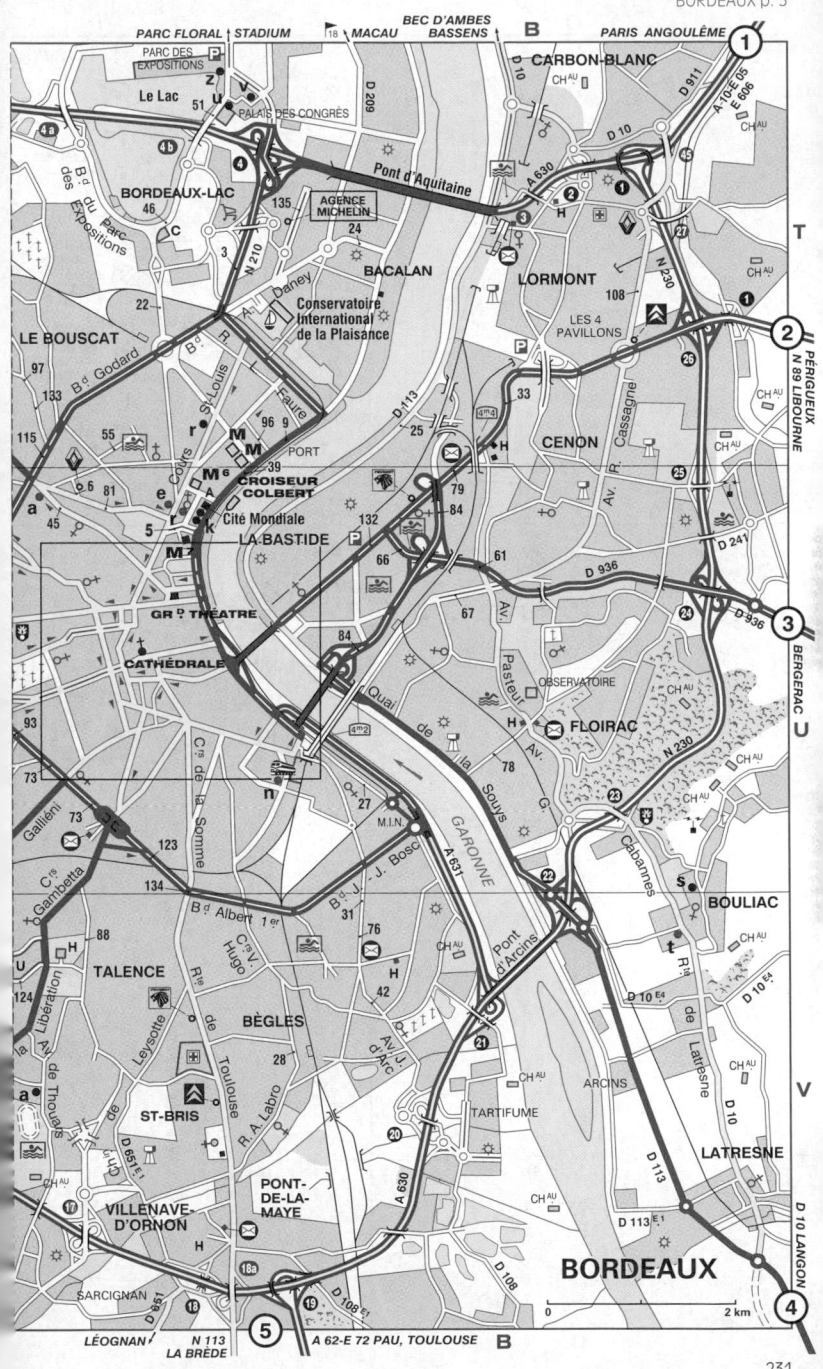

BORDEAUX

PARC FLORAL STADIUM MACAU BEC D'AMBES BASSENS PARIS ANGOULÊME B

PARC DES EXPOSITIONS

Le Lac

PALAIS DES CONGRÈS

BORDEAUX-LAC

Pont d'Aquitaine

AGENCE MICHELIN

CARBON-BLANC

Bd du Parc des Expositions

BACALAN

Conservatoire International de la Plaisance

LE BOUSCAT

LORMONT

LES 4 PAVILLONS

CENON

CROISEUR COLBERT

Cité Mondiale

LA BASTIDE

PORT

GRD THÉATRE

CATHÉDRALE

PÉRIGUEUX N 89 LIBOURNE

BERGERAC

Av. R. Cassagne

GARONNE

Quai de la

Pasteur

OBSERVATOIRE

H FLOIRAC

M.I.N.

Crs de la Somme

Bd J. Bosc

BOULIAC

Crs Gambetta

Bd Albert 1er

GARONNE

Pont d'Arcins

Galliéni

Bd V. Hugo

Av. d'Arès

Av. de la Libération

TALENCE

BÈGLES

Cabannes

de Latresne

Rue

ST-BRIS

Rte de Toulouse

Av. R.A. Labro

ARCINS

TARTIFUME

VILLENAVE-D'ORNON

PONT-DE-LA-MAYE

LATRESNE

SARCIGNAN

BORDEAUX

LÉOGNAN N 113 LA BRÈDE A 62-E 72 PAU, TOULOUSE B

0   2 km

231

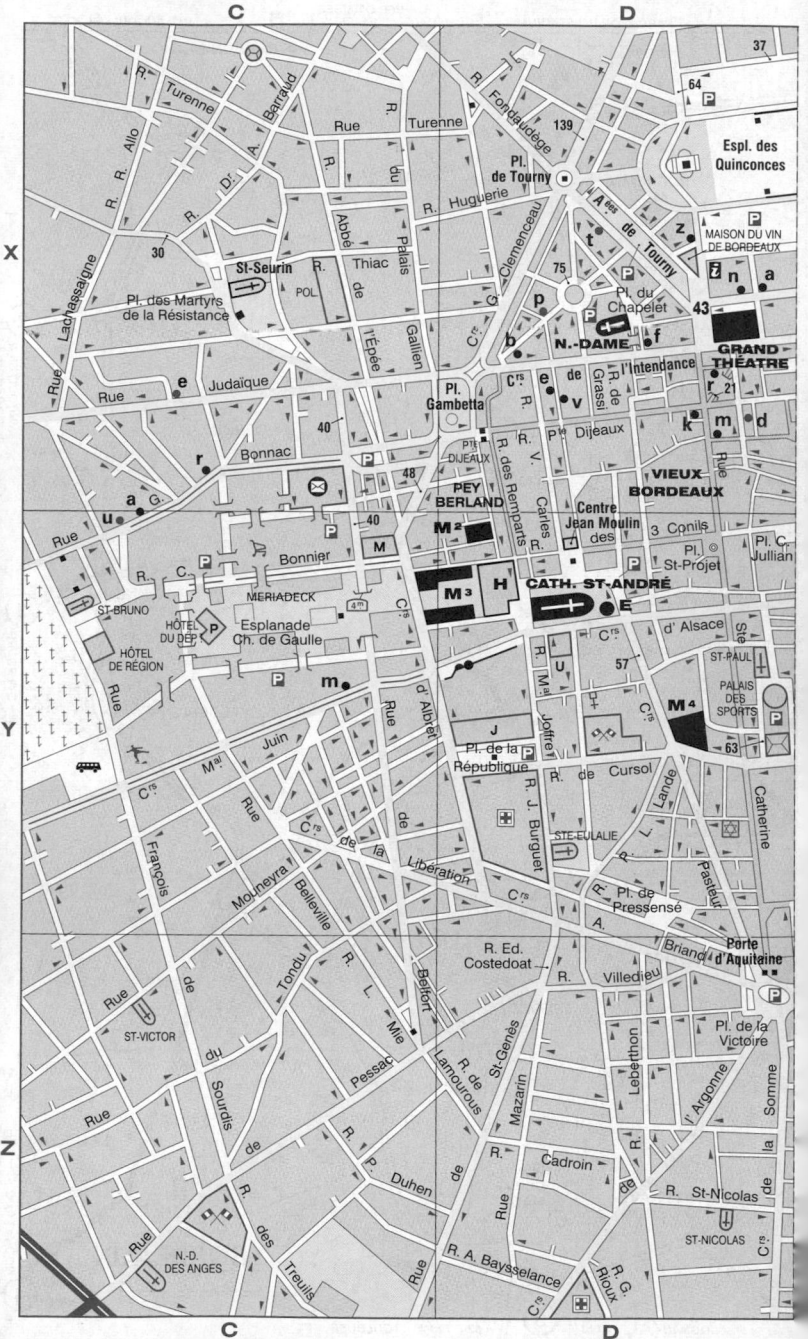

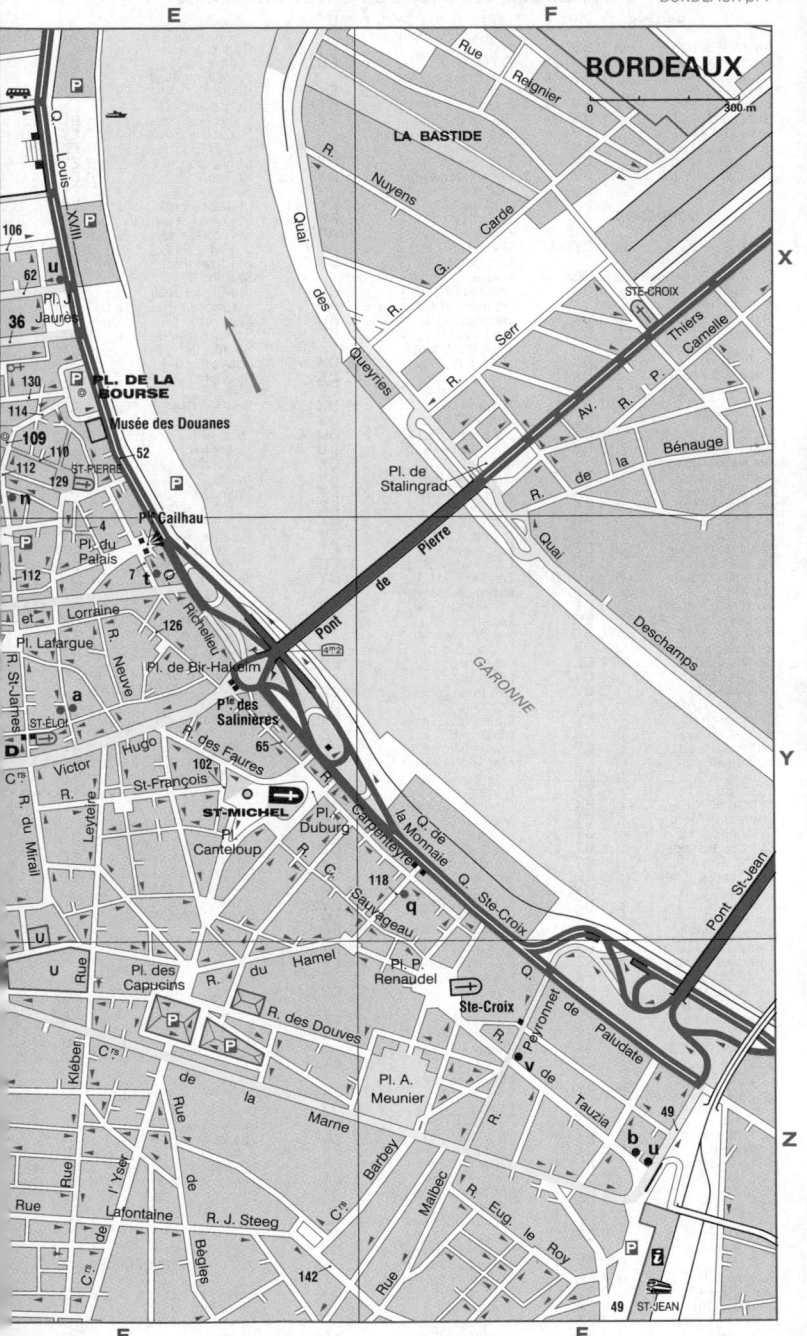

BORDEAUX

0   300 m

LA BASTIDE

X

STE-CROIX

Rue Reignier

R. Nuyens

R. G.

R. Carde

R. Serr

Av. R. P.

Thiers

Camelle

de la Bénauge

R.

Pl. de Stalingrad

Q. Louis-XVIII

106

62

u

36

Pl. Jaures

130

114

PL. DE LA BOURSE

Musée des Douanes

109

110

52

112

129

ST-PIERRE

n

4

Pl. du Palais

P^te Cailhau

7

t

Quai des Queynes

Quai des

GARONNE

Pont de Pierre

4m2

Quai Deschamps

Y

et

Lorraine

Pl. Lafargue

R. St-James

126

Richelieu

Neuve

Pl. de Bir-Hakeim

a

ST-ÉLOI

D

C^rs

Victor

Hugo

Leyteire

R.

R. du Mirail

St-François

102

R. des Faures

P^te des Salinières

65

ST-MICHEL

Pl. Duburg

Pl. Canteloup

R.

Q. de la Monnaie

Carpenteyre

Q. Ste-Croix

Pont St-Jean

U

U

Rue

Kléber

Pl. des Capucins

R. du Hamel

R. des Douves

118

q

Pl. P. Renaudel

Ste-Croix

R.

Peyronnet de Paludate

Q.

de

la

Marne

Pl. A. Meunier

R.

de

Tauzia

v

b

u

49

Z

C^rs

Rue

Rue

Lafontaine

R. J. Steeg

Béglies

C^rs

Barbey

142

Malbec

R. Eug. le Roy

Rue

P

i

49

ST-JEAN

E   F

233

RÉPERTOIRE DES RUES DU PLAN DE BORDEAUX

BÈGLES

Arcins (Pont d')	p. 5	**BV**	
Buisson (R. F.)	p. 5	**BV**	28
Capelle (Av. A.)	p. 5	**BV**	31
Chevalier de la Barre (R. du)	p. 5	**BV**	42
Guesde (Av. J.)	p. 5	**BV**	76
Jeanne d'Arc (Av.)	p. 5	**BV**	
Labro (R. A.)	p. 5	**BV**	
Toulouse (Rte de)	p. 5	**BV**	
Victor-Hugo (Crs)	p. 5	**BV**	

BORDEAUX

Albret (Crs d')	p. 6	**CY**	
Alsace et Lorraine (Crs d')	p. 6	**DEZ**	
Clemenceau (Crs G.)	p. 6	**DX**	
Intendance (Crs de l')	p. 6	**DX**	
Jaurès (Pl. J.)	p. 7	**EX**	
Porte-Dijeaux (R. de la)	p. 6	**DX**	
Ste-Catherine (R.)	p. 6	**DXY**	
Tourny (Allée de)	p. 6	**DX**	
Victor-Hugo (Crs)	p. 7	**EY**	

Abbé de l'Épée (R.)	p. 6	**CX**	
Albert 1er (Bd)	p. 5	**BV**	
Aliénor-d'Aquitaine (Bd)	p. 5	**BT**	3
Allo (R. R.)	p. 6	**CX**	
Aquitaine (Pont d')	p. 5	**BT**	
Arès (Av. d')	p. 4	**AU**	
Argentiers (R. des)	p. 7	**EY**	4
Argonne (Crs de l')	p. 6	**DZ**	
Arnozan (Crs X.)	p. 5	**BU**	5
Arsenal (R. de l')	p. 5	**BU**	6
Ausone (R.)	p. 7	**EY**	7
Bacalan (Quai de)	p. 5	**BT**	9
Barbey (Crs)	p. 7	**EFZ**	
Barthou (Av. L.)	p. 4	**AU**	12
Baysselance (R. A.)	p. 6	**DZ**	
Bègles (R. de)	p. 7	**EZ**	
Belfort (R. de)	p. 6	**CYZ**	
Belleville (R.)	p. 6	**CY**	
Bénauge (R. de la)	p. 7	**FX**	
Bir-Hakeim (Pl. de)	p. 7	**EY**	
Bonnac (R. G.)	p. 6	**CXY**	
Bonnier (R. C.)	p. 6	**CY**	
Bordelaises (Galeries)	p. 6	**DX**	21
Bosc (Bd J.-J.)	p. 5	**BU**	
Bourse (Pl. de la)	p. 7	**EX**	
Boutaut (Allée de)	p. 5	**BT**	22
Brandenburg (Bd)	p. 5	**BT**	24
Brazza (Quai de)	p. 5	**BT**	25
Briand (Crs A.)	p. 6	**DYZ**	
Brienne (Quai de)	p. 5	**BU**	27
Burguet (R. J.)	p. 6	**DY**	
Cadroin (R.)	p. 6	**DZ**	
Camelle (R. P.)	p. 7	**FX**	
Canteloup (Pl.)	p. 7	**EY**	
Capdeville (R.)	p. 6	**CX**	30
Capucins (Pl. des)	p. 7	**EZ**	
Carde (R. G.)	p. 7	**FX**	
Carles (R. V.)	p. 6	**DXY**	
Carpenteyre (R.)	p. 7	**EFY**	
Chapeau-Rouge (Crs)	p. 7	**EX**	36
Chapelet (Pl. du)	p. 6	**DX**	
Chartres (Allées de)	p. 6	**DX**	37
Chartrons (Quai des)	p. 5	**BTU**	39
Château-d'Eau (R. du)	p. 6	**CXY**	40
Comédie (Pl. de la)	p. 6	**DX**	43
Costedoat (R. Ed.)	p. 6	**DZ**	
Croix de Seguey (R.)	p. 5	**BU**	45
Cursol (R. de)	p. 6	**DY**	
Daney (Bd)	p. 5	**BT**	
Dassault (Av. M.)	p. 5	**BT**	46
Deschamps (Quai)	p. 7	**FY**	
Dr. Barraud (R. A.)	p. 6	**CX**	
Dr. Nancel-Pénard (R.)	p. 6	**CX**	48
Domercq (R. C.)	p. 7	**FZ**	49
Domergue (Bd G.)	p. 5	**BT**	51
Douane (Quai de la)	p. 7	**EX**	52
Douves (R. des)	p. 7	**EZ**	
Duburg (Pl.)	p. 7	**EY**	
Duché (R. des Gén.)	p. 5	**BT**	55
Duffour-Dubergier (R.)	p. 6	**DY**	57
Duhen (R. P.)	p. 6	**CDZ**	
Esprit des Lois (R. de l')	p. 7	**EX**	62
Faure (R. L.)	p. 5	**BT**	
Faures (R. des)	p. 7	**EY**	
Ferme de Richemont (Pl. de la)	p. 6	**DY**	63
Foch (R. Mar.)	p. 6	**DX**	64
Fondaudège (R.)	p. 6	**DX**	
Fusterie (R. de la)	p. 7	**EY**	65
Galin (R.)	p. 5	**BU**	66
Gallieni (Crs Mar.)	p. 5	**ABU**	
Gambetta (Crs)	p. 5	**BUV**	
Gambetta (Pl.)	p. 6	**DX**	
Gaulle (Espl. Ch.-de)	p. 6	**CY**	
Gautier (Bd A.)	p. 4	**AU**	72
George-V (Bd)	p. 5	**BU**	73
Godard (Bd)	p. 5	**BT**	
Grands Hommes (Pl. des)	p. 6	**DX**	75
Grassi (R. de)	p. 6	**DX**	
Hamel (R. du)	p. 7	**EZ**	
Huguerie (R.)	p. 6	**DX**	
Joffre (Crs Mar.)	p. 6	**DY**	
Johnston (R. D.)	p. 5	**BU**	81
Joliot-Curie (Bd)	p. 5	**BU**	84
Judaïque (R.)	p. 6	**CX**	
Juin (Crs Mar.)	p. 6	**CY**	
Jullian (Pl. C.)	p. 6	**DY**	
Kléber (R.)	p. 7	**EZ**	
Lachassaigne (R.)	p. 6	**CX**	
Lafargue (Pl.)	p. 7	**EY**	
Lafontaine (R.)	p. 7	**EZ**	
Lamourous (R. de)	p. 6	**CDZ**	
Lande (R. P. L.)	p. 6	**DY**	
Lattre-de-Tassigny (Av. de)	p. 4	**AT**	
Leberthon (R.)	p. 6	**DZ**	
Leclerc (Av. Gén.)	p. 4	**AU**	90
Leclerc (Bd Mar.)	p. 5	**BU**	93
Leyteire (R.)	p. 7	**EYZ**	
Libération (Crs de la)	p. 6	**CDY**	
Lombard (R.)	p. 5	**BT**	96
Louis XVIII (Quai)	p. 7	**EX**	
Malbec (R.)	p. 7	**FZ**	
Marne (Crs de la)	p. 7	**EZ**	
Martyrs-de-la-Résistance (Pl. des)	p. 6	**CX**	
Mazarin (R.)	p. 6	**DZ**	
Mérignac (Av. de)	p. 4	**AU**	101
Meunier (Pl. A.)	p. 7	**FZ**	
Meynard (Pl.)	p. 7	**EY**	102
Mie (R. L.)	p. 6	**CZ**	
Mirail (R. du)	p. 7	**EY**	
Monnaie (Quai de la)	p. 7	**FY**	
Mouneyra (R.)	p. 6	**CYZ**	
Neuve (R.)	p. 7	**EY**	
Nuyens (R.)	p. 7	**FX**	
Orléans (Allée d')	p. 7	**EX**	106
Palais (Pl. du)	p. 7	**EY**	
Palais Gallien (R. du)	p. 6	**CX**	
Paludate (Quai de)	p. 7	**FZ**	
Parlement (Pl. du)	p. 7	**EX**	109
Parlement St-Pierre (R. du)	p. 7	**EX**	110
Pas St-Georges (R. du)	p. 7	**EXY**	112
Pasteur (Crs de)	p. 6	**DY**	
Pessac (R. de)	p. 6	**CZ**	
Peyronnet (R.)	p. 7	**FZ**	
Philippart (R. F.)	p. 7	**EX**	114
Pierre (Pont de)	p. 7	**EFY**	
Pierre-Ier (Bd)	p. 5	**BT**	115
Porte de la Monnaie (R.)	p. 7	**FY**	118
Président-Wilson (Bd)	p. 4	**AU**	119
Pressensé (Pl. de)	p. 6	**DY**	
Queyries (Quai des)	p. 7	**EFX**	
Quinconces (Espl. des)	p. 6	**DX**	
Reignier (R.)	p. 7	**FX**	
Remparts (R. des)	p. 6	**DXY**	
Renaudel (Pl. P.)	p. 7	**FZ**	
République (Av. de la)	p. 4	**AU**	121
République (Pl. de la)	p. 6	**DY**	
Richelieu (Quai)	p. 7	**EY**	
Rioux (R. G.)	p. 6	**DZ**	
Roosevelt (Bd Franklin)	p. 5	**BU**	123
Rousselle (R. de la)	p. 7	**EY**	126
Roy (R. Eug. le)	p. 7	**FZ**	
St-François (R.)	p. 7	**EY**	
St-Genès (R. de)	p. 6	**DZ**	
St-James (R.)	p. 7	**EY**	
St-Jean (Pont)	p. 7	**FY**	
St-Louis (Crs)	p. 5	**BT**	
St-Nicolas (R.)	p. 6	**DZ**	
St-Pierre (Pl.)	p. 7	**EX**	129
St-Projet (Pl.)	p. 6	**DY**	
St-Rémi (R.)	p. 7	**EX**	130
Ste-Croix (Quai)	p. 7	**FY**	
Sauvageau (R. C.)	p. 7	**EFY**	
Serr (R.)	p. 7	**FX**	
Somme (Crs de la)	p. 6	**DZ**	
Sourdis (R. F. de)	p. 6	**CYZ**	
Souys (Quai de la)	p. 5	**BU**	
Stalingrad (Pl. de)	p. 7	**FX**	
Steeg (R. J.)	p. 7	**EZ**	
Stehelin (R.)	p. 4	**ATU**	
Tauzia (R. des)	p. 7	**FZ**	
Thiac (R.)	p. 6	**CX**	
Thiers (Av.)	p. 7	**EX**	
Thiers (Av.)	p. 5	**BU**	132
Tondu (R. du)	p. 6	**CZ**	
Toulouse (Barrière de)	p. 5	**BU**	134
Tourny (Pl. de)	p. 6	**DX**	
Tourville (Av. de)	p. 5	**BT**	135
Treuils (R. des)	p. 6	**CZ**	
Turenne (R.)	p. 6	**CDX**	
Verdun (Crs de)	p. 6	**DX**	139
Victoire (Pl. de la)	p. 6	**DZ**	
Vilaris (R.)	p. 7	**EZ**	142
Villedieu (R.)	p. 6	**DZ**	
Yser (Crs de l')	p. 7	**EZ**	
3-Conils (R. des)	p. 6	**DY**	

LE BOUSCAT

Eysines (Av. d')	p. 4	**AT**	
Libération (Av. de la)	p. 4	**AT**	95
Louis-Blanc (Crs)	p. 5	**BT**	97
Tivoli (Av. de)	p. 5	**BT**	133
Zola (R. E.)	p. 4	**AT**	145

BRUGES

Gaulle (Av. Gén.-de)	p. 4	**AT**	70
Médoc (Rte du)	p. 4	**AT**	
Parc des Expositions (Bd)	p. 5	**BT**	
Quatre-Ponts (R. des)	p. 4	**AT**	120

CENON

Carnot (Av.)	p. 5	**BT**	33
Cassagne (Av. R.)	p. 5	**BTU**	
Entre-Deux-Mers (Bd de l')	p. 5	**BU**	61
Jaurès (Av. J.)	p. 5	**BU**	79

EYSINES

Haillon (Av. du)	p. 4	**AT**	
Hippodrome (Av. de l')	p. 4	**AT**	
Libération (Av. de la)	p. 4	**AT**	94
Médoc (Av. du)	p. 4	**AT**	
Mermoz (Av. J.)	p. 4	**AT**	
Taillon-Médoc (Av. du)	p. 4	**AT**	

FLOIRAC

Cabannes (Av. G.)	p. 5	**BU**	
Gambetta (Crs)	p. 5	**BU**	67
Guesde (R. J.)	p. 5	**BU**	78
Pasteur (Av.)	p. 5	**BU**	

Burdigala M, 115 r. G. Bonnac ✆ 05 56 90 16 16, Fax 05 56 93 15 06 – ⎮\$⎮ ▤ TV ☎ ♿ 🚗 – 🅰 100. AE ⓓ GB JCB — p. 6 CX r
Repas 190/290 – ☕ 80 – **68 ch** 860/1500, 8 appart, 7 duplex.

Mercure Château Chartrons M, 81 cours St-Louis ✉ 33300 ✆ 05 56 43 15 00, Fax 05 56 69 15 21, 🏖, – ⎮\$⎮ ✈ ▤ rest TV ☎ ♿ 🚗 – 🅰 150. AE ⓓ GB
Repas 110/250 – ☕ 56 – **144 ch** 495/690. — p. 5 BT r

Holiday Inn Garden Court, 30 r. de Tauzia ✉ 33800 ✆ 05 56 92 21 21, Fax 05 56 91 08 06, 🏖 – ⎮\$⎮ ✈ ▤ TV ☎ ♿ 🚗 – 🅰 70. AE ⓓ GB — p. 7 FZ v
Repas *(fermé dim. midi)* 65 (déj.), 95 bc/130 bc – ☕ 60 – **89 ch** 420.

Novotel Bordeaux-Centre M, 45 cours Mar. Juin ✆ 05 56 51 46 46, Fax 05 56 98 25 56, 🏖 – ⎮\$⎮ ✈ ▤ TV ☎ ✆ ♿ P – 🅰 80. AE ⓓ GB — p. 6 CY m
Repas carte environ 170, enf. 50 – ☕ 52 – **138 ch** 470/510.

Claret M 🐎, Cité Mondiale du Vin, 18 parvis des Chartrons ✆ 05 56 01 79 79, Fax 05 56 01 79 00, 🏖 – ⎮\$⎮ ▤ TV ☎ ♿ 🚗 – 🅰 800. AE ⓓ GB — p. 5 BU k
Repas 140 – ☕ 60 – **97 ch** 505/570.

Ste-Catherine sans rest, 27 r. Parlement Ste-Catherine ✆ 05 56 81 95 12, Fax 05 56 44 50 51 – ⎮\$⎮ ✈ ▤ TV ☎ ♿ – 🅰 40. AE ⓓ GB JCB — p. 6 DX m
☕ 70 – **84 ch** 530/1200.

Normandie sans rest, 7 cours 30-Juillet ✆ 05 56 52 16 80, Fax 05 56 51 68 91 – ⎮\$⎮ TV ☎ – 🅰 30. AE ⓓ GB JCB — p. 6 DX z
☕ 50 – **100 ch** 310/680.

Gd H. Français sans rest, 12 r. Temple ✆ 05 56 48 10 35, Fax 05 56 81 76 18 – ⎮\$⎮ ▤ TV ☎ ✆ ♿. AE ⓓ GB — p. 6 DX v
☕ 60 – **35 ch** 370/640.

Majestic sans rest, 2 r. Condé ✆ 05 56 52 60 44, Fax 05 56 79 26 70 – ⎮\$⎮ ▤ TV ☎ 🚗. AE ⓓ GB JCB — p. 6 DX a
☕ 55 – **50 ch** 400/600.

Le Bayonne M sans rest, 4 r. Martignac ✆ 05 56 48 00 88, Fax 05 56 52 03 79 – ⎮\$⎮ ▤ TV ☎ ✆. AE ⓓ GB — p. 6 DX f
fermé 24 déc. au 5 janv. – ☕ 60 – **36 ch** 390/595.

La Méridienne sans rest, 151 r. G. Bonnac ✆ 05 56 24 08 88, Fax 05 56 98 91 72 – ⎮\$⎮ ✈ ▤ TV ☎ P – 🅰 50. AE ⓓ GB — p. 6CXY a
☕ 33 – **40 ch** 270/390.

Notre Dame sans rest, 36 r. N.-Dame ✆ 05 56 52 88 24, Fax 05 56 79 12 67 – TV ☎ ✆. AE ⓓ GB. ✂ — p. 5 BU k
☕ 30 – **21 ch** 220/280.

Presse M sans rest, 6 r. Porte Dijeaux ✆ 05 56 48 53 88, Fax 05 56 01 05 82 – ⎮\$⎮ TV ☎. AE ⓓ GB. ✂ — p. 6 DX k
☕ 38 – **29 ch** 280/450.

Continental sans rest, 10 r. Montesquieu ✆ 05 56 52 66 00, Fax 05 56 52 77 97 – ⎮\$⎮ TV ☎. AE ⓓ GB — p. 6 DX b
☕ 35 – **50 ch** 300/430.

Royal St-Jean sans rest, 15 r. Ch. Domercq ✉ 33800 ☎ 05 56 91 72 16, Fax 05 56 94 08 32 – 🛗 TV ☎ ♿. AE ⓓ GB JCB p. 7 FZ u
☕ 45 – **37 ch** 330/440.

Climat de France, 68 r. Tauzia ✉ 33800 ☎ 05 56 91 55 50, Fax 05 56 91 08 41 – 🛗 ▤ rest TV ☎ ♿ 🚗 – 🏛 25. AE ⓓ GB p. 7 FZ b
Repas 78/115 🍷, enf. 39 – ☕ 35 – **88 ch** 280.

Théâtre sans rest, 10 r. Maison Daurade ☎ 05 56 79 05 26, Fax 05 56 81 15 64 – TV ☎. AE GB p. 6 DX r
☕ 33 – **23 ch** 245/295.

Trianon sans rest, 5 r. Temple ☎ 05 56 48 28 35, Fax 05 56 51 17 81 – TV ☎. GB. ✗
fermé 24 déc. au 2 janv. – ☕ 38 – **18 ch** 260/360. p. 6 DX e

Opéra sans rest, 35 r. Esprit des Lois ☎ 05 56 81 41 27, Fax 05 56 51 78 80 – TV ☎ 📞. GB
☕ 35 – **27 ch** 200/300. p. 6 DX n

Le Chapon Fin (Garcia), 5 r. Montesquieu ☎ 05 56 79 10 10, Fax 05 56 79 09 10, « Original décor de rocaille 1900 » – ▤. AE ⓓ GB JCB p. 6 DX p
fermé 10 au 18 août, dim. et lundi – **Repas** 160 (déj.), 260/400 et carte 360 à 560, enf. 75
Spéc. Ravioles de langoustines au citron vert. Risotto aux langoustines, ris de veau, morilles et asperges (sept. à avril). Aiguillettes de caneton au foie gras aux fruits de saison. **Vins** Entre-Deux-Mers, Côtes de Bourg.

Jean Ramet, 7 pl. J. Jaurès ☎ 05 56 44 12 51, Fax 05 56 52 19 80 – ▤. AE GB
fermé 3 au 24 août, sam. midi et dim. – **Repas** 160 (déj.), 250/300 et carte 260 à 440
Spéc. Petite marmite d'écrevisses aux mousserons (sept. à déc.). Foie gras poêlé, fumé, vinaigrette de lentilles. Trois sablés aux fruits rouges (avril à oct.). **Vins** Graves blanc, Pessac-Léognan. p. 7 EX u

Les Plaisirs d'Ausone (Gauffre), 10 r. Ausone ☎ 05 56 79 30 30, Fax 05 56 51 38 16 – AE GB p. 7 EY t
fermé 12 au 24 août, 3 au 10 janv., lundi midi, sam. midi et dim. – **Repas** 160/300 et carte 270 à 350
Spéc. Soupe crémeuse de cèpes (sept. à début nov.). Gourmandise de foie de canard aux trois façons. Canard colvert rôti aux figues (15 sept. à fév.). **Vins** Entre-Deux-Mers, Margaux.

Pavillon des Boulevards (Franc), 120 r. Croix de Seguey ☎ 05 56 81 51 02, Fax 05 56 51 14 58, 🍽 – ▤. AE ⓓ GB JCB p. 5 BU a
fermé 9 au 25 août, 6 au 13 janv., sam. midi et dim. – **Repas** 220 (déj.), 270/420
Spéc. Foie gras aux épices douces. Poêlée de langoustines, tranches de boudin grillé. Côte de veau, hachis d'échalotes aux herbes. **Vins** Bordeaux blanc, Côtes de Bourg.

Le Vieux Bordeaux (Bordage), 27 r. Buhan ☎ 05 56 52 94 36, Fax 05 56 44 25 11, 🍽 – ▤. AE ⓓ GB p. 7 EY a
fermé sam. midi, dim. et fériés – **Repas** 100 bc (déj.), 160/270 et carte 250 à 320
Spéc. Marbré de cèpes frais (saison). Turbot au beurre de piments d'Espelette et au jambon. Crème tendre au chocolat guayaquil, glace à l'Izarra verte. **Vins** Côtes de Bourg, Côtes de Blaye.

L'Alhambra, 111 bis r. Judaïque ☎ 05 56 96 06 91, Fax 05 56 98 00 52 – ▤. GB p. 6 CX e
fermé 1er au 15 août, sam. midi et dim. – **Repas** 110 (déj.), 150/210 et carte 240 à 340.

Dubern, 44 allées de Tourny ☎ 05 56 79 07 70, Fax 05 56 51 60 38 – ▤. AE GB
fermé 4 au 24 août et dim. – **Repas** 150 bc (déj.), 170/250 ***-Petit Dubern*** brasserie **Repas** ☎ 05 56 52 27 32 (ouvert toute l'année) 100/150, enf. 45. p. 6 DX t

La Chamade, 20 r. Piliers de Tutelle ☎ 05 56 48 13 74, Fax 05 56 79 29 67 – ▤. AE GB JCB p. 6 DX d
fermé 26 juil. au 3 août et sam. midi – **Repas** 120/290 et carte 220 à 310.

Didier Gélineau, 26 r. Pas St Georges ☎ 05 56 52 84 25, Fax 05 56 51 93 25 – ▤. AE ⓓ GB JCB p. 7 EX n
fermé sam. midi et dim. – **Repas** (prévenir) 120/260.

Gravelier, 114 cours Verdun ☎ 05 56 48 17 15, Fax 05 56 51 96 07 – ▤. AE ⓓ GB
fermé 3 au 17 août, sam. midi et dim. – **Repas** 97 (déj.), 145/195. p. 5 BU r

La Tupina, 6 r. Porte de la Monnaie ☎ 05 56 91 56 37, Fax 05 56 31 92 11 – AE ⓓ GB
fermé dim. – **Repas** - cuisine typique du Sud-Ouest - 220. p. 7 FY q

Le Clavel St-Jean, 44 r. Ch. Domercq ✉ 33800 ☎ 05 56 92 63 07, Fax 05 56 92 91 52 – ▤. GB p. 5 BU n
fermé 3 au 17 août, sam. midi et dim. – **Repas** 105/175.

Le Buhan, 28 r. Buhan ☎ 05 56 52 80 86, Fax 05 56 52 80 86 – AE GB p. 7 EY a
fermé 24 août au 1er sept., vacances de fév., dim. sauf le midi de sept. à juin et lundi – **Repas** 135/285.

⚒ **L'Oiseau Bleu**, 65 cours Verdun ℰ 05 56 81 09 39, Fax 05 56 81 09 39 – 🗐. 🖭 🆑
fermé 3 au 25 août, sam. midi et dim. – **Repas** 105 (déj.)/155.   p. 5 BU   e

⚒ **Bistro du Sommelier**, 163 r. G. Bonnac ℰ 05 56 96 71 78, Fax 05 56 24 52 36, 😷 – 🖭
🆑   p. 6 CY   u
fermé 11 au 17 août, sam. midi et dim. – **Repas** 121.

au Parc des Expositions : *Bordeaux-Lac* – ⊠ *33300 Bordeaux* :

🏨 **Sofitel Aquitania** Ⓜ, ℰ 05 56 50 83 80, Fax 05 56 39 73 75, ≤, 🏊 – 📶 🐾 🗐 🖾 ☎ 🅿 –
🔬 25 à 400. 🖭 ⓞ 🆑   p. 5 BT   u
fermé 27 juil. au 18 août et 20 déc. au 12 janv. – *Le Flore :* **Repas** 145/200, enf. 100 – 🖵 75
– **185 ch** 750.

🏨 **Novotel-Bordeaux Lac** Ⓜ, ℰ 05 56 50 99 70, Fax 05 56 43 00 66, ≤, 😷, 🏊, 🌳 – 📶
🐾 📺 🗐 🖾 ☎ 🅿 – 🔬 200. 🖭 ⓞ 🆑   p. 5 BT   z
Repas 95/150, enf. 60 – 🖵 50 – **176 ch** 430/470.

🏨 **Mercure Pont d'Aquitaine**, ℰ 05 56 43 36 72, Fax 05 56 50 23 95, 😷, 🏊, 🌳 – 📶 🐾
⊜ 🗐 📺 ☎ 📞 & 🅿 – 🔬 80. 🖭 ⓞ 🆑   p. 5 BT   v
Repas *(fermé sam. midi et dim. midi)* 80/100 🍷, enf. 45 – 🖵 55 – **100 ch** 430/900.

par la rocade A 630 :

à Bouliac : *Sud-Est, sortie nº 23 – 2 841 h. alt. 74 – * ⊠ *33270* :

🏨 **Le St-James** Ⓜ 🦐, pl. C. Hostein, près église ℰ 05 57 97 06 00, Fax 05 56 20 92 58, ≤
❀ Bordeaux, 😷, « Original décor contemporain », 🏊, 🌳 – 📶 🗐 ch 📺 ☎ 🅿. 🖭 ⓞ 🆑.
🐾   p. 5 BU   s
Repas 185 bc (déj.), 255/360 et carte 270 à 390, enf. 75 – *Le Bistroy* ℰ 05 57 97 06 06 **Repas**
carte 130 à 180 – 🖵 75 – **17 ch** 650/1350 – ½ P 770/1020
Spéc. Salade d'huîtres au caviar, crépinette grillée (sept. à juin). Filets d'anguilles sautés aux
lardes. Civet de canard désossé et compoté aux cèpes. **Vins** Premières Côtes de Bordeaux,
Pessac-Léognan.

⚒⚒ **Aub. du Marais**, 22 rte de Latresne ℰ 05 56 20 52 17, Fax 05 56 20 98 06, 😷 – 🅿. 🖭
🆑   p. 5 BV   t
fermé 5 au 25 août, 15 fév. au 1er mars et merc. soir – **Repas** 75 (déj.), 165/260, enf. 70.

à Talence : *Sud, sortie nº 16 – 34 485 h. alt. 17 – * ⊠ *33400* :

🏨 **Guyenne** (Lycée Hôtelier), av. F. Rabelais, domaine universitaire ℰ 05 56 84 48 60,
Fax 05 56 84 48 61 – 📶 📺 ☎ 🅿 – 🔬 40. 🖭 ⓞ 🆑   p. 5 BV   a
fermé vacances scolaires – **Repas** *(fermé sam. et dim.)* 90/145 – 🖵 35 – **27 ch** 260/400,
3 appart.

à Villenave-d'Ornon *Sud : 7 km par rte de Toulouse et N 113 – 25 609 h. alt. 8 – * ⊠ *33140* :

⚒ **La Maison de Cuisine**, 215 av. Pyrénées ℰ 05 56 87 07 59, Fax 05 56 87 55 24 – 🖭 🆑.
😷 🐾
fermé 3 au 18 août, lundi soir et dim. – **Repas** 65 (déj.), 125/155.

à Gradignan : *Sud, sortie nº 16 – 21 727 h. alt. 26 – * ⊠ *33170* :

🏨 **Châlet Lyrique**, 169 cours Gén. de Gaulle ℰ 05 56 89 11 59, Fax 05 56 89 53 37, 😷 – 📺
☎ 📞 & 🅿 – 🔬 25. 🖭 ⓞ 🆑   p. 4 AV   b
Repas *(fermé août et dim.)* carte 140 à 210 🍷 – 🖵 55 – **40 ch** 305/390.

à Pessac : *Sud-Ouest, sortie nº 13 – 51 055 h. alt. 35 – * ⊠ *33600* :

⚒⚒ **Le Cohé**, 8 av. R. Cohé ℰ 05 56 45 73 72, Fax 05 56 45 96 39 – 🗐. 🆑. 🐾   p. 4 AV   n
fermé août, dim. soir et lundi – **Repas** 115/310.

à l'aéroport de Mérignac : *Ouest, sortie nº 11 en venant du Sud, sortie nº 11b en venant du Nord
– * ⊠ *33700 Mérignac* :

🏨 **Mercure Aéroport** Ⓜ, 1 av. Ch. Lindbergh ℰ 05 56 34 74 74, Fax 05 56 34 30 84, 😷,
🏊 – 📶 🐾 🗐 📺 ☎ 📞 & 🅿 – 🔬 110. 🖭 ⓞ 🆑   p. 4 AU   e
Repas 120 🍷, enf. 45 – 🖵 55 – **105 ch** 650/680.

🏨 **Novotel Aéroport**, av. J. F. Kennedy ℰ 05 56 34 10 25, Fax 05 56 55 99 64, 😷, 🏊, 🌳 –
📶 🐾 🗐 📺 ☎ 📞 & 🅿 – 🔬 50. 🖭 ⓞ 🆑 🗓   p. 4 AU   k
Repas 88, enf. 50 – 🖵 51 – **137 ch** 480/520.

🏨 **Soretel**, 97 av. J.-F. Kennedy ℰ 05 56 34 33 08, Fax 05 56 34 01 90, 😷, 🏊 – 📶 📺 ☎ & 🅿
– 🔬 25. 🖭 ⓞ 🆑   p. 4 AU   u
Repas 80/110 🍷 – 🖵 38 – **60 ch** 295/315 – ½ P 229.

à Mérignac : *Ouest, sortie nº 10 – 57 273 h. alt. 35 – * ⊠ *33700* :

⚒⚒ **Les Charmilles**, 408 av. Verdun ℰ 05 56 97 53 01, 😷, 🌳 – 🅿. 🆑   p. 4 AU   s
fermé 2 août au 1er sept. et dim. soir – **Repas** 105/220, enf. 50.

à Mérignac : *Ouest, sortie nº 9 – * ⊠ *33700* :

⚒⚒ **L'Iguane**, 127 av. Magudas ℰ 05 56 34 07 39, Fax 05 56 34 41 37 – 🗐 🅿. 🖭 🆑 🗓
fermé sam. midi et dim. soir – **Repas** 110/260.   p. 4 AT   f

à Eysines : *Ouest, sortie n° 9 – 16 391 h. alt. 15 – ✉ 33320 :*

XX **Les Tilleuls,** à La Forêt ✆ 05 56 28 04 56, 🏠 – ▤ 🅿. GB p. 4 **AT** **v**
fermé 5 au 11 mai, août, merc. soir et dim. – **Repas** 100/155.

MICHELIN, Agence, Zone d'Entrepôts A.-Daney, av. de Tourville **BT** ✆ 05 56 39 94 95

BMW Gar. Brienne Auto, 23 quai Brienne ✆ 05 57 35 03 03
HONDA Mondial Autos, 147 cours Médoc ✆ 05 56 39 45 78
PEUGEOT S.I.A.S.O., 350 av. Thiers ✆ 05 57 80 73 00 N ✆ 06 07 62 24 13
RENAULT Atlantique Autos, 11-13 r. Arsenal ✆ 05 56 44 32 73

Ⓜ Casanave, r. La Motte Picquet Zone d'Entrepôts A.-Daney ✆ 05 56 43 11 84
Euromaster, 91 av. République ✆ 05 56 02 43 80
Euromaster, 80 cours Dupré de St-Maur ✆ 05 56 50 84 58
Euromaster, 226 av. Thiers ✆ 05 56 86 24 13
Vulco, 83 r. Tauzia ✆ 05 56 91 49 54
Vulco, ZI de Pinel, av. G.-Cabannes à Floirac ✆ 05 56 86 40 62

Périphérie et environs

CITROEN Succursale, av. de la Marne à Mérignac ✆ 05 56 12 10 10 N ✆ 05 56 02 53 53
CITROEN Succursale, 357 av. Libération, Le Bouscat ✆ 05 56 42 46 46 N ✆ 05 56 02 53 53
CITROEN Succursale, 411 rte de Toulouse, Villenave d'Ornon ✆ 05 56 84 68 68 N ✆ 05 56 02 53 53
CITROEN Succursale, N 10 les 4 Pavillons, Lormont ✆ 05 57 80 77 77 N ✆ 05 56 02 53 53
FERRARI, LANCIA Gar. Lopez, Espace Mérignac Phare à Mérignac ✆ 05 56 34 28 80 N ✆ 05 56 34 28 80
FIAT Bordeaux Sud Autom., 114-118 av. Pyrénées à Villenave-d'Ornon ✆ 05 56 75 47 94
FORD B.M.A., av. Kennedy à Mérignac ✆ 05 56 34 16 14
FORD SAFI 33, 486 rte de Toulouse à Bègles ✆ 05 57 96 12 96
FORD Gar. Palau, 423 rte de Médoc, Bruges ✆ 05 56 57 43 43 N ✆ 05 56 87 20 99
JAGUAR Peter Green, 6 av. de Terrefort à Bruges ✆ 05 56 57 56 57
MERCEDES Cleal Autom. Aquitaine, 7 av. Maurice Rivière à Cenon ✆ 05 56 77 27 68 N ✆ 08 00 24 24 30
MERCEDES Cleal Autom. Aquitaine, 262 av. de la Libération, Le Bouscat ✆ 05 56 08 78 85 N ✆ 08 00 24 24 30
PEUGEOT S.I.A.S.O., 327 rte de Toulouse à Villenave-d'Ornon par ⑤ ✆ 05 56 84 41 41
PEUGEOT S.I.A.S.O, 84 av. Libération, Le Bouscat ✆ 05 56 42 42 42 N ✆ 05 56 74 14 32
PEUGEOT S.I.A.S.O., 254 av. de la Marne à Mérignac ✆ 05 56 97 36 33
PEUGEOT Auto Pessac, av. G.-Eiffel, Pessac ✆ 05 57 89 11 50

RENAULT Gar. de Pichey, 7 pl. Gén.-Gouraud à Mérignac ✆ 05 56 34 04 89
RENAULT Succursale, 253 av. Libération, Le Bouscat ✆ 05 56 17 18 19 N ✆ 08 00 05 15 15
RENAULT SAPA, Alouette Rocade sortie n° 13, Pessac ✆ 05 57 89 15 15 N ✆ 08 00 05 15 15
RENAULT Succursale Pont-de-la-Maye, 50 av. Pyrénées, à Villenave-d'Ornon par ⑤ ✆ 05 56 84 77 77 N ✆ 05 56 74 09 22
RENAULT Autom. Pont d'Aquitaine, rte de Paris N 10 à Lormont ✆ 05 56 33 81 81 N ✆ 05 56 89 76 78
ROVER Gar. Stewart et Ardern, 39 av. Marne Mérignac ✆ 05 56 96 86 62
SAAB Autom. Bordelaise, 270 av. de la Libération, le Bouscat ✆ 05 56 02 71 71

Ⓜ Ateliers Aquitaine Pneumatique, ZI La Mouline, r. Ampère à Carbon Blanc ✆ 05 56 38 08 38
Euromaster, 253 av. Pasteur à Pessac ✆ 05 56 07 20 78
Euromaster, 98 quai Wilson à Bègles ✆ 05 56 49 01 15 N ✆ 05 57 91 01 81
Euromaster, 65-69 rte de Toulouse à Talence ✆ 05 56 37 40 97
Euromaster, 63 av. d'Aquitaine à Ste-Eulalie ✆ 05 56 38 03 48 N ✆ 05 56 38 04 01
Maison du Pneu, 24 av. de la Somme à Mérignac ✆ 05 56 47 43 50
Média Pneu-Vulco, ZI Tartifume à Bègles ✆ 05 56 49 01 77
Relais du Pneu, 228 av. de Tivoli, le Bouscat ✆ 05 56 08 84 05

Les BORDES *45 Loiret* 65 ① – *rattaché à Sully-sur-Loire.*

BORMES-LES-MIMOSAS *83230 Var* 84 ⑯, 114 ㊽ *G. Côte d'Azur – 5 083 h alt. 180.*

Voir *Site★ – ≤★ du château – Forêt domaniale du Dom★ N : 4 km.*

18 de Valcros ✆ 04 94 66 81 02, NO : 12 km.

Office de Tourisme pl. Gambetta ✆ 04 94 71 15 17, Fax 04 94 64 79 57 et bd de la Plage La Favière ✆ 04 94 64 82 57, Fax 04 94 64 79 61.

Paris 876 – Fréjus 58 – Hyères 22 – Le Lavandou 4 – St-Tropez 35 – Ste-Maxime 37 – Toulon 42.

Le Mirage M ⛰, 38 r. Vue des Iles ✆ 04 94 05 32 60, Fax 04 94 64 93 03, ≤ baie et les îles, 🏠, 🏋, 🏊, 🌳, 🎾 – 🛗 ❄ ▤ ch TV ☎ 🅿 – 🏛 100. AE ⓪ GB. ✂ rest
27 mars-31 oct. – **Repas** carte environ 170 – ☕ 65 – **36 ch** 560/840 – ½ P 550/635.

Le Palma sans rest, rte Lavandou ✆ 04 94 71 17 86, Fax 04 94 71 83 52, 🏊, 🌳 – ▤ TV ☎ 🅿. AE ⓪ GB
☕ 45 – **20 ch** 350/550.

XX **Le Jardin de Perlefleurs,** 100 chemin Orangerie près Chapelle St-François ✆ 04 94 64 99 23, ≤, 🏠
26 juin-30 sept. et fermé lundi et le midi sauf dim. – **Repas** - cuisine provençale - 230.

✗ **Tonnelle des Délices**, pl. Gambetta ℰ 04 94 71 34 84 – ⊞
fermé 20 oct. au 20 déc. et merc. sauf le soir en juil.-août – **Repas** 95 (déj.), 130/210, enf. 75.

✗ **Lou Portaou**, r. Cubert des Poètes ℰ 04 94 64 86 37, Fax 04 94 64 81 43, 佘, « Cadre
médiéval » – ▤. ⊞
*fermé 11 nov. au 20 déc., lundi midi et jeudi midi du 1er juil. au 15 sept. et mardi du 15 sept.
au 30 juin* – **Repas** 168, enf. 80.

à Cabasson *Sud : 8 km* – ✉ *83230 Bormes-les-Mimosas :*

🏨 **Palmiers** ⤳, chemin du Petit Fort ℰ 04 94 64 81 94, Fax 04 94 64 93 61, 佘, 🛥 – 🛗 📺
☎ 🅿 – 🔏 25. ⅢⅢ ⑩ ⊞
fermé 15 nov. au 20 déc. – **Repas** *(fermé dim. soir et lundi d'oct. à mars)* 140/165 – ⊂⊃ 55 –
20 ch 500/650 – ½ P 600.

BORNY *57 Moselle* 🗺 ⑭ – *rattaché à Metz.*

BORT-LES-ORGUES *19110 Corrèze* 🗺 ② *G. Auvergne – 4 208 h alt. 430.*
Voir *Barrage*★★ *N : 1 km – Orgues de Bort*★ : ☀★★ *SO : 3 km puis 15 mn.*
Env. *Musée de la radio et du phonographe*★ *à Lanobre N : 8 km – Site*★★ *du château de
Val*★ *N : 9 km.*

🛈 *Office de Tourisme pl. Marmontel* ℰ 05 55 96 02 49, Fax 05 55 96 90 79.
*Paris 476 – Aurillac 81 – Clermont-Ferrand 83 – Mauriac 29 – Le Mont-Dore 48 – St-Flour 87
– Tulle 50 – Ussel 30.*

🏨 **Le Rider**, av. Gare ℰ 05 55 96 00 47, Fax 05 55 96 73 07, 佘 – ▤ rest 📺 ☎ 📞 ⇦, ⅢⅢ ⑩
⑤ ⊞
fermé 25 déc. au 15 janv., vend. soir et sam. midi – **Repas** 72/230 ⅃, enf. 50 – ⊂⊃ 32 – **23 ch**
230/280 – ½ P 210/220.

✗ **La Corniche**, Nord-Ouest : 2 km rte Ussel ℰ 05 55 96 00 06, ≤ – 🅿. ⊞
15 mars-3 nov. et fermé le soir sauf juil.-août, dim. soir et lundi – **Repas** 63/89 ⅃.

ALFA ROMEO, FIAT LANCIA Gar. du Pont-Neuf,
ℰ 05 55 46 10 10 N ℰ 05 55 46 10 10
CITROEN Gar. Serre, à Lanobre ℰ 04 71 40 30 06 N
ℰ 04 71 40 30 06
CITROEN Gar. de la Gare, 570 av. de la Gare
ℰ 05 55 96 72 83 N ℰ 05 55 96 72 83

FORD Gar. Rouel, à Lanobre ℰ 05 55 96 71 40
PEUGEOT Gar. Vergeade, 843 av. de la Gare
ℰ 05 55 96 74 78
PEUGEOT Gar. Monteil, à Lanobre
ℰ 04 71 40 30 05 N ℰ 04 71 40 30 05

BORT-L'ÉTANG *63 P.-de-D.* 🗺 ⑮ – *rattaché à Lezoux.*

BOSSEY *74 H.-Savoie* 🗺 ⑥ – *rattaché à St-Julien-en-Genevois.*

Les BOSSONS *74 H.-Savoie* 🗺 ⑧ – *rattaché à Chamonix.*

BOUC-BEL-AIR *13320 B.-du-R.* 🗺 ③ ⑬, 🗺 ⑮ – *11 512 h alt. 259.*
*Paris 764 – Marseille 23 – Aix-en-Provence 12 – Aubagne 36 – St-Maximin-la-Ste-Beaume 46
– Salon-de-Provence 47.*

🏨 **L'Étape Lani**, au Sud sur D 6 par Gardanne ℰ 04 42 22 61 90, Fax 04 42 22 68 67, ☒ –
▤ rest 📺 ☎ 🅿 – 🔏 30. ⅢⅢ ⑩ ⊞ 🇯🇨🇧
fermé dim. soir – **Repas** *(fermé 1er au 16 août, 23 au 31 déc., dim. soir et lundi)* 138/255 –
⊂⊃ 50 – **40 ch** 190/345 – ½ P 210/360.

CITROEN Gar. Laugier, N 8 Plan Marseillais
ℰ 04 42 22 20 90

⑩ Gardanne Pneus, Quart St-Michel, Av.
d'Arménie à Gardanne ℰ 04 42 58 38 76

BOUDES *63340 P.-de-D.* 🗺 ⑭ – *243 h alt. 466.*
Paris 468 – Clermont-Fd 54 – Brioude 31 – Issoire 16 – St-Flour 62.

🏨 **Le Boudes La Vigne** Ⓜ, ℰ 04 73 96 55 66, Fax 04 73 96 55 55 – 📺 ☎. ⊞
fermé 25 août au 4 sept., 2 au 26 janv. et lundi – **Repas** 70 (déj.), 98/230 – ⊂⊃ 31 – **7 ch** 185 –
½ P 185.

BOUESSE *36 Indre* 🗺 ⑱ – *rattaché à Argenton-sur-Creuse.*

BOUGIVAL *78 Yvelines* 🗺 ⑳,, 🗺 ⑬ – *voir à Paris, Environs.*

La BOUILLADISSE 13720 B.-du-R 🎱 ⑭, 📗📗📗 ㉙ – 4 115 h alt. 220.

Paris 779 – Marseille 31 – Aix-en-Provence 26 – Brignoles 44 – Toulon 61.

🏠 **La Fenière**, ℰ 04 42 72 56 32, Fax 04 42 72 44 71, 🌳, 🏊 – 🗏 rest 📺 ☎ 🐶 👌 🅿️. 🖭 ＧＢ
🍽 fermé dim. soir – **Repas** 78/195, enf. 50 – ⌒ 35 – **10 ch** 230/300 – ½ P 250/270.

BOUILLAND 21420 Côte-d'Or 📙📙 ⑪ G. Bourgogne – 145 h alt. 400.

Paris 295 – Dijon 41 – Autun 56 – Beaune 17 – Bligny-sur-Ouche 13 – Saulieu 57.

🏛 **Host. du Vieux Moulin** (Silva) 🅼 🍃, ℰ 03 80 21 51 16, Fax 03 80 21 59 90, 🌳, 🎿, 🗙,
❀ 🌳 – 🗏 rest 📺 ☎ 👌 🅿️ – 🔬 25. ＧＢ
fermé merc. sauf le soir de mai à oct. et jeudi midi sauf fériés – **Repas** 195/480 et carte 340
à 490 – ⌒ 80 – **24 ch** 380/800 – ½ P 575/835
Spéc. Œufs en meurette à la lie de vin. Poissons du vivier "en pochouse". Pâtes farcies de
coq au vin, bouillon parfumé au romarin. **Vins** Saint-Romain blanc, Savigny-lès-Beaune.

La BOUILLE 76530 S.-Mar. 📗📗 ⑥ G. Normandie Vallée de la Seine – 862 h alt. 5.

Voir Château de Robert le Diable★ : 💥★ SE : 3 km – Moulineaux : vitrail★ de l'église E : 3 km.
Bac : renseignements ℰ 02 35 18 01 76.
Paris 133 – Rouen 21 – Bernay 43 – Elbeuf 16 – Louviers 33 – Pont-Audemer 36.

🏛 **Bellevue**, ℰ 02 35 18 05 05, Fax 02 35 18 00 92, ≼ – 🗏 📺 ☎. ＧＢ
fermé 20 au 27 déc., vacances de fév. et dim. soir de nov. à mars – **Repas** 105/235 – ⌒ 38 –
20 ch 190/375 – ½ P 260/310.

ХХХ **St-Pierre** avec ch, ℰ 02 35 18 01 01, Fax 02 35 18 12 76, ≼, 🌳 – 📺 ☎ – 🔬 25. 🖭 ⓞ
ＧＢ. 🛏 ch
fermé dim. soir et lundi de nov. à mars – **Repas** 160/260 et carte 260 à 370 – ⌒ 40 – **7 ch**
300/350.

ХХ **Poste**, ℰ 02 35 18 03 90, Fax 02 35 18 18 91, ≼, 🌳 – ＧＢ
fermé 20 déc. au 15 janv., lundi soir et mardi – **Repas** 105/230.

ХХ **Les Gastronomes**, ℰ 02 35 18 02 07, 🌳 – 🖭 ⓞ ＧＢ
fermé 1er au 15 oct., 1er au 15 fév., merc. soir et jeudi – **Repas** 130/240, enf. 80.

ХХ **Maison Blanche**, ℰ 02 35 18 01 90, Fax 02 35 18 08 65, ≼ – 🖭 ＧＢ
fermé 15 juil. au 6 août, dim. soir et lundi – **Repas** 105/265.

BOUIN 85230 Vendée 📙📙 ② – 2 268 h alt. 5.

Paris 438 – Nantes 52 – La Roche-sur-Yon 66 – Challans 22 – Noirmoutier-en-l'Île 37 –
St-Nazaire 54.

🏛 **Martinet** 🍃, ℰ 02 51 49 08 94, Fax 02 51 49 83 08, 🏊, 🌳 – 📺 ☎ 👌 🅿️ 🖭 ⓞ ＧＢ
Repas (1er mai-30 sept. et fermé mardi midi) 110/160, enf. 65 – ⌒ 36 – **21 ch** 250/350 –
½ P 310.

Х **Le Courlis**, ℰ 02 51 68 64 65, 🌳 – 🅿️. ＧＢ
fermé 16 au 24 juin, merc. soir sauf vacances scolaires et lundi – **Repas** 85/205, enf. 50.

BOULAY-LES-BARRES 45 Loiret 📙📙 ⑨ – rattaché à Orléans.

BOULIAC 33 Gironde 📗📗 ⑨ – rattaché à Bordeaux.

BOULIGNEUX 01 Ain 📗📗 ② – rattaché à Villars-les-Dombes.

BOULOGNE-BILLANCOURT 92 Hauts-de-Seine 📗📗 ⑳,, 📗📗📗 ㉔ – voir à Paris, Environs.

BOULOGNE-SUR-MER ⟨P⟩ 62200 P.-de-C. 📗📗 ① G. Flandres Artois Picardie – 43 678 h alt. 58 –
Casino (privé) Z.

Voir Ville haute★★ YZ : coupole★, crypte et trésor★ de la basilique Y, ≼★ du Beffroi Y H –
Nausicaa★★ Y – Perspectives★ des remparts YZ – Calvaire des marins ≼★ Y – Château-
Musée★ : vases grecs★★, masques eskimos et aléoutes★★ Y – Colonne de la Grande
Armée★ : 💥★★ 5 km par ① – Côte d'Opale★ par ①.
Env. St-Étienne-au-Mont ≼★ du cimetière 7 km par ④.
🏌 de Wimereux ℰ 03 21 32 43 20, par ① : 8 km.
🅱 Office de Tourisme quai de la Poste ℰ 03 21 31 68 38, Fax 03 21 33 81 09, annexe Parvis
de Nausicaa (saison) ℰ 03 21 33 92 51.
Paris 295 ③ – Calais 38 ② – Amiens 122 ④ – Arras 115 ③ – Le Havre 247 ④ – Lille 115 ③ –
Rouen 186 ④.

BOULOGNE-SUR-MER

Faidherbe (R.) . . . . . . **Y**
Grande-Rue . . . . **Z**
Lampe (R. de la) . . . . **Z** 32
Thiers (R. A.) . . . . . . **YZ** 60
Victor-Hugo (R.) . . . **YZ**

Adam (R. H.) . . . . . . **X** 2
Aumont (R. d') . . . . . **Z** 7
Beaucerf (Bd) . . . . . **Z** 8
Beaurepaire (R.) . . . **X** 9
Bras-d'Or (R. du) . . . **Z** 13
Colonne (R. de la) . . **X** 17
Diderot (Bd) . . . . . . **X** 18
Duflos (R. Louis) . . . **X** 19
Dutertre (R.) . . . . . . **Y** 20
Égalité (R. de l') . . . . **X** 22
Entente-Cordiale
   (Pont de l') . . . . . **Z** 23
Huguet (Bd A.) . . . . **X** 29
Jaurès
   (Bd et Viaduc J.) **X** 30
J.-J.-Rousseau
   (Viaduc) . . . . **X** 31
Lattre-de-Tassigny
   (Av. de) . . . . **Y** 33
Lavocat (R. Albert) . **X** 34
Liberté (Bd de la) . . **X** 35
Lille (R. de) . . . . **Y** 37
Marguet (Pont) . . . . **Z** 38
Michelet (R. J.) . . . . **X** 39
Mitterrand (Bd F.) . . **Z** 40
Montesquieu (Bd) . . **X** 42
Mont-Neuf (R. du) . . **X** 44
Orme (R. de l') . . . . **X** 46
Perrochel (R.) . . . . . **Z** 48
Porte-Neuve (R.) . . . **Y** 49
Puits-d'Amour (R.) . . **Z** 53
Résistance (Pl.) . . . . **Y** 55
St-Louis (R.) . . . . . . **Y** 56
Ste-Beuve (Bd) . . . **XY** 59
Tour-N.-Dame (R.) . . **Y** 61
Victoires (R. des) . . **Y** 63
Wicardenne (R. de) . **X** 64

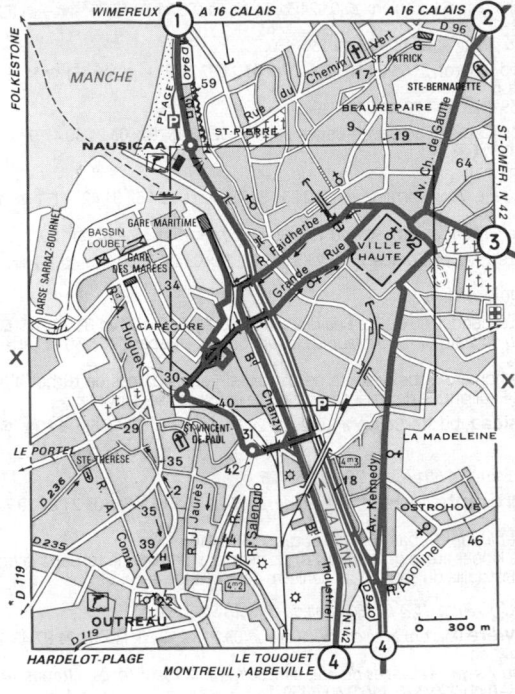

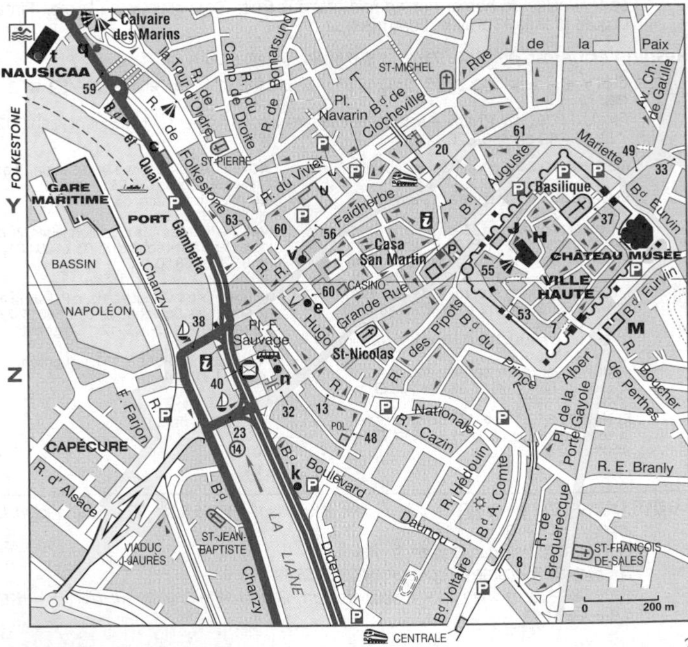

241

🏨 **Métropole** sans rest, 51 r. Thiers ℘ 03 21 31 54 30, Fax 03 21 30 45 72, 🛲 – 📳 📺 ☎ ✆
🚗, 🖭 ⑩ ☒
fermé 19 déc. au 4 janv. – ⊂⊃ 42 – **25 ch** 330/430.
Z e

🏨 **Ibis-Centre,** bd Diderot ℘ 03 21 30 12 40, Fax 03 21 87 48 98 – 📳 ⇆ 📺 ☎ ✆ – 🔏 25.
🖭 ⑩ ☒, ⅏ rest
Repas 95, enf. 39 – ⊂⊃ 35 – **79 ch** 285/310.
Z k

🏨 **Ibis-Plage** sans rest, 168 bd Sainte-Beuve ℘ 03 21 32 15 15, Fax 03 21 30 47 97 – 📳 ⇆
📺 ☎ ᯒ, 🖭 ⑩ ☒ ☒
⊂⊃ 36 – **42 ch** 265/356.
X a

🏨 **Lorraine** sans rest, 7 pl. Lorraine ℘ 03 21 31 34 78, Fax 03 21 32 91 42 – 📺 ☎. 🖭 ⑩
☒
fermé 21 déc. au 11 janv. et dim. soir du 15 nov. au 15 mars – ⊂⊃ 33 – **20 ch** 160/270.
Y v

🏨 **Londres** sans rest, 22 pl. France ℘ 03 21 31 35 63, Fax 03 21 83 50 07 – 📳 📺 ☎. 🖭 ⑩
☒
⊂⊃ 30 – **20 ch** 140/245.
Z n

XXX **La Matelote** (Lestienne), 80 bd Ste Beuve ℘ 03 21 30 17 97, Fax 03 21 83 29 24 – 🖭 ☒
❀ *fermé 24 déc. au 10 janv., dim. soir sauf juil.-août et fériés* – **Repas** 170/230 et carte 260 à
390
Y q
Spéc. Salade de homard tiède, velouté de crustacés. Petites darnes de turbot à l'arête,
beurre de thym. Feuillantine de fraises, glace vanille et framboise (saison).

XX **Rest. de Nausicaa,** bd Ste-Beuve ℘ 03 21 33 24 24, Fax 03 21 30 15 63, ≼ – 🔲. ☒
Repas 92/152 ॐ.
Y t

à Wimille *par* ② *et N 1 : 5 km* – *4 681 h. alt. 28* – ⊠ *62126 :*

XXX **Relais de la Brocante** (Laurent), près église ℘ 03 21 83 19 31, Fax 03 21 87 29 71 – 🖭
☒
❀ *fermé dim. soir et lundi* – **Repas** 150/220 et carte 260 à 410
Spéc. Galette de kipper aux oignons braisés, jus de poule. Crépine de turbot à la poire et
aux pleurotes. ''Bistouille du chti'mi'' au genièvre de Houlle (dessert).

à Pont-de-Briques *par* ④ *: 5 km* – ⊠ *62360 Pont-de-Briques St-Étienne*

XXX **Host. de la Rivière** (Martin) avec ch, 17 r. Gare ℘ 03 21 32 22 81, Fax 03 21 87 45 48, 🛲
– 📺 ☎. 🖭 ☒, ⅏ ch
❀ *fermé 18 août au 7 sept., vacances de fév., dim. soir et lundi sauf fériés* – **Repas** 160/298,
enf. 110 – ⊂⊃ 45 – **8 ch** 290/320 – ½ P 400/450
Spéc. Poêlée de homard et de foie gras aux fruits. Belle assiette de la mer. Pintade de
Licques braisée à l'étuvée, pommes fruit.

à Hesdin-l'Abbé *par* ④ *et N 1 : 9 km* – *1 880 h. alt. 50* – ⊠ *62360 :*

🏨 **Cléry** ≫, au village ℘ 03 21 83 19 83, Fax 03 21 87 52 59, « Parc », ⅏ – 📺 ☎ 🄿. 🖭 ⑩
☒, ⅏
fermé 14 déc. au 30 janv. – **Repas** *(fermé sam. et dim.)* (dîner seul.)(résidents seul.) 125/165
– ⊂⊃ 50 – **19 ch** 330/620.

Le BOULOU 66160 Pyr.-Or. 🔢 ⑲ *G. Pyrénées Roussillon* – *4 436 h alt. 90* – *Stat. therm. (3 fév.-
29 nov.) – Casino .*

Env. *Fort de Bellegarde* ⁕⁕⁕ *S : 10 km.*

🖪 *Office de Tourisme r. Écoles* ℘ *04 68 83 36 32.*

Paris 887 – *Perpignan 21* – *Amélie-les-Bains-Palalda 18* – *Argelès-sur-Mer 19* – *Barcelona
170* – *Céret 11.*

Le Domitien M, rte d'Espagne (près Thermes) ℰ 04 68 83 49 50, Fax 04 68 83 45 90, ⅃, ㈰, ✵ – 🛗 cuisinette 📺 ☎ ₺ 🅿 – 🔙 40. 🆎 🅶🅱. ✀ rest
- L'Amphore *(fermé dim. soir de déc. à fév.)* Repas 110/250, enf. 60 – ⌸ 40 – **44 ch** 380, 8 appart – ½ P 300.

Relais des Chartreuses ⌂ sans rest, Sud-Est : 4,5 km par N 9, D 618 et rte secondaire ℰ 04 68 83 15 88, Fax 04 68 83 26 62, ≼, ⅃, ㈰ – ✵ ☎ 🅿, 🆎 🅶🅱
15 mai-15 sept. – ⌸ 58 – **10 ch** 345/600.

Néoulous, près échangeur A9 ℰ 04 68 83 38 50, Fax 04 68 83 13 40, ⅃, ㈰, ✵ – 🛗 ▤ rest 📺 ☎ ₺ 🅿 – 🔙 30. 🆎 ⓞ 🅶🅱
Repas 78/180 ⅃, enf. 60 – ⌸ 35 – **47 ch** 250/300 – ½ P 227/255.

Canigou, r. Bousquet ℰ 04 68 83 15 29, Fax 04 68 87 75 41, 🏞 – ☎. 🅶🅱. ✀ rest
avril-fin oct. – Repas 85/175, enf. 48 – ⌸ 38 – **16 ch** 195/280.

au village catalan *Nord : 7 km par N 9 –* ⊠ *66300 Banyuls-dels-Aspres :*
🏢 *Office de Tourisme sur aire autoroutière* ℰ 04 68 21 60 05.

Village Catalan M sans rest, accès par N 9 et A 9 ℰ 04 68 21 66 66, Fax 04 68 21 70 95, ≼, ⅃, ㈰ – ✵ ▤ 📺 ☎ ₺ 🅿 – 🔙 30. 🅶🅱
⌸ 39 – **77 ch** 290/390.

aux Cluses *Sud : 5 km par N 9 – 165 h. alt. 150 –* ⊠ *66480 :*

Le Mas de l'Écluse, rte Perthus ℰ 04 68 87 78 60, 🏞, ⅃, ㈰ – ☎ 🅿 – 🔙 30. 🅶🅱
fermé 2 au 17 janv., dim. soir et lundi sauf juil.-août et fériés – Repas 95/135 – ⌸ 45 – **21 ch** 250/400 – ½ P 300.

à Vivès *Ouest : 5 km par D 115 et D 13 – 75 h. alt. 228 –* ⊠ *66400 :*

✕ **Hostalet de Vivès** ⌂ avec ch, ℰ 04 68 83 05 52, Fax 04 68 83 51 91 – cuisinette ▤ rest 📺 ☎. 🅶🅱. ✀ ch
fermé 15 janv. au 9 mars, mardi hors sais. et merc. – Repas - spécialités catalanes - 90/119 – ⌸ 35 – **3 ch** 250/350 – ½ P 250.

VAG Vallespir Auto Center, 18 ZI ℰ 04 68 83 44 00   ⓦ Sénéchal Pneus, 17 Carrer d'en Cavailes ℰ 04 68 83 40 00

BOULOURIS *83 Var* 🟦🟦 ⑧., 🟥🟥🟥 ㉕., 🟥🟥🟥 �33 *– rattaché à St-Raphaël.*

BOURBACH-LE-BAS *68290 H.-Rhin* 🟦🟦 ⑲ *– 508 h alt. 340.*
Paris 444 – Mulhouse 25 – Altkirch 26 – Belfort 28 – Thann 10.

✕ **A la Couronne d'Or** avec ch, 9 r. Principale ℰ 03 89 82 51 77, Fax 03 89 82 58 03 – 📺 ☎ ₺. 🆎 🅶🅱
fermé lundi – Repas 50 (déj.), 79/250 ⅃, enf. 45 – ⌸ 30 – **7 ch** 220/280 – ½ P 220.

BOURBON-LANCY *71140 S.-et-L.* 🟦🟦 ⑯ *G. Bourgogne – 6 178 h alt. 240 – Stat. therm. (3 avril-24 oct.).*

Voir *Maison de bois et tour de l'horloge* B.

🏢 *Office de Tourisme pl. Aligre* ℰ 03 85 89 18 27, Fax 03 85 89 28 38.
Paris 306 ④ – Moulins 36 ④ – Autun 63 ① – Mâcon 111 ③ – Montceau-les-Mines 55 ② – Nevers 73 ④.

Plan page suivante

Manoir de Sornat (Raymond) ⌂, allée Platanes, rte Moulins par ④ *: 2 km* ℰ 03 85 89 17 39, Fax 03 85 89 29 47, 🏞, « Manoir normand dans un parc » – 📺 ☎ ₺ 🅿. 🆎 ⓞ 🅶🅱. ✀ rest
fermé 12 janv. au 1er fév., dim. soir d'oct. à mai et lundi midi – Repas 160/400 et carte 290 à 400 – ⌸ 60 – **13 ch** 360/700 – ½ P 450/600
Spéc. Langoustines aux saveurs vanille et citron vert. Pigeon à la gentiane. Pain d'épices perdu, caramel au romarin. **Vins** Mâcon, Givry.

Grand Hôtel ⌂, (r) ℰ 03 85 89 08 87, Fax 03 85 89 25 45, 🏞, parc – 🛗 cuisinette 📺 ☎ 🅿. 🅶🅱
2 avril-24 oct. – Repas 69/138 ⅃ – ⌸ 32 – **30 ch** 208/278 – ½ P 227/246.

✕✕ **Villa Vieux Puits** avec ch, 7 r. Bel Air (d) ℰ 03 85 89 04 04, Fax 03 85 89 13 87, ㈰ – 📺 ☎ ₺ 🅿. 🅶🅱
fermé fév., dim. soir et lundi d'oct. à mai – Repas 95/300 ⅃ – ⌸ 45 – **7 ch** 230/310 – ½ P 225/300.

CITROEN Gar. Blanc, 47 av. Puzenat par ④   RENAULT Gar. Ségaud, 30 av. F.-Sarrien
ℰ 03 85 89 11 07 🅽 ℰ 03 85 89 11 07   ℰ 03 85 89 19 38 🅽 ℰ 03 85 89 19 38

BOURBON-LANCY

*Pour un bon usage
des plans de villes,
voir les signes conventionnels
dans l'introduction.*

Utilisez toujours les **cartes Michelin** récentes.
Pour une dépense minime vous aurez des informations sûres.

BOURBON-L'ARCHAMBAULT 03160 Allier **69** ⑬ *G. Auvergne* – 2 630 h. alt. 367 – Stat.
therm. (3 mars-22 nov.).

Voir *Nouveau parc* ≤★ Y – *Château* ≤★ Y.

Env. *St-Menoux : choeur★★ de l'église★ 9 km par* ②.

🅱 Office de Tourisme 1 pl. Thermes (saison) ℘ et Fax 04 70 67 09 79.

Paris 286 ① – *Moulins 24* ② – *Montluçon 50* ③ – *Nevers 53* ① – *St-Amand-Montrond 54* ③.

BOURBON-
L'ARCHAMBAULT

*Les noms des rues
sont soit écrits
sur le plan
soit répertoriés
en liste
et identifiés par un numéro.*

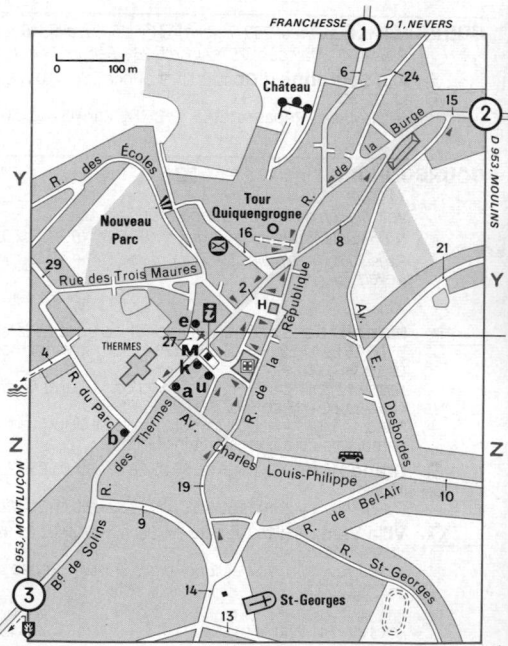

244

🏨 **Gd H. Montespan-Talleyrand,** pl. Thermes ℘ 04 70 67 00 24, Fax 04 70 67 12 00, ⌦,
🐎 – 🕴 📺 ☎ &, 🆎 GB, ⛶ rest   YZ **e**
5 avril-19 oct. – **Repas** 88/160, enf. 68 – ⊇ 42 – **57 ch** 170/360 – P 286/360.

🏨 **Thermes** (Barichard), av. Ch.-Louis-Philippe ℘ 04 70 67 00 15, Fax 04 70 67 09 43, 🍴, 🐎   Z **a**
❀ – 🍽 rest 📺 ☎ ↩, 🆎 GB
15 mars-31 oct. – **Repas** 99/345 et carte 200 à 310 – ⊇ 45 – **21 ch** 170/360 – P 390/420
Spéc. Filet de sole sauce hollandaise au salpicon de homard. Carré d'agneau rôti aux
morilles. Profiteroles au chocolat. **Vins** Sancerre, Saint-Pourçain.

🏨 **Gd H. Parc et Établissement,** r. Parc ℘ 04 70 67 02 55, Fax 04 70 67 13 95, 🐎 – 🕴 ☎   Z **b**
🐖 🅿, 🆎 GB, ⛶ rest
5 avril-20 oct. – **Repas** 85/155 – ⊇ 35 – **53 ch** 230/240 – P 255/300.

🏠 **Sources,** av. Thermes ℘ 04 70 67 00 15, Fax 04 70 67 09 43, 🐎 – 🆎 GB   Z **k**
🐖 *15 mars-31 oct.* – **Repas** 80/140 – ⊇ 30 – **20 ch** 150/250.

⛲ **Trois Puits,** r. Trois Puits ℘ 04 70 67 31 50, Fax 04 70 67 06 05 – ☎, GB   Z **u**
🐖 *fermé 15 déc. au 5 fév., dim soir et lundi* – **Repas** 55 bc (déj.), 85/105 🍷 – ⊇ 25 – **26 ch**
75/140 – ½ P 140/170.

✕✕ **L'Oustalet** avec ch, av. E. Guillaumin Z ℘ 04 70 67 01 48 – 🍽 rest 🅿, GB, ⛶ ch
🐖 *fermé 17 au 23 mars, 15 au 31 oct., vend. soir, dim. soir et soirs fériés* – **Repas** 84/260 –
⊇ 28 – **4 ch** 135/215 – P 185.

BOURBONNE-LES-BAINS 52400 H.-Marne 🆖🆖 ⑬ ⑭ *G. Alsace Lorraine* – 2 764 h alt. 290 – *Stat.
therm. (mars-nov.).*
🛈 *Office de Tourisme Centre Borvo, 34 pl. des Bains ℘ 03 25 90 01 71, Fax 03 25 90 14 12.*
*Paris 314 ④ – Chaumont 57 ④ – Dijon 124 ④ – Langres 40 ④ – Neufchâteau 53 ① – Vesoul
60 ②.*

**BOURBONNE-
LES-BAINS**

Bains (R. des)	2
Bassigny (R. du)	3
Capucins (R. des)	4
Daprey-Blache (R.)	5
Écoles (R. des)	6
Gouby (Av. du Lieutenant)	7
Grande-Rue	9
Hôtel-Dieu (R. de l')	12
Lattre-de-Tassigny	
(Av. Maréchal-de)	14
Maistre (R. du Gén.)	15
Mont-l'Étang (R. de)	17
Pierre (R. Amiral)	22
Porte-Galon (R.)	23
Verdun (Pl. de)	25
Walferdin (Rue)	26

🏨 **Jeanne d'Arc,** r. Amiral Pierre (s) ℘ 03 25 90 46 00, Fax 03 25 88 78 71, 🍴, ⌦ – 🕴 📺 ☎
& ↩ 🅿, 🆎 GB
2 mars-22 nov. – **Repas** 118/198, enf. 65 – ⊇ 42 – **32 ch** 245/300 – ½ P 236/310.

🏠 **des Sources,** pl. Bains (u) ℘ 03 25 87 86 00, Fax 03 25 87 86 33 – 🕴 cuisinette 📺 ☎ ✔
&, GB, ⛶ rest
30 mars-29 nov. – **Repas** (fermé merc. soir) 110/150, enf. 58 – ⊇ 38 – **24 ch** 230/270 –
P 250/260.

🏠 **Orfeuil,** r. Orfeuil (a) ℘ 03 25 90 05 71, Fax 03 25 84 46 25, 🍴, parc, ⌦ – 🕴 cuisinette 📺
🐖 ☎ & 🅿, 🆎 ⓪ GB, ⛶ rest
hôtel : 1er mars-30 nov. ; rest : 30 mars-26 oct. – **Repas** 59/150 🍷, enf. 42 – ⊇ 30 – **50 ch**
170/260 – P 230/260.

🏠 **Lauriers Roses,** pl. Bains (d) ℘ 03 25 90 00 97, Fax 03 25 88 78 02, 🐎 – 🕴 ☎ ✔ & 🅿,
🐖 GB
30 mars-18 oct. – **Repas** 76/125 🍷, enf. 36 – ⊇ 26 – **68 ch** 175/250 – P 235/250.

🏠 **A l'Étoile d'Or,** Gde Rue (r) ℘ 03 25 90 06 05 – 🕴 🍽 rest ☎ ✔ &, 🆎 ⓪ GB
🐖 *10 avril-20 oct.* – **Repas** 70/120 🍷, enf. 45 – ⊇ 26 – **24 ch** 145/240 – P 210/240.

CITROEN Gar. Michaud, par ① ℘ 03 25 90 03 12 🆖   RENAULT Gar. Beau, 13 av. Lieutenant Gouby
℘ 03 25 90 03 12   ℘ 03 25 90 00 72 🆖 ℘ 03 25 90 09 41

Campers...   Use the current **Michelin Guide**
Camping Caravaning France.

La BOURBOULE 63150 P.-de-D. **73** ⑬ *G. Auvergne* – *2 113 h alt. 880* – *Stat. therm.* – *Casino* **AZ**.

Voir *Parc Fenêtre*★ **ABZ** – *Roche Vendeix* ⋇★ *4 km par* ② *puis 30 mn* – *Murat-le-Quaire : musée de la Toinette*★ *N : 2 km*.

🛈 *Office de Tourisme pl. Hôtel de Ville* ℘ *04 73 65 57 71, Fax 04 73 65 50 21*.

Paris 471 ③ – *Clermont-Ferrand 50* ③ – *Aubusson 82* ③ – *Mauriac 70* ③ – *Ussel 53* ③.

LA BOURBOULE

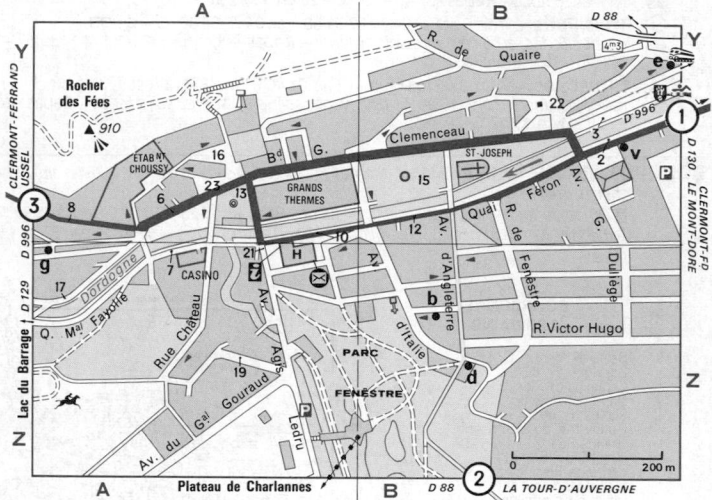

🏨 **Régina**, av. Alsace-Lorraine ℘ 04 73 81 09 22, Fax 04 73 81 08 55, 🏕, 𝐿𝄐, 🔲, 🐎 – 🛗 🔆 📺 🐎 🅿. 🖭 ⓞ 🆖. 🛠 rest
fermé 12 nov. au 26 déc. et 4 janv. au 1er fév. – **Repas** 80/200, enf. 50 – ☲ 40 – **25 ch** 300/400 – ½ P 350/380.
　　　　　　　　　　　　　　　　　　　　　　　　　　　　　　　　　BY **v**

🏨 **Le Charlet** ⬎, bd L. Choussy ℘ 04 73 81 33 00, Fax 04 73 65 50 82, 🔲 – 🛗 🔆 📺 🐎. 🆖
fermé 15 oct. au 15 déc. – **Repas** 95/165, enf. 45 – ☲ 39 – **38 ch** 220/340 – ½ P 200/280.
　　　　　　　　　　　　　　　　　　　　　　　　　　　　　　　　　AZ **g**

🏨 **Aviation**, r. Metz ℘ 04 73 81 32 32, Fax 04 73 81 02 85, 🔲 – 🛗 🐎 🚗. 🆖. 🛠 rest
fermé 1er oct. au 20 déc. – **Repas** 88/100, enf. 50 – ☲ 35 – **50 ch** 170/360 – ½ P 195/265.
　　　　　　　　　　　　　　　　　　　　　　　　　　　　　　　　　BZ **b**

🏨 **Pavillon**, av. Angleterre ℘ 04 73 65 50 18, Fax 04 73 81 00 93, 🐎 – 🛗 🔆 📺 🐎. 🖭 🆖. 🛠
avril-sept. – **Repas** 75/90 ⬦ – ☲ 35 – **27 ch** 190/310 – ½ P 220/260.
　　　　　　　　　　　　　　　　　　　　　　　　　　　　　　　　　BZ **d**

🏨 **Le Val Dore**, r. Belgique ℘ 04 73 81 06 14, Fax 04 73 65 58 79 – 🛗 🔆 ▤ rest 🐎 📞. 🆖. 🛠
fermé 3 nov. au 25 déc. et 6 au 31 janv. – **Repas** 68/115 ⬦, enf. 45 – ☲ 32 – **33 ch** 175/270 – ½ P 210/230.
　　　　　　　　　　　　　　　　　　　　　　　　　　　　　　　　　BY **e**

au Nord-Est : *2 km par D 996* :

🏨 **Horizon**, av. Mar. Leclerc ℘ 04 73 81 08 40, ≤, 🐎 – 🔆 🐎 🅿. 🆖. 🛠 rest
hôtel : 1er avril-6 oct., vacances de Toussaint, 25 déc.-1er janv. et 10 fév.-15 mars – **Repas** *(1er avril-30 sept., 25 déc.-1er janv. et 10 fév. au 15 mars)* 70/108 – ☲ 32 – **18 ch** 210/280 – ½ P 215/230.

à St-Sauves-d'Auvergne *par* ③ *: 5 km* – *1 030 h. alt. 791* – ✉ *63950* :

🏨 **Poste**, pl. du Portique ℘ 04 73 81 10 33, Fax 04 73 81 02 27 – 📺 🐎 🅿. 🆖
Repas *(fermé 1er au 20 déc.)* 65/165 ⬦, enf. 40 – ☲ 29 – **18 ch** 160/230 – ½ P 170/210.

CITROEN Gar. Aviation, r. de Metz ℘ 04 73 81 02 88

BOURBOURG _59630 Nord_ 🟦🟦 ③ – _7 106 h alt. 4._

Paris 282 – Calais 27 – Cassel 28 – Dunkerque 20 – Lille 81 – St-Omer 27.

XX **La Gueulardière,** 4 pl. Hôtel de Ville _℘ 03 28 22 20 97, Fax 03 28 62 31 97 –_ GB. 🎉
fermé 4 au 18 août, vacances de fév., dim. soir et lundi – **Repas** 90/160.

BOURCEFRANC-LE-CHAPUS _17 Char.-Mar._ 🟦🟦 ⑭ – _rattaché à Marennes._

BOURDEAU _73 Savoie_ 🟦🟦 ⑮ – _rattaché au Bourget-du-Lac._

BOURDEAUX _26460 Drôme_ 🟦🟦 ⑬ – _562 h alt. 426._

Paris 613 – Valence 53 – Crest 24 – Montélimar 41 – Nyons 43 – Pont-St-Esprit 72.

Aux Trois Châteaux, rte Nyons sur D 70 _℘ 04 75 53 33 92,_ 🏠 – GB
fermé 15 déc. au 15 janv., merc. soir et vend. soir (sauf hôtel) et dim. soir de sept. à avril –
Repas 76/135 🍷, enf. 39 – 🍽 30 – **15 ch** 100/190 – ½ P 165/190.

BOURDEILLES _24 Dordogne_ 🟦🟦 ⑤ – _rattaché à Brantôme._

BOURG-ACHARD _27310 Eure_ 🟦🟦 ⑤ _G. Normandie Vallée de la Seine –_ _2 255 h alt. 124._

Paris 141 – Rouen 28 – Bernay 43 – Évreux 62 – Le Havre 62.

X **L'Amandier,** 599 rte Rouen _℘ 02 32 57 11 49, Fax 02 32 57 28 03,_ 🏠 – GB
fermé dim. soir, merc. soir et mardi – **Repas** 95/195.

CITROEN Gar. Leple, _℘ 02 32 56 20 24_

BOURGANEUF _23400 Creuse_ 🟦🟦 ⑨ _G. Berry Limousin –_ _3 385 h alt. 440._

Voir _Charpente★ de la tour Zizim – Tapisserie★ dans l'Hôtel de Ville._

🅱 _Office de Tourisme Tour Lastic ℘ 05 55 64 12 20._

Paris 384 – Limoges 50 – Aubusson 39 – Guéret 34 – Uzerche 80.

🏨 **Commerce,** r. Verdun _℘ 05 55 64 14 55,_ 🏠 – 📺 ☎ 🚗. GB
fermé 22 déc. au 15 fév., dim. soir et lundi sauf juil.-août et fêtes – **Repas** 75/280 🍷, enf. 50
– 🍽 30 – **14 ch** 145/350.

CITROEN Gar. Raynaud, _℘ 05 55 64 29 29_   ⊛ Gar. Pradillon _℘ 05 55 64 22 79_
PEUGEOT Gar. Barlet, _℘ 05 55 64 08 76_
RENAULT Gar. Bévilacqua, _℘ 05 55 64 14 22_ 🅽
_℘ 08 00 05 15 15_

BOURG-CHARENTE _16 Charente_ 🟦🟦 ⑫ – _rattaché à Jarnac._

BOURG-DE-PÉAGE _26 Drôme_ 🟦🟦 ② – _rattaché à Romans-sur-Isère._

Le BOURG-D'OISANS _38520 Isère_ 🟦🟦 ⑥ _G. Alpes du Nord –_ _2 911 h alt. 720._

Voir _Musée des Minéraux★ – Cascade de la Sarennes★ NE : 1 km puis 15 mn – Gorges de la
Lignarre★ NO : 3 km._

🅱 _Office de Tourisme quai Girard ℘ 04 76 80 03 25, Fax 04 76 80 10 38._

Paris 616 – Grenoble 51 – Briançon 68 – Gap 98 – St-Jean-de-Maurienne 71 – Vizille 32.

au Châtelard _Nord-Est : 12 km par D 211, D 211A et rte secondaire –_ ✉ _38520 La Garde-en-Oisans:_

La Forêt de Maronne 🦢, _℘ 04 76 80 00 06, Fax 04 76 79 14 61,_ ≤, 🏠, 🏊, 🌳 – ☎ 🅿.
GB. 🎉 rest
10 juin-25 sept. et 20 déc.-30 avril – **Repas** 95/178, enf. 54 – 🍽 34 – **12 ch** 250/320 –
½ P 260/310.

CITROEN Gar. Bonnenfant, N 91 Les Sables en   RENAULT Gar. St-Laurent, _℘ 04 76 80 26 97_ 🅽
Oisans _℘ 04 76 80 07 00_ 🅽 _℘ 04 76 80 07 00_   _℘ 04 76 80 26 97_

BOURG-D'OUEIL _31110 H.-Gar._ 🟦🟦 ⑳ – _19 h alt. 1339._

Voir _Vallée d'Oueil★ au SE – Kiosque de Mayrègne ☀★ SE : 5 km, G. Pyrénées Aquitaine._

Paris 847 – Bagnères-de-Luchon 15 – St-Gaudens 61 – Tarbes 97 – Toulouse 153.

🏨 **Sapin Fleuri** 🦢, _℘ 05 61 79 21 90,_ ≤ – ☎ 🅿. GB. 🎉 rest
1er juin-30 sept. et vacances scolaires – **Repas** 120/300, enf. 60 – 🍽 40 – **22 ch** 250/300 –
½ P 290/350.

Le BOURG-DUN 76740 S.-Mar. **52** ③ G. Normandie Vallée de la Seine – 481 h alt. 17.

Voir Tour★ de l'église.

Paris 188 – Dieppe 20 – Fontaine-le-Dun 7 – Rouen 56 – St-Valery-en-Caux 15.

XX   **Aub. du Dun** (Chrétien), face Église *ℰ* 02 35 83 05 84 – **P**, **GB**. ✵

☼   *fermé 19 août au 7 sept., 1er au 15 déc., dim. soir et lundi* – **Repas** 150/220 et carte 250 à 430

Spéc. Galette d'andouille de Vire aux pommes de terre et aux épinards. Coquilles St-Jacques (oct.-fév.). Tarte soufflée au chocolat.

BOURG-EN-BRESSE **P** 01000 Ain **74** ③ G. Bourgogne – 40 972 h alt. 251.

Voir Église de Brou★★ : tombeaux★★★, chapelles et oratoires★★★ X B – Monastère★ : musée de Brou★ X E – Stalles★ de l'église N.-Dame Y.

₉ *ℰ* 04 74 24 65 17 au Parc de Loisirs de Bouvent, E : 2 km par ③.

🛈 Office de Tourisme 6 av. Alsace-Lorraine *ℰ* 04 74 22 49 40, Fax 04 74 23 06 28 et bd de Brou (saison) *ℰ* 04 74 22 27 76 – A.C. 15 av. Alsace-Lorraine *ℰ* 04 74 22 43 11.

Paris 425 ⑦ – Mâcon 37 ⑦ – Annecy 112 ④ – Besançon 146 ② – Chambéry 121 ④ – Genève 111 ④ – Lyon 60 ⑤ Roanne 119 ⑥

Plan page ci-contre

🏨 **Prieuré** ⬥ sans rest, 49 bd Brou *ℰ* 04 74 22 44 60, Fax 04 74 22 71 07, 🌾 – 🛗 📺 ☎ **P**. **AE** ⓪ **GB**

                                                X a

  ☕ 45 – **14 ch** 380/550.

🏨 **Mercure** M, 10 av. Bad-Kreuznach *ℰ* 04 74 22 44 88, Fax 04 74 23 43 57, 🏤, 🌾 – 🛗 ↔ ▤ ch 📺 ☎ ℰ 🕭 **P** – 🔬 100. **AE** ⓪ **GB** **JCB**. ✵ rest   X e

  Repas 115 (déj.), 127/260 ⅋, enf. 54 – ☕ 60 – **60 ch** 410/470.

🏨 **Ariane** M, bd Kennedy *ℰ* 04 74 22 50 88, Fax 04 74 22 51 57, 🏤, ⬙, 🌾 – 🛗 ▤ 📺 ☎ ℰ 🕭 🕭 **P** – 🔬 50. **AE** ⓪ **GB**   X s

  Repas *(fermé dim. et fériés)* 125/230 – ☕ 46 – **40 ch** 330/380.

🏨 **Terminus** sans rest, 19 av. A. Baudin *ℰ* 04 74 21 01 21, Fax 04 74 21 36 47, « Parc » – 🛗 📺 ☎ 🕭, **AE** ⓪ **GB**   X t

  ☕ 45 – **50 ch** 315/445.

🏨 **Le Logis de Brou** sans rest, 132 bd Brou *ℰ* 04 74 22 11 55, Fax 04 74 22 37 30 – 🛗 📺 ☎ 🕭 **P** – 🔬 25. **AE** ⓪ **GB**   Z k

  ☕ 38 – **30 ch** 270/380.

🏨 **France** sans rest, 19 pl. Bernard *ℰ* 04 74 23 30 24, Fax 04 74 23 69 90 – 🛗 📺 ☎ 🕭 – 🔬 25. **AE** ⓪ **GB**   Y e

  ☕ 42 – **46 ch** 230/420.

🏨 **Ibis**, bd Ch. de Gaulle *ℰ* 04 74 22 52 66, Fax 04 74 23 09 58, 🏤 – ↔ 📺 ☎ ℰ 🕭 **P** – 🔬 50. **AE** ⓪ **GB** – **Repas** 110 bc/120 bc, enf. 40 – ☕ 36 – **62 ch** 295/310.   X d

XXX **Jacques Guy,** 19 pl. Bernard *ℰ* 04 74 45 29 11, Fax 04 74 24 73 69, 🏤 – **AE** ⓪ **GB**   Y g

☼   *fermé 1er au 15 mars, 15 au 30 nov., dim. soir et lundi* – **Repas** 165/380 et carte 260 à 380

Spéc. Foie de canard poêlé et risotto aux truffes. Cassolette de queues d'écrevisses, bisque crémée (30 avril au 15 oct.). Poitrine et cuisse de pigeon à l'épine vinette.

XXX **Auberge Bressane,** face église de Brou *ℰ* 04 74 22 22 68, Fax 04 74 23 03 15, 🏤 – **P**. **AE** ⓪ **GB**   X f

  Repas 98/290 et carte 290 à 500.

XXX **Mail** avec ch, 46 av. Mail *ℰ* 04 74 21 00 26, Fax 04 74 21 29 55 – ▤ rest 📺 ☎ ℰ 🕭 **P**. **AE** ⓪ **GB**   X v

  fermé 14 juil. au 5 août, 22 déc. au 6 janv., dim. soir et lundi – **Repas** 110/320 et carte 230 à 290, enf. 80 – ☕ 30 – **9 ch** 180/280 – ½ P 240/300.

XX **La Reyssouze**, 20 r. Ch. Robin *ℰ* 04 74 23 11 50, Fax 04 74 23 94 32 – ▤. **AE** **GB**

  fermé 28 juil. au 10 août, vacances de fév., dim. soir et lundi sauf fériés – **Repas** 135/330, enf. 80.   Y n

XX **La Galerie**, 4 r. Th. Riboud *ℰ* 04 74 45 16 43, Fax 04 74 45 16 43

🐾   ⓪ **GB**   Z f

  Repas *(fermé sam. midi et dim.)* 120/190.

XX **Chalet de Brou,** face église de Brou *ℰ* 04 74 22 26 28, Fax 04 74 24 72 42, 🏤 – **GB**

🕭   *fermé 1er au 15 juin, 23 déc. au 23 janv., jeudi soir et vend.* – **Repas** 80/230 ⅋.   X f

XX **Le Français,** 7 av. Alsace-Lorraine *ℰ* 04 74 22 55 14, Fax 04 74 22 47 02, brasserie 1900 – **AE GB**   Z r

  fermé 4 au 26 août, 22 au 28 déc., sam. soir et dim. – **Repas** 130/290 ⅋, enf. 70.

XX **L'Ermitage,** 142 bd de Brou *ℰ* 04 74 22 19 00, Fax 04 74 24 64 91 – **GB**

  fermé 15 juil. et sam. midi – **Repas** 95/250.   X b

X **Rest. de l'Église de Brou,** face église de Brou *ℰ* 04 74 22 15 28 – ▤. **GB**   X f

🕭   *fermé 17 juin au 8 juil., 24 déc. au 5 janv., mardi et merc.* – **Repas** 83/196 ⅋, enf. 45.

BOURG-EN-BRESSE

Foch (R. Maréchal) . . . . **Y** 20
Gambetta (R.) . . . . **Z** 21
Notre-Dame (R.) . . . . **Y** 35

Anciens Combattants (Av. des) . . . . **Z** 3
Arsonval (Av. A. d') . . . . **X** 4
Bad-Kreuznach (Av. de) . . . . **X** 5
Basch (R. Victor) . . . . **Z** 6
Baudin (Av. A.) . . . . **Z** 7
Belges (Av. des) . . . . **Y** 10
Bernard (Pl.) . . . . **Y** 12
Bouveret (R.) . . . . **Y** 13
Champ-de-Foire (Av. du) . . . . **Y** 14
Citadelle (R. de la) . . . . **X** 15
Crêts (R. des) . . . . **X** 16
Debeney (R. Général) . . . . **Y** 17
Europe (Car. de l') . . . . **X** 19
Jaurès (Av. Jean) . . . . **XZ** 22
Joliot-Curie (Bd Irène) . . . . . . **X** 23
Joubert (Pl.) . . . . **Z** 24
Juin (Av. Maréchal) . . . . **X** 26
Lévrier (Bd A.) . . . . **X** 27
Lyon (Pont de) . . . . **X** 28
Mail (Av. du) . . . . **X** 30
Migonney (R. J.) . . . . **Z** 31
Morgon (R. J.) . . . . **X** 32
Muscat (Av. A.) . . . . **Z** 33
Neuve (Pl.) . . . . **Y** 34
Palais (R. du) . . . . **Y** 36
St-Nicolas (Bd) . . . . **X** 37
Samaritaine (R.) . . . . **Z** 38
Semard (Av. P.) . . . . **X** 40
Teynière (R.) . . . . **Z** 42
Valéry (Bd P.) . . . . **X** 43
Verdun (Cours de) . . . . **Y** 44
Victoire (Av. de la) . . . . **Z** 45
4-Septembre (R. du) . . . . **Y** 48
23e-R.I. (R. du) . . . . **X** 50

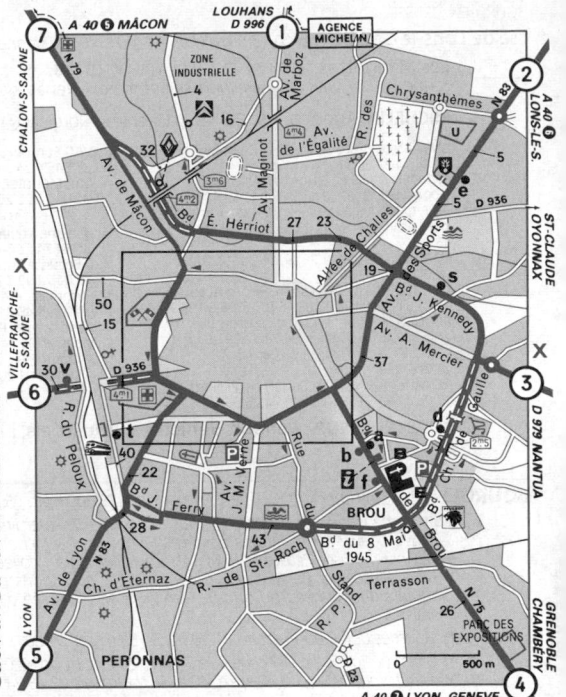

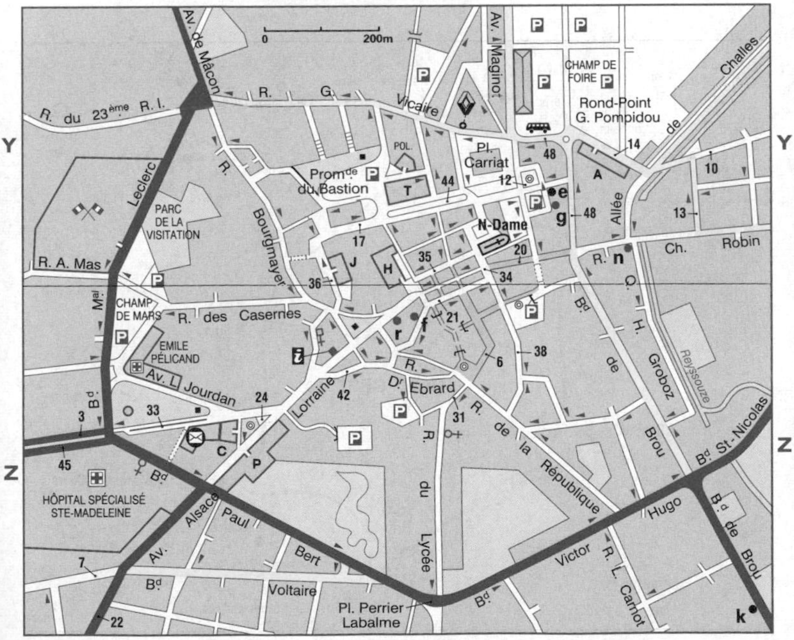

rte de Lons-le-Saunier *par* ② : *6,5 km N 83 –* ✉ *01370 St-Étienne-du-Bois :*

✗ **Les Mangettes,** ✆ 04 74 22 70 66, 🏠 – 🅿. 🆎 🆖
fermé 7 au 21 janv., dim. soir, lundi soir et mardi – **Repas** 90 (déj.), 110/180.

MICHELIN, Agence, r. M. Berliet, ZI Extension Nord par ① ✆ 04 74 45 24 24

BMW Bresse Auto Sport, ZA la Chambière à Viriat
✆ 04 74 22 62 55
CITROEN D.A.R.A., ZI Nord av. Arsonval
✆ 04 74 23 82 82 🅽 ✆ 04 74 45 12 12
FIAT, LANCIA S.E.R.M.A., N 79 Bourg-en-Bresse
Nord à Viriat ✆ 04 74 23 19 55 🅽 ✆ 04 74 22 36 78
FORD Gar. du Bugey, 28 av. de Pont d'Ain
✆ 04 74 22 32 66
MERCEDES, TOYOTA Espace Bourg Auto, 24 av. du Mar.-Juin ✆ 04 74 22 63 46 🅽 ✆ 08 00 24 24 30
PEUGEOT S.I.C.M.A., 192 bd de Brou
✆ 04 74 45 93 00 🅽 ✆ 04 74 32 98 26
RENAULT Gar. Carriat, 11 pl. Carriat
✆ 04 74 22 17 11
RENAULT A.R.N.O., bd E.-Herriot, ZI Nord
✆ 04 74 23 35 55 🅽 ✆ 04 74 23 35 55

VAG Europe-Gar., 124 av. A.-Mercier
✆ 04 74 23 31 12
Gar. Meunier, rte de Strasbourg N 83 à Viriat
✆ 04 74 22 20 80

🔘 Ayme Pneus, r. F.-Arago, ZI Nord
✆ 04 74 23 34 41
C.Sécurité Routière, N 75 à Montagnat
✆ 04 74 22 34 51 🅽 ✆ 06 09 10 68 84
Euromaster, ZI de la Chambière à Viriat
✆ 04 74 45 21 98
Gaudry Pneu Point S, Rd-Pt Fleyriat les Vareys à Viriat ✆ 04 74 45 05 04
Ruder Pneus, 738 av. de Lyon à Peronnas
✆ 04 74 21 20 99

CONSTRUCTEUR : Renault Véhicules Industriels, av. A. Mercier ✆ 04 74 50 33 00

BOURGES 🅿 *18000 Cher* 🔢 ① *G. Berry Limousin –* 75 609 h *alt.* 153.

Voir *Cathédrale St-Étienne*★★★ *: tour Nord* ≤★★ Z *– Jardins de l'Archevêché*★ Z *– Palais Jacques-Coeur*★★ Y *– Jardins des Prés-Fichaux*★ Y *– Maisons anciennes*★ YZ *– Hôtel des Échevins*★ *: musée Estève*★★ Y M³ *– Hôtel Lallemant*★ *: collection de meubles miniatures*★ Y M⁴ *– Musée du Berry dans l'hôtel Cujas*★ *: collections gallo-romaines*★*, prophètes*★*, pleurants du tombeau du duc de Berry*★ Y M¹ *– Musée d'histoire naturelle*★ Z M *– Les marais*★ V.

🏌 *Bourges Golf Club* ✆ 02 48 21 20 01, S *: 5 km par D 106.*

🎫 *Office de Tourisme et Accueil de France* 21 r. V.-Hugo ✆ 02 48 24 75 33, Fax 02 48 65 11 87 – *Automobile Club du Centre,* 40 av. J.-Jaurès ✆ 02 48 24 01 36, Fax 02 48 70 21 85.

Paris 246 ⑦ *– Châteauroux 69* ⑥ *– Dijon 248* ② *– Nevers 70* ③ *– Orléans 123* ⑦ *– Tours 153* ⑦.

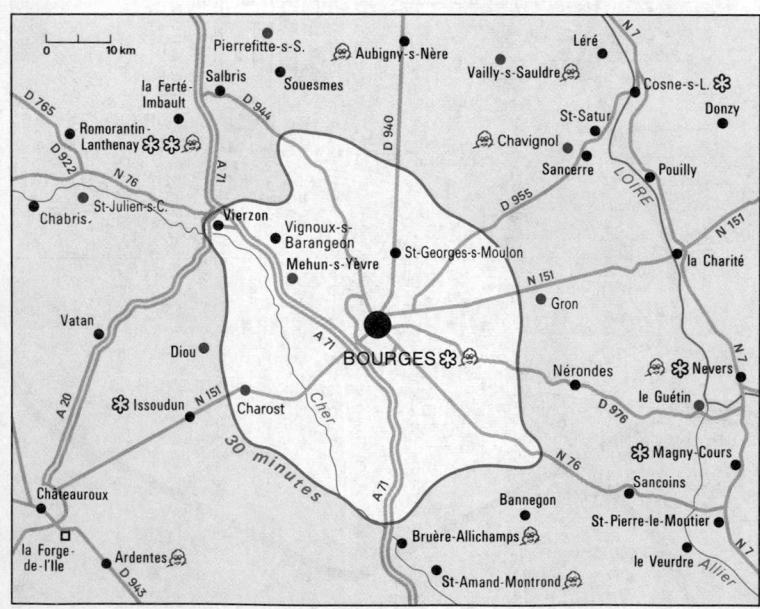

BOURGES

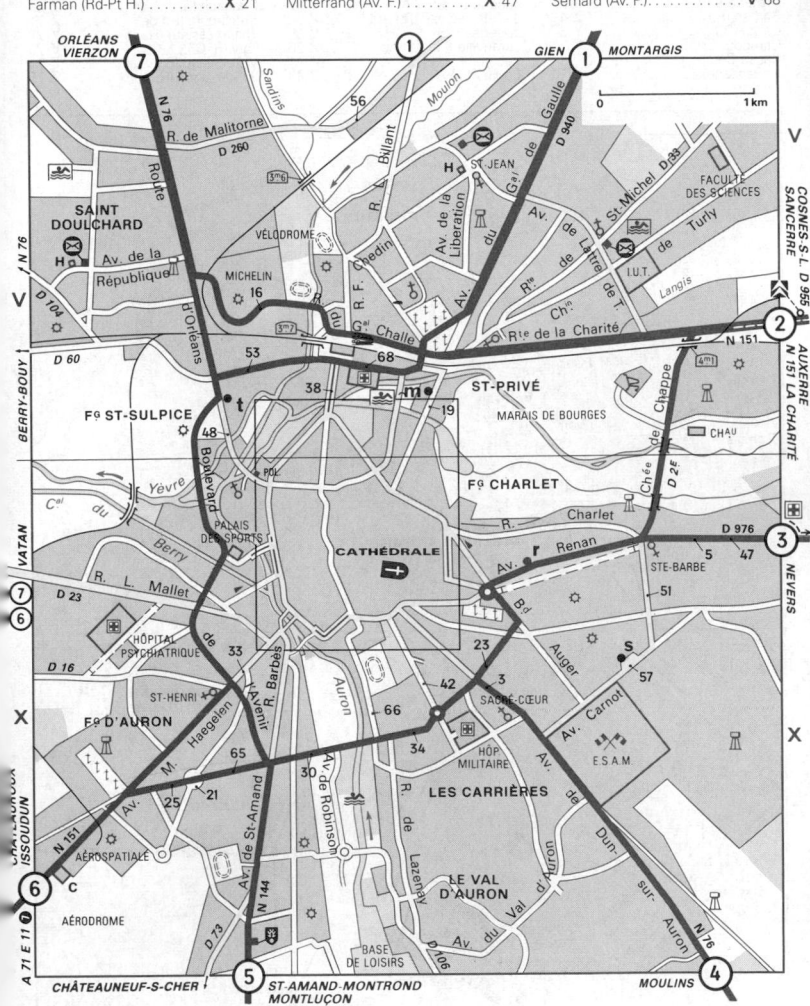

Bourbon et rest. St-Ambroix Ⓜ, bd République ℰ 02 48 70 70 00, Fax 02 48 70 21 22,
« Salle à manger dans les vestiges d'une abbaye du 16ᵉ siècle » – 🛗 🍽 rest 📺 ☎ & 🅿 –
🔬 60. 🅰🅴 ⓞ 🆖   **Y b**
Repas *(fermé sam. midi sauf fériés)* 150/320 et carte 310 à 380 – 🍽 65 – **59 ch** 420/650 –
½ P 485
Spéc. Foie gras de canard poêlé au poivre noir, croissant de potiron épicé. Dragées de
pigeon à la cardamome, endives caramélisées. Moelleux au chocolat, sorbet à l'orange.
Vins Reuilly, Sancerre rouge.

Tilleuls sans rest, 7 pl. Pyrotechnie ℰ 02 48 20 49 04, Fax 02 48 50 61 73, 🅵𝚋, 🎋 – 🍴 📺
☎ 📞 & 🅿 🅰🅴 ⓞ 🆖   **X s**
🍽 35 – **38 ch** 215/270.

BOURGES

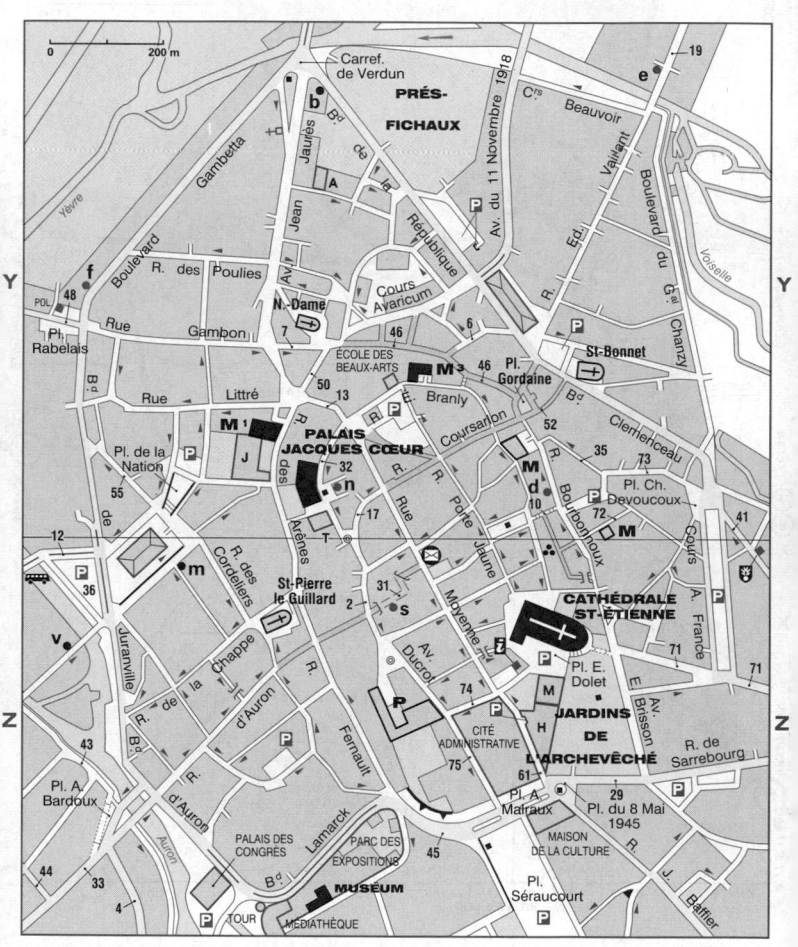

🏨 **Christina** sans rest, 5 r. Halle ℰ 02 48 70 56 50, Fax 02 48 70 58 13 – 🛗 📺 ☎ ✆ – 🔬 25.
🖭 ⓘ ☒
☲ 36 – **71 ch** 239/299.
                    Z m

🏨 **Olympia** sans rest, 66 av. Orléans ℰ 02 48 70 49 84, Fax 02 48 65 29 06 – 🛗 📺 ☎ 🅿. 🖭
ⓘ ☒
fermé 24 déc. au 2 janv. – ☲ 35 – **42 ch** 225/310.
          V t

🏨 **Ibis,** quartier Prado ℰ 02 48 65 89 99, Fax 02 48 65 18 47, 🍽 – 🛗 ✄ 📺 ☎ ✆ – 🔬 35. 🖭
ⓘ ☒
Repas 95, enf. 39 – ☲ 36 – **86 ch** 295/320.
          Z v

🏠 **St-Jean** sans rest, 23 av. Marx Dormoy ✆ 02 48 24 13 48, Fax 02 48 24 79 98 – 📶 📺 ☎ ☎.
GB. ⬜   V m
fermé fév. – ☐ 21 – **24 ch** 125/260.

XXX **Le Jardin Gourmand,** 15 bis av. E. Renan ✆ 02 48 21 35 91, Fax 02 48 20 59 75, ☆ – ⚑
GB   X r
fermé 7 au 22 juil., mi-déc. à mi-janv., dim. soir et lundi – **Repas** 95/230 et carte 180 à 290.

XXX **Jacques Coeur,** 3 pl. J. Coeur ✆ 02 48 70 12 72, Fax 02 48 65 25 72 – ⚑ ⓞ GB
JCB   Y n
fermé 18 juil. au 18 août, 24 déc. au 2 janv., dim. soir et sam. – **Repas** 145/180 et carte 160 à
300.

XX **Philippe Larmat,** 62 bis bd Gambetta ✆ 02 48 70 79 00, Fax 02 48 69 88 87, ☆ – ▤. ⚑
ⓞ GB JCB   Y f
fermé 15 au 31 août, dim. soir et lundi – **Repas** 95/240.

XX **Le Beauvoir,** 1 av. Marx Dormoy ✆ 02 48 65 42 44, Fax 02 48 24 80 84 – ⚑ GB   Y e
fermé dim. soir – **Repas** 95/230.

X **Le Bourbonnoux,** 44 r. Bourbonnoux ✆ 02 48 24 14 76, Fax 02 48 24 77 67 – ▤. ⚑
🌐 GB   Y d
fermé 14 au 21 mars, 29 août au 15 sept., 16 au 26 janv., sam. midi et vend. – **Repas** 75/170.

X **Fontaine des Jacobins,** cours des Jacobins (centre commercial Jacobins)
🌐 ✆ 02 48 65 57 31, Fax 02 48 65 82 95 – GB   Z s
fermé 4 au 10 août, vacances de fév. et dim. – **Repas** 79/165 ⬥, enf. 40.

rte de Châteauroux *par* ⑥ :

🏨 **Novotel** Ⓜ, Le Bois de Chagnières, à l'échangeur A 71 : 7 km ✉ 18570 Le Subdray
✆ 02 48 26 53 33, Fax 02 48 26 52 22, ☆, 🏊 – 📶 ☆ ▤ 📺 ☎ ☎ ⬥ ⬥ 🅿 – ⚐ 150. ⚑ ⓞ
GB
Repas 100, enf. 50 – ☐ 55 – **93 ch** 550.

BMW Gar. Vergès Autom., 43 av. Prospective,
Asnières-lès-Bourges ✆ 02 48 70 47 20
CITROEN Générale Auto de Bourges, rte de la
Charité à St Germain du Puy ✆ 02 48 23 44 40 🅽
✆ 02 48 24 44 44
FIAT La Fourchette Autom., 207 rte de la Charité
✆ 02 48 65 80 61
FORD Delouche Autom., rte de la Charité à St
Germain du Puy ✆ 02 48 23 52 70
MERCEDES SAVIB, r. C.-Durand ✆ 02 48 67 53 00
🅽 ✆ 08 00 24 24 30
NISSAN Sonaka Autom., ZI Malitorne à St-
Doulchard ✆ 02 48 65 89 85
OPEL Centre Avenir Autom., bd de l'Avenir
✆ 02 48 23 23 23
PEUGEOT Gds Gar. du Cher, rte d'Orleans à St
Doulchard par ⑦ ✆ 02 48 24 72 01 🅽 ✆ 02 48 57
58 83

RENAULT S.C.A.C. Autom., 259 av. Gén.-de-
Gaulle par ① ✆ 02 48 23 40 40 🅽 ✆ 02 48 57
53 01
ROVER Gar. Murat, 136 bis rte de Nevers
✆ 02 48 50 42 10
VAG Gar. Laudat, 99 rte de la Charité
✆ 02 48 70 15 17 🅽 ✆ 02 48 24 19 90

⦿ Berry Pneus, 99 av. Dun ✆ 02 48 20 34 24
Euromaster, rte de la Charité à ST-Germain du
Puy ✆ 02 48 65 02 34
Gar. Gaudichon et Thiault, à St-Florent sur Cher
✆ 02 48 55 65 92 🅽 ✆ 02 48 55 65 92
Vulco, 58 bd Avenir ✆ 02 48 50 19 30
Vulco, ZI n° 2 r. L.-Armand ✆ 02 48 50 51 76

Le BOURGET 93 *Seine-St-Denis* 🔢 ⑪,., 🔢 ⑰ – *voir à Paris, Environs.*

Le BOURGET-DU-LAC 73370 *Savoie* 🔢 ⑮ *G. Alpes du Nord* – 2 886 h alt. 240.

Voir *Église : frise sculptée⋆ du choeur – Lac⋆⋆.*

Env. *Chapelle de l'Étoile ≤⋆⋆ N : 9 km puis 15 mn.*

🅱 *Office de Tourisme pl. Gén.-Sevez ✆ 04 79 25 01 99.*

Paris 532 – Annecy 43 – Aix-les-Bains 9 – Belley 24 – Chambéry 14 – La Tour-du-Pin 51.

🏨 **Ombremont et rest. Le Bateau Ivre** (Jacob) ⬥, N : 2 km par N 504
🌸 ✆ 04 79 25 00 23, Fax 04 79 25 25 77, ☆, « Dans un parc, ≤ lac et montagne », 🏊 – 📶 📺
☎ 🅿. – ⚐ 50. ⚑ ⓞ GB
début mai-début nov. – **Repas** *(fermé mardi midi sauf juil.-août)* 195/510 et carte 380 à
500, enf. 100 – **14 ch** ☐ 750/1700, 3 appart. – ½ P 650/1100
Spéc. Poêlée de filets de perche en salade de pommes de terre (juin à oct.). Cuisses de
grenouilles en ravioles, fidés croquants à l'œuf mollet (mai à oct.). Parmentier de lavaret au
foie gras de canard (juin à oct.). **Vins** Chignin-Bergeron, Mondeuse.

🏨 **Port,** ✆ 04 79 25 00 21, Fax 04 79 25 26 82, ≤, ☆ – 📶 📺 ☎ 🅿. GB
fermé 15 déc. au 1er fév. – **Repas** *(fermé dim. soir hors sais. et lundi)* 117/210, enf. 60 –
☐ 40 – **25 ch** 290/330 – ½ P 330/350.

XXX **La Grange à Sel,** ✆ 04 79 25 02 66, Fax 04 79 25 25 03, 🌣, « Ancienne grange à sel, jardin fleuri » – **P.** AE GB
4 mai-3 nov. et fermé merc. sauf juil.-août – **Repas** 150 bc (déj.), 165/265 et carte 220 à 330.

XXX **Aub. Lamartine** (Marin), Nord : 3,5 km par N 504 ✆ 04 79 25 01 03, Fax 04 79 25 20 66,
≤ lac, 🌣, 🍴 – **P.** AE GB
🕸 *fermé 26 déc. au 26 janv., dim. soir sauf juil.-août et lundi sauf fériés* – **Repas** 170/400 et carte 310 à 420
Spéc. Assiette des deux foies gras, en terrine et escalope. Omble chevalier du lac au jus de truffes. Gibier (20 sept. au 1er janv.). **Vins** Chignin-Bergeron, Mondeuse.

XX **Beaurivage** avec ch, ✆ 04 79 25 00 38, Fax 04 79 25 06 49, ≤, 🌣 – TV ☎ **P.** GB
fermé 15 au 30 nov., dim. soir et lundi du 1er nov. au 15 mars, mardi soir et merc. du 15 mars au 30 juin – **Repas** 105/210 – 🍽 45 – **7 ch** 300 – ½ P 330.

aux Catons *Nord-Ouest : 2,5 km par D 42* – ⊠ *73370 Le Bourget-du-Lac :*

X **La Cerisaie** 🐕 *avec ch,* ✆ 04 79 25 01 29, Fax 04 79 25 26 19, ≤ lac et montagnes, 🌣 – TV ☎ **P.** AE ① GB
fermé vacances de Toussaint, 1er au 7 janv., dim. soir et merc. sauf juil.-août – **Repas** 98/225 – 🍽 30 – **7 ch** 200/250 – ½ P 220/250.

à Bourdeau *Nord : 4 km par D 14 – 434 h. alt. 315* – ⊠ *73370 :*

XX **Terrasse** 🐕 *avec ch, au village* ✆ 04 79 25 01 01, Fax 04 79 25 09 97, ≤, 🌣, 🍴 – TV **P.** GB, 🐾 ch
hôtel : 15 juin-15 sept. et fermé lundi – **Repas** (1er mars-15 oct. et fermé dim. soir hors sais., mardi midi en sais. et lundi) 98/240 – 🍽 42 – **12 ch** 280 – ½ P 320.

Une réservation confirmée par écrit est toujours plus sûre.

BOURG-LA-REINE 92 *Hauts-de-Seine* **60** ⑩., **101** ㉕ – *voir à Paris, Environs.*

BOURG-LÈS-VALENCE 26 *Drôme* **77** ⑫ – *rattaché à Valence.*

BOURG-MADAME 66760 *Pyr.-Or.* **86** ⑯ Ⓖ *Pyrénées Roussillon – 1 238 h alt. 1140.*
Paris 864 – *Font-Romeu-Odeillo-Via 19 – Andorra-la-Vella 68 – Ax-les-Thermes 45 – Carcassonne 142 – Foix 87 – Perpignan 103.*

🏠 **Celisol** *sans rest,* ✆ 04 68 04 53 70, 🍴 – TV ☎ 🍴 ⇔ **P.** GB
🍽 32 – **14 ch** 260/280.

🏠 **Paix** *sans rest,* ✆ 04 68 04 53 10 – ☎ **P.** AE GB, 🐾
fermé 26 mai au 8 juin et dim. soir de fin oct. à fin mai sauf vacances scolaires – 🍽 30 – **9 ch** 210/230.

CITROEN Gar. Cerdane, ✆ 04 68 04 51 53   RENAULT Gar. Pallarès, ✆ 04 68 04 50 01

BOURGOIN-JALLIEU 38300 *Isère* **74** ⑬, **110** ㊴ Ⓖ *Vallée du Rhône – 22 392 h alt. 235.*
🏌 ✆ 04 74 43 28 84, à l'Isle-d'Abeau par ⑤ : 5,5 km.
🛈 *Office de Tourisme pl. Carnot* ✆ 04 74 93 47 50.
Paris 506 ⑥ – *Lyon 44* ⑤ – *Bourg-en-Bresse 86* ① – *Grenoble 65* ③ – *La Tour-du-Pin 16* ③ – *Vienne 37* ⑤.

Plan page ci-contre

🍴 **Menestret,** *par* ⑤ *: 1 km sur N 6* ✆ 04 74 93 13 01, Fax 04 74 28 46 70, 🍴 – TV ☎ 🍴 **P.** AE GB, 🐾 rest
fermé 24 déc. au 3 janv., dim. soir et lundi midi – **Repas** 80/190 🍷 – 🍽 30 – **9 ch** 190/255 – ½ P 180/226.

XX **La Belle Époque,** *av. Alpes* ✆ 04 74 28 15 00, Fax 04 74 93 12 14, 🌣 – AE GB, 🐾
fermé 16 au 31 août, dim. soir et lundi – **Repas** 125/330, enf. 60.   A a

XX **Chavancy,** *av. Tixier* ✆ 04 74 93 63 88, Fax 04 74 28 42 44 – 🍴 AE ① GB   B r
fermé 20 juil. au 20 août, dim. soir et lundi – **Repas** 100/340.

par ② *: 2 km par N 6 et rte de Boussieu* – ⊠ *38300 Bourgoin-Jallieu :*

XXXX **Laurent Thomas - les Séquoias** Ⓜ 🐕 *avec ch, Vie de Boussieu* ✆ 04 74 93 78 00, Fax 04 74 28 60 90, 🌣, « Demeure bourgeoise dans un parc », ♨ – 🍴 rest TV ☎ **P.** AE ① GB
🕸 *fermé 3 août au 2 sept., dim. soir, lundi et soirs fériés* – **Repas** 140 (déj.), 200/370 et carte 280 à 460 – 🍽 60 – **5 ch** 550/750
Spéc. Jambonnette de volaille de Bresse aux écrevisses façon "Paule Thomas" (15 juin au 15 nov.). Pigeonneau des terres froides rôti en bécasse. Cuisse de lièvre à la royale (fin oct. au 15 déc.).

BOURGOIN-JALLIEU

Belmont (R. Robert) . . . . . **B** 4
Libération (R. de la) . . . . . **B** 18
Liberté (R. de la) . . . . **B** 19
Pontcottier (R.) . . . . **B**
République (R. de la) . . . **AB** 31
St-Michel (Pl.) . . . . **B** 32
23-Août-1944 (Pl. du) . . . . . **B** 41

Alpes (Av. des) . . . . **A** 2
Alsace-Lorraine (Av. d') . . . **A** 3
Carnot (Pl.) . . . . **B** 5
Champ-de-Mars . . . . **B** 6
Clemenceau (R. Georges) . **A** 9
Diédérichs (Pl. Ch.) . . . . . . **B** 10
Gambetta (Av.) . . . . **A** 12
Génin (Av. Ambroise) . . . . . **A** 15
Halle (Pl. de la) . . . . **B** 16
Molière (R.) . . . . **B** 20
Moulin (R. J.) . . . . **B** 21
Moulins (R. des) . . . . **B** 22
Nations-Unies
(Av. des) . . . . **B** 23
Paix (R. de la) . . . . **A** 25
Pouchelon (R. de) . . . . **B** 26
République (Pl. de la) . . . . . **A** 29
Seigner (R. Joseph) . . . . . **A** 35
Victor-Hugo (R.) . . . . **B** 36
19-Mars-62 (R. du) . . . . **AB** 39

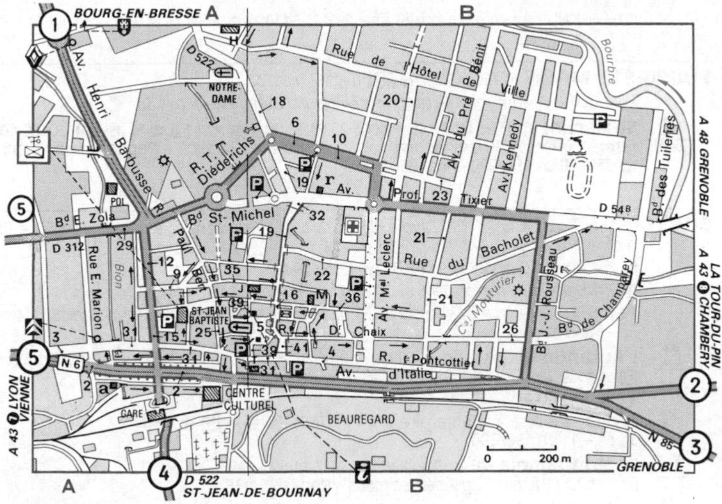

à la Combe-des-Éparres *par ③ : 7 km – ✉ 38300 Bourgoin-Jallieu :*

L'Auberge, sur N 85 ☏ 04 74 92 01 17 – AE ⓓ GB
fermé 15 au 31 août et lundi soir – **Repas** 66/165 ♁, enf. 40 – ☕ 24 – **8 ch** 85/195 – ½ P 145/195.

à La Grive *par ⑤ : 4,5 km – ✉ 38080 l'Isle-d'Abeau :*

Bernard Lantelme, ☏ 04 74 28 19 12, Fax 04 74 93 78 88, ☂ – ▤. GB
fermé 27 juil. au 24 août, sam. midi et dim. – **Repas** 125/185.

à l'Isle-d'Abeau-Bourg *par ⑤ : 7 km – 5 554 h. alt. 265 – ✉ 38080 l'Isle-d'Abeau :*

Otelinn Ⓜ, r. Creuzat - Parc d'affaires St-Hubert ☏ 04 74 27 13 55, Fax 04 74 27 22 21, ☂ – TV ☎ ♿ P – 🏛 30. AE ⓓ GB JCB
Repas *(fermé 2 au 17 août et dim.)* 85/155 ♁ – ☕ 36 – **45 ch** 270/300.

Relais du Catey 🐦 avec ch, r. Didier ☏ 04 74 27 02 97, Fax 04 74 27 89 43, ☂, 🏞 – P. AE GB
fermé 1er au 15 août, dim. soir et lundi – **Repas** 105 (déj.), 145/220 – ☕ 31 – **8 ch** 110/200 – ½ P 180/225.

à l'Isle-d'Abeau - ville nouvelle *par ⑤ : 10,5 km – ✉ 38080 L'Isle-d'Abeau :*

Mercure Ⓜ, ☏ 04 74 96 80 00, Fax 04 74 96 80 99, ☂, 🏋, 🏊, 🏊, 🎾 – ▮ cuisinette ⇹ ▤ TV ☎ 📞 ♿ P – 🏛 150. AE ⓓ GB
Repas 130, enf. 50 – ☕ 50 – **116 ch** 395/540.

CITROEN Gar. Pellet, 5 av. Alsace-Lorraine ☏ 04 74 93 25 63
CITROEN Gar. Cruizille, ZA à Villefontaine par ⑥ ☏ 04 74 96 52 30
NISSAN Gar. Blondet, N 6 à Ruy ☏ 04 74 93 43 24
PEUGEOT Gar. Gonin, 1 r. J.-Cugnot par bd E.-Zola ☏ 04 74 93 00 90
PEUGEOT Sté Nouvelle Automobile, ZA à Villefontaine par ⑥ ☏ 04 74 96 33 33
RENAULT Gar. Girard, 88 av. H.-Barbusse ☏ 04 74 43 50 00 N ☏ 04 74 43 09 57
RENAULT Villefontaine Autos, ZA à Villefontaine par ⑥ ☏ 04 74 96 45 03
VAG Gar. Reypin, 25 r. Pontcottier ☏ 04 74 28 07 34

Ⓜ Bargeon Pneus, ZA à Villefontaine par ⑥ ☏ 04 74 96 69 91
Euromaster, ZI La Maladière, 4 r. Isaac-Asimov ☏ 04 74 93 66 31
Euromaster, 74 av. Prof.-Tixier ☏ 04 74 28 33 10
Mathieu Pneus, 14 bis r. Funas ☏ 04 74 28 00 22
Prieur Pneus Point S, 17 av. Alsace-Lorraine ☏ 04 74 93 31 34

BOURG-ST-ANDÉOL 07700 Ardèche 🖩🔟 ⑨ ⑩ *G. Vallée du Rhône* **(plan)** – *7 795 h alt. 36.*

Voir *Église*∗.

🛎 *Office de Tourisme pl. Champ-de-Mars ℰ 04 75 54 54 20, Fax 04 75 54 66 49.*

Paris 630 – Montélimar 26 – Nyons 50 – Pont-St-Esprit 14 – Privas 56 – Vallon-Pont-d'Arc 30.

Moderne, pl. Champ de Mars ℰ 04 75 54 50 12, Fax 04 75 54 63 26 – 🔟 ☎ ⇔. 🖭 ⁜⁜
⁜⁜ rest
fermé 15 déc. au 15 janv. – **Repas** *(fermé sam. midi en sais., dim. soir et sam. hors sais.)*
80/190, enf. 45 – ⊑ 30 – **21 ch** 110/180 – ½ P 165/250.

CITROEN Gar. Goussard, 13 fg Notre-Dame ℰ 04 75 54 50 27 🚹 ℰ 04 75 54 80 63

BOURG-STE-MARIE 52150 H.-Marne 🖩🖩 ⑬ – *117 h alt. 329.*

Paris 304 – Chaumont 40 – Langres 47 – Neufchâteau 24 – Vittel 39.

St-Martin, ℰ 03 25 01 10 15, Fax 03 25 03 91 68 – ▤ rest 🔟 ☎ ⛷ 🅿 – 🔼 30. 🖭 ⓪ ⁜⁜
fermé 15 déc. au 10 janv. et dim. soir sauf hôtel d'avril à sept. – **Repas** 78/185 ⚬, enf. 58 –
⊑ 35 – **18 ch** 190/280 – ½ P 250/300.

BOURG-ST-MAURICE 73700 Savoie 🖩🖩 ⑱ *G. Alpes du Nord* – *6 056 h alt. 850* – *Sports
d'hiver aux Arcs : 850/3 226 m ≰ 5 ⚋ 72 ⚹.*

🖩 *des Arcs Le Chantel ℰ 04 79 07 43 95, S : 20 km.*

🛎 *Office de Tourisme pl. Gare ℰ 04 79 07 04 92, Fax 04 79 07 24 90.*

*Paris 637 – Albertville 54 – Aosta 83 – Chambéry 101 – Chamonix-Mont-Blanc 82 – Moûtiers
27 – Val-d'Isère 32.*

L'Autantic Ⓜ ⁙ sans rest, 69 rte Hauteville ℰ 04 79 07 01 70, Fax 04 79 07 51 55, ≼ – 🛗
🔟 ☎ ⛷ ⚫ ⇔ 🅿 – 🔼 40. 🖭 ⓪ ⁜⁜ 🖼
⊑ 40 – **23 ch** 390.

Arolla sans rest, av. Centenaire ℰ 04 79 07 01 78 – ⁜⁙ 🔟 ☎. ⁜⁜
⊑ 31 – **11 ch** 190/290.

Le Montagnole, 26 av. Stade ℰ 04 79 07 11 52 – ⁜⁜
fermé 2 au 8 juin, 1ᵉʳ au 7 déc. et merc. – **Repas** 95/175.

L'Edelweiss, face gare ℰ 04 79 07 05 55 – ⁜⁜
fermé juin et 2 au 15 nov. – **Repas** 65/155.

FORD Gar. du Téléphérique, av. Mar.-Leclerc
ℰ 04 79 07 04 95
PEUGEOT Gar. Martin, pl. Gare ℰ 04 79 07 01 44 🚹
ℰ 04 79 07 03 06
RENAULT Gar. Chevallier, 70 av. Haute Tarentaise
ℰ 04 79 07 05 27

⚙ Tarentaise Pneus, 31 av. Antoine Borrel
ℰ 04 79 07 66 15

BOURGUEIL 37140 I.-et-L. 🖩🖩 ⑬ *G. Châteaux de la Loire* – *4 001 h alt. 42.*

🛎 *Office de Tourisme pl. Halles ℰ et Fax 02 47 97 91 39.*

Paris 284 – Tours 47 – Angers 65 – Chinon 18 – Saumur 23.

Le Thouarsais sans rest, pl. Hublin ℰ 02 47 97 72 05 – ⁜⁜. ⁙
fermé 3 au 19 oct. et dim. soir d'oct. à Pâques – ⊑ 25 – **23 ch** 140/300.

PEUGEOT Gar. Delafuye, av. St-Nicolas, la Villatte
ℰ 02 47 97 70 48
RENAULT Gar. Pigeon, à St-Nicolas de Bourgueil
ℰ 02 47 97 71 03 🚹 ℰ 02 47 97 71 03

BOURTH 27580 Eure 🖩🖩 ⑤ – *1 064 h alt. 182.*

Paris 127 – Alençon 78 – L'Aigle 16 – Évreux 43 – Verneuil-sur-Avre 11.

Aub. Chantecler, face église ℰ 02 32 32 61 45 – ⁜⁜
fermé août, vacances de fév., dim. soir et lundi sauf fériés – **Repas** 78 (déj.), 122/198 ⚬.

BOUSSAC 23600 Creuse 🖩🖩 ⑳ *G. Berry Limousin* – *1 652 h alt. 376.*

Voir *Site*∗ *du château.*

Env. *Toulx Ste-Croix : ⁜∗∗ de la tour S : 11 km.*

🛎 *Office de Tourisme pl. Hôtel de Ville ℰ 05 55 65 05 95, Fax 05 55 65 05 28.*

*Paris 335 – Aubusson 48 – La Châtre 38 – Guéret 44 – Montluçon 38 – St-Amand-Mont-
rond 57.*

Relais Creusois, ℰ 05 55 65 02 20 – ⁜⁜
fermé 9 au 15 juin, fév., mardi soir et merc. sauf juil.-août et fériés – **Repas** 120/400.

à Nouzerines *Nord-Ouest : 11 km par D 97 – 277 h. alt. 407 –* ✉ *23600 Boussac :*

🏠 **La Bonne Auberge,** 𝒫 05 55 82 01 18 – ✁ ch
fermé 15 août au 3 sept., 24 déc. au 3 janv., sam. et dim. – **Repas** 60 (déj.)/150 ⅃ – ♋ 30 –
9 ch 130/200 – ½ P 155/180.

PEUGEOT Gar. Chauvet, 𝒫 05 55 65 04 11   RENAULT Gar. Chaubron, 𝒫 05 55 65 01 32 🅽
                                                                                    𝒫 08 00 05 15 15

BOUT-DU-LAC *74 H.-Savoie* 🄵🄳 ⑯ *– rattaché à Doussard.*

BOUT-DU-PONT-DE-LARN *81 Tarn* 🄱🄸 ⑫ *– rattaché à Mazamet.*

BOUTENAC-TOUVENT *17120 Char.-Mar.* 🄷🄸 ⑧ *– 219 h alt. 45.*
Paris 508 – Royan 31 – Blaye 55 – Jonzac 30 – Pons 24 – Saintes 34.

🏨 **Le Relais** 🄼, 𝒫 05 46 94 13 06, Fax 05 46 94 10 40, 🏡, 🖙 – 🆃🅅 ☎ ઠ 🅿. 🆖🆑
fermé 20 déc. au 2 janv., dim. soir et lundi sauf juil.-août – **Repas** 85 (déj.)/320 – ♋ 35 –
12 ch 230/280 – ½ P 280.

BOUXWILLER *67330 B.-Rhin* 🄱🄷 ⑱ *G. Alsace Lorraine – 3 693 h alt. 220.*
Env. *Tapisseries**★★ dans l'église St-Pierre et St-Paul★ de Neuwiller-les Saverne O : 7 km.*
🛈 *Office de Tourisme du Pays de Hanau, r. du Gén.-Gouteau à Ingwiller* 𝒫 *et Fax 03 88
89 23 45.*
Paris 457 – Strasbourg 40 – Bitche 38 – Haguenau 30 – Sarrebourg 39 – Saverne 16.

🏨 **Heintz,** 𝒫 03 88 70 72 57, 🏡, ⅃, 🖙 – 🆃🅅 ☎ ⇚ 🅿. 🆖🆑. ✁ ch
🆖 *fermé 1er au 15 juil. et 1er au 15 déc. –* **Repas** *(fermé dim. soir et lundi)* 55 (déj.), 78/200 ⅃ –
♋ 35 – **16 ch** 210/290 – ½ P 240/250.

PEUGEOT Gar. Wietrich, rte de Strasbourg à   RENAULT Gar. Hammann, à Hochfelden
Hochfelden 𝒫 03 88 91 51 05   𝒫 03 88 91 50 37
RENAULT Gar. Braunecker, ZI r. Bellevue à Ingwiller   RENAULT Gar. Roehrig, ZI rte d'Obermodern
𝒫 03 88 89 43 78 🅽 𝒫 03 88 89 43 78   𝒫 03 88 70 76 90

BOUZEL *63910 P.-de-D.* 🄷🄱 ⑮ *– 510 h alt. 320.*
Paris 437 – Clermont-Ferrand 24 – Ambert 57 – Issoire 39 – Thiers 25 – Vichy 47.

XX **Aub. du Ver Luisant,** 𝒫 04 73 62 93 83, Fax 04 73 62 93 83 – 🆖🆑
fermé 16 août au 5 sept., dim. soir et lundi – **Repas** 95/250.

BOUZE-LÈS-BEAUNE *21 Côte d'Or* 🄷🄾 ① *– rattaché à Beaune.*

BOUZIÈS *46330 Lot* 🄷🄹 ⑧ *G. Périgord Quercy – 77 h alt. 127.*
Voir Chemin de halage du Lot★.
Paris 585 – Cahors 27 – Figeac 50 – Gourdon 47 – Villefranche-de-Rouergue 41.

🏨 **Les Falaises** 🦢, 𝒫 05 65 31 26 83, Fax 05 65 30 23 87, ≼, 🏡, ⅃, 🖙, ✗ – 🆃🅅 ઠ 🅿.
🆖 🅰🅴 🆖🆑
fermé 30 nov. au 31 janv. – **Repas** 78/230, enf. 45 – ♋ 40 – **39 ch** 345 – ½ P 309.

BOUZIGUES *34 Hérault* 🄱🄷 ⑯ *– rattaché à Mèze.*

BOYARDVILLE *17 Char.-Mar.* 🄷🄸 ⑬ *– voir à Oléron (Ile d').*

BOZOULS *12340 Aveyron* 🄱🄾 ③ *G. Gorges du Tarn – 2 060 h alt. 530.*
Voir Trou de Bozouls★.
Paris 611 – Rodez 23 – Espalion 11 – Mende 97 – Sévérac-le-Château 41.

🏨 **A la Route d'Argent,** sur D 988 𝒫 05 65 44 92 27, Fax 05 65 48 81 40, ⅃ – 🆃🅅 ☎ ⇚
🆖 🅿. 🅰🅴 ① 🆖🆑
fermé 1er fév. au 10 mars et dim. soir hors sais. – **Repas** 75/220 ⅃ – ♋ 30 – **15 ch** 180/220 –
½ P 210/230.

XX **Le Belvédère** 🦢 avec ch, 𝒫 05 65 44 92 66, Fax 05 65 48 87 33, ≼ Trou de Bozouls, 🏡
– 🆃🅅 ☎. 🆖🆑
fermé 15 déc. au 15 janv. et dim. soir hors sais. – **Repas** 75 (déj.), 100/180 – ♋ 29 – **11 ch**
240/280 – ½ P 230.

BRACIEUX 41250 L.-et-Ch. 64 ⑱ G. Châteaux de la Loire – 1 157 h alt. 70.

  Paris 184 – Orléans 63 – Blois 18 – Châteauroux 92 – Montrichard 38 – Romorantin-
  Lanthenay 30.

🏠 **La Bonnheure** ⟆ sans rest, 𝒫 02 54 46 41 57, Fax 02 54 46 05 90, 🎄 – cuisinette 📺 ☎
  P. AE GB
  fermé Noël à début fév. – 🖵 36 – **11 ch** 250/320.

🏠 **Cygne et rest. Autebert**, 𝒫 02 54 46 41 07, Fax 02 54 46 04 87 – 📺 ☎ P. GB
  fermé janv. à mi-fév., dim. soir et merc. hors sais. – **Repas** 82/170, enf. 60 – 🖵 32 – **13 ch**
  250/320 – ½ P 225.

XXXX **Bernard Robin**, 𝒫 02 54 46 41 22, Fax 02 54 46 03 69, 🌴, « Jardin » – AE GB
  ✿✿ fermé 20 déc. au 20 janv., mardi soir et merc. sauf juil.-août – **Repas** (nombre de couverts
  limité, prévenir) 160/545 et carte 350 à 450
  Spéc. Salade de pigeon et homard, vinaigrette de légumes confits. Queue de bœuf en
  hachis parmentier. Gibier (oct. à déc.). **Vins** Cour-Cheverny, Bourgueil.

  RENAULT Gar. Warsemann, 𝒫 02 54 55 33 33 N 𝒫 02 54 95 02 02

BRANCION 71 S.-et-L. 70 ⑪ – rattaché à Tournus.

BRANTÔME 24310 Dordogne 75 ⑤ G. Périgord Quercy – 2 080 h alt. 104.

  Voir Site★ – Clocher★★ de l'église abbatiale – Bords de la Dronne★★.
  🛈 Syndicat d'Initiative Pavillon Renaissance 𝒫 et Fax 05 53 05 80 52.
  Paris 474 – Angoulême 59 – Périgueux 28 – Limoges 81 – Nontron 23 – Ribérac 37 – Thiviers
  27.

🏛️ **Moulin de l'Abbaye** M, 𝒫 05 53 05 80 22, Fax 05 53 05 75 27, ≤, 🌴, « Terrasse au
  ✿ bord de l'eau », 🎄 – 📺 ☎ 🛗 🚌, AE ① GB JCB
  28 avril-31 oct. – **Repas** (fermé lundi midi) 220/480 et carte 280 à 500 – 🖵 75 – **17 ch**
  650/1200, 3 appart – ½ P 720/1065
  Spéc. Beignet de truffes à la pulpe de pomme de terre. Escalope de foie gras de canard
  poêlée, chutney de fruits de saison. '' Rossini'' d'aiguillettes de canard, croquette de confit
  et champignons sauvages. **Vins** Bergerac, Pécharmant.

🏛️ **Chabrol**, 𝒫 05 53 05 70 15, Fax 05 53 05 71 85, 🌴, « Terrasse surplombant la rivière » –
  📺 ☎. AE ① GB
  fermé 15 nov. au 15 déc., 2 au 21 fév., dim. soir et lundi d'oct. à juin sauf fériés – **Repas**
  160/400 – 🖵 45 – **21 ch** 260/400 – ½ P 360/460.

🏛️ **Périgord Vert**, 𝒫 05 53 05 70 58, 🌴 – 📺 ☎ P. GB. ✂ ch
  Repas (fermé janv., fév., dim. soir et vend. de nov. à mars sauf fériés) 95/250 – 🖵 35 – **19 ch**
  255/305 – ½ P 260/290.

X **Au Fil de l'Eau**, 𝒫 05 53 05 73 65, 🌴 – AE GB
  1ᵉʳ avril-30 nov. – **Repas** 95, enf. 50.

à Champagnac de Belair Nord-Est : 6 km par D 78 et D 83 – 658 h. alt. 135 – ✉ 24530 :

🏛️ **Moulin du Roc** (Gardillou) M ⟆, 𝒫 05 53 02 86 00, Fax 05 53 54 21 31, ≤, 🌴, « Ancien
  ✿ moulin à huile, terrasse et jardin au bord de l'eau », 🏊, ✕ – 📺 ☎ P. AE ① GB JCB
  fermé 2 janv. au 7 mars – **Repas** (fermé merc. midi et mardi) 150 bc (déj.), 220/290 et carte
  290 à 440 – 🖵 65 – **14 ch** 430/700 – ½ P 560/705
  Spéc. Tourtière périgourdine. Pâtes fraîches aux truffes. Poitrine de canette aux huiles
  parfumées. **Vins** Pécharmant, Bergerac blanc.

à Bourdeilles Sud-Ouest : 10 km par D 78 – 811 h. alt. 103 – ✉ 24310 :

  Voir château★ : mobilier★★, cheminée★★ de la salle à manger.

🏛️ **Griffons**, 𝒫 05 53 03 75 61, Fax 05 53 04 64 45, ≤, 🌴 – ☎. AE GB
  1ᵉʳ avril-30 sept. – **Repas** 135/260 – 🖵 48 – **10 ch** 420 – ½ P 390/420.

  CITROEN Gar. Desvergne, 𝒫 05 53 05 70 29 N 𝒫 05 53 05 83 93

BRASSAC-LES-MINES 63570 P.-de-D. 76 ⑤ – 3 446 h alt. 430.

  Env. Auzon : site★, statue de N.-D.-du-Portail★★ dans l'église SE : 6,5 km, G. Auvergne.
  Paris 472 – Clermont-Ferrand 58 – Brioude 14 – Issoire 20 – Murat 62 – Le Puy-en-Velay 76 –
  St-Flour 54.

XX **Le Limanais** avec ch, av. Ste-Florine 𝒫 04 73 54 13 98, Fax 04 73 54 39 63 – ☎ P. GB.
  ✂ rest
  fermé 27 sept. au 3 oct., fév., sam. midi et vend. sauf juil.-août – **Repas** 80/300 🥄 – 🖵 34 –
  12 ch 205/265 – ½ P 225/250.

  CITROEN Gar. Beauger, à Charbonnier-les-Mines   FORD Gar. Jourdes, 3 pl. Musée
  𝒫 04 73 54 03 34   𝒫 04 73 54 10 02
                                                      PEUGEOT Gar. Maisonneuve, 𝒫 04 73 54 19 21

BRAX 47 L.-et-G. 79 ⑮ – rattaché à Agen.

BREBIÈRES 62 P.-de-C. 🔢 ③ – rattaché à Douai.

BRÉDANNAZ 74 H.-Savoie 🔢 ⑥ ⑯ – alt. 450 – ⊠ 74210 Faverges.
Paris 553 – Annecy 15 – Albertville 31 – Megève 46.

🏠 **Port et Lac,** ℘ 04 50 68 67 20, Fax 04 50 68 92 01, ≤, 🛋, ▲₆, 🚤 – 🆃🆅 ☎ 🅿. 🆖
🍴 1ᵉʳ fév.-15 oct. – Repas 80/250, enf. 50 – ☲ 44 – **18 ch** 180/250 – ½ P 240/335.

à Chaparon Sud : 1,5 km par rte secondaire – ⊠ 74210 Lathuile :

🏠 **La Châtaigneraie** ⬙, ℘ 04 50 44 30 67, Fax 04 50 44 83 71, ≤, 🛋, « Jardin ombra-
🍴 gé », 🛋, 🍴 – 🆃🆅 ☎ 🅿. 🆎 ⓞ 🆖. 🍴 rest
1ᵉʳ fév.-30 oct. et fermé dim. soir et lundi d'oct. à avril – Repas 100 (déj.), 115/275, enf. 50 –
☲ 48 – **25 ch** 320/420 – ½ P 340/380.

La BRÈDE 33650 Gironde 🔢 ⑩ – 2 846 h alt. 18.
Paris 600 – Bordeaux 23 – Langon 31 – Libourne 50.

🍴🍴 **La Maison des Graves,** av. Gén. de Gaulle ℘ 05 56 20 24 45 – 🆎 ⓞ 🆖
fermé dim. soir et lundi – Repas 70 (déj.), 98/165 🍷.

BRÉHAL 50290 Manche 🔢 ⑦ – 2 351 h alt. 69.
🏌 ℘ 02 33 51 58 88, O : 5 km.
Paris 336 – St-Lô 43 – Coutances 19 – Granville 11 – Villedieu-les-Poêles 28.

🏠 **Gare,** ℘ 02 33 61 61 11, Fax 02 33 61 18 02 – 🆃🆅 ☎ 🅿. 🆎 🆖
🍴 fermé 20 déc. au 31 janv., dim. soir et lundi sauf juil.-août et fériés – Repas 71/185 🍷 – ☲ 37
– **9 ch** 280 – ½ P 275.

RENAULT Gar. Lainé, ℘ 02 33 61 62 52 🅽 ℘ 02 33 61 62 52

Le Guide change, changez de guide tous les ans.

La BREILLE-LES-PINS 49390 M.-et-L. 🔢 ⑬ – 345 h alt. 105.
Paris 282 – Angers 58 – Baugé 31 – Chinon 33 – Saumur 18.

🍴🍴 **Orée des Bois** avec ch, ℘ 02 41 38 85 45, Fax 02 41 38 86 07, 🛋, 🚤 – 🔲 rest 🆃🆅 ☎ 🅿.
🆖
fermé 29 sept. au 16 oct., 2 au 22 janv., lundi soir et mardi – Repas 95/198, enf. 45 – ☲ 30 –
7 ch 250/300 – ½ P 200.

BREIL-SUR-ROYA 06540 Alpes-Mar. 🔢 ⑳, 🔢 ⑱ G. Côte d'Azur – 2 058 h alt. 280.
Env. Saorge : site★★, vieux village★, couvent des Franciscains ≤★★ N : 9 km – Gorges de
Saorge★★ N : 9 km.
🅱 Office de Tourisme pl. Biancheri ℘ 04 93 04 99 76.
Paris 916 – Menton 35 – Nice 62 – Tende 20 – Ventimiglia 25.

🏰 **Castel du Roy** ⬙, rte de Tende : 1 km ℘ 04 93 04 43 66, Fax 04 93 04 91 83, ≤, 🛋,
🍴 « Parc en bordure de rivière », 🛋 – 🆃🆅 ☎ & 🅿. 🆎 🆖
1ᵉʳ mars-2 nov. – Repas (fermé mardi midi du 15 sept. au 15 juin) 110/210, enf. 70 – ☲ 40 –
19 ch 370/410 – ½ P 330/350.

BRELIDY 22140 C.-d'Armor 🔢 ② – 325 h alt. 100.
Voir Église de Runan★ NE : 4 km, G. Bretagne.
Paris 498 – St-Brieuc 46 – Carhaix-Plouguer 62 – Guingamp 15 – Lannion 26 – Morlaix 56 –
Plouaret 23.

🏰 **Château de Brelidy** ⬙, ℘ 02 96 95 69 38, Fax 02 96 95 18 03, ≤, « Demeure du
🍴 16ᵉ siècle dans un parc » – ☎ & 🅿 – 🛋 25. 🆎 🆖. 🍴 rest
1ᵉʳ mai-5 oct. – Repas (dîner seul.)(résidents seul.) 140/180 – ☲ 50 – **10 ch** 475/755 –
½ P 440/605.

La BRESSE 88250 Vosges 🔢 ⑰ G. Alsace Lorraine – 5 191 h alt. 636 – Sports d'hiver : 800/1 350 m
⬖ 25 ⬙.
🅱 Office de Tourisme 2a r. des Proyes ℘ 03 29 25 41 29, Fax 03 29 25 64 61.
Paris 443 – Colmar 54 – Épinal 58 – Gérardmer 14 – Remiremont 33 – Thann 39 – Le Thillot
20.

🏨 **Les Vallées** Ⓜ, 31 r. P. Claudel ℘ 03 29 25 41 39, Fax 03 29 25 64 38, ≤, 🛋, « Parc », 🎱,
🍴 – 🍴 cuisinette 🆃🆅 ☎ 🛋 🅿 – 🛋 200. 🆎 ⓞ 🆖
Repas 90/240 🍷, enf. 50 – ☲ 40 – **53 ch** 335/390 – ½ P 340.

au Nord-Est : 6,5 km par D 34 et D 34D – ⊠ 88250 La Bresse :

XX **Aub. du Pêcheur** avec ch., ℘ 03 29 25 43 86, Fax 03 29 25 52 59, ≤, 룹, ∰ – cuisinette
⑤ ⊡ ℗. Æ ◑ ☰
fermé 5 au 20 juin, 1ᵉʳ au 15 déc., mardi soir hors sais. et merc. (sauf hôtel en sais.) – **Repas**
72/140 ♨, enf. 46 – ⊡ 28 – **4 ch** 190/250.

à Belles-Huttes Nord-Est : 8 km par D 34 et D 34D – ⊠ 88250 La Bresse :

X **Le Slalom,** ℘ 03 29 25 41 71, Fax 03 29 25 68 50, ≤ – ℗. ☰
⑤ *fermé nov.* – **Repas** (dîner seul. en juil.-août)(en saison d'hiver uniquement libre-service)
80/155.

PEUGEOT Gar. du Pont de la Plaine, 23 rte de
Cornimont ℘ 03 29 25 40 88
RENAULT Gar. Bertrand, Grande rue
℘ 03 29 25 40 69 🅝 ℘ 03 29 25 55 06

VAG Gar. Deybach, 52 rte de Vologne
℘ 03 29 25 46 91

BRESSON 38 Isère 🎵🎵 ⑤ – rattaché à Grenoble.

BRESSUIRE ◁⊕▷ 79300 Deux-Sèvres 🎵🎵 ⑪ G. Poitou Vendée Charentes – 17 827 h alt. 186.
🅱 Office de Tourisme pl. Hôtel de Ville ℘ 05 49 65 10 27, Fax 05 49 80 41 49 – Automobile
Club ℘ 05 49 65 10 27.
Paris 357 ① – Angers 81 ① – Cholet 45 ④ – Niort 64 ③ – Poitiers 81 ② – La Roche-sur-Yon
84 ④.

BRESSUIRE

Gambetta (R.)	20
Notre-Dame (Pl. et ↪)	29
Albert-1ᵉʳ (Bd)	2
Alexandre-1ᵉʳ (Bd)	3
Anciens-Combattants (Pl. des)	4
Aubry (Bd du Col.)	5
Bujault (R. J.)	6
Cave (R. de la)	7
Campes (R. des)	8
Clemenceau (Bd G.)	10
Denfert-Rochereau (R.)	12
Docteur-Brillaud (R. du)	14
Dugesclin (R.)	15
Dupin (Pl.)	16
Fossés (R. des)	18
Hardilliers (R. des)	22
Héry (R. René)	23
Jaurès (R. J.)	24
Labâte (Pl.)	25
Libération (Pl. de la)	26
Lorand (R. G.)	27
Nérisson (Bd J.)	28
Pasteur (R.)	30
Religieuses (R. des)	32
St-Jacques (Pl.)	33
St-Jean (Pl. et R.)	35
Salengro (R. Roger)	36
Sarrail (R. du Gén.)	37
Tourette (R. de la)	39
Vergne (R. de la)	40
5-Mai (Pl. du)	42

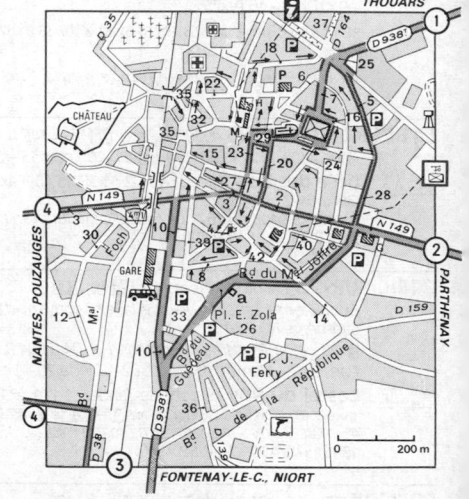

🏠 **Boule d'Or,** 15 pl. É. Zola (a) ℘ 05 49 65 02 18, Fax 05 49 74 11 19 – ⊡ ☎ ℗ – ⚒ 30. Æ
⑤ ☰
fermé août, 2 au 20 janv., dim. soir et lundi midi – **Repas** 65/210 ♨ – ⊡ 30 – **20 ch** 230/290
– ½ P 225/255.

FIAT, LANCIA Gar. Chauvin Besse, 5 r. Gén.-André
℘ 05 49 65 06 14
PEUGEOT Gar. Cornu, bd de Thouars par ①
℘ 05 49 74 20 44 🅝 ℘ 05 49 94 72 53
RENAULT Gar. Goyault et Jolly, rte de Poitiers
par ② ℘ 05 49 74 15 33 🅝 ℘ 05 49 94 70 46
RENAULT Gar. Onillon, 22 av. St-Hubert Les Aubiers
par ④ ℘ 05 49 65 60 90

VAG Gar. Chollet, bd de Nantes
℘ 05 49 65 04 00

⦿ Bressuire Pneus, 89 bd de Poitiers
℘ 05 49 74 13 86

Les **cartes routières,** les **atlas,** les **guides Michelin**
sont indispensables aux déplacements professionnels
comme aux voyages d'agrément.

BREST 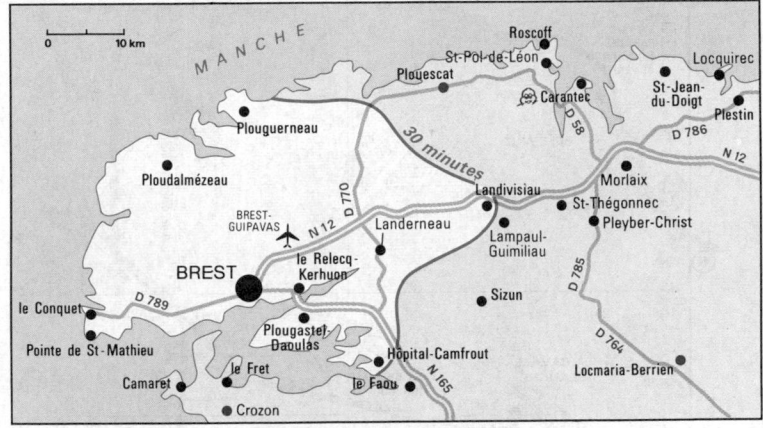 29200 Finistère 58 ④ G. Bretagne – 147 956 h Agglo. 201 480 h alt. 35.

Voir *Oceanopolis*★★ – *Cours Dajot* ≤★★ **EZ** – *Traversée de la rade*★ *et promenade en rade*★
– *Visite arsenal et base navale* ★ **DZ** – *Musée des Beaux-Arts*★ **EZ M**¹ – *Musée de la Marine*★
DZ M² – *Conservatoire botanique du vallon du Stang-Alar*★.

Env. *Pont Albert-Louppe* ≤★ 7,5 km par ⑤.

🏌 *Brest-Iroise* ℘ 02 98 85 16 17, par ④ : 25 km ; 🏌 *des Abers à Plouarzel* ℘ 02 98 89 68 33,
par ① : 24 km.

✈ *de Brest-Guipavas* : ℘ 02 98 32 01 00, par ② : 10 km.

🛈 *Office de Tourisme 1 pl. Liberté* ℘ *02 98 44 24 96, Fax 02 98 44 53 73 – A.C. 9 r. Siam*
℘ *02 98 44 32 89.*

Paris 595 ② *– Lorient 133* ⑤ *– Quimper 71* ⑤ *– Rennes 245* ② *– St-Brieuc 144* ②.

Holiday Inn Garden Court Ⓜ, 41 r. Branda ℘ 02 98 80 84 00, Fax 02 98 80 84 84 – 🛗
🛬 🔳 📺 ☎ 📞 ♿ 🚗 – 🔥 50. 🖭 ⓞ ⅁⅃ⅈⅉ   BX t
Repas *(fermé dim. et fériés)* 75 (déj.), 110/165 ♨, enf. 45 – ⇨ 55 – **84 ch** 470/570.

Océania, 82 r. Siam ℘ 02 98 80 66 66, Fax 02 98 80 65 50 – 🛗 🛬 🔳 rest 📺 ☎ ♿ –
🔥 100. 🖭 ⓞ ⅁⅃ⅈⅉ   EY r
Repas *(fermé dim. soir)* 85/195 ♨ – ⇨ 50 – **82 ch** 470/710.

Mercure Continental sans rest, square La Tour d'Auvergne ℘ 02 98 80 50 40,
Fax 02 98 43 17 47 – 🛗 🛬 📺 ☎ – 🔥 100. 🖭 ⓞ ⅁   EY f
⇨ 50 – **75 ch** 460/630.

Atlantis Ⓜ sans rest, 157 r. J. Jaurès ℘ 02 98 43 58 58, Fax 02 98 43 58 01 – 🛗 🛬 📺 ☎
♿ – 🔥 50. 🖭 ⓞ ⅁   BX d
⇨ 38 – **50 ch** 205/330.

La Corniche, 1 r. Amiral Nicol ℘ 02 98 45 12 42, Fax 02 98 49 01 53, �, 🍴 – 📺 ☎ 🅿. 🖭
⅁   AX a
Repas *(fermé vend., sam. et dim.)* (dîner seul.) 80 ♨ – ⇨ 38 – **16 ch** 295/420 – ½ P 290.

Paix sans rest, 32 r. Algésiras ℘ 02 98 80 12 97, Fax 02 98 43 30 95 – 🛗 📺 ☎. 🖭 ⓞ ⅁
ⅈⅉ   EY y
⇨ 35 – **25 ch** 250/310.

Astoria sans rest, 9 r. Traverse ℘ 02 98 80 19 10, Fax 02 98 80 52 41 – 📺 ☎ 📞. 🖭
⅁   EZ e
fermé 23 déc. au 2 janv. – ⇨ 29 – **26 ch** 130/250.

Bellevue sans rest, 53 r. V. Hugo ℘ 02 98 80 51 78, Fax 02 98 46 02 84 – 🛗 📺 📞. ⅁
⇨ 35 – **25 ch** 215/265.   BX n

Le Nouveau Rossini, 22 r. Cdt Drogou ℘ 02 98 47 90 00, Fax 02 98 47 90 00, 🌡, 🌴 –
🅿. 🖭 ⓞ ⅁   BV b
fermé 3 au 9 mars, dim. soir et lundi – **Repas** 98/350 et carte 220 à 320.

Frère Jacques, 15 bis r. Lyon ℘ 02 98 44 38 65 – ⅁   EY q
fermé 3 au 12 janv., sam. midi et dim. – **Repas** 110/180 et carte 240 à 380.

Ruffé, 1 bis r. Y. Collet ℘ 02 98 46 07 70, Fax 02 98 44 31 46 – 🖭 ⅁   EY k
fermé dim. soir – **Repas** 92/193 ♨, enf. 39.

Lyon (R. de) .... **DEY**
Siam (R. de) .... **EY**

Clemenceau (Av. G.) .... **EY**
Jaurès (R. J.) .... **EY**
Liberté (Pl. de la) ...... **EY**

Aiguillon (R. d') .... **EZ**
Albert 1ᵉʳ (Pl.) .... **BZ**
Algésiras (R. d') ...... **EY** 2

Anatole-France (R.) ...... **AX**
Beaumanoir (R.) .... **AX** 3
Blum (Bd Léon) .... **BV**
Bot (R. du) .... **CV**
Botrel (R. Th.) .... **BV**
Brossolette (R. Pierre) .... **DZ**

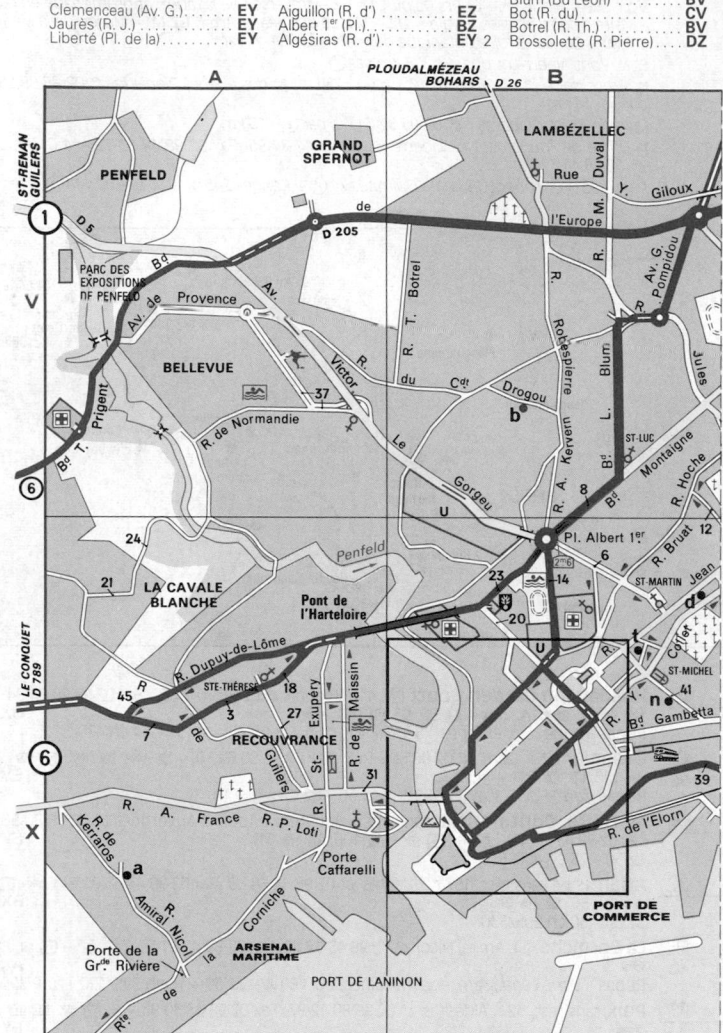

✕ **La Maison de l'Océan,** 2 quai Douane (port de Commerce) ☎ 02 98 80 44 84,
Fax 02 98 46 61 29, ← – AE GB   **EZ s**
Repas - produits de la mer - 62 (déj.), 78/142, enf. 42.

au Nord *par D 788* CV : *5 km –* ⊠ *29200 Brest :*

Novotel M, Z.A. Kergaradec ☎ 02 98 02 32 83, Fax 02 98 41 69 27, ㈜, ☒ – ⅙✕ ≡ rest
TV ☎ ら P – 🏛 120. AE ① GB
Repas 80/140 ♣, enf. 50 – ⊒ 50 – **85 ch** 430/460.

Climat de France M, près ZA Kergaradec ☎ 02 98 47 50 50, Fax 02 98 47 76 62 – TV ☎
ら P – 🏛 30. AE ① GB
Repas 85/99 ♣, enf. 39 – ⊒ 35 – **54 ch** 305.

Bruat (R.) .... BX
Caffarelli (Porte) .... AX
Château (R. du) .... EYZ
Colbert (R.) .... EY 5
Collet (R. Yves) ..... BX
Corniche (Rte de la) . AX
Dajot (Cours) .... EZ
Denvers (R.) .... EZ
Desmoulins (Av. C.) .... BX 6
Dr-Kerrien (R. du) ... AX 7
Doumer (R. Paul).... BV 8

Dourjacq (Rte du) CV
Drogou (R. Com.) .... BV
Dupuy-de-Lôme (R.) .... AX
Duquesne (R.) .... EY
Duval (R. Marcellin) .... BV
Eau-Blanche (R. de l') CV
Elorn (R. de l') .... BX
Europe (Bd de l') .... ACV
Ferry (R. J.) .... BCX 12
Foch (Av. Mar.) .... BX 14
Frégate-La-Belle-Poule (R. de la) .... EZ 17
Gallieni (R. du Mar.) .... AX 18
Gambetta (Bd) .... BX
Gouesnou (Rte de) CV
Grande-Rivière (Porte de la) .... AX
Guilers (R. de) .... AX
Harteloire (Pt de l') .... AX
Harteloire (R. de l') .... AX 20
Hoche (R.) .... BV
Kent (R. de) .... AX 21
Kérabécam (R. de) .... EY 22
Kerraros (R. de) .... AX
Kervern (R. Auguste) .... BV
Kiel (Av. de) CX
Lamotte-Picquet .... BX 23
Le Bris (R. J.-M.) .... EZ
Le Gorgeu (Av. Victor) .... AV
Lesven (R. Jules) .... BCV
Libération (Av. de la) .... AX 24
Loti (R. Pierre) .... AX
Louppe (R. Albert) CV
Macé (R. Jean) .... EZ
Maissin (R. de) .... AX
Marine (Bd de la) .... DZ 25
Michelet (R.) .... DY
Montaigne (Bd) .... BV
Mouchotte (Bd Cdt) .... AX 27
Moulin (Bd Jean) .... DY
Nicol (R. de l'Amiral) .... AX
Normandie (R. de) .... AV
Paris (R. de) CV
Pompidou (R. G.) .... BV
Porte (R. de la) .... AX 31
Prigent (Bd T.) .... AV
Provence (Av. de) .... AV
Quimper (Rte de) CV
Recouvrance (Pt de) .... DZ
Réveillère (Av. Amiral) .... EY 33
Richelieu (R.) CX
Robespierre (R.) .... BY
Roosevelt (Av. Fr.) .... DZ 34
St-Exupéry (R.) .... AX
St-Marc (R.) CX
Salaün-Penquer (Av.) .... EZ
Sébastopol (R.) .... CX 35
Semard (R. Pierre) CX
Strasbourg (Pl. de) CV
Tarente (Av. de) .... AV 37
Tourville (Porte) .... DZ
Tourbihan (R. de) .... CV 38
Tritshler (R. du) CX
Troude (R. Amiral) .... BX 39
Valmy (R. de) .... CX 40
Verdun (R. de) CX
Victor-Hugo (R.) .... BX 41
Vieux-St-Marc (R. du) CX
Villeneuve (R. de la) CV
Voltaire (R.) .... EZ
Wilson (Pl.) .... EZ
Zédé (R. G.) CV
Zola (R. Émile) .... EY
2e-R.C.I. (R. du) .... DY
8-Mai-1945 (R. du) CV
11-Martyrs (R. des) .... EY 42
19-Mars-1962 (R. du) .... AX 45

au Relecq-Kerhuon *par ⑤ : 7,5 km – 10 569 h. alt. 52 – ✉ 29480 :*

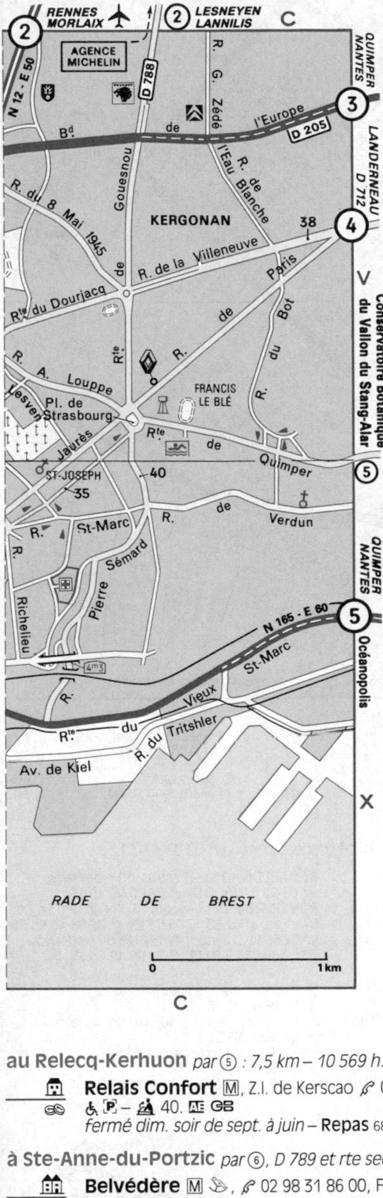

Relais Confort Ⓜ, Z.I. de Kerscao ✆ 02 98 28 28 44, Fax 02 98 28 05 65, – ⊭ TV ☎ ♿ P – 🏕 40. AE GB
fermé dim. soir de sept. à juin – **Repas** 68/95 🍷, enf. 38 – ☕ 32 – **42 ch** 248/260 – ½ P 220.

à Ste-Anne-du-Portzic *par ⑥, D 789 et rte secondaire : 7 km – ✉ 29200 Brest :*

Belvédère Ⓜ, ✆ 02 98 31 86 00, Fax 02 98 31 86 39, ≤ océan – |‡| ⊭ TV ☎ ♿ P. AE GB
fermé vend. soir et sam. d'oct. à juin – **Repas** 89 (dîner), 158/258 🍷 – ☕ 45 – **30 ch** 365/620 – ½ P 285/350.

BREST

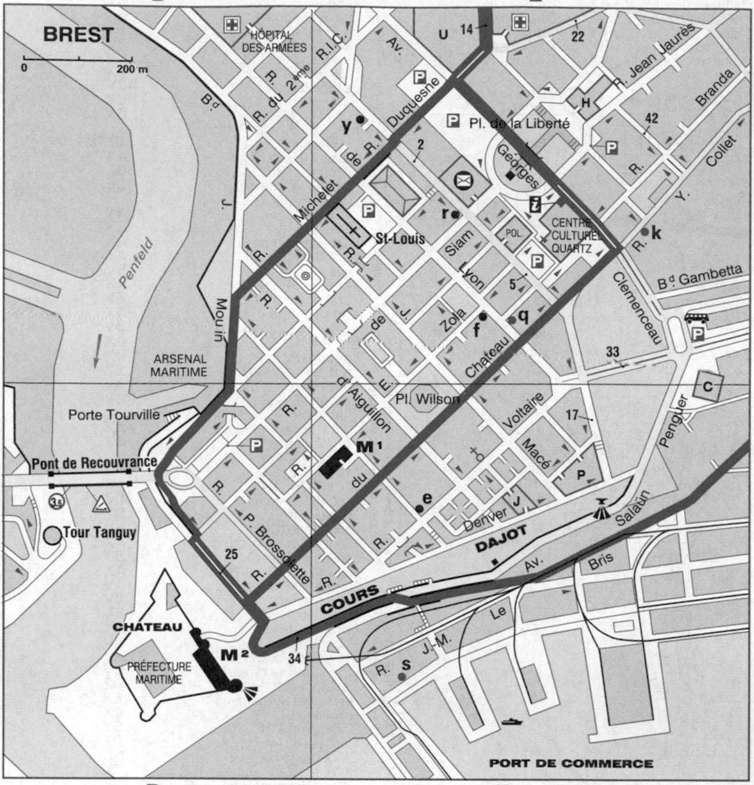

MICHELIN, Agence, 1 r. Paul Héroult, ZI de Loscoat par ② 𝒜 02 98 47 31 31

ALFA ROMEO, TOYOTA Brest Autom., 84 rte de Gouesnou 𝒜 02 98 02 21 82
BMW Ouest-Autom., 9 r G.-Plante ZA Kergaradec à Gouesnou 𝒜 02 98 02 11 15 N 𝒜 02 98 40 65 75
CITROEN Succursale, 2 r G.-Zede,ZI de Kergonan par ② 𝒜 02 98 41 27 27 N 𝒜 02 98 40 65 75
FIAT G.A.O., 16 r. Villeneuve 𝒜 02 98 02 64 44
FORD Gar. Herrou et Lyon, 259 rte de Gouesnou à Kerguen 𝒜 02 98 02 35 62
MERCEDES Gar. de l'Etoile, ZAC de l'Hermitage 10 r. V. Balanant 𝒜 02 98 41 80 80
OPEL Europe Motors, bd de l'Europe 𝒜 02 98 41 70 40 N 𝒜 02 98 40 65 75
PEUGEOT Brestoise des Gar. de Bretagne, rte de Gouesnou 𝒜 02 98 42 43 44 N 𝒜 02 98 62 21 26

RENAULT Auto Sce Brestois, 20 r. de Paris 𝒜 02 98 02 20 20 N 𝒜 08 00 05 15 15
ROVER Sébastopol Autom., ZI Kergonan 2 r. Cdt Mindren 𝒜 02 98 42 05 55 N 𝒜 02 98 40 65 75
VAG Gar. St-Christophe, 132 rte de Gouesnou 𝒜 02 98 02 19 80 N 𝒜 02 98 40 65 75

🏁 Madec Pneus, 19 r. Kerjean-Vras 𝒜 02 98 44 43 13
Pneus Service Point S, 183 rte de Gouesnou 𝒜 02 98 02 35 26
Simon Pneus, 64 rte de Gouesnou 𝒜 02 98 02 38 66
Vulco, 7 r. Villeneuve 𝒜 02 98 02 02 11

Donnez-nous votre avis sur les tables que nous recommandons,
sur leurs spécialités et leurs vins de pays.

BRETENOUX *46130 Lot* **75** ⑲ *G. Périgord Quercy – 1 211 h alt. 136.*

Voir *Château de Castelnau-Bretenoux★★* : ≤★ *SO : 3,5 km.*

🛈 *Office de Tourisme av. Libération* ℰ 05 65 38 59 53, Fax 05 65 39 72 44.

Paris 531 – Brive-la-Gaillarde 45 – Cahors 79 – Figeac 48 – Sarlat-la-Canéda 67 – Tulle 50.

au Port de Gagnac *Nord-Est : 6 km par D 940 et D 14 –* ✉ *46130 Bretenoux :*

🏨 **Host. Belle Rive,** ℰ 05 65 38 50 04, Fax 05 65 38 47 72, ≤, 🍽 – 📺 ☎ 🅿. GB, ℅ ch
Repas *(fermé sam. midi de nov. à avril)* 75/200 – ⚏ 30 – **12 ch** 210/260 – ½ P 250/260.

CITROEN Gar. Croix Blanche, à St-Michel-Loubéjou   🔧 Biars Pneus, à Biars-sur-Cère
ℰ 05 65 38 11 88   ℰ 05 65 38 58 34
PEUGEOT Bretenoux Auto, ℰ 05 65 38 45 60
RENAULT Gar. Bassat, ℰ 05 65 38 45 84

BRETEUIL *27160 Eure* **55** ⑯ *G. Normandie Vallée de la Seine – 3 351 h alt. 168.*

Paris 118 – L'Aigle 26 – Alençon 89 – Conches-en-Ouche 14 – Évreux 31 – Verneuil-sur-Avre 12.

✗ **Le Biniou,** 76 pl. Laffitte ℰ 02 32 29 70 61 – 🆎 GB
fermé 19 août au 3 sept., 23 déc. au 4 janv., mardi soir et merc. – **Repas** 65/200 ♨, enf. 50.

🔧 Goy Pneus Point S, ℰ 02 32 29 71 88

*The new **Michelin Green Tourist Guides** offer:*
- *more detailed descriptive texts,*
- *practical information,*
- *town plans, local maps and colour photographs,*
- *frequent fully revised editions.*

Always make sure you have the latest edition.

Le BREUIL *71 S.-et-L.* **69** ⑧ *– rattaché au Creusot.*

Le BREUIL-EN-AUGE *14130 Calvados* **54** ⑰ *– 779 h alt. 38.*

Paris 197 – Caen 54 – Deauville 21 – Lisieux 9.

✗✗ **Aub. Dauphin** (Lecomte), ℰ 02 31 65 08 11, Fax 02 31 65 12 08 – 🆎 GB
fermé dim. soir et lundi – **Repas** 175/225 et carte 290 à 490
Spéc. Ravioli de pommes de terre et d'andouille de Vire. Feuilleté de rognon de veau ''Marie Harel''. Tarte fine aux pommes, glace cannelle.

BREUILLET *17920 Char.-Mar.* **71** ⑮ *– 1 863 h alt. 28.*

Paris 503 – Royan 10 – Rochefort 36 – La Rochelle 74 – Saintes 36.

✗✗ **La Grange,** Le Grallet Ouest : 1,5 km ℰ 05 46 22 72 64, Fax 05 46 22 79 55, 🍽,
« Ancienne ferme aménagée, parc fleuri, ⚓ », ℅ – 🆎 GB
1ᵉʳ juil.-31 août – **Repas** 110 (déj.)/220.

BRÉVIANDES *10 Aube* **61** ⑯ ⑰ *– rattaché à Troyes.*

BRÉVONNES *10220 Aube* **61** ⑰ ⑱ *– 604 h alt. 120.*

Paris 201 – Troyes 27 – Bar-sur-Aube 31 – St-Dizier 58 – Vitry-le-François 52.

✗✗ **Vieux Logis** avec ch, ℰ 03 25 46 30 17, Fax 03 25 46 37 20, 🍽, 🌲 – 📺 ☎ 🅿. GB. ℅ ch
fermé dim. soir et lundi du 15 sept. au 31 mai – **Repas** 75/180 ♨, enf. 45 – ⚏ 34 – **5 ch** 175/275 – ½ P 200/233.

BREZOLLES *28270 E.-et-L.* **60** ⑥ *– 1 695 h alt. 170.*

Paris 103 – Chartres 44 – Alençon 90 – Argentan 91 – Dreux 23.

🏨 **Le Relais,** ℰ 02 37 48 20 84, Fax 02 37 48 28 46 – 📺 ☎ 🅿. ⓪ GB
fermé août, 2 au 6 janv., vend. soir et dim. soir – **Repas** 76/180, enf. 52 – ⚏ 30 – **25 ch** 170/230 – ½ P 230.

BRIAL *82 T.-et-G.* **82** ⑦ *– rattaché à Montauban.*

BRIANÇON 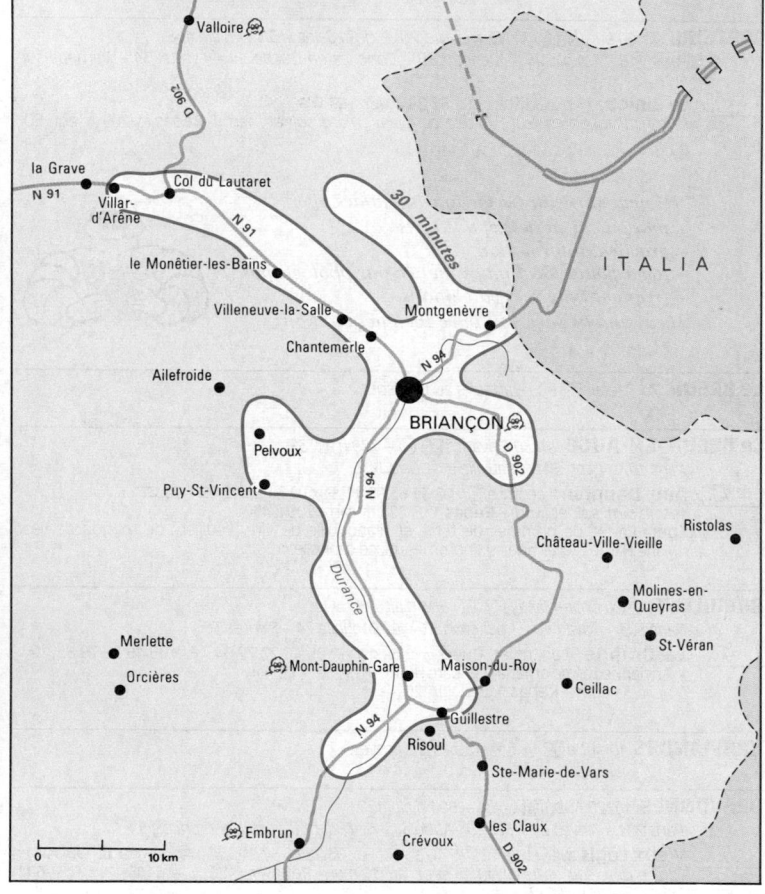 05100 H.-Alpes **77** ⑱ *G. Alpes du Sud* – *11 041 h alt. 1321* – *Sports d'hiver 1 200/2 800 m* ❧ *9* ☃.

Voir Ville haute★★ : Grande Gargouille★, Pont d'Asfeld★, Remparts ≼★, Statue "La France"★ **B** – Puy St-Pierre ☀★★ *de l'église SO : 3 km par Rte de Puy St-Pierre.*

Env. Croix de Toulouse ≼★★ par Av. de Toulouse et D232ᵀ : 8,5 km.

🚗 ☎ 04 92 51 50 50.

🅷 *Office de Tourisme pl. du Temple ☎ 04 92 21 08 50, Fax 04 92 20 56 45 - Annexes : Central Parc (juil.-août) et télécabine du Prorel (fin déc.-fin avril).*

Paris 684 ④ – Digne-les-Bains 145 ③ – Gap 90 ③ – Grenoble 118 ④ – Nice 218 ③ – Torino 115 ①.

🏨 **Vauban**, 13 av. Gén. de Gaulle **(n)** ☎ 04 92 21 12 11, Fax 04 92 20 58 20, 🚒 – 🛗 📺 ☎ 🦽 🚗 🅿 GB
🏊 *fermé 4 nov. au 20 déc.* – **Repas** 110/170 – 🖵 35 – **40 ch** 385/440 – ½ P 320/390.

🏛 **Le Cristol**, 6 rte Italie **(x)** ☎ 04 92 20 20 11, Fax 04 92 21 02 58 – 📺 ☎. 🅰🅴 GB
🏊 **Repas** 70/160, enf. 45 – 🖵 42 – **19 ch** 300/340 – ½ P 275/295.

🏠 **Chaussée**, 4 r. Centrale **(e)** ☎ 04 92 21 10 37, Fax 04 92 20 03 94 – 📺 ☎ 🚗. GB
🏊 **Repas** 85/155 ⅋, enf. 45 – 🖵 35 – **12 ch** 250/300 – ½ P 270.

🍴 **Le Rustique**, 36 r. Pont d'Asfeld **(a)** ☎ 04 92 21 00 10, Fax 04 92 21 40 06 – 🅰🅴 GB
fermé 25 juin au 10 juil., dim. soir et lundi hors sais. – **Repas** 97/185, enf. 37.

266

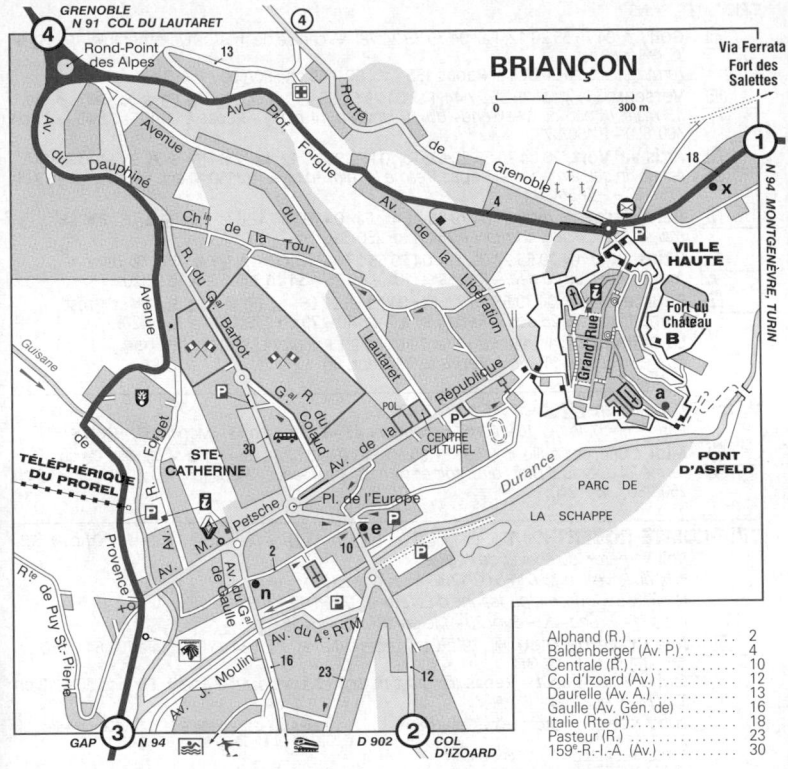

BRIANÇON

GRENOBLE
N 91 COL DU LAUTARET

④ Rond-Point des Alpes

Via Ferrata
Fort des Salettes

VILLE HAUTE

Fort du Château

PONT D'ASFELD

PARC DE LA SCHAPPE

TÉLÉPHÉRIQUE DU PROREL

STE-CATHERINE

Pl. de l'Europe

CENTRE CULTUREL

N 94 MONTGENÈVRE, TURIN

GAP ③ N 94

D 902 ② COL D'IZOARD

Alphand (R.)	2
Baldenberger (Av. P.)	4
Centrale (R.)	10
Col d'Izoard (Av.)	12
Daurelle (Av. A.)	13
Gaulle (Av. Gén. de)	16
Italie (Rte d')	18
Pasteur (R.)	23
159e-R.-I.-A. (Av.)	30

ALFA ROMEO, RENAULT Gar. Jullien, 21-23 av.
M.-Petsche, ℰ 04 92 21 30 00 **N** ℰ 04 92 21 30 00
CITROEN Durance Autom., ZA Briançon Sud
ℰ 04 92 20 14 00

FORD Gar. Gignoux, 7 av. J.-Moulin
ℰ 04 92 21 11 56
PEUGEOT Faure Frères, 2, rte de Gap
ℰ 04 92 21 10 02

BRIANT 71110 S.-et-L. **69** ⑦ – 225 h alt. 326.
Paris 387 – Moulins 89 – Charolles 30 – Lapalisse 52 – Mâcon 74 – Paray-le-Monial 24 – Roanne 40.

✗ **Aub. de la Beleine,** ℰ 03 85 25 80 03, Fax 03 85 25 92 06 – **GB**
fermé 15 janv. au 15 fév. et merc. sauf juil.-août – **Repas** 88/165 ♣, enf. 65.

BRICQUEBEC 50260 Manche **54** ② G. Normandie Cotentin – 4 363 h alt. 145.
Voir Donjon★ du Château.
Paris 350 – Cherbourg 24 – Barneville-Carteret 17 – Coutances 55 – St-Lô 71 – Valognes 13.

🏠 **Vieux Château** ⌖, ℰ 02 33 52 24 49, Fax 02 33 52 62 71 – ☎ **P**, **AE GB**
Repas 60 (déj.), 79/170, enf. 45 – ☷ 40 – **18 ch** 175/400 – ½ P 225/310.
RENAULT Gar. Lecocq, ℰ 02 33 52 27 91 **N** ℰ 02 33 52 27 91

BRIDES-LES-BAINS 73570 Savoie **74** ⑰ ⑱ G. Alpes du Nord – 611 h alt. 580 – Stat. therm. (janv.-oct.) – Casino .
🛈 Office de Tourisme ℰ 04 79 55 20 64, Fax 04 79 55 28 91.
Paris 616 – Albertville 33 – Annecy 78 – Chambéry 80 – Courchevel 19 – Moûtiers 6.

🏨 **Gd H. Thermes** M, ℰ 04 79 55 29 77, Fax 04 79 55 28 29, 🚡 – 🛗 📺 ☎ ᴖ 🚗 – 🔏 30 à 80. **AE GB**, ✳ rest
fermé 1er nov. au 26 déc. – **Repas** 145/155 – ☷ 45 – **98 ch** 630/1222, 4 appart – P 685/900.

🏨 **Amélie** M, ℰ 04 79 55 30 15, Fax 04 79 55 28 08, 🚡 – 🛗 📺 ☎ ᴖ 🚗. **GB**
fermé 31 oct. au 21 déc. – **Les Cerisiers :** **Repas** 95/120, enf. 50 – ☷ 30 – **42 ch** 400/500 – ½ P 380/430.

🏨 **Golf**, ℰ 04 79 55 28 12, Fax 04 79 55 24 78, ≤, centre de masso-hydrothérapie – 🛗 📺 ☎
📵 GB, ❀ rest
fermé 20 oct. au 20 déc. – **Repas** 135 – �) 50 – **45 ch** 380/600 – P 460/610.

🏨 **Verseau** ❀, ℰ 04 79 55 27 44, Fax 04 79 55 30 20, ≤, 😭, ♨, ☒ – 🛗 📺 ☎ 📵. GB. ❀ rest
15 mars-15 oct. et week-ends du 10 janv. au 14 mars – **Repas** 95/140 – �) 45 – **41 ch**
300/600 – P 450/575.

🏨 **Altis Val Vert**, ℰ 04 79 55 22 62, Fax 04 79 55 29 12, ᵭ, 😭 – 📺 ☎ 📵. ᴬᴱ ① GB. ❀
fermé fin oct. à mi-déc. – **Repas** *(fermé le midi en hiver)* 80/150 ⅃, enf. 65 – �) 45 – **35 ch**
275/450 – P 365/420.

🏨 **Belvédère** sans rest, ℰ 04 79 55 23 41, Fax 04 79 55 24 96, ≤ – 🛗 📺 ☎ 📵. GB. ❀
mai-sept. et 24 déc.-31 mars – **26 ch** �) 230/390.

🏨 **Bains** ❀, ℰ 04 79 55 22 05, Fax 04 79 55 27 76, ≤, 😭 – 🛗 📺 ☎. GB. ❀ rest
fermé 27 oct. au 20 déc. – **Repas** 85/100 – �) 25 – **34 ch** 225/350 – ½ P 320.

🏨 **Sources** ❀, ℰ 04 79 55 29 22, Fax 04 79 55 27 06 – 🛗 📺 ☎ – ⚖ 35. GB. ❀ rest
fermé 1ᵉʳ nov. au 25 déc. – **Repas** 95 ⅃ – �) 40 – **70 ch** 235/460 – P 320/420.

✗ **La Grillade**, résid. Le Royal ℰ 04 79 55 20 90, Fax 04 79 55 20 90, 😭 – GB
fermé 30 oct. au 15 déc. – **Repas** 92/130, enf. 60.

BRIEC 29510 Finistère 🖪🖪 ⑮ – 4 546 h alt. 158.
Paris 575 – *Quimper* 16 – *Carhaix-Plouguer* 43 – *Châteaulin* 15 – *Morlaix* 64 – *Pleyben* 17.

🏨 **Midi**, r. Gén. de Gaulle ℰ 02 98 57 90 10, Fax 02 98 57 74 82 – 📺 ☎ ℃ 📵. GB. ❀ ch
fermé 24 déc. au 5 janv., dim. soir et sam. sauf juil.-août – **Repas** 75/190 ⅃ – �) 38 – **14 ch**
260/280 – ½ P 240.

BRIE-COMTE-ROBERT 77170 S.-et-M. 🖪🖪 ②, 🔟🔟 ㉝, 🔟🔟 ㊴ *G. Ile de France* – 11 501 h alt. 90.
Voir *Verrière*⋆ du chevet de l'église.
🆁🆁 du Réveillon ℰ 01 60 02 17 33 à Lésigny : 5 km.
🇧 Office de Tourisme pl. Jeanne d'Evreux ℰ 01 64 05 30 09.
Paris 31 – Brunoy 10 – Évry 20 – Melun 18 – Provins 56.

🏨 **A la Grâce de Dieu** 🅼, 79 r. Gén. Leclerc (N 19) ℰ 01 64 05 00 76, Fax 01 64 05 60 57,
😭 – 📺 ☎ 📵. ᴬᴱ GB
fermé 18 au 31 août – **Repas** *(fermé dim. soir et lundi)* 99/230 ⅃, enf. 60 – �) 30 – **18 ch**
155/230 – ½ P 240.

CITROEN Pasquier Autom., 6 av. Gén.-Leclerc
ℰ 01 64 05 00 94
FORD Zélus Autom., 70 r. Gén.-Leclerc
ℰ 01 64 05 03 10
PEUGEOT Gar. Métin, 7 r. Gén.-Leclerc
ℰ 01 64 05 50 50 🅽 ℰ 06 07 52 88 27

RENAULT Gar. Redelé Brie, 17 av. Gén.-Leclerc
ℰ 01 60 62 50 50 🅽 ℰ 08 00 05 15 15

Ⓜ BCR Interpneu Mélia Vulco, 75 r. Gén. Leclerc
ℰ 01 64 05 88 99

BRIGNAIS 69530 Rhône 🖪🖪 ⑳, 🔟🔟 ㉓ *G. Vallée du Rhône* – 10 036 h alt. 200.
Paris 467 – Lyon 14 – Givors 10 – St-Étienne 46 – Vienne 21.

🏨 **Restotel des Barolles** 🅼, rte Lyon ℰ 04 78 05 24 57, Fax 04 78 05 37 57, ☒, 😭 –
▤ rest 📺 ☎ 🔥 📵 – ⚖ 40. ᴬᴱ ① GB
Repas *(fermé 25 déc. au 2 janv., dim. soir et sam.)* 115/178 ⅃ – ☒ 40 – **27 ch** 280/300.

BRIGNOLES ◀👁▶ 83170 Var 🖪🖪 ⑮, 🔟🔟 ㉝ *G. Côte d'Azur* (plan) – 11 239 h alt. 214.
Voir *Sarcophage de la Gayole*⋆ dans le musée.
🆁 de Barbaroux ℰ 04 94 69 63 63, E : 4 km par N 7 puis D 79.
🇧 Office de Tourisme parking des Augustins ℰ 04 94 69 01 78.
Paris 811 – Aix-en-Provence 58 – Cannes 96 – Draguignan 58 – Marseille 66 – Toulon 51.

🏨 **Ibis**, Nord : 2 km par rte du Val, D 554 et rte secondaire ℰ 04 94 69 19 29,
Fax 04 94 69 19 90, 😭, ☒, ⚐ 🔥 📵 – ⚖ 30. ᴬᴱ ① GB
Repas 105/150 ⅃, enf. 60 – ☒ 35 – **41 ch** 320/350.

PEUGEOT Gar. Blanc et Rochebois autos, N 7 rte
d'Aix ℰ 04 94 69 21 23
RENAULT Gar. Mojeste Gasso, Lieu-dit Le Plan
ℰ 04 94 59 23 04

Ⓜ Aude, ZI ℰ 04 94 69 34 13
Santa Pneus Vulco, rte d'Aix N 7 Canteperdrix
ℰ 04 94 59 28 43

La BRIGUE 06 Alpes-Mar. 🖪🖪 ⑳,, 🔟🔟 ⑨ – *rattaché à Tende*.

La BRILLANNE 04700 Alpes-de-H.P. 🖪🖪 ⑮ – 649 h alt. 376.
Paris 742 – Digne-les-Bains 43 – Forcalquier 12 – Manosque 16 – Sisteron 35.

✗✗✗ **Les Templiers**, ℰ 04 92 78 69 18, Fax 04 92 78 69 19, 😭, « Salle voûtée » – ᴬᴱ GB
fermé 8 au 14 sept., dim. soir et lundi – **Repas** 160/295 et carte 220 à 330.

BRINON-SUR-SAULDRE 18410 Cher 🔢 ⑳ – 1 107 h alt. 147.

Paris 190 – Orléans 57 – Bourges 65 – Cosne-sur-Loire 59 – Gien 37 – Salbris 25.

🏨 **La Solognote** (Girard) ⬦, ℰ 02 48 58 50 29, Fax 02 48 58 56 00, « Cadre solognot », 🐎
– 🖃 rest 📺 ☎ 🅿. 🇬🇧, 🐾 ch
fermé 20 au 29/5, 9 au 18/9, 4/2 au 13/3, mardi soir et merc. d'oct. à juin, mardi midi et merc. midi en été – **Repas** 165/330 et carte 260 à 320, enf. 90 – 🖂 57 – **13 ch** 320/410 – ½ P 420/470
Spéc. Tatin de Saint-Jacques aux cèpes (oct. à avril). Gibier (saison). Gâteau au chocolat. **Vins** Quincy, Menetou-Salon.

RENAULT Gar. de la Jacque, ℰ 02 48 58 50 37 🔃 ℰ 02 48 58 50 37

BRIOLLAY 49125 M.-et-L. 🔢 ① – 2 005 h alt. 20.

Env. Plafond★★★ de la salle des Gardes du château de Plessis-Bourré NO : 10 km
G. Châteaux de la Loire.
Paris 286 – Angers 15 – Château-Gontier 41 – La Flèche 41.

par rte de Soucelles (D 109) : 3 km – ✉ 49125 Briollay :

🏨 **Château de Noirieux** ⬦, ℰ 02 41 42 50 05, Fax 02 41 37 91 00, ≼, 🌣, « Demeures des 15ᵉ et 17ᵉ siècles dans un parc dominant le Loir », 🏊, 🎾 – 📺 ☎ ﾖ 🅿 – 🔬 30. 🆎 ⓞ
🇬🇧 🃏, 🐾 rest
fermé 23 nov. au 4 déc. et mi-fév. à mi-mars – **Repas** (fermé dim. soir et lundi de mi-oct. à mi-avril sauf fêtes) 195 (déj.), 245/460 – 🖂 85 – **19 ch** 650/1350 – ½ P 620/950.

BRION 01 Ain 🔢 ④ – rattaché à Nantua.

BRIONNE 27800 Eure 🔢 ⑮ G. Normandie Vallée de la Seine (plan) – 4 408 h alt. 56.

Voir Abbaye du Bec-Hellouin★★ N : 6 km – Harcourt : château★ et arboretum★ SE : 7 km.
🏌 du Champ de Bataille ℰ 02 32 35 03 72, O : 18 km par D 137 et D 39.
Paris 141 – Rouen 42 – Bernay 16 – Évreux 41 – Lisieux 40 – Pont-Audemer 27.

🍴🍴🍴 **Le Logis de Brionne** avec ch, pl. St Denis ℰ 02 32 44 81 73, Fax 02 32 45 10 92 – 📺 ☎
💐 ⬦, 🆎 🇬🇧
fermé dim. soir et lundi – **Repas** 98/290 – 🖂 45 – **12 ch** 285/350 – ½ P 345/390.

🍴🍴 **Aub. Vieux Donjon** avec ch, r. Soie ℰ 02 32 44 80 62, Fax 02 32 45 83 23, 🌣, « Maison normande du 18ᵉ siècle » – 📺 ☎ 🅿. 🇬🇧
fermé 15 au 30 oct., 15 au 31 janv., dim. soir d'oct. à avril et lundi – **Repas** 76/195, enf. 55 –
🖂 30 – **8 ch** 250/270 – ½ P 240/280.

CITROEN Gar. Duval, N 138 à Aclou   PEUGEOT Gar. Leroy, ℰ 02 32 44 80 16 🔃
ℰ 02 32 44 83 66   ℰ 02 32 44 80 16
FIAT Gar. Leroy, ℰ 02 32 44 88 32 🔃
ℰ 02 32 44 80 16

BRIOUDE ◀◗▶ 43100 H.-Loire 🔢 ⑤ G. Auvergne – 7 285 h alt. 427.

Voir Basilique St-Julien★★.
Env. Lavaudieu : fresques★ de l'église et cloître★ de l'ancienne abbaye 9,5 km par ①.
🅱 Office de Tourisme pl. Champanne ℰ 04 71 74 97 49, Fax 04 71 74 97 87 et Maison de Mandrin r. du 4 Septembre ℰ 04 71 74 94 59.
Paris 485 ④ – Le Puy-en-Velay 61 ② – Aurillac 106 ③ – Clermont-Ferrand 71 ④ – Issoire 33 ④ – St-Flour 49 ③.

Plan page suivante

🏨 **Moderne** sans rest, 12 av. V. Hugo (n) ℰ 04 71 50 07 30, Fax 04 71 50 22 35 – 📺 ☎ 💐
⬦ 🅿. 🆎 ⓞ 🇬🇧
1ᵉʳ avril-30 sept. – 🖂 38 – **17 ch** 240/330.

🏨 **Le Brivas**, rte Puy par ② ℰ 04 71 50 10 49, Fax 04 71 74 90 69, 🌣, 🏊, 🐎 – 🖃 📺 ☎ 💐 🅿
– 🔬 40. 🆎 ⓞ 🇬🇧 🃏
fermé 12 au 28 déc., 17 au 25 fév., vend. soir d'oct. à Pâques et sam. midi sauf juil.-août –
Repas 96/230 🍷, enf. 56 – 🖂 36 – **30 ch** 295/350 – ½ P 247/281.

🏨 **Poste et Champanne**, 1 bd Dr Devins (a) ℰ 04 71 50 14 62, Fax 04 71 50 10 55 – 📺 ☎
💐 🅿 – 🔬 30. 🇬🇧
fermé 2 janv. au 1ᵉʳ fév. et dim. soir du 15 sept. au 15 juin – **Repas** 72/180 🍷 – 🖂 32 – **20 ch**
160/240 – ½ P 220.

CITROEN Gar. Delmas, av. d'Auvergne par ④   ⓜ Euromaster, av. d'Auvergne ZI St-Ferréol
ℰ 04 71 50 12 06 🔃 ℰ 04 71 50 12 06   ℰ 04 71 50 37 01
PEUGEOT Gar. d'Auvergne, av. d'Auvergne par ④   RIPA Pneus, av. d'Auvergne ℰ 04 71 50 10 86
ℰ 04 71 50 06 05

269

BRIOUDE

Commerce (R. du) 8
Maigne (R. J.) 16
St-Jean (Pl.) 20
Sébastopol (R.) 22
4-Septembre (R. du) ... 27

Assas (R. d') 2
Blum (Av. Léon) 3
Briand
  (Bd Aristide) 4
Chambriard (Av. P.) ... 5
Chapitre (R. du) 6
Chèvrerie (R. de la) ... 7
Gilbert (Pl. Eugène) .. 9
Grégoire-de-Tours
  (Place) 10
La-Fayette (Pl.) 12
Lamothe (Av. de) 13
Liberté (Pl. de la) 14
Michel-de-l'Hospital
  (Rue) 17
Pascal (H.) 18
République (R. de la) .. 19
Résistance (Pl. de la) .. 21
Séguret (R.) 23
Talairat (R.) 24
Vercingétorix (Bd) 25
Victor-Hugo (Av.) 26
14-Juillet (R. du) 28
21-Juin-1944 (R. du) .. 29

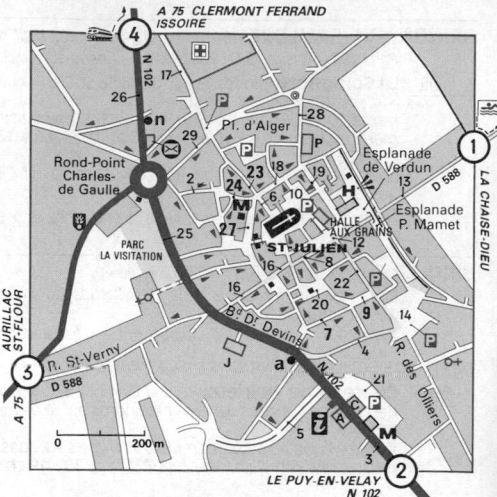

Ask your bookseller for the catalogue of Michelin publications.

BRIOUZE *61220 Orne* **60** ① *– 1 658 h alt. 210.*

Paris 220 – Alençon 58 – Argentan 26 – La Ferté-Macé 13 – Flers 17.

XX **Sophie** avec ch, ℰ 02 33 62 82 82, Fax 02 33 64 97 01 – 🆅 ☎. 🅶🅱. ⚲ ch
⊜ *fermé 15 au 31 août, Noël au Jour de l'An, vacances de fév. et sam.* – **Repas** 70/190 – 🖵 30
– **9 ch** 130/250 – ½ P 175.

CITROEN Gar. Boutrois, ℰ 02 33 66 00 28 🅽 ℰ 02   RENAULT Gar. Tolerie le Chesnay, Le Chesnay à
33 66 00 28   Pointel ℰ 02 33 66 01 34 🅽 ℰ 02 33 66 01 34

BRIVE-LA-GAILLARDE ◁❖▷ *19100 Corrèze* **75** ⑧ *G. Périgord Quercy – 49 765 h alt. 142.*

Voir *Hôtel de Labenche*★ BZ X.

🏌 *d'Aubazine* ℰ 05 55 27 25 66, E : 19 km par ③ ; 🏌 *Golf Club de Brive* ℰ 05 55 87 57 57,
SO.

✈ ℰ 08 36 35 35 35.

🅱 *Office de Tourisme pl. 14-Juillet* ℰ 05 55 24 08 80, Fax 05 55 24 58 24.

Paris 486 ④ *– Albi 208* ③ *– Clermont-Ferrand 173* ① *– Limoges 93* ④ *– Montpellier 337* ③
– Toulouse 216 ③.

Plan page suivante

🏛 **Le Collonges** 🅼 sans rest, 3 - 5 pl. W. Churchill ℰ 05 55 74 09 58, Fax 05 55 74 11 25 – 🛗
🆅 ☎ 📞. 🆀 ⓪ 🅶🅱   BZ n
🖵 40 – **24 ch** 270/330.

🏛 **Quercy** sans rest, 8 bis quai Tourny ℰ 05 55 74 09 26, Fax 05 55 74 06 24 – 🛗 🆅 ☎. 🆀 ⓪
🅶🅱   BY d
fermé 25 déc. au 2 janv. – 🖵 33 – **60 ch** 310/350.

🏛 **Ibis** sans rest, 32 r. M. Roche ℰ 05 55 17 42 42, Fax 05 55 23 54 41 – 🛗 🆅 ☎ – 🔬 30. 🆀
🅶🅱   AY u
🖵 35 – **50 ch** 280/300.

XX **La Périgourdine,** 15 av. Alsace-Lorraine ℰ 05 55 24 26 55, Fax 05 55 17 13 22, 🪴 – 🆀
🅶🅱 🎴   BZ a
fermé dim. soir – **Repas** 90/340.

X   **Chez Francis,** 61 av. Paris ℰ 05 55 74 41 72 – 🅶🅱   AY s
⚛ *fermé 1ᵉʳ au 19 août, vacances de fév., dim. et fériés* – **Repas** bistrot (nombre de couverts
limité, prévenir) 85/125.

à Ussac *au Nord-Ouest par av. Pasteur et D 57 : 5 km – 2 762 h. alt. 350 –* ✉ *19270 :*

🏛 **Aub. St-Jean** ⚲, ℰ 05 55 88 30 20, Fax 05 55 87 28 50, 🪴 – 🆅 ☎ ♿. 🅶🅱
⊜ **Repas** 69/240, enf. 50 – 🖵 35 – **30 ch** 170/280 – ½ P 245.

XX **Le Petit Clos** 🅼 ⚲ avec ch, au Pouret ℰ 05 55 86 12 65, Fax 05 55 86 94 32, 🪴,
⚛ « Anciennes maisons corréziennes dans la campagne », 🏊, 🌳 – 🆅 ☎ 🅿. 🅶🅱
fermé dim. soir et lundi – **Repas** 100/190 – 🖵 40 – **7 ch** 350/480.

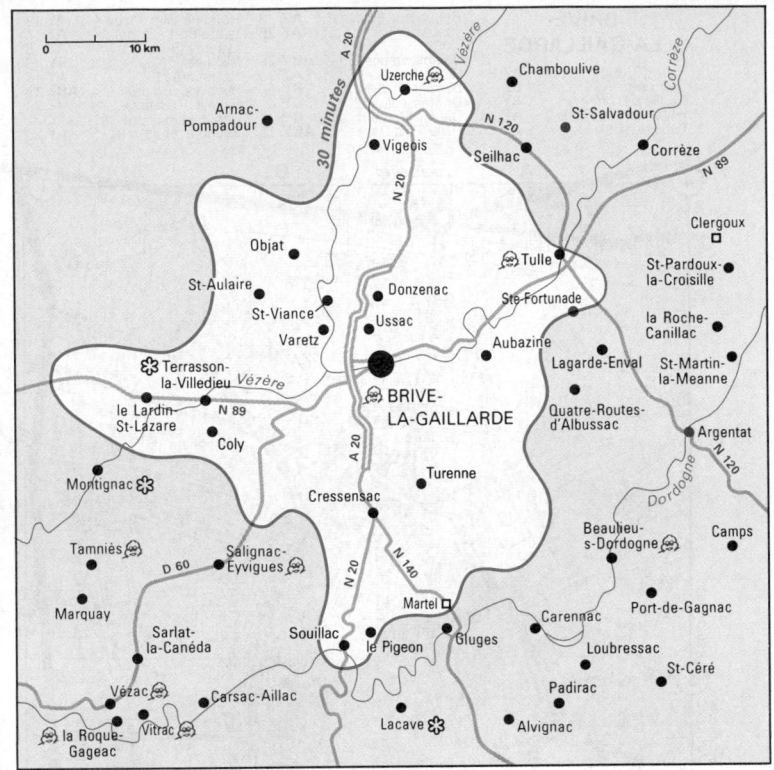

à l'Est *rte d'Argentat par N 121 : 3 km –* ⌂ *19360 Malemort :*

XX **Aub. des Vieux Chênes** avec ch, ℘ 05 55 24 13 55, Fax 05 55 24 56 82, 🌇 – 📺 ☎ 📞
⇔ 📪 – 🏛 25. 🆎 ⓪ 🌐
fermé dim. – **Repas** 68/198 🍷 – ⊇ 38 – **14 ch** 190/280 – ½ P 235/300.

par ③ *: 6 km –* ⌂ *19100 Brive-la-Gaillarde :*

🏨 **Teinchurier** Ⓜ, av. du Teinchurier ℘ 05 55 86 45 00, Fax 05 55 86 45 45, 🌇 – 📶 🍽 rest
📺 ☎ 📞 & 📪 – 🏛 50. 🌐
Repas 62 (déj.), 88/170 🍷, enf. 45 – ⊇ 45 – **40 ch** 275/300 – ½ P 220.

🏨 **Campanile**, à l'aérodrome ℘ 05 55 86 88 55, Fax 05 55 87 35 98, 🌇 – ↝ 🍽 rest 📺 ☎
⇔ 📞 & 📪 – 🏛 25. 🆎 ⓪ 🌐
Repas 84 bc/107 bc, enf. 39 – ⊇ 32 – **42 ch** 278.

rte d'Objat *par* ④*, D 901 et D 170 : 6 km –* ⌂ *19100 Brive-la-Gaillarde :*

🏨 **Mercure** Ⓜ, ℘ 05 55 86 36 36, Fax 05 55 87 04 40, 🌇, 🏊, 🎾, 🌳 – 📶 ↝ 🍽 ch 📺 ☎ 📞
📪 – 🏛 120. 🆎 ⓪ 🌐
Repas 130 🍷, enf. 49 – ⊇ 50 – **57 ch** 395/450.

à Varetz *par* ④*, D 901 et D 152 : 10 km – 1 851 h. alt. 109 –* ⌂ *19240 :*

🏨 **Domaine de Castel Novel** 🌐, ℘ 05 55 85 00 01, Fax 05 55 85 09 03, ≤, 🌇,
« Demeure du 13ᵉ siècle isolée dans un parc », 🏊, 🎾 – 📶 📺 ☎ 📪 – 🏛 80. 🆎 ⓪ 🌐
début mai-mi-oct. – **Repas** *(fermé merc. midi sauf fériés)* 200 (déj.), 240/390, enf. 90 –
⊇ 80 – **32 ch** 595/1225, 5 appart – ½ P 710/1210.

à St-Viance *par* ④*, D 901 et D 148 : 10 km – 1 407 h. alt. 119 –* ⌂ *19240 .*
Voir *Châsse*★ *dans l'église.*

🏨 **Aub. des Prés de la Vézère,** ℘ 05 55 85 00 50, Fax 05 55 84 25 36, 🌇 – 📺 ☎ 📪 🆎
⓪ 🌐 🏧
début mai-mi-oct. et fermé dim.soir sauf juil.-août et lundi midi – **Repas** 70 (déj.), 88/245 –
⊇ 35 – **11 ch** 350 – ½ P 310/355.

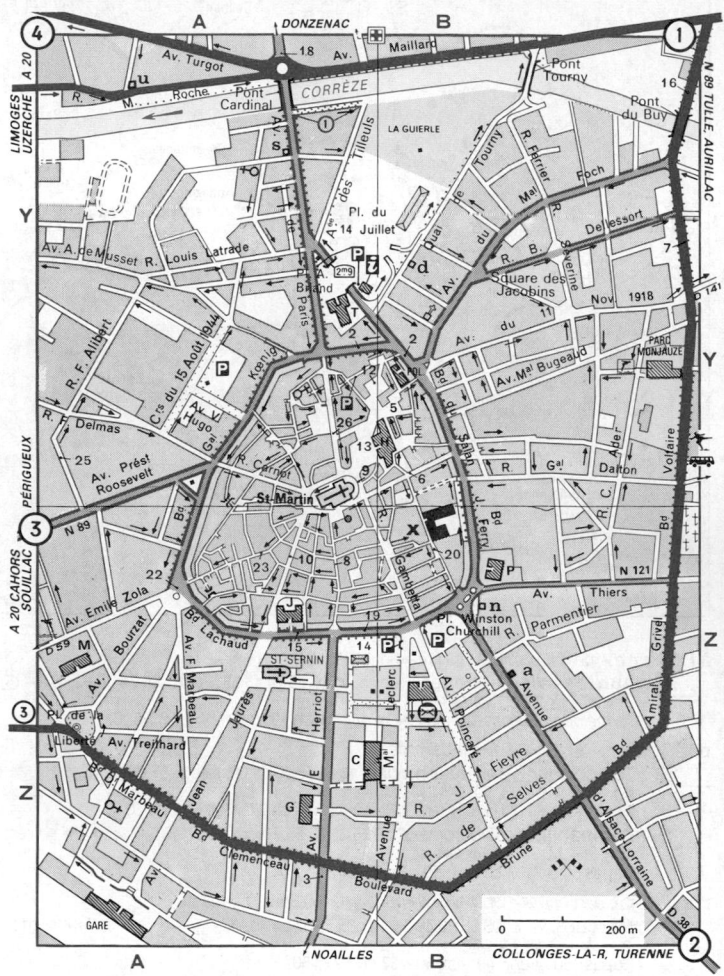

BMW Gar. Taurisson, 23 av. Ed.-Herriot
℘ 05 55 74 25 42
CITROEN Midi-Auto 19, av. J.-Ch.-Rivet par ③
℘ 05 55 88 91 19
MERCEDES Centre Poids Lourd Périgord, Le
Reyhaud rte de Varetz ℘ 05 55 87 12 01
℘ 08 00 24 24 30
PEUGEOT Gar. Morance, ZI Cana, rte d'Objat par ④
℘ 05 55 88 04 06 ℘ 06 07 19 81 98
RENAULT Gar. Mournetas, 51 Abbé J.-Alvistre
Estavel par ③ ℘ 05 55 86 92 91
RENAULT Gar. Beauregard, av. du Teinchurier
℘ 05 55 86 74 74 ℘ 05 55 92 52 85

VAG S.O.C.O.D.A., Riante-Borie à Malemort
℘ 05 55 74 07 31
VOLVO Gar. Valenti, 61 av. 11 Novembre
℘ 05 55 23 77 64

Brive Pneus, 44 av. P.-Sémard
℘ 05 55 87 27 58
Euromaster, 26 av. J.-Ch.-Rivet, zone de
Beauregard ℘ 05 55 86 89 60
Techni Pneus, 42 av. de la Libération à Malemort
℘ 05 55 92 17 80
Vulco, Zone Ciale Mazaud ℘ 05 55 87 95 60
℘ 05 55 87 95 60

BROGNON *08 Ardennes* 53 ⑰ – *rattaché à Signy-le-Petit.*

BRON *69 Rhône* 74 ⑫,, 110 ㉕ – *rattaché à Lyon.*

BROQUIÈS *12480 Aveyron* 80 ⑬ – *652 h alt. 386.*
Paris 698 – Albi 62 – Lacaune 52 – Rodez 57 – St-Affrique 31.

Le Pescadou ❧, Sud : 2,5 km rte St-Izaire 🕭 05 65 99 40 21, 🍽, 🚗 – ☎ 🅿.
15 mars-15 oct. – **Repas** 80/200 🍷, enf. 48 – ⇌ 30 – **14 ch** 135/270 – ½ P 200/240.

BROU *01 Ain* 74 ③ G. Bourgogne.
Curiosités★★★ *et ressources hôtelières : rattachées à Bourg-en-Bresse.*

BROU *28160 E.-et-L.* 60 ⑯ G. Châteaux de la Loire – *3 803 h alt. 150.*
Voir *Yèvres : boiseries*★ *de l'église 1,5 km à l'Est.*
🛈 Office de Tourisme r. de la Chevalerie (Pâques-fin oct.) 🕭 02 37 47 01 12.
Paris 127 – Chartres 38 – Châteaudun 22 – Le Mans 83 – Nogent-le-Rotrou 33.

XX **Jardin de la Mer,** 23 pl. Halles 🕭 02 37 96 03 32 – 🆎 🆖
fermé dim. soir et merc. sauf du 1ᵉʳ juil. au 15 sept. – **Repas** 75/185 🍷, enf. 45.

CITROEN Gar. Auguste Dominique, 20 r. de la   RENAULT Gar. Pichard, 32 av. Galliéni
Chevalerie 🕭 02 37 47 00 44 🅽 🕭 02 37 47 00 44   🕭 02 37 47 01 68

BROUCKERQUE *59630 Nord* 51 ③ – *1 168 h alt. 2.*
Paris 287 – Calais 35 – Cassel 26 – Dunkerque 13 – Lille 74 – St-Omer 32.

X **Middel Houck** avec ch, pl. du village 🕭 03 28 27 13 46, Fax 03 28 27 15 10 – 📺 ☎. 🆎 ⓪
🆖
fermé 24 au 30 déc. et dim. soir – **Repas** 90/188 – ⇌ 30 – **4 ch** 220 – ½ P 210.

BROUSSE-LE-CHÂTEAU *12480 Aveyron* 80 ⑫ G. Gorges du Tarn – *203 h alt. 239.*
Voir *Village perché*★.
Paris 690 – Albi 54 – Cassagnes-Bégonhès 34 – Lacaune 51 – Rodez 60 – St-Affrique 33.

🏠 **Relays du Chasteau** ❧, 🕭 05 65 99 40 15, Fax 05 65 99 40 15 – ▤ rest ☎ ⚲ 🅿. 🆖
fermé 20 déc. au 20 janv., vend. soir et sam. midi du 1ᵉʳ oct. au 1ᵉʳ mai – **Repas** 75/180 🍷,
enf. 42 – ⇌ 28 – **12 ch** 200/260 – ½ P 210/230.

BROU-SUR-CHANTEREINE *77 S.-et-M.* 56 ⑫,, 101 ⑲ – *voir à Paris, Environs.*

BRUÈRE-ALLICHAMPS *18 Cher* 69 ① – *rattaché à St-Amand-Montrond.*

Le BRUGERON *63880 P.-de-D.* 73 ⑯ – *359 h alt. 850.*
Paris 488 – Clermont-Ferrand 75 – Ambert 28 – St-Étienne 96 – Thiers 38.

🏠 **Les Genets** ❧, 🕭 04 73 72 60 36, Fax 04 73 72 63 67, ≤ – 📺 ☎ 🅿. ⓪ 🆖
Repas 45 (déj.), 85/120 🍷 – ⇌ 40 – **10 ch** 200/240 – ½ P 200.

X **Gaudon,** 🕭 04 73 72 60 46, Fax 04 73 72 63 83, ≤ – 🆖
fermé 20 déc. au 1ᵉʳ fév., lundi soir et mardi du 1ᵉʳ oct. au 1ᵉʳ juin – **Repas** 66/170.

Pour circuler sur les autoroutes

procurez-vous

AUTOROUTES DE FRANCE nᵒ 914

Cartographie simplifiée en atlas

Renseignements pratiques : aires de repos,
stations-service, péage, restaurants...

BRUMATH 67170 B.-Rhin **57** ⑲ – 8 182 h alt. 145.

Paris 473 – Strasbourg 19 – Haguenau 12 – Molsheim 30 – Saverne 29.

🏠 **Ville de Paris**, 13 r. Gén. Rampont 🍴 03 88 51 11 02, Fax 03 88 51 90 19 – 📺 ☎ 📞 🅿. 🖼
fermé 21 juin au 14 juil. et 26 au 31 déc. – **Repas** (fermé dim. soir et vend.) 100/240 🔱 –
☲ 38 – **14 ch** 120/250 – ½ P 155/205.

🍴🍴🍴 **L'Écrevisse** avec ch, 4 av. Strasbourg 🍴 03 88 51 11 08, Fax 03 88 51 89 02, 🌣, ⅃₆, 🐎, 🐎 –
🔟 rest 📺 ☎ 🚗📞 🅿. – ⚱ 30. 🖾 🖽 🖼
fermé 28 juil. au 13 août, lundi soir et mardi – **Repas** 160/420 et carte 280 à 400 🔱, enf. 60 -
Krebs'Stuebel : **Repas** 70/180, 🔱, enf.60 – ☲ 55 – **21 ch** 210/360.

Le BRUSC 83 Var **84** ⑭., **114** ⑭ – rattaché à Six-Fours-les-Plages.

BRUSQUE 12360 Aveyron **83** ④ – 422 h alt. 465.

Paris 713 – Albi 90 – Béziers 75 – Lacaune 32 – Lodève 50 – Rodez 107 – St-Affrique 35.

🏝 **La Dent de St-Jean** 🌣, 🍴 05 65 99 52 87 – 🅿. 🖼. 🛁 ch
🛏 10 mars-1ᵉʳ nov. et fermé dim. soir et lundi hors sais. – **Repas** 80/190 🔱 – ☲ 30 – **16 ch**
190/240 – ½ P 225/230.

The Guide changes, so renew your Guide every year.

BUAIS 50640 Manche **59** ③ ⑲ – 702 h alt. 205.

Paris 279 – Domfront 27 – Fougères 32 – Laval 60 – Mayenne 46 – St-Hilaire-du-Harcouët 12
– St-Lô 81.

🍴 **Rôtisserie Normande**, 🍴 02 33 59 41 10 – 🅿. 🖼
🛏 fermé 20 janv. au 24 fév., dim. et lundi du 15 sept. au 18 mai – **Repas** 60/150, enf. 45.

BUC 78 Yvelines **60** ⑩., **101** ㉓ – Voir à Paris, Environs.

BUCHÈRES 10 Aube **61** ⑰ – rattaché à Troyes.

Le BUGUE 24260 Dordogne **75** ⑯ G. Périgord Quercy – 2 764 h alt. 62.

Voir Gouffre de Proumeyssac★ S : 3 km.

Paris 526 – Périgueux 41 – Sarlat-la-Canéda 32 – Bergerac 47 – Brive-la-Gaillarde 74 – Cahors
84.

🏨 **Le Domaine de la Barde** 🅼 🌣 sans rest, rte Périgueux 🍴 05 53 07 16 54,
Fax 05 53 54 76 19, parc, ⅃₆, ⅃, 🖕⅄ 📺 ☎ & 🅿. 🖼. 🛋
26 avril-3 nov. – ☲ 65 – **18 ch** 420/890.

🍴🍴 **Les Trois As**, pl. Gendarmerie 🍴 05 53 08 41 57, Fax 05 53 07 16 56 – 🖼
🛏 fermé vacances de fév., mardi soir et merc. sauf juil.-août – **Repas** 88/205.

à **Campagne** Sud-Est : 4 km par D 703 – 281 h. alt. 60 – ✉ 24260 :

🏠 **du Château**, 🍴 05 53 07 23 50, Fax 05 53 03 93 69, 🐎 – ▤ rest 📺 ☎ 📞 🅿. 🖼. 🛁 ch
22 mars-15 oct. – **Repas** 105/200 – ☲ 32 – **16 ch** 210/260 – ½ P 220/235.

BUIS-LES-BARONNIES 26170 Drôme **81** ③ G. Alpes du Sud – 2 030 h alt. 365.

Paris 688 – Carpentras 40 – Nyons 30 – Orange 49 – Sault 37 – Sisteron 71 – Valence 129.

🏨 **Sous l'Olivier** 🌣, 🍴 04 75 28 01 04, Fax 04 75 28 16 49, 🌣, ⅃₆, ⅃, 🐎, 🛁 – ☎ 🅿. 🖼
mars-oct. – **Repas** 100/135 – ☲ 35 – **36 ch** 280/345 – ½ P 270/295.

🍴 **La Fourchette**, pl. Arcades 🍴 04 75 28 28 03 31, 🌣 – 🅿. 🖼
🛏 fermé oct., dim. soir et lundi sauf juil.-août – **Repas** 78/180 🔱.

CITROEN Gar. Aubery, 🍴 04 75 28 10 08   PEUGEOT Gar. Enguent, 🍴 04 75 28 09 97

Le BUISSON-CUSSAC 24480 Dordogne **75** ⑯ – 2 003 h alt. 63.

Env. Cadouin : cloître★★, église★ SO : 6 km, G.Périgord.

Paris 536 – Périgueux 51 – Sarlat-la-Canéda 35 – Bergerac 38 – Villefranche-du-Périgord 35.

🏨 **Manoir de Bellerive** 🌣, rte Siorac 1,5 km 🍴 05 53 27 16 19, Fax 05 53 22 09 05, ≤, 🌣,
« Élégant manoir dans un parc en bordure de la Dordogne », ⅃, 🛁 – ▤ ch 📺 ☎ 🅿. 🖾 🖽
🖼. 🛋 rest
15 mars-15 nov. – **Repas** (fermé merc. soir) 98 (déj.), 125/210 bc, enf. 70 – ☲ 50 – **16 ch**
430/830 – ½ P 460/600.

BURNHAUPT-LE-HAUT 68520 H.-Rhin 🏠 ⑲ – 1 426 h alt. 300.
Paris 456 – Mulhouse 18 – Altkirch 16 – Belfort 28 – Thann 12.

🏨 **Aigle d'Or et rest. Coquelicot** Ⓜ, au Pont d'Aspach Nord : 1 km ✆ 03 89 83 10 10,
🚃 Fax 03 89 83 10 33, 🏠 – 🍽 rest 📺 ☎ ⑤ 🅿 – 🔏 30. 🖭 ⑩ 🆎
Repas *(fermé sam. midi)* 59 (déj.), 79/265 ⅛, enf. 42 – �️ 42 – **26 ch** 275/350 – ½ P 255/280.

CITROEN Gar. Muller, 15 r. des Fleurs à Burnhaupt-   RENAULT Gar. Gensbittel, 20 bis r. Principale à
le-Bas ✆ 03 89 48 74 21   Gildwiller ✆ 03 89 25 37 10

BUSCHWILLER 68220 H.-Rhin 🏠 ⑩ – 767 h alt. 305.
Paris 483 – Mulhouse 28 – Altkirch 26 – Basel 9 – Colmar 66.

XX **Couronne**, ✆ 03 89 69 12 62, Fax 03 89 70 11 20 – 🆎
fermé 15 juil. au 10 août, sam. midi, dim. soir et lundi – **Repas** 89 (déj.), 185/350 ⅛.

BUSSANG 88540 Vosges 🏠 ⑧ G. Alsace Lorraine – 1 809 h alt. 605.
Env. *Petit Drumont* ※ ★★ NE : 9 km puis 15 mn.
🅱 *Office de Tourisme r. d'Alsace* ✆ 03 29 61 50 37, Fax 03 29 61 58 20.
Paris 444 – Épinal 60 – Mulhouse 47 – Belfort 45 – Gérardmer 40 – Thann 27.

🏠 **Sources** ⑤, Nord-Est : 2,5 km par D 89 ✆ 03 29 61 51 94, Fax 03 29 61 60 61, 🚿 – 📺 ☎
✆ 🅿. 🆎. ✂️
Repas 100/280 bc, enf. 50 – �️ 35 – **11 ch** 290/345 – ½ P 275/310.

🏠 **Le Tremplin**, ✆ 03 29 61 50 30, Fax 03 29 61 50 89 – 📺 ☎ 🅿. 🖭 ⑩ 🆎
🚃 *fermé 3 nov. au 3 déc., dim. soir et lundi sauf vacances scolaires et fériés* – **Repas** 75/280 ⅛,
enf. 55 – �️ 35 – **19 ch** 150/320 – ½ P 190/230.

Europe	Si le nom d'un hôtel figure en petits caractères demandez, à l'arrivée, les conditions à l'hôtelier.

BUSSEAU-SUR-CREUSE 23 Creuse 🏠 ⑩ – ✉ 23150 Ahun.
Env. *Moutier d'Ahun : boiseries★★ de l'église SE : 5,5 km – Ahun : boiseries★ de l'église SE : 6 : km, G. Berry Limousin.*
Paris 361 – Aubusson 30 – Guéret 21.

XX **Viaduc** avec ch, ✆ 05 55 62 57 20, Fax 05 55 62 55 80, ≤, 🏠 – ☎ ✆ 🅿. 🆎
🚃 *fermé janv., dim. soir et lundi* – **Repas** 79/215 ⅛, enf. 58 – �️ 38 – **7 ch** 170/240 – ½ P 275.

La BUSSIÈRE 45230 Loiret 🏠 ② G. Bourgogne – 715 h alt. 160.
Paris 139 – Auxerre 69 – Cosne-sur-Loire 44 – Gien 15 Montargis 29 – Orléans 80.

🏠 **Le Nuage** Ⓜ, r. Briare ✆ 02 38 35 90 73, Fax 02 38 35 90 62, 🏠, 🎣 – 📺 ☎ ⑤ 🅿 – 🔏 25.
🚃 🖭 🆎
Repas 71/140 ⅛, enf. 35 – �️ 35 – **15 ch** 255/275 – ½ P 225.

BUSSIÈRES 71 S.-et-L. 🏠 ⑪ G. Bourgogne – 463 h alt. 265 – ✉ 71960 Pierreclos.
Paris 408 – Mâcon 14 – Charolles 47 – Cluny 16.

XX **Relais Lamartine** ⑤ avec ch, ✆ 03 85 36 64 71, Fax 03 85 37 75 69 – 📺 ☎. 🖭 ⑩ 🆎.
✂️ ch
fermé 15 déc. au 20 janv., mardi midi du 1er juil. au 30 sept., dim. soir et lundi du 1er oct. au 30 juin – **Repas** 110/220, enf. 70 – ⏙ 44 – **8 ch** 380/395.

BUSSY-ST-GEORGES 77 S.-et-M. 🏠 ⑫,, 🔲 ⑳ – *voir à Paris, Environs (Marne-la-Vallée).*

BUTHIERS 77 S.-et-M. 🏠 ⑪ – *rattaché à Malesherbes (Loiret).*

BUXY 71390 S.-et-L. 🏠 ① – 1 998 h alt. 263.
Paris 353 – Chalon-sur-Saône 18 – Autun 55 – Chagny 24 – Mâcon 62 – Montceau-les-Mines 34.

🏠 **Relais du Montagny** Ⓜ sans rest, ✆ 03 85 92 19 90, Fax 03 85 92 07 19, ⅃, 🚿 – 📺 ☎
✆ ⑤ 🅿 – 🔏 40. 🖭 🆎
⏙ 40 – **30 ch** 295/365.

XX **Aux Années Vins**, pl. Carcabot ✆ 03 85 92 15 76, Fax 03 85 92 12 20, 🏠 – 🆎
🍷 *fermé 1er au 15 janv., merc. midi et mardi*
Repas 95/240, enf. 50.

BUZANÇAIS 36500 Indre 🆖🆖 ⑦ – 4 749 h alt. 111.

Env. *Château d'Argy★ N : 6 km, G. Berry Limousin.*

Paris 280 – Le Blanc 46 – Châteauroux 25 – Chatellerault 78 – Tours 92.

🏰 **Hermitage** ⌂, rte d'Argy ℰ 02 54 84 03 90, Fax 02 54 02 13 19, 🌳 – ▤ rest 📺 ☎ 🚗
P. ⬛ GB

fermé 14 au 23 sept., 2 au 17 janv., dim. soir et lundi sauf hôtel en juil.-août – Repas (dim. prévenir) 88/295 ⬙, enf. 60 – ⬒ 30 – **14 ch** 135/335 – ½ P 250/275.

🏰 **Le Croissant**, 53 r. Grande ℰ 02 54 84 00 49, Fax 02 54 84 20 60, 🌯 – 📺 ☎. GB
fermé 9 fév. au 3 mars, vend. soir et sam. midi – Repas 84/235 ⬙, enf. 58 – ⬒ 32 – **14 ch** 225/265.

CITROEN Gar. Fontaine, 38 rte de Châteauroux ℰ 02 54 84 08 39

🔘 Chirault, 41 r. Hervault ℰ 02 54 84 12 97

BUZET-SUR-BAÏSE 47160 L.-et-G. 🆖🆖 ⑭ – 1 353 h alt. 40.

Paris 690 – Agen 32 – Mont-de-Marsan 84 – Nérac 18 – Villeneuve-sur-Lot 42.

XX **Le Vigneron**, bd République ℰ 05 53 84 73 46, 🌯 – GB
ferme vacances de fév., dim. soir et lundi – Repas 80/240 ⬙.

XX **Aub. du Goujon qui Frétille**, face église ℰ 05 53 84 26 51, 🌯 – GB
fermé 4 au 19 mars, 18 nov. au 3 déc., mardi soir sauf juil.-août et merc. – Repas 55 (déj.), 90/140 ⬙.

PEUGEOT Gar. Gérin, ℰ 05 53 84 74 28

La guida cambia, cambiate la guida ogni anno.

CABASSON 83 Var 🆖🆖 ⑯,, 🅈🅈🅈 ㊽ – *rattaché à Bormes-les-Mimosas.*

CABOURG 14390 Calvados 🆖🆖 ② *G. Normandie Vallée de la Seine* – 3 355 h alt. 3.

🏌 ℰ 02 31 91 25 56, par ④ : 3 km ; 🏌 ℰ 02 31 91 70 53, 1 km par av. de l'Hippodrome A.

🅱 Office de Tourisme Jardins du Casino ℰ 02 31 91 01 09, Fax 02 31 24 14 49.

Paris 216 ③ – 31 ④ – Deauville 19 ① – Lisieux 35 ② – Pont-l'Évêque 26 ②.

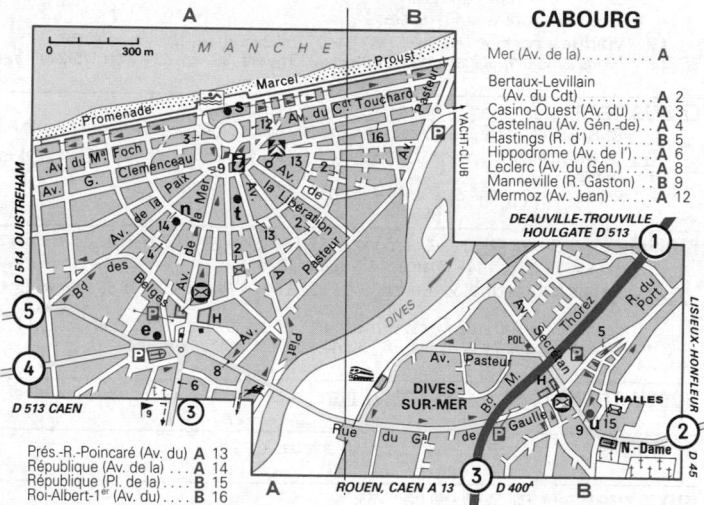

CABOURG

Mer (Av. de la) . . . . **A**

Bertaux-Levillain
(Av. du Cdt) . . . . **A** 2
Casino-Ouest (Av. du) . . . **A** 3
Castelnau (Av. Gén.-de) . . **A** 4
Hastings (R. d') . . . . **B** 5
Hippodrome (Av. de l') . . . **A** 6
Leclerc (Av. du Gén.) . . . . **A** 8
Manneville (R. Gaston) . . . **B** 9
Mermoz (Av. Jean) . . . . . **A** 12

Prés.-R.-Poincaré (Av. du) **A** 13
République (Av. de la) . . . **A** 14
République (Pl. de la) . . . . **B** 15
Roi-Albert-1ᵉʳ (Av. du) . . . . **B** 16

🏨 **Grand Hôtel** ⌂, prom. M. Proust ℰ 02 31 91 01 79, Fax 02 31 24 03 20, ≤, 🌯 – 🛗 📺
☎ P. – 🔔 25 à 200. 🖭 ⓞ GB
Repas *(fermé mardi et merc. hors sais.)* 155/195, enf. 75 – ⬒ 78 – **68 ch** 790/1300 – ½ P 525/890.

🏨 **Mercure Hippodrome** 🅼 ⌂, av. M. d'Ornano par av. Hippodrome A ℰ 02 31 24 04 04, Fax 02 31 91 03 99, 🌯, 🛆, 🐟 – 📺 ☎ ⬙ P. – 🔔 30 à 100. 🖭 GB
Repas *(3 mars-11 nov.)* 120/170 ⬙, enf. 60 – ⬒ 55 – **74 ch** 510/630, 8 duplex.

Golf M ⑤, av. M. d'Ornano par av. Hippodrome **A** ℘ 02 31 24 12 34, Fax 02 31 24 18 51, 斧, 🏊, 🎾 – 🝛 ☎ 🐾 P – 🕭 30. 🖭 GB
fermé janv. et fév. – **Repas** *(fermé dim. soir, lundi midi et mardi midi sauf juil.-août)* 100/185 🍴 – ⬜ 42 – **30 ch** 350/400, 10 duplex – ½ P 350.

Le Cottage sans rest, 24 av. Gén. Leclerc ℘ 02 31 91 65 61, Fax 02 31 28 78 82, ⌀, 🎾 –
🝛 ☎ 🐾 P. 🖭 ⓞ GB   **A e**
⬜ 38 – **14 ch** 280/430.

Castel Fleuri ⑤ sans rest, 4 av. A. Piat ℘ 02 31 91 27 57, Fax 02 31 91 31 81, « Jardin » –
🝛 🖭 ⓞ GB. 🎾   **A t**
21 ch ⬜ 410/460.

Le Cabourg sans rest, 5 av. République ℘ 02 31 24 42 55, Fax 02 31 28 78 82 – 🝛 ☎ 🐾
🖭 GB   **A n**
⬜ 45 – **9 ch** 360/600.

à Dives-sur-Mer : *Sud du plan – 5 344 h. alt. 3 –* ⊠ *14160 .*

Voir *Halles*★ **B.**

🛈 *Syndicat d'Initiative r. du Gén.-de-Gaulle (saison)* ℘ 02 31 91 24 66.

Chez le Bougnat, 27 r. G. Manneville ℘ 02 31 91 06 13   **B u**
fermé le soir (sauf vend. et sam.) de sept. à juin, merc. soir et mardi en juil.-août –
Repas 79.

par ④, *D 513 et rte de Gonneville-en-Auge : 7 km –* ⊠ *14860 Ranville :*

Host. Moulin du Pré ⑤ avec ch, ℘ 02 31 78 83 68, Fax 02 31 78 21 05, parc – ☎ P. 🖭
ⓞ GB. 🎾 ch
fermé 3 au 17 mars, 29 sept. au 29 oct., dim. soir et lundi sauf juil.-août et fériés – **Repas**
255/300 et carte 220 à 320 – ⬜ 40 – **10 ch** 230/345.

au Hôme *par* ⑤ *: 2 km –* ⊠ *14390 Cabourg :*

Au Pied de Cochon, ℘ 02 31 91 27 55 – GB
fermé 25 nov. au 11 déc., 15 au 31 janv., lundi et mardi sauf juil.-août et fériés – **Repas**
125/270 🍴, enf. 65.

CITROEN Gar. Mesnier, 1 av. de la Libération   PEUGEOT Gar. Pichon, CD 513, rte de Caen
℘ 02 31 91 26 83   ℘ 02 31 91 35 97 Ⓝ ℘ 02 31 24 10 00

CABRERETS *46330 Lot* 🎇 ⑨ *G. Périgord Quercy – 191 h alt. 130.*

Voir *Château de Gontaut-Biron*★ *– ≼* ★ *sur village de la rive gauche du Célé – Grotte du
Pech Merle*★★ *NO : 3 km – Cuzals : musée de plein air du Quercy*★ *NE : 5 km.*

🛈 *Office de Tourisme* ℘ 05 65 31 27 12, Fax 05 65 30 27 17.

Paris 580 – Cahors 32 – Figeac 45 – Gourdon 42 – St-Céré 56 – Villefranche-de-Rouergue 44.

Aub. de la Sagne ⑤, rte grotte de Pech Merle ℘ 05 65 31 26 62, Fax 05 65 30 27 43,
斧, 🏊, 🎾 – ☎ P. GB. 🎾
15 mai-30 sept. – **Repas** *(nombre de couverts limité, prévenir) (dîner seul.)* 82/130 – ⬜ 31 –
10 ch 290 – ½ P 270.

Grottes, ℘ 05 65 31 27 02, Fax 05 65 31 20 15, 斧, « Terrasse sur la rivière », 🏊 – ☎ P.
GB. 🎾 ch
30 mars-31 oct. – **Repas** 89/135 🍴 – ⬜ 35 – **18 ch** 166/322 – ½ P 206/275.

CABRIÈRES-D'AVIGNON *84220 Vaucluse* 🎇 ⑬ *– 1 142 h alt. 167.*

Paris 710 – Avignon 34 – Apt 24 – Carpentras 26 – Cavaillon 13.

Le Bistrot à Michel ⑤ avec ch, ℘ 04 90 76 82 08, Fax 04 90 76 82 08, 斧 – ☎. GB
fermé janv., lundi sauf juil.-août et mardi – **Repas** carte 180 à 230 – ⬜ 50 – **3 ch** 400/600.

CABRIS *06 Alpes-Mar.* 🎇 ⑧,, 🎇 ⑬,, 🎇 ㉔ *– rattaché à Grasse.*

La CADIÈRE-D'AZUR *83740 Var* 🎇 ⑭, 🎇 ㊹ *G. Côte d'Azur – 3 139 h alt. 144.*

Voir *≼* ★ *– Le Castelet : village*★ *NE : 4 km.*

🛈 *Office de Tourisme rond-point R.-Salengro (saison)* ℘ 04 94 90 12 56.

Paris 817 – Marseille 44 – Toulon 23 – Aix-en-Provence 64 – Brignoles 53.

Host. Bérard M ⑤, près Poste ℘ 04 94 90 11 43, Fax 04 94 90 01 94, ≼, 斧, ⌀, 🏊, 🎾
– 🎇 🝛 rest 🝛 ☎ 🐾 ⌀ – 🕭 40. 🖭 GB JCB. 🎾 rest
fermé 12 janv. au 19 fév. – **Repas** *(fermé dim. soir et lundi hors sais.)* 95/290, enf. 75 – ⬜ 70
– **40 ch** 470/670 – ½ P 595/740.

CITROEN Gar. Jansoulin, Ch. des Beaumes   RENAULT Gar. St-Eloi, av. Libération
℘ 04 94 29 30 36   ℘ 04 94 90 12 47

CAEN ℗ 14000 Calvados 👁👁 ⑪ ⑫ G. Normandie Cotentin – 112 846 h Agglo. 191 490 h alt. 25.

Voir Abbaye aux Hommes★★ CY – Abbaye aux Dames EX : Église de la Trinité★★ – Chevet★★, frise★★ et voûtes★★ de l'Église St-Pierre★ DY – Église et cimetière St-Nicolas★ CY – Tour-lanterne★ de l'église St-Jean EZ – Hôtel d'Escoville★ DY B – Vieilles maisons★ (n° 52 et 54 rue St-Pierre) DY K – Musée des Beaux-Arts★★ dans le château★ DX M¹ – Musée de Normandie★★ DX M² – Mémorial★★ AV.

Env. Ruines de l'abbaye d'Ardenne★ AV 6 km par ⑨.

🏌 de Caen ℘ 02 31 94 72 09, N par D 60 BV : 5 km; 🏌 de Garcelles ℘ 02 31 39 08 58, par ⑥ : 15 km.

✈ de Carpiquet : ℘ 02 31 26 58 00, par D 9 : 7 km.

🆔 Office de Tourisme et Accueil de France, pl. St-Pierre ℘ 02 31 27 14 14, Fax 02 31 79 14 13 – A.C.O. 20 av. 6-juin ℘ 02 31 85 47 35.

Paris 236 ④ – Alençon 105 ⑥ – Amiens 242 ④ – Brest 377 ⑧ – Cherbourg 124 ⑨ – Évreux 134 ⑤ – Le Havre 85 ④ – Lille 354 ④ – Le Mans 153 ⑥ – Rennes 183 ⑧.

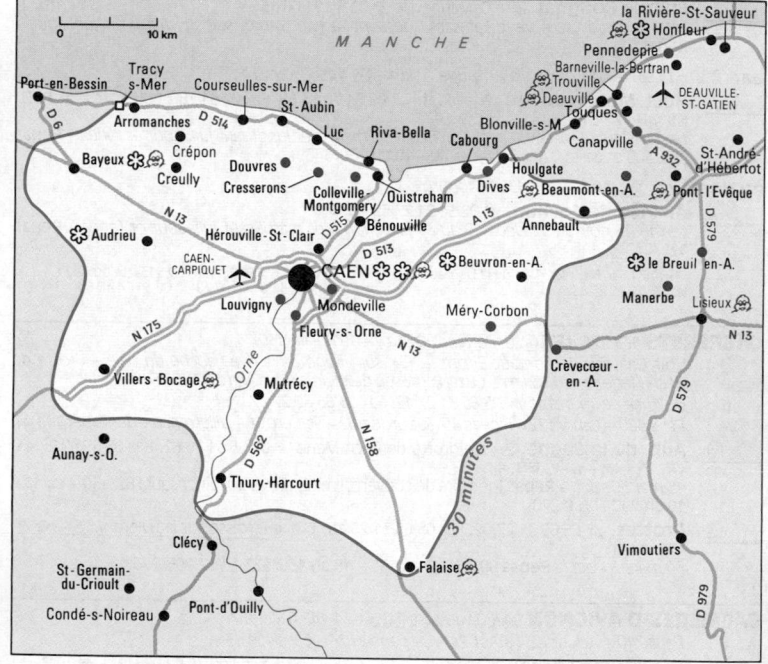

🏨 **Holiday Inn** Ⓜ, pl. Foch ℘ 02 31 27 57 57, Fax 02 31 27 57 58 – 🛗 📺 ☎ ℆ – 🔺 150. 🆎 ⓪ ☗. ❄ rest
Le Rabelais ℘ 02 31 27 57 56 (fermé sam. midi) **Repas** 90(déj.), 125/180, enf. 50 – ☲ 55 – **92 ch** 395/550.
DZ **z**

🏨 **Moderne** Ⓜ sans rest, 116 bd Mar. Leclerc ℘ 02 31 86 04 23, Fax 02 31 85 37 93 – 🛗 📺 ☎ ℆ 🚗. 🆎 ⓪ ☗ 🇯🇨🇧
☲ 47 – **40 ch** 320/630.
DY **d**

🏨 **Mercure** Ⓜ, 1 r. Courtonne ℘ 02 31 47 24 24, Fax 02 31 47 43 88 – 🛗 ❄ 🖩 📺 ☎ ℅ ℆ 🚗 – 🔺 300. 🆎 ⓪ ☗
Repas 110, enf. 49 – ☲ 50 – **110 ch** 480/560, 4 appart.
EY **b**

🏨 **France** sans rest, 10 r. Gare ℘ 02 31 52 16 99, Fax 02 31 83 23 16 – 🛗 📺 ☎ ℆ 🅿. 🆎 ⓪ ☗
☲ 30 – **47 ch** 250/350.
EZ **h**

CAEN

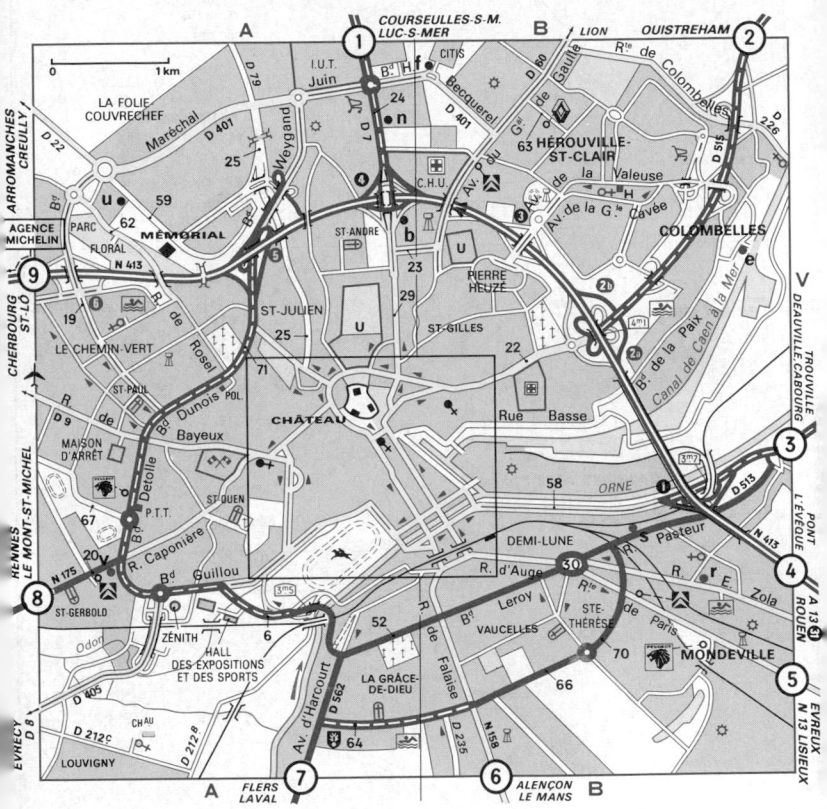

🏨 **Royal** sans rest, 1 pl. République 𝒫 02 31 86 55 33, Fax 02 31 79 89 44 – 📶 📺 ☎. 🆎 GB
DY e
⌂ 35 – **42 ch** 260/310.

🏨 **Quatrans** sans rest, 17 r. Gemare 𝒫 02 31 86 25 57, Fax 02 31 85 27 80 – 📶 📺 ☎ ✆. GB
DY p
⌂ 31 – **32 ch** 170/260.

🏨 **Ibis Centre** 🅼, 6 pl. Courtonne 𝒫 02 31 95 88 88, Fax 02 31 43 80 80 – 📶 ⤬ 📺 ☎ ♿
🚗 – 🕍 300. 🆎 ⓞ GB
EY k
Repas 95, enf. 39 – ⌂ 37 – **101 ch** 310/340.

🏨 **Ibis Centre Paul Doumer** 🅼 sans rest, 33 r. Bras 𝒫 02 31 50 00 00, Fax 02 31 86 85 91
– 📶 ⤬ 📺 ☎ ✆ ♿. 🆎 ⓞ GB
DY s
⌂ 35 – **59 ch** 280/295.

🏨 **Central** sans rest, 23 pl. J. Letellier 𝒫 02 31 86 18 52, Fax 02 31 86 88 11 – 📺 ☎. GB
DY u
⌂ 30 – **25 ch** 150/250.

🏨 **Clarine** 🅼, 11 r. Prof. J. Rousselot 𝒫 02 31 95 87 00, Fax 02 31 94 46 54 – 📶 📺 ☎ ♿ 🅿 –
🕍 50. 🆎 ⓞ GB
AV n
Repas 59/98 ♨, enf. 39 – ⌂ 35 – **50 ch** 275/295.

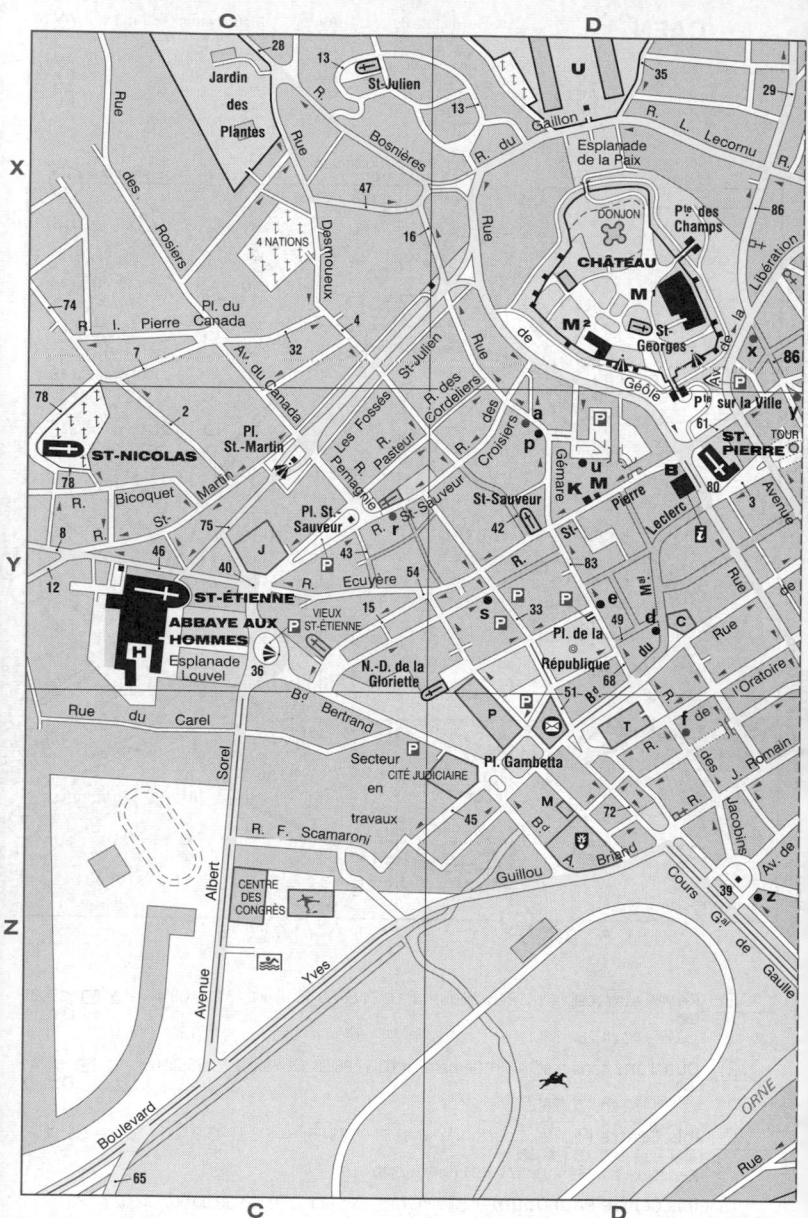

XXXX   **La Bourride** (Bruneau), 15 r. du Vaugueux $\mathscr{C}$ 02 31 93 50 76, Fax 02 31 93 29 63, « Mai-

$\{ \} \{ \}$ son du vieux Caen » – AE ⓪ GB

                                                          DX   X

        fermé 18 août au 3 sept., 4 au 24 janv., dim. soir et lundi sauf fériés – **Repas** (nombre de

        couverts limité, prévenir) 190 (déj.), 330/590 et carte 340 à 470

        Spéc. Fricassée d'andouille de Vire. Pigeonneau sel et vanille. Symphonie autour d'une

        pomme.

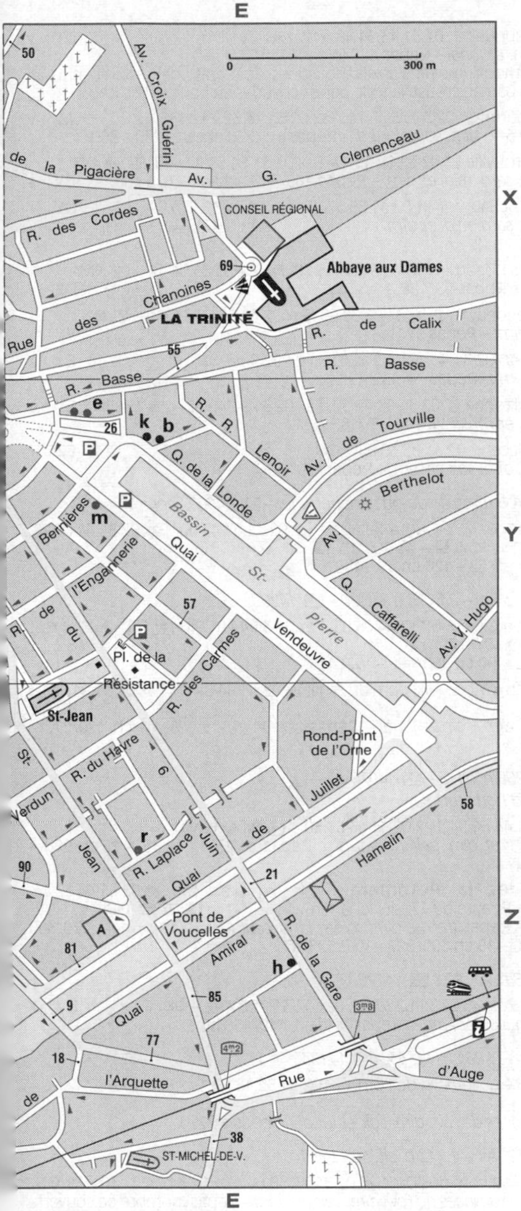

CAEN

Alliés (Bd des) . . . . **DY** 3
Ecuyère (R.) . . . . **CY**
Guillouard (Pl. L.) . . . . **CYZ** 36
Leclerc (Bd Mar.) . . . . **DY**
St-Jean (R.) . . . . **DEYZ**
St-Pierre (R.) . . . . **DY**
Strasbourg (R. de) . . . . **DY** 83
6-Juin (Av. du) . . . . **DEYZ**

Académie (R. de l') . . . . **CY** 2
Bagatelle (Av. de) . . . . **CX** 4
Barbey-d'Aurevilly (R.) . . . . **CX** 7
Bayeux (R. de) . . . . **CY** 8
Bir-Hakeim (Pont de) . . . . **EZ** 9
Caponière (R.) . . . . **CY** 12
Carrières-St-Julien (R. des) . . . **CDX** 13
Caumont (R. A. de) . . . . **CY** 15
Chanoine X. de St-Paul (R.) . . . . **CX** 16
Chaussée-Ferrée (R. de la) . **EZ** 18
Churchill (Pont) . . . . **EZ** 21
Courtonne (Pl.) . . . . **EY** 26
Creully (Av. de) . . . . **CX** 28
Délivrande (R. de la) . . . . **DX** 29
Docteur-Rayer (R. du) . . . . . **CX** 32
Doumer (R. Paul) . . . . **DY** 33
Edimbourg (Av. d') . . . . **DX** 35
Falaise (R. de) . . . . **EZ** 38
Foch (Pl. du Mar.) . . . . **DZ** 39
Fontette (Pl.) . . . . **CY** 40
Froide (R.) . . . . **DY** 42
Fromages (R. aux) . . . . **CY** 43
Gardin (R. R.) . . . . **CDZ** 45
Guillaume-le-Conquérant (R.) . . . . **CY** 46
Juifs (R. aux) . . . . **CX** 47
Lair (R. P.-A.) . . . . **DY** 49
Lebisey (R. de) . . . . **EX** 50
Lebret (R. G.) . . . . **DYZ** 51
Malherbe (Pl.) . . . . **CY** 54
Manissier (R.) . . . . **EX** 55
Miséricorde (R. de la) . . . . . . **EY** 57
Montalivet (Cours) . . . . **EZ** 58
Montoir-Poissonnerie (R.) . . **DY** 61
Petit-Vallerent (Bd du) . . . . . **CZ** 65
Pont St-Jacques (R. du) . . . . **DY** 68
Reine Mathilde (Pl. de la) . . **EX** 69
Sadi-Carnot (R.) . . . . **DZ** 72
St-Gabriel (R.) . . . . **CX** 74
St-Manvieu (R.) . . . . **CY** 75
St-Michel (R.) . . . . **EZ** 77
St-Nicolas (R.) . . . . **CXY** 78
St-Pierre (Pl.) . . . . **DY** 80
Sévigné (Prom. de) . . . . **EZ** 81
Vaucelles (R. de) . . . . **EZ** 85
Vaugueux (R. du) . . . . **DX** 86
11-Novembre (R. du) . . . . . . **EZ** 90

Dans la liste des rues des plans de villes, les noms en rouge indiquent les principales voies commerçantes.

XXX **Le Dauphin** avec ch, 29 r. Gemare ☎ 02 31 86 22 26, Fax 02 31 86 35 14 – |☰| TV ☎ P. AE ⓓ GB DY a
fermé 15 juil. au 6 août (sauf hôtel), vacances de fév. et sam. midi – **Repas** 100/310 et carte 230 à 350 ♁ – ☕ 50 – **22 ch** 320/610 – ½ P 360/470.

XXX   **Daniel Tuboeuf,** 8 r. Buquet 𝄞 02 31 43 64 48 – ▤. ⌷⌷   DY   y
❀   *fermé 1ᵉʳ au 20 août, dim. et lundi* – **Repas** 110 (dîner), 130/210
     Spéc. Pannequet de saumon fumé farci aux langoustines. Foie gras poêlé, radis confits au miel et vinaigre de cidre. Gâteau croustillant de poires chaudes au beurre de cacao.

XXX   **Le Pressoir,** 3 av. H. Chéron 𝄞 02 31 73 32 71, Fax 02 31 73 32 71 – ⌷⌷   AV   v
     fermé août, vacances de fév., dim. soir et lundi – **Repas** 112/270 et carte 230 à 350.

XXX   **Les Echevins,** 35 rte Trouville 𝄞 02 31 84 10 17, Fax 02 31 84 53 22 – 🅿. ◭ ⓪ ⌷⌷
     fermé 20 juil. au 17 août, sam. midi et dim. – **Repas** 165/340 et carte 270 à 400.   BV   s

XX   **Le Gastronome,** 43 r. St Sauveur 𝄞 02 31 86 57 75, Fax 02 31 38 27 78 – ⌷⌷   CY   r
🍴   *fermé 26 juil. au 12 août, sam. midi et dim.*
     Repas 89/175.

XX   **La Petite Marmite,** 43 r. Jacobins 𝄞 02 31 86 15 20, Fax 02 31 85 54 12 – ▤. ⌷⌷
     fermé sam. midi et dim. – **Repas** 98/198 🍷.   DZ   f

XX   **Le Carlotta,** 16 quai Vendeuvre 𝄞 02 31 86 68 99, Fax 02 31 38 92 31 – ▤. ◭ ⌷⌷
     fermé 10 au 25 août et dim. – **Repas** 92/148 🍷.   EY   m

XX   **Alcide,** 1 pl. Courtonne 𝄞 02 31 44 18 06, Fax 02 31 22 92 90 – ⌷⌷   EY   e
🍴   *fermé 20 au 31 déc. et sam.* – **Repas** 78/139 🍷.

X   **Pub William's,** pl. Courtonne 𝄞 02 31 93 45 52, Fax 02 31 93 45 52 – ▤. ◭ ⌷⌷   EY   e
🍴   *fermé 4 au 17 août, dim. et fériés* – **Repas** 75/185 🍷.

X   **La Poêle d'Or,** 7 r. Laplace 𝄞 02 31 85 39 86 – ⌷⌷   EZ   r
🍴   *fermé 15 juil. au 15 août, dim. soir et sam.* – **Repas** 65/140 🍷.

à l'échangeur Caen-Université *(bretelle du bd périphérique)* – ✉ 14000 Caen :

🏨   **Novotel Côte de Nacre** Ⓜ, av. Côte de Nacre 𝄞 02 31 43 42 00, Fax 02 31 44 07 28,
     🍽, 🛋, ✿, ♨ ⛟ – 📺 🕿 🗗 🅿 – 🔏 200. ◭ ⓪ ⌷⌷ ᴊᴄʙ   AV   b
     Repas 135/150, enf. 50 – ⌷ 52 – **126 ch** 420/480.

à Hérouville St-Clair *Nord-Est : 3 km – 24 795 h. alt. 20* – ✉ 14200 :

🏨   **Friendly** Ⓜ, 2 pl. Boston Citis 𝄞 02 31 44 05 05, Fax 02 31 44 95 94, 🛴, 🏊 – ⛟ ▤ rest
     📺 🕿 🗗 🅿 – 🔏 300. ◭ ⓪ ⌷⌷. 🛇 rest   BV   f
     Repas 125/155 🍷 – ⌷ 52 – **90 ch** 360/490 – ½ P 415.

X   **L'Espérance** 🎾 *avec ch,* r. Abbé Alix, bord du canal 𝄞 02 31 44 97 10, Fax 02 31 94 89 23
🍴   – 📺 🕿 🅿. ⌷⌷   BV   e
     fermé vacances de fév., dim. soir et lundi – **Repas** 68/184 🍷 – ⌷ 25 – **7 ch** 120/170 –
     ½ P 195.

à Bénouville *par ② : 10 km – 1 258 h. alt. 8* – ✉ 14970 .
     Voir *Château★ : escalier d'honneur★★.*

🏛   **La Glycine** 🏠, 𝄞 02 31 44 61 94, Fax 02 31 43 67 30 – 📺 🕿 🗗 🅿. ⌷⌷
     fermé 15 fév. au 15 mars et dim. soir hors sais. – **Repas** 95/230 – ⌷ 33 – **25 ch** 280 –
     ½ P 295.

XXX   **Manoir d'Hastings et la Pommeraie** Ⓜ 🎾 *avec ch,* 𝄞 02 31 44 62 43,
     Fax 02 31 44 76 18, 🏡, « *Prieuré du 17ᵉ siècle, jardin* » – ⛟ 📺 🕿 🗗 ◭ ⓪ ⌷⌷
     fermé 12 nov. au 5 déc. – **Repas** *(fermé dim. soir et lundi sauf juil.-août)* 120 (déj.), 170/360
     et carte 210 à 340 – ⌷ 50 – **15 ch** 500/800 – ½ P 625/675.

à Mondeville *Est : 3,5 km – 9 488 h. alt. 10* – ✉ 14120 :

XX   **Les Gourmets,** 41 r. E. Zola 𝄞 02 31 82 37 59, Fax 02 31 82 37 92 – ⌷⌷   BV   r
     fermé 1ᵉʳ au 15 août, dim. soir et lundi – **Repas** 86 (déj.), 148/158 bc.

à Fleury-sur-Orne *par ⑦ : 4 km – 3 861 h. alt. 33* – ✉ 14123 :

XX   **Aub. de l'Ile Enchantée,** au bord de l'Orne 𝄞 02 31 52 15 52, Fax 02 31 72 67 17, ≼ –
     ⌷⌷
     fermé 3 au 12 août, vacances de fév., dim. soir et lundi – **Repas** 98/220.

à Louvigny *Sud : 4,5 km par D 212ᴮ AV – 1 712 h. alt. 10* – ✉ 14111 :

XXX   **Aub. de l'Hermitage,** au bord de l'Orne 𝄞 02 31 73 38 66, Fax 02 31 74 27 30 – ◭ ⌷⌷
     fermé 25 août au 14 sept., vacances de fév., dim. soir et lundi – **Repas** *(nombre de couverts
     limité, prévenir)* 98 bc/230.

à la Folie Couvrechef *(près Mémorial) AV* – ✉ 14000 Caen :

🏛   **Otelinn** Ⓜ, av. Mar. Montgomery 𝄞 02 31 44 34 20, Fax 02 31 44 63 80 – 📺 🕿 🗗 🅿 –
     🔏 30 à 60. ◭ ⓪ ⌷⌷   AV   u
     Repas 88/125 🍷, enf. 50 – ⌷ 39 – **50 ch** 295.

     MICHELIN, Agence, ZI, ch. de la Sablonnière - Rots 𝄞 02 31 26 68 19

CITROEN Gar. Lenrouilly, 35 av. Henri Chéron
𝄞 02 31 74 55 98
CITROEN Succursale, rte de Lion sur Mer
𝄞 02 31 43 44 11 🅽 𝄞 02 31 80 03 03
MERCEDES Aubin Normandy, 30 av. de Paris
𝄞 02 31 82 38 42 🅽 𝄞 08 00 24 24 30
PEUGEOT Sté Ind. Auto de Normandie, 36 bd
A.-Detolle 𝄞 02 31 74 55 50 🅽 𝄞 02 31 75 31 11
ROVER, JAGUAR Gar. J.F.C., 96 bd Y.-Guillou
𝄞 02 31 75 40 00

VAG Auto Technic, ZI Nord-Est rte de Lion sur
Mer 𝄞 02 31 44 09 90
Gar. St-Michel, 13 r. Puits de Jacob
𝄞 02 31 82 37 51

🅀 Clabeaut Pneu, r. Gén. Moulin
𝄞 02 31 29 15 50
Euromaster, 2 r. Chemin Vert 𝄞 02 31 74 44 09

CONSTRUCTEUR : Renault Véhicules Industriels à Blainville-sur-Orne
𝄞 02 31 70 50 00

Périphérie et environs

ALFA ROMEO, FIAT Gar. JM Autos, ZI r. de Bellevue
à Carpiquet 𝄞 02 31 26 50 11
BMW Gar. Regnault, rte de Paris à Mondeville
𝄞 02 31 35 15 35
CITROEN Petit Gar., 8 rte de Paris à Mondeville
𝄞 02 31 82 20 28
FORD Gar. Viard, Technopole Citis à Herouville
𝄞 02 31 47 03 03
OPEL Transac Auto, ZI de la Sphère à Hérouville
𝄞 02 31 47 64 23
PEUGEOT Gar. Marie Frères, 42 rte de Paris à
Mondeville 𝄞 02 31 52 19 32
PEUGEOT Gar. Caen Sud, 619 r. de Caen à Ifs par ⑥
𝄞 02 31 82 32 33
RENAULT Succursale, r. Pasteur à Hérouville
𝄞 02 31 46 44 44 🅽 𝄞 08 00 05 15 15

RENAULT Gar. Allais, 554 rte de Falaise à Ifs
par ⑥ 𝄞 02 31 82 33 31 🅽 𝄞 02 31 82 45 55
Gar. de l'Étoile, 7 rte de Paris à Mondeville
𝄞 02 31 52 02 34

🅀 Clabeaut Pneu, ZI r Charles de Coulomb
𝄞 02 31 83 10 10
Euromaster, ZI Mondeville-Sud à Grentheville
𝄞 02 31 82 37 15
Laguerre Pneus, ZI r. des Monts Rameaux à
Carpiquet 𝄞 02 31 26 05 00
Laguerre Pneus, ZI de la Sphère à Hérouville
𝄞 02 31 47 65 00
Schmitt Pneus Vulco, rte de Falaise à Ifs
𝄞 02 31 52 08 39

Pour vos voyages,

en complément indispensable de ce guide

utilisez

les **cartes Michelin** détaillées à 1/200 000.

CAGNES-SUR-MER 06800 Alpes-Mar. 84 ⑨, 115 ㉕ G. Côte d'Azur – 40 902 h alt. 20.
Voir Haut-de-Cagnes★ X – Château-musée★ X : patio★★, ⚹★ de la tour – Musée Renoir★ Y.
🛈 Office de Tourisme 6 bd Mar.-Juin 𝄞 04 93 20 61 64, Fax 04 93 20 52 63.
Paris 917 ⑤ – Nice 14 ② – Antibes 11 ④ – Cannes 21 ⑤ – Grasse 25 ⑥ – Vence 9 ①.
Plan page suivante

🏨 **Splendid** 🎙 sans rest, 41 bd Mar. Juin 𝄞 04 93 22 02 00, Fax 04 93 20 12 44 – 🗐 📺 ☎ ♿
🅿 🆎 ⓪ 🆖   Y X
⊇ 40 – 26 ch 350/460.

🏨 **Brasilia** sans rest, chemin Grands Plans 𝄞 04 93 20 25 03, Fax 04 93 22 44 09 – 🛗 📺 ☎ 🅿.
🆎 ⓪ 🆖 🆓   Y r
⊇ 38 – 18 ch 320/380.

🏨 **Tiercé H.** sans rest, 33 bd Kennedy 𝄞 04 93 20 02 09, Fax 04 93 20 31 55 – 🛗 🗐 📺 ☎ 📞
🅿. 🆎 🆖   Y v
⊇ 50 – 23 ch 350/700.

🏨 **Chantilly** sans rest, 31 r. Minoterie 𝄞 04 93 20 25 50, Fax 04 92 02 82 63 – 📺 ☎ 🅿. 🆖
⊇ 35 – 20 ch 270/400.   Y b

XX **Le Picadero**, 3 bd Plage 𝄞 04 93 22 32 84 – 🗐. 🆖   Y v
fermé 1er au 15 juil., 2 au 17 janv., dim. soir et lundi – **Repas** 180.

au Haut-de-Cagnes :

🏚 **Le Cagnard** 🎙, r. Pontis-Long 𝄞 04 93 20 73 21, Fax 04 93 22 06 39, ≤, 🏡 – 🗐 ch 📺
☺ ☎ 🅿. – 🏰 25. 🆎 ⓪ 🆖 🆓   X e
Repas (fermé 2 nov. au 18 déc. et jeudi midi) 275 bc (déj.), 300/500 et carte 360 à 550 –
⊇ 80 – 23 ch 450/1250, 4 appart – ½ P 770/900
Spéc. Pressé de rougets aux poivrons et tomates confites. Dos d'agneau en noisette et cocos aux cèpes. Passion chocolat aux saveurs de caramel. **Vins** Bellet.

XX **Les Peintres**, 71 montée Bourgade 𝄞 04 93 20 83 08, Fax 04 93 20 61 01, ≤ – 🗐. 🆎 ⓪
☺ 🆖   X s
fermé 1er au 15 déc. et merc. – **Repas** 200/420 et carte 320 à 430
Spéc. Salade de homard, mozarella, côte de laitue en vinaigrette de corail. Risotto "Arborio" aux truffes et jus de volaille. Gibier rôti à la cheminée (15 nov. à mi-janv.). **Vins** Côtes de Provence.

CAGNES-SUR-MER-VILLENEUVE-LOUBET

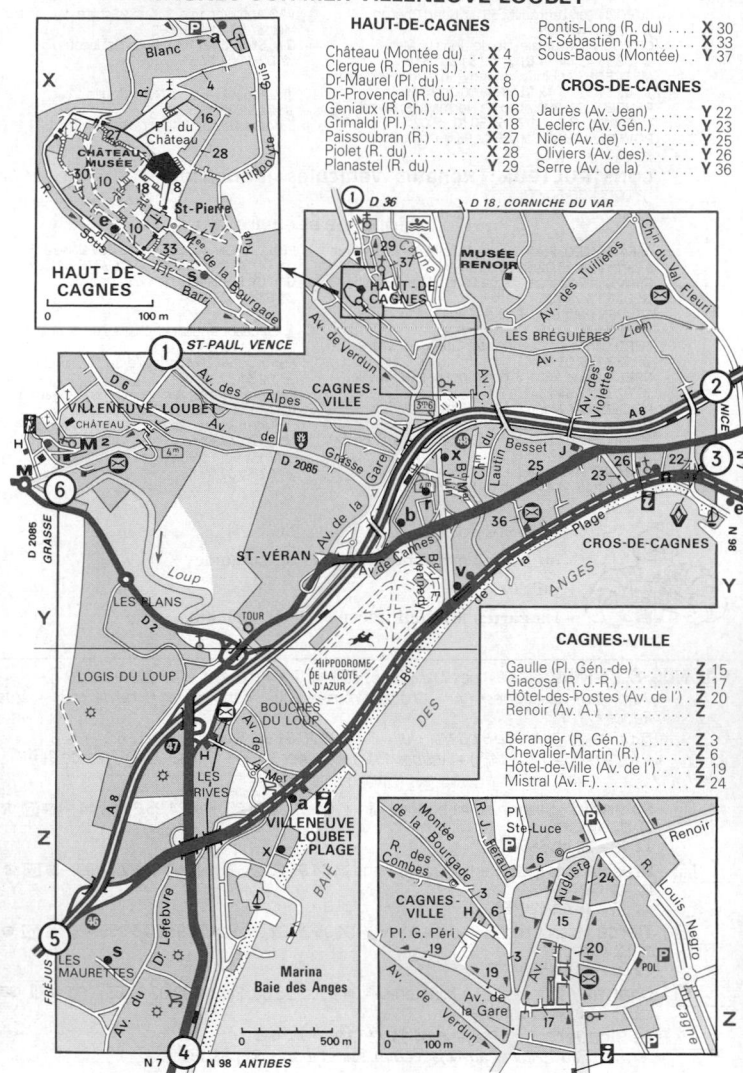

HAUT-DE-CAGNES

Château (Montée du) . .	**X** 4
Clergue (R. Denis J.) . . .	**X** 7
Dr-Maurel (Pl. du)	**X** 8
Dr-Provençal (R. du) . . .	**X** 10
Geniaux (R. Ch.)	**X** 16
Grimaldi (Pl.)	**X** 18
Paissoubran (R.)	**X** 27
Piolet (R. du)	**X** 28
Planastel (R. du)	**Y** 29

Pontis-Long (R. du)	**X** 30
St-Sébastien (R.)	**X** 33
Sous-Baous (Montée) . .	**Y** 37

CROS-DE-CAGNES

Jaurès (Av. Jean)	**Y** 22
Leclerc (Av. Gén.)	**Y** 23
Nice (Av. de)	**Y** 25
Oliviers (Av. des)	**Y** 26
Serre (Av. de la)	**Y** 36

CAGNES-VILLE

Gaulle (Pl. Gén.-de)	**Z** 15
Giacosa (R. J.-R.)	**Z** 17
Hôtel-des-Postes (Av. de l')	**Z** 20
Renoir (Av. A.)	**Z** 2
Béranger (R. Gén.)	**Z** 3
Chevalier-Martin (R.)	**Z** 6
Hôtel-de-Ville (Av. de l') . .	**Z** 19
Mistral (Av. F.)	**Z** 24

✗ **Josy-Jo** (Mme Bandecchi), 4 pl. Planastel ✆ 04 93 20 68 76, 🌤 – 🍽. 🆎 🆖   X   a
✿ *fermé 1er au 15 août, sam. midi et dim.* – **Repas** carte 260 à 350
Spéc. Farcis ''Grand-mère''. Viandes cuites au charbon de bois. Mousse au citron du pays.

à Cros-de-Cagnes *Sud-Est : 2 km –* ⊠ *06800 Cagnes-sur-Mer.*
   🄱 *Office de Tourisme av. des Oliviers* ✆ 04 93 07 67 08.

✗✗✗ **La Bourride,** port du Cros ✆ 04 93 31 07 75, Fax 04 93 31 89 11, ≤, 🌤 – 🍽. 🆎
🆖   Y   e
fermé vacances de fév. et merc. sauf le soir de mi-juil. à mi-août – **Repas** 150/295 et carte
260 à 380, enf. 80.

XX **La Réserve "Loulou"**, 91 bd Plage ℰ 04 93 31 00 17 – 🗐. 🗛 🅶🅱   Y n
❀   *fermé 14 juil. au 6 août, sam. midi, dim. et fériés* – **Repas** 210 et carte 250 à 400
    Spéc. Salade de supions au vinaigre balsamique. Poissons grillés. Carré d'agneau. **Vins**
    Côtes de Provence.

XX **Charlot 1ᵉʳ**, 87 bd Plage ℰ 04 93 31 00 07 – 🗐. 🗛 🅶🅱   Y n
    fermé mardi – **Repas** - produits de la mer - (prévenir) carte 250 à 320.

    PEUGEOT Gar. Ortelli, rte de St-Paul par ①   🅦 Pneu Service, 156 rte de Nice, N 7 à Cros de
    ℰ 04 92 13 35 35   Cagnes ℰ 04 93 31 17 07
    RENAULT Succursale de Nice, 104 bd Plage à Cros
    de Cagnes ℰ 04 93 14 20 20 🅽 ℰ 08 00 05 15 15

CAGNOTTE *40300 Landes* 🔢 ⑦ *– 506 h alt. 40.*
    Paris 745 – Biarritz 60 – Mont-de-Marsan 68 – Bayonne 49 – Dax 16 – Pau 87.

XX **Le Fournil** *avec ch,* ℰ 05 58 73 03 78, Fax 05 58 73 13 48, 🍴, 🔟 – 📺 ☎ 📞 📵 –
    🏛 25 à 60. 🗛 🅶🅱
    fermé 20 au 31 oct., 8 au 31 janv., dim. soir et lundi du 15 sept. au 15 juin – **Repas** 80 (déj.),
    100/220, enf. 60 – ☲ 40 – **10 ch** 180/250 – ½ P 240/320.

CAHORS 🅿 *46000 Lot* 🔢 ⑧ *G. Périgord Quercy – 19 735 h alt. 135.*
    Voir *Pont Valentré★★ AZ – Portail Nord★★ et cloître★ de la cathédrale St-Etienne★ BY E*
    ⩽★ *du pont Cabessut BY – Croix de Magne ⩽★ O : 5 km par D 27 AZ – Barbacane et tour*
    St-Jean★ ABY K.
    Env. *Mont-St-Cyr ⩽★ BZ 7 km par D 6.*
    🅱 *Office de Tourisme pl. A.-Briand* ℰ 05 65 35 09 56, Fax 05 65 23 98 66 *– Automobile Club*
    107 quai Cavaignac ℰ 05 65 20 35 01.
    Paris 582 ① *– Agen 88* ① *– Albi 107* ④ *– Bergerac 105* ① *– Brive-la-Gaillarde 99* ① *–*
    Montauban 60 ④ *– Périgueux 125* ①.

                              Plan page suivante

🏰 **Terminus** Ⓜ, 5 av. Ch. de Freycinet ℰ 05 65 35 24 50, Fax 05 65 22 06 40 – 🛗 🖃 rest 📺
    ☎ 📞 📵 – 🏛 25. 🗛 🅶🅱. 🛇   AY s
    Le Balandre ℰ 05 65 30 01 97 *(fermé dim. soir et lundi sauf juil.-août)* **Repas** 170 bc
    (déj.)250/340 – ☲ 40 – **22 ch** 300/500 – ½ P 540/550.

🏨 **La Chartreuse,** fg St Georges ℰ 05 65 35 17 37, Fax 05 65 22 30 03, ⩽, 🔟 – 🛗 🖃 rest 📺
    ☎ 📞 📵 – 🏛 25. 🗛 🅶🅱   BZ u
    fermé 5 au 25 janv. – **Repas** 85/240, enf. 45 – ☲ 40 – **51 ch** 230/345 – ½ P 265/305.

🏨 **France** sans rest, 252 av. J. Jaurès ℰ 05 65 35 16 76, Fax 05 65 22 01 08 – 🛗 ⚡ 🖃 📺 ☎
    📞 🚗 – 🏛 50. 🗛 🅾 🅶🅱. 🛇   AY n
    fermé 20 déc. au 4 janv. – ☲ 40 – **79 ch** 230/350.

XX **La Taverne**, pl. P. Escorbiac ℰ 05 65 35 28 66, Fax 05 65 22 17 34, 🍴 – 🗐. 🅶🅱
    fermé dim. soir et sam. d'oct. à mars – **Repas** 85/250.   BY a

XX **Le Rendez-Vous**, 49 r. C. Marot ℰ 05 65 22 65 10, Fax 05 65 35 11 05 –
    🅶🅱   BY e
    fermé 10 au 25 mars, dim. en sais., dim. soir et lundi hors sais. – **Repas** 105/165 ♨.

X   **Chez Benoît**, 46 r. Daurade ℰ 05 65 53 10 55, Fax 05 65 53 10 55, 🍴 – 🅶🅱   BY r
    fermé 17 au 29 mars, 20 au 31 oct., dim. soir et lundi hors sais. – **Repas** 115/220 ♨.

rte de Luzech *par* ① *: 3,5 km à Labéraudie* – ✉ *46090 Cahors :*

🏠 **Le Clos Grand** 🛇, ℰ 05 65 35 04 39, Fax 05 65 22 56 69, 🔟, 🎋 – 📺 ☎ 📞 📵. 🅶🅱. 🛇 ch
    fermé 12 au 28 avril, 11 au 28 oct. et vacances de fév. – **Repas** *(fermé lundi midi en*
    juil.-août, dim. soir et lundi de sept. à juin) 85/225 ♨, enf. 47 – ☲ 36 – **21 ch** 200/300 –
    ½ P 250/290.

rte de Brive *par* ① *et N 20 : 7 km* – ✉ *46000 Cahors :*

XX **La Garenne,** ℰ 05 65 35 40 67, 🍴, « Joli cadre rustique », 🎋 – 📵. 🅶🅱
    fermé 3 fév. au 10 mars, mardi soir et merc. sauf du 15 juil. au 31 août – **Repas** 90/270, enf.
    50.

à Mercuès *par* ① *: 10 km – 768 h. alt. 133 –* ✉ *46090 :*

🏰 **Château de Mercuès** 🛇, ℰ 05 65 20 00 01, Fax 05 65 20 05 72, ⩽ vallée du Lot, 🍴,
❀   parc, « Ancien château des Comtes-Evêques de Cahors », 🔟, 🛇 – 🛗 📺 ☎ 📞 📵 – 🏛 60.
    🗛 🅾 🅶🅱. 🛇 rest
    Pâques-1ᵉʳ nov. – **Repas** *(fermé merc. sauf juil.-août)* 195/420 et carte 320 à 400 – ☲ 80 –
    24 ch 800/1500, 6 appart – ½ P 690/1090
    Spéc. Le meilleur du canard gras en salade tiède et froide. Pavé de sandre en crépinette
    braisé au vin de Cahors. Selle et abats d'agneau fermier aux quatre cuissons, artichauts à la
    crème d'ail. **Vins** Cahors.

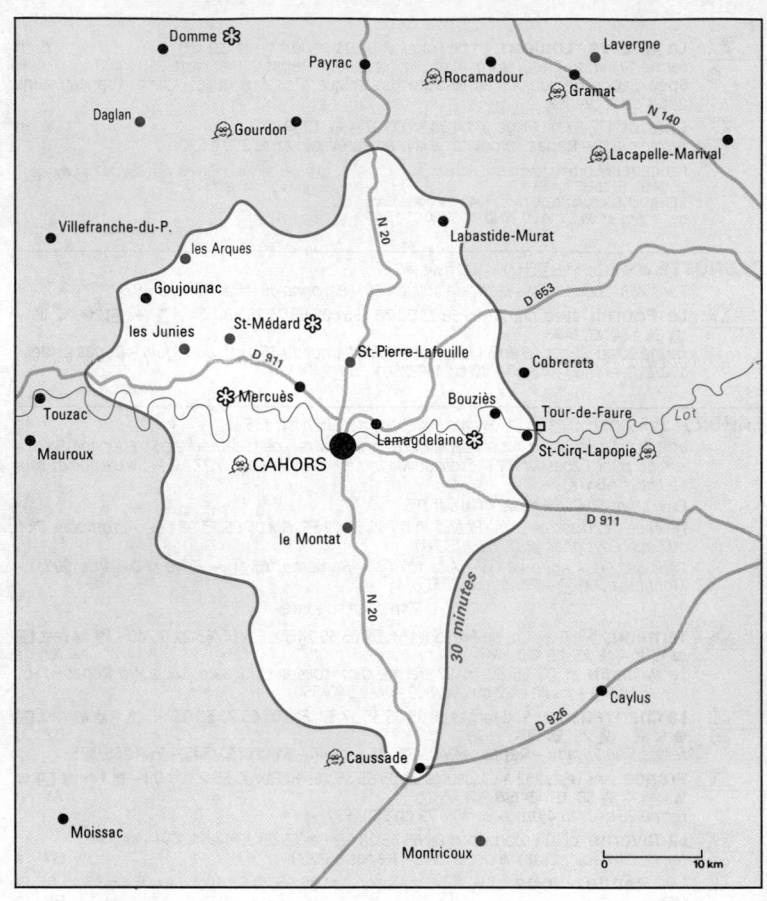

à Lamagdelaine par ② : 7 km – 731 h. alt. 122 – ⊠ 46090 :

XXX   **Claude Marco** Ⓜ ⓢ avec ch, ℘ 05 65 35 30 64, Fax 05 65 30 31 40, 🏠, 🏊, 🌳 – 📺 ☎
🕸   ✇ 🄿, 🄐🄔 🄖🄑
     fermé 19 au 28 oct., 6 janv. au 5 mars, dim. soir et lundi du 15 sept. au 15 juin – **Repas**
     130/295 et carte 260 à 400, enf. 75 – ☑ 50 – **4 ch** 550/680
     Spéc. Foie gras de canard au sel de Guérande. Escalopines de foie gras poêlées, morilles
     farcies et jus de truffe. Croustillant de pied de porc aux truffes. **Vins** Cahors.

au Montat par ④ et D 47 : 8,5 km – 685 h. alt. 271 – ⊠ 46090 :

XXX   **Les Templiers,** ℘ 05 65 21 01 23, Fax 05 65 21 02 38, « Belle salle voûtée » – 🄐🄔
🕸   🄖🄑
     fermé 1er au 12 juil., 10 fév. au 1er mars, dim. soir sauf août et mardi – **Repas** 85/225 et carte
     220 à 290 ⅄, enf. 50.

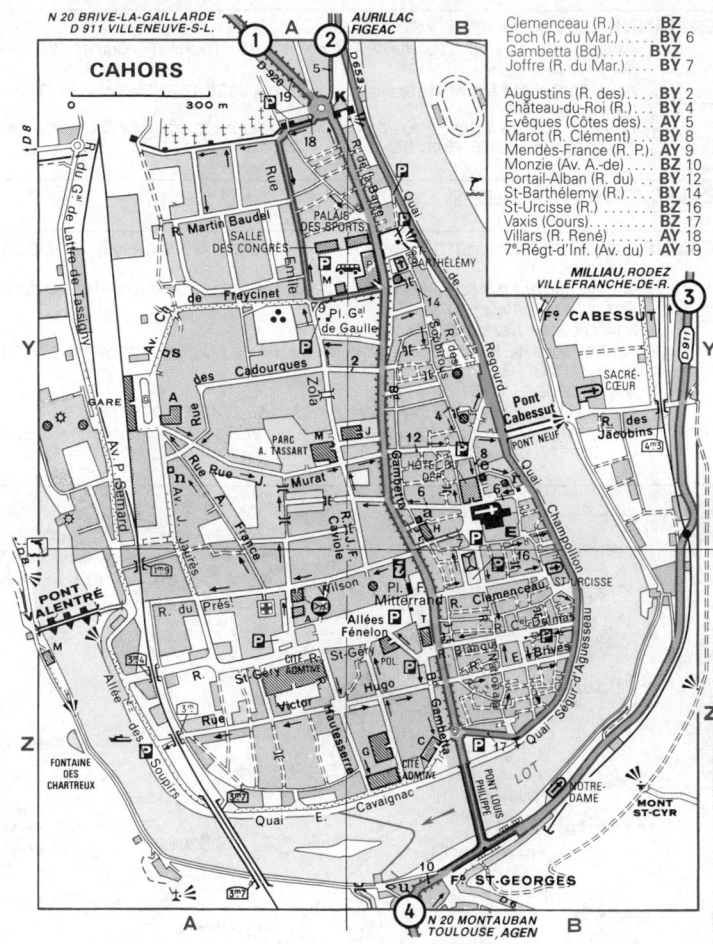

Sorgfältig zubereitete, preiswerte Mahlzeiten : @ Repas 100/130

CAHUZAC-SUR-VÈRE *81140 Tarn* 79 ⑲ *– 1 074 h alt. 240.*

☒ *Office de Tourisme 𝒸 05 63 33 01 71 (saison) ou Mairie 𝒸 05 63 33 90 18.*
Paris 667 – Toulouse 69 – Albi 28 – Gaillac 11 – Montauban 59 – Rodez 90 – Villefranche-de-Rouergue 61.

✗ **Falaise,** rte Cordes 𝒸 05 63 33 96 31, ☒ – **P.** ⓸ ⊕ ☒
fermé 12 au 21 nov., dim. soir d'oct. à mai et lundi – **Repas** 60 (déj.), 87/160 🍷.

CAILLOUET *27 Eure* 55 ⑰ *– rattaché à Pacy-sur-Eure.*

CAILLY-SUR-EURE *27490 Eure* 55 ⑰ *– 191 h alt. 23.*
Paris 102 – Rouen 44 – Évreux 12 – Louviers 12 – Vernon 27.

🏠 **Deux Sapins** 😤, 𝒸 02 32 67 75 13, Fax 02 32 67 73 62, 🍴 – ☒ ☎ & **P.** ☒
fermé 15 août au 5 sept., lundi (sauf hôtel) et dim. soir – **Repas** 90/200 bc – ☲ 30 – **16 ch**
230/320 – ½ P 215/270.

CAIRANNE 84290 Vaucluse **81** ② – 863 h alt. 136.

Paris 653 – *Avignon 42* – Bollène 48 – Montélimar 52 – Nyons 25 – Orange 18 – Vaison-la-Romaine 15.

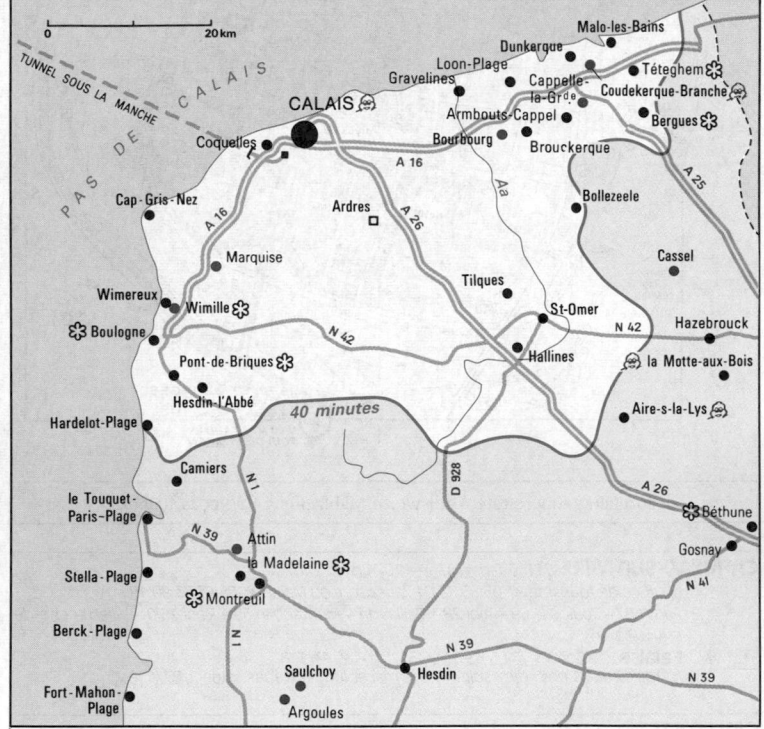

Aub. Castel Miréïo Ⓜ, rte Orange par D 93 ℰ 04 90 30 82 20, Fax 04 90 30 78 39 – 🖵 ch
📺 ☎ ✆ 🕹 🄿 ᴳᴮ
fermé 31 août au 4 sept., 2 au 20 janv., dim. soir et merc. soir sauf juil.-août – **Repas** 86
(déj.), 106/198 – 😊 36 – **8 ch** 260/350 – ½ P 285/310.

CALACUCCIA 2B H.-Corse **90** ⑯ – *voir à Corse.*

CALAIS ⧈ 62100 P.-de-C. **51** ② *G. Flandres Artois Picardie* – 75 309 h Agglo. 101 768 h alt. 5 –
Casino **CX.**

Voir *Monument des Bourgeois de Calais (Rodin)*★★ – *Phare* ⁂ ★★ **DX** – *Musée des Beaux-Arts et de la Dentelle*★ **CX** **M**[1].

Env. *Cap Blanc Nez*★★ *SO : 13 km par* ④.

Tunnel sous la Manche : *Terminal de Coquelles* **AU**, *renseignements "Le Shuttle"*
ℰ 03 21 00 61 00.

🚗 ℰ 08 36 35 35 35.

🄱 *Office de Tourisme 12 bd Clemenceau* ℰ 03 21 96 62 40, Fax 03 21 96 01 92.

Paris 290 ② – *Amiens 150* ③ – *Boulogne-sur-Mer 36* ③ – *Dunkerque 45* ① – *Le Havre 282*
③ – *Lille 112* ① – *Oostende 99* ① – *Reims 274* ② – *Rouen 220* ③ – *St-Omer 41* ②.

Holiday Inn Garden Court Ⓜ, bd Alliés ℰ 03 21 34 69 69, Fax 03 21 97 09 15, ≼ – 🛗
🍴 📺 ☎ 🕹 – 🛎 30. ᴬᴱ ① ᴳᴮ ᴶᶜᴮ   **CX** **a**
Repas (grill) *(fermé sam. midi et dim. midi)* 140 🍷 – 😊 60 – **65 ch** 560.

Meurice, 5 r. E. Roche ℰ 03 21 34 57 03, Fax 03 21 34 14 71, 🌳 – 🛗 🍴 📺 ☎ 🚗. ᴬᴱ ①
ᴳᴮ   **CX** **v**
La Diligence : Repas 75/250, enf. 40 – 😊 56 – **41 ch** 375/500 – ½ P 320/380.

CALAIS

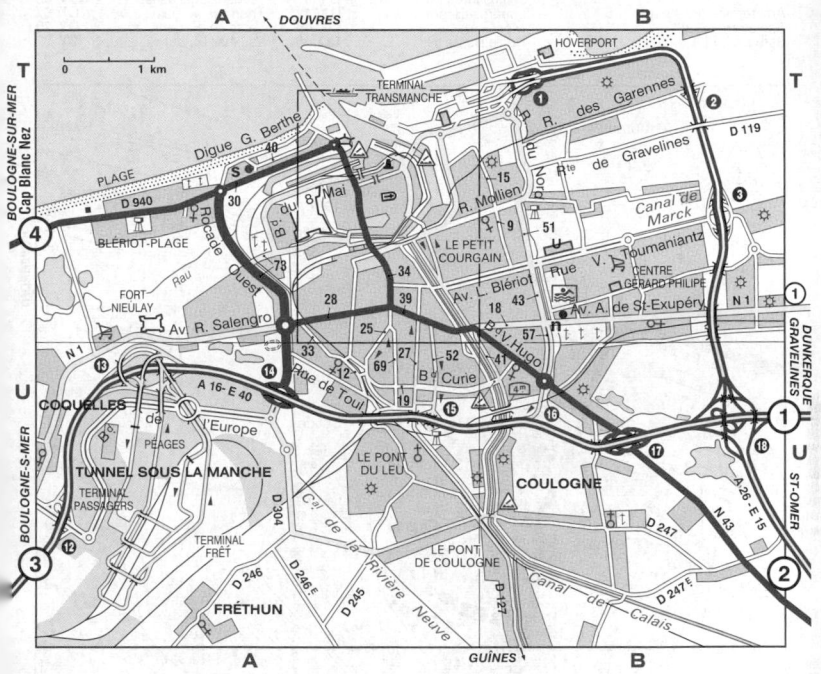

Métropol H. Ⓜ sans rest, 45 quai du Rhin ℰ 03 21 97 54 00, Fax 03 21 96 69 70 – 🛗 ✻
📺 ☎ ✆ 🕭 ⇔. 🅰🅴 ⓪ 🆖 🇯🇨🇧
CY h
fermé 24 déc. au 4 janv. – ☲ 48 – **40 ch** 250/380.

George V, 36 r. Royale ℰ 03 21 97 68 00, Fax 03 21 97 34 73 – 🛗 ▤ rest 📺 ☎ ✆ 🄿 –
🔬 30. 🅰🅴 ⓪ 🆖
CX d
Repas *(fermé 22 déc. au 4 janv., sam. midi, dim. soir et soirs fériés)* 90/275 bc ⅊ – ☲ 42 –
40 ch 310/380, 3 appart – ½ P 305.

Fimotel Ⓜ sans rest, 35 bd Jacquard ℰ 03 21 97 98 98, Fax 03 21 34 63 62 – 🛗 📺 ☎ ⅊.
🅰🅴 ⓪ 🆖
DY m
☲ 35 – **41 ch** 300.

Ibis, ZUP Beau Marais, r. Greuze ℰ 03 21 96 69 69, Fax 03 21 97 89 99 – ✻ 📺 ☎ ⅊ 🄿 –
🔬 30. 🅰🅴 ⓪ 🆖
BT n
Repas 95, enf. 39 – ☲ 35 – **55 ch** 350.

Windsor sans rest, 2 r. Cdt Bonningue ℰ 03 21 34 59 40, Fax 03 21 97 68 59 – 📺 ☎ 🕭.
🅰🅴 ⓪ 🆖
DX z
☲ 30 – **15 ch** 160/335.

Richelieu sans rest, 17 r. Richelieu ℰ 03 21 34 61 60, Fax 03 21 85 89 28 – 📺 ☎ 🄿. 🅰🅴 ⓪
🆖. ✀
CX k
☲ 25 – **15 ch** 254.

Aquar'aile, 255 r. J. Moulin ℰ 03 21 34 00 00, Fax 03 21 34 15 00, ⩽ plage – ▤. 🅰🅴 ⓪ 🆖
🇯🇨🇧
AT s
fermé dim. soir – **Repas** 98/230.

Le Channel, 3 bd Résistance ℰ 03 21 34 42 30, Fax 03 21 97 42 43 – ▤. 🅰🅴 ⓪ 🆖
🇯🇨🇧
CX e
fermé 25 juil. au 7 août, 20 déc. au 10 janv., dim. soir et mardi – **Repas** 98/290.

CALAIS

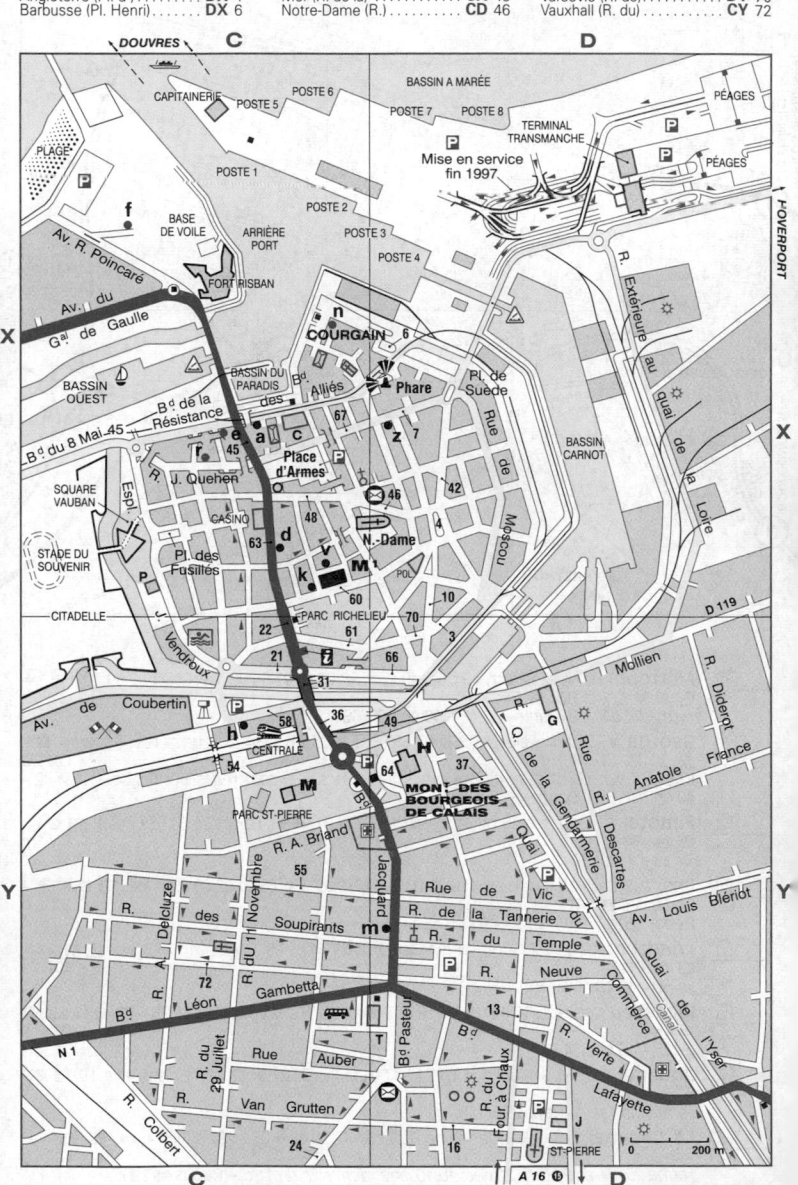

290

XX **Au Côte d'Argent,** 1 digue G. Berthe ℰ 03 21 34 68 07, Fax 03 21 96 42 10, ≤ – 🖭 ⓪
GB   CX   f
fermé 15 au 30 sept., dim. soir et lundi – **Repas** 98/280.

XX **La Pléiade,** 32 r. J. Quehen ℰ 03 21 34 03 70, Fax 03 21 34 03 13 – 🍽. 🖭 ⓪ GB
fermé sam. midi et lundi – **Repas** 110/180 ⅃.   CX   r

XX **Le Grand Bleu,** 5 r. J.-P. Avron ℰ 03 21 97 97 98, Fax 03 21 97 97 98 – 🖭 ⓪ GB JCB
fermé sam. midi et dim. – **Repas** 120/230 ⅃.   CX   n

à Coquelles *Ouest : 6 km par bd Gambetta* **Z** – *2 133 h. alt. 5* – ✉ *62231* :

🏨 **Copthorne** 🖬 ⌖, ℰ 03 21 46 60 60, Fax 03 21 85 76 76 – 🛗 ✎ 🍽 rest 🖵 ☎ ᕒ ᖴ –
🔬 25 à 80. 🖭 ⓪ GB JCB
Repas *(fermé sam. midi)* 120 bc – ⌑ 60 – **118 ch** 530/630.

BMW Gar. Lengaigne, 229 bis bd V.-Hugo
ℰ 03 21 85 55 00 ℕ ℰ 03 21 85 55 00
CITROEN Calaisis Autom., 326 av. St-Exupéry par N
1 BT ℰ 03 21 34 81 60 ℕ ℰ 03 21 34 81 60
FORD Gar. Europe, 58 rte de St-Omer
ℰ 03 21 46 23 11
NISSAN SOVECA, 200 bd de L'Egalité
ℰ 03 21 96 97 16
PEUGEOT Calais Nord Autom., 361 av. A.-de-Saint-
Exupéry par N 1 BT ℰ 03 21 46 05 05 ℕ
ℰ 03 28 02 42 18

RENAULT D.A.C., 56-60 av. A.-de-Saint-Exupéry
par N 1 BT ℰ 03 21 97 20 99 ℕ
ℰ 03 21 96 15 90
ROVER Littoral Auto Calais, r. G.-Courbet, ZI du
Beau Marais ℰ 03 21 96 14 41

🅐 Argot Pneus, 62 av. A.-de-Saint-Exupéry
ℰ 03 21 96 58 34
Pneu Fauchille Point S, 155 rte de St-Omer
ℰ 03 21 34 68 17
Pneu Francois, r. C.-Ader, ZI ℰ 03 21 96 42 36

Pour aller loin rapidement,
utilisez les **cartes Michelin** *des pays d'Europe à 1/1 000 000.*

CALAS *13 B.-du-R.* 🟦🟦 ③ ⑬, 🟦🟦🟦 ⑮ – *alt. 209* – ✉ *13480 Cabriès.*
Paris 762 – Marseille 22 – Aix-en-Provence 12 – Marignane 16 – Salon-de-Provence 36.

XX **Aub. Bourrelly** avec ch, ℰ 04 42 69 13 13, Fax 04 42 69 13 40, 🏖, 🏊, 🐎 – 🖵 ☎ ᖴ –
🔬 70. 🖭 ⓪ GB
fermé dim. soir et lundi sauf juil.-août – **Repas** 163/375 – ⌑ 50 – **12 ch** 340/460 –
½ P 420/460.

CALENZANA *2B H.-Corse* 🟦🟦 ⑭ – *voir à Corse.*

CALLAC *22160 C.-d'Armor* 🟦🟦 ⑪ *G. Bretagne* – *2 592 h alt. 172.*
Paris 510 – St-Brieuc 59 – Carhaix-Plouguer 21 – Guingamp 28 – Morlaix 41.

X **Le Gourmandin** avec ch, face gare ℰ 02 96 45 50 09, Fax 02 96 45 80 29 – ᖴ. GB
⊖ *fermé dim. soir et lundi sauf juil.-août* – **Repas** 70/150 ⅃, enf. 60 – ⌑ 30 – **5 ch** 150.
CITROEN Gar. Laurent, ℰ 02 96 45 50 30

CALLAS *83830 Var* 🟦🟦 ⑦, 🟦🟦🟦 ㉓ *G. Côte d'Azur* – *1 276 h alt. 398.*
Paris 874 – Castellane 52 – Draguignan 16.

au Sud-Est : *7 km sur rte du Muy* – ✉ *83830 Callas* :

🏨 **Host. Les Gorges de Pennafort** 🖬 ⌖, D 25 ℰ 04 94 76 66 51, Fax 04 94 76 67 23, ≤,
🏖, « Isolé, face aux gorges de Pennafort », 🏊, 🐎, 🎾 – 🍽 🖵 ☎ ᕒ ᖴ – 🔬 25. 🖭 GB
fermé 15 janv. au 15 mars – **Repas** *(fermé lundi midi du 15 juin au 15 sept., dim. soir et*
lundi au 15 juin) 160 (déj.), 205/275 et carte 300 à 410, enf. 100 – ⌑ 65 – **16 ch**
630/950 – ½ P 580
Spéc. Fricassée de petits gris au pied de porc et marjolaine. Filets de rougets au sauternes
et curry. Agneau rôti aux aubergines et jus à l'estragon.

CALVI *2B H.-Corse* 🟦🟦 ⑬ – *voir à Corse.*

CALVINET *15340 Cantal* 🟦🟦 ⑪ – *404 h alt. 600.*
Paris 604 – Aurillac 36 – Rodez 59 – Entraygues-sur-Truyère 33 – Figeac 40 – Maurs 18.

XX **Beauséjour** (Puech) 🖬 avec ch, ℰ 04 71 49 91 68, Fax 04 71 49 98 63, 🏖 – 🖵 ☎ ᖴ ᖴ.
GB
⊛ *fermé 15 janv. au 1er mars, dim. soir et lundi hors sais. sauf fériés* – **Repas** (prévenir) 95 (déj.),
⊛ 140/300 et carte 210 à 260, enf. 60 – ⌑ 40 – **12 ch** 250/300 – ½ P 300
Spéc. Marbré de foie gras et queue de bœuf. Pied de porc farci, gratin de macaroni au
cantal. Sablé à la châtaigne et pommes reinette.
PEUGEOT Gar. Lavigne, ℰ 04 71 49 91 57

CAMARET-SUR-MER 29570 Finistère 58 ③ G. Bretagne – 2 933 h alt. 4.

Voir *Pointe de Penhir*★★★ *SO : 3,5 km.*

Env. *Pointe des Espagnols*★★ *NE : 13 km.*

🖪 *Office de Tourisme 15 quai Kléber ℰ 02 98 27 93 60, Fax 02 98 27 87 22.*

Paris 592 – Brest 65 – Châteaulin 41 – Crozon 7 – Morlaix 88 – Quimper 58.

🏨 **Thalassa** M, ℰ 02 98 27 86 44, Fax 02 98 27 88 14, ≤, ℟, ⅃, – 🛗 📺 ☎ ₺ 🅿 – 🔬 25. 🖽 ① ⅏
hôtel : 29 mars-30 sept. ; rest : 1er mai-30 sept. – **Repas** 78 (déj.), 98/295, enf. 45 – ☱ 45 –
46 ch 320/600 – ½ P 300/450.

🏨 **France**, ℰ 02 98 27 93 06, Fax 02 98 27 88 14, ≤ – 🛗 📺 ☎. 🖽 ① ⅏. ⅏ rest
29 mars-11 nov. – **Repas** 78 (déj.), 98/295, enf. 45 – ☱ 36 – **20 ch** 220/450 – ½ P 285/400.

🏨 **Vauban** sans rest, ℰ 02 98 27 91 36, Fax 02 98 27 96 34, ≤ – ☎ 🅿. ⅏
fermé janv. – ☱ 30 – **16 ch** 160/250.

CAMBO-LES-BAINS 64250 Pyr.-Atl. 85 ③ G. Pyrénées Aquitaine – 4 128 h alt. 67 – Stat.
therm. (17 fév.-fin déc.).

Voir *Arnaga*★ *(villa d'Edmond Rostand)* M – *Vallée de la Nive*★ *au Sud par D 918.*

🖪 *Office de Tourisme parc St-Joseph ℰ 05 59 29 90 77.*

*Paris 789 ② – Biarritz 22 ② – Bayonne 20 ② – Pau 118 ① – St-Jean-de-Luz 31 ② –
St-Jean-Pied-de-Port 36 ① – San Sebastián 66 ②.*

CAMBO-LES-BAINS

Chiquito de Cambo 2
Espagne (Av. d') 3
Mairie (Av. de la) 4
Marronniers (Allées des) 5
Navarre (Av. de) 6
Neubourg (Allées A.-de) 7
Professeur-Grancher (Bd du) 8
Rostand (Av. Ed.) 9
Terrasses (R. des) 12
Thermes (Av. des) 13

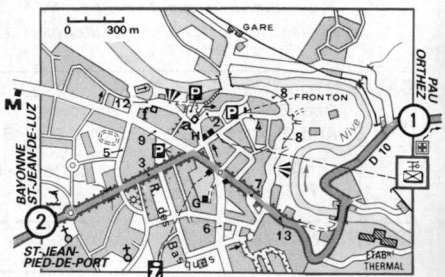

*To go a long way quickly,
use Michelin maps
at a scale of 1:1 000 000.*

🏠 **Bellevue**, r. Terrasses (f) ℰ 05 59 29 73 22, Fax 05 59 29 30 96, ☆, ⅃, ☞ – 📺 ☎ 🅿. 🖽
⅏. ⅏ rest
hôtel : 1er mars-15 nov. et fermé lundi sauf juil.-août ; rest. : fermé 20/12 au 7/01, 15 au
28 fév. et lundi – **Repas** 98/148 - *Bistrot :* Repas (déj. seul.) 65 ₺ – ☱ 32 – **24 ch** 230/350 –
½ P 260/300.

🏠 **Chez Tante Ursule** (annexe M 10 ch), Nord, quartier Bas-Cambo : 2 km
ℰ 05 59 29 78 23, Fax 05 59 29 28 57, ☆ – 📺 ☎ ₺. 🖽 ⅏. ⅏ ch
fermé fév. – **Repas** (fermé mardi) 90/200 – ☱ 30 – **17 ch** 165/280 – P 225/285.

🏠 **Trinquet** sans rest, r. Trinquet (a) ℰ 05 59 29 73 38 – ☎ ⅏
fermé 4 nov. au 2 déc. et mardi d'oct. à juin – ☱ 25 – **12 ch** 155/205.

CAMBRAI ◁𝕊𝔻▷ 59400 Nord 53 ③ ④ G. Flandres Artois Picardie – 33 092 h alt. 53.

Voir *Mise au tombeau*★★ *de Rubens dans l'église St-Géry* AY – *Musée municipal : clôture du
choeur*★, *char de procession*★ AZ M.

🖪 *Office de Tourisme 48 r. de Noyon ℰ 03 27 78 36 15, Fax 03 27 74 82 82 – A.C. 17 mail
St-Martin ℰ 03 27 81 30 75.*

Paris 180 ⑥ – St-Quentin 40 ⑤ – Amiens 80 ⑥ – Arras 37 ⑥ – Lille 76 ⑦ – Valenciennes 33 ①.

Plan page ci-contre

🏨 **Château de la Motte Fénelon et rest. Les Douves** ⅏, square Château (par allée
St Roch - Nord du plan) BY ℰ 03 27 83 61 38, Fax 03 27 83 71 61, parc, ℟, ⅏ – 📺 ☎ 🅿 –
🔬 200. 🖽 ① ⅏ ⅉⅭⅮ
Repas (fermé dim. soir et soirs fériés) 120 bc (déj.), 140/230 – ☱ 55 – **40 ch** 300/540 –
½ P 320/675.

🏨 **Beatus** ⅏ sans rest, 718 av. Paris par ⑤ : 1,3 km ℰ 03 27 81 45 70, Fax 03 27 78 00 83,
☞ – 📺 ☎ 🅿 – 🔬 30. 🖽 ① ⅏
☱ 50 – **32 ch** 310/430.

CAMBRAI

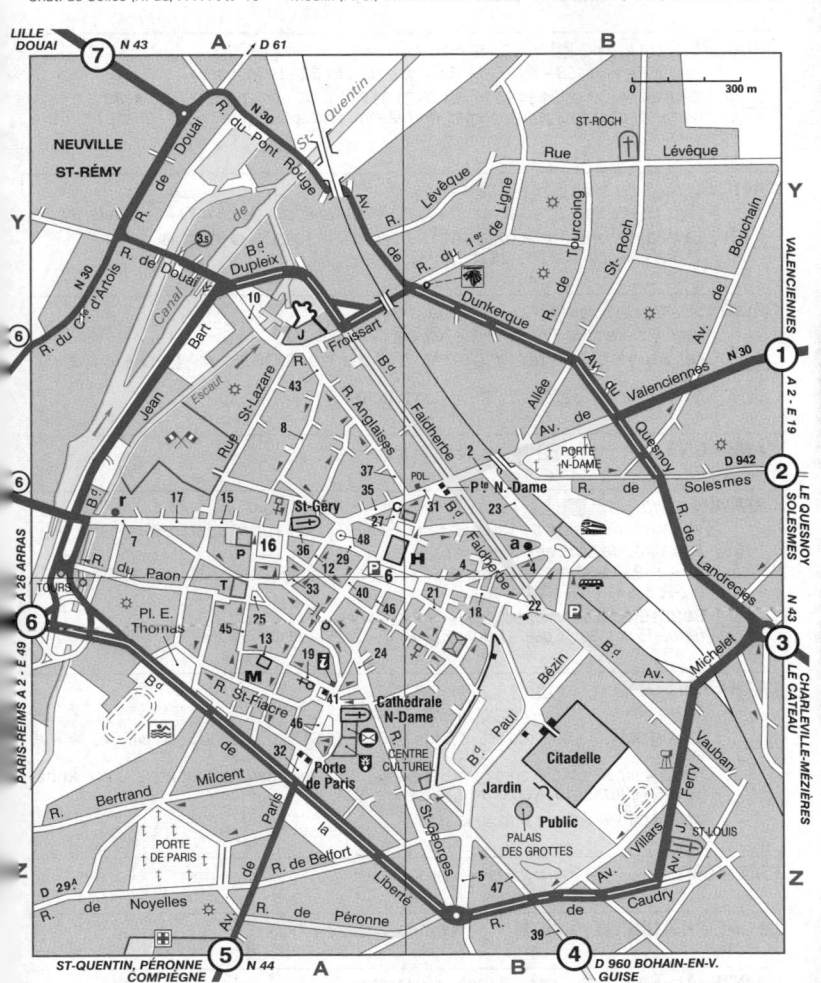

Mouton Blanc, 33 r. Alsace-Lorraine ℘ 03 27 81 30 16, Fax 03 27 81 83 54 – 🛗 📺 ☎ –
🛎 30. 🆎 ☜☐   BY a
fermé 4 au 10 août – **Repas** *(fermé dim. soir et lundi)* 98/215 ⚖ – ☲ 35 – **32 ch** 260/350 –
½ P 230/250.

Le Crabe Tambour, 52 r. Cantimpré ℘ 03 27 83 10 18 – ⦿ ☜☐   AY r
fermé 1er au 21 août, 5 au 11 janv., dim. soir, lundi et soirs fériés – **Repas** 98/158.

à l'échangeur A2 *par* ⑥ : *3 km* – ✉ *59400 Cambrai* :

🏨 **Ibis**, ✆ 03 27 82 99 88, Fax 03 27 82 99 89 – 🌣 📺 ☎ 🍴 ⅙ 🅿 – 🏄 30. 🆎 ⓿ 🆖
Repas 95, enf. 39 – ⊑ 35 – **51 ch** 280.

🏨 **Campanile**, ✆ 03 27 81 62 00, Fax 03 27 83 07 87 – 🌣 📺 ☎ 🍴 ⅙ 🅿 – 🏄 25. 🆎 ⓿ 🆖
🍴 **Repas** 84 bc/107 bc – ⊑ 32 – **39 ch** 278.

PEUGEOT Auto du Cambrésis, 80 av. de Dunkerque   ⓐ Lesage Pneus Point S, 28 bd Faidherbe
✆ 03 27 83 84 23 🇳 ✆ 03 28 02 49 75   ✆ 03 27 83 84 85
RENAULT S.A.N.A.C., 200 rte de Solesmes par ②
✆ 03 27 82 96 96 🇳 ✆ 03 28 02 07 66

CAMIERS 62176 P.-de-C. 🖸🖸 ⑪ – *2 176 h alt. 23.*
    Paris 236 – *Calais 58* – *Arras 96* – *Boulogne-sur-Mer 20* – *Le Touquet 10.*

🏦 **Cèdres** ⑤, ✆ 03 21 84 94 54, Fax 03 21 09 23 29, 🍽, 🌳 – 📺 ☎ 🅿. 🆎 ⓿ 🆖
🍴 *fermé 15 déc. au 5 janv.* – **Repas** *(fermé dim. soir)* 80/250 ⅄ – ⊑ 35 – **29 ch** 160/315 –
½ P 295.

CAMOËL 56130 Morbihan 🖸🖸 ⑭ – *598 h alt. 26.*
    Paris 455 – *Nantes 82* – *Vannes 40* – *La Baule 28* – *La Roche-Bernard 11* – *St-Nazaire 39.*

🏨 **La Vilaine** sans rest, ✆ 02 99 90 01 96, Fax 02 99 90 09 81 – ☎ 🅿. 🆎 ⓿ 🆖
1ᵉʳ mars-30 nov. – ⊑ 35 – **24 ch** 270/325.

CAMORS 56330 Morbihan 🖸🖸 ② – *2 375 h alt. 113.*
    Paris 473 – *Vannes 33* – *Auray 26* – *Lorient 39* – *Pontivy 29.*

🏦 **Les Bruyères** sans rest, ✆ 02 97 39 29 99, Fax 02 97 39 28 34, 🌳 – 📺 ☎ ⅙ 🛋 🅿. 🆖
🌿
fermé vacances de fév. – ⊑ 32 – **14 ch** 270/300.

CAMPAGNE 24 Dordogne 🏛 ⑯ – *rattaché au Bugue.*

CAMPAN 65710 H.-Pyr. 🖸🖸 ⑱ *G. Pyrénées Aquitaine* – *1 390 h alt. 647.*
    Voir *Vallée de Gripp★ S* – *Vallée de Lesponne★ SO : 1 km à partir de la D 935.*
    Env. *Vallée de Campan★ S : 6,5 km.*
    Paris 819 – *Bagnères-de-Luchon 64* – *Pau 68* – *Arreau 32* – *Bagnères-de-Bigorre 6* –
    Luz-St-Sauveur 42 – *Tarbes 26.*

🏊 **Beauséjour**, ✆ 05 62 91 75 30 – 🌣 ☎. 🆎 🆖
🍴 *fermé 15 nov. au 15 déc.* – **Repas** 57/155 ⅄ – ⊑ 26 – **19 ch** 150/230 – ½ P 190/228.

CAMPBON 44750 Loire-Atl. 🖸🖸 ⑮ – *2 918 h alt. 31.*
    Paris 419 – *Nantes 46* – *Redon 33* – *St-Nazaire 28* – *Vannes 71.*

🍴 **La Jaguais**, rte Bouvron Est : 1,5 km ✆ 02 40 56 58 93, Fax 02 40 56 51 84, 🍽, 🌳 – 🅿.
🆖
fermé 4 au 30 août, 5 au 11 janv., dim. soir, lundi soir, mardi soir et merc. soir – **Repas**
95/225 **- L'Auberge : Repas** 53(déj.)/75⅄, enf. 55.

CITROEN Gar. Plissonneau, ✆ 02 40 56 55 89

CAMPIGNY 27 Eure 🖸🖸 ④ – *rattaché à Pont-Audemer.*

Le CAMP-LAURENT 83 Var 🖸🖸 ⑤ ⑮., 🔢 ㊺ – *rattaché à Toulon.*

CAMPS 19 Corrèze 🏛 ⑳ – *293 h alt. 700* – ✉ *19430 Mercoeur.*
    Voir *Rocher du Peintre* ⩽★ *S : 1 km, G. Berry Limousin.*
    Paris 528 – *Aurillac 46* – *Brive-la-Gaillarde 71* – *St-Céré 29* – *Tulle 48.*

🏨 **Lac** ⑤, ✆ 05 55 28 51 83, Fax 05 55 28 53 71 – 📺 ☎ ⅙. 🆖
fermé vacances de Toussaint, de fév., dim. soir et lundi d'oct. à Pâques – **Repas** 70 (déj.),
95/210 ⅄, enf. 50 – ⊑ 27 – **11 ch** 220/250 – ½ P 230/240.

CANAPVILLE 14 Calvados 🖸🖸 ③ – *rattaché à Deauville.*

CANCALE 35260 I.-et-V. 📍 59 ⑥ *G. Bretagne* – 4 910 h alt. 50.

Voir Site★ du port★ – ⋇★ de la tour de l'église St-Méen **Z** – Pointe du Hock ≤★ **Z**.

🛈 *Office de Tourisme* 44 r. du Port ℘ 02 99 89 63 72, Fax 02 99 89 84 01 et la Criée, Port de la Houle *(saison)* ℘ 02 99 89 74 80.

Paris 420 ① – *St-Malo* 15 ② – Avranches 63 ① – Dinan 35 ① – Fougères 76 ① – Le Mont-St-Michel 50 ①.

CANCALE

Leclerc (R. Gén.) . . . . **YZ** 20
Port (R. du). . . . . **Z**

Bricourt (Pl.) . . . . **Y** 3
Calvaire (Pl. du) . . . . **Z** 4
Du-Guesclin (R.). . . . . **Y** 8
Duguay-Trouin (Quai) . . . . **Z** 9
Duquesne (R.). . . . . **Y** 10
Fenêtre (Jetée de la) . . . . **Z** 12
Gallais (R.) . . . . **Y** 13
Gambetta (Quai) . . . . **Z** 14
Hock (R. du). . . . . **Z** 16
Jacques-Cartier (Quai) . . . . **Z** 17
Juin (R. du Mar.) . . . . **Z** 18
Kennedy (Quai) . . . . **Y** 19
Mennais (R. de la) . . . . **Y** 22
République (Pl. de la) . . . . **Z** 23
Roulette (R. de la) . . . . **Z** 24
Rimains (R. des) . . . . **Y** 25
Stade (R. du) . . . . **Y** 27
Surcouf (R.) . . . . **Y** 28
Thomas (Quai). . . . . **Z** 30

Les principales voies
commerçantes
figurent en rouge
au début de la liste
des plans de villes.

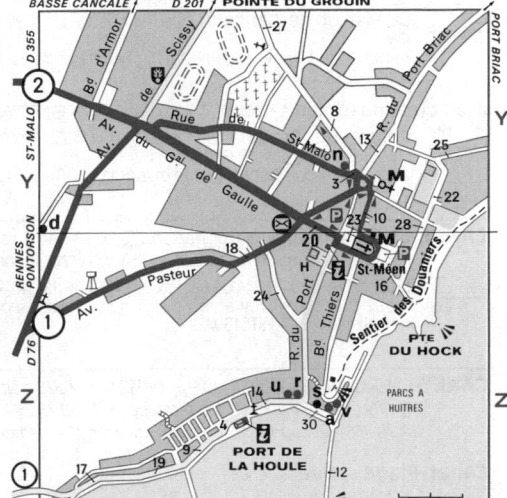

🏨 **H. de Bricourt-Richeux** ⌂, Sud : 6,5 km par D 76, D 155 et rte secondaire ℘ 02 99 89 64 76, Fax 02 99 89 88 47, « Villa élégamment aménagée, entourée d'un jardin, ≤ baie du Mont-St-Michel » – 🖹 📺 ☎ 🕭 🅿. ⅍ ⓪ ⅏
voir aussi rest. *de Bricourt* ci-après *- Le Coquillage* ℘ 02 99 89 25 25 *(fermé mardi midi et lundi)* **Repas** 110/165, enf. 75 – ⅏ 85 – **13 ch** 750/1350.

🏨 **Continental,** quai Thomas ℘ 02 99 89 60 16, Fax 02 99 89 69 58, ≤, 🍽 – 🖹 📺 ☎ 🕭. ⅍ ⓪ ⅏
Z s
fermé 5 janv. au 15 fév. – **Repas** *(fermé mardi midi et lundi)* 130/380, enf. 66 – ⅏ 50 – **19 ch** 350/740 – ½ P 340/530.

🏨 **Le Chatellier** Ⓜ sans rest, par ② : *1 km sur D 355* ℘ 02 99 89 81 84, Fax 02 99 89 61 69, 🍃 – 📺 ☎ 🕭 🕭 🅿. ⅏
⅏ – **13 ch** 300/330.

🏨 **Nuit et Jour** sans rest, r. Arnstein ℘ 02 99 89 75 59, Fax 02 99 89 77 13, ⌇, 🍃 – cuisinette 📺 ☎ 🕭 🅿. ⅏ – *fermé 15 nov. au 20 déc.* – ⅏ 35 – **20 ch** 290. **YZ d**

XXX **Maison de Bricourt** (Roellinger), r. Duguesclin ℘ 02 99 89 64 76, Fax 02 99 89 88 47,
❀❀ 🍃 ⅍ ⓪ ⅏
Y n
mi-mars-mi-déc. et fermé merc. sauf le soir en juil.-août et mardi – **Repas** (nombre de couverts limité, prévenir) 250 (déj.)/640 et carte 410 à 550, enf. 120
Spéc. Ormeaux à la cancalaise (printemps et automne). Homard en acidulé. Turbot cuit sur le feu de bois, puis en cocotte.

Les Rimains 🏨 Ⓜ sans rest, Nord Est : 0,5 km par r. Gallais et r. Rimains ℘ 02 99 89 64 76, Fax 02 99 89 88 47, ≤ baie du Mont-St-Michel, « ⌂ dans un jardin surplombant la mer » – 📺 ☎ 🅿. ⅏
fermé janv. à début mars – ⅏ 85 – **6 ch** 650/850.

XX **Le St-Cast,** rte Corniche ℘ 02 99 89 66 08, Fax 02 99 89 89 20, ≤ – ⅍ ⅏ **Z b**
⌂ *fermé 15 nov. au 15 déc., vacances de fév., mardi hors sais. et merc.*
Repas 100/280.

XX **Le Cancalais** avec ch, quai Gambetta ℘ 02 99 89 61 93, Fax 02 99 89 89 24, ≤ – ⅏.
⅏ ❀ ch **Z u**
fermé 15 déc. au 15 fév., dim. et lundi sauf juil.-août – **Repas** 85/195 – ⅏ 40 – **10 ch** 320/450.

XX **Phare** avec ch, quai Thomas *&* 02 99 89 60 24, Fax 02 99 89 91 75, ≤, 畚 – 🆃🆅 ☎.
GB
Z a
15 fév.-15 nov. et fermé merc. – **Repas** 100/310, enf. 70 – � 40 – **11 ch** 250/450 –
½ P 300/400.

XX **L'Armada,** quai Thomas *&* 02 99 89 60 02, Fax 02 99 89 86 98, ≤, 畚 – 🆎 ⑩
GB
Z v
fermé dim. soir et lundi soir – **Repas** 100/195.

X **Le Bistrot de Cancale,** quai Gambetta *&* 02 99 89 92 42, Fax 02 99 89 94 58, 畚 –
GB
fermé 12 au 19 nov., 15 janv. au 15 fév., mardi du 15 sept. au 30 avril et lundi – **Repas** 92
(déj.), 130/350, enf. 68. Z r

à la Pointe du Grouin ★★ *Nord : 4,5 km par D 201* – ✉ *35260 Cancale :*

🏠 **Pointe du Grouin** ⬐, *&* 02 99 89 60 55, Fax 02 99 89 92 22, ≤ îles et baie du
Mt-St-Michel – 🆃🆅 ☎ 🅿. GB
28 mars-1ᵉʳ oct. – **Repas** *(fermé mardi)* 115/315 – ⊏ 45 – **16 ch** 390/520 – ½ P 390/445.

CANDÉ-SUR-BEUVRON *41120 L.-et-Ch.* 🔢 ⑰ *– 1 134 h alt. 70.*
Paris 198 – *Orléans 77* – *Tours 50* – *Blois 15* – *Chaumont-sur-Loire 7* – *Montrichard 22.*

🏠 **Lion d'Or,** *&* 02 54 44 04 66, Fax 02 54 44 06 19, 畚 – 🆃🆅 ☎ 🅿. 🆎 GB. ⬐
fermé 15 déc. au 1ᵉʳ fév. et mardi sauf hôtel d'avril à sept. – **Repas** 72/195 🍷, enf. 45 – ⊏ 30
– **10 ch** 110/255 – ½ P 150/227.

CANET-EN-ROUSSILLON *66140 Pyr.-Or.* 🔢 ⑳ *– 7 575 h alt. 11 – Casino .*
🛈 *Office de Tourisme pl. Méditerranée &* 04 68 73 25 20, Fax 04 68 73 24 41.
Paris 866 – *Perpignan 12* – *Argelès-sur-Mer 21* – *Narbonne 65.*

Canet-Plage *66140 G. Pyrénées Roussillon.*
Voir *Musée du jouet★.*

🏠 **Le Clos des Pins,** 34 av. Roussillon *&* 04 68 80 32 63, Fax 04 68 80 49 19, 畚, « Maison
catalane », 🐴 – ⬐ 🆃🆅 ☎ ⬐ 🅿. GB
15 mars-15 oct. – **Le Bistro Fleuri** *(fermé lundi du 15 sept. au 15 juin)* Repas 168/
210, enf.80 – ⊏ 45 – **17 ch** 340/460 – ½ P 360/420.

🏠 **Althéa** Ⓜ, 120 prom. Côte Vermeille *&* 04 68 80 28 59, Fax 04 68 73 37 27, ≤ – 🛗 ▤ 🆃🆅
☎ ⬐ – 🛁 25. 🆎 GB. ⬐ rest
1ᵉʳ avril-15 oct. – **Repas** 90/195, enf. 55 – ⊏ 40 – **48 ch** 360/460 – ½ P 325/345.

🏠 **Aquarius,** 40 av. Roussillon *&* 04 68 73 30 00, Fax 04 68 80 24 34, 畚, ⬐ – 🛗 🆃🆅 ☎ 🅿 –
🛁 25. GB. ⬐
Repas 90 🍷, enf. 50 – ⊏ 38 – **50 ch** 360/400 – ½ P 310/320.

🏠 **du Port,** 21 bd Jetée *&* 04 68 80 62 44, Fax 04 68 73 28 83 – 🛗 🆃🆅 ☎ 🅿 ⬐ 🅿. GB.
⬐ rest
hôtel : 29 mars-27 sept. ; rest. : 1ᵉʳ mai-27 sept. – **Repas** 85/125 🍷, enf. 45 – ⊏ 35 – **36 ch**
345 – ½ P 285.

🏠 **Les Sables,** 25 r. Vallée du Rhône *&* 04 68 80 23 63, Fax 04 68 73 26 23, ⬐ – 🛗 🆃🆅 ☎ 🅿.
🆎 ⑩ GB 🆓
28 mars-6 oct. – **Repas** snack carte 70 à 160 🍷 – ⊏ 30 – **41 ch** 240/370.

🏠 **La Frégate** sans rest, 12 r. Cerdagne *&* 04 68 80 22 87, Fax 04 68 73 82 72 – 🆃🆅 ☎ 🅿.
GB
fermé du 15 nov. au 15 déc. – ⊏ 37 – **27 ch** 280/350.

🏠 **La Chalosse** sans rest, 41 av. Méditerranée *&* 04 68 80 35 69, Fax 04 68 80 56 71 – 🛗 🆃🆅
☎ 🅿. GB. ⬐
fermé 15 nov. au 1ᵉʳ déc. – ⊏ 34 – **15 ch** 275/320.

XX **Don Quichotte,** 22 av. de Catalogne *&* 04 68 80 35 17, Fax 04 68 73 36 05 – ▤. ⑩ GB
fermé janv., fév., dim. soir, lundi, mardi et merc. hors sais. – **Repas** 100/215 bc, enf. 45.

X **La Rascasse,** 38 bd Tixador *&* 04 68 80 20 79 – ▤. GB
1ᵉʳ avril-28 sept. et fermé jeudi sauf juil.-août – **Repas** 98/170, enf. 40.

au Centre Europa *Ouest : 2 km* – ✉ *66140 Canet-en-Roussillon :*

🏠 **Europa** Ⓜ, av. Hauts de Canet *&* 04 68 80 51 80, Fax 04 68 80 56 33, 畚, ⬐, 🐴 – 🛗 ⬐
▤ 🆃🆅 ☎ ⬐ 🅿 – 🛁 25 à 130. 🆎 GB
Repas *(fermé sam. et dim. d'oct. à mai)* 100 bc, enf. 40 – ⊏ 45 – **76 ch** 240/340 –
½ P 300/310.

CANGEY 37530 I.-et-L. **64** ⑯ – 722 h alt. 85.

Paris 209 – Tours 34 – Amboise 12 – Blois 28 – Montrichard 26.

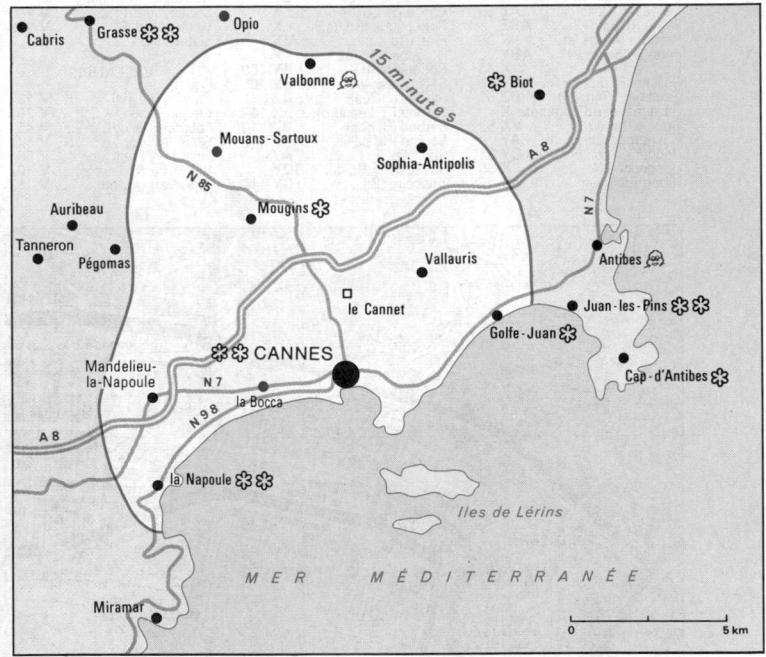

🏠 **Le Fleuray** ⑤, Nord : 7 km sur rte Dame-Marie 𝒫 02 47 56 09 25, Fax 02 47 56 93 97, 🏤, 🚗 – ☎ ⇔ 🅿. **GB**
fermé 21 oct. au 4 nov., 20 déc. au 5 janv. et 23 fév. au 1ᵉʳ mars – **Repas** (dîner seul.)
(prévenir) 115/225 – �) 55 – **11 ch** 340/375 – ½ P 310/460.

CANILLO **86** ⑭ – *voir à Andorre (Principauté d').*

CANNES 06400 Alpes-Mar. **84** ⑨, **115** ㉟ ㊳ G. Côte d'Azur – 68 676 h alt. 2 – Casinos Carlton Casino BYZ, Palm Beach (fermé) X, Croisette BZ.

Voir Site★★ – Le front de Mer★★ : boulevard★★ BCDZ et pointe★ X de la Croisette – ≼★ de la tour du Mont-Chevalier AZ V – Musée de la Castre★ AZ – Chemin des Collines★ NE : 4 km V – La Croix des Gardes X E ≼★ O : 5 km puis 15 mn.

⛳ de Cannes-Mougins 𝒫 04 93 75 79 13 par ⑤ : 9 km; ⛳ Cannes-Mandelieu 𝒫 04 93 49 55 39 par ② : 6,5 km; ⛳ Royal Mougins Golf Club à Mougins, 𝒫 04 92 92 49 69 par ④ : 10 km; ⛳ Riviera Golf Club à Mandelieu, 𝒫 04 93 97 67 67 par ② : 8 km.

🛈 Office de Tourisme "SEMEC", Palais des Festivals 𝒫 04 93 39 24 53, Fax 04 93 99 84 23 à la Gare SNCF 𝒫 04 93 99 19 77, Fax 04 93 39 40 19 – A.C. 12bis r. L.-Blanc 𝒫 04 93 39 38 94.

Paris 902 ⑤ – Aix-en-Provence 149 ⑤ – Grenoble 315 ⑤ – Marseille 163 ⑤ – Nice 34 ⑤ – Toulon 124 ⑤.

🏨🏨 **Carlton Inter-Continental**, 58 bd Croisette 𝒫 04 93 06 40 06, Fax 04 93 06 40 25, ≼, 🏤, 🛄, 🐾 – 🛗 🗜 ⌨ 🔟 ☎ ⟨ ⚓ – 🔒 25 à 250. 🗛 ⓘ **GB JCB** ❄ CZ e
voir rest. **La Belle Otéro** ci-après - **La Côte** 𝒫 04 93 06 40 23 *(fermé mardi et merc.)* Repas
275(déj.), 350/460 – **Brasserie Carlton : Repas** 235, enf. 85 – �) 135 – **310 ch** 1990/3690,
28 appart.

🏨🏨 **Martinez**, 73 bd Croisette 𝒫 04 92 98 73 00, Fax 04 93 39 67 82, ≼, 🏤, 🛎, 🏖, ❄ – 🛗
🔟 ☎ – 🔒 600. 🗛 ⓘ **GB JCB** DZ n
voir rest. **La Palme d'Or** ci-après - **Le Relais** 𝒫 04 92 98 74 12 *(fermé 15 fév. au 15 mars et le midi de Pâques à sept.)* Repas 180 – �) 115 – **382 ch** 1900/3460, 12 appart.

CANNES

André (R. du Cdt) . . . . . **CZ**
Antibes (R. d') . . . . **BCY**
Belges (R. des) . . . . **BZ** 12
Chabaud (R.) . . . . **CY** 22
Croisette (Bd de la) . . . **BDZ**
Félix-Faure (R.) . . . . **ABZ**
Foch (R. du Mar.) . . . . . **BY** 44
Joffre (R. du Mar.) . . . . **BY** 60
Riouffe (R. Jean de) . . . . **BY** 98

Albert-Édouard (Jetée) . **BZ**
Alexandre-III (Bd) . . . . . . **X** 2
Alsace (Bd) . . . . **BDY**
Anc. Combattants d'Afrique
   du Nord (Av.) . . . . . **AYZ** 4
Bachaga Saïd
   Boualam (Av.) . . . . . . **AY** 5
Beauséjour (Av.) . . . . . . **DYZ**
Beau-Soleil (Bd) . . . . **X** 10
Blanc (R. Louis) . . . . . . **AYZ**
Broussailles (Av. de) . . . . **V** 16
Buttura (R.) . . . . **BZ** 17
Canada (R. du) . . . . **DZ**
Carnot (Bd) . . . . **X**
Carnot (Square) . . . . **AY** 20
Castre (Pl. de la) . . . . . **AZ** 21
Clemenceau (R. G.) . . . . **AZ**
Coteaux (Av. des) . . . . . **V**
Croix-des-Gardes (Bd) . **VX** 29
Delaup (R.) . . . . **AY** 30
Dr-Pierre Gazagnaire (R.) **AZ** 32
Dr-R. Picaud (Av.) . . . . . **X**
Dollfus (R. Jean) . . . . . . **X** 33
Faure (R. Félix) . . . . . . **ABZ**
Favorite (Av. de la) . . . . **X** 38
Ferrage (Bd de la) . . . . **ABY** 40
Fiesole (Av.) . . . . **X** 43
Gallieni (R. du Mar.) . . . **BZ** 48
Gaulle (Pl. Gén.-de) . . . **BZ** 51
Gazagnaire (Bd Eugène) . **X**
Grasse (Av. de) . . . . . . **VX** 53
Guynemer (Bd) . . . . **AY**
Haddad-Simon (R. Jean) **CY** 54
Hespérides (Av. des) . . . **X** 55
Hibert (Bd Jean) . . . . . . **AZ**

Hibert (R.) . . . . **AZ**
Isola-Bella (Av. d') . . . . . . **X**
Jaurès (R. Jean) . . . . **BCY**
Juin (Av. Mar.) . . . . **DZ**
Koenig (Av. Gén.) . . . . . **DY**
Lacour (Bd Alexandre) . . **X** 62
Latour-Maubourg (R.) . . **DZ**
Lattre-de-T. (Av. de) . . . **X** 63
Laubeuf (Quai Max) . . . **AZ**
Leader (Bd) . . . . **VX** 64
Lérins (Av. de) . . . . **CDY**
Lorraine (Bd de) . . . . . . **CDY**
Macé (R.) . . . . **CZ** 66
Madrid (Av. de) . . . . **DZ**
Meynadier (R.) . . . . **ABY**
Midi (Bd du) . . . . **X**
Mimont (R. de) . . . . **BY**
Mont-Chevalier (R. du) **AZ** 72
Montfleury (Bd) . . . . . . **CDY** 74
Monti (R. Marius) . . . . . **AY** 75
Moulin (Bd du) . . . . **AY** 76
Noailles (Av. J.-de) . . . . **X**
Observatoire (Bd de l') . . **X** 84
Oxford (Bd d') . . . . **X** 87
Pantiero (la) . . . . **ABZ**
Paradis-Terrestre
   (Corniches du) . . . . . **V** 88
Pasteur (R.) . . . . **DZ**
Pastour (R. Louis) . . . . **AY** 90
Perier (Bd du) . . . . **V** 92
Perrissol (R. Louis) . . . **AY** 93
Petit-Juas (Av. du) . . . . **VX**
Pins (Bd des) . . . . **X** 95
Pompidou (Espl. G.) . . . **BZ**
Prince-de-Galles (Av. du) **X** 97
République (Bd de la) . . **X**
Riou (Bd du) . . . . **VX**
Roi-Albert 1er (Av.) . . . . **X**
Rouguière (R.) . . . . **BY** 100
St-Nicolas (Av.) . . . . . . **BY** 105
St-Pierre (Quai) . . . . . . **AZ**
Sardou (R. Léandre) . . . **X** 108
Serbes (R. des) . . . . . . **BZ** 110
Source (Bd de la) . . . . . **X** 112
Stanislas (Pl.) . . . . **AY**
Strasbourg (Bd de) . . . **CDY**
Teisseire (R.) . . . . **CY** 114

Tuby (Bd Victor) . . . . . **AYZ** 115
Vallauris (Av. de) . . . . . **VX** 116
Vallombrosa (Bd) . . . . . . **AY** 118
Vautrin (Bd Gén.) . . . . . **DZ**
Vidal (R. du Cdt) . . . . . . **CY** 120
Wemyss
   (Av. Amiral Wester) . . **X** 122

LE CANNET

Aubarède (Ch. de l') . . . . **V** 8
Bellevue (Pl.) . . . . **V** 13
Bréguières (Ch. des) . . . **V** 14
Cannes (R. de) . . . . **V** 19
Carnot (R. de) . . . . **V**
Cheval (Av. Maurice) . . . **V** 23
Collines (Ch. des) . . . . . **V**
Doumer (Bd Paul) . . . . . **V**
Écoles (R. des) . . . . **V** 34
Four-à-Chaux (Bd du) . . **V** 45
Gambetta (Bd) . . . . **V** 50
Gaulle (Av. Gén.-de) . . . **V**
Jeanpierre (Av. Maurice) **V** 58
Mermoz (Av. Jean) . . . . **V** 67
Monod (Bd Jacques) . . . **V** 68
Mont-Joli (Av. du) . . . . . **V** 73
N.-D.-des-Anges (Av.) . . **V** 79
Olivet (Ch. de l') . . . . . . **V** 85
Olivetum (Av. d') . . . . . . **V** 86
Paris (R. de) . . . . **V** 89
Pinède (Av. de la) . . . . . **V** 94
Pompidou (Av. Georges) **V** 96
République (Bd de la) . . **V**
Roosevelt (Av. Franklin) . **V**
St-Sauveur (R.) . . . . **V** 106
Victor-Hugo (R.) . . . . . . **V** 119
Victoria (Av.) . . . . **V**

VALLAURIS

Cannes (Av. de) . . . . . . **V** 18
Clemenceau (Av. G.) . . . **V** 25
Fournas (Av. de) . . . . . . **V** 46
Golfe (Av. du) . . . . **V** 52
Isnard (Pl. Paul) . . . . . . **V** 56
Rouvier (Bd Maurice) . . . **V** 102
Tapis-Vert (Av. du) . . . . **V** 113

CANNES

0   200 m

ÎLES DE LÉRINS

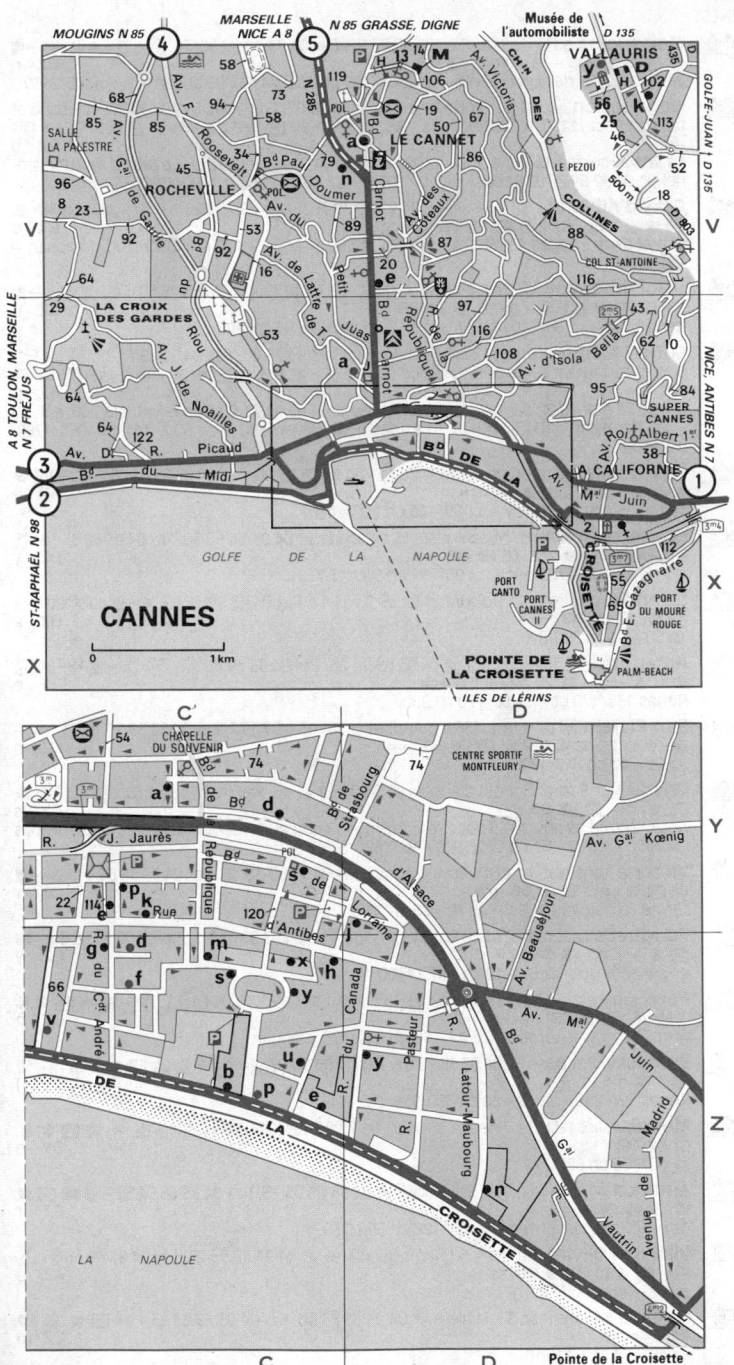

MOUGINS N 85   MARSEILLE   N 85 GRASSE, DIGNE   Musée de
                NICE A 8   l'automobiliste D 135

VALLAURIS

LE CANNET

ROCHEVILLE

SALLE
LA PALESTRE

LA CROIX
DES GARDES

SUPER
CANNES

LA CALIFORNIE

GOLFE   DE   LA   NAPOULE

PORT
CANTO
PORT
CANNES

PORT
DU MOURÉ
ROUGE

CANNES

0   1 km

POINTE DE
LA CROISETTE

PALM-BEACH

ILES DE LÉRINS

CHAPELLE
DU SOUVENIR

CENTRE SPORTIF
MONTFLEURY

R. J. Jaurès

LA   NAPOULE

DE

LA

CROISETTE

C   D   Pointe de la Croisette

299

Majestic, 14 bd Croisette ℘ 04 92 98 77 00, Fax 04 93 38 97 90, ≤, 庎, ℑ, ▲ₛ, ☞ – ▯
▤ ₸ ☎ ₲ ⇔ – ▵ 400. ﺍﺔ ① ☺ ﺝﺎﺏ   BZ n
voir rest. *Villa des Lys* ci-après – 🏛 120 – **239 ch** 1950/4100, 23 appart – ½ P 1305/2130.

Noga Hilton Ⓜ, 50 bd Croisette ℘ 04 92 99 70 00, Fax 04 92 99 70 11, 庎, « Piscine et
terrasses sur le toit ≤ Cannes », ℔, ▲ₛ – ▯ ﺟﺔ ▤ ₸ ☎ ₲ ₲ ⇔ – ▵ 800. ﺍﺔ ① ☺
ﺝﺎﺏ   CZ b
La Scala : cuisine italienne ℘ 04 92 99 70 93 **Repas** 168 (déj.)/295 – *Le Grand Bleu* (brasserie) ℘ 04 92 99 70 92 **Repas** 138(déj.)/170 ᷔ – 🏛 135 – **196 ch** 1490/4990, 33 appart.

Gray d'Albion Ⓜ, 38 r. Serbes ℘ 04 92 99 79 79, Fax 04 93 99 26 10, 庎, ▲ₛ – ▯ ﺟﺔ ▤
▥ ☎ ₲ – ▵ 30 à 200. ﺍﺔ ① ☺ ﺝﺎﺏ   BZ d
Royal Gray : **Repas** 190/265 et carte 290 à 390 – 🏛 97 – **172 ch** 1050/1700, 14 appart –
½ P 812/1137.

L'Horset-Savoy Ⓜ, 5 r. F. Einessy ℘ 04 92 99 72 00, Fax 04 93 68 25 59, 庎, ℑ, ▲ₛ – ▯
ﺟﺔ ▤ ▥ ☎ ₲ ⇔ – ▵ 90. ﺍﺔ ① ☺   CZ u
Repas 160 – 🏛 98 – **101 ch** 970/1430, 5 appart – ½ P 660/880.

Sofitel Méditerranée, 2 bd J. Hibert ℘ 04 92 99 73 00, Fax 04 92 99 73 29, 庎, « Piscine et restaurant sur le toit ≤ baie de Cannes » – ▯ ﺟﺔ ▤ ▥ ☎ ₲ ⇔ – ▵ 100. ﺍﺔ ①
☺ ﺝﺎﺏ   AZ n
fermé 23 nov. au 22 déc. – *Le Méditerranée* ℘ 04 92 99 73 02 **Repas** 180(déj.)/230, enf. 90
– *Le Palmyre* ℘ 04 92 99 73 10 **Repas** 150/250, enf. 90 – 🏛 50 – **141 ch** 1050/1780,
8 appart.

Belle Plage Ⓜ sans rest, 6 r. J. Dollfus ℘ 04 93 06 25 50, Fax 04 93 99 61 06 – ▯ ▤ ▥ ☎
₲ ⇔ – ▵ 50. ﺍﺔ ① ☺ ﺝﺎﺏ   AZ u
fermé 15 nov. au 25 janv. – 🏛 80 – **48 ch** 960/1460.

Croisette Beach H. Ⓜ sans rest, 13 r. Canada ℘ 04 93 94 50 50, Fax 04 93 68 35 38, ℑ
– ▯ ﺟﺔ ▤ ▥ ☎ ⇔. ﺍﺔ ① ☺ ﺝﺎﺏ   DZ y
fermé 19 nov. au 25 déc. – 🏛 90 – **93 ch** 800/1300.

Splendid sans rest, 4 r. F. Faure ℘ 04 93 99 53 11, Fax 04 93 99 55 02, ≤ – ▯ cuisinette ▤
▥ ☎. ﺍﺔ ① ☺   BZ a
🏛 50 – **64 ch** 590/890.

Amarante Ⓜ, 78 bd Carnot ℘ 04 93 39 22 23, Fax 04 93 39 40 22, 庎, ℑ – ▯ ﺟﺔ ▤ ▥
☎ ₲ ₲ ⇔ – ▵ 25. ﺍﺔ ① ☺ ﺝﺎﺏ   V e
Repas 135/170 bc – 🏛 60 – **70 ch** 950.

Sun Riviera Ⓜ sans rest, 138 r. d'Antibes ℘ 04 93 06 77 77, Fax 04 93 38 31 10, ℑ, ☞ –
▯ ﺟﺔ ▤ ▥ ☎ ₲ ₲ ⇔. ﺍﺔ ① ☺   CZ h
🏛 85 – **42 ch** 810/1800.

Cristal Ⓜ, 15 rd-pt Duboys d'Angers ℘ 04 93 39 45 45, Fax 04 93 38 64 66, 庎 – ▯ ﺟﺔ ▤
▥ ☎ ⇔. ﺍﺔ ① ☺   CZ s
hôtel : fermé 19 nov. au 23 déc. ; rest. : fermé 18 nov. au 27 déc., dim. soir et lundi – **Repas**
140/350 – 🏛 82 – **51 ch** 870/1900 – ½ P 620/875.

Victoria sans rest, rd-pt Duboys d'Angers ℘ 04 93 99 36 36, Fax 04 93 38 03 91, ℑ – ▯
▤ ▥ ☎ ⇔. ﺍﺔ ① ☺ ﺝﺎﺏ   CZ x
fermé 20 nov. au 28 déc. – 🏛 70 – **25 ch** 750/1250.

Fouquet's sans rest, 2 rd-pt Duboys d'Angers ℘ 04 93 38 75 81, Fax 04 92 98 03 39 – ▤
▥ ☎ ⇔. ﺍﺔ ① ☺ ﺝﺎﺏ   CZ y
1ᵉʳ avril-30 oct. – 🏛 60 – **10 ch** 1100/1300.

Paris sans rest, 34 bd Alsace ℘ 04 93 38 30 89, Fax 04 93 39 04 61, ℑ, ☞ – ▯ ▤ ▥ ☎ ₲
– ▵ 25. ﺍﺔ ① ☺ ﺝﺎﺏ ℁   CY a
fermé 20 nov. au 29 déc. – 🏛 47 – **50 ch** 650/720, 3 appart.

Embassy, 6 r. Bône ℘ 04 93 38 79 02, Fax 04 93 99 07 98, 庎 – ▯ ▤ ▥ ☎ – ▵ 50. ﺍﺔ
① ☺ ﺝﺎﺏ   DY j
Repas 120/250 – 🏛 40 – **60 ch** 600/950 – ½ P 480.

Mondial sans rest, 1 r. Tesseire ℘ 04 93 68 70 00, Fax 04 93 99 39 11 – ▯ ﺟﺔ ▤ ▥ ☎ ₲.
ﺍﺔ ① ☺   CY e
🏛 60 – **56 ch** 620/770.

America Ⓜ sans rest, 13 r. St-Honoré ℘ 04 93 06 75 75, Fax 04 93 68 04 58 – ▯ ▤ ▥ ☎
₲. ﺍﺔ ① ☺ ﺝﺎﺏ ℁   BZ r
fermé 27 nov. au 27 déc. – 🏛 60 – **28 ch** 550/730.

Villa de l'Olivier sans rest, 5 r. Tambourinaires ℘ 04 93 39 53 28, Fax 04 93 39 55 85, ℑ
– ▤ ▥ ☎ ℗. ﺍﺔ ① ☺ ℁   AZ e
🏛 52 – **24 ch** 525/715.

Festival Ⓜ sans rest, 3 r. Molière ℘ 04 93 68 33 00, Fax 04 93 68 33 85 – ▤ ▥ ☎. ﺍﺔ ①
☺ ﺝﺎﺏ. ℁   CZ m
🏛 45 – **14 ch** 600/710.

🏠 **Château de la Tour** ॐ, 10 av. Font-de-Veyre par ③ ⊠ 06150 Cannes-La-Bocca
🖉 04 93 47 34 64, Fax 04 93 47 86 61, ⊒ – ▤ 📺 ☎ 🅿, 🕮 ⓞ 🇬🇧 🇯🇨🇧
AZ d
Repas *(fermé 15 nov. au 25 déc.)* 95/120 – ⊑ 40 – **42 ch** 550/615 – ½ P 490/500.

🏠 **Beau Séjour**, 5 r. Fauvettes 🖉 04 93 39 63 00, Fax 04 92 98 64 66, 🌣, ⊒, 🌳 – ▤ ▤ ch
🇬🇧 📺 ☎ ⇔, 🕮 ⓞ 🇬🇧 🇯🇨🇧, 🛠 rest
AZ d
fermé 23 nov. au 23 déc. – **Repas** 80/125 ▵, enf. 60 – ⊑ 60 – **45 ch** 650/750 – ½ P 545.

🏠 **Ligure** sans rest, 5 pl. Gare 🖉 04 93 39 03 11, Fax 04 93 39 19 48 – ▤ ▤ 📺 ☎, 🕮 ⓞ 🇬🇧
⊑ 35 – **36 ch** 300/750.
BY n

🏠 **Abrial** sans rest, 24 bd Lorraine 🖉 04 93 38 78 82, Fax 04 93 48 67 41 – ▤ ▤ 📺 ☎ 🅿,
ⓞ 🇬🇧 🇯🇨🇧
CY s
⊑ 50 – **50 ch** 700.

🏠 **Alsace H.** Ⓜ sans rest, 40 bd Alsace 🖉 04 93 38 50 70, Fax 04 93 38 20 44 – ▤ ▤ 📺 ☎ &,
⇔, 🕮 ⓞ 🇬🇧
CY d
⊑ 45 – **30 ch** 585/630.

🏡 **Florian** sans rest, 8 r. Cdt André 🖉 04 93 39 24 82, Fax 04 92 99 18 30 – ▤ ▤ 📺 ☎, 🕮
🇬🇧
CZ g
fermé 2 nov. au 14 janv. – ⊑ 28 – **20 ch** 350/400.

🏡 **France** sans rest, 85 r. Antibes 🖉 04 93 06 54 54, Fax 04 93 68 53 43 – ▤ ▤ 📺 ☎, 🕮 ⓞ
🇬🇧, 🛠
CY k
⊑ 35 – **34 ch** 350/450.

🏡 **Albert 1ᵉʳ** sans rest, 68 av. Grasse 🖉 04 93 39 24 04, Fax 04 93 38 83 75 – 📺 ☎ 🅿, 🇬🇧
⊑ 30 – **11 ch** 340.
AY d

🏡 **Des Congrès et Festivals** sans rest, 12 r. Teisseire 🖉 04 93 39 13 81,
Fax 04 93 39 56 28 – ▤ ⇔ ▤ 📺 ☎ 🇬🇧
CY p
fermé 20 nov. au 27 déc. – ⊑ 40 – **20 ch** 350/550.

🏡 **Corona** sans rest, 55 r. Antibes 🖉 04 93 39 69 85, Fax 04 93 99 09 69 – ▤ ▤ 📺 ☎, 🕮 🇬🇧
fermé 1ᵉʳ nov. au 7 déc. – ⊑ 35 – **20 ch** 380/480.
BY v

🏡 **Robert's** Ⓜ sans rest, 16 r. J. Jaurès 🖉 04 93 38 05 07, Fax 04 93 38 06 07 – 📺 ☎, 🕮 🕮
🇬🇧 🇯🇨🇧
BY b
fermé 20 nov. au 30 déc. – ⊑ 30 – **20 ch** 260/350.

🍴🍴🍴🍴🍴 **La Belle Otéro** - Hôtel Carlton Inter-Continental, 58 bd Croisette, au 7ᵉ étage
🖉 04 93 68 00 33, Fax 04 93 39 09 06, 🌣 – ▤. 🕮 ⓞ 🇬🇧 🇯🇨🇧
CZ e
❀❀ *fermé 8 juin au 7 juil., 2 au 17 nov., dim. et lundi sauf juil.-août* – **Repas** (dîner seul. en
juil.-août) 290 bc (déj.), 390/620 et carte 480 à 650
Spéc. Saint-Pierre poêlé aux artichauts, gnocchi de ricotta (déc. à mai). Carré d'agneau de
Sisteron rôti en confit d'ail persillé. Figues fraîches en gratiné d'amandes aux saveurs
orientales (Juil. à oct.). **Vins** Côtes de Provence.

🍴🍴🍴🍴🍴 **La Palme d'Or** - Hôtel Martinez, 73 bd Croisette 🖉 04 92 98 74 14, Fax 04 93 39 67 82, ≤,
🌣 – ▤ ▤ 🅿, 🕮 ⓞ 🇬🇧 🇯🇨🇧
DZ n
❀❀ *fermé mi-nov. à mi-déc., mardi sauf le soir de mi-juin à mi-sept. et lundi* – **Repas** 295 (déj.),
350/580 et carte 430 à 600
Spéc. Symphonie de légumes de Provence aux fruits de mer. Agneau en croûte provençale, flan et gousses d'ail confites au miel de romarin. Croustillant chocolat praliné ''Palme
d'Or''. **Vins** Côtes de Provence.

🍴🍴🍴🍴 **Villa des Lys** - Hôtel Majestic, 14 bd Croisette 🖉 04 92 98 77 00, Fax 04 93 38 97 90, 🌣 –
▤. 🕮 ⓞ 🇬🇧 🇯🇨🇧
❀ *fermé déc.* – **Repas** 240/560 et carte 350 à 500, enf. 95
Spéc. Ravioli de queue et joue de boeuf au bouillon de pot-au-feu. Loup étuvé et risotto au
jus de légumes de Provence. Gratin de suprêmes d'orange caramélisés au jus d'agrumes.

🍴🍴🍴 **Poêle d'Or**, 23 r. États-Unis 🖉 04 93 39 77 65, Fax 04 93 40 45 59 – ▤. 🕮 🇬🇧
CZ v
*fermé 1ᵉʳ au 7 juil., 24 au 30 nov., vacances de fév., mardi midi en été, dim. soir en hiver et
lundi* – **Repas** (week-ends prévenir) 125/350 et carte 270 à 440.

🍴🍴🍴 **Gaston et Gastounette**, 7 quai St-Pierre 🖉 04 93 39 47 92, Fax 04 93 99 45 34, 🌣 –
▤. 🕮 ⓞ 🇬🇧
AZ v
fermé 1ᵉʳ au 20 déc. – **Repas** 130/200 et carte 270 à 390.

🍴🍴 **Festival**, 52 bd Croisette 🖉 04 93 38 04 81, Fax 04 93 38 13 82, 🌣 – ▤. 🕮 ⓞ 🇬🇧 🇯🇨🇧
fermé 19 nov. au 27 déc. – **Repas** 190 (déj.)/220.
CZ p

🍴🍴 **Relais des Semailles**, 9 r. St-Antoine 🖉 04 93 39 22 32, Fax 04 93 39 84 73 – ▤. 🕮 🇬🇧
Repas (dîner seul.) 155/280.
AZ t

🍴🍴 **Le Mesclun**, 16 r. St-Antoine 🖉 04 93 99 45 19, Fax 04 93 47 68 29 – ▤. 🕮 🇬🇧 🇯🇨🇧
fermé 15 nov. au 15 déc. et merc. sauf en juil.-août – **Repas** (dîner seul.) 175.
AZ t

🍴🍴 **La Mirabelle**, 24 r. St-Antoine 🖉 04 93 38 72 75, Fax 04 93 90 66 95, « Cadre provençal »
– ▤. 🕮 ⓞ 🇬🇧
AZ a
fermé 1ᵉʳ au 20 déc., 10 au 28 fév. et mardi – **Repas** (dîner seul.) 185/240.

🍴🍴 **Caveau 30**, 45 r. F. Faure 🖉 04 93 39 06 33, Fax 04 92 98 05 38, 🌣 – ▤. 🕮 ⓞ 🇬🇧
Repas 114/165.
AZ f

XX **La Cigale**, 1 r. Florian ℘ 04 93 39 65 79, ♔ – ▤. AE ⓞ GB   CZ d
fermé 1ᵉʳ au 15 nov., dim. soir et lundi – **Repas** 130/170 ⌾.

XX **Côté Jardin**, 12 av. St-Louis ℘ 04 93 38 60 28, Fax 04 93 38 60 28, ♔ – ▤. AE GB
fermé fév., lundi sauf le soir de mai à sept. et dim. – **Repas** 95 (déj.)/180.   X a

XX **Taverna Romana**, 10 r. St-Dizier (quartier du Suquet) ℘ 04 93 39 96 05,
Fax 04 93 68 54 38 – ▤. AE GB   AZ k
fermé 1ᵉʳ au 14 déc., le midi du 1ᵉʳ juin au 15 sept., lundi midi et dim. du 16 sept. au 31 mai –
Repas - cuisine italienne - 135/185 ⌾.

X **Mère Besson**, 13 r. Frères Pradignac ℘ 04 93 39 59 24, Fax 04 93 18 03 58 – AE ⓞ GB
fermé sam. midi, lundi midi et dim. – **Repas** 90/170.   CZ f

X **Au Bec Fin**, 12 r. 24 Août ℘ 04 93 38 35 86, Fax 04 93 38 43 47 – ▤. AE ⓞ GB BY k
fermé 20 déc. au 20 janv., sam. soir et dim. – **Repas** 90/115 ⌾.

X **Aux Bons Enfants**, 80 r. Meynadier –※   AZ r
fermé août, 23 déc. au 3 janv., sam. soir d'oct. à mai et dim. – **Repas** 92 ⌾.

au Cannet *Nord : 3 km* - V – 41 842 h. alt. 80 – ⊠ 06110.
🛈 *Office de Tourisme Central Buro, Bretelle Autoroute* ℘ 04 93 45 34 27.

🏨 **Grande Bretagne** sans rest, bd Sadi Carnot ℘ 04 93 45 66 00, Fax 04 93 45 83 30 – ▤
TV ☎ 🄿. AE ⓞ GB JCB   V a
⊇ 45 – **34 ch** 450/550.

🏨 **Sunset H.** sans rest, av. Campon (bretelle autoroute) ℘ 04 93 45 35 35,
Fax 04 93 45 60 68 – TV ☎ ⇔ 🄿. AE ⓞ GB   V n
⊇ 40 – **25 ch** 360/410.

à La Bocca *par ③ : 3 km* – ⊠ 06150 Cannes-La Bocca :

X **Luna Caff'e**, 8 r. Barthélémy ℘ 04 93 90 96 20, ♔ – ▤. GB
fermé 1ᵉʳ au 20 déc., dim. soir et lundi – **Repas** 95 ⌾.

à l'aérodrome de Cannes-Mandelieu *par ③ : 6 km* – ⊠ 06150 :

🏨 **Mercure** Ⓜ, ℘ 04 93 90 43 00, Fax 04 93 90 98 98, ♔, ⬭ – 🛗 ▤ TV ☎ ✆ & 🄿 – 🔏 25.
AE ⓞ GB JCB
Repas 115 ⌾, enf. 45 – ⊇ 60 – **99 ch** 415/560.

CITROEN Carnot Autom., 48 bd Carnot
℘ 04 93 68 20 25 N ℘ 04 93 69 39 89
CITROEN Carnot Autom., 205 av. F.-Tonner à La
Bocca *par ③* ℘ 04 93 47 24 00
RENAULT Succursale de Cannes, Bretelle Autoroute à Le Cannet *par ⑤* ℘ 04 93 69 62 62 N
℘ 08 00 05 15 15

Ⓦ Euromaster, 240 av. F.-Tonner à La Bocca
℘ 04 93 47 41 11
Massa-Pneu Vulco, 9 Bd Vallombrosa
℘ 04 93 39 25 22

Le CANNET *06 Alpes-Mar.* 84 ⑨,, 115 ㉟ ㊳ – *rattaché à Cannes*.

Le CANNET-DES-MAURES *83340 Var* 84 ⑱, 114 ㉟ – *3 126 h alt. 124.*
Paris 836 – *Fréjus 40* – *Brignoles 30* – *Cannes 71* – *Draguignan 27* – *St-Tropez 39* – *Toulon 57.*

🏨 **Mas de Causserène et rest. l'Oustalet**, N 7 ℘ 04 94 60 74 87, Fax 04 94 60 95 97,
♔, ⬭ – TV ☎ & 🄿 – 🔏 150. AE GB
Repas 90 (déj.), 150/190 ⌾ – ⊇ 40 – **47 ch** 250/280.

La CANOURGUE *48500 Lozère* 80 ④ ⑤ *G. Gorges du Tarn* – *1 817 h alt. 563.*
Voir Sabot de Malepeyre★ SE : 4 km.
🄁 *du Sabot* ℘ 04 66 32 84 00, *SE : 3 km par D 898.*
🛈 *Office de Tourisme (juin-sept.)* ℘ 04 66 32 83 67 *et à la Mairie* ℘ 04 66 32 81 47.
Paris 598 – *Mende 41* – *Espalion 60* – *Florac 53* – *Rodez 66* – *Sévérac-le-Château 25.*

🏨 **Commerce**, ℘ 04 66 32 80 18, Fax 04 66 32 94 79 – 🛗 TV ☎ ✆ ⇔ 🄿 – 🔏 25. GB
🍽 *hôtel : 1ᵉʳ mars-1ᵉʳ déc. et fermé vend. soir et sam. d'oct. à mai* – **Repas** *(fermé vacances de
Noël, vend. soir et sam. d'oct. à mai)* 75/155 ⌾, enf. 50 – ⊇ 32 – **28 ch** 220/300 –
½ P 260/280.

PEUGEOT Gar. Condomines, ℘ 04 66 32 80 16 N ℘ 04 66 32 80 16

CAP voir au nom propre du cap.

Si vous cherchez un hôtel tranquille,
consultez d'abord les cartes de l'introduction
ou repérez dans le texte les établissements indiqués avec le signe ⏾.

CAPBRETON *40130 Landes* **78** ⑰ *G. Pyrénées Aquitaine* – *5 089 h alt. 6 – Casino* .

🛈 *Office de Tourisme av. G.-Pompidou* 🕿 *05 58 72 12 11, Fax 05 58 41 00 29.*

Paris 751 – Biarritz 25 – Mont-de-Marsan 87 – Bayonne 18 – St-Vincent-de-Tyrosse 12 – Soustons 25.

quartier de la plage :

🏠 **Océan,** av. G. Pompidou 🕿 05 58 72 10 22, Fax 05 58 72 08 43, ≤ – 🛗 📺 🕿 🄿. ⓞ ⒼⒷ ✂ ch
21 mars-10 oct. – **Brasserie La Marine** 🕿 05 58 41 02 25 *(mai-oct. et fermé lundi soir et mardi sauf du 15 juin au 15 sept.)* **Repas** 79 🍴, enf.50 – **27 ch** ⌑ 490/520.

🏠 **Aliénor** sans rest, r. Madrid 🕿 05 58 41 00 18, Fax 05 58 72 08 43 – 🛗 🕿 🄿. ⓞ ⒼⒷ
15 juin-15 sept. – ⌑ 40 – **20 ch** 350.

✕✕ **Café Bellevue** avec ch, av. G. Pompidou 🕿 05 58 72 10 30, Fax 05 58 72 11 12 – 📺 🕿 🄿. 🄰🄴 ⓞ ⒼⒷ
fermé 12 nov. au 15 déc., 10 janv. au 10 fév. et lundi sauf de mai à sept. et du 15 déc. au 10 janv. – **Repas** 91 (déj.), 130/175, enf. 54 – ⌑ 35 – **11 ch** 260/280 – ½ P 305/315.

quartier la Pêcherie :

✕✕✕ **Le Regalty,** port de plaisance 🕿 05 58 72 22 80, Fax 05 58 41 82 18, 🍴 – 🄰🄴 ⓞ ⒼⒷ
fermé 15 au 30 nov., 15 au 31 janv., dim. soir et lundi sauf fériés – **Repas** - produits de la mer - 150 et carte 240 à 280.

CITROEN Gar. Barbe, 🕿 05 58 72 10 15

CAP COZ *29 Finistère* **58** ⑮ – *rattaché à Fouesnant.*

CAP D'AGDE *34 Hérault* **83** ⑯ – *rattaché à Agde.*

La CAPELLE *02260 Aisne* **53** ⑯ *G. Flandres Artois Picardie* – *2 149 h alt. 228.*
Voir Pierre d'Haudroy (monument de l'Armistice 1918) NE : 3 km par D 285.
Paris 194 – St-Quentin 51 – Avesnes-sur-Helpe 16 – Le Cateau-Cambrésis 31 – Fourmies 12 – Guise 23 – Laon 52 – Vervins 17.

✕✕ **Gd Cerf,** 🕿 03 23 97 20 61 – ⒼⒷ
fermé juil., dim. soir, lundi soir et mardi soir – **Repas** 95/220, enf. 60.

CAPESTANG *34310 Hérault* **83** ⑭ – *2 903 h alt. 22.*
Paris 797 – Montpellier 85 – Béziers 17 – Carcassonne 62 – Narbonne 18 – St-Pons 40.

à Poilhes *Sud-Est par D 11 : 5 km – 517 h. alt. 33 –* ✉ *34310 :*

✕✕ **La Tour Sarrasine,** 🕿 04 67 93 41 31 – ▤. 🄰🄴 ⒼⒷ
fermé lundi midi en juil.-août., dim. soir et lundi de sept. à juin – **Repas** 130/300.

CAP FERRAT *06 Alpes-Mar.* **84** ⑩ ⑲ – *rattaché à St-Jean-Cap-Ferrat.*

CAP FERRET *33 Gironde* **78** ⑫ *G. Pyrénées Aquitaine* – *alt. 11 –* ✉ *33950 Lege Cap Ferret.*
Voir ❋★ du phare.
🛈 *Office de Tourisme 12 av. Océan (saison)* 🕿 *05 56 60 63 26, au Canon pl. de l'Europe* 🕿 *05 56 60 86 43, Fax 05 56 60 94 54.*
Paris 649 – Bordeaux 67 – Arcachon 82 – Lacanau-Océan 57 – Lesparre-Médoc 85.

🏠 **La Frégate** sans rest, av. Océan 🕿 05 56 60 41 62, Fax 05 56 03 76 18, ⅃ – 📺 🕿 🄿. 🄰🄴 ⓞ ⒼⒷ
fermé 3 nov. au 20 déc. – ⌑ 37 – **29 ch** 250/400.

🏠 **Pins,** r. Fauvettes 🕿 05 56 60 60 11, Fax 05 56 60 67 41, 🍴, 🐎 – 🕿. ⒼⒷ. ✂
hôtel : 21 mars-11 nov. ; rest : 14 juin-7 sept. – **Repas** (dîner seul.) 90/120 – ⌑ 38 – **14 ch** 310/435 – ½ P 293/361.

🏠 **Les Dunes** sans rest, av. Bordeaux 🕿 05 56 60 61 81, Fax 05 56 03 61 66 – 🕿 🄿. ⒼⒷ
mars-oct. – ⌑ 35 – **14 ch** 290/350.

PEUGEOT Gar. Gava, 🕿 05 56 60 64 20

CAPINGHEM *59 Nord* **51** ⑮., **111** ㉑ – *rattaché à Lille.*

CAPPELLE-LA-GRANDE *59 Nord* **51** ④ – *rattaché à Dunkerque.*

CAPVERN-LES-BAINS 65130 H.-Pyr. 🆎 ⑨ G. Pyrénées Aquitaine – alt. 450 – Stat. therm. (21 avril-18 oct.) – Casino .

Voir Donjon du château de Mauvezin ✻ O : 4,5 km.

�︎ de Lannemezan ♪ 05 62 98 01 01, E : 12 km.

🅱 Office de Tourisme r. Thermes ♪ 05 62 39 00 46, Fax 05 62 39 08 14.

Paris 821 – Bagnères-de-Luchon 64 – Arreau 32 – Bagnères-de-Bigorre 18 – Lannemezan 9 – Tarbes 29.

🏨 **St-Paul,** ♪ 05 62 39 03 54, Fax 05 62 39 16 64, 🛤 – 🔋 ☎ 🅿. GB. ✼ rest
22 avril-22 oct. – **Repas** 76/83 – 🖵 25 – **30 ch** 150/210 – P 200/275.

🏨 **Lemoine,** ♪ 05 62 39 02 18, ≤, parc – ☎ ⟵ 🅿 GB. ✼
23 avril-22 oct. – **Repas** 75/95 ♨, enf. 45 – 🖵 30 – **18 ch** 150/240 – P 172/227.

🏨 **Bellevue** 🕭, rte Mauvezin, quartier le Laca ♪ 05 62 39 00 29, ≤, 🛤 – ☎ 🅿. GB. ✼ rest
2 mai-6 oct. – **Repas** 85/150 – 🖵 25 – **30 ch** 87/200 – ½ P 80/100.

CARANTEC 29660 Finistère 🆎 ⑥ G. Bretagne – 2 609 h alt. 37.

Voir Croix de procession★ dans l'église – "Chaise du Curé" (plate-forme) ≤★ – Pointe de Pen-al-Lann ≤★ E : 1,5 km puis 15 mn.

🅱 Office de Tourisme 4 r. Pasteur ♪ 02 98 67 00 43, Fax 02 98 67 07 44.

Paris 555 – Brest 68 – Lannion 55 – Morlaix 15 – Quimper 92 – St-Pol-de-Léon 10.

🏨 **Pors Pol** 🕭, plage Pors-Pol ♪ 02 98 67 00 52, Fax 02 98 67 02 17, ≤, 🛤 – ☎ 🅿. GB. ✼ rest
Pâques-22 sept. – **Repas** 90/162, enf. 52 – 🖵 36 – **30 ch** 247/267 – ½ P 268.

🏨 **Falaise** 🕭 sans rest, ♪ 02 98 67 00 53, ≤ Baie de Morlaix, 🛤 – ☎ 🅿. ✼
20 mars-1er oct. – 🖵 35 – **24 ch** 200/290.

🍴🍴 **Le Cabestan,** le port ♪ 02 98 67 01 87, Fax 02 98 67 90 49, ≤ – GB
fermé 3 nov. au 15 déc., lundi soir sauf juil.-août et mardi – **Repas** 110/250.

CITROEN Gar. Jacq, ♪ 02 98 67 01 67   RENAULT Gar. Kerrien, ♪ 02 98 67 01 71

CARCASSONNE 🅿 11000 Aude 🆎 ⑪ G. Pyrénées Roussillon – 43 470 h alt. 110.

Voir La Cité★★★ (embrasement 14 juil.) – Basilique St-Nazaire★ : vitraux★★, statues★★ – Musée du château Comtal : calvaire★ de Villanière.

🖵 Domaine d'Auriac, ♪ 04 68 72 57 30 par ③ : 4 km par D 118 et D 104.

✈ de Salvaza : ♪ 04 68 25 12 33, par ④ : 3 km.

🅱 Office de Tourisme et Accueil de France 15 bd Camille-Pelletan ♪ 04 68 25 07 04, Fax 04 68 47 34 96 et Porte Narbonnaise (Pâques-nov.) ♪ 04 68 25 68 81.

Paris 789 ④ – Perpignan 114 ② – Toulouse 93 ④ – Albi 108 ① – Béziers 90 ② – Narbonne 61 ②.

Plan page ci-contre

🏨 **Montségur** sans rest, 27 allée léna ♪ 04 68 25 31 41, Fax 04 68 47 13 22, « Mobilier ancien » – 🔋 🖵 📺 ☎ 🅿 🆎 ⓪ GB 🇯🇨🇧   AZ r
fermé 23 déc. au 14 janv. – 🖵 48 – **21 ch** 320/490.

🏨 **Bristol,** 7 av. Mar. Foch ♪ 04 68 25 07 24, Fax 04 68 25 71 89 – 🔋 🗏 rest 📺 ☎ ⟵. GB
mars-nov. – **Le Badiane** ♪ 04 68 25 08 66 (fermé sam. midi et dim. soir) Repas 95/230bc, enf.40 – 🖵 40 – **59 ch** 250/400 – ½ P 250/275.   BY n

🏨 **Pont Vieux** sans rest, 32 r. Trivalle ♪ 04 68 25 24 99, Fax 04 68 47 62 71 – 📺 ☎ ⟵. 🆎 ⓪ GB   BZ s
fermé 15 au 31 janv. – 🖵 35 – **19 ch** 250/320.

🏨 **Relais d'Aymeric,** 290 av. Gén. Leclerc par ② : 2 km ♪ 04 68 71 83 83, Fax 04 68 47 86 06 – 🗏 rest 📺 ☎ 🅿. 🆎 GB
Repas (fermé sam. midi) 90 bc/175 ♨, enf. 45 – 🖵 40 – **12 ch** 300/350 – ½ P 275/325.

🏨 **Royal Hotel** sans rest, 22 bd J. Jaurès ♪ 04 68 25 19 12, Fax 04 68 47 33 01 – 📺 ☎ 🅿. GB   BZ a
🖵 30 – **24 ch** 220.

🍴🍴🍴 **Languedoc,** 32 allée léna ♪ 04 68 25 22 17, Fax 04 68 47 13 22, 🌤 – 🗏. 🆎 ⓪ GB 🇯🇨🇧
fermé 20 déc. au 20 janv., dim. soir hors sais. et lundi sauf le soir en sais. – **Repas** 130/240 et carte 190 à 300 ♨, enf. 70.   AZ z

🍴🍴 **L'Écurie,** 1 r. d'Alembert ♪ 04 68 72 04 04, Fax 04 68 25 55 89, 🌤, « Authentiques écuries du 18e siècle » – 🆎 ⓪ GB   AZ m
fermé dim. soir sauf juil. – **Repas** 100 bc (déj.), 130 bc/250, enf. 85.

🍴🍴 **Terminus-Relais de l'Écluse,** 2 av. Mar. Joffre ♪ 04 68 25 13 77, Fax 04 68 71 39 09 – GB   BY t
Repas 80/200 ♨.

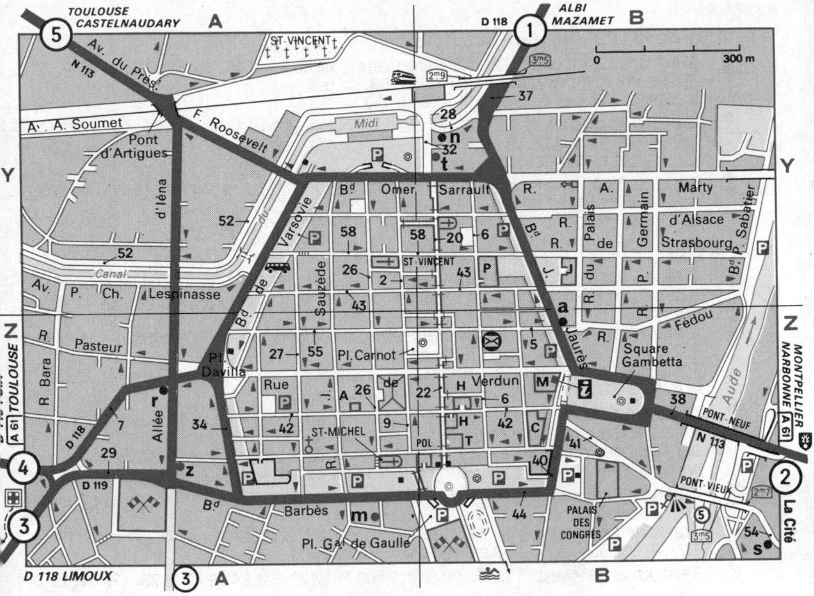

CARCASSONNE

Armagnac (R. A.) .... **AY** 2
Barbès (R.) .... **BZ** 5
Chartran (R.) .... **AZ** 9
Clemenceau (R. G.) ... **BY** 20
Courtejaire (R.) ...... **BZ** 22
Dr-A.-Tomey (R.) ..... **AYZ** 26
Verdun (R. de) .... **ABZ**

Bringer (R. Jean) ..... **BYZ** 6
Brunau-Varilla (Av.) .. **AZ** 7
Combéléran (Mtée G.) .. **D** 21
Cros-Mayrevieille (Rue) .. **D** 24
Études (R. des) .... **AZ** 27
Foch (Av. du Mar.) ... **BY** 28
Gout (Av. Henri) ..... **AZ** 29
Joffre (Av. du Mar.) .. **BY** 32
Marcou (Bd) .... **D** 36
Médiévale (Voie) ...... **ABY** 37
Minervoise (Route) .... **BZ** 38
Mullot (Av. Arthur) ... **BZ** 40
Pelletan (Bd C.) ...... **BZ** 41
Pont-Vieux (R. du) .... **ABZ** 42
Ramon (R. A.) .... **ABZ** 42
République (R. de la) . **ABY** 43
Roumens (Bd du Cdt) . **BZ** 44
St. Jean (R.) .... **C** 46
St. Saëns (R. C.) ..... **D** 48
St. Sernin (R.) .... **D** 49
Semard (Av. Pierre) ... **AY** 52
Trivalle (R.) .... **BZ** 54
Victor-Hugo (R.) ..... **AZ** 55
Viollet-le-Duc (Rue).... **C** 56
R. du 4-Septembre... **ABY** 58

*Les noms des rues
sont soit écrits
sur le plan
soit répertoriés
en liste
et identifiés
par un numéro.*

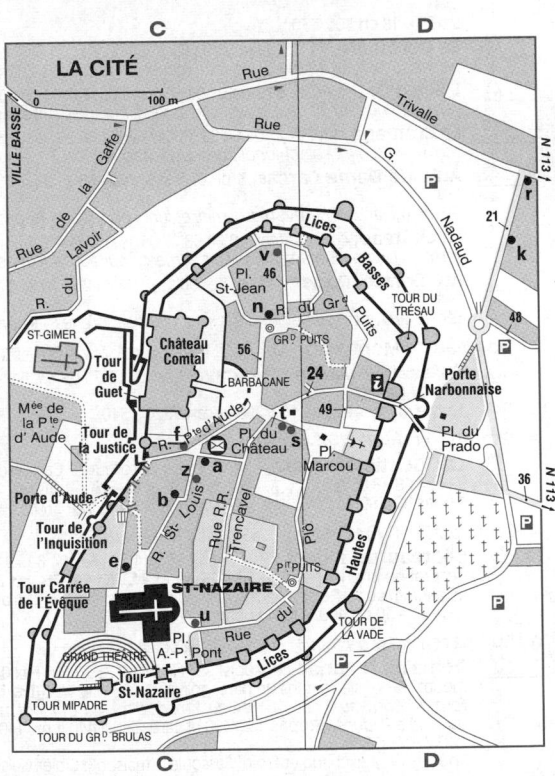

305

à l'entrée de la Cité, *près porte Narbonnaise* :

▲ **Mercure La Vicomté** ⏎, r. C. Saint-Saens ℰ 04 68 71 45 45, Fax 04 68 71 11 45, ≤, 佘, ⤢ – 🛗 ⇄ 🔟 ☎ 🕭 🅿 – 🔬 50. ⒶⒺ ⓞ ⒼⒷ. ⛯ rest
Repas 96/130 🦴, enf. 48 – ⊡ 53 – **61 ch** 490.

▥ **Clarine-Aragon** sans rest, 15 montée Combéléran ℰ 04 68 47 16 31, Fax 04 68 47 33 53, ⤢ – ⇄ 🔟 ☎ 🕭 🅿. ⒶⒺ ⒼⒷ
⊡ 38 – **29 ch** 350/450.   D k

▥ **Espace Cité** Ⓜ sans rest, 132 r. Trivalle ℰ 04 68 25 24 24, Fax 04 68 25 17 17 – ⇄ ▤ 🔟 ☎ 🕭 🅿. – 🔬 40. ⒶⒺ ⒼⒷ
⊡ 30 – **48 ch** 300.   D r

dans la Cité - *Circulation réglementée en été* :

🏛 **Cité et rest. La Barbacane** ⏎, pl. Église ℰ 04 68 25 03 34, Fax 04 68 71 50 15, ≤,
❀ « Demeure néo-gothique et jardin sur les remparts », ⤢ – 🛗 ▤ 🔟 ☎ 🕭 – 🔬 40. ⒶⒺ ⓞ
ⒼⒷ ⒿⒸⒷ   C e
fermé 6 janv. au 10 fév. – **Repas** *(fermé dim. soir et lundi)* 190 (déj.), 280/480 et carte 350 à
600 – ⊡ 100 – **23 ch** 1000/1300, 5 appart
Spéc. Fine tarte à la tomate comme une ''pissaladière'' (été). Petite lotte en rôti. Râble de
lapin farci de blettes. **Vins** Corbières, Minervois.

▲ **H. Dame Carcas** ⏎, 15 r. St-Louis ℰ 04 68 71 37 37, Fax 04 68 71 50 15, ≤, 佘, « Jardin
sur les remparts » – 🛗 ▤ ch 🔟 ☎ 🕭 – 🔬 25. ⒶⒺ ⓞ ⒼⒷ   C b
Les Coulisses du Théâtre (bistro) ℰ 04 68 47 63 39 *(fermé sam. midi et dim. du 14 sept.
au 17 juin)* **Repas** 80(déj.),115/240, enf. 50 – ⊡ 70 – **30 ch** 450/750.

🏛 **Donjon**, 2 r. Comte Roger ℰ 04 68 71 08 80, Fax 04 68 25 06 60, ≤, 🖝 – 🛗 ▤ 🔟 ☎ 🅿 –
🔬 50. ⒶⒺ ⓞ ⒼⒷ   C d
Brasserie Le Donjon ℰ 04 68 25 95 72 *(fermé dim. soir du 1er nov. au 31 mars)* **Repas**
88/128, enf. 45 – ⊡ 53 – **38 ch** 310/490 – 1/2 P 360/400.

▥ **Remparts** sans rest, 3 pl. Gd Puits ℰ 04 68 71 27 72, Fax 04 68 72 73 26 – ⇄ ☎ 🅿. ⒶⒺ
                                                                                          C n
⊡ 35 – **18 ch** 300/330.

XX **La Marquière**, 13 r. St Jean ℰ 04 68 71 52 00, Fax 04 68 71 30 81 – ⒶⒺ ⒼⒷ   C v
fermé 15 janv. au 15 fév., jeudi midi et merc. – **Repas** 95/280.

XX **L'Écu d'Or**, 7 r. Porte d'Aude ℰ 04 68 25 49 03, Fax 04 68 25 33 14, 佘 – ⒼⒷ   C f
fermé 15 nov. au 20 déc., merc. soir et jeudi hors sais. – **Repas** 110/250.

XX **La Crémade**, 1 r. Plô ℰ 04 68 25 16 64, Fax 04 68 25 93 41 – ⒶⒺ ⓞ ⒼⒷ   C u
fermé janv., dim. soir et lundi hors sais. – **Repas** 100/230, enf. 60.

X **Aub. de Dame Carcas**, 3 pl. Château ℰ 04 68 71 23 23, Fax 04 68 79 79 67, 佘 – ▤. C t
fermé mi-janv. à mi-fév., mardi midi et lundi hors sais. – **Repas** 85.

X **Le Château**, 4 pl. Château ℰ 04 68 25 05 16, Fax 04 68 71 61 33, 佘 – ⒶⒺ ⓞ ⒼⒷ   C s
fermé 4 janv. au 5 mars, mardi soir et merc. sauf août – **Repas** 88/158 🦴, enf. 40.

X **Au Comte Roger**, 14 r. St-Louis ℰ 04 68 25 31 78, Fax 04 68 25 67 52, 佘 – ⒶⒺ
ⒼⒷ   C z
fermé janv., dim. soir et lundi de sept. à juin sauf fériés – **Repas** 100/210 🦴, enf. 65.

au hameau de Montredon *Nord-Est : 4 km par r. A. Marty* BY – ✉ *11090 Carcassonne* :

XXX **Château St Martin ''Trencavel''**, ℰ 04 68 71 09 53, Fax 04 68 25 46 55, 佘, « Parc »
– 🅿. ⒶⒺ ⓞ ⒼⒷ
fermé merc. – **Repas** 160/290 et carte 220 à 310.

à l'Est *par ② et N 113 : 5 km* – ✉ *11800 Trèbes* :

🏛 **La Gentilhommière** Ⓜ, accès autoroute Carcassonne-Est ℰ 04 68 78 74 74,
Fax 04 68 78 65 80, 佘, ⤢ – ▤ ch 🔟 ☎ 🕭 🅿 – 🔬 30. ⒼⒷ
Repas 80/180, enf. 40 – ⊡ 37 – **31 ch** 250/300 – 1/2 P 250.

à Floure *par ② et N 113 : 11 km – 255 h. alt. 77* – ✉ *11800* :

▲ **Château de Floure** ⏎, ℰ 04 68 79 11 29, Fax 04 68 79 04 61, ≤, 佘, parc, « Belle
décoration intérieure », ⤢, ⛷ – 🔟 ☎ 🕭 🅿. ⒶⒺ ⓞ ⒼⒷ. ⛯ rest
1er avril-20 oct. – **Repas** *(fermé dim. soir et merc. sauf de juin à sept. et merc. midi)*160/210
– ⊡ 65 – **10 ch** 400/790, 4 appart – 1/2 P 450/595.

au Sud par ③ *et Est par D 104 : 3 km – ✉ 11000 Carcassonne* :

▲ **Domaine d'Auriac** (Rigaudis) ⏎, ℰ 04 68 25 72 22, Fax 04 68 47 35 54, ≤, 佘, « De-
❀ meure du 19e siècle dans un parc, golf », ⤢, ⛷ – 🛗 ▤ 🔟 ☎ 🅿 – 🔬 25 à 60. ⒶⒺ ⓞ ⒼⒷ
*fermé 17 nov. au 8 déc., 17 fév. au 3 mars, dim. soir et lundi midi en oct., dim. soir et lundi
du 1/11 à Pâques* – **Repas** 190/390 et carte 330 à 440, enf. 140 – ⊡ 80 – **27 ch** 500/1500 –
1/2 P 720/1170
Spéc. Foie gras chaud et froid. Cassoulet ''maison''. Gibier (saison). **Vins** Limoux, Corbières.

à Cavanac *par ③ et rte de St-Hilaire : 7 km – 676 h. alt. 138 –* ⊠ *11570 :*

🏨 **Château de Cavanac** 🦢, 𝄞 04 68 79 61 04, Fax 04 68 79 79 67, 🍴, « Bel aménagement intérieur », ⅃₅, ⌁, ℅ – 🍴 📺 ☎ 🚗 🅿 – 🔏 40. 🎫. ℅ ch
fermé mi-janv. à mi-fév. – **Repas** *(fermé dim. soir, lundi et le midi sauf dim.)* 195 bc – ⚍ 45
– **14 ch** 320/520 – ½ P 515/715.

à Pézens *par ⑤ et N 113 : 10 km – 1 090 h. alt. 117 –* ⊠ *11170 :*

🍴 **Le Réverbère** *avec ch, rte Toulouse : 1 km* 𝄞 04 68 24 92 53, Fax 04 68 24 84 01, 🍴 –
🍴 📺 ☎ 🅿. 🎫
fermé 10 janv. au 20 fév., lundi soir sauf juil.-août et mardi – **Repas** 73 bc/200 ⅊, enf. 45 –
⚍ 28 – **6 ch** 240 – ½ P 200.

BMW Passion Auto, Av. du Gén.-Leclerc
𝄞 04 68 47 14 14
CITROEN Gar. Tressol Chabrier, ZAC Salvaza, bd
H.-Bouffet par ④ 𝄞 04 68 25 75 36 🄽
𝄞 04 68 78 00 69
FIAT, LANCIA Gar. Ital, rte de Montréal
𝄞 04 68 25 81 31
FORD Gar. Salvaza, ZI La Bouriette rte de Montréal
𝄞 04 68 25 11 50
HONDA Auto Loisirs, ZI Pont Rouge
𝄞 04 68 71 36 43
MAZDA Gar. Aubertin, 22 r. Jean Monnet
𝄞 04 68 25 38 54
MERCEDES Gar. Bary, N 113 à Trèbes
𝄞 04 68 78 61 28
OPEL Gar. Bourguignon, rte de Toulouse
𝄞 04 68 25 10 43

PEUGEOT Auto Cité, ZA St-Jean-l'Arnouze
rocade Ouest par ④ 𝄞 04 68 47 70 00 🄽
𝄞 04 68 72 91 38
RENAULT Gar. Alaux et Gestin, rte de Narbonne
par ② 𝄞 04 68 77 77 68 🄽 𝄞 05 63 72 75 46
TOYOTA Gar. de l'Avenir, ZI Félines
𝄞 04 68 47 58 58
VAG Gar. Cathala, Pech Mary N 113
𝄞 04 68 25 90 01

⑩ Euromaster, ZI Arnouzette, rte de Bram
𝄞 04 68 25 46 66
Gastou Point S, ZI la Bouriette 𝄞 04 68 25 35 42
Grulet, 58 av. F.-Roosevelt 𝄞 04 68 25 09 46
Laguzou Pneus, 18 av. F.-Roosevelt
𝄞 04 68 25 25 88

CARENNAC *46110 Lot* 🗺️ ⑲ *G. Périgord Quercy – 370 h alt. 123.*

Voir *Portail★ de l'église – Mise au tombeau★ dans la salle capitulaire.*

🛈 *Office de Tourisme* 𝄞 05 65 10 97 01.

*Paris 526 – Brive-la-Gaillarde 40 – Cahors 77 – Martel 16 – St-Céré 15 – Sarlat-la-Canéda 60 –
Tulle 52.*

🏨 **Aub. Vieux Quercy** Ⓜ 🦢, 𝄞 05 65 10 96 59, Fax 05 65 10 94 05, 🍴, ⌁, 🌳 – 📺 ☎ 🅿.
🎫
15 mars-15 nov. et fermé lundi sauf de mai à sept. – **Repas** 85/195, enf. 50 – ⚍ 40 – **22 ch**
330 – ½ P 330.

🏠 **Host. Fénelon** 🦢, 𝄞 05 65 10 96 46, Fax 05 65 10 94 86, 🍴, ⌁, 🌳 – 📺 ☎ ✆ 🅿. 🎫
fermé 6 janv. au 10 mars, sam. midi et vend. hors sais. – **Repas** 95/340, enf. 55 – ⚍ 45 –
15 ch 260/350 – ½ P 310/350.

CARENTAN *50500 Manche* 🗺️ ⑬ *G. Normandie Cotentin – 6 300 h alt. 18.*

🛈 *Office de Tourisme bd Verdun* 𝄞 02 33 42 74 01.

Paris 307 – Cherbourg 52 – St-Lô 29 – Avranches 85 – Caen 73 – Coutances 36.

🏠 **Le Vauban** *sans rest, 7 r. Sébline* 𝄞 02 33 71 00 20 – 📺 ☎ 🚗, 🎫. ℅
⚍ 30 – **15 ch** 240/300.

🍴🍴 **Aub. Normande,** *bd Verdun* 𝄞 02 33 42 28 28; Fax 02 33 42 00 72 – 🎫 🎫
fermé 15 au 30 avril, dim. soir et lundi d'oct. à juin – **Repas** 85 (déj.), 129/228.

à St-Hilaire-Petitville *Est : 2 km – 1 219 h. alt. 10 –* ⊠ *50500 Carentan :*

🏠 **Vipotel** Ⓜ, N 13 𝄞 02 33 71 11 11, Fax 02 33 71 92 88, 🍴 – 📺 ☎ ✆ 🚗 🅿. – 🔏 60. 🎫 ⑩
🎫 🄹🄲🄱
Repas *(fermé sam. midi)* 78/205 ⅊, enf. 45 – ⚍ 35 – **36 ch** 240/280 – ½ P 215/250.

CITROEN Gar. Godefroy, Le Mesnil à St-Hilaire-
Petitville 𝄞 02 33 42 02 78
PEUGEOT Gar. Mecatol, ZI Pommenauque, rte de
Cherbourg 𝄞 02 33 42 23 73

RENAULT Gar. Bourdet, rte de St-Côme
𝄞 02 33 42 00 93 🄽 𝄞 02 31 50 69 05

⑩ Schmitt Pneus Vulco, 25 bd de Verdun
𝄞 02 33 71 04 11

CARGÈSE *2A Corse-du-Sud* 🗺️ ⑱ *– voir à Corse.*

CARHAIX-PLOUGUER *29270 Finistère* 🗺️ ⑰ *G. Bretagne – 8 198 h alt. 138.*

🛈 *Office de Tourisme r. Brizeux* 𝄞 02 98 93 04 42, Fax Mairie 02 98 99 15 92.

*Paris 504 – Quimper 59 – Brest 83 – Concarneau 61 – Guingamp 47 – Lorient 73 – Morlaix 46
– Pontivy 59 – St-Brieuc 78.*

🍴 **D'Ahès** *sans rest, 1 r. F. Lancien* 𝄞 02 98 93 00 09 – 📺. 🎫. ℅
fermé nov. et fév. – ⚍ 30 – **10 ch** 190/230.

à Port de Carhaix *Sud-Ouest : 6 km par rte de Lorient –* ✉ *29270 Carhaix-Plouguer :*

XX **Aub. du Poher,** 𝒫 02 98 99 51 18, Fax 02 98 99 55 98, 🥢 – **P**, **GB**
fermé 21 juil. au 4 août, 1ᵉʳ au 15 fév., dim. soir et lundi – **Repas** 90/230 ⅄.

> RENAULT Autom. Centre Bretagne, rte de Rennes   ⓦ Thomas Pneus, rte de Callac
> 𝒫 02 98 93 18 22 **N** 𝒫 02 98 93 30 30   𝒫 02 98 93 05 41
>   Vulco, rte de Rostrenen 𝒫 02 98 93 05 84

CARIGNAN *08110 Ardennes* **5 6** ⑩ *– 3 359 h alt. 174.*

  Paris 269 – Charleville-Mézières 45 – Mouzon 7 – Montmédy 23 – Sedan 22 – Verdun 72.

XX **La Gourmandière,** 19 av. Blagny 𝒫 03 24 22 20 99, Fax 03 24 22 20 99, 🏠, 🥢 – **AE GB**
🍴 *fermé 15 janv. au 15 fév. et lundi –* **Repas** 65/205.

> RENAULT Auto Carignan, 𝒫 03 24 22 00 44

CARMAUX *81400 Tarn* **80** ⑪ *G. Pyrénées Roussillon – 10 957 h alt. 241.*

  🛈 *Office de Tourisme pl. Gambetta 𝒫 05 63 76 76 67, Fax 05 63 36 84 51.*
  Paris 694 – Rodez 64 – Albi 16 – St-Affrique 91 – Villefranche-de-Rouergue 52.

à Mirandol-Bourgnounac *Nord : 13 km par N 88 et D 905 – 1 110 h. alt. 393 –* ✉ *81190 :*

X **Voyageurs** 🛏 avec ch, 𝒫 05 63 76 90 10, 🏠 – **☎. GB**
🍴 *fermé 18 août au 6 sept., vacances de fév. et le soir du 1ᵉʳ oct. au 15 avril –* **Repas** 68 bc/170
⅄ – 🖵 40 – **11 ch** 180/320.

> RENAULT Carmaux Autom., N 88 Pont de Blaye   ⓦ Gar. Esteveny, bd A.-Malroux
> 𝒫 05 63 80 18 48 **N** 𝒫 05 63 47 84 74   𝒫 05 63 76 81 72

CARNAC *56340 Morbihan* **63** ⑫ *G. Bretagne – 4 243 h alt. 16.*

  Voir *Musée de préhistoire*★★ **M** *– Église St-Cornély*★ **E** *– Tumulus St-Michel*★ : ⩽★ –
  Alignements du Ménec★ *par D 196 : 1,5 km – Alignements de Kermario*★★ *par* ② *: 2 km –*
  Alignements de Kerlescan★ *par* ② *: 4,5 km – Tumulus de Kercado*★ *par* ② *: 4,5 km –*
  Dolmens de Mané-Kérioned★ *4 km par* ①.

  🚞 🛥 *de St-Laurent, 𝒫 02 97 56 85 18, N : 8 km par D 196.*
  🛈 *Office de Tourisme 74 avenue des Druides (Carnac-Plage) 𝒫 02 97 52 13 52, Fax 02 97 52*
  86 10 et pl. de l'Eglise.
  Paris 491 ② *– Vannes 31* ② *– Auray 13* ② *– Lorient 37* ① *– Quiberon 18* ① *– Quimperlé 64* ①.

  Plan page ci-contre

🏨 **Diana** Ⓜ, 21 bd Plage 𝒫 02 97 52 05 38, Fax 02 97 52 87 91, ⩽, 🏠, 🎬, 🏊 – 🛗 🖸 ☎ **P**,
  ⓦ **GB JCB**   **Z r**
  hôtel : 28 mars-28 sept. ; rest. : 12 avril-28 sept. et fermé merc. hors sais. – **Repas** 135 (déj.),
  250/350 – 🖵 85 – **30 ch** 950/1150, 3 appart – ½ P 800/910.

🏨 **Novotel** Ⓜ 🛏, av. Atlantique 𝒫 02 97 52 53 00, Fax 02 97 52 53 55, ⩽, *centre de thalas-*
  sothérapie, 🎬, 🏊 – 🛗 🍴 🍽 rest 🖸 ☎ 🅻 **P** – 🔬 25. **AE** ⓦ **GB**   **Z s**
  fermé 5 au 31 janv. – **Repas** 160/250, enf. 55 – 🖵 60 – **110 ch** 715/790 – ½ P 595.

🏨 **Celtique** Ⓜ, 17 av. Kermario 𝒫 02 97 52 11 49, Fax 02 97 52 71 10, 🏠 – 🛗 cuisinette 🍽
  🖸 ☎ 🅻 **P** – 🔬 40. **AE** ⓦ **GB JCB**   **Z h**
  Repas 118/218, enf. 56 – 🖵 58 – **45 ch** 590/640, 5 duplex – ½ P 480/500.

🏨 **Ibis** Ⓜ 🛏, av. Atlantique 𝒫 02 97 52 54 00, Fax 02 97 52 53 66, ⩽, *centre de thalasso-*
  thérapie, 🎬, 🏊, 🍴 – 🛗 🍽 🖸 ☎ 🅻 **P** – 🔬 30. **AE GB**   **Z u**
  Repas 125 ⅄, enf. 40 – 🖵 40 – **96 ch** 545/585, 23 duplex – ½ P 445.

🏨 **Plancton,** 12 bd Plage 𝒫 02 97 52 13 65, Fax 02 97 52 87 63, ⩽ – 🛗 🖸 🅻 **P** – 🔬 25.
  AE GB   **Z b**
  hôtel : 22 mars-oct. ; rest. : 22 mars-fin sept. – **Repas** 80 (déj.), 100/210, enf. 50 – 🖵 50 –
  23 ch 551/595 – ½ P 451/473.

🏨 **Alignements,** 45 r. St Cornély 𝒫 02 97 52 06 30, Fax 02 97 52 76 56 – 🛗 🖸 ☎. **AE GB**,
  🍽 ch   **Y d**
  hôtel : Pâques-fin sept. ; rest. : fermé fév., lundi, mardi et merc. d'oct. à Paques – **Repas**
  95/195 ⅄ – 🖵 39 – **27 ch** 280/395 – ½ P 300/360.

🏨 **Armoric,** av. Poste 𝒫 02 97 52 13 47, Fax 02 97 52 98 66, 🥢 – 🛗 ☎ **P**. **AE** ⓦ **GB**, 🍽 rest
  27 mars-12 nov. – **Repas** *(fermé jeudi sauf juil.-aout)* 115/160, enf. 52 – 🖵 41 – **25 ch**
  310/470 – ½ P 405/425.   **Z e**

🏨 **La Licorne** Ⓜ sans rest, 5 av. Atlantique 𝒫 02 97 52 10 59, Fax 02 97 52 80 30, 🥢 – 🖸 ☎
  🅻 **P**. **GB**   **Z a**
  🖵 40 – **26 ch** 370/550.

XX **Passe Mauve,** 1 r. Tumulus 𝒫 02 97 52 04 14 – 🗏. **AE** ⓦ **GB**   **Y n**
  fermé 20 nov. au 10 déc., 10 janv. au 8 fév., merc. soir et jeudi hors sais. – **Repas** 98 (déj.),
  145/225.

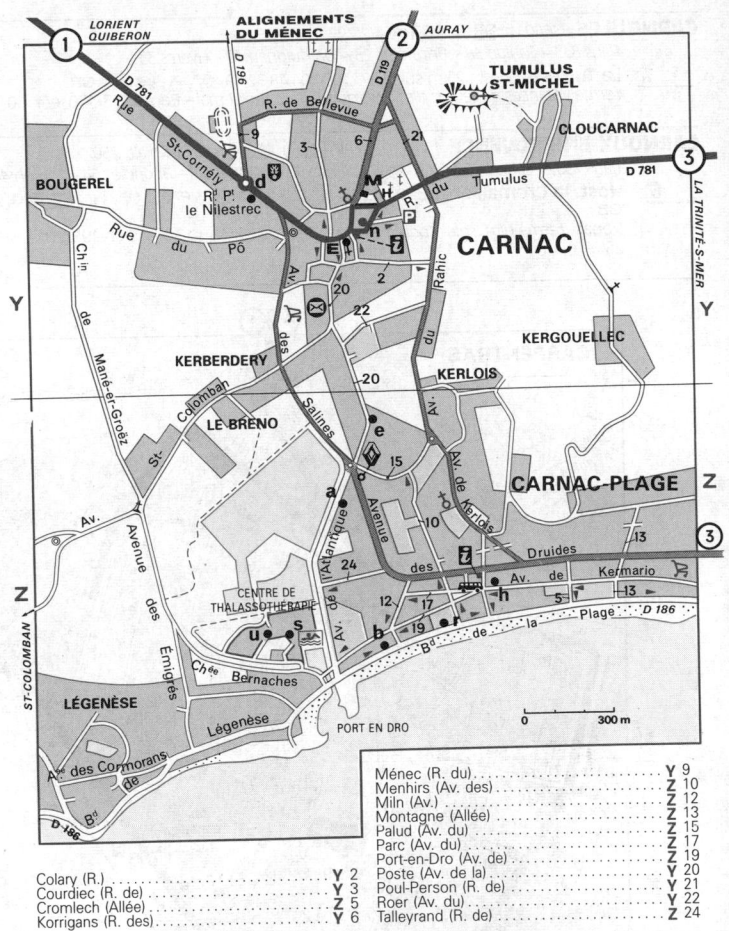

aux Alignements de Kermario *par* ② : *2 km –* ⊠ *56340 Carnac :*

✗ **La Côte de Boeuf,** ☎ 02 97 52 02 80, 🍴, 🌲 – 🅿. GB. 🛇
fermé 18 au 27 nov., 15 janv. au 15 fév. et lundi sauf du 14 juil. au 15 août – **Repas** 75 (déj.), 105/220, enf. 48.

PEUGEOT Gar. Dréan, rte de Carnac à Plouharnel
par ① ☎ 02 97 52 08 53 🅽 ☎ 02 97 52 98 13
RENAULT Gar. Steunou, ☎ 02 97 52 12 08

RENAULT Gar. Thomas Le Ny, 2 r. de la Gare à
Plouharnel par ① ☎ 02 97 52 35 01 🅽 ☎ 06 08
40 58 32

CARNON-PLAGE *34280 Hérault* 🔟🔟 ⑦.
Paris 762 – Montpellier 15 – Aigues-Mortes 19 – Nîmes 57 – Sète 35.

🏨 **Neptune** Ⓜ, au port ☎ 04 67 50 88 00, Fax 04 67 50 96 72, ≤, 🍴, 🏊 – 🔁 😄 📺 ☎ 📞 🅿 – 🏛 25. 🆎 ⑩ GB. 🛇 rest
Repas *(fermé dim. soir du 1ᵉʳ nov. au 31 mars sauf fêtes)* 95/160 🍷, enf. 45 – ☲ 40 – **52 ch** 340/420 – ½ P 290/310.

Les prix   Pour toutes précisions sur les prix indiqués dans ce guide,
reportez-vous aux pages explicatives.

309

CARNOULES 83660 Var 84 ⑯, 114 ㉞ – 2 292 h alt. 205.

Paris 833 – Toulon 36 – Brignoles 23 – Draguignan 49 – Hyères 33.

✕ **La Tuilière,** Ouest : 2 km sur N 97 ℰ 04 94 48 32 39, 佘, ⊐, ☞ – 🄿, ☖
fermé vacances de fév. et dim. soir du 15 sept. au 31 mai – **Repas** 125/150, enf. 60.

CARNOUX-EN-PROVENCE 13470 B.-du-R. 84 ⑬, 114 ㉙ – 6 363 h alt. 250.

Paris 795 – Marseille 23 – Aix-en-Provence 42 – Aubagne 6 – Brignoles 54 – Toulon 46.

🏠 **Host. la Crémaillère,** ℰ 04 42 73 71 52, Fax 04 42 73 67 26, 佘, ☞ – 🆃🆅 ☎ ✆, 🄰🄴 ⑩
☖
Repas (fermé dim. soir d'oct. à avril) 65 (déj.), 98/195 – ⊇ 38 – **19 ch** 195/290 – ½ P 195/
255.

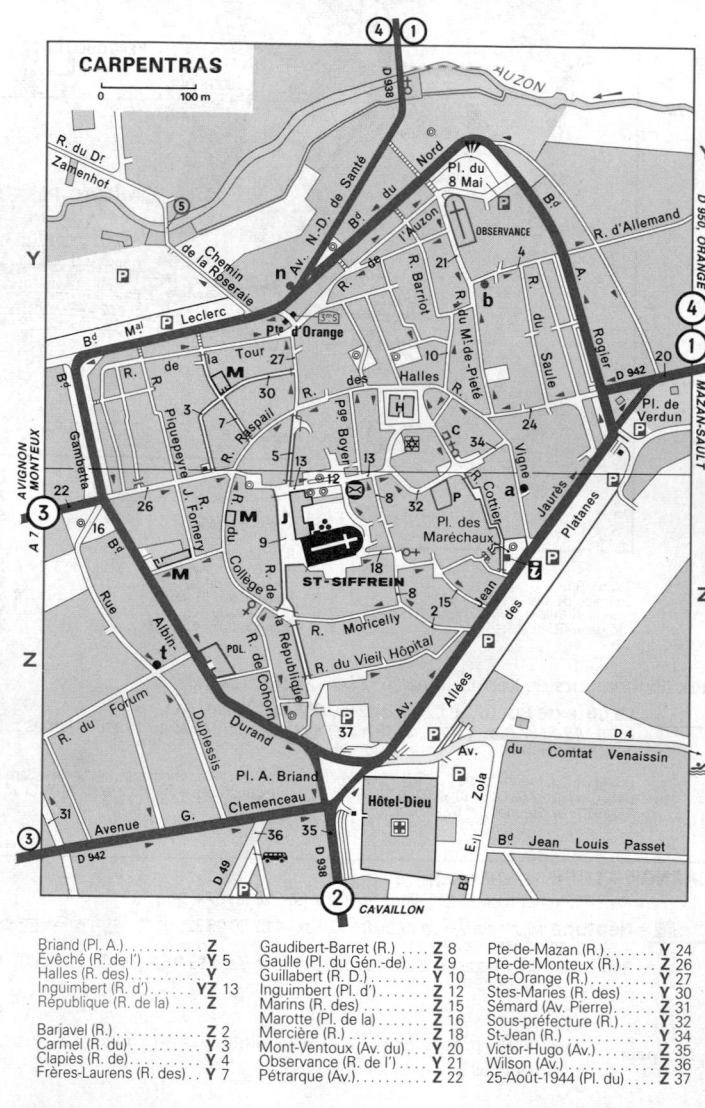

CARPENTRAS 🐌 *84200 Vaucluse* **81** ⑫ ⑬ *G. Provence – 24 212 h alt. 102.*

Voir *Ancienne cathédrale St-Siffrein★ : trésor★ Z.*

🏌 *Provence Country Club à Saumane,* 🗘 *04 90 20 20 65 par* ② *: 18 km.*

🛈 *Office de Tourisme 170 av. J.-Jaurès* 🗘 *04 90 63 00 78, Fax 04 90 60 41 02.*

Paris 681 ④ *– Avignon 28* ③ *– Aix-en-Provence 85* ② *– Digne-les-Bains 141* ② *– Gap 146* ①
– Marseille 102 ② *– Montélimar 80* ④ *– Salon-de-Provence 50* ② *– Valence 123* ④.

Plan page ci-contre

🏠 **Fiacre** sans rest, 153 r. Vigne 🗘 04 90 63 03 15, Fax 04 90 60 49 73 – 📺 ☎ 🚗. 🆎 ⓞ 🅶🅱
⬜ 40 – **19 ch** 240/470.   **Z a**

🏠 **Forum** Ⓜ sans rest, 24 r. Forum 🗘 04 90 60 57 00, Fax 04 90 63 52 65 – 🛗 🍴 📺 ☎ 🕭 🅿.
🅶🅱   **Z t**
⬜ 38 – **28 ch** 270/295.

🍴🍴 **Rives d'Auzon,** 47 bd Nord (face Porte d'Orange) 🗘 04 90 60 62 62 – 🅶🅱   **Y n**
fermé 1er au 10 janv., lundi midi, sam. midi et dim. – **Repas** 110 (déj.), 130/220.

🍴 **Vert Galant** (Mégean), 12 r. Clapies 🗘 04 90 67 15 50 – 🅶🅱   **Y b**
⌘   fermé 8 au 31 août, sam. midi et dim. – **Repas** (nombre de couverts limité, prévenir)
138 (déj.), 210/360
Spéc. Menu truffes fraîches du Vaucluse (10 janv. au 30 mars). Cuisse de volaille fermière,
fondue d'aubergines épicées aux raisins. Crème froide d'épeautre torréfié à la cassonade.
Vins Côtes-du-Rhône, Côtes-du-Ventoux.

à Mazan *Est : 7 km par D 942 – 4 459 h. alt. 100 –* ⌧ *84380 .*

Voir *Cimetière* ≤★.

🏠 **Le Siècle** ⌇ sans rest, (derrière l'église) 🗘 04 90 69 75 70 – ☎. 🅶🅱
fermé vacances de Toussaint, de Noël, de fév. et dim. hors sais. – ⬜ 30 – **12 ch** 140/260.

à Le Beaucet *Sud-Est par D 4 et D 39 : 10,5 km – 280 h. alt. 275 –* ⌧ *84210 :*

🍴🍴 **Aub. du Beaucet,** 🗘 04 90 66 10 82, Fax 04 90 66 00 72, ≤, 🍽 – 🅶🅱
fermé 13 oct. au 1er nov., 12 au 31 janv., dim. soir et lundi – **Repas** 165.

à Monteux *par* ③ *: 4,5 km – 8 157 h. alt. 42 –* ⌧ *84170 :*

🏠🏠 **Blason de Provence** ⌇, 🗘 04 90 66 31 34, Fax 04 90 66 83 05, 🍽, ⌇, 🎾, 🍽 – 📺 ☎
🅿 – 🕭 100. 🆎 ⓞ 🅶🅱
fermé 15 déc. au 15 janv. – **Repas** (fermé sam. midi et dim. soir hors sais.) 120/295 ⅃, enf. 60
– ⬜ 55 – **18 ch** 360/410 – ½ P 390.

🏠 **Select,** 🗘 04 90 66 27 91, Fax 04 90 66 33 05, 🍽, ⌇ – 📺 ☎ 🅿. 🅶🅱. 🍽
fermé 18 déc. au 8 janv. et sam. du 15 oct. au 31 mars – **Repas** (fermé dim. soir hors sais. et
sam. midi) 95/160 – ⬜ 40 – **8 ch** 250/300 – ½ P 320.

rte d'Avignon *par* ③ *D 942 : 10 km :*

🍴🍴🍴 **Saule Pleureur,** ⌧ 84170 Monteux 🗘 04 90 62 01 35, Fax 04 90 62 10 90, 🍽, 🎾 – 🅿.
🆎 🅶🅱
fermé 1er au 20 mars, 1er au 15 nov., dim. soir et lundi – **Repas** 160/280 et carte environ 300.

🍴🍴 **Aub. des Gaffins** ⌇, ⌧ 84210 Althen-des-Paluds 🗘 04 90 62 01 50,
Fax 04 90 62 04 26, 🍽, ⌇, 🎾 – 🅿. 🅶🅱
fermé dim. soir et lundi – **Repas** 98 (déj.), 134/260 ⅃.

CITROEN Gar. Bernard, rte de Pernes les Fontaines   Ⓦ Ayme Pneus, 131 bd Gambetta
par ② 🗘 04 90 63 33 18   🗘 04 90 63 59 27
PEUGEOT S.V.D.A., ZA rte de Pernes les Fontaines   Ayme Pneus, ZI Marché Gare, av. Marchés
par ② 🗘 04 90 63 60 00   🗘 04 90 63 11 73
RENAULT S.O.V.A., rte d'Avignon par ③
🗘 04 90 60 87 80

CARQUEFOU *44 Loire-Atl.* **67** ③ *– rattaché à Nantes.*

CARQUEIRANNE *83320 Var* **84** ⑮, **114** ㊺ *– 7 118 h alt. 30.*

🛈 *Office de Tourisme pl. Libération* 🗘 *04 94 58 60 78.*

Paris 851 – Toulon 17 – Draguignan 81 – Hyères 9.

🏠🏠 **Plein Sud** sans rest, av. Gén. de Gaulle 🗘 04 94 58 52 86, Fax 04 94 12 95 59 – 📺 ☎ 🅿. 🆎
🅶🅱. 🍽
⬜ 40 – **17 ch** 270/390.

🍴🍴🍴 **Les Pins Penchés,** av. Gén. de Gaulle (près port) 🗘 04 94 58 60 25, Fax 04 94 58 69 04,
🍽 – 🍴. 🆎 ⓞ 🅶🅱
fermé 5 au 20 oct., dim. soir et lundi sauf juil.-août – **Repas** 145/190 et carte 240 à 330.

🍴 **Les Santonniers,** 18 r. J. Jaurès 🗘 04 94 58 62 33, 🍽 – 🅶🅱
⌘   fermé 15 au 30 nov., sam. midi et jeudi sauf juil.-août – **Repas** 75.

CARRIÈRES-SUR-SEINE *78 Yvelines* **55** ⑳,, **101** ⑭ *– voir à Paris, Environs.*

CARROS 06510 Alpes-Mar. 🎴 ⑨ G. Côte d'Azur – 10 747 h alt. 400.

Voir Carros-Village : site★, ☀★★ du vieux moulin N : 3 km.

🛈 Syndicat d'Initiative Forum Jacques Prévert 🖉 04 93 08 76 07.

Paris 933 – Nice 21 – Antibes 27 – Cannes 37 – Grasse 45 – St-Martin-Vésubie 48.

🏨 **Promotel** Ⓜ, Z.A. La Grave 🖉 04 93 08 77 80, Fax 04 93 08 73 96, 🛋 – 🛗 ▤ rest 📺 ☎ 📞 ⅋ 🅿 – 🛎 60. 🅰🅴 ⓞ 🕮 **Repas** grill (fermé dim.) 98 🍷 – � 39 – **85 ch** 315 – ½ P 260.

CARROUGES 61320 Orne 🯃 ② G. Normandie Cotentin – 760 h alt. 335.

Voir Château★ SO : 1 km.

Paris 214 – Alençon 29 – Argentan 23 – Domfront 40 – La Ferté-Macé 18 – Mayenne 53 – Sées 27.

🍴 **St-Pierre** avec ch, 🖉 02 33 27 20 02, Fax 02 33 27 20 02 – ☎🛏 🅿. 🕮
🍽 fermé dim. soir et lundi sauf juil.-août – **Repas** 58 bc (déj.), 65/210 🍷, enf. 35 – ⊑ 30 – **4 ch** 189/199 – ½ P 175/195.

CITROEN Gar. Lehec, 🖉 02 33 27 20 13 Ⓝ 🖉 02 33 27 20 13

Les CARROZ-D'ARÂCHES 74300 H.-Savoie 🎴 ⑧ G. Alpes du Nord – alt. 1140 – Sports d'hiver : 1 140/2 200 m ⛷ 1 ⛷ 16 ⚡.

🎿 de Flaine 🖉 04 50 90 85 44, 12 km par D 106.

🛈 Office de Tourisme 🖉 04 50 90 00 04, Fax 04 50 90 07 00.

Paris 586 – Chamonix-Mont-Blanc 51 – Thonon-les-Bains 73 – Annecy 67 – Bonneville 28 – Cluses 14 – Megève 35 – Morzine 33.

🏨 **Arbaron**, 🖉 04 50 90 02 67, Fax 04 50 90 37 60, ≼, ㎡, « Jardin fleuri, 🛋 » – ⇆ 📺 ☎
🍽 🅿. 🕮. ❄ rest
15 juin-1ᵉʳ oct. et 5 déc.-25 avril – **Repas** 85/250 – ⊑ 50 – **30 ch** 375/580 – ½ P 470/495.

🛖 **Croix de Savoie** 🐾, 1 km rte Flaine 🖉 04 50 90 00 26, Fax 04 50 90 00 63, ≼ mon-
🍽 tagnes et vallée – 🅿. 🕮. ❄ ch
1ᵉʳ juin-30 sept. et 15 déc.-30 avril – **Repas** 68/120, enf. 48 – ⊑ 32 – **19 ch** 250 – ½ P 310.

CARRY-LE-ROUET 13620 B.-du-R. 🎴 ⑫ G. Provence – 5 224 h alt. 5 – Casino .

🛈 Office de Tourisme av. A.-Briand 🖉 04 42 13 20 36, Fax 04 42 44 52 03.

Paris 768 – Marseille 33 – Aix-en-Provence 41 – Martigues 19 – Salon-de-Provence 45.

🍴🍴🍴 **L'Escale** (Clor), prom. du Port 🖉 04 42 45 00 47, Fax 04 42 44 72 69, ㎡, « Terrasse sur-
❄❄ plombant le port, belle vue », ☎🛏 – 🅰🅴 🕮
1ᵉʳ fév.-31 oct. et fermé dim. soir de sept. à juin et lundi sauf le soir en juil.-août – **Repas**
(dim. prévenir) 320 et carte 420 à 520
Spéc. Terrine de baudroie en gelée d'oignons et basilic. Rougets, étuvée de fenouil à la
réglisse. Ragoût à la marée aux lasagnes maison. **Vins** Cassis, Bandol.

🍴🍴🍴 **La Brise**, quai Vayssière 🖉 04 42 45 30 55, Fax 04 42 44 52 10, ≼, ㎡ – 🅰🅴 ⓞ 🕮
fermé dim. soir d'oct. à mai – **Repas** 130 et carte 260 à 410.

CITROEN Gar. de la Tuilière, 🖉 04 42 45 23 43

CARSAC AILLAC 24200 Dordogne 🯃 ⑰ G. Périgord Quercy – 1 219 h alt. 80.

Paris 538 – Brive-la-Gaillarde 55 – Sarlat-la-Canéda 13 – Gourdon 19.

🏠 **Relais du Touron** 🐾, rte de Sarlat 🖉 05 53 28 16 70, Fax 05 53 28 52 51, ㎡, « Parc »,
🛋 – ☎ ⅋ 🅿. 🕮. ❄ rest
1ᵉʳ avril-14 nov. – **Repas** (fermé le midi sauf du 15 juin au 15 sept., mardi midi et vend. midi
du 16 juin au 14 sept. et vend. soir) 92/270 – ⊑ 40 – **12 ch** 335/375 – ½ P 324/340.

CARTERET 50 Manche 🯃 ① – voir à Barneville-Carteret.

CARVIN 62220 P.-de-C. 🯃 ⑮, 🯃 ㉚ – 17 059 h alt. 31.

Paris 203 – Lille 26 – Arras 33 – Béthune 26 – Douai 22.

🏠 **Parc Hôtel**, N 17 - Z.I. du Château 🖉 03 21 79 65 65, Fax 03 21 79 80 00, ㎡ – 📺 ☎ 📞 ⅋
🅿 – 🛎 25. 🅰🅴 ⓞ 🕮
Repas (fermé dim. soir) 99/215 🍷, enf. 50 – ⊑ 45 – **46 ch** 270 – ½ P 247/257.

RENAULT S.A.N.E.G. Ets Guilbert, rte de Lens 🖉 03 21 37 18 07 Ⓝ 🖉 03 28 02 11 32

CASAMOZZA 2B H.-Corse 🎴 ③ – voir à Corse.

CASSEL *59670 Nord* **51** ④ *G. Flandres Artois Picardie* – *2 177 h alt. 175.*

Voir *Site★ – Jardin public ☀★★.*

Paris 253 – Calais 55 – Dunkerque 29 – Hazebrouck 15 – Lille 51 – St-Omer 20.

au Petit-Bruxelles *Sud-Est : 3,5 km sur D 916* – ⊠ *59670 Cassel :*

XX **Le Petit Bruxelles,** ℘ 03 28 42 44 64, Fax 03 28 40 58 13, 佘 – **℗.** ⅏
fermé vacances de fév., mardi soir, dim. soir et lundi – **Repas** 145/285.

PEUGEOT Gar. Lescieux, 1 rte de St-Omer à Bavinchove ℘ 03 28 42 44 16 **N** ℘ 03 28 42 44 16

CASSIS *13260 B.-du-R.* **84** ⑬, **114** ㉙ *G. Provence* – *7 967 h alt. 10 – Casino .*

Voir *Site★ – O : les Calanques★★ : de Port-Miou, de Port-Pin★, d'En-Vau★★ (à faire de
préférence en bateau : 1 h) – Mt de la Saoupe ☀★★ E : 2 km par D 41A.*

Env. *Cap Canaille ≤★★★ E : 9 km par D 41A – Corniche des Crêtes★★ de Cassis à la Ciotat
E : 16 km par D 41A.*

🛈 *Office de Tourisme pl. Baragnon* ℘ 04 42 01 71 17, Fax 04 42 01 28 31.

Paris 802 ① – *Marseille 30* ① – *Aix-en-Provence 50* ② – *La Ciotat 9* ② – *Toulon 44* ②.

CASSIS

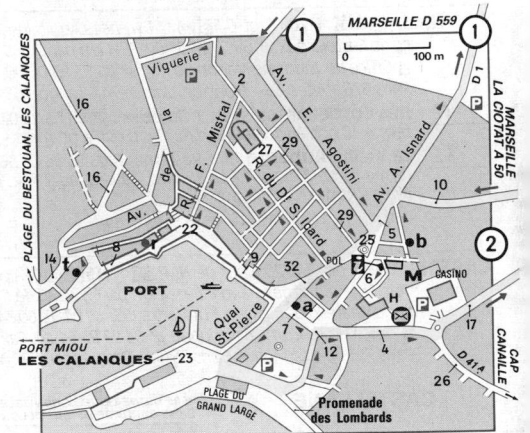

*Le Guide change,
changez de guide
tous les ans.*

🏨 **Royal Cottage** Ⓜ ⌂ *sans rest,* 6 av. 11 Novembre par ① ℘ 04 42 01 33 34,
Fax 04 42 01 06 90, ≤, 🏊, 佘 – 🛗 🖿 📺 ☎ ᕇ, ⇔ **℗.** ⅍ ⅏. ⅗
☲ 55 – **22 ch** 580/950, 3 duplex.

🏨 **Plage du Bestouan,** *plage Bestouan par av. Dardanelles : 1 km* ℘ 04 42 01 05 70,
Fax 04 42 01 34 82, ≤, 佘 – 🛗 📺 ☎ ⅍ ⓪ ⅏ ᴶᶜᴮ. ⅗ *ch*
Pâques-fin oct. – **Le Bestouan** ℘ 04 42 01 24 30 **Repas** 100/200, enf. 75 – ☲ 48 – **29 ch**
420/650 – ½ P 388/503.

🏨 **Golfe** *sans rest,* quai Barthélemy **(t)** ℘ 04 42 01 00 21, Fax 04 42 01 92 08, ≤ – 📺 ☎. ⅏
⅏
1ᵉʳ avril-1ᵉʳ nov. – ☲ 40 – **30 ch** 340/390.

🏨 **Gd Jardin** *sans rest,* 2 r. P. Eydin **(b)** ℘ 04 42 01 70 10, Fax 04 42 01 33 75 – 📺 ☎ ⇔. ⅏
⓪ ⅏. ⅗
☲ 35 – **26 ch** 320/375.

🏨 **Liautaud** *sans rest,* 2 r. V. Hugo **(a)** ℘ 04 42 01 75 37, Fax 04 42 01 12 08, ≤ – 🛗 ▤ 📺 ☎
⇔. ⅏. ⅗
fermé 1ᵉʳ déc. au 1ᵉʳ fév. – ☲ 35 – **35 ch** 320/370.

XX **Nino,** quai Barthélemy **(r)** ℘ 04 42 01 74 32, Fax 04 42 01 74 32, ≤, 佘 – ⅏ ⅏
fermé 15 déc. au 10 fév., dim. soir hors sais. et lundi – **Repas** 100 (déj.)/185.

X **Le Jardin d'Émile** *avec ch,* plage Bestouan par av. Dardanelles : 1 km ℘ 04 42 01 80 55,
Fax 04 42 01 80 70, 佘 – ▤ *ch* 📺 ☎ **℗.** ⅏ ⅏
fermé 15 au 30 nov. – **Repas** 165/195, enf. 60 – ☲ 50 – **6 ch** 500/600.

CASTAGNÈDE *64 Pyr.-Atl.* **85** ② – *rattaché à Salies-de-Béarn.*

Pas de publicité payée dans ce guide.

CASTAGNIERS 06670 Alpes-Mar. 84 ⑨, 115 ㉖ – 1 229 h alt. 350.

Voir Aspremont : ⁕⋆ de la terrasse de l'ancien château SE : 4 km, G. Côte d'Azur.
Paris 940 – Nice 18 – Antibes 34 – Cannes 44 – Contes 23 – Levens 15 – Vence 22.

🏠 **Chez Michel** ⤵, ℰ 04 93 08 05 15, Fax 04 93 08 05 38, ≤, ⤵, – 📺 ☎ 🅿. 🆎 GB
fermé 1ᵉʳ nov. au 1ᵉʳ déc. et lundi midi – **Repas** 98/185 – ⊇ 32 – **20 ch** 255/270 – ½ P 275.

à Castagniers-les-Moulins Ouest : 5 km – ✉ 06670 :

🏠🏠 **Servotel**, N 202 ℰ 04 93 08 22 00, Fax 04 93 29 03 66, 佘, ⤵, 🐎, ℀ – ⚉ cuisinette
▤ rest ☎ 🅿 – 🔺 25. 🆎 GB
Servella ℰ 04 93 08 10 62 **Repas** 90/260 ⅄, enf. 50 – ⊇ 40 – **42 ch** 260/330, 30 studios
450/550 – ½ P 240/270.

CITROEN Ciossa Autos, ℰ 04 93 08 13 48 🅽 ℰ 04 93 18 82 82

CASTEIL 66 Pyr.-Or. 86 ⑰ – rattaché à Vernet-les-Bains.

Le CASTELET 09 Ariège 86 ⑲ – rattaché à Ax-les-Thermes.

CASTELJALOUX 47700 L.-et-G. 79 ⑬ G. Pyrénées Aquitaine – 5 048 h alt. 52.

🏌 de Casteljaloux ℰ 05 53 93 51 60, S : 4 km par D 933.
🅱 Office de Tourisme Maison du Roy ℰ 05 53 93 00 00, Fax 05 53 20 74 32.
Paris 676 – Agen 56 – Mont-de-Marsan 74 – Langon 45 – Marmande 22 – Nérac 30.

🏠 **des Cordeliers** sans rest, r. Cordeliers ℰ 05 53 93 02 19 – ⚉ 📺 ☎ 🕹 ⟸ 🅿. GB. ℀
fermé 10 oct. au 10 nov. et dim. soir d'oct. à fin mars – ⊇ 35 – **24 ch** 160/290.

XX **La Vieille Auberge**, 11 r. Posterne ℰ 05 53 93 01 36, Fax 05 53 93 18 89 – 🅿. GB
fermé 16 au 25 juin, 17 au 30 nov., 29 janv. au 9 fév., dim. soir et merc. sauf juil.-août et
fêtes – **Repas** 120/230, enf. 65.

CITROEN S.E.G.A.D., 44 av. Lac ℰ 05 53 93 01 59

CASTELLANE 👁 04120 Alpes-de-H.-P. 81 ⑱, 114 ⑩ G. Alpes du Sud – 1 349 h alt. 730.

Voir Site⋆ – Lac de Chaudanne⋆ 4 km par ① – Lac de Castillon⋆ 8 km par ③.
🏌 du Château de Taulane à La Martre (83) ℰ 04 93 60 31 30; SE : 19 km par ①.
🅱 Office de Tourisme r. Nationale ℰ 04 92 83 61 14, Fax 04 92 83 76 89.
Paris 793 ③ – Digne-les-Bains 55 ③ – Draguignan 59 ② – Grasse 63 ① – Manosque 92 ②.

CASTELLANE

Nationale (R.) 8
Sauvaire (Pl. M.) 14

Blondeau (R. du Lt) 2
Église (Pl. de l') 3
Liberté (Pl. de la) 4
Mazeau (R. du) 5
Mitan (R. du) 7
République (Bd de la) 9
Roc (Chemin du) 10
St-Michel (Bd) 12
St-Victor (R.) 13
11-Novembre (R. du) 16

*Michelin
n'accroche pas
de panonceau
aux hôtels et restaurants
qu'il signale.*

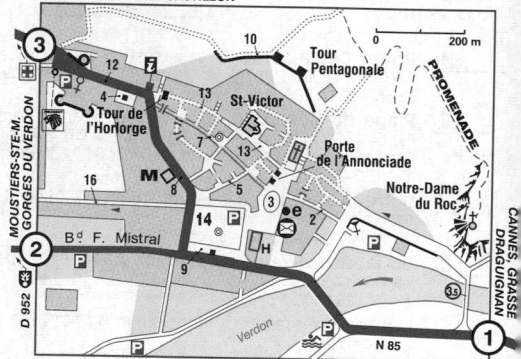

🏠🏠 **Nouvel H. Commerce**, (e) ℰ 04 92 83 61 00, Fax 04 92 83 72 82, 佘 – ⚉ 📺 ☎ 🅿. 🆎
⓪ GB
1ᵉʳ avril-5 nov. – **Repas** 110/160 – ⊇ 40 – **43 ch** 280/365 – ½ P 355/365.

à la Garde par ① et N 85 : 6 km – 88 h. alt. 928 – ✉ 04120 :

XX **Aub. du Teillon** avec ch, ℰ 04 92 83 60 88, Fax 04 92 83 74 08 – 📺 ☎ 🅿. GB
🅰 fermé 15 déc. au 6 mars, dim. soir et lundi d'oct. à Pâques – **Repas** 100/210, enf. 45 – ⊇ 35
– **9 ch** 210/260 – ½ P 250/275.

PEUGEOT Gar. Castellane, ℰ 04 92 83 61 62

Le CASTELLET 83330 Var 🎱 ⑭, 🎱 ⑭ G. Côte d'Azur – 3 084 h alt. 252.

Circuit automobile permanent, N : 11 km.

Paris 820 – Toulon 22 – Brignoles 50 – La Ciotat 23 – Marseille 47.

XXX **Castel Lumière** 🦋 avec ch, 1 r. Portail ✆ 04 94 32 62 20, Fax 04 94 32 70 33, ≤ vignoble et pays varois, 🍴 – 📺 ☎. ᴳᴮ
fermé 2 janv. au 2 fév., dim. soir et lundi de sept. à juin, lundi midi, mardi midi et merc. midi en juil.-août – **Repas** *(nombre de couverts limité, prévenir)* 120 (déj.), 175/250 – 🖵 55 – **6 ch** 330/380 – ½ P 380.

CASTELNAUDARY 11400 Aude 🎱 ⑳ G. Pyrénées Roussillon – 10 970 h alt. 175.

🚹 *Office de Tourisme pl. République ✆ 04 68 23 05 73.*

Paris 757 ④ – Toulouse 61 ④ – Carcassonne 41 ④ – Foix 71 ④ – Pamiers 49 ⑤.

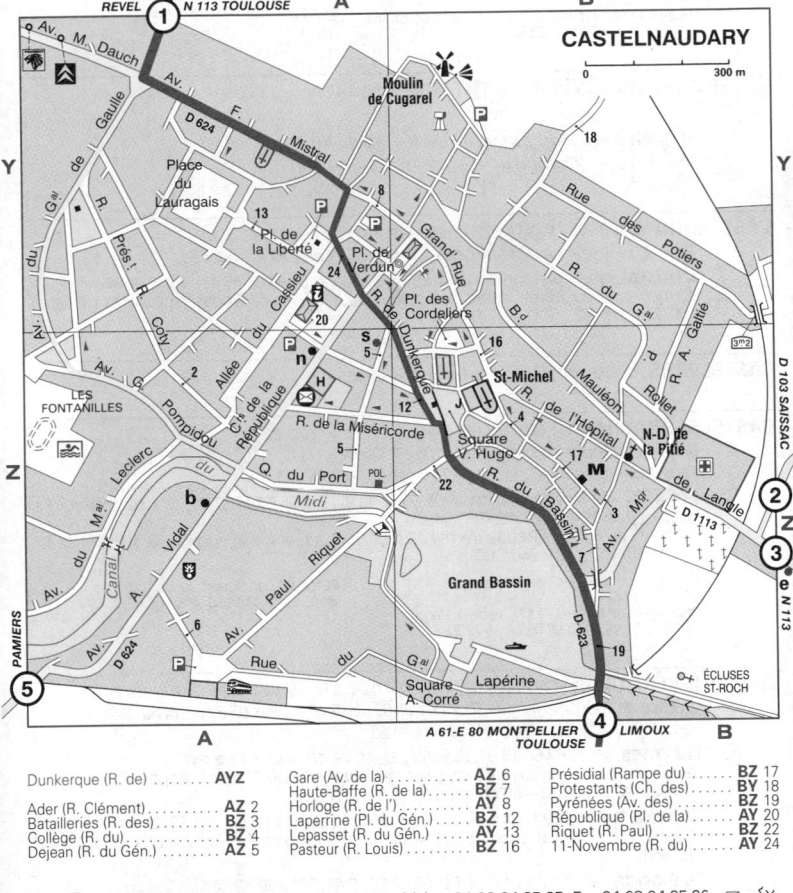

Dunkerque (R. de) . . . . **AYZ**	Gare (Av. de la) . . . . **AZ** 6	Présidial (Rampe du) . . . . . . **BZ** 17
	Haute-Baffe (R. de la) . . . . . **BZ** 7	Protestants (Ch. des) . . . . . **BY** 18
Ader (R. Clément) . . . . **AZ** 2	Horloge (R. de l') . . . . **AY** 8	Pyrénées (Av. des) . . . . **BZ** 19
Batailleries (R. des) . . . . **BZ** 3	Laperrine (Pl. du Gén.) . . . . . **BZ** 12	République (Pl. de la) . . . . . . **AY** 20
Collège (R. du) . . . . **BZ** 4	Lepasset (R. du Gén.) . . . . . . **AY** 13	Riquet (R. Paul) . . . . **BZ** 22
Dejean (R. du Gén.) . . . . **AZ** 5	Pasteur (R. Louis) . . . . **BZ** 16	11-Novembre (R. du) . . . . . . **AY** 24

🏠 **du Canal** M 🦋 sans rest, 2 ter av. A. Vidal ✆ 04 68 94 05 05, Fax 04 68 94 05 06, 🍴 – ⇄
📺 ☎ 🚻 🅿. – 🏧 25. 🆑 ᴳᴮ ᴶᶜᴮ   **AZ** b
🖵 39 – **33 ch** 210/290.

🏠 **Clos St-Siméon** M, rte Carcassonne par ③ ✆ 04 68 94 01 20, Fax 04 68 94 05 47, 🍴, 🏊
🍴 – 📺 ☎ 🚻 🅿. 🆑 ᴳᴮ
fermé 20 déc. au 10 janv. – **Repas** *(fermé dim. de nov. à mars)* 70/180, enf. 40 – 🖵 25 –
31 ch 220/250 – ½ P 210/230.

CASTELNAUDARY

Centre et Lauragais, 31 cours République ℰ 04 68 23 25 95, Fax 04 68 94 01 66 – 📺
☎ ✆, GB
AZ n
fermé 5 janv. au 10 fév. – **Repas** 90/270 ♨, enf. 55 – ☐ 30 – **16 ch** 170/200 – ½ P 210/230.

Le Tirou, 90 av. Mgr de Langle ℰ 04 68 94 15 95, Fax 04 68 94 15 96, 🌲, 🚲 – 🔲 🅿.
GB
BZ e
fermé 30 juin au 8 juil., 13 janv. au 10 fév., dim. soir et lundi – **Repas** 90 (déj.), 125/240.

La Belle Époque, 55 r. Gén. Dejean ℰ 04 68 23 39 72, Fax 04 68 23 44 32 – 🔲. GB
AZ s
fermé 15 janv. au 15 fév., merc. soir et jeudi – **Repas** 60/220 ♨, enf. 45.

à Peyrens *par* ① *et rte de Revel : 5 km – 301 h. alt. 180 –* ✉ *11400 :*

Aub. La Calèche, ℰ 04 68 60 40 13 – GB
fermé 1ᵉʳ au 15 fév., dim. soir et lundi – **Repas** 55/185 ♨, enf. 40.

CITROEN Sud auto, av. M. Dauch ℰ 04 68 94 51 51
🅽 ℰ 04 68 23 06 15
PEUGEOT Gar. Lelong, av. M.-Dauch
ℰ 04 68 23 13 08
RENAULT Gar. Franço, av. Monseigneur-de-Langle
par ③ ℰ 04 68 23 18 82 🅽 ℰ 05 63 72 75 73

🅦 Euromaster, av. Monseigneur de Langle
ℰ 04 68 23 11 44
Euromaster, ZI en Tourre ℰ 04 68 23 11 28

CASTELNAU-DE-LÉVIS *81 Tarn* 82 ⑩ – *rattaché à Albi.*

*To go a long way quickly, use the **Michelin Maps**
which cover **Europe** at a scale of 1:1 000 000.*

CASTELNOU *66300 Pyr.-Or.* 86 ⑲ *G. Pyrénées Roussillon – 277 h alt. 300.*
Paris 885 – Perpignan 21 – Argelès-sur-Mer 38 – Céret 29 – Prades 31.

L'Hostal, (accès piétonnier) ℰ 04 68 53 45 42, Fax 04 68 53 45 42, ≼, 🌲 – GB
fermé 2 janv. au 28 fév., merc. soir et lundi sauf juil.-août – **Repas** · spécialités catalanes ·
100/235, enf. 62.

CASTELPERS *12 Aveyron* 80 ⑫ – *rattaché à Naucelle.*

CASTELSARRASIN 👁 *82100 T.-et-G.* 79 ⑰ – *11 317 h alt. 82.*
🅱 *Office de Tourisme pl. Liberté* ℰ 05 63 32 14 88.
Paris 655 – Agen 54 – Toulouse 69 – Auch 75 – Cahors 73.

Félix ⑊, rte Moissac : 4 km ℰ 05 63 32 14 97, Fax 05 63 32 37 51, 🌲 , parc, décor Far-
West – 📺 ☎ 🅿., 🛁 40. 🆎 GB, ⑊ ch
fermé 1ᵉʳ au 6 janv. – **Repas** *(fermé 23 sept. au 7 oct. et lundi)* 75 (déj.), 98/165 ♨ – ☐ 32 –
14 ch 230/400 – ½ P 240/260.

CITROEN Gar. Martin, 46 av. Mar.-Leclerc
ℰ 05 63 32 34 18
PEUGEOT Gar. Macard, N 113, lieu-dit Fleury
ℰ 05 63 95 16 16 🅽 ℰ 05 62 23 22 92

RENAULT Gar. Dupart, av. de Toulouse
ℰ 05 63 32 33 31 🅽 ℰ 05 63 68 95 85

CASTÉRA-VERDUZAN *32410 Gers* 82 ④ – *794 h alt. 114 – Stat. therm. (2 mai-nov.).*
🅱 *Office de Tourisme av. des Thermes* ℰ 05 62 68 10 66, Fax 05 62 68 14 58.
Paris 748 – Auch 26 – Agen 61 – Condom 20.

Thermes, ℰ 05 62 68 13 07, Fax 05 62 68 10 49, 🌲 – ☎. 🆎 ① GB
fermé dim. soir (sauf de mai à sept.) et sam. midi du 2 au 25 janv. – **Repas** *(fermé 2 au 25
fév.)* 68/190 ♨ – ☐ 32 – **40 ch** 190/265 – ½ P 215/225.

Annexe Ténarèze sans rest, à 500 m. ℰ 05 62 68 10 22 – ☎ – 🛁 30. 🆎 ① GB
1ᵉʳ avril-31 oct., 23 déc.-2 janv. et fermé dim. soir et lundi sauf de juin à sept. – ☐ 32 – **24 ch**
178/230.

Le Florida, ℰ 05 62 68 13 22, Fax 05 62 68 10 44, 🌲 – 🆎 ① GB
*fermé vacances de fév., merc. du 1ᵉʳ avril au 30 sept., dim. soir et lundi du 1ᵉʳ oct. au
30 mars* – **Repas** 72/210.

NISSAN Gavarret Autom., rte de Bayonne à Vic
Fezensac ℰ 05 62 06 33 75

RENAULT Gar. Lagoutte, rte d'Auch à Vic
Fezensac ℰ 05 62 06 30 92 🅽 ℰ 05 62 06 55 61

CASTILLON-DU-GARD *30 Gard* 80 ⑲,, 81 ⑪ – *rattaché à Pont-du-Gard.*

CASTILLON-EN-COUSERANS *09800 Ariège* 86 ② *G. Pyrénées Aquitaine – 403 h alt. 543.*
Paris 809 – Bagnères-de-Luchon 62 – Foix 58 – St-Girons 14.

à Audressein *par rte de Luchon : 1 km – 121 h. alt. 509 – ✉ 09800 :*

XX **L'Auberge** avec ch, ✆ 05 61 96 11 80, Fax 05 61 96 82 96, – ☎. AE GB
15 fév.-15 nov. – **Repas** 80 (déj.), 115/215 – ☕ 35 – **9 ch** 140/230 – ½ P 215/230.

CASTILLONNÈS *47330 L.-et-G.* 79 ⑤ *G. Pyrénées Aquitaine – 1 424 h alt. 119.*
Paris 567 – Périgueux 75 – Agen 65 – Bergerac 28 – Marmande 44.

Remparts, 26 r. Paix ✆ 05 53 36 80 97, Fax 05 53 36 93 87, , « Demeure du 18ᵉ siècle », – TV ☎. AE GB
fermé 27 oct. au 9 nov., vacances de fév., dim. soir et lundi du 15 sept. au 15 juin – **Repas** 105 (déj.), 160/210 – ☕ 50 – **10 ch** 320/395 – ½ P 350.

CASTRES SP *81100 Tarn* 83 ① *G. Gorges du Tarn – 44 812 h alt. 170.*
Voir *Musée★ : oeuvres de Goya★★* **BZ** – *Hôtel de Nayrac★* **AY** – *Centre national et musée Jean-Jaurès* **AY**.
Env. *Le Sidobre★ 9 km par ①.*
9 ✆ *05 63 72 27 06 au Parc de loisirs de Gourjade, N : 3 km par ①.*
✈ *de Castres-Mazamet : T.A.T. ✆ 05 63 70 32 62 par ③ : 8 km.*
ℹ *Office de Tourisme 3 r. Milhau Ducommun ✆ 05 63 62 63 62, Fax 05 63 62 63 60.*
Paris 719 ⑦ – Toulouse 72 ④ – Albi 43 ⑦ – Béziers 107 ③ – Carcassonne 68 ③.

Plan page suivante

Renaissance sans rest, 17 r. V. Hugo ✆ 05 63 59 30 42, Fax 05 63 72 11 57, « Maison du 17ᵉ siècle, belle décoration intérieure » – TV ☎. AE GB — AZ d
☕ 40 – **20 ch** 290/600.

Occitan M, 201 av. Ch. de Gaulle par ③ ✆ 05 63 35 34 20, Fax 05 63 35 70 32, – rest TV ☎ P. AE GB
fermé 26 déc. au 2 janv. et sam. midi sauf juil.-août – **Repas** 80/200 – ☕ 36 – **42 ch** 280/390 – ½ P 290/330.

XX **Le Victoria,** 24 pl. 8-Mai 1945 ✆ 05 63 59 14 68 – . AE GB — BZ s
fermé 17 au 31 août, sam. midi et dim. – **Repas** 70 (déj.), 95/220 , enf. 65.

XX **La Table de Neptune,** 1 r. Henri IV ✆ 05 63 72 57 97, Fax 05 63 72 42 72 – GB — BY n
fermé 4 au 20 août, lundi de sept. à juin et dim. de juin à août – **Repas** - produits de la mer - 70 bc (déj.), 90/150 .

XX **Rive Gauche,** 7 r. Empare ✆ 05 63 35 68 49 — BZ a
fermé 1ᵉʳ au 15 août, sam. midi et dim. – **Repas** 75 bc (déj.), 98/200.

XX **La Mandragore,** 1 r. Malpas ✆ 05 63 59 51 27 – AE GB — BY e
fermé lundi midi et dim. – **Repas** 75/240, enf. 45.

X **La Feuillantine,** 6 pl. Pélisson ✆ 05 63 59 26 33 – GB — AY u
fermé 28 juil. au 4 août, vacances de fév., dim. soir et lundi – **Repas** 74 bc/178 .

Les Salvages *par ② : 5 km – ✉ 81100 Castres :*

XX **Café du Pont** avec ch, ✆ 05 63 35 08 21, Fax 05 63 51 09 82, – AE GB.
fermé fév., dim. soir et lundi – **Repas** 90/260 – ☕ 35 – **5 ch** 170/240 – ½ P 250.

à Lagarrigue *par ③ : 4 km – 1 695 h. alt. 200 – ✉ 81090.*
ℹ *Office de Tourisme 25 r. de la Fontaine à Cammazes ✆ 05 63 74 17 17.*

Relais de la Montagne Noire M, N 112 ✆ 05 63 35 52 00, Fax 05 63 35 25 59, , – ch TV ☎ P – 30. AE GB
fermé 2 au 24 août – **Repas** 120/195, enf. 48 – ☕ 48 – **30 ch** 340/450 – ½ P 260.

CITROEN Sud Auto, ZAC de la Chartreuse, rte de Toulouse par ④ ✆ 05 63 71 81 50
FIAT, LANCIA S.A.T.A., 98 av. Albert 1er ✆ 05 63 71 31 20
FORD Chartreuse Autom., ZI 151 rte de Toulouse ✆ 05 63 72 65 65
MERCEDES Antras Autom., ZI de la Chartreuse ✆ 05 63 59 99 99
OPEL Gd Gar. de Mélou, rte de Toulouse ✆ 05 63 59 11 12
PEUGEOT Gar. Maurel, r. Crabié par av. E. de Villeneuve ✆ 05 63 62 62 62 N ✆ 05 63 72 77 94
RENAULT Gds Gges de Castres, rte de Toulouse, Mélou par ④ ✆ 05 63 71 66 66
VAG Gar. Négrier, rte de Toulouse, ZI de la Chartreuse ✆ 05 63 59 30 55
VOLVO Mondial Park Autom., 4 rte de Toulouse ✆ 05 63 71 54 54

Bellet Pneus, Le Verdier, rte de Toulouse ✆ 05 63 72 25 25
Bernard, 52 bd P.-Mendès France ✆ 05 63 59 07 26
Deldossi Pneus Point S, 88 rte de Toulouse, ZI Mélou ✆ 05 63 59 33 83
Vulco, 209 av. Albert-1ᵉʳ ✆ 05 63 59 27 00

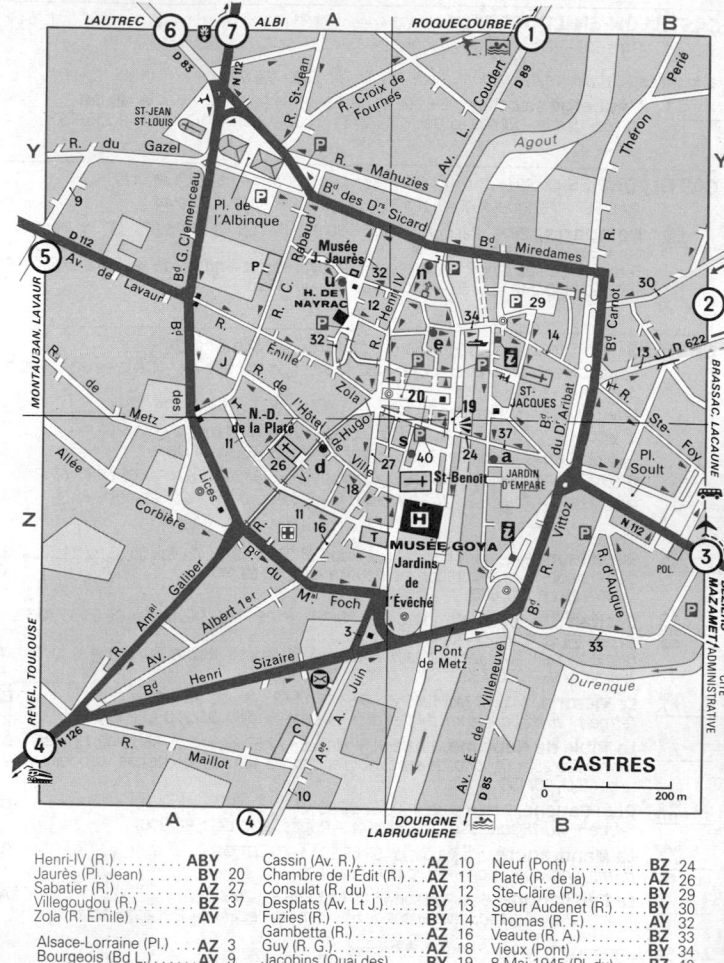

CASTRES

Demandez chez le libraire le catalogue des publications Michelin.

CASTRIES 34160 Hérault **83** ⑦ *G. Gorges du Tarn* – 3 992 h alt. 70.

Voir *Château★*.

Paris 750 – Montpellier 17 – Lunel 14 – Nîmes 44.

※ **L'Art du Feu**, ℰ 04 67 70 05 97, Fax 04 67 70 05 97 – ᴁᴇ ⓞ ᴳᴮ
fermé 15 au 31 juil., mardi soir et merc. – **Repas** 100/120 ⅜, enf. 50.

Le CATEAU-CAMBRÉSIS 59360 Nord **53** ⑭ ⑮ *G. Flandres Artois Picardie* – 7 703 h alt. 123.

Voir *Musée Matisse*.

🛈 Office de Tourisme Hôtel de Ville ℰ 03 27 84 10 94.

Paris 204 – St-Quentin 36 – Avesnes-sur-Helpe 30 – Cambrai 24 – Hirson 46 – Lille 85 – Valenciennes 33.

※※ **Le Relais Fénelon** avec ch, 21 r. Mar. Mortier ℰ 03 27 84 25 80, parc – ᴛᴠ ☎ ᴳᴮ
fermé 4 au 28 août – **Repas** (fermé dim. soir et lundi sauf fériés) 105/175 – ☲ 30 – **3 ch** 240 – ½ P 175/200.

XX **Host. du Marché** avec ch, r. Landrecies ℘ 03 27 84 09 32, Fax 03 27 77 01 00 – 📺 . 🅶🅱
fermé 25 juil. au 22 août, 29 déc. au 5 janv., dim. soir (sauf hôtel) et lundi – **Repas** 150/295 –
☲ 45 – **4 ch** 210/250 – ½ P 230.

CITROEN Gar. Ribeiro, 13 r. Mar.-Mortier   🕦 Le Cateau Pneus, 61-63 r. L.-Michel
℘ 03 27 84 07 76   ℘ 03 27 84 07 71
PEUGEOT Gar. Cheneaux, 17 fg de Cambrai
℘ 03 27 84 05 41
RENAULT Gar. Legrand, ZI av. Mar.-Leclerc
℘ 03 27 77 89 33

Le CATELET *02420 Aisne* 🇵🇫 ⑬ ⑭ – *223 h alt. 90.*

Paris 171 – St-Quentin 18 – Cambrai 22 – Le Cateau-Cambrésis 29 – Laon 65 – Péronne 28.

XX **Aub. Croix d'Or,** ℘ 03 23 66 21 71, 🌿 – 🅿. 🅶🅱
fermé 4 au 17 août,, 5 au 12 janv., dim. soir et lundi – **Repas** 92 bc/185.

CAUDEBEC-EN-CAUX *76490 S.-Mar.* 🇵🇫 ⑤ *G. Normandie Vallée de la Seine* (plan) – *2 265 h
alt. 6.*

*Voir Église★ – Vallon de Rançon★ NE : 2 km – Pont de Brotonne★ : péage : véhicule jusqu'à
3,5 t. : 10 F, plus de 3,5 t. : 14 à 22 F. Gratuit pour les résidents de Seine-Maritime. E : 1,5 km.*
🅱 *Office de Tourisme, pl. Ch.-de-Gaulle ℘ 02 35 96 20 65.*
Paris 163 – Le Havre 55 – Rouen 35 – Lillebonne 16 – Yvetot 14.

🏠 **Normotel-La Marine,** quai Guilbaud ℘ 02 35 96 20 11, Fax 02 35 56 54 40, ≤ – 🛗 📺 ☎
🅿 – 🔏 50. 🆀🅴 🅶🅱
Repas *(fermé dim. soir du 15 oct. au 15 mars)* 78 (déj.), 98/240 ⅊ – ☲ 35 – **31 ch** 250/420 –
½ P 245/330.

🏠 **Normandie,** quai Guilbaud ℘ 02 35 96 25 11, Fax 02 35 96 68 15, ≤ – 📺 ☎ 🅿 🆀🅴 ⓞ 🅶🅱
🍴 *fermé fév.* – **Repas** *(fermé dim. soir sauf fériés)* 59/190, enf. 45 – ☲ 35 – **15 ch** 210/360.

🏠 **Cheval Blanc,** 4 pl. R. Coty ℘ 02 35 96 21 66, Fax 02 35 95 35 40, 🌴 – 📺 ☎ 🅿. 🆀🅴 ⓞ
🍴 🅶🅱
fermé 26 janv. au 15 fév. – **Repas** *(fermé dim. soir et lundi sauf fériés)* 68/160 ⅊, enf. 48 –
☲ 30 – **16 ch** 170/300 – ½ P 165/220.

XXX **Manoir de Rétival** (chambres prévues), rte St Clair ℘ 02 35 96 11 22, Fax 02 35 96 29 22,
❄ ≤, 🌴, 🅿. 🆀🅴 ⓞ 🅶🅱. 🌿
fermé dim. soir (sauf rest.) et lundi – **Repas** 195/490 et carte 270 à 440
Spéc. Homard grillé sous le feu (juin à août). Pigeonneau "Gauthier" façon rouennaise.
Millefeuille à la goyave et à la vanille (mai à oct.).

RENAULT Gar. Lopéra, ℘ 02 35 96 23 88 🄽   **VAG** Caudebec Autom., ℘ 02 35 96 13 44
℘ 02 35 96 23 88

CAULIÈRES *80 Somme* 🇵🇫 ⑰ – *rattaché à Poix-de-Picardie.*

CAUREL *22530 C.-d'Armor* 🇵🇫 ⑫ – *384 h alt. 188.*

Paris 460 – St-Brieuc 49 – Carhaix-Plouguer 45 – Guingamp 48 – Loudéac 23 – Pontivy 21.

XX **Beau Rivage** Ⓜ 🐾 avec ch, Sud : 2 km par D 111 ℘ 02 96 28 52 15, Fax 02 96 26 01 16,
≤, 🌴, « Au bord du lac » – 🅿 ☎ – 🔏 30. 🅶🅱. ❀
fermé 15 au 30 nov., 1ᵉʳ au 21 fév., lundi soir et mardi sauf juil.-août – **Repas** 90/280, enf. 65
– ☲ 35 – **8 ch** 230/330 – ½ P 225/300.

CAURO *2A Corse-du-Sud* 🇵🇫 ⑰ – *voir à Corse.*

CAUSSADE *82300 T.-et-G.* 🇵🇫 ⑱ *G. Périgord Quercy* – *6 009 h alt. 109.*

Env. Montpezat-de-Quercy : tapisseries★★, gisants★ et trésor★ de la collégiale, NO : 12 km.
🅱 *Office de Tourisme r. de la République ℘ 05 63 26 04 04.*
Paris 621 – Cahors 39 – Albi 69 – Montauban 23 – Villefranche-de-Rouergue 52.

🏠 **Dupont,** r. Recollets ℘ 05 63 65 05 00, Fax 05 63 65 12 62 – 📺 ☎ 🅿. 🅶🅱
🍴 *fermé 1ᵉʳ au 15 mars, 1ᵉʳ au 15 nov., week-ends d'oct. à fin mars et sam. en avril (sauf rest.)*
– **Repas** *(fermé le midi de juil.à oct.)* 65 (déj.), 90/195 – ☲ 32 – **29 ch** 215/350 – ½ P 240/
280.

PEUGEOT Gar. Macard, 92 av. du Gén.-Leclerc   🕦 Caussade Pneu, pl. Douches
℘ 05 63 93 22 22 🄽 ℘ 06 07 05 62 53   ℘ 05 63 93 18 30
                                                      Taquipneu, à Monteils ℘ 05 63 93 10 91

CAUTERETS 65110 H.-Pyr. 85 ⑰ G. Pyrénées Aquitaine – 1 201 h alt. 932 – Stat. therm. – Sports d'hiver :1 400/2 400 m -≰ 2 ≰ 15 ⚠ – Casino .

Voir *La station★ – Cascade★★ et vallée★ de Lutour S : 2,5 km par D 920 – Route et site du pont d'Espagne★★ (chutes du Gave) au Sud par D 920.*

Env. *SO : Site★★ du lac de Gaube accès du pont d'Espagne par télésiège puis 1h.*

🛈 *Office de Tourisme pl. du Mar.-Foch ℰ 05 62 92 50 27, Fax 05 62 92 59 12.*

Paris 841 ① – Pau 70 ① – Argelès-Gazost 17 ① – Lourdes 30 ① – Tarbes 49 ①.

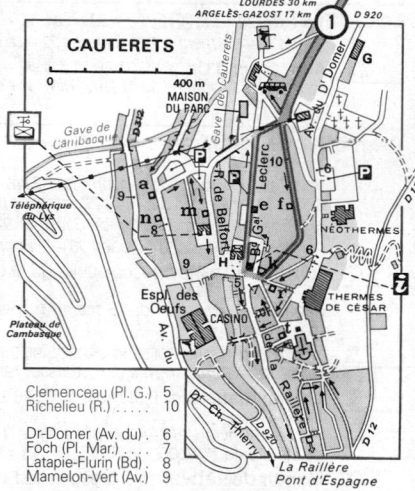

CAUTERETS

LOURDES 30 km
ARGELÈS-GAZOST 17 km ① D 920

Clemenceau (Pl. G.) 5
Richelieu (R.) 10

Dr-Domer (Av. du) . 6
Foch (Pl. Mar.) 7
Latapie-Flurin (Bd) . 8
Mamelon-Vert (Av.) 9

La Raillère
Pont d'Espagne

🏨 **Bordeaux,** r. Richelieu **(f)** ℰ 05 62 92 52 50, Fax 05 62 92 63 29 – ▐ 📺 ☎ ⇐ 🅿. ⚠ ⓪ 🅖🅑. ⚘ rest
fermé 5 oct. au 1er déc. – **Repas** 100/200, enf. 35 – ☲ 45 – **24 ch** 320/420 – ½ P 360.

🏨 **Le Sacca** M, bd Latapie-Flurin **(a)** ℰ 05 62 92 50 02, Fax 05 62 92 64 63 – ▐ 📺 ☎ &. ⚠ ⓪ 🅖🅑. ⚘ rest
fermé 10 oct. au 20 déc. – **Repas** 74/148, enf. 42 – ☲ 35 – **44 ch** 270/295 – ½ P 225/245.

🏨 **Welcome** ⌂, 3 r. V. Hugo **(t)** ℰ 05 62 92 50 22, Fax 05 62 92 02 90 – ▐ 📺 ☎. 🅖🅑
fermé 16 oct. au 30 nov. – **Repas** 95/175 🍴, enf. 58 – ☲ 28 – **28 ch** 240/260 – ½ P 245.

🏨 **César,** r. César **(r)** ℰ 05 62 92 52 57, Fax 05 62 92 08 19 – ▐ 📺 ☎. ⚠ 🅖🅑. ⚘ rest
fermé 1er au 25 mai et 1er au 24 oct. – **Repas** *(fermé merc. en hiver sauf vacances scolaires)* 75/200 – ☲ 30 – **17 ch** 230/300 – ½ P 260/280.

🏨 **Les Edelweiss,** bd Latapie-Flurin **(n)** ℰ 05 62 92 52 75, Fax 05 62 92 62 73 – ▐ 📺 ☎. ⚠ ⓪ 🅖🅑. ⚘ rest
fermé 15 oct. au 15 déc. – **Repas** 81/155, enf. 45 – ☲ 32 – **24 ch** 260/295 – ½ P 265/270.

🏨 **Paris** sans rest, pl. Mar. Foch **(k)** ℰ 05 62 92 53 85, Fax 05 62 92 02 23 – ▐ cuisinette 📺 ☎. ⚠ 🅖🅑. ⚘
8 mai-2 nov. et 13 déc.-15 avril – ☲ 32 – **14 ch** 250/320.

🏨 **Centre et Poste,** r. Belfort **(m)** ℰ 05 62 92 52 69, Fax 05 62 92 05 73 – ▐. ⚠ 🅖🅑. ⚘ rest
6 mai-25 sept. et 20 déc.-6 avril – **Repas** 75/100 – ☲ 30 – **32 ch** 200/215 – ½ P 190/200.

✗ **Le Grand Tétras,** bd Gén. Leclerc **(e)** ℰ 05 62 92 59 18 – ▤. 🅖🅑
fermé 15 nov. au 20 déc., mardi soir et merc. sauf vacances scolaires – **Repas** 78/210, enf. 48.

CAVAILLON 84300 Vaucluse 81 ⑫ G. Provence – 23 102 h alt. 75.

Voir *Musée : collection archéologique★ M.*

🛈 *Office de Tourisme pl. François Tourel ℰ 04 90 71 32 01, Fax 04 90 71 42 99.*

Paris 702 ④ – Avignon 28 ① – Aix-en-Provence 60 ④ – Arles 43 ④ – Manosque 71 ②.

Plan page ci-contre

🏨 **Parc** sans rest, pl. F. Tourel **(e)** ℰ 04 90 71 57 78, Fax 04 90 76 10 35 – 📺 ☎ & ⇐. 🅖🅑. ⚘
☲ 38 – **40 ch** 150/300.

🏨 **Ibis** M, 175 av. Pont **(a)** ℰ 04 90 76 11 11, Fax 04 90 71 77 07, ㎡ – ⇌ ▤ rest 📺 ☎ ✆ & 🅿 – 🔬 30. ⚠ ⓪ 🅖🅑
Repas 95, enf. 39 – ☲ 36 – **35 ch** 305/350.

✗✗✗ **Prévot,** 353 av. Verdun **(n)** ℰ 04 90 71 32 43, Fax 04 90 71 97 05 – ▤. ⚠ 🅖🅑
fermé dim. soir et lundi – **Repas** 160 (déj.), 225/450.

CAVAILLON

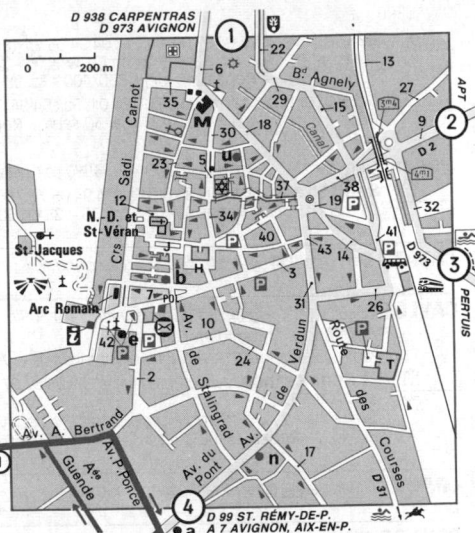

XX   **Fin de Siècle,** 46 pl. Clos (1er étage) (b) ☎ 04 90 71 12 27 – ▦. ⅍ ⓿ ☻
fermé 8 août au 15 sept., mardi soir et merc. – **Repas** 65/200, enf. 50.

X   **Fleur de Thym,** 91 r. J.-J. Rousseau (u) ☎ 04 90 71 14 64, Fax 04 90 71 14 64 – ⓿ ☻
fermé juil. et dim. – **Repas** 100/145.

à Cheval-Blanc *par* ③ : 5 km – 3 032 h. alt. 83 – ⊠ 84460 :

XXX   **Nicolet,** Nord-Est : 4 km par D 31 et rte secondaire ☎ 04 90 78 01 56, Fax 04 90 71 91 28,
⇔ – ▣. ⅍ ⓿ ☻
fermé dim. soir et lundi sauf juil.-août – **Repas** 180/360 et carte 340 à 410.

CITROEN Gar. Chabas, rte d'Avignon par ①,
quartier Grand-Grès ☎ 04 90 71 27 40 ▮
☎ 04 90 71 19 83
PEUGEOT Gar. Berbiguier, rte de l'Isle-sur-la-
Sorgue par ① ☎ 04 90 71 39 23 ▮
☎ 08 00 44 24 24
RENAULT Autom. Cavaillonnaise, 287 av. G.-
Clémenceau par ① ☎ 04 90 71 34 96 ▮
☎ 08 00 05 15 15

Gar. Anrès, 154 av. Stalingrad ☎ 04 90 78 03 91

⓿ Ayme Pneus, 305 allée des Temps Perdus
☎ 04 90 71 36 18
Euromaster, av. de la Libération
☎ 04 90 71 41 00
Gay Pneus, av. du Pont ☎ 04 90 71 78 88

CAVALAIRE-SUR-MER 83240 Var 🏼🏼 ⑰, 🏼🏼🏼 ㊽ *G. Côte d'Azur* – 4 188 h alt. 2.
Env. *Domaine du Rayol*★★ 7 km à l'Ouest par D 559.
🅑 *Office de Tourisme à la Maison de la Mer, square de Lattre-de-Tassigny* ☎ 04 94 01 92 10,
Fax 04 94 05 49 89.
*Paris 881 – Fréjus 42 – Draguignan 55 – Le Lavandou 20 – St-Tropez 19 – Ste-Maxime 22 –
Toulon 62.*

🏛   **Calanque** ⌂, r. Calanque ☎ 04 94 64 04 27, Fax 04 94 64 66 20, ≤ mer, ㊟, ⤵, ℀ –
▤ ch ⓣⓥ ☎ ⅍ ⓿ ☻
fermé 4 janv. au 15 mars et lundi du 1er oct. au 4 janv. – **Repas** 155/230 – ⊊ 55 – **33 ch**
580/820 – ½ P 570/650.

🏛   **Pergola,** av. Port ☎ 04 94 64 06 86, Fax 04 94 64 60 08, ㊟, ⨯ – ⓣⓥ ☎ ▣. ⅍ ⓿ ☻
fermé 10 nov. au 15 déc. et 5 janv. au 5 fév. – **Repas** 145/235, enf. 90 – ⊊ 45 – **24 ch**
385/465 – ½ P 485/535.

🏠   **Les Alizées,** prom. de la Mer ☎ 04 94 64 09 32, Fax 04 94 64 15 84, ≤, ㊟ – ▤ rest ⓣⓥ ☎
⌂. ☻
Repas 90 (déj.), 120/240, enf. 60 – ⊊ 45 – **18 ch** 600/700 – ½ P 500/600.

CAVALIÈRE 83 Var 🏼🏼 ⑰, 🏼🏼🏼 ㊽ *G. Côte d'Azur* – alt. 4 – ⊠ 83980 Le Lavandou.
Env. *Col du Canadel* ≤★★ NE : 9 km.
*Paris 884 – Fréjus 55 – Draguignan 68 – Le Lavandou 8 – St-Tropez 32 – Ste-Maxime 34 –
Toulon 49.*

Le Club Ⓜ, ✆ 04 94 05 80 14, Fax 04 94 05 73 16, ≤, 🏖, « Elégant ensemble au bord de la mer », 🏊, 🎾, 🌳, ✕ – 🛗 ▤ ch 📺 ☎ ♿ 🅿 – 🏄 30. AE ⓓ GB
8 mai-28 sept. – **Repas** 210 (déj.), 330/400 – ☕ 95 – **42 ch** 1780/2810 – ½ P 950/1650.

Gd Hôtel Moriaz, ✆ 04 94 05 80 01, Fax 04 94 05 70 88, 🏖, 🎾 – ▤ ☎. GB. ✗ rest
hôtel : 1er mai-6 oct. ; rest. : 25 mai-30 sept. – **Repas** 160/250 – ☕ 52 – **27 ch** 500/690 – ½ P 470/620.

à Pramousquier *Est : 2 km sur D 559 – ✉ 83980 Le Lavandou :*

Beau Site, ✆ 04 94 05 80 08, Fax 04 94 05 76 76, 🏖 – 📺 ☎ 🅿. AE GB. ✗ rest
15 mars-15 oct. – **Repas** 90/130 – ☕ 35 – **25 ch** 300/360 – ½ P 270/310.

CAVANAC *11 Aude* 86 ⑦ *– rattaché à Carcassonne.*

CAYLUS *82160 T.-et-G.* 79 ⑲ *G. Périgord Quercy – 1 308 h alt. 228.*
Voir *Christ en bois★ dans l'église.*
Paris 643 – Cahors 61 – Albi 61 – Montauban 45 – Villefranche-de-Rouergue 30.

La Renaissance, av. du Père Huc ✆ 05 63 67 07 26, Fax 05 63 24 03 57, 🏖 – ▤ rest 📺 ☎ 📞. GB. ✗ ch
fermé 2 au 9 juin, 15 au 22 sept., 25 au 31 oct., vacances de fév., dim. soir et lundi sauf juil.-août – **Repas** 65/200 🍷 – ☕ 30 – **9 ch** 180/260 – ½ P 220/240.

CÉAUX *50 Manche* 59 ⑧ *– rattaché à Pontaubault.*

CEILLAC *05600 H.-Alpes* 77 ⑱ ⑲ *G. Alpes du Sud – 289 h alt. 1640 – Sports d'hiver : 1 700/2 495 m ⛷8 ⛸.*
Voir *Vallon du Mélezet★.*
ℹ *Office de Tourisme à la Mairie ✆ 04 92 45 05 74, Fax 04 92 45 27 80.*
Paris 732 – Briançon 51 – Gap 76 – Guillestre 14.

Cascade 🐦, au pied du Mélezet Sud-Est : 2 km ✆ 04 92 45 05 92, Fax 04 92 45 22 09, ≤, 🏖 – ☎ 🅿. GB. ✗
1er juin-7 sept. et 20 déc.-14 avril – **Repas** 72/150, enf. 49 – ☕ 44 – **23 ch** 290/370 – ½ P 260/345.

La CELLE-ST-CLOUD *78 Yvelines* 55 ⑳, 101 ⑬ *– voir à Paris, Environs.*

CELONY *13 B.-du-R.* 84 ③, 114 ⑮ *– rattaché à Aix-en-Provence.*

CERBÈRE *66290 Pyr.-Or.* 86 ⑳ *G. Pyrénées Roussillon – 1 461 h alt. 1.*
ℹ *Office de Tourisme Front de Mer ✆ 04 68 88 42 36, Fax 04 68 88 48 62.*
Paris 917 – Perpignan 48 – Port-Vendres 18.

Vigie, rte Espagne ✆ 04 68 88 41 84, Fax 04 68 88 48 87, ≤ mer et côte, 🏖 – ☎. AE GB. ✗ rest
fermé vacances de fév. – **Repas** 70/170, enf. 40 – ☕ 32 – **18 ch** 250/300 – ½ P 240/265.

Dorade, ✆ 04 68 88 41 93, 🏖 – ☎. AE ⓓ GB
1er avril-10 oct. et fermé mardi en mai et juin – **Repas** 78/150 🍷, enf. 40 – ☕ 36 – **20 ch** 175/290 – ½ P 225/275.

CERCY-LA-TOUR *58340 Nièvre* 69 ⑤ *– 2 258 h alt. 260.*
Paris 286 – Moulins 53 – Châtillon-en-Bazois 24 – Luzy 30 – Nevers 47 – St-Honoré-les-Bains 19.

Val d'Aron, r. Écoles ✆ 03 86 50 59 66, Fax 03 86 50 04 24, 🏖, 🏊, 🌳 – 📺 ☎ 📞 🅿. AE GB
Repas 95/250 🍷, enf. 60 – ☕ 50 – **12 ch** 320/420 – ½ P 280/300.

CITROEN Gar. Guérin, ✆ 03 86 50 53 11 🅽 ✆ 03 86 50 57 42

CERDON *45620 Loiret* 65 ① *G. Châteaux de la Loire – 929 h alt. 145.*
Voir *Etang du Puits★ SE : 5 km.*
Paris 153 – Orléans 50 – Aubigny-sur-Nère 21 – Gien 25 – Sully-sur-Loire 16.

Relais de Cerdon, ✆ 02 38 36 02 15 – GB
fermé 25 au 31 août, vacances de Noël, de fév., mardi soir et merc. – **Repas** 102/170 🍷, enf. 70.

CÉRESTE *04280 Alpes-de-H.-P.* **81** ⑭, **114** ③ *G. Provence – 950 h alt. 356.*
Paris 749 – Digne-les-Bains 73 – Aix-en-Provence 59 – Apt 19 – Forcalquier 24.

🏠 **Aiguebelle,** *𝄕* 04 92 79 00 91, Fax 04 92 79 07 29, 🌣 – ☎. 🖭 ⑩ ⅁ℬ
  ⚲ *fermé 2 au 31 janv.* – Repas 88/210, enf. 55 – 🖵 30 – **17 ch** 170/270 – ½ P 250/280.

CÉRET ⏍ *66400 Pyr.-Or.* **86** ⑲ *G. Pyrénées Roussillon* **(plan)** – *7 285 h alt. 153.*
  Voir *Vieux pont*★ – *Musée d'Art Moderne*★★.
  🖪 *Office de Tourisme 1 av. G.-Clemenceau* 𝄕 04 68 87 00 53, Fax 04 68 87 32 43.
  Paris 893 – Perpignan 32 – Gerona 80 – Port-Vendres 38 – Prades 55.

🏛🏛 **La Terrasse au Soleil** ⌂, Ouest : 1,5 km par rte Fontfrède 𝄕 04 68 87 01 94,
✿ Fax 04 68 87 39 24, ⩽ le Canigou et plaine du Roussillon, 🌣, ⿳, ⟋, ⚸ – ⤚ ☰ ch 🖭 ☎
  ⅌ 🅿 – 🛦 30. 🖭 ⅁ℬ
  1ᵉʳ mars-31 oct. – *La Cerisaie :* Repas 160(déj.)/240, enf. 90 – 🖵 80 – **27 ch** 795 – ½ P 578/
  678
  Spéc. Soufflé de foie gras de canard et artichauts violets. Rougets poêlés à l'unilatérale, flan
  de courgette farcie au caviar d'aubergine, crème muscat. Nougat glacé au touron.

🏛🏛 **Le Mas Trilles** Ⓜ ⌂, au pont de Reynès : 2 km par rte d'Amélie 𝄕 04 68 87 38 37,
  Fax 04 68 87 42 62, 🌣, « Mas catalan au décor raffiné », ⿳, ⟋ ⅌ 🅿. 🖭 ⅁ℬ
  28 mars-15 oct. – Repas *(fermé mardi)* (dîner seul.)(résidents seul.) 180/220 – 🖵 65 – **10 ch**
  460/985 – ½ P 460/740.

🏠 **Les Arcades** sans rest, 1 pl. Picasso 𝄕 04 68 87 12 30, Fax 04 68 87 49 44, « Collection de
  lithographies » – 🛗 cuisinette 🖭 ☎ ⇦. ⅁ℬ. ⚸
  🖵 36 – **26 ch** 240/300.

ⵝⵝⵝ **Les Feuillants** (Banyols) avec ch, 1 bd La Fayette 𝄕 04 68 87 37 88, Fax 04 68 87 44 68,
✿✿ 🌣 – 🛗 ☰ 🖭 ☎. 🖭 ⅁ℬ
⚲ *fermé lundi sauf le soir en juil.-août et dim. soir* – Repas 250/450 et carte 320 à 400, enf.
  120 • *Brasserie :* Repas 125/150 ⅃ – 🖵 55 – **3 ch** 750
  Spéc. Queues de langoustines poêlées et lapereau. Goujonnettes de sole, ailerons de
  poulet et ''espadrilles de mer''. Douceurs insolites du potager (dessert). **Vins** Côtes du
  Roussillon.

ⵝ **Le Chat qui Rit,** à la Cabanasse : 1,5 km par rte Amélie 𝄕 04 68 87 02 22, 🌣, ⟋ – 🅿.
  ⅁ℬ
  fermé 12 au 31 janv., lundi midi en juil.-août, dim. soir et lundi de sept. à juin – Repas
  128/158 ⅃, enf. 48.

  CITROEN Gar. Coll, La Cabanasse à Reynes   PEUGEOT Gar. la Bergerie, 3 av. Gare
  𝄕 04 68 87 00 75 ℕ 𝄕 04 68 83 48 11   𝄕 04 68 87 18 59
  FORD Gar. Mach, av. Aspres 𝄕 04 68 87 05 30 ℕ   RENAULT Gar. Privat, ZI Oulrich 𝄕 04 68 87 18 53
  𝄕 04 68 87 05 30

Le CERGNE *42460 Loire* **73** ⑧ – *650 h alt. 640.*
  Paris 408 – Mâcon 74 – Roanne 25 – Charlieu 16 – Chauffailles 16 – Lyon 85 – St-Étienne 104.

ⵝⵝ **Bel'Vue,** 𝄕 04 74 89 87 73, Fax 04 74 89 78 61, ⩽ – 🖭 ⅁ℬ
  fermé 4 au 12 août et dim. soir – Repas 95 bc/280 ⅃, enf. 50.

CERGY-PONTOISE 🅟 *95 Val-d'Oise* **55** ⑳, **106** ⑤, **101** ② *G. Ile de France.*

Cergy – *48 226 h alt. 30* – ⊠ *95000.*
  🛆🛆 𝄕 01 34 21 03 48, O : 7 km par D 922.
  Paris 37 – Pontoise 5.

🏛🏛 **Astrée** Ⓜ sans rest, 3 r. Chênes Émeraude par bd Oise 𝄕 01 34 24 94 94,
  Fax 01 34 24 95 15 – 🛗 ⅌ ☰ 🖭 ☎ ⟍ ⅌ ⇦ – 🛦 25 à 60. 🖭 ⑩ ⅁ℬ
  🖵 45 – **55 ch** 520.

🏛🏛 **Novotel** ⌂, près préfecture 𝄕 01 30 30 39 47, Fax 01 30 30 90 46, 🌣, ⿳, ⟋ – 🛗 ⅌
  ☰ 🖭 ☎ ⅌ 🅿 – 🛦 80. 🖭 ⑩ ⅁ℬ
  Repas carte environ 180 ⅃, enf. 50 – 🖵 57 – **191 ch** 495/525.

ⵝⵝⵝ **Les Coupoles,** 1 r. Chênes Emeraude par bd Oise 𝄕 01 30 73 13 30, Fax 01 30 73 46 90 –
  ☰. 🖭 ⑩ ⅁ℬ
  fermé sam. midi et dim. – Repas 168 et carte 210 à 360.

quartier St-Christophe *secteur Nord* – ⊠ *95800 Cergy Pontoise :*

🏠 **Campanile,** sortie échangeur n° 11 𝄕 01 34 24 02 44, Fax 01 30 73 99 96, 🌣 – ⅌ 🖭 ☎
⚲ ⅌ ⅌ 🅿 – 🛦 25. 🖭 ⑩ ⅁ℬ
  Repas 84 bc/107 bc, enf. 39 – 🖵 32 – **49 ch** 278.

  FORD Remy Goudé Auto, 15 r. de la Pompe   ⑩ Inter Pneu Melia Vulco, ZA 67 r. F.-Combes
  𝄕 01 34 33 32 31   𝄕 01 30 30 11 91

Osny – *12 195 h alt. 37 –* ⊠ *95520* .

Paris 39 – Pontoise 4.

XX **Moulin de la Renardière**, r. Gd Moulin ✆ 01 30 30 21 13, Fax 01 34 25 04 98, 綜,
« Parc, rivière » – 🇵. ⒶⒺ ⓪ ⒼⒷ
fermé 27 oct. au 10 nov., dim. soir et lundi – **Repas** 169.

PEUGEOT Cergy-Pontoise-Autom., 8 ch. J.-César   ⓪ Vaysse, 15 rte de Gisors D 915
par ⑥ ✆ 01 30 30 12 12 🅽 ✆ 08 00 44 24 24   ✆ 01 34 24 85 88
RENAULT Rousseau, 2 ch. J.-César par ⑥
✆ 01 34 41 95 95

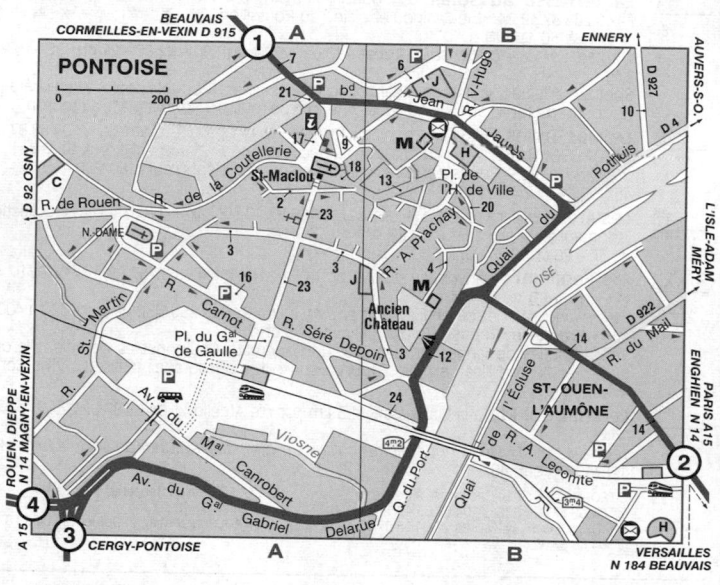

Hôtel-de-Ville (R. de l')	**B** 13	Flamel (Pl. N.)	**B** 6	Parc-aux-Charrettes (Pl. du) **A** 16
Thiers (R.)	**A** 23	Gisors (R. de)	**A** 7	Petit-Martroy (Pl. du) **A** 17
		Grand-Martroy (Pl. du)	**A** 9	Pierre-aux-Poissons (R.) **A** 18
Bretonnerie (R. de la)	**A** 2	Hermitage (R. de l')	**B** 10	Roche (R. de la) **B** 20
Butin (R. Pierre)	**AB** 3	Hôtel-Dieu (R. de l')	**B** 12	Souvenir (Pl. du) **A** 21
Château (R. du)	**B** 4	Leclerc (R. du Gén.)	**B** 14	Vert-Buisson (R. du) **B** 24

Pontoise ⟨ℙ⟩ – *27 150 h alt. 48 –* ⊠ *95300* .

Paris 34 ② – Beauvais 55 ① – Dieppe 138 ① – Mantes-la-Jolie 41 ④ – Rouen 91 ④.

🏛 **Campanile**, r. P. de Coubertin par ④ ✆ 01 30 38 55 44, Fax 01 30 30 48 87, 綜, 〓 – ↤↦
⊜ �📺 ☎ ✆ 🅿 – ⚐ 25. ⒶⒺ ⓪ ⒼⒷ
Repas 84 bc/107 bc, enf. 39 – ⊊ 32 – **80 ch** 278.

à Méry-sur-Oise *5,5 km par D 922 – 6 179 h. alt. 29 –* ⊠ *95540* .

🛈 *Syndicat d'Initiative, 30 av. Marcel Perrin* ✆ *01 34 64 85 15.*

XXX **Le Chiquito** (Mihura), ✆ 01 30 36 40 23, Fax 01 30 36 42 22 – 🗏. ⒶⒺ ⒼⒷ
❀ *fermé sam. midi, dim. soir et lundi* – **Repas** 300/370 et carte 270 à 380
Spéc. Salade de langoustines rôties et brandade de morue au croustillant de ventrèche. Bar
cuit sous peau, lasagnes aux coquillages et fenouil. Epaule et râble de lapin, pommes au lard,
pimentos farcis.

à Cormeilles-en-Vexin *par ① et centre du village : 9,5 km – 802 h. alt. 111 –* ⊠ *95830* :

XXX **Gérard Cagna**, sur D 915 ✆ 01 34 66 61 56, Fax 01 34 66 40 31, « Jardin » – 🇵. ⒶⒺ ⒼⒷ
❀❀ *fermé août, 23 au 28 déc., dim. soir, mardi soir et lundi* – **Repas** 200/550 bc et carte 470 à
610, enf. 110
Spéc. Huîtres chaudes au curry léger. Saint-Jacques au lard et artichaut (oct. à mars).
Pigeon rôti, jus à l'estragon, poêlée de légumes confits.

CITROEN Pontoise Cergy Autos, 21 ch. J.-César
℘ 01 30 30 28 29
CITROEN Pontoise Cergy Autos, 17 r. d'Anjou ZI de
Béthune à St-Ouen-l'Aumône par r. du Mail
℘ 01 34 20 15 15

LANCIA Gar. SOGEL, 10 r. Séré-Depoin
℘ 01 30 75 33 00

 Euromaster, 121 av. du Gén.-Leclerc à
Pierrelaye ℘ 01 34 64 07 50

CERIZAY 79140 Deux-Sèvres **67** ⑱ – 4 787 h alt. 173.
Paris 376 – Bressuire 14 – Cholet 37 – Niort 67 – La Roche-sur-Yon 71.

Cheval Blanc, av. 25-Août ℘ 05 49 80 05 77, Fax 05 49 80 08 74, ☞ – ☐ ☎ ☐ ☐. GB
fermé 19 déc. au 11 janv., sam. et dim. du 7 sept. au 30 mai – **Repas** 68/120 ⅓ – ☐ 34 –
20 ch 203/300 – ½ P 250/280.

CITROEN Gar. Coulais, ℘ 05 49 80 51 51 **N** ℘ 05 49
80 01 55

PEUGEOT Gar. Cocandeau, ℘ 05 49 80 50 19 **N**
℘ 05 49 80 50 19

CERNAY 68700 H.-Rhin **66** ⑨ G. Alsace Lorraine – 10 313 h alt. 275.
Env. Monument national du Vieil Armand près D431, ✳ ★★ (1 h) N : 12 km.
🅱 Office de Tourisme 1 r. Latouche ℘ 03 89 75 50 35, Fax 03 89 75 49 24.
Paris 462 – Mulhouse 18 – Altkirch 26 – Belfort 39 – Colmar 36 – Guebwiller 16 – Thann 6.

Belle-Vue, 10 r. Mar. Foch ℘ 03 89 75 40 15, Fax 03 89 75 74 81, ☞ – ☐ ☎ ☐ ☐. GB
hôtel : fermé 20 déc. au 10 janv. et dim. d'oct. à mai ; rest. : fermé 20 déc. au 20 janv., sam.
midi et dim. – **Repas** 70/220 ⅓, enf. 50 – ☐ 40 – **24 ch** 150/390 – ½ P 210/290.

Host. d'Alsace ☒ avec ch, 61 r. Poincaré ℘ 03 89 75 59 81, Fax 03 89 75 70 22 – ☐ ☎ ☎
☐. ☒ ⑩ GB. ✳ ch
fermé 21 juil. au 11 août, 26 déc. au 5 janv., dim. soir et lundi – **Repas** 98/305 ⅓, enf. 60 –
☐ 38 – **10 ch** 200/230 – ½ P 200/230.

OPEL Gar. Sutter et Fils, Fg des Vosges
℘ 03 89 75 42 26
PEUGEOT Gar. Soriano, 84 r. de Wittelsheim
℘ 03 89 75 44 85 **N** ℘ 03 89 75 44 85

RENAULT Gar. Courtois, fg de Belfort
℘ 03 89 75 75 75 **N** ℘ 03 89 26 71 23

CERNAY-LA-VILLE 78720 Yvelines **60** ⑨, **106** ㉙, **101** ㉛ – 1 757 h alt. 170.
Voir Abbaye★ des Vaux de Cernay O : 2 km, G. Ile de France.
Paris 45 – Chartres 52 – Longjumeau 27 – Rambouillet 12 – Versailles 23.

Abbaye des Vaux de Cernay ⌕, Ouest : 2,5 km par D 24 ℘ 01 34 85 23 00,
Fax 01 34 85 11 60, ≤, parc, « Ancienne abbaye cistercienne du 12ᵉ siècle », ⅃, ❀ – 🔲 ⟿
☎ ☐ – ⚒ 500. ☒ ⑩ GB. ✳ rest
Repas 160 (déj.), 255/415, enf. 120 – ☐ 80 – **55 ch** 390/1080, 3 appart – ½ P 780/1160.

PEUGEOT Gar. Vallée, ℘ 01 34 85 21 27 **N** ℘ 08 00 44 24 24

CERNON 39240 Jura **70** ⑭ – 268 h alt. 514.
Paris 445 – Arinthod 13 – Clairvaux-les-Lacs 29 – Lons-le-Saunier 36 – Oyonnax 25 –
St-Claude 34.

Galoubet ☒, ℘ 03 84 48 43 43, ☞ – ☐ ☎. GB
fermé 1ᵉʳ janv. au 1ᵉʳ mars, dim. soir et lundi sauf en été – **Repas** 65 (déj.), 82/168, enf. 42 –
☐ 30 – **7 ch** 210/230 – ½ P 260.

CESSIEU 38 Isère **74** ⑬ – rattaché à la Tour-du-Pin.

CESSON 22 C.-d'Armor **59** ③ – rattaché à St-Brieuc.

CESSON-SÉVIGNÉ 35 I.-et-V. **59** ⑰ – rattaché à Rennes.

Dans ce guide

un même symbole, un même caractère,
imprimé en couleur ou en **noir**, en maigre ou en **gras**
n'ont pas tout à fait la même signification.

Lisez attentivement les pages explicatives.

CEYRAT *63122 P.-de-D.* **73** ⑭ *– 5 283 h alt. 560.*

Syndicat d'Initiative à la Mairie ✆ 04 73 61 42 55.

Paris 427 – Clermont-Ferrand 6 – Issoire 37 – Le Mont-Dore 43 – Royat 6.

Voir plan de Clermont-Ferrand agglomération

L'Artière M, Sud : 1 km, rte Mont-Dore ✆ 04 73 61 43 02, Fax 04 73 61 41 37, – TV ☎ P. AE GB
Repas grill 70/130, enf. 35 – ☕ 30 – **24 ch** 250/300 – ½ P 220.

La Renaissance avec ch, av. Wilson ✆ 04 73 61 40 46, Fax 04 73 61 43 77, – TV ☎ – 40. AE GB AZ r
fermé 5 janv. au 5 fév., dim. soir et lundi de sept. à mai – **Repas** 80 (déj.), 100/250 – ☕ 35 – **10 ch** 200/300 – ½ P 270/300.

à Saulzet-le-Chaud *Sud : 2 km par N 89 – ✉ 63540 Romagnat :*

Le Montrognon, ✆ 04 73 61 30 51, Fax 04 73 61 53 11, – P. GB
fermé 25 août au 2 sept., dim. soir et lundi – **Repas** 90/250.

CHABLIS *89800 Yonne* **65** ⑥ *G. Bourgogne* **(plan)** *2 569 h alt. 135.*

Office de Tourisme, Petit Pontigny ✆ 03 86 42 80 80, Fax 03 86 42 80 16.

Paris 182 – Auxerre 21 – Avallon 39 – Tonnerre 19 – Troyes 75.

Ibis, rte Auxerre ✆ 03 86 42 49 20, Fax 03 86 42 80 04 – TV ☎ P – 40. AE GB
Repas 95, enf. 39 – ☕ 35 – **38 ch** 250/290.

Host. des Clos (Vignaud) avec ch, ✆ 03 86 42 10 63, Fax 03 86 42 17 11, – rest TV ☎ P – 25. AE GB
fermé 22 déc. au 9 janv., jeudi midi et merc. du 1er oct. au 30 avril – **Repas** 175/420 et carte 260 à 450, enf. 100 – ☕ 55 – **26 ch** 250/530 – ½ P 470/670
Spéc. Fricassée d'escargots de Bourgogne, crème d'ail confit. Dos de sandre rôti au jus de volaille et chablis. Rognon de veau poêlé dans sa graisse. **Vins** Chablis, Irancy.

Vieux Moulin, ✆ 03 86 42 47 30, Fax 03 86 42 84 44 – P. GB
Repas 98/210, enf. 55.

à Beine *Nord-Ouest : 6 km par rte d'Auxerre – 403 h. alt. 180 – ✉ 89800 :*

Le Vaulignot, ✆ 03 86 42 48 48, Fax 03 86 42 49 33 – P. GB
fermé 15 au 30 oct., 5 au 28 fév., dim. soir et lundi – **Repas** 105/260, enf. 55.

CITROEN Chablis Autos, ✆ 03 86 42 14 20 N ✆ 03 86 42 44 97

CHABRIS *36210 Indre* **64** ⑱ *G. Châteaux de la Loire – 2 672 h alt. 100.*

Paris 217 – Bourges 76 – Blois 51 – Châteauroux 59 – Loches 61 – Vierzon 37.

Plage avec ch, 42 r. du Pont ✆ 02 54 40 02 24, Fax 02 54 40 08 59, – ☎. GB.
fermé 22 déc. au 5 fév., dim. soir et lundi – **Repas** 140/250 – ☕ 31 – **8 ch** 224/252 – ½ P 220/240.

CITROEN Gar. Lacoste, ✆ 02 54 40 02 41

CHAGNY *71150 S.-et-L.* **69** ⑨ *G. Bourgogne – 5 346 h alt. 215.*

*Env. Mont de Sène ** O : 10 km.*

Office de Tourisme 2 r. Halles ✆ 03 85 87 25 95, Fax 03 85 87 24 19.

Paris 328 ① – Chalon-sur-Saône 19 ② – Autun 45 ① – Beaune 17 ① – Mâcon 77 ② – Montceau-les-Mines 46 ④.

Plan page ci-contre

Lameloise M, pl. d'Armes ✆ 03 85 87 08 85, Fax 03 85 87 03 57, « Ancienne maison bourguignonne aménagée avec élégance » – TV ☎. AE GB JCB Z e
fermé 17 déc. au 22 janv., merc. sauf le soir du 1er juil. au 30 sept. et jeudi midi – **Repas** (prévenir) 370/600 et carte 420 à 580 – ☕ 90 – **17 ch** 750/1500
Spéc. Ravioli d'escargots de Bourgogne dans leur bouillon d'ail doux. Pigeonneau rôti à l'émietté de truffes. Griottines au chocolat noir. **Vins** Rully, Chassagne-Montrachet.

Poste sans rest, r. Poste ✆ 03 85 87 08 27, Fax 03 85 87 23 13, – P. GB.
1er mars-30 nov. – ☕ 35 – **11 ch** 240/300. Z s

La Ferté sans rest, bd Liberté ✆ 03 85 87 07 47, Fax 03 85 87 37 64, – TV ☎ P. GB
☕ 30 – **14 ch** 180/270. Z u

rte de Chalon *par ②, N 6 et rte secondaire : 2 km – ✉ 71150 Chagny :*

Host. Château de Bellecroix , ✆ 03 85 87 13 86, Fax 03 85 91 28 62, , parc, – TV ☎ P. AE GB
fermé 20 déc. au 20 fév. et merc. sauf hôtel de juin à sept. – **Repas** 150 (déj.), 260/360 – ☕ 65 – **21 ch** 580/1000 – ½ P 620/820.

CHAGNY

Les pastilles numérotées
des plans de ville
① ② ③ sont répétées
sur les cartes Michelin
à 1/200 000.
Elles facilitent
ainsi le passage
entre les cartes
et les guides Michelin.

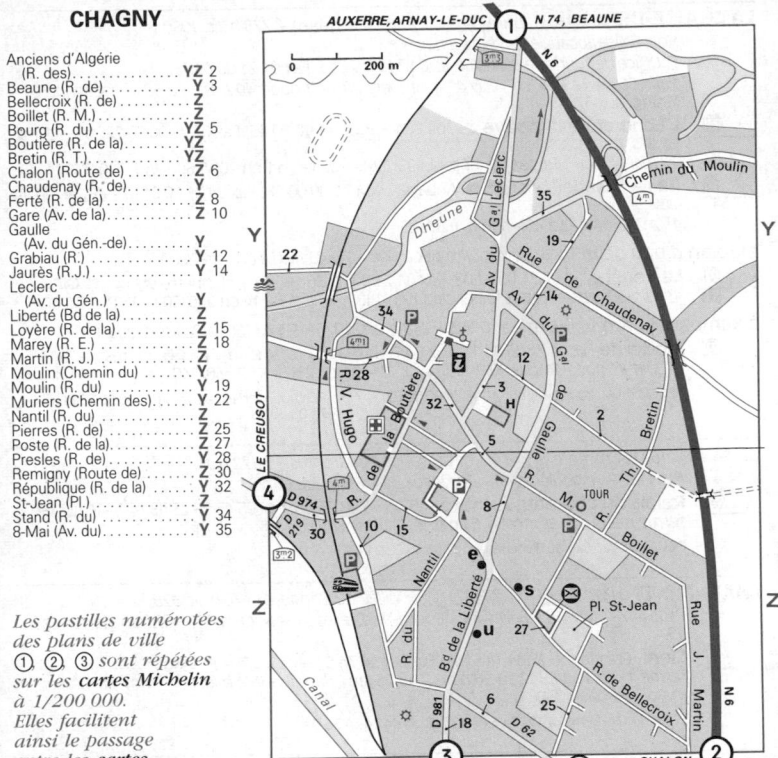

à Chassey-le-Camp *par ④, D 974 et D 109 : 6 km – 257 h. alt. 300 –* ⊠ *71150 :*

    Aub. du Camp Romain ⑤, ℘ 03 85 87 09 91, Fax 03 85 87 11 51, ≤, 佘, ℩₅, ⅃, ⊠,
    ℀ – ▯ ▥ ☎ & ▣ – ▲ 40. ⒼⒷ
    fermé janv. – Repas 125/210, enf. 50 – ⊊ 38 – **35 ch** 320/390, 5 duplex – ½ P 326/360.

    RENAULT Chagny Auto, N 6 par ① ℘ 03 85 87 22 28

CHAILLES 73 Savoie **74** ⑮ – *rattaché aux Échelles.*

CHAILLOL 05 H.-Alpes **77** ⑯ – *alt. 1450 –* ⊠ *05260 Chabottes.*
    Paris 666 – Gap 25 – Orcières 23 – St-Bonnet-en-Champsaur 10.

    L'Étable ⑤, ℘ 04 92 50 48 35, ≤ – ☎ ▣
    15 juin-15 sept. et 20 déc.-20 mars – Repas *(résidents seul.)* 82/92 ⅄ – ⊊ 31 – **14 ch**
    175/235 – ½ P 215/221.

CHAILLY-EN-BIÈRE 77930 S.-et-M. **61** ②, **106** ㊺ G. Ile de France – *2 029 h alt. 64.*
    Paris 53 – Fontainebleau 10 – Étampes 43 – Melun 10.

    Chalet du Moulin, Sud : 1,5 km par N 7 et rte secondaire ℘ 01 60 66 43 42,
    Fax 01 60 66 43 42, ≤, 佘, parc, « Chalet dans un cadre de verdure » – ▣, ⒶⒺ ⓪ ⒼⒷ
    fermé lundi soir et mardi sauf fériés – Repas 200/300 *(sauf dim.)*et carte 340 à 460.

CHAILLY-SUR-ARMANÇON 21 Côte-d'or **65** ⑱ – *rattaché à Pouilly-en-Auxois.*

327

La CHAISE-DIEU *43160 H.-Loire* 76 ⑥ *G. Auvergne* **(plan)** *– 778 h alt. 1080.*
Voir Église abbatiale★★ : tapisseries★★★.
Office de Tourisme pl. Mairie ☎ 04 71 00 01 16, Fax 04 71 00 03 45.
Paris 509 – Le Puy-en-Velay 41 – Ambert 29 – Brioude 40 – Issoire 58 – St-Étienne 81 – Yssingeaux 57.

L'Écho et de l'Abbaye, pl. Écho ☎ 04 71 00 00 45, Fax 04 71 00 00 22, – TV ☎. AE GB.
1er mai-10 oct. – **Repas** (dîner seul.) 95/220 – 49 – **11 ch** 260/360 – ½ P 320/340.

de La Casadeï sans rest, pl. Abbaye ☎ 04 71 00 00 58, Fax 04 71 00 01 67 – TV ☎. AE GB
1er mai-3 nov. – 40 – **11 ch** 160/280.

au plan d'eau de la Tour *Nord : 2 km par D 906 – ✉ 43160 La Chaise-Dieu :*

Le Vénéré, ☎ 04 71 00 01 08, Fax 04 71 00 08 36, – cuisinette ☎ P. GB
1er juin-30 sept. – **Repas** (dîner seul.) 75/148 – 33 – **14 ch** 200/300 – ½ P 220/250.

à Sembadel Gare *Sud : 6 km par D 906 – 238 h. alt. 1075 – ✉ 43160 La Chaise-Dieu :*

Moderne, ☎ 04 71 00 90 15, Fax 04 71 00 92 97, – ☎ P. GB. rest
1er juin-1er nov. – **Repas** 90/140 – 32 – **21 ch** 260 – ½ P 230/240.

PEUGEOT Gar. Rodier-Pumin ☎ 04 71 00 00 62

RENAULT Gar. Fayet, ☎ 04 71 00 00 88 N ☎ 04 71 00 00 88

CHALAIS *16210 Charente* 75 ③ *G. Poitou Vendée Charentes – 2 172 h alt. 70.*
Paris 497 – Angoulême 46 – Bordeaux 81 – Périgueux 67.

Relais du Château, au château ☎ 05 45 98 23 58, Fax 05 45 98 23 58, – P. AE GB
fermé mardi soir et merc. – **Repas** 95/210, enf. 50.

PEUGEOT Gar. Gadrat-Blancheton, ☎ 05 45 98 21 16

CHALAMONT *01320 Ain* 74 ② ③, 110 ⑧ *G. Vallée du Rhône – 1 476 h alt. 325.*
Paris 447 – Lyon 48 – Belley 64 – Bourg-en-Bresse 27 – Nantua 47 – Villefranche-sur-Saône 39.

Clerc, Grande rue ☎ 04 74 61 70 30, Fax 04 74 61 75 00, – P. GB
fermé 1er au 11 juil., 12 au 28 nov., 2 au 23 janv., lundi sauf le midi du 1er nov. au 30 mars et mardi – **Repas** 86/300.

RENAULT Gar. Berlie, ☎ 04 74 61 70 27 N ☎ 04 74 61 76 02

CHALEZEULE *25 Doubs* 66 ⑮ *– rattaché à Besançon.*

CHALLANS

Dodin (Bd L.) . . . . B
Gambetta (R.) . . . . B
Gaulle (Pl. de) . . . . A 7

Baudry (R. P.) . . . . A
Bazin (Bd R.) . . . . A
Biochaud (Av.) . . . . B
Bois-de-Céné (R. de) . . . . . A 2
Bonne-Fontaine (R.) . . . . . . B
Briand (Pl. A.) . . . . A 3
Calmette (R. G.) . . . . B
Carnot (Rue) . . . . A
Champ de Foire (Pl. du) . . . . B 4
Cholet (R. de) . . . . B 5
Clemenceau (Bd) . . . . A
F.F.I. (Bd des) . . . . A 6
Gare (Bd de la) . . . . B
Guérin (Bd) . . . . B
Leclerc (R. du Général) . . . . A 8
Lézardière (R. P. de) . . . . . . A 10
Lorraine (R. de) . . . . A 12
Marzelles (R. des) . . . . B 13
Monnier (R. P.) . . . . A 15
Nantes (R. de) . . . . AB
Roche-sur-Yon (R. de la) . . . . B 16
Sables (R. des) . . . . B 17
Strasbourg (Bd de) . . . . A
Viaud Grand-Marais (Bd) . . . . . . B
Yole (Bd J.) . . . . AB

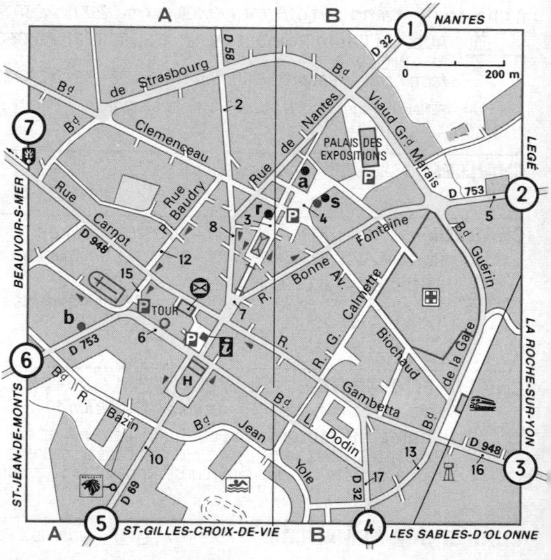

CHALLANS 85300 Vendée ☰7 ⑫ G. Poitou Vendée Charentes – 14 203 h alt. 8.

🛈 Office de Tourisme pl. de l'Europe ☎ 02 51 93 19 75, Fax 02 51 49 76 04.

Paris 438 ② – La Roche-sur-Yon 43 ③ – Cholet 83 ② – Nantes 56 ① – Les Sables-d'Olonne 43 ④.

Plan page ci-contre

🏨 **Antiquité** sans rest, 14 r. Gallieni ☎ 02 51 68 02 84, Fax 02 51 35 55 74, 🎿, 🚗 – 📺 ☎ 🕭 🅿. 🖭 ⓞ ᴳᴮ.   B   a
fermé 23 déc. au 6 janv. – 🖙 32 – **16 ch** 260/400.

🏨 **Commerce** sans rest, 17 pl. A. Briand ☎ 02 51 68 06 24, Fax 02 51 49 44 97 – 📺 ☎ – 🌡 25. 🖭 ᴳᴮ   A   r
🖙 32 – **21 ch** 230/270.

🏨 **Champ de Foire**, 10 pl. Champ de Foire ☎ 02 51 68 17 54, Fax 02 51 35 06 53 – 📺 ☎ 🕭. 🖭 ᴳᴮ   B   s
fermé vend. soir sauf juil.-août – **Repas** 68/240 ♧, enf. 46 – 🖙 29 – **11 ch** 190/260 – ½ P 200/210.

✕✕ **Le Pavillon Gourmand**, 4 r. St-Jean-de-Monts ☎ 02 51 49 04 52 – ᴳᴮ   A   b
fermé 20 déc. au 2 janv., dim. soir et lundi soir – **Repas** (prévenir) 98 (déj.), 165/260.

✕ **Chez Charles**, 8 pl. Champ de Foire ☎ 02 51 93 36 65, Fax 02 51 49 31 88 – 🍽. 🖭 ⓞ ᴳᴮ ᴶᶜᴮ   B   s
fermé 20 déc. au 20 janv., dim. soir et lundi sauf juil.-août – **Repas** 75 bc/200 bc, enf. 50.

à la Garnache par ① : 6,5 km – 3 379 h. alt. 28 – ⊠ 85710 :

✕✕ **Petit St-Thomas**, ☎ 02 51 49 05 99 – ᴳᴮ
fermé 2 au 16 juin, 5 au 19 janv. et lundi – **Repas** 68 (déj.), 80/185.

rte de St-Gilles-Croix-de-Vie par ⑤ – ⊠ 85300 Challans :

🏰 **Château de la Vérie** ≫, 2,5 km sur D 69 ☎ 02 51 35 33 44, Fax 02 51 35 14 84, parc, 🎿, ❀ – 📺 ☎ 🕭 🅿. 🖭 ⓞ ᴳᴮ
Repas 100 (déj.), 160/300, enf. 60 – 🖙 60 – **19 ch** 600/880 – ½ P 490/630.

✕✕ **La Gîte du Tourne-Pierre**, 3 km sur D 69 ☎ 02 51 68 14 78, 🌳, 🎿 –🅿. 🖭 ⓞ ᴳᴮ
fermé 17 au 29 mars, 1ᵉʳ au 15 oct., vend. soir, sam. midi et dim. soir sauf juil.-août – **Repas** (prévenir) 125 bc/330, enf. 60.

par ⑦ : 6 km sur D 948 – ⊠ 85300 Challans :

🏨 **Relais des Quatre Moulins**, ☎ 02 51 68 11 85, Fax 02 51 93 37 79 – 📺 ☎ 🕭 🅿. 🖭 ᴳᴮ. ❀
fermé 1ᵉʳ au 20 oct., 24 déc. au 2 janv. et dim. d'oct. à mai – **Repas** 72/249 – 🖙 28 – **12 ch** 210/300 – ½ P 265.

CITROEN Atlantic-Autom., 52 rte de St-Jean-de-Monts par ⑥ ☎ 02 51 93 15 99
PEUGEOT Gar. Cara, rte de St Gilles ☎ 02 51 93 16 52

RENAULT S.N.V.A., 29 r. de St-Jean-de-Monts par ⑥ ☎ 02 51 49 52 22

CHALONNES-SUR-LOIRE 49290 M.-et-L. ☰☰ ⑲ G. Châteaux de la Loire – 5 354 h alt. 25.

Voir Corniche angevine★ E.

🛈 Syndicat d'Initiative ☎ 02 41 78 26 21.

Paris 318 – Angers 26 – Ancenis 37 – Châteaubriant 63 – Château-Gontier 62 – Cholet 40.

✕ **Boule d'Or**, 4 r. Las-Cases (près poste) ☎ 02 41 78 02 46, Fax 02 41 74 94 38 – ᴳᴮ
fermé dim. soir, merc. soir et lundi – **Repas** 94/205, enf. 58.

PEUGEOT Gar. Thuleau, ☎ 02 41 78 00 28 🅽 ☎ 02 41 78 00 28

CHÂLONS-EN-CHAMPAGNE ℗ 51000 Marne ☰☰ ⑰ G. Champagne – 48 423 h alt. 83.

Voir Cathédrale St-Étienne★★ AZ – Église N.-D.-en-Vaux★ : intérieur★★ AY F – Statues-colonnes★★ du musée du cloître de N.-D.-en-Vaux★ AY M¹.

☐ₛ la Grande Romanie ☎ 03 26 70 51 04 à Courtisols par ③ : 15 km.

🛈 Office de Tourisme 3 quai des Arts ☎ 03 26 65 17 89, Fax 03 26 21 72 92.

Paris 165 ⑥ – Reims 48 ① – Charleville-Mézières 104 ② – Dijon 257 ④ – Metz 158 ② – Nancy 160 ④ – Orléans 245 ⑤ – Troyes 82 ⑤.

Plan page suivante

🏨 **Angleterre et rest. Jacky Michel**, 19 pl. Mgr Tissier ☎ 03 26 68 21 51, Fax 03 26 70 51 67, 🌳 – 🍽 📺 ☎ 🕭 🅿. 🖭 ⓞ ᴳᴮ. ❀ ch   BY   g
❀   fermé 12 juil. au 4 août, vacances de Noël, sam. midi et dim. – **Repas** 150/430 et carte 330 à 500 – 🖙 65 – **18 ch** 390/490
Spéc. Escargots, fonds d'artichauts camus et champignons au beurre mousseux (juin à fin sept.). Rissoles d'ailes de cailles, galette de pommes de terre et foie gras. Soupe de clémentines, petit baba et sorbet (nov. à mars). **Vins** Champagne, Coteaux champenois rouge.

329

CHÂLONS-
EN-CHAMPAGNE

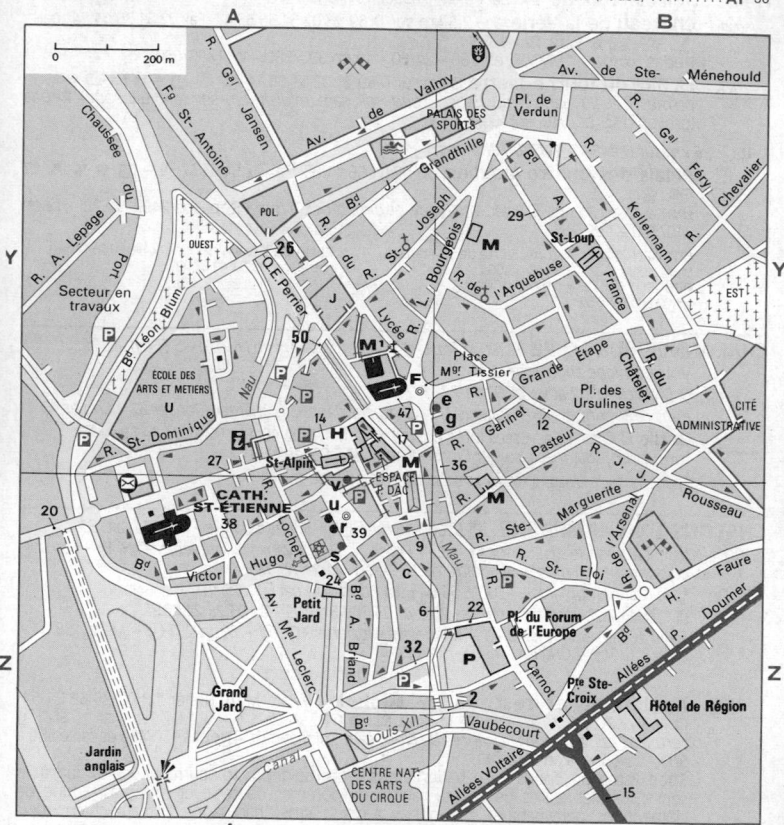

🏛 **Le Renard**, 24 pl. République ✆ 03 26 68 03 78, Fax 03 26 64 50 07 – 🛬 📺 ☎ ✆ –
🔥 30. ◻ GB. ✇   AZ   **r**
Repas *(fermé 22 déc. au 5 janv., sam. midi et dim. soir)* 95/295, enf. 55 – ☑ 45 – **35 ch**
305/350 – ½ P 330/410.

🏛 **Pot d'Étain** sans rest, 18 pl. République ✆ 03 26 68 09 09, Fax 03 26 68 58 18 – 📺 ☎ ✆.
GB   AZ   **u**
☑ 35 – **27 ch** 250/310.

🏛 **Bristol** sans rest, 77 av. P. Sémard ✉ 51510 Fagnières ✆ 03 26 68 24 63,
Fax 03 26 68 22 16 – 📺 ☎ ✆ 🚗 🅿. GB. ✇   X   **a**
fermé vacances de Noël – ☑ 35 – **24 ch** 215/265.

XX **Pré St-Alpin**, 2 bis r. Abbé Lambert ✆ 03 26 70 20 26, Fax 03 26 68 52 20, 🌳
GB   AZ   **v**
fermé dim. soir et lundi – **Repas** 130/155 bc, enf. 60.

XX **Les Ardennes**, 34 pl. République ✆ 03 26 68 21 42, Fax 03 26 21 34 55, 🌳 – ◻ GB
fermé dim. soir et lundi – **Repas** 105/255, enf. 50.   AZ   **s**

X **Carillon Gourmand**, 15 pl. Mgr Tissier ✆ 03 26 64 45 07, Fax 03 26 66 92 31 – 🍷. GB
fermé 10 au 26 août, 25 janv. au 12 fév., dim. soir et lundi – **Repas** 130 ♨.   BY   **e**

rte de Reims *vers ① : 3 km* – ✉ 51520 St-Martin-sur-le-Pré :

🏛 **Campanile**, ✆ 03 26 70 41 02, Fax 03 26 66 87 85, 🌳 – 🛬 📺 ☎ ✆ ⚟ 🅿 – 🔥 25. ◻ ⓓ
GB   X   **n**
Repas 84 bc/107 bc, enf. 39 – ☑ 32 – **47 ch** 278.

à l'Épine *par ③ : 8,5 km – 631 h. alt. 153* – ✉ 51460 .
Voir *Basilique N.-Dame*★★ .

🏛 **Aux Armes de Champagne**, ✆ 03 26 69 30 30, Fax 03 26 66 92 31, 🌼, ✇ – 📺 ☎ 🅿
– 🔥 25 à 100. ◻ ⓓ GB   ✿
fermé 4 janv. au 10 fév., dim. soir et lundi de nov. à mars – **Repas** 125 (déj.), 220/490 et carte
370 à 490, enf. 100 – ☑ 65 – **37 ch** 390/725
Spéc. Riquette et ris de veau croustillants aux amandes et crudités. Loup grillé, jeunes
légumes croquants aux choux rouges. Pigeonneau rôti en cocotte, sauce aux abattis. **Vins**
Champagne, Coteaux champenois rouge.

CHALON-SUR-SAÔNE ◁ 71100 S.-et-L. 🔢 ⑨ G. Bourgogne – 54 575 h alt. 180.
Voir *Réfectoire*★ *de l'hôpital* **CZ** – *Musées : Denon*★ **BZ M¹**, *Nicéphore Niepce*★ **BZ M²** –
Roseraie St-Nicolas★ *SE : 4 km* **X**.
🏌 ✆ 03 85 48 61 64, à la zone de Sports St-Nicolas, NE : 3 km **X**.
🇧 *Office de Tourisme square Chabas, bd République* ✆ 03 85 48 37 97, Fax 03 85 48 63 55 –
*Maison des Vins de la Côte Chalonnaise (unique et commentée sur
la carte) promenade Sainte-Marie* ✆ 03 85 41 64 00.
Paris 335 ⑦ – *Besançon 131* ① – *Bourg-en-Bresse 92* ② – *Clermont-Fd 210* ⑤ – *Dijon 69*
⑦ – *Genève 205* ① – *Lyon 128* ④ – *Mâcon 59* ④ – *Montluçon 213* ⑤ – *Roanne 134* ⑤.

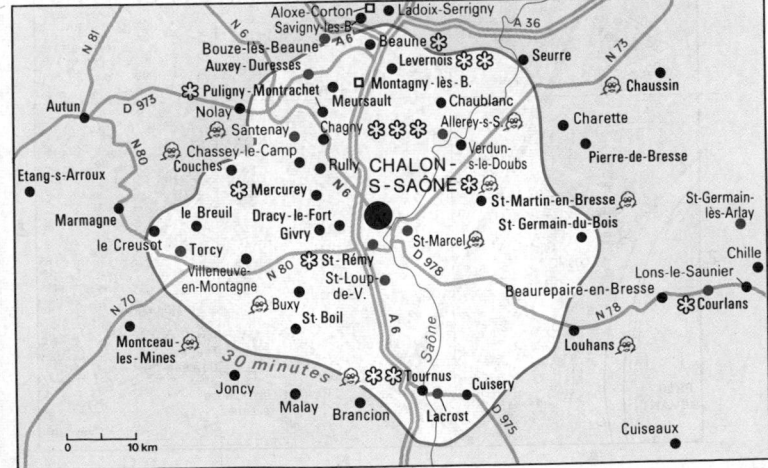

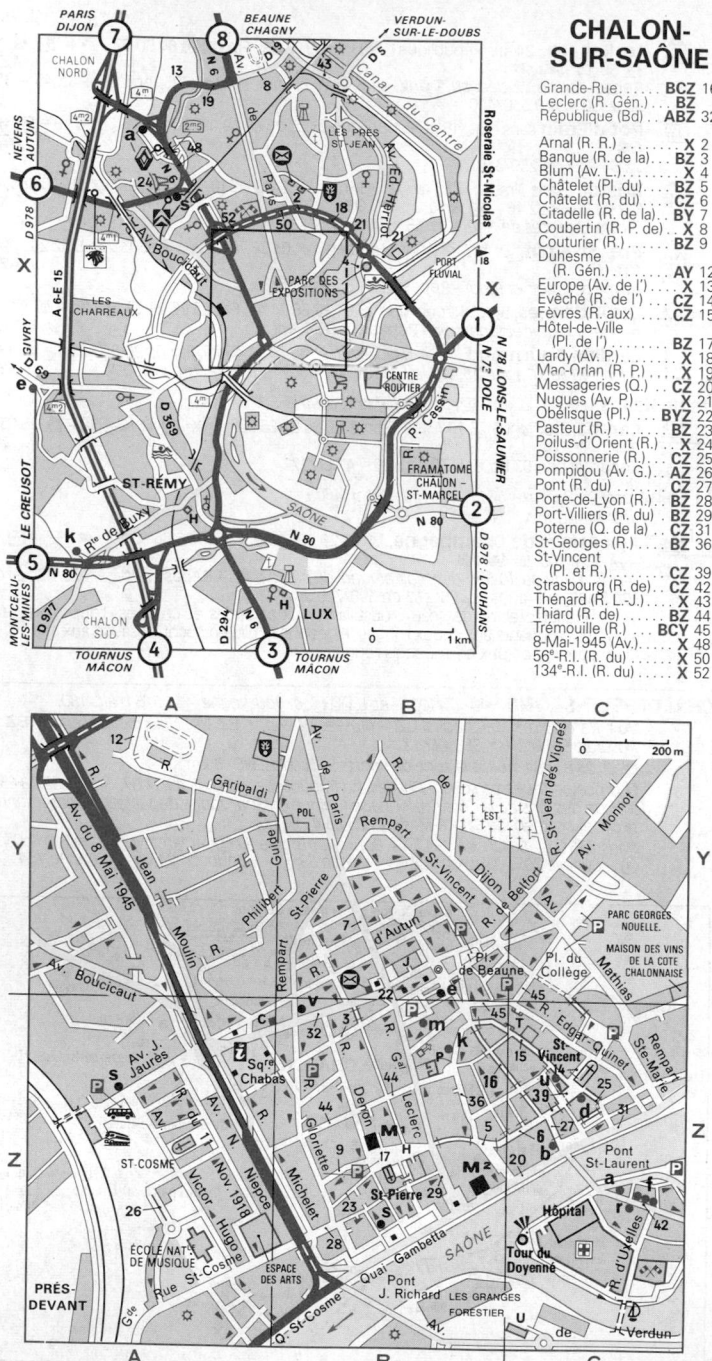

CHALON-SUR-SAÔNE

St-Georges (Choux) Ⓜ, 32 av. J. Jaurès ℰ 03 85 48 27 05, Fax 03 85 93 23 88 – 🛗 ⇔ ▤
📺 ☎ ℂ 🄿 – 🙇 25. 🄰🄴 ⓪ 🇬🇧
AZ   s

Repas *(fermé sam. midi)* 110/400 et carte 240 à 370, enf. 70 **- Le Petit Comptoir d'à Côté**
ℰ 03 85 93 44 26 *(fermé sam. midi)* **Repas** 80/92, enf. 48 – 🖂 50 – **48 ch** 290/580 –
½ P 360/415
Spéc. Poulette de Bresse en terrine farcie au foie gras. Pigeon rôti en bécasse. Poire rôtie
au miel et aux épices. **Vins** Montagny, Rully.

St-Régis, 22 bd République ℰ 03 85 48 07 28, Fax 03 85 48 90 88 – 🛗 ▤ 📺 ☎ ℂ ⇔. 🄰🄴
⓪ 🇬🇧 🄹🄲🄱
BZ   v

Repas *(fermé dim.)* 124/325 ⅋, enf. 55 – 🖂 54 – **36 ch** 300/520 – ½ P 360/420.

St-Jean sans rest, 24 quai Gambetta ℰ 03 85 48 45 65, Fax 03 85 93 62 69 – 📺 ☎.
🖂 28 – **25 ch** 200/260.
BZ   s

Central sans rest, 19 pl. Beaune ℰ 03 85 48 35 00, Fax 03 85 93 10 20 – 📺 ☎ ℂ. 🄰🄴 ⓪
🇬🇧
BY   e

🖂 27 – **25 ch** 200.

𝖃𝖃𝖃 **Le Bourgogne**, 28 r. Strasbourg ℰ 03 85 48 89 18, Fax 03 85 93 39 10, « Maison du
17ᵉ siècle, caveau » – 🄰🄴 🇬🇧
CZ   r

fermé 7 au 20 juil., sam. midi et dim. soir sauf août – **Repas** 90/250 et carte 170 à 260.

𝖃𝖃 **La Rôtisserie**, 1 r. Pont ℰ 03 85 48 81 01, Fax 03 85 48 15 71 – ▤. 🇬🇧
CZ   b

fermé dim. soir et merc. – **Repas** 95/175.

𝖃𝖃 **Le Gourmand**, 13 r. Strasbourg ℰ 03 85 93 64 61, Fax 03 85 93 64 61 – ▤. 🄰🄴 🇬🇧
CZ   f

fermé 28 juil. au 18 août, 24 janv. au 10 fév., lundi soir et mardi – **Repas** 98/165.

𝖃𝖃 **L'Ile Bleue**, 3 r. Strasbourg ℰ 03 85 48 39 83, Fax 03 85 48 72 58 – 🇬🇧
CZ   a

fermé 4 au 21 août, sam. midi et merc. – **Repas** - produits de la mer - 89/145.

𝖃𝖃 **La Réale**, 8 pl. Gén. de Gaulle ℰ 03 85 48 07 21, Fax 03 85 48 57 77 – ▤. 🇬🇧
BZ   m

fermé 28 juil. au 17 août, dim. soir et lundi – **Repas** 105/160 ⅋, enf. 50.

𝖃 **Marché**, 7 pl. St Vincent ℰ 03 85 48 62 00, 🍽 – 🇬🇧
CZ   d

fermé 10 au 25 août, lundi soir et dim. en juil.-août, dim soir et lundi de sept. à juin – **Repas**
85/160 ⅋.

𝖃 **Chez Jules**, 11 r. Strasbourg ℰ 03 85 48 08 34 – ▤. 🄰🄴 ⓪ 🇬🇧
CZ   f

fermé 1ᵉʳ au 15 août, vacances de fév., sam. midi et dim. – **Repas** 88/168 ⅋.

𝖃 **Rôtisserie St-Vincent**, 9 r. du Blé ℰ 03 85 48 83 52 – ▤. 🇬🇧
CZ   u

fermé 1ᵉʳ au 15 janv., dim. soir et lundi – **Repas** 100 (déj.)/145 ⅋.

𝖃 **Ripert**, 31 r. St Georges ℰ 03 85 48 89 20 – 🇬🇧
BZ   k

fermé 19 au 24 mai, 1ᵉʳ au 21 août, 2 au 7 janv., dim. soir et lundi – **Repas** 75/150 ⅋, enf. 45.

𝖃 **Le Bistrot**, 31 r. Strasbourg ℰ 03 85 93 22 01 – 🇬🇧
CZ   f

fermé sam. midi et dim. – **Repas** 79/130.

à St-Marcel *à l'Est par D 978 : 3 km* – *4 118 h. alt. 185* – ⊠ *71100 :*

𝖃𝖃 **Jean Bouthenet**, ℰ 03 85 96 56 16, Fax 03 85 96 75 81 – 🄿.
fermé dim. soir et lundi – **Repas** 105/390 ⅋, enf. 65.

à St-Rémy *vers ⑤ (rte du Creusot), N 6, N 80 et rte secondaire : 4 km* – *5 627 h. alt. 187* – ⊠ *71100 :*

𝖃𝖃𝖃 **Moulin de Martorey** (Gillot), ℰ 03 85 48 12 98, Fax 03 85 48 73 67, 🍽, « Décor rustique avec ancien mécanisme de meunerie » – ▤ 🄿. 🄰🄴 🇬🇧
X   k

fermé 28 juil. au 10 août, dim. soir et lundi – **Repas** 135/400 et carte 350 à 470
Spéc. Trois préparations d'escargots. Râble de lapin fermier rissolé, jus de carottes à la
moutarde. Fondant au Guanaja et pralin feuilleté. **Vins** Givry, Rully.

à St-Loup-de-Varennes *par ③ : 7 km* – *986 h. alt. 186* – ⊠ *71240 :*

𝖃 **Le Saint Loup**, N 6 ℰ 03 85 44 21 58, Fax 03 85 44 21 58 – ▤ 🄿. 🇬🇧
fermé 28 juin au 12 juil., 6 au 12 oct., 31 janv. au 7 fév., dim. soir et merc. – **Repas** 68/155.

rte de Givry *Ouest : 4 km sur D 69* – ⊠ *71880 Châtenoy-le-Royal :*

𝖃𝖃 **Aub. des Alouettes**, ℰ 03 85 48 32 15, Fax 03 85 93 12 96, 🍽 – 🇬🇧
X   e

fermé 16 juil. au 6 août, vacances de fév., mardi soir et merc. – **Repas** 98/260 ⅋.

à Dracy-le-Fort *par ⑥ et D 978 : 6 km* – *1 103 h. alt. 180* – ⊠ *71640 :*

🏨 **Le Dracy** Ⓜ ⅋, ℰ 03 85 87 81 81, Fax 03 85 87 77 49, 🍽, parc, ⅃, 𝖃 – 🛏 rest 📺 ☎ ⅃
🄿 – 🙇 30 à 80. 🄰🄴 ⓪ 🇬🇧
La Garenne ℰ 03 85 87 72 73 **Repas** 95/175 ⅋, enf. 60 – 🖂 45 – **41 ch** 340/440 – ½ P 350.

près échangeur A6 Chalon-Nord – ⊠ 71100 Chalon-sur-Saône :

🏨 **Mercure** Ⓜ, av. Europe ℰ 03 85 46 51 89, Fax 03 85 46 08 96, 佘, ⅃, ☞ – 📳 ᵞ✸ 🔲 TV
☎ 📞 & 🅿 – 🏛 100. ⅋ⅇ ⅆ 🅶🅱 ⒿⒸⒷ
Repas 130 ♨, enf. 45 – ⅏ 52 – **85 ch** 415/470.   X   a

🏨 **Arcade** Ⓜ, carrefour des Moirots ℰ 03 85 41 04 10, Fax 03 85 41 04 11, 佘, ⅃ – 📳 ᵞ✸
🔲 rest TV ☎ 📞 & 🅿 – 🏛 40 à 200. ⅋ⅇ ⅆ 🅶🅱
Repas 87/125 ♨, enf. 40 – ⅏ 35 – **86 ch** 290/330.   X   s

BMW Gar. République, 8 pl. République
℘ 03 85 48 16 90
CITROEN Gar. Moderne de Chalon sur Saône, 5 r.
G.-Feydeau ℘ 03 85 46 82 82
FORD Soreva, 14 av. Kennedy ℘ 03 85 46 49 45
PEUGEOT Gar. Nedey, rte d'Autun à Châtenoy-le-
Royal ℘ 03 85 46 84 84 Ⓝ ℘ 03 85 92 79 08
RENAULT SODIRAC, av. Europe, c. cial de la Thalie
℘ 03 85 47 85 47 Ⓝ ℘ 08 00 05 15 15

Ⓦ Chalon Pneus, ZI Verte à Châtenoy-le-Royal
℘ 03 85 46 45 77
Euromaster, r. P.-de Coubertin, ZI
℘ 03 85 46 50 12
Perret Pneus, 40 rte de Lyon, N 6 à St-Rémy
℘ 03 85 48 22 03

CHAMALIÈRES 63 P.-de-D. 🎞 ⑭ – rattaché à Clermont-Ferrand.

CHAMARANDES 52 H.-Marne 🎞 ⑳ – rattaché à Chaumont.

CHAMBERET 19370 Corrèze 🎞 ⑲ – 1 376 h alt. 450.
Env. Mont Gargan ✳✳ NO : 9 km, G. Berry Limousin.
🛈 Syndicat d'Initiative à la Mairie ℰ 05 55 98 30 12, Fax 05 55 97 90 66.
Paris 448 – Limoges 56 – Guéret 86 – Tulle 45 – Ussel 70.

🏨 **France,** ℰ 05 55 98 30 14, Fax 05 55 73 47 15 – 🔲 rest TV ☎ 🅿. 🅶🅱. ⅍ rest
🚲 fermé 12 janv. au 1ᵉʳ fév. et dim. soir d'oct. à mai – **Repas** 78/200 ♨ – ⅏ 35 – **12 ch** 190/280
– ½ P 210/280.

CHAMBÉRY 🅿 73000 Savoie 🎞 ⑮ G. Alpes du Nord – 54 120 h Agglo. 102 283 h alt. 270.
Voir Vieille ville★ AB : Ste-Chapelle★ A B du château★ A, place St-Léger★ B, grilles★ de
l'hôtel de Châteauneuf, (rue de la Croix-d'Or) B – Diptyque★ dans la Cathédrale métropoli-
taine B – Crypte★ de l'église St-Pierre de Lémenc B – Musée savoisien★ B M¹.
✈ de Chambéry-Aix-les-Bains : ℰ 04 79 54 49 54, au Bourget-du-Lac par ④ : 8 km.
🛈 Office de Tourisme 24 bd de la Colonne ℰ 04 79 33 42 47, Fax 04 79 85 71 39 –
Automobile Club de Savoie "Le Comte-Rouge" 222 av. Comte-Vert ℰ 04 79 69 14 72.
Paris 565 ④ – Grenoble 57 ② – Annecy 51 ④ – Lyon 103 ④ – Torino 209 ② – Valence 126 ③

Plan page ci-contre

🏨 **Mercure** Ⓜ sans rest, 183 pl. Gare ℰ 04 79 62 10 11, Fax 04 79 62 10 23 – 📳 ᵞ✸ 🔲 TV ☎
📞 & 🚗. ⅋ⅇ ⅆ 🅶🅱
⅏ 57 – **81 ch** 505.   A   s

🏨 **France** sans rest, 22 fg Reclus ℰ 04 79 33 51 18, Fax 04 79 85 06 30 – 📳 ᵞ✸ 🔲 TV ☎ 🚗
– 🏛 50. ⅋ⅇ ⅆ 🅶🅱
⅏ 50 – **48 ch** 320/460.   B   z

🏨 **Princes** sans rest, 4 r. Boigne ℰ 04 79 33 45 36, Fax 04 79 70 31 47 – 📳 TV ☎. ⅋ⅇ ⅆ 🅶🅱
⅏ 35 – **45 ch** 190/390.   B   r

🏨 **City H.** sans rest, 9 r. Denfert-Rochereau ℰ 04 79 85 76 79, Fax 04 79 85 86 11 – 📳 ᵞ✸ TV
☎ &. 🅶🅱
⅏ 32 – **40 ch** 195/290.   B   n

XXX **L'Essentiel,** 183 pl. Gare ℰ 04 79 96 97 27, Fax 04 79 96 17 78, 佘 – 🔲. ⅋ⅇ 🅶🅱   A   v
fermé dim. en juil.-août et sam. midi – **Repas** 130 (déj.), 150/390 et carte 250 à 400.

XXX **St-Réal,** 88 r. St Réal ℰ 04 79 70 09 33, Fax 04 79 33 49 65 – ⅋ⅇ ⅆ 🅶🅱   B   x
fermé dim. – **Repas** 160/400 et carte 260 à 470.

XX **Le Tonneau,** 2 r. St Antoine ℰ 04 79 33 78 26, 佘 – ⅋ⅇ ⅆ 🅶🅱   AB   a
🚲 fermé dim. soir et lundi
Repas 110/190 ♨.

XX **La Vanoise,** 44 av. P. Lanfrey ℰ 04 79 69 02 78, Fax 04 79 62 64 52, 佘 – ⅋ⅇ 🅶🅱   A   e
Repas 140/275 ♨.

à Sonnaz par ① : 8 km sur D 991 – 977 h. alt. 370 – ⊠ 73000 :
XX **Le Régent,** ℰ 04 79 72 27 70, Fax 04 79 72 27 70, 佘, ☞ – 🅿. 🅶🅱
fermé 15 août au 10 sept., dim. soir et merc. – **Repas** 100 (déj.), 120/310, enf. 50.

CHAMBÉRY

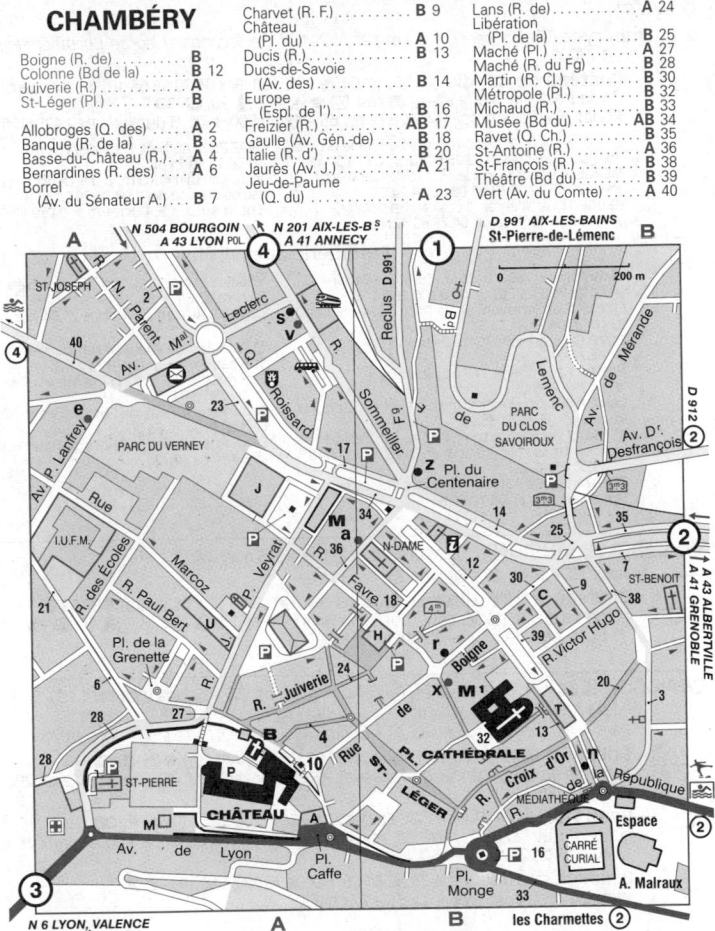

à St-Alban-Leysse *par* ② : *5 km par N 512 et D 912 – 3 858 h. alt. 285 –* ✉ *73230* :

🏨 **L'Or du Temps** Ⓜ, rte Plainpalais *&* 04 79 85 51 28, Fax 04 79 85 83 87, 斎 – 📺 ☎ 🕭 📵
🛁 40. ⬛ ⅍ rest
fermé août, sam. et dim. – **Repas** 78/95 ⅃ – 🔲 35 – **18 ch** 190/230 – ½ P 235.

au Sud-Est : *2 km par D912 et D 4 -* **B** *–* ✉ *73000 Chambéry* :

🍴🍴 **Mont Carmel,** à Barberaz (près église) *&* 04 79 85 77 17, Fax 04 79 85 16 65, 斎, 舟 – 🆎
⬛
fermé 1er au 10 janv., dim. soir et lundi – **Repas** 95 (déj.), 135/270.

🍴 **Aux Pervenches** ⌂ avec ch, aux Charmettes *&* 04 79 33 34 26, Fax 04 79 60 02 52, ≤,
斎, 舟 – 📺 ☎ 📵. ⬛
Repas 95/160 – 🔲 27 – **11 ch** 140/180 – ½ P 155/180.

par ④ : *3 km sur D 201 (sortie La Motte-Servolex) –* ✉ *73000 Chambéry* :

🏨 **Novotel,** *&* 04 79 69 21 27, Fax 04 79 69 71 13, 斎, ⅃, 舟 – 🕭 ⅍ ▤ 📺 ☎ 🕭 📵 –
🛁 200. 🆎 ⑩ ⬛
Repas 120/150, enf. 50 – 🔲 52 – **103 ch** 420/450.

à Chambéry-le-Vieux par ④ : 5 km par N 201 et rte secondaire (sortie Chambéry-le-Haut) – ⊠ 73000 :

🏠 **Château de Candie** Ⓜ ⌂, ℰ 04 79 96 63 00, Fax 04 79 96 63 10, ≤, 😄, parc, « Belle demeure du 14ᵉ siècle » – 📞 🖹 rest 📺 ☎ & 🅿 – 🛄 90. 🆎 ☺🅱
Repas (fermé dim. soir) 145/285 – � 65 – **17 ch** 500/1500, 3 duplex – ½ P 425/1290.

CITROEN S.A.D., ZI des Landiers voie rapide urbaine nord par ④ ℰ 04 79 62 25 90 🅽 ℰ 04 79 54 41 77
MERCEDES Etoile Service 73, zac des Landiers ℰ 04 79 69 72 16 🅽 ℰ 08 00 24 24 30
PEUGEOT Gar. Maurel, ZI des Landiers par ④ ℰ 04 79 96 15 32 🅽 ℰ 04 79 65 42 11

SEAT Plaza Autom., ZI Landiers Nord ℰ 04 79 69 21 62
VAG Jean Lain Autom., ZI des Landiers, voie rapide urbaine nord ℰ 04 79 62 37 91
Equip'Auto, r. E.-Ducretet ℰ 04 79 96 34 40

Périphérie et environs

BMW Europe, 780 r. P.-et-M.-Curie à la Ravoire ℰ 04 79 71 35 35 🅽 ℰ 08 00 00 16 24
CITROEN Gar. Schiavon, av. de Turin à Bassens par D 912 B ℰ 04 79 33 03 53
FORD Gar. Madelon, 70 rte de Lyon à Cognin ℰ 04 79 69 09 27
HONDA Gar. Bonomi, N 6 à La Ravoire ℰ 04 79 72 95 06
LANCIA Gar. Coudurier-Curioz, r. P.-et M.-Curie à la Ravoire ℰ 04 79 71 35 99
RENAULT Bernard Autom., 282 av. de Chambéry à St-Alban-Leysse par D 912 B ℰ 04 79 72 99 00 🅽 ℰ 08 00 05 15 15
TOYOTA Espace Autom., 461 r. des Epinettes à La Motte Servolex ℰ 04 79 62 64 17

VAG Gar. Lain Autom. Sud, ZI la Trousse à La Ravoire ℰ 04 79 85 20 19
Olympic Autom., à Voglans ℰ 04 79 54 46 69

🅦 Comptoir du Pneu, 340 ch. Carrières à St-Alban Leysse ℰ 04 79 75 21 03
Euromaster, N 6, ZI de la Trousse à la Ravoire ℰ 04 79 72 96 02
Euromaster, 672 av. de Chambéry à St-Alban-Leysse ℰ 04 79 33 20 09
Savoy Pneus Point S, ZI Bissy av. Houille-Blanche ℰ 04 79 69 30 72

CHAMBOLLE-MUSIGNY 21220 Côte-d'Or 🔠 ⑳ – 355 h alt. 280.
Paris 326 – Dijon 18 – Beaune 28.

🏠 **Château André Ziltener** ⌂ sans rest, ℰ 03 80 62 41 62, Fax 03 80 62 83 75, « Belle demeure du 18ᵉ siècle, petit musée du vin », 🌿 – 📺 ☎ & ⟺ 🅿 – 🛄 25. 🆎 ☺ 🅱 ⋇
1ᵉʳ mars-9 déc. – ⊇ 80 – **10 ch** 1000/1300.

CHAMBON (Lac) ★★ 63 P.-de-D. 🔠 ⑬ G. Auvergne – alt. 877 – Sports d'hiver : 1 150/1 760 m ⚡9 – ⊠ 63790 Chambon-sur-Lac.
Paris 462 – Clermont-Ferrand 38 – Condat 41 – Issoire 31 – Le Mont-Dore 18.

🏠 **Grillon**, ℰ 04 73 88 60 66, Fax 04 73 88 65 55, 😄, 🌿 – 📺 ☎ 🅿. 🆎 ☺ 🅱
vacances de fév.-vacances de Toussaint – **Repas** 60/180, enf. 40 – ⊇ 35 – **22 ch** 200/260 – ½ P 220/280.

🏠 **Beau Site**, ℰ 04 73 88 61 29, Fax 04 73 88 66 73, ≤, 😄 – 📺 ☎ 🅿. 🅱
hôtel : 1ᵉʳ fév.-20 oct. ; rest. : 1ᵉʳ fév.-16 mars et 28 mars-20 oct. – **Repas** 70/180, enf. 50 – ⊇ 40 – **17 ch** 260 – ½ P 250.

🏠 **Bellevue** sans rest, ℰ 04 73 88 61 06, Fax 04 73 88 63 53, ≤ – ☎ 🅿
vacances de fév.-30 sept. – ⊇ 35 – **27 ch** 230/270.

CHAMBON-LA-FORÊT 45340 Loiret 🔠 ⑳ – 589 h alt. 117.
Paris 97 – Orléans 44 – Châteauneuf-sur-Loire 26 – Montargis 39 – Pithiviers 15.

※※ **Aub. de la Rive du Bois**, Nord : 1 km par rte Pithiviers ℰ 02 38 32 28 44, Fax 02 38 32 02 61 – 🅿. 🅱
fermé 5 au 26 août, 23 déc. au 6 janv., lundi soir, mardi soir et merc. – **Repas** 80/230, enf. 50.

Le CHAMBON-SUR-LIGNON 43400 H.-Loire 🔠 ⑧ G. Vallée du Rhône – 2 854 h alt. 967.
🏌 ℰ 04 71 59 28 10, SE par D 103, D 155 : 5 km.
🅱 Office de Tourisme 1 la Place ℰ 04 71 59 71 56, Fax 04 71 65 88 78.
Paris 577 – Le Puy-en-Velay 46 – Annonay 48 – Lamastre 32 – Privas 81 – St-Étienne 60 – Yssingeaux 52.

🏠 **Bel Horizon** ⌂, chemin de Molle ℰ 04 71 59 74 39, Fax 04 71 59 79 81, 😄, ⚓, 🌿, ⋇ – 📺 ☎ ⚡. 🅱 ⋇ rest
avril-déc. et fermé mardi soir et merc. du 15 sept. au 30 avril – **Repas** 75/160 ⚐ – ⊇ 40 – **20 ch** 450/480 – ½ P 360/400.

au Sud : 3 km par D 151, rte de la Suchère et rte secondaire – ⊠ 43400 Chambon-sur-Lignon :

🏠 **Bois Vialotte** ⌂, ℰ 04 71 59 74 03, ≤, 🌿 – ☎ 🅿. 🅱 ⋇ rest
mai-sept. – **Repas** 80/120 – ⊇ 35 – **17 ch** 190/320 – ½ P 230/280.

à l'Est : 3,5 km par D 157 et D 185 – ⊠ 43400 Chambon-sur-Lignon :

🏨 **Clair Matin** ⟨⟩, ℰ 04 71 59 73 03, Fax 04 71 65 87 66, ≤, 斎, parc, 𝄃, ⅃, ℀ – 📺 ☎ ⟨⟩
   ⟨⟩, ⊂⊃ 🅿 – 🏛 30. 🆎 ⓪ 🅶🅱 🅹🅲🅱, ℀ rest
   mi-mars - mi-nov. – **Repas** 100/200 – ⊇ 47 – **30 ch** 300/490 – ½ P 360/410.

   CITROEN Gar. Grand, ℰ 04 71 59 76 18 🅽   RENAULT Gar. Perrier, Le Sarzier
   ℰ 04 71 59 29 09   ℰ 04 71 59 74 31 🅽 ℰ 04 71 59 74 31

CHAMBORD 41250 L.-et-Ch. 🔢 ⑦ ⑧ – 200 h alt. 71.
   Voir Château★★★ (spectacle son et lumière), G. Châteaux de la Loire.
   Paris 175 – Orléans 54 – Blois 18 – Châteauroux 102 – Romorantin-Lanthenay 38 – Salbris 56.

🏨 **Gd St-Michel** ⟨⟩, ℰ 02 54 20 31 31, Fax 02 54 20 36 40, 斎, « Face au château », ℀ –
   📺 ☎ 🅿 🅶🅱, ℀ ch
   fermé 12 nov. au 20 déc. – **Repas** (dim. et fêtes prévenir) 135/210 – ⊇ 40 – **38 ch** 290/450.

CHAMBORIGAUD 30530 Gard 🔢 ⑦ – 716 h alt. 297.
   Paris 649 – Alès 31 – Florac 51 – La Grand-Combe 19 – Villefort 24.

🏔 **Les Cévennes,** ℰ 04 66 61 47 27, Fax 04 66 61 51 01, 斎 – 📺 ☎ 🅿. 🅶🅱
   fermé 2 janv. au 14 fév. et mardi du 15 sept. au 15 juin – **Repas** 68/120 ⅃, enf. 40 – ⊇ 30 –
   11 ch 180/210 – ½ P 190/205.

CHAMBOULIVE 19450 Corrèze 🔢 ⑨ G. Berry Limousin – 1 190 h alt. 429.
   Paris 463 – Brive-la-Gaillarde 40 – Aubusson 91 – Bourganeuf 76 – Seilhac 9 – Tulle 21 –
   Uzerche 14.

🏨 **Deshors Foujanet,** rte Treignac ℰ 05 55 21 62 05, Fax 05 55 21 68 80, 斎, 𝄃, ⅃, 🌲 –
   ☎ 🅿. 🆎 ⓪ 🅶🅱
   fermé oct., vacances de fév. et dim. soir d'oct. à mai – **Repas** 85 bc/200 ⅃, enf. 55 – ⊇ 30 –
   27 ch 150/290 – ½ P 200/280.

CHAMBRAY 27120 Eure 🔢 ⑰ – 372 h alt. 35.
   Paris 89 – Rouen 52 – Évreux 15 – Louviers 22 – Mantes-la-Jolie 35 – Vernon 17.

℀℀℀ **Le Vol au Vent,** ℰ 02 32 36 70 05 – ⓪ 🅶🅱
   fermé août, 24 déc. au 2 janv., dim. soir, mardi midi et lundi – **Repas** 160/270 et carte 230 à
   340.

CHAMBRAY-LÈS-TOURS 37 I.-et-L. 🔢 ⑮ – rattaché à Tours.

CHAMONIX-MONT-BLANC 74400 H.-Savoie 🔢 ⑧ ⑨ G. Alpes du Nord – 9 701 h alt. 1040 –
   Sports d'hiver : 1 035/3 842 m ⅏ 10 ⅌ 36 ⅍ – Casino AY.
   Env. E : Mer de glace★★★ par chemin de fer à crémaillère AY – SE :
   Aiguille du midi ⋇★★★ par téléphérique AY (station intermédiaire : plan de l'Aiguille★★ BZ)
   – NO : Le Brévent★★★ par téléphérique (station intermédiaire : Planpraz★★) AZ.
   🛆 ℰ 04 50 53 06 28, N : 3 km BZ.
   Tunnel du Mont-Blanc : Péage en 1996, aller simple : autos 90 à 185 F, camions 455 à 920 F
   - Tarifs spéciaux AR pour autos et camions.
   🅱 Office de Tourisme pl. Triangle-de-l'Amitié ℰ 04 50 53 00 24, Fax 04 50 53 58 90.
   Paris 612 ② – Albertville 69 ② – Annecy 94 ② – Aosta 59 ② – Genève 82 ② – Lausanne 111
   ①.

Plan page suivante

🏨 **Mont-Blanc et rest. Le Matafan,** 62 allée Majestic ℰ 04 50 53 05 64,
   Fax 04 50 55 89 44, ≤, 斎, ⅃, 🌲, ℀ – 🛗 ⋇ 📺 ☎ ⟨⟩ ⊂⊃ 🅿. 🆎 ⓪ 🅶🅱 🅹🅲🅱   AY g
   fermé 7 oct. au 18 déc. – **Repas** 140 (déj.), 180/320 ⅃ – ⊇ 80 – **34 ch** 574/974, 8 appart –
   ½ P 537/737.

🏨 **Albert 1er** (Carrier) Ⓜ, 119 impasse Montenvers ℰ 04 50 53 05 09, Fax 04 50 55 95 48, ≤,
   « Jardin fleuri », 𝄃, ⅃ – 🛗 📺 ☎ ⊂⊃ 🅿. 🆎 ⓪ 🅶🅱 🅹🅲🅱   AX f
   fermé 4 au 15 mai et 19 oct. au 4 déc. – **Repas** (fermé merc.) 195/500 et carte 400 à 520,
   enf. 130 – ⊇ 75 – **20 ch** 690/920, 7 appart, 3 chalets – ½ P 635/980
   Spéc. Menu "La Maison de Savoie". Filet d'omble chevalier au beurre de légumes. Jarret de
   veau de lait braisé aux truffes. **Vins** Chignin Bergeron, Mondeuse d'Arbin.

🏨 **Aub. du Bois Prin** Ⓜ ⟨⟩, aux Moussoux ℰ 04 50 53 33 51, Fax 04 50 53 48 75, ≤ massif
   du Mont-Blanc, 斎, « Chalet fleuri », 🌲 – 🛗 📺 ☎ ⊂⊃ 🅿. 🆎 ⓪ 🅶🅱   AZ a
   fermé 14 au 30 avril et 27 oct. au 4 déc. – **Repas** (fermé merc. midi) 160/400, enf. 80 –
   ⊇ 70 – **11 ch** 690/1240 – ½ P 585/770.

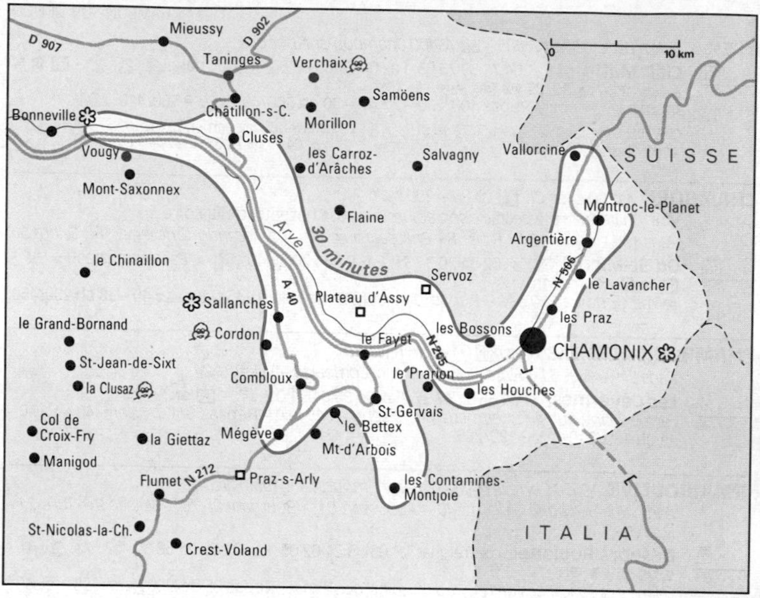

🏨🏨 **des Aiglons** Ⓜ, av. Courmayeur ℰ 04 50 55 90 93, Fax 04 50 53 51 08, ≤, 佘, 🎬 – 🛗 📺 ☎ 🕭 🚗 🅿 – 🛐 35. 🆎 ① GB JCB
AY m
mi-mai-mi-oct. et mi-déc.-mi-avril – **Repas** 130/160, enf. 60 – 🖵 60 – **54 ch** 550/880 – ½ P 490/630.

🏨🏨 **Alpina**, 79 av. Mt-Blanc ℰ 04 50 53 47 77, Fax 04 50 55 98 99, ≤, 🎬 – 🛗 ⬆ ≣ rest 📺 ☎ 🕭 🚗 – 🛐 150. 🆎 ① GB JCB
AX t
13 juin-30 sept. et 18 déc.-20 avril – **Repas** 150/230 ⅛ – 🖵 60 – **125 ch** 380/728, 9 appart – ½ P 440/518.

🏨 **Le Morgane** Ⓜ, 145 av. Aiguille du Midi ℰ 04 50 53 57 15, Fax 04 50 53 28 07, ≤, 🎬, 🔲 – 🛗 📺 ☎ 🕭 🚗 🅿. 🆎 ① GB JCB
AY u
fermé 15 oct. au 15 déc. – **Repas** (dîner seul.) 120 · *Bistrot Savoyard :* **Repas** 75/110, enf. 45 – 🖵 50 – **59 ch** 865/1040 – ½ P 610/695.

🏨 **Hermitage-Paccard** ﹀, r. Cristalliers ℰ 04 50 53 13 87, Fax 04 50 55 98 14, ≤, 佘, 🎬, 🌳 – 🛗 📺 ☎ 🕭. 🆎 ① GB JCB
AX e
fermé 15 oct. au 15 déc. – **Repas** 130/150, enf. 65 – 🖵 40 – **33 ch** 500/600 – ½ P 430/480.

🏨 **Sapinière Montana** ﹀, 102 r. Mummery ℰ 04 50 53 07 63, Fax 04 50 53 10 14, ≤, 佘, 🌳 – 🛗 📺 ☎ 🕭. 🆎 ① GB JCB. ⍟ rest
AX k
10 juin-21 sept. et 19 déc.-21 avril – **Repas** (dîner seul. en hiver) 150/170 – 🖵 45 – **30 ch** 610 – ½ P 460.

🏨 **Le Prieuré**, allée Recteur Payot ℰ 04 50 53 20 72, Fax 04 50 55 87 41, ≤ – 🛗 ⬆ 📺 ☎ 🅿 – 🛐 70. 🆎 ① GB JCB
AY v
fermé 1er oct. au 19 déc. – **Repas** 120 ⅛ – 🖵 50 – **91 ch** 526/576 – ½ P 385/448.

🏨 **La Savoyarde** ﹀, 28 rte Moussoux ℰ 04 50 53 00 77, Fax 04 50 55 86 82, ≤, 佘, 🌳 – 📺 ☎ 🅿. GB
AZ s
fermé 26 mai au 12 juin et 1er au 18 déc. – **Repas** 88/120 ⅛, enf. 38 – 🖵 46 – **14 ch** 440/580 – ½ P 370/420.

🏨 **Arve** ﹀, 60 impasse Anémones ℰ 04 50 53 02 31, Fax 04 50 53 56 92, ≤, 🌳 – 🛗 📺 ☎ 🅿. 🆎 ① GB. ⍟ rest
AX a
hôtel : fermé 2 nov. au 19 déc. ; rest. : fermé 27 avril au 31 mai et 21 sept. au 19 déc. – **Repas** (dîner seul. du 6 au 27 avril, 7 au 21 sept. et 19 déc. au 18 janv.) 75/110 ⅛, enf. 50 – 🖵 38 – **39 ch** 299/458 – ½ P 253/331.

🏨 **Le Chantel** sans rest, 391 rte Pècles ℰ 04 50 53 02 54, Fax 04 50 53 54 52, ≤, 🌳 – ☎ 🅿. GB. ⍟
AZ k
fermé 11 au 29 avril et 21 oct. au 5 nov. – 🖵 30 – **7 ch** 316/446.

338

CHAMONIX-MONT-BLANC

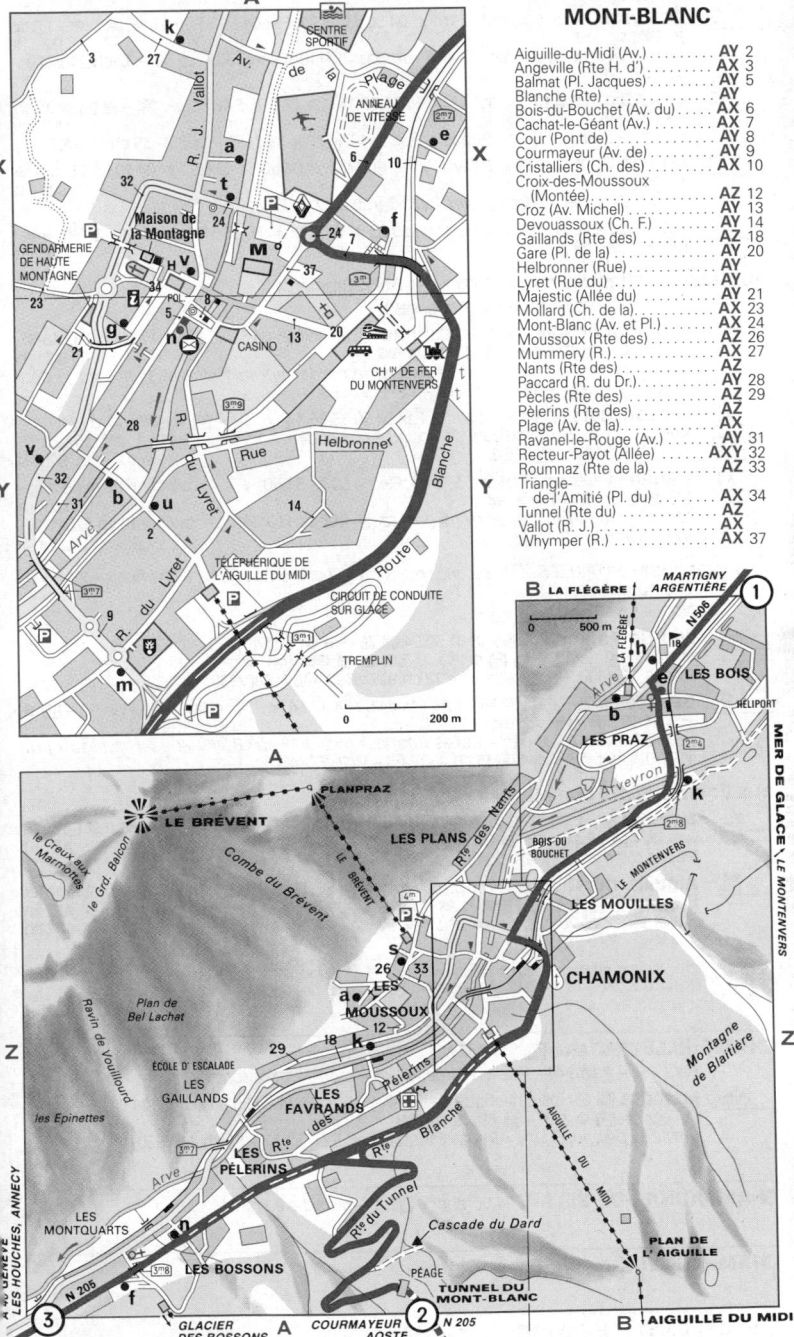

🏠 **Arveyron,** av. du Bouchet : 2 km ✆ 04 50 53 18 29, Fax 04 50 53 06 43, ≤, 🏤, 🚗 – 🔟 ☎
🅿. 🖼. ✻ rest
BZ **k**
31 mai-28 sept. et 20 déc.-11 avril – **Repas** 75/110 ⚖, enf. 50 – 🍴 38 – **32 ch** 210/330 –
½ P 220/285.

🏠 **Croix Blanche,** 87 r. Vallot ✆ 04 50 53 00 11, Fax 04 50 53 48 83, ≤, 🏤 – 🛗 🔟 ☎ 🅿. 🖼
🔟 🖼 🔟
AX **v**
fermé 29 avril au 29 juin – **Repas** brasserie 107/120 ⚖, enf. 37 – 🍴 35 – **35 ch** 335/482.

🏠 **Au Bon Coin** sans rest, 80 av. Aiguille-du-Midi ✆ 04 50 53 15 67, Fax 04 50 53 51 51 – ☎
🅿. 🖼. ✻
AY **b**
1er juil.-1er oct. et 20 déc.-20 avril – 🍴 35 – **20 ch** 224/374.

🍴🍴 **Atmosphère,** 123 pl. Balmat ✆ 04 50 55 97 97, Fax 04 50 53 38 96 – 🍽. 🖼 🔟 🖼 🔟
Repas 119/149 ⚖.
AY **n**

aux Praz-de-Chamonix *Nord : 2,5 km –* ✉ *74400 Chamonix.*

   Voir La Flégère ≤★★ *par téléphérique* BZ.

🏨 **Labrador et Golf - rest. La Cabane** Ⓜ, au golf ✆ 04 50 55 90 09, Гax 04 50 53 15 85,
≤, 🏤, ₲ – 🛗 🔟 ☎ 🅿 – 🛗 25. 🖼 🔟 🖼 🔟
BZ **h**
hôtel : fermé 15 oct. au 15 déc. – **Repas** *(fermé 15 avril au 1er mai et 1er nov. au 15 déc.)*
159/269 ⚖ – 🍴 50 – **32 ch** 480/760 – ½ P 530/580.

🏠 **Les Lanchers,** ✆ 04 50 53 47 19, Fax 04 50 53 66 14, ≤, 🏤 – 🔟 ☎. 🖼. ✻ ch
Repas *(fermé 25 mai au 8 juin, 26 oct. au 9 nov. et dim. hors sais.)* 75/115 ⚖, enf. 36 – 🍴 30
– **11 ch** 350/380 – ½ P 290.
BZ **b**

🍴🍴 **L'Eden** avec ch, ✆ 04 50 53 18 43, Fax 04 50 53 51 50, ≤, 🏤, collection de minéraux –
🔟 ☎ 🅿. 🖼 🔟 🖼 🔟. ✻ ch
BZ **e**
fermé 1er au 15 juin, nov. et mardi hors sais. – **Repas** 130/380 ⚖ – 🍴 45 – **10 ch** 320/470 –
½ P 350/450.

au Lavancher *par ①, N 506 et rte secondaire : 6 km – Sports d'hiver : voir à Chamonix –* ✉ *74400
Chamonix.*

   Voir ≤★★.

🏨 **Jeu de Paume** Ⓜ 🌀, ✆ 04 50 54 03 76, Fax 04 50 54 10 75, ≤, 🏤, « Joli décor de
chalet », 🏊, 🚗, ✻ – 🛗 🔟 ☎ 🅿 – 🛗 30. 🖼 🔟 🖼 🔟. ✻ rest
Repas 165/300, enf. 60 – 🍴 65 – **22 ch** 890/1390 – ½ P 680/930.

🏠 **Beausoleil** 🌀, ✆ 04 50 54 00 78, Fax 04 50 54 17 34, ≤, 🏤, « Jardin fleuri », ✻ – 🔟 ☎
🚗 🅿. 🖼 🔟 🖼 🔟. ✻ rest
fermé 20 sept. au 20 déc. – **Repas** *(fermé le midi du 6 au 18 janv. et du 1er avril au 7 juin)*
90/150 ⚖, enf. 55 – 🍴 42 – **15 ch** 460/565 – ½ P 350/400.

aux Bossons *Sud : 3,5 km –* ✉ *74400 :*

🏨 **Novotel** Ⓜ, ✆ 04 50 53 26 22, Fax 04 50 53 31 31, ≤, 🏤, 🏊, 🚗 – 🛗 ✻ 🍽 rest 🔟 ☎ ₲.
🚗 🅿 – 🛗 25 à 60. 🖼 🔟 🖼 🔟
AZ **f**
Repas carte environ 170 ⚖, enf. 55 – 🍴 52 – **89 ch** 540 – ½ P 412/437.

🏨 **Aiguille du Midi,** ✆ 04 50 53 00 65, Fax 04 50 55 93 69, ≤, 🏤, « Parc ombragé et
fleuri », ₲, 🏊, ✻ – 🛗 🔟 ☎ ₲ 🅿. 🖼. ✻ rest
AZ **n**
8 mai-20 sept., 20 déc.-5 janv. et 5 fév.-27 avril – **Repas** 116/195, enf. 68 – 🍴 50 – **47 ch**
197/460 – ½ P 285/428.

CITROEN Gar. du Glacier, 220 rte des Rives, les   RENAULT Gar. du Bouchet, pl. du Mont-Blanc
Bossons ✆ 04 50 55 95 55 🔟 ✆ 06 08 78 71 38   ✆ 04 50 53 01 75

CHAMOUILLE *02860 Aisne* 📕📕 ⑤ *– 147 h alt. 112.*

   Paris 139 – Reims *44 – Fère-en-Tardenois 43 – Laon 14 – Soissons 34.*

🏨 **Mercure** Ⓜ 🌀, parc nautique de l'Ailette ✆ 03 23 24 84 85, Fax 03 23 24 81 20, ≤, 🏤,
🏊 – 🛗 ✻ 🍽 🔟 ☎ ₲ 🅿 – 🛗 60. 🖼 🔟 🖼
fermé 15 déc. au 15 janv. – **Repas** 110/150, enf. 52 – 🍴 52 – **58 ch** 410/550.

CHAMPAGNAC-DE-BELAIR *24 Dordogne* 📕📙 ⑤ *– rattaché à Brantôme.*

CHAMPAGNEUX *73 Savoie* 📗📗 ⑭ *– rattaché à St-Génix-sur-Guiers.*

CHAMPAGNEY *70 H.-Saône* 📕📕 ⑦ *– rattaché à Ronchamp.*

CHAMPAGNOLE 39300 Jura **70** ⑤ G. Jura – 9 250 h alt. 541.

Voir Musée archéologique : plaques-boucles★ M.

🛈 Office de Tourisme Annexe Hôtel-de-Ville 𝄐 03 84 52 43 67, Fax 03 84 52 54 57.

Paris 419 ④ – Besançon 68 ④ – Dole 61 ④ – Genève 82 ② – Lons-le-Saunier 36 ③ – Pontarlier 46 ① – St-Claude 53 ②.

```
                                    N 5    POLIGNY          CHAMPAGNOLE
                                                      République (Av. de la) ...... 4
                                                      Foch (R. Mal) .............. 2
                                                      Gaulle (Pl. du Gén. de) ...... 3

                                                      D 471 PONTARLIER
```

🏨 **Le Bois Dormant** Ⓜ ⌂, rte Pontarlier par ① : 1,5 km 𝄐 03 84 52 66 66, Fax 03 84 52 66 67, 佘, « Parc en forêt », ⚒ – 🔟 ☎ ⚒ ⚒ 🅿 – 🔏 50. 🅶🅱
Repas 88/240 ♨, enf. 50 – ⚬ 32 – **36 ch** 320 – ½ P 260.

🏨 **Gd H. Ripotot**, 54 r. Mar. Foch (e) 𝄐 03 84 52 15 45, Fax 03 84 52 09 11, 佘, 乑, ⚒ – 🛗 ☎ ⚒ ⚒. 🅶🅱
2 avril-10 nov. – **Repas** 88/230 ♨, enf. 52 – ⚬ 35 – **55 ch** 160/320 – ½ P 220/250.

🍴 **Taverne de l'Epée**, 2 r. Pont de l'Epée (a) 𝄐 03 84 52 03 85, Fax 03 84 52 44 67 – 🅰🅴 🅶🅱
fermé lundi – **Repas** 65/160 ♨, enf. 35.

rte de Genève par ② : 7,5 km – ⊠ 39300 Champagnole :

🍴🍴 **Aub. des Gourmets** avec ch, sur N 5 𝄐 03 84 51 60 60, Fax 03 84 51 62 83, 佘, 乑 – 🔟 ☎ 🅿 🅰🅴 🅾 🅶🅱
fermé 18 nov. au 20 déc., dim. soir et lundi sauf vacances scolaires – **Repas** 88/145 et carte 180 à 330 – ⚬ 35 – **7 ch** 300/380 – ½ P 350.

ALFA ROMEO Gar. Cuynet, 10 r. Baronne Delort 𝄐 03 84 52 09 78
PEUGEOT Gar. Ganeval, av. de Lattre-de-Tassigny 𝄐 03 84 53 09 11 🗓 𝄐 03 84 35 91 61
RENAULT Gar. Poix Daude, 22 r. du Vieux Pont à Pont du Navoy par ③ 𝄐 03 84 51 21 80

RENAULT Comte Autom., av. J.-Jaurès par ② 𝄐 03 84 53 08 08 🗓 𝄐 06 07 65 54 91

🔘 Girardot Pneus, r. Egalité ZI 𝄐 03 84 52 21 52
Pneus Maréchal, 44 r. Liberté 𝄐 03 84 52 07 96

CHAMPAGNY-EN-VANOISE 73350 Savoie **74** ⑱ G. Alpes du Nord – 502 h alt. 1240.

Voir Retable★ dans l'église.

🛈 Office de Tourisme 𝄐 04 79 55 06 55, Fax 04 79 55 04 66.

Paris 628 – Albertville 45 – Chambéry 92 – Moûtiers 18.

🏨 **L'Ancolie** Ⓜ ⌂, 𝄐 04 79 55 05 00, Fax 04 79 55 04 42, ≤, 佘, 🇫♭, 🏊, – 🛗 🔟 ☎ ⚒ – 🔏 30. 🅶🅱 ❄ rest
14 juin-9 sept. et 20 déc.-20 avril – **Repas** 95/120, enf. 45 – ⚬ 50 – **31 ch** 490/620 – ½ P 460.

🏠 **Les Glières**, 𝄐 04 79 55 05 52, Fax 04 79 55 04 84, ≤, 佘 – ☎. 🅰🅴 🅶🅱
15 juin-31 août et 15 déc.-15 avril – **Repas** 110/150, enf. 45 – ⚬ 40 – **20 ch** 418 – ½ P 367/396.

CHAMPDIEU 42 Loire **73** ⑰ – rattaché à Montbrison.

CHAMPEAUX 50530 Manche **59** ⑦ – 330 h alt. 80.

Paris 354 – St-Lô 62 – St-Malo 85 – Avranches 18 – Granville 16.

🍴🍴 **Marquis de Tombelaine et H. les Hermelles** avec ch, sur D 911 𝄐 02 33 61 85 94, Fax 02 33 61 21 52, ≤, 乑 – 🔟 ☎ 🅿. 🅶🅱
fermé janv., mardi soir et merc. – **Repas** 99/350 ♨, enf. 50 – ⚬ 28 – **6 ch** 280 – ½ P 270.

CHAMPEIX 63320 P.-de-D. **73** ⑭ *G. Auvergne* – 1 087 h alt. 456.

　　Paris 445 – Clermont-Ferrand 31 – Condat 50 – Issoire 13 – Le Mont-Dore 37 – Thiers 65.

✗　　**Promenade,** ℘ 04 73 96 70 24 – 🖭 ⅌⅌
🍴　*fermé mardi soir, jeudi soir et merc. sauf juil.-août* – **Repas** 78/190, enf. 45.

　　PEUGEOT Gar. Thiers, ℘ 04 73 96 73 18

CHAMPENOUX 54280 M.-et-M. **62** ⑤ – 1 041 h alt. 234.

　　Paris 386 – Nancy 15 – Château-Salins 16 – Pont-à-Mousson 42 – St-Avold 57.

🏠　**La Lorette,** ℘ 03 83 31 63 43, Fax 03 83 31 71 04 – 🖵 ☎ ⅌ ⅌ 🅿 🖭 ⓪ ⅌⅌
🍴　**Repas** *(fermé dim. soir et lundi)* 80/180 ⅋, enf. 45 – ⅌ 30 – **10 ch** 200/245 – ½ P 195.

CHAMPIGNY 91 Essonne **60** ⑩ – rattaché à Étampes.

CHAMPILLON 51 Marne **56** ⑯ – rattaché à Épernay.

CHAMPS-SUR-MARNE 77 S.-et-M. **56** ⑫., **101** ⑲ – voir à Paris, Environs (Marne-la-Vallée).

CHAMPS-SUR-TARENTAINE 15270 Cantal **76** ② – 1 088 h alt. 450.

　　Env. Gorges de la Rhue★★ SE : 9 km, G. Auvergne.

　　Paris 504 – Aurillac 89 – Clermont-Ferrand 82 – Condat 24 – Mauriac 37 – Ussel 37.

🏠　**Aub. du Vieux Chêne** ⅌, ℘ 04 71 78 71 64, Fax 04 71 78 70 88, ☞ – ☎ 🅿, ⅌⅌
　　1er avril-1er nov. et fermé dim. soir et lundi sauf juil.-août – **Repas** 90/250, enf. 50 – ⅌ 45 –
　　15 ch 330/450 – ½ P 315/365.

CHAMPS-SUR-YONNE 89 Yonne **65** ⑤ – rattaché à Auxerre.

CHAMPTOCEAUX 49270 M.-et-L. **63** ⑱ *G. Châteaux de la Loire* – 1 524 h alt. 68 – ۞ (Loire-
Atlantique).

　　Voir Site★ – Promenade de Champalud ≪★★.

　　🏌 de l'Ile d'Or ℘ 02 40 98 58 00 par D 751 : 5 km.

　　🚩 Office de Tourisme ℘ 02 40 83 57 49 et à la Mairie (hors saison) ℘ 02 40 83 52 31.

　　Paris 357 – Nantes 33 – Ancenis 11 – Angers 65 – Beaupréau 31 – Cholet 51 – Clisson 35.

🏠　**Chez Claudie,** rte Oudon : 1 km ℘ 02 40 83 50 43, Fax 02 40 83 59 72 – 🖵 ☎ 🅿, ⅌⅌
🍴　*fermé 15 janv. au 8 fév.* – **Repas** *(fermé mardi soir et merc.)* 80/210 – ⅌ 40 – **11 ch** 190/250
　　– ½ P 180/210.

✗✗✗　**Les Jardins de la Forge** (Pauvert), pl. Piliers ℘ 02 40 83 56 23, Fax 02 40 83 59 80 – 🖭
۞　　⓪ ⅌⅌
　　fermé 7 au 22 oct., 23 janv. au 6 fév., dim. soir, lundi soir, mardi et merc. – **Repas** 160/400 et
　　carte 290 à 450
　　Spéc. Salade de Saint-Jacques à l'huile de truffe (oct. à avril). Feuille de sandre à la mimosa
　　d'huîtres (oct. à avril). Pigeonneau rôti, sauce morilles. **Vins** Muscadet, Anjou Villages.

CHAMROUSSE 38 Isère **77** ⑤ *G. Alpes du Nord* – 544 h alt. 1650 – Sports d'hiver : 1 400/2 250 m
　　⅊ 1 ⅌ 25 ⅊ – ✉ 38410 Uriage.

　　Env. E : Croix de Chamrousse ⅌★★★ par téléphérique.

　　🚩 Office de Tourisme Le Recoin ℘ 04 76 89 92 65, Fax 04 76 89 98 06.

　　Paris 597 – Grenoble 29 – Allevard 64 – Chambéry 80 – Uriage-les-Bains 19 – Vizille 28.

🏠　**Hermitage,** le Recoin ℘ 04 76 89 93 21, Fax 04 76 89 95 30, ≪ – 🖵 ☎ ☞ 🅿, ⅌⅌
　　juil.-août et 1er déc.-15 avril – **Repas** 120/145 – ⅌ 50 – **48 ch** 500/600 – ½ P 405/455.

✗　　**L'Écureuil,** ℘ 04 76 89 90 13, ⅌ – ⅌⅌
🍴　*fermé 1er mai au 1er juil.* – **Repas** 70/130 ⅋.

CHANAS 38150 Isère **76** ⑩, **77** ① – 1 727 h alt. 150.

　　Paris 514 – Grenoble 86 – Lyon 56 – St-Étienne 75 – Valence 49.

🏠　**Halte OK** Ⓜ, à l'échangeur A 7 ℘ 04 74 84 27 50, Fax 04 74 84 36 61, ☞, ✗ – ⅋ ⎕ 🖵 ☎
🍴　⅌ ⅌ 🅿 – ⅊ 25 à 100. ⅌⅌
　　Repas *(fermé dim. sauf le soir de juin à oct. et sam. midi)* 82/190 ⅋, enf. 45 – ⅌ 38 – **41 ch**
　　255/300 – ½ P 255.

　　Ⓓ Dorcier Ayme Pneus, ℘ 04 74 84 28 73

CHANCELADE 24 Dordogne **75** ⑤ – rattaché à Périgueux.

CHANGÉ 53 Mayenne **63** ⑩ – rattaché à Laval.

CHANTELLE 03140 Allier 73 ④ G. Auvergne – 1 043 h alt. 324.

🛈 Office de Tourisme pl. Oscambre ℘ 04 70 56 62 37.

Paris 371 – Moulins 46 – Aubusson 105 – Gannat 16 – Montluçon 60 – St-Pourçain-sur-Sioule 14.

Poste, ℘ 04 70 56 62 12, 😊 – ☎ P. AE GB
fermé 23 sept. au 16 oct., vacances de fév. et merc. hors sais. – **Repas** 65/160 ♨, enf. 45 – �^⌷ 27 – **12 ch** 150/230 – ½ P 170/190.

RENAULT Gar. Touzain, ℘ 04 70 56 61 55 N ℘ 04 70 56 61 55

CHANTEMERLE 05 H.-Alpes 77 ⑱ – rattaché à Serre-Chevalier.

CHANTEPIE 35 I.-et-V. 59 ⑰ – rattaché à Rennes.

CHANTILLY 60500 Oise 56 ⑪, 106 ⑧ G. Ile de France – 11 341 h alt. 59.

Voir Château★★★ B : musée★★, parc★★, jardin anglais★ – Grandes Écuries★★ B : musée vivant du Cheval★★ – L'Aérophile★ (vol en ballon captif) : ≤★★.

Env. Site★ du château de la Reine-Blanche S : 5,5 km.

⛳⛳ ℘ 03 44 57 04 43, N : 1,5 km par D 44 B; ⛳⛳ du Lys (privé) ℘ 03 44 21 26 00, à Lys-Chantilly par ③ ; ⛳ Golf Hôtel de Chantilly ℘ 03 44 58 47 77 par ① : 5 km.

🛈 Office de Tourisme 23 av. Mar.-Joffre ℘ 03 44 57 08 58, Fax 03 44 57 74 64.

Paris 51 ② – Compiègne 45 ① – Beauvais 43 ⑤ – Clermont 26 ⑤ – Meaux 50 ② – Pontoise 41 ④.

CHANTILLY

Connétable (R. du)	**AB**
Joffre (Av. du Mar.)	**A**
Paris (R. de)	**A** 16
Vallon (Pl. Omer)	**A** 21

Berteux (Av. de)	**A** 2
Canardière (Quai de la)	**A** 3
Cascades (R. des)	**A** 4
Chantilly (R. de)	**B** 5
Condé (Av. de)	**B** 6

Embarcadère (R. de l')	**A** 8
Faisanderie (R. de la)	**B** 9
Leclerc (Av. du Gén.)	**A** 12
Libération (Bd de la)	**A** 13
Orgemont (R. d')	**A** 15
Victor-Hugo (R.)	**A** 22

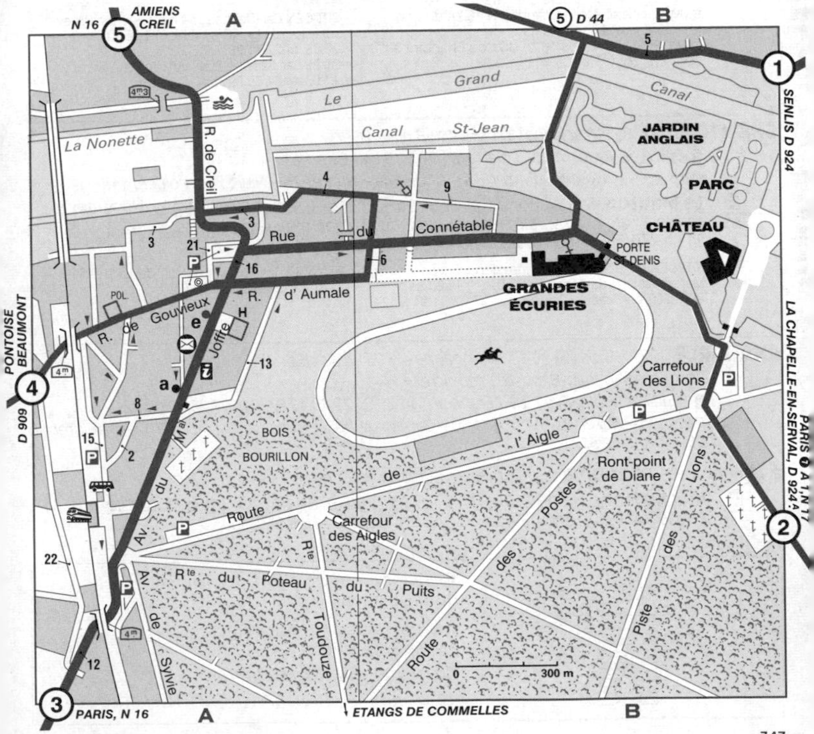

Parc sans rest, 36 av. Mar. Joffre 🖉 03 44 58 20 00, Fax 03 44 57 31 10, 🛋 – 🕼 ⇄ 📺 ☎ 🕭 – 🛕 30 à 80. 🖭 ⑩ 🖼
A a
☲ 48 – **58 ch** 395/520.

Campanile, rte Creil par ⑤ 🖉 03 44 57 39 24, Fax 03 44 58 10 05 – ⇄ 📺 ☎ 🕭 🕭 🅿 – 🛕 25. 🖭 ⑩ 🖼
Repas 84 bc/107 bc, enf. 39 – ☲ 32 – **47 ch** 278.

Le Tipperary, 6 av. Mar. Joffre 🖉 03 44 57 00 48, Fax 03 44 58 15 38 – 🖭 ⑩ 🖼   A e
fermé 20 juil. au 15 août, 5 au 20 fév., dim. soir et lundi – **Repas** 98 (déj.)/160.

rte d'Apremont *par ① et D 606 : 2,5 km* – ✉ 60500 Vineuil-St-Firmin

Golf H. Blue Green Ⓜ ⑤, 🖉 03 44 58 47 77, Fax 03 44 58 50 11, ≤, parc, « Golf en lisière de forêt », ⚒ – ⇄ 📺 ☎ 🕭 🅿 – 🛕 25 à 150. 🖭 ⑩ 🖼
Carmontelle (fermé 18 au 31 août) **Repas** 195/350, enf. 85 – *Par en Par (déj. seul. du 15 sept. au 1ᵉʳ juil.)* **Repas** 125 ⅊, enf. 45 – ☲ 75 – **115 ch** 690/750 – ½ P 615/645.

à Montgrésin *par ② : 5 km* – ✉ 60560 Orry-la-Ville :

Relais d'Aumale ⑤, 🖉 03 44 54 61 31, Fax 03 44 54 69 15, 🏤, 🛋, ⚒ – 🕼 📺 ☎ 🕭 🅿 – 🛕 50. 🖭 ⑩ 🖼
Repas *(fermé 22 au 30 déc.)* 190 (déj.), 210/230 – ☲ 48 – **24 ch** 520/640 – ½ P 520/540.

Forêt, 🖉 03 44 60 61 26, Fax 03 44 54 95 32, 🏤 – 🅿. 🖭 🖼
fermé lundi soir et mardi – **Repas** 119 bc/175 bc, enf. 89.

à Gouvieux *par ④ : 3,5 km* – 9 756 h. alt. 26 – ✉ 60270 :

Château de la Tour ⑤, 🖉 03 44 57 07 39, Fax 03 44 57 31 97, ≤, 🏤, « Parc boisé », ⚒, ⚒ – 📺 ☎ 🕭 🅿 – 🛕 150. 🖭 ⑩ 🖼
Repas 195/290, enf. 85 – ☲ 65 – **41 ch** 580/890 – ½ P 505.

rte de Creil *par ⑤ : 3,5 km* – ✉ 60740 St-Maximin :

Le Verbois, N 16 🖉 03 44 24 06 22, Fax 03 44 25 76 63, 🏤, 🛋 – 🅿. 🖼
fermé 16 au 24 août, 15 au 23 janv., dim. soir et lundi – **Repas** 150/190 et carte 270 à 360, enf. 90.

BMW Gar. Saint-Merri Chantilly, N 16 ZA du Coq Chantant 🖉 03 44 57 49 45
CITROEN SOFIDAC., N 16 ZA du Coq Chantant à Gouvieux par ④ 🖉 03 44 57 02 98

CITROEN Gar. Desbois, 39 r. du Havre à Précy-sur-Oise par ④ 🖉 03 44 27 71 28 🚨
🖉 03 44 27 71 28
OPEL Gar. Sadell, 33 av. Mar.-Joffre 🖉 03 44 57 05 09

CHANTONNAY 85110 Vendée 🗗🗗 ⑮ – 7 458 h alt. 58.

🚹 *Office de Tourisme pl. Liberté 🖉 02 51 94 46 51.*
Paris 398 – La Roche-sur-Yon 33 – Cholet 49 – Nantes 76 – Niort 75 – Poitiers 118.

Le Mouton, 31 r. Nationale 🖉 02 51 94 30 22, Fax 02 51 46 88 65 – 📺 ☎ 🅿. ⑩ 🖼
fermé 1ᵉʳ au 15 janv., dim. soir et lundi du 10 sept. à mi-juin – **Repas** 65/192 ⅊ – ☲ 36 – **11 ch** 230/360 – ½ P 290/320.

CITROEN Auto Sce-Chantonnaysien, 55 av. Mar.-de-Lattre-de-Tassigny 🖉 02 51 94 80 83
PEUGEOT Gar. Réau, 42 av. Batiot 🖉 02 51 94 30 23

RENAULT Gar. Paquiet, r. Mar.-de-Lattre-de-Tassigny 🖉 02 51 94 31 03

CHAOURCE 10210 Aube 🗗🗗 ⑰ G. Champagne – 1 031 h alt. 150.

Voir *Église St-Jean-Baptiste : sépulcre*★★.
🚹 *Syndicat d'Initiative r. de l'Etape au Vin 🖉 03 25 40 10 67, Fax 03 25 40 00 22.*
Paris 196 – Auxerre 66 – Troyes 30 – Bar-sur-Aube 61 – Châtillon-sur-Seine 47 – St-Florentin 36 – Tonnerre 31.

à Maisons-lès-Chaource *Sud-Est : 6 km par D 34* – 171 h. alt. 235 – ✉ 10210 :

Aux Maisons, 🖉 03 25 70 07 19, Fax 03 25 70 07 75, 🏤, 🛋 – 📺 ☎ 🅿. 🖭 🖼
Repas 100/160 ⅊, enf. 45 – ☲ 30 – **13 ch** 160/250 – ½ P 250/300.

Participez à notre effort permanent
de mise à jour

Adressez-nous vos remarques
et vos suggestions.

Cartes et guides Michelin
46 avenue de Breteuil - 75324 Paris Cedex 07

La CHAPELAUDE 03380 Allier **69** ⑪ – 982 h alt. 230.

Paris 326 – La Châtre 52 – Montluçon 12 – Moulins 88 – St-Amand-Montrond 50.

✗ **Le Grain d'Sel,** ℘ 04 70 06 47 78 – 🍽 **P**. **GB**
🍴 fermé 2 au 17 sept. et merc. – **Repas** 75/220, enf. 50.

La CHAPELLE 19 Corrèze **73** ⑪ – rattaché à Meymac.

La CHAPELLE-BASSE-MER 44450 Loire-Atl. **63** ⑱, **67** ④ – 4 012 h alt. 56.

Paris 367 – Nantes 20 – Ancenis 21 – Clisson 24.

à la Pierre Percée Nord-Ouest : 4 km par D 53 – ✉ 44450 La Chapelle-Basse-Mer :

✗✗ **La Pierre Percée** avec ch, D 751 ℘ 02 40 06 33 09, Fax 02 40 33 32 29, ≼ – **AE** ➊ **GB**.
🍴 ch
fermé 5 au 25 janv., dim. soir et lundi sauf fériés – **Repas** 138/310, enf. 65 – 🍽 28 – **5 ch**
95/180 – ½ P 175.

RENAULT Gar. Central, ℘ 02 40 06 33 79 **N** ℘ 06   Gar. Terrien, ℘ 02 40 06 31 52 **N** ℘ 02 40 06
07 09 20 06   31 52

La CHAPELLE-CARO 56460 Morbihan **63** ④ – 1 143 h alt. 73.

Paris 422 – Vannes 41 – Dinan 80 – Lorient 90 – Rennes 74 – St-Brieuc 86.

✗ **Le Petit Kériquel** avec ch, ℘ 02 97 74 82 44, Fax 02 97 74 82 44 – **TV** ☎. **GB**
🍴 fermé 1er au 20 oct., vacances de fév., dim. soir et lundi – **Repas** 62/175 🍷, enf. 45 – 🍽 28 –
7 ch 130/225 – ½ P 150/185.

La CHAPELLE-D'ABONDANCE 74360 H.-Savoie **70** ⑱ G. Alpes du Nord – 727 h alt. 1020 –
Sports d'hiver : 1 000/1 800 m ≰ 1 ≴ 11 ≴.

🛈 Office de Tourisme ℘ 04 50 73 51 41, Fax 04 50 73 56 04.

Paris 603 – Thonon-les-Bains 34 – Annecy 106 – Châtel 6 – Évian-les-Bains 36 – Morzine 32.

🏰 **Cornettes,** ℘ 04 50 73 50 24, Fax 04 50 73 54 16, 😙, **I₆**, **🏊**, 🐎 – 🛗 cuisinette 🍽 rest
🍴 **TV** ☎ ⇦ **P** – **🛁** 40. **GB** **JCB**
fermé 20 oct. au 20 déc. – **Repas** 105/320 🍷, enf. 60 – 🍽 50 – **43 ch** 320/440 – ½ P 370/
440.

🏨 **Les Gentianettes** **M** ⬙, ℘ 04 50 73 56 46, Fax 04 50 73 56 39, 😙, **🏊** – 🛗 **TV** ☎ ❤ 🕭
🍴 **P**. **GB**
fermé 19 au 30 avril et 22 nov. au 17 déc. – **Repas** 98/275, enf. 45 – 🍽 35 – **32 ch** 450 –
½ P 385.

🏨 **L'Ensoleillé,** ℘ 04 50 73 50 42, Fax 04 50 73 52 96, 🐎 – 🛗 **TV** **P**. **GB**
🍴 1er juin-20 sept. et 20 fév.-Pâques
Repas 95/240 🍷 – 🍽 40 – **34 ch** 300 – ½ P 300/320.

🏨 **Le Chabi** ⬙, ℘ 04 50 73 50 14, Fax 04 50 73 55 84, ≼, 😙, **I₆**, **🏊** – **TV** ☎ **P**. **AE** **GB**
🍴 fermé 14 au 30 avril et 24 nov. au 19 déc. – **Repas** 100/180, enf. 50 – 🍽 40 – **21 ch** 320 –
½ P 355.

🏠 **Alpage** **M**, rte Chatel ℘ 04 50 73 50 25, Fax 04 50 73 52 43, **I₆**, 🐎 – 🛗 **TV** ☎ ❤ **P** –
🍴 **🛁** 30. **GB**. 🕭 rest
fermé 13 avril au 1er mai et 27 sept. au 25 oct. – **Repas** 90/230 – 🍽 40 – **32 ch** 250/360 –
½ P 310/330.

🏠 **Vieux Moulin** ⬙, rte Chevenne ℘ 04 50 73 52 52, Fax 04 50 73 55 62, 😙 – **TV** ☎ **P**.
🍴 **GB**. 🕭 rest
15 mai-15 oct. et 20 déc.-15 avril – **Repas** 95/230, enf. 55 – 🍽 40 – **16 ch** 200/270 –
½ P 260/310.

🏠 **Le Rucher** ⬙, à la Panthiaz Est : 1,5 km ℘ 04 50 73 50 23, Fax 04 50 73 54 67, ≼, 🐎 –
🍴 cuisinette ☎ **P**. **GB**. 🕭 rest
15 juin-15 sept. et 20 déc.-30 avril – **Repas** 85/150 – 🍽 40 – **22 ch** 290/350 – ½ P 330.

CHAPELLE-DES-BOIS 25240 Doubs **70** ⑱ G. Jura – 202 h alt. 1087 – Sports d'hiver :1 050/
1 300 m ≴.

🏂 des Mélèzes ℘ 03 81 69 21 82.

Paris 463 – Genève 63 – Lons-le-Saunier 67 – Pontarlier 48.

🏠 **Les Mélèzes,** ℘ 03 81 69 21 82, Fax 03 81 69 12 75, ≼, 🐎 – ☎. **GB**
🍴 fermé 25 mars au 30 avril, 15 nov. au 15 déc., lundi, mardi et merc. hors sais. – **Repas**
78/180 🍷, enf. 45 – 🍽 40 – **10 ch** 220/280 – ½ P 250/350.

La CHAPELLE-DU-GENÊT 49 M.-et-L. **67** ⑤ – rattaché à Beaupréau.

La CHAPELLE-EN-SERVAL 60520 Oise 🔟 ⑪ – 2 185 h alt. 104.
Paris 41 – Compiègne 44 – Beauvais 54 – Chantilly 10 – Meaux 38 – Senlis 10.

🏨 **Mont-Royal** Ⓜ ⚘, Est : 2 km par D 118 ℘ 03 44 54 50 50, Fax 03 44 54 50 21, ≤, 🎋, parc, ℔, 🏊, ℀ – 🛗 ✦ 🔲 📺 ☎ ❖ ♿ 🅿 – 🔬 200. 🖭 ⓪ 🅖🅑 🄾🄲🄱
Repas 190/410 – 😐 90 – **100 ch** 990/1800 – ½ P 830.

La CHAPELLE-EN-VALGAUDEMAR 05800 H.-Alpes 🟥🟥 ⑯ G. Alpes du Nord – 135 h alt. 1083.
Voir Les Portes ≤★ sur le pic d'Olan – Les **« Oulles du Diable »** (marmites de géant) ★ – Cascade du Casset★ NE : 3,5 km.
Env. Chalet-hôtel du Gioberney : cirque★★, cascade "voile de la mariée"★ E : 9 km.
🅱 Office de Tourisme ℘ 04 92 55 23 21, Fax 04 92 55 28 80.
Paris 658 – Gap 49 – Grenoble 92 – La Mure 52.

🏨 **Mont-Olan**, ℘ 04 92 55 23 03, ≤, 🛋 🏡 🅖🅑
⚘ 5 avril-15 sept. – **Repas** 70/130 ℥ – 😐 26 – **32 ch** 125/260 – ½ P 195/235.

La CHAPELLE-EN-VERCORS 26420 Drôme 🟥🟥 ⑭ G. Alpes du Nord – 628 h alt. 945 – Sports d'hiver au Col de Rousset : 1 255/1 700 m ⚡9 ⚘.
🅱 Office de Tourisme à la Mairie ℘ 04 75 48 22 54.
Paris 605 – Grenoble 63 – Valence 63 – Die 41 – Romans-sur-Isère 46 – St-Marcellin 34.

🏨 **Bellier** ⚘, ℘ 04 75 48 20 03, Fax 04 75 48 25 31, 🎋, 🏊, 🛋 – 📺 ☎ 🅿 – 🔬 25. 🖭 ⓪ 🅖🅑
fermé 8 au 21 déc., mardi soir et merc. hors sais. – **Repas** 90/216, enf. 69 – 😐 40 – **13 ch** 380/450 – ½ P 370/380.

🍽 **Sports,** ℘ 04 75 48 20 39, Fax 04 75 48 10 52 – ☎ 🚗 🅖🅑
fermé déc. à mi-janv. et dim. soir sauf vacances scolaires et hors sais. – **Repas** 87/140, enf. 40 – 😐 27 – **14 ch** 140/245 – ½ P 180/230.

CITROEN Gar. Duclot, ℘ 04 75 48 21 26 🄽 ℘ 04 75 48 21 26

La CHAPELLE-ST-MESMIN 45 Loiret 🔟 ⑨ – rattaché à Orléans.

CHARAVINES 38850 Isère 🟥🟥 ⑭ G. Vallée du Rhône – 1 251 h alt. 500.
Voir Lac de Paladru★ N : 1 km.
🅱 Office de Tourisme ℘ 04 76 06 60 31, Fax 04 76 32 33 33.
Paris 539 – Grenoble 38 – Belley 49 – Chambéry 54 – La Tour-du-Pin 22 – Voiron 12.

🏨 **Beau rivage,** Nord : 1,5 km par D 50 ℘ 04 76 06 61 08, Fax 04 76 06 66 58, ≤, 🎋, 🛶, 🛋 – 🛗 📺 ☎ ♿ – 🔬 25. ⓪ 🅖🅑 ℀ ch
⚘ fermé 20 déc. au 1er fév., lundi soir (sauf hôtel en juil.-août), dim. soir et lundi de sept. à juin – **Repas** 78/240, enf. 60 – 😐 40 – **31 ch** 260/300 – ½ P 220/258.

🏨 **Poste,** ℘ 04 76 06 60 41, Fax 04 76 55 62 42, 🎋 – 📺 ☎. 🖭 🅖🅑
fermé 15 au 30 nov., 15 au 28 fév., dim. soir et lundi du 15 sept. au 15 juin – **Repas** 98/260 ℥, enf. 60 – 😐 38 – **15 ch** 180/300 – ½ P 250.

RENAULT Gar. Chaboud, ℘ 04 76 06 60 08 🄽 ℘ 04 76 55 61 60

CHARBONNIÈRES-LES-BAINS 69 Rhône 🟥🟥 ⑪., 🔟🔟 ⑬ – rattaché à Lyon.

CHARENTON-LE-PONT 94 Val-de-Marne 🟥🟥 ①., 🔟🔟 ㉗ – voir à Paris, Environs.

CHARETTE 71 S.-et-L. 🟥🟥 ②., 🔟🔟 ⑳ – rattaché à Pierre-de-Bresse.

CHARGÉ 37 I.-et-L. 🔟 ⑯ – rattaché à Amboise.

Some useful weights and measures

1 kilogram (1,000 grams) = 2.2 lb.

1 kilometer (1,000 meters) = 0.621 mile

10° C = 50° F 21° C = 70° F

1 liter = 1 ¾ pints   10 liters = 2.62 U.S. gals.

La CHARITÉ-SUR-LOIRE *58400 Nièvre* 65 ⑬ *G. Bourgogne – 5 686 h alt. 170.*

Voir *Église N.-Dame*★★ : ≤★★ *sur le chevet.*

Office de Tourisme pl. Ste-Croix ✆ *03 86 70 15 06.*

Paris 210 ① – *Bourges 51* ④ – *Autun 126* ③ – *Auxerre 92* ② – *Montargis 100* ① – *Nevers 24* ③.

Grand Monarque, 33 quai Clemenceau **(e)** ✆ 03 86 70 21 73, Fax 03 86 69 62 32, ≤, – ▯ TV ☎ . AE ⓓ GB
fermé vacances de fév., vend. soir et dim. soir du 12 nov. à mars – **Repas** 118/268, enf. 70 – ☕ 38 – **15 ch** 235/460 – ½ P 344.

par ①, *rte de Paris et rte secondaire : 5 km* – ✉ *58400 La Charité-sur-Loire :*

Motel les Broussailles sans rest, ✆ 03 86 69 03 39, Fax 03 86 69 04 40, – TV ☎ P. AE ⓓ GB
☕ 37 – **12 ch** 270.

PEUGEOT Gar. St-Lazare, 53 av. Gambetta par ② ✆ 03 86 70 05 07
RENAULT Gar. de Figueiredo, 26 av. Gambetta par ② ✆ 03 86 70 04 78
Pasquette, 21 r. Gén.-Auger ✆ 03 86 70 15 93

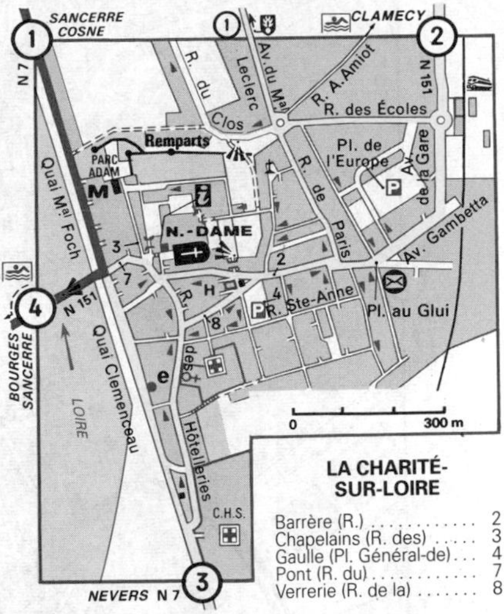

LA CHARITÉ-SUR-LOIRE

Barrère (R.) 2
Chapelains (R. des) 3
Gaulle (Pl. Général-de) . . . 4
Pont (R. du) 7
Verrerie (R. de la) 8

CHARLEVAL *13350 B.-du-R.* 84 ②, 114 ① – *1 877 h alt. 136.*

Paris 723 – Aix-en-Provence 30 – Cavaillon 26 – Manosque 65 – Marseille 59 – Salon-de-Provence 21.

Le Cherche-Midi, (derrière l'église) ✆ 04 42 28 52 50, Fax 04 42 28 49 38 – GB
fermé janv., lundi du 16 juin au 31 août, merc. soir et dim. du 1er sept. au 15 juin – **Repas** 75 (déj.), 89/140 ♀, enf. 45.

CITROEN Gar. Esteban, D 561 ✆ 04 42 28 40 10

CHARLEVILLE-MÉZIÈRES P *08000 Ardennes* 53 ⑱ *G. Champagne – 57 008 h alt. 145.*

Voir *Place Ducale*★★ *à Charleville* **ABX** – *Musée de l'Ardenne*★ **BX M¹** – *Musée Rimbaud* – *Basilique N.-D.-d'Espérance : vitraux*★ **AZ.**

l'Abbaye de Sept Fontaines à Fagnon ✆ *03 24 37 77 27 par* ⑥ : *10 km.*

Office de Tourisme 4 pl. Ducale ✆ *03 24 32 44 80, Fax 03 24 32 40 59 – Automobile Club Ardennais 64 av. Forest* ✆ *03 24 33 35 89.*

Paris 234 ⑦ – *Charleroi 92* ⑦ – *Liège 169* ① – *Luxembourg 129* ⑥ – *Metz 169* ⑥ – *Namur 109* ⑦ – *Nancy 223* ⑥ – *Reims 88* ⑥ – *St-Quentin 119* ⑦ – *Sedan 25* ⑥.

Plan page suivante

Paris sans rest, 24 av. G. Corneau ✆ 03 24 33 34 38, Fax 03 24 59 11 21 – TV ☎ . AE GB **BY n**
fermé 26 déc. au 15 janv. – ☕ 36 – **29 ch** 200/400.

Campanile, par ⑤ : *4 km sur N 51* ✆ 03 24 37 54 55, Fax 03 24 37 76 40, – ▯ TV ☎ P – 25. AE ⓓ GB
Repas 84 bc/107 bc, enf. 39 – ☕ 32 – **49 ch** 278.

Mont Olympe, r. Pâquis ✆ 03 24 33 43 20, Fax 03 24 59 93 38, – AE ⓓ GB **BX v**
fermé 25 au 31 août, 27 oct. au 24 nov., dim. soir, lundi soir et merc. sauf fêtes – **Repas** 165/205, enf. 60.

La Cigogne, 40 r. Dubois-Crancé ✆ 03 24 33 25 39 – GB **AY a**
fermé 4 au 10 août, dim. soir et lundi – **Repas** 88/185, enf. 55.

Côte à l'Os, 11 cours A. Briand ✆ 03 24 59 20 16, Fax 03 24 59 48 30, – AE GB **AY e**
Repas 89/180 ♀.

par ② : *4 km sur D 1 rte Nouzonville* – ✉ *08090 Montcy-Notre-Dame :*

Aub. de la Forest, ✆ 03 24 33 37 55 – P. GB.
fermé dim. soir et lundi soir – **Repas** 70/170.

à Fagnon *par* ⑥, *D 139 et D 39 : 8 km – 334 h. alt. 171 –* ✉ *08090 :*

Abbaye de Sept Fontaines , ✆ 03 24 37 38 24, Fax 03 24 37 58 75, ≤, ,
« Ancienne demeure dans un parc, golf » – TV ☎ P – 25. AE ⓓ GB. rest
fermé 20 au 28 déc. – **Repas** 140/155 – ☕ 48 – **23 ch** 450/580 – ½ P 410/450.

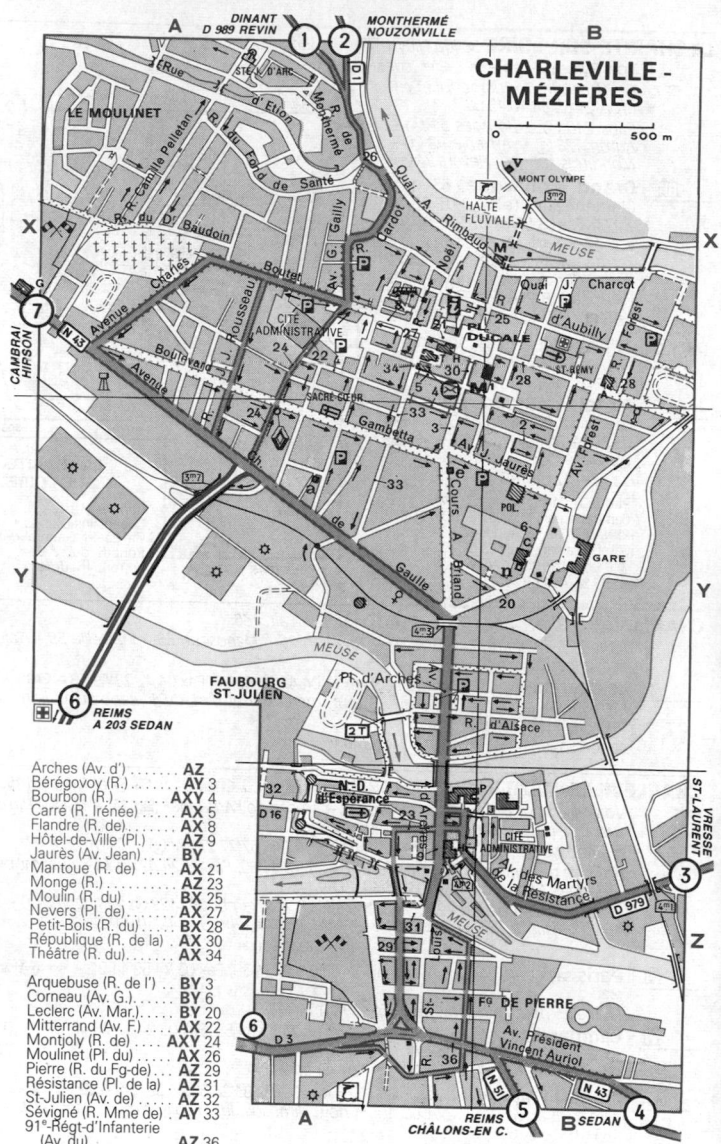

CHARLEVILLE-MÉZIÈRES

0   500 m

ALFA ROMEO, FIAT Gar. Tamburrino, ZAC La
Croisette ℰ 03 24 56 00 44
CITROEN Succursale, ZAC La Croisette, r. P.-Richier
par ⑦ ℰ 03 24 56 86 40 **N** ℰ 03 24 33 63 60
FORD Gar. Cailloux, ZAC La Croisette
ℰ 03 24 57 01 01
MERCEDES Gar. Coverna, r. C.-Didier ZI de Mohon
ℰ 03 24 37 84 84
NISSAN Europe Autom., N 64 Ctre Cial à Villers
Semeuse ℰ 03 24 37 52 52
PEUGEOT S.I.G.A., 23 rte Warnecourt à Prix-les-
Mézières par D 3 AZ ℰ 03 24 37 37 45 **N** ℰ 03 24
32 70 72

RENAULT Gar. Amerand, 63 bd Gambetta
ℰ 03 24 33 37 59 **N** ℰ 03 24 33 63 60
RENAULT Ardennes Autos, 2 r. C.-Didier par ④
ℰ 03 24 59 65 65 **N** ℰ 03 24 56 90 10
VAG Gar. Petit, 60 bd Pierquin à Warcq
ℰ 03 24 56 40 07

⑩ Euromaster, r. P.-Richier,ZAC La Croisette
ℰ 03 24 57 02 44
Legros Point S, 87-89 r. Bourbon
ℰ 03 24 59 65 65
New Gom-Vulco, rte de la Francheville
ℰ 03 24 37 23 45

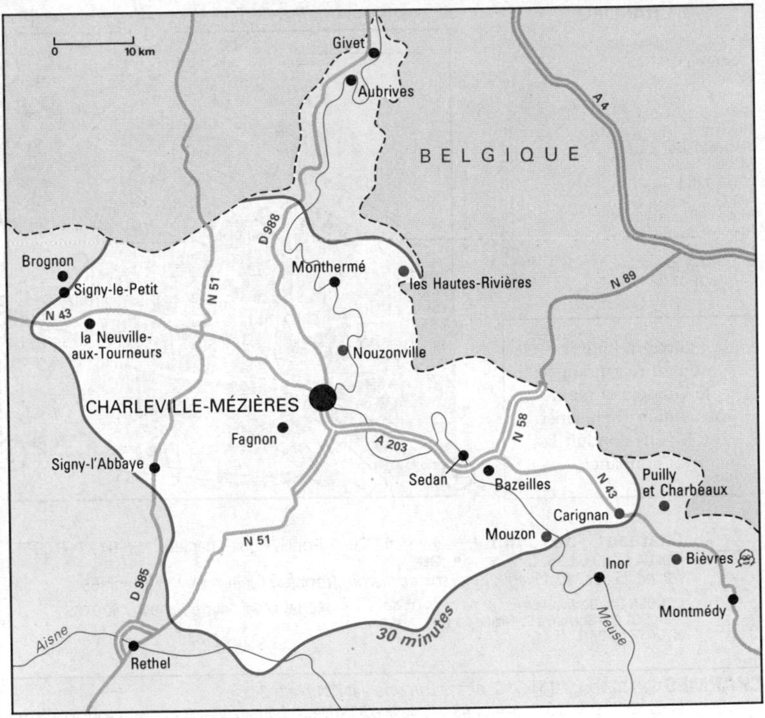

Besonders angenehme Hotels oder Restaurants
sind im Führer rot gekennzeichnet.
Sie können uns helfen,
wenn Sie uns die Häuser angeben,
in denen Sie sich besonders wohl gefühlt haben.
Jährlich erscheint eine komplett überarbeitete Ausgabe
aller Roten **Michelin-Führer**.

CHARLIEU *42190 Loire* **73** ⑧ *G. Bourgogne – 3 727 h alt. 265.*

Voir *Ancienne abbaye★ : façade★★ – Couvent des Cordeliers★.*

Office de Tourisme pl. St-Philibert ✆ 04 77 60 12 42, Fax 04 77 60 16 91.

Paris 382 ④ – Roanne 20 ④ – Digoin 48 ④ – Lapalisse 58 ④ – Mâcon 77 ② – St-Étienne 105 ④.

Plan page suivante

Relais de l'Abbaye, La Montalay **(a)** ✆ 04 77 60 00 88, Fax 04 77 60 14 60, – TV ☎ P – 50. AE GB
fermé janv., dim. soir sauf juil.-août et lundi midi – **Repas** 68 (déj.), 95/185, enf. 52 – 35 – **27 ch** 223/283 – ½ P 262.

Le Sornin, 6 pl. Bouverie **(n)** ✆ 04 77 60 03 74, Fax 04 77 60 32 51 – . AE GB
fermé 25 au 31 août, vacances de fév., dim. soir, merc. soir et lundi – **Repas** 78/260.

rte de Pouilly *par ④ et rte secondaire : 2,5 km :*

Moulin de Rongefer, ✉ 42190 St-Nizier-sous-Charlieu ✆ 04 77 60 01 57, Fax 04 77 60 33 28, , – P. GB
fermé vacances de fév., 29 juil. au 14 août, dim. soir, mardi soir et merc. – **Repas** 80 (déj.), 100/320.

CHARLIEU

Abbaye (Pl. de l') 2
Chanteloup (R.) 4
Écoles (R. des) 5
Farinet (R. A.) 7
Gaulle (R. Ch.-de) 9
Grenette (R.) 10
Jacquard (Bd) 12
Merle (R. du) 13
Michon (R.) 15
Morel (R. J.) 16
Moulins (R. des) 17
République (Bd de la) 18
Rouillier (R. C.) 19
St-Philibert (Pl.) 20
Valorge (Bd L.) 22

Entrez à l'hôtel
ou au restaurant
le Guide à la main
vous montrerez ainsi
qu'il vous conduit là
en confiance.

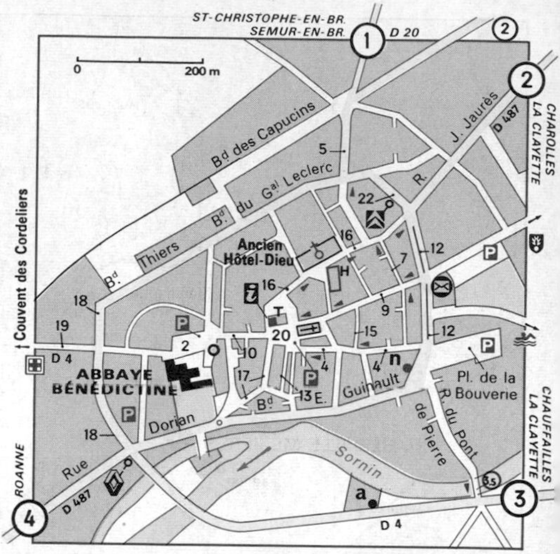

Château de Tigny, ✉ 42720 Pouilly-sous-Charlieu ✆ 04 77 60 09 55, Fax 04 77 69 03 93, ☂, 🌳 – 🅿. GB
fermé 25 déc. au 15 janv., lundi soir et mardi – **Repas** 70 (déj.), 110/195 🍷, enf. 65.

CITROEN Gar. Botton-Villard, ✆ 04 77 69 04 44
PEUGEOT Gar. Sornin, à St-Nizier par ④ ✆ 04 77 69 07 07
RENAULT Gar. Saunier, ✆ 04 77 60 07 55

CHARMES *88130 Vosges* 62 ⑤ *G. Alsace Lorraine – 4 721 h alt. 282.*
Paris 381 – Épinal 31 – Nancy 43 – Lunéville 35 – Neufchâteau 58 – St-Dié 59 – Toul 63 – Vittel 41.

XX **Vaudois** avec ch, r. Capucins ✆ 03 29 38 02 40, Fax 03 29 38 01 58, ☂ – TV ☎. AE ⓓ GB
fermé dim. soir et lundi – **Repas** 105/350, enf. 65 – ☕ 38 – **7 ch** 185/275 – ½ P 215/250.

XX **Dancourt** avec ch, 6 pl. H. Breton ✆ 03 29 38 80 80, Fax 03 29 38 09 15, ☂ – TV ☎ 📞. AE GB
fermé 20 déc. au 15 janv., sam. midi et vend. – **Repas** 85/300 🍷, enf. 65 – ☕ 38 – **15 ch** 190/290 – ½ P 215/250.

à Vincey *Sud-Est : 4 km par N 57 – 2 198 h. alt. 297 – ✉ 88450 :*

Relais de Vincey Ⓜ, ✆ 03 29 67 40 11, Fax 03 29 67 36 66, 🏊, 🌳, 🎾 – 🚭 TV ☎ 📞 🅿 – 🏛 25. AE GB
fermé 10 au 25 août – **Repas** *(fermé sam.)* 105/250 – ☕ 40 – **30 ch** 210/330 – ½ P 255/335.

OPEL Gar. Barrois, 19 r. Cl.-Barres ✆ 03 29 38 10 22
Ⓜ Corbier Pneus, ZI à Roville devant Bayon ✆ 03 83 72 51 55

CHARMES-SUR-RHÔNE *07800 Ardèche* 77 ⑪ ⑫ *– 1 826 h alt. 112.*
Paris 571 – Valence 11 – Crest 25 – Montélimar 42 – Privas 29 – St-Péray 11.

XX **Autour d'une Fontaine (La Vieille Auberge)** avec ch, ✆ 04 75 60 80 10, Fax 04 75 60 87 47 – ▤ rest ☎ 📞. AE ⓓ GB
Repas 100/300, enf. 60 – ☕ 35 – **16 ch** 230/320 – ½ P 220/320.

CHARNAY-LÈS-MÂCON *71 S.-et-L.* 69 ⑲ *– rattaché à Mâcon.*

Ne confondez pas :

Confort des hôtels	:	🏨🏨🏨🏨🏨 ... 🏨, ⛱
Confort des restaurants	:	XXXXX ... X
Qualité de la table	:	✿✿✿, ✿✿, ✿, 🙂

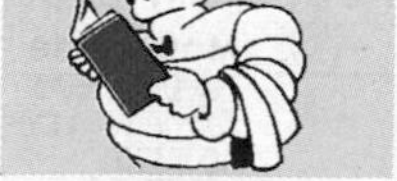

CHAROLLES ⬗ *71120 S.-et-L.* **69** ⑰ ⑱ *G. Bourgogne– 3 048 h alt. 279.*
🏛 *Office de Tourisme Couvent des Clarisses, r. Baudinot &* *et Fax 03 85 24 05 95.*
Paris 363 – Mâcon 26 – Autun 76 – Chalon-sur-Saône 68 – Moulins 81 – Roanne 61.

🏨 **Moderne,** av. J. Furtin & 03 85 24 07 02, Fax 03 85 24 05 21, 🗻, 🗺 – 📺 ☎ 🚗, 🅰🅴 🏧
*fermé 27 déc. au 1ᵉʳ fév., lundi sauf le soir du 14 juil. au 26 août et dim. soir du 26 août au
14 juil.* – **Repas** 110/300 – ⬓ 45 – **17 ch** 320/520 – ½ P 270/395.

🏨 **France** sans rest, av. J. Furtin & 03 85 24 06 66, Fax 03 85 24 05 54 – 📺 ☎. 🏧
fermé 14 au 27 avril et sam. d'oct. à juin – ⬓ 38 – **10 ch** 195/290.

💥💥💥 **Poste** avec ch, av. Libération (près église) & 03 85 24 11 32, Fax 03 85 24 05 74, 🍽 – 📺
⬲ ☎ ❤ 🚗. 🅰🅴 🏧
fermé 15 nov. au 15 déc., dim. soir et lundi – **Repas** 120/280 et carte 200 à 340 🍷 – ⬓ 45 –
9 ch 330/450.

au Sud-Ouest *par D 985 et D 270 : 11 km* – ✉ *71120 Changy :*

💥 **Le Chidhouarn,** & 03 85 88 32 07, Fax 03 85 24 06 21 – 🅿. 🅰🅴 ⓞ 🏧
fermé fév., mardi du 15 nov. au 15 mars et lundi sauf juil.-août – **Repas** 80 (déj.), 105/260,
enf. 50.

CITROEN Gar. Moulin, & 03 85 24 01 10 🅽 & 03 85 24 01 10

CHAROST *18290 Cher* **68** ⑩ *G. Berry Limousin– 1 134 h alt. 137.*
Paris 244 – Bourges 27 – Châteauroux 42 – Dun-sur-Auron 43 – Issoudun 11 – Vierzon 30.

à Brouillamnon *Nord-Est : 3 km par N 151 et D 16ᴱ* – ✉ *18290 Plou :*

💥💥 **L'Orée du Bois,** & 02 48 26 21 40, Fax 02 48 26 27 81, 🍽, 🗺 – 🅿. 🏧. 💥
fermé 28 juil. au 9 août, vacances de fév., dim. soir et lundi – **Repas** 80/190, enf. 75.

CITROEN Gar. Maxime, & 02 48 26 29 08

Le Guide change, changez de guide tous les ans.

CHARQUEMONT *25140 Doubs* **66** ⑱ *– 2 205 h alt. 864.*
Paris 479 – Besançon 75 – Basel 104 – Belfort 68 – Montbéliard 48 – Pontarlier 61.

🏨 **Haut Doubs H.,** & 03 81 44 00 20, Fax 03 81 44 09 18, 🗻, 🗺 – ☎ 🅿. 🏧
fermé nov., vend. soir et sam. sauf vacances scolaires – **Repas** 105/200 🍷 – ⬓ 30 – **30 ch**
230/250 – ½ P 240.

💥 **Au Bois de la Biche** 🐾 avec ch, Sud-Est : 4,5 km par D 10ᴱ & 03 81 44 01 82,
Fax 03 81 68 65 09, ≤, 🍽, 🗺 – 📺 ☎ 🅿. 🏧
fermé 2 au 31 janv. et lundi sauf juil.-août – **Repas** 88/220 – ⬓ 35 – **3 ch** 220 – ½ P 225.

PEUGEOT Gar. Central, & 03 81 44 00 27 🅽 & 03 81 44 00 27

CHARROUX *03140 Allier* **73** ④ *G. Auvergne– 324 h alt. 420.*
*Paris 378 – Clermont-Ferrand 59 – Aubusson 106 – Montluçon 66 – Montmarault 31 –
Moulins 54 – Vichy 31.*

💥💥 **Ferme St-Sébastien,** & 04 70 56 88 83, Fax 04 70 56 86 66 – 🅿. 🏧
fermé 16 au 25 juin, 22 sept. au 7 oct., 5 au 20 janv., lundi soir et mardi sauf juil.-août –
Repas (prévenir) 90/240, enf. 60.

CHARTRES 🅿 *28000 E.-et-L.* **60** ⑦ ⑧, **106** ⑰ *G. Ile de France – 39 595 h alt. 142 Grand pèlerinage des étudiants (fin avril-début mai).*
Voir *Cathédrale Notre-Dame*★★★ Y – *Vieux Chartres*★ YZ – *Église St-Pierre*★ Z – ≤★ *sur
l'église St-André, des bords de l'Eure* Y – ≤★ *du Monument des Aviateurs militaires* Y Z –
Musée des Beaux-Arts : émaux★ Y M – *C.O.M.P.A.*★ *(Conservatoire du Machinisme agricole
et des Pratiques Agricoles)* 2 km par D24.
🅖 *de Maintenon &* 02 37 27 18 09, *par* ① *: 19 km.*
🏛 *Office de Tourisme pl. Cathédrale &* 02 37 21 50 00, *Fax* 02 37 21 51 91 – A.C.O.
10 av. Jehan-de-Beauce & 02 37 21 03 79.
Paris 88 ② – *Évreux 78* ① – *Le Mans 115* ④ – *Orléans 77* ③ – *Tours 141* ④.

Plan page suivante

🏨🏨 **Grand Monarque,** 22 pl. Épars & 02 37 21 00 72, Fax 02 37 36 34 18, 🍽 – 🛗 📺 ☎ 🚗
– 🔔 25 à 50. 🅰🅴 ⓞ 🏧 ⏺
Repas 215/280, enf. 80 – ⬓ 55 – **49 ch** 450/685, 5 appart.   Z e

🏨 **Ibis Centre** 🅼, 14 pl. Drouaise & 02 37 36 06 36, Fax 02 37 36 17 20, 🍽 – 🛗 💥 ☎ ❤
🔔 ⬲ – 🔔 60. 🅰🅴 ⓞ 🏧   X b
Repas 95, enf. 39 – ⬓ 35 – **79 ch** 290/330.

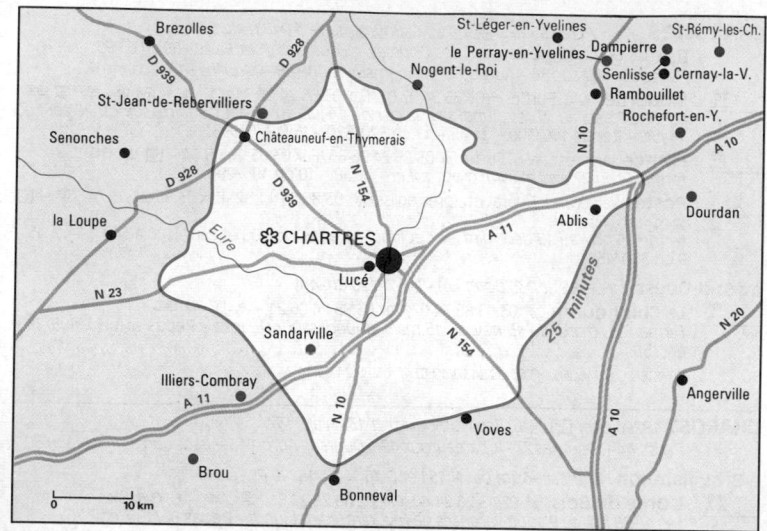

XXX **La Truie qui File** (Choukroun), pl. Poissonnerie ☎ 02 37 21 53 90, Fax 02 37 36 62 65 –
☸ 🅰🅴 GB   Y r
fermé août, dim. soir et lundi – **Repas** 180/350 et carte 290 à 390, enf. 70 - *Les Caves de la*
Maison : **Repas** 100
Spéc. Foie gras poêlé aux épices et au maïs. Queue de bœuf confite au vin de Loire. Pain
perdu "pommes-caramel".

XXX **La Vieille Maison,** 5 r. au Lait ☎ 02 37 34 10 67, Fax 02 37 91 12 41 – 🅰🅴 GB   Y s
fermé 28 juil. au 10 août, dim. soir et lundi – **Repas** 158/330 et carte 320 à 400,
enf. 80.

XX **Le Buisson Ardent,** 10 r. au Lait ☎ 02 37 34 04 66, Fax 02 37 91 15 82 – GB   Y s
fermé dim. soir – **Repas** 118/218.

XX **Le St-Hilaire,** 11 r. Pont-St-Hilaire ☎ 02 37 30 97 57, Fax 02 37 30 97 57 – GB   YZ t
fermé 27 juil. au 18 août, 24 déc. au 7 janv., sam. midi et dim. – **Repas** 95/245, enf. 50.

X **Le Dix de Pythagore,** 2 r. Porte Cendreuse ☎ 02 37 36 02 38, Fax 02 37 36 66 65 – 🗐.
🅰🅴 ⓪ GB   Y d
fermé 14 au 31 juil., dim. soir et mardi – **Repas** 90/146.

X **Le Minou,** 4 r. Mar. de Lattre de Tassigny ☎ 02 37 21 10 68, Fax 02 37 21 29 76 –
🅰🅴 GB   YZ u
fermé 13 juil. au 17 août, 8 au 22 fév., dim. soir et lundi – **Repas** (nombre de couverts limité,
prévenir) 110/179 🍷.

par ② et N 10 : 4 km – ✉ *28000 Chartres :*

🏨 **Novotel** 🅼, av. Marcel Proust ☎ 02 37 88 13 50, Fax 02 37 30 29 56, 🏡, ⚏ – 🛗 🎬 📺 ☎
🛆 🅿 – 🔏 180. 🅰🅴 ⓪ GB 🅹🅲🅱
Repas carte environ 170 🍷, enf. 50 – 🍽 49 – **78 ch** 395/480.

Z.A. de Barjouville *par④ : 4 km –* ✉ *28630 Barjouville :*

🏠 **Climat de France** 🅼, ☎ 02 37 35 35 55, Fax 02 37 34 72 12, 🏡 – 🎬 📺 ☎ 🍷 🛆 🅿 –
🔏 40. 🅰🅴 ⓪ GB
Repas 90/124 🍷, enf. 39 – 🍽 35 – **52 ch** 290/320.

à Lucé *par⑥ N 23 : 4 km – 18 796 h. alt. 158 –* ✉ *28110 :*

🏠 **Ibis** 🅼, impasse Périgord ☎ 02 37 35 76 00, Fax 02 37 30 01 49, 🏡 – 🎬 📺 ☎ 🍷 🛆 🅿 –
🔏 60. 🅰🅴 ⓪ GB
Repas 95, enf. 39 – 🍽 35 – **74 ch** 270/320.

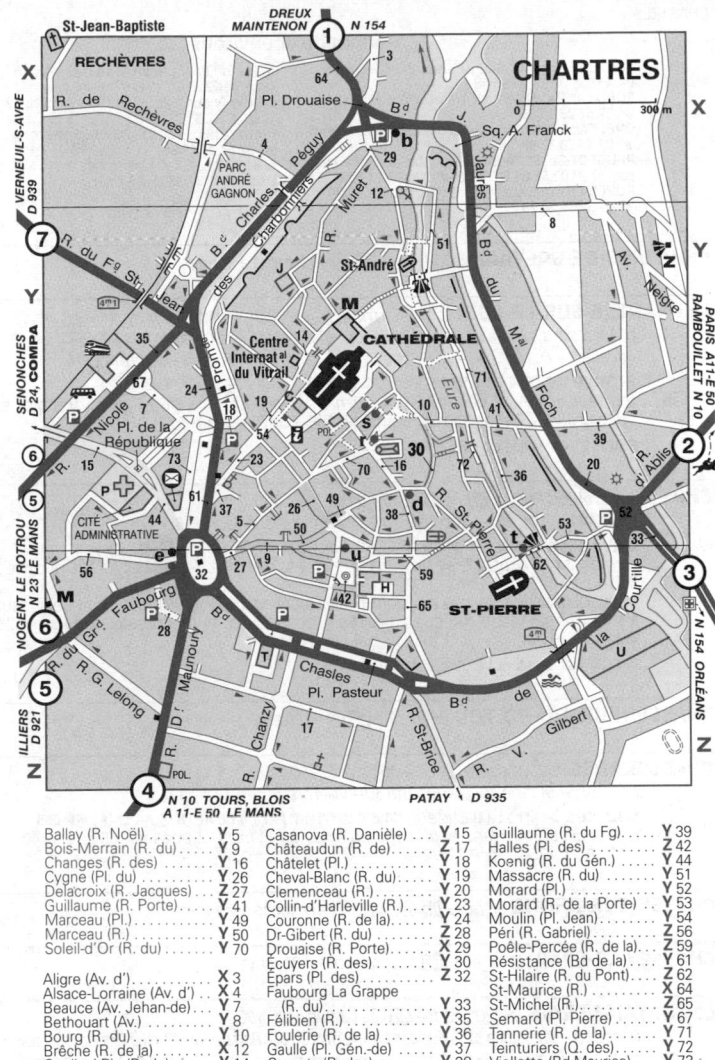

CHARTRES

Périphérie et environs

CITROEN Europ'Autom., 9 r. de Gutenberg à Luisant par ⑤ ℰ 02 37 35 96 48
FORD Gar. Paris-Brest, av. Mar.-Leclerc à Lucé ℰ 02 37 28 13 88
OPEL Gar. Ouest, 43 r. Château d'Eau à Mainvilliers ℰ 02 37 36 37 87
PEUGEOT Gar. St-Thomas, 52 r. Mar.-Leclerc à Lucé par ⑤ ℰ 02 37 91 81 30 🅽 ℰ 02 37 78 25 86
ROVER Chartres Auto Sport, rte d'Illiers à Lucé ℰ 02 37 35 24 79

⓪ Breton Pneus Point S, 13 r. de Fontenay ZI à Lucé ℰ 02 37 28 28 80
Breton Pneus Point S, 13 r. de Fontenay ZI à Lucé ℰ 02 37 28 28 80
Breton Pneus Point S, 26 r. G.-Fessard ℰ 02 37 21 18 98
Marsat Pneus, ZAC Malbrosses 1 r. La Motte à Lucé ℰ 02 37 35 86 94

CHARTRES-DE-BRETAGNE 35 I.-et-V. 🔠 ⑥ – rattaché à Rennes.

La CHARTRE-SUR-LE-LOIR 72340 Sarthe 🔠 ④ Ⓖ G. Châteaux de la Loire – 1 669 h alt. 55.
🅱 Syndicat d'Initiative (mi-juin/mi-sept.) ℰ 02 43 44 40 04, Fax Mairie 02 43 44 27 40.
Paris 218 – Le Mans 50 – La Flèche 57 – St-Calais 30 – Tours 41 – Vendôme 44.

🏨 **France,** ℰ 02 43 44 40 16, Fax 02 43 79 62 20, 🛏 – 🆃🆅 ☎ 🅿. 🆖
fermé 15 nov. au 1ᵉʳ déc., 17 fév. au 10 mars, lundi (sauf hôtel) du 1/7 au 15/9 et dim. soir du 16/9 au 30/6 – **Repas** (dim. prévenir) 74/198 – ⌑ 35 – **29 ch** 310 – ½ P 230/260.

PEUGEOT Gar. Vallée du Loir, ℰ 02 43 44 41 12

CHASSELAY 69380 Rhône 🔠 ⑩, 🔢 ⑬ – 2 002 h alt. 220.
Paris 444 – Lyon 21 – L'Arbresle 14 – Villefranche-sur-Saône 16.

XXX **Guy Lassausaie,** ℰ 04 78 47 62 59, Fax 04 78 47 06 19 – 🍴 🅿. 🆎 ⓪ 🆖
fermé 4 au 28 août, 18 fév. au 4 mars., mardi soir et merc. – **Repas** 170/390 et carte 250 à 350
Spéc. Dodine de foie gras aux pommes et sauternes. Filet de rouget demi-deuil, sauce au jus de truffe. Pigeon rôti cuit au foin en cocotte lutée. **Vins** Coteaux du Lyonnais, Saint-Véran.

CITROEN Gar. du Mont Verdun, ℰ 04 78 47 62 23

CHASSENEUIL-DU-POITOU 86 Vienne 🔠 ⑭ – rattaché à Poitiers.

CHASSERADES 48250 Lozère 🔠 ⑦ – 151 h alt. 1150.
Paris 612 – Mende 40 – Langogne 30 – Villefort 24.

Sources ⌂, rte La Bastide ℰ 04 66 46 01 14, Fax 04 66 46 07 80 – ☎ 🅿. ⓪ 🆖
fermé 15 déc. au 8 janv. et dim. soir du 3 nov. au 1ᵉʳ mars – **Repas** 70/145 ⅛, enf. 40 – ⌑ 29 – **11 ch** 170/230 – ½ P 215/225.

CHASSE-SUR-RHÔNE 38 Isère 🔠 ⑪,, 🔢 ㉞ – rattaché à Vienne.

CHASSEY-LE-CAMP 71 S.-et-L. 🔠 ⑨ – rattaché à Chagny.

La CHATAIGNERAIE 85120 Vendée 🔠 ⑯ – 2 904 h alt. 155.
Paris 399 – Bressuire 32 – Fontenay-le-Comte 23 – Parthenay 42 – La Roche-sur-Yon 59.

🏨 **Aub. de la Terrasse,** r. Beauregard ℰ 02 51 69 68 68, Fax 02 51 52 67 96 – 🆃🆅 ☎ 🗜 &.
🆎 🆖. 🍽 rest
fermé vacances de Noël, vend. soir, sam. midi et dim. soir du 15 sept. à Pâques – **Repas** 58/142 ⅛, enf. 45 – **14 ch** ⌑ 235/338 – ½ P 273.

OPEL Gar. Arnaud, à la Tardière ℰ 02 51 69 66 69
RENAULT Boinot Automobiles, rte de Fontenay-le-Comte à Antigny ℰ 02 51 52 66 66 🅽 ℰ 02 51 52 66 66

CHÂTEAU-ARNOUX-ST-AUBAN 04160 Alpes-de-H.-P. 🔠 ⑯ Ⓖ G. Alpes du Sud – 5 109 h alt. 440.
Voir ⁕⋆ de la chapelle St-Jean S : 2 km puis 15 mn.
Env. Prieuré de Ganagobie⋆ : mosaïques⋆⋆ dans l'église, ≤⋆⋆ de l'allée des Moines, ≤⋆ de l'allée de Forcalquier SO : 20 km.
🅱 Office de Tourisme "La Ferme de Font-Robert" ℰ 04 92 64 02 64, Fax 04 92 62 60 67.
Paris 721 – Digne-les-Bains 25 – Forcalquier 30 – Manosque 41 – Sault 69 – Sisteron 14.

🏨 **La Bonne Étape** (Gleize) 🍴, Chemin du lac ℘ 04 92 64 00 09, Fax 04 92 64 37 36, « Bel aménagement intérieur », 🏊, 🍃 – 🗏 📺 ☎ 🅿 – 🏭 30. 🖭 ⑩ ☷
fermé 3 janv. au 12 fév., dim. soir et lundi de nov. à mars – **Repas** 225/599 bc et carte 320 à 500, enf. 125 – ***Au Goût du Jour*** ℘ 04 92 64 48 48 **Repas** 130 ⅃ – ☲ 85 – **11 ch** 600/1100, 7 appart
Spéc. Thon aux saveurs de Méditerranée (mai à sept.). Filet d'agneau poêlé au parfum des collines. Crème glacée au miel de lavande dans sa ruche. **Vins** Palette, Vacqueyras.

🍴🍴🍴 **L'Oustaou de la Foun,** Nord : 1,5 km sur N 85 ℘ 04 92 62 65 30, Fax 04 92 62 65 32 – 🅿. 🖭 ⑩ ☷
fermé 1ᵉʳ au 15 janv., dim. soir et lundi hors sais. sauf fériés – **Repas** 99/250, enf. 78 - ***Côté Bistro*** *(fermé dim. et lundi)* **Repas** *(déj. seul.)* carte environ 120 ⅃, enf. 55.

à St-Auban *Sud-Ouest : 3,5 km par N 96* – ✉ *04600* .

Voir *Site* ★ *de Montfort S : 2 km.*

🏨 **Villiard** sans rest, ℘ 04 92 64 17 42, Fax 04 92 64 23 29, 🍴 – 📺 ☎ 🅿 – 🏭 25. 🖭 ☷
fermé 20 déc. au 5 janv. et sam. en hiver – ☲ 39 – **20 ch** 295/420.

PEUGEOT Gar. Plantevin, 70 av. Gén.-de-Gaulle ℘ 04 92 64 06 15 🄽 ℘ 06 07 55 46 18

CHÂTEAU-BERNARD *38650 Isère* 🗗🗗 ⑭ – *134 h alt. 850.*
Paris 602 – *Grenoble 36 – Monestier-de-Clermont 12.*

au col de l'Arzelier *Nord : 4 km* – ✉ *38650 Monestier-de-Clermont.*
Voir *Site* ★ *de Prélenfrey N : 4 km,* G. Alpes du Nord.

🏨 **Deux Soeurs** 🍴, ℘ 04 76 72 37 68, Fax 04 76 72 20 25, ≤, 🍴, 🍃 – 🌢 📺 ☎ 🚗 🅿 – 🏭 25. ☷
fermé 15 sept. au 4 oct., lundi soir et mardi sauf vacances scolaires – **Repas** 70/180, enf. 50 – ☲ 35 – **24 ch** 190/250 – ½ P 245/275.

CHÂTEAUBOURG *35220 I.-et-V.* 🗗🗗 ⑰ ⑱ – *4 056 h alt. 50.*
Paris 328 – *Rennes 23 – Angers 112 – Châteaubriant 50 – Fougères 43 – Laval 57.*

🏨 **Ar Milin'** 🍴, ℘ 02 99 00 30 91, Fax 02 99 00 37 56, 🍴, « Ancien moulin dans un parc au bord de la Vilaine », 🎾 – ▌ 📺 ☎ 🅿 – 🏭 60. 🖭 ⑩ ☷
fermé 23 déc. au 2 janv. et dim. soir d'oct. à mars – **Repas** 100/200, enf. 67 – ☲ 50 – **30 ch** 335/580 – ½ P 425/462.

à St-Didier *Est : 6 km par D 33* – *1 055 h. alt. 49* – ✉ *35220 Chateaubourg :*

🏨 **Pen'Roc** Ⓜ 🍴, à La Peinière par D 105 ℘ 02 99 00 33 02, Fax 02 99 62 30 89, 🍴, ⮑, 🍃, 🍃 – ▌ 📺 ☎ ✆ 🅿 – 🏭 60. 🖭 ⑩ ☷
fermé vacances de Toussaint et de fév. – **Repas** *(fermé vend. soir et dim. soir hors sais.)* 105/330, enf. 72 – ☲ 48 – **33 ch** 390/450 – ½ P 370/390.

CITROEN Gar. Brunet, ℘ 02 99 00 31 16   PEUGEOT Gar. Chevrel, ℘ 02 99 00 31 12

CHÂTEAUBRIANT ◁▷ *44110 Loire-Atl.* 🗗🗗 ⑦ ⑧ *G. Bretagne* – *12 783 h alt. 70.*
Voir *Château* ★.
🖪 *Office de Tourisme 22 r. de Couéré ℘ 02 40 28 20 90, Fax 02 40 81 86 02.*
Paris 355 ① – Ancenis 44 ③ – Angers 73 ③ – La Baule 96 ④ – Cholet 94 ③ – Fougères 83 ① – Laval 66 ② – Nantes 65 ④ – Rennes 62 ⑤ – St-Nazaire 86 ④.

Plan page suivante

🏨 **Châteaubriant** sans rest, 30 r. 11-Novembre (a) ℘ 02 40 28 14 14, Fax 02 40 28 26 49 – ▌ 📺 ☎ 🅿 – 🏭 40. 🖭 ⑩ ☷
☲ 34 – **37 ch** 200/380.

🏨 **Host. La Ferrière,** rte Nantes par ④ : *2 km* ℘ 02 40 28 00 28, Fax 02 40 28 29 21, « Parc fleuri » – 📺 ☎ ✆ ⅚ 🅿 – 🏭 60. 🖭 ⑩ ☷ 🏧
fermé 24 au 31 déc. et dim. soir du 1ᵉʳ nov. au 31 mars – **Repas** 115/230 ⅃, enf. 55 – ☲ 39 – **25 ch** 270/400 – ½ P 280.

🍴🍴🍴 **Aub. Bretonne** Ⓜ avec ch, 23 pl. Motte (b) ℘ 02 40 81 03 05, Fax 02 40 28 37 51 – 📺 ☎ ⑩ ☷ 🏧
Repas 95/270 et carte 230 à 310 – ☲ 42 – **8 ch** 190/240 – ½ P 200.

🍴🍴 **Le Poêlon d'Or,** 30 bis r. 11-Novembre (s) ℘ 02 40 81 43 33, Fax 02 40 81 43 33 – ☷
fermé 4 au 17 août, dim. soir et lundi – **Repas** 102/250.

CITROEN Autom. Castelbriantaise, rte de   RENAULT Gar. SADAC, rte de St-Nazaire, ZI La
St-Nazaire, ZI par ④ ℘ 02 40 28 10 90 🄽   Ville au Bois par ④ ℘ 02 40 81 26 12 🄽
℘ 02 40 55 90 20   ℘ 02 40 81 50 53
FORD Gar. Mérel, ZI, 65 rte d'Ancenis
℘ 02 40 81 15 29 🄽 ℘ 02 40 55 90 20   ⓦ Castel Pneus Point S, ZI, r. du Prés.-Kennedy
PEUGEOT Gar. Bareteau, rte de St-Nazaire ZI   ℘ 02 40 28 01 94
℘ 02 40 81 01 05

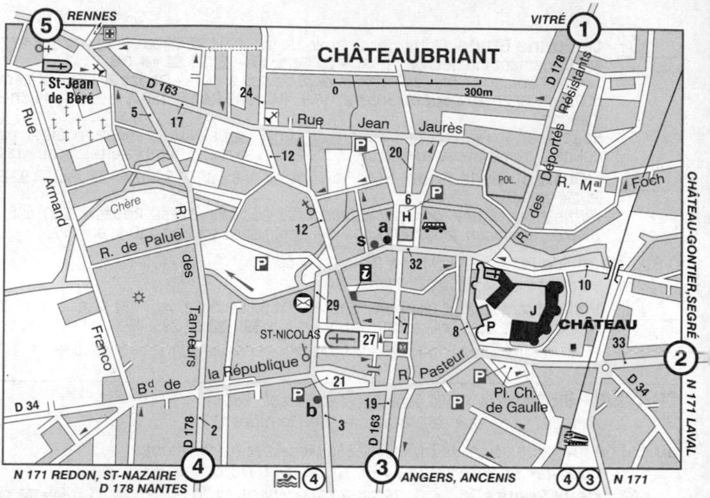

Briand (R. Aristide)	7	Château (R. du)	8	Motte (Pl. de la)	21
		Checheux (Fg de)	10	Poterie (R. de la)	24
Alsace-Lorraine (R. d')	2	Denieul-et-Gatineau (R.)	12	St-Nicolas (Pl.)	27
Barre (R. de la)	3	Gauthier-Grosdoy (R. A.)	17	Victor-Hugo (Bd)	29
Boispéan (R. du)	5	Grimaud (R. M.)	19	11-Novembre (R. du)	32
Bréant (Pl. E.)	6	Môquet (R. Guy)	20	27-Otages (R. des)	33

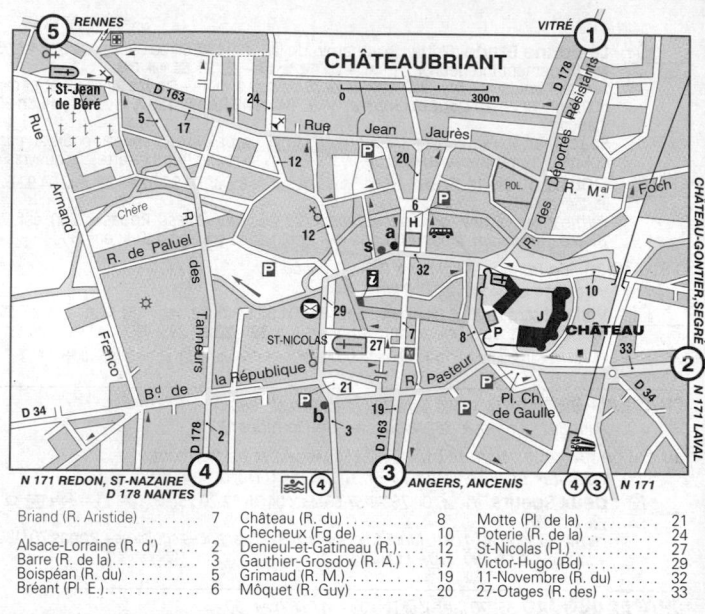

CHÂTEAU-D'OLÉRON *17 Char.-Mar.* **71** ⑭ *– voir à Oléron (Ile d').*

CHÂTEAU-DU-LOIR *72500 Sarthe* **64** ④ *G. Châteaux de la Loire – 5 473 h alt. 50.*

Office de Tourisme Parc Henri Goude, 2 av. Jean-Jaurès ✆ 02 43 44 56 68.

Paris 239 – Le Mans 44 – Château-la-Vallière 21 – La Flèche 41 – Tours 41 – Vendôme 60.

au Port-Gautier *Est : 6 km par N 138 et D 64 – ✉ 72500 Flée :*

XX **Aub. de la Bécasse,** ✆ 02 43 44 87 78
fermé 1er sept. au 15 oct., lundi, mardi, merc. et jeudi sauf juil.-août – **Repas** 200.

CITROEN Gar. Chemin, la Croix de Paille à Luceau ✆ 02 43 44 05 51

PEUGEOT Bouteillier, rte du Mans à Luceau ✆ 02 43 44 00 67

CHÂTEAUDUN ⟨SP⟩ *28200 E.-et-L.* **60** ⑰ *G. Châteaux de la Loire – 14 511 h alt. 140.*

Voir *Château*★★ **A** – *Vieille ville*★ **A** *: église de la Madeleine*★ *– Promenade du Mail* ≤★ **A** *– Musée : Collection d'oiseaux*★ **A M.**

Office de Tourisme 1 r. de Luynes ✆ 02 37 45 22 46, Fax 02 37 66 00 16.

Paris 131 ① – Orléans 51 ② – Alençon 120 ⑤ – Argentan 148 ⑤ – Blois 58 ③ – Chartres 45 ① – Fontainebleau 120 ② – Le Mans 105 ⑤ – Nogent-le-Rotrou 55 ⑤ – Tours 96 ③.

Plan page ci-contre

St-Michel sans rest, 5 r. Péan ✆ 02 37 45 15 70, Fax 02 37 45 83 39 – TV ☎. AE GB. — A a
fermé 22 déc. au 5 janv. – ☐ 33 – **19 ch** 150/335.

St-Louis, 41 r. République ✆ 02 37 45 00 01, Fax 02 37 45 16 09, – rest TV ☎. AE GB — B u
Grill *(fermé août)* **Repas** 90/190, enf. 60 – ☐ 30 – **40 ch** 170/260 – ½ P 270.

XX **Aux Trois Pastoureaux,** 31 r. A Gillet ✆ 02 37 45 74 40, Fax 02 37 66 00 32 – AE GB
fermé 22 déc. au 5 janv., dim. soir et lundi – **Repas** 98/165, enf. 65. — A s

XX **L'Arnaudière,** 4 r. St-Lubin ✆ 02 37 45 98 98, Fax 02 37 45 96 48, – AE GB
fermé vacances de fév. et lundi soir – **Repas** 98/195 ♪, enf. 60. — A b

XX **La Rose** avec ch, 12 r. Lambert-Licors ✆ 02 37 45 21 83, Fax 02 37 45 21 83 – rest TV ☎. AE GB — B w
fermé 16 fev. au 3 mars, lundi hors sais. et dim. soir – **Repas** 87/150 ♪ – ☐ 32 – **12 ch** 195/245 – ½ P 235.

X **La Licorne,** 6 pl. 18-Octobre ✆ 02 37 45 32 32 – . GB — A e
fermé 10 au 19 juin, 20 déc. au 15 janv., mardi soir et merc. – **Repas** 70/180.

CHÂTEAUDUN

Gambetta (R.) . . . . **AB**
République (R.) . . . . **AB**
18-Octobre (Pl. du) . . . . **A** 21
Cap-de-la-Madeleine (Pl.) . . . . **A** 3
Château (R. du) . . . . **A** 4
Cuirasserie (Rue de la) . . . . **A** 5
Dunois (Pl. J.-de) . . . . **A** 6
Guichet (R.du) . . . . **A** 7
Huileries (R. des) . . . . **A** 8
Luynes (R. de) . . . . **A** 10
Lyautey (R. Mar.) . . . . **A** 12
Porte d'Abas (R. de la) . . . . . . **A** 14
St-Lubin (R.) . . . . **A** 18
St-Médard (R.) . . . . **A** 19

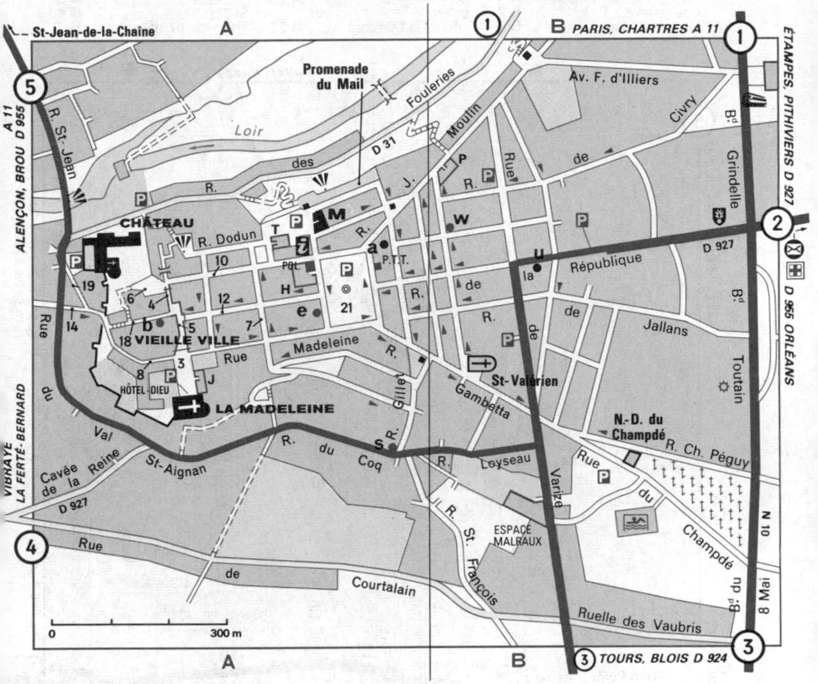

à Marboué *par ① sur N 10 : 5 km – 1 052 h. alt. 113 – ✉ 28200 :*

XX **Toque Blanche,** ☎ 02 37 45 12 14 – ▤. GB
fermé fév., mardi soir et merc. – **Repas** 99/200 🍷.

CITROEN Gar. Mourice-Rebours, 91 bd Kellermann par ② ☎ 02 37 45 10 87
RENAULT Gar. Giraud, rte de Tours à la Chapelle du Noyer par ③ ☎ 02 37 45 10 74 N ☎ 02 37 96 52 31

Euromaster, N 10 ☎ 02 37 45 11 17

CHÂTEAUFORT *78 Yvelines* 60 *⑩,,* 101 *㉒ – voir à Paris, Environs.*

CHÂTEAUGIRON *35410 I.-et-V.* 63 *⑦ G. Bretagne – 4 166 h alt. 45.*

Paris 337 – Rennes 17 – Angers 113 – Châteaubriant 42 – Fougères 48 – Nozay 65 – Vitré 28.

Aub. du Cheval Blanc, ☎ 02 99 37 40 27, Fax 02 99 37 59 68 – 📺 ☎ P. GB
fermé 26 au 31 déc., lundi (sauf hôtel) et dim. soir – **Repas** 70/175 – ☕ 30 – **11 ch** 150/245 – 1/2 P 190/210.

XXX **L'Aubergade,** ☎ 02 99 37 41 35, Fax 02 99 37 41 35, « Maison du 13e siècle » – GB
fermé 11 au 21 juil., dim. soir et lundi soir – **Repas** 138/168 et carte 190 à 300.

CHÂTEAU-GONTIER SP *53200 Mayenne* 63 *⑩ G. Châteaux de la Loire – 11 085 h alt. 33.*

Voir *Intérieur★ de l'église St-Jean-Baptiste* **A**.

🅸 *Office de Tourisme Péniche l'Elan quai Alsace ☎ 02 43 70 42 74, Fax 02 43 70 95 62.*

Paris 279 ② – Angers 49 ③ – Châteaubriant 56 ⑤ – Laval 30 ① – Le Mans 85 ② – Rennes 105 ⑤.

CHÂTEAU-GONTIER

Alsace-Lorraine (Quai et R. d') .... B 2
Bourg-Roussel (R. du) .... A 5
Coubertin (Q. P. de) ...... B 7
Foch (Av. Mar.) .... B 9
Fouassier (R.) .... A 10
Français-Libres (Rond-Point des)...... A 12
Gambetta (R.) .... A 14
Gaulle (Quai Ch. de)..... B 15
Homo (R. René) .... A 18
Joffre (Av. Mar.) .... A 20
Leclerc (R. de la Division) ..... A 22
Lemonnier (R. Gén.)...... B 24
Lierru (R. de) .... B 25
Olivet (R. d') .... A 29
Pasteur (Quai) .... B 31
Pilori (Pl. du) .... A 33
République (Pl. de la).... A 36
St-Jean (Pl.) .... A 39
St-Just (Pl.) .... B 40
Thionville (R. de) .... B 45

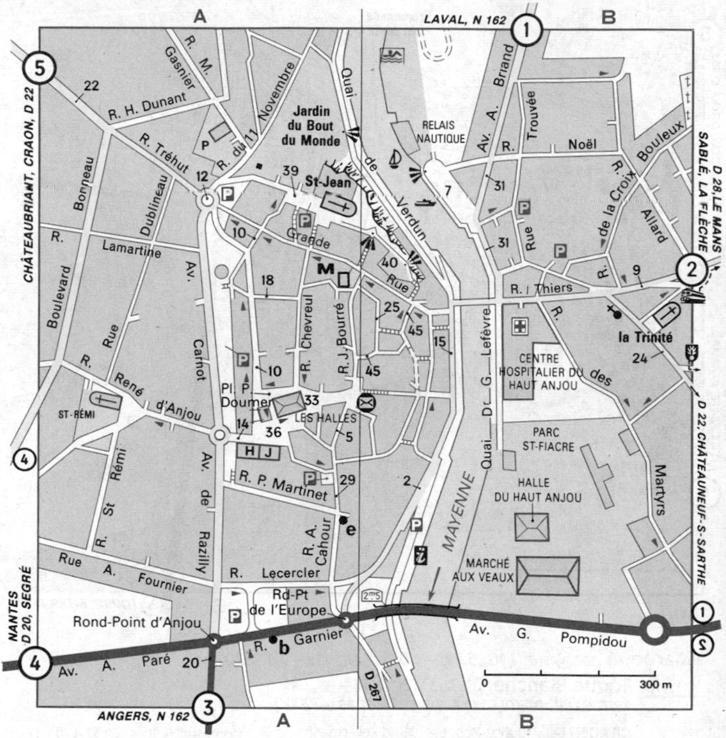

Jardin des Arts ⑤, 5 r. A. Cahour ✆ 02 43 70 12 12, Fax 02 43 70 12 07, ≤, 🌳, « Jardin » – TV ☎ ✆ P – 🅰 30. GB — A e
fermé 24 déc. au 1er janv. – **Repas** *(fermé sam. midi, lundi midi et dim. soir)* 100/215 ♁, enf. 60 – ☕ 47 – **20 ch** 320/530 – ½ P 275/365.

Host. Mirwault ⑤, Nord : 2 km par quai Verdun et r. Basse du Rocher ✆ 02 43 07 13 17, Fax 02 43 07 82 96, 🌳, « Au bord de la Mayenne », 🍽 – TV ☎ P. AE GB. ✗ rest
hôtel : 15 mars-31 déc. ; rest. : 15 mars-30 nov. – **Repas** 98/168 ♁ – ☕ 35 – **11 ch** 285 – ½ P 180/240.

Cerf sans rest, 31 r. Garnier ✆ 02 43 07 25 13, Fax 02 43 07 02 90 – TV ☎ ✆ P. AE ⓓ GB
☕ 27 – **22 ch** 158/210. — A b

Aub. du Prieuré, à Azé, Sud-Est : 2 km par D 22, près Église ✆ 02 43 70 31 16, ≤, 🌳, 🍽 – ▤. GB. ✗
fermé fév. et lundi – **Repas** 78 (déj.), 105/198, enf. 50.

L'Aquarelle, Sud par D 267 : 1 km ✆ 02 43 70 15 44, Fax 02 43 07 88 67, ≤ – ▤ P. GB
fermé 15 au 31 janv., dim. soir et lundi – **Repas** 75/180, enf. 50.

à Coudray *Sud-Est : 7 km par D 22 – 546 h. alt. 68 – ✉ 53200 :*

L'Amphitryon, ✆ 02 43 70 46 46 – GB
fermé 28 juin au 12 juil., vacances de fév., merc. sauf le soir en juil.-août et mardi soir – **Repas** 70 (déj.), 90/130, enf. 48.

RENAULT Bellitourne Autom., av. R.-Cassin ZI Bellitourne ✆ 02 43 09 15 15

CHÂTEAUMEILLANT 18370 Cher 🔟 ⑳ *G. Berry Limousin – 2 081 h alt. 247.*

  Voir *Choeur★ de l'église St-Genès.*

  🛈 *Office de Tourisme r. de la Victoire ℘ 02 48 61 39 89, Fax 02 48 61 32 98.*

  Paris 304 – Argenton-sur-Creuse 58 – Châteauroux 53 – La Châtre 19 – Guéret 61 – La Souterraine 76.

XX **Le Piet à Terre** ⚲ avec ch, ℘ 02 48 61 41 74, « Intérieur soigné » – 📺 ☎. 🅶🅱
   fermé 27 janv. au 13 mars, dim. soir et lundi hors sais. – **Repas** 98/250 🍷, enf. 50 – 🖵 35 –
   7 ch 260/350 – ½ P 220/305.

   CITROEN Gar. Auvity, av. A.-Meillet ℘ 02 48 61 33 49   RENAULT Gar. Bardiot, r. de la Libération
                                                             ℘ 02 48 61 33 95

CHÂTEAUNEUF 21320 Côte-d'Or 🔟 ⑲ *G. Bourgogne – 63 h alt. 475.*

  Voir *Site★ du village★ – Château★.*

  Paris 278 – Dijon 42 – Avallon 73 – Beaune 35 – Montbard 67.

🏰 **Host. du Château** ⚲, ℘ 03 80 49 22 00, Fax 03 80 49 21 27, ≤, 🏡, 🌲 – ☎. 🅰🅴 🅶🅱
   fermé 30 nov. au 5 fév., lundi soir et mardi sauf juil.-août – **Repas** 140/220, enf. 50 – 🖵 45 –
   17 ch 270/430 – ½ P 310/390.

CHÂTEAUNEUF 71 S.-et-L. 🔟 ⑧ – *rattaché à Chauffailles.*

CHÂTEAUNEUF-DE-GALAURE 26330 Drôme 🔟 ② – *1 246 h alt. 253.*

  Paris 535 – Valence 41 – Beaurepaire 19 – Romans-sur-Isère 27 – St-Marcellin 41 – Tournon-sur-Rhône 30.

XX **Yves Leydier,** ℘ 04 75 68 68 02, Fax 04 75 68 66 19, 🏡, 🌲 – 🅶🅱
   fermé 2 au 10 janv., vacances de fév., mardi soir et merc. – **Repas** 110/270, enf. 60.

CHÂTEAUNEUF-DU-FAOU 29520 Finistère 🔟 ⑯ *G. Bretagne – 3 777 h alt. 130.*

  Voir *Domaine de Trévarez★ S : 6 km.*

  🛈 *Office de Tourisme pl. Arsegal (juin-sept.) ℘ 02 98 81 83 90.*

  Paris 526 – Quimper 37 – Brest 64 – Carhaix-Plouguer 22 – Châteaulin 24 – Morlaix 50.

🏠 **Relais de Cornouaille,** rte Carhaix ℘ 02 98 81 75 36, Fax 02 98 81 81 32 – ▦ 📺 ☎ ✆ &
⚲ 🅿 – 🔏 25. 🅶🅱
   fermé oct., dim. soir et sam. sauf hôtel de nov. à Pâques – **Repas** 68/185 🍷, enf. 50 – 🖵 32
   – **29 ch** 200/270 – ½ P 225/255.

CHÂTEAUNEUF-DU-PAPE 84230 Vaucluse 🔟 ⑫ *G. Provence – 2 062 h alt. 87.*

  Voir *≤★★ du château des Papes.*

  🛈 *Office de Tourisme pl. Portail ℘ 04 90 83 71 08, Fax 04 90 83 50 34.*

  Paris 670 – Avignon 18 – Alès 81 – Carpentras 25 – Orange 13 – Roquemaure 10.

XXX **Host. Château des Fines Roches** ⚲ avec ch, rte Sorgues et voie privée : 3 km
   ℘ 04 90 83 70 23, Fax 04 90 83 78 42, 🏡, « Dans un domaine viticole, ≤ », 🌲 – ▤ rest 📺
   ☎ ✆ 🅿. 🅰🅴 🅶🅱. 🌳
   fermé janv., dim. soir d'oct. à avril et lundi sauf hôtel de mai à sept. – **Repas** 175 (déj.),
   210/340 et carte 300 à 390, enf. 110 – 🖵 70 – **6 ch** 750/950 – ½ P 655/755.

X **Le Pistou,** ℘ 04 90 83 71 75 – 🅶🅱
⚲ *fermé 23/06 au 1/07, 24/12 au 6/01, le soir du 15 nov. au 15 mars (sauf vend. et sam.), dim.
   soir et lundi –* **Repas** 83/135 🍷.

CHÂTEAUNEUF-EN-THYMERAIS 28170 E.-et-L. 🔟 ⑦ – *2 459 h alt. 204.*

  Paris 100 – Chartres 26 – Dreux 20 – Nogent-le-Rotrou 46 – Verneuil-sur-Avre 32.

XX **L'Écritoire** avec ch, 43 r. É. Vivier ℘ 02 37 51 85 80, Fax 02 37 51 86 87, 🏡 – ☎ 🅿. 🅶🅱
   Repas *(fermé dim. soir et lundi)* (week-end prévenir) 170/360 – 🖵 41 – **6 ch** 275.

   RENAULT Gar. Naveau, ℘ 02 37 48 66 04   RENAULT Gar. UCEDA, rte de Riom par ②
                                                  ℘ 04 73 86 05 04

CHÂTEAUNEUF-LE-ROUGE 13790 B.-du-R. 🔟 ③, 🔢 ⑯ – *1 283 h alt. 230.*

  Paris 766 – Marseille 36 – Aix-en-Provence 13 – Aubagne 27 – Brignoles 45 – Rians 31.

🏨 **La Galinière,** N 7 - rte St-Maximin : 2 km ℘ 04 42 53 32 55, Fax 04 42 53 33 80, 🏡, 🎵,
   🌲 – 📺 ☎ 🅿. 🅰🅴 ⓞ 🅶🅱
   fermé dim. soir d'oct. à mars – **Repas** 120/340 – 🖵 50 – **17 ch** 265/375 – ½ P 335/420.

CHÂTEAUNEUF-LES-BAINS 63390 P.-de-D. **78** ③ G. Auvergne – 330 h alt. 390 – Stat. therm. (2 mai-sept.).

🛈 Office de Tourisme (mai-sept.) 🕾 04 73 86 67 86.

Paris 382 – Clermont-Ferrand 49 – Aubusson 83 – Montluçon 56 – Riom 33 – Ussel 93.

🏠 **Château,** 🕾 04 73 86 67 01, Fax 04 73 86 41 64, 😤 – 📺 🕾. 🖎. ⚡ rest
1ᵉʳ mai-30 sept. – **Repas** 82/140, enf. 38 – 🖙 27 – **36 ch** 220/260 – P 240/280.

CHÂTEAUNEUF-SUR-SARTHE 49330 M.-et-L. **64** ① – 2 370 h alt. 20.

🛈 Office de Tourisme quai de la Sarthe 🕾 02 41 69 82 89.

Paris 277 – Angers 31 – Château-Gontier 26 – La Flèche 33.

🍴 **Sarthe** avec ch, 🕾 02 41 69 85 29, ≤, 😤 – 🕾. 🖎. ⚡ ch
fermé 7 au 28 oct., dim. soir et lundi de sept. à mai – **Repas** 90/205 ⚡, enf. 55 – 🖙 30 –
7 ch 205/270 – ½ P 300.

CHÂTEAURENARD 13160 B.-du-R. **81** ⑫ G. Provence – 11 790 h alt. 37.

Voir Château féodal : ✳ ★ de la tour du Griffon.

🛈 Office de Tourisme 1 r. R.-Salengro 🕾 04 90 94 23 27, Fax 04 90 94 14 97.

Paris 694 – Avignon 11 – Carpentras 30 – Cavaillon 20 – Marseille 94 – Nîmes 45 – Orange 41.

🍴 **Les Glycines** avec ch, 14 av. V. Hugo 🕾 04 90 94 10 66, Fax 04 90 94 78 10 – 🍽 rest 📺 🕾.
🖎
fermé dim. soir d'oct. à mars et lundi – **Repas** 87/180, enf. 40 – 🖙 30 – **10 ch** 200/230 –
½ P 225/250.

RENAULT Châteaurenard Autom., 523 bd   ⓐ Ayme Pneus, Bd E.-Genevet
E.-Genevet 🕾 04 90 94 24 98 🅽 🕾 08 00 05 15 15   🕾 04 90 94 54 81
          Chato Pneus, 26 av. J.-Jaurès 🕾 04 90 94 71 87

CHÂTEAU-RENAULT 37110 I.-et-L. **64** ⑤ ⑥ G. Châteaux de la Loire **(plan)** – 5 787 h alt. 92.

Voir ≤ ★ des terrasses du château.

🛈 Office de Tourisme Parc de Vauchevrier (Pâques-fin sept.) 🕾 02 47 29 54 43.

Paris 216 – Tours 32 – Angers 120 – Blois 44 – Loches 60 – Le Mans 91 – Vendôme 27.

🏠 **Lurton** sans rest, 37 pl. J. Jaurès 🕾 02 47 56 80 26, Fax 02 47 56 86 89 – 📺 🕾 🅿. 🖎. ⚡
fermé 15 déc. au 15 janv. – 🖙 35 – **9 ch** 210/330.

au Nord-Est : 7 km sur N 10 – ⌧ 41310 St-Amand-Longpré (L.-et-Ch.) :

🍴 **Le Gastinais,** 🕾 02 54 80 33 30, Fax 02 54 80 33 30, 😤, 🐴 – 🅿. ⓪ 🖎
🍽 **Repas** (dim. et fêtes prévenir) 58/159 ⚡.

RENAULT Gar. Tortay, 19 r. Gambetta   RENAULT Gar. Thorin, 20 r. Michelet
🕾 02 47 29 50 97   🕾 02 47 56 90 90 🅽 🕾 02 47 56 88 99

CHÂTEAUROUX 🅿 36000 Indre **68** ⑧ G. Berry Limousin – 50 969 h alt. 155.

Voir Musée Bertrand★ **BY M** – Déols : clocher★ de l'ancienne abbaye **X**, sarcophage★ dans
l'église St-Etienne **X**.

🏌 du Val de l'Indre 🕾 02 54 26 59 44, O : 13 km par ⑧ N 143.

🛈 Office de Tourisme pl. de la Gare 🕾 02 54 34 10 74, Fax 02 54 27 57 97 – Automobile Club
76 av. Blois 🕾 02 54 34 81 60.

Paris 270 ① – Bourges 69 ② – Blois 101 ⑨ – Châtellerault 100 ⑦ – Guéret 88 ⑤ – Limoges
126 ⑥ – Montluçon 98 ④ – Tours 117 ⑧.

Plan page ci-contre

🏨 **Elysée H.** Ⓜ sans rest, 2 r. République 🕾 02 54 22 33 66, Fax 02 54 07 34 34 – 🛗 📺 🕾 📞.
🖎 ⓪ 🖎 🗓   **AY** s
fermé dim. – 🖙 50 – **18 ch** 260/320.

🏨 **Boischaut** sans rest, 135 av. La Châtre par ④ 🕾 02 54 22 22 34, Fax 02 54 22 64 89, 🐴 –
🛗 📺 🕾 🅿. 🖎
fermé 28 déc. au 4 janv. – 🖙 24 – **27 ch** 198/270.

🏠 **Primevère,** 384 av. Verdun par ⑤ 🕾 02 54 07 87 87, Fax 02 54 07 04 47 – ❄ 🍽 rest 📺
🕿 🖎 🅿 – 🖎 30. 🖎 ⓪ 🖎
Repas 62/106 ⚡, enf. 46 – 🖙 32 – **50 ch** 295.

🏠 **Voltaire** sans rest, 42 pl. Voltaire 🕾 02 54 34 17 44, Fax 02 54 07 01 90 – 🛗 📺 🕾 📞. 🖎
🖙 24 – **34 ch** 175/245.   **BY** a

🏠 **Christina** sans rest, 250 av. La Châtre par ④ 🕾 02 54 34 01 77, Fax 02 54 07 82 42 – 🛗 📺
🕾 📞 🚗 🅿. 🖎 ⓪ 🖎
🖙 22 – **33 ch** 189/220.

🍴🍴 **La Ciboulette,** 42 r. Grande 🕾 02 54 27 66 28 – 🖎   **BY** e
fermé 27 juil. au 19 août, 4 au 27 janv., dim., lundi et fériés – **Repas** 95/245 bc.

CHÂTEAUROUX

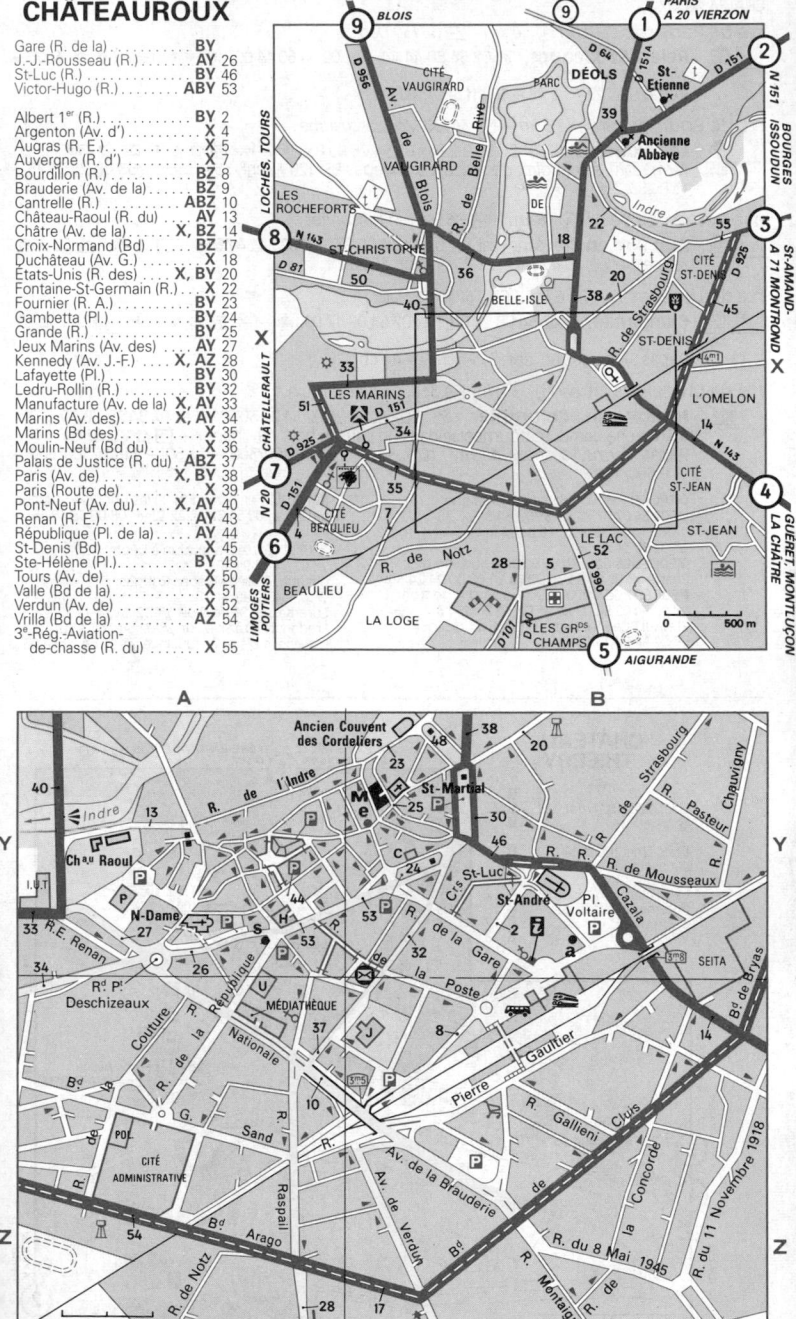

rte de Paris *près Céré par* ① : *6 km* – ⊠ *36130 Déols :*

🏠 **Relais St-Jacques,** ℰ 02 54 60 44 44, Fax 02 54 60 44 00, ☞ – ▤ rest 📺 ☎ ᐧ 📵 –
🔼 80. 延 ⑩ ᴳᴮ
Repas 97/225 – ☷ 43 – **46 ch** 310/340.

rte de Bourges *par* ② : *7,5 km* – ⊠ *36130 Montierchaume :*

🏠 **Les Ajoncs,** ℰ 02 54 26 93 93, Fax 02 54 26 93 85, ☞ – ᐧ✗ 📺 ☎ ᐧ 📵 延 ⑩ ᴳᴮ
fermé sam. soir et dim. de nov. à mai – **Repas** 85/120 ⓑ, enf. 35 – ☷ 30 – **53 ch** 250/275 –
½ P 253/288.

à la Forge de l'Île *par* ④ : *6 km* – ⊠ *36330 Le Poinçonnet :*

🏠 **Aub. Arc en Ciel** sans rest, ℰ 02 54 34 09 83, Fax 02 54 34 46 74 – 📺 ☎ 📵 – 🔼 50. ᴳᴮ
fermé 24 déc. au 4 janv. – ☷ 25 – **24 ch** 150/225.

rte de Limoges *par* ⑥ : *6 km* – ⊠ *36250 St-Maur :*

🏠 **Campanile,** ℰ 02 54 08 24 00, Fax 02 54 07 17 09, ☞ – ᐧ✗ 📺 ☎ ℰ ᐧ 📵 – 🔼 25. 延 ⑩
ᴳᴮ
Repas 84 bc/107 bc, enf. 39 – ☷ 32 – **42 ch** 278.

rte de Châtellerault *par* ⑦ : *3 km* – ⊠ *36000 Châteauroux :*

🏰 **Manoir du Colombier** ☜, D 925 ℰ 02 54 29 30 01, Fax 02 54 27 70 90, ☞,
« Ancienne demeure bourgeoise dans un parc au bord de l'Indre » – 📺 ☎ 📵 延 ⑩ ᴳᴮ
Repas *(fermé vacances de fév., dim. soir et lundi)* 100/300 – ☷ 50 – **11 ch** 300/500 –
½ P 680/790.

CITROEN Gar. Maublanc, r. Montaigne
ℰ 02 54 07 07 23 **N** ℰ 02 54 34 30 28
CITROEN Gar. Bisson, 76 bd Marins
ℰ 02 54 34 12 66
MERCEDES Gar. SAVIB, Rocade Sud, rte de la
Châtre ℰ 02 54 53 39 00 **N** ℰ 08 00 24 24 30
PEUGEOT Gd Gar. du Berry, 9 av. d'Argenton
ℰ 02 54 08 54 02 **N** ℰ 02 54 26 35 73
RENAULT Gar. Tourisme P. L., 38 av. de Tours
ℰ 02 54 34 15 06

RENAULT Gar. Gibaud, N 20 les Aubrys à St-Maur
par ⑤ ℰ 02 54 22 22 22 **N** ℰ 08 00 05 15 15

⍟ CACI 36, rte d'Issoudun à Déols
ℰ 02 54 34 91 90
Chirault, ZI allée Maisons Rouges
ℰ 02 54 27 99 04
Euromaster, 86 bd Cluis ℰ 02 54 34 12 22
Fredon, N 20 à St-Maur ℰ 02 54 34 23 30
Leseche, 1 bis av. Ambulance ℰ 02 54 22 36 03

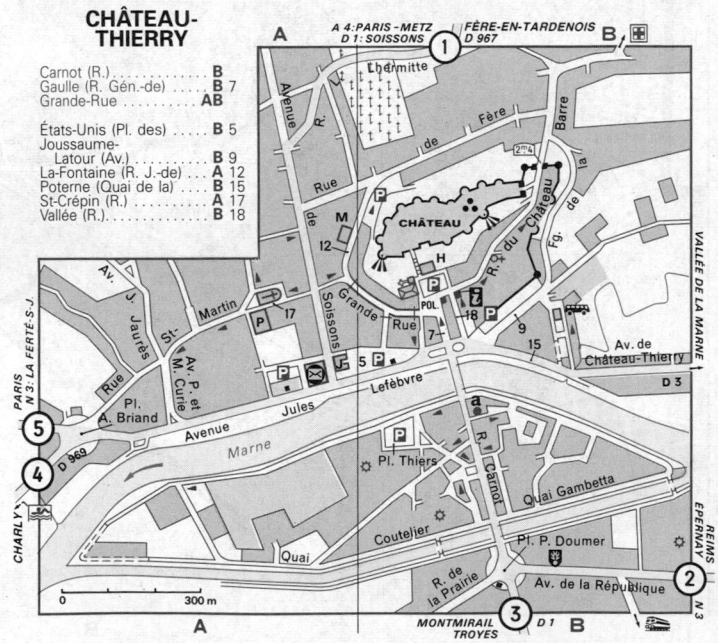

CHÂTEAU-THIERRY

Carnot (R.) . . . . **B**
Gaulle (R. Gén.-de) . . . . **B 7**
Grande-Rue . . . . **AB**

États-Unis (Pl. des) . . . . . **B 5**
Joussaume-
Latour (Av.) . . . . **B 9**
La-Fontaine (R. J.-de) . . . **A 12**
Poterne (Quai de la) . . . . **B 15**
St-Crépin (R.) . . . . **A 17**
Vallée (R.) . . . . **B 18**

CHÂTEAU-THIERRY ⊕ *02400 Aisne* 🔢 ⑭ *G. Champagne – 15 312 h alt. 63.*

Voir *Maison natale de La Fontaine – Église St-Ferréol★ d'Essômes 2,5 km par* ④.

📷 *du Val Secret ℰ 03 23 83 07 25 N : 5 km par* ①.

🏢 *Office de Tourisme 11 r. Vallée ℰ 03 23 83 10 14, Fax 03 23 84 14 74.*

Paris 95 ① *– Reims 58* ① *– Épernay 48* ② *– Meaux 48* ⑤ *– Soissons 41* ① *– Troyes 112* ④.

Plan page ci-contre

🏨 **Ile de France,** rte de Soissons par ① *: 2 km ℰ 03 23 69 10 12, Fax 03 23 83 49 70,* 🌳 –
🛗 📺 🅿 – ⚘ 40. 🄰🄴 ☺ 🄶🄱
Repas 98 (déj.), 124/245, enf. 69 – � 38 – **50 ch** 340/390 – ½ P 310.

🏨 **Ibis** 🄼, av. Gén. de Gaulle à Essômes par ④ *ℰ 03 23 83 10 10, Fax 03 23 83 45 23,* 🌳, ✗ –
🛗 ✦ 📺 🅿 & 🅿 – ⚘ 40 à 80. 🄰🄴 ☺ 🄶🄱
Repas 95, enf. 39 – ⊐ 35 – **55 ch** 275/295.

🏨 **Campanile,** rte de Soissons par ① *: 3 km ℰ 03 23 69 23 23, Fax 03 23 69 91 11,* 🌳 – ✦
📺 ☎ & 🅿 – ⚘ 25. 🄰🄴 ☺ 🄶🄱
Repas 84 bc/107 bc, enf. 39 – ⊐ 32 – **49 ch** 278.

✗✗ **Aub. Jean de la Fontaine,** 10 r. Filoirs *ℰ 03 23 83 63 89, Fax 03 23 83 20 54* – 🄰🄴 ☺
🄶🄱   B   a
fermé 28 juil. au 18 août, 5 au 18 janv., dim. soir et lundi – **Repas** 160/350 bc.

à Reuilly-Sauvigny *par* ② *et N 3 : 15 km –* ✉ *02850 :*

✗✗✗ **Aub. Le Relais** (Berthuit) avec ch, *ℰ 03 23 70 35 36, Fax 03 23 70 27 76,* 🌾 – 🎞 📺 ☎ 🅿.
🄰🄴 ☺ 🄶🄱. ✗ ch
fermé 17 août au 3 sept., mi-fév. à mi-mars, mardi soir et merc. – **Repas** 160/420 et carte
350 à 420 – ⊐ 52 – **7 ch** 270/400
Spéc. Salade de foie gras cru au sel. Lasagne de homard au jus de truffes. Noix de ris de
veau, jus à la vanille. **Vins** Cumières.

BMW, OPEL Gar. Bachelet, 50 av. Gén.-de-Gaulle à
Essômes *ℰ 03 23 83 21 78*
CITROEN Aisne Auto, 8 av. Montmirail par ③
ℰ 03 23 83 23 80 🄽 *ℰ 06 07 40 98 58*
FORD Gar. Desaubeau, 29 av. Ch.-de-Gaulle à
Chierry *ℰ 03 23 84 85 86*
MERCEDES Cⁱᵉ de l'Est, 8 r. de la Plaine, ZI
ℰ 03 23 83 45 88 🄽 *ℰ 03 64 33 90 90*
PEUGEOT Gar. Verdel, 18 av. d'Essômes par ④
ℰ 03 23 83 87 90
RENAULT Gds Gar. de l'Avenue, 51-58 av. d'Es-
sômes par ④ *ℰ 03 23 83 82 32* 🄽
ℰ 08 00 05 15 15

TOYOTA Gar. A4 Motors, à Essômes-sur-Marne
ℰ 03 23 83 21 78
VAG Gar. de la Prairie, ZI av. de l'Europe
ℰ 03 23 83 88 44

🛞 Euromaster, rte de Châlons, ZI à Montmirail
ℰ 03 26 81 22 14
Euromaster, 38 av. de Paris *ℰ 03 23 83 02 79*

CHÂTEAU-VILLE-VIEILLE (Commune de) *05350 H.-Alpes* 🔢 ⑲ *– 271 h alt. 1360.*

Voir *Château-Queyras : site★, fort Queyras★, espace géologique★, 2,5 km à l'Ouest.*

Env. *Sommet-Bucher* ✳★★ *S : 13,5 km, G. Alpes du Sud.*

Paris 718 – Briançon 36 – Gap 80 – Guillestre 19 – Col d'Izoard 17.

🏨 **Guilazur,** à Ville-Vieille *ℰ 04 92 46 74 09, Fax 04 92 46 78 82,* ≤, 🌳, 🌾 – ✦ ☎ 🅿. 🄶🄱
20 mai-30 sept. et 15 déc.-30 avril – **Repas** 92/169 🖟, enf. 39 – ⊐ 30 – **18 ch** 295 – ½ P 280.

PEUGEOT Gar. Bonnici, *ℰ 04 92 46 72 39* 🄽 *ℰ 04*
92 46 72 39

RENAULT Gar. Berge, *ℰ 04 92 46 73 63*

CHÂTEL *74390 H.-Savoie* 🔢 ⑱ *G. Alpes du Nord – 1 255 h alt. 1180 – Sports d'hiver : 1 200/2 200 m*
✂ 2 ✂ 36 ✂.

Voir *Site★ – Pas de Morgins★ S : 3 km.*

🏢 *Office de Tourisme ℰ 04 50 73 22 44, Fax 04 50 73 22 87.*

Paris 568 – Thonon-les-Bains 39 – Annecy 111 – Évian-les-Bains 42 – Morzine 38.

🏨 **Macchi,** *ℰ 04 50 73 24 12, Fax 04 50 73 27 25,* ≤, 🌳, 🕪, 🗖 – 🛗 📺 ☎ ⊂⊃ 🅿. 🄶🄱
20 juin-15 sept. et 20 déc.-15 avril – **Repas** 80 (déj.), 90/110, enf. 55 – ⊐ 50 – **32 ch**
600/930 – ½ P 485/590.

🏨 **Fleur de Neige,** *ℰ 04 50 73 20 10, Fax 04 50 73 24 55,* ≤, 🌳, 🕪, 🌾 – 🛗 📺 ☎ 🅿. 🄶🄱
8 juin-14 sept. et 20 déc.-6 avril – **La Grive Gourmande : Repas** 135 (déj.), 180/400, enf.80
– ⊐ 50 – **37 ch** 410/660 – ½ P 450/540.

🏨 **Panoramic,** *ℰ 04 50 73 22 15, Fax 04 50 73 36 79,* ≤, 🌾 – 🛗 📺 ☎ ⚒ 🅿. 🄶🄱. ✗ rest
juin-sept. (sauf rest.) et Noël-Pâques – **Repas** 99/179, enf. 59 – ⊐ 43 – **28 ch** 480/540 –
½ P 400/550.

🏨 **Kandahar** ⟲, Sud-Ouest : 1,5 km par rte Béchigne, *ℰ 04 50 73 30 60,*
Fax 04 50 73 25 17, 🌳, 🕪, 🌾 – cuisinette 📺 ☎ 🅿. 🄶🄱
fermé 13 avril au 6 mai et 2 nov. au 16 déc. – **Repas** (fermé dim. soir en mai, juin, sept. et
oct.) 88/160, enf. 50 – ⊐ 38 – **22 ch** 160/280 – ½ P 330.

🏠 **Triolets** ⬙, rte Petit Chatel 𝓟 04 50 73 20 28, Fax 04 50 73 24 10, ≤, 𝐼₆, 🔲 – ☎ 🅿. 🇬🇧.
⬢ rest
juil.-août et Noël-Pâques – **Repas** 100/115, enf. 55 – ⌑ 38 – **20 ch** 550 – ½ P 375/415.

🏠 **Belalp,** 𝓟 04 50 73 24 39, Fax 04 50 73 38 55, ≤ – 📺 ☎ 🅿. 🇬🇧
⬢ *juil.-août et 20 déc.-31 mars* – **Repas** 85/150, enf. 52 – ⌑ 40 – **30 ch** 325/400 – ½ P 340/
370.

🏠 **Lion d'Or,** 𝓟 04 50 73 22 27, Fax 04 50 73 29 07 – 📳 ☎. 🇬🇧. ⬢ ch
⬢ *1ᵉʳ juin-30 sept. et 20 déc.-20 avril* – **Repas** 85/150, enf. 50 – ⌑ 42 – **35 ch** 250/450 –
½ P 380.

⬙ **Choucas** sans rest, 𝓟 04 50 73 22 57, Fax 04 50 81 36 70 – ☎ 🅿. 🇬🇧
15 juin-15 oct. et 15 déc.-1ᵉʳ mai – ⌑ 36 – **14 ch** 255/295.

✕ **La Ripaille,** au Linga Sud-Ouest : 2 km 𝓟 04 50 73 32 14, 🏡 – 🅿. 🇬🇧
1ᵉʳ juil.-15 sept., 1ᵉʳ déc.-15 mai et fermé lundi sauf vacances scolaires d'hiver – **Repas**
88 (déj.), 92/240 ⬙, enf. 50.

PEUGEOT Gar. Premat, 𝓟 04 50 73 24 87 🅽 𝓟 04 50 73 24 87

CHÂTELAILLON-PLAGE 17340 Char.-Mar.🔢 ⑬ G. Poitou Vendée Charentes – 4 993 h alt. 3 –
Casino .
🅱 *Office de Tourisme av. de Strasbourg 𝓟 05 46 56 26 97, Fax 05 46 56 09 49.*
Paris 470 – La Rochelle 18 – Niort 63 – Rochefort 23 – Surgères 28.

🏨 **Ibis** Ⓜ ⬙, à la Falaise 𝓟 05 46 56 35 35, Fax 05 46 56 33 44, ≤, 🏡, centre de thalassothérapie – 📳 ❄ ☎ ⬙ 🅿 – 🔾 25. 🆎 ⓪ 🇬🇧
Repas 117 ⬙, enf. 39 – ⌑ 40 – **70 ch** 400/460.

🏠 **Acadie St-Victor,** 35 bd Mer 𝓟 05 46 56 25 13, Fax 05 46 30 01 92, ≤ – 📺 ☎ ⬙. 🆎 🇬🇧
fermé 15 oct. au 6 nov., 15 fév. au 6 mars, dim. soir et lundi d'oct. à avril – **Repas** 98/198,
enf. 48 – ⌑ 33 – **13 ch** 250/340 – ½ P 270/315.

🏠 **Le Rivage** sans rest, 36 bd Mer 𝓟 05 46 56 25 79, Fax 05 46 56 19 03, ≤ – 📺 ☎ ⬙. 🇬🇧
1ᵉʳ avril-10 nov. – ⌑ 30 – **40 ch** 265/310.

🏠 **Majestic H.,** bd Libération 𝓟 05 46 56 20 53, Fax 05 46 56 29 24, 🏡 – 📺 ☎ ⬙ 🚗. 🆎
⓪ 🇬🇧
fermé 15 déc. au 15 janv., vend. soir, dim. soir et sam. d'oct. à mars – **Repas** 110/185 ⬙ –
⌑ 34 – **29 ch** 325/396 – ½ P 315.

🏠 **Pergola,** 2 r. Chassiron 𝓟 05 46 56 27 86, ≤, 🏡 – ❄ ☎ 🅿. 🇬🇧. ⬢
20 mars-12 oct. – **Repas** 90/150 – ⌑ 30 – **15 ch** 180/250 – ½ P 280/300.

🏠 **Plage** sans rest, bd Mer 𝓟 05 46 56 26 02, ≤ – 📺 ☎ 🅿. 🇬🇧
Pâques-30 sept. – ⌑ 30 – **10 ch** 260.

✕ **L'Océan,** 121 bd République 𝓟 05 46 56 25 91 – 🇬🇧
⬢ *fermé mi-déc. à mi-janv., dim. soir et lundi hors sais.* – **Repas** 72/215 ⬙.

CHÂTELARD 38 Isère🔢 ⑥ – rattaché à Bourg d'Oisans.

CHÂTELGUYON 63140 P.-de-D.🔢 ④ G. Auvergne – 4 743 h alt. 430 – Stat. therm. (mai-sept) –
Casino B.
Voir Gorges d'Enval★ 3 km par ③ puis 30 mn.
🅱 *Office de Tourisme parc E.-Clementel 𝓟 04 73 86 01 17, Fax 04 73 86 27 03.*
*Paris 415 ① – Clermont-Ferrand 20 ② – Aubusson 93 ③ – Gannat 31 ① – Vichy 45 ① –
Volvic 11 ③.*

Plan page ci-contre

🏛 **Grand H. Splendid,** r. Angleterre 𝓟 04 73 86 04 80, Fax 04 73 86 17 56, ≤, 🏡, « Jardin
ombragé en terrasses, thermes », 🔲, – 📳 ❄ 📺 ☎ 🅿 – 🔾 60. 🆎 ⓪ 🇬🇧. ⬢ rest
avril-oct. – **Repas** 180 – ⌑ 59 – **80 ch** 465/1300 – P 600/860.   A x

🏨 **Bellevue** Ⓜ ⬙, r. Punett 𝓟 04 73 86 07 62, Fax 04 73 86 02 56, ≤, 🏡, 🌿 – 📳 ❄ 📺 ☎.
🇬🇧. ⬢ rest   B a
mai-sept. – **Repas** 98/110, enf. 42 – ⌑ 38 – **38 ch** 220/300 – P 252/302.

🏨 **Mont Chalusset** ⬙, r. Punett 𝓟 04 73 86 00 17, Fax 04 73 86 22 94, ≤, 🌿 – 📳 📺 ☎.
🆎 ⓪ 🇬🇧. ⬢ rest   B q
2 mai-30 sept. – **Repas** 100/240, enf. 50 – ⌑ 46 – **51 ch** 290/360 – P 407/430.

🏨 **Printania** ⬙, av. Belgique 𝓟 04 73 86 15 09, Fax 04 73 86 22 87, 🌿 – 📳 📺 ☎ 🅿. 🇬🇧.
⬢ ⬢ rest   A z
avril-oct. – **Repas** 69/169, enf. 49 – ⌑ 35 – **39 ch** 180/290 – P 225/300.

🏨 **Thermalia,** av. Baraduc 𝓟 04 73 86 00 11, Fax 04 73 86 21 97, 🌿 – 📳 📺 ☎. 🆎 🇬🇧
2 mai-30 sept. – **Repas** 100/150 – ⌑ 36 – **45 ch** 226/330 – P 303/372.   B m

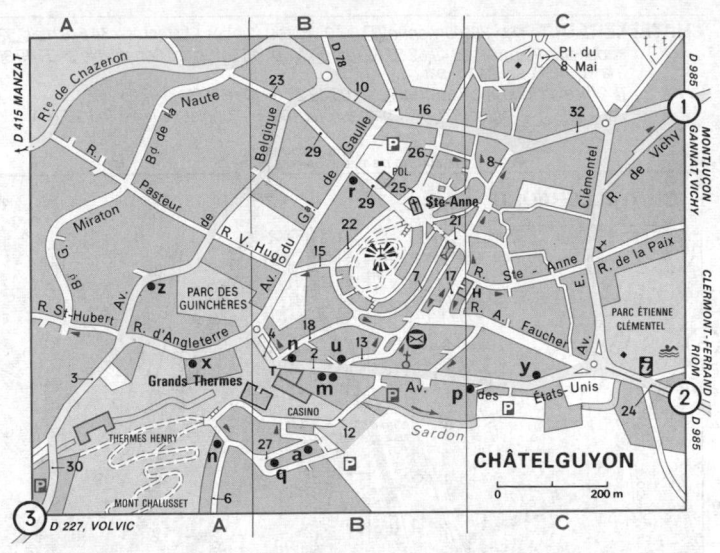

Baraduc (Av.)	**B** 2	Coulon (R. Roger)	**B** 10	Mont-Oriol (R.)	**AB** 23
Commerce (R. du)	**C** 8	Dr-Gübler (R.)	**B** 12	Mouniaude (Av. de la)	**C** 24
Hôtel-de-Ville (R. de l')	**B** 17	Dr-Levadoux (R.)	**B** 13	Orme (Pl. de l')	**B** 25
		Fénelon (R.)	**B** 15	Ormeau (R. de l')	**B** 26
Brocqueville (R. de)	**A** 3	Groslier (R. J.)	**B** 16	Punett (R. A.)	**B** 27
Brosson (Pl.)	**B** 4	Lacroix (R.)	**B** 18	Remparts (R. des)	**B** 29
Chalusset (R. du)	**A** 6	Marché (Pl. du)	**B** 21	Russie (Av. de)	**A** 30
Château (R. du)	**B** 7	Maupassant (R. Guy-de)	**B** 22	Thermal (Bd)	**C** 32

Paris, r. Dr Levadoux ✆ 04 73 86 00 12, Fax 04 73 86 21 85, 🐜 – ⚇ ▤ rest ⊡ ☎. ⊞.
⚗ rest **B u**
fermé 17 au 27 mars, 4 oct. au 14 nov., lundi (sauf hôtel) et dim. soir – **Repas** (prévenir) 88/160 ⚘ – ☷ 40 – **62 ch** 210/280 – P 330/350.

Bains, av. Baraduc ✆ 04 73 86 07 97, Fax 04 73 86 11 56, 🐜 – ⚇ ⊡ ☎. ⚇ ⓞ ⊞.
⚗ rest **B m**
début mai-début oct. – **Repas** 95/135 – ☷ 36 – **37 ch** 200/280 – ½ P 220/290.

Hirondelles, av. États-Unis ✆ 04 73 86 09 11, Fax 04 73 86 48 38, 🏡, 🐜 – ☎ ℗. ⚇ ⓞ
⊞. ⚗ rest **B p**
fin avril-début oct. – **Repas** 69/120 ⚘ – ☷ 34 – **40 ch** 200/280 – P 250/300.

Beau Site ⑤, r. Chalusset ✆ 04 73 86 00 49, Fax 04 73 86 14 33, 🐜 – ☎ ℗. ⚇ ⊞.
⚗ rest **A n**
1er mai-30 sept. – **Repas** 80 (dîner), 85/160 – ☷ 35 – **30 ch** 130/240 – ½ P 225/235.

Chante-Grelet, av. Gén. de Gaulle ✆ 04 73 86 02 05, Fax 04 73 86 48 58, 🐜 – ☎. ⊞.
⚗ rest **B r**
1er mai-30 sept. – **Repas** 75 (dîner), 85/120, enf. 45 – ☷ 28 – **35 ch** 160/280 – ½ P 200/250.

Régence, av. États-Unis ✆ 04 73 86 02 60, Fax 04 73 86 12 49 – ⚇ ☎. ⊞. ⚗ rest
1er avril-15 oct. – **Repas** 65/125 ⚘ – ☷ 38 – **27 ch** 149/190 – P 250/306. **C y**

Bérénice, av. Baraduc ✆ 04 73 86 09 86, Fax 04 73 86 11 59 – ▤ rest ⊡ ☎.
⚗ rest **B n**
29 mars-15 oct. et week-ends en hiver – **Repas** 88/118 ⚘, enf. 42 – ☷ 30 – **11 ch** 195/280 –
½ P 235.

à St-Hippolyte *par* ② *et bd Desaix : 2 km –* ✉ 63140 Châtelguyon :

Le Cantalou, ✆ 04 73 86 04 67, Fax 04 73 86 24 36, ≤, 🐜 – ☎ ℗. ⚇ ⊞. ⚗ rest
23 mars-15 oct. et fermé lundi midi – **Repas** 63/125 ⚘, enf. 43 – ☷ 26 – **34 ch** 160/200 –
½ P 170/200.

CITROEN Gar. Bafoil, ✆ 04 73 86 05 85   RENAULT Gar. UCEDA, rte de Riom
                                                   ✆ 04 73 86 05 04

Les prix   Pour toutes précisions sur les prix indiqués dans ce guide,
reportez-vous aux pages explicatives.

CHÂTELLERAULT ⟨SP⟩ *86100 Vienne* 68 ④ *G. Poitou Vendée Charentes – 34 678 h alt. 52.*

☊ *du Haut-Poitou ☎ 05 49 62 53 62, par ③ N 10 : 16 km; ☊ du Connétable ☎ 05 49 86 25 10 à la Roche-Posay, 24 km par ②.*

🛈 *Office de Tourisme 2 av. Treuille ☎ 05 49 21 05 47, Fax 05 49 02 03 26.*

Paris 305 ① – Poitiers 37 ③ – Châteauroux 100 ② – Cholet 130 ④ – Tours 72 ①.

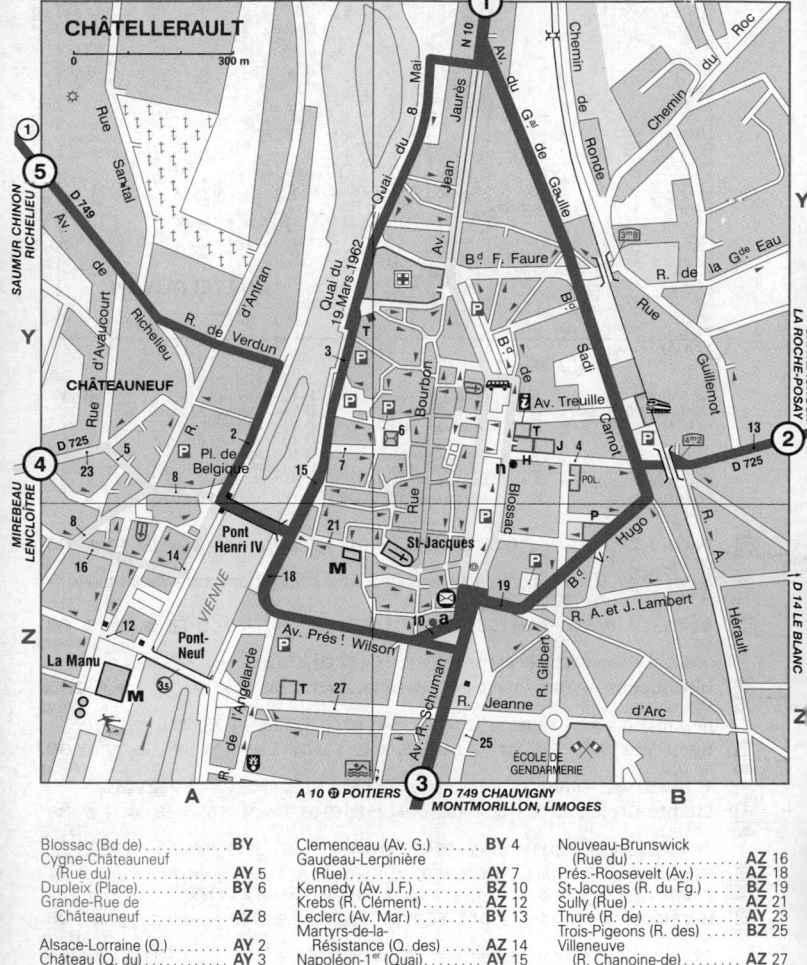

Blossac (Bd de) . . . . **BY**	Clemenceau (Av. G.) . . . . . . **BY** 4	Nouveau-Brunswick
Cygne-Châteauneuf	Gaudeau-Lerpinière	(Rue du) . . . . **AZ** 16
(Rue du) . . . . **AY** 5	(Rue) . . . . **AY** 7	Prés.-Roosevelt (Av.) . . . . . **AZ** 18
Dupleix (Place). . . . . **BY** 6	Kennedy (Av. J.F.) . . . . **BZ** 10	St-Jacques (R. du Fg.) . . . . **BZ** 19
Grande-Rue de	Krebs (R. Clément) . . . . **AZ** 12	Sully (Rue) . . . . **AZ** 21
Châteauneuf . . . . **AZ** 8	Leclerc (Av. Mar.) . . . . **BY** 13	Thuré (R. de) . . . . **AY** 23
Alsace-Lorraine (Q.) . . . . . . **AY** 2	Martyrs-de-la-	Trois-Pigeons (R. des) . . . . **BZ** 25
Château (Q. du) . . . . **AY** 3	Résistance (Q. des) . . . . **AZ** 14	Villeneuve
	Napoléon-1er (Quai). . . . . . . **AY** 15	(R. Chanoine-de) . . . . **AZ** 27

🏨 **Gd H. Moderne et rest. La Charmille,** 74 bd Blossac ☎ 05 49 21 30 11, Fax 05 49 93 25 19 – 🛗 ≣ rest 📺 ☎ 🚗, 🆎 ⓪ 🆔 🗾   **BY** n
Repas *(fermé 15 nov. au 1er déc. et merc.)* 130 (déj.), 180/270 **Grill** *(fermé dim. soir)* **Repas** 60/92 ♨, enf. 40 – ⊡ 50 – **22 ch** 290/550.

🏨 **Ibis** Ⓜ, av. C. Page, carrefour D 1-N 10 par ③ : 3 km ☎ 05 49 02 18 18, Fax 05 49 02 01 79 – 🛗 😼 📺 ☎ 📞 – 🔏 30 à 80. 🆎 ⓪ 🆔
Taverne de Maître Kanter : Repas 162 ♨, enf. 42 – ⊡ 36 – **72 ch** 280/310.

🏨 **Campanile,** par ① : 2 km sur N 10 ☎ 05 49 21 03 57, Fax 05 49 21 88 31 – 🛗 😼 🅛 🅟 🆎 ⓪ 🆔
Repas 84 bc/107 bc, enf. 39 – ⊡ 32 – **49 ch** 278.

XX **Croissant** avec ch, 15 av. J.-F. Kennedy ℰ 05 49 21 01 77, Fax 05 49 21 57 92 – 📺 ☎ 📞
☜ 🖭 ⅁ℬ
BZ a
fermé 25 déc. au 4 janv., lundi (sauf hôtel) et dim. soir – **Repas** 78/180 ⅃ – ⌷ 32 – **19 ch**
135/300 – ½ P 250/275.

à Naintré *par ③ : 9 km sur N 10 – 4 718 h. alt. 73 –* ✉ *86530 :*

XX **La Grillade,** ℰ 05 49 90 03 42, Fax 05 49 90 06 75, 🍴 – 🅿. 🖭 ⅁ℬ
fermé dim. soir – **Repas** 91/193 ⅃.

CITROEN Gar. Raison, 3 av. H.-de-Balzac par ③
ℰ 05 49 21 32 22 🅽 ℰ 05 49 21 32 22
FIAT, TOYOTA Gar. Touzalin, 107 r. d'Antran
ℰ 05 49 20 03 80
FORD Gar. Tardy, 40 bd d'Estrées ℰ 05 49 21 48 44
PEUGEOT Gar. Georget, 17 av. H.-de-Balzac, N 10
sortie Sud par ③ ℰ 05 49 20 00 80 🅽
ℰ 05 49 93 42 83
RENAULT Gar. SODAC, N 10 13 av. H.-de-Balzac par
③ ℰ 05 49 20 08 08 🅽 ℰ 05 49 93 41 60

🚗 Comptoir du Pneu, 31 av. d'Argenson
ℰ 05 49 23 36 07
Leroux, 44 bd V.-Hugo ℰ 05 49 21 11 42
Masse Pneus, 15-17 r. de la Paix
ℰ 05 49 02 02 12
Vulco, 124 av. C.-Page ℰ 05 49 21 58 22

CHÂTILLON-SUR-CHALARONNE 01400 Ain 🗺️ ② *G. Vallée du Rhône – 3 786 h alt. 177.*

Voir *Triptyque★ dans l'Hôtel de Ville.*

🏌 *de la Bresse* ℰ 04 74 51 42 09, NE : 12 km par D 936 et D 64.

🛈 *Office de Tourisme pl. Champ-de-Foire* ℰ 04 74 55 02 27, Fax 04 74 55 34 78.

*Paris 417 – Mâcon 27 – Bourg-en-Bresse 28 – Lyon 54 – Meximieux 35 – Villefranche-sur-
Saône 28.*

XX **de la Tour** avec ch, pl. République ℰ 04 74 55 05 12, Fax 04 74 55 09 19 – 📺 ☎. ⅁ℬ
fermé 24 nov. au 4 déc., 23 fév. au 12 mars, dim. soir et merc. – **Repas** 100/340, enf. 70 –
⌷ 35 – **14 ch** 260/350 – ½ P 265/310.

rte de Marlieux *Sud-Est : 2 km sur D 7 –* ✉ *01400 Châtillon-sur-Chalaronne :*

XX **Aub. de Montessuy,** ℰ 04 74 55 05 14, Fax 04 74 55 05 14, ≤, 🍴 – 🅿. ⅁ℬ
fermé 2 janv. au 2 fév., lundi soir et mardi – **Repas** 90/230, enf. 60.

à l'Abergement-Clémenciat *Nord-Ouest : 5 km par D 7 et D 64ᶜ – 579 h. alt. 250 –* ✉ *01400 :*

XX **Le St-Lazare,** ℰ 04 74 24 00 23, Fax 04 74 24 00 62, 🍴 – 🖭 ⅁ℬ
☜ *fermé 17 sept. au 9 oct., 7 au 17 janv., merc. et jeudi* – **Repas** (prévenir) 90 (déj.), 110/210,
enf. 80.

PEUGEOT Gar. Mousset, ℰ 04 74 55 26 21

RENAULT Gar. Galland, ℰ 04 74 55 03 23 🅽
ℰ 04 74 55 03 23

CHÂTILLON-SUR-CLUSES 74300 H.-Savoie 🗺️ ⑦ – *1 014 h alt. 730.*

*Paris 574 – Chamonix-Mont-Blanc 48 – Thonon-les-Bains 52 – Annecy 56 – Cluses 7 –
Genève 44 – Morzine 23 – St-Gervais-les-Bains 35.*

🏠 **Bois du Seigneur,** rte Taninges ℰ 04 50 34 27 40, Fax 04 50 34 80 20, 🍴 – 📺 ☎ 🅿. 🖭
⅁ℬ
fermé dim. soir – **Repas** 86/280, enf. 40 – ⌷ 34 – **10 ch** 245 – ½ P 205/220.

CHÂTILLON-SUR-SEINE 21400 Côte-d'Or 🗺️ ⑧ *G. Bourgogne* (plan) *– 6 862 h alt. 219.*

Voir *Source de la Douix★ – Musée★ : trésor de Vix★★.*

🛈 *Office de Tourisme pl. Marmont* ℰ 03 80 91 13 19.

*Paris 232 – Chaumont 59 – Auxerre 85 – Avallon 73 – Dijon 87 – Langres 72 – Saulieu 80 –
Troyes 68.*

🏨 **Côte d'Or,** 2 r. Ch. Ronot ℰ 03 80 91 13 29, Fax 03 80 91 29 15, 🍴, 🌳 – 📺 ☎ 🅿. 🖭 ⓪
⅁ℬ
fermé 15 déc. au 31 janv., lundi soir et mardi du 15 oct. au 15 avril – **Repas** 95/185 ⅃,
enf. 70 – ⌷ 58 – **10 ch** 320/450 – ½ P 245/288.

🏡 **Jura** sans rest, 19 r. Dr Robert ℰ 03 80 91 26 96, Fax 03 80 91 10 52 – 📺 ☎ 📞. 🖭 ⅁ℬ. 🕸
fermé dim. hors sais. – ⌷ 25 – **10 ch** 150/300.

FORD Gar. Centre, 3 r. Marmont ℰ 03 80 91 15 41
RENAULT Gar. SOCA, 14 bis av. E.-Herriot
ℰ 03 80 91 14 04 🅽 ℰ 08 00 05 15 15
VAG Gar. des Quatre Vallées, ZI, rte de Troyes
ℰ 03 80 91 12 82

🚗 Pneus Service, 17 r. Courcelles Prévoires
ℰ 03 80 91 05 34

CHATOU 78 Yvelines 🗺️ ⑳,, 🔲 ⑬ – *voir à Paris, Environs.*

La CHÂTRE 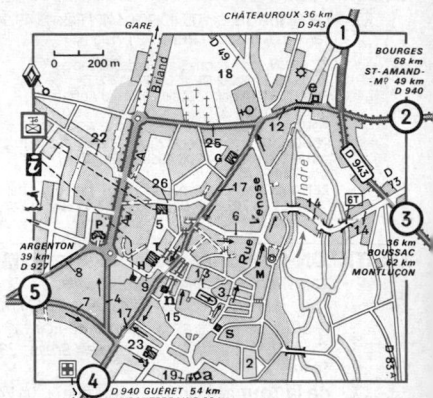 🕾 36400 Indre 𝟞𝟠 ⑲ G. Berry Limousin – 4 623 h alt. 210.

🏰 des Dryades ℘ 02 54 30 28 00 par ④ D 940 : 12km.

🅱 Office de Tourisme square G.-Sand ℘ 02 54 48 22 64, Fax 02 54 06 09 15.

Paris 299 ① – Bourges 71 ② – Châteauroux 35 ① – Guéret 54 ④ – Montluçon 64 ③ – Poitiers 138 ⑤ – St-Amand-Montrond 52 ②.

LA CHÂTRE

Abbaye (Pl. de)	2
Beaufort (R. de)	3
Belgique (R. de)	4
Carmes (Pl. des)	5
Fleury (R. A.)	6
Gallieni (R.)	7
Gambetta (Av.)	8
George-Sand (Av.)	9
Lion d'Argent (R. du)	12
Maget (Pl.)	13
Maquis (R. du)	14
Marché (Pl. du)	15
Nationale (Rue)	17
Pacton (R. J.)	18
Périgois (R. E.)	19
Prés-Burat (R. des)	22
République (Pl. de la)	23
Rollinat (R. M.)	25
14-Juillet (R. du)	26

Pas de publicité payée dans ce guide.

🏠 **Notre Dame** 🛏 sans rest, 4 pl. N.-Dame **(a)** ℘ 02 54 48 01 14, Fax 02 54 48 31 14 – 📺 ☎ ℃ 🅿. 🖭 ⓞ ⒼⒷ
� 38 – **19 ch** 235/300.

🏠 **Lion d'Argent**, Pont Lion d'Argent **(e)** ℘ 02 54 48 11 69, Fax 02 54 06 02 24 – 📺 ☎ ℃ 🕭 🅿 – 🔏 25. 🖭 ⓞ ⒼⒷ
Repas 56 (déj.), 72/135 🍷, enf. 35 – ⊑ 35 – **24 ch** 240/330 – ½ P 240/260.

ⓧⓧ **A l'Escargot**, pl. Marché **(s)** ℘ 02 54 48 03 85 – 🖭 ⓞ ⒼⒷ
fermé 4 au 27 fév., lundi soir et mardi – **Repas** 105/235.

ⓧ **Jardin de la Poste**, 10 r. Basse-du-Mouhet **(n)** ℘ 02 54 48 05 62 – 🖭 ⓞ ⒼⒷ
fermé 20 sept. au 15 oct., 24 déc. au 5 janv., dim. soir et lundi – **Repas** 105/250.

ⓧ **Aub. du Moulin Bureau**, Sud : 1 km par pl. Abbaye ℘ 02 54 48 04 20, 😊, 🚲 – 🅿. 🖭 ⒼⒷ
15 mars-3 nov. et fermé mardi soir et merc. midi en mars et oct. – **Repas** 78/168 🍷.

à St-Chartier *par* ① *et D 918 : 9 km* – *548 h. alt. 195* – ✉ *36400*.
Voir Vic : *fresques★ de l'église SO : 2 km.*

🏠 **Château Vallée Bleue** 🛏, rte Verneuil ℘ 02 54 31 01 91, Fax 02 54 31 04 48, 😊, parc, 🏊, – 📺 ☎ 🅿 – 🔏 40. ⒼⒷ
fermé fév., dim. soir et lundi d'oct. à avril – **Repas** 140/295, enf. 70 – ⊑ 50 – **13 ch** 350/600 – ½ P 415/530.

à Pouligny-Notre-Dame *par* ④ *et D 940 : 12 km* – ✉ *36160* :

🏨 **Les Dryades** 🅼 🛏, ℘ 02 54 06 60 60, Fax 02 54 30 10 24, 😊, balnéothérapie, « Complexe de loisirs et de remise en forme, golf, ≤ Vallée Noire », 𝟙𝟞, 🏊, 🏊, 🚲, ⓧ – 🚲 ▤ 📺 ☎ 🅿 – 🔏 200. 🖭 ⓞ ⒼⒷ
Repas 170/280 – ⊑ 50 – **80 ch** 495/595 – ½ P 550.

CITROEN Gar. Patry, par ④ ℘ 02 54 48 04 83 Ⓝ ℘ 02 54 48 04 83
FORD Gar. Butte, 2 av. d'Auvergne ℘ 02 54 48 04 61
PEUGEOT Gar. de la Vallée Noire, rte de Château-roux par ① ℘ 02 54 06 10 10 Ⓝ ℘ 02 54 26 30 47
RENAULT Gar. des Huchettes, 6 ch. des Huchettes à Montgivray ℘ 02 54 48 38 38 Ⓝ ℘ 02 54 48 38 38

Gar. Fournier, Fontarabie à Pouligny-Notre-Dame ℘ 02 54 30 21 50 Ⓝ ℘ 02 54 30 21 50

ⓜ Chirault, 29 31 r. Nle ℘ 02 54 48 04 10

CHAUBLANC 71 S.-et-L. 𝟟𝟘 ② – rattaché à St-Gervais-en-Vallière.

---

*Die auf den **Michelin-Karten** im Maßstab 1 : 200 000 rot unterstrichenen Orte sind in diesem Führer erwähnt.*

Nur eine neue Karte gibt Ihnen die aktuellsten Hinweise.

CHAUDES-AIGUES 15110 Cantal ⁊⁶ ⑭ G. Auvergne (plan) – 1 110 h alt. 750 – Stat. therm. (28 avril-18 oct.).

🅱 Office de Tourisme av. G.-Pompidou ℘ 04 71 23 52 75.
Paris 548 – Aurillac 95 – Entraygues-sur-Truyère 61 – Espalion 53 – St-Chély-d'Apcher 29 – St-Flour 32.

🏨 **Beauséjour** Ⓜ, ℘ 04 71 23 52 37, Fax 04 71 23 56 89, 🍴, ⅃ – 📳 📺 ☎ 🅿. ⅁⅂
25 mars-30 nov. et fermé vend. soir et sam. sauf du 2 mai au 20 oct. et vacances scolaires –
Repas 72/230 – 🖵 37 – **40 ch** 270/320 – P 273/296.

🏨 **Arev H.** Ⓜ, ℘ 04 71 23 52 43, Fax 04 71 23 59 94 – 📳 ⤡ 🍽 rest 📺 ☎. ⅁⅂
20 avril-30 sept. – **Repas** brasserie 59/118 ♣, enf. 37 – 🖵 37 – **36 ch** 190/290, 4 duplex –
P 300.

🏨 **Aux Bouillons d'Or,** ℘ 04 71 23 51 42 – 📳 📺 ☎. ⅁⅂
mars-nov. – **Repas** (fermé dim. soir et merc. hors sais.) 65/140 ♣, enf. 39 – 🖵 30 – **12 ch**
240/300 – ½ P 230/245.

à Lanau Nord : 4,5 km par D 921 – ✉ 15260 Neuvéglise :

✗✗ **Aub. Pont de Lanau** avec ch, ℘ 04 71 23 57 76, Fax 04 71 23 53 84, 🍴 – 📺 ☎ ℃ 🅿. ⅁⅁
⅁⅂. ✄ rest
fermé janv., fév., mardi soir et merc. hors sais. – **Repas** 95/280 – 🖵 38 – **8 ch** 260/360 –
½ P 330.

CITROEN Gar. Moderne, ℘ 04 71 23 52 52   RENAULT Gar. Gascuel, ℘ 04 71 23 52 82 🔟
                                                 ℘ 04 71 73 81 80

GREEN TOURIST GUIDES
Picturesque scenery, buildings
Attractive routes
Touring programmes
Plans of towns and buildings

CHAUFFAILLES 71170 S.-et-L. ⁊⁸ ⑧ – 4 485 h alt. 405.

🅱 Office de Tourisme 1 r. Gambetta (15 mai-15 sept.) ℘ 03 85 26 07 06, Fax 03 85 84 62 94.
Paris 395 – Mâcon 65 – Roanne 35 – Charolles 33 – Lyon 79.

à Châteauneuf Ouest : 7 km par D 8 G. Bourgogne – 110 h. alt. 370 – ✉ 71740 :

✗✗ **La Fontaine,** ℘ 03 85 26 26 87 – 🅿. ⅁⅁ ⅁⅂
fermé 12 janv. au 6 fév., mardi soir et merc. – **Repas** 97/330 ♣, enf. 60.

CHAUFFAYER 05 H.-Alpes ⁊⁷ ⑯ – 363 h alt. 910 – ✉ 05800 St-Firmin-en-Valgaudemar.
Paris 644 – Gap 27 – Grenoble 78 – St-Bonnet-en-Champsaur 13.

🏨 **Château des Herbeys** 🗺, Nord : 2 km par N 85 et rte secondaire ℘ 04 92 55 26 83,
Fax 04 92 55 29 66, 🍴, parc, « Demeure du 13ᵉ siècle », ⅃, ✗ – 📺 ☎ ⅄ 🅿. ⅁⅂
15 mars-11 nov. et fermé mardi sauf vacances scolaires – **Repas** 125/250, enf. 75 – 🖵 50 –
10 ch 450/700 – ½ P 380/550.

CHAUFOUR-LÈS-BONNIÈRES 78270 Yvelines ⁵⁵ ⑱, 🔟🔟⑥ ① – 376 h alt. 157.
Paris 73 – Rouen 64 – Bonnières-sur-Seine 8 – Évreux 27 – Mantes-la-Jolie 19 – Vernon 10 –
Versailles 62.

✗ **Au Bon Accueil** avec ch, N 13 ℘ 01 34 76 11 29, Fax 01 34 76 00 36 – 🍽 rest 🅿. ⅁⅂
fermé 20 juil. au 20 août, vend. soir et sam. – **Repas** 76/185 ♣, enf. 50 – 🖵 25 – **16 ch**
120/200.

✗ **Le Relais,** N 13 ℘ 01 34 76 11 33 – 🅿. ⅁⅂
fermé août et dim. soir – **Repas** 70/140 ♣, enf. 45.

CHAUMES-EN-BRIE 77390 S.-et-M. 🔟① ② – 2 500 h alt. 104.
Paris 56 – Coulommiers 27 – Meaux 37 – Melun 21 – Provins 43.

✗✗✗ **La Chaum'Yerres** Ⓜ avec ch, 1 av. Libération (rte Melun) ℘ 01 64 06 03 42,
Fax 01 64 06 36 15 – 📺 ☎ ℃. ⅁⅁ ⑩ ⅁⅂
fermé dim. soir et lundi – **Repas** 160/285 et carte 260 à 340 ♣ – 🖵 45 – **10 ch** 280/560 –
½ P 375/450.

CITROEN Gar. Sirier, ℘ 01 64 06 03 50

CHAUMONT P 52000 H.-Marne **62** ⑪ *G. Champagne – 27 041 h alt. 318.*

Voir *Viaduc*★ Z – *Basilique St-Jean-Baptiste*★ Y.

🛈 *Office de Tourisme pl. Gén-de-Gaulle ℰ 03 25 03 80 80, Fax 03 25 32 00 99.*

Paris 264 ⑤ – Auxerre 144 ④ – Épinal 127 ② – Langres 34 ③ – St-Dizier 74 ① – Troyes 100 ⑤.

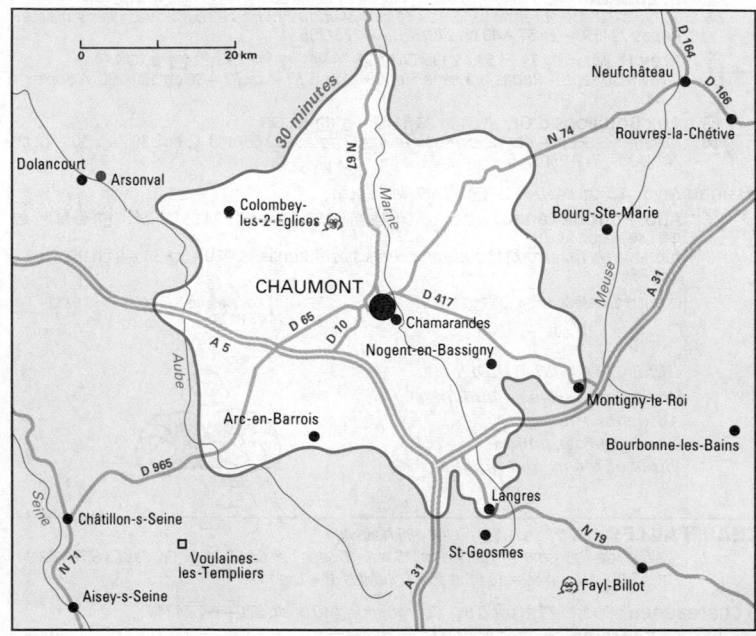

Terminus-Reine, pl. Gén. de Gaulle ℰ 03 25 03 66 66, Fax 03 25 03 28 95 – 🛗 📺 ☎ 🚗.
GB
                                                                                                    Z a
Repas *(fermé dim. soir du 1er nov. à Pâques)* 98/360 ⅞ – 🖵 40 – **63 ch** 280/450 – ½ P 275/305.

Gd H. de France M, 25 r. Toupot de Béveaux ℰ 03 25 03 01 11, Fax 03 25 32 35 80 – 🛗
🍽 📺 ☎ ✆ & 🚗. ⚏ ⓪ GB   Z s
Repas carte environ 150 – 🖵 45 – **10 ch** 350/390.

Grand Val, rte Langres par ③ : 2,5 km ℰ 03 25 03 90 35, Fax 03 25 32 11 80 – 🛗 📺 ☎
🚗 P – 🏛 25. ⚏ ⓪ GB
fermé 23 au 31 déc. – **Repas** *(fermé dim. en nov. et déc.)* 60/170, enf. 45 – 🖵 27 – **51 ch** 240/300 – ½ P 225/260.

Étoile d'Or, rte Langres par ③ : 2 km ℰ 03 25 03 02 23, Fax 03 25 32 52 33 – 📺 ☎ ✆ P –
🏛 50. GB
fermé dim. soir – **Repas** 80/160 ⅞, enf. 59 – 🖵 30 – **16 ch** 235/390.

Royal sans rest, 31 r. Mareschal ℰ 03 25 03 01 08, Fax 03 25 01 44 70 – 📺 ☎ P. GB
fermé dim. – 🖵 20 – **19 ch** 107/175.   Z b

à Chamarandes *par ③ et D 162 : 3,5 km –* ⊠ 52000 :

XX **Au Rendez-vous des Amis** ⏴ avec ch, ℰ 03 25 32 20 20, Fax 03 25 02 60 90, 🌳 –
🍽 rest 📺 ☎ ✆ – 🏛 25. GB
fermé 1er au 25 août, vend. soir et sam. – **Repas** 89/270 ⅞, enf. 48 – 🖵 39 – **19 ch** 200/400 – ½ P 270/400.

BMW, **TOYOTA** Gar. SODECO, 9 rte de Neuilly
ℰ 03 25 03 49 04
CITROEN Avenir Autom., N 19 à Chamarandes
Choignes par ③ ℰ 03 25 32 66 06
PEUGEOT CAM, rte de Neuilly par ③
ℰ 03 25 32 67 00 🚧 ℰ 03 25 32 72 98

RENAULT Relais Paris-Bâle, rte de Langres par ◯
③ , km 3 ℰ 03 25 03 72 22 🚧 ℰ 06 08 55 17 38
VAG Gar. Petitprêtre, 5 rte de Choignes
ℰ 03 25 32 19 86

🛞 Legros, 60 av. République ℰ 03 25 32 21 54

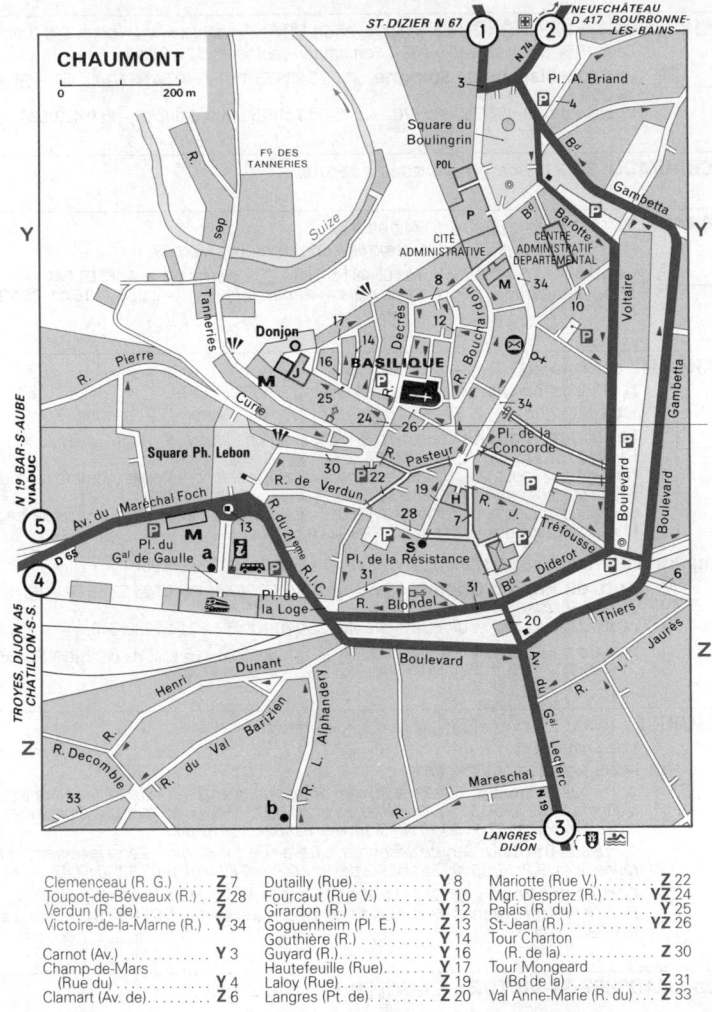

CHAUMONT

0   200 m

La guida cambia, cambiate la guida ogni anno.

CHAUMONT-SUR-AIRE 55260 Meuse 🆅🆅 ⑳ – 151 h alt. 250.

    Paris 270 – Bar-le-Duc 24 – St-Mihiel 25 – Verdun 32.

  ✗   **Aub. du Moulin Haut,** Est : 1 km sur rte St-Mihiel ✆ 03 29 70 66 46, Fax 03 29 70 60 75,
     🌤️, « Ancien moulin au bord de l'eau », 🌤️ – 🅿️. 🆎 ⓞ 🇬🇧
     fermé 15 janv. au 15 fév., dim. soir et lundi – **Repas** 100 (déj.), 140/300, enf. 50.

CHAUMONT-SUR-LOIRE 41150 L.-et-Ch. 🆖🆖 ⑯ – 876 h alt. 69.

    Voir *Château*★★, G. Châteaux de la Loire.

    Paris 199 – Tours 43 – Amboise 21 – Blois 18 – Montrichard 19.

  ✗   **La Chancelière,** ✆ 02 54 20 96 95, Fax 02 54 33 91 71 – 🍽️. 🆎 🇬🇧
  🕽   *fermé 12 au 27 nov., vacances de fév., merc. soir hors sais. et jeudi* – **Repas** 79/200, enf. 55.

    RENAULT Gar. Lefebvre, ✆ 02 54 20 98 65 🅽 ✆ 02 54 20 93 86

CHAUMONT-SUR-THARONNE *41600 L.-et-Ch.* 🔢 ⑨ *G. Châteaux de la Loire* – *901 h alt. 122.*
Paris 167 – *Orléans 36* – *Blois 52* – *Romorantin-Lanthenay 32* – *Salbris 31.*

🏠 **La Croix Blanche de Sologne,** 𝄢 02 54 88 55 12, Fax 02 54 88 60 40, 🍴 – 📺 ☎ 🅿 –
🛏 25 à 60. 📧 ⑩ 🏴
Repas 118 (déj.), 195/350, enf. 70 – ⴲ 45 – **15 ch** 250/580, 3 duplex – ½ P 420/520.

CHAUMOUSEY *88 Vosges* 🔢 ⑮ – *rattaché à Épinal.*

CHAUNAY *86510 Vienne* 🔢 ③ – *1 174 h alt. 130.*
Paris 382 – *Poitiers 47* – *Angoulême 68* – *Confolens 51* – *Niort 58.*

🏠 **Central,** 𝄢 05 49 59 25 04, Fax 05 49 53 41 88, 🍴 – 🍴 rest 📺 ☎ 🔥 🅿 📧 🏴
🏴 *fermé fév. et dim. soir d'oct. à mars* – **Repas** 85/160 🍷 – ⴲ 38 – **16 ch** 230/250 –
½ P 230/290.

CHAUNY *02300 Aisne* 🔢 ③ ④ – *12 926 h alt. 50.*
🅱 *Office de Tourisme, pl. du Marché Couvert* 𝄢 03 23 52 10 79.
Paris 122 – *Compiègne 39* – *St-Quentin 30* – *Laon 36* – *Noyon 17* – *Soissons 32.*

🍴🍴🍴 **La Toque Blanche** (Lequeux) Ⓜ 🌿 *avec ch,* 24 av. V. Hugo 𝄢 03 23 39 98 98,
❀ Fax 03 23 52 32 79, parc, 🍴 – ❀ 📺 ☎ 🅿 – 🛏 30. 🏴. 🍴 ch
fermé 4 au 25 août, 2 au 5 janv., sam. midi, dim. soir et lundi – **Repas** (nombre de couverts
limité, prévenir) 170/390 et carte 300 à 450 – ⴲ 50 – **7 ch** 310/480
Spéc. Feuilleté de homard au vinaigre de fraise. Papillon d'encornet au coulis de langoustines. Croustade d'agneau aux morilles, jus d'herbes.

au Rond d'Orléans *Sud-Est : 8 km par D 937 et D 1750* – ✉ *02300 Sinceny :*

🏠 **Aub. du Rond d'Orléans** Ⓜ 🌿, 𝄢 03 23 52 26 51, Fax 03 23 52 36 80 – 📺 ☎ 🅿 –
🛏 25 à 50. 🏴
fermé 23 au 31 déc. et dim. soir – **Repas** 130/270 – ⴲ 37 – **21 ch** 280/310.

RENAULT Renault Chauny, 108-137 r. Pasteur   Ⓜ Dupont Pneus, 43 rte de Chauny à Condren
𝄢 03 23 38 32 10 🆕 𝄢 06 07 51 05 52   𝄢 03 23 57 00 58

CHAUSEY (Iles) *50 Manche* 🔢 ⑦ *G. Normandie Cotentin.*
Voir Grande Ile★.
Accès par transports maritimes.

🚢 *depuis* **Granville.** *Traversée 50 mn* - *Renseignements à : Vedette "Jolie France" Gare
Maritime* 𝄢 02 33 50 31 81 (Granville), Fax 02 33 50 39 90, ou en saison, à Emeraudes Lines
1 r. Lecampion 𝄢 02 33 50 16 36 (Granville), Fax 02 33 50 87 80.

🚢 *depuis* **St-Malo.** *Service saisonnier - Traversée 1 h 30 mn - Renseignements à Emeraude Lines, B.P. 16, 35401 St-Malo Cedex* 𝄢 02 99 40 48 40, Fax 02 99 40 57 47.

🌴 **Fort et des Iles** 🌿, 𝄢 02 33 50 25 02, ◁ archipel, 🍴, 🌿
fin avril-fin sept. – **Repas** *(fermé lundi)* (en saison, prévenir) 95/265 – **8 ch** (½ pens. seul.) –
½ P 280.

La-CHAUSSÉE-ST-VICTOR *41 L.-et-Ch.* 🔢 ⑦ – *rattaché à Blois.*

CHAUSSIN *39120 Jura* 🔢 ③ – *1 587 h alt. 191.*
Paris 354 – *Chalon-sur-Saône 55* – *Beaune 55* – *Besançon 73* – *Dijon 61* – *Dole 20* –
Lons-le-Saunier 44.

🏠 **Chez Bach,** pl. Ancienne Gare 𝄢 03 84 81 80 38, Fax 03 84 81 83 80 – 📺 ☎ 🅿 – 🛏 25. 📧
🏴 🏴
fermé 2 au 20 janv., vend. soir et dim. soir sauf juil.-août – **Repas** (dim. prévenir) 85/300 🍷,
enf. 55 – ⴲ 40 – **20 ch** 200/270 – ½ P 260/300.

CITROEN Gar. Pernin, 𝄢 03 84 81 85 82 🆕 𝄢 03 84 81 83 90

CHAUVIGNY *86300 Vienne* 🔢 ⑭ ⑮ *G. Poitou Vendée Charentes* **(plan)** – *6 665 h alt. 65.*
Voir Ville haute★ – *Église St-Pierre★ : chapiteaux du choeur★★.*
Env. St-Savin : abbaye★★ (peintures murales★★★), Pont-Vieux★, E : 19 km.
🅱 *Office de Tourisme 5 r. Saint-Pierre* 𝄢 05 49 46 39 01.
Paris 337 – *Poitiers 25* – *Bellac 65* – *Le Blanc 37* – *Châtellerault 30* – *Montmorillon 27* –
Ruffec 82.

🏠 **Lion d'Or**, 8 r. Marché *℘* 05 49 46 30 28, Fax 05 49 47 74 28 – 🖵 ☎ ₭ 🅿. ㏂ ☷
⊜ *fermé 15 déc. au 10 janv. et sam. de nov. à mars* – **Repas** 90/200, enf. 48 – ☲ 34 – **26 ch**
270/290.

♨ **Beauséjour**, 18 r. Vassalour *℘* 05 49 46 31 30, Fax 05 49 56 00 34, 🚗 – 🖵 ☎ ₭ 🅿. ㏂
⊜ ☷
fermé 22 déc. au 5 janv. et dim. soir – **Repas** 60/110 ♟ – ☲ 30 – **20 ch** 160/300 –
1/2 P 165/210.

CITROEN Gar. Menu, 48 rte de St-Savin   FORD Gar. Dupont, ZA du Planty
℘ 05 49 46 37 88   *℘* 05 49 46 96 68

CHAVANAY 42410 Loire 🔟 ① – 2 071 h alt. 200.
Paris 507 – Annonay 27 – St-Étienne 52 – Serrières 12 – Tournon-sur-Rhône 51 – Vienne 20.

XXX **Alain Charles** avec ch, rte Nationale *℘* 04 74 87 23 02, Fax 04 74 87 01 42, 🏕 – ▤ 🖵
⊜ ☎. ☷
fermé 16 août au 3 sept., 2 au 9 janv., dim. soir et lundi sauf fériés – **Repas** 85/320 et carte
200 à 320 ♟ – ☲ 38 – **4 ch** 220/280 – 1/2 P 280.

CHAVIGNOL 18 Cher 🆖 ⑫ – rattaché à Sancerre.

CHAVOIRES 74 H.-Savoie 🔢 ⑥ – rattaché à Annecy.

CHAZELLES-SUR-LYON 42140 Loire 🔢 ⑲ G. Vallée du Rhône – 4 895 h alt. 630.
Paris 490 – St-Étienne 36 – Lyon 48 – Montbrison 28 – Roanne 71.

🏨 **Château Blanchard** Ⓜ, 36 rte St-Galmier *℘* 04 77 54 28 88, Fax 04 77 54 36 03, 🏕, 🚗
– 🖵 ☎ 🅿 ㏂ ⓪ ☷
fermé 1er au 15 janv., dim. soir et lundi sauf fêtes – **Repas** 88/245 – ☲ 35 – **12 ch** 270/370 –
1/2 P 280.

CITROEN Gar. Escot, *℘* 04 77 54 20 62

CHAZEY-SUR-AIN 01150 Ain 🔢 ③, 🔢 ⑨ – 895 h alt. 235.
Paris 472 – Lyon 43 – Bourg-en-Bresse 45 – Chambéry 86 – Nantua 56.

au Sud par D 62 et rte secondaire : 3 km
XX **La Louizarde**, *℘* 04 74 61 53 23, Fax 04 74 61 58 47, 🏕 – 🅿 ㏂ ☷. ⅚
fermé 16 au 25 août, 25 au 31 déc., sam. midi, dim. soir et lundi – **Repas** 100 bc (déj.),
130/250.

Le CHEIX 63 P.-de-D. 🔢 ⑭ – ⊠ 63320 St-Diéry.
Voir Gorges de Courgoul★ SE : 5 km, G. Auvergne.
Paris 458 – Clermont-Ferrand 44 – Besse-en-Chandesse 9 – Issoire 24 – Le Mont-Dore 29.

X **Relais des Grottes** avec ch, *℘* 04 73 96 30 30, Fax 04 73 96 31 34, ≤, 🏕 – ☎ 🅿. ☷
*fermé 12 au 19/03, 17 au 24/09, 15/12 au 15/01, dim. soir et merc. sauf vacances de fév. et
juil.-août* – **Repas** 88/180, enf. 55 – ☲ 35 – **10 ch** 145/205 – 1/2 P 180/200.

CHELLES 77 S.-et-M. 🆖 ⑫,, 🔢 ⑲ – voir à Paris, Environs.

CHELLES 60350 Oise 🆖 ③ – 334 h alt. 75.
Paris 95 – Compiègne 20 – Beauvais 79 – Crépy-en-Valois 21 – Soissons 28 – Villers-
Cotterêts 17.

🏠 **Relais Brunehaut** ⑄, *℘* 03 44 42 85 05, Fax 03 44 42 83 30, 🏕, « Auberge rustique »,
🚗 – cuisinette 🖵 ☎ 🅿. ☷
fermé 1er au 13 août et lundi – **Repas** (fermé merc. et jeudi du 15 nov. au 15 mai, lundi et
mardi) 140/270 bc – ☲ 38 – **6 ch** 240/310 – 1/2 P 290/320.

CHÊNEHUTTE-LES-TUFFEAUX 49 M.-et-L. 🔢 ⑫ – rattaché à Saumur.

CHÉNÉRAILLES 23130 Creuse 🔢 ① G. Berry Limousin – 794 h alt. 537.
Voir Haut-relief★ dans l'église.
Paris 371 – Aubusson 19 – La Châtre 63 – Guéret 33 – Montluçon 45.

XX **Coq d'Or** avec ch, *℘* 05 55 62 30 83 – ☎ ₭. ☷
⊜ *fermé 17 au 25 juin, 15 au 29 sept., 2 au 19 janv., dim. soir et lundi* – **Repas** 65/280 ♟, enf. 47
– ☲ 27 – **7 ch** 150/260 – 1/2 P 190/240.

CHENNEVIÈRES-SUR-MARNE 94 Val-de-Marne 61 ①., 101 ㉘ – voir à Paris, Environs.

CHENONCEAUX 37150 I.-et-L. 64 ⑯ – 313 h alt. 62.

Voir *Château de Chenonceau*★★★ *(spectacle son et lumière),*G. Châteaux de la Loire.
🏢 *Office de Tourisme 1 r. du Château (mai-sept.)* ℰ 02 47 23 94 45.
Paris 234 – Tours 32 – Amboise 12 – Château-Renault 36 – Loches 31 – Montrichard 10.

🏨🏨 **Bon Laboureur et Château,** ℰ 02 47 23 90 02, Fax 02 47 23 82 01, 🍽, 🛋, 🌳 – 📺
☎ ✆ & 🅿. 🖭 ⓪ GB JCB
fermé 2 janv. au 15 fév. – **Repas** 150/300 – ☑ 45 – **28 ch** 320/700, 4 appart – ½ P 395/550.

🏨 **La Roseraie**, ℰ 02 47 23 90 09, Fax 02 47 23 91 59, 🍽, 🛋, 🌳 – 📺 ☎ 🅿. 🖭 ⓪ GB
15 fév.-15 nov. – **Repas** 95/155 – ☑ 38 – **16 ch** 265/480 – ½ P 283/365.

🏨 **Host. La Renaudière,** ℰ 02 47 23 90 04, Fax 02 47 23 90 51, 🍽, parc, 𝄞 – ☎ 🅿. 🖭
GB. ✵ rest
15 mars-15 nov., week-ends et vacances scolaires – **Repas** *(fermé merc. du 15 sept. au 15
avril)* 89 (déj.), 98/189, enf. 50 – ☑ 20 – **15 ch** 250/420 – ½ P 270/330.

🏨 **Relais Chenonceaux** sans rest, ℰ 02 47 23 98 11, Fax 02 47 23 84 07 – ☎ 🅿. GB
15 mars-1ᵉʳ nov. – ☑ 35 – **18 ch** 250/450.

Bodin, gar. du Château, à Civray ℰ 02 47 23 92 03

CHENÔVE 21 Côte-d'Or 66 ⑫ – *rattaché à Dijon.*

CHÉPY 80210 Somme 52 ⑥ – 1 246 h alt. 96.
Paris 167 – Amiens 58 – Abbeville 18 – Le Tréport 23.

🏨🏨 **Aub. Picarde** Ⓜ ♨, à la Gare ℰ 03 22 26 20 78, Fax 03 22 26 33 34 – 📺 ☎ & 🅿. – 🖄 30.
⊕⊕ 🖭 GB
fermé 16 au 26 août, 26 déc. au 3 janv., sam. midi et dim. soir – **Repas** 85/185, enf. 65 –
☑ 30 – **25 ch** 225/380 – ½ P 200.

CHERBOURG ◁➤ 50100 Manche 54 ② G. Normandie Cotentin – 27 121 h alt. 10 – *Casino* **BY.**
Voir *Fort du Roule* ☀★ **BZ** – *Château de Tourlaville : parc★ 5 km par* ①.
🏌 ℰ 02 33 44 45 48, par ② et D 122 : 7 km.
✈ *de Cherbourg-Maupertus :* ℰ 02 33 22 91 32, par ① : 13 km.
🏢 *Office de Tourisme 2 quai Alexandre III* ℰ 02 33 93 52 02, Fax 02 33 53 66 97 et à la Gare
Maritime ℰ 02 33 44 39 92 – *Automobile-Club 2 quai Alexandre III* ℰ 02 33 93 97 95.
Paris 359 ② – Brest 398 ② – Caen 124 ② – Laval 219 ② – Le Mans 281 ② – Rennes 204 ②.

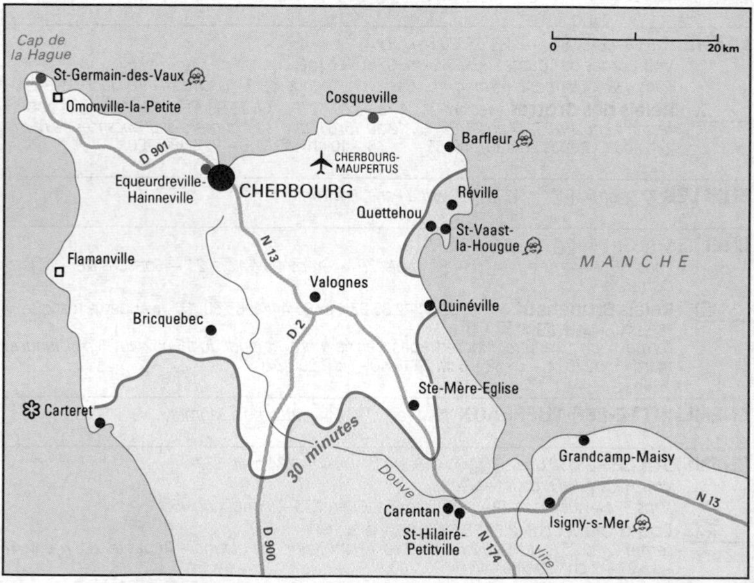

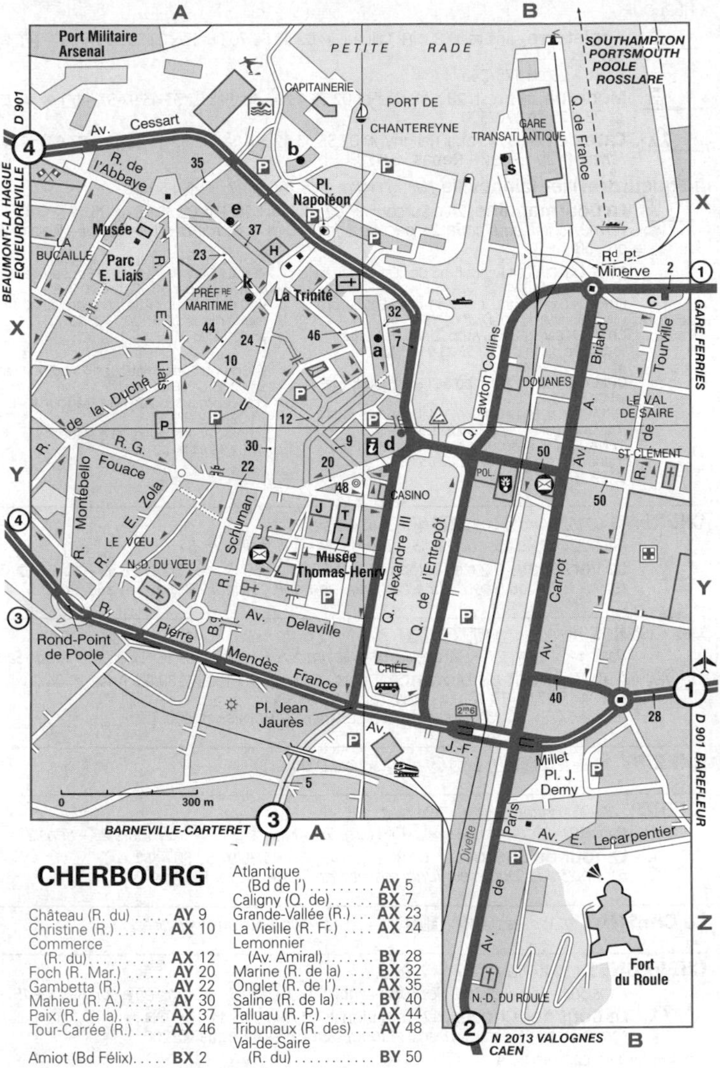

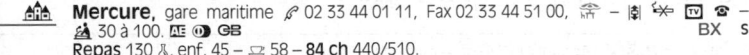

CHERBOURG

Château (R. du)	AY	9
Christine (R.)	AX	10
Commerce (R. du)	AX	12
Foch (R. Mar.)	AY	20
Gambetta (R.)	AY	22
Mahieu (R. A.)	AY	30
Paix (R. de la)	AX	37
Tour-Carrée (R.)	AX	46
Amiot (Bd Félix)	BX	2
Atlantique (Bd de l')	AY	5
Caligny (Q. de)	BX	7
Grande-Vallée (R.)	AX	23
La Vieille (R. Fr.)	AX	24
Lemonnier (Av. Amiral)	BY	28
Marine (R. de la)	BX	32
Onglet (R. de l')	AX	35
Saline (R. de la)	BY	40
Talluau (R. P.)	AX	44
Tribunaux (R. des)	AY	48
Val-de-Saire (R. du)	BY	50

Mercure, gare maritime ✆ 02 33 44 01 11, Fax 02 33 44 51 00, ≤ – |‡| ✂ TV ☎ – 🏔 30 à 100. AE ⓓ GB BX s
Repas 130 ♀, enf. 45 – ☕ 58 – **84 ch** 440/510.

Quality H. M, r. G. Sorel par ① ✆ 02 33 43 72 00, Fax 02 33 43 72 06 – |‡| ✂ TV ☎ ♿ P – 🏔 40 à 150. AE ⓓ GB JCB. ✂ rest
Repas *(fermé sam. midi et dim.)* 80/130 ♀ – ☕ 46 – **73 ch** 380/400.

Chantereyne sans rest, port de plaisance ✆ 02 33 93 02 20, Fax 02 33 93 45 29 – TV ☎ ✆ ♿. AE ⓓ GB AX b
fermé 19 déc. au 4 janv. – ☕ 38 – **50 ch** 328/368.

Louvre sans rest, 2 r. H. Dunant ✆ 02 33 53 02 28, Fax 02 33 53 43 88 – |‡| TV ☎ ✆ ♿ 🚗. AE ⓓ GB JCB AX e
fermé 24 déc. au 1er janv. – ☕ 36 – **42 ch** 180/360.

🏠 **Angleterre** sans rest, 8 r. P. Talluau ℘ 02 33 53 70 06, Fax 02 33 53 74 36 – 📺 ☎ ✇ 🅿.
GB, ⚡ — AX k
⚌ 30 – **23 ch** 175/265.

🏠 **Moderna** sans rest, 28 r. Marine ℘ 02 33 43 05 30, Fax 02 33 43 97 37 – 📺 ☎ ✇. 🖭 🖼
⚌ 28 – **25 ch** 170/300. BX a

❌❌ **Café de Paris**, 40 quai Caligny ℘ 02 33 43 12 36, Fax 02 33 43 98 49 – 🖭 GB BXY d
fermé 1ᵉʳ au 15 nov. – **Repas** 98/178.

à Equeurdreville-Hainneville *par ④ : 4 km – 18 256 h. alt. 8* – ✉ *50120 :*

❌ **La Gourmandine**, 24 r. Surcouf ℘ 02 33 93 41 26, Fax 02 33 93 41 26, ≤ – GB
⚝ *fermé 13 juil. au 6 août, 21 déc. au 5 janv., dim. soir, mardi soir et lundi* – **Repas** 70/190,
enf. 50.

BMW, LANCIA Gar. Renouf, bd de l'Est à Tourlaville
℘ 02 33 20 44 78
CITROEN Gar. Ozenne, r. M.-Sambat à Équeurdre-
ville-Hainneville par ④ ℘ 02 33 03 49 70
CITROEN Gar. Channel Auto, ZI, bd de l'Est à
Tourlaville par ① ℘ 02 33 23 01 01 🆕
℘ 02 33 23 22 48
OPEL Gar. Themis Auto, bd de l'Est à Tourlaville
℘ 02 33 43 45 30
RENAULT Gar. Coipel, 427 r. 8 Mai Les Flamands à
Tourlaville par ① ℘ 02 33 22 00 27
RENAULT Gar. Dessoude Teyssier, bd de l'Est à
Tourlaville par ① ℘ 02 33 88 33 88 🆕
℘ 02 33 88 33 88

RENAULT Gar. Marius Marie Equeurdreville-
Hainneville par ④ ℘ 02 33 03 58 97
VAG Gar. Equinox Auto, ZI r. Industries à
Tourlaville ℘ 02 33 20 36 23 🆕
℘ 02 33 93 51 87

🏢 Cotentin Pneumatiques, 74 bd M.-France
℘ 02 33 04 26 04
Francis-Pneus, bd de l'Est ZI à Tourlaville
℘ 02 33 20 45 60
Schmitt Pneus Vulco, 13 r. Maupas
℘ 02 33 44 05 42

CHERENG *59152 Nord* 🟦🟦 ⑯, 🟦🟦🟦 ㉔ *– 2 634 h alt. 24.*
Paris 224 – Lille 15 – Douai 43 – Tournai 14 – Valenciennes 51.

❌❌ **Le Verzenay**, 142 rte Nationale ℘ 03 20 41 14 56, Fax 03 20 41 28 50 – 🅿. 🖭 ⑩ GB
fermé 15 juil. au 5 août, 19 au 26 janv., dim. soir et lundi – **Repas** 118/248, enf. 65.

Les CHÈRES *69380 Rhône* 🟦🟦 ①, 🟦🟦🟦 ③ *– 1 027 h alt. 190.*
Paris 441 – Lyon 21 – L'Arbresle 14 – Meximieux 54 – Trévoux 8 – Villefranche-sur-Saône 12.

❌❌ **Aub. du Pont de Morancé**, Ouest : 2 km par D 100 ✉ 69480 Anse ℘ 04 78 47 65 14,
Fax 04 78 47 05 83, ⚝, « *Jardin fleuri* » – 🅿. GB
fermé 17 fév. au 13 mars, mardi soir et merc. – **Repas** 105/300 ⚗.

CHERISY *28 E.-et-L.* 🟦🟦 ⑦., 🟦🟦🟦 ㉕ *– rattaché à Dreux.*

CHÉROY *89690 Yonne* 🟦🟦 ⑬ *– 1 326 h alt. 145.*
Paris 101 – Fontainebleau 42 – Auxerre 70 – Montargis 34 – Nemours 25 – Sens 23.

❌❌ **La Tour de Chéroy**, ℘ 03 86 97 53 43, Fax 03 86 97 58 60 – GB
⚝ *fermé 23 au 29 juin, fév., lundi soir et mardi* – **Repas** 69/180 ⚗.

Le CHESNAY *78 Yvelines* 🟦🟦 ⑨., 🟦🟦🟦 ㉓ *– voir à Paris, Environs (Versailles).*

CHEVAGNES *03230 Allier* 🟦🟦 ⑮ *– 729 h alt. 224.*
Paris 304 – Moulins 18 – Bourbon-Lancy 18 – Decize 32 – Dompierre-sur-Besbre 15.

❌❌ **Le Goût des Choses**, 12 rte Nationale ℘ 04 70 43 11 12 – GB
fermé 1ᵉʳ au 15 oct., dim. soir et lundi sauf fériés – **Repas** 90/200.

Gar. Bernard, ℘ 04 70 43 45 39

CHEVAIGNÉ *35 I.-et-V.* 🟦🟦 ⑰ *– rattaché à Rennes.*

CHEVAL-BLANC *84 Vaucluse* 🟦🟦 ⑫ *– rattaché à Cavaillon.*

CHEVANNES *89 Yonne* 🟦🟦 ⑤ *– rattaché à Auxerre.*

CHEVERNY *41 L.-et-Ch.* 🟦🟦 ⑰ ⑱ *– rattaché à Cour-Cheverny.*

CHEVIGNEY-LÈS-VERCEL *25 Doubs* 🟦🟦 ⑱ *– rattaché à Valdahon.*

CHEVIGNY *21 Côte-d'Or* 🟦🟦 ⑫ *– rattaché à Dijon.*

CHEVILLY-LARUE 94 Val-de-Marne 🛐 ①., 🔟🔟 ㉘ – voir à Paris, Environs.

CHEVRY 01 Ain 🔟 ⑮ – rattaché à Gex.

CHEYLADE 15400 Cantal 🗺 ③ G. Auvergne– 360 h alt. 950.
Voir Voûte★ de l'église – Cascade du Sartre★ S : 2,5 km.
Paris 515 – Aurillac 56 – Mauriac 47 – Murat 32 – St-Flour 57.

🍴 **de la Vallée**, ℘ 04 71 78 90 04, ≼ – 🖪. ⒼⒷ
🛏 fermé déc., janv. et sam. sauf vacances scolaires – **Repas** 65 (dîner), 70/130 ⅓ – 🖃 25 –
15 ch 110/160 – ½ P 160/170

PEUGEOT Riom Autom., à Riom-es-Montagne   RENAULT Gar. Jouve, à Riom-es-Montagne
℘ 04 71 78 03 08   ℘ 04 71 78 07 22

Le CHEYLARD 07160 Ardèche 🗺 ⑲ – 3 833 h alt. 450.
Paris 595 – Le Puy-en-Velay 62 – Valence 60 – Aubenas 51 – Lamastre 22 – Privas 47 –
St-Agrève 24.

🏠 **Provençal**, av. Gare ℘ 04 75 29 02 08, Fax 04 75 29 35 63 – 📺 ☎ ✆ 🚗, ⒼⒷ. ✻ ch
🍴 fermé 17 août au 3 sept., 26 déc. au 6 janv., 6 au 25 fév., vend. soir, dim. soir et lundi –
Repas 80/220 ⅓ – 🖃 40 – **10 ch** 200/280 – ½ P 240.

CITROEN Gar. des Cévennes, ℘ 04 75 29 05 10 🄽   Gar. Chambert et Noyer, à Mariac
℘ 04 75 29 05 10   ℘ 04 75 29 14 26 🄽 ℘ 04 75 29 00 37

When looking for a hotel or restaurant use the most efficient method.
Look for the names of towns **underlined in red**
on the **Michelin maps** *scale: 1:200 000.*
But make sure you have an up-to-date map!

CHÉZERY-FORENS 01410 Ain 🗺 ⑤ – 357 h alt. 585.
Paris 506 – Bellegarde-sur-Valserine 17 – Bourg-en-Bresse 79 – Gex 40 – Nantua 32 –
St-Claude 43.

🍴 **Commerce**, ℘ 04 50 56 90 67 – ⒼⒷ
🛏 fermé 16 au 26 juin, 15 sept. au 15 oct., 5 au 11 janv., dim. soir et merc. sauf vacances
scolaires – **Repas** 80 (déj.), 85/180 ⅓ – 🖃 32 – **9 ch** 210 – ½ P 210.

CHICHILIANNE 38930 Isère 🗺 ⑭ – 158 h alt. 1006.
Paris 620 – Die 44 – Gap 78 – Grenoble 54 – La Mure 61.

🏠 **Château de Passières** 🏡, ℘ 04 76 34 45 48, Fax 04 76 34 46 25, ≼, 🏡, 🏊, 🐎, ✻ –
☎ 🖪 – 🔏 45. ⒼⒷ
fermé 15 nov. au 10 janv., dim. soir et lundi hors sais. – **Repas** 95/220, enf. 65 – 🖃 40 –
23 ch 300/420 – ½ P 330/420.

CHILLE 39 Jura 🔟 ④ – rattaché à Lons-le-Saunier.

CHINAILLON 74 H.-Savoie 🗺 ⑦ – rattaché au Grand-Bornand.

CHINDRIEUX 73310 Savoie 🗺 ⑮ – 1 059 h alt. 300.
Env. Abbaye de Hautecombe★★ (chant grégorien) SO : 10 km, G. Alpes du Nord.
Paris 523 – Annecy 37 – Aix-les-Bains 16 – Bellegarde-sur-Valserine 38 – Bourg-en-Bresse 94
– Chambéry 34.

🏠 **Relais de Chautagne**, ℘ 04 79 54 20 27, Fax 04 79 54 51 63 – 📳 ☎ ♿ 🖪 – 🔏 35. ⒼⒷ
🍴 fermé 28 déc. au 12 fév., dim. soir (sauf hôtel) et lundi sauf juil.-août – **Repas** 90/180 ⅓ –
🖃 35 – **32 ch** 220/280.

CHINON ◁🐘▷ 37500 I.-et-L. 🗺 ⑨ G. Châteaux de la Loire– 8 627 h alt. 40.
Voir Vieux Chinon★★ : Grand Carroi★★ A B – Château★★ : ≼★★ A – Quai Danton ≼★★ A.
Env. Château d'Ussé★★ 14 km par ①.
🅱 Office de Tourisme 12 r. Voltaire ℘ 02 47 93 17 85, Fax 02 47 93 93 05 et rte de Tours
(juil.-août) ℘ 02 47 93 39 66.
Paris 286 ① – Tours 47 ① – Châtellerault 51 ③ – Poitiers 95 ③ – Saumur 30 ③ – Thouars
44 ③.

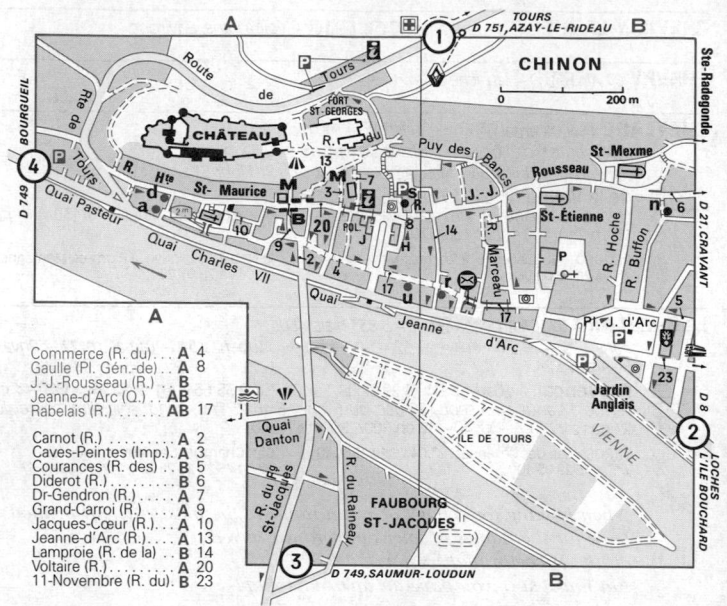

Commerce (R. du) . . .	**A** 4
Gaulle (Pl. Gén.-de) . .	**A** 8
J.-J.-Rousseau (R.) . .	**B**
Jeanne-d'Arc (Q.) . . **AB**	
Rabelais (R.)	**AB** 17

Carnot (R.)	**A** 2
Caves-Peintes (Imp.) .	**A** 3
Courances (R. des) . .	**B** 5
Diderot (R.)	**B** 6
Dr-Gendron (R.)	**A** 7
Grand-Carroi (R.) . . .	**A** 9
Jacques-Cœur (R.) . .	**A** 10
Jeanne-d'Arc (R.) . . .	**A** 13
Lamproie (R. de la) . .	**B** 14
Voltaire (R.)	**A** 20
11-Novembre (R. du) .	**B** 23

France sans rest, 47 pl. Gén. de Gaulle ℰ 02 47 93 33 91, Fax 02 47 98 37 03 – 📺 ☎ 🚗.
🖭 ⑩ 🆖. 🛇
A s
fermé 17 au 30 nov., 23 fév. au 9 mars et dim. soir d'oct. à mars – 🖙 45 – **27 ch** 240/380.

Le Chinon 🅼 ॐ, centre St-Jacques (près piscine), par quai Danton - A ℰ 02 47 98 46 46,
Fax 02 47 98 35 44, 🏤 – 🛗 📺 ☎ 🕭 🄿 – 🏛 30 à 80. 🖭 ⑩ 🆖
fermé vacances de Noël, dim. midi et sam. du 1er nov. au 25 mars – **Repas** 75/158 ⓛ, enf. 40
– 🖙 43 – **53 ch** 365/410 – ½ P 340.

Diderot ॐ sans rest, 4 r. Buffon ℰ 02 47 93 18 87, Fax 02 47 93 37 10 – 🛇 ☎ 🕭 🄿. 🖭
⑩ 🆖. 🛇
B n
🖙 40 – **27 ch** 250/400.

Au Plaisir Gourmand (Rigollet), quai Charles VII ℰ 02 47 93 20 48, Fax 02 47 93 05 66,
🏤 – 🗏. 🖭 🆖
A a
fermé 17 nov. au 2 déc., 3 au 24 fév., dim. soir et lundi – **Repas** (nombre de couverts limité,
prévenir) 175/360 et carte 260 à 320
Spéc. Salade de langoustines. Sandre au beurre blanc. Géline fermière à la tourangelle. **Vins**
Chinon, Vouvray.

L'Océanic, 13 r. Rabelais ℰ 02 47 93 44 55, Fax 02 47 93 38 08, 🏤 – 🗏. 🖭 🆖   A u
fermé 10 au 17 juin, 9 au 14 sept., 6 au 28 janv., dim. soir sauf juil.-août et lundi – **Repas** -
produits de la mer - 98/155, enf. 60.

La Boule d'Or avec ch, 21 r. Rabelais ℰ 02 47 93 03 13, Fax 02 47 93 24 25, 🏤 – 📺 ☎.
🖭 🆖
B r
fermé 15 déc. au 4 fév., dim. soir et lundi du 15 oct. au 15 avril – **Repas** 98/168 – 🖙 45 –
13 ch 270/320 – ½ P 300/330.

L'Orangerie, 79 bis r. Haute-St-Maurice ℰ 02 47 98 42 00, Fax 02 47 93 92 50 – 🆖
fermé dim. soir et merc. midi d'oct. à mars – **Repas** 95/145, enf. 48.
A d

à Marçay *par* ③ *et D 116 : 9 km* – 416 h. alt. 65 – ⊠ 37500 :

Château de Marçay ॐ, ℰ 02 47 93 03 47, Fax 02 47 93 45 33, ≤, 🏤, « Château du
15e siècle, parc », 🛝, 🎾 – 🛗 📺 ☎ 🄿 – 🏛 30 à 80. 🖭 ⑩ 🆖
fermé 2 janv. au 15 mars – **Repas** *(fermé dim. soir et lundi du 11 nov. au 1er avril)* 150 (déj.),
270/385 et carte 300 à 400 – 🖙 90 – **32 ch** 495/1700, 6 appart – ½ P 770/1270
Spéc. Gigotin de pigeonneau et lentilles du Puy. Côtes d'agneau à la Richelieu. Pommes
caramélisées et sorbet céleri. **Vins** Chinon, Saint-Nicolas-de-Bourgueil.

à Beaumont-en-Véron *par* ④ *: 5 km – 2 569 h. alt. 37 –* ✉ *37420 :*

🏛 **Château de Danzay** ⟋, ℰ 02 47 58 46 86, Fax 02 47 58 84 35, ≼, parc, « Château du
15ᵉ siècle », ⃤ – ☎ 🅿 🆎 ⓞ 🆐 ℅
1ᵉʳ avril-2 nov. – **Repas** (dîner seul.) 290/390 – ☲ 80 – **10 ch** 650/1400 – ½ P 695/1070.

🏠 **La Giraudière** ⟋, ℰ 02 47 58 40 36, Fax 02 47 58 46 06, 🏡, « Pigeonnier du 16ᵉ siècle », 🌳 – cuisinette 📺 ☎ 🅿 – 🍴 25. 🆎 ⓞ 🆐 🃏
Petit Pigeonnier (dîner seul. sauf dim. : déj. et dîner)(fermé janv.) **Repas** 110/350 – ☲ 38 –
25 ch 250/390 – ½ P 230/305.

CITROEN S.A.R.V.A., 10 r. A.-Correch par r.
Courances ℰ 02 47 93 06 58 🅽 ℰ 02 47 95 90 15
FIAT Gar. Hallic, rte de Tours ℰ 02 47 93 27 36 🅽
ℰ 02 47 93 27 36
PEUGEOT Gd Gar. du Chinonais, à St-Louans par ④
ℰ 02 47 93 28 29
RENAULT Val de Vienne Autom., rte de Tours
ℰ 02 47 93 05 27 🅽 ℰ 02 47 40 92 86

VAG Gar. du Château, rte de Tours
ℰ 02 47 93 04 65

🔘 Super Pneus, 6 pl. Denfert-Rochereau
ℰ 02 47 93 32 08

CHISSAY-EN-TOURAINE *41 L.-et-Ch.* 🔢 ⑯ *– rattaché à Montrichard.*

CHISSEY-SUR-LOUE *39380 Jura* 🔢 ④ *G. Jura – 336 h alt. 230.*
Paris 389 – Besançon 40 – Arbois 18 – Dole 23 – Lons-le-Saunier 51 – Pontarlier 62.

✕ **La Chaumière du Val d'Amour**, ℰ 03 84 37 61 40, Fax 03 84 37 68 14, 🏡
fermé lundi, mardi, merc. et jeudi – **Repas** 126/180.

CHITENAY *41120 L.-et-Ch.* 🔢 ⑰ *– 888 h alt. 90.*
Voir *Galerie des Illustres*★★ *du château de Beauregard*★ *N : 5 km,* G. Châteaux de la Loire.
*Paris 193 – Orléans 72 – Tours 76 – Blois 12 – Châteauroux 88 – Contres 10 – Montrichard 24
– Romorantin-Lanthenay 38.*

🏛 **Aub. du Centre**, ℰ 02 54 70 42 11, Fax 02 54 70 35 03, 🏡, 🌳 – ⃗ 📺 ☎ ♿ 🅿 🆎 🆐
fermé vacances de fév., dim. soir et lundi hors sais. – **Repas** 105/375 bc, enf. 50 – ☲ 40 –
23 ch 350/370 – ½ P 288/305.

CHOISY-AU-BAC *60 Oise* 🔢 ②., 🔢 ⑩ *– rattaché à Compiègne.*

CHOLET ⟨🆂🆁⟩ *49300 M.-et-L.* 🔢 ⑤ ⑥ *G. Châteaux de la Loire – 55 132 h alt. 91.*
Voir *Musée d'Art et d'Histoire*★ Z M.
🛫 ℰ 02 41 71 05 01, AX.
🛈 Office de Tourisme pl. Rougé ℰ 02 41 62 22 35, Fax 02 41 62 80 99 et bureau d'accueil
rte d'Angers (juil.-août) ℰ 02 41 58 66 66.
Paris 349 ① *– Angers 58* ① *– La Roche-sur-Yon 65* ④ *– Ancenis 49* ⑥ *– Nantes 58* ⑤ *– Niort
128* ②.

Plan page suivante

🏛 **Atlantel** Ⓜ, rte Angers ℰ 02 41 71 08 08, Fax 02 41 71 96 96, 🏡 – 📺 ☎ ♿ ♿ 🅿 – 🍴 40.
🆎 ⓞ 🆐   BX   t
Repas *(fermé dim.)* 90/220 🍷, enf. 60 – ☲ 45 – **57 ch** 305/340 – ½ P 340.

🏛 **Gd H. Poste**, 26 bd G.-Richard ℰ 02 41 62 07 20, Fax 02 41 58 54 10 – ⃗ ▤ rest 📺 ☎
⟺ – 🍴 50. 🆎 ⓞ 🆐   Z   e
fermé 20 déc. au 3 janv. – **Repas** *(fermé dim.)* 78 (déj.), 95/295 🍷 – ☲ 42 – **53 ch** 298/480.

🏛 **Fimotel** Ⓜ, av. Sables-d'Olonne ℰ 02 41 62 45 45, Fax 02 41 58 23 45 – ⃗ ♿ ▤ rest 📺
☎ 🅿 – 🍴 80. 🆎 ⓞ 🆐   AY   s
Repas *(fermé vend. soir, dim. midi et sam.)* 75/119 🍷, enf. 36 – ☲ 35 – **42 ch** 260 –
½ P 265.

🏠 **Parc** sans rest, 4 av. A. Manceau ℰ 02 41 62 65 45, Fax 02 41 58 64 08 – ⃗ 📺 ☎ ⟺. 🆎
🆐   AY   x
☲ 39 – **46 ch** 200/310.

🏠 **Europe** sans rest, 15 pl. Gare ℰ 02 41 62 00 97, Fax 02 41 71 86 31 – ♿ 📺 ☎ ♿ ⟺. 🆎
ⓞ 🆐   BX   n
fermé 28 déc. au 3 janv. – ☲ 32 – **21 ch** 240/290.

🏠 **Commerce**, 194 r. Nationale ℰ 02 41 62 08 97, Fax 02 41 62 31 57 – 📺 ☎. 🆎 ⓞ 🆐.
℅ rest   Z   a
fermé 5 au 25 mai – **Repas** *(fermé sam. et dim.)* (dîner seul.) 70/90 🍷 – ☲ 35 – **14 ch**
160/280.

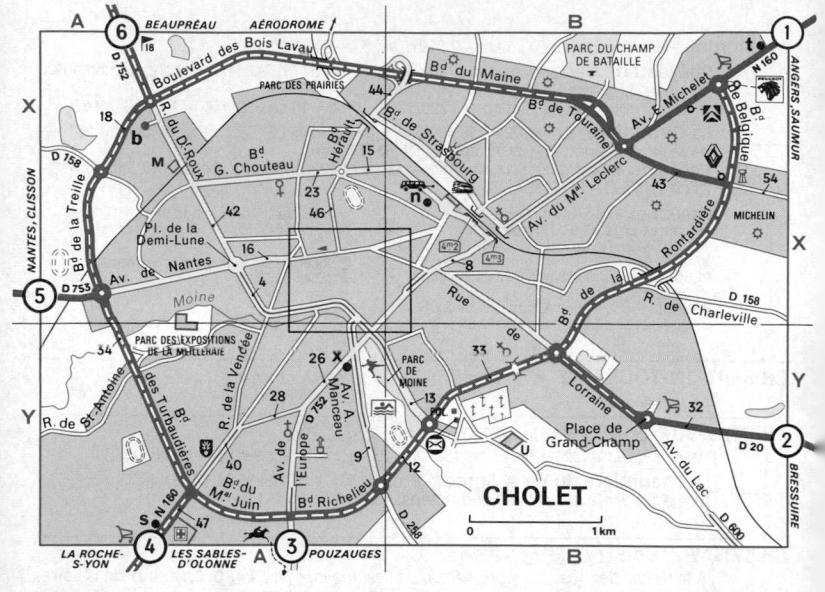

XX **La Touchetière**, rd-pt St-Léger ℰ 02 41 62 55 03, Fax 02 41 58 82 10 – 🅿 🖭 🆎 ⅁🅱
fermé 2 au 24 août, 22 fév. au 2 mars, dim. soir, soirs de fêtes et sam. – **Repas** (dim.
prévenir) 115/185.   AX b

X **Le Thermidor**, 40 r. St-Bonaventure ℰ 02 41 58 55 18 – ⓪ ⅁🅱   Z b
fermé 4 au 23 août, 2 au 9 janv., dim. soir et lundi – **Repas** 65/220, enf. 40.

à Nuaillé *par* ① *et D 960 : 7,5 km – 1 261 h. alt. 133 –* ⊠ *49340 :*

XX **Relais des Biches** avec ch, pl. Église ℰ 02 41 62 38 99, Fax 02 41 62 96 24, 😅, 🏊, 🐎 –
🖭 ☎ ℰ 🛇 🅿 🆎 ⓪ ⅁🅱
fermé dim. soir – **Repas** 85/190 ⅃ – ⊡ 45 – **12 ch** 260/375 – ½ P 250/345.

au lac de Ribou *Sud-Est : 5 km par av. du Lac -* **BY** *– ✉ 49300 Cholet :*

XXX **Le Belvédère** (Inagaki) ⛰ avec ch, ☏ 02 41 62 14 02, Fax 02 41 62 16 54, ← – TV ☎ P –
✿ 🏠 25. AE ⓓ GB. ✂ rest
fermé 28 juil. au 19 août,, dim. soir et lundi midi – **Repas** 105/325 et carte 240 à 330 – ☕ 37 – **8 ch** 295/365
Spéc. "Tataki" de langoustines dans son bouillon. Sandre en écailles de pommes de terre au jus de truffes. Croustillant de lapereau aux girolles (juin à sept.). **Vins** Savennières, Saumur-Champigny.

à La Tessouale *Sud : 6,5 km par D 258 – 2 781 h. alt. 117 – ✉ 49280 :*

🏠 **Garden H.,** près Église ☏ 02 41 56 38 95, Fax 02 41 56 46 71 – ☎ P. GB
fermé 1er au 8 août – **Repas** *(fermé dim. soir)* 55 (déj.), 80/220 🍷 – ☕ 35 – **25 ch** 220/350 – ½ P 290.

par ④ *rte de la Roche-sur-Yon – ✉ 49300 Cholet :*

XXX **Château de la Tremblaye,** à 5,5 km par N 160 et rte du Puy-St-Bonnet ☏ 02 41 58 40 17, Fax 02 41 62 59 58, parc, « Château du 19e siècle » – P. GB
fermé 28 juil. au 10 août, dim. soir et lundi sauf fériés – **Repas** 95/270 et carte 200 à 320, enf. 46.

CITROEN Cholet Autom., 14 av. E.-Michelet ☏ 02 41 65 42 77 N ☏ 02 51 82 93 42
MERCEDES Gar. Crochet Cholet, ZI, 13 bd du Poitou ☏ 02 41 75 23 50
PEUGEOT Gar. CASA, pl. d'Oldenburg rte d'Angers ☏ 02 41 49 19 25 N ☏ 02 41 49 19 25
RENAULT Autom. Choletaise, 17 bd du Poitou ☏ 02 41 75 37 37 N ☏ 08 00 05 15 15

Ⓜ Bossard Pneus, Z.I. Nord 41 bis r. Jominière ☏ 02 41 62 29 53
Cailleau, 13 bd de Belgique ☏ 02 41 58 58 74
Cholet Pneus, 49 bd Rontardière ☏ 02 41 58 22 75
Euromaster, 17 r. Jominière ☏ 02 41 58 33 14

CHOMELIX *43500 H.-Loire* **76** ⑦ *– 376 h alt. 910.*

Paris 525 – Le Puy-en-Velay 30 – Ambert 43 – Brioude 57 – La Chaise-Dieu 17 – St-Étienne 70.

XX **Aub. de l'Arzon** avec ch, ☏ 04 71 03 62 35, Fax 04 71 03 61 62 – TV ☎ ♿. GB
Pâques-1er nov. et fermé lundi soir de sept. à juin et mardi sauf le soir en juil.-août – **Repas** 98/230 – ☕ 38 – **9 ch** 235/310 – ½ P 245/285.

CHOMÉRAC *07 Ardèche* **76** ⑳ *– rattaché à Privas.*

La CHOMETTE *43230 H.-Loire* **76** ⑤ *– 128 h alt. 665.*

Paris 498 – Le Puy-en-Velay 49 – Brioude 12 – La Chaise-Dieu 30 – Langeac 18 – St-Flour 61.

🏠 **La Crèche,** ☏ 04 71 76 65 65, Fax 04 71 76 85 02, 🌳, 🏊 – TV ☎ ♿ P. AE ⓓ GB
Repas 75/170, enf. 45 – ☕ 35 – **20 ch** 260/290 – ½ P 240.

CHONAS-L'AMBALLAN *38 Isère* **74** ⑪ *– rattaché à Vienne.*

CHOUVIGNY *03450 Allier* **73** ③ *G. Auvergne – 240 h alt. 525.*

Voir Site★ du château de Chouvigny – Gorges★★ de Chouvigny.

Paris 372 – Clermont-Ferrand 57 – Aubusson 91 – Gannat 19 – Montluçon 49 – Riom 45 – St-Pourçain-sur-Sioule 43.

X **Gorges de Chouvigny** ⛰ avec ch, sur D 915 ☏ 04 70 90 42 11, ←, 🌳 – ☎. GB
1er mars-30 nov. et fermé mardi soir et merc. hors sais. – **Repas** 95/190, enf. 45 – ☕ 30 – **8 ch** 200/350 – ½ P 260.

CIBOURE *64 Pyr.-Atl.* **85** ② *– voir à St-Jean-de-Luz.*

CINQ CHEMINS *74 H.-Savoie* **70** ⑰ *– rattaché à Thonon-les-Bains.*

Pour vos voyages, en complément de ce guide utilisez :

- Les **guides Verts Michelin** régionaux paysages, monuments et routes touristiques.
- Les **cartes Michelin** à 1/1 000 000 **grands itinéraires** 1/200 000 **cartes détaillées.**

13600 B.-du-R. **84** ⑭, **114** ⑭ G. Provence – 30 620 h alt. 3 – Casino **AZ**.

Voir Calanque de Figuerolles★ SO : 1,5 km puis 15 mn **AZ** – Chapelle N.-D. de la Garde ≤★★
O : 2,5 km puis 15 mn **AZ**.

Env. Sémaphore ≤★★★ O : 5,5 km **AZ**.

Excurs. à l'Ile Verte ≤★ en bateau 30 mn **BZ**.

🛈 Office de Tourisme bd A.-France ℰ 04 42 08 61 32, Fax 04 42 08 17 88.

Paris 803 ⑤ – Marseille 31 ⑤ – Toulon 41 ③ – Aix-en-Provence 51 ⑤ – Brignoles 62 ⑤.

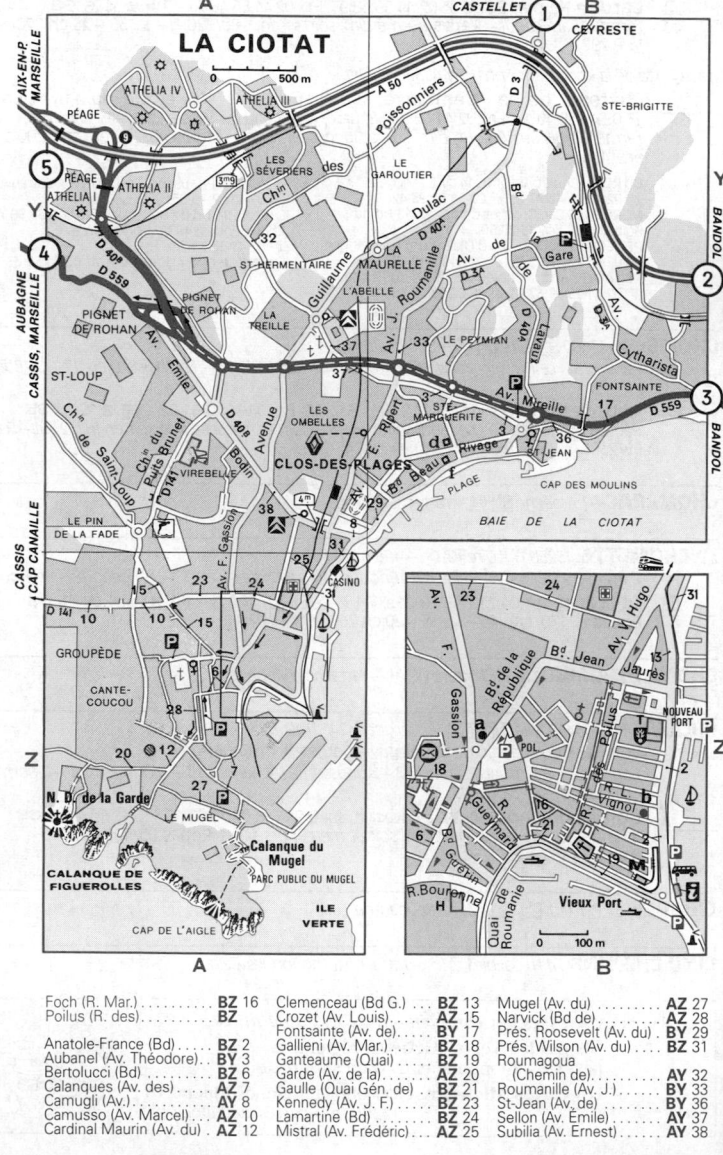

Foch (R. Mar.)	**BZ** 16	Clemenceau (Bd G.)	**BZ** 13	Mugel (Av. du) **AZ** 27
Poilus (R. des)	**BZ**	Crozet (Av. Louis)	**AZ** 15	Narvick (Bd de) **AZ** 28
		Fontsainte (Av. de)	**BY** 17	Prés. Roosevelt (Av. du) **BY** 29
Anatole-France (Bd)	**BZ** 2	Gallieni (Av. Mar.)	**BZ** 18	Prés. Wilson (Av. du) **BZ** 31
Aubanel (Av. Théodore)	**BY** 3	Ganteaume (Quai)	**BZ** 19	Roumagoua
Bertolucci (Bd)	**BZ** 6	Garde (Av. de la)	**AZ** 20	(Chemin de) **AY** 32
Calanques (Av. des)	**AZ** 7	Gaulle (Quai Gén. de)	**BZ** 21	Roumanille (Av. J.) **BY** 33
Camugli (Av.)	**AY** 8	Kennedy (Av. J. F.)	**BZ** 23	St-Jean (Av. de) **BY** 36
Camusso (Av. Marcel)	**AZ** 10	Lamartine (Bd)	**BZ** 24	Sellon (Av. Émile) **AY** 37
Cardinal Maurin (Av. du)	**AZ** 12	Mistral (Av. Frédéric)	**AZ** 25	Subilia (Av. Ernest) **AY** 38

🏠 **La Rotonde** sans rest, 44 bd République 𝒫 04 42 08 67 50, Fax 04 42 08 45 21 – 🛗 📺 ☎
   🅿 , 🅰🅴 ⑩ 🆖   BZ a
   ⌕ 30 – **32 ch** 195/270.

✗ **Golfe**, 14 bd A. France 𝒫 04 42 08 42 59, 😊   BZ b
🍽 *fermé mardi sauf juil.-août –* **Repas** 65/150.

au Clos des Plages *Nord-Est : 1,5 km par D 559 -* ABY *–* ✉ 13600 La Ciotat :

🏨 **Miramar** Ⓜ, 3 bd Beaurivage 𝒫 04 42 83 09 54, Fax 04 42 83 33 79, ≤, 😊 – ⇔ 📺 ☎
   🅿 – 🈴 60. 🅰🅴 ⑩ 🆖. ✗   BY f
   Repas *(fermé dim. soir et lundi d'oct. à mars)* 95/400 – ⌕ 50 – **25 ch** 565/715 – ½ P 400/
   450.

🏠 **Provence Plage**, 3 av. Provence 𝒫 04 42 83 09 61, Fax 04 42 08 16 28, 😊 – 📺 ☎ 🅿.
   🆖   BY d
   Repas 60 (déj.), 100/140 bc, enf. 50 – ⌕ 40 – **20 ch** 250/350 – ½ P 265/300.

au Liouquet *par* ③ *: 6 km –* ✉ 13600 La Ciotat :

🏨 **Ciotel Le Cap** 🐾, 𝒫 04 42 83 90 30, Fax 04 42 83 04 17, ≤, 😊, « *Jardin fleuri*, ⊼ », ✗
   – 📺 ☎ 🅅 🅿 – 🈴 80. 🅰🅴 ⑩ 🆖. ✗ rest
   fermé 24 déc. au 3 janv. – **Repas** *(fermé dim. soir sauf juil.-août)* 160/215 – ⌕ 60 – **42 ch**
   750/820 – ½ P 620.

🏠 **La Corniche** 🐾, 𝒫 04 42 08 12 20, Fax 04 42 71 68 34, ≤, 😊 – 📺 ☎ 🅿. 🆖
🍽 **Repas** *(15 juin-15 sept.)* (dîner seul.) 85 ⅃ – ⌕ 40 – **12 ch** 370/440 – ½ P 305/340.

✗✗ **Aub. Le Revestel** 🐾 avec ch, 𝒫 04 42 83 11 06, Fax 04 42 83 29 50, ≤, 😊 – 📺 ☎. 🆖.
   ✗ ch
   fermé 26 nov. au 6 déc. et 3 au 23 fév. – **Repas** *(fermé merc. sauf le soir du 3 juin au*
   21 sept. et dim. soir du 22 sept. au 2 juin) 150/195, enf. 90 – ⌕ 45 – **6 ch** 300 – ½ P 290.

CITROEN Gar. Léger, av. G.-Dulac 𝒫 04 42 08 41 69   RENAULT Gimenes Autos, 87 av. E.-Ripert
CITROEN Gar. Viviani, av. E.-Subilia 𝒫 04 42 71 67 17   𝒫 04 42 83 90 10 🅽 𝒫 04 42 83 90 10

CIRES-LÈS-MELLO *60660 Oise* 🎟️ ① *– 3 458 h alt. 39.*
   Paris 58 – Compiègne 47 – Beauvais 32 – Chantilly 17 – Clermont 16 – Creil 11 – L'Isle-
   Adam 24.

🏨 **Host. Le Relais du Jeu d'Arc** Ⓜ, à Mello, Est : 1 km 𝒫 03 44 56 85 00,
   Fax 03 44 56 85 19, 😊, « *Ancien relais de poste du 17ᵉ siècle* » – 📺 ☎ &. 🅰🅴 🆖. ✗
   fermé août, dim. soir et lundi – **Repas** 98/165 – ⌕ 42 – **10 ch** 285/460 – ½ P 520.

CIRQUE Voir au nom propre du cirque.

CLAIRA *66530 Pyr.-Or.* 🎟️ ⑲ *– 2 117 h alt. 10.*
   Paris 861 – Perpignan 17 – Millas 34 – Narbonne 60 – Rivesaltes 10.

✗✗ **Le Baroque**, 41 bis av. Agly 𝒫 04 68 59 69 33, 😊 – ⑩ 🆖
   fermé 10 au 24 nov., 19 janv. au 2 fév., lundi midi en été, dim. soir et lundi en hiver – **Repas**
   98/250, enf. 50.

CLAIX *38 Isère* 🎟️ ④ *– rattaché à Grenoble.*

CLAM *17 Char.-Mar.* 🎟️ ⑥ *– rattaché à Jonzac.*

CLAMART *92 Hauts-de-Seine* 🎟️ ⑩,, 🎟️ ㉕ *– voir à Paris, Environs.*

CLAMECY ⬥SP⬥ *58500 Nièvre* 🎟️ ⑮ *G. Bourgogne* **(plan)** *– 5 284 h alt. 144.*
   Voir *Église St-Martin*★.
   🅱 *Office de Tourisme r. Grand Marché* 𝒫 03 86 27 02 51.
   Paris 207 – Auxerre 42 – Avallon 38 – Bourges 104 – Cosne-sur-Loire 53 – Dijon 144 – Nevers
   69.

🏠 **Anval** 🐾 sans rest, Sud : 2 km par rte Brinon (D 23) 𝒫 03 86 24 42 40, Fax 03 86 27 06 87
   – 📺 ☎ 🅿. 🅰🅴 🆖
   fermé le week-end de nov. à fév. – ⌕ 35 – **9 ch** 250/350.

✗ **Au Bon Accueil**, 3 rte Auxerre 𝒫 03 86 27 91 67 – 🍽. 🆖
   fermé 2 au 8 juin, 1ᵉʳ au 7 déc., merc. soir et dim. soir – **Repas** 90/220 ⅃.

CITROEN Gar. Rougeaux, av. H.-Barbusse   🅜 Coignet, Le Foulon, rte d'Orléans
𝒫 03 86 27 11 87 🅽 𝒫 03 86 27 11 87   𝒫 03 86 27 19 38

CLAPIERS *34 Hérault* 🎟️ ⑦ *– rattaché à Montpellier.*

Le CLAUX 15400 Cantal 76 ③ – 293 h alt. 1080.
　　　Paris 521 – Aurillac 50 – Mauriac 53 – Murat 25.

🏠　**Peyre-Arse,** 𝒫 04 71 78 93 32, Fax 04 71 78 90 37, ≤, 斎, 🔲, 溽 – ☎ 🕭 🖪, 💵 🌚
　　　Repas 95 ⅃ – 😄 40 – **29 ch** 260 – ½ P 260.

Les CLAUX 05 H.-Alpes 77 ⑱ – rattaché à Vars.

La CLAYETTE 71800 S.-et-L. 69 ⑰ ⑱ G. Bourgogne – 2 307 h alt. 369.
　　　Voir Château de Drée★ N : 4 km.
　　　🅘 Office de Tourisme pl. des Fossés 𝒫 03 85 28 16 35, Fax 03 85 26 87 25.
　　　Paris 382 – Mâcon 57 – Charolles 20 – Lapalisse 63 – Lyon 87 – Roanne 41.

XX　**Gare** avec ch, 𝒫 03 85 28 01 65, Fax 03 85 28 03 13, 斎, 🔲, 溽 – 📺 ☎ 🚗 🖪, 🌚
🍴　fermé 20 déc. au 20 janv., dim. soir et lundi hors sais. – **Repas** 100/270 ⅃, enf. 60 – 😄 36 –
　　　8 ch 250/370 – ½ P 280/300.

　　　CITROEN Gar. du Midi, 𝒫 03 85 28 14 08 Ⓝ　　　　RENAULT Gar. Hermey, 𝒫 03 85 28 43 00 Ⓝ
　　　𝒫 03 85 28 09 11　　　　　　　　　　　　　　　　　𝒫 03 85 77 32 60
　　　PEUGEOT Gar. Jugnet, à Varennes-sous-Dun
　　　𝒫 03 85 28 03 60　　　　　　　　　　　　　　　　🕭 Matequip, 𝒫 03 85 28 11 46

CLÉCY 14570 Calvados 55 ⑪ G. Normandie Cotentin – 1 182 h alt. 100.
　　　🅟 de Clécy-Cantelou 𝒫 02 31 69 72 72, SO par D 133ᴬ : 4 km.
　　　Paris 269 – Caen 39 – Condé-sur-Noireau 11 – Falaise 29 – Flers 23 – Vire 36.

🏠　**Moulin du Vey** 🦢 (Annexes Manoir du Placy à 400 m et Relais de Surosne à 3 km)
　　　Est : 2 km par D 133 𝒫 02 31 69 71 08, Fax 02 31 69 14 14, ≤, 斎, « Parc au bord de
　　　l'Orne » – 📺 ☎ 🖪 – 🔒 100. 💵 ① 🌚
　　　fermé 30 nov. au 28 déc. et 4 janv. au 1ᵉʳ fév. – **Repas** 138/370, enf. 95 – 😄 52 – **25 ch**
　　　390/530 – ½ P 450/490.

XX　**Chalet de Cantepie,** 𝒫 02 31 69 88 88, Fax 02 31 69 66 72, 斎 – 🖪, 💵 ① 🌚 🇯🇨🇧
　　　fermé 12 janv. au 14 fév., dim. soir et lundi du 1ᵉʳ oct. au 15 mars – **Repas** 99/248.

CLÉDEN-CAP-SIZUN 29770 Finistère 58 ⑬ – 1 181 h alt. 30.
　　　Voir Pointe de Brézellec ≤★ N : 2 km, G. Bretagne.
　　　Paris 613 – Quimper 47 – Audierne 11 – Douarnenez 28.

X　**L'Étrave,** rte Pointe du Van sur D 7 : 2 km 𝒫 02 98 70 66 87, ≤, 溽 – 🖪, 🌚
🍴　23 mars-28 sept. et fermé merc. – **Repas** 90/245 ⅃.

CLELLES 38930 Isère 77 ⑭ – 345 h alt. 746.
　　　Paris 617 – Gap 74 – Die 48 – Grenoble 51 – La Mure 28 – Serres 59.

🏠　**Ferrat,** 𝒫 04 76 34 42 70, Fax 04 76 34 47 47, ≤, 斎, 🔲, 溽 – ☎ 🚗 🖪, 🌚
　　　10 mars-11 nov. et fermé mardi hors sais. – **Repas** 90/180, enf. 50 – 😄 30 – **23 ch** 270/320
　　　– ½ P 290/310.

　　　RENAULT Gar. du Trièves, 𝒫 04 76 34 40 35 Ⓝ 𝒫 04 76 34 40 35

CLERGOUX 19320 Corrèze 75 ⑩ – 367 h alt. 520.
　　　Paris 500 – Brive-la-Gaillarde 48 – Mauriac 47 – St-Céré 70 – Tulle 21 – Ussel 47.

🏠　**Chammard** sans rest, 𝒫 05 55 27 76 04, 溽 – 🖪, 🌚
　　　😄 22 – **15 ch** 140/150.

CLERMONT ◆ 60600 Oise 56 ① G. Flandres Artois Picardie – 8 934 h alt. 125.
　　　Voir Église★ d'Agnetz O : 2 km par N 31.
　　　🅘 Office de Tourisme Hôtel-de-Ville 𝒫 03 44 50 40 25, Fax 03 44 78 33 89.
　　　Paris 78 – Compiègne 34 – Amiens 64 – Beauvais 27 – Mantes-la-Jolie 96 – Pontoise 56.

à Gicourt Agnetz Ouest : 2 km – ✉ 60600 Agnetz :

XX　**Aub. de Gicourt,** N 31 𝒫 03 44 50 00 31, Fax 03 44 50 42 29, 斎 – 💵 🌚
　　　fermé 28 juil. au 18 août, vacances de fév., dim. soir et lundi – **Repas** 105/188 bc, enf. 60.

à Étouy Nord-Ouest : 7 km par D 151 – 814 h. alt. 85 – ✉ 60600 :

XXX　**L'Orée de la Forêt** (Leclercq) 🦢 avec ch, 𝒫 03 44 51 65 18, Fax 03 44 78 92 11, parc –
🅔　🖪, 🌚, 🍽 ch
　　　fermé 16 août au 15 sept., soirs fériés, dim. soir et vend. – **Repas** 100/355 et carte 290 à 400
　　　– 😄 30 – **4 ch** 130/210
　　　Spéc. Escalopes de foie gras poêlées. Pigeonneau rôti, jus à la badiane. Millefeuille.

FORD Cler'Auto Services, 75 r. du Gén.-de-Gaulle
ℰ 03 44 50 28 17
RENAULT Gar. Socla, 1 av. des Déportés
ℰ 03 44 50 82 00 N ℰ 06 07 65 51 45

⊕ Euromaster, 64 r. de Paris à St-Just-en-
Chaussée ℰ 03 44 78 51 36
Montdy Pneus, 134 r. de Paris à St-Just-en-
Chaussée ℰ 03 44 78 68 09

CLERMONT-EN-ARGONNE 55120 Meuse 56 ⑳ *G. Champagne* – 1 794 h alt. 229.
Paris 237 – Bar-le-Duc 50 – Dun-sur-Meuse 40 – Ste-Menehould 15 – Verdun 30.

XX **Bellevue** avec ch, r. Libération ℰ 03 29 87 41 02, Fax 03 29 88 46 01, 🍴, 🌿 – 🅿 AE
⊕ ⌹ 🍴 ch
fermé 23 déc. au 5 janv. – Repas 80/240 ⅃, enf. 45 – ⌷ 35 – **7 ch** 230/280 – ½ P 250/280.

CLERMONT-FERRAND 🅿 63000 P.-de-D. 73 ⑭ *G. Auvergne* – 136 181 h Agglo. 254 416 h
alt. 401.

Voir *Le Vieux Clermont* ★★ **EFVX** : *Basilique de N.-D.-du-Port* ★★ (choeur ★★★), *Cathé-
drale* ★★ (vitraux ★★), *fontaine d'Amboise* ★, *cour* ★ de la maison de Savaron **EV**, *Cour* ★ dans
le *Musée du Ranquet* **EV M¹** – *Le Vieux Montferrand* ★★ : *Hôtel de Lignat* ★, *Hôtel de
Fontenilhes* ★, *Maison de l'Éléphant* ★, *cour* ★ de l'hôtel Regin, *porte* ★ de l'hôtel d'Albiat,
Bas-relief ★ de la Maison d'Adam et d'Ève – *Musée des Beaux-Arts* ★★ – *Belvédère de la
D 941ᴬ ≤ * ★★ **AY.**

Env. *Puy de Dôme* ☀ ★★★ 15 km par ⑥.

🏌 *des Volcans à Orcines* ℰ 04 73 62 15 51, par ⑥ : 9 km ; 🏌 *de Charade à Royat* ℰ 04 73 35
73 09 par D 941ᶜ, D 5, D 5ᶠ **A.**

Circuit automobile de Clermont-Ferrand-Charade AZ.

✈ *de Clermont-Ferrand-Aulnat :* ℰ 04 73 62 71 00 par D 766 **CY** : 6 km.

🅱 *Office de Tourisme* 69 bd F.-Mitterrand ℰ 04 73 93 30 20, Fax 04 73 93 56 26, à la Gare
SNCF ℰ 04 73 91 87 89 et pl. de Jaude (saison) – *Automobile Club d'Auvergne* 3 r. Nicolas
Joseph Cugnot ℰ 04 73 98 16 80, Fax 04 73 98 16 88.

*Paris 422 ② – Bordeaux 364 ⑥ – Grenoble 303 ③ – Lyon 174 ③ – Marseille 481 ③ –
Montpellier 352 ④ – Moulins 104 ① – Nantes 458 ⑥ – St-Étienne 151 ③ – Toulouse 375 ④.*

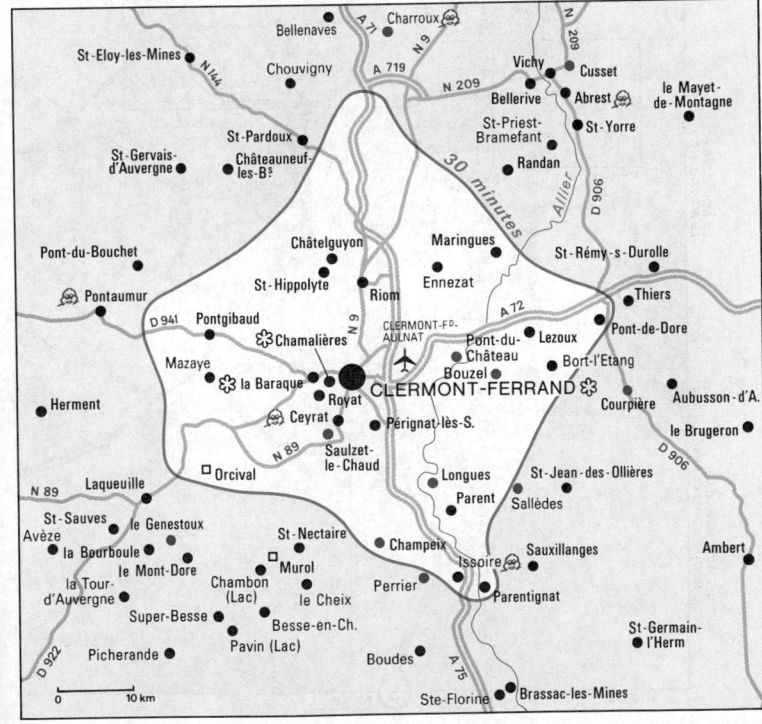

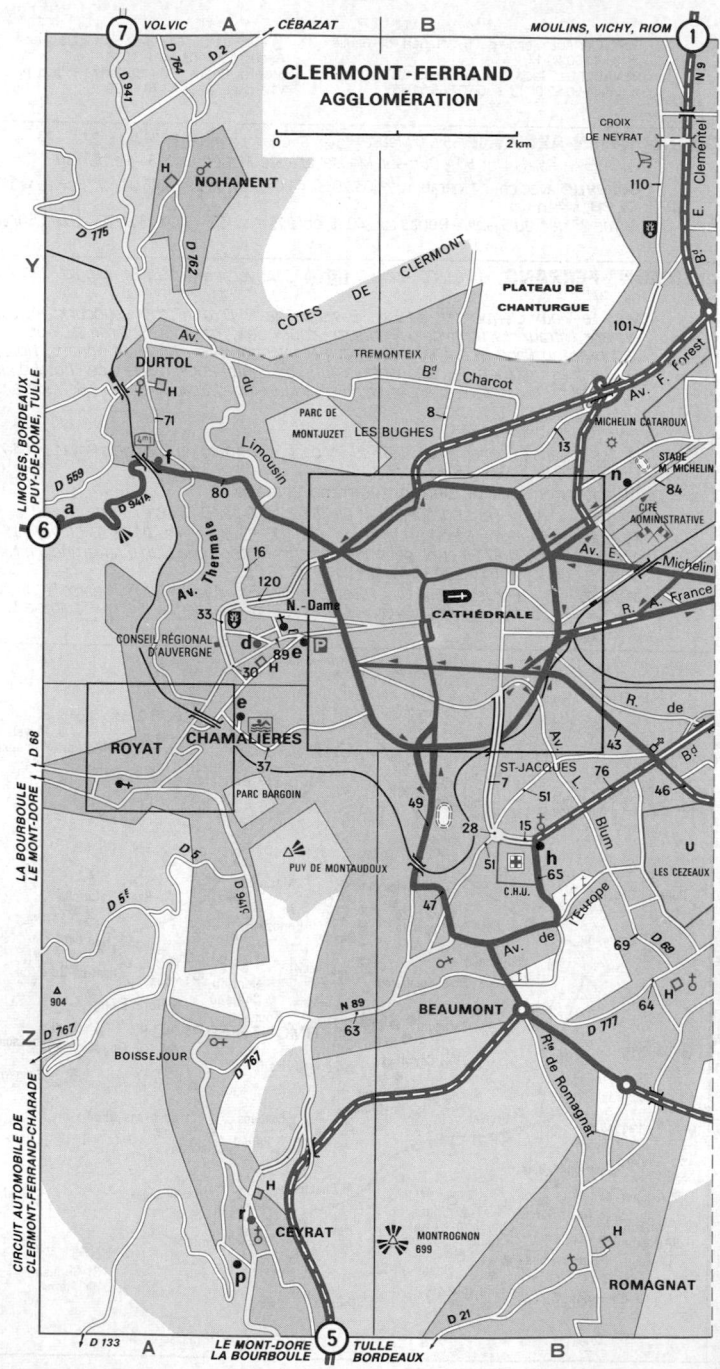

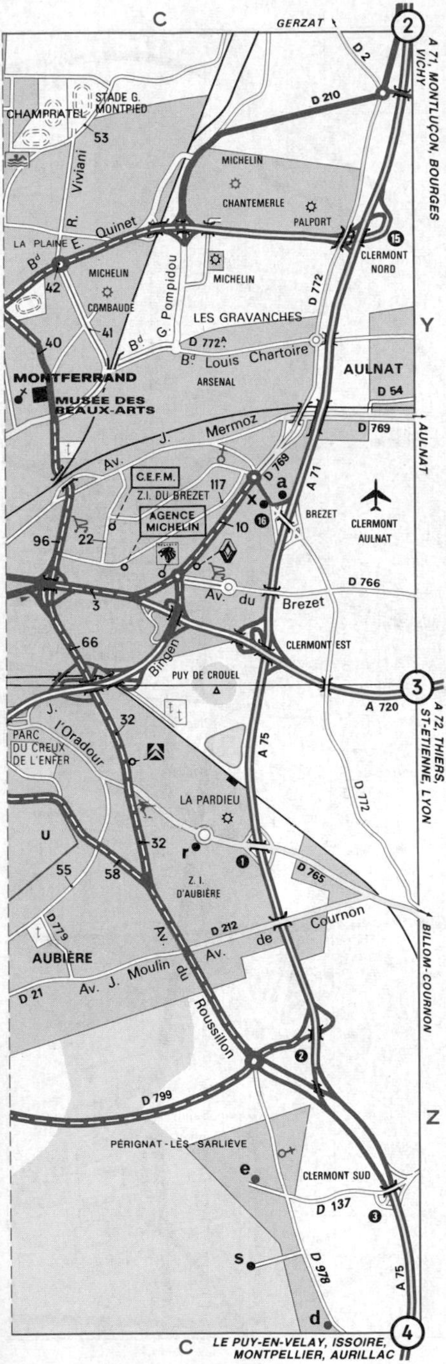

AUBIÈRE

Cournon (Av. de) .... **CZ**
Maerte (Av. R.) .... **CZ** 55
Mont-Mouchet (Av. du) ... **BZ** 64
Moulin (Av. Jean) .... **CZ**
Noellet (Av. J.) .... **BZ** 69
Roussillon (Av. du) .... **CZ**

BEAUMONT

Europe (Av. de l') .... **BZ**
Leclerc (Av. du Gén.) ..... **BZ** 47
Mont-Dore (Av. du) ..... **ABZ** 63
Romagnat (Rte de) .... **BZ**

CHAMALIÈRES

Claussat (A. J.) .... **AY** 16
Europe (Carref. de l') ..... **AY** 30
Fontmaure (Av. de) .... **AY** 33
Gambetta (Bd) .... **AZ** 37
Royat (Av. de) .... **AY** 89
Voltaire (R.) .... **AY** 120
Thermale (Av.) .... **AY**

CLERMONT-FERRAND

Agriculture (Av. de l') ..... **CY** 3
Anatole-France (R.) .... **BY**
Bernard (Bd Cl.) .... **BZ** 7
Bingen (Bd J.) .... **BCYZ**
Blanzat (R. de) .... **BY** 8
Blériot (R. L.) .... **CY** 10
Blum (Av. L.) .... **BZ**
Brezet (Av. du) .... **CY**
Champfleuri (R. de) ...... **BY** 13
Charcot (Bd) .... **BY**
Churchill (Bd Winston) .... **BZ** 15
Clementel (Bd E.) .... **BY**
Cugnot (R. N.-J.) .... **CY** 22
Dunant (Pl. H.) .... **BZ** 28
Flaubert (Bd G.) .... **CZ** 32
Forest (Av. F.) .... **BY**
Jouhaux (Bd L.) .... **CY** 40
Kennedy (Bd J.-F.) .... **CY** 41
Kennedy (Carref.) .... **CY** 42
La Fayette (Bd) .... **BZ** 43
Landais (Av. des) .... **BCZ** 46
Libération (Av. de la) ...... **BZ** 49
Limousin (Av. du) .... **AY**
Liondards (Av. des) .... **BZ** 51
Mabrut (R. A.) .... **CY** 53
Margeride (Av. de la) ..... **CZ** 58
Mermoz (Av. J.) .... **CY**
Michelin (Av. Edouard) .... **BY**
Montalembert (R.) .... **BZ** 65
Moulin (Av. Jean) .... **CZ**
Oradou (R. de l') .... **BCZ**
Pochet-Lagaye (Bd) ...... **BZ** 76
Pompidou (Bd G.) .... **CY**
Puy-de-Dôme (Av. du) .... **AY** 80
Quinet (Bd E.) .... **CY**
République (Av. de la) .... **BY** 84
St-Jean (Bd) .... **CY** 96
Sous-les-Vignes (R.) ...... **BY** 101
Torpilleur Sirocco (R. du) . . **BY** 110
Verne (R. Jules) .... **CY** 117
Viviani (R.) .... **CY**

DURTOL

Paix (Av. de la) .... **AY** 71

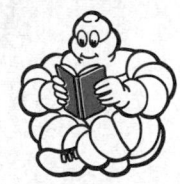

Pour un bon usage des plans de villes, voir les signes conventionnels dans l'introduction

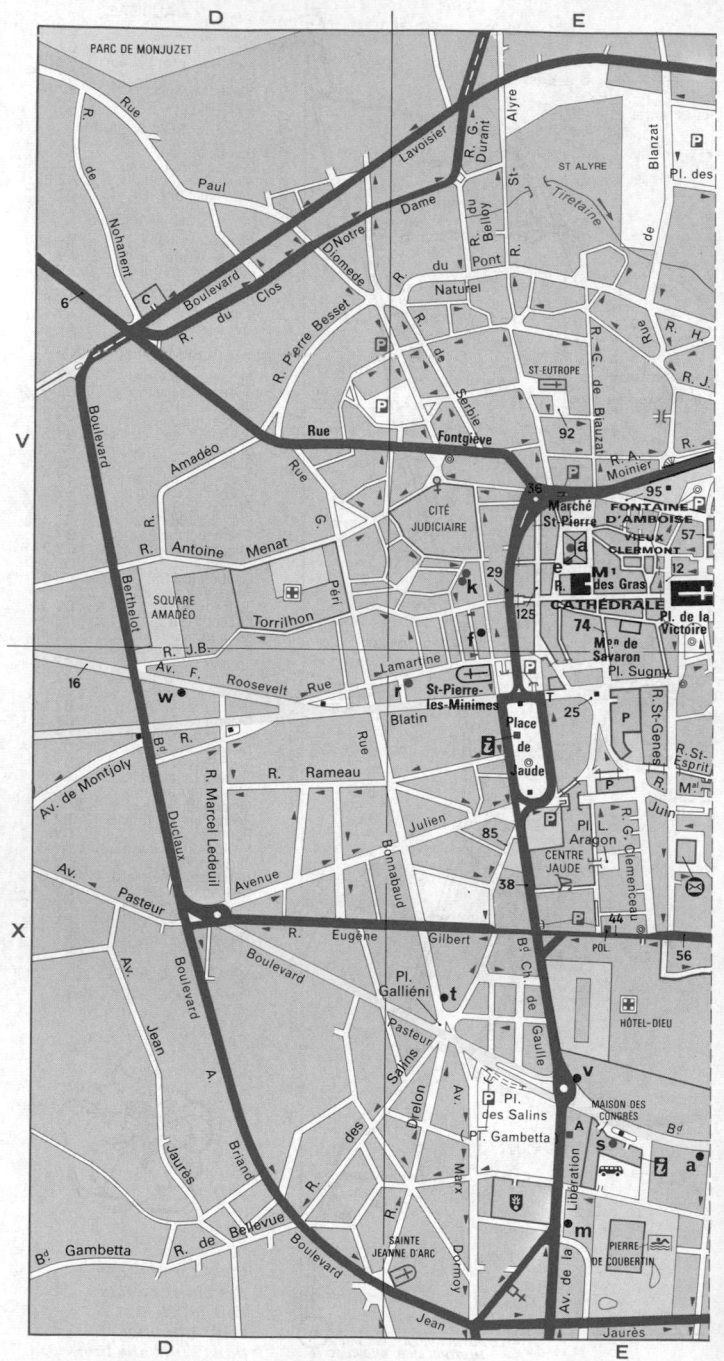

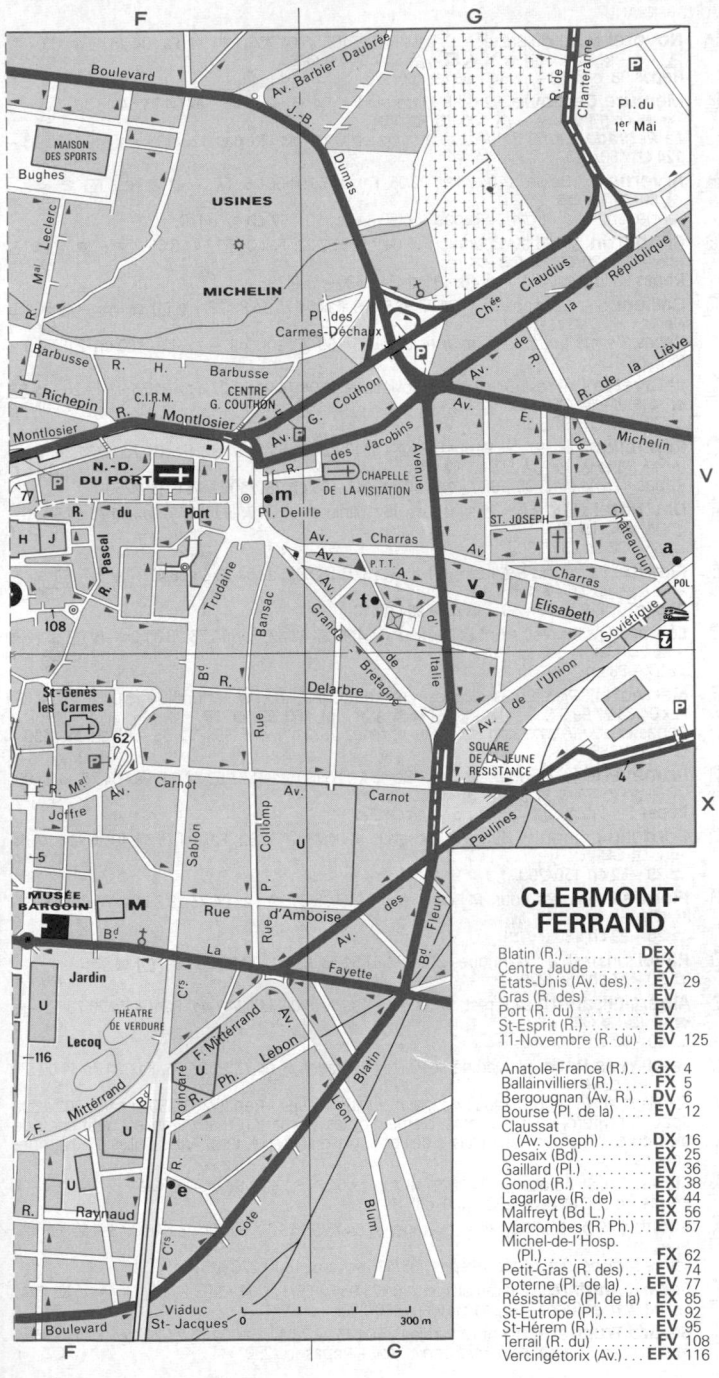

CLERMONT-FERRAND

300 m

🏨 **Novotel** M, Z.I. du Brézet, r. G. Besse ⊠ 63100 *𝒫* 04 73 41 14 14, Fax 04 73 41 14 00, 佘, 🏊, 🐾 – ⧉ ☒⊨ ▤ 📺 ☎ ✆ ₺ 🅿 – 🏛 110. 🆎 ⓞ 🇬🇧
Repas 98, enf. 50 – �???? 54 – **96 ch** 460/520.
CY   a

🏨 **Mercure Gergovie**, 82 bd F. Mitterrand *𝒫* 04 73 34 46 46, Fax 04 73 34 46 36, 佘 – ⧉ ☒⊨ ▤ **ch** 📺 ☎ 🛆 – 🏛 100. 🆎 ⓞ 🇬🇧
La Retirade (fermé 24 déc. au 1ᵉʳ janv. et sam. midi) **Repas** 120/195, enf. 49 – �??? 53 – **124 ch** 460/520.
EX   v

🏨 **Arverne**, pl. Delille *𝒫* 04 73 91 92 06, Fax 04 73 91 60 25, 佘 – ⧉ ▤ rest 📺 ☎ 🛆 – 🏛 60. 🆎 ⓞ 🇬🇧
fermé sam. midi et dim. – **Repas** 75/150 ⅊ – �??? 50 – **57 ch** 420/470.
FV   m

🏨 **Coubertin** M, 25 av. Libération *𝒫* 04 73 93 22 22, Fax 04 73 34 88 66, 佘 – ⧉ 📺 ☎ ₺ 🛆 – 🏛 120. 🆎 ⓞ 🇬🇧, ⅍ rest
Repas 85 (déj.)/120 ⅊ – �??? 48 – **81 ch** 345/380 – ½ P 295.
EX   m

🏨 **Gallieni**, 51 r. Bonnabaud *𝒫* 04 73 93 59 69, Fax 04 73 34 89 29 – ⧉ 📺 ☎ 🛆 – 🏛 50. 🆎 ⓞ 🇬🇧 ⌁ᴄʙ, ⅍ rest
Repas *(fermé août, sam. midi et dim.)* 95/150 ⅊, enf. 49 – �??? 40 – **80 ch** 215/350 – ½ P 260/280.
EX   t

🏨 **Lafayette** sans rest, 53 av. Union Soviétique *𝒫* 04 73 91 82 27, Fax 04 73 91 17 26 – ⧉ 📺 ☎ ✆ 🅿. 🆎 ⓞ 🇬🇧
�??? 35 – **50 ch** 290/330.
GV   a

🏨 **République** M, 97, av. République ⊠ 63100 *𝒫* 04 73 91 92 92, Fax 04 73 90 21 88, 佘 – ⧉ 📺 ☎ ₺ 🅿 – 🏛 50. 🆎 ⓞ 🇬🇧
Repas *(fermé dim.)* 90/180 ⅊, enf. 40 – �??? 35 – **55 ch** 280/300 – ½ P 230/250.
BY   n

🏨 **Dav'Hôtel Jaude** M ⅏ sans rest, 10 r. Minimes *𝒫* 04 73 93 31 49, Fax 04 73 34 38 16 – ⧉ 📺 ☎ ✆. 🆎 🇬🇧
�??? 35 – **28 ch** 250/280.
EV   f

🏨 **Fimotel** M, 59 bd F. Mitterrand *𝒫* 04 73 93 58 58, Fax 04 73 35 58 47 – ⧉ ☒⊨ 📺 ☎ ₺ 🛆 – 🏛 80. 🆎 ⓞ 🇬🇧
Repas 82/119 ⅊, enf. 38 – �??? 42 – **95 ch** 310.
EX   a

🏨 **Le Parc** M sans rest, rd-pt La Pardieu *𝒫* 04 73 27 47 47, Fax 04 73 28 01 24 – ⧉ 📺 ☎ ₺ 🅿 – 🏛 25. 🇬🇧
�??? 27 – **38 ch** 210/230.
CZ   r

🏨 **Marmotel**, Plateau St-Jacques près du CHRU, bd W. Churchill *𝒫* 04 73 26 24 55, Fax 04 73 27 99 57, 佘 – ⧉ 📺 ☎ ✆ ₺ 🅿 – 🏛 160. 🆎 ⓞ 🇬🇧
Repas (snack) *(fermé sam. soir, dim. et fériés)* 73/91 ⅊, enf. 39 – �??? 33 – **86 ch** 265/350 – ½ P 240/255.
BZ   h

🏨 **Primevère** M, Z.I. du Brézet, r. G. Besse ⊠ 63100 *𝒫* 04 73 92 34 24, Fax 04 73 90 95 90, 佘 – ⧉ ☒⊨ 📺 ☎ ✆ ₺ 🅿 – 🏛 40. 🆎 ⓞ 🇬🇧
Repas 59/110 ⅊, enf. 46 – �??? 37 – **44 ch** 290.
CY   x

🏨 **Bordeaux** sans rest, 39 av. F. Roosevelt *𝒫* 04 73 37 32 32, Fax 04 73 31 40 56 – ⧉ ☎ ✆ 🛆. 🆎 🇬🇧
�??? 29 – **32 ch** 150/290.
DX   w

🏨 **Floride II** sans rest, cours R. Poincaré *𝒫* 04 73 35 00 20, Fax 04 73 28 01 24 – ⧉ 📺 ☎ 🛆 🅿. 🇬🇧
�??? 26 – **29 ch** 180.
FX   e

🏨 **Ravel** sans rest, 8 r. Maringues *𝒫* 04 73 91 51 33, Fax 04 73 92 28 48 – 📺 ☎. 🇬🇧
�??? 30 – **23 ch** 150/220.
GV   t

🏨 **Albert-Élisabeth** sans rest, 37 av. A. Élisabeth *𝒫* 04 73 92 47 41, Fax 04 73 90 78 32 – ⧉ ☎ ✆. 🆎 ⓞ 🇬🇧
�??? 30 – **38 ch** 160/300.
GV   v

🍴🍴🍴 **Jean-Yves Bath**, pl. Marché St-Pierre (1ᵉʳ étage) *𝒫* 04 73 31 23 23, Fax 04 73 31 08 33, 佘 – ▤. 🆎 🇬🇧
❀ *fermé 1ᵉʳ au 15 sept., 10 au 28 fév., dim., lundi et fériés* – **Repas** 260/350 et carte 300 à 390
Spéc. "Profiteroles" d'escargots, crème d'orties. Homard rôti aux lentilles, petit chou de pied porc. "Salambo" aux fraises des bois, glace au basilic (été). **Vins** Côtes d'Auvergne-Boudes.
EV   a

🍴🍴🍴 **Clavé**, 10 r. St-Adjutor *𝒫* 04 73 36 46 30, Fax 04 73 31 30 74, 佘 – 🅿. 🇬🇧
Repas 110/390 et carte 280 à 400, enf. 80.
EV   k

🍴🍴🍴 **Vacher**, 69 bd F. Mitterrand (1ᵉʳ étage) *𝒫* 04 73 93 13 32, Fax 04 73 34 07 13 – 🆎 ⓞ 🇬🇧 ⌁ᴄʙ
fermé sam. de juin à août – **Repas** 105/175 et carte 180 à 270 ⅊.
EX   s

🍴🍴 **Gérard Anglard**, 17 r. Lamartine *𝒫* 04 73 93 52 25, Fax 04 73 93 29 25, 佘 – ▤. 🆎 🇬🇧
fermé dim. et fériés – **Repas** 110 (déj.), 170/290.
EX   r

🍴🍴 **Gérard Truchetet**, rd-pt La Pardieu *𝒫* 04 73 27 74 17, Fax 04 73 27 74 17 – ▤ 🅿. 🇬🇧
fermé 11 au 31 août, sam. midi et dim. soir – **Repas** 100/250.
CZ   r

✗ **Clos St-Pierre**, pl. Marché St-Pierre (rez-de-chaussée) 𝒫 04 73 31 23 22, Fax 04 73 31 08 33, 😁, bistrot – 🍴. GB   EV   e
fermé 1ᵉʳ au 15 sept., 10 au 28 fév., dim., lundi et fériés – Repas carte 170 à 230 💧.

✗ **Le Green**, 10 r. St-Adjutor 𝒫 04 73 36 47 78, 😁 – 🍴. GB   EV   k
fermé dim. – Repas 55 (déj.), 89/129 💧.

✗ **Brasserie Gare Routière**, 69 bd F. Mitterrand (rez-de-chaussée) 𝒫 04 73 93 13 32, Fax 04 73 34 07 13 – ⒶⒺ ① GB 𝒿𝒸𝒷   EX   s
Repas carte 90 à 170 💧.

à Chamalières – *17 301 h. alt. 450* – ✉ *63400* :

🏨 **Radio** Ⓜ 🐾, 43 av. P.-Curie 𝒫 04 73 30 87 83, Fax 04 73 36 42 44, ≤, « Cadre ''Art
❀ Déco'' », 🍳 – 📶 🛏 rest 📺 ☎ 🍴. ⒶⒺ ① GB   Plan de Royat   B   w
fermé janv. – Repas *(fermé dim. sauf fériés et lundi midi)* 160/420 et carte 260 à 460 –
⊡ 60 – **26 ch** 250/750 – ½ P 405/600
Spéc. Tartare de lapin au serpolet, tartine de chèvre chaud. ''Bonbon'' de Saint-Pierre,
fondue de poireaux. Volcan au chocolat noir.

🏠 **Europe H.** sans rest, 29 av. Royat 𝒫 04 73 37 61 35, Fax 04 73 31 16 59 – 📶 🛁 📺 ☎ 📞
🖥, ① GB   AY   e
⊡ 40 – **34 ch** 243/347.

🏠 **Chalet Fleuri** 🐾, 37 av. Massenet 𝒫 04 73 35 09 60, Fax 04 73 35 27 25, 🍳 – 📺 ☎ 🍴.
ⒶⒺ GB. ❀ rest   AZ   e
1ᵉʳ mars-31 oct. – Repas 100/220 – ⊡ 35 – **39 ch** 200/320 – ½ P 283/370.

✗ **La Gravière**, 22 r. pont Gravière 𝒫 04 73 36 99 35 – GB   AY   d
fermé 19 juil. au 22 août, dim. soir et lundi – Repas 95/280.

à l'aéroport d'Aulnat *par D 769 CY* – ✉ *63510 Aulnat* :

🏩 **Climat de France**, 𝒫 04 73 92 72 02, Fax 04 73 90 12 33 – 📺 ☎ 📞 & 🍴 – 🔬 25. ⒶⒺ ①
GB
Repas 87/105 💧, enf. 39 – ⊡ 35 – **42 ch** 275.

à Pérignat-lès-Sarliève : *8 km* – *1 716 h. alt. 364* – ✉ *63170* :

🏨 **Host. St-Martin** 🐾, Château de Bonneval 𝒫 04 73 79 81 00, Fax 04 73 79 81 01, ≤, 😁,
« Parc », 🏊, ❀ – 📶 📺 ☎ 📞 & 🍴 – 🔬 100 à 150. GB   CZ   s
Repas *(fermé dim. soir de nov. à mars)* 110/260 – ⊡ 45 – **35 ch** 370/670 – ½ P 380/530.

✗✗ **Le Petit Bonneval** avec ch, D 978 𝒫 04 73 79 11 11, Fax 04 73 79 19 98, ≤, 😁, 🍳 – 📺
☎ 🍴. GB   CZ   d
fermé 27 juil. au 6 août, 26 déc. au 5 janv., dim. soir et soirs fériés – Repas 98/285, enf. 70 –
⊡ 35 – **6 ch** 200/280 – ½ P 250.

✗✗ **Pescalune** avec ch, r. J. Jaurès 𝒫 04 73 79 11 22, Fax 04 73 79 09 30 – ☎. ⒶⒺ GB CZ   e
fermé 2 au 21 août, vacances de fév., dim. soir et lundi – Repas 98/220 – ⊡ 27 – **3 ch** 180.

rte de La Baraque *vers ⑥* – ✉ *63830 Durtol* :

✗✗✗✗ **Bernard Andrieux**, 𝒫 04 73 37 00 26, Fax 04 73 36 95 25 – 🛏 🍴. ⒶⒺ GB 𝒿𝒸𝒷. ❀
❀ *fermé 28/4 au 4/5, 26/7 au 14/8, vacances de Toussaint et de fév.* – Repas 165/450 et carte
320 à 490   AY   f
Spéc. Marbré de foie gras et homard. Saint-Pierre braisé, jus de volaille et risotto. Crème
glacée chocolat et granité café. Vins Côtes d'Auvergne-Boudes.

✗✗✗ **L'Aubergade**, 𝒫 04 73 37 84 64, Fax 04 73 30 95 57, 😁, 🍳 – 🍴. GB 𝒿𝒸𝒷   AY   a
fermé 1ᵉʳ au 21 mars, 1ᵉʳ au 15 sept., dim. soir et lundi – Repas 132/250 et carte 220 à 360.

à La Baraque *par ⑥ : 7 km* – ✉ *63870 Orcines* :

🏩 **Relais des Puys**, 𝒫 04 73 62 10 51, Fax 04 73 62 22 09, 🍳 – 📺 ☎ 📞 🍴. GB
🖘 *fermé 10 déc. au 31 janv., dim. soir du 15 sept. au 1ᵉʳ juin et lundi midi* – Repas 78/180 💧 –
⊡ 35 – **28 ch** 175/300 – ½ P 200/268.

par ⑥ sur D 941ᴬ : 10 km – ✉ *63870 Orcines* :

✗✗ **La Clef des Champs**, 𝒫 04 73 62 10 69, 😁, 🍳 – 🍴. ⒶⒺ ① GB
🖘 *fermé 2 au 22 janv., dim. soir et merc.* – Repas 79/225.

MICHELIN, Agence, r. J.-Verne, ZI du Brézet CY *plan agglomération* 𝒫 04 73 91 29 31
MICHELIN, Centre d'Echanges et de Formation r. Cugnot, ZI du Brézet CY *plan
d'agglomération* 𝒫 04 73 23 53 00
MICHELIN, Compétition, r. J.-Verne, ZI du Brézet, 𝒫 04 73 90 77 34
MICHELIN, Division Commerciale France, r. Cugnot, ZI du Brézet 𝒫 04 73 23 92 00

ALFA-ROMEO, FIAT Gar. de la Source, bd J.-Moulin
℘ 04 73 91 02 02
BMW Gar. Gergovie, N 9 à La Roche Blanche
℘ 04 73 79 11 41 **N** ℘ 08 00 00 16 24
CITROEN Succursale, 111 bd Gustave Flaubert
℘ 04 73 28 61 61 **N** ℘ 04 73 40 16 54
FORD Gar. Dugat, 23 av. Agriculture
℘ 04 73 91 17 67
FORD Gar. Montjoly Auto, 93 av. de Royat à
Chamalières ℘ 04 73 36 69 99
HONDA Gar. des Bughes, 18 av. Mar. Leclerc
℘ 04 73 98 25 50
LADA, TOYOTA Hall de l'Auto, 36 av. de Cournon ZI
à Aubière ℘ 04 73 26 34 48
LANCIA DAEWOO 157 bd. G.-Flaubert
℘ 04 73 26 44 25
PEUGEOT Clermontoise automobile, 27 av. du
Brézet ℘ 04 73 92 14 12 **N** ℘ 06 09 10 26 81

RENAULT Renault Clermont, ZI du Brézet, r.
Blériot ℘ 04 73 42 75 75 **N** ℘ 08 00 05 15 15
ROVER Clermont Car Company, 11-13 bd
G.-Flaubert ℘ 04 73 92 43 39
VAG Carnot Centre, 10 r. Bien-Assis
℘ 04 73 98 01 10
VAG Carnot Sud, 86 av. de Cournon à Aubière
℘ 04 73 60 74 80

Ⓦ Dome pneus, 43 r. Jules Verne
℘ 04 73 91 30 30
Euromaster, 238 bd Clémentel
℘ 04 73 23 15 15
Euromaster, 80 av. du Brézet ℘ 04 73 92 13 50
Euromaster, r. Gutenberg, ZI du Brézet
℘ 04 73 91 10 20
Vincent Pneus, 123 av. de la République
℘ 04 73 92 75 19
Vulco, 65 av. du Brézet ℘ 04 73 91 39 30

CLERMONT-L'HÉRAULT *34800 Hérault* 🟦🟦 ⑤ *G. Gorges du Tarn – 6 041 h alt. 92.*

Voir *Église St-Paul*★.

🏛 *Office de Tourisme 9 r. R.-Gosse ℘ 04 67 96 23 86, Fax 04 67 96 98 58.*

*Paris 729 – Montpellier 41 – Béziers 47 – Lodève 19 – Pézenas 22 – St-Pons-de-Thomières
75 – Sète 44.*

🏠 **Sarac,** rte Béziers ℘ 04 67 96 06 81, Fax 04 67 88 07 30, 🍽 – 🔄 📺 ☎ 🅲 🅿, ⊞, ⊕ rest
Repas *(fermé mi-déc. à mi-janv., week-ends hors sais., dim. sauf le soir en sais. et sam.
midi)* 98 (déj.), 119/169, enf. 65 – 🖙 35 – **22 ch** 230/260 – ½ P 260/270.

à St-Guiraud *Nord : 7,5 km par N 9, N 109 et D 130^E – 171 h. alt. 120 – ✉ 34725 :*

🍴🍴 **Mimosa,** ℘ 04 67 96 67 96, Fax 04 67 96 61 15, 🍽 – 🔲, ⊞, ⊕
28 fév.- 2 nov. et fermé dim. soir sauf juil.-août et lundi sauf fériés le midi – **Repas** (déj. sur
réservation) 170 (déj.)/290.

à St-Saturnin-de-Lucian *Nord : 10 km par N 9, N 109 et D 130^E – 199 h. alt. 150 – ✉ 34725 :*

🏠 **Ostalaria Cardabela** sans rest, 10 pl. Fontaine ℘ 04 67 88 62 62, Fax 04 67 88 62 82 –
☎, ⊞, ⊕
mars-oct. – 🖙 50 – **8 ch** 350/480.

PEUGEOT Gar. Ryckwaert, rte de Montpellier N 9
℘ 04 67 96 07 31 **N** ℘ 04 67 96 07 31
RENAULT Diffusion Auto Clermontaise, rte de
Montpellier ℘ 04 67 96 03 42 **N** ℘ 04 67 96 03 42

Ⓦ Ayme Pneus, av. de Montpellier
℘ 04 67 96 00 62

CLICHY *92 Hauts-de-Seine* 🟦🟦 ⑳,, 🟥🟥🟥 ⑮ – *voir à Paris, Environs.*

CLIMBACH *67510 B.-Rhin* 🟦🟦 ⑲ – *480 h alt. 347.*

Paris 477 – Strasbourg 63 – Bitche 40 – Haguenau 31 – Wissembourg 9.

🏠 **A L'Ange,** ℘ 03 88 94 43 72 – ☎ 🅿, ⊕ ch
fermé 6 au 21 août et 12 nov. au 11 déc. – **Repas** *(fermé merc. soir et jeudi)* 95/150 et carte
140 à 200 🐟 – 🖙 30 – **15 ch** 170/200 – ½ P 200.

🍴🍴 **Cheval Blanc** avec ch, ℘ 03 88 94 41 95, Fax 03 88 94 21 96 – 📺 ☎ 🅿, ⊞
fermé 1er au 10 juil., 15 janv. au 15 fév., mardi soir et merc. – **Repas** 95/175 🐟 – 🖙 36 – **12 ch**
250/295 – ½ P 280/300.

CLISSON *44190 Loire-Atl.* 🟦🟦 ④ *G. Poitou Vendée Charentes – 5 495 h alt. 34.*

Voir *Site*★.

🏛 *Office de Tourisme 6 pl. Trinité ℘ 02 40 54 02 95 et pl. du Minage (15 juin-15 sept.)
℘ 02 40 54 39 56, Fax 02 40 54 07 77.*

Paris 384 ① – Nantes 29 ① – Niort 129 ③ – Poitiers 150 ② – La Roche-sur-Yon 54 ③.

Plan page suivante

🏠 **Gare,** pl. Gare (u) ℘ 02 40 36 16 55, Fax 02 40 54 40 85 – 📺 ☎, ⊞, ⊕ rest
🍴 **Repas** *(fermé dim. soir)* 65/160 🐟, enf. 45 – 🖙 35 – **34 ch** 190/320 – ½ P 200/260.

CLISSON

*Ne cherchez pas
au hasard un hôtel
agréable et tranquille
mais consultez les cartes
de l'introduction.*

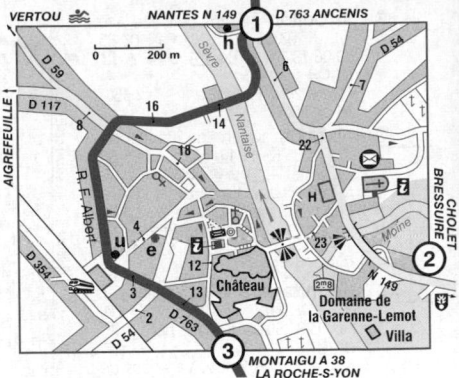

XXX **Bonne Auberge** (Poiron), 1 r. O. de Clisson **(e)** ℰ 02 40 54 01 90, Fax 02 40 54 08 48, ✍
– ⚿ ᴁ ☒
𝕊 *fermé 10 au 31 août, 16 fév. au 1ᵉʳ mars, dim. soir et lundi* – **Repas** 98 (déj.), 160/430 et carte
340 à 420
Spéc. Croustillant de tourteaux, crème de corail aux herbes fines. Sandre au four, sauce à la
crème d'huîtres. Suprême de pintade fermière demi-deuil. **Vins** Muscadet, Montlouis.

X **Aub. de la Cascade** ⚘ avec ch, 28 rte Gervaux **(h)** ℰ 02 40 54 02 41, ≤, ✍ – ⵏ. ᴁ ☒
☒ *fermé vacances de Toussaint, 26 janv. au 2 fév., dim. soir et lundi* – **Repas** 68/165 – ⵥ 26 –
10 ch 140/240.

à Gétigné *par ② : 3 km – 2 912 h. alt. 26 –* ⊠ *44190 :*

XX **Gétignière**, 3 r. Navette ℰ 02 40 36 05 37, Fax 02 40 54 24 76 – ☒
☒ *fermé 18 août au 17 sept., vacances de fév., dim. soir et merc.* – **Repas** 75 (déj.), 115/235.

CITROEN Gar. Méchinaud, par D54   ⓜ Euromaster, à Gétigné ℰ 02 40 36 12 82
ℰ 02 40 54 41 10
PEUGEOT Gar. Baudu, par ① ℰ 02 40 54 46 30 🄽
ℰ 02 40 54 36 99

CLOHARS-FOUESNANT 29 Finistère ⑤⑧ ⑮ – *rattaché à Bénodet.*

CLOYES-SUR-LE-LOIR 28220 E.-et-L. ⑥⓪ ⑯ ⑰ *G. Châteaux de la Loire – 2 593 h alt. 97.*
Voir *Montigny-le-Gannelon : château★ N : 2 km.*
🄱 *Office de Tourisme 11 pl. Gambetta ℰ 02 37 98 55 27.*
Paris 143 – Orléans 62 – Blois 54 – Chartres 56 – Châteaudun 12 – Le Mans 92.

🏯 **Host. St-Jacques** ⚘, pl. Marché aux Oeufs ℰ 02 37 98 40 08, Fax 02 37 98 32 63, ☔,
« Jardin au bord du Loir » – 🛗 📺 ☎ ⵏ. ᴁ ☒
mi-mars-début nov. – *- Le P'tit Bistrot :* **Repas** 98, enf. 59 – ⵥ 55 – **22 ch** 360/590 –
½ P 375/470.

PEUGEOT Gar. Cassonnet, ℰ 02 37 98 51 90 🄽   RENAULT Gar. Chopard, ℰ 02 37 98 53 32
ℰ 02 37 98 62 71

CLUNY 71250 S.-et-L. ⑥⑨ ⑲ *G. Bourgogne – 4 430 h alt. 248.*
Voir *Anc. abbaye★★ : clocher de l'Eau Bénite★★ – Musée Ochier★ M – Clocher★ de l'église
St-Marcel.*
Env. *Château de Cormatin★★ : cabinet de Ste-Cécile★★★ N : 13 km – Prieuré★ de Blanot
NE : 10 km – Communauté de Taizé N : 10 km.*
🄱 *Office de Tourisme 6 r. Mercière (fermé dim. de nov. à mars) ℰ 03 85 59 05 34, Fax 03 85
59 06 95.*
*Paris 388 ① – Mâcon 27 ③ – Chalon-sur-Saône 52 ① – Charolles 43 ③ – Montceau-les-
Mines 44 ④ – Roanne 84 ③ – Tournus 33 ②.*

Plan page suivante

🏠 **Bourgogne,** pl. Abbaye **(n)** ℰ 03 85 59 00 58, Fax 03 85 59 03 73, « Face à l'abbaye » –
⚘ 📺 ☎ ℰ ➡ ⵏ ᴁ ⓞ ☒ 🄹🄲🄱
début mars-15 nov. et fermé merc. midi et mardi – **Repas** 150 (déj.), 220/340 – ⵥ 55 –
12 ch 430/530, 3 appart – ½ P 520.

393

🏠 **St Odilon** Ⓜ sans rest, rte Azé
(y) 𝒫 03 85 59 25 00, Fax 03 85
59 06 18, 🚗 – 🛏 📺 ☎ 📞 ઙ 🅿.
ᴬᴱ ᴳᴮ
fermé 20 déc. au 5 janv. – ⌓ 35 –
36 ch 280.

🏠 **Abbaye,** av. Ch. de Gaulle (e)
𝒫 03 85 59 11 14, Fax 03 85 59
09 76, 🍽 – 📺 ☎ 🅿. ᴳᴮ
fermé 1ᵉʳ janv. au 15 fév. et dim. –
Repas (fermé lundi sauf le soir du
15 juin au 15 sept. et dim. soir)
98/210 – ⌓ 35 – **16 ch** 130/310 –
½ P 208/288.

🍴🍴 **Hermitage,** rte Cormatin par
① : 1 km 𝒫 03 85 59 27 20,
Fax 03 85 59 08 06, 🍽, parc – 🅿.
ᴬᴱ ᴳᴮ
*fermé 11 au 29 nov., vacances de
fév., lundi sauf juil.-août et dim.
soir* – **Repas** 120/260 🍷, enf. 70.

🍴 **Cheval Blanc,** 1 r. Porte de
⊖ Mâcon (a) 𝒫 03 85 59 01 13,
Fax 03 85 59 13 32 – ᴳᴮ
*1ᵉʳ mars-30 nov. et fermé 30 juin
au 9 juil., vend. soir, sam. et le soir
en nov. et mars* – **Repas** 82/200 🍷,
enf. 55.

🍴 **Potin Gourmand** avec ch,
⊖ pl. Champ de Foire (b)
𝒫 03 85 59 02 06, Fax 03 85 59
22 58, 🍽 – ᴬᴱ ᴳᴮ
*fermé 4 janv. au 5 fév., dim. soir
sauf juil.-août et lundi* – **Repas** 78/
160, enf. 60 – ⌓ 25 – **3 ch** 250/
350.

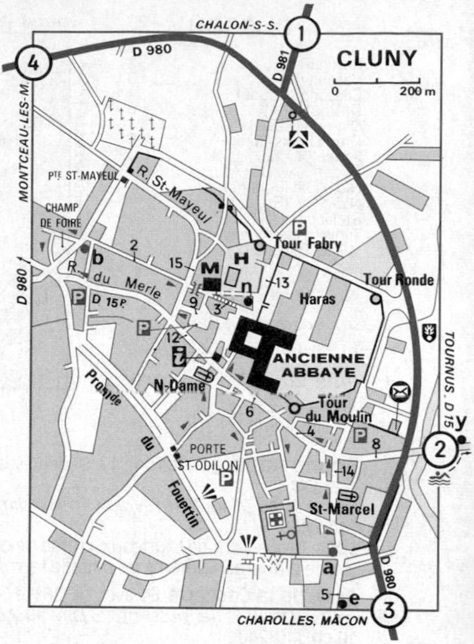

CITROEN Gar. Bay, 𝒫 03 85 59 08 85
PEUGEOT Gar. Forest et Simon, à Salornay-sur-Guye
par ④ 𝒫 03 85 59 43 11

RENAULT Gar. Pechoux et Couratin, par ②
𝒫 03 85 59 04 61 ᴺ 𝒫 03 85 59 04 61

CLUNY

Lamartine (R.)	6	Levée (R. de la)	8
		Marché (Pl. du)	9
Avril (R. d')	2	Mercière (R.)	12
Conant (Espace K. J.)	3	Pte-des-Prés (R.)	13
Filaterie (R.)	4	Prud'hon (R.)	14
Gaulle (Av. Ch.-de)	5	République (R.)	15

La CLUSAZ 74220 H.-Savoie 🅴🅰 ⑦ *G. Alpes du Nord* – *1 845 h alt. 1040* – *Sports d'hiver : 1 100/
2 600 m* ⫞ 5 ⫞ 51 ⫞.
Voir *E : Vallon des Confins★.*
Env. *Col des Aravis* ⩽★★ *par* ② *: 7,5 km.*
🅱 *Office de Tourisme* 𝒫 04 50 32 65 00, Fax 04 50 32 65 01.
Paris 580 ① – *Annecy 32* ① – *Chamonix-Mont-Blanc 65* ② – *Albertville 41* ② – *Bonneville
25* ① – *Megève 29* ② – *Morzine 64* ①.

Plan page ci-contre

🏨 **Beauregard** Ⓜ ⌂, (b) 𝒫 04 50 32 68 00, Fax 04 50 02 59 00, ⩽, 🍽, 🆔, 🏊 – 🛗 📺 ☎ ઙ
🚗 🅿. – 🔔 25 à 100. ᴬᴱ ① ᴳᴮ. 🚫 rest
fermé nov. – **Repas** 110 (déj.), 130/160, enf. 60 – ⌓ 60 – **95 ch** 440/610 – ½ P 615/735.

🏨 **Alp'H.** Ⓜ, (e) 𝒫 04 50 02 40 06, Fax 04 50 02 60 16, 🆔, 🏊 – 🛗 📺 ☎ 📞 ઙ. ᴬᴱ ᴳᴮ
*hôtel : 15 juin-31 oct. et 15 déc.-30 avril ; rest. : 15 juin-30 sept., 15 déc.-30 avril et fermé
lundi hors sais.* – **Repas** 78 (déj.), 98/185, enf. 50 – ⌓ 48 – **15 ch** 400 – ½ P 585.

🏨 **Christiania,** (f) 𝒫 04 50 02 60 60, Fax 04 50 32 66 98 – 🛗 📺 ☎ 🅿. ᴳᴮ. 🚫
1ᵉʳ juil.-14 sept. et 20 déc.-20 avril – **Repas** 89/130 🍷, enf. 53 – ⌓ 40 – **29 ch** 350/420 –
½ P 315/435.

🏨 **Alpen Roc,** (k) 𝒫 04 50 02 58 96, Fax 04 50 02 57 49, ⩽, 🍽, 🆔, 🏊 – 🛗 📺 ☎ 📞 🚗 –
🔔 25 à 40. ᴬᴱ ① ᴳᴮ
1ᵉʳ juin-20 oct. et 20 déc.-fin avril – **Repas** 89/145 🍷 – ⌓ 50 – **103 ch** 350/910 – ½ P 565/
650.

🏨 **Sapins** ⌂, (h) 𝒫 04 50 02 40 12, Fax 04 50 02 43 24, ⩽, 🏊 – 🛗 📺 ☎ 🅿. ᴳᴮ
15 juin-15 sept. et 18 déc.-20 avril – **Repas** 98/130, enf. 60 – ⌓ 40 – **24 ch** 380/420 –
½ P 390/440.

🏠 **Les Airelles,** (a) 𝒫 04 50 02 40 51, Fax 04 50 32 35 33, 🆔 – 📺 ☎. ᴳᴮ
1ᵉʳ juin-30 sept. et 15 déc.-30 avril – **Repas** 78 (déj.), 99/145, enf. 60 – ⌓ 45 – **14 ch** 350 –
½ P 380/420.

Floralp, (n) ✆ 04 50 02 41 46, Fax 04 50 02 63 94 – ⬍ TV ☎. GB. ⋟ rest
28 juin-15 sept. et 21 déc.-6 avril – **Repas** 80/140 – ☕ 40 – **22 ch** 260/360 – ½ P 350/380.

L'Ourson, (s) ✆ 04 50 02 49 80, Fax 04 50 02 58 63 – AE GB
fermé 1er mai au 10 juin et 5 nov. au 10 déc., dim. soir et lundi hors sais. – **Repas** 99/250, enf. 60.

La Table du Berger, (t) ✆ 04 50 02 60 54 – GB
juil.-août, déc.-avril et fermé merc. sauf vacances scolaires – **Repas** - spécialités fromagères - carte 160 à 230.

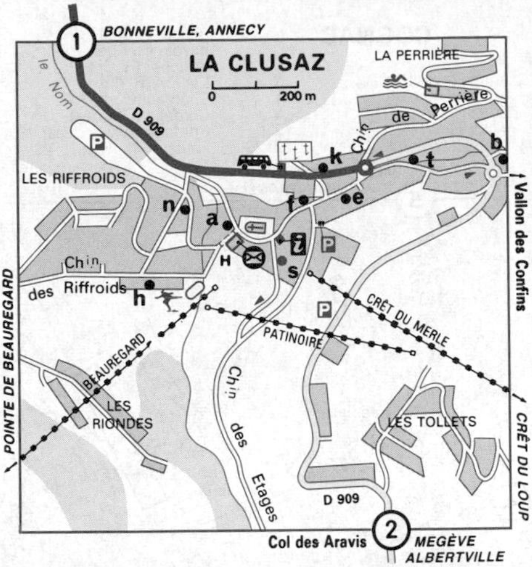

aux Confins *Est : 5 km par rte secondaire* – ✉ *74220 La Clusaz :*

Bellachat ⟟, ✆ 04 50 32 66 66, Fax 04 50 32 65 84, ≤ chaîne des Aravis – TV ☎ P. GB. ⋟ rest
1er juin-20 oct. et 18 déc.-20 avril – **Repas** 75/200 – ☕ 40 – **31 ch** 350/400 – ½ P 400.

rte du Col des Aravis *par ② : 4 km* – ✉ *74220 La Clusaz :*

Chalets de la Serraz ⟟, ✆ 04 50 02 48 29, Fax 04 50 02 64 12, ≤, ⛱, ⛱, ⛱ – TV ☎ P. AE ⓓ GB. ⋟ rest
hôtel : 1er juin-30 sept. et 1er nov.-30 avril ; rest : 1er juin-30 sept. et 1er déc.-30 avril – **Repas** 95/150, enf. 65 – ☕ 58 – **7 ch** 850, 3 duplex – ½ P 595.

RENAULT Gar. du Rocher, ✆ 04 50 02 40 38 N ✆ 04 50 02 40 38

La CLUSE *01 Ain* 74 ④ – *rattaché à Nantua.*

CLUSES *74300 H.-Savoie* 74 ⑦ *G. Alpes du Nord – 16 358 h alt. 486.*

ℹ *Office de Tourisme, Espace Carpano et Pons, 100 pl. du 11 novembre ✆ 04 50 98 31 79, Fax 04 50 96 46 99.*

Paris 572 – Chamonix-Mont-Blanc 42 – Thonon-les-Bains 59 – Annecy 53 – Genève 42 – Morzine 29.

Le 4 C Ⓜ, 301 bd Chevran par rte de Morzine ✆ 04 50 98 01 00, Fax 04 50 98 32 20, ⛱ – ⬍ ⟷ TV ☎ ♿ P – 🏔 25. AE ⓓ GB
Repas *(fermé août, sam. midi et dim.)* 100/358 – ☕ 40 – **39 ch** 370/460.

Le Bargy et rest. le Cercle des Songes Ⓜ, 28 av. Sardagne ✆ 04 50 98 01 96, Fax 04 50 98 23 24, ⛱ – ⬍ TV ☎ ♿ P. GB
Repas *(fermé 4 au 11 mai, 27 juil. au 17 août, 24 déc. au 1er janv. et dim.)* 80/250 ⅄, enf. 45 – ☕ 40 – **30 ch** 300/360.

La Grenette, 9 Grande rue ✆ 04 50 96 31 50 – ▤. GB
fermé 1er au 24 août et dim. – **Repas** 80/225 ⅄, enf. 40.

PEUGEOT Gar. de Savoie, av. des Glières ✆ 04 50 98 82 88 N ✆ 06 09 39 15 56

RENAULT SECA, r. André Gaillard ZI ✆ 04 50 98 11 98 N ✆ 06 09 47 11 42

Les CLUSES *66 Pyr.-Or.* 86 ⑲ – *rattaché au Boulou.*

COCHEREL *27 Eure* 55 ⑰ – *rattaché à Pacy-sur-Eure.*

COCURÈS *48 Lozère* 80 ⑥ – *rattaché à Florac.*

CODOGNAN *30920 Gard* 83 ⑧ – *1 760 h alt. 20.*

Paris 725 – Montpellier 37 – Nîmes 18.

Lou Flambadou, N 113 ✆ 04 66 35 09 70, ⛱ – P. GB
fermé 18 au 31 août, dim. soir et lundi – **Repas** 155/250.

COEUVRES-ET-VALSERY *02 Aisne* 56 ③ – *rattaché à Villers-Cotterets.*

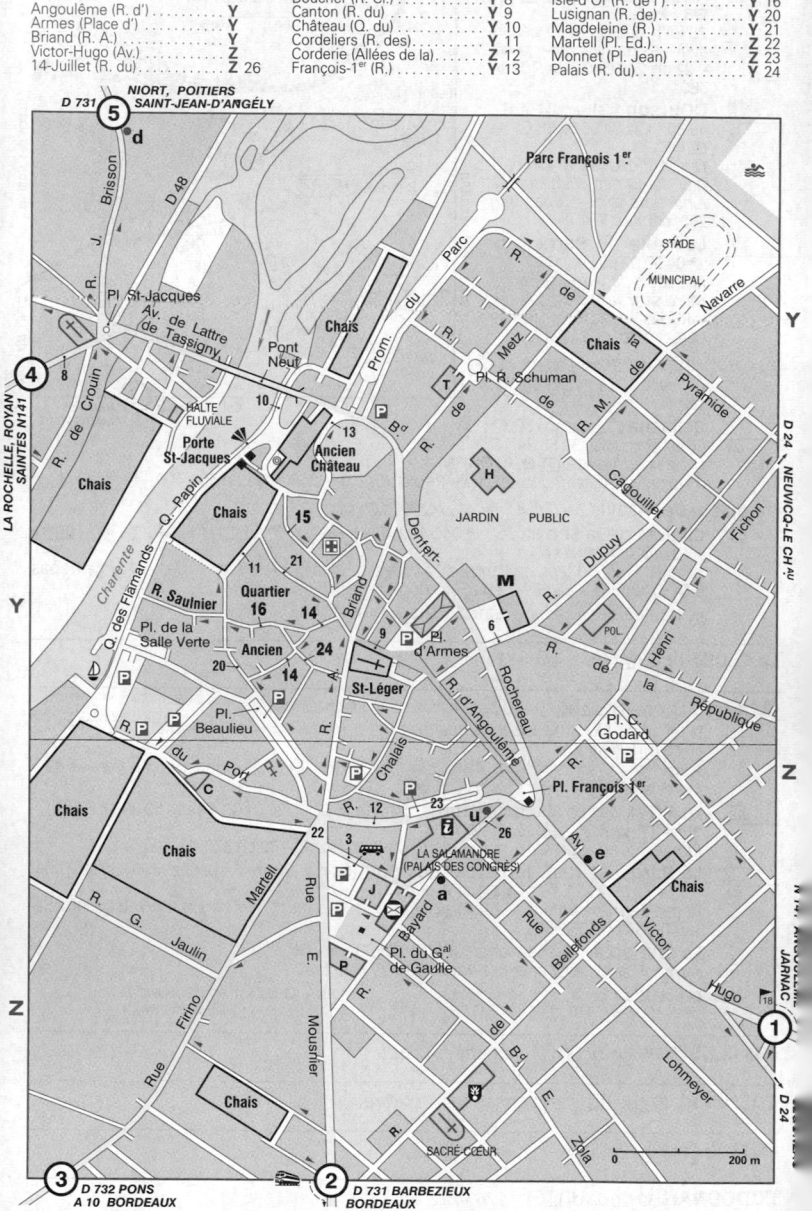

COGNAC

Angoulême (R. d') .... **Y**
Armes (Place d') .... **Y**
Briand (R. A.) .... **Y**
Victor-Hugo (Av.) .... **Z**
14-Juillet (R. du) .... **Z** 26

Allées (R. des) .... **Z** 3
Bazoin (R. Abel) .... **Y** 6
Boucher (R. Cl.) .... **Y** 8
Canton (R. du) .... **Y** 9
Château (Q. du) .... **Y** 10
Cordeliers (R. des) .... **Y** 11
Corderie (Allées de la) .... **Z** 12
François-1er (R.) .... **Y** 13

Germain (R. H.) .... **Y** 14
Grande-Rue .... **Y** 15
Isle-d'Or (R. de l') .... **Y** 16
Lusignan (R. de) .... **Y** 20
Magdeleine (R.) .... **Y** 21
Martell (Pl. Ed.) .... **Z** 22
Monnet (Pl. Jean) .... **Z** 23
Palais (R. du) .... **Y** 24

Plans de villes : Les rues sont sélectionnées en fonction de leur importance pour la circulation et le repérage des établissements cités.

Les rues secondaires ne sont qu'amorcées.

COGNAC  16100 Charente **72** ⑫ *G. Poitou Vendée Charentes* – *19 528 h alt. 25.*

🚇 *du Cognac ℘ 05 45 32 18 17, par ① : 8 km.*

🛈 *Office de Tourisme 16 r. du 14 juillet ℘ 05 45 82 10 71, Fax 05 45 82 34 47.*

Paris 479 ⑤ – Angoulême 43 ① – Bordeaux 120 ③ – Libourne 117 ② – Niort 82 ⑤ – Poitiers 146 ⑤ – Saintes 26 ④.

Plan page ci-contre

Domaine du Breuil 🦢, 104 av. R. Daugas par r. République Y ℘ 05 45 35 32 06, Fax 05 45 35 48 06, ≤, « Demeure du 19ᵉ siècle dans un parc » – 🛗 ⅍ 📺 ☎ 🅿 – ⚖ 25. 🆎 ⓪ 🆖
Repas 85/185, enf. 50 – 🖵 40 – **24 ch** 280/380 – ½ P 270/305.

Le Valois Ⓜ sans rest, 35 r. 14-Juillet ℘ 05 45 82 76 00, Fax 05 45 82 76 00, 🛏 – 🛗 ⅍ ▤ 📺 ☎ ⅙ 🅿 – ⚖ 25. 🆎 ⓪ 🆖 🄹🄲🄱   Z a
fermé 23 déc. au 2 janv. – 🖵 37 – **45 ch** 310/390.

Mercure Ⓜ, rte d'Angoulême par ① ℘ 05 45 35 42 00, Fax 05 45 35 45 02, 🍽, 🎄, 🐎 –
🛗 📺 ☎ ⅙ 🅿 – ⚖ 50. 🆎 ⓪ 🆖 🄹🄲🄱
Repas 85/140 🍷, enf. 50 – 🖵 42 – **55 ch** 325/365.

La Résidence sans rest, 25 av. V. Hugo ℘ 05 45 32 16 09, Fax 05 45 35 34 65 – 📺 ☎ 🚗.
🆎 🆖   Z e
🖵 35 – **19 ch** 170/320.

Pigeons Blancs 🦢 avec ch, 110 r. J.-Brisson ℘ 05 45 82 16 36, Fax 05 45 82 29 29, 🍽,
🐎 – 📺 ☎ ⅙ 🅿 🆎 ⓪ 🆖. 🦢 ch   Y d
fermé 1ᵉʳ au 15 janv. – **Repas** *(fermé dim. soir)* 135/220, enf. 85 – 🖵 48 – **7 ch** 350/500 –
½ P 350/450.

Le Cellier, 6 r. 14-Juillet ℘ 05 45 82 25 46, Fax 05 45 82 25 46 – ▤. 🆖   Z u
fermé vacances de fév., sam. midi de sept. à juin, lundi en juil.-août et dim. – **Repas** 98/
182 🍷.

par ① *et D 15 quartier L'Échassier* – ✉ *16100 Châteaubernard :*

L'Échassier Ⓜ 🦢, 72 r. Bellevue ℘ 05 45 35 01 09, Fax 05 45 32 22 43, 🎄, 🐎 – 📺 ☎ ⅙
🅿 – ⚖ 25. 🆎 ⓪ 🆖
Repas *(fermé vacances de Toussaint, de fév., sam. midi et dim. sauf du 15 juin au 15 sept.)*
125/330 – 🖵 55 – **22 ch** 370/510 – ½ P 490/520.

BMW Gar. Grammatico, rte d'Angoulême
℘ 05 45 32 50 93
CITROEN Gar. Socodia, 75 av. d'Angoulême par ①
℘ 05 45 36 64 60 🆕 ℘ 06 07 33 87 08
MERCEDES Gar. Savia, 21 av. d'Angoulême à
Châteaubernard ℘ 05 45 32 27 77 🆕
℘ 05 45 32 27 77
PEUGEOT Cognac Gar., Le Buisson Moreau à
Chateaubernard par ① ℘ 05 45 36 48 03
RENAULT G.A.M.C., 242 av. V.-Hugo par ①
℘ 05 45 35 86 86 🆕 ℘ 06 07 72 79 69

⚙ Charente-Pneus, 15 av. de Barbérieux à
Chateaubernard ℘ 05 45 82 24 66
Rogeon Pneus Point S, rte d'Angoulême à
Châteaubernard ℘ 05 45 35 32 50
Vulco, ZA Fief du Roy à Châteaubernard
℘ 05 45 35 08 96

COIGNIÈRES *78 Yvelines* **60** ⑨ – *voir à St-Quentin-en-Yvelines.*

COISE *73800 Savoie* **74** ⑱ – *828 h alt. 292.*

Paris 588 – Grenoble 55 – Albertville 34 – Chambéry 25.

Château de la Tour du Puits 🦢, rte du Puits : 1 km ℘ 04 79 28 88 00,
Fax 04 79 28 88 01, 🍽, parc, 🛏, 🎄 – ⅍ ▤ ch 📺 ☎ ⅙ 🅿 – ⚖ 50. 🆎 ⓪ 🆖 🄹🄲🄱. 🦢 ch
fermé janv., dim. soir et lundi – **Repas** 120 (déj.), 195/530 – 🖵 80 – **8 ch** 750/950 – ½ P 600.

COL voir au nom propre du col.

COLLÉGIEN *77 S.-et-M.* **56** ⑫,, **101** ㉚ – *voir à Paris, Environs (Marne-la-Vallée).*

La COLLE-SUR-LOUP 06480 Alpes-Mar. 84 ⑨ - 115 ㉟ - G. Côte d'Azur– 6 025 h alt. 90.

🛈 *Syndicat d'Initiative à la Mairie 𝒫 04 93 32 83 25, Fax 04 93 32 01 09.*
Paris 921 – Nice 19 – Antibes 15 – Cagnes-sur-Mer 6 – Cannes 25 – Grasse 19 – Vence 8.

🏠 **Marc Hély** 🦢 sans rest, Sud Est : 0,8 km par D 6 𝒫 04 93 22 64 10, Fax 04 93 22 93 84, ≤,
🏊, 🐎 – 📺 ☎ 🅿, 🖭 ⒼⒷ
⌧ 39 – **13 ch** 310/460.

🏛🏛🏛 **Le Diamant Rose** Ⓜ 🦢 avec ch, rte de St-Paul : 1 km 𝒫 04 93 32 82 20,
Fax 04 93 32 69 98, ≤ St-Paul, 🍽, « Villas provençales aménagées avec élégance », 🏊, 🐎
– 📺 ☎ 🅿, 🖭 ⒼⒷ
fermé 15 nov. au 15 déc. – **Repas** *(fermé mardi midi et lundi hors sais.)* carte 480 à 640 –
⌧ 110 – **6 ch** (½ pens. seul.) – ½ P 1450/1750.

🏛🏛 **Aub. le Clos du Loup**, rte de Grasse par D 6 : 1,5 km 𝒫 04 93 32 88 76,
Fax 04 93 32 88 76, 🍽 – 🅿, 🖭 ⒼⒷ
fermé 15 au 30 nov., janv. et lundi – **Repas** 115/165.

🏛🏛 **La Stréga**, Sud-Est : 1,5 km par D 6 𝒫 04 93 22 62 37, 🍽 – 🅿, ⒼⒷ
fermé 2 janv. au 28 fév., dim. soir de sept. à juin, mardi midi en juil.-août et lundi – **Repas**
150.

COLLEVILLE-MONTGOMERY 14 Calvados 54 ⑯ – rattaché à Ouistreham.

COLLIAS 30 Gard 80 ⑲ – rattaché à Pont-du-Gard.

Pas de publicité payée dans ce guide.

COLLIOURE 66190 Pyr.-Or. 86 ⑳ G. Pyrénées Roussillon– 2 726 h alt. 2.

Voir *Site*★★ – *Retables*★ *dans l'église Notre-Dame-des-Anges* B.
🛈 *Office de Tourisme pl. 18-Juin 𝒫 04 68 82 15 47, Fax 04 68 82 46 29.*
Paris 898 ② – *Perpignan 30* ② – *Argelès-sur-Mer 7* ② – *Céret 34* ② – *Port-Vendres 3* ① –
Prades 70 ②.

Plan page ci-contre

🏛🏛🏛 **Relais des Trois Mas et rest. La Balette** Ⓜ 🦢, rte Port-Vendres 𝒫 04 68 82 05 07,
❀ Fax 04 68 82 38 08, 🍽, « Terrasses et ≤ vieux port », 🏊 – 🗐 📺 ☎ 🅿, ⒼⒷ   B a
fermé 12 nov. au 19 déc. – **Repas** 175/365 et carte 270 à 390 – ⌧ 78 – **19 ch** 695/965,
4 appart – ½ P 712/847
Spéc. Anchois frais de Collioure, compotée d'oignons, poivrons et courgettes. Petits
encornets sautés en persillade. Symphonie autour de la pomme (hiver). **Vins** Côtes du
Roussillon, Collioure.

🏛🏛 **Casa Païral** 🦢 sans rest, impasse Palmiers 𝒫 04 68 82 05 81, Fax 04 68 82 52 10, « Bel
aménagement intérieur et jardin fleuri », 🏊 – 📺 ☎ & 🅿, 🖭 ⒼⒷ   A b
29 mars-2 nov. – ⌧ 50 – **28 ch** 330/890.

🏛🏛 **Princes de Catalogne** Ⓜ sans rest, r. Palmiers 𝒫 04 68 98 30 00, Fax 04 68 98 30 31 –
▤ 🗐 📺 ☎ &.   A u
⌧ 40 – **30 ch** 420.

🏛🏛 **Mas des Citronniers**, 22 av. République 𝒫 04 68 82 04 82 – 📺 ☎ 🅿, 🖭 ⒼⒷ   A d
29 mars-11 nov. – **Repas** *(dîner seul.)* 130, enf. 65 – ⌧ 40 – **30 ch** 280/430 – ½ P 320/340.

🏛🏛 **Méditerranée** sans rest, av. A. Maillol 𝒫 04 68 82 08 60, Fax 04 68 82 28 07, 🐎 – 🗐 📺
☎ 🚗, ⒼⒷ   A h
24 mars-31 oct. – ⌧ 38 – **23 ch** 350/410.

🏛🏛 **L'Arapède** Ⓜ, rte Port-Vendres 𝒫 04 68 98 09 59, Fax 04 68 98 30 90, ≤, 🏊 – ▤ 🗐 ch 📺
☎ &. – 🅿 20. ⒼⒷ, 🛇 rest
avril-déc. – **Repas** grill de piscine *(juin-sept.)* carte environ 150 – ⌧ 50 – **20 ch** 395/750 –
½ P 375/525.

🏛🏛 **Madeloc** 🦢 sans rest, r. R.-Rolland 𝒫 04 68 82 07 56, Fax 04 68 82 55 09, ≤, 🐎 – ☎ 🅿,
🖭 ⓞ ⒼⒷ   A e
fermé 5 janv. au 15 fév. – ⌧ 40 – **22 ch** 295/420.

🏛 **Ambeille** sans rest, rte d'Argelès 𝒫 04 68 82 08 74, ≤ – ☎ 🅿, ⒼⒷ, 🛇   A f
23 mars-début oct. – ⌧ 35 – **21 ch** 270/350.

🏛 **Triton** sans rest, r. Jean Bart 𝒫 04 68 98 39 39, Fax 04 68 82 11 32, ≤ – 🗐 📺 ☎. 🖭 ⒼⒷ
⌧ 35 – **20 ch** 190/320.   B k

🏛🏛 **Le Neptune**, rte Port-Vendres 𝒫 04 68 82 02 27, Fax 04 68 82 50 33, ≤ vieux port, 🍽 –
🗐 🅿, 🖭 ⒼⒷ   B v
25 mars-8 oct. et fermé lundi sauf juil.-août – **Repas** 115/320.

COLLIOURE

Amirauté (Q. de l') . . . . B 3
Démocratie (R. de la) . . . . B 8
Jaurès (Pl. Jean) . . . . B 14
Leclerc (Pl. Gén.) . . . . AB 17
St-Vincent (R.) . . . . B 30

Aire (R. de l') . . . . B 2
Arago (R. François) . . . . B 4
Argelès (Rte d') . . . . A
Dagobert (R.) . . . . B 7
Égalité (R. de l') . . . . B 9
Ferry (R. Jules) . . . . AB 13
Galère (R. de la) . . . . A
Gaulle (Av. du Gén.) . . . . B
Lamartine (R.) . . . . B 15
La Tour d'Auvergne
(R. de) . . . . B 16
Maillol (Av. Aristide) . . . . A
Mailly (R.) . . . . B 19
Michelet (R. Jules) . . . . A 20
Miradou (Av. du) . . . . A 23
Pasteur (R.) . . . . B
Pla de Las Fourques
(R. du) . . . . A
République (R. de la) . . . . . . AB
Rolland (R. Romain) . . . . A
Rousseau (R. J. J.) . . . . AB 29
Soleil (R. du) . . . . B 33
Vauban (R.) . . . . B
18-Juin (Pl. du) . . . . B 35

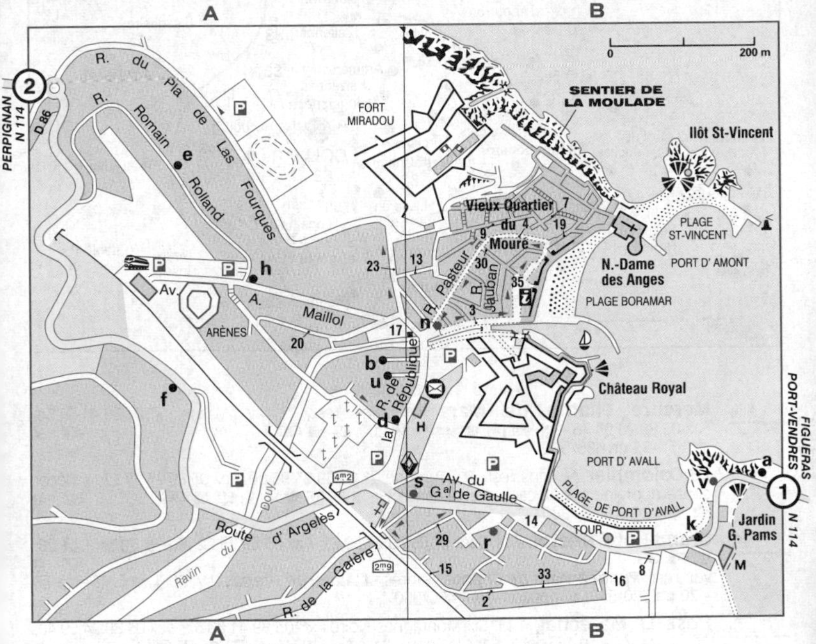

XX **La Frégate** avec ch, 24 quai Amirauté ☎ 04 68 82 06 05, Fax 04 68 82 55 00, 余 – 🛗 ▤ ch 📺 ☎. AE GB — B n
fermé 8 au 23 déc. – **Repas** 98/198, enf. 70 - ***La Table Costa*** *(fermé août, 8 au 23 déc., vend. midi et jeudi)* **Repas** 175/395 – ☕ 55 – **24 ch** 350/545 – 1/2 P 362/385.

X **Nouvelle Vague,** 7 r. Voltaire ☎ 04 68 82 23 88, 余 – GB — B r
fermé fév., dim. soir et lundi d'oct. à Pâques
Repas 90/295 bc, enf. 50.

X **Le Mareyeur,** av. Gén. de Gaulle ☎ 04 68 82 06 60 – GB. ✗ — B s
15 fév.-15 nov. et fermé merc. sauf de juil. à sept. – **Repas** 90/200.

RENAULT Gar. Daider, Carr. du Christ ☎ 04 68 82 08 34

COLLONGES-AU-MONT-D'OR *69 Rhône* **74** ⑪, **110** ⑭ *– rattaché à Lyon.*

COLMAR Ⓟ *68000 H.-Rhin* **62** ⑲ *G. Alsace Lorraine – 63 498 h alt. 194.*

Voir *Musée d'Unterlinden*★★★ *(retable d'Issenheim*★★★ *)* **BY** – *Ville ancienne*★★ **BY** : *Maison Pfister*★★ **BY K**, *Église St-Martin*★ **BY F**, *Maison des Arcades*★ **BY E**, *Maison des Têtes*★ **BY Y**, *Ancienne Douane*★ **BY N**, *Ancien Corps de Garde*★ **BY L** – *Vierge au buisson de roses*★★ *et vitraux*★ *de l'église des Dominicains* **BY B** – *Quartier de la Krutenau*★ **BZ** : *Tribunal civil*★ **BY J** – ≤★ *du pont St-Pierre* **BZ V** *sur "la petite Venise" – Vitrail de la crucifixion*★ *de l'église St-Matthieu* **CY D.**

⛳18 *d'Ammerschwihr* ☎ *03 89 47 17 30, par N 415 puis D 11¹ : 9 km ;* ⛳18 *Golf d'Alsace* ☎ *03 89 78 59 59 par* ④*, N 83 et D 8 : 17 km.*

ℹ *Office de Tourisme, 4 r. des Unterlinden* ☎ *03 89 20 68 92, Fax 03 89 41 34 13 – Automobile Club 58 av. République* ☎ *03 89 41 31 56.*

Paris 477 ① *– Basel 68* ③ *– Freiburg-im-Breisgau 49* ② *– Nancy 141* ① *– Strasbourg 71* ①*.*

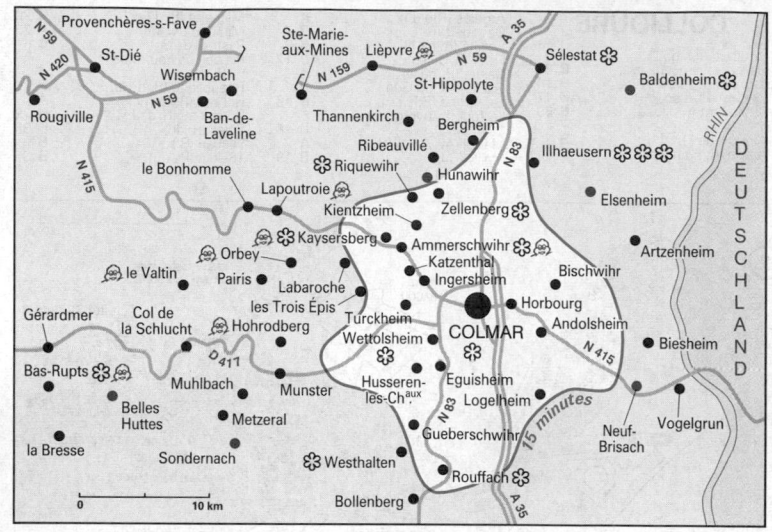

AY r

🏨 **Mercure Champ de Mars** Ⓜ sans rest, 2 av. Marne ℰ 03 89 41 54 54, Fax 03 89 23 93 76 – |🛗| 🌿 📺 ☎ ⇔ – 🕍 200. 🖭 ⓪ 🖼
⚏ 55 – **75 ch** 465/510.
AY r

🏨 **Le Colombier** Ⓜ sans rest, 7 r. Turenne ℰ 03 89 23 96 00, Fax 03 89 23 97 27, « Décor contemporain dans un cadre Renaissance » – |🛗| 🖷 📺 ☎ ⇔ 🕭. 🖭 ⓪ 🖼
⚏ 55 – **24 ch** 395/980.
BZ u

🏨 **Grand Hôtel Bristol**, 7 pl. Gare ℰ 03 89 23 59 59, Fax 03 89 23 92 26 – |🛗| 📺 ☎ – 🕍 25.
🖭 ⓪ 🖼
AZ g
voir rest. **Rendez-vous de Chasse** ci-après **- L'Auberge : Repas** 65/130 ⓢ, enf. 43 – ⚏ 55 – **70 ch** 380/550, 10 appart – ½ P 450/550.

🏨 **Host. Le Maréchal**, 4 pl. Six Montagnes Noires ℰ 03 89 41 60 32, Fax 03 89 24 59 40, ☎, « Maisons du 16ᵉ siècle dans la Petite Venise » – |🛗| 🌿 🖷 📺 ☎. 🖭 🖼
BZ b
Repas 140 (déj.), 195/365, enf. 70 **- A l'Échevin : Repas** 135(déj.), 195/380⚐, enf. 70 – ⚏ 75 – **30 ch** 450/1500 – ½ P 700/1070.

🏨 **Mercure Unterlinden** Ⓜ, r. Golbery ℰ 03 89 41 71 71, Fax 03 89 23 82 71, ☎ – |🛗| 🌿 🖷 rest 📺 ☎ 🛜 🕭 ⇔ – 🕍 90. 🖭 ⓪ 🖼
BX v
Repas 75/95 ⚐, enf. 40 – ⚏ 55 – **73 ch** 465/510, 3 appart.

🏨 **Turenne** sans rest, 10 rte Bâle ℰ 03 89 41 12 26, Fax 03 89 41 27 64 – |🛗| 🌿 📺 ☎ 🛜 🕭 ⇔.
🖭 ⓪ 🖼
BZ x
⚏ 52 – **83 ch** 310/400.

🏨 **Bleu Marine** Ⓜ sans rest, 11 a bd Champ-de-Mars ℰ 03 89 23 26 25, Fax 03 89 23 83 64, 🔦 – |🛗| 🌿 📺 🛜 ⇔ – 🕍 40. 🖭 🖼
BY d
⚏ 50 – **43 ch** 370/700.

🏨 **St-Martin** sans rest, 38 Grand'Rue ℰ 03 89 24 11 51, Fax 03 89 23 47 78 – |🛗| 🌿 📺 ☎. 🖭 ⓪ 🖼
BY e
fermé janv. et fév. – ⚏ 48 – **24 ch** 400/750.

🏨 **Rapp**, 1 r. Weinemer ℰ 03 89 41 62 10, Fax 03 89 24 13 58, 🏊 – |🛗| 🖷 rest 📺 ☎ 🛜 🕭. 🖭 ⓪ 🖼
BY f
fermé 25 juin au 10 juil., 5 au 25 janv., sam. midi et mardi – **Repas** 95/315 ⚐, enf. 50 **- Rappstub** *(fermé 23 déc. au 2 janv., sam. midi et dim.)* **Repas** 55(déj.)/80 ⚐, enf. 50 – ⚏ 40 – **42 ch** 295/415 – ½ P 325/345.

🏨 **Beauséjour** Ⓜ, 25 r. Ladhof ℰ 03 89 41 37 16, Fax 03 89 41 43 07, ☎ – |🛗| cuisinette 🌿 📺 ☎ 🕭 🅿 – 🕍 40. 🖭 🖼
CX k
Repas 98/280 ⚐ – ⚏ 45 – **44 ch** 280/520 – ½ P 280/380.

🏨 **Ibis Centre** Ⓜ sans rest, 10 r. St-Eloi ℰ 03 89 41 30 14, Fax 03 89 24 51 49 – |🛗| 🌿 📺 ☎ – 🕍 50. 🖭 ⓪ 🖼
CY a
⚏ 38 – **60 ch** 335/510.

COLMAR

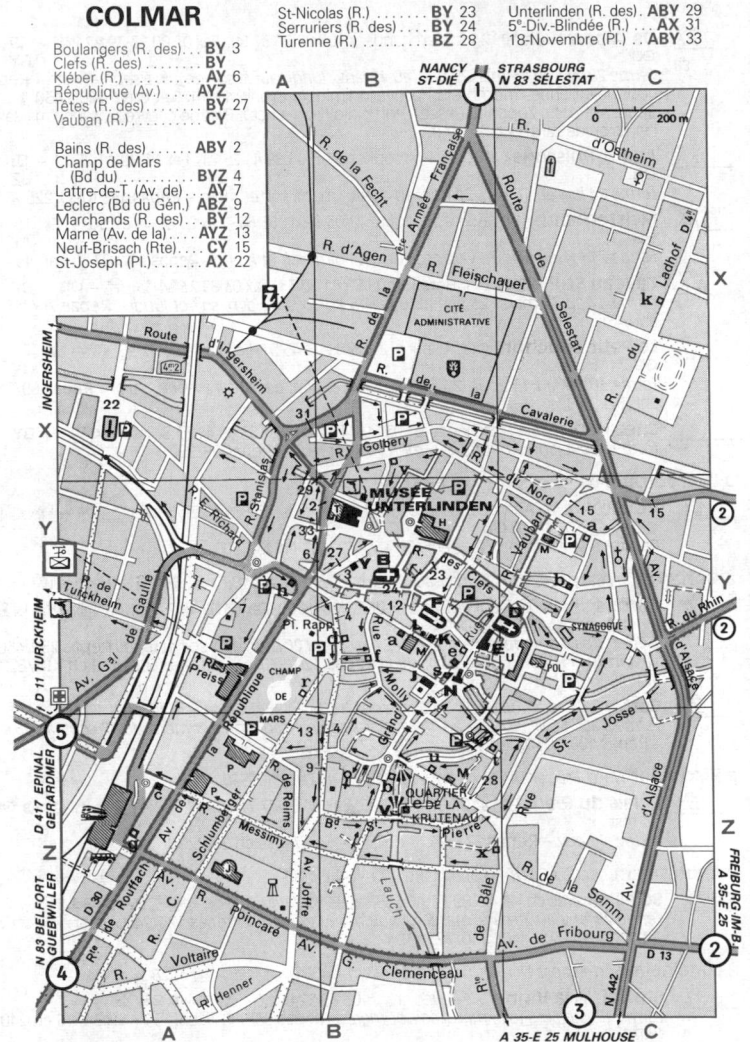

XXX **Fer Rouge** (Fulgraff), 52 Grand'Rue *&* 03 89 41 37 24, Fax 03 89 23 82 24, 斎, « Maison
alsacienne du 17ᵉ siècle » – AE ⓞ GB   BY **s**
fermé 27 juil. au 5 août, 4 au 23 janv., dim. soir et lundi – **Repas** 295/480 et carte 380 à 550
Spéc. Brick de morue et de purée de pomme de terre. Gratin de sole et d'huîtres, brunoise
de légumes. Poitrine et cuisse de canette rôties (mai à sept.). **Vins** Pinot blanc, Riesling.

XXX **Rendez-vous de Chasse** - Grand Hôtel Bristol, 7 pl. Gare *&* 03 89 41 10 10,
Fax 03 89 23 92 26 – AE ⓞ GB   AZ **g**
Repas 160/350 et carte 270 à 380
Spéc. Sandre rôti en croûte de pommes de terre. Filet de boeuf cuit à la ficelle, au chou et au
raifort. Mousse au kirsch, givrée d'un glaçon aux griottes. **Vins** Pinot blanc, Tokay-Pinot gris.

XXX **Maison des Têtes** M 🛏 avec ch, 19 r. Têtes *&* 03 89 24 43 43, Fax 03 89 24 58 34, 斎,
« Belle maison du 17ᵉ siècle, chambres élégamment aménagées » – ‡ ⁴⁄ₓ ☰ rest TV ☎ ❤
P – 🏛 60. AE ⓞ GB   BY **y**
fermé dim. soir et lundi – **Repas** 110/330 et carte 240 à 300 ⅙, enf. 80 – ⊒ 60 – **18 ch**
490/950 – ½ P 620/750.

XX **Da Alberto** (Bradi), 24 r. Marchands ✆ 03 89 23 37 89, Fax 03 89 23 39 22, 😊 – ᴬᴱ ⓞ
GB
BY a
✿ *fermé 28 avril au 15 mai, 22 déc. au 12 janv., lundi sauf le soir de juin à sept. et dim.* – **Repas**
- cuisine italienne - (nombre de couverts limité, prévenir) 190/420 et carte 340 à 430 🍷
Spéc. Antipasti. Zuppa di Pesce ''Porticiolo''(juin à oct.). Filet de chevreuil, sauce marsala à
l'infusion de café (oct. à mars).

XX **Aux 3 Poissons,** 15 quai Poissonnerie ✆ 03 89 41 25 21, Fax 03 89 41 25 21 – ᴬᴱ ⓞ
GB
BZ t
fermé 24 juin au 16 juil., 21 déc. au 4 janv., mardi soir et merc. – **Repas** 130 (déj.)/225 🍷.

XX **Meistermann,** 2A av. République ✆ 03 89 41 65 64, Fax 03 89 41 37 50 – 🍽. ᴬᴱ ⓞ
GB
AY h
fermé 21 juil. au 3 août, vacances de fév., dim. soir et merc. – **Repas** 88/187 🍷, enf. 49.

X **Caveau St-Pierre,** 24 r. Herse ✆ 03 89 41 99 33, Fax 03 89 23 94 33, 😊 – GB BZ e
🦞 *fermé 17 au 23 mars, 23 juin au 6 juil., 5 au 20 janv., dim. soir et lundi* – **Repas** 76/115 🍷,
enf. 45.

X **Le Petit Bouchon,** 11 r. Alspach ✆ 03 89 23 45 57, Fax 03 89 23 82 95, 😊 – 🍽.
GB
CY b
fermé 30 juil. au 15 août, 20 fév. au 5 mars, dim. de janv. à avril et merc. – **Repas** 89/210,
enf. 52.

X **Chez Hansi,** 23 r. Marchands ✆ 03 89 41 37 84, Fax 03 89 41 37 84, 😊 – GB BY e
fermé début janv. à début fév., merc. soir et jeudi – **Repas** 98/250.

à l'aérodrome *par* ① *: 3,5 km –* ✉ *68000 Colmar :*

🏨 **Novotel** Ⓜ, à l'Aérodrome ✆ 03 89 41 49 14, Fax 03 89 41 22 56, 😊, 🏊, 🎾 – ᔋ 🍽 📺
☎ 🅿 – 🔏 30. ᴬᴱ ⓞ GB
Repas carte environ 170 🍷, enf. 50 – 🍷 52 – **66 ch** 430/500.

à Horbourg *à l'Est par rte de Neufbrisach : 4 km – 4 518 h. alt. 188 –* ✉ *68180 Horbourg Wihr :*

🏨 **Europe** Ⓜ, 15 rte Neuf-Brisach ✆ 03 89 20 54 00, Fax 03 89 41 27 50, 🕯, 🏊, ✂ – 🛗 ᔋ
📺 ☎ & 🅿 – 🔏 400. ᴬᴱ ⓞ GB
L'Eden des Gourmets *(fermé 7 au 21 juil., 2 au 26 janv., dim. soir et lundi)* **Repas** 250/450 –
Le Jardin d'Hiver *(fermé dim. midi)* **Repas** 120/230, enf. 50 – 🍷 60 – **138 ch** 400/620 –
½ P 450.

🏨 **Cerf,** 9 Gd'Rue ✆ 03 89 41 20 35, Fax 03 89 24 24 98, 😊, 🌳 – ☎ 🅿. GB. ✂
fermé 5 au 15 juil., 10 janv. au 10 mars, mardi soir (sauf hôtel) et merc. du 15 sept. au 15 mai
– **Repas** 100/205 🍷, enf. 55 – 🍷 39 – **27 ch** 260/325 – ½ P 305.

à Bischwihr *Nord-Est par D 111 : 8 km – 598 h. alt. 187 –* ✉ *68320 :*

🏨 **Relais du Ried** ✂, ✆ 03 89 47 47 06, Fax 03 89 47 72 58, 🌳 – ᔋ 📺 ☎ 🅿. ᴬᴱ ⓞ GB.
✂ rest
15 fév.-15 nov. – **Repas** 97/225 🍷, enf. 49 – 🍷 37 – **59 ch** 260/295 – ½ P 270.

à Andolsheim *par* ② *: 6 km – 1 565 h. alt. 190 –* ✉ *68280 :*

X **Soleil** ✂ avec ch, ✆ 03 89 71 40 53, Fax 03 89 71 40 36 – ☎ 🅿. ᴬᴱ ⓞ GB
fermé 28 janv. au 7 mars, mardi de nov. à janv. et merc. – **Repas** 125/240 🍷, enf. 75 – 🍷 32
– **18 ch** 120/250 – ½ P 210/275.

à Logelheim *Sud-Est par D 13 et D 45 -* CZ *- 9 km – 406 h. alt. 195 –* ✉ *68280 :*

X **Stoffel ''A la Vigne''** ✂ avec ch, ✆ 03 89 22 08 40 – ☎. ᴬᴱ ⓞ GB. ✂
fermé 19 janv. au 9 juil., mardi soir et merc. – **Repas** 98/180 🍷, enf. 55 – 🍷 34 – **6 ch** 240 –
½ P 240.

au Sud *: 10 km par* ③*, N 422 et D 1 (rte d'Herrlisheim) –* ✉ *68127 Ste-Croix-en-Plaine :*

🏨 **Au Moulin** ✂ sans rest, ✆ 03 89 49 31 20, Fax 03 89 49 23 11, « Collection d'objets
anciens », 🌳 – ᔋ 📺 ☎ 🅿. GB
23 mars-3 nov. – 🍷 45 – **17 ch** 220/420.

à Wettolsheim *par* ⑤ *et D 1 bis II : 4,5 km – 1 616 h. alt. 220 –* ✉ *68000 :*

XXX **Aub. du Père Floranc** avec ch, ✆ 03 89 80 79 14, Fax 03 89 79 77 00, « Jardin fleuri » –
📺 ☎ 🅿. ᴬᴱ ⓞ GB. ✂ ch
✿ *fermé 30 juin au 14 juil., 18 janv. au 4 mars, dim. soir hors sais. et lundi* – **Repas** 95/390 et
carte 230 à 360 – 🍷 55 – **13 ch** 240/390 – ½ P 395/460
Spéc. Les quatre foies d'oie de l'Auberge. Matelote de cuisses de grenouilles aux pieds de
veau et aux escargots. Pigeon rôti aux raisins. **Vins** Riesling, Tokay-Pinot gris.

Annexe : Le Pavillon 🏨 ✂ sans rest,, « Collection de coquillages », 🌳 – 📺 ☎ 🅿. ᴬᴱ
ⓞ GB. ✂
🍷 55 – **19 ch** 380/590.

à Ingersheim *Nord-Ouest : 4 km – 4 063 h. alt. 220 – ✉ 68040 :*

XXX **Kuehn** avec ch, quai Fecht ✆ 03 89 27 38 38, Fax 03 89 27 00 77, ≤, 🏠, 🚗 – |‡| TV ☎ P – 🏛 40. GB. ✂ rest
fermé fév., dim. soir et lundi de nov. à juin, lundi midi, mardi midi et merc. midi de juil. à oct. – **Repas** 140/380 et carte 260 à 360, enf. 55 – ☕ 38 – **28 ch** 230/380 – ½ P 325/365.

XX **Taverne Alsacienne,** 99 r. République ✆ 03 89 27 08 41, Fax 03 89 80 89 75 – AE GB
fermé 14 juil. au 4 août, dim. soir et lundi – **Repas** 75 (déj.), 100/280 🍷.

BMW J.M.S. Auto, 124 rte de Neuf-Brisach ✆ 03 89 24 25 53
CITROEN Gar. Alsauto, 4 r. Timken, ZI Nord par ① ✆ 03 89 20 85 85 N ✆ 03 89 20 85 85
FIAT, LANCIA Auto Market Colmar, 124 rte de Neuf-Brisach ✆ 03 89 20 30 80
FORD Gar. Bolchert, 77 r. Morat ✆ 03 89 79 11 25
HONDA, LADA Europe Autos Colmar, 101 rte de Rouffach par ④ ✆ 03 89 41 10 13
MERCEDES Gar. Dietrich, à Ingersheim ✆ 03 89 27 04 77 N ✆ 08 00 24 24 30
NISSAN Avenir Autom., 191 rte de Rouffach ✆ 03 89 41 14 85
OPEL Sama Colmar, 11 rue J-M.Haussmann, ZI Nord ✆ 03 89 41 19 50 N ✆ 03 89 71 66 77
PEUGEOT Gar. Mulat, 11 rte de Wintzenheim par ⑤ ✆ 03 89 80 61 75
PEUGEOT Gar. Colmar Autom., 2A r. Timken ✆ 03 89 24 66 66 N ✆ 08 00 44 24 24
RENAULT Gar. du Stade, 122 r. du Ladhof ✆ 03 89 23 99 43 N ✆ 06 07 11 65 52
RENAULT Gar. Wackenthaler, 1 rte de Colmar à Ingersheim ✆ 03 89 27 05 17
RENAULT Gar. Friederich, 27 rte de Rouffach par ④ ✆ 03 89 41 60 47
RENAULT Gar. Lauber, 6 r. Clemenceau à Wintzenheim par ⑤ ✆ 03 89 27 02 02
ROVER Alsace Auto, 108 rte de Rouffach ✆ 03 89 41 33 45
SEAT Sem' Autos, 2 r. Gay Lussac ✆ 03 89 24 11 42
TOYOTA H et M Autom., 138 rte de Neuf Brisach ✆ 03 89 24 12 22
VAG Gar. Dittel, r. J.-M. Hausmann, ZI Nord ✆ 03 89 24 76 00

Kautzmann, 64 r. Papeteries ✆ 03 89 41 06 24
Pneus et Services D.K., 5 r. J.-Preiss ✆ 03 89 41 26 01
Pneus et Services D.K., 11 r. des Frères Lumière, ZI Nord ✆ 03 89 41 94 72

COLOMBEY-LES-DEUX-ÉGLISES *52330 H.-Marne* **61** ⑲ *G. Champagne – 660 h alt. 353.*

Voir *Mémorial du Général-de-Gaulle et la Boisserie (musée).*
Syndicat d'Initiative r. du Gén.-de-Gaulle ✆ 03 25 01 52 33.
Paris 249 – Chaumont 25 – Bar-sur-Aube 16 – Châtillon-sur-Seine 63 – Neufchâteau 72.

Dhuits, N 19 ✆ 03 25 01 50 10, Fax 03 25 01 56 22, 🏠 – ⇔ TV ☎ ✆ ♿ 🚗 P – 🏛 50. AE ⓓ
fermé 20 déc. au 5 janv. – **Repas** 80/170 🍷 – ☕ 38 – **42 ch** 250/380 – ½ P 300/350.

XX **Aub. de la Montagne** 🐦 avec ch, ✆ 03 25 01 51 69, Fax 03 25 01 53 20, 🚗 – TV ☎ P. AE GB. ✂ ch
fermé mi-janv. à mi-fév., lundi et mardi – **Repas** 110/320 – ☕ 40 – **8 ch** 230/330.

Gar. Archambaux, N 19 ✆ 03 25 01 51 43

COLROY-LA-ROCHE *67420 B.-Rhin* **62** ⑧ *– 435 h alt. 475.*

Paris 405 – Strasbourg 65 – Lunéville 69 – St-Dié 30 – Sélestat 31.

Host. La Cheneaudière M 🐦, ✆ 03 88 97 61 64, Fax 03 88 47 21 73, ≤, 🏠, « Élégante hostellerie dans un jardin », 🏋, 🏊, 🎾 – ▤ rest TV ☎ P – 🏛 25. AE ⓓ GB
Les Princes de Salm** (fermé 2 janv. au 6 mars)* **Repas** 585 et carte 420 à 530, enf. 60 – ***Les Pastoureaux : Repas 290 – ☕ 120 – **32 ch** 600/1500 – ½ P 770/1210
Spéc. Foie gras. Fricassée de homard, tagliatelles aux épinards et feuilles de fenouil. Gibier (saison). **Vins** Tokay-Pinot gris, Muscat.

RENAULT Gar. Wetta, St-Blaise-la-Roche ✆ 03 88 97 60 84 N ✆ 03 88 97 60 84

COLY *24 Dordogne* **75** ⑦ *– rattaché au Lardin-St-Lazare.*

La COMBE *73 Savoie* **74** ⑮ *– rattaché à Aiguebelette-le-Lac.*

COMBEAUFONTAINE *70120 H.-Saône* **66** ⑤ *– 446 h alt. 259.*

Paris 335 – Besançon 63 – Bourbonne-les-Bains 37 – Épinal 81 – Gray 42 – Langres 52 – Luxeuil-les-Bains 53 – Vesoul 26.

Balcon, ✆ 03 84 92 11 13, Fax 03 84 92 15 89 – TV ☎ ✆ 🚗 – 🏛 25. AE ⓓ GB. ✂ ch
fermé 30 juin au 9 juil., 29 déc. au 13 janv., dim. soir et lundi – **Repas** 145/380, enf. 80 – ☕ 40 – **17 ch** 200/380 – ½ P 280.

La COMBE-DES-ÉPARRES *38 Isère* **74** ⑬ *– rattaché à Bourgoin-Jallieu.*

COMBLOUX 74920 H.-Savoie **74** ⑧ *G. Alpes du Nord* – *1 716 h alt. 980* – *Sports d'hiver : 1 100/ 1 853 m ⛷ 1 ⛷24.*

Voir *La Cry* ✳ ★★ *O : 3 km.*

🛈 Office de Tourisme ℘ 04 50 58 60 49, Fax 04 50 93 33 55.

Paris 595 – *Chamonix-Mont-Blanc 31* – Annecy 77 – Bonneville 38 – Megève 6 – Morzine 53 – St-Gervais-les-Bains 10.

🏨 **Aux Ducs de Savoie** ⑤, au Bouchet ℘ 04 50 58 61 43, Fax 04 50 58 67 43, ≼ Mt-Blanc, Ⅰ₅, ☒, ☞ – ▯ ⅋ ⊡ ☎ ☜ ℗. ♨ 30. ஊ ⑩ ⊞
1er juin-30 sept. et 15 déc.-27 avril – **Repas** 145/215 – ⌷ 52 – **50 ch** 670 – ½ P 540.

🏨 **Au Coeur des Prés** ⑤, ℘ 04 50 93 36 55, Fax 04 50 58 69 14, ≼ Aravis et Mt-Blanc, Ⅰ₅, ☒, ☞, ⅋ – ▯ ⅋ ⊡ ☎ ☜ ℗. ♨ 25. ⊞
17 mai-25 sept. et 20 déc.-Pâques – **Repas** 115/195 – ⌷ 45 – **33 ch** 520 – ½ P 400/460.

🏨 **Idéal-Mont-Blanc** ⑤, ℘ 04 50 58 60 54, Fax 04 50 58 64 50, ≼ Mt-Blanc, Ⅰ₅, ☒, ☞ – ▯ ⊡ ☎ ℗. ஊ ⑩ ⊞
15 juin-30 sept. et 20 déc.-20 avril – **Repas** 120/240, enf. 60 – ⌷ 61 – **28 ch** 380/610 – ½ P 485/535.

🏨 **Feug** Ⓜ ⑤, ℘ 04 50 93 00 50, Γax 04 50 21 21 44, ≼, 🍴, Ⅰ₅, ☞ ▯ ⊡ ☎ ⅙ ☜ ℗. ஊ ⊞ ⅋ rest
fermé 20 sept. au 22 déc. – **Repas** 125/195 – ⌷ 45 – **28 ch** 440/610 – ½ P 405/435.

au Haut-Combloux *Ouest : 3,5 km* – ⊠ *74920 Combloux :*

🏨 **Rond-Point des Pistes** ⑤, ℘ 04 50 58 68 55, Fax 04 50 93 30 54, ≼ Mt-Blanc, 🍴 – ▯ ⊡ ☎ ℗. ⊞
15 juin-15 sept. et 20 déc.-15 avril – **Repas** 90/160 – ⌷ 45 – **29 ch** 380/525 – ½ P 360/490.

CITROEN Gar. du Perret, ℘ 04 50 58 60 92   PEUGEOT Gar. des Cimes, ℘ 04 50 93 00 60

---

*Die auf den **Michelin-Karten** im Maßstab 1 : 200 000 rot unterstrichenen Orte sind in diesem Führer erwähnt.*

Nur eine neue Karte gibt Ihnen die aktuellsten Hinweise.

COMBOURG 35270 I.-et-V. **59** ⑯ *G. Bretagne* – *4 843 h alt. 45.*

Voir *Château★.*

🐎 *Château des Ormes* ℘ 02 99 48 40 27, N par D 795 : 13 km.

🛈 Office de Tourisme pl. A.-Parent (juin-sept.) ℘ 02 99 73 13 93.

Paris 385 – *St-Malo 37* – Avranches 50 – Dinan 25 – Fougères 48 – Rennes 41 – Vitré 58.

🏨 **Château**, pl. Châteaubriand ℘ 02 99 73 00 38, Fax 02 99 73 25 79, 🍴, ☞ – ⊡ ☎ ℗ – ♨ 35. ஊ ⑩ ⊞
fermé 15 déc. au 15 janv., dim. soir et lundi soir du 15 oct. au 15 mai et lundi midi – **Repas** 89/270 – ⌷ 46 – **33 ch** 330/500 – ½ P 290/380.

🏨 **Lac**, pl. Châteaubriand ℘ 02 99 73 05 65, Fax 02 99 73 23 34, ≼ – ⊡ ☎ ☜ ℗. ஊ ⑩ ⊞
fermé fév., dim. soir et vend. – **Repas** 65/190 ⅜, enf. 48 – ⌷ 35 – **28 ch** 200/360 – ½ P 220/285.

✗ **L'Écrivain**, pl. St-Gilduin ℘ 02 99 73 01 61, 🍴 – ⊞
fermé 1er au 20 mars, merc. soir hors sais. et jeudi – **Repas** 72/166, enf. 50.

COMBREUX 45530 Loiret **64** ⑩ *G. Châteaux de la Loire* – *142 h alt. 130.*

Voir *Étang de la Vallée★ NO : 2 km.*

Paris 121 – *Orléans 38* – Châteauneuf-sur-Loire 14 – Gien 51 – Montargis 35 – Pithiviers 30.

✗✗ **Croix Blanche** ⑤ avec ch, ℘ 02 38 59 47 62, Fax 02 38 59 41 35, 🍴, ☞ – ⊡ ☎ ℗. ⊞
fermé 15 janv. au 10 fév., mardi soir et merc. – **Repas** 125/200 – ⌷ 32 – **7 ch** 220/260 – ½ P 300.

COMMENTRY 03600 Allier **73** ③ *G. Auvergne* – *8 021 h alt. 407.*

Paris 338 – *Moulins 68* – Aubusson 78 – Gannat 49 – Montluçon 16 – Riom 67.

🏠 **St-Christophe** sans rest, 30 bis r. Lavoisier ℘ 04 70 64 31 27, Fax 04 70 64 53 21 – ☎ ⅏ ℗. ⊞
⌷ 30 – **22 ch** 170/200.

✗✗ **Michel Rubod**, 47 r. J.-J. Rousseau ℘ 04 70 64 45 31, Fax 04 70 64 33 17 – ⊞
fermé 5 août au 1er sept., 23 déc. au 6 janv., dim. soir et lundi – **Repas** 120/420 ⅜.

CITROEN Gar. Gauvin, 16 r. Danton
℘ 04 70 64 33 32
FORD Gar. Bougaret, 3 r. J.-Dormoy
℘ 04 70 64 43 51

🏵 Almeida Pneus Sce, 7 r. Dr-Paul Fabre
℘ 04 70 64 48 33

COMPIÈGNE 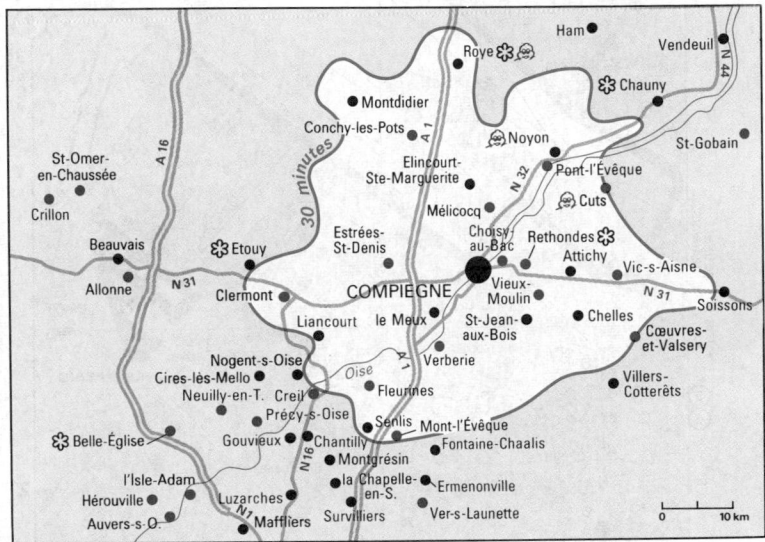 60200 Oise **56** ②, **106** ⑩ *G. Flandres Artois Picardie* – *41 896 h alt. 41.*

Voir *Palais*★★★ **BYZ** : *musée de la voiture*★★ – *Hôtel de ville*★ **BZ H** – *Musée de la Figurine historique*★ **BZ M** – *Musée Vivenel: vases grecs*★★ **AZ M¹**.

Env. *Forêt*★★ – *Clairière de l'Armistice*★★ : *wagon du Maréchal Foch* – *Château de Pierrefonds*★★ *14 km par* ③.

🏌 *ℰ 03 44 40 15 73.*

🛈 *Office de Tourisme pl. Hôtel de Ville, ℰ 03 44 40 01 00, Fax 03 44 40 23 28.*

Paris 82 ⑥ – *Amiens 79* ⑦ – *Arras 108* ⑦ – *Beauvais 60* ⑥ – *Douai 125* ⑦ – *St-Quentin 69* ① – *Soissons 39* ②.

🏨 **de Harlay** sans rest, 3 r. Harlay *ℰ 03 44 23 01 50, Fax 03 44 20 19 46* – 🛗 📺 ☎. 🅰🅴 ⓞ **GB**
　　AY **a**
　　⇌ 42 – **20 ch** 300/370.

🏨 **Flandre** sans rest, 16 quai République *ℰ 03 44 83 24 40, Fax 03 44 90 02 75* – 🛗 📺 ☎ ✆. ⓞ **GB**
　　AY **u**
　　⇌ 35 – **42 ch** 230/280.

XXX **Host. Royal-Lieu** avec ch, 9 r. Senlis à Royallieu par ⑤ : *2 km ℰ 03 44 20 10 24, Fax 03 44 86 82 27,* 😊, 🌳 – 📺 ☎ 🅿. 🅰🅴 ⓞ **GB**. ❄ ch
　　Repas 170/368 et carte 250 à 340, enf. 60 – ⇌ 45 – **17 ch** 475, 3 appart – ½ P 445.

XXX **La Part des Anges**, 18 r. Bouvines *ℰ 03 44 86 00 00, Fax 03 44 86 09 00,* 😊 – 🅿. 🅰🅴
　　AZ **d**
　　fermé dim. soir et lundi midi – **Repas** 100/290 et carte 230 à 330 ♣.

XXX **Rive Gauche**, 13 cours Guynemer *ℰ 03 44 40 29 99, Fax 03 44 40 38 00* – 🅰🅴 **GB**
　　fermé sam. midi et lundi sauf fériés – **Repas** 130/160 et carte 200 à 260.　　BY **e**

XXX **Laudigeois et H. du Nord** avec ch, pl. Gare *ℰ 03 44 83 22 30, Fax 03 44 90 11 87* – 🛗 📺 ☎ – 🔒 30. **GB**
　　AY **b**
　　fermé 4 au 22 août et dim. soir – **Repas** 145/210 et carte 250 à 390 – ⇌ 35 – **20 ch** 230/250.

à Élincourt-Ste-Marguerite par ① et D 142 : 15 km – 681 h. alt. 83 – ⊠ 60157 :

🏰 **Château de Bellinglise** ⑤, Nord : 1 km *ℰ 03 44 96 00 33, Fax 03 44 96 03 00,* ≼, « *Demeure du 16ᵉ siècle dans un parc* », ❄ – 🛗 📺 ☎ 🅿 – 🔒 100. 🅰🅴 ⓞ **GB**
　　Repas *(fermé dim. soir et lundi midi de déc. à mars sauf fêtes)* 195/350, enf. 100 – ⇌ 74 – **33 ch** 745/1380 – ½ P 620/715.

à Mélicocq par ① et D 142 : 14 km – 587 h. alt. 65 – ⊠ 60150 :

XX **Aub. des Chiens Rouges**, *ℰ 03 44 76 05 50, Fax 03 44 76 66 44* – **GB**
　　fermé sam. midi, dim. soir et lundi soir – **Repas** 98/160.

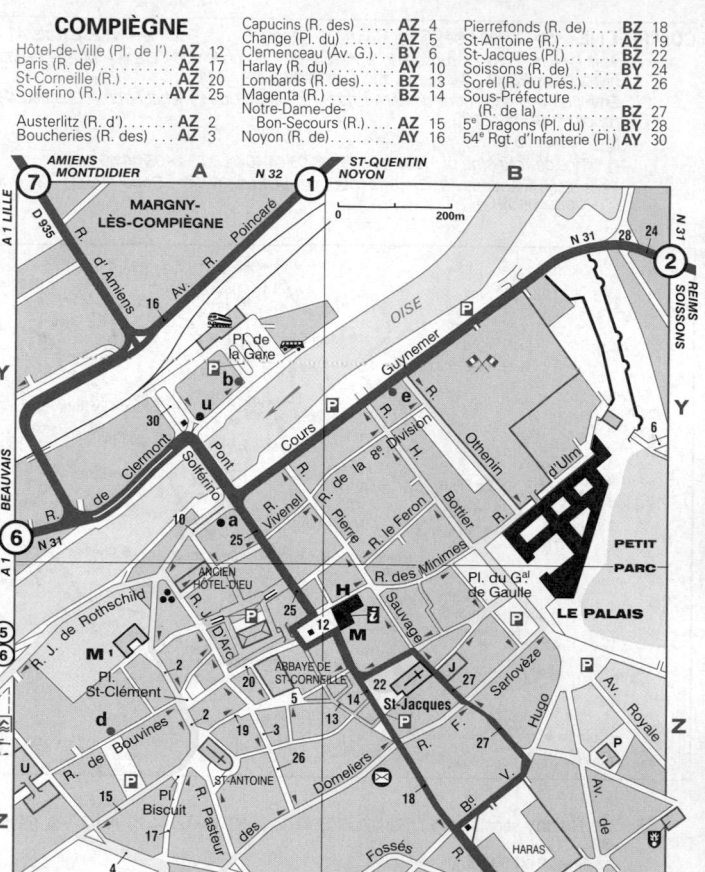

COMPIÈGNE

Hôtel-de-Ville (Pl. de l'). **AZ** 12
Paris (R. de) . . . . **AZ** 17
St-Corneille (R.) . . . . . . **AZ** 20
Solferino (R.) . . . . **AYZ** 25

Austerlitz (R. d') . . . . . . **AZ** 2
Boucheries (R. des) . . . **AZ** 3

Capucins (R. des) . . . . . **AZ** 4
Change (Pl. du) . . . . . . **AZ** 5
Clemenceau (Av. G.) . . . **BY** 6
Harlay (R. du) . . . . **AY** 10
Lombards (R. des) . . . . **BZ** 13
Magenta (R.) . . . . **BZ** 14
Notre-Dame-de-
Bon-Secours (R.) . . . . **AZ** 15
Noyon (R. de) . . . . **AY** 16

Pierrefonds (R. de) . . . . **BZ** 18
St-Antoine (R.) . . . . **AZ** 19
St-Jacques (Pl.) . . . . . . **BZ** 22
Soissons (R. de) . . . . . **BY** 24
Sorel (R. du Prés.) . . . . **AZ** 26
Sous-Préfecture
(R. de la) . . . . **BZ** 27
5ᵉ Dragons (Pl. du) . . . **BY** 28
54ᵉ Rgt. d'Infanterie (Pl.) **AY** 30

à Choisy-au-Bac par ② : 5 km – 3 786 h. alt. 40 – ⊠ 60750 :

XX **Aub. des Étangs du Buissonnet**, ℘ 03 44 40 17 41, Fax 03 44 85 28 18, 余, 屏 –
GB
fermé 20 au 30 déc., dim. soir et lundi sauf midi fériés – **Repas** 140/250.

à Rethondes par ② : 10 km – 591 h. alt. 38 – ⊠ 60153 .
Voir *St-Crépin-aux-Bois : mobilier★ de l'église NE : 4 km.*

XXX **Alain Blot**, ℘ 03 44 85 60 24, Fax 03 44 85 92 35, 屏 – 🆎 GB
🕸 *fermé sam. midi, dim. soir et lundi* – **Repas** (nombre de couverts limité, prévenir)
140 bc/350 et carte 310 à 420
Spéc. Parmentier de canard aux champignons (saison). Bar de ligne grillé à la confiture
d'échalotes. Assiette ''tout chocolat'' (hiver).

à Vieux-Moulin par ③ et D 14 : 9,5 km – 495 h. alt. 49 – ⊠ 60350 .
Voir *Mont St-Marc★ N : 2 km – Les Beaux-Monts★★ : ≼★ NO : 7 km.*

XXX **Aub. du Daguet**, face Église ℘ 03 44 85 60 72, Fax 03 44 85 61 28 – GB
fermé merc. sauf fériés – **Repas** 120/250 et carte 200 à 400.

à St-Jean-aux-Bois par ④ et D 85 : 11 km – 319 h. alt. 71 – ⊠ 60350.

Voir Église★.

XXX **A la Bonne Idée** ⤳ avec ch, 𝄢 03 44 42 84 09, Fax 03 44 42 80 45, ⯎, ⬚ – 📺 ☎ 🅿
– 🕍 30. ⯑ ⯑
fermé mi-janv. à mi-fév. et mardi d'oct. à mars – **Repas** 130/380 et carte 240 à 400, enf. 50 –
⊇ 55 – **24 ch** 280/580 – ½ P 385/485.

Z.A.C. de Mercières par ⑤ et D 200 : 6 km – ⊠ 60200 :

🏨 **Mercure** Ⓜ, carrefour J. Monnet 𝄢 03 44 30 30 30, Fax 03 44 30 30 44, ⯎ – ⏥ ⤢ ▤ 📺
☎ ✦ 🅿 – 🕍 60 à 150. ⯑ ⯑ ⯑
Repas 105, enf. 55 – ⊇ 59 – **92 ch** 495/550.

🏨 **Au Relais Napoléon**, av. Europe 𝄢 03 44 20 11 11, Fax 03 44 20 41 60 – ⤢ ▤ rest 📺
☎ & 🅿 – 🕍 50 à 100. ⯑ ⯑ ⯑ ⯑ rest
Repas (fermé dim. soir) 98/245, enf. 58 – ⊇ 42 – **48 ch** 330/365 – ½ P 326.

au Meux par ⑤, D 200 et D 98 : 11 km – 1 471 h. alt. 50 – ⊠ 60880 :

🏨 **La Vieille Ferme**, 𝄢 03 44 41 58 54, Fax 03 44 41 23 50 – 📺 ☎ 🅿. ⯑
fermé 4 au 25 août, 22 déc. au 5 janv., lundi (sauf hôtel) et dim. soir – **Repas** 90 bc/230 bc,
enf. 55 – ⊇ 35 – **14 ch** 240/310 – ½ P 220/245.

ALFA ROMEO St Germain Auto, ZAC du Camp du
Roy à Jaux 𝄢 03 44 20 29 94
BMW St-Merri Auto, av. H.-Adenot, ZAC de
Mercières 𝄢 03 44 30 50 00
CITROEN S.A.D.A.C., r. Fonds-Pernant ZAC de
Mercières par r. J.-de-Rothschild 𝄢 03 44 20 26 00
Ⓝ 𝄢 06 09 37 64 23
FIAT, LANCIA Gar. SOVA, ZAC de J.-Venette, 63 r.
des Métiers 𝄢 03 44 90 06 06
HONDA Auto Style Compiègne, av. H.-Adenot, ZAC
de Mercières 𝄢 03 44 23 08 11
MERCEDES Gar. Techstar, Av. Berthelot, ZAC de
Mercières 𝄢 03 44 23 08 22 Ⓝ 𝄢 06 09 43 53 86
OPEL Auto Sprint, ZAC Camp du Roy à Jaux
𝄢 03 44 83 27 17

PEUGEOT Safari Compiègne, r. C.-Bayard par
r. J.-de-Rothschild 𝄢 03 44 92 24 24 Ⓝ
𝄢 08 00 44 24 24
RENAULT Gar. Guinard, av. Gén.-Weygand par
r. J.-de-Rothschild 𝄢 03 44 92 55 55 Ⓝ
𝄢 03 22 37 71 37
VAG Gar. Thiry, Ctre Cial de Venette
𝄢 03 44 90 71 00
Ⓜ Charlier Pneu Point S, 177 r. V.-Hugo à
Margny-lès-Compiègne 𝄢 03 44 83 38 69
Euromaster, r. J.-de-Vaucanson, ZAC de
Mercières 𝄢 03 44 20 20 22
Hurand Pneu-Vulco, 4-6 r. d'Austerlitz
𝄢 03 44 23 22 17

COMPREIGNAC 87140 H.-Vienne ⑫ ⑦ G. Berry Limousin – 1 280 h alt. 400.

🛈 Office de Tourisme (mi-juin/mi sept.) 𝄢 05 55 71 09 14.

Paris 380 – Limoges 28 – Bellac 28 – Guéret 74 – St-Junien 38.

X **Aub. du Moulin**, à Margnac, Est : 3 km par D 5 𝄢 05 55 71 30 70 – 🅿. ⯑
⤳ fermé lundi d'oct. à mars et dim. soir – **Repas** 65 bc/171 ⯑, enf. 46.

COMPS-SUR-ARTUBY 83840 Var ⯑ ⑦, ⯑ ⑩ G. Alpes du Sud – 272 h alt. 898.

Env. Balcons de la Mescla★★★ NO : 14,5 km – Tunnels de Fayet ⩿★★★ O : 20 km.

Paris 828 – Digne-les-Bains 82 – Castellane 28 – Draguignan 31 – Grasse 61 – Manosque 96.

🏨 **Gd H. Bain**, 𝄢 04 94 76 90 06, Fax 04 94 76 92 24 – 📺 ☎ ⬤. ⯑
⤳ fermé 12 nov. au 24 déc., merc. soir et jeudi du 1er oct. au 1er avril – **Repas** 78/190, enf. 55 –
⊇ 35 – **18 ch** 240/330 – ½ P 255/265.

CONCARNEAU 29900 Finistère ⯑ ⑪ ⑮ G. Bretagne – 18 630 h alt. 4.

Voir Ville Close★★ C – Musée de la Pêche★ C M1 – Pont du Moros ⩿★ B – Fête des Filets
bleus★ (fin août).

⯑ de Quimper et de Cornouaille 𝄢 02 98 56 97 09 par ① : 8 km.

🛈 Office de Tourisme quai d'Aiguillon 𝄢 02 98 97 01 44, Fax 02 98 50 88 81.

Paris 548 ① – Quimper 22 ① – Brest 93 ① – Lorient 51 ① – St-Brieuc 131 ① – Vannes
103 ①.

Plan page suivante

🏨 **Océan** Ⓜ, plage Sables Blancs 𝄢 02 98 50 53 50, Fax 02 98 50 84 16, ⩿, ⯑ – ⏥ 📺 ☎ ✦ &
🅿 – 🕍 40. ⯑ ⯑ ⯑ rest   A r
Repas (fermé 10 janv. au 10 fév.) 99/260, enf. 48 – ⊇ 49 – **90 ch** 530/590, 17 duplex –
½ P 400/430.

🏨 **Les Halles** sans rest, pl. Hôtel de Ville 𝄢 02 98 97 11 41, Fax 02 98 50 58 54 – 📺 ☎. ⯑
⯑   C s
fermé dim. hors sais. – ⊇ 32 – **23 ch** 290/340.

🏨 **de France et d'Europe** sans rest, 9 av. Gare 𝄢 02 98 97 00 64, Fax 02 98 50 76 66 – 📺
☎ ✦ 🅿 ⯑ ⯑   C b
fermé sam. du 15 nov. au 15 mars – ⊇ 32 – **26 ch** 260/340.

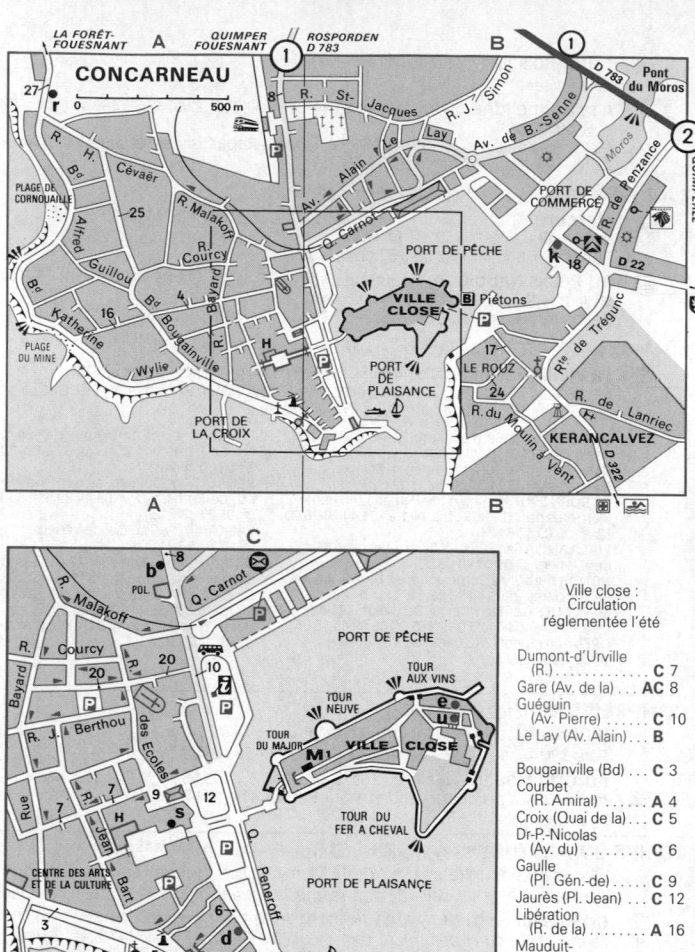

CONCARNEAU

Ville close :
Circulation
réglementée l'été

Dumont-d'Urville
(R.) . . . . **C** 7
Gare (Av. de la) . . . **AC** 8
Guéguin
(Av. Pierre) . . . . . . **C** 10
Le Lay (Av. Alain) . . **B**

Bougainville (Bd) . . . **C** 3
Courbet
(R. Amiral) . . . . . . **A** 4
Croix (Quai de la) . . . **C** 5
Dr-P.-Nicolas
(Av. du) . . . . **C** 6
Gaulle
(Pl. Gén.-de) . . . . . **C** 9
Jaurès (Pl. Jean) . . . **C** 12
Libération
(R. de la) . . . . **A** 16
Mauduit-
Duplessis (R.) . . . **B** 17
Moros (R. du) . . . . . . **B** 18
Morvan (R. Gén.) . . . **C** 20
Pasteur (R.) . . . . **B** 24
Renan (R. Ernest) . . **A** 25
Sables-Blancs
(R. des) . . . . **A** 27

XXX   **Le Galion** (Gaonac'h) ⑤ avec ch, 15 r. St-Guénolé ℘ 02 98 97 30 16, Fax 02 98 50 67 88 –
ⓣ ☎. 🅰🅴 ⓞ 🅶🅱   **C e**
      *vacances de printemps-mi-nov. et fermé dim. soir du 15/09 au 15/06 et lundi (sauf le soir
en juil.-août et fériés)* – **Repas** (nombre de couverts limité, prévenir) 130/380 et carte 300 à
410 – ☲ 42 – **5 ch** 450 – 1/2 P 490
      Spéc. Fricassée de langoustines aux champignons sauvages (juil. à nov.). Andouille du
terroir au cidre. Soufflés.

XX   **La Coquille**, quai Moros ℘ 02 98 97 08 52, Fax 02 98 50 69 13, 🏠 – 🅰🅴 ⓞ 🅶🅱   **B k**
      fermé janv., dim. soir hors sais. et lundi – **Repas** 120 (déj.), 150/390.

XX   **Le Buccin**, 1 r. Duguay-Trouin ℘ 02 98 50 54 22, Fax 02 98 50 70 37 – 🅶🅱   **C v**
      fermé 5 au 15 oct., 1ᵉʳ au 20 fév., dim. soir et lundi – **Repas** 85 (déj.), 125/280, enf. 60.

XX   **Chez Armande**, 15 bis av. Dr Nicolas ℘ 02 98 97 00 76 – 🅰🅴 ⓞ 🅶🅱   **C d**
      fermé 3 au 10 sept., 18 déc. au 18 janv., mardi soir sauf juil.-août et merc. – **Repas** 91/188.

※ **L'Assiette du Pêcheur,** 12 r. St-Guénolé ℰ 02 98 50 75 84, Fax 02 98 50 67 88 –
🍴 ⅁ℬ
C u
Pâques-20 sept. et fermé dim. soir de Pâques au 15 juin et lundi sauf le soir en juil.-août –
Repas - produits de la mer - (en saison, prévenir) 94, enf. 48.

CITROEN Gar. Duquesne, 4 r. Moros, ZI du Port   RENAULT Gar. de Penanguer, rte de Quimper
ℰ 02 98 97 48 00   par ① ℰ 02 98 97 36 06 🅽 ℰ 08 00 05 15 15
PEUGEOT Gar. Nedelec, ZI du Moros
ℰ 02 98 97 46 33 🅽 ℰ 02 98 62 29 12

CONCHES-EN-OUCHE 27190 Eure 🟧🟧 ⑯ G. Normandie Vallée de la Seine (plan) – 4 009 h
alt. 123.
Voir *Église Ste-Foy★*.
Paris 117 – L'Aigle 38 – Bernay 34 – Dreux 50 – Évreux 18 – Rouen 60.

※※ **La Grand'Mare** avec ch, 13 av. Croix de Fer ℰ 02 32 30 23 30, Fax 02 32 30 23 30 – ⅁ℬ
fermé dim. soir et lundi – **Repas** 96/158 – ☡ 30 – **7 ch** 85/195.

Gar. Castelin, ℰ 02 32 30 20 20

CONCHY-LES-POTS 60490 Oise 🟧🟧 ② – 462 h alt. 106.
Paris 99 – Amiens 54 – Compiègne 27 – Beauvais 67 – Montdidier 14 – Roye 14.

※※ **Le Relais,** N 17 ℰ 03 44 85 01 17, Fax 03 44 85 00 58 – 🄿. ⅁ℬ
fermé 20 fév. au 2 mars, 21 juil. au 1ᵉʳ août, dim. soir et lundi – **Repas** 140/350.

CONCORET 56430 Morbihan 🟧🟧 ⑮ – 626 h alt. 100.
Paris 396 – Rennes 49 – Dinan 55 – Loudéac 46 – Ploërmel 24 – Vannes 72.

※ **Chez Maxime** avec ch, ℰ 02 97 22 63 04, Fax 02 97 22 67 12 – ⅁ℬ
fermé 12 au 30 nov., vacances de fév., mardi soir et merc. – **Repas** 89/192 – ☡ 29 – **9 ch**
120/189 – ½ P 158/175.

CONDÉ-STE-LIBIAIRE 77450 S.-et-M. 🟧🟧 ⑫, 🄶🄾🄶 ㉒ – 1 365 h alt. 47.
Paris 44 – Coulommiers 23 – Lagny-sur-Marne 13 – Meaux 10 – Melun 49.

※※ **Vallée de la Marne,** quai Marne ℰ 01 60 04 31 01, Fax 01 64 63 15 83, 🌴, 🌳 – 🄿. 🄰🄴
⓪ ⅁ℬ
fermé lundi soir et mardi – **Repas** 140/300.

CONDÉ-SUR-NOIREAU 14110 Calvados 🟧🟧 ⑪ G. Normandie Cotentin – 6 309 h alt. 85.
🏌 de Clécy-Cantelou ℰ 02 31 69 72 72, NO par D 36 : 9 km.
🅱 Office de Tourisme ℰ 02 31 69 27 64 ou à la Mairie ℰ 02 31 69 02 82.
Paris 277 – Caen 48 – Argentan 53 – Falaise 33 – Flers 13 – Vire 26.

※ **Cerf** avec ch, 18 r. Chêne ℰ 02 31 69 40 55, Fax 02 31 69 78 29 – 📺 ☎ 🄿. 🄰🄴 ⓪ ⅁ℬ
fermé vacances de Toussaint, dim. soir et vend. – **Repas** 92/170 ⅃, enf. 47 – ☡ 30 – **9 ch**
214/224 – ½ P 230.

à St-Germain-du-Crioult Ouest : 4,5 km sur rte Vire – 819 h. alt. 184 – ✉ 14110 :

※ **Aub. St-Germain** avec ch, ℰ 02 31 69 08 10, Fax 02 31 69 14 67 – 📺 ☎. ⅁ℬ. ⌘
🍴 *fermé 1ᵉʳ au 8 août, 15 déc. au 15 janv., vend. soir et dim. du 1ᵉʳ oct. au 1ᵉʳ mai –* **Repas**
(fermé vend. soir du 15 sept. au 15 mai et dim. soir) 72/155 ⅃, enf. 45 – ☡ 21 – **9 ch**
170/225 – ½ P 180/210.

CONDOM ⬡ 32100 Gers 🟧🟧 ⑭ G. Pyrénées Aquitaine (plan) – 7 717 h alt. 81.
Voir *Cathédrale St-Pierre★ : Cloître★*.
🅱 Office de Tourisme pl. Bossuet ℰ et Fax 05 62 28 00 80.
Paris 729 – Agen 42 – Auch 45 – Mont-de-Marsan 81 – Toulouse 121.

🏨 **Trois Lys** 🕭, 38 r. Gambetta ℰ 05 62 28 33 33, Fax 05 62 28 41 85, « Hôtel particulier du
18ᵉ siècle », 🏊, 📺 ☎ 🄿. 🄰🄴 ⅁ℬ
fermé fév. – **Le Dauphin** ℰ 05 62 28 44 67 *(fermé dim. soir et lundi sauf juil.-août)* **Repas**
95/130 ⅃, enf. 25 – ☡ 42 – **10 ch** 380/560.

🏨 **Logis des Cordeliers** 🕭 sans rest, r. de la Paix ℰ 05 62 28 03 68, Fax 05 62 68 29 03, 🏊
– 📺 ☎ 🄿. ⅁ℬ
fermé janv. – ☡ 38 – **21 ch** 260/390.

※※ **Table des Cordeliers,** r. Cordeliers ℰ 05 62 68 28 36, Fax 05 62 28 44 87, 🌴 – 🄿. 🄰🄴
🍴 ⅁ℬ
fermé vacances de Toussaint, de fév. et vend. hors sais. sauf fêtes – **Repas** 65/170 ⅃.

CITROEN Gar. Pinson, 11 rte d'Agen
℘ 05 62 28 12 19
PEUGEOT Gar. Durrieu, bd St-Jacques
℘ 05 62 28 00 53 **Ⓝ** ℘ 05 62 28 00 53
RENAULT Gar. Rottier, allées de Gaulle
℘ 05 62 28 22 55 **Ⓝ** ℘ 05 62 22 29 36

VAG Gar. Andreu, rte de Fleurance
℘ 05 62 28 18 86 **Ⓝ** ℘ 05 62 28 18 86

Ⓦ Euromaster, 7 av. Armagnac
℘ 05 62 28 01 91
Rivière Point S, 21 av. Pyrénées
℘ 05 62 28 01 20

CONDRIEU *69420 Rhône* **🟥4** ⑪ *G. Vallée du Rhône – 3 093 h alt. 150.*
  Voir *Calvaire ⩽★*.
  🅱 *Office de Tourisme pl. du Séquoïa N 86* ℘ *04 74 56 62 83.*
  Paris 500 – Lyon 42 – Annonay 34 – Rive-de-Gier 22 – Tournon-sur-Rhône 53 – Vienne 13.

🏛🏛 **Hôtellerie Beau Rivage** (Donet), ℘ 04 74 59 52 24, Fax 04 74 59 59 36, 🍽, « Terrasse
  avec vue agréable sur le Rhône », 🚗 – 🔲 📺 🕿 ⇔ 🅿, 🖭 ⓞ 🈁
  Repas 195 (déj.), 295/620 et carte 310 à 430 – 🖵 65 – **20 ch** 550/770, 4 appart
  Spéc. Fleur de courgette farcie à la mousse de brochet, beurre d'herbes (15 mai au
  15 oct.). Quenelle de brochet au salpicon de homard. Croustillant de filet d'agneau, niçoise
  de légumes. **Vins** Viognier, Côte Rôtie.

🍴 **La Reclusière,** 39 Gde rue ℘ 04 74 56 67 27 – 🖭 ⓞ 🈁
  fermé 2 au 17 fév., dim. soir et lundi – **Repas** 90/150 ♨.

CONFLANS-STE-HONORINE *78700 Yvelines* **55** ⑳, **101** ③ *G. Ile de France* (plan) *– 31 467 h
  alt. 25 - Pardon national de la Batellerie (fin juin).*
  Voir *⩽★ de la terrasse du parc – Musée de la Batellerie.*
  🅱 *Office de Tourisme 23 r. M.-Berteaux* ℘ *01 34 90 99 09.*
  Paris 37 – Mantes-la-Jolie 41 – Poissy 12 – Pontoise 8 – St-Germain-en-Laye 13 – Versailles 27.

🏨 **Campanile,** 91 r. Cergy - N 184 ℘ 01 39 19 21 00, Fax 01 39 19 36 57, 🍽 – 🔆 📺 🕿 ⚡
  🚻 🅿 – 🛏 25. 🖭 ⓞ 🈁
  Repas 84 bc/107 bc, enf. 39 – 🖵 32 – **49 ch** 278.

🍴🍴 **Au Confluent de l'Oise,** 15 cours Chimay ℘ 01 39 72 60 31, Fax 01 39 19 99 90, ⩽, 🍽
  – 🅿, 🖭 🈁
  fermé 10 au 30 août, vacances de fév., dim. soir et lundi sauf fériés – **Repas** 108/198.

🍴 **Au Bord de l'Eau,** 15 quai Martyrs-de-la-Résistance ℘ 01 39 72 86 51 – 🔲
  fermé 11 au 24 août, 25 déc. au 6 janv., lundi et le soir sauf vend. et sam. – **Repas** 159.
  Gar. Foch, 188 av. Foch ℘ 01 39 19 44 80

CONLEAU *56 Morbihan* **63** ③ *– rattaché à Vannes.*

CONNAUX *30 Gard* **80** ⑲ ⑳ *– rattaché à Bagnols-sur-Cèze.*

CONNELLES *27430 Eure* **55** ⑦ *– 154 h alt. 15.*
  Paris 110 – Rouen 39 – Les Andelys 13 – Évreux 33 – Vernon-sur-Eure 39.

🏛🏛 **Moulin de Connelles** 🦢, D 19 ℘ 02 32 59 53 33, Fax 02 32 59 21 83, ⩽, 🍽, « Belle
  demeure normande dans un parc au bord de la Seine », 🏊, 🎾 – 📺 🕿 🅿, 🖭 ⓞ 🈁
  fermé janv., dim. soir et lundi de sept. à mai – **Repas** 140 (déj.), 190/295, enf. 70 – 🖵 65 –
  7 ch 500/800, 6 appart 800/950 – ½ P 535/635.

CONQUES *12320 Aveyron* **80** ① ② *G. Gorges du Tarn* (plan) *– 362 h alt. 350.*
  Voir *Site★★ – Église Ste-Foy★★ : tympan du portail Ouest★★★ et trésor★★★ – Le Cendié ⩽★
  O : 2 km par D 232 – Site du Bancarel ⩽★ S : 3 km par D 901.*
  🅱 *Office de Tourisme* ℘ *05 65 72 85 00, Fax 05 65 72 87 03.*
  Paris 624 – Rodez 38 – Aurillac 56 – Espalion 48 – Figeac 46.

🏨 **Ste-Foy** 🦢, ℘ 05 65 69 84 03, Fax 05 65 72 81 04, 🍽 – 🛗 🕿 ⇔, 🖭 🈁, 🍽 rest
  Pâques-1ᵉʳ nov. – **Repas** (nombre de couverts limité, prévenir) 100 (déj.), 160/300 – 🖵 60 –
  17 ch 390/990 – ½ P 415/695.

🏨 **Aub. St-Jacques** 🦢, ℘ 05 65 72 86 36, Fax 05 65 72 82 47 – 🕿 🅿, 🖭 🈁, 🍽 rest
  fermé 5 janv. au 15 fév. et sam. du 15 nov. au 1ᵉʳ mars – **Repas** 84/145 ♨, – 🖵 29 – **13 ch**
  240/290 – ½ P 240/260.

Le CONQUET *29217 Finistère* **58** ③ *G. Bretagne – 2 149 h alt. 30.*
  Voir *Site★.*
  🅱 *Office de Tourisme Parc de Beauséjour* ℘ *02 98 89 11 31, Fax 02 98 89 08 20.*
  Paris 619 – Brest 25 – Brignogan-Plages 58 – St-Pol-de-Léon 84.

Pointe Ste-Barbe ⛰, ☎ 02 98 89 00 26, Fax 02 98 89 14 81, ≤ mer et les îles – |♦| TV ☎ ✆ ♿ P – 🏛 40. AE ⓓ GB. ✻ rest
fermé 12 nov. au 17 déc. – **Repas** *(fermé lundi du 15 sept. au 30 juin)* 98/456, enf. 56 – ☕ 37 – **49 ch** 193/631 – ½ P 311/530.

à la Pointe de St-Mathieu *Sud : 4 km* – ✉ *29217 Plougonvelin.*
Voir *Phare* ✻★★ – *Ruines de l'église abbatiale*★.

Host. de la Pointe St-Mathieu M, ☎ 02 98 89 00 19, Fax 02 98 89 15 68, ≤ – |♦| TV ☎ ♿ – 🏛 30. AE GB
fermé mi-janv. à mi-fév. – **Repas** *(fermé dim. soir)* 150/400, enf. 50 – ☕ 38 – **15 ch** 300/400 – ½ P 305/355.

RENAULT Gar. Taniou, ☎ 02 98 89 00 29

Les CONTAMINES-MONTJOIE *74170 H.-Savoie* 74 ⑧ *G. Alpes du Nord* – *994 h alt. 1164* – *Sports d'hiver : 1 164/2 500 m* 🚡 *3* ⛷ *23* ⛷.
Voir ≤★ *sur gorges de la Gruvaz NE : 5 km.*
ℹ *Office de Tourisme pl. Mairie* ☎ *04 50 47 01 58, Fax 04 50 47 09 54.*
Paris 607 – *Chamonix-Mont-Blanc 33* – *Annecy 89* – *Bonneville 50* – *Megève 20* – *St-Gervais-les-Bains 9.*

La Chemenaz et rest. la Trabla, ☎ 04 50 47 02 44, Fax 04 50 47 12 73, ≤, 🏖, Fá, ⛱, 🌳 – |♦| TV ☎ P. GB
1er juin-5 sept. et 20 déc.-20 avril – **Repas** 115/158, enf. 60 – ☕ 50 – **38 ch** 565 – ½ P 465.

Gai Soleil ⛰, ☎ 04 50 47 02 94, Fax 04 50 47 18 43, ≤, 🌳 – ☎ ✆. GB. ✻ rest
15 juin-15 sept. et 20 déc.-15 avril – **Repas** 100/145 – ☕ 40 – **19 ch** 300/420 – ½ P 330/360.

Christiania, ☎ 04 50 47 02 72, Fax 04 50 47 06 90, ≤, 🏖, Fá, ⛱, 🌳 – TV ☎ P. AE ⓓ GB
hôtel : 15 juin-15 sept. et 15 déc.-15 avril ; rest. : juil.-août et 15 déc.-15 avril – **Repas** snack (dîner seul. en été) 68/102 🍷, enf. 48 – ☕ 39 – **14 ch** 220/450 – ½ P 330/350.

Pour être inscrit au ***guide Michelin***
- pas de piston,
- pas de pot de vin!

CONTAMINE-SUR-ARVE *74130 H.-Savoie* 74 ⑦ – *1 125 h alt. 450.*
Paris 550 – *Annecy 43* – *Thonon-les-Bains 37* – *Bonneville 9* – *Chamonix-Mont-Blanc 63* – *Genève 20* – *Megève 52* – *Morzine 48.*

Tourne Bride avec ch, ☎ 04 50 03 62 18, Fax 04 50 03 91 99 – ▤ rest. GB
fermé 23 juin au 7 juil., 3 au 12 janv., dim. soir et lundi – **Repas** 68 (déj.), 98/168 🍷 – ☕ 30 – **8 ch** 180/195 – ½ P 180/210.

CONTEVILLE *27210 Eure* 55 ④ – *701 h alt. 33.*
Paris 182 – *Le Havre 31* – *Évreux 81* – *Honfleur 14* – *Pont-Audemer 13* – *Pont-l'Évêque 29.*

Aub. du Vieux Logis (Louet), ☎ 02 32 57 60 16, Fax 02 32 57 45 84 – AE ⓓ GB
fermé 25 janv. au 25 fév., mardi soir et merc. – **Repas** 145/330 et carte 270 à 350
Spéc. Pavé de morue fraîche à l'andouille de Vire. Aumonière de ris de veau et homard au coulis de crustacés. Baluchon de pommes et raisins confits au cidre.

CONTIS-PLAGE *40 Landes* 78 ⑮ – ✉ *40170 St-Julien-en-Born.*
Paris 713 – *Mont-de-Marsan 75* – *Bayonne 87* – *Castets 34* – *Mimizan 24.*

Neptune sans rest, ☎ 05 58 42 85 28, Fax 05 58 42 44 47 – P. AE ⓓ GB
mars-oct. – ☕ 30 – **16 ch** 190/350.

CONTRES *41700 L.-et-Ch.* 64 ⑰ – *2 979 h alt. 98.*
Paris 202 – *Tours 64* – *Blois 22* – *Châteauroux 78* – *Montrichard 22* – *Romorantin-Lanthenay 27.*

France, ☎ 02 54 79 50 14, Fax 02 54 79 02 95, 🏖, Fá, ⛱ – ⇹ ▤ rest TV ☎ ✆ ♿ 🚗 P – 🏛 30. AE GB. ✻ rest
Repas *(fermé 1er fév. au 10 mars, dim. soir et lundi de nov. à mars)* 98/270 – ☕ 49 – **30 ch** 310/435 – ½ P 335/395.

La Botte d'Asperges, ☎ 02 54 79 50 49, Fax 02 54 79 08 74 – GB
fermé lundi de sept. à avril – **Repas** 85/200 🍷, enf. 50.

au Nord-Est : 6 km par D 122, D 99 et rte secondaire – ✉ 41700 Contres :

🏛️ **Château de la Gondelaine** 🦢, 🕿 02 54 79 09 14, Fax 02 54 79 64 92, « Parc » – 📺 🕿
P. AE ① GB JCB
1er avril-31 oct. – **Repas** 155/280 – ☲ 45 – **15 ch** 390/830 – ½ P 490/530.

à Oisly Sud-Ouest : 6 km par D 675 et D 21 – 319 h. alt. 120 – ✉ 41700 :

XX **St-Vincent**, 🕿 02 54 79 50 04 – 🅿
fermé 21 au 27 avril, 15 au 30 oct., dim. soir, lundi et soirs fériés – **Repas** 95/250, enf. 48.

RENAULT Dubreuil Autom., N 15 à Chémery 🕿 02 54 71 80 06

CONTREVOZ 01 Ain 74 ⑭ – rattaché à Belley.

CONTREXÉVILLE 88140 Vosges 62 ⑭ G. Alsace Lorraine –
3 945 h alt. 342 – Stat. therm. (mars à oct.) – Casino **Y**.
🛈 Office de Tourisme, r. du Shah de Perse 🕿 03 29 08
08 68, Fax 03 29 08 25 40.
Paris 337 ③ – Épinal 47 ① – Langres 68 ② – Luxeuil 72
② – Nancy 80 ① – Neufchâteau 28 ③.

🏛️ **Cosmos**, r. Metz 🕿 03 29 07 61 61, Fax 03 29 08
68 67, 🍴, ⛫, 🏊, 🌳, – 🛗 ♨ 📺 🕿 **P.** –
🏊 70 à 50. AE GB. 🍴 rest　　　　　　　**Y** u
25 avril-15 oct. – **Repas** 205 – ☲ 48 – **76 ch** 410/465,
5 appart – ½ P 492/535.

🏛️ **H. de l'Établissement**, Cour d'Honneur
🕿 03 29 08 17 30, Fax 03 29 08 92 38, 🍴 – 🛗 📺 🕿
P. AE GB. 🍴 rest　　　　　　　　　**Z** e
25 mars-15 sept. – **Repas** 205 – ☲ 43 – **35 ch** 305/348
– ½ P 398/435.

🏨 **Sources**, r. Ziwer-Pacha 🕿 03 29 08 04 48,
Fax 03 29 08 63 01, 🌳 – 📺 🕿 AE GB. 🍴 rest
avril-oct. – **Repas** 100/180, enf. 55 – ☲ 38 – **38 ch**
230/330 – ½ P 240/295.　　　　　　　　**Z** x

🏨 **La Souveraine** sans rest, dans le parc
🕿 03 29 08 09 59, Fax 03 29 08 16 39 – 📺 🕿 **P.** AE
GB　　　　　　　　　　　　　　　**Y** r
☲ 43 – **29 ch** 305/348.

🏠 **Beauséjour**, r. Ziwer-Pacha 🕿 03 29 08 04 89,
Fax 03 29 08 62 28 – 🕿 AE GB, 🍴 rest
avril-10 oct. – **Repas** 100/220 ⅃ – ☲ 38 – **32 ch** 250/
280.　　　　　　　　　　　　　　　**Z** v

🏠 **France**, av. Roi Stanislas 🕿 03 29 05 05 05,
Fax 03 29 08 69 96, 🍴 – 🕿 **P.** AE GB
fermé 15 déc. au 15 janv. – **Repas** 85/195 ⅃, enf. 55 –
☲ 34 – **33 ch** 190/280.　　　　　　　**Z** z

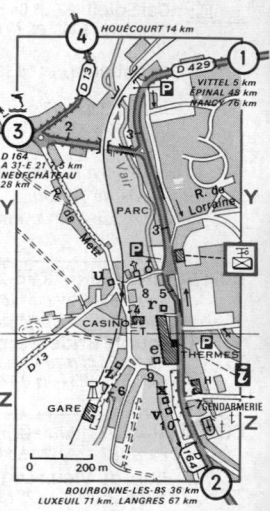

COQUELLES 62 P.-de-C. 51 ② – rattaché à Calais.

La COQUILLE 24450 Dordogne 72 ⑯ – 1 515 h alt. 337.
Paris 438 – Limoges 45 – Brive-la-Gaillarde 85 – Nontron 29 – Périgueux 50 – St-Yrieix-la-
Perche 25.

XX **Voyageurs** avec ch, N 21 🕿 05 53 52 80 13, Fax 05 53 62 18 29, 🍴, 🌳 – 📺 🕿 🚗. GB
fermé 2 au 20 janv., vacances de fév. et dim. soir d'oct. à avril – **Repas** 75 bc (déj.), 100/210
⅃, enf. 58 – ☲ 38 – **10 ch** 180/280 – ½ P 260.

PEUGEOT Gar. Fauriat, 🕿 05 53 52 80 60　　　　RENAULT Gar. Fayol, 🕿 05 53 52 81 35

Pour vos voyages, en complément de ce guide utilisez :

　- Les **guides Verts Michelin** régionaux
　　paysages, monuments et routes touristiques.
　- Les **cartes Michelin** à 1/1 000 000 grands itinéraires
　　1/200 000 **cartes détaillées**.

CORBEHEM 62 P.-de-C. 🗺️ ③ – rattaché à Douai.

CORBEIL-ESSONNES 91 Essonne 🗺️ ①., 🗺️ ③.., 🗺️ ③ – voir à Évry.

CORBIGNY 58800 Nièvre 🗺️ ⑮ G. Bourgogne – 1 802 h alt. 203.

Paris 234 – Autun 78 – Avallon 39 – Clamecy 28 – Nevers 59.

🏛️ **La Buissonnière,** pl. St-Jean 𝒫 03 86 20 02 13, Fax 03 86 20 13 85, 🌳 – ⤶ 📺 ☎ ✦ 🅿️. 🆎 🖃
fermé 9 au 28 fév. – **Le Marode** 𝒫 03 86 20 13 55 (fermé 5 fév. au 3 mars, dim. soir et lundi)
Repas 80/250 🍷 – 🖃 30 – **23 ch** 260/295.

CITROEN Gar. Philizot, 𝒫 03 86 20 00 34

PEUGEOT Gar. Dumas, 𝒫 03 86 20 10 88 🅽
𝒫 03 86 20 10 88

Eine gute Ergänzung

zum vorliegenden Hotelführer

sind die gelben **Michelin-Abschnittskarten**

im Maßstab 1 : 200 000.

CORDES-SUR-CIEL 81170 Tarn 🗺️ ⑳ G. Pyrénées Roussillon (plan) – 932 h alt. 279.

Voir Site★★ – La ville haute★★ : maisons gothiques★★, musée d'Art et d'Histoire★ – Musée de l'Outil★ à Vindrac-Alayrac O : 5 km.

🅱️ Office de Tourisme 𝒫 05 63 56 00 52, Fax 05 63 56 19 52 et pl. Bouteillerie (saison) 𝒫 05 63 56 14 11.

Paris 666 – Toulouse 82 – Albi 25 – Montauban 59 – Rodez 85 – Villefranche-de-Rouergue 48.

🏰 **Grand Écuyer** (Thuriès) Ⓜ 🌿, 𝒫 05 63 53 79 50, Fax 05 63 53 79 51, ≤ vallée, « Demeure gothique, bel intérieur » – 🍽️ 📺 ☎ – 🛁 30. 🆎 ⓪ 🖃
Pâques-15 oct. – **Repas** (fermé mardi midi et lundi sauf juil.-août) 170/440 – 🖃 70 – **13 ch** 550/850 – ½ P 680
Spéc. Foie gras au torchon. Pigeonneau du Lauragais. Méli-mélo d'agneau du pays. **Vins** Gaillac.

🏨 **Host. du Vieux Cordes** 🌿, 𝒫 05 63 53 79 20, Fax 05 63 56 02 47, ≤, 🌳 – 📺 ☎ ✦ – 🛁 50. 🆎 ⓪ 🖃
fermé janv. – **Repas** (fermé dim. soir et lundi de nov. à avril) 80, enf. 50 – 🖃 40 – **21 ch** 265/420 – ½ P 295.

Annexe La Cité 🏛️ 🌿 sans rest, 𝒫 05 63 56 03 53 – ☎. 🆎 ⓪ 🖃
15 avril-15 oct. – 🖃 30 – **8 ch** 240/280.

CORDES-TOLOSANNES 82700 T.-et-G. 🗺️ ⑰ – 249 h alt. 145.

Paris 665 – Toulouse 58 – Auch 67 – Agen 64 – Montauban 23 – Moissac 18.

🍴 **L'Horizon,** 𝒫 05 63 95 64 64, ≤, 🌳 – 🍽️. 🖃
fermé vacances de fév., mardi du 1er sept. au 30 avril et lundi soir du 1er mai au 31 août –
Repas 70/98, enf. 40.

CORDON 74 H.-Savoie 🗺️ ⑦ ⑧ – rattaché à Sallanches.

CORENC 38 Isère 🗺️ ⑤ – rattaché à Grenoble.

CORMEILLES-EN-VEXIN 95 Val-d'Oise 🗺️ ⑲., 🗺️ ⑤ – rattaché à Cergy-Pontoise.

CORMERY 37320 I.-et-L. 🗺️ ⑮ G. Châteaux de la Loire – 1 323 h alt. 59.

Paris 254 – Tours 21 – Blois 63 – Château-Renault 49 – Loches 22 – Montrichard 32.

🍴🍴 **Aub. du Mail,** pl. Mail 𝒫 02 47 43 40 32, Fax 02 47 43 08 72, 🌳 – 🖃
fermé 1er au 6 juil., 15 au 30 nov., vacances de fév., jeudi soir, vend. soir et sam. midi – **Repas** 98/260.

CORNAS 07 Ardèche 🗺️ ⑳ – rattaché à St-Péray.

CORNILLON *30630 Gard* 80 ⑨ – *609 h alt. 168.*

Paris 668 – Alès 53 – Avignon 50 – Bagnols-sur-Cèze 16 – Pont-St-Esprit 24.

🏨 **Vieille Fontaine** ⌕, 𝓟 04 66 82 20 56, Fax 04 66 82 33 64, ≤, 🏡, « Piscine et jardin en terrasses dominant la vallée » – 🍽 📺 ☎, 🖭 ⅁⅃
fermé janv., fév., dim. soir et merc. – **Repas** 195 – 😅 65 – **8 ch** 650/850 – ½ P 550/700.

au Sud-Est *6 km par D 298, D 23 et D 141* – ✉ *30630 Cornillon :*

✗✗✗ **Mas Rodières**, 𝓟 04 66 82 32 32, Fax 04 66 82 26 34, 🏡, parc, « Joli mas dans le vignoble » – 🍽 P. 🖭 ⅁⅃
fermé vacances de fév. à mi-mars – **Repas** *(fermé lundi et mardi sauf fériés)* (prévenir) 130 (déj.), 160/380, enf. 60.

CORPS *38970 Isère* 77 ⑮ ⑯ *G. Alpes du Sud* – *512 h alt. 939.*

Voir Barrage★★, pont★ et lac★ du Sautet O : 4 km.

Env. Site★ de la basilique N.-D. de la Salette, ≤★ N : 15 km par D 212ᶜ.

🛈 *Office de Tourisme 𝓟 04 76 30 03 85.*

Paris 631 – Gap 39 – Grenoble 66 – La Mure 25.

🏨 **Le Tilleul,** 𝓟 04 76 30 00 43, Fax 04 76 30 06 12, 🏡 – ☎ ⇦, 🖭 ⓞ ⅁⅃
fermé 1ᵉʳ nov. au 15 déc. – **Repas** 67/157 ⅃, enf. 45 – 😅 30 – **10 ch** 220/270 – ½ P 230.

🏨 **Nouvel H.,** 𝓟 04 76 30 00 35, Fax 04 76 30 03 00, ≤, 🏡 – 🍽 ☎ P. 🖭 ⓞ ⅁⅃
fermé au 30 janv. – **Repas** 85 (déj.)/130 ⅃ – 😅 35 – **28 ch** 230/300 – ½ P 240.

🏨 **Napoléon** sans rest, 𝓟 04 76 30 00 42, Fax 04 76 30 06 83 – 🍽 ☎. ⅁⅃
mai-oct. et 10 fév.-10 mars – 😅 34 – **22 ch** 200/310.

✗✗ **Poste** avec ch, 𝓟 04 76 30 00 03, Fax 04 76 30 02 73, 🏡 – 📺 ☎ ⇦, 🖭 ⅁⅃
fermé 1ᵉʳ déc. au 15 janv. – **Repas** 100/260 – 😅 40 – **20 ch** 230/430 – ½ P 240/350.

au Nord-Est : *4 km par rte La Salette et D 212c* – *alt. 1260* – ✉ *38970 Corps :*

🏨 **Boustigue H.** ⌕, 𝓟 04 76 30 01 03, Fax 04 76 30 04 04, ≤, ⍽, ☞, ✗ – ☎ P. – 🛎 30. ⅁⅃
20 avril-20 oct. – **Repas** 90/140, enf. 55 – 😅 38 – **30 ch** 350 – ½ P 299/335.

CITROEN Gar. du Dauphiné, 𝓟 04 76 30 01 10 🅽   RENAULT Gar. Rivière, 𝓟 04 76 30 01 13 🅽
𝓟 04 76 30 00 28   𝓟 04 76 30 01 13

CORRENÇON-EN-VERCORS *38 Isère* 77 ④ – *rattaché à Villard-de-Lans.*

CORRÈZE *19800 Corrèze* 75 ⑨ *G. Berry Limousin* – *1 145 h alt. 455.*

Paris 484 – Brive-la-Gaillarde 47 – Limoges 92 – Tulle 18 – Ussel 51.

🏰 **La Séniorie** ⌕, 𝓟 05 55 21 22 88, Fax 05 55 21 24 00, ≤, 🏡, 𝑓ѕ, ⍽, ☞, ✗ – 🛎 📺 ☎ ⇦ – 🛎 35. 🖭 ⓞ ⅁⅃
Repas 135/250, enf. 50 – 😅 52 – **29 ch** 550 – ½ P 385.

CORSE 90 *G. Corse* – *249 729 h.*

🚢 *Relations avec le continent : 50 mn env. par avion, 5 à 10 h par bateau (voir à Marseille, Nice et Toulon).*

Plans pages suivantes

Ajaccio 🅿 *2A Corse-du-Sud* 90 ⑰ – *58 315 h – Casino* Z – ✉ *20000 Ajaccio.*

Voir Musée Fesch★★ Z – *Maison Bonaparte★* Z – *Place d'Austerlitz* Y : *monument de Napoléon1ᵉʳ★* Y N – *Jetée de la Citadelle* ≤★ YZ – *Place Gén.-de-Gaulle* ≤★ Z.

Env. S : golfe d'Ajaccio★★ – Pointe de la Parata ≤★★ *12 km par* ③ *puis 30 mn.*

Excurs. aux Iles Sanguinaires★★.

🛪 *d'Ajaccio-Campo dell'Oro : 𝓟 04 95 21 03 64, par* ① *: 7 km.*

🛈 *Office de Tourisme Hôtel de Ville, av. Serafini 𝓟 04 95 51 53 03, Fax 04 95 51 53 01 – Automobile Club de la Corse 65 cours Napoléon 𝓟 04 95 23 62 60.*

Bastia 150 ① – *Bonifacio 136* ① – *Calvi 171* ① – *Corte 81* ① – *L'Ile-Rousse 147* ①.

🏰 **Albion** sans rest, 15 cours Gén. Leclerc 𝓟 04 95 21 66 70, Fax 04 95 21 17 55 – 🛎 🗏 📺 ☎. 🖭 ⅁⅃
avril-déc. – 😅 40 – **62 ch** 330/420.   Y k

🏰 **Costa** ⌕, sans rest, 2 r. Colomba 𝓟 04 95 21 43 02, Fax 04 95 21 59 82 – 🛎 📺 ☎ ⇦. 🖭 ⓞ ⅁⅃. ✗
😅 38 – **53 ch** 348/533.   Y x

🏨 **Napoléon** sans rest, 4 r. Lorenzo Vero 𝓟 04 95 51 54 00, Fax 04 95 21 80 40 – 🛎 🗏 📺 ☎. 🖭 ⓞ ⅁⅃
😅 45 – **62 ch** 370/400.   Z s

MER MÉDITERRANÉE

Barcaggio
Macinaggio
D 80
Porticciolo
Erbalunga
San-Martino-di-Lota
Ville-di-Pietrabugnio
Patrimonio
St-Florent
Pietranera
Palagaccio
BASTIA

l'Ile-Rousse
Algajola
Monticello
Calvi
Belgodère
N 197
Feliceto
CALVI-STE-CATHERINE
Pioggiola
Calenzana
BASTIA-PORETTA
Casamozza
N 193
N 1197
40 minutes
D 251
Ferayola

Calacuccia
Corte
D 81
Evisa
N 200
Porto
Piana
Soccia
Vico
Guagno-les-Bains
Cargèse
Col de Vizzavona
N 193
40 minutes
N 198
Afa
Bastelica
Bastellicaccia
Cauro
Zicavo
AJACCIO
AJACCIO-CAMPO-DELL'ORO
Porticcio
Ste-Marie-Sicché
Solenzara
Col de Bavella
Favone
Petreto-Bicchisano
Quenza
Aullène
N 196
Porto-Pollo
Propriano
Sartène
Porto-Vecchio
Tizzano
FIGARI
N 198
Bonifacio

0   20 km

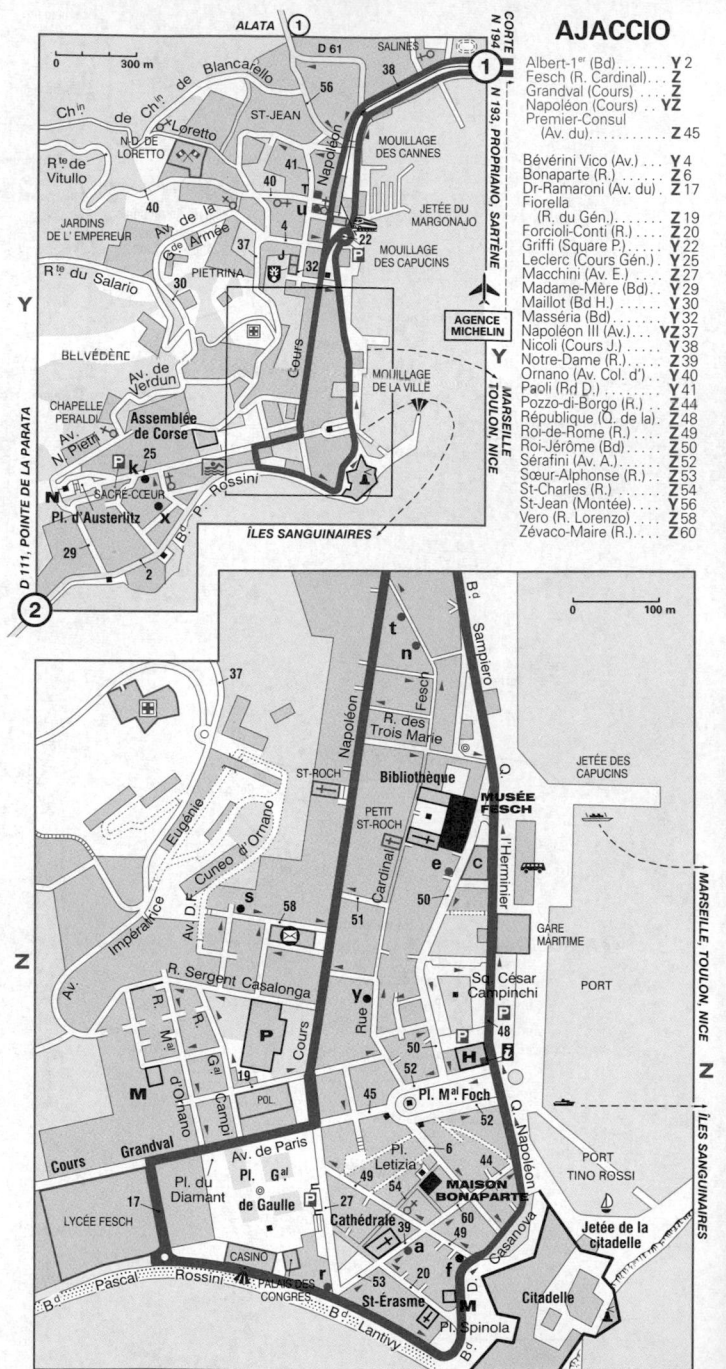

AJACCIO

San Carlu Ⓜ sans rest, 8 bd Casanova ℰ 04 95 21 13 84, Fax 04 95 21 09 99 – 📶 📺 ☎ ⚓
♿, ☒ ⓪ GB, ❄
Z f
fermé 15 déc. au 15 janv. – ⊡ 40 – **40 ch** 410/515.

Fesch sans rest, 7 r. Cardinal Fesch ℰ 04 95 21 50 52, Fax 04 95 21 83 36 – 📶 🖿 📺 ☎. ☒
⓪ GB
Z y
fermé 20 déc. au 10 janv. – ⊡ 38 – **77 ch** 350/420.

A La Funtana, 9 r. Notre Dame ℰ 04 95 21 78 04, Fax 04 95 51 40 56 – 🖿. ☒ ⓪ GB
ᴶᶜᴮ
Z a
fermé 1ᵉʳ au 30 juil., dim. et lundi – **Repas** 120/280.

Le Floride, au port de l'Amirauté ℰ 04 95 22 67 48, Fax 04 95 22 67 48, ≤, 🈂 – 🖿. ☒ ⓪
GB
fermé sam. midi et dim. midi en été, dim. soir en hiver – **Repas** - produits de la mer -
95 (déj.), 135/325.

Point "U", 59 bis r. Cardinal Fesch ℰ 04 95 21 59 92 – 🖿. GB
Z t
fermé "22 déc. au 3 janv. et dim." – **Repas** 88/250.

Maximilien, r. Eugène Macchini - Diamant 1 ℰ 04 95 51 36 39, Fax 04 95 10 08 70,
« Cadre marin » – 🖿. ⓪ GB
Z r
fermé 15 au 30 sept., 1ᵉʳ au 15 janv., dim. et lundi du 15 sept. au 15 juin – **Repas** - produits
de la mer - carte 280 à 400.

France, 59 r. Cardinal Fesch ℰ 04 95 21 11 00 – ☒ ⓪ GB
Z n
fermé nov. et dim. – **Repas** 95/130 ♌.

Le Piano, 13 bd Roi Jérôme ℰ 04 95 51 23 81, 🈂 – 🖿. ☒ ⓪ GB
Z e
🐚 *fermé 15 janv. au 15 fév. et dim.* – **Repas** 60/170.

à Afa *par* ① : *10 km par route de Bastia et D 161 – 1 726 h. alt. 150* – ✉ *20167 Mezzavia :*

Aub. d'Afa, ℰ 04 95 22 92 27, Fax 04 95 22 92 27, 🈂 – 🄿. ☒ ⓪ GB
fermé fév. et lundi – **Repas** 120/150.

Plaine de Cuttoli par ① : *11 km par rte de Bastia, gare de Mezzavia, D 1 à l'Est et rte secondaire* –
✉ *20167 Mezzavia :*

U Licettu, ℰ 04 95 25 61 57, Fax 04 95 53 71 00, ≤, 🈂, « Jardin fleuri 🌳 » – 🄿. GB. ❄
fermé nov. et lundi sauf juil.-août – **Repas** (prévenir) 200.

à Bastelicaccia *par* ①, N 196 et D 3 : *11 km – 2 072 h. alt. 80* – ✉ *20129 Bastelicaccia :*

Aub. Seta, ℰ 04 95 20 00 16, Fax 04 95 23 80 66, ≤ – GB
fermé janv. à mi-fév., dim. soir et lundi – **Repas** carte 170 à 250.

rte des îles Sanguinaires *par* ② – ✉ *20000 Ajaccio :*

Eden Roc ⑤, à 10 km ℰ 04 95 51 56 00, Fax 04 95 52 05 03, ≤ golfe, 🈂, ♨, 🌊, 🌳 – 📶
🖿 📺 ☎ ⚓ 🄿 – 🛄 80. ☒ ⓪ GB ᴶᶜᴮ. ❄ rest
Repas 160/400 – ⊡ 70 – **48 ch** 850/1680 – ½ P 880/1050.

Dolce Vita et rest. La Mer ⑤, à 9 km ℰ 04 95 52 42 42, Fax 04 95 52 07 15, 🈂,
✿ « Terrasse en bord de mer, ≤ îles Sanguinaires et le golfe », 🌊, 🐬, 🌳 – 🖿 ch 📺 ☎ 🄿 –
🛄 35. ☒ ⓪ GB
1ᵉʳ avril-31 oct. – **Repas** 170 (déj.)/200 et carte 300 à 390 – ⊡ 60 – **32 ch** 725/1125 –
½ P 748/883
Spéc. Fricassée de langouste au miel du maquis. Chapon farci d'herbes et chipirons
braisés. Pavé de Saint-Pierre en croûte d'olives noires. **Vins** Sartène, Ajaccio.

Cala di Sole ⑤, à 6 km ℰ 04 95 52 01 36, Fax 04 95 52 00 20, ≤, ♨, 🌊, 🐬, ❨❩ – 🖿 ch
📺 ☎ 🄿. ☒ ⓪ GB. ❄ rest
1ᵉʳ avril-15 oct. – **Repas** carte 190 à 360 – **31 ch** (½ pens. seul.) – ½ P 660.

La Pinède Ⓜ ⑤ sans rest, à 3,5 km ℰ 04 95 52 00 44, Fax 04 95 52 09 48, ≤, 🌳 – 🖿 📺
☎ ♿ 🄿 – 🛄 35. ☒ ⓪ GB. ❄
⊡ 40 – **38 ch** 600/880.

Nausicaa, à 7 km ℰ 04 95 52 01 42, ≤, 🈂 – 🄿. ☒ ⓪ GB
fermé mardi en hiver – **Repas** 110/150.

MICHELIN, Agence, D 503, Parc Ind. de Vazzio par ① Y ℰ 04 95 20 30 55

Algajola 2B H.-Corse **90** ⑬ – 211 h alt. 2 – ⊠ 20220 L'Ile-Rousse.
Voir *Citadelle*★ – *Descente de Croix*★ *dans l'église.*
Bastia 80 – Calvi 15 – L'Ile-Rousse 9.

🏠 **Beau Rivage**, ℘ 04 95 60 73 99, Fax 04 95 60 79 51, ≼, 🎧 – ☎ 🅿. 🖭 ⒼⒷ ⫶ rest
hôtel : 15 avril-15 oct. ; rest. : 1ᵉʳ mai-30 sept. – **Repas** 110/160 ⅃ – ⊡ 30 – **36 ch** 270/300 –
½ P 280/380.

🏠 **Plage**, ℘ 04 95 60 72 12, Fax 04 95 60 64 89, ≼ – ☎ 🅿. ⒼⒷ, ⫶
4 mai-28 sept. – **Repas** 90 – ⊡ 20 – **36 ch** 280/340 – ½ P 250/265.

Aullène 2A Corse-du-Sud **90** ⑦ – 149 h alt. 825 – ⊠ 20116 Aullène.
Ajaccio 72 – Bonifacio 87 – Corte 105 – Porto-Vecchio 59 – Propriano 37 – Sartène 35.

🏡 **Poste**, ℘ 04 95 78 61 21, ≼, 🎧 – ⒼⒷ ⫶ rest
1ᵉʳ mai-30 sept. – **Repas** 90/95 ⅃ – ⊡ 30 – **20 ch** 140/235 – ½ P 200/240.

Barcaggio 2B H.-Corse **90** ① – ⊠ 20275 Ersa.
Bastia 50 – St-Florent 66.

🏠 **La Giraglia** ⌛ sans rest, ℘ 04 95 35 60 54, Fax 04 95 35 65 92, ≼ La Giraglia
1ᵉʳ avril-30 oct. – ⊡ 32 – **12 ch** 330/430.

Bastelica 2A Corse-du-Sud **90** ⑥ – 436 h alt. 800 – ⊠ 20119 Bastelica.
Voir *Route panoramique*★★ *du plateau d'Ese.*
Env. *A 400 m du col de Mercujo : belvédère*★★ *et cirque*★★ SO : 13,5 km.
Ajaccio 42 – Corte 65 – Propriano 70 – Sartène 82.

🏠 **U Castagnetu** ⌛, ℘ 04 95 28 70 71, Fax 04 95 28 74 02, ≼, 🎧 – ☎ 🅿. 🖭 ⓞ ⒼⒷ
fermé début nov. au 31 déc. et mardi sauf juil.-août – **Repas** 100/150 – ⊡ 35 – **15 ch**
245/330 – ½ P 305.

🍴 **Chez Paul** avec ch, ℘ 04 95 28 71 59, ≼ – cuisinette. ⒼⒷ
Repas 75/125 – ⊡ 20 – **6 ch** 200 – ½ P 295.

Bastia Ⓟ 2B H.-Corse **90** ③ – 37 845 h alt. 3 – ⊠ 20200 Bastia.
Voir *Terra-Vecchia*★ Y : *le vieux port*★★ Z , *chapelle de l'Immaculée Conception*★ Y –
Terra-Nova★ Z : *Assomption de la Vierge*★★ *dans l'église Ste-Marie* Z, *chapelle Ste-Croix*★ Z,
musée d'ethnographie corse★ *dans l'ancien palais des gouverneurs* Z M.
Env. *Église Ste-Lucie* ≼★★ 6 km NO par D 31 X – ❊★★★ *de la Serra di Pigno 14 km par* ③ –
≼★★ *du col de Teghime10 km par* ③.
🏌 *Bastia Golf Club* ℘ 04 95 38 33 99.
✈ *de Bastia-Poretta :* ℘ 04 95 54 54 54, par ② : 20 km.
🛈 *Office de Tourisme pl. Saint-Nicolas* ℘ 04 95 31 00 89, Fax 04 95 55 96 00.
Ajaccio 151 ② – *Bonifacio 168* ② – *Calvi 95* ③ – *Corte 71* ② – *Porto 134* ②.

🏠 **Bonaparte** sans rest, 45 bd Gén. Graziani ℘ 04 95 34 07 10, Fax 04 95 32 35 62 – 🛗 🖵 ☎.
🖭 ⓞ ⒼⒷ ⒿⒸⒷ   X u
⊡ 40 – **25 ch** 250/450.

🏠 **Posta Vecchia** sans rest, r. Posta Vecchia ℘ 04 95 32 32 38, Fax 04 95 32 14 05 – 🛗 🖵 ☎
☏. 🖭 ⓞ ⒼⒷ   Y s
⊡ 30 – **49 ch** 240/400.

🍴🍴 **Le St-Jean**, pl. Hôtel-de-Ville ℘ 04 95 31 64 25, 🎧 – ⒼⒷ   Y e
fermé lundi midi et dim. – **Repas** carte 260 à 360.

🍴🍴 **La Citadelle**, r. Ste-Croix ℘ 04 95 31 44 70, Fax 04 95 32 77 53, 🎧, « Ancien moulin à
huile » – ▤. 🖭 ⒼⒷ   Z a
fermé sam. midi et dim. – **Repas** 180, enf. 50.

🍴 **Bistrot du Port**, r. Posta Vecchia ℘ 04 95 32 19 83 – ▤   Y u
fermé vacances de fév. et dim. – **Repas** (dîner seul. en juil.-août) carte 210 à 300.

à Ville-di-Pietrabugno par D 31 -X-(Nord-Ouest du plan) : 3,5 km – 2 950 h. alt. 330 – ⊠ 20200
Bastia.
🛈 *Syndicat d'Initiative, Port de Plaisance de Toga* ℘ 04 95 32 01 00.

🍴🍴 **Le Pietrabugno**, au hameau de Guaitella ℘ 04 95 34 08 44, Fax 04 95 32 66 11, ≼ – ⒼⒷ
⫶
fermé 15 au 28 fév. et mardi – **Repas** 135/195.

à Palagaccio par ① : 2,5 km – ⊠ 20200 Bastia :

🏨 **L'Alivi** ⌛ sans rest, ℘ 04 95 31 61 85, Fax 04 95 31 03 95, ≼ mer, 🏊, 🌳 – 🛗 🖵 ☎ 🅿 –
🏖 60. ⒼⒷ
fermé 22 au 28 déc. – ⊡ 40 – **37 ch** 530/800.

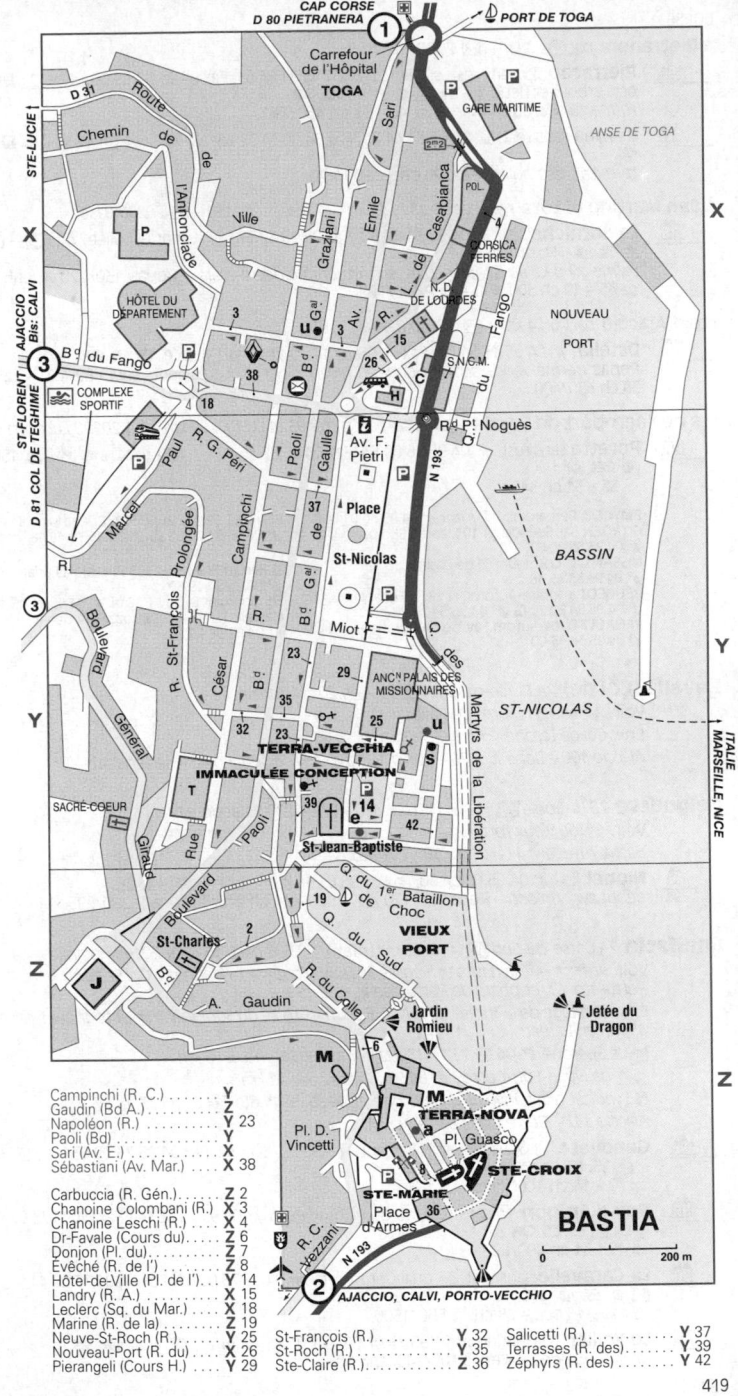

CAP CORSE
D 80 PIETRANERA
PORT DE TOGA
Carrefour de l'Hôpital
TOGA
GARE MARITIME
ANSE DE TOGA
STE-LUCIE
D 31
Chemin
Route
de
de
l'Annonciade
Ville
Sari
Casabianca
Emile
Graziani
POL.
CORSICA
FERRIES
X
HÔTEL DU
DÉPARTEMENT
N.D.
DE LOURDES
Av.
B⁴
G⁴¹
Fango
NOUVEAU
PORT
3
du Fango
COMPLEXE
SPORTIF
38
Paul
R. G. Péri
18
Marcel
Campinchi
Paoli
15
26
S.N.C.M.
C
H
R⁴ P⁵ Noguès
Av. F. Pietri
N 193
St-Florent
Ajaccio
Calvi
Bis: Calvi
D 81 COL DE TEGHIME
3
37
de
Gaulle
G⁴¹
Place
St-Nicolas
BASSIN
3
Boulevard
Général
R. St-François
César
B⁴
G⁴¹
Miot
Q. des
23
29
ANCⁿ PALAIS DES
MISSIONNAIRES
ST-NICOLAS
Y
35
25
U
ITALIE
MARSEILLE NICE
32
TERRA-VECCHIA
IMMACULÉE CONCEPTION
S
SACRÉ-CŒUR
T
39
e
14
42
Martyrs de la Libération
St-Jean-Baptiste
Girard
Paoli
Rue
19
Q. du 1ᵉʳ Bataillon Choc
St-Charles
2
Q. du Sud
VIEUX
PORT
Z
J
B⁴
A. Gaudin
R. du Colle
Jardin
Romieu
Jetée du
Dragon
6
M
M
TERRA-NOVA
Pl. D.
Vincetti
7
Pl. Guasco
STE-CROIX
STE-MARIE
36
Place
d'Armes
BASTIA
R. C. Vezzani
0   200 m
N 193
AJACCIO, CALVI, PORTO-VECCHIO

419

à Pietranera *par ① : 3 km –* ⊠ *20200 Bastia :*

🏠 **Pietracap** ॐ sans rest, sur D 131 𝒫 04 95 31 64 63, Fax 04 95 31 39 00, ≼, « ⴱ dans un parc arboré et fleuri » – 🗏 📺 ☎ 🄿, 🖭 ⓪ 🆖
fermé 15 déc. au 1ᵉʳ mars – � 40 – **35 ch** 450/790.

🏠 **Cyrnea** sans rest, 𝒫 04 95 31 41 71, Fax 04 95 31 72 65, ≼, 🚋 – 🗏 📺 ☎ 📞 ⟸ 🄿, 🆖. ⚘
fermé 1ᵉʳ déc. au 1ᵉʳ fév. – **20 ch** ⊒ 300/420.

à San Martino di Lota *par ① et D 131 : 13 km – 2 466 h. alt. 350 –* ⊠ *20200 Bastia :*

🏠 **La Corniche** ॐ, 𝒫 04 95 31 40 98, Fax 04 95 32 37 69, ≼ mer et vallée, 🍽, ⴱ – 📺 ☎ 🄿, 🖭 ⓪ 🆖, ⚘ ch
fermé 20 déc. au 31 janv., dim. soir et lundi d'oct. à mars – **Repas** 130/220 🍷, enf. 65 – ⊒ 35 – **19 ch** 300/450 – ½ P 330/370.

rte d'Ajaccio *par ② : 4 km –* ⊠ *20600 Bastia :*

🏠 **Ostella**, 𝒫 04 95 33 51 05, Fax 04 95 33 11 70, 🍽 – 🛗 📺 ☎ 🄿, 🖭 ⓪ 🆖
☜ **Repas** *(fermé vend., sam. et dim. en hiver)* (dîner seul.)(résidents seul.) 80/150 – ⊒ 40 – **30 ch** 350/400.

rte de l'aéroport de Bastia-Poretta *par ②, N 193 et D 507 : 20 km –* ⊠ *20290 Lucciana :*

🏠 **Poretta** sans rest, 𝒫 04 95 36 09 54, Fax 04 95 36 15 32 – 🗏 📺 ☎ 📞 ⟸ 🄿 – 🔏 150. 🖭 ⓪ 🆖. ⚘
⊒ 35 – **31 ch** 340.

BMW Gar. Bernardini, ZI Furiani 𝒫 04 95 36 01 00
CITROEN Gar. Socodia, N 193, sortie Sud par ② 𝒫 04 95 58 90 00
NISSAN Gar. Costantini, ZI de Bastia 𝒫 04 95 33 55 46
PEUGEOT Insulaire-Autom., N 193 à Furiani par ② 𝒫 04 95 54 20 20 🄽 𝒫 04 95 54 20 20
RENAULT Doria-Autom., av. de la Libération par ② 𝒫 04 95 30 13 00

RENAULT Gar. Ginanni, 35 r. C.-Campinchi 𝒫 04 95 31 09 02 🄽 𝒫 04 95 31 46 86

🏵 Ferrari Point S, N 193 Précojo à Furiani 𝒫 04 95 30 19 60
Ferrari Point S, 7 av. E.-Sari 𝒫 04 95 31 06 46
Marcelli, N 193 à Casamozza-Lucciana 𝒫 04 95 36 00 28

Bavella (Col de) *2A Corse-du-Sud* 🟨🟨 ⑦ – ⊠ *20124 Zonza.*
Voir ✳✱✱✱ – *E : Forêt de Bavella*✱✱.
Env. *Col de Larone* ≼✱✱ *NE : 13 km.*
Ajaccio 100 – Bonifacio 76 – Porto-Vecchio 49 – Propriano 48 – Sartène 46.

Belgodère *2B H.-Corse* 🟨🟨 ⑬ – *331 h alt. 320 –* ⊠ *20226 Belgodère.*
Voir ≼✱ *du vieux fort.*
Bastia 79 – Calvi 41 – Corte 58 – L'Ile-Rousse 17.

🏠 **Niobel** ॐ, 𝒫 04 95 61 34 00, Fax 04 95 61 35 85, ≼ vallée, 🍽 – ☎ 🄿
☜ *début avril-fin oct. –* **Repas** 75/120 🍷 – ⊒ 26 – **11 ch** 240/300 – ½ P 280/295.

Bonifacio *2A Corse-du-Sud* 🟨🟨 ⑨ *G. Corse* **(plan)** – *2 683 h alt. 55 –* ⊠ *20169 Bonifacio.*
Voir *Site*✱✱✱ – *Ville haute*✱✱ *: église St-Dominique*✱ – *La Marine*✱ *: Col St-Roch* ≼✱✱ – *Capo Pertusato* ≼✱ *et phare de Pertusato* ✳✱ *SE : 5 km.*
Env. *Ermitage de la Trinité* ≼✱✱ *NO : 6,5 km – Grotte du Sdragonato*✱ *et tour des falaises*✱✱ *45 mn en bateau.*
🏌 *de Sperone* 𝒫 04 95 73 17 13 à la pointe de Sprono, *E : 6 km.*
🛫 *de Figari-Sud-Corse :* 𝒫 04 95 71 00 22, *N : 21 km.*
🅱 *Syndicat d'Initiative pl. de l'Europe* 𝒫 04 95 73 11 88, Fax 04 95 73 14 97.
Ajaccio 137 – Corte 148 – Sartène 53.

🏠 **Genovese** 🅜 ॐ sans rest, ville haute 𝒫 04 95 73 12 34, Fax 04 95 73 09 03 – 🗏 📺 ☎ 🄿 – 🔏 25. 🖭 ⓪ 🆖
⊒ 70 – **14 ch** 1000/1700.

🏠 **Roy d'Aragon** 🅜 sans rest, 13 quai Comparetti 𝒫 04 95 73 03 99, Fax 04 95 73 07 94 – 🛗 🗏 📺 ☎. 🖭 🆖
⊒ 45 – **31 ch** 490/690.

🏠 **La Caravelle** sans rest, 35 quai Comparetti 𝒫 04 95 73 00 03, Fax 04 95 73 00 41 – 🛗 🗏 📺 ☎. 🖭 ⓪ 🆖
23 mars-15 oct. – **28 ch** ⊒ 550/1500.

🍴 **Le Voilier,** à la Marine 𝒫 04 95 73 07 06, Fax 04 95 73 14 27, 🍽 – 🖭 ⓪ 🆖
fin mars-31 déc. – **Repas** 105/240, enf. 50.

Calacuccia *2B H.-Corse* 🗾🗾 ⑮ – *331 h alt. 830 –* ⊠ *20224 Calacuccia.*
Voir *Site★★ – Tour du lac de barrage★★ – Défilé de la Scala di Santa Régina★★ NE : 5 km –*
Casamaccioli ⩽★ *SO : 3 km – Chapelle St-Pancrace* ⩽★ *NE : 4 km puis 15 mn.*
Bastia 76 – Calvi 98 – Corte 29 – Piana 68 – Porto 58.

🏠 **Acqua Viva** sans rest, ℘ 04 95 48 06 90, Fax 04 95 48 08 82 – 📺 ☎ 🅿. 🍷
⊡ 45 – **12 ch** 380/400.

Calenzana *2B H.-Corse* 🗾🗾 ⑭ – *1 535 h alt. 200 –* ⊠ *20214 Calenzana.*
Voir *Église Ste-Restitude★ NE : 1 km.*
Bastia 99 – Calvi 13 – L'Île-Rousse 28 – Porto 73.

🔾 **Bel Horizon** sans rest, ℘ 04 95 62 71 72 – 🌿
avril-sept. – ⊡ 35 – **12 ch** 200/240.

Entrez à l'hôtel ou au restaurant le Guide à la main,
vous montrerez ainsi qu'il vous conduit là en confiance.

Calvi ⬷🆂🅿⬷ *2B H.-Corse* 🗾🗾 ⑬ – *4 815 h alt. 29 –* ⊠ *20260 Calvi.*
Voir *Citadelle★★ : fortifications★ – La Marine★.*
Env. *Belvédère N.-D. de-la-Serra* ⩽★★★ *6 km par* ② – 🌿★★ *de la terrasse de l'église de*
Montemaggiore 11 km par ①.
Excurs. *en bateau : Calvi-Girolata★★★.*
🏌 *de Spano* ℘ 04 95 60 75 52, 16 km par ①.
🛫 *de Calvi-Ste-Catherine : ℘ 04 95 65 08 09, par* ①.
🅱 *Office du Tourisme Port de Plaisance ℘ 04 95 65 16 67, Fax 04 95 65 14 09 et à l'entrée de*
la Citadelle ℘ 04 95 65 36 74 (avril-oct.).
Bastia 95 ① *– Corte 93* ① *– L'Île-Rousse 24* ① *– Porto 76* ①.

Plan page suivante

🏰 **La Villa** Ⓜ ⌕, chemin de Notre Dame de la Serra par ① : *1 km* ℘ 04 95 65 10 10,
Fax 04 95 65 10 50, ⩽, 🍴, parc, 🏊, 🎾 – 🛗 🌿 🖳 📺 ☎ 🔥 🅿 – 🔺 40. 🍷 ⓞ 🍷. 🌿
1ᵉʳ avril-3 janv. – **Repas** carte 280 à 430 – ⊡ 110 – **31 ch** 2000/2100, 3 appart – ½ P 1250/
1875.

🏠 **Revellata** sans rest, av. Napoléon, rte d'Ajaccio par ② : *0,5 km* ℘ 04 95 65 01 89,
Fax 04 95 65 29 82, ⩽ – 🛗 ☎ 🅿. 🍷 ⓞ 🍷. 🌿
1ᵉʳ avril-20 oct. – ⊡ 25 – **43 ch** 350/400.

🏠 **Meridiana** Ⓜ sans rest, av. Santa Maria ℘ 04 95 65 31 38, Fax 04 95 65 32 72, ⩽ – 🛗 ▤
📺 ☎ 🅿. 🍷 ⓞ 🍷
⊡ 40 – **38 ch** 500/900.

🏠 **L'Onda** Ⓜ sans rest, av. Christophe Colomb par ① : *1 km* ℘ 04 95 65 35 00,
Fax 04 95 65 16 26, ⩽ – 🛗 ▤ 📺 ☎ 🔥 🅿. 🍷 ⓞ 🍷
1ᵉʳ avril-30 nov. – ⊡ 35 – **24 ch** 400/560.

🏠 **Balanea** sans rest, 6 r. Clemenceau **(n)** ℘ 04 95 65 94 94, Fax 04 95 65 29 71, ⩽ – 🛗 ▤ 📺
☎. 🍷 ⓞ 🍷
⊡ 60 – **37 ch** 500/1200.

🏠 **St-Érasme** sans rest, rte Ajaccio par ② : *0,8 km* ℘ 04 95 65 04 50, Fax 04 95 65 32 62, ⩽,
🏊, 🍴 – 🛗 📺 ☎ 🅿. 🍷
mai-oct. – ⊡ 40 – **30 ch** 420/624.

🏠 **Le Magnolia,** près pl. Marché **(s)** ℘ 04 95 65 19 16, Fax 04 95 65 34 52, 🍴 – ▤ 📺 ☎. 🍷
ⓞ 🍷. 🌿 ch
fermé janv. et fév. – **Le Jardin** ℘ 04 95 65 08 02 *(fermé merc. du 15 sept. au 15 juil.)* **Repas**
130 (déj.), 140/280, enf. 85 – ⊡ 70 – **12 ch** 600/750 – ½ P 550/600.

🏠 **Caravelle** ⌕, à la plage par ① : *0,5 km* ℘ 04 95 65 01 21, Fax 04 95 65 00 03, 🍴, 🌿 –
📺 ☎ 🦪. 🍷. 🌿
1ᵉʳ avril-25 oct. – **Repas** 125/220 – ⊡ 40 – **34 ch** 420/550 – ½ P 395/460.

XXX **Emile's,** quai Landry **(k)** ℘ 04 95 65 09 60, Fax 04 95 65 27 34, ⩽, 🍴, « Terrasse panoramique dominant le port » – ▤. 🍷 ⓞ 🍷
1ᵉʳ mai-30 sept. – **Repas** 120/450 et carte 290 à 400, enf. 80.

XX **Ile de Beauté,** quai Landry **(r)** ℘ 04 95 65 00 46, Fax 04 95 65 27 34, ⩽, 🍴 – ▤. 🍷 ⓞ
🍷
1ᵉʳ avril-1ᵉʳ nov. – **Repas** 100/150 🍴.

X **Calellu,** quai Landry **(d)** ℘ 04 95 65 22 18, ⩽, 🍴 – 🍷 🍷
fermé janv., fév. et lundi hors sais. – **Repas** 90/100 🍴.

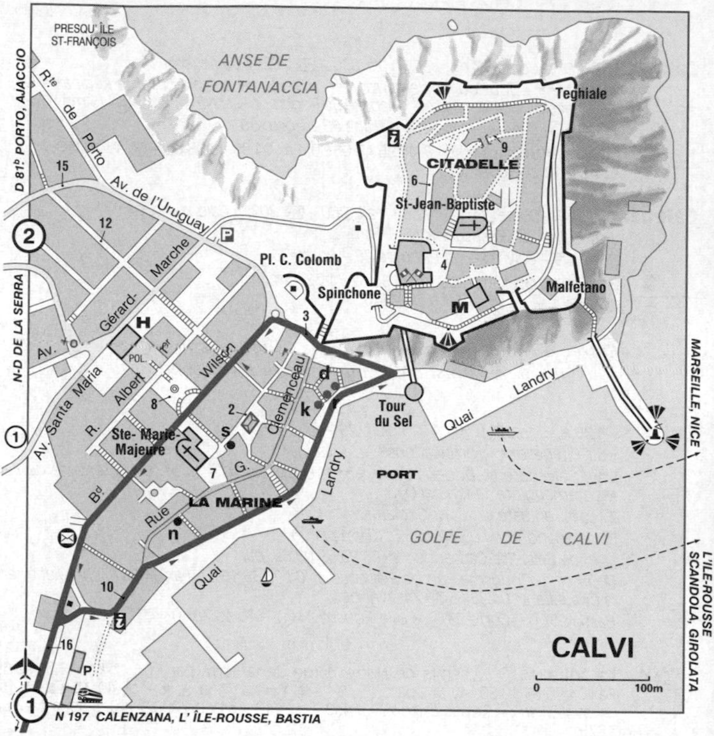

Clemenceau (R. G.)
Joffre (R.) 10
Wilson (Bd)

Alsace-Lorraine (R.) 2
Anges (R. des) 3
Armes (Pl. d') 4
Colombo (R.) 6
Crudelli (Pl.) 7
Dr-Marchal (Pl. du) 8
Fil (R. du) 9
Montée des Écoles (Chemin de) 12
Napoléon (Av.) 15
République (Av. de la) 16

par ① *rte de l'aéroport et chemin privé : 5 km – ✉ 20260 Calvi :*

XXX **La Signoria** avec ch, ✆ 04 95 65 93 00, Fax 04 95 65 38 77, « Ancienne demeure du 17e siècle dans un parc », – ch TV ☎ P. AE GB. rest
1er avril-15 oct. – **Repas** 250 (déj.)/400 et carte 310 à 430 – 80 – **10 ch** 900/1200 – 1/2 P 800/950.

Cargèse *2A Corse-du-Sud* **90** ⑯ – *915 h alt. 75 – ✉ 20130 Cargèse.*
Voir Église latine ≤★ – *Site*★★ *depuis le belvédère de la pointe Molendino E : 3 km.*
Ajaccio 52 – Calvi 108 – Corte 120 – Piana 21 – Porto 33.

Thalassa, plage du Pero, Nord : 1,5 km ✆ 04 95 26 40 08, ≤, – ☎ P. rest
1er juin-30 sept. – **Repas** (1/2 pens. seul.) – 25 – **22 ch** 250/350 – 1/2 P 370.

La Spelunca sans rest, ✆ 04 95 26 40 12, Fax 04 95 26 47 36, ≤ – ☎.
avril-fin oct. – 35 – **20 ch** 300.

Casamozza *2B H.-Corse* **90** ③ – *✉ 20290 Borgo.*
Bastia 19 – Corte 52 – Vescovato 6.

Chez Walter, N 193 ✆ 04 95 36 00 09, Fax 04 95 36 18 92, – ch TV ☎ P – 30 à 80. AE GB
Repas *(fermé dim. du 15 sept. au 30 mai)* 110/150, enf. 60 – 35 – **53 ch** 300/440 – 1/2 P 375/400.

Besichtigen Sie die Seinemetropole
mit dem Grünen **Michelin-Reiseführer PARIS** (deutsche Ausgabe)

Cauro *2A Corse-du-Sud* **90** ⑰ – *849 h alt. 450* – ⊠ *20117 Cauro.*
Ajaccio 22 – Sartène 63.

✕ **Napoléon,** ℰ 04 95 28 40 78 – 📭 ⓿ 🈁
fermé sam. et dim. sauf juil.-août – **Repas** *125.*

Corte ◁⬤▷ *2B H.-Corse* **90** ⑤ *G. Corse* (plan) – *5 693 h alt. 396* – ⊠ *20250 Corte.*
Voir *Ville haute*★ : *chapelle Ste-Croix*★, *citadelle* ⩽★, *belvédère* ✵★ – *Mosaïques*★ *dans l'hôtel de ville.*
Env. ✵★★ *du Monte Cecu N : 7 km* – *SO : Vallée*★★ *et forêt*★ *de la Restonica* – *SE : Vallée du Tavignano*★ – *Col de Bellagranajo* ✵★★ *S : 9,5 km.*
🅱 *Office de Tourisme Quartier des 4 Fontaines* ℰ *04 95 46 26 70.*
Bastia 71 – Bonifacio 148 – Calvi 93 – L'Ile-Rousse 69 – Porto 87 – Sartène 151.

dans les Gorges de la Restonica *Sud-Ouest : 2 km sur D 623* – ⊠ *20250 Corte :*

🏨 **Dominique Colonna** ⑤, ℰ 04 95 61 05 45, Fax 04 95 61 03 91, 🍽, ⌶, 🌳 – ▤ rest
📺 ☎ ⅄ 🅿, 📭 ⓿ 🈁
Repas *(1ᵉʳ mars-1ᵉʳ nov.)* 80/200 ⅄, enf. 60 – ⌴ 50 – **28 ch** 440/590 – ½ P 400/450.

Erbalunga *2B H.-Corse* **90** ② – ⊠ *20222 .*
Voir *Village*★.
Bastia 11 – Rogliano 28.

🏨 **Castel Brando** sans rest, ℰ 04 95 30 10 30, Fax 04 95 33 98 18, ⌶, 🌳 – cuisinette ▤ 📺
☎ ⅄ 🅿, 📭 🈁
1ᵉʳ avril-15 oct. – ⌴ 30 – **17 ch** 580.

*De **Michelin Wegenatlas** van **FRANKRIJK** bevat :*
– alle gedetailleerde kaarten (1:200 000) in een band,
– tientallen plattegronden,
– een register van plaatsnamen...
Een onmisbare reisgenoot in uw auto.

Évisa *2A Corse-du-Sud* **90** ⑮ – *257 h alt. 850* – ⊠ *20126 Évisa.*
Voir *Forêt d'Aïtone*★★ – *Cascades d'Aïtone*★★ *NE : 3 km puis 30 mn.*
Env. *Col de Vergio* ⩽★★ *NE : 10 km.*
Ajaccio 72 – Calvi 99 – Corte 64 – Piana 33 – Porto 23.

🏨 **Aïtone,** ℰ 04 95 26 20 04, Fax 04 95 26 24 18, ⩽ vallée, 🍽, ⌶, 🌳 – 📺 ☎ 🅿, 🈁.
✖ rest
fév.-nov. – **Repas** 85/120, enf. 45 – ⌴ 38 – **30 ch** 200/550 – ½ P 280/425.

🏨 **Scopa Rossa,** ℰ 04 95 26 20 22, Fax 04 95 26 24 17, ⩽, 🍽 – ☎ 🚗 🅿, 🈁
1ᵉʳ avril-30 nov. – **Repas** 110/150 ⅄ – ⌴ 35 – **25 ch** 300/350 – ½ P 310.

Favone *2A Corse-du-Sud* **90** ⑦ – ⊠ *20144 Ste Lucie-de-Porto-Vecchio.*
Ajaccio 131 – Bonifacio 56.

🏨 **U Dragulinu** ⑤, ℰ 04 95 73 20 30, Fax 04 95 73 22 06, ⩽, 🍽, 🏖, 🌳 – ☎ 🅿, 📭 🈁
✖ rest
hôtel : 1ᵉʳ mai-10 oct. ; rest. : 15 mai-20 sept. – **Repas** 90/120 – ⌴ 45 – **34 ch** 400/500 –
½ P 350/500.

Feliceto *2B H.-Corse* **90** ⑭ – *145 h alt. 350* – ⊠ *20225 Muro.*
Bastia 96 – Calvi 26 – Corte 74 – L'Ile-Rousse 17.

🏨 **Gd H. Mare E Monti** ⑤, ℰ 04 95 63 02 00, Fax 04 95 63 02 01, ⩽, 🍽, parc – ☎ 🅿, 📭
⓿ 🈁
1ᵉʳ mai-30 sept. – **Repas** 100/150 ⅄ – ⌴ 30 – **18 ch** 230/347 – ½ P 265/313.

Galéria *2B H.-Corse* **90** ⑭ – *305 h alt. 30* – ⊠ *20260 Calvi.*
Voir *Golfe de Galéria*★.
🅱 *Office de Tourisme, carrefour Cinq Arcades* ℰ *04 95 62 02 27.*
Bastia 121 – Calvi 33 – Porto 51.

à Ferayola *Nord : 13 km par D 9351 et D 81ᴮ* – ⊠ *20245 :*

🏨 **Aub. de Ferayola** ⑤, ℰ 04 95 65 25 25, Fax 04 95 65 20 78, 🍽, ⌶, 🌳, ✕ – ☎ ⅂ 🅿,
📭 🈁, ✖ ch
mai-sept. – **Repas** 95/140 – ⌴ 40 – **10 ch** 350/430 – ½ P 350/380.

Guagno-les-Bains *2A Corse-du-Sud* 90 ⑮ – ⊠ *20160 Guagno-les-Bains.*
Ajaccio 63 – Calvi 126 – Corte 93 – Vico 12.

🏠 **Thermes** 🅼 ⚓, ℰ 04 95 28 30 68, Fax 04 95 28 34 02, ≼, parc, ⊐, ⚒ – 🔌 📺 ☎ 🅑 –
🔬 50. AE ① GB. ⚒ rest
6 mai-31 oct. – **Repas** 130/150 – ⊊ 35 – **40 ch** 370/480 – ½ P 370.

L'Île-Rousse *2B H.-Corse* 90 ⑬ – *2 288 h alt. 6* – ⊠ *20220 L'Île-Rousse.*
Voir *Île de la Pietra : phare* ≼★ *N : 2 km.*
🛈 Office de Tourisme 7 pl. Paoli ℰ 04 95 60 04 35, Fax 04 95 60 24 74.
Bastia 71 – Calvi 24 – Corte 69.

🏠 **Santa Maria** 🅼 sans rest, rte Port ℰ 04 95 60 13 49, Fax 04 95 60 32 48, ≼, ⊐ – 🖥 📺 ☎
🅑 AE ① GB
⊊ 55 – **56 ch** 620/720.

🏠 **Funtana Marina** 🅼 ⚓ sans rest, 1 km par rte Monticello et rte secondaire
ℰ 04 95 60 16 12, Fax 04 95 60 35 44, ≼ mer, ⊐ – ☎ 🅑 AE ① GB. ⚒
fermé janv. et fév. – ⊊ 40 – **29 ch** 450.

🏠 **Amiral** ⚓ sans rest, bd Ch.-Marie Savelli ℰ 04 95 60 28 05, Fax 04 95 60 31 21, ≼ – ☎ 🅑
GB. ⚒
1er avril-30 sept. – ⊊ 45 – **25 ch** 380/400.

🏠 **Cala di l'Oru** ⚓ sans rest, bd Fogata ℰ 04 95 60 14 75, Fax 04 95 60 36 40, ≼ – ☎ 🅑. GB
⊊ 30 – **24 ch** 300/450.

🏠 **Le Grillon,** av. P. Doumer ℰ 04 95 60 00 49, Fax 04 95 60 43 69 – ☎. AE GB
1er mars-15 nov. – **Repas** 75/95 ⚲ – ⊊ 30 – **16 ch** 260/290 – ½ P 220/260.

à Monticello *Sud-Est : 4,5 km par D 63 – 944 h. alt. 220* – ⊠ *20220 L'Île-Rousse :*

✗✗ **A Pastorella** avec ch, ℰ 04 95 60 05 65, Fax 04 95 60 21 78, ≼ – 🖥 rest 📺 ☎. GB
fermé 3 nov. au 6 déc. et lundi soir du 6 déc. au 31 mars – **Repas** 140/200 – ⊊ 40 – **12 ch**
260/340 – ½ P 335.

Macinaggio *2B H.-Corse* 90 ① – ⊠ *20248 Macinaggio.*
Bastia 34.

🏠 **U Libecciu** ⚓, ℰ 04 95 35 43 22, Fax 04 95 35 46 08, ⚞ – 🖥 rest 📺 ☎ 🅑 AE ① GB. ⚒
1er mars-31 oct. – **Repas** 95/125 – ⊊ 30 – **30 ch** 280/350 – ½ P 370.

🏠 **U Ricordu,** ℰ 04 95 35 40 20, Fax 04 95 35 41 88, 🏛, ⊐ – ☎ ⚲ 🅑. AE GB. ⚒ rest
30 mars-30 oct. – **Repas** 100/160 ⚲ – ⊊ 40 – **54 ch** 410/480 – ½ P 320/340.

Patrimonio *2B H.-Corse* 90 ③ – *546 h alt. 100* – ⊠ *20253 .*
Bastia 17 – St-Florent 6 – San-Michele-di-Murato 23.

✗ **Osteria di San Martinu,** ℰ 04 95 37 11 93, 🏛 – 🅑. GB
1er avril-31 oct. et fermé merc. en avril et oct. – **Repas** 80/150 et carte 110 à 180 ⚲.

Petreto-Bicchisano *2A Corse-du-Sud* 90 ⑰ – *585 h alt. 600* – ⊠ *20140 Petreto-Bicchisano.*
Ajaccio 51 – Sartène 34.

✗✗ **France** avec ch, à Bicchisano ℰ 04 95 24 30 55, 🏛 – ☎ ⚞ 🅑. AE ① GB. ⚒
hôtel : 1er avril-3 nov. ; rest. : fermé 15 déc. au 1er fév. – **Repas** (sur réservation seul.)
160/350, enf. 90 – ⊊ 45 – **3 ch** (½ pens. seul.) – ½ P 400.

Piana *2A Corse-du-Sud* 90 ⑮ – *500 h alt. 420* – ⊠ *20115 Piana.*
Voir *Col de Lava* ≼★★ *S : 1 km* – *Route de Ficajola* ≼★★ *NO.*
Env. *Capo Rosso* ≼★★ *O : 9 km.*
Ajaccio 72 – Calvi 88 – Évisa 33 – Porto 12.

🏠 **Capo Rosso** ⚓, ℰ 04 95 27 82 40, Fax 04 95 27 80 00, « Agréable situation dominant le
golfe et les calanche, beau panorama », ⊐, ⚞ – 📺 ☎ 🅑. AE ① GB
1er avril-15 oct. – **Repas** 120/220 – ⊊ 45 – **57 ch** (½ pens. seul.) – ½ P 565.

🏠 **Le Scandola,** rte Cargèse ℰ 04 95 27 80 07, Fax 04 95 27 80 00, ≼, 🏛 – 📺 ☎ 🅑. AE ①
GB
30 mars-15 oct. – **Repas** 80/120 – ⊊ 40 – **17 ch** (½ pens. seul.) – ½ P 320.

🏠 **Continental** sans rest, ℰ 04 95 27 82 02, ⚞ – 🅑. AE GB
1er avril-1er oct. – ⊊ 35 – **17 ch** 160/260.

Halten Sie beim Betreten des Hotels oder des Restaurants
den Führer in der Hand.
Sie zeigen damit, daß Sie aufgrund dieser Empfehlung gekommen sind.

Pioggiola *2B H.-Corse* **90** ⑬ – *49 h alt. 880* – ✉ *20259 Pioggiola.*
Bastia 83 – Calvi 44.

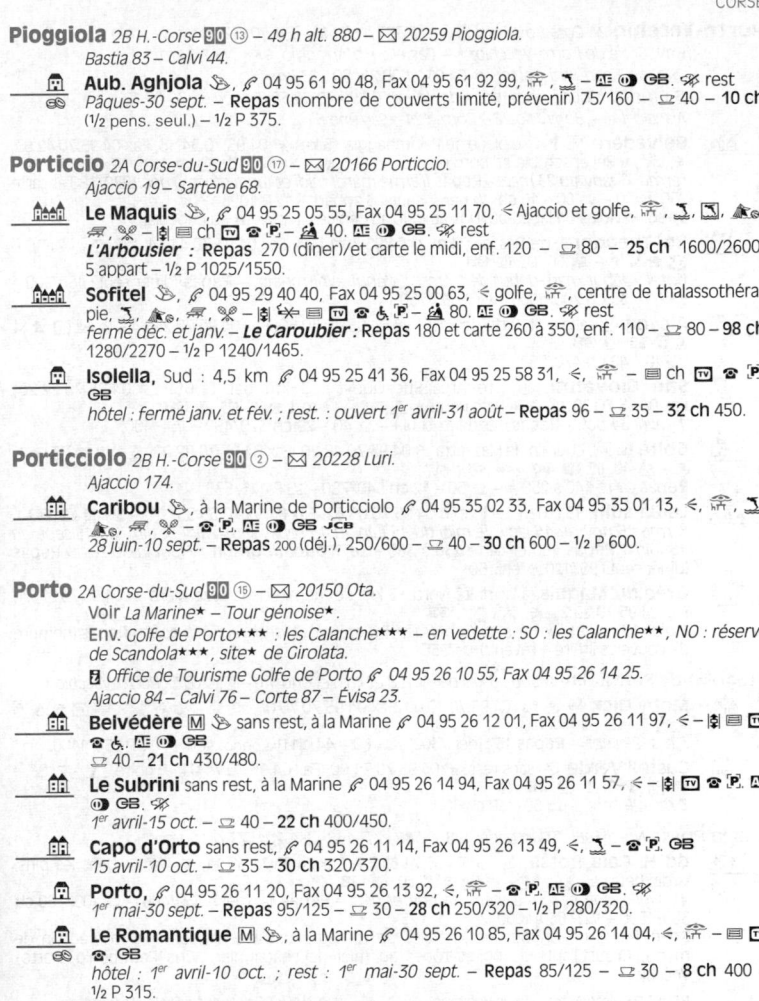

🏠 **Aub. Aghjola** ⌂, ℰ 04 95 61 90 48, Fax 04 95 61 92 99, 🍽, ⌘, – ᴀᴇ 🅞 ᴳᴮ, ℀ rest
Pâques-30 sept. – **Repas** (nombre de couverts limité, prévenir) 75/160 – ⌸ 40 – **10 ch** (½ pens. seul.) – ½ P 375.

Porticcio *2A Corse-du-Sud* **90** ⑰ – ✉ *20166 Porticcio.*
Ajaccio 19 – Sartène 68.

🏨 **Le Maquis** ⌂, ℰ 04 95 25 05 55, Fax 04 95 25 11 70, ≼ Ajaccio et golfe, 🍽, ⌘, ◻, 🛥, ☞, ℀ – 🛗 ▤ ch 🆂 ☎ 🅿, – 🛆 &
L'Arbousier : **Repas** 270 (dîner)/et carte le midi, enf. 120 – ⌸ 80 – **25 ch** 1600/2600, 5 appart – ½ P 1025/1550.

🏨 **Sofitel** ⌂, ℰ 04 95 29 40 40, Fax 04 95 25 00 63, ≼ golfe, 🍽, centre de thalassothérapie, ⌘, 🛥, ☞, ℀ – 🛗 🆂 🆃🆅 ▤ & 🅿, – 🛆 80. ᴀᴇ 🅞 ᴳᴮ, ℀ rest
fermé déc. et janv. – **Le Caroubier :** Repas 180 et carte 260 à 350, enf. 110 – ⌸ 80 – **98 ch** 1280/2270 – ½ P 1240/1465.

🏠 **Isolella,** Sud : 4,5 km ℰ 04 95 25 41 36, Fax 04 95 25 58 31, ≼, 🍽 – ▤ ch 🆃🆅 ☎ 🅿. ᴳᴮ
hôtel : fermé janv. et fév. ; rest. : ouvert 1ᵉʳ avril-31 août – **Repas** 96 – ⌸ 35 – **32 ch** 450.

Porticciolo *2B H.-Corse* **90** ② – ✉ *20228 Luri.*
Ajaccio 174.

🏨 **Caribou** ⌂, à la Marine de Porticciolo ℰ 04 95 35 02 33, Fax 04 95 35 01 13, ≼, 🍽, ◻, ☞, ℀ – ☎ 🅿. ᴀᴇ 🅞 ᴳᴮ 🅹🅲🅱
28 juin-10 sept. – **Repas** 200 (déj.), 250/600 – ⌸ 40 – **30 ch** 600 – ½ P 600.

Porto *2A Corse-du-Sud* **90** ⑮ – ✉ *20150 Ota.*
Voir *La Marine★ – Tour génoise★.*
Env. *Golfe de Porto★★★ : les Calanche★★★ – en vedette : SO : les Calanche★★ , NO : réserve de Scandola★★★, site★ de Girolata.*
🛈 *Office de Tourisme Golfe de Porto* ℰ 04 95 26 10 55, Fax 04 95 26 14 25.
Ajaccio 84 – Calvi 76 – Corte 87 – Évisa 23.

🏨 **Belvédère** Ⓜ ⌂ sans rest, à la Marine ℰ 04 95 26 12 01, Fax 04 95 26 11 97, ≼ – 🛗 ▤ 🆃🆅 ☎ &. ᴀᴇ 🅞 ᴳᴮ
⌸ 40 – **21 ch** 430/480.

🏨 **Le Subrini** sans rest, à la Marine ℰ 04 95 26 14 94, Fax 04 95 26 11 57, ≼ – 🛗 🆃🆅 ☎ 🅿. ᴀᴇ 🅞 ᴳᴮ. ℀
1ᵉʳ avril-15 oct. – ⌸ 40 – **22 ch** 400/450.

🏨 **Capo d'Orto** sans rest, ℰ 04 95 26 11 14, Fax 04 95 26 13 49, ≼, ◻ – ☎ 🅿. ᴳᴮ
15 avril-10 oct. – ⌸ 35 – **30 ch** 320/370.

🏠 **Porto,** ℰ 04 95 26 11 20, Fax 04 95 26 13 92, ≼, 🍽 – ☎ 🅿. ᴀᴇ 🅞 ᴳᴮ. ℀
1ᵉʳ mai-30 sept. – **Repas** 95/125 – ⌸ 30 – **28 ch** 250/320 – ½ P 280/320.

🏠 **Le Romantique** Ⓜ ⌂, à la Marine ℰ 04 95 26 10 85, Fax 04 95 26 14 04, ≼, 🍽 – ▤ 🆃🆅 ☎. ᴳᴮ
hôtel : 1ᵉʳ avril-10 oct. ; rest : 1ᵉʳ mai-30 sept. – **Repas** 85/125 – ⌸ 30 – **8 ch** 400 – ½ P 315.

🍴 **Bella Vista,** ℰ 04 95 26 11 08, Fax 04 95 26 15 18, ≼, 🍽, ☞ – cuisinette ☎ 🅿. ᴳᴮ
15 avril-15 oct. – **Repas** 90/180 – ⌸ 35 – **20 ch** 250/300 – ½ P 250/280.

au Nord *6 km par D 81* – ✉ *20147 Serrièra :*

🏨 **Eden Park** ⌂, ℰ 04 95 26 10 60, Fax 04 95 26 14 74, 🍽, parc, ◻, ℀ – ▤ ☎ 🅿. ᴀᴇ 🅞 ᴳᴮ. ℀
15 avril-15 oct. – **Repas** 80 (déj.), 120/220 – ⌸ 70 – **35 ch** 400/800 – ½ P 350/550.

Porto-Pollo *2A Corse-du-Sud* **90** ⑱ – *alt. 140* – ✉ *20140 Petreto-Bicchisano.*
Ajaccio 52 – Sartène 31.

🏠 **Les Eucalyptus** ⌂, ℰ 04 95 74 01 52, Fax 04 95 74 06 56, ≼, 🍽, ☞, ℀ – ☎ 🅿. ᴀᴇ 🅞
hôtel : 2 mai-2 oct. ; rest. : 1ᵉʳ juin-28 sept. – **Repas** 85/125, enf. 45 – ⌸ 36 – **27 ch** 320 – ½ P 315.

🏠 **Kallisté,** ℰ 04 95 74 02 38, Fax 04 95 74 06 26, ≼, 🍽 – ▤ ☎ 🅿. ᴳᴮ
25 mars-10 nov. – **Repas** 125/228 – ⌸ 40 – **19 ch** 350/450 – ½ P 300/390.

Porto-Vecchio *2A Corse-du-Sud* 🗺 ⑧ – *9 307 h alt. 40 –* ✉ *20137 Porto-Vecchio.*

Env. *Golfe de Porto-Vecchio★★ – Castello★ d'Arraggio* ≤★★ *N : 7,5 km.*

✈ *de Figari-Sud-Corse :* 🕿 *04 95 71 00 22, SO : 23 km.*

🛈 *Office de Tourisme pl. Hôtel de Ville* 🕿 *04 95 70 09 58, Fax 04 95 70 03 72.*

Ajaccio 146 – Bonifacio 28 – Corte 121 – Sartène 61.

🏨🏨 ✿
Belvédère Ⓜ ⊰, rte plage de Palombaggia : 5 km 🕿 04 95 70 54 13, Fax 04 95 70 42 63, ≤, 🍽, « Bel ensemble en bord de mer », 🏊, 🦺, 🌳 – ▤ ch 📺 🕿 📞 🅿 🝙 ⓞ 🖭, 🛋
fermé 1ᵉʳ janv. au 23 mars – **Repas** *(fermé mardi midi et lundi d'oct. à déc.)* 220/380 et carte 250 à 400 – ☑ 60 – **16 ch** (½ pens. seul.), 3 appart – ½ P 1095
Spéc. Ravioles de lapereau. Dos de loup aux épices. Moelleux au chocolat.

🏨🏨
Roi Théodore, rte Bastia : 2 km 🕿 04 95 70 14 94, Fax 04 95 70 41 34, 🍽, 🏊, 🌳, 🛋 – 📺 🕿 📞 🅿 – 📶 🕿 60. 🝙 ⓞ 🖭
hôtel : début mars-début déc. ; rest. : début avril-mi-oct. – **Repas** (dîner seul.) 150/200 – ☑ 60 – **39 ch** 700/1000 – ½ P 600/750.

🏨
Alcyon Ⓜ sans rest, 9 rte de Bastia 🕿 04 95 70 50 50, Fax 04 95 70 25 84 – 📶 ▤ 📺 🕿 📞 📞 🅿 🝙 ⓞ 🖭
☑ 40 – **40 ch** 470/580.

🏨
San Giovanni ⊰, rte Arca Sud-Ouest : 3 km par D 659 🕿 04 95 70 22 25, Fax 04 95 70 20 11, ≤, « Parc fleuri », 🏊, 🛋 – ▤ rest 🕿 🅿 🝙 ⓞ 🖭, 🛋
1ᵉʳ avril-31 oct. – **Repas** (résidents seul.) – ☑ 40 – **29 ch** 370/480 – ½ P 400.

🏨
Golfe H. Ⓜ, chemin de Mazzetta 🕿 04 95 70 48 20, Fax 04 95 70 92 00, 🏊 – 📶 ▤ 📺 📞 🅿 – 🕿 40. 🝙 ⓞ 🖭 🚐, 🛋 rest
Repas carte 140 à 250 ⅃ – ☑ 50 – **42 ch** 540/780 – ½ P 475/575.

🍴🍴🍴
Le Baladin, 13 r. Gén. Leclerc 🕿 04 95 70 08 62, Fax 04 95 70 55 95, 🍽 – ▤. 🝙 ⓞ 🖭
fermé 15 nov. au 15 janv., le midi du 15 juin au 15 sept., sam. midi et dim. du 15 sept. au 15 juin – **Repas** 160 et carte 250 à 360 - **Le Troubadour** (grill) *(15 juin-30 sept.)* **Repas** (dîner seul.) 95/120 ⅃, enf. 50.

🍴🍴
Orée du Maquis, à la Trinité Nord : 5 km et chemin de la Lézardière 🕿 04 95 70 22 21, Fax 04 95 70 22 21, ≤, 🍽, 🏊 – 🖭
8 mai-10 nov. et fermé le midi (sauf dim.), dim. soir et lundi sauf juil.-août – **Repas** (nombre de couverts limité, prévenir) 125/350.

au golfe de Santa Giulia *Sud : 8 km par N 198 et rte secondaire –* ✉ *20137 Porto-Vecchio :*

🏨🏨
Moby Dick Ⓜ ⊰, 🕿 04 95 70 70 00, Fax 04 95 70 70 01, ≤, 🍽, 🦺, 🌳 – ▤ 📺 🕿 📞 🅿 – 🕿 40. 🝙 ⓞ 🖭, 🛋
3 mai-29 sept. – **Repas** 130 (déj.)/300 – ☑ 60 – **44 ch** (½ pens. seul.) – ½ P 850/1100.

🏨🏨
Castell'Verde ⊰ sans rest, 🕿 04 95 70 71 00, Fax 04 95 70 71 01, ≤ golfe, 🏊, 🌳, 🌳 – ▤ 📺 🕿 🅿 🝙 ⓞ 🖭, 🛋
3 mai-29 sept. – ☑ 50 – **30 ch** 900.

à Cala Rossa *Nord-Est : 10 km par N 198, D 568 et D 468 –* ✉ *20137 Porto-Vecchio :*

🏨🏨 ✿
Gd H. Cala Rossa ⊰, 🕿 04 95 71 61 51, Fax 04 95 71 60 11, ≤, 🍽, « Dans les pins, jardin fleuri », 🦺, 🌳 – ▤ 📺 🕿 🅿 🝙 ⓞ 🖭, 🛋
15 avril-2 janv. et fermé merc. en nov. et déc. – **Repas** 180 (déj.), 350/400 – ☑ 100 – **60 ch** 500/1500 – ½ P 650/1000
Spéc. Pesto de langoustines, pétales de tomates confites. Pigeon cuit rosé au vin de myrte. Croustillants de poires rôties au miel de châtaignier. **Vins** Patrimonio, Porto-Vecchio.

PEUGEOT Piètri Autos., rte de Bonifacio 🕿 04 95 70 07 32 🔣 🕿 04 95 71 21 21

RENAULT Balesi-Auto, N 198, La Poretta 🕿 04 95 70 15 55 🔣 🕿 04 95 70 21 43

Propriano *2A Corse-du-Sud* 🗺 ⑱ – *3 217 h alt. 5 – Stat. therm. (15/02-15/01) aux Bains de Baracci –* ✉ *20110 Propriano.*

Voir *Port★.*

🛈 *Office de Tourisme 17 r. Gén.-de-Gaulle* 🕿 *04 95 76 01 49, Fax 04 95 76 00 65.*

Ajaccio 73 – Bonifacio 66 – Corte 139 – Sartène 13.

🏨🏨
Roc é Mare sans rest, 🕿 04 95 76 04 85, Fax 04 95 76 17 55, ≤ golfe, 🦺 – 📶 📺 🕿 🅿 🝙 ⓞ 🖭, 🛋
1ᵉʳ mai-15 oct. – ☑ 50 – **60 ch** 480/665.

🏨🏨
Ibiscus ⊰ sans rest, 🕿 04 95 76 01 56, Fax 04 95 76 23 88, ≤ – 📶 📺 🕿 📞 🅿 🝙 ⓞ 🖭
☑ 40 – **27 ch** 340/400.

🏨🏨
Arcu di Sole ⊰, rte Barraci Nord-Est : 2 km ✉ 20113 Olmeto 🕿 04 95 76 05 10, Fax 04 95 76 13 36, 🍽, 🏊, 🌳, 🌳 – 🕿 🅿 🝙 🖭, 🛋 rest
27 mars-26 oct. – **Repas** 120/150 – ☑ 35 – **51 ch** (½ pens. seul.), 7 bungalows – ½ P 398/413.

🏠 **Loft H.** sans rest, 3 r. Pandolfi 🕿 04 95 76 17 48, Fax 04 95 76 22 04 – 📺 🕿 📞 🅿. GB.
⚙
fermé fév. – ☲ 30 – **25 ch** 300/320.

🗙🗙 **Le Lido,** 🕿 04 95 76 06 37, Fax 04 95 76 06 54, ≤, 🏠, « Au bord de l'eau » – 🅿. AE ⓘ
GB
avril-30 sept. et week-ends du 1ᵉʳ nov. au 31 déc. et du 10 fév. au 31 mars – **Repas** 140.

🗙 **Le Cabanon,** av. Napoléon 🕿 04 95 76 07 76, Fax 04 95 76 27 97, ≤, 🏠 – AE ⓘ GB
🍴 *mars-nov.* – **Repas** 85/125, enf. 50.

PEUGEOT Insulaire de Diffusion, rte Corniche 🕿 04 95 76 00 91

Quenza 2A Corse-du-Sud 🔟 ⑦ – 214 h alt. 840 – ✉ 20122 Quenza.
Ajaccio 83 – Bonifacio 75 – Porto-Vecchio 47 – Sartène 38.

🏠 **Sole e Monti,** 🕿 04 95 78 62 53, Fax 04 95 78 63 88, ≤, 🏠, 🌠 – 📺 🕿. AE ⓘ GB.
⚙ rest
15 mars-5 nov. et vacances de fév. – **Repas** 150/300 – ☲ 50 – **20 ch** (½ pens. seul.) –
½ P 400/450.

St-Florent 2B H.-Corse 🔟 ③ – 1 350 h alt. 10 – ✉ 20217 St-Florent.
Voir *Église Santa Maria Assunta★★* – *Vieille Ville★*.
🅱 Office de Tourisme, Centre Administratif, 🕿 04 95 37 06 04.
Bastia 23 – Calvi 72 – Corte 81 – L'Île-Rousse 48.

🏠🏠 **Bellevue,** 🕿 04 95 37 00 06, Fax 04 95 37 14 83, ≤, 🏠, parc, 🏊, 🗙 – 📺 🕿 🅿 – 🔬 100.
AE ⓘ GB
hôtel : 1ᵉʳ mai-30 oct. – **La Table du Roy** (15 mai-30 sept.) **Repas** 180 (dîner)/250, carte le
midi environ 190 – ☲ 50 – **23 ch** 650/1500 – ½ P 550/650.

🏠🏠 **Tettola** 🅼 sans rest, Nord : 1 km sur D 81 🕿 04 95 37 08 53, Fax 04 95 37 09 19, ≤, 🏊,
🐎 – cuisinette 🕿 🅿. GB
☲ 30 – **30 ch** 320/480.

🏠🏠 **Dolce Notte** ⚶ sans rest, 🕿 04 95 37 06 65, Fax 04 95 37 10 70, ≤ golfe, 🐎, 🌠 – 📺
🕿 🅿. AE ⓘ GB
avril-oct. – ☲ 39 – **25 ch** 280/550.

🏠 **Maxime** 🅼 sans rest, 🕿 04 95 37 05 30, Fax 04 95 37 13 07 – 📺 🕿 🕭 🅿. GB. ⚙
☲ 35 – **19 ch** 340.

🗙🗙 **La Rascasse,** promenade des Quais 🕿 04 95 37 06 99, ≤, 🏠, « Terrasse panoramique
sur le port » – 🍴, AE ⓘ GB
31 mars-30 sept. et fermé lundi sauf du 15 juin au 15 sept. – **Repas** carte 180 à 270.

Ste-Marie-Sicché 2A Corse-du-Sud 🔟 ⑰ – 355 h alt. 420 – ✉ 20190 Santa-Maria-Sicché.
Ajaccio 36 – Sartène 52.

🏠 **Le Santa Maria,** 🕿 04 95 25 72 65, Fax 04 95 25 71 34, 🏠 – 🕿 🅿. AE ⓘ GB 🇯🇨🇧.
⚙
Repas 90/140 ⚘ – ☲ 37 – **21 ch** 210/265 – ½ P 285/303.

Sartène ⟨🔊⟩ 2A Corse-du-Sud 🔟 ⑱ G. Corse (plan) – 3 525 h alt. 310 – ✉ 20100 Sartène.
Voir *Vieille ville★★* – *Procession de Catenacciu★★* (vend. Saint).
🅱 Syndicat d'Initiative 6 r. Borgo 🕿 04 95 77 15 40.
Ajaccio 85 – Bonifacio 53 – Corte 151.

🏠🏠 **Villa Piana** ⚶ sans rest, rte Propriano 🕿 04 95 77 07 04, Fax 04 95 73 45 65, ≤, « Parc,
piscine panoramique », 🗙 – 🕿 🅿. AE ⓘ GB. ⚙
28 mars-15 oct. – ☲ 36 – **32 ch** 310/420.

🗙🗙 **Aub. Santa Barbara,** rte de Propriano 🕿 04 95 77 09 06, Fax 04 95 77 09 09, 🏠, 🌠 –
🅿. AE ⓘ GB
10 mars-10 oct. et fermé lundi hors sais. – **Repas** 155.

RENAULT Gar. Le Rd-Pt, r. J.-Nicoli 🕿 04 95 77 02 14

Soccia 2A Corse-du-Sud 🔟 ⑮ – 143 h alt. 670 – ✉ 20125 Soccia.
Ajaccio 69 – Calvi 132 – Corte 99 – Vico 17.

🏠 **U Paese** ⚶, 🕿 04 95 28 31 92, ≤ – 🍴 🕿 🅿. GB. ⚙
fermé 20 nov. au 20 déc. – **Repas** 105/150 ⚘, enf. 60 – ☲ 32 – **30 ch** 185/260 – ½ P 238.

Solenzara 2A Corse-du-Sud 𝟵𝟬 ⑦ – ⊠ 20145 Solenzara.
　　　　Ajaccio 122 – Bonifacio 66 – Sartène 74.

　🏠　**Maquis et Mer** sans rest, ✆ 04 95 57 42 37, Fax 04 95 57 46 85 – ⚙ 🎛 ☎ 🅿 – 🛁 30. 🆎 ⓪ 🆖
　　　　15 mars-fin oct. – ⊇ 50 – **46 ch** 350/600.

　✗　**A Mandria**, Nord : 1 km ✆ 04 95 57 41 95, Fax 04 95 57 45 96, 🌳, 🛋 – 🅿. 🆎 🆖
　☕　fermé dim. soir et lundi en hiver – Repas 100/130 🍷.

Tizzano 2A Corse-du-Sud 𝟵𝟬 ⑲ – ⊠ 20100 Sartène.
　　　　Ajaccio 102 – Bonifacio 65 – Porto-Vecchio 74 – Sartène 18.

　🏠　**Golfe**, ✆ 04 95 77 14 76, Fax 04 95 77 14 76, ≤, 🌳 – 🎛 ☎ 🅿. 🆖. ✂ ch
　　　　Pâques-1er nov. – **Repas** 90/120 – ⊇ 40 – **17 ch** 520 – ½ P 420/440.

Vico 2A Corse-du-Sud 𝟵𝟬 ⑮ – 921 h alt. 400 – ⊠ 20160 Vico.
　　　　Voir Couvent St-François : christ en bois★ dans l'église conventuelle.
　　　　Ajaccio 52 – Calvi 115 – Corte 82.

　🏠　**U Paradisu** 🦢, ✆ 04 95 26 61 62, Fax 04 95 26 67 01, 🌳, 🏊, 🛋 – ☎. 🆎 ⓪ 🆖
　　　　1er avril-31 déc. – **Repas** 95 (déj.), 105/160 🍷 – ⊇ 40 – **21 ch** 400/450 – ½ P 345.

Vizzavona (Col de) 2B H.-Corse 𝟵𝟬 ⑥ – alt. 1161 – ⊠ 20219 Vivario.
　　　　Voir Forêt★★.
　　　　Bastia 100 – Bonifacio 136 – Corte 31.

　🏔　**Monte d'Oro** 🦢, ✆ 04 95 47 21 06, Fax 04 95 47 22 05, en forêt, 🛋 – 🅿. 🆖.
　☕　✂ rest
　　　　1er mai-30 sept. – **Repas** 105/240 🍷 – ⊇ 30 – **35 ch** 170/360 – ½ P 290/350.

Zicavo 2A Corse-du-Sud 𝟵𝟬 ⑦ – 245 h alt. 700 – ⊠ 20132 Zicavo.
　　　　Ajaccio 63 – Bonifacio 113 – Corte 79 – Porto-Vecchio 85 – Sartène 61.

　🏔　**Tourisme**, ✆ 04 95 24 40 06, ≤ –✂
　☕　**Repas** 70/120 🍷, enf. 40 – ⊇ 20 – **15 ch** 170/200 – ½ P 225.

CORTE 2B H.-Corse 𝟵𝟬 ⑤ – voir à Corse.

COSNES-ET-ROMAIN 54 M.-et-M. 𝟱𝟳 ② – rattaché à Longwy.

COSNE-SUR-LOIRE ⑬ 58200 Nièvre 𝟲𝟱 ⑬ G. Bourgogne – 12 123 h alt. 150.
　　🛞 du Sancerrois ✆ 02 48 54 11 22 par ④ puis D 955 : 10 km.
　　🅱 Office de Tourisme pl. Hôtel de Ville ✆ 03 86 28 11 85.
　　Paris 182 ① – Bourges 61 ④ – Auxerre 76 ① – Montargis 72 ① – Nevers 53 ③ – Orléans 113 ①.

COSNE-SUR-LOIRE

*Pour un bon usage
des plans de villes, voir
les signes conventionnels
dans l'introduction.*

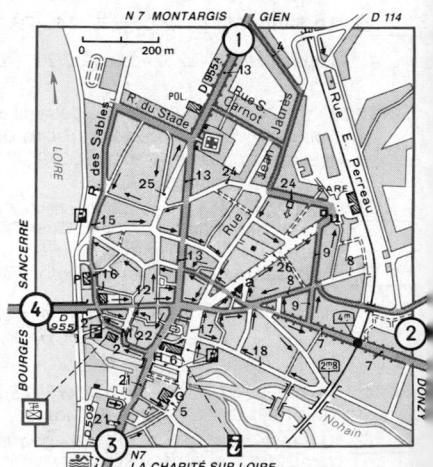

Saint-Christophe, pl. Gare (u) ✆ 03 86 28 02 01, Fax 03 86 26 94 28 – TV ☎ ✆. AE GB. ⚔ ch
fermé 26 juil. au 22 août, sam. du 15 oct. au 30 avril (sauf hôtel) et dim. soir – **Repas** 74/200 ⅉ, enf. 50 – ☕ 30 – **8 ch** 195/250 – ½ P 230/250.

Le Sévigné (Derbord), 16 r. 14 Juillet (a) ✆ 03 86 28 27 50, Fax 03 86 26 93 60 – ▤. AE ⓓ GB. ⚔
fermé 9 au 16 juin, 9 nov. au 1er déc., dim. soir et lundi – **Repas** (nombre de couverts limité, prévenir) 95 (déj.), 140/215 et carte 230 à 310
Spéc. Sandre au jambon du Morvan, crème de haricots. Pigeonneau de la Puisaye à la crème de cassis. Veau fermier cuit à l'étouffée, beignets de chèvre. **Vins** Coteaux du Giennois, Pouilly-sur-Loire.

Vieux Relais avec ch, 11 r. St-Agnan (r) ✆ 03 86 28 20 21, Fax 03 86 26 71 12 – TV ☎ ✆ 🚗. AE ⓓ GB
fermé vend. soir et sam. midi d'oct. à avril – **Repas** 100/250, enf. 55 – ☕ 38 – **11 ch** 300/360 – ½ P 280/350.

rte de Cours *Nord-Est : 3 km par D114 :*

Aub. Campagnarde ⛰, ✆ 03 86 28 15 85, ☂ – TV ☎ P. GB
hôtel : fermé 31 déc. au 1er mars ; rest. : fermé 30 nov. au 1er mars – **Repas** 130/200 ⅉ, enf. 55 – ☕ 37 – **15 ch** 260/300 – ½ P 293/313.

CITROEN Gar. GRV, ch. rural du Gd Champ N 7 par ③ ✆ 03 86 39 58 68
PEUGEOT Gds Gar. du Cher, N 7 ✆ 03 86 26 60 18
RENAULT Gar. Simonneau, 80 av. 85ème par ③ ✆ 03 86 26 81 81 N ✆ 03 86 21 73 32
Gar. Doubre, 235 r. Frères Gambon ✆ 03 86 28 27 31

COSQUEVILLE *50330 Manche 54 ② – 501 h alt. 22.*

Paris 357 – Cherbourg 21 – Caen 122 – Carentan 51 – St-Lô 78 – Valognes 26.

Au Bouquet de Cosqueville, ✆ 02 33 54 32 81, Fax 02 33 54 63 38 – GB
fermé 5 au 31 janv., mardi soir et merc. sauf juil.-août – **Repas** 108/300, enf. 60.

Le COTEAU *42 Loire 73 ⑦ – rattaché à Roanne.*

La CÔTE-ST-ANDRÉ *38260 Isère 77 ③ G. Vallée du Rhône* **(plan)** *– 3 966 h alt. 370.*

Paris 531 – Grenoble 49 – Lyon 68 – La Tour-du-Pin 37 – Valence 81 – Vienne 38 – Voiron 29.

France avec ch, pl. Église ✆ 04 74 20 25 99, Fax 04 74 20 35 30 – ▤ rest TV ☎ 🚗 – 🏛 25. GB
fermé 5 au 19 janv., dim. soir et lundi sauf fériés – **Repas** 145/430 et carte 220 à 410, enf. 95 – ☕ 50 – **13 ch** 300/380 – ½ P 360/400
Spéc. Truite en croûte dorée sauce béarnaise. Ris de veau aux truffes. Râble de lièvre à la crème (saison).

CITROEN Gar. Mary, ✆ 04 74 20 50 99
PEUGEOT Gar. Marazzi, ✆ 04 74 20 32 33

COTIGNAC *83570 Var 84 ⑤ ⑥, 114 ⑳ G. Côte d'Azur – 1 792 h alt. 262.*

ℹ Office de Tourisme, 2 r. Bonaventure ✆ 04 94 04 61 87, Fax 04 94 04 78 98.
Paris 830 – Brignoles 20 – Draguignan 36 – St-Raphaël 64 – Ste-Maxime 65 – Toulon 71.

Le Mas de Cotignac, Sud : 3 km sur rte Carcès ✆ 04 94 04 66 57, Fax 04 94 04 74 27, ☂, 🌳 – P. GB
1er mars-30 sept. et fermé lundi et mardi – **Repas** 110/290 bc.

COTINIÈRE *17 Char.-Mar. 71 ⑬ ⑭ – rattaché à Oléron (Ile d').*

COUCHES *71490 S.-et-L. 69 ⑧ G. Bourgogne – 1 457 h alt. 320.*

Paris 312 – Chalon-sur-Saône 29 – Autun 25 – Beaune 33 – Le Creusot 16.

Les 3 Maures, ✆ 03 85 49 63 93, Fax 03 85 49 50 29, 🌳 – TV ☎ P. AE GB
fermé 15 fév. au 17 mars et lundi de sept. au 15 juil. – **Repas** 78/180, enf. 50 – ☕ 35 – **16 ch** 220/260 – ½ P 230/245.

COUCOURON *07470 Ardèche 76 ⑰ G. Vallée du Rhône – 705 h alt. 1150.*

Paris 581 – Le Puy-en-Velay 42 – Langogne 21 – Privas 85.

Carrefour des Lacs, ✆ 04 66 46 12 70, Fax 04 66 46 16 42 – ☎ P. GB
fermé 1er déc. au 15 fév. – **Repas** 85/180 – ☕ 32 – **20 ch** 170/310 – ½ P 200/235.

COUDEKERQUE BRANCHE *59 Nord 51 ④ – rattaché à Dunkerque.*

COUDRAY *53 Mayenne 63 ⑩ – rattaché à Château-Gontier.*

Le COUDRAY-MONTCEAUX *91 Essonne 61 ① – rattaché à Évry Corbeil-Essonnes (Corbeil-Essonnes).*

COUHÉ *86700 Vienne 68 ⑬ – 1 706 h alt. 140.*
Paris 371 – Poitiers 37 – Confolens 56 – Montmorillon 62 – Niort 68 – Ruffec 32.

Chêne Vert, r. Bons Enfants ☎ 05 49 59 20 42, Fax 05 49 53 42 20 – TV. GB
Repas 70 (déj.), 90/120, enf. 45 – ☕ 30 – **9 ch** 190 – ½ P 200.
CITROEN Gar. Senelier, ☎ 05 49 59 22 30

COUILLY-PONT-AUX-DAMES *77860 S.-et-M. 56 ⑫ G. Ile-de-France – 1 635 h alt. 50.*
Voir *Musée Louis-Braille à Coupvray O : 5 km.*
Paris 45 – Coulommiers 20 – Lagny-sur-Marne 13 – Meaux 9 – Melun 46.

Aub. de la Brie (Pavard), rte Quincy (D 436) ☎ 01 64 63 51 80, Fax 01 64 63 51 80, – P. AE GB
fermé 4 au 28 août, 5 au 12 janv., 22 au 28 fév., mardi midi, dim. soir et lundi – **Repas** (nombre de couverts limité, prévenir) 150 (déj.), 180/230 et carte 280 à 380
Spéc. Filets de rouget barbet marinés, salade de pommes de terre. Onglet de veau aux échalotes et tomates fondantes. Assiette de douceurs tout chocolat.

COULANDON *03 Allier 69 ⑭ – rattaché à Moulins.*

COULANGES-LA-VINEUSE *89580 Yonne 65 ⑤ – 878 h alt. 193.*
Paris 178 – Auxerre 14 – Avallon 43 – Clamecy 33 – Cosne-sur-Loire 67.

à Val-de-Mercy *Sud : 4 km par D 165 et D 38 – 294 h. alt. 115 – ✉ 89580 :*

Aub. du Château avec ch, ☎ 03 86 41 60 00, Fax 03 86 41 73 28, – TV ☎. GB. rest
fermé 15 janv. au 28 fév., – **Repas** *(fermé dim. soir et lundi)* (nombre de couverts limité, prévenir) 150/220 – ☕ 45 – **5 ch** 450/600 – ½ P 350/400.

COULOMBIERS *86600 Vienne 68 ⑬ – 962 h alt. 141.*
Paris 352 – Poitiers 18 – Couhé 25 – Lusignan 8 – Parthenay 45 – Vivonne 11.

Le Centre Poitou, ☎ 05 49 60 90 15, Fax 05 49 50 05 84, – TV ☎. GB
fermé 12 janv. au 4 fév., dim. soir et lundi d'oct. à juin – **Repas** 99/380 – ☕ 35 – **11 ch** 300/380 – ½ P 340/360.

COULOMMIERS *77120 S.-et-M. 61 ③, 106 ㉔ G. Ile de France – 13 087 h alt. 85.*
Office de Tourisme 11 r. Gén.-de-Gaulle ☎ 01 64 03 88 09.
Paris 61 – Châlons-en-Champagne 110 – Château-Thierry 43 – Créteil 58 – Meaux 24 – Melun 47 – Provins 39 – Sens 77.

Le Clos du Theil, quartier du Theil Nord-Est : 2 km - r. Theil ☎ 01 64 65 11 63, Fax 01 64 03 54 66, – AE GB
fermé 15 au 31 août, 15 au 28 fév., lundi soir et mardi – **Repas** 150 bc/200, enf. 60.

PEUGEOT Gar. Dehus, 2 av. de la Marne à Rebais ☎ (1) N ☎ 01 49 75 75 75
PEUGEOT Gar. Riester, bd de la Marne, ZI ☎ 01 64 03 01 92 N ☎ 06 07 87 94 05
RENAULT Gar. Metz, 17 av. L.-Blum ☎ 01 64 75 67 67
Euromaster, ZI 8 r. de l'Orgeval ☎ 01 64 03 01 95

COULON *79510 Deux-Sèvres 71 ② G. Poitou Vendée Charentes – 1 870 h alt. 6.*
Voir *Marais poitevin★ (promenade en barque★★, 1 h à 1 h 30).*
Office de Tourisme pl. Église ☎ 05 49 35 99 29, Fax 05 49 35 84 31.
Paris 418 – La Rochelle 59 – Fontenay-le-Comte 27 – Niort 11 – St-Jean-d'Angély 57.

Au Marais sans rest, ☎ 05 49 35 90 43, Fax 05 49 35 81 98, – TV ☎. AE GB JCB
fermé janv. – ☕ 40 – **18 ch** 290/450.

Central, ☎ 05 49 35 90 20, Fax 05 49 35 81 07, – AE GB
fermé 22 sept. au 6 oct., 13 janv. au 3 fév., dim. soir et lundi – **Repas** 95/190, enf. 52.

Au moment de chercher un hôtel ou un restaurant, soyez efficace. Sachez utiliser les noms soulignés en rouge sur les ***cartes Michelin*** *à 1/200 000.*
Mais ayez une carte à jour!

COULONGES-SUR-L'AUTIZE 79160 Deux-Sèvres **71** ① – 2 021 h alt. 80.
Paris 420 – La Rochelle 67 – Bressuire 48 – Fontenay-le-Comte 17 – Niort 22 – Parthenay 36.

※ **Citronnelle**, ℰ 05 49 06 17 67, 斎 – **GB**
⌇ fermé dim. soir et lundi sauf fériés le midi – **Repas** 55/195 ⅃.

COURBEVOIE 92 Hauts-de-Seine **55** ⑳ ,, **101** ⑮ – voir à Paris, Environs.

COURCELLES-SUR-VESLE 02220 Aisne **56** ⑤ – 270 h alt. 75.
Paris 122 – Reims 37 – Fère-en-Tardenois 19 – Laon 38 – Soissons 20.

▲▲▲ **Château de Courcelles** M ⌇, ℰ 03 23 74 13 53, Fax 03 23 74 06 41, 斎, « Parc », ⅃,
※ – 🔟 ☎ 🅿 – 🔏 40. 🖭 **GB** 🃏
Repas 200 bc (déj.), 230/360 – ⌑ 85 – **14 ch** 800/1300 – ½ P 685/1135.

Dans ce guide

un même symbole, un même caractère,
*imprimé en couleur ou en **noir**, en maigre ou en **gras**,*
n'ont pas tout à fait la même signification.
Lisez attentivement les pages explicatives.

COURCHEVEL 73120 Savoie **74** ⑱ G. Alpes du Nord – Sports d'hiver : 1 300/2 707 m ⅇ 11 ⅇ 57 ⅊.
🛈 de Courchevel ℰ 04 79 08 17 00.
Altiport International ℰ 04 79 03 31 14, S : 4 km.
Paris 635 ① – Albertville 52 ① – Chambéry 99 ① – Moûtiers 25 ①.

à Courchevel 1850.

Voir ﹡★.
🛈 Office de Tourisme La Croisette ℰ 79 08 00 29, Fax 79 08 15 63.

▲▲▲▲▲ **Byblos des Neiges** M ⌇, au jardin Alpin **(y)** ℰ 04 79 00 98 00,
Fax 04 79 00 98 01, ≼, 斎, ℻, ⅃ – 🔄
🔟 ☎ ℄ ₺ ⇨ 🅿 – 🔏 40. 🖭 🕕 **GB**
🃏 ℅ rest
mi-déc.-mi-avril – **La Clairière :** Repas
330 (déj.), 370/410 – **L'Écailler** (dîner
seul.) **Repas** 430 – ⌑ 125 – **66 ch**
1750/3780, 11 appart – ½ P 1626/
2400.

▲▲▲▲ **Les Airelles** M ⌇, au Jardin Alpin
(h) ℰ 04 79 09 38 38, Fax 04 79 08
38 69, ≼, 斎, ℻, ⅃ – 🔄 🔟 ☎ ℄ ₺
⇨ – 🔏 80. 🖭 🕕 **GB**. ℅
12 déc.-fin avril – **La Table du Jardin
Alpin :** Repas 350 (déj.)/450, enf. 200 –
Le Coin Savoyard : spécialités savoyardes **Repas** (dîner seul.) 340, enf.
200 – ⌑ 150 – **52 ch** 3100/6100, 4 appart – ½ P 1900/3150.

▲▲▲▲ **Carlina** M ⌇, **(a)** ℰ 04 79 08 00 30,
Fax 04 79 08 04 03, ≼, 斎, ⅃ – 🔄 🔟
☎ ⇨ 🅿 – 🔏 25 à 60. 🖭 🕕 **GB**
mi-déc.-mi-avril – **Repas** 180 (déj.),
250/350 – **57 ch** (½ pens. seul.), 7 appart – ½ P 1120/1790.

▲▲▲▲ **Bellecôte** ⌇, **(d)** ℰ 04 79 08 10 19,
Fax 04 79 08 17 16, ≼ vallée, 斎, ℻,
⅃ – 🔄 🔟 ☎ 🅿 – 🔏 40. 🖭 🕕 **GB**
mi-déc.-mi-avril – **Repas** 250 (déj.)/350
– **56 ch** (½ pens. seul.) – ½ P 1230/
1740.

▲▲▲▲ **Annapurna** ⌇, rte Altiport ℰ 04 79 08 04 60, Fax 04 79 08 15 31, ≼ la Saulire, 斎, ℻,
⅃ – 🔄 🔟 ☎ ⇨ 🅿 – 🔏 80. 🖭 🕕 **GB**. ℅ rest
19 déc.-19 avril – **Repas** 340 (déj.)/360 – **64 ch** ⌑ 2460/3820, 4 appart – ½ P 1450/1800.

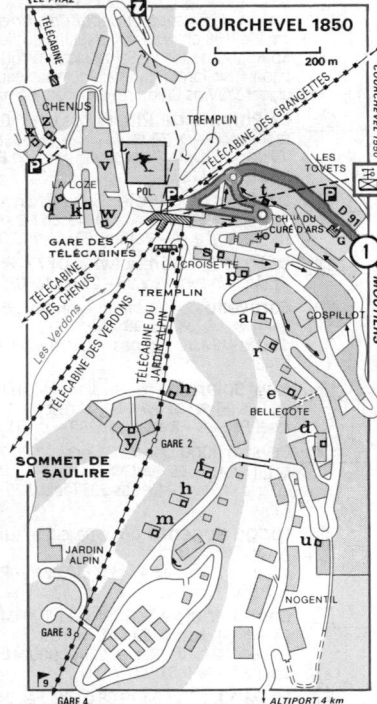

COURCHEVEL 1850

0   200 m

LE PRAZ

CHENUS

TREMPLIN

LES TOVETS

CH. DU CURÉ D'ARS

GARE DES TÉLÉCABINES

LA CROISETTE

LA LOZE

POL.

TÉLÉCABINE DES CHENUS

TÉLÉCABINE DU JARDIN ALPIN

TÉLÉCABINE DES VERDONS

TREMPLIN

Les Verdons

COSPILLOT

BELLECÔTE

SOMMET DE LA SAULIRE

GARE 2

JARDIN ALPIN

NOGENTIL

GARE 3

COURCHEVEL 1850

MOÛTIERS

① D 91

GARE 4

ALTIPORT 4 km

des Neiges 🦢, (e) 𝒞 04 79 08 03 77, Fax 04 79 08 18 70, ≤, 🍽, 🎧 – 🛗 📺 ☎ & ⇔ 🅿.
🅰 ⓞ 🆖 🦢
15 déc.-15 avril – **Repas** 300 (déj.)/355 – ☑ 90 – **37 ch** (½ pens. seul.), 5 appart –
½ P 1190/1780.

Lana 🦢, (p) 𝒞 04 79 08 01 10, Fax 04 79 08 36 70, ≤, 🍽, 🎧, 🔲 – 🛗 📺 ☎ 🥂 ⇔ –
🏊 80. 🅰 ⓞ 🆖, 🛥 rest
15 déc.-15 avril – **Repas** 240 (déj.), 360/440 – ☑ 90 – **68 ch** (½ pens. seul.), 6 appart –
½ P 1300/1650.

Pralong 2000 M 🦢, rte Altiport 𝒞 04 79 08 24 82, Fax 04 79 08 36 41, ≤ montagnes,
🍽, 🎧, 🔲 – 🛗 📺 ☎ ⇔ 🅿 – 🏊 40. 🅰 ⓞ 🆖
mi-déc.-mi-avril – **Repas** 295 (déj.)/395 – ☑ 85 – **57 ch** 1685/2650, 7 appart – ½ P 1120/
2750.

Le Mélezin M 🦢, (r) 𝒞 04 79 08 01 33, Fax 04 79 08 08 96, ≤, 🍽, « Belle décoration
contemporaine » – 🛗 📺 ☎ 🅰 ⓞ 🆖, 🛥
20 déc.-20 avril – **Repas** carte 310 à 400, enf. 100 – ☑ 100 – **31 ch** 2500/3500, 3 appart.

La Sivolière M 🦢, Nord Ouest 1 km 𝒞 04 79 08 08 33, Fax 04 79 08 15 73, ≤, 🍽, 🎧 –
🛗 📺 ☎ ⇔. 🅰 🆖, 🛥
27 nov.-1er mai – **Repas** 120 (déj.), 240/320 – ☑ 75 – **30 ch** 850/1950 – ½ P 1010/1310.

Les Trois Vallées M 🦢, (q) 𝒞 04 79 08 00 12, Fax 04 79 08 17 98, ≤, 🍽, « Élégant
décor contemporain », 🎧 – 🛗 🛥 📺 ☎ & ⇔ – 🏊 60. 🅰 🆖, 🛥
1er déc.-20 avril – **Repas** 230 (déj.), 330/380 – ☑ 130 – **30 ch** 1350/1650 – ½ P 1200/1450.

Les Grandes Alpes M 🦢, (s) 𝒞 04 79 08 03 35, Fax 04 79 08 12 52, ≤, 🍽, 🎧, 🔲 – 🛗
📺 ☎ ⇔ – 🏊 40. 🅰 🆖
1er juil.-31 août et 1er déc.-30 avril – **Repas** 95 (déj.), 110/350 – ☑ 60 – **34 ch**
(½ pens. seul.), 5 appart – ½ P 950/2050.

Le Chabichou (Rochedy) M 🦢, (z) 𝒞 04 79 08 00 55, Fax 04 79 08 33 58, ≤, 🍽 – 🛗 📺
❀❀   ☎ & ⇔ – 🏊 40. 🅰 🆖 🍴
fin juin-début sept. et début déc.-fin avril – **Repas** 220 (déj.), 280/580 et carte 350 à 480 –
☑ 100 – **38 ch** (½ pens. seul.), 5 duplex – ½ P 900/1900
Spéc. Tournedos de Saint-Jacques rôti façon ''Rossini''. Jarret de veau de lait aux morilles,
chou frisé farci à la chair de tourteau. Craquelin au pralin et chocolat amer, sauce à la
chicorée. **Vins** Chignin-Bergeron, Gamay du Bugey.

La Pomme de Pin M 🦢, (x) 𝒞 04 79 08 36 88, Fax 04 79 08 38 72, ≤ vallée et montagnes, 🍽 – 🛗 📺 ☎ & ⇔ – 🏊 30. 🅰 🆖
15 déc.-15 avril – **Repas** (voir aussi *Le Bateau Ivre* ci-après) 250 – ☑ 65 – **49 ch** 1310/1730
– ½ P 990/1120.

Les Ducs de Savoie 🦢, au Jardin Alpin (f) 𝒞 04 79 08 03 00, Fax 04 79 08 16 30, ≤, 🍽,
🎧, 🔲 – 🛗 📺 ☎ ⇔ – 🏊 40. 🅰 ⓞ 🆖
mi-déc.-mi-avril – **Repas** 190 (déj.)/250 – **70 ch** (½ pens. seul.) – ½ P 840/1450.

La Loze M sans rest, 𝒞 04 79 08 28 25, Fax 04 79 08 36 62 – 🛗 📺 ☎. 🅰 ⓞ 🆖, 🛥
1er déc.-fin avril – ☑ 95 – **25 ch** 1300/1900.

Caravelle 🦢, au Jardin Alpin (m) 𝒞 04 79 08 02 42, Fax 04 79 08 33 55, ≤, 🍽, 🎧, 🔲 –
🛗 📺 ☎ ⇔ 🅿. 🅰 🆖, 🛥
15 déc.-15 avril – **Repas** 120 (déj.)/280 – ☑ 80 – **60 ch** (½ pens. seul.), 5 appart – ½ P 775/
1145.

New Solarium 🦢, au Jardin Alpin (n) 𝒞 04 79 08 02 01, Fax 04 79 08 38 52, ≤, 🍽, 🎧,
🔲 – 🛗 📺 ☎. 🅰 ⓞ 🆖, 🛥 rest
Noël-Pâques – **Repas** 250/290 – ☑ 80 – **70 ch** 850/1000 – ½ P 720/1000.

Crystal 2000 🦢, rte Altiport 𝒞 04 79 08 28 22, Fax 04 79 08 28 39, ≤ montagnes, 🍽 –
🛗 📺 ☎ & 🅿. 🅰 ⓞ 🆖
20 déc.-15 avril – **Repas** 225 (déj.)/325 – ☑ 65 – **48 ch** (½ pens. seul.), 3 appart – ½ P 950/
1250.

Lodge Nogentil 🦢, r. Bellecôte (u) 𝒞 04 79 08 32 32, Fax 04 79 08 03 15, ≤ – 🛗 📺 ☎
& ⇔. 🆖, 🛥
1er juil.-31 août et 1er déc.-30 avril – **Repas** (dîner seul.) 150 – ☑ 60 – **10 ch** 775/1950 –
½ P 850/1050.

Courcheneige 🦢, r. Nogentil 𝒞 04 79 08 02 59, Fax 04 79 08 11 79, ≤ montagnes, 🍽,
🎧 – 🛗 📺 ☎ ⇔. 🅰 🆖, 🛥 rest
20 déc.-20 avril – **Repas** (dîner pour résidents seul.) 120 🍴, enf. 50 – **83 ch** (½ pens. seul.),
3 appart – ½ P 675/775.

Le Dahu, (v) 𝒞 04 79 08 01 18, Fax 04 79 08 11 98, ≤ – 🛗 📺 ☎. ⓞ 🆖, 🛥
déc.-fin avril – **Repas** 165/320 – ☑ 80 – **38 ch** 750/980 – ½ P 850/900.

Le Chamois sans rest, (k) 𝒞 04 79 08 01 56, Fax 04 79 08 34 23, ≤ – 🛗 cuisinette 📺 ☎.
🅰 🆖
15 déc.-20 avril – ☑ 70 – **24 ch** 880/1400, 6 studios.

XXX **Le Bateau Ivre** - hôtel Pomme de Pin - (Jacob), **(x)** ✆ 04 79 08 36 88, Fax 04 79 08 38 72,
✿✿ « Restaurant panoramique, ≤ massif de la Vanoise » – 亞 ⓪ ☑
mi-déc.-mi-avril – **Repas** 195 (déj.), 350/510 et carte 380 à 490
Spéc. Queues de langoustines dorées aux épices, rouelles d'oignons frits. Saint-Pierre rôti
arrosé d'huile de poivrons rouges aux aromates. Banane rôtie au beurre vanillé, craquant
de pistaches et noisettes. **Vins** Roussette, Pinot de Savoie.

✗ **La Saulire**, pl. Rocher **(t)** ✆ 04 79 08 07 52, Fax 04 79 08 02 63, 🍴 – 🍽. 亞 ☑
fermé 1er mai au 1er juil. et 1er au 20 oct. – **Repas** 95 (déj.), 150/210.

à Courchevel 1650 (Moriond) *par* ① *: 3,5 km* – ✉ *73120 Courchevel.*
🛈 *Office de Tourisme (saison)* ✆ *79 08 03 29, Fax 79 08 06 12.*

🏨 **du Golf de Courchevel,** ✆ 04 79 00 92 92, Fax 04 79 08 19 93, ≤, 🗴 – 🛗 ☑ ☎ 🚗 –
🛁 30 à 50. 亞 ⓪ ☑. ✼ rest
15 déc.-15 avril – **Repas** (dîner seul.) 220/250, enf. 100 – ☷ 65 – **41 ch** (½ pens. seul.),
6 duplex – ½ P 910/1045.

🏠 **Le Signal,** ✆ 04 79 08 26 36, Fax 04 79 08 38 83, ≤ – ☎. ☑. ✼
fermé mai, sam. et dim. du 15 sept. au 15 déc. – **Repas** 150/200 – ☷ 45 – **27 ch** 600.

à Courchevel 1550 *par* ① *: 5,5 km* – ✉ *73120 Courchevel.*
🛈 *Office de Tourisme (saison)* ✆ *79 08 04 10.*

🏨 **Les Ancolies** ⌕, ✆ 04 79 08 27 66, Fax 04 79 08 05 64, ≤, 🗴 – 🛗 ☑ ☎ ✆ 🅿. 亞 ☑.
✼ rest
juil.-août et 10 déc.-30 avril – **Repas** 140/180 – ☷ 65 – **34 ch** 600/880 – ½ P 610.

🏨 **L'Adret d'Ariondaz** ⌕, ✆ 04 79 08 00 01, Fax 04 79 08 37 95, ≤ – 🛗 ☑ ☎. 亞 ⓪ ☑.
✼
déc.-avril – **Repas** 140 (déj.)/160 – ☷ 60 – **27 ch** 650/1000 – ½ P 650.

🏠 **Les Flocons** ⌕, ✆ 04 79 08 02 70, Fax 04 79 08 11 29, ≤ – 🛗 ☑ ☎ 🅿. – 🛁 25. ☑. ✼
15 déc.-15 avril – **Repas** 100 (déj.)/175 – ☷ 65 – **28 ch** (½ pens. seul.) – ½ P 590/650.

au Praz *(Courchevel 1300) par* ① *: 8 km* – ✉ *73120 Courchevel :*

🏠 **Les Peupliers,** ✆ 04 79 08 41 47, Fax 04 79 08 45 05, 🍴, 🗴 – 🛗 ☑ ☎ 🅿. 亞 ☑
fermé mai et fin oct. au 30 nov. – **Repas** 100 (déj.), 155/195 – ☷ 50 – **31 ch** 650/750 –
½ P 610.

COUR-CHEVERNY *41700 L.-et-Ch.* 🔢 ⑰ ⑱ *– 2 347 h alt. 86.*
Voir *Château de Cheverny*★★★ *(spectacle son et lumière)* S *: 1 km* – *Porte*★ *de la chapelle
du Château de Troussay SO : 3,5 km,* G, *Châteaux de la Loire.*
🛈 *Office de Tourisme (avril-sept.)* ✆ *02 54 79 95 63.*
Paris 194 – *Orléans 73* – *Blois 13* – *Bracieux 9* – *Châteauroux 88* – *Montrichard 29* –
Romorantin-Lanthenay 28.

🏨 **Trois Marchands,** ✆ 02 54 79 96 44, Fax 02 54 79 25 60 – ☑ ☎ 🅿 – 🛁 30. 亞 ⓪ ☑
🇯🇨🇧
fermé fév. et lundi – **Repas** 115/315, enf. 51 – ☷ 40 – **37 ch** 180/350 – ½ P 210/310.

🏨 **St-Hubert,** ✆ 02 54 79 96 60, Fax 02 54 79 21 17, 🍴 – ☎ 🅿. ☑
fermé 10 janv. au 20 fév. et merc. hors sais. – **Repas** 95/280, enf. 58 – ☷ 35 – **18 ch** 220/320
– ½ P 240/320.

à Cheverny *Sud : 1 km – 900 h. alt. 110* – ✉ *41700 :*

🏨 **Château du Breuil** ⌕, Ouest : 3 km par D 52 et voie privée ✆ 02 54 44 20 20,
Fax 02 54 44 30 40, 🍴, « Dans un parc » – ☑ ☎ 🅿. 亞 ☑
fermé 1er janv. au 25 fév., dim. soir hors sais. et lundi midi – **Repas** 195/350 – ☷ 65 – **16 ch**
530/890 – ½ P 650/750.

✗ **Pousse Rapière,** ✆ 02 54 79 94 23, Fax 02 54 79 27 67 – 亞 ☑
fermé 15 déc. au 21 janv., dim. soir et lundi – **Repas** 90/210.

PEUGEOT Gar. Duceau, ✆ 02 54 79 98 67   RENAULT Gar. Beaugrand, ✆ 02 54 79 96 41 🅽
                                             ✆ 02 54 79 96 41

COURLANS *39 Jura* 🔢 ⑭ *– rattaché à Lons-le-Saunier.*

COURLON-SUR-YONNE *89140 Yonne* 🔢 ⑬ *– 876 h alt. 66.*
Paris 96 – *Fontainebleau 38* – *Auxerre 81* – *Montereau-Fault-Yonne 20* – *Nemours 40* –
Sens 19.

✗ **Aub. du Bord de l'Yonne,** ✆ 03 86 66 84 82, 🍴 – ☑
fermé 15 oct. au 15 nov., dim. soir, lundi soir et mardi – **Repas** 80 (déj.), 120/155 ♨.

COURPIÈRE 63120 P.-de-D. **73** ⑯ G. Auvergne – 4 674 h alt. 320.

Voir Église★.

🛈 Syndicat d'Initiative pl. de la Cité Administrative ℘ 04 73 51 20 27.

Paris 467 – Clermont-Ferrand 54 – Ambert 40 – Issoire 49 – Lezoux 18 – Thiers 17.

✗ **L'Air du Temps**, av. Gare ℘ 04 73 51 25 91 – ⊖ⓑ
fermé dim. soir et lundi – **Repas** 62 (déj.), 89/159.

au Sud : 3,5 km sur D 906 – ⊠ 63120 Courpière :

✗ **Clef des Champs**, ℘ 04 73 53 01 83, Fax 04 73 53 05 36, ㎡ – 🅿. ⊖ⓑ
⊖ⓑ fermé dim. soir et lundi – **Repas** 65/165 ⓑ.

CITROEN Gar. Brouillet, à Néronde-sur-Dore ℘ 04 73 53 17 28

COURRUERO 83 Var **84** ⑰,, **114** ㊳ – rattaché à Plan-de-la-Tour.

COURS 69470 Rhône **73** ⑧ – 4 637 h alt. 543.

Paris 464 – Mâcon 70 – Roanne 28 – l'Arbresle 53 – Chauffailles 18 – Lyon 81 – Villefranche-sur-Saône 59.

🏠 **Nouvel Hôtel**, 5 r. G. Clemenceau ℘ 04 74 89 70 21, Fax 04 74 89 84 41 – ⬧✕ 🆃🆅 ☎. 🅰🅴
⊖ⓑ ⊖ⓑ
fermé 3 au 17 août et 26 déc. au 5 janv. – **Repas** (fermé dim. soir) 78/184 ⓑ – ☲ 40 – **16 ch**
167/265 – ½ P 278/316.

au col du Pavillon Est : 4 km par D 64 – ⊠ 69470 Cours :

🏠 **Le Pavillon** ⬥, ℘ 04 74 89 83 55, Fax 04 74 64 70 26, ㎡, ⚞, ⚞ – 🆃🆅 ☎ & 🅿 – 🛆 30. ⊖ⓑ
⊖ⓑ fermé vacances de fév., vend. soir et sam. de nov. à mars – **Repas** 78/280 ⓑ – ☲ 36 – **21 ch**
260/350 – ½ P 285/300.

CITROEN Cours Autos, ℘ 04 74 89 75 91   PEUGEOT Gar. du Stade, ℘ 04 74 89 98 98 🅽
FORD Gar. Lachize, ℘ 04 74 89 81 67 🅽   ℘ 04 74 89 98 98
℘ 04 74 89 81 67   RENAULT Gar. Jalabert, ℘ 04 74 89 71 10 🅽
          ℘ 04 74 89 77 48

COUR-ST-MAURICE 25380 Doubs **66** ⑰ ⑱ – 155 h alt. 500.

Paris 481 – Besançon 66 – Baume-les-Dames 45 – Montbéliard 44 – Maiche 11 – Morteau 35.

🏠 **Le Moulin** ⬥, à Moulin du Milieu, Est : 3 km sur D 39 ℘ 03 81 44 35 18, ⟨, « Jardin
ombragé en bordure de rivière » – 🆃🆅 ☎ 🅿. ⊖ⓑ. ⬥ rest
fermé 1er au 6 oct., 15 janv. au 15 fév. et merc. hors sais. – **Repas** (nombre de couverts
limité, prévenir) 105/160 – ☲ 40 – **7 ch** 260/380 – ½ P 220/320.

COURSAN 11 Aude **83** ⑭ – rattaché à Narbonne.

COURSEGOULES 06140 Alpes-Mar. **84** ⑨ G. Côte d'Azur – 260 h alt. 1020.

Paris 858 – Castellane 59 – Grasse 32 – Nice 40.

✗ **Aub. de L'Escaou** Ⓜ ⬥ avec ch, ℘ 04 93 59 11 28, Fax 04 93 59 13 70, ⟨, ㎡ – ⬧ 🆃🆅
☎ &. ⊖ⓑ
fermé vacances de Toussaint, 3 janv. au 8 fév., dim. soir et lundi sauf vacances scolaires –
Repas 98/168, enf. 45 – ☲ 36 – **12 ch** 280 – ½ P 260.

COURSEULLES-SUR-MER 14470 Calvados **55** ① G. Normandie Cotentin – 3 182 h alt. 4.

Voir Clocher★ de l'église de Bernières-sur-Mer E : 2,5 km – Tour★ de l'église de Ver-sur-Mer
O : 5 km par D 514.

Env. Château★★ de Fontaine-Henry S : 6,5 km.

🛈 Office de Tourisme r. Mer ℘ 02 31 37 46 80.

Paris 253 – Caen 20 – Arromanches-les-Bains 14 – Bayeux 21 – Cabourg 33.

🏠 **Paris**, ℘ 02 31 37 45 07, Fax 02 31 37 51 63, ㎡ – 🆃🆅 ☎ 🅿. 🅰🅴 ⓪ ⊖ⓑ
⊖ⓑ fermé 15 nov. au 15 déc., lundi soir et mardi d'oct. à mars sauf vacances scolaires – **Repas**
78/240, enf. 45 – ☲ 37 – **27 ch** 280/360 – ½ P 295/315.

COURTENAY 45320 Loiret **61** ⑬ – 3 292 h alt. 146.

🏌 de Clairis à Savigny-sur-Clairis (89) ℘ 03 86 86 33 90, N : 7,5 km.

🛈 Office de Tourisme pl. du Mail ℘ 02 38 97 00 60.

Paris 119 – Auxerre 56 – Nemours 44 – Orléans 102 – Sens 25.

✗ **Le Raboliot**, pl. Marché ℘ 02 38 97 44 52, Fax 02 38 97 44 52 – ⊖ⓑ
⊖ⓑ **Repas** (déj. seul. sauf sam.) 75/120.

434

Les Quatre Croix Sud-Est : 1,5 km par D 32 – ⊠ 45320 Courtenay :

XXX ⊕ **Aub. la Clé des Champs** (Delion) Ⓜ ⟫ avec ch, ℰ 02 38 97 42 68, Fax 02 38 97 38 10,
≼, ≈ – 𝖳𝖵 ☎ & 𝖯, ⒶⒺ GB
fermé 13 au 29 oct., 12 janv. au 4 fév., mardi soir et merc. – **Repas** (nombre de couverts
limité, prévenir) 100/320 et carte 250 à 540 – ⊊ 55 – **7 ch** 420/580
Spéc. Parfait de pigeon au foie gras. Filet d'autruche aux baies roses. Moelleux au chocolat
et glace au pain d'épice. **Vins** Chitry, Irancy.

à Ervauville Nord-Ouest : 9 km par N 60, D 32 et D 34 – 299 h. alt. 152 – ⊠ 45320 :

XXX ⊕ **Le Gamin**, ℰ 02 38 87 22 02, Fax 02 38 87 25 40, ⌂, « Décor élégant », ≈ – GB
fermé 2 au 24 juin, 15 au 30 sept., dim. soir, lundi et mardi – **Repas** (nombre de couverts
limité, prévenir) 210/410 et carte 330 à 390
Spéc. Foie gras de canard aux épices douces. Saumon norvégien aux cocos blancs. Gâteau
moelleux au chocolat.

COUSSAC-BONNEVAL 87500 H.-Vienne **72** ⑰ ⑱ G. Berry Limousin – 1 447 h alt. 376.
Voir Château★ – Lanterne des morts★.
🛈 Office de Tourisme - Mairie ℰ 05 55 75 28 46.
Paris 436 – Limoges 44 – Brive-la-Gaillarde 60 – St-Yrieix-la-Perche 11 – Uzerche 31.

XX ⊕ **Voyageurs** avec ch, ℰ 05 55 75 20 24, Fax 05 55 75 28 90, ≈ – ▤ rest 𝖳𝖵 ☎ &, GB
fermé janv., dim. soir et lundi d'oct. à mars – **Repas** 70/230 – ⊊ 30 – **9 ch** 245/290 –
½ P 250/260.

Ne prenez pas la route au hasard !

*3615 - 3617 MICHELIN vous apportent sur votre Minitel ou sur fax
ses conseils routiers, hôteliers et touristiques.*

COUTANCES ⟪🅢⟫ 50200 Manche **54** ⑫ G. Normandie Cotentin – 9 715 h alt. 91.
Voir Cathédrale Notre-Dame★★★ YZ – Jardin des Plantes★ YZ.
🛈 Office de Tourisme pl. Georges Leclerc ℰ 02 33 45 17 79, Fax 02 33 47 12 45.
Paris 329 ② – St-Lô 29 ② – Avranches 50 ③ – Cherbourg 77 ⑤ – Vire 56 ③.

COUTANCES

St-Nicolas (R.)	**Y** 30
Tancrède (R.)	**Y** 32
Tourville (R.)	**Y** 33
Albert-1er (Av.)	**Z** 2
Croûte (R. de la)	**YZ** 3
Daniel (R.)	**Y** 5
Duhamel (R.)	**Z** 6
Écluse-Chette (R. de l')	**Y** 8
Encoignard (Bd)	**Z** 9
Foch (R. Mar.)	**Z** 10
Gambetta (R.)	**Y** 12
Herbert (R. G.)	**Z** 13
Leclerc (Av. Division)	**Y** 15
Legentil-de-la- Galaisière (Bd)	**Z** 16
Lycée (R. du)	**Z** 17
Marest (R. Thomas du)	**Y** 18
Milon (R.)	**Y** 19
Montbray (R. G.-de)	**Z** 20
Normandie (R. de)	**Y** 21
Palais-de-Justice (R. du)	**Y** 23
Paynel (Bd J.)	**Y** 24
Quesnel- Morinière (R.)	**Z** 26
République (Av. de la)	**Y** 27
St-Dominique (R.)	**Y** 29

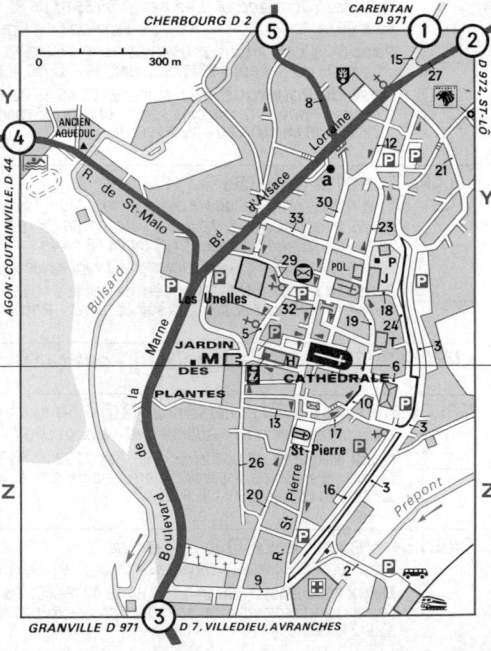

*Dans la liste
des rues
des plans de villes,
les noms en rouge
indiquent
les principales
voies commerçantes.*

🏛 **Cositel** Ⓜ ⌂, par ④ : *1 km sur D44* ℰ 02 33 07 51 64, Fax 02 33 07 06 23, ≼ – 📺 ☎ ✆ ♿
🄿 – 🏊 200. ⅍ ⓞ ⅏
Le Pommeau : Repas 100/190 ⅃, enf. 54 – *Le Bistro Jazzy :* Repas 107 ⅃ – ⊑ 40 – **55 ch**
295/360 – ½ P 295/310.

🏛 **Pocatière** sans rest, 25 bd Alsace-Lorraine ℰ 02 33 45 13 77, Fax 02 33 45 77 18 – 📺 ☎
⇔ 🄿. ⅏. ⅀ 				Y a
fermé 15 déc. au 15 janv. – ⊑ 35 – **18 ch** 140/315.

à Gratot par ④ et D 244 : *4 km* – *581 h. alt. 83* – ✉ 50200 :

🍴 **Le Tourne-Bride,** ℰ 02 33 45 11 00, Fax 02 33 45 11 00 – 🄿. ⅏
fermé dim. soir et lundi – **Repas** 98/235, enf. 55.

CITROEN Gar. Lebouteiller, rte de St-Lô, ZI par ②   RENAULT Gar. Sodiam, rte de St-Lô par ②
ℰ 02 33 76 64 65   ℰ 02 33 76 68 00 🅽 ℰ 02 33 76 68 00
PEUGEOT Gar. Lebailly-Horel, r. Acacias
ℰ 02 33 07 34 00 🅽 ℰ 02 33 07 24 24   ⓦ Chanut, av. Division-Leclerc ℰ 02 33 45 59 96

COUTRAS 33230 Gironde 🎟🄕 ② – *6 689 h alt. 15.*
🄑 *Office de Tourisme à la Mairie* ℰ 05 57 49 04 60, Fax 05 57 49 39 02, *(15 juin-15 sept.)*
ℰ 05 57 69 36 53, Fax 05 57 49 07 09.
Paris 532 – *Bordeaux* 47 – Bergerac 59 – Blaye 50 – Jonzac 58 – Libourne 18 – Périgueux 81.

🏛 **Henri IV** sans rest, pl. 8 Mai 1945 ℰ 05 57 49 34 34, Fax 05 57 49 20 72 – 📺 ☎ 🄿. ⅍ ⓞ
⅏. ⅀
⊑ 37 – **14 ch** 230/270.

CITROEN Gar. Debenat, rte de Montpon, ZI   RENAULT Gar. Vacher, 144 r. Gambetta
ℰ 05 57 49 19 36 🅽 ℰ 05 57 49 19 36   ℰ 05 57 49 04 91
PEUGEOT Gar. Fostinelli, 173-175 r. Gambetta
ℰ 05 57 49 05 94   ⓦ Da Silva Pneu-Point S, rte d'Angoulême
PEUGEOT Gar. Ballon, 4 rte d'Angoulême   Bodetterie ℰ 05 57 49 33 33
ℰ 05 57 49 12 67

Une réservation confirmée par écrit est toujours plus sûre.

CRANSAC 12110 Aveyron 🎟🄞 ① *G. Gorges du Tarn* (plan) – *2 180 h alt. 300* – *Stat. therm. (15 avril-23 oct.).*
🄑 *Office de Tourisme, pl. J.-Jaurès* ℰ 05 65 63 06 80.
Paris 607 – *Rodez* 37 – Aurillac 73 – Espalion 64 – Figeac 33 – Villefranche-de-Rouergue 38.

🏛 **Parc** ⌂, r. Gén. Artous ℰ 05 65 63 01 78, Fax 05 65 63 20 36, 🌳, parc, 🏊 – ☎ 🄿. ⅍ ⅏
⅖ *1ᵉʳ avril-25 oct.* – **Repas** 75/175 ⅃, enf. 45 – ⊑ 35 – **27 ch** 120/250 – ½ P 195/265.

🏛 **Host. du Rouergue,** av. J. Jaurès ℰ 05 65 63 02 11, 🏊, 🌳 – ⇔🍴 🄿. ⅍ ⓞ ⅏
⅖ *15 mars-1ᵉʳ nov. et fermé dim. soir et lundi du 15 mars au 15 avril* – **Repas** 75/190 ⅃, enf. 45
– ⊑ 35 – **16 ch** 180/300 – ½ P 220/265.

La CRAU 83260 Var 🎟🄐 ⑮, 🎟🎟🄐 ㊻ – *11 257 h alt. 36.*
Env. *Solliès-Ville :* ≼★ *de l'esplanade de la Montjoie NO : 7 km, G. Côte d'Azur.*
🄑 *Office de Tourisme, Mairie* ℰ 04 94 66 70 93, Fax 04 94 66 06 75 *et parking de Lattre-de-Tassigny (juin-sept.)* ℰ 04 94 66 14 48.
Paris 839 – *Toulon* 17 – Brignoles 41 – Draguignan 71 – Hyères 9 – Marseille 79.

🍴🍴 **Aub. du Fenouillet,** 20 av. Gén. de Gaulle ℰ 04 94 66 76 74, Fax 04 94 57 81 09 – 🗏. ⅏
fermé 14 juil. au 15 août, lundi soir et merc. – **Repas** 130/290.

CRÈCHES-SUR-SAÔNE 71 S.-et-L. 🎟🄐 ① – *rattaché à Mâcon.*

CRÉCY-EN-PONTHIEU 80150 Somme 🎟🄑 ⑦ *G. Flandres Artois Picardie* – *1 491 h alt. 30.*
Paris 189 – *Amiens* 55 – Abbeville 19 – Montreuil 31 – St-Omer 74.

🏛 **de la Maye** Ⓜ, ℰ 03 22 23 54 35, Fax 03 22 23 53 32, 🌳 – 📺 ☎ 🄿. ⅍ ⓞ ⅏
fermé vacances de Toussaint, de fév., dim. soir et lundi sauf juil.-août – **Repas** 95/165 –
⊑ 32 – **11 ch** 290/350 – ½ P 250.

CRÉHEN 22130 C.-d'Armor 🎟🄞 ⑤ – *1 493 h alt. 38.*
Paris 420 – *St-Malo* 24 – Dinan 20 – Dinard 19 – St-Brieuc 48.

🍴 **Deux Moulins,** D 768 ℰ 02 96 84 15 40, Fax 02 96 84 24 62, 🌳 – 🄿. ⅏
⅖ *fermé vend. soir et dim. soir hors sais.* – **Repas** 70/270 ⅃ – ⊑ 30 – **16 ch** 175/250 –
½ P 240/300.

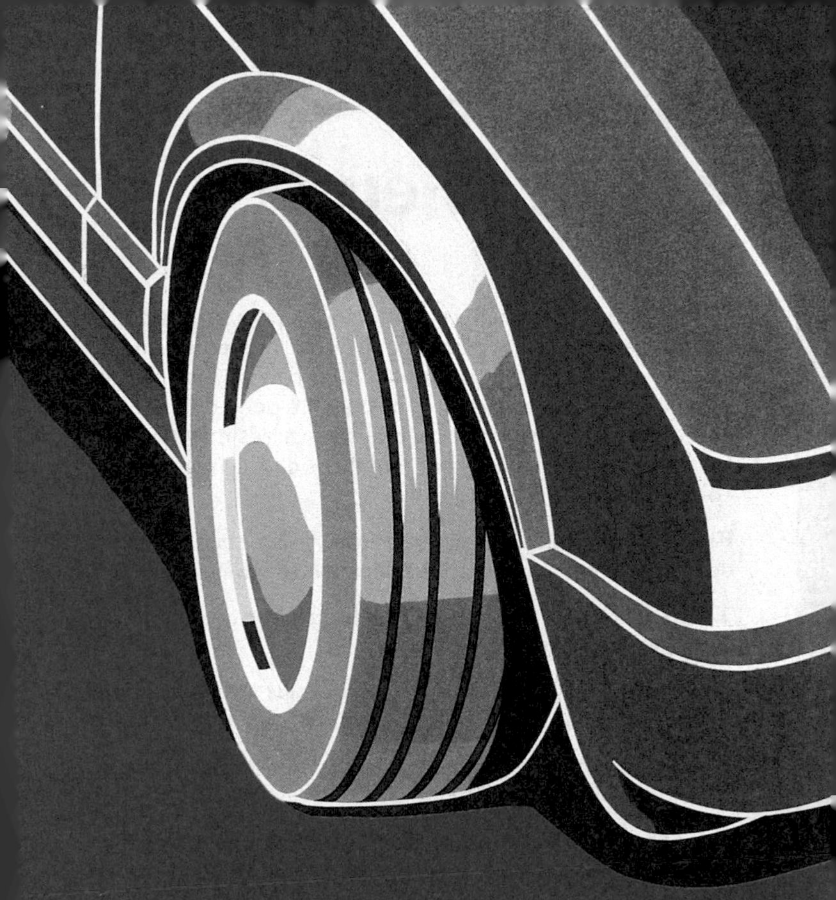

LE GUIDE MICHELIN DU PNEUMATIQUE

Qu'est-ce qu'un pneu ?

Produit de haute technologie, le pneu constitue le seul point de liaison de la voiture avec le sol. Ce contact correspond, pour une roue, à une surface équivalente à celle d'une carte postale. Le pneu doit donc se contenter de ces quelques centimètres carrés de gomme au sol pour remplir un grand nombre de tâches souvent contradictoires :

Porter le véhicule à l'arrêt, mais aussi résister aux transferts de charge considérables à l'accélération et au freinage.

Transmettre la puissance utile du moteur, les efforts au freinage et en courbe.

Rouler régulièrement, plus sûrement, plus longtemps pour un plus grand plaisir de conduire.

Guider le véhicule avec précision, quels que soient l'état du sol et les conditions climatiques.

Amortir les irrégularités de la route, en assurant le confort du conducteur et des passagers ainsi que la longévité du véhicule.

Durer, c'est-à-dire, garder au meilleur niveau ses performances pendant des millions de tours de roue.

Afin de vous permettre d'exploiter au mieux toutes les qualités de vos pneumatiques, nous vous proposons de lire attentivement les informations et les conseils qui suivent.

le pneu est le seul point de liaison de la voiture avec le sol

Comment lit-on un pneu ?

Bib repérant l'emplacement de l'indicateur d'usure.

Nom de la gamme.

Pneu MXT.

Marque enregistrée.

Largeur du pneu : en mm.

Rapport d'aspect : hauteur sur section : H/S = 0,70.

Structure : R (radial).

Diamètre intérieur : 13 pouces (Correspondant à celui de la jante).

Indice de charge : 82 = 475 kg.

Code de vitesse : T = 190 km/h.

Pneu sans chambre (Tubeless).

Nom du fabricant.

Codes de vitesse maximum :

Q	160 km/h	VR	supérieur à 210 km/h
R	170 km/h	V	240 km/h
S	180 km/h	W	270 km/h
T	190 km/h	Y	300 km/h
H	210 km/h	ZR	supérieur à 240 km/h (dans la dimension)

Pourquoi vérifier la pression de vos pneus ?

Pour exploiter au mieux leurs performances et assurer votre sécurité.

Contrôlez la pression de vos pneus, sans oublier la roue de secours, dans de bonnes conditions :

Un pneu perd régulièrement de la pression. Les pneus doivent être contrôlés, une fois toutes les 2 semaines, à froid, c'est-à-dire une heure au moins après l'arrêt de la voiture ou après avoir parcouru 2 à 3 kilomètres à faible allure.

En roulage, la pression augmente ; ne dégonflez donc jamais un pneu qui vient de rouler : considérez que, pour être correcte, sa pression doit être au moins supérieure de 0,3 bar à celle préconisée à froid.

Le surgonflage : si vous devez effectuer un long trajet à vitesse soutenue, ou si la charge de votre voiture est particulièrement importante, il est généralement conseillé de majorer la pression de vos pneus. Attention : l'écart de pression avant-arrière nécessaire à l'équilibre du véhicule doit être impérativement respecté. Consultez les tableaux de gonflage Michelin chez tous les professionnels de l'automobile et chez les spécialistes du pneu, et n'hésitez pas à leur demander conseil.

Le sous-gonflage : lorsque la pression de gonflage est insuffisante, les flancs du pneu travaillent anormalement, ce qui entraîne une fatigue excessive de la carcasse, une élévation de température et une usure anor- 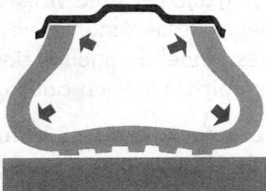 male. Le pneu subit alors des dommages irréversibles qui peuvent entraîner sa destruction immédiate ou future. En cas de perte de pression, il est impératif de consulter un spécialiste qui en recherchera la cause et jugera de la réparation éventuelle à effectuer.

Le bouchon de valve : en apparence, il s'agit d'un détail ; c'est pourtant un élément essentiel de l'étanchéité. Aussi, n'oubliez pas de le remettre en place après vérification de la pression, en vous assurant de sa parfaite propreté.

Voiture tractant caravane, bateau... Dans ce cas particulier, il ne faut jamais oublier que le poids de la remorque accroît la charge du véhicule. Il est donc nécessaire d'augmenter la pression des pneus arrière de votre voiture, en vous conformant aux indications des tableaux de gonflage Michelin. Pour de plus amples renseignements, demandez conseil à votre revendeur de pneumatiques, c'est un véritable spécialiste.

Vérifiez la pression de vos pneus régulièrement et avant chaque voyage.

Comment faire durer vos pneus ?

Afin de préserver longtemps les qualités de vos pneus, il est impératif de les faire contrôler régulièrement, et avant chaque grand voyage. Il faut savoir que la durée de vie d'un pneu peut varier dans un rapport de 1 à 4, et parfois plus, selon son entretien, l'état du véhicule, le style de conduite et l'état des routes ! L'ensemble roue-pneumatique doit être parfaitement équilibré pour éviter les vibrations qui peuvent apparaître à partir d'une certaine vitesse. Pour supprimer ces vibrations et leurs désagréments, vous confierez l'équilibrage à un professionnel du pneumatique car cette opération nécessite un savoir-faire et un outillage très spécialisé.

Les facteurs qui influent sur l'usure et la durée de vie de vos pneumatiques :
les caractéristiques du véhicule (poids, puissance...), le profil des routes (rectilignes, sinueuses), le revêtement (granulométrie : sol lisse ou rugueux), l'état mécanique du véhicule (réglage des trains avant, arrière, état des suspensions et des freins...), le style de conduite (accélérations, freinages, vitesse de passage en courbe...), la vitesse (en ligne droite à 120 km/h un pneu s'use deux fois plus vite qu'à 70 km/h), la pression des pneumatiques (si elle est incorrecte, les pneus s'useront beaucoup plus vite et de manière irrégulière).

D'autres événements de nature accidentelle (chocs contre trottoirs, nids de poule...), en plus du risque de déréglage et de détérioration de certains éléments du véhicule, peuvent provoquer des dommages internes au pneumatique dont les conséquences ne se manifesteront parfois que bien plus tard. Un contrôle régulier de vos pneus vous permettra donc de détecter puis de corriger rapidement les anomalies (usure anormale, perte de pression...). A la moindre alerte, adressez-vous immédiatement à un revendeur spécialiste qui interviendra pour préserver les qualités de vos pneus, votre confort et votre sécurité.

Surveillez l'usure de vos pneumatiques :
comment ? Tout simplement en observant la profondeur de la sculpture. C'est un facteur de sécurité, en particulier sur sol mouillé. Tous les pneus possèdent des indicateurs d'usure de 1,6 mm d'épaisseur. Ces indicateurs sont repérés par un Bibendum situé aux « épaules » des pneus Michelin. Un examen visuel suffit pour connaître le niveau d'usure de vos pneumatiques. Attention : même si vos pneus n'ont pas encore atteint la limite d'usure légale (en France, la profondeur restante de la sculpture doit être supérieure à 1,6 mm sur l'ensemble de la bande de roulement), leur capacité à évacuer l'eau aura naturellement diminué avec l'usure.

*Les chocs contre
les trottoirs, les nids de
poule… peuvent
endommager
gravement vos pneus.*

Comment choisir vos pneus ?

Le type de pneumatique qui équipe d'origine votre véhicule a été déterminé pour optimiser ses performances. Il vous est cependant possible d'effectuer un autre choix en fonction de votre style de conduite, des conditions climatiques, de la nature des routes et des trajets effectués.

Dans tous les cas, il est indispensable de consulter un spécialiste du pneumatique, car lui seul pourra vous aider à trouver la solution la mieux adaptée à votre utilisation dans le respect de la législation.

Montage, démontage, équilibrage du pneu ; c'est l'affaire d'un professionnel :
un mauvais montage ou démontage du pneu peut le détériorer et mettre en cause votre sécurité.

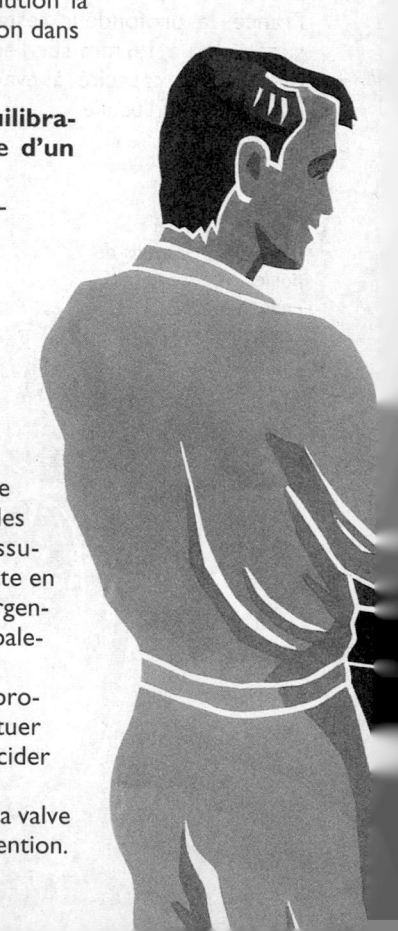

Sauf cas particulier et exception faite de l'utilisation provisoire de la roue de secours, les pneus montés sur un essieu donné doivent être identiques. Il est conseillé de monter les pneus neufs ou les moins usés à l'arrière pour assurer la meilleure tenue de route en situation difficile (freinage d'urgence ou courbe serrée) principalement sur chaussée glissante.

En cas de crevaison, seul un professionnel du pneu saura effectuer les examens nécessaires et décider de son éventuelle réparation.

Il est recommandé de changer la valve ou la chambre à chaque intervention.

Il est déconseillé de monter une chambre à air dans un ensemble tubeless.

L'utilisation de pneus cloutés est strictement réglementée ; il est important de s'informer avant de les faire monter.

Attention : la capacité de vitesse des pneumatiques Hiver « M+S » peut être inférieure à celle des pneus d'origine. Dans ce cas, la vitesse de roulage devra être adaptée à cette limite inférieure. Une étiquette de rappel de cette vitesse sera apposée à l'intérieur du véhicule à un endroit aisément visible du conducteur.

MICHELIN

Les clefs du succès de Michelin : sa passion pour le progrès et l'innovation

« Battre aujourd'hui le pneu de demain », c'est ce qui permet à Michelin d'être toujours à la pointe de l'innovation pour être toujours plus proche de ses clients.

Dernier fruit des recherches de Michelin : le nouveau Michelin Energy.

Pour répondre à une des attentes principales de ses clients - la Sécurité - Michelin a notamment fait évoluer sa gamme de pneumatiques Energy.

Le nouveau Michelin Energy est le pneu Eté qui peut être utilisé dans des conditions hivernales (sols gras, mouillés, enneigés en plaine) en conservant des qualités d'adhérance et de comportement exceptionnelles.

Grâce à une faible résistance au roulement, donc une moindre consommation d'énergie, le nouveau Michelin Energy contribue également à un meilleur respect de l'environnement.

Michelin, n°1 en technologie, est également devenu le compagnon indispensable pour les voyages :

Michelin propose aujourd'hui pas moins de 250 cartes, atlas et plans de ville en 19 langues, ainsi que 13 guides rouges couvrant les pays européens et 150 guides verts pour toutes les destinations dans 8 langues d'édition.

Qui peut encore passer à côté d'une curiosité touristique ou d'une bonne adresse ?

Pour le bon déroulement de votre voyage, Michelin vous offre également plusieurs services sur Minitel : 3615 - 3617 ou encore 3623 Michelin.

En indiquant vos lieux de départ et d'arrivée, votre route est toute tracée : temps de parcours, distances, routes à suivre, villes traversées ou contournées...

Le Groupe Michelin en bref :

- 115 000 personnes à travers le monde.
- Une présence commerciale dans 170 pays.
- 73 usines implantées dans 16 pays - Europe, Amérique du Nord/Sud, Afrique et Asie.
- 5 centres de recherche et 5 centres d'essais.
- 6 plantations d'hévéas au Brésil et au Nigéria.

Le pneumatique, le seul lien entre le véhicule et la surface du sol, est un produit composite de haute technologie.

Renseignements utiles

• Pour préparer votre voyage :

pour vos itinéraires routiers en France et en Europe :

3615 ou 3616 Michelin (1,29F/mn)

Vous trouverez : itinéraires détaillés, distances, coûts des péages, temps de parcours.

Mais aussi : hôtels-restaurants, curiosités touristiques, renseignements pneumatiques.

3617 Michelin (5,57 F/mn)

Vous recevez sur télécopieur l'information détaillée concernant votre itinéraire.

• Vos pneumatiques :

vous avez des observations, vous souhaitez des précisions concernant l'utilisation de vos pneumatiques Michelin, écrivez-nous à :

Manufacture Française des Pneumatiques Michelin
Boîte Postale Consommateurs
63040 Clermont Ferrand Cedex

ou téléphonez-nous à :

Ajaccio	04 95 20 30 55	Montpellier	04 67 79 50 79
Amiens	03 22 92 47 28	Nancy	03 83 21 83 21
Angers	02 41 43 65 52	Nantes	02 40 92 52 10
Annecy	04 50 51 59 70	Nice	04 93 31 66 09
Arras	03 21 71 12 08	Niort	05 49 33 00 42
Aurillac	04 71 64 90 33	Orléans	02 38 88 02 20
Avignon	04 90 88 11 10	Pau	05 59 32 56 33
Bayonne	05 59 55 13 73	Périgueux	05 53 03 98 13
Besançon	03 81 80 24 53	Perpignan	04 68 54 53 10
Bordeaux	05 56 39 94 95	Reims	03 26 09 19 32
Bourg	04 74 45 24 24	Rennes	02 99 50 72 00
Brest	02 98 47 31 31	Rodez	05 65 42 17 88
Caen	02 31 26 68 19	Rouen	02 35 73 63 73
Clermont-Ferrand	04 73 91 29 31	Saint-Etienne	04 77 74 22 88
Dijon	03 80 59 95 40	Strasbourg	03 88 39 39 40
Grenoble	04 76 98 51 54	Toulouse	05 61 41 11 54
Le Havre	02 35 25 22 20	Tours	02 47 28 60 59
Lille	03 20 98 40 48		
Limoges	05 55 05 18 18	**Région parisienne**	
Lorient	02 97 76 03 60	Aubervilliers	01 48 11 49 10
Lyon	04 72 48 10 40	Buc	01 39 20 51 10
Marseille	04 91 61 55 10	Maisons-Alfort	01 45 17 69 10
Montélimar	04 75 01 80 91	Nanterre	01 41 91 58 10

NOUVELLE GAMME

MICHELIN ENERGY

PLUS D'ADHERENCE SUR SOLS GLISSANTS
FROIDS - MOUILLES

XT1 (Code T)

XT1 (Code T)

XT2 (Code T)

XH1 (Code H)

PRINCIPALES INNOVATIONS

Asymétrie des sculptures et nouveaux principes de lamelles **pour** :
- améliorer la **précision de conduite** sur tous types de routes,
- augmenter l'**adhérence** sur sols glissants,
- apporter une **polyvalence d'utilisation** en permettant une mobilité accrue du véhicule en période hivernale,
- améliorer le **confort** acoustique.

Cette nouvelle gamme sera progressivement commercialisée courant 1997.

CONSULTEZ VOTRE SPECIALISTE PNEU POUR DAVANTAGE D'INFORMATIONS.

Pressions de gonflage des pneus MICHELIN

Ce tableau de gonflage ne prétend pas être exhaustif.
Pour plus d'informations, consultez votre Spécialiste Pneu.

Véhicules — Marques et Types		Equipements Pneumatiques		Utilisation Courante AV	AR	Autres Utilisation AV	AR
ALFA-ROMEO							
145 - 146							
145 1.7i 16 V	07/96->	185/60 R 14	MXV3 A ENERGY - CLASSIC H	2.2	2.0	2.2	2.0
146 1.7i 16 V	07/96->			2.2	2.0	2.4	2.3
145 1.9 TD (Turbo Diesel)	07/96->	175/65 R 14	MXT ENERGY - CLASSIC T2 T	2.3	2.1	2.3	2.1
		185/60 R 14	MXV3 A ENERGY - CLASSIC H				
145 2.0 TS Quadrifoglio	07/96->	195/55 R 15	HX MXV3 A - SX GT V	2.3	2.1	2.3	2.1
146 2.0 Ti	07/96->			2.3	2.1	2.5	2.3
146 1.9 TD (Turbo Diesel)	07/96->	175/65 R 14	MXT ENERGY - CLASSIC T2 T	2.3	2.1	2.5	2.3
		185/60 R 14	MXV3 A ENERGY - CLASSIC H				
155							
1.6i 16V Twin Spark	07/96->	185/60 R 14	MXV3 A ENERGY - CLASSIC H	2.2	2.0	2.5	2.5
1.8i 16V Twin Spark	07/96->	185/60 R 14	MXV3 A ENERGY - CLASSIC H	2.2	2.0	2.5	2.5
		195/60 R 14	HX MXV3 A V				
1.8i 16V Sport	07/96->	205/50 R 15	HX MXV3 A - SX GT V	2.5	2.3	2.8	2.5
2.0 16 V Twin Spark Sport	07/94->	205/45 ZR 16 Renf.	SX MXX3 W				
2.0i Turbo 16V Quadrifolio 4 (4x4)	07/96->	205/50 ZR 15	SX MXX3 W	2.5	2.3	2.8	2.5
		205/45 ZR 16 Renf.	SX MXX3 W				
2.5i V6	07/94->	205/50 R 15	HX MXV3 A - SX GT V	2.5	2.3	2.8	2.5
2.5 TD	07/94->	205/45 ZR 16 Renf.	SX MXX3 W				
164							
2.0i 16V Twin Spark	07/96->	195/65 R 15	HX MXV3 A V	2.2	2.0	2.5	2.5
2.5 TD (Turbo Diesel)	07/96->	195/65 R 15	HX MXV3 A V	2.2	2.0	2.5	2.5
		205/55 ZR 16	HX MXV3 A	2.5	2.3	2.8	2.8
3.0i V6 24V	07/96->	205/55 ZR 16	HX MXV3 A	2.5	2.3	2.8	2.8
3.0i V6 24V Quadrifolio 4 (4x4)	07/96->	205/55 ZR 16 Renf.	HX MXM	2.5	2.3	2.8	2.8
AUDI							
A3							
1.8i 20V	10/96->	195/65 R 15	HX MXV3 A V	1.9	1.9	2.2	2.7
		205/60 R 15	HX MXV3 A V				
		205/55 R 16	HX MXM W				
1.9 TDi	10/96->	195/65 R 15	XT2 ENERGY T	1.9	1.9	2.2	2.7
		205/60 R 15	HX MXV3 A V				
		205/55 R 16	HX MXM W				
A4 - A4 Avant (Berline & Break)							
1.6i - 1.8i 20V & Quattro	09/94->	195/65 R 15	HX MXV3 A V	2.0	2.0	2.3	2.6
		205/60 R 15	HX MXV3 A V				
		205/55 R 16	HX MXM W	2.2	2.2	2.3	2.6
1.8i Turbo 20V & Quattro	01/96->	195/65 R 15	HX MXV3 A V	2.2	2.2	2.8	2.9
2.6i V6 & Quattro		205/60 R 15	HX MXV3 A V				
2.8i V6 & Quattro		205/55 R 16	HX MXM W				
1.9 Tdi (110ch) Turbo diesel	01/96->	195/65 R 15	HX MXV3 A V	2.0	2.0	2.3	2.6
		205/60 R 15	HX MXV3 A V				
		205/55 R 16	HX MXM W	2.2	2.2	2.3	2.6
A6 - A6 Avant (Berline & Break)							
1.8 E 20V & Quattro	01/96->	195/65 R 15	HX MXV3 A V	2.3	2.3	2.7	2.8
		205/60 R 15	HX MXV3 A V				
		205/55 ZR 16	HX MXM W				
2.0i E	01/96->	195/65 R 15	MXT ENERGY T	1.9	1.9	2.2	2.5
		205/60 R 15	HX MXV3 A V				
		205/55 ZR 16	HX MXM W	2.2	2.2	2.2	2.5
2.5 TDi (115ch) Turbo diesel	01/96->	195/65 R 15	HX MXV3 A V	1.9	1.9	2.2	2.5
		205/60 R 15	HX MXV3 A V				
2.6i E V6 & Quattro	01/96->	195/65 R 15	HX MXV3 A V	2.3	2.3	2.7	2.8
2.8i E V6 & Quattro		205/60 R 15	HX MXV3 A V				
2.5 Tdi & Quattro 140ch Turbo diesel		205/55 ZR 16	HX MXM W				

Véhicules Marques et Types		Equipements Pneumatiques		Utilisation Courante AV	AR	Autres Utilisation AV	AR

AUDI (suite)

A6 - A6 Avant (Berline & Break) (suite)

Véhicules	Date	Pneu	Nom	UC AV	UC AR	AU AV	AU AR
S6 2.3i & Quattro S6 4.2i & Quattro	01/96->	225/50 ZR 16	SX MXX3	2.4	2.4	2.7	2.7

A8 (Berline)

2.8i V6 & Quattro	09/94->	225/60 R 16	CXKA V	2.0	2.0	2.5	2.5
2.8i V6 20V & Quattro	01/96->	225/55 R 17	HX MXM W				
3.7i - 4.2i V8 & Quattro	01/96->			2.2	2.2	2.9	2.9

80

1.9 TD - 1.9 TDi - 2.0	07/92->	195/65 R 15	MXT ENERGY T	2.0	2.0	2.3	2.6
2.0 Avant. - 1.9 TDi - 2.0E Avant	09/94->	205/60 R 15	HX MXV3 A V				
Quatro 2.0 E - 2.3 E	07/92->	195/65 R 15	HX MXV3 A V	2.0	2.0	2.3	2.6
Quatro 2.3 E Avant	09/94->	205/60 R 15	HX MXV3 A V				
Quatro S3 2.3i	07/92->	205/55 ZR 16	HX MXV3 A	2.3	2.3	2.7	2.8

Coupé

2.0 E - Quattro 2.3 E	07/92->	195/65 R 15	HX MXV3 A V	2.0	2.0	2.3	2.6
2.0i -2.3i-2.6i Cabrio - Quattro	09/94->	205/60 R 15	HX MXV3 A V				
2.6 E - Quattro - Cabrio	(7/92 à 5/93)	195/65 R 15	HX MXV3 A V	2.2	2.2	2.4	2.7
2.8 E - Quattro - 2.8i Cabrio	09/94->	205/60 R 15	HX MXV3 A V				
2.6i E V6	01/96->	205/60 R 15	HX MXV3 A V	2.2	2.2	2.4	2.7
2.8i E V6 & Quattro		205/55 R 16	HX MXV3 A V	2.4	2.4	2.8	2.9
1.9 Tdi (90ch) Turbo diesel	01/96->	195/65 R 15	HX MXV3 A V	1.8	1.8	2.2	2.5
		205/60 R 15	HX MXV3 A V				

B.M.W.

Série 3 Berline & Coupé

3.16i -3.18i	04/94->	185/65 R 15	MXV3 A ENERGY H	2.0	2.3	2.3	2.8
		205/60 R 15	MXV3 A ENERGY H				
		225/55 R 15	HX MXM V	1.8	2.0	2.0	2.5
		225/50 ZR 16	HX MXM				
3.23i	08/95->	205/60 R 15	HX MXV3 A V	2.0	2.4	2.4	2.9
		225/55 R 15	HX MXM V				
		225/50 ZR 16	HX MXM				
3.23i Cabriolet	08/95->			2.0	2.2	2.4	2.9
3.28i	02/95->	205/60 R 15	HX MXV3A W	2.0	2.4	2.4	2.9
		225/50 ZR 16	HX MXM				
3.28i Cabriolet	02/95->			2.0	2.2	2.4	2.9
M3 (3.2i)	11/95->	AV : 225/45 ZR 17	SX MXX3	2.3	-	2.8	-
		AR : 245/40 ZR 17	SX MXX3	-	2.4	-	3.3
3.18 TDS	02/95->	185/65 R 15	MXT ENERGY - CLASSIC T	2.0	2.3	2.3	2.8
		205/60 R 15	MXV3 A ENERGY H				
		225/55 R 15	HX MXM V	1.8	2.0	2.0	2.5
		225/50 ZR 16	HX MXM				
3.25 TD	04/94->	185/65 R 15	MXV3 A ENERGY - CLASSIC H	2.0	2.4	2.5	3.0
		205/60 R 15	MXV3 A ENERGY H				
		225/55 R 15	HX MXM V	1.8	2.1	2.1	2.6
		225/50 ZR 16	HX MXM				

Série 3 Compact

3.16i	04/94->	185/65 R 15	MXV3 A ENERGY - CLASSIC H	1.8	2.2	2.2	2.7
		205/60 R 15	MXV3 A ENERGY H	1.8	2.0	2.0	2.4
3.18 Ti	04/94->	205/60 R 15	HX MXV3 A V	1.8	2.0	2.0	2.5
3.18 TDS Compact	08/95->	185/65 R 15	MXT ENERGY - CLASSIC T	1.8	2.2	2.2	2.7
		205/60 R 15	MXV3 A ENERGY H	1.8	2.0	2.0	2.4

Série Z3 Roadster

1.8i	08/95->	205/60 R 15	MXV3 A ENERGY H	2.0	2.0	2.0	2.0
		225/50 ZR 16	HX MXM				
		225/45 ZR 17	SX MXX3				
1.9i - iA	08/95->	205/60 R 15	HX MXV3A W	2.0	2.0	2.0	2.0
		225/50 ZR 16	HX MXM				
		225/45 ZR 17	SX MXX3				

Véhicules - Marques et Types		Equipements Pneumatiques		Utilisation Courante AV	Utilisation Courante AR	Autres Utilisation AV	Autres Utilisation AR
B.M.W. (suite)							
Série 5							
5.20i - 5.23i- 5.25 Tds (Turbo diesel)	11/95->	205/65 R 15 HX MXV3 A	V	1.9	2.3	2.3	2.8
		225/60 R 15 HX MXM	V				
		225/55 R 16 HX MXM	V				
5.28i	11/95->	225/60 R 15 HX MXM	W	1.9	2.3	2.3	2.8
		225/55 R 16 HX MXM	W				
5.35i	03/96->	225/60 R 15 HX MXM		2.2	2.5	2.5	3.1
		225/55 R 16 HX MXM					
5.40i	03/96->	225/55 R 16 HX MXM		2.3	2.6	2.6	3.2
		235/45 ZR 17 SX MXX3		2.5	2.8	2.8	3.4
5.25 TDS	02/95->	205/65 R 15 HX MXV3 A	V	2.0	2.1	2.2	2.7
		225/55 H 16 CX KA	V				
		AV : 235/45 ZR 17 SX MXX3		2.0	-	2.2	-
		AR : 255/40 ZR 17 SX MXX3		-	2.1	-	2.7
5.18i - 5.25TD	02/95->	195/65 R 15 MXV3 A ENERGY - CLASSIC	H	2.0	2.3	2.4	2.9
		205/65 R 15 MXV3 A ENERGY	H	2.0	2.1	2.2	2.7
M 5							
3.8i	10/93->	AV : 235/45 ZR 17 SX MXX3		2.7	-	3.0	-
		AR : 255/40 ZR 17 SX MXX3		-	2.9	-	3.5
Série 7							
7.25 Tds (Turbo diesel)	03/96->	215/65 R 16 CX KA	V	2.0	2.3	2.3	2.8
7.28i	08/95->	235/60 R 16 CX KA	W				
7.28iAL		245/55 R 16 HX MXM	W				
7.30i (V8)	07/94->	215/65 R 16 CX KA	W	2.0	2.2	2.3	2.7
7.30i AL((V8)	08/95->	235/60 R 16 CX KA	W				
		245/55 R 16 HX MXM	W				
7.35i V8 - 7.35i AL V8	03/96->	235/60 R 16 CX KA	W	2.1	2.4	2.5	3.0
7.40i V8 - 7.40i AL V8		245/55 R 16 HX MXM	W				
		235/50 ZR 18 SX MXX3		2.3	2.6	2.7	3.2
		AV : 235/50 ZR 18 SX MXX3		2.3	-	2.7	-
		AR : 255/45 ZR 18 SX MXX3		-	2.4	-	3.0
7.40i (V8)	02/95->	215/65 R 16 CX KA	W	2.3	2.5	2.5	3.0
		235/60 R 16 CX KA	W	2.1	2.3	2.3	2.8
		245/55 R 16 HX MXM	W				
		AV : 235/50 ZR 18 SX MXX3		2.3	-	2.5	-
		AR : 255/45 ZR 18 SX MXX3		-	2.3	-	2.8
7.40i (V8)	08/95->	215/65 R 16 CX KA	W	2.3	2.6	2.7	3.2
7.40iAL (V8)		235/60 R 16 CX KA	W	2.1	2.4	2.5	3.0
		245/55 R 16 HX MXM	W				
		AV : 235/50 ZR 18 SX MXX3		2.3	-	2.7	-
		AR : 255/45 ZR 18 SX MXX3		-	2.4	-	3.0
7.50i A (V12)	08/95->	235/60 R 16 CX KA	W	2.2	2.6	2.5	3.0
7.50i AL (V12)		245/55 R 16 HX MXM	W				
		AV : 235/50 ZR 18 SX MXX3		2.4	-	2.7	-
		AR : 255/45 ZR 18 SX MXX3		-	2.6	-	3.0
Série 8							
8.40 Ci - 8.50 CiA	10/93->	235/50 R 16 HX MXM	W	2.5	2.5	2.6	3.0
		235/45 ZR 17 SX MXX3		2.7	2.7	2.8	3.2
		AV : 235/45 ZR 17 SX MXX3		2.7	-	2.8	-
		AR : 265/40 ZR 17 SX MXX3		-	2.5	-	2.8
850 CSi	(10/92 à 09/93)	AV : 235/45 ZR 17 SX MXX3		2.7	-	3.0	-
		AR : 265/40 ZR 17 SX MXX3		-	2.5	-	3.1
850 CSi	10/93->	AV : 235/45 ZR 17 SX MXX3		2.9	-	3.2	-
		AR : 265/40 ZR 17 SX MXX3		-	2.9	-	3.5
CHRYSLER							
Stratus LX	1995->	185/65 R 15 HX MXV3 A	V	2.2	2.2	2.2	2.2
Vision	07/93->	P225/60 R 16 XGTV4-HX MXM	V	2.4	2.4	2.4	2.4
Voyager tous modèles	(01/90 à1995)	P 205/70 R 15 XZ4 - XGT4	S	2.4	2.6	2.4	2.6
		205/70 R 15 4x4 H/W XRH	T				

Véhicules — Marques et Types		Equipements Pneumatiques		Utilisation Courante AV	AR	Autres Utilisation AV	AR

Pressions (bar)*

Véhicules / Marques et Types		Equipements Pneumatiques		Util. Courante AV	AR	Autres Util. AV	AR
CHRYSLER (suite)							
Grand Voyager tous modèles 4x2 & 4x4 Essence et Diesel	1996->	205/70 R 15 4x4 H/W	XRH T	2.5	2.5	2.5	2.5
		215/65 R 15	MXV3 A Reinf. H				
Voyager 3.3i V6 LX	1996->	P 215/65 R 16	MX4 T	2.5	2.5	2.5	2.5
		215/65 R 16	CX KA V				
CITROEN							
EVASION							
2.0i X	07/96->	195/65 R 15	MXT ENERGY T	2.3	2.3	2.5	2.5
2.0i SX	07/96->	205/65 R 15	MXT T	2.3	2.3	2.4	2.5
2.0i Turbo CT SX - VSX - Captain - Chair	07/96->	205/65 R 15	MXV3 A ENERGY H	2.3	2.3	2.4	2.5
1.9 Turbo Diesel X - SX	07/96->	205/65 R 15	MXT T	2.3	2.3	2.4	2.5
2.0 Turbo diesel X - SX - VSX - Captain	07/96->	205/65 R 15	MXV3 A ENERGY H	2.3	2.3	2.4	2.5
SAXO							
1.6i SX - VSX - VTL	02/96->	165/65 R 14	MXV3A ENERGY H	2.2	2.0	2.2	2.0
1.6i VTL	02/96->	165/65 R 14	MXV3A ENERGY H	2.2	2.0	2.2	2.0
1.6i VTR	02/96->	185/55 R 14	SX GT H	2.5	2.2	2.5	2.2
1.6i 16V VTS	05/96->	185/55 R 14	SX GT H	2.5	2.2	2.5	2.2
1.5 Diesel X - SX - VSX	05/96->	165/70 R 13	MXT ENERGY - CLASSIC T	2.2	2.0	2.2	2.0
XANTIA							
1.8i SX - X (7cv-9cv)	05/93->	175/70 R 14	MXT ENERGY - CLASSIC T	2.3	2.1	2.3	2.1
1.8i Autom. SX	07/95->	185/65 R 14	MXV3 A ENERGY - CLASSIC H				
1.8i SX - X (7cv-9cv) 16 V	07/95->	185/65 R 14	MXV3 A ENERGY - CLASSIC H	2.3	2.1	2.3	2.1
2.0i Autom. SX - VSX	07/95->	185/65 R 15	MXV3 A ENERGY - CLASSIC H				
2.0i Autom. EXCLUSIVE	07/95->	185/65 R 15	HX MXV3 A V				
2.0i 16V SX - VSX	07/95->	185/65 R 15	HX MXV3 A V	2.3	2.1	2.3	2.1
2.0i 16V EXCLUSIVE	07/95->	185/65 R 15	HX MXV3 A V				
2.0i 16V ACTIVA	07/95->	205/55 R 15	SX GT V				
2.0 Turbo CT VSX	07/95->	205/60 R 15	HX MXV3 A V	2.4	2.2	2.4	2.2
2.0 Turbo CT ACTIVA	07/95->	205/60 R 15	SX GT W	2.5	2.3	2.5	2.3
1.9 Turbo Diesel X - SX	07/95->	185/65 R 14	MXV3 A ENERGY - CLASSIC H	2.3	2.1	2.3	2.1
2.1 Turbo Diesel SX - VSX- Exclusive	07/95->	205/60 R 15	MXV3 A ENERGY H	2.4	2.2	2.4	2.2
2.1 Turbo Diesel ACTIVA	07/95->	205/60 R 15	SX GT W	2.5	2.3	2.5	2.3
XM							
2.0i SX - VSX (10CV) / 2.0i SX (7CV)	07/94->	195/65 R 15	HX MXV3 A V	2.3	1.9	2.3	1.9
2.0i Turbo CT VSX Exclusive	07/94->	205/60 R 15	HX MXV3 A V	2.4	2.0	2.4	2.0
2.1 Diesel D 12 SX	07/94->	195/65 R 15	MXT ENERGY T				
2.1 Turbo Diesel D 12 : SX-VSX-Exclusive	07/94->	195/65 R 15	MXV3 A ENERGY - CLASSIC H	2.3	1.9	2.3	1.9
2.1 Turbo Diesel D 12 Autom.	07/94->	205/65 R 15	HX MXV3 A V				
2.5 L Turbo D - VSX Exclusive	07/94->	205/65 R 15	HX MXV3 A V				
3.0i V6 VSX - Exclusive	07/94->	205/60 R 15	HX MXV3 A V	2.4	2.0	2.4	2.0
3.0i V6 VSX - Exclusive Autom.	07/94->	205/60 R 15	HX MXV3 A V	2.3	1.9	2.3	1.9
3.0i V6 24V Exclusive	07/94->	205/60 ZR 15	HX MXV3 A	2.6	1.9	2.6	1.9
ZX							
1.6 Aura - Avantage - Fugue	07/92	175/65 R 14	MXT ENERGY - CLASSIC T	2.2	2.1	2.2	2.1
1.8 Aura - Furio	07/92	175/65 R 14	MXT ENERGY - CLASSIC T	2.2	2.1	2.2	2.1
1.8i Exclusive	07/94	185/60 R 14	MXV3 A ENERGY - CLASSIC H	2.2	2.2	2.2	2.2
2.0i Volcane	07/96	185/60 R 14	MXV3 A ENERGY - CLASSIC H	2.2	2.3	2.2	2.3
2.0i 16V (3 portes)	07/96	195/55 R 15	SX XGTV V	2.4	2.3	2.4	2.3
1.9 Diesel Aura - Avantage - Flash Fugue - Image - Volcane	07/94	175/65 R 14	MXT ENERGY - CLASSIC T	2.3	2.1	2.3	2.1
1.9 Turbo Diesel Exclusive - Aura	07/96	175/65 R 14	MXT ENERGY - CLASSIC T	2.4	2.2	2.4	2.2
1.9 Turbo Diesel Avantage - Aura - Exclusive	07/96	175/65 R 14	MXT ENERGY - CLASSIC T	2.4	2.2	2.4	2.2
1.9 Turbo Diesel Volcane	07/92	185/60 R 14	MXV3 A ENERGY - CLASSIC H	2.4	2.2	2.4	2.2
FERRARI							
348 GTB - GTS - Spider	09/94->	AV : 215/50 ZR 17	SX MXX3	2.4	-	2.4	-
		AR : 255/45 ZR 17	SX MXX3	-	2.6	-	2.6
512 TR	01/92->	AV : 235/40 ZR 18	SX MXX3	2.4	-	2.4	-
F 512 M	10/94->	AR : 295/35 ZR 18	SX MXX3	-	2.3	-	2.3

Véhicules – Marques et Types		Equipements Pneumatiques		Utilisation Courante AV	Utilisation Courante AR	Autres Utilisation AV	Autres Utilisation AR
FERRARI (suite)							
F 355	07/94->	AV : 225/40 ZR 18	SX MXX3	1.9	-	1.9	-
		AR : 265/40 ZR 18	SX MXX3 K1	-	2.1	-	2.1
F 550 Maranello	09/96->	AV : 235/45 ZR 18	SX MXX3	2.0	-	2.0	-
		AR : 295/35 ZR 18	SX MXX3	-	2.0	-	2.0
Mondial T	02/89->	AV : 205/55 ZR 16	SX MXX3	2.4	-	2.4	-
		AR : 225/55 ZR 16	SX MXX3	-	2.5	-	2.5
Testarossa	10/84->	AV : 225/50 ZR 16	SX MXX3	2.6	-	2.6	-
		AR : 255/50 ZR 16	SX MXX3	-	2.8	-	2.8
FIAT							
BARCHETTA							
1.8i 16 V	07/96->	195/55 R 15	HX MXV3 A - SX GT V	2.4	2.0	2.4	2.0
BRAVA							
1.6i 12V SX	09/95->	175/65 R 14	MXT ENERGY - CLASSIC T2 T	2.0	2.4	2.2	2.5
	07/96->			2.2	2.2	2.3	2.5
1.6i 12 V ELX	09/95->	185/60 R 14	MXV3 A ENERGY - CLASSIC H	2.0	2.4	2.2	2.5
	07/96->			2.2	2.2	2.3	2.5
1.8i 16V	09/95->	175/65 R 14	MXV3 A ENERGY H	2.0	2.4	2.3	2.5
	07/96->			2.2	2.2	2.3	2.5
1.8i 16V ELX	09/95->	185/60 R 14	MXV3 A ENERGY - CLASSIC H	2.0	2.4	2.3	2.5
	07/96->			2.2	2.2	2.3	2.5
1.9 Diesel DS - DSX	09/95->	175/65 R 14	MXT ENERGY - CLASSIC T2 T	2.0	2.4	2.2	2.5
	07/96->			2.3	2.2	2.3	2.5
BRAVO							
1.6i 12V	09/95->	185/60 R 14	MXV3 A ENERGY - CLASSIC H	2.0	2.4	2.2	2.5
	07/96->			2.2	2.2	2.3	2.5
1.8i 16V GT	09/95->	185/60 R 14	MXV3 A ENERGY - CLASSIC H	2.0	2.4	2.3	2.5
		195/50 R 15	SX GT V	2.1	2.4	2.3	2.5
1.8i 16V GT	07/96->	185/60 R 14	MXV3 A ENERGY - CLASSIC H	2.2	2.2	2.3	2.5
		195/50 R 15	SX GT V				
2.0i 20V HGT	09/95->	195/55 R 15	HX MXV3 A - SX GT V	2.3	2.5	2.4	2.6
		205/50 R 15	HX MXV3 A - SX GT V				
2.0i 20V HGT	07/96->	195/55 R 15	HX MXV3 A - SX GT V	2.5	2.2	2.7	2.4
		205/50 R 15	HX MXV3 A - SX GT V				
1.9 Diesel DS - DSX	09/95->	175/65 R 14	MXT ENERGY - CLASSIC T2 T	2.0	2.4	2.2	2.5
1.9 Diesel DS - DSX	07/96->			2.3	2.2	2.3	2.5
CROMA							
2.0ie Automatique	12/92->	195/60 R 15	MXV3 A ENERGY - CLASSIC H	2.2	2.2	2.3	2.3
2.0ie Automatique 16 V		205/55 R 15	MXV3 A H				
2.0ie Turbo	12/92->	205/55 R 15	HX MXV3 A V	2.2	2.2	2.3	2.3
2.5 TD	12/92->	195/60 R 15	MXV3 A ENERGY - CLASSIC H	2.2	2.2	2.3	2.3
1.9 TD id		205/55 R 15	MXV3 A H				
MAREA (Berline)							
1.6i 16V ELX	09/96->	185/65 R 14	MXV3 A ENERGY - CLASSIC H	2.1	2.3	2.2	2.5
1.8i 16V ELX		195/55 R 15	HX MXV3 A - SX GT V				
100 ELX (1.9 Turbo diesel)	09/96->	185/65 R 14	MXV3 A ENERGY - CLASSIC H	2.1	2.3	2.2	2.5
		195/55 R 15	HX MXV3 A - SX GT V				
PUNTO							
TD S - SX (1.7 Turbo diesel)	09/93->	165/65 R 14	MXT ENERGY T	2.4	2.0	2.4	2.2
90 SX (1.6i)	09/93->			2.1	2.0	2.2	2.2
1.4i GT	09/95->	185/55 R 14	MXV3 A ENERGY H	2.4	2.0	2.4	2.2
TEMPRA							
1.8 - 2.0	05/93->	185/60 R 14	MXV3 A ENERGY- CLASSIC H				
1.9 D - 1.9 TD	05/93->	175/65 R 14	MXT ENERGY - CLASSIC T2 T	2.2	2.2	2.4	2.4
		185/60 R 14	MXV3 A ENERGY- CLASSIC H				
TIPO							
1.6 Sélecta	05/93->	165/65 R 14	MXT ENERGY T	2.0	1.9	2.0	2.2
		175/65 R 14	MXT ENERGY - CLASSIC T2 T				
1.9 D	05/93->	165/65 R 14	MXT ENERGY T	2.2	2.0	2.2	2.2

Véhicules Marques et Types		Equipements Pneumatiques		Utilisation Courante AV	Utilisation Courante AR	Autres Utilisation AV	Autres Utilisation AR

Pressions (bar)*

Véhicules — Marques et Types		Equipements Pneumatiques		AV	AR	AV	AR
FIAT (suite)							
TIPO (suite)							
1.8 - 1.9 T DS-Catalyseur - 2.0 Autom.	05/93->	185/60 R 14	MXV3 A ENERGY - CLASSIC H	2.2	2.2	2.4	2.4
ULYSSE							
2.0i	07/94->	195/65 R 15	MXT ENERGY T	2.3	2.3	2.5	2.5
		205/65 R 15	MXT T	2.3	2.3	2.4	2.5
2.1 Turbo Diesel	07/96->	205/65 R 15	MXV3 A ENERGY H	2.3	2.3	2.6	2.6
FORD							
ESCORT							
1.4i Ghia	02/96->	175/65 R 14	MXV3 A ENERGY H	2.2	1.8	2.5	3.1
		185/60 R 14	MXV3 A ENERGY - CLASSIC H				
		195/50 R 15	HX MXV3A V	2.4	2.2	2.5	3.1
1.4i - 1.8 D CL - CLX	02/96->	185/60 R 14	MXV3 A ENERGY - CLASSIC H	2.0	1.8	2.5	3.1
1.8 D Ghia	02/96->	185/60 R 14	MXV3 A ENERGY - CLASSIC H	2.2	1.8	2.5	3.1
1.8 TD CLX	01/95->	185/60 R 14	MXV3 A ENERGY - CLASSIC H	2.2	2.0	2.4	2.8
1.6i 16V Ghia - GT	01/95->	185/60 R 14	MXV3 A ENERGY - CLASSIC H	2.2	2.0	2.4	2.8
1.6i 16V Ghia	02/96->	185/60 R 14	MXV3 A ENERGY - CLASSIC H	2.2	1.9	2.5	3.1
1.8i 16V CL - CLX - GLX - Ghia	02/96->	195/50 R 15	HX MXV3A V	2.4	2.2	2.5	3.1
1.8i 16V (105ch) XR3i 16V - Cabrio GLX	02/96->	185/60 R 14	MXV3 A ENERGY - CLASSIC H	2.2	1.8	2.5	3.1
1.8i 16V (130ch) XR3i 16V - Cabrio GLX	02/96->	185/60 R 14	MXV3 A ENERGY - CLASSIC H	2.3	1.9	2.5	3.1
1.8 Diesel CL - CLX GLX	01/95->	175/70 R 13	MXT ENERGY - CLASSIC T	2.2	2.0	2.4	2.8
		185/60 R 14	MXV3 A ENERGY - CLASSIC H				
1.8 Diesel GHIA 1.8 Turbo Diesel CLX-GLX-GT-GHIA	01/95->	175/65 R 14	MXV3 A ENERGY H	2.2	2.0	2.4	2.8
		185/60 R 14	MXV3 A ENERGY - CLASSIC H				
1.8 Turbo Diesel CLX - GLX - GT	02/96->	185/60 R 14	MXV3 A ENERGY - CLASSIC H	2.2	2.0	2.4	2.8
FIESTA							
1.4i 16V Ghia	02/96->	165/70 R 13	MXT ENERGY - CLASSIC T	2.2	1.8	2.5	2.8
1.8 Diesel "Studio" - Ghia	02/96->	165/70 R 13	MXT ENERGY - CLASSIC T	2.4	1.8	2.5	2.8
Futura 1.4i	03/94->	185/55 R 14	MXV3A ENERGY H	2.1	1.8	2.3	2.8
Futura 16V 1.6i	03/94->		SX GT	2.1	2.1	2.4	2.4
MONDEO							
1.8i 16V Saphir	02/96->	195/60 R 15	HX MXV3 A V	2.1	2.1	2.4	2.8
		205/55 R 15	HX MXV3 A V				
		205/50 ZR 16	HX MXM				
2.0i 16V Si	07/94->	205/55 R 15	HX MXV3 A V	2.1	2.1	2.4	2.8
		205/50 ZR 16	HX MXM W				
1.8 Turbo Diesel "Saphir"	07/95->	195/60 R 15	MXV3 A ENERGY - CLASSIC H	2.1	2.1	2.4	2.8
		205/55 R 15	HX MXV3 A V				
1.8 Turbo Diesel "Saphir"	02/96->	195/60 R 15	HX MXV3 A V	2.1	2.1	2.4	2.8
		205/55 R 15	HX MXV3 A V				
1.8 Turbo Diesel CLX - GLX - Ghia	02/96->	195/60 R 14	MXV3 A ENERGY - CLASSIC H	2.1	2.1	2.4	2.8
		205/55 R 15	HX MXV3 A V				
PROBE (Coupé)							
2.0i 16V	02/96->	205/55 R 15	HX MXV3 A V	2.2	1.8	2.2	1.8
2.5i V6 24V	02/96->	225/50 R 16	SX XGTV V	2.2	1.8	2.2	1.8
SCORPIO							
2.5 TD CLX-GLX	01/93->	185/70 R 14	MXT ENERGY T	1.8	1.8	2.1	3.1
		195/65 R 15	MXV3 A ENERGY- CLASSIC H				
2.0i 16 V (136ch) CLX - GLX - GHIA 2.0i (115ch) CLX-GLX-GHIA-2.5 Turbo Diesel	10/94->	195/65 R 15	HX MXV3 A V	2.0	2.0	2.3	3.1
		205/60 R 15	HX MXV3 A V				
HONDA							
ACCORD							
2.0i coupé	07/92->	195/60 R 15	HX MXV3 A V	2.2	2.1	2.7	2.6
2.0i (LS)	07/92->	185/70 R 14	MXV3 A ENERGY H	2.2	2.1	2.6	2.5
2.0i (LS/ES)	07/92->	185/65 R 15	MXV3 A ENERGY H	2.2	2.1	2.6	2.5
2.3i SR	07/92->	195/60 R 15	HX MXV3 A V	2.3	2.2	2.9	2.8

Véhicules Marques et Types		Equipements Pneumatiques		Utilisation Courante AV	Utilisation Courante AR	Autres Utilisation AV	Autres Utilisation AR
HONDA (suite)							
CIVIC							
1.6 (125 Ch) 3P	07/92->	185/60 R 14	MXV3 A ENERGY - CLASSIC H	2.2	2.2	2.3	2.3
1.6 (125 Ch) 4P	07/92->			2.2	2.2	2.4	2.4
1.6 (160 Ch) 3P	07/92->	195/55 R 15	HX MXV3 A - SX GT V	2.4	2.3	2.4	2.5
1.6 (160 Ch) 4P	07/92->			2.4	2.3	2.5	2.4
CONCERTO							
SX 1.6i 16S		185/60 R 14	MXV3 A ENERGY - CLASSIC H	1.9	1.8	2.1	2.0
1.6i - 1.6is	07/92->	175/65 R 14	MXV3 A ENERGY H	2.0	1.9	2.3	2.4
1.6i 16	07/92->	185/60 R 14	MXV3 A ENERGY - CLASSIC H	2.0	1.9	2.4	2.3
LEGEND							
3.2	07/92->	205/65 ZR 15	HX MXV3 A	2.5	2.4	2.6	3.0
coupé 3.2	07/92->			2.5	2.4	2.6	2.9
3.0 + Coupé	07/93->	215/55 ZR 16	HX MXV3 A	2.3	2.1	2.7	2.5
PRELUDE							
2.0 L	07/92->	195/65 R 14	MXV3 A ENERGY H	2.0	2.0	2.4	2.4
2.3 L	07/92->	205/55 R 15	HX MXV3 A V	2.2	2.2	2.8	2.8
HYUNDAI							
Lantra 1.5 GLi	10/92->	175/70 R 13	MXT ENERGY - CLASSIC T	2.0	2.0	2.0	2.0
1.6 GLSi - 1.8 GT 16S	10/92->	185/60 R 14	MXV3 A ENERGY - CLASSIC H	2.1	2.1	2.1	2.1
Sonatara 2.0 GLSi 16S	10/92->	195/70 R 14	MXV3 A ENERGY H				
JAGUAR							
Daimler							
4.0 Six	08/94->	225/60 ZR 16	HX MXM	1.7	1.9	2.2	2.3
6.0 V16 Double Six	08/94->	225/60 ZR 16	HX MXM	1.9	1.9	2.3	2.3
Sovereign							
3.2i - 4.0i	08/94->	225/60 ZR 16	HX MXM	1.7	1.9	2.2	2.3
XJ 6							
3.2i - "Exécutive"	08/94->	225/60 ZR 16	HX MXM	1.7	1.9	2.2	2.3
3.2i - 4.0i Sport	08/94->	225/55 ZR 16	HX MXM	1.7	1.9	2.2	2.3
XJ R							
4.0i Super Charged (Compresseur)	08/94->	255/45 ZR 17	SX MXX3	1.9	1.9	2.3	2.3
XJ S							
4.0i Cabriolet "Célébration"	08/94->	225/60 ZR 16	HX MXM	1.7	1.9	2.2	2.3
4.0i Coupé "Célébration"	08/94->	225/55 ZR 16	HX MXM	1.7	1.9	2.2	2.3
6.0i Cabriolet - Coupé	08/94->	225/55 ZR 16	HX MXM	1.9	1.9	2.3	2.3
LADA							
Samara tous modèles	1986->	165/70 R 13	MXT ENERGY - CLASSIC T	2.0	2.0	2.0	2.0
Essence et Diesel		175/70 R 13	MXT ENERGY - CLASSIC T	1.9	1.9	1.9	1.9
LANCIA							
DEDRA							
1.6ie M. Motronic-Jetronic	04/93->	175/65 R 14	MXT ENERGY - CLASSIC T2 T	2.0	2.0	2.2	2.2
1.6i	10/94->	185/60 R 14	MXV3 A ENERGY- CLASSIC H				
1.8i LX	02/96->	185/60 R 14	HX MXV3 A V	2.3	2.2	2.5	2.4
		195/50 R 15	HX MXV3 A V	2.4	2.2	2.7	2.4
1.9 TDS	10/94->	175/65 R 14	MXT ENERGY - CLASSIC T2 T	2.3	2.1	2.4	2.2
		185/60 R 14	MXV3 A ENERGY - CLASSIC H				
2.0 16 V	10/94->	185/60 R 14	HX MXV3 A V	2.3	2.2	2.5	2.4
DELTA							
1.6i HPE	02/96->	185/60 R 14	MXV3 A ENERGY - CLASSIC H	2.2	2.2	2.4	2.4
1.8i	02/96->						
1.8i HPE	02/96->	195/55 R 15	HX MXV3 A - SX GT V	2.4	2.2	2.4	2.4
2.0i Turbo HPE	02/96->	205/50 ZR 15	HX MXV3 A	2.5	2.3	2.7	2.5
1.9 Td HPE (Turbo Diesel)	02/96->	185/65 R 14	MXT ENERGY- CLASSIC T	2.2	2.1	2.2	2.1

Véhicules Marques et Types		Equipements Pneumatiques			Utilisation Courante AV	Utilisation Courante AR	Autres Utilisation AV	Autres Utilisation AR
LANCIA (suite)								
KAPPA								
2.0i Turbo	10/94->	205/60 R 15	HX MXV3 A	W	2.2	2.2	2.3	2.3
2.4i	10/94->	205/60 R 15	HX MXV3 A	V				
2.4 TD	10/94->	195/65 R 15	HX MXV3 A	V	2.2	2.2	2.3	2.3
		205/60 R 15	HX MXV3 A	V				
THEMA								
ie 2.0 - 16 V Autom.- Turbo DS		195/60 R 15	MXV3 A ENERGY - CLASSIC	H	2.2	2.2	2.3	2.3
Turbo 16V- 3.0 V6	05/94->	195/60 R 15	HX MXV3 A	V	2.2	2.2	2.3	2.3
ZETA								
2.0 Turbo	10/94->	205/65 R 15	MXV3 A ENERGY	H	2.3	2.3	2.4	2.5
MASERATI								
Ghibli GT	04/95->	AV : 215/45 ZR 17	SX MXX3		2.1	-	2.3	-
		AR : 245/40 ZR 17	SX MXX3		-	2.1	-	2.3
Ghibli S	04/95->	AV : 215/45 ZR 17	SX MXX3		2.3	-	2.3	-
Ghibli 2.0 -2.8	07/96->	AR : 245/40 ZR 17	SX MXX3		-	2.3	-	2.3
Quattroporte 2.0 V6	07/96->	AV : 205/55 ZR 16	SX MXX3		2.3	-	2.5	-
Quattroporte 2.8 V6		AR : 225/50 ZR 16	SX MXX3		-	2.5	-	2.7
Quattroporte 3.2 V8	07/96->	AV : 225/45 ZR 17	SX MXX3		2.3	-	2.5	-
		AR : 245/40 ZR 17	SX MXX3		-	2.5	-	2.7
Shamal	07/94->	AV : 225/45 ZR 16	SX MXX3		2.3	-	2.6	-
		AR : 245/45 ZR 16	SX MXX3		-	2.6	-	2.8
MAZDA								
323 Astina								
2.0i V6 24 V GT	06/94->	195/60 R 15	HX MXV3 A	V	2.2	2.1	2.2	2.1
		205/50 ZR 16	HX MXM	W				
323 Sportiva								
1.5i LSX - GSX	06/94->	175/70 R 13	MXV3 A	H	2.1	2.1	2.1	2.1
626								
1.8i LXi-GLXi	02/93->	195/65 R 14	MXV3 A ENERGY	H	2.2	1.8	2.5	2.9
2.0i LXi - GLXi	10/92->							
2.0 Diesel Comprex LX - GLX	10/92->	195/65 R 14	MXV3 A ENERGY	H	2.2	1.8	2.5	2.9
XEDOS 6								
1.6i 16V	01/95->	185/65 R 14	MXV3 A ENERGY - CLASSIC	H	2.0	2.0	2.4	2.8
2.0i V6 24V	04/92->	195/60 R 15	HX MXV3 A	V				
XEDOS 9								
2.0i V6 24 V	01/94->	205/65 R 15	HX MXV3 A	V	2.2	2.0	2.4	2.8
MERCEDES								
Classe C - Type 202 (Berline & Break)								
C 180 - C 180 T	09/95->	195/65 R 15	MXV3A ENERGY - CLASSIC	H	2.1	2.3	2.3	2.8
C 200 - C 200 T		205/60 R 15	MXV3A ENERGY-HXMXV3A	H/V				
		225/45 ZR 17	SX MXX3					
C 220	07/96->	195/65 R 15	MXV3A ENERGY - CLASSIC	H	2.1	2.3	2.3	2.8
		195/65 R 15	HX MXV3 A	V				
		205/60 R 15	MXV3A ENERGY-HXMXV3A	H/V				
		225/45 ZR 17	SX MXX3					
C 200 - C 230 Kompressor	07/96->	195/65 R 15	HX MXV3 A	V	2.1	2.3	2.3	2.8
C 220	09/95->	205/60 R 15	HX MXV3 A	V				
C 230 - C 230 T	07/96->	225/45 ZR 17	SX MXX3					
C 280 - C 280 T	07/96->							
C 36 AMG	09/95->	AV : 225/45 ZR 17	SX MXX3		2.1	-	2.3	-
		AR : 245/40 ZR 17	SX MXX3		-	2.3	-	2.8
C 200 Diesel	09/95->	195/65 R 15	MXT ENERGY	T	2.1	2.3	2.3	2.8
C 220 Diesel		205/60 R 15	MXV3A ENERGY-HXMXV3A	H/V				
C 220 Diesel T		225/45 ZR 17	SX MXX3					
C 250 Diesel	09/95->	195/65 R 15	MXV3A ENERGY - CLASSIC	H	2.1	2.3	2.3	2.8
C 250 Turbo Diesel		205/60 R 15	MXV3A ENERGY-HXMXV3A	H/V				
C 250 Turbo Diesel T		225/45 ZR 17	SX MXX3					

Véhicules Marques et Types		Equipements Pneumatiques		Pressions (bar)* Utilisation Courante AV	AR	Autres Utilisation AV	AR
MERCEDES (suite)							
Classe E - Type 210 (Berline)							
E 200	07/95->	195/65 R 15 215/55 R 16 235/40 ZR 18	MXV3A ENERGY - CLASSIC H MXV3 A ENERGY H SX MXX3 W	2.0	2.2	2.3	2.8
E 230	07/95->	195/65 R 15 215/55 R 16 235/40 ZR 18	HX MXV3 A V HX MXV3 A V/W SX MXX3 W	2.0	2.2	2.3	2.8
E 280 E 320	07/95->	215/55 R 16 235/40 ZR 18	HX MXV3 A W SX MXX3 W	2.2 2.0	2.4 2.2	2.4 2.3	3.1 2.8
E 420	07/95->	215/55 R 16 235/40 ZR 18	HX MXV3 A W SX MXX3 W	2.5 2.0	2.5 2.2	2.8 2.3	3.3 2.8
E 220 Diesel		195/65 R 15 215/55 R 16 235/40 ZR 18	MXT ENERGY T MXV3 A ENERGY H SX MXX3 W	2.0	2.2	2.3	2.8
E 250 Diesel	07/95->	195/65 R 15 215/55 R 16 235/40 ZR 18	MXV3A ENERGY - CLASSIC H MXV3 A ENERGY H SX MXX3 W	2.0	2.2	2.3	2.8
E 290 Turbo Diesel E 300 Diesel E 320 Turbo Diesel	07/95-> 07/95-> 07/96->	205/65 R 15 215/55 R 16 235/40 ZR 18	MXV3 A ENERGY H MXV3 A ENERGY H SX MXX3 W	2.0	2.2	2.3	2.8
Classe E - Type 124 (Cabriolet - Coupé)							
E 220 Cabriolet	06/95->	195/65 R 15 205/60 R 15	HX MXV3 A V HX MXV3 A	2.3	2.7	2.4	3.1
E 220 Coupé	06/95->	195/65 R 15 205/60 R 15	HX MXV3 A V HX MXV3 A	2.0	2.0	2.2	2.7
E 320 Coupé	06/95->	195/65 ZR 15 205/60 ZR 15	HX MXV3 A HX MXV3 A	2.4	2.5	2.5	3.2
Classe S - Type 140 (Berline)							
S 280 S 320	09/95->	235/60 ZR 16	HX MXM	2.4	2.5	2.5	3.0
S 420 V8	09/95->	235/60 ZR 16	HX MXM	2.4	2.5	2.5	3.0
Classe SL - Type 129							
SL 280	03/95->	225/55 ZR 16 AV : 235/45 ZR 17 AR : 245/45 ZR 17	HX MXM SX MXX3 SX MXX3	2.0 2.0 -	2.3 - 2.3	2.0 2.0 -	2.7 - 2.7
SL 280 - SL 320 Mile Miglia	03/95->	245/45 ZR 17	SX MXX3	2.0	2.3	2.0	2.7
SL 320	03/95->	225/55 ZR 16	SX MXX3	2.0	2.3	2.0	2.7
SL 500	03/95->	225/55 ZR 16	SX MXX3	2.1	2.3	2.1	2.8
Classe SLK - Type 170 (Roadster)							
SLK 200 Kompressor SLK 230 Kompressor	09/96->	AV : 205/55 R 16 AR : 225/50 R 16 AV : 225/45 ZR 17 AR : 245/40 ZR 17	HX MXM G1 V HX MXV3 A V SX MXX3 W SX MXX3 W	2.1 - 2.1 -	- 2.3 - 2.3	2.1 - 2.1 -	- 2.3 - 2.3
MITSUBISHI							
COLT							
1.3 GLi	1991->	155/80 R 13	MXT 80 ENERGY - CLASSIC T	2.1	2.1	2.1	2.3
1.6 GLXi	1991->	175/70 R 13	MXV3 A H	2.1	2.1	2.4	2.4
1.8 GTi	1991->	195/60 R 14	HX MXV3 A V	2.1	2.0	2.6	2.5
GALANT							
1.8 GLSi	1993->	185/70 R 14 195/60 R 15	MXV3 A ENERGY H HX MXV3 A V	2.2	2.0	2.3	2.1
2.0 Turbo diesel GLS	1993->	185/70 R 14 195/60 R 15	MXV3 A ENERGY H HX MXV3 A V				
2.5 V6 4 WD - 4 WS	1993->	205/60 R 15	HX MXV3 A V				

Véhicules — Marques et Types		Equipements Pneumatiques			Pressions (bar)* Utilisation Courante AV	AR	Autres Utilisation AV	AR
MITSUBISHI (suite)								
LANCER								
1.6 GLXi	1993->	175/70 R 13	MXV3 A	H	2.1	2.1	2.4	2.4
		175/65 R 14	MXV3 A ENERGY	H				
SPACE RUNNER								
1.8 GLXi	1991->	185/70 R 14	MXV3 A ENERGY	H	2.2	1.9	2.4	2.1
2.0 Turbo diesel GLX	1991->	185/70 R 14	MXV3 A ENERGY	H				
SPACE WAGON								
2.0 GLXi	1991->	185/70 R 14	MXV3 A ENERGY	H	2.2	2.0	2.3	2.4
2.0 Turbo diesel GLX	1991->	185/70 R 14	MXV3 A ENERGY	H				
NISSAN								
100 NX : 1.6i 16V SLX	01/90->	175/65 R 14	MXV3 A ENERGY	H	2.2	2.0	2.6	2.4
200 SX : 2.0i Turbo 16V	09/93->	205/55 R 16	HX MXV3-A	V	2.2	2.2	2.2	2.7
300 ZX : 3.0i Turbo V6 24V	01/90->	AV : 205/50 ZR 16	SX MXX3		2.3	-	2.3	-
		AR : 225/50 ZR 16	SX MXX3		-	2.3	-	2.6
300 ZX : Twin Turbo V6 24V	05/90->	AV : 225/50 ZR 16	SX MXX3 N1		2.3	-	2.6	-
		AR : 245/45 ZR 16	SX MXX3 N1		-	2.5	-	2.8
ALMERA								
1.4i 16V GX	09/95->	175/70 R 13	MXT ENERGY - CLASSIC	T	2.2	2.1	2.4	2.6
1.6i 16V GX - SLX	09/95->	175/65 R 14	MXV3 A ENERGY	H	2.3	2.1	2.5	2.6
2.0 Diesel GX - SLX	09/95->	185/65 R 14	MXV3 A ENERGY - CLASSIC	H	2.3	2.1	2.3	2.3
MAXIMA QX								
2.0i V6 24V SE - SLX	09/94->	195/65 R 15	HX MXV3 A	V	2.4	2.2	2.5	2.5
3.0i V6 24 V SE	07/89->	205/65 R 15	HX MXV3 A	V	2.0	2.0	2.3	2.3
MICRA								
1.0i 16V L - LX	11/92->	155/70 R 13	MXT ENERGY - CLASSIC	T				
1.3i 16V LX- SLX	11/92->	155/70 R 13	MXT ENERGY - CLASSIC	T	2.2	1.9	2.5	2.3
		175/60 R 13	MXV2	H				
PRAIRIE								
2.4 SLX	1988->	195/65 R 14	MXV3 A ENERGY	H	1.9	2.2	2.0	2.3
PRIMERA								
1.6i 16V LX - SLX	09/90->	165/80 R 13	MXT 80 ENERGY - CLASSIC	T	2.0	1.8	2.4	2.6
1.6i 16V LX - SLX	07/94->	175/70 R 14	MXT ENERGY - CLASSIC	T	2.2	2.0	2.5	2.4
1.6i 16V SRi	07/94->	185/65 R 14	MXV3 A ENERGY - CLASSIC	H	2.2	2.0	2.4	2.3
1.6 16V Break LX	09/90->	195/65 R 14	MXV3 A ENERGY	H	2.0	2.0	2.1	2.6
2.0i 16V SLX -SE	09/90->	185/65 R 14	MXV3 A ENERGY - CLASSIC	H	2.4	2.2	2.5	2.5
		195/60 R 14	HX MXV3 A	V	2.6	2.4	2.8	2.6
2.0i 16V GT	09/90->	195/60 R 14	HX MXV3 A	V	2.2	2.0	2.4	2.3
2.0 Diesel LX - SLX	09/90->	185/70 R 13	MXT	T	2.1	1.9	2.2	2.1
2.0 Diesel LX - SLX	07/94->	175/70 R 14	MXT ENERGY - CLASSIC	T	2.4	2.2	2.5	2.5
2.0 Diesel Break	09/90->	195/65 R 14	MXV3 A ENERGY	H	2.0	2.0	2.1	2.6
SERENA								
2.0i SLX - SGX	10/92->	195/70 R 14	MXT	T	2.0	2.6	2.0	2.6
SUNNY								
1.4i 16V LX - SLX	01/90->	155/80 R 13	MXT 80 ENERGY - CLASSIC	T	2.2	2.0	2.3	2.3
		175/70 R 13	MXT ENERGY - CLASSIC	T				
1.6i 16V SLX	01/90->	175/70 R 13	MXV3 A	H	2.2	2.0	2.3	2.1
		175/65 R 14	MXV3 A ENERGY	H				
1.6i 16V SR	05/94->	175/65 R 14	MXV3 A ENERGY	H	2.2	2.0	2.4	2.4
2.0 Diesel LX - SLX	01/90->	175/70 R 13	MXT ENERGY - CLASSIC	T	2.2	2.0	2.3	2.1
2.0 Diesel Break SLX	01/90->				2.2	2.0	2.3	2.6
VANETTE								
1.5 Coach - 1.9 Diesel Coach-Optima	1987->	185/70 R 14	MXT ENERGY	T	2.7	3.7	2.7	3.7

Véhicules — Marques et Types		Equipements Pneumatiques		Utilisation Courante AV	Utilisation Courante AR	Autres Utilisation AV	Autres Utilisation AR
OPEL							
ASTRA							
1.4i GL - "Vision"	09/95->	175/70 R 13	MXT ENERGY - CLASSIC T				
1.6i GL - "Vision"		175/65 R 14	MXT ENERGY - CLASSIC T2 T	2.2	1.9	2.2	2.4
		185/60 R 14	MXV3 A ENERGY - CLASSIC H				
1.6 GLS	09/95->	175/65 R 14	MXV3 A ENERGY H	2.0	1.7	2.2	2.4
		195/60 R 14	MXV3 A ENERGY - CLASSIC H				
1.6i GT	09/95->	185/60 R 14	MXV3 A ENERGY - CLASSIC H	2.3	2.0	2.3	2.5
		195/60 R 14	MXV3 A ENERGY - CLASSIC H				
1.6 i CD		175/65 R 14	MXT ENERGY - CLASSIC T2 T				
1.8 i GL	09/95->	185/60 R 14	MXV3 A ENERGY - CLASSIC H	2.2	1.9	2.3	2.5
1.8 i GLS		195/60 R 14	MXV3 A ENERGY - CLASSIC H				
1.6i Sportive - Elégance	09/95->	185/60 R 14	MXV3 A ENERGY - CLASSIC H	2.2	1.9	2.2	2.4
1.7 Turbo Diesel GLS	09/95->	175/65 R 14	MXT ENERGY - CLASSIC T2 T	2.4	2.1	2.4	2.6
		185/60 R 14	MXV3 A ENERGY - CLASSIC H				
1.6i 16V GLS (100ch)	09/95->	175/65 R 14	MXV3 A ENERGY H	2.0	1.7	2.2	2.4
		195/60 R 14	MXV3 A ENERGY - CLASSIC H				
1.8 GT 16V (115ch)	09/95->	185/60 R 14	MXV3 A ENERGY - CLASSIC H	2.5	2.2	2.5	2.7
		195/60 R 14	MXV3 A ENERGY - CLASSIC H				
1.8 GSI 16V	09/95->	195/50 R 14	HX MXV3 A V	2.5	2.2	2.5	2.7
		205/50 R 15	HX MXV3 A - SX GT V				
2.0i 16V GSi - CDX	09/95->	205/50 R 15	HX MXV3 A - SX GT V	2.5	2.2	2.5	2.7
CALIBRA							
2.0i	09/95->	195/60 R 14	MXV3 A ENERGY - CLASSIC H	2.4	2.2	2.5	2.7
		205/55 R 15	HX MXV3 A V				
2.0i 16V	09/95->	195/60 R 15	HX MXV3 A V	2.4	2.2	2.5	2.7
		205/55 R 15	HX MXV3 A V				
CORSA							
1.5 Diesel "Swing"	09/95->	165/70 R 13	MXT ENERGY - CLASSIC T				
1.5 Turbo D. GLS "Swing" - "Joy" - "Sport" - "Viva"		165/65 R 14	MXT ENERGY T	2.2	2.0	2.2	2.6
1.6i GSi 16V	09/95->	185/60 R 14	MXV3 A ENERGY- CLASSIC H	2.3	2.1	2.3	2.7
OMEGA							
2.0i GL (115ch)	09/95->	195/65 R 15	MXV3 A ENERGY - CLASSIC H				
		205/65 R 15	HX MXV3 A V	2.0	2.0	2.5	2.9
		225/55 R 16	HX MXM W				
2.0i 16V CD - GL (135ch)	09/95->	195/65 R 15	HX MXV3 A V				
		205/65 R 15	HX MXV3 A V	2.0	2.0	2.5	2.9
		225/55 R 16	HX MXM W				
2.5 V6 CD	09/95->	205/65 R 15	HX MXV3 A V	2.2	2.2	2.5	2.9
2.5 Turbo Diesel CD - GL - MV6		225/55 R 16	HX MXM V				
TIGRA							
1.4i 16V	09/95->	175/65 R 14	MXV3 A ENERGY H	2.2	2.0	2.3	2.7
		185/55 R 15	MXV3 A ENERGY H				
1.6i 16V	09/95->	185/55 R 15	MXV3 A ENERGY H	2.3	2.1	2.4	2.8
VECTRA							
1.6i 16V CD - GL	09/95->	185/70 R 14	MXV3 A ENERGY H	1.9	1.9	2.1	2.7
		195/65 R 15	HX MXV3 A V				
1.8i 16V CD - GL "Sport"	09/95->	185/70 R 14	MXV3 A ENERGY H	2.1	2.1	2.2	2.8
		195/65 R 15	HX MXV3 A V				
1.8 16V CDX	09/95->	195/65 R 15	HX MXV3 A V	2.1	2.1	2.2	2.8
2.0i Sport/CDX							
2.0i 16V GL -CDX - "Sport" - "Riviera"	09/95->	195/65 R 15	HX MXV3 A V	2.0	2.0	2.2	2.8
		205/60 R 15	HX MXV3 A V				
CD-GL-GLS-GT 2.0i	04/94->	195/60 R 14	HX MXV3 A V	2.2	2.0	2.4	2.6
		195/65 R 15	HX MXV3 A V				
2.5i 16V CD - CDX	09/95->	195/65 R 15	HX MXV3 A V	2.3	2.3	2.5	3.1
		205/60 R 15	HX MXV3 A V				
1.7 Turbo Diesel CD	09/95->	185/70 R 14	MXV3 A ENERGY H	2.1	2.1	2.2	2.8
		195/65 R 15	HX MXV3 A V				

Véhicules — Marques et Types		Equipements Pneumatiques		Utilisation Courante AV	Utilisation Courante AR	Autres Utilisation AV	Autres Utilisation AR
PEUGEOT							
106							
Diesel XND-XRD-XTD	07/94->	155/70 R 13 MXT ENERGY - CLASSIC	T	2.3	2.3	2.3	2.3
XSi	07/94->	175/60 R 14 MXV3 A ENERGY	H	2.2	2.2	2.2	2.2
Griffe XS-XT 1.6	07/94->	165/65 R 13 MXT ENERGY - CLASSIC	T	2.0	2.2	2.2	2.2
205							
Turbo Diesel (Tous modèles)	07/94->	165/70 R 13 MXT ENERGY - CLASSIC	T	2.0	2.0	2.0	2.0
SACRE NUMERO essence	07/94->	165/70 R 13 MXT ENERGY - CLASSIC	T	1.9	2.1	1.9	2.1
SACRE NUMERO diesel				1.9	2.0	1.9	2.0
GTi 1.6 (115ch) - Cabriolet CTi		185/60 R 14 MXV3 A ENERGY - CLASSIC	H	2.0	2.0	2.0	2.0
GTi 1.9 (130ch)		185/55 R 15 MXVP	V	2.0	2.0	2.0	2.0
		195/45 R 15 SX GT	V	2.3	2.3	2.3	2.3
306							
ST Autom. 1.8	09/95->	185/60 R 14 MXV3 A ENERGY - CLASSIC	H	2.2	2.2	2.2	2.2
SR 1.6 - ST 1.8	09/95->	175/65 R 14 MXT ENERGY - CLASSIC T2	T	2.3	2.3	2.3	2.3
SRDT-STDT 1.9 -ST- ST Autom. 2.0	09/95->	185/60 R 14 MXV3 A ENERGY - CLASSIC	H	2.4	2.4	2.4	2.4
XR (1.6i)	(2/93 à 6/94)	175/70 R 13 MXT ENERGY - CLASSIC	T	2.2	2.3	2.2	2.3
	07/94->			2.0	2.1	2.0	2.1
XND -XRD	(06/93 à 06/94)	175/70 R 13 MXT ENERGY - CLASSIC	T	2.3	2.4	2.3	2.4
XND - XRD 1.9	07/94->	175/70 R 13 MXT ENERGY - CLASSIC	T	2.3	2.4	2.3	2.4
		175/65 R 14 MXT ENERGY - CLASSIC T2	T	2.2	2.3	2.2	2.3
XRDT - XTDT	09/93->	175/65 R 14 MXV3 A ENERGY	H	2.3	2.4	2.3	2.4
XRDT - XTDT GRIFFE TD - D Turbo	07/94->	185/60 R 14 MXV3 A ENERGY- CLASSIC	H	2.3	2.4	2.3	2.4
XSI	09/93->	185/55 R 15 SX XGTV	V	2.2	2.2	2.2	2.2
S 16	09/93->	195/55 R 15 HX MXV3 A - SX GT	V	2.3	2.3	2.3	2.3
309							
XS 1.9 - SX 1.9 - SRD Turbo Diesel	1990->	175/65 R 14 MXV3 A ENERGY	H	2.0	2.0	2.0	2.0
GT				1.9	1.8	1.9	1.8
GTi (130ch)		185/55 R 15 MXVP	V	2.0	2.0	2.0	2.0
		195/45 R 15 SX GT	V	2.3	2.3	2.3	2.3
405							
Mi 16	07/92->	195/55 R 15 HX MXV3 A - SX GT	V	2.2	2.2	2.2	2.2
Signature	07/93->	185/65 R 14 MXV3 A ENERGY - CLASSIC	H	2.1	2.1	2.1	2.1
Signature Climatisée - STI - Autom.	07/93->			2.2	2.2	2.2	2.2
Sillage	07/93->	165/70 R 14 MXT ENERGY	T	2.1	2.1	2.2	2.2
Sillage Diesel	07/93->			2.2	2.2	2.2	2.2
Sillage -Signature - Style Turbo - STDT	07/93->	185/65 R 14 MXV3 A ENERGY - CLASSIC	H	2.2	2.2	2.2	2.2
Style 1.6 - 1.8	07/93->	175/70 R 14 MXT ENERGY - CLASSIC	T	2.1	2.1	2.1	2.1
Style Climatisée - Diesel	07/93->			2.2	2.2	2.2	2.2
406							
1.8i 16V SL - ST	07/95->	185/70 R 14 MXV3 A ENERGY	H	2.3	2.3	2.3	2.3
		195/65 R 15 MXV3 A ENERGY - CLASSIC	H	2.1	2.1	2.1	2.1
2.0i 16V SV	07/95->	195/65 R 15 HX MXV3 A	V	2.2	2.2	2.2	2.2
1.9 Turbo Diesel SL - ST - SV	07/95->	195/65 R 15 MXV3 A ENERGY - CLASSIC	H	2.3	2.3	2.3	2.3
2.1 Turbo Diesel ST - SV	07/95->						
GRIFFE-GRIFFE TD-TURBO 2L-V6	07/96->	205/60 R 15 HX MXV3 A	V	2.4	2.4	2.4	2.4
605							
SLI - SRI Essence - SRI Auto	07/94->	195/65 R 15 MXV3 A ENERGY - CLASSIC	H				
SLI - SRI essence	07/94->	195/65 R 15 MXV3 A ENERGY - CLASSIC	H	2.3	2.3	2.3	2.3
SRI Automat.		205/60 R 15 MXV3 A ENERGY	H				
SRTi 2.0i Turbo - Exécutive	07/94->	205/60 R 15 HX MXV3 A	V				
SRDT -SVDT 2.5	07/94->	205/65 R 15 HX MXV3 A	V	2.3	2.3	2.3	2.3
SV 3.0 - Automatic	07/93->	205/65 R 15 HX MXV3 A	V				
SV 24	(90 à 06/94)	205/55 ZR 16 HX MXM					
SV 24	07/94->	225/55 ZR 16 HX MXM		2.3	2.3	2.5	2.5
806							
SR	07/94->	195/65 R 15 MXT ENERGY	T	2.3	2.3	2.5	2.5
ST	07/94->	205/65 R 15 MXT	T	2.3	2.3	2.4	2.5
Turbo ST -SV	07/94->	205/65 R 15 MXV3 A ENERGY	H				

Véhicules — Marques et Types		Equipements Pneumatiques		Pressions (bar)* Utilisation Courante AV	AR	Autres Utilisation AV	AR
PEUGEOT (suite)							
806 (suite)							
1.8 ST Autom.	07/95->	185/60 R 14	MXV3 A ENERGY- CLASSIC H	2.2	2.2	2.2	2.2
1.8i cabriolet-Autom.	07/94->			2.2	2.2	2.2	2.2
PONTIAC (GM)							
Trans Sport 2.3i 16V	04/94->	205/65 R 15	MXV3 A ENERGY H	2.1	2.1	2.4	2.4
Trans Sport 3.8i V6	04/94->	P205/70 R 15	XGT4 S	2.4	2.4	2.4	2.4
PORSCHE							
911 (964)							
Carrera 2 - 4 Turbo Look 3.3 Speedster 3.6	09/93->	AV : 205/50 ZR 17 SX MXX3 N0		2.5	-	2.5	-
		AR : 255/40 ZR 17 SX MXX3 N0		-	2.5	-	2.5
Carrera RS 3.8	09/93->	AV : 235/40 ZR 18 SX MXX3 N0		2.5		2.5	
		AR : 285/35 ZR 18 SX MXX3 N0			2.5		2.5
911 (993)							
Carrera 2 - 4 3.6	02/95->	AV : 205/55 ZR 16 SX MXX3 N1		2.5	-	2.5	-
		AR : 245/45 ZR 16 SX MXX3 N1		-	3.0	-	3.0
RS 3.8	02/95->	AV : 205/50 ZR 17 SX MXX3 N0		2.5	-	2.5	-
		AR : 255/40 ZR 17 SX MXX3 N0		-	2.5	-	2.5
928							
S4 5.0	04/91->	AV : 225/50 ZR 16 SX MXX3 N1		2.5	-	2.5	-
		AR : 245/45 ZR 16 SX MXX3 N1		-	3.0	-	3.0
		AV : 225/45 ZR 17 SX MXX3 N0		2.5	-	2.5	-
		AR : 255/40 ZR 17 SX MXX3 N0		-	3.0	-	3.0
GT 5.0	04/91->	AV : 225/45 ZR 17 SX MXX3 N0		2.5	-	2.5	-
		AR : 255/40 ZR 17 SX MXX3 N0		-	3.0	-	3.0
GTS 5.4	08/91->	AV : 225/45 ZR 17 SX MXX3 N0		2.5	-	2.5	-
		AR : 255/40 ZR 17 SX MXX3 N0		-	2.5	-	2.5
944							
S2 3.0	04/91->	AV : 205/55 ZR 16 SX MXX3 N1		2.5	-	2.5	-
		AR : 225/50 ZR 16 SX MXX3 N1		-	2.5	-	2.5
		AV : 225/45 ZR 17 SX MXX3 N0		2.5	-	2.5	-
		AR : 255/40 ZR 17 SX MXX3 N0		-	2.5	-	2.5
Turbo S		AV : 225/50 ZR 16 SX MXX3 N1		2.5	-	2.5	-
		AR : 245/45 ZR 16 SX MXX3 N1		-	2.5	-	2.5
968							
CS - Cabrio	04/91->	AV : 205/55 ZR 16 SX MXX3 N1		2.5	-	2.5	-
		AR : 225/50 ZR 16 SX MXX3 N1		-	2.5	-	2.5
Turbo S	07/93->	AV : 235/40 ZR 18 SX MXX3		2.5	-	2.5	-
		AR : 285/35 ZR 18 SX MXX3		-	2.5	-	2.5
RENAULT							
TWINGO							
1.2 : Climatisation	10/92->	145/70 R 13	MXT ENERGY - CLASSIC T	2.1	2.0	2.4	2.0
1.2 Climatisation + Direction Assistée Elec	07/94->	155/70 R 13	MXT ENERGY - CLASSIC T	2.0	2.0	2.2	2.0
CLIO							
1.4i Automatique RN - RT	07/96->	165/65 R 13	MXT ENERGY - CLASSIC T2 T	2.0	2.1	2.1	2.3
1.4i Alizée	07/96->	165/65 R 14	MXT ENERGY T	2.2	2.1	2.3	2.2
1.4i Automatique Climatisée	07/96->			2.3	2.3	2.4	2.3
1.4 Automat RT Climatisée "Alizée"	02/91->	165/60 R 14	MXT P T	2.3	2.3	2.4	2.3
1.4 Alizée	07/94->			2.2	2.1	2.3	2.2
1.8i RT	07/96->	165/65 R 14	MXT ENERGY T	2.1	2.1	2.3	2.3
1.8 RSI	07/94->	175/65 R 14	MXV3 A ENERGY H	2.0	2.0	2.2	2.2
1.9 Diesel RT	05/90->	165/65 R 13	MXT ENERGY - CLASSIC T2 T	2.1	2.1	2.3	2.3
2.0 Williams	05/93->	185/55 R 15	HX MXV3 A V	2.0	2.0	2.2	2.2
19							
RL - RN - RT 1.9 Diesel	08/94->	165/70 R 13	MXT ENERGY - CLASSIC T	1.8	2.0	2.0	2.2
RT 1.8	07/94->	175/65 R 14	MXT ENERGY - CLASSIC T2 T	1.8	2.0	2.0	2.2
Sport Elégance : 1.8 -1.8i	07/93->	185/60 R 14	MXV3 A ENERGY - CLASSIC H	1.8	2.0	2.2	2.2
Sport Elégance : 1.8 Turbo Diesel	07/93->			2.0	2.0	2.2	2.2

Véhicules		Equipements Pneumatiques		Pressions (bar)*			
Marques et Types				Utilisation Courante		Autres Utilisation	
				AV	AR	AV	AR

RENAULT (suite)

LAGUNA

1.8i RNA - RNE - RTA - RTE	07/96->	185/65 R 14	MXT ENERGY - CLASSIC	T				
2.0i RTE - RXT	07/96->	185/65 R 14	MXV3 A ENERGY - CLASSIC	H	2.1	2.1	2.3	2.3
2.0i RTA - RTE (Export)	07/96->	185/70 R 14	MXV3 A ENERGY	H				
2.0i 16V RTI -RXI - RXE	07/95->	195/60 R 15	MXV3 A ENERGY - CLASSIC	H	2.2	2.1	2.4	2.3
2.0i 16V RTE - RXT	07/96->							
3.0i V6 RTE - RXT - Baccara	07/96->	205/60 R 15	HX MXV3A	V	2.3	2.1	2.5	2.3
2.2 Diesel RNA - RNE - RTE	07/96->	185/65 R 14	MXT ENERGY - CLASSIC	T	2.3	2.1	2.5	2.3
2.2 Diesel Automat. RTE	07/96->	185/65 R 14	MXT ENERGY - CLASSIC	T	2.1	1.9	2.3	2.1
2.2 Diesel RN Export	07/96->	185/70 R 14	MXV3 A ENERGY	H	2.1	2.1	2.3	2.3
2.2 Turbo Diesel RTA - RTE - RXT	07/96->	195/65 R 15	MXV3 A ENERGY CLASSIC	H	2.3	2.1	2.5	2.3

MEGANE

1.6i : RT - RXE	11/95->	175/70 R 13	MXT ENERGY - CLASSIC	T	2.1	2.0	2.3	2.2
1.6i RTA - RTE	07/96->	175/65 R 14	MXT ENERGY - CLASSIC	T	2.1	2.0	2.3	2.1
1.6i Autom. : RT - RXE	11/95->	175/70 R 13	MXT ENERGY - CLASSIC	T	2.1	2.0	2.3	2.1
1.6i Autom. RTA - RTE	07/96->	175/65 R 14	MXT ENERGY - CLASSIC T2	T				
2.0i RXE	11/95->	175/65 R 14	MXV3 A ENERGY	H	2.2	2.0	2.4	2.2
2.0i RTE	07/96->	185/60 R 14	MXV3 A ENERGY - CLASSIC	H				
1.9 Turbo Diesel : RT - RXE	11/95->	175/65 R 14	MXT ENERGY - CLASSIC T2	T	2.3	2.0	2.4	2.2
1.9 Turbo Diesel RTA - RTE		185/60 R 14	MXV3 A ENERGY - CLASSIC	H				

MEGANE CLASSIC

2.0i RTE	07/96->	175/65 R 14	MXV3 A ENERGY	H	2.2	2.0	2.4	2.2
		185/60 R 14	MXV3 A ENERGY - CLASSIC	H				
1.9 Turbo Diesel RTA - RTE	07/96->	175/65 R 14	MXT ENERGY - CLASSIC T2	T	2.3	2.0	2.4	2.2
		185/60 R 14	MXV3 A ENERGY - CLASSIC	H				

MEGANE COUPE

2.0i	11/95->	175/65 R 14	MXV3 A ENERGY	H	2.2	2.0	2.4	2.2
		185/60 R 14	MXV3 A ENERGY - CLASSIC	H				
2.0i 16S	11/95->	195/50 R 16	SX GT	V	2.2	2.0	2.4	2.2

MEGANE SCENIC

2.0i RTA - RXT	10/96->							
1.9 Diesel RTA - RXT	10/96->	185/70 R 14	MXT ENERGY	T	2.2	2.0	2.4	2.5
1.9 Turbo Diesel RTA - RXT	10/96->							

SAFRANE

2.0i 16S RTA - RTE (7cv)	07/96->	195/60 R 15	MXV3 A ENERGY - CLASSIC	H	2.3	2.1	2.5	2.3
2.0i 16S RTA - RTE (9cv)	07/96->	195/65 R 15	MXV3 A ENERGY- CLASSIC	H				
2.5i Automat. RTE - RXT	07/96->	195/65 R 15	HX MXV3 A	V	2.3	2.1	2.5	2.3
2.5i RTE - RXT	07/96->	195/65 R 15	HX MXV3 A	V	2.3	2.1	2.5	2.1
2.5 Turbo Diesel	07/94->							
3.0i V6 Automat. RTE - RTX	07/96->	195/65 R 15	HX MXV3 A	V	2.3	2.1	2.5	2.3
2.2 Turbo Diesel RTE - RTX	07/96->	195/65 R 15	MXV3 A ENERGY - CLASSIC	H	2.5	2.3	2.5	2.3

ESPACE

2.8 RT - RXE : V6 inj.	02/91->	195/65 R 15	MXV3 A ENERGY- CLASSIC	H	2.2	2.0	2.3	2.3
3.0i V6 RT - RXE	02/91->	195/65 R 15	MXV3 A ENERGY- CLASSIC	H	2.2	2.0	2.3	2.3
2.1 RN - RT - RXE TD	07/93->	195/65 R 14	MXT4	T	2.3	1.9	2.5	2.6

ROVER

Série 200

214 SEi	01/95->	185/55 R 15	HX MXV3 A	V	2.1	2.1	2.8	2.8
214i - Si	12/95->	175/65 R 14	MXT ENERGY - CLASSIC T2	T	2.1	2.1	2.3	2.3
216 Si	12/95->	175/65 R 14	MXV3 A ENERGY	H	2.1	2.1	2.4	2.4
216 SLi	12/95->	185/55 R 15	HX MXV3 A	V	2.1	2.1	2.3	2.3
216 SLi	01/95->	175/65 R 14	MXV3 A ENERGY	H	2.1	2.1	2.5	2.5
		185/55 R 15	HX MXV3 A	V	2.1	2.1	2.8	2.8
220 SLi	01/95->	175/70 R 14	MXV3 A ENERGY	H	2.1	2.1	2.6	2.6
220 Coupé GSi	01/95->	185/55 R 15	HX MXV3A	V	2.1	2.1	2.8	2.8
Diesel 220 D - SD	12/95->	175/65 R 14	MXV3 A ENERGY	H	2.2	2.1	2.6	2.3
Diesel 220 SDi	12/95->	185/55 R 15	HX MXV3 A	V	2.3	2.1	2.6	2.3

Véhicules Marques et Types		Equipements Pneumatiques		Utilisation Courante AV	Utilisation Courante AR	Autres Utilisation AV	Autres Utilisation AR

Pressions (bar)*

ROVER (suite)

Série 400

Marques et Types		Equipements Pneumatiques		AV	AR	AV	AR
414 Si - SLi	10/95	175/65 R 14	MXT ENERGY - CLASSIC T2 T	2.1	2.1	2.2	2.2
		185/55 R 15	HX MXV3 A V	2.1	2.1	2.8	2.8
416 SLi	05/95->	185/60 R 14	MXV3 A ENERGY - CLASSIC H	2.1	2.1	2.4	2.4
		185/55 R 15	HX MXV3 A V	2.1	2.1	2.6	2.6
420 D - Di - SDi - SLDi - GSDi (Turbo Diesel)	03/96->	185/65 R 14	MXT ENERGY T	2.1	2.1	2.5	2.4
		195/55 R 15	MXV3 A ENERGY H	2.2	2.1	2.7	2.5

Série 600

Marques et Types		Equipements Pneumatiques		AV	AR	AV	AR
623 SLi - GSi	01/95->	195/60 R 15	HX MXV3 A V	2.3	2.2	2.9	2.6
620 Ti (Turbo)	01/95->	205/50 ZR 16	HX MXM	2.4	2.2	2.8	2.6

Série 800

Marques et Types		Equipements Pneumatiques		AV	AR	AV	AR
820i	01/95->	195/65 R 15	HX MXV3 A V	1.9	1.9	2.3	2.3
820 Si - SLi	01/95->	205/55 ZR 16	HX MXV3 A	2.2	2.2	2.5	2.5
825 SD - SLD (Turbo Diesel)	01/95->	205/55 ZR 16	HX MXV3 A	2.2	2.2	2.5	2.5
827 Si - SLi - Coupé - Sterling	01/95->	205/55 ZR 16	HX MXV3 A	2.2	2.2	2.5	2.5
827i	01/95->	195/65 R 15	HX MXV3 A V	2.0	2.0	2.7	2.7

SAAB

900

Marques et Types		Equipements Pneumatiques		AV	AR	AV	AR
2.0 16V S - SE Cabriolet	07/95->	185/65 R 15	MXV3 A ENERGY - CLASSIC H	2.1	2.1	2.4	2.4
		195/60 R 15	HX MXV3 A V				
2.0i Turbo SE - Cabriolet	07/95->	195/60 R 15	HX MXV3 A V	2.3	2.3	2.7	2.7
		205/50 R 16	HX MXM W				
2.5i V6 SE - Cabriolet	07/95->	195/60 R 15	HX MXV3 A V	2.2	2.2	2.6	2.6

9000

Marques et Types		Equipements Pneumatiques		AV	AR	AV	AR
2.0i 16V CD - CS	07/95->	195/65 R 15	HX MXV3 A V	2.1	2.1	2.6	2.6
2.0i LPTurbo CD - CS (150ch) 2.3i LPTurbo CD - CS (170ch)	07/95-> 07/95->	195/65 R 15	HX MXV3 A V	2.1	2.1	2.6	2.6
2.0i - 2.3 Turbo CD "Griffin"	07/95->	195/65 R 15	HX MXV3 A V	2.1	2.1	2.6	2.6
2.0i - 2.3i Turbo CS	07/95->	205/60 R 15	HX MXV3 A W	2.1	2.1	2.6	2.6
2.0i - 2.3i AERO	07/95->	205/55 R 16	HX MXV3 A W	2.4	2.4	2.8	2.8
AERO 2.0 - 2.3	07/92->	205/55 ZR 16	HX MXV3 A	2.4	2.4	2.8	2.8
AERO 2.0 - 2.3	07/93->			2.4	2.4	3.0	3.0

SEAT

CORDOBA

Marques et Types		Equipements Pneumatiques		AV	AR	AV	AR
1.6i CLX	07/95->	175/70 R 13	MXT ENERGY - CLASSIC T	2.1	1.9	2.2	2.4
1.6i GLX	07/95->	185/60 R 14	MXV3 A ENERGY - CLASSIC H	2.1	1.9	2.2	2.4
1.8i GTi 16V	07/95->	185/60 R 14	HX MXV3 A V	2.4	2.2	2.5	2.7
1.8i CLX	07/95->	175/70 R 13	MXT ENERGY - CLASSIC T	2.2	1.9	2.3	2.4
1.8i GLX	07/95->	185/60 R 14	MXV3 A ENERGY - CLASSIC H	2.2	1.9	2.3	2.4
2.0i GTi	07/95->	185/60 R 14	HX MXV3 A V	2.4	2.2	2.5	2.7
1.9 Diesel CLX	07/95->	175/70 R 13	MXT ENERGY - CLASSIC T	2.1	1.9	2.2	2.4
1.9 Diesel GLX	07/95->	185/60 R 14	MXV3 A ENERGY - CLASSIC H	2.2	1.9	2.3	2.4
1.9 Turbo Diesel GT	07/95->	185/60 R 14	MXV3 A ENERGY - CLASSIC H	2.2	1.9	2.3	2.4

IBIZA

Marques et Types		Equipements Pneumatiques		AV	AR	AV	AR
1.6i CLX	07/95->	175/70 R 13	MXT ENERGY - CLASSIC T	2.1	1.8	2.2	2.4
1.6i GLX	07/95->	185/60 R 14	MXV3 A ENERGY - CLASSIC H	2.1	1.8	2.2	2.4
1.8i CLX	07/95->	175/70 R 13	MXT ENERGY - CLASSIC T	2.1	1.8	2.2	2.4
1.8i GLX	07/95->	185/60 R 14	MXV3 A ENERGY - CLASSIC H	2.1	1.8	2.2	2.4
1.8i GT 16V	07/95->	185/60 R 14	HX MXV3 A V	2.4	2.0	2.5	2.6

TOLEDO

Marques et Types		Equipements Pneumatiques		AV	AR	AV	AR
1.6i - 1.8i CL - "Entry"	07/95->	175/70 R 13	MXT ENERGY - CLASSIC T	2.0	2.2	2.1	2.6
1.8i GL - GLX - SX - SXE - "Majorca"	07/95->	185/60 R 14	MXV3 A ENERGY - CLASSIC H	2.0	2.2	2.1	2.6
2.0i GL - GLX - GT "Sport" - SE - SXE	07/95->	185/60 R 14	HX MXV3 A V	2.2	2.2	2.2	2.6
2.0i 16V - "Sport"	07/95->	195/50 R 15	SX GT	2.4	2.4	2.5	2.8
1.9 TDi GT "Sport" Turbo Diesel	07/95->	185/60 R 14	HX MXV3 A V	2.2	2.2	2.2	2.6

Véhicules Marques et Types		Equipements Pneumatiques		Utilisation Courante AV	Utilisation Courante AR	Autres Utilisation AV	Autres Utilisation AR

TOYOTA

CAMRY

| 2.2i | 10/91-> | 195/70 R 14 | HX MXV3 A   V | 2.2 | 2.0 | 2.4 | 2.0 |

CARINA

1.6 XLi - 2.0 XL Diesel	1993->	185/65 R 14	MXV3 A ENERGY - CLASSIC H	2.2	2.0	2.2	2.2
2.0 GLi	1993->	185/65 R 14	HX MXV3 A V				
2.0 GTi	1993->	195/60 R 15	HX MXV3 A V	2.1	1.9	2.1	1.9

CELICA

| 2.0 GTi 16S | 04/90-> | 205/60 VR 14 | MXV | 2.1 | 2.1 | 2.7 | 2.7 |

COROLLA

| 1.3 GLi - XLi - XLiS - 2.0 SL Diesel | 1993-> | 165/70 R 14 | MXT ENERGY   T | 2.4 | 2.2 | 2.4 | 2.2 |
| 1.6 GLi | 1993-> | 175/65 R 14 | MXV3 A ENERGY   H | 2.3 | 2.1 | 2.3 | 2.1 |

LEXUS

GS 300	07/94->	225/55 R 16	HX MXM V	2.2	2.2	2.4	2.6
LS 400	07/94->	225/60 ZR 16	HX MXM	2.1	2.1	2.3	2.7
LS 400	10/90->	205/65 ZR 15	HX MXV3 A	2.3	2.5	2.5	2.7

SUPRA

3000 GT Turbo	07/89->	225/50 ZR 16	HX MXM	2.3	2.5	3.0	3.0
3.0 Twin Turbo	1993->	AV : 235/45 ZR 17	SX MXX3	2.5	2.5	2.5	2.5
		AR : 255/40 ZR 17	SX MXX3				

VOLKSWAGEN

CORRADO

| 2.0i 16V | 03/93-> | 195/50 R 15 | HX MXV3 A   V | 2.6 | 2.3 | 2.8 | 2.5 |
| | | 205/50 R 15 | HX MXV3 A - SX GT   V | 2.3 | 2.0 | 2.5 | 2.2 |

GOLF

1.6i CL-GL	03/93->	175/70 R 13	MXT ENERGY - CLASSIC T	2.1	1.9	2.4	2.6
1.8i CL-GL		185/60 R 14	MXV3 A ENERGY- CLASSIC H				
		195/50 R 15	HX MXV3 A V				
1.6i CL-GL	01/96->	175/70 R 13	MXT ENERGY - CLASSIC T	2.1	1.9	2.4	2.6
1.8i CL-GL		185/60 R 14	MXT ENERGY T				
1.9 Diesel D - SD - SDi		195/50 R 15	HX MXV3 A V				
1.9 TD CL - GL - GTD (75ch)	01/96->	175/70 R 13	MXT ENERGY- CLASSIC T	2.3	2.1	2.6	2.8
		185/60 R 14	MXT ENERGY T				
1.9 TDI CL - GL - GTD (110ch)	01/96->	195/50 R 15	HX MXV3 A V	2.5	2.3	2.6	2.8
		205/50 R 15	HX MXV3 A - SX GT V	2.2	2.0	2.3	2.5
2.0i CL - GL	01/96->	185/60 R 14	MXV3 A ENERGY - CLASSIC H	2.3	2.1	2.5	2.7
		195/50 R 15	HX MXV3 A V				
2.0i GT - GTI (115ch)	01/96->	195/50 R 15	HX MXV3 A V	2.3	2.1	2.5	2.7
		205/50 R 15	HX MXV3 A - SX GT V	2.1	1.9	2.3	2.5
2.0 GTi 16V (150ch)	03/93->	195/50 R 15	HX MXV3 A V	2.6	2.4	2.8	3.0
		205/50 R 15	HX MXV3 A - SX GT V	2.2	2.0	2.4	2.6
Cabriolet 1.6i GT (100ch)	09/94->	185/60 R 14	MXV3 A ENERGY - CLASSIC H	2.4	2.2	2.6	2.9
		195/50 R 15	HX MXV3 A V				
Cabriolet 1.8i (75ch)	01/96->	185/60 R 14	MXT ENERGY T	2.2	2.0	2.4	2.7
Cabriolet 1.8i (90ch)	01/96->	195/50 R 15	HX MXV3 A V				
Syncro 2.0i (115ch)	01/96->	195/50 R 15	HX MXV3 A V	2.5	2.5	2.7	3.1
		205/50 R 15	HX MXV3 A - SX GT V				
Syncro 2.9i VR6 - Variant	01/96->	205/50 R 15	HX MXV3 A W	2.4	2.4	2.6	3.0

PASSAT

1.6i GT (101ch)	01/96->	205/50 R 15	HX MXV3 A W	2.2	2.2	2.4	2.7
1.8i GT (90ch)	12/91->	205/50 R 15	HX MXV3 A - SX GT V	2.1	2.1	2.4	2.7
	01/96->			2.0	2.0	2.2	2.6
1.6i CL - GL - GT (101ch)	01/96->	195/60 R 14	MXV3 A ENERGY- CLASSIC H	2.2	2.2	2.4	2.7
2.0i CL - GL - GT (115ch)		185/65 R 14	MXV3 A ENERGY - CLASSIC H				
		205/50 R 15	HX MXV3 A V				
1.8i CL - GT (75ch)	01/96->	185/65 R 14	MXT ENERGY - CLASSIC T	2.0	2.0	2.2	2.6
1.8i CL - GL - GT (90ch)		195/60 R 14	MXV3 A ENERGY- CLASSIC H				
1.9 TD CL - GL (75ch)		205/50 R 15	HX MXV3 A V				

Véhicules Marques et Types		Equipements Pneumatiques		Pressions (bar)* Utilisation Courante AV	AR	Autres Utilisation AV	AR

VOLKSWAGEN (suite)

PASSAT (suite)

Véhicule	Date	Pneu	Type		AV	AR	AV	AR
2.0i 16V GL - GT (150ch)	01/96->	205/50 R 15	HX MXV3 A	W	2.6	2.6	2.8	3.1
1.9 TDI : CL - GL (90ch)	01/96->	185/65 R 14	MXT ENERGY - CLASSIC	T	2.2	2.2	2.4	2.7
		195/60 R 14	MXV3 A ENERGY- CLASSIC	H				
		205/50 R 15	HX MXV3 A	V				
1.9 TDi GT (90ch)	01/96->	205/50 R 15	HX MXV3 A	V	2.2	2.2	2.4	2.7
1.9 TDi CL - GL - GT (110ch)	01/96->	205/50 R 15	HX MXV3 A	W	2.4	2.4	2.6	2.9

POLO

Véhicule	Date	Pneu	Type		AV	AR	AV	AR
1.6i 75 Servo-Interlagos- 1.9 Diesel	10/94->	175/65 R 13	MXT ENERGY	T	2.1	2.1	2.2	2.5
75 1.6i	07/95->	175/65 R 13	MXT ENERGY	T	2.1	2.1	2.3	2.6
		185/55 R 14	MXV3 A ENERGY	H				
100 1.6i 16V	07/95->	185/55 R 14	MXV3 A ENERGY	H	2.3	2.3	2.5	2.8

VENTO

Véhicule	Date	Pneu	Type		AV	AR	AV	AR
1.9 CL - GL - GTD	01/96->	185/60 R 14	MXT ENERGY	T	2.3	2.1	2.6	3.0
		195/50 R 15	HX MXV3 A	V				
1.9 TDi CL - GL - GTD (110cv)	01/96->	185/60 R 14	MXV3 A ENERGY- CLASSIC	H	2.5	2.3	2.6	3.0
		195/50 R 15	HX MXV3 A	V				
2.0i GT - GTi	01/96->	195/50 R 15	HX MXV3 A	V	2.3	2.1	2.5	2.9
		205/50 R 15	HX MXV3 A	V	2.1	1.9	2.3	2.7

VOLVO

440 - 460

Véhicule	Date	Pneu	Type		AV	AR	AV	AR
1.8i GLE - GLT - SI - "Famille" 1.8i GLE CVT - GLT CVT - SI CVT 2.0i GLE - GLT - SI - "Famille"		185/65 R 14	MXV3 A ENERGY- CLASSIC	H	2.1	1.9	2.3	2.1
		185/55 R 15	MXV3 A ENERGY	H				
1.8i Turbo GLE - GLT - SI "Famille" 1.9 Turbo Diesel GLE - GLT - Si	1993->	185/65 R 14	MXV3 A ENERGY- CLASSIC	H	2.1	1.9	2.3	2.1
		185/55 R 15	MXV3 A ENERGY	H				

S 40

Véhicule	Date	Pneu	Type		AV	AR	AV	AR
1.8i - 2.0i	04/96->	195/55 R 15	HX MXV3 A - SX GT	V	2.2	2.0	2.2	2.3

480

Véhicule	Date	Pneu	Type		AV	AR	AV	AR
S-ES	1993->	185/65 R 14	MXV3 A ENERGY- CLASSIC	H	2.1	1.9	2.1	2.1
		195/55 R 15	MXV3 A ENERGY	H				

850

Véhicule	Date	Pneu	Type		AV	AR	AV	AR
2.0i 20V GLE - GLT "Gentleman" - "Summum"	07/94->	195/60 R 15	HX MXV3 A	V	2.2	2.0	2.6	2.8
2.0i Turbo 20V	07/94->	205/50 ZR 16	HX MXM	W	2.3	2.1	2.9	2.9
2.3i Turbo T5 GLE - GLT 2.3i Turbo T5R - "Summum"	10/95->	205/50 ZR 16	HX MXM	W	2.3	2.1	2.9	2.9
2.5 20V GLE - GLT	07/94->	195/60 R 15	HX MXV3A	V	2.2	2.0	2.6	2.8
2.5i TDi GLT (Turbo Diesel)	10/95->	205/55 R 15	HX MXV3 A	V				

940

Véhicule	Date	Pneu	Type		AV	AR	AV	AR
2.0i 8V 2.3i 8V GLE	10/95->	185/65 R 15	MXT ENERGY- CLASSIC	T	1.9	1.9	2.4	2.9
		195/65 R 15	HX MXV3 A	V				
2.4 Turbo diesel GLE-SE	10/95->	195/65 R 15	HX MXV3 A	V	1.9	1.9	2.4	2.9
2.3	07/94->	185/65 R 15	MXT ENERGY- CLASSIC	T	1.9	1.9	2.1	2.8
		195/65 R 15	HX MXV3 A	V				

960

Véhicule	Date	Pneu	Type		AV	AR	AV	AR
964 Turbo Diesel	01/94->	195/65 R 15	HX MXV3 A	V	2.0	1.9	2.1	2.6
965 Turbo Diesel	01/94->	195/65 R 15	HX MXV3 A	V	1.9	2.1	2.4	3.1
2.5i 24V SE - "Gentleman-Summum" 3.0i 20 V - "Summum"	10/95->	195/65 R 15	HX MXV3 A	V	2.0	2.0	2.4	2.9
		205/55 R 16	HX MXV3 A	V				

* Consulter la page "conseils" qui précéde le tableau.
Tous les renseignements figurant sur ces tableaux sont donnés par Michelin sous réserve des modifications pouvant survenir après édition.

INSTRUCTIONS D'UTILISATION
DES PNEUMATIQUES POUR VOITURES PARTICULIERES

Les pneumatiques constituent le seul point de contact entre le véhicule et la route donc il est essentiel de les maintenir en permanences en bon état.

■ MONTAGE ET DEMONTAGE DES PNEUMATIQUES

Ces opérations doivent être confiées à un professionnel qui possède le matériel et la formation nécessaires. Un mauvais montage peut être la cause d'un accident corporel et d'une détérioration des pneus, chambres et roues.

■ PRESSION DE GONFLAGE

Le respect des pressions de gonflage revêt la plus haute importance pour la sécurité du roulage.
Un sous-gonflage provoque une élévation anormale de la température des constituants du pneumatique et peut engendrer une dégradation.
Cette dégradation est irréversible et peut entraîner une destruction du pneumatique avec mise à plat brutale.
Les effets négatifs d'une pression de gonflage insuffisante ne sont pas nécessairement immédiats et peuvent même ne se manifester qu'un certain temps après correction.
Il faut vérifier régulièrement les pressions "à froids" toutes les deux semaines, sans oublier la roue de secours.

NE JAMAIS DEGONFLER LES PNEUMATIQUES "A CHAUD".

Les pressions de gonflage doivent être adaptées aux conditions d'utilisation particulières :
ex : traction d'une caravane… (Consulter nos tableaux de gonflage).
La valve doit être munie d'un bouchon de valve d'un type étanche.

■ CAPACITE DE CHARGE ET DE VITESSE DES PNEUMATIQUES

La plupart des pneumatiques comportent des indications d'utilisation comme l'indice de charge (nombre) et le code de vitesse (lettre).
Les pneumatiques montés en équipement d'origine sont prévus pour la charge maximale par essieu et pour la capacité de vitesse maximale du véhicule.
Pour être sûr de monter au remplacement des pneumatiques appropriés et en conformité avec la législation, consulter un professionnel.
Pour les pneumatiques d'hiver "M+S", la capacité de vitesse peut être inférieure à celle des pneumatiques d'origine, mais la vitesse de roulage doit être alors adaptée à cette limite inférieure.
Pneumatiques cloutés, leur usage peut être rigoureusement circonscrit par les législations locales.

■ ENTRETIEN DES PNEUMATIQUES

Il faut vérifier régulièrement les pneus d'un véhicule.
Toute anomalie doit être signalée à un professionnel qui, après examen, jugera si une réparation est nécessaire et possible.

■ REMPLACEMENT DES PNEUMATIQUES

La profondeur des sculptures doit être vérifiée régulièrement. Les pneus comportent des témoins qui indiquent à l'automobiliste s'ils sont ou non proches de leur limite d'usure.
Il est préférable de monter les pneus neufs ou les moins usés sur l'essieu arrière.
Pour des raisons de sécurité, il est recommandé d'utiliser une chambre à air neuve dans un pneu neuf tube type et une valve Tubeless neuve lors du montage d'un pneu Tubeless neuf.
A des jantes Tubeless doivent être associés des pneus Tubeless.

■ MONTAGES MIXTES

Sauf cas particulier et exception faite de l'utilisation provisoire d'une roue de secours, les pneus montés sur un essieu donné doivent être de même type et dimension.
Il est déconseillé, ou même interdit dans certains pays de monter sur l'essieu arrière des pneumatiques diagonaux ou ceinturés croisés si des pneumatiques radiaux sont montés à l'essieu avant.

■ VALEUR DES CODES DE VITESSE :

Q = 160 km/h	T = 190 km/h	V = 240 km/h	ZR => 240 km/h
R = 170 km/h	H = 210 km/h	W = 270 km/h	
S = 180 km/h	VR (dans la dimension) => 210 km/h	Y = 300 km/h	

Atlas routiers

France
1/200 000
094 - *à spirale*
099 - *relié*

Espagne-Portugal
1/400 000
460 - *à spirale*

Great Britain
1/300 000
1122 - *à spirale*

Italie
1/300 000
465 - *à spirale*

Europe
1/1 000 000
1/3 000 000
130 - *relié*
136 - *à spirale*

Une découverte...

Le Bibendum...

Le voyage...

Une invitation
à la rencontre
et à la découverte
de Michelin

Une découverte
du monde Michelin...

Le Pneumatique,
les Cartes et Guides
et Bibendum :
trois grandes histoires racontées
au travers des expositions
thématiques et un espace
multimédia sur deux niveaux.

Bibendum...

Bibendum by Michelin,
sous toutes ses formes d'hier
et d'aujourd'hui, il est présent
avec une multitude d'objets
à son image.

Le voyage...

Les routes du monde entier
vous sont ouvertes
avec la collection intégrale
des Cartes et Guides Michelin.

**La Boutique MICHELIN
32, avenue de l'Opéra
75002 Paris**

**Ouverte
le Lundi de 12 h à 19 h
et du Mardi au Samedi
de 10 h à 19 h**

**Bibendum by Michelin
Tél. : 01 42 68 05 00**

**Cartes et Guides
Tél. : 01 42 68 05 20**

Fax : 01 47 42 10 50

Métro Opéra

CREIL *60100 Oise* 56 ① ⑪ *G. Ile de France – 31 956 h alt. 30.*

Office de Tourisme pl. Gén.-de-Gaulle ☎ 03 44 55 16 07, Fax 03 44 55 05 27.

Paris 62 ③ – Compiègne 38 ② – Beauvais 42 ① – Chantilly 9 ④ – Clermont 17 ①.

CREIL

Barluet (R. H.) 3
Berteaux (R. M.) 4
Carnot (Pl.) 8
Duguet (R. Ch.-A.) 13
Faubourg (Pl. du) 14
Gaulle (Pl. Gén.-de) 16
Marl (R. de) 17
Philippe (R. M.) 21
Ribot (R.) 23
Uhry (Av. J.) 27
8-Mai (Pl. du) 28

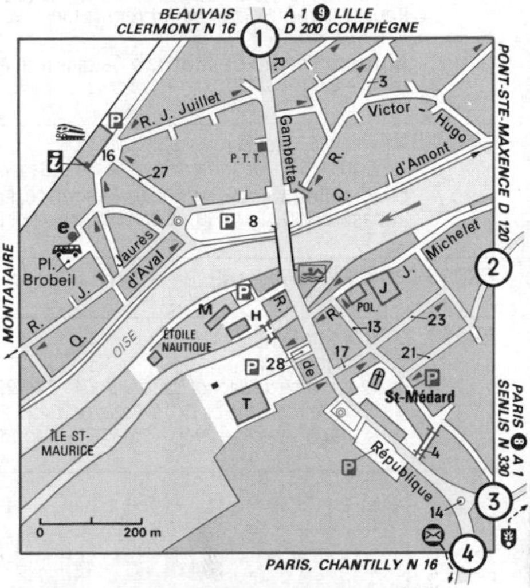

Pour un bon usage des plans de villes, voir les signes conventionnels dans l'introduction.

Petite Alsace, 8 pl. Ch. Brobeil (près gare) **(e)** ☎ 03 44 55 28 89, Fax 03 44 55 00 27 – AE GB
fermé 10 au 25 août, sam. midi, dim. soir et lundi – **Repas** 85/185 ♀, enf. 50.

à Nogent-sur-Oise *par ① : 2 km – 19 537 h. alt. 37 – ✉ 60180 :*

Sarcus, 7 r. Châteaubriand ☎ 03 44 74 01 31, Fax 03 44 71 58 85 – 🛗 ⇔ TV ☎ P – 🏛 50 à 200. AE ⊕ GB
fermé 1er au 25 août – **Repas** 74/85 ♀, enf. 80 – ☕ 45 – **62 ch** 260/290 – ½ P 280/298.

CITROEN SO.FI.DAC., 38 av. 8 Mai, Nogent-sur-Oise par ① ☎ 03 44 71 72 62
FORD Gar. Brie et Picardie, r. Marais Sec, ZI Nogent-sur-Oise ☎ 03 44 55 39 40
PEUGEOT C.D.A., r. des Droits de l'Homme à St-Maximin ☎ 03 44 64 60 61
RENAULT Palais Autom., ZI r. Marais-Sec à Nogent-sur-Oise par ① ☎ 03 44 55 60 00 N ☎ 03 44 24 99 47

Euromaster, ZA Creil à St-Maximin ☎ 03 44 24 47 18
Vulco, 2 rte de Creil à St-Leu d'Esserent ☎ 03 44 56 62 56

CRÉMIEU *38460 Isère* 74 ⑬, 110 ㉙ *G. Vallée du Rhône* **(plan)** – *2 855 h alt. 200.*

Voir *Halles*★.

Office de Tourisme pl. Nation-Charles de Gaulle ☎ 04 74 90 45 13, Fax 04 74 90 02 25.

Paris 491 – Lyon 40 – Belley 48 – Bourg-en-Bresse 65 – Grenoble 86 – La Tour-du-Pin 29 – Vienne 40.

Aub. de la Chaite avec ch, ☎ 04 74 90 76 63, Fax 04 74 90 88 08, 🏖 – ☎ P. AE ⊕ GB
fermé 21 au 28 avril, 2 au 31 janv., dim. soir et lundi – **Repas** 70/170 ♀, enf. 38 – ☕ 30 – **11 ch** 150/285.

CRÉON *33670 Gironde* 71 ⑨ *G. Pyrénées Aquitaine – 2 508 h alt. 110.*

Paris 591 – Bordeaux 24 – Bergerac 74 – Libourne 21 – La Réole 41.

Château Camiac 🐌, Nord-Est : 3 km par D 121 ☎ 05 56 23 20 85, Fax 05 56 23 38 84, ≤, 🏖, parc, 🏊, 🎾 – 🛗 ⇔ TV ☎ P – 🏛 40. AE ⊕ GB JCB. ✂
Repas *(1er avril-31 oct.)* 130 (déj.), 160/450 – ☕ 75 – **21 ch** 440/1150 – ½ P 570/980.

Pour traverser Paris et vous diriger en banlieue, utilisez la **carte Michelin Banlieue de Paris** n° 101 à 1/50 000 et les **plans de banlieue** n°s 17-18, 19-20, 21-22, 23-24 à 1/15 000.

CRÉPON 14 Calvados **54** ⑮ G. Normandie Cotentin – 209 h alt. 52 – ⊠ 14480 Creully.
Paris 257 – Caen 23 – Bayeux 13 – Deauville 68.

🏠 **La Rançonnière** ⅋, rte Arromanches-les-Bains ℘ 02 31 22 21 73, Fax 02 31 22 98 39,
« Ancienne ferme aménagée », 🐎 – 📺 ☎ & 🅿. 🖭 ⓪ 🅶🅱
Repas (fermé 15 janv. au 14 fév.) 65 (déj.), 98/280, enf. 55 – ☲ 45 – **34 ch** 295/380 –
½ P 310/360.

Annexe Ferme de Mathan ⅋ sans rest, à 800 m. – 📺 ☎ 🅿. 🖭 ⓪ 🅶🅱
☲ 45 – **8 ch** 380/480.

CRESSENSAC 46600 Lot **75** ⑱ – 570 h alt. 300.
Paris 503 – Brive-la-Gaillarde 20 – Sarlat-la-Canéda 46 – Cahors 79 – Gourdon 44 – Larche 22.

XX **Chez Gilles** avec ch, N 20 ℘ 05 65 37 70 06, Fax 05 65 37 77 15 – 📺 ☎ 🚗. 🖭 ⓪ 🅶🅱
Repas 100/250 ⅋ – ☲ 38 – **8 ch** 260/300 – ½ P 270/290.

CRESSERONS 14 Calvados **54** ⑯ – rattaché à Douvres-la-Délivrande.

CREST 26400 Drôme **77** ⑫ G. Vallée du Rhône – 7 583 h alt. 196.
Voir Donjon★ : ✳★ Y.
🏌 du Domaine de Sagnol (saison) ℘ 04 75 40 98 00 par ① : 19 km.
🛈 Office de Tourisme pl. Dr M.-Rozier ℘ 04 75 25 11 38, Fax 04 75 76 79 65.
Paris 589 ④ – Valence 29 ④ – Die 37 ① – Gap 130 ① – Grenoble 112 ④ – Montélimar 37 ②.

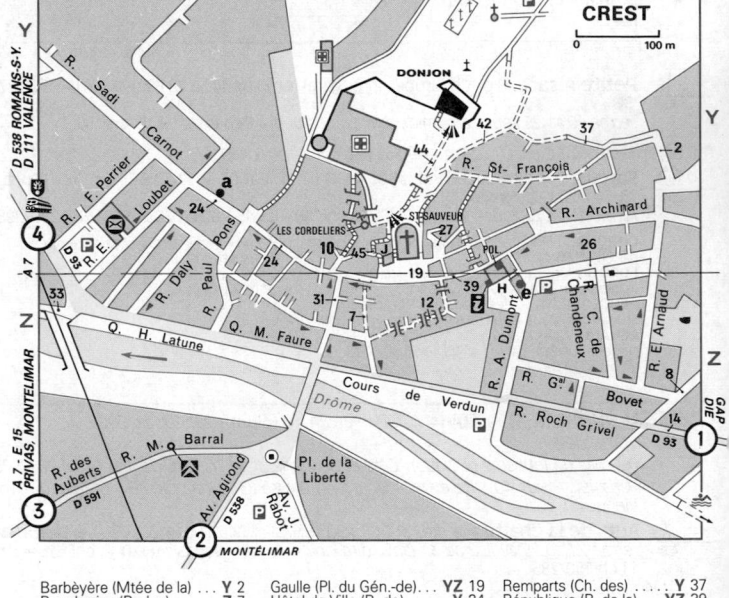

Barbèyère (Mtée de la) ... **Y** 2	Gaulle (Pl. du Gén.-de) ... **YZ** 19	Remparts (Ch. des) ..... **Y** 37
Boucheries (R. des) ..... **Z** 7	Hôtel-de-Ville (R. de) ..... **Y** 24	République (R. de la) ... **YZ** 39
Calade (R. de la) .... **Z** 8	Jourbernon (Cours de) .... **Y** 26	Saboury (R. de) .... **Y** 42
Cordeliers (Esc. des) ..... **Y** 10	Julien (Pl.) .... **Y** 27	Tour (R. de la) .... **Y** 44
Cuiretteries (R. des) ..... **Z** 12	Long (R. M.) .... **Z** 31	Vieux-Gouvernement
Dr.-A. Ricateau (Av.) ..... **Z** 14	Pied Gai (Quai) .... **Z** 33	(R. du) .... **Y** 45

🏠 **Grand Hôtel**, 60 r. Hôtel de Ville ℘ 04 75 25 08 17, Fax 04 75 25 46 42 – 📺 ☎. 🅶🅱
fermé 22 déc. au 19 janv., 9 au 16 fév., dim. soir du 5 sept. au 15 juin et lundi sauf le soir
d'avril à oct. – **Repas** 80/200, enf. 47 – ☲ 33 – **20 ch** 140/330 – ½ P 195/270.   **Y a**

XX **Porte Montségur** avec ch, par ① : 0,5 km sur D 93 ℘ 04 75 25 41 48,
Fax 04 75 25 22 63, 🍽, 🐎 – 📺 ☎ 🐾 🅿. 🖭 ⓪ 🅶🅱
fermé vacances de Toussaint, de fév., lundi soir et merc. – **Repas** 96/290 – ☲ 42 – **9 ch**
265/290 – ½ P 330/355.

XX **Kléber** avec ch, 6 r. A. Dumont ℰ 04 75 25 11 69, Fax 04 75 76 82 82 – ▤ rest 📺 ☎.
GB   Z e
fermé 18 août au 2 sept., 19 janv. au 2 fév., dim. soir et lundi – **Repas** 95/250 – ☲ 35 – **7 ch**
180/280 – ½ P 260.

CITROEN Gar. Rolland, 34 r. M.-Barral   ⓪ Relais du Pneu, av. F.-Rozier, rte de Valence
ℰ 04 75 25 01 13   ℰ 04 75 25 44 51
RENAULT Gar. Cunzi, av. A.-Fayolle
ℰ 04 75 25 10 85

CREST-VOLAND 73590 Savoie **74** ⑰ G. Alpes du Nord – 395 h alt. 1230 – Sports d'hiver : 1 230/
1 950 m ≰ 17 ⚡.

🄳 Office de Tourisme ℰ 04 79 31 62 57, Fax 04 79 31 85 36.
Paris 590 – Chamonix-Mont-Blanc 50 – Albertville 23 – Annecy 52 – Bonneville 57 –
Chambéry 73 – Megève 14.

🏠 **Caprice des Neiges** ⌂, rte Saisies : 1 km ℰ 04 79 31 62 95, Fax 04 79 31 79 30, ≤, 🦌,
⊕ ❨ – ☎ 🄿, GB. ⌂ rest
20 juin-15 sept. et 15 déc.-20 avril – **Repas** 85/120, enf. 45 – ☲ 32 – **16 ch** 320 – ½ P 295.

🏠 **Mont Charvin**, au Cernix Sud : 1,5 km par rte secondaire ℰ 04 79 31 61 21,
Fax 04 79 31 82 10, ≤, 🦌 – ☎ 🄿, GB
28 juin-30 août et 15 déc.-10 avril – **Repas** 93/130, enf. 55 – ☲ 33 – **23 ch** 180/270 –
½ P 265.

CRÉTEIL 94 Val-de-Marne **61** ①,, **101** ㉗ – voir à Paris, Environs.

CREULLY 14480 Calvados **54** ⑮ – 1 396 h alt. 27.
Paris 254 – Caen 19 – Bayeux 14 – Deauville 64.

XX **St-Martin** avec ch, ℰ 02 31 80 10 11, Fax 02 31 08 17 64, « Belle salle voûtée » – 📺 ☎ 🄿.
⊕ AE GB
fermé vacances de Noël et de fév. – **Repas** 65/210 ◊, enf. 40 – ☲ 30 – **12 ch** 220/260 –
½ P 280/300.

Le CREUSOT 71200 S.-et-L. **69** ⑧ G. Bourgogne – 28 909 h alt. 348.
🄳 Office de Tourisme Château de la Verrerie ℰ 03 85 55 02 46, Fax 03 85 80 11 03.
Paris 316 ② – Chalon-sur-Saône 37 ② – Autun 29 ③ – Beaune 46 ① – Mâcon 89 ②.

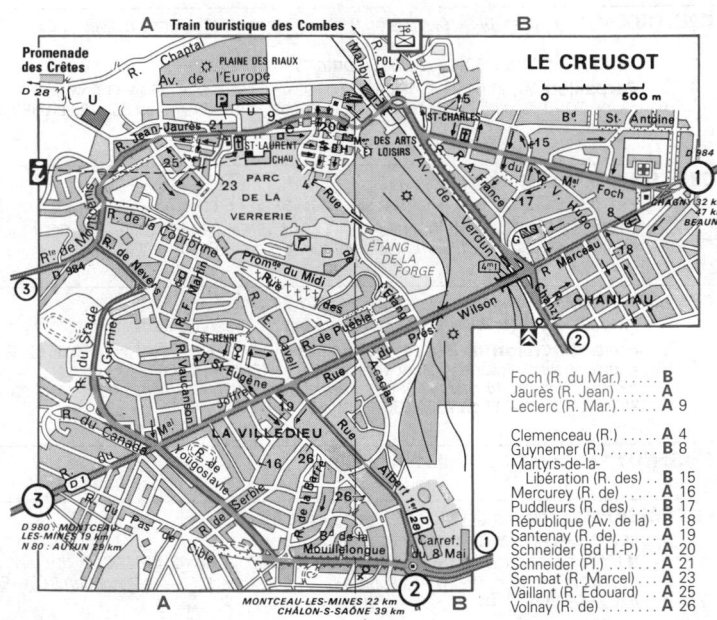

Foch (R. du Mar.) . . . . . **B**
Jaurès (R. Jean) . . . . . . **A**
Leclerc (R. Mar.) . . . . . **A** 9

Clemenceau (R.) . . . . . **A** 4
Guynemer (R.) . . . . **B** 8
Martyrs-de-la-
   Libération (R. des) . . **B** 15
Mercurey (R. de) . . . . . **A** 16
Puddleurs (R. des) . . . . **B** 17
République (Av. de la) . **B** 18
Santenay (R. de) . . . . . **A** 19
Schneider (Bd H.-P.) . . **A** 20
Schneider (Pl.) . . . . **A** 21
Sembat (R. Marcel) . . . **A** 23
Vaillant (R. Édouard) . . **A** 25
Volnay (R. de) . . . . **A** 26

439

🏨 **La Petite Verrerie,** 4 r. J. Guesde ℰ 03 85 55 31 44, Fax 03 85 80 89 01 – 📺 ☎ 🅿️ –
🍴 🛴 30. 🆎 ⏳   A e
fermé 25 déc. au 1ᵉʳ janv. – **Repas** *(fermé sam. et dim.)* 75/195 ⅃, enf. 60 – ⬷ 45 – **40 ch**
320/390 – ½ P 305/345.

🍴 **Aub. des Crêtes,** 80 rte Marmagne ℰ 03 85 56 24 66 – ⏳
fermé 20 juil. au 13 août, dim. soir et lundi – **Repas** 105/180.

au Breuil *par* ① *: 3 km* – *3 741 h. alt. 337* – ⊠ *71670 :*

🏨 **Moulin Rouge** ⬤, ℰ 03 85 55 14 11, Fax 03 85 55 53 37, 🍽, ⬛, 🌳 – 🖼 📺 ☎. 🆎 ⏺
⏳
fermé 20 déc. au 10 janv., vend. soir, sam. midi et dim. soir – **Repas** 100/220 ⅃ – ⬷ 45 –
32 ch 200/400 – ½ P 250/300.

à Torcy *par* ② *: 4 km* – *4 059 h. alt. 310* – ⊠ *71210 :*

🍴🍴🍴 **Vieux Saule,** ℰ 03 85 55 09 53, Fax 03 85 80 39 99, 🍽 – 🅿️. ⏳
fermé dim. soir et lundi – **Repas** 100/360 et carte 240 à 300 ⅃, enf. 65.

CITROEN Gar. Broin, 77 rte de Montcenis par D 984   🔘 Creusot-Pneus, 55 av. Aballoirs
ℰ 03 85 55 20 09   ℰ 03 85 55 60 93
CITROEN Gar. Moderne, r. de Chanzy   Goesin, 3 r. de Chanzy ℰ 03 85 55 44 17
ℰ 03 85 80 88 51
PEUGEOT Gar. Martinet, 45 av. de la République à
Montchanin ℰ 03 85 78 14 08

CREUTZWALD *57150 Moselle* 🔠 ⑤ – *15 169 h alt. 210.*
Paris 376 – *Metz 48* – *Forbach 27* – *Saarbrücken 38* – *Sarreguemines 38* – *Saarlouis 19.*

🍴 **Faisan d'Or,** rte Sarrelouis Nord-Est : 2 km sur N 33 ℰ 03 87 93 01 36 – 🅿️. ⏳
fermé août et lundi – **Repas** 95/230 ⅃.

OPEL Gar. Esch, à Hargarten-aux-Mines ℰ 03 87 93 18 46

CRÈVECOEUR-EN-AUGE *14340 Calvados* 🔠 ⑰ *G. Normandie Vallée de la Seine* – *554 h alt. 49.*
Voir *Manoir★.*
Paris 195 – *Caen 35* – *Falaise 34* – *Lisieux 18.*

🍴 **La Galetière,** ℰ 02 31 63 04 28, Fax 02 31 63 49 51 – ⏳
🛴 *fermé mardi soir et merc. sauf juil.-août* – **Repas** 79/201 ⅃, enf. 49.

CREVOUX *05200 H.-Alpes* 🔠 ⑱ *G. Alpes du Sud* – *117 h alt. 1577* – *Sports d'hiver : 1 650/2 100 m*
⤋4 ⅃.
Paris 723 – *Briançon 59* – *Gap 54* – *Embrun 15* – *Guillestre 31.*

🏠 **Parpaillon** ⬤, ℰ 04 92 43 18 08, Fax 04 92 43 69 66 – ☎ 🅿️. 🆎 ⏺ ⏳. 🍽 rest
🛴 *fermé 20 au 30 avril et 10 au 30 nov.* – **Repas** 70 bc/130 ⅃ – ⬷ 30 – **28 ch** 180/300 –
½ P 230/260.

CRILLON *60112 Oise* 🔠 ⑰ – *440 h alt. 110.*
Paris 99 – *Compiègne 76* – *Aumale 33* – *Beauvais 16* – *Breteuil 35* – *Gournay-en-Bray 18.*

🍴🍴 **La Petite France,** 7 rte Gisors ℰ 03 44 81 01 13, Fax 03 44 81 01 13 – 🍽. ⏳
🛴 *fermé 15 août au 9 sept., dim. soir, lundi soir et mardi* – **Repas** 80/170 ⅃.

CRILLON-LE-BRAVE *84410 Vaucluse* 🔠 ⑬ – *370 h alt. 340.*
Paris 693 – *Avignon 40* – *Carpentras 15* – *Nyons 41* – *Vaison-la-Romaine 26.*

🏨 **Host. de Crillon le Brave** ⬤, pl. Église ℰ 04 90 65 61 61, Fax 04 90 65 62 86, 🍽,
« Terrasse avec ⩽ plaine et Mont Ventoux », ⬛ – 📺 ☎ 🅿️. 🆎 ⏳
fermé 2 janv. au 14 mars – **Repas** *(fermé mardi de nov. à mars)* (dîner seul. en sem.)
240/340 – ⬷ 80 – **17 ch** 750/1650, 6 appart – ½ P 660/1110.

CRISENOY *77 S.-et-M.* 🔠 ② – *rattaché à Melun.*

Le CROISIC *44490 Loire-Atl.* 🔠 ⑭ *G. Bretagne* – *4 428 h alt. 6.*
Voir *Océarium★ AY* – *⩽★ du Mont-Lénigo.*
🅱 Office de Tourisme pl. 18 Juin 1940 ℰ 02 40 23 00 70, Fax 02 40 62 96 00.
Paris 461 ① – *Nantes 88* ① – *La Baule 13* ① – *Guérande 12* ① – *Le Pouliguen 8* ① – *Redon*
65 ① – *Vannes 79* ①.

LE CROISIC

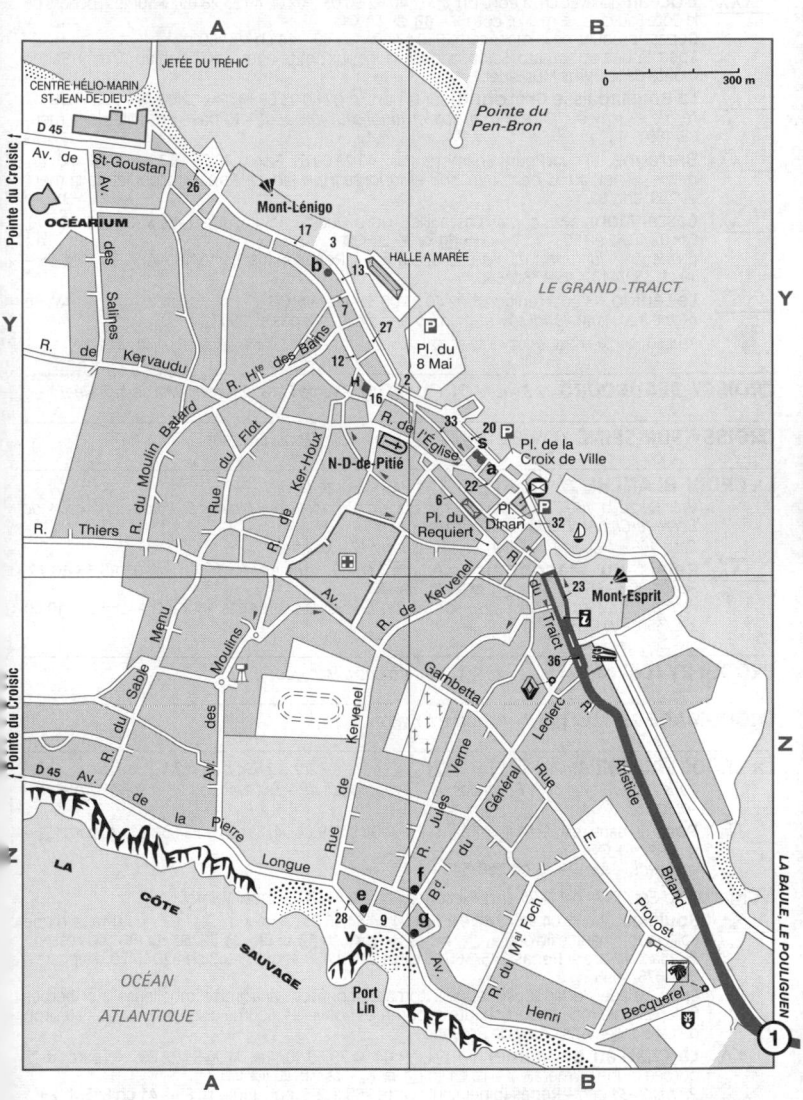

🏨🏨 **Les Vikings** sans rest, à Port-Lin 🕿 02 40 62 90 03, Fax 02 40 23 28 03, ≤ – 📧 📺 🕿 ᕒ.
🚗 – 🔬 40. 🖭 🖼
➡ 50 – **24 ch** 380/600.
AZ e

🏨🏨 **Maris Stella** Ⓜ sans rest, à Port-Lin 🕿 02 40 23 21 45, Fax 02 40 23 22 63, ≤, 🛏, 🚿 – 📺
🕿. 🖼. 🚿
➡ 52 – **8 ch** 565/795, 3 duplex.
BZ g

🏠 **Les Nids** ॐ, 15 r. Pasteur à Port-Lin ℘ 02 40 23 00 63, Fax 02 40 23 09 79, 🖘 – 📺 ☎ ✆
👤 – 🏊 25. ⌾⊟   BZ f
ouvert vacances de fév. aux vacances de Toussaint – **Repas** (fermé dim. soir et lundi hors
sais.) 90/190, enf. 65 – ☲ 36 – **22 ch** 380/430 – ½ P 326/351.

XXX **L'Océan** ॐ avec ch, à Port-Lin ℘ 02 40 62 90 03, Fax 02 40 23 28 03, « Sur les rochers de
🍴 la Côte Sauvage, ≼ mer et côte » – 📺 ☎, 🅰🅴 ⊟   AZ v
Repas - produits de la mer - carte 250 à 410 – ☲ 50 – **14 ch** 450/600
Spéc. Bisque de homard. Saint-Jacques sauce aux petits légumes (1er oct. au 10 mai). Bar en
croûte de sel. **Vins** Muscadet.

XX **La Bouillabaisse Bretonne,** sur le port ℘ 02 40 23 06 74, Fax 02 40 15 71 43 – ⊟
🍴 fermé 1er janv. au 15 fév., dim. soir et lundi sauf juil.-août – **Repas** - produits de la mer -
88/180.   BY s

XX **Bretagne,** 11 quai Petite Chambre ℘ 02 40 23 00 51, Fax 02 40 23 18 32 – 🅰🅴 ⓪ ⊟
fermé 15 nov. au 15 déc., dim. soir et lundi sauf juil.-août – **Repas** - produits de la mer -
99/259, enf. 60.   BY a

XX **Castel Moor** avec ch, av. Castouillet, Nord Ouest : 1,5 km sur D 45 ℘ 02 40 23 24 18,
Fax 02 40 62 98 90, ≼, 🍴 – ✿ 📺 ☎ P. 🅰🅴 ⊟
fermé janv., lundi soir et mardi d'oct. à fév. – **Repas** 80 (déj.), 110/180, enf. 60 – ☲ 38 –
19 ch 350/410 – ½ P 330/350.

X **Le Lénigo,** 11 quai Lénigo ℘ 02 40 23 00 31 – 🅰🅴 ⓪ ⊟   AY b
fermé déc., janv., lundi soir et mardi d'oct. à juin – **Repas** 86/200, enf. 60.

PEUGEOT Gar. Rochard, ℘ 02 40 62 90 32   RENAULT Gar. Propice, ℘ 02 40 23 02 09

CROISSY-BEAUBOURG 77 S.-et-M. 🎯 ②., 🔢 ㉚ – voir à Paris, Environs (Marne-la-Vallée).

CROISSY-SUR-SEINE 78 Yvelines 🎯 ⑳., 🔢 ⑬ – voir à Paris, Environs.

La CROIX-BLANCHE 71 S.-et-L. 🎯 ⑲ – ✉ 71960 Berzé-la-Ville.
Voir Berzé-la-Ville : peintures murales★★ de la chapelle aux Moines E : 2 km – Château★ de
Berzé-le-Châtel N : 3 km, G. Bourgogne.
Paris 408 – Mâcon 19 – Charolles 43 – Cluny 12 – Roanne 84.

XX **Relais du Mâconnais** avec ch, D 17 (ancienne N 79) ℘ 03 85 36 60 72,
🍴 Fax 03 85 36 65 47, 🏵 – 📺 ☎ P. 🅰🅴 ⓪ ⊟
fermé 7 janv. au 1er fév., dim. soir et lundi hors sais. – **Repas** 140/290 – ☲ 38 – **10 ch**
290/350 – ½ P 330.

CROIX-FRY (Col de) 74 H.-Savoie 🎯 ⑦ – rattaché à Manigod.

CROIX-MARE 76 S.-Mar. 🎯 ⑬ – rattaché à Yvetot.

La CROIX-VALMER 83420 Var 🎯 ⑰., 🔢 ㊲ G. Côte d'Azur – 2 634 h alt. 120.
Paris 875 – Fréjus 36 – Brignoles 69 – Draguignan 49 – Le Lavandou 26 – Ste-Maxime 16 –
Toulon 68.

🏨 **Parc** ॐ sans rest, Est : 1 km par D 93 ℘ 04 94 79 64 04, Fax 04 94 54 38 91, ≼, parc, 🏊 –
🔲 📺 P. ⓪ ⊟
mai-sept. – ☲ 45 – **33 ch** 360/540.

à Gigaro Sud-Est : 5 km par D 93 et rte secondaire – ✉ 83420 La Croix-Valmer :

🏩 **Souleias** ॐ, ℘ 04 94 79 61 91, Fax 04 94 54 36 23, ≼ mer et îles, 🏵, « Au faîte d'une
🍴 colline dominant le littoral », 🏊, 🖘, 🍴 – ▮ ▮ ch 📺 ☎ P – 🏊 25. 🅰🅴 ⓪ ⊟. ✼ rest
27 mars-12 oct. – **Repas** 245/360 et carte 320 à 450 – ☲ 85 – **42 ch** 820/1470, 7 appart –
½ P 675/1095
Spéc. Salade de langoustines aux tomates confites, vinaigrette moelleuse aux herbes
fraîches. Sole rôtie aux artichauts et pommes nouvelles. Soufflé glacé de "kahlua" au sirop
de café grillé. **Vins** Côtes de Provence.

🏩 **Le Château de Valmer** 🅼 ॐ, ℘ 04 94 79 60 10, Fax 04 94 54 22 68, ≼, parc, « 🏊
bordée d'une palmeraie » – ▮ ▮ ch 📺 ☎ 👤 – 🏊 30. 🅰🅴 ⓪ ⊟
28 mars -31 oct. – **Repas** (dîner seul.) carte 260 à 395, enf. 110 – ☲ 85 – **41 ch** 815/1325.

🏩 **Les Moulins de Paillas et Résidence Gigaro,** ℘ 04 94 79 71 11,
Fax 04 94 54 37 05, 🏵, 🏊, 🖘, 🍴 – ▮ ▮ ch 📺 ☎ P. 🅰🅴 ⓪ ⊟
8 mai-fin sept. – **La Brigantine** ℘ 04 94 79 67 16 (dîner seul.) **Repas** 170/260, enf. 100 –
Pépé Le Pirate grill **Repas** (déj. seul.) 108 – ☲ 80 – **68 ch** 670/1110 – ½ P 760/890.

🏩 **La Pinède** ॐ ℘ 04 94 54 31 23, Fax 04 94 79 71 46, ≼, 🏵, « En bord de mer », 🏊,
🖘, 🖘, 🍴 – ▮ ch 📺 ☎ P. 🅰🅴 ⓪ ⊟
7 mai-30 sept. – **Repas** carte 190 à 300, enf. 110 – ☲ 85 – **40 ch** 900/1400 – ½ P 750/1000.

Sud-Ouest *5,5 km par D 559 et rte secondaire, rd-pt du Débarquement –* ⊠ *83420 La Croix-Valmer :*

  ✗ **La Petite Auberge de Barbigoua,** ℰ 04 94 54 21 82, Fax 04 94 54 23 38, ⇔ – **GB**
fermé 15 nov. au 28 déc., lundi et mardi – **Repas** 145/195.

CROLLES *38920 Isère* **77** ⑤ *– 5 829 h alt. 250.*
    Paris 587 – Grenoble 19 – Chambéry 42 – La Tour-du-Pin 85 – Voiron 45.

  ✗✗ **Le Crolles,** Z.I. - 772 av. Ambroise Croizat ℰ 04 76 08 83 21, Fax 04 76 08 80 59, ⇔ – ▤
P. **AE** ⓪ **GB**
fermé 1er au 24 août, le soir sauf sam., dim. sauf fêtes et sam. midi – **Repas** 95 (déj.),
120/250 bc, enf. 72.

  ⑩ Pneus Racing Sce, ℰ 04 76 92 02 76

CROS-DE-CAGNES *06 Alpes-Mar.* **84** ⑨,, **115** ㉖ *– rattaché à Cagnes.*

CROZANT *23160 Creuse* **68** ⑱ *G. Berry Limousin – 636 h alt. 263.*
    Voir Ruines★.
    *Paris 331 – Argenton-sur-Creuse 32 – La Châtre 50 – Guéret 38 – Montmorillon 71 –
La Souterraine 26.*

  ✗✗ **Aub. de la Vallée,** ℰ 05 55 89 80 03, Fax 05 55 89 83 22 – **GB**
  🐾 *fermé 2 janv. au 2 fév., lundi soir et mardi du 15 sept. au 30 juin –* **Repas** 76/230, enf. 45.

    Le Guide change, changez de guide tous les ans.

CROZON *29160 Finistère* **58** ④ *G. Bretagne – 7 705 h alt. 85.*
    Voir Retable★ de l'église.
    Env. Pointe de Dinan ✳★★ *SO : 6 km.*
    🄑 *Office de Tourisme bd Pralognan ℰ 02 98 27 07 92, Fax 02 98 27 24 89.*
    Paris 585 – Brest 58 – Quimper 51 – Châteaulin 34 – Douarnenez 43 – Morlaix 81.

  ✗✗ **Le Mutin Gourmand,** pl. Église ℰ 02 98 27 06 51, Fax 02 98 26 11 97 – ▤. **AE GB**
fermé 15 nov. au 15 déc., lundi sauf le soir en juil.-août et dim. soir de sept. à juin – **Repas**
95 (déj.), 125/350, enf. 60.

  ✗✗ **La Pergola,** 25 r. Poulpatré ℰ 02 98 27 04 01 – **GB**
  🍴 *fermé dim. soir et lundi de sept. à juin et lundi midi en juil.-août –* **Repas** 78/240, enf. 55.

au Fret *Nord : 5,5 km par D 155 et D 55 –* ⊠ *29160 Crozon :*

  🏠 **Host. de la Mer,** ℰ 02 98 27 61 90, Fax 02 98 27 65 89, ≤ – **☎**. **AE GB**
fermé 3 janv. au 12 fév. – **Repas** 105/260 – ⊠ 46 – **25 ch** 270/350 – ½ P 297/350.

  ⑩ Prat Pneus, rte de Châteaulin ℰ 02 98 27 12 51

CRUIS *04230 Alpes-de-H.P.* **81** ⑮ *– 408 h alt. 728.*
    Paris 735 – Digne-les-Bains 41 – Forcalquier 18 – Manosque 42 – Sisteron 26.

  🏠 **Aub. de l'Abbaye,** ℰ 04 92 77 01 93, Fax 04 92 77 01 92, ⇔ – **TV ☎** – ⚒ 25. **GB**
fermé fév., merc. de sept. à mars, dim. soir et mardi de nov. à mars – **Repas** 100/130,
enf. 65 – ⊠ 35 – **8 ch** 245/295 – ½ P 265.

CRUSEILLES *74350 H.-Savoie* **74** ⑥ *G. Alpes du Nord – 2 716 h alt. 781.*
    Voir Ponts de la Caille★ S : 4 km.
    Paris 539 – Annecy 18 – Bellegarde-sur-Valserine 44 – Bonneville 36 – Genève 27 – Thonon-les-Bains 59.

  ✗✗ **L'Ancolie** Ⓜ 🏠 *avec ch, au parc des Dronières Nord-Est 1 km par D 15* ℰ 04 50 44 28 98,
Fax 04 50 44 09 73, ≤, ⇔, « Au bord d'un lac, bel environnement », ☞ – **TV ☎ P** – ⚒ 35.
AE ⓪ **GB**. ✳ rest
fermé vacances de Toussaint, de fév. et dim. soir – **Repas** 120/365, enf. 70 – ⊠ 45 – **10 ch**
355/455 – ½ P 415/460.

  PEUGEOT Central Gar., ℰ 04 50 44 10 27   RENAULT Gar. Champot-Gimenez,
                                         ℰ 04 50 44 11 50

CUCHERON (Col du) *38 Isère* **77** ⑤ *– rattaché à St-Pierre-de-Chartreuse.*

CUCUGNAN 11350 Aude 86 ⑧ – 128 h alt. 310.

Voir Col Grau de Maury 🌸 ★★ S : 2,5 km – Site★★ du château de Quéribus★ SE : 3 km.
Env. Château de Peyrepertuse★★★ NO : 7 km, G. Pyrénées Roussillon.
Paris 867 – Perpignan 43 – Carcassonne 76 – Limoux 74 – Quillan 49.

✕ **Aub. de Cucugnan,** 𝒫 04 68 45 40 84, Fax 04 68 45 01 52, 🌤, « Grange aménagée » –
🐾 P. GB
fermé 4 au 17 fév. et merc. de janv. à mars – Repas 99/250, enf. 45.

CUERS 83390 Var 84 ⑮, 114 ㉝ – 7 027 h alt. 140.

Paris 835 – Toulon 24 – Brignoles 25 – Draguignan 59 – Marseille 86.

✕✕✕ **Le Lingousto** (Ryon), Est : 2 km par rte Pierrefeu 𝒫 04 94 28 69 10, Fax 04 94 48 63 79,
🀄 🌤 – P. AE Ⓞ GB
fermé 2 janv. à fin fév., dim. et lundi sauf juil.-août – Repas 198/380, enf. 80
Spéc. Salade tiède du Lingousto. Suprême de loup sauvage aux oursins (oct. à janv.).
Rouelle de pigeon au foie gras. Vins Côtes de Provence.

CUISEAUX 71480 S.-et-L. 70 ⑬ – 1 779 h alt. 280.

Paris 400 – Chalon-sur-Saône 64 – Mâcon 70 – Lons-le-Saunier 27 – Tournus 47.

✕✕ **Vuillot** avec ch., 𝒫 03 85 72 71 79, Fax 03 85 72 54 22, 🐾 – 🔲 rest 📺 ☎ ℃ 🚗 P. GB
🐾 fermé janv. et dim. soir d'oct. à mai – Repas 78/250, enf. 45 – 🖵 33 – **16 ch** 195/250 –
½ P 200/220.

Gar. Berger, 𝒫 03 85 72 71 39 N 𝒫 03 85 72 71 39

Pour les grands voyages d'affaires ou de tourisme,
Guide Rouge MICHELIN : EUROPE.

CUISERY 71290 S.-et-L. 70 ⑫ – 1 505 h alt. 211.

Paris 368 – Chalon-sur-Saône 35 – Bourg-en-Bresse 47 – Lons-le-Saunier 50 – Mâcon 37 –
St-Amour 40 – Tournus 8.

✕✕✕ **Host. Bressane** avec ch., 𝒫 03 85 40 11 63, Fax 03 85 40 14 96, 🌤, 🚜 – 🔲 ☎ 🚹 🚗
P. GB
fermé 15 nov. au 15 janv., merc. midi et mardi – Repas 120/260 et carte 190 à 290, enf. 70 –
🖵 45 – **15 ch** 220/400.

La CURE 39 Jura 70 ⑯ – rattaché aux Rousses.

CUREBOURSE (Col de) 15 Cantal 76 ⑫ ⑬ – rattaché à Vic-sur-Cère.

Le CURTILLARD 38 Isère 77 ⑥ – rattaché à La Ferrière.

CURTIL-VERGY 21 Côte-d'Or 66 ⑫ – rattaché à Nuits-St-Georges.

CURZAY-SUR-VONNE 86600 Vienne 68 ⑫ – 460 h alt. 125.

Paris 369 – Poitiers 29 – Lusignan 13 – Niort 53 – Parthenay 37 – St-Maixent-l'École 28.

🏰 **Château de Curzay** Ⓜ ᠁, rte Jazeneuil 𝒫 05 49 36 17 00, Fax 05 49 53 57 69, ≤, 🌤,
parc, 🏊 – ⛤ 🔲 ch 📺 ☎ 🚹 P – 🕍 30. AE Ⓞ GB
Repas 220/330 – 🖵 70 – **18 ch** 750/980.

CUSSAY 37 I.-et-L. 68 ⑤ – rattaché à Ligueil.

CUSSET 03300 Allier 73 ⑤ G. Auvergne – 13 567 h alt. 276.

🚹 Office de Tourisme 2 r. S.-Arloing 𝒫 et Fax 04 70 31 39 41.
Paris 344 ② – Clermont-Ferrand 57 ① – Lapalisse 20 ② – Moulins 56 ② – Vichy 4 ①.

Plan page ci-contre

✕✕ **Taverne Louis XI,** pl. Victor Hugo (a) 𝒫 04 70 98 39 39, maison du 15ᵉ siècle – GB
fermé 1ᵉʳ au 14 juil., vacances de fév., dim. soir et lundi – Repas (nombre de couverts limité,
prévenir) 145/260.

FORD Barrat Moulins autos, bd du Bicentenaire 𝒫 04 70 97 77 79

CUSSET

Arloing (R. S.) 2
Constitution (R. de la) 6
Gambetta (R.) 9
Rocher-Favyé (R.) 19

Barge (R. de la) 3
Bru (R. J. B.) 4
Centenaire (Pl. du) 5
Cornil (Pl. F.) 7
Cureyras (R. H.) 8
Drapeau (Av. du) 12
Prés.-Wilson (R. du) 13
Radoult-de-la-Fosse (Pl.) 16
Raynal (R. du Gén.) 17
République (Pl. de la) 18
Sausheim (R. de) 20
Victor-Hugo (Pl.) 21
29-Juillet (R. du) 22

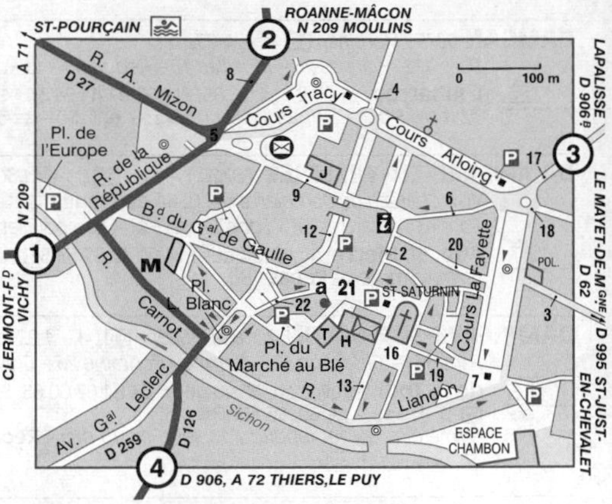

Pas de publicité payée dans ce guide.

*Get your copy of the **Michelin Green Guide to New England.***

CUSSEY-SUR-L'OGNON *25870 Doubs 66 ⑮ – 570 h alt. 227.*

Paris 413 – Besançon 15 – Gray 37 – Vesoul 41.

XX **Vieille Auberge** avec ch, ☎ 03 81 48 51 70, Fax 03 81 57 62 30, – ☎. GB
fermé vacances de Noël, dim. soir et lundi – **Repas** 80 (déj.), 100/210, enf. 55 – 35 – **8 ch** 240/320 – 1/2 P 260.

CUTS *60400 Oise 56 ③ – 736 h alt. 79.*

Paris 108 – Compiègne 25 – St-Quentin 46 – Chauny 16 – Noyon 11 – Soissons 30.

XX **Le Bois Doré,** 5 r. Ramée ☎ 03 44 09 77 66, Fax 03 44 09 79 27 – GB
fermé 10 fév. au 7 mars, dim. soir et lundi – **Repas** 85/230 ₰, enf. 70.

DABISSE *04 Alpes-de-H.-P. 81 ⑯ – ✉ 04190 Les Mées.*

Env. *Rochers des Mées★ NE : 8 km* G. Alpes du sud.

Paris 737 – Digne-les-Bains 33 – Forcalquier 19 – Manosque 26 – Sisteron 29.

XXX **Vieux Colombier,** Sud : 2 km sur D4 ☎ 04 92 34 32 32, Fax 04 92 34 34 26, – P. AE GB – *fermé 1er au 8 janv., dim. soir sauf juil.-août et merc.* – **Repas** 140/300.

DACHSTEIN *67120 B.-Rhin 62 ⑨ – 957 h alt. 160.*

Paris 476 – Strasbourg 22 – Molsheim 6 – Saverne 28 – Sélestat 38.

XX **Aub. de la Bruche,** ☎ 03 88 38 14 90, Fax 03 88 48 81 12, – GB
fermé 25 août au 10 sept., 2 au 10 janv., sam. midi et mardi – **Repas** 150/250 ₰.

DAGLAN *24250 Dordogne 75 ⑰ – 477 h alt. 101.*

Voir *St-Pompon : porte fortifiée★ SO : 4,5 km,* G. Périgord Quercy.

Paris 540 – Cahors 49 – Sarlat-la-Canéda 23 – Fumel 42 – Gourdon 18 – Périgueux 78.

X **Petit Paris,** ☎ 05 53 28 41 10, – AE GB
fermé 15 déc. au 15 fév. et lundi de sept. à juin – **Repas** 78/270, enf. 60.

La DAILLE *73 Savoie 74 ⑲ – rattaché à Val-d'Isère.*

DAMBACH-LA-VILLE *67650 B.-Rhin 62 ⑨ G. Alsace Lorraine – 1 800 h alt. 210.*

Office de Tourisme ☎ 03 88 92 61 00.

Paris 506 – Strasbourg 46 – Obernai 22 – Saverne 57 – Sélestat 9.

Au Raisin d'Or, ☎ 03 88 92 48 66, Fax 03 88 92 61 42 – ☎ P. GB.
fermé 15 déc. au 1er fév., mardi midi et lundi – **Repas** 48 (déj.), 95/130 ₰, enf. 35 – 35 – **8 ch** 260/280 – 1/2 P 215/225.

Le Vignoble sans rest, ☎ 03 88 92 43 75 – ☎ P. GB.
fermé mi-déc. au 1er mars, dim. soir et lundi – 35 – **7 ch** 275/300.

DAMGAN *56750 Morbihan* 63 ⑬ – *1 032 h.*

Paris 472 – Vannes 26 – Muzillac 10 – Redon 46 – La Roche-Bernard 26.

L'Albatros, ✆ 02 97 41 16 85, Fax 02 97 41 21 34, ← – ▤ rest TV ☎ ♿ P. GB
22 mars-5 oct. – **Repas** 60 (déj.), 88/238, enf. 50 – ☕ 30 – **28 ch** 280/370 – ½ P 210/295.

DAMPIERRE-EN-YVELINES *78720 Yvelines* 60 ⑨ – *1 030 h alt. 100.*

Voir *Château de Dampierre*★★, G. Ile de France.

Paris 43 – Chartres 56 – Longjumeau 32 – Rambouillet 16 – Versailles 18.

Aub. St-Pierre, 1 r. Chevreuse ✆ 01 30 52 53 53, Fax 01 30 52 58 57 – GB
fermé dim. soir – **Repas** 180.

DAMPIERRE-SUR-SALON *70180 H.-Saône* 66 ④ – *1 227 h alt. 203.*

Paris 334 – Besançon 52 – Combeaufontaine 26 – Gray 17 – Langres 54.

de la Tour M avec ch, 8e étage ✆ 03 84 67 00 65, Fax 03 84 67 02 28, ←, 🌳 – |♦| ▤ rest TV ☎ ♿ 🚗 – 🎓 60. AE ⓓ GB
fermé dim. soir et lundi du 15 sept. au 15 mai – **Repas** 70/180 🍷, enf. 50 – ☕ 35 – **25 ch** 270/690 – ½ P 280.

DAMPRICHARD *25450 Doubs* 66 ⑱ – *1 858 h alt. 825.*

Paris 486 – Besançon 81 – Basel 97 – Belfort 67 – Montbéliard 47 – Pontarlier 67.

Lion d'Or, ✆ 03 81 44 22 84, Fax 03 81 44 23 10, 🌳 – 🚭 TV ☎ P. AE ⓓ GB
fermé nov. – **Repas** 70/200, enf. 40 – ☕ 35 – **19 ch** 150/325 – ½ P 240.

DAMVILLERS *55150 Meuse* 57 ① – *627 h alt. 221.*

Paris 286 – Metz 76 – Bar-le-Duc 81 – Longuyon 21 – Sedan 63 – Verdun 25.

Croix Blanche avec ch, ✆ 03 29 85 60 12 – ☎ P. GB. ✗
fermé 6 au 18 oct., 15 fév. au 15 mars, dim. soir et lundi – **Repas** 70/170 🍷, enf. 45 – ☕ 28 – **9 ch** 140/260 – ½ P 160/230.

CITROEN Gar. Iori, ✆ 03 29 85 60 25

DANGÉ-ST-ROMAIN *86220 Vienne* 68 ④ – *3 150 h alt. 50.*

Paris 293 – Poitiers 50 – Le Blanc 55 – Châtellerault 15 – Chinon 51 – Loches 43 – Tours 60.

La Crémaillère, ✆ 05 49 86 40 24, Fax 05 49 19 17 70 – P. AE ⓓ GB
fermé merc. – **Repas** 89/220 🍷, enf. 59.

CITROEN Gar. Ory, ✆ 05 49 86 42 76 RENAULT Gar. Judes, ✆ 05 49 86 40 39

DANJOUTIN *90 Ter.-de-Belf.* 66 ⑧ – *rattaché à Belfort.*

DANNEMARIE *68210 H.-Rhin* 66 ⑨ – *1 820 h alt. 320.*

Paris 448 – Mulhouse 24 – Basel 42 – Belfort 25 – Colmar 58 – Thann 25.

Ritter, face gare ✆ 03 89 25 04 30, Fax 03 89 08 02 34, 🌳, 🏊, 🌿 – P. ⓓ GB
fermé 22 au 31 déc., vacances de fév., lundi soir et mardi – **Repas** 55/190 🍷, enf. 60.

Wach, près H. de Ville ✆ 03 89 25 00 01, Fax 03 89 25 00 01 – GB
fermé 16 au 26 août, 22 déc. au 6 janv. et lundi – **Repas** (déj. seul.) 60/180 🍷, enf. 50.

FORD Gar. Christen, ✆ 03 89 25 00 33

DAVÉZIEUX *07 Ardèche* 76 ⑩ – *rattaché à Annonay.*

DAX SP *40100 Landes* 78 ⑥ ⑦ *G. Pyrénées Aquitaine – 19 309 h alt. 12 – Stat. therm. – Casino à St.Paul les Dax.*

ℹ *Office de Tourisme pl. Thiers ✆ 05 58 56 86 86, Fax 05 58 74 85 69 – Automobile Club Zone Artisanale du Sablar, r. des Prairies ✆ 05 58 74 05 04.*

Paris 730 ① – Biarritz 65 – Mont-de-Marsan 54 ② – Bayonne 52 ④ – Bordeaux 153 ① – Pau 87 ③.

Plan page ci-contre

Splendid, cours Verdun ✆ 05 58 56 70 70, Fax 05 58 74 76 33, ←, centre thermal, 🏊, 🌿 – |♦| TV ☎ – 🎓 150. AE ⓓ GB. ✗ rest B a
2 mars-23 nov. – **Repas** 130/185 – ☕ 55 – **157 ch** 340/465, 6 appart – ½ P 365/550.

Grand Hôtel, r. Source ✆ 05 58 90 53 00, Fax 05 58 90 52 88 – |♦| cuisinette ▤ rest TV ☎ P – 🎓 50. GB. ✗ rest B d
Repas 88/130 – ☕ 33 – **129 ch** 268/304, 8 appart – ½ P 240/274.

DAX

Le Richelieu, 13 av. V. Hugo ℘ 05 58 74 81 81, Fax 05 58 90 80 86, ⌂ – 🛗 📺 ☎. 🆎 ⅭⒷ
Repas *(fermé sam. midi)* 80 bc (déj.), 100/200 – ⌂ 30 – **18 ch** 220/300.　　　　B **n**

Le Vascon sans rest, pl. Fontaine Chaude ℘ 05 58 56 64 60 – 🛗 📺 ☎　　　　B **u**
9 mars-6 déc. – ⌂ 24 – **25 ch** 175/230.

Jean Le Bon, 12 r. Jean Le Bon ℘ 05 58 74 29 14, Fax 05 58 90 03 04, ⚊ – cuisinette
■ rest 📺 ☎ ℗ ⅭⒷ　　　　A **k**
Repas *(fermé 2 au 15 janv., sam. soir et dim. du 15 nov. au 15 mars)* 75/220 ⅃, enf. 50 –
⌂ 35 – **27 ch** 200/270 – ½ P 255.

L'Amphitryon, 38 cours Galliéni ℘ 05 58 74 58 05 – ⅭⒷ　　　　B **e**
fermé 18 août au 3 sept., 2 au 16 janv., dim. soir et lundi – **Repas** 75/200 ⅃.

Aub. des Pins avec ch, 86 av. F. Planté ℘ 05 58 74 22 46, Fax 05 58 56 05 62, ⌂ – 📺 ☎
℗. ⅭⒷ　　　　A **w**
fermé 22 déc. au 5 janv. et sam. en déc. et janv. – **Repas** 65/165 ⅃, enf. 45 – ⌂ 28 – **13 ch**
175/280 – ½ P 188/213.

St-Paul-lès-Dax – *9 452 h. alt. 21* – ⊠ 40990 .

🖪 *Office de Tourisme* ℘ 05 58 91 60 01.

Les Jardins du Lac Ⓜ ⌂ sans rest, au lac de Christus ℘ 05 58 91 43 43,
Fax 05 58 91 34 24, ⚊, ≈ – 🛗 cuisinette 📺 ☎ & ℗. ⅭⒷ ⒿⒸⒷ　　　　A **v**
fermé 21 déc. au 14 janv. – ⌂ 35, 54 appart 313/360.

du Lac ⌂, au lac de Christus ℘ 05 58 90 60 00, Fax 05 58 91 34 88, ⌂ – 🛗 cuisinette
■ rest 📺 ☎ ✿ & ℗ – 🔺 150. 🆎 ① ⅭⒷ. ✿ rest　　　　A **t**
fermé du 20 déc. au 1er fév. – **Repas** 82/125, enf. 50 – ⌂ 33 – **251 ch** 309/320 – ½ P 156/
170.

Campanile, rte Bayonne - N 124 ℘ 05 58 91 35 34, Fax 05 58 91 37 00, ⌂ – ⤢ 📺 ☎ ✿
& ℗ – 🔺 40. 🆎 ① ⅭⒷ　　　　A **b**
Repas 84 bc/107 bc, enf. 39 – ⌂ 32 – **49 ch** 278.

🏨 **Climat de France,** au lac de Christus ✆ 05 58 91 70 70, Fax 05 58 91 90 00, 🏖, 🐾 – 📺 ☎ 🕭 ☐ – 🕭 40. ⚓ ⓪ ☖ 🕭
                            A t
Repas 62 (déj.), 89/138 🍷, enf. 39 – ⬳ 35 – **42 ch** 295.

XXX **Moulin de Poustagnacq,** ✆ 05 58 91 31 03, Fax 05 58 91 37 97, 🏖, « Ancien moulin au bord d'un étang » – 🅿. ⚓ ⓪ ☖
                            A r
fermé 5 au 11 janv., dim. soir et lundi – **Repas** 135/300 et carte 270 à 310.

XX **Relais des Plages** avec ch, rte de Bayonne par ④ : *3 km* ✆ 05 58 91 78 86,
Fax 05 58 91 85 13, 🏊, 🐾 – ▤ rest 📺 ☎ 🅿. ⚓ ☖
fermé lundi sauf juil.-août – **Repas** 70/200 🍷 – ⬳ 30 – **10 ch** 220/300 – ½ P 320/350.

CITROEN S.A.A.D., ZAC du Sablar, r. Prairies
✆ 05 58 74 62 22
FIAT Gar. Molia, 145 av. V.-de-Paul
✆ 05 58 74 88 74
FORD Gar. Durruty, 21/23 av. de la Résistance à
St-Paul-les-Dax ✆ 05 58 91 11 11
NISSAN Policar Autom., rte de Bayonne à
St-Paul-les-Dax ✆ 05 58 91 86 36
OPEL Gar. Duprat-Desclaux, rte de Bayonne à
St-Paul-les-Dax ✆ 05 58 91 78 04

PEUGEOT Dax Auto, rte de Bayonne à St-Paul-les-Dax par ④ ✆ 05 58 91 77 42 🄽
RENAULT Autom. Landaises, av. du Sablar
✆ 05 58 90 90 00 🄽 ✆ 05 58 91 22 90

🅟 Euromaster, 122 av. St-V.-de-Paul
✆ 05 58 74 08 40
Morès, ZI n° 1, rte de St-Pandelon
✆ 05 58 74 94 66

Nelle piante di città il Nord è sempre in alto.

DEAUVILLE 14800 Calvados 55 ③ G. Normandie Vallée de la Seine – 4 261 h alt. 2 – Casino **AZ**.
Voir *Mont Canisy* ⇐★ 5 km par ④ puis 20 mn.
🦅 🦅 *New Golf de Deauville* ✆ 02 31 14 48 48, S : 3 km par D 278 **AZ** ; 🦅 de St-Gatien-Deauville ✆ 02 31 65 19 99, E : 10 km par D 74 **BZ**.
✈ de Deauville-St-Gatien : ✆ 02 31 88 31 28, S : 3 km **BY**.
🅱 Office de Tourisme pl. Mairie ✆ 02 31 14 40 00, Fax 02 31 88 78 88.
Paris 203 ③ – Caen 46 ④ – Le Havre 41 ③ – Évreux 101 ③ – Lisieux 30 ③ – Rouen 90 ③.

DEAUVILLE		
	Morny (Pl. de) . . . . **BZ** 28	Gaulle (Av. Gén.-de) . . . . **AZ** 10
	République (Av. de la) . . **ABZ**	Gontaut-Biron (R.) . . . . **AYZ** 13
Fracasse (R. A.) . . . . **AZ**		Hoche (R.) . . . . **AYZ** 20
Gambetta (R.) . . . . **BY** 9	Blanc (R. E.) . . . . **AZ** 4	Laplace (R.) . . . . **AZ** 23
Le-Hoc (R. D.) . . . . **BZ** 24	Colas (R. E.) . . . . **AZ** 5	Le Marois (R.) . . . . **AZ** 25
	Fossorier (R. R.) . . . . . . **ABZ** 8	Mirabeau (R.) . . . . **BY** 26

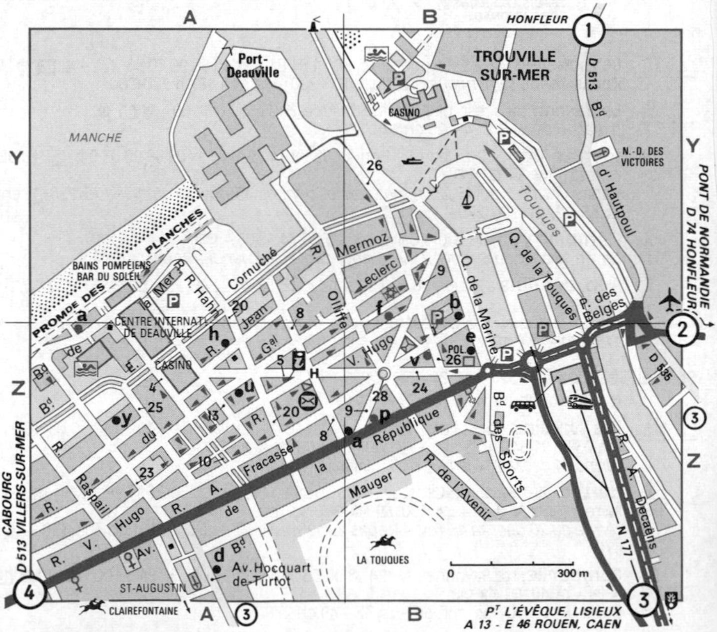

🏨🏨 **Normandy**, 38 r. J. Mermoz ℘ 02 31 98 66 22, Fax 02 31 98 66 23, ≤, 斎, *ſ₆, 🏊, ※ – 🛗
📺 ☎ ৬, ↩ – 🅿 160. 🆎 ⊙ 🆖 🃏, ※ rest AZ h
La Belle Époque : Repas 200/270 bc, enf.120 – 🖙 90 – **286 ch** 1500/2200, 27 appart.

🏨🏨 **Royal**, bd E. Cornuché ℘ 02 31 98 66 33, Fax 02 31 98 66 34, ≤, 斎, *ſ₆, 🏊, ※ – 🛗 📺 ☎
৬, 🅿 – 🏋 220. 🆎 ⊙ 🆖 🃏 AZ y
15 mars-15 nov. – - *L'Etrier* (dîner seul.) Repas carte 330 à 400 – 🖙 120 – **256 ch** 1700/
2300, 17 appart.

🏨 **L'Augeval** Ⓜ, 15 av. Hocquart de Turtot ℘ 02 31 81 13 18, Fax 02 31 81 00 40, 斎, 🏊 –
🛗 🖥 rest 📺 ☎ ৬ ৬ – 🏋 50. 🆎 ⊙ 🆖 🃏, ※ ch AZ d
Repas 128/280 – 🖙 60 – **32 ch** 680/820 – ½ P 540/610.

🏨 **Le Trophée** Ⓜ, 81 r. Gén. Leclerc ℘ 02 31 88 45 86, Fax 02 31 88 07 94, 斎 – 🛗 🖥 rest
📺 ☎ ৬ ৬. 🆎 ⊙ 🆖 🃏 AZ u
Repas 120/285 🍷, enf. 85 – 🖙 50 – **24 ch** 550/650 – ½ P 465/515.

🏨 **Yacht Club** Ⓜ sans rest, 2 r. Breney ℘ 02 31 87 30 00, Fax 02 31 87 05 80 – 🛗 ↩ 📺 ☎
৬. 🆎 ⊙ 🆖 🃏 BY b
fermé 1ᵉʳ janv. au 27 fév. – 🖙 60 – **47 ch** 650/750, 6 duplex.

🏨 **Ibis**, quai Marine ℘ 02 31 14 50 00, Fax 02 31 14 50 05 – 🛗 ↩ 📺 ☎ ৬ ৬, ↩ – 🏋 35. 🆎
⊙ 🆖 BZ e
Repas 95, enf. 42 – 🖙 39 – **81 ch** 450, 14 duplex.

🏨 **Le Chantilly** sans rest, 120 av. République ℘ 02 31 88 79 75, Fax 02 31 88 41 29 – 📺 ☎.
🆎 ⊙ 🆖 🃏 BZ a
fermé 12 nov. au 6 déc. – 🖙 38 – **17 ch** 180/470.

🏠 **L'Espérance**, 32 r. V. Hugo ℘ 02 31 88 26 88, Fax 02 31 88 33 29, 斎 – 📺 ☎. 🆖.
※ ch BY f
fermé 17 au 27 juin – Repas *(fermé merc. et jeudi sauf du 7 août au 9 sept. et vacances
scolaires)* 105/205 – 🖙 38 – **10 ch** 250/385 – ½ P 256/323.

XXXX **Ciro's**, prom. Planches ℘ 02 31 14 31 31, Fax 02 31 98 66 71, ≤, 斎 – 🆎 ⊙ 🆖 🃏
Repas 190/320 et carte 240 à 460. AZ a

XX **Le Spinnaker**, 52 r. Mirabeau ℘ 02 31 88 24 40, Fax 02 31 88 43 58 – 🆎 🆖 BZ v
fermé 12 au 21 nov., 6 au 31 janv., mardi et merc. – Repas 160/320 et carte 290 à 400.

XX **Le Yearling**, 38 av. Hocquart de Turtot ℘ 02 31 88 33 37, Fax 02 31 88 33 89 – 🆎 🆖
🦐 *fermé 17 nov. au 3 déc., 12 janv. au 4 fév., lundi soir et mardi du 1ᵉʳ sept. au 14 juil.* – Repas
135/360 bc.

X **Le Garage**, 118 bis av. République ℘ 02 31 87 25 25, Fax 02 31 87 38 37 – 🆎 ⊙ 🆖
fermé 11 nov. au 5 déc., dim. soir et lundi hors sais. sauf vacances scolaires – Repas
100/160. BZ p

à l'aéroport Deauville-St-Gatien *Est : 7 km par D 74* – ✉ 14130 Pont-l'Évêque :

XX **Rest. Aéroport**, 1ᵉʳ étage ℘ 02 31 64 81 81, Fax 02 31 64 83 83, ≤, 斎 – 🆎 ⊙ 🆖
fermé 15 janv. au 20 fév., mardi soir et merc. sauf août – Repas 100/300.

à Touques *par ③ : 2,5 km – 3 070 h. alt. 10* – ✉ 14800 :

🏨 **L'Amirauté** Ⓜ, N 177 ℘ 02 31 81 82 83, Fax 02 31 81 82 93, 斎, *ſ₆, 🏊, 🏊, ※ – 🛗 📺 ☎
৬, 🅿 – 🏋 80 à 400. 🆎 ⊙ 🆖
Repas 155, enf. 78 – 🖙 60 – **232 ch** 765/865, 6 appart.

🏨 **Le Relais du Haras**, 23 r. Louvel et Brière ℘ 02 31 14 60 00, Fax 02 31 14 60 01 – 🖥 rest
📺 ☎ ৬. 🆎 ⊙ 🆖
fermé 10 janv. au 10 fév. – Repas 110/200 – 🖙 50 – **8 ch** 450/700.

XX **Le Village** avec ch, 64 r. Louvel et Brière ℘ 02 31 88 01 77, Fax 02 31 88 99 24, 斎 – 📺
☎. 🆎 🆖
fermé 2 janv. au 5 fév., mardi soir et merc. sauf juil.-août – Repas 135/210 🍷 – 🖙 32 – **8 ch**
250/300.

XX **Aux Landiers**, 90 r. Louvel et Brière ℘ 02 31 88 00 39, 斎 – 🆎 ⊙ 🆖
fermé fév., jeudi midi et merc. – Repas 100 (déj.), 145/300, enf. 65.

à Canapville *par ③ : 6 km – 185 h. alt. 10* – ✉ 14800 :

XX **Jarrasse**, sur N 177 ℘ 02 31 65 21 80, Fax 02 31 65 03 75, 斎, 🌳 – 🅿. 🆖
fermé 12 au 23 oct., vacances de Noël, de fév., mardi et merc. sauf août et fériés – Repas
160 bc/200.

au New Golf *Sud : 3 km par D 278* – **BAZ** – ✉ 14800 Deauville :

🏨 **Golf** ≫, ℘ 02 31 14 24 00, Fax 02 31 14 24 01, 斎, « Au milieu du golf, ≤ campagne
deauvillaise », *ſ₆, 🏊, 🏊, ※ – 🛗 📺 ☎ 🅿 – 🏋 30 à 150. 🆎 ⊙ 🆖 🃏. ※ rest
20 mars-1ᵉʳ nov. et 27 déc.-7 fév. – *La Pommeraie :* Repas 195, enf. 95 – 🖙 90 – **178 ch**
1100/2200 – ½ P 825/1065.

au Sud *7,5 km par D 278, au golf de l'Amirauté* – ✉ 14800 Deauville :

XX **Les Chaumes**, ℘ 02 31 14 42 00, Fax 02 31 88 32 00, ≤, 斎 – 🅿. 🆖
fermé le soir sauf août – Repas 125/215.

au Sud : *6 km par D 278 et D 27 –* ⌧ *14800 Deauville :*

🏨 **Host. de Tourgéville** ⌘, ℰ 02 31 14 48 68, Fax 02 31 14 48 69, ≤, 🍽, parc, Ⓕ, ⊠, ℀
– 📺 ☎ 🅿 🆎 🆎
fermé 1ᵉʳ au 22 fév. – **Repas** 180/290 – ⊊ 70 – **6 ch** 830, 6 appart 1350, 13 duplex 950 –
½ P 645/905.

ALFA ROMEO, FORD Gar. de la Plage, 26 r. Gén.-
Leclerc ℰ 02 31 88 28 67
PEUGEOT SODEVA, rte de Paris par ②
ℰ 02 31 88 66 22
RENAULT Les Autom. Deauvillaises, rte de Paris par
② ℰ 02 31 81 64 64 🄽 ℰ 02 31 50 52 16

VAG Suter Automobiles, r. des anciennes écoles
à Touques ℰ 02 31 98 59 59

🔘 Ollitrault Pneus Point S, ZI r. Tonneliers à
Touques ℰ 02 31 88 46 13

DECAZEVILLE *12300 Aveyron* 🄏🄀 ① *G. Gorges du Tarn –* **7 754 h** *alt. 230.*
🄱 *Office de Tourisme square J.-Ségalat* ℰ 05 65 43 18 36, *Fax 05 65 43 19 89.*
Paris 602 – Rodez 39 – Aurillac 65 – Figeac 28 – Villefranche-de-Rouergue 39.

🏨 **Moderne,** 16 av. A. Bos ℰ 05 65 43 04 33, Fax 05 65 43 17 17 – 📲 📺 ☎ – 🔺 30. 🆎 🆎
🍴 *fermé dim.* – **Repas** 85/280 ₰ – ⊊ 25 – **31 ch** 185/290 – ½ P 235/285.

🏨 **Foulquier,** 16 av. V. Hugo ℰ 05 65 63 27 42, Fax 05 65 43 37 33 – 📺 ☎ ⅙ 🅿. 🆎
🍴 **Repas** *(fermé 1ᵉʳ au 15 juil., 15 au 31 déc., sam. soir et dim.)* 55/125 ₰, enf. 35 – ⊊ 30 –
21 ch 200/260 – ½ P 240.

CITROEN Gar. Rouquette-Fournier, Zone des Prades
ℰ 05 65 43 09 35
PEUGEOT Gar. Cassan, 47 av. P.-Ramadier
ℰ 05 65 43 06 06 🄽 ℰ 05 65 43 20 94

RENAULT S.A.D.A.R., ZI des Prades
ℰ 05 65 43 24 38

🔘 Sigal Pneus, ZI des Prades ℰ 05 65 43 02 33

DECIZE *58300 Nièvre* 🄎🄐 ④ *G. Bourgogne –* **6 876 h** *alt. 197.*
🄱 *Office de Tourisme, Mairie* ℰ 03 86 25 03 23 *- Annexe : pl. du Champ de Foire (en saison)*
et 28 r. de la République ℰ 03 86 25 12 39.
Paris 268 – Moulins 35 – Châtillon-en-Bazois 35 – Luzy 44 – Nevers 36.

🍴🍴 **Le Charolais,** 33 bis rte Moulins ℰ 03 86 25 22 27 – 🆎
fermé 25 août au 8 sept., vacances de fév., dim. soir et lundi – **Repas** 91/210.

CITROEN Dallois, 101 rte de Moulins
ℰ 03 86 25 15 88 🄽 ℰ 04 70 44 38 38
FORD Ronsin Autom., rte de Champvert
ℰ 03 86 25 08 91
PEUGEOT Corad, Quai de l'Europe
ℰ 03 86 25 52 00
RENAULT Decelle, 173 N 81 à St-Léger-des-Vignes
ℰ 03 86 25 09 73

VAG Gar. Boiteau, 8 et 10 av. du 14 Juillet
ℰ 03 86 25 06 12

🔘 Bill Pneumatiques, rte de Moulins les Champs
Monares ℰ 03 86 25 14 39

La DÉFENSE *92 Hauts-de-Seine* 🄎🄐 ⑳,, 🄁🄀🄁 ⑭ *– voir à Paris, Environs.*

DELME *57590 Moselle* 🄎🄇 ⑭ *– 681 h alt. 220.*
Paris 365 – Metz 32 – Nancy 31 – Château-Salins 12 – Pont-à-Mousson 30 – St-Avold 40.

🏨 **Aub. de Delme,** ℰ 03 87 01 33 33, Fax 03 87 01 38 12, 🍽, 🌿 – 📺 ☎ 🅿. 🆎 🆎
Repas 58 (déj.), 90/210 ₰ – ⊊ 25 – **11 ch** 210/250 – ½ P 185.

🍴 **A la Douzième Borne** avec ch, ℰ 03 87 01 30 18, Fax 03 87 01 38 39, 🍽, 🌿 – 📲
🍴 ▤ rest 📺 ☎. 🆎 🅾 🆎
Repas 56 (déj.), 92/234 ₰ – ⊊ 25 – **19 ch** 152/224 – ½ P 200/220.

DENNEMONT *78 Yvelines* 🄎🄐 ⑱ *– rattaché à Mantes-la-Jolie.*

DESCARTES *37160 I.-et-L.* 🄎🄎 ⑤ *G. Poitou Vendée Charentes –* **4 120 h** *alt. 50.*
🄱 *Office de Tourisme à la Mairie* ℰ 02 47 59 70 50.
Paris 292 – Tours 58 – Châteauroux 94 – Châtellerault 25 – Chinon 50 – Loches 32.

🏨 **Moderne,** 15 r. Descartes ℰ 02 47 59 72 11, Fax 02 47 92 44 90, 🍽 – 📺 ☎ 🅿. 🆎
🍴 *fermé 23 déc. au 6 janv., – Repas (fermé sam. soir et dim. soir hors sais.)* 65/155 ₰, enf. 38 –
⊊ 38 – **11 ch** 220/305 – ½ P 285/345.

🍴 **Aub. de l'Islette,** à Lilette (86 Vienne) Ouest : 3 km par D 58 et D5 ⌧ 37160 Descartes
🍴 ℰ 02 47 59 72 22 – 🅿. 🆎
fermé 15 déc. au 15 janv. et sam. hors sais. – **Repas** 57/160.

Les DEUX-ALPES (Alpes de Mont-de-Lans et de Vénosc) 38860 Isère 77 ⑥

G. Alpes du Nord – Alpe de Vénosc, 1 660 m Alpe de Mont-de-Lans – Sports d'hiver : 1 250/ 3 600 m 8 54.

Voir *Belvédère de la Croix*★.

Office de Tourisme ✆ 04 76 79 22 00, Fax 04 76 79 01 38.

Paris 642 ① – Grenoble 77 ① – Le Bourg-d'Oisans 26 ① – La Grave 26 ① – Col du Lautaret 37 ①.

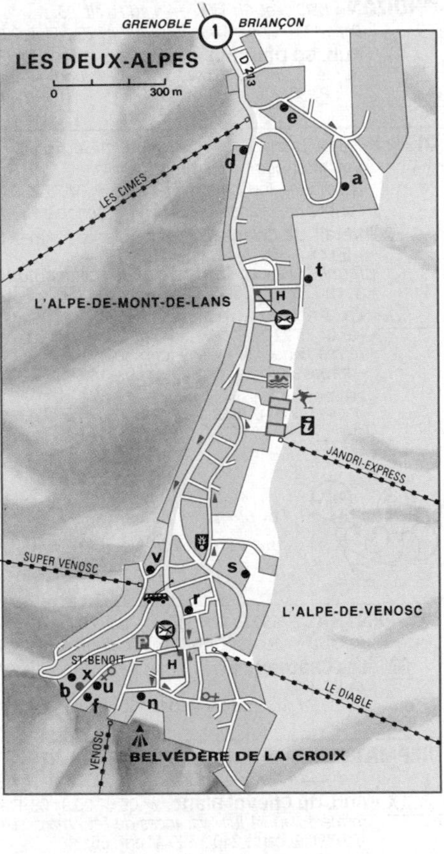

GRENOBLE
BRIANÇON
1
LES DEUX-ALPES
0
300 m
D 213
e
d
a
LES CIMES
t
L'ALPE-DE-MONT-DE-LANS
H
JANDRI-EXPRESS
Belvédère des Cimes
SUPER VENOSC
v
s
r
L'ALPE-DE-VENOSC
P
ST-BENOIT
H
x
b
u
f
n
LE DIABLE
VENOSC
BELVÉDÈRE DE LA CROIX

La Bérangère, (a) ✆ 04 76 79 24 11, Fax 04 76 79 55 08, ←, – 25. AE GB. rest
20 juin-1er sept. et 1er déc.-20 avril – **Repas** 220/430 – 65 – **59 ch** 800 – ½ P 680/760.

La Farandole, (b) ✆ 04 76 80 50 45, Fax 04 76 79 56 12, ← massif de la Muzelle, – 25 à 80. AE GB JCB
21 juin-7 sept. et 29 nov.-3 mai – **Repas** 220 (déj.), 240/280 – 60 – **46 ch** 600/900, 14 appart – ½ P 650/750.

Les Marmottes, (d) ✆ 04 76 79 21 91, Fax 04 76 79 25 79, ←, – 60. AE GB. rest
20 juin-8 sept. et 5 déc.-30 avril – **Repas** 170 (déj.), 190/300 – 60 – **40 ch** 500/900 – ½ P 690.

Chalet Mounier, (n) ✆ 04 76 80 56 90, Fax 04 76 79 56 51, ←, – 25 à 40. GB.
28 juin-31 août et 20 déc.-1er mai – **Repas** 135/190 – 55 – **45 ch** 445/860, 3 duplex – ½ P 410/635.

Souleil'Or, (t) ✆ 04 76 79 24 69, Fax 04 76 79 20 64, ←, (été), – 25. AE GB. rest
21 juin-6 sept. et 20 déc.-1er mai – **Repas** 140/165 – 50 – **42 ch** 700 – ½ P 555/590.

Mélèzes, (s) ✆ 04 76 80 50 50, Fax 04 76 79 20 70, ←, – 25. GB. rest
20 déc.-25 avril – **Repas** 140/280 – 45 – **32 ch** 335/440 – ½ P 395/440.

Le Serre-Palas sans rest, (u) ✆ 04 76 80 56 33, Fax 04 76 79 04 36 – GB
21 juin-6 sept. et 6 déc.-1er mai – 54 – **24 ch** 555/690.

Muzelle-Sylvana, (r) ✆ 04 76 80 50 93, Fax 04 76 79 04 06, – 30. GB. rest
15 déc.-15 avril – **Repas** 150 (déj.)/170 – 60 – **30 ch** 300/450 – ½ P 420/470.

L'Adret, (e) ✆ 04 76 79 24 30, Fax 04 76 79 57 08, ←, GB. rest
16 juin-31 août et 1er déc.-26 avril – **Repas** 130 (déj.)/150, enf. 60 – 40 – **23 ch** 360/450 – ½ P 480/550.

La Mariande, (f) ✆ 04 76 80 50 60, Fax 04 76 79 04 99, ← massif de la Muzelle, (été), – GB. rest
28 juin-31 août et 20 déc.-15 avril – **Repas** 120/170 – 50 – **26 ch** 480 – ½ P 345/430.

Les DEUX-ALPES (Alpes de Mont-de-Lans et de Vénosc)

🏠 **Le Provençal, (v)** ℰ 04 76 80 52 58, Fax 04 76 79 24 02 – 📺 ☎ 🅿, **GB**, ✀ rest
1ᵉʳ juil.-31 août et 21 déc.-30 avril – **Repas** (résidents seul.) – ☲ 35 – **18 ch** 240/340 –
½ P 380.

✗ **Bel'Auberge, (x)** ℰ 04 76 79 57 90, Fax 04 76 79 22 62 – **GB**
21 juin-6 sept., vacances de Toussaint et week-ends du 29 nov. au 2 mai – **Repas** 99/189,
enf. 50.

DHUIZON 41220 L.-et-Ch. 🔢 ⑧ – 1 100 h alt. 93.
Paris 173 – Orléans 43 – Beaugency 22 – Blois 28 – Romorantin-Lanthenay 27.

✗✗ **Aub. Gd Dauphin** avec ch, ℰ 02 54 98 31 12, 🏡, ✍ – ☎ 🅿, **GB**
fermé 15 janv. au 15 fév., dim. soir et lundi – **Repas** 90/235 ⅃, enf. 50 – ☲ 28 – **9 ch** 200/240
– ½ P 190/210.

DIE ⬧ 26150 Drôme 🔢 ⑬ ⑭ G. Alpes du Sud (plan) – 4 230 h alt. 415.
Voir Mosaïque★ dans l'hôtel de ville.
🅱 Office de Tourisme pl. St-Pierre ℰ 04 75 22 03 03, Fax 04 75 22 40 46.
Paris 627 – Valence 67 – Gap 93 – Grenoble 96 – Montélimar 73 – Nyons 83 – Sisteron 101.

🏠 **Relais de Chamarges,** rte Valence : 1 km ℰ 04 75 22 00 95, Fax 04 75 22 19 34, 🏡, ✍
– 📺 ☎ 🅿, **GB**
fermé 15 janv. au 30 mars, dim. soir et lundi du 15 oct. au 15 janv. sauf fériés – **Repas** 90/260
⅃, enf. 75 – ☲ 38 – **13 ch** 250/270 – ½ P 280.

✗✗ **La Petite Auberge** avec ch, av. Sadi-Carnot (face gare) ℰ 04 75 22 05 91,
Fax 04 75 22 24 60, 🏡, ✍ – 📺 ☎ 🅿, **GB**
fermé 15 déc. au 20 janv., dim. soir et merc. de sept. à juin et lundi (sauf hôtel) en juil.-août
– **Repas** 98/180, enf. 50 – ☲ 40 – **11 ch** 270 – ½ P 270.

PEUGEOT Gar. Auto Val de Drôme,   **Gar. Bouffier,** ℰ 04 75 22 01 55
ℰ 04 75 22 06 47 🄽 ℰ 04 75 22 06 47
RENAULT Gar. Combet, ℰ 04 75 22 02 11 🄽 ℰ 04
75 22 02 11

*Les plans de villes
sont orientés le Nord en haut.*

DIEFFENTHAL 67650 B.-Rhin 🔢 ⑯ – 246 h alt. 185.
Paris 508 – Strasbourg 47 – Lunéville 99 – St-Dié 45 – Sélestat 8.

🏠 **Les Châteaux** 🅼 ⌂, ℰ 03 88 92 49 13, Fax 03 88 92 40 99, ≼, 🏡, ✍ – ⫿ 📺 ☎ 🅐 🅿 –
🛗 25. **GB**
fermé 24 au 27 déc. – **Repas** 150/250 ⅃ – ☲ 35 – **32 ch** 360/450 – ½ P 310/330.

DIEFMATTEN 68780 H.-Rhin 🔢 ⑨ – 227 h alt. 300.
Paris 444 – Mulhouse 21 – Belfort 23 – Colmar 47 – Thann 14.

✗✗✗ **Aub. du Cheval Blanc,** ℰ 03 89 26 91 08, Fax 03 89 26 92 28, 🏡, ✍ – 🅿, 🅰🅴 ⓞ **GB**
fermé 15 au 31 juil., vacances de fév., mardi soir et lundi sauf fériés – **Repas** 95 bc (déj.),
165/390 et carte 240 à 390 ⅃, enf. 65.

DIENNE 15300 Cantal 🔢 ③ G. Auvergne – 359 h alt. 1053.
Paris 534 – Aurillac 59 – Allanche 21 – Condat 29 – Mauriac 54 – Murat 11 – St-Flour 35.

🏠 **Poste,** ℰ 04 71 20 80 40 – ☎ 🅿, 🅰🅴 **GB**, ✀
fermé 5 janv. au 5 fév. – **Repas** (dîner seul.) 90/120 – ☲ 30 – **10 ch** 200/260 – ½ P 210/230.

DIEPPE ⬧ 76200 S.-Mar. 🔢 ④ G. Normandie Vallée de la Seine – 35 894 h alt. 6 – Casino Munici-
pal AY.
Voir Église St-Jacques★ BY – Boulevard de la Mer ≼★ par D 75 AZ – Chapelle N.-D.-de-Bon-
Secours ≼★ BY – Musée★ du château (ivoires dieppois★) AZ.
Env. Envermeu : choeur★ de l'église, 12 km par D 925 BY.
🔢 ℰ 02 35 84 25 05, par D 74 AZ : 2 km.
🅱 Office de Tourisme Pont d'Ango ℰ 02 35 84 11 77, Fax 02 35 06 27 66.
Paris 171 ② – Abbeville 68 ① – Beauvais 107 ② – Caen 170 ② – Le Havre 108 ② – Rouen
65 ②.

452

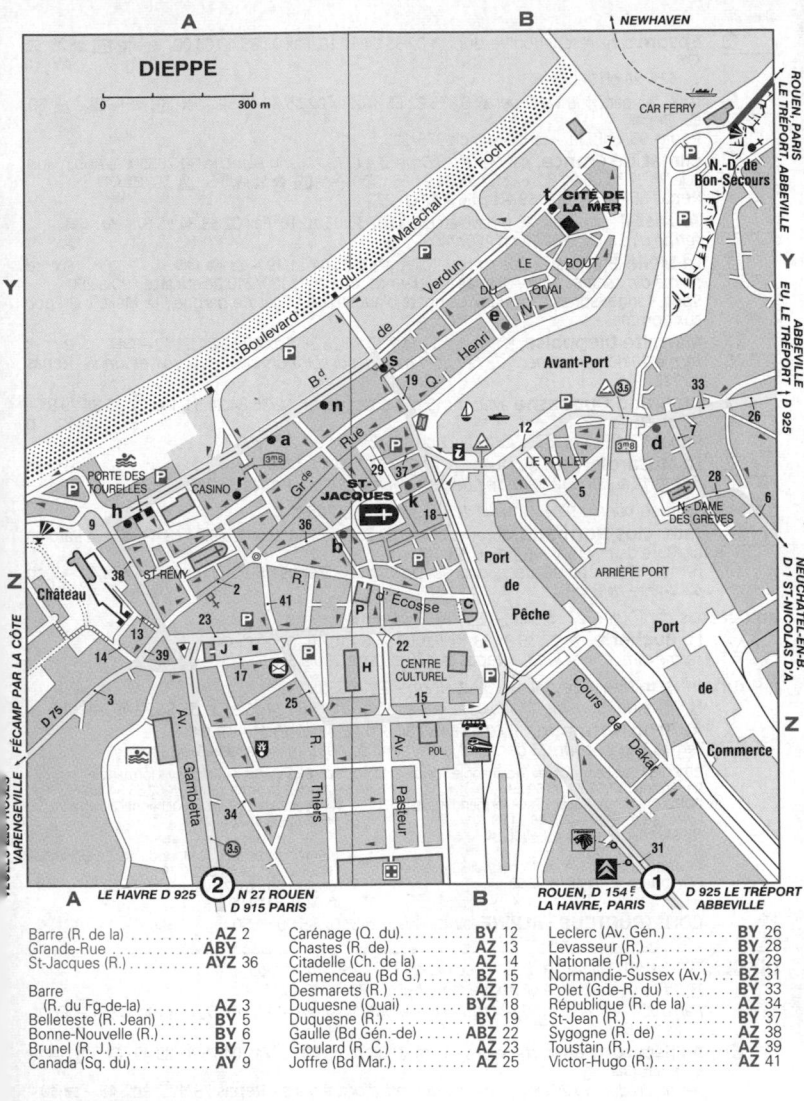

DIEPPE

0 ____ 300 m

NEWHAVEN

CAR FERRY

N.-D. de
Bon-Secours

CITÉ DE
LA MER

LE BOUT
DU QUAI

Avant-Port

LE POLLET

N. DAME
DES GRÈVES

PORTE DES
TOURELLES

CASINO

ST-
JACQUES

Château

ST-RÉMY

Port
de

Pêche

ARRIÈRE PORT

Port

d'Écosse

CENTRE
CULTUREL

POL.

de

Commerce

ROUEN, PARIS
LE TRÉPORT, ABBEVILLE

ABBEVILLE
EU, LE TRÉPORT

D 925

NEUCHÂTEL-EN-B.
D 1 ST-NICOLAS D'A.

VARENGEVILLE
FÉCAMP PAR LA CÔTE

A LE HAVRE D 925 ② N 27 ROUEN
D 915 PARIS

B ROUEN, D 154 ① D 925 LE TRÉPORT
LA HAVRE, PARIS ABBEVILLE

🏨 **Aguado** sans rest, 30 bd Verdun ℘ 02 35 84 27 00, Fax 02 35 06 17 61, ← – 劇 ⁵⁺⁺ 🔟 ☎.
GB. ⁕⁕
☲ 45 – **56 ch** 340/445.
BY **s**

🏨 **La Présidence,** 1 bd Verdun ℘ 02 35 84 31 31, Fax 02 35 84 86 70, ← – 劇 ≣ rest 🔟 ☎
GB & ⟵⟶ – 🛆 90. 🖭 ⓞ GB
Repas 85/140, enf. 45 – ☲ 47 – **89 ch** 270/540 – ½ P 391.
AY **h**

🏨 **Europe** sans rest, 63 bd Verdun ℘ 02 32 90 19 19, Fax 02 32 90 19 00, ← – 劇 ⁵⁺⁺ 🔟 ☎ &
– 🛆 25. GB
☲ 39 – **60 ch** 340/440.
BY **t**

🏨 **Plage** sans rest, 20 bd Verdun ℘ 02 35 84 18 28, Fax 02 35 82 36 82, ← – 劇 🔟 ☎ ℅. 🖭
GB
☲ 39 – **40 ch** 250/330.
AY **n**

🏠 **Epsom** sans rest, 11 bd Verdun ✆ 02 35 84 10 18, Fax 02 35 40 03 00, ≤ – 🛄 📺 ☎ 📵 🖭
GB   AY a
🍽 32 – **28 ch** 260/315.

🏠 **Ibis** 🐾, par ② le Val Druel ✆ 02 35 82 65 30, Fax 02 35 82 41 52 – ↳✎ 📺 ☎ ⚒ 📵 – 🅰 30.
🖭 ⓪ GB
Repas 95, enf. 39 – 🍽 35 – **45 ch** 275/295.

🏠 **Climat de France,** par ② le Val Druel Z.A.C. La Maison Blanche ⌗ 76550 St-Aubin-sur-
🍴 Scie ✆ 02 35 06 90 80, Fax 02 35 84 97 63, 🌭 – ↳✎ 📺 ☎ ⚒ 🤾 📵 – 🅰 30. 🖭 GB
Repas 85/105 🍷, enf. 39 – 🍽 36 – **42 ch** 270.

🏠 **Tourist H.** sans rest, 16 r. Halle au Blé ✆ 02 35 06 10 10, Fax 02 35 84 15 87 – ☎. GB
fermé dim. – 🍽 28 – **32 ch** 160/240.   AY r

🍴🍴 **La Mélie** (Brachais), 2 Gde rue du Pollet ✆ 02 35 84 21 19 – 🖭 ⓪ GB   BY d
❀ fermé dim. soir et lundi – **Repas** (week-ends, prévenir) 180/210 bc et carte 190 à 290
Spéc. Langoustines rôties aux beignets d'aubergines. Filet de barbue "La Mélie". Crépou
aux pommes.

🍴🍴 **Marmite Dieppoise,** 8 r. St-Jean ✆ 02 35 84 24 26, Fax 02 35 84 31 12 – GB   BY k
🍴 fermé 20 nov. au 10 déc., 22 fév. au 4 mars, jeudi soir hors sais., dim. soir et lundi – **Repas**
85/220.

🍴 **Au Grand Duquesne** avec ch, 15 pl. St-Jacques ✆ 02 35 84 21 51, Fax 02 35 84 29 83 –
🍴 📺 ☎. 🖭 ⓪ GB   AYZ b
Repas 72/159, enf. 50 – 🍽 28 – **12 ch** 165/255 – ½ P 235/260.

🍴 **La Musardière,** 61 quai Henri IV ✆ 02 35 82 94 14 – GB   BY e
fermé 12 au 25 janv., dim. soire de sept. à juin et lundi – **Repas** 89/158.

à Martin-Église par D 1 **BZ** : 7 km – 1 167 h. alt. 11 – ⌗ 76370 :

🍴🍴 **Aub. Clos Normand** 🐾 avec ch, ✆ 02 35 04 40 34, Fax 02 35 04 48 49, 🌭, « Parc en
bordure de rivière » – 📺 ☎ 📵 GB
fermé 18 nov. au 18 déc., lundi soir et mardi – **Repas** 160/250, enf. 75 – 🍽 40 – **7 ch**
320/480 – ½ P 415.

aux Vertus par ② et N 27 : 3,5 km – ⌗ 76550 Offranville :

🍴🍴🍴 **La Bucherie,** ✆ 02 35 84 83 10, Fax 02 35 84 18 19, 🌭 – 📵 GB
fermé dim. soir et lundi – **Repas** 89/170 et carte 290 à 350.

à Pourville-sur-Mer Ouest par D 75 **AZ** : 5 km – ⌗ 76550 :.

🅱 Office de Tourisme, Mairie d'Hautot-sur-Mer ✆ 35 84 24 55 et ✆ 35 84 72 86 (saison).

🍴 **Au Trou Normand,** ✆ 02 35 84 59 84, Fax 02 35 40 29 41 – 🖭 GB
fermé 3 au 23 août, 23 déc. au 2 janv., merc. soir et dim. – **Repas** 95/138.

CITROEN Gar. Leprince, av. Normandie Sussex-ZI La
Pénétrante ✆ 02 32 90 59 59
FORD Challenge Autom., av. Normandie Sussex-ZI
La Pénétrante ✆ 02 35 06 94 60
NISSAN Gar. Gosse, 1 r. J.-Flouest
✆ 02 35 84 21 49
PEUGEOT Gar. Laffillé, av. Normandie Sussex-ZI La
Pénétrante ✆ 02 35 06 92 92

ROVER Vauban Autom., av. Normandie
Sussex-ZI La Pénétrante ✆ 02 35 84 50 05
VAG Gar. Picard, Parc Eurochannel à Neuville
✆ 02 32 90 53 53

🅱 Euromaster, 15 r. J.-Monod,Parc Eurochannel
à Neuville ✆ 02 35 82 50 76
Léveillard Pneus, 7 quai Trudaine
✆ 02 35 84 17 00

CONSTRUCTEUR : ALPINE, av. de Bréauté ✆ 02 35 06 81 50

DIEULEFIT 26220 Drôme 🎱🎱 ② G. Vallée du Rhône – 2 924 h alt. 366.
🅱 Office de Tourisme pl. Abbé-Magnet ✆ 04 75 46 42 49.
Paris 626 – Valence 60 – Crest 31 – Montélimar 28 – Nyons 30 – Orange 58 – Pont-
St-Esprit 59.

🏠 **A l'Escargot d'Or,** rte Nyons : 1 km ✆ 04 75 46 40 52, Fax 04 75 46 89 49, 🌭, 🏊, 🎾 –
🍴 ☎ 📵 🖭 GB
fermé 20 déc. au 20 janv., dim. soir et lundi d'oct. à mars – **Repas** 78/175, enf. 45 – 🍽 30 –
15 ch 180/280 – ½ P 190/245.

🍴🍴 **Relais du Serre** avec ch, rte Nyons : 3 km sur D 538 ✆ 04 75 46 43 45,
🍴 Fax 04 75 46 40 98, 🌭 – 📺 ☎ 📵. GB
fermé 5 au 15 janv., fév., dim. soir et lundi d'oct. à mai – **Repas** 75/160, enf. 40 – 🍽 35 –
8 ch 200/300 – ½ P 280/350.

au Poët-Laval Ouest : 5 km par D 540 – 652 h. alt. 311 – ⌗ 26160 .
Voir Site★.

🏰 **Les Hospitaliers** 🅼 🐾, ✆ 04 75 46 22 32, Fax 04 75 46 49 99, ≤ vallée et montagnes,
🌭, « Au vieux village » – 🏊 – ☎ 📵 – 🅰 30. 🖭 ⓪ GB
fermé fév. et ouvert seul. sam. soir, dim. midi et vend. du 15 nov. au 15 mars – **Repas**
160/340, enf. 98 – 🍽 50 – **22 ch** 310/880 – ½ P 365/650.

CITROEN Gar. Chauvin, ✆ 04 75 46 44 47 🅽   PEUGEOT Gar. Henry, ✆ 04 75 46 43 59
✆ 04 75 46 44 47

DIGNE-LES-BAINS 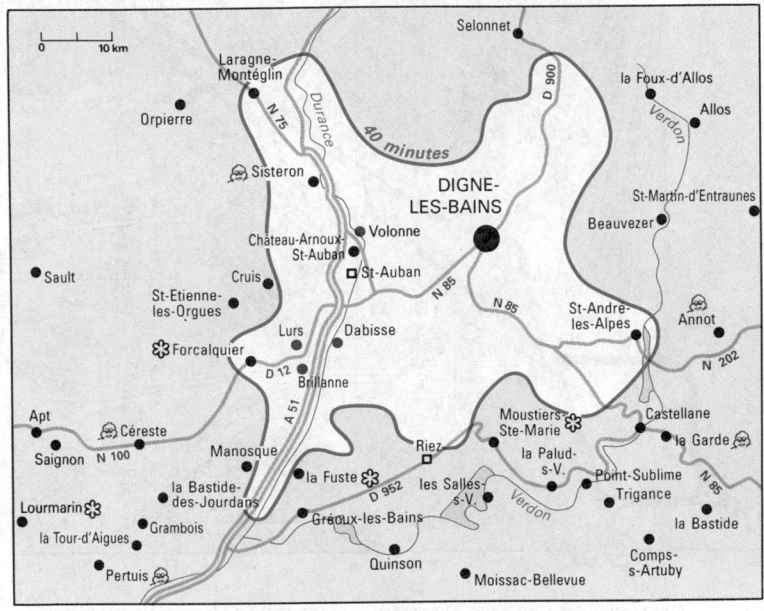 ✛ *04000 Alpes-de-H.-P.* **81** ⑰ *G. Alpes du Sud* – *16 087 h alt. 608* – *Stat. therm. (fév.-déc.).*

Voir Musée municipal★ B **M¹** – *Dalles à ammonites géantes★ N : 1 km par D 900⁴.*

Env. Musée du site de l'ichtyosaure★ N : 7 km par D 900⁴ – *Courbons : ≼★ de l'église, 6 km par* ③ – *≼★ du Relais de Télévision, 8 km par* ③.

🛆 *℘ 04 92 30 58 00 par* ② *: 7 km par N 85 puis D 12.*

🖪 *Office de Tourisme et Accueil de France le Rond-Point ℘ 04 92 31 42 73, Fax 04 92 32 27 24.*

Paris 746 ③ – *Aix-en-Provence 107* ③ – *Antibes 140* ② – *Avignon 165* ③ – *Cannes 135* ② – *Carpentras 140* ③ – *Gap 88* ③.

Grand Paris, 19 bd Thiers *℘ 04 92 31 11 15, Fax 04 92 32 32 82,* 🍴 – 📺 ☎ ⬟, 🄰🄴 ⓞ 🄶🄱
A a
fermé 21 déc au 1ᵉʳ mars – **Repas** *(fermé dim. soir et lundi hors sais.)* 160 (déj.), 200/440 et carte 280 à 410 – 🖵 57 – **24 ch** 400/520, 5 appart – ½ P 470/570.

Tonic H. Ⓜ ≶, rte Thermes Est : 2 km par av. 8-Mai B *℘ 04 92 32 20 31,* Fax 04 92 32 44 54, 🍴, ⬕, 🖫 📺 ☎ &, – 🔬 80. 🄰🄴 ⓞ 🄶🄱
fermé 1ᵉʳ avril au 28 oct. – **Repas** 95/120 – 🖵 45 – **58 ch** 385/435 – ½ P 320.

Mistre, 65 bd Gassendi *℘ 04 92 31 00 16* – 📺 ☎ ⬟ – 🔬 40. 🄰🄴 🄶🄱
A n
fermé 10 au 30 nov. – **Repas** *(fermé sam. hors sais.)* 138/320 🍷 – 🖵 45 – **19 ch** 350/480 – ½ P 390/440.

Central sans rest, 26 bd Gassendi *℘ 04 92 31 31 91, Fax 04 92 31 49 78* – 📺 ☎. 🄰🄴 🄶🄱
A t
🖵 30 – **20 ch** 150/290.

Provence sans rest, 17 bd Thiers *℘ 04 92 31 32 19, Fax 04 92 31 48 39* – 📺 ☎. 🄶🄱
A s
fermé 27 déc. au 31 janv. – 🖵 32 – **17 ch** 200/340.

Bourgogne avec ch, 3 av. Verdun *℘ 04 92 31 00 19, Fax 04 92 32 30 59* – 📺 ☎ 🄿. 🄶🄱
🄹🄲🄱
A e
fermé 20 déc. au 20 fév. – **Repas** *(fermé lundi sauf août)* 90/250, enf. 50 – 🖵 30 – **11 ch** 180/300 – P 360/450.

L'Origan avec ch, 6 r. Pied-de-Ville *℘ 04 92 31 62 13* – 🄰🄴 🄶🄱
A r
fermé 15 au 28 déc. et dim. – **Repas** (en saison, prévenir) 98/170 – 🖵 23 – **9 ch** 90/140 – ½ P 150/170.

par ② , *N 85 et rte secondaire : 2 km* – ✉ *04000 Digne-les-Bains :*

Villa Gaïa ≶, *℘ 04 92 31 21 60, Fax 04 92 31 20 12,* 🍴, parc, ✗ – ☎ & 🄿. ✗ rest
1ᵉʳ avril-31 oct. – **Repas** (dîner seul.)(résidents seul.) 150 – 🖵 55 – **12 ch** 400/530 – P 360/460.

DIGNE-LES-BAINS

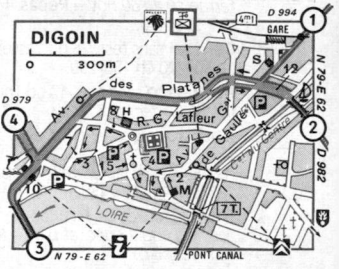

ALFA ROMEO Liotard Distribution, 12 av. colonel
Noël ℰ 04 92 30 59 33
CITROEN Avenir Automobiles, rte de Marseille
Quartier de la Tour par ③ ℰ 04 92 32 08 60
FIAT, LANCIA Gar. Liotard, 10 av. du Col.-Noël
ℰ 04 92 30 59 30 🆖 ℰ 04 92 31 91 06
OPEL Gar. Meyran, 77 av. de Verdun
ℰ 04 92 31 02 47

PEUGEOT S.D.A.D., rte de Marseille, quartier
St-Christophe par ③ ℰ 04 92 31 06 11
VAG Digne Autos, quartier St-Christophe, N 85
ℰ 04 92 31 12 48 🆖 ℰ 04 92 31 24 64

🖲 Ayme Pneus, ZI St-Christophe
ℰ 04 92 31 34 67

DIGOIN 71160 S.-et-L. 🗺️ ⑯ *G. Bourgogne* – 10 032 h alt. 232.

🚉 *Office de Tourisme* 8 r. Guilleminot ℰ 03
85 53 00 81, Fax 03 85 53 27 54 et pl. de la
Grève (saison) ℰ 03 85 88 56 12.
Paris 334 ① – *Moulins 56* ③ – *Autun 68* ① –
Charolles 25 ② – *Roanne 57* ③ – *Vichy 69* ③.

XXX **Gare** avec ch, 79 av. Gén. de Gaulle **(s)**
ℰ 03 85 53 03 04, Fax 03 85 53 14 70, 🍴 –
📺 🕿 ♉ ℙ, 📶
*fermé mi-janv. à mi-fév. et merc. sauf juil.-
août* – **Repas** 135/340 et carte 290 à 410,
enf. 60 – 🍽️ 40 – **14 ch** 250/400 – ½ P 280/
330.

à Neuzy *par* ① : *4 km* – 🖂 *71160 Digoin* :

🏠 **Merle Blanc,** ℰ 03 85 53 17 13, Fax
🍴 03 85 88 91 71 – 📺 🕿 ♉ ℙ, 📶
*fermé dim. soir et lundi midi de fin oct. à
mars* – **Repas** 77/210 🍷 – 🍽️ 35 – **16 ch** 175/
260 – ½ P 180/200.

CITROEN Gar. Central, 2 av. Gén.-de-Gaulle
☎ 03 85 53 08 37
PEUGEOT Jugnet et Fils, 19 av. Platanes
☎ 03 85 53 03 15

ⓘ Gaudry Pneu Point S, La Fontaine St-Martin à Molinet ☎ 03 85 53 12 21

DIJON 🄿 *21000 Côte-d'Or* **66** ⑫ *G. Bourgogne – 146 703 h Agglo. 230 451 h alt. 245.*

Voir *Palais des Ducs et des États de Bourgogne★ DY : Tour Philippe-le-Bon ≤★, Musée des Beaux-Arts★★ (salle des Gardes★★★) – Rue des Forges★ DY – Église N.-Dame★ DY – plafonds★ du Palais de Justice DY J – Chartreuse de Champmol★ : Puits de Moïse★★ A – Église St-Michel★ DY – Jardin de l'Arquebuse★ CY – Rotonde★★ de la crypte★ dans la cathédrale St-Bénigne CY – Musée de la Vie bourguignonne★ DZ M⁵ – Musée Archéologique★ CY M² – Musée Magnin★ DY M⁸ – Muséum d'histoire naturelle★ CY M³.*

🏌 *de Dijon Bourgogne ☎ 03 80 35 71 10, par ① ; 🏌 de Quétigny ☎ 03 80 46 69 00, E par D 107⁸ : 5 km.*

✈ *Dijon-Bourgogne ☎ 03 80 67 67 67 par ⑤ : 4,5 km.*

🗒 *Office de Tourisme et Accueil de France pl. Darcy ☎ 03 80 44 11 44, Fax 03 80 42 18 83 – Automobile Club de Bourgogne, de la Haute Marne et du Haut Saonois, r. des Ardennes ☎ 03 80 72 08 00.*

Paris 311 ⑦ – Auxerre 151 ⑦ – Basel 257 ③ – Besançon 92 ③ – Clermont-Ferrand 268 ④ – Genève 188 ③ – Grenoble 302 ④ – Lyon 193 ④ – Reims 299 ① – Strasbourg 332 ③.

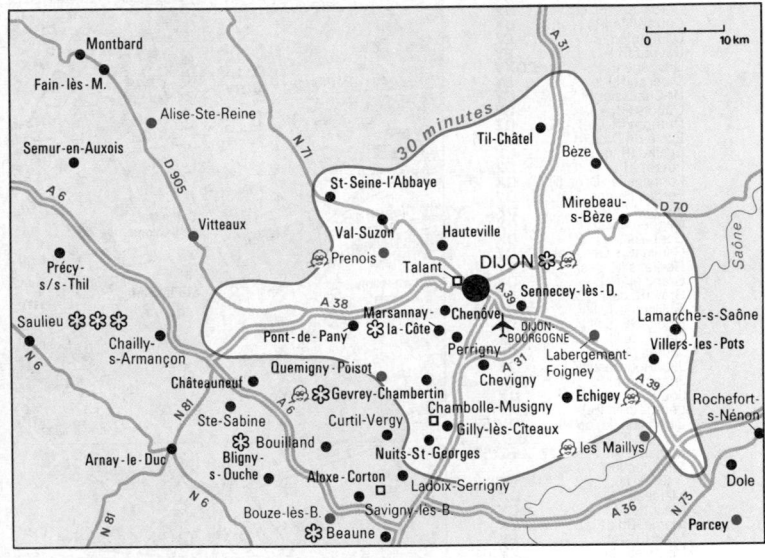

🏨 **Sofitel La Cloche** Ⓜ, 14 pl. Darcy ☎ 03 80 30 12 32, Fax 03 80 30 04 15, 🍽, ⭐, 🛋 – 🛗
✖ 📺 ☎ ☎ ♿ 🛋 – 🏌 100. 🅰 ⓘ 🆊 🆌 ✋ rest   CY **f**
La Rotonde : Repas 185/195, enf. 85 – *Les Caves de la Cloche :* Repas 147/222 – 🍲 75 – **64 ch** 680/980, 4 duplex.

🏨 **Host. Chapeau Rouge,** 5 r. Michelet ☎ 03 80 30 28 10, Fax 03 80 30 33 89 – 🛗 📺 rest
📺 ☎ – 🏌 50. 🅰 ⓘ 🆊 🆌 ✋ rest   CY **a**
✳ Repas 155 bc/400 et carte 260 à 390 – 🍲 70 – **30 ch** 475/930 – ½ P 545/590
Spéc. Escargots de Bourgogne en laitue. Sauté de homard à l'ail nouveau (été). Volaille de Bresse en fricassée. **Vins** Bourgogne, Fixin.

🏨 **Mercure** Ⓜ, 22 bd Marne ☎ 03 80 72 31 13, Fax 03 80 73 61 45, 🍽, 🏊, 🛋 – 🛗 ✖ 📺 ☎
♿ 🛋 🛋 – 🏌 25 à 200. 🅰 ⓘ 🆊 🆌   EX **z**
Château Bourgogne : Repas 139/250, enf. 60 – 🍲 60 – **123 ch** 475/550.

🏨 **Philippe Le Bon** Ⓜ, 18 r. Ste-Anne ☎ 03 80 30 73 52, Fax 03 80 30 95 51 – 🛗 📺 ch 📺 ☎
♿ 🅿 – 🏌 25 à 50. 🅰 ⓘ 🆊   DY **p**
voir rest. *La Toison d'Or* ci-après – 🍲 55 – **27 ch** 360/460 – ½ P 350.

457

DIJON

Si vous cherchez un hôtel tranquille,
consultez d'abord les cartes de l'introduction
ou repérez dans le texte les établissements indiqués avec le signe ⌂.

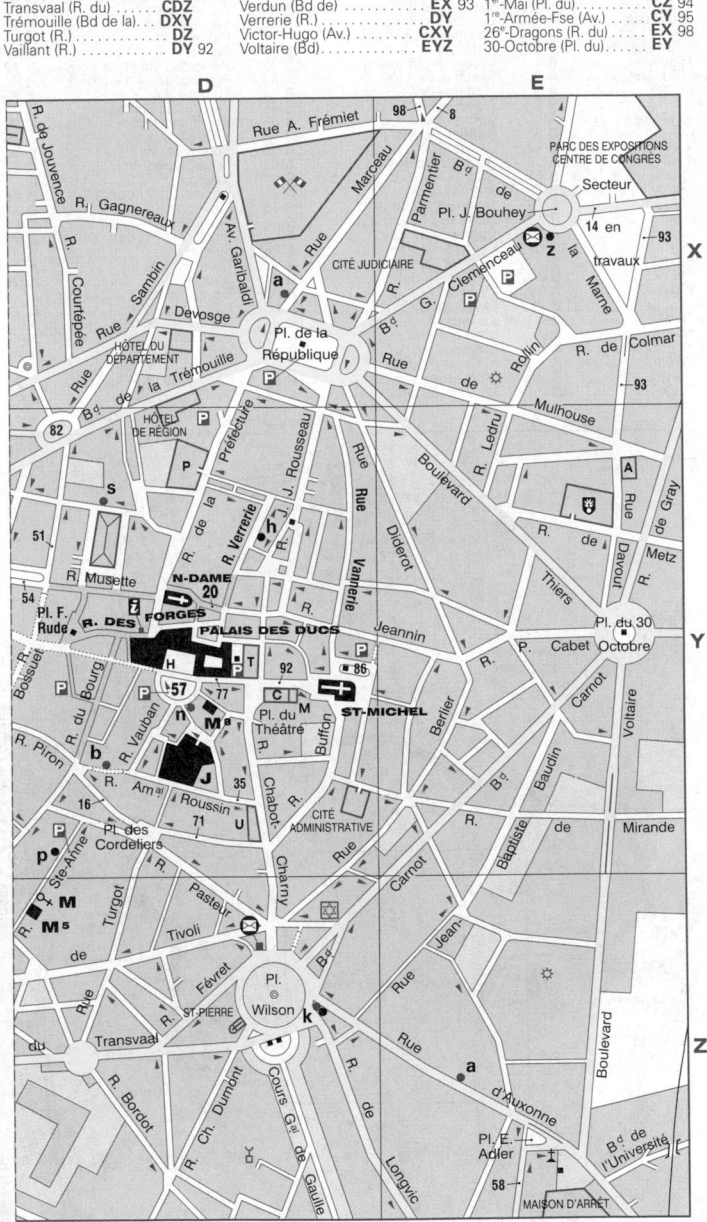

Wenn Sie ein ruhiges Hotel suchen,
benutzen Sie zuerst die Karten in der Einleitung
oder wählen Sie im Text ein Hotel mit dem Zeichen ⑤.

DIJON

🏠 **Wilson** Ⓜ sans rest, pl. Wilson ℘ 03 80 66 82 50, Fax 03 80 36 41 54, « Ancien relais de poste du 17ᵉ siècle » – 🛗 📺 ☎ ⟵. 🅰🅴 ᴳᴮ   **DZ k**
☐ 55 – **27 ch** 385/480.

🏠 **Nord et rest. de la Porte Guillaume,** pl. Darcy ℘ 03 80 30 58 58, Fax 03 80 30 61 26
– 🛗 ☰ ch 📺 ☎ – ⚿ 30. 🅰🅴 ⓞ ᴳᴮ   **CY w**
fermé 22 déc. au 6 janv. – **Repas** 99/195, enf. 50 – ☐ 49 – **27 ch** 330/410 – ½ P 340.

🏠 **Jura** sans rest, 14 av. Mar. Foch ℘ 03 80 41 61 12, Fax 03 80 41 51 13 – 🛗 📺 ☎ & ⟵ –
⚿ 35. 🅰🅴 ⓞ ᴳᴮ ᴶᶜᴮ   **CY r**
fermé 19 déc. au 12 janv. – ☐ 50 – **79 ch** 265/500.

🏠 **Ibis Central,** 3 pl. Grangier ℘ 03 80 30 44 00, Fax 03 80 30 77 12 – 🛗 ⤢ ☰ 📺 ☎ ✆ & –
⚿ 40. 🅰🅴 ⓞ ᴳᴮ ᴶᶜᴮ   **CY e**
La Rôtisserie (fermé dim.) **Repas** 149/340bc, enf.60 – ☐ 42 – **90 ch** 315/390.

🏠 **Ibis Jardin de l'Arquebuse** Ⓜ, 15 av. Albert 1ᵉʳ ℘ 03 80 43 01 12, Fax 03 80 41 69 48,
🍴 – 🛗 📺 ☎ ✆ & ᴾ – ⚿ 100. 🅰🅴 ⓞ ᴳᴮ ᴶᶜᴮ   **A n**
Repas 85/140 ♨, enf. 40 – ☐ 40 – **128 ch** 285/300.

🏠 **Jacquemart** sans rest, 32 r. Verrerie ℘ 03 80 73 39 74, Fax 03 80 73 20 99 – 📺 ☎.
ᴳᴮ   **DY h**
☐ 35 – **30 ch** 160/330.

🏠 **Victor Hugo** sans rest, 23 r. Fleurs ℘ 03 80 43 63 45 – 📺 ☎ ⟵. ᴳᴮ. ✍   **CX b**
fermé 28 déc. au 6 janv. – ☐ 29 – **23 ch** 168/270.

🏠 **Grésill'H.,** 16 av. R. Poincaré ℘ 03 80 71 10 56, Fax 03 80 74 34 89, 🍴 – 🛗 ☰ rest 📺 ☎ ᴾ
– ⚿ 30. 🅰🅴 ⓞ ᴳᴮ   **B t**
Repas 95/145 ♨, enf. 45 – ☐ 38 – **47 ch** 340 – ½ P 229/260.

🏠 **Parc de la Colombière,** 49 cours Parc ℘ 03 80 65 18 41, Fax 03 80 36 42 56, 🍴 – 🛗
⤢ 📺 ☎ ✆ & ᴾ – ⚿ 80. ᴳᴮ   **B a**
Repas 99/198 – ☐ 40 – **35 ch** 250/310 – ½ P 280.

🏠 **Allées** sans rest, 27 cours Gén. de Gaulle ℘ 03 80 66 57 50, Fax 03 80 36 24 81 – 🛗 📺 ☎
ᴾ. ᴳᴮ   **B s**
☐ 40 – **37 ch** 215/260.

XXX **Thibert,** 10 pl. Wilson ℘ 03 80 67 74 64, Fax 03 80 63 87 72 – ☰. 🅰🅴 ᴳᴮ   **DZ k**
✿ *fermé 3 au 24 août, lundi midi et dim.* – **Repas** 200/410 et carte 340 à 440
Spéc. Petits choux verts farcis aux escargots, jus de céleri. Queues de langoustines au café vert, brunoise de légumes au miel et cumin. Pigeonneau de ferme, omelette plate au riz sauvage et fruits secs. **Vins** Saint-Aubin, Marsannay.

XXX **La Toison d'Or** - Hôtel Philippe Le Bon, 18 r. Ste-Anne (Compagnie Bourguignonne des Oenophiles) ℘ 03 80 30 73 52, Fax 03 80 30 95 51, « Demeures anciennes, caveau-musée » – ᴾ. 🅰🅴 ⓞ ᴳᴮ   **DY p**
fermé dim. soir – **Repas** 165 bc/265 et carte 230 à 340.

XX **Au Pré aux Clercs** (Billoux), 13 pl. Libération ℘ 03 80 38 05 05, Fax 03 80 38 16 16 – 🅰🅴
ᴳᴮ   **DY n**
✿ *fermé dim. soir et lundi* – **Repas** 180 bc (déj.), 230/360 et carte 380 à 540
Spéc. Terrine de pigeon à l'ail confit. Paillasson de langoustines. Charlotte de canard au pain d'épice. **Vins** Marsannay blanc, Côte de Nuits-Village.

XX **La Dame d'Aquitaine,** 23 pl. Bossuet ℘ 03 80 30 45 65, Fax 03 80 49 90 41, « Dans une crypte du 13ᵉ siècle » – 🅰🅴 ⓞ ᴳᴮ. ✍   **CY m**
Repas 155 bc (déj.), 168/235.

XX **La Côte St-Jean,** 13 r. Monge ℘ 03 80 50 11 77, Fax 03 80 50 18 75 – ᴳᴮ   **CY t**
fermé 12 juil. au 8 août, 19 déc. au 9 janv., sam. midi et mardi – **Repas** (prévenir) 108 (déj.), 128/175.

XX **Le Cézanne,** 40 r. Amiral Roussin ℘ 03 80 58 91 92, Fax 03 80 49 86 80 – ☰. 🅰🅴 ᴳᴮ
fermé 1ᵉʳ au 15 sept., 1ᵉʳ au 15 janv., lundi midi et dim. – **Repas** (nombre de couverts limité, prévenir) 99/250 ♨, enf. 80.   **DY b**

XX **Host. de l'Étoile,** 1 r. Marceau ℘ 03 80 73 20 72, Fax 03 80 71 24 76, 🍴 – ☰. 🅰🅴 ⓞ ᴳᴮ
ᴶᶜᴮ   **DX a**
fermé dim. soir et lundi – **Repas** 98/230, enf. 66.

XX **Ma Bourgogne,** 1 bd P. Doumer ℘ 03 80 65 48 06, 🍴 – 🅰🅴 ᴳᴮ   **B e**
fermé 14 au 30 août, dim. soir et sam. – **Repas** 120/180, enf. 50.

XX **Le Petit Vatel,** 73 r. Auxonne ℘ 03 80 65 80 64, Fax 03 80 31 69 92 – ☰. 🅰🅴 ᴳᴮ   **EZ a**
fermé 15 juil. au 22 août, sam. midi et dim. sauf fériés – **Repas** 130/220.

X **Bistrot des Halles,** 10 r. Bannelier ℘ 03 80 49 94 15, 🍴 – ☰. ᴳᴮ   **DY s**
🐌 *fermé dim. soir*
Repas 95 et carte environ 150.

au Parc de la Toison d'Or *Nord : 5 km par N 74 –* ⊠ *21000 Dijon :*

🏬 **Holiday Inn Garden Court** Ⓜ, 1 pl. Marie de Bourgogne, ℰ 03 80 72 20 72,
Fax 03 80 72 32 72 – |劇 ⇔ 🍴 📺 ☎ ✆ ₺ 🄿 – 🛃 50. 🖭 ⓞ ☞ 🄹🄲🄱   B r
Repas *(fermé sam. midi, dim. midi et fériés le midi)* 80/120, enf. 45 – ⊊ 58 – **100 ch** 450/500.

🏠 **Campanile**, allée A. Nobel ℰ 03 80 74 41 00, Fax 03 80 70 13 44, 🍃 – ⤢ 📺 ☎ ✆ ₺ 🄿 –
🛃 25. 🖭 ⓞ ☞   B u
Repas 84 bc/107 bc, enf. 39 – ⊊ 32 – **48 ch** 278.

à Sennecey-lès-Dijon *Sud-Est : 6 km sur D 905 – 1 535 h. alt. 224 –* ⊠ *21800 Quétigny :*

🏠 **La Flambée,** ℰ 03 80 47 35 35, Fax 03 80 47 07 08, 🍃, 🛥, 🌭 – |劇 🖃 📺 ☎ ✆ 🄿 –
🛃 25. 🖭 ⓞ ☞
Repas grill 89/182 ⅃, enf. 48 – ⊊ 47 – **24 ch** 315/490 – ½ P 315.

à Chevigny *par ⑤ et D 996 : 9 km –* ⊠ *21600 Longvic :*

🏠 **Relais de la Sans Fond,** ℰ 03 80 36 61 35, Fax 03 80 36 94 89, 🍃, 🌭 – 📺 ☎ 🄿 –
🛃 60. 🖭 ☞
Repas *(fermé dim. soir)* 75/260, enf. 52 – ⊊ 32 – **17 ch** 210/280 – ½ P 230.

à Chenôve *par ⑥ : 6 km – 17 721 h. alt. 263 –* ⊠ *21300 :*

🏠 **Comfort Inn** Ⓜ, N 74 (rte Beaune) ℰ 03 80 52 15 35, Fax 03 80 51 44 70, 🍃 – |劇 ⤢ 📺
☎ ✆ ₺ 🄿 – 🛃 50. 🖭 ⓞ ☞
La Véranda : **Repas** 74/110 ⅃, enf. 39 – ⊊ 37 – **41 ch** 250/270.

à Marsannay-la-Côte *par ⑥ : 8 km – 5 216 h. alt. 275 –* ⊠ *21160 :*

🏬 **Novotel** Ⓜ, rte Beaune ℰ 03 80 52 14 22, Fax 03 80 51 02 28, 🍃, 🛥, 🌭 – |劇 ⤢ 🖃 📺
☎ ₺ 🄿 – 🛃 100. 🖭 ⓞ ☞
Repas 120/150, enf. 50 – ⊊ 52 – **122 ch** 440/540.

🍴🍴🍴 **Les Gourmets** (Perreaut), 8 r. Puits de Têt (près église) ℰ 03 80 52 16 32,
❀   Fax 03 80 52 03 01, 🍃 – 🄿 🖭 ⓞ ☞
fermé 4 au 12 août, 2 au 8 fév., dim. soir et lundi – **Repas** 145/410 et carte 360 à 490
Spéc. Fricassée d'escargots sur un beurre de persillade citronné. "Tempura" de langous-
tines aux parfums de vanille et d'ananas. Salmigondis de pigeon à la goutte de sang. **Vins**
Marsannay blanc et rouge.

à Perrigny-lès-Dijon *par ⑥ : 8 km – 1 381 h. alt. 255 –* ⊠ *21160 :*

🏠 **Hôtellerie de la Côte,** N 74 ℰ 03 80 51 10 00, Fax 03 80 58 82 97, 🍃 – ⤢ 📺 ☎ ✆ ₺
🄿 – 🛃 40. 🖭 ⓞ ☞
Repas *(fermé vend. soir, sam. midi et dim. soir du 2 nov. au 31 mars)* 90/190 ⅃, enf. 45 –
⊊ 38 – **41 ch** 250/295 – ½ P 250.

à Talant *: 4 km – 12 860 h. alt. 354 –* ⊠ *21240 :.*

Voir *Table d'orientation* ⇐★.

🏠 **La Bonbonnière** 🍃 sans rest, au vieux village (près église) ℰ 03 80 57 31 95,
Fax 03 80 57 23 92, 🌭 – |劇 📺 ☎ 🄿. ☞   A s
⊊ 40 – **20 ch** 285/380.

rte de Troyes *par ⑧ : 4 km –* ⊠ *21121 Fontaines-lès-Dijon :*

🍴🍴 **Trois Ducs,** ℰ 03 80 56 59 75, Fax 03 80 58 28 99, 🍃 – 🄿. 🖭 ⓞ ☞
fermé dim. soir – **Repas** 99/249 ⅃, enf. 60.

à Hauteville-lès-Dijon *par ⑧ et D 107⁶ : 6 km – 963 h. alt. 402 –* ⊠ *21121 :*

🍴🍴 **La Musarde** 🍃 avec ch, ℰ 03 80 56 22 82, Fax 03 80 56 64 40, 🍃, 🌭 – 📺 ☎ ✆ 🄿. 🖭
ⓞ ☞ 🄹🄲🄱
fermé 15 déc. au 15 janv. – **Repas** *(fermé dim. soir et lundi sauf été)* 100/340, enf. 65 – ⊊ 55
– **11 ch** 235/270.

MICHELIN, Agence, ZA Acti Sud, r. de la Pièce Léger à Marsannay la Côte par ⑥
ℰ 03 80 59 95 40

PEUGEOT Bourgogne Autom. Nord, r. de
Cracovie ZI St-Apollinaire ℰ 03 80 73 81 16 Ⓝ
ℰ 03 80 33 73 69
RENAULT Succursale, 139 av. J.-Jaurès
ℰ 03 80 51 51 51 Ⓝ ℰ 03 80 33 53 00

VAG Gd Gar. Diderot, ZAC de la Charmette, r. des
Ruchottes à Ahuy ℰ 03 80 59 22 22
VOLVO Gar. Nudant, 21 r. Transvaal
ℰ 03 80 67 71 51

Périphérie et environs

BMW Gar. Savy 21, r. Charrières à Quetigny
ℰ 03 80 48 96 00 Ⓝ ℰ 03 80 48 96 00
CITROEN Succursale, rte de Beaune à Marsannay la
Côte par ⑥ ℰ 03 80 71 83 10 Ⓝ ℰ 03 80 36 62 13
CITROEN Gar. Torelli, r. de la Renouille à Longvic par
⑤ ℰ 03 80 65 17 38 Ⓝ ℰ 03 80 65 17 38
FIAT Sodia, 125 rte de Beaune à Chenôve
ℰ 03 80 52 60 02
MERCEDES Gar. Gremeau, 65 rte de Beaune à
Chenôve ℰ 03 80 52 11 66
OPEL Gar. Heinzlé, r. Prof. L.-Neel, ZI à Longvic
ℰ 03 80 66 52 78
PEUGEOT SCA Bourgogne Autom., 5 rte de
Beaune à Chenove par ⑥ ℰ 03 80 52 21 20
PORSCHE Auto Sélection, 6 r. Petite Fin à Fontaine
les Dijon ℰ 03 80 58 13 13

RENAULT Auto Leader Bourgogne, 47 Rte de
Beaune à Marsannay-la-Côte par ⑥
ℰ 03 80 52 12 15 Ⓝ ℰ 03 80 52 12 16
RENAULT Gar. Chassua, 4 bd Kennedy à Longvic
par ⑤ ℰ 03 80 65 24 53

⑩ Euromaster, 11 r. A.-Becquerel, ZI à Chenôve
ℰ 03 80 52 54 70
Euromaster, rte de Gray à St-Apollinaire
ℰ 03 80 71 36 66
Métifiot, 1 r. de l'Escaut, ZI à St-Apollinaire
ℰ 03 80 71 21 40

DINAN ◁Ⓢ▷ 22100 C.-d'Armor 🗒🟢 ⑮ G. Bretagne – 11 591 h alt. 92.

Voir Vieille ville★★ BY : Tour de l'Horloge ⚡★★ BZ E, Jardin anglais ⩽★★ BY, Place des
Merciers★ BZ 33, rue du Jerzual★ BY , Promenade de la Duchesse Anne ⩽★ BZ –
Château★ : ⚡★ AZ – Lanvallay ⩽★ 2 km par ②.

🏌🏌 de St-Malo, le Tronchet ℰ 02 99 58 96 69 par ② N 176 : 19 km ; 🏌 le Corbinais Golf Club
ℰ 02 96 27 64 81, E : 15 km.

🛈 Office de Tourisme 6 r. Horloge ℰ 02 96 39 75 40, Fax 02 96 39 01 64.

Paris 400 ② – St-Malo 32 ① – Avranches 67 ② – Fougères 73 ② – Rennes 55 ② – St-Brieuc
59 ③ – Vannes 120 ③.

Plan page suivante

🏦🏦 **d'Avaugour**, 1 pl. Champ ℰ 02 96 39 07 49, Fax 02 96 85 43 04, 🍽, 🐎 – 🛗 📺 ☎. 🆎 ⑩
GB. 🐕 rest   AZ   r
La Poudrière ℰ 02 96 39 79 84 (fermé 1er au 15 oct., 15 au 30 janv., dim. soir et jeudi hors
sais.) Repas 78/180, enf. 50 – ☲ 45 – **25 ch** 350/620.

🏦🏦 **Arvor** sans rest, 5 r. Pavie ℰ 02 96 39 21 22, Fax 02 96 39 83 09 – 🛗 📺 ☎ ✆ ⅗ 🅿. 🆎
GB   BZ   u
☲ 35 – **23 ch** 260/360.

🏠 **Tour de l'Horloge** sans rest, 5 r. Chaux ℰ 02 96 39 96 92, Fax 02 96 85 06 99 – cuisinette 📺 ☎. 🆎 ⑩ GB   ABZ   a
☲ 35 – **12 ch** 295/335.

🏠 **France**, 7 pl. 11-Novembre par ④ ℰ 02 96 39 22 56, Fax 02 96 39 08 96 – ▦ rest 📺 ☎ ✆
⟵. 🆎 ⑩ GB
fermé 22 déc. au 7 janv., dim. soir et sam. de nov. à mars – Repas 90/215 ⅘, enf. 78 – ☲ 37
– **14 ch** 220/300 – ½ P 335/360.

XXX **Mère Pourcel**, 3 pl. Merciers ℰ 02 96 39 03 80, Fax 02 96 87 07 58, « Maison bretonne
du 15e siècle » – 🆎 ⑩ GB   BZ   t
fermé vacances de fév., dim. soir et lundi – Repas 97 (déj.), 162/370 et carte 250 à 380.

XXX **Les Grands Fossés**, 2 pl. Gén. Leclerc ℰ 02 96 39 21 50 – 🅿. GB   AY   e
fermé 26 janv. au 1er fév. et jeudi – Repas 95 (déj.), 165/285 et carte 220 à 300.

XX **Caravelle**, 14 pl. Duclos ℰ 02 96 39 00 11 – 🆎 ⑩ GB   AY   s
fermé 10 au 16 mars, 12 nov. au 4 déc., dim. soir et merc. du 5 déc. au 8 juil. – Repas
130/400.

XX **Relais des Corsaires**, Le Port ℰ 02 96 39 40 17, Fax 02 96 39 34 75, 🍽 –
GB   BY   b
fermé 10 janv. au 15 fév., dim. soir et merc. sauf du 1er juin au 30 sept. – Repas 88/175 ⅘.

X **Le Cantorbery**, 6 r. Ste-Claire ℰ 02 96 39 02 52 – 🆎 GB   BZ   n
🍴 fermé 23 au 30 juin, 11 au 24 nov., dim. soir du 15 sept. à juin et lundi – Repas 75/185 ⅘,
enf. 45.

CITROEN Gar. Jago, ZI de Quevert par ④
ℰ 02 96 39 04 91 Ⓝ ℰ 02 96 83 90 42
PEUGEOT Gar. Brossard Autom., 14 r. des Prunus
par ④ ℰ 02 96 39 24 38 Ⓝ ℰ 02 99 24 17 91

RENAULT Gar. Lemenant, rte de Ploubalay à
Taden ℰ 02 96 87 11 11 Ⓝ ℰ 02 96 01 97 66

⑩ La Station du Pneu, ZI bd de Preval
ℰ 02 96 85 10 62

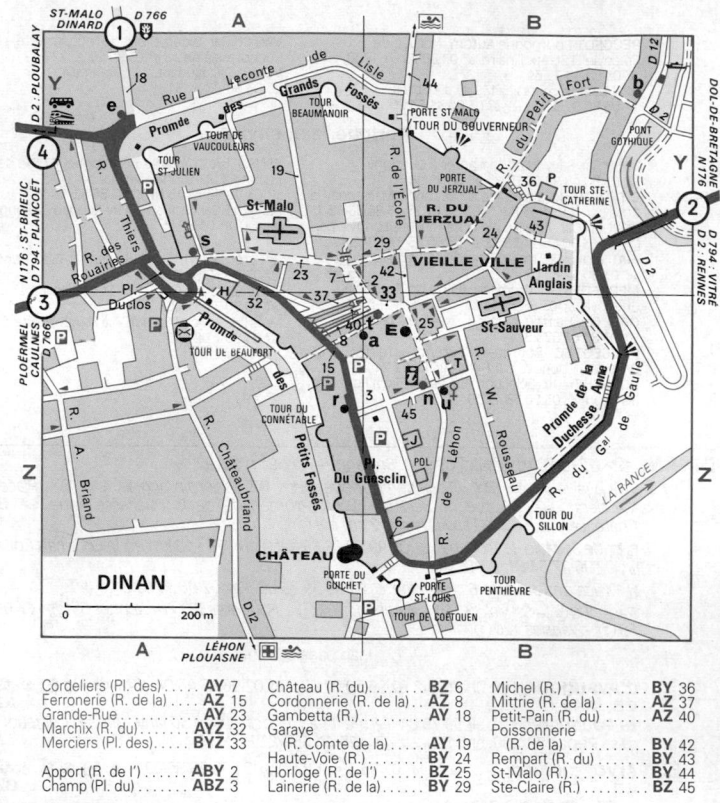

DINAN

DINAN 35800 I.-et-V. **59** ⑤ *G. Bretagne* – 9 918 h alt. 25 – Casino Municipal **BY**.

Voir *Pointe du Moulinet* ≤★★ BY – *Grande Plage ou Plage de l'Écluse*★ BY – *Promenade du Clair de Lune*★ BYZ – *La Rance*★★ *en bateau* – *St-Lunaire : pointe du Décollé* ≤★★ *et grotte des Sirènes*★ *4,5 km par* ② – *Usine marémotrice de la Rance : digue* ≤★ *SE :* *4 km.*

Env. *Pointe de la Garde Guérin*★ : ⁂★★ *par* ② : 6 km puis 15 mn.

🖪 de St-Briac-sur-Mer ℰ 02 99 88 32 07, par ② ; 7,5 km.

✈ de Dinard-Pleurtuit-St-Malo ℰ 02 99 46 70 28, par ① : 5 km.

🖪 *Office de Tourisme 2 bd Féart* ℰ 02 99 46 94 12, Fax 02 99 88 21 07.

Paris 420 ① – *St-Malo 12* ① – *Dinan 22* ① – *Dol-de-Bretagne 29* ① – *Lamballe 47* ① – *Rennes 75* ①.

Plan page ci-contre

🏨🏨 **Gd Hôtel et rest. George V,** 46 av. George V ℰ 02 99 88 26 26, Fax 02 99 88 26 27, ≤, 🛋 – 🛗 📺 ☎ 🅿 – 🔬 100. 🖭 ⓪ ⌷ **BY v**
24 mars-31 oct. – **Repas** *(fermé lundi en oct.)* 120/180 – � 70 – **63 ch** 820/1200, 3 appart – ½ P 600/760.

🏨🏨 **Novotel Thalassa** 📖 ⌷, av. Château Hébert ℰ 02 99 82 78 10, Fax 02 99 82 78 29, ≤ mer, �します, *centre de thalassothérapie,* 🗲, 🛋, ⚘, 🛩 – 🛗 ⌸ 📺 ☎ ㅊ 🅿 – 🔬 25 à 60. 🖭 ⓪ ⌷ 📇. ⚘ rest **AY r**
fermé 7 au 20 déc. – **Repas** 165/210, enf. 75 – ⊯ 62 – **104 ch** 820 – ½ P 610.

🏨🏨 **Reine Hortense** ⌷ *sans rest (annexe Castel Eugénie 6 ch),* 19 r. Malouine ℰ 02 99 46 54 31, Fax 02 99 88 15 88, ≤ St-Malo – 📺 ☎. 🖭 ⓪ ⌷ 📇 **BY e**
25 mars-15 nov. – ⊯ 60 – **10 ch** 780/980.

DINARD

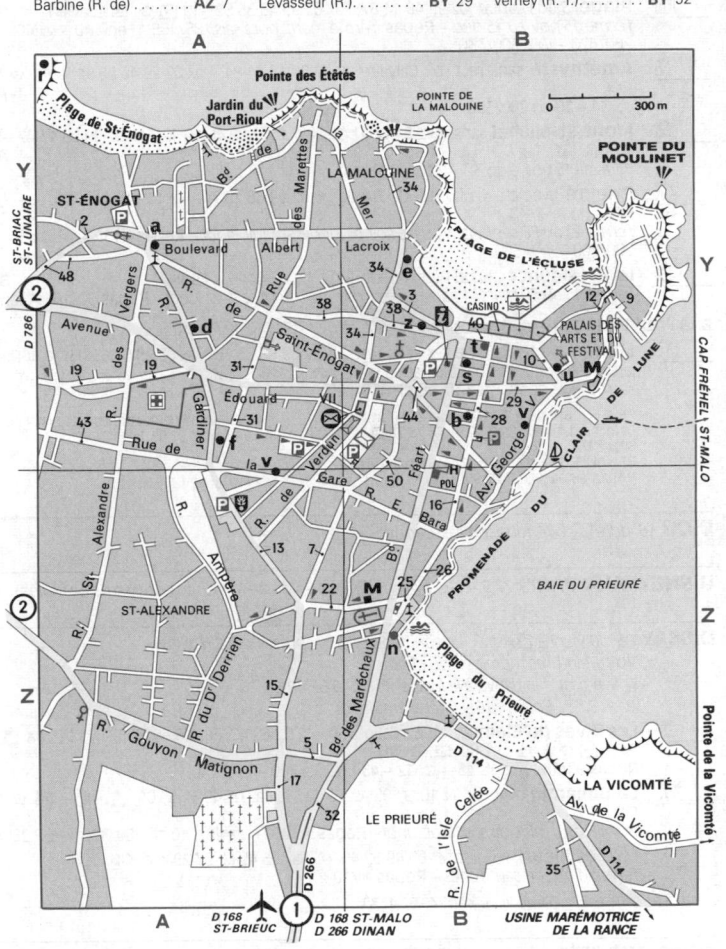

🏨 **Roche Corneille,** 4 r. G. Clemenceau ℘ 02 99 46 14 47, Fax 02 99 46 40 80 – 📶 📺 ☎. ẟ
ẞ. ℁
BY u
hôtel : 15 mars-15 nov. ; rest. : mai-sept. et fermé mardi – **Repas** 130/175 🍴, enf. 60 – ⊆ 55
– **28 ch** 500/700 – ½ P 375/470.

🏨 **Vieux Manoir** Ⓜ ঌ sans rest, 21 r. Gardiner ℘ 02 99 46 14 69, Fax 02 99 46 87 87,
« Jardin » – 📺 ☎ 🅿. ẞ
AY d
24 mars-15 nov. et vacances scolaires – ⊆ 40 – **37 ch** 260/420.

🏨 **Les Tilleuls,** 36 r. Gare ℘ 02 99 82 77 00, Fax 02 99 82 77 55 – 📺 ☎ ✆ & 🅿. ẟ ⓪ ẞ.
⬮ ৠ rest
AZ v
Repas *(fermé dim. soir)* 82/185 🍴, enf. 50 – ⊆ 40 – **53 ch** 340/430 – ½ P 285/350.

🏨 **Émeraude-Plage**, 1 bd Albert 1er ℰ 02 99 46 15 79, Fax 02 99 88 15 31 – 🛗 📺 ☎ 🚗.
GB. 🦆   BY z
26 mars-6 oct. – **Repas** (dîner seul.) 85/130 – 🍽 38 – **54 ch** 320/530 – ½ P 280/380.

🏨 **Balmoral** sans rest, 26 r. Mar. Leclerc ℰ 02 99 88 16 97, Fax 02 99 88 20 48 – 🛗 📺 ☎. 🖭
⓪ GB   BY b
fermé janv., fév., dim. et lundi de nov. à mars – 🍽 40 – **31 ch** 300/380.

🏨 **Plage**, 3 bd Féart ℰ 02 99 46 14 87, Fax 02 99 46 55 52 – 🛗 📺 ☎. 🖭 ⓪ GB   BY s
fermé 15 nov. au 15 déc. – **Repas** *(fermé merc. hors sais.)* 85/155 🍷, enf. 40 – 🍽 40 – **18 ch**
260/420 – ½ P 300/330.

🏨 **Améthyste** sans rest, pl. Calvaire ℰ 02 99 46 61 81, Fax 02 99 46 96 91 – 📺 ☎ 🦽. 🖭
GB   AY a
🍽 34 – **20 ch** 280/330.

🏨 **Mont-St-Michel** sans rest, 54 bd Lhôtellier ℰ 02 99 46 10 40, Fax 02 99 88 17 47 – 📺 ☎
🅿. GB. 🦆   AY f
1er avril-15 nov. – 🍽 32 – **27 ch** 220/280.

❌❌ **Prieuré** avec ch, 1 pl. Gén. de Gaulle ℰ 02 99 46 15 74, Fax 02 99 46 81 90, ≤ – 📺 ☎.
GB   BZ n
fermé 22 au 28 sept., janv., dim. soir et lundi sauf juil.-août – **Repas** 85/128 🍷 – 🍽 36 – **8 ch**
200/260 – ½ P 360.

❌ **La Présidence**, 29 bd Prés. Wilson ℰ 02 99 46 44 27 – 🖭 GB   BY t
fermé 15 au 30 mars, 1er au 15 déc., dim. soir hors sais. et lundi – **Repas** 90/155 🍷, enf. 45.

à la Jouvente *Sud-Est : 7 km par D 114 -* **BZ** *et D 5 –* ✉ *35730 Pleurtuit :*

🏨 **Manoir de la Rance** 🦢 sans rest, ℰ 02 99 88 53 76, Fax 02 99 88 63 03, ≤, « Dans un
jardin fleuri surplombant la Rance » – 📺 ☎ 🅿. GB
fermé janv. et fév. – 🍽 50 – **9 ch** 450/800.

PEUGEOT Gar. de la Rive Gauche, ZA l'Hermitage à   ⓦ Emeraude Pneumatiques, La Fourberie à
La Richardais par ① ℰ 02 99 46 75 78 🅽 ℰ 02 99   St-Lunaire ℰ 02 99 46 11 26
88 44 27
RENAULT Dinard Autom., ZA L'Hermitage à la
Richardais par ① ℰ 02 99 46 10 69

DIOU *36 Indre* 🔠 ⑨ *– rattaché à Issoudun.*

DISNEYLAND PARIS *77 S.-et-M.* 🔠 ⑫., 🔳 ⑳ *– voir à Paris, Environs (Marne-La-Vallée).*

DISSAY *86130 Vienne* 🔠 ⑭ *G. Poitou Vendée Charentes – 2 498 h alt. 69.*
Voir *Peintures murales★ du château.*
🛈 *Syndicat d'Initiative à la Mairie* ℰ 05 49 52 40 24.
Paris 322 – Poitiers 16 – Châtellerault 20.

🏨 **Les Rives du Clain** Ⓜ, av. du Clain ℰ 05 49 52 62 42, Fax 05 49 52 62 62, 🌳, 🎣, 🏊, 🚲,
🎾 – 📺 ☎ 🦽 🅿 – 🔬 80. 🖭 ⓪ GB
Repas 90/160 🍷, enf. 45 – 🍽 32 – **43 ch** 230/280 – ½ P 240.

❌❌ **Le Binjamin** avec ch, N 10 ℰ 05 49 52 42 37, Fax 05 49 62 59 06, 🏊, 🚲 – 📺 ☎ 🅿. 🖭
GB
fermé sam. midi, dim. soir et lundi – **Repas** 98/260 – 🍽 40 – **10 ch** 280/330 – ½ P 260/395.

❌ **Le Clos Fleuri**, r. Église ℰ 05 49 52 40 27, Fax 05 49 62 37 29 – 🅿. GB
fermé dim. soir sauf fériés – **Repas** 89/198.

CITROEN Gar. Pinaudeau, ℰ 05 49 52 42 31

DIVES-SUR-MER *14 Calvados* 🔠 ⑰ *– rattaché à Cabourg.*

DIVONNE-LES-BAINS *01220 Ain* 🔟 ⑯ *G. Jura* (plan) – *5 580 h alt. 486 – Stat. therm. (3 fév.-
30 nov.) – Casino .*
🏌 ℰ 04 50 40 34 11, O : 2 km.
🛈 *Office de Tourisme r. des Bains* ℰ 04 50 20 01 22, Fax 04 50 20 32 12.
*Paris 488 – Thonon-les-Bains 51 – Bourg-en-Bresse 128 – Genève 17 – Gex 10 – Lausanne 48
– Nyon 13.*

🏨 **Le Grand Hôtel** 🦢, ℰ 04 50 40 34 34, Fax 04 50 40 34 24, ≤, 🌳, « Parc ombragé »,
🎣, 🏊, 🎾 – 🛗 ⇄ 📺 ☎ 🦽 🅿 – 🔬 200. 🖭 ⓪ GB. 🦆 rest
fermé fév. – voir rest. *La Terrasse* ci-après - *Brasserie du Léman :* Repas 120/370, enf. 80
– 🍽 95 – **116 ch** 900/1600, 11 appart.

Château de Divonne ⅋, 115 r. Bains ☎ 04 50 20 00 32, Fax 04 50 20 03 73, ≤ lac et Mt-Blanc, ⌂, « Dans un parc ombragé », ✕ – |‡| ▤ rest ▣ ☎ [P] – ⚐ 30. AE ⦿ GB JCB
fermé janv. et fév. – **Repas** 280 bc/490 et carte 380 à 540 – ☐ 85 – **22 ch** 600/1450, 5 appart – 1/2 P 905/1020
Spéc. Poêlon de pommes de terre confites au beaufort. Nage de grenouilles dans un bouillon parfumé aux herbes potagères. Poulet de Bresse "Comme il vous plaira". **Vins** Côtes du Jura, Seyssel.

Jura M ⅋ sans rest, rte Arbère ☎ 04 50 20 05 95, Fax 04 50 20 21 21, ⌂ – ▣ ☎ ⇔ [P]. AE GB
☐ 35 – **22 ch** 290/495.

Coccinelles ⅋ sans rest, rte Lausanne ☎ 04 50 20 06 96, Fax 04 50 20 01 18, ⌂ – |‡| ▣ ☎ [P]. AE GB
☐ 34 – **24 ch** 155/300.

La Terrasse - Le Grand Hôtel, av. des Thermes ☎ 04 50 40 35 39, Fax 04 50 40 34 24, ⌂ – ▤. AE ⦿ GB. ✕
fermé fév., dim. soir et lundi – **Repas** 200/370 et carte 350 à 500
Spéc. Omble chevalier cuit à l'étouffée au thyn citron (16 janv. au 15 oct.). Poitrine de poularde de Bresse croustillante. Poire confite au Macvin, crème légère glacée au yaourt de brebis. **Vins** Chignin-Bergeron, Vin du Bugey-Manicle.

Champagne, 51 av. Salève ☎ 04 50 20 13 13, Fax 04 50 20 31 90, ⌂, ⌂ – [P]. AE GB
fermé 22 déc. au 11 janv., jeudi midi et merc. – **Repas** grill carte 160 à 260.

La Marée, av. Genève ☎ 04 50 20 01 87, Fax 04 50 20 35 35, ⌂ – AE ⦿ GB
fermé 23 juin au 8 juil., 1er au 7 sept., 5 au 11 janv., dim. soir et lundi – **Repas** 140/240.

Aub. du Vieux Bois, rte Gex : 1 km ☎ 04 50 20 01 43, Fax 04 50 20 17 74, ⌂ – [P]. AE GB
fermé 1er au 16 fév., dim. soir et lundi – **Repas** 100/270 ♁, enf. 65.

DOLANCOURT *10 Aube* **61** ⑱ – *rattaché à Bar-sur-Aube.*

DOL-DE-BRETAGNE *35120 I.-et-V.* **59** ⑥ *G. Bretagne* (plan) – *4 629 h alt. 20.*
Voir *Cathédrale St-Samson*★★ – *Promenade des Douves*★ : ≤★ – *Mont-Dol* ✻★ *4,5 km NO par D 155.*
⛳18 *Château des Ormes* ☎ *02 99 73 49 60, S par D 795 : 9 km.*
ℹ *Office de Tourisme Hôtel de Ville* ☎ *02 99 48 15 37.*
Paris 374 – St-Malo 27 – Alençon 153 – Dinan 26 – Fougères 53 – Rennes 57.

Bretagne, pl. Châteaubriand ☎ 02 99 48 02 03, Fax 02 99 48 25 75, ⌂ – ▣ ☎. ⦿ GB
fermé oct. et sam. d'oct. à mars – **Repas** 60/155 ♁ – ☐ 28 – **27 ch** 115/295 – 1/2 P 165/225.

La Bresche Arthur avec ch, 36 bd Deminiac ☎ 02 99 48 01 44, Fax 02 99 48 16 32 – ☎. GB
fermé fév., dim. soir et lundi d'oct. à juin – **Repas** 78/195 ♁, enf. 60 – ☐ 38 – **24 ch** 180/275.

La Grabotais, 4 r. Ceinte ☎ 02 99 48 19 89 – AE GB
fermé 1er janv. au 10 fév., lundi midi en sais., dim. soir et lundi de nov. à Pâques – **Repas** 72/192 ♁, enf. 45.

DOLE SP *39100 Jura* **70** ③ *G. Jura* – *26 577 h alt. 220.*
Voir *Le Vieux Dole*★★ **BZ** – *Grille*★ *en fer forgé de l'église St-Jean-l'Evangéliste* **AZ.**
⛳9 *Val d'Amour* ☎ *03 84 71 04 23, par* ③ *: 9 km par D 405 et N 5.*
ℹ *Office de Tourisme 6 pl. Grévy* ☎ *03 84 72 11 22, Fax 03 84 82 49 27 – Automobile Club r. J. Jacquard ZI les Epenottes* ☎ *03 84 72 30 62.*
Paris 363 ① – *Dijon 50* ⑤ – *Besançon 52* ① – *Chalon-sur-Saône 65* ④ – *Genève 142* ③ – *Lons-le-Saunier 52* ③.

Plan page suivante

La Chaumière ⅋, 346 av. Mar. Juin par ③ *: 3 km* ☎ 03 84 70 72 40, Fax 03 84 79 25 60, ⌂, ⌂, ⌂ – ▣ ☎ ☏ ⇔ [P] – ⚐ 25. GB
fermé 14 au 23 juin, 19 déc. au 19 janv., sam. midi et dim. (sauf hôtel du 29 juil. au 14 oct) – **Repas** 95/180, enf. 65 – ☐ 45 – **18 ch** 300/450 – 1/2 P 360.

La Cloche sans rest, 2 pl. Grévy ☎ 03 84 82 00 18, Fax 03 84 72 73 82 – |‡| ▣ ☎. AE GB
voir rest. ***Le Grévy*** ci-après – ☐ 38 – **29 ch** 260/280. **BY v**

Les Templiers, 35 Gde Rue ☎ 03 84 82 78 78, Fax 03 84 72 12 52, « Chapelle du 13e siècle » – ▤. AE GB **BZ u**
fermé dim. soir – **Repas** 85/250 et carte 230 à 310.

Le Bec Fin, 67 r. Pasteur ☎ 03 84 82 43 43, Fax 03 84 79 28 07, ⌂ – AE ⦿ GB **BZ a**
fermé 1er au 15 fév., mardi sauf juil.-août et lundi – **Repas** 85/180.

DOLE

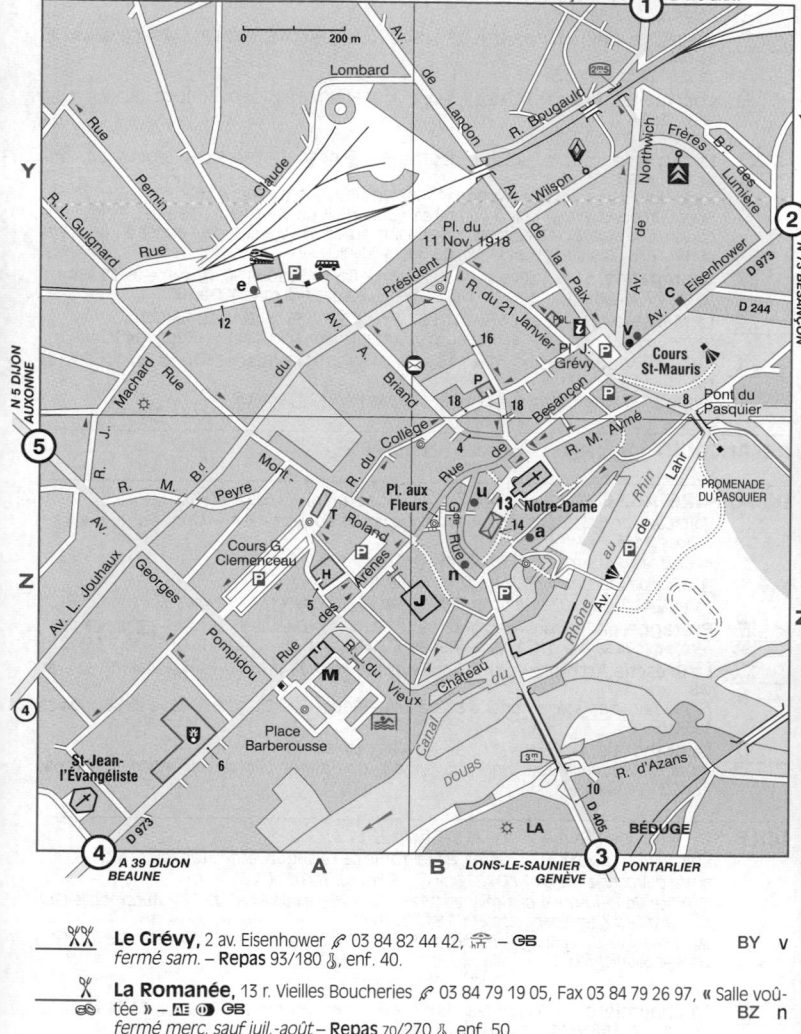

XX **Le Grévy,** 2 av. Eisenhower ℰ 03 84 82 44 42, 🍽 – ⊖🅱   **BY** v
fermé sam. – **Repas** 93/180 🍷, enf. 40.

X **La Romanée,** 13 r. Vieilles Boucheries ℰ 03 84 79 19 05, Fax 03 84 79 26 97, « Salle voûtée » – 🅰🅴 🅾 ⊖🅱   **BZ** n
fermé merc. sauf juil.-août – **Repas** 70/270 🍷, enf. 50.

X **Buffet Gare,** ℰ 03 84 82 00 48, Fax 03 84 82 35 14, 🍽 – ⊖🅱   **AY** e
Repas 67 bc/155 🍷.

à Rochefort-sur-Nenon *par ②* : *7 km par N 73* – *599 h. alt. 210* – ✉ *39700* :

🏨 **Fernoux-Coutenet** 🐾, r. Barbière ℰ 03 84 70 60 45, Fax 03 84 70 50 89, 🍽 – 📺 ☎ ✔
📵 ⊖🅱
fermé 24 déc. au 10 janv. – **Repas** *(fermé dim. hors sais. et sam. midi)* 80/170 🍷, enf. 55 –
🍽 45 – **20 ch** 240/300 – ½ P 240/260.

à Parcey par ③ *rte de Lons-le-Saunier : 8 km – 818 h. alt. 197 –* ✉ *39100 :*

XX **Les Jardins Fleuris,** ℰ 03 84 71 04 84, Fax 03 84 71 09 43, 佘 – 🖭 ⅁⅁
fermé 18 au 31 août, sam. midi sauf vacances de fév., dim. soir et lundi soir – **Repas**
100/200, enf. 50.

CITROEN Gd Gar. de Dole, 24 bd des Frères
Lumière ℰ 03 84 82 34 23
FIAT, LANCIA Est Autom., 155 av. Eisenhower
ℰ 03 84 82 19 01

PEUGEOT S.C.A.D., 32 av. de Lattre-de-Tassigny
par ① ℰ 03 84 82 07 79 🅽 ℰ 03 84 91 91 78
RENAULT Cone Autom., 8 bd Wilson
ℰ 03 84 82 67 67 🅽 ℰ 03 84 82 82 53

DOMAGNÉ *35113 I.-et-V.* 🔢 ⑧ *– 1 499 h alt. 87.*
Paris 325 – Rennes 27 – La Guerche-de-Bretagne 22 – Vitré 18.

🏨 **Le Ricordeau,** r. St-Pierre ℰ 02 99 00 06 06, Fax 02 99 00 00 32, 佘 – 🖭 ☎ க். ᴬᴱ ⅁⅁
⌘ rest
fermé dim. soir et lundi midi – **Repas** 50 bc (déj.), 78/189, enf. 55 – ☲ 28 – **12 ch** 170/225 –
½ P 160/208.

DOMFRONT *61700 Orne* 🔢 ⑩ *G. Normandie Cotentin – 4 410 h alt. 185.*
Voir *Site★ – Église N.-D-sur-l'Eau★ – Jardin du donjon* ✲★ *– Croix du Faubourg* ✲★ *–
Centre ancien★.*
🚩 *Office de Tourisme 21 r. St-Julien ℰ 02 33 38 53 97, Fax 02 33 37 40 27.*
Paris 252 – Alençon 61 – Argentan 54 – Avranches 66 – Fougères 56 – Mayenne 34 – Vire 40.

à Domfront-Gare :

🏨 **Le Relais St-Michel,** r. Mont-St-Michel ℰ 02 33 38 64 99, Fax 02 33 37 37 96 – ⊱ 🖭 ☎
⇐, ᴬᴱ ⅁⅁
fermé 20 déc. au 10 janv. et vend. soir – **Repas** 68/140 ⅃, enf. 42 – ☲ 40 – **13 ch** 100/300 –
½ P 225/290.

PEUGEOT Gar. Champ, 22 r. Fossés Plissons ℰ 02 33 38 42 35

DOMFRONT-EN-CHAMPAGNE *72240 Sarthe* 🔢 ⑬ *– 850 h alt. 131.*
Paris 215 – Le Mans 20 – Alençon 44 – Laval 77 – Mayenne 53.

XX **Midi,** D 304 ℰ 02 43 20 52 04, Fax 02 43 20 56 03 – ▤. ⅁⅁
fermé fév., vend. midi, sam. midi et lundi – **Repas** 77/250 ⅃, enf. 50.

DOMME *24250 Dordogne* 🔢 ⑰ *G. Périgord Quercy* **(plan)** *– 1 030 h alt. 250.*
Voir *Promenade des Falaises* ✲★★★ *– La bastide★.*
🚩 *Office de Tourisme pl. de la Halle (fermé matin oct.- mars) ℰ 05 53 28 37 09, Fax 05 53 29
34 62.*
Paris 530 – Cahors 53 – Sarlat-la-Canéda 12 – Fumel 55 – Gourdon 22 – Périgueux 74.

🏛 **Esplanade** (Gillard) ॐ, ℰ 05 53 28 31 41, Fax 05 53 28 49 92, ≼, 佘, ☞ – ▤ rest 🖭 ☎.
🍀 ᴬᴱ ⅁⅁
13 fév.-3 nov. – **Repas** *(fermé lundi soir de fév. à avril et lundi midi sauf juil.-août)* 160/380 et
carte 250 à 440 – ☲ 60 – **24 ch** 310/600 – ½ P 395/540
Spéc. "Truffinettes" au velours de truffes. Foie de canard en pot-au-feu. Chaud et froid de
fraises (avril à nov.). **Vins** Bergerac, Cahors.

DOMPAIRE *88270 Vosges* 🔢 ⑮ *– 907 h alt. 300.*
*Paris 366 – Épinal 21 – Lunéville 56 – Luxeuil-les-Bains 60 – Nancy 62 – Neufchâteau 54 –
Vittel 24.*

XX **Commerce** avec ch, ℰ 03 29 36 50 28, Fax 03 29 36 66 12 – ☎. ⅁⅁
fermé 20 déc. au 18 janv., dim. soir (sauf hôtel) et lundi – **Repas** 67/165 ⅃ – ☲ 25 – **10 ch**
160/260 – ½ P 150/200.

DOMPIERRE-SUR-BESBRE *03290 Allier* 🔢 ⑮ *– 3 807 h alt. 234.*
Voir *Vallée de la Besbre★, G. Auvergne.*
Paris 319 – Moulins 30 – Bourbon-Lancy 18 – Decize 52 – Digoin 26 – Lapalisse 36.

XX **Aub. de l'Olive** avec ch, av. Gare ℰ 04 70 34 51 87, Fax 04 70 34 61 68 – 🖭 ☎. ⅁⅁ ᴶᶜᴮ
fermé 15 nov. au 8 déc., vacances de fév. et vend. sauf juil.-août – **Repas** 60/245 ⅃, enf. 40 –
☲ 25 – **10 ch** 190/250 – ½ P 180/210.

CITROEN Gar. Burtin, ℰ 04 70 34 50 37 🅽
ℰ 04 70 34 50 37
FORD Gar. Cannet, ℰ 04 70 34 51 61 🅽
ℰ 04 70 34 51 61

PEUGEOT Gar. Central, ℰ 04 70 34 50 10
RENAULT Gar. Champenois, ℰ 04 70 34 51 20
Gar. **Cartier,** ℰ 04 70 34 54 84 🅽
ℰ 04 70 34 66 14

DOMPIERRE-SUR-VEYLE *01240 Ain* 🟦 ③ – *828 h alt. 285.*

Paris 439 – Mâcon 52 – Belley 71 – Bourg-en-Bresse 19 – Lyon 58 – Nantua 46 – Villefranche-sur-Saône 44.

   ✗ **Aubert**, ☎ 04 74 30 31 19, Fax 04 74 30 36 98, 🐜 – **GB**
     fermé 17 au 25 juil., fév., dim. soir, merc. soir et jeudi – **Repas** 115/235, enf. 50.

DOMRÉMY-LA-PUCELLE *88630 Vosges* 🟦 ③ *G. Alsace Lorraine* – *182 h alt. 280.*

    Voir *Maison natale de Jeanne d'Arc*★.
    Paris 283 – Nancy 58 – Neufchâteau 10 – Toul 36.

   🏛 **Jeanne d'Arc** sans rest, ☎ 03 29 06 96 06 – 🚗, 🏝
     1ᵉʳ avril-15 nov. – ☲ 25 – **7 ch** 150/190.

DONGES *44480 Loire-Atl.* 🟦 ⑮ *G. Bretagne* – *6 377 h alt. 11.*

    Voir *Église*★.
    Paris 427 – Nantes 54 – La Baule 27 – Redon 45 – St-Nazaire 17.

rte de Pontchâteau *Nord : 7 km par D 4, D 773 et rte secondaire –* ✉ *44480 Donges :*

   ✗✗ **La Duchée**, ☎ 02 40 45 28 41, Fax 02 40 45 36 72, 🐜 – **P.** 🖭 **GB** **JCB**
     fermé 15 au 30 mars, 16 août au 2 sept., dim. soir et lundi – **Repas** 95/155.

DONON (Col du) *67 B.-Rhin* 🟦 ⑧ *G. Alsace Lorraine* – ✉ *67130 Schirmeck.*

    Paris 396 – Strasbourg 61 – Lunéville 59 – St-Dié 41 – Sarrebourg 38 – Sélestat 55.

   🏛 **Donon** 🦢, ☎ 03 88 97 20 69, Fax 03 88 97 20 17, ≤, 🏠, 🐜, ✗ – ☎ **P.** **GB**
     fermé 10 au 15 mars, 17 nov. au 7 déc. et jeudi hors sais. – **Repas** 60 (déj.), 93/250 ☖, enf. 39
     – ☲ 39 – **21 ch** 240/310 – ½ P 260/290.

DONZENAC *19270 Corrèze* 🟦 ⑧ *G. Périgord Quercy* – *2 050 h alt. 204.*

    🅱 *Syndicat d'Initiative à la Mairie* ☎ 05 55 85 72 33, Fax 05 55 85 69 03.
    Paris 476 – Brive-la-Gaillarde 11 – Limoges 83 – Tulle 30 – Uzerche 26.

rte de Limoges sur N 20 :

   🏨 **Relais Bas Limousin**, *à 6 km* ☎ 05 55 84 52 06, Fax 05 55 84 51 41, 🏠, 🏊, 🐜 – 📺 ☎
   ⬛ 🚗 **P.** – ☖ 25. **GB**
     Repas *(fermé dim. soir du 20 sept. au 20 juin)* 80/250 – ☲ 33 – **22 ch** 200/350 – ½ P 240/300.

   🏛 **La Maleyrie**, *à 5 km* ☎ 05 55 84 50 67, Fax 05 55 84 20 63, 🐜 – ☎ 🚗 **P.** **GB**
   ⬛ *25 mars-3 nov.* – **Repas** 68/170 ☖, enf. 50 – ☲ 30 – **15 ch** 115/230 – ½ P 178/230.

     PEUGEOT Gar. Chanourdie, ☎ 05 55 85 78 76 ⬛ ☎ 05 55 85 65 56

DONZY *58220 Nièvre* 🟦 ⑬ *G. Bourgogne* – *1 719 h alt. 188.*

    Paris 199 – Bourges 73 – Auxerre 66 – Château-Chinon 85 – Clamecy 38 – Cosne-sur-Loire 18 – Nevers 49.

   ✗✗ **Le Grand Monarque** avec ch, *près église* ☎ 03 86 39 35 44, Fax 03 86 39 37 09, 🏠 –
   ⬛ 📺 ☎ **P.** **GB**
     Repas *(fermé 15 janv. au 15 fév., dim. soir et lundi)* 85/250, enf. 55 – ☲ 37 – **11 ch** 245/330.

     RENAULT Gar. Rouleau, ☎ 03 86 39 35 34

Le DORAT *87210 H.-Vienne* 🟦 ⑦ *G. Berry Limousin* – *2 203 h alt. 209.*

    Voir *Collégiale St-Pierre*★★.
    🅱 *Office de Tourisme pl. Collégiale* ☎ 05 55 60 76 81.
    Paris 371 – Limoges 53 – Poitiers 76 – Bellac 13 – Le Blanc 49 – Guéret 66.

   ✗ **La Promenade** avec ch, *3 av. Verdun* ☎ 05 55 60 72 09 – ☎ 🚗 **P.** **GB**
   ⬛ *fermé 15 sept. au 7 oct., 1ᵉʳ au 15 fév., dim. soir et lundi* – **Repas** 65/185 ☖ – ☲ 28 – **8 ch**
     150/210 – ½ P 180.

     CITROEN Gar. Laguzet, ☎ 05 55 60 72 79

DORMANS *51700 Marne* 🟦 ⑮ *G. Champagne* – *3 125 h alt. 70.*

    Paris 118 – Reims 41 – Château-Thierry 23 – Épernay 25 – Meaux 72 – Soissons 46.

   ✗✗ **La Table Sourdet**, ☎ 03 26 58 20 57, Fax 03 26 58 88 82 – 🖭 **GB**
     fermé lundi soir, dim. soir et soirs fériés – **Repas** 130/340 ☖.

DORRES 66760 Pyr.-Or. 🔢 ⑯ G. Pyrénées Roussillon – 192 h alt. 1458.

Voir Angoustrine : Retables⋆ dans l'église O : 5 km.

Paris 866 – Font-Romeu-Odeillo-Via 16 – Ax-les-Thermes 47 – Bourg-Madame 9 – Perpignan 105 – Prades 59.

🏠 **Marty** ⌛, 🕼 04 68 30 07 52, ≤, 🏤 – 📺 ☎ 🅿. 🆖
🍴 fermé 25 oct. au 20 déc. – **Repas** 78 bc/175 🍷, enf. 48 – 🖵 35 – **21 ch** 240/270 – ½ P 220.

Ganz **Europa** auf einer Karte : Michelin-Karte Nr. 🔢

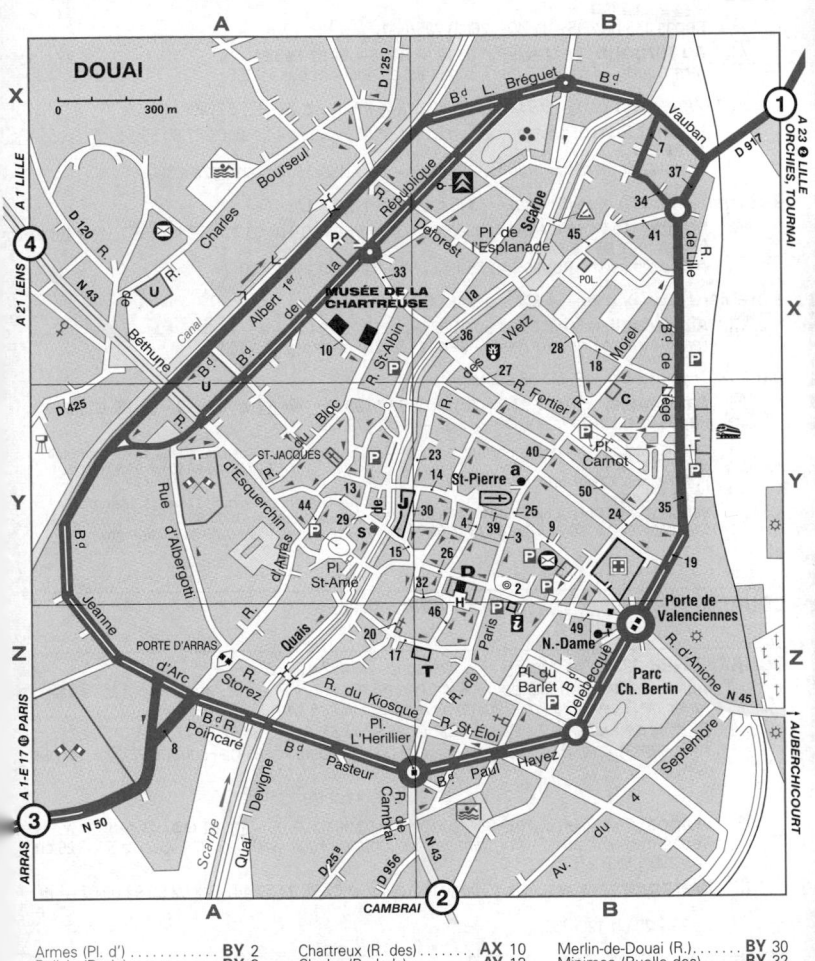

DOUAI

DOUAI ◁🆂🄿▷ *59500 Nord*🔢 ③ *G. Flandres Artois Picardie – 42 175 h Agglo. 199 562 h alt. 31.*

Voir *Beffroi*★ **BY D** – *Musée de la Chartreuse*★ **AX.**
Env. *Centre historique minier de Lewarde*★★ *SE : 8 km par* ②.
🛫 *de Thumeries* 𝄐 *03 20 86 58 98, par* ① *et D 8 : 15 km.*
🅱 *Office de Tourisme 70 pl. d'Armes* 𝄐 *03 27 88 26 79, Fax 03 27 96 42 29 – Automobile-Club 155 pl. d'Armes* 𝄐 *03 27 88 90 79.*
Paris 195 ③ – *Lille 42* ④ – *Amiens 94* ③ – *Arras 26* ③ – *Charleville-Mézières 148* ② – *Lens 25* ④ – *St-Quentin 71* ② – *Tournai 37* ① – *Valenciennes 38* ②.

Plan page précédente

🏨 **La Terrasse,** 36 terrasse St-Pierre 𝄐 03 27 88 70 04, Fax 03 27 88 36 05 – 🍽 rest 📺 ☎ 🅿
– 🛗 25. 🄰🄴 🄶🄱   BY **a**
Repas 135 bc/395 – 🍴 40 – **26 ch** 295/660.

🍴🍴 **Au Turbotin,** 9 r. Massue 𝄐 03 27 87 04 16 – 🍽. 🄰🄴 🄾 🄶🄱   AY **s**
fermé août, 24 fév. au 2 mars, sam. midi et lundi – **Repas** 91/255.

à Roost-Warendin *par* ①, *D 917 ct D 8 : 10 km   6 413 h. alt. 22* 📫 *59286 :*

🍴🍴🍴 **Le Chat Botté,** Château de Bernicourt 𝄐 03 27 80 24 44, Fax 03 27 80 35 81, �${\text{garden}}$, parc –
🅿. 🄾 🄶🄱
fermé août, dim. soir et lundi – **Repas** 105 (déj.), 150/330 et carte 220 à 360.

à Corbehem *par* ③ *et D 45 : 6 km – 2 346 h. alt. 32 –* 📫 *62112 :*

🏨 **Manoir de Fourcy** 🦢, 48 r. gare 𝄐 03 27 95 91 00, Fax 03 27 95 91 09, 🌳, 🌿 – 📺 ☎
🅿 – 🛗 180. 🄰🄴 🄾 🄶🄱
fermé dim. soir – **Repas** 148/350 – 🍴 50 – **8 ch** 380 – ½ P 400.

à Brebières *par* ③ *: 7 km – 4 324 h. alt. 48 –* 📫 *62117 :*

🍴🍴🍴 **Air Accueil,** N 50 𝄐 03 21 50 01 02, Fax 03 21 50 84 17, 🌿 – 🅿. 🄶🄱
fermé dim. soir et soirs fériés – **Repas** 138/220 et carte 210 à 320.

par ④ *et N 43 : 2,5 km –* 📫 *59553 Cuincy :*

🏨 **Campanile,** 𝄐 03 27 96 97 00, Fax 03 27 98 98 93 – ❄️ 📺 ☎ 📶 ♿ 🅿 – 🛗 25. 🄰🄴 🄾 🄶🄱
🄶🄱 **Repas** 84 bc/107 bc, enf. 39 – 🍴 32 – **49 ch** 278.

CITROEN Cabour, 884 bd République 𝄐 03 27 87 36 22 **FORD** Paty, N 17 le Raquet à Lambres 𝄐 03 27 94 31 31 **PEUGEOT** Nord Distribution Autos, 537 rte de Cambrai par ② 𝄐 03 27 87 22 76 🄽 𝄐 08 00 44 24 24	**RENAULT** Gds Gar. Douaisiens, rte de Cambrai par ② 𝄐 03 27 93 84 84 🄽 𝄐 03 28 02 09 28 ⑩ Europneus Point S, 174 av. R.-Salengro à Sin-le-Noble 𝄐 03 27 88 69 70 Europneus-Point S, 59 r. de Warenghien 𝄐 03 27 87 00 63

DOUAINS *27 Eure*🔢 ⑰,, 🔢 ① – *rattaché à Pacy-sur-Eure.*

DOUARNENEZ *29100 Finistère*🔢 ⑭ *G. Bretagne – 16 457 h alt. 25.*

Voir *Boulevard Jean-Richepin* ⩽★ **Y** – *Port du Rosmeur*★ **Y** – *Port-Musée*★★ **YZ M** – *Ploaré :*
tour★ *de l'église S : 1 km* – *Pointe de Leydé* ⩽★ *NO : 5 km.*
🅱 *Office de Tourisme 2 r. Dr-Mével* 𝄐 *02 98 92 13 35, Fax 02 98 92 70 47.*
Paris 589 ① – *Quimper 23* ② – *Brest 76* ① – *Châteaulin 28* ① – *Lorient 92* ② – *Vannes 144* ②.

Plan page ci-contre

🏨 **France,** 4 r. J. Jaurès 𝄐 02 98 92 00 02, Fax 02 98 92 27 05 – 📺. 🄰🄴 🄶🄱. 🍽 rest   Y **s**
Repas *(fermé 4 au 12 janv., dim. soir et lundi sauf juil.-août)* 95/225 ⅄ – 🍴 35 – **26 ch** 270/280 – ½ P 275.

🏨 **Bretagne** sans rest, 23 r. Duguay-Trouin 𝄐 02 98 92 30 44, Fax 02 98 92 09 07 – 🛗.
🄶🄱   Z **e**
🍴 28 – **27 ch** 120/250.

à Tréboul *Nord-Ouest : 3 km –* 📫 *29100 :*

🏨 **Thalasstonic** 🄼, r. des Professeurs Curie 𝄐 02 98 74 45 45, Fax 02 98 74 36 07 – 🛗 📺
☎ ♿ 🅿 – 🛗 25. 🄰🄴 🄶🄱. 🍽 rest
Repas 100/195 ⅄ – 🍴 45 – **50 ch** 350/480 – ½ P 385.

🏨 **Ty Mad** 🦢, près chapelle St-Jean 𝄐 02 98 74 00 53, Fax 02 98 74 15 16, ⩽, 🌳, 🌿 – 🅿.
🄶🄱. 🍽 rest
1ᵉʳ avril-3 nov. – **Repas** 65/185 – 🍴 38 – **23 ch** 235/325 – ½ P 300/310.

⑩ Simon Pneus, ZA de Brehuel 𝄐 02 98 92 15 99

DOUARNENEZ

Sens unique en saison :
flèche noire

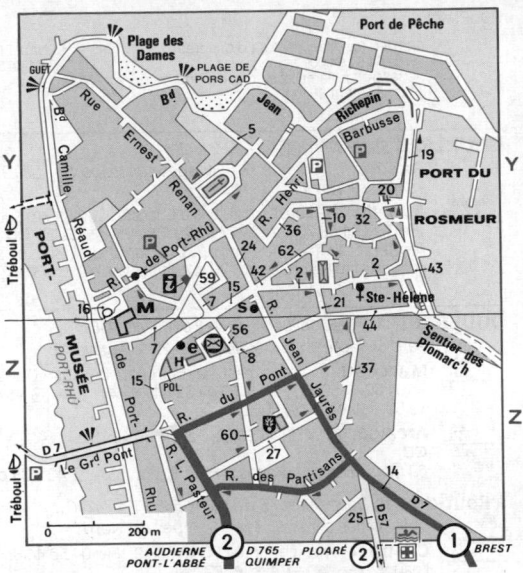

DOUCIER *39130 Jura* **70** ⑭ ⑮ *G. Jura* – *231 h alt. 526.*

Voir *Lac de Chalain*★★ *N : 4 km.*

Paris 429 – Champagnole 20 – Lons-le-Saunier 25.

XX **Sarrazine,** ☎ 03 84 25 70 60, 斧 – **P.** GB
⊛ *début fév.-début nov. et fermé merc. soir et jeudi hors sais.* – **Repas** - grillades - 78/180 ⅍,
enf. 60.

RENAULT Gar. Gaillard, ☎ 03 84 25 70 94

DOUDEVILLE *76560 S.-Mar.* **52** ⑬ – *2 492 h alt. 120.*

Paris 174 – Rouen 42 – Bolbec 33 – Dieppe 41 – Fécamp 36 – Yvetot 14.

XX **Relais du Puits Saint-Jean** avec ch, ☎ 02 35 96 50 99, 斧, 쿄 – **TV P.** GB
⊛ *fermé 20 fév. au 10 mars, dim. soir et lundi* – **Repas** 50 bc/185 ⅍, enf. 60 – ⊡ 30 – **4 ch** 230
– ½ P 280.

DOUÉ-LA-FONTAINE *49700 M.-et-L.* **67** ⑧ *G. Châteaux de la Loire* – *7 260 h alt. 75.*

Voir *Parc zoologique des Minières*★★ *O : 2 km.*

🖪 *Office de Tourisme pl. du Champ de Foire* ☎ 02 41 59 20 49, Fax 02 41 59 93 85.
Paris 328 – Angers 37 – Châtellerault 83 – Cholet 50 – Saumur 18 – Thouars 29.

🏠 **La Saulaie** sans rest, rte Montreuil-Bellay : 2 km ☎ 02 41 59 96 10, Fax 02 41 59 96 11 –
TV ☎ ⅋ **P.** GB
fermé 20 déc. au 5 janv., sam. soir et dim. d'oct. à avril – ⊡ 38 – **33 ch** 200/250.

XXX **France** avec ch, 17 pl. Champ de Foire ☎ 02 41 59 12 27, Fax 02 41 59 76 00 – **TV** ☎. GB
⊛ *fermé 1ᵉʳ au 8 juil., 23 déc. au 22 janv., dim. soir et lundi sauf juil.-août* – **Repas** 75/230 et
carte 150 à 210, enf. 50 – ⊡ 30 – **18 ch** 200/280 – ½ P 230/280.

XX **Aub. Bienvenue,** rte Cholet (près Zoo) ☎ 02 41 59 22 44, Fax 02 41 59 93 49, 斧 – **P.**
⚛ GB
fermé vacances de fév., dim. soir sauf juil.-août et lundi – **Repas** 100/290, enf. 65.

DOURDAN *91410 Essonne* **60** ⑨, **106** ㊶ *G. Ile de France* – *9 043 h alt. 100.*

Voir *Place du Marché aux grains*★ – *Vierge au Perroquet*★ *au musée.*

🖪 *de Rochefort* ☎ 01 30 41 31 81, N : 8 km par D 836 et D 149.
Paris 55 – Chartres 47 – Étampes 18 – Évry 39 – Orléans 77 – Rambouillet 22 – Versailles 45.

XX **Aub. de l'Angélus,** 4 pl. Chariot ☎ 01 64 59 83 72, 斧 – **AE** ⑩ GB
fermé 11 août au 3 sept., vacances de fév., mardi soir et merc. – **Repas** 110/265.

CITROEN Gar. Ménard, ZI de la Gaudrée
𝄞 01 64 59 64 00
PEUGEOT Gar. Famel, 2 av. du 14 juillet
𝄞 01 64 59 71 86

RENAULT Lesage, 30 av. de Paris
𝄞 01 64 59 70 83

DOURLERS 59228 Nord 53 ⑥ – 582 h alt. 171.

Paris 248 – St-Quentin 76 – Avesnes-sur-Helpe 10 – Lille 97 – Maubeuge 14 – Le Quesnoy 27 – Valenciennes 44.

ⵜⵜⵜ **Aub. du Châtelet,** Les Haies à Charmes Sud : 1 km sur N 2 ⊠ 59440 Avesnes-sur-Helpe
𝄞 03 27 61 06 70, Fax 03 27 61 20 02, ☞ – 🅿. 🅰🅴 ⓞ 🅶🅱
fermé 16 août au 10 sept., 2 au 7 janv., dim. soir et soirs fériés – **Repas** *(nombre de couverts limité, prévenir)* 120/425 bc et carte 210 à 310 ⅊, enf. 80.

DOUSSARD 74210 H.-Savoie 74 ⑯ – 2 070 h alt. 456.

Paris 558 – Annecy 20 – Albertville 27 – Megève 43.

🏨 **Marceau** ⏧ sans rest, à Marceau-Dessus; Ouest : 2 km par rte secondaire
𝄞 04 50 44 30 11, Fax 04 50 44 39 44, ≤, ☞, ⚒ – 📺 ☎ ⟺ 🅿. 🅰🅴 ⓞ 🅶🅱
⟷ 50 – **15 ch** 460/700.

🏨 **Arcalod,** 𝄞 04 50 44 30 22, Fax 04 50 44 85 03, 🏠, ⚒, ☞ – 🛗 📺 ☎ 🅿 – 🔬 30. 🅰🅴 ⓞ
🅶🅱
28 mars-30 sept. – **Repas** 85/150 ⅊, enf. 55 – ⟷ 40 – **33 ch** 350/450 – ½ P 300/390.

à Bout-du-Lac *Nord-Ouest : 3 km par N 508 –* ⊠ *74210 :.*

Voir Combe d'Ire★ S : 3 km, G. Alpes du Nord.

ⵜⵜ **Chappet** avec ch, 𝄞 04 50 44 30 19, Fax 04 50 44 83 26, 🏠, « Terrasse au bord de l'eau », 🐾, ☞ – 📺 ☎ 🅿. 🅰🅴 🅶🅱
10 fév.-30 sept. et fermé jeudi soir et lundi sauf juil.-août – **Repas** 140/300 – ⟷ 45 – **10 ch** 340/380 – ½ P 370.

VAG Doussard Autom., rte de Faverges 𝄞 04 50 44 37 95

DOUVRES LA DÉLIVRANDE 14440 Calvados 54 ⑯ – 3 983 h alt. 19.

Paris 247 – Caen 14 – Bayeux 26 – Deauville 47.

ⵜⵜ **Jacques Quirié,** 1 pl. Ancienne Mairie 𝄞 02 31 37 20 04, Fax 02 31 37 76 12 – 🅿. 🅰🅴 🅶🅱
fermé 1ᵉʳ au 12 juil., vacances de fév., dim. soir et lundi – **Repas** 68 (déj.), 88/225.

à Cresserons *Est : 3 km par D 35 – 953 h. alt. 9 –* ⊠ *14440 :*

ⵜⵜⵜ **La Valise Gourmande,** rte Lion sur Mer 𝄞 02 31 37 39 10, Fax 02 31 37 59 13, 🏠, « Élégante demeure bourgeoise », ☞ – 🅿. 🅶🅱
fermé dim. soir et lundi sauf fériés – **Repas** 108/298 et carte 250 à 430.

DRACY-LE-FORT 71 S.-et-L. 69 ⑨ – rattaché à Chalon-sur-Saône.

DRAGUIGNAN ⌖ 83300 Var 84 ⑦, 114 ㉓ G. Côte d'Azur – 30 183 h alt. 178.

Voir Musée des Arts et Traditions populaires★ Z M².

🏌 *de St-Endréol à la Motte 𝄞 04 99 22 99 par ③ et D 47.*

🛈 *Office de Tourisme 9 bd Clemenceau 𝄞 04 94 68 63 30, Fax 04 94 47 10 76.*

Paris 865 ② – Fréjus 30 ② – Aix-en-Provence 112 ② – Cannes 62 ② – Digne-les-Bains 107 ④ – Grasse 57 ① – Manosque 89 ③ – Marseille 125 ② – Nice 89 ② – Toulon 82 ②.

Plan page ci-contre

🏨 **Victoria** 🅼, 54 av. Carnot 𝄞 04 94 47 24 12, Fax 04 94 68 31 69, 🏠 – 🛗 🖃 📺 ☎ 📞 🅿. 🅰🅴
🅶🅱
Z b
Repas *(fermé 2 au 25 janv., sam. midi et dim.)* 68/145 ⅊ – ⟷ 55 – **24 ch** 300/700 – ½ P 300/380.

🏨 **Parc** sans rest, 21 bd Liberté 𝄞 04 94 68 53 84, Fax 04 94 47 11 92 – 📺 ☎ 🅿. 🅰🅴 🅶🅱
⟷ 38 – **20 ch** 250/380.
Y a

ⵝ **Lou Galoubet,** 23 bd J. Jaurès 𝄞 04 94 68 08 50 – 🖃. 🅰🅴 🅶🅱
fermé 16 au 26 août, lundi soir et dim. soir – **Repas** 98/300.
Z e

par ③ *et D 557 : 4 km –* ⊠ *83300 Draguignan :*

🏨 **Les Oliviers** sans rest, rte Flayosc 𝄞 04 94 68 25 74, Fax 04 94 68 57 54, ☞ – 📺 ☎ ♿ 🅿.
🅰🅴 🅶🅱
fermé 5 au 15 janv. – ⟷ 30 – **12 ch** 230/315.

DRAGUIGNAN

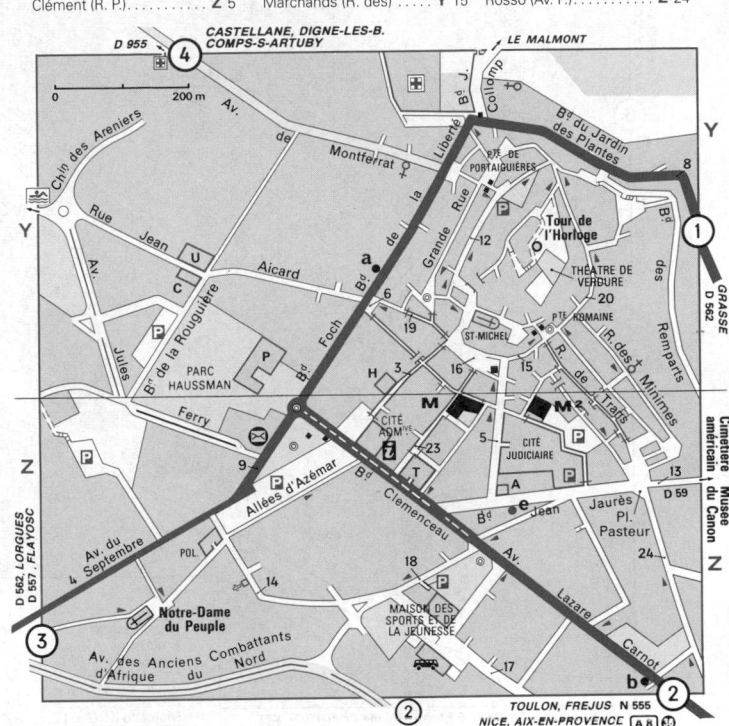

à Flayosc par ③ et D 557 : 7 km – 3 233 h. alt. 310 – ⊠ 83780 :

L'Oustaou, ℘ 04 94 70 42 69, 😊 – 🅰🅴 🇬🇧
fermé 3 au 10 mars, 10 nov. au 8 déc., dim. soir et lundi – **Repas** 120/270 🍴.

CITROËN Gar. Piaget, quartier la Beaume à Salernes
℘ 04 94 70 60 44 🅽 ℘ 04 94 70 70 53
CITROËN Gar. Bacchi Bouteille, 160 av. du
Gén.-de-Gaulle par ② ℘ 04 94 50 58 88
PEUGEOT Trans Auto Plus, rte de Draguignan à
Trans-en-Provence par ② ℘ 04 94 47 18 58 🅽
℘ 04 94 67 02 02

RENAULT S.A.M.V.A., quartier de la Foux par ②
℘ 04 94 50 51 52 🅽 ℘ 08 00 05 15 15

⑩ Ecopneu, N 555 à Trans-en-Provence par ②
℘ 04 94 70 89 72
Forni Pneu Vulco, ZA St-Hermentaire
℘ 04 94 67 13 53

Le DRAMONT 83 Var 🟪 ⑧,, 🟦 ㉖ – rattaché à St-Raphaël.

DREUX ◁◼▷ 28100 E.-et-L. 🟦 ⑦, 🟦 ㉕ G. Normandie Vallée de la Seine – 35 230 h alt. 82.

Voir Beffroi★ AY B – Vitraux★ de la chapelle royale AY.

🅱 Office de Tourisme 4 r. Porte-Chartraine ℘ 02 37 46 01 73, Fax 02 37 42 98 48.
Paris 80 ② – Alençon 115 ⑥ – Argentan 114 ⑥ – Chartres 34 ④ – Évreux 44 ⑥ – Le Mans 151 ④ – Mantes-la-Jolie 43 ①.

Plan page suivante

🏨 **Le Beffroi** sans rest, 12 pl. Métézeau ℘ 02 37 50 02 03, Fax 02 37 42 07 69 – 📺 ☎. 🅰🅴 ⓞ
🇬🇧 🇯🇨🇧
⊑ 35 – **16 ch** 285/315.   AZ e

✕ **Le St-Pierre,** 19 r. Sénarmont ℘ 02 37 46 47 00 – 🅰🅴 🇬🇧
fermé 10 au 16 mars, 3 au 23 nov., dim. soir et lundi – **Repas** 75/131 🍴.   BY r

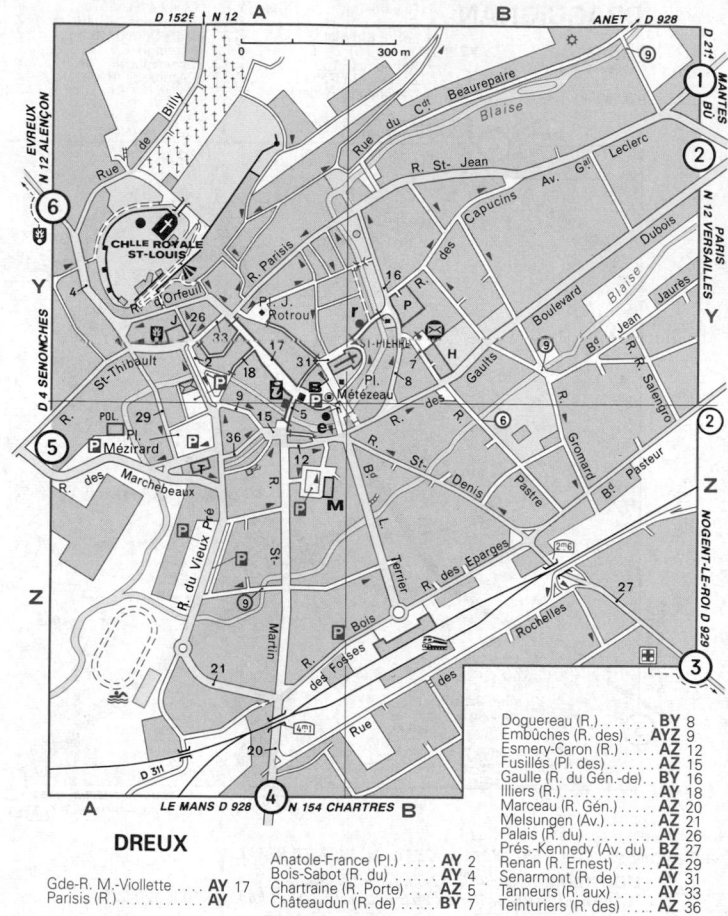

DREUX

Gde-R. M.-Viollette .... **AY** 17
Parisis (R.) .... **AY**

Anatole-France (Pl.) .... **AY** 2
Bois-Sabot (R. du) ...... **AY** 4
Chartraine (R. Porte) ... **AZ** 5
Châteaudun (R. de) ..... **BY** 7

Doguereau (R.) .... **BY** 8
Embûches (R. des) ... **AYZ** 9
Esmery-Caron (R.) ..... **AZ** 12
Fusillés (Pl. des) .... **AZ** 15
Gaulle (R. du Gén.-de) .. **BY** 16
Illiers (R.) .... **AY** 18
Marceau (R. Gén.) ..... **AZ** 20
Melsungen (Av.) .... **AZ** 21
Palais (R. du) .... **AY** 26
Prés.-Kennedy (Av. du) . **BZ** 27
Renan (R. Ernest) ..... **AZ** 29
Senarmont (R. de) ..... **AY** 31
Tanneurs (R. aux) ...... **AY** 33
Teinturiers (R. des) .... **AZ** 36

à Chérisy *par* ② : *4,5 km – 1 741 h. alt. 88 –* ✉ *28500 :*

XX **Vallon de Chérisy,** ℰ 02 37 43 70 08, Fax 02 37 43 86 00, 佘, 宗 – **P.** **GB**
fermé août, mardi soir et merc. – **Repas** 120 ⅊, enf. 38.

à Ste-Gemme-Moronval *par* ②, *N 12 et D 308² : 6 km – 613 h. alt. 79 –* ✉ *28500 :*

XXX **L'Escapade,** ℰ 02 37 43 72 05, Fax 02 37 43 86 96 – **P.** **AE** **GB**
fermé 15 juil. au 6 août, 17 fév. au 4 mars, dim. soir, lundi soir et mardi – **Repas** 140 (déj.),
170/300 et carte 260 à 340.

à Écluzelles *par* ③ : *5,5 km – 166 h. alt. 84 –* ✉ *28500 :*

XX **L'Aquaparc,** ℰ 02 37 43 74 75, Fax 02 37 43 76 80, ≤, 佘, 宗 – **P.** **AE** **①** **GB**
fermé dim. soir et lundi – **Repas** 90/195.

à Vernouillet-centre *Sud par D 311 : 2 km – 11 680 h. alt. 97 –* ✉ *28500 :*

XX **Aub. Vallée Verte** avec ch, (près Église) ℰ 02 37 46 04 04, Fax 02 37 42 91 17 – **TV** **☎**
⟵ **P.** **AE** **GB**, ⚿ ch
fermé 3 au 26 août – **Repas** *(fermé vend. soir, dim. soir et lundi)* 140/300 bc – ⚏ 36 – **11 ch**
230/290 – ½ P 260/280.

FORD Gar. Perrin, bd de l'Europe à Vernouillet
ℰ 02 37 46 23 31
MERCEDES Gar. Avenue, ZI Nord ℰ 02 37 46 17 98
🆖 ℰ 08 00 24 24 30
RENAULT Gar. Chanoine, N 12 Les Fenots par ⑥
ℰ 02 37 46 17 35 🆖 ℰ 02 37 38 73 83

🏍 Boin, N 154 à Sérazereux ℰ 02 37 65 22 22

Breton Pneus Point S, 14 r. des Livraindières
ℰ 02 37 42 44 22
Marsat Pneus, 9 pl. Vieux Pré ℰ 02 37 50 03 60
Marsat Pneus, 27 av. Fenots ℰ 02 37 46 04 11
Marsat Pneus, ZI Plein Sud, r. de Rome à
Vernouillet ℰ 02 37 42 02 98

DRUYES-LES-BELLES-FONTAINES 89 Yonne 🔢 ⑭ G. Bourgogne – 302 h alt. 168 –
✉ 89560 Druyes-Belles-Fontaines.
Paris 183 – Auxerre 34 – Clamecy 17 – Gien 77 – Montargis 88.

🏠 **Aub. des Sources** ⌘, ℰ 03 86 41 55 14, Fax 03 86 41 90 31 – 📺 ☎ 🅿. GB
fermé 10 janv. au 18 mars, mardi midi et lundi – **Repas** 85/220, enf. 48 – ⊿ 47 – **17 ch**
230/430 – ½ P 236/276.

DUCEY 50220 Manche 🔢 ⑧ G. Normandie Cotentin – 2 069 h alt. 15.
Paris 349 – St-Lô 70 – Avranches 12 – Fougères 38 – Rennes 76 – St-Hilaire-du-Harcouët 16.

🏰 **Moulin de Ducey** Ⓜ ⌘ sans rest, ℰ 02 33 60 25 25, Fax 02 33 60 26 76, ≤, « Ancien moulin sur la Sélune » – 🛗 📺 ☎ ♿ 🅿. Æ ① GB ⌘
⊿ 50 – **28 ch** 320/500.

🏰 **Aub. de la Sélune,** ℰ 02 33 48 53 62, Fax 02 33 48 90 30, ⌘, « Jardin en bordure de rivière » – ☎ 🅿. Æ ① GB
fermé 20 nov. au 15 déc., 15 au 31 janv. et lundi d'oct. à fév. – **Repas** 80/190 – ⊿ 40 – **20 ch**
270/290 – ½ P 295/305.

RENAULT Gar. Lefort, ℰ 02 33 48 51 11 | Gar. Ducey, ℰ 02 33 48 50 74 🆖
ℰ 02 33 48 47 23

Pour aller loin rapidement,
utilisez les cartes Michelin des pays d'Europe à 1/1 000 000.

DUCLAIR 76480 S.-Mar. 🔢 ⑥ G. Normandie Vallée de la Seine – 3 822 h alt. 8.
🏌 du Parc de Brotonne ℰ 02 35 05 32 97 à Jumièges par D 982 - D 6.
Bac: renseignements ℰ 02 35 37 53 11.
Paris 152 – Rouen 20 – Dieppe 61 – Lillebonne 32 – Yvetot 21.

🏠 **Poste,** quai Libération ℰ 02 35 37 50 04, Fax 02 35 37 39 19, ≤ – 🛗 📺 ☎ ✆. Æ ① GB.
⌘
fermé 1er au 15 juil., vacances de Toussaint, de fév. et dim. soir – **Repas** *(fermé dim. soir et lundi sauf fériés)* 80/250 ♨ - **Grill :** *(fermé dim. soir)* **Repas** 70/160♨ – ⊿ 28 – **14 ch** 200/300
– ½ P 260/280.

DUILHAC-SOUS-PEYREPERTUSE 11350 Aude 🔢 ⑧ G. Pyrénées Roussillon – 87 h alt. 336.
Paris 871 – Perpignan 47 – Carcassonne 80 – Millas 36 – Mouthoumet 28 – Narbonne 68.

🏠 **Aub. du Vieux Moulin,** ℰ 04 68 45 02 17, Fax 04 68 45 02 18, ⌘, ancien moulin à huile – 📺 ☎ ♿. GB. ⌘
fermé 1er janv. au 15 fév. et lundi du 15 sept. au 31 déc. – **Repas** 48/138 ♨ – ⊿ 30 – **14 ch**
220.

DUINGT 74410 H.-Savoie 🔢 ⑥ G. Alpes du Nord – 635 h alt. 450.
Voir *Site*★.
Paris 550 – Annecy 12 – Albertville 33 – Megève 49 – St-Jorioz 3.

🏰 **Lac,** ℰ 04 50 68 90 90, Fax 04 50 68 50 18, ≤, ⌘, « Jardin au bord du lac », 🏖 – 🛗 📺
☎ 🅿. GB. ⌘ ch
hôtel : Pâques-oct. et fermé dim. et lundi hors sais. ; rest; : début mai-fin sept. – **Repas**
135/230, enf. 60 – ⊿ 40 – **23 ch** 380/460 – ½ P 375/410.

🏠 **Clos Marcel,** ℰ 04 50 68 67 47, Fax 04 50 68 61 11, ≤, ⌘, « Jardin au bord du lac », 🏖
– 📺 ☎ 🅿. GB. ⌘ rest
15 avril-30 sept. – **Repas** *(fermé lundi et mardi hors sais.)* 125/160 – ⊿ 45 – **15 ch** 290/375 –
½ P 330/430.

XX **Aub. du Roselet** avec ch, ℰ 04 50 68 67 19, Fax 04 50 68 64 80, ⌘, « Terrasse au bord
de l'eau », 🏖, ⌘ – 📺 ☎ 🅿. GB
Repas *(fermé mardi soir et merc. d'oct. à avril)* 100/300, enf. 60 – ⊿ 35 – **14 ch**
(½ pens. seul.) – ½ P 350.

DUNES *82340 T.-et-G.* 79 ⑮ *– 853 h alt. 120.*

Paris 662 – Agen 21 – Auvillar 13 – Miradoux 12 – Moissac 31.

XX **Les Templiers,** ✆ 05 63 39 86 21, 🏞 – GB
fermé 15 au 31 oct., sam. midi, dim. soir et lundi – **Repas** 99/250, enf. 55.

RENAULT Gar. Menon, ✆ 05 63 39 94 60

DUNIÈRES *43220 H.-Loire* 76 ⑧ *– 3 009 h alt. 760.*

Paris 553 – Le Puy-en-Velay 51 – St-Étienne 36 – St-Agrève 34.

La Tour, ✆ 04 71 66 86 66, Fax 04 71 66 82 32 – TV ☎ ♿ P. GB
fermé janv., dim. soir et lundi midi – **Repas** 60/178 🍷, enf. 49 – ☕ 35 – **11 ch** 209 – 1/2 P 190.

DUNKERQUE SP *59140 Nord* 51 ③ ④ *G. Flandres Artois Picardie – 70 331 h Agglo. 190 879 h alt. 4 – Casino à Malo-les-Bains.*

Voir *Port*★★ **AX** – *Musée d'Art contemporain*★ *: Jardin de sculptures*★ **CDY** – *Musée des Beaux-Arts*★ **CDZ M**[1] – *Musée portuaire*★ **CZ M**[3].

Dunkerque-Fort-Vallières ✆ *03 28 61 07 43.*

Office de Tourisme Beffroi ✆ *03 28 66 79 21, Fax 03 28 26 27 80 et 48 Digue de Mer* ✆ *03 28 26 28 88 (saison) – Automobile Club 3 r. Folconnier* ✆ *03 28 66 70 68.*

Paris 291 ② – Calais 45 ③ – Amiens 149 ② – Ieper 52 ② – Lille 72 ② – Oostende 52 ①.

DUNKERQUE

Berteaux (Av. M.) ..... **AX** 10
Bonpain (Pl. de l'Abbé) . **BX** 13
Cambon (Bd P.) .... **BX** 17
Clemenceau (R.) ST-POL **AX** 22
Darses (Chaussées des). **AX** 25
Jaurès (R. Jean) .... **BX** 39
Lille (R. de) .... **BX** 45
Malo (R. Célestin) ..... **BX** 50
Mendès-France (Bd) ... **BX** 52
Pasteur (R.)............ **BX** 56
République (R. de la)... **AX** 61
Waldeck-Rousseau (R.) **BX** 73

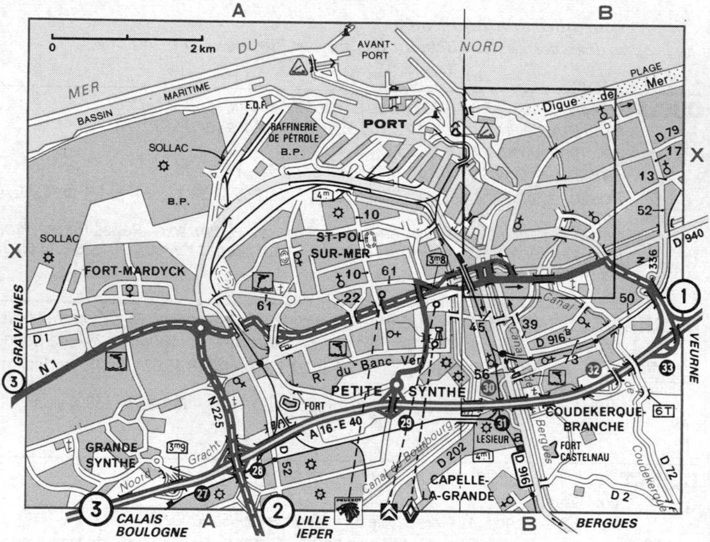

Europ'H. M, 13 r. Leughenaer ✆ 03 28 66 29 07, Fax 03 28 63 67 87 – 🛗 ▤ rest TV ☎ – 🎪 200. AE ⓓ GB **CY s**
Le Valentin *(fermé sam. midi et lundi)* **Repas** 75 🍷, enf. 30 – ***La Ferme*** ✆ 03 28 66 08 05 *(fermé dim.)* **Repas** carte 100 à 160 🍷, enf. 27 – ☕ 48 – **116 ch** 340/390.

Borel M sans rest, 6 r. L'Hermitte ✆ 03 28 66 51 80, Fax 03 28 59 33 82 – 🛗 ✈ TV ☎. AE ⓓ GB **CY u**
☕ 50 – **48 ch** 360/420.

Welcome H. M, 37 r. Poincaré ✆ 03 28 59 20 70, Fax 03 28 21 03 49 – 🛗 ▤ rest TV ☎ 📞 ♿. AE GB JCB **CZ e**
Repas 86 bc (déj.), 102/225 🍷, enf. 48 – ☕ 48 – **39 ch** 346/399.

DUNKERQUE

479

à Malo-les-Bains – ⊠ *59240 Dunkerque* :

🏨 **Hirondelle**, 46 av. Faidherbe ℘ 03 28 63 17 65, Fax 03 28 66 15 43 – 🕸 📺 ☎ 🕭 – 🍴 40.
ΑΕ 𝐆𝐁. 🛇 ch
DY r
Repas *(fermé 18 août au 8 sept., dim. soir et lundi midi)* 90 (déj.)/160 🍷 – ☲ 30 – **42 ch**
255/310 – ½ P 240.

🏨 **Trianon** sans rest, 20 r. Colline ℘ 03 28 63 39 15, Fax 03 28 63 34 57 – 📺 ☎. ΑΕ 𝐆𝐁
☲ 30 – **12 ch** 190/245.
DY d

🍴 **Au Rivage**, avec ch, 7 r. Flandre ℘ 03 28 63 19 62, Fax 03 28 66 38 59 – 📺 ☎. ΑΕ 𝐆𝐁
🍽 hôtel : *fermé 1ᵉʳ au 8 janv. et les week-ends du 12 au 31 oct.* – **Repas** *(rest : fermé 12 au*
31 oct., 1ᵉʳ au 8 janv., vacances de fév., dim. soir et lundi) 68/165, enf. 49 – ☲ 30 – **16 ch**
165/260 – ½ P 199/239.
DY n

à Téteghem par ① et D 204 : 6 km – 5 839 h. alt. 1 – ⊠ 59229

🍴🍴🍴 **La Meunerie** 🇲 🐾 avec ch, au Galghouck, Sud Est : 2 km par D 4 ℘ 03 28 26 14 30,
⊕ Fax 03 28 26 17 32, « Décor élégant », 🌲 – 🍴 rest 📺 ☎ 🚐 🅿. 🕦 𝐆𝐁
fermé 23 déc. au 13 janv. – **Repas** *(fermé dim soir et lundi)* 250 (déj.), 330 bc/480 et carte
410 à 560 – ☲ 80 – **9 ch** 550/850
Spéc. Tresse de sole et langoustines aux essences de crustacés. ''Ni chaud, ni froid'' de
saumon fumé, foie gras de canard au vieux porto. Bar à la croûte de sel, endives braisées et
mousseline au cerfeuil (automne-hiver).

à Coudekerque-Branche Sud : 4 km sur D 916 – 23 644 h. alt. 1 – ⊠ 59210 :

🍴🍴🍴 **Le Soubise**, 49 rte Bergues ℘ 03 28 64 66 00, Fax 03 28 25 12 19 – 🅿. ΑΕ ⓞ 𝐆𝐁
🍽 *fermé 17 juil. au 6 août, 19 déc. au 7 janv., sam. midi et dim. soir* – **Repas** 95/198 🍷,
enf. 45.
BX a

à Cappelle-la-Grande Sud par D 916 : 5 km – 8 908 h. – ⊠ 59180 :

🍴🍴 **Le Bois de Chêne**, 48 rte Bergues ℘ 03 28 64 21 80, Fax 03 28 61 22 00, 🌿 – 🅿. ΑΕ 𝐆𝐁
fermé 2 au 18 août, dim. soir et sam. – **Repas** 110/245.

au Lac d'Armbouts-Cappel par ② et N 225 (sortie Bourbourg) : 9 km – 2 656 h. – ⊠ 59380
Armbouts-Cappel :

🏨 **Mercure** 🇲 🐾, ℘ 03 28 60 70 60, Fax 03 28 61 06 39, 🌿, 🌲 – 🍴 📺 ☎ 🅿 – 🍴 80. ΑΕ
ⓞ 𝐆𝐁
Le Lac : **Repas** 125/150, enf. 60 – ☲ 55 – **66 ch** 300/500.

🏨 **Campanile**, ℘ 03 28 64 64 70, Fax 03 28 63 50 53 12 – 🍴 📺 ☎ 🕭 🕭 🅿 – 🍴 25. ΑΕ ⓞ 𝐆𝐁
🍽 **Repas** 84 bc/107 bc, enf. 39 – ☲ 32 – **39 ch** 278.

CITROEN Succursale, 715 av. Petite Synthe   ⑩ Euromaster, 47 r. Abbé Choquet
℘ 03 28 61 64 00 🅽 ℘ 03 28 64 42 37   ℘ 03 28 24 36 15
RENAULT Succursale, 561 av. Villette   La Clinique du Pneu, 12 quai des 4 Ecluses
℘ 03 28 62 73 00 🅽 ℘ 03 28 02 09 40   ℘ 03 28 64 62 70
VAG Auto Expo, av. de la Villette ℘ 03 28 64 16 55

Périphérie et environs

PEUGEOT Gar. Dubus, av. M.-Berteaux à St-Pol-sur-   Littoral Pneus Services, 11 rte de Mardyck à
Mer ℘ 03 28 29 28 00 🅽 ℘ 03 28 02 21 15   Grande Synthe ℘ 03 28 27 41 55
    Littoral Pneus Services, 75 r. Vauban à St-Pol-
⑩ Euromaster, ZI r. Albeck à Petite Synthe   sur-Mer ℘ 03 28 24 24 20
℘ 03 28 61 43 10   Pneus et Services D.K., 16 r. Samaritaine à
Littoral Pneus Services, r. A.-Carrel à Petite Synthe   St-Pol-sur-Mer ℘ 03 28 64 76 74
℘ 03 28 60 02 00

DUN-LE-PALESTEL 23800 Creuse 🔟🔟 ⑱ – 1 203 h alt. 370.

🅗 Office de Tourisme r. des Sabots (saison) ℘ 05 55 89 24 61 et à la Mairie ℘ 05 55 89 01 30.
Paris 339 – Aigurande 22 – Argenton-sur-Creuse 40 – La Châtre 49 – Guéret 27 –
La Souterraine 18.

🏨 **Joly**, ℘ 05 55 89 00 23, Fax 05 55 89 15 89 – 📺 ☎ 🕭. 𝐆𝐁. 🛇 rest
🍽 *fermé 5 au 25 oct., 5 au 25 mars, dim. soir et lundi midi* – **Repas** 72/240 🍷, enf. 45 – ☲ 35 –
27 ch 210/300 – ½ P 200/225.

PEUGEOT Gar. Colas, Chabannes à St Sulpice le Dunois ℘ 05 55 89 16 48

DURAS 47120 L.-et-G. 🔟🔟 ⑬ G. Pyrénées Aquitaine – 1 200 h alt. 122.
Paris 582 – Périgueux 92 – Agen 90 – Marmande 22 – Ste-Foy-la-Grande 22.

🏨 **Host. des Ducs**, ℘ 05 53 83 74 58, Fax 05 53 83 75 03, 🌿, ⛲, 🌲 – 📺 ☎ 🕭 🅿. ΑΕ 𝐆𝐁.
🍽 🛇 ch
Repas *(fermé dim. soir et lundi d'oct. à juin)* 79/250 🍷, enf. 50 – ☲ 38 – **15 ch** 200/450 –
½ P 290/360.

DUREIL 72 Sarthe **64** ② – rattaché à Malicorne-sur-Sarthe.

DURFORT 30 Gard **80** ⑰ – rattaché à Anduze.

DURTAL 49430 M-et-L. **64** ② G. Châteaux de la Loire – 3 195 h alt. 39.
     🛈 Syndicat d'Initiative à la Mairie 𝒫 02 41 76 30 24, Fax 02 41 76 06 10.
     Paris 260 – Angers 39 – Le Mans 62 – La Flèche 14 – Laval 66 – Saumur 56.

   XX   **Boule d'Or** avec ch, 19 av. d'Angers 𝒫 02 41 76 30 20 – **P**. GB
   ⊜   fermé 6 au 28 août, vacances de fév., dim. soir, mardi soir et merc. – **Repas** 69/190 ♨,
       enf. 38 – � 32 – **5 ch** 200/280.

DURY 80 Somme **52** ⑱ – rattaché à Amiens.

EAUX-PUISEAUX 10130 Aube **61** ⑯ – 172 h alt. 220.
     Paris 162 – Troyes 32 – Auxerre 54 – Sens 57.

   X   **La Ferme du Clocher**, 𝒫 03 25 42 02 21, Fax 03 25 42 03 30, �། – **P**. GB
       fermé janv., dim. soir et lundi – **Repas** 90/160.

Les ÉCHELLES 73360 Savoie **74** ⑮ G. Alpes du Nord – 1 246 h alt. 386.
     🛈 Syndicat d'Initiative de la Vallée de Chartreuse 𝒫 04 79 36 56 24, Fax 04 79 36 53 12.
     Paris 541 – Grenoble 38 – Chambéry 23 – Lyon 98 – Valence 104.

   X   **Centre** avec ch, 𝒫 04 79 36 60 14, Fax 04 79 36 61 72, 🌍 – ☎ 🛋, ⅍E GB
   ⊜   fermé janv., fév., dim. soir et lundi sauf juil.-août – **Repas** 65 (déj.), 85/200 ♨ – ⊑ 35 – **15 ch**
       120/280 – ½ P 230/280.

à Chailles Nord : 5 km – ✉ 73360 Les Échelles :

   X   **Aub. du Morge** avec ch, N 6 𝒫 04 79 36 62 76, Fax 04 79 36 51 65, 🌍 – ☎ **P**. GB, ✀ ch
   ⊜   fermé 2 déc. au 17 janv. et merc. sauf vacances scolaires – **Repas** 80/250 – ⊑ 28 – **8 ch**
       200/220 – ½ P 250.

     RENAULT Gar. Sauge-Merle, 𝒫 04 79 36 62 68 **N** 𝒫 04 79 36 62 68

ECHENEVEX 01 Ain **70** ⑮ – rattaché à Gex.

Les ÉCHETS 01 Ain **74** ② – alt. 276 – ✉ 01700 Miribel.
     Paris 456 – Lyon 20 – L'Arbresle 29 – Bourg-en-Bresse 48 – Meximieux 33 – Villefranche-sur-
     Saône 29.

   XXX   **La Table des Dombes** avec ch, 𝒫 04 78 91 80 05, Fax 04 78 91 00 69, 🌍 – 📺 ☎ 🛋
       P. ⅍E GB
       fermé 11 au 26 août, dim. soir et lundi – **Repas** 98 (déj.), 150/295 et carte 210 à 320, enf. 65
       – ⊑ 45 – **6 ch** 270/320 – ½ P 330.

   XXX   **Jacques Marguin** avec ch, 𝒫 04 78 91 80 04, Fax 04 78 91 06 83, 🌍, ✿ – 📺 ☎ 🛋
       P. ⅍E GB
       fermé 1er au 22 août et 20 déc. au 2 janv. – **Repas** 98/298 et carte 290 à 380, enf. 65 – ⊑ 45
       – **8 ch** 240/310.

ÉCHIGEY 21 Côte-d'Or **66** ⑫ – rattaché à Genlis.

ÉCHIROLLES 38 Isère **77** ⑤ – rattaché à Grenoble.

ÉCLUZELLES 28 E.-et-L. **60** ⑦., **106** ㉕ – rattaché à Dreux.

ÉCOUCHÉ 61 Orne **60** ② – rattaché à Argentan.

Les ÉCRENNES 77820 S.-et-M. **61** ② – 557 h alt. 113.
     Paris 65 – Fontainebleau 20 – Melun 17 – Montereau-Fault-Yonne 16 – Provins 37.

   XX   **Aub. Briarde** (Guichard), 𝒫 01 60 69 47 32, Fax 01 60 66 60 11, 🌍 – ⅍E ① GB
   ❀   fermé 28 juil. au 15 août, 1er au 15 janv., dim. soir, merc. soir et lundi sauf fêtes – **Repas**
       135 (déj.), 195/450 et carte 320 à 480
       Spéc. Poulet fermier au miel et cidre. Gibier (15 oct. au 31 déc.). Crème brulée au safran.

ÉGLETONS 19300 Corrèze 🄛🄛 ⑩ – 4 487 h alt. 650.

🄔 Syndicat d'Initiative, r. Joseph Vialaneix (saison) ℰ 05 55 93 04 34, Fax 05 55 93 21 01.
Paris 465 – Aurillac 97 – Aubusson 77 – Limoges 112 – Mauriac 47 – Tulle 30 – Ussel 29.

🏠 **Ibis**, rte Ussel par N 89 : 1,5 km ℰ 05 55 93 25 16, Fax 05 55 93 37 54, 🐾, ✕ – ⛌ 📺 ☎ &
🄿 – 🛏 30. 🄰🄴 ⑩ ☗🄱
Repas 95, enf. 39 – 🖵 35 – **41 ch** 270/290.

CITROEN Gar. Courteix, 68 av. Ch. de Gaulle
ℰ 05 55 93 07 64
FORD Gar. Lachaud, rte de Tulle ℰ 05 55 93 14 33
🄽 ℰ 05 55 93 14 33

PEUGEOT Gar. Leyris, N 89 ℰ 05 55 93 12 18 🄽
ℰ 05 55 93 12 18

EGUISHEIM 68420 H.-Rhin 🄢🄢 ⑱ ⑲ ☗ Alsace Lorraine – 1 530 h alt. 210.
Voir Circuit des remparts★ – Route des Cinq Châteaux★ SO : 3 km.
Paris 480 – Colmar 6 – Belfort 68 – Gérardmer 52 – Guebwiller 21 – Mulhouse 41 – Roufach 10.

🏨 **St-Hubert** Ⓜ ⚒ sans rest, r. Trois Pierres ℰ 03 89 41 40 50, Fax 03 89 41 46 88, ≼, 🔳 –
📺 ☎ ✆ & 🄿. ☗🄱. ⚒
fermé fév. – 🖵 50 – **12 ch** 410/560.

🏨 **Host. du Pape** Ⓜ, 10 Grand Rue ℰ 03 89 41 41 21, Fax 03 89 41 41 31, 🏡 – 🖣 📺 ☎ &
🄿 – 🛏 30. 🄰🄴 ⑩ ☗🄱. ⚒ ch
fermé 5 janv. au 9 fév. – Repas (fermé dim. soir et lundi) 90/290 🅚, enf. 55 – 🖵 50 – **33 ch**
290/490 – ½ P 360.

🏨 **Host. du Château** Ⓜ ⚒, 2 r. Château ℰ 03 89 23 72 00, Fax 03 89 23 68 80 – ⛌ &. 🄰🄴
⑩ ☗🄱
fermé fév. voir rest. **Le Caveau d'Éguisheim** – 🖵 55 – **12 ch** 350/750.

🏠 **Aub. des Comtes**, 1 pl. Ch. de Gaulle ℰ 03 89 41 16 99, Fax 03 89 24 97 10, 🏡 – ☎ 🄿.
☗🄱
fermé 23 juin au 6 juil., 15 janv. au 2 fév., mardi soir hors. sais. et merc. – Repas 75/220 🅚 –
🖵 38 – **18 ch** 175/315 – ½ P 230/290.

🕸🕸 **Caveau d'Eguisheim**, 3 pl. Château St-Léon ℰ 03 89 41 08 89, Fax 03 89 23 79 99 – 🄰🄴
⑩ ☗🄱
fermé 4 janv. au 1er mars, mardi soir de nov. à juin et merc. – Repas (nombre de couverts
limité, prévenir) 145/455 bc.

🕸🕸 **Au Vieux Porche**, 16 r. Trois Châteaux ℰ 03 89 24 01 90, Fax 03 89 23 91 25, 🏡 – ☗🄱
fermé 23 au 30 juin, 23 fév. au 15 mars, merc. midi et mardi – Repas 100/320.

🕸🕸 **La Grangelière**, 59 r. Rempart Sud ℰ 03 89 23 00 30, Fax 03 89 23 61 62 – ☗🄱
fermé 1er fév. au 1er mars et jeudi hors sais. – Repas 120 bc/390 bc.

🕸 **Le Pavillon Gourmand**, 101 r. Rempart-Sud ℰ 03 89 24 36 88, Fax 03 89 23 93 94 –
☗🄱
fermé 6 au 20 juil., vacances de fév., dim. soir de nov. à mars, mardi soir et merc. – Repas
90/350 bc, enf. 57.

ELBEUF 76500 S.-Mar. 🄥🄥 ⑥ ☗ Normandie Vallée de la Seine (plan) – 16 604 h alt. 6.
Paris 126 – Rouen 20 – Conches-en-Ouche 41 – Évreux 38 – Pont-Audemer 47.

🕸🕸 **Les Chandeliers**, 2 cours Gambetta ℰ 02 35 77 69 21, Fax 02 35 77 69 21 – 🄰🄴 ☗🄱
fermé 4 au 24 août, sam. midi, dim. soir et lundi soir – Repas 125 (déj.), 170/270.

ÉLINCOURT-STE-MARGUERITE 60 Oise 🄥🄥 ② – rattaché à Compiègne.

ELNE 66200 Pyr.-Or. 🄦🄦 ⑳ ☗ Pyrénées Roussillon – 6 262 h alt. 30.
Voir Cloître★★.
🄔 Office de Tourisme 2 r. Pdt Bolte ℰ 04 68 22 05 07, Fax 04 68 37 95 05.
Paris 884 – Perpignan 15 – Argelès-sur-Mer 8 – Céret 29 – Port-Vendres 19 – Prades 55.

CITROEN Gar. Falguéras, 8 bd Évadés-de-France
ℰ 04 68 22 07 58
CITROEN Gar. Subiros, rte d'Alenya, ZI
ℰ 04 68 22 07 02 🄽 ℰ 04 68 22 07 02

RENAULT Gar. Martre, rte de Perpignan
ℰ 04 68 22 23 00
SEAT, VAG Gar. du Platane, 7 r. Denis Papin, ZI
ℰ 04 68 22 75 93

ÉLOISE 74 H.-Savoie 🄤🄤 ⑤ – rattaché à Bellegarde-sur-Valserine.

ELSENHEIM 67390 B.-Rhin 🆘 ⑦ – 637 h alt. 179.

Paris 450 – Colmar 18 – Ribeauvillé 15 – Sélestat 15 – Strasbourg 66.

XX **Cottage Fleuri,** 22 r. Principale ℰ 03 88 92 51 59, Fax 03 88 74 98 00, 🏡 – GB
⊖ **Repas** 65/250 ⅃, enf. 35.

CITROEN Gar Krimm, ℰ 03 88 92 56 64

ELVEN 56250 Morbihan 🆘 ③ – 3 312 h alt. 100.

Voir Forteresse de Largoët★ SO : 4 km, G. Bretagne.

Paris 447 – Vannes 17 – Ploërmel 33 – Redon 45 – Rennes 99 – La Roche-Bernard 39.

🏠 **Host. du Lion d'Or,** 5 pl. Le Franc ℰ 02 97 53 33 52, Fax 02 97 53 55 08 – ☎. GB
⊖ fermé 26 oct. au 12 nov., 22 au 26 déc., 23 fév. au 2 mars, dim. soir et lundi de sept. à juin –
Repas 68/180, enf. 52 – ⊂⊃ 25 – **10 ch** 210/280 – ½ P 190/210.

CITROEN Gar. Tastard, 19 r. du Calvaire   PEUGEOT Gar. Tastard, 4 r. Rochefort
ℰ 02 97 53 31 11   ℰ 02 97 53 33 65

EMBRUN 05200 H.-Alpes 🆘 ⑰ ⑱ G. Alpes du Sud (plan) – 5 793 h alt. 871.

Voir Cathédrale N.-Dame★ : trésor★ – Peintures murales★ dans la chapelle des Cordeliers.
🅱 Office de Tourisme pl. Gén.-Dosse ℰ 04 92 43 72 72, Fax 04 92 43 54 06.

Paris 703 – Briançon 50 – Gap 40 – Barcelonnette 58 – Digne-les-Bains 95 – Guillestre 22 –
Sisteron 85.

🏠 **Mairie,** pl. Mairie ℰ 04 92 43 20 65, Fax 04 92 43 47 02, 🏡 – ▦ rest 📺 ☎. 🆎 ⓪ GB
⊖ fermé 1ᵉʳ au 16 mai, oct., nov., dim. soir et lundi en hiver sauf vacances scolaires – **Repas**
92/120 ⅃ – ⊂⊃ 35 – **24 ch** 250/300 – ½ P 250/270.

🏠 **Notre-Dame,** av. Gén. Nicolas ℰ 04 92 43 08 36, Fax 04 92 43 58 41, 🏡, 🌳 – 📺 ☎. GB
⊖ fermé 6 janv. au 3 fév., dim. soir et lundi sauf vacances scolaires – **Repas** 75/165, enf. 55 –
⊂⊃ 35 – **15 ch** 200/270 – ½ P 250/270.

rte de Gap Sud-Ouest : 3 km – ✉ 05200 Embrun :

🏨 **Les Bartavelles,** ℰ 04 92 43 20 69, Fax 04 92 43 11 92, 🏡, ⤵, 🌳, ✗ – ▦ rest 📺 ☎
🅿. ⓪ GB
Repas 98/285, enf. 70 – ⊂⊃ 45 – **43 ch** 265/480 – ½ P 320/420.

OPEL Gar. Espitallier, rte du Lycée ℰ 04 92 43 02 49   RENAULT Gar. du Lac, à Baratier
PEUGEOT Gar. Esmieu, rte de St-André   ℰ 04 92 43 02 79
ℰ 04 92 43 04 18 🅽 ℰ 04 92 43 04 18

ÉMERAINVILLE 77 S.-et-M. 🆘 ②., 🆘 ㉙ – voir à Paris, Environs (Marne-la-Vallée).

ÉMERINGES 69840 Rhône 🆘 ① – 182 h alt. 353.

Paris 410 – Mâcon 19 – Chauffailles 45 – Lyon 68.

XX **Aub. des Vignerons,** ℰ 04 74 04 45 72, Fax 04 74 04 48 96, 🏡 – ▦. GB
⊖ fermé janv., dim. soir et lundi – **Repas** (nombre de couverts limité, prévenir) 250.

ENCAMP 🆘 ⑭ – voir à Andorre (Principauté d').

ENCAUSSE-LES-THERMES 31160 H.-Gar. 🆘 ① – 560 h alt. 362.

Paris 792 – Bagnères-de-Luchon 39 – St-Gaudens 12 – St-Girons 41 – Sauveterre-de-
Comminges 8 – Toulouse 98.

X **Aux Marronniers** 🐾 avec ch, ℰ 05 61 89 17 12, 🏡 – 🅿. GB
⊖ hôtel : 1/04-15/11 et fermé dim. soir et lundi hors sais. – **Repas** (fermé 2 janv. au 1ᵉʳ fév.,
dim. soir et lundi hors sais.) 70/145 – ⊂⊃ 32 – **10 ch** 150/170 – ½ P 175.

ENGHIEN-LES-BAINS 95 Val-d'Oise 🆘 ⑳., 🆘 ⑤ – voir à Paris, Environs.

ENGLOS 59 Nord 🆘 ⑮., 🆘 ㉑ – rattaché à Lille.

ENNEZAT 63720 P.-de-D. 🆘 ④ G. Auvergne – 1 915 h alt. 320.

Voir Église★.

Paris 415 – Clermont Ferrand 20 – Lezoux 21 – Riom 10 – Thiers 33 – Vichy 33.

🏠 **Hure d'Argent** 🐾, 5 r. Horloge ℰ 04 73 63 80 39, Fax 04 73 63 96 47 – 📺 ☎. GB
⊖ fermé dim. soir, soirs fériés et sam. sauf du 15 juin au 31 août – **Repas** 85 (déj.), 95/180 ⅃,
enf. 55 – ⊂⊃ 35 – **14 ch** 220/260.

ENSISHEIM 68190 H.-Rhin 𝟨𝟨 ⑩ G. Alsace Lorraine – 6 164 h alt. 217.

    Env. Ecomusée d'Alsace★★ SO : 9 km.

    Paris 477 – Mulhouse 17 – Colmar 27 – Guebwiller 14 – Thann 23.

XXX **La Couronne** avec ch, 47 r. 1ᵉ Armée Française ☎ 03 89 81 03 72, Fax 03 89 26 40 05, « Maison du 17ᵉ siècle » – 📺 ☎ 📞 🄿 🄰🄴 ① 🄶🄱

    fermé 4 au 10 août, sam. midi, dim. soir et lundi – **Repas** 220/395 et carte 300 à 410 • **Le Thaler** ☎ 03 89 26 43 26 (fermé sam. et dim) **Repas** (déj. seul.)98 ⅄, enf. 40 – � 42 – **10 ch** 290/380.

    PEUGEOT Gar. Wadel, 22 r. de Wittenheim ☎ 03 89 81 00 11

ENTRAIGUES-SUR-LA-SORGUE 84 Vaucluse 𝟪𝟣 ⑫ – rattaché à Sorgues.

ENTRAYGUES-SUR-TRUYÈRE 12140 Aveyron 𝟽𝟨 ⑫ G. Gorges du Tarn (plan) – 1 495 h alt. 236.

    Voir Pont gothique★ – Rue Basse★.

    Env. SE : Gorges du Lot★★ – Barrage de Couesque★ N : 8 km.

    🄱 Office de Tourisme Tour-de-Ville ☎ 05 65 44 56 10.

    Paris 615 – Aurillac 47 – Rodez 55 – Figeac 60 – St-Flour 93.

    Truyère, ☎ 05 65 44 51 10, Fax 05 65 44 57 78, ≤, ☞ – ⧄ ☎ 🄿. 🄶🄱. ⅏ rest

    1ᵉʳ avril-15 nov. – **Repas** (fermé lundi) 67/200 ⅄, enf. 48 – ⊆ 43 – **25 ch** 170/285 – ½ P 265/308.

au Fel Ouest : 10 km par D 107 et D 573 – ✉ 12140 Entraygues-sur-Truyère :

    Aub. du Fel ⅏, ☎ 05 65 44 52 30, Fax 05 65 48 64 96, ☞ – ☎ 🄿. 🄶🄱

    29 mars-23 nov. – **Repas** 68/190 ⅄ – ⊆ 32 – **11 ch** 200/275 – ½ P 205/245.

    RENAULT Gar. Marty, 21 av. Pont-de-Truyère ☎ 05 65 44 51 14

ENTRECHAUX 84 Vaucluse 𝟪𝟣 ③ – rattaché à Vaison-la-Romaine.

ENTZHEIM 67 B.-Rhin 𝟪𝟽 ⑤ – rattaché à Strasbourg.

ENVEITG 66 Pyr.-Or. 𝟪𝟨 ⑯ – 545 h alt. 1260 – ✉ 66760 Bourg-Madame.

    Paris 858 – Font-Romeu-Odeillo-Via 19 – Andorra-la-Vella 60 – Ax-les-Thermes 39 – Perpignan 107.

    Transpyrénéen ⅏, ☎ 04 68 04 81 05, Fax 04 68 04 83 75, ≤, ☞ – ⧄ 📺 ☎ 🄿. 🄰🄴 ① 🄶🄱

    5 juin-30 sept., 20 déc.-10 janv. et 10 fév.-20 mai – **Repas** 75/160, enf. 50 – ⊆ 38 – **30 ch** 200/290 – ½ P 260/280.

ÉPAGNY 74 H.-Savoie 𝟽𝟦 ⑥ – rattaché à Annecy.

ÉPERNAY ◈ 51200 Marne 𝟧𝟨 ⑯ G. Champagne – 26 682 h alt. 75.

    Voir Caves de Champagne★★ **BYZ** – Collection archéologique★ du musée municipal **BY M** – Côte des Blancs★ par ③.

    🄱 Office de Tourisme 7 av. de Champagne ☎ 03 26 55 33 00, Fax 03 26 51 95 22.

    Paris 142 ④ – Reims 27 ① – Châlons-en-Champagne 34 ② – Château-Thierry 48 ④ – Meaux 96 ③ – Soissons 71 ① – Troyes 109 ③.

Plan page ci-contre

    Berceaux (Michelon), 13 r. Berceaux ☎ 03 26 55 28 84, Fax 03 26 55 10 36 – ⧄ ▤ rest 📺 ☎. 🄰🄴 ① 🄶🄱
                                             AZ a

    Repas (fermé dim. soir et lundi) 140/240, enf. 80 – **Le Bar : Repas** 145, enf. 60 – ⊆ 40 – **29 ch** 330/420 – ½ P 390

    Spéc. Foie gras de canard en chaud et froid. Croustillant de cochon de lait. Moelleux tiède au chocolat.

    Champagne sans rest, 30 r. E. Mercier ☎ 03 26 53 10 60, Fax 03 26 51 94 63 – ⧄ 📺 ☎ 📞. 🄰🄴 ① 🄶🄱
                                             AZ t

    fermé 2 au 20 janv. – ⊆ 52 – **33 ch** 320/550.

    Ibis ⅏, 19 r. Chocatelle ☎ 03 26 51 14 51, Fax 03 26 51 14 59 – ⧄ ⇔ 📺 ☎ 📞 🗗. 🄰🄴 ① 🄶🄱
                                             AZ e

    Repas 95, enf. 39 – ⊆ 36 – **64 ch** 295.

    Climat de France ⅏, r. Lorraine par ② : 1 km ☎ 03 26 54 17 39, Fax 03 26 51 88 78, ☞ – 📺 ☎ 🗗 🄿 – ⛩ 25. 🄰🄴 ① 🄶🄱

    Repas 88/105 ⅄, enf. 39 – ⊆ 35 – **33 ch** 280.

484

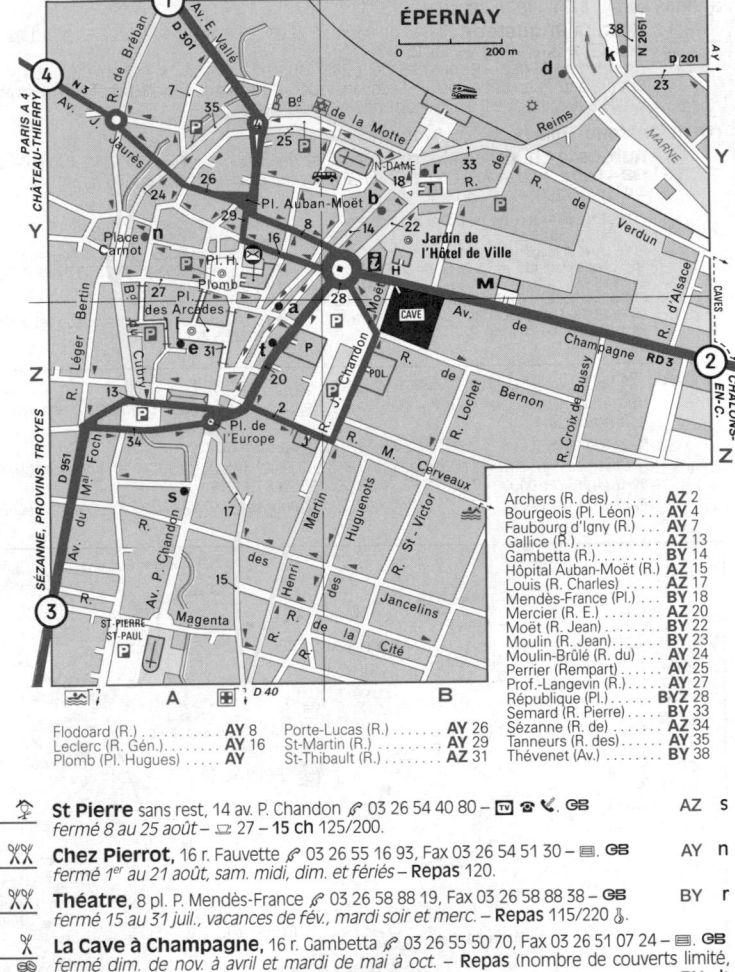

ÉPERNAY

0   200 m

Archers (R. des)	**AZ** 2
Bourgeois (Pl. Léon)	**AY** 4
Faubourg d'Igny (R.)	**AZ** 7
Gallice (R.)	**BY** 13
Gambetta (R.)	**BY** 14
Hôpital Auban-Moët (R.)	**AZ** 15
Louis (R. Charles)	**BY** 17
Mendès-France (Pl.)	**BY** 18
Mercier (R. E.)	**AZ** 20
Moët (R. Jean)	**BY** 22
Moulin (R. Jean)	**BY** 23
Moulin-Brûlé (R. du)	**AY** 24
Perrier (Rempart)	**AY** 25
Prof.-Langevin (R.)	**AY** 27
République (Pl.)	**BYZ** 28
Semard (R. Pierre)	**BY** 33
Sézanne (R. de)	**AZ** 34
Tanneurs (R. des)	**AY** 35
Thévenet (Av.)	**BY** 38

Flodoard (R.)	**AY** 8	Porte-Lucas (R.)	**AY** 26
Leclerc (R. Gén.)	**AY** 16	St-Martin (R.)	**AY** 29
Plomb (Pl. Hugues)	**AY**	St-Thibault (R.)	**AZ** 31

🏵 **St Pierre** sans rest, 14 av. P. Chandon 𝄞 03 26 54 40 80 – 📺 ☎ ✆ 📠. GB **AZ s**
fermé 8 au 25 août – 🍽 27 – **15 ch** 125/200.

🍴🍴 **Chez Pierrot**, 16 r. Fauvette 𝄞 03 26 55 16 93, Fax 03 26 54 51 30 – ≣. GB **AY n**
fermé 1ᵉʳ au 21 août, sam. midi, dim. et fériés – **Repas** 120.

🍴🍴 **Théatre**, 8 pl. P. Mendès-France 𝄞 03 26 58 88 19, Fax 03 26 58 88 38 – GB **BY r**
fermé 15 au 31 juil., vacances de fév., mardi soir et merc. – **Repas** 115/220 ⅜.

🍴 **La Cave à Champagne**, 16 r. Gambetta 𝄞 03 26 55 50 70, Fax 03 26 51 07 24 – ≣. GB
fermé dim. de nov. à avril et mardi de mai à oct. – **Repas** (nombre de couverts limité,
prévenir) 69/130. **BY b**

🍴 **La Terrasse**, 7 quai Marne 𝄞 03 26 55 26 05, Fax 03 26 55 33 79 – ☲ ⓪ GB **BY d**
fermé 22 au 29 déc., dim. soir et lundi – **Repas** 65/260 ⅜, enf. 50.

🍴 **Chez Max**, 13 av. A. A. Thévenet (à Magenta) 𝄞 03 26 55 23 59, Fax 03 26 54 02 97 – ≣.
☲ ⓪ GB JCB **BY k**
fermé 4 au 24 août, 5 au 18 janv., dim. soir et lundi – **Repas** 91/190, enf. 45.

à Champillon par ① : 6 km – 533 h. alt. 210 – ⊠ 51160 :

🏨 **Royal Champagne** Ⓜ ⌘, N 2051 𝄞 03 26 52 87 11, Fax 03 26 52 89 69, ≤ Épernay,
✿ vignoble et vallée de la Marne, ☞ – 📺 ☎ ⇐ 🅿 – 🏛 30. ☲ ⓪ GB JCB
Repas 190 (déj.), 275/350 et carte 340 à 460 – 🍽 85 – **25 ch** 870/1300, 3 appart – ½ P 830/
1010
Spéc. Aumônières croustillantes aux langoustines. Poulette de Bresse en croûte de sel.
Soufflé chocolat, sauce guanaja et sa glace. **Vins** Coteaux champenois, Champagne.

rte de Reims par ① : 8 km – ⊠ 51160 St-Imoges :

🍴🍴 **La Maison du Vigneron**, N 51 𝄞 03 26 52 88 00, Fax 03 26 52 86 03 – ≣ 🅿. ☲ ⓪ GB
fermé vacances de fév., dim. soir et merc. – **Repas** 125/275.

à Vinay par ③ : 6 km – 489 h. alt. 102 – ⊠ 51530 :

🏨 **Host. La Briqueterie** Ⓜ, rte de Sézanne, ℰ 03 26 59 99 99, Fax 03 26 59 92 10, ℐ₅, 🖾,
🌼 🛖 – 🖵 ☎ ℯ & ⟷ 🄿 – 🛦 30. 🕮 ☒
fermé 21 au 26 déc. – **Repas** 135 (déj.), 250/410, enf. 110 – 🖙 75 – **42 ch** 750/1150.
Spéc. Blanc de turbot au poivre Sechuan, sauce champagne. Filet de bœuf en habit vert au vin de Bouzy. "Larmes" au chocolat noir et griottines.

rte de Château-Thierry par ④ : 7 km – ⊠ 51480 :

🍴 **Aub. de la Chaussée** avec ch, La Chaussée de Damery sur N 3, ℰ 03 26 58 40 66 – ☎ 🄿.
☒ – *fermé 21 août au 11 sept., 21 au 28 fév. et lundi soir* – **Repas** 65/135 ♨, enf. 40 – 🖙 25 – **9 ch** 120/200 – ½ P 210/250.

CITROEN Gar. Ardon, rte de Reims à Dizy par N 51 BY ℰ 03 26 55 58 11
FIAT, LANCIA Magenta-Automobiles, 71 av. Thévenet à Magenta ℰ 03 26 51 04 56 🚫 ℰ 03 26 55 39 39
FORD Gar. Rebeyrolle, 7 quai Villa ℰ 03 26 55 59 65
MERCEDES, TOYOTA Gar. Ténédor, 1 pl. Martyrs-Résistance ℰ 03 26 51 97 77

PEUGEOT Gar. Beuzelin, 71 av. Thévenet à Magenta BY ℰ 03 26 51 10 66
RENAULT Automotor, 100 av. Thévenet à Magenta par N 2051 ℰ 03 26 55 67 11 🚫 ℰ 06 07 57 50 02

🅐 Euromaster, 94 av. A. Thévenet à Magenta ℰ 03 26 55 27 47

ÉPINAL 🄿 88000 Vosges 🗝🗌 ⑯ G. Alsace Lorraine – 36 732 h alt. 324.

Voir Vieille ville★ : Basilique★ – Parc du château★ – Musée départemental d'art ancien et contemporain★.

🏌₁₈ des Images d'Epinal ℰ 03 29 34 65 97, par ② à 3 km du centre.
🄵 Office de Tourisme 13 r. Comédie ℰ 03 29 82 53 32, Fax 03 29 35 26 16 – Automobile Club av. du Gén.-de-Gaulle ℰ 03 29 35 29 67, Fax 03 29 35 31 86.
Paris 385 ⑥ – Belfort 97 ④ – Colmar 92 ③ – Mulhouse 107 ③ – Nancy 71 ① – Vesoul 88 ③.

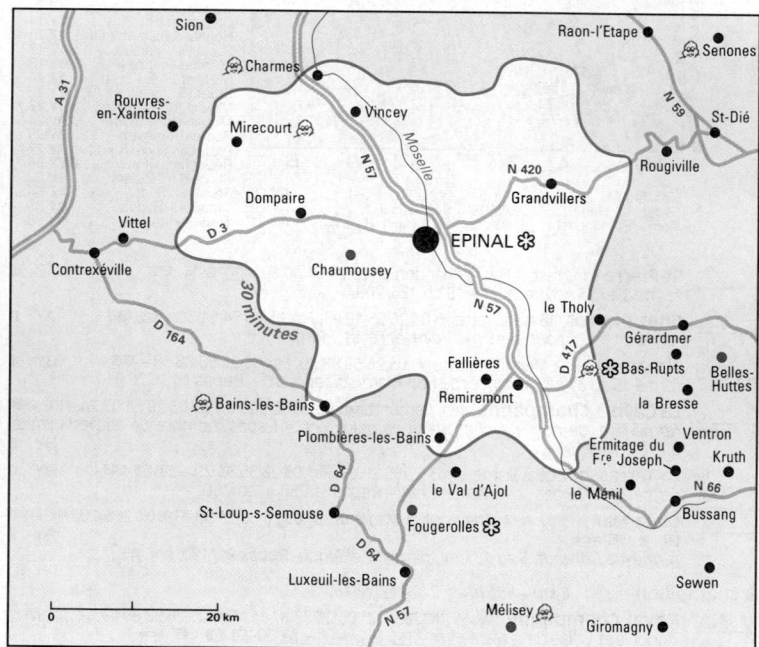

🏨 **Mercure**, 13 pl. E. Stein ℰ 03 29 29 12 91, Fax 03 29 29 12 92 – 🛗 ☆ 🖵 ☎ ℯ & – 🛦 30 à 100. 🕮 ⓞ ☒
Repas 105/140 ♨, enf. 48 – 🖙 55 – **46 ch** 350/440.
AZ e

🏨 **Clarine-Ariane** sans rest, 12 av. Gén. de Gaulle ℰ 03 29 82 10 74, Fax 03 29 35 35 14 – ☆ 🖵 ☎ ℯ ⟷. 🕮 ⓞ ☒
fermé 23 déc. au 2 janv. – 🖙 38 – **45 ch** 290/315.
AY b

ÉPINAL

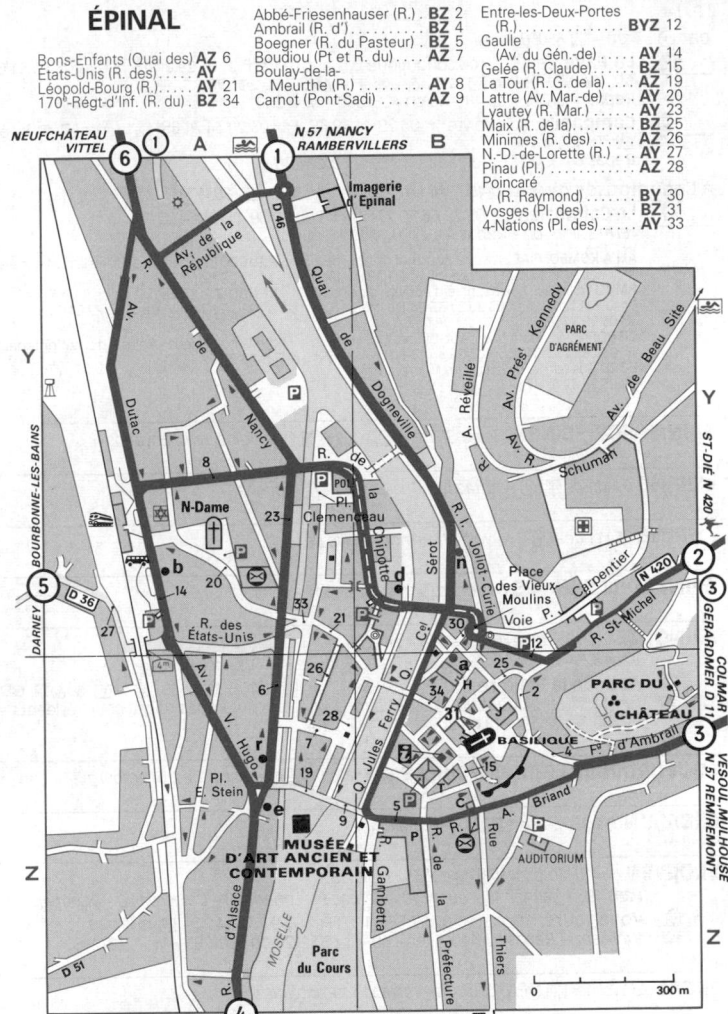

🏨 **Ibis,** quai Mar. de Contades ℘ 03 29 64 28 28, Fax 03 29 35 37 88 – 🛗 ⚡ ☰ rest 📺 ☎ 📞   ♿ 🚗 – 🔬 30 à 50. 🅰🅴 ① 🆖
    Repas 95, enf. 39 – 🖵 36 – **60 ch** 305/325.
BY d

🏨 **Azur** sans rest, 54 quai Bons Enfants ℘ 03 29 64 05 25, Fax 03 29 64 00 40 – ⚡ 📺 ☎ 📞.
    🅰🅴 ① 🆖
    🖵 32 – **20 ch** 165/290.
AZ r

XXX **Relais des Ducs de Lorraine** (Obriot), 16 quai Col. Sérot ℘ 03 29 34 39 87,
    Fax 03 29 34 27 61 – 🅰🅴 🆖
❀ *fermé 11 au 24 août, dim. soir et lundi* – **Repas** 185/425 et carte 290 à 480
    Spéc. Terrine de saumon mi-cuit aux herbes. ''Dinette'' de pigeon en quatre façons.
    Soufflé mirabelle, coulis et sorbet. **Vins** Riesling, Pinot noir.
BY n

XX **Le Petit Robinson,** 24 r. R. Poincaré ℘ 03 29 34 23 51, Fax 03 29 31 27 17 – 🅰🅴
    🆖
    fermé 15 juil. au 15 août, sam. midi et dim. – **Repas** 98/180 ♨, enf. 60.
BZ a

par ① : *3 km* – ⊠ *88000 Épinal :*

🏛 **La Fayette** Ⓜ, parc économique Le Saut Le Cerf ℰ 03 29 81 15 15, Fax 03 29 31 07 08, 🏤, 𝕀ᕲ, ✾ – ✲ 🔲 🔲 ☎ ✆ ⅄ ⇔ 🅿 – 🔺 50. 𝔸𝔼 ⓞ 𝔾𝔹
Repas 110/270 – ☲ 48 – **48 ch** 425/560 – ½ P 360.

🏠 **Campanile,** Bois Voivre ℰ 03 29 31 38 38, Fax 03 29 34 71 65, 🏤 – ✲ 🔲 ☎ ✆ ⅄ 🅿 – 🔺 30. 𝔸𝔼 ⓞ 𝔾𝔹
Repas 84 bc/107 bc, enf. 39 – ☲ 32 – **39 ch** 278.

à Chaumousey *par* ⑤ *et D 460 : 10 km* – *756 h. alt. 360* – ⊠ *88390 :*

✕✕ **Le Calmosien,** ℰ 03 29 66 80 77, Fax 03 29 66 89 41, 🏤 – 𝔸𝔼 𝔾𝔹
fermé dim. soir – **Repas** 115/290, enf. 50.

ALFA ROMEO, FIAT Prestige Automobile, 26 rte d'Épinal, ZC Pré Droué à Chavelot ℰ 03 29 81 19 11
BMW Pré Droué, r. Barry, pôle d'Activité du Pré Droué à Chavelot ℰ 03 29 31 35 34 Ⓝ ℰ 03 29 34 55 54
CITROEN Gar. Anotin, av. de St-Dié par ② ℰ 03 29 31 93 94 Ⓝ ℰ 03 29 34 55 54
FORD Gds Gar. Spinaliens, 17 r. Mar.-Lyautey ℰ 03 29 82 47 47

PEUGEOT Épinal-Autom. Theiller, 91 r. d'Alsace ℰ 03 29 82 05 94
RENAULT SODISEP, 50, av. de St-Dié par ② ℰ 03 29 68 44 44 Ⓝ ℰ 03 29 64 54 51

Ⓜ Malnoy-Pneus - Point S, 13 av. Fontenelle ℰ 03 29 82 22 93

ÉPINAY-SUR-SEINE *93 Seine-St-Denis* 🔢 ⑪., 🔢 ⑮ – *voir à Paris, Environs.*

L'ÉPINE *51 Marne* 🔢 ⑱ – *rattaché à Châlons-en-Champagne.*

L'ÉPINE *85 Vendée* 🔢 ① – *voir à Noirmoutier (Ile de).*

ÈPINEAU-LES-VOVES *89 Yonne* 🔢 ④ – *rattaché à Joigny.*

EPINOUZE *26210 Drôme* 🔢 ② – *968 h alt. 208.*
Paris 525 – *Grenoble 76* – *Lyon 67* – *St-Étienne 86* – *Valence 60.*

🏠 **Aub. de la Valloire** ⌂, ℰ 04 75 31 72 98, Fax 04 75 31 62 30, 🏤 – 🔲 ☎ ⅄ 🅿. 𝔾𝔹
fermé 1ᵉʳ au 21 août, vend. soir, dim. soir et sam. – **Repas** (dîner pour résidents seul.) 55/180 ⅃, – ☲ 30 – **18 ch** 260/310 – ½ P 210.

EQUEURDREVILLE-HAINNEVILLE *50 Manche* 🔢 ① – *rattaché à Cherbourg.*

ERBALUNGA *2B H.-Corse* 🔢 ② – *voir à Corse.*

ERDEVEN *56410 Morbihan* 🔢 ① – *2 352 h alt. 18.*
Paris 496 – *Vannes 37* – *Auray 19* – *Carnac 9* – *Lorient 28* – *Quiberon 20* – *Quimperlé 49.*

🏠 **Voyageurs,** r. Océan ℰ 02 97 55 64 47, Fax 02 97 55 64 24 – 🔲 ☎ 🅿. 𝔾𝔹
avril-sept. – **Repas** 60/140 ⅃, enf. 40 – ☲ 33 – **20 ch** 180/295 – ½ P 230/295.

ERGAL *78 Yvelines* 🔢 ⑨., 🔢 ⑯ ㉘ – *rattaché à Pontchatrain.*

ERMENONVILLE *60950 Oise* 🔢 ⑫, 🔢 ⑨ *G. Ile de France* – *782 h alt. 92.*
Voir Parc★ – *Forêt d'Ermenonville★* – *Abbaye de Chaalis★ N : 3 km* – *Clocher★ de l'église de Montagny-Ste-Félicité E : 4 km.*
Paris 52 – *Compiègne 43* – *Beauvais 65* – *Meaux 24* – *Senlis 13* – *Villers-Cotterêts 35.*

🏛 **Château d'Ermenonville** ⌂, ℰ 03 44 54 00 26, Fax 03 44 54 01 00, ≼, 🏤, « Château du 18ᵉ siècle dans un parc » – 🏨 ☎ ⅄ 🅿 – 🔺 60. 𝔸𝔼 ⓞ 𝔾𝔹
Repas 145 (déj.), 195/490 bc – ☲ 75 – **49 ch** 490/1350 – ½ P 650/830.

🏨 **Le Prieuré** sans rest, ℰ 03 44 54 00 44, Fax 03 44 54 02 21, « Demeure du 18ᵉ siècle, jardin » – 🔲 ☎ 🅿. 𝔾𝔹
fermé fév. – ☲ 50 – **11 ch** 450/500.

à Ver-sur-Launette *Sud : 3 km par D 84* – *825 h. alt. 85* – ⊠ *60950 :*

✕✕ **Rabelais,** ℰ 03 44 54 01 70, Fax 03 44 54 05 20 – 𝔸𝔼 𝔾𝔹
fermé 16 au 29 juil., dim. soir et merc. – **Repas** 145 (déj.), 185/240, enf. 110.

ERMITAGE DU FRÈRE JOSEPH *88 Vosges* 🔢 ⑰ – *rattaché à Ventron.*

ERNÉE 53500 Mayenne 59 ⑲ G. Normandie Cotentin – 6 052 h alt. 120.

🛈 Office de Tourisme, pl. de la Mairie (saison) ℘ 02 43 08 71 17.

Paris 303 – Domfront 46 – Fougères 22 – Laval 32 – Mayenne 25 – Vitré 31.

※※ **Grand Cerf** avec ch, 19 r. A.-Briand ℘ 02 43 05 13 09, Fax 02 43 05 02 90 – ⇔ 📺 ☎ ℃.
🍴 ﷼ GB. ❀ ch
fermé 15 au 31 janv., dim. soir et lundi hors sais. – **Repas** 108/158, enf. 70 – ⊊ 38 – **8 ch**
198/248 – ½ P 280/320.

CITROEN Gar. Lory, 14 bd Duvivier ℘ 02 43 05 11 89 Ⓝ ℘ 02 43 05 11 89

ERQUY 22430 C.-d'Armor 59 ④ G. Bretagne – 3 568 h alt. 12.

Voir *Cap d'Erquy ★ NO : 3,5 km puis 30 mn.*

🛈 Office de Tourisme bd de la Mer ℘ 02 96 72 30 12, Fax 02 96 72 02 88.

Paris 453 – St-Brieuc 34 – Dinan 46 – Dinard 41 – Lamballe 22 – Rennes 103.

🏠 **Beauséjour,** 21 r. Corniche ℘ 02 96 72 30 39, Fax 02 96 72 16 30 – ☎ ㄅ ℙ. GB
🍴 *fermé vacances de fév. et lundi du 15 sept. au 15 juin* – **Repas** 78/168 ₰, enf. 48 – ⊊ 38 –
16 ch 250/310 – ½ P 275/315.

※※※ **L'Escurial,** bd Mer ℘ 02 96 72 31 56, Fax 02 96 63 57 92, ≼ – ﷼ ⓪ GB. ❀
fermé 12 au 16 juin, 23 nov. au 10 déc., dim. soir et lundi sauf juil.-août – **Repas** 105/350 et
carte 220 à 340, enf. 80.

※ **Le Nelumbo,** 5 r. Église ℘ 02 96 72 31 31, Fax 02 96 72 08 54, 🌿 – ﷼ GB
🍴 *fermé 18 au 27 nov., vacances de fév., dim. soir de sept. à Pâques et merc. sauf juil.-août* –
Repas 75/190 ₰, enf. 45.

CITROEN Gar. Clerivet, ℘ 02 96 72 14 20   Autoservice AD, ℘ 02 96 72 02 07
RENAULT Gar. Thomas, ℘ 02 96 72 30 37 Ⓝ ℘ 02
96 72 30 37

ERSTEIN ◀▶ 67150 B.-Rhin 62 ⑩ – 8 600 h alt. 150.

Paris 499 – Strasbourg 23 – Colmar 48 – Molsheim 23 – St-Dié 69 – Sélestat 26.

🏨 **Le Crystal** Ⓜ, av. Gare ℘ 03 88 98 89 12, Fax 03 88 98 11 29, 🌿 – |🛗| ⇔ 📺 ☎ ㄅ ➡ ℙ –
🍴 🏛 25 à 50. ﷼ GB
Repas *(fermé dim.)* 60/250 ₰ – ⊊ 40 – **73 ch** 280/350 – ½ P 285.

※※※ **Jean-Victor Kalt,** 41 av. Gare ℘ 03 88 98 09 54, Fax 03 88 98 83 01 – 🍴 ℙ. ﷼ ⓪ GB
fermé 1er au 12 sept., dim. soir et lundi soir – **Repas** 110 (déj.), 150/320 et carte 300 à 370.

CITROEN Gar. Fritsch, 39 av. de la Gare   Gar. Louis, 3 rte de Lyon ℘ 03 88 98 07 13 Ⓝ
℘ 03 88 98 09 00 Ⓝ ℘ 03 88 98 89 00   ℘ 03 88 98 07 13
RENAULT Gar. Fechter, 10 r. Gén.-de-Lattre
℘ 03 88 98 04 24 Ⓝ ℘ 03 88 98 17 71

ERVAUVILLE 45 Loiret 61 ⑬ – *rattaché à Courtenay.*

Les ESCALDES-ENGORDANY 86 ⑭ – *voir à Andorre (Principauté d').*

L'ESCRINET (Col de) 07 Ardèche 76 ⑲ – *rattaché à Privas.*

ESPALION 12500 Aveyron 80 ③ G. Gorges du Tarn **(plan)** – 4 614 h alt. 342.

Voir *Église de Perse★ SE : 1 km – Chapelle romane★ de St-Pierre-de-Bessuéjouls O : 4 km
par D 556.*

🛈 Office de Tourisme 2 r. Saint-Antoine ℘ 05 65 44 10 63, Fax 05 65 48 02 57.

Paris 601 – Rodez 31 – Aurillac 70 – Figeac 94 – Mende 103 – Millau 79 – St-Flour 85.

🏨 **Moderne et rest. l'Eau Vive,** bd Guizard ℘ 05 65 44 05 11, Fax 05 65 48 06 94 – |🛗|
🍴 🍽 rest ㄅ. GB
fermé 15 nov. au 10 déc., 1er au 15 janv – **Repas** *(fermé dim. soir et lundi)* 80/250 ₰, enf. 50
– ⊊ 40 – **28 ch** 240/340 – ½ P 240/340.

※※ **Le Méjane,** r. Méjane ℘ 05 65 48 22 37 – 🍽. ﷼ ⓪ GB
🍴 *fermé vacances de fév., dim. soir et merc. sauf en août et lundi en juil.* – **Repas** 120/270,
enf. 65.

CITROEN Gar. Cadars, av. de St-Côme ℘ 05 65 44 00 73 Ⓝ ℘ 05 65 48 22 03

ESQUIÈZE-SÈRE 65 H.-Pyr. 85 ⑱ – *rattaché à Luz-St-Sauveur.*

ESTAING *12190 Aveyron* 80 ③ *G. Gorges du Tarn – 665 h alt. 313.*

Syndicat d'Initiative à la Mairie (15 juin-15 sept.) ✆ 05 65 44 03 22.

Paris 607 – Rodez 38 – Aurillac 64 – Conques 42 – Espalion 7 – Figeac 76.

Aux Armes d'Estaing, ✆ 05 65 44 70 02, Fax 05 65 44 74 54 – ☎. GB
fermé janv. – **Repas** 65/145 – ☕ 30 – **40 ch** 155/250 – ½ P 175/225.

ESTAING *65400 H.-Pyr.* 85 ⑰ *G. Pyrénées Aquitaine – 86 h alt. 970.*

Voir *Lac d'Estaing★ S : 4 km.*

Paris 836 – Pau 64 – Argelès-Gazost 12 – Arrens 7 – Laruns 43 – Lourdes 24 – Tarbes 43.

X **Lac d'Estaing** avec ch, au Lac Sud : 4 km ✆ 05 62 97 06 25, ←, – P. GB
1er mai-15 oct. – **Repas** 90/160, enf. 60 – ☕ 30 – **11 ch** 170/200 – ½ P 210/220.

ESTÉRENÇUBY *64 Pyr.-Atl.* 85 ③ *– rattaché à St-Jean-Pied-de-Port.*

ESTRABLIN *38 Isère* 74 ⑫, 110 ㉟ *– rattaché à Vienne.*

ESTRÉES-ST-DENIS *60190 Oise* 52 ⑲ *– 3 498 h alt. 70.*

Paris 75 – Compiègne 17 – Beauvais 46 – Clermont 19 – Senlis 26.

XX **Moulin Brûlé,** 70 r. Flandres ✆ 03 44 41 97 10, – GB
fermé vacances de printemps, 4 au 24 août, vacances de fév., dim. soir et merc. – **Repas** 130/187.

> **Paris « Welcome » Office**
> 127 Champs-Élysées (8th) (Office de Tourisme de Paris)
> *Open daily 9 AM to 8 PM. Closed Chrismas Day, New Year's Day and May Day (1 May)*
> *✆ 01.49.52.53.54 - Fax 01.49.52.53.00*
> *Leisure Information: in French (01.49.52.53.55), English (01.49.52.53.56), German (01.49.52.53.57), Japanese (01.49.52.53.58)*

ÉTAIN *55400 Meuse* 57 ⑫ *G. Alsace Lorraine – 3 577 h alt. 210.*

Office de Tourisme, square Didion ✆ 03 29 87 20 80, Fax 03 29 87 17 02.

Paris 288 – Metz 49 – Briey 25 – Longwy 44.

Sirène, r. Prud'homme-Havette ✆ 03 29 87 10 32, Fax 03 29 87 17 65, – TV ☎ P. GB
fermé 23 déc. au 1er fév., dim. soir hors sais. et lundi (sauf hôtel en sais.) – **Repas** 67/250 – ☕ 35 – **23 ch** 150/210 – ½ P 200/310.

ÉTAMPES SP *91150 Essonne* 60 ⑩, 106 ㊷ *G. Ile de France – 21 457 h alt. 80.*

Voir *Cathédrale N.-Dame★* A.

de Belesbat ✆ 01 69 23 19 10 à Boutigny-s-Essonne : 17 km par ②.

Paris 51 ① – Fontainebleau 46 ② – Chartres 61 ⑤ – Évry 37 ① – Melun 46 ② – Orléans 72 ④ – Versailles 51 ①.

Plan page ci-contre

à Champigny *Nord : 5 km par Morigny, D 17 et rte secondaire – ✉ 91150 Morigny-Champigny :*

Host. de Villemartin ✆ 01 64 94 63 54, Fax 01 64 94 24 68, ←, « Gentilhommière dans un parc », – TV ☎ P – 30. AE GB
Repas 130/280 – ☕ 47 – **14 ch** 310/490 – ½ P 400.

à Ormoy-la-Rivière *par ③ et rte secondaire : 5 km – 874 h. alt. 81 – ✉ 91150 :*

X **Aub. du Vieux Chaudron,** ✆ 01 64 94 39 46, – GB
fermé 11 au 31 août, dim. soir et lundi – **Repas** 98/195.

CITROEN Sté Ind. Autom., 146 r. St-Jacques ✆ 01 64 94 01 81 N ✆ 01 64 95 03 51
FORD G.D.S. Autom., ZI r. des Rochettes à Morigny-Champigny ✆ 01 64 94 59 27
NISSAN M.G.C. Autos, N 20 à Morigny-Champigny ✆ 01 69 92 93 16
PEUGEOT Gar. Auclert, 12 r. Rochettes à Morigny-Champigny ✆ 01 69 92 12 60
RENAULT Gar. du Rempart, N 20 à Morigny-Champigny ✆ 01 64 94 35 45 N ✆ 08 00 05 15 15
ROVER Gar. St-Pierre, rte de Pithiviers ✆ 01 64 94 90 00

Euromaster, ZI 9 r. Rochettes à Morigny-Champigny ✆ 01 64 94 94 44

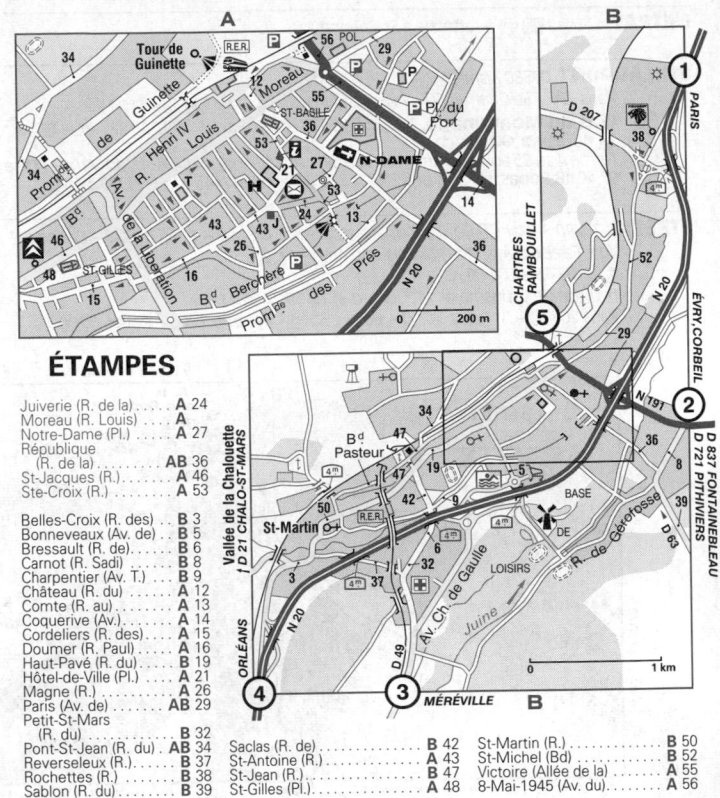

A   B

ÉTAMPES

ÉTANG-SUR-ARROUX 71190 S.-et-L. 🗺 ⑦ – 1 835 h alt. 277.

Voir Mont Beuvray : ✳️★★ (table d'orientation), musée Bibracte-Mont Beuvray★ SO : 21 km.
Paris 306 – Chalon-sur-Saône 60 – Moulins 85 – Autun 18 – Decize 66 – Digoin 50 – Mâcon 112.

🍴🍴 **Host. du Gourmet** avec ch, rte Toulon 🕾 03 85 82 20 88 – ☎. 🚗
fermé janv., dim. soir et lundi sauf juil.-août – **Repas** 78/240 – ☑ 35 – **12 ch** 150/205 – ½ P 180/210.

RENAULT Gar. des Tuilleries, r. d'Autun 🕾 03 85 82 21 48 N 🕾 03 85 82 21 48

ETEL 56410 Morbihan 🗺 ① G. Bretagne – 2 318 h alt. 20.

Voir Rivière d'Etel★ – Site★ de la chapelle St-Cado N : 5 km puis 15 mn.
🅱 Syndicat d'Initiative pl. des Thoniers 🕾 02 97 55 23 80, à la Mairie (hors saison) 🕾 02 97 55 35 19.
Paris 496 – Vannes 36 – Lorient 26 – Quiberon 24.

🏨 **Trianon,** 🕾 02 97 55 32 41, Fax 02 97 55 44 71, 🐎 – ᐧᐤᐤ 📺 ☎ 🅿. 🚗
Repas 95/220 – ☑ 50 – **24 ch** 350/480 – ½ P 340/360.

ÉTOILE-SUR-RHÔNE 26800 Drôme 🗺 ⑫ – 3 504 h alt. 170.
Paris 572 – Valence 12 – Crest 17 – Privas 34.

🍴🍴 **Le Vieux Four,** pl. Centre 🕾 04 75 60 72 21, Fax 04 75 60 72 21, 🍴 – 🍽. 🚗 ⚡
fermé 4 au 25 août, vacances de fév., dim. soir et lundi – **Repas** 95/300 ᐧ.

ÉTOUY 60 Oise 🗺 ① – rattaché à Clermont.

L'ÉTRAT *42 Loire* 📖 ⑲ – *rattaché à St-Étienne.*

ETRÉAUPONT *02580 Aisne* 📖 ⑯ – *966 h alt. 127.*
Paris 185 – St-Quentin 50 – Avesnes-sur-Helpe 25 – Hirson 15 – Laon 43.

🏨 **Clos du Montvinage**, N 2 – 𝒫 03 23 97 91 10, Fax 03 23 97 48 92, 🏖 – 📺 ☎ ✎ 🔒 🅿 –
🔥 40. 🆎 ⑩ ⚙ 🆖. ✳ ch
fermé 4 au 25 août, vacances de fév. dim. soir et lundi midi – **Aub. du Val de l'Oise** 𝒫 03 23
97 40 18 **Repas** 92 /230, enf. 68 – ☑ 39 – **20 ch** 287/445 – ½ P 277/325.

ÉTRETAT *76790 S.-Mar.* 📖 ⑪ *G. Normandie Vallée de la Seine* – *1 565 h alt. 8* – *Casino* **A**.
Voir *Falaise d'Aval*★★★ **A** – *Falaise d'Amont*★★ **B**.
📐 𝒫 02 35 27 04 89 **A**.
🅱 *Office de Tourisme pl. M.-Guillard* 𝒫 02 35 27 05 21.
Paris 208 ③ – *Le Havre 29* ④ – *Bolbec 30* ③ – *Fécamp 17* ② – *Rouen 88* ②.

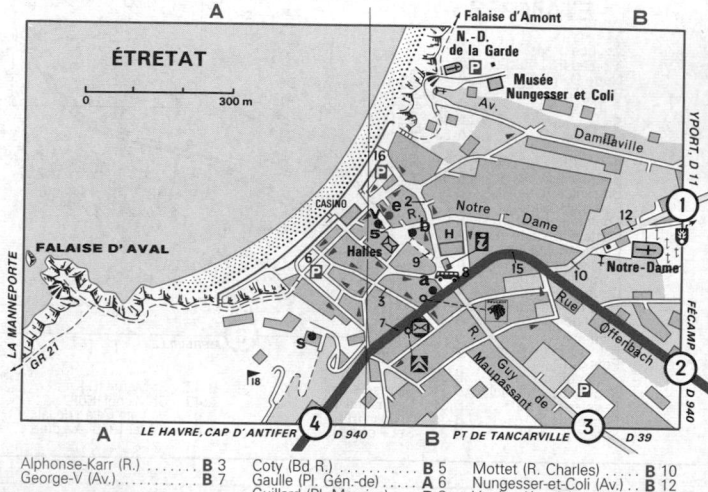

Alphonse-Karr (R.) . . . . **B** 3	Coty (Bd R.) . . . . **B** 5	Mottet (R. Charles) . . . . . **B** 10
George-V (Av.) . . . . **B** 7	Gaulle (Pl. Gén.-de) . . . **A** 6	Nungesser-et-Coli (Av.) . . **B** 12
Abbé-Cochet (R. de l') . . . **B** 2	Guillard (Pl. Maurice) . . . . **B** 8	Verdun (Av. de) . . . . **B** 15
	Monge (R.) . . . . **B** 9	Victor-Hugo (Pl.) . . . . **B** 16

🏨 **Dormy House** 📐, rte Le Havre 𝒫 02 35 27 07 88, Fax 02 35 29 86 19, ≤ falaise et mer,
🌳, parc – 📺 ☎ 🅿 – 🔥 40. 🆎 ⚙. ✳ rest
                                         A s
fermé 3 janv. au 15 fév. – **Repas** 140 bc (déj.), 178/245 🍷, enf. 90 – ☑ 50 – **47 ch** 320/655 –
½ P 350/485.

🏨 **Falaises** sans rest, bd R. Coty 𝒫 02 35 27 02 77 – 📺 ☎ 🚗 🚐   **B v**
☑ 30 – **24 ch** 250/390.

🏨 **Normandie**, pl. Foch 𝒫 02 35 27 06 99, Fax 02 35 27 69 51 – 📺 ☎. 🆎 ⚙   **B b**
fermé 15 nov. au 20 déc. – **Repas** 98/239 🍷 – ☑ 35 – **17 ch** 220/350 – ½ P 235/300.

🍴 **Poste**, av. George V 𝒫 02 35 27 01 34, Fax 02 35 27 76 28 – 📺 ☎. ⚙   **B a**
fermé janv., dim. soir et lundi hors sais. sauf vacances scolaires – **Repas** 85/135 🍷, enf. 45 –
☑ 30 – **17 ch** 180/250 – ½ P 225.

🍴🍴 **Galion**, bd R. Coty 𝒫 02 35 29 48 74, Fax 02 35 29 74 48 – ⚙   **B e**
fermé 15 déc. au 15 janv., jeudi midi et merc. (sauf juil.-août et vacances scolaires) – **Repas**
118/225.

au Tilleul *par* ④ *et D 940 : 3 km* – *564 h. alt. 107* – ✉ *76790 Étretat :*

🏨 **St-Christophe** Ⓜ sans rest, 𝒫 02 35 28 84 29, Fax 02 35 28 84 30 – 📺 ☎ ✎. ⚙. ✳
☑ 35 – **21 ch** 290/330.

CITROEN Gar. Enz, 𝒫 02 35 27 04 69   RENAULT Gar. Loisel, Le Tilleul par ④
PEUGEOT Gar. Capron, 𝒫 02 35 27 03 98   𝒫 02 35 27 07 50

Les **cartes Michelin** sont constamment tenues à jour.

EU 76260 S.-Mar. **52** ⑤ G. Normandie Vallée de la Seine (plan) – 8 344 h alt. 19.

Voir Église Notre-Dame et St-Laurent★ – Mausolées★ dans la chapelle du Collège.

🛈 Office de Tourisme 41 r. P.-Bignon ℰ 02 35 86 04 68, Fax 02 35 50 16 03.

Paris 172 – Amiens 75 – Abbeville 34 – Blangy-sur-Bresle 22 – Dieppe 33 – Rouen 102 – Le Tréport 4.

Domaine du Pavillon de Joinville ⍒, Ouest : 1 km par D 1915 ℰ 02 35 50 52 52, Fax 02 35 50 27 37, 佘, parc, ℔, ⅃, ⬚, ⅍ – 🆆 ☎ 🄿 – 🕍 30 à 100. 🄰🄴 🇬🇧. ⅍ rest
Repas (fermé dim. soir et lundi) 125 (déj.), 150/380 – ⲣ 78 – **23 ch** 390/880 – ½ P 528/715.

La Cour Carrée 🄼 sans rest, Le Briquet, Sud-Ouest : 2 km par rte Dieppe ℰ 02 35 50 60 60, Fax 02 35 50 60 61 – ⬚ 🆆 ☎ ⚒ ⅍ 🄿 – 🕍 90. 🄰🄴 ⓪ 🇬🇧
ⲣ 49 – **28 ch** 300/370.

Gare, 20 pl. Gare ℰ 02 35 86 16 64, Fax 02 35 50 86 25 – 🆆 ☎ ⚒ 🄿. 🄰🄴 🇬🇧
fermé 18 août au 2 sept. et dim. soir – **Repas** 90/230 ⅄ – ⲣ 35 – **20 ch** 270/300 – ½ P 300.

CITROEN Gar. Amand, 18 pl. Gén.-de-Gaulle ℰ 02 35 86 00 89
PEUGEOT Gar. Laffille, rte de Mers,ZI le prés salé ℰ 02 35 86 56 44
RENAULT Carrosserie Eudoise, ZI rte de Mers ℰ 02 35 86 11 44 🄽 ℰ 02 35 86 38 50

Gar. Vassard, 22 r. des Belges ℰ 02 35 86 34 16 🄽 ℰ 02 35 86 33 04

🌕 Comptoir du Caoutchouc, 91 r. Ch.-de-Gaulle à Gamaches (80) ℰ 03 22 26 11 23
Marsat Pneus, 7 r. des Belges ℰ 02 35 86 29 12

EUGÉNIE-LES-BAINS 40320 Landes **82** ① – 467 h alt. 65 – Stat. therm. (mi-fév./nov.).

🛈 Office de Tourisme (fév.-déc.) ℰ 05 58 51 13 16.

Paris 730 – Mont-de-Marsan 26 – Aire-sur-l'Adour 14 – Dax 71 – Orthez 54 – Pau 58.

Les Prés d'Eugénie (Guérard) 🄼 ⍒, ℰ 05 58 05 06 07, Fax 05 58 51 10 10, ≼, 佘, « Demeure du 19ᵉ siècle élégamment décorée - parc et ''Ferme'' thermale », ℔, ⅃, ⅍ – 🛗 🆆 ☎ 🄿 – 🕍 60. 🄰🄴 ⓪ 🇬🇧. ⅍ rest
fermé 1ᵉʳ au 20 déc. et 5 janv. au 27 fév. – (menus minceur, résidents seul.) - **rest. Michel Guérard** (nbre de couverts limité-prévenir) (fermé jeudi midi et merc. du 9 sept. au 6 juil. sauf fériés) **Repas** 590/750 et carte 480 à 650, enf. 100 – ⲣ 110 – **28 ch** 1450, 7 appart
Spéc. Salade baroque aux crevettes grillées. Turbot au lard et au chou cuit en cocotte de fonte. Caneton à la broche arrosé de jus d'orange. **Vins** Tursan blanc.

Le Couvent des Herbes 🄼 ⍒,, ≼, parc, « Ancien couvent du 18ᵉ siècle » – 🆆 ☎ ⚒ 🄿. ⅍ rest
Repas voir **Les Prés d'Eugénie** et rest. **Michel Guérard** – ⲣ 110 – **5 ch** 1450/1650, 3 appart.

La Maison Rose 🄼 ⍒ (voir aussi rest. Michel Guérard), ℰ 05 58 05 06 07, Fax 05 58 51 10 10, « Ambiance guesthouse », ⅃, ⅌ – cuisinette 🆆 ☎ ⅍ 🄿. 🄰🄴 ⓪ 🇬🇧. ⅍ rest
fermé 1ᵉʳ au 20 déc. et 5 janv. au 9 fév. – **Repas** (résidents seul.) – ⲣ 60 – **32 ch** 460/820 – P 600/780.

La Ferme aux Grives, ℰ 05 58 51 19 08, Fax 05 58 51 10 10, « Ancienne auberge de village », ⅌ – 🄿. 🇬🇧
fermé 5 janv. au 7 fév., lundi soir et mardi du 9 sept. au 6 juil. sauf fériés – **Repas** 175.

ÉVIAN-LES-BAINS 74500 H.-Savoie **70** ⑰ G. Alpes du Nord – 6 895 h alt. 370 – Stat. therm. (fév.-nov.) – Casino B.

Voir Lac Léman★★★.

📇 Royal Club Evian ℰ 04 50 75 46 66, SO : 2,5 km.

✈ ℰ 08 36 35 35 35.

🛈 Office de Tourisme pl. d'Allinges ℰ 04 50 75 04 26, Fax 04 50 75 61 08.

Paris 579 ③ – Thonon-les-Bains 10 ③ – Annecy 82 ③ – Chamonix-Mont-Blanc 109 ③ – Genève 44 ③ – Montreux 37 ①.

Plan page suivante

Royal ⍒, ℰ 04 50 26 85 00, Fax 04 50 75 61 00, ≼ lac et montagnes, 佘, « parc », ℔, ⅃, ⬚, ⅌ – 🛗 🆆 ☎ 🄿 – 🕍 25 à 50. 🄰🄴 ⓪ 🇬🇧 🄹🄲🄱. ⅍ rest   **C z**
fermé 1ᵉʳ déc. au 4 fév. – **Le Café Royal : Repas** 340/380 – **La Rotonde** (rest. diététique) **Repas** 340 – ⲣ 105 – **127 ch** 1710/3120, 29 appart – ½ P 1250/1820.

La Verniaz et ses Chalets ⍒, rte Abondance ℰ 04 50 75 04 90, Fax 04 50 70 78 92, 佘, parc, « Chalets isolés dans la verdure : jolie vue, ⅃ », ⅌ – 🛗 🆆 ☎ ⚒ 🄿 – 🕍 30. 🄰🄴 ⓪ 🇬🇧   **C q**
fermé fin nov. à début fév. – **Repas** 210/350 – ⲣ 75 – **34 ch** 650/1100, 5 chalets.

Ermitage ⍒, rte Abondance ℰ 04 50 26 85 00, Fax 04 50 75 61 00, ≼ lac et montagnes, 佘, « Parc », ℔, ⬚, ⅌ – 🛗 🆆 ☎ ⅍ 🄿 – 🕍 25 à 200. 🄰🄴 ⓪ 🇬🇧 🄹🄲🄱. ⅍ rest
fermé 11 nov. au 11 fév. – **Le Gourmandin : Repas** 170/340 – ⲣ 90 – **88 ch** 1150/2900, 3 appart – ½ P 1060/1670.   **C a**

Libération (Pl. de la)	**C** 6
Nationale (Rue)	**B** 9

Blonay (Q. Baron de)	**B**
Dupas (Av. Gén.)	**A**
Folliet (R. Gaspard)	**B** 3
Gare (Av. de la)	**A**
Grottes (Av. des)	**C** 4
Jean-Jaurès (Bd)	**ABC**

Larringes (Av. de)	**AB** 5
Monnaie (R. de la)	**B** 7
Narvik (Av. de)	**B** 8
Neuvecelle (Av. de)	**C** 10
Port (Pl. du)	**C** 12
Sources (Av. des)	**B**

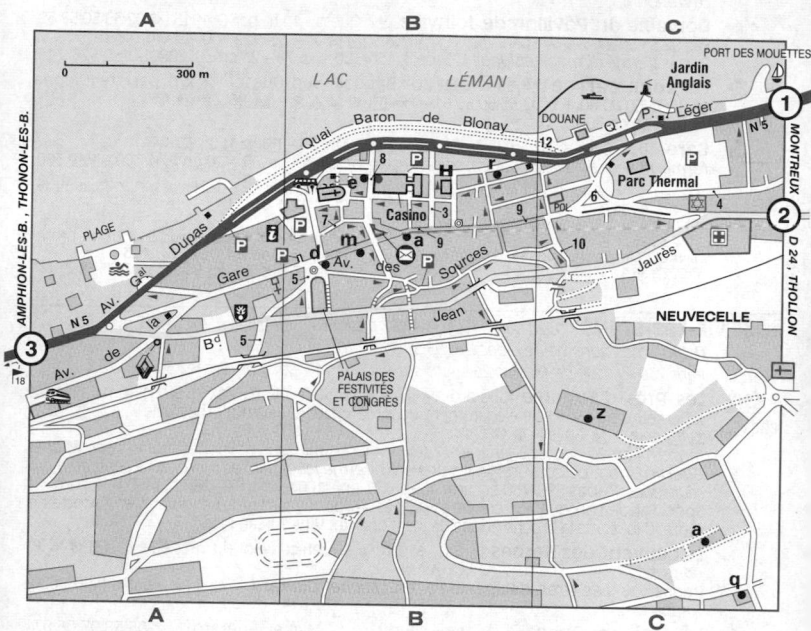

🏨🏨 **Bourgogne,** pl. Charles Cottet ℰ 04 50 75 01 05, Fax 04 50 75 04 05, 🛌 – 🛗 📺 ☎. 🅰🅴 ⓞ
GB JCB
B d
fermé nov. à mi-déc. – **Repas** *(fermé dim. soir et lundi sauf juil.-août)* 130/295 - ***Brasserie :***
Repas 69/98🔥, enf. 50 – ☐ 50 – **31 ch** 490/520 – ½ P 460.

🏨🏨 **Le Littoral** 🅼 sans rest, av. de Narvik ℰ 04 50 75 64 00, Fax 04 50 75 30 04, ≤, 🛌 – 🛗 📺
☎ ♿. 🅰🅴 ⓞ GB
B e
fermé 22 janv. au 6 fév. – ☐ 39 – **30 ch** 410/510.

🏨🏨 **Savoy H.** 🅼, 17 quai Ch. Besson ℰ 04 50 70 70 81, Fax 04 50 75 68 07, ≤ – 🛗 📺 ☎. 🅰🅴
ⓞ GB. ❄ rest
B r
Repas 105/250 🔥, enf. 50 – ☐ 40 – **24 ch** 390/650 – ½ P 350/400.

🏨 **France** 🅼 sans rest, 59 r. Nationale ℰ 04 50 75 00 36, Fax 04 50 75 32 47, 🌿 – 🛗 📺 ☎ –
🔥 25. 🅰🅴 ⓞ GB
B a
fermé 20 nov. au 15 déc. – ☐ 30 – **46 ch** 350/420.

🏨 **Continental** sans rest, 65 r. Nationale ℰ 04 50 75 37 54, Fax 04 50 75 31 11 – 🛗 ☎. 🅰🅴 ⓞ
GB. ❄
B m
☐ 30 – **34 ch** 270/330.

XXXX **La Toque Royale,** au Casino ℰ 04 50 26 87 10, Fax 04 50 75 48 40, ≤ – 🔳 🅿. 🅰🅴 ⓞ GB
❄ JCB. ❄
B
fermé 4 au 29 janv. et dim. – **Repas** 160 (déj.), 250/480 et carte 380 à 530
Spéc. Omble chevalier doré, poêlée de fidés aux écrevisses pattes rouges (avril à oct.).
Bricelet d'agneau de Sisteron au persil simple. Palet amer au sirop des Chartreux. **Vins**
Mondeuse, Ripaille.

à Grande-Rive par ① : 2 km

🏨 **Panorama,** ℰ 04 50 75 14 50, Fax 04 50 75 59 12, ≤, 🏠, 🌿 – 📺 ☎. 🅰🅴 GB
🍴 *30 avril-1ᵉʳ oct.* – **Repas** 72/175, enf. 50 – ☐ 35 – **29 ch** 330 ½ P 250/290.

rte de Thollon par ② : 7 km – alt. 825 – ⊠ 74500 Évian-les-Bains :

Les Prés Fleuris sur Evian (Frossard) ⑤, ℰ 04 50 75 29 14, Fax 04 50 70 77 75, ≤ lac et montagnes, 余, parc – 📺 ☎ 🅿, ՄՐ 📼, ⁂ rest
mi-mai-début oct. – **Repas** (nombre de couverts limité, prévenir) 280/420 et carte 370 à 510 – ☑ 100 – **12 ch** 1000/1400 – ½ P 1200
Spéc. Champignons des prés et des bois (saison). Omble chevalier beurre blanc. Côte de veau de lait. **Vins** Marin, Ripaille.

FIAT Impérial-Gar., 9 av. d'Abondance
ℰ 04 50 75 01 90
RENAULT Gar. Florin, av. Gare ℰ 04 50 75 00 32

ROVER Gar. Giroud, Petite-Rive à Maxilly-sur-Léman ℰ 04 50 75 13 00
VAG Evian Automobiles, 18 bd Jean-Jaurès
ℰ 04 50 75 13 99

ÉVISA 2A Corse-du-Sud **90** ⑮ – *voir à Corse.*

ÉVREUX 🅿 27000 Eure **55** ⑯ ⑰ *G. Normandie Vallée de la Seine* – 49 103 h alt. 64.
Voir *Cathédrale Notre-Dame* ★ BZ – *Châsse* ★★ *dans l'église St-Taurin* AZ – *Musée* ★★ BZ **M.**
🏇 ℰ 02 32 39 66 22 à l'hippodrome, 3 km par ④.
🛈 *Office de Tourisme* 1 pl. Gén-de-Gaulle ℰ 02 32 24 04 43, Fax 02 32 31 28 45 – A.C.O. 6 r. Borville-Dupuis ℰ 02 32 33 03 84.
Paris 100 ② – *Rouen* 56 ① – *Alençon* 119 ③ – *Beauvais* 98 ② – *Caen* 134 ④ – *Chartres* 78 ③ – *Le Havre* 122 ④ – *Lisieux* 73 ④.

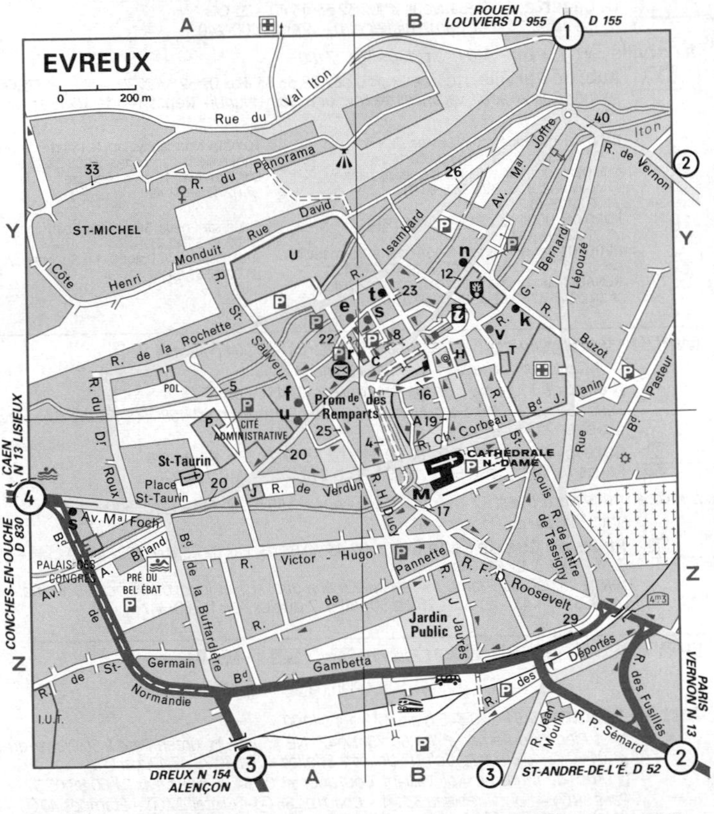

EVREUX

Chartraine (R.)	BZ 4	Chauvin (Bd G.)	AY 5	Meilet (R. du)	AZ 25
Dr-Oursel (R.)	BY 8	Feray (R. Édouard)	BZ 19	Mendès-France (R. P.)	BY 26
Grenoble (R. de)	BY 16	Horloge (R. de l')	BZ 12	Résistance (Bd de la)	BZ 29
Harpe (R. de la)	BZ 17	Leclerc (R. Gén.)	AY 22	St-Michel (R. de)	AY 33
Joséphine (R.)	AZ 20	Lombards (R. des)	BY 23	Vigor (R.)	BY 40

🏨 **Mercure** Ⓜ, bd Normandie ☎ 02 32 38 77 77, Fax 02 32 39 04 53 – 🛗 ⚐ 🖳 📺 ☎ ⚒ ⚃ 🚗 ℙ – 🎿 90. 🆎 ⓞ ⚏ ᴶᶜᴮ
AZ   s
Repas 95, enf. 39 – ☖ 50 – **60 ch** 395.

🏨 **L'Orme** Ⓜ sans rest, 13 r. Lombards ☎ 02 32 39 34 12, Fax 02 32 33 62 48 – 🛗 📺 ☎ ⚒ ⚃ – 🎿 40. 🆎 ⓞ ⚏ – ☖ 35 – **40 ch** 270/370.
BY   t

🏨 **Normandy**, 37 r. E. Feray ☎ 02 32 33 14 40, Fax 02 32 31 24 74 – 📺 ☎ ℙ – 🎿 40. 🆎 ⚏
Repas (fermé 10 au 17 août et dim. sauf fêtes) 95/150 – ☖ 38 – **24 ch** 280/380.   BY   n

🏨 **Hospitel** Ⓜ, 4 r. Buzot ☎ 02 32 29 45 00, Fax 02 32 33 42 40, ∱ – 🛗 ⚐ 📺 ☎ ⚃ 🚗 ℙ – 🎿 100. ⚏
Repas (fermé sam. et dim.) 60/110 ⚑ – ☖ 29 – **70 ch** 300/350 – ½ P 254.   BY   k

🏨🏨🏨 **France** avec ch, 29 r. St-Thomas ☎ 02 32 39 09 25, Fax 02 32 38 38 56 – 📺 ☎ ⚃ ⓞ ⚏ . ⚒ ch
AY   e
Repas (fermé dim. soir et lundi) 150/195, enf. 125 – ☖ 35 – **15 ch** 265/330 – ½ P 290.

🏨🏨 **Vieille Gabelle**, 3 r. Vieille Gabelle ☎ 02 32 39 77 13 – 🆎 ⚏
BY   s
fermé dim. soir et lundi – **Repas** 69/160.

🏨🏨 **Le Français**, pl. Clemenceau (marché) ☎ 02 32 33 53 60, Fax 02 32 38 60 17 – 🆎 ⓞ ⚏
Repas 79/149 ⚑, enf. 39.   ABY   r

🏨🏨 **Michel Thomas**, 87 r. Joséphine ☎ 02 32 33 05 70 – 🆎 ⚏
AZ   u
fermé dim. soir et lundi – **Repas** 138/170 ⚑.

🏨 **Le Bretagne**, 3 r. St-Louis ☎ 02 32 39 27 38, Fax 02 32 39 62 63 – 🆎 ⓞ ⚏
BY   v
fermé 4 au 10 août, merc. soir et lundi – **Repas** 59 (déj.), 72/160 ⚑, enf. 45.

🏨 **La Gazette**, 7 r. St-Sauveur ☎ 02 32 33 43 40 – 🆎 ⚏
AY   f
fermé 10 au 24 août, sam. midi et dim. – **Repas** 100/240.

à Parville par ④ : 4 km – 340 h. alt. 130 – ⊠ 27180 :

🏨🏨🏨 **Aub. de Parville**, rte Lisieux ☎ 02 32 39 36 63, Fax 02 32 23 22 76, �́ – ℙ. 🆎 ⚏
fermé 18 au 24 août, vacances de fév., dim. soir et lundi – **Repas** 135 (déj.)/215 et carte 240 à 340.

BMW Gar. du Stade, r. Gay Lussac, ZI N°1 ☎ 02 32 33 44 50 Ⓝ ☎ 08 00 00 16 24
CITROEN Succursale, 81 rte d'orléans par r. J.-Moulin BZ ☎ 02 32 23 35 49 Ⓝ ☎ 02 32 23 10 24
FORD Gar. Hôtel de Ville, 4 r. G.-Bernard ☎ 02 32 39 58 63
PEUGEOT Gar. de l'Ouest, N 154 Caer à Normanville par ① ☎ 02 32 29 17 18 Ⓝ ☎ 08 00 44 24 24
RENAULT Succursale, 2 r. Jacquard,ZI n°2 par ③ ☎ 02 32 23 32 32 Ⓝ ☎ 06 09 92 15 15

TOYOTA Normandy Gar., N 154 rte de Dreux à Angerville-la-Campagne ☎ 02 32 28 81 31
Gar. Carrère, 16 bis r. Lepouze ☎ 02 32 39 33 49

Ⓦ Marsat Pneus, 54 av. Mar.-Foch ☎ 02 32 32 43 43
Sube Pneurama-Point S, 1 r. Cocherel, ZI N°1 ☎ 02 32 39 09 86

ÉVRON 53600 Mayenne 🗺 ⑪ G. Normandie Cotentin – 6 904 h alt. 114.
Voir Basilique★ : chapelle N.-D.-de l'Épine★★.
🛈 Office de Tourisme pl. de la Basilique ☎ 02 43 01 63 75.
Paris 260 – Le Mans 54 – Alençon 57 – La Ferté-Bernard 108 – La Flèche 67 – Laval 33 – Mayenne 25.

🏨 **Gare**, pl. Gare ☎ 02 43 01 60 29, Fax 02 43 37 26 53 – 📺 ☎. ⚏
Repas 79/180 ⚑, enf. 50 – ☖ 30 – **8 ch** 214/242 – ½ P 210/226.

à Mézangers Nord-Ouest : 7 km par rte Mayenne – 555 h. alt. 115 – ⊠ 53600 .
Voir Château du Rocher★ 30 mn.

🏨🏨 **Relais du Gué de Selle** 🌿, ☎ 02 43 90 64 05, Fax 02 43 90 60 82, ∱, ☒, 🏊, 🚗 – 📺 ☎ ⚃ ⚃ ℙ – 🎿 80. 🆎 ⓞ ⚏
fermé 23 déc. au 8 janv., 15 fév. au 2 mars, dim. soir et lundi du 1er oct. au 1er mai – **Repas** 100/255, enf. 43 – ☖ 45 – **25 ch** 304/485, 7 duplex – ½ P 260/347.

ÉVRY CORBEIL-ESSONNES 91 Essonne 🗺 ①, 🗺 ㉜, 🗺 ㊲.

Plan page ci-contre

Corbeil-Essonnes 91 – 40 345 h alt. 37 – ⊠ 91100 .
🏌 St-Pierre-du-Perray ☎ 01 60 75 17 47, NE : 5 km; 🏌 Green-Parc à St-Pierre-du-Perray ☎ 01 60 75 40 60; 🏌🏌 Golf d'Etiolles à Etiolles ☎ 01 60 75 49 49, par ①.
🛈 Office de Tourisme 4 pl. Vaillant-Couturier ☎ 01 64 96 23 97, Fax 01 60 88 05 37.
Paris 38 ④ – Fontainebleau 33 ③ – Chartres 86 ④ – Créteil 27 ① – Étampes 40 ④ – Melun 21 ② – Versailles 44 ④.

🏨 **Campanile**, par ⑤ et D 26 rte de Lisses : 1,5 km - av. P. Maintenant ☎ 01 60 89 41 45, Fax 01 60 88 17 74, �́ – ⚐ 📺 ☎ ⚒ ⚃ ℙ – 🎿 25. 🆎 ⓞ ⚏
Repas 84 bc/107 bc, enf. 39 – ☖ 32 – **79 ch** 278.

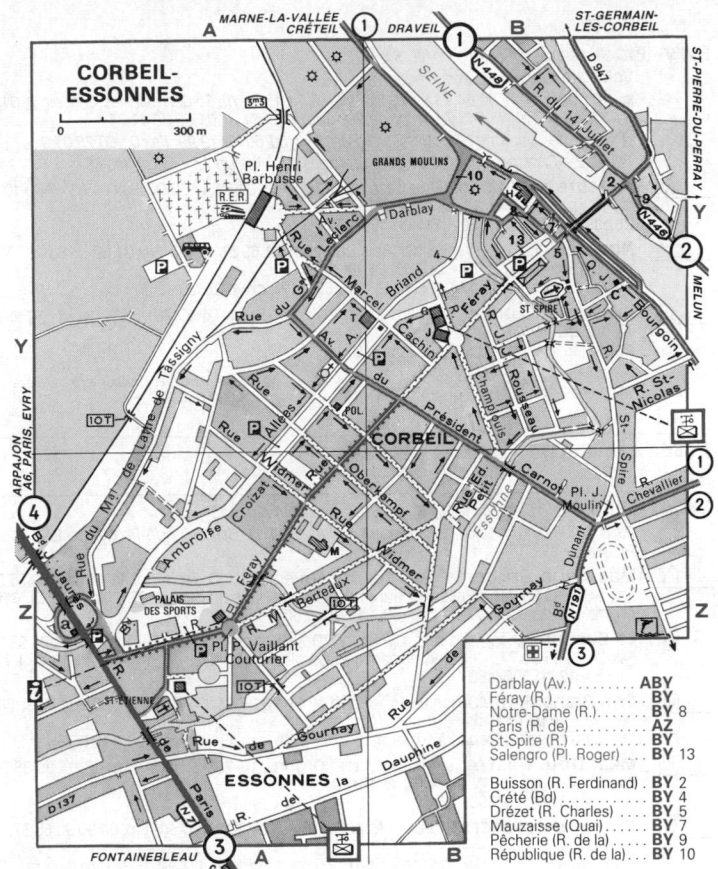

CORBEIL-ESSONNES

0   300 m

Darblay (Av.) . . . . **ABY**
Féray (R.). . . . . **BY**
Notre-Dame (R.). . . . . . **BY** 8
Paris (R. de) . . . . **AZ**
St-Spire (R.) . . . . **BY**
Salengro (Pl. Roger) . . . **BY** 13

Buisson (R. Ferdinand) . **BY** 2
Crété (Bd) . . . . **BY** 4
Drézet (R. Charles) . . . . **BY** 5
Mauzaisse (Quai) . . . . . . **BY** 7
Pêcherie (R. de la) . . . . **BY** 9
République (R. de la). . . **BY** 10

XXX **Aux Armes de France** avec ch, 1 bd J. Jaurès ℘ 01 64 96 24 04, Fax 01 60 88 04 00 –
▤ rest ⊤⊽ ☎ 🅿. 🆎 ⓪ ☒ ⌷cⓑ
fermé août et dim. soir – **Repas** 120/335 et carte 280 à 380 – ☲ 32 – **11 ch** 170/210 –
½ P 257.   **AZ a**

au Coudray-Montceaux *Sud-Est : 5 km par bord de Seine* – 2 494 h. alt. 81 – ⊠ 91830 :

🏨 **Mercure** Ⓜ ⊛, rte Milly-la-Forêt sur D 948 : 1 km ℘ 01 64 99 00 00, Fax 01 64 93 95 55,
🖧, « Parc avec aménagements sportifs », ⫩, ⫫ – 🛗 ⇆ ⊤⊽ ☎ ✆ ⅋ 🅿 – 🕍 100. 🆎 ⓪
☒
Repas 125, enf. 50 – ☲ 59 – **125 ch** 615.

XX **Aub. du Barrage,** par bord de Seine - 40 chemin Halage ℘ 01 64 93 81 16,
Fax 01 69 90 41 32, ≤, 🖧 – 🆎 ⓪ ☒ ⌷cⓑ
fermé 6 oct. au 4 nov., dim. soir et lundi – **Repas** 145/275.

à Lisses *par* ④, *D 26 et D 153 : 4 km* – 6 860 h. alt. 86 – ⊠ 91090 :

🏨 **Léonard de Vinci** Ⓜ, av. Parcs ℘ 01 64 97 66 77, Fax 01 64 97 59 21, 🖧, centre de
balnéothérapie, 🗚, ⫩, ☒, ⫫ – 🛗 ▤ rest ⊤⊽ ☎ ⅋ 🅿 – 🕍 50. 🆎 ☒
Repas 120/220 🍷 – ☲ 50 – **76 ch** 450/500 – ½ P 350.

Évry ℙ *G. Ile de France* – *45 531 h alt. 54* – ⊠ *91000* .

Voir *Cathédrale de la Résurrection★* .

🏌 *du Coudray* ℰ *01 64 93 81 76, par ③ : 7,5 km ;* 🏌 *de St-Germain-les Corbeil* ℰ *01 60 75 81 54 par N 7 et N 104 : 7 km ;* 🏌 *de Bondoufle, D 31* ℰ *01 60 86 41 71.*

🛈 *Office de Tourisme 23 cours Blaise Pascal* ℰ *01 60 78 79 99, Fax 01 60 78 03 01.*

Paris 32 – Chartres 80 – Créteil 30 – Étampes 37 – Melun 23 – Versailles 38.

🏨 **Mercure** Ⓜ, 52 bd Coquibus (face cathédrale) ℰ 01 69 47 30 00, Fax 01 69 47 30 10, 🍽 – 🛗 ❄ 🖹 rest 📺 ☎ ఉ ⇨ – 🏛 120. ◪ �ⓞ 🅶🅱
Repas 132/272 – � 60 – **114 ch** 490/550.

🏨 **Novotel** Ⓜ, Z.I. Évry, quartier Bois Briard ℰ 01 69 36 85 00, Fax 01 69 36 85 10, 🍽, 🏊, 🎾 – 🛗 ❄ 🖹 📺 ☎ 🅿 – 🏛 250. ◪ ⓞ 🅶🅱
Repas carte environ 170 ⓖ, enf. 50 – ⊇ 55 – **174 ch** 460/520.

🏨 **Ibis,** Z.I. Évry, quartier Bois Briard ℰ 01 60 77 74 75, Fax 01 60 78 06 03 – 🛗 ❄ 📺 ☎ ఉ 🅿 – 🏛 100. ◪ ⓞ 🅶🅱
Repas 95, enf. 39 – ⊇ 35 – **92 ch** 310.

RENAULT Gar. de l'Agora, à Courcouronnes par ④   🚗 Vaysse, Angle N 7, bd Champs Elysées
ℰ 01 64 97 94 95   ℰ 01 60 77 19 39

EYBENS *38 Isère* 🟨🟨 ⑤ – *rattaché à Grenoble.*

EYGALIÈRES *13810 B.-du-R.* 🟨🟨 ① *G. Provence* – *1 594 h alt. 134.*

Paris 703 – Avignon 30 – Cavaillon 13 – Marseille 81 – St-Rémy-de-Provence 12 – Salon-de-Provence 29.

🏨 **Mas de la Brune** ⧏ sans rest, rte St-Rémy par D 74ᴬ : 1,5 km ℰ 04 90 95 90 77, Fax 04 90 95 99 21, « Belle demeure Renaissance dans un parc », 🏊 – 🖹 📺 ☎ 🅿. 🅶🅱
fermé 15 déc. au 15 janv. – ⊇ 100 – **10 ch** 1150/1350.

🏨 **La Bastide** Ⓜ ⧏ sans rest, rte Orgon (D 24ᴮ) et chemin privé : 1 km ℰ 04 90 95 90 06, Fax 04 90 95 99 77, ≤, « Dans la garrigue, au pied des Alpilles », 🏊, 🎾 – 🖹 📺 ☎ ఉ 🅿. 🅶🅱
⊇ 55 – **12 ch** 390/450.

🏨 **Crin Blanc** ⧏, rte Orgon (D 24ᴮ) : 3 km ℰ 04 90 95 93 17, Fax 04 90 90 60 62, ≤, 🍽, 🏊, 🎾, 🍷 – ☎ 🅿. 🅶🅱, 🎾
15 mars-15 nov. – **Repas** *(fermé merc.)* 150/250 – ⊇ 45 – **10 ch** 420 – ½ P 395.

🏨 **Mas Dou Pastre** sans rest, rte Orgon (D 24ᴮ) : 1,5 km ℰ 04 90 95 92 61, Fax 04 90 90 61 75, 🏊, 🎾 – 📺 ☎ 🅿. 🅶🅱, 🎾
⊇ 50 – **10 ch** 320/690.

🍴🍴 **Bistrot d'Eygalières** (Bru), r. République ℰ 04 90 90 60 34, Fax 04 90 90 60 37, 🍽 – 🅶🅱
❁ *fermé mi-nov. à mi-déc., vacances de fév., mardi midi du 1/7 au 15/9, dim. soir du 15/9 au 30/6 et lundi* – **Repas** *(nombre de couverts limité, prévenir)* carte environ 240 ⓖ
Spéc. Salade de supions. Rouleau de pigeon aux échalotes confites. Moelleux au chocolat.

EYGUIÈRES *13430 B.-du-R.* 🟨🟨 ① *G. Provence* – *4 481 h alt. 75.*

🛈 *Office de Tourisme, pl. Hôtel de Ville* ℰ *04 90 59 82 44 et Mairie* ℰ *04 90 57 90 08, Fax 04 90 57 82 58.*

Paris 717 – Avignon 40 – Aix-en-Provence 50 – Arles 45 – Istres 23 – Marseille 60.

🍴 **Relais du Coche,** pl. Monier ℰ 04 90 59 86 70, Fax 04 90 45 09 50, 🍽, « Anciennes écuries » – ◪ 🅶🅱
fermé 1ᵉʳ au 26 janv., dim. soir d'oct. à avril et lundi sauf fériés – **Repas** 105 (déj.), 158/198.

EYMOUTIERS *87120 H.-Vienne* 🟨🟨 ⑲ *G. Berry Limousin* – *2 441 h alt. 417.*

Voir *Croix reliquaire★ dans l'église.*

Paris 412 – Limoges 43 – Aubusson 55 – Guéret 62 – Tulle 69 – Ussel 68.

🍴🍴 **Pré l'Anneau,** Pont de Nedde ℰ 05 55 69 12 77, 🍽, 🎾 – 🅿. 🅶🅱, 🎾
fermé 20 déc. au 20 janv., dim. soir et lundi sauf fériés – **Repas** 105/170 ⓖ.

FORD Gar. Memery, 5 av. Jean Moulin   RENAULT Gar. Coignac, av. de la Paix
ℰ 05 55 69 11 13   ℰ 05 55 69 14 73
PEUGEOT Gar. Chemartin, 1 promenade des Sports
ℰ 05 55 69 14 79

EYSINES *33 Gironde* 🟨🟨 ⑨ – *rattaché à Bordeaux.*

Les EYZIES-DE-TAYAC 24620 Dordogne **75** ⑯ G. Périgord Quercy – 853 h alt. 70.

Voir *Musée national de Préhistoire*★★ – *Grotte du Grand Roc*★★ : ≤★ – *Grotte de Font-de-Gaume*★.

🛈 Office de Tourisme pl. Mairie ℘ 05 53 06 97 05, Fax 05 53 06 90 79.

Paris 518 – Périgueux 45 – Sarlat-la-Canéda 21 – Brive-la-Gaillarde 63 – Fumel 62 – Lalinde 36.

Centenaire (Mazère) Ⓜ (annexe ⌂, ≤ site des Eyzies), ℘ 05 53 06 68 68, Fax 05 53 06 92 41, 🏤, « Bel aménagement intérieur », 🛵, ⊒, 🐾 – 🔲 ch 📺 ☎ 📞 🅿. 🝙 ⓪ 🖭

début avril-début nov. – **Repas** *(fermé mardi midi sauf fériés)* 165 (déj.), 295/520 et carte 410 à 570 – � 85 – **20 ch** 450/700, 4 appart – ½ P 580/850

Spéc. Terrine chaude de cèpes du pays. Merlu poché au lait de laitue de mer, châtaignes aux huîtres hachées. Blanc de poularde truffée sous la peau, oeuf à la farce noire. **Vins** Cahors, Bergerac.

Cro-Magnon, ℘ 05 53 06 97 06, Fax 05 53 06 95 45, 🏤, exposition d'objets archéologiques, « Jardin et piscine » – ☎ 🅿. 🝙 ⓪ 🖭 🝌
8 mai-8 oct. – **Repas** *(fermé merc. midi)* 140/280, enf. 60 – ⊒ 50 – **18 ch** 350/550, 4 appart – ½ P 395/505.

Moulin de la Beune, ℘ 05 53 06 94 33, Fax 05 53 06 98 06, 🏤, « Ancien moulin », 🐾 – ☎ 🅿. 🝙 🖭
hôtel : fin mars-oct. ; rest. : mars-fin déc. – **Repas** *(fermé mardi midi)* 95/280, enf. 50 – ⊒ 40 – **20 ch** 260/350 – ½ P 320.

Les Glycines, rte Périgueux ℘ 05 53 06 97 07, Fax 05 53 06 92 19, ≤, 🏤, « Parc fleuri », ⊒, 🅿. 🝙 🖭
mi-avril-mi-oct. – **Repas** *(fermé sam. midi sauf de juil. à sept. et fériés)* 130/200 – ⊒ 50 – **23 ch** 388/398 – ½ P 392/420.

Les Roches sans rest, rte Sarlat ℘ 05 53 06 96 59, Fax 05 53 06 95 54, ⊒, 🐾 – ☎ 🕭 🅿. 🖭 �
6 avril-3 nov. – ⊒ 38 – **41 ch** 290/360.

Centre, ℘ 05 53 06 97 13, Fax 05 53 06 91 63, 🏤 – ☎. 🖭
1ᵉʳ avril-5 nov. – **Repas** 80 (déj.), 100/210, enf. 55 – ⊒ 38 – **19 ch** 250/300 – ½ P 305/325.

à l'Est : 7 km par rte de Sarlat – ✉ 24620 Les-Eyzies-de-Tayac :

La Métairie, D 47 ℘ 05 53 29 65 32, Fax 05 53 31 13 21, 🏤, 🅿. 🝙 🖭
fermé 1ᵉʳ janv. à fin fév., dim. soir et lundi de fin sept. à début mai – **Repas** 65/210.

RENAULT Gar. Dupuy, ℘ 05 53 06 97 32 Ⓝ ℘ 05 53 06 97 32

ÈZE 06360 Alpes-Mar. **84** ⑩, **115** ㉗ G. Côte d'Azur **(plan)** – 2 446 h alt. 390.

Voir *Site*★★ *(village perché)* – *Jardin exotique* ❋ ★★★ – *Les rues d'Èze*★ – *"Belvédère" d'Èze* ≤★★ *O : 4 km* – *La Turbie : Trophée des Alpes* (❋ ★★★), *intérieur*★ *de l'église St-Michel-Archange, place Neuve* ≤★, *NE : 4,5 km.*

🛈 Office de Tourisme pl. Gén.-de-Gaulle *(saison)* ℘ 04 93 41 26 00, Fax 04 93 41 04 80.

Paris 940 – Monaco 8 – Nice 12 – Cap d'Ail 6 – Menton 20 – Monte-Carlo 8.

Château de la Chèvre d'Or ⌂, r. Barri *(accès piétonnier)* ℘ 04 92 10 66 66, Fax 04 93 41 06 72, ≤ côte et presqu'île, 🏤, « Site pittoresque dominant la mer », ⊒, 🐾 – 🔲 📺 ☎ – 🌢 ⊒ 30. 🝙 ⓪
1ᵉʳ mars-30 nov. – **Repas** *(fermé merc. en mars et en nov.)* (prévenir) 250 (déj.)/560 et carte 410 à 600 – ⊒ 115 – **23 ch** 1300/3600, 6 appart

Spéc. Escalopines de denti juste cuit, aubergines et courgettes grillées et marinées. Filets de rougets grillés, épinards nouveaux, tartare de tomate à l'origan. Cornet aux amandes, crème mousseline, jus de lavande. **Vins** Côtes de Provence.

Les Terrasses d'Eze Ⓜ ⌂, rte La Turbie par N 7 et D 45 : 1,5 km ℘ 04 93 41 24 64, Fax 04 93 41 13 25, ≤ mer, 🏤, « Terrasse et piscine panoramiques », 🛵, 🐾, ❋ – ⎸ 🔲 📺 ☎ 🅿 – 🌢 120. 🝙 ⓪ 🖭
Repas 160/270 – ⊒ 65 – **75 ch** 850/950, 6 appart – ½ P 715.

Aub. des Deux Corniches Ⓜ, rte Col d'Èze (D 46) : 1 km ℘ 04 93 41 19 54, Fax 04 93 41 19 54, ≤ – 📺 ☎ 🅿. 🝙 ❋ ch
fermé 3 nov. au 20 déc. – **Repas** *(ouvert 1ᵉʳ mars-3 nov.)* (résidents seul.)(½ pens. seul.) – ⊒ 30 – **7 ch** 290/330 – ½ P 310.

Hermitage du Col d'Èze, au Col d'Èze par D 46 et D 2564 : 2,5 km ℘ 04 93 41 00 68, Fax 04 93 41 24 05, ≤, ⊒, 🐾 ☎ 🅿. 🝙 🖭 ❋ rest
hôtel : fermé 15 déc. au 15 janv. ; rest. : ouvert 15 fév. au 15 oct. et fermé jeudi midi et lundi – **Repas** 90/180 – ⊒ 14 ch 190/295 – ½ P 205/260.

Château Eza ⌂ avec ch *(accès piétonnier)* ℘ 04 93 41 12 24, Fax 04 93 41 16 64, ≤ côte et presqu'île, 🏤, « Terrasses dominant la baie » – 🔲 ch 📺 ☎. 🝙 ⓪ 🖭 🝌 ❋
27 mars-2 nov. – **Repas** 250 bc (déj.), 350/490 et carte 400 à 550 – **6 ch** ⊒ 1600/3000, 4 appart.

499

XXX **Richard Borfiga**, pl. Gén. de Gaulle ℰ 04 93 41 05 23, Fax 04 93 41 26 79 – 📧. 🅰🅴 🅾
GB
fermé lundi – **Repas** 180/250 bc.

XX **Troubadour**, r. du Brec (accès piétonnier) ℰ 04 93 41 19 03 – GB
fermé 1ᵉʳ au 10 juil., 25 nov. au 20 déc., vacances de fév., lundi midi et dim. – **Repas** (prévenir) 118 (déj.), 165/245.

X **Bistrot Loumiri**, av. jardin exotique ℰ 04 93 41 16 42, �఼ – GB
fermé janv., merc. soir et jeudi d'oct. à mars – **Repas** (prévenir) carte 160 à 210.

X **Le Grill du Château**, r. Barri (accès piétonnier) ℰ 04 93 41 00 17, Fax 04 93 41 06 72, ≤ –
🅰🅴 🅾 GB
fermé 1ᵉʳ nov. au 1ᵉʳ déc. et lundi sauf fériés – **Repas** 95 (déj.), 150/180.

ÉZY-SUR-EURE 27 Eure 55 ⑰ ,, 106 ⑬ – *rattaché à Anet.*

FABREZAN 11200 Aude 86 ⑩ G. Pyrénées Roussillon – *1 046 h alt. 60.*
Paris 834 – Perpignan 86 – Béziers 62 – Carcassonne 40 – Lézignan-Corbières 10 –
Narbonne 33.

XX **Clos des Souquets** ⤢ avec ch., av. Lagrasse ℰ 04 68 43 52 61, Fax 04 68 43 56 76, �఼,
🍴 – 📺 🅿. GB
28 mars-2 nov. – **Repas** (fermé dim. soir) 95/185 ⅌, enf. 55 – ⚏ 40 – **5 ch** 250/380 –
½ P 330/380.

FAGNON 08 Ardennes 53 ⑱ – *rattaché à Charleville-Mézières.*

FAIN-LÈS-MONTBARD 21 Côte-d'Or 65 ⑦ – *rattaché à Montbard.*

FALAISE 14700 Calvados 55 ⑫ G. Normandie Cotentin – *8 119 h alt. 132.*
Voir *Château★ A – Église de la Trinité★ A.*
🅱 *Office de Tourisme bd de la Libération ℰ 02 31 90 17 26.*
Paris 214 ③ – Caen 35 ① – Argentan 23 ③ – Flers 39 ⑤ – Lisieux 46 ① – St-Lô 82 ①.

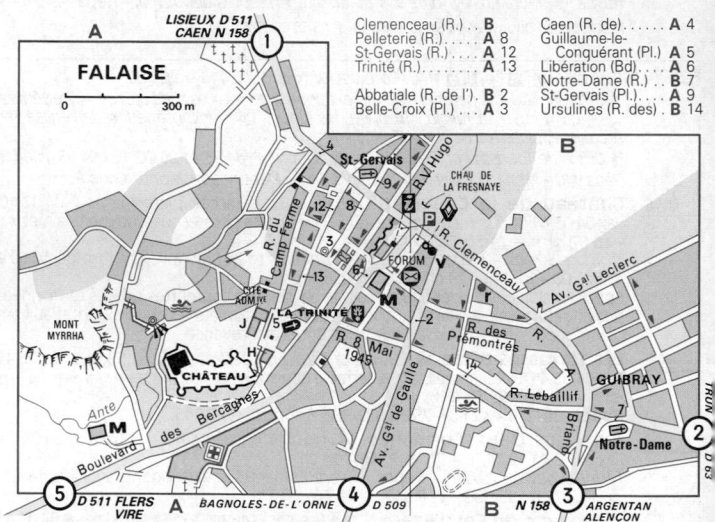

Clemenceau (R.) . . **B**		Caen (R. de) . . . . . . **A** 4
Pelleterie (R.) . . . . . **A** 8		Guillaume-le-
St-Gervais (R.) . . . . **A** 12		Conquérant (Pl.) **A** 5
Trinité (R.) . . . . **A** 13		Libération (Bd) . . . . **A** 6
		Notre-Dame (R.) . . **B** 7
Abbatiale (R. de l') . . **B** 2		St-Gervais (Pl.) . . **A** 9
Belle-Croix (Pl.) . . . **A** 3		Ursulines (R. des) . **B** 14

🏨 **Poste**, 38 r. G. Clemenceau ℰ 02 31 90 13 14, Fax 02 31 90 01 81 – 📺 ☎ 🅿. 🅰🅴 GB B V
fermé 13 au 19 oct., 20 déc. au 15 janv., lundi (sauf hôtel) et dim. soir – **Repas** 85/250,
enf. 55 – ⚏ 38 – **21 ch** 200/390 – ½ P 220/315.

🏨 **Ibis** M, à l'Attache par ① : 1,5 km ℰ 02 31 90 11 00, Fax 02 31 90 08 00, �఼ – ⅟✕ 📺 ☎ ✆
♿ 🅿 – 🔒 25 à 50. 🅰🅴 🅾 GB
Repas 95, enf. 39 – ⚏ 35 – **53 ch** 270/290.

✖✖ **La Fine Fourchette,** 52 r. G. Clemenceau ℘ 02 31 90 08 59, Fax 02 31 90 00 83 – ⬙ ⬙
⬙ *fermé 8 au 28 fév., mardi soir et merc. soir hors sais.* – **Repas** 83/285, enf. 55.　　B　r

✖ **L'Attache,** rte Caen par ① : *1,5 km* ℘ 02 31 90 05 38, Fax 02 31 90 57 19 – ⬙ ⬙, ✾
⬙ *fermé 23 au 30 avril, 24 sept. au 1ᵉʳ oct. et merc. sauf juil.-août* – **Repas** (nombre de couverts limité, prévenir) 85/320.

au Sud-Ouest *par* ⑤ *et D 44, rte de Fourneaux-le-Val : 5 km* – ✉ *14700 St-Martin-de-Mieux :*

✖✖✖ **Château du Tertre** ⌂ *avec ch,* ℘ 02 31 90 01 04, Fax 02 31 90 33 16, ≤, « *Château du 18ᵉ siècle dans un grand parc* » – ⬙ ⬙ ✆ ⬙ ⬙. ⬙ ⬙
fermé 23 au 26 déc., 5 janv. au 13 fév., dim. soir et lundi – **Repas** 160 (déj.), 250/360 et carte 340 à 430 – ⬚ 65 – **9 ch** 590/880 – ½ P 600/700.

CITROEN Gar. Lepy, rte de Trun ℘ 02 31 90 16 25 ⬙
℘ 02 31 90 16 25
PEUGEOT Falaise Autom., rte d'Argentan N158 par
③ ℘ 02 31 90 04 89
RENAULT Gar. Lanos, 34 r. G.-Clemenceau
℘ 02 31 90 01 00 ⬙ ℘ 02 31 90 01 00

Gar. Lacoudrée, 51 av. Hastings
℘ 02 31 90 19 69

⬙ Laguerre Pneus, rte de Putanges
℘ 02 31 90 10 60
Marsat Pneus, rte de Bretagne
℘ 02 31 40 06 40

Le FALGOUX *15380 Cantal* ⬙ ② *– 226 h alt. 930 – Sports d'hiver : 1 050/1 350 m* ⬙ 1 ⬙.
Voir *N Vallée du Falgoux*★ – Env. *Cirque du Falgoux*★★ *SE : 6 km* – *Puy Mary* ※★★★ *: 1 h AR du Pas de Peyrol*★★ *SE : 12 km,* G. Auvergne.
Paris 559 – Aurillac 58 – Mauriac 30 – Murat 35 – Salers 13.

⬙ **Voyageurs,** ℘ 04 71 69 51 59, ≤ – ⬙
⬙ *fermé 5 oct. au 5 déc.* – **Repas** 70/120 ⬙, enf. 60 – ⬚ 28 – **15 ch** 150/230 – ½ P 200/235.

FALICON *06950 Alpes-Mar.* ⬙ ⑩, ⬙⬙⬙ ㉖ G. Côte d'Azur – *1 498 h alt. 396.*
Voir *Terrasse* ≤★ – Env. *Mont Chauve d'Aspremont* ※★★ *N : 8,5 km puis 30 mn.*
Paris 938 – Nice 11 – Aspremont 10 – Colomars 14 – Levens 17 – Sospel 41.

✖✖ **Bellevue,** ℘ 04 93 84 94 57, ≤, ⬙ – ⬙
fermé 22 sept. au 1ᵉʳ nov., dim. soir, lundi et le soir de nov. à mai – **Repas** 118/168.

FALLIÈRES *88 Vosges* ⬙ ⑯ *– rattaché à Remiremont.*

Le FAOU *29580 Finistère* ⬙ ⑤ G. Bretagne – *1 522 h alt. 10.*
Voir *Site*★ – *Corniche de Térénez*★ *O – Retables*★ *dans l'église de Rumengol E : 2,5 km – Quimerc'h* ≤★ *SE : 4,5 km.*
⬙ *Office de Tourisme 10 r. Gén.-de-Gaulle (15 juin-15 sept.)* ℘ 02 98 81 06 85, *hors saison* ℘ 02 98 81 90 44.
Paris 558 – Brest 30 – Carhaix-Plouguer 54 – Châteaulin 18 – Landerneau 23 – Morlaix 53 – Quimper 42.

⬙ **Vieille Renommée,** pl. Mairie ℘ 02 98 81 90 31, Fax 02 98 81 92 93 – ⬙ ⬙ ✆ ✾ – ⬙ 50. ⬙ ⬙. ✾ rest
fermé dim. soir du 1ᵉʳ nov. au 15 juin – **Repas** 90 (déj.), 110/195 – ⬚ 45 – **32 ch** 450/470 – ½ P 320/360.

RENAULT Gar. Kervella, ℘ 02 98 81 90 69 ⬙ ℘ 02 98 81 90 69

FARROU *12 Aveyron* ⬙ ⑩ *– rattaché à Villefranche-de-Rouergue.*

La FAUCILLE (Col de)★★ *01 Ain* ⬙ ⑮ G. Jura – *Sports d'hiver : 900/1 680 m* ⬙ 3 ⬙ 26 ⬙ – ✉ *01170 Gex.*
Voir *Descente sur Gex (N 5)* ≤★★ *SE : 2 km – Mont-Rond* ※★★★ *(accès par télécabine - gare à 500 m au SO du col).*
Paris 479 – Bourg-en-Bresse 108 – Genève 32 – Gex 12 – Morez 27 – Nantua 60 – Les Rousses 18.

⬙ **La Mainaz** ⌂, Sud : 1 km par N5 ≤★★ ℘ 04 50 41 31 10, Fax 04 50 41 31 77, ≤ lac Léman et les Alpes, ⬙, ⬙, ⬙ – ⬙ ⬙ ✆ ⬙ ⬙. ⬙ ⬙
fermé nov. – **Repas** (*fermé merc. midi hors sais.*) 140/310 – ⬚ 70 – **23 ch** 340/480 – ½ P 405/455.

⬙ **La Couronne,** ℘ 04 50 41 32 65, Fax 04 50 41 32 47, ≤, ⬙, ⬙ – ⬙ ✆ ⬙ ⬙. ⬙
15 mai-1ᵉʳ oct. et 15 déc.-15 avril – **Repas** 110/190 – ⬚ 40 – **16 ch** 280/450 – ½ P 400.

⬙ **La Petite Chaumière** ⌂, ℘ 04 50 41 30 22, Fax 04 50 41 33 22, ≤, ⬙ – ⬙ ⬙ ✆ ⬙. ⬙
26 avril-5 oct. et 20 déc.-5 avril – **Repas** 98/163 ⬙, enf. 58 – ⬚ 44 – **34 ch** 286/360 – ½ P 340.

FAULQUEMONT 57380 Moselle 🔢 ⑮ – 5 432 h alt. 275.

🏠 ℰ 03 87 29 21 21.
Paris 367 – Metz 39 – Château-Salins 28 – Saarlouis 42 – Sarreguemines 39.

🏠 **Chatelain** Ⓜ sans rest, près Église ℰ 03 87 90 70 80, Fax 03 87 90 74 78 – ⟨≫ 🆇 ☎ ❤ ♿.
AE GB
⌑ 30 – **25 ch** 250/280.

FAUVILLE-EN-CAUX 76640 S.-Mar. 🔢 ⑫ – 1 871 h alt. 124.
Paris 180 – Le Havre 51 – Rouen 52 – Bolbec 15 – Fécamp 22 – St-Valery-en-Caux 29 –
Yvetot 14.

XX **Normandie**, ℰ 02 35 96 72 33 – ℙ. GB
fermé 15 au 31 juil., 8 au 29 janv. et mardi – **Repas** (déj. seul.) (dim. prévenir) 78/170 ⅃.

FAVERGES 74210 H.-Savoie 🔢 ⑯ ⑰ G. Alpes du Nord – 6 334 h alt. 507.
Env. Col de la Forclaz ⟨⋆⋆ NO : 15 km.
🛈 Office de Tourisme pl. M.-Piquand ℰ 04 50 44 60 24, Fax 04 50 44 45 96.
Paris 565 – Albertville 19 – Annecy 27 – Megève 35.

🏠 **Florimont**, rte Albertville : 2,5 km ℰ 04 50 44 50 05, Fax 04 50 44 43 20, 🏡, 🖈 – 🛗 🆇
☎ ♿ ℙ – 🔬 25. AE ⓞ GB. ⁒ rest
Repas (fermé dim. soir d'oct. à juin) 110/300 ⅃, enf. 55 – ⌑ 45 – **27 ch** 310/420 –
½ P 350/400.

🏠 **Genève** sans rest, 34 r. République ℰ 04 50 32 46 90, Fax 04 50 44 48 09 – 🛗 🆇 ☎ ♿ ℙ.
AE GB
⌑ 35 – **30 ch** 180/290.

X **Carte d'Autrefois**, 25 r. Gambetta ℰ 04 50 32 49 98 – GB
fermé 30 juin au 10 juil., 5 au 15 janv., dim. soir et merc. – **Repas** 80/160, enf. 45.

au Tertenoz Sud-Est : 4 km par D 12 et rte secondaire – ✉ 74210 Faverges :

🏠 **Gay Séjour** ⟨⟩, ℰ 04 50 44 52 52, Fax 04 50 44 49 52, ⟨, 🏡 – 🆇 ☎ ❤ ℙ. AE ⓞ GB. ⁒
fermé 5 au 28 janv., dim. soir et lundi sauf vacances scolaires – **Repas** 150/420 – ⌑ 60 –
12 ch 250/480 – ½ P 420/470.

CITROEN Gar. de la Sambuy, ℰ 04 50 44 53 04   Ⓟ Pneu Olympic 2000, ℰ 04 50 32 50 92
PEUGEOT Vauthier Autom., ℰ 04 50 32 43 27
RENAULT Gar. Fontaine, ℰ 04 50 44 51 09 🆖 ℰ 04
50 44 45 80

FAVERGES-DE-LA-TOUR 38 Isère 🔢 ⑭ – rattaché à La Tour-du-Pin.

La FAVIÈRE 83 Var 🔢 ⑯,, 🔢 ㊽ – rattaché au Lavandou.

FAVIÈRES 80120 Somme 🔢 ⑥ – 406 h alt. 1.
Voir Le Crotoy : Butte du Moulin ⟨⋆ SO : 5 km, G. Flandres Artois Picardie.
Paris 200 – Amiens 66 – Abbeville 21 – Berck-Plage 29 – Le Crotoy 5.

XX **La Clé des Champs**, ℰ 03 22 27 88 00 – ℙ. AE ⓞ GB
fermé 1er au 9 sept., 5 au 29 janv., dim. soir et lundi sauf fériés – **Repas** 86/195, enf. 55.

FAVONE 2A Corse-du-Sud 🔢 ⑦ – voir à Corse.

FAYENCE 83440 Var 🔢 ⑦, 🔢 ⑪ ㉔, 🔢 ㉒ G. Côte d'Azur – 3 502 h alt. 350.
Voir ⟨⋆ de la terrasse de l'église – Chapelle Notre-Dame de l'Ormeau : retable⋆⋆ O : 7 km.
Env. Mons : site⋆, ⟨⋆⋆ de la place St-Sébastien N : 14 km par D 563.
🛈 Office de Tourisme pl. L.-Roux ℰ 04 94 76 20 08, Fax 04 94 76 18 05.
Paris 889 – Castellane 55 – Draguignan 35 – Fréjus 35 – Grasse 27 – St-Raphaël 36.

🏠 **Moulin de la Camandoule** ⟨⟩, Ouest : 2 km par rte Seillans et chemin N.-D. des
Cyprès ℰ 04 94 76 00 84, Fax 04 94 76 10 40, ⟨, 🏡, parc, « Ancien moulin à huile », 🏊 –
🆇 ☎ ℙ. GB
Repas (fermé 3 au 16/1, le midi sauf week-ends du 1/11 au 23/12 et du 17/1 au 9/3 et
mardi sauf le soir en été) 160/275 – ⌑ 55 – **10 ch** 275/660 – ½ P 535/580.

🏠 **Les Oliviers** sans rest, quartier Ferrage ℰ 04 94 76 13 12, Fax 04 94 76 08 05, 🖈 – 🛗 🆇
☎ ℙ. GB
fermé 5 nov. au 20 déc. et 10 janv. au 10 fév. – ⌑ 40 – **22 ch** 270/400.

XXX **Le Castellaras** (Carro), Ouest : 4 km par rte Seillans et rte secondaire 𝒫 04 94 76 13 80, Fax 04 94 84 17 50, ≤, 🍴, 🛋, 🌳 – **P**, **AE** **GB**
fermé 1ᵉʳ au 8 juil., 18 nov. au 9 déc., vacances de fév., lundi soir de nov. à fév. et mardi –
Repas 185/280 et carte 300 à 380
Spéc. Fricassée de homard au sauternes (mai à sept.). Noisettes de chevreuil sauce foie gras aux airelles (oct. à janv.). Carré d'agneau rôti et gratiné aux herbes (fév. à avril). **Vins** Côtes de Provence.

X **La Farigoulette**, pl. Château 𝒫 04 94 84 10 49, 🍴 – **GB**. ✦
1ᵉʳ avril-1ᵉʳ nov. et fermé mardi midi et lundi de sept. à juin et le midi en juil.-août – **Repas** 160/230.

Le FAYET 74 H.-Savoie 74 ⑧ – *voir à St-Gervais-les-Bains.*

FAYL-BILLOT 52500 H.-Marne 66 ④ G. Champagne – *1 511 h alt. 349.*
Voir *École nationale d'Osiériculture et de Vannerie.*
Paris 310 – Chaumont 59 – Bourbonne-les-Bains 30 – Dijon 87 – Gray 46 – Langres 27 – Vesoul 51.

X **Cheval Blanc** avec ch, pl. Barre 𝒫 03 25 88 61 44, 🍴 – 🕿 ◟ ⟸. **GB**
fermé 15 au 31 oct., 15 au 31 janv., dim. soir du 17 nov. au 16 mars et lundi – **Repas** 68/160 ⬗, enf. 45 – ⊇ 27 – **10 ch** 130/220 – ½ P 160/220.

The Guide changes, so renew your Guide every year.

FÉCAMP 76400 S.-Mar. 52 ⑫ G. Normandie Vallée de la Seine – *20 808 h alt. 15 – Casino* **AZ**.
Voir *Église de la Trinité★★* **BZ** – *Palais Bénédictine★★* **AY** – *Musée Centre-des-Arts★* **BZ** M² –
Musée des Terre-Neuvas★ **AY** M¹ – *Chapelle N.-D.-du-Salut ✳★★ N : 2 km par D 79* **BY**.
🄱 *Office de Tourisme 113 r. Alexandre Le Grand 𝒫 02 35 28 51 01, Fax 02 35 27 07 77*
et Front de mer (juil.-sept.) 𝒫 02 35 29 16 34.
Paris 202 ③ – Le Havre 44 ③ – Amiens 164 ② – Caen 108 ③ – Dieppe 66 ① – Rouen 73 ②.

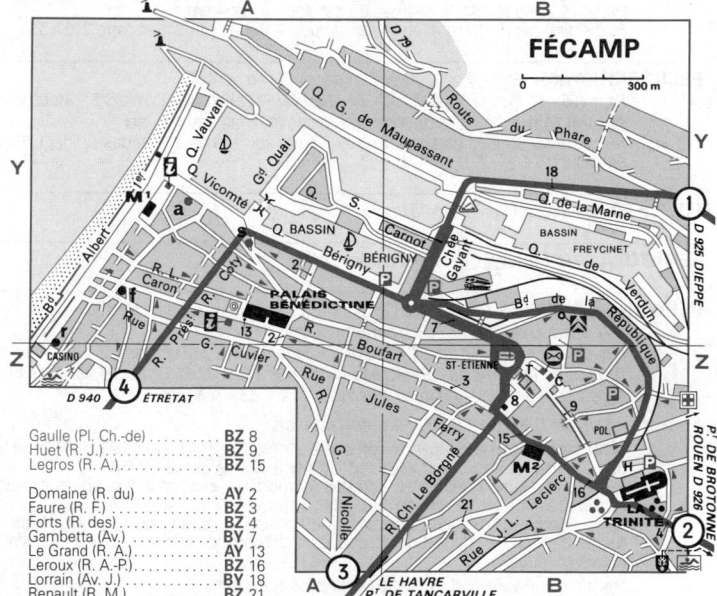

Gaulle (Pl. Ch.-de) . . . . **BZ** 8
Huet (R. J.) . . . . **BZ** 9
Legros (R. A.) . . . . **BZ** 15

Domaine (R. du) . . . . **AY** 2
Faure (R. F.) . . . . **BZ** 3
Forts (R. des) . . . . **BZ** 4
Gambetta (Av.) . . . . **BY** 7
Le Grand (R. A.) . . . . **AY** 13
Leroux (R. A.-P.) . . . . **BZ** 16
Lorrain (Av. J.) . . . . **BY** 18
Renault (R. M.) . . . . **BZ** 21

🏨 **Plage** sans rest, 87 r. Plage 𝒫 02 35 29 76 51, Fax 02 35 28 68 30 – 📲 📺 🕿. **AE** **GB**
⊇ 35 – **22 ch** 230/340.   AY f

🏨 **Mer** sans rest, 89 bd Albert 1ᵉʳ 𝒫 02 35 28 24 64, Fax 02 35 28 27 67, ≤ – 📺 🕿. **GB**
fermé vacances de fév. – ⊇ 35 – **8 ch** 270/330.   AYZ r

XXX **Aub. de la Rouge** avec ch, par ③ : *2 km* ℘ 02 35 28 07 59, Fax 02 35 28 70 55, 斎, 席 –
🔟 ☎ ❤ ⅙ 🅿, 🖭 ⑩ ⒼⒷ ⒿⒸⒷ
Repas *(fermé dim. soir et lundi)* 105/280 et carte 250 à 330 ⅃, enf. 65 – 🖵 40 – **8 ch**
300/370.

XX **Le Maritime**, 2 pl. N. Selles ℘ 02 35 28 21 71, Fax 02 35 27 22 08 – 🖭 ⒼⒷ   AY   s
⊜ *fermé mardi d'oct. à mars* – **Repas** 78/195.

XX **La Plaisance**, 33 quai Vicomté ℘ 02 35 29 38 14, Fax 02 35 28 95 76, 斎 – 🖭 ⒼⒷ
⊜ *fermé vacances de fév., mardi soir et merc. soir sauf juil.-août* – **Repas** 95/185 ⅃.   AY   a

CITROEN Fécamp Autom., 45 bd République   🏍 Brument Pneus, 6 rte de Valmont
℘ 02 35 29 25 72   ℘ 02 35 28 28 81
FORD Gar. Lefèbvre, 15 r. Prés.-Coty   Comptoir du Pneu, 8 et 10 r. Ch.-Le-Borgne
℘ 02 35 28 05 75   ℘ 02 35 28 14 99
PEUGEOT Gar. Lachèvre, rte du Havre à St-Léonard
par ③ ℘ 02 35 10 41 10
RENAULT S.E.L.C.O., 209 r. G.-Couturier par ②
℘ 02 35 28 24 02 🔃 ℘ 06 09 67 51 63

La FÉCLAZ 73 Savoie 🔟 ⑮ *G. Alpes du Nord* – *Sports d'hiver : 1 180/1 550 m* ⚡7 ⚞ – ✉ 73230
Les Déserts.
🖪 *Office de Tourisme Chalet du S.I.* ℘ 04 79 25 80 49, Fax 04 79 25 81 30.
Paris 583 – Annecy 38 – Aix-les-Bains 27 – Chambéry 20 – Lescheraines 13.

🏠 **Bon Gîte,** ℘ 04 79 25 82 11, Fax 04 79 25 80 91, ⅃, 席, ※ – cuisinette ☎ ⇜ 🖭 –
🖴 30. ⒼⒷ
mi-juin-mi-sept. et mi-déc.-mi-avril – **Repas** 100/140 ⅃, enf. 55 – 🖵 40 – **23 ch** 300/320,
6 appart – ½ P 280/305.

FEGERSHEIM 67 B.-Rhin 🖸 ⑩ – *rattaché à Strasbourg.*

FEISSONS-SUR-ISÈRE 73260 Savoie 🔟 ⑰ – *376 h alt. 407.*
Paris 600 – Albertville 17 – Bourg-St-Maurice 38 – Chambéry 65 – Moûtiers 11.

XXX **Château de Feissons,** Sud : 2 km par rte secondaire ℘ 04 79 22 59 59,
Fax 04 79 22 59 76, 斎, « Château du 13e siècle », – ⒼⒷ
fermé dim. soir du 30 sept. au 15 juin et lundi – **Repas** 145/245 et carte 210 à 330.

FELDBACH 68640 H.-Rhin 🖸 ⑳ *G. Alsace Lorraine* – *374 h alt. 410.*
Paris 465 – Mulhouse 31 – Altkirch 14 – Basel 30 – Belfort 44 – Colmar 73 – Montbéliard 43.

XX **Cheval Blanc,** ℘ 03 89 25 81 86, Fax 03 89 07 72 88, 斎 – 🖭. ⒼⒷ
⊜ *fermé 15 au 30 juil., vacances de fév., mardi soir et merc.* – **Repas** 52 (déj.), 75/210 ⅃,
enf. 40.

FELICETO 2B H.-Corse 🖸 ⑭ – *voir à Corse.*

FERAYOLA 2B H.-Corse 🖸 ⑭ – *voir à Corse (Galéria).*

FÈRE-EN-TARDENOIS 02130 Aisne 🖸🖸 ⑭ ⑮ *G. Champagne* – *3 168 h alt. 180.*
Voir *Château de Fère★ : Pont monumental★★ N : 3 km.*
🏌🏌 *de Champagne* ℘ 03 23 71 62 08 à Villers-Agron, E : 17 km par D 2.
🖪 *Office de Tourisme* 18 r. E.-Moreau-Nélaton ℘ 03 23 82 31 57, Fax 03 23 82 28 19.
Paris 109 – Reims 50 – Château-Thierry 23 – Laon 55 – Soissons 27.

au Nord : 3 km par D 967 – ✉ 02130 Fère-en-Tardenois :

🏰 **Château de Fère** ⊗, par rte forestière ℘ 03 23 82 21 13, Fax 03 23 82 37 81, ≼, « Belle
❀ demeure du 16e siècle, parc », ⅃, ※ – 🔟 ☎ ⅙ 🖭 – 🖴 30. 🖭 ⑩ ⒼⒷ
fermé début janv. à début fév. – **Repas** (nombre de couverts limité, prévenir) 180/480 et
carte 350 à 480 – 🖵 90 – **19 ch** 990/1200, 6 appart – ½ P 875/980
Spéc. Fondue d'artichauts poivrade à la badiane et grillade de foie gras. Meurette de
rouget de roche en florentine de coques. Crépinette de queue de boeuf ''Rossini''. **Vins**
Cumières rouge.

RENAULT Gar. Huguenin, ℘ 03 23 82 21 85 🔃 ℘ 03 23 82 21 85

FERNEY-VOLTAIRE 01210 Ain 🔟 ⑯ *G. Jura* – *6 408 h alt. 430.*
🛫 *de Genève-Cointrin* ℘ (00 41 22) 717 71 11, S : 4 km.
*Paris 499 – Thonon-les-Bains 45 – Bellegarde-sur-Valserine 38 – Bourg-en-Bresse 117 –
Genève 10 – Gex 11.*

Novotel, par D 35 🖉 04 50 40 85 23, Fax 04 50 40 76 33, �允, ⅃, 🐾, ✖ – ✖ 🗏 🖵 🕿 ☈
🄿 – 🛆 100. ⅏ ⓞ ☲
Repas 115 🖔, enf. 50 – ⌷ 52 – **80 ch** 495.

Voltaire Palace, chemin des Sablonnières 🖉 04 50 40 77 90, Fax 04 50 40 98 36, �允, ⅃,
🐾 – ▮ ✖ 🖵 🕿 ☏ 🄿 – 🛆 120. ⅏ ⓞ ☲
Repas 160/280 🖔 – ⌷ 85 – **122 ch** 800/950 – ½ P 575/725.

Médian Ⓜ, chemin de Colovrex 🖉 04 50 28 00 50, Fax 04 50 42 88 93 – ▮ 🗏 🖵 🕿 ☈ 🄿 –
🛆 25. ⓞ ☲
Repas 78/110 🖔, enf. 45 – ⌷ 35 – **57 ch** 300/330.

Campanile, par D 35 et chemin Planche Brûlée 🖉 04 50 40 74 79, Fax 04 50 42 97 29, �允
– ☈ 🖵 🕿 ☏ 🄿 – 🛆 30. ⅏ ⓞ ☲
Repas 84 bc/107 bc, enf. 39 – ⌷ 32 – **60 ch** 278.

XXX **Le Pirate**, av. Genève 🖉 04 50 40 63 52, Fax 04 50 40 64 50 – 🄿. ⅏ ⓞ ☲ ᴊᴄʙ
fermé 29 juin au 20 juil., 24 déc. au 6 janv., lundi midi et dim. – **Repas** - produits de la mer -
200 bc (déj.)/260 et carte 300 à 520.

XX **France** avec ch, 1 r. Genève 🖉 04 50 40 63 87, Fax 04 50 40 47 27, �允 – 🖵 🕿. ⅏ ☲ ᴊᴄʙ
fermé 22 déc. au 14 janv. – **Repas** *(fermé lundi midi et dim.)* 115 (déj.), 175/255 🖔 – ⌷ 40 –
14 ch 290/360 – ½ P 280.

PEUGEOT Gar. Gerbier, à Ornex 🖉 04 50 40 58 12   🔘 Euromaster, 19 r. de la Poterie,ZI
RENAULT Auto Service, à Prévessin Moens   🖉 04 50 40 58 02
🖉 04 50 40 59 52 🄽 🖉 08 00 05 15 15
VAG Gar. Dunand, 55 rue de Genève
🖉 04 50 40 61 94

*Get your copy of the **Michelin** Green Guide*
*to **England: The West Country**.*

FERRETTE 68480 H.-Rhin 🄶🄶 ⑨ ⑩ G. Alsace Lorraine – 863 h alt. 470.
Voir Site★ – Ruines du Château ≤★.
🄱 Syndicat d'Initiative r. du Château 🖉 03 89 40 40 01.
Paris 471 – Mulhouse 37 – Altkirch 20 – Basel 27 – Belfort 50 – Colmar 83 – Montbéliard 49.

à Moernach Ouest : 5 km par D 473 – 454 h. alt. 470 – ⌧ 68480 :

XX **Aux Deux Clefs** avec ch, 🖉 03 89 40 80 56, Fax 03 89 08 10 47, �允, 🐾 – 🕿 🄿. ☲
fermé 27 oct. au 9 nov. et 16 fév. au 3 mars – **Repas** *(fermé vend. midi d'oct. à mars et
jeudi)* 52 (déj.), 92/290 🖔, enf. 45 – ⌷ 30 – **7 ch** 200/265 – ½ P 260/270.

XX **Au Raisin** avec ch, 🖉 03 89 40 80 73, Fax 03 89 08 11 33, �允 – 🖵 🕿 🄿. ☲
fermé 20 janv. au 5 fév. – **Repas** *(fermé lundi soir)* 90/232 🖔, enf. 45 – ⌷ 25 – **6 ch** 185/240
– ½ P 240.

à Lutter Sud-Est : 8 km par D 23 – 283 h. alt. 428 – ⌧ 68480 :

XX **Aub. Paysanne** avec ch, r. Principale 🖉 03 89 40 71 67, Fax 03 89 07 33 38, �允 – 🖵 🕿
🄿. ☲
fermé 26 janv. au 8 fév. – **Repas** *(fermé lundi)* 62 (déj.), 130/300 🖔, enf. 50 – ⌷ 38 – **7 ch**
225/290 – ½ P 275/330.

Annexe Host. Paysanne 🏠 ⌖., « Reconstitution d'une ancienne ferme alsacienne
du 17ᵉ siècle », 🐾 – 🖵 🕿 🄿. ☲
Repas voir **Aub. Paysanne** – ⌷ 38 – **7 ch** 285/430.

PEUGEOT Gar. Nickel, à Bouxwiller   RENAULT Gar. Fritsch, 🖉 03 89 40 41 41 🄽
🖉 03 89 40 42 13   🖉 08 00 05 15 15

La FERRIÈRE 38580 Isère 🎔🎔 ⑥ – 191 h alt. 926.
Paris 612 – Grenoble 52 – Allevard 12.

au Curtillard Sud : 2 km par D 525ᴬ – ⌧ 38580 La Ferrière :

🏨 **Curtillard** ⌖, 🖉 04 76 97 50 82, Fax 04 76 97 56 57, ≤, �允, 🎔🎔, ⅃, 🐾, 🐾 – cuisinette
🖵 🕿 🄿 – 🛆 30. ☲. 🐾
1ᵉʳ juin-15 sept. et Noël-Pâques – **Repas** 98/220, enf. 67 – ⌷ 47 – **16 ch** 285/465, 6 studios
– ½ P 352/421.

🏠 **Baroz** ⌖, 🖉 04 76 97 50 81, Fax 04 76 45 84 75, ≤, �允, ⅃, 🐾, 🐾 – cuisinette 🖵 🕿 🄿.
☲. 🐾
hôtel : fin juin-début sept. et 26 déc.-Pâques ; rest : mai-sept. et 26 déc.-Pâques – **Repas**
(déj. seul. en mai et juin) 105/145 – ⌷ 35 – **20 ch** 230/250, 3 chalets – ½ P 240/250.

La FERRIÈRE-AUX-ÉTANGS 61 Orne 🄶🄾 ① – rattaché à Flers.

FERRIÈRES 45210 Loiret **61** ⑫ G. Bourgogne – 2 896 h alt. 96.

Voir *Croisée du transept★* de l'église St-Pierre et St-Paul.

🛈 Office de Tourisme pl. des Eglises (avril-oct.) ℘ 02 38 96 58 86.

Paris 102 – Auxerre 80 – Fontainebleau 42 – Montargis 12 – Nemours 27 – Orléans 84 – Sens 41.

🏠 **Abbaye,** ℘ 02 38 96 53 12, Fax 02 38 96 57 63, 😩 – 🆃🆅 ☎ 🕭 🄿 – 🔬 30. 🇬🇧
Repas 96/230, enf. 60 – 🖵 40 – **20 ch** 230/270 – ½ P 215.

La FERTÉ-BERNARD 72400 Sarthe **60** ⑮ G. Châteaux de la Loire (plan) – 9 355 h alt. 90.

Voir *Église N.-D.-des Marais★★*.

🏌₁₈ du Perche à Souancé-au-Perche (28) ℘ 02 37 29 17 33 ; NE : 21 km par N 23 et D 137¹¹.

🛈 Office de Tourisme 15 pl. de la Lice ℘ 02 43 71 21 21, Fax 02 43 93 25 85.

Paris 164 – Le Mans 50 – Alençon 57 – Chartres 78 – Châteaudun 67 – Mortagne-au-Perche 40.

✗✗✗ **Perdrix** avec ch, 2 r. Paris ℘ 02 43 93 00 44, Fax 02 43 93 74 95 – 🗏 rest 🆃🆅 ☎ 🕭 ⟷. 🇬🇧
fermé fév., lundi soir et mardi – **Repas** 110/250 et carte 230 à 290 – 🖵 35 – **7 ch** 235/320.

CITROEN Gar. Hulot, av. J.-Monnet
℘ 02 43 93 00 37
PEUGEOT Gar. de la Rocade, 41 av. de Gaulle
℘ 02 43 60 14 00
RENAULT Espace Fertois, av. Verdun
℘ 02 43 60 15 15 🅽 ℘ 06 09 75 49 93

Ⓦ Euromaster, la Chapelle du Bois, la Petite
Cibole ℘ 02 43 93 90 44

La FERTÉ-IMBAULT 41300 L.-et-Ch. **64** ⑲ – 1 047 h alt. 99.

Paris 193 – Bourges 68 – Orléans 70 – Romorantin-Lanthenay 19 – Vierzon 24.

🏠 **Aub. A La Tête de Lard** 🄼, ℘ 02 54 96 22 32, Fax 02 54 96 06 22, 😩 – 🗏 rest 🆃🆅 ☎ 🄿.
🇬🇧, 🎗 ch
fermé 14 au 26 sept. et 30 janv. au 20 fév. – **Repas** 95/290 🍸 – 🖵 40 – **11 ch** 270/460 –
½ P 275/337.

La FERTÉ-MACÉ 61600 Orne **60** ① ② G. Normandie Cotentin – 6 913 h alt. 250.

🛈 Office de Tourisme 13 r. Victoire ℘ 02 33 37 10 97, Fax 02 33 37 13 37.

Paris 226 ② – Alençon 46 ④ –
Argentan 32 ② – Domfront 23 ⑤
– Falaise 42 ① – Flers 26 ⑥ –
Mayenne 41 ④.

✗✗ **Le Céleste** avec ch, 6 r. Victoire (n) ℘ 02 33 37 22 33, Fax
02 33 38 12 25, 😩 – 🆃🆅 ☎ 🕭, 🄰🄴
🇬🇧
fermé 30 sept. au 13 oct., 20 janv.
au 3 fév., dim. soir et lundi – **Re-**
pas 90/260, enf. 49 – 🖵 28 –
14 ch 90/300 – ½ P 180/310.

✗ **Aub. de Clouet** 🌑 avec ch, Le
Clouet (a) ℘ 02 33 37 18 22, 😩,
« Terrasse fleurie » – 🆃🆅 ☎ 🄿 –
🔬 25. 🇬🇧, 🎗 ch
fermé mi-oct. à mi-nov., dim. soir
et lundi d'oct. à mars – **Repas**
90/350 🍸 – 🖵 40 – **6 ch** 320/400
– ½ P 325.

✗ **L'Espérance,** 13 r. Barre (e)
⊜ ℘ 02 33 37 38 21 – 🇬🇧
fermé 14 au 21 mars, 1ᵉʳ au 15
août, 20 au 27 déc. et dim. sauf le
midi du 1ᵉʳ avril au 31 oct. – **Re-**
pas 70/180 🍸.

CITROEN Gar. Hardy, 74 r. Dr-Poulain
℘ 02 33 37 09 11
PEUGEOT Gar. Dérouet, 76 r. Dr-Poulain
℘ 02 33 37 16 33
RENAULT Gar. Dubourg, 9 r. Dr-Poulain
℘ 02 33 37 20 97
RENAULT Gar. Guillochin, rte de Paris
par ② ℘ 02 33 37 07 11 🅽
℘ 02 33 37 07 11

LA FERTÉ-
MACÉ

0   300 m

D 916   BAGNOLES-DE-L'O.
        MAYENNE

Hautvie (R. d')	8	Barre (R. de la)	5
Leclerc (Pl. du Gén.) . .	9	Hamonic (Bd A.)	6
République (Pl.)	13	Prés.-Coty (Av. du) . . .	12
		Sorbiers (Av. des)	14
Amand-Macé (R.)	3	Teinture (R. de la)	16

Novotel, par D 35 ℰ 04 50 40 85 23, Fax 04 50 40 76 33, 斎, ☒, 굟, ※ – ᳚☞ ▤ 〒 ᴆ
🄿 – 🕭 100. 🄰🄴 ⓞ 🄶🄱
Repas 115 ⅄, enf. 50 – ⊆ 52 – **80 ch** 495.

Voltaire Palace, chemin des Sablonnières ℰ 04 50 40 77 90, Fax 04 50 40 98 36, 斎, ☒,
굟 – ⃒ ᳚☞ ▤ 〒 ᴆ 🄿 – 🕭 120. 🄰🄴 ⓞ 🄶🄱
Repas 160/280 ⅄ – ⊆ 85 – **122 ch** 800/950 – ½ P 575/725.

Médian Ⓜ, chemin de Colovrex ℰ 04 50 28 00 50, Fax 04 50 42 88 93 – ⃒ ▤ 〒 ᴆ 🄿 –
🕭 25. 🄰🄴 ⓞ 🄶🄱
Repas 78/110 ⅄, enf. 45 – ⊆ 35 – **57 ch** 300/330.

Campanile, par D 35 et chemin Planche Brûlée ℰ 04 50 40 74 79, Fax 04 50 42 97 29, 斎
– ᳚☞ ▤ 〒 ᴆ 🄿 – 🕭 30. 🄰🄴 ⓞ 🄶🄱
Repas 84 bc/107 bc, enf. 39 – ⊆ 32 – **60 ch** 278.

XXX **Le Pirate**, av. Genève ℰ 04 50 40 63 52, Fax 04 50 40 64 50 – 🄿. 🄰🄴 ⓞ 🄶🄱 🄹🄲🄱
fermé 29 juin au 20 juil., 24 déc. au 6 janv., lundi midi et dim. – **Repas** - produits de la mer -
200 bc (déj.)/260 et carte 300 à 520.

XX **France** avec ch, 1 r. Genève ℰ 04 50 40 63 87, Fax 04 50 40 47 27, 斎 – ▤ 〒. 🄰🄴 🄶🄱 🄹🄲🄱
fermé 22 déc. au 14 janv. – **Repas** *(fermé lundi midi et dim.)* 115 (déj.), 175/255 ⅄ – ⊆ 40 –
14 ch 290/360 – ½ P 280.

PEUGEOT Gar. Gerbier, à Ornex ℰ 04 50 40 58 12   Ⓦ Euromaster, 19 r. de la Poterie,ZI
RENAULT Auto Service, à Prévessin Moens   ℰ 04 50 40 58 02
ℰ 04 50 40 59 52 🄽 ℰ 08 00 05 15 15
VAG Gar. Dunand, 55 rue de Genève
ℰ 04 50 40 61 94

*Get your copy of the **Michelin** Green Guide*
*to **England: The West Country**.*

FERRETTE 68480 H.-Rhin 🄳🄳 ⑨ ⑩ *G. Alsace Lorraine* – *863 h alt. 470.*
Voir *Site*★ – *Ruines du Château* ≼ ★.
🄱 *Syndicat d'Initiative r. du Château ℰ 03 89 40 40 01.*
Paris 471 – *Mulhouse 37* – *Altkirch 20* – *Basel 27* – *Belfort 50* – *Colmar 83* – *Montbéliard 49.*

à Moernach *Ouest : 5 km par D 473* – *454 h. alt. 470* – ✉ 68480 :

XX **Aux Deux Clefs** avec ch, ℰ 03 89 40 80 56, Fax 03 89 08 10 47, 斎, 굟 – 〒 🄿. 🄶🄱
fermé 27 oct. au 9 nov. et 16 fév. au 3 mars – **Repas** *(fermé vend. midi d'oct. à mars et
jeudi)* 52 (déj.), 92/290 ⅄, enf. 45 – ⊆ 30 – **7 ch** 200/265 – ½ P 260/270.

XX **Au Raisin** avec ch, ℰ 03 89 40 80 73, Fax 03 89 08 11 33, 斎 – ▤ 〒 🄿. 🄶🄱
fermé 20 janv. au 5 fév. – **Repas** *(fermé lundi soir)* 90/232 ⅄, enf. 45 – ⊆ 25 – **6 ch** 185/240
– ½ P 240.

à Lutter *Sud-Est : 8 km par D 23* – *283 h. alt. 428* – ✉ 68480 :

XX **Aub. Paysanne** avec ch, r. Principale ℰ 03 89 40 71 67, Fax 03 89 07 33 38, 斎 – ▤ 〒
🄿. 🄶🄱
fermé 26 janv. au 8 fév. – **Repas** *(fermé lundi)* 62 (déj.), 130/300 ⅄, enf. 50 – ⊆ 38 – **7 ch**
225/290 – ½ P 275/330.

Annexe Host. Paysanne 🏠 ⌂,, « Reconstitution d'une ancienne ferme alsacienne
du 17e siècle », 굟 – ▤ 〒 🄿. 🄶🄱
Repas voir **Aub. Paysanne** – ⊆ 38 – **7 ch** 285/430.

PEUGEOT Gar. Nickel, à Bouxwiller   **RENAULT** Gar. Fritsch, ℰ 03 89 40 41 41 🄽
ℰ 03 89 40 42 13   ℰ 08 00 05 15 15

La FERRIÈRE 38580 Isère 🄷🄷 ⑥ – *191 h alt. 926.*
Paris 612 – *Grenoble 52* – *Allevard 12.*

au Curtillard *Sud : 2 km par D 525ᴬ* – ✉ 38580 La Ferrière :

Curtillard ⌂,, ℰ 04 76 97 50 82, Fax 04 76 97 56 57, ≼, 斎, 🆔, ☒, 굟, ※ – cuisinette
▤ 〒 🄿 – 🕭 30. 🄶🄱. ※
1ᵉʳ juin-15 sept. et Noël-Pâques – **Repas** 98/220, enf. 67 – ⊆ 47 – **16 ch** 285/465, 6 studios
– ½ P 352/421.

Baroz ⌂,, ℰ 04 76 97 50 81, Fax 04 76 45 84 75, ≼, 斎, ☒, 굟, ※ – cuisinette ▤ 〒 🄿.
🄶🄱. ※
hôtel : fin juin-début sept. et 26 déc.-Pâques ; rest : mai-sept. et 26 déc.-Pâques – **Repas**
(déj. seul. en mai et juin) 105/145 – ⊆ 35 – **20 ch** 230/250, 3 chalets – ½ P 240/250.

La FERRIÈRE-AUX-ÉTANGS 61 Orne 🄶🄾 ① – *rattaché à Flers.*

FERRIÈRES *45210 Loiret* **61** ⑫ *G. Bourgogne – 2 896 h alt. 96.*

Voir *Croisée du transept★ de l'église St-Pierre et St-Paul.*

🛈 *Office de Tourisme pl. des Eglises (avril-oct.)* ℘ *02 38 96 58 86.*

Paris 102 – Auxerre 80 – Fontainebleau 42 – Montargis 12 – Nemours 27 – Orléans 84 – Sens 41.

🏠 **Abbaye,** ℘ 02 38 96 53 12, Fax 02 38 96 57 63, 🌣 – 🔲 🛗 ⅃ P – 🔏 30. ⒼⒷ
Repas 96/230, enf. 60 – 🖙 40 – **20 ch** 230/270 – ½ P 215.

La FERTÉ-BERNARD *72400 Sarthe* **60** ⑮ *G. Châteaux de la Loire* **(plan)** *– 9 355 h alt. 90.*

Voir *Église N.-D.-des Marais★★.*

🎿₁₈ *du Perche à Souancé-le-Perche (28)* ℘ *02 37 29 17 33 ; NE : 21 km par N 23 et D 137¹¹.*

🛈 *Office de Tourisme 15 pl. de la Lice* ℘ *02 43 71 21 21, Fax 02 43 93 25 85.*

Paris 164 – Le Mans 50 – Alençon 57 – Chartres 78 – Châteaudun 67 – Mortagne-au-Perche 40.

XXX **Perdrix** avec ch, 2 r. Paris ℘ 02 43 93 00 44, Fax 02 43 93 74 95 – 🔲 rest 🛗 🛗 ❤ 🚗. ⒼⒷ
fermé fév., lundi soir et mardi – **Repas** 110/250 et carte 230 à 290 – 🖙 35 – **7 ch** 235/320.

CITROEN Gar. Hulot, av. J.-Monnet
℘ 02 43 93 00 37
PEUGEOT Gar. de la Rocade, 41 av. de Gaulle
℘ 02 43 60 14 00
RENAULT Espace Fertois, av. Verdun
℘ 02 43 60 15 15 🅽 ℘ 06 09 75 49 93

🔵 Euromaster, la Chapelle du Bois, la Petite
Cibole ℘ 02 43 93 90 44

La FERTÉ-IMBAULT *41300 L.-et-Ch.* **64** ⑲ *– 1 047 h alt. 99.*

Paris 193 – Bourges 68 – Orléans 70 – Romorantin-Lanthenay 19 – Vierzon 24.

🏠 **Aub. A La Tête de Lard** Ⓜ, ℘ 02 54 96 22 32, Fax 02 54 96 06 22, 🌣 – 🔲 rest 🛗 🛗 P.
ⒼⒷ. ⅋ ch
fermé 14 au 26 sept. et 30 janv. au 20 fév. – **Repas** 95/290 ⅋ – 🖙 40 – **11 ch** 270/460 –
½ P 275/337.

La FERTÉ-MACÉ *61600 Orne* **60** ① ② *G. Normandie Cotentin – 6 913 h alt. 250.*

🛈 *Office de Tourisme 13 r. Victoire* ℘ *02 33 37 10 97, Fax 02 33 37 13 37.*

Paris 226 ② – Alençon 46 ④ – Argentan 32 ② – Domfront 23 ⑤ – Falaise 42 ① – Flers 26 ⑥ – Mayenne 41 ④.

LA FERTÉ-MACÉ

XX **Le Céleste** avec ch, 6 r. Victoire **(n)** ℘ 02 33 37 22 33, Fax 02 33 38 12 25, 🌣 – 🛗 🛗 ❤. 🆎 ⒼⒷ
fermé 30 sept. au 13 oct., 20 janv. au 3 fév., dim. soir et lundi – **Repas** 90/260, enf. 49 – 🖙 28 – **14 ch** 90/300 – ½ P 180/310.

X **Aub. de Clouet** ⅋ avec ch, Le Clouet **(a)** ℘ 02 33 37 18 22, 🌣, « Terrasse fleurie » – 🛗 🛗 P – 🔏 25. ⒼⒷ. ⅋ ch
fermé mi-oct. à mi-nov., dim. soir et lundi d'oct. à mars – **Repas** 90/350 ⅋ – 🖙 40 – **6 ch** 320/400 – ½ P 325.

X **L'Espérance,** 13 r. Barre **(e)** ℘ 02 33 37 38 21 – ⒼⒷ
fermé 14 au 21 mars, 1ᵉʳ au 15 août, 20 au 27 déc. et dim. sauf le midi du 1ᵉʳ avril au 31 oct. – **Repas** 70/180 ⅋.

CITROEN Gar. Hardy, 74 r. Dr-Poulain
℘ 02 33 37 09 11
PEUGEOT Gar. Dérouet, 76 r. Dr-Poulain
℘ 02 33 37 16 33
RENAULT Gar. Dubourg, 9 r. Dr-Poulain
℘ 02 33 37 20 97
RENAULT Gar. Guillochin, rte de Paris
par ② ℘ 02 33 37 07 11 🅽
℘ 02 33 37 07 11

Hautvie (R. d')	8	Barre (R. de la)	5
Leclerc (Pl. du Gén.)	9	Hamonic (Bd A.)	6
République (Pl.)	13	Prés.-Coty (Av. du)	12
		Sorbiers (Av. des)	14
Amand-Macé (R.)	3	Teinture (R. de la)	16

La FERTÉ-ST-AUBIN 45240 Loiret 👁️ ⑨ G. Châteaux de la Loire – 6 414 h alt. 114.

    🏌️ de Sologne ℘ 02 38 76 57 33, sur D 18 à l'Ouest : 3,5 km ; 🏇🏇🏇 des Aisses ℘ 02 38 64 80 87, SE.

    🛈 Office de Tourisme pl. des Jardins ℘ 02 38 64 67 93, Fax 02 38 64 61 39.

    Paris 154 – Orléans 23 – Blois 67 – Romorantin-Lanthenay 44 – Salbris 34.

🏠 **L'Orée des Chênes** Ⓜ ⌖, Nord-Est : 3 km par rte Marcilly ℘ 02 38 64 84 00, Fax 02 38 64 84 20, ≼, 🌳, « Parc avec étang » – 📺 ☎ & 🅿 – 🔬 30. GB
      Repas 99/230 – 🖙 60 – **21 ch** 450/600 – ½ P 315/425.

XXX **Ferme de la Lande**, Nord Est : 2,5 km par rte Marcilly ℘ 02 38 76 64 37, Fax 02 38 64 68 87, 🌳, parc, « Ancienne ferme aménagée » – 🅿 🆎 GB
      fermé 15 au 31 août, vacances de fév., dim. soir et lundi sauf fériés – **Repas** 153 bc/224 et carte 200 à 320, enf. 80.

XX **Les Brémailles**, Nord : 3 km sur N 20 ℘ 02 38 76 56 60, Fax 02 38 64 68 04, 🌳, parc – 🅿 🆎 GB
      fermé lundi soir et mardi – **Repas** 99/250, enf. 59.

XX **Aub. de l'Écu de France**, 6 r. Gén. Leclerc ℘ 02 38 64 69 22 – GB
🍴   fermé vacances de Toussaint, de fév., mardi soir et merc. – **Repas** 78/200, enf. 50.

CITROEN Gar. Gorin, N 20 Sud ℘ 02 38 76 50 36
FIAT Gar. Gidoin, N 20 ℘ 02 38 76 51 17 🅽 ℘ 08 00 24 90 90

PEUGEOT Gar. du Cosson, 71 r. Massena ℘ 02 38 76 57 06 🅽 ℘ 02 38 76 57 06
RENAULT Gar. Viet, N 20 ℘ 02 38 76 53 14 🅽 ℘ 08 00 24 90 90

No se ponga en camino sin conocer la duración de su viaje.
*El **mapa Michelin** nº 🎏🎏🎏 es "el mapa para ganar tiempo".*

La FERTÉ-ST-CYR 41220 L.-et-Ch. 👁️ ⑧ – 809 h alt. 82.

    Paris 165 – Orléans 35 – Beaugency 14 – Blois 32 – Romorantin 35.

🏠 **St-Cyr**, ℘ 02 54 87 90 51, Fax 02 54 87 95 17, 🌳 – 📺 ☎ 🅿. ⓞ GB. ⌖ rest
🍴   fermé 13 janv. au 20 mars, lundi sauf le soir du 18 juin au 15 sept. et dim. soir – **Repas** 75/210 – 🖙 32 – **20 ch** 200/270 – ½ P 220/265.

La FERTÉ-SOUS-JOUARRE 77260 S.-et-M. 👁️ ⑬, 👁️ ㉔ – 8 236 h alt. 58.

    Paris 66 ⑥ – Melun 67 ⑤ – Reims 85 ① – Troyes 122 ③.

LA FERTÉ-SOUS-JOUARRE

Faubourg (R. du)	5
Pelletiers (R. des)	17
Anglais (Q. des)	2
Chanzy (R.)	3
Clemenceau (Bd)	4
Fauvet (R. M.)	6
Gare (R. de la)	7
Jaurès (R. Jean)	8
Jouarre (R. de)	9
Leclerc (Av. du Gén.)	12
Marx (R. P.)	13
Montmirail (Av. de)	14
Pasteur (Bd)	16
Petit-Morin (R. du)	18
Planson (Q. André)	19
Reuil (R. de)	20
St-Nicolas (R.)	21
Ste-Beuve (Pl.)	22
Turenne (Bd)	24

*Les **guides Rouges**,*
*les **guides Verts***
*et les **cartes Michelin***
sont complémentaires.
Utilisez-les ensemble.

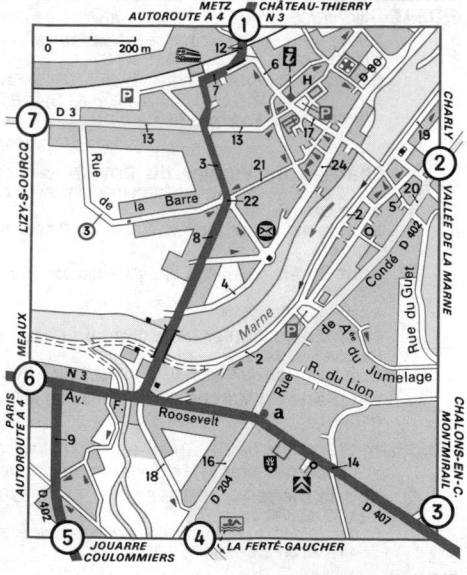

🏛 **Château des Bondons** Ⓜ ⟋ sans rest, rte Montménard par ③ *et D 70 : 2 km*
ℰ 01 60 22 00 98, Fax 01 60 22 97 01, parc – 📺 ☎ 🅿 ﷼ ⓞ 🈯
⚷ 60 – **11 ch** 400/550.

XXX **Aub. de Condé,** 1 av. Montmirail **(a)** ℰ 01 60 22 00 07, Fax 01 60 22 30 60, 🍴 – ▤ 🅿 ﷼
ⓞ 🈯
fermé lundi soir et mardi – **Repas** 210/460 et carte 390 à 470

XX **Aub. du Petit Morin,** rte Rebais par ④ : *1,5 km* ℰ 01 60 22 02 39, 🍴 – 🈯
fermé 25 août au 17 sept., vacances de fév., lundi sauf fériés, dim. soir et merc. soir – **Repas**
98/230, enf. 60.

à Jouarre *par* ⑤ : *3 km* – *3 274 h. alt. 141* – ✉ *77640* .

Voir *Crypte*★ *de l'abbaye*, G. Ile de France.

🏛 **Le Plat d'Étain,** ℰ 01 60 22 06 07, Fax 01 60 22 35 63 – 📺 ☎ ⚷ 🅿 🈯 🆎
fermé 15 au 30 déc., dim. soir et vend. – **Repas** 96/192 ⚙ ⚷ 32 – **24 ch** 145/310 –
½ P 195/260.

CITROEN Gar. du Parc, 10 av. Montmirail
ℰ 01 60 22 90 00 ℕ ℰ 01 60 22 90 00

🅿 Pezzetta Dememe, 42 av. F.-Roosevelt
ℰ 01 60 22 02 06

FEURS *42110 Loire* 🔢 ⑱ *G. Vallée du Rhône* – *7 803 h alt. 343.*

🛈 *Office de Tourisme* 3 r. V.-de-Laprade ℰ 04 77 26 05 27.
Paris 497 – *Roanne 38* – *St-Étienne 42* – *Lyon 65* – *Montbrison 26* – *Thiers 69* – *Vienne 87.*

🏛 **Motel Etésia** Ⓜ sans rest, rte Roanne ℰ 04 77 27 07 77, Fax 04 77 27 03 33 – 📺 ☎ ⚷ ♿
🅿 ﷼ ⓞ 🈯
fermé 4 au 25 août et 22 déc. au 4 janv. – ⚷ 30 – **15 ch** 230/280.

🏛 **L'Astrée** sans rest, 2 chemin du Bout du Monde ℰ 04 77 26 54 66, Fax 04 77 27 06 61 –
📺 ☎ 🅿 🈯
⚷ 30 – **17 ch** 120/230.

XX **La Boule d'Or,** rte Lyon ℰ 04 77 26 20 68, Fax 04 77 26 56 84, 🍴 – 🅿 🈯
fermé 1er au 21 août, 11 au 18 fév., dim. soir et lundi sauf fériés – **Repas** 92/290, enf. 65.

ALFA-ROMEO, SEAT Gar. Cheminal, 15 r. de la Loire
ℰ 04 77 26 08 14 ℕ ℰ 04 77 26 24 63
PEUGEOT Gar. Faure, 18 r R.-Cassin
ℰ 04 77 26 03 65

🅿 Feurs Pneus, ZA les Planchettes, r. St-Exupéry
ℰ 04 77 26 39 98

FEY *57 Moselle* 🔢 ⑬ – *rattaché à Metz.*

FIGEAC 🆓 *46100 Lot* 🔢 ⑩ *G. Périgord Quercy* – *9 549 h alt. 214.*

Voir *Le vieux Figeac*★ : *hôtel de la Monnaie*★ M[1], *musée Champollion*★ M[2] *près de la place
aux Écritures*★ – *Vallée du Célé*★ *par* ⑤.
🛈 *Office de Tourisme* pl. Vival ℰ 05 65 34 06 25, Fax 05 65 50 04 58.
Paris 574 ⑥ – *Rodez 66* ② – *Aurillac 66* ① – *Brive-la-Gaillarde 92* ⑥ – *Cahors 69* ⑤ –
Villefranche-de-Rouergue 36 ③.

Plan page ci-contre

🏛 **Château du Viguier du Roy** ⟋ sans rest, r. É. Zola **(e)** ℰ 05 65 50 05 05,
Fax 05 65 50 06 06, « Bel aménagement intérieur », ⬛ , 🌳 – 🛗 🈁 ▤ 📺 ☎ ⚷ 🅿 – 🔔 25.
﷼ ⓞ 🈯 🇯🇵 , ⚹
15 mars-12 nov. et fêtes voir rest. **La Dînée du Viguier** – ⚷ 90 – **17 ch** 630/1250,
4 appart.

🏛 **Pont du Pin** sans rest, 3 allées V. Hugo par ② ℰ 05 65 34 12 60, Fax 05 65 34 61 30 – ☎.
🈯 , ⚹
⚷ 38 – **23 ch** 250/360.

XX **La Dînée du Viguier** - Hôtel Château du Viguier du Roy, r. Boutaric **(s)** ℰ 05 65 50 08 08,
Fax 05 65 50 09 09, 🍴 – ▤. ﷼ 🈯
fermé dim. soir du 1er oct. au 1er juin et lundi – **Repas** 130/195.

XX **La Cuisine du Marché,** 15 r. Clermont **(a)** ℰ 05 65 50 18 55, Fax 05 65 50 18 55 – 🈯
fermé dim. – **Repas** 100/200 ⚙.

à St-Julien-d'Empare *par* ② : *10 km* – ✉ *12700 Capdenac-Gare (Aveyron).*

Voir *Capdenac : site*★ *et* ⟋★ *d'une terrasse proche de l'église N : 4 km.*

🏛 **Aub. la Diège** ⟋ , ℰ 05 65 64 70 54, Fax 05 65 80 81 58, 🍴 , ⬛ , 🌳 , ⚹ – 📺 ☎ ⚷ ♿ 🅿
⚙ – 🔔 30. ﷼ 🈯
fermé 20 déc. au 6 janv., vend. soir, dim. soir et sam. d'oct. à mars – **Repas** 78/218 ⚙ –
⚷ 44 – **24 ch** 258/298 – ½ P 250.

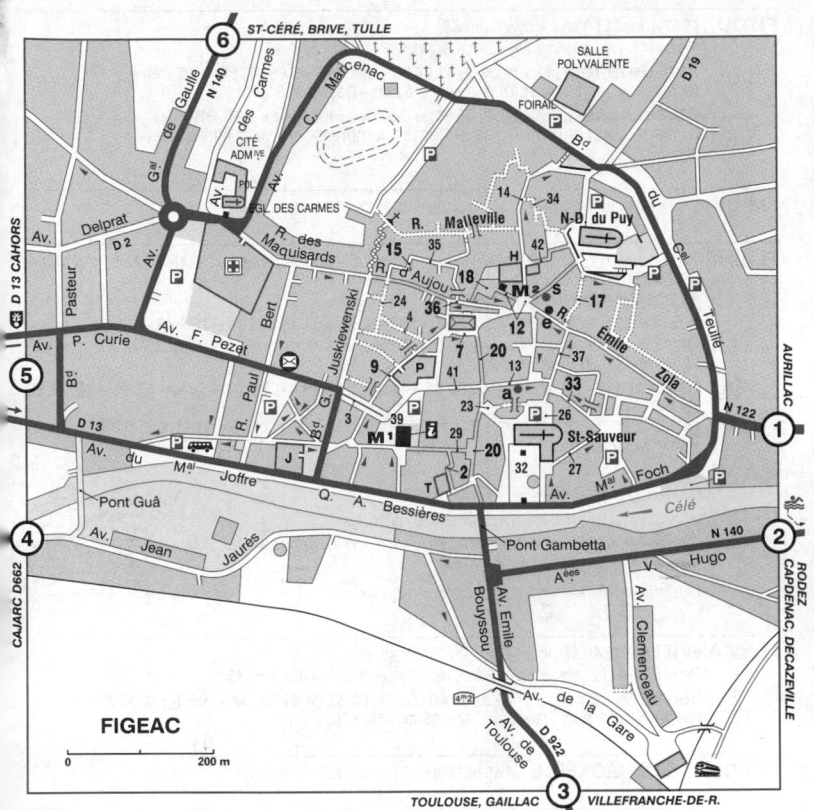

FIGEAC

Aujou (R. d')		Clermont (R.) 13	Raison (Pl. de la) 32
Carnot (Pl.) 7		Colomb (R. de) 14	Roquefort (R. du) 33
Gambetta (R.) 20		Crussol (R. de) 15	St-Jacques (Ruelle) 34
		Delzhens (R.) 17	St-Thomas (R.) 35
Balène (R.) 2		Ecritures (Pl. des) 18	Seguier (R.) 36
Barthal (R.) 3		Herbes (Pl. aux) 23	Tomfort (R.) 37
Bonhore (R.) 4		Laurière (R.) 24	Vival (Pl.) 39
Caviale (R.) 9		Michelet (Pl. E.) 26	11-Novembre
Champollion		Monastère (R. du) 27	(R. du) 41
(Pl. et R. des Frères) 12		Orthabadial (R.) 29	16-Mai (R. du) 42

CITROEN Diffusion Autom., 31 av. J.-Jaurès
ℰ 05 65 34 06 67 **N** ℰ 06 07 27 43 78
PEUGEOT Gar. Pont du Pin, 12 av. d'Aurillac par ①
ℰ 05 65 34 01 56
RENAULT S.A.F.D.A., rte de Cahors, ZI par ⑤
ℰ 05 65 34 00 23 **N** ℰ 05 65 50 01 50

RENAULT Central Gar., 16 av. Ch.-de-Gaulle à
Capdenac-Gare par ② ℰ 05 65 64 74 78

🔘 Figeac Pneus, 41 faubourg du Pin
ℰ 05 65 34 64 64
SOCAMAQ, rte d'Aurillac ℰ 05 65 34 82 10

FIRMINY *42700 Loire* **76** ⑧ *G. Vallée du Rhône – 23 123 h alt. 475.*
Paris 530 – St-Étienne 14 – Ambert 78 – Montbrison 39 – Yssingeaux 39.

XXX **de Cordes**, 17 r. Cordes ℰ 04 77 61 93 78, Fax 04 77 54 53 14, 🏠, 🌳 – **P**. **AE** ⓪ **GB**
fermé vacances de Noël, de fév., dim. soir et lundi sauf fériés – **Repas** (nombre de couverts
limité, prévenir) 105/280 et carte 230 à 350.

RENAULT Gar. Durand, 16 r. Tour-de-Varan ℰ 04 77 56 35 66 **N** ℰ 08 00 05 15 15

Campers...   Use the current **Michelin Guide**
Camping Caravaning France.

FITOU 11510 Aude 🎱🎱 ⑨ ⑩ – 579 h alt. 38.
Paris 841 – *Perpignan 29* – *Carcassonne 89* – *Narbonne 40*.

❌ **Aub. de la Tour,** N 9 ℰ 04 68 45 66 90, Fax 04 68 45 65 97, 🍽 – 🆎 🅶🅱
fermé janv., dim. soir et lundi de sept. à juin – **Repas** 118/265.

❌ **Cave d'Agnès,** ℰ 04 68 45 75 91, « Grange aménagée » – 🅿. 🅶🅱
22 mars-5 oct. et fermé merc. – **Repas** (nombre de couverts limité, prévenir) 107/143 🍷,
enf. 50.

FLAGY 77 S.-et-M. 🔢 ⑬ – rattaché à Montereau.

FLAINE 74 H.-Savoie 🔢 ⑧ G. Alpes du Nord – alt. 1600 – Sports d'hiver : 1 600/2 500 m ≰ 3 ≴ 26 – ✍
✉ 74300 Cluses.
🏌 ℰ 04 50 90 85 44, 4 km par D 106.
🅱 Office de Tourisme ℰ 04 50 90 80 01, Télex 385662, Fax 04 50 90 86 26.
Paris 596 – *Chamonix-Mont-Blanc 61* – *Annecy 77* – *Bonneville 38* – *Cluses 24* – *Megève 45* –
Morzine 43 – *Thonon-les-Bains 83*.

🏨 **Le Totem** Ⓜ 🍽, ℰ 04 50 90 80 64, Fax 04 50 90 88 47, ≤, 🍽 – 📶 ✸ 📺 ☎ – 🛏 50. 🆎
🅾 🅶🅱. ❀ rest
juil.-août et 15 déc.-15 avril – **Repas** 130 (déj.), 150/170 – ☷ 60 – **91 ch** 475/1200, 4 appart
– ½ P 505/730.

In questa guida

uno stesso simbolo, uno stesso carattere
*stampati a colori o in **nero**, in magro o in **grassetto***
hanno un significato diverso.
Leggete attentamente le pagine esplicative.

FLAMANVILLE 50340 Manche 🔢 ① – 1 781 h alt. 74.
Paris 371 – *Cherbourg 27* – *Barneville-Carteret 24* – *Valognes 35*.

🏠 **Bel Air** 🍽 sans rest, ℰ 02 33 04 48 00, Fax 02 33 04 49 56, 🌳 – ✸ 📺 ☎ 📞 🅿. 🅶🅱
fermé 20 déc. au 10 janv. – ☷ 42 – **15 ch** 230/350.

FLAVIGNY-SUR-MOSELLE 54 M.-et-M. 🔢 ⑤ – rattaché à Nancy.

FLAYOSC 83 Var 🔢 ⑦,, 🔢 ㉒ – rattaché à Draguignan.

La FLÈCHE ⏴🔷⏵ 72200 Sarthe 🔢 ② G. Châteaux de la Loire – 14 953 h alt. 33.
Voir *Prytanée militaire★* Y – *Boiseries★* de la chapelle N.-D.-des-Vertus Y – *Parc zoologique
du Tertre Rouge★* 5 km par ② puis D 104.
Env. *Bazouges-sur-le-Loir : pont ≤★,* 7 km par ④.
🅱 Office de Tourisme, Espace P.-Mendès-France ℰ 02 43 48 53 70.
Paris 243 ① – *Angers 52 ④* – *Le Mans 44 ①* – *Châteaubriant 105 ④* – *Laval 70 ⑤* –
Tours 72 ②.

Plan page ci-contre

🏨 **Relais Cicero** 🍽 sans rest, 18 bd Alger ℰ 02 43 94 14 14, Fax 02 43 45 98 96
« Demeure du 17ᵉ siècle, belle décoration intérieure », 🌳 – 📺 ☎ 📞 🆎 🅾 🅶🅱. ❀ Y **a**
fermé 1ᵉʳ au 12 août et 20 déc. au 6 janv. – ☷ 45 – **21 ch** 395/675.

❌❌ **La Fesse d'Ange,** pl. 8 Mai 1945 ℰ 02 43 94 73 60, Fax 02 43 45 97 33 – 🍽. 🅶🅱 Y **b**
fermé 1ᵉʳ au 21 août, vacances de fév., dim. soir et lundi –
Repas 102/210.

❌❌ **Vert Galant** avec ch, 70 Gde Rue ℰ 02 43 94 00 51, Fax 02 43 45 11 24, 🌳 – 📺 ☎ 🅿.
🅶🅱. ❀ Y **r**
fermé 18 déc. au 9 janv. et jeudi sauf juil.-août – **Repas** 83/180 🍷, – ☷ 30 – **8 ch** 244/295 –
½ P 268/332.

CITROEN B.S.A., bd de Montréal ℰ 02 43 94 01 41
FORD Gar. Bouttier, av. de Verdun
ℰ 02 43 94 04 08
PEUGEOT Gar. Vadeble, av. Rhin-et-Danube par ⑤
ℰ 02 43 94 01 73 Ⓝ ℰ 02 43 94 01 73
ROVER Gar. Gambetta, 51 bd Gambetta
ℰ 02 43 94 06 20

VAG Gar. Clerfond, la Jalètre, av. Rhin-et-Danube
ℰ 02 43 94 10 48

⬤ Robles Pneus, bd Rhin-et-Danube
ℰ 02 43 45 20 38

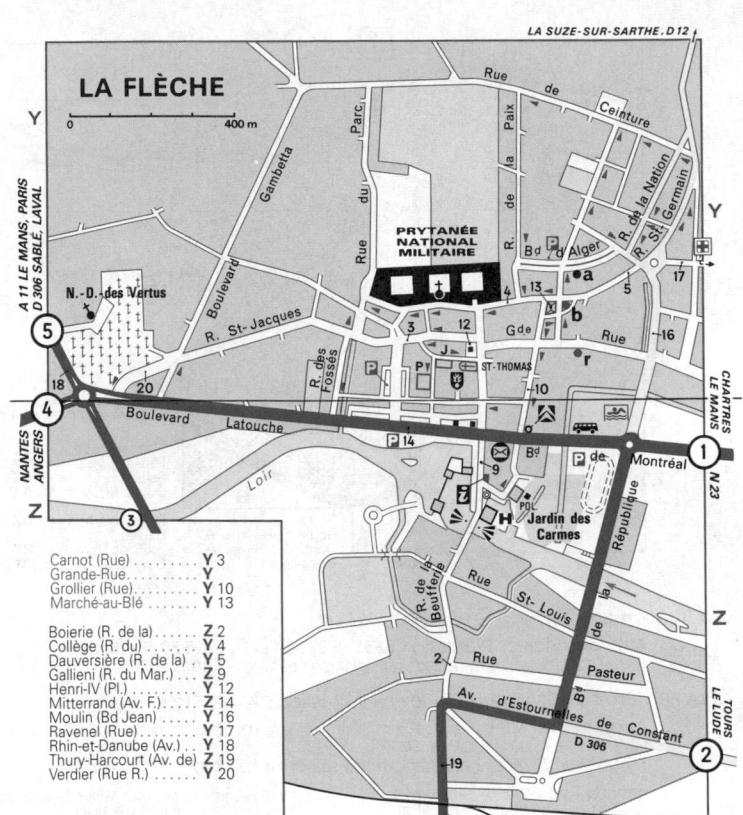

LA FLÈCHE

0   400 m

LA SUZE-SUR-SARTHE. D 12

A 11 LE MANS, PARIS
D 306 SABLÉ, LAVAL

NANTES ANGERS

CHARTRES
LE MANS

N 23

TOURS
LE LUDE

Carnot (Rue) . . . . **Y** 3
Grande-Rue . . . . **Y**
Grollier (Rue) . . . . **Y** 10
Marché-au-Blé . . . . . . **Y** 13

Boierie (R. de la) . . . . . **Z** 2
Collège (R. du) . . . . . . **Y** 4
Dauversière (R. de la) . **Y** 5
Gallieni (R. du Mar.) . . **Z** 9
Henri-IV (Pl.) . . . . **Y** 12
Mitterrand (Av. F.) . . . . **Z** 14
Moulin (Bd Jean) . . . . **Y** 16
Ravenel (Rue) . . . . **Y** 17
Rhin-et-Danube (Av.) . . **Y** 18
Thury-Harcourt (Av. de) **Z** 19
Verdier (Rue R.) . . . . . . **Y** 20

*Pas de publicité payée
dans ce guide.*

D 308   BAUGÉ
SAUMUR

FLÉRÉ-LA-RIVIÈRE *36700 Indre* 68 ⑥ – *628 h alt. 95.*
Paris 275 – Tours 61 – Le Blanc 49 – Châtellerault 60 – Châtillon-sur-Indre 7 – Loches 17.

Le Relais du Berry, 2 rte Tours ✆ 02 54 39 32 57 – GB
fermé 16 juin au 8 juil., dim. soir et lundi – **Repas** 70/200 ♨.

FLERS *61100 Orne* 60 ① *G. Normandie Cotentin* – *17 888 h alt. 270.*
🅱 *Office de Tourisme pl. Gén.-de-Gaulle ✆ 02 33 65 06 75.*
Paris 236 ② – Alençon 71 ③ – Argentan 42 ② – Caen 60 ① – Fougères 77 ④ – Laval 87 ④ –
Lisieux 84 ① – St-Lô 69 ① – Vire 31 ⑥.

Plan page suivante

Galion 🏨 sans rest, 5 r. V. Hugo ✆ 02 33 64 47 47, Fax 02 33 65 10 10, 🚗 – 📺 ☎ 🕭 🚗
🅿 🖭 GB   AZ **b**
😋 30 – **30 ch** 200/260.

Le Lys d'Or sans rest, 22 r. Gare ✆ 02 33 65 28 28, Fax 02 33 65 20 56 – 📺 ☎ ✆ 🅿 🖭 ⓪
GB   AZ **e**
😋 25 – **11 ch** 190/220.

Aub. Relais Fleuri, 115 r. Schnetz ✆ 02 33 65 23 89, Fax 02 33 65 23 89 – 🖭 GB
fermé 1ᵉʳ au 15 août, dim. soir et lundi – **Repas** 95/210.   AZ **s**

Au Bout de la Rue, 60 r. Gare ✆ 02 33 65 31 53, Fax 02 33 65 46 81 – 🍽. GB
fermé dim. et fériés – **Repas** 100/150 ♨.   AZ **n**

511

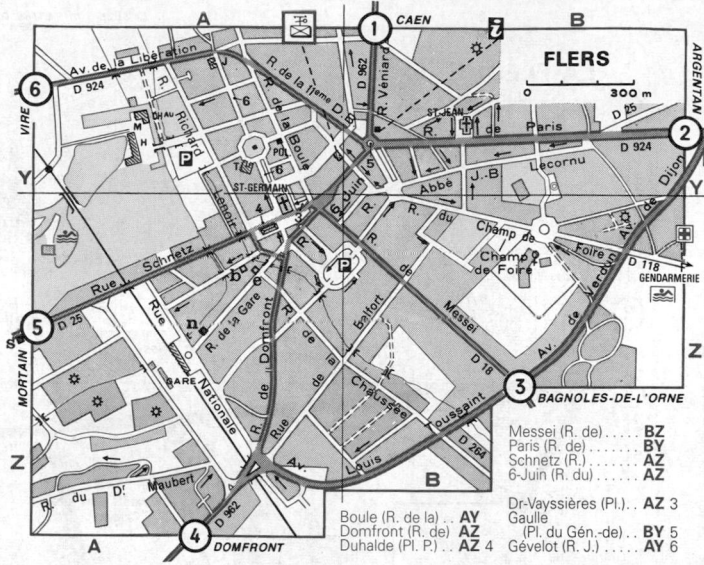

Messei (R. de) ..... **BZ**
Paris (R. de) ...... **BY**
Schnetz (R.) .... **AZ**
6-Juin (R. du) ...... **AZ**

Dr-Vayssières (Pl.) ... **AZ** 3
Gaulle
(Pl. du Gén.-de) .. **BY** 5
Gévelot (R. J.) ..... **AY** 6

Boule (R. de la) .. **AY**
Domfront (R. de) **AZ**
Duhalde (Pl. P.) .. **AZ** 4

au Buisson-Corblin par ② : 3 km – ⊠ 61100 Flers :

XX ⌖ **Aub. des Vieilles Pierres,** ✆ 02 33 65 06 96, Fax 02 33 65 80 72 – **P.** AE GB
fermé 4 au 25 août, vacances de fév., dim. soir et lundi – **Repas** 78/205.

à La Ferrière-aux-Étangs par ③ : 10 km – 1 727 h. alt. 304 – ⊠ 61450 :

XX ⌖ **Aub. de la Mine,** le Gué-Plat Sud : 2 km par rte Domfront ✆ 02 33 66 91 10,
Fax 02 33 96 73 90 – **P.** AE ⓪ GB
fermé 1ᵉʳ au 17 sept., 2 au 18 janv., mardi soir et merc. – **Repas** 90/165, enf. 50.

CITROEN S.A.C.O.A., ZI rte de Domfront
✆ 02 33 64 46 46 ✆ 02 33 64 46 46
NISSAN Fleury Autom., La Chapelle au Moine
✆ 02 33 64 14 66
OPEL Gar. Bédouelle, 31 r. Abbé-Lecornu
✆ 02 33 65 22 21
PEUGEOT Gar. Daniaud, av. des Canadiens à
St-Georges des Groseillers ✆ 02 33 65 25 98
✆ 02 33 64 95 13
RENAULT Gar. Manson, rte de Domfront, ZI par ④
✆ 02 33 65 77 55 ✆ 02 31 25 93 49

VAG Avenir Autom., 184 r. Véniard à St-Georges-
des-Groseillers ✆ 02 33 65 24 88

⓪ Alexandre Pneus, 58 bis r. Messei
✆ 02 33 65 02 15
Clabeaut Pneus, 91 r. de la Chaussée
✆ 02 33 65 26 18
Grosos Pneus Vulco, Le Tremblay
✆ 02 33 65 29 60

FLEURANCE 32500 Gers 🟦🟦 ⑤ G. Pyrénées Aquitaine – 6 368 h alt. 97.

🏌 ✆ 05 62 06 26 26, S par N 21 : 4 km.

🅱 Office de Tourisme 60 bis r. Gambetta ✆ 05 62 64 00 00, Fax 05 62 06 27 80.
Paris 760 – Auch 25 – Agen 50 – Castelsarrasin 59 – Condom 34 – Montauban 66 – Toulouse 83.

🏨 **Le Fleurance** sans rest, rte Agen : 2 km ✆ 05 62 06 14 85, Fax 05 62 64 05 12, 🏖 – TV ☎
P. AE ⓪ GB
fermé 15 déc. au 15 janv. – ⌸ 35 – **24 ch** 210/380.

🏨 **Le Relais** sans rest, rte Auch ✆ 05 62 06 05 08, Fax 05 62 06 03 84 – TV ☎ **P.** AE GB
fermé 7 au 21 mars et vend. du 15 nov. au 31 mars – ⌸ 35 – **25 ch** 190/275.

RENAULT Gar. Palacin, ✆ 05 62 06 11 69
✆ 05 62 06 11 69

Gar. Carol, av. Gén.-de-Gaulle ✆ 05 62 06 11 81
✆ 05 62 10 77 99

FLEURIE 69820 Rhône 🟦🟦 ① G. Vallée du Rhône – 1 105 h alt. 320.
Paris 413 – Mâcon 22 – Bourg-en-Bresse 46 – Chauffailles 43 – Lyon 61 – Villefranche-sur-
Saône 27.

🏠 **Grands Vins** 🕊 sans rest, Sud : 1 km par D 119ᴱ 𝒫 04 74 69 81 43, Fax 04 74 69 86 10, ≤, 🔟, 🛋 – ☎ 🅿. 📖 🗺️. ❄️
fermé 31 juil. au 6 août et déc. à mi-janv. – ☑ 50 – **20 ch** 350/410.

XXX **Aub. du Cep**, pl. Église 𝒫 04 74 04 10 77, Fax 04 74 04 10 28 – 🍽️. 📖 🗺️
❄️❄️ *fermé 27 juil. au 7 août, 15 déc. à 15 janv., dim. soir et lundi* – **Repas** (prévenir) 200/400 et carte 300 à 460 🍷
Spéc. Cuisses de grenouilles rôties. Queues d'écrevisses en petit ragoût. Volaille mijotée au vin de Fleurie. **Vins** Beaujolais blanc, Fleurie.

FLEURINES 60700 Oise 🔢 ① – 1 494 h alt. 110.
Paris 56 – Compiègne 32 – Beauvais 50 – Clermont 25 – Roye 54 – Senlis 7.

XXX **Vieux Logis**, 𝒫 03 44 54 10 13, Fax 03 44 54 12 47, 🌳, 🛋 – 🅿. 📖 🗺️. ❄️
fermé sam. midi, dim. soir et lundi – **Repas** 140 (déj.), 180/380.

FLEURVILLE 71260 S.-et-L. 🔢 ⑲ ⑳ – 485 h alt. 174.
Paris 375 – Mâcon 17 – Cluny 27 – Pont-de-Vaux 6 – St-Amour 42 – Tournus 14.

🏨 **Château de Fleurville**, 𝒫 03 85 33 12 17, Fax 03 85 33 95 34, 🌳, parc, 🔟, 🎾 – 📺 ☎ 🅿. ① 🗺️
1ᵉʳ mars-5 nov. – **Repas** *(fermé lundi midi)* 100 (déj.), 165/250, enf. 55 – ☑ 45 – **14 ch** 450 – ½ P 420/520.

XX **Le Fleurvil** avec ch, 𝒫 03 85 33 10 65, Fax 03 85 33 10 37 – 📺 ☎ 🅿. 📖 🗺️
fermé 2 au 10 juin, 15 nov. au 15 déc., lundi soir et mardi – **Repas** 90/220 🍷, enf. 59 – ☑ 35 – **9 ch** 180/250.

à St-Oyen-Montbellet *Nord : 3 km par N6* – ✉ 71260 Lugny :

XX **La Chaumière** avec ch, 𝒫 03 85 33 10 41, Fax 03 85 33 12 99, 🌳, « Jardin fleuri » – 📺 ☎ 🅿. 🗺️
fermé jeudi midi et merc. – **Repas** 100/190 🍷, enf. 50 – ☑ 35 – **10 ch** 230/290.

FLEURY 11560 Aude 🔢 ⑭ – 2 264 h alt. 35.
🅱 *Syndicat d'Initiative* 𝒫 04 68 33 55 40, Fax 04 68 33 80 23.
Paris 796 – Perpignan 81 – Béziers 17 – Carcassonne 77 – Narbonne 14.

X **La Tulipe Noire**, 𝒫 04 68 33 71 82, Fax 04 68 33 37 11, 🌳, « Chais aménagé » – 🍽️. 📖 🗺️
fermé fév. et lundi d'oct. à mai – **Repas** 98/325, enf. 40.

FLEURY-SUR-ORNE 14 Calvados 🔢 ⑪ – *rattaché à Caen.*

FLORAC ◀▶ 48400 Lozère 🔢 ⑥ G. Gorges du Tarn (plan) – 2 065 h alt. 542.
Voir S : Corniche des Cévennes★★★ – O : Gorges du Tarn★★★.
🅱 Office de Tourisme Château de Florac 𝒫 04 66 45 01 14, Fax 04 66 45 25 80.
Paris 633 – Mende 39 – Alès 67 – Millau 78 – Rodez 119 – Le Vigan 65.

🏨 **Gd H. du Parc**, 𝒫 04 66 45 03 05, Fax 04 66 45 11 81, 🌳, 🔟, 🛋 – 📳 📺 ☎ ✆ 🅿 – 🔬 40.
📖 ① 🗺️. ❄️ ch
15 mars-1ᵉʳ déc. et fermé dim. soir (sauf hôtel) et lundi hors sais. – **Repas** 92/185, enf. 50 – ☑ 35 – **60 ch** 240/330 – ½ P 250/295.

🏠 **Gorges du Tarn** sans rest, 𝒫 04 66 45 00 63 – 📺 ☎ 🅿. 📖 🗺️. ❄️
mai-sept. et fermé sam. et dim. sauf juil.-août – ☑ 25 – **31 ch** 200/230.

à Cocurès *Nord-Est : 5,5 km par N 106 et D 998* – 153 h. alt. 600 – ✉ 48400 :

🏠 **La Lozerette**, 𝒫 04 66 45 06 04, Fax 04 66 45 12 93, 🛋 – 📺 ☎ 🅿. 📖 🗺️. ❄️ rest
🐄 *Pâques-1ᵉʳ nov.* – **Repas** *(fermé mardi sauf juil.-août)* 80/120, enf. 65 – ☑ 36 – **21 ch** 295/390 – ½ P 275/360.

CITROEN Gar. chez Momo, ZA St-Julien, rte de
Mende 𝒫 04 66 45 00 27
PEUGEOT Gar. Pascal, 𝒫 04 66 45 00 65

Gar. Baubrier, 𝒫 04 66 45 01 52

🔘 Covinhes Pneus, ZA 𝒫 04 66 45 08 84

FLORENSAC 34510 Hérault 🔢 ⑮ – 3 583 h alt. 9.
Paris 759 – Montpellier 47 – Agde 10 – Béziers 25 – Lodève 49 – Mèze 14 – Pézenas 14.

XXX **Léonce** (Fabre) avec ch, pl. République 𝒫 04 67 77 03 05, Fax 04 67 77 88 89 – 🍽️ 📺 ☎ –
❄️ 🔬 25. 📖 ① 🗺️. ❄️ rest
fermé 25 sept. au 9 oct., mi-fév. à mi-mars, dim. soir hors sais. et lundi – **Repas** (en saison prévenir) 150/350 et carte 190 à 360 – ☑ 38 – **10 ch** 210/280
Spéc. Supions en fricassée. Poitrine de pigeon servie rosée, cuisse farcie. Nougat glacé au coulis de fruits rouges. **Vins** Picpoul-de-Pinet, Faugères.

FLORENT-EN-ARGONNE 51 Marne 56 ⑲ – rattaché à Ste-Menehould.

La FLOTTE 17 Char.-Mar. 71 ⑫ – voir à Ré (Ile de).

FLOURE 11 Aude 86 ⑧ – rattaché à Carcassonne.

FLUMET 73590 Savoie 74 ⑦ G. Alpes du Nord – 760 h alt. 920 – Sports d'hiver : 1 000/1 600 m ✠ 11 ✠.

🖪 Office de Tourisme "Le Dodécagone" ✆ 04 79 31 61 08, Fax 04 79 31 84 67.
Paris 599 – Chamonix-Mont-Blanc 46 – Albertville 22 – Annecy 51 – Chambéry 72 – Megève 10.

Host. Parc des Cèdres, ✆ 04 79 31 72 37, Fax 04 79 31 61 66, ≤, 斧, « Parc » – 📺 ☎ ⇔ 🄿, 🄰🄴 ① 🅶🅱 🅹🄲🄱
hôtel : 8 juin-22 sept., 20 déc.-6 janv. et 1er fév.-fin mars – **Repas** (21 juin-15 sept., 20 déc.-6 janv. ct 1er fév. fin mars) 85/230, enf. 50 – ☲ 40 – **20 ch** 220/350 – 1/2 P 280/350.

à St-Nicolas-la-Chapelle Sud-Ouest : 1,2 km par N 212 – 416 h. alt. 950 – ☒ 73590 :

Vivier, sur N 212 ✆ 04 79 31 73 79, Fax 04 79 31 60 70, ≤, 斧 – 📺 ☎ ⇔ 🄿, 🄰🄴 🅶🅱
fermé nov. et merc. hors sais. – **Repas** 45/120 ♨, enf. 40 – ☲ 35 – **20 ch** 220/420 – 1/2 P 215/230.

Gar. Joly, ✆ 04 79 31 71 86

FOIX ℗ 09000 Ariège 86 ④ ⑤ G. Pyrénées Roussillon – 9 964 h alt. 375.
Voir Site★ – ※★ de la tour du château A – Route Verte★★ O par D17 A.
Env. Rivière souterraine de Labouiche★ NO : 6,5 km par D1.
🄸🄸 de l'Ariège à la Bastide-de-Sérou, ✆ 05 61 64 56 78 par ③ : 15 km.
🖪 Office de Tourisme 45 cours G.-Fauré ✆ 05 61 65 12 12, Fax 05 61 65 64 63.
Paris 779 ① – Andorra la Vella 102 ② – Carcassonne 89 ① – Perpignan 137 ② – St-Girons 45 ③ – Toulouse 85 ①.

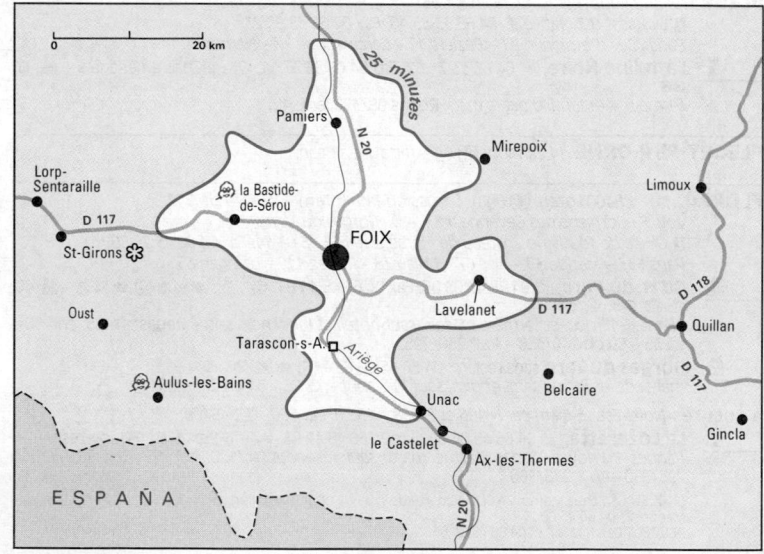

Pyrène sans rest, par ② : 2 km ✆ 05 61 65 48 66, Fax 05 61 65 46 69, 🏊, 🐴, ※ – 📺 ☎ 🄿, 🅶🅱
fermé 20 déc. au 20 janv. – ☲ 32 – **20 ch** 270/330.

Lons, 6 pl. G. Duthil ✆ 05 61 65 52 44, Fax 05 61 02 68 18, ≤ – 🛗 ▤ rest 📺 ☎ – 🔬 40. 🄰🄴 ① 🅶🅱
B d
fermé 20 déc. au 20 janv. – **Repas** (fermé sam. en hiver) 74/145, enf. 47 – **Brasserie du XIX siècle** ✆ 05 61 65 12 10 (fermé sam. et dim. en hiver) **Repas** 67/90 ♨, enf. 38 – ☲ 36 – **40 ch** 250/360 – 1/2 P 225/295.

514

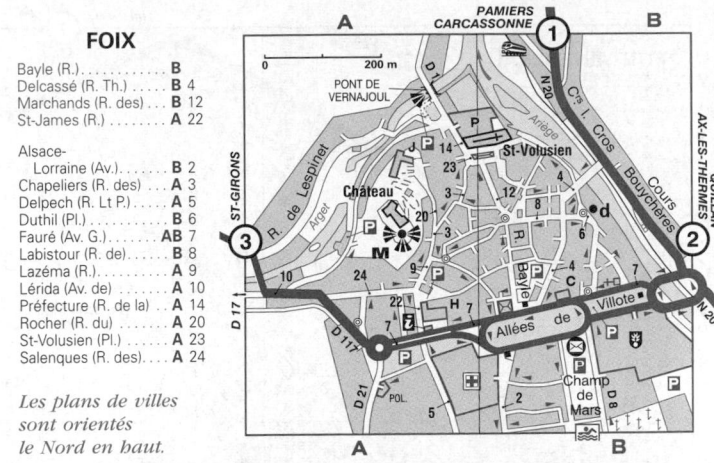

FOIX

Bayle (R.) . . . . **B**
Delcassé (R. Th.) . . . . **B** 4
Marchands (R. des) . . . **B** 12
St-James (R.) . . . . **A** 22

Alsace-
  Lorraine (Av.) . . . . **B** 2
Chapeliers (R. des) . . . **A** 3
Delpech (R. Lt P.) . . . . . **A** 5
Duthil (Pl.) . . . . **B** 6
Fauré (Av. G.) . . . . **AB** 7
Labistour (R. de) . . . . . . **B** 8
Lazéma (R.) . . . . **A** 9
Lérida (Av. de) . . . . **A** 10
Préfecture (R. de la) . . **A** 14
Rocher (R. du) . . . . **A** 20
St-Volusien (Pl.) . . . . . . **A** 23
Salenques (R. des) . . . . **A** 24

*Les plans de villes
sont orientés
le Nord en haut.*

---

au Sud *par* ② : 7 km bifurcation N 20 et D 117 – ⊠ 09000 St-Paul-de-Jarrat :

La Charmille avec ch, ℘ 05 61 64 17 03, Fax 05 61 64 10 05 – ☎ ⚡ 🅿. GB. ⚇ ch
fermé 1ᵉʳ au 6 juil., 1ᵉʳ au 15 oct., 15 au 31 janv. et dim. soir d'oct. à juin – **Repas** 72/200 –
☲ 32 – **10 ch** 210/250 – ½ P 200/220.

CITROEN Gar. Grau, N20 à Peyssales par ②   ⓦ Euromaster, 33 av. Mar.-Leclerc
℘ 05 61 02 12 40   ℘ 05 61 65 01 68
PEUGEOT Stival Autom., N 20 ZI de Labarre par ①   Lautier Pneus, 16 av. de Barcelone
℘ 05 61 65 42 22 🅽 ℘ 08 00 44 24 24   ℘ 05 61 65 01 41
RENAULT Autorama, rte d'Espagne par ②
℘ 05 61 02 32 60 🅽 ℘ 06 07 15 71 61
VAG Ariège Autom., ZUP de Labarre
℘ 05 61 02 74 44

FONTAINEBLEAU ⊚⊳ 77300 S.-et-M. 𝟨𝟣 ② ⑫, 𝟣𝟢𝟨 ㊺ ㊻ G. Ile de France – 15 714 h alt. 75.

Voir *Palais*★★★ ABZ – *Jardins*★ ABZ – *Musée napoléonien d'Art et d'Histoire militaire :
collection de sabres et d'épées*★ AY M – *Forêt*★★★ – *Gorges de Franchard*★★ 5 km par ⑥.
🏌 ℘ 01 64 22 22 95, par ⑤ : 1,5 km.
🄳 Office de Tourisme 4 r. Royale ℘ 01 60 74 99 99, Fax 01 60 74 99 98.
Paris 64 ⑦ – Auxerre 106 ④ – Châlons-en-Champagne 157 ③ – Chartres 112 ⑦ – Meaux
73 ① – Melun 17 ① – Montargis 51 ④ – Orléans 90 ⑤ – Sens 54 ③ – Troyes 118 ③.

Plan page suivante

Aigle Noir Ⓜ, 27 pl. Napoléon ℘ 01 60 74 60 00, Fax 01 60 74 60 01, 🏤, « Bel aménagement intérieur », ₣₅, 🟦 – 🛗 ⫶⇔ 🖵 🖻 ☎ ⚡ 🚗 – 🔬 50. 🖭 ⓞ GB JCB   AZ   a
Le Beauharnais *(fermé 24 au 30 déc.)* **Repas** 180/450, carte 300 à 460, enf. 80 – ☲ 90 –
51 ch 1050/1200, 6 appart – ½ P 929/1404
Spéc. Filets de rouget à la crème d'olive pimentée. Poêlée de pommes de terre ratte et
crevettes géantes. Ris de veau à la crème de lait et vinaigre balsamique.

Napoléon Ⓜ, 9 r. Grande ℘ 01 64 22 20 39, Fax 01 64 22 20 87, 🏤 – 🛗 ⫶⇔ 🖵 ☎ –
🔬 80. 🖭 ⓞ GB JCB   BZ   n
La Table des Maréchaux : **Repas** 130/180, enf. 60 – ☲ 60 – **57 ch** 650/700 – ½ P 475.

Gd H. Mercure Ⓜ ⌂, 41 r. Royale ℘ 01 64 69 34 34, Fax 01 64 69 34 39, 🏤, parc, ₣₅,
⚬⫶ – 🛗 ⫶⇔ 🖵 ☎ ⚡ ᴑ GB   AZ   d
Repas carte environ 160 ₰, enf. 50 – ☲ 60 – **97 ch** 610/800.

Ibis Ⓜ, 18 r. Ferrare ℘ 01 64 23 45 25, Fax 01 64 23 42 22, 🏤 – 🛗 ⫶⇔ 🖵 ☎ ⚡ ᴑ 🚗 –
🔬 60. 🖭 GB   AZ   e
Repas 95, enf. 39 – ☲ 40 – **81 ch** 360.

Croquembouche, 43 r. France ℘ 01 64 22 01 57, Fax 01 60 72 08 73 – 🍽. 🖭 GB.
⚇
fermé août, vacances de Noël, jeudi midi et merc. – **Repas** 125/195 ₰.   AZ   b

Chez Arrighi, 53 r. France ℘ 01 64 22 29 43, Fax 01 60 72 68 02 – 🖭 GB   AZ   u
fermé lundi – **Repas** 95/185.

515

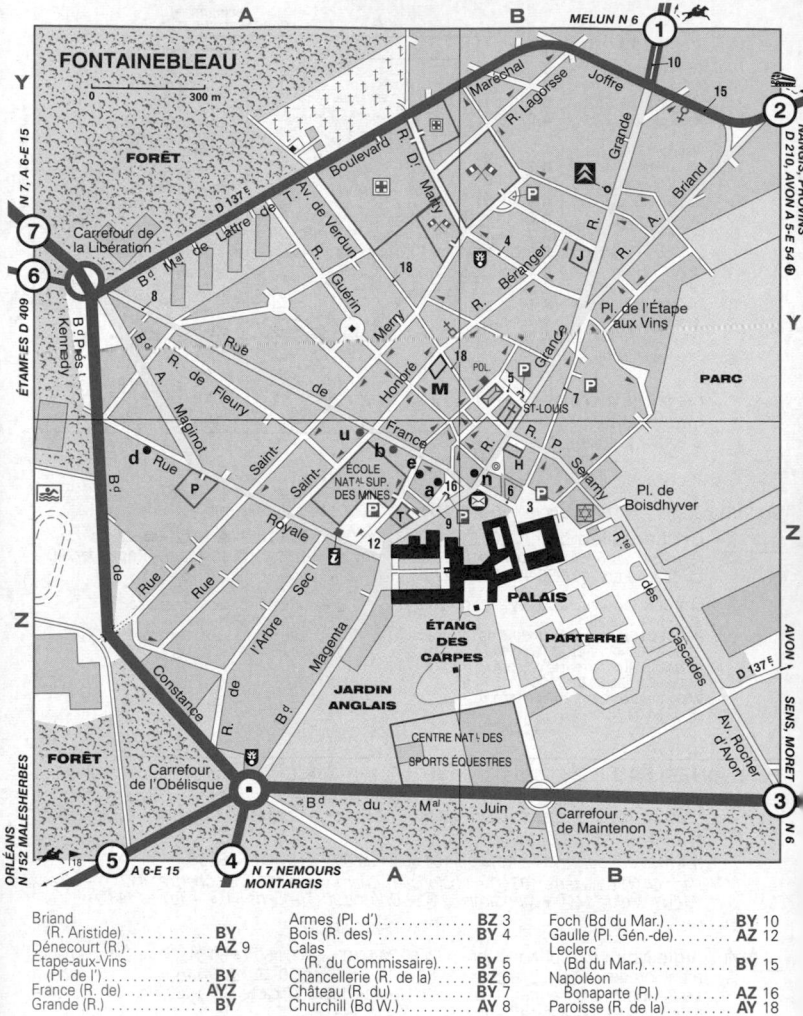

FONTAINEBLEAU

0 — 300 m

à Avon par ② – 13 873 h. alt. 71 – ⊠ 77210 :

🏨 **Climat de France** M, 46 av. F. Roosevelt 𝒫 01 64 22 30 21, Fax 01 64 22 43 76, 🏠 – 🛗 📺 ☎ 🕭 📁 – 🛗 25 à 80. 🖭 ⑪ ☎
Repas 89/120 🍴, enf. 39 – ⊇ 36 – **67 ch** 340 – ½ P 250.

à Thomery Est : 9 km par ③, N 6 et D 901 – 3 025 h. alt. 48 – ⊠ 77810 :

XXX **Le Vieux Logis** avec ch, 5 r. Sadi Carnot 𝒫 01 60 96 44 77, Fax 01 60 70 01 42, 🏠, 🏊 – 📺 ☎ 🕭 📁. 🖭 ☎
Repas 145/240 et carte 230 à 340 – ⊇ 50 – **14 ch** 400 – ½ P 365.

à Ury par ⑤ : 10 km – 706 h. alt. 117 – ⊠ 77760 :

🏨 **Novotel** M 🏊, Nord-Est par N 152 et rte secondaire 𝒫 01 64 24 48 25, Fax 01 64 24 46 92, ≤, 🏠, « En lisière de forêt », 🏊, 🐾, 🎾 – 🍴 📺 ☎ 🕭 📁 – 🛗 80. 🖭 ⑪ ☎ 🔔
Repas carte environ 170, enf. 50 – ⊇ 57 – **127 ch** 490/550.

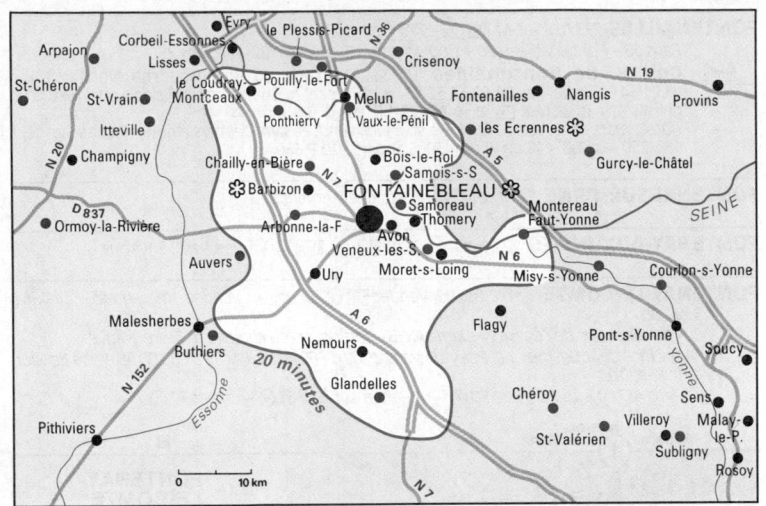

ALFA ROMEO, FIAT Gar. Patton Sud, 27 av.
F.-Roosevelt à Avon ℰ 01 64 69 52 00
BMW D.A.B., 72 av. de Valvins à Avon
ℰ 01 64 69 50 70
CITROEN Ste Nlle Sud Auto, 177 r. Grande
ℰ 01 64 69 53 30 **N** ℰ 06 08 91 57 36
FORD Gar. François 1er autom., 9 r. Gambetta à
Avon ℰ 01 60 72 20 34
HONDA Gar. Europe, 2 av. F.-Roosevelt à Avon
ℰ 01 64 22 38 71
PEUGEOT S.C.G.C., 66 av. de Valvins à Avon par ②
ℰ 01 60 72 14 05 **N** ℰ 08 00 05 24 24

RENAULT Gar. du Viaduc, 40 r. du Viaduc à Avon
par ② ℰ 01 64 22 37 78
RENAULT Gar. Centre, 56 av. de Valvins à Avon
par ② ℰ 01 64 69 56 56 **N** ℰ 08 00 05 15 15
ROVER, TOYOTA Ile-de-France Autom., 86 r. de
France ℰ 01 64 22 31 59

⑩ Forum Pneus, 65-67 r. de France
ℰ 01 64 22 25 85

FONTAINE-CHAALIS 60300 Oise 56 ⑫, 106 ⑨ – 366 h alt. 70.

Voir *Boiseries*★ de l'église de Baron E : 4 km, G. Ile de France.

Paris 49 – Compiègne 39 – Beauvais 61 – Meaux 31 – Senlis 9 – Villers-Cotterets 38.

XX **Aub. de Fontaine** 🐾 avec ch, ℰ 03 44 54 20 22, Fax 03 44 60 25 38, 😤, 🌼 – ☎ **P**.
GB
fermé mardi d'oct. à mars sauf fériés – **Repas** 135/280, enf. 75 – � 40 – **8 ch** 245/345 –
½ P 300.

FONTAINE-DE-VAUCLUSE 84800 Vaucluse 81 ⑬ *G. Provence* (plan) – 580 h alt. 75.

Voir *La Fontaine de Vaucluse*★★★ 30 mn – *Collection Casteret*★ au Monde souterrain de
Norbert Casteret – Musée d'Histoire 1939-1945★.

🛈 *Office de Tourisme Chemin de la Fontaine* ℰ 04 90 20 32 22, Fax 04 90 20 21 37.

Paris 703 – Avignon 30 – Apt 33 – Carpentras 21 – Cavaillon 17 – Orange 50.

XX **Philip,** ℰ 04 90 20 31 81, Fax 04 90 20 28 63, ≤, 😤, « Au pied des cascades » – **GB**
1er avril-30 sept. et fermé le soir sauf juil.-août – **Repas** 112/160.

Write us...

If you have any comments on the contents of this Guide.

Your praise as well as your criticisms will receive careful consideration and, with your assistance, we will be able to add to our
stock of information and, where necessary, amend our judgments.

Thank you in advance!

FONTENAILLES 77370 S.-et-M. **61** ③ – 773 h alt. 102.

Paris 68 – Fontainebleau 29 – Coulommiers 36 – Melun 22 – Provins 26.

Golf H. de Fontenailles M ⓢ, Domaine du Bois Boudran Nord : 1 km
ℰ 01 64 60 51 00, Fax 01 60 67 52 12, ≼, 斎, parc, « Château du 19ᵉ siècle au milieu d'un
golf », ℅ – ▯ ▤ rest ▥ ☎ ⓖ ₯ – ⚿ 50. ▣ ◑ ⬛ ⬛ ℅
hôtel : mars-nov. ; rest. : fermé le soir sauf vend. et sam. de mars à nov. – **Repas** 130 (déj.),
180/250 – ⊑ 60 – **48 ch** 650/1450, 3 appart – ½ P 660.

FONTENAI-SUR-ORNE 61 Orne **60** ② – *rattaché à Argentan.*

FONTENAY-AUX-ROSES 92 Hauts-de-Seine **60** ⑩,, **101** ㉕ – *voir à Paris, Environs.*

FONTENAY-LE-COMTE ◄❖► 85200 Vendée **71** ① G. Poitou Vendée Charentes – 14 456 h
alt. 21.

Voir *Clocher⋆ de l'église N.-Dame* AY B – *Intérieur⋆ du château de Terre Neuve.*
🛈 *Office de Tourisme quai Poey-d'Avant* ℰ 02 51 69 44 99, Fax 02 51 50 00 90 *et rte de Niort
(juil.-août).*
Paris 437 ① – *La Rochelle 50* ④ – *La Roche-sur-Yon 63* ⑤ – *Cholet 77* ①.

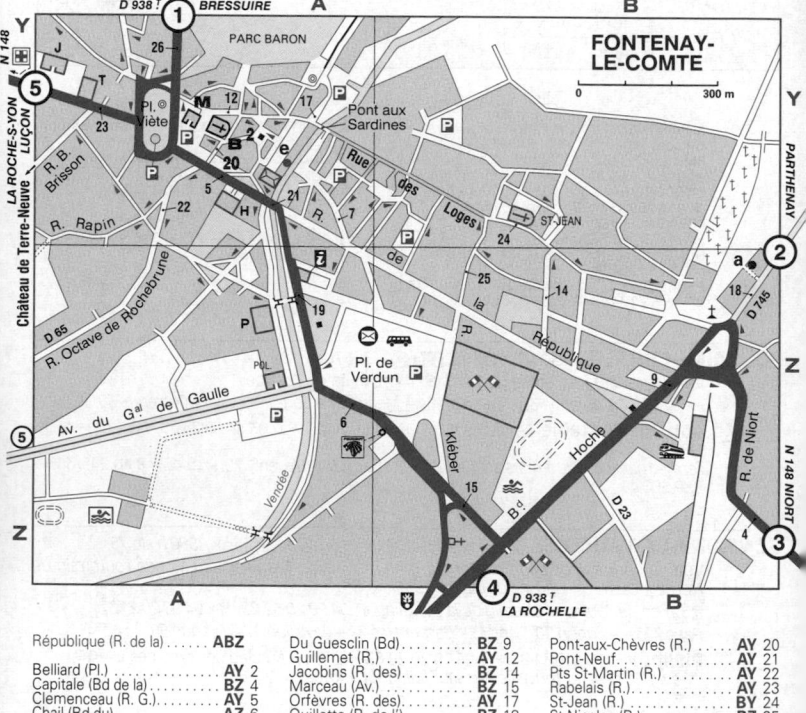

🏨 **Rabelais,** rte Parthenay ℰ 02 51 69 86 20, Fax 02 51 69 80 45, 斎, ⅃, 寿 – ▥ ☎ ℅ &
   – ▯ – ⚿ 70. ▣ ◑ ⬛ ℅ rest   BZ **a**
Repas 68/130 ⅃, enf. 45 – ⊑ 40 – **54 ch** 290/330 – ½ P 260.

✗✗ **Chouans Gourmets,** 6 r. Halles ℰ 02 51 69 55 92 – ▣ ◑ ⬛   AY **e**
fermé 1ᵉʳ au 15 janv., dim. soir et lundi sauf fêtes – **Repas** 91/220 ⅃, enf. 42.

à St-Martin-de-Fraigneau *par* ③ *et N 148 : 5 km – 697 h. alt. 35 –* ⊠ *85200 :*

🏨 **Eleis,** ℰ 02 51 53 03 30, Fax 02 51 53 01 56, 斎, 寿 – ▥ ☎ ℅ & ▯. ▣ ⬛
   Repas snack *(fermé dim. midi)* 80/160 ⅃, enf. 48 – ⊑ 31 – **30 ch** 200/270 – ½ P 235/270.

à Velluire *par ④, D 938 ter et D 68 : 11 km – 514 h. alt. 9 – ✉ 85770 :*

XXX **Aub. de la Rivière** Ⓜ avec ch, ✆ 02 51 52 32 15, Fax 02 51 52 37 42, ≤, « En bordure de la Vendée » – TV ☎. GB
fermé 2 janv. au 26 fév., dim. soir (sauf hôtel) de sept. à juin et lundi sauf le soir en juil.-août – **Repas** 105/230 et carte 210 à 300 – ☕ 60 – **11 ch** 365/430 – ½ P 390/420.

CITROEN Les Gar. Murs, ZI 67 r. Ancienne Capitale du Bas Poitou par ③ ✆ 02 51 69 06 76
FIAT, LANCIA Gar. Lamy, bd du Chail ✆ 02 51 50 15 00
PEUGEOT Gds gar. de Vendée, bd du Chail ✆ 02 51 69 85 69
RENAULT Fontenaisienne Autom., rte de la Rochelle par ④ ✆ 02 51 69 49 74 N ✆ 02 51 36 94 64
VAG Gar. Couturier, av. Gén.-de-Gaulle ✆ 02 51 69 92 67 N ✆ 02 51 69 05 77

Aubert, rte de Niort ✆ 02 51 69 30 79

FONTENAY-SOUS-BOIS *94 Val-de-Marne* 56 ⑪, 101 ⑰ – *voir à Paris, Environs.*

FONTENAY-TRÉSIGNY *77610 S.-et-M.* 61 ②, 106 ㉞ ㉟ – *4 518 h alt. 102.*
Paris 51 – Coulommiers 24 – Meaux 32 – Melun 27 – Provins 40 – Sézanne 65.

Le Manoir, près aérodrome Est : 4 km par N 4 et D 402 ✆ 01 64 25 91 17, Fax 01 64 25 95 49, ≤, « Ancien pavillon de chasse dans un parc avec étang », – TV ☎ ♿ P – 100. AE GB JCB
fermé mardi sauf fériés – **Repas** 240 bc/350 – ☕ 70 – **15 ch** 790/830, 5 appart – ½ P 790/1370.

Restaurants, die sorgfältig zubereitete, preisgünstige Mahlzeiten anbieten, sind durch das Zeichen kenntlich gemacht.

FONTEVRAUD-L'ABBAYE *49590 M.-et-L.* 67 ⑨ *G. Châteaux de la Loire – 1 108 h alt. 75.*
Voir *Abbaye★★ – Église St-Michel★.*
18 de Loudun (86) ✆ 05 49 98 78 06, par D 947 : 3 km.
Office de Tourisme Chapelle Ste-Catherine (15 mai-sept.) ✆ 02 41 51 79 45.
Paris 307 – Angers 61 – Chinon 21 – Loudun 23 – Poitiers 78 – Saumur 16 – Thouars 37.

Hôtellerie Prieuré St-Lazare, ✆ 02 41 51 73 16, Fax 02 41 51 75 50, « Dans l'ancien prieuré de l'abbaye », – TV ☎ P – 100. AE GB.
fermé janv. et fév. – **Repas** 98/250 – ☕ 55 – **52 ch** 420/470 – ½ P 375.

Croix Blanche, pl. Plantagenets ✆ 02 41 51 71 11, Fax 02 41 38 15 38, – TV ☎ P – 40. AE GB
fermé 12 au 22 nov. et 12 janv. au 9 fév. – **Repas** 99/215, enf. 57 – ☕ 37 – **21 ch** 300/450 – ½ P 300/390.

XXX **La Licorne**, allée Ste-Catherine ✆ 02 41 51 72 49, Fax 02 41 51 70 40, – AE GB JCB
✿ *fermé début déc. à mi-janv., dim. soir et lundi d'oct. à avril* – **Repas** (nombre de couverts limité, prévenir) 100/250 et carte 240 à 370
Spéc. Ravioli de langoustines au basilic, crème de morilles. Saumon de Loire rôti en peau, beurre de vanille (saison). Poire pochée en cage (saison). **Vins** Saumur Champigny, Chinon.

X **Abbaye**, rte Montsoreau ✆ 02 41 51 71 04, Fax 02 41 51 43 10 – GB
fermé oct., fév., mardi soir et merc. – **Repas** 68/165, enf. 50.

FONTJONCOUSE *11360 Aude* 86 ⑨ – *102 h alt. 298.*
Paris 835 – Perpignan 66 – Carcassonne 56 – Narbonne 32.

XXX **Aub. du Vieux Puits** (Goujon), ✆ 04 68 44 07 37, Fax 04 68 44 08 31 – P. GB
✿ *fermé 7 janv. au 12 fév., dim. soir et lundi de sept. à juin sauf fériés* – **Repas** 155/320 et carte 240 à 330, enf. 60
Spéc. Carpaccio de pigeon au foie gras. Petite cocotte de cochon aux olives de Lucques. Millefeuille d'amande, glace au lait de brebis.

FONT-ROMEU *66120 Pyr.-Or.* 86 ⑯ *G. Pyrénées Roussillon – 1 857 h alt. 1800 – Sports d'hiver : 1 800/2 450 m 1 31 – Casino.*
Voir *Ermitage★ (camaril★★) et calvaire ★★ de Font-Romeu NE : 2 km puis 15 mn.*
9 de Font-Romeu ✆ 04 68 30 10 78, N : 1 km.
Office de Tourisme av. E.-Brousse ✆ 04 68 30 68 30, Fax 04 68 30 29 70.
Paris 876 – Andorra la Vella 79 – Ax-les-Thermes 57 – Bourg-Madame 19 – Perpignan 91.

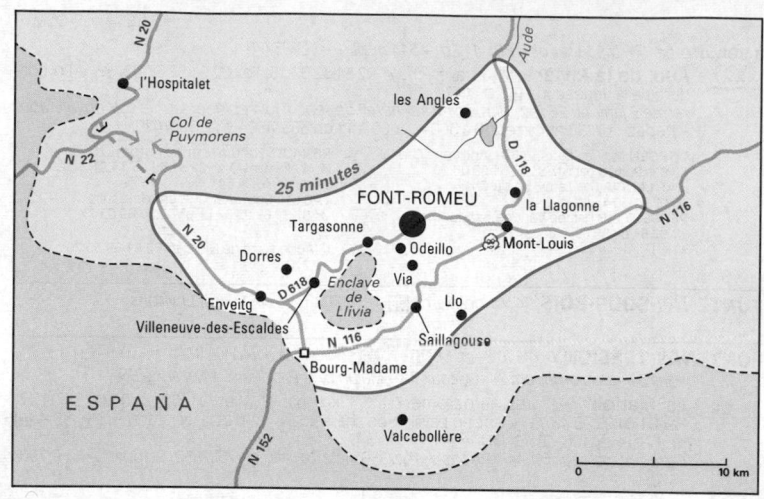

🏨 **Carlit,** 𝄒 04 68 30 80 30, Fax 04 68 30 80 68, ⤴, 🎿 – 🛗 cuisinette 📺 ☎ – 🏛 35. 🆎 ☖
🍽 rest
fermé oct. et nov. – **La Cerdagne :** Repas 135/200₰, enf. 65 – **El Foc :** Repas 95/
130₰, enf. 60 – ☑ 45 – **45 ch** 381/450, 12 duplex – ½ P 350/400.

🏨 **Clair Soleil,** rte Odeillo : 1 km 𝄒 04 68 30 13 65, Fax 04 68 30 08 27, ≤ montagnes et four
solaire, ⤴, – 🛗 📺 ☎ 🅿 🆎 ☖
fermé 15 oct. au 22 déc. – **Repas** *(fermé dim. soir et lundi hors sais.)* 75 (déj.), 95/195,
enf. 45 – ☑ 40 – **31 ch** 190/330 – ½ P 240/325.

🏨 **La Montagne,** 𝄒 04 68 30 36 44, Fax 04 68 30 14 14, ≤, 🛁, ⤴, 🎾 – 🛗 cuisinette 📺 ☎
♿ 🐕 🅿 – 🏛 40. 🆎 ◑ ☖ 🇯🇨🇧
Le Chalet (*fermé mai et nov.*) **Repas** 75 bc, enf. 50 – ☑ 40 – **16 ch** 390/440, 7 duplex –
½ P 360/385.

🏨 **L'Orée du Bois** sans rest, 𝄒 04 68 30 01 40, Fax 04 68 30 41 60, ≤ – 🛗 ⤷ 📺 ☎ ♿ 🐕.
🆎 ☖
☑ 37 – **37 ch** 270/290.

🏨 **Sun Valley,** 𝄒 04 68 30 21 21, Fax 04 68 30 30 38 – 🛗 📺 ☎ 🐕. ☖. 🍽 rest
fermé nov. – **Repas** (résidents seul.) 120 ₰ – ☑ 45 – **41 ch** 350/450 – ½ P 385.

🏨 **Gd Tétras** sans rest, 𝄒 04 68 30 01 20, Fax 04 68 30 35 67, 🛁 – 🛗 📺 ☎ 🐕. 🆎 ◑ ☖
☑ 39 – **36 ch** 250/345.

🏨 **Pyrénées,** 𝄒 04 68 30 01 49, Fax 04 68 30 35 98, ≤ Cerdagne, 🌲, 🛁, ⤴ – 🛗 📺 ☎ ✆ –
🏛 25. ◑ ☖
fermé mai et 5 nov. au 5 déc. – **Repas** 82/145, enf. 45 – ☑ 40 – **37 ch** 290/330 –
½ P 290/330.

🏠 **Y Sem Bé** 🦢, 𝄒 04 68 30 00 54, Fax 04 68 30 25 42, ≤ Cerdagne, 🌲, 🎿 – ⤷ 📺 ☎.
☖
7 juin-21 sept. et 13 déc.-25 avril – **Repas** 90 (déj.), 110/120 – ☑ 40 – **24 ch** 170/420 –
½ P 250/375.

à Odeillo *Sud-Ouest : 3 km par D 29* – ✉ *66120 Font-Romeu-Odeillo Via :*

🏠 **Le Romarin,** 𝄒 04 68 30 09 66, Fax 04 68 30 18 52, ≤ Cerdagne – ☎ 🅿. 🆎 ☖
fermé 15 oct. au 25 nov. – **Repas** 90 ₰, enf. 50 – ☑ 38 – **15 ch** 260/310 – ½ P 215/310.

à Targasonne *Ouest : 4 km par D 10ᵉ et D 618* – *133 h. alt. 1600* – ✉ *66120 :*

🏠 **La Tourane** 🦢, 𝄒 04 68 30 15 03, ≤ – ☎ 🅿. ☖
fermé 1ᵉʳ nov. au 20 déc. – **Repas** 70 bc/200 – ☑ 35 – **25 ch** 175/215 – ½ P 215.

à Via *Sud : 5 km par D 29* – ✉ *66120 Font-Romeu :*

🏨 **L'Oustalet** 🦢, 𝄒 04 68 30 11 32, Fax 04 68 30 31 89, ≤, 🌲, ⤴, 🎿 – 🛗 📺 ☎ 🅿. 🆎 ☖
🍽 rest
fermé 20 avril au 10 mai et 1ᵉʳ oct. au 20 déc. – **Repas** 80/170, enf. 50 – ☑ 40 – **28 ch**
260/320 – ½ P 245/300.

FONTVIEILLE 13990 B.-du-R. **83** ⑩ *G. Provence – 3 642 h alt. 20.*

Voir *Moulin de Daudet* ≤★ – *Chapelle St-Gabriel★ N : 5 km.*

🎪 *Office de Tourisme pl. Honorat ℰ 04 90 54 67 49, Fax 04 90 54 69 82.*

Paris 714 – Avignon 30 – Arles 10 – Marseille 84 – St-Rémy-de-Provence 18 – Salon-de-Provence 37.

🏥 **La Regalido** (Michel) ⊗, r. F. Mistral ℰ 04 90 54 60 22, Fax 04 90 54 64 29, 余, « Jardin
❀ fleuri » – 🗏 🔟 ☎ 🅿. 🕮 ⑩ ⚇ ❒
*fermé 2 au 31 janv. – Repas (fermé mardi midi de juil. à sept. et lundi sauf le soir de juil. à.
sept.)* 170 bc (déj.), 260/410, enf. 130 – ☑ 98 – **15 ch** 670/1510 – ½ P 680/1150
Spéc. Gratin de moules aux épinards. Nage de loup à l'huile d'olive. Tranche de gigot en
casserole et à l'ail. **Vins** Châteauneuf-du-Pape, Coteaux des Baux.

🏥 **Host. St-Victor** ⊗ sans rest, chemin des Fourques par rte Arles ℰ 04 90 54 66 00,
Fax 04 90 54 67 88, ⚒, ⚘ – 🗏 🔟 ☎ 🅿. 🕮 ⑩ ❒ – ☑ 70 – **11 ch** 375/625.

🏥 **Val Majour** ⊗, rte Arles ℰ 04 90 54 62 33, Fax 04 90 54 61 67, ≤, 余, « Parc », ⚒, ⚘ –
🔟 ☎ ⇔ 🅿. – 🔏 50. 🕮 ❒. ⚘ rest
1ᵉʳ avril-31 oct. – Repas 100/150 ⌑, enf. 60 – ☑ 50 – **32 ch** 300/430 – ½ P 325/450.

🏠 **Daudet** ⊗ sans rest, rte Arles ℰ 04 90 54 76 06, Fax 04 90 54 76 95, ⚘ – ☎ 🕭 🅿. ❒
22 mars-15 oct. – ☑ 30 – **15 ch** 290/350.

🏠 **Host. de la Tour**, rte Arles ℰ 04 90 54 72 21, 余, ⚒ – ☎ 🅿. ❒
⇔ *15 mars-1ᵉʳ nov. – Repas* 65/95, enf. 50 – ☑ 40 – **10 ch** 220/345 – ½ P 243/278.

XX **Le Patio**, 117 rte du Nord ℰ 04 90 54 73 10, Fax 04 90 54 63 52, 余, « Ancienne bergerie
du 19ᵉ siècle » – 🕮 ⑩ ❒
fermé vacances de fév., mardi soir hors sais. et merc. sauf le soir en sais. – Repas 98/195.

X **La Table du Meunier**, 42 cours Hyacinthe Bellon ℰ 04 90 54 61 05, Fax 04 90 54 77 24 –
🞈 🗏
*fermé vacances de printemps, de Toussaint, 17 au 27 déc. et vacances de fév. – Repas
(fermé merc. sauf le soir en juil.-août et mardi soir) (nombre de couverts limité, prévenir)*
105/155.

X **Laetitia** avec ch, r. Lion ℰ 04 90 54 72 14, 余 – ☎. ❒
Repas (dîner seul.) 89/125 ⌑ – ☑ 35 – **10 ch** 175/210 – ½ P 190/235.

rte de Tarascon *Nord-Ouest : 5 km par D 33 – ☒ 13150 Tarascon :*

🏥 **Mazets des Roches** Ⓜ ⊗, ℰ 04 90 91 34 89, Fax 04 90 43 53 29, 余, parc, ⚒, ⚘ –
🗏 🔟 ☎ 🅿 – 🔏 40. 🕮 ⑩ ❒
Pâques-1ᵉʳ nov. – Repas (fermé jeudi midi et sam. midi sauf juil.-août) 95/195 ⌑, enf. 80 –
☑ 50 – **39 ch** 300/700 – ½ P 320/495.

FORBACH ◁▷ 57600 Moselle **57** ⑥ *G. Alsace Lorraine – 27 076 h alt. 222.*

🎪 *Office de Tourisme 174, r. Nationale ℰ 03 87 85 02 43, Fax 03 87 87 80 22.*

Paris 385 ② – Metz 57 ② – St-Avold 20 ② – Sarreguemines 21 ② – Saarbrücken 14 ①.

Plan page suivante

🏠 **Poste** sans rest, 57 r. Nationale ℰ 03 87 85 08 80, Fax 03 87 85 91 91 – 🔟 ☎ 🅿. 🕮 ❒
☑ 35 – **29 ch** 150/290.   A   e

🏠 **Berg** sans rest, 50 av. St-Rémy ℰ 03 87 85 09 12, Fax 03 87 85 27 38 – ⇔ 🔟 ☎ ⚒ 🅿. 🕮
❒. ⚘ – ☑ 35 – **21 ch** 250/300.   A   b

XX **du Schlossberg**, 13 r. Parc ℰ 03 87 87 88 26, Fax 03 87 87 83 86 – 🕮 ⑩ ❒. ⚘
fermé août, vacances de fév., mardi soir et merc. – Repas 170/310.   B   s

à Stiring-Wendel *par ① : 3 km – 13 743 h. alt. 240 – ☒ 57350 :*

XXX **Bonne Auberge** (Mlle Egloff), 15 r. Nationale ℰ 03 87 87 52 78, Fax 03 87 87 18 19, 余 –
❀ 🗏 ❒
fermé sam. midi, dim. soir et lundi sauf fériés – Repas 170 (déj.), 265/410 et carte 320 à 410
Spéc. Borchtch de pigeon fumé aux croutons de pain d'épice (15 oct. au 1ᵉʳ mars). Étuvée
de Saint-Pierre aux châtaignes. Crème soufflée à l'Irish Coffee.

à Rosbrück *par ③ : 6 km – 1 014 h. alt. 200 – ☒ 57800 :*

XXX **Aub. Albert Marie**, 1 r. Nationale ℰ 03 87 04 70 76, Fax 03 87 90 52 55, ⚘ – 🗏 🅿. ❒
fermé dim. soir et lundi sauf les midis fériés – Repas 150 bc/360 et carte le soir 260 à 400.

CITROEN Gar. Herber, r. de Guise ℰ 03 87 85 11 89
Ⓝ ℰ 03 87 85 11 89
FORD Lehmann Autom., 143 r. Nationale à
Stiring-Wendel ℰ 03 87 87 42 10
PEUGEOT Derr Forbach Auto, 327 RN carr. de
l'Europe par ③ ℰ 03 87 85 11 23

RENAULT Moselle Autom., r. St-Guy
ℰ 03 87 84 45 00 Ⓝ ℰ 03 87 84 45 00

⬤ Leclerc Pneus, carr. du Schoeneck
ℰ 03 87 85 78 40
Leclerc Pneus, carr. de l'Europe ZI
ℰ 03 87 85 46 26

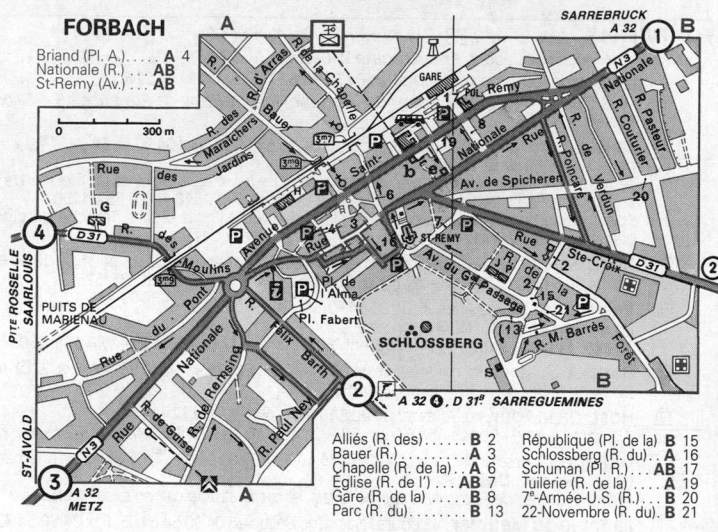

FORBACH

Briand (Pl. A.) . . . . . **A** 4
Nationale (R.) . . . . . **AB**
St-Remy (Av.) . . . **AB**

Alliés (R. des) . . . . . . **B** 2
Bauer (R.) . . . . **A** 3
Chapelle (R. de la) . . **A** 6
Église (R. de l') . . . **AB** 7
Gare (R. de la) . . . . . **B** 8
Parc (R. du) . . . . **B** 13

République (Pl. de la) **B** 15
Schlossberg (R. du) . . **A** 16
Schuman (Pl. R.) . . . **AB** 17
Tuilerie (R. de la) . . . . **A** 19
7ᵉ-Armée-U.S. (R.) . . . **B** 20
22-Novembre (R. du). **B** 21

Don't use yesterday's maps for today's journey.

FORCALQUIER 🏛 *04300 Alpes-de-H.-P.* 81 ⑮ *G. Alpes du Sud* **(plan)** – *3 993 h alt. 550.*

Voir *Site★ – Cimetière★ – ※★ de la terrasse N.-D. de Provence – Prieuré de Salagon★*
S : 4 km.

🛈 *Office de Tourisme pl. Bourguet* ℘ *04 92 75 10 02, Fax 04 92 75 26 76.*

Paris 749 – Digne-les-Bains 49 – Aix-en-Provence 78 – Apt 43 – Manosque 23 – Sisteron 42.

Host. des Deux Lions, 11 pl. Bourguet ℘ 04 92 75 25 30, Fax 04 92 75 06 41 – 📺 ☎
🞉 AE GB
*fermé 1ᵉʳ au 16 déc., 2 janv. au 1ᵉʳ mars, dim. soir hors sais. et lundi (sauf le soir en sais. et
fêtes)* – **Repas** (nombre de couverts limité, prévenir) 165/330 et carte 280 à 410, enf. 80 –
☲ 50 – **15 ch** 280/450 – ½ P 420
Spéc. Queue de boeuf au foie gras de canard en gelée de poireaux. Spirale de macaroni au
homard et aux écrevisses. Gâteau au chocolat ''Princesse Hélène''. **Vins** Coteaux de Pierrevert, Côtes du Ventoux.

Aub. Charembeau ⊱ sans rest, Est : 4 km par N 100 et rte secondaire
℘ 04 92 75 05 69, Fax 04 92 75 24 37, ≤, ⊼, ⛵, ※ – cuisinette 📺 ☎ 🅿. AE GB
fermé 30 nov. au 1ᵉʳ fév. – ☲ 42 – **14 ch** 280/450.

FORÊT voir au nom propre de la forêt.

La FORÊT-FOUESNANT *29940 Finistère* 58 ⑮ *G. Bretagne* – *2 369 h alt. 19.*

🛇 *de Quimper et de Cornouaille* ℘ *02 98 56 97 09.*

🛈 *Office de Tourisme 2, r. du Vieux Port* ℘ *02 98 56 94 09, Fax 02 98 51 42 07.*

*Paris 553 – Quimper 16 – Carhaix-Plouguer 62 – Concarneau 9 – Pont-l'Abbé 22 – Quim-
perlé 36.*

Manoir du Stang ⊱, Nord : 1,5 km par V 7 ℘ 02 98 56 97 37, Fax 02 98 56 97 37,
« Manoir dans un parc », ※ – 🛗 ☎ 🅿. ❀
hôtel : 5 mai-25 sept. ; rest. : 1ᵉʳ juil.-31 août – **Repas** (dîner seul.) (résidents seul.) 170/180 –
24 ch ☲ P 450/630.

Beauséjour, pl. Baie ℘ 02 98 56 97 18, Fax 02 98 51 40 77, ㎡ – 📺 ☎ 🕭 🅿. GB
22 mars-12 oct. – **Repas** 75/200 ⅊, enf. 48 – ☲ 35 – **25 ch** 180/298 – ½ P 230/295.

Espérance, pl. Église ℘ 02 98 56 96 58, Fax 02 98 51 42 25, ㎡ – ☎ 🅿. GB
25 mars-30 sept. – **Repas** *(fermé merc. midi)* 90/220 ⅊, enf. 58 – ☲ 35 – **27 ch** 170/340 –
½ P 225/295.

FORÊT-SUR-SÈVRE *79380 Deux-Sèvres* **67** ⑯ – *2 395 h alt. 153.*
Paris 383 – Bressuire 16 – Nantes 101 – Niort 62 – La Roche-sur-Yon 73.

   Aub. du Cheval Blanc, 𝒫 05 49 80 86 35, Fax 05 49 80 86 35 – **GB**
   fermé 7 au 20 juil., 17 au 23 fév. et lundi – **Repas** 70/200.

La FORGE-DE-L'ILE *36 Indre* **68** ⑧ – *rattaché à Châteauroux.*

FORGES-LES-EAUX *76440 S.-Mar.* **55** ⑧ *G. Normandie Vallée de la Seine* – *3 376 h alt. 161 – Stat.*
therm. (fermée) – Casino .
   🛈 *Office de Tourisme r. Mar. Leclerc* 𝒫 02 35 90 52 10, Fax 02 35 90 34 80.
   Paris 116 – Amiens 70 – Rouen 46 – Abbeville 73 – Beauvais 52 – Le Havre 124.

   Paix avec ch, 15 r. Neufchâtel 𝒫 02 35 90 51 22, Fax 02 35 09 83 62, 🐂 – 📺 ☎ & 🅿 ΑΕ
   ⓪ **GB**
   fermé 15 déc. au 6 janv. – **Repas** *(fermé lundi sauf le soir en sais. et dim. soir hors sais.)*
   79/170 🍷, enf. 55 – ⲥ 37 – **18 ch** 233/349 – ½ P 228/262.

   Aub. du Beau Lieu avec ch, SE : 2 km sur D 915 𝒫 02 35 90 50 36, Fax 02 35 90 35 98,
   🎇 – 📺 ☎ 🅿 ΑΕ ⓪ **GB**
   fermé 12 au 26 janv., lundi et mardi du 12 nov. au 12 mars – **Repas** *(fermé lundi et mardi*
   sauf juil.-août) 100/265 – ⲥ 38 – **3 ch** 300 – ½ P 320/420.

   RENAULT Gar. Goullier, Rte de Sommery à Buchy   ● Parin Pneus, 𝒫 02 35 90 51 17
   𝒫 02 35 34 40 30
   Gar. du Parc, 𝒫 02 35 90 52 83

FORT-MAHON-PLAGE *80790 Somme* **51** ⑪ *G. Flandres Artois Picardie* – *1 042 h alt. 2 – Casino.*
   Env. *Parc ornithologique du Marquenterre★★ S : 15 km.*
   🏌 *de Belle Dune* 𝒫 03 22 23 45 50 *(près de l'Aquaclub).*
   🛈 *Office de Tourisme* 𝒫 03 22 23 36 00, Fax 03 22 23 93 40.
   Paris 216 – Calais 92 – Abbeville 37 – Amiens 82 – Berck-sur-Mer 19 – Étaples 29 –
   Montreuil 26.

   Terrasse, 𝒫 03 22 23 37 77, Fax 03 22 23 36 74, ≼ – 📱 📺 ☎ & 🅿 – 🕍 80. ΑΕ ⓪ **GB**
   ⁒ ch
   Repas 80/180, enf. 50 – ⲥ 45 – **56 ch** 260/460 – ½ P 260/335.

   Victoria, 𝒫 03 22 27 71 05 – ☎. **GB**
   fermé vacances de printemps et jeudi hors sais. – **Repas** 75/160, enf. 40 – ⲥ 30 – **15 ch**
   150/220 – ½ P 200.

   Aub. Le Fiacre ⑤ avec ch, à Routhiauville, Sud-Est : 2 km par rte de Rue ✉ 80120 Rue
   𝒫 03 22 23 47 30, Fax 03 22 27 19 80, 🎇, « Ancienne ferme aménagée », 🐂 – 📺 ☎ & 🅿.
   GB. ⁒ ch
   fermé 8 au 18 sept., 20 janv. au 20 fév. et merc. midi de sept. à avril – **Repas** 99/215 et carte
   230 à 330 – ⲥ 45 – **11 ch** 390 – ½ P 390.

La FOSSETTE (Plage de) *83 Var* **84** ⑯ ,, **114** ㊽ – *rattaché au Lavandou.*

FOS-SUR-MER *13270 B.-du-R.* **84** ⑪ *G. Provence* – *11 605 h alt. 11.*
   Voir *Bassins de Fos★.*
   🛈 *Office de Tourisme pl. Hôtel de Ville* 𝒫 04 42 47 71 96, Fax 04 42 05 59 42 *et av. du Sable*
   d'Or (juil.-août) 𝒫 04 42 05 34 38.
   Paris 751 – Marseille 50 – Aix-en-Provence 58 – Arles 42 – Martigues 12 – Salon-de-Pro-
   vence 31.

   Mercure ⑤, rte Istres : 3 km 𝒫 04 42 05 00 57, Fax 04 42 05 51 00, ≼, 🏊, 🐂, ⁒ –
   cuisinette ⇆ 🗐 📺 ☎ & 🅿 – 🕍 80. ΑΕ ⓪ **GB**
   Repas *(fermé sam. et dim.)* 100/300, enf. 50 – ⲥ 55 – **64 ch** 360/640.

   Azur sans rest, 20 av. J. Moulin 𝒫 04 42 05 20 50, Fax 04 42 05 55 25 – 📺 ☎ 🅿. **GB**. ⁒
   fermé 23 déc. au 3 janv. – ⲥ 49 – **16 ch** 285/370.

FOUDAY *67 B.-Rhin* **62** ⑧ *G. Alsace Lorraine* – ✉ *67130 Le Ban-de-la-Roche.*
   Paris 406 – Strasbourg 60 – St-Dié 31 – Saverne 54 – Sélestat 37.

   Julien, N 420 𝒫 03 88 97 30 09, Fax 03 88 97 36 73, 🎇, 🐂 – 📱 📺 ☎ & 🅿. **GB**
   fermé vacances de Toussaint et de fév. – **Repas** *(fermé mardi)* 58 *(déj.)*, 92/140 🍷, enf. 45 –
   ⲥ 40 – **30 ch** 250/340 – ½ P 330.

FOUESNANT _29170 Finistère_ 🖸🖸 ⑮ _G. Bretagne – 6 524 h alt. 30._

🏠 _de Quimper et Cornouaille_ 𝒫 _02 98 56 97 09 à la Forêt-Fouesnant._

🖪 _Office de Tourisme 5 r. Armor_ 𝒫 _02 98 56 00 93, Fax 02 98 56 64 02._

Paris 557 – Quimper 17 – Carhaix-Plouguer 66 – Concarneau 13 – Quimperlé 40 – Rosporden 19.

🏠   **Le Roudou,** rte St-Evarzec 𝒫 02 98 56 01 26, Fax 02 98 56 62 69, ☞ – 📺 ☎ ᶘ 🅿. 🖼,
🍽 rest
hôtel : 20 avril-30 sept. ; rest. : 3 mai-28 sept. – **Repas** 70/160, enf. 42 – � 30 – **28 ch**
240/320 – ½ P 245/300.

🏠   **Orée du Bois** sans rest, 4 r. Kergoadic 𝒫 02 98 56 00 06, Fax 02 98 56 14 17 – ☎ ᶜ. 🅰🅴
🖼
⊷ 34 – **15 ch** 150/255.

au Cap Coz _Sud-Est : 2,5 km par rte secondaire_ – ✉ _29170 Fouesnant :_

🏠   **Pointe Cap Coz** ⚲, 𝒫 02 98 56 01 63, Fax 02 98 56 53 20, ≤ mer et port, 🛥   ☎. 🅰🅴
🖼, 🍽
fermé 1ᵉʳ janv. au 15 fév. – **Repas** _(fermé dim. soir et merc. du 15 sept. au 15 juin)_ 100/255,
enf. 60 – ⊷ 37 – **18 ch** 260/400 – ½ P 268/346.

🏠   **Belle-Vue,** 𝒫 02 98 56 00 33, Fax 02 98 51 60 85, ≤, ☞ – ☎ 🅿. 🖼, 🍽
hôtel : 1ᵉʳ mars-1ᵉʳ nov. ; rest. : 6 avril-20 sept. – **Repas** _(fermé mardi sauf juil.-août)_ 85/165,
enf. 60 – ⊷ 37 – **20 ch** 150/370 – ½ P 235/310.

à la Pointe de Mousterlin _Sud-Ouest : 6 km par D 145 et D 134_ – ✉ _29170 Fouesnant :_

🏠🏠   **Pointe Mousterlin** ⚲, 𝒫 02 98 56 04 12, Fax 02 98 56 61 02, ≤, 🏖, ☞, 🍽 – 🛎 📺 ☎
ᶜ 🅿 – 🔏 30. 🅰🅴 🖼, 🍽
11 avril-30 sept. – **Repas** 98/210, enf. 60 – ⊷ 42 – **52 ch** 335/455 – ½ P 335/455.

NISSAN Gar. Munoz, 20 r. de Cornouaille
𝒫 02 98 56 00 39
PEUGEOT Gar. Merrien, rte de Quimper
𝒫 02 98 56 00 17

RENAULT Gar. Bourhis, rte de Quimper
𝒫 02 98 56 02 65 🅽 𝒫 02 98 56 02 65

FOUGÈRES ◀◾▶ _35300 I.-et-V._ 🖸🖸 ⑱ _G. Bretagne – 22 239 h alt. 115._

_Voir Château★★ AY – Église St-Sulpice★ AY – Jardin public★ : ≤★ AY – Vitraux★ de l'église
St-Léonard AY._

🖪 _Office de Tourisme pl. A.-Briand_ 𝒫 _02 99 94 12 20, Fax 02 99 99 46 21 et au Château
pl. P.-Simon (saison)_ 𝒫 _02 99 99 79 59._

_Paris 322 ③ – Avranches 42 ⑤ – Laval 51 ② – Le Mans 128 ② – Rennes 49 ④ – St-Malo
79 ⑤._

Plan page ci-contre

🏠   **Campanile,** par ② : 1 km sur N 12 𝒫 02 99 94 54 00, Fax 02 99 99 04 01, 🌤 – 🍸 📺 ☎
ᶜ ᶘ 🅿. 🅰🅴 🅾 🖼
Repas 84 bc/107 bc, enf. 39 – ⊷ 32 – **49 ch** 278.

🏠   **H. Voyageurs** sans rest, 10 pl. Gambetta 𝒫 02 99 99 08 20, Fax 02 99 99 09 04 – 🛎 📺 ☎.
🅰🅴 🅾 🖼   BY   e
fermé 24 déc. au 3 janv. – ⊷ 30 – **37 ch** 180/275.

🍽🍽   **Le Haute Sève,** 37 bd J. Jaurès 𝒫 02 99 94 23 39 – 🅰🅴 🖼   BY   z
fermé 26 juil. au 20 août, 1ᵉʳ au 18 janv., dim. soir et lundi – **Repas** 100 bc (déj.), 110/260.

🍽🍽   **Rest. Voyageurs,** 10 pl. Gambetta 𝒫 02 99 99 14 17, Fax 02 99 99 28 89 – 🍽. 🅰🅴
🖼   BY   e
fermé dim. soir et sam. – **Repas** (nombre de couverts limité, prévenir) 95/210.

à Landéan _par ① : 8 km – 1 199 h. alt. 142_ – ✉ _35133 :_

🍽🍽   **Au Cellier,** D 177 𝒫 02 99 97 20 50 – 🅰🅴 🅾 🖼
fermé 4 au 10 août, 2 au 16 janv., dim. soir et lundi – **Repas** 90/220 ᶘ, enf. 48.

à la Templerie _par ② : 11 km_ – ✉ _35133 Fougères :_

🍽🍽   **La Petite Auberge,** sur N 12 𝒫 02 99 95 27 03, Fax 02 99 95 27 03 – 🅿. 🖼
fermé dim. soir et mardi – **Repas** 98 bc/280 bc.

CITROEN Succursale, 17 r Pasteur,
𝒫 02 99 94 54 94
FORD Gar. Cofa, 3 pl de l'Europe 𝒫 02 99 99 66 95
NISSAN Gar. Juillé, 25 r. Pipon 𝒫 02 99 99 01 98
RENAULT Gar. Guilmault, ZAC de Guénaudière par
② 𝒫 02 99 94 40 20 🅽 𝒫 02 99 74 91 55

VOLVO Gar. Gaillard, 26 r. Dr-Bertin
𝒫 02 99 99 07 60

🔧 Euromaster, bd Groslay 𝒫 02 99 94 55 01

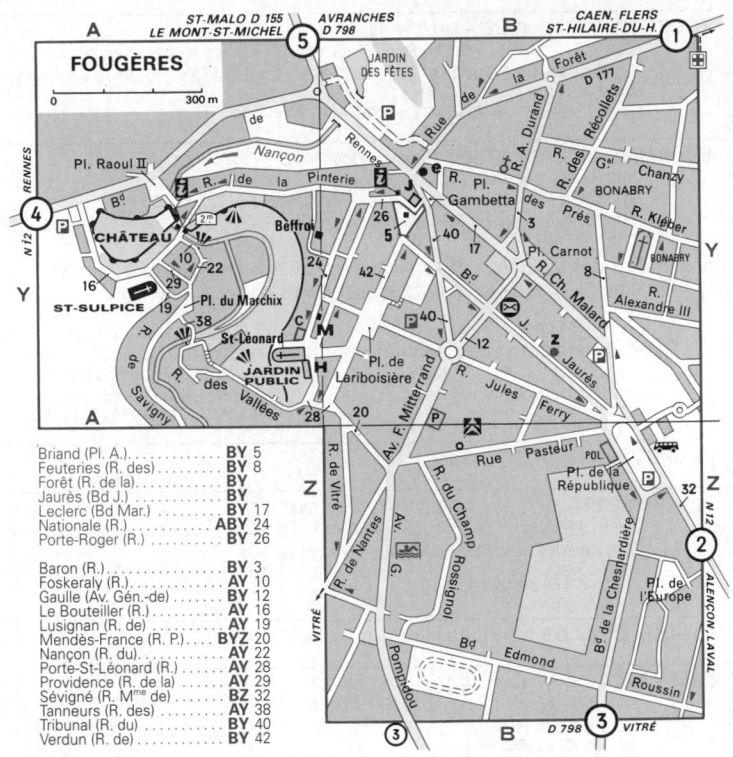

FOUGÈRES

FOUGEROLLES 70220 H.-Saône 🔲🔲 ⑥ G. Jura – 4 167 h alt. 311.

Voir *Musée du pays de la cerise et de la distillation*★.

Paris 377 – Épinal 48 – Luxeuil-les-Bains 10 – Plombières-les-Bains 13 – Remiremont 25 – Vesoul 41.

XXX   **Au Père Rota** (Kuentz), 𝒫 03 84 49 12 11, Fax 03 84 49 14 51 – **P**. **AE** **①** **GB**
❀   *fermé 2 au 23 janv., dim. soir et lundi sauf fériés* – **Repas** 155/310 et carte 280 à 380
Spéc. Terrine de canard aux griottines. Petite nage de turbot et queue de homard au vin
jaune. Crêpes fourrées aux griottines. **Vins** Champlitte, Côtes du Jura.

FOURAS 17450 Char.-Mar. 🔲🔲 ⑬ G. Poitou Vendée Charentes – 3 238 h alt. 5 – Casino .

Voir *Donjon* ⚹★.

🛈 *Office de Tourisme Fort Vauban* 𝒫 05 46 84 60 69, Fax 05 46 84 28 04.

Paris 480 – La Rochelle 32 – Châtelaillon-Plage 16 – Rochefort 16.

🏨   **Gd H. des Bains,** r. Gén.-Bruncher 𝒫 05 46 84 03 44, Fax 05 46 84 58 26, ☞ – ☎ 🚗.
   GB. ⚹ rest
   hôtel : 22 mars-31 oct. ; rest : 15 juin-19 sept. – **Repas** (dîner seul.) 95 ⓑ – ☲ 38 – **34 ch**
   250/350 – ½ P 270/305.

🐟   **Commerce,** r. Gén. Bruncher 𝒫 05 46 84 22 62, Fax 05 46 84 14 50 – 🖵 ☎. **GB**
   15 mars-15 nov. – **Repas** 85/160 ⓑ, enf. 40 – ☲ 29 – **12 ch** 170/300 – ½ P 189/256.

FOURCÈS 32250 Gers 🔲🔲 ⑬ G. Pyrénées Aquitaine – 324 h alt. 76.

Voir *Bastide*★.

Paris 725 – Agen 49 – Auch 58 – Condom 13 – Mont-de-Marsan 71 – Nérac 21.

🏨🏨   **Château de Fourcès** ≫, 𝒫 05 62 29 49 53, Fax 05 62 29 50 59, 🍽, parc, « Château
   du 13e siècle dans la Bastide », ⚌ – 🖵 ☎ **P**. **AE** **GB**
   fermé 15 janv. au 15 mars – **Repas** 140/280, enf. 50 – ☲ 60 – **12 ch** 390/850 – ½ P 450/
   650.

FOURGES 27630 Eure 55 ⑱ – 685 h alt. 14.

Paris 72 – Rouen 63 – Les Andelys 26 – Évreux 48 – Mantes-la-Jolie 26 – Vernon-sur-Eure 15.

XX **Le Moulin de Fourges**, ℰ 02 32 52 12 12, Fax 02 32 52 92 56, ㄫ, « Ancien moulin au bord de l'Epte », ⅏ – 🖭 ㏿
fermé janv., dim. soir et lundi – **Repas** 110/290, enf. 65.

FOURMIES 59610 Nord 53 ⑯ G. Flandres Artois Picardie – 14 505 h alt. 200.

Voir *Musée du textile et de la vie sociale*★.
🖪 Office de Tourisme pl. Verte ℰ 03 27 60 40 97, Fax 03 27 57 30 44.
Paris 204 – St-Quentin 63 – Avesnes-sur-Helpe 16 – Charleroi 60 – Guise 35 – Hirson 14 – Lille 115 – Vervins 27.

aux Étangs des Moines Est : 2 km par D 964 et rte secondaire – ⊠ 59610 Fourmies :

🏠 **Ibis** M 🕭 sans rest, ℰ 03 27 60 21 54, Fax 03 27 57 40 44 – ᛫⅏ 🖭 ☎ ᫂ – 🖽 40. 🖭 ⓸ ㏿
⊊ 37 – **31 ch** 290.

XX **Aub. des Étangs des Moines**, ℰ 03 27 60 02 62, Fax 03 27 60 10 25, ⅏, ㄫ – ㏿
fermé 15 au 30 août, 1er au 15 janv., et dim. soir – **Repas** 98/200 ♨, enf. 55.

CITROEN Gar. Losson, 13 r. A.-Renaud
ℰ 03 27 59 90 27

Gar. Cohidon, 51 r. des Etangs
ℰ 03 27 60 43 27 🄽 ℰ 03 27 60 43 27

FOURQUES 30 Gard 83 ⑩ – rattaché à Arles.

Le FOUSSERET 31430 H.-Gar. 82 ⑯ – 1 370 h alt. 280.

Paris 751 – Auch 67 – Toulouse 57 – Foix 68 – Pamiers 71 – St-Gaudens 43 – St-Girons 52.

XX **Voyageurs** avec ch, ℰ 05 61 98 53 06, ㄫ, ⅏ – ⅏
fermé 7 août au 7 sept., dim. soir et sam. – **Repas** 56 bc (déj.), 120/220 – ⊊ 25 – **7 ch** 100/180 – ½ P 160/180.

La FOUX D'ALLOS 04 Alpes-de-H.-P. 81 ⑧ – rattaché à Allos.

FRANCESCAS 47600 L.-et-G. 79 ⑭ – 625 h alt. 109.

Paris 721 – Agen 33 – Condom 18 – Nérac 13 – Toulouse 140.

XXX **Relais de la Hire**, ℰ 05 53 65 41 59, Fax 05 53 65 86 42, ㄫ, « Demeure du 18e siècle », ㄫ – 🄿. 🖭 ⓸ ㏿ 🄹🄲🄱
fermé dim. soir et lundi – **Repas** (prévenir) 115/255.

FRANCHEVILLE 69340 Rhône 74 ⑪, 110 ㉓ – 10 863 h alt. 240.

🖪 des Aqueducs ℰ 04 78 59 11 83.
Paris 459 – Lyon 9 – L'Arbresle 24 – Vienne 33 – Villefranche-sur-Saône 33.

🏠 **Aub. de la Vallée**, 39 av. Chater ℰ 04 78 59 11 88, Fax 04 78 59 47 16, ㄫ – 🖭 ☎. 🖭 ㏿
Repas (fermé 4 au 25 août, vacances de fév., dim. soir et lundi) 72 (déj.), 105/260 ♨ – ⊊ 30 – **12 ch** 250/300 – ½ P 290.

CITROEN Gar. du Chater, 72 bis av. du Chater
ℰ 04 78 59 05 45

PEUGEOT Gar. Fahy, 25 av. du Chater
ℰ 04 78 34 00 20

FRANQUEVILLE-ST-PIERRE 76 S.-Mar. 55 ⑦ – rattaché à Rouen.

La FRANQUI 11 Aude 86 ⑩ G. Pyrénées Roussillon – ⊠ 11370 Leucate.

Paris 839 – Perpignan 40 – Carcassonne 87 – Leucate 5 – Narbonne 38 – Port-la-Nouvelle 18.

🏠 **Plage**, face plage ℰ 04 68 45 70 23, Fax 04 68 45 65 64, ⅏, ㄫ – ☎. ㏿
hôtel : 2 mai-30 sept. ; rest. : 1er juin-30 sept. – **Repas** 59/130 ♨, enf. 40 – ⊊ 35 – **26 ch** 270 – ½ P 270.

FRÉHEL 22240 C.-d'Armor 59 ④ – 1 995 h alt. 72 – Casino .

🖪 Office de Tourisme ℰ 02 96 41 53 81, en saison Sables d'Or les Pins ℰ 02 96 41 51 97, Fax 02 96 41 59 46.
Paris 438 – St-Malo 38 – Dinan 37 – Dol-de-Bretagne 56 – Lamballe 28 – St-Brieuc 40 – St-Cast-le-Guildo 15.

XX **Le Victorine**, pl. Mairie ℰ 02 96 41 55 55, ㄫ – ㏿
fermé lundi soir et mardi sauf vacances scolaires
Repas 90/250, enf. 40.

FRÉHEL (Cap) 22 C.-d'Armor🔢 ⑤ G. Bretagne – ✉ 22240 Fréhel.

Voir *Site*★★★ – ☀★★★ – *Fort La Latte : site*★★, ☀★★ *SE : 5 km.*

Paris 446 – St-Malo 46 – Dinan 45 – Dinard 41 – Lamballe 36 – Rennes 102 – St-Brieuc 48.

🏨 **Le Fanal** 🦢 sans rest, Sud : 2,5 km par D 16 ℘ 02 96 41 43 19, 🚗 – ☎ 🅿, 🖭, ✀
1er *avril-30 sept.* – 🍽 34 – **9 ch** 240/330.

✕ **La Fauconnière**, à la Pointe ℘ 02 96 41 54 20, ≤ mer et côte – 🖭
1er *avril-15 oct.* – **Repas** 105/220, enf. 50.

La FREISSINOUSE 05 H.-Alpes🔢 ⑥ – *rattaché à Gap.*

FRÉJUS 83600 Var🔢 ⑧, 🔢 ㉕, 🔢 ㉝ G. Côte d'Azur – 41 486 h alt. 20.

Voir *Quartier épiscopal*★★ C : *baptistère*★★, *cloître*★★, *cathédrale*★ – *Ville romaine*★ A :
arènes★ – *Parc zoologique*★ N : 5 km par ③.

🏌 de Valescure ℘ 04 94 82 40 46, NE : 8 km ; 🏌 de Roquebrune ℘ 04 94 82 92 91, O : 7 km
par D 8 et D 7.

🚗 ℘ 08 36 35 35 35.

🅱 Office de Tourisme r. J.-Jaurès ℘ 04 94 17 19 19, Fax 04 94 51 00 26.

Paris 871 ③ – Brignoles 65 ③ – Cannes 38 ④ – Draguignan 31 ③ – Hyères 91 ②.

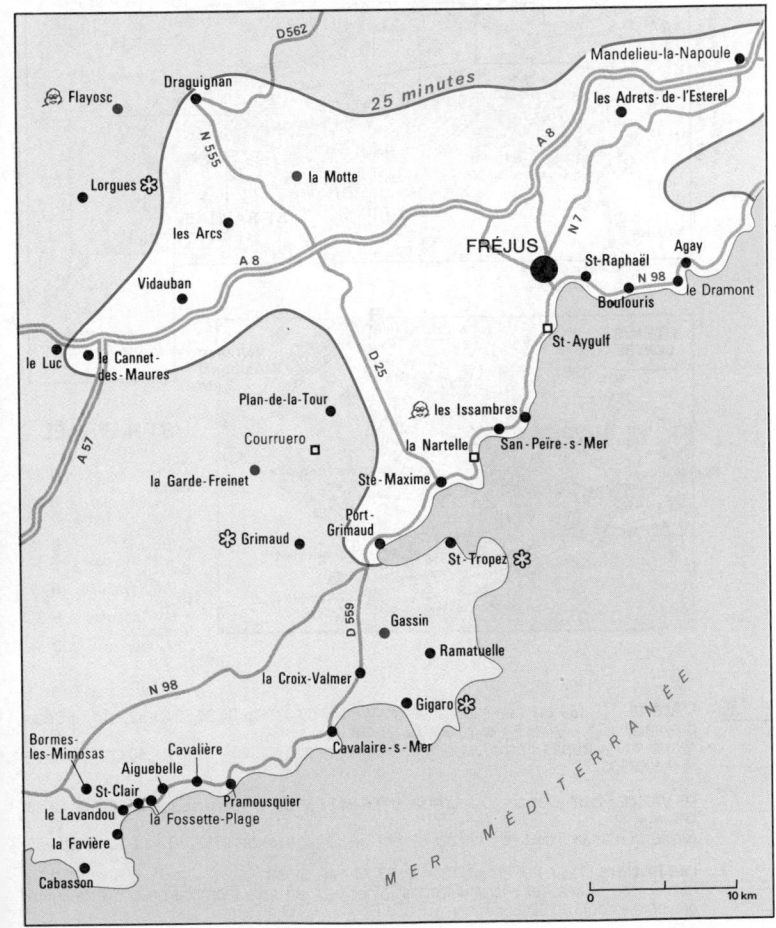

527

FRÉJUS

ST-RAPHAËL

🏨 **L'Aréna** Ⓜ, 139 bd Gén. de Gaulle ☎ 04 94 17 09 40, Fax 04 94 52 01 52, 🍽, « Décor provençal », 🏊 – 🛏 🖭 📺 ☎ 🕭 🚗 🅿 ﭏ 🆖 🇯🇨🇧   **C   r**
fermé nov. – **Repas** *(fermé lundi midi et sam. midi)* 120/210 – 🖵 45 – **30 ch** 450/600 –
½ P 400/500.

XX **Le Vieux Four** avec ch, 57 r. Grisolle ☎ 04 94 51 56 38, « Salle rustique » – 📺 ☎. ﭏ ⓞ
🆖 🇯🇨🇧   **C   a**
fermé 15 nov. au 5 déc. et lundi du 10 sept. au 30 juin – **Repas** 138/270 – 🖵 30 – **8 ch** 265.

X **Les Potiers**, 135 r. Potiers ☎ 04 94 51 33 74 – ﯔ, ﭏ 🆖   **C   s**
fermé 4 au 15 déc. et mardi – **Repas** *(dîner seul. en sais.)* (nombre de couverts limité, prévenir) 89 (déj.), 120/165.

à Fréjus-plage AB – ✉ 83600 Fréjus :.

🛈 Syndicat d'Initiative bd Libération ℰ 04 94 51 48 42.

🏨 **Sable et Soleil** sans rest, 158 r. P. Arène ℰ 04 94 51 08 70, Fax 04 94 53 49 12 – 🖳 📺 ☎
&. 🅿, ⓪ ⒼⒷ. ❀.   A u
⬄ 30 – **20 ch** 240/350.

🏠 **Oasis** ⤳ sans rest, imp. Charcot ℰ 04 94 51 50 44 – 📺 ☎ 🅿, ⒼⒷ. ❀   B h
1ᵉʳ mars-15 oct. – ⬄ 30 – **27 ch** 350/400.

XXX **La Toque Blanche**, 394 av. V. Hugo ℰ 04 94 52 06 14 – 🖳. 🄰🄴 ⓪ ⒼⒷ   B v
fermé 25 juin au 7 août et lundi – **Repas** 120/380 bc et carte 240 à 370.

XXX **Port-Royal**, pl. Tambourinaire à Port-Fréjus ℰ 04 94 53 09 11, Fax 04 94 53 75 24, ≤, 🌇
– 🄰🄴 ⓪ ⒼⒷ   A d
fermé 7 au 23 janv. et merc. sauf le soir en juil.-août – **Repas** 195 et carte 260 à 350.

CITROEN Gar. Bacchi, av. A.-Léotard   🅆 Euromaster, 238 av. de Verdun
ℰ 04 94 40 27 89 🄽 ℰ 04 94 44 70 28   ℰ 04 94 51 01 54
FORD Gar. Vagneur, 449 bd de la Mer   Euromaster, ZI la Palud ℰ 04 94 51 29 20
ℰ 04 94 51 38 39 🄽 ℰ 04 94 53 86 32   Massa Pneu Vulco, 1111 bd de-Lattre-de-
PEUGEOT Gar. Ortelli, N 7 ZI de la Palud par ③   Tassigny ℰ 04 94 51 44 72
ℰ 04 94 17 83 83
RENAULT Satac, N7 par ③ ℰ 04 94 44 55 59 🄽
ℰ 06 07 56 80 59

Le FRENEY-D'OISANS 38142 Isère 🏷 ⑥ – 177 h alt. 926.

Voir Barrage du Chambon★★ SE : 2 km – Gorges de l'Infernet★ SO : 2 km, G. Alpes du Nord.

🛈 Syndicat d'Initiative ℰ 04 76 80 05 82.

Paris 628 – Bourg-d'Oisans 12 – La Grave 17 – Grenoble 63.

🏠 **Cassini**, ℰ 04 76 80 04 10, Fax 04 76 80 23 06, ≤, 🌇, 🎠 – 📺 ☎ ⟿, ⒼⒷ
🕮 fermé 1ᵉʳ nov. au 20 déc. et week-ends en mai et oct. – **Repas** 85/175, enf. 55 – ⬄ 33 –
12 ch 180/295 – ½ P 275/300.

à Mizoën Nord-Est : 4 km par N 91 et D 25 – 122 h. alt. 1100 – ✉ 38142 :

🏨 **Panoramique** Ⓜ ⤳, ℰ 04 76 80 06 25, Fax 04 76 80 25 12, ≤ montagne et vallée, 🌇,
&. ❀ – 📺 ☎ 🅿, ⒼⒷ. ❀ rest
1ᵉʳ juin-30 sept. et 20 déc.-1ᵉʳ mai – **Repas** 95/165, enf. 60 – ⬄ 34 – **10 ch** 255/310 –
½ P 245/270.

FRESNAY-EN-RETZ 44580 Loire-Atl. 🏷 ② – 848 h alt. 15.

Paris 424 – Nantes 39 – La Roche-sur-Yon 61 – Challans 25 – St-Nazaire 51.

XX **Le Colvert**, ℰ 02 40 21 46 79, Fax 02 40 21 95 99 – 🄰🄴 ⓪ ⒼⒷ
fermé 24 au 31 déc., vacances de fév., dim. soir et lundi – **Repas** 90 (déj.), 115/230, enf. 65.

FRESNAY-SUR-SARTHE 72130 Sarthe 🏷 ⑫ ⑬ G. Normandie Cotentin – 2 452 h alt. 95.

🛈 Office de Tourisme pl. du Dr. Riant ℰ 02 43 33 28 04.

Paris 234 – Alençon 22 – Le Mans 38 – Laval 71 – Mamers 30 – Mayenne 53.

🏠 **Ronsin**, 5 av. Ch. de Gaulle ℰ 02 43 97 20 10, Fax 02 43 33 50 47 – 📺 ☎ ⟿. 🅿 ⓪ ⒼⒷ
🕮 fermé 20 déc. au 10 janv., dim. soir et lundi midi de sept. à juin – **Repas** 55 bc (déj.), 72/220
&, enf. 48 – ⬄ 35 – **12 ch** 246/298 – ½ P 250/280.

CITROEN Gar. Goupil, ℰ 02 43 97 20 08   RENAULT Gar. Lechat, ℰ 02 43 97 24 45

Le FRET 29 Finistère 🏷 ④ – rattaché à Crozon.

FRÉVENT 62270 P.-de-C. 🏷 ⑬ G. Flandres Artois Picardie – 4 121 h alt. 86.

Paris 190 – Amiens 48 – Abbeville 42 – Arras 39 – St-Pol-sur-Ternoise 13.

♨ **Amiens**, r. Doullens ℰ 03 21 03 65 43, Fax 03 21 47 15 01 – ☎ 🅿, ⒼⒷ 🄹🄲🄱
🕮 **Repas** 64/210, enf. 45 – ⬄ 25 – **10 ch** 150/230 – ½ P 160/190.

RENAULT Gar. Frevent, ℰ 03 21 03 61 97 🄽 ℰ 03 21 03 61 97

FRICHEMESNIL 76690 S.-Mar. 🏷 ⑭ – 406 h alt. 150.

Paris 165 – Rouen 33 – Dieppe 43 – Yerville 21 – Yvetot 34.

XX **Au Souper Fin**, ℰ 02 35 33 33 88, Fax 02 35 33 50 42 – ⓪ ⒼⒷ
fermé 18 août au 4 sept., dim. soir de sept. à mars, merc. soir et jeudi – **Repas** 118 (déj.),
165/230.

FROENINGEN 68 H.-Rhin **66** ⑨ – rattaché à Mulhouse.

FROIDETERRE 70 H.-Saône **66** ⑦ – rattaché à Lure.

FRONTIGNAN 34110 Hérault **83** ⑯ ⑰ G. Gorges du Tarn – 16 245 h alt. 2.

🚹 Office de Tourisme r. de la Raffinerie ℰ 04 67 48 33 94, Fax 04 67 43 26 34.

Paris 778 – Montpellier 23 – Lodève 60 – Sète 7.

※※ **Jas d'Or,** 2 bd V. Hugo ℰ 04 67 43 07 57 – **GB**

fermé lundi midi et sam. midi en juil.-août, mardi soir et merc. hors sais. – **Repas** 90 (déj.), 150/190.

au Nord-Est : 4 km sur N 112 – ✉ 34110 Frontignan :

🏨 **Host. de Balajan,** ℰ 04 67 48 13 99, Fax 04 67 43 06 62, �🔟 – 🍽 rest 📺 ☎ 🚗 🅿 🖭

GB, ※ rest

fermé 24 déc. au 3 janv., fév. et sam. midi – **Repas** 80/245 – ☲ 43 – **19 ch** 295/395 – ½ P 298/340.

CITROEN Azur Automobiles, ZAC La Peyrade ℰ 04 67 48 87 63

FROTEY-LÈS-VESOUL 70 H.-Saône **66** ⑥ – rattaché à Vesoul.

FUISSÉ 71960 S.-et-L. **69** ⑲ G. Bourgogne – 321 h alt. 290.

Paris 401 – Mâcon 11 – Charolles 54 – Chauffailles 54 – Villefranche-sur-Saône 38.

※※ **Pouilly Fuissé,** ℰ 03 85 35 60 68, Fax 03 85 35 60 68, 🌳 – **GB**

fermé 30 juil. au 6 août, 5 au 25 janv., dim. soir et merc. – **Repas** (sam. et dim. prévenir) 82/222, enf. 50.

Pasti accurati a prezzi contenuti : 🍽 Repas 100/130

FUMEL 47500 L.-et-G. **79** ⑥ – 5 882 h alt. 70.

Voir Église★ de Monsempron O : 2 km, G. Pyrénées Aquitaine.

Env. Château de Bonaguil★★ NE : 8 km, G. Périgord Quercy.

🚹 Office de Tourisme pl. G.-Escande ℰ 05 53 71 13 70, Fax 05 53 71 40 91.

Paris 599 – Agen 56 – Bergerac 69 – Cahors 49 – Montauban 77 – Villeneuve-sur-Lot 27.

🏨 **Climat de France,** pl. Église ℰ 05 53 40 93 93, Fax 05 53 71 27 94, 🌳, �🔟 – ⇔ 📺 ☎ 📞

🚹 🚗 – 🏧 40. 🖭 ⓪ **GB**

Repas 75 (déj.), 95/130 🍷, enf. 39 – ☲ 36 – **32 ch** 295.

CITROEN Gar. Calassou, ZI Condezaygue, rte de Villeneuve sur Lot ℰ 05 53 40 99 99 🆖
ℰ 05 53 40 98 29
PEUGEOT Gar. Cousset, Montayral
ℰ 05 53 71 03 58

RENAULT Gar. Mons, ZI à Montayral
ℰ 05 53 40 92 22

⓪ Euromaster, ZI Clos Bardy, rte de Périgueux
ℰ 05 53 71 01 50

La FUSTE 04 Alpes-de-H.-P. **81** ⑮,, **114** ⑤ – rattaché à Manosque.

FUTEAU 55 Meuse **56** ⑲ – rattaché à Ste-Menehould (51 Marne).

GABARRET 40310 Landes **79** ⑬ – 1 335 h alt. 153.

🚹 Office de Tourisme ℰ 05 58 44 35 77.

Paris 717 – Agen 68 – Mont-de-Marsan 47 – Auch 77 – Bordeaux 140 – Pau 98.

🏨 **Glycines** sans rest, ℰ 05 58 44 92 90 – 📺 ☎ 🚹 **GB**

☲ 35 – **10 ch** 200/250.

RENAULT Gar. Lescure, ℰ 05 58 44 90 27 🆖 ℰ 05 58 44 90 27

GABRIAC 12340 Aveyron **80** ③ – 403 h alt. 580.

Paris 614 – Rodez 28 – Espalion 13 – Mende 90 – St-Geniez-d'Olt 20 – Sévérac-le-Château 34.

🏨 **Bouloc,** ℰ 05 65 44 92 89, Fax 05 65 48 86 74, �🔟, 🌿 – 📺 ☎ 🚗 🅿 **GB**

fermé 23 au 30 juin, 1er au 23 oct. et merc. sauf juil.-août – **Repas** 80/180 🍷, enf. 48 – ☲ 32 – **11 ch** 275/290 – ½ P 260.

530

La GACILLY 56200 Morbihan **63** ⑤ – 2 268 h alt. 22.

Paris 405 – Châteaubriant 67 – Dinan 92 – Ploërmel 31 – Redon 16 – Rennes 64 – Vannes 54.

🟨 **France** avec ch, 🖉 02 99 08 11 15, Fax 02 99 08 25 88 – 🕿 📞 ৬ 🅿. ⑩ ᴳᴮ 🇯🇨🇧
🍴 fermé 24 déc. au 2 janv. et dim. soir d'oct. à avril – **Repas** 70/180, enf. 45 – ☲ 28 – **10 ch**
120/250 – ½ P 210/230.

Annexe Le Square 🏠 sans rest, – 🖵 🕿. ⑩ ᴳᴮ 🇯🇨🇧
☲ 28 – **25 ch** 230/250.

RENAULT Gar. Roblin, 🖉 02 99 08 10 17 🆖 🖉 02 99 08 84 72

GAGNY 93 Seine-St-Denis **56** ⑪,, **101** ⑱ – voir à Paris, Environs.

GAILLAC 81600 Tarn **82** ⑨ ⑩ G. Pyrénées Roussillon **(plan)** – 10 378 h alt. 143.

Env. Plafond★ du château de Mauriac N : 8 km par D 3.

🅱 Office de Tourisme pl. Libération 🖉 05 63 57 14 65.

Paris 670 – Toulouse 58 – Albi 22 – Cahors 88 – Castres 51 – Montauban 49.

🏠 **Occitan** sans rest, pl. Gare 🖉 05 63 57 11 52, Fax 05 63 57 56 18 – 🖵 🕿 🅿. ᴬᴱ ᴳᴮ
☲ 32 – **13 ch** 130/270.

🍴🍴 **Les Sarments,** 27 r. Cabrol (derrière abbaye St-Michel) 🖉 05 63 57 62 61, Fax
05 63 57 62 61, « Décor rustique » – ᴬᴱ ᴳᴮ
fermé mi-fév. à mi-mars, dim. soir et lundi hors sais. – **Repas** 120/175.

🍴 **Relais de la Portanelle,** 50 bd Gambetta 🖉 05 63 57 22 40 – ▤. ᴬᴱ ⑩ ᴳᴮ
fermé merc. soir et dim. soir – **Repas** 88/160.

CITROEN Gar. Joulie, 40 av. Saint-Exupéry
🖉 05 63 57 11 88 🆖 🖉 05 63 57 23 54
PEUGEOT Picard Autos, 83 av. Ch.-de-Gaulle
🖉 05 63 81 28 28 🆖 🖉 06 09 66 46 06
RENAULT Gaillac-Auto, av. Saint-Exupéry
🖉 05 63 81 18 18 🆖 🖉 05 63 42 70 18

⑩ Deldossi Point S, 124 av Saint-Exupéry
🖉 05 63 57 03 29
François Pneus, 24 bd Gambetta
🖉 05 63 57 13 96

GAILLAN-EN-MÈDOC 33 Gironde **71** ⑰ – rattaché à Lesparre-Médoc.

GAILLON 27600 Eure **55** ⑰ G. Normandie Vallée de la Seine – 6 303 h alt. 15.

🛜 🖉 02 32 53 89 40, E : 1 km par D 515.

Paris 93 – Rouen 45 – Les Andelys 13 – Évreux 25 – Vernon-sur-Eure 15.

🍴 **La Campagnette,** 12 r. P. Brossolette 🖉 02 32 53 51 10 – ᴳᴮ
fermé dim. soir, lundi soir et mardi soir – **Repas** 89/145.

PEUGEOT Gar. Berrier, 44 rte de Rouen
🖉 02 32 53 01 43

RENAULT Gar. Gaillonnais, 46 av. du Mar.-Leclerc
🖉 02 32 53 14 35

GALÉRIA 2B H.-Corse **90** ⑭ – voir à Corse.

GALIMAS 47 L.-et-G. **79** ⑮ – rattaché à Agen.

GAMBAIS 78950 Yvelines **60** ⑧, **106** ㉗ – 1 730 h alt. 119.

Paris 56 – Dreux 26 – Mantes-la-Jolie 31 – Rambouillet 22 – Versailles 37.

🍴 **Aub. du Clos St-Pierre,** 2 bis r. Goupigny 🖉 01 34 87 10 55, 🌳 – ᴳᴮ
fermé 17 fév. au 5 mars, dim. soir, mardi soir et lundi – **Repas** 110 (déj.), 135/210.

GANGES 34190 Hérault **83** ⑥ G. Gorges du Tarn – 3 343 h alt. 175.

Voir Gorges de la Vis★★ SO – Aven des Lauriers★ SE : 3 km.

Env. Grotte des Demoiselles★★★ SE : 9 km.

Paris 710 – Montpellier 45 – Alès 47 – Nîmes 60 – Le Vigan 19.

🍴🍴 **Aub. Les Norias** 🅼 ৬ avec ch, à Cazilhac, Est sur D 25 🖉 04 67 73 55 90, Fax
04 67 73 62 08, 🌳 , – 🖵 🕿 🅿. ᴬᴱ ᴳᴮ
fermé 15 au 30 nov., mardi sauf le soir en juil.-août et lundi soir – **Repas** 100/255, enf. 55 –
☲ 38 – **11 ch** 250/300 – ½ P 265.

CITROEN Gar. Cayrel, rte de Nimes
🖉 04 67 73 81 30
PEUGEOT Gar. Jourdan, 1 av. du Vigan
🖉 04 67 73 81 65

RENAULT Gar. Boissière, 16 r. de l'Albarède
🖉 04 67 73 82 15

GAP 🄿 05000 H.-Alpes 📖 ⑯ G. Alpes du Sud – 33 444 h alt. 735.

Voir *Musée départemental*★ – *Table d'orientation du bassin de Gap* ≼★, 1,5 km par ④.

🏌 de Gap Bayard, ℘ 04 92 50 16 83, 7 km par ①.

🅱 Office de Tourisme 12 r. Faure du Serre ℘ 04 92 52 56 56, Fax 04 92 52 56 57 – Automobile Club des Alpes 9 r. des Métiers, ZI des Fauvins ℘ 04 92 51 22 12.

Paris 670 ① – Avignon 169 ④ – Grenoble 105 ① – Sisteron 50 ③ – Valence 160 ①.

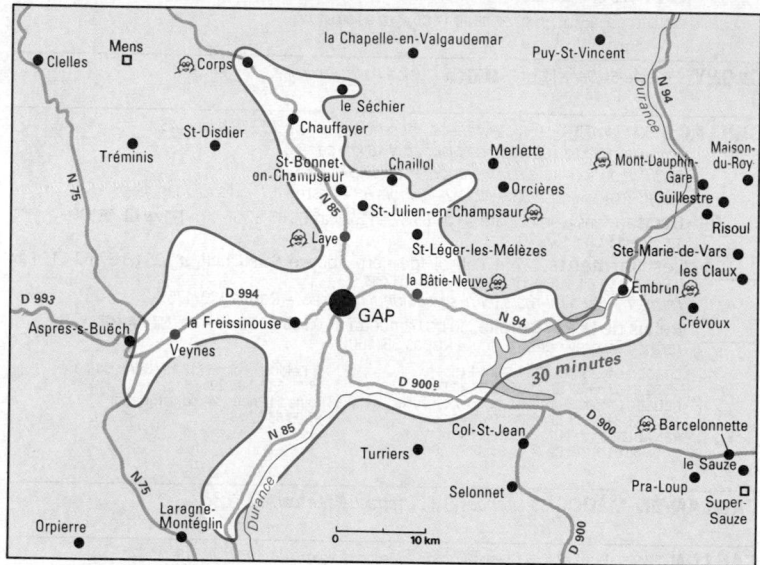

🏨 **Porte Colombe,** 4 pl. F. Euzières ℘ 04 92 51 04 13, Fax 04 92 52 42 50 – 🛗 ✳ 🍽 rest
📺 ☎ ✆ ⇔, 🆎 ⓞ ☎
Z n
Repas *(fermé 28 avril au 17 mai, 5 au 17 janv., vend. soir et sam. du 1er oct. au 13 juil.)* 110/190, enf. 60 – ⊡ 36 – **27 ch** 230/350 – ½ P 265/275.

🏨 **La Grille,** 2 pl. F. Euzières ℘ 04 92 53 84 84, Fax 04 92 52 42 38 – 🛗 cuisinette 🍽 ch 📺 ☎
✆ ⇔, 🆎 ⓞ ☎
Z r
Repas *(fermé dim. soir et lundi sauf août)* 85/185 ♨, enf. 55 – ⊡ 36 – **29 ch** 290/340 – ½ P 280/300.

🏨 **Le Clos,** par ① rte Grenoble et chemin privé ℘ 04 92 51 37 04, Fax 04 92 52 41 06, 🏛, 🌿
– 📺 ☎ 🅿. ☎
Repas 100/180 ♨ – ⊡ 35 – **31 ch** 300/360 – ½ P 270/300.

🏨 **Ibis,** bd G. Pompidou ℘ 04 92 53 57 57, Fax 04 92 53 38 15 – 🛗 ✳ 📺 ☎ ✆ ♿ ⇔ –
🔺 25 à 70. 🆎 ☎
Y x
Repas 95, enf. 39 – ⊡ 37 – **61 ch** 298.

🏨 **Mokotel** sans rest, par ③ : 2,5 km (près piscine), rte Marseille ℘ 04 92 51 57 82, Fax 04 92 51 56 52, 🌿 – 📺 ☎ 🅿. 🆎 ⓞ ☎
⊡ 30 – **27 ch** 230/290.

🏨 **Inter Service H.,** par ③ : 2 km rte Marseille ℘ 04 92 53 53 52, Fax 04 92 53 56 23, 🏛 –
🛗 📺 ☎ ✆ ♿ 🅿 – 🔺 25. 🆎 ☎
Repas 65 (déj.), 85/140 ♨, enf. 45 – ⊡ 48 – **40 ch** 250/290 – ½ P 260.

🏨 **Ferme Blanche** ⌖ sans rest, par ① et D 92 : 2 km ℘ 04 92 51 03 41, Fax 04 92 51 35 39, ≼, 🌿 – 📺 ☎ 🅿 – 🔺 25. 🆎 ⓞ ☎
⊡ 40 – **27 ch** 180/315.

🏨 **Paix** sans rest, 1 pl. F. Euzières ℘ 04 92 51 03 29, Fax 04 92 52 19 87 – 🛗 📺 ☎. ☎
⊡ 30 – **23 ch** 140/260.
Z v

XXX **Le Patalain,** 7 av. Alpes (près gare) ℘ 04 92 52 30 83 – 🍽. 🆎 ⓞ ☎
Y d
fermé sam. midi et dim. – **Repas** 120/265 et carte 230 à 300.

XX **La Roseraie,** par ① et D 92 : 2 km ℘ 04 92 51 43 08, Fax 04 92 53 80 21, 🏛 – 🅿. 🆎 ⓞ ☎
fermé dim. soir et lundi – **Repas** 130/400, enf. 60.

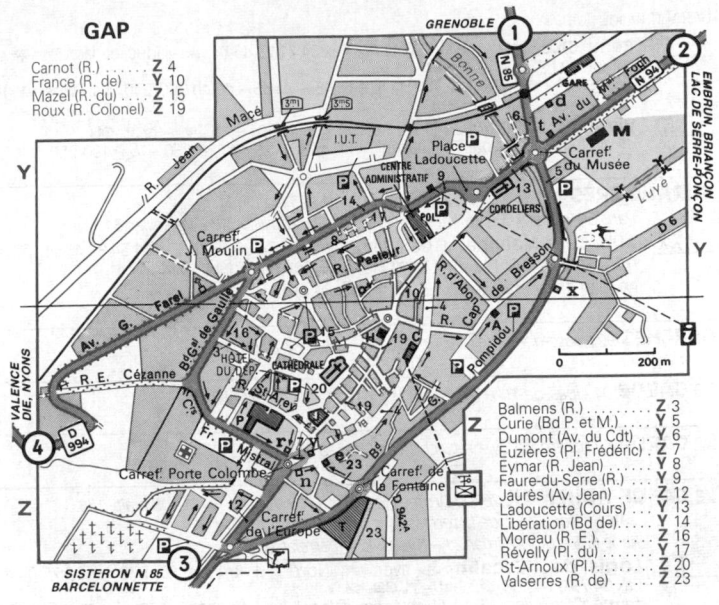

GAP

✗ **La Grangette**, 1 av. Foch 📞 04 92 52 39 82 – ⌷⌷   Y t
fermé 12 au 26 juin, 20 au 30 janv., lundi sauf le midi en juil.-août et dim. soir de sept. à juin
– Repas 102/170 🍶.

✗ **Pique Feu**, par ③ : 2,5 km, (près piscine) rte Marseille 📞 04 92 52 16 06, 🍴, 🚗 – **P**.
⌷⌷
fermé 23 juin au 6 juil., dim. soir et lundi – Repas 96/126.

✗ **La Petite Marmite**, 79 r. Carnot 📞 04 92 51 14 20 – ⌷⌷ ⌷⌷   Z e
⊖ Repas 83/118, enf. 55.

à la Freissinouse *par ④ : 9 km – 365 h. alt. 965 – ✉ 05000 :*

🏨 **Azur**, D 994 📞 04 92 57 81 30, Fax 04 92 57 92 37, parc, 🏊 – 📺 ☎ ✓ ⇐ **P**. ⌷⌷
⊖ Repas 85/170 🍶 – ⊂⊃ 30 – **45 ch** 240/300 – ½ P 270/310.

ALFA ROMEO, NISSAN Alpes-Sport-Autos, 5 r. de
Tokoro 📞 04 92 51 18 65
BMW, FIAT Transalp-Auto, 85-86 av. d'Embrun
📞 04 92 52 02 57
CITROEN France-Auto, Tokoro Leplan de Gap
par ② 📞 04 92 53 88 11
FORD Gar. Europ-Auto, rte de Briançon
📞 04 92 52 05 46
HYUNDAI MERCEDES D.A.G.A., 3 av. Mar.-Foch
📞 04 92 52 62 00
LANCIA Gar. Rouit, 52 av. de Provence Fontreyne
📞 04 92 51 18 26
MAZDA Alpes Motor Service, bd d'Orient Espace
Tokoro 📞 04 92 53 77 78
OPEL T.A.G., Espace Tokoro 📞 04 92 52 09 99

PEUGEOT France-Alpes, rte de Marseille par ③
📞 04 92 52 15 17
RENAULT Gap-Automobiles, 90 av. d'Embrun
par ② 📞 04 92 53 96 96 🅽 📞 04 92 40 52 60
ROVER Gar. de Verdun, 25 av. J.-Jaurès
📞 04 92 51 26 18
TOYOTA Balagna-Fougairolle, Espace Tokoro
📞 04 92 51 12 97
VAG Gar. Gap, rte de Briançon 📞 04 92 52 25 56

Ⓡ Barneaud Pneus, 15 rte de St-Jean
📞 04 92 51 00 59
Euromaster, av. d'Embrun 📞 04 92 52 20 28
Meizenq-Pneus-Point S, Espace Tokoro 74 av.
d'Embrun 📞 04 92 52 22 33

GARABIT (Viaduc de)★★ *15 Cantal* 🛐 ⑭ *G. Auvergne* – ✉ *15390 Loubaresse.*
Env. *Maison du paysan*★ *à Loubaresse S : 7 km – Belvédère de Mallet* ≤★★ *SO : 13 km puis*
10 mn.
Paris 527 – Aurillac 85 – Mende 70 – Le Puy-en-Velay 92 – St-Flour 12.

🏨 **Garabit-Hôtel**, 📞 04 71 23 42 75, Fax 04 71 23 49 60, ≤, « Terrasse au bord du lac », 🗲
⊖ – 🛂 📺 ☎ ⇐ **P**. ⌷⌷
avril-oct. – Repas 70/180, enf. 45 – ⊂⊃ 32 – **47 ch** 185/350 – ½ P 220/290.

Beau Site, N 9 ✆ 04 71 23 41 46, Fax 04 71 23 46 34, ≤ viaduc et lac, ⛱, ⛺, 🎾 – cuisinette TV ☎ 🚗 P. GB
Pâques-1er nov. – **Repas** 71/180 ♁, enf. 45 – ☕ 35 – **16 ch** 200/270, 3 studios – ½ P 240/270.

Viaduc, N 9 ✆ 04 71 23 43 20, Fax 04 71 23 45 19, ≤, ⛱, 🎾 – ☎ P. GB
1er avril-3 nov. – **Repas** 58/140, enf. 44 – ☕ 30 – **25 ch** 180/250 – ½ P 190/250.

GARANCIÈRES *78890 Yvelines 60 ⑧, 106 ⑮ – 1 923 h alt. 124.*

Paris 50 – Dreux 33 – Mantes-la-Jolie 23 – Rambouillet 26 – Versailles 31.

XX **Aub. de la Malvina,** la Haute Perruche ✆ 01 34 86 45 76, Fax 01 34 86 46 11, 🍽 – GB
fermé 3 janv. au 3 fév., merc. soir et jeudi – **Repas** 95 (déj.), 160/250.

PEUGEOT S E G C, 18 r. du Gén. Leclerc ✆ 01 34 86 41 20

GARCHES *92 Hauts-de-Seine 55 ⑳., 101 ⑭ – voir à Paris, Environs.*

La GARDE *04 Alpes-de-H.-P. 81 ⑱., 114 ⑩ – rattaché à Castellane.*

La GARDE *48 Lozère 76 ⑮ – rattaché à St-Chély-d'Apcher.*

La GARDE-ADHÉMAR *26700 Drôme 81 ① G. Vallée du Rhône – 1 108 h alt. 178.*

Voir *Église*★ – ≤★ *de la terrasse.*

Paris 625 – Montélimar 21 – Nyons 40 – Pierrelatte 6.

XX **Logis de l'Escalin** 🐦 avec ch, Nord : 1 km par D 572 ✆ 04 75 04 41 32, Fax 04 75 04 40 05, 🍽, ⛺ – P. GB. ✂
fermé 1er au 7 sept., 5 au 11 janv., dim. soir et lundi – **Repas** 105/290 – ☕ 40 – **4 ch** 170/200 – ½ P 230.

La GARDE-FREINET *83310 Var 84 ⑰, 114 ㊱ G. Côte d'Azur – 1 465 h alt. 380.*

Paris 853 – Fréjus 42 – Brignoles 47 – Hyères 55 – Toulon 74 – St-Tropez 21 – Ste-Maxime 22.

X **La Faücado,** ✆ 04 94 43 60 41, 🍽, « Terrasse fleurie » – GB
fermé 20 janv. au 10 mars et mardi sauf fériés – **Repas** 130/298 et carte le soir 200 à 330.

La GARDE-GUÉRIN *48800 Lozère 80 ⑦ G. Gorges du Tarn.*

Voir *Donjon* ✳★.

Paris 618 – Alès 63 – Aubenas 69 – Florac 73 – Langogne 36 – Mende 56 – Vallon-Pont-d'Arc 64.

Aub. Régordane 🐦, ✆ 04 66 46 82 88, Fax 04 66 46 90 29, 🍽, « Demeure du 16e siècle » – ⇹ ☎. GB
28 mars-3 nov. – **Repas** 98/175, enf. 55 – ☕ 38 – **15 ch** 275/345 – ½ P 280/310.

GARDOUCH *31 H.-Gar. 82 ⑲ – rattaché à Villefranche-de-Lauragais..*

La GARENNE-COLOMBES *92 Hauts-de-Seine 55 ⑳., 101 ⑭ – voir à Paris, Environs.*

La GARETTE *79 Deux-Sèvres 71 ② G. Poitou Vendée Charentes – ✉ 79270 Sansais.*

Paris 419 – La Rochelle 56 – Fontenay-le-Comte 30 – Niort 12 – St-Jean-d'Angély 58.

XX **Mangeux de Lumas,** ✆ 05 49 35 93 42, Fax 05 49 35 82 89, 🍽 – GB
fermé 6 au 29 janv., lundi soir et mardi – **Repas** 120/255, enf. 65.

GARNACHE *85 Vendée 67 ⑫ – rattaché à Challans.*

GARONS *30 Gard 80 ⑲ – rattaché à Nîmes.*

GASSIN *83580 Var 84 ⑰, 114 ㊲ G. Côte d'Azur – 2 622 h alt. 200.*

Voir *Boulevard circulaire* ≤★ – *Moulins de Paillas* ✳★★ *SE : 3,5 km.*

Paris 873 – Fréjus 34 – Brignoles 67 – Le Lavandou 33 – St-Tropez 11 – Ste-Maxime 14 – Toulon 70.

※※ **Aub. la Verdoyante**, Nord : 2 km par rte St-Tropez et chemin privé 𝄐 04 94 56 16 23, Fax 04 94 56 43 10, ≤, 🏠 – 🅿. GB
fin mars-début nov. et fermé merc. sauf le soir en juil.-août – **Repas** 140/180.

※※ **Le Carat**, carrefour D 61-D 98, Nord : 3,5 km 𝄐 04 94 56 50 10, 🏠, ⅃ – 🅿. GB
fermé 15 nov. au 15 déc. et dim. soir hors sais. – **Repas** 99 (déj.), 155/295, enf. 49.

GAUDENT 65 H.-Pyr. 85 ⑳ – *rattaché à St-Bertrand-de-Comminges.*

GAURIAC 33710 Gironde 71 ⑧ – 809 h alt. 50.
Paris 553 – Bordeaux 43 – Blaye 10 – Jonzac 57 – Libourne 38.

※ **La Filadière**, Ouest : 2 km sur D 669[E1] 𝄐 05 57 64 94 05, Fax 05 57 64 94 06, ≤, 🏠 – 🅿. GB
fermé merc. du 15 sept. au 15 mai sauf fériés – **Repas** 90/240, enf. 50.

GAVARNIE 65120 H.-Pyr. 85 ⑱ G. Pyrénées Aquitaine – 177 h alt. 1350 – Sports d'hiver Sports d'hiver : 1 350/2 400 m ⚡ 12 ⚡.
Voir Cirque de Gavarnie★★★ S : 3 h 30.
Env. Pic de Tantes ✳★★ SO : 11 km.
🛈 Office de Tourisme 𝄐 05 62 92 49 10, Télex 533765, Fax 05 62 92 46 12.
Paris 863 – Pau 92 – Lourdes 52 – Luz-St-Sauveur 20 – Tarbes 70.

🏠 **Le Marboré**, 𝄐 05 62 92 40 40, Fax 05 62 92 40 30, ≤, 🏠 – 📺 ☎ 🅿. Æ GB
fermé 15 nov. au 15 déc. – **Repas** 98/210 ⅃ – ⚏ 32 – **24 ch** 235/295 – ½ P 275.

※ **La Ruade**, 𝄐 05 62 92 48 49, Fax 05 62 92 48 49, 🏠 – GB
🍴 *mi-juin-mi-sept.* – **Repas** 78/110 ⅃.

à Gèdre Nord : 8,5 km par D 921 – 317 h. alt. 1000 – ✉ 65120 :

🏠 **A La Brèche de Roland**, 𝄐 05 62 92 48 54, Fax 05 62 92 46 05, ≤, 🐎 – ☎ 🅿. GB
❄ rest
1ᵉʳ mai-1ᵉʳ oct., week-ends et vacances scolaires du 26 déc. au 20 avril – **Repas** 100/200, enf. 50 – ⚏ 32 – **28 ch** 280/300 – ½ P 240.

GAVRINIS (Ile) 56 Morbihan 63 ⑫ G. Bretagne.
Voir Cairn★★ 15 mn en bateau de Larmor-Baden.

GÈDRE 65 H.-Pyr. 85 ⑱ – *rattaché à Gavarnie.*

GÉMENOS 13420 B.-du-R. 84 ⑭, 114 ㉚ G. Provence – 5 025 h alt. 150.
Voir Parc de St-Pons★ E : 3 km – Aubagne : musée de la Légion Etrangère★ O : 5 km – Forêt de la Ste-Baume★★ NE.
🛈 Office de Tourisme Cours Pasteur 𝄐 04 42 32 18 44.
Paris 791 – Marseille 24 – Toulon 52 – Aix-en-Provence 38 – Brignoles 50.

🏯 **Relais de la Magdeleine** ⌂, 𝄐 04 42 32 20 16, Fax 04 42 32 02 26, 🏠, « Elégante demeure avec mobilier ancien, parc », ⅃ – 📶 📺 ☎ 🅿 – 🏌 30. GB
15 mars-1ᵉʳ déc. – **Repas** *(fermé dim. soir et lundi hors sais. sauf fériés)* 160 (déj.)/250 – ⚏ 75 – **23 ch** 460/840 – ½ P 620/750.

🏠 **Parc** ⌂, Vallée St Pons par D 2 : 1 km 𝄐 04 42 32 20 38, Fax 04 42 32 10 26, 🏠, 🐎 – ☎ 🅿 – 🏌 30. Æ GB
Repas 90/235 – ⚏ 35 – **11 ch** 280/350 – ½ P 275.

※※ **Le Baron Brisse**, 48 chemin Jouques (D 42) 𝄐 04 42 32 00 60, Fax 04 42 32 09 60, 🏠 – 🅿. GB
fermé 11 au 31 août, vacances de fév., dim. soir et lundi – **Repas** 145/215.

※※ **Le Fer à Cheval**, pl. Mairie 𝄐 04 42 32 20 97, Fax 04 42 32 23 27, 🏠 – ▤. Æ ⓪ GB
fermé 1ᵉʳ au 15 août, 1ᵉʳ au 7 janv., sam. midi, dim. soir et lundi soir – **Repas** 105 (déj.)/ 170 bc, enf. 70.

GENAS 69740 Rhône 74 ⑫, 110 ㉖ – 9 316 h alt. 218.
🛈 Syndicat d'Initiative de la Plaine du Lyonnais, 55 r. de la République 𝄐 04 72 47 65 49, Fax 04 78 90 04 16.
Paris 474 – Lyon 14 – Meyzieu 8 – Pont-de-Chéruy 18 – St-Priest 8.

🏨 **Forum H.** Ⓜ, 1 r. R. Salengro 𝄐 04 78 40 60 50, Fax 04 78 40 17 85 – 📶 ▤ 📺 ☎ ♿ 🅿 – 🏌 60. Æ ⓪ GB
Repas 92/135 ⅃, enf. 59 – ⚏ 49 – **76 ch** 280/360 – ½ P 260.

GÉNÉRARGUES *30 Gard* **80** ⑰ *– rattaché à Anduze.*

GENESTON *44140 Loire-Atl.* **67** ③ *– 1 958 h alt. 28.*
Paris 401 – Nantes 19 – La Roche-sur-Yon 48 – Cholet 61.

XX **Le Pélican,** 13 pl. G. Gaudet $\mathscr{C}$ 02 40 04 77 88, Fax 02 40 26 10 48 – **①** GB. ⚘
🍴 *fermé 4 au 31 août, vacances de fév., dim. soir, lundi soir et merc.* – **Repas** 90/190, enf. 45.

Le GENESTOUX *63 P.-de-D.* **73** ⑬ *– rattaché au Mont-Dore.*

GENÈVE *Suisse* **74** ⑥, **217** ⑪.

Ressources hôtelières : *voir Guide Rouge Michelin* **Suisse/Schweiz/Svizzera**

GENILLÉ *37460 I.-et-L.* **64** ⑯ *G. Châteaux de la Loire – 1 428 h alt. 88.*
Paris 239 – Tours 47 – Amboise 31 – Blois 57 – Loches 12 – Montrichard 21.

XX **Agnès Sorel** avec ch, $\mathscr{C}$ 02 47 59 50 17, 🌳 – ☎. GB
🍴 *fermé janv., dim. soir et lundi (sauf juil.-août et fériés)* – **Repas** 105/252 – ☲ 36 – **3 ch**
185/235 – ½ P 260/290.

GÉNIN (Lac de) *01 Ain* **74** ④ *– rattaché à Oyonnax.*

GENLIS *21110 Côte-d'Or* **66** ⑫ ⑬ *– 5 241 h alt. 199.*
Paris 328 – Dijon 18 – Auxonne 16 – Dole 35 – Gray 45.

à Labergement Foigney *Nord-Est : 3 km par D 25 – 407 h. alt. 203 –* ✉ *21110 Genlis :*

X **Aub. des Mésanges,** $\mathscr{C}$ 03 80 31 22 33, Fax 03 80 37 81 51 – **AE** GB
🍴 *fermé 11 au 24 août, dim. soir et lundi* – **Repas** 74/270, enf. 53.

à Échigey *Sud : 8 km par D 25 et D 34 – 184 h. alt. 197 –* ✉ *21110 :*

XX **Place-Rey** avec ch, $\mathscr{C}$ 03 80 29 74 00, Fax 03 80 29 79 55, 🌳 – ☎ **P**. **AE** **①** GB
🍴 *fermé 3 au 11 août, janv., dim. soir et lundi sauf fériés* – **Repas** 70/220 – ☲ 35 – **13 ch**
120/210 – ½ P 230/250.

PEUGEOT Gar. Bourbon, $\mathscr{C}$ 03 80 31 35 41 **N**   RENAULT Côte-d'Or Auto., $\mathscr{C}$ 03 80 37 81 04 **N**
$\mathscr{C}$ 03 80 31 35 41 $\mathscr{C}$ 06 07 31 41 72

GENNES *49350 M.-et-L.* **64** ⑫ *G. Châteaux de la Loire – 1 867 h alt. 28.*
Voir Église★★ de Cunault SE : 2,5 km – Église★ de Trèves-Cunault SE : 3 km.
🛈 *Office de Tourisme square l'Europe (mai-sept.)* $\mathscr{C}$ 02 41 51 84 14, Fax 02 41 51 83 48.
Paris 304 – Angers 31 – Bressuire 64 – Cholet 61 – La Flèche 47 – Saumur 17.

🏠 **Aux Naulets d'Anjou** 🍃, $\mathscr{C}$ 02 41 51 81 88, Fax 02 41 38 00 78, ≤, 🌳, **ᴊ**, 🌳 – ☎ **P**.
GB
Repas *(fermé merc. hors sais. et le midi sauf dim. et fériés)* 98/160 – ☲ 32 – **19 ch** 220/280
– ½ P 260.

X **L'Aubergade,** $\mathscr{C}$ 02 41 51 81 07, Fax 02 41 38 07 85 – GB
fermé vacances de fév., dim. soir d'oct. à avril, mardi soir et merc. hors sais. – **Repas**
108 (déj.), 138/215.

GÉNOLHAC *30450 Gard* **80** ⑦ *G. Gorges du Tarn – 827 h alt. 490.*
🛈 *Office de Tourisme* $\mathscr{C}$ 04 66 61 18 32, Fax 04 66 61 18 01.
Paris 642 – Alès 38 – Florac 49 – La Grand-Combe 26 – Nîmes 81 – Villefort 17.

🏠 **Mont Lozère,** D 906 $\mathscr{C}$ 04 66 61 10 72, Fax 04 66 61 23 91, 🌳 – ☎ **P**. **①** GB
🍴 *10 fév.-2 nov. et fermé merc. sauf du 15 juin au 15 sept.* – **Repas** 80/100 🍷, enf. 45 – ☲ 32 –
14 ch 200/260 – ½ P 265.

GENOUILLAC *23350 Creuse* **68** ⑲ *– 775 h alt. 306.*
Paris 327 – La Châtre 29 – Guéret 27 – Montluçon 56.

X **Relais d'Oc** avec ch, $\mathscr{C}$ 05 55 80 72 45 – ☎. ⚘ ch
23 mars-11 nov. et fermé dim. soir et lundi – **Repas** 100/260, enf. 50 – ☲ 34 – **8 ch**
200/300 – ½ P 240/350.

536

GENSAC 33890 Gironde 🔢 ⑬ – 752 h alt. 78.

Paris 569 – Bergerac 40 – Bordeaux 64 – Libourne 33 – La Réole 39.

XX **Remparts** M ⑳ avec ch, 16 r. Château ℘ 05 57 47 43 46, Fax 05 57 47 46 76, ≤, 🏡, 🌳 – 📺 ☎ 🅿️, GB
fermé 16 nov. au 1ᵉʳ déc., 16 fév. au 3 mars, dim. soir et lundi – **Repas** 90 (déj.), 145/240, enf. 50 – ☲ 35 – **7 ch** 260/300 – ½ P 290.

GENTILLY 94 Val-de-Marne 🔢 ⑩., 🔢 ㉖ – *voir à Paris, Environs.*

GÉRARDMER 88400 Vosges 🔢 ⑰ G. Alsace Lorraine – 8 951 h alt. 669 – *Sports d'hiver :* 750/
1 150 m ≰ 20 ⚞ – *Casino* AZ.

Voir *Site*★★ – *Lac*★ – *Saut des Cuves*★ *E : 3 km par* ①.

🅱 *Office de Tourisme pl. des Déportés ℘ 03 29 26 23 23, Fax 03 29 26 23 25.*

Paris 429 ③ – Colmar 52 ① – Épinal 45 ③ – Belfort 80 ② – St-Dié 28 ① – Thann 49 ②.

Déportés (Pl. des) . . **AY** 3
Gaulle (R. Ch.-de). **ABZ**
Kelsch (Bd) . . . . **BY**

Ferry (Pl. Albert) . . . **AZ** 5
Gare (R. de la) . . . . . **AY** 6
Leclerc (Pl. Gén.) . . . **AY** 8
Ville-de-Vichy
(Av. de la) . . . . **AZ** 9
Xettes (Bd des) . . . . **AY** 12

🏨 **Gd Hôtel Bragard,** pl. Tilleul ℘ 03 29 63 06 31, Fax 03 29 63 46 81, 🏡, « 🟰, parc », 🎏 – 📳 📺 ☎ 🅿️ – 🔏 25 à 60. 🆎 ⑩ GB
AZ f
Grand Cerf : **Repas** 125/350, enf. 70 – ☲ 60 – **56 ch** 400/750, 6 appart – ½ P 415/520.

🏨 **Jamagne,** 2 bd Jamagne ℘ 03 29 63 36 86, Fax 03 29 60 05 87, 🏡, 🟰 – 📳 📺 ☎ 🅿️ –
🔏 50. GB. ⌘ rest
AY g
fermé 4 au 29 mars et 12 nov. au 18 déc. – **Repas** 69/124 🍷, enf. 50 – ☲ 42 – **48 ch** 340/440
– ½ P 310/350.

🏨 **La Réserve,** 2 av du 19 Novembre ℘ 03 29 63 21 60, Fax 03 29 60 81 60, ≤ – 📳 📺 ☎ 🅿️ –
🔏 35. 🆎 ⑩ GB
AY a
Repas *(fermé merc. midi sauf vacances scolaires)* 80/220 🍷, enf. 35 – ☲ 46 – **24 ch**
305/530 – ½ P 325/435.

🏨 **Les Loges du Parc,** 12 av. Ville de Vichy ℘ 03 29 63 32 43, Fax 03 29 63 17 03, 🏡, 🟰 –
📺 ☎ 🅿️, 🆎 GB. ⌘ ch
AZ u
5 avril-19 oct. et 20 déc.-4 mars – **Repas** 120/250 🍷, enf. 65 – ☲ 45 – **30 ch** 270/370 –
½ P 340.

537

🏠 **Beau Rivage**, esplanade du Lac 🕾 03 29 63 22 28, Fax 03 29 63 29 83, ≤, 龠, ⅃ – ▮ 🅣🆅
🕿 🄿. 🅶🅱, 🛇 ch
AY e
début avril-mi-oct. – **Repas** *(fermé merc. midi)* 95 (déj.), 125/250, enf. 60 – 🖙 55 – **17 ch**
480/740 – ½ P 395/470.

🏠 **Paix**, 6 av. Ville de Vichy 🕾 03 29 63 38 78, Fax 03 29 63 18 53, 龠 – 🅣🆅 🕿 📞 🄿. 🄰🄴 🄾 🅶🅱
Repas 100/350 ⅃, enf. 60 – 🖙 43 – **26 ch** 270/420 – ½ P 300/380.
AZ s

🏠 **Lac' Hôtel et rest. Bleu Marine**, Esplanade du Lac 🕾 03 29 63 38 23,
Fax 03 29 63 00 41, ≤, 龠 – 🅣🆅 🕿 🄿 🅶🅱
AY r
fermé 11 nov. au 22 déc. – **Repas** *(fermé dim. soir et lundi)* 77/175 ⅃ – 🖙 45 – **14 ch**
350/400 – ½ P 308/338.

🏠 **Relais de la Mauselaine** ⬧, au pied des pistes, Sud-Est : 2,5 km rte de la Rayée - *BZ*
🕾 03 29 60 06 60, Fax 03 29 60 81 08, ≤, 龠 – 🅣🆅 🕿 🄿 🅶🅱
fermé 20 au 30 mars et 25 sept. au 15 déc. – **Repas** *(fermé merc. midi hors sais.)* 85/250 ⅃,
enf. 45 – 🖙 40 – **16 ch** 340 – ½ P 300.

🏠 **Viry et rest. l'Aubergade**, pl. Déportés 🕾 03 29 63 02 41, Fax 03 29 63 14 03, 龠 – 🅣🆅 🕿. 🄰🄴 🄾 🅶🅱
AY n
Repas *(fermé 2 au 10 déc., vend. soir et dim. soir hors sais.)* 78/240 ⅃, enf. 45 – 🖙 39 –
17 ch 250/350 – ½ P 290/340.

🏠 **Chalet du Lac**, par ③ : *1 km rte Épinal* 🕾 03 29 63 38 76, Fax 03 29 60 91 63, ≤ lac, 龠 –
🅣🆅 🕿 🄿. 🅶🅱
fermé oct. – **Repas** *(fermé vend. sauf été et vacances scolaires)* 85/310 ⅃, enf. 60 – 🖙 39 –
11 ch 290 – ½ P 280.

🏠 **Améthystes** sans rest, 🕾 03 29 60 81 81, Fax 03 29 63 12 98 – ▮ cuisinette 🅣🆅 🕿. 🄰🄴 🅶🅱
fermé dim. soir hors sais. – 🖙 40 – **27 ch** 250/290, 3 studios.
BY t

🏡 **L'Abri** ⬧ sans rest, rte Miselle 🕾 03 29 63 02 94, Fax 03 29 60 93 29, 龠 – 🅣🆅 🕿 🄿. 🄰🄴
🅶🅱, 🛇
AY d
fermé 20 sept. au 10 oct. et merc. sauf vacances scolaires – 🖙 30 – **14 ch** 180/290.

🏡 **Liserons**, 5 bd Kelsch 🕾 03 29 63 02 61, Fax 03 29 63 28 02, 龠 – 🅣🆅. 🅶🅱. 🛇 rest
fermé 10 au 22 mars, 5 oct. au 20 déc. et merc. hors sais. – **Repas** 100/200 ⅃ – 🖙 35 – **13 ch**
260/300 – ½ P 280.
AY v

🍴 **Le Bistrot de la Perle**, 32 r. Ch. de Gaulle 🕾 03 29 60 86 24, Fax 03 29 60 86 24, 龠 – 🅶🅱
BZ b
fermé merc. hors sais. – **Repas** 85/110 ⅃.

aux Bas Rupts par ② : *4 km* – ⊠ 88400 Gérardmer :

🏨 **Chalet Fleuri** 🅼, 🕾 03 29 63 09 25, Fax 03 29 63 00 40, ≤, « Beau décor rustique », ⅃,
龠, 🍴 – 🅣🆅 🕿 🄿. 🄰🄴 🅶🅱 🅹🅲🅱
voir rest. **Host. Bas-Rupts** ci-après – 🖙 80 – **13 ch** 740/780 – ½ P 700/750.

🍴🍴🍴 **Host. des Bas-Rupts** (Philippe) avec ch, 🕾 03 29 63 09 25, Fax 03 29 63 00 40, ≤, 龠,
⚙ ⅃, 龠 – 🍴 rest 🅣🆅 🕿 🄿. 🄰🄴 🅶🅱
Repas (dim. et fêtes prévenir) 160/400 et carte 310 à 400, enf. 100 – 🖙 80 – **18 ch** 400/680
– ½ P 500/580
Spéc. Ballotine de saumon au caviar. Tripes au riesling à l'ancienne. Civet de joues de
porcelet en chevreuil. **Vins** Riesling, Tokay-Pinot gris.

🍴🍴 **A La Belle Marée**, 🕾 03 29 63 06 83, Fax 03 29 63 20 76, ≤ – 🄿. 🄰🄴 🄾 🅶🅱
fermé 23 juin au 4 juil., dim. soir et lundi – **Repas** - produits de la mer - 90/250 ⅃, enf. 60.

CITROEN Gar. Cabut, 87 bd d'Alsace   RENAULT Gar. Defranoux, 60 bd Kelsch
🕾 03 29 60 03 34   🕾 03 29 63 01 95
PEUGEOT Gar. Thiébaut, bd de la Jamagne, la
Croisette 🕾 03 29 63 14 50

GERMIGNY-L'ÉVÊQUE 77 S.-et-M. 56 ⑬., 106 ⑳ – *rattaché à Meaux.*

GÉTIGNÉ 44 Loire-Atl. 67 ④ – *rattaché à Clisson.*

Les GETS 74260 H.-Savoie 74 ⑧ *G. Alpes du Nord* – *1 287 h alt. 1170* – *Sports d'hiver : 1 172/*
1 850 m ⚡ 5 ⚡ 55 ⚡.
🏌 des Gets 🕾 04 50 75 87 63, E : 3 km.
🄳 Office de Tourisme 🕾 04 50 75 80 80, Fax 04 50 79 76 90.
Paris 585 – Thonon-les-Bains 37 – Annecy 71 – Bonneville 32 – Chamonix-Mont-Blanc 63 –
Cluses 22 – Morzine 8.

🏨 **Le Labrador** 🅼 ⬧, rte La Turche 🕾 04 50 75 80 00, Fax 04 50 79 87 03, ≤, 龠, ⅃,
龠, 🍴 – ▮ 🍴 rest 🅣🆅 🕿 🚐 🄿. 🄰🄴 🄾 🅶🅱. 🛇 rest
21 juin-7 sept. et 20 déc.-12 avril – **Le St-Laurent** : **Repas** 98/210, enf. 60 – 🖙 45 – **23 ch**
500/760 – ½ P 520/600.

La Marmotte M, ℘ 04 50 75 80 33, Fax 04 50 75 83 26, ≤, « Décor de chalet savoyard », ▮♨, ⊡ – ‖ ⊡ ⊙ ⊛ ₱ – ⚿ 30, ㏂ ⓞ ㏇ ⅉꞔ฿, ⅍ rest
28 juin-7 sept. et 20 déc.-5 avril – **Repas** (résidents seul.) 95 (déj.), 125/150 – ⊡ 50 – **43 ch** 680/1200, 5 duplex – ½ P 520/730.

Mont Chéry, ℘ 04 50 75 80 75, Fax 04 50 79 70 13, ≤, ㏂, ⊡ (été), ⅍ – ‖ ⊞ rest ⊡ ☎ ⊛ ₱, ㏇.
1ᵉʳ juil.-31 août et 15 déc.-20 avril – **Repas** 95/250 ⅋, enf. 50 – **26 ch** ⊡ 440/850 – ½ P 700.

Le Crychar ⅊ sans rest, par rte La Turche ℘ 04 50 75 80 50, Fax 04 50 79 83 12, ≤, ⊡ (été), ▮♨, ⅍ – ⊡ ☎ ⊛ ₱, ㏂ ㏇ –
1ᵉʳ juil.-31 août et 20 déc.-15 avril – ⊡ 53 – **12 ch** 560/600.

Alpages, rte La Turche ℘ 04 50 75 80 88, Fax 04 50 79 76 98, ≤, ▮♨, ⊡ – ‖ ⊡ ☎ ⊛ ₱, ㏂ ㏇
1ᵉʳ juil.-31 août et 20 déc.-20 avril – **Repas** 120/190 – ⊡ 60 – **22 ch** 400/800 – ½ P 400/800.

Alissandre M sans rest, ℘ 04 50 79 80 65, ≤, ⅍ – ⊡ ☎ ₱, ㏂ ㏇
⊡ 30 – **14 ch** 370/650.

Alpina ⅊, par rte La Turche ℘ 04 50 75 80 22, Fax 04 50 75 83 48, ≤, ⅍, ⅍ – ☎ ⊛ ₱, ㏂ ㏇, ⅍ rest
15 juin-15 sept. et 20 déc.-20 avril – **Repas** 90/120 – ⊡ 32 – **31 ch** 275/440 – ½ P 380/400.

Régina, ℘ 04 50 75 80 44, Fax 04 50 79 87 29, ≤ – ⊡ ☎ ⊛ ₱, ㏂ ⓞ ㏇, ⅍ rest
hôtel : 1ᵉʳ juil.-31 août et 20 déc.-16 avril ; rest. : 20 déc.-16 avril – **Repas** 75/180 – ⊡ 35 – **21 ch** 350/400 – ½ P 360/400.

Maroussia ⅊, à La Turche ℘ 04 50 75 80 85, Fax 04 50 75 87 62, ≤ – ☎ ₱, ㏇, ⅍ rest
28 juin-7 sept. et 20 déc.-mi-avril – **Repas** 90/130 – ⊡ 42 – **22 ch** 300/490 – ½ P 310/410.

PEUGEOT Gar. de la Colombière, ℘ 04 50 79 75 64

GEVREY-CHAMBERTIN 21220 Côte-d'Or ㏅ ⑫ G. Bourgogne – 2 825 h alt. 275.
🄱 *Office de Tourisme pl. Mairie ℘ 03 80 34 38 40 et Mairie (hors saison) ℘ 03 80 34 30 35.*
Paris 319 – Dijon 12 – Beaune 33 – Dole 61.

Les Grands Crus ⅊ sans rest, ℘ 03 80 34 34 15, Fax 03 80 51 89 07, « Jardin fleuri » – ☎ ₱, ㏇
fermé 1ᵉʳ déc. au 26 fév. – ⊡ 47 – **24 ch** 360/440.

Arts et Terroirs sans rest, rte Dijon ℘ 03 80 34 30 76, Fax 03 80 34 11 79 – ⊡ ☎ ₱, ㏂ ⓞ ㏇
⊡ 45 – **20 ch** 250/580.

Les Millésimes (Sangoy), 25 r. Église ℘ 03 80 51 84 24, Fax 03 80 34 12 73, ㏂, « Cave aménagée, décor élégant » – ₱, ㏇
✿ *fermé 22 déc. au 25 janv., merc. midi et mardi* – **Repas** 310/595 et carte 390 à 550
Spéc. Petite salade de foie gras poêlé, homard, champignons et truffes. Confit d'échalote aux escargots de Bourgogne. Bar en croûte de sel à la lie de vin de Gevrey-Chambertin. **Vins** Meursault, Gevrey-Chambertin.

La Rôtisserie du Chambertin, ℘ 03 80 34 33 20, Fax 03 80 34 12 30, « Caves anciennes aménagées, petit musée » – ▤ ₱, ㏇ ⅉꞔ฿
fermé 3 au 19 août, 15 fév. au 3 mars, dim. soir et lundi sauf fêtes – **Repas** 190/275 et carte 290 à 420, enf. 80 - **Le Bonbistrot** ℘ 03 80 34 33 20 **Repas** carte environ 150.

La Sommellerie ℘ 03 80 34 31 48, Fax 03 80 58 52 20 – ▤, ㏇
fermé 1ᵉʳ au 6 juil., 15 déc. au 6 janv., vacances de fév. et dim. – **Repas** 97/360.

Sangoy Côté Cour, N 74 ℘ 03 80 58 53 58, Fax 03 80 58 52 73, ㏂ – ㏇
fermé 22 déc. au 4 janv. – **Repas** 75/165, enf. 55.

GEX ⑤ 01170 Ain ㏆ ⑮ ⑯ G. Jura (plan) – 6 615 h alt. 626.
🄱 *Office de Tourisme, Square Jean Clerc, ℘ 04 50 41 53 85, Fax 04 50 41 81 00.*
Paris 490 – Genève 21 – Lons-le-Saunier 94 – Pontarlier 113 – St-Claude 43.

Parc, av. Alpes ℘ 04 50 41 50 18, Fax 04 50 42 37 29, ㏂, « Terrasse fleurie », ⅍ – ⊡ ☎ ₱, ㏂ ㏇, ⅍ ch
fermé 15 au 30 sept., 26 déc. au 1ᵉʳ fév., dim. soir et lundi – **Repas** 120 (déj.), 180/335 – ⊡ 45 – **17 ch** 220/330.

à Echenevex Sud : 4 km par D 984ᶜ – 997 h. alt. 580 – ⊠ 01170 Gex :

Aub. des Chasseurs ⅊, ℘ 04 50 41 54 07, Fax 04 50 41 90 61, ≤, ㏂, « Terrasse fleurie, jardin », ⊡, ⅍ – ⊡ ☎ ₱ – ⚿ 40, ㏂ ㏇
1ᵉʳ mars-1ᵉʳ nov. et fermé dim. soir sauf juil.-août et lundi – **Repas** (prévenir) 100 (déj.), 165/280, enf. 80 – ⊡ 55 – **15 ch** 400/650 – ½ P 500/600.

à Chevry *Sud : 7 km par D 984c – 733 h. alt. 500 – ⊠ 01170 :*

XX **Aub. Gessienne,** ℰ 04 50 41 01 67, 🍽 – 🅿, GB
fermé 1er au 22 août, dim. soir et lundi – **Repas** 100 bc (déj.), 135/280.

FORD Gar. Piron, Le Martinet Cessy
ℰ 04 50 41 50 94
MAZDA Gar. Dago, à Cessy ℰ 04 50 41 55 52
RENAULT G.M.G. Automobiles, N 5 à Cessy
ℰ 04 50 41 55 17 ℰ 08 00 05 15 15

ROVER, VOLVO Gar. Jordan-Meille, à Sauverny
ℰ 04 50 41 18 14
Gar. Modernes Husson, Les Vertes Campagnes
ℰ 04 50 41 54 24

GIAT 63620 P.-de-D. 🖥 ⑫ – 1 049 h alt. 750.

Paris 403 – Aubusson 38 – Clermont-Ferrand 63 – Le Mont-Dore 47 – Montluçon 73 – Ussel 43.

🏊 **Commerce,** ℰ 04 73 21 72 38, Fax 04 73 21 79 00, 🍽 – 🕿. GB
🍴 **Repas** *(fermé lundi)* (prévenir) 65 (déj.), 75/200 ⅃ – ☲ 35 – **12 ch** 120/250 – ½ P 220.

CITROËN Gar. Simonnet, ℰ 04 73 21 72 86
 ℰ 04 73 21 74 96

RENAULT Gar. Richin, ℰ 04 73 21 72 16
 ℰ 04 73 21 72 16

GIEN 45500 Loiret 🖥 ② G. Châteaux de la Loire – 16 477 h alt. 162.

Voir *Château★ : musée de la Chasse★★* Z M – *Pont* ⩽★ Z.
Env. *Pont-canal★★ de Briare SE : 10 km par* ②.
🛈 *Office de Tourisme, Centre Anne-de-Beaujeu* ℰ 02 38 67 25 28, Fax 02 38 38 23 16.
Paris 150 ① – *Orléans 70* ④ – *Auxerre 88* ② – *Bourges 78* ③ – *Cosne-sur-Loire 44* ② – *Vierzon 73* ③.

GIEN

Gambetta (R.) .... **Z** 6
Thiers (R.) .... **Z** 23
Victor-Hugo (R.) .... **Z** 24

Anne-de-Beaujeu (R.).. **Z** 2
Bildstein (R.) .... **Y** 3
Briqueteries (R. des) ... **Y**
Château (Pl. du) .... **Z**
Clemenceau (R. G.) .... **Z** 5
Curie (Place) .... **Y**
Hôtel-de-Ville (R. de l'). **Z** 7
Jean-Jaurès (Pl.)....... **Z** 9
Jeanne-d'Arc (R.) ...... **YZ**
Joffre (Q. du Mar.) ..... **Z**
Leclerc (Av. du Mar.) .. **Z** 12
Lenoir (Quai) .... **Z**
Louis-Blanc (R.) .... **Z** 13
Marienne
 (R. de l'Adj.-Chef) ... **Z** 15
Montbricon (R. de) ..... **YZ**
Noé (R. de) .... **YZ**
Paris (R. de) .... **YZ**
Paul-Bert (R.) .... **Z** 16
Président-Wilson (Av.) .. **Y** 17
République (Av. de la) .. **Y** 19
Verdun (R. de) .... **Y**
Vieille-Boucherie (R.) .. **Z** 25
Villejean (Av. J.) ...... **Y**

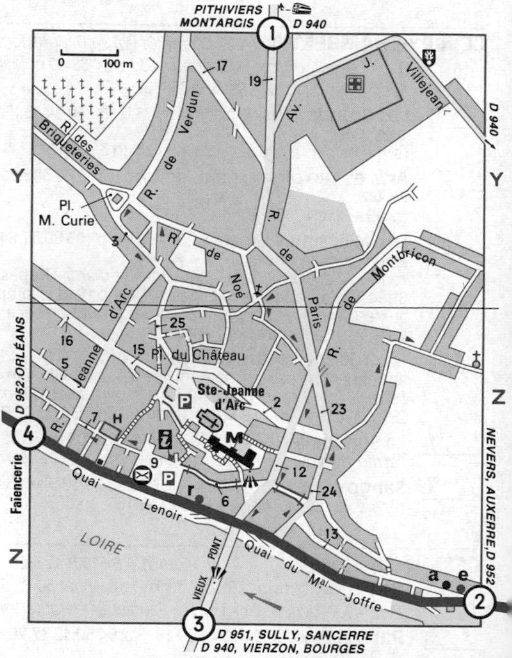

Pour un bon usage des plans de villes, voir les signes conventionnels dans l'introduction.

PITHIVIERS
MONTARGIS
D 940 ①

D 952 ORLÉANS ④

NEVERS, AUXERRE, D 952 ②

LOIRE

D 951, SULLY, SANCERRE ③
D 940, VIERZON, BOURGES

🏯 **Rivage,** 1 quai Nice ℰ 02 38 37 79 00, Fax 02 38 38 10 21, ⩽ – 🍽 rest 📺 🕿 🅿, AE ① GB
❀ JCB
Z a
fermé dim. soir du 9 nov. au 29 mars – **Repas** *(fermé 18 fév. au 20 mars)* 140/380 et carte 280 à 370 – ☲ 47 – **16 ch** 295/520, 3 appart
Spéc. Sandre rôti, compotée de choux et jus au lard (saison). Râble de lapereau aux légumes. "Paris-Gien" aux framboises rôties, glace praslin (saison). **Vins** Sancerre, Pouilly-Fumé.

🏨 **Axotel** M sans rest, r. Bosserie, Nord : 3 km par ① 𝒫 02 38 67 11 99, Fax 02 38 38 16 61,
🔲, 🛏 – ⤢ ▤ 🆃🆅 ☎ ✆ 🕭 📁 – 🔬 35. 🆎 🇬🇧
🍽 45 – **48 ch** 280/330.

🏨 **Anne de Beaujeu** M sans rest, 10 rte Bourges par ③ 𝒫 02 38 67 12 42,
Fax 02 38 38 27 29 – 📶 ⤢ 🆃🆅 ☎ 🕭 📁 – 🔬 30. 🆎 ① 🇬🇧 🅹🅲🅱
🍽 40 – **30 ch** 260/320.

🏨 **Sanotel**, 21 quai Sully par ③ 𝒫 02 38 67 61 46, Fax 02 38 67 13 01, ≤, 🛏 – 📶 ⤢ 🆃🆅 ☎ ✆
🕭 📁 – 🔬 60. 🇬🇧
Repas snack *(fermé dim.)* (dîner seul.) 80 – 🍽 32 – **60 ch** 180/220.

🍴🍴 **La Poularde** avec ch, 13 quai Nice 𝒫 02 38 67 36 05, Fax 02 38 38 18 78 – ▤ rest 🆃🆅 ☎.
🆎 ① 🇬🇧   Z e
fermé 1ᵉʳ au 15 janv., dim. soir sauf juil.-août et lundi de nov. à janv. – **Repas** 90/290, enf. 54
– 🍽 35 – **9 ch** 230/290 – ½ P 260.

🍴🍴 **Côté Jardin**, 14 rte Bourges par ③ 𝒫 02 38 38 24 67, 🌰 – ▤. 🇬🇧
🍸 *fermé 1ᵉʳ au 10 juil., vacances de fév. et lundi* –
Repas (prévenir) 97/210.

🍴 **Loire**, 18 quai Lenoir 𝒫 02 38 67 00 75 – 🇬🇧   Z r
🍸 *fermé 1ᵉʳ au 15 sept., 8 fév. au 4 mars, mardi soir et merc.* – **Repas** 80/170.

CITROEN S.A.G.V.R.A., rte de Bourges à Poilly-lez-   🔘 Euromaster, r. J.-César 𝒫 02 38 67 42 08
Gien par ③ 𝒫 02 38 67 30 82
PEUGEOT S.A.G., rte de Bourges à Poilly-lez-Gien
par ③ 𝒫 02 38 67 35 43 🅽 𝒫 08 00 44 24 24
RENAULT Gar. Reverdy, rte de Bourges à Poilly-lez-
Gien par ③ 𝒫 02 38 29 30 30

*Avec votre guide Rouge utilisez la **carte** et le guide Vert Michelin :
ils sont inséparables.*

GIENS 83 Var 🟦 ⑯, 🟦 ㊻ G. Côte d'Azur – ✉ 83400 Hyères.
Voir *Ruines du château* ⚹⋆⋆ X.
Paris 861 – Toulon 26 – Carqueiranne 10 – Draguignan 88 – Hyères 10.
PlansVoir plan de Giens à Hyères..

🏨 **Le Provençal**, 𝒫 04 94 58 20 09, Fax 04 94 58 95 44, ≤, 🌰, « Parc ombragé et fleuri en
terrasses », 🔲, 🏖, 🍴 – 📶 🆃🆅 ☎ 📁 – 🔬 50. 🆎 ① 🇬🇧, 🍴 rest   X s
19 avril-25 oct. – **Repas** 130/220, enf. 65 – 🍽 65 – **41 ch** 335/650 – ½ P 465/600.

🍴🍴 **Le Tire Bouchon**, 𝒫 04 94 58 24 61, ≤, 🌰 – ▤. 🆎 🇬🇧   X a
fermé déc., mardi soir et merc. de sept. à juin, merc. midi et lundi en juil.-août – **Repas**
135/245, enf. 60.

🍴🍴 **L'Eau Salée**, au Port Niel 𝒫 04 94 58 92 33, Fax 04 94 58 11 25, ≤, 🌰 – 🇬🇧   X e
🍸 *fermé mi-janv. à mi-fév., dim. soir et lundi de mi-sept. à mi-juin* – **Repas** 120/300 bc.

La GIETTAZ 73590 Savoie 🟦 ⑦ – 506 h alt. 1120.
*Paris 592 – Chamonix-Mont-Blanc 53 – Albertville 29 – Annecy 44 – Bonneville 37 –
Chambéry 79 – Flumet 7 – Megève 17.*

🏠 **Flor'Alpes**, 𝒫 04 79 32 90 88, ≤, 🛏 – ☎ 📁. 🆎 🇬🇧
🍽 *15 juin-15 sept. et 20 déc.-15 avril* – **Repas** 65 (déj.), 80/98 ♨ – 🍽 30 – **11 ch** 175/235 –
½ P 190/220.

GIFFAUMONT-CHAMPAUBERT 51290 Marne 🟦 ⑨ G. Champagne – 227 h alt. 130.
Voir *Lac du Der-chantecoq*⋆⋆.
*Paris 206 – Bar-le-Duc 49 – Chaumont 72 – Joinville 37 – Montier-en-Der 9 – St-Dizier 113 –
Vitry-le-François 29.*

🏠 **Cheval Blanc** 🐾, 𝒫 03 26 72 62 65, Fax 03 26 73 96 97, 🌰 – 🆃🆅 ☎ 📁 – 🔬 25. 🆎 🇬🇧.
🍴 ch
fermé 8 au 30 sept., 2 au 20 janv., dim. soir et lundi – **Repas** 120/320 ♨, enf. 55 – 🍽 35 –
16 ch 250/300 – ½ P 270.

GIGARO 83 Var 🟦 ⑰., 🟦 ㊲ – rattaché à La Croix-Valmer.

GIGNAC 34150 Hérault 🟦 ⑥ G. Gorges du Tarn – 3 652 h alt. 53.
🅱 Office de Tourisme pl. Gén.-Claparède 𝒫 04 67 57 58 83, Fax 04 67 57 67 95.
Paris 736 – Montpellier 29 – Béziers 52 – Clermont-l'Hérault 12 – Lodève 26 – Sète 45.

🍴🍴 **Le Bougainvillier**, 3 bd Esplanade 𝒫 04 67 57 50 83, Fax 04 67 57 20 13 – 🇬🇧
🍸 *1ᵉʳ avril-30 nov. et fermé dim. soir et lundi hors sais.* – **Repas** 160/240, enf. 60.

à Aniane Nord-Est : 5 km sur D 32 – 1 725 h. alt. 62 – ⊠ 34150 .

Voir Grotte de Clamouse★★ et gorges de l'Hérault★ NO : 4 km – St-Guilhem-le-Désert : site★★, église abbatiale★ NO : 9 km.

🏠 **Host. St Benoit** ॐ, rte St-Guilhem ♪ 04 67 57 71 63, Fax 04 67 57 47 10, 🌤, 🏊 – ☎ 🄿 – 🏖 30. ⌷⌷

fermé mi-déc. au 28 fév. – **Repas** 99/158, enf. 45 – ☷ 35 – **30 ch** 270/315 – ½ P 270/280.

GIGONDAS 84190 Vaucluse 🎇 ② – 612 h alt. 313.

Paris 664 – Avignon 38 – Nyons 31 – Orange 19 – Vaison-la-Romaine 15.

💥 **Les Florets** ॐ avec ch, Est : 1,5 km par rte secondaire ♪ 04 90 65 85 01, Fax 04 90 65 83 80, 🌤, 🌳 – 📺 🄿 🄿 🄐 🄞 ⌷⌷ 🄹🄲🄱

fermé janv., fév., mardi soir hors sais. et merc. – **Repas** 120/220, enf. 60 – ☷ 52 – **13 ch** 410 – ½ P 400.

à Montmirail Sud : 6 km par D 7, D 8 et rte secondaire – ⊠ 84190 Gigondas :

🏠 **Montmirail** ॐ, ♪ 04 90 65 84 01, Fax 04 90 65 81 50, 🌤, 🏊, 🌳 – 📺 ☎ 🕭 🄿. ⌷⌷

15 mars-30 oct. – **Repas** 99 (déj.), 150/200 – ☷ 50 – **46 ch** 285/450 – ½ P 420/440.

GILETTE 06830 Alpes-Mar. 🎇 ⑳ G. Côte d'Azur – 1 024 h alt. 420.

Voir ≤★ des ruines du château.

Paris 949 – Antibes 43 – Nice 36 – St-Martin-Vésubie 44.

à Vescous par rte de Rosquesteron (D 17) : 9 km – ⊠ 06830 Gilette :

💥 **La Capeline** ॐ, ♪ 04 93 08 58 06, 🌤 – 🄿. ⌷⌷

fermé d'oct. à fév. (sauf week-ends et fériés), mardi et le soir de sept. à juin et lundi – Repas (prévenir) 95 (déj.), 125/180.

GILLY-LÈS-CÎTEAUX 21 Côte-d'Or 🎇 ⑳ – rattaché à Vougeot.

GIMBELHOF 67 B.-Rhin 🎇 ⑲ – rattaché à Lembach.

GIMONT 32200 Gers 🎇 ⑥ G. Pyrénées Aquitaine – 2 819 h alt. 180.

🏌 Las Martines ♪ 05 62 07 27 12, E par N 124 : 23 km.

🄱 Syndicat d'Initiative, 83 rte Nationale ♪ 05 62 67 77 87.

Paris 719 – Auch 24 – Agen 87 – Castelsarrasin 58 – Montauban 68 – St-Gaudens 74 – Toulouse 53.

🏠 **Château de Larroque** ॐ, rte Toulouse ♪ 05 62 67 77 44, Fax 05 62 67 88 90, ≤, 🌤, « Parc », 🏊, 💥 – 📺 ☎ 🄿 – 🏖 80. 🄐 🄞 ⌷⌷. 💥 rest

fermé janv., fév., dim. soir et lundi du 1er oct. au 1er avril – **Repas** 140/290 – ☷ 70 – **14 ch** 480/1180 – ½ P 600/800.

🏠 **Le Coin du Feu** 🅼, bd Nord ♪ 05 62 67 71 56, Fax 05 62 67 88 28, 🏊, 🌳 – 📺 ☎ 🕭 🄿 – 🏖 120. ⌷⌷

Repas 70/180 – ☷ 44 – **25 ch** 220/300, 3 appart – ½ P 250/270.

GINCLA 11140 Aude 🎇 ⑰ – 49 h alt. 570.

Paris 842 – Foix 85 – Perpignan 67 – Carcassonne 76 – Quillan 24.

🏠 **Host. du Grand Duc** ॐ, ♪ 04 68 20 55 02, Fax 04 68 20 61 22, 🌤, 🌳 – 📺 ☎ 🄿. ⌷⌷

1er avril-15 nov. et fermé merc. midi sauf juil.-août – **Repas** 120/260 – ☷ 40 – **10 ch** 270/320 – ½ P 290.

GIROMAGNY 90200 Ter.-de-Belf. 🎇 ⑧ G. Jura – 3 226 h alt. 495.

🄱 Office de Tourisme Parc du Paradis des Loups ♪ 03 84 29 09 00.

Paris 419 – Épinal 82 – Mulhouse 46 – Belfort 14 – Lure 30 – Masevaux 21 – Thann 34 – Le Thillot 33.

💥 **Le Vieux Relais**, à Auxelles-Bas Ouest : 4 km par D 12 ♪ 03 84 29 31 80, Fax 03 84 29 56 13 – ⌷⌷

fermé 1er au 15 sept., 5 au 11 janv., dim. soir et lundi – **Repas** 85 (déj.), 130/280 🍷.

💥 **Saut de la Truite** ॐ avec ch, rte Ballon d'Alsace Nord : 7 km par D 465 - alt. 701 ♪ 03 84 29 32 64, Fax 03 84 29 57 42, ≤, 🌤, « Jardin dans le vallon » – 📺 ☎ 🚗 🄿. 🄐 🄞 ⌷⌷

fermé déc., janv. et vend. sauf juil.-août – **Repas** 95/180 🍷 – ☷ 35 – **7 ch** 180/250 – ½ P 260.

GIROUSSENS 81 Tarn 82 ⑨ – *rattaché à Lavaur.*

GISORS 27140 Eure 55 ⑧ ⑨ *G. Normandie Vallée de la Seine*– 9 481 h alt. 60.

Voir *Château fort*★★ – *Église St-Gervais et St-Protais*★.

🛈 *Office de Tourisme 4 r. du Gén.-de-Gaulle* ℰ 02 32 27 30 14, Fax 02 32 55 14 98.

Paris 72 – *Rouen 58* – *Beauvais 33* – *Évreux 64* – *Mantes-la-Jolie 40* – *Pontoise 38.*

XXX **La Halte Henri II**, 25 rte Dieppe ℰ 02 32 27 37 37, Fax 02 32 55 79 19, � – 🇬🇧
fermé 20 juil. au 10 août, 22 au 26 déc., 26 janv. au 2 fév., dim. soir et lundi – **Repas** 155/265
et carte 220 à 290, enf. 80.

XX **Le Cygne**, 8 pl. Blanmont ℰ 02 32 55 23 76, Fax 02 32 27 05 68 – ⓪ 🇬🇧
fermé 1ᵉʳ au 15 août, jeudi midi et merc. – **Repas** 145.

XX **Le Cappeville**, 17 r. Cappeville ℰ 02 32 55 11 08, Fax 02 32 55 93 92 – 🖭 🇬🇧
fermé 20 août au 10 sept., 5 au 22 janv., mardi soir et merc. – **Repas** 110/250, enf. 60.

à Bazincourt-sur-Epte Nord : 6 km par D 14 – 496 h. alt. 55 – ⌂ 27140 :

🏯 **Château de la Rapée** ⤳, Ouest : 2 km par rte secondaire ℰ 02 32 55 11 61,
Fax 02 32 55 95 26, ≼, « Parc », ⚓ – 🔟 ☎ 🅿 – 🔏 30. 🖭 ⓪ 🇬🇧. ❀
fermé fév. – **Repas** *(fermé 16 au 30 août, fév. et merc.)* 165/225 – 🖵 55 – **12 ch** 425/550 –
½ P 390/430.

à St-Denis-le-Ferment Nord-Ouest : 12 km par rte de Rouen, D 14 bis et D 17 – 405 h. alt. 70 –
⌂ 27140 :

XXX **Aub. de l'Atelier**, ℰ 02 32 55 24 00, Fax 02 32 55 10 20, � – 🅿. 🇬🇧
fermé 1ᵉʳ au 15 oct., dim. soir et lundi sauf fériés – **Repas** 130/250 et carte 250 à 320.

CITROEN SAGA, r. de la Libération
ℰ 02 32 27 04 00 🆅 ℰ 02 32 55 44 88
RENAULT Gar. Dumorlet, 38 rte de Dieppe
ℰ 02 32 55 22 56
RENAULT Gar. Lemoine, 2 r. de Dieppe
ℰ 02 32 55 22 29 🆅 ℰ 08 00 05 15 15

⓪ Berry-Pneus, 34 fg Cappeville
ℰ 02 32 55 27 64
Marsat Pneus, 4 r. Pré-Nattier ℰ 02 32 55 17 51

GIVERNY 27620 Eure 55 ⑱ *G. Normandie Vallée de la Seine*– 548 h alt. 17.

Voir *Maison de Claude Monet*★ – *Musée américain*★.

Paris 75 – *Rouen 67* – *Beauvais 68* – *Évreux 35* – *Mantes-la-Jolie 21.*

XXX **Les Jardins de Giverny**, D 5 ℰ 02 32 21 60 80, Fax 02 32 51 93 77, �, parc – 🅿. 🖭 🇬🇧
fermé fév. et lundi – **Repas** 170/230.

GIVET 08600 Ardennes 53 ⑨ *G. Champagne* – 7 775 h alt. 103.

Voir ≼★ *du fort de Charlemont* – *Site nucléaire de Chooz*★ S : 6 km.

🛈 *Office de Tourisme, pl. de la Tour* ℰ 03 24 42 03 54, Fax 03 24 40 10 70.

Paris 279 – *Charleville-Mézières 55* – *Fumay 23* – *Rocroi 39.*

🏯 **Val St-Hilaire** Ⓜ sans rest, 7 quai des Fours ℰ 03 24 42 38 50, Fax 03 24 42 07 36 – ❄
🔟 ☎ ⅙ 🅿 – 🔏 25. 🇬🇧. ❀
fermé 20 déc. au 5 janv. – 🖵 42 – **20 ch** 290/340.

🏯 **Roosevelt** sans rest, 78 av. Roosevelt ℰ 03 24 42 14 14, Fax 03 24 42 15 15 – ❄ 🔟 ☎ ⅙
🅿. 🇬🇧
🖵 40 – **13 ch** 275/320.

🏠 **Rivhôtel** sans rest, 14 quai Remparts ℰ 03 24 42 66 66, Fax 03 24 42 15 15 – ❄ 🔟 ☎.
🇬🇧. ❀
🖵 40 – **8 ch** 280/320.

XXX **Méhul Gourmand**, 10 r. Flayelle ℰ 03 24 42 78 37, Fax 03 24 42 78 37 – 🖭 🇬🇧
fermé 18 août au 8 sept., 16 fév. au 2 mars, dim. soir et lundi – **Repas** 140/275 et carte 220
à 320.

CITROEN Gar. de la Gare, ℰ 03 24 42 03 81 🆅
ℰ 03 24 42 08 74
RENAULT Gar. Franco Belge, 23 av. Roosevelt
ℰ 03 24 42 01 85 🆅 ℰ 03 24 42 08 74

VAG Gar. Henocq, 19 quai du Fort de Rome
ℰ 03 24 42 04 53

Donnez-nous votre avis sur les tables que nous
recommandons,
sur leurs spécialités et leurs vins de pays.

GIVORS 69700 Rhône 🔟 ⑪, 🔟🔟⓪ ㉝ G. Vallée du Rhône – 19 777 h alt. 156.
Paris 483 – Lyon 25 – Rive-de-Gier 17 – Vienne 11.

à **Loire-sur-Rhône** : 5 km par N 86, rte de Condrieu – 1 927 h. alt. 140 – ⊠ 69700 :

✕✕ **Camerano,** ℰ 04 78 07 96 36, Fax 04 72 49 99 94, 🏤 – 🖭 ⓪ 🇬🇧
fermé 3 au 25 août, 26 déc. au 5 janv., dim. soir et lundi soir – **Repas** 100/265.

PEUGEOT Gar. Moret, 31 r. de Dobëln, les Vernes   🕪 Comptoir du Pneu, 16 r. M.-Cachin
ℰ 04 78 73 01 69   ℰ 04 78 73 15 13
RENAULT Givors autom., 42 r. J.-Ligonnet
ℰ 04 78 73 09 80

GIVRY 71640 S.-et-L. 🔟 ⑨ G. Bourgogne – 3 340 h alt. 247.
Paris 342 – Chalon-sur-Saône 9 – Autun 48 – Chagny 14 – Mâcon 65 – Montceau-les-
Mines 37.

✕ **Halle** avec ch, pl. Halle ℰ 03 85 44 32 45, Fax 03 85 44 49 45 – ☎. 🇬🇧
fermé 2 au 17 janv., dim. soir et lundi – **Repas** 92/180 – ☷ 30 – **8 ch** 210/230 – ½ P 230.

GLANDELLES 77 S.-et-M. 🔟 ⑫ – rattaché à Nemours.

GLUGES 46 Lot 🔟 ⑱ ⑲ – rattaché à Martel.

GLUIRAS 07190 Ardèche 🔟 ⑲ – 380 h alt. 800.
Paris 610 – Valence 47 – Le Cheylard 20 – Lamastre 42 – Privas 33.

✕ **Relais de Sully,** ℰ 04 75 66 63 41, Fax 04 75 64 69 88 – 🇬🇧
fermé vacances de fév., dim. soir et merc. d'oct. à mai – **Repas** 90/210.

Le GOLFE-JUAN 06 Alpes-Mar. 🔟 ⑨, 🔟🔟🔟 ㉟ ㊳ G. Côte d'Azur – ⊠ 06220 Vallauris.
🅱 Office de Tourisme 84 av. Liberté ℰ 04 93 63 73 12, Fax 04 93 63 95 01.
Paris 909 – Cannes 6 – Antibes 4 – Grasse 21 – Nice 30.

pour **Vallauris** voir plan de **Cannes**.

🏨 **Beau Soleil** 🅼 🦢, impasse Beau-Soleil par N 7 (direction Antibes) ℰ 04 93 63 63 63,
Fax 04 93 63 02 89, 🏤, 🏊 – 📶 📺 ☎ 🚗, 🖭 🇬🇧. ⚒
25 mars-15 oct. – **Repas** (fermé merc. midi) 89/130 – ☷ 50 – **30 ch** 500/570 – ½ P 395/
430.

🏨 **Lauvert** 🦢 sans rest, impasse des Hameaux de Beau-Soleil par N 7 (direction Antibes)
ℰ 04 93 63 46 06, 🏊, 🌳, ✕ – 📶 cuisinette 📺 ☎ 🅿. 🇬🇧
1ᵉʳ fév.-15 oct. – ☷ 28 – **28 ch** 430.

🏨 **Palm H.,** 17 av. Palmeraie (N 7) ℰ 04 93 63 72 24, Fax 04 93 63 18 45, 🏤, 🌳 – 📺 ☎ 🅿.
🇬🇧 🖭 🇬🇧 ⚒ rest
Repas 79/160 🍷, enf. 45 – ☷ 35 – **25 ch** 350/400 – ½ P 300/345.

✕✕ **Tétou,** à la plage ℰ 04 93 63 71 16, ≤, 🚤, – 📶 🅿
⚙ 15 mars-31 oct. – **Repas** - produits de la mer - carte 460 à 740
Spéc. Bouillabaisse. Langouste grillée. Poisson au four. **Vins** Bellet, Côtes de Provence.

✕✕ **Bistrot du Port,** au port ℰ 04 93 63 70 64 – 🍽, 🖭 🇬🇧. ⚒
fermé janv. et lundi sauf juil.-août – **Repas** 80 (déj.), 120/170.

✕✕ **Nounou,** à la plage ℰ 04 93 63 71 73, Fax 04 93 63 46 91, ≤, 🏤, 🚤, – 🅿, 🖭 ⓪ 🇬🇧
fermé 12 nov. au 25 déc., le soir (sauf vend. et sam.) de nov. à mars, dim. soir et lundi sauf
juil.-août – **Repas** - produits de la mer - 175/230.

à **Vallauris** Nord-Ouest : 2,5 km par D 135 – 24 325 h. alt. 120 – ⊠ 06220 .
Voir Musée national "la Guerre et la Paix" (château) – Musée de l'Automobile★ NO : 4 km.
🅱 Office de Tourisme sq. du 8 Mai 45, parking (Sud) ℰ 04 93 63 82 58.

🏨 **Val d'Auréa** sans rest, 11 bis bd M. Rouvier ℰ 04 93 64 64 29 – 📶 ☎. 🖭 🇬🇧   V k
1ᵉʳ avril-30 sept. – **27 ch** ☷ 250.

✕✕ **La Gousse d'Ail,** 11 av. Grasse ℰ 04 93 64 10 71 – 🍽. 🖭 🇬🇧   V y
fermé 1ᵉʳ au 7 juil., 12 nov. au 12 déc., merc. soir de janv. à Pâques, lundi soir d'oct. à juin et
mardi – **Repas** 110/180, enf. 72.

GOMETZ-LE-CHATEL 91 Essonne 🔟 ⑩,, 🔟🔟🔟 ㉚,, 🔟🔟🔟 ㉝ – voir à Paris, Environs.

GONFREVILLE L'ORCHER 76 S.-Mar. 🔟 ⑪ – rattaché au Havre.

544

GORBIO 06920 Alpes-Mar. 🟦84 ⑩ *G. Côte d'Azur – 930 h alt. 360.*

Voir *Site★.*

✂ *Paris 959 – Monaco 15 – Menton 9 – Monte-Carlo 14 – Nice 30.*

✗ **Aub. du Village**, r. Gambetta 🅟 04 93 35 87 83 – **GB**. ✸
fermé 10 nov. au 10 déc., le soir d'oct. à mai et lundi – **Repas** 98/150.

GORDES 84220 Vaucluse 🟦81 ⑬ *G. Provence – 2 031 h alt. 372.*

Voir *Site★ – Château : cheminée★, musée Vasarely★ – Village des Bories★ SO : 2 km par D 15 puis 15 mn – Abbaye de Sénanque★★ NO : 4 km – Pressoir★ dans le musée des Moulins à huile S : 5 km.*

🅱 *Office de Tourisme pl. du Château 🅟 04 90 72 02 75, Fax Mairie 04 90 72 04 39.*

Paris 714 – Apt 21 – Avignon 38 – Carpentras 26 – Cavaillon 17 – Sault 37.

🏛 **Les Bories** Ⓜ ✑, rte Vénasque : 2 km 🅟 04 90 72 00 51, Fax 04 90 72 01 22, ≤ le Lube-
❀ ron, ☆, parc, ⬛, ☒, ✗ – ⬛ ⬛ 🆃🆅 ☎ ♿ 🅿. ⒶⒺ ⓞ **GB**
15 fév.-15 nov. – **Repas** *(fermé mardi midi et lundi sauf juil.-août et fériés)* (prévenir) 180 (déj.), 220/390 – ☒ 90 – **17 ch** 750/1800 – ½ P 645/1170
Spéc. "Tempura" de langoustines à la sarriette, minestrone de petits artichauts violets. Selle d'agneau cuite en terre d'argile, tourte d'aubergine farcie. Cappuccino glacé, massepain à l'orange.

🏛 **Bastide de Gordes** Ⓜ ✑ sans rest, 🅟 04 90 72 12 12, Fax 04 90 72 05 20, ≤ le Luberon, ℉, ⬛ – ⬛ ⬛ 🆃🆅 ☎ ℂ ♿ 🅿. ⒶⒺ **GB**
15 mars-4 nov. – ☒ 78 – **18 ch** 700/1150.

🏨 **Le Gordos** ✑ sans rest, rte Cavaillon : 1,5 km 🅟 04 90 72 00 75, Fax 04 90 72 07 00, ⬛,
☆ – 🆃🆅 🅿. ⒶⒺ **GB**
15 mars-4 nov. – ☒ 60 – **19 ch** 550/800.

🏨 **Les Romarins** ✑ sans rest, rte Sénanque 🅟 04 90 72 12 13, Fax 04 90 72 13 13, ≤, ⬛ –
🆃🆅 ☎ ♿ 🅿. ✸
fermé 15 janv. au 15 fév. – ☒ 53 – **10 ch** 460/750.

🏨 **La Gacholle** ✑, rte Murs par D 15 : 1,5 km 🅟 04 90 72 01 36, Fax 04 90 72 01 81, ≤, ☆,
⬛, ✗, ✸ – 🆃🆅 🅿. **GB**. ✸ rest
15 mars-15 nov. – **Repas** 165/380 – ☒ 60 – **12 ch** 620/680 – ½ P 580.

✗✗ **La Mayanelle** avec ch, 🅟 04 90 72 00 28, Fax 04 90 72 06 99, ≤ le Luberon, ☆ – ☎. ⒶⒺ
ⓞ **GB**
fermé 2 janv. au 1er mars – **Repas** *(fermé merc. midi et mardi)* carte 140 à 280 ⬦ – ☒ 55 –
9 ch 365/485 – ½ P 405/462.

✗ **Comptoir du Victuailler**, pl. Château 🅟 04 90 72 01 31, Fax 04 90 72 14 28, ☆,
bistrot – **GB**. ✸
1er avril-10 nov., 15 déc.-15 janv., et fermé merc. sauf juil.-août et mardi soir – **Repas**
(prévenir) 175 (déj.) et dîner à la carte 250 à 300.

par D 2 *Est : rte d'Apt –* ✉ *84220 Gordes :*

🏨 **Aub. de Carcarille** ✑, à 4 km 🅟 04 90 72 02 63, Fax 04 90 72 05 74, ☆, ⬛, ✗ – 🆃🆅 ☎
🅿. **GB**. ✸
fermé 15 nov. au 28 déc. et vend. sauf le soir d'avril à sept. – **Repas** 98/195 ⬦, enf. 55 –
☒ 45 – **11 ch** 330/380 – ½ P 340/370.

🏠 **Ferme de la Huppe** ✑, à 5 km 🅟 04 90 72 12 25, Fax 04 90 72 01 83, ☆, « Ferme
provençale du 18e siècle », ⬛ – ⬛ ch 🆃🆅 ☎ 🅿. **GB**. ✸
28 mars-3 nov. – **Repas** 145/200, enf. 110 – ☒ 25 – **8 ch** 400/650 – ½ P 340/470.

✗ **Les Vordenses**, à 2,5 km 🅟 04 90 72 10 12, Fax 04 90 72 11 63, ☆ – 🅿. ⒶⒺ ⓞ **GB** ⒿⓒⒷ
fermé 1er déc. au 3 janv. et merc. – **Repas** 115/195, enf. 55.

rte des Imberts *Sud-Ouest : 4 km par D 2 –* ✉ *84220 Gordes :*

🏨 **Mas de la Senancole** Ⓜ sans rest, 🅟 04 90 76 76 55, Fax 04 90 76 70 44, ⬛ – ⬛ 🆃🆅 ☎
♿ 🅿. ⒶⒺ **GB**
fermé 3 janv. au 1er mars – ☒ 50 – **21 ch** 500/550.

✗✗ **Mas Tourteron**, 🅟 04 90 72 00 16, Fax 04 90 72 09 81, ☆ – 🅿. ⒶⒺ **GB**
1er mars-15 nov. et fermé dim. soir d'oct à mars et lundi – **Repas** 150 (déj.), 200/280,
enf. 100.

GORGES voir au nom propre des gorges.

GORZE 57680 Moselle 🟦57 ⑬ *G. Alsace Lorraine – 1 389 h alt. 300.*

Paris 313 – Metz 20 – Jarny 21 – Pont-à-Mousson 22 – St-Mihiel 43 – Verdun 53.

✗✗ **Host. du Lion d'Or** avec ch, 🅟 03 87 52 00 90, Fax 03 87 52 09 62, ☆, ✗ – 🆃🆅 ☎ –
🅰 25. **GB**
fermé lundi – **Repas** 90/280 ⬦, enf. 60 – ☒ 38 – **18 ch** 190/320 – ½ P 250/300.

GOSNAY *62 P.-de-C.* 🗞 ⑭ – *rattaché à Béthune.*

GOUESNACH *29950 Finistère* 🗞 ⑮ – *1 769 h alt. 33.*
Paris 565 – Quimper 15 – Bénodet 6 – Concarneau 21 – Pont-l'Abbé 16 – Rosporden 27.

🏛 **Aux Rives de l'Odet,** *℘* 02 98 54 61 09, Fax 02 98 54 73 21, 🐎 – 📺 ☎ 🅿. ⅁⅀
fermé 5 au 15 oct., dim. soir et lundi du 15 oct. au 30 avril – **Repas** 59 (déj.), 90/130 ⅄,
enf. 52 – ⊆ 28 – **33 ch** 155/275 – ½ P 188/250.

La GOUESNIÈRE *35350 I.-et-V.* 🗞 ⑥ – *942 h alt. 22.*
*Paris 409 – St-Malo 14 – Dinan 25 – Dol-de-Bretagne 13 – Lamballe 57 – Rennes 65 –
St-Cast 37.*

🏰 **H. Tirel-Guérin,** à la Gare, Nord : 1,5 km D 76 *℘* 02 99 89 10 46, Fax 02 99 89 12 62,
« Jardin fleuri », *ƒₛ*, 🏊, ⁀ – 📺 rest 📺 ☎ & ⇔ 🅿. – 🛗 100. ⅄⅀ ⓪ ⅁⅀
fermé 20 déc. au 15 janv. – **Repas** (formé dim. soir d'oct. à mars sauf fériés) (dim. et fêtes
prévenir) 125/230 et carte 240 à 360, enf. 80 – ⊆ 50 – **60 ch** 420/620 – ½ P 320/475
Spéc. Salade de cailles, lames de truffes et foie gras nature. Homard breton braisé ''Jean-
Luc''. Pigeonneau de l'Entillère aux poivres vanillés.

GOUJOUNAC *46250 Lot* 🗞 ⑦ *G. Périgord Quercy* – *174 h alt. 250.*
Paris 578 – Cahors 28 – Gourdon 31 – Villeneuve-sur-Lot 52.

✕ **Host. de Goujounac** avec ch., *℘* 05 65 36 68 67, Fax 05 65 36 60 54, 🌇 – 📺 ☎. ⅁⅀
fermé 18 nov. au 8 déc., 1ᵉʳ au 15 fév., lundi sauf le midi en juil.-août et dim. soir – **Repas**
92/230 ⅄ – ⊆ 40 – **5 ch** 195/280 – ½ P 240/285.

GOULT *84220 Vaucluse* 🗞 ⑬, 🗞 ① – *1 281 h alt. 258.*
Paris 716 – Apt 13 – Avignon 41 – Carpentras 36 – Cavaillon 19.

✕✕ **Aub. La Bartavelle,** *℘* 04 90 72 33 72, Fax 04 90 72 33 72, 🌇, « Salle voûtée » – ⅄⅀
⅁⅀
fermé 15 nov. au 31 janv., jeudi midi et merc. – **Repas** 90 (déj.), 120/165, enf. 65.

GOUMOIS *25470 Doubs* 🗞 ⑱ – *136 h alt. 490.*
Voir Corniche de Goumois★★, G. Jura.
Paris 510 – Besançon 93 – Biel 44 – Montbéliard 53 – Morteau 48.

🏨 **Taillard** ⧉, alt. 605 *℘* 03 81 44 20 75, Fax 03 81 44 26 15, ≤, 🌇, *ƒₛ*, 🏊, 🐎 – 📺 ☎ & 🅿.
– 🛗 25. ⅄⅀ ⓪ ⅁⅀
1ᵉʳ mars-mi-nov. et fermé merc. sauf d'avril à sept. – **Repas** 135/390, enf. 70 – ⊆ 54 –
20 ch 275/440, 4 duplex – ½ P 390/490.

🏛 **Moulin du Plain** ⧉, Nord : 5 km par rte secondaire *℘* 03 81 44 41 99,
Fax 03 81 44 45 70, ≤ – ☎ 🅿. ⅁⅀
1ᵉʳ mars-début nov. – **Repas** 95/195 ⅄, enf. 58 – ⊆ 38 – **22 ch** 210/310 – ½ P 238/278.

GOURDON ◁🗞▷ *46300 Lot* 🗞 ⑱ *G. Périgord Quercy* (plan) – *4 851 h alt. 250.*
*Voir Rue du Majou★ – Cuve baptismale★ dans l'église des Cordeliers – Esplanade ✳★ –
Grottes de Cougnac★ NO : 3 km.*
🛈 Office de Tourisme r. du Majou *℘* 05 65 41 06 40, Fax 05 65 41 44 74.
*Paris 547 – Cahors 44 – Sarlat-la-Canéda 26 – Bergerac 90 – Brive-la-Gaillarde 64 – Figeac 65
– Périgueux 91.*

🏨 **Domaine du Berthiol** Ⓜ ⧉, Est : 1 km par D 704 *℘* 05 65 41 33 33,
Fax 05 65 41 14 52, ≤, parc, 🏊, ⁀ – 📺 rest 📺 ☎ ⅃ & 🅿. – 🛗 25. ⅄⅀ ⅁⅀. ⧈ ch
1ᵉʳ avril-30 oct. – **Repas** 100/265 – ⊆ 55 – **27 ch** 300/440 – ½ P 400.

🏰 **Host. de la Bouriane** ⧉, pl. Foirail *℘* 05 65 41 16 37, Fax 05 65 41 04 92, 🐎 – ⃞
🗐 rest 📺 ☎ 🅿. ⅄⅀ ⅁⅀
*fermé 15 janv. au 5 mars, dim. soir du 1ᵉʳ nov. à Pâques et lundi sauf le soir de Pâques au
1ᵉʳ nov.* – **Repas** 85/270, enf. 58 – ⊆ 40 – **20 ch** 300/350 – ½ P 340.

🏛 **Bissonnier La Bonne Auberge,** bd Martyrs *℘* 05 65 41 02 48, Fax 05 65 41 44 67 – ⃞
⅂⊱ 📺 🅿. ⅁⅀. ⧈ ch
fermé 1ᵉʳ déc. au 15 janv. – **Repas** (fermé vend. soir hors sais.) 75/250 ⅄ – ⊆ 40 – **25 ch**
250/380 – ½ P 300/355.

CITROEN Espace Autos, rte de Cahors
℘ 05 65 41 12 03
RENAULT S.A.B.A.G., rte du Vigan
℘ 05 65 41 10 24 🄽 *℘* 05 65 41 09 09

🞔 Garrigue-Vulco, rte de Salviac
℘ 05 65 41 00 71

GOURDON 06620 Alpes-Mar. **84** ⑧ G. Côte d'Azur– 294 h alt. 800.

Voir Site★★ – ≤★★ du chevet de l'église – Château : musée de Peintures naïves★, ≤★★ des jardins.

Paris 924 – Cannes 27 – Castellane 58 – Grasse 14 – Nice 39 – Vence 26.

✕   **Au Vieux Four,** r. Basse (au village) ℰ 04 93 09 68 60
fermé 15 déc. au 10 janv. et sam. sauf vacances scolaires – **Repas** (déj. seul.)(prévenir) 89 ⌂, enf. 55.

GOURETTE 64 Pyr.-Atl. **85** ⑰ G. Pyrénées Aquitaine – alt. 1400 – Sports d'hiver : 1 400/2 400 m ≰ 3 ≴ 23 – ⊠ 64440 Eaux Bonnes.

Voir Site★ – Col d'Aubisque ❄★★ N : 4 km.

🄱 Office de Tourisme pl. Sarrière ℰ 05 59 05 12 17, Fax 05 59 05 12 56 et à Eaux-Bonnes ℰ 05 59 05 33 08.

Paris 829 – Pau 53 – Argelès-Gazost 35 – Eaux-Bonnes 8 – Laruns 14 – Lourdes 47.

🏨 **Boule de Neige** ⬙, ℰ 05 59 05 10 05, Fax 05 59 05 11 81, ≤ – ↔ 🆅 ☎. ⬙
1er juil.-1er sept. (sauf rest.) et 20 déc.-fin avril – **Repas** 85/190, enf. 48 – ⊇ 42 – **20 ch** 270/420 – ½ P 340/350.

🏨 **Pene Blanque,** ℰ 05 59 05 11 29, Fax 05 59 05 10 85, ≤, 🍴, ⬙ (été) – 🆅 ☎ 🄿. ⬚
⬙ rest
juil.-août et 20 déc.-Pâques – **Repas** 78/190, enf. 50 – ⊇ 45 – **24 ch** 280/410 – ½ P 290/360.

GOURNAY-EN-BRAY 76220 S.-Mar. **55** ⑧ G. Normandie Vallée de la Seine – 6 147 h alt. 94.

Paris 96 ③ – Rouen 52 ⑤ – Amiens 80 ① – Les Andelys 38 ④ – Beauvais 31 ② – Dieppe 76 ⑥ – Gisors 25 ③.

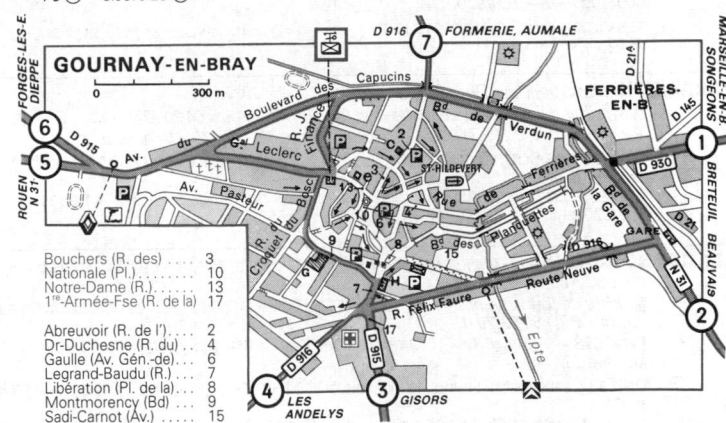

Bouchers (R. des) 3
Nationale (Pl.) 10
Notre-Dame (R.) 13
1re-Armée-Fse (R. de la) 17

Abreuvoir (R. de l') 2
Dr-Duchesne (R. du) .. 4
Gaulle (Av. Gén.-de) .. 6
Legrand-Baudu (R.) ... 7
Libération (Pl. de la) .. 8
Montmorency (Bd) 9
Sadi-Carnot (Av.) 15

🏨 **Le Cygne** sans rest, 20 r. Notre Dame **(e)** ℰ 02 35 90 27 80, Fax 02 35 90 59 00 – 🛗 ↔ 🆅
☎ 🄿. 🄰🄴 ⓪ ⬚ 🄹🄲🄱
⊇ 35 – **30 ch** 275/350.

CITROEN Central Gar., 30 r. F.-Faure
ℰ 02 35 90 00 75
RENAULT Gournay-Autos, av. Gén.-Leclerc
ℰ 02 32 89 95 95 🄽 ℰ 08 00 05 15 15

⑩ Mouquet Pneus - Point S, 2 av. Europe ZI
ℰ 02 35 90 01 50

GOUSSAINVILLE 95 Val-d'Oise **56** ①,, **101** ⑦ – voir à Paris, Environs.

GOUVIEUX 60 Oise **56** ⑪,, **106** ⑦ ⑧ – rattaché à Chantilly.

GOUZON 23230 Creuse **73** ① – 1 370 h alt. 378.

🄱 de la Jonchère ℰ 05 55 62 23 05, N : 2 km par D 997 et D 7.
Paris 361 – Aubusson 29 – La Châtre 57 – Guéret 33 – Montluçon 34.

🏨 **Lion d'Or,** ℰ 05 55 62 28 54, Fax 05 55 62 21 63 – ↔ 🆅 ☎ ⬅. ⬚. ⬙ ch
fermé 15 au 26 juin, lundi de sept. à mai et dim. soir – **Repas** 85/250 ⌂ – ⊇ 40 – **12 ch** 170/280 – ½ P 280.

GRADIGNAN *33 Gironde* 🟥🟥 ⑨ – *rattaché à Bordeaux.*

GRAMAT *46500 Lot* 🟥🟥 ⑲ *G. Périgord Quercy* – *3 526 h alt. 305.*

🅱 *Office de Tourisme pl. de la République (saison)* 🅿 *et Fax 05 65 38 73 60.*
Paris 540 – Cahors 53 – Brive-la-Gaillarde 58 – Figeac 34 – Gourdon 37 – St-Céré 22.

🏨 **Lion d'Or,** pl. République 🅿 05 65 38 73 18, Fax 05 65 38 84 50, 🏤 – 📱 ▤ rest 📺 ☎
〓, 🅰🅴 ⓞ 🅶🅱
fermé du 15 déc. au 15 janv. – **Repas** 100/300 – 🖵 45 – **15 ch** 260/420 – ½ P 360.

🏨 **Le Relais des Gourmands** Ⓜ, av. Gare 🅿 05 65 38 83 92, Fax 05 65 38 70 99, 🏤, ⅃,
🌣 – 📺 ☎ 🆅, 🅶🅱
fermé dim. soir et lundi midi sauf juil.-août – **Repas** 85/225 🍷, enf. 50 – 🖵 45 – **16 ch**
305/450 – ½ P 380/420.

🏨 **Centre,** pl. République 🅿 05 65 38 73 37, Fax 05 65 38 73 66 – ▤ rest 📺 ☎ 🆅 〓, 🅰🅴
🅶🅱
fermé 13 au 23 nov., 13 au 23 fév. et sam. hors sais. sauf fêtes – **Repas** 80/200 🍷, enf. 40 –
🖵 35 – **14 ch** 250/330 – ½ P 280/320.

à Lavergne *Nord-Est : 4 km par D 677 – 387 h. alt. 320 –* ✉ *46500 :*

🍴 **Le Limargue,** 🅿 05 65 38 76 02 – 🅿. 🅶🅱
fermé 15 au 31 janv., mardi soir et merc. du 15 sept. au 15 juin – **Repas** 50 (déj.), 69/150 🍷,
enf. 40.

rte de Brive *4,5 km par N 140 et rte secondaire –* ✉ *46500 Gramat :*

🏨 **Château de Roumégouse** 🌣, 🅿 05 65 33 63 81, Fax 05 65 33 71 18, ≼ Causse de
Gramat, 🏤, « *Château du 19ᵉ siècle dans un parc* », ⅃ – 📺 ☎ 🅿. 🅰🅴 ⓞ 🅶🅱
27 mars-20 oct. – **Repas** *(fermé mardi sauf juil.-août)* 105 (déj.), 185/330 – 🖵 65 – **15 ch**
600/1000 – ½ P 750/920.

RENAULT Gar. Barat, 🅿 05 65 38 72 15 🅽   Ⓠ Garrigue-Vulco, 🅿 05 65 38 77 61
🅿 05 65 38 72 15

GRAMBOIS *84240 Vaucluse* 🟥🟥 ⑭ – *903 h alt. 390.*

🅱 *Syndicat d'Initiative, r. de la Mairie* 🅿 04 90 77 96 29, Fax 04 90 77 94 68.
Paris 759 – Digne-les-Bains 81 – Aix-en-Provence 33 – Apt 39 – Manosque 22.

🏨 **Le Clos des Sources** Ⓜ 🌣, D 122 🅿 04 90 77 93 55, Fax 04 90 77 92 96, ≼, 🏤, ⅃ – 📺
☎ 🆅 👶 🅿. 🅶🅱
fermé début janv. au 15 mars, dim. soir et lundi du 15 oct. à fin déc. – **Repas** 130 (déj.),
180/320, enf. 70 – 🖵 60 – **12 ch** 520/680 – ½ P 550.

Le GRAND-BORNAND *74450 H.-Savoie* 🟥🟥 ⑦ *G. Alpes du Nord* – *1 925 h alt. 934 – Sports
d'hiver : 1 000/2 100 m ⅊ 2 ⅊ 38 ⅊.*
🅱 *Office de Tourisme pl. Église* 🅿 04 50 02 78 00, Fax 04 50 02 78 01 et annexe du Chinaillon
(saison) 🅿 04 50 02 78 02.
*Paris 578 – Annecy 32 – Chamonix-Mont-Blanc 78 – Albertville 48 – Bonneville 23 –
Megève 35.*

🏨 **Delta** Ⓜ sans rest, L'Envers de Villeneuve 🅿 04 50 02 26 25, Fax 04 50 02 32 71 – 📺 ☎ 👶
🅿. 🅶🅱
15 juin-15 sept. et 15 déc.-15 avril – 🖵 32 – **15 ch** 240/290.

🏨 **Les Glaïeuls,** au télécabine la Joyère 🅿 04 50 02 20 23, Fax 04 50 02 25 00, ≼ – 📺 ☎ 🅿.
🅶🅱. 🍽 rest
15 juin-15 sept. et 20 déc.-15 avril – **Repas** 89/230, enf. 54 – 🖵 38 – **21 ch** 312/380 –
½ P 342.

🏨 **Croix St-Maurice,** face église 🅿 04 50 02 20 05, Fax 04 50 02 35 37 – 📱 📺 ☎. 🅶🅱
22 juin-14 sept. (sauf rest) et 20 déc.-15 avril – **Repas** 87/185 🍷, enf. 50 – 🖵 35 – **21 ch**
230/350 – ½ P 285/332.

🏨 **Les Écureuils,** au télécabine La Joyère 🅿 04 50 02 20 11, Fax 04 50 02 39 47, ≼, 🏤 – 📺
☎ 🅿. 🅶🅱
20 juin-15 sept. et 19 déc.-15 avril – **Repas** 90/120 🍷, enf. 46 – 🖵 35 – **20 ch** 210/298 –
½ P 310/336.

au Chinaillon *Nord : 5,5 km par D 4 –* ✉ *74450 Le Grand-Bornand :*

🏨 **Le Cortina,** 🅿 04 50 27 00 22, Fax 04 50 27 06 31, ≼ montagnes et pistes, 🏤, ⅃ – 📱
☎ 🅿. 🅶🅱
20 juin-10 sept. et 20 déc.-10 avril – **Repas** 90/260, enf. 53 – 🖵 38 – **30 ch** 270/340 –
½ P 285/365.

🏨 **Les Cîmes** Ⓜ sans rest, 🅿 04 50 27 00 38, Fax 04 50 27 08 46, ≼, non-fumeurs exclusivement – 🅿. 🅶🅱
fermé 1ᵉʳ mai au 15 juin et 15 sept. au 15 oct. – **10 ch** 🖵 500/590.

GRANDCAMP-MAISY 14450 Calvados 54 ③ – 1 881 h alt. 5.

Paris 295 – Cherbourg 73 – St-Lô 42 – Caen 60.

🏠 **Dugueslin,** ℘ 02 31 22 64 22, Fax 02 31 22 34 79, ≼, ☞ – 📺 ☎ 🅿 ⅍ GB
fermé 15 au 23 oct. et 15 janv. au 8 fév. – **Repas** 60/180, enf. 50 – ☲ 30 – **20 ch** 150/300,
5 duplex – ½ P 180/300.

XX **La Marée,** ℘ 02 31 22 60 55, Fax 02 31 92 66 77, ≼, 🏤 – GB
fermé mardi soir et merc. – **Repas** 99/239.

La GRAND-COMBE 30110 Gard 80 ⑦ ⑧ – 7 107 h alt. 185.

Paris 688 – Alès 13 – Aubenas 77 – Florac 56 – Nîmes 59 – Vallon-Pont-d'Arc 50 – Villefort 42.

au Nord-Ouest : 6 km par rte de Florac – ✉ 30110 La Grand-Combe :

🏕 **du Lac,** ℘ 04 66 34 12 85, 🏤 – ☎ 🅿 ⅍
fermé 20 au 26 oct. et fév. – **Repas** (fermé merc.) 75/135 ⅃, enf. 45 – ☲ 28 – **12 ch** 125/210
– ½ P 165/205.

🔘 Vulco, N 87, Les Salles-du-Gardon ℘ 04 66 34 17 21

GRAND'COMBE-CHÂTELEU 25 Doubs 70 ⑦ – rattaché à Morteau.

La GRANDE-MOTTE 34280 Hérault 83 ⑧ G. Gorges du Tarn (plan) – 5 016 h alt. 1 – Casino .

🔲 de la Grande-Motte ℘ 04 67 56 05 00.

🅱 Office de Tourisme pl. du 1er octobre 1974 ℘ 04 67 29 03 37, Fax 04 67 29 03 45 et
Pavillon d'accueil - entrée de la ville ℘ 04 67 56 00 61.

Paris 751 – Montpellier 22 – Aigues-Mortes 11 – Lunel 16 – Nîmes 45 – Palavas-les-Flots 15 –
Sète 44.

🏨 **Grand M'Hôtel** ⤢, quartier Point Zéro ℘ 04 67 29 13 13, Fax 04 67 29 14 74, ≼ le littoral, 🏤, institut de thalassothérapie, 🖝, ⤓, 🔲 – 📶 🍴 📺 ☎ 🕭 ⫴, 🚗 – 🔺 50. GB. 🕸
fermé 14 déc. au 11 janv. – **Repas** 120/180 – ☲ 50 – **39 ch** 555/770, 3 appart – ½ P 570/
620.

🏨 **Frantour** Ⓜ ⤢, av. Golf ℘ 04 67 29 88 88, Fax 04 67 29 17 01, ≼, 🏤, 🖝, ⤓ – 📶 📺 ☎
🕭 🅿 – 🔺 50. 🕮 🕭 GB
8 mars-31 oct. – **Repas** 85 (déj.)/120, enf. 50 – ☲ 50 – **81 ch** 415/490 – ½ P 395.

🏨 **Mercure,** r. du Port ℘ 04 67 56 90 81, Fax 04 67 56 92 29, ≼ le littoral, 🏤, ⤓ – 📶 🍴 📺
☎ 🅿 – 🔺 90. 🕮 🕭 GB
Repas (1er avril-15 oct.) 100/150 ⅃, enf. 55 – ☲ 57 – **135 ch** 566/710.

🏨 **Europe** sans rest, près de la poste ℘ 04 67 56 62 60, Fax 04 67 56 93 07, ⤓ – 📺 ☎ 🅿 🕮
🕭 GB. 🕸
☲ 39 – **34 ch** 370/430.

🏨 **Azur** ⤢ sans rest, esplanade de la Capitainerie ℘ 04 67 56 56 00, Fax 04 67 29 81 26, ≼,
⤓ – 📶 📺 ☎ 🅿 🕮 🕭 GB
☲ 45 – **20 ch** 395/695.

XXX **Alexandre,** esplanade de la Capitainerie ℘ 04 67 56 63 63, Fax 04 67 29 74 69, ≼ – 🍴 🅿.
🕮 GB. 🕸
fermé 5 janv. au 8 fév., dim. soir et lundi sauf juil.-août – **Repas** 195/380 et carte 320 à 400,
enf. 85.

X **La Cuisine du Marché,** 89 r. Casino ℘ 04 67 29 90 11, 🏤 – GB
fermé 12 nov. au 19 déc. et lundi sauf juil.-août – **Repas** 130/169.

Le GRAND-PRESSIGNY 37350 I.-et-L. 68 ⑤ G. Châteaux de la Loire – 1 120 h alt. 63.

Voir Musée de Préhistoire★ dans le château.

🅱 Office de Tourisme, Mairie ℘ 02 47 94 90 37, Fax 02 47 91 04 77.

Paris 304 – Poitiers 68 – Le Blanc 45 – Châteauroux 79 – Châtellerault 30 – Loches 35 –
Tours 59.

X **Aub. Savoie-Villars** avec ch, ℘ 02 47 94 96 86, Fax 02 47 94 96 86, 🏤 – ⭑, GB
fermé 15 janv. au 15 fév. et mardi – **Repas** 60 (déj.), 95/140 ⅃ – ☲ 30 – **7 ch** 195/260 –
½ P 180/220.

CITROEN Gar. Viet, ℘ 02 47 94 90 25 🅽   RENAULT Gar. Jouzeau, ℘ 02 47 94 90 65
℘ 02 47 94 90 25

Le GRAND-QUEVILLY 76 S.-Mar. 55 ⑥ – rattaché à Rouen.

GRAND-VILLAGE-PLAGE 17 Char.-Mar. 71 ⑭ – voir à Oléron (île d').

GRANDVILLARS 90600 Ter.-de-Belf. **66** ⑧ – 2 874 h alt. 357.

Paris 435 – Besançon 96 – Mulhouse 56 – Basel 55 – Belfort 19 – Montbéliard 18.

XX **Le Choix de Sophie**, N 19 ℰ 03 84 27 76 03 – **P**, **GB**, ✍
fermé 15 au 31 août, merc. soir, dim. soir et lundi – **Repas** 92/210 ⅃.

GRANDVILLERS 88600 Vosges **62** ⑯ – 666 h alt. 365.

Paris 404 – Épinal 21 – Lunéville 50 – Gérardmer 29 – Remiremont 38 – St-Dié 29.

🏛 **Europe et Commerce**, ℰ 03 29 65 71 17, Fax 03 29 65 85 23, ☞, ✵ – **TV** ☎ & **P** –
▵ 25. **GB**
Repas (fermé vend. soir et dim. soir) 72/220 ⅃, enf. 60 – ☲ 30 – **21 ch** 220/320 –
½ P 210/240.

CITROEN Gar. Keller, ℰ 03 29 65 71 25

GRANE 26400 Drôme **77** ⑫ – 1 384 h alt. 175.

Paris 592 – Valence 30 – Crest 9 – Montélimar 33 – Privas 29.

XXX **Patrick Giffon** ⌂ avec ch, ℰ 04 75 62 60 64, Fax 04 75 62 70 11, ㍲, ⌱ – ▤ rest **TV** ☎
P – ▵ 30. **AE ① GB**
fermé dim. soir d'oct. à avril et lundi – **Repas** 130 (déj.), 170/380 et carte 220 à 350 – ☲ 55 –
13 ch 280/600 – ½ P 380/500.

GRANGES-LÈS-BEAUMONT 26 Drôme **77** ② – rattaché à Romans-sur-Isère.

Comment s'y retrouver dans la banlieue parisienne?
Utilisez la **carte** *et les* **plans Michelin**
*n*ᵒˢ **101**,
17-18 , **19-20** , **21-22** , **23-24** : *clairs, précis, à jour.*

Les GRANGETTES 25160 Doubs **70** ⑥ – 169 h alt. 864.

Paris 446 – Besançon 71 – Champagnole 41 – Morez 49 – Pontarlier 12.

🏠 **Bon Repos** ⌂, ℰ 03 81 69 62 95, ≼, ☞ – ☎ **P**, **AE GB**
fermé 20 oct. au 21 déc., 17 au 27 mars, mardi soir et merc. hors sais. – **Repas** 68/167 ⅃,
enf. 40 – ☲ 30 – **16 ch** 161/240 – ½ P 213/256.

GRANVILLE 50400 Manche **59** ⑦ G. Normandie Cotentin – 12 413 h alt. 10 – Casino **Z** et à St.Pair
sur Mer.

Voir Site★ – Le tour des remparts★ : place de l'Isthme ≼★ **Z** – Pointe du Roc : site★ **Y**.
🏌 ℰ 02 33 50 23 06, à Bréville par ① : 5,5 km; 🏌 de Bréhal ℰ 02 33 51 58 88, par ① :
15 km.
🅱 Office de Tourisme 4 cours Jonville ℰ 02 33 91 30 03, Fax 02 33 91 30 19.
Paris 343 ② – St-Lô 53 ① – St-Malo 93 ③ – Avranches 26 ③ – Caen 108 ② – Cherbourg
104 ① – Coutances 28 ① – Vire 55 ②.

Plan page ci-contre

🏛 **Bains**, 19 r. G. Clemenceau ℰ 02 33 50 17 31, Fax 02 33 50 89 22, ≼ – 📶 **TV** ☎, **AE GB**
1ᵉʳ mars-début nov. – **Repas** (fermé dim. soir et lundi sauf juil.-août) 98/176 – ☲ 40 – **47 ch**
280/780 – ½ P 265/398.   **Z v**

🏛 **Grand Large** Ⓜ, 5 r. Falaise ℰ 02 33 91 19 19, Fax 02 33 91 19 00, ≼ – 📶 cuisinette **TV** ☎
✆ & ⇐⇒ – ▵ 40. **AE GB**, ✍
Repas (résidents seul.) 115/125 ⅃ – ☲ 40 – **38 ch** 455/550, 9 duplex – ½ P 370/420. **Z r**

🏠 **Michelet** sans rest, 5 r. J. Michelet ℰ 02 33 50 06 55, Fax 02 33 50 12 25 – **TV** ☎ **P**, **AE GB**.
✍
☲ 31 – **19 ch** 130/290.   **Z u**

XXX **La Gentilhommière**, 152 r. Couraye ℰ 02 33 50 17 99 – **GB**   **Y a**
fermé 3 au 17 mars, dim. soir et lundi sauf 1ᵉʳ juil. au 7 sept. – **Repas** (nombre de
couverts limité, prévenir) 98/220 et carte 210 à 300.

XX **La Citadelle**, 10 r. Cambernon ℰ 02 33 50 34 10, ㍲ – **GB**   **Z d**
fermé 17 au 25 nov., 20/01 au 10/02, lundi midi et mardi midi en juil.-août, dim. soir et lundi
de sept. à juin – **Repas** 100/260.

par ① 4,5 km rte de Coutances – ✉ 50290 Bréville-sur-Mer :

🏛 **La Beaumonderie**, ℰ 02 33 50 36 36, Fax 02 33 50 36 45, ≼, ㍲, parc, ▨, ✵ – **TV** ☎
✆ & **P** – ▵ 25 à 120. **AE GB**, ✍ rest
fermé 17 nov. au 2 déc. et 15 au 28 fév. – **Repas** (fermé dim. soir et lundi midi du 15 sept.
au 15 avril) 145/295 – ☲ 50 – **13 ch** 330/870 – ½ P 340/610.

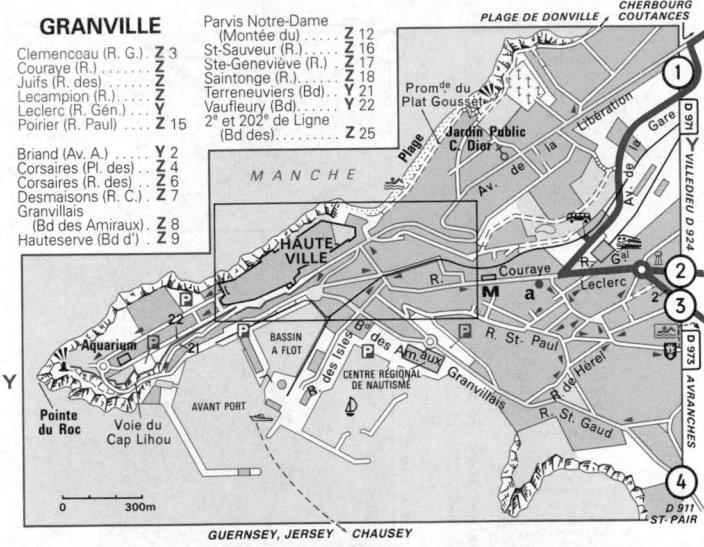

GRANVILLE

Clemenceau (R. G.) . . **Z** 3
Couraye (R.) . . . . **Z**
Juifs (R. des) . . . . . . **Z**
Lecampion (R.) . . . . . **Y**
Leclerc (R. Gén.) . . . . **Z** 15
Poirier (R. Paul) . . . . **Z**

Parvis Notre-Dame
(Montée du) . . . . . **Z** 12
St-Sauveur (R.) . . . . . **Z** 16
Ste-Geneviève (R.) . . . **Z** 17
Saintonge (R.) . . . . . . **Z** 18
Terreneuviers (Bd) . . . **Y** 21
Vaufleury (Bd) . . . . . . **Y** 22
2e et 202e de Ligne
(Bd des) . . . . **Z** 25

Briand (Av. A.) . . . . . **Y** 2
Corsaires (Pl. des) . . **Z** 4
Corsaires (R. des) . . . **Z** 6
Desmaisons (R. C.) . . **Z** 7
Granvillais
(Bd des Amiraux) . . **Z** 8
Hauteserve (Bd d') . . **Z** 9

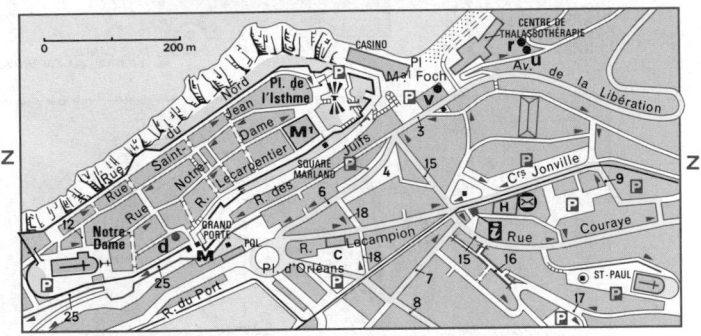

CITROEN Manche Auto, ZI par ②
𝄞 02 33 50 69 76 **N** 𝄞 02 33 70 84 24
FORD Gar. Gosselin, ZI, r. du Mesnil
𝄞 02 33 50 43 42
MERCEDES Durey, N 24 bis à St-Planchers
𝄞 02 33 51 65 54
PEUGEOT Automobiles Sud Manche, rte de
Villedieu par ② 𝄞 02 33 50 11 92 **N**
𝄞 02 33 50 11 92

RENAULT S.O.R.E.V.A., av. des Vendéens par ③
𝄞 02 33 90 64 99 **N** 𝄞 02 33 90 18 28

𝄐 Schmitt Pneus Vulco, ZI du Mesnil
𝄞 02 33 50 02 55

GRASSE ⬧ 06130 Alpes-Mar. **84** ⑧, **114** ⑬, **115** ㉔ *G. Côte d'Azur* – *41 388 h alt. 250.*

Voir *Vieille ville★ : Place du Cours★* Z, *musée d'Art et d'Histoire de Provence★* Z M¹ (≼★) –
Toiles★ de Rubens dans l'ancienne cathédrale Notre-Dame Z **B** – *Salle Fragonard★ dans la
Villa-Musée Fragonard* Z M² – *Parc de la Corniche* ≼★★ *30 mn* Z – *Jardin de la Princesse
Pauline* ≼★ X **K** – *Musée de la Parfumerie★* Z M³.

Env. *Montée au col du Pilon* ≼★★ *9 km par* ④.

🯄 *Opio-Valbonne* 𝄞 04 93 42 00 08 *par D 4 : 11 km* X; 🯄 *Victoria Golf Club* 𝄞 04 93 12 23 26
par D 4, D 3 et D 103 : 13 km; 🯄 *de la Grande Bastide à Opio* 𝄞 04 93 77 70 08, *E : 6 km par
D 7;* 🯄 🯄 *de St-Donat* 𝄞 04 93 09 76 60 *par* ② *: 5,5 km.*

🯅 *Office de Tourisme 22 cours H. Cresp* 𝄞 04 93 36 66 66, *Fax 04 93 36 86 36.*

Paris 907 ② – *Cannes 17* ② – *Digne-les-Bains 118* ④ – *Draguignan 57* ③ – *Nice 41* ②.

GRASSE

Jeu-de-Ballon (Bd) YZ
Ossola (R. Jean) . . . . Z 38
Thiers (Av.) . . . . Y

Barri (Pl. du) . . . . Z 4
Bellevue (Bd) . . . . X 5
Charabot (Bd) . . . . Y 6
Conte (R. D.) . . . . Y 7
Cresp (Cours H.) . . . Z 8
Crouët (Bd J.) . . . . . . X 10
Droite (R.) . . . . Y 12
Duval (Av. M.) . . . . . X 14
Fontette (R. de) . . . . Y 15
Foux (Pl. de la) . . . . Y 17
Fragonard (Bd) . . . . . Z 18
Gaulle (Av. Gén.-de) X 20
Gazan (R.) . . . . Z 22
Herbes (Pl. aux) . . . . Y 23
Journet (R. M.) . . . . YZ 26
Juin (Av Mar.) . . . . . Y 27
Lattre-de-Tassigny (Av. Mar.-de) . . . . . X 28
Leclerc (Bd Mar.) . . . X 30
Libération (Av.) . . . . X 32
Mougins-Roquefort (R.) . . . . Z 33
Onze-Novembre (R. du) . . . . XY 34
Oratoire (R. de l') . . . Y 35
Petit-Puy (Pl. du) . . . Z 42
Prés.-Kennedy (Bd) . X 45
Reine-Jeanne (Bd) . . X 48
Rothschild (Bd de) . . X 49
St-Martin (Traverse) . Z 50
Sémard (Av. P.) . . . . X 53
Tracastel (R.) . . . . Z 57
Touts-Petits (Trav.) . . Z 58
Victor-Hugo (Bd) . . XZ 59
Victoria (Av.) . . . . X 60

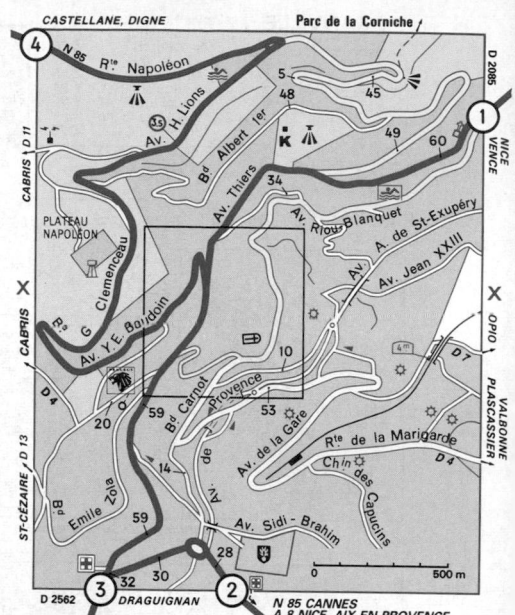

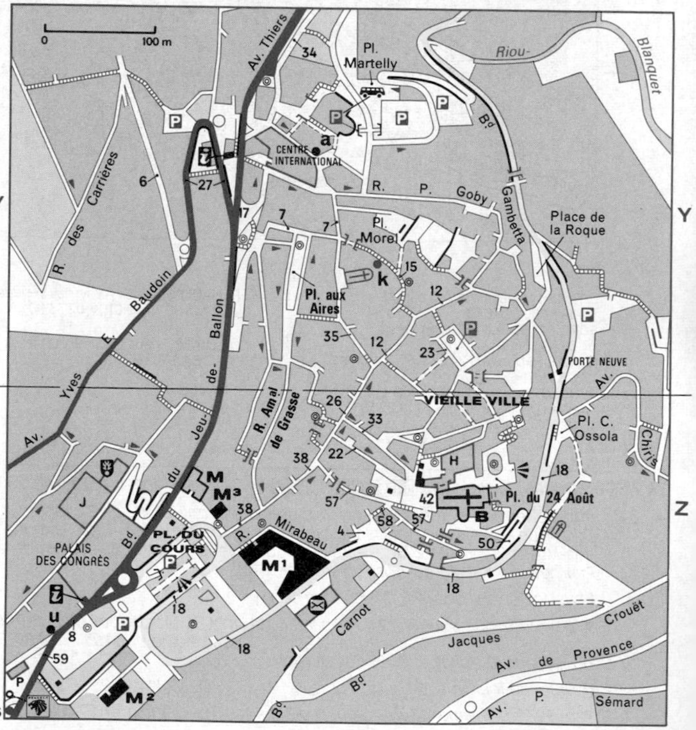

🏠 **Panorama** sans rest, 2 pl. Cours 🕿 04 93 36 80 80, Fax 04 93 36 92 04 – 🛗 cuisinette 🖵 🖸 🕿. 🖭 🖼   Z u
🖵 40 – **36 ch** 305/440.

🏠 **du Patti** Ⓜ, pl. Patti 🕿 04 93 36 01 00, Fax 04 93 36 36 40, 🏠 – 🛗 ▤ 🖸 🕿 ♿ – 🔬 50. 🖭 ⓘ 🖼 🥫   Y a
Repas *(fermé dim.)* 79 bc (déj.), 95/185 ♟ – 🖵 40 – **50 ch** 330/420 – ½ P 310.

❀❀ 🍽🍽🍽🍽 **La Bastide St-Antoine** (Chibois) (chambres prévues), 48 av. H. Dunant (par bd Mar. Leclerc) 1,5 km 🕿 04 93 09 16 48, Fax 04 92 42 03 42, ≤, 🏠, parc, « Bastide du 18ᵉ siècle dans une oliveraie », 🔽 – 🛗 🖭 ⓘ 🖼
Repas 210 (déj.), 380/550 et carte 400 à 540
Spéc. Douceur de fèves à la brunoise de crustacés aux morilles. Petit pageot à l'huile d'olive, jus de fenouil à l'oignon nouveau. Mirliton épicé tiède à la glace vanille, jus d'agrumes.

🍽 **Le Baltus**, 15 r. Fontette 🕿 04 93 36 32 90   Y k
fermé 1ᵉʳ au 13 juil. et mi-fév. à mi-mars – **Repas** (nombre de couverts limité, prévenir) 95/150.

🍽 **Amphitryon**, 16 bd V. Hugo 🕿 04 93 36 58 73 – ▤. 🖭 ⓘ 🖼   Z s
fermé 10 août au 10 sept., 21 déc. au 3 janv., dim. et fêtes – **Repas** 122/254, enf. 82.

à Magagnosc par ① *rte de Nice : 5 km* – ✉ 06520 .

Voir ≤★ *du cimetière de l'Église St-Laurent* – *Le Bar-sur-Loup : site★, danse macabre★ dans l'église St-Jacques, place de l'Église ≤★ NE : 3,5 km.*

🍽🍽🍽 **La Toque Blanche**, 🕿 04 93 36 20 64, Fax 04 93 36 16 67, 🏠 – 🖼
fermé fév., dim. soir et lundi – **Repas** 130 (déj.), 195/310 et carte 220 à 330.

🍽 **Petite Auberge**, 🕿 04 93 42 75 32 – 🅿. 🖼
fermé juil., vacances de fév. et merc. – **Repas** 88/125 ♟, enf. 48.

au Val de Tignet par ③ *rte de Draguignan : 8 km par D 2562* – ✉ 06530 Peymeinade :

🍽🍽 **Aub. Chantegrill**, 🕿 04 93 66 12 33, Fax 04 93 66 02 31, 🏠 – 🅿. 🖭 🖼
fermé 15 au 30 nov. et lundi de sept. à mai – **Repas** 98/230.

à Cabris : *5 km par D 4* **X** *– 1 307 h. alt. 550* – ✉ 06530 .

Voir *Site★* – *≤★★ des ruines du Château.*

🏠 **Horizon** ⌕ sans rest, 🕿 04 93 60 51 69, Fax 04 93 60 56 29, ≤, « Terrasse panoramique », 🔽 – 🛗 🖸 🕿 📞 🅿. 🖭 ⓘ 🖼. ⌕
23 mars-15 oct. – 🖵 45 – **22 ch** 330/610.

🍽🍽 **Vieux Château** ⌕ avec ch, 🕿 04 93 60 50 12, Fax 04 93 60 50 12, 🏠 – 🖸 🕿. 🖼
fermé mardi soir et merc. d'oct. à mars sauf vacances de Noël – **Repas** 110 (déj.), 158/200, enf. 80 – 🖵 49 – **4 ch** 450/550 – ½ P 370/460.

🍽 **Aub. Petit Prince**, 🕿 04 93 60 51 40, Fax 04 93 60 51 40, 🏠 – 🖭 ⓘ 🖼
fermé 27 au 30 oct., 24 nov. au 7 déc., 23 au 28 fév., mardi soir et merc. – **Repas** 98/188.

🍽 **La Chèvre d'Or**, 1 pl. Puits 🕿 04 93 60 54 22, 🏠 – 🖼
Repas 98/198.

par rte de Digne (N 85) *puis rte de Cabris (D 11) : 6 km* – ✉ 06130 Grasse :

🏠 **Grasse Country Club** Ⓜ ⌕, 🕿 04 93 60 55 44, Fax 04 93 60 55 19, ≤, 🏠, « Parc et golf », 🔽 – 🛗 ▤ 🖸 🕿 ♿ 🅿. – 🔬 40. 🖭 🖼 🥫
Repas *(fermé lundi hors sais.)* 90/150 ♟ – 🖵 60 – **15 ch** 700/1125 – ½ P 638/763.

PEUGEOT Grasse-Autom., 6 bd E.-Zola 🕿 04 93 36 36 50
PEUGEOT Gar. d'Opio, D3 à Opio 🕿 04 93 77 27 99
RENAULT Gar. Balavoine, rte de Cannes par ② 🕿 04 93 70 64 38 🗓 🕿 06 07 73 68 64

Gar. Gambetta Europneu, 17 bd Gambetta 🕿 04 93 36 33 70
Tosello, 132 rte Marigarde Le Moulin de Brun 🕿 04 93 70 16 48

🏁 Euromaster, 249 rte de Pégomas 🕿 04 93 70 66 65

GRATENTOUR 31 H.-Gar. 🎱 ⑧ – *rattaché à Toulouse.*

GRATOT 50 Manche 🎱 ⑫ – *rattaché à Coutances.*

Le GRAU-D'AGDE 34 Hérault 🎱 ⑮ – *rattaché à Agde.*

Le GRAU-DU-ROI 30240 Gard 🎱 ⑧ G. Provence – 5 253 h alt. 2.
🛈 Office de Tourisme bd Front-de-Mer 🕿 04 66 51 67 70, Fax 04 66 51 06 80.
Paris 754 – Montpellier 28 – Aigues-Mortes 6 – Arles 55 – Lunel 22 – Nîmes 48 – Sète 50.

🍽 **Le Palangre**, quai Gén. de Gaulle (rive droite) 🕿 04 66 51 76 30, 🏠 – 🖼
fermé déc., janv. et mardi de sept. à mai – **Repas** 90/250, enf. 60.

à Port Camargue *Sud : 3 km par D 62B –* ⊠ *30240 Le Grau-du-Roi.*

🖪 *Office de Tourisme Carrefour 2000 (Pâques-oct.)* ✆ *04 66 51 71 68.*

🏠 **Le Spinaker** ⟨⟩, pointe Môle ✆ 04 66 53 36 37, Fax 04 66 53 17 47, ≤, 🏖, ⌣ – ▤ rest
📺 ☎ 🅿 – 🍴 40. 🆎 GB
20 mars-2 nov. – **Repas** *(fermé dim.soir et lundi sauf de juin à août et fêtes)* 130/395, enf. 85
– 立 55 – **21 ch** 480/580 – ½ P 590.

🏠 **Relais de l'Oustau Camarguen** ⟨⟩, 3 rte Marines ✆ 04 66 51 51 65,
Fax 04 66 53 06 65, 🏖, ⌣, 🌳 – 📺 ☎ 🅿 🆎 ⓞ GB 🇯🇨🇧
hôtel : 28 mars-12 oct. ; rest. : 1ᵉʳ mai-30 sept. et fermé lundi midi et merc. sauf juil.-août –
Repas 120 (déj.), 160/190 – 立 50 – **38 ch** 420/520 – ½ P 410/450.

🍴🍴 **L'Amarette,** centre commercial Camargue 2000 ✆ 04 66 51 47 63, ≤, 🏖 – GB
fermé janv. au 10 fév. et merc. hors sais. – **Repas** 185/255.

GRAUFTHAL *67 B.-Rhin* 🔲 ⑰ *– rattaché à La Petite-Pierre.*

GRAULHET *81300 Tarn* 🔲 ⑩ *G. Pyrénées Roussillon – 13 523 h alt. 166.*

🛅 *des Étangs de Fiac* ✆ *05 65 70 64 70, S : D 84 et D 49, O : 18 km.*

🖪 *Office de Tourisme square Foch* ✆ *05 63 34 75 09.*

Paris 691 – Toulouse 61 – Albi 34 – Castelnaudary 62 – Castres 32 – Gaillac 21.

🍴🍴 **La Rigaudié,** Est : 1,5 km par D 26 (rte St-Julien-du-Puy) ✆ 05 63 34 50 07, 🏖, parc – ▤
⟨⟩ 🅿 🆎 GB. 🍴
fermé août, 22 au 28 déc., dim. soir et sam. – **Repas** 78 (déj.), 110/240, enf. 60.

CITROEN Graulhet Autom., 49 av. Ch.-de-Gaulle ⓞ Euromaster, 78 bd de Genève
✆ 05 63 34 51 44 ✆ 05 63 42 06 21
FORD Gar. Arquier, 15 bis av. de l'Europe
✆ 05 63 34 70 41

The Guide changes, so renew your Guide every year.

La GRAVE *05320 H.-Alpes* 🔲 ⑦ *G. Alpes du Nord – 455 h alt. 1526 – Sports d'hiver : 1 400/3 550 m*
⟨⟩ 2 ⟨⟩ 2 🎿.

*Voir Situation** – Téléphérique ≤***.*

*Env. Oratoire du Chazelet ≤*** NO : 6 km – Combe de Malaval* O : 6 km.*

🖪 *Office de Tourisme* ✆ *04 76 79 90 05, Fax 04 76 79 91 65.*

Paris 645 – Briançon 39 – Gap 127 – Grenoble 80 – Col du Lautaret 11 – St-Jean-de-
Maurienne 68.

🏠 **La Meijette** Ⓜ, ✆ 04 76 79 90 34, Fax 04 76 79 94 76, ≤, 🏖 – 🛏 📺 ☎ 🅿, GB
1ᵉʳ juin-20 sept., 1ᵉʳ mars-1ᵉʳ mai et fermé mardi sauf juil.-août – **Repas** 120/170 ⓑ – 立 37 –
18 ch 280/480 – ½ P 300/450.

GRAVELINES *59820 Nord* 🔲 ③ *G. Flandres Artois Picardie – 12 336 h.*

🖪 *Office de Tourisme 11 r. République* ✆ *03 28 65 21 28, Fax 03 28 65 58 19.*

Paris 291 – Calais 27 – Cassel 36 – Dunkerque 20 – Lille 87 – St-Omer 35.

🏠 **Beffroi et rest. La Tour** Ⓜ, pl. Ch. Valentin ✆ 03 28 23 24 25, Fax 03 28 65 59 71, 🏖 –
🛏 📺 ☎ 🕭 – 🍴 40. 🆎 ⓞ GB 🇯🇨🇧. 🍴 rest
Repas *(fermé 20 juil. au 20 août, sam. midi et dim.)* 98/165 ⓑ – 立 35 – **40 ch** 330/350 –
½ P 225/258.

CITROEN Gar. Herant, 11 r. de Dunkerque RENAULT Gar. Rabat, r. des Islandais
✆ 03 28 23 06 56 ✆ 03 28 23 13 50
PEUGEOT Gar. Vauban, r. des Islandais
✆ 03 28 23 11 51 🅽 ✆ 03 28 23 11 51

GRAVESON *13690 B.-du-R.* 🔲 ⑳ *G. Provence – 2 752 h alt. 14.*

Voir Musée Auguste-chabaud.*

Paris 701 – Avignon 13 – Carpentras 39 – Cavaillon 26 – Marseille 101 – Nîmes 38.

🏠 **Moulin d'Aure** sans rest, rte de Châteaurenard ✆ 04 90 95 84 05, Fax 04 90 95 73 84, ⌣,
🏖 – ☎ 🅿. GB 🇯🇨🇧. 🍴
25 mars-30 oct. – 立 37 – **14 ch** 280/330.

🏠 **Mas des Amandiers,** rte d'Avignon : 1,5 km ✆ 04 90 95 81 76, Fax 04 90 95 85 18, 🏖,
⌣, 🌳 – 📺 ☎ 🕭 🅿 – 🍴 30. 🆎 ⓞ GB
15 mars-15 oct. – **Repas** (dîner seul.) 98/145 ⓑ, enf. 68 – 立 40 – **25 ch** 300/320 –
½ P 280/290.

🏠 **Cadran Solaire** ⊗ sans rest, r. Cabaret Neuf ℰ 04 90 95 71 79, Fax 04 90 90 55 04, 🚗 –
☎ 🅿 ㏂ ⓞ 🆎
fermé 16 au 30 nov. – � 36 – **12 ch** 240/280.

RENAULT Gar. Eletti et Massacèse, ℰ 04 90 95 74 27

GRAY *70100 H.-Saône* 🆖🆖 ⑭ *G. Jura* – *6 916 h alt. 220.*

Voir *Collection de dessins★ de Prud'hon au musée Baron-Martin* **Y M¹**.

🄱 *Office de Tourisme Ile Sauzay* ℰ 03 84 65 14 24.

Paris 336 ⑤ – *Besançon 46* ③ – *Dijon 49* ⑤ – *Dole 45* ④ – *Langres 56* ① – *Vesoul 56* ②.

GRAY

Gambetta (R.)	**Y** 13
Thiers (R.)	**Y** 33
Abreuvoir (R. de l')	**Y** 2
Boichut (Pl.)	**Y** 3
Capucins (Av.)	**Z** 5
Casernes (R. des)	**Z** 6
Couyba (Av. Ch.)	**Y** 7
Curie (Rue P.)	**Z** 9
Devosge (R. F.)	**Y** 10
Eglise (R. de l')	**Y** 12
Gaulle (Av. Général-de)	**Z** 14
Gaulle (Pl. Charles-de)	**YZ** 15
Libération (Av. de la)	**Z** 17
Marché (R. du)	**Z** 18
Mavia (Quai)	**Y** 20
Neuf (Chemin)	**Z** 21
Nicolas-Mouchet (Rue A.)	**Z** 22
Paris (R. de)	**Y** 24
Perrières (R. des)	**Z** 25
Perrières (R. du Fg. des)	**Z** 26
Pigalle (Rue)	**Z** 28
Quatre-Septembre (Place du)	**Y** 29
Revon (Av.)	**Z** 30
Rossen (R.)	**Z** 31
Signard (Rue M.)	**Z** 32
Soupirs (R. des)	**Z** 34
Sous-Préfecture (Place de la)	**Y** 35
Vieille-Tuilerie (Rue de la)	**Z** 36

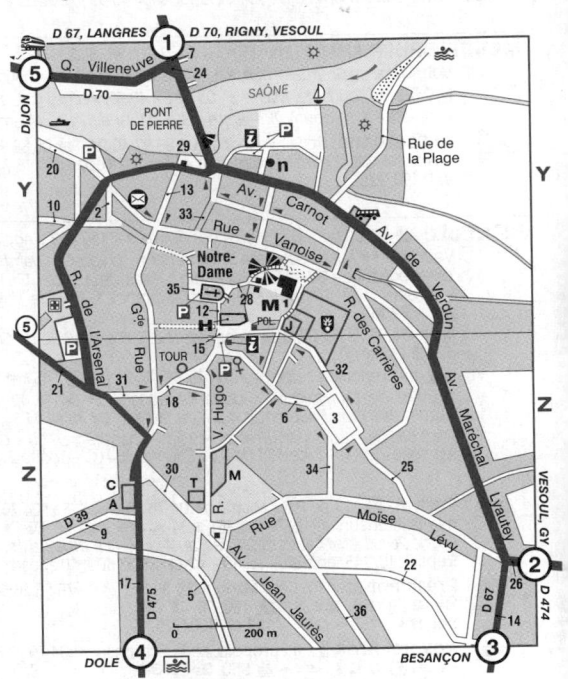

🏨 **Le Fer à Cheval** sans rest, 9 av. Carnot ℰ 03 84 65 32 55, Fax 03 84 65 42 63 – 📺 ☎ ✆ ⅋
🅿 ㏂ ⓞ 🆎 🄹🄲🄱   **Y** n
fermé 23 déc. au 4 janv. – ⊒ 30 – **46 ch** 190/255.

à Rigny *par* ① *D 70 et D 2 : 5 km* – *529 h. alt. 196* – ⊠ *70100* :

🏰 **Château de Rigny** ⊗, ℰ 03 84 65 25 01, Fax 03 84 65 44 45, ≤, « Parc aménagé en
bordure de la Saône », ⚊, ⁒ – 📺 ☎ 🅿 – ⛤ 25. ㏂ ⓞ 🆎, ⁒ rest
fermé 5 au 31 janv. – **Repas** 190/320 – ⊒ 60 – **23 ch** 340/700 – ½ P 460/600.

à Nantilly *par* ① *et D 2 : 5 km* – *456 h. alt. 200* – ⊠ *70100* :

🏰 **Château de Nantilly** Ⓜ ⊗, ℰ 03 84 67 78 00, Fax 03 84 67 78 01, ≤, �, parc, 🄵🅱, ⚊,
⁒ – 📺 ☎ ⅋ 🅿 – ⛤ 25 à 60. ㏂ ⓞ 🆎
23 mars-1ᵉʳ nov. – **Repas** *(fermé le midi sauf dim.)* 200/300, enf. 100 – ⊒ 90 – **30 ch**
400/800, 4 appart, 7 duplex – ½ P 455/630.

CITROEN Gar. Comtois, Chemin Neuf   ⑩ Bailly, 15 chaussée d'Arc ℰ 03 84 65 07 06
ℰ 03 84 65 00 91 🄽 ℰ 03 84 31 20 02
PEUGEOT Gar. Boffy, à Arc-lès-Gray par ①
ℰ 03 84 64 80 79

---

*Des pneus mal gonflés s'usent vite, tiennent moins bien la route,
sont moins confortables. Respectez les pressions recommandées.*

40270 Landes 📖 ① – *2 187 h alt. 55.*

Paris 718 – Mont-de-Marsan 15 – Aire-sur-l'Adour 18 – Orthez 51 – St-Sever 14 – Tartas 33.

🏠🏠 **Pain Adour et Fantaisie** (Garret) Ⓜ, 14 pl. Tilleuls ℰ 05 58 45 18 80,
❀ Fax 05 58 45 16 57, ≼, 🏦, « Terrasse au bord de l'eau » – 🔟 ch 📺 ☎ – 🏧 25. 🖭 ① ⓖⒷ
fermé vacances de fév., dim. soir et lundi sauf fériés – **Repas** 150 bc/350 et carte 230 à 400
– 🖵 75 – **9 ch** 380/700 – ½ P 440/715

Spéc. Salade croquante de chipirons grillés, risotto glacé au piquillo. Pomme de terre farcie
à la charpie de cochon, jeunes légumes et boudin noir. Succès tiède aux fraises d'Eugénie
et glace au lavandin (mai à oct.). **Vins** Jurançon, Madiran.

🍴🍴 **France,** 3 pl. Tilleuls ℰ 05 58 45 19 02, Fax 05 58 45 11 48, 🏦 – ⓖⒷ
ⓖⒷ *fermé 2 au 18 janv., dim. soir et lundi (sauf du 15 juil. au 15 août et fériés)* – **Repas** 70/200.

67190 B.-Rhin 📖 ⑧ ⑨ – *918 h alt. 500.*

Voir *Signal de Grendelbruch* ☀★ *SO : 2 km puis 15 mn, G. Alsace Lorraine.*

🚹 *Office de Tourisme, Mairie* ℰ 03 88 97 40 79, *Accueil (juil.-août)* ℰ 03 88 97 47 50.
Paris 488 – Strasbourg 42 – Erstein 32 – Molsheim 18 – Obernai 17 – Sélestat 37.

🎿 **La Couronne,** rte Schirmeck ℰ 03 88 97 40 94, Fax 03 88 97 49 27 – ☎ 🅿. ⓖⒷ
ⓖⒷ *fermé mi-nov. à mi-déc., dim. soir et lundi* – **Repas** 65/115 ⅄, enf. 32 – 🖵 33 – **8 ch** 245 –
½ P 190/225.

🅿 *38000 Isère* 📖 ⑤ *G. Alpes du Nord* – *150 758 h Agglo. 404 733 h alt. 213.*

Voir *Site★★★ – Église-musée St-Laurent★★ : crypte St-Oyand★ FY – Fort de la Bastille ☀★★
par téléphérique EY – Vieille ville★ EY : Palais de Justice★ EY J – Patio★ de l'hôtel de ville FZ
– Musées : de Grenoble★★★ FY, Dauphinois★ EY, de la Résistance et de la Déporta-
tion★ FZ M⁵.*

🏌 ℰ 04 76 73 65 00, à Bresson par D 269 BX ; 🏌 *Club de Grenoble Charmeil* ℰ 04 76 93
67 28, 23 par ⑤.

✈ *de Grenoble-St-Geoirs* ℰ 04 76 65 48 48, par ⑥ : 45 km.

🚹 *Office de Tourisme 14 r. de la République* ℰ 04 76 42 41 41, Fax 04 76 51 28 69 –
Automobile Club Dauphinois 4 pl. Grenette ℰ 04 76 44 41 54, Fax 04 76 51 93 92.
*Paris 568 ⑥ – Bourg-en-Bresse 149 ⑥ – Chambéry 57 ② – Genève 148 ② – Lyon 106 ⑥ –
Marseille 272 ⑥ – Nice 333 ④ – St-Étienne 154 ⑥ – Torino 240 ② – Valence 93 ⑥.*

Plans pages suivantes

🏨🏨🏨 **Park H.** Ⓜ, 10 pl. Paul Mistral ℰ 04 76 85 81 23, Fax 04 76 46 49 88, « Beaux aménagements intérieurs » – 📶 ⇆ 🔟 ☎ ✆ 🔥 ⇦ – 🏧 60. 🖭 ① ⓖⒷ Ꭻ꜀ꞵ   FZ w
fermé 26 juil. au 17 août et 24 déc. au 4 janv. – La Rapaille (fermé dim. midi et fériés le midi)
Repas 110/245, enf. 60 – 🖵 60 – **42 ch** 850/1300, 10 appart.

🏠🏠 **Président** Ⓜ, 11 r. Gén. Mangin ✉ 38100 ℰ 04 76 56 26 56, Fax 04 76 56 26 82, 🛦 – 📶
⇆ 🔟 ☎ 🔥 ⇦ 🅿 – 🏧 120. 🖭 ① ⓖⒷ   AX y
Repas 110/165 – 🖵 54 – **105 ch** 460/625.

🏠🏠 **Novotel Atria** Ⓜ, à Europole, pl. R. Schuman ℰ 04 76 70 84 84, Fax 04 76 70 24 93 – 📶
⇆ 🔟 ☎ 🔥 ⇦ – 🏧 550. 🖭 ① ⓖⒷ   AV r
Repas 95/150, enf. 50 – 🖵 55 – **118 ch** 515/615.

🏨🏨 **Mercure Centre** Ⓜ, 12 bd Mar. Joffre ℰ 04 76 87 88 41, Fax 04 76 47 58 52 – 📶 ⇆ 🖥
🔟 ☎ 🔥 ⇦ – 🏧 300. 🖭 ① ⓖⒷ Ꭻ꜀ꞵ   EZ d
Repas *(fermé sam. et dim. en juil.-août)* 108 ⅄, enf. 48 – 🖵 55 – **88 ch** 550.

🏨🏨 **Europole** Ⓜ, 29 r. P. Sémard ℰ 04 76 49 51 52, Fax 04 76 21 99 00 – 📶 🖥 🔟 ☎ 🔥 ⇦ –
🏧 50. 🖭 ① ⓖⒷ Ꭻ꜀ꞵ   AV d
Brasserie Midi-Minuit : **Repas** 98(déj.),128/168, ⅄ – 🖵 45 – **72 ch** 420.

🏨🏨 **Angleterre** Ⓜ sans rest, 5 pl. V.-Hugo ℰ 04 76 87 37 21, Fax 04 76 50 94 10 – 📶 ⇆ 🖥
🔟 ☎ ✆. 🖭 ① ⓖⒷ   EZ z
🖵 55 – **66 ch** 430/680.

🏨🏨 **Porte de France** sans rest, 27 quai C. Bernard ℰ 04 76 47 39 73, Fax 04 76 50 95 03 – 📶
🔟 ☎ ✆ ⇦. 🖭 ① ⓖⒷ   DY k
fermé 20 déc. au 5 janv. – 🖵 42 – **40 ch** 275/420.

🏨🏨 **Splendid** sans rest, 22 r. Thiers ℰ 04 76 46 33 12, Fax 04 76 46 35 24 – 📶 ⇆ 🔟 ☎ ✆ 🔥.
🅿 🖭 ① ⓖⒷ Ꭻ꜀ꞵ   DZ q
🖵 31 – **45 ch** 234/425.

🏨🏨 **Patinoires** sans rest, 12 r. Marie Chamoux ✉ 38100 ℰ 04 76 44 43 65, Fax 04 76 44 44 77
– 📶 🔟 ☎ ✆ ⇦ 🅿. 🖭 ① ⓖⒷ Ꭻ꜀ꞵ   GZ b
🖵 28 – **35 ch** 220/310.

🏨🏨 **Alpes** sans rest, 45 av. F. Viallet ℰ 04 76 87 00 71, Fax 04 76 56 95 45 – 📶 🔟 ☎ ⇦. 🖭
ⓖⒷ   DY z
🖵 27 – **67 ch** 240/300.

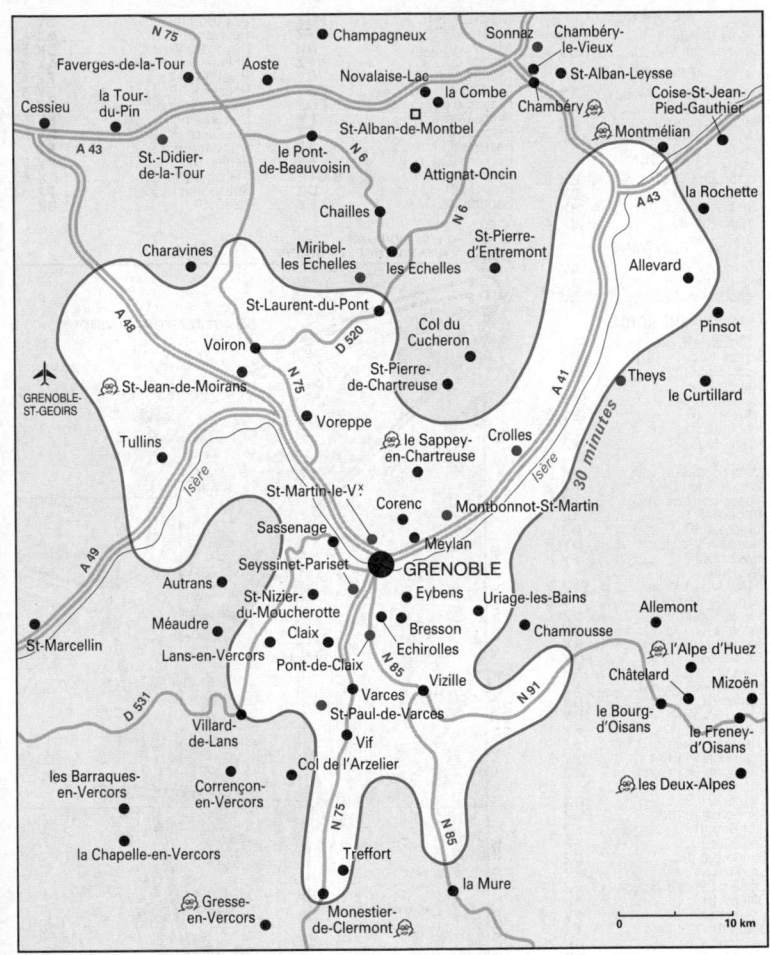

🏨 **Bastille** sans rest, 25 av. F. Viallet 🤙 04 76 43 10 27, Fax 04 76 87 52 69 – 🛗 📺 ☎ 🚗, 🇬🇧
🖃 27 – **54 ch** 240/300.
DY b

🏨 **Ibis,** 5 r. Miribel - centre commercial les Trois Dauphins 🤙 04 76 47 48 49,
Fax 04 76 47 78 22 – 🛗 🍽 📺 ☎ 🚗 – 🔬 60. 🆎 ① 🇬🇧
EY f
Repas 95, enf. 39 – 🖃 35 – **71 ch** 320.

🏨 **Tilleuls** sans rest, 236 cours Libération ⊠ 38100 🤙 04 76 09 17 34, Fax 04 76 40 64 56 – 🛗
☎ 🅿, 🆎 🇬🇧
AX s
🖃 25 – **39 ch** 205/225.

🏨 **Trianon** sans rest, 3 r. P. Arthaud 🤙 04 76 46 21 62, Fax 04 76 46 37 56 – 🛗 📺 ☎ ✆ 🆎 ①
🇬🇧 ᴶᶜᴮ
DZ m
🖃 32 – **38 ch** 210/390.

🏨 **Gambetta** 🅜, 59 bd Gambetta 🤙 04 76 87 22 25, Fax 04 76 87 40 94 – 🛗 ▦ rest 📺 ☎.
🆎 ① 🇬🇧
EZ a
Repas 68/120 ⅃ – 🖃 33 – **44 ch** 185/295 – ½ P 200/220.

🏨 **Paris-Nice** sans rest, 61 bd J. Vallier ⊠ 38100 🤙 04 76 96 36 18, Fax 04 76 48 07 79 – 📺
☎ ✆ 🚗, 🆎 ① 🇬🇧
AVX t
🖃 30 – **29 ch** 150/260.

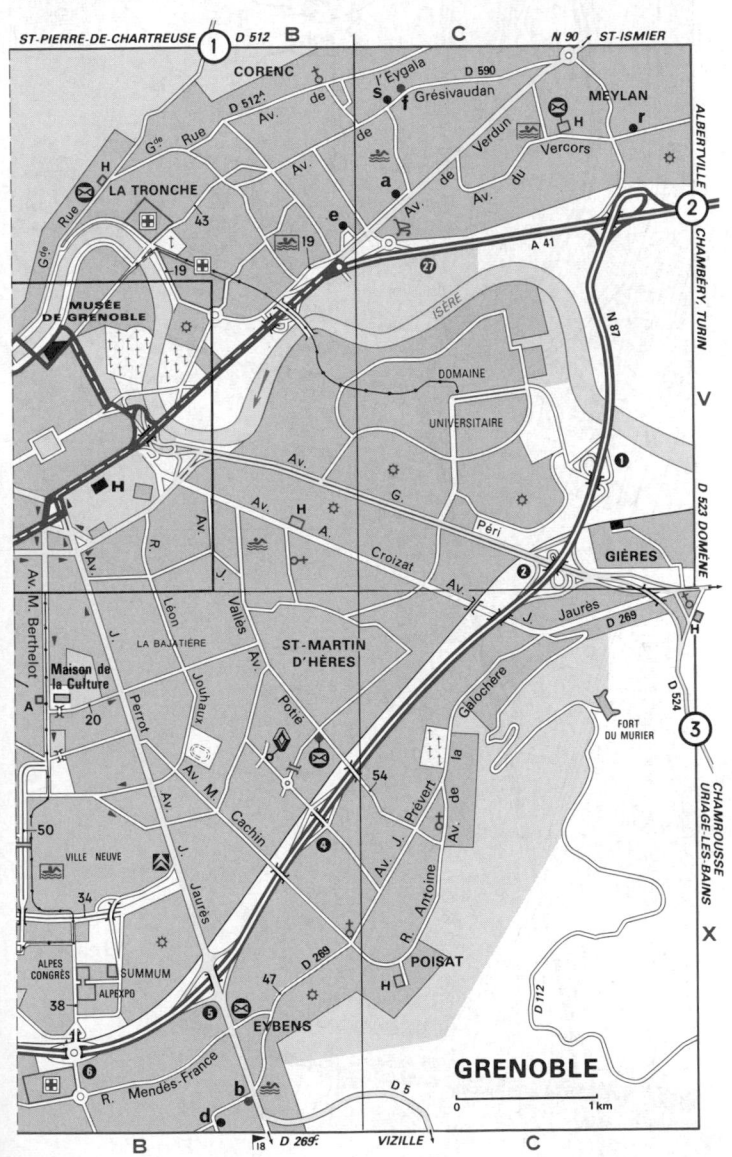

GRENOBLE

559

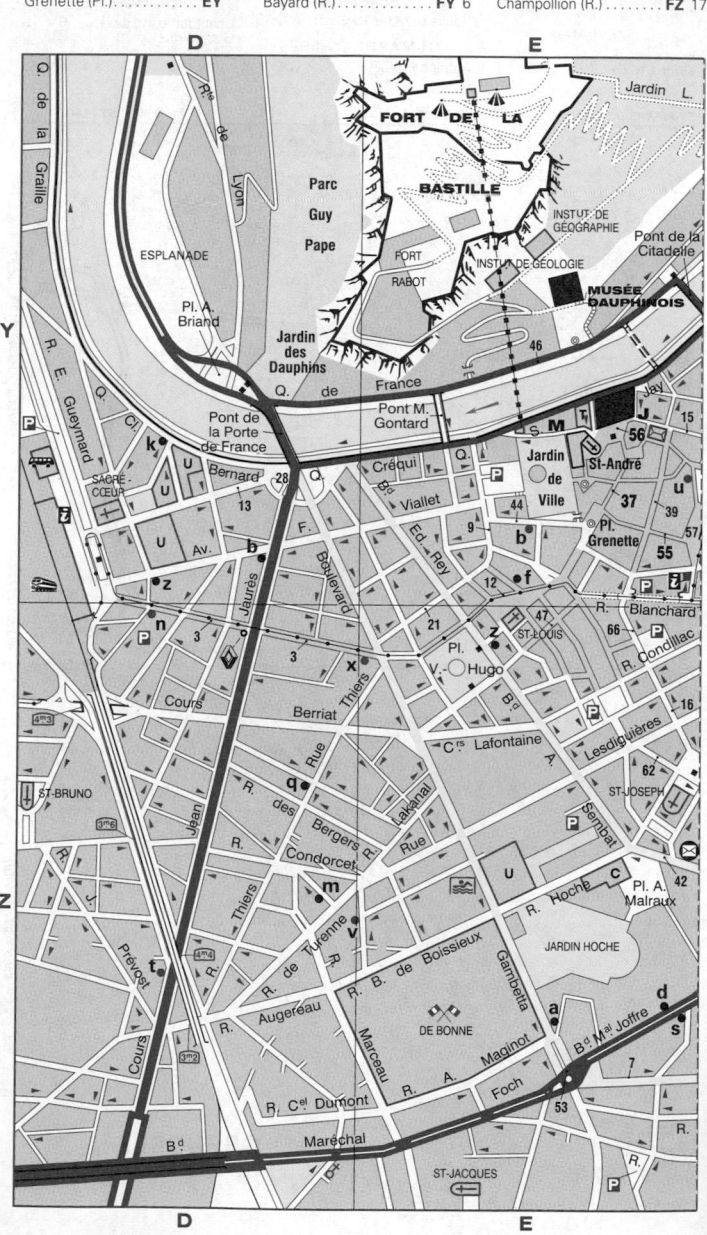

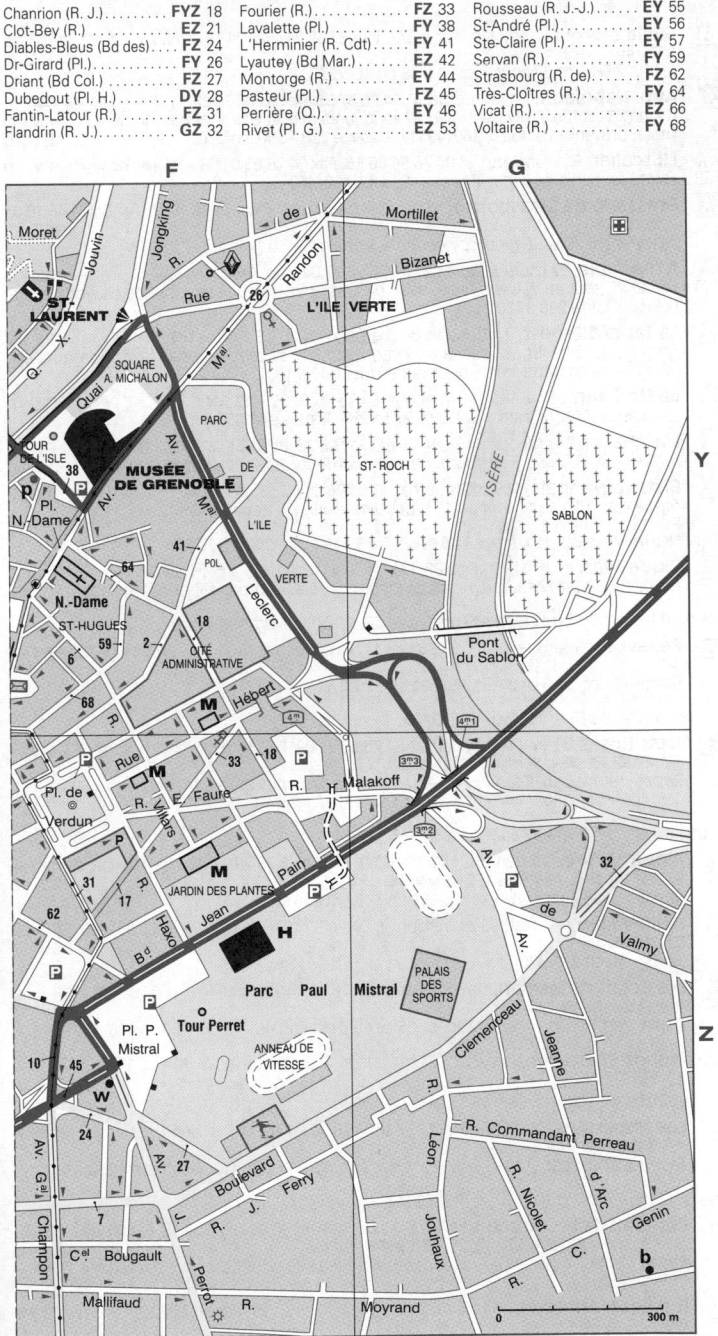

🏨 **Gallia** sans rest, 7 bd Mar. Joffre 𝄞 04 76 87 39 21, Fax 04 76 87 65 76 – 🛗 🖂 ☎. 🖭 ⓞ
GB JCB
EZ　s
fermé 26 juil. au 17 août – 🖙 27 – **35 ch** 160/275.

XXX **Aub. Napoléon,** 7 r. Montorge 𝄞 04 76 87 53 64, Fax 04 78 86 03 90 – 🍴. 🖭 ⓞ GB
EY　b
fermé 28 avril au 4 mai, 15 juil. au 10 août, lundi midi et dim. – **Repas** (nombre de couverts limité, prévenir) 120 (déj.), 160/495 bc et carte 220 à 350, enf. 70.

XX **L'Escalier,** 6 pl. Lavalette 𝄞 04 76 54 66 16, Fax 04 76 63 01 58 – 🖭 ⓞ GB JCB　FY　p
fermé sam. midi et dim. – **Repas** 140 (déj.), 190/450.

XX **Brasserie de Strasbourg,** 11 av. Alsace-Lorraine 𝄞 04 76 46 18 03, Fax 04 76 46 18 03
– 🍴. 🖭 GB
DEZ　x
fermé 1er au 20 août, lundi soir et dim. – **Repas** 95/130 🍷.

XX **A ma Table,** 92 cours J. Jaurès 𝄞 04 76 96 77 04 – 🍴. GB
DZ　t
fermé 1er août au 1er sept., sam. midi, dim. et lundi – **Repas** (nombre de couverts limité, prévenir) carte 220 à 280.

XX **La Table d'Ernest,** 2 r. Doudart de Lagrée 𝄞 04 76 43 19 56 – GB. 🌿
DEZ　v
fermé 4 au 24 août, 22 déc. au 5 janv., lundi soir et dim. – **Repas** (rest. non-fumeurs) (nombre de couverts limité, prévenir) 90 (déj.), 120/180.

XX **La Madelon,** 55 av. Alsace-Lorraine 𝄞 04 76 46 36 90 – 🖭 GB
DZ　n
fermé 9 au 31 août, sam. midi, dim. et fériés – **Repas** 94/145.

X **L'Arche,** 4 r. P. Duclot 𝄞 04 76 44 22 62, Fax 04 76 44 70 04, 🌿 – 🖭 ⓞ GB
EY　u
fermé 18 au 31 août, 5 au 18 janv., mardi midi, lundi et fériés – **Repas** 75 (déj.), 95/185 🍷.

X **Bistrot Lyonnais,** 168 cours Berriat 𝄞 04 76 21 95 33, 🌿 – GB
AV　n
fermé 4 au 12 mai, 14 août au 1er sept., dim. et lundi – **Repas** 115/145.

à St-Martin-le-Vinoux : *2 km par A 48 et N 75 – 5 139 h. alt. 250 –* ✉ 38950 :

XXX **Pique-Pierre,** 𝄞 04 76 46 12 88, Fax 04 76 46 43 90, 🌿 – 🍴 🄿. 🖭 GB
AV　p
fermé 27 juil. au 19 août, dim. soir et lundi sauf fêtes – **Repas** 130/298 🍷, enf. 65.

au Nord : *4 km par D 57 rte Clémencières -* **AV** *–* ✉ *38950 St-Martin-le-Vinoux :*

🏨 **Bellevue** 🌊 sans rest, 𝄞 04 76 87 68 17, Fax 04 76 46 18 37, ≤ – 🖂 ☎ 📞 🄿. 🖭 ⓞ GB.
🌿
fermé 23 déc. au 2 janv. – 🖙 28 – **24 ch** 220/270.

à Corenc : *3 km – 3 356 h. alt. 450 –* ✉ 38700 :

🏨🏨 **Trois Roses,** 32 av. Grésivaudan 𝄞 04 76 90 35 09, Fax 04 76 90 71 72 – 🛗 🌿 🖂 ☎ 🄿 –
🏥 45. 🖭 ⓞ GB. 🌿 rest
CV　s
Repas *(fermé 2 au 17 août, 24 déc. au 5 janv., dim. midi et sam.)* 125/195 – 🖙 50 – **50 ch** 435/460 – ½ P 290.

à Meylan : *3 km par N 90 – 17 863 h. alt. 331 –* ✉ 38240 :

🏨🏨 **Alpha** 🄼, 34 av. Verdun 𝄞 04 76 90 63 09, Fax 04 76 90 28 27, 🌿, 🏊 – 🛗 cuisinette 🌿
🍴 rest ☎ 🄿 – 🏥 80 à 150. 🖭 ⓞ GB. 🌿 rest
BV　e
Repas 75/165 🍷, enf. 45 – 🖙 52 – **59 ch** 395/510, 26 studios.

🏨 **Belle Vallée** sans rest, 32 av. Verdun 𝄞 04 76 90 42 65, Fax 04 76 90 65 98 – 🍴 🖂 ☎ 🄿.
🖭 ⓞ GB JCB
CV　a
🖙 35 – **30 ch** 270/370.

🏨 **Les Relais de Meylan,** 6 av. Granier 𝄞 04 76 90 44 22, Fax 04 76 41 04 60, 🌿 – 🖂 ☎ &.
🄿 – 🏥 35. 🖭 ⓞ GB JCB
CV　r
Repas *(fermé dim. midi)* 65 bc (déj.), 85 bc/120 bc, enf. 48 – 🖙 35 – **50 ch** 290 – ½ P 265.

à Montbonnot-St-Martin *Nord-Est : 7 km par av. de Verdun et N 90 – 2 808 h. alt. 310 –*
✉ *38330 .*

Voir Bec de Margain ≤★★ *NE : 13 km puis 30 mn.*

XXX **Les Mésanges,** 𝄞 04 76 90 21 57, Fax 04 76 90 94 48, 🌿, « Jardin et terrasse ombragés » – 🖭 GB JCB
fermé 3 au 19 août, 2 au 12 janv., dim. soir et lundi – **Repas** 110/380 et carte 260 à 380.

à Eybens : *5 km – 8 013 h. alt. 230 –* ✉ 38320 :

🏨🏨 **Château de la Commanderie** 🌊, av. Échirolles 𝄞 04 76 25 34 58, Fax 04 76 24 07 31,
🌿, 🌿 ☎ 📞 🄿 – 🏥 25. 🖭 ⓞ GB. 🌿 rest
BX　d
Repas *(fermé 24 déc. au 6 janv., sam. et dim.)* 150 (déj.), 190/250 – 🖙 57 – **25 ch** 410/700 –
½ P 422/505.

XX **Rustique Auberge,** 134 av. J. Jaurès 𝄞 04 76 25 24 70, Fax 04 76 62 39 53 – 🍴. 🖭 ⓞ
GB
BX　b
fermé 15 juil. au 3 août, sam. midi et dim. – **Repas** 90/200 🍷.

à Bresson *Sud par av. J. Jaurès : 8 km par D 269^c – 753 h. alt. 300 –* ⊠ *38320 :*

XXXX **Chavant** avec ch., ✆ 04 76 25 15 14, Fax 04 76 62 06 55, 斎, « Jardin ombragé », ⅃ – ▤
⊡ ☎ 🅿 🆎 ⓪ 🆖, 🍴 rest
fermé 26 au 31 déc. – **Repas** *(fermé lundi d'oct. à mai et sam. midi)* 185/250 et carte 280 à
410, enf. 70 – ⊡ 60 – **7 ch** 580/750.

à Échirolles *: 4 km – 34 435 h. alt. 237 –* ⊠ *38130 :*

🏨 **Dauphitel** Ⓜ, 16 av. Kimberley ✆ 04 76 33 60 60, Fax 04 76 33 60 00, 斎, ⅃, ※ – 🛗 ↹
▤ rest ⊡ ☎ 🅿 – 🛗 25. 🆎 ⓪ 🆖, 🍴 rest
AX   e
Repas *(fermé 3 au 20 août, 24 déc. au 2 janv., sam. midi et dim.)* 98/132, enf. 60 – ⊡ 45 –
68 ch 320/370 – ½ P 280.

à Seyssinet-Pariset *Est : 8 km par D 106^B rte de St-Nizier – 13 241 h. alt. 218 –* ⊠ *38170 :*

XXX **La Gentilhommière,** sur D 106^B ✆ 04 76 49 73 50, Fax 04 76 70 22 86, 斎, 🌳 – 🅿. 🆎
🆖
fermé 1er au 7 sept., 2 au 22 janv., dim. soir et lundi – **Repas** 95/200 et carte 250 à 320,
enf. 80.

par la sortie ④ :

à Pont-de-Claix *8 km par N 75 – 11 871 h. alt. 240 –* ⊠ *38800 :*

X **Le Provençal,** 16 cours St-André ✆ 04 76 98 01 16 – 🆖
CV   f
fermé 20 juil. au 20 août, dim. soir et lundi – **Repas** 89/160 ⅃.

à Claix *: 9 km par A 480, sortie 9 – 6 960 h. alt. 300 –* ⊠ *38640 :*

🏨 **Primevère** Ⓜ, 2 r. Europe ✆ 04 76 98 84 54, Fax 04 76 98 66 22, 斎, ⅃, ↹ ▤ ⊡ ☎ 📞
🛗 ♿ 🅿 – 🛗 35. 🆎 ⓪ 🆖, 🍴 rest
Repas 82/186 ⅃, enf. 44 – ⊡ 33 – **45 ch** 290.

à Varces *: 13 km par N 75 – 4 592 h. alt. 274 –* ⊠ *38760 :*

XXX **Relais L'Escale** 🦢 avec ch., ✆ 04 76 72 80 19, Fax 04 76 72 92 58, 斎, « Chalets dans un
jardin ombragé », ⅃ – ▤ ch ⊡ ☎ 🅿 🆎 🆖
fermé 1er au 15 nov., mardi du 15 mai au 15 sept., dim. soir et lundi du 15 sept. au 15 mai –
Repas 125/265 et carte 250 à 340 – ⊡ 70 – **7 ch** 490, (chalets) – ½ P 525.

par la sortie ⑥ :

à Sassenage *: 5 km par A 480 – 9 788 h. alt. 209 –* ⊠ *38360 :*

🄱 *Office de Tourisme pl. Libération* ✆ *04 76 53 17 17.*

🏨 **Relais de Sassenage,** Z.I. l'Argentière ✆ 04 76 27 20 21, Fax 04 76 53 56 04, 斎, ⅃, 🌳
– ▤ rest ⊡ ☎ ♿ 🅿 – 🛗 40. 🆎 🆖
Repas *(fermé sam. midi)* 115/179 ⅃, enf. 77 – ⊡ 48 – **47 ch** 285/315.

MICHELIN, Agence, 5 r. A.-Bergès, ZI des Iles, Le Pont de Claix par ④ ✆ 04 76 98 51 54

PEUGEOT Bernard Libération, 237 cours Libération
✆ 04 76 69 62 00 🆗 ✆ 08 00 30 94 05
PEUGEOT Bernard Bastille, 53 rte de Lyon
✆ 04 76 46 71 67 🆗 ✆ 08 00 30 94 05
RENAULT Splendid-Gar., 4 r. E.-Delacroix
✆ 04 76 42 74 72
RENAULT Galtier Jaurès, 22 Crs J.-Jaurès
✆ 04 76 87 55 27 🆗 ✆ 04 76 74 06 32

RENAULT Galtier Libération, 73 Crs de la
Libération ✆ 04 76 70 39 40 🆗 ✆ 04 76 74 06
32

Ⓜ Euromaster, 86 Crs J.-Jaurès
✆ 04 76 46 00 91

Périphérie et environs

CITROEN Gar. Imbert, 104 Crs St-Andre à Pont-de-
Claix par ④ ✆ 04 76 98 84 62 🆗 ✆ 04 76 98 84 62
CITROEN S.A.D.A., 38 av. J.-Jaurès à Eybens par D
269c ✆ 04 76 24 20 63
FORD Gar. Gauduel, ZI r. du Béal à St-Martin d'Hères
✆ 04 76 25 75 45 🆗 ✆ 08 00 00 50 05
FORD Gar. Gauduel, 46 av A.-Croizat à Fontaine
✆ 04 76 26 00 18
NISSAN Challenge Auto 38, rte de Lyon à St-Egrève
✆ 04 76 75 03 36
RENAULT Esso-Sce du Moucherotte, 117 Crs
J.-Jaurès à Echirolles par ④ ✆ 04 76 09 16 24
RENAULT Gar. Lambert, 24 av. de Romans à
Sassenage par ⑤ ✆ 04 76 27 40 62
RENAULT Perceval
autre Autom., 11 r. Tuilerie à
Seyssinet-Pariset ✆ 04 76 48 57 99 🆗
✆ 04 76 21 86 74
RENAULT Auto Losange, bd P.-Langevin à Fontaine
par ⑤ ✆ 04 76 28 22 22 🆗 ✆ 08 00 05 15 15
RENAULT Auto Dauphiné, ZA Pré Ruffier à
St-Martin d'Hères ✆ 04 76 62 42 22 🆗
✆ 08 00 05 15 15

RENAULT Galtier Sud, r. J.P.-Timbaud à Echirolles
par av. du 8 Mai ✆ 04 76 33 78 78 🆗
✆ 04 76 74 06 32
VAG Gar. Guillaumin, 57 bd P.-Langevin à
Fontaine ✆ 04 76 53 55 55

Ⓜ Euromaster, 96 Crs J.-Jaurès à Echirolles
✆ 04 76 09 11 95 🆗 ✆ 04 76 29 55 49
Euromaster, 91 av. G.-Péri à St-Martin d'Hères
✆ 04 76 42 10 59
Euromaster, 71 Crs J.-Jaurès à Echirolles
✆ 04 76 09 33 45
Euromaster, 39 bd P.-Langevin à Fontaine
✆ 04 76 26 32 45 🆗 ✆ 04 76 29 55 49
Euromaster, 21 av. de l'Ile Brune à St-Egrève
✆ 04 76 75 86 69
Gonthier Frères, 1 r. de Chamechaude à
Sassenage ✆ 04 76 27 11 11
Gonthier Frères-Point S, 131 av. G.-Péri à
St-Martin-d'Hères ✆ 04 76 54 36 83

GRÉOUX-LES-BAINS 04800 Alpes-de-H.-P. 🗺 ④ ⑤, 🗺 ⑤ G. Alpes du Sud – 1 718 h alt. 386 – Stat. therm. (17 fév.-20 déc.).

🏢 Office de Tourisme, av. Marronniers 🐾 04 92 78 01 08, Fax 04 92 74 24 82.

Paris 765 – Digne-les-Bains 66 – Aix-en-Provence 54 – Brignoles 56 – Manosque 14 – Salernes 51.

🏨 **La Crémaillère** ⌂, rte Riez 🐾 04 92 74 22 29, Fax 04 92 78 19 80, ⊿, 🎋 – 📱 ⌖ 📺 ☎ 👌 🅿 – 🔬 40. 🆎 ⓘ 🆖
1er mars-30 nov. – **Repas** 135/165 – ⌚ 48 – **51 ch** 390 – P 460.

🏨 **Villa Borghèse** ⌂, av. Thermes 🐾 04 92 78 00 91, Fax 04 92 78 09 55, ⊿, 🎋, ⌘ – 📱 ⌖ 🗐 📺 ☎ ℃ ⇔ 🅿 – 🔬 80. 🆎 ⓘ 🆖, ⌘ rest
22 mars-25 nov. – **Repas** 155/240 – ⌚ 55 – **67 ch** 380/670 – P 525/610.

🏨 **Gd Jardin** (annexe 7 ch. fermé 20 déc. au 2 janv.), av. Thermes 🐾 04 92 70 45 45, Fax 04 92 74 24 79, 🎋, ⊿, ⌘ – 📱 📺 ☎ 🅿 – 🔬 30. 🆎 ⓘ 🆖, ⌘ rest
15 mars-15 nov. – **Repas** 85 (dîner), 95/220 ⌾ – ⌚ 35 – **90 ch** 190/320 – P 300/435.

🏨 **La Chêneraie** Ⓜ ⌂, Les Hautes Plaines 🐾 04 92 78 03 23, Fax 04 92 78 11 72, ≼, 🎋, ⊿ – 📱 📺 ☎ ℃ ⇔ 🅿 🆎 🆖
fermé début déc. à mi-fév. – **Repas** 88/168 ⌾, enf. 50 – ⌚ 38 – **20 ch** 270/350 – ½ P 265/300.

🏨 **des Alpes,** av. Alpes 🐾 04 92 74 24 24, Fax 04 92 74 24 26, 🎋, ⊿ – 📺 ☎ 🅿 – 🔬 30. 🆎 🆖
1er mars-30 nov. – **Repas** 85/160 – ⌚ 35 – **33 ch** 240/320 – P 290/320.

🏨 **Colonnes,** av. des Marronniers 🐾 04 92 70 46 46, Fax 04 92 77 64 37, 🎋 – 📺 ☎ 🅿. 🆖
1er mars-15 nov. – **Repas** 80/160, enf. 45 – ⌚ 33 – **34 ch** 210/260 – P 270/320.

RENAULT Gar. Gallégo, 🐾 04 92 78 00 50 Ⓝ 🐾 04 92 78 00 50

GRESSE-EN-VERCORS 38650 Isère 🗺 ⑭ G. Alpes du Nord – 265 h alt. 1205 – Sports d'hiver : 1 205/1 800 m ⛷ 16 ☃.

Voir Col de l'Allimas ≼★ S : 2 km.

🏢 Office de Tourisme 🐾 04 76 34 33 40, Fax 04 76 34 31 26.

Paris 613 – Grenoble 48 – Clelles 21 – Monestier-de-Clermont 14 – Vizille 43.

🏨 **Le Chalet** Ⓜ ⌂, 🐾 04 76 34 32 08, Fax 04 76 34 31 06, ≼, 🎋, ⊿, ⌘ – 📺 ☎ ⇔ 🅿 – 🔬 25. 🆖, ⌘
7 mai-20 oct. et 20 déc.-20 mars – **Repas** 94/290, enf. 57 – ⌚ 44 – **25 ch** 280/410 – ½ P 340/382.

🏨 **Rochas,** 🐾 04 76 34 31 20 – ☎. 🆖, ⌘ ch
fermé 1er au 15 avril et 15 oct. au 20 déc. – **Repas** 70/85 ⌾ – ⌚ 35 – **7 ch** 160/260 – ½ P 240/260.

GRESSWILLER 67190 B.-Rhin 🗺 ⑮ – 1 181 h alt. 200.

Paris 480 – Strasbourg 31 – Obernai 14 – Saverne 31 – Sélestat 37.

🏨 **A l'Écu d'Or,** Z.A. : 1 km par D 217 🐾 03 88 50 16 00, Fax 03 88 50 15 11 – 📺 ☎ 👌 🅿. 🆖
Repas 49 (déj.), 99/275 ⌾ – ⌚ 35 – **25 ch** 295/325 – ½ P 285.

CITROEN Gar. Fritsch, 🐾 03 88 50 04 10

GRESSY 77410 S.-et-M. 🗺 ⑫, 🗺 ⑩ – 868 h alt. 98.

Paris 33 – Meaux 21 – Melun 57 – Senlis 36.

🏨 **Le Manoir de Gressy** Ⓜ ⌂, 🐾 01 60 26 68 00, Fax 01 60 26 45 46, 🎋, ⊿, 🎋 – 📱 ⌖ 🗐 rest 📺 ☎ ℃ 👌 🅿 – 🔬 100. 🆎 ⓘ 🆖 🆑
Repas 170 – ⌚ 85 – **88 ch** 950/1250.

GRÉSY-SUR-AIX 73 Savoie 🗺 ⑮ – rattaché à Aix-les-Bains.

GRÉSY-SUR-ISÈRE 73740 Savoie 🗺 ⑯ – 890 h alt. 350.

Env. Site★★ et ≼★★ du château de Miolans★ SO : 7 km, G. Alpes du Nord.

Paris 602 – Albertville 19 – Aiguebelle 12 – Chambéry 38 – St-Jean-de-Maurienne 48.

🍴 **La Tour de Pacoret** ⌂ avec ch, Nord-Est : 1,5 km par D 201 ✉ 73460 Frontenex 🐾 04 79 37 91 59, Fax 04 79 37 93 84, ≼ vallée et montagnes, 🎋, parc – 📺 ☎ 🅿. 🆖 🆑 ⌘ rest
19 avril-16 nov. – **Repas** (fermé lundi en oct. et nov. et mardi sauf le soir en juil.-août) (nombre de couverts limité, prévenir) 90 (déj.), 120/245 – ⌚ 50 – **9 ch** 280/415 – ½ P 305/360.

GRÉZIEU-LA-VARENNE 69290 Rhône 74 ⑪, 110 ⑫ – 3 256 h alt. 332.

Paris 461 – Lyon 14 – L'Arbresle 18 – Villefranche-sur-Saône 31.

XXX **Host. de la Varenne**, 9 r. É. Evellier 𝒫 04 78 57 31 05, Fax 04 78 57 31 05, 🏤 – 🖭 ⅭⒷ
fermé dim. soir et lundi – **Repas** 95 (déj.), 145/360 et carte 210 à 320, enf. 70.

La GRIÈRE 85 Vendée 71 ⑪ – rattaché à La Tranche-sur-Mer.

GRIGNAN 26230 Drôme 81 ② G. Provence (plan) – 1 300 h alt. 198.

Voir Château★★ : ⁂★.

Paris 631 – Crest 48 – Montélimar 24 – Nyons 24 – Orange 49 – Pont-St-Esprit 34 – Valence 72.

🏠 **La Roseraie** ⅀, rte Valréas 𝒫 04 75 46 58 15, Fax 04 75 46 91 55, 🏤, « Élégant manoir dans un parc, ⊒, ⅍ » – cuisinette 🖭 ☎ ⅄ 🅿. 🖭 ⑩ ⅭⒷ
fermé 5 janv. au 15 fév. et lundi hors sais. – **Repas** (prévenir) 185/240 – ⌷ 90 – **15 ch** 650/1080 – ½ P 635/845.

XX **Relais de Grignan**, rte Montélimar D 541 : 1 km 𝒫 04 75 46 57 22, Fax 04 75 46 92 96, 🏤, 🐎 – 🅿. 🖭 ⅭⒷ
fermé 15 nov. au 5 déc., 2 au 15 janv., merc. soir du 1er sept. au 15 juin, dim. soir et lundi – **Repas** 100/285, enf. 56.

CITROËN Gar. Ferretti, 𝒫 04 75 46 51 78 🅽   RENAULT Gar. Monier, 𝒫 04 75 46 51 24 🅽
𝒫 04 75 46 51 78   𝒫 04 75 46 53 28

When looking for a hotel or restaurant use the most efficient method.
Look for the names of towns **underlined in red**
on the **Michelin maps** *scale: 1:200 000.*
But make sure you have an up-to-date map!

GRIMAUD 83310 Var 84 ⑰, 114 ㊲ G. Côte d'Azur – 3 322 h alt. 105.

🔋 Office de Tourisme bd des Aliziers 𝒫 04 94 43 26 98, Fax 04 94 43 32 40 et annexe St.-Pons-les-mures (saison) 𝒫 04 94 56 28 87.

Paris 864 – Fréjus 32 – Brignoles 57 – Le Lavandou 33 – St-Tropez 11 – Ste-Maxime 11 – Toulon 64.

🏠 **La Boulangerie** ⅀ sans rest, Ouest : 2 km par D 14 et rte secondaire 𝒫 04 94 43 23 16, Fax 04 94 43 38 27, ⬍, parc, ⊒, ⅍ – ⬛ ☎ Ⅽ 🅿. 🖭 ⅭⒷ
Pâques-10 oct. – ⌷ 60 – **11 ch** 680/820.

🏠 **Athénopolis** 🅼 ⅀, Ouest : 3,5 km par rte La Garde Freinet 𝒫 04 94 43 24 24, Fax 04 94 43 37 05, ⊒, 🐎, ⅍ – 🖭 ☎ Ⅽ ⅄ 🅿. 🖭 ⑩ ⅭⒷ. ⅍ rest
hôtel : Pâques-31 oct. ; rest. : 15 mai-30 sept. – **Repas** grill (dîner seul.)(résidents seul.) 120/150 – ⌷ 48 – **11 ch** 610/660 – ½ P 453.

🏠 **Host. Coteau Fleuri**, 𝒫 04 94 43 20 17, Fax 04 94 43 33 42, ⬍, 🏤 – ☎. 🖭 ⅭⒷ, ⅍ rest
fermé 1er au 18 déc., 5 au 23 janv. et mardi sauf juil.-août – **Repas** 150 (déj.), 190/285 – ⌷ 45 – **14 ch** 400/550 – ½ P 420/495.

XXX **Les Santons** (Girard), 𝒫 04 94 43 21 02, Fax 04 94 43 24 92, « Cadre provençal » – ▤. 🖭
❀ ⑩ ⅭⒷ ⅉⅭⒷ
15 mars-2 nov., 23 déc.-2 janv. et fermé merc. de mars à août sauf le soir en juil.-août – **Repas** 215 bc (déj.), 260/420 et carte 360 à 490, enf. 110
Spéc. Selle d'agneau de Sisteron. Poissons du golfe. Gibiers (saison). **Vins** Bandol.

XX **La Bretonnière**, pl. Pénitents 𝒫 04 94 43 25 26 – ▤. ⅭⒷ
fermé dim. soir et lundi soir du 15 sept. au 15 juin – **Repas** 155 (déj.), 190/390.

Ⓜ Aude-Point S, N 98, Valensole à Cogolin 𝒫 04 94 54 13 11

GRIS-NEZ (Cap) ★★ 62 P.-de-C. 51 ① G. Flandres Artois Picardie – ✉ 62179 Audinghen.

Paris 306 – Calais 32 – Arras 126 – Boulogne-sur-Mer 21 – Marquise 13 – St-Omer 59.

🏠 **Mauves**, 𝒫 03 21 32 96 06, 🏤, 🐎 – ☎ 🅿. ⅭⒷ, ⅍
1er avril-15 nov. – **Repas** 118/230 ⅃ – ⌷ 42 – **16 ch** 230/520 – ½ P 320/460.

X **La Sirène**, 𝒫 03 21 32 95 97, Fax 03 21 32 74 75, ⬍ mer – 🅿. 🖭 ⅭⒷ
fermé 14 déc. au 7 fév., dim. soir et lundi sauf juil.-août et le soir de sept. à Pâques sauf sam. – **Repas** 110/195, enf. 44.

La GRIVE 38 Isère 74 ⑬ – rattaché à Bourgoin-jallieu.

GROIX (Ile de) ★ 56590 Morbihan 58 ⑫ G. Bretagne – 2 472 h alt. 38.

Voir Site★ de Port-Lay – Trou de l'Enfer★.

Accès par transports maritimes pour **Port-Tudy** (en été réservation recommandée pour le passage des véhicules).

🚢 depuis **Lorient**. Traversée 45 mn – Tarifs, se renseigner : Cie Morbihannaise et Nantaise de Navigation, bd A.-Pierre ℰ 02 97 64 77 64 - Fax 02 97 64 77 69.

🖪 Office de Tourisme Mairie ℰ 02 97 86 53 08 et Port Tudy (saison) ℰ 02 97 86 54 86.

🏛 **La Marine,** au Bourg ℰ 02 97 86 80 05, Fax 02 97 86 56 37, 🍴, 🛏 – ☎. GB
🚤 fermé janv., dim. soir et lundi hors sais. sauf vacances scolaires – **Repas** 72/160, enf. 50 –
⊆ 37 – **22 ch** 226/463 – ½ P 253/359.

🏛 **Ty Mad,** au port ℰ 02 97 86 80 19, Fax 02 97 86 50 79, ⏚, – 📺 ☎ 🅿. 🗚 ⑩ GB JCB. 🛇
🚤 **Repas** (ouvert mars-oct. et vacances scolaires) 80/180 – ⊆ 40 – **32 ch** 250/400 – ½ P 350/450.

GRON 18800 Cher 69 ② – 341 h alt. 226.

Paris 222 – Bourges 30 – Montluçon 103 – Nevers 42 – St-Amand-Montrond 63 – Sancerre 29.

🍴 **Aub. de la Butte,** pl. Église ℰ 02 48 68 50 04, Fax 02 48 68 52 71, « Jolie maison villageoise » – GB
fermé 20 janv. au 20 fév., lundi et mardi – **Repas** 119/280, enf. 50.

GROSLÉE 01680 Ain 74 ⑭ – 286 h alt. 280.

Paris 497 – Belley 21 – Bourg-en-Bresse 71 – Lyon 78 – La Tour-du-Pin 27 – Vienne 71 – Voiron 44.

🍴🍴 **Penelle,** à Port de Groslée Sud-Ouest : 1 km sur D 19 ℰ 04 74 39 71 01, Fax 04 74 39 70 93,
🚤 ≼, 🍴 – 🅿. GB
fermé 1ᵉʳ au 10 juil., 4 janv. au 4 fév., lundi et mardi – **Repas** 85/210.

GROTTE voir au nom propre de la grotte.

GROUIN (Pointe du) 35 I.-et-V. 59 ⑥ – rattaché à Cancale.

GRUISSAN 11430 Aude 86 ⑩ G. Pyrénées Roussillon – 2 170 h alt. 2 – Casino .

🖪 Office de Tourisme bd du Pech Maynaud ℰ 04 68 49 03 25, Fax 04 68 49 33 12.

Paris 815 – Perpignan 76 – Carcassonne 73 – Narbonne 15.

🏛 **Corail** M, quai Ponant, au port ℰ 04 68 49 04 43, Fax 04 68 49 62 89, ≼, 🍴 – 🛗 🖿 📺 ☎
🅿. 🗚 GB
1ᵉʳ fév.-31 oct. – **Repas** 92/172, enf. 45 – ⊆ 40 – **32 ch** 350/400 – ½ P 335.

🏛 **Plage** sans rest, à la Plage ℰ 04 68 49 00 75 – ☎ 🅿. GB. 🛇
Pâques-mi-sept. – ⊆ 30 – **17 ch** 280.

🍴🍴 **L'Estagnol,** au Village ℰ 04 68 49 01 27, Fax 04 68 32 23 38, ≼, 🍴 – 🖿. GB
mars-oct. et fermé lundi – **Repas** 98 (déj.), 138/210 ⏦, enf. 45.

🍴 **Le Lamparo,** au village ℰ 04 68 49 93 65, 🍴 – 🖿. GB
fermé 30 sept. au 8 oct., mi-janv. à mi-fév., dim. soir et lundi sauf juil.-août – **Repas** 99/180.

Le GUA 17 Char.-Mar. 71 ⑭ – rattaché à Saujon.

GUAGNO-LES-BAINS 2A Corse-du-Sud 90 ⑮ – voir à Corse.

GUEBERSCHWIHR 68420 H.-Rhin 62 ⑱ ⑲ G. Alsace Lorraine – 703 h alt. 260.

Paris 487 – Colmar 12 – Guebwiller 17 – Mulhouse 35 – Strasbourg 83.

🏛 **Relais du Vignoble et rest. Belle Vue** 🛇, ℰ 03 89 49 22 22, Fax 03 89 49 27 82, ≼,
🚤 🍴 – 🛗 📺 ☎ ✆ & 🅿. – 🏂 40. GB
fermé 1ᵉʳ fév. au 6 mars – **Repas** (fermé merc. soir et jeudi du 15 nov. au 15 avril) 80/250 ⏦ –
⊆ 45 – **30 ch** 220/450 – ½ P 280/300.

GUEBWILLER ⚊ 68500 H.-Rhin 62 ⑱ G. Alsace Lorraine (plan) – 10 942 h alt. 300.

Voir Église St-Léger★ : façade Ouest★★ – Intérieur★ de l'église N.-Dame★ : Assomption★★
– Hôtel de Ville★ – Musée du Florival : décor★ d'une salle de bains, vase★ – Vallée de
Guebwiller★★ NO – Buhl : retable de Buhl★★ dans l'église N : 3 km par D 430.

Env. Église★ de Lautenbach SE : 7 km.

🖪 Office de Tourisme, Hôtel de Ville ℰ 03 89 76 10 63, Fax 03 89 76 52 72.

Paris 475 – Mulhouse 23 – Belfort 53 – Colmar 26 – Épinal 108 – Strasbourg 101.

🏨 **Château de la Prairie** ⌂ sans rest, allée Marroniers 𝄢 03 89 74 28 57, Fax 03 89 74 71 88, parc – ⇄ 📺 ☎ 🅿. 🆎 ⓪ 🆚
➩ 50 – **17 ch** 350/590.

🏨 **L'Ange**, 4 r. Gare 𝄢 03 89 76 22 11, Fax 03 89 76 50 08 – 🕽 📺 ☎ 🕭 🅿. – 🍽 30. 🆎 🆚
Repas (fermé lundi sauf le soir en sais. et dim. soir) 60/300 ⅊ – ➩ 40 – **36 ch** 225/285 –
½ P 300/393.

à Murbach Nord-Ouest : 5 km par D 40⁰ – 116 h. alt. 420 – ⊠ 68530 .

Voir Église★★.

🏨 **Host. St-Barnabé** ⌂, 𝄢 03 89 76 92 15, Fax 03 89 76 67 80, 🏤, « Maison fleurie dans
le vallon, jardin », 💥 – 🗏 rest 📺 ☎ ✔ 🅿. – 🍽 30. 🆎 ⓪ 🆚 🆓
fermé fév. et dim. soir de nov. à mars – **Repas** 128/328 – ➩ 70 – **24 ch** 480/575 –
½ P 458/593.

à Jungholtz Sud-Ouest : 6 km par D 51 – 677 h. alt. 332 – ⊠ 68500 :

🏨 **Résidence Les Violettes** ⌂, à Thierenbach 𝄢 03 89 76 91 19, Fax 03 89 74 29 12, ≤,
« Collection de voitures anciennes », ≈ – 🗏 📺 ☎ ✔ 🅿. 🆎 ⓪ 🆚
fermé 21 janv. au 4 fév. – **Repas** (fermé lundi soir et mardi sauf fériés) 170/410 – ➩ 65 –
25 ch 480/750.

🏨 **Host. de Thierenbach "Les Iris"** ⌂, à Thierenbach 𝄢 03 89 76 93 01,
Fax 03 89 74 37 45, 🏤, 🌫, ≈ – 🗏 📺 ☎ ✔ 🅿. 🆎
1ᵉʳ mars-1ᵉʳ déc. et fermé lundi – **Repas** 85/260 ⅊ – ➩ 48 – **16 ch** 320/530 – ½ P 310/430.

💥💥 **Biebler** avec ch, 𝄢 03 89 76 85 75, Fax 03 89 74 91 45, 🏤, « Jardin » – 📺 ☎ ✔ ⟺ 🅿. –
🍽 60. 🆎 ⓪ 🆚 🆓
fermé jeudi soir et vend. de sept. à juin – **Repas** 80/280 ⅊ – ➩ 45 – **7 ch** 350 – ½ P 260.

à Hartmannswiller Sud : 7 km par D 5 – 503 h. alt. 255 – ⊠ 68500 :

🏨 **Meyer**, sur D 5 𝄢 03 89 76 73 14, Fax 03 89 76 79 57, 🏤, ≈ – ⇄ 📺 ☎ 🅿. 🆎 ⓪ 🆚. 💥
fermé 15 au 30 oct., 15 au 31 janv., sam. midi et vend. – **Repas** 70/300 ⅊, enf. 40 – ➩ 38 –
12 ch 220/340 – ½ P 245/320.

à Rimbach-près-Guebwiller Ouest : 11 km par D 51 – 223 h. alt. 550 – ⊠ 68500 :

🏨 **Aigle d'Or** ⌂, 𝄢 03 89 76 89 90, Fax 03 89 74 32 41, 🏤, « Jardin » – ☎ ⟺ 🅿. 🆎 ⓪
🆚
fermé 17 fév. au 13 mars et lundi d'oct. à juin – **Repas** 55 (déj.), 75/170 ⅊, enf. 40 – ➩ 22 –
20 ch 100/250 – ½ P 175/250.

PEUGEOT Gar. du Parc, 11 rte de Soultz   RENAULT Gar. du Florival, Pénétrante N 83
𝄢 03 89 76 83 15   𝄢 03 89 62 16 16 🅽 𝄢 06 07 59 29 91

GUÉMENE-SUR-SCORFF 56160 Morbihan 🖫🖫 ⑪ – 1 332 h alt. 180.
Paris 483 – Vannes 70 – Concarneau 71 – Lorient 45 – Pontivy 21 – Rennes 128 –
St-Brieuc 72.

🏨 **Bretagne**, r. J. Peres 𝄢 02 97 51 20 08, Fax 02 97 39 30 49, ≈ – ⇄ 📺 ☎ 🅿. – 🍽 30. 🆚
fermé 1ᵉʳ au 10 sept., 22 déc. au 10 janv. et sam. hors sais. – **Repas** 58/250 ⅊, enf. 35 – ➩ 30
– **19 ch** 270/340 – ½ P 188/223.

GUENROUËT 44530 Loire-Atl. 🖫🖫 ⑮ – 2 383 h alt. 30.
Paris 406 – Nantes 58 – Redon 22 – St-Nazaire 43 – Vannes 71.

💥💥 **Relais St-Clair**, rte Nozay 𝄢 02 40 87 66 11, Fax 02 40 87 71 01 – 🆚
fermé vacances de fév., mardi soir et merc. soir d'oct. à avril, dim. soir et lundi sauf
juil.-août – **Repas** 95/355.

RENAULT Gar. Richard, 𝄢 02 40 87 60 79

GUÉRANDE 44350 Loire-Atl. 🖫🖫 ⑭ G. Bretagne (plan) – 11 665 h alt. 54.
Voir Le tour des remparts★ – Collégiale St-Aubin★.
🖪 Office de Tourisme 1 pl. Marché aux Bois 𝄢 02 40 24 96 71, Fax 02 40 62 04 24.
Paris 455 – Nantes 82 – La Baule 9 – St-Nazaire 21 – Vannes 67.

🏨 **Voyageurs**, pl. du 8 Mai 1945 𝄢 02 40 24 90 13, Fax 02 40 62 06 64, 🏤, ≈ – 📺 ☎. 🆚.
💥 rest
fermé 20 déc. au 10 janv., dim. soir (sauf hôtel) et lundi sauf juil.-août – **Repas** (fermé le soir
d'oct. à mars) 55/220 ⅊, enf. 38 – ➩ 30 – **12 ch** 230/290 – ½ P 290.

🏨 **Eurocéan** sans rest, parc d'activités Villejames 𝄢 02 40 42 90 42 – ☎ 🕭 🅿. 🆚
fermé 30 déc. au 15 janv. – ➩ 30 – **33 ch** 250/280.

Roc Maria sans rest, 1 r. Halles (intra-muros) ℰ 02 40 24 90 51, Fax 02 40 62 13 03 – ☎.
AE GB
fermé jeudi – ☲ 37 – **10 ch** 280/310.

Les Remparts avec ch, bd Nord ℰ 02 40 24 90 69, Fax 02 40 62 17 99 – TV ☎. GB
fermé 17 nov. au 4 janv., lundi (sauf hôtel) et dim. soir – **Repas** 105/250, enf. 60 – ☲ 35 –
8 ch 250/280 – ½ P 280/290.

CITROEN Gar. Mercier, 2 r. Letilly ℰ 02 40 24 90 35
PEUGEOT Gar. Cottais, rte de la Turballe
ℰ 02 40 24 90 39 N ℰ 02 40 24 94 28

RENAULT Gar. Guihard, r. de l'Océan à St-Molf
ℰ 02 40 62 51 75 N ℰ 02 40 62 51 75

La GUERCHE-DE-BRETAGNE 35130 I.-et-V. 🖽 ⑧ G. Bretagne – 4 123 h alt. 77.
Paris 326 – Châteaubriant 30 – Laval 42 – Redon 85 – Rennes 42 – Vitré 23.

La Calèche M ⑤ avec ch, 16 av. Gén. Leclerc ℰ 02 99 96 21 63, Fax 02 99 96 49 52, 🌧 –
TV ☎ ⇔ P. GB
fermé 4 au 24 août, dim. soir et lundi – **Repas** 72/172 ⅃ – ☲ 45 – **10 ch** 205/275 – ½ P 300.

⊕ Billon-Pneus, rte de Vitré ℰ 02 99 96 22 51

Ne voyagez pas aujourd'hui avec une carte d'hier.

GUÉRET

Ancienne-Mairie (R. de l') . . **Z** 4
Grande-Rue . . . . **Z** 15
Piquerelle (Pl.) . . . . **Y** 22

Allende (R. Salvador) . . . . . **Y** 2

Bonnyaud (Pl.) . . . . **Z** 5
Corneille (R. Pierre) . . . . . **Y** 7
Ducouret (R.) . . . . **Z** 9
Gane
 (Rond-Point de la) . . . **Y** 12
Grand (R. Alfred) . . . . **Y** 13
Jaurès (R. Jean) . . . . **Z** 16
Londres (R. de) . . . . **Y** 17

Musset (R. Alfred-de) . . . **Y** 19
Pasteur (Av.) . . . . **YZ** 20
Poitou (Av. du) . . . . **Y** 23
Rollinat (R. Maurice) . . . . **Y** 25
Roosevelt (R. Franklin) . . **Y** 26
St-Pardoux (Bd) . . . . **Y** 28
Verdun (R. de) . . . . **Z** 29
Zola (Bd Émile) . . . . **Y** 30

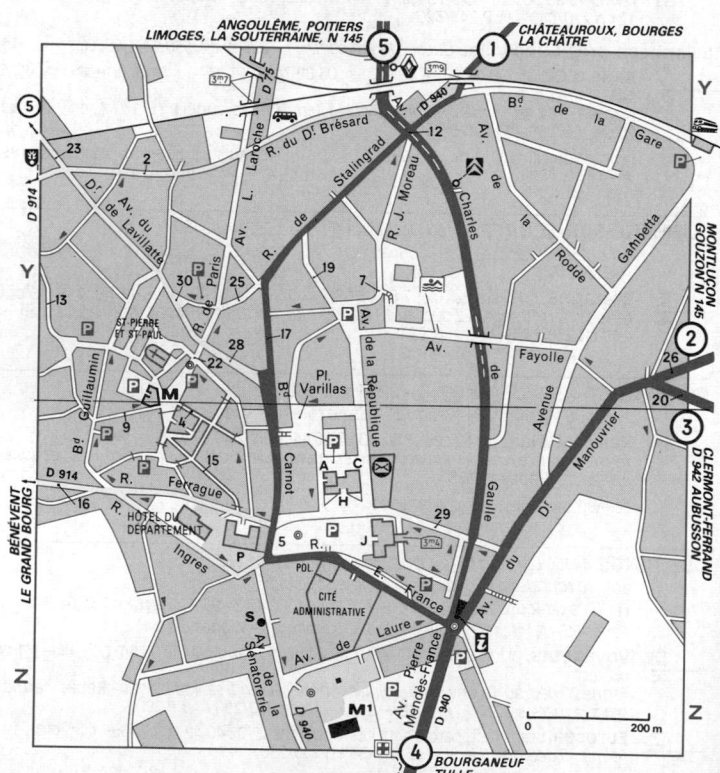

GUÉRET
P 23000 Creuse 72 ⑨ *G. Berry Limousin – 14 706 h alt. 457.*

Voir *Salle du Trésor d'orfèvrerie*★ du musée de la Sénatorerie **Z M**¹.

Office de Tourisme 1 av. Ch.-de-Gaulle ✆ 05 55 52 14 29, Fax 05 55 41 19 38.

Paris 353 ① – Limoges 90 ② – Bourges 125 ① – Châteauroux 89 ① – Clermont-Ferrand 132 ① – Montluçon 67 ③ – Tulle 130 ④.

Plan page ci-contre

Auclair, 19 av. Sénatorerie ✆ 05 55 41 22 00, Fax 05 55 52 86 89, – TV ☎. GB Z s
Repas 85/230 – 39 – **32 ch** 200/290 – ½ P 310.

Campanile, av. R. Cassin vers ④ par av. Ch. de Gaulle ✆ 05 55 51 54 00, Fax 05 55 52 56 16, – TV ☎ P – 25. AE GB
Repas 84 bc/107 bc, enf. 39 – 32 – **48 ch** 278.

à Ste-Feyre *par ③ : 7 km – 2 250 h. alt. 450 – ✉ 23000 :*

XX **Touristes,** ✆ 05 55 80 00 07, Fax 05 55 81 11 04 – GB.
fermé mardi soir et merc. sauf fériés – **Repas** 88/210, enf. 50.

CITROEN ASC, 21 av. Ch.-de-Gaulle ✆ 05 55 52 48 52 N ✆ 05 55 52 48 52
FIAT, LANCIA Gar. Bellevue, Le Verger N 145 à Ste-Feyre ✆ 05 55 52 43 65
PEUGEOT Gar. Daraud, rte de Montluçon à Ste-Feyre par ② ✆ 05 55 52 52 00 N ✆ 05 55 61 31 42
RENAULT Gén. Autom. Creusoise, 31 av. Gén.-de-Gaulle ✆ 05 55 52 06 60 N ✆ 05 55 42 82 93
TOYOTA Gar. de l'Avenir, ZA Les Varennes ✆ 05 55 52 73 73
VAG Gar. St-Christophe, rte de Paris à Cherdemont ✆ 05 55 51 97 50 N ✆ 05 55 51 97 50
Vulco, 27 av. Ch.-de-Gaulle ✆ 05 55 52 01 65

GUÉTHARY
64210 Pyr.-Atl. 78 ⑪ ⑱ *G. Pyrénées Aquitaine – 1 105 h alt. 15.*

Office de Tourisme pl. du Fronton ✆ 05 59 26 56 60, Fax 05 59 54 92 67.

Paris 784 – Biarritz 9 – Bayonne 18 – Pau 126 – St-Jean-de-Luz 6.

Pereria, ✆ 05 59 26 51 68, ←, – TV ☎ P. GB. rest
15 mars-30 oct. – **Repas** 78/200 – 30 – **30 ch** 112/220 – ½ P 193/278.

Brikéténia sans rest, ✆ 05 59 26 51 34, Fax 05 59 54 71 55, ←, – TV ☎ P. GB
1er mars-31 oct. – 40 – **21 ch** 400.

RENAULT Gar. Labourd, ✆ 05 59 26 50 52

Le GUÉTIN
18 Cher 69 ③ – ✉ 18150 La Guerche-sur-l'Aubois.

Paris 239 – Bourges 57 – La Guerche-sur-l'Aubois 10 – Nevers 13 – St-Pierre-le-Moutier 28.

XX **Aub. du Pont-Canal,** D 976 ✆ 02 48 80 40 76, Fax 02 48 80 45 11, – GB
fermé 12 au 17 nov., 2 au 22 fév. et lundi – **Repas** (déj. seul. de nov. à mars sauf sam.) 95/180, enf. 39.

GUEUGNON
71130 S.-et-L. 69 ⑰ – *9 697 h alt. 243.*

Paris 340 – Moulins 62 – Autun 52 – Bourbon-Lancy 26 – Digoin 16 – Mâcon 89 – Montceau-les-Mines 29.

Centre, 34 r. Liberté ✆ 03 85 85 21 01, Fax 03 85 85 02 67 – rest TV ☎ P. GB
Repas *(fermé dim. soir)* 79/180, enf. 55 – 38 – **20 ch** 135/270.

XX **Relais Bourguignon** avec ch, 47 r. Convention ✆ 03 85 85 25 23, Fax 03 85 84 47 22 – TV ☎ P. AE GB
fermé 14 juil. au 5 août, dim. soir et lundi – **Repas** 95/240, enf. 70 – 35 – **8 ch** 160/210.

CITROEN Gar. Milli, rte de Digoin ✆ 03 85 85 06 02 N ✆ 03 85 85 06 02
Goesin, ZA rte de Rigny-sur-Arroux ✆ 03 85 85 25 40

GUEWENHEIM
68116 H.-Rhin 87 ⑲ – *1 140 h alt. 323.*

Paris 444 – Mulhouse 21 – Altkirch 22 – Belfort 25 – Thann 9.

XX **Gare,** ✆ 03 89 82 51 29, Fax 03 89 82 84 62, – P. GB
fermé 1er au 15 août, 23 fév. au 8 mars, mardi soir et merc. – **Repas** 125/320.

PEUGEOT Gar. Maranzana, ✆ 03 89 82 50 69

GUIGNIÈRE
37 I.-et-L. 64 ⑭ ⑮ – *rattaché à Tours.*

GUILHERAND-GRANGES
07 Ardèche 77 ⑫ – *rattaché à Valence (26 Drôme).*

Don't use yesterday's maps for today's journey.

GUILLESTRE 05600 H.-Alpes **77** ⑱ G. Alpes du Sud – 2 000 h alt. 1000.

Voir *Porche*★ *de l'église* – *Pied-la-Viste* ≼★ *E : 2 km* – *Peyre-Haute* ≼★ *S : 4 km puis 15 mn.*
Env. *Combe du Queyras*★★ *NE : 5,5 km.*
🛈 *Office de Tourisme, pl. Salva* 𝄞 04 92 45 04 37, Fax 04 92 45 09 19.
Paris 718 – *Briançon 37* – *Gap 62* – *Barcelonnette 53* – *Digne-les-Bains 117.*

🏘 **Barnières II** ॐ, 𝄞 04 92 45 04 87, Fax 04 92 45 28 74, ≼ vallée et montagnes, 𝄒, ⅃,
 ⛲, 🏊 – 📶 📺 ☎ 🅿. 🖼. 🚫 rest
fermé 15 oct. au 15 déc. – **Repas** 110/200 – ☑ 45 – **45 ch** 380/420 – ½ P 410.

🏛 **Barnières I** ॐ, 𝄞 04 92 45 05 07, Fax 04 92 45 28 74, ≼, ⅃, ⛲, 🏊 – 📺 ☎ 🅿. 🖼.
 🚫 rest
15 juin-15 sept. – **Repas** 110/200 – ☑ 42 – **35 ch** 380 – ½ P 400.

🏛 **Catinat Fleuri**, 𝄞 04 92 45 07 62, Fax 04 92 45 28 88, ⅃, ⛲, 🏊 – 📺 ☎ 🅿. ⓞ 🖼
⊖ **Repas** 84/165, enf. 39 – ☑ 36 – **31 ch** 355/390 – ½ P 320/340.

XX **Epicurien**, 𝄞 04 92 45 20 02, 🍴 – 🖼
fermé 1er au 15 juin, 15 au 30 nov., lundi soir et mardi sauf juil.-août – **Repas** 125/200,
enf. 55.

à Mont-Dauphin gare *Nord-Ouest : 4 km par D 902ᴬ et N 94* – 73 h. alt. 1050 – ✉ 05600 :
Voir *Charpente*★ *de la caserne Rochambeau.*

🏛 **Lacour et rest. Gare,** 𝄞 04 92 45 03 08, Fax 04 92 45 40 09, ⛲ – 📺 ☎ 🗤 🅿. 🖼
⊖ *fermé sam. du 1er mai au 30 juin et du 1er sept. au 20 déc.* – **Repas** 80/180 ⚬ – ☑ 36 – **46 ch**
160/320 – ½ P 195/265.

à La Maison du Roy *Nord-Est : 5,5 km par D 902* – ✉ 05600 Guillestre :

🏛 **Maison du Roy,** 𝄞 04 92 45 08 34, Fax 04 92 45 44 45, ≼, 🍴, ⛲, 🏊 – ☎ 🅿. ⓞ 🖼.
⊖ 🚫 rest
fermé 1er au 8 mai, 27 oct. au 20 déc. et lundi en mai, juin, sept. et oct. – **Repas** 80/155 ⚬,
enf. 56 – ☑ 46 – **30 ch** 215/355 – ½ P 260/320.

PEUGEOT Gar. du Tourisme, à Mont-Dauphin 𝄞 04 92 45 07 09

Verzorgde maaltijden voor redelijke prijzen : 🍽 **Repas** 100/130

GUILLIERS 56490 Morbihan **63** ④ – 1 207 h alt. 86.
Paris 413 – *Vannes 61* – *Dinan 64* – *Lorient 91* – *Ploërmel 13* – *Rennes 67.*

🏛 **Relais du Porhoët,** 𝄞 02 97 74 40 17, Fax 02 97 74 45 65, ⛲ – 📺 ☎ 🅿 – 🖾 30. 🖼 ⓞ
🍽 🖼
Repas 65/190 ⚬, enf. 48 – ☑ 35 – **12 ch** 200/260 – ½ P 220/240.

GUILVINEC 29730 Finistère **58** ⑭ G. Bretagne – 3 365 h alt. 5.
Paris 587 – *Quimper 31* – *Douarnenez 39* – *Pont-l'Abbé 12.*

🏛 **Centre,** r. Gén. de Gaulle 𝄞 02 98 58 10 44, Fax 02 98 58 31 05, ⛲ – 📺 ☎ 🅿. 🖼
⊖ *fermé dim. soir de nov. à mars* – **Repas** 65/230 ⚬, enf. 45 – ☑ 36 – **17 ch** 200/330 –
½ P 270/320.

XX **Le Chandelier,** 16 r. Marine 𝄞 02 98 58 91 00 – 🖼
⊖ *fermé vacances de Toussaint, mardi soir et lundi hors sais.* – **Repas** 85/230.

au Nord-Est *: 3 km par D 153* – ✉ 29730 Guilvinec :

🏛 **Gentilhommière** ॐ sans rest, 𝄞 02 98 58 13 29, ⅃, ⛲ – ☎ 🅿. 🖼
 ☑ 35 – **6 ch** 240/330.

GUINGAMP ⬥ 22200 C.-d'Armor **59** ② G. Bretagne – 7 905 h alt. 81.
Voir *Basilique*★ B.
🛈 *Office de Tourisme pl. du Champ au Roy* 𝄞 02 96 43 73 89.
Paris 483 ③ – *St-Brieuc 32* ③ – *Carhaix-Plouguer 47* ⑥ – *Lannion 32* ⑦ – *Morlaix 53* ⑦ –
Pontivy 62 ④.

Plan page ci-contre

🏛 **D'Armor** sans rest, 44 bd Clemenceau 𝄞 02 96 43 76 16, Fax 02 96 43 89 62 – 📺 ☎ 🗤. 🖼
 ⓞ 🖼
 ☑ 35 – **23 ch** 260/305.   B s

XXX **Relais du Roy** ॐ avec ch, pl. Centre 𝄞 02 96 43 76 62, Fax 02 96 44 08 01 – 📺 ☎ –
 🖾 25. 🖼 ⓞ 🖼   A e
fermé vacances de Noël et dim. de début nov. à Pâques – **Repas** 150/300 et carte 250 à
350, enf. 75 – ☑ 55 – **7 ch** 450/600 – ½ P 450.

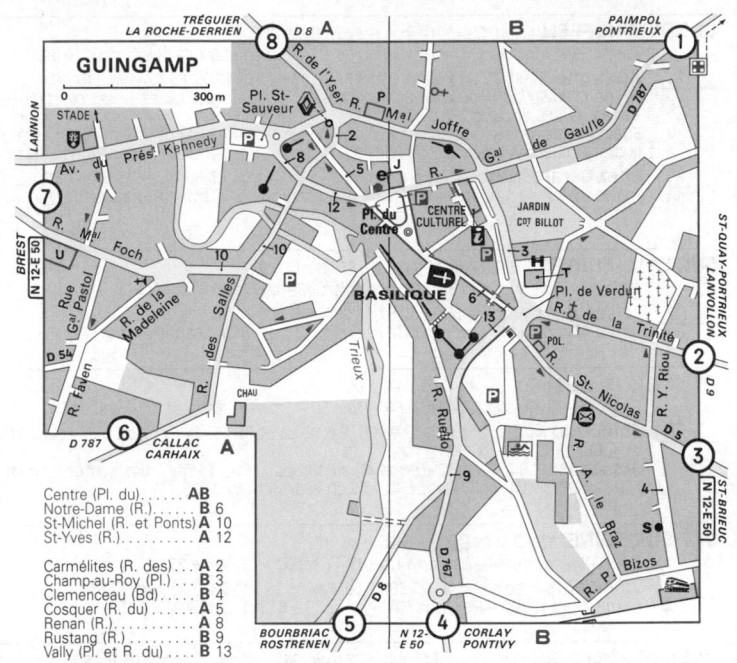

GUINGAMP

Centre (Pl. du)...... **AB**
Notre-Dame (R.)...... **B** 6
St-Michel (R. et Ponts) **A** 10
St-Yves (R.).......... **A** 12

Carmélites (R. des)... **A** 2
Champ-au-Roy (Pl.).. **B** 3
Clemenceau (Bd)..... **B** 4
Cosquer (R. du)...... **A** 5
Renan (R.).......... **A** 8
Rustang (R.)......... **B** 9
Vally (Pl. et R. du) .... **B** 13

CITROEN Gar. Kerambrun, ZI de Bellevue à
Ploumagoar par ③ *℘* 02 96 43 79 07
PEUGEOT Gds Gar. de Guingamp, ZI r. de Porsmin à
Grâces par ⑥ *℘* 02 96 40 68 20
RENAULT Gar. Menguy, 9 r. Carmélites
℘ 02 96 40 68 10 🆖 *℘* 08 00 05 15 15

Guingamp services, 22 bd de la Marne
℘ 02 96 43 74 71 🆖 *℘* 02 96 43 74 71

🔘 Vulco, ZI de Grâces-Guingamp
℘ 02 96 43 96 82

GUISE *02120 Aisne* 53 ⑮ *G. Flandres Artois Picardie – 5 976 h alt. 97.*

Voir *Château★.*

🛈 *Office de Tourisme ℘ 03 23 60 45 71, Fax 03 23 05 60 15.*

Paris 176 – St-Quentin 28 – Avesnes-sur-Helpe 39 – Cambrai 50 – Hirson 38 – Laon 39.

🏨 **Champagne Picardie,** 41 r. A. Godin *℘* 03 23 60 43 44, *☛* – 📺 ☎ ✆ 🅿 – 🔬 25. 🖮,
※ ch
fermé 1ᵉʳ au 15 août, Noël au Jour de l'An, vend. soir (sauf hôtel) et dim. – **Repas** grill
60 (déj.), 80/140 ⅃ – 🖵 24 – **12 ch** 240/290 – ½ P 180.

🍴 **Guise** avec ch, 103 pl. Lesur *℘* 03 23 61 17 58 – 📺 ☎. 🖮
Repas *(fermé vend. soir, dim. soir et sam. en hiver)* 75/150 ⅃ – 🖵 25 – **8 ch** 185/240 –
½ P 200.

PEUGEOT Donnay Autom., 35 r. de Flavigny *℘* 03 23 61 09 43

GUJAN-MESTRAS *33470 Gironde* 78 ② *G. Pyrénées Aquitaine – 11 433 h alt. 5.*

Voir *Parc ornithologique du Teich★ E : 5 km.*

📷₁₈ *℘ 05 56 66 86 36, S par N 250 puis D 652 : 5 km.*

🛈 *Office de Tourisme 19 av. de Lattre-de-Tassigny ℘ 05 56 66 12 65, Fax 05 56 66 94 44.*

Paris 639 – Bordeaux 62 – Andernos-les-Bains 26 – Arcachon 16.

🏨 **La Guérinière,** à Gujan *℘* 05 56 66 08 78, Fax 05 56 66 13 39, 🌤, 🏊 – 📺 ☎ 🅿 – 🔬 25.
🆎 ⓪ 🖮
Repas *(fermé dim. soir d'oct. à Pâques)* 120/350 – 🖵 50 – **27 ch** 450/490 – ½ P 450.

Sorgfältig zubereitete, preiswerte Mahlzeiten : 🍴 **Repas** 100/130

GUNDERSHOFFEN *67110 B.-Rhin* 🔲 ⑲ – *3 377 h alt. 180.*

Paris 466 – Strasbourg 47 – Haguenau 16 – Sarreguemines 64 – Wissembourg 39.

XX   **Au Cygne** (Paul), 35 Gd Rue ✆ 03 88 72 96 43, Fax 03 88 72 86 47 – 🔲, **GB**
✿   *fermé 15 au 30 juin, 4 au 25 août, vacances de fév., lundi sauf fériés, jeudi soir et dim. soir* –
     Repas 175/290 et carte 280 à 330 🍷
     Spéc. Trilogie de foie gras au confit d'oignons et à la purée de figues. Ravioles d'escargots à
     la crème d'herbes fraîches. Filets de chevreuil aux épices douces (saison). **Vins** Edelzwicker.

XX   **Chez Gérard** avec ch, à la Gare ✆ 03 88 72 91 20, Fax 03 88 72 89 25, �æ – **GB**
🍴   *fermé 21 juil. au 5 août, vacances de fév., lundi soir et mardi* – **Repas** 48/260 🍷 – ⚌ 25 –
     6 ch 150.

GURCY-LE-CHÂTEL *77520 S.-et-M.* 🔲 ③ – *352 h alt. 129.*

Paris 84 – Fontainebleau 34 – Coulommiers 48 – Melun 38 – Provins 23.

X   **Loiseau,** 21 r. Ampère ✆ 01 60 67 34 00 – **GB**
🍴   *fermé 14 août au 1ᵉʳ sept., 9 au 16 fév., dim. soir et lundi* – **Repas** 56 (déj.), 67/135 🍷.

GY *70700 H.-Saône* 🔲🔲 ⑭ *G. Jura* – *943 h alt. 237.*

Paris 355 – Besançon 33 – Dijon 68 – Dôle 50 – Gray 19 – Langres 75 – Vesoul 37.

🏨   **Pinocchio** Ⓜ 🌙, ✆ 03 84 32 95 95, Fax 03 84 32 95 75, �æ, 🎄, 🍃, 🍴 – cuisinette 📺
     🕿 🕭 🅿 – 🔺 35. 🆀 ⑩ 🅶🅱
     Absolut ✆ 03 84 32 84 32 *(fermé 1ᵉʳ au 15 oct., 1ᵉʳ au 15 fév., dim. soir et lundi)* **Repas**
     65(déj.), 120/360 🍷, enf. 50 – ⚌ 40 – **12 ch** 280/650 – ½ P 225.

GYÉ-SUR-SEINE *10250 Aube* 🔲 ⑱ – *485 h alt. 172.*

Paris 208 – Troyes 44 – Bar-sur-Aube 43 – Châtillon-sur-Seine 25 – Tonnerre 46.

X   **Voyageurs** avec ch, ✆ 03 25 38 20 09, Fax 03 25 38 25 37, �æ, 🍃 – **GB**
🍴   *fermé 1ᵉʳ au 15 fév.* – **Repas** 75/140 🍷 – ⚌ 30 – **8 ch** 115/165 – ½ P 157.

HABÈRE-POCHE *74420 H.-Savoie* 🔲🔲 ⑰ – *662 h alt. 945 – Sports d'hiver : 930/1 600 m* ✚8 ⚞.

     Voir *Col de Cou*★ *NO : 4 km,* G. Alpes du Nord.

     🔃 *Syndicat d'Initiative* ✆ 04 50 39 54 46, Fax 04 50 39 59 07.

     Paris 567 – Thonon-les-Bains 22 – Annecy 60 – Bonneville 32 – Genève 37.

🏨   **Chardet** 🌙, à Ramble, Nord : 2,5 km ✆ 04 50 39 51 46, Fax 04 50 39 57 18, ≼, �æ, 🎄,
     🍃, 🍃, 🍴 – 💥 📺 🕿 🅿. 🅶🅱
     1ᵉʳ juin-15 oct., 20 déc.- 10 avril et week-ends de printemps sauf hôtel – **Repas** 98/190,
     enf. 45 – ⚌ 40 – **32 ch** 295/400 – ½ P 285/335.

X   **Le Tiennolet,** ✆ 04 50 39 51 01, Fax 04 50 39 58 15, �æ – **GB**
     fermé 26 mai au 27 juin, 13 oct. au 13 nov., mardi soir et merc. sauf vacances scolaires –
     Repas 90 (déj.), 120/260, enf. 65.

L'HABITARELLE *48 Lozère* 🔲🔲 ⑯ – ✉ *48170 Châteauneuf-de-Randon.*

Paris 600 – Mende 28 – Le Puy-en-Velay 62 – Langogne 19.

🏨   **Poste,** ✆ 04 66 47 90 05, Fax 04 66 47 91 41 – 📺 🕿 🕭 🚗 🅿. 🅶🅱
🍴   *fermé vacances de Toussaint, 20 déc. au 31 janv., vend. soir et sam. midi sauf juil.-août* –
     Repas 85/170 🍷, enf. 28 – ⚌ 40 – **16 ch** 250/280 – ½ P 240/260.

HAGENTHAL-LE-BAS *68220 H.-Rhin* 🔲🔲 ⑩ – *896 h alt. 369.*

     🔃 *privé de Bâle* ✆ 03 89 68 50 91, N : 2 km.

     Paris 483 – Mulhouse 34 – Altkirch 26 – Basel 13 – Colmar 72.

🏘   **Jenny** Ⓜ, Nord Est : 2,5 km par D 12B près golf ✆ 03 89 68 50 09, Fax 03 89 68 58 64, �æ,
     🍃, 📺 🕿 🕭 🅿 – 🔺 30. 🆀 ⑩ 🅶🅱
     fermé 21 au 29 déc. – **Repas** 160/495 bc, enf. 50 – ⚌ 50 – **26 ch** 440/490 – ½ P 370/420.

     PEUGEOT Gar. Klein, 8 r. de Hegenheim, dir. St-Louis ✆ 03 89 68 50 17

HAGENTHAL-LE-HAUT *68220 H.-Rhin* 🔲 ⑩ – *428 h alt. 400.*

Paris 484 – Mulhouse 35 – Altkirch 27 – Basel 14 – Colmar 73.

XX   **A l'Ancienne Forge,** ✆ 03 89 68 56 10, Fax 03 89 68 17 38, �æ – **GB**
✿   *fermé 21 juil. au 11 août, 22 déc. au 1ᵉʳ janv., dim. et lundi* – **Repas** 190 (déj.), 290/390 et
     carte 320 à 450
     Spéc. Foie gras de canard, gelée au tokay. Cuisses de grenouilles poêlées, risotto et crème
     de cresson. Volaille de Bresse en ballotine aux truffes, nouilles fraîches à l'alsacienne.

HAGETMAU *40700 Landes* 🔢 ⑦ *G. Pyrénées Aquitaine* – *4 449 h alt. 96.*

Paris 738 – Mont-de-Marsan 29 – Aire-sur-l'Adour 34 – Dax 46 – Orthez 25 – Pau 56 – Tartas 30.

XXX **Le Jambon** Ⓜ ⅏ *avec ch, r. Carnot* ℰ *05 58 79 32 02, Fax 05 58 79 34 78* – ▤ rest 📺 ☎.
GB, ⅏ ch
fermé 15 au 30 oct., dim. soir et lundi en hiver – **Repas** *98/230 et carte 195 à 340* – ☲ 35 –
7 ch *260/280* – ½ P *350.*

CITROEN Gar. Lacourrège, ℰ 05 58 79 31 80   RENAULT Gar. Labadie, ℰ 05 58 79 38 11
PEUGEOT Michel's Autom., ℰ 05 58 79 58 58

HAGONDANGE *57300 Moselle* 🔢 ④ *G. Alsace Lorraine* – *8 222 h alt. 160.*
🚩 *Syndicat d'Initiative pl. Jean Burger* ℰ *03 87 70 35 27, Fax 03 87 71 31 27.*
Paris 328 – Metz 17 – Briey 23 – Saarlouis 55 – Thionville 15.

🏨 **Agena** Ⓜ, *50 r. 11 Novembre* ℰ *03 87 70 21 32, Fax 03 87 70 11 48,* 🍴 – 📺 ☎ 🖐 ⅙ 🚗
🅿 🆎 GB
fermé dim. soir et sam. – **Repas** *77 (déj.), 99/177* ⅍, *enf. 47* – ☲ 35 – **41 ch** *275/330* –
½ P *215/230.*

RENAULT Sallet Auto Diffusion, rte de Metz ℰ 03 87 71 70 54

HAGUENAU ◈ *67500 B.-Rhin* 🔢 ⑲ *G. Alsace Lorraine* – *27 675 h alt. 150.*
Voir Musée historique★ BZ M¹.
ᓚ₈ *de Soufflenheim Baden-Baden* ℰ *03 88 05 77 00 par* ② *et D138 : 14 km.*
🚩 *Office de Tourisme pl. de la Gare* ℰ *03 88 93 70 00, Fax 03 88 93 69 89 et Musée Alsacien,*
1 pl. Joseph Thierry ℰ *03 88 73 30 41.*
Paris 480 ④ *– Strasbourg 32* ④ *– Baden-Baden 41* ② *– Épinal 150* ④ *– Karlsruhe 65* ② *–*
Lunéville 121 ④ *– Nancy 138* ④ *– St-Dié 122* ④ *– Sarreguemines 95* ⑥.

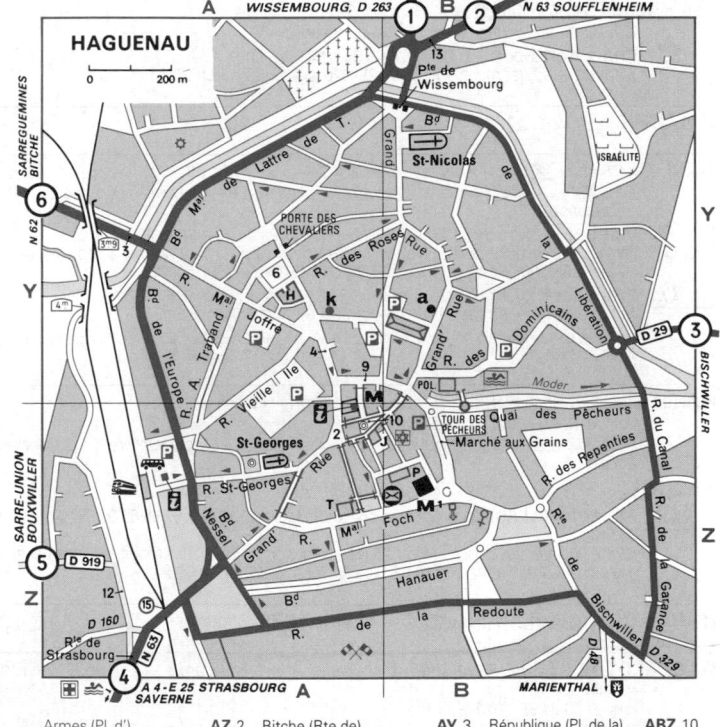

Armes (Pl. d') . . . . **AZ** 2	Bitche (Rte de) . . . . **AY** 3	République (Pl. de la) . . **ABZ** 10
Château (R. du) . . . . **AY** 4	Gaulle (Pl. Ch.-de) . . . . . . **AY** 6	Schweighouse (Rte de) . . **AZ** 12
Grand-Rue . . . . **ABYZ**	Moder (R. de la) . . . . **AY** 9	Soufflenheim (Rte de) . . . **BY** 13

🏠 **Kaiserhof**, 119 Gd Rue 🖉 03 88 73 43 43, Fax 03 88 73 28 91, 😤 – |﹩| 🆀 ☎ &., 🝙 ⓞ 🆖.
❄ ch   BY a
Repas *(fermé 1er au 15 sept., vacances de fév. et lundi)* 56 (déj.), 115/190 ⅄ – ☷ 42 – **15 ch**
275/340 – ½ P 265.

✕✕ **Barberousse**, 8 pl. Barberousse 🖉 03 88 73 31 09, Fax 03 88 73 45 14, 😤 – 🆖
🆖 *fermé 25 juil. au 15 août, dim. soir et lundi* – **Repas** 60/240 ⅄, enf. 40.   AY k

à l'aérodrome *Sud-Est par D 329 : 3,5 km* – ⊠ *67500 Haguenau :*

🏠🏠 **Lindbergh** Ⓜ, Z.I. r. St-Exupéry 🖉 03 88 93 30 13, Fax 03 88 73 90 04 – |﹩| ✜ ▦ rest 🆀
🆖 ☎ & 🄿 – 🔏 60. 🝙 🆖
Repas 65/199 ⅄ – ☷ 35 – **40 ch** 280/320.

à Schweighouse-sur-Moder *par ⑤ : 4 km – 4 354 h. alt. 150* – ⊠ *67590 :*

✕✕ **Aub. Cheval Blanc** avec ch, 46 r. Gén. de Gaulle 🖉 03 88 72 76 96, Fax 03 88 72 07 32 –
🆖 🆀 🄿. 🆖
fermé 1er au 24 août, dim. soir (sauf hôtel) et sam. – **Repas** 78/200 ⅄, enf. 60 – ☷ 33 – **8 ch**
150/210.

BMW L'Espace, 81 rte de Bischwiller
🖉 03 88 93 49 49
CITROEN Sodifa, 101 rte de Marienthal par D 48
🖉 03 88 90 60 60 Ⓝ 🖉 03 88 93 14 17
FIAT Gar. Gloeckler, 1 bd de l'Europe
🖉 03 88 73 41 00
FORD Gar. Wolff, 91 rte de Bischwiller
🖉 03 88 05 40 40 Ⓝ 🖉 03 88 93 12 13
PEUGEOT Nord Alsace Autom., 121a rte de
Strasbourg par ④ 🖉 03 88 63 86 86 Ⓝ
🖉 03 88 26 54 77

RENAULT Gar. Grasser, 134 rte de Weitbruch par
D 48 BZ 🖉 03 88 06 16 26 Ⓝ 🖉 03 88 53 72 12

⓪ Euromaster, 4 ch. des Prairies
🖉 03 88 73 30 79
Kautzmann, 105 rte de Strasbourg
🖉 03 88 93 11 38
Pneus et Services D.K., 2 rte de Strasbourg
🖉 03 88 93 93 59

La HAIE FOUASSIÈRE *44 Loire-Atl.* 🗒 ④ *– rattaché à Nantes.*

Les HALLES *69610 Rhône* 🗒 ⑲ *– 259 h alt. 650.*
Paris 480 – St-Étienne 53 – Lyon 48 – Montbrison 40.
✕✕ **Charreton** avec ch, 🖉 04 74 26 63 05 – 🆖 ❄ ch
fermé dim. soir et merc. – **Repas** 125/220 ⅄ – ☷ 30 – **5 ch** 250/450.

HALLINES *62 P.-de-C.* 🗒 ① *– rattaché à St-Omer.*

HAM *80400 Somme* 🗒 ⑬ *G. Flandres Artois Picardie – 5 532 h alt. 65.*
*Paris 124 – Compiègne 42 – St-Quentin 21 – Amiens 68 – Noyon 20 – Péronne 25 – Roye 27
– Soissons 57.*

🏠 **Valet**, 58 r. Noyon 🖉 03 23 81 10 87, Fax 03 23 81 24 76 – 🆀 ☎ 🄿. 🆖
🆖 *fermé 23 déc. au 2 janv.* – **Repas** *(fermé dim. sauf le midi de mai à sept. et sam. soir)*
50 (déj.), 65/150 ⅄, enf. 40 – ☷ 30 – **23 ch** 145/240 – ½ P 150/210.

✕✕ **France** avec ch, 5 pl. H. de Ville 🖉 03 23 81 00 22 – 🆀 ☎. 🆖. ❄ ch
fermé dim. soir – **Repas** 110/180 – ☷ 30 – **6 ch** 210/260.

CITROEN Gar. de Picardie, 7 r. de Noyon
🖉 03 23 81 01 86

MAZDA, OPEL Gar. Secret, 46 r. de Noyon
🖉 03 23 36 45 97

HAMBYE *50450 Manche* 🗒 ⑬ *G. Normandie Cotentin – 1 218 h alt. 111.*
Voir *Ruines de l'abbaye★★ S : 5 km.*
*Paris 317 – St-Lô 26 – Coutances 20 – Granville 30 – Tessy-sur-Vire 17 – Villedieu-les-
Poêles 17.*

à l'Abbaye *Sud : 3,5 km par D 51* – ⊠ *50650 Hambye :*

✕✕✕ **Auberge de l'Abbaye** ⌗ avec ch, 🖉 02 33 61 42 19, Fax 02 33 61 00 85, 😤 – 🆀 ☎ 🄿.
🝙 🆖
fermé 20 sept. au 10 oct., 10 au 25 fév., dim. soir et lundi sauf fériés – **Repas** *(week-ends
prévenir)* 100/290 et carte 110 à 310, enf. 50 – ☷ 38 – **7 ch** 290 – ½ P 280.

HANAU (Étang-de) *57 Moselle* 🗒 ⑱ *– rattaché à Philippsbourg.*

HARDELOT-PLAGE *62 P.-de-C.* 🗒 ⑪ *G. Flandres Artois Picardie –* ⊠ *62152 Neufchâtel-
Hardelot.*
🏌🏌 🖉 03 21 83 73 10, E : 1 km.
*Paris 250 – Calais 53 – Arras 125 – Boulogne-sur-Mer 15 – Montreuil 30 – Le Touquet-Paris-
Plage 24.*

Parc Ⓜ ⚘, 111 av. Francois 1ᵉʳ ✆ 03 21 33 22 11, Fax 03 21 83 29 71, 🍴, ⊒, ⛵, ⚒ – 🛗
❖ 🍽 rest 📺 ☎ ᷐ 🅿 – ⚖ 150. 🆎 ⑩ 🆖 🄹🄲🄱
fermé 20 déc. au 20 janv. – **Repas** 135/180, enf. 50 – ☲ 53 – **80 ch** 525/630 – ½ P 463.

Régina, av. François 1ᵉʳ ✆ 03 21 83 81 88, Fax 03 21 87 44 01 – 🛗 📺 ☎ 🅿 – ⚖ 70. ⑩
🆖. ⚒ rest
15 fév.-15 nov. – **Repas** *(fermé dim. soir et lundi sauf juil.-août)* 100/150 et carte le dim.,
enf. 49 – ☲ 38 – **40 ch** 345 – ½ P 302.

HARFLEUR *76 S.-Mar.* 🗓 ③ *– rattaché au Havre.*

HARTMANNSWILLER *68 H.-Rhin* 🗓 ⑨ *– rattaché à Guebwiller.*

HASPARREN *64240 Pyr.-Atl.* 🗓 ③ *G. Pyrénées Aquitaine – 5 399 h alt. 50.*
Env. *Grottes d'Oxocelhaya et d'Isturits★★ SE : 11 km.*
🛈 *Office de Tourisme pl. Saint-Jean* ✆ *05 59 29 62 02.*
Paris 788 – Biarritz 35 – Bayonne 24 – Cambo-les-Bains 9 – Pau 109 – Peyrehorade 38 –
St-Jean-Pied-de-Port 33.

Les Tilleuls (annexe Relais Ⓜ-🛗᷐⚖ 30, 15 ch), pl. Verdun ✆ 05 59 29 62 20,
Fax 05 59 29 13 58 – 📺 ☎. 🆖. ⚒
fermé 10 au 26 oct. – **Repas** *(fermé dim. soir et sam. d'oct. à juin)* 78/150 – ☲ 32 – **25 ch**
190/320 – ½ P 210/250.

HASPRES *59198 Nord* 🗓 ④ *– 2 715 h alt. 44.*
Paris 199 – Lille 68 – Avesnes-sur-Helpe 48 – Cambrai 18 – Valenciennes 16.

Aub. St-Hubert, ✆ 03 27 25 70 97, Fax 03 27 25 76 21 – 🅿. 🆎 ⑩ 🆖
fermé août, dim. soir et lundi – **Repas** 145/200, enf. 50.

HAUTERIVES *26390 Drôme* 🗓 ② *G. Vallée du Rhône – 1 202 h alt. 299.*
Voir *Le Palais Idéal★.*
🛈 *Office de Tourisme pl. de la Galaure* ✆ *04 75 68 86 82, Fax (Mairie) 04 75 68 90 94.*
Paris 533 – Valence 50 – Grenoble 73 – Lyon 75 – Vienne 44.

Le Relais, ✆ 04 75 68 81 12, Fax 04 75 68 92 42, 🍴 – ☎ 🅿. 🆖
fermé 15 janv. au 15 fév., dim. soir et lundi (sauf hôtel en juil.-août) – **Repas** 78/150 – ☲ 30
– **17 ch** 150/250 – ½ P 220/260.

Les HAUTES-RIVIÈRES *08800 Ardennes* 🗓 ⑲ *G. Champagne – 2 077 h alt. 175.*
Voir *Croix d'Enfer* ⇐★ *S : 1,5 km par D 13 puis 30 mn – Vallon de Linchamps★ N : 4 km.*
Paris 256 – Charleville-Mézières 22 – Dinant 67 – Sedan 38.

Les Saisons, ✆ 03 24 53 40 94, Fax 03 24 54 57 51 – 🆎 ⑩ 🆖
fermé fév., dim. soir et lundi sauf fériés – **Repas** 78/200 ᷛ.

HAUTEVILLE-LÈS-DIJON *21 Côte-d'Or* 🗓 ⑳ *– rattaché à Dijon.*

HAUTEVILLE-LOMPNES *01110 Ain* 🗓 ④ *– 3 895 h alt. 825 – Sports d'hiver : 920/1 021 m*
✇6 ⛷.
Voir *Chute et gorges de l'Albarine★, G. Jura.*
🛈 *Office de Tourisme à l'Ancienne Mairie* ✆ *04 74 35 39 73, Fax 04 74 35 24 68.*
Paris 484 – Aix-les-Bains 56 – Belley 33 – Bourg-en-Bresse 55 – Lyon 91 – Nantua 33.

Host. de Mazières ⚘, 380 r. Fontaine d'Orcet ✆ 04 74 35 18 73, Fax 04 74 35 29 50,
🍴 – 🛗 📺 ☎ ᷐ 🅿. 🆖. ⚒
Repas *(fermé dim. soir et lundi midi du 16 sept. au 14 mai)* 80/160 ᷛ, enf. 65 – ☲ 35 –
20 ch 190/350 – ½ P 290.

La Chapelle, r. Chapelle ✆ 04 74 35 20 11, Fax 04 74 35 13 99, ⛵ – 📺 ☎ 🅿. 🆖
fermé 7 au 23 sept., dim. soir et lundi – **Repas** 60/115, enf. 50 – ☲ 25 – **18 ch** 180/200 –
½ P 220.

Villa Corbet, r. Fontanettes ✆ 04 74 35 30 04, Fax 04 74 35 28 55, chambres non-
fumeurs exclusivement – 📺 ☎ 🅿. 🆖. ⚒
Repas (dîner pour résidents seul.) 60/85 ᷛ – ☲ 26 – **8 ch** 160/220 – ½ P 200.

Le HAVRE 📮 76600 S.-Mar. 55 ③ G. Normandie Vallée de la Seine – 195 854 h Agglo. 253 627 h alt. 4.

Voir Port★★ EZ – Quartier moderne★ EFYZ : intérieur★★ de l'église St-Joseph★ EZ, pl. de l'Hôtel-de-Ville★ FY47, Av. Foch★ EFY – Fort de Ste-Adresse ☀★★ EY E – Bd Président-Félix-Faure : table d'Orientation ☀★ à Ste-Adresse A F – Musée des Beaux-Arts★ EZ.

Env. Pont de Normandie★★ par ④ : 17 km. Péage : 32 F pour autos, 40 à 80 F pour autocars et gratuit pour motos.

🏌 ₁₈ ℰ 02 35 46 36 50, N par ① : 10 km.

✈ du Havre-Octeville : ℰ 02 35 54 65 00 A.

🛈 Office de Tourisme, Forum Hôtel de Ville ℰ 02 35 21 22 88, Fax 02 35 42 38 39 – A.C. 49 r. Racine ℰ 02 35 42 39 32.

Paris 201 ④ – Amiens 184 ③ – Caen 85 ① – Lille 296 ③ – Nantes 376 ④ – Rouen 88 ③.

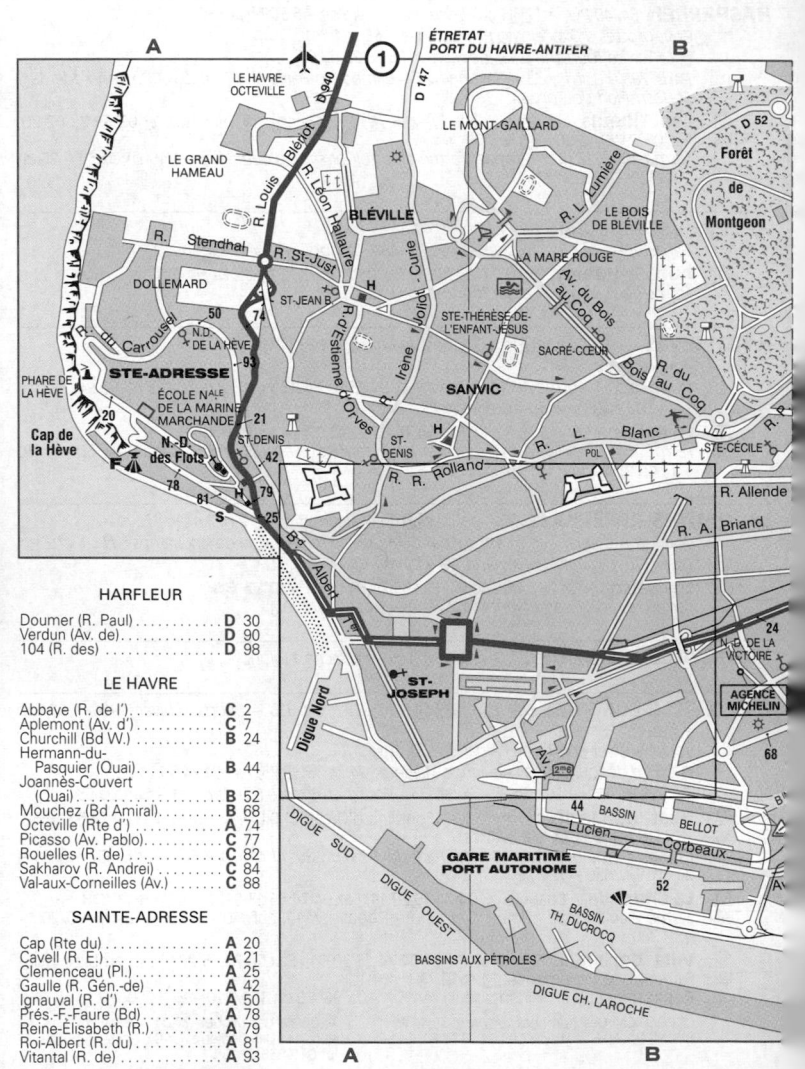

🏨🏨 **Mercure** Ⓜ, chaussée d'Angoulême ✆ 02 35 19 50 50, Fax 02 35 19 50 99 – 🛗 ⅍ ▤ 📺
☎ ✆ 👍 🄟 – 🔥 25 à 200. 🄰🄴 ⓸ 🄶🄱
Repas 129/159 👍, enf. 49 – 😑 58 – **96 ch** 495/695.
GZ b

🏨🏨 **Bordeaux** Ⓜ sans rest, 147 r. L. Brindeau ✆ 02 35 22 69 44, Fax 02 35 42 09 27 – 🛗 ⅍
📺 ☎. 🄰🄴 ⓸ 🄶🄱
😑 47 – **31 ch** 385/530.
FZ v

🏨 **Le Marly** sans rest, 121 r. Paris ✆ 02 35 41 72 48, Fax 02 35 21 50 45 – 🛗 ⅍ 📺 ☎ ✆. 🄰🄴
⓸ 🄶🄱 🄹🄲🄱
😑 42 – **37 ch** 280/420.
FZ n

🏨 **Foch** sans rest, 4 r. Caligny ✆ 02 35 42 50 69, Fax 02 35 43 40 17 – 🛗 📺 ☎ ✆. 🄰🄴 ⓸ 🄶🄱
😑 38 – **33 ch** 300/330.
EZ b

🏨 **Clarine** Ⓜ, quai Colbert ✆ 02 35 26 49 49, Fax 02 35 25 10 13 – 🛗 📺 ☎ 👍 🄟 – 🔥 80. 🄰🄴
🄲🄱 ⓸ 🄶🄱
HZ m
Repas 78/120 👍, enf. 39 – 😑 35 – **84 ch** 300/325 – ½ P 250.

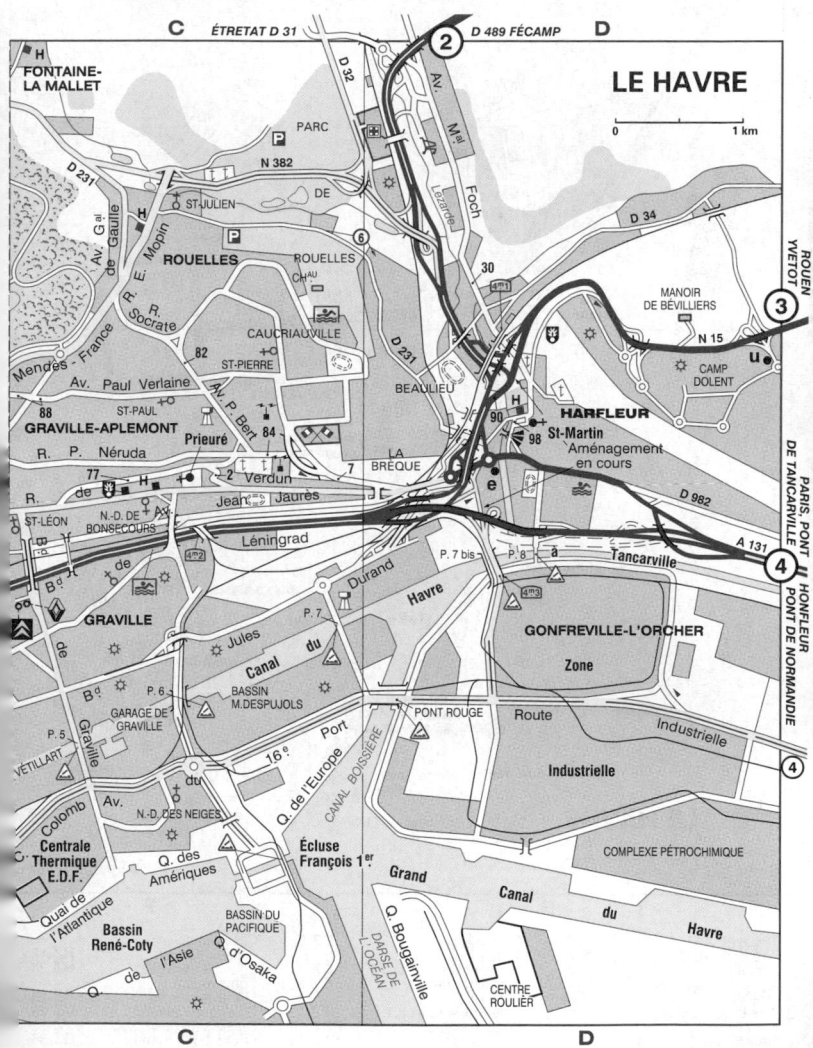

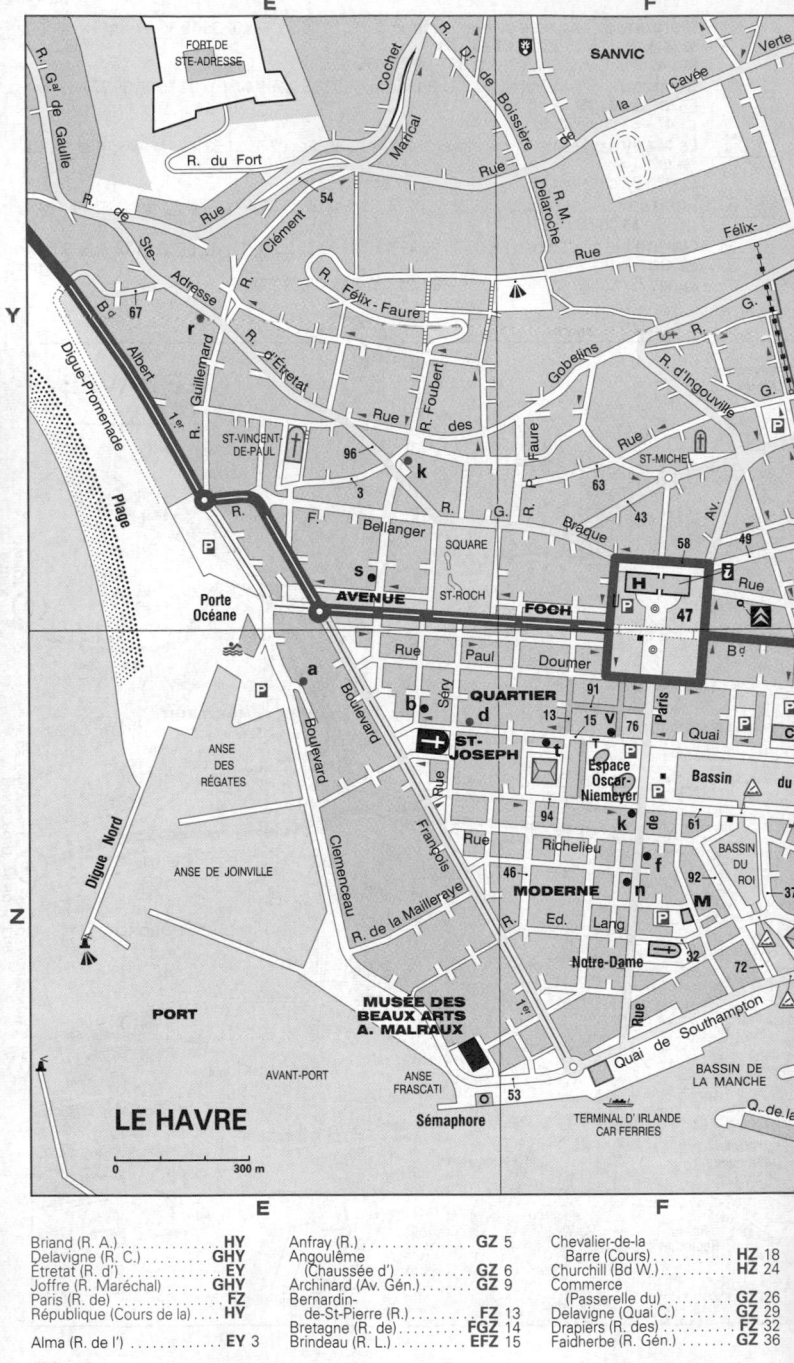

LE HAVRE

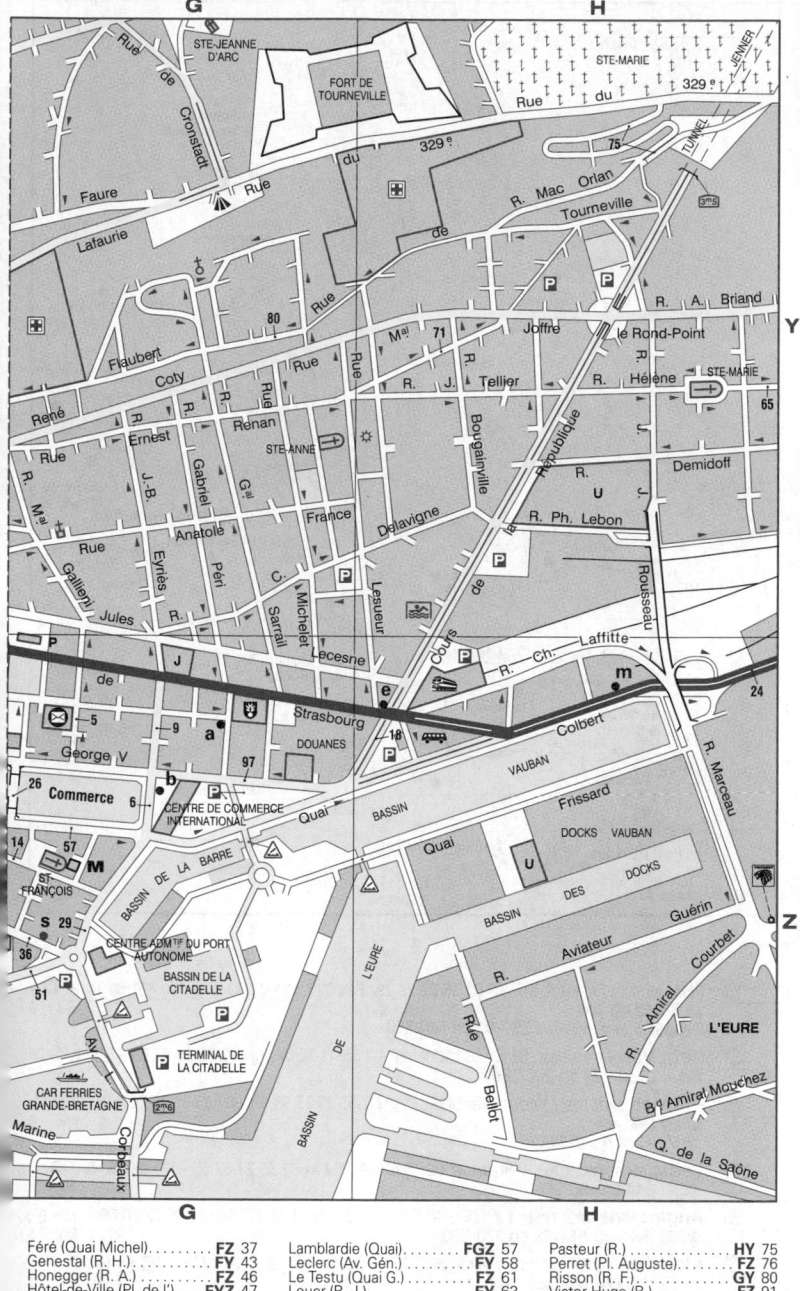

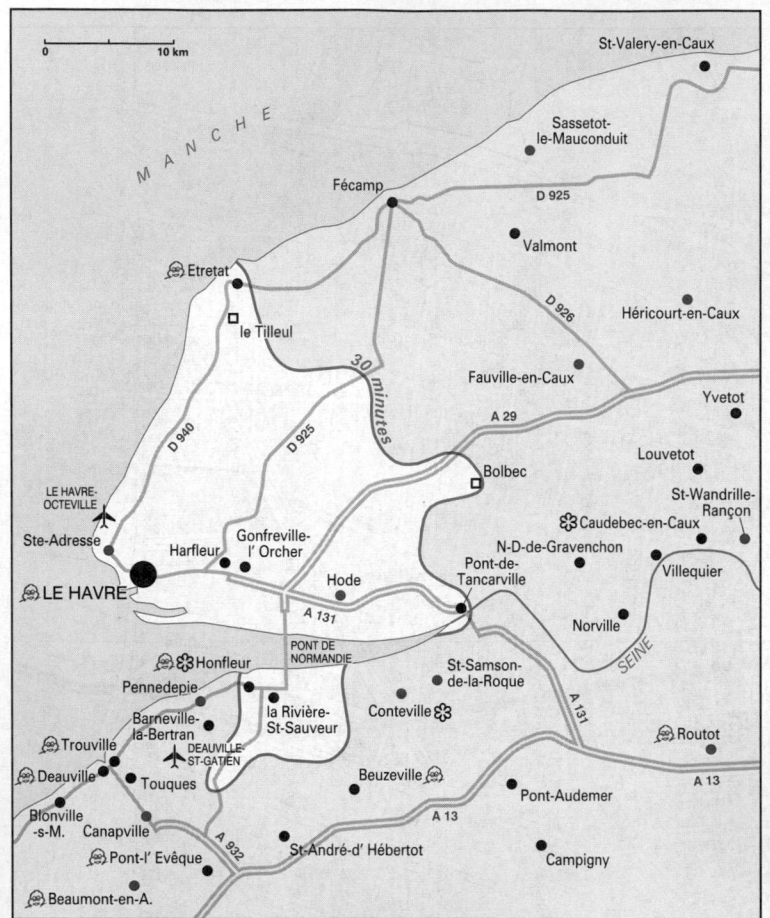

ⓗ **Ibis** Ⓜ, r. 129ᵉ Régt Inf. ℰ 02 35 22 29 29, Fax 02 35 21 00 00 – 🛗 ❄ 📺 ☎ ✆ ♿ 🅿 – 🔼 70. 🆎 ⓪ 🆖
    Repas 95, enf. 39 – 😐 35 – **91 ch** 340/360.
GZ a

ⓗ **Petit Vatel** sans rest, 86 r. L.-Brindeau ℰ 02 35 41 72 07, Fax 02 35 21 37 86 – 📺 ☎ ✆. 🆎
    🆖 – 😐 30 – **26 ch** 200/280.
FZ t

ⓗ **Parisien** sans rest, 1 cours République ℰ 02 35 25 23 83, Fax 02 35 25 05 06 – 🛗 📺 ☎ ✆.
    🆎 ⓪ 🆖 🅹🅲🅱
    😐 35 – **22 ch** 210/280.
HZ e

ⓗ **Celtic** sans rest, 106 r. Voltaire ℰ 02 35 42 39 77, Fax 02 35 21 67 65 – 📺 ☎. 🆎 ⓪ 🆖
    😐 30 – **14 ch** 190/265.
FZ k

ⓗ **Angleterre** sans rest, 1 r. Louis-Philippe ℰ 02 35 42 48 42, Fax 02 35 22 70 69 – ❄ 📺
    ☎. 🆎 🆖 – 😐 31 – **28 ch** 220/290.
EY s

ⓗ **Richelieu** sans rest, 132 r. Paris ℰ 02 35 42 38 71, Fax 02 35 21 07 28 – 📺 ☎. 🆎 ⓪ 🆖
    😐 35 – **19 ch** 160/265.
FZ f

XXX **Le Petit Bedon,** 39 r. L. Brindeau ℰ 02 35 41 36 81, Fax 02 35 21 09 24 – ▤. 🆎 ⓪ 🆖
    🅹🅲🅱
EZ d
    fermé 3 au 26 août, vacances de fév., sam. midi et dim. – **Repas** 155/225 et carte 230 à 330.

XX **La Petite Auberge,** 32 r. Ste-Adresse ✆ 02 35 46 27 32, Fax 02 35 48 26 15 – ▤. 🅰🅴
      🇬🇧   EY r
      fermé 3 au 25 août, dim. soir et lundi sauf fêtes – Repas 118/210.

XX **L'Odyssée,** 41 r. Gén. Faidherbe ✆ 02 35 21 32 42, Fax 02 35 21 32 42 – 🅰🅴 🇬🇧   GZ s
      fermé 15 au 30 août, vacances de fév., sam. midi, dim. soir et lundi – Repas 125/195.

XX **Le Thalassa,** 58 r. Sauveteurs ✆ 02 35 42 63 73 – ▤. 🅰🅴 🇬🇧   EZ a
      Repas 128/168.

X   **Le Wilson,** 98 r. Prés. Wilson ✆ 02 35 41 18 28 – 🅰🅴 🇬🇧   EY k
      fermé 4 au 18 août, dim. soir et lundi sauf fériés – Repas 98/155.

à Ste-Adresse - A – *8 047 h. alt. 100* – ⊠ 76310 :

XX **Yves Page,** 7 pl. Clemenceau ✆ 02 35 46 06 09, Fax 02 35 46 85 38, ≤ – 🅰🅴 🇬🇧   A s
      fermé dim. soir et lundi sauf fêtes – Repas 130/158.

à Gonfreville-l'Orcher D – *10 202 h. alt. 90* – ⊠ 76700 :

🏢 **Campanile,** Z.A.C. Camp Dolent ✆ 02 35 51 43 00, Fax 02 35 47 94 58 – ↝ 📺 ☎ ❤ & 🅿
☜   – 🛗 25. 🅰🅴 ◑ 🇬🇧   D u
      Repas 84 bc/107 bc, enf. 39 – ⌸ 32 – **47 ch** 278.

à Harfleur D – *9 180 h. alt. 18* – ⊠ 76700 :

🏢 **Ibis** Ⓜ, ✆ 02 35 45 54 00, Fax 02 35 45 25 58 – 🛗 ↝ 📺 ☎ & 🅿 – 🛗 30 à 60. 🅰🅴 ◑
      🇬🇧   D e
      Repas *(fermé sam. midi et dim. soir)* 95/110 bc, enf. 39 – ⌸ 35 – **72 ch** 307/329.

      MICHELIN, Agence, 41 r. de Fleurus B ✆ 02 35 25 22 20

ALFA ROMEO, SEAT Gar. des Halles, 14 bis r.
Berthelot ✆ 02 35 24 08 64
BMW Auto 76, 19 r. G.-Braque ✆ 02 35 22 69 69
CITROEN Alteam 3, 50 r. Dr.-Piasecki
✆ 02 35 24 60 60
FIAT S.N.D.A., 216 bd de Graville ✆ 02 35 53 27 27
FORD Cazaux Autom., 32 r. Lamartine
✆ 02 35 24 60 30
LANCIA, MITSUBISHI JFR Autom., 58 r. Dicque-
mare ✆ 02 35 41 21 91
MERCEDES Lamartine Autom., 10-12 r. Lamartine
✆ 02 35 24 46 06
NISSAN Gar. Lesueur, 109 r. Dr.-Piasecki
✆ 02 35 24 44 82
PEUGEOT S.I.A. du Havre, 94 r. Denfert-Rochereau
✆ 02 35 25 25 05 🅽 ✆ 06 08 23 89 46

RENAULT Succursale, 239 à 273 bd de Graville
✆ 02 35 53 42 42 🅽 ✆ 08 00 05 15 15
VAG Gar. Le Troadec, 93 r. Lesueur
✆ 02 35 22 45 05
VAG Gar. Le Troadec, 447 r. Curie Zone Emploi
Montgaillard ✆ 02 35 54 61 61

🔘 Euromaster, 26 r. Lesueur ✆ 02 35 22 40 14
Legay Pneus, 34 r. Fleurus ✆ 02 35 25 07 89
Marsat Pneus, 161 bd de Graville
✆ 02 35 23 32 85
Norais Pneus - Point S, 203 bd de Graville
✆ 02 35 26 50 68
Renov Pneus, 141 bd Amiral-Mouchez
✆ 02 35 26 64 64

HAZEBROUCK 59190 Nord 🗺 ④ *G. Flandres Artois Picardie* – 20 567 h alt. 25.

🅱 *Office de Tourisme Hôtel de Ville* ✆ 03 28 49 59 89, Fax 03 28 49 53 04 – *Automobile-Club
Auto-Scanner av. de St-Omer* ✆ 03 28 41 92 66.

Paris 240 – Calais 63 – Armentières 30 – Arras 60 – Dunkerque 42 – Ieper 36 – Lille 43.

🏢 **Le Gambrinus** sans rest, 2 r. Nationale (près gendarmerie) ✆ 03 28 41 98 79,
      Fax 03 28 43 11 06 – 📺 ☎. 🇬🇧. ❄
      ⌸ 35 – **15 ch** 285.

X   **Aub. St-Éloi,** 60 r. Église ✆ 03 28 40 70 23 – ▤. 🇬🇧
      fermé 21 juil. au 20 août, dim. soir et merc. – Repas 108 bc (déj.), 140/225.

à la Motte-au-Bois Sud-Est : 5,5 km par D 946 – ⊠ 59190 :

XXX **Aub. de la Forêt** avec ch., ✆ 03 28 48 08 78, Fax 03 28 40 77 76, 🌳 – 📺 ☎ ❤ 🅿.
☜   🇬🇧
      fermé 18 au 25 août, 26 déc. à mi-janv., dim. soir et lundi – Repas 133/265 et carte 220 à 310
      – ⌸ 38 – **12 ch** 200/320 – ½ P 270/470.

rte de Béthune Sud : 7 km par D 916 – ⊠ 59189 Steenbecque :

XX **Aub. de la Belle Siska,** ✆ 03 28 43 61 77, Fax 03 28 42 10 84, 🌳 – 🅿. 🇬🇧
      fermé vacances de fév., dim. soir et lundi – Repas 115 (déj.), 155/220.

CITROEN Autocit, 88 rte de Borre
✆ 03 28 42 92 92 🅽 ✆ 03 28 42 92 96
RENAULT Gar. de la Lys, 223 r. Notre-Dame
✆ 03 28 41 87 85 🅽 ✆ 03 28 02 07 69

VAG Auto Expo, av. de St-Omer
✆ 03 28 41 55 46

🔘 François Pneus, 199 r. de Merville
✆ 03 28 41 59 46

HÉDÉ *35630 I.-et-V.* 59 ⑯ *G. Bretagne – 1 500 h alt. 90.*

Env. *Château de Montmuran★ et église des Iffs★ O : 8 km.*

Paris 371 – Rennes 27 – Avranches 64 – Dinan 32 – Dol-de-Bretagne 31 – Fougères 50.

XX **Vieille Auberge,** Est : rte de Tinténiac ℘ 02 99 45 46 25, Fax 02 99 45 51 35, ☂, « Cadre rustique, jardin » – P. AE ⓓ GB
fermé 25 août au 1er sept., 15 janv. au 15 fév., dim. soir et lundi – **Repas** 90 (déj.), 130/245.

XX **Host. Vieux Moulin** avec ch, N 137 ℘ 02 99 45 45 70, Fax 02 99 45 44 86, ☂, ☂ – TV ☎ P. AE ⓓ GB
fermé 20 déc. au 1er fév., dim. soir et lundi sauf sais. – **Repas** 95 (déj.), 110/190, enf. 65 – ☕ 37 – **13 ch** 250/280 – ½ P 250/280.

RENAULT Gar. Delacroix, ℘ 02 99 45 46 23 N ℘ 02 99 45 46 23

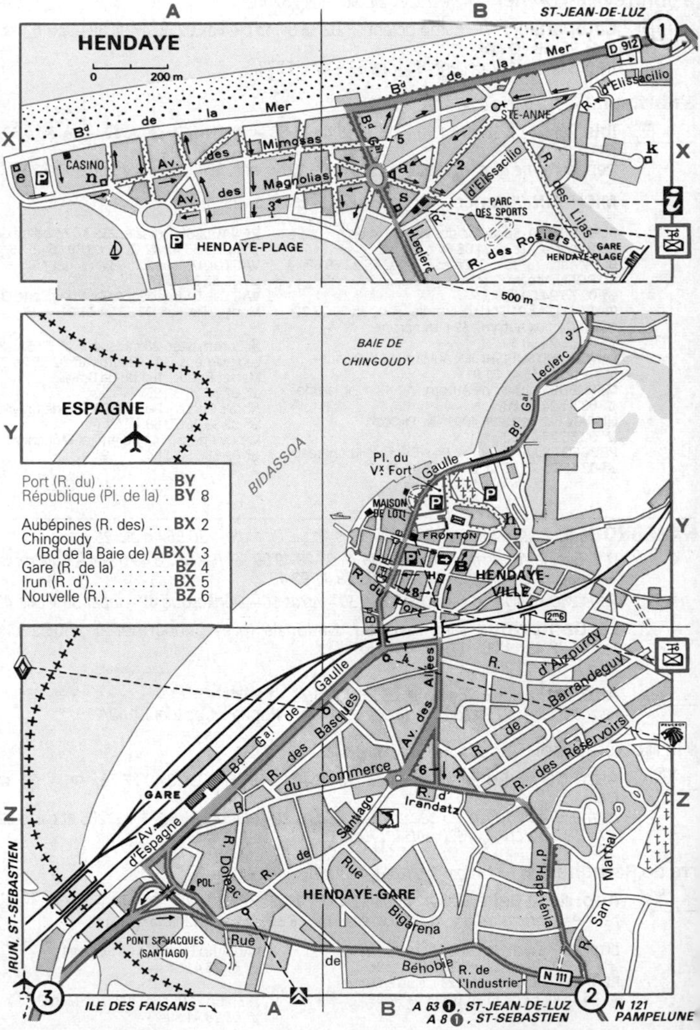

HENDAYE 64700 Pyr.-Atl. 🗺️ ① G. Pyrénées Aquitaine – 11 578 h alt. 30 – Casino AX.

Voir *Grand crucifix*★ *dans l'église St-Vincent* BY **B** – Corniche basque★★ par ①.

🅱 *Office de Tourisme* 12 r. Aubépines 🖋 05 59 20 00 34, Fax 05 59 20 79 17.

Paris 802 ② – *Biarritz 30* ② – *Pau 144* ② – *St-Jean-de-Luz 14* ② – *San Sebastián 26* ③.

Plan page ci-contre

à Hendaye Plage :

🏨 **H. Serge Blanco** 🅼, bd Mer 🖋 05 59 51 35 35, Fax 05 59 51 36 00, ≤, 🍴, complexe de thalassothérapie, 🏊, ⅀ – 🛗 🗐 rest 📺 ☎ 🖫 ⇔ – 🔏 30 à 100. 🆎 ⑩ ☖   AX e
fermé 22 au 28 déc. – **Repas** 180/250 – ⅏ 50 – **82 ch** 540/1010 – ½ P 625/740.

🏨 **Ibaïa** 🅼, 76 av. Mimosas 🖋 05 59 48 88 88, Fax 05 59 48 88 89, ≤, 🍴, ⅀ – 🛗 ⅔ 🗐 📺 ☎ 🖫 ⇔ – 🔏 25. 🆎 ⑩ ☖   AX n
Enbata (*fermé dim. soir et lundi sauf fériés du 23 sept. au 15 mars*) **Repas** 120/160, enf. 75 – *La Taverne* (*fermé dim. soir et lundi sauf fériés du 23 sept. au 15 mars*) **Repas** 85 ⅃ – ⅏ 50 – **61 ch** 775/830 – ½ P 598/625.

🏨 **Paris** sans rest, 68 bd Gén. Leclerc 🖋 05 59 20 05 06, Fax 05 59 48 02 82 – 🛗 ☎ 🅿. 🆎 ⑩ ☖   BX a
début mai-fin sept. – ⅏ 35 – **37 ch** 215/400.

🏨 **Les Buissonnets**, 29 r. Seringats 🖋 05 59 20 04 75, Fax 05 59 20 79 72, ≤, 🐎 – 📺 ☎ 🖫. 🆎 ☖   BX k
fermé 1ᵉʳ au 20 déc. – **Repas** (*1ᵉʳ juil.-15 sept.*) (dîner seul.)(résidents seul.) carte 90 à 140 – ⅏ 32 – **16 ch** 310/360.

à Hendaye Ville :

🏨 **Chez Antoinette**, pl. Pellot 🖋 05 59 20 08 47, Fax 05 59 48 11 64 – 📺 ☎ 🅿. ☖.
🌿 ch   BY h
Pâques-fin sept. – **Repas** (dîner seul.) 130, enf. 50 – ⅏ 30 – **16 ch** 230/260 – ½ P 270/280.

Annexe Gitanilla 🏨 sans rest, bd Gén. Leclerc à Hendaye-Plage 🖋 05 59 20 04 65 – ☎.
☖, 🌿   BX s
Pâques-fin sept. – ⅏ 30 – **7 ch** 230/260.

🏨 **Campanile**, 102 rte Béhobie par ② 🖋 05 59 48 06 48, Fax 05 59 48 05 83 – ⅔ 🗐 rest 📺 ☎ 🖫 🖿 🅿 – 🔏 25. 🆎 ⑩ ☖
Repas 84 bc/107 bc, enf. 39 – ⅏ 32 – **49 ch** 278.

à Biriatou *par ② et D 258 : 4 km* – 694 h. alt. 60 – ✉ 64700 :

🍴 **Bakéa** (Duval) avec ch, 🖋 05 59 20 76 36, Fax 05 59 20 58 21, ≤, 🍴, « Terrasse ombragée sur la vallée » – 📺 ☎. 🆎 ⑩ ☖. 🌿 ch
fermé mi-janv. à mi-fév. – **Repas** 140/205 – ⅏ 50 – **7 ch** 240/400 – ½ P 390/420
Spéc. Lasagnes d'anchois frais marinés au basilic. Médaillons de merluchon de ligne. Larmes de chocolat blanc et noir, sauce à l'orange et Grand Marnier.

CITROEN Gar. de la Place, 41 r. de Santiago 🖋 05 59 20 00 86
PEUGEOT Gar. Laguillon, ZI Joncaux, r. Industrie 🖋 05 59 20 18 63

RENAULT Hendaye-Autos, 49 bd Ch.-de-Gaulle 🖋 05 59 20 78 61 🔃 🖋 06 09 71 31 61

Ⓦ Barbosa Pneus, N 111 à Béhobie 🖋 05 59 20 66 52

HÉNIN-BEAUMONT 62110 P.-de-C. 🗺️ ⑮, 🗺️ ㉚ – 26 257 h alt. 30.

🅱 *Syndicat d'Initiative* 188 r. Pasteur 🖋 03 21 49 86 86.

Paris 195 – *Lille 33* – *Arras 20* – *Béthune 31* – *Douai 13* – *Lens 12*.

🏨 **Novotel** 🅼, échangeur Autoroute A1 ✉ 62950 Noyelles-Godault 🖋 03 21 08 58 08, Fax 03 21 08 58 00, 🍴, ⅀, 🐎 – ⅔ 🗐 rest 📺 ☎ 🖫 🅿 – 🔏 120. 🆎 ⑩ ☖ 🗂
Repas 109 ⅃, enf. 50 – ⅏ 51 – **81 ch** 420/460.

🏨 **Campanile**, à Noyelles-Godault, N 43 ✉ 62950 Noyelles-Godault 🖋 03 21 76 26 26, Fax 03 21 75 22 21 – ⅔ 📺 ☎ 🖫 🖿 🅿 – 🔏 35. 🆎 ⑩ ☖
Repas 84 bc/107 bc, enf. 39 – ⅏ 32 – **53 ch** 278.

FIAT, LANCIA Gar. Hanot-Mariani, ZI Sud bd Darchicourt 🖋 03 21 79 30 20
PEUGEOT Beaumont Autom., ZI la Peupleraie 🖋 03 21 75 16 50

RENAULT Gar. Sandrah, 1230 bd A.-Schweitzer 🖋 03 21 75 03 78 🔃 🖋 03 21 69 07 89

HENNEBONT 56700 Morbihan 🗺️ ① G. Bretagne – 13 624 h alt. 15.

Voir *Tour-clocher*★ *de la basilique N.-D.-de-Paradis*.

Env. *Port-Louis : citadelle*★★ (*musée de la Compagnie des Indes*★★, *musée de l'Arsenal*★) S : 13 km.

🅱 *Office de Tourisme* 9 pl. Maréchal Foch 🖋 02 97 36 24 52, Fax 02 97 36 21 91.

Paris 491 – *Vannes 49* – *Concarneau 57* – *Lorient 12* – *Pontivy 47* – *Quiberon 42* – *Quimperlé 27*.

rte de Port-Louis *Sud : 4 km par D 781 –* ✉ *56700 Hennebont :*

🏰 **Château de Locguénolé** ⏾, 𝒫 02 97 76 29 04, Fax 02 97 76 82 35, ⩽, 🏡, « Dans un
✿ parc en bordure de rivière 🌊, 🛥 » – 🔟 ☎ 📞 🖃 – 🛗 50. 🖭 ⓞ 🈂 🎫 rest
fermé 2 janv. au 7 fév. – **Repas** *(fermé lundi d'oct. à avril sauf fériés)* 190/490 et carte 400 à
490 – 🖃 82 – **18 ch** 790/1480, 4 appart – ½ P 857/1202
Spéc. Langoustines grillées à la fleurette de noisettes. Turbot étuvé au four, au miel poivré
et fenouil au beurre salé. Pigeonneau à l'andouille de Baye et chou vert.

🏠 **Les Chaumières de Kerniaven** 🏚 ⏾ sans rest, à 3 km 𝒫 02 97 81 14 14,
Fax 02 97 76 82 35, « Ancienne ferme du 15ᵉ siècle », 🌿 – 🔟 ☎ 📞 🖃. 🖭 ⓞ 🈂
28 mars-30 sept. – 🖃 82 – **7 ch** 460/680, 4 duplex.

⑩ Jubin Pneus, ZI Kerandré r. D.-Papin 𝒫 02 97 36 16 88 🅽 𝒫 97361688

HERBAULT *41190 L.-et-Ch.* 🔟 ⑥ *– 926 h alt. 138.*
  Paris 196 – Tours 45 Blois 16 – Château-Renault 18 – Montrichard 37 – Vendôme 27.

XX **Trois Marchands,** 𝒫 02 54 46 12 18 – ⓞ 🈂
🈂 *fermé 15 nov. au 15 déc., dim. soir, lundi soir et mardi –* **Repas** 70/190 ⅃, enf. 50.

RENAULT Gar. Mantois, 𝒫 02 54 46 12 16 🅽 𝒫 02 54 46 12 16

Les HERBIERS *85500 Vendée* 🔟 ⑮ *G. Poitou Vendée Charentes – 13 413 h alt. 110.*
  Voir *Ecomusée de la Vendée★ – Mont des Alouettes* ⩽★★ *N : 2 km – Cinéscénie du Puy du
  fou★★★.*
  Env. *Le Grand Parcours★ (parc de loisirs) NE : 12,5 km.*
  🅱 *Office de Tourisme 4 Grand Rue 𝒫 02 51 92 92 92 et Mont des Alouettes (juil.-août)
  𝒫 02 51 67 18 39.*
  Paris 374 – La Roche-sur-Yon 40 – Bressuire 47 – Chantonnay 24 – Cholet 25 – Clisson 35.

🏠 **Relais,** 18 r. Saumur 𝒫 02 51 91 01 64, Fax 02 51 67 36 50 – 🔟 ☎. 🖭 ⓞ 🈂
🈂 *fermé dim. soir et lundi –* **Repas** 93/205, enf. 45 – 🖃 35 – **26 ch** 220/250 – ½ P 255.

🏠 **Chez Camille,** rte de Mouchamps Sud : 2,5 km 𝒫 02 51 91 07 57, Fax 02 51 67 19 28, 🏡
🈂 – 🍴 rest 🔟 ☎ 📞 ⅚ 🖃. 🖭 🈂
  Repas 72/175 ⅃ – 🖃 35 – **13 ch** 230/290 – ½ P 265/285.

X **Mont des Alouettes,** Nord : 3 km sur N 160 𝒫 02 51 67 02 18, Fax 02 51 67 03 22, ⩽,
  🌿 – 🖃. 🈂
  fermé 6 au 22 oct., 23 fév. au 11 mars et lundi soir – **Repas** 68 (déj.), 90/180.

CITROEN Gar. Martineau, 40 av. G.-Clemenceau   ⑩ Euromaster, ZA de la Buzenière
𝒫 02 51 91 07 50   𝒫 02 51 91 19 08
PEUGEOT Gar. du Bocage, rte de Cholet
𝒫 02 51 91 04 12
RENAULT Herbretaise, 2, r. Industrie
𝒫 02 51 91 01 71 🅽 𝒫 08 00 05 15 15

HERBIGNAC *44410 Loire-Atl.* 🔟 ⑭ *– 4 175 h alt. 18.*
  Paris 448 – Nantes 75 – La Baule 23 – Redon 36 – St-Nazaire 31.

rte de Guérande *Sud : 7 km sur D 774 –* ✉ *44410 Herbignac :*

XX **Aub. L'Eau de Mer,** 𝒫 02 40 91 32 36, 🏡, « Chaumière briéronne » – 🖃. 🈂
🈂 *fermé 2 au 27 janv., dim. soir et lundi –* **Repas** (nombre de couverts limité, prévenir)
  98 bc (déj.), 120/240.

PEUGEOT Gar. Eonnet, 2 de Brière   RENAULT Gar. Hervy, 𝒫 02 40 88 90 05
𝒫 02 40 88 90 47   🅽 𝒫 02 40 88 90 60

HÉRICOURT-EN-CAUX *76560 S.-Mar.* 🔟 ⑬ *– 730 h alt. 65.*
  Paris 183 – Le Havre 60 – Rouen 46 – Bolbec 26 – Dieppe 49 – Fécamp 30 – Yvetot 11.

XX **Saint-Denis,** 𝒫 02 35 96 55 23, 🏡 – 🖃. 🈂
🈂 *fermé 15 au 30 oct., mardi soir hors sais. et merc. –* **Repas** 82/255.

HERMENT *63470 P.-de-D.* 🔟 ⑫ *– 350 h alt. 824.*
  *Paris 410 – Clermont-Ferrand 54 – Aubusson 51 – Le Mont-Dore 36 – Montluçon 80 –
  Ussel 40.*

🏠 **Souchal,** 𝒫 04 73 22 10 55, Fax 04 73 22 13 63 – 🔟 ☎ 🖃. 🖭 ⓞ 🈂
🈂 **Repas** 55/180 ⅃ – 🖃 25 – **26 ch** 205/215 – ½ P 190.

HÉROUVILLE *95300 Val-d'Oise* 55 ⑳ – *439 h alt. 120.*

Paris 43 – Compiègne 76 – Beauvais 48 – Chantilly 31 – L'Isle-Adam 9 – Pontoise 8 – Taverny 12.

XX **Vignes Rouges,** pl. Église ☎ 01 34 66 54 73, Fax 01 34 66 20 88 – AE GB
fermé 1er au 8 mai, 15 août au 3 sept., 5 au 11 janv., dim. soir et lundi – **Repas** 174/245.

HÉROUVILLE-ST-CLAIR *14 Calvados* 55 ⑫ – *rattaché à Caen.*

HESDIN *62140 P.-de-C.* 51 ⑫ ⑬ *G. Flandres Artois Picardie – 2 713 h alt. 27.*

Paris 207 – Calais 88 – Abbeville 37 – Arras 56 – Boulogne-sur-Mer 60 – Lille 88.

Les Trois Fontaines ⛰, 16 rte Abbeville à Marconne ☎ 03 21 86 81 65, Fax 03 21 86 33 34, – TV ☎ P. AE ① GB
fermé 25 déc. au 3 janv. et lundi midi – **Repas** 95/180 ♁ – ☕ 40 – **10 ch** 260/300 – ½ P 250.

Les Flandres, r. Arras ☎ 03 21 86 80 21, Fax 03 21 86 28 01 – TV ☎ P. GB
fermé 1er au 6 juil. et 20 déc. au 10 janv. – **Repas** 94/200 ♁, enf. 47 – ☕ 43 – **14 ch** 250/330 – ½ P 300.

CITROEN Gar. St-Christophe, ☎ 03 21 86 91 74
RENAULT Gar. Hesdinois, à Marconne ☎ 03 21 86 96 44 N ☎ 03 21 86 96 44
RENAULT Gar. Bailleul, à St-Pol-sur-Ternoise ☎ 03 21 03 06 55 N ☎ 06 07 57 94 66

Au Pneu Hesdinois, ☎ 03 21 86 83 97
La Maison du Pneu, ☎ 03 21 86 86 19

HESDIN L'ABBÉ *62 P.-de-C.* 51 ⑪ – *rattaché à Boulogne-sur-Mer.*

HÉSINGUE *68 H.-Rhin* 66 ⑩ – *rattaché à St-Louis.*

HEUDICOURT-SOUS-LES-CÔTES *55 Meuse* 57 ⑫ – *rattaché à St-Mihiel.*

HEYRIEUX *38540 Isère* 74 ⑫, 110 ㉗ – *3 872 h alt. 220.*

Paris 488 – Lyon 26 – Pont-de-Chéruy 20 – La Tour-du-Pin 36 – Vienne 23.

XXX **L'Alouette,** rte St-Jean-de-Bournay : 3 km ☎ 04 78 40 06 08, Fax 04 78 40 54 74 – ▤ P. AE GB
fermé 14 au 21 avril, 16 août au 5 sept., 2 au 9 janv., dim. soir et lundi – **Repas** 125 (déj.), 180/270, enf. 95.

HINSINGEN *67260 B.-Rhin* 57 ⑯ – *82 h alt. 220.*

Paris 407 – St-Avold 35 – Sarrebourg 35 – Sarreguemines 21 – Strasbourg 93.

X **La Grange du Paysan,** ☎ 03 88 00 91 83, Fax 03 88 00 93 23 – ▤ P. GB
fermé lundi – Repas 65/295 ♁.

HIRMENTAZ *74 H.-Savoie* 70 ⑰ – *rattaché à Bellevaux.*

HIRTZBACH *68 H.-Rhin* 66 ⑨ – *rattaché à Altkirch.*

Le HODE *76 S.-Mar.* 55 ④ – ✉ *76430 St-Vigor-d'Ymonville.*

Paris 182 – Le Havre 20 – Bolbec 20 – Évreux 104 – Honfleur 20 – Pont-Audemer 31.

XX **Aub. des Falaises,** ☎ 02 35 20 06 97, Fax 02 35 30 21 02 – P. AE GB
fermé dim. soir, lundi soir, mardi soir et sam. midi – **Repas** 95 (déj.), 110/200.

HOERDT *67720 B.-Rhin* 87 ④ – *3 836 h alt. 135.*

Paris 485 – Strasbourg 17 – Haguenau 16 – Molsheim 45 – Saverne 43.

X **A la Charrue,** 30 r. République ☎ 03 88 51 31 11, Fax 03 88 51 31 11, – P. GB
fermé 4 au 24 août, Noël au Jour de l'An et lundi sauf d'avril au 15 juin – **Repas** (spéc. d'asperges d'avril à juin : 270/480) 65 (déj.), 95/215 ♁.

Pour traverser Paris et vous diriger en banlieue,
utilisez la **carte Michelin Banlieue de Paris** n° 101 à 1/50 000
et les **plans de banlieue** nos 17-18, 19-20, 21-22, 23-24 à 1/15 000.

HOHRODBERG *68 H.-Rhin* [62] ⑱ *G. Alsace Lorraine – alt. 750 –* ⬚ *68140 Munster.*

Voir ≤ ★★.

Paris 465 – Colmar 27 – Gérardmer 37 – Guebwiller 36 – Munster 7 – Le Thillot 58.

🏨 **Panorama** ⏚, 🖉 *03 89 77 36 53, Fax 03 89 77 03 93,* ≤ vallée et montagnes, 🔲 – 🛗 📺
🏡 ☎ 🅿. 🅐🅔 🅖🅑
fermé 12 nov. au 19 déc. – **Repas** 95/230 🍷, enf. 42 – 😐 35 – **30 ch** 250/360 – ½ P 230/300.

🏡 **Roess** ⏚, 🖉 *03 89 77 36 00, Fax 03 89 77 01 95,* ≤ vallée et montagnes, 🐎 – 🛗 📺 🕳 🅿.
🅖🅑 🧺 ch
fermé 7 nov. au 19 déc. – **Repas** 104/198 🍷 – 😐 35 – **31 ch** 195/300 – ½ P 270/290.

Le HOHWALD *67140 B.-Rhin* [62] ⑨ *G. Alsace Lorraine – 360 h alt. 570 – Sports d'hiver : 600/
1 100 m* ≰3 🎿.

Env. *Le Neuntelstein* ≤ ★★ *N : 6 km puis 30 mn – Champ du Feu* ⛄ ★★ *SO : 14 km.*

🄱 *Office de Tourisme* 🖉 *03 88 08 33 92, Fax 03 88 08 32 05.*

Paris 424 – Strasbourg 48 – Lunéville 87 – Molsheim 31 – St-Dié 44 – Sélestat 25.

🏨 **Clos Ermitage** Ⓜ ⏚, à 1,5 km par rte secondaire 🖉 *03 88 08 31 31, Fax 03 88 08 34 99,*
« En lisière de forêt », 🔲, 🐎 – cuisinette 📺 ☎ 🕳 🅿. 🅖🅑
fermé 8 janv. au 2 mars, mardi midi et jeudi – **Repas** 105/200 – 😐 50 – **3 ch** 420, 14 studios
550 – ½ P 340/370.

🏡 **Marchal** ⏚, 🖉 *03 88 08 31 04, Fax 03 88 08 34 05,* ≤, 🐎 – ☎ 🅿. 🅖🅑
fermé 15 nov. au 15 déc. – **Repas** (fermé dim. soir et lundi midi sauf juil.-août) 98/190 🍷,
enf. 50 – 😐 35 – **15 ch** 275/330 – ½ P 275.

🏖 **Aub. du Lilsbach** ⏚ sans rest, Sud-Est : 2 km par D 425 🖉 *03 88 08 31 47,* 🐎. 🅿. 🅖🅑
😐 30 – **8 ch** 190/280.

🍴 **La Petite Auberge,** 🖉 *03 88 08 33 05, Fax 03 88 08 34 62,* 😋 – 🅿. 🅖🅑
fermé 23 juin au 4 juil., 1er janv. au 6 fév., mardi soir et merc. – **Repas** 85 (déj.)/145 et carte le
dim. 🍷, enf. 40.

HOLNON *02 Aisne* [53] ⑬ – *rattaché à St-Quentin.*

HOMPS *11200 Aude* [83] ⑬ – *611 h alt. 48.*

Paris 825 – Carcassonne 34 – Lézignan-Corbières 10 – Narbonne 27 – Perpignan 86.

🏡 **Aub. de l'Arbousier** Ⓜ ⏚, av. Carcassonne 🖉 *04 68 91 11 24, Fax 04 68 91 12 61,* ≤,
🏡 😋 – ☎ 🅿. 🅖🅑
*fermé du 1er au 27 nov., 15 fév. au 15 mars, lundi en juil.-août, dim. soir et merc. de sept. à
juin –* **Repas** 80/205 🍷, enf. 45 – 😐 35 – **7 ch** 230/300 – ½ P 210/245.

HONFLEUR *14600 Calvados* [55] ③ ④ *G. Normandie Vallée de la Seine – 8 272 h alt. 5.*

Voir *le vieux Honfleur* ★★ *: Vieux bassin* ★★ **AZ**, *église Ste-Catherine* ★ **AY** *et clocher* ★ **AY B** –
Côte de Grâce ★★ **AY** *: calvaire* ⛄ ★★.

Env. *Pont de Normandie* ★★ *par* ① *: 4 km. Péage : 32 F pour autos, 40 à 80 F pour autocars
et gratuit pour motos.*

🄱 *Office de Tourisme pl. A.-Boudin* 🖉 *02 31 89 23 30, Fax 02 31 89 31 82.*

Paris 187 ① *– Caen 64* ② *– Le Havre 23* ① *– Lisieux 34* ② *– Rouen 75* ①.

Plan page ci-contre

🏰 **Ferme St-Siméon** ⏚, r. A. Marais par ③ 🖉 *02 31 89 23 61, Fax 02 31 89 48 48,* ≤,
❄ « Parc ombragé dominant l'estuaire », 🛁, 🔲 – 🛗 📺 ☎ 🕳 🅿. – 🛁 50. 🅐🅔 🅖🅑 🅙🅒🅑 🧺 ch
Repas 240 (déj.), 420/590 et carte 530 à 760 – 😐 95 – **29 ch** 990/2690, 4 appart – ½ P 1095/
3250
Spéc. Cristalline de homard et pommes de terre de Noirmoutier. Noisette de lapereau à la
graine de moutarde. Pain perdu au lait d'amande et pommes rissolées.

Annexe **Le Butin de la Mer** ⏚, r. A. Marais par ③ 🖉 *02 31 81 63 00,*
Fax 02 31 89 59 23, parc – 📺 ☎ 🕳 🅿. 🅐🅔 🅖🅑
Repas (fermé mardi midi et lundi) 128/265 – 😐 65 – **9 ch** 640/1970 – ½ P 565/1230.

🏨 **L'Ecrin** ⏚ sans rest, 19 r. E. Boudin 🖉 *02 31 14 43 45, Fax 02 31 89 24 41,* « Demeure du
18e siècle », 🐎 – 📺 ☎ 🕳 🅿. 🅐🅔 ⓞ 🅖🅑 **AZ k**
😐 50 – **21 ch** 380/900.

🏨 **Castel Albertine** sans rest, 19 cours Albert-Manuel 🖉 *02 31 98 85 56,*
Fax 02 31 98 83 18, « Jardin ombragé » – 📺 ☎ 🕳 🅿. 🅐🅔 ⓞ 🅖🅑 **AZ e**
😐 50 – **26 ch** 350/600.

🏨 **La Diligence** sans rest, 53 r. République 🖉 *02 31 14 47 47, Fax 02 31 98 83 87 –* 📺 ☎ 🕳
🅿. 🅐🅔 ⓞ 🅖🅑 🅙🅒🅑 **AZ m**
fermé 20 nov. au 20 déc. – 😐 40 – **20 ch** 450/750.

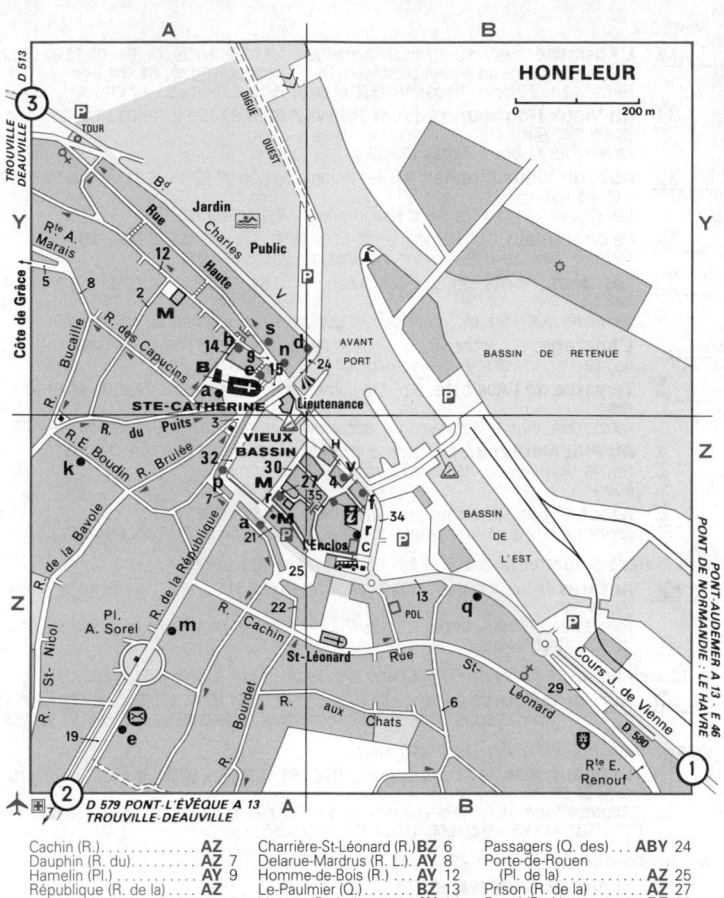

HONFLEUR

0   200 m

Mercure sans rest, r. Vases ℰ 02 31 89 50 50, Fax 02 31 89 58 77 – |≢| 📺 ☎ ⅋ – ⚐ 30. 🅰🅴 ⓪ 🆖
BZ q
⌑ 50 – **56 ch** 580.

La Tour sans rest, 3 quai Tour ℰ 02 31 89 21 22, Fax 02 31 89 53 51 – |≢| 📺 ☎. 🅰🅴
🆖 🥏
BZ r
fermé 16 nov. au 26 déc. – ⌑ 37 – **44 ch** 340/460, 4 duplex.

Host. Lechat, pl. Ste-Catherine ℰ 02 31 14 49 49, Fax 02 31 89 28 61 – 📺 ☎. 🅰🅴 ⓪ 🆖
🥏 ⅏ ch
AY a
fermé janv. à mi-fév. sauf hôtel le sam. – **Repas** *(fermé merc. soir et jeudi)* 115/235 – ⌑ 50 –
22 ch 440/550 – ½ P 370/445.

Otelinn Ⓜ, 62 cours A. Manuel ℰ 02 31 89 41 77, Fax 02 31 89 48 09, ⊿ – 📺 ☎ ⅋ 🅿. 🅰🅴
⓪ 🆖
Repas 85/110 ⅃, enf. 40 – ⌑ 36 – **50 ch** 305 – ½ P 260.

L'Assiette Gourmande (Bonnefoy), quai Passagers ℰ 02 31 89 24 88,
Fax 02 31 89 90 17 – ▤. 🅰🅴 ⓪ 🆖
ABY d
fermé lundi sauf juil.-août – **Repas** 160/415 et carte 340 à 450
Spéc. Risotto de Saint-Jacques (oct. à avril). Ris de veau à la brunoise d'escargots. Petit
gâteau chaud au chocolat, coulant à la pistache.

XXX **L'Absinthe** avec ch, 10 quai Quarantaine ℰ 02 31 89 39 00, Fax 02 31 89 53 60, 🍽️,
« Chambres dans un ancien presbytère du 16ᵉ siècle » – 📺 ☎ ⓘ 🅶🅱 🅹🅲🅱 BZ v
fermé 12 au 30 nov. – **Repas** 165/330 et carte 360 à 470 – 🗔 55 – **7 ch** 700.

XX **Au Vieux Honfleur,** 13 quai St-Étienne ℰ 02 31 89 15 31, Fax 02 31 89 92 04, ≤, 🍽️ –
🅰🅴 ⓘ 🅶🅱 🅹🅲🅱 AZ r
fermé 6 au 31 janv. – **Repas** 160/295.

XX **Aub. du Vieux Clocher,** 9 r. de l'Homme de Bois ℰ 02 31 89 12 06, Fax 02 31 89 44 75
– 🅰🅴 ⓘ 🅶🅱 🅹🅲🅱 AY b
fermé janv., dim. soir et merc. sauf juil.-août – **Repas** 125/225.

XX **Le Champlain,** 6 pl. Hamelin ℰ 02 31 89 14 91, Fax 02 31 89 91 84 – 🅶🅱 AY n
fermé 1ᵉʳ janv. au 15 fév., merc. soir et jeudi – **Repas** 98/215.

XX **Les Deux Ponts,** 20 quai Quarantaine ℰ 02 31 89 04 37, Fax 02 31 89 08 64, 🍽️ – 🅰🅴
🅶🅱 BZ f
fermé fin nov. à fin déc., merc. soir et jeudi hors sais. – **Repas** 98/236, enf. 49.

XX **L'Ancrage,** 12 r. Montpensier ℰ 02 31 89 00 70, Fax 02 31 89 92 78 – 🅶🅱 AZ a
fermé mardi soir et merc. sauf juil.-août – **Repas** 98/162 🍷.

X **Terrasse de l'Assiette,** 8 pl. Ste-Catherine ℰ 02 31 89 31 33, Fax 02 31 89 90 17, 🍽️ –
🅶🅱 AY e
fermé déc., dim. soir et merc. de sept. à juin et lundi en juil.-août – **Repas** 129/174.

X **Au P'tit Mareyeur,** 4 r. Haute ℰ 02 31 98 84 23, Fax 02 31 89 99 32 – 🅶🅱 AY s
🦞 *fermé 17 au 30 nov., 19 fév. au 5 mars, lundi soir et mardi*
Repas 120.

X **Ascot,** 76 quai Ste-Catherine ℰ 02 31 98 87 91, 🍽️ – 🅶🅱 AZ p
fermé fin nov. au 25 déc., merc. soir et jeudi d'oct. à fin avril – **Repas** 99/162.

à la Rivière-St-Sauveur *par* ① *: 2 km – 1 584 h. alt. 1 –* ✉ *14600 :*

🏨 **Antarès** Ⓜ, Les 4 Francs ℰ 02 31 89 10 10, Fax 02 31 89 58 57, ≤ – 🛗 📺 ☎ 🔥 🅿 – 🔬 60.
🅰🅴 ⓘ 🅶🅱
fermé 2 au 17 janv., – **Repas** *(ouvert 1ᵉʳ juil.-30 sept. et fermé dim. et lundi)* (dîner seul.) 98 –
🗔 50 – **48 ch** 440/660 – ½ P 388.

à Barneville-la-Bertran *par* ②*, D 62 et D 279 : 5 km – 124 h. alt. 48 –* ✉ *14600 :*

🏡 **Aub. de la Source** 🌿, ℰ 02 31 89 25 02, Fax 02 31 89 44 40, 🍽️, 🌳 – 📺 ☎ 🅿, 🅶🅱, 🎣
15 fév.-1ᵉʳ nov. – **Repas** *(dîner seul.)(résidents seul.)* – **16 ch** (½ pens. seul.) – ½ P 330/440.

par ③ *rte de Trouville : 3 km –* ✉ *14600 Vasouy :*

🏨 **La Chaumière** 🌿, rte du Littoral ℰ 02 31 81 63 20, Fax 02 31 89 59 23, ≤, 🍽️, parc – 📺
☎ 🍷 🅿 🅰🅴 🅶🅱 🅹🅲🅱, 🎣 ch
Repas *(fermé merc. midi et mardi de sept. à mai)* (nombre de couverts limité, prévenir)
190/380 – 🗔 85 – **9 ch** 990/1350 – ½ P 875/1650.

à Pennedepie *par* ③ *: 5 km – 234 h. alt. 20 –* ✉ *14600 :*

X **Moulin St-Georges,** ℰ 02 31 81 48 48 – 🅶🅱
🦞 *fermé fév., mardi soir et merc.* – **Repas** 78/159, enf. 36.

par ③ *rte de Trouville et rte secondaire : 8 km –* ✉ *14600 Honfleur :*

🏨 **Romantica** 🌿, chemin Petit Paris ℰ 02 31 81 14 00, Fax 02 31 81 54 78, ≤, 🍽️, 🌊 – 📺
☎ 🔥 🅿 🅰🅴 ⓘ 🅶🅱, 🎣 rest
Repas *(fermé 15 nov. au 20 déc., merc. midi et jeudi d'oct. à mars)* 120/250 – 🗔 40 – **19 ch**
300/480 – ½ P 295/385.

🅥 Vulco, ℰ 02 31 89 20 37

L'HÔPITAL-CAMFROUT 29460 Finistère 🟦🟦 ⑤ – 1 505 h alt. 20.
Voir *Daoulas : enclos paroissial★ et cloître★ de l'abbaye N : 4,5 km*, G. Bretagne.
Paris 565 – Brest 24 – Morlaix 57 – Quimper 49.

🏡 **Diverres-Bernicot,** ℰ 02 98 20 01 01, Fax 02 98 20 06 91 – ☎. 🅶🅱
🦞 *fermé 15 au 29 sept., vend. soir et dim. soir de sept. à juin* – **Repas** 68/200 🍷, enf. 40 –
🗔 35 – **16 ch** 135/250 – ½ P 180/250.

For your travels in France, use with this Guide
  – the **Michelin Green Guides** (regions of France)
    picturesque scenery - buildings - scenic routes
  – the **Michelin Maps :** main road map (scale 1:1 000 000)
                              regional maps (scale 1:200 000)

L'HÔPITAL-ST-BLAISE 64130 Pyr.-Atl. 85 ⑤ G. Pyrénées Aquitaine – 76 h alt. 145.

Paris 811 – Pau 52 – Cambo-les-Bains 73 – Oloron-Ste-Marie 17 – Orthez 35 – St-Jean-Pied-de-Port 54.

🏠 **Aub. du Lausset** ⤚, ℰ 05 59 66 53 03, � – ☎. GB. ✀ ch
🍽 *fermé 15 oct. au 15 nov. et lundi sauf juil.-août* – **Repas** 55 (déj.), 85/175 ⅄, enf. 40 – ⇌ 28 – **7 ch** 190/220 – ½ P 210.

L'HÔPITAL-SUR-RHINS 42 Loire 73 ⑧ – ⊠ 42132 St-Cyr-de-Favières.

Paris 396 – Roanne 10 – Lyon 77 – Montbrison 58 – St-Étienne 78 – Thizy 27.

🍽🍽 **Le Favières**, ℰ 04 77 64 80 30, 🌭 – GB
🍽 *fermé 12 janv. au 1ᵉʳ fév., dim. soir et lundi d'oct. à mai* – **Repas** 82/235 ⅄, enf. 40.

Les HÔPITAUX-NEUFS 25370 Doubs 70 ⑦ G. Jura – 369 h alt. 1000 – Sports d'hiver : voir Métabief.

Paris 452 – Besançon 78 – Champagnole 47 – Morez 49 – Mouthe 18 – Pontarlier 18.

🏔 **Robbe** sans rest, ℰ 03 81 49 11 05 – ☎ 🅿. GB
28 juin-5 sept. et 20 déc.-1ᵉʳ avril – ⇌ 31 – **16 ch** 180/200.

CITROEN Gar. Drezet, ℰ 03 81 49 10 56 🄽 ℰ 03 81 49 10 56

*Towns underlined in red on the **Michelin maps***
at a scale of 1 : 200 000 are included in this Guide.

Use the latest map to take full advantage of this information.

HORBOURG 68 H.-Rhin 62 ⑲ – rattaché à Colmar.

L'HORME 42 Loire 73 ⑲ – rattaché à St-Chamond.

L'HOSPITALET-PRÈS-L'ANDORRE 09390 Ariège 86 ⑮ – 146 h alt. 1446.

Paris 838 – Font-Romeu-Odeillo-Via 39 – Andorra-la-Vella 42 – Ax-les-Thermes 19 – Bourg-Madame 27 – Foix 60.

🏔 **Puymorens**, ℰ 05 61 05 20 03 – ☎ 📞 🅿. GB
Repas 89/109 ⅄ – ⇌ 27 – **12 ch** 140/205.

HOSSEGOR 40150 Landes 78 ⑰ G. Pyrénées Aquitaine – alt. 4 – Casino .

Voir Le lac★.

🏌₁₈ ℰ 05 58 43 56 99, SE : 0,5 km.
🛈 Office de Tourisme pl. des Halles ℰ 05 58 41 79 00, Fax 05 58 41 79 09.
Paris 754 – Biarritz 28 – Mont-de-Marsan 86 – Bayonne 21 – Bordeaux 177 – Dax 34.

🏨 **Beauséjour** ⤚, av. Tour du lac ℰ 05 58 43 51 07, Fax 05 58 43 70 13, 🌭 , 🏊 , 🐜 – 🛗 📺 ☎ 🅿. – 🔏 25. 🆎 ⓞ GB
7 mai-15 oct. – **Repas** 140/230 ⅄, enf. 85 – ⇌ 65 – **45 ch** 500/650 – ½ P 535/680.

🏨 **Les Hortensias du Lac** ⤚ sans rest, av. Tour du Lac ℰ 05 58 43 99 00, Fax 05 58 43 42 81, ≼, 🐜 – 📺 ☎ ⅙ 🅿. GB. ✀
fermé déc. et janv. – ⇌ 30 – **21 ch** 390/430, 10 duplex.

🏨 **Lacotel**, av. Touring Club ℰ 05 58 43 93 50, Fax 05 58 43 49 49, ≼, 🌭 , 🏊 – 🛗 📺 ☎ 📞 ⅙ 🅿. – 🔏 40. ⓞ GB
fermé 15 déc. au 15 janv. – **Repas** (fermé dim. soir et lundi du 15 janv. au 30 mars) 90/120, enf. 50 – ⇌ 40 – **42 ch** 460 – ½ P 400.

PEUGEOT Gar. de l'Avenue, à Soorts ℰ 05 58 43 50 38

Les HOUCHES 74310 H.-Savoie 74 ⑧ G. Alpes du Nord – 1 947 h alt. 1004 – Sports d'hiver : 1 000/1 960 m ⟜ 2 ⅙ 15 ⅍.

🛈 Office de Tourisme pl. Église ℰ 04 50 55 50 62, Fax 04 50 55 53 16.
Paris 606 – Chamonix-Mont-Blanc 10 – Annecy 87 – Bonneville 48 – Megève 31.

🏨🏨 **Mont Alba** 🅼, La Griaz ℰ 04 50 54 50 35, Fax 04 50 55 50 87, ≼, 🌭 , 🏊 – 🛗 📺 ☎ 📞 ⅙ 🅿 – 🔏 40. 🆎 GB 🄹🄲🄱
fermé 1ᵉʳ nov. au 14 déc. – **Repas** (dîner seul. hors sais.) 98/145, enf. 60 – ⇌ 45 – **43 ch** 480 – ½ P 450.

🏠 **Aub. Beau Site et rest. Le Pèle,** près Église ℰ 04 50 55 51 16, Fax 04 50 54 53 11, ≤, « Terrasse fleurie » – ⬛ 📺 ☎ 🅿. 🝙 ⑩ 🆚 🅹🅲🅱 –
15 mai-fin sept. et 15 déc.-20 avril – **Repas** *(fermé merc. en mai et juin)* 98/260 – ☲ 45 – **18 ch** 380 – ½ P 380.

🏠 **Chris-Tal,** ℰ 04 50 54 50 55, Fax 04 50 54 45 77, ≤, 🔦, 🎾 – ⬛ 📺 ☎ ⟲ 🅿. 🝙 ⑩ 🆚 🅹🅲🅱
8 mai-30 sept. et 20 déc.-18 avril – **Repas** 105/160, enf. 55 – ☲ 45 – **25 ch** 495 – ½ P 345/395.

au Prarion *par télécabine – Sports d'hiver : 1 000/1 900 m ⟿ 2 ⥦ 11 –* ✉ *74170 St-Gervais-les-Bains.*
Voir ⁂ ★★ *30 mn.*

🏠 **Le Prarion** ⊗, alt.1 860 ℰ 04 50 54 40 07, Fax 04 50 54 40 03, 🌿, « ⁂ sommets, glaciers et vallées » – ☎. 🆚. 🌿 ch
20 juin-15 sept. et Noël-Pâques – **Repas** (self au déj. en hiver) 120/200 – ☲ 50 – **18 ch** 180/570 – ½ P 330/430.

HOUDAN *78550 Yvelines* 🏷 ⑧, 🏷 ⑭ *G. Ile de France* (plan) – *2 912 h alt. 104.*
🏌 *des Yvelines* ℰ 01 34 86 48 89, Est par N 12 : 12 km; 🏌🏌 *de la Vaucouleurs à Civry-la-Forêt* ℰ 01 34 87 62 29 ; sortie Est N 12, N 183 et D 166 : 10 km.
🛈 *Syndicat d'Initiative à la Mairie* ℰ 01 30 59 60 19.
Paris 61 – Chartres 54 – Dreux 20 – Évreux 50 – Mantes-la-Jolie 28 – Rambouillet 29 – Versailles 42.

XXX **La Poularde** (Vandenameele), 24 av. République ℰ 01 30 59 60 50, Fax 01 30 59 79 71, ✿ 🌿, « Jardin » – 🅿. 🝙 🆚, 🌿
fermé vacances de fév., mardi soir et merc. – **Repas** 110 bc (déj.), 150/320 et carte 230 à 390
Spéc. Salade du coquetier. Eminçé de poulette aux champignons des bois. Autour d'une pomme (automne-hiver).

X **Le Donjon,** 14 r. Epernon (près église) ℰ 01 30 59 79 14, Fax 01 30 88 12 31 – ⬛. 🝙 🆚
fermé 10 au 31 août, dim. soir et lundi – **Repas** 139/200.

HOUDEMONT *54 M.-et-M.* 🏷 ⑤ – *rattaché à Nancy.*

HOULGATE *14510 Calvados* 🏷 ② *G. Normandie Vallée de la Seine – 1 654 h alt. 11 – Casino .*
Voir *Falaise des Vaches Noires★ au NE.*
🏌 *de Beuzeval* ℰ 02 31 24 80 49.
🛈 *Office de Tourisme bd Belges* ℰ 02 31 24 34 79, Fax 02 31 24 42 27.
Paris 214 – Caen 33 – Deauville 14 – Lisieux 33 – Pont-l'Évêque 24.

🏠 **Santa Cecilia** sans rest., ℰ 02 31 28 71 71, Fax 02 31 28 51 73, 🌿 – 📺 ☎. 🝙 🆚
☲ 35 – **12 ch** 310/385.

X **Mon Castel** avec ch, 1 bd Belges ℰ 02 31 24 83 47, Fax 02 31 28 50 36 – ☎. 🆚. 🌿 ch
fermé oct., mardi soir et merc. sauf juil.-août – **Repas** 62/175, enf. 42 – ☲ 32 – **10 ch** 180/220 – ½ P 200/230.

Le HOURDEL *80 Somme* 🏷 ⑥ *G. Flandres Artois Picardie –* ✉ *80410 Cayeux-sur-Mer.*
Paris 205 – Amiens 71 – Abbeville 26 – Dieppe 58 – Le Tréport 28.

X **Le Parc aux Huîtres** avec ch, ℰ 03 22 26 61 20, Fax 03 22 26 13 80 – ⬛ rest 📺 ☎. 🆚
fermé 15 déc. au 15 janv., mardi soir et merc. de sept. à juil. – **Repas** 85/240 🍷, enf. 45 –
☲ 35 – **7 ch** 210/320 – ½ P 270/290.

HUELGOAT *29690 Finistère* 🏷 ⑥ *G. Bretagne* (plan) – *1 742 h alt. 149.*
Voir *Site★★ – Rochers★★ – Forêt★.*
Env. *St-Herbot : clôture★★ de l'église★ SO : 7 km.*
🛈 *Office de Tourisme pl. de la Mairie* ℰ 02 98 99 72 32.
Paris 521 – Brest 66 – Carhaix-Plouguer 17 – Châteaulin 37 – Landerneau 46 – Morlaix 30 – Quimper 56.

à Locmaria-Berrien-Gare *Sud-Est : 7 km par D 764 – 272 h. alt. 150 –* ✉ *29690 :*

X **Aub. de la Truite,** ℰ 02 98 99 73 05, meubles bretons, 🌿 – 🅿. 🆚
fermé 5 au 31 janv., dim. soir et lundi sauf juil.-août – **Repas** 90/325.

HUNAWIHR 68150 H.-Rhin 🗟🗟 ⑰ G. Alsace Lorraine – 503 h alt. 260.

Voir *Centre de réintroduction des cigognes.*

Paris 447 – Colmar 14 – Gérardmer 62 – Ribeauvillé 2 – St-Dié 44 – Sélestat 15.

XX **Relais du Poête**, ℘ 03 89 73 60 14, Fax 03 89 73 36 86, 🏤 – **P**. GB
fermé janv., fév., dim. soir d'oct. à mai et lundi – **Repas** 110/170 ⬧.

CITROEN Gar. Wickersheim, 29 rte de Ribeauvillé ℘ 03 89 73 62 02

HUNINGUE 68 H.-Rhin 🗟🗟 ⑩ – *rattaché à St-Louis.*

HUSSEREN-LES-CHÂTEAUX 68420 H.-Rhin 🗟🗟 ⑲ G. Alsace Lorraine – 377 h alt. 380.

Paris 483 – Colmar 9 – Belfort 69 – Gérardmer 55 – Guebwiller 22 – Mulhouse 44.

🏰 **Husseren-les-Châteaux** M ⬧, r. Schlossberg ℘ 03 89 49 22 93, Fax 03 89 49 24 84,
≤, 🍴, 🖪, 🔍, 💥 – 🛗 ⬦ 🗐 rest 🔟 ☎ & **P** – 🔬 120. 🖭 ① GB
Repas 105/335 – ⬜ 58 – **38 ch** 420/880 – ½ P 543.

HYÈRES 83400 Var 🗟🗟 ⑮ ⑯, 🗟🗟🗟 ㉖ ㊼ G. Côte d'Azur – 48 043 h alt. 40 – Casino des Palmiers Z.

Voir ≤★ *de la place St-Paul* Y **49** – *Jardins Olbius Riquier*★ V – ≤★ *du parc St-Bernard* Y –
Chapelle N.-D. de Consolation★ V N : *verrières*★ , ≤★ *de l'esplanade* S : *3 km – Sommet du
Fenouillet* ⚹★ NO : *4 km puis 30 mn.*

✈ *de Toulon-Hyères :* ℘ 04 94 22 81 60, SE : *4 km* V.

🛈 *Office de Tourisme Rotonde J.-Salusse, av. Belgique* ℘ 04 94 65 18 55, Fax 04 94 35 85 05.

Paris 854 ③ – Toulon 20 ③ – Aix-en-Provence 102 ③ – Cannes 122 ③ – Draguignan 79 ③.

Plan page suivante

🏨 **Mercure**, 19 av. A. Thomas ℘ 04 94 65 03 04, Fax 04 94 35 58 20, 🏤, 🔍 – 🛗 ⬦ 🗐 🔟 ☎
✆ & **P** – 🔬 100. 🖭 ① GB   V x
Repas grill carte 140 à 200 ⬧, enf. 42 – ⬜ 54 – **84 ch** 595.

🏨 **Casino des Palmiers** ℘ 04 94 12 80 80, Fax 04 94 65 01 99, 🏤 – 🛗
🗐 🔟 ☎ & **P** – 🔬 400. 🖭 GB. 💥 rest   Z n
Jack Pat (fermé lundi) **Repas** (dîner seul.) 135/200 – ⬜ 45 – **15 ch** 490.

🏩 **Ibis**, av. J. Moulin ℘ 04 94 38 83 38, Fax 04 94 38 57 24, 🏤 – 🛗 ⬦ 🗐 rest 🔟 ☎ & 🚗 **P**
– 🔬 30. 🖭 ① GB JCB   V a
L'Atrium (fermé dim. d'oct. à mars) **Repas** 95/139 ⬧, enf. 60 – ⬜ 39 – **46 ch** 355/455.

🏩 **Centrotel** sans rest, 45 av. E. Cawell ℘ 04 94 38 38 10, Fax 04 94 38 37 73 – 🗐 🔟 ☎ &
🚗. 🖭 ① GB   V s
⬜ 45 – **24 ch** 330/420.

🏩 **Soleil** sans rest, r. Rempart ℘ 04 94 65 16 26, Fax 04 94 35 46 00 – ☎. 🖭 ① GB   Y r
⬜ 38 – **20 ch** 230/420.

XX **La Crèche Provençale**, 15 rte Toulon ℘ 04 94 65 30 28, Fax 04 94 65 30 28 – 🗐. GB
fermé 14 au 21 juil., sam. midi et lundi – **Repas** 135/195.   V b

XX **Jardin de Bacchus**, 32 av. Gambetta ℘ 04 94 65 77 63, Fax 04 94 65 71 19 – 🗐. GB
GB   Z v
fermé 23 au 29 janv., sam. midi en été, dim. soir et lundi en hiver – **Repas** 140/300, enf. 60.

à Ayguade-Ceinturon Sud-Est : 5 km par av. A. Decugis – ✉ 83400 :

XX **Phoebus**, ℘ 04 94 66 30 60, Fax 04 94 66 46 28 – 🖭 ① GB
fermé juil., août, lundi soir et mardi – **Repas** 98/240.

à Hyères-Plage Sud-Est : 5 km - X – ✉ 83400 Hyères :

🏨 **Les Pins d'Argent**, ℘ 04 94 57 63 60, Fax 04 94 38 33 65, 🏤, parc, 🔍 – 🔟 ☎ **P**. 🖭
GB   X f
fermé 6 au 19 janv. – **Repas** (29 mars-28 sept. et fermé dim. soir et lundi en avril, mai, juin
et sept.) 100/180, enf. 50 – ⬜ 45 – **16 ch** 530, 4 appart – ½ P 440/485.

🏩 **La Rose des Mers** sans rest, ℘ 04 94 58 02 73, Fax 04 94 58 06 16, ≤, 🖙 – 🔟 ☎ **P**.
GB. 💥   X k
30 mars-15 oct. – ⬜ 45 – **20 ch** 350/440.

à La Capte Sud-Est : 8 km – ✉ 83400 Hyères :

🏨 **Ibis Thalassa** M, allée Mer ℘ 04 94 58 00 94, Fax 04 94 58 09 35, ≤, 🏤, centre de
thalassothérapie, 🍴, 🖪, 🖙 – 🛗 ⬦ 🔟 ☎ & **P** – 🔬 35. 🖭 ① GB. 💥 rest   X d
fermé 12 au 31 janv. – **Repas** 130 ⬧, enf. 50 – ⬜ 40 – **96 ch** 495/545 – ½ P 405/430.

NISSAN Gar. Lafosse, quai St-Gervais rte de Toulon   PEUGEOT Les Gds Gar. du Var, Zac la Crestade
La Bayorre ℘ 04 94 65 20 79   r. st-Joseph ℘ 04 94 12 40 40 🅽
                                                           ℘ 04 91 97 34 41

HYÈRES GIENS

Denis (Av. A.) . . . . . . Y
Dr-Perron (Av.) . . . . . Z 14
Gambetta (Av.) . . . . . Z
Gaulle (Av. de) . . . . . Y 16
Iles-d'Or (Av.) . . . . . . Z
Massillon
(Pl. et R.) . . . . Y 29

Barbacane (R.) . . . . . Y 2
Barruc (R.) . . . . Y 3
Belgique (Av. de) . . . Y 4
Bourgneuf (R.) . . . . . Y 5
Carqueiranne
(Rte de) . . . . X 6
Chateaubriand
(Bd) . . . . Y 7
Clemenceau (Pl.) . . . Y 9
Clotic (Av. J.) . . . . . Z 10
Costebelle (Mtée) . . V 12
Degioanni (Rue R.) . . X 13
Foch (Av. Mar.) . . . . . Z 15
Geoffroy
St-Hilaire (Av.) . . . V 17
Godillot (Av. A.) . . . . V 18
Herriot (Bd E.) . . . . . X 20
Lattre-de-T. (Av.) . . . V 22
Lefebvre (Pl. Th.) . . . Z 23
Macri
(Ch. Soldat) . . . . . V 25
Madrague (Rte) . . . . X 26
Mangin (Av. Gén.) . . Y 28
Millet (Av. E.) . . . . . . Z 32
Moulin-Premier-
(Ch. du) . . . . V 33
Noailles (Mtée de) . . Y 35
Palyvestre (Ch. du) . V 36
Paradis (R. de) . . . . . Y 37
Plaine-de-
Bouisson (Ch.) . . . X 40
Provence (R.) . . . . . . Z 41
Rabaton (R.) . . . . Y 42
République (Pl. et R.) Y 43
Riquier (Av. O.) . . . . . V 44
Roubaud (Ch.) . . . . . V 45
St-Bernard (R.) . . . . . Y 46
St-Esprit (R.) . . . . Y 47
St-Paul (Pl., R.) . . . . . Y 49
Ste-Catherine (R.) . . Y 50
Ste-Claire (R.) . . . . . . Y 51
Strasbourg (Crs) . . . . Y 52
Victoria (Av.) . . . . Z 53
11-Novembre (Pl.) . . V 56
15e-Corps-d'Armée
(Av. du) . . . . V 57

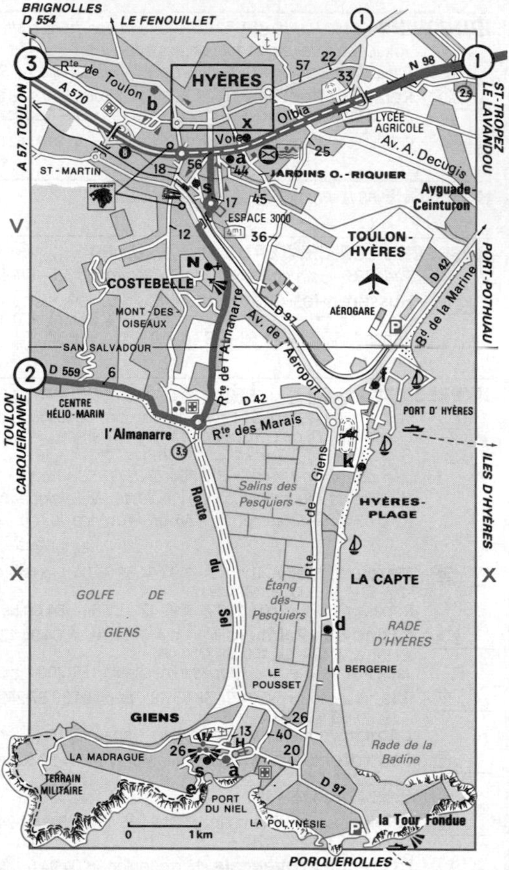

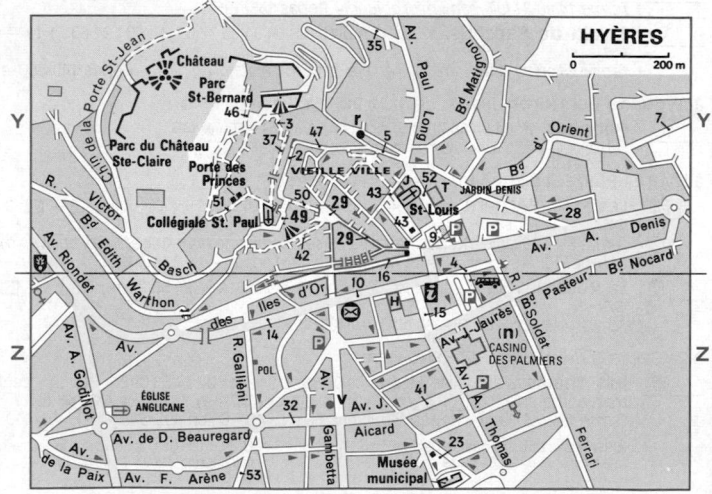

HYÈRES (Iles d') 83 Var 🔢 ⑯ ⑰, 🔢 ⑱ ⑲ – voir à Porquerolles et Port-Cros.

HYÈVRE-PAROISSE 25 Doubs 🔢 ⑰ – rattaché à Baume-les-Dames.

IBARRON 64 Pyr.-Atl. 🔢 ② – rattaché à St-Pée-sur-Nivelle.

IF (Ile du Château d') 13 B.-du-R. 🔢 ⑬, 🔢 ㉗ G. Provence.
⚓ au départ de **Marseille** pour le château d'If★★ (✳★★★) 1 h 30.

IGÉ 71960 S.-et-L. 🔢 ⑪ – 729 h alt. 265.
 Paris 399 – Mâcon 15 – Cluny 13 – Tournus 31.

🏰 **Château d'Igé** ⌛, 𝒫 03 85 33 33 99, Fax 03 85 33 41 41, 🍴, 🌳 – 📺 ☎ 🅿 – 🏥 60. 🎫
❄ ⓪ GB
 1ᵉʳ mars-30 nov. – **Repas** 155 (déj.), 195/365 – 🍽 70 – **7 ch** 565/740, 6 appart – ½ P 530/660
 Spéc. Fricassée d'escargots dans un jus de rôti lié au foie gras. Noisette de filet de boeuf à la lie de vin rouge. Gâteau tiède au chocolat coulant, parfait à la pistache.

ILAY 39 Jura 🔢 ⑮ G. Jura – ✉ 39150 St-Laurent-en-Grandvaux.
 Voir Cascades du Hérisson★★★.
 🅱 Office de Tourisme 𝒫 03 84 60 15 25.
 Paris 438 – Champagnole 19 – Lons-le-Saunier 37 – Morez 22 – St-Claude 40.

🏨 **Aub. du Hérisson**, carrefour D 75-D 39 𝒫 03 84 25 58 18, Fax 03 84 25 51 11 – ☎ 🅿. GB
 fermé 15 déc. au 1ᵉʳ fév. – **Repas** 70/230 ⚖, enf. 45 – 🍽 39 – **16 ch** 188/305 – ½ P 190/270.

ILE voir nom propre de l'île (sauf si nom de commune).

ILE AUX MOINES ★ 56780 Morbihan 🔢 ⑫ ⑬ G. Bretagne – 617 h alt. 16.
 Accès par transports maritimes.
 ⚓ depuis **Port-Blanc**. Traversée 5 mn - Renseignements et tarifs : IZENAH S.A.R.L 𝒫 02 97 26 31 45, Fax 02 97 26 31 01.
 ⚓ depuis **Vannes**. Service Saisonnier - Traversée 30 mn - Renseignements et tarifs : Navix Bretagne - Gare Maritime 𝒫 02 97 46 60 00, Fax 02 97 46 60 29.

🏨 **San Francisco** ⌛, au port 𝒫 02 97 26 31 52, Fax 02 97 26 35 59, ≤, 🍴 – 📺 ☎. 🎫 GB
 fermé 15 nov. au 15 déc. et jeudi d'oct. à mars – **Repas** 110/235, enf. 55 – 🍽 55 – **8 ch** 450/530 – ½ P 315/390.

L'ILE BOUCHARD 37220 I.-et-L. 🔢 ④ G. Châteaux de la Loire – 1 800 h alt. 41.
 Voir Chapiteaux★ dans le prieuré St-Léonard – Cathèdre★ dans l'église St-Maurice – Tavant : fresques★ dans l'église O : 3 km.
 Env. Champigny-sur-Veude : vitraux★★ de la Ste-Chapelle★ SO : 10,5 km.
 Paris 284 – Tours 51 – Châteauroux 120 – Chinon 18 – Châtellerault 49 – Saumur 43.

🍴 **Aub. de l'Ile**, 𝒫 02 47 58 51 07, Fax 02 47 58 51 07, 🍴 – GB
 fermé déc., janv., dim. soir et lundi – **Repas** 98/280, enf. 50.

ÎLE-D'ARZ 56840 Morbihan 🔢 ⑬ G. Bretagne – 256 h alt. 25.
 Accès par transports maritimes.
 ⚓ depuis **Conleau**. Traversée 15 mn - Renseignements auprès de la Sté le Didroux-Gilard 𝒫 02 97 66 92 06.
 ⚓ depuis **Vannes**. Services quotidiens - Traversée 30 mn - Renseignements : Navix Bretagne, Gare Maritime 𝒫 02 97 46 60 00 (Vannes), Fax 02 97 46 60 29.

ÎLE-DE-BRÉHAT ★ 22870 C.-d'Armor 🔢 ② G. Bretagne – 461 h alt. 7.
 Voir Tour de l'île★★ en vedette 1 h – Phare du Paon★ – Croix de Maudez ≤★ – Chapelle St-Michel ≤★ – Bois de la citadelle ≤★.
 Accès par transports maritimes, pour **Port-Clos**.
 ⚓ depuis la **Pointe de l'Arcouest**. Traversée 15 mn - Renseignements et tarifs : Vedettes de Bréhat (île de Bréhat) 𝒫 02 96 55 86 99, Fax 02 96 55 73 96.
 ⚓ depuis **St-Quay-Portieux**. Service saisonnier - Traversée 1 h 15 mn - Renseignements et tarifs : Voir ci-dessus.

🏠 **Bellevue** 🦐, Port-Clos ℘ 02 96 20 00 05, Fax 02 96 20 06 06, ≤, 🍽, 🌳 – 🛗 ☎. 😝
fermé 4 janv. au 15 fév. – **Repas** 94 (déj.), 115/175, enf. 68 – ☐ 52 – **17 ch** 430/800 –
½ P 395/420.

🏠 **La Vieille Auberge** 🦐, au bourg ℘ 02 96 20 00 24, Fax 02 96 20 05 12, 🍽 – ☎. 😝
😝 ch
vacances de printemps-vacances de Toussaint – **Repas** 90/300, enf. 55 – **14 ch**
(½ pens. seul.) – ½ P 360/420.

ILE D'HOUAT 56 Morbihan 🎱 ⑫ *G. Bretagne* – 390 h alt. 31 – ⊠ 56170 Quiberon.
Accès *par transports maritimes.*

🚢 depuis **Quiberon**. *Traversée 40 mn - Renseignements et tarifs : Cie Morbihannaise et
Nantaise de Navigation ℘ 02 97 50 06 90 (Quiberon), Fax 02 97 50 11 40.*

🏘 **La Sirène** 🦐, ℘ 02 97 30 66 73, Fax 02 97 30 66 94, ≤, 🍽 – 📺 ☎. ⚕ 😝
avril-15 nov. – **Repas** 95/220 – **14 ch** (½ pens. seul.) – ½ P 380/410.

✗ **Iles**, ℘ 02 97 30 68 02, Fax 02 97 30 66 61, ≤, 🍽 – ⚕ 😝. 😝
fév.-oct. – **Repas** 130/200, enf. 40.

L'ILE-ROUSSE 2B H.-Corse 🤍 ⑬ – *voir à Corse.*

Las ILLAS 66 Pyr.-Or. 🎱 ⑲ – *rattaché à Maureillas-las-Illas.*

ILLHAEUSERN 68970 H.-Rhin 🎱 ⑲ – 578 h alt. 173.
Paris 445 – Colmar 16 – Artzenheim 15 – St-Dié 55 – Sélestat 14 – Strasbourg 62.

🏘 **La Clairière** 🅼 🦐 sans rest, rte Guémar ℘ 03 89 71 80 80, Fax 03 89 71 86 22, 🏊, 😝 –
🛗 📺 ☎ 🅿. 😝
fermé janv. et fév. – ☐ 75 – **26 ch** 440/1000.

🏠 **Les Hirondelles,** ℘ 03 89 71 83 76, Fax 03 89 71 86 40, 🌳 – 🍴 ch 📺 ☎ ✔ 🅿. 😝.
😝 rest
hôtel : fermé 1er fév. au 5 mars – **Repas** (20 mars-30 sept. et fermé dim. soir) (dîner
seul.)(résidents seul.) – ☐ 35 – **19 ch** 250/270 – ½ P 255/270.

🌸🌸🌸🌸🌸 **Auberge de l'Ill** (Haeberlin), ℘ 03 89 71 89 00, Fax 03 89 71 82 83, « Élégante installa-
🌸🌸🌸 tion au bord de l'Ill, ≤ jardins fleuris » – 🍴 🅿. ⚕ ⓞ 😝
fermé 1er fév. au 9 mars, lundi sauf le midi du 25 mars au 17 nov. et mardi – **Repas** (prévenir)
510 (déj.), 610/720 et carte 490 à 650
Spéc. Salade de tripes aux fêves et au foie d'oie. Filets de bar à la mousseline de céleri et
truffes de la Saint-Jean (juin à août). Croustillant aux poires, glace à la chicorée confite. **Vins**
Pinot blanc, Riesling.

H. des Berges 🅼 🦐, ℘ 03 89 71 87 87, Fax 03 89 71 87 88, ≤, « Reconstitution d'un
séchoir à tabac du Ried », 🌳 – 🛗 🍴 ch ☎ ♿ 🚗. ⚕ ⓞ 😝
fermé fév., lundi et mardi - voir rest. **Aub. de l'Ill** – ☐ 130 – **7 ch** 1500/1750.

ILLIERS-COMBRAY 28120 E.-et-L. 🔟 ⑰ *G. Châteaux de la Loire* – 3 329 h alt. 160.
🚩 *Syndicat d'Initiative, 5 r. Henri Germond ℘ 02 37 24 21 79.*
Paris 115 – Chartres 26 – Châteaudun 29 – Le Mans 93 – Nogent-le-Rotrou 37.

✗✗ **Le Florent,** 13 pl. Marché (près église) ℘ 02 37 24 10 43 – 😝
fermé dim. soir et lundi sauf fériés – **Repas** 98/240, enf. 52.

CITROEN Gar. Troquet, 26 r de Chartres   PEUGEOT Gar. Ringuedé, 59 r. de Chartres
℘ 02 37 24 00 53 🅽 ℘ 02 37 24 00 53   ℘ 02 37 24 33 41

ILLKIRCH-GRAFFENSTADEN 67 B.-Rhin 🎱 ⑩ – *rattaché à Strasbourg.*

IMSTHAL (Étang d') 67 B.-Rhin 🎱 ⑰ ⑱ – *rattaché à La Petite-Pierre.*

INGERSHEIM 68 H.-Rhin 🎱 ⑰ – *rattaché à Colmar.*

INGRANDES 49123 M.-et-L. 🎱 ⑲ *G. Châteaux de la Loire* – 1 410 h alt. 20.
Voir *S : Route★ de Montjean-sur-Loire à St-Florent-le-Vieil (D 210).*
Paris 324 – Angers 32 – Ancenis 22 – Châteaubriant 56 – Château-Gontier 58 – Cholet 49.

🏠 **Lion d'Or,** r. Pont ℘ 02 41 39 20 08, Fax 02 41 39 21 03 – 📺 ☎ ✔ 🅿. ⚕ 😝
🦐 *fermé 15 au 28 fév.* – **Repas** 65/180 bc, enf. 48 – ☐ 30 – **16 ch** 160/260 – ½ P 181/227.

INNENHEIM 67880 B.-Rhin 62 ⑨ – 840 h alt. 150.

Paris 487 – Strasbourg 20 – Molsheim 12 – Obernai 10 – Sélestat 32.

🏠 **Au Cep de Vigne,** N 422 ℰ 03 88 95 75 45, Fax 03 88 95 79 73, � – 🛏 📺 ☎ ✆ 👍 📶 –
🅰 40. 🔾🄱
fermé 15 au 28 fév. – **Repas** *(fermé lundi)* 95/255 🍷, enf. 60 – 🍽 38 – **40 ch** 180/450 –
½ P 220/300.

INOR 55700 Meuse 56 ⑩ – 183 h alt. 180.

Paris 250 – Charleville-Mézières 51 – Carignan 14 – Longwy 62 – Sedan 28 – Verdun 53.

🏠 **Faisan Doré** 🦐, ℰ 03 29 80 35 45, Fax 03 29 80 37 92, 🍴, 🏊, � – ☎ 📶 🄰🄴 🔾🄱
🕿 *fermé vend. d'oct. à mars* – **Repas** 68/180 🍷 – 🍽 30 – **13 ch** 200/250 – ½ P 280/300.

ISIGNY-SUR-MER 14230 Calvados 54 ⑬ G. Normandie Cotentin – 3 018 h alt. 4.

Paris 297 – Cherbourg 62 – St-Lô 31 – Bayeux 33 – Caen 63 – Carentan 11.

🏠 **France,** 13 r. E. Demagny ℰ 02 31 22 00 33, Fax 02 31 22 79 19 – 📺 ☎ ✆ 📶 – 🅰 25. 🄰🄴
🔾🄱
15 fév.-15 nov. et fermé vend. soir et sam. du 25 sept. au 25 mars – **Repas** 56/185 🍷, enf. 40
– 🍽 34 – **19 ch** 180/310 – ½ P 230/335.

PEUGEOT Gar. Etasse, ℰ 02 31 22 02 52 🄽   RENAULT Isigny Gar., ℰ 02 31 22 02 33 🄽
ℰ 02 31 22 02 52   ℰ 02 31 22 02 33

L'ISLE-ADAM 95290 Val-d'Oise 55 ⑳ G. Ile de France – 9 979 h alt. 28.

Voir Chaire★ de l'église St-Martin.

🏌 l'Isle Adam ℰ 01 34 08 11 11, NE : 5 km.

🄱 Office de Tourisme Le Castel Rose, 1 av. de Paris ℰ 01 34 69 41 09, Fax 01 34 08 09 79.

Paris 37 – Compiègne 70 – Beauvais 49 – Chantilly 25 – Pontoise 19 – Taverny 15.

XX **Gai Rivage,** 11 r. Conti ℰ 01 34 69 01 09, Fax 01 34 69 30 37, 🍴 – 🔾🄱
fermé vacances de Toussaint, de fév., dim. soir et lundi – **Repas** 130/190.

X **Le Relais Fleuri,** 61 bis r. St-Lazare ℰ 01 34 69 01 85, 🍴 – 🄰🄴 🔾🄱
fermé 15 au 31 août, lundi soir et mardi – **Repas** 155/210 bc.

CITROEN Gar. Crocqfer, 6 Grande-Rue   RENAULT Gar. de l'Ile de France, 60 av. de Paris
ℰ 01 34 69 00 01   ℰ 01 34 69 05 66
PEUGEOT Gar. Pétillon 12 r. de Beaumont
ℰ 01 34 69 01 13 🄽 ℰ 08 00 44 24 24

L'ISLE-D'ABEAU 38 Isère 74 ⑬,, 110 ㉙ – rattaché à Bourgoin-Jallieu.

L'ISLE-JOURDAIN 32600 Gers 82 ⑥ ⑦ G. Pyrénées Aquitaine – 5 029 h alt. 116.

Voir Centre-musée européen d'Art campanaire★.

🏌 Las Martines ℰ 05 62 07 27 12, N : 4,5 km.

Paris 700 – Auch 43 – Toulouse 36 – Montauban 56.

🏠 **Host. du Lac,** Ouest : 1 km par rte d'Auch ℰ 05 62 07 03 91, Fax 05 62 07 04 37, ≤, 🍴,
🕿 🏊, � – 📺 ☎ 📶 – 🅰 30. 🔾🄱
fermé vacances de fév. – **Repas** 80/250 🍷 – 🍽 30 – **27 ch** 210/240 – ½ P 220/245.

à Pujaudran Est : 8 km par N 124 – 816 h. alt. 302 – ✉ 32600 :

XXX **Puits St-Jacques** (Retureau), ℰ 05 62 07 41 11, Fax 05 62 07 44 09, 🍴 – 🄰🄴 ⓞ 🔾🄱
❀ *fermé 1ᵉʳ au 20 août, vacances de fév., sam. midi, dim. soir et lundi* – **Repas** (sam. et dim.
prévenir) 110 (déj.), 160/270 et carte 250 à 320, enf. 75
Spéc. Poêlée de foie gras de canard du Gers au caramel de griottines. Suprêmes de pigeon
rôti au miel et épices. Délice de chocolat fondant grand cru Maujari.

rte de Toulouse par N 124 : 11 km – ✉ 32600 L'Isle-Jourdain :

XXX **Frachengues,** ℰ 05 62 07 40 63, Fax 05 62 07 42 16, 🍴 – 📶 🄰🄴 ⓞ 🔾🄱
fermé 15 au 31 août, 7 au 27 janv., dim. soir, mardi midi et lundi – **Repas** 100/250 et carte
220 à 310, enf. 60.

CITROEN Gar. Lisle, ℰ 05 62 07 02 57   RENAULT Gar. Gascogne-Sce, ℰ 05 62 07 13 07
FORD Gar. St-Germier-Pouydebat, 39 av. de   🄽 ℰ 05 62 07 13 07
Toulouse ℰ 05 62 07 00 13
PEUGEOT Gar. Rigal, ℰ 05 62 07 03 16 🄽   🛢 Rivière-Point S, ℰ 05 62 07 08 46
ℰ 05 62 07 03 16

L'ISLE-JOURDAIN 86150 Vienne 72 ⑤ G. Poitou Vendée Charentes – 1 269 h alt. 142.

🄱 Office de Tourisme pl. de l'ancienne gare (saison) ℰ 05 49 48 80 36 et à la Mairie ℰ 05 49
48 70 54.

Paris 387 – Poitiers 53 – Confolens 27 – Niort 102.

au Port de Salles *Sud : 7 km par D 8 et rte secondaire : –* ⊠ *86150 Le Vigeant :*

🏨 **Val de Vienne** Ⓜ ⍦ sans rest, ℰ 05 49 48 27 27, Fax 05 49 48 47 47, ≼, ⊼, 🖛 – 📺 ☎
   ఈ ⇔ 🅿. 🖼
   ⌑ 45 – **20 ch** 520.

XX **La Grimolée,** ℰ 05 49 48 75 22, 🈷, « Jardin au bord de la Vienne » – 🖼
   fermé dim. soir et lundi de sept. à mai – **Repas** 95/250.

CITROEN Gar. Foussier, ℰ 05 49 48 88 24   RENAULT Perrin, ℰ 05 49 48 70 22 🅽
PEUGEOT Gar. Rigaud, ℰ 05 49 48 70 37   ℰ 05 49 48 70 22

L'ISLE-SUR-LA-SORGUE *84800 Vaucluse* 🎱🎱 ⑫ ⑬ *G. Provence* **(plan)** *– 15 564 h alt. 57.*
   Voir *Décoration intérieure★ de l'église – Église★ du Thor O : 5 km.*
   🏌️ *Provence Country Club* ℰ 04 90 20 20 65, E : 4 km sur D 25.
   🅱 *Office de Tourisme pl. Église* ℰ 04 90 38 04 78, Fax 04 90 38 35 43.
   Paris 695 – Avignon 23 – Apt 34 – Carpentras 16 – Cavaillon 11 – Orange 42.

🏨 **Araxe H.** Ⓜ ⍦, rte Apt : 1,5 km ℰ 04 90 38 40 00, Fax 04 90 20 84 74, 🈷, « Jardin en
   bordure de la Sorgue », ⊼, ℀ – cuisinette 📺 ☎ & 🅿. – ☒ 50. 🖼 🕐 🖼
   Repas 90 (déj.), 128/168 ⅃ – ⌑ 50 – **51 ch** 270/750, 4 duplex – ½ P 425/530.

🏛 **Cantosorgue** Ⓜ sans rest, cours de la Pyramide (rte Carpentras) ℰ 04 90 20 81 81,
   Fax 04 90 38 40 30 – 🛗 🖳 📺 ☎ & 🅿. – ☒ 30. 🖼
   ⌑ 35 – **39 ch** 285.

XX **La Prévôté** (Mercier), 4 r. J.-J. Rousseau (derrière l'église) ℰ 04 90 38 57 29, 🈷 – 🖼
ᯤ *fermé nov., vacances de fév., dim. soir d'oct. à juin et lundi –* **Repas** 125 (déj.), 195/300
   Spéc. Cannelloni de saumon au chèvre frais. Canette laquée au miel de lavande. Tarte
   chaude au chocolat.

au Nord *: 6 km par D 938 et rte secondaire –* ⊠ *84740 Velleron :*

🏨 **Host. La Grangette** ⍦, ℰ 04 90 20 00 77, Fax 04 90 20 07 06, 🈷, « Demeure provençale dans un parc, ⊼ », ℀ – ↦ 📺 ☎ 🅿. – ☒ 80. 🖼 🖼 ℀ rest
   Repas 165/230 – ⌑ 70 – **16 ch** 650/1050 – ½ P 475/725.

rte d'Apt *Sud-Est : 6 km par N 100 –* ⊠ *84800 L'Isle-sur-la-Sorgue :*

🏨 **Mas des Grès,** ℰ 04 90 20 32 85, Fax 04 90 20 21 45, 🈷, ⊼, 🖛 – ☎ 🅿. 🖼 ℀
   1ᵉʳ mars-15 nov. et 20 déc.-7 janv. – **Repas** (dîner seul.) (résidents seul.) 145, enf. 70 – ⌑ 55
   – **14 ch** 430/560 – ½ P 415/490.

à Petit-Palais *Sud-Est : 6 km par D 31 ou par N 100 et D 24 –* ⊠ *84800 L'Isle-sur-la-Sorgue :*

XXX **Bernard Auzet,** ℰ 04 90 38 09 74, Fax 04 90 20 91 26, 🈷, 🖛 – 🅿. 🖼
   fermé merc. sauf fêtes – **Repas** 99 (déj.), 149/350 et carte 280 à 390.

au Sud-Ouest *: 3 km par rte de Caumont sur D 25 et rte secondaire –* ⊠ *84800 L'isle-sur-la-Sorgue :*

XXX **Mas de Cure Bourse** ⍦ avec ch, ℰ 04 90 38 16 58, Fax 04 90 38 52 31, 🈷, « Ancien
   mas au milieu des vergers, ⊼ », 🖛 – ☎ 🅿. – ☒ 50. 🖼
   Repas *(fermé 15 au 31 oct., 12 au 26 janv., mardi midi et lundi)* 165/260 et carte 200 à 280,
   enf. 98 – ⌑ 45 – **13 ch** 350/550 – ½ P 380/495.

PEUGEOT Gar. Manni, 7 quai Charité   ⑩ Magnan-Pneus, ZA Grande Marine, rte du
ℰ 04 90 21 28 88   Thor ℰ 04 90 38 00 89
RENAULT Automobile Cavaillonnaise, rte de
Pernes-les-Fontaines, quartier la Rode
ℰ 04 90 38 68 68 🅽 ℰ 08 00 05 15 15

L'ISLE-SUR-SEREIN *89440 Yonne* 🎱🎱 ⑥ – 533 h alt. 190.
   Paris 210 – Auxerre 50 – Avallon 16 – Montbard 32 – Tonnerre 40.

XX **Aub. Pot d'Étain** avec ch, ℰ 03 86 33 88 10, Fax 03 86 33 90 93, 🈷 – 🖳 rest 📺. 🖼
🍷 *fermé 20 au 26 oct., fév., dim. soir et lundi sauf juil.-août –* **Repas** 98/298, enf. 55 – ⌑ 38 –
   8 ch 240/390 – ½ P 290/350.

RENAULT Gar. Cervo, ℰ 03 86 33 84 87

ISOLA 2000 *06420 Alpes-Mar.* 🎱🎱 ⑩, 🎱🎱🎱 ⑤ *G. Alpes du Sud – alt. 2000 – Sports d'hiver : 1 800/*
   2 610 m ⍔ 1 ⍚ 22.
   Voir *Vallon de Chastillon★ O.*
   🏌️ *Club Isola 2000,* ℰ 04 93 23 90 10.
   🅱 *Office de Tourisme* ℰ 04 93 23 15 15, Fax 04 93 23 14 25.
   Paris 820 – Barcelonnette 85 – Nice 91 – St-Martin-Vésubie 56.

🏨 **Diva** 🅼 ⚠, _℘_ 04 93 23 17 71, Fax 04 93 23 12 14, ≤ montagnes, ☞ – ⋕ 🆃🆅 ☎ ⅙ 🅿 –
🎿 25. 🆎 ⑩ 🆖, ⅙ rest
14 déc.-20 avril – **Repas** 150 (déj.), 200/450, enf. 110 – ⊑ 80 – **18 ch** 2170/2250, 5 appart –
½ P 1325.

🏨 **Le Chastillon** ⚠, _℘_ 04 93 23 26 00, Fax 04 93 23 26 12, ≤, ☞ – ⋕ 🆃🆅 ☎ ⇐ 🅿 –
🎿 40 à 150. 🆎 ⑩ 🆖, ⅙ rest
1er déc.-30 avril – **Repas** 120/195, enf. 65 – **54 ch** ⊑ 595/1430 – ½ P 810.

ISPE _40 Landes_ 🔢 ⑬ – _rattaché à Biscarrosse._

Les ISSAMBRES _83380 Var_ 🔢 ⑱, 🔢 ㊳ _G. Côte d'Azur._
Paris 879 – Fréjus 10 – Draguignan 37 – St-Raphaël 12 – Ste-Maxime 11 – Toulon 102.

à San-Peire-sur-Mer – ✉ _83380 Les Issambres :_

🏨 **Provençal,** N 98 _℘_ 04 94 96 90 49, Fax 04 94 49 62 48, ≤, ☞ – 🆃🆅 ☎ 🅿 🆎 🆖
15 fév.-20 oct. – **Repas** _(fermé merc. midi hors sais. et mardi)_ 145/230 – ⊑ 40 – **27 ch**
340/504 – ½ P 380/440.

au parc des Issambres – ✉ _83380 Les Issambres :_

🏨 **Villa-St-Elme** 🅼, N 98 _℘_ 04 94 49 52 52, Fax 04 94 49 63 18, ≤, ☞, « En bordure de
mer », ⛱, 🐾, ☞ – ⋕ 🔲 🆃🆅 ☎ ⅙ ⅙ 🅿 🆎 🆖 🆓
Repas _(fermé merc. du 1er nov. à mi-mars)_ 230/350 et carte 310 à 450, enf. 90 – **13 ch**
⊑ 2815/3100, 3 appart – ½ P 800/1775.

🏨 **La Quiétude,** N 98 _℘_ 04 94 96 94 34, Fax 04 94 49 67 82, ≤, ☞, ⛱, ☞ – 🆃🆅 ☎ 🅿, 🆖
22 fév.-13 oct. – **Repas** 92/173, enf. 53 – ⊑ 36 – **19 ch** 310/355 – ½ P 322/345.

à la calanque des Issambres – ✉ _83380 Les Issambres :_

🍴🍴 **Chante-Mer,** au village _℘_ 04 94 96 93 23, ☞ – ▤. 🆖
fermé 15 déc. au 31 janv., dim. soir et lundi sauf juil.-août – **Repas** 120/205.

à la pointe de la Calle – ✉ _83380 Les Issambres :_

🍴🍴🍴 **Au Jardin Gourmand,** N 98 _℘_ 04 94 49 61 10, Fax 04 94 49 61 10, ≤, ☞ – ▤ 🅿, 🆎 🆖
fermé 3 janv. au 15 fév., et lundi midi en sais. – **Repas** 128/295 et carte 270 à 360, enf. 75.

ISSIGEAC _24560 Dordogne_ 🔢 ⑮ _G. Périgord Quercy_ – _638 h alt. 106._
🅱 _Syndicat d'Initiative pl. 8 Mai_ _℘_ 05 53 58 79 62.
Paris 558 – Périgueux 66 – Bergerac 19 – Bordeaux 110 – Cahors 89 – Villeneuve-sur-Lot 45.

🏨 **La Brucelière,** _℘_ 05 53 58 72 28, ☞ – 🆃🆅 ☎. 🆖
fermé nov., fév., dim. soir et lundi – **Repas** 65 (déj.), 80/190 ⅙, enf. 50 – ⊑ 35 – **6 ch**
200/320 – ½ P 205/265.

ISSOIRE ⓈⓅ _63500 P.-de-D._ 🔢 ⑭ ⑮ _G. Auvergne_ – _13 559 h alt. 400._
Voir _Anc. abbatiale St-Austremoine_★★ : _chevet_★★ Z.
Env. _Puy d'Yssou_ ✲★ _SO : 10 km par D 32._
🅱 _Office de Tourisme pl. Gén.-de-Gaulle_ _℘_ 04 73 89 15 90.
Paris 452 ① – Clermont-Ferrand 38 ① – Aurillac 121 ③ – Le Puy-en-Velay 95 ③ – Rodez
180 ③ – St-Étienne 178 ① – Thiers 57 ① – Tulle 173 ①.

Plan page suivante

🏨 **Grilotel,** Z.A.C. des Prés (ctre comm. Continent) Nord-Est : 1,5 km par D 716 ou D 9
_℘_ 04 73 89 60 76, Fax 04 73 89 41 83, ☞ – ⇔ 🆃🆅 ☎ ⅙ ⅙ 🅿 🆎 ⑩ 🆖
Repas _(fermé dim. midi du 1er nov. à Pâques)_ 59/129 ⅙, enf. 30 – ⊑ 32 – **36 ch** 210 –
½ P 220.

🏨 **Tourisme** sans rest, 13 av. Gare _℘_ 04 73 89 23 68, Fax 04 73 89 65 28 – 🆃🆅 ☎. 🆎 🆖
fermé 1er au 15 oct. – ⊑ 32 – **13 ch** 220/280.   YZ n

🍴 **Le Relais** avec ch, 1 av. Gare _℘_ 04 73 89 16 61, Fax 04 73 89 55 62 – 🆃🆅 ☎. 🆖   YZ a
fermé 3 au 17 mars, 1er au 7 juil., 14 au 27 oct., dim. soir et lundi hors sais. – **Repas** 58/158
⅙, enf. 38 – ⊑ 30 – **6 ch** 178/250 – ½ P 195/220.

🍴 **Le Parc** avec ch, 2 av. Gare _℘_ 04 73 89 23 85, Fax 04 73 89 44 76, ☞, ☞ – 🆃🆅 ☎. 🆖
Repas _(fermé sam. midi)_ 102/230 – ⊑ 50 – **7 ch** 300.   Z u

à Parentignat _par ② : 4 km – 398 h. alt. 314 –_ ✉ _63500 :_

🏨 **Tourette** ⚠, _℘_ 04 73 55 01 78, Fax 04 73 89 65 62, ☞ – ⋕ 🆃🆅 ☎ ⅙ 🅿, 🆖, ⅙ ch
fermé vacances de Toussaint, de Noël, vend. soir et sam. sauf du 1er juil. au 15 sept. – **Repas**
84/205 – ⊑ 35 – **36 ch** 220/300 – ½ P 255/265.

ISSOIRE

*Une réservation
confirmée par écrit
est toujours plus sûre.*

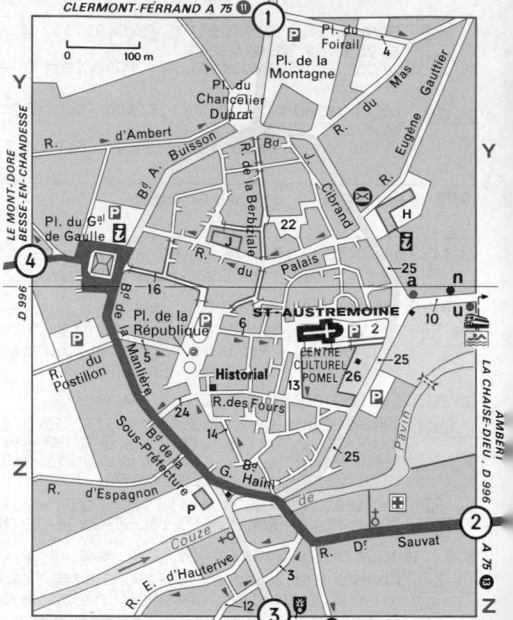

à Sarpoil par ② et D 999 : 10 km – ⊠ 63490 St-Jean-en-Val :

XX **La Bergerie**, ✆ 04 73 71 02 54 – P, AE ① GB
fermé vacances de Toussaint, de fév., mardi et merc. sauf juil.-août – Repas (nombre de couverts limité, prévenir) 115/330.

à Perrier par ④ et D 996 : 5 km – 727 h. alt. 415 – ⊠ 63500 :

XX **La Cour Carrée**, ✆ 04 73 55 15 55, 斎 – P, GB
fermé 23 au 29 juin, 13 au 29 sept. et sam. – Repas (déj. seul.) 70/260, enf. 50.

CITROEN Issoire diffusion automobiles, rte de Clermont par ① ✆ 04 73 89 76 86
PEUGEOT Gar. Morette, 66 av. Kennedy par ① ✆ 04 73 55 02 44
RENAULT Gar. Granval, rte de Clermont par ① ✆ 04 73 89 22 56 N ✆ 04 73 55 41 48
VAG Issoire-Autos, rte de St-Germain-Lembron ✆ 04 73 89 23 08

ⓦ Euromaster, 63 bd Kennedy ✆ 04 73 89 18 83
Pneu Service Issoirien, 42 av. de la Libération ✆ 04 73 89 05 27

Come districarsi nei sobborghi di Parigi?
*Utilizzando la **carta stradale** Michelin n. 101,*
*e le **piante** n. 17-18, 19-20, 21-22, 23-24 : chiare, precise ed aggiornate.*

ISSONCOURT 55 Meuse 56 ⑳ – 119 h alt. 260 – ⊠ 55220 Souilly.
Paris 265 – Bar-le-Duc 29 – St-Mihiel 30 – Verdun 28.

XX **Relais de la Voie Sacrée** ⌂ avec ch, ✆ 03 29 70 70 46, Fax 03 29 70 75 75, 斎, 𝄞 – ☎ P, GB
fermé 19 janv. au 10 mars, dim. soir du 1er nov. à Pâques et lundi – Repas 85/280 ⌂, enf. 70 – ⌂ 40 – **7 ch** 260 – ½ P 320.

ISSOUDUN ◈ 36100 Indre 68 ⑨ G. Berry Limousin – 13 859 h alt. 130.
Voir Musée St-Roch : arbre de Jessé★ dans la chapelle et apothicairerie★ AB.
⌂ des Sarrays ✆ 02 54 49 54 49, S : 12 km par ⑤.
🏛 Office de Tourisme pl. St-Cyr ✆ 02 54 21 74 57.
Paris 245 ① – Bourges 37 ② – Châteauroux 32 ⑤ – Tours 126 ① – Vierzon 34 ①.

598

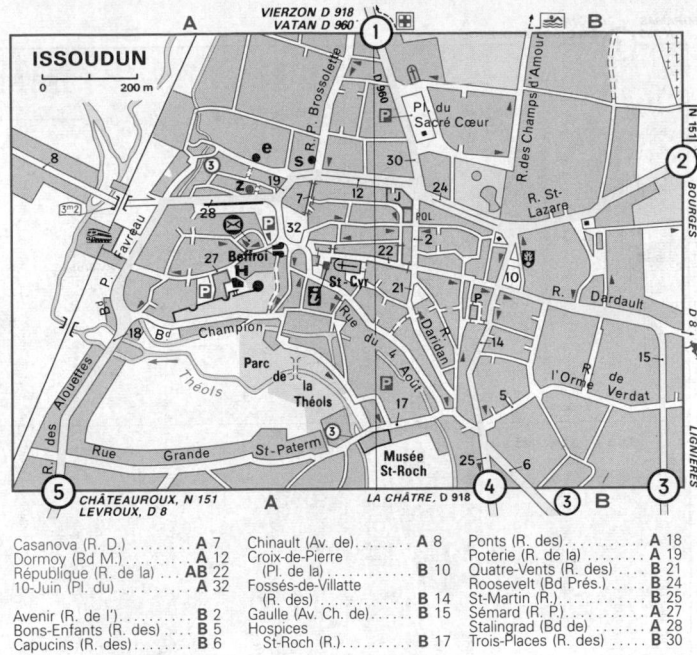

ISSOUDUN

0   200 m

VIERZON D 918
VATAN D 960

A   B

Pl. du
Sacré Cœur

CHÂTEAUROUX, N 151
LEVROUX, D 8

LA CHÂTRE, D 918

N 151

BOURGES

D 8

MONTLUÇON
LIGNIÈRES

Casanova (R. D.)	**A** 7	Chinault (Av. de)	**A** 8	Ponts (R. des)	**A** 18

Casanova (R. D.) .... **A** 7
Dormoy (Bd M.) .... **A** 12
République (R. de la) ... **AB** 22
10-Juin (Pl. du) .... **A** 32

Avenir (R. de l') .... **B** 2
Bons-Enfants (R. des) .. **B** 5
Capucins (R. des) .... **B** 6

Chinault (Av. de) .... **A** 8
Croix-de-Pierre
 (Pl. de la) .... **B** 10
Fossés-de-Villatte
 (R. des) .... **B** 14
Gaulle (Av. Ch. de) ..... **B** 15
Hospices
 St-Roch (R.) .... **B** 17

Ponts (R. des) .... **A** 18
Poterie (R. de la) .... **A** 19
Quatre-Vents (R. des) .... **B** 21
Roosevelt (Bd Prés.) .... **B** 24
St-Martin (R.) .... **B** 25
Sémard (R. P.) .... **A** 27
Stalingrad (Bd de) ...... **A** 28
Trois-Places (R. des) .... **B** 30

H. La Cognette M ⚓, r. Minimes ℰ 02 54 21 21 83, Fax 02 54 03 13 03 – 📺 ☎ 🅿 ⚓.
🆎 ① 🆖 ᴊᴄʙ
A e
voir rest. *La Cognette* ci-après – ⊆ 60 – **9 ch** 320/590, 3 appart – ½ P 450/550.

France et rest. Les Trois Rois, 3 r. P. Brossolette ℰ 02 54 21 00 65,
Fax 02 54 21 50 61, 🏡 – 📺 ☎ 🅿. 🆎 🆖
A s
fermé mi-sept. à mi-oct. et 17 au 25 fév. – **Repas** *(fermé dim. soir et mardi)* 80/160, enf. 60
– ⊆ 35 – **17 ch** 180/260 – ½ P 225.

Campanile M, par ② : N 151 ℰ 02 54 21 06 40, Fax 02 54 21 20 33, 🏡 – ⚡ 📺 ☎ ⚓ &
🅿 – 🔏 25. 🆎 ① 🆖
Repas 84 bc/107 bc, enf. 39 – ⊆ 32 – **40 ch** 278.

Rest. La Cognette -Hôtel La Cognette- (Nonnet), bd Stalingrad ℰ 02 54 21 21 83,
Fax 02 54 03 13 03 – ▣. 🆎 ① 🆖 ᴊᴄʙ
A z
fermé janv., dim. soir et lundi sauf juil.-août – **Repas** *(prévenir)* 155/395 et carte 260 à 400
Spéc. Crème de lentilles aux truffes. Goujonnettes de sole aux ravioles de lentins de chêne.
Foie de veau au miel et au citron. **Vins** Reuilly, Sancerre.

à Diou *par* ① : *12 km sur D 918* – *212 h. alt. 130* – ⊠ *36260* :

L'Aubergeade, rte Issoudun ℰ 02 54 49 22 28, 🏡, 🌳 – 🅿. 🆖
fermé merc. soir et dim. soir – **Repas** 100/195 bc.

PEUGEOT Gar. Fougere, rte de Châteauroux à
St-Aoustrille par ⑤ ℰ 02 54 21 03 24

Lesèche pneus, ZAC r. de Lattre de Tassigny
ℰ 02 54 21 38 91

🅞 Euromaster, N 151, rte de Bourges
ℰ 02 54 21 02 68

ISSY-LES-MOULINEAUX 92 Hauts-de-Seine 60 ⑩,, 101 ㉕ – *voir à Paris, Environs.*

Routes enneigées

Pour tous renseignements pratiques, consultez
les **cartes Michelin « Grandes Routes »** 918, 919, 915 ou 989.

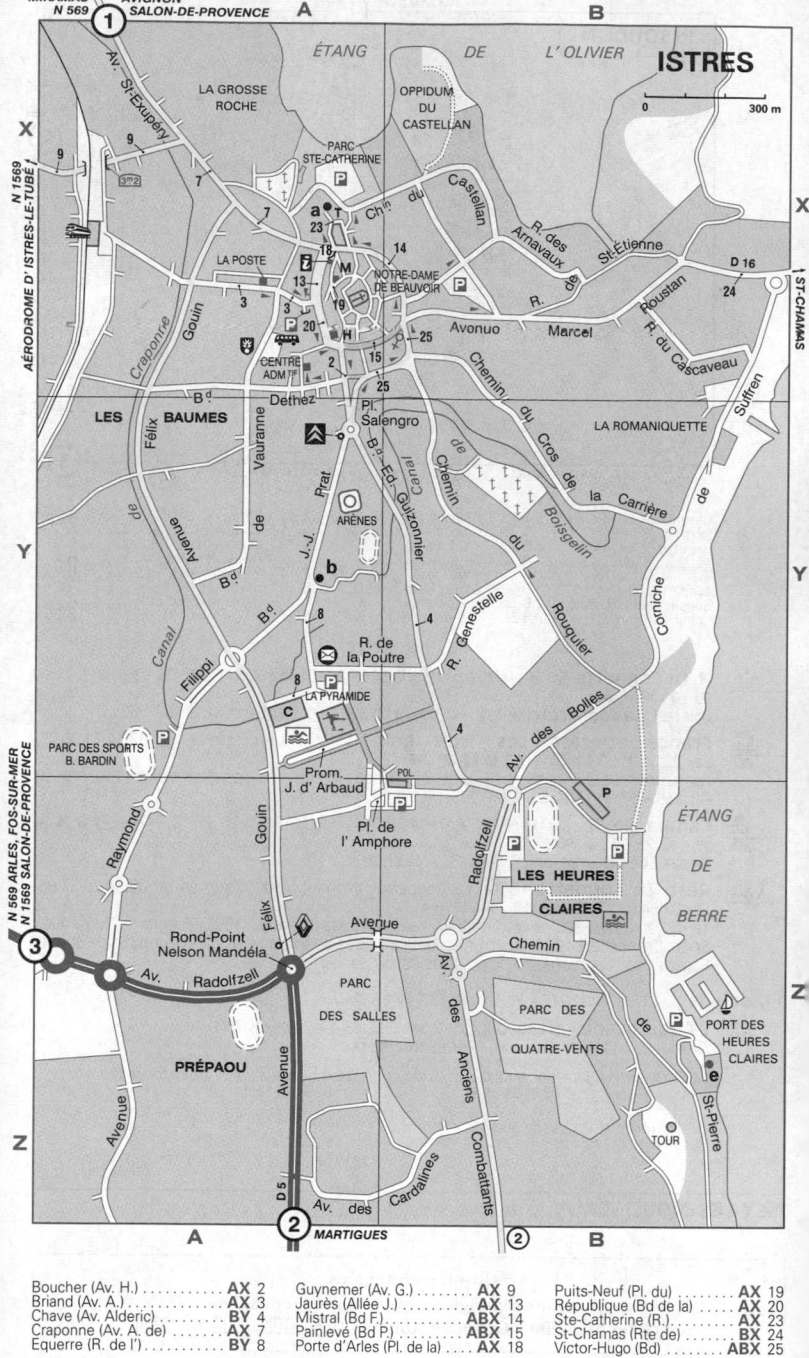

ISTRES

0   300 m

ISTRES ⬦ 13800 B.-du-R. **84** ① G. Provence – 35 163 h alt. 32.

🔹 Office de Tourisme 30 allées J.-Jaurès ℘ 04 42 55 51 15, Fax 04 42 56 59 50.
Paris 741 ③ – Marseille 54 ② – Arles 45 ③ – Martigues 14 ② – St-Rémy-de-Provence 40 ①
– Salon-de-Provence 21 ②.

Plan page ci-contre

🏠 **Le Castellan** sans rest, pl. Ste-Catherine ℘ 04 42 55 13 09, Fax 04 42 56 91 36, 🔟 – 📺 ☎
📳. GB. ❄
AX a
⌑ 32 – **17 ch** 255/290.

🏠 **Peyreguet** sans rest, bd J.J. Prat ℘ 04 42 55 04 52, Fax 04 42 55 66 41 – 📺 ☎ 📳. 🅰🅴 GB
AY b
⌑ 30 – **25 ch** 170/250.

🍴🍴 **St-Martin**, Port des Heures Claires, Sud-Est : 3 km ℘ 04 42 56 07 12, Fax 04 42 56 04 59,
≤, ☆ – 🍽. GB
BZ e
fermé nov., mardi soir et merc. – **Repas** 95/160.

CITROEN Gar. Clavel, bd J.-J.-Prat ⓦ Morcel Pneus, 12 ch. de Tivoli
℘ 04 42 11 01 01 🔟 ℘ 04 91 97 02 56 ℘ 04 42 56 34 46
RENAULT S.I.D.A., Carrefour F. Gouin et Radoff Zell,
℘ 04 42 56 91 22 🔟 ℘ 08 00 05 15 15

ITTERSWILLER 67140 B.-Rhin **62** ⑨ G. Alsace Lorraine – 248 h alt. 235.
Paris 500 – Strasbourg 42 – Erstein 23 – Mittelbergheim 5 – Molsheim 25 – Sélestat 15 –
Villé 14.

🏨 **Arnold** Ⓜ ❄, ℘ 03 88 85 50 58, Fax 03 88 85 55 54, ≤, ☆, ☞ – 📺 ☎ 📳 – 🔔 40. 🅰🅴
GB. ❄ ch
- **Winstub Arnold** (fermé dim. soir de nov. à mai et lundi) **Repas** 95/398 ⅄, enf. 65 – ⌑ 48 –
28 ch 450/650 – ½ P 420/535.

ITTEVILLE 91760 Essonne **61** ①, **106** ㊸ – 4 685 h alt. 72.
Paris 45 – Fontainebleau 37 – Arpajon 14 – Corbeil-Essonnes 21 – Étampes 20 – Melun 29.

🍴🍴 **Aub. de l'Épine**, Nord : 3 km, au domaine de l'Épine (29 r. Gén.-Leclerc)
℘ 01 64 93 10 75, Fax 01 64 93 09 89, ☆ – GB
fermé août, vacances de fév., lundi soir, mardi soir et merc. – **Repas** 155/215.

ITXASSOU 64250 Pyr.-Atl. **85** ③ G. Pyrénées Aquitaine – 1 563 h alt. 39.
Voir Église★.
Paris 792 – Biarritz 25 – Bayonne 23 – Cambo-les-Bains 5 – Pau 122 – St-Jean-de-Luz 34 –
St-Jean-Pied-de-Port 33.

🏠 **Fronton**, ℘ 05 59 29 75 10, Fax 05 59 29 23 50, ≤, ☆, 🔟, ☞ – 📺 ☎ 🕻 📳. 🅰🅴 ⓪ GB.
❄ ch
fermé 1ᵉʳ janv. au 15 fév. et merc. hors sais. – **Repas** 85/208 ⅄, enf. 44 – ⌑ 29 – **14 ch**
242/272 – ½ P 273/293.

🍴 **Chêne** avec ch, près église ℘ 05 59 29 75 01, Fax 05 59 29 27 39, ≤, ☆, ☞ – ☎ 📳. GB.
❄ rest
fermé 1ᵉʳ janv. au 1ᵉʳ mars, lundi et mardi sauf juil.-août – **Repas** 80/190, enf. 45 – ⌑ 32 –
16 ch 170/230 – ½ P 250.

IVRY-LA-BATAILLE 27540 Eure **55** ⑰, **106** ⑬ G. Normandie Vallée de la Seine – 2 563 h alt. 54.
Paris 79 – Anet 6 – Dreux 21 – Évreux 33 – Mantes-la-Jolie 25 – Pacy-sur-Eure 17.

🍴🍴🍴 **Moulin d'Ivry**, ℘ 02 32 36 40 51, Fax 02 32 26 05 15, ☆, « Jardin et terrasse au bord de
l'Eure » – 📳. 🅰🅴 GB
fermé fév., lundi soir et mardi sauf fériés – **Repas** 165/300 et carte 250 à 370.

IVRY-SUR-SEINE 94 Val-de-Marne **61** ①, **101** ㉖ – voir à Paris, Environs.

IZERNORE 01580 Ain **74** ④ – 1 170 h alt. 452.
Paris 481 – Bourg-en-Bresse 41 – Lyon 95 – Nantua 10 – Oyonnax 12.

🍴 **Michaillard**, ℘ 04 74 76 96 46 – ☎ ⇔ 📳. ❄ ch
fermé 15 août au 15 sept. et lundi soir – **Repas** 70/170 ⅄ – ⌑ 29 – **13 ch** 130/200 –
½ P 150/190.

JANZÉ 35150 I.-et-V. **63** ⑦ – 4 500 h alt. 83.
Paris 336 – Rennes 26 – Châteaubriant 32 – Laval 65 – Redon 65 – Vitré 31.

🍴 **Lion d'Or** avec ch, r. A. Briand ℘ 02 99 47 03 21, Fax 02 99 47 29 88 – 📺 ☎ ⓪ GB
fermé 30 août au 16 sept. et vacances de fév. – **Repas** (fermé dim. soir et lundi) 68/225 ⅄,
enf. 42 – ⌑ 20 – **8 ch** 100/250 – ½ P 190/230.

JARGEAU 45150 Loiret **64** ⑩ – 3 561 h alt. 104.

🖪 Office de Tourisme "La Chanterie", bd Carnot ℘ 02 38 59 83 42, Fax 02 38 59 92 61.
Paris 149 – Orléans 25 – Bourges 99 – Châteauneuf-sur-Loire 8 – Gien 48 – Montargis 54.

XX **Aub. Jeanne d'Arc**, 15 bd Porte Madeleine ℘ 02 38 59 99 09, Fax 02 38 59 78 71 – **GB**
fermé 23 juil. au 6 août, vacances de fév., dim. soir, mardi soir et merc. – **Repas** 99/270.

JARNAC 16200 Charente **72** ⑫ G. Poitou Vendée Charentes – 4 786 h alt. 26.

🖪 Office de Tourisme pl. Château ℘ 05 45 81 09 30, Fax 05 45 36 52 45.
Paris 457 – Angoulême 29 – Barbezieux 29 – Bordeaux 114 – Cognac 14 – Jonzac 39 –
Ruffec 56.

XX **Château**, pl. Château ℘ 05 45 81 07 17, Fax 05 45 35 35 71 – 🍽. 🖭 ⑩ **GB**
fermé août, vacances de fév., merc. soir, dim. soir et lundi – **Repas** 100 (déj.), 150/220 ⅋.

à Bourg-Charente Ouest : 6 km par N 141 et rte secondaire – 722 h. alt. 14 – ⊠ 16200 :

XXX **La Ribaudière** (Verrat), ℘ 05 45 81 30 54, Fax 05 45 81 28 05, 🌤, « Terrasse face à la
Charente », 🌧 – **P.** 🖭 ⑩ **GB**
ⓈⒶ
fermé 10 au 25 nov., 26 janv. au 18 fév., dim. soir hors sais. et lundi – **Repas** 128/300 et carte
230 à 340
Spéc. Crème de tourteau, gros ravioli et herbes frites. Tronçon de turbot au jus de canard,
risotto aux truffes. Biscuit moelleux chocolat, coulant à la fine champagne.

à Bassac Sud-Est : 7 km par N 141 et D 22 – 464 h. alt. 20 – ⊠ 16120 .
Voir Église★ de l'abbaye de Bassac.

🏨 **L'Essille** 🐾, ℘ 05 45 81 94 13, Fax 05 45 81 97 26, parc – 🖻 🕿 **P.** 🖭
Repas (fermé dim. soir) 100/220, enf. 60 – ⌂ 38 – **10 ch** 270/360 – ½ P 300/340.

à Vibrac Sud-Est : 11 km par N 141 et D 22 – 223 h. alt. 25 – ⊠ 16120 :

🏨 **Les Ombrages** 🐾, rte Angeac ℘ 05 45 97 32 33, Fax 05 45 97 32 05, 🌤, 🏊, 🌧, ⚒ –
GB 🖻 🕿 📧 **P.** 🖭 **GB**
fermé dim. soir et lundi d'oct. à mai – **Repas** 70/193 – ⌂ 38 – **10 ch** 270/320 – ½ P 230/
280.

PEUGEOT Gar. Forgeau, ℘ 05 45 81 18 35

JARVILLE-LA-MALGRANGE 54 M.-et-M. **62** ⑤ – rattaché à Nancy.

JAVRON 53 Mayenne **60** ① – 1 400 h alt. 176 – ⊠ 53250 Javron-les-Chapelles.
Paris 226 – Alençon 35 – Bagnoles-de-l'Orne 21 – Le Mans 67 – Mayenne 26.

XXX **La Terrasse**, ℘ 02 43 03 41 91 – **GB**
fermé vacances de fév., dim. soir et lundi sauf fériés – **Repas** 98/195 et carte environ 220,
enf. 60.

JERSEY (Ile de) ★★ Ile **54** ⑤ G. Normandie Cotentin.
Accès par transports maritimes pour **St-Hélier** (réservation indispensable).

🚢 depuis **St-Malo**. (réservation obligatoire) : par **car-ferry** - Traversée 70mn. Renseignements et tarifs à Emeraude Lines, Terminal Ferry du Naye (St-Malo) ℘ 02 99 40 48 40, Fax 02
99 40 04 43 par **Catamaran Trident** (traversée 75 mn). Renseignements et tarifs à Emeraude Lines, gare maritime de la Bourse (St-Malo) ℘ 02 99 40 48 40, Fax 02 99 40 57 47 – par
Hydroglisseur (Condor Ferries) - Traversée 1 h. Renseignements et tarifs à Morvan Fils
Voyages, gare maritime de la Bourse (St-Malo) ℘ 02 99 20 03 00, Fax 02 99 56 39 27.

🚢 depuis **Granville**. Catamaran rapide (traversée 70 mn) par Emeraude Lines ℘ 02 33 50
16 36, Fax 02 33 50 87 80. depuis **Carteret**. Catamaran (traversée 35 mn - Gorey, 55 mn -
St-Hélier) par Emeraude Lines ℘ 02 33 52 61 39, Fax 02 33 53 51 57.
Service aérien avec Paris Roissy I ℘ 01 42 96 02 44 et Dinard ℘ 02 99 46 22 81 par Jersey
European Airways, avec Cherbourg ℘ 02 33 22 91 32 et Dinard ℘ 02 99 46 70 28 par
Aurigny Air Services.

Ressources hôtelières : voir Guide Rouge Michelin : **Great Britain and Ireland**

JOIGNY 89300 Yonne **65** ④ G. Bourgogne – 9 697 h alt. 79.
Voir Vierge au sourire★ dans l'église St-Thibault A E – Côte St-Jacques ≤★ 1,5 km par
D 20 A.
Env. Laduz : musée rural des arts populaires★ S : 15 km.
🏌 du Roncemay ℘ 03 86 73 69 87, 18 km par ④.
🖪 Office de Tourisme 4 quai H.-Ragobert ℘ 03 86 62 11 05, Fax 03 86 91 76 38.
Paris 144 ⑤ – Auxerre 28 ③ – Gien 75 ⑤ – Montargis 60 ⑤ – Sens 33 ⑥ – Troyes 76 ②.

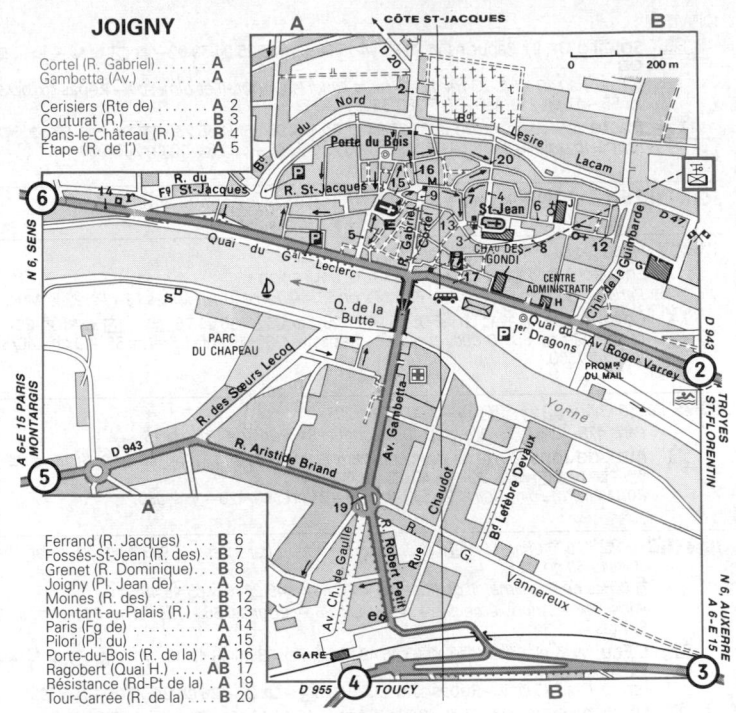

JOIGNY

La Côte St-Jacques (Lorain) Ⓜ ⌂, 14 fg Paris ℰ 03 86 62 09 70, Fax 03 86 91 49 70, ≤, « Belle décoration intérieure », 🔲, 🐾 – 🛗 🔲 📺 ☎ ⇌ 🅿 – 🔥 30. 🖭 ⓪ ☺
Repas (dim. prévenir) 320 bc (déj.), 510/720 et carte 580 à 810, enf. 180 – ☷ 110 – **25 ch** 740/1780, 4 appart   A r
Spéc. Huîtres bretonnes en petite terrine océane. Noix de Saint-Jacques, endives et chanterelles. Poularde de Bresse à la vapeur de champagne. **Vins** Chardonnay, Irancy.

Le Rive Gauche Ⓜ ⌂, r. Port au Bois ℰ 03 86 91 46 66, Fax 03 86 91 46 93, ≤, 🈺, 🐾, ⚒ – 🛗 🔲 rest 📺 ☎ & 🅿 – 🔥 25 à 50. 🖭 ☺   A s
Repas 98/200 – ☷ 50 – **42 ch** 250/660 – ½ P 310/410.

Modern'H. Godard, 17 av. R. Petit ℰ 03 86 62 16 28, Fax 03 86 62 44 33, 🈺, ⚒ – 📺 ☎ ⇌ 🅿 – 🔥 30. 🖭 ⓪ ☺ ☒   A e
fermé dim. soir et lundi du 3 nov. au 17 mars sauf fériés – **Repas** 140/360, enf. 50 – ☷ 45 – **21 ch** 195/500 – ½ P 470.

à Épineau-les-Voves par ③ : 7,5 km – 659 h. alt. 92 – ⌂ 89400 :

L'Orée des Champs, N 6 ℰ 03 86 91 20 39, Fax 03 86 91 24 92, 🈺, ⚒ – 🅿 ☺
fermé 26 août au 8 sept., vacances de fév., dim. soir de nov. à mars, mardi soir et merc. – **Repas** 72/174 ♨, enf. 40.

CITROEN Joigny Automobiles, N 6 à Champlay par ③ ℰ 03 86 62 06 45
RENAULT Gar. Busset, 31 r. d'Aillant-sur-Tholon à Senan par ④ ℰ 03 86 63 41 66 ◻
ℰ 03 86 63 41 66
RENAULT Gar. Moutardier, à Sépeaux par ⑤ ℰ 03 86 73 13 25

RENAULT Jovinienne Auto Saja, Rte de Migennes par ② ℰ 03 86 62 22 00 ◻
ℰ 08 00 05 15 15
VAG Autom. Fournet, 29 r. A.-Briand ℰ 03 86 62 09 21

⚙ Jeandot, 9 av. R.-Petit ℰ 03 86 62 18 84

JOINVILLE 52300 H.-Marne ⑥② ① G. Champagne – 4 755 h alt. 195.

Voir Château du Grand Jardin★.

🛈 Office de Tourisme r. A.-Briand ℰ 03 25 94 17 90.

Paris 239 – Bar-le-Duc 45 – Bar-sur-Aube 47 – Chaumont 42 – Neufchâteau 52 – St-Dizier 32 – Toul 77 – Troyes 94.

🏨 **Soleil d'Or**, 9 r. Capucins ℘ 03 25 94 15 66, Fax 03 25 94 39 02 – 🗐 🗗 ☎ ⛷ ♿ ⟵, AE ⑩
GB
fermé 4 au 10 août, 23 fév. au 1ᵉʳ mars, lundi (sauf hôtel) et dim. soir – **Repas** 100 bc/320 –
⊇ 55 – **17 ch** 210/430 – ½ P 280/360.

✗✗ **Poste** avec ch, pl. Grève ℘ 03 25 94 12 63, Fax 03 25 94 36 23 – 🗗 ☎ ⟵, AE ⑩ GB
ⓔ *fermé 10 janv. au 1ᵉʳ fév.* – **Repas** 80/210 ⓙ, enf. 45 – ⊇ 28 – **10 ch** 200/280.

JOINVILLE-LE-PONT 94 Val-de-Marne⑥① ①, ⑩① ㉗ – *voir à Paris, Environs.*

JONCY 71460 S.-et-L.⑥⑨ ⑱ – 424 h alt. 236.
Env. Mont St-Vincent ✳★★ O : 12 km, G. Bourgogne.
Paris 370 – *Chalon-sur-Saône 35* – Mâcon 53 – Montceau-les-Mines 22 – Paray-le-Monial 46.

✗✗ **Commerce** 🅜 avec ch, ℘ 03 85 96 27 20, Fax 03 85 96 21 76, 🍴 – 🗗 ☎ ⛷ 🅿. GB
ⓔ *fermé 12 nov. au 10 déc. et vend.* – **Repas** 85/280 ⓙ, enf. 55 – ⊇ 35 – **9 ch** 210/330 –
½ P 240/300.

JONS 69330 Rhône⑦④ ⑫, ⑪⓪ ⑰ – 1 001 h alt. 205.
Paris 478 – *Lyon 27* – Meyzieu 10 – Montluel 8 – Pont-de-Chéruy 13.

🏨 **Aub. de Jons** 🅜, rte de Montluel : 1 km ℘ 04 78 31 29 85, Fax 04 72 02 48 24, ≤, 🍴, ⊐,
✗ – 🗐 rest 🗗 ☎ ♿ 🅿 – 🕍 40. AE ⑩ GB 🆓
Repas *(fermé dim. soir)* 130/330 – ⊇ 40 – **23 ch** 380/420 – ½ P 350.

JONZAC ◁⑨▷ 17500 Char.-Mar.⑦① ⑥ G. Poitou Vendée Charentes – 3 998 h alt. 40 – Stat. therm.
(3 mars-30 nov.).
🛈 Office de Tourisme pl. du Château ℘ 05 46 48 49 29, Fax 05 46 48 51 07.
Paris 514 – *Angoulême 57* – Bordeaux 86 – Cognac 36 – Libourne 83 – Royan 59 –
Saintes 44.

🏨 **L'Ecu** 🅜, 3 pl. Fillaudeau ℘ 05 46 48 50 56, Fax 05 46 48 43 49, 🍴 – ▮ 🗗 ☎ ⛷ ♿ 🅿 –
ⓔ 🕍 30. AE ⑩ GB
fermé 1ᵉʳ au 15 janv. – **Repas** 60 (déj.), 78/128 ⓙ – ⊇ 28 – **26 ch** 235/275 – ½ P 195.

🏠 **Le Club**, pl. Église ℘ 05 46 48 02 27, Fax 05 46 48 17 15 – 🗗 ☎ ⟵. GB. ✗ ch
ⓔ *fermé 22 déc. au 5 janv.* – **Repas** *(fermé dim. soir et sam.)* 58 (déj.), 75/89 ⓙ – ⊇ 28 – **11 ch**
200/280 – ½ P 265/280.

à Clam *Nord : 6 km par D 142 – 237 h. alt. 67 – ✉ 17500 :*
✗✗ **Vieux Logis**, ℘ 05 46 70 20 13, Fax 05 46 70 20 64, 🍴 – 🅿. GB
ⓔ **Repas** 85/190, enf. 58.

CITROEN Gar. Mallet, ℘ 05 46 48 00 04   ⓦ Euromaster, 30 av. du 19 Mai 1962
PEUGEOT Belot, Pl du Champ de Foire   ℘ 05 46 48 35 05
℘ 05 46 48 08 77 🅽 ℘ 05 46 97 36 32

JOSSELIN 56120 Morbihan⑥③ ④ G. Bretagne **(plan)** – 2 338 h alt. 58.
Voir *Château★★* – Basilique N.-D.-du-Roncier★.
🏌₉ de Ploermel - Lac au Duc ℘ 02 97 73 64 65, E : 12 km par N 24.
🛈 Office de Tourisme pl. Congrégation ℘ 02 97 22 36 43, Fax 02 97 22 20 44.
Paris 428 – *Vannes 45* – Dinan 84 – Lorient 74 – Rennes 80 – St-Brieuc 79.

🏠 **France**, pl. Notre-Dame ℘ 02 97 22 23 06, Fax 02 97 22 35 78 – 🗗 ☎ 🅿. AE GB
ⓔ *fermé 15 au 31 janv., dim. soir et lundi hors sais.* – **Repas** 81/196, enf. 52 – ⊇ 35 – **20 ch**
230/320 – ½ P 249/305.

🏠 **Château**, ℘ 02 97 22 20 11, Fax 02 97 22 34 09, ≤ – 🗗 ☎ ⟵ 🅿. AE ⑩ GB
ⓔ *fermé 21 au 31 déc. et fév.* – **Repas** 82/215 ⓙ – ⊇ 35 – **36 ch** 215/320 – ½ P 280/350.
CITROEN Gar. Joubard, ℘ 02 97 22 23 04

JOUARRE 77 S.-et-M.⑤⑥ ⑬ – *rattaché à La Ferté-sous-Jouarre.*

JOUCAS 84220 Vaucluse⑧① ⑬ – 258 h alt. 263.
Paris 718 – Apt 14 – Avignon 43 – Carpentras 32 – Cavaillon 21.

🏨 **Host. le Phébus** ⌂, rte Murs ℘ 04 90 05 78 83, Fax 04 90 05 73 61, ≤ le Luberon, 🍴,
⊐, 🌳, ✗ – 🗐 ch 🗗 ☎ ♿ 🅿 AE GB
15 mars-oct. – **Repas** 160 (déj.), 200/290 – ⊇ 85 – **17 ch** 735/1080, 5 appart – ½ P 760/
925.

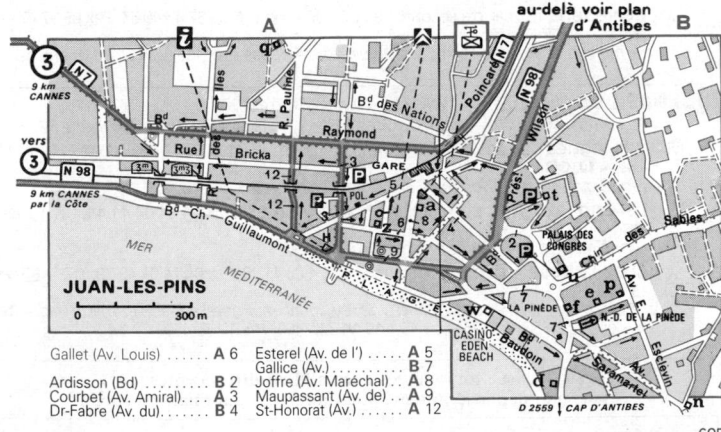

Mas des Herbes Blanches ⟨⟩, rte Murs : 2,5 km ℘ 04 90 05 79 79, Fax 04 90 05 71 96,
≤ le Luberon, 🌡️, ⤵️, 🌳, %️ – 🍽 ch 📺 ☎ 🅿. 🆎 ⓪ 🆖 🔚
fermé 2 janv. au 6 mars – **Repas** 230 (déj.), 285/395 et carte 350 à 470 – ☑ 90 – **16 ch**
840/1750, 3 appart – ½ P 860/1315
Spéc. Rosace de Saint-Jacques aux pointes d'asperges et beurre de curcuma (mars à mai).
Tarte fine de rougets à l'huile d'olive, compotée de tomates aux cébettes (juin à mi-oct.).
Symphonie de chocolat mi-amer aux griottines, sorbet cerise. **Vins** Côtes du Luberon,
Côtes du Ventoux.

Mas du Loriot ⟨⟩, rte Murs : 4 km ℘ 04 90 72 62 62, Fax 04 90 72 62 54, ≤ le Luberon,
🌡️, ⤵️ – 📺 ☎ 🅿. 🆖
fermé 20 déc. au 5 janv. et 15 fév. au 5 mars – **Repas** (prévenir)(dîner seul.) 180 – ☑ 70 –
6 ch 500/550 – ½ P 490.

JOUÉ-LÈS-TOURS 37 I.-et-L. **64** ⑮ – *rattaché à Tours.*

JOUGNE 25370 Doubs **70** ⑦ G. Jura– 1 162 h alt. 1001 – *Sports d'hiver : voir Métabief.*
Paris 454 – Besançon 80 – Champagnole 49 – Lausanne 48 – Morez 51 – Pontarlier 20.

Couronne, ℘ 03 81 49 10 50, Fax 03 81 49 19 77, 🌳 – ☎. 🆖, %️ ch
fermé 25 oct. au 30 nov., dim. soir et lundi hors sais. – **Repas** 93/200, enf. 52 – ☑ 33 –
14 ch 170/230 – ½ P 250/260.

à Entre-les-Fourgs Sud-Est : 4,5 km par D 423 – ✉️ 25370 Les Hôpitaux-Neufs :

Les Petits Gris ⟨⟩, ℘ 03 81 49 12 93, Fax 03 81 49 13 93, ≤, 🌳 – ☎. ⓪ 🆖, %️ ch
fermé 21 sept. au 12 oct. – **Repas** (fermé merc.) 80/175 ⌂, enf. 53 – ☑ 42 – **13 ch** 235/300
– ½ P 270/310.

Benutzen Sie für weite Fahrten
*die **Michelin-Länderkarten** im Maßstab 1:1 000 000.*

JOYEUSE 07260 Ardèche **80** ⑧ G. Vallée du Rhône– 1 411 h alt. 180.
Voir *Corniche du Vivarais Cévenol*★★ O.
🅱 *Office de Tourisme D 104* ℘ 04 75 39 56 76, Fax 04 75 39 58 87.
Paris 651 – Alès 54 – Mende 95 – Privas 53.

Les Cèdres, ℘ 04 75 39 40 60, Fax 04 75 39 90 16, ⤵️, 🌳 – 🛗 🍽 📺 ☎ ♿ 🅿. – 🎱 30. 🆎
⓪ 🆖
15 avril-15 oct. – **Repas** 70/175, enf. 45 – ☑ 39 – **45 ch** 250/305 – ½ P 300.

RENAULT Gar. Duplan, ℘ 04 75 39 43 91   ⓜ THOMAS, ℘ 04 75 39 40 00

JUAN-LES-PINS 06160 Alpes-Mar. **84** ⑨, **115** ㉟ ㊴ G. Côte d'Azur – alt. 2 – Casino Eden
Beach **B**.
🅱 *Office de Tourisme 51 bd Ch. Guillaumont* ℘ 04 92 90 53 05.
Paris 912 ② – Cannes 9 ③ – Aix-en-Provence 160 ② – Nice 25 ①.

Gallet (Av. Louis) ...... **A** 6	Esterel (Av. de l') ..... **A** 5
	Gallice (Av.) .... **B** 7
Ardisson (Bd) .... **B** 2	Joffre (Av. Maréchal).. **A** 8
Courbet (Av. Amiral).... **A** 3	Maupassant (Av. de) .. **A** 9
Dr-Fabre (Av. du)....... **B** 4	St-Honorat (Av.) ...... **A** 12

🏨 **Juana et rest. La Terrasse** ≫, la Pinède, av. G. Gallice 𝒫 04 93 61 08 70,
❀❀ Fax 04 93 61 76 60, ≼, 🍽, 🔼 – 🛗 🗏 ch 📺 ☎ 🅿 – 🔼 25. 🅰🅴 🇬🇧 **B f**
Pâques-fin oct. – **Repas** *(fermé merc. sauf juil.-août et fériés)* 270 (déj.), 410/630 et carte
530 à 660 – 🖙 **95 – 45 ch** 950/2050, 5 appart – ½ P 845/1425
Spéc. Ravioles de scampis frais, fumet de crustacés au parfum d'olives. Selle d'agneau de
Pauillac cuite en terre d'argile. Chaud "Juanais" au coeur de guanaja, sorbet
chocolat en plissé de noisette. **Vins** Palette, Bandol.

🏨 **Belles Rives,** bd du Littoral 𝒫 04 93 61 02 79, Fax 04 93 67 43 51, ≼ mer et massif de
l'Estérel, 🍽, « En bord de mer, plage aménagée » – 🛗 ½½ 🗏 📺 ☎ 🅿. 🅰🅴 🇬🇧. ⋘ rest
1ᵉʳ avril-10 oct. – **Repas** *(dîner seul.)* 290/360 **· Plage Belles Rives Repas** (déj. seul.)
190, enf.95 – 🖙 110 – **41 ch** 780/2450, 4 appart – ½ P 1175/1615.

🏨 **Garden Beach H.** M, 15 bd Baudoin 𝒫 04 92 93 57 57, Fax 04 92 93 57 56, ≼, 🍽, 🗚,
🏊⬢ – 🛗 ½½ 🗏 📺 ☎ ⅙ ⟵ – 🔼 150. 🅰🅴 🅾 🇬🇧. ⋘ rest **B w**
La Frégate *(fermé dim. soir et lundi de nov. à mars)* **Repas** 150/190, enf. 60 – **Brasserie
de la Plage** *(avril-oct.)* **Repas** (déj. seul.) carte environ 180 – 🖙 105 – **174 ch** 1000/1800, 4
appart – ½ P 740/890.

🏨 **Ambassadeur** M, 50 chemin des Sables 𝒫 04 93 67 82 15, Fax 04 93 67 79 85, 🍽, 🗚,
🔼 – 🛗 ½½ 🗏 📺 ⅙ – 🔼 150. 🅰🅴 🅾 🇬🇧 🇯🇨🇧 **B u**
Cézanne : Repas 170, enf. 60 – **Brasserie Le Gauguin :** Repas carte 140 à 230 🍷 – 🖙 95 –
235 ch 750/1150 – ½ P 750/850.

🏨 **Beauséjour** ≫ sans rest, av. Saramartel 𝒫 04 93 61 07 82, Fax 04 93 61 86 78, 🔼, ⌁
– 🛗 📺 ☎ 🅿. 🅰🅴 🇬🇧 **B n**
15 avril-30 sept. – 🖙 50 – **30 ch** 700/1000.

🏨 **Mimosas** ≫ sans rest, r. Pauline 𝒫 04 93 61 04 16, Fax 04 92 93 06 46, « Parc », 🔼 – 📺
☎ 🅿. 🅰🅴 🇬🇧. ⋘ **A q**
1ᵉʳ mai-30 sept. – 🖙 50 – **34 ch** 470/650.

🏨 **Ste-Valérie** ≫, r. Oratoire 𝒫 04 93 61 07 15, Fax 04 93 61 47 52, 🍽, 🔼, ⌁ – 🛗 🗏 ch
📺 🅾 📞. 🅰🅴 🅾 🇬🇧. ⋘ rest **B p**
26 avril-30 sept. – **Repas** 115 – 🖙 40 – **30 ch** 520/840 – ½ P 410/545.

🏨 **Astoria** M, 15 av. Mar. Joffre 𝒫 04 93 61 23 65, Fax 04 93 67 10 40 – 🛗 ½½ 🗏 📺 ☎ 🅿 –
🔼 25. 🅰🅴 🅾 🇬🇧. ⋘ rest **A a**
Repas 120 – 🖙 55 – **49 ch** 560/750 – ½ P 530.

🏨 **Pré Catelan** ≫, 22 av. Lauriers 𝒫 04 93 61 05 11, Fax 04 93 67 83 11, 🍽, ⌁ – 📺 ☎ 🅿.
🅰🅴 🅾 🇬🇧. ⋘ ch **B t**
Repas *(fermé 12 nov. au 22 déc., 10 janv. au 10 fév. et lundi sauf vacances scolaires)* 140 –
🖙 45 – **18 ch** 400/500 – ½ P 400/500.

🏨 **Eden H.** sans rest, 16 av. L. Gallet 𝒫 04 93 61 05 20, Fax 04 92 93 05 31 – ☎. 🇬🇧 **A z**
15 fév.-5 nov. – 🖙 28 – **17 ch** 280/380.

🏨 **Juan Beach** ≫, r. Oratoire 𝒫 04 93 61 02 89, Fax 04 93 61 16 63, 🍽 – 📺 ☎ 🅿. 🅰🅴 🇬🇧.
⋘ rest **B e**
1ᵉʳ avril-1ᵉʳ nov. – **Repas** 120/155 – 🖙 40 – **27 ch** 290/400 – ½ P 325/385.

CITROEN Gar. St-Charles, 8 r. St-Charles 𝒫 04 93 61 08 16

JUILLAC 33890 Gironde 🗗🗖 ⑬ – 200 h alt. 98.
Paris 566 – Bergerac 43 – Bordeaux 61 – Libourne 30 – La Réole 36.

XX **Belvédère,** Est par rte secondaire et D 130 : 4 km 𝒫 05 57 47 40 33, Fax 05 57 47 48 07,
≼, 🍽 – 🅿. 🅰🅴 🅾 🇬🇧
fermé oct., mardi soir et merc. sauf juil.-août – **Repas** 99 bc (déj.), 135/300 🍷, enf. 45.

JULIÉNAS 69840 Rhône 🗗🗗 ① G. Vallée du Rhône – 703 h alt. 276.
Paris 405 – Mâcon 14 – Bourg-en-Bresse 51 – Lyon 66 – Villefranche-sur-Saône 32.

🏨 **des Vignes** ≫ sans rest, rte St-Amour : 0,5 km 𝒫 04 74 04 43 70, Fax 04 74 04 41 95, ≼
– ☎ ⅙ 🅿. 🇬🇧
fermé dim. soir en hiver – 🖙 35 – **22 ch** 200/280.

XX **Le Coq au Vin,** pl. Marché 𝒫 04 74 04 41 98, Fax 04 74 04 41 44, 🍽 – 🅰🅴 🅾
⊜ 🇬🇧
fermé mi-déc. à mi-fév. et merc. – **Repas** 98/230.

X **Chez la Rose** avec ch, pl. Marché 𝒫 04 74 04 41 20, Fax 04 74 04 49 29, 🍽 – 📺 ☎. 🅰🅴
🅾 🇬🇧
fermé 20 nov. au 15 déc., vacances de fév., lundi (sauf hôtel en sais.) et mardi midi – **Repas**
98 (déj.), 120/350, enf. 75 – 🖙 45 – **10 ch** 220/400 – ½ P 295/450.

Utilisez toujours les **cartes Michelin** récentes.
Pour une dépense minime vous aurez des informations sûres.

JULLOUVILLE 50610 Manche 🔢 ⑦ *G. Normandie Cotentin* – *2 046 h alt. 60.*
  🏛 *Office de Tourisme av. Mar.-Leclerc (juil.-août)* ℰ 02 33 61 82 48.
  Paris 347 – *St-Lô 60* – *St-Malo 90* – *Avranches 23* – *Granville 9.*

🏠 **Equinoxe** sans rest, 28 av. Libération ℰ 02 33 50 60 82, Fax 02 33 50 87 71 – 📺 ☎ 🔾 🄿.
  🄰🄴 🄶🄱
  1ᵉʳ avril-11 nov. – 🍽 32 – **12 ch** 260/280.

JUMIÈGES 76118 S.-Mar. 🔢 ⑤ *G. Normandie Vallée de la Seine* – *1 641 h alt. 25.*
  Voir *Ruines de l'abbaye★★★.*
  Bac: *de Jumièges : renseignements* ℰ 02 35 37 24 23.
  Paris 160 – *Rouen 27* – *Caudebec-en-Caux 16.*

🍴 **Aub. des Ruines,** ℰ 02 35 37 24 05, 🏤 – 🄰🄴 🄶🄱
  fermé 20 déc. au 20 janv., dim. soir, lundi et le soir du 1ᵉʳ nov. au 15 mars – **Repas** 93/240.

JUNGHOLTZ 68 H.-Rhin 🔢 ⑨ – *rattaché à Guebwiller.*

Les JUNIES 46150 Lot 🔢 ⑦ *G. Périgord Quercy* – *255 h alt. 115.*
  Paris 582 – *Cahors 24* – *Gourdon 35* – *Villeneuve-sur-Lot 55.*

🍴🍴 **La Ribote,** rte Goujounac 2 km ℰ 05 65 36 25 55, Fax 05 65 36 28 91, 🏤, « Ancien moulin », 🌳 – 🄿, 🄰🄴 🄾 🄶🄱
  fermé 5 janv. au 12 fév. et merc. du 15 sept. au 30 juin – **Repas** 95/295.

JURANÇON 64 Pyr.-Atl. 🔢 ⑥ – *rattaché à Pau.*

JUVIGNAC 34 Hérault 🔢 ⑦ – *rattaché à Montpellier.*

JUVIGNY-SOUS-ANDAINE 61140 Orne 🔢 ① – *1 105 h alt. 200.*
  Paris 241 – *Alençon 50* – *Argentan 47* – *Bagnoles-de-l'Orne 10* – *Domfront 12* – *Mayenne 34.*

🔾 **Forêt,** ℰ 02 33 38 11 77 – ☎. 🄶🄱
🔾 *fermé 1ᵉʳ au 15 janv.* – **Repas** 75/150 🍷, enf. 50 – 🍽 30 – **7 ch** 170/270 – ½ P 200/300.

🍴🍴 **Au Bon Accueil** avec ch, ℰ 02 33 38 10 04, Fax 02 33 37 44 92 – 📺 ☎ 🚗. 🄶🄱
🔾 *fermé 1ᵉʳ fév. au 5 mars, dim. soir et lundi* – Repas 138/280, enf. 68 – 🍽 40 – **8 ch** 250/320 – ½ P 295.

KATZENTHAL 68230 H.-Rhin 🔢 ⑰ – *505 h alt. 280.*
  Paris 473 – *Colmar 7* – *Gérardmer 51* – *Munster 18* – *St-Dié 52.*

🏠 **A l'Agneau,** ℰ 03 89 80 90 25, Fax 03 89 27 59 58, 🏤 – ☎ 🄿. 🄶🄱. 🛏 ch
  fermé 9 au 30 juin et 1ᵉʳ janv. au 27 fév. – **Repas** *(fermé mardi sauf le soir d'avril à oct. et lundi)* 70 (déj.), 95/280 🍷, enf. 45 – 🍽 35 – **11 ch** 260/290 – ½ P 260/290.

KAYSERSBERG 68240 H.-Rhin 🔢 ⑱ *G. Alsace Lorraine* (plan) – *2 755 h alt. 242.*
  Voir *Église★ : retable★★* – *Hôtel de ville★* – *Pont fortifié★* – *Maison Brief★.*
  🏛 *Office du Tourisme, 39 r. du Gén.-de-Gaulle* ℰ 03 89 78 22 78, Fax 03 89 78 11 12.
  Paris 466 – *Colmar 11* – *Gérardmer 51* – *Guebwiller 35* – *Munster 23* – *St-Dié 45* – *Sélestat 26.*

🏛🏛 **Chambard et sa Résidence** (Irrmann) 🄼 🛏, r. Gén. de Gaulle ℰ 03 89 47 10 17,
  Fax 03 89 47 35 03 – 📶 📺 ☎ 🄿, 🄰🄴 🄶🄱 🄹🄲🄱
  fermé 1ᵉʳ au 21 mars – **Repas** *(fermé mardi midi et lundi)* 250/450 et carte 330 à 450 -
  Le Bistrot *(fermé lundi)* **Repas** 120 🍷, enf. 60 – 🍽 60 – **20 ch** 650/750 – ½ P 600/650
  Spéc. Pot-au-feu de foie d'oie au gros sel. Citronnade de rouget barbet. Trois mousses au chocolat. **Vins** Riesling, Tokay-Pinot gris.

🏨🏨 **Arbre Vert** (annexe Belle Promenade 14 ch), ℰ 03 89 47 11 51, Fax 03 89 78 13 40 – 📺
  ☎. 🄶🄱. 🛏 ch
  fermé janv. – **Repas** *(fermé lundi)* 125/230 🍷 – 🍽 43 – **22 ch** 330/390 – ½ P 360/385.

🏨🏨 **Remparts** 🛏 sans rest (annexe Les Terrasses 🏛🏛 🄼 📶 11 ch), ℰ 03 89 47 12 12,
  Fax 03 89 47 37 24 – cuisinette 📺 ☎ 🔾 🔾 🚗 🄿, 🄐 25. 🄰🄴 🄶🄱
  🍽 38 – **38 ch** 340/430.

🏨🏨 **Constantin** 🄼 🛏 sans rest, 10 r. Père Kohlman ℰ 03 89 47 19 90, Fax 03 89 47 37 82 –
  📶 📺 ☎ 🚗 – 🄐 25. 🄶🄱. 🛏
  🍽 39 – **20 ch** 320/370.

🍴🍴 **Au Lion d'Or,** ℰ 03 89 47 11 16, Fax 03 89 47 19 02, 🏤 – 🄰🄴 🄶🄱
🔾 *fermé août, mardi soir de nov. à avril et merc.* – **Repas** 85/250 🍷.

XX **La Vieille Forge,** 1 r. Écoles ☎ 03 89 47 17 51, Fax 03 89 78 13 53 – ▤. GB
fermé 1er au 18 juil., 16 au 25 fév., mardi sauf le midi d'avril à oct. et merc. – **Repas** 105/270 ♁, enf. 55.

X **Château** avec ch, ☎ 03 89 78 24 33 – ☎. GB
fermé 3 au 8 juil., 8 fév. au 8 mars, merc. soir du 1er nov. au 1er juil. et jeudi – **Repas** 83/185 ♁, enf. 55 – ☕ 35 – **8 ch** 150/310 – ½ P 233/303.

à Kientzheim *Est : 3 km par D 28 – 933 h. alt. 225 – ✉ 68240.*
Voir *Pierres tombales★ dans l'église.*

Host. Abbaye d'Alspach sans rest, ☎ 03 89 47 16 00, Fax 03 89 78 29 73, « Ancien couvent du 13e siècle » – TV ☎ P. AE GB
fermé 5 janv. au 10 mars – ☕ 45 – **29 ch** 320/420.

Schwendi, ☎ 03 89 47 30 50, Fax 03 89 49 04 49, – TV ☎. AE GB
fermé 23 déc. au 15 mars et mardi soir – **Repas** 90/300 ♁, enf. 46 – ☕ 35 – **17 ch** 305/350 – ½ P 318/340.

PEUGEOT Gar. Hiltenfinck, ☎ 03 89 78 23 08 N ☎ 03 89 47 13 00
RENAULT Gar. Flesch, ☎ 03 89 47 10 43

KIENTZHEIM *68 H.-Rhin* 62 ⑱ ⑲ *– rattaché à Kaysersberg.*

Le KREMLIN-BICÊTRE *94 Val-de-Marne* 61 ①, 101 ㉖ *– voir à Paris, Environs.*

KRUTH *68820 H.-Rhin* 62 ⑱ *– 976 h alt. 498.*
Voir *Cascade St-Nicolas★ SO : 3 km par D 13b1*, G. Alsace Lorraine.
Paris 451 – Épinal 67 – Mulhouse 39 – Colmar 60 – Gérardmer 31 – Thann 19 – Le Thillot 25.

Aub. de France, rte Oderen ☎ 03 89 82 28 02, Fax 03 89 82 24 05, – TV ☎ P. GB
fermé 2 nov. au 10 déc. et jeudi – **Repas** 55 (déj.), 85/210 ♁ – ☕ 35 – **16 ch** 180/220 – ½ P 190/210.

RENAULT Gar. du Lac, ☎ 03 89 82 26 90 N ☎ 03 89 82 26 90

LABAROCHE *68910 H.-Rhin* 62 ⑱ *– 1 676 h alt. 750.*
Paris 470 – Colmar 18 – Gérardmer 50 – Munster 23 – St-Dié 49.

Tilleul , ☎ 03 89 49 84 46, – TV ☎ P. GB. rest
fermé 7 janv. au 7 fév. – **Repas** 68/110 ♁ – ☕ 35 – **32 ch** 260 – ½ P 230.

Gar. Girard, Les Correaux ☎ 03 89 49 82 68

LABARTHE-SUR-LEZE *31 H.-Gar.* 82 ⑱ *– rattaché à Muret.*

LABASTIDE-BEAUVOIR *31450 H.-Gar.* 82 ⑲ *– 599 h alt. 260.*
Paris 720 – Toulouse 25 – Carcassonne 74 – Castres 57 – Pamiers 51.

X **Aub. du Courdil,** ☎ 05 61 81 82 55, – P. GB
fermé 28 juin au 11 juil., dim. soir et lundi – **Repas** 55/150 ♁.

LABASTIDE-MURAT *46240 Lot* 75 ⑱ *G. Périgord Quercy – 610 h alt. 447.*
Paris 557 – Cahors 32 – Sarlat-la-Canéda 48 – Brive-la-Gaillarde 74 – Figeac 47 – Gourdon 23.

Climat de France, ☎ 05 65 21 18 80, Fax 05 65 21 10 97, – TV ☎ & AE GB
fermé 15 déc. au 15 janv. – **Repas** 68 (déj.), 89/135 ♁, enf. 39 – ☕ 35 – **20 ch** 310.

LABATUT *40300 Landes* 78 ⑦ *– 952 h alt. 45.*
Paris 752 – Biarritz 63 – Pau 68 – Auch 168 – Bayonne 52 – Dax 23.

XX **Bousquet,** N 117 ☎ 05 58 98 14 44, , – P. GB
fermé vacances de fév., mardi soir hors sais. et merc. – **Repas** 91/230, enf. 45.

LABÈGE *31 H.-Gar.* 82 ⑱ *– rattaché à Toulouse.*

LABERGEMENT-FOIGNEY *21 Côte-d'Or* 66 ⑬ *– rattaché à Genlis.*

LAC voir au nom propre du lac.

LACABARÈDE *81240 Tarn* 🆇🆇 ⑫ – *304 h alt. 325.*
Paris 766 – Béziers 71 – Carcassonne 67 – Castres 36 – Mazamet 18 – Narbonne 61.

🏠 **Demeure de Flore** ≫, ℰ 05 63 98 32 32, Fax 05 63 98 47 56, 🏤, parc, 🎯 – 📺 ☎ 🔥
🛋 🄿. 🆖
fermé fév. – **Repas** 90/120 – ⊊ 55 – **10 ch** 360/470 – ½ P 385/410.

LACANAU-OCÉAN *33680 Gironde* 🆇🆇 ⑱ *G. Pyrénées Aquitaine.*
Voir *Lac de Lacanau★ E : 5 km.*
🅿🄸🄱 *de Lacanau* ℰ 05 56 03 25 60, E : 2 km ; 🅿🄵🄲 *la Méjanne* ℰ 05 56 03 28 80.
Paris 637 – Bordeaux 61 – Andernos-les-Bains 44 – Arcachon 87 – Lesparre-Médoc 52.

🏨🏨 **Aplus H. Village Cheval** Ⓜ ≫, rte Baganais ℰ 05 56 03 91 00, Fax 05 56 03 91 10, 🏤,
parc, 🄵🔥, 🎯, 🄽 – 🛗 📺 ☎ 🔥 🄿 – 🔥 50. 🄰🄴 ⓞ 🆖
mars-nov. – **Repas** 145, enf. 50 – ⊊ 50 – **59 ch** 500/600 – ½ P 470.

🏨 **du Golf** ≫, au golf ℰ 05 56 03 23 15, Fax 05 56 26 30 57, ≼, 🏤, 🎯, 🚲 – 📺 ☎ 🔥 🄿 –
🔥 50. 🄰🄴 ⓞ 🆖
Repas *(fermé le soir d'oct. à mars)* 75 (déj.), 100/150 – ⊊ 50 – **50 ch** 470/600.

🏠 **Étoile d'Argent**, ℰ 05 56 03 21 07, Fax 05 56 03 25 29, 🏤 – 📺 ☎ 🄿. 🄰🄴 🆖
😋 *fermé 1er déc. au 31 janv. et lundi sauf vacances scolaires* – **Repas** 70/250, enf. 50 – ⊊ 35 –
14 ch 270/370 – ½ P 300/350.

LACAPELLE-MARIVAL *46120 Lot* 🆇🆇 ⑲ ⑳ *G. Périgord Quercy* – *1 201 h alt. 375.*
🄳 *Office de Tourisme pl. Halle* ℰ 05 65 40 81 11.
Paris 560 – Cahors 64 – Aurillac 67 – Figeac 20 – Gramat 20 – Rocamadour 32 – Tulle 80.

🍴🍴 **Terrasse** avec ch, ℰ 05 65 40 80 07, Fax 05 65 40 99 45, 🏤, 🍽 – 📺 ☎ 🚗. 🆖
😋 *fermé 2 janv. au 2 mars, dim. soir et lundi hors sais.* – **Repas** 90/225 🍷, enf. 55 – ⊊ 37 –
9 ch 235/270 – ½ P 260/280.

LACAPELLE-VIESCAMP *15150 Cantal* 🆇🆇 ⑪ – *438 h alt. 550.*
Paris 554 – Aurillac 19 – Figeac 59 – Laroquebrou 12 – St-Céré 52.

🏠 **Lac** ≫, ℰ 04 71 46 31 57, Fax 04 71 46 31 64, ≼, 🎯, 🍽 – 📺 ☎ 📞 🔥 🄿. 🆖
😋 *fermé 1er janv. au 31 mars* – **Repas** 85/195 🍷, enf. 40 – ⊊ 35 – **23 ch** 280/320 – ½ P 260/
275.

LACAUNE *81230 Tarn* 🆇🆇 ③ *G. Gorges du Tarn* – *3 117 h alt. 793* – *Casino .*
🄳 *Office de Tourisme pl. Gén.-de-Gaulle* ℰ 05 63 37 04 98.
Paris 723 – Albi 69 – Béziers 85 – Castres 46 – Lodève 72 – Millau 71 – Montpellier 130.

🏨🏨 **Fusiès**, r. République ℰ 05 63 37 02 03, Fax 05 63 37 10 98, 🏤, 🎯, 🍽 – 🛗 📺 ☎ – 🔥 30.
😋 🄰🄴 ⓞ 🆖 🄹🄲🄱
fermé 3 au 30 janv., vend. soir et dim. soir du 15 nov. au 15 mars – **Repas** 80/330, enf. 62 –
⊊ 44 – **52 ch** 260/330 – ½ P 300/330.

🍴 **Calas** avec ch, pl. Vierge ℰ 05 63 37 03 28, Fax 05 63 37 09 19, 🏤, 🎯, 🍽 – 📺 ☎. 🄰🄴 ⓞ
😋 🆖
fermé 22 déc. au 15 janv., vend. soir et sam. midi d'oct. à mars – Repas 72/210 🍷, enf. 52 –
⊊ 27 – **16 ch** 175/250 – ½ P 235.

CITROEN Gar. Milhau, ℰ 05 63 37 06 08
PEUGEOT Gar. Rouquette, ℰ 05 63 37 00 16 🄽
ℰ 05 63 37 00 16
🅇 Nicouleau Pneus, ℰ 05 63 37 02 48

LACAVE *46200 Lot* 🆇🆇 ⑱ – *241 h alt. 130.*
Voir *Grottes★ – Site★ du château de Belcastel O : 2,5 km, G. Périgord Quercy.*
*Paris 530 – Brive-La-Gaillarde 47 – Sarlat-La-Canéda 40 – Cahors 61 – Gourdon 26 –
Rocamadour 12.*

🏨🏨🏨 **Château de la Treyne** ≫, Ouest : 3 km par D 43 et voie privée ℰ 05 65 27 60 60,
Fax 05 65 27 60 70, ≼, 🏤, « Dans un parc dominant la Dordogne », 🎯, 🄽, 🍽 – 🖥 ch 📺
☎ 🄿. 🄰🄴 ⓞ 🆖
Pâques-mi-nov. – **Repas** *(fermé merc. midi et jeudi midi sauf juil.-août)* 180 bc (déj.),
280/380 – ⊊ 80 – **14 ch** 700/1800 – ½ P 850/1260.

🍴🍴🍴 **Pont de l'Ouysse** (Chambon) ≫ avec ch, ℰ 05 65 37 87 04, Fax 05 65 32 77 41, ≼, 🏤,
😳 « Promenade aménagée au bord de la rivière », 🎯, 🍽 – 🖥 ch 📺 ☎ 🄿. 🄰🄴 ⓞ 🆖
fermé 15 nov. au 15 déc., 1er janv. à début mars et lundi sauf le soir en sais. – **Repas** 160/500
et carte 360 à 480 – ⊊ 60 – **14 ch** 600/750 – ½ P 700
Spéc. Foie de canard ''Bonne Maman''. Papillote de pied de porc aux écrevisses (juin à nov.).
Pigeonneau de ferme rôti, fricassée de champignons. **Vins** Cahors blanc et rouge.

LACHASSAGNE 69 Rhône 🔲 ①., 🔲 ② – rattaché à Anse.

LACROIX-FALGARDE 31 H.-Gar. 🔲 ⑱ – rattaché à Toulouse.

LACROST 71 S.-et-L. 🔲 ⑳ – rattaché à Tournus.

LADOIX-SERRIGNY 21 Côte-d'Or 🔲 ⑨ – rattaché à Beaune.

LADON 45270 Loiret 🔲 ⑪ – 1 212 h alt. 100.
Paris 109 – Châteauneuf-sur-Loire 31 – Gien 44 – Montargis 16 – Orléans 57 – Pithiviers 30.

✕ **Cheval Blanc** avec ch, ✆ 02 38 95 51 79 – ⇔ 🅿. 🗺
☎ fermé Noël au Jour de l'An, dim. soir et lundi – **Repas** 60/130 ♨ – ♀ 30 – **9 ch** 110/170.

LAGARDE-ENVAL 19150 Corrèze 🔲 ⑨ – 766 h alt. 480.
Paris 493 – *Brive-la-Gaillarde* 37 – Aurillac 75 – Mauriac 70 – St-Céré 49 – Tulle 14.

✕ **Le Central** avec ch, ✆ 05 55 27 16 12 – 📺 ☎. 🗺. 🛇 ch
fermé sept. et lundi sauf juil.-août – **Repas** 65 (déj.), 100/160 ♨ – ♀ 25 – **7 ch** 180/220 –
½ P 250.

LAGARRIGUE 47 L.-et-G. 🔲 ⑭ – rattaché à Aiguillon.

LAGARRIGUE 81 Tarn 🔲 ① – rattaché à Castres.

LAGNY-SUR-MARNE 77 S.-et-M. 🔲 ⑫., 🔲 ⑳ – voir à Paris, Environs (Marne-la-Vallée).

LAGUÉPIE 82250 T.-et-G. 🔲 ⑳ – 787 h alt. 149.
🔲 Office de Tourisme pl. du Foirail ✆ 05 63 30 20 34.
Paris 644 – *Rodez* 75 – Albi 38 – Montauban 66 – Villefranche-de-Rouergue 34.

🏨 **Les Deux Rivières**, ✆ 05 63 31 41 41, Fax 05 63 30 20 91 – 🛗 📺 ☎ ♿. 🗺
fermé 4 au 18 fév., dim. soir et lundi soir du 15 sept. à Pâques – **Repas** 60 (déj.), 95/185 ♨,
enf. 45 – ♀ 40 – **8 ch** 190/260 – ½ P 210.

LAGUIAN-MAZOUS 32170 Gers 🔲 ⑨ – 237 h alt. 254.
Voir *Puntous de Laguian* ※★★ O : 2 km, G. Pyrénées Aquitaine.
Paris 784 – *Auch* 44 – Aire-sur-l'Adour 62 – Lannemezan 46 – Mirande 19 – St-Gaudens 81 –
Tarbes 31.

✕ **Relais des Puntous,** Ouest : 1,5 km ✆ 05 62 67 52 51, ☂ –🅿. 🗺
fermé 15 fév. au 15 mars, lundi soir et mardi – **Repas** 88/145, enf. 50.

LAGUIOLE 12210 Aveyron 🔲 ⑬ G. Gorges du Tarn – 1 264 h alt. 1004 – Sports d'hiver : 1 100/1 400
♨ 11 ♨.
Voir *Église* ※★.
⛳ de Mezeyrac à Soulages Bonneval ✆ 05 65 44 02 21 par D 541 et 213.
🔲 Office de Tourisme, pl. du Foirail, ✆ 05 65 44 35 94.
Paris 579 – *Aurillac* 79 – Rodez 53 – Espalion 22 – Mende 83 – St-Flour 63.

🏨 **Gd Hôtel Auguy**, ✆ 05 65 44 31 11, Fax 05 65 51 50 81, ☞ – 🛗 📺 ☎ ⇔. 🗺
🏩 fermé 9 au 14 juin, 24 nov. au 8 janv., dim. soir et lundi sauf vacances scolaires. – Repas
115/250 ♨, enf. 45 – ♀ 38 – **27 ch** 290/340 – ½ P 250/300.

🏨 **Régis**, ✆ 05 65 44 30 05, Fax 05 65 48 46 44, ㊂ – 🛗 ⇔ 📺 ☎ 🅿. 🗺
☎ fermé vend. soir et sam. midi en mai, juin, sept. et hors vacances scolaires – **Repas** 85/
135 ♨, enf. 59 – ♀ 28 – **23 ch** 225/330 – ½ P 220/250.

à l'Est : 6 km par rte d'Aubrac (D 15) – ✉ 12210 Laguiole :

🏨 **Michel Bras** Ⓜ ☝, ✆ 05 65 44 32 24, Fax 05 65 48 47 02, « Au sommet d'une colline,
❀❀ vue panoramique sur les paysages de l'Aubrac » – 🛗 🍴 ♿ 🅿. ㏕ 🗺. ✎
début avril-31 oct. et fermé mardi midi et lundi sauf juil.-août – **Repas** (nombre de
couverts limité, prévenir) 210/650 et carte 400 à 560, enf. 110 – ♀ 95 – **15 ch** 980/1700
Spéc. "Gargouillou" de jeunes légumes. Viandes et volailles du pays. Biscuit de chocolat
"coulant". **Vins** Gaillac, Marcillac.

à Soulages-Bonneval *Ouest : 5 km par D 541 – 259 h. alt. 830 –* ⊠ *12210 :*

⚬ **Aub. du Moulin** ⌂, 𝒫 05 65 44 32 36, 佘, 🌲 – 🖭. ℿ 🖰
Repas 60 bc/120 ⅃ – ⌸ 25 – **12 ch** 120/160 – ½ P 150/170.

CITROEN Gar. Charles, 𝒫 05 65 44 34 40   RENAULT Gar. Troussillie, 𝒫 05 65 44 32 21

La LAIGNE *17170 Char.-Mar.* **71** ② *– 243 h alt. 12.*
Paris 439 – La Rochelle 33 – Fontenay-le-Comte 38 – Niort 31 – Rochefort 42.

XX **Aub. Aunisienne,** 𝒫 05 46 51 08 00, 佘 – ℿ ⓞ 🖰
fermé 8 au 17 déc., 17 au 26 fév. et mardi soir du 10 sept. au 30 juin – **Repas** 90/280, enf. 65.

à l'Ouest *: 4 km par N 11 –* ⊠ *17170 Courçon :*

🏠 **Relais de Benon** ⌂, carrefour N 11 et D 116 𝒫 05 46 01 61 63, Fax 05 46 01 70 89, 佘,
parc, 🏊, 🌂 – 🖭 🕿 🖭 – 🛦 150. ℿ ⓞ 🖰
Repas 88/183 ⅃, enf. 58 – ⌸ 49 – **30 ch** 350/430 – ½ P 380.

LALACELLE *61320 Orne* **60** ② *– 251 h alt. 300.*
Paris 211 – Alençon 19 – Argentan 35 – Carrouges 13 – Domfront 42 – Falaise 58 – Mayenne 41.

X **La Lentillère** avec ch, Est : 1,5 km sur N 12 𝒫 02 33 27 38 48, Fax 02 33 27 38 30, 🌲 – 🕿
⌂ 🖭. ℿ ⓞ 🖰
fermé 15 janv. au 10 fév., dim. soir et lundi – **Repas** 77/220 ⅃, enf. 48 – ⌸ 35 – **7 ch** 140/200 – ½ P 200/220.

LALINDE *24150 Dordogne* **75** ⑮ *G. Périgord Quercy – 3 029 h alt. 46.*
Voir ⩹⋆ *de la chapelle St-Front-de-Colubri S : 1 km.*
Paris 542 – Périgueux 53 – Bergerac 22 – Brive-La-Gaillarde 99 – Cahors 90 – Villeneuve-sur-Lot 59.

🏠 **Château** 🅼 ⌂, 𝒫 05 53 61 01 82, Fax 05 53 24 74 60, ⩹, 佘, « En bordure de la Dordogne » – 🖭 🕿. ℿ ⓞ 🖰
fermé du 21 sept., janv. et dim. soir de nov. à mars – **Repas** *(fermé dim. soir en hiver et lundi sauf le soir en juil.-août)* 105/225 – ⌸ 65 – **7 ch** 410/670 – ½ P 450/580.

🏠 **Périgord,** pl. 14-Juillet 𝒫 05 53 61 19 86, Fax 05 53 61 27 49, 佘 – 🖭 🕿. ℿ ⓞ 🖰
fermé 17 au 23 mars, 15 au 30 déc., vend. soir et dim. soir sauf juil.-août – **Repas** 65 (déj.), 75/260 ⅃ – ⌸ 40 – **20 ch** 220/400 – ½ P 250/280.

à St-Capraise-de-Lalinde *Ouest, rte de Bergerac : 4 km – 584 h. alt. 42 –* ⊠ *24150 :*

XX **Relais St-Jacques** avec ch, 𝒫 05 53 63 47 54 – 🍽 rest 🕿 🌂. 🖰. 🌂
fermé vacances de fév. et merc. – **Repas** 90 (déj.), 110/210 – ⌸ 35 – **5 ch** 220/280 – ½ P 240/280.

PEUGEOT Arbaudie, 𝒫 05 53 61 00 22 🖪 𝒫 05 53 61 00 22

LALLEYRIAT *01130 Ain* **74** ④ *– 191 h alt. 850.*
Paris 486 – Bourg-en-Bresse 59 – Genève 61 – Nantua 12 – Oyonnax 19.

XX **Aub. Gentianes,** 𝒫 04 74 75 31 80, Fax 04 74 75 30 60, 佘 – 🖰
fermé merc. (sauf juil.-août) et dim. soir – **Repas** 69 (déj.), 90/185.

LALOUVESC *07520 Ardèche* **76** ⑨ *G. Vallée du Rhône – 514 h alt. 1050.*
Voir ※⋆.
Paris 557 – Valence 58 – Annonay 24 – Lamastre 25 – Privas 80 – St-Agrève 26 – Tournon-sur-Rhône 39 – Yssingeaux 43.

⚬ **Poste,** 𝒫 04 75 67 82 84 – 🕿. 🖰. 🌂 rest
fermé déc., dim. soir et lundi de nov. à mai – **Repas** 70/165 ⅃, enf. 40 – ⌸ 28 – **12 ch** 150/220 – ½ P 210/225.

LAMAGDELAINE *46 Lot* **79** ⑧ *– rattaché à Cahors.*

LAMALOU-LES-BAINS *34240 Hérault* **83** ④ *G. Gorges du Tarn – 2 194 h alt. 200 – Stat. therm. (mi-fév./mi-déc.) – Casino .*
Voir *Église de St-Pierre-de-Rhèdes⋆ SO : 1,5 km.*
🏌 *de la Trébouline 𝒫 04 67 95 15 15, SE : 2 km par D 908.*
🛈 *Office de Tourisme av. Dr-Ménard 𝒫 04 67 95 70 91, Fax 04 67 95 64 52.*
Paris 748 – Montpellier 81 – Béziers 39 – Lacaune 54 – Lodève 38 – St-Affrique 79 – St-Pons-de-Thomières 35.

L'Arbousier et Paix ⛰, ✆ 04 67 95 63 11, Fax 04 67 95 67 78, 🏞 – |‡| TV ☎ P. AE ⓓ GB
Repas 80/250, enf. 48 – ☕ 35 – **31 ch** 200/300 – P 325/365.

Belleville, ✆ 04 67 95 57 00, Fax 04 67 95 64 18 – |‡| ☎ ♿ P. GB
Repas 79/189 🍷, enf. 42 – ☕ 32 – **62 ch** 135/300 – P 230/300.

CITROEN Gar. Marsal, ✆ 04 67 95 60 38
PEUGEOT Bédarieux Autom., rte de St-Pons à Bédarieux ✆ 04 67 95 07 05
RENAULT Gar. Sandoval, 66 av. J.-Jaurès à Bédarieux ✆ 04 67 95 00 30
RENAULT Gar. Gayout, ✆ 04 67 95 64 22

LAMARCHE-SUR-SAÔNE *21 Côte-d'Or* 66 ⑬ *– rattaché à Auxonne.*

Können Sie wegen Verkehrsstauungen erst nach 18 Uhr in Ihrem Hotel sein, bestätigen Sie telefonisch Ihre Zimmerreservierung ; Sie gehen sicherer... und es ist Gepflogenheit.

LAMASTRE *07270 Ardèche* 76 ⑲ *G. Vallée du Rhône – 2 717 h alt. 375.*
Env. *Ruines du château de Rochebloine* ≤★★ *12 km par D 236 puis15 mn.*
ℹ *Office de Tourisme av. Boissy d'Anglas ✆ 04 75 06 48 99, Fax 04 75 06 37 53.*
Paris 574 – Valence 39 – Privas 55 – Le Puy-en-Velay 72 – St-Étienne 90 – Vienne 86.

Château d'Urbilhac ⛰, Sud-Est : 2 km par rte Vernoux-en-Vivarais ✆ 04 75 06 42 11, Fax 04 75 06 52 75, ≤ montagnes, 🏞, parc, « Élégante installation, mobilier ancien », 🏊, 🎾 – ☎ 🚗 P. AE ⓓ GB
1er mai-1er oct. – **Repas** *(fermé le midi sauf sam. et dim.)* 230 – ☕ 65 – **13 ch** 500/700 – 1/2 P 550/625.

Midi (Perrier), pl. Seignobos ✆ 04 75 06 41 50, Fax 04 75 06 49 75, 🏖 – TV ☎ 🚗. AE ⓓ GB JCB
✿
début mars-début déc. et fermé lundi (sauf le soir en juil.-août) et dim. soir – **Repas** 140/435 et carte 300 à 380 – ☕ 65 – **12 ch** 300/490 – 1/2 P 420/485
Spéc. Salade tiède de foie gras de canard aux champignons. Pain d'écrevisses sauce cardinal (juin à déc.). Soufflé glacé aux marrons de l'Ardèche. **Vins** Saint-Joseph, Saint-Péray blanc.

FORD Ferraton, ✆ 04 75 06 41 56 N ✆ 04 75 06 44 26
PEUGEOT Rugani, ✆ 04 75 06 42 20 N ✆ 04 75 06 42 20
RENAULT Gar. des Stades, ✆ 04 75 06 49 91 N ✆ 04 75 06 43 58

LAMBALLE *22400 C.-d'Armor* 59 ④ ⑭ *G. Bretagne – 9 894 h alt. 55.*
Voir *Haras*★.
ℹ *Office de Tourisme, pl. Martray ✆ 02 96 31 05 38, Fax 02 96 50 01 96.*
Paris 432 ② – St-Brieuc 20 ④ – Dinan 40 ② – Pontivy 65 ③ – Rennes 81 ② – St-Malo 52 ① – Vannes 109 ③.

Plan page ci-contre

Les Alizés, Z.I., par ④ *: 2 km* ✆ 02 96 31 16 37, Fax 02 96 31 23 89, 🏖 – TV ☎ 📞 ♿ P – 🏛 25 à 120. AE GB
fermé 23 déc. au 8 janv. – **Repas** *(fermé dim. soir)* 78 bc (déj.), 89/189 🍷 – ☕ 40 – **32 ch** 275/310 – 1/2 P 250/270.

Angleterre, 29 bd Jobert **(a)** ✆ 02 96 31 00 16, Fax 02 96 31 91 54 – |‡| TV ☎ 🚗. AE ⓓ GB JCB
fermé 20 janv. au 10 fév. – **Repas** *(fermé dim. soir et lundi sauf juil.-août)* 92/300 🍷, enf. 50 – ☕ 38 – **20 ch** 280/340 – 1/2 P 280.

Tour d'Argent, 2 r. Dr Lavergne **(b)** ✆ 02 96 31 01 37, Fax 02 96 31 37 59 – ▤ rest TV ☎ 📞 – 🏛 50. AE ⓓ GB
Repas *(fermé sam. d'oct. à mai)* 82/205 🍷, enf. 52 – ☕ 38 – **31 ch** 270/380 – 1/2 P 250/350.

à la Poterie *Est : 3,5 km par ① et D 28 – ✉ 22400 Lamballe :*

Aub. Manoir des Portes ⛰, ✆ 02 96 31 13 62, Fax 02 96 31 20 53, 🏞, 🏖 – TV ☎ P. AE ⓓ GB. ✂ rest
fermé 26 janv. au 4 mars, dim. soir (sauf hôtel) et lundi hors sais. – **Repas** 110/170 bc – ☕ 42 – **16 ch** 330/535 – 1/2 P 385/460.

PEUGEOT Gar. Léna, 26 r. Dr-Lavergne par ④ ✆ 02 96 31 01 40
RENAULT Gar. Le Moal Poirier, 1 r. Bouin ✆ 02 96 31 02 83 N ✆ 08 00 05 15 15
Ⓜ Simon Pneus, 4 r. de la Ville es Lan ✆ 02 96 50 04 10
Vulco, rte de St-Brieuc ✆ 02 96 31 05 33

LAMBALLE

Bario (R.) 3
Cartel (R. Ch.) 8
Dr-A.-Calmette (R. du) 15
Leclerc (R. Gén.) 29
Martray (Pl. du)
Val (R. du)
Villedeneu (R.) 45
Augustins (R. des) 2
Blois (R. Ch. de) 5
Boucouets (R. des) 7
Charpentier (R. Y.) 14
Dr-Lavergne (R. du) 16
Foch (R. Mar.) 19
Gesle (Ch. de la) 23
Grand Boulevard (R. du) .. 24
Hurel (R. du Bg) 25
Jeu-de-Paume (R. du) 26
Marché (Pl. du) 30
N.-Dame (R.) 33
Poincaré (R.) 34
Préville (R.) 35
St-Jean (R.) 37
St-Lazare (R.) 38
Tery (R.G.) 39
Tour-aux-Chouettes (R.) 42

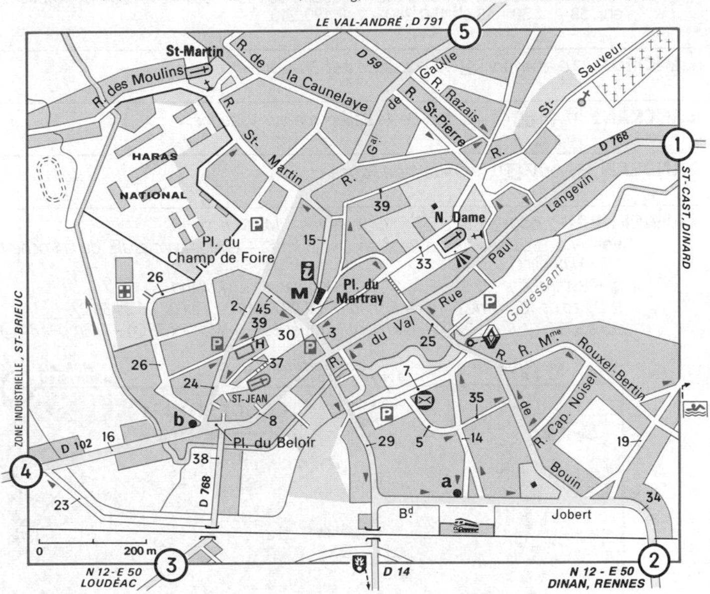

*Un conseil **Michelin** :*
pour réussir vos voyages, préparez-les à l'avance.

*Les **cartes** et **guides Michelin**, vous donnent toutes indications utiles sur : itinéraires, visite des curiosités, logement, prix, etc.*

LAMOTTE-BEUVRON *41600 L.-et-Ch.* 64 ⑨ *– 4 247 h alt. 114.*

Paris 172 – Orléans 37 – Blois 59 – Gien 58 – Romorantin-Lanthenay 39 – Salbris 21.

Tatin, face gare ☎ 02 54 88 00 03, Fax 02 54 88 96 73, – TV ☎ P. AE ① GB
fermé 10 au 20 mars, 15 janv. au 6 fév., dim. soir et lundi – **Repas** 135/280, enf. 55 – ☕ 45 – **14 ch** 280/450.

CITROEN Gar. Germain, ☎ 02 54 88 04 49
PEUGEOT Gar. Labé, ☎ 02 54 88 07 70
VAG Gar. Gorin, ☎ 02 54 88 00 21

LAMOURA *39310 Jura* 70 ⑮ *– 388 h alt. 1156 – Sports d'hiver : voir aux Rousses.*

Paris 477 – Genève 51 – Gex 30 – Lons-le-Saunier 75 – St-Claude 16.

La Spatule, ☎ 03 84 41 20 23, Fax 03 84 41 24 16, ≤, – ☎ P. GB. ch
17 mai-12 oct., 20 déc.-Pâques et fermé dim. soir et lundi hors sais. – **Repas** 75/145 – ☕ 35 – **25 ch** 260/280 – 1/2 P 260/270.

LAMPAUL-GUIMILIAU *29 Finistère* 58 ⑤ *– rattaché à Landivisiau.*

LAMURE-SUR-AZERGUES *69870 Rhône* 73 ⑨ *– 782 h alt. 383.*

Paris 445 – Mâcon 52 – Roanne 51 – Chauffailles 26 – Lyon 53 – Tarare 35 – Villefranche-sur-Saône 29.

Ravel, ☎ 04 74 03 04 72, Fax 04 74 03 05 26, , – ☎ P. GB
fermé nov. et vend. d'oct. à mai – **Repas** 75/225 – ☕ 27 – **9 ch** 140/265.

LANARCE 07660 Ardèche **76** ⑰ – 248 h alt. 1180.

Paris 587 – *Le Puy-en-Velay* 48 – Aubenas 44 – Langogne 18 – Privas 73.

🏠 **Provence,** 𝒫 04 66 69 46 06, Fax 04 66 69 41 56 – 📺 ☎ 🅿, ⑤
🍴 15 mars-15 nov. – **Repas** 75/170 ⅄, enf. 40 – 🍽 30 – **15 ch** 150/250 – ½ P 185/225.

🏔 **Sapins,** 𝒫 04 66 69 46 08, Fax 04 66 69 42 87, 🏠 – 📺 ☎ 🅿. 🅰🅴 ⑤
🍴 fermé 1ᵉʳ au 20 déc., 6 janv. au 15 fév. et dim. soir sauf vacances scolaires – **Repas** 72/180 ⅄,
enf. 38 – 🍽 30 – **16 ch** 150/240 – ½ P 190/210.

LANCIEUX 22 C.-d'Armor **59** ⑤ – rattaché à St-Briac-sur-mer.

LANCRANS 01 Ain **74** ⑤ – rattachéBe Aa Bellegarde-sur-Valserine.

LANDÉAN 35 I.-et-V. **59** ⑱ – rattaché à Fougères.

LANDERNEAU 29800 Finistère **58** ⑤ *G. Bretagne* – 14 269 h alt. 10.

Voir *Enclos paroissial*★ de Pencran S : 3,5 km **Z** – *Enclos paroissial*★ de la Roche-Maurice
NE : 5 km par ①.

🎏 Brest-Iroise 𝒫 02 98 85 16 17, SE : 5 km par r. J.-L.-Rolland **Z**.
🅱 Office de Tourisme Pont de Rohan 𝒫 02 98 85 13 09, Fax 02 98 21 39 27.
Paris 575 ③ – Brest 22 ③ – Carhaix-Plouguer 60 ② – Morlaix 39 ③ – Quimper 64 ③.

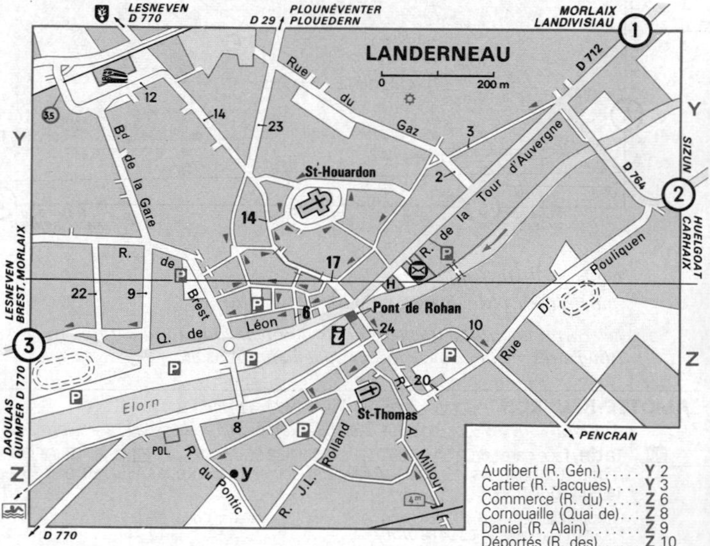

Brest (R. de)		**YZ**
Fontaine-Blanche		
(R. de la)		**Y** 14
Gaulle (Pl. Gén.-de)		**Y** 17
Léon (Quai de)		**Z**
Pont (R. du)		**Z** 24
Audibert (R. Gén.)		**Y** 2
Cartier (R. Jacques)		**Y** 3
Commerce (R. du)		**Z** 6
Cornouaille (Quai de)		**Z** 8
Daniel (R. Alain)		**Z** 9
Déportés (R. des)		**Z** 10
Donnart (Av. M.)		**Y** 12
Libération (R. de la)		**Z** 20
Paix (R. de la)		**Z** 22
Pengam (R. F.)		**Y** 23

🏨 **Clos du Pontic** 🦢, r. Pontic 𝒫 02 98 21 50 91, Fax 02 98 21 34 33, parc – 📺 ☎ 🤽 ⅃ 🅿 –
🔼 30. ⑤ 🄰🄲🄱   Z y
fermé Noël au Jour de l'An – **Repas** (fermé sam. midi, dim. soir et lundi hors sais.) 100/280
⅄, enf. 60 – 🍽 38 – **32 ch** 280/350 – ½ P 270/285.

PEUGEOT S.B.G.B., rte de Sizun par ②
𝒫 02 98 21 41 80 🆖 𝒫 02 98 62 21 26
VAG Gar. Le Lannier, 4 bd de la gare
𝒫 02 98 85 00 29 🆖 𝒫 02 98 85 00 29

🔩 Euromaster, 27 bis r. H.-de-Guebriant
𝒫 02 98 85 01 56

LANDERSHEIM *67700 B.-Rhin* 87 ⑭ *– 151 h alt. 200.*

Paris 461 – Strasbourg 25 – Haguenau 33 – Molsheim 21 – Saverne 14.

XXX **Aub. du Kochersberg** avec ch, ✆ 03 88 69 91 58, Fax 03 88 69 91 42, – rest TV ☎ 🚗 P – 40. AE GB
Repas *(fermé dim. soir et lundi)* 250/430 et carte 330 à 470, enf. 120 – ***D'Landerstueb*** ✆ 03 88 69 90 90 **Repas** 73 (déj.) /140 – 70 – **14 ch** 350/530 – ½ P 450.

LANDEVANT *56690 Morbihan* 63 ② *– 2 083 h alt. 29.*

Paris 485 – Vannes 36 – Auray 17 – Hennebont 14 – Lorient 24.

XX **La Forestière,** rte de Nostang : 1 km ✆ 02 97 56 90 55, – P. GB
fermé 1er au 15 oct., 15 fév. au 15 mars, dim. soir et lundi – **Repas** 120/250.

LANDIVISIAU *29400 Finistère* 58 ⑤ *G. Bretagne – 8 254 h alt. 75.*

Voir *Porche★ de l'église St-Thivisiau.*

Office de Tourisme 14 av. Mar.-Foch ✆ 02 98 68 03 50, Fax 02 98 68 12 98.

Paris 559 – Brest 37 – Landerneau 17 – Morlaix 23 – Quimper 72 – St-Pol-de-Léon 23.

Relais du Vern, Z.A. Le Vern par rte Roscoff : 2 km ✆ 02 98 24 42 42, Fax 02 98 24 42 00, – TV ☎ P – 30. AE GB
Repas grill *(fermé vend. soir et dim. soir d'oct. à Pâques)* 83/113, enf. 38 – 43 – **52 ch** 290/330 – ½ P 280/350.

à Lampaul Guimiliau *Sud-Est : 4 km par D 11 – 2 037 h. alt. 103 – ✉ 29400.*

Voir *Enclos paroissial★ : intérieur★★ de l'église.*

L'Enclos, ✆ 02 98 68 77 08, Fax 02 98 68 61 06, ← – TV ☎ P. AE GB
fermé vend. soir, sam. midi et dim. soir de nov. à mars – **Repas** 69/99, enf. 48 – 32 – **36 ch** 230/268 – ½ P 260.

RENAULT Renault Landivisiau, 31-33 r. de la Tour d'Auvergne ✆ 02 98 68 91 85 N ✆ 02 98 68 91 85

Simon Pneus, av. Foch ✆ 02 98 68 13 88

LANDOUZY-LA-VILLE *02140 Aisne* 53 ⑯ *– 578 h alt. 200.*

du Domaine du Tilleul ✆ 03 23 98 48 00.

Paris 189 – St-Quentin 61 – Charleville-Mézières 55 – Hirson 10 – Laon 48 – Vervins 12.

Domaine du Tilleul , Nord : 2 km par D 36 ✆ 03 23 98 48 00, Fax 03 23 98 46 46, « Grand parc, golf 18 trous », – TV ☎ P – 25. AE GB
fermé 15 janv. au 28 fév. – **Repas** 95 (déj.), 145/200 – 50 – **26 ch** 400/600 – ½ P 450/550.

LANDSER *68 H.-Rhin* 87 ⑲ *– rattaché à Strasbourg.*

LANGEAC *43300 H.-Loire* 76 ⑤ *G. Auvergne – 4 195 h alt. 505.*

Office de Tourisme pl. A.-Briand ✆ 04 71 77 05 41, Fax 04 71 77 19 93.

Paris 515 – Le Puy-en-Velay 45 – Brioude 30 – Mende 93 – St-Chély-d'Apcher 59 – St-Flour 52.

à Reilhac *Nord : 3 km par D 585 – ✉ 43300 Mazeyrat d'Allier :*

Val d'Allier M, ✆ 04 71 77 02 11, Fax 04 71 77 19 20 – TV ☎ P. GB. rest
15 mars-15 déc. – **Repas** 110/260, enf. 65 – 38 – **22 ch** 285/330 – ½ P 290.

RENAULT S.A.M.V.A.L., ✆ 04 71 77 04 07

Carlet Pneus, ✆ 04 71 77 10 40

LANGEAIS *37130 I.-et-L.* 64 ⑭ *G. Châteaux de la Loire – 3 960 h alt. 41.*

Voir *Château★★ : appartements★★★ – Parc★ du château de Cinq-Mars-la-Pile NE : 5 km par N 152.*

Office de Tourisme pl. du 14 juillet ✆ 02 47 96 58 22, Fax 02 47 96 83 41.

Paris 263 – Tours 25 – Angers 86 – Château-la-Vallière 31 – Chinon 27 – Saumur 41.

Hosten, 2 r. Gambetta ✆ 02 47 96 82 12, Fax 02 47 96 56 72 – TV ☎ 🚗. AE GB
fermé 15 janv. au 15 fév., dim. soir et lundi d'oct. à avril – **Repas** 125/235 – 55 – **10 ch** 360/550.

à St-Patrice *Ouest : 10 km par rte de Bourgueil – 593 h. alt. 39 – ✉ 37130 Langeais :*

Château de Rochecotte M , ✆ 02 47 96 16 16, Fax 02 47 96 90 59, ←, « Jardin à la française, parc », – TV ☎ P – 40. AE GB JCB. rest
fermé fév. – **Repas** 195/295, enf. 80 – 70 – **29 ch** 580/930, 3 appart – ½ P 505/680.

PEUGEOT Gar. Denis, ✆ 02 47 96 80 49

Robles, ✆ 02 47 96 81 60

LANGOGNE 48300 Lozère **76** ⑰ G. Gorges du Tarn – 3 380 h alt. 913.

Voir Intérieur★ de l'église.

🛈 Office de Tourisme bd Capucins 🖋 04 66 69 01 38, Fax 04 66 69 16 79.

Paris 582 – Mende 47 – Le Puy-en-Velay 43 – Alès 99 – Aubenas 62 – Villefort 44.

rte de Mende : 3 km par N 88 – ⊠ 48300 Langogne :

🏨🏨 **Domaine de Barres** Ⓜ 🎣, 🖋 04 66 69 71 00, Fax 04 66 69 71 29, « Décor contemporain, parc et golf », ⬜ – 🛗 TV ☎ 📞 P – 🏊 50. ⒶⒺ ⒼⒷ
fermé du 4 au 15 déc., 5 janv. au 30 mars, dim. soir (sauf hôtel) et lundi du 15 sept. au
15 juin – **Repas** 140/320 – ⫧ 48 – **20 ch** 360/520 – ½ P 390/440.

RENAULT Gar. Blanquet, 🖋 04 66 69 11 55 Ⓝ   Prouhèze, 🖋 04 66 69 09 30
🖋 04 66 69 11 55   R.I.P.A., 🖋 04 66 69 05 45 Ⓝ 🖋 04 66 69 05 45

🏵 Carlet Pneus, 🖋 04 66 69 17 33

LANGON ◀▶ 33210 Gironde **79** ② G. Pyrénées Aquitaine – 5 842 h alt. 10.

Env. Château de Roquetaillade★★ S : 7 km.

🏌 des Graves et du Sauternais 🖋 05 56 62 25 43 par D 116 : 5 km.

🛈 Office de Tourisme allées J.-Jaurès 🖋 05 56 62 34 00, Fax 05 56 63 42 46.

Paris 626 – Bordeaux 49 – Bergerac 82 – Libourne 54 – Marmande 47 – Mont-de-Marsan 84.

🏨🏨 **Claude Darroze**, 95 cours Gén. Leclerc 🖋 05 56 63 00 48, Fax 05 56 63 41 15, 🌿 – TV
☎ 📞 ⊜ P – 🏊 40. ⒶⒺ ⒼⒷ
❀ fermé 15 oct. au 6 nov. et 5 au 25 janv. – **Repas** 210/450 et carte 290 à 440 – ⫧ 70 – **16 ch**
320/450 – ½ P 400/450
Spéc. Cassolette de poissons fins et coquillages en petite nage au basilic. Foie de canard
frais aux pommes caramélisées. Gibier (saison). **Vins** Graves rouge.

à St-Macaire Nord : 2 km – 1 459 h. alt. 15 – ⊠ 33490.

Voir Verdelais : calvaire ≼★ N : 3 km – Ste-Croix-du-Mont : ≼★, grottes★ NO : 5 km.

🍴🍴 **L'Abricotier**, N 113 🖋 05 56 76 83 63, Fax 05 56 76 28 51, 🌿 – P. ⒼⒷ
fermé 12 nov. au 5 déc., lundi soir de déc. à mars et mardi soir – **Repas** 110/250.

CITROEN SAGA, N 113 à Toulenne   🏵 Euromaster, 🖋 05 56 62 33 44
🖋 05 56 63 55 37   Euromaster, av. Libération à Beguey
FIAT, LANCIA Gar. Cazenave, 🖋 05 56 63 18 59   🖋 05 56 62 17 61
PEUGEOT Doux et Trouillot, 🖋 05 56 63 50 47 Ⓝ   Media pneu-Vulco, ZA de Beguey à Beguey
🖋 05 56 76 06 44   🖋 05 56 62 90 83
RENAULT Autom. Mazères Service, à Mazères   Saphore Point S, 🖋 05 57 98 01 36
🖋 05 56 63 44 69 Ⓝ 🖋 08 00 05 15 15
TOYOTA MERCEDES SOGIDA, 🖋 05 56 62 30 52

LANGRES ◀▶ 52200 H.-Marne **66** ③ G. Champagne – 9 987 h alt. 466.

Voir Site★★ – Promenade des remparts★★ – Cathédrale St-Mammès★ Y.

🛈 Office de Tourisme square Olivier Lahalle 🖋 03 25 87 67 67, Fax 03 25 88 99 07.

Paris 284 ④ – Chaumont 34 ④ – Auxerre 157 ④ – Besancon 101 ③ – Dijon 77 ③ – Dole
117 ③ – Epinal 115 ① – Nancy 133 ① – Troyes 120 ④ – Vesoul 78 ②.

Plan page ci-contre

🏨🏨 **Cheval Blanc**, 4 r. Estres 🖋 03 25 87 07 00, Fax 03 25 87 23 13 – TV ☎ ⊜. ⒶⒺ ⒼⒷ
fermé mardi soir et merc. midi – **Repas** 105/250, enf. 65 – ⫧ 40 – **17 ch** 275/370 –
½ P 280/330.   Z   a

🏨🏨 **Gd H. Europe**, 23 r. Diderot 🖋 03 25 87 10 88, Fax 03 25 87 60 65 – TV ☎ P. ⒼⒷ   Z   e
⊜ fermé lundi (sauf hôtel) et dim. de nov. à avril – **Repas** 75/220 🍷, enf. 50 – ⫧ 35 – **28 ch**
230/320 – ½ P 260/360.

🏨 **Poste** sans rest, 10 pl. Ziegler 🖋 03 25 87 10 51, Fax 03 25 88 46 18 – TV ☎ P. ⒼⒷ   Y   u
⫧ 35 – **35 ch** 130/250.

🍴🍴 **Lion d'Or** avec ch, rte Vesoul 🖋 03 25 87 03 30, Fax 03 25 87 60 67, ≼, 🌿, 🌳 – TV ☎ P.
⊜ ⒶⒺ ⒼⒷ   Z   s
fermé vend. soir et sam. – **Repas** 78/198 🍷, enf. 42 – ⫧ 38 – **14 ch** 180/290.

🍴 **Aub. Jeanne d'Arc** avec ch, 26 r. Gambetta 🖋 03 25 87 03 18, Fax 03 25 88 82 85 –
⊜ ⒼⒷ   Z   r
fermé 18 au 25 mars, 20 oct. au 25 nov., mardi sauf le soir en été et lundi soir – **Repas**
75/210 🍷, enf. 45 – ⫧ 30 – **9 ch** 170/220 – ½ P 220/310.

au lac de la Liez par ② N 19 et D 284 : 4 km – ⊠ 52200 Langres :

🍴🍴 **Aub. des Voiliers** 🎣 avec ch, au bord du Lac 🖋 03 25 87 05 74, Fax 03 25 87 24 22, ≼,
⊜ 🌿 – TV ☎. ⒼⒷ
fermé 1er fév. au 15 mars, dim. soir d'oct. à avril et lundi – **Repas** 78/220 🍷, enf. 40 – ⫧ 35 –
8 ch 220/350 – ½ P 240/310.

LANGRES

Diderot (R.) . . . . **YZ**
Roussat (R. Jean) . . . . **Y** 35
Ziegler (Pl.) . . . . **Y** 45

Aubert (R.) . . . . Y 2
Barbier-d'Aucourt (R.) . . . . Y 3
Belle-Allée (La) . . . . Y 4
Beligné (R. Ch.) . . . . Y 5
Boulière (R.) . . . . Y 6
Canon (R.) . . . . Y 7
Chavannes (R. des) . . . . Z 10
Coutellerie (R. de la) . . . . Y 13
Crémaillère (R. de la) . . . . Y 14
Croc (R. du) . . . . Y 15
Denfert-Rochereau (R.) . . . . Z 16
Durand (R. Pierre) . . . . Y 17
Gambetta (R.) . . . . Y 18
Grand-Bie (R. du) . . . . Y 19
Grand-Cloître (R. du) . . . . Y 20
Grouchy (Pl. Col.-de) . . . . Z 21
Jenson (Pl.) . . . . Z 23
Lambert-Payen (R.) . . . . Y 24
Leclerc (R. Général) . . . . Y 25
Lescornet (R.) . . . . Y 26
Longe-Porte (R.) . . . . X 27
Mance (Square J.) . . . . Y 28
Minot (R.) . . . . Z 31
Morlot (R. Card.) . . . . Y 32
Roger (R.) . . . . Y 33
St-Didier (R.) . . . . Y 36
Terreaux (R. des) . . . . Y 37
Tournelle (R. de la) . . . . Y 39
Turenne (R. de) . . . . Y 41
Ursulines (R. des) . . . . Y 43
Walferdin (R.) . . . . Y 44

PORTES

Boulière . . . . Y
Gallo-Romaine . . . . Y
Henri-IV . . . . Y
Hôtel-de-Ville (de l') . . . . Y
Longe-Porte X
Moulins (des) . . . . Z
Neuve . . . . Y

TOURS

Navarre et d'Orval (de) . . . . Z
Petit-Saut (du) X
Piquante X
St-Ferjeux . . . . Z
St-Jean X
Sous-Murs (de) . . . . Y
Virot . . . . Y

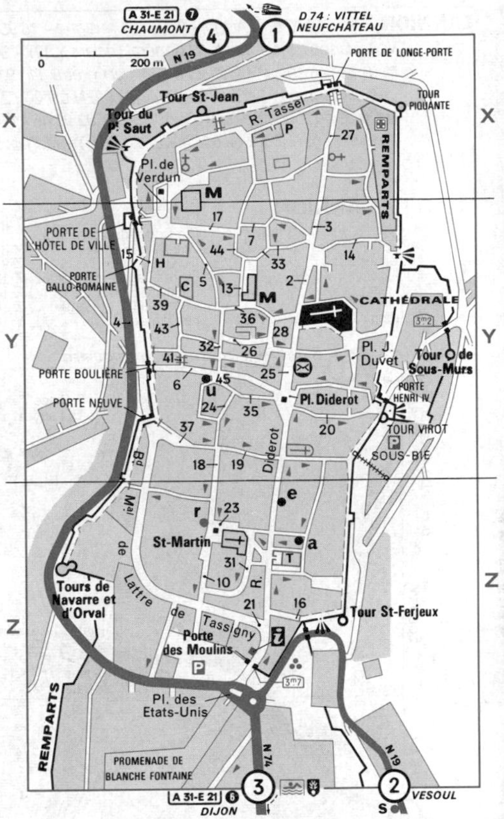

à Sts-Geosmes *par ③ : 4 km – 872 h. alt. 440 – ✉ 52200 Langres :*

XX **Aub. des Trois Jumeaux** avec ch, ✆ 03 25 87 03 36, Fax 03 25 87 58 68, 🏔 – TV ☎.
AE GB
fermé 17 nov. au 7 déc., dim. soir de nov. à avril et lundi – **Repas** 85/300 🍷, enf. 50 – ☕ 35 –
10 ch 180/280 – ½ P 220/250.

CITROEN Gar. Lingon, rte de Dijon à Sts-Geosmes par ③ ✆ 03 25 87 11 83 **N** ✆ 03 25 87 11 83
VAG Gar. Europe, La Collinière ✆ 03 25 87 03 78
Ⓜ Langres Pneus, 1 av. Capit.-Baudoin ✆ 03 25 87 36 31

LANGUEUX *22 C.-d'Armor* 59 ③ – *rattaché à St-Brieuc.*

LANNEMEZAN *65300 H.-Pyr.* 85 ⑨ ⑲ – *6 704 h alt. 589.*

🏌18 de Lannemezan ✆ 05 62 98 01 01, E par N 117 : 4 km.
🅸 Office de Tourisme pl. République ✆ 05 62 98 08 31.
Paris 825 – Bagnères-de-Luchon 55 – Auch 68 – St-Gaudens 33 – Tarbes 33.

🏠 **Pyrénées,** rte Tarbes ✆ 05 62 98 01 53, Fax 05 62 98 11 85, 🏔, 🍽 – 🛗 TV ☎ 🅿 – 🏃 25.
AE ⓓ GB
fermé 30 oct. au 8 nov. – **Repas** 80/250, enf. 40 – ☕ 40 – **28 ch** 260/400 – ½ P 250/320.

CITROEN S.P.G.D., rte de Tarbes par r. Clemenceau ✆ 05 62 98 05 91
PEUGEOT Laffitte, 610 r. G.-Clemenceau ✆ 05 62 98 34 33 **N** ✆ 08 00 44 24 24
RENAULT Auto Sce des 4 Vallées, 500 r. Alsace-Lorraine ✆ 05 62 98 03 88 **N** ✆ 05 62 38 72 35
VAG Dambax, 430 r. 8 Mai 1945 ✆ 05 62 98 35 45
Nervol, 538 r. 8 Mai 1945 ✆ 05 62 98 01 67
Ⓜ Ibos, 227 rte La Barthe, ZI ✆ 05 62 98 09 78 **N** ✆ 05 62 98 09 78

LANNION 〈📞〉 *22300 C.-d'Armor* **59** ① *G. Bretagne – 16 958 h alt. 12.*

Voir *Maisons anciennes★ (pl.Général Leclerc* **Y 17**) *– Église de Brélévenez★* **Y**.

🏌 *de St-Samson ✆ 02 96 23 87 34, par ① et D 11 : 9,5 km.*

✈ *de Lannion : T.A.T. ✆ 02 96 48 42 92, N par ① : 2 km.*

🛈 *Office de Tourisme quai d'Aiguillon ✆ 02 96 46 41 00, Fax 02 96 37 19 64.*

Paris 515 ③ – St-Brieuc 64 ③ – Brest 96 ⑤ – Morlaix 39 ⑤.

LANNION

Augustins (R. des)	**Z** 3	Buzulzo (R. de)	**Z** 4	Le-taillandier (R. E.)	**Z** 20
Leclerc (Pl. Gén.)	**Y** 17	Chapeliers (R. des)	**Y** 6	Mairie (R. de la)	**Y** 21
Pont-Blanc		Cie-Roger-de-Barbé (R.)	**Y** 7	Palais-de-Justice	
(R. Geoffroy-de)	**Z** 25	Coudraie (R. de la)	**Y** 8	(Allée du)	**Z** 24
		Du Guesclin (R.)	**Z** 9	Pors an Prat (R. de)	**Y** 26
Aiguillon (Quai d')	**Z** 2	Frères-Lagadec (R. des)	**Z** 12	Roud Ar Roc'h (R. de)	**Z** 28
		Keriavily (R. de)	**Z** 14	St-Malo (R. de)	**Z** 29
		Kermaria (R. et Pont)	**Z** 16	St-Nicolas (R.)	**Z** 30
		Le-Dantec (R. F.)	**Y** 18	Trinité (R. de la)	**Y** 32

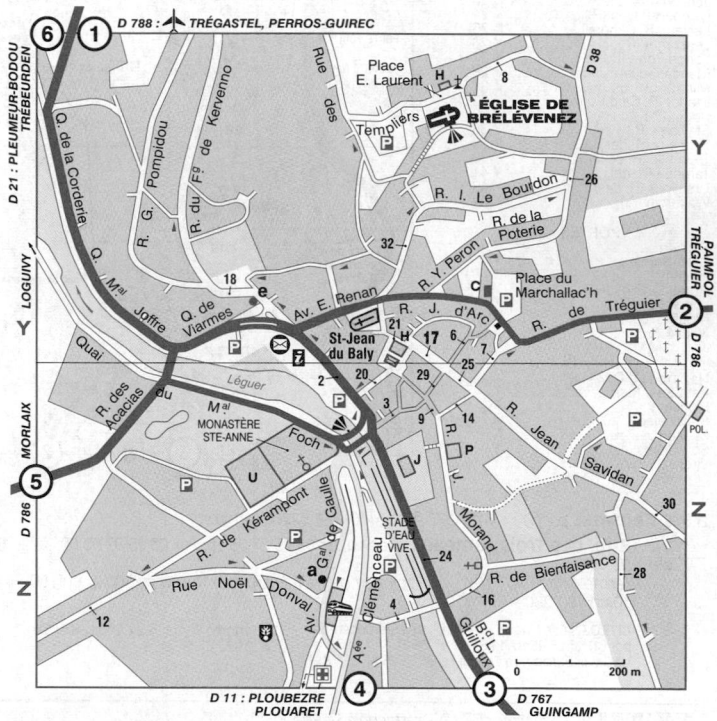

🏨 **Le Graal**, 30 av. Gén. de Gaulle ✆ 02 96 37 03 67, Fax 02 96 46 45 83, 斎 – 歯 ½ ᵗᵛ ☎ ℃
& – 🏊 40. ⌧ ᴳᴮ   Z a
Repas *(fermé sam. midi et dim. midi en juil.-août, sam. soir et dim. de sept. à juin)* 75/126
&, enf. 40 – ⌚ 32 – **42 ch** 310/360 – ½ P 250.

🍴 **Le Serpolet**, 1 r. F. Le Dantec ✆ 02 96 46 50 23 – ᴳᴮ   Y e
fermé 20 au 30 juin, 10 au 20 janv., dim. soir et lundi sauf vacances scolaires – **Repas** 80/190
&, enf. 55.

à La Ville Blanche *par* ② : *5 km sur D 786 –* ✉ *22300 Lannion* :

🍴🍴 **Ville Blanche** (Jaguin), ✆ 02 96 37 04 28, Fax 02 96 46 57 82 – **P.** ⌧ ① ᴳᴮ ᴶᶜᴮ
❀ *fermé 13 au 20 oct., 5 janv. au 13 fév., dim. soir sauf juil.-août et lundi –* **Repas** 100/330 *et*
carte 230 à 310, enf. 80
Spéc. Salade tiède de Saint-Jacques au jus de persil (oct. à avril). Lotte au cidre et pommes
de terre. Millefeuille aux pommes caramélisées (sept. à juin).

CITROEN Gar. Sobreva, rte de Morlaix par r. Frères Lagadec ℰ 02 96 37 04 33 🆘 ℰ 02 96 37 04 33
PEUGEOT Gd Gar. de Lannion, rte de Perros-Guirec par ① ℰ 02 96 48 52 71 🆘 ℰ 02 96 05 92 49

RENAULT Gar. des Côtes d'Armor, rte de Guingamp par ③ ℰ 02 96 46 64 64 🆘 ℰ 08 00 05 15 15

LANS-EN-VERCORS 38250 Isère 🗺️ ④ – 1 451 h alt. 1120 – Sports d'hiver : 1 400/1 880 m ✦ 19 ✦.

🛈 Office de Tourisme pl. Église ℰ 04 76 95 42 62, Fax 04 76 95 49 70.

Paris 581 – Grenoble 25 – Villard-de-Lans 9 – Voiron 39.

🏠 **Val Fleuri,** ℰ 04 76 95 41 09, ≼, 🌿 – ☎ ⇔ 🅿️. 🖭 ⅙ rest
20 juin-10 sept. et 20 déc.-20 mars – **Repas** (résidents seul.) 107/180 – ☑ 36 – **14 ch** 168/310 – ½ P 227/300.

🏠 **Au Bon Accueil,** D 531 ℰ 04 76 95 42 02, Fax 04 76 95 44 32, 🍽️, 🌿 – ☎ ⇔ 🅿️. 🖭
fermé 19 avril au 4 mai, vend. soir et sam. hors sais. – **Repas** 98/205 ⅊ – ☑ 38 – **18 ch** 200/290 – ½ P 230/273.

🏠 **La Source,** à Bouilly, Sud-Ouest : 3 km par D 531 ℰ 04 76 95 42 52, Fax 04 76 95 41 29, 🍽️ – ☎ 🅿️. 🖭 🖭 ⅙ rest
fermé 15 oct. au 1er déc., dim. soir et lundi sauf vacances scolaires – **Repas** (fermé le midi sauf week-ends et vacances scolaires) 95/145 ⅊, enf. 45 – ☑ 35 – **18 ch** 250/320 – ½ P 265.

LANSLEBOURG-MONT-CENIS 73480 Savoie 🗺️ ⑨ G. Alpes du Nord – 647 h alt. 1399 – Sports d'hiver : 1 400/2 800 m ✦ 1 ✦ 22 ✦.

🛈 Office de Tourisme de Val Cenis ℰ 04 79 05 23 66, Fax 04 79 05 82 17.

Paris 690 – Albertville 115 – Briançon 85 – Chambéry 126 – St-Jean-de-Maurienne 55 – Torino 97 – Val-d'Isère 50.

🏨 **Alpazur,** ℰ 04 79 05 93 69, Fax 04 79 05 86 55 – 🖭 ☎. 🖭 ⓞ 🖭 ⅙ rest
1er juin-20 sept. et 20 déc.-15 avril – **Repas** 98/180 – ☑ 40 – **24 ch** 320/400 – ½ P 330/363.

🏠 **Vieille Poste,** ℰ 04 79 05 93 47, Fax 04 79 05 86 85 – 🖭 ☎. 🖭 🖭
15 mai-1er nov. et 24 déc.-15 avril – **Repas** 73/105 ⅊, enf. 40 – ☑ 38 – **19 ch** 230/270 – ½ P 340.

CITROEN Alp' autos, ℰ 04 79 05 82 00   RENAULT Gar. Burdin, ℰ 04 79 05 94 33

LANSLEVILLARD 73480 Savoie 🗺️ ⑨ G. Alpes du Nord – 392 h alt. 1500 – Sports d'hiver (voir à Lanslebourg-Mont-Cenis).

Voir Peintures murales★ dans la chapelle St-Sébastien.

🛈 Office de Tourisme de Val Cenis ℰ 04 79 05 23 66, Fax 04 79 05 82 17.

Paris 693 – Albertville 118 – Briançon 91 – Chambéry 129 – Val-d'Isère 47.

🏨 **Les Mélèzes,** ℰ 04 79 05 93 82, ≼, 🌿 – ☎ 🅿️. ⅙
22 juin-8 sept. et 20 déc.-20 avril – **Repas** (en été dîner seul.) 90/145 – ☑ 34 – **16 ch** 315 – ½ P 240/273.

🏠 **Grand Signal,** ℰ 04 79 05 91 24, Fax 04 79 05 82 47, ≼, 🌿 – ☎ 🅿️. 🖭
22 juin-7 sept. et 21 déc.-5 avril – **Repas** 97/160, enf. 43 – ☑ 36 – **18 ch** 280/300 – ½ P 330/350.

LANVOLLON 22290 C.-d'Armor 🗺️ ② – 1 427 h alt. 90.

Paris 475 – St-Brieuc 27 – Guingamp 16 – Lannion 42 – Paimpol 19 – St-Quay-Portrieux 12.

🏠 **Lucotel,** Est : 1 km sur D 6 ℰ 02 96 70 01 17, Fax 02 96 70 08 84, ✗ – 🍽️ rest 🖭 ☎ ✓ ♿ 🅿️ – 🔌 70. 🖭 🖭
Repas 70 (déj.), 80/225 ⅊, enf. 44 – ☑ 35 – **25 ch** 240/320 – ½ P 280.

LAON 🅿️ 02000 Aisne 🗺️ ⑤ G. Flandres Artois Picardie – 26 490 h alt. 181.

Voir Site★★ – Cathédrale Notre-Dame★★ : nef★★★ CYZ – Rempart du Midi et porte d'Ardon★ CZ R – Église St-Martin★ AZ D – Porte de Soissons★ AZ E – Rue Thibesard ≼★ BZ 51 – Musée et chapelle des Templiers★ CZ M – Circuit du Laonnois★ par D 7 X.

🏌 de l'Ailette ℰ 03 23 24 83 99, S : 16 km par ④.

🛈 Office de Tourisme pl. du Parvis de la Cathédrale ℰ 03 23 20 28 62, Fax 03 23 20 68 11.

Paris 142 ⑤ – Reims 61 ③ – St-Quentin 48 ① – Amiens 122 ① – Charleville-Mézières 93 ① – Compiègne 73 ⑤ – Soissons 37 ⑤.

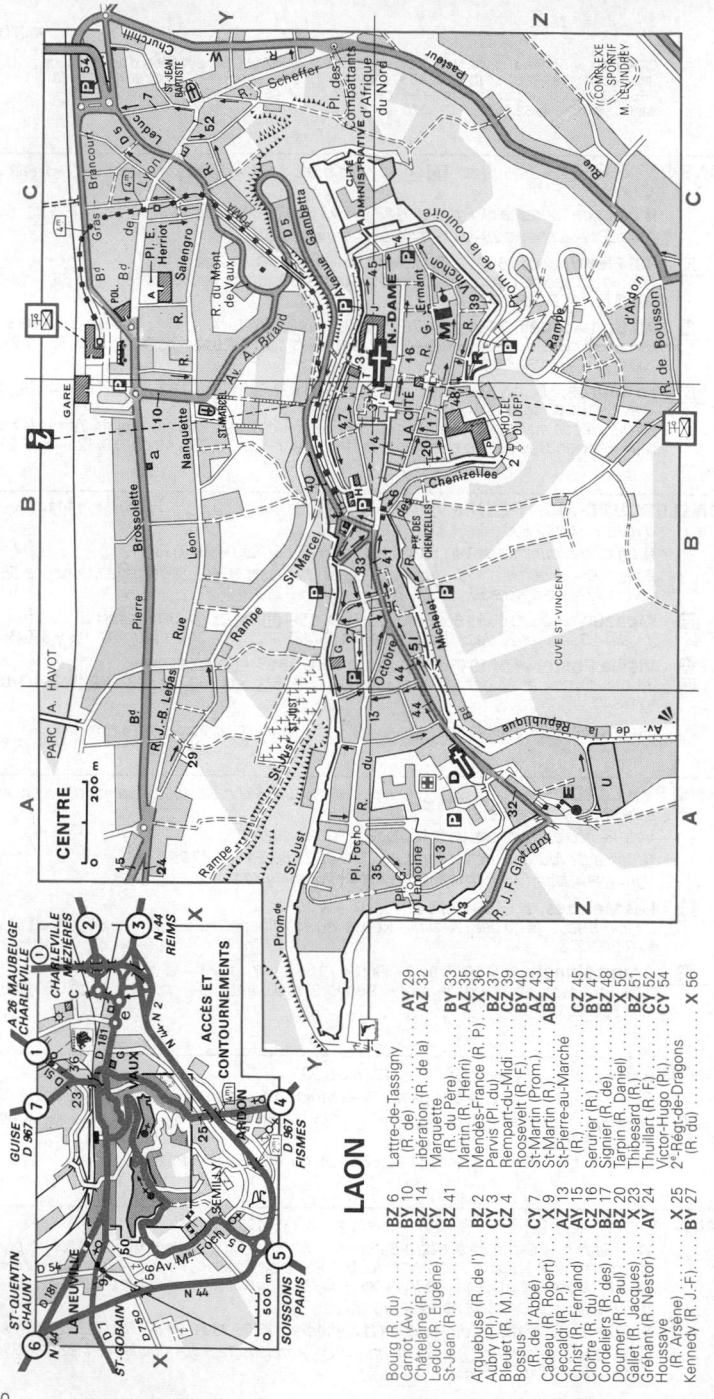

CENTRE

0   200 m

LAON

ACCÈS ET
CONTOURNEMENTS

620

🏠 **Host. St-Vincent**, av. Ch. de Gaulle ℰ 03 23 23 42 43, Fax 03 23 79 22 55 – ⅍ 📺 ☎ &.
🐟 🅿 – 🔏 30. 🝏 ⊖⊟
                                                              X e
Repas *(fermé Noël au Jour de l'An et dim. soir en hiver)* 82/158 ⅙, enf. 49 – ☷ 37 – **47 ch**
295/345 – ½ P 240.

ⵯⵯⵯ **La Petite Auberge**, 45 bd Brossolette ℰ 03 23 23 02 38, Fax 03 23 23 31 01, 🍴 – 🝏
⊖⊟   BY a
fermé sam. midi et dim. sauf fériés – **Repas** 149/199 et carte 270 à 380 - *Bistrot
St-Amour :* Repas 75/89, ⅙, enf. 45.

ⵯⵯ **Bannière de France** avec ch, 11 r. F. Roosevelt ℰ 03 23 23 21 44, Fax 03 23 23 31 56 –
📺 ☎ ⇐⇒, 🝏 ① ⊖⊟, ⅍   BY t
fermé 19 déc. au 19 janv. – **Repas** 120/315 ⅙, enf. 50 – ☷ 40 – **18 ch** 235/380 – ½ P 260/
310.

à Samoussy *par* ② *et D 977 : 7 km* – 410 h. alt. 84 – ⊠ *02840 :*

ⵯⵯⵯ **Relais Charlemagne**, ℰ 03 23 22 21 50, Fax 03 23 22 18 75, 🍴, 🌳 – 🝏 ① ⊖⊟
fermé 28 juil. au 11 août, 17 au 24 fév., merc. soir, dim. soir et lundi – **Repas** 125/350 et carte
330 à 420.

FIAT, LANCIA Gar. Colbeaux, ZAC Ile de France
ℰ 03 23 26 26 26
FORD S.I.C.B., 121 av. M.-France ℰ 03 23 79 14 08
🆑 ℰ 03 23 23 73 73
NISSAN, VOLVO Gar. Petetin, rte de Fismes à
Bruyères-et-Montbéraul ℰ 03 23 24 70 36
PEUGEOT Tuppin, 132 av. M.-France
ℰ 03 23 27 16 70
RENAULT S.O.D.A.L., av. M.-France par ①
ℰ 03 23 27 35 35 🆑 ℰ 06 07 15 18 63

TOYOTA Gar. Bachelet, 50 r. Porte de Laon à
Bruyères et Montbéraul ℰ 03 23 24 74 00

⑩ Dupont Pneus, 21 r. P.-Bourdan,ZI
ℰ 03 23 79 49 44
Euromaster, 10 r. des Minimes,ZI
ℰ 03 23 23 01 17
Euromaster, 5 bd Gras Brancourt
ℰ 03 23 23 02 27

LAPALISSE 03120 Allier 🎴 ⑥ *G. Auvergne* – *3 603 h alt. 280.*

Voir *Château★★*.

🚩 *Office de Tourisme, 3 r. du Prés. Roosevelt* ℰ 04 70 99 08 39.

Paris 337 – Moulins 50 – Digoin 46 – Mâcon 125 – Roanne 50 – St-Pourçain-sur-Sioule 30.

ⵯⵯⵯ **Galland** avec ch, pl. République ℰ 04 70 99 07 21, Fax 04 70 99 34 64 – ☎ 🅿. ⊖⊟
🐟 *fermé 1er au 15 mars, 26 nov. au 4 déc. et merc.* – **Repas** (dim. et fêtes, prévenir) 125/270 et
carte 220 à 300 – ☷ 38 – **8 ch** 250/290.

CITROEN Désormière, ℰ 04 70 99 19 68 🆑
ℰ 04 70 99 28 15
PEUGEOT Cantat-Bardon, ℰ 04 70 99 00 77

PEUGEOT Gar. Gabard, ℰ 04 70 99 26 99
RENAULT Gar. Dupereau, ℰ 04 70 99 01 01

LAPOUTROIE 68650 H.-Rhin 🎴 ⑱ – *1 981 h alt. 420.*

Paris 457 – Colmar 20 – Munster 25 – Ribeauvillé 21 – St-Dié 36 – Sélestat 35.

🏠 **du Faudé**, ℰ 03 89 47 50 35, Fax 03 89 47 24 82, 🔲 (été), 🌳 – 🛗 📺 ☎ 🅿. 🝏 ① ⊖⊟
🐟 *fermé 2 nov. au 4 déc. et fin fév. à mi-mars* – **Repas** 75/375 ⅙, enf. 48 – ☷ 45 – **25 ch**
310/475 – ½ P 300/380.

🏠 **Au Vieux Moulin** sans rest, ℰ 03 89 47 56 55, Fax 03 89 47 24 41 – 🛗 📺 ☎ 🅿. 🝏 ① ⊖⊟
🐟 *fermé 9 au 22 mars et 13 au 22 nov.* – ☷ 38 – **20 ch** 220/305.

ⵯⵯ **Les Alisiers** ⑤ avec ch, Sud-Ouest : 3 km par rte secondaire ℰ 03 89 47 52 82,
🐟 Fax 03 89 47 22 38, 🍴, rest. non-fumeurs exclusivement, « Restaurant panoramique,
≤ vallon », 🌳 – ⅍ ☎ 🅿. ⊖⊟
*fermé 1er au 8 juil., 22 au 25 déc., 5 janv. au 4 fév., lundi soir et mardi (sauf hôtel du 15 mars
au 15 nov.)* – Repas (dim., prévenir) 80/210 ⅙, enf. 50 – ☷ 44 – **13 ch** 170/395 – ½ P 290/
380.

ⵯⵯ **Host. A La Bonne Truite** avec ch, à Hachimette Est par N 415 : 1 km ℰ 03 89 47 50 07,
🐟 Fax 03 89 47 25 35 – 📺 ☎ 🅿. 🝏 ⊖⊟
fermé 23 juin au 4 juil., 10 au 28 nov., janv., mardi et merc. d'oct. à juin – **Repas** 74 (déj.),
105/280 ⅙, enf. 48 – ☷ 40 – **10 ch** 240/280 – ½ P 260/280.

RENAULT Canton Vert Automobiles, ℰ 03 89 47 54 44 🆑 ℰ 03 89 47 56 57

LAQUEUILLE 63820 P.-de-D. 🎴 ⑬ – *382 h alt. 1000.*

Paris 461 – Clermont-Ferrand 40 – Aubusson 74 – Mauriac 72 – Le Mont-Dore 15 – Ussel 45.

à la gare *Ouest : 3 km par D 98 et D 82 :*

🏠 **Les Clarines**, ℰ 04 73 22 00 43, Fax 04 73 22 06 10, 🍴, 🌳 – 📺 ☎ ⇐⇒ – 🔏 25. 🝏 ①
🐟 ⊖⊟
4 avril-15 nov. – **Repas** (dîner seul.) 78/160 ⅙, enf. 38 – ☷ 35 – **12 ch** 240/320 – ½ P 240/
280.

LARAGNE-MONTÉGLIN *05300 H.-Alpes 81 ⑤ – 3 371 h alt. 571.*
Paris 690 – Digne-les-Bains 56 – Gap 41 – Barcelonnette 90 – Sault 59 – Serres 17 – Sisteron 18.

Chrisma sans rest, rte de Grenoble ✆ 04 92 65 09 36, Fax 04 92 65 08 12, – ☎ P. GB
1er avril-31 oct. et fermé dim. sauf juil.-août – ☕ 40 – **17 ch** 220/280.

Les Terrasses, av. Provence ✆ 04 92 65 08 54, Fax 04 92 65 21 08, – TV ☎ P. AE GB. rest
hôtel : 1er avril-1er nov. ; rest. : 1er mai-1er oct. – **Repas** (dîner seul.) 98/135 ♁, enf. 55 – ☕ 38 – **15 ch** 250/290 – ½ P 230/280.

FORD Gar. Audibert, ✆ 04 92 65 09 71 N ✆ 04 92 65 09 71
RENAULT Gar. Lambert, ✆ 04 92 65 00 05
Gar. des Alpes, ✆ 04 92 65 04 79
Bernaudon-Pneus, ✆ 04 92 65 16 91

LARÇAY *37 I.-et-L. 64 ⑮ – rattaché à Tours.*

LARCEVEAU *64 Pyr.-Atl. 85 ④ – 406 h alt. 147 – ✉ 64120 Larceveau-Arros-Cibits.*
Paris 801 – Biarritz 60 – Bayonne 59 – Pau 89 – St-Jean-Pied-de-Port 16 – St-Palais 16.

Espellet, ✆ 05 59 37 81 91, Fax 05 59 37 86 09, – rest ☎ P. AE GB
fermé 5 au 31 déc. et mardi du 1er oct. au 1er juil. sauf fériés – **Repas** 60/140 ♁, enf. 45 – ☕ 32 – **19 ch** 140/250 – ½ P 190/220.

Trinquet avec ch, ✆ 05 59 37 81 57, Fax 05 59 37 80 06, – TV ☎. GB
fermé 12 nov. au 2 déc. et lundi sauf juil.-août et fériés – **Repas** 58/140 ♁, enf. 35 – ☕ 28 – **10 ch** 130/220 – ½ P 195/210.

PEUGEOT Gar. Thambo, ✆ 05 59 37 80 37 N ✆ 05 59 37 80 37

Pasti accurati a prezzi contenuti : Repas 100/130

Le LARDIN-ST-LAZARE *24570 Dordogne 75 ⑦ – 2 047 h alt. 86.*
Paris 486 – Brive-la-Gaillarde 27 – Lanouaille 38 – Périgueux 47 – Sarlat-la-Canéda 32.

Sautet, ✆ 05 53 51 45 00, Fax 05 53 51 45 29, « Parc fleuri », – cuisinette TV ☎ P. GB
10 mars-11 nov. – **Repas** *(fermé sam. midi)* 79 (déj.), 100/215 ♁ – ☕ 42 – **29 ch** 280/390, 4 studios – ½ P 295/355.

au Sud *: 4 km par D 704, D 62 et rte secondaire – ✉ 24570 Condat-sur-Vézère :*

Château de la Fleunie ✆ 05 53 51 32 74, Fax 05 53 50 58 98, « Château du 15e siècle dans un parc », – TV ☎ P – 80. AE GB
17 mars-1er nov. – **Repas** 150/350 – ☕ 50 – **33 ch** 350/800 – ½ P 360/560.

à Coly *Sud-Est : 6 km par D 62 – 193 h. alt. 113 – ✉ 24120 :.*
Voir *Église** de St-Amand-de-Coly SO : 3 km,* **G. Périgord Quercy.**

Manoir d'Hautegente ✆ 05 53 51 68 03, Fax 05 53 50 38 52, « Bel aménagement interieur, jardin », – TV ☎ P. AE GB
début avril-début nov. – **Repas** *(fermé mardi midi, merc. midi et lundi midi sauf juil.-août)* 150 (déj.), 200/380 – ☕ 60 – **12 ch** 700/950 – ½ P 580/730.

LARGENTIÈRE *07110 Ardèche 80 ⑧ G. Vallée du Rhône – 1 990 h alt. 240.*
Office de Tourisme pl. des Récollets ✆ 04 75 39 14 28, Fax 04 75 39 23 66.
Paris 646 – Alès 65 – Aubenas 18 – Privas 48.

à Rocher *Nord : 4 km par D 5 – ✉ 07110 Largentière :*

Le Chêne Vert ✆ 04 75 88 34 02, Fax 04 75 88 33 85, – TV ☎ P – 30. GB. rest
1er avril-15 nov. – **Repas** 80/200, enf. 40 – ☕ 40 – **22 ch** 300/370 – ½ P 270/320.

RENAULT Gar. Soboul, ✆ 04 75 39 13 66

LARMOR-PLAGE *56260 Morbihan 63 ① G. Bretagne – 8 078 h alt. 4.*
Paris 508 – Vannes 64 – Lorient 6 – Quimper 73.

Les Mouettes M, Anse de Kerguélen Ouest : 1 km ✆ 02 97 65 50 30, Fax 02 97 33 65 33, – rest TV ☎ P. AE GB. rest
Repas 90/220 ♁ – ☕ 40 – **21 ch** 340/410 – ½ P 340.

LARRAU 64560 Pyr.-Atl. 📗 ⑭ – 241 h alt. 636.

Paris 833 – Pau 78 – Oloron-Ste-Marie 43 – St-Jean-Pied-de-Port 47 – Sauveterre-de-Béarn 56.

🏠 **Etchemaïté** 🐾, 🏠 05 59 28 61 45, Fax 05 59 28 72 71, ≤, 🍽 – ☎ 📞, GB, 🛶 ch
⊛ fermé 15 au 31 janv. et lundi hors sais. sauf vacances scolaires – **Repas** 80/180, enf. 50 – ⊒ 30 – **16 ch** 160/250 – ½ P 190/235.

⌖ **Despouey** 🐾, 🏠 05 59 28 60 82, 🍽 – ☎ 📫 🖭 GB 🛶
15 fév.-15 nov. – **Repas** (résidents seul.) – ⊒ 30 – **10 ch** 150/200 – ½ P 180/200.

LARUNS 64440 Pyr.-Atl. 📗 ⑯ – 1 466 h alt. 523.

Paris 815 – Pau 39 – Argelès-Gazost 49 – Lourdes 52 – Oloron-Ste-Marie 33.

✗ **Aub. Bellevue**, 🏠 05 59 05 31 58, ≤, 🍽 – 📫. GB
⊛ fermé 8 janv. au 20 fév., mardi soir et merc. sauf juil.-août – **Repas** 75/180.

RENAULT Gar. d'Ossau, 🏠 05 59 05 34 64 🅽 🏠 05 59 05 34 64

LATTES 34 Hérault 📗 ⑦ – rattaché à Montpellier.

Ne prenez pas la route sans connaître votre temps de parcours.
La carte Michelin n° 🟥🟥🟥 c'est "la carte du temps gagné".

LAUTARET (Col du) 05 H.-Alpes 📗 ⑦ G. Alpes du Nord – ✉ 05220 Le Monetier-les-Bains.

Voir ✳✳✳ – Jardin alpin✶.
Env. Col du Galibier ✳✳✳ N : 7,5 km.
Paris 656 – Briançon 28 – Grenoble 91 – Lanslebourg-Mont-Cenis 83 – St-Jean-de-Maurienne 57.

🏠 **Glaciers** 🐾, 🏠 04 92 24 42 21, Fax 04 92 24 44 81, ≤, 🍽 – ☎ 📫. GB
⊛ 1ᵉʳ mai-30 sept. – **Repas** 79, enf. 39 – ⊒ 35 – **33 ch** 180/230 – ½ P 170/200.

LAUTERBOURG 67630 B.-Rhin 📗 ⑳ – 2 372 h alt. 115.

Paris 519 – Strasbourg 63 – Haguenau 40 – Karlsruhe 22 – Wissembourg 20.

✗✗✗ **La Poêle d'Or**, 35 r. Gén. Mittelhauser 🏠 03 88 94 84 16, Fax 03 88 54 62 30, 🍽 – 🍴. 🖭 ⓪ GB
fermé 28 juil. au 7 août, 2 janv. au 1ᵉʳ fév., merc. et jeudi – **Repas** 195 (déj.), 370/450 et carte 260 à 430.

LAUTREC 81440 Tarn 📗 ⑩ G. Pyrénées Roussillon – 1 527 h alt. 294.

🚩 Syndicat d'Initiative 🏠 05 63 75 31 40.
Paris 704 – Toulouse 76 – Albi 31 – Castelnaudary 56 – Castres 17 – Gaillac 35.

✗✗ **Le Champ d'Allium**, 4 rte Castres 🏠 05 63 70 52 41, Fax 05 63 75 34 36 – 🍴. GB
⊛ fermé 29 sept. au 15 oct., 15 janv. au 1ᵉʳ fév., dim. soir de sept. à avril et lundi – **Repas** (prévenir) 120/260.

CITROEN Gar. Berbie, 🏠 05 63 75 97 31   PEUGEOT Gar. Barthe, 🏠 05 63 75 90 12

LAVAL 🅿 53000 Mayenne 📗 ⑩ G. Normandie Cotentin – 50 473 h alt. 65.

Voir Vieux château✶ Z : charpente✶✶ du donjon, musée d'Art naïf✶ – Vieille ville✶ YZ – Les quais✶ – Jardin de la Perrine✶ Z – Chevet✶ de la basilique N.-D. d'Avesnières X – Église N.-D.-des Cordeliers✶ : retables✶✶ X.

📍 la Chabossière, à Changé 🏠 02 43 53 16 03, N par ① : 8 km.
🚩 Office de Tourisme 1 allée du Vieux Saint-Louis 🏠 02 43 49 46 46, Fax 02 43 49 46 21 – Automobile-Club 7 pl. J.-Moulin 🏠 02 43 56 47 54.
Paris 279 ① – Angers 78 ④ – Caen 147 ① – Le Havre 226 ① – Le Mans 85 ① – Nantes 131 ⑤ – Rennes 74 ⑦ – St-Nazaire 153 ⑤.

Plan page suivante

🏠🏠 **Impérial H.** sans rest, 61 av. R. Buron 🏠 02 43 53 55 02, Fax 02 43 49 16 74 – 🛗 📺 ☎
🛬. 🖭 ⓪ GB ᴶᶜᴮ. 🛶   X h
fermé 3 au 24 août et 24 déc. au 1ᵉʳ janv. – ⊒ 35 – **34 ch** 220/440.

🏠 **Campanile**, par ⑥ rte Fougères : 3 km 🏠 02 43 69 04 00, Fax 02 43 02 89 25, 🍽 – ↙✕
⊛ 📺 ☎ 📞 📫 – 🏋 25. 🖭 ⓪ GB
Repas 84 bc/107 bc, enf. 39 – ⊒ 32 – **39 ch** 278.

🏠 **Ibis**, rte Mayenne par ① : 3 km 🏠 02 43 53 81 82, Fax 02 43 53 11 19, 🍽, 🍽 – ↙✕ 📺 ☎
🛬 📫 – 🏋 60. 🖭 ⓪ GB
Repas 95, enf. 41 – ⊒ 35 – **51 ch** 305/325.

623

LAVAL

Déportés (R. des) . . Y 13
Gaulle (R. Gén.-de) . Y
Paix (R. de la) . . . . . . Y

Avesnières (Q. d') . . Z 2
Avesnières (R. d') . . Z 3
Bourg-Hersent (R.) . X 6
Briand (Pont A.) . . . . Y 8
Britais (R. du) . . . . . . Y 9
Chapelle (R. de) . . . . Z 12
Douanier-Rousseau (R.) . . . . Z 14
Étaux (R. des) . . . . . X 15
Gambetta (Quai) . . . Y 16
Gavre (Q. B. de) . . . . Y 17
Grande-Rue . . . . Z 19
Hardy-de-Lévaré (Pl.) . . . . . . Z 22
Haut-Rocher (R.) . . . X 23
Jean-Fouquet (Q.) . . Y 26
La Trémoille (Pl. de) . Z 28
Le Basser (Bd F.) . . . X 29
Macé (R. J.) . . . . X 30
Messager (R.) . . . . . X 33
Moulin (Pl. J.) . . . . . . Y 34
Orfèvres (R. des) . . . Z 36
Paradis (R. de) . . . . . Z 37
Picardie (R. de) . . . . X 39
Pin-Doré (R. du) . . . . Z 40
Pont-d'Avesnières (Bd du) . . . . X 41
Pont-de-Mayenne (R. du) . . . . Z 43
Renaise (R.) . . . . Y 44
Résistance (Crs de la) Y 45
St-Martin (R.) . . . . . . X 46
Serruriers (R. des) . . Z 47
Solferino (R.) . . . . . . Y 48
Souchu-Servinière (R.) . . . . . Y 50
Strasbourg (R. de) . . . . Y 52
Tisserands (Bd des) . . . . X 54
Trinité (R. de la) . . . . Z 55
Val-de-Mayenne (R. du) . . . YZ 60
Vieux-St-Louis (R. du) . . . . . . X 61

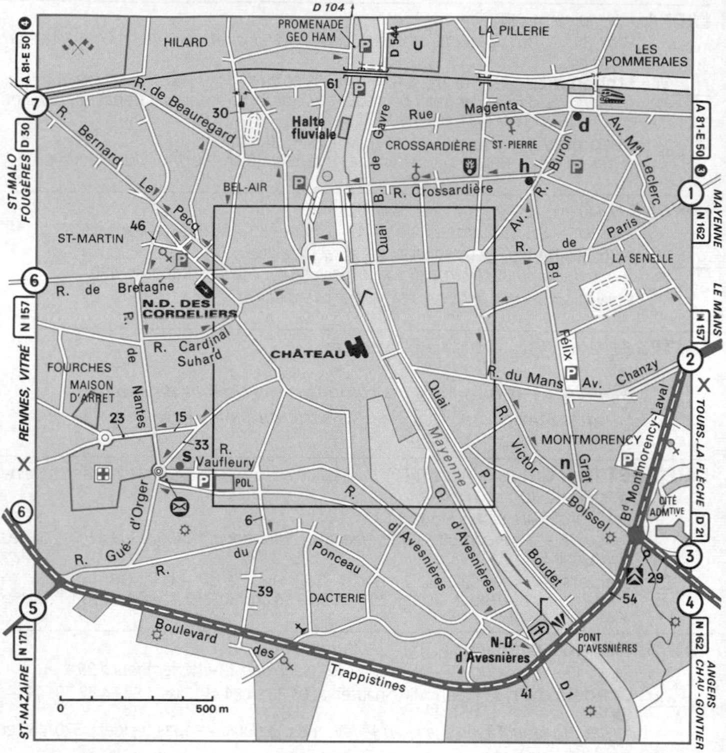

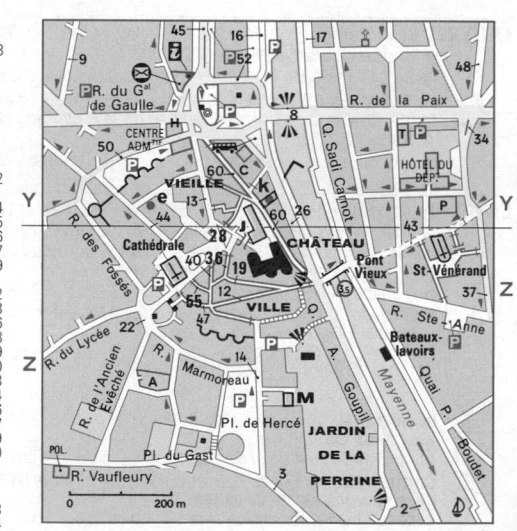

Marin'H. sans rest, 102 av. R. Buron ℘ 02 43 53 09 68, Fax 02 43 56 95 35 – 🛗 📺 ☎ ✆ ♿.
AE GB. ✛ X d
☎ 32 – **25 ch** 225/300.

Bistro de Paris (Lemercier), 67 r. Val de Mayenne ℘ 02 43 56 98 29, Fax 02 43 56 52 85 –
GB. ✛ Y k
fermé 15 au 31 août, sam. midi et dim. – **Repas** 135/245 et carte environ 250, enf. 85
Spéc. Petites entrées gourmandes. "Bonbon" de filet de veau, morilles et tomates à
l'oseille. Fondant de chocolat pur caraïbe. **Vins** Savennières, Anjou rouge.

Le Capucin Gourmand, 66 r. Valfleury ℘ 02 43 66 02 02, Fax 02 43 26 25 05 – AE
GB X s
fermé 4 au 18 août, dim. soir et lundi – **Repas** 110/250 et carte 200 à 270.

Les Blés d'Or Ⓜ avec ch, 83 r. V.-Boissel ℘ 02 43 53 14 10, Fax 02 43 49 02 84 – ✛ 📺 ☎
✆. AE ⓄD GB JCB. ✛ ch X n
Repas *(fermé dim. soir et lundi)* 125/165 ♨, enf. 80 – ☎ 55 – **8 ch** 320/520.

A la Bonne Auberge avec ch, 170 r. Bretagne par ⑥ ℘ 02 43 69 07 81,
Fax 02 43 91 15 02 – 📺 ☎ ⇐ 🅿. GB
fermé 1er au 30 août, vacances de fév., vend. soir de nov. à fév. (sauf hôtel) et sam. – **Repas**
85/250 ♨ – ☎ 35 – **11 ch** 225/285.

L'Antiquaire, 5 r. Béliers ℘ 02 43 53 66 76, Fax 02 43 56 92 18 – 🗐. GB Y e
fermé 16 au 31 juil., sam. midi et merc. – **Repas** 85 (déj.), 97/205, enf. 47.

à Changé *au Nord par D 104 : 4 km – 4 323 h. alt. 55 –* ✉ *53810 :*

La Table Ronde, pl. Elva (1er étage) ℘ 02 43 53 43 33, Fax 02 43 49 05 60, 🏠 – GB
fermé dim. soir et lundi – **Repas** 115/215, enf. 58 - *Le Bistrot :* Repas 75/98, enf. 58.

à Louvigné *par ②, N 157 et D 131 : 11 km – 664 h. alt. 90 –* ✉ *53210 :*

Au Vieux Pressoir, ℘ 02 43 37 30 84, Fax 02 43 37 30 84, 🏠 – GB
fermé dim. soir et lundi – **Repas** 96 bc (déj.), 125/215.

BMW Gar. Bassaler, 110 bd de Buffon, ZI des
Touches ℘ 02 43 53 31 59 Ⓝ ℘ 02 43 69 32 32
CITROEN LDA, 12 r. Henri Batard ZA des Alignées
par ⑥ ℘ 02 43 69 19 00
CITROEN Gar. Barais, 40 bd Francis Le Basser
℘ 02 43 53 23 54
MERCEDES, HONDA Delourmel, rte du Mans à
Bonchamp-les-Laval ℘ 02 43 53 17 58
PEUGEOT Gd Gar. du Maine, av. de Paris à
St-Berthevin par ⑥ ℘ 02 43 01 24 24 Ⓝ
℘ 02 43 96 42 85
RENAULT Laval Autom., av. de Paris à St-Berthevin
par ⑥ ℘ 02 43 01 22 22 Ⓝ ℘ 08 00 05 15 15

TOYOTA Bassaler Autom., Parc Activité des
Morandières ℘ 02 43 56 24 22
VOLVO Defrance, rte de Rennes à St-Berthevin
℘ 02 43 68 01 44
Gar. Leray, 140 rte de Fougères
℘ 02 43 90 70 88

🛞 Euromaster, 10 bd des Loges à St-Berthevin
℘ 02 43 69 15 08
Euromaster, 4 r. du Laurier ℘ 02 43 53 10 04

Le LAVANCHER *74 H.-Savoie* 🗺 ⑨ *– rattaché à Chamonix.*

Le LAVANDOU *83980 Var* 🗺 ⑱, 🗺 ㊽ *G. Côte d'Azur– 5 212 h alt. 1.*
🅱 *Office de Tourisme quai G.-Péri ℘ 04 94 71 00 61, Fax 04 94 64 73 79.*
Paris 876 ② – Fréjus 62 ① – Cannes 100 ① – Draguignan 75 ① – Ste-Maxime 42 ① –
Toulon 42 ②.

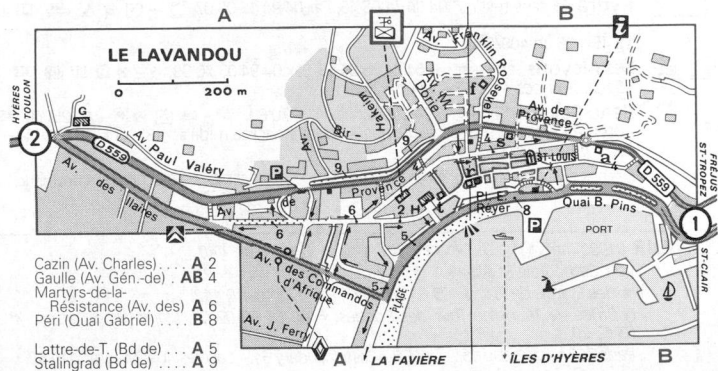

Cazin (Av. Charles) . . . . A 2
Gaulle (Av. Gén.-de) . AB 4
Martyrs-de-la-
    Résistance (Av. des) A 6
Péri (Quai Gabriel) . . . . B 8
Lattre-de-T. (Bd de) . . . A 5
Stalingrad (Bd de) . . . . A 9

🏠 **Aub. de la Calanque,** 62 av. Gén. de Gaulle ✆ 04 94 71 05 96, Fax 04 94 71 20 12, ≤,
🍽️, ⚖, – 📶 📺 ☎ – ⚖ 25. ﷼ ⓞ ﷼
B a
fermé 7 nov. au 14 déc. et 4 janv. au 15 fév. – **L'Algue Bleue** *(fermé merc. sauf juil.-août)*
Repas 195/380, enf. 100 – ⌷ 60 – **37 ch** 550/1200 – ½ P 525/600.

🏠 **La Petite Bohème** ♨, av. F.-Roosevelt ✆ 04 94 71 10 30, Fax 04 94 64 73 92, 🍽️, ⚘ –
⟻ 📺 ☎. ﷼
B f
1ᵉʳ mars-30 nov. – **Repas** 95/165, enf. 45 – ⌷ 40 – **20 ch** 300/450 – ½ P 390/410.

🏠 **L'Espadon,** pl. E. Reyer ✆ 04 94 71 00 20, Fax 04 94 64 79 19 – 📶 📺 ☎. ﷼ ⓞ ﷼
A t
hôtel : fermé 15 au 30 nov. et 1ᵉʳ au 15 fév. ; rest. : ouvert 1ᵉʳ mars-30 sept. – **Repas** (dîner
seul.) 120/160 – ⌷ 40 – **21 ch** 440/600 – ½ P 370/450.

🏠 **L'Escapade,** chemin du Vannier ✆ 04 94 71 11 52, Fax 04 94 71 22 14, 🍽️ – ▤ ch 📺 ☎
🅿. ﷼. ⚖
B s
hôtel : 10 mars-10 oct. ; rest. : Pâques-20 sept. et fermé dim. – **Repas** (dîner seul.) 100/120
⚖ – ⌷ 35 – **16 ch** 250/350 – ½ P 325/335.

🏠 **La Ramade,** r. Patron Ravello ✆ 04 94 71 20 40, Fax 04 94 15 22 55, 🍽️ – 📶 cuisinette
▤ ch 📺 ☎. ﷼
AB r
fermé 1ᵉʳ nov. au 29 déc. – **Repas** *(fermé mardi sauf le soir de juin à sept. et merc. d'oct. à
mai)* 75 (déj.), 88/168 ⚖, enf. 58 – ⌷ 38 – **6 ch** 320/420, 8 appart 660/760 – ½ P 328/358.

✕✕ **Le Krill,** r. Patron Ravello ✆ 04 94 71 06 43, Fax 04 94 15 10 56, 🍽️ – ▤. ﷼ ⓞ ﷼
B r
fermé 1ᵉʳ nov. au 20 déc. et lundi hors sais. – **Repas** 135/155.

à la Favière *Sud : 2 km* - A – ✉ *83230 Bormes-les-Mimosas :*

🏠 **Plage,** ✆ 04 94 71 02 74, Fax 04 94 71 77 22, 🍽️, ⚘ – ▤ rest 📺 ☎ 🅿. ﷼ ﷼. ⚖ rest
⊗
1ᵉʳ avril-30 sept. – **Repas** 80/150, enf. 56 – ⌷ 40 – **45 ch** 290/370 – ½ P 290/330.

à St-Clair *par ① : 2 km* – ✉ *83980 Le Lavandou :*

🏠 **Roc H.** ♨ *sans rest,* ✆ 04 94 71 12 07, Fax 04 94 15 06 00, ≤ – ▤ 📺 ☎ 🅿. ﷼. ⚖
15 mars-15 oct. – ⌷ 40 – **26 ch** 440/570.

🏠 **Belle Vue,** ♨, ✆ 04 94 71 01 06, Fax 04 94 71 64 72, ≤, ⚘ – 📺 ☎ ⊗ 🅿. ﷼ ⓞ ﷼. ⚖
hôtel : avril-oct. ; rest. : 18 mai-fin sept. – **Repas** (dîner seul.) 180 – ⌷ 60 – **19 ch** 320/750 –
½ P 400/670.

🏠 **Tamaris** ♨ *sans rest,* ✆ 04 94 71 79 19, Fax 04 94 71 88 64 – 📺 ☎ 🅿. ﷼ ﷼
28 mars-2 nov. – ⌷ 38 – **41 ch** 450/500.

🏠 **Méditerranée** ♨, ✆ 04 94 71 02 18, Fax 04 94 71 33 47, ≤, 🍽️ – ▤ ch 📺 ☎ 🅿. ﷼.
⚖ rest
hôtel : 20 mars-20 oct. ; rest. : Pâques-fin sept. – **Repas** 113 ⚖ – ⌷ 38 – **21 ch** 380/535 –
½ P 333/415.

à La Fossette-Plage *par ① : 3 km* – ✉ *83980 Le Lavandou :*

🏠 **83 Hôtel** Ⓜ, ✆ 04 94 71 20 15, Fax 04 94 71 63 42, ≤ côte et mer, 🍽️, ⚒, 🏊, ⚘, ✕ – 📶
▤ ☎ ⚖ 🅿. ﷼
début mai-fin sept. – **Repas** 180/230, enf. 85 – ⌷ 75 – **28 ch** 650/850 – ½ P 580/680.

à Aiguebelle *par ① : 4,5 km* – ✉ *83980 Le Lavandou :*

🏠 **Les Roches** Ⓜ ♨, ✆ 04 94 71 05 07, Fax 04 94 71 08 40, ≤ mer et les îles, 🍽️,
« Agréables terrasses en bordure de mer », ⚖, 🏊, ⚒ – ⟻ ▤ 📺 ☎ ⚒ 🅿 – ⚖ 25. ﷼ ⓞ
﷼. ⚖ rest
avril-oct. – **Repas** 250 (déj.), 395/495 – **39 ch** ⌷ 2600/3550, 6 appart – ½ P 1325/1675.

🏠 **Hydra** Ⓜ *sans rest,* ✆ 04 94 71 65 46, Fax 04 94 15 08 07, 🏊 – 📺 ☎ ⚖ ⊗. ﷼ ⓞ ﷼
ⱼⒸⒷ
⌷ 45 – **26 ch** 400/580.

🏠 **Les Alcyons** *sans rest,* ✆ 04 94 05 84 18, Fax 04 94 05 70 89, ≤ – ☎ 🅿. ﷼ ⓞ ﷼
23 mars-mi-oct. – ⌷ 35 – **24 ch** 520.

🏠 **Beau Soleil,** ✆ 04 94 05 84 55, Fax 04 94 05 70 89, 🍽️ – ▤ 📺 ☎ 🅿 – ⚖ 25. ﷼ ﷼
hôtel : Pâques-oct. ; rest. : avril-sept. – **Repas** (snack le midi) 98/185, enf. 48 – ⌷ 40 – **17 ch**
480 – ½ P 350/400.

CITROEN Gar. des Maures, ✆ 04 94 71 14 93   MERCEDES, RENAULT Gar. St-Christophe,
✆ 04 94 71 14 90

LAVAUR *81500 Tarn* 🎴 ⑨ *G. Pyrénées Roussillon – 8 148 h alt. 140.*
Voir *Cathédrale St-Alain★.*
🎣 *des Étangs de Fiac* ✆ 05 63 70 64 70, E : 11 km par D 112.
🎫 *Office de Tourisme Tour des Rondes* ✆ 05 63 58 02 00, Mairie (hors saison) ✆ 05 63
83 12 20.
Paris 700 – Toulouse 45 – Albi 51 – Castelnaudary 61 – Castres 40 – Montauban 58.

à Giroussens *Nord-Ouest : 10 km par D 87 – 1 051 h. alt. 204 – ⊠ 81500 :*

  XX **L'Échauguette** avec ch, ℘ 05 63 41 63 65, Fax 05 63 41 63 13, ≤, 🏠 – 🖭 ⓘ ᴳᴮ
    fermé 15 au 30 sept., 1er au 21 fév., dim. soir et lundi d'oct. à juin – **Repas** 60 (déj.), 120/260,
    enf. 55 – ⌚ 26 – **5 ch** 150/260.

    ALFA ROMEO, FIAT Gar. du Pont St-Roch, 4 et 5 av.   **VAG** Gar. Rigal, rte de Castres ℘ 05 63 58 03 83
    G.-Péri ℘ 05 63 58 08 16
    RENAULT Vauréenne Autom., rte de Toulouse   ⓪ Lavaur Pneus, rte de Castres
    ℘ 05 63 83 18 00 🅽 ℘ 06 09 71 17 03   ℘ 05 63 58 25 48

LAVEISSIÈRE *15300 Cantal* 🔢 ③ *– 611 h alt. 937.*
    Paris 529 – Aurillac 45 – Condat 41 – Le Lioran 6 – Murat 6.

  🏠 **Bellevue**, ℘ 04 71 20 01 22, Fax 04 71 20 09 55, 🍳 – ☎ 🅿, ᴳᴮ, 🏸 rest
    fermé 10 oct. au 27 déc. – **Repas** (dîner seul.) 70/105 🍷, enf. 35 – ⌚ 33 – **16 ch** 230 –
    ½ P 275.

LAVELANET *09300 Ariège* 🔢 ⑤ *– 7 740 h alt. 512.*
    🛈 *Office de Tourisme Maison de Lavelanet* ℘ 05 61 01 22 20, Fax 05 61 03 06 39.
    Paris 794 – Foix 26 – Carcassonne 71 – Castelnaudary 53 – Limoux 46 – Pamiers 42.

à Palot *Ouest : 10 km par rte de Foix – ⊠ 09300 Roquefixade :*

  XX **Relais des Trois Châteaux** avec ch, D 117 ℘ 05 61 01 33 99, Fax 05 61 01 73 73, 🍳 –
    🖭 ☎ 🅒 🅿, ᴳᴮ
    fermé 17 nov. au 2 déc., 2 au 24 fév., lundi soir d'oct. à mars et mardi – **Repas** 69/205 –
    ⌚ 45 – **7 ch** 280/350 – ½ P 220/255.

    Gar. Vidal, 51 av. Alsace Lorraine ℘ 05 61 01 00 84   ⓪ Lautier Pneus, 94 av. Gén.-de-Gaulle
        ℘ 05 61 01 03 58

LAVERGNE *46 Lot* 🔢 ⑲ *– rattaché à Gramat.*

LAVILLEDIEU *07 Ardèche* 🔢 ⑨ *– rattaché à Aubenas.*

LAVIOLLE *07530 Ardèche* 🔢 ⑱ *– 119 h alt. 650.*
    Env. Mézilhac : Piton de la Croix ≤★★ N : 9 km G. Vallée du Rhône.
    Paris 611 – Le Puy-en-Velay 64 – Aubenas 21 – Lamastre 51 – Mézilhac 8 – Privas 40.

  🏠 **Plantades** 🌿, rte Antraigues Sud : 2 km sur D 578 ℘ 04 75 38 71 58, ≤, 🏠, 🍳 – 🍳 🅿
    fermé 3 janv. au 1er fév., mardi soir et merc. de nov. à Pâques – **Repas** 65/150 🍷, enf. 40 –
    ⌚ 25 – **10 ch** 170/250 – ½ P 170/210.

LAXOU *54 M.-et-M.* 🔢 ⑤ *– rattaché à Nancy.*

LAYE *05 H.-Alpes* 🔢 ⑯ *– rattaché à Bayard (Col).*

La LÉCHÈRE *73260 Savoie* 🔢 ⑰ *G. Alpes du Nord – 1 936 h alt. 461 – Stat. therm. (fin mars-*
    fin oct.).
    🛈 *Office de Tourisme av. de l'Isère (en saison)* ℘ 04 79 22 51 60.
    Paris 605 – Albertville 22 – Celliers 16 – Chambéry 70 – Moûtiers 7.

  🏨 **Radiana** 🅜 🌿, ℘ 04 79 22 61 61, Fax 04 79 22 65 25, ≤, parc – 🛗 🍽 ▤ rest 🖭 ☎ 🅒 🛗
    🅿 – 🔬 30. 🖭 ᴳᴮ, 🏸 rest
    hôtel : 29 mars-26 oct. et 9 fév.-9 mars ; rest. : 29 mars-26 oct. – **Repas** 105/155 – ⌚ 50 –
    87 ch 340/770 – ½ P 400/500.

Les LECQUES *83 Var* 🔢 ⑭,, 🔢 ㊸ *– rattaché à St-Cyr-sur-Mer.*

LECTOURE *32700 Gers* 🔢 ⑤ *G. Pyrénées Aquitaine – 4 034 h alt. 155.*
    Voir Site★ – Promenade du bastion ≤★ – Musée municipal★.
    🛈 *Office de Tourisme cours Hôtel de Ville* ℘ 05 62 68 76 98, Fax 05 62 68 79 30.
    Paris 749 – Agen 39 – Auch 36 – Condom 25 – Montauban 72 – Toulouse 94.

🏨 **de Bastard** 🦢, r. Lagrange 🕿 05 62 68 82 44, Fax 05 62 68 76 81, 🍽️, 🏊 – 📺 🕿 🚗 –
🅰️ 25 à 40. 🆎 ⓞ 🅶🅱
fermé 4 janv. au 14 fév. – **Repas** 90/240, enf. 50 – 🖃 45 – **29 ch** 195/360 – ½ P 275/360.
RENAULT Gar. Franczak, 🕿 05 62 68 71 81 🅽 🕿 05 62 68 84 94

LEIGNÉ-LES-BOIS 86450 Vienne 🔠 ⑤ – 500 h alt. 125.
Paris 321 – Poitiers 55 – Le Blanc 35 – Châtellerault 17 – Loches 61 – La Roche-Posay 10.

🍴🍴 **Bernard Gautier,** 🕿 05 49 86 53 82, Fax 05 49 86 58 05 – 🅶🅱
🦞 *fermé 11 au 30 nov., 20 janv. au 15 fév., dim. soir et lundi sauf fériés* – **Repas** 100/250.

LELEX 01410 Ain 🔠 ⑮ – 232 h alt. 900 – Sports d'hiver : voir au Col de la Faucille.
Paris 518 – Bourg-en-Bresse 91 – Gex 28 – Morez 38 – Nantua 44 – St-Claude 31.

🏠 **Crêt de la Neige,** 🕿 04 50 20 90 15, Fax 04 50 20 94 46, 🍽️, 🌳, 🍴 – 🕿 🅿 🆎 🅶🅱
🚲 🦞 rest
21 juin-14 sept. et 21 déc.-15 avril – **Repas** 85/148 ⓵ – 🖃 32 – **28 ch** 195/335 – ½ P 249/
329.

🏠 **Centre,** 🕿 04 50 20 90 81, Fax 04 50 20 93 97 – 🕿 🅿. 🅶🅱
10 juil.-20 sept. et 20 déc.-1ᵉʳ mars – **Repas** 88/135 – 🖃 32 – **19 ch** 250/312 – ½ P 290/320.

LEMBACH 67510 B.-Rhin 🔠 ⑲ G. Alsace Lorraine – 1 710 h alt. 190.
Env. Château de Fleckenstein★★ NO : 7 km.
🛈 *Office de Tourisme rte de Bitche 🕿 03 88 94 43 16, Fax 03 88 94 20 04.*
*Paris 471 – Strasbourg 57 – Bitche 34 – Haguenau 25 – Niederbronn-les-Bains 23 –
Wissembourg 15.*

🏨 **Au Heimbach** sans rest, 15 rte Wissembourg 🕿 03 88 94 43 46, Fax 03 88 94 20 85 – 🛗
🕿 🅿
🖃 35 – **16 ch** 285/385.

🏠 **Vosges du Nord** sans rest, 59 rte Bitche 🕿 03 88 94 43 41, Fax 03 88 94 23 08 – 🅿. 🦞
fermé fév. et lundi – 🖃 25 – **8 ch** 260/275.

🍴🍴🍴🍴 **Aub. Cheval Blanc** (Mischler), 4 rte Wissembourg 🕿 03 88 94 41 86, Fax 03 88 94 20 74,
❀❀ « Ancien relais de poste », 🌳 – 🍷 🅿. 🆎 🅶🅱
fermé 7 au 25 juil., 2 au 27 fév., lundi et mardi – **Repas** 175/410 et carte 300 à 400
Spéc. Farandole de quatre foies d'oie chauds. Lasagne de langoustines et crevettes,
sabayon au traminer. Médaillons de dos de chevreuil à la moutarde de fruits rouges (25 mai
au 10 fév.). **Vins** Pinot blanc, Muscat d'Alsace.

à Gimbelhof Nord : 10 km par D 3, D 925 et rte forestière – 🖂 67510 Lembach :

🍴 **Gimbelhof** 🦢 avec ch, 🕿 03 88 94 43 58, Fax 03 88 94 23 30, ≤, 🍽️ – 🕿 🅿. 🅶🅱
🚲 *fermé 17 nov. au 26 déc. et vacances de fév.* – **Repas** (fermé lundi et mardi) 65/120 dîner à la
carte en sem. ⓵, enf. 32 – 🖃 25 – **7 ch** 120/230 – ½ P 160/190.
CITROEN Gar. Weisbecker, 🕿 03 88 94 41 96 🅽 🕿 03 88 94 41 96

LENCLOITRE 86140 Vienne 🔠 ③ G. Poitou Vendée Charentes – 2 222 h alt. 71.
Paris 320 – Poitiers 29 – Châtellerault 19 – Mirebeau 12 – Richelieu 24.

🍴🍴 **Champ de Foire,** 🕿 05 49 90 74 91 – 🅶🅱, 🦞
🦞 *fermé 15 au 30 juin, 15 au 28 fév., dim. soir et lundi sauf fériés* – Repas 85/190.
CITROEN Gar. Raison, 🕿 05 49 90 70 31

LENS ⚑ 62300 P.-de-C. 🔠 ⑮, 🔢 ㉘ – 35 017 h Agglo. 323 174 h alt. 38.
*Env. Mémorial canadien de Vimy★ 9 km par ④ – N.-D.-de-Lorette ⁂★ SO : 11 km,
G. Flandres Artois Picardie.*
🛈 *Office de Tourisme 🕿 03 21 44 34 34, Fax 03 21 78 40 85 – Automobile Club ZI du Gard
🕿 et Fax 03 21 28 34 89.*
Paris 200 ③ – Lille 36 ① – Arras 19 ③ – Béthune 19 ④ – Douai 25 ② – St-Omer 69 ④.

Plan page ci-contre

🏨 **Lensotel et rest. L'Escarpolette,** centre commercial Lens 2 par ⑤ : 3,5 km 🖂 62880
Vendin-le-Vieil 🕿 03 21 79 36 36, Fax 03 21 79 36 00, 🏊, 🌳 – 🍴 📺 🕿 🅿 – 🅰️ 100. 🆎 ⓞ
🅶🅱
Repas 90/155 – 🖃 39 – **70 ch** 300/355 – ½ P 275.

🏠 **Espace Bollaert** Ⓜ, 13C rte Béthune 🕿 03 21 78 30 30, Fax 03 21 78 24 83 – 🛗 ▤ rest
📺 🕿 🍴 🅿 – 🅰️ 60. 🆎 🅶🅱   A e
Repas (fermé vend. soir, sam. midi et dim. soir) 98/195 – 🖃 34 – **54 ch** 275/295 –
½ P 230/250.

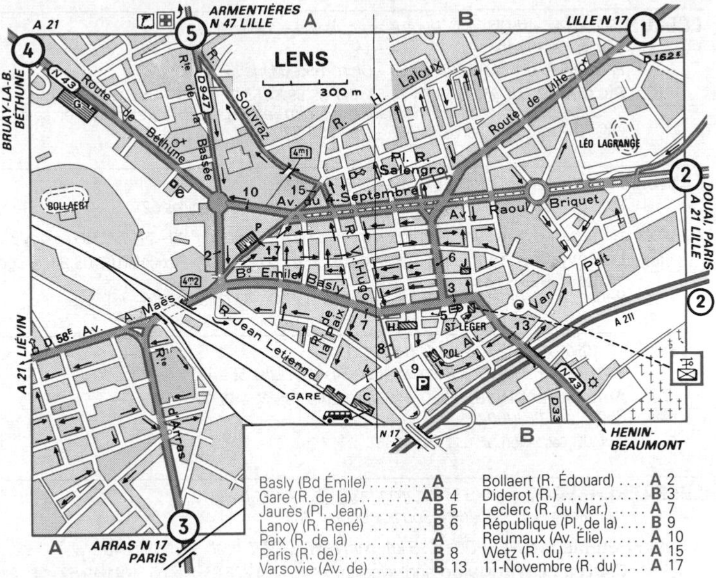
LENS
0 300 m
ARMENTIÈRES N 47 LILLE
A 21
A
B
LILLE N 17
D 162E
BRUAY-LA-B. BÉTHUNE
N 43
Route de Béthune
Rte de la Bassée
D 947
R. Souvraz
R. H. Laloux
Route de Lille
LÉO LAGRANGE
Pl. R. Salengro
Av. du 4-Septembre
Av. Raoul Briquet
DOUAI, PARIS A 21 LILLE
BOLLAERT
Bd Emile Basly
R. V. Hugo
R. de la Paix
R. Jean Letienne
Av. A. Maës
D 58E
A 21 LIÉVIN
Rte d'Arras
GARE
ST LÉGER
POL.
Av. Van Pelt
A 211
N 43
D 33
N 17
HENIN-BEAUMONT
ARRAS N 17 PARIS

Basly (Bd Émile)	A	Bollaert (R. Édouard)	A 2
Gare (R. de la)	AB 4	Diderot (R.)	B 3
Jaurès (Pl. Jean)	B 5	Leclerc (R. du Mar.)	A 7
Lanoy (R. René)	B 6	République (Pl. de la)	B 9
Paix (R. de la)	A	Reumaux (Av. Élie)	A 10
Paris (R. de)	B 8	Wetz (R. du)	A 15
Varsovie (Av. de)	B 13	11-Novembre (R. du)	A 17

CITROEN Sté Nouvelle SOCALE, 2 rte de Béthune à Loos-en-Gohelle par ④ ☏ 03 21 70 15 76 **N** ☏ 06 09 65 90 11
HONDA, TOYOTA Gar. Barre, 247 rte de Béthune ☏ 03 21 42 42 21 **N** ☏ 03 28 09 10 76
OPEL Gar. Thirion, 60 av. A.-Maes ☏ 03 21 79 45 40
PEUGEOT Gar. Wantiez, N à Loison par ① ☏ 03 21 70 17 65
RENAULT Gar. Lensois, 50 rte de Lille à Loison par ① ☏ 03 21 70 19 68 **N** ☏ 03 21 69 07 89
RENAULT Gar. Derache, bd M.-Thorez à Avion par ③ ☏ 03 21 42 35 35
SEAT Sarels Auto, 79 av. Van-Pelt ☏ 03 21 74 87 77
VAG S.A.M.A., 267 bd Martel à Avion ☏ 03 21 28 18 16

Euromaster, 81 av. Van-Pelt ☏ 03 21 28 60 54
La Maison du Pneu, 346 rte de Lille ☏ 03 21 78 62 78

LÉON *40550 Landes* 78 ⑯ *– 1 330 h alt. 9.*

Voir *Courant d'Huchet★ en barque NO : 1,5 km,* **G. Pyrénées Aquitaine.**

la Côte d'Argent ☏ 05 58 48 54 65, SO par D 652 puis D 117 : 8 km.

Office de Tourisme Grand Rue ☏ 05 58 48 76 03 et Mairie (hors saison) ☏ 05 58 48 73 01.

Paris 725 – Mont-de-Marsan 76 – Castets 14 – Dax 29 – Mimizan 41 – St-Vincent-de-Tyrosse 32.

Lac , au Lac Nord-Ouest : 1,5 km ☏ 05 58 48 73 11, ← – ☎. GB. ch *mai-sept.* – **Repas** 75/160, enf. 42 – ☕ 28 – **15 ch** 260 – ½ P 230/260.

CITROEN Ducasse, ☏ 05 58 48 73 10 — RENAULT Gar. Bidou, ☏ 05 58 48 74 34

LÉRÉ *18240 Cher* 65 ⑫ *G. Berry Limousin – 1 161 h alt. 145.*

Paris 174 – Auxerre 73 – Bourges 65 – Montargis 65 – Nevers 62 – Orléans 105.

XX **Lion d'Or** avec ch, ☏ 02 48 72 60 12, Fax 02 48 72 56 18 – rest TV ☎. GB
Repas *(fermé dim. soir du 15 oct. au 15 mars)* 95/295 – ☕ 35 – **7 ch** 240 – ½ P 290.

LÉRINS (Iles de) *06 Alpes-Mar.* 84 ⑨ *– voir à Ste-Marguerite et St-Honorat.*

LESCAR *64 Pyr.-Atl.* 85 ⑥ *– rattaché à Pau.*

LESCONIL *29740 Finistère* 58 ⑭ *G. Bretagne.*

Paris 583 – Quimper 27 – Douarnenez 41 – Guilvinec 7 – Loctudy 7 – Pont-l'Abbé 9.

Atlantic, ☏ 02 98 87 81 06, Fax 02 98 87 88 04, « Jardin fleuri » – ☎ P. AE GB. rest
1er avril-30 sept. – **Repas** 85/200, enf. 45 – ☕ 35 – **23 ch** 220/280 – ½ P 295.

LESCUN 64490 Pyr.-Atl. 🔠 ⑮ G. Pyrénées Aquitaine – 198 h alt. 900.

Voir ❄️★★ 30 mn.

Paris 855 – Pau 71 – Lourdes 89 – Oloron-Ste-Marie 37.

🏠 **Pic d'Anie** ≫, ℘ 05 59 34 71 54, Fax 05 59 34 53 22, ≤, 🏤 – ☎. **GB**. ❀ ch

1er avril-20 sept. et fermé le midi (sauf dim. en juil.-août) – **Repas** (dîner seul.) 90/200, enf. 70 – ☲ 35 – **10 ch** 220/280 – ½ P 250/270.

LÉSIGNY 77150 S.-et-M. 🔠① ②, 🔢 ㉙ – 7 865 h alt. 95.

Paris 34 – Brie-Comte-Robert 8 – Évry 28 – Melun 26 – Provins 62.

au golf par rte secondaire Sud : 2 km ou par Francilienne : sortie n° 19 – ⊠ 77150 Lésigny :

🏨 **Le Réveillon,** ferme des Hyverneaux ℘ 01 60 02 25 26, Fax 01 60 02 03 84, ≤, golf – 🛗 ❀➞ 🔟 ☎ ₺ ⇔ 🅿 – 🔬 80. 🖭 ⓞ **GB**

Repas 105 bc (dîner), 135/165 ₺, enf. 51 – ☲ 40 – **47 ch** 300/340 – ½ P 315.

LESMONT 10500 Aube 🔠 ⑧ – 244 h alt. 111.

Paris 206 – Troyes 32 – Bar-sur-Aube 34 – St-Dizier 55 – Vitry-le-François 41.

🍴🍴 **Aub. Munichoise,** D 960 ℘ 03 25 92 45 33, 🏤 – 🖭 **GB**
⊝ **Repas** (fermé lundi) 75/160 ₺.

RENAULT Gar. Millon, ℘ 03 25 92 45 13

LESPARRE-MÉDOC ⬱ 33340 Gironde 🔠 ⑰ – 4 661 h alt. 12.

Paris 643 – Bordeaux 66 – Soulac-sur-Mer 30.

à Gaillan-en-Médoc Nord-Ouest : 5 km par N 215 – 1 773 h. alt. 9 – ⊠ 33340 :

🍴🍴🍴 **Château Layauga** (Jorand) avec ch, ℘ 05 56 41 26 83, Fax 05 56 41 19 52, 🏤, 🌿 – ❀➞ 🔟 ☎ ₺ ⇔ 🅿. 🖭 **GB**
❀ fermé fév. – **Repas** 195/345 et carte 350 à 440 – ☲ 65 – **7 ch** 525 – ½ P 575
Spéc. Truffes du Périgord. Poissons. Gibiers (saison). **Vins** Médoc.

à Queyrac par N 215 : 8 km – 1 129 h. alt. 4 – ⊠ 33340 :

🏠 **Les Vieux Acacias** ≫ sans rest, ℘ 05 56 59 80 63, Fax 05 56 59 85 93, 🌿 – ☎ 🅿. **GB**
fermé 15 déc. au 1er fév. – ☲ 35 – **15 ch** 220/325, 3 appart.

CITROEN SADAM, ℘ 05 56 41 10 77   🔘 Médoc Pneu, à Gaillan ℘ 05 56 41 06 73

LESTELLE-BÉTHARRAM 64800 Pyr.-Atl. 🔠 ⑦ G. Pyrénées Aquitaine – 865 h alt. 299.

Voir Grottes de Bétharram★★ S : 5 km.

Paris 803 – Pau 26 – Laruns 35 – Lourdes 17 – Nay 9 – Oloron-Ste-Marie 43.

🍴 **Touristes,** ℘ 05 59 71 93 05, 🏤 – ☎ 🕯 🅿. **GB**
⊝ fermé 2 janv. au 18 fév. et lundi du 20 sept. au 30 juin – **Repas** 68/188 ₺, enf. 50 – ☲ 30 –
14 ch 120/240 – ½ P 175/220.

🍴 **Central** avec ch, ℘ 05 59 71 92 88, 🏤 – ☎ ₺. **GB**
⊝ **Repas** 70/160 – ☲ 35 – **16 ch** 140/230 – ½ P 190.

au Sud-Est : 3 km par D 937 et rte des Grottes – ⊠ 64800 Lestelle-Bétharram :

🏨 **Le Vieux Logis** ≫, ℘ 05 59 71 94 87, Fax 05 59 71 96 75, ≤, 🏤, « Parc », 🏊, – 🛗 🔟 ☎
⊝ ₺ 🅿 – 🔬 30. 🖭 **GB**
fermé 28 oct. au 2 nov., 15 janv. au 1er mars, dim. soir et lundi de nov. à mars – **Repas** 75/220, enf. 45 – ☲ 35 – **35 ch** 210/270, 5 chalets – ½ P 205/278.

LEUCATE 11370 Aude 🔠 ⑩ G. Pyrénées Roussillon – 2 177 h alt. 21.

Voir ≤★ du sémaphore du Cap E : 2 km.

🛈 Office de Tourisme Centre Commercial ℘ 04 68 40 91 31, Fax 04 68 40 24 76.

Paris 839 – Perpignan 35 – Carcassonne 87 – Narbonne 38 – Port-la-Nouvelle 18.

🍴🍴 **Jouve** 🅼 avec ch, sur la plage ℘ 04 68 40 02 77, ≤, 🏤 – 🔟 ☎. 🖭 **GB**. ❀ ch
30 mars-5 oct. – **Repas** (fermé lundi sauf le soir en juil.-août et dim. soir) 108/220 – ☲ 40 –
7 ch 350/450 – ½ P 350.

🍴 **Le Village,** au village, 129 av. J. Jaurès ℘ 04 68 40 06 91 – 🍽. **GB**
⊝ fermé janv. – **Repas** 80/155 ₺, enf. 45.

à Port-Leucate Sud : 7 km par D 627 – ⊠ 11370 :

🏠 **Deux Golfs** 🅼 ≫ sans rest, sur le port ℘ 04 68 40 99 42, Fax 04 68 40 79 79 – 🛗 🔟 ☎ ₺. 🖭 **GB**
1er mars-3 nov. – ☲ 40 – **30 ch** 295/395.

LEVALLOIS-PERRET 92 Hauts-de-Seine **55** ⑳ ,, **101** ⑮ – voir à Paris, Environs.

LEVANT (Île du) 83 Var **84** ⑰, **114** ㊾ G. Côte d'Azur – alt. Sud – ⊠ 83400 Hyères

🏠 **Héliotel** 🦢 , 𝄐 04 94 05 90 63, Fax 04 94 05 90 20, ≤ baie de Portman, 🍽, 🏊, 🌳 – ☎.
🔳 ① **GB**. 🛇 ch
1er mai-15 sept. – **Repas** (résidents seul.) – **16 ch** (½ pens. seul.) – ½ P 475/700.

LEVENS 06670 Alpes-Mar. **84** ⑲, **115** ⑯ G. Côte d'Azur – 2 686 h alt. 600.

Voir ≤★.

Env. Saut des Français ≤★★ N : 8 km – Utelle : retable★ de l'église N : 22 km – Madonne
d'Utelle ⁂★★★ N : 29 km.

Paris 950 – Antibes 43 – Cannes 54 – Nice 24 – Puget-Théniers 49 – St-Martin-Vésubie 38.

🏠 **La Vigneraie** 🦢, rte St-Blaise 1,5 km 𝄐 04 93 79 70 46, 🍽, 🌳 – 🔳 ☎ 🅿. **GB**
3 fév.-12 oct. – **Repas** (dîner pour résidents seul.) 100/140 – 🍵 25 – **18 ch** 120/210 –
½ P 240.

🍴 **Les Santons**, au village 𝄐 04 93 79 72 47, 🍽 – **GB**
⊜ fermé 23 juin au 2 juil., 29 sept. au 8 oct., 5 janv. au 11 fév., lundi soir, mardi soir, jeudi soir et
merc. – Repas (prévenir) 100/205.

LEVERNOIS 21 Côte-d'Or **69** ⑨ – rattaché à Beaune.

LEVROUX 36110 Indre **68** ⑧ G. Berry Limousin – 3 045 h alt. 142.

Voir Collégiale St-Sylvain★ : stalles★, buffet d'orgues★.

Env. Château de Bouges★★, parc★ NE : 9,5 km.

🚩 Office de Tourisme r. Gambetta 𝄐 02 54 35 63 39 et Mairie (hors saison) 𝄐 02 54 35 70 54.

Paris 262 – Blois 80 – Châteauroux 21 – Châtellerault 96 – Loches 55 – Vierzon 54.

🏠 **Cloche**, 3 r. Nationale 𝄐 02 54 35 70 43, Fax 02 54 35 67 43 – **GB**. 🛇 ch
⊜ fermé fév., lundi soir et mardi – **Repas** 85/230 🍷 – 🍵 28 – **26 ch** 170/320.

🍴🍴 **Relais St-Jean**, 34 r. Nationale 𝄐 02 54 35 81 56, Fax 02 54 35 36 09, 🍽 – 🔳 **GB**
⊜ fermé 23 fév. au 9 mars, merc. soir et dim. soir – **Repas** 85/205, enf. 65.

PEUGEOT Gar. Bottin, 15 r. Gambetta   RENAULT Gar. Tranchant, 95 rte de Châteauroux
𝄐 02 54 35 70 28   𝄐 02 54 35 71 45
PEUGEOT Gar. Tricoche, 101 rte de Châteauroux   **Gar. Bailly**, 35 av. du Gén.-de-Gaulle
𝄐 02 54 35 71 42 🅝 𝄐 02 54 35 71 42   𝄐 02 54 35 70 30 🅝 𝄐 02 54 35 70 30

LÉZIGNAN-CORBIÈRES 11200 Aude **83** ⑬ – 7 881 h alt. 51.

🚩 Office de Tourisme pl. République 𝄐 04 68 27 05 42.

Paris 826 – Perpignan 82 – Carcassonne 40 – Narbonne 22 – Prades 126.

🍴 **Rest. Tournedos et H. Tassigny** avec ch, pl. de Lattre-de-Tassigny 𝄐 04 68 27 11 51,
⊜ Fax 04 68 27 67 31 – 🍽 rest 🔳 ☎ 🅐. **GB**
fermé 6 au 12 oct., lundi (sauf hôtel) et dim. soir – **Repas** 75/180 🍷, enf. 38 – 🍵 35 – **19 ch**
190/270 – ½ P 250/270.

PEUGEOT Gar. Belmas, ZI de Gaujac, rte de   ⑩ Belotti Pneus, 35 av. Mar.-Joffre
Fabrézan 𝄐 04 68 27 01 66 🅝 𝄐 04 68 27 01 66   𝄐 04 68 27 01 72
RENAULT Lézignan-Auto, 63 av. G.-Clémenceau
𝄐 04 68 27 74 00 🅝 𝄐 08 00 05 15 15

LEZOUX 63190 P.-de-D. **73** ⑮ G. Auvergne – 4 819 h alt. 340.

Voir Moissat-Bas : châsse de St-Lomer★★ dans l'église S : 5 km.

🚩 Syndicat d'Initiative à la Mairie 𝄐 04 73 73 01 00.

Paris 434 – Clermont-Ferrand 31 – Ambert 58 – Issoire 43 – Riom 30 – Thiers 17 – Vichy 42.

🍴🍴 **Voyageurs** avec ch, pl. de la Mairie 𝄐 04 73 73 10 49, Fax 04 73 73 92 60 – 🔳 ☎. **GB**
⊜ fermé 29 sept. au 13 oct., 5 au 12 janv., dim. soir et lundi – **Repas** 90/200 🍷, enf. 60 – 🍵 32
– **9 ch** 185/300 – ½ P 180/200.

à Bort-l'Étang Sud-Est : 8 km par D 223 et D 309 – 409 h. alt. 420 – ⊠ 63190 .

Voir ⁂★ de la terrasse du château★ à Ravel O : 5 km.

🏰 **Château de Codignat** 🦢, Ouest : 1 km 𝄐 04 73 68 43 03, Fax 04 73 68 93 54, ≤, 🍽,
parc, « Château du 15e siècle décoré avec raffinement », 🛁, 🏊, 🎾 – 🔳 ☎ 🅿 – 🎣 40. 🔳
① **GB**
20 mars-3 nov. – **Repas** 290/360, enf. 180 – 🍵 75 – **15 ch** 790/1300, 4 appart – ½ P 790/
1050.

PEUGEOT Limagne Autom., 𝄐 04 73 73 10 98

LIANCOURT 60140 Oise 55 ① – 6 178 h alt. 59.

Paris 73 – Compiègne 34 – Beauvais 36 – Chantilly 21 – Creil 12 – Senlis 22.

Host. Parc, av. Ile-de-France ℘ 03 44 73 04 99, Fax 03 44 73 67 75, 🚗 – 📺 ☎ 🅿. 🆎 ⓞ
GB. ⚬ ch
Repas *(fermé dim. soir)* 135/230 ⅃ – ☲ 40 – **13 ch** 298/348.

LIBOURNE ◁ⓈⓅ▷ 33500 Gironde 75 ⑫ G. Pyrénées Aquitaine – 21 012 h alt. 7.

🏌₁₈ de Bordeaux-Cameyrac ℘ 05 56 72 96 79 par ④ et N 89 : 16 km ; 🏌₉ de Teynac ℘ 05 56 72 85 62 par ④ et N 89 : 15 km.

🅱 Office de Tourisme pl. A.-Surchamp ℘ 05 57 51 15 04.

Paris 579 ⑤ – Bordeaux 30 ④ – Agen 131 ③ – Angoulême 99 ① – Bergerac 63 ③ – Périgueux 95 ② – Royan 118 ⑤.

✗ **Bistrot Chanzy**, 16 r. Chanzy ℘ 05 57 51 84 26, Fax 05 57 51 84 89 – GB   BY a
⊕ *fermé lundi soir et dim.* – **Repas** 85.

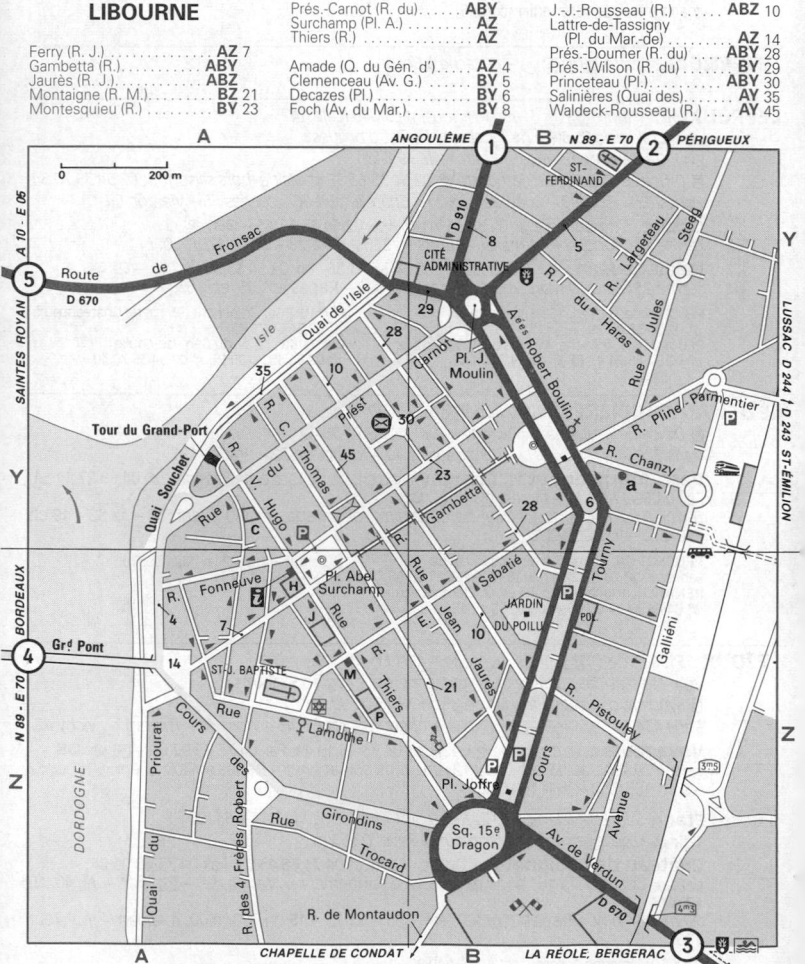

à l'aérodrome d'Artigues *par ② et N 89 : 12 km* – ⊠ *33570 Les Artigues de Lussac :*

XX **Chez Servais,** 🖉 05 57 24 31 95, 🎬 – **P.** GB
fermé 11 au 25 août, vacances de fév., dim. soir et lundi – **Repas** 125/280.

CITROEN Libourne Autom., 140 av. Ch.-de-Gaulle
par ③ 🖉 05 57 55 32 32
PEUGEOT Agence Centrale Auto Libournaise, 142
av. Gén.-de-Gaulle par ③ 🖉 05 57 51 40 81 **N**
🖉 05 57 91 13 62
RENAULT Gar. Bastide, ZI Ballastière, rte d'Angoulême par ① 🖉 05 57 25 60 60 **N**
🖉 05 56 76 04 08

🏚 Da Silva Pneu-Point S, rte de Bordeaux
Port-du-Noyer à Arveyres 🖉 05 57 51 54 56
Da Silva Pneu-Point S, av. de Gaulle, rte de
Castillon 🖉 05 57 51 66 03
Euromaster, 113 av. G.-Pompidou
🖉 05 57 51 24 24
Service du Pneu-Point S, rte de Bergerac à
Castillon la Bataille 🖉 05 57 40 38 38

LIÈPVRE *68660 H.-Rhin* 62 ⑱ *– 1 558 h alt. 272.*
Paris 421 – Colmar 34 – Ribeauvillé 20 – St-Dié 30 – Sélestat 14.

🏠 **Élisabeth** 🦢, à La Vancelle Nord-Est : 2,5 km par rte secondaire ⊠ 67730
🖉 03 88 57 90 61, Fax 03 88 57 91 51, 🎬, 🐜 – **TV** ☎ **P.** – 🔟 25. GB. ⚘ rest
fermé 3 au 20 janv. – **Repas** *(fermé dim. soir et lundi)* 60 (déj.), 128/240 🍷, enf. 45 – ☑ 45 –
12 ch 210/260 – ½ P 260.

🏠 **Aub. Frankenbourg** 🦢, à La Vancelle Nord-Est : 2,5 km par rte secondaire ⊠ 67730
🖉 03 88 57 93 90, Fax 03 88 57 91 31, 🎬, 🐜 – **TV** ☎. GB
fermé 15 fév. au 10 mars – **Repas** *(fermé mardi soir et merc.)* 110/265 🍷 – ☑ 36 – **11 ch**
215/265 – ½ P 240.

XX **A la Vieille Forge,** à Bois-l'Abbesse Est : 3 km rte Sélestat 🖉 03 89 58 92 54,
🐜 Fax 03 89 58 43 58 – **P.** AE ① GB
fermé 8 au 25 juil., 25 fév. au 7 mars, dim. soir et lundi – **Repas** 125/280 🍷.

TOYOTA Gar. Gerber, 🖉 03 89 58 92 03

LIESSIES *59740 Nord* 53 ⑥ *G. Flandres Artois Picardie – 531 h alt. 165.*
Voir *Lac du Val Joly★ E : 5 km.*
Paris 220 – St-Quentin 76 – Avesnes-sur-Helpe 14 – Charleroi 47 – Hirson 24 – Maubeuge 24.

🏠 **Château de la Motte** 🦢, Sud : 1 km par rte secondaire 🖉 03 27 61 81 94,
Fax 03 27 61 83 57, parc – **TV** ☎ **P.** – 🔟 50. GB
fermé 20 déc. au 31 janv., lundi soir et mardi soir hors sais. et dim. soir – **Repas** 105/190,
enf. 60 – ☑ 37 – **12 ch** 160/380 – ½ P 230/325.

X **Le Carillon,** 🖉 03 27 61 80 21, Fax 03 27 61 82 34 – AE GB
🐜 *fermé 12 au 26 nov., 7 au 21 janv., dim. soir sauf juil.-août et merc.* – **Repas** 85 bc/193.

LIEUSAINT *77127 S.-et-M.* 61 ①, 101 ㊳ *– 5 200 h alt. 89.*
Paris 36 – Brie-Comte-Robert 11 – Évry 12 – Melun 14.

🏨 **Le Flamboyant** M, 98 r. Paris (près N 6) 🖉 01 60 60 05 60, Fax 01 60 60 05 32, 🎬, 🏊,
🎬 – 🛗 🔟 rest **TV** ☎ 🌜 & **P.** – 🔟 30 à 80. AE ① GB JCB
Repas 95/190 🍷, enf. 45 – ☑ 35 – **72 ch** 290/330 – ½ P 300.

LIGNAN-SUR-ORB *34 Hérault* 83 ⑭ *– rattaché à Béziers.*

LIGNY-LE-CHÂTEL *89144 Yonne* 65 ⑤ *G. Bourgogne – 1 122 h alt. 130.*
Paris 182 – Auxerre 22 – Sens 59 – Tonnerre 29 – Troyes 64.

🏨 **Relais St-Vincent** 🦢, 🖉 03 86 47 53 38, Fax 03 86 47 54 16, 🎬 – **TV** ☎ & **P.** – 🔟 50.
🐜 AE ① GB
Repas 78/160 🍷 – ☑ 43 – **15 ch** 235/390 – ½ P 235/320.

XX **Aub. du Bief,** 🖉 03 86 47 43 42, Fax 03 86 47 48 14, 🎬 – **P.** AE ① GB
fermé 26 déc. au 26 janv., dim. soir et lundi – **Repas** 98/260 🍷.

LIGUEIL *37240 I.-et-L.* 68 ⑤ *G. Châteaux de la Loire – 2 201 h alt. 85.*
*Paris 278 – Tours 44 – Le Blanc 57 – Châteauroux 81 – Châtellerault 37 – Chinon 50 –
Loches 19.*

🏠 **Le Colombier,** pl. Gén. Leclerc 🖉 02 47 59 60 83, Fax 02 47 59 61 12 – ☎ **P.** GB
🐜 *fermé 1er au 15 sept., 2 janv. au 15 fév., dim. soir et vend. sauf juil.-août* – **Repas** 60/190 🍷,
enf. 45 – ☑ 30 – **11 ch** 150/240 – ½ P 220/250.

à Cussay *Sud-Ouest : 3,5 km par D 31 – 551 h. alt. 105 –* ⊠ *37240 :*

X **Aub. du Pont Neuf** avec ch, 🖉 02 47 59 66 37, 🐜 – **TV** ☎ 🌜 **P.** AE ① GB
🐜 *fermé fév. et lundi* – **Repas** 78/350 🍷 – ☑ 40 – **7 ch** 135/260 – ½ P 180/205.

RENAULT Gar. Chapet, 🖉 02 47 59 64 10 **N** 🖉 02 47 59 64 10

LILLE

P *59000 Nord* **51** ⑮ **III** ㉒ *G. Flandres Artois Picardie*
172 142 h. - Agglo. 952 234 h - alt. 10.

Paris 223 ⑩ *– Bruxelles 120* ⑧ *– Gent 76* ② *– Luxembourg 309* ⑧ *– Strasbourg 527* ⑧

OFFICES DE TOURISME

Palais Rihour ✆ *03 20 21 94 21, Fax 03 20 21 94 20*
Automobile Club du Nord, 8 r. Quenette ✆ *03 20 56 21 41.*

RENSEIGNEMENTS PRATIQUES

TRANSPORTS
Auto-train ✆ *08 36 35 35 35*

AÉROPORT
Lille-Lesquin ✆ *03 20 49 68 68 par A1 : 8 km* **HT.**

QUELQUES GOLFS
🏌 *des Flandres (privé)* ✆ *03 20 72 20 74 par N 350 : 4,5 km* **HS**
🏌 *de Sart (privé)* ✆ *03 20 72 02 51 par N 356 / 7 km* **HS**
🏌 *de Brigode à Villeneuve-d'Ascq* ✆ *03 20 91 17 86 par D 146 : 9 km* **JS**
🏌🏌 *de Bondues* ✆ *03 20 23 20 62 par N 17 : 9,5 km* **HR.**

CURIOSITÉS

AUTOUR DU BEFFROI DE LA CHAMBRE DE COMMERCE
Le Vieux-Lille★★ **EY** : *Vieille Bourse*★★, *rue de la Monnaie*★, *hospice Comtesse*★ *(voûte en carène*★★ *).*
Maison natale du Général de Gaulle **EY** - *Église St-Maurice*★ **EFY.**

AUTOUR DU BEFFROI DE L'HÔTEL DE VILLE
Quartier St-Sauveur **FZ** : *porte de Paris*★, ≼★ *du beffroi.*
Musée des Beaux-Arts★★★ *(réouverture prévue au printemps 97)* **EZ.**

L'OEUVRE DE VAUBAN
Citadelle★ **BV.**

LES QUARTIERS QUI BOUGENT
Place du Général-de-Gaulle (Grand'Place)★ **EY** - *Place Rihour* **EY** - *Rue de Béthune (cinémas)* **EYZ** - *Euralille (tour du Crédit Lyonnais*★ *) et autour de la gare Lille-Flandres* **FY.**

...ET AUX ENVIRONS
Villeneuve d'Ascq : musée d'Art moderne★★ **HS M.**
Bondues : château du Vert-Bois★ **HR.**
Bouvines : vitraux de l'église et évocation de la bataille **JT.**

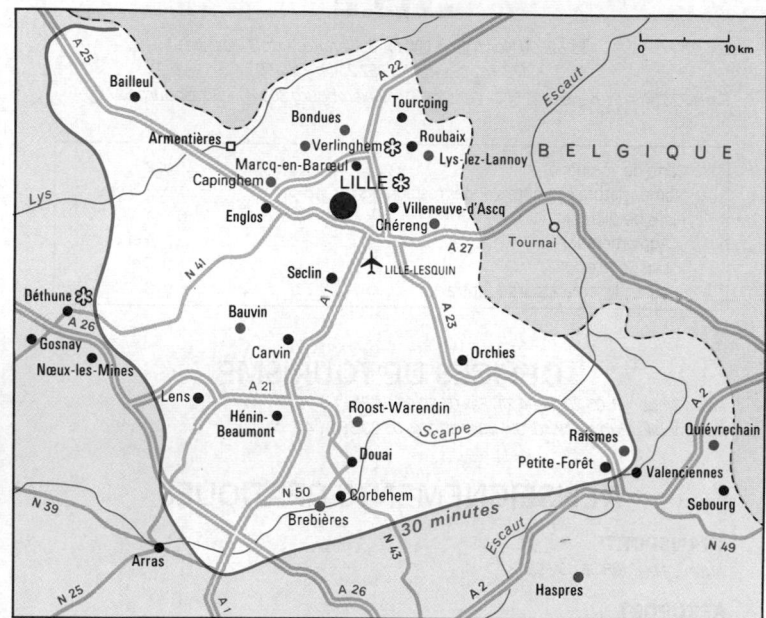

Alliance 🏨 M 🐾, 17 quai du Wault ✉ 59800 ☎ 03 20 30 62 62, Fax 03 20 42 94 25, « Ancien couvent du 17ᵉ siècle » – 🛗 ✻ 📺 ☎ ✆ 🅿 – 🛎 120. 🖭 ◑ ⅁ℬ 🄼ℬ ※ rest
Repas 110/195 – 🖵 70 – **75 ch** 640/900, 8 appart.   BV d

Carlton, 3 r. Paris ✉ 59800 ☎ 03 20 13 33 13, Fax 03 20 51 48 17 – 🛗 ✻ 🍴 📺 ☎ ✆ 🅿 – 🛎 25 à 100. 🖭 ◑ ⅁ℬ 🄼ℬ
EY u
Le Clos Opéra (1ᵉʳ étage) *(fermé dim. soir et lundi)* **Repas** 135/195 – **Brasserie Jean** *(fermé août et dim. midi)* **Repas** 130/140 bc – 🖵 75 – **57 ch** 820/1050, 3 appart – ½ P 635.

Novotel Lille Centre M, 116 r. Hôpital Militaire ✉ 59800 ☎ 03 20 30 65 26, Fax 03 20 30 04 04 – 🛗 ✻ 🍴 📺 ☎ ✆ – 🛎 30. 🖭 ◑ ⅁ℬ   EY s
Repas carte environ 170 🍷, enf. 50 – 🖵 55 – **102 ch** 540/620.

Gd H. Bellevue sans rest, 5 r. J. Roisin ✉ 59800 ☎ 03 20 57 45 64, Fax 03 20 40 07 93 – 🛗 ✻ 📺 ☎ – 🛎 50. 🖭 ◑ ⅁ℬ   EY z
🖵 62 – **61 ch** 460/760.

Mercure Royal M sans rest, 2 bd Carnot ✉ 59800 ☎ 03 20 14 71 47, Fax 03 20 14 71 48 – 🛗 ✻ 📺 ☎ – 🛎 25. 🖭 ◑ ⅁ℬ 🄼ℬ   EY h
🖵 55 – **102 ch** 440/510.

Fimotel M 🐾, 75 bis r. Gambetta ☎ 03 20 42 90 90, Fax 03 20 57 14 24 – 🛗 ✻ 📺 ☎ ✆ 🕭 ⇌ – 🛎 80. 🖭 ◑ ⅁ℬ   EZ e
Repas *(fermé vend. soir, dim. midi et sam.)* 91 🍷, enf. 36 – 🖵 45 – **98 ch** 370.

Paix sans rest, 46 bis r. Paris ✉ 59800 ☎ 03 20 54 63 93, Fax 03 20 63 98 97 – 🛗 📺 ☎. 🖭 ◑ ⅁ℬ   EY r
🖵 38 – **35 ch** 300/430.

Treille M sans rest, 7 pl. L. de Bettignies ✉ 59800 ☎ 03 20 55 45 46, Fax 03 20 51 51 69 – 🛗 ✻ 📺 ☎ – 🛎 40. 🖭 ◑ ⅁ℬ   EY d
🖵 45 – **40 ch** 360/390.

Ibis Centre M, av. Ch. St-Venant ✉ 59800 ☎ 03 20 55 44 44, Fax 03 20 31 06 25, 🏠 – 🛗 ✻ 📺 ☎ ✆ ⇌ – 🛎 25 à 70. 🖭 ◑ ⅁ℬ   FYZ a
Repas 95, enf. 39 – 🖵 35 – **151 ch** 350.

Lille Europe M sans rest, allée de Liège, av. Le Corbusier ☎ 03 20 21 41 51, Fax 03 20 21 41 59 – 🛗 📺 ☎ ✆ 🅿. 🖭 ◑ ⅁ℬ   FY m
🖵 40 – **97 ch** 350.

🏠 **Ibis Opéra** Ⓜ sans rest, 21 r. Lepelletier ⊠ 59800 ℰ 03 20 06 21 95, Fax 03 20 74 91 30 –
🔆 🛏 📺 ☎ 📞 ⚠ ⑩ 🅶🅱 EY b
⟺ 35 – **60 ch** 340.

🏠 **Clarine,** 46 r. Fg d'Arras ℰ 03 20 53 53 40, Fax 03 20 53 20 95 – 🔆 🛏 📺 ☎ 🅿 – ♨ 40. ⚠
🅶🅱 GT a
Repas 80/100 ⌾ – ⟺ 32 – **80 ch** 230/280.

💥💥💥 **A L'Huîtrière,** 3 r. Chats Bossus ⊠ 59800 ℰ 03 20 55 43 41, Fax 03 20 55 23 10, « Origi-
❀ nal décor de céramiques dans la poissonnerie » – 🍽. ⚠ ⑩ 🅶🅱 EY g
fermé 22 juil. au 25 août, dim. soir et jours fériés – **Repas** 260 (déj.)/480 et carte 350 à 490
Spéc. Huîtres et produits de la mer. Homard poêlé aux pommes de terre et à l'estragon.
Foie gras de canard en hochepot.

💥💥💥 **Le Sébastopol,** 1 pl. Sébastopol ℰ 03 20 57 05 05, Fax 03 20 40 11 31 – ⚠ 🅶🅱 EZ a
fermé dim. en juil.-août et sam. midi – **Repas** 160/265 et carte 280 à 390.

💥💥💥 **La Laiterie,** 138 av. Hippodrome à Lambersart Nord-Ouest : 2 km ⊠ 59130 Lambersart
ℰ 03 20 92 79 73, Fax 03 20 22 16 19, 😊 , 🌳 –🅿. ⚠ ⑩ 🅶🅱 AV s
fermé mi-août à début sept., vacances de fév., dim. soir et lundi – **Repas** 155/370 bc et
carte 290 à 410.

💥💥 **Baan Thaï,** 22 bd J.-B. Lebas ℰ 03 20 86 06 01, Fax 03 20 86 03 23 – ⚠ 🅶🅱. 💥 EZ s
fermé 20 juil. au 18 août, sam. midi et dim. – **Repas** - cuisine thaïlandaise - 220.

💥💥 **Clément Marot,** 16 r. Pas ⊠ 59800 ℰ 03 20 57 01 10, Fax 03 20 57 39 69 – ⚠ ⑩ 🅶🅱
fermé 3 au 25 août, 25 déc. au 5 janv., lundi soir et dim. – **Repas** 138/218. EY n

💥💥 **Le Champlain,** 13 r. N. Leblanc ℰ 03 20 54 01 38, Fax 03 20 40 07 28, 😊 – ⚠ ⑩ 🅶🅱.
💥 EZ u
fermé 4 au 24 août, sam. midi et dim. soir – **Repas** 145 bc (déj.), 165/360 bc.

💥💥 **Le Cardinal,** 84 façade Esplanade ⊠ 59800 ℰ 03 20 06 58 58, Fax 03 20 51 42 59 – ⚠
🅶🅱 BV x
fermé 11 au 17 août et dim. – **Repas** 270 bc.

💥💥 **Le Varbet,** 2 r. Pas ⊠ 59800 ℰ 03 20 54 81 40, Fax 03 20 57 55 18 – ⚠ ⑩ 🅶🅱 EY t
fermé 12 juil. au 18 août, Noël au Jour de l'An, dim., lundi soir et fériés – **Repas** 165/400.

💥💥 **Le Bistrot Tourangeau,** 61 bd Louis XIV ⊠ 59800 ℰ 03 20 52 74 64, Fax 03 20 85 06 39
– ⚠ 🅹🅲🅱 FZ t
fermé dim. – **Repas** (prévenir) 149.

💥💥 **Le Queen, l'Écume des Mers,** 10 r. Pas ⊠ 59800 ℰ 03 20 54 95 40, Fax 03 20 54 96 66
– ⚠ ⑩ 🅶🅱 EY n
fermé 27 juil. au 19 août, dim. soir et soirs fériés – **Repas** carte 180 à 270 ⌾.

💥💥 **Lutterbach,** 10 r. Faidherbe ⊠ 59800 ℰ 03 20 55 13 74 – ⚠ ⑩ 🅶🅱 EY u
fermé 28 juil. au 12 août, vend. soir et dim. soir – **Repas** 137 ⌾, enf. 58.

💥💥 **La Coquille,** 60 r. St-Étienne ⊠ 59800 ℰ 03 20 54 29 82, Fax 03 20 54 29 82, maison du
17ᵉ siècle – ⚠ ⑩ 🅶🅱 EY e
fermé 1ᵉʳ au 19 août, vacances de fév., sam. midi et dim. – **Repas** 128 (déj.), 156/225 ⌾.

💥💥 **Charlot II,** 26 bd J.-B. Lebas ℰ 03 20 52 53 38 – ⚠ 🅶🅱 EZ m
fermé sam. midi et dim. – **Repas** - produits de la mer - 110/160.

💥 **Le Hochepot,** 6 r. Nouveau Siècle ℰ 03 20 54 17 59, Fax 03 20 57 91 68, 😊 – 🅶🅱
fermé sam. midi et dim. – **Repas** 99/140. EY a

à Bondues *9 km par N 17* – *10 281 h. alt. 37* – ⊠ *59910* :

💥💥 **Val d'Auge,** 805 av. Gén. de Gaulle ℰ 03 20 46 26 87, Fax 03 20 37 43 78 – 🅿. 🅶🅱
fermé août, vacances de fév., dim. soir, mardi soir et merc. – **Repas** 150 bc/195. HR a

à Marcq-en-Barœul – *36 601 h. alt. 15* – ⊠ *59700* .

🏛 **Sofitel** Ⓜ, av. Marne, par N 350 : 5 km ℰ 03 20 72 17 30, Fax 03 20 89 92 34 – 🛏 🔆 🍽 📺
☎ ♿ 🅿 – ♨ 200. ⚠ ⑩ 🅶🅱 🅹🅲🅱 HS s
L'Europe : Repas 95 ⌾, enf. 35 – ⟺ 85 – **125 ch** 640/820.

💥💥💥 **Septentrion,** parc du château Vert-Bois, par N 17 : 9 km ℰ 03 20 46 26 98,
Fax 03 20 46 38 33, 😊 , « Dans un parc, pièce d'eau » – 🅿. ⚠ ⑩ 🅶🅱 HR n
fermé 3 au 25 août, vacances de fév., jeudi soir, dim. soir et lundi – **Repas** 150/290 et carte
220 à 310.

💥💥💥 **L'Épicurien,** 18 av. Flandre par N 350 : 4 km ℰ 03 20 45 82 15, Fax 03 20 72 21 45, 😊 –
🅿. ⚠ 🅶🅱 HS e
fermé dim. soir – **Repas** 135/290 et carte 170 à 280.

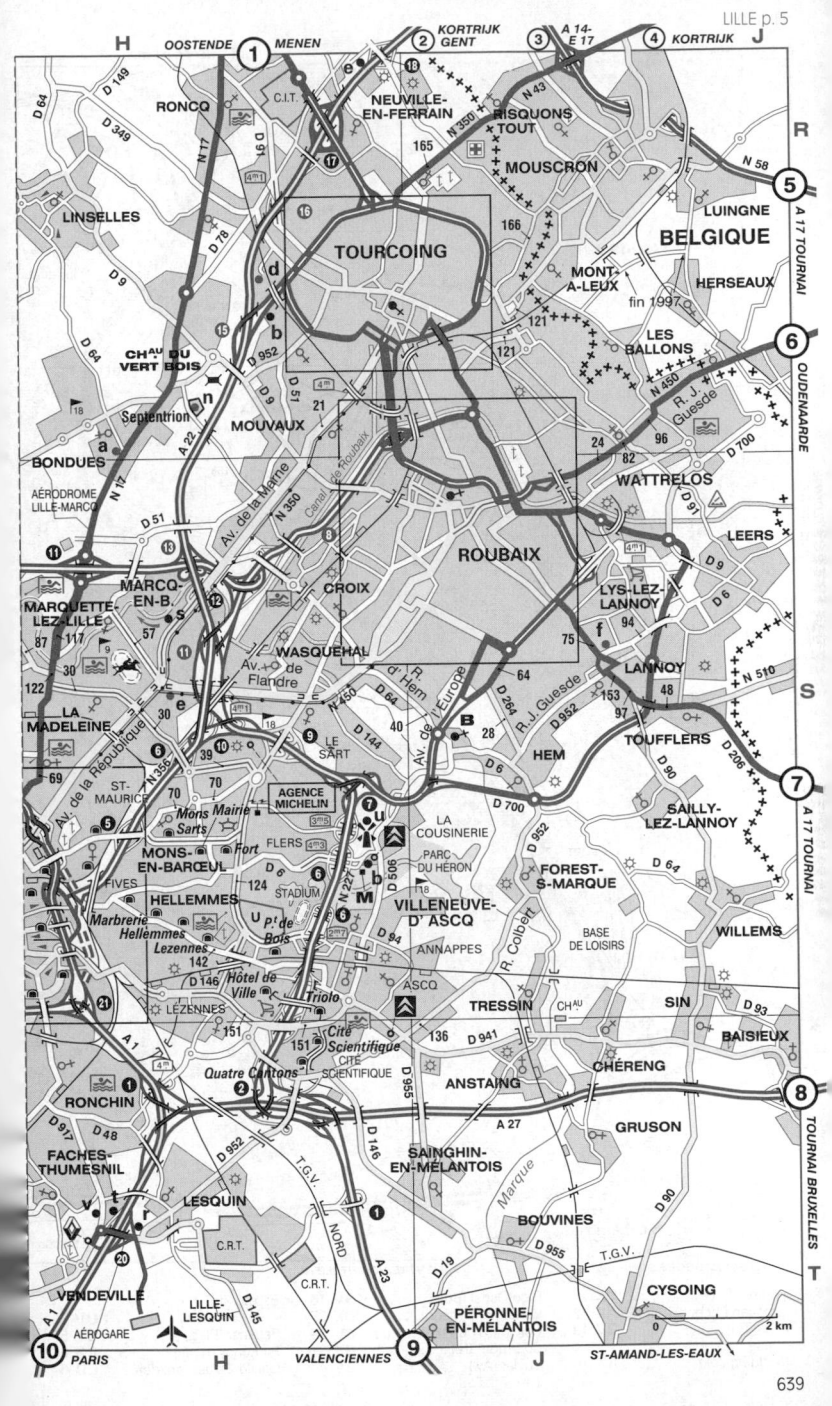

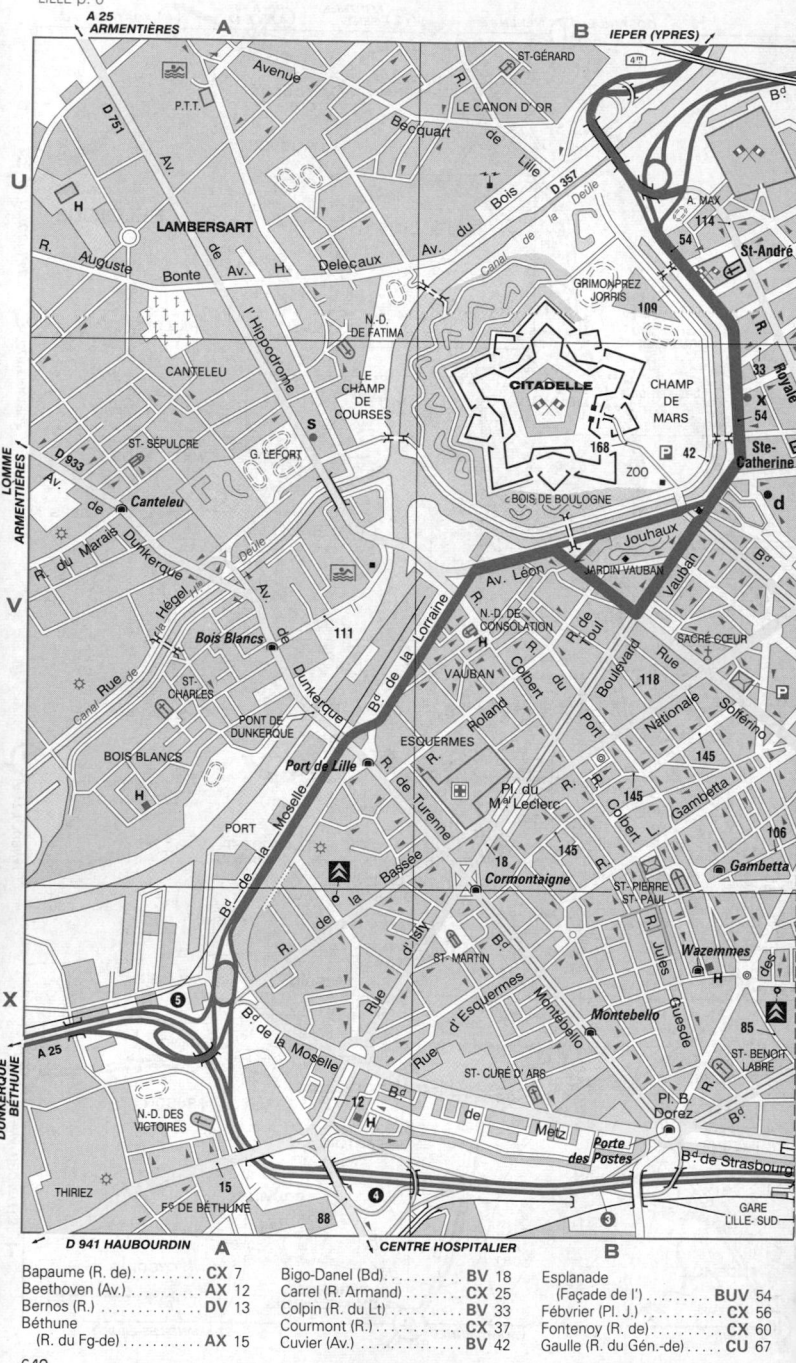

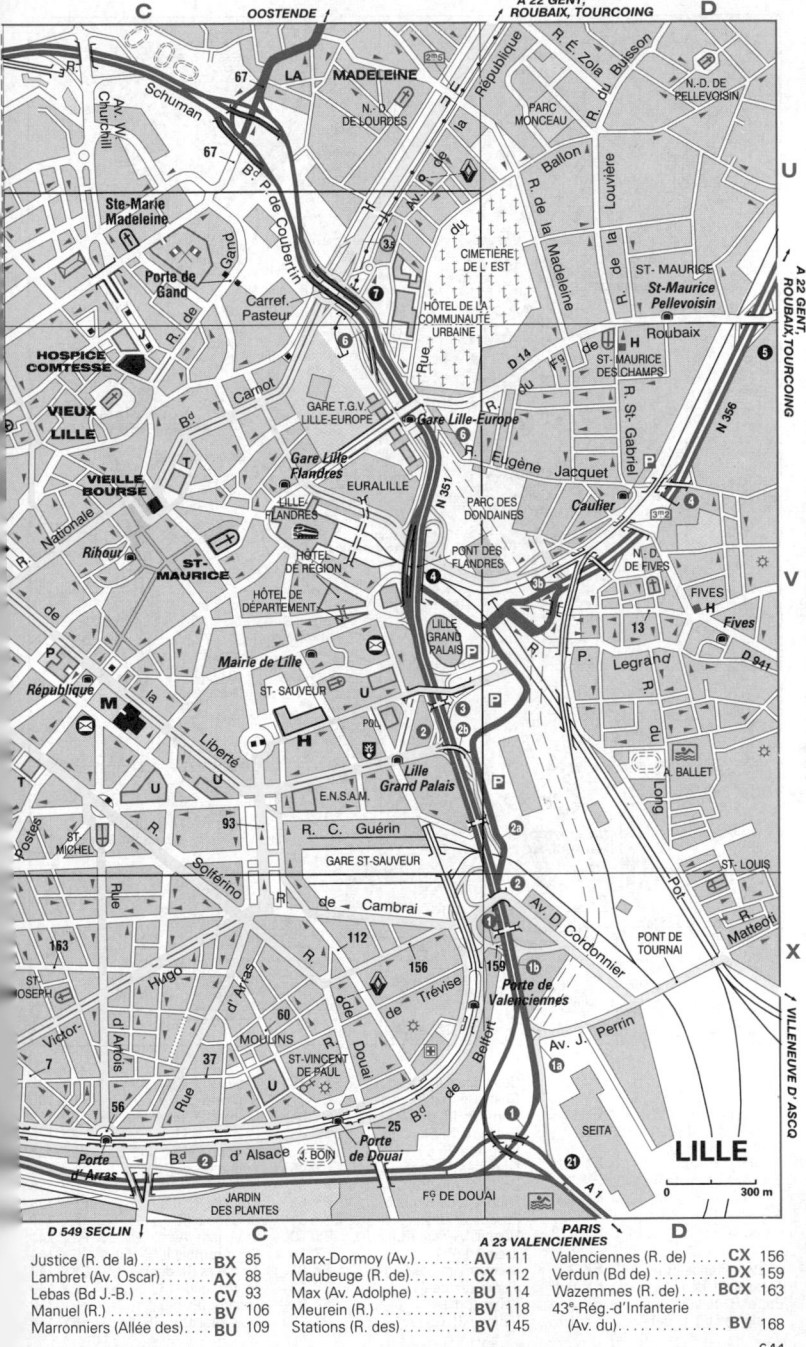

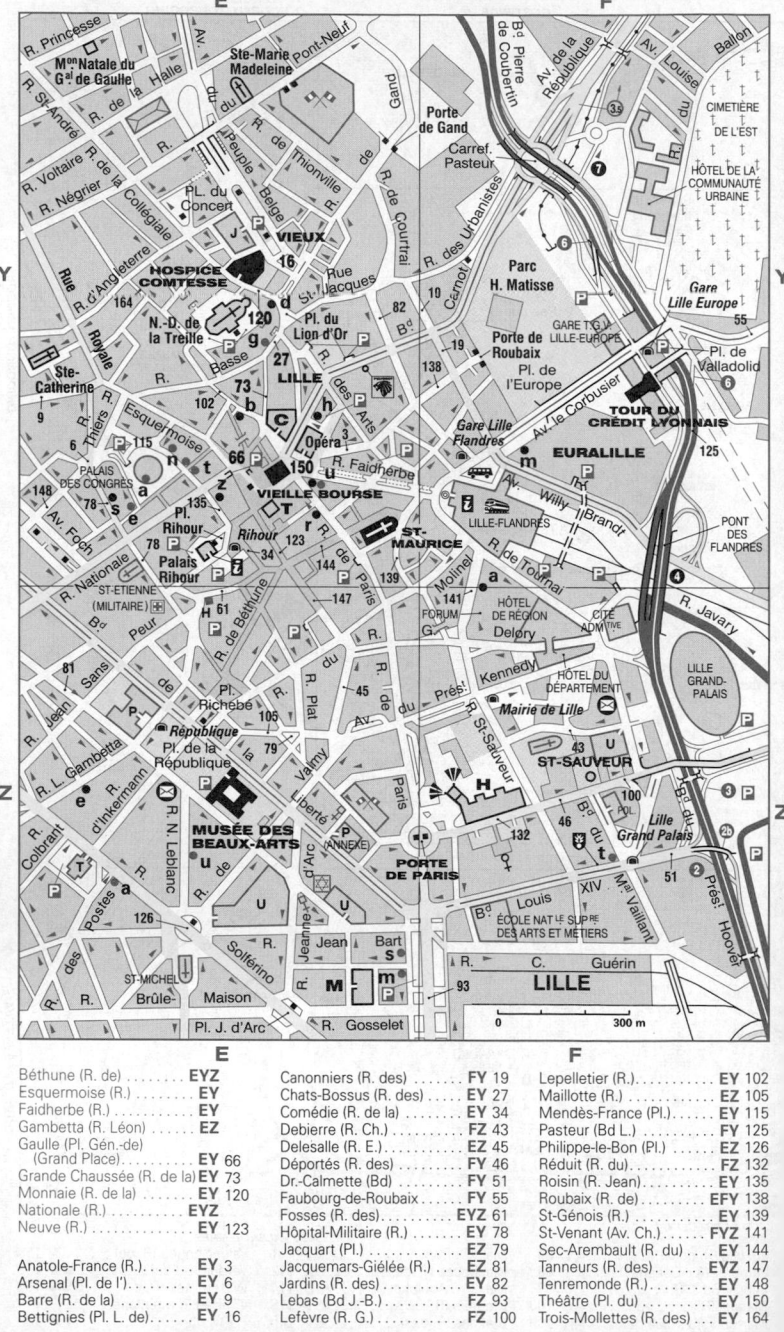

à Villeneuve d'Ascq *7 km par N 356 et autoroute de Roubaix (sortie Recueil-la Cousinerie) – 65 320 h. alt. 26 – ⊠ 59650 :*

🏨 **Comfort Inn** 🅼, 13 av. Créativité, Parc des Moulins 🏧 03 20 47 46 46, Fax 03 20 91 36 55, 🍴 – 🛗 ⧖ 📺 ☎ 🕭 🄿 – 🔺 100. 🄰🄴 ⓞ 🆁🅱 🅹🄲🅱   HS u
Repas 118 🍴, enf. 38 – ⧑ 35 – **84 ch** 310.

🏨 **Campanile**, av. Canteleu, La Cousinerie 🏧 03 20 91 83 10, Fax 03 20 67 21 18 – ⧖ 📺 ☎
🍴 🕭 🄿 🄰🄴 ⓞ 🆁🅱   HS b
Repas 84 bc/107 bc, enf. 39 – ⧑ 32 – **46 ch** 278.

à l'Aéroport de Lille-Lesquin *8 km par A 1 – ⊠ 59810 Lesquin :*

🏩 **Mercure Lille Aéroport** 🅼 🦢, 🏧 03 20 87 46 46, Fax 03 20 87 46 47 – 🛗 ⧖ 🍽 📺 ☎
🕭 🄿 – 🔺 25 à 800. 🄰🄴 ⓞ 🆁🅱 🅹🄲🅱   HT r
Grill La Flamme : **Repas** carte environ 160, enf. 40 – *Le Poêlon* *(fermé le soir et week-ends)* **Repas** carte environ 140, enf. 40 – ⧑ 56 – **212 ch** 490/520.

🏩 **Novotel Lille Aéroport**, 🏧 03 20 62 53 53, Fax 03 20 97 36 12, 🍴, 🏊, 🎾 – ⧖ 🍽 rest
📺 ☎ 🕭 🄿 – 🔺 25 à 200. 🄰🄴 ⓞ 🆁🅱   HT t
Repas carte environ 180, enf. 35 – ⧑ 51 – **92 ch** 470/490.

🏨 **Agena** sans rest, ⊠ 59155 Faches-Thumesnil 🏧 03 20 60 13 14, Fax 03 20 97 31 79 – 📺
☎ 🕭 🕭 🄿 🄰🄴 ⓞ 🅹🄲🅱   HT v
⧑ 50 – **40 ch** 350/380.

à Englos *10 km par A 25 (sortie Lomme) – 510 h. alt. 46 – ⊠ 59320 :*

🏩 **Novotel Lille Englos** 🅼, 🏧 03 20 10 58 58, Fax 03 20 10 58 59, 🍴, 🏊, 🎾 – ⧖ 📺 ☎
🕭 🄿 – 🔺 60. 🄰🄴 ⓞ 🆁🅱   GS s
Repas carte environ 170 🍴, enf. 50 – ⧑ 51 – **124 ch** 415/440.

à Capinghem *8 km par D 933 – 1 170 h. alt. 50 – ⊠ 59160 :*

🍴 **La Marmite**, 93 r. Poincaré 🏧 03 20 92 12 41 – 🄰🄴 ⓞ 🆁🅱   GS v
fermé mi-juil. à mi-août, dim. soir, merc. soir et lundi – **Repas** carte 120 à 210.

à Verlinghem *8 km par D 257 – 2 182 h. alt. 27 – ⊠ 59237 :*

🍴🍴🍴 **Château Blanc,** 20 rte Lambersart 🏧 03 20 21 81 41, Fax 03 20 21 81 40, 🍴, parc – 🄿.
❀ 🄰🄴 🆁🅱   GS b
fermé 11 au 24 août, sam. midi, dim. soir, lundi et soirs fériés – **Repas** 250/300 et carte 280 à 450
Spéc. Foie gras de canard en terrine. Blanc de turbot rôti, pommes acidulées, palets de légumes. Caneton de Challans rôti aux cinq épices, caramel d'orange et glace de viande.

MICHELIN, Agence, 30 r. de la Couture, ZI de la Pilaterie à Wasquehal HS
🏧 03 20 98 40 48

CITROEN Succursale, 143-145 r. de Wazemmes
🏧 03 20 15 55 15 🅽 🏧 08 00 05 24 24
PEUGEOT S.I.A. Nord, 50 bd Carnot
🏧 03 20 42 39 00 🅽 🏧 06 07 83 25 15
RENAULT Gar. Crépin, 95 r. de Douai
🏧 03 20 52 52 48
VAG Castel Auto, 57 bd de Strasbourg
🏧 03 20 42 02 02

🅖 Euromaster, 20 r. d'Isly 🏧 03 20 09 19 69
Gar. Laloyer, 62 r. Abelard 🏧 03 20 29 85 10
Pneus et Services D.K., 148 bis r. d'Esquermes
🏧 03 20 93 71 36

Périphérie et environs

ALFA ROMEO Italia Motors, 96 allée Gabriel à
Marcq-en-Baroeul 🏧 03 20 72 26 00
BMW Autolille, 873 av. République à Marcq-en-
Baroeul 🏧 03 20 72 90 72
CITROEN Gar. Fayen, 186 av. des Fusillés à Ville-
neuve-d'Ascq 🏧 03 20 41 23 05
CITROEN Succursale, 449-453 av. de Dunkerque à
Lomme 🏧 03 20 08 54 54
FERRARI Auto 2000, 122 av. de la République à La
Madeleine 🏧 03 20 51 53 89
MERCEDES C.I.C.A., 1033 av. République à
Marcq-en-Baroeul 🏧 03 20 72 39 39 🅽 🏧 03 20
44 94 94
PEUGEOT S.I.A.N. Lille Sud, 225 r. Clémenceau à
Wattignies 🏧 03 20 95 92 52 🅽 🏧 06 07 83 08 80
RENAULT Succursale, 140 av. République à La
Madeleine 🏧 03 20 42 40 40 🅽 🏧 03 20 60 50 50
RENAULT Gar. de la Lys, à Englos 🏧 03 20 09 25 55
🅽 🏧 06 07 11 65 71

RENAULT Succursale, 1 rte Vendeville à
Faches-Thumesnil 🏧 03 20 88 59 59
🅽 🏧 03 20 60 50 50
VAG Gar. du Château, 100 av. Champollion à
Villeneuve-d'Ascq 🏧 03 20 47 30 00
🅽 🏧 03 20 75 40 03

🅖 Euromaster, Ctre Routier-r. Croix-Bougard à
Lesquin 🏧 03 20 87 90 60
Euromaster, 261 bis av. République à La
Madeleine 🏧 03 20 55 52 70
François-Pneus, 301 av. Gén.-de-Gaulle à
Hallennes 🏧 03 20 07 70 44
Gar. Wattelle, 111 r. Gén.-de-Gaulle à La
Madeleine 🏧 03 20 55 67 55
Pneus et Services D.K., 2 r. Croix-Bougard à
Lesquin 🏧 03 20 87 82 72
Prévost Pneus, 322 r. Gén.-de-Gaulle à Mons-en-
Baroeul 🏧 03 20 04 88 08

LIMEUIL 24510 Dordogne **75** ⑯ *G. Perigord Quercy* – *335 h alt. 65.*

Voir *Site★*.

Paris 531 – Périgueux 46 – Sarlat-la-Canéda 40 – Bergerac 42 – Brive-la-Gaillarde 79.

XX **Terrasses de Beauregard** ⑤ avec ch, rte de Trémolat 1,5 km ℰ 05 53 63 30 85, Fax 05 53 24 53 55, ≼ vallée, 🌇, ☞ – ☎ 🅿, 🗺
1er mai-fin sept. – **Repas** *(fermé mardi midi et vend. midi)* 90/300 – 🖵 45 – **8 ch** 265/285 – ½ P 320/330.

LIMOGES 🅿 87000 H.-Vienne **72** ⑰ *G. Berry Limousin* – *133 464 h Agglo. 170 065 h alt. 300.*

Voir *Cathédrale St-Etienne★* **CZ** – *Église St-Michel-des-Lions★* **BZ** – *Cour du temple★* **BZ** 60 – *Jardins de l'évêché★* **CZ** – *Musée A. Dubouché★★ (porcelaines)* **BY** – *Musée Municipal★* **CZ M.**

Env. *Solignac : église abbatiale★★ S : 13 km.*

🏌18 ℰ 05 55 30 21 02, par ⑤ : 3 km ; 🏌18 *de la Porcelaine* ℰ 05 55 31 10 69, par ②, N 421 puis VC · 9 km.

✈ *de Limoges-Bellegarde : ℰ 05 55 43 30 30, par ⑦ : 10 km.*

🚩 *Office de Tourisme bd Fleurus* ℰ 05 55 34 46 87, Fax 05 55 34 19 12 – *Automobile Club Limousin 209 r. de Toulouse* ℰ 05 55 06 27 81, Fax 05 55 06 23 75.

Paris 395 ① – Angoulême 104 ⑦ – Brive-la-Gaillarde 94 ④ – Châteauroux 126 ① – Clermont-Ferrand 177 ② – Périgueux 95 ⑤.

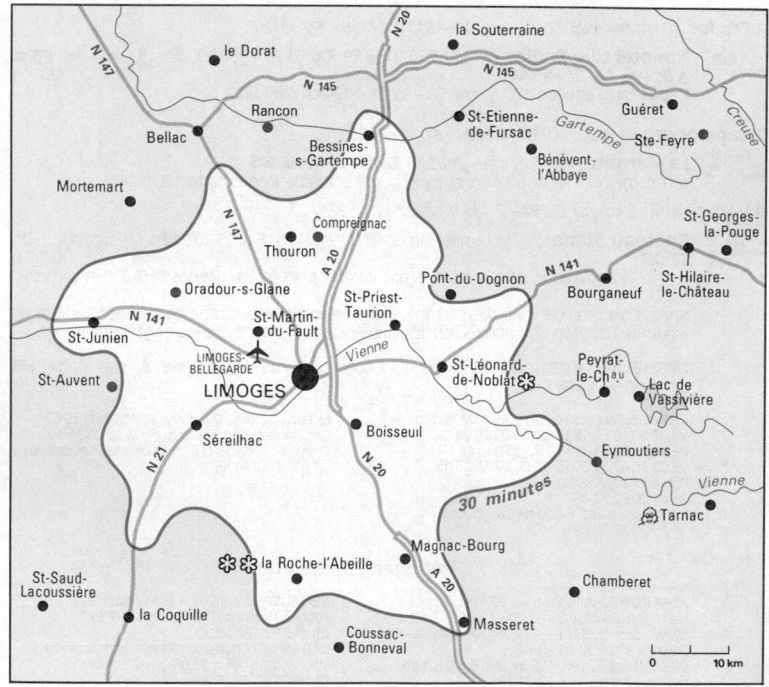

🏨 **Royal Limousin** Ⓜ sans rest, 1 pl. République ℰ 05 55 34 65 30, Fax 05 55 34 55 21 – 🛗 📺 ☎ – 🛆 150. 🖭 ⑩ 🗺   **CY u**
🖵 50 – **76 ch** 440/680.

🏨 **Richelieu** Ⓜ sans rest, 40 av. Baudin ℰ 05 55 34 22 82, Fax 05 55 32 48 73 – 🛗 ↯ 📺 ☎ 🅿 – 🛆 100. 🖭 ⑩ 🗺   **BZ k**
🖵 48 – **32 ch** 305/450.

🏨 **Luk H.** sans rest, 29 pl. Jourdan ℰ 05 55 33 44 00, Fax 05 55 34 33 57 – 🛗 📺 ☎ 🗺 🖭 ⑩ 🗺 🗺   **CY x**
🖵 30 – **57 ch** 245/375.

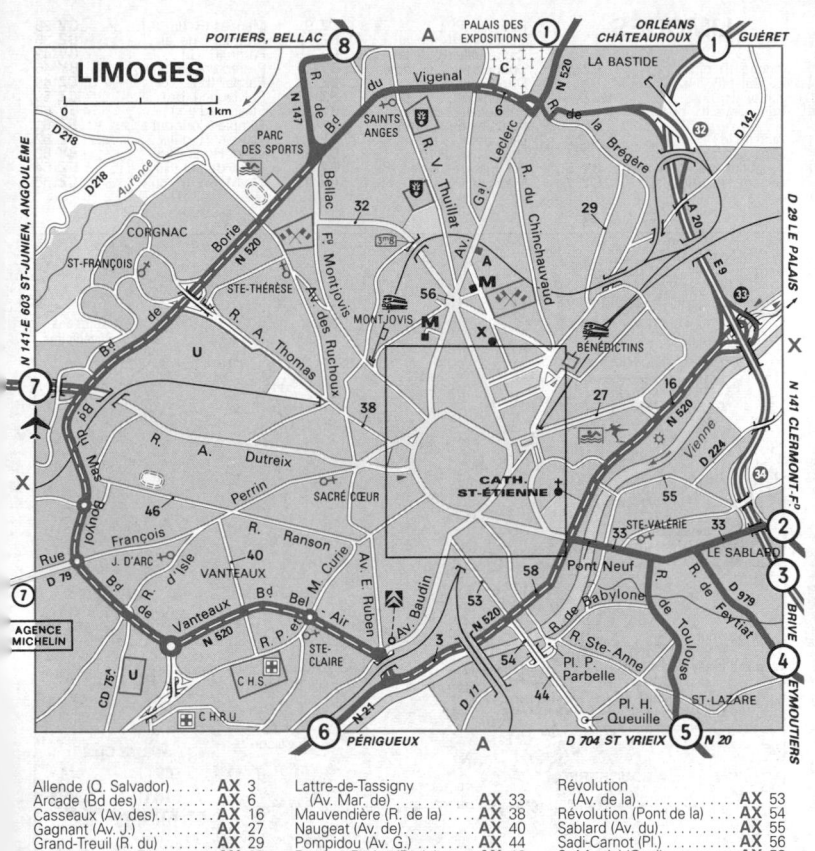

LIMOGES

POITIERS, BELLAC
PALAIS DES EXPOSITIONS
ORLÉANS CHÂTEAUROUX
GUÉRET

0   1 km

PARC DES SPORTS

CATH. ST-ÉTIENNE

Caravelle sans rest, 21 r. A. Barbès 🖉 05 55 77 75 29, Fax 05 55 79 27 60 – 🛗 📺 ☎ 🚗.
🖭 ⑩ 🅶🅱 🄽🄲🄱
AX x
☲ 40 – **28 ch** 290/350.

Jeanne-d'Arc sans rest, 17 av. Gén. de Gaulle 🖉 05 55 77 67 77, Fax 05 55 79 86 75 – 🛗
📺 ☎ 🅿 – 🕍 30. 🖭 ⑩ 🅶🅱
CY s
fermé 24 déc. au 1er janv. – ☲ 39 – **50 ch** 250/450.

Petit Paris, 48 bis av. Garibaldi 🖉 05 55 77 39 82, Fax 05 55 77 23 99 – 🍽 ch 📺 ☎ 🗘 🚗.
🅶🅱
CY n
fermé 14 juil. au 15 août, vacances de Noël, vend., sam. et dim. hors sais. – **Repas** (dîner seul.)(résidents seul.) 75/130 ⅜, enf. 45 – ☲ 35 – **24 ch** 250/270.

Musset, 5 r. du 71e Mobiles 🖉 05 55 34 34 03, Fax 05 55 32 45 28, « Salle à manger au décor 1900 » – 📺 ☎ 🗘 🚗 🅿. 🖭 ⑩ 🅶🅱
CZ b
fermé 11 au 27 oct., sam. soir et dim. – **Repas** 100/250 ⅜ – ☲ 30 – **28 ch** 245/320 – ½ P 400/420.

Paix sans rest, 25 pl. Jourdan 🖉 05 55 34 36 00, Fax 05 55 32 37 06, « Collection de phonographes » – 📺 ☎. 🅶🅱
CY r
☲ 30 – **31 ch** 200/330.

Philippe Redon, 3 r. d'Aguesseau 🖉 05 55 34 66 22, Fax 05 55 34 18 05 – 🖭 ⑩
🅶🅱
BZ t
fermé 4 au 17 août, 5 au 18 janv., lundi midi et dim. – **Repas** 110 (déj.), 150/380.

Amphitryon, 26 r. Boucherie 🖉 05 55 33 36 39, Fax 05 55 32 98 50 – 🖭 🅶🅱. 🛇
BZ u
fermé 1er au 12 mai, 10 au 18 août, lundi midi et dim. – **Repas** 120 (déj.)/290.

LIMOGES

Clocher (R. du) .... **BZ** 18
Consulat (R. du) .... **BZ**
Jaurès (R. J.) .... **BCZ**
République (Pl. de la) ...... **CY** 52

Aine (Pl. d') .... **BZ** 2
Allois (R. des) .... **CZ** 4
Amphithéâtre (R. de l') ..... **BY** 5
Bénédictins (Av. des) ...... **CY** 7
Betoulle (Pl. L.) .... **CZ** 9
Boucherie (R. de la) .... **BZ** 10
Cathédrale (R. de la) .... **CZ** 15
Coopérateurs (R. des) ..... **BY** 19
Dupuytren (R.) .... **BZ** 20
Ferrerie (R.) .... **BZ** 23
Fonderie (R. de la) .... **BY** 25
Fontaine-des-Barres (Pl.) ... **BY** 26
Giraudoux (Sq. J.) .... **BY** 28
Haute-Cité (R.) .... **CZ** 30
Louvrier-de-Lajolais (R.) .... **BY** 34
Manigne (Pl.) .... **CZ** 35
Maupas (R. du) .... **CY** 36
Motte (Pl. de la) .... **BZ** 39
Perrin (R. G.) .... **CY** 42
Préfecture (R. de la) .... **BY** 45
Raspail (R.) .... **CZ** 49
St-Maurice (Bd) .... **CZ** 59
Stalingrad (Pl.) .... **BY** 60
Temple (Cour du) .... **BZ** 61
Temple (R. du) .... **BZ** 62
Victor-Hugo (Bd) .... **BY** 63
Vigne-de-Fer (R.) .... **BZ** 64
71e-Mobile (R. du) .... **CZ** 66

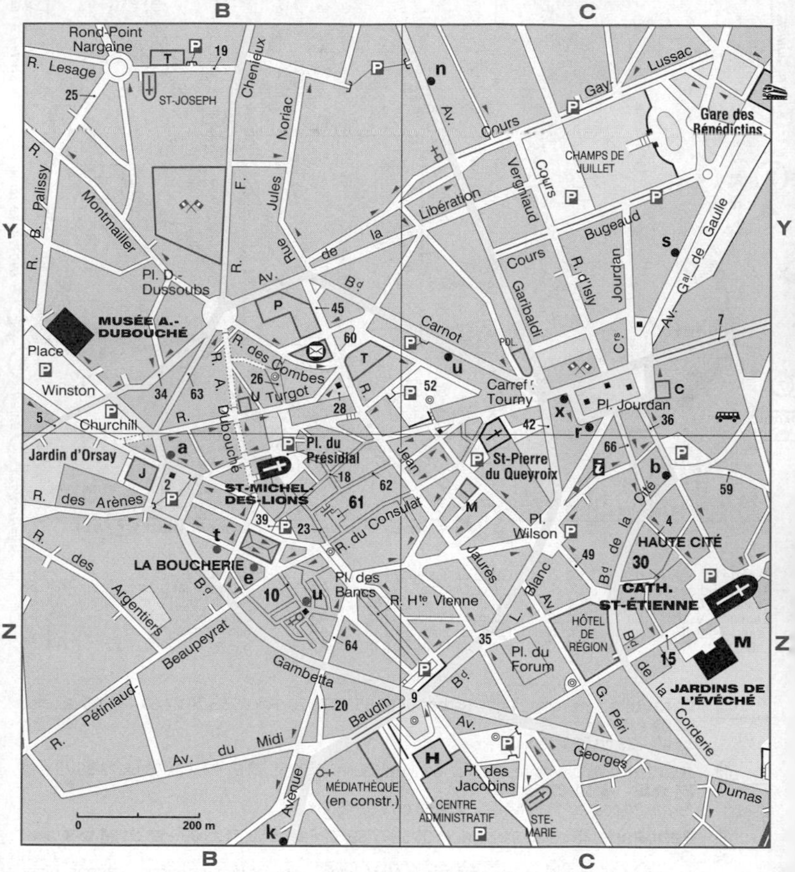

XX **Petits Ventres,** 20 r. Boucherie ℘ 05 55 33 34 02, « Maison du 15e siècle » – GB
fermé lundi midi et dim. – **Repas** 95/185 ♀, enf. 49. BZ u

X **Le Versailles,** 20 pl. Aine ℘ 05 55 34 13 39, Fax 05 55 32 84 73, brasserie – ▤. GB
Repas 75/129 ♀, enf. 35. BZ a

X **Chez Alphonse,** 5 pl. Motte ℘ 05 55 34 34 14, Fax 05 55 34 36 06, bistrot – GB BZ e
fermé 27 juil. au 17 août, vacances de fév. et dim. – **Repas** 89 bc (déj.)et carte 130 à 200.

Z.I. Nord *par ① et A 20 (sortie Lac d'Uzurat) : 5 km* – ✉ *87280 Beaubreuil :*

Novotel M, ℘ 05 55 37 20 98, Fax 05 55 37 06 12, – ▤ – P – 25 à 80. AE ① GB
Repas 100/200, enf. 50 – ☕ 52 – **90 ch** 435/485.

rte de Paris *par* ① *et A 20 (sortie Beaune-les-Mines) : 9 km* – ✉ *87280 Beaune-les-Mines :*

🏨 **La Résidence,** ☎ 05 55 39 90 47, Fax 05 55 39 28 85, 🍽 , parc – 📺 ☎ 📞 🚗 ⓟ – 🏄 80.
⚿ ⓞ 🆑 🆓
fermé dim. soir – **Repas** 89/189 🍷, enf. 35 – 🍴 30 – **20 ch** 180/210.

rte de Toulouse *par* ③ *et A 20 (sortie Z.I. Magré-Romanet) : 6 km* – ✉ *87220 Feytiat :*

🏨 **Climat de France** Ⓜ, ☎ 05 55 06 14 60, Fax 05 55 06 38 93, 🍽 – 📺 ☎ 🚿 ⓟ – 🏄 25. ⚿
🆑 **Repas** 69 (déj.), 77/108 🍷, enf. 39 – 🍴 35 – **50 ch** 280.

rte d'Eymoutiers *par* ④ *sur D 979 : 12 km* – ✉ *87220 Feytiat :*

XXX **Aub. du Bonheur,** ☎ 05 55 00 28 19, 🍽 , parc, **« Maison limousine, collection d'objets
anciens »** – ⓟ.
fermé 15 août au 15 sept., dim. soir et lundi sauf fériés – **Repas** 80 bc (déj.), 160/240.

au golf municipal *par* ⑤ *et rte secondaire : 3 km* – ✉ *87000 Limoges :*

🏨 **Albatros** Ⓜ 🏊, ☎ 05 55 06 00 00, Fax 05 55 06 23 49, ≤, 🍽 , **« A l'orée du golf »** – 📺 ☎
🆑 📞 🚿 ⓟ – 🏄 30 à 80. 🆑
Repas *(fermé dim. soir)* 72/130 🍷 – 🍴 37 – **34 ch** 303/320 – ½ P 255.

à St-Martin-du-Fault *par* ⑦, *N 141 et D 20 : 13 km* – ✉ *87510 Nieul :*

🏰 **La Chapelle St-Martin** 🏊, ☎ 05 55 75 80 17, Fax 05 55 75 89 50, ≤, 🍽 , **« Gentilhommière dans un parc »**, 🏊, 🎾 – 📺 ☎ 🚗 ⓟ – 🏄 25. ⚿ 🆑. 🎾 rest
fermé janvier – **Repas** *(fermé lundi)* (nombre de couverts limité, prévenir) 200 bc (déj.),
280/380 – 🍴 78 – **9 ch** 550/980, 3 appart – ½ P 750/850.

rte de Bellac *par* ⑧ *sur N 147 : 12 km* – ✉ *87150 Nieul :*

XX **Les Justices** avec ch, ☎ 05 55 75 84 54, 🌳 – ⓟ. 🆑
fermé dim. soir, lundi et soirs fériés – **Repas** (nombre de couverts limité, prévenir) 156/196
– 🍴 39 – **3 ch** 265.

MICHELIN, Agence, Voie communale n°7, ZI Les Courrières à Isle par D 79 AX
☎ 05 55 05 18 18

BMW Gar. Fraisseix, 213 r. de Toulouse
☎ 05 55 30 42 70
CITROEN Midi Auto 87, r. de Feytiat par ④
☎ 05 55 06 42 00 🅽 ☎ 05 55 06 31 00
CITROEN Gar. Baudin, 176 av. Baudin
☎ 05 55 34 15 74
FORD Gar. Fraisseix, N 20 à Crochat
☎ 05 55 30 46 47
FORD Limousin Nord Autom., r. Serpollet ZI Nord
☎ 05 55 38 93 38
MERCEDES Gar. Launay, av. L.-Armand, ZI Nord
☎ 05 55 38 16 17 🅽 ☎ 08 00 24 24 30
NISSAN Gar. Fourniou, r. de Feytiat Zone Bellevue
☎ 05 55 06 22 21
PEUGEOT Gds Gar. Limousin, ZI Magre par ④
☎ 05 55 31 44 44 🅽 ☎ 05 55 38 01 28
RENAULT Gar. Boissou, 45 av. Pasteur à Aixe-sur-
Vienne par ⑥ ☎ 05 55 70 20 59 🅽
☎ 05 55 42 15 39
RENAULT Renault Limoges, av. L.-Armand, ZI Nord
par ⑤ ☎ 05 55 04 48 48 🅽 ☎ 08 00 05 15 15

ROVER Drakkar Autom., 3 av. Carnot à Panazol
☎ 05 55 30 45 02
TOYOTA Gar. Carnot, 34 av. L.-Armand
☎ 05 55 37 37 38
VAG Gar. Auto-Sport, à Feytiat ☎ 05 55 31 23 85
VAG Gar. Auto-Sport, r. Serpollet ZI Nord
☎ 05 55 35 01 00

🛞 Aixe Pneu Sce, 23 bis av. J.-Rebier à Aixe-sur-
Vienne ☎ 05 55 70 17 58
Euromaster, 56 av. Gén.-Leclerc
☎ 05 55 38 42 43
Euromaster, ZI du Ponteix à Feytiat
☎ 05 55 06 06 47
Euromaster, 5-9 r. A.-Comte, ZI Nord
☎ 05 55 38 10 71
Faucher, 55-59 r. Th.-Bac ☎ 05 55 77 27 02
Pneus et Caoutchouc, 230 av. Baudin
☎ 05 55 34 51 21
Talandier Pneus, Mas Sarrazin, N 147 à Couzeix
☎ 05 55 77 52 42

CONSTRUCTEUR : Renault Véhicules Industriels, rte du Palais par D 29 AX
☎ 05 55 77 58 35

LIMONEST *69 Rhône* 🔢 ⑪,, 🔢 ⑬ *– rattaché à Lyon.*

LIMOUX ⬦ *11300 Aude* 🔢 ⑦ *G. Pyrénées Roussillon – 9 665 h alt. 172.*
🅱 *Office de Tourisme, promenade Tivoli* ☎ 04 68 31 11 82, Fax 04 68 31 87 14.
Paris 791 – Foix 69 – Carcassonne 25 – Perpignan 101 – Toulouse 95.

🏨 **Gd H. Moderne et Pigeon,** 1 pl. Gén. Leclerc ☎ 04 68 31 00 25, Fax 04 68 31 12 43, 🍽
– 📺 ☎ ⓟ ⚿ ⓞ 🆑
fermé 1ᵉʳ déc. au 1ᵉʳ fév. – **Repas** *(fermé sam. midi et lundi)* 145/215, enf. 70 – 🍴 52 – **19 ch**
310/510 – ½ P 320/405.

sur rte de Castelnaudary *Nord-Ouest : 13 km par D 623* – ✉ *11240 Belvèze-du-Razès :*

XX **Le Fricassou-Relais Touristique de Belvèze** avec ch, carrefour D 623 - D 18
🆑 ☎ 04 68 69 08 78, Fax 04 68 69 07 65, 🍽 , 🌳 – ▤ rest 📺 ☎ 📞 ⓟ ⚿ ⓞ 🆑
Repas 75 bc/250 – 🍴 27 – **7 ch** 200 – ½ P 250.

CITROEN Gar. Nivet, rte de Perpignan
℘ 04 68 31 06 00
FORD Gar. Huillet, 25 av. Fabre-d'Eglantine
℘ 04 68 31 01 48
PEUGEOT Gar. de Flassian, rte de Carcassonne
℘ 04 68 31 21 92 🅽 ℘ 04 68 72 91 58
RENAULT SODAC, rte de Carcassonne
℘ 04 68 31 08 87 🅽 ℘ 08 00 05 15 15

VAG Gar. Bardavio, 22 av. A.-Chenier
℘ 04 68 31 02 43

🅾 Belotti Pneus, av. de Catalogne
℘ 04 68 31 13 84

LINAS *91 Essonne* 🆖🔟 ⑩,, 🔢 ㉟ – *voir à Paris, Environs.*

LINGOLSHEIM *67 B.-Rhin* 🆖🔢 ⑩ – *rattaché à Strasbourg.*

LIOCOURT *57590 Moselle* 🆖🔢 ⑭ – *107 h alt. 290.*
Paris 361 – Metz 28 – Nancy 32 – Château-Salins 16 – Pont-à-Mousson 26 – St-Avold 46.

XX **Au Savoy,** ℘ 03 87 01 36 72, Fax 03 87 01 42 94 – ⊖🅱
fermé fév., dim. soir et lundi sauf fériés – **Repas** 96/225 ⅄, enf. 55.

Le LIOUQUET *13 B.-du-R.* 🆖🔢 ⑭,, 🔢 ㊸ – *rattaché à La Ciotat.*

LIPSHEIM *67 B.-Rhin* 🆖🔢 ⑤ – *rattaché à Strasbourg.*

LISIEUX 🆘 *14100 Calvados* 🆖🔢 ⑬ *G. Normandie Vallée de la Seine* – *23 703 h alt. 51 Pèlerinage (fin septembre).*
Voir *Cathédrale St-Pierre*★ BY – *CERZA (Centre d'Élevage et de Reproduction Zoologique Augeron)*★ 12 km par ② et D 510.
Env. *Château*★ *de St-Germain-de-Livet 7 km par* ④.
🅱 Office de Tourisme 11 r. Alençon ℘ 02 31 62 08 41, Fax 02 31 62 35 22.
Paris 178 ② – *Caen 55* ⑥ – *Alençon 93* ④ – *Argentan 57* ④ – *Cherbourg 185* ⑥ – *Dieppe 141* ① – *Évreux 73* ② – *Le Havre 55* ① – *Le Mans 142* ④ – *Rouen 82* ②.

Plan page ci-contre

🏨 **Mercure** Ⓜ, par ② : *2,5 km sur N 13* ℘ 02 31 61 17 17, Fax 02 31 32 33 43, 🍴, ⅃ – ⧉
⊟ rest 📺 🅰 ⅋, 🄿 – 🔬 ⅍ 25 à 70. 🄰🄴 ⊖🅱
Repas grill 125 ⅄, enf. 58 – ⌑ 50 – **69 ch** 350/450.

🏨 **Azur** Ⓜ sans rest, 15 r. au Char ℘ 02 31 62 09 14, Fax 02 31 62 16 06 – ⧉ 📺 ☎ 📞. 🄰🄴 ⊖🅱.
🌿 BYZ **b**
⌑ 40 – **15 ch** 380/450.

🏨 **Gd H. de l'Espérance et rest. Pays d'Auge,** 16 bd Ste Anne ℘ 02 31 62 17 53,
Fax 02 31 62 34 00 – ⧉ ⅍ 📺 ☎ 📞 ⇔. 🄰🄴 ⊖🅱 BZ **e**
mars-nov. – **Repas** 89/149 – ⌑ 39 – **100 ch** 320/430 – ½ P 275/335.

🏨 **Terrasse H.,** 25 av. Ste Thérèse ℘ 02 31 62 17 65, Fax 02 31 62 20 25 – 📺 ☎. 🄰🄴 ⊖🅱
fermé 23 déc. au 3 fév., dim. soir et vend. du 15 nov. au 1er mars – **Repas** 89/165, enf. 46 –
⌑ 35 – **17 ch** 196/280 – ½ P 222/264. BZ **r**

🏨 **Régina,** 14 r. Gare ℘ 02 31 31 15 43, Fax 02 31 31 71 83 – ⧉ 📺 ☎ 📠. ⊖🅱 BZ **a**
fermé le week-end du 15 nov. au 15 mars – **Repas** 90/140 ⅄, enf. 40 – ⌑ 40 – **45 ch**
260/300 – ½ P 240.

🏨 **St-Louis** sans rest, 4 r. St-Jacques ℘ 02 31 62 06 50 – 📺 ☎. ⊖🅱 BZ **s**
fermé 1er au 15 fév. – ⌑ 35 – **17 ch** 190/290.

XXX **Le Parc,** 21 bd H. Fournet ℘ 02 31 62 08 11, Fax 02 31 62 79 55, « Salle à manger néo-
gothique » – ⊖🅱 BY **t**
fermé dim. soir – **Repas** 98/295 et carte 210 à 310.

XXX **Ferme du Roy,** par ① : *2 km* ℘ 02 31 31 33 98, 🍴, « Ancienne ferme, jardin » – 🄿. 🄰🄴
⊖🅱. 🌿
fermé dim. soir et lundi – **Repas** (prévenir) 100/280 et carte 230 à 300.

XX **Aux Acacias,** 13 r. Résistance ℘ 02 31 62 10 95 – ▤. ⊖🅱 BZ **d**
🍴 *fermé vacances de fév., dim. soir et lundi sauf fériés* –
Repas 90/280, enf. 50.

XX **France,** 5 r. au Char ℘ 02 31 62 03 37 – 🄰🄴 ⊖🅱 BY **n**
🍴 *fermé 23 au 29 juin, lundi d'avril à nov., dim. soir et lundi soir du 15 nov. au 15 mars* – **Repas**
79/170 ⅄, enf. 60.

XX **Aub. du Pêcheur,** 2 bis r. Verdun ℘ 02 31 31 16 85, Fax 02 31 31 76 80 – 🄰🄴 ⊖🅱 🄹🄲🄱
fermé 15 déc. au 15 janv., mardi et merc. – **Repas** 110/215. BZ **u**

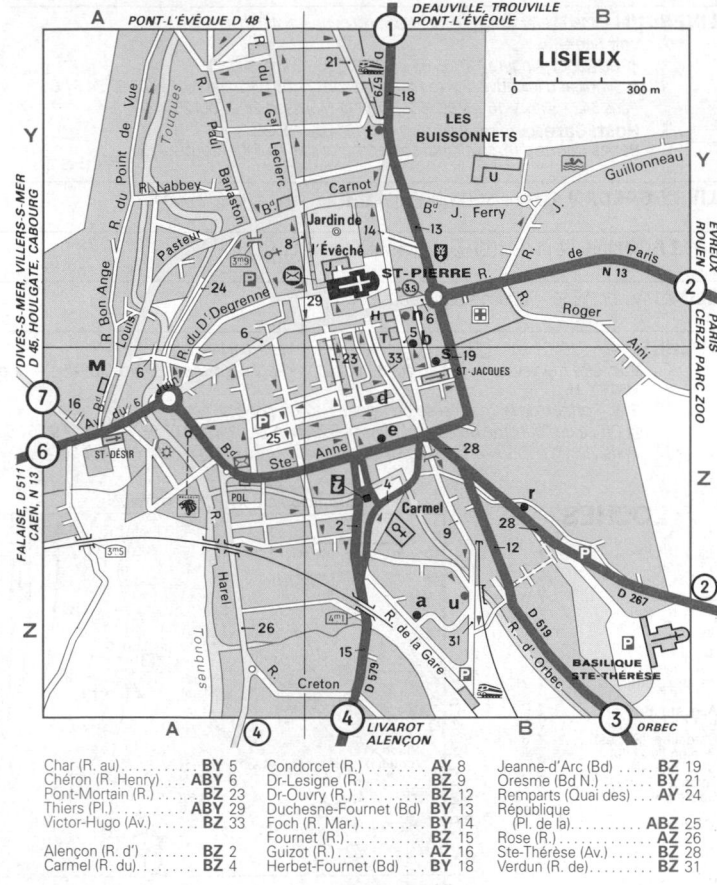

DEAUVILLE, TROUVILLE
PONT-L'ÉVÊQUE

PONT-L'ÉVÊQUE D 48

LES
BUISSONNETS

300 m

Char (R. au)	**BY** 5	Condorcet (R.)	**AY** 8	Jeanne-d'Arc (Bd)	**BZ** 19
Chéron (R. Henry)	**ABY** 6	Dr-Lesigne (R.)	**BZ** 9	Oresme (Bd N.)	**BY** 21
Pont-Mortain (R.)	**BZ** 23	Dr-Ouvry (R.)	**BZ** 12	Remparts (Quai des)	**AY** 24
Thiers (Pl.)	**ABY** 29	Duchesne-Fournet (Bd)	**BY** 13	République	
Victor-Hugo (Av.)	**BZ** 33	Foch (R. Mar.)	**BY** 14	(Pl. de la)	**ABZ** 25
		Fournet (R.)	**BZ** 15	Rose (R.)	**AZ** 26
Alençon (R. d')	**BZ** 2	Guizot (R.)	**AZ** 16	Ste-Thérèse (Av.)	**BZ** 28
Carmel (R. du)	**BZ** 4	Herbet-Fournet (Bd)	**BY** 18	Verdun (R. de)	**BZ** 31

à Manerbe par ⑦ : 7 km – 498 h. alt. 58 – ✉ 14340 :

XX **Pot d'Étain,** ☎ 02 31 61 00 94, 斎, « Jardin fleuri » – 🄿 🖭 ⏣
fermé 15 au 30 nov., 18 au 28 fév., mardi soir et merc. – **Repas** 110/250, enf. 60.

FORD Gar. des Loges, 24 r. Fournet
☎ 02 31 62 25 17
MERCEDES Gar. Christophe, ZI Nord Est
☎ 02 31 62 99 28 🄽 ☎ 02 31 62 99 28
NISSAN Gar. Ehanno, ZI de la Vallée r. P.-Cornu
☎ 02 31 62 69 35
PEUGEOT Gar. Jonquard, 61 bd Ste-Anne
☎ 02 31 31 00 71 🄽 ☎ 06 07 02 10 65

RENAULT Gar. de la Vallée, ZA r. P.-Cornu par bd
Oresme ☎ 02 31 32 44 44 🄽 ☎ 02 31 65 52 73
VAG Gar. Lepelletier, r. P.-Cornu
☎ 02 31 31 49 58

Ⓦ Ollitrault Pneus Point S, 5 r. G.-Bouffay
☎ 02 31 62 29 10
Renov. Pneu, 29 r. de Paris ☎ 02 31 62 03 04

LISLE-SUR-TARN 81310 Tarn 82 ⑨ – 3 588 h alt. 127.

🄱 Office de Tourisme, place Paul Saiffac ☎ 05 63 40 31 85, Fax 05 63 33 36 18.
Paris 669 – Toulouse 45 – Albi 32 – Cahors 87 – Castres 58 – Montauban 46.

X **Le Romuald,** 6 r.Port ☎ 05 63 33 38 85, 斎 – ⏣
fermé dim. soir et lundi – **Repas** 65 (déj.), 110/160 ⓙ, enf. 40.

RENAULT Gar. Fauroux, ☎ 05 63 33 35 06

LISSES 91 Essonne 61 ①,, 106 ㉜ – rattaché à Evry-Corbeil-Essonnes (Corbeil-Essonnes).

LIVERDUN *54460 M.-et-M.* 62 ④ *G. Alsace Lorraine – 6 435 h alt. 205.*

Voir *Site*★.

de Nancy-Aingeray ✆ *03 83 24 53 87, SO : 2 km.*

Syndicat d'Initiative, Porte Haute (saison) ✆ *03 83 24 46 76, Fax 03 83 24 61 64.*

Paris 342 – Nancy 16 – Metz 53 – Pont-à-Mousson 26 – Toul 20.

XX **Host. Gare,** pl. Gare ✆ 03 83 24 44 76 – AE ⓓ GB
Repas *(fermé dim. soir, lundi soir et mardi soir sauf juil.-août)* 95/250.

LIVRY-GARGAN *93 Seine-St-Denis* 56 ⑪,, 101 ⑱ *– voir à Paris, Environs.*

La LLAGONNE *66 Pyr.-Or.* 86 ⑯ *– rattaché à Mont-Louis.*

LLO *66 Pyr.-Or.* 86 ⑯ *– rattaché à Saillagouse.*

LOCHES *37600 I.-et-L.* 68 ⑥ *G. Châteaux de la Loire – 6 544 h alt. 80.*

Voir *Cité médiévale*★★ *: château*★★*, donjon*★★*, église St-Ours*★*, Porte Royale*★ *– Hôtel de ville*★ Y H.

Env. *Portail*★ *de la Chartreuse du Liget E : 10 km par* ②.

Office de Tourisme du Pays pl. Wermelskirchen ✆ *02 47 59 07 98, Fax 02 47 91 61 50.*

Paris 258 ① *– Tours 42* ① *– Blois 71* ① *– Châteauroux 73* ③ *– Châtellerault 56* ④.

LOCHES

Balzac (R.) . . . . . YZ
Blé (Pl. au) . . . . . Y 3
Château (R. du) . . . . . YZ 5
Descartes (R.) . . . . . Y 9
Grande-Rue . . . . . Y 13
Marne (Pl. de la) . . . . . Y
Picois (R.) . . . . . Y
République (R. de la) . . . . . Y
St-Antoine (R.) . . . . . Y 21

Auguste (Bd Ph.) . . . . . Z
Bas-Clos (Av. des) . . . . . Y 2
Cordeliers (Pl. des) . . . . . Y 6
Donjon (Mail du) . . . . . Z
Droulin (Mail) . . . . . Z
Foulques-Nerra (R.) . . . . . Z 10
Gaulle (Av. Gén.-de) . . . . . Y 12
Lansyer (R.) . . . . . Z 14
Moulins (R. des) . . . . . Y 16
Pactius (R. T.) . . . . . Z 17
Poterie (Mail de la) . . . . . Z
Ponts (R. des) . . . . . Y 18
Porte-Poitevine (R. de la) . . . . . Z 19
Quintefol (R.) . . . . . YZ
Ruisseaux (R. des) . . . . . Z 20
St-Ours (R.) . . . . . Z 22
Tours (R. de) . . . . . Y
Verdun (Pl. de) . . . . . Y
Victor-Hugo (R.) . . . . . Y
Vigny (R. A.-de) . . . . . Y
Wermelskirchen (Pl. de) . . . . . Y 29

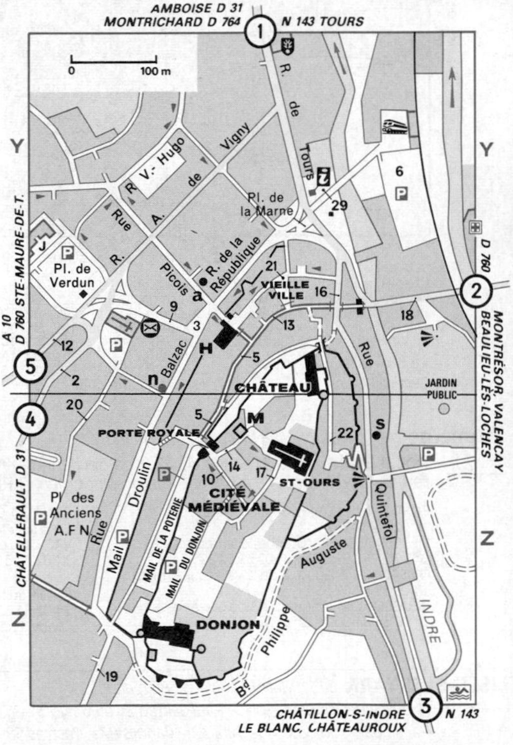

Dans la liste des rues des plans de villes, les noms en rouge indiquent les principales voies commerçantes.

George Sand, 39 r. Quintefol ✆ 02 47 59 39 74, Fax 02 47 91 55 75, – TV ☎. GB
Repas 90/290, enf. 60 – ☕ 38 – **20 ch** 270/650 – ½ P 245/410. Z s

Luccotel , r. Lézards, par ⑤ : *1 km* ✆ 02 47 91 30 30, Fax 02 47 91 30 35, , , – rest TV ☎ ✆ ♿ P – 100. GB
Repas *(fermé 20 déc. au 11 janv. et sam. midi)* 95/240 , enf. 50 – ☕ 35 – **42 ch** 330 – ½ P 275.

🏨 **France**, 6 r. Picois 🟢 02 47 59 00 32, Fax 02 47 59 28 66, 🏡 – 📺 ☎ 🚗, 🕕 ⊞ ⅁⅁⅁ Y a
🍽 *fermé 5 janv. au 13 fév., lundi midi en juil.-août, dim. soir et lundi de sept. à juin* – **Repas**
85/260 – ⊑ 34 – **19 ch** 220/345 – ½ P 250/300.

🍽🍽 **Gerbe d'Or**, 22 r. Balzac 🟢 02 47 59 06 38, 🏡 – 🕕 ⊞ Y n
🍽 *fermé fév., lundi soir et mardi* – **Repas** 80/135 ⅃, enf. 50.

CITROEN Loches Autom., La Cloutière à Perrusson   🔘 Touraine Pneus, 48 av. Pierruche à Perrusson
🟢 02 47 91 24 24   🟢 02 47 59 03 86
PEUGEOT Gar. Lorillou, Zone ciale de Tivoli par ③
🟢 02 47 59 00 41
RENAULT Sud Touraine Autom., r. Fontaine
Charbonnelle par ① 🟢 02 47 59 00 77 🅽
🟢 02 47 40 91 43

LOCMARIA-BERRIEN 29 Finistère 58 ⑥ – *rattaché à Huelgoat.*

LOCMARIAQUER 56740 Morbihan 63 ⑫ *G. Bretagne* – *1 309 h alt. 5.*

Voir *Ensemble mégalithique ★★ puis dolmens de Mané Lud★ et de Mané Rethual★ –*
Tumulus de Mané-er-Hroech★ S : 1 km – Dolmen des Pierres Plates★ SO : 2 km – Pointe de
Kerpenhir ≼★ SE : 2 km.

🅱 *Office de Tourisme, pl. de la Mairie (avril-sept.)* 🟢 02 97 57 33 05.
Paris 491 – Vannes 32 – Auray 13 – Quiberon 31 – La Trinité-sur-Mer 9.

🏨 **Trois Fontaines** Ⓜ sans rest, rte Auray 🟢 02 97 57 42 70, Fax 02 97 57 30 59 – 📺 ☎ ⅃
🅿 ⊞
fin mars-1ᵉʳ nov. – ⊑ 50 – **18 ch** 380/550.

🏨 **Lautram**, 🟢 02 97 57 31 32, Fax 02 97 57 37 87 – ☎. ⊞
🍽 *début avril-fin sept.* – **Repas** 75/210, enf. 40 – ⊑ 35 – **29 ch** 180/330 – ½ P 230/310.

LOCMINÉ 56500 Morbihan 63 ③ *G. Bretagne* – *3 346 h alt. 108.*

Paris 454 – Vannes 29 – Concarneau 96 – Lorient 51 – Pontivy 25 – Quimper 113 –
Rennes 106.

🍽🍽 **Aub. Ville au Vent**, r. O. de Clisson 🟢 02 97 60 08 40 – 🆎 🕕 ⊞
🍽 *fermé 23 sept. au 6 oct., dim. soir et lundi* – **Repas** 84/340.

à Bignan *Est : 5 km par D 1 – 2 567 h. alt. 148* – ⊠ *56580 :*

🍽🍽🍽 **Aub. La Chouannière**, 🟢 02 97 60 00 96, Fax 02 97 44 24 58 – ⊞
🍽 *fermé 1ᵉʳ au 15 oct., vacances de fév., dim. soir et lundi* – **Repas** 100/260 et carte 260 à 330.

🔘 *Rio Pneus*, 🟢 02 97 60 01 24

LOCQUIREC 29241 Finistère 58 ⑦ *G. Bretagne* – *1 226 h alt. 15.*

Voir *Église★ – Tour de la Pointe de Locquirec★ 30 mn – Table d'orientation de Marc'h*
Sammet ≼★ O : 3 km.

🅱 *Office de Tourisme pl. du Port* 🟢 02 98 67 40 83, Fax 02 98 79 32 50.
Paris 535 – Brest 79 – Guingamp 52 – Lannion 22 – Morlaix 23.

🏨 **Gd H. des Bains** ⋟, 🟢 02 98 67 41 02, Fax 02 98 67 44 60, « Dans un jardin en bordure
de mer, ≼ la baie », 🏊, ⚓, 🐾 – 🛗 📺 ☎ ✆ ⅃ 🅿 🆎 🕕 ⊞. ⅍ rest
fermé 5 janv. au 1ᵉʳ mars – **Repas** 130/290 – ⊑ 50 – **36 ch** 600/750 – ½ P 475/550.

🍽 **Le St-Quirec**, rte Plestin : 1,5 km 🟢 02 98 67 41 07 – 🅿. ⊞
fermé 18 nov. au 12 déc., 3 au 12 fév., mardi soir et merc. sauf juil.-août – **Repas** 80 (déj.),
105/250.

LOCRONAN 29180 Finistère 58 ⑮ *G. Bretagne* – *796 h alt. 105.*

Voir *Place★★ – Église et chapelle du Pénity★★ – Montagne de Locronan ❋★ E : 2 km –*
Kergoat : vitraux★ de la chapelle NE : 3,5 km.

Env. *Guengat : vitraux★ de l'église S : 10 km par D 63 et D 56.*
🅱 *Office de Tourisme pl. de la Mairie (15 juin-15 sept.)* 🟢 02 98 91 70 14.
Paris 579 – Quimper 17 – Brest 65 – Briec 20 – Châteaulin 17 – Crozon 34 – Douarnenez 11.

🏨 **Prieuré**, 🟢 02 98 91 70 89, Fax 02 98 91 77 60, 🌳 – 📺 ☎ 🅿. – 🏡 30. ⊞
🍽 *Pâques-1ᵉʳ nov.* – **Repas** 68/190, enf. 40 – ⊑ 37 – **14 ch** 270/330 – ½ P 300/320.

au Nord-Ouest *3 km par C 10* – ⊠ *29550 Plonévez-Porzay :*

🏨 **Manoir de Moëllien** ⋟, 🟢 02 98 92 50 40, Fax 02 98 92 55 21, ≼, 🌳 – 📺 ☎ 🅿. 🆎 🕕
⊞
20 mars-début nov., mi-déc.-2 janv. – **Repas** *(fermé mardi midi, merc. midi, jeudi midi sauf*
juil.-août et fériés et merc. de mi-sept. à fin mars) 126/250, enf. 56 – ⊑ 45 – **10 ch** 360 –
½ P 370.

LODÈVE ⟨SP⟩ *34700 Hérault* 83 ⑤ *G. Gorges du Tarn – 7 602 h alt. 165.*

Voir *Anc. cathédrale St-Fulcran★ – Musée Fleury★.*

Office de Tourisme, 7 pl. République ☎ *04 67 88 86 44.*

Paris 710 ② – Montpellier 55 ② – Alès 96 ① – Béziers 65 ② – Millau 59 ① – Pézenas 40 ②.

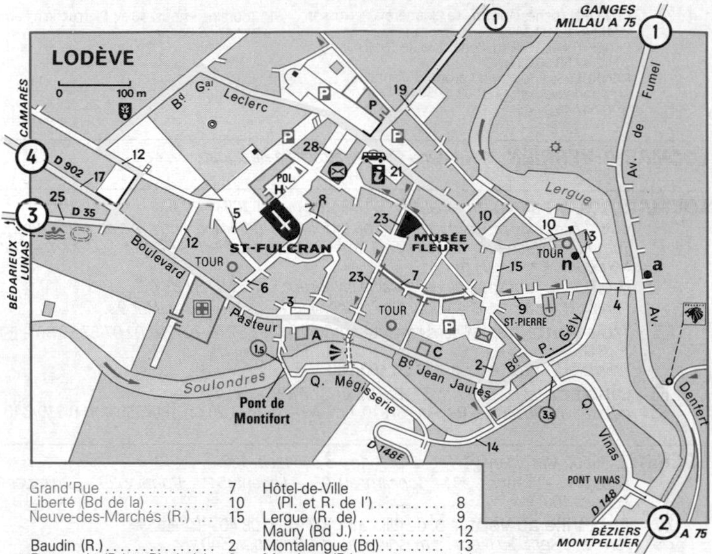

Grand'Rue 7
Liberté (Bd de la) 10
Neuve-des-Marchés (R.) 15

Baudin (R.) 2
Bouquerie (Bd et Pl. de la) 3
Bourse (Pont de la) 4
Galtier (R. J.) 5
Gambetta (Bd) 6
Hôtel-de-Ville (Pl. et R. de l') 8
Lergue (R. de) 9
Maury (Bd J.) 12
Montalangue (Bd) 13
Montbrun (R.) 14
Railhac (Bd J.) 17
République (Av. de la) 19
République (Pl.) 21
République (R.) 23
Vallot (Av. J.) 25
4-Septembre (R. du) 28

Paix, 11 bd Montalangue **(n)** ☎ 04 67 44 07 46, Fax 04 67 44 30 47 – ☎ ⚐. GB
fermé 1er janv. au 20 mars, dim. soir et lundi d'oct. à mars sauf vacances scolaires – **Repas** 85/150 ⚲, enf. 45 – ☕ 30 – **21 ch** 220/250 – ½ P 210.

Croix Blanche, 6 av. Fumel **(a)** ☎ 04 67 44 10 87, Fax 04 67 44 38 33 – ☎ P. GB
1er avril-30 nov. et fermé vend. midi – **Repas** 70/160, enf. 45 – ☕ 25 – **32 ch** 130/220 – ½ P 180/220.

PEUGEOT Gar. Ryckwaert, 6 av. Denfert ☎ 04 67 44 02 49 N ☎ 04 67 96 07 31

LODS *25930 Doubs* 70 ⑥ *G. Jura – 284 h alt. 361.*

Paris 437 – Besançon 37 – Baume-les-Dames 52 – Levier 22 – Pontarlier 23 – Vuillafans 5.

Truite d'Or, ☎ 03 81 60 95 48, Fax 03 81 60 95 73, ⛱, ⛱ – TV ☎ P. AE GB
fermé 15 déc. au 1er fév., dim. soir et lundi de fév. à juin – **Repas** 100/260, enf. 55 – ☕ 32 – **11 ch** 250 – ½ P 280.

LOGELHEIM *68 H.-Rhin* 62 ⑲ *– rattaché à Colmar.*

Les LOGES-EN-JOSAS *78 Yvelines* 60 ⑩, 101 ㉓ *– voir à Paris, Environs.*

LOGNES *77 S.-et-M.* 56 ⑫, 101 ㉙ *– voir à Paris, Environs (Marne-la-Vallée).*

LOGUIVY-DE-LA-MER *22 C.-d'Armor* 59 ② *– rattaché à Paimpol.*

Si vous êtes retardé sur la route, dès 18 h,
confirmez votre réservation par téléphone,
c'est plus sûr... et c'est l'usage.

LOHÉAC 35550 I.-et-V. 🔢 ⑥ – 508 h alt. 50.

Voir *Manoir de l'automobile★*, G. Bretagne.

Paris 381 – Rennes 35 – Châteaubriant 50 – Ploërmel 45 – Redon 33.

🏛 **La Gibecière**, 𝒫 02 99 34 06 14, Fax 02 99 34 10 37, 🛋 – 📺 ☎ ৬ 🅿 ஊ 🄶🄱
🍴 **Repas** 68/225 🍷 – ☲ 35 – **18 ch** 210/280 – ½ P 190/210.

LOIRE-SUR-RHÔNE 69 Rhône 🔢 ⑪ – *rattaché à Givors.*

LOMENER 56 Morbihan 🔢 ⑫ – *rattaché à Ploemeur.*

La LONDE-LES-MAURES 83250 Var 🔢 ⑯, 🔢 ㊼ – 7 151 h alt. 24.

🛈 Office de Tourisme, av. Albert Roux 𝒫 04 94 66 88 22, Fax 04 94 35 04 44.

Paris 865 – Toulon 30 – Hyères 11 – Fréjus 64 – Le Lavandou 12 – St-Tropez 41.

XX **Le Jardin Provençal**, 18 av. G. Clemenceau 𝒫 04 94 66 57 34, Fax 04 94 66 57 34, 🔳 –
🄶🄱
fermé 15 nov. au 10 déc., dim. soir et lundi sauf juil.-août – **Repas** 145/260.

*Les nouveaux Guides Verts touristiques **Michelin**, c'est :*
– un texte descriptif plus riche,
– une information pratique plus claire,
– des plans, des schémas et des photos en couleurs,
... et, bien sûr, une actualisation détaillée et fréquente.
Utilisez toujours la dernière édition.

LONDINIÈRES 76660 S.-Mar. 🔢 ⑮ – 1 119 h alt. 78.

Paris 147 – Amiens 75 – Blangy-sur-Bresle 27 – Dieppe 28 – Neufchâtel-en-Bray 15 –
Le Tréport 32.

X **Aub. du Pont** avec ch., 𝒫 02 35 93 80 47, Fax 02 32 97 00 57, 🛋 – 📺 ☎ 🅿 – 🔌 30. 🄶🄱
🍴 *fermé 1ᵉʳ au 15 fév.* – **Repas** 52/190 🍷, enf. 39 – ☲ 30 – **10 ch** 150/220 – ½ P 147/182.

CITROEN Gar. Hardiville, 𝒫 02 35 93 80 22 🅽 𝒫 02   ⓪ Parin Pneus, 𝒫 02 35 93 80 27
35 93 80 22
RENAULT Gar. Courtaud, 𝒫 02 35 93 80 81 🅽 𝒫 02
35 93 80 81

LONGJUMEAU 91 Essonne 🔢 ⑩,, 🔢 ㉟ – *voir à Paris, Environs.*

LONGNY-AU-PERCHE 61290 Orne 🔢 ⑤ G. Normandie Vallée de la Seine – 1 575 h alt. 165.

Paris 134 – Alençon 57 – L'Aigle 29 – Mortagne-au-Perche 19 – Nogent-le-Rotrou 30.

XX **France**, 𝒫 02 33 73 64 11, Fax 02 33 83 68 05 – 🄶🄱
🍴 *fermé 1ᵉʳ au 15 août, dim. soir et lundi sauf fériés* – **Repas** 65 bc/260 🍷.

LONGUES 63 P.-de-D. 🔢 ⑭ – *rattaché à Vic-le-Comte.*

LONGUYON 54260 M.-et-M. 🔢 ② – 6 064 h alt. 213.

🛈 Office de Tourisme pl. Allende 𝒫 03 82 39 21 21.

Paris 316 – Metz 81 – Nancy 113 – Sedan 71 – Thionville 59 – Verdun 48.

XXX **Le Mas et H. Lorraine** (Tisserant) avec ch., face gare 𝒫 03 82 26 50 07,
🍴 Fax 03 82 39 26 09, 🛋 – 📺 ☎ 🗜 – 🔌 40. ஊ ⓪ 🄶🄱 🄹🄲🄱
🍴 *fermé 5 janv. au 7 fév.* – **Repas** *(fermé lundi du 20 sept. au 30 juin)* 109/360 et carte 310 à
390 – ☲ 35 – **14 ch** 225/290 – ½ P 295
Spéc. Langoustines en feuilleté à la julienne de morilles. Rognon de veau en déclinaison
d'oignon. Pot-au-feu de foie gras à la purée d'ail doux. **Vins** Côtes de Toul.

XX **Table de Napo et H. Gare** avec ch., 𝒫 03 82 26 50 85, Fax 03 82 39 21 33 – 🅿 ஊ ⓪
🍴 🄶🄱 🄹🄲🄱
fermé 8 au 30 sept., 24 fév. au 9 mars et vend. soir – **Repas** 75/220 🍷 – ☲ 35 – **7 ch**
200/260 – ½ P 315/365.

à Rouvrois-sur-Othain *(Meuse) Sud : 7,5 km par N 18 – 201 h. alt. 223 – ✉ 55230 :*

✗ **La Marmite,** ℘ 03 29 85 90 79, Fax 03 29 85 99 23 – ▤. GB
fermé 24 août au 2 sept., vacances de fév., dim. soir et lundi – **Repas** 85/220 ♁.

PEUGEOT Gar. de l'Est, 75 r. Hôtel de Ville ℘ 03 82 26 50 67

LONGWY *54400 M.-et-M.* 57 ② *G. Alsace Lorraine – 15 439 h alt. 262.*

🅸 *Office de Tourisme Hôtel de ville, Longwy Haut ℘ 03 82 24 27 17.*

Paris 331 ③ – Luxembourg 42 ① – Metz 65 ② – Sedan 77 ③ – Thionville 43 ② – Verdun 63 ③.

à Longwy-Haut :

Nord sans rest, pl. Darche **(a)** ℘ 03 82 23 40 81, Fax 03 82 23 17 73 – [TV] ☎ – 🏔 25. AE GB
☕ 32 – **19 ch** 240/290.

à Cosnes-et-Romain *Ouest : 2 km par D 43 – 2 053 h. alt. 378 – ✉ 54400 :*

✗✗ **Aub. des Trois Canards,** 69 rue de Lorraine ℘ 03 82 24 35 36, Fax 03 82 25 66 40 – AE ⓓ GB JCB
fermé 18 août au 7 sept., vacances de fév., dim. soir et lundi – **Repas** 115/207 ♁.

CITROEN Gar. Inglebert, 50 r. Alsace-Lorraine à Longlaville par ① ℘ 03 82 24 33 96 🅽 ℘ 03 82 25 68 57
PEUGEOT Socaja Delouche Gar. J.-d'Arc, 51 r. de Metz ℘ 03 82 24 29 46
RENAULT Longwy Espace Autom., N à Mexy par ② ℘ 03 82 26 09 01 🅽 ℘ 08 00 05 15 15
ROVER Gar. Pacci, 22 r. J.-B.-Blondeau à Mont-St-Martin ℘ 03 82 23 35 05 🅽 ℘ 03 82 23 35 05

Ⓜ Leclerc Pneu, 36 r. Chiers ℘ 03 82 24 40 79
Pneus D.M., av. de Saintignon ℘ 03 82 24 23 45

LONGWY

Briand (R. A.)	2
Labro (R. A.)	
Leclerc (Pl. Gén.)	8
Faïencerie (R.)	5
Giraud (Pl.)	6
Margaine (Av.)	10
Récollets (R. des)	12
Saintignon (Av. de)	14

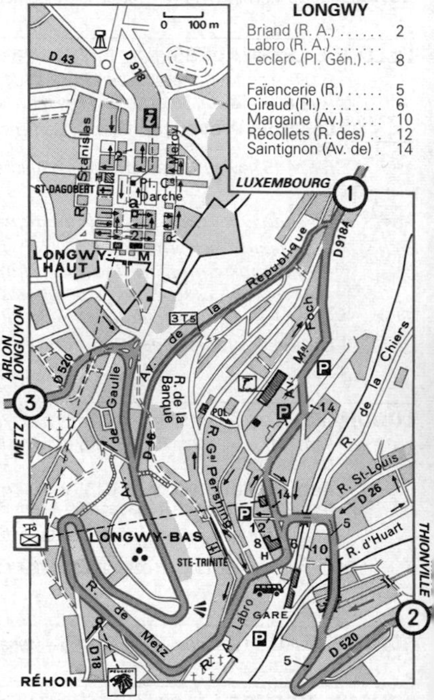

LONS-LE-SAUNIER 🅿 *39000 Jura* 70 ④ ⑭ *G. Jura – 19 144 h alt. 255 – Stat. therm. (avril-fin oct.) – Casino.*

Voir *Rue du Commerce*★ **Y** – *Grille*★ *de l'hôpital* **Y.**

Env. *Creux de Revigny*★ *7,5 km par* ②.

⛳18 *Val de Sorne, ℘ 03 84 43 04 80, S : 6 km par D 117 et D 41.*

🅸 *Office de Tourisme 1 r. Pasteur ℘ 03 84 24 65 01, Fax 03 84 43 22 59 – Automobile Club Jurassien ℘ 03 84 24 20 63, Fax 03 84 43 04 22.*

Paris 392 ③ – Chalon-sur-Saône 63 ③ – Besançon 85 ① – Bourg-en-Bresse 61 ③ – Dijon 97 ① – Dole 51 ① – Mâcon 95 ③ – Pontarlier 82 ②.

Plan page ci-contre

Nouvel H., 50 r. Lecourbe ℘ 03 84 47 20 67, Fax 03 84 43 27 49 – [TV] ☎ 📞 🅿. AE ⓓ GB. ✂ rest — **Y r**
fermé 20 déc. au 6 janv. – **Repas** *(fermé vend., sam. et dim.)* (dîner seul.) 65/95 ♁ – ☕ 35 – **26 ch** 200/300 – ½ P 185/225.

✗✗ **Comédie,** 65 r. Agriculture ℘ 03 84 24 20 66, 🏞 – ▤. GB — **Y e**
fermé 1er au 15 avril, 26 juil. au 19 août, lundi soir et dim. – **Repas** 98/155.

✗✗ **Relais d'Alsace,** 74 rte Besançon par ① ℘ 03 84 47 24 70, Fax 03 84 47 24 70, 🏞 – 🅿. GB
fermé vacances de fév., dim. soir et lundi – **Repas** 98/205 ♁, enf. 35.

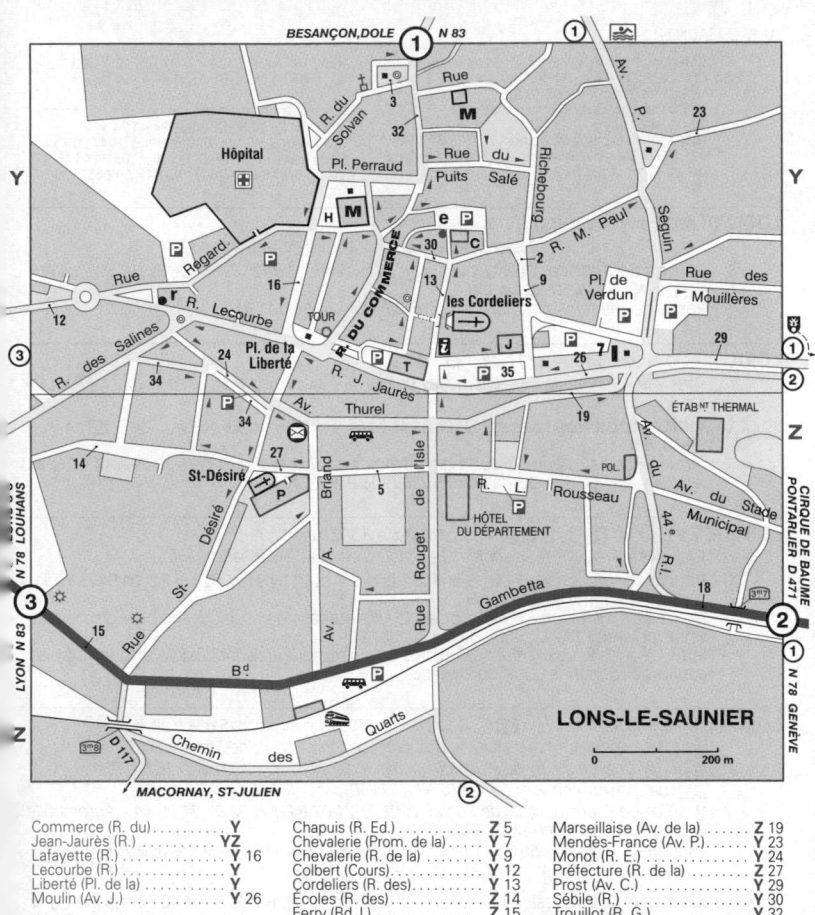

BESANÇON, DOLE — N 83

LONS-LE-SAUNIER

0   200 m

LYON N 83

MACORNAY, ST-JULIEN

à Chille par ① rte de Besançon et D 157 : 3 km – 217 h. alt. 330 – ⊠ 39570 :

🏨 **Parenthèse et Thélème** M ⌂, 𝒫 03 84 47 55 44, Fax 03 84 24 92 13, 🌲, parc, ⊿ –
    📶 📺 ☎ ✆ 🕭 📔 – 🔏 30. 🖭 ⚈ᗺ
    Repas (fermé vacances de fév., dim. soir et lundi midi) 80/260 ⅜, enf. 50 – ⌸ 42 – **31 ch**
    250/520 – ½ P 335/370.

au Sud : 6 km par D 117 et D 41 – ⊠ 39570 Vernantois :

🏨 **Golf** M ⌂, 𝒫 03 84 43 04 80, Fax 03 84 47 31 21, ≼, 🌲, « Sur le golf », Ⳙ, ⊿, ✕ – 📶
    📶 rest 📺 ☎ 🕭 📔 – 🔏 50. ⚈ᗺ
    Repas (fermé dim. soir) 100/160 – ⌸ 60 – **36 ch** 490/550 – ½ P 430/445.

à Courlans par ③ rte de Chalon, N 78 : 6 km – 640 h. alt. 227 – ⊠ 39570 :

🍴🍴🍴 **Aub. de Chavannes** (Carpentier), 𝒫 03 84 47 05 52, Fax 03 84 43 26 53, 🌲, 🎋 – 📳 📔.
    ⚈ᗺ
    ✸ fermé 23 juin au 1ᵉʳ juil., 2 fév. au 3 mars, dim. soir et lundi – **Repas** (nombre de couverts
       limité, prévenir) 165/350 et carte 300 à 390
       Spéc. Paupiettes de morteau aux escargots. Suprême de poularde de Bresse en rouelles.
       Filets de pigeon du Louhannais. **Vins** L'Etoile, Arbois-Pupillin.

BMW Gar. Parizon, à Messia ✆ 03 84 47 05 45
CITROEN Gar. Baud, Bd de l'Europe ZI par r. des
Mouillères Y ✆ 03 84 43 18 17
FORD Gar. Lecourbe, 58 bis r. Lecourbe
✆ 03 84 47 20 13
NISSAN Gar. Labet, à Montmorot ✆ 03 84 47 46 18
PEUGEOT Sonalp, 281 rte de Conliège à Perrigny
par av. Prost ✆ 03 84 24 37 96

RENAULT S.O.R.E.C.A., 47 av. C.-Prost par ②
✆ 03 84 35 66 55 N ✆ 03 84 35 66 55

⓪ Jurassienne du Pneumatique, ZI r. V.-Bérard
✆ 03 84 24 01 59 N ✆ 03 84 44 24 33
Lédo Pneus, 96 r. St-Désiré ✆ 03 84 47 09 75
Pneu Services, 32 av. C.-Prost ✆ 03 84 43 16 91
Vulco, 6 bd Duparchy ✆ 03 84 47 12 63

LOON-PLAGE 59279 Nord 団 ③ – 6 435 h alt. 5.
Paris 287 – Calais 31 – Cassel 32 – Dunkerque 14 – Lille 81 – St-Omer 32.

🏨 **Climat de France,** Ouest : 1 km par rte Gravelines ✆ 03 28 27 32 88, Fax 03 28 21 36 11 – 📺 ☎ 🅿 – 🔏 50. 🖭 ⓪ 🆖
Repas (fermé sam. midi) 75/125 ⅃, enf. 39 – ⥮ 35 – **55 ch** 280.

LORAY 25390 Doubs 団団 ⑰ – 372 h alt. 745.
Paris 449 – Besançon 44 – Baume-les-Dames 35 – Montbéliard 63 – Morteau 21 – Pontarlier 40.

XX **Vieille-Robichon** avec ch, ✆ 03 81 43 21 67, Fax 03 81 43 26 10, 🏵, 🐎 – 📺 ☎ 🅿 –
🔏 30. 🆖
fermé 27 oct. au 2 nov., 26 au 31 janv., dim. soir et lundi sauf le 14 juil. au 31 août – **Repas**
75/400 ⅃, enf. 60 – ⥮ 35 – **11 ch** 250/280 – ½ P 260/270.

LORGUES 83510 Var 団④ ⑥, 団団④ ㉒ G. Côte d'Azur – 6 340 h alt. 200.
Paris 843 – Fréjus 39 – Brignoles 33 – Draguignan 13 – St-Raphaël 42 – Toulon 74.

XXX **Bruno** 🕭 avec ch, Sud-Est : 3 km par rte des Arcs ✆ 04 94 73 92 19, Fax 04 94 73 78 11,
😊 ❀, 🏵, 🐎 – 📺 ☎ 🅿. 🖭 ⓪ 🆖
fermé dim. soir et lundi du 15 sept. au 15 juin – **Repas** (menu unique)(nombre de couverts
limité, prévenir) 270 – ⥮ 60 – **3 ch** 450/750
Spéc. Brouillade aux truffes. Ecrevisses au champagne (saison). Epaule d'agneau de lait
confite au four. **Vins** Côtes de Provence.

LORIENT ◀▶ 56100 Morbihan 団団 ① G. Bretagne – 59 271 h Agglo. 115 488 h alt. 4.
Voir Base des sous-marins★ AZ – Intérieur★ de l'église N.-D.-de-Victoire BY E.
🏌 du Val Quéven ✆ ; 🏌 de Ploemeur-Océan ✆ 02 97 32 81 82, O par D 162 : 13 km.
✈ de Lorient Lann-Bihoué : ✆ 02 97 87 21 50, par D 162 : 8 km AZ.
🅱 Office de Tourisme quai de Rohan ✆ 02 97 21 07 84, Fax 02 97 21 99 44 – Automobile
Club 61 r. du Mar. Foch ✆ 02 97 21 03 07.
Paris 503 ③ – Vannes 59 ③ – Quimper 68 ③ – St-Brieuc 116 ③ – St-Nazaire 136 ③.

Plan page ci-contre

🏨 **Mercure** 📏 sans rest, 31 pl. J. Ferry ✆ 02 97 21 35 73, Fax 02 97 64 48 62 – 📶 💥 📺 ☎
🕭 – 🔏 30. 🖭 ⓪ 🆖   BZ m
⥮ 52 – **58 ch** 405/455.

🏨 **Centre** sans rest, 30 r. Du Couëdic ✆ 02 97 64 13 27, Fax 02 97 64 17 39 – 📺 🕭 🅿. 🖭
⓪ 🆖 ⃝   BY x
⥮ 34 – **33 ch** 170/320.

🏨 **Astoria** sans rest, 3 r. Clisson ✆ 02 97 21 10 23, Fax 02 97 21 03 55 – 📶 📺 ☎ 🕭. 🖭 ⓪
🆖   BY q
⥮ 30 – **39 ch** 150/285.

🏨 **Cléria** sans rest, 27 bd Mar. Franchet d'Esperey ✆ 02 97 21 04 59, Fax 02 97 64 19 10 – 📶
📺 ☎ – 🔏 30. 🖭 🆖   AY k
fermé Noël au Jour de l'An – ⥮ 30 – **33 ch** 220/240.

🏨 **Léopol** sans rest, 11 r. W. Rousseau ✆ 02 97 21 23 16, Fax 02 97 84 93 27 – 📶 💥 📺 ☎.
🖭 🆖   BY r
fermé 24 déc. au 5 janv. – ⥮ 30 – **32 ch** 180/250.

🏨 **H. Victor-Hugo** sans rest, 36 r. L. Carnot ✆ 02 97 21 16 24, Fax 02 97 84 95 13 – 📺 ☎.
🖭 🆖   BZ f
⥮ 35 – **28 ch** 150/260.

🏨 **St-Michel** sans rest, 9 bd Mar. Franchet d'Esperey ✆ 02 97 21 17 53, Fax 02 97 64 29 91 –
📺 ☎. 🆖   AY z
⥮ 30 – **23 ch** 120/220.

🏨 **Armor** sans rest, 11 bd Mar. Franchet d'Esperey ✆ 02 97 21 73 87, Fax 02 97 64 48 50 – 📺
☎ 🕭. 🖭 🆖   AY e
⥮ 26 – **21 ch** 115/225.

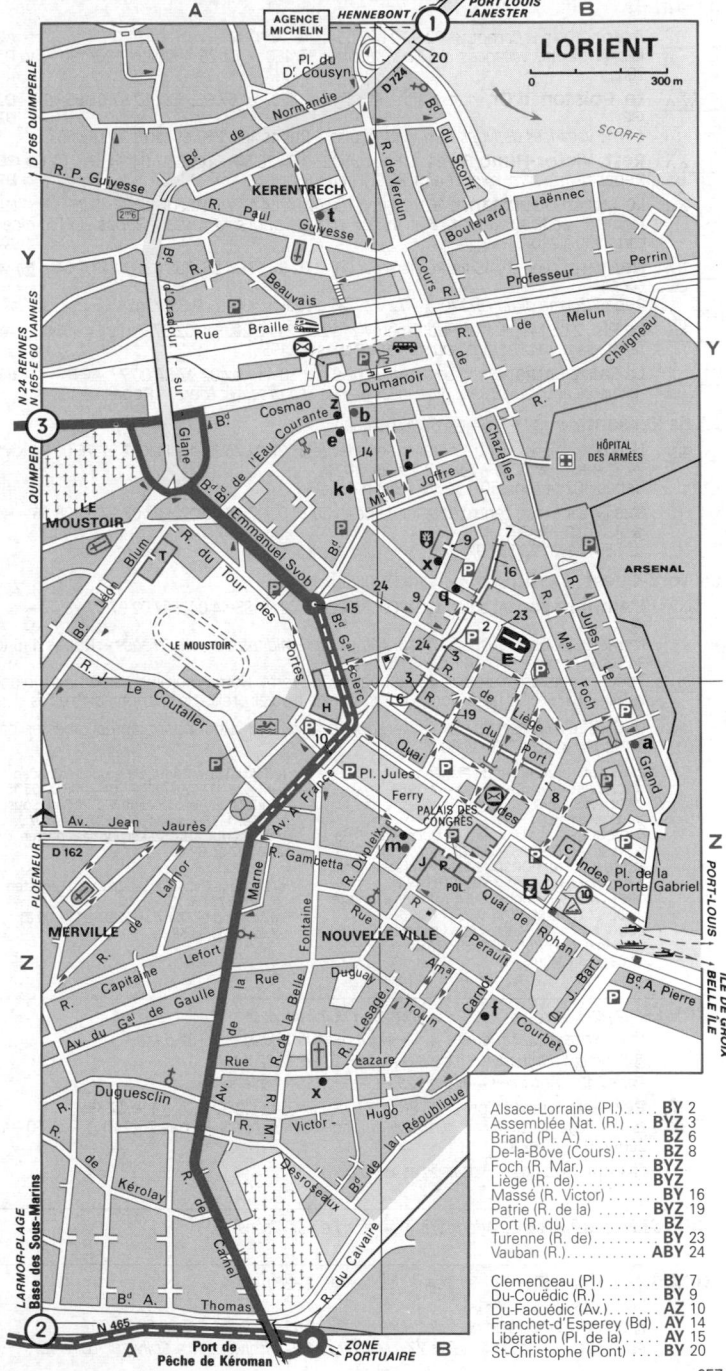

LORIENT

AGENCE MICHELIN

HENNEBONT
PORT LOUIS
LANESTER

SCORFF

0   300 m

Pl. du Dr Cousyn

KERENTRECH

LE MOUSTOIR

LE MOUSTOIR

HÔPITAL
DES ARMÉES

ARSENAL

PALAIS DES
CONGRÈS

Pl. de la
Porte Gabriel

NOUVELLE VILLE

MERVILLE

PLOEMEUR

PORT-LOUIS
ÎLE DE GROIX
BELLE-ÎLE

LARMOR-PLAGE
Base des Sous-Marins

Port de
Pêche de Kéroman

ZONE
PORTUAIRE

657

Arvor, 104 r. L. Carnot ℰ 02 97 21 07 55 – ⇨, ⒼⒷ. ℀   AZ   x
Repas *(fermé vacances de Noël et dim.)* 85/150 – ⌸ 25 – **20 ch** 120/190 – ½ P 180/
200.

Le Poisson d'Or, 1 r. Maître Esvelin ℰ 02 97 21 57 06, Fax 02 97 64 65 42 – ⒶⒺ ⓄⒹ
ⒼⒷ   BZ   m
fermé vacances de Noël, sam. midi et dim. – **Repas** 100/260 et carte 210 à 300.

Rest. Victor-Hugo, 36 r. L. Carnot ℰ 02 97 64 26 54, Fax 02 97 64 24 87 – ⒶⒺ ⓄⒹ ⒼⒷ
Repas *fermé sam. midi et dim.* 85/210, enf. 65.   BZ   f

Le Jardin Gourmand, 46 r. J. Simon ℰ 02 97 64 17 24, Fax 02 97 64 15 75, 🌳 – ⒶⒺ ⒼⒷ
fermé 31 août au 15 sept., 3 au 13 fév., dim. et lundi sauf fériés – **Repas** 90/130 dîner à la
carte 150 à 210.   AY   t

Neptune avec ch, 15 av. Perrière par ② ℰ 02 97 37 04 56, Fax 02 97 87 07 54 – �📺 ☎. ⒶⒺ
ⓄⒹ ⒼⒷ
Repas *(fermé dim.)* 75/220 ⅃ – ⌸ 32 – **23 ch** 220/250 – ½ P 235/245.

Le Pic, 2 bd Mar. Franchet d'Esperey ℰ 02 97 21 18 29, Fax 02 97 21 92 64 – ⒼⒷ   AY   b
fermé sam. midi et dim. sauf fériés – **Repas** 95/195 ⅃.

Le Saint-Louis, 48 r. J. Le Grand ℰ 02 97 21 50 45, Fax 02 97 84 00 77 – ⒼⒷ   BZ   a
fermé 26 août au 18 sept., vacances de fév., mardi soir et merc. – **Repas** 62/190.

Z.I. de Kerpont *par* ① : *6 km* – ⊠ *56850 Caudan* :

Novotel Ⓜ ⇨, centre hôtelier de Bellevue ℰ 02 97 76 02 16, Fax 02 97 76 00 24, 🌳, ⩩,
⛾ – ⓀⓍ 📺 ☎ & 🅿 – ⚇ 120. ⒶⒺ ⓄⒹ ⒼⒷ
Repas 102 bc, enf. 50 – ⌸ 52 – **88 ch** 410/450.

Ibis Ⓜ sans rest, centre hôtelier de Bellevue ℰ 02 97 76 40 22, Fax 02 97 81 28 56 – ⓀⓍ 📺
☎ & 🅿. ⒶⒺ ⓄⒹ ⒼⒷ
⌸ 35 – **41 ch** 280/310.

au Nord-Ouest : *3,5 km par D 765* – ⊠ *56100 Lorient* :

L'Amphitryon (Abadie), 127 r. Col. Müller ℰ 02 97 83 34 04, Fax 02 97 37 25 02 – ▤. ⒼⒷ.
🕸
fermé 27 août au 9 sept., 1er au 9 janv., sam. midi et dim. sauf fériés – **Repas** 115 (déj.),
245/380 et carte 300 à 410, enf. 75
Spéc. "Petits gris" en ravioles de pommes de terre. Homard émincé dans un jus blond de
volaille aux girolles (avril à oct.). Compotée de pied et oreille de cochon aux truffes.

MICHELIN, Agence, ZI de Kerpont, r. Arago, dir. Hennebont après Lanester par ①
à Caudan ℰ 02 97 76 03 60

BMW Auto Port, Rd-Pt du Pléneno
ℰ 02 97 83 87 41 Ⓝ ℰ 02 97 37 03 33
CITROEN S.C.A.O., ZI Kerpont à Lanester par ①
ℰ 02 97 81 19 81
MERCEDES Gar. Allanic, Rte de Quimperlé, ZI de
Keryado ℰ 02 97 83 00 90 Ⓝ ℰ 02 97 37 03 33
MITSUBITSCHI, PORSCHE Sport Bretagne Autom.,
ZI Kerpont à Lanester ℰ 02 97 81 19 20
OPEL Gar. L'Automobile, 42 r. Trudaine à Lanester,
ℰ 02 97 76 92 69 Ⓝ ℰ 02 97 37 03 33
PEUGEOT Gar. Chrétien, Zone Ciale de Bellevue à
Caudan par ① ℰ 02 97 76 97 97 Ⓝ
ℰ 08 00 44 24 24

RENAULT Gar. Court, ZI Kerpont à Caudan
par ① ℰ 02 97 87 67 67 Ⓝ ℰ 08 00 05 15 15
ROVER Gar. Auto Océane, Rd-Pt Base Sous
Marine, 1 r. F.-Toullec ℰ 02 97 87 07 07
VAG Atlantic Auto, ZI Kerpont à Lanester
ℰ 02 97 76 89 89

🅖 Euromaster, 68 av. A.-Croizat à Lanester
ℰ 02 97 76 03 02
Vulco, 1 bd L.-Blum ℰ 02 97 87 72 00 Ⓝ
ℰ 02 97 65 33 38

LORMES 58140 Nièvre 🔢 ⑱ *G. Bourgogne* – *1 464 h alt. 420.*
Voir *Terrasse du cimetière* ❄★ – *Mont de la Justice* ❄★ *NO : 1,5 km.*
🔰 *Syndicat d'Initiative 5 r. de Narveau* ℰ *03 86 22 82 74.*
Paris 242 – *Autun 63* – *Avallon 29* – *Clamecy 35* – *Nevers 76.*

Perreau, 8 rte Avallon ℰ 03 86 22 53 21, Fax 03 86 22 82 15 – 📺 ☎ 🅿. ⒼⒷ
fermé 10 janv. au 20 fév., dim. soir et lundi d'oct. à mars – **Repas** 75/210 ⅃ – ⌸ 30 – **17 ch**
260/270 – ½ P 220.

PEUGEOT Gar. Orgueil, ℰ 03 86 22 83 43

LORP-SENTARAILLE 09 Ariège 🔢 ③ – *rattaché à St-Girons.*

LORRIS 45260 Loiret 🔢 ① *G. Châteaux de la Loire* – *2 620 h alt. 126.*
Voir *Église N.-Dame*★.
🔰 *Office de Tourisme près des Halles* ℰ *02 38 94 81 42, Fax 02 38 94 88 00.*
Paris 124 – *Orléans 54* – *Gien 27* – *Montargis 23* – *Pithiviers 44* – *Sully-sur-Loire 18.*

XX **Sauvage** avec ch, ☎ 02 38 92 43 79, Fax 02 38 94 82 46 – ▤ rest TV ☎. ◑ GB
fermé 6 au 25 oct. et 4 fév. au 1er mars – **Repas** 115/280 ♁, enf. 50 – ☕ 35 – **8 ch** 260/350 – ½ P 275/310.

XX **Guillaume de Lorris,** ☎ 02 38 94 83 55 – GB
fermé 28 juil. au 10 août, vacances de fév., dim. soir, mardi soir et merc. – **Repas** 115/145, enf. 65.

X **Point du Jour,** ☎ 02 38 92 40 21 – GB
fermé 1er au 20 janv. et lundi – **Repas** 60 (déj.), 95/195 ♁, enf. 45.

LOUBRESSAC *46130 Lot 75 ⑲ G. Périgord Quercy – 449 h alt. 320.*

Voir *Site★ du château.*

ℹ *Office de Tourisme Mairie ☎ 05 65 38 18 30.*

Paris 536 – Brive-la-Gaillarde 49 – Cahors 70 – Figeac 42 – Gourdon 54 – Gramat 17 – St-Céré 9.

Relais de Castelnau M 🐌, ☎ 05 65 10 80 90, Fax 05 65 38 22 02, ≤ vallée, 🏖, 🏊, 🌳, 🎾 – TV ☎ ♿ P. AE GB
20 mars-11 nov. et fermé dim. soir et lundi du 5 oct. au 28 avril sauf fêtes – **Repas** 69 (déj.), 115/250, enf. 60 – ☕ 45 – **40 ch** 390/490 – ½ P 360/390.

Lou Cantou 🐌, ☎ 05 65 38 20 58, Fax 05 65 38 25 37, ≤, 🏖 – ▤ rest TV ☎ P. AE GB
fermé 20 oct. au 15 nov. et lundi d'oct. à mars – **Repas** 72/190 ♁, enf. 45 – ☕ 35 – **12 ch** 310/315 – ½ P 290.

à Py *au Nord-Ouest : 3,5 km par D 118 et D 14 – ✉ 46130 Loubressac :*

Les Calèches de Py M 🐌 sans rest, ☎ 05 65 39 75 06, Fax 05 65 38 61 04 – ☎ P. GB
1er mars-3 nov. – ☕ 35 – **9 ch** 260/280.

LOUDÉAC *22600 C.-d'Armor 58 ⑲ G. Bretagne – 9 820 h alt. 155.*

ℹ *Syndicat d'Initiative, pl. Gén.-de-Gaulle (15 juin-15 sept.) ☎ 02 96 28 25 17, Fax 02 96 28 61 94 (toute l'année).*

Paris 437 – St-Brieuc 42 – Carhaix-Plouguer 68 – Dinan 75 – Pontivy 22 – Rennes 86.

Voyageurs, 10 r. Cadélac ☎ 02 96 28 00 47, Fax 02 96 28 22 30 – |♦| TV ☎ 📞 – 🏢 40. AE ◑ GB
Repas *(fermé sam. hors sais.)* 70/250 ♁, enf. 50 – ☕ 33 – **28 ch** 220/290 – ½ P 195/240.

France, 1 r. Cadélac ☎ 02 96 66 00 15, Fax 02 96 28 61 94 – |♦| TV ☎ 📞 P – 🏢 30 à 100. AE ◑ GB
fermé Noël au Jour de l'An – **Repas** *(fermé dim. sauf le soir de juil. à sept. et sam. soir sauf juil.-août)* 72/170 ♁, enf. 42 – ☕ 34 – **39 ch** 180/300 – ½ P 190/240.

à La Prénessaye *Est : 7 km sur N 164 – 854 h. alt. 109 – ✉ 22210 Plémet :*

Motel d'Armor, ☎ 02 96 25 90 87, Fax 02 96 25 76 72, 🏖, 🌳 – TV ☎ P. GB
fermé vacances de fév. – ***Le Boléro*** *(fermé dim. soir)* **Repas** 78/230, enf. 50 – ☕ 35 – **10 ch** 225/280 – ½ P 240/300.

PEUGEOT Centre auto Loudeac, bd Victor Etienne ☎ 02 96 28 23 83 N ☎ 02 96 28 66 33
RENAULT E.L.D.A. Michard, pl. Gén.-de-Gaulle ☎ 02 96 28 00 07 N ☎ 08 00 05 15 15
VAG Gar. Lebreton, 23 r. de Pontivy ☎ 02 96 28 00 59
Ⓟ Vulco, ZI de Kersuquet ☎ 02 96 28 05 73

LOUDUN *86200 Vienne 67 ⑨ G. Poitou Vendée Charentes – 7 854 h alt. 120.*

Voir *Tour carrée* ✳★ **AY.**

⛳18 *☎ 05 49 98 78 06 par* ① **BY : 16,5 km.**

ℹ *Office de Tourisme à l'Hôtel de Ville ☎ 05 49 98 15 96, Fax 05 49 98 12 88.*

Paris 312 ② – Angers 75 ① – Châtellerault 46 ③ – Parthenay 56 ④ – Poitiers 56 ④ – Tours 73 ②.

Plan page suivante

Host. de la Roue d'Or, 1 av. Anjou ☎ 05 49 98 01 23, Fax 05 49 22 31 05 – TV ☎ 📞 ♿ P. AE ◑ GB — BY e
fermé dim. soir hors sais. – **Repas** 75/215 ♁, enf. 65 – ☕ 35 – **14 ch** 280/380.

Renaudot sans rest, 40 av. de Leuze ☎ 05 49 98 19 22, Fax 05 49 98 94 22 – |♦| TV ☎. GB
☕ 45 – **29 ch** 320/390. — BY a

XX **Reine Blanche,** 6 pl. Boeuffeterie ☎ 05 49 98 51 42, Fax 05 49 98 62 24 – ▤. GB
fermé 1er au 10 fév., dim. soir et lundi – **Repas** 98/210. — BY s

CITROEN Gar. Terradillos, r. Artisans **AZ** ☎ 05 49 98 34 30
VAG Autom. Loudunaise, 9 bd G.-Chauvet ☎ 05 49 98 15 57
Ⓟ Loudun Pneus, ZI Nord, 6 av. de Ouagadougou ☎ 05 49 98 19 39

LOUDUN

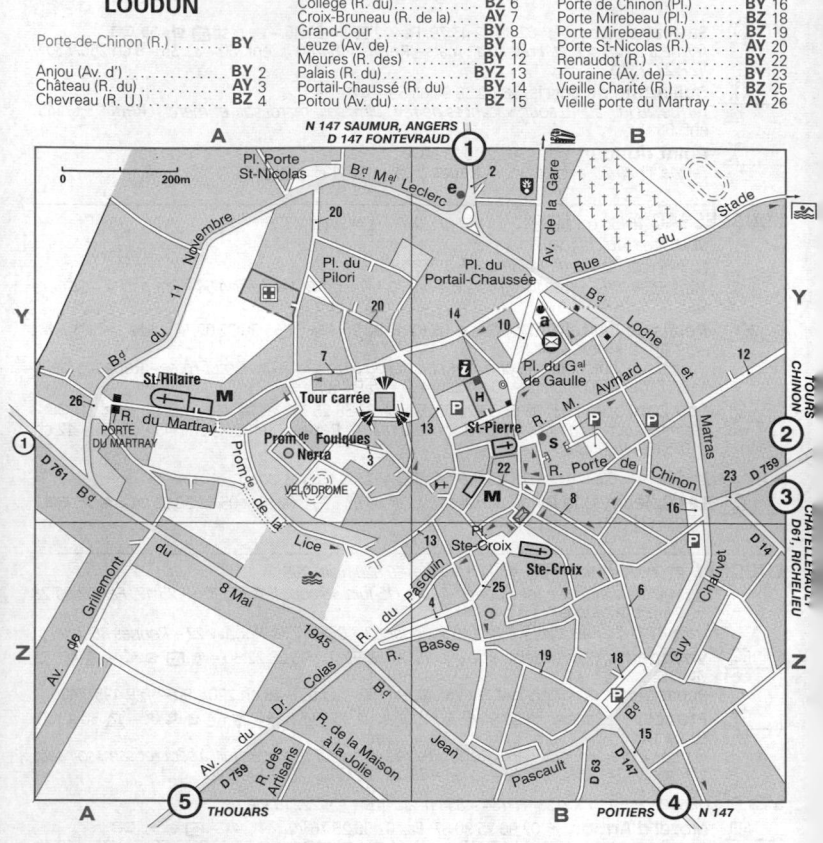

LOUÉ *72540 Sarthe* 60 ⑫ – *1 929 h alt. 112.*

Paris 229 – Le Mans 29 – Laval 58 – Rennes 126 – Sillé-le-Guillaume 26.

🏨 **Ricordeau,** 13 r. Libération ℰ 02 43 88 40 03, Fax 02 43 88 62 08, 🍴, 🌳 – 📺 ☎. 🅰🅴 ⑩ ﾩ

fermé janv., fév., dim. soir et lundi d'oct. à avril – **Repas** 115/255, enf. 60 – 🔾 45 – **17 ch** 346/566, 4 appart – ½ P 322/495.

LOUHANS ⓢ *71500 S.-et-L.* 70 ⑬ *G. Bourgogne* – *6 140 h alt. 179.*

Voir *Grande-Rue*★.

🅱 *Office de Tourisme Arcades St-Jean* ℰ 03 85 75 05 02.

Paris 377 – Chalon-sur-Saône 40 – Bourg-en-Bresse 58 – Dijon 88 – Dole 71 – Tournus 30.

🏨 **Moulin de Bourgchâteau,** r. Guidon (rte Chalon) ℰ 03 85 75 37 12, Fax 03 85 75 45 11, parc, « *Ancien moulin sur la Seille* » – 📺 ☎ 🅿. 🅰🅴 ﾩ

fermé 20 déc. au 20 janv., dim. et lundi midi d'oct. à Pâques, mardi midi et merc. midi de Pâques à oct. – **Repas** 100/210 – 🔾 45 – **18 ch** 220/300.

🏨 **Host. du Cheval Rouge,** 5 r. Alsace ℰ 03 85 75 21 42, Fax 03 85 75 44 48, 🍴 – 📺 ☎ ﾩ. ﾩ

fermé 24 déc. au 14 janv., mardi midi et lundi sauf juil.-août – **Repas** 85/220 🍷, enf. 50 – 🔾 40 – **12 ch** 130/280 – ½ P 200/260.

XX **La Cotriade,** 4 r. Alsace ℰ 03 85 75 19 91, Fax 03 85 75 19 91 – 🅰🅴 ⑩ ﾩ

fermé 17 au 27 nov., vacances de fév., mardi soir et jeudi soir sauf juil.-août – **Repas** 70/198 🍷, enf. 50.

à Beaurepaire-en-Bresse *Est : 14 km par N 78* – *502 h. alt. 147* – ⊠ *71580* :

🏨 **Aub. de la Croix Blanche,** ℰ 03 85 74 13 22, Fax 03 85 74 13 25, ㋕, ㋛ – 📺 ☎ ⛄ 🄿. GB

fermé 5 au 10 mai, 25 au 30 sept., 12 au 30 nov., dim. soir et lundi sauf juil.-août – **Repas** 87/206 ⅃, enf. 58 – ⚏ 40 – **13 ch** 210/278 – ½ P 262/288.

CITROEN Gar. Chevrier, ℰ 03 85 75 11 56   Collet Vulco, Châteaurenaud ℰ 03 85 75 12 82
PEUGEOT Gar. Hengy, ℰ 03 85 75 23 59   Relais Pneus, 79 r. des Bordes ℰ 03 85 76 01 80

⦿ Bayle Pneus, Châteaurenaud ℰ 03 85 75 04 41

La LOUPE *28240 E.-et-L.* 🄲🄾 ⑥ – *3 820 h alt. 248.*

   Paris 131 – *Chartres 39* – *Dreux 42* – *Mortagne-au-Perche 41* – *Nogent-le-Rotrou 24.*

🏠 **Chêne Doré,** pl. H. de Ville ℰ 02 37 81 06 71 – 📺 ☎ ⛄ 🄿. GB
   fermé lundi (sauf hôtel) et dim. – **Repas** 96/135 ⅃, enf. 46 – ⚏ 28 – **14 ch** 196/246.

CITROEN Gar. Leproust, ℰ 02 37 81 00 69   PEUGEOT Gar. Gonsard, ℰ 02 37 81 08 05
FIAT Gar. Malbet, ℰ 02 37 81 07 63   RENAULT St-Thibault Auto, ℰ 02 37 81 06 23
                                       🄽 ℰ 02 37 81 02 77

Eine gute Ergänzung

zum vorliegenden Hotelführer

sind die gelben **Michelin-Abschnittskarten**

im Maßstab 1 : 200 000.

LOURDES *65100 H.-Pyr.* 🎱🎱 ⑱ *G. Pyrénées Aquitaine* – *16 300 h alt. 420 Grand centre de pèlerinage.*

   Voir *Château fort*★ **AY** : *musée pyrénéen*★ – *Musée Grévin de Lourdes*★ **AZ M¹** – *Basilique souterraine St-Pie X* **AYZ B** – *Pic du Jer* ❋★★ *1,5 km par* ③ *et funiculaire puis 20 mn* – *Le Béout* ❋★ *1 km par* ③ *et téléphérique.*

   ◻₁₈ *du Lac,* ℰ 05 62 42 02 06, *par* ④ : *3 km.*

   ⦆ *de Tarbes-Ossun-Lourdes :* ℰ 05 62 32 92 22, *par* ① : *11 km.*

   🅱 *Office de Tourisme, pl. Peyramale* ℰ 05 62 42 77 40, Fax 05 62 94 60 95.

   Paris 811 ① – *Pau 41* ⑤ – *Bayonne 148* ⑤ – *St-Gaudens 84* ② – *Tarbes 19* ①.

Plan page suivante

🏨🏨 **Gd H. de la Grotte,** 66 r. Grotte ℰ 05 62 94 58 87, Fax 05 62 94 20 50, ≼, ㋕ – 🛗 🍽 📺 ☎ ⛄ 🄿. 🅰🄴 ① GB 🅹🄲🄱
                                                AZ y
   27 mars-25 oct. – **Repas** 80 (déj.)/160 – ⚏ 60 – **77 ch** 350/530, 3 appart – ½ P 370/450.

🏨🏨 **Paradis** Ⓜ, 15 av. Paradis ℰ 05 62 42 14 14, Fax 05 62 94 64 04, ≼ – 🛗 🍽 ☎ ⛄ 🚗 – ⛤ 150. 🅰🄴 GB   **AZ n**
   Pâques-20 oct. – **Repas** 120 – ⚏ 45 – **300 ch** 370/490 – ½ P 360/390.

🏨🏨 **Jeanne d'Arc,** 1 r. Alsace-Lorraine ℰ 05 62 94 35 42, Fax 05 62 94 96 52 – 🛗 🍽 rest ☎ ⛄ – ⛤ 70. 🅰🄴 GB   **AZ w**
   Pâques-20 oct. – **Repas** 120 – ⚏ 45 – **158 ch** 370/490 – ½ P 360/390.

🏨 **Solitude** Ⓜ, 3 passage St-Louis ℰ 05 62 42 71 71, Fax 05 62 94 40 65, ≼ – 🛗 🍽 rest ☎ ⛄ 🚗 – ⛤ 100. 🅰🄴 ① GB   **AZ s**
   1ᵉʳ mars-1ᵉʳ déc. – **Repas** 80/90 – ⚏ 50 – **291 ch** 355/700, 4 appart – ½ P 335/365.

🏨 **Impérial** Ⓜ, 3 av. Paradis ℰ 05 62 94 06 30, Fax 05 62 94 48 04, ㋛ – 🛗 🍽 rest 📺 ☎ ⛄. 🅰🄴 GB   **AZ u**
   Pâques-fin oct. – **Repas** 90/95 – ⚏ 55 – **93 ch** 330/440 – ½ P 356.

🏨 **Alba,** 27 av. Paradis ℰ 05 62 42 70 70, Fax 05 62 94 54 52, ≼, ㋛ – 🛗 🍽 rest ☎ ⛄ 🚗 – ⛤ 70. 🅰🄴 GB   **AZ f**
   15 mars-30 oct. – **Repas** 75/140 – ⚏ 37 – **237 ch** 300/420 – ½ P 285/325.

🏨 **Roissy,** 16 av. Mgr Schoepfer ℰ 05 62 94 13 04, Fax 05 62 94 72 76 – 🛗 ☎ ⛄ – ⛤ 70. GB ✂ ch   **AZ d**
   26 mars-15 oct. – **Repas** 90 – ⚏ 37 – **187 ch** 380 – ½ P 310.

🏨 **Excelsior,** 83 bd Grotte ℰ 05 62 94 02 05, Fax 05 62 94 82 88 – 🛗 ☎. 🅰🄴 ① GB 🅹🄲🄱
   27 mars-31 oct. – **Repas** 110/125 – ⚏ 50 – **80 ch** 320/430 – ½ P 320.   **AY h**

🏨 **Christ-Roi,** 9 r. Mgr Rhodain ℰ 05 62 94 24 98, Fax 05 62 94 17 65 – 🛗 🍽 rest ☎ ⛄ 🚗 – ⛤ 30. 🅰🄴 GB. ✂ rest   **AZ t**
   Pâques-15 oct. – **Repas** 90 – ⚏ 35 – **172 ch** 360, 8 duplex – ½ P 300.

🏨 **Espagne** Ⓜ, 9 av. Paradis ℰ 05 62 94 50 02, Fax 05 62 94 58 15, ≼ – 🛗 🍽 rest ☎ ⛄ – ⛤ 25. 🅰🄴 GB. ✂   **AZ e**
   Pâques-30 oct. – **Repas** 97/103 – ⚏ 36 – **129 ch** 396/455 – ½ P 303.

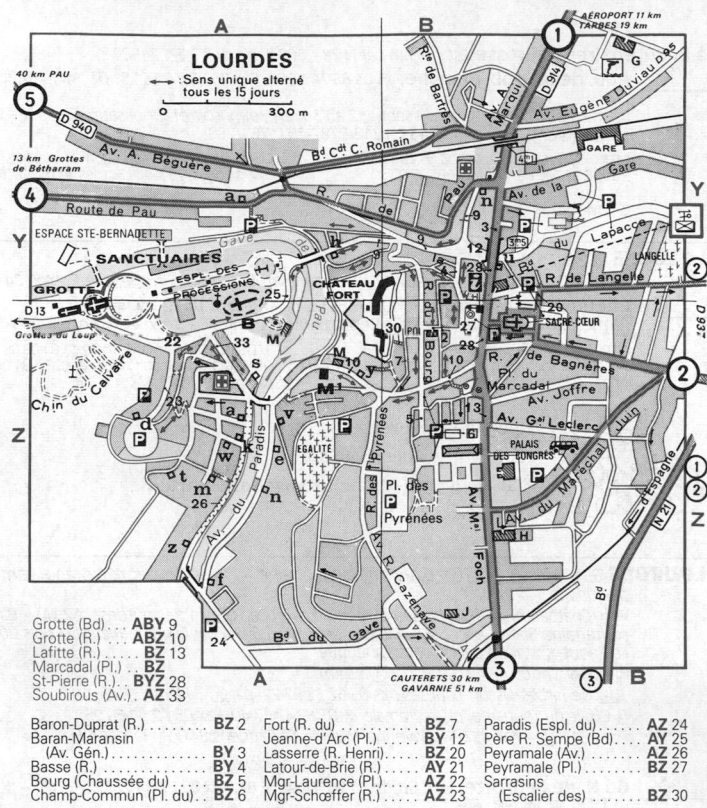

LOURDES

→ : Sens unique alterné
tous les 15 jours

0 ——— 300 m

40 km PAU

D 940

13 km Grottes
de Bétharram

Av. A. Béguère

Route de Pau

ESPACE STE-BERNADETTE

SANCTUAIRES

GROTTE

Grottes du Loup

Ch¹ du Calvaire

AÉROPORT 11 km
TARBES 19 km

D 914

GARE

Av. de la

Gare

Av. de la

R. de Langelle

LANGELLE

SACRE-CŒUR

R. de Bagnères

Pl. du
Marcadal

Av. Joffre

Av. G¹ Leclerc

PALAIS
DES CONGRÈS

Av. M¹ Foch

Pl. des
Pyrénées

CAUTERETS 30 km
GAVARNIE 51 km

BAGNÈRES-DE-B.
D 937

Grotte (Bd) . . .	**ABY** 9
Grotte (R.) . . .	**ABZ** 10
Lafitte (R.)	**BZ** 13
Marcadal (Pl.) . .	**BZ**
St-Pierre (R.) . .	**BYZ** 28
Soubirous (Av.) . .	**AZ** 33

Baron-Duprat (R.)	**BZ** 2	Fort (R. du)	**BZ** 7	Paradis (Espl. du)	**AZ** 24
Baran-Maransin (Av. Gén.)	**BY** 3	Jeanne-d'Arc (Pl.)	**BY** 12	Père R. Sempe (Bd) . . .	**AY** 25
Basse (R.)	**BY** 4	Lasserre (R. Henri) . . .	**BZ** 20	Peyramale (Av.)	**AZ** 26
Bourg (Chaussée du)	**BZ** 5	Latour-de-Brie (R.) . . .	**AY** 21	Peyramale (Pl.)	**BZ** 27
Champ-Commun (Pl. du) . .	**BZ** 6	Mgr-Laurence (Pl.)	**AZ** 22	Sarrasins (Escalier des)	**BZ** 30
		Mgr-Schœffer (R.) . . .	**AZ** 23		

Miramont, 40 av. Peyramale ℰ 05 62 94 70 00, Fax 05 62 94 50 17, ≼ – ⬚ ▤ rest ⧄ ☎
⬇. ⊞. ⋘ rest
avril-oct. – **Repas** 85/95 ⅃ – ⌐ 35 – **94 ch** 290/400 – ½ P 300/330.
AZ z

Aneto, 5 r. St Félix ℰ 05 62 94 23 19, Fax 05 62 42 31 26 – ⬚ ☎. ⊞. ⋘ rest
avril-oct. – **Repas** 85 ⅃ – ⌐ 35 – **79 ch** 240/360 – ½ P 270/300.
AZ m

St-François d'Assise, 14 av. Peyramale ℰ 05 62 94 20 79, Fax 05 62 94 61 59, ≼ – ⬚
▤ rest ☎ ⬇. ⚎ ⊞
avril-oct. et vacances de fév. – **Repas** 70, enf. 35 – ⌐ 30 – **64 ch** 180/210 – ½ P 230.
AZ k

N.-D. de France, 8 av. Peyramale ℰ 05 62 94 91 45, Fax 05 62 94 57 21, ≼ – ⬚ ▤ rest. ⚎
⊞. ⋘ rest
25 mars-10 oct. – **Repas** 85/90 – ⌐ 32 – **73 ch** 240/350, 3 duplex – ½ P 270/290.
AZ a

Campanile, rte Tarbes par ① ℰ 05 62 94 07 07, Fax 05 62 94 77 31, 佘 – ✺ ▤ rest ⧄
☎ ⋓ ⬇ 🄿 – 🄰 25. ⚎ ⓪ ⊞
Repas 84 bc/107 bc, enf. 39 – ⌐ 32 – **49 ch** 278.

Nevers, 13 av. Maransin ℰ 05 62 94 90 88, Fax 05 62 94 84 23 – ⬚ ▤ rest ⧄ ☎ 🄿. ⚎ ⊞
hôtel : Pâques-15 nov. et 6 au 17 fév. ; rest : Pâques-31 oct. et 6 au 17 fév. – **Repas** 55/95 –
⌐ 37 – **38 ch** 260/310 – ½ P 255.
BY u

Acropolis, 5 bd Grotte ℰ 05 62 94 23 18, Fax 05 62 42 23 25 – ⬚ ⧄ ☎ ⋓. ⚎ ⊞.
⋘ rest
fermé 15 déc. au 15 janv. – **Repas** 75 bc/120 ⅃ – ⌐ 35 – **25 ch** 260/340 – ½ P 245/270.
BY n

N.-D.-de Lorette, 12 rte Pau ℰ 05 62 94 12 16 – ⬚ ☎ 🄿. ⋘
28 mars-15 oct. – **Repas** 92/96 – ⌐ 26 – **20 ch** 135/240 – ½ P 187/224.
AY a

à Saux par ① : 3 km – ⊠ 65100 Lourdes :

XXX **Le Relais de Saux** ⌂ avec ch, ℰ 05 62 94 29 61, Fax 05 62 42 12 64, ≼, 佘, 禾 – ⧄ ☎
🄿. ⚎ ⊞. ⋘
Repas 140 (déj.), 180/310 et carte 230 à 330 – ⌐ 45 – **7 ch** 480/600 – ½ P 425/475.

à Adé *par ① : 4,5 km – 637 h. alt. 428 – ✉ 65100 :*

Le Virginia, ✆ 05 62 94 66 18, Fax 05 62 94 61 32, ⛱, 🌳 – |‡| ▤ rest TV ☎ ✆ 🚗 P. AE ⓓ GB
Repas 95/160, enf. 50 – ☕ 34 – **45 ch** 260/350 – ½ P 240/280.

Dupouey-Lopez, ✆ 05 62 94 29 62, Fax 05 62 94 60 32, ⛱ – ☎ ♿ P. GB. ✻
fermé janv. et lundi du 15 oct. au 10 avril – **Repas** 79/185, enf. 38 – ☕ 26 – **37 ch** 145/245 – ½ P 175/225.

à Orincles *Nord-Est : 12 km par D 937 et D 407 – 236 h. alt. 360 – ✉ 65380 :*

Miramont ⛰ sans rest, ✆ 05 62 45 41 02, Fax 05 62 45 47 25, 🏊, 🌳 – ☎ ✆ P. GB
☕ 28 – **9 ch** 240.

CITROEN T.D.A., rte de Tarbes par ① ✆ 05 62 94 32 32
FORD Gar. Fabre, 46-48 av. A.-Marqui ✆ 05 62 42 11 11
PEUGEOT Alliance Autom., 102 av. A.-Marqui par ① ✆ 05 62 94 75 68

LOURMARIN *84160 Vaucluse 84 ③, 114 ② G. Provence – 1 108 h alt. 224.*

Voir *Château★ – Cadenet : fonts baptismaux★ dans l'église N : 5 km.*
Env. *Abbaye de Silvacane★★ SO : 11 km.*
Office de Tourisme, av. Ph.-de-Girard ✆ 04 90 68 10 77.
Paris 736 – Digne-les-Bains 112 – Apt 19 – Aix-en-Provence 33 – Cavaillon 33 – Manosque 42 – Salon-de-Provence 34.

Le Moulin de Lourmarin (Loubet) M ⛰, r. Temple ✆ 04 90 68 06 69, Fax 04 90 68 31 76, ⛱ – |‡| ▤ TV ☎ ♿. AE ⓓ GB
fermé mi-janv. à mi-fév. – **Repas** *(fermé merc. midi et mardi hors sais.)* 195/420 et carte 340 à 500 – ☕ 85 – **20 ch** 600/1300 – ½ P 800/1000
Spéc. "Fucha de Villelaure". Canette sauvageonne rôtie (printemps). Gâteau de potimarron voilé de chocolat amer. **Vins** Côtes du Luberon.

de Guilles ⛰, rte Vaugines : 2 km ✆ 04 90 68 30 55, Fax 04 90 68 37 41, ≤, ⛱, « Mas provençal au milieu des vignes et vergers », 🏊, 🌳, 🎾 – TV ☎ P – 🎪 25. AE ⓓ GB
1er mars-2 nov. et 20 déc.-2 janv. – ***L'Agneau Gourmand*** ✆ 04 90 68 21 04 *(1er mars-31 oct. et fermé merc. sauf le soir en sais. et jeudi midi)* **Repas** 145 (déj.), 180/320, enf. 85 – ☕ 65 – **28 ch** 400/620 – ½ P 440/550.

La Fenière (Mme Sammut) r. Grand Pré (chambres et transfert prévus au Sud : 2 km sur D 943, rte de Cadenet) ✆ 04 90 68 11 79, Fax 04 90 68 18 60 – ▤. AE ⓓ GB
fermé 5 au 31 janv. et lundi midi – **Repas** 190/290 et carte 380 à 490
Spéc. Bouillabaisse d'asperges vertes et pommes de terre "charlotte" aux truffes et oeufs de cailles (janv. à juin). Turbot rôti à la moelle et pistou de légumes verts (juil. à déc.). Dos de mulet au caviar de Martigues (juil. à déc.). **Vins** Côtes du Luberon.

LOURY *45470 Loiret 60 ⑲ ⑳ – 1 810 h alt. 128.*

Paris 105 – Orléans 21 – Chartres 73 – Châteauneuf-sur-Loire 19 – Étampes 56 – Pithiviers 23.

Relais de la Forge avec ch, N 152 ✆ 02 38 65 60 27, Fax 02 38 52 77 56, 🌳 – TV ☎ 🚗 P. GB
fermé 8 au 31 janv., dim. soir et lundi – **Repas** 75/235 🍷 – ☕ 35 – **5 ch** 200 – ½ P 250.

LOUVETOT *76490 S.-Mar. 52 ⑬, 54 ⑨, 55 ⑤ – 562 h alt. 137.*

Paris 167 – Le Havre 55 – Rouen 44 – Bolbec 22 – Fécamp 35 – Yvetot 9.

Au Grand Méchant Loup, carr. D 131 - D 33 ✆ 02 35 95 46 56, Fax 02 35 95 33 73 – TV ☎ ♿ P – 🎪 60. AE GB
fermé vend. du 17 nov. au 22 mars, sam. midi et dim. soir (sauf hôtel) – **Repas** 72/154 🍷, enf. 43 – ☕ 30 – **24 ch** 250/260 – ½ P 226.

LOUVIE-JUZON *64260 Pyr.-Atl. 85 ⑯ – 1 014 h alt. 425.*

Paris 802 – Pau 28 – Laruns 11 – Lourdes 41 – Oloron-Ste-Marie 22.

Forestière ⛰, rte Pau ✆ 05 59 05 62 28, Fax 05 59 05 75 74, ≤, ⛱, 🌳 – ✻ ☎ P. AE ⓓ GB
fermé janv. – **Repas** *(fermé dim. soir et lundi d'oct. à avril)* 95/220 – ☕ 60 – **14 ch** 350/600 – ½ P 460/600.

FORD Gar. Loustaunau, ✆ 05 59 05 84 87
PEUGEOT Gar. Bersans, ✆ 05 59 05 62 14 N ✆ 05 59 05 62 14

LOUVIERS 27400 Eure 🔢 ⑯ ⑰ G. Normandie Vallée de la Seine – 18 658 h alt. 15.

Voir Église N.-Dame★ : oeuvres d'art★ **BY**.

🏌 du Vaudreuil (privé) ℘ 02 32 59 02 60, NE par ② : 6,5 km.

🛈 Office de Tourisme 10 r. Mar.-Foch ℘ 02 32 40 04 41.

Paris 104 ③ – Rouen 33 ② – Les Andelys 22 ③ – Bernay 52 ⑤ – Lisieux 75 ⑤ – Mantes-la-Jolie 50 ③.

LOUVIERS

Foch (R. Mar.) . . . . . **BZ** 7	Anc. Combattants d'Afrique du N. (R.) . . **BY** 2	Mendès-France (R. P.) . . **AY** 15
Gaulle (R. Gén.-de) . . . **AZ** 8	Beaulieu (R. de) . . . . **AZ** 3	Pénitents (R. des) . . . . . **BY** 16
Matrey (R. du) . . . . . . **AZ** 14	Citadelle (R. de la) . . . . **AY** 5	Porte-de-l'Eau (Pl.) . . . . **BY** 17
Quai (R. du) . . . . **BY**	Dr-Postel (Av. du) . . . . **BZ** 6	Poste (R. de la) . . . . **BY** 18
	Halle aux Drapiers (Pl.) . **AZ** 9	St-Jean (R.) . . . . **BZ** 21
	Jaurès (Pl. Jean) . . . . . . **BZ** 13	Thorel (Pl. E.) . . . . **AY** 22
		Vexin (Chaussée du) . . . **BY** 24

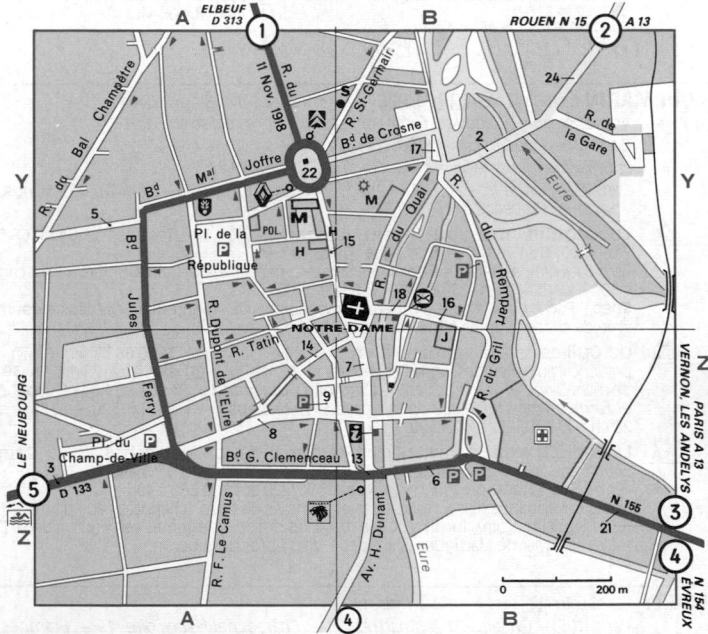

🏨 **Pré-St-Germain** Ⓜ ♨, 7 r. St-Germain ℘ 02 32 40 48 48, Fax 02 32 50 75 60, 🌧 – 📶 📺 ☎ 🚿 🅿 – 🔏 70. 🖭 🆗
Repas 110/180, enf. 70 – 🖵 50 – **34 ch** 350/460 – ½ P 340.
BY s

à St-Pierre-du-Vauvray par ② : 8 km – 1 113 h. alt. 20 – ⊠ 27430 :

🏨 **Host. St-Pierre** ♨, bords de Seine ℘ 02 32 59 93 29, Fax 02 32 59 41 93, ≤, 🌧 – 📶 📺 ☎ 🅿. 🖭 🆗
15 mars-15 nov. et 20 déc.-2 janv. – **Repas** (fermé mardi midi) 135 (déj.)/195, enf. 85 – 🖵 60 – **14 ch** 550/750 – ½ P 500/590.

à Vironvay par ③ : 5 km – 276 h. alt. 119 – ⊠ 27400 .

Voir Église★.

XXXX **Les Saisons** avec ch, ℘ 02 32 40 02 56, Fax 02 32 25 05 26, 🌧, « Pavillons dans un jardin », ✺ – 📺 ☎ 🚿 🅿 – 🔏 30. 🖭 ⓪ 🆗. ✺
fermé 18 août au 1er sept., vacances de fév., dim. soir et lundi – **Repas** 135/350 et carte 270 à 380 – 🖵 60 – **13 ch** 350/1000 – ½ P 740/990.

CITROEN Cambour Autom., 4 pl. E.-Thorel ℘ 02 32 40 37 01	**RENAULT** Gar. Duchemin, 1 pl. E.-Thorel ℘ 02 32 40 91 92 🛇 ℘ 02 32 25 12 50
PEUGEOT Gar. Dubreuil, 4 pl. J.-Jaurès ℘ 02 32 40 02 28 🛇 ℘ 06 08 90 92 03	ⓦ Marsat Pneus, 49 rte de Paris ℘ 02 32 40 21 16

LOUVIGNÉ 53 Mayenne 🔢 ⑩ – rattaché à Laval.

LOUVIGNY *14 Calvados* 55 ⑪ – *rattaché à Caen.*

LUBBON *40240 Landes* 79 ⑫ ⑬ – *99 h alt. 140.*

Paris 694 – *Mont-de-Marsan* 49 – Aire-sur-l'Adour 61 – Condom 41 – Nérac 35.

🐾 **Le Bon Coin "Chez Jeanne"**, D 933 ☎ 05 58 93 60 43, Fax 05 58 93 61 42, 🏊, 🌳 – ☎
🍴 ℙ. 🄰🄴 ⅏ 🄹🄲🄱
fermé 17 au 29 juin, 2 au 25 janv., vend. soir et sam. sauf juil.-août – **Repas** 65/200, enf. 40 –
⊑ 25 – **7 ch** 180/220 – ½ P 200.

Le LUC *83340 Var* 84 ⑱ *G. Côte d' Azur* – *6 929 h alt. 160.*

🄱 *Office de Tourisme, pl. de la Convention ☎ 04 94 60 74 51 et à la Mairie (hors saison)
☎ 04 94 60 70 03, Fax 04 94 60 93 67.*

Paris 838 – *Fréjus* 42 – Cannes 73 – Draguignan 29 – St-Raphaël 45 – Ste-Maxime 46 –
Toulon 59.

🍴🍴 **Le Gourmandin**, pl. L. Brunet ☎ 04 94 60 85 92, Fax 04 94 47 91 10 – 🍽. 🄰🄴 ⅏
fermé 20 août au 10 sept., 20 fév. au 10 mars, dim. soir et lundi – **Repas** (nombre de
couverts limité, prévenir) 105 (déj.), 138/235.

à l'Ouest : *4 km par N 7* – ✉ *83340 Le Luc :*

🏨 **La Grillade au Feu de Bois** ⅌, ☎ 04 94 69 71 20, Fax 04 94 59 66 11, 🏡, parc,
antiquités, 🏊 – 📶 🍽 rest 📺 ☎ ℙ. 🄰🄴 ⅏
Repas 180 – ⊑ 50 – **15 ch** 400/600.

LUCÉ *28 E.-et-L.* 60 ⑦ – *rattaché à Chartres.*

LUCELLE *68480 H.-Rhin* 66 ⑲ – *71 h alt. 640.*

Paris 516 – Altkirch 30 – Basel 36 – Belfort 53 – Colmar 96 – Delémont 18 – Montbéliard 48.

au Nord-Est : *4,3 km par D 41 et rte secondaire* – ✉ *68480 Lucelle :*

🏨 **Le Petit Kohlberg** ⅌, ☎ 03 89 40 85 30, Fax 03 89 40 89 40, ≤, 🏡, 🌳 – 📶 📺 ☎ ዿ ℙ.
🍴 – 🛁 40. ⅏
fermé vacances de fév. – **Repas** *(fermé mardi)* 85/245 ⅃ – ⊑ 60 – **35 ch** 245/295 –
½ P 295/380.

LUC-EN-DIOIS *26310 Drôme* 77 ⑭ – *478 h alt. 560.*

Paris 646 – *Valence* 86 – Die 19 – Gap 75 – Grenoble 94.

🏨 **du Levant**, ☎ 04 75 21 33 30, Fax 04 75 21 31 42, 🏡, 🏊, 🌳 – ☎ ℙ. ⅏
1ᵉʳ avril-1ᵉʳ nov. – **Repas** 65 (déj.), 95/166 – ⊑ 32 – **17 ch** 200/340 – ½ P 220/245.

LUCHÉ-PRINGÉ *72800 Sarthe* 64 ③ *G. Châteaux de la Loire* – *1 486 h alt. 34.*

Paris 237 – *Angers* 68 – Le Mans 39 – La Flèche 14 – Le Lude 10.

🏨 **Aub. du Port des Roches** ⅌, au Port des Roches Est : 2 km par D 13 et D 214
☎ 02 43 45 44 48, Fax 02 43 45 39 61, 🌳 – ☎ ℙ. ⅏
fermé fév., dim. soir de sept. à juin et lundi sauf le soir en juil.-août – **Repas** 115/190 –
⊑ 32 – **12 ch** 240/300 – ½ P 250/290.

LUCHON *31 H.-Gar.* 85 ⑳ – *voir Bagnères-de-Luchon.*

LUÇON *85400 Vendée* 71 ⑪ *G. Poitou Vendée Charentes* – *9 099 h alt. 8.*

Voir *Cathédrale N.-Dame*★ – *Jardin Dumaine*★.

🄱 *Office de Tourisme square E.-Herriot ☎ 02 51 56 36 52.*

Paris 435 – *La Rochelle* 41 – La Roche-sur-Yon 33 – Cholet 86 – Fontenay-le-Comte 31.

🍴🍴 **La Mirabelle**, 89 bis r. de Gaulle ☎ 02 51 56 93 02, Fax 02 51 56 35 92, 🏡 – 🍽.
🍴 ⅏
fermé vacances de Toussaint, mardi du 1ᵉʳ sept. au 8 juil. et sam. midi – **Repas** 78/250,
enf. 50.

🍴🍴 **Bœuf Couronné** avec ch, rte de la Roche-sur-Yon : 2 km ☎ 02 51 56 11 32,
🍴 Fax 02 51 56 98 25 – ☎ ዿ ℙ. 🄰🄴 ⓞ ⅏
fermé dim. soir et lundi – **Repas** 65/175 – ⊑ 31 – **4 ch** 220/270.

CITROEN Gar. Murs, 99 av. Mar.-de-Lattre-de-
Tassigny ☎ 02 51 56 01 29
FORD Gar. Marratier, 2, quai Ouest
☎ 02 51 56 01 17

PEUGEOT Gar. Grelé, rte des Sables
☎ 02 51 56 04 71 🄽 ☎ 06 08 25 00 33
RENAULT Gar. Rallet, 162 av. Mar.-de-Lattre-de-
Tassigny ☎ 02 51 56 18 21

LUC-SUR-MER 14530 Calvados **54** ⑯ G. Normandie Cotentin – 2 902 h – Casino .

Voir Parc municipal★.

🛈 Office de Tourisme r. Dr-Charcot ℘ 02 31 97 33 25, Fax 02 31 96 65 09.

Paris 250 – Caen 18 – Arromanches-les-Bains 25 – Bayeux 29 – Cabourg 30.

🏥🏥 **Thermes et du Casino,** ℘ 02 31 97 32 37, Fax 02 31 96 72 57, ≤, 斧, 𝐿₆, 🏊, 舜 – |🛗|
📺 ☎ & 🅿. – 🏄 50. 🅰🅴 ⓞ 🇬🇧
fin mars-fin oct. – **Repas** 125/260, enf. 75 – 😑 45 – **48 ch** 440/490 – ½ P 380/405.

Le LUDE 72800 Sarthe **64** ③ G. Châteaux de la Loire – 4 424 h alt. 48.

Voir Château★★ (spectacle son et lumière).

🛈 Office de Tourisme pl. F.-de-Nicolay ℘ 02 43 94 62 20, Fax 02 43 94 48 46.

Paris 244 – Le Mans 45 – Angers 63 – Chinon 64 – La Flèche 20 – Saumur 51 – Tours 52.

🏥🏥 **Maine,** 17 av. Saumur ℘ 02 43 94 60 54, Fax 02 43 94 19 74, 舜 – 🌤 📺 ☎ 🅿. – 🏄 30. 🅰🅴
🇬🇧
fermé vend. soir et sam. midi d'oct. à fin mars – **Repas** 75/172 ⅃ – 😑 35 – **24 ch** 155/295 –
½ P 245/275.

RENAULT Gar. Charpentier, av. de Talhouet   VAG Gar. Grosbois, à La Pointe ℘ 02 43 94 60 89
℘ 02 43 94 63 13 🄽 ℘ 02 43 94 63 13

LUGON ET L'ILE-DU-CARNEY 33 Gironde **71** ⑧ – 1 026 h alt. 36 – ⊠ 33240 St-André-de-Cubzac.

Paris 567 – Bordeaux 32 – Libourne 12 – St-André-de-Cubzac 10.

🏥🏥 **Host. Château du Vieux Raquine** ॐ sans rest, Sud : 0,8 km par D 138 et rte
secondaire ℘ 05 57 84 42 77, Fax 05 57 84 83 77, ≤, 舜 – 📺 ☎ 🅿. 🇬🇧. 🕸
😑 55 – **9 ch** 440/630.

Ne prenez pas la route sans connaître votre temps de parcours.
La carte Michelin n° 911 c'est "la carte du temps gagné".

LUGOS 33830 Gironde **78** ③ – 476 h alt. 40.

Paris 641 – Bordeaux 64 – Arcachon 43 – Bayonne 139.

🏥 **La Bonne Auberge** ॐ, ℘ 05 57 71 95 28, Fax 05 57 71 94 32, 斧, 舜 – 🌤 🅿. 🇬🇧
fermé 27 oct. au 30 nov., dim. soir et lundi sauf juil.-août – **Repas** 65/190 – 😑 25 – **10 ch**
180/230 – ½ P 230.

LUGRIN 74500 H.-Savoie **70** ⑱ – 2 025 h alt. 413.

Voir Site★ de Meillerie E : 4 km, G. Alpes du Nord.

Paris 586 – Thonon-les-Bains 17 – Annecy 89 – Évian-les-Bains 7 – St-Gingolph 11.

🏥 **Tour Ronde,** à Tourronde Nord-Ouest : 1,5 km ℘ 04 50 76 00 23, ≤ – |🛗| ☎ 🅿. 🇬🇧
1er mars-mi-oct. et fermé dim. soir et lundi de mars à mai – **Repas** 85/170 – 😑 32 – **25 ch**
200/270 – ½ P 195/226.

LUNEL 34400 Hérault **83** ⑧ – 18 404 h alt. 6.

🛈 Office de Tourisme pl. Martyrs-de-la-Résistance ℘ 04 67 71 01 37.

Paris 737 – Montpellier 25 – Aigues-Mortes 16 – Alès 56 – Arles 57 – Nîmes 31.

🏥🏥 **Via Domitia** Ⓜ, av. Louis Lumière par rte Nîmes 1,5 km ℘ 04 67 83 11 55,
Fax 04 67 71 02 19, 斧, 🏊 – |🛗| 🌤 📺 ☎ & 🅿. – 🏄 40. 🅰🅴 🇬🇧
Repas 75/250 ⅃ – 😑 40 – **60 ch** 315/360 – ½ P 265.

XX **Chodoreille,** 140 r. Lakanal ℘ 04 67 71 55 77, Fax 04 67 83 19 97, 斧 – 🗏. 🅰🅴 🇬🇧
fermé 15 au 31 août et dim. sauf fériés – **Repas** 125/320.

CITROEN Gar. Brunel, 121 r. Boutonnet   VAG Gar. des Fournels, rte de Montpellier, ZI
℘ 04 67 71 11 48   ℘ 04 67 71 10 59
FORD Fenouillet Autom., av. du Vidourle, rte de
Nîmes ℘ 04 67 83 02 12   Ⓦ Lunel Pneus, ZI Fournels, rte de Montpellier
RENAULT Gar. Autovia, rte de la Mer   ℘ 04 67 71 14 95
℘ 04 67 71 00 06   Mateu, 103 bd Gén.-de-Gaulle ℘ 04 67 71 11 75

LUNÉVILLE ◁◈▷ 54300 M.-et-M. **62** ⑥ G. Alsace Lorraine – 20 711 h alt. 224.

Voir Château★ A – Parc des Bosquets★ AB – Boiseries★ de l'église St-Jacques A.

🛈 Office de Tourisme au Château ℘ 03 83 74 06 55, Fax 03 83 73 57 95.

Paris 341 ④ – Nancy 36 ④ – Épinal 64 ③ – Metz 95 ① – Neufchâteau 81 ④ – St-Dié 54 ② –
Strasbourg 132 ②.

LUNÉVILLE

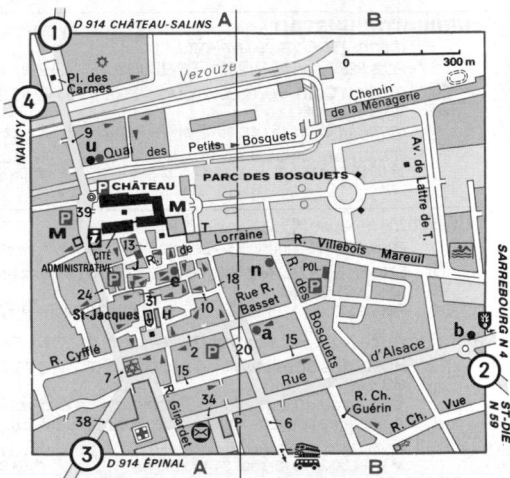

Oasis Ⓜ sans rest, 3 av. Voltaire ✆ 03 83 73 52 85, Fax 03 83 73 02 28 – 🛗 ⇄ 📺 ☎ 📳 🅿.
🅰🅴 🇬🇧   B b
fermé 20 déc. au 5 janv. – ☞ 40 – **32 ch** 265/290.

des Pages, 5 quai Petits Bosquets ✆ 03 83 74 11 42, Fax 03 83 73 46 63 – 🛗 ⇄ 📺 ☎ 📳
– 🔬 50. 🅰🅴 🇬🇧   A u
Le Petit Comptoir ✆ 03 83 73 14 55 *(fermé 4 au 10 août, 22 au 28 déc. et dim.)* Repas
98/120⅟, 50 – ☞ 35 – **31 ch** 230/260 – ½ P 250.

Le Floréal, 1 pl. Léopold (1ᵉʳ étage) ✆ 03 83 73 39 80, Fax 03 83 73 39 80 – 🅰🅴 🇬🇧
🇬🇧 *fermé dim. soir et lundi* – **Repas** 80/200 ⅟, enf. 50.   B a

Marie Leszczynska, 30 r. Lorraine ✆ 03 83 73 11 85, 🌂 – 🅰🅴 🇬🇧   A e
🇬🇧 *fermé 20 déc. au 5 janv., dim. soir et lundi* – **Repas** 85/200 ⅟.

Les Bosquets, 2 r. Bosquets ✆ 03 83 74 00 14 – 🅰🅴 🇬🇧   B n
🇬🇧 *fermé 16 août au 5 sept. et sam.* – **Repas** (prévenir) 89/199.

à Moncel-lès-Lunéville *par* ② *: 2,5 km – 364 h. alt. 234 –* ⊠ *54300 :*

Relais St-Jean, N 59 ✆ 03 83 74 08 65 – 🍴 📳. 🅰🅴 🇬🇧
fermé 10 juil. au 10 août, dim. soir et vend. – **Repas** 89/265 ⅟, enf. 55.

à l'Échangeur Lunéville-Z.I. *par* ② *: 3 km –* ⊠ *54300 Moncel-lès-Lunéville :*

Acacia Ⓜ, ✆ 03 83 73 49 00, Fax 03 83 73 46 51 – 📺 ☎ ✆ 📳. 🇬🇧
🇬🇧 Repas 75/130 ⅟ – ☞ 30 – **42 ch** 210/240 – ½ P 220/265.

au Sud par ③ *puis av. G. Pompidou et cités Ste-Anne : 5 km –* ⊠ *54300 Lunéville :*

Château d'Adomenil (Million) Ⓜ ⚜ avec ch, ✆ 03 83 74 04 81, Fax 03 83 74 21 78,
🌂, « Parc », 🏊, – 📺 ✆ 📳. – 🔬 25. 🅰🅴 🅾 🇬🇧
fermé dim. soir du 1ᵉʳ nov. au 15 avril, lundi sauf le soir du 16 avril au 31 oct. et mardi midi –
Repas (nombre de couverts limité, prévenir) 245/460, enf. 100 – ☞ 70 – **8 ch** 620/850,
4 duplex – ½ P 735/950
Spéc. Sandre en croûte de pomme de terre au lard. Filets de pigeon aux épices. Assiette
lorraine (dessert). **Vins** Côtes de Toul.

CITROEN Nouveau Gar., ZA "Ecosseuse" à
Moncel-lès-Lunéville par ② ✆ 03 83 73 00 75
OPEL Gar. du Champ de Mars, à Chanteheux
✆ 03 83 74 11 13
PEUGEOT S.I.A.L., 18 r. de la Pologne par ③
✆ 03 87 73 10 78

RENAULT SODIAL, 95 fg de Menil par ③
✆ 03 83 76 25 21 🔃 ✆ 03 83 76 51 80
VAG Gar. Fleurantin, ZAC r. Denis-Papin à
Chantenheux ✆ 03 83 73 40 75

Les hôtels ou restaurants agréables
sont indiqués dans le guide par un **symbole rouge**.

Aidez-nous en nous signalant les maisons où,
par expérience, vous savez qu'il fait bon vivre.

Votre **guide Michelin** sera encore meilleur.

🏨🏨 ... 🏠

🍴🍴🍴 ... 🍴

LURBE-ST-CHRISTAU 64660 Pyr.-Atl. 85 ⑥ G. Pyrénées Aquitaine – 214 h alt. 260 – Stat. therm. à St-Christau (avril-oct.).

Paris 828 – Pau 44 – Laruns 31 – Lourdes 60 – Oloron-Ste-Marie 10 – Tardets-Sorholus 28.

🏨🏨 **Au Bon Coin** Ⓜ, rte des Thermes ℘ 05 59 34 40 12, Fax 05 59 34 46 40, ⅃, ⿰ – 📺 ☎ ⅋
📖⃝ – 🏊 ♨ 25. ☖⃝

fermé lundi du 15 oct. au 1er avril – **Repas** 85/235 – ♀ 35 – **18 ch** 280/380 – ½ P 280.

CITROEN Gar. Camsuzou, à Asasp Arros
℘ 05 59 34 41 57 🄽 ℘ 05 59 34 41 57

RENAULT Gar. Grégoire, à Sarrance
℘ 05 59 34 54 74 🄽 ℘ 05 59 34 54 85

LURE 70200 H.-Saône 66 ⑥ G. Jura – 8 843 h alt. 290.

Paris 386 – Besançon 83 – Belfort 34 – Épinal 75 – Montbéliard 34 – Vesoul 30.

🏛 **Eric H.** Ⓜ, 92 av. République ℘ 03 84 30 03 03, Fax 03 84 62 76 62, ☂ – 📳 📺 ☎ ⅋ ⅌ 📖⃝
🏊 40. ☗⃝ ⓪ ☖⃝
Repas 55/140 ⅃, enf. 37 – ♀ 30 – **40 ch** 210/240 – ½ P 170/190.

à Froideterre Nord-Est : 3 km par D 486 – 278 h. alt. 306 – ⊠ 70200 :

✕✕ **Host. des Sources**, 4 r. Grand Bois ℘ 03 84 30 13 91, Fax 03 84 30 29 87, ☂ – ▇ 📖⃝ ☗⃝
☖⃝

fermé 4 au 10 août, 15 au 31 janv., dim. soir d'oct. à avril, sam. midi et lundi – **Repas** (nombre de couverts limité, prévenir) 90/270, enf. 58.

RENAULT Mauffrey Frères, rte de Belfort
℘ 03 84 30 20 00 🄽 ℘ 03 84 49 30 56

Servi Pneus-Point S, ZI des Cloyes
℘ 03 84 62 86 12

🅖 Hyper Pneus, 67 av. de la République
℘ 03 84 30 17 08

LURS 04700 Alpes-de-H.P. 81 ⑮ G. Alpes du Sud – 320 h alt. 600.

Voir Site*.

🄱 Syndicat d'Initiative ℘ 04 92 79 10 20 et Mairie ℘ 04 92 79 95 24 (hors saison).
Paris 739 – Digne-les-Bains 39 – Forcalquier 12 – Manosque 24 – Sisteron 32.

✕ **Bello Visto**, ℘ 04 92 79 95 09, Fax 04 92 79 11 34, ≼ – ☖⃝
fermé oct., merc. et le soir de nov. à mars – **Repas** 80/230.

LUSIGNAN 86600 Vienne 68 ⑬ G. Poitou Vendée Charentes – 2 749 h alt. 134.

Paris 360 – Poitiers 26 – Angoulême 95 – Confolens 74 – Niort 52.

🏛 **Chapeau Rouge**, r. Nationale ℘ 05 49 43 31 10, Fax 05 49 43 31 20 – 📺 ☎ 📖⃝ ☖⃝
fermé 15 au 31 oct., vacances de fév., dim. soir et lundi – **Repas** 90/200 ⅃, enf. 45 – ♀ 30 –
8 ch 220/270 – ½ P 220/250.

CITROEN Gar. des Promenades, ℘ 05 49 43 31 28

LUSSAC-LES-CHÂTEAUX 86320 Vienne 68 ⑮ G. Poitou Vendée Charentes – 2 297 h alt. 104.

Env. Nécropole mérovingienne* : 6 km sur D 749.
🄱 Office de Tourisme ℘ 05 49 48 40 33, Fax 05 49 84 05 23.
Paris 373 – Poitiers 39 – Bellac 42 – Châtellerault 53 – Montmorillon 12 – Niort 109 –
Ruffec 52.

🏛 **Montespan** sans rest, ℘ 05 49 48 41 42, Fax 05 49 84 96 10 – 📺 ☎ ⅋ 📖⃝ ☖⃝
fermé 20 déc. au 8 janv. et sam. – ♀ 30 – **22 ch** 204/260.

✕✕ **Aub. du Connestable Chandos** avec ch, au pont de Lussac, Ouest : 2 km sur rte
Poitiers (N 147) ℘ 05 49 48 40 24, Fax 05 49 84 07 89 – 📺 ☎ 📖⃝ ☗⃝ ⓪ ☖⃝
fermé 17 nov. au 3 déc., 9 fév. au 3 mars, dim. soir et lundi sauf fériés – **Repas** (dim.
prévenir) 100/250 – ♀ 32 – **7 ch** 180/250 – ½ P 260/280.

LUSSAULT-SUR-LOIRE 37400 I.-et-L. 64 ⑯ – 665 h alt. 60.

Voir Aquarium de Touraine*, G. Châteaux de la Loire.
Paris 227 – Tours 21 – Amboise 6 – Blois 40 – Loches 38 – Vierzon 96.

✕ **Val de Loire**, ℘ 02 47 23 22 95 – ☗⃝ ☖⃝
fermé mardi soir et merc. sauf juil.-août – **Repas** 110/175.

LUTTER 68 H.-Rhin 66 ⑩ ⑳ – rattaché à Ferrette.

LUXÉ 16 Charente 72 ③ – rattaché à Mansle.

LUXEUIL-LES-BAINS 70300 H.-Saône 🗺🗺 ⑥ G. Jura – 8 790 h alt. 305 – Stat. therm. – Casino .

Voir *Hôtel Cardinal Jouffroy★* B – *Hôtel des Échevins★* M – *Anc. Abbaye St-Colomban★* – *Maison François 1er★* F.

🏌 *Luxeuil Golf Club* ℰ 03 84 95 82 00 à Genevrey, par ③ : 11 km.

🛈 *Office de Tourisme 1 av. Thermes* ℰ 03 84 40 06 41, Fax 03 84 93 74 47.

Paris 378 ④ – Épinal 57 ① – Belfort 52 ③ – St-Dié 88 ① – Vesoul 30 ③ – Vittel 70 ④.

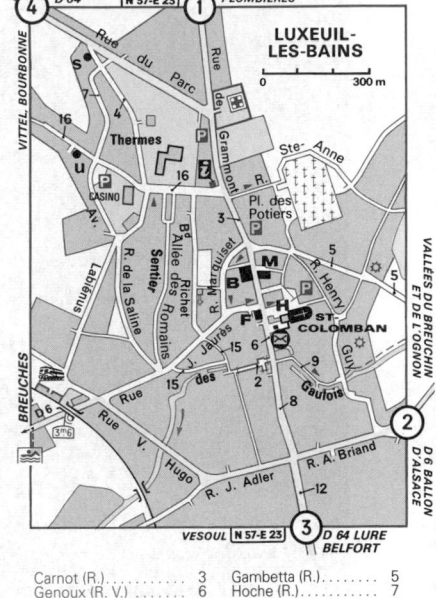

ÉPINAL ④
D 64
N 57-E 23 ①
REMIREMONT PLOMBIÈRES
LUXEUIL-LES-BAINS
0   300 m
VITTEL BOURBONNE
Thermes
CASINO
VALLÉES DU BREUCHIN ET DE L'OGNON
BREUCHES
Ste-Anne
Pl. des Potiers
ST COLOMBAN
D 6 BALLON D'ALSACE
VESOUL N 57-E 23 ③ D 64 LURE BELFORT

🏨 **Beau Site,** 18 r. G. Moulimard (u) ℰ 03 84 40 14 67, Fax 03 84 40 50 25, 🌿, « Jardin fleuri », 🏊 – 🛗 ⇔ 📺 ☎ 🅿, GB. 🦮 rest
fermé vend. soir et dim. soir du 15 nov. au 1er avril – **Repas** 85/200 🍷, enf. 40 – ☑ 40 – **33 ch** 265/340 – ½ P 255/280.

🏨 **France,** 6 r. G. Clemenceau (s) ℰ 03 84 40 13 90, Fax 03 84 40 33 12, 🌿, 🦮 – 📺 ☎ 🅿, GB
Repas *(fermé dim. soir et vend. soir du 1er nov. au 31 mars)* 70/175 🍷, enf. 45 – ☑ 30 – **17 ch** 180/300 – ½ P 180/215.

🏁 *La Maison du Pneu Mariotte, r. Martyrs-de-la-Résistance* ℰ 03 84 40 27 01 🅽 ℰ 03 84 40 54 08

Carnot (R.)	3	Gambetta (R.)	5
Genoux (R. V.)	6	Hoche (R.)	7
Jeanneney (R. J.)	8	Lavoirs (R. des)	9
		Maroselli (Allées A.)	12
Cannes (R. des)	2	Morbief (R. du)	15
Clemenceau (R. G.)	4	Thermes (Av. des)	16

LUYNES 37230 I.-et-L. 🗺 ⑭ G. Châteaux de la Loire – 4 128 h alt. 60.

Voir *Église★* au Vieux-Bourg de St-Etienne de Chigny O : 3 km.

🛈 *Office de Tourisme Maison du XVè* ℰ 02 47 55 77 14, Fax (Mairie) 02 47 55 52 56.

Paris 249 – Tours 12 – Angers 101 – Château-la-Vallière 29 – Chinon 41 – Langeais 16 – Saumur 57.

🏨 **Domaine de Beauvois** ⌘, Nord-Ouest : 4 km par D 49 ℰ 02 47 55 50 11, Fax 02 47 55 59 62, ≼, 🌿, parc, 🏊, ⛳ – 🛗 📺 ☎ 🅿 – 🔔 40. ΑΕ ➊ GB ⌨B. 🦮 rest
fermé mi-janv. à mi-mars – **Repas** 220 bc (déj.), 265/365, enf. 100 – ☑ 85 – **37 ch** 950/1450 – ½ P 795/1155.

LUZARCHES 95270 Val-d'Oise 🗺🗺 ⑪, 🗺 ⑧ G. Ile de France – 3 371 h alt. 70.

🏌🏌🏌 *de Plessis-Bellefontaine* ℰ 01 34 71 05 02 par D 922 : 4 km; 🏌🏌 *de Mont-Griffon* ℰ 01 34 68 10 10.

Paris 33 – Compiègne 58 – Chantilly 11 – Montmorency 20 – Pontoise 30 – St-Denis 23.

🏨 **Château de Chaumontel** ⌘, à Chaumontel Nord-Est : 0,5 km ℰ 01 34 71 00 30, Fax 01 34 71 26 97, 🌿, « Parc ombragé et fleuri » – 📺 ☎ 🅿 – 🔔 25 à 80. ΑΕ GB
Repas 162/380 – ☑ 50 – **19 ch** 520/720 – ½ P 480/610.

LUZ-ST-SAUVEUR 65120 H.-Pyr. 🗺 ⑱ G. Pyrénées Aquitaine – 1 173 h alt. 710 – Stat. therm. (avril-nov.) – Sports d'hiver : 1 680/2 450 m 🎿 19.

Voir *Église fortifiée★* – *Vallée de Gavarnie★★* S.

🛈 *Office de Tourisme pl. 8-Mai* ℰ 05 62 92 81 60, Fax 05 62 92 87 19.

Paris 843 – Pau 72 – Argelès-Gazost 19 – Cauterets 23 – Lourdes 32 – Tarbes 51.

à Esquièze-Sère : au Nord – 500 h. alt. 710 – ✉ 65120 :

🏨 **Le Montaigu** Ⓜ ⌘, rte Vizos ℰ 05 62 92 81 71, Fax 05 62 92 94 11, ≼, 🦮 – 🛗 📺 ☎ 🅿, – 🔔 30. ΑΕ GB. 🦮 rest
3 mai-15 oct. et 15 déc.-15 avril – **Repas** 90/200 – ☑ 45 – **35 ch** 280/420 – ½ P 340/360.

CITROEN Gar. Crepel, à Sassis ℰ 05 62 92 83 58 🅽 ℰ 05 62 92 91 80

PEUGEOT Gar. des Pyrénées, à Esquièze-Sère ℰ 05 62 92 80 87

LYON

📮 *69000 Rhône* 🖥 ⑪ ⑫ 🖥 ⑭ *G. Vallée du Rhône*
415 487 h. - Agglo. 1 262 223 h - alt. 175.

Paris 461 ⑩ – Genève 152 ② – Grenoble 108 ④ – Marseille 315 ⑥ – St-Étienne 62 ⑥ –
Torino 311 ④

OFFICES DE TOURISME

pl. Bellecour 𝄘 *04 78 42 25 75, Fax 04 78 42 04 32*
Automobile-Club du Rhône, 7 r. Grôlée 𝄘 *04 78 42 51 01, Fax 04 78 37 73 74.*

RENSEIGNEMENTS PRATIQUES

TRANSPORTS
Auto-train 𝄘 *08 36 35 35 35*

AÉROPORT
Lyon-Satolas 𝄘 *04 72 22 72 21 par ④ : 27 km.*

QUELQUES GOLFS
🏌 *de Lyon-Verger, à St-Symphorien-d'Ozon* 𝄘 *04 78 02 84 20 par ⑥ : 14 km*
🏌🏌 *de Lyon-Chassieu à Chassieu* 𝄘 *04 78 90 84 77, E : 12 km par D 29*
🏌 *de Salvagny (privé) à la Tour de Salvagny* 𝄘 *04 78 48 83 60, sortie Lyon-Ouest : 8 km par ⑨*
🏌🏌 *Golf Club de Lyon à la Villette-d'Anthon par ③.*

CURIOSITÉS

LE SITE
≼★★★ *de la basilique Notre-Dame de Fourvière* **EX***.*
Les montées escaladent la colline de Fourvière tout en offrant des vues plongeantes sur la vieille ville : montée du Garillan★ **EX**
≼★ *sur la Saône et la presqu'île depuis la place Rouville* **EV***.*

LYON ROMAIN ET GALLO-ROMAIN
Théâtres romains et l'Odéon **EY** *- Aqueducs romains* **EY** *- Musée de la Civilisation gallo-romaine★★ : table claudienne★★★* **EY M³***.*

LE VIEUX LYON
Il se compose des quartiers St-Jean, St-Paul et St-Georges (ensemble★★★) **EFXY***. Une promenade à pied permet de voir la rue St-Jean★ (cour★★ au n° 28), la rue du Bœuf (maison du Crible★ au n° 16), rue Juiverie (galerie★★ de l'hôtel Bullioud au n° 8).*
Primitiale St-Jean★ (chœur★★) **EFY** *- Hôtel de Gadagne★* **EX M¹** *: musée historique de Lyon★ et musée de la Marionnette★ - Théâtre "le Guignol de Lyon"* **FX N***.*

LA PRESQU'ÎLE

Place Bellecour, l'une des plus vastes de France FY - *Fontaine*★ *de la place des Terreaux* FX - *Palais St-Pierre*★ *et son musée des Beaux-Arts*★★ FX M⁴.

Musées : musée historique des Tissus★★★ FY M², *musée de l'Imprimerie et de la Banque*★★ FX M⁶ - *musée des Arts décoratifs*★★ FY M⁵.

LA CROIX ROUSSE

Aux origines de la soierie lyonnaise

Mur des Canuts FV R - *Maison des Canuts* FV M¹¹ - *Ateliers de Soierie vivante*★ FV F.

RIVE GAUCHE DU RHÔNE

Quartiers : les Brotteaux, la Guillotière, Gerland, la Part-Dieu.

Parc de la Tête d'Or★ *et sa grande roseraie*★ GHV - *Musée Guimet d'Histoire naturelle*★★ GV M⁷ - *Centre d'Histoire de la Résistance et de la Déportation*★ FZ M⁹.

Musée d'Art contemporain GU - *Musée urbain Tony-Garnier (bd des États-Unis -* CQ) - *Halle Tony-Garnier* BQR - *Château Lumière* CQ M¹².

ENVIRONS

Musée de l'automobile Henri-Malartre★★ *à Rochetaillée-sur-Saône 12 km par* ⑫.

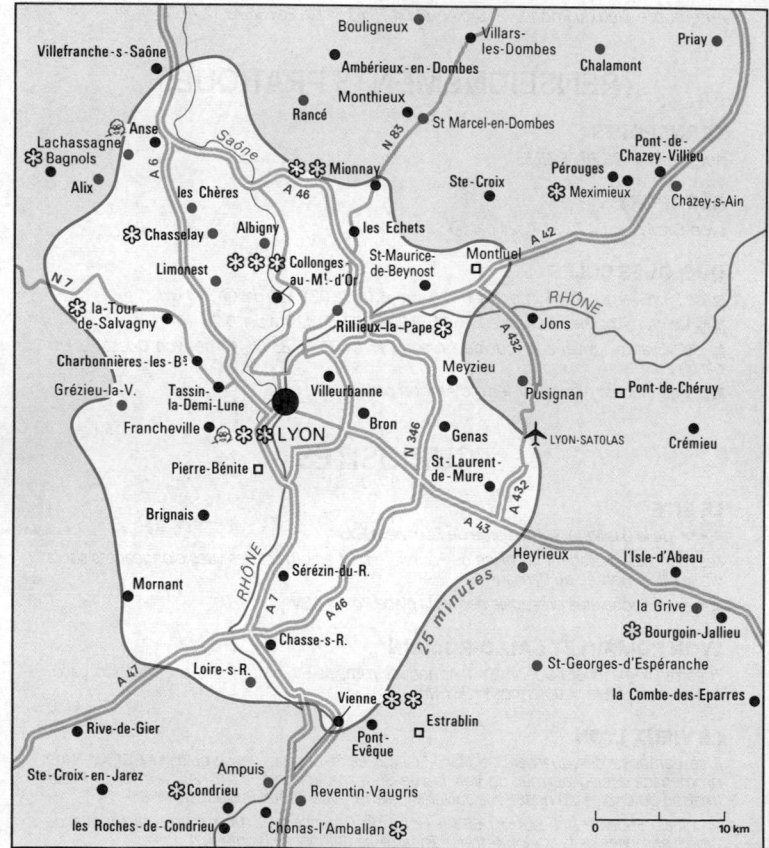

Hôtels

Centre-ville (Bellecour-Terreaux) :

Sofitel Ⓜ, 20 quai Gailleton ⊠ 69002 ℰ 04 72 41 20 20, Fax 04 72 40 05 50, ≼ – |≹| ⁕ ≡
📺 ☎ 🕭 ☜ – 🛆 200. 🖭 ⓪ 🕮 🗚   p. 8 FY **p**
Les Trois Dômes (au 8ᵉ étage) ℰ 04 72 41 20 97 *(fermé août)* **Repas** 180/330, enf. 70 –
Sofi Shop (rez-de-chaussée) ℰ 04 72 41 20 80 **Repas** 98 (déj.)/130 🖢, enf. 50 – ⊡ 90 –
138 ch 980/1050, 29 appart.

Gd Hôtel Concorde, 11 r. Grolée ⊠ 69002 ℰ 04 72 40 45 45, Fax 04 78 37 52 55 – |≹|
⁕ ≡ 📺 ☎ ☜ – 🛆 80. 🖭 ⓪ rest   p. 8 FX **y**
Le Fiorelle : ℰ 04 78 42 99 84 *(fermé 3 au 18 août, sam. midi et dim. midi)* **Repas**
98/168, 🖢 – ⊡ 69 – **143 ch** 650/980.

Royal, 20 pl. Bellecour ⊠ 69002 ℰ 04 78 37 57 31, Fax 04 78 37 01 36 – |≹| ⁕ ≡ ch 📺
☎. 🖭 ⓪ 🕮 🗚   p. 8 FY **g**
Repas *(fermé 2 au 24 août et sam.)* 98/148 🖢 – ⊡ 69 – **80 ch** 630/950.

Carlton sans rest, 4 r. Jussieu ⊠ 69002 ℰ 04 78 42 56 51, Fax 04 78 42 10 71 – |≹| ≡ 📺
☎. 🖭 ⓪ 🕮 🗚   p. 8 FX **b**
⊡ 58 – **83 ch** 430/750.

Plaza République Ⓜ sans rest, 5 r. Stella ⊠ 69002 ℰ 04 78 37 50 50,
Fax 04 78 42 33 34 – |≹| ⁕ ≡ 📺 ☎ ☜ 🕭 – 🛆 35. 🖭 ⓪ 🕮 🗚   p. 8 FY **k**
⊡ 60 – **78 ch** 500/820.

Gd H. des Beaux-Arts sans rest, 75 r. Prés. E. Herriot ⊠ 69002 ℰ 04 78 38 09 50,
Fax 04 78 42 19 19 – |≹| ⁕ ≡ 📺 ☎ ☜ – 🛆 25. 🖭 ⓪ 🕮 🗚   p. 8 FX **t**
⊡ 58 – **75 ch** 430/625.

Globe et Cécil sans rest, 21 r. Gasparin ⊠ 69002 ℰ 04 78 42 58 95, Fax 04 72 41 99 06 –
|≹| 📺 ☎. 🖭 ⓪ 🕮 🗚   p. 8 FY **b**
⊡ 50 – **65 ch** 399/550.

Artistes sans rest, 8 r. G. André ⊠ 69002 ℰ 04 78 42 04 88, Fax 04 78 42 93 76 – |≹| ≡ 📺
☎. 🖭 ⓪ 🕮 🖵   p. 8 FY **r**
⊡ 48 – **45 ch** 350/470.

La Résidence sans rest, 18 r. V. Hugo ⊠ 69002 ℰ 04 78 42 63 28, Fax 04 78 42 85 76 – |≹|
📺 ☎. 🖭 ⓪ 🕮   p. 8 FY **s**
⊡ 35 – **64 ch** 300/330.

Élysée H. sans rest, 92 r. Prés. E. Herriot ⊠ 69002 ℰ 04 78 42 03 15, Fax 04 78 37 76 49 –
|≹| 📺 ☎. 🖭 ⓪ 🕮   p. 8 FY **z**
⊡ 39 – **29 ch** 294/387.

Bayard sans rest, 23 pl. Bellecour ⊠ 69002 ℰ 04 78 37 39 64, Fax 04 72 40 95 51 – 📺 ☎.
🖭 🕮   p. 8 FY **g**
⊡ 33 – **15 ch** 273/357.

Perrache :

Château Perrache, 12 cours Verdun ⊠ 69002 ℰ 04 72 77 15 00, Fax 04 78 37 06 56,
« Décor Art Nouveau » – |≹| ⁕ ≡ 📺 ☎ 🕭 ☜ – 🛆 250. 🖭 ⓪ 🕮   p. 8 EY **a**
Les Belles Saisons : **Repas** 137/177 🖢, enf. 60 – ⊡ 69 – **123 ch** 505/865.

Charlemagne Ⓜ, 23 cours Charlemagne ⊠ 69002 ℰ 04 72 77 70 00,
Fax 04 78 42 94 84, 🍴 – |≹| ⁕ ≡ 📺 ☎ ☜ 🅟 – 🛆 120. 🖭 ⓪ 🕮 🖵 rest   p. 8 EZ **t**
Repas 130 bc/180 – ⊡ 52 – **116 ch** 395/435.

Axotel et rest. Le Chalut Ⓜ, 12 r. Marc-Antoine Petit ⊠ 69002 ℰ 04 72 77 70 70,
Fax 04 72 40 00 65, 🍴 – |≹| 📺 ☎ – 🛆 100. 🖭 ⓪ 🕮   p. 8 EZ **r**
Repas *(fermé 24 déc. au 2 janv., sam. midi et dim.)* 95 (dîner), 140/200 🖢 – ⊡ 43 – **128 ch**
315/340.

Bristol Ⓜ sans rest, 28 cours de Verdun ⊠ 69002 ℰ 04 78 37 56 55, Fax 04 78 37 02 58 –
|≹| ⁕ ≡ 📺 ☎ 🕭 – 🛆 35. 🖭 ⓪ 🕮 🗚   p. 8 FY **y**
⊡ 45 – **113 ch** 350/600.

des Savoies sans rest, 80 r. Charité ⊠ 69002 ℰ 04 78 37 66 94, Fax 04 72 40 27 84 – |≹|
📺 ☎ ☜. 🖭 ⓪ 🕮 🗚   p. 8 FY **m**
⊡ 28 – **46 ch** 240/300.

Berlioz Ⓜ sans rest, 12 cours Charlemagne ⊠ 69002 ℰ 04 78 42 30 31,
Fax 04 72 40 97 58 – |≹| 📺 ☎ 🕭. 🖭 ⓪ 🕮 🗚   p. 8 EZ **z**
⊡ 40 – **38 ch** 233/396.

Normandie sans rest, 3 r. Bélier ⊠ 69002 ℰ 04 78 37 31 36, Fax 04 72 40 98 56 – |≹| 📺
☎. 🖭 ⓪ 🕮   p. 8 FZ **x**
⊡ 27 – **39 ch** 160/299.

Vaise :

Saphir Ⓜ, 18 r. L. Loucheur ⊠ 69009 ℰ 04 78 83 48 75, Fax 04 78 83 30 81 – |≹| ≡ 📺 ☎
🕭 ☜ – 🛆 50. 🖭 ⓪ 🕮   p. 4 BP **r**
Repas 60 (déj.), 95/165 🖢 – ⊡ 50 – **110 ch** 450/470.

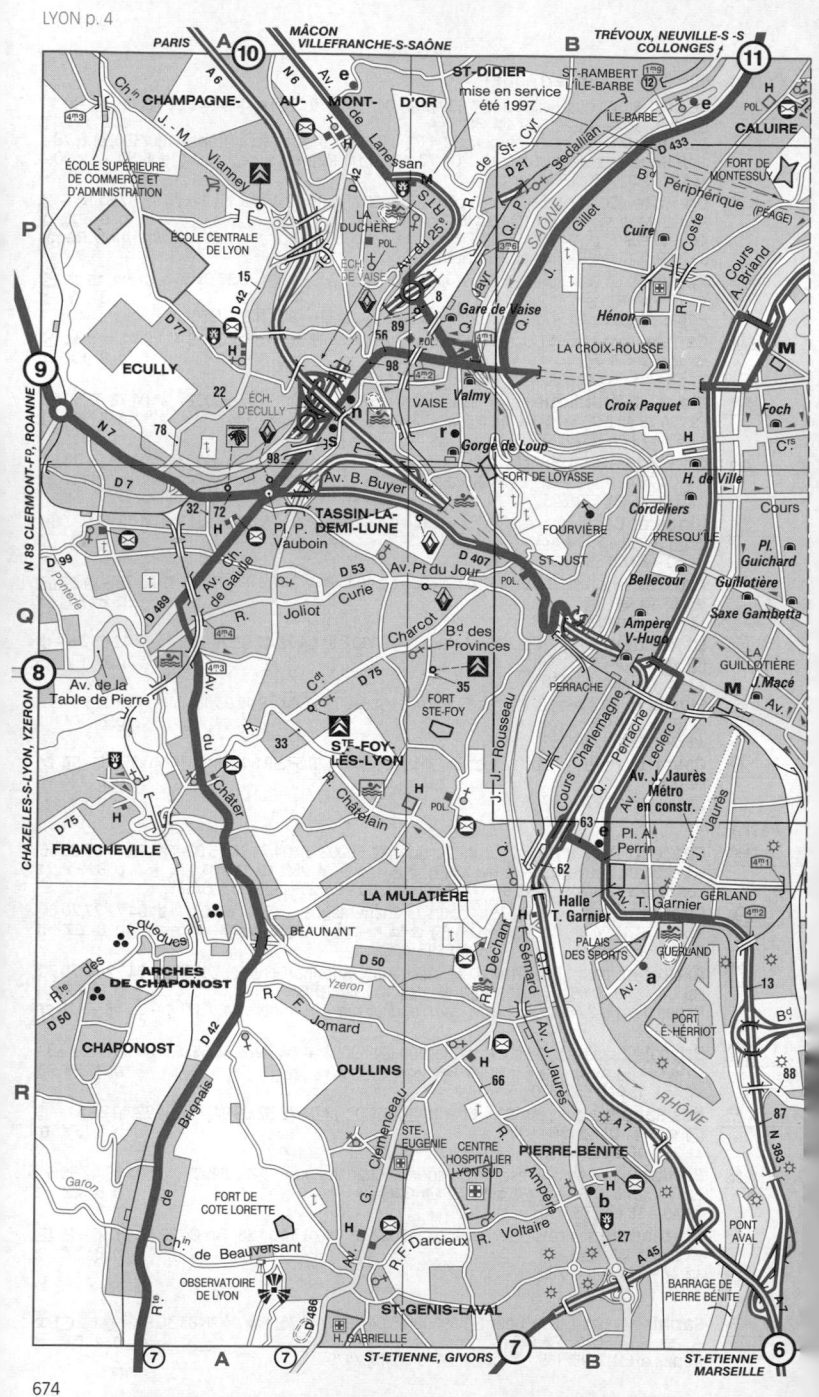

LYON

N 83 BOURG-EN-B.
A 46 MÂCON

A 46 MÂCON

A 42 BOURG, GENÈVE

PARC DE LOISIRS DE MIRIBEL-JONAGE

mise en service été 1997

0   1 km

C   D

ÉCHANGEUR CROIX-LUIZET

ET CUIRE

D 48 E
D 47

Route de Strasbourg
Bd Périphérique
RHÔNE
ÉCH. POINCARÉ

A 42

Av. 8 Mai 1945

Av. M. Cachin

P

Gde de St-Clair

CITÉ INTERNE

M

PARC DE LA TÊTE D'OR   91

P. de Croix Luizet

VAULX- EN- VELIN
3

Av. 37

ST-JEAN

H

POL.

D 112

P

Masséna   Charpennes

Av. R. Salengro

République   k

Bonnevay

Canal

Av. Marcelin

Vitton   b   Cts   Gratte-Ciel

Brotteaux   E.   Zola   Flachet

LES BROTTEAUX

Rue   H

Av. Grandclément

L. Bonnevay   Jonage

D 517

MORESTEL CRÉMIEU

Böhlen

Av. de

Garibaldi   Lafayette   Cts   Tolstoï

LA PART DIEU

R. du 4 Août 1789   Cusset

VILLEURBANNE

P

Léon   Blum

R. Salengro

R. Roosevelt

D 112

Q

PARC DES EXPOSITIONS

Part Dieu   F

Garibaldi   Av.

45

16   Rue

R. A. Dumas

Fhure   Av.   R le   D 29   de

MONCHAT

Av. Lacassagne

N 383

Av. P. Brossolette

R. de la Poudrette

Av. de Genas   F

H

D 29

18

M

Sans-Souci   95

Monplaisir Lumière

Pinel

Bonnevay

BRON

CHASSIEU

M12   V

CENTRE INTAL DE RECHERCHE SUR LE CANCER

É. HERRIOT   Grange-Blanche   75

U   VINATIER

Berthelot   n   Laënnec   U

MONPLAISIR

POL.

D 112

FORT DE BRON

des   Droits

de   l'Homme

H   e

AÉRODROME DE LYON BRON

Av. P. Mermoz

Bd des États-Unis

Av. P. Santy

Mermoz Pinel

79   110

A 43   2

n   79

f

R

Bd de Vienne

ST-JEAN-DE-DIEU

ÉTATS-UNIS

Bonnevay

Bd

N 383

Parilly

PARC DÉPARTEMENTAL DE PARILLY

POL.

U   LYON II

58

UNIVERSITÉS EUROPÉENNES

R. de l'aviation

N 6

A 43

4

CHAMBÉRY, GRENOBLE SATOLAS, BOURGOIN-J.

Pl. J. Grandclément

36

Bd de Parilly

Av. Ch. de Gaulle

Av. J. Guesde

D 102

R. du   Dauphiné

VÉNISSIEUX

44   H

Av. de la République

POL.

R. Joliot- Curie

Av. J. Cagne

R. G. Péri

Bd L. Guérin

Thorez   Zola   R. E. Bd A.

M.

Av. J. Cagne

H

RENAULT

Gare de Vénissieux

VÉHICULES

INDUSTRIELS

R. du Lyonnais

D 518

ST-PRIEST

Gde Rue

R. Gambetta

56

H

43   81

ST-FONS

Av. Farge

N 7

10

D 301   CORBAS

A. Briand

AGENCE MICHELIN

A 46

HEYRIEUX

5

VIENNE VALENCE   6

C   D

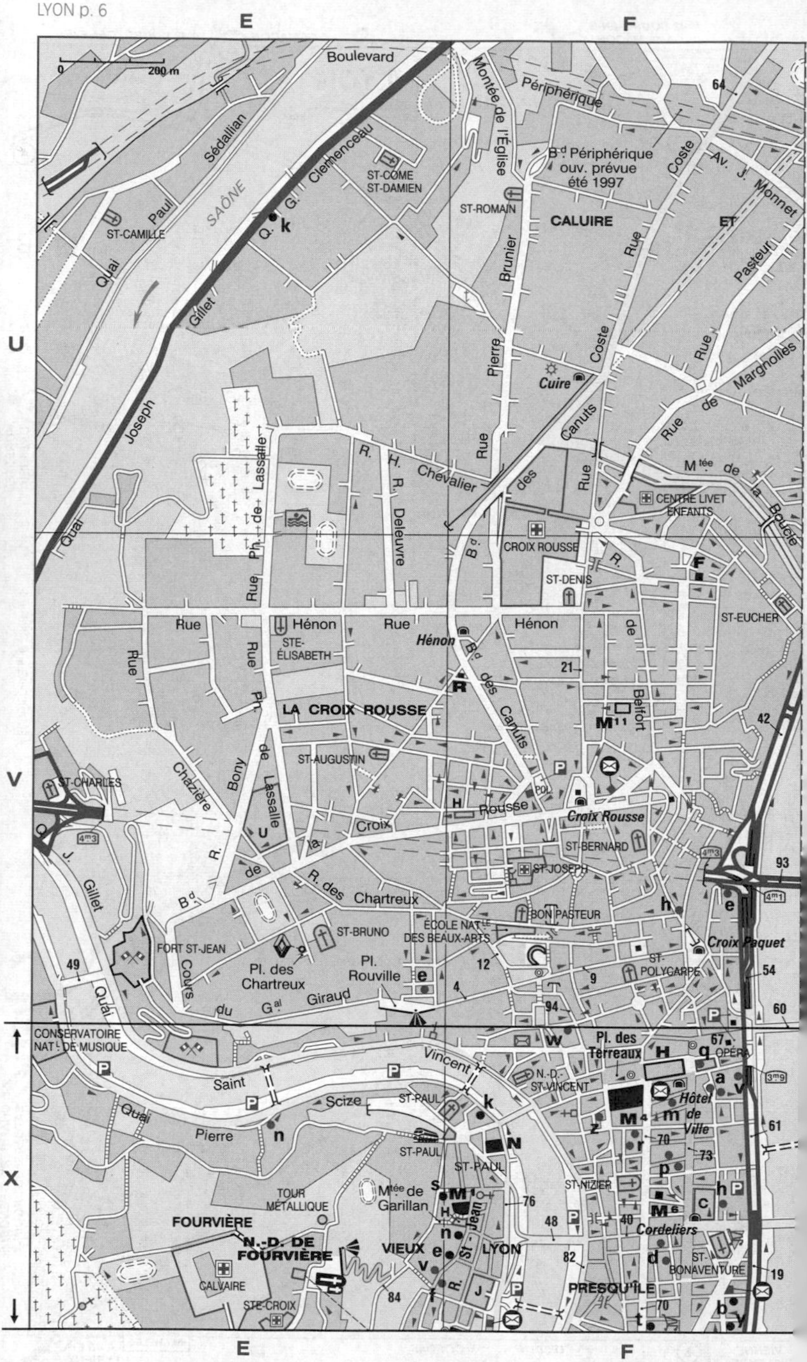

E

F

Boulevard

Périphérique

64

Montée de l'Église

B^d Périphérique
ouv. prévue
été 1997

Coste

Av. J. Monnet

ET

ST-CÔME
ST-DAMIEN

ST-ROMAIN

CALUIRE

Q. Gal Clémenceau

SAÔNE

Q. k

Brunier

Pierre

Rue

Gillet

Quai Paul

ST-CAMILLE

Rue

Pasteur

U

Quai Joseph

Cuire

Rue des Canuts

Rue

de Margnolles

R. H. Chevalier

R. Deleuvre

Pl. de + Lassalle

Rue

M^{tée} de

Rue

CENTRE LIVET
ENFANTS

F

Rue

CROIX ROUSSE

R.

ST-DENIS

ST-EUCHER

Rue

Hénon

Rue

Hénon

Hénon

B^d des Canuts

de

STE-ÉLISABETH

Rue

21

R

LA CROIX ROUSSE

M 11

Belfort

42

Rue

Pl. de Lassalle

ST-AUGUSTIN

P

93

Bony

Chazière

R.

Croix

Croix Rousse

4^m3

V

ST-CHARLES

U

de

la

Rousse

H

ST-BERNARD

4^m3

Q

J. Gillet

B^d

R. des Chartreux

ST-JOSEPH

h

e

Croix Paquet

4^m1

49

FORT ST-JEAN

Cours

ST-BRUNO

BON PASTEUR

ÉCOLE NAT^{le}
DES BEAUX-ARTS

54

Pl. des
Chartreux

Pl.
Rouville

ST-
POLYCARPE

60

du

Quai

Gal Giraud

e

4

12

9

94

CONSERVATOIRE
NAT^l DE MUSIQUE

P

Vincent

w

Pl. des
Terreaux

H

67

q

OPÉRA

3^m9

P

P

Saint

N.-D.
ST-VINCENT

a

61

Quai

Scize

ST-PAUL

k

M

m

Hôtel
de Ville

Pierre

n

ST-PAUL

N

r

70

73

X

ST-PAUL

ST-NIZIER

p

h P

TOUR
MÉTALLIQUE

M^{tée} de
Garillan

S

M

H

76

M 8

C

FOURVIÈRE

N.-D. DE
FOURVIÈRE

VIEUX

n

e

ST-JEAN

48

40

Cordeliers

d

ST-
BONAVENTURE

CALVAIRE

v

LYON

82

19

STE-CROIX

84

f

R.

J

P

PRESQU'ÎLE

t

70

b

E

F

0 200 m

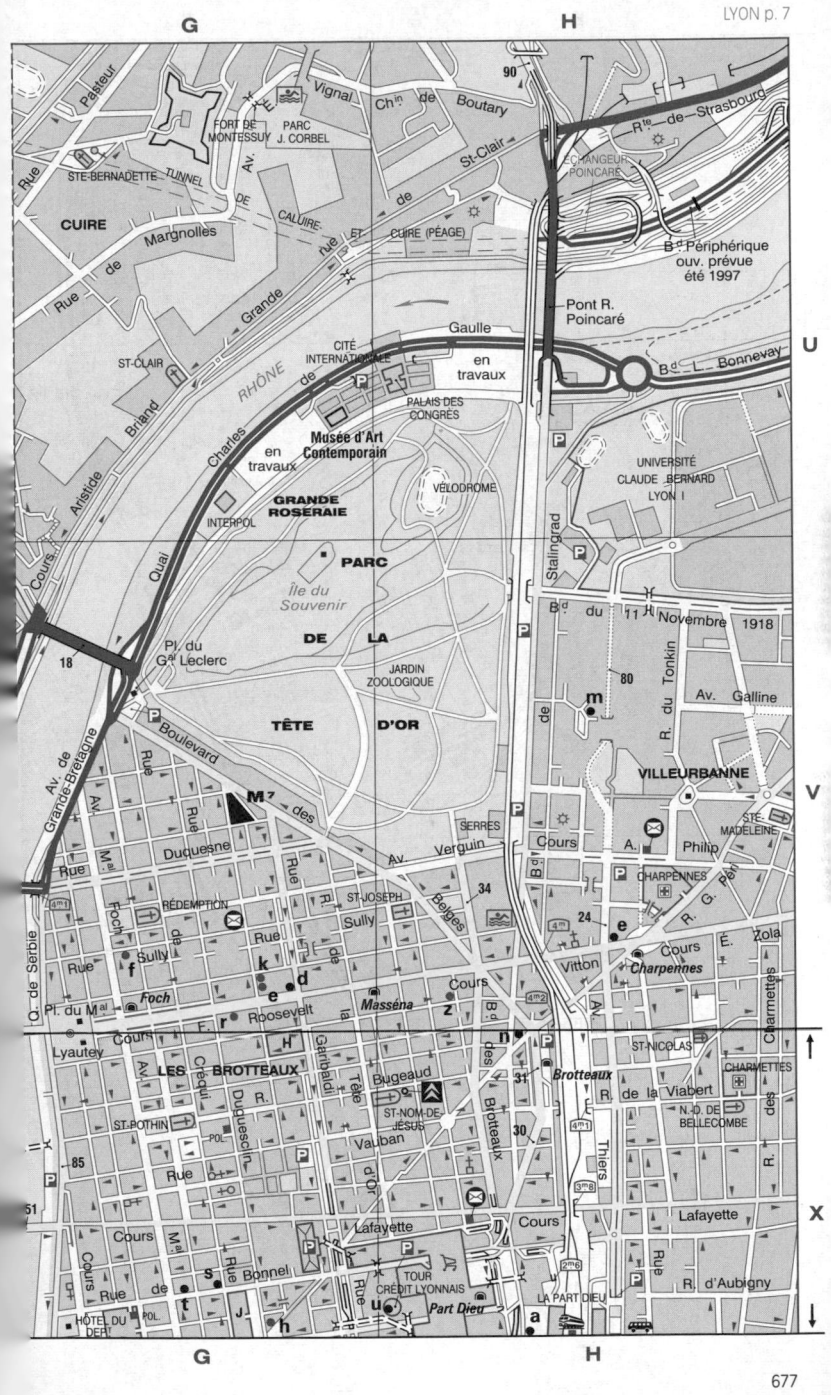

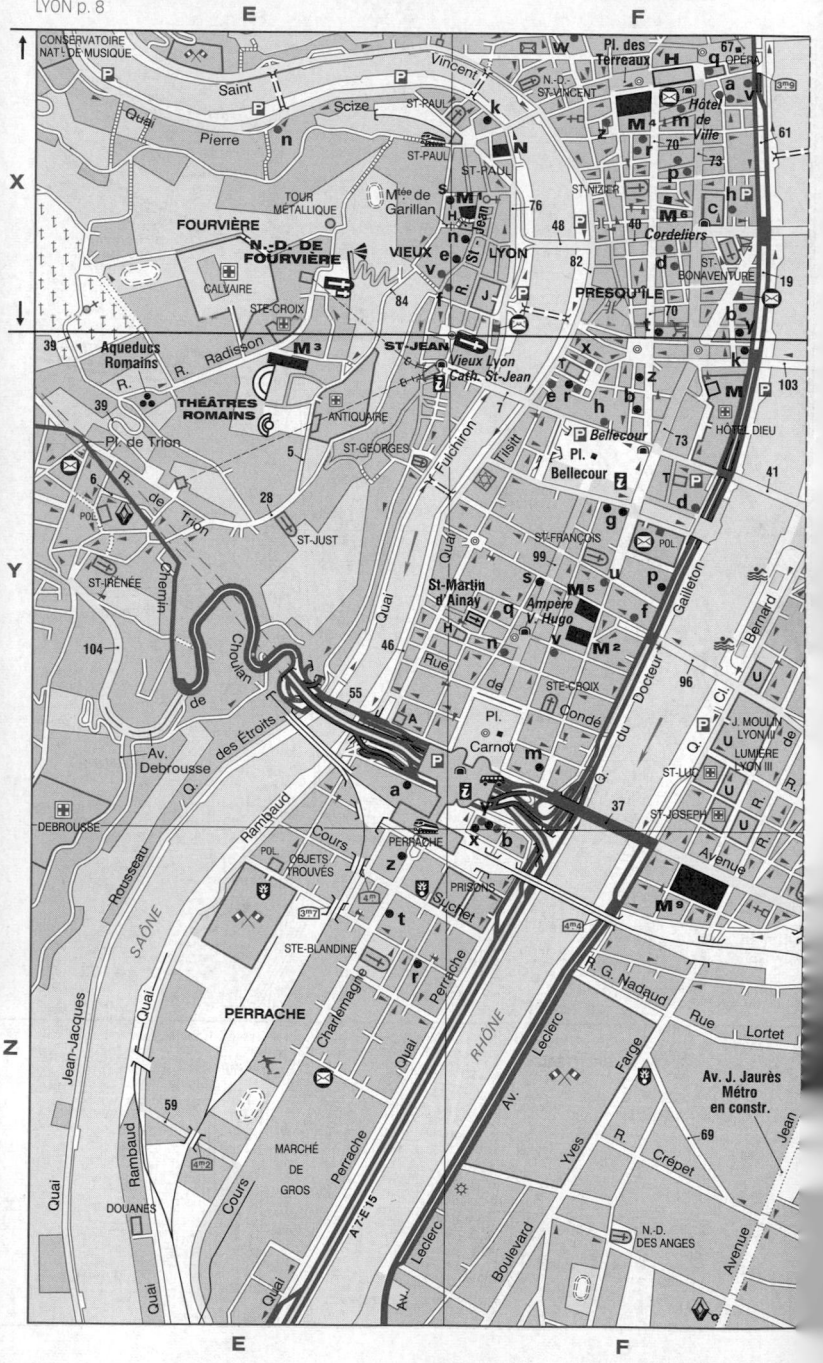

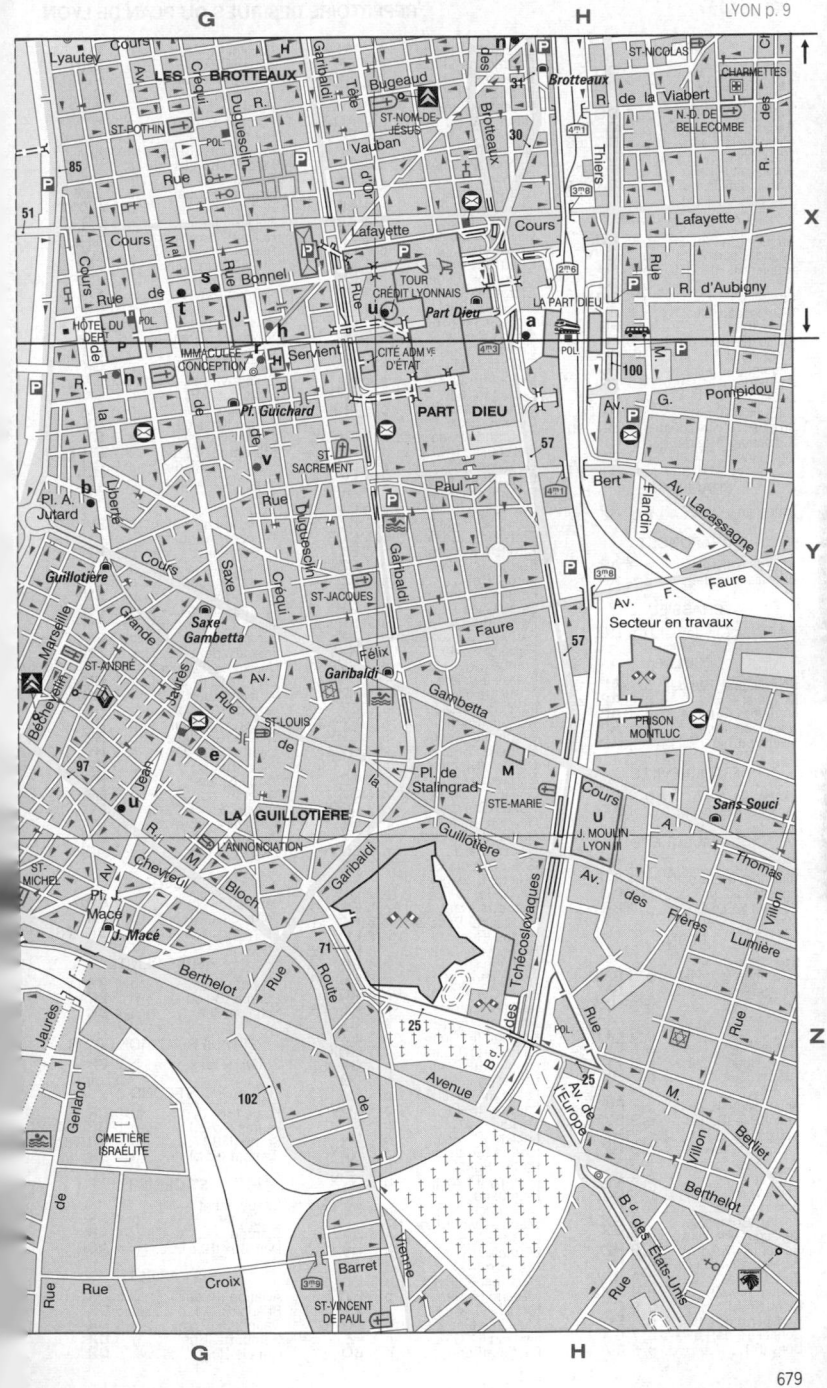

RÉPERTOIRE DES RUES DU PLAN DE LYON

Liste alphabétique des hôtels et restaurants

Vieux-Lyon :

Villa Florentine Ⓜ 🏠, 25 montée St-Barthélémy ⊠ 69005 ℘ 04 72 56 56 56, Fax 04 72 40 90 56, ≤ Lyon, 🍴, 🔲 – 📶 ≣ 📺 ☎ ✆ ♿ 🚗 P. ⒶⒺ ① ⒼⒷ ⒿⒸⒷ
Les Terrasses de Lyon : Repas 170 (déj.), 290/400 et carte 420 à 580, enf. 200 – 🍽 90 –
16 ch 1300/1900, 3 appart   p. 6 EFX s
Spéc. Rouget en filets grillés, envolée de cannelloni aux poivrons. Couronne d'agneau de lait des Pyrénées cloutée aux anchois de Collioure. Cristalline de laitue, gelée de faiselle aux noix de pécan. Vins Condrieu, Côte-Rôtie.

Cour des Loges Ⓜ 🏠, 6 r. Boeuf ⊠ 69005 ℘ 04 72 77 44 44, Fax 04 72 40 93 61,
« Décoration contemporaine originale dans des maisons du Vieux Lyon » – 📶 🍴 ≣ 📺 ☎
✆ ♿ 🚗 – 🔬 40. ⒶⒺ ① ⒼⒷ ⒿⒸⒷ   p. 6 FX n
Les Loges : Repas carte 190 à 350, enf. 80 – 🍽 110 – **53 ch** 1150/1800, 10 appart.

Tour Rose (Chavent) Ⓜ 🏠, 22 r. Boeuf ⊠ 69005 ℘ 04 78 37 25 90, Fax 04 78 42 26 02,
« Maison du 17ᵉ siècle, élégante décoration sur le thème de la soie », 🍴 – 📶 ≣ 📺 ☎ 🚗.
ⒶⒺ ① ⒼⒷ ⒿⒸⒷ   p. 6 EFX e
Repas *(fermé dim.)* 295/595 et carte 420 à 600 – 🍽 95 – **8 ch** 950/1650, 6 appart
Spéc. Saumon mi-cuit au fumoir. Crème d'artichaut au foie de canard et à la truffe. Croustillant d'agneau aux abricots secs, jus au citron confit et à la coriandre. Vins Vin du Bugey.

Phénix H. Ⓜ sans rest, 7 quai Bondy ⊠ 69005 ℘ 04 78 28 24 24, Fax 04 78 28 62 86 – 📶
≣ 📺 ☎ ♿ 🚗 – 🔬 35. ⒶⒺ ① ⒼⒷ ⒿⒸⒷ   p. 6 FX k
🍽 60 – **36 ch** 620/1080.

La Croix-Rousse (bord de Saône) :

Lyon Métropole Ⓜ, 85 quai J. Gillet ⊠ 69004 ℘ 04 72 10 44 44, Fax 04 78 39 99 20, 🍴,
🔲, 🏊 – 📶 ≣ 📺 ☎ ♿ 🚗 – 🔬 350. ⒶⒺ ① ⒼⒷ ⒿⒸⒷ   p. 6 EU k
Les Eaux Vives ℘ 04 72 10 44 30 *(fermé dim. soir et lundi)* Repas 180/430, enf. 150 – Grill
℘ 04 72 10 44 30 Repas 130 bc/160 bc – 🍽 80 – **119 ch** 620/850.

Les Brotteaux :

Lutétia Ⓜ sans rest, 114 bd Belges ⊠ 69006 ℘ 04 78 24 44 68, Fax 04 78 24 82 36 – 📶
🍴 ≣ 📺 ☎. ⒶⒺ ① ⒼⒷ   p. 7 HX n
🍽 45 – **55 ch** 385/495.

Olympique sans rest, 62 r. Garibaldi ⊠ 69006 ℘ 04 78 89 48 04, Fax 04 78 89 49 97 – 📶
🍴 📺 ☎. ⒶⒺ ① ⒼⒷ. 🍽 rest   p. 7 GV d
🍽 35 – **23 ch** 255/290.

La Part-Dieu :

Holiday Inn Crowne Plaza Ⓜ, 29 r. Bonnel ⊠ 69003 ℘ 04 72 61 90 90,
Fax 04 72 61 17 54, 🍴 – 📶 🍴 ≣ 📺 ☎ 🚗 – 🔬 300. ⒶⒺ ① ⒼⒷ ⒿⒸⒷ   p. 7 GX t
Repas 105/200 🍷 – 🍽 80 – **156 ch** 915/1600.

Méridien Ⓜ 🏠, 129 r. Servient (32ᵉ étage) ⊠ 69003 ℘ 04 78 63 55 00,
Fax 04 78 63 55 20, ≤ Lyon et vallée du Rhône – 📶 🍴 ≣ 📺 ☎ 🚗 – 🔬 170. ⒶⒺ ① ⒼⒷ
ⒿⒸⒷ 🍽 rest   p. 7 GX u
L'Arc-en-Ciel (fermé 15 juil. au 24 août) Repas 195/295, enf. 95 – *Le Bistrot de la Tour*
(rez-de-chaussée) *(fermé vend. soir, sam. soir et dim.)* Repas 110🍷, enf. 50 – 🍽 70 –
245 ch 630/730.

Mercure La Part-Dieu Ⓜ, 47 bd Vivier-Merle ⊠ 69003 ℘ 04 72 13 51 51,
Fax 04 72 13 51 99 – 📶 🍴 ≣ 📺 ☎ ♿ 🚗 – 🔬 80. ⒶⒺ ① ⒼⒷ ⒿⒸⒷ   p. 9 HX a
fermé dim. midi et sam. du 12 juil. au 24 août – Repas 109/200 🍷, enf. 47 – 🍽 58 – **124 ch**
595.

de Créqui Ⓜ, 158 r. Créqui ⊠ 69003 ℘ 04 78 60 20 47, Fax 04 78 62 21 12, 🍴 – 📶 🍴
📺 ☎. ⒶⒺ ① ⒼⒷ. 🍽 rest   p. 7 GX s
Repas *(fermé août, sam. et dim.)* 98 – 🍽 42 – **28 ch** 360/390.

La Guillotière :

Libertel Wilson Ⓜ sans rest, 6 r. Mazenod ⊠ 69003 ℘ 04 78 60 94 94,
Fax 04 78 62 72 01 – 📶 🍴 ≣ 📺 ☎ ✆ ♿ 🚗. ⒶⒺ ① ⒼⒷ ⒿⒸⒷ
🍽 60 – **54 ch** 435/550.

Bleu Marine Ⓜ sans rest, 4 r. Mortier ⊠ 69003 ℘ 04 78 60 03 09, Fax 04 78 60 01 95 – 📶
🍴 📺 ☎ ✆ ♿ 🚗 – 🔬 40. ⒶⒺ ① ⒼⒷ   p. 9 GY b
🍽 60 – **129 ch** 330/480.

Ibis Université Ⓜ sans rest, 51 r. Université ⊠ 69007 ℘ 04 78 72 78 42,
Fax 04 78 69 24 36 – 📶 🍴 ≣ 📺 ☎ 🚗 P. ⒶⒺ ① ⒼⒷ   p. 9 GY u
🍽 36 – **53 ch** 345.

Gerland :

Mercure Gerland Ⓜ, 70 av. Leclerc ⊠ 69007 ℰ 04 72 71 11 11, Fax 04 72 71 11 00, 佘, ユ – ▯ ⅙ ☰ 🆃🆅 ☎ ⌕ ⌂ – ẵ 200. 🆀🅴 ⓪ 🅶🅱 🅹🅲🅱   p. 4 BQ e
Repas 85/100 ⓑ, enf. 45 – ⌷ 58 – **194 ch** 525/750.

Montchat-Monplaisir :

Relais Mercure Park H., 4 r. Prof. Calmette ⊠ 69008 ℰ 04 78 74 11 20, Fax 04 78 01 43 38, 佘 – ▯ ⅙ 🆃🆅 ☎ ⌂ 🆀🅴 ⓪ 🅶🅱 🅹🅲🅱   p. 5 CQ v
Repas *(fermé 8 au 25 août et 24 déc. au 2 janv.)* 105/150 ⓑ, enf. 45 – ⌷ 48 – **72 ch** 390/435.

Laënnec sans rest, 36 r. Seignemartin ⊠ 69008 ℰ 04 78 74 55 22, Fax 04 78 01 00 24 – 🆃🆅 ☎ ⌕ 🆀🅴 🅶🅱   p. 5 CQ n
⌷ 38 – **14 ch** 300/375.

à Villeurbanne – *116 872 h. alt. 168 –* ⊠ *69100 :*

Congrès, pl. Cdt Rivière ℰ 04 72 69 16 16, Fax 04 78 94 64 86 – ▯ ☰ 🆃🆅 ☎ ⌕ – ẵ 130. 🆀🅴 ⓪ 🅶🅱   p. 7 HV m
Repas *(fermé 24 déc. au 1ᵉʳ janv.)* 150/280 – ⌷ 60 – **134 ch** 380/410.

Mercure Lyon Charpennes Ⓜ, 7 pl. Ch. Hernu ℰ 04 72 44 46 46, Fax 04 78 89 10 14 – ▯ ⅙ 🆃🆅 ☎ ⅙ ⌕ – ẵ 30. 🆀🅴 ⓪ 🅶🅱   p. 7 HV e
Repas *(fermé dim. midi du 13 juil. au 24 août et sam. midi)* 98/150 ⓑ, enf. 48 – ⌷ 55 – **96 ch** 450/670.

Ariana Ⓜ sans rest, 163 cours É. Zola ℰ 04 78 85 32 33, Fax 04 78 03 02 82 – ▯ ☰ 🆃🆅 ☎ ⌕ 🆀🅴 🅶🅱   p. 5 CP k
⌷ 48 – **102 ch** 265/398.

à Bron – *39 683 h. alt. 204 –* ⊠ *69500 :*

Novotel Bron Ⓜ, av. J. Monnet ℰ 04 78 26 97 48, Fax 04 78 26 45 12, 佘, ユ, ⌇ – ▯ ⅙ ☰ 🆃🆅 ☎ ⅙ ⅙ ▯ – ẵ 25 à 800. 🆀🅴 ⓪ 🅶🅱   p. 5 DR f
Repas 125/150, enf. 50 – ⌷ 52 – **189 ch** 510.

Dau Ly ⌇ sans rest, 28 r. Prévieux ℰ 04 78 26 04 37, Fax 04 78 26 62 47 – 🆃🆅 ☎ ⌕ ▯. 🆀🅴 🅶🅱   p. 5 DQ e
⌷ 32 – **22 ch** 295/335.

Ibis Bron Eurexpo, r. M. Bastié ℰ 04 72 37 01 46, Fax 04 78 26 65 43 – ▯ ⅙ ☰ ch 🆃🆅 ☎ ⅙ ⅙ ▯ – ẵ 40. 🆀🅴 ⓪ 🅶🅱   p. 5 DR n
Repas 95, enf. 39 – ⌷ 35 – **79 ch** 305.

Relais Porte des Alpes Ⓜ, r. Col. Chambonnet ℰ 04 72 37 00 14, Fax 04 78 26 95 05, 佘 – 🆃🆅 ☎ ⅙ ▯ 🆀🅴 🅶🅱   p. 5 DR n
Repas *(fermé dim.)* 95/155 – ⌷ 36 – **44 ch** 275/290.

à Pierre-Bénite – *9 574 h. alt. 167 –* ⊠ *69310 :*

Europe sans rest, 67 bd Europe ℰ 04 78 50 55 55, Fax 04 78 50 16 01 – ▯ 🆃🆅 ☎ ⅙ 🆀🅴 🅶🅱 ⌷ 35 – **34 ch** 260/290.   p. 4 BR b

Restaurants

𝕏𝕏𝕏𝕏𝕏 ❀❀❀ **Paul Bocuse,** au pont de Collonges Nord : 12 km par bords Saône (D 433, D 51) ⊠ 69660 Collonges-au-Mont-d'Or ℰ 04 72 42 90 90, Fax 04 72 27 85 87, « Fresque "Rue des Grands Chefs" » – ☰ ▯. 🆀🅴 ⓪ 🅶🅱 🅹🅲🅱   p. 4 BP
Repas 410 (déj.), 510/740 et carte 490 à 630, enf. 110
Spéc. Soupe aux truffes. Rouget barbet en écailles de pommes de terre. Volaille de Bresse en vessie. **Vins** Saint-Véran, Brouilly.

𝕏𝕏𝕏𝕏 ❀❀ **Léon de Lyon** (Lacombe), 1 r. Pleney ⊠ 69001 ℰ 04 78 28 11 33, Fax 04 78 39 89 05 – ☰. 🆀🅴 🅶🅱 🅹🅲🅱   p. 8 FX r
fermé 10 au 18 août et dim. – **Repas** 290 (déj.), 490/650 et carte 430 à 590
Spéc. Cochon de lait, foie gras et oignons confits en terrine. Brochet de la Dombes en quenelle et meunière, étuvée de grenouilles et champignons. Six desserts sur le thème de la praline. **Vins** Saint-Véran, Chiroubles.

𝕏𝕏𝕏𝕏 ❀ **Orsi,** 3 pl. Kléber ⊠ 69006 ℰ 04 78 89 57 68, Fax 04 72 44 93 34, 佘, « Décor élégant » – ☰. 🆀🅴 🅶🅱 🅹🅲🅱   p. 7 GV e
fermé dim. sauf le midi en hiver – **Repas** 240 (déj.), 320/550 et carte 400 à 600
Spéc. Ravioles de foie gras au jus de porto et truffes. Homard et rouget en barigoule d'artichaut. Pigeonneau rôti aux gousses d'ail confites. **Vins** Mâcon-Clessé, Saint-Amour.

𝕏𝕏𝕏 **Christian Têtedoie,** 54 quai Pierre Scize ⊠ 69005 ℰ 04 78 29 40 10, Fax 04 72 07 05 65 – ▯ ▯. 🆀🅴 🅶🅱   p. 6 EX n
fermé 1ᵉʳ au 25 août, sam. midi et dim. – **Repas** 160/280 et carte 240 à 330.

XXX **Mère Brazier**, 12 r. Royale ⌧ 69001 ☎ 04 78 28 15 49, Fax 04 78 28 63 63, « Ambiance
lyonnaise » – ⒜Ⓔ ⓪ ⒼⒷ   p. 6 FV e
fermé 1er août au 1er sept., sam. sauf le soir d'août à mi-juin et dim. – **Repas** 170 (déj.),
290/370 et carte 200 à 360
Spéc. Fond d'artichaut au foie gras. Quenelle au gratin. Volaille de Bresse demi-deuil. **Vins**
Chiroubles, Côtes du Rhône.

XXX **Le Saint Alban**, 2 quai J. Moulin ⌧ 69001 ☎ 04 78 30 14 89, Fax 04 72 00 88 82 – ▤. ⒜Ⓔ
ⒼⒷ   p. 6 FX v
fermé 20 juil. au 20 août, vacances de fév., sam. midi, dim. et fériés – **Repas** 150/300 et
carte 230 à 350.

XXX **Fernand Duthion**, 18 r. D. Vincent ⌧ 69410 Champagne-au-Mont-d'Or
☎ 04 78 35 04 78, Fax 04 78 35 59 58, 🌣, 🌿 – ⒫. ⒼⒷ   p. 4 AP e
fermé 16 oct. au 4 sept., vacances de fév., dim. soir et lundi – **Repas** 125 (déj.), 155/345 et
carte 250 à 350.

XXX **Garioud**, 14 r. Palais Grillet ⌧ 69002 ☎ 04 78 37 04 71, Fax 04 72 40 98 07 – ▤. ⒜Ⓔ ⓪ ⒼⒷ
ⒿⒸⒷ   p. 8 FX d
fermé sam. midi et dim. – **Repas** 126/250 bc et carte 130 à 230.

XX **Le Passage**, 8 r. Plâtre ⌧ 69001 ☎ 04 78 28 11 16, Fax 04 72 00 84 34 – ▤. ⒜Ⓔ ⒼⒷ ⒿⒸⒷ
fermé sam. midi, dim. et fériés – **Repas** 95 (déj.), 120/185.   p. 8 FX r

XX **Cazenove**, 75 r. Boileau ⌧ 69006 ☎ 04 78 89 82 92, Fax 04 72 44 93 34, « Évocation Belle
Époque » – ▤. ⒜Ⓔ ⒼⒷ   p. 7 GV k
fermé août, sam., dim. et fériés – **Repas** 200/280.

XX **J.-C. Pequet**, 59 pl. Voltaire ⌧ 69003 ☎ 04 78 95 49 70, Fax 04 78 62 85 26 – ▤. ⒜Ⓔ ⓪
ⒼⒷ   p. 9 GY v
fermé août, sam. et dim. – **Repas** 150/185.

XX **Aub. de l'Ile** (Ansanay-Alex), sur l'Ile Barbe ⌧ 69009 ☎ 04 78 83 99 49, Fax 04 78 47 80 46
– ⒫. ⒜Ⓔ ⓪ ⒼⒷ, 🌣   p. 4 BP e
fermé 5 au 26 janv., dim. soir et lundi – **Repas** 180/365 et carte 320 à 470.
Spéc. Foie gras de canard en croque au sel. Bar en écailles de cèpes (oct. à janv.). Glace
réglisse, lait d'amande et pain d'épice. **Vins** Morgon, Condrieu.

XX **Gourmet de Sèze**, 129 r. Sèze ⌧ 69006 ☎ 04 78 24 23 42, Fax 04 78 24 66 81 – ▤. ⒜Ⓔ
                                                                                        p. 7 HV z
fermé 1er au 11 mai, 26 juil. au 20 août, sam. midi et dim. – **Repas** (nombre de couverts
limité, prévenir) 130 (déj.), 170/300 bc.

XX **Fleur de Sel**, 7 r. A. Perrin ⌧ 69002 ☎ 04 78 37 40 37, Fax 04 78 37 26 37 – ⒼⒷ
fermé 20 juil. au 18 août, sam. et dim. – **Repas** 128 (déj.), 220/280.   p. 8 FY q

XX **Thierry Gache**, 37 r. Thibaudière ⌧ 69007 ☎ 04 78 72 81 77, Fax 04 78 72 01 75 – ▤. ⒜Ⓔ
ⒼⒷ   p. 9 GY e
fermé dim. – **Repas** 99 bc (déj.)/398.

XX **Chevallier**, 40 r. Sergent Blandan ⌧ 69001 ☎ 04 78 28 19 83, Fax 04 78 29 42 32 – ⒜Ⓔ
ⒼⒷ, 🌣   p. 6 FX w
fermé 20 juil. au 20 août, mardi midi et lundi – **Repas** 100 (déj.), 110/250, enf. 80.

XX **Vivarais**, 1 pl. Gailleton ⌧ 69002 ☎ 04 78 37 85 15, Fax 04 78 37 59 49 – ▤. ⒜Ⓔ ⓪ ⒼⒷ
ⒿⒸⒷ   p. 8 FY f
fermé 21 juil. au 10 août, 24 déc. au 1er janv. et dim. – **Repas** 115/170 🍷.

XX **La Brunoise**, 4 r. A. Boutin ⌧ 69100 Villeurbanne ☎ 04 78 52 07 77 – ▤. ⒼⒷ
fermé 4 au 31 août, sam., dim. et le soir sauf jeudi – **Repas** 110/210.   p. 5 CP b

XX **L'Alexandrin**, 83 r. Moncey ⌧ 69003 ☎ 04 72 61 15 69, Fax 04 78 62 75 57 – ▤. ⒜Ⓔ
ⒼⒷ   p. 7 GX h
fermé 1er au 12 mai, 3 au 25 août, 21 déc. au 5 janv., dim. et lundi – **Repas** 160/210.

XX **Le Nord**, 18 r. Neuve ⌧ 69002 ☎ 04 72 10 69 69, Fax 04 72 10 69 68, 🌣 – ▤. ⒜Ⓔ ⒼⒷ
ⒿⒸⒷ   p. 8 FX p
Repas brasserie 120 bc/158, enf. 48.

XX **Mère Vittet**, 26 cours Verdun ☎ 04 78 37 20 17, Fax 04 78 42 40 70, 🌣, ouvert 24 h./24
– ▤. ⒜Ⓔ ⓪ ⒼⒷ ⒿⒸⒷ   p. 8 FY y
Repas 110/220 🍷, enf. 50.

XX **La Tassée**, 20 r. Charité ⌧ 69002 ☎ 04 78 37 02 35, Fax 04 72 40 05 91 – ▤. ⒜Ⓔ ⓪ ⒼⒷ
ⒿⒸⒷ   p. 8 FY u
fermé dim. – **Repas** 110 (déj.), 130/260 🍷, enf. 70.

XX **Argenson**, 40 allée P. de Coubertin ⌧ 69007 ☎ 04 78 72 64 53, Fax 04 78 61 78 02, 🌣 –
⒫. ⒜Ⓔ ⓪ ⒼⒷ   p. 4 BR a
fermé sam. sauf le soir de mai à sept. et dim. – **Repas** 98 (déj.), 125/165.

XX **J.-P. Bergier**, 20 r. Sully ⌧ 69006 ☎ 04 78 89 07 09, Fax 04 78 89 89 94 – ⒜Ⓔ ⓪ ⒼⒷ ⒿⒸⒷ
fermé 27 juil. au 25 août, sam. et dim. – **Repas** 110 bc (déj.), 128/230.   p. 7 GV f

XX **Brasserie Georges,** 30 cours Verdun ✉ 69002 ✆ 04 72 56 54 54, Fax 04 78 42 51 65, brasserie 1925 – 🆎 ⓿ 🆖 🆑
Repas 87/170 ♨, enf. 49.   p. 8 FZ **b**

XX **Boeuf d'Argent,** 29 r. Boeuf ✉ 69005 ✆ 04 78 42 21 12, Fax 04 72 40 24 65 – 🆎 🆖
fermé 14 juil. au 10 août, 23 fév. au 9 mars, sam. midi et dim. – **Repas** 85 bc (déj.), 130/
220 ♨.   p. 8 EFX **f**

XX **Tante Alice,** 22 r. Remparts d'Ainay ✉ 69002 ✆ 04 78 37 49 83, Fax 04 78 37 49 83 – 🍽.
🆎   p. 8 FY **v**
fermé août, vend. soir et sam. – **Repas** 75 (déj.), 94/194 ♨.

XX **Chez Jean-François,** 2 pl. Célestins ✉ 69002 ✆ 04 78 42 08 26, Fax 04 72 40 04 51 –
🍷 🆎 🆖 🆑   p. 8 FY **x**
fermé 19 juil. au 19 août, dim. et fériés – **Repas** (prévenir) 90/160 ♨.

XX **La Romanée,** 19 r. Rivet ✉ 69001 ✆ 04 72 00 80 87, Fax 04 72 07 88 44 – 🍽. 🆖
fermé août, sam. midi, dim. soir et lundi – **Repas** (prévenir) 98/195.   p. 6 EV **e**

XX **La Voûte - Chez Léa,** 11 pl. A. Gourju ✉ 69002 ✆ 04 78 42 01 33, Fax 04 78 37 36 41
🍽. 🆎 ⓿ 🆖   p. 8 FY **e**
fermé dim. – **Repas** 125/169.

X **Assiette et Marée,** 49 r. Bourse ✉ 69002 ✆ 04 78 37 36 58, Fax 04 78 37 98 52 – 🍽. 🆎
🆖   p. 6 FX **h**
fermé dim. – **Repas** - produits de la mer - 100 (déj.) et carte 150 à 220.

X **Assiette et Marée,** 26 r. Servient ✉ 69002 ✆ 04 78 62 89 94, Fax 04 78 60 39 27 – 🍽.
🆎 🆖   p. 9 GY **n**
fermé sam. midi et dim. – **Repas** - produits de la mer - carte 150 à 220.

X **Francotte,** 8 pl. Célestins ✉ 69002 ✆ 04 78 37 38 64, Fax 04 78 38 20 35 – 🍽. 🆎
🍷 🆖   p. 8 FY **r**
fermé dim. – Repas 84/140.

X **Le Sud,** 11 pl. Antonin Poncet ✉ 69002 ✆ 04 72 77 80 00, Fax 04 72 77 80 01, 😄 – 🍽. 🆎
🍷 🆖   p. 8 FY **d**
Repas (prévenir) 120 bc/158, enf. 48.

X **Maison Villemanzy,** 25 montée St-Sébastien ✉ 69001 ✆ 04 78 39 37 00,
Fax 04 78 30 44 69, ≤, 😄 – 🆎 🆖   p. 6 FV **h**
fermé 2 au 20 janv., dim. et fériés – **Repas** 125.

X **Le Grenadin,** 27 r. Franklin ✉ 69002 ✆ 04 78 37 80 94, Fax 04 72 41 81 06 – 🍽. 🆎 ⓿
🆖 🆑   p. 8 FY **n**
fermé 10 au 31 août, lundi midi et dim. – **Repas** 95/175 ♨.

X **Le Bistrot du Palais,** 220 r. Duguesclin ✉ 69003 ✆ 04 72 61 96 16, Fax 04 78 60 59 97 –
🆎 🆖   p. 9 GY **r**
fermé 3 au 25 août, dim. et fériés – **Repas** 115.

X **Le Neuf,** 7 pl. Bellecour ✉ 69002 ✆ 04 78 42 07 59 – 🍽. 🆖   p. 8 FY **h**
fermé août et dim. – **Repas** 130/160 ♨.

X **Les Muses de l'Opéra,** pl. Comédie, au 7ᵉ étage de l'Opéra ✉ 69001 ✆ 04 72 00 45 58,
Fax 04 78 29 34 01, ≤ Fourvière, 😄, « Décor contemporain » – 🍽. 🆎 🆖   p. 8 FX **q**
fermé dim. – **Repas** 119 (déj.)/149.

X **Bernachon Passion,** 42 cours Franklin-Roosevelt ✉ 69006 ✆ 04 78 52 23 65 – 🍽. 🆖
fermé 20 juil. au 18 août, dim. et fériés – **Repas** (nombre de couverts limité, prévenir)
(déj. seul.) carte 180 à 230.   p. 7 GV **r**

X **Les Adrets,** 30 r. Boeuf ✉ 69005 ✆ 04 78 38 24 30, Fax 04 78 42 79 52 – 🆖
fermé août, 5 au 11 janv., sam. et dim. – **Repas** 78 bc (déj.), 98/176, enf. 55.   p. 6 EX **v**

LES BOUCHONS : *dégustation de vins régionaux et cuisine locale dans une ambiance
typiquement lyonnaise*

X **Le Garet,** 7 r. Garet ✉ 69001 ✆ 04 78 28 16 94, Fax 04 72 00 06 84 – 🍽. 🆎
🆖   p. 6 FX **a**
fermé 15 juil. au 15 août, sam., dim. et fêtes – **Repas** (prévenir) 88 (déj.)/115 ♨.

X **La Meunière,** 11 r. Neuve ✉ 69001 ✆ 04 78 28 62 91 – 🆎 ⓿ 🆖   p. 8 FX **p**
fermé 14 juil. au 15 août, dim. et lundi – **Repas** (prévenir) 95 (déj.), 120/145.

X **Café des Fédérations,** 8 r. Major Martin ✉ 69001 ✆ 04 78 28 26 00 – 🍽. 🆎 🆖
fermé août, sam. et dim. – **Repas** (prévenir) 116 (déj.)/150.   p. 6 FX **z**

X **Le Jura,** 25 r. Tupin ✉ 69002 ✆ 04 78 42 20 57 – 🆖   p. 8 FX **d**
fermé août, sam. de mai à oct., lundi midi de nov. à avril et dim. – **Repas** (prévenir) 98 ♨.

X **Au Petit Bouchon "chez Georges",** 8 r. Garet ✉ 69001 ✆ 04 78 28 30 46 –
🍷   p. 6 FX **a**
fermé 2 au 24 août, 22 fév. au 2 mars, sam. et dim. – **Repas** 84/115 dîner à la carte environ
180.

X **Chez Hugon,** 12 rue Pizay ✉ 69001 ✆ 04 78 28 10 94 – 🆖   p. 6 FX **m**
fermé août, sam. et dim. – **Repas** (prévenir) 120 (déj.), 125/145 ♨.

Environs

à Tassin-la-Demi-Lune : *5 km par D 407 – 15 460 h. alt. 220 –* ✉ *69160 :*

🏨 **Novotel Tassin** Ⓜ, 13 D av. V. Hugo ✆ 04 78 64 68 69, Fax 04 78 64 61 11, �față, 🏊 – 🛗
✾ 🔲 📺 ☎ 🕭 🖘 🅿 – 🛥 25 à 60. 🖭 ⓞ 🇬🇧   p. 4 AP n
Repas 108, enf. 50 – ☑ 52 – **104 ch** 460/480.

🏩 **Campanile Tassin**, 12 r. Montribloud ✆ 04 78 36 69 69, Fax 04 78 36 02 68 – 🛗 ✾
🔲 rest 📺 ☎ 🕭 🔸 🅿 – 🛥 25 à 50. 🖭 ⓞ 🇬🇧   p. 4 AP s
Repas 84 bc/107 bc, enf. 39 – ☑ 32 – **108 ch** 278.

à Collonges-au-Mont-d'Or *Nord : 12 km par bords de Saône (D 433, D 51) – 3 165 h. alt. 176 –*
✉ *69660 :*

🏠 **Relais St-Martin** sans rest, 1 pl. St-Martin ✆ 04 78 22 02 75, Fax 04 78 22 77 96 – 📺 ☎
🅿. 🇬🇧
☑ 27 – **15 ch** 200/250.

voir aussi 𝕏𝕏𝕏𝕏𝕏 ✿✿✿ **Paul Bocuse** *à Lyon*

par la sortie ① :

à Rillieux-la-Pape : *7 km par N 83 et N 84 – 30 791 h. alt. 269 –* ✉ *69140 :*

𝕏𝕏𝕏 **Larivoire** (Constantin), chemin des Iles ✆ 04 78 88 50 92, Fax 04 78 88 35 22, 🌴 – 🅿. 🇬🇧
✿ *fermé 18 au 22 août, lundi soir et mardi* – **Repas** 160 (déj.), 200/400 et carte 320 à 400
Spéc. Papillotes d'escargots et quenelle de volaille au gaspacho de tomate. Viennoise de
féra à la crème de pois frais et jeunes carottes (juin à oct.). Volaille de Bresse au vinaigre de
vieux vin. **Vins** Mondeuse du Bugey, Mâcon.

par la sortie ②

à St-Maurice-de-Beynost *par A 42 sortie n° 5 : 16 km – 3 468 h. alt. 200 –* ✉ *01700 :*

🏨 **Mercure Porte de l'Ain,** ✆ 04 78 55 90 90, Fax 04 78 55 90 05, 🛋, 🏊 – 🛗 ✾ 🔲 📺 ☎
🕭 🔸 🖘 🅿 – 🛥 100. 🖭 ⓞ 🇬🇧
Repas *(fermé sam. midi et dim. midi)* 100/130 🍷, enf. 45 – ☑ 52 – **82 ch** 420/460.

par la sortie ④ :

à l'aérogare de Satolas : *27 km par A 43 –* ✉ *69125 Lyon Satolas Aéroport :*

🏨 **Sofitel Lyon Aéroport** Ⓜ sans rest, 3ᵉ étage ✆ 04 72 23 38 00, Fax 04 72 23 98 00, ≼ –
🛗 ✾ 🔲 📺 🔸. 🖭 ⓞ 🇬🇧 🇯🇨🇧
☑ 85 – **120 ch** 790.

🏠 **Climat de France Satolas** Ⓜ, zone de frêt ✆ 04 72 23 90 90, Fax 04 72 23 80 32 – 🛗
🔲 rest 📺 ☎ 🔸 🅿. – 🛥 40. 🖭 🇬🇧
Repas 90/110 🍷, enf. 39 – ☑ 35 – **84 ch** 340.

𝕏𝕏𝕏 **La Grande Corbeille**, 1ᵉʳ étage ✆ 04 72 22 71 76, Fax 04 72 22 71 72, ≼ – 🔲. 🖭 ⓞ 🇬🇧
fermé août, sam. et dim. – **Repas** 150/250.

𝕏 **Le Bouchon**, 1ᵉʳ étage ✆ 04 72 22 71 86, Fax 04 72 22 71 72 – 🔲. 🖭 ⓞ 🇬🇧
Repas brasserie 120 bc/180 bc, enf. 57.

par la sortie ⑨

à Charbonnières-les-Bains : *8 km par N 7 – 4 033 h. alt. 233 – Stat. therm. –* ✉ *69260 :*
Voir *Parc Lacroix Laval : château de la Poupée*★.

🏨 **Mercure Charbonnières,** N 7 ✆ 04 78 34 72 79, Fax 04 78 34 88 94, 🌴, 🏊 – ✾
🔲 ch 📺 ☎ 🖘 🅿 – 🛥 30 à 150. 🖭 ⓞ 🇬🇧
Repas *(fermé sam. et dim.)* 120, enf. 60 – ☑ 55 – **60 ch** 430.

🏠 **Beaulieu** sans rest, 19 av. Gén. de Gaulle ✆ 04 78 87 12 04, Fax 04 78 87 00 62 – 🛗 ✾ 📺
☎ 🕭 🅿 – 🛥 40. 🖭 ⓞ 🇬🇧 🇯🇨🇧
☑ 29 – **40 ch** 240/290.

𝕏 **L'Orée du Parc**, 8 av. Victoire ✆ 04 78 87 14 51, Fax 04 78 87 63 62 – 🇬🇧
fermé août, dim. soir et lundi – **Repas** 98/185.

à La Tour-de-Salvagny : *11 km par N 7 – 3 226 h. alt. 356 –* ✉ *69890 :*

🏨 **Golf** Ⓜ, allée du Levant ✆ 04 78 87 29 87, Fax 04 78 87 29 89, 🌴, 🛋, 🏊, 🎾 – 🛗 ✾ 🔲
📺 ☎ 🔸 🅿 – 🛥 100. 🖭 ⓞ 🇬🇧
Repas 110/150 🍷, enf. 55 – ☑ 50 – **76 ch** 450/500.

𝕏𝕏𝕏𝕏 **La Rotonde**, au Casino Le Lyon Vert ✆ 04 78 87 00 97, Fax 04 78 87 81 39, « Cadre art-
✿ déco » – 🔲. 🖭 ⓞ 🇬🇧
fermé août, dim. soir et lundi – **Repas** 160 (déj.), 190/450 et carte 320 à 480
Spéc. Courgettes à la fleur aux dés de tomates et basilic. Tajine de homard aux petits farcis.
Cannelloni glacés de chocolat amer, glace crème brûlée. **Vins** Beaujolais, Côtes du Rhône.

par la sortie ⑩ :

Porte de Lyon - *Échangeur A6 N 6 sortie Limonest Nord : 10 km* – ✉ *69570 Dardilly :*

🏨 **Novotel Lyon Nord** Ⓜ, ✆ 04 72 17 29 29, Fax 04 78 35 08 45, 斧, ⅃, ☞ – ▮ ⅍ 🍴 ▤ 📺
🕿 🄿 – ⚒ 80. 🅰🅴 ⓪ 🆋
Repas carte environ 170 ⅊, enf. 50 – ☷ 52 – **107 ch** 440/480.

🏨 **Relais Mercure Lyon Nord** Ⓜ, ✆ 04 78 35 28 05, Fax 04 78 47 47 15, 斧, ⅃, ✗ – ▮
⅍ ▤ rest 📺 🕿 🄿 – ⚒ 30 à 80. 🅰🅴 ⓪ 🆋 🅹🅲🅱
Repas 90/150, enf. 48 – ☷ 48 – **172 ch** 330/440.

🏠 **Ibis Lyon Nord,** ✆ 04 78 66 02 20, Fax 04 78 47 47 93, 斧, ⅃, ☞ – ⅍ 📺 🕿 ☏ ⅋ 🄿 –
⚒ 30. 🅰🅴 ⓪ 🆋
Repas 82/130 ⅊, enf. 40 – ☷ 36 – **64 ch** 320/375.

à Limonest : *13 km par A 6 et D 42 – 2 459 h. alt. 390* – ✉ *69760 :*

🍴 **Le Puy d'Or,** carrefour N 6 et D 42 ✆ 04 78 35 12 20, Fax 04 78 64 55 15, 斧 – 🅰🅴 ⓪ 🆋
fermé 15 août au 3 sept., dim. soir, mardi soir et lundi – **Repas** 115 (déj.), 140/310, enf. 05.

MICHELIN, Agence, ZI, r. Nicéphore Niepce par ⑤ ✆ 04 72 28 55 10

CONSTRUCTEUR : Renault Véhicules Industriels, Tour du Crédit Lyonnais, 129
r. Servient (3ᵉ) Lyon ✆ 04 78 63 72 50 et Vénissieux ✆ 04 72 96 81 11

1ᵉ Arrondissement

RENAULT Gar. Haond, 12 pl. Chartreux ✆ 04 78 28 62 33

3ᵉ Arrondissement

BMW 6ᵉ Avenue, 82 bd Vivier Merle
✆ 04 78 63 55 66
VAG Gar. Bouteille, 195 av. F.-Faure
✆ 04 72 13 13 13
VOLVO, Faure Autom., 87 av. F.-Faure
✆ 04 72 60 01 01

🏵 Chaussende Pneus, 13 r. Louise
✆ 04 78 54 47 91

Chaussende Pneus, 19 r. F.-Garcin
✆ 04 78 95 25 74
Euromaster, 234 Crs Lafayette ✆ 04 72 33 68 77
Gaudry Pneu Point S, 43-45 Crs A.-Thomas
✆ 04 78 53 25 73
Métifiot Pneus, 70 r. Rancy ✆ 04 78 60 36 93

4ᵉ et 5ᵉ Arrondissements

RENAULT Gar. Choulans, 25 r. Basses-Verchères (5ᵉ)
✆ 04 78 36 24 11
RENAULT Gar. Point du Jour, 55 bis av. Point-du-
Jour (5ᵉ) ✆ 04 78 25 02 52

RENAULT Gar. Mondon, 31 av. B.-Buyer (5ᵉ)
✆ 04 78 25 29 18 🅽 ✆ 04 78 36 88 57

🏵 Charcot Pneus, 20 r. Jeunet ✆ 04 78 36 05 29

6ᵉ Arrondissement

CITROEN Gar. Métropole, 115 r. Bugeaud
✆ 04 78 52 01 10 🅽 ✆ 04 78 84 55 56

🏵 Euromaster, 55 bd des Brotteaux
✆ 04 78 52 04 89

7ᵉ Arrondissement

CITROEN Succursale, 35 r. de Marseille
✆ 04 72 72 57 57 🅽 ✆ 08 00 05 24 24
FORD Galliéni Autom., 47 av. Berthelot
✆ 04 78 72 02 27
HONDA Gar. Clamagirand, 32 r. Aguesseau
✆ 04 72 76 86 86
LANCIA City Autom., 56 rte de Vienne
✆ 04 72 76 86 86
MAZDA Gar. Kennings, 72 à 76 r. de Marseille
✆ 04 78 58 16 53

OPEL Gar. Stala, 136 av. Berthelot
✆ 04 72 73 21 21
RENAULT Gar. Prost, 244 av. J.-Jaurès
✆ 04 78 72 61 46
RENAULT Gar. AD. Paulauto, 39 r. Béchevelin
✆ 04 78 72 93 89

🏵 Euromaster, 190 av. Berthelot
✆ 04 78 72 41 76

8ᵉ Arrondissement

FORD Veyet Autom., 60 r. M.-Berliet
✆ 04 78 77 60 07
PEUGEOT Gar. Poulet, 322 av. Berthelot
✆ 04 78 74 18 09
VAG Central Autos, 185 av. P.-Santy
✆ 04 78 74 73 27

🏵 Euromaster, 22 bis r. A.-Lumière
✆ 04 78 00 73 25
Métifiot Pneus, 71 av. J.-Mermoz
✆ 04 78 78 82 82

9ᵉ Arrondissement

MERCEDES Vega Autom., 65-73 r. du Bourbonnais
✆ 04 72 19 15 50 🅽 ✆ 08 00 24 24 30
RENAULT Succursale, 5 r. St-Simon
✆ 04 72 20 72 20 🅽 ✆ 08 00 05 15 15

🏵 Euromaster, 48 r. de Bourgogne
✆ 04 78 83 77 76

Brignais

🏵 Métifiot Pneus, rte d'Irigny, ZI Nord ✆ 04 78 05 33 04

Caluire

🏵 Gaudry Pneus, 102 av. Gén.-Leclerc ✆ 04 78 08 45 45

Champagne-au-Mont-d'Or

PEUGEOT S.L.I.C.A. Lyon Nord, 15 av. Gén-de-Gaulle ☎ 04 78 43 89 89

Chassieu

CITROEN Gar. Gallien, 29 av. du Progrès par D 29 DQ ☎ 04 78 90 13 18

Dardilly

Ⓜ Euromaster, r. Moulin Carron, ZI le Paisy ☎ 04 78 35 58 50

Decines Charpieu

BMW Gar. Verne, 129 av. J.-Jaurès ☎ 04 78 49 07 42

Ecully

CITROEN Succursale, 5 r. J.-M.-Vianney ☎ 04 72 18 77 00 Ⓝ ☎ 04 78 35 26 50

Limonest

FORD Gauduel Lyon Nord, r. de l'étang N 6 ☎ 04 78 35 77 99

Meyzieu

PEUGEOT Gar. des Servizières, 116 r. République,ZI par ③ ☎ 04 78 31 40 59

Oullins

Ⓜ Comptoir du Pneu, 44 ch. des Célestins ☎ 04 78 51 04 06

Vulco, 133 av. des Aqueducs de Beaunant ☎ 04 78 51 61 90

Rillieux

PEUGEOT Gar. Slica, 971 av. Hippodrome par D 48E CP ☎ 04 72 01 30 50 Ⓝ ☎ 04 78 88 39 19
RENAULT Gar. Bronner, ch. du Champ-de-Lierre ☎ 04 78 88 04 44 Ⓝ ☎ 04 72 55 24 58

Ⓜ Métifiot Pneus, 257 r. H.-Boucher/ZA Champ du Roy ☎ 04 78 88 18 18

Saint-Fons

CITROEN Gar. J.-Jaurès, 52 av. J.-Jaurès ☎ 04 78 70 94 61

Gar. du Centre, 12 av. G.-Péri ☎ 04 78 70 94 62

Saint-Priest

CITROEN Gar. Mathian, 138 rte d'Heyrieux par ⑤ ☎ 04 78 20 78 45
PEUGEOT Gar. Laval, 30 rte de Lyon par ⑤ ☎ 04 78 20 07 85
RENAULT Gar. Caimi, 37 rte d'Heyrieux par ⑤ ☎ 04 78 20 19 59
VAG Central Autos, 77 r. A.-Briand par D 518 ☎ 04 78 20 80 50

Ⓜ Comptoir du Pneu, 10 bis r. A.-Briand ☎ 04 78 20 29 28
Euromaster, 52 r. L.-Pradel, ZI à Corbas ☎ 04 78 20 98 56
Gaudry Pneu Point S, 200 rte de Grenoble ☎ 04 78 90 73 77
Métifiot Pneus, ZI Lyder,rte de Lyon ☎ 04 78 21 58 80

Sainte-Foy-lès-Lyon

CITROEN Gar. de la Plaine, 117 bis r. Cdt-Charcot ☎ 04 78 59 62 15
CITROEN Gar. des Provinces, 2 r. Franche Comté ☎ 04 78 25 67 79

RENAULT FLB Autom., 27 av. des Acqueducs ☎ 04 72 39 76 76

Tassin-la-Demi-Lune

PEUGEOT Tassin Autom., 100 av. République ☎ 04 78 34 31 36
RENAULT Gar. Méjat, 11 pl. P.-Vauboin ☎ 04 78 34 23 50

Ⓜ Vulco, 142 av. Ch.-de-Gaulle ☎ 04 78 34 33 00

Vaulx-en-Velin

CITROEN Succursale, 15 av. Ch.-de-Gaulle ☎ 04 78 79 42 42 Ⓝ ☎ 08 00 05 24 24
PEUGEOT S.L.I.C.A., 40 av. de Bohlen ☎ 04 72 37 13 13
RENAULT Succursale Lyon Est, 52 av. de Bohlen ☎ 04 72 35 30 30 Ⓝ ☎ 08 00 05 15 15

VAG Gar. Excelsior, r. J.M.-Merle ZAC ☎ 04 78 80 68 93

Ⓜ Euromaster, 178 av. R.-Salengro ☎ 04 72 37 54 35

Villeurbanne

CITROEN Gar. Badel, 38 r. F.-Chirat ☎ 04 78 54 58 50

Ⓜ Ayme Pneus, r. du Boulevard ☎ 04 78 89 78 08
Chaussende Pneus, 51 r. A.-France ☎ 04 78 68 33 34

Cintas Pneus, 10 r. Sylvestre ☎ 04 78 52 59 42
Comptoir du Pneu, 27 r. J.-Jaurès ☎ 04 78 54 84 53
La Maison des Pneus, 42 à 46 r. A.-Perrin ☎ 04 78 53 28 52
Rhône Pneus, 80 Crs Tolstoï ☎ 04 78 84 95 24

Vénissieux

CITROEN Gar. Montveneur, 329 rte de Vienne
𝄂 04 78 00 80 93
MERCEDES Alcia Lyon Sud, bd L.-Bonnevay-Allée
des Savoie 𝄂 04 78 75 18 01
PEUGEOT S.L.I.C.A., 2 r. Frères Bertrand
𝄂 04 78 70 30 30 **N** 𝄂 04 72 29 89 46

RENAULT Succursale Lyon Sud, 364 rte de
Vienne 𝄂 04 78 77 78 77 **N** 𝄂 08 00 05 15 15

🛞 Euromaster, 69 r. A.-Sentuc, ZAC l'Arsenal
𝄂 04 72 51 05 08

LYONS-LA-FORÊT 27480 Eure 🔠🔠 ⑧ G. Normandie Vallée de la Seine – 701 h alt. 88.

Voir Forêt★★ : hêtre de la Bunodière★ – N.-D.-de la Paix ≼★ O : 1,5 km.
🚹 Office de Tourisme Mairie 𝄂 02 32 49 31 65.
Paris 103 – Rouen 35 – Les Andelys 20 – Forges-les-Eaux 30 – Gisors 30 – Gournay-en-Bray 25.

🏠 **La Licorne** ⬙, 𝄂 02 32 49 62 02, Fax 02 32 49 80 09, 🔸, « Jardin fleuri » – 📺 ☎ 🅿 –
🛗 30, ☒ ⑩ ☒, ⬙
fermé 20 déc. au 20 janv., dim. soir et lundi d'oct. à mars – **Repas** 185 – ⬛ 70 – **12 ch**
385/495, 6 appart – ½ P 390/555.

LYS-LEZ-LANNOY 59 Nord 🔠 ⑯., 🔢 ⑮ – rattaché à Roubaix.

MACÉ 61 Orne 🔠 ③ – rattaché à Sées.

MACHILLY 74140 H.-Savoie 🔠 ⑱ – 829 h alt. 525.

Paris 551 – Thonon-les-Bains 19 – Annemasse 11 – Genève 21.

🍴🍴 **Refuge des Gourmets,** 𝄂 04 50 43 53 87, Fax 04 50 43 53 87, 🔸, cadre d'inspiration
Belle Époque – 🔲 🅿, ☒ ☒
fermé 15 juil. au 7 août, 2 au 9 janv., dim. soir et lundi – **Repas** 170 bc (déj.), 180/265, enf. 60.

La MACHINE (Col de) 26 Drôme 🔠 ⑬ – rattaché à St-Jean-en-Royans.

MACINAGGIO 2B H.-Corse 🔠 ① – voir à Corse.

MÂCON 🅿 71000 S.-et-L. 🔠 ⑲ G. Bourgogne – 37 275 h alt. 175.

Voir Musée municipal des Ursulines★ BY M¹ – Musée Lamartine BZ M² – Apothicairerie★ de
l'Hôtel-Dieu BY.
Env. Roche de Solutré★★ O : 9 km – Clocher★ de l'église de St-André de Bagé E : 8,5 km.
🏌 de la Commanderie 𝄂 03 85 30 44 12, par ② : 7 km ; 🏌 de la Salle 𝄂 03 85 36 09 71,
14 kms par ①.
🚹 Office de Tourisme 187 r. Carnot 𝄂 03 85 39 71 37, Fax 03 85 39 72 19 – Maison
Mâconnaise des Vins (dégustation et machon bourguignon, ventes de vin AOC à emporter),
484 av. de-Lattre-de-Tassigny 𝄂 03 85 38 36 70 BY.
Paris 391 ① – Bourg-en-Bresse 37 ② – Chalon-sur-Saône 59 ① – Lyon 74 ③ – Roanne
98 ③.

Plan page suivante

🏠 **Mercure Bord de Saône** Ⓜ ⬙, 26 r. Coubertin par ① : 0,5 km 𝄂 03 85 38 28 06,
Fax 03 85 39 11 45, ≼, 🔸, 🔲, 🖉 – 🛗 ⬙ 📺 ☎ 🅿 – 🛗 80, ☒ ⑩ ☒
Le St-Vincent : Repas 115, enf. 49 – ⬛ 55 – **63 ch** 475/540.

🏠 **Bellevue,** 416 quai Lamartine 𝄂 03 85 21 04 04, Fax 03 85 21 04 02 – 🛗 📺 ☎ ⬙ 🅿, ☒
⑩ ☒ ᴊᴄʙ   BZ u
Repas (fermé dim. du 15 nov. au 31 mars) 135/290, enf. 75 – ⬛ 53 – **24 ch** 398/640 –
½ P 340/440.

🏠 **Terminus,** 91 r. V. Hugo 𝄂 03 85 39 17 11, Fax 03 85 38 02 75, 🔲, 🖉 – 🛗 🔲 rest 📺 ☎ ⬙
⬙ – 🛗 35, ☒ ⑩ ☒   AZ t
Repas 92/175, enf. 48 – ⬛ 41 – **48 ch** 275/390 – ½ P 298/324.

🏠 **Bourgogne** Ⓜ, 6 r. V. Hugo 𝄂 03 85 38 36 57, Fax 03 85 38 65 92 – 🛗 ⬙ 📺 ☎ ⬙ ⬙ –
🛗 25, ☒ ⑩ ☒ ᴊᴄʙ   AYZ n
La Perdrix 𝄂 03 85 39 07 05 (fermé 6 au 28 déc. et dim.) **Repas** 58/123 ⬙, enf.43 – ⬛ 45 –
48 ch 275/385 – ½ P 284/312.

🏠 **Nord** sans rest, 313 quai J. Jaurès 𝄂 03 85 38 08 68, Fax 03 85 39 01 92 – 🛗 ☎ 🅿, ☒ ☒
⬛ 30 – **21 ch** 190/210.   BY a

🏠 **Concorde** sans rest, 73 r. Lacretelle 𝄂 03 85 34 21 47, Fax 03 85 29 21 79 – 📺 ☎ ⬙ ⬙,
☒   AY d
⬛ 30 – **15 ch** 185/285.

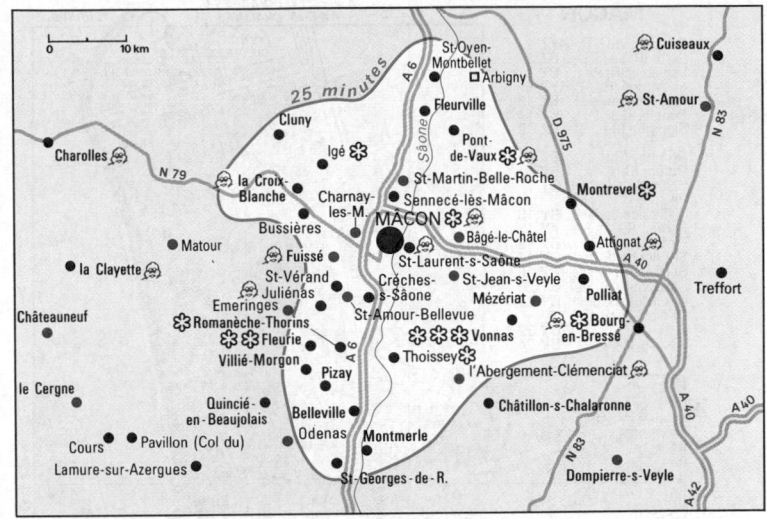

XX **Rocher de Cancale,** 393 quai J. Jaurès ℰ 03 85 38 07 50, Fax 03 85 38 70 47 – 🗐. 🆎
🔒 GB   BZ   r
   fermé dim. soir et lundi sauf fériés – **Repas** 98/220 ⅃, enf. 65.

XX **Pierre** (Gaulin), 7 r. Dufour ℰ 03 85 38 14 23, Fax 03 85 39 84 04 – 🆎 ⓪ GB   BZ   k
🔆 *fermé 28 juil. au 25 août, sam. midi et dim.* – **Repas** 100/315, enf. 75
   Spéc. Quenelle de brochet et champignons noirs, coulis de crustacés. Fricassée de volaille
   de Bresse aux gousses d'ail. Tournedos de Charolles poêlé sauce échalote.

XX **Les Tuileries,** quai Marans BZ ℰ 03 85 38 43 30, Fax 03 85 39 35 10, 🏠 – 🄿. 🆎 ⓪ GB
   fermé 25 août, sam. midi et dim. – **Repas** 100/225 ⅃.

XX **L'Amandier,** 74 r. Dufour ℰ 03 85 39 82 00, Fax 03 85 38 92 21 – GB   BZ   s
   fermé 20 août au 4 sept., vacances de fév., dim. soir et lundi – **Repas** 98/280, enf. 50.

XX **Le Poisson d'Or,** allée Parc par ① *et bords de Saône : 1 km* ℰ 03 85 38 00 88,
   Fax 03 85 38 82 55, ≼, 🏠, « Terrasse ombragée en bordure de Saône » – 🄿. GB
   fermé fév., dim. soir du 10 oct. au 4 avril, mardi soir et merc. – **Repas** 98/240, enf. 50.

X **Le Charollais,** 71 r. Rambuteau ℰ 03 85 38 36 23 – GB   AY   v
🔒 *fermé 7 au 30 juin, dim. soir et lundi* – **Repas** 75/195 ⅃.

à St-Laurent-sur-Saône *(Ain), rive gauche - Est du plan – 1 710 h. alt. 176 –* ⊠ *01750 St-Laurent :*

XXX **Les Capucines,** 47 r. J. Jaurès ℰ 03 85 39 11 05, Fax 03 85 38 29 60 – 🗐. 🆎 GB
   fermé 3 au 10 mars, 2 au 16 juin, 10 au 23 fév., dim. soir et lundi hors sais. – **Repas** 98/285
   et carte 150 à 280 ⅃, enf. 60.   BZ   e

X **Le Saint-Laurent,** 1 quai Bouchacourt ℰ 03 85 39 29 19, Fax 03 85 38 29 77, ≼, 🏠,
🔒 cadre bistrot – 🆎 GB   BZ   b
   fermé 15 nov. au 15 déc. – **Repas** 100/230, enf. 65.

à l'échangeur A6-N6 de Mâcon-Nord *par* ① *: 7 km –* ⊠ *71000 Mâcon :*

🏨 **Novotel** 🖪, ℰ 03 85 20 40 00, Fax 03 85 20 40 33, 🏠, 🏊, 🌳 – 🍴 🗐 📺 ☎ ৬ 🄿 –
   🔺 25 à 120. 🆎 ⓪ GB
   Repas 120, enf. 50 – ⊑ 52 – **115 ch** 420/520.

à Sennecé-lès-Mâcon *par* ① *: 7,5 km –* ⊠ *71000 Mâcon :*

🏨 **de la Tour,** ℰ 03 85 36 02 70, Fax 03 85 36 03 47, 🏠 – 📺 ☎ ৬ 🄿. GB
   fermé fév. – **Repas** 100/200 ⅃, enf. 55 – ⊑ 35 – **24 ch** 160/300 – ½ P 205/245.

à St-Martin-Belle-Roche *par* ① *: 10 km – 1 150 h. alt. 208 –* ⊠ *71118 :*

XX **Port St-Nicolas,** en bordure de Saône ℰ 03 85 36 00 86, Fax 03 85 37 53 20, ≼, 🏠 – 🄿.
   GB
   fermé 15 janv. au 15 fév., mardi soir et merc. – **Repas** 100/250 ⅃, enf. 60.

sur A 6 aire de la Salle *(en venant de Paris) ou par* ① *: 14 km –* ⊠ *71260 Lugny :*

🏨 **Mercure St-Albain** 🖪, ℰ 03 85 33 19 00, Fax 03 85 33 13 13, 🏠, 🏊, 🌳 – 🖉 🍴 🗐 📺
   ☎ ৬ ৬ 🄿 – 🔺 50. 🆎 ⓪ GB
   Repas 97/150 ⅃, enf. 45 – ⊑ 55 – **93 ch** 295/530.

MÂCON

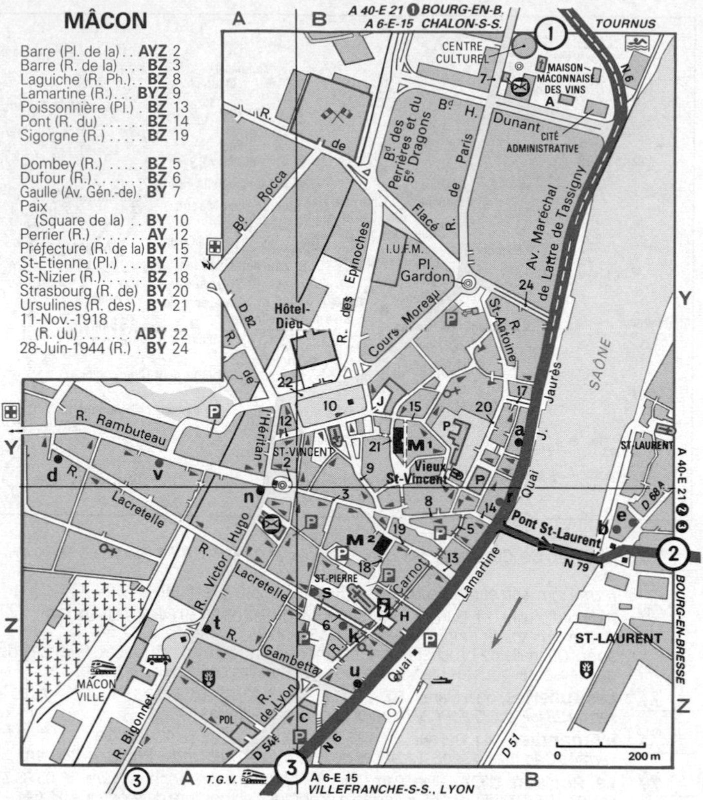

par ② *rte de Bourg-en-Bresse* – ✉ *01750 Replonges :*

La Huchette Ⓜ, à 4,5 km sur N 79 ☏ 03 85 31 03 55, Fax 03 85 31 10 24, 🌳, parc, « Décor élégant », 🏊 – 📺 ☎ 📞 🅿. AE ⓓ GB
fermé 20 oct. au 23 nov. – **Repas** *(fermé mardi midi et lundi)* 160/230 – ☕ 62 – **13 ch** 480/600 – 1/2 P 540/580.

Oréon Ⓜ, à 5 km près accès sortie n°3 sur A40 ☏ 03 85 31 00 10, Fax 03 85 31 00 90, 🌳, 🏊 – 📺 ☎ 🅿 – 🏫 70. AE GB
Repas *(fermé sam. midi et dim.)* 78 🍷, enf. 60 – ☕ 35 – **35 ch** 250/280 – 1/2 P 250.

à Crèches-sur-Saône *par ③ : 8 km – 2 531 h. alt. 180 –* ✉ *71680 :*

Château de la Barge, par rte gare T.G.V. ☏ 03 85 37 12 04, Fax 03 85 37 17 18, 🌳, parc – |‡| ☎ 🅿 – 🏫 40. AE ⓓ GB
fermé 24 oct. au 3 nov., 19 déc. au 6 janv., sam. et dim. de nov. à avril et lundi en juil.-août – **Repas** 98/210, enf. 52 – ☕ 42 – **24 ch** 230/310 – 1/2 P 260/315.

à Charnay-lès-Mâcon *Ouest : 2,5 km – 6 102 h. alt. 217 –* ✉ *71850 :*

✗✗ **Moulin du Gastronome,** ☏ 03 85 34 16 68, Fax 03 85 34 37 25, 🌳 – ▤ 🅿. AE GB
fermé 27 juil. au 10 août, vacances de fév., dim. soir et merc. soir – **Repas** 100/310.

OPEL, VOLVO, MAZDA Chauvot Autom., N 6 rte de Lyon ☏ 03 85 32 82 60 🅽 ☏ 03 85 32 82 60
PEUGEOT Nomblot, 89 rte de Lyon par ③ ☏ 03 85 29 60 60 🅽 ☏ 03 85 29 60 63
RENAULT Filiale, carr.de l'Europe et r. de Lyon par ③ ☏ 03 85 32 78 00 🅽 ☏ 08 00 05 15 15
RENAULT Filiale, N 6, 360 r. du KM 400 par ① ☏ 03 85 32 78 00 🅽 ☏ 08 00 05 15 15

Ⓟ Cintas Pneus, 120 r. des Flandines ☏ 03 85 29 25 04
Gaudry Pneu-Point S, 71 rte de Lyon ☏ 03 85 34 70 10

Périphérie et environs

BMW Gar. Favède, N 6 ZAC des Plâtières à Sance ℰ 03 85 38 46 05
CITROEN Autom. du Maconnais, ZAC des Plâtières à Sancé par ① ℰ 03 85 38 58 40 **N** ℰ 03 85 38 84 96

FORD Gar. Corsin, N 6 à Sancé ℰ 03 85 38 73 33

La MADELAINE-SOUS-MONTREUIL 62 P.-de-C. 🗺️ ⑫ – rattaché à Montreuil.

MADIÈRES 30 Gard 🗺️ ⑯ – ✉ 34190 Ganges.
Paris 720 – Montpellier 64 – Lodève 30 – Nîmes 79 – Le Vigan 20.

🏨 **Château de Madières** Ⓜ ◇, ℰ 04 67 73 84 03, Fax 04 67 73 55 71, ≤, �, parc, « Ancienne place forte surplombant les gorges de la Vis », 🎯, ⊥ – 📺 ☎ 🅿. 🆎 ⓘ 🆖 28 mars-2 nov. – **Repas** 145 (déj.), 195/380 – ☑ 80 – **12 ch** 650/1330 – ½ P 630/895.

MADIRAN 65700 H.-Pyrénées 🗺️ ② – 553 h alt. 125.
Paris 751 – Pau 48 – Aire-sur-l'Adour 28 – Auch 72 – Mirande 53 – Tarbes 41.

🏨 **Le Prieuré** ◇, ℰ 05 62 31 92 50, Fax 05 62 31 90 66, � , 🌿 – 📺 ☎ 🅿. 🆎 🆖 fermé janv., dim. soir et lundi de sept. à avril – **Repas** 95/290, enf. 65 – ☑ 35 – **10 ch** 230/300 – ½ P 280.

MAFFLIERS 95560 Val-d'Oise 🗺️ ⑳, 🗺️ ⑦ – 1 168 h alt. 145.
Paris 30 – Compiègne 69 – Beaumont-sur-Oise 13 – Beauvais 55 – Senlis 36.

🏨 **Novotel Château de Maffliers** Ⓜ ◇, ℰ 01 34 08 35 35, Fax 01 34 69 97 49, �garden, « Parc », ✗ – 📺 ☎ & 🅿 – 🍽 120. 🆎 ⓘ 🆖 **Repas** 145/230 bc, enf. 58 – ☑ 59 – **80 ch** 540/570.

MAGAGNOSC 06 Alpes-Mar. 🗺️ ⑧ ,, 🗺️ ⑬ – rattaché à Grasse.

MAGESCQ 40140 Landes 🗺️ ⑯ – 1 218 h alt. 28.
Paris 723 – Biarritz 60 – Mont-de-Marsan 67 – Bayonne 47 – Castets 14 – Dax 16 – Soustons 10.

🏨 **Relais de la Poste** (Coussau) Ⓜ ◇, ℰ 05 58 47 70 25, Fax 05 58 47 76 17, �garden, parc, ⊥, ✗ – 🍴 rest 📺 ☎ ⇐ 🅿. 🆎 ⓘ 🆖 🇯🇨🇧 ❀❀ fermé 11 nov. au 20 déc., lundi soir et mardi sauf hôtel en juil.-août – **Repas** (week-ends, prévenir) 290/395 et carte 310 à 400 – ☑ 60 – **12 ch** 480/650 – ½ P 650/810 **Spéc.** Foie gras de canard chaud aux raisins. Saumon de l'Adour simplement grillé (avril à juil.). Gibier (saison). **Vins** Tursan.

🍴🍴 **Le Cabanon**, Nord : 0,8 km sur ancienne N 10 ℰ 05 58 47 71 51, Fax 05 58 47 75 19, �, « Demeure landaise rustique », 🌿 – 🅿. 🆖 fermé 15 sept. au 15 oct., dim. soir sauf du 14 juil. au 20 août et lundi – **Repas** 129/198 👍 - **La Grange au Canard : Repas** 237/320, enf. 65.

MAGNAC-BOURG 87380 H.-Vienne 🗺️ ⑱ – 857 h alt. 444.
Paris 424 – Limoges 32 – St-Yrieix-la-Perche 27 – Uzerche 27.

🏨 **Midi**, ℰ 05 55 00 80 13, Fax 05 55 48 70 96, � – 📺 ☎ 🍴 🅿. 🆎 ⓘ 🆖 fermé 17 au 30 nov., 15 janv. au 15 fév. et lundi hors sais. sauf fêtes – **Repas** 85/250 – ☑ 35 – **13 ch** 220/260 – ½ P 280.

🍴🍴 **Voyageurs** avec ch, ℰ 05 55 00 80 36, Fax 05 55 00 56 37 – 📺 ☎ ⇐. 🆎 🆖 fermé 10 au 22 juin, 12 au 26 sept., 2 au 15 janv., sam. sauf vacances scolaires et mardi soir – **Repas** 85/210, enf. 70 – ☑ 45 – **7 ch** 210/250 – ½ P 260.

🍴🍴 **Aub. de l'Étang** avec ch, ℰ 05 55 00 81 37, Fax 05 55 48 70 74, �, ⊥ – 📺 ☎ – 🍽 30. 🆖 fermé 12 au 25 oct., 22 déc. au 22 janv., dim. soir et lundi de sept. à avril – **Repas** 80/230 👍, enf. 50 – ☑ 32 – **14 ch** 230/320 – ½ P 250/310.

MAGNY-COURS 58 Nièvre 🗺️ ③ ④ – rattaché à Nevers.

MAGNY-EN-VEXIN 95420 Val-d'Oise 🗺️ ⑱ ⑲, 🗺️ ③ – 5 050 h alt. 60.
🏌️ de Villarceaux ℰ 01 34 67 73 83, SO : 9 km.
Paris 60 – Beauvais 46 – Gisors 17 – Mantes-la-Jolie 22 – Pontoise 28 – Rouen 64 – Vernon-sur-Eure 28.

🍴 **Cheval Blanc**, r. Carnot ℰ 01 34 67 00 37 – 🆖 fermé août, merc. et le soir sauf sam. – **Repas** 85 (déj.), 135/180.

CITROEN Gar. de la Place d'Armes,
 𝄒 01 34 67 00 70
PEUGEOT Gar. Beauval, 𝄒 01 34 67 00 44
RENAULT Magny Autom., 61 r. de Crosne
𝄒 01 34 67 00 46 🅽 𝄒 01 34 67 00 46

🔘 Euromaster, 11 r. Dr.-Fourniols
 𝄒 01 34 67 13 94

MAÎCHE *25120 Doubs* 𝟞𝟞 ⑱ *G. Jura – 4 168 h alt. 777.*
Paris 479 – Besançon 74 – Baume-les-Dames 55 – Montbéliard 42 – Morteau 29 – Pontarlier 60.

🏨 **Panorama** ⌂, 𝄒 03 81 64 04 78, Fax 03 81 64 08 95, ≼, ℀ – cuisinette 📺 ☎ 🅿 🆀 Ⓐ ⓞ ⌂

fermé 5 au 18 janv., – **Repas** *(fermé dim. soir et vend. du 1er oct. au 30 mars)* 85 *(déj.),*
110/240 🍷, *enf.* 60 – � 36 – **32 ch** 220/325, 6 studios – ½ P 220/305.

PEUGEOT Gar. Glasson, 𝄒 03 81 64 00 12
RENAULT Gar. Guillaume, 𝄒 03 81 64 24 56

TOYOTA Gar. Schell, 𝄒 03 81 64 07 73
Gar. Boibessot, 𝄒 03 81 64 09 21

MAILLANE *13 B.-du-R.* 𝟠𝟙 ⑪ ⑫ *– rattaché à St-Rémy-de-Provence.*

MAILLEZAIS *85420 Vendée* 𝟟𝟙 ① *G. Poitou Vendée Charentes – 930 h alt. 6.*
Voir *Ancienne abbaye de Maillezais★.*
🅱 *Office de Tourisme* 𝄒 02 51 87 23 01, Fax 02 51 87 29 10.
Paris 434 – La Rochelle 45 – Fontenay-le-Comte 15 – Niort 29 – La Roche-sur-Yon 71.

🏨 **St-Nicolas** *sans rest,* 𝄒 02 51 00 74 45, Fax 02 51 87 29 10 – ≼ 📺 ☎ ⇦ 🅿 🆀
fermé 15 nov. au 31 janv. – ⊟ 37 – **16 ch** 220/340.

MAILLY-LE-CHÂTEAU *89660 Yonne* 𝟞𝟝 ⑤ *G. Bourgogne – 555 h alt. 180.*
Voir ≼★ *de la terrasse.*
Paris 195 – Auxerre 30 – Avallon 32 – Clamecy 21 – Cosne-sur-Loire 67.

XX **Le Castel** ⌂ *avec ch, près Eglise* 𝄒 03 86 81 43 06, Fax 03 86 81 49 26, ☞ – ☎. 🆀
⊜ *15 mars-15 nov. et fermé merc.* – **Repas** 75/175 – ⊟ 37 – **12 ch** 300/400 – ½ P 320/360.

Les MAILLYS *21 Côte-d'Or* 𝟞𝟞 ⑬ *– rattaché à Auxonne.*

MAISON-DU-ROY *05 H.-Alpes* 𝟟𝟟 ⑱ *– rattaché à Guillestre.*

MAISON-JEANNETTE *24140 Dordogne* 𝟟𝟝 ⑤.
Paris 512 – Périgueux 25 – Angoulême 111 – Bergerac 23 – Libourne 80 – Mussidan 24 – Ste-Foy-la-Grande 46.

🏨 **Tropicana,** *N 21* 𝄒 05 53 82 98 31, Fax 05 53 80 45 50, ☞, ⌨, ☞ – 📺 ☎ 🅿 🆀
⊜ *fermé vacances de printemps, 20 déc. au 6 janv., vend. soir et sam. hors sais.* – **Repas**
68/235 🍷, *enf.* 45 – ⊟ 45 – **23 ch** 240/300 – ½ P 215/255.

MAISON NEUVE *16 Charente* 𝟟𝟚 ⑭ *– rattaché à Angoulême.*

MAISONS-ALFORT *94 Val-de-Marne* 𝟞𝟙 ①,, 𝟙𝟘𝟙 ㉗ *– voir à Paris, Environs.*

MAISONS-LAFFITTE *78 Yvelines* 𝟝𝟝 ⑳,, 𝟙𝟘𝟙 ⑬ *– voir à Paris, Environs.*

MAISONS-LÈS-CHAOURCE *10 Aube* 𝟞𝟙 ⑰ *– rattaché à Chaource.*

MALAKOFF *92 Hauts-de-Seine* 𝟞𝟘 ⑩,, 𝟙𝟘𝟙 ㉕ *– voir à Paris, Environs.*

MALAUCÈNE *84340 Vaucluse* 𝟠𝟙 ③ *G. Provence – 2 172 h alt. 333.*
Voir *O : Dentelles de Montmirail★.*
Env. *Mont Ventoux* ❄★★★ *E : 21 km.*
🅱 *Office de Tourisme pl. Mairie* 𝄒 *et Fax* 04 90 65 22 59.
Paris 675 – Avignon 44 – Carpentras 18 – Vaison-la-Romaine 9.

✂ **Host. La Chevalerie** avec ch., ℰ 04 90 65 11 19, Fax 04 90 12 69 22, 🏖 – 💥☎ 🚗. 🖭
GB
fermé 1er au 10 juil., vacances de Toussaint, 6 au 31 janv., mardi soir hors sais. et merc. –
Repas 92/200 ♣, enf. 50 – 🖵 35 – **6 ch** 235/300 – ½ P 250/270.

CITROEN Gar. Meffre, ℰ 04 90 65 20 26

MALAY 71460 S.-et-L. 🗗 ⑪ G. Bourgogne – *200 h alt. 242.*
Paris 372 – Chalon-sur-Saône 36 – Mâcon 40 – Montceau-les-Mines 39 – Paray-le-Monial 55.

🏛 **La Place** Ⓜ, sur D 981 ℰ 03 85 50 15 08, Fax 03 85 50 13 23, 🏖, 🛋 –📺 ☎ ♿ 🅿 – 🛐 40.
🚗 GB
fermé 13 janv. au 17 fév., dim. soir et lundi de nov. à avril – **Repas** 75/180 ♣, enf. 50 – 🖵 43
– **30 ch** 255/275 – ½ P 250.

MALAY-LE-PETIT 89 Yonne 🗗 ⑭ – *rattaché à Sens.*

MALBUISSON 25160 Doubs 🗗 ⑥ G. Jura – *366 h alt. 900.*
Voir *Lac de St-Point*★.
🛈 *Office de Tourisme Lac St-Point* ℰ 03 81 69 31 21, Fax 03 81 69 71 94.
Paris 447 – Besançon 76 – Champagnole 41 – Pontarlier 16 – St-Claude 73 – Salins-les-Bains 49.

🏛 **Le Lac**, ℰ 03 81 69 34 80, Fax 03 81 69 35 44, ≼, 🌳 – 🍴📺 ☎ 🅿. 🖭 GB
fermé 17 nov. au 18 déc. sauf week-ends – **Repas** 105/240, enf. 50 - **Rest. du Fromage**
(cuisine fromagère) **Repas** 105, enf.45 – 🖵 50 – **54 ch** 230/340 – ½ P 240/290.
Annexe Beau Site 🏛 Ⓜ sans rest, ℰ 03 81 69 70 70 – cuisinette 📺 ☎ 🚗 🅿.
🖵 40 – **17 ch** 170/200.

🏛 **Le Bon Accueil**, ℰ 03 81 69 30 58, Fax 03 81 69 37 60, 🌳 – 📺 ☎ 🚗 🅿. GB. 🍽
fermé 14 au 22 avril, 15 déc. au 15 janv., dim. soir d'oct. à mars, mardi midi et lundi – **Repas**
105/270, enf. 80 – 🖵 42 – **12 ch** 250/360 – ½ P 270/310.

✕✕✕ **Jean-Michel Tannières** avec ch., ℰ 03 81 69 30 89, Fax 03 81 69 39 16, 🏖, 🌳 – 📺 ☎
❀ 🚗 🅿. 🖭 ⓞ GB
fermé 14 au 30 avril, 22 déc. au 10 fév., dim. soir et mardi midi d'oct. à avril et lundi – **Repas**
135/395 et carte 260 à 380, enf. 75 – 🖵 50 – **6 ch** 220/300 – ½ P 350/390
Spéc. Petite brioche farcie aux morilles. Pâté chaud de brochet au coulis d'écrevisses (mai à oct.). Soufflé glacé au "Pontarlier anis". **Vins** Arbois blanc et rouge.

La MALÈNE 48210 Lozère 🗗 ⑤ G. Gorges du Tarn – *188 h alt. 450.*
Voir *O : les Détroits*★★ *et cirque des Baumes*★★ *(en barque).*
🛈 *Syndicat d'Initiative (mi-juin/mi-sept.)* ℰ 04 66 48 50 77 et (hors saison) ℰ 04 66 48 53 44,
Fax 04 66 48 58 51.
Paris 619 – Mende 41 – Florac 41 – Millau 45 – Sévérac-le-Château 33 – Le Vigan 74.

🏛 **Manoir de Montesquiou**, ℰ 04 66 48 51 12, Fax 04 66 48 50 47, 🏖, « Belle demeure
du 15e siècle », 🌳 – 📺 ☎ 🅿. GB
30 mars-fin oct. – **Repas** 170/255, enf. 70 – 🖵 58 – **12 ch** 400/750 – ½ P 430/605.

au Nord-Est *5,5 km sur D 907bis* – ✉ 48210 Ste-Énimie :

🏛 **Château de la Caze** ⊛, ℰ 04 66 48 51 01, Fax 04 66 48 55 75, ≼, 🏖, « Château du
15e siècle au bord du Tarn, parc », 🛋, 🌳 – 📺 ☎ 🅿. 🖭 GB. 🍽 rest
*15 mars-15 nov. et fermé merc. midi sauf juil.-août, merc. soir et jeudi midi sauf du 15 mai
au 30 sept.* – **Repas** 130 (déj.), 170/250, enf. 70 – 🖵 60 – **19 ch** 600/950 – ½ P 500/675.

MALESHERBES 45330 Loiret 🗗 ⑪ G. Ile de France – *5 778 h alt. 108.*
🛈 *Office de Tourisme 2 r. Pilonne* ℰ 02 38 34 81 94.
Paris 81 – Fontainebleau 27 – Étampes 27 – Montargis 61 – Orléans 62 – Pithiviers 18.

🏛 **Écu de France**, pl. Martroi ℰ 02 38 34 87 25, Fax 02 38 34 68 99 – 📺 ☎ 🅿. 🖭 ⓞ GB
Repas (fermé jeudi soir) 100/240 ♣, enf. 40 - **Brasserie de l'Écu :** (fermé jeudi soir) **Repas**
carte 100 à 170 ♣, enf. 40 – 🖵 35 – **13 ch** 140/350 – ½ P 180/265.

à Buthiers *(77 S.-et-M.) Sud-Est : 2 km – 668 h. alt. 75 –* ✉ 77760 :

✕✕ **Roches Gourmandes**, ℰ 01 64 24 14 00 – GB
fermé 3 au 22 sept., lundi et mardi sauf fériés – **Repas** 90/185, enf. 60.

CITROEN Gar. Amant, 20 av. Gén.-Leclerc   RENAULT Gar. Central, 39 av. Gén.-Patton
ℰ 02 38 34 84 56   ℰ 02 38 34 60 36 🗗 ℰ 08 00 05 15 15
PEUGEOT Gar. Thomas, 17 r. A.-Cochery
ℰ 02 38 34 81 41

MALICORNE-SUR-SARTHE 72270 Sarthe 64 ② *G. Châteaux de la Loire – 1 659 h alt. 39.*
  Paris 235 – Le Mans 33 – Château-Gontier 53 – La Flèche 16.

 ✕✕ **La Petite Auberge,** au pont ℰ 02 43 94 80 52, Fax 02 43 94 31 37, ☆ – ⊟
 ⊜ *fermé 20 déc. au 5 janv., 15 fév. au 15 mars, dim. soir, mardi soir et lundi du 16 août au*
   30 juin – **Repas** *(déj. seul. d'oct. à fin mars sauf vend. et sam.)* 80/280.

à Dureil *Nord-Ouest : 6 km par D 8 et rte secondaire – 77 h. alt. 40 –* ⊠ 72270 :

 ✕ **Aub. des Acacias,** ℰ 02 43 95 34 03, ☆ – ⊟
 ⊜ *fermé dim. soir et lundi hors sais. –* **Repas** *(prévenir)* 85/208.

   RENAULT Gar. Georget, ℰ 02 43 94 80 20

MALO-LES-BAINS 59 Nord 51 ④ *– rattaché à Dunkerque.*

Le MALZIEU-VILLE 48140 Lozère 76 ⑮ *– 947 h alt. 860.*
  Paris 548 – Le Puy-en-Velay 76 – Mende 51 – Millau 116 – Rodez 108 – St-Flour 35.

 🏠 **Voyageurs,** rte Saugues ℰ 04 66 31 70 08, Fax 04 66 31 80 36 – ⊟ ☎ 𝐏. ⊟ ⊗
 ⊜ *fermé 20 déc. au 28 fév., dim. soir hors sais. et sam. sauf hôtel –* **Repas** 70/160 ⬧, enf. 38 –
   ⊡ 38 – **19 ch** 250/320 – ½ P 260/320.

   CITROEN Gar. Vidal, ℰ 04 66 31 71 85

MAMERS ◁⊳ 72600 Sarthe 60 ⑭ *G. Normandie Vallée de la Seine – 6 071 h alt. 128.*
   🛈 Office de Tourisme pl. République ℰ 02 43 97 60 63.
   Paris 184 – Alencon 25 – Le Mans 44 – Mortagne-au-Perche 24 – Nogent-le-Rotrou 39.

 🏠 **Dauphin,** 54 r. Fort ℰ 02 43 34 24 24 – ⊡ ☎ 𝐏. ⊞ ⓞ ⊟
 ⊜ **Repas** *(fermé dim. soir)* 60/153 ⬧ – ⊡ 30 – **12 ch** 165/230 – ½ P 150/185.

 ✕ **Bon Laboureur** avec ch, 1 r. P.-Bert ℰ 02 43 31 15 10, Fax 02 43 31 15 25 – ⊡ ☎. ⊞ ⓞ
 ⊜ ⊟
   fermé 16 au 30 août, vend. soir et sam. midi d'oct. à avril, dim. soir et lundi midi – **Repas**
   61/178 ⬧ – ⊡ 30 – **9 ch** 175/225 – ½ P 206/236.

au Pérou *(61 Orne) Est : 6 km par rte de Bellême –* ⊠ 61360 Chemilly :

 ✕ **Petite Auberge,** ℰ 02 33 73 11 34, ☆, ⟅ – 𝐏. ⊟
   fermé lundi soir et mardi – **Repas** 70 *(déj.)*, 160/270, enf. 50.

   CITROEN Autos du Saosnois, 103 rte du Mans   RENAULT Gar. Foullon Dagron, ZI Bellevue bd de
   ℰ 02 43 97 60 17 🅽 ℰ 02 43 97 98 77   l'Europe ℰ 02 43 97 63 03 🅽 ℰ 02 43 97 63 03
   PEUGEOT Gar. du Saosnois, rte de Bellême à Suré   SEAT, VAG Poirier Autom., Les Fosses
   ℰ 02 43 97 64 92   ℰ 02 43 97 13 80

MANCIET 32 Gers 82 ③ *– rattaché à Nogaro.*

MANDELIEU-LA-NAPOULE 06210 Alpes-Mar. 84 ⑧, 114 ㉘, 115 ㉞ *G. Côte d'Azur – 16 493 h
   alt. 4 – Casino .*
   Voir N : Route de Mandelieu ⩽★★.
   🛈 de Mandelieu ℰ 04 93 49 55 39, S : 2 km ; 🛈 Riviera Golf Club, ℰ 04 92 97 67 67,
   SO : 2 km.
   🛈 Office de Tourisme av. Cannes ℰ 04 93 49 14 39 et bd H.-Clews ℰ 04 93 49 95 31.
   Paris 893 – Cannes 9 – Fréjus 30 – Brignoles 87 – Draguignan 53 – Nice 37 – St-Raphaël 31.

 🏨 **Domaine d'Olival** ᔕ sans rest, 778 av. Mer ℰ 04 93 49 31 00, Fax 04 92 97 69 28,
   « Jardin », ⊼, ⊗ – ⊟ ⊡ ☎ 𝐏. ⊞ ⓞ ⊟
   fermé 1ᵉʳ nov. au 15 janv. – ⊡ 58 – **7 ch** 925, 11 appart.

 🏨 **Host. du Golf** Ⓜ ᔕ, 780 av. Mer ℰ 04 93 49 11 66, Fax 04 92 97 04 01, ☆, ⊼, ⟅, ✕ –
   ⊟ ⊡ ☎ ⬧ 𝐏. – ⩘ 25. ⊞ ⓞ ⊟
   Repas 145/205 – ⊡ 40 – **39 ch** 570/640, 16 appart – ½ P 480.

 🏨 **Les Bruyères** Ⓜ sans rest, 1400 av. Fréjus ℰ 04 93 49 92 01, Fax 04 93 49 21 55, ⊼ –
   cuisinette ⊟ ⊡ ☎ ⬧ ⬧ 𝐏. ⊞ ⊟
   ⊡ 40 – **14 ch** 370/560.

 🏠 **Acadia** sans rest, 681 av. Mer ℰ 04 93 49 28 23, Fax 04 92 97 55 54, ⊼, ⟅, ✕ – ⊟ ⊡ ☎
   𝐏. ⊞ ⊟. ⊗
   fermé 15 nov. au 25 déc. – ⊡ 35 – **28 ch** 390/440, 6 appart.

La Napoule – ⊠ 06210 .

Voir *Site*★ *du château-musée*.

Paris 896 – Cannes 9 – Mandelieu-la-Napoule 3 – Nice 40 – St-Raphaël 34.

🏨 **Royal H. Casino** Ⓜ, 605 av. Gén. de Gaulle (N 98) ✆ 04 92 97 70 00, Fax 04 93 49 51 50, ≤, 霜, casino, *I₆*, ⌡, ⌷, ❀ – 劇 ⁵⁴ 🗏 📺 ☎ & 🅿 – 🔬 500. 🄰🄴 🄶🄱
Le Féréol : Repas 195(déj.), 240/290 – � 95 – **201 ch** 1260/1620, 9 duplex – ½ P 1570/1790.

🏨 **Ermitage du Riou**, av. H.-Clews ✆ 04 93 49 95 56, Fax 04 92 97 69 05, ≤, 霜, ⌡ – 劇 🗏 ch 📺 ☎ 🅿 – 🔬 25. 🄰🄴 🄾 🄶🄱 🄹🄲🄱
Repas 230 bc/480 bc – ⊒ 80 – **41 ch** 980/1550 – ½ P 710/968.

🏠 **Parisiana** sans rest, r. Argentière ✆ 04 93 49 93 02 – ☎. 🄰🄴 🄶🄱. ❀
1ᵉʳ mars-31 oct. – ⊒ 30 – **13 ch** 270/370.

🏡 **Corniche d'Or** sans rest, pl. Fontaine ✆ 04 93 49 92 51 –❀
25 avril-20 oct. – ⊒ 27 – **12 ch** 175/290.

🏵🏵🏵🏵 **L'Oasis**, r. J. H. Carle ✆ 04 93 49 95 52, Fax 04 93 49 64 13, 霜, « Patio ombragé et fleuri » – 🗏. 🄰🄴 🄾 🄶🄱 🄹🄲🄱
❀❀ *fermé dim. soir et lundi de nov. à mars* – **Repas** 275 bc (déj.), 390/650 et carte 500 à 640
Spéc. Asperges violettes du pays et morilles à l'oseille (printemps). Risotto de daurade royale aux palourdes et thym citron (été). Selle de chevreuil en noisettes aux myrtilles, poires rôties à la cannelle (automne et hiver). **Vins** Côtes de Provence.

🏵🏵🏵 **La Maison de Bruno et Judy**, pl. Château ✆ 04 93 49 95 15, Fax 04 93 49 95 15, 霜 – 🄰🄴 🄾 🄶🄱
1ᵉʳ avril-31 oct. – **Repas** 155/195 et carte 290 à 370.

🏵🏵 **L'Armorial**, bd H. Clews ✆ 04 93 49 91 80, Fax 04 93 93 28 50, ≤ – 🄶🄱
fermé 15 nov. au 15 déc. et merc. sauf juil.-août et vacances scolaires – **Repas** 140/185.

🏵🏵 **Brocherie II**, au Port ✆ 04 93 49 80 73, Fax 04 93 49 70 51, ≤, 霜, décor marin – 🄰🄴 🄶🄱
fermé 5 janv. au 5 fév. – **Repas** 190.

🏵🏵 **La Pomme d'Amour**, 209 av. 23-Août ✆ 04 93 49 95 19, 霜 – 🄶🄱
fermé 15 nov. au 15 déc., sam. midi de juil. à sept., mardi sauf le soir de juil. à sept. et merc. midi – **Repas** 98/195.

MANDEREN 57 Moselle 🄵🄾 ④ – *rattaché à Sierck-les-Bains.*

MANERBE 14 Calvados 🄵🄵 ⑬ – *rattaché à Lisieux.*

MANIGOD 74230 H.-Savoie 🄷🄸 ⑦ – 636 h alt. 950.

Voir *Vallée de Manigod*★★, G. Alpes du Nord.

🄱 *Office de Tourisme Chef Lieu* ✆ 04 50 44 92 44, Fax 04 50 44 93 58.

Paris 562 – Annecy 27 – Chamonix-Mont-Blanc 91 – Albertville 40 – Bonneville 37 – La Clusaz 18 – Megève 38 – Thônes 6.

rte du col de la Croix-Fry : *5 ,5 km* :

🏨 **Chalet H. Croix-Fry** ❀, ✆ 04 50 44 90 16, Fax 04 50 44 94 87, ≤ montagnes, 霜, ⌡, 🐎, ❀ – 📺 ☎ ⇦ 🅿. 🄰🄴 🄶🄱
15 juin-15 sept. et 15 déc.-15 avril – **Repas** 145/385, enf. 60 – ⊒ 80 – **6 ch** 950/1500, 5 duplex – ½ P 550/900.

au col de la Croix-Fry *Nord-Est : 7 km* – ⊠ 74230 Thônes :

🏡 **Rosières** ❀, ✆ 04 50 44 90 27, Fax 04 50 44 94 70, ≤, 霜 – 📺 ☎ 🅿 – 🔬 25. 🄶🄱
🍴 *fermé 1ᵉʳ au 15 mai et nov.* – **Repas** (fermé lundi soir) 69/140 ⌡ – ⊒ 30 – **17 ch** 250 – ½ P 300.

MANOSQUE 04100 Alpes-de-H.-P. 🄱🄸 ⑮, 🄸🄸🄸 ⑤ G. Alpes du Sud – 19 107 h alt. 387.

Voir *Porte Saunerie*★ – *Sarcophage*★ *dans l'église N.-D. de Romigier* – *Fondation Carzou*★ M – ≤★ *du Mont d'Or NE : 1,5 km* – ≤★ *de la chapelle St-Pancrace 2 km par* ③.

🄸 *de Pierrevert (privé)* ✆ 04 92 72 17 19 ; SO : 7 km par ③ et D 6.

🄱 *Office de Tourisme pl. Dr. P.-Joubert* ✆ 04 92 72 16 00, Fax 04 92 72 58 98.

Paris 759 ③ – Digne-les-Bains 59 ① – Aix-en-Provence 56 ② – Avignon 92 ③ – Grenoble 193 ① – Marseille 87 ②.

MANOSQUE

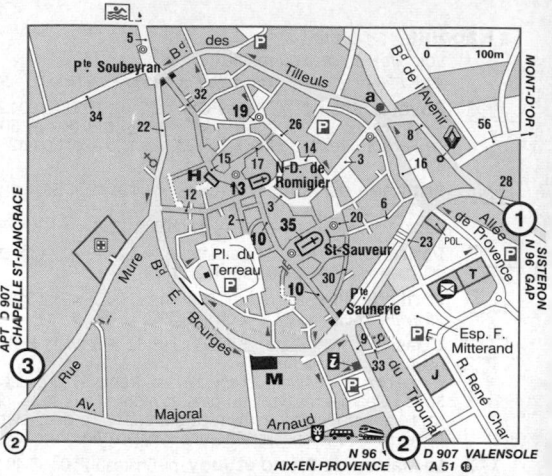

Pré St-Michel M ⑤, Nord : 1,5 km par bd M. Bret et rte Dauphin ℘ 04 92 72 14 27, Fax 04 92 72 53 04, ⚡ – ⊡ ☎ ఉ 🅿 – 🔏 25. ᴁ ⅁
voir rest. *la Source* ci-après – � 35 – **24 ch** 280/330 – ½ P 270/295.

Campanile, par ① ℘ 04 92 87 59 00, Fax 04 92 87 43 78, 🏠 – ↳ ⊡ ☎ ✆ 🅿 – 🔏 25. ᴁ ⓞ ⅁
Repas 84 bc/107 bc, enf. 39 – ⊒ 32 – **31 ch** 278.

Le Sud, bd Gén. de Gaulle ℘ 04 92 87 78 58, Fax 04 92 72 66 60, 🏠 – 🛗 ⊟ ch ⊡ ☎ ✆ ఉ 🅿 – 🔏 50. ᴁ ⓞ ⅁
Repas 77/160 ⅋ – ⊒ 29 – **36 ch** 242/265 – ½ P 234.

La Source, Nord : 1,5 km par bd M. Bret et rte Dauphin ℘ 04 92 72 12 79, 🏠 – 🅿. ⅁
fermé 11 au 27 nov., sam. midi et lundi – **Repas** 98/235.

La Rôtisserie, 43 bd Tilleuls (a) ℘ 04 92 72 32 28, Fax 04 92 72 32 28 – ᴁ ⓞ ⅁
fermé 14 juil. au 15 août, dim. soir et lundi – **Repas** 90/150, enf. 50.

à La Fuste *Sud-Est : 6,5 km par rte de Valensole* – ✉ *04210 Valensole* :

Host. de la Fuste (Jourdan) ⑤, ℘ 04 92 72 05 95, Fax 04 92 72 92 93, ≤, 🏠, « Parc fleuri », ⚡, ⊠ – ⊡ ☎ ఉ 🅿. ⅁
fermé 13 janv. au 16 fév., dim. soir et lundi d'oct. à juin sauf fériés – **Repas** (nombre de couverts limité, prévenir) 250/450 et carte 350 à 520, enf. 130 – ⊒ 90 – **14 ch** 600/1100 – ½ P 750/950.
Spéc. Truffes. Agneau du pays. Gibier (début sept. à fin mars). **Vins** Côtes de Luberon, Palette.

ALFA ROMEO, FIAT, LANCIA Pédinielli, ZI St-Joseph
℘ 04 92 72 31 07
CITROEN Alpes de Provence Autom., rte de Marseille par ② ℘ 04 92 72 09 94
PEUGEOT Gar. Renardat, Prés Combaux av. de la Libération par ② ℘ 04 92 70 74 40 🔃
℘ 04 92 70 74 40
RENAULT SEPAL, rte d'Aix-en-Provence par ②
℘ 04 92 70 14 70
RENAULT Gar. Roubaud, 14 r. Dauphine
℘ 04 92 72 06 09

ROVER Gar. Staiano, 45 r. G.-Pompidou
℘ 04 92 72 55 03
VOLVO Gar. de la Durance, 240 av. du Luberon
℘ 04 92 72 34 99

🔘 Euromaster, rte de la Durance
℘ 04 92 87 72 00
Meizenq Pneus-Point S, ZI de St-Joseph 144 av.
1er-Mai ℘ 04 92 72 36 61

Avant de prendre la route, consultez la **carte Michelin**
n° 911 "FRANCE - Grands Itinéraires".
Vous y trouverez :
– votre kilométrage,
– votre temps de parcours,
– les zones à "bouchons" et les itinéraires de dégagement,
– les stations-service ouvertes 24 h/24...
Votre route sera plus économique et plus sûre.

Le MANS Ⓟ 72000 Sarthe 🗺️ ⑬, 🗺️ ③ *G. Châteaux de la Loire* – 145 502 h Agglo. 189 107 h alt. 80.

Voir *Cathédrale St-Julien*★★ : *chevet*★★★ – *Le Vieux Mans*★★ : *maison de la Reine Bérengère*★ BV M2 – *Église de la Couture*★ : *Vierge*★★ – *Église Ste-Jeanne-d'Arc*★ – *Musée de Tessé*★ – *Abbaye de l'Épau*★ : 4 km par D 152 Z – *Musée de l'Automobile*★★ : 5 km par ⑤.

🏌️ ℰ 02 43 42 00 36, par ⑤ : 11 km ; 🏌️ de Sargé ℰ 02 43 76 25 07, 6 km par ①.

Circuit des 24 heures et circuit Bugatti : 5 km par ⑤.

🅱️ *Office de Tourisme Hôtel des Ursulines, r. Étoile ℰ 02 43 28 17 22, Télex 720006, Fax 02 43 23 37 19 – Automobile Club de l'Ouest, Circuit des 24 heures ℰ 02 43 40 24 24, Fax 02 43 40 24 15.*

Paris 202 ② – Angers 96 ⑤ – Le Havre 197 ⑧ – Nantes 186 ⑤ – Rennes 153 ⑦ – Tours 84 ④.

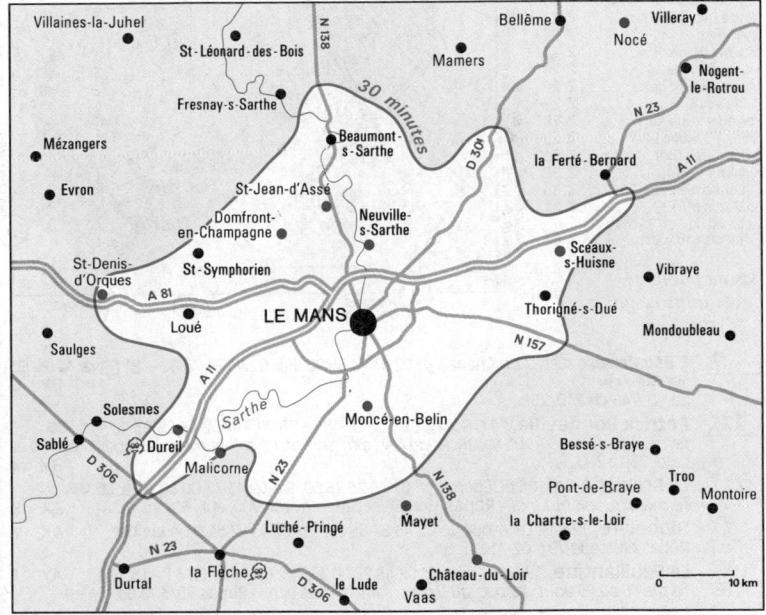

🏨 **Concorde,** 16 av. Gén. Leclerc ℰ 02 43 24 12 30, Fax 02 43 24 85 74, 🍴 – 📶 📺 ☎ 🚗 – 🏛️ 40. 🆎 ⓪ 🇬🇧. 🎀 rest
AX b
Repas 130/195 – 🍽️ 55 – **55 ch** 460/660 – ½ P 420/520.

🏨 **Novotel,** bd R. Schumann (Z.A.C. Sablons) ⊠ 72100 ℰ 02 43 85 26 80, Fax 02 43 75 31 76, 🍴, 🏊, 🌳 – 📶 📺 ☎ 🖐️ ⚅ 🅿️ – 🏛️ 150. 🆎 ⓪ 🇬🇧
Z a
Repas carte environ 170 ⅍, enf. 50 – 🍽️ 52 – **94 ch** 425/470.

🏨 **Chantecler** Ⓜ sans rest, 50 r. Pelouse ℰ 02 43 24 58 53, Fax 02 43 77 16 28 – 📶 📺 ☎ ⚅ 🅿️. 🆎 🇬🇧
AY f
🍽️ 45 – **32 ch** 310/360, 3 appart.

🏨 **Climat de France** Ⓜ, 79 bd A. Oyon (gare Sud) ℰ 02 43 85 49 00, Fax 02 43 85 25 95 – 📶 📺 ☎ ⚅ – 🏛️ 100. 🆎 ⓪ 🇬🇧
AY a
Repas *(fermé sam. soir et dim.)* 99/138 ⅍, enf. 36 – 🍽️ 35 – **66 ch** 295/395.

🏨 **Emeraude** sans rest, 18 r. Gastelier ℰ 02 43 24 87 46, Fax 02 43 24 60 64 – 📶 🖐️ 📺 ☎ 🚗. 🇬🇧. 🎀
AY z
🍽️ 45 – **33 ch** 270/290.

🏨 **Atlantique** sans rest, 26 r. E. Chesne ⊠ 72100 ℰ 02 43 50 29 60, Fax 02 43 50 29 79 – 📺 ☎ ⚅ 🅿️. 🆎 🇬🇧
Z s
fermé 25 déc. au 2 janv. – 🍽️ 32 – **29 ch** 200/320.

🏨 **Commerce** sans rest, 41 bd Gare ℰ 02 43 83 20 20, Fax 02 43 83 20 21 – 📺 ☎ ⚅. 🆎 ⓪ 🇬🇧
AY d
🍽️ 40 – **31 ch** 215/270.

LE MANS

*Pas de publicité
payée dans ce guide.*

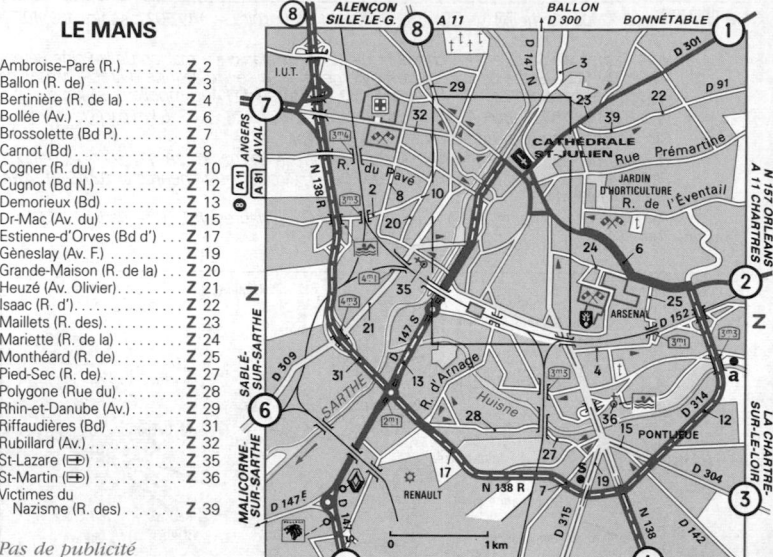

L'**Escale** sans rest, 72 r. Chanzy ℘ 02 43 84 55 92, Fax 02 43 84 76 82 – ⬚ ⓽ ☎ ✆ 🅿. ᴁᴇ ① ᴳᴮ ᴊᴄᴮ
⬚ 40 – **46 ch** 210/250.
BY u

✕✕✕ **Patrick Bonneville,** 14 r. Bourg Belé ℘ 02 43 23 75 00, Fax 02 43 23 93 10 – 🅿. ᴳᴮ
fermé 14 juil. au 15 août, vacances de fév., dim. soir, mardi soir et merc. – **Repas** 136/190 et carte 230 à 290.
BY k

✕✕✕ **Le Grenier à Sel,** 26 pl. Éperon ℘ 02 43 23 26 30, Fax 02 43 77 00 80 – 🍽. ᴁᴇ ᴳᴮ
fermé dim. soir et lundi – **Repas** 110/250 et carte environ 200, enf. 60.
AX x

✕✕ **Hippolyte,** 12 r. H. Lecornué ℘ 02 43 87 51 00, Fax 02 43 87 51 01 – 🍽. ᴳᴮ
Repas brasserie 79/102 ⅃, enf. 54.
AX v

✕✕ **La Feuillantine,** 19 bis r. Foisy ℘ 02 43 28 00 38, Fax 02 43 23 22 31 – ᴁᴇ ᴳᴮ
fermé 10 au 25 août, 20 déc. au 5 janv., sam. midi et dim. – **Repas** 75/300 bc.
AY f

✕✕ **Chez Jean,** 9 r. Dorée ℘ 02 43 28 22 96, Fax 02 43 28 22 96, ⅏ – ᴁᴇ ① ᴳᴮ ᴊᴄᴮ
fermé 17 août au 9 sept., 2 au 12 janv., dim. soir et lundi – **Repas** 118/168 ⅃, enf. 42.
AX e

✕✕ **La Ciboulette,** 14 r. Vieille Porte ℘ 02 43 24 65 67, Fax 02 43 87 51 18 – 🍽. ᴁᴇ ᴳᴮ
fermé sam. midi et dim. – **Repas** 120/158 ⅃.
AX x

✕✕ **Le Beaulieu,** 24 r. Ponts Neufs ℘ 02 43 87 78 37, Fax 02 43 87 78 27 – ᴁᴇ ① ᴳᴮ
fermé 2 au 31 août, sam. midi et dim. – **Repas** 100 (déj.), 142/173.
BX h

✕ **Grand Cerf,** 8 quai Amiral Lalande ℘ 02 43 24 16 83, Fax 02 43 23 98 72 – ᴳᴮ
fermé 13 juil. au 17 août, sam. midi, dim. soir et lundi – **Repas** 75/169 ⅃.
AX t

par ② **et rte de l'Éventail : 4 km** – ⊠ 72000 Le Mans :

La Pommeraie ⁓ sans rest, ℘ 02 43 85 13 93, « Jardin fleuri » – 🆅 ☎ 🅿.
⬚ 24 – **34 ch** 89/240.

par ④ **sur N 138 : 4 km** – ⊠ 72100 Le Mans :

Green 7 Ⓜ, 447 av. G. Durand (rte de Tours) ℘ 02 43 85 05 73, Fax 02 43 86 62 78, ⅏, ⅋
– 🆅 ☎ ✆ ६. – 🏊 40. ᴳᴮ
Repas *(fermé 1ᵉʳ au 20 août, vend. soir et dim. soir)* 80/199 ⅃, enf. 50 – ⬚ 48 – **50 ch** 270/330 – ½ P 217.

sur D 147ˢ par ⑤ **et rte d'Arnage : 10 km** – ⊠ 72230 Arnage :

✕✕✕ **Aub. des Matfeux,** 289 rte Nationale (dir. La Flèche) ℘ 02 43 21 10 71, Fax 02 43 21 25 23, ⅋ – 🅿. ᴁᴇ ① ᴳᴮ
fermé 21 juil. au 14 août, vacances de fév., dim. soir, soirs fériés et lundi – **Repas** 115/348 et carte 290 à 430.

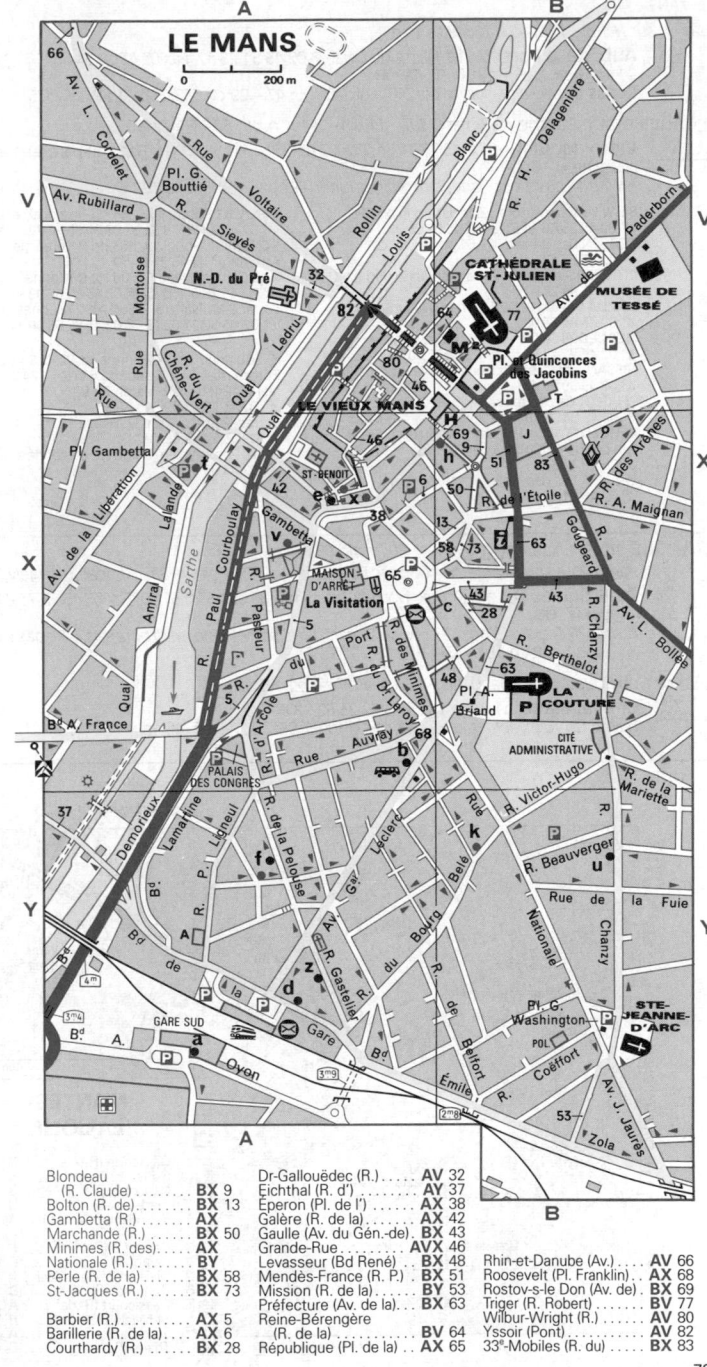

LE MANS

0   200 m

CATHÉDRALE ST-JULIEN

MUSÉE DE TESSÉ

Pl. et Quinconces des Jacobins

LE VIEUX MANS

Pl. Gambetta

ST-BENOÎT

MAISON D'ARRÊT
La Visitation

LA COUTURE

PALAIS DES CONGRÈS

CITÉ ADMINISTRATIVE

N.-D. du Pré

GARE SUD

STE-JEANNE-D'ARC

par ⑦ *sur N 157 : 4 km –* ☒ *72000 Le Mans :*

🏨 **Aub. de la Foresterie** Ⓜ, rte de Laval ℘ 02 43 51 25 12, Fax 02 43 28 54 58, ㄹ, ⌐, ㎡
– ✸ 🔟 ☎ & 🅿 – 🛎 60. ⒶⒺ ⓪ 🅶🅱
Repas *(fermé dim. soir)* 98 bc/248, enf. 70 – ☲ 47 – **29 ch** 338/530 – ½ P 280/375.

à Neuville-sur-Sarthe par ⑧ *et D 197 : 11 km – 2 121 h. alt. 60 –* ☒ *72190 :*

🍴🍴 **Vieux Moulin,** ℘ 02 43 25 31 84, Fax 02 43 25 50 80, ≤, 佘, « Dans un parc au bord de
la Sarthe » – 🅶🅱
fermé 15 au 31 oct., janv., dim. soir et lundi – **Repas** 130/380, enf. 85.

BMW Le Mans Autom., ZI Sud rte d Allonnes
℘ 02 43 85 00 11 Ⓝ ℘ 02 43 85 66 99
CITROEN Gar. Loinard, 49-51 bd A.-France
℘ 02 43 28 12 84
CITROEN Alteam, bd P.-Lefaucheux ZI Sud par ⑤
℘ 02 43 84 20 90
MAZDA S.O.V.M.A., 124 r. Chanzy/84 r.Bazeilles
℘ 02 43 84 55 08
MERCEDES Sarthe Autom., 425 av. Bollée
℘ 02 43 72 72 33 Ⓝ ℘ 03 88 72 00 94
NISSAN A.M.S., bd Estienne d"Orves rocade Sud
℘ 02 43 39 93 40
PEUGEOT Gar. Cottereau, 125 av. G.-Durand par ④
℘ 02 43 84 05 99
PEUGEOT Gar. de la Sarthe, bd P.-Lefaucheux ZI
Sud par D147 ℘ 02 43 50 65 06 Ⓝ
℘ 06 09 17 66 71
RENAULT Gar. des Jacobins, 8 r. du Cirque
℘ 02 43 81 73 50

RENAULT Succursale, 261 bd Demorieux
℘ 02 43 78 78 78 Ⓝ ℘ 08 00 05 72 72
ROVER Gar. Soupizet, 153 bd P.-Lefaucheux à
Arnage ℘ 02 43 21 68 50
VAG Gar. Robineau, ZI Sud rte d'Allonnes
℘ 02 43 78 50 50 Ⓝ ℘ 02 43 85 66 99
Espace Mulsanne, ZI Sud rte d'Allonnes
℘ 02 43 50 22 02 Ⓝ ℘ 02 43 85 66 99

🌀 Equipneu, rte de Parigne ℘ 02 43 84 30 05
Euromaster, 6 pl. Gambetta ℘ 02 43 24 27 74
Marsat Pneus, r. P.-Martin ZI Sud
℘ 02 43 72 91 19
Sofrap-Point S, 30 av. O.-Heuzé
℘ 02 43 24 75 82
Tours Pneus Vulco, ZI Sud rte d'Allonnes
℘ 02 43 85 84 31

MANSLE *16230 Charente* 🔢 ③ ④ *– 1 601 h alt. 65.*
Paris 422 – Angoulême 26 – Cognac 53 – Limoges 93 – Poitiers 88 – St-Jean-d'Angély 62.

🏛 **Trois Saules** ⊗, à St-Groux, Nord Ouest : 3 km ℘ 05 45 20 31 40, Fax 05 45 22 73 81, ㎡
⊜ – 🔟 ☎ 🅿. 🅶🅱
fermé 26 oct. au 10 nov., 23 fév. au 2 mars, dim. soir et lundi midi hors sais. – **Repas** 60/165
🍷 – ☲ 28 – **10 ch** 180/235 – ½ P 195/225.

à Luxé Nord-Ouest : 9 km par D 739 – 733 h. alt. 70 – ☒ *16230 :*

🍴🍴 **Cheval Blanc,** à la gare ℘ 05 45 22 23 62 – 🅶🅱
fermé fév., dim. soir et lundi – **Repas** 60 (déj.), 95/300 🍷, enf. 45.

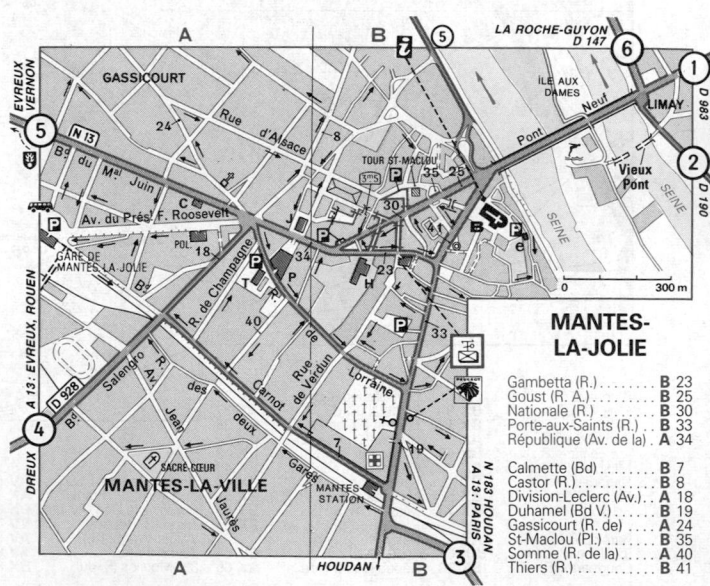

MANTES-LA-JOLIE

MANTES-LA-JOLIE ⬙ *78200 Yvelines* 55 ⑱, 106 ⑮ *G. Ile de France* – *45 087 h alt. 34.*

Voir *Collégiale Notre-Dame★★* **BB**.

🛆🛆 *du Prieuré à Sailly-en-Vexin* 𝒫 01 34 76 70 12, *par* ① *: 12 km ;* 🛆 *de Guerville* 𝒫 01 30 92 45 45, *SE : 6 km par* ③ *puis D 158 ;* 🛆 *Moisson (Base de Loisirs)* 𝒫 01 34 79 39 00 *par N 13 et D 124 : 14 km.*

Paris 56 ③ – *Beauvais 68* ① – *Chartres 78* ④ – *Évreux 46* ④ – *Rouen 80* ④ – *Versailles 45* ③.

Plan page ci-contre

XX **La Galiote**, 1 r. Fort 𝒫 01 34 77 03 02, Fax 01 34 77 07 90 – 🆎 **GB**   B e
fermé vacances de fév., dim. soir et lundi soir – **Repas** 175/300.

à Mantes-la-Ville *par* ③ *: 2 km* – *19 081 h. alt. 36* – ⊠ *78200* :

XXX **Moulin de la Reillère**, 171 rte Houdan 𝒫 01 30 92 22 00, 🍽, *parc* – 🅿. **GB**
fermé dim. soir et lundi sauf fériés – **Repas** 140/265 et carte 250 à 360.

à Rosay *par* ③ *: 10 km* – *348 h. alt. 98* – ⊠ *78790* :

XX **Aub. de la Truite** (Lemoine), 𝒫 01 34 76 30 52, Fax 01 34 76 30 65, 🍽 – 🆎 **GB**
ⵖ *fermé 1ᵉʳ au 7 sept., dim. soir et lundi* – **Repas** 140/260 et carte 280 à 400
   Spéc. Morue fraîche à la purée d'ail et pommes rattes, petite sauce crémée. Foie gras de canard poêlé au pain d'épice, gâteau de vermicelle. "Pastilla" guanaja, parfum de cannelle aux mendiants.

à Dennemont *par* ⑥ *: 3 km* – ⊠ *78520* :

XX **Port Maria**, 35 r. J. Jaurès 𝒫 01 34 77 18 22, Fax 01 34 97 57 58, 🍽 – 🅿. 🆎 ⓞ **GB**
Repas 145, enf. 80.

à St-Martin-la-Garenne *par* ⑥ *et D 147 : 7 km* – *654 h. alt. 125* – ⊠ *78520 Limay* :

XX **Aub. St-Martin**, 𝒫 01 34 77 58 45 – 🅿. **GB**
fermé 28 juil. au 26 août, lundi et mardi – **Repas** 130/160.

CITROEN Nord-Ouest Autom., 87 bd Salengro à Mantes-la-Ville par ④ 𝒫 01 34 77 04 30
FORD Gar. Chantereine, 2 r. Chantereine à Mantes-la-Ville 𝒫 01 34 77 31 75
MERCEDES **TOYOTA** Gar. Mongazons, av. de l'Europe à Magnanville 𝒫 01 34 77 10 75
PEUGEOT Ste Mantaise Automobile, 13 bd Duhamel 𝒫 01 34 77 08 27
RENAULT Succursale, 6 r. Ouest à Mantes-la-Ville par ④ 𝒫 01 30 98 28 28 🚹 𝒫 08 00 05 15 15

🖲 Bertault Pneus, 45 r. Martraits 𝒫 01 34 77 11 88
Marsat Pneus, 125 bd R.-Salengro à Mantes-la-Ville 𝒫 01 30 92 49 49
Marsat Pneus, 141 bd Mar.-Juin 𝒫 01 30 94 07 40
Nony Pneus, N 190 à Gargenville 𝒫 01 30 93 65 27
RENAULT Phénix Autom., 21 av. de Paris à Gargenville 𝒫 01 30 93 63 12

MANTES-LA-VILLE *78 Yvelines* 55 ⑱ – *rattaché à Mantes-la-Jolie.*

MANZAC-SUR-VERN *24110 Dordogne* 75 ⑤ – *488 h alt. 80.*
Paris 506 – *Périgueux 19* – *Bergerac 34* – *Bordeaux 108.*

XX **Lion d'Or** avec ch, 𝒫 05 53 54 28 09, Fax 05 53 54 25 50, 🍽, 🏖 – ☎ – 🏛 25. 🆎 ⓞ **GB**
ⵖ *fermé 25 oct. au 9 nov., vacances de fév., dim. soir sauf juil.-août et lundi* – **Repas** 70 (déj.), 100/200, enf. 52 – ⊡ 32 – **7 ch** 190/200 – ½ P 250.

MARANS *17230 Char.-Mar.* 71 ⑫ *G. Poitou Vendée Charentes* – *4 170 h alt. 1.*
Paris 459 – *La Rochelle 23* – *La Roche-sur-Yon 59* – *Fontenay-le-Comte 27* – *Niort 54.*

X **Porte Verte**, 20 quai Foch 𝒫 05 46 01 09 45, 🍽 – **GB**
ⵖ *fermé 18 fév. au 4 mars, dim. soir du 15 sept. au 15 juin et merc.* – **Repas** (nombre de couverts limité, prévenir) 85/165 🍷.

MARBOUÉ *28 E.-et-L.* 60 ⑰ – *rattaché à Châteaudun.*

MARÇAY *37 I.-et-L.* 67 ⑨ – *rattaché à Chinon.*

MARCENAY *21330 Côte-d'Or* 65 ⑧ – *130 h alt. 220.*
Paris 233 – *Auxerre 72* – *Chaumont 73* – *Dijon 92* – *Montbard 35* – *Troyes 67.*

🏠 **Le Santenoy** 🐾, au Lac : 1 km 𝒫 03 80 81 40 08, Fax 03 80 81 43 05, ≤, 🍽, 🌳, 🏖 – 📺 ☎
⬙ ✆ ⅃. 🅿 – 🏛 30 à 80. 🆎 **GB**
Repas 72 bc/195 🍷, enf. 50 – ⊡ 30 – **18 ch** 140/248 – ½ P 165/220.

à Balot *Sud-Est : 7 km par D 5ᶠ et D 118* – *93 h. alt. 272* – ⊠ *21330* :

🏠 **Aub. de la Baume**, 𝒫 03 80 81 40 15, Fax 03 80 81 62 87 – 📺 ☎. **GB**
⬙ *fermé 20 déc. au 5 janv. et vend. soir d'oct. à mars* – **Repas** 65/155 🍷, enf. 54 – ⊡ 35 –
10 ch 200/250 – ½ P 230.

MARCILLAC-LA-CROISILLE *19320 Corrèze* **75** ⑩ *G. Berry Limousin – 787 h alt. 550.*
Paris 482 – Aurillac 80 – Argentat 25 – Égletons 17 – Mauriac 41 – Tulle 27.

au Pont du Chambon *Sud-Est : 15 km par D 978 et D 13 – ⊠ 19320 St-Merd-de-Lapleau :*

※※　**Fabry** *(Au Rendez-vous des Pêcheurs)* 🐾 *avec ch,* ℘ 05 55 27 88 39, *Fax* 05 55 27 83 19,
  <, ☞ – 📺 ☎ 🅿, GB
  fermé 12 nov. au 22 déc., 8 janv. au 15 fév., vend. soir et sam. midi du 1ᵉʳ oct. au 30 mars –
  Repas 78/200 ⅄ – ☷ 38 – **8 ch** 235/265 – ½ P 260/270.

MARCILLY-EN-VILLETTE *45 Loiret* **64** ⑨ *– 1 714 h alt. 124 – ⊠ 45240 La Ferté-St-Aubin.*
Paris 154 – Orléans 19 – Blois 81 – Romorantin-Lanthenay 55 – Salbris 42.

※　**Aub. de la Croix Blanche** *avec ch, 118 pl. Église* ℘ 02 38 76 10 14, *Fax* 02 38 76 10 67
  – 📺 ☎ ℃, GB
  fermé 16 au 30 août, 13 au 28 fév. et vend. – **Repas** 80/170, *enf. 46* – ☷ 26 – **7 ch** 130/220 –
  ½ P 186/216.

   CITROEN Gar. Juranville, r. de Sologne ℘ 02 38 76 12 02

MARCOUSSIS *91 Essonne* **60** ⑩,, **106** ㉚,, **101** ㉞ *– voir à Paris, Environs.*

MARCQ-EN-BAROEUL *59 Nord* **51** ⑯,, **111** ⑬ *– rattaché à Lille.*

MARENNES *17320 Char.-Mar.* **71** ⑭ *G. Poitou Vendée Charentes – 4 634 h alt. 10.*
  Voir ✳⋆ *de la tour de l'église.*
  Env. *Remparts⋆⋆ de Brouage NE : 6,5 km.*
  Pont de la Seudre : passage gratuit.
  🛈 *Office de Tourisme pl. Chasseloup-Laubat* ℘ 05 46 85 04 36, *Fax* 05 46 85 14 20.
  Paris 497 – La Rochelle 60 – Royan 31 – Rochefort 22 – Saintes 40.

à Bourcefranc-le-Chapus *Nord-Ouest : 5 km – 2 851 h. alt. 5 – ⊠ 17560 .*
  Voir *A la pointe du Chapus* ≤⋆ *sur le pont d'Oléron NO : 3 km.*

🏢　**Terminus,** *au port du Chapus* ℘ 05 46 85 02 42, *Fax* 05 46 85 32 39, <, – 📺 ☎, GB
  ※–ch
  fermé 13 au 28 janv. – **Repas** 85/170 – ☷ 30 – **10 ch** 240 – ½ P 240/260.

   ⑩ Vulco, ℘ 05 46 85 00 08

MARGAUX *33460 Gironde* **71** ⑧ *G. Pyrénées Aquitaine – 1 387 h alt. 16.*
  Paris 602 – Bordeaux 31 – Lesparre-Médoc 42.

🏰　**Relais de Margaux** Ⓜ 🐾, *Nord : 2 km par rte secondaire* ℘ 05 57 88 38 30,
  Fax 05 57 88 31 73, <, 🍽, *parc,* ⌧, ℀ – 🛗 📺 ☎ 🅿, – 🏛 80. ﷼ ⓞ GB
  fermé déc. et janv. – **Repas** *(fermé dim. soir et lundi)* 200/350 – ☷ 90 – **28 ch** 780/980,
  3 appart.

※※　**Le Savoie,** ℘ 05 57 88 31 76, *Fax* 05 57 88 31 76, 🍽 –※
  fermé vacances de printemps, dim. et fériés – **Repas** 80/130.

à Arcins *Nord-Ouest : 6 km sur D 2 – 304 h. alt. 10 – ⊠ 33460 :*

※　**Lion d'Or,** ℘ 05 56 58 96 79 – ▤, ﷼ GB
  fermé juil., 23 déc. au 1ᵉʳ janv., dim. et lundi – **Repas** *(nombre de couverts limité, prévenir)*
  65 bc, *sam. soir carte seul.* 130/270, *enf. 45.*

MARGUERITTES *30 Gard* **80** ⑲ *– rattaché à Nîmes.*

MARIGNANE *13700 B.-du-R.* **84** ⑫, **114** ㉗ *G. Provence – 32 325 h alt. 10.*
  Voir *Canal souterrain du Rove⋆ SE : 3 km.*
  ✈ *de Marseille-Provence :* ℘ 04 42 78 21 00.
  🛈 *Office de Tourisme 4 bd F.-Mistral* ℘ 04 42 09 78 83, *Fax* 04 42 77 80 38 – *Automobile Club*
  8 av. Europe ℘ 04 42 88 99 64.
  Paris 756 – Marseille 27 – Aix-en-Provence 26 – Martigues 16 – Salon-de-Provence 33.

à l'aéroport *au Nord – ⊠ 13700 Marignane :*

🏨　**Sofitel** Ⓜ, ℘ 04 42 78 42 78, *Fax* 04 42 78 42 70, 🍽, 🦐, ⌧, ☞, ℀ – 🛗 ⇌ ▤ 📺 ☎ ℃
  &, 🅿 – 🏛 200. ﷼ ⓞ GB JCB
  Le Cenadou *(fermé 2 au 24 août, sam., dim. et fériés)* **Repas** 195(déj.)/205, *enf. 135* –
  Le Café : Repas 130 ⅄, *enf. 110* – ☷ 80 – **177 ch** 850, 3 appart.

🏨 **Primotel,** ✉ 13127 Vitrolles 𝄐 04 42 79 79 19, Fax 04 42 89 69 18, 🌁, ⌁, ✖ – ❘≸❘ 🖳 📺 ☎ ♿ 🅿 – 🛗 100. 🆎 ⓪ ☒
Repas 122 ⅄, enf. 55 – ☰ 50 – **120 ch** 360.

🏨 **Ibis** Ⓜ, 𝄐 04 42 79 61 61, Fax 04 42 89 93 13, 🌁, ⌁ – ❘≸❘ 🍽 🖳 📺 ☎ ✆ ♿ 🅿 – 🛗 50. 🆎 ⓪ ☒
Repas 95 ⅄, enf. 39 – ☰ 35 – **85 ch** 310.

✕✕ **Le Romarin,** Aérogare Terminal 1 𝄐 04 42 14 21 21, Fax 04 42 14 20 20 – 🖳. 🆎 ⓪ ☒
Repas (déj. seul.) 145.

Z.I. Les Estroublans Nord-Est : 4 km par D 9 (rte Vitrolles) – ✉ 13127 Vitrolles :

🏨 **Novotel** Ⓜ, 5ᵉ Rue 𝄐 04 42 89 90 44, Fax 04 42 79 07 04, 🌁, ⌁, 🖼 – ❘≸❘ 🍽 🖳 📺 ☎ 🅿 – 🛗 200. 🆎 ⓪ ☒
Repas 110/125 ⅄, enf. 51 – ☰ 52 – **140 ch** 430/460.

CITROEN SADAM, 67 Av. du 8 Mai 1945
𝄐 04 42 46 20 00 🅽 𝄐 04 91 43 80 37
PEUGEOT Provence Autom., 45 av. 8 Mai 1945
𝄐 04 42 31 71 71
RENAULT Marignane Autom., av. 8 Mai 1945
𝄐 04 42 10 12 12 🅽 𝄐 08 00 05 15 15
RENAULT Vitrolles Autom., r. Bastide Blanche ZAC
Griffon à Vitrolles 𝄐 04 42 89 92 99

🛞 Ayme Pneus, 2ᵉ av. N 4 ZI Estroublans à
Vitrolles 𝄐 04 42 79 04 00
Denizon Pneu, av. 8 Mai 1945 à St-Victoret
𝄐 04 42 79 79 42
Euromaster, 11 r. 2è av. ZI à Vitrolles
𝄐 04 42 79 70 23
Gay Pneus, 29 1ᵉ av. ZI à Vitrolles
𝄐 04 42 15 99 15

MARIGNY-ST-MARCEL 74150 H.-Savoie 🎴 ⑤ – 581 h alt. 404.

Paris 539 – Annecy 18 – Aix-les-Bains 20 – Bellegarde-sur-Valserine 42 – Rumilly 6.

✕✕ **Blanc,** 𝄐 04 50 01 09 50, Fax 04 50 64 58 05 – 🅿. 🆎 ⓪ ☒
fermé sam. – **Repas** 80 (déj.), 110/300.

Si vous êtes retardé sur la route, dès 18 h,
confirmez votre réservation par téléphone,
c'est plus sûr... et c'est l'usage.

MARINGUES 63350 P.-de-D. 🎴 ⑤ G. Auvergne – 2 345 h alt. 315.

Paris 415 – Clermont-Ferrand 31 – Lezoux 16 – Riom 21 – Thiers 24 – Vichy 28.

✕✕ **Clos Fleuri** avec ch, rte Clermont 𝄐 04 73 68 70 46, Fax 04 73 68 75 58, 🌁, « Jardin
🍴 ombragé » – 📺 ☎ ♿ 🅿. ☒, ✖ ch
fermé 15 fév. au 8 mars, dim. soir et lundi du 15 sept. au 15 juin – **Repas** 75/220 ⅄ – ☰ 32 –
15 ch 160/300 – ½ P 200/250.

PEUGEOT Gar. Larzat et Meyronne, 𝄐 04 73 68 70 50

MARLENHEIM 67520 B.-Rhin 🎴 ⑨ – 2 956 h alt. 195.

Paris 467 – Strasbourg 21 – Haguenau 36 – Molsheim 12 – Saverne 18.

🏨 **Host. Reeb,** 𝄐 03 88 87 52 70, Fax 03 88 87 69 73, 🌁 – 🖳 rest 📺 ☎ ✆ 🅿 – 🛗 25. 🆎
⓪ ☒, ✖ ch
fermé dim. soir et lundi de nov. à mars – **Repas** 150/275 ⅄ **-La Crémaillère** (fermé dim. et
lundi de nov. à mars) **Repas** 55(déj.),95/160⅄, enf. 50 – ☰ 40 – **35 ch** 265/285 – ½ P 275.

✕✕✕✕ **Le Cerf** (Husser) avec ch, 𝄐 03 88 87 73 73, Fax 03 88 87 68 08, 🌁 – 📺 ☎ 🅿. 🆎 ⓪ ☒
❀❀ *fermé mardi et merc.* – **Repas** 250 bc (déj.), 295/500 et carte 260 à 370, enf. 85 – ☰ 65 –
15 ch 300/650
Spéc. Marbré de saumon fumé et anguille à l'aneth. Choucroute au cochon de lait rôti et
foie gras fumé. Suprême de sandre au pinot noir. **Vins** Pinot noir, Riesling.

CITROEN Gar. Kah-Fuchs, 10 rte de Strasbourg à
Furdenheim 𝄐 03 88 69 01 39
FORD Gar. Schaeffer, rte de Kirschheim
𝄐 03 88 87 55 64 🅽 𝄐 03 88 87 55 64

PEUGEOT Gar. Eberle, 3 r. du Gén. de Gaulle
𝄐 03 88 87 71 79
RENAULT Gar. Baehrel, 32 r. du Gén. de Gaulle
𝄐 03 88 87 52 41

MARLY-LE-ROI 78 Yvelines 🎴 ⑲ ⑳ ,, 🔟🔟 ⑫ ⑬ – voir à Paris, Environs.

MARMAGNE 71710 S.-et-L. 🎴 ⑧ – 1 339 h alt. 310.

Paris 308 – Chalon-sur-Saône 45 – Autun 21 – Le Creusot 9 – Mâcon 97 – Montceau-les-Mines 22.

✕✕ **Vieux Jambon** avec ch, rte Creusot 𝄐 03 85 78 20 32, Fax 03 85 78 29 91 – 📺 ☎ 🅿. ☒
🍴 *fermé 19 nov. au 3 déc. lundi midi en hiver et dim. soir hors sais.* – **Repas** 75/200 ⅄ – ☰ 35 –
13 ch 190/250 – ½ P 190/220.

RENAULT Gar. Détang, D 61 à St-Symphorien-de-Marmagne 𝄐 03 85 54 40 43 🅽 𝄐 03 85 54 40 43

MARMANDE 47200 L.-et-G. **79** ③ *G. Pyrénées Aquitaine* – *17 568 h alt. 30.*

🛏 ℰ 05 53 20 87 60, E : 4 km.

🛈 *Office de Tourisme bd Gambetta* ℰ 05 53 64 44 44.

Paris 668 ④ – *Agen 68* ② – *Bergerac 57* ① – *Bordeaux 91* ③ – *Libourne 66* ④.

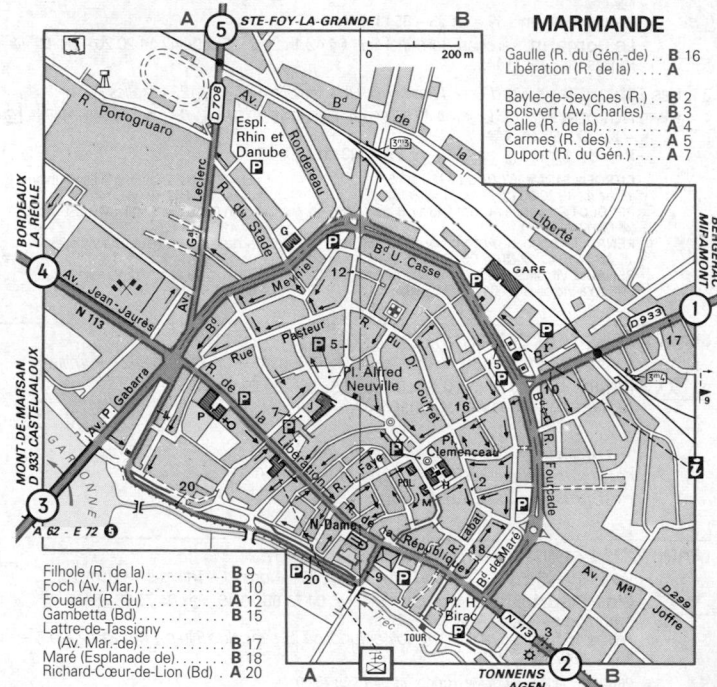

MARMANDE

Gaulle (R. du Gén.-de) . . **B** 16
Libération (R. de la) . . . . **A**

Bayle-de-Seyches (R.) . . **B** 2
Boisvert (Av. Charles) . . **B** 3
Calle (R. de la) . . . . **A** 4
Carmes (R. des) . . . . . . **A** 5
Duport (R. du Gén.) . . . . **A** 7

Filhole (R. de la) . . . . **B** 9
Foch (Av. Mar.) . . . . **B** 10
Fougard (R. du) . . . . **A** 12
Gambetta (Bd) . . . . **B** 15
Lattre-de-Tassigny
(Av. Mar.-de) . . . . **B** 17
Maré (Esplanade B.) . . . . **B** 18
Richard-Cœur-de-Lion (Bd) . **A** 20

🏨 **Capricorne,** rte Agen par ② ℰ 05 53 64 16 14, Fax 05 53 20 80 18, 🏤, ⌧, 🎠 – 🗏 📺 ☎ ✆ 🅿 🝙 ☯ ⑨ 𝕲𝕭
⌂
fermé 19 déc. au 4 janv. – **Le Trianon** ℰ 05 53 20 80 94 *(fermé 5 au 11 janv., sam. midi et dim.)* **Repas** 78/220, ⅄, enf. 50 – ⌧ 36 – **34 ch** 260/280 – ½ P 240.

🏨 **Europ'H.** sans rest, pl. Couronne ℰ 05 53 20 93 93, Fax 05 53 64 46 31 – |≑| 📺 ☎ ✆ 𝔸𝔼 𝕲𝕭
fermé 21 déc. au 1ᵉʳ janv. – ⌧ 35 – **21 ch** 235/255.
B r

à l'Est *par* ①, *D 933 et D 267 : 7 km –* ✉ *47200 Virazeil :*

❌❌ **Aub. du Moulin d'Ané,** ℰ 05 53 20 18 25, Fax 05 53 89 67 99, 🏤 – ≡ 🅿 𝔸𝔼 ⑨ 𝕲𝕭
⌂
fermé 25 août au 8 sept., vacances de fév., dim. soir et lundi sauf fériés – **Repas** 98/290 ⅄, enf. 65.

par ③ *près échangeur A 62 : 9 km –* ✉ *47430 Sainte-Marthe :*

🏨 **Les Rives de l'Avance** Ⓜ ❦ sans rest, ℰ 05 53 20 60 22, Fax 05 53 20 98 76, parc – 📺 ☎ ㅎ 🅿 ⑨ 𝕲𝕭
⌧ 35 – **16 ch** 190/280.

rte de Bordeaux *par* ④ *: 2,5 km –* ✉ *47200 Marmande :*

🏨 **Campanile,** ℰ 05 53 94 39 80, Fax 05 53 20 77 49, 🏤 – ↩ ≡ rest 📺 ☎ ✆ ㅎ 🅿 –
⌂ 🔬 25. 𝔸𝔼 𝕲𝕭
Repas 84 bc/107 bc, enf. 39 – ⌧ 32 – **52 ch** 278.

CITROEN Gar. Baudrin, rte de Bordeaux à
Ste-Bazeille par ④ ℰ 05 53 64 30 53
PEUGEOT Guyenne et Gascogne Autom., 95 av.
J.-Jaurès par ④ ℰ 05 53 64 34 47
RENAULT A.M.C., rte de Bordeaux à Ste-Bazeille
par ④ ℰ 05 53 20 80 80 Ⓝ ℰ 05 53 89 92 64

⑩ Martinet Pneu, 37 av. J.-Jaurès
ℰ 05 53 64 23 52
Relais Marmandais, 123 av. J.-Jaurès
ℰ 05 53 89 26 74

MARNE-LA-VALLÉE *77 S.-et-M.* **56** ⑫, **101** ⑲ *– voir à Paris, Environs.*

MARQUAY *24620 Dordogne* **75** ⑰ *– 473 h alt. 175.*

Paris 512 – Brive-la-Gaillarde 57 – Périgueux 58 – Sarlat-la-Canéda 12 – Les Eyzies-de-Tayac 13.

Bories ⛰, ✆ 05 53 29 67 02, Fax 05 53 29 64 15, ≤, ⛱, ⚘ – ☎ ♿. GB
1er avril-2 nov. – **Repas** *(fermé lundi midi)* 85/150, enf. 50 – ☕ 33 – **30 ch** 180/280 – ½ P 230/280.

La Condamine ⛰, rte Meyrals : 1 km ✆ 05 53 29 64 08, Fax 05 53 28 81 59, ≤, ⛱, ⚘ – ☎ ♿ P. AE GB
29 mars-1er nov. – **Repas** (dîner seul.) 90/180 – ☕ 32 – **22 ch** 220/260 – ½ P 250/270.

MARQUISE *62250 P.-de-C.* **51** ① *– 4 453 h alt. 57.*

Paris 293 – Calais 23 – Arras 113 – Boulogne-sur-Mer 15 – St-Omer 48.

XX **Le Grand Cerf,** 34 av. Ferber ✆ 03 21 87 55 05, Fax 03 21 33 61 09 – AE GB
fermé dim. soir et lundi – **Repas** 130/320.

MARSANNAY-LA-CÔTE *21 Côte-d'Or* **66** ⑫ *– rattaché à Dijon.*

MARSEILLAN *34340 Hérault* **83** ⑯ *G. Gorges du Tarn – 4 950 h alt. 3.*

Paris 770 – Montpellier 46 – Agde 7 – Béziers 31 – Pézenas 21 – Sète 23.

XX **La Table d'Emilie,** 8 pl. Couverte ✆ 04 67 77 63 59, Fax 04 67 01 72 02 – GB
fermé 12 au 30 nov., vacances de fév., lundi midi du 20 juin au 15 sept. et merc. hors sais. – **Repas** 95/270.

en français
Visitez la capitale avec le
guide Vert Michelin PARIS

in English
Visit the capital with the
Michelin Green Guide PARIS

in deutsch
Besuchen Sie die französische Hauptstadt mit dem
Grünen Michelin-Führer PARIS

in italiano
per visitare la capitale utilizzate la
Guida Verde Michelin PARIGI

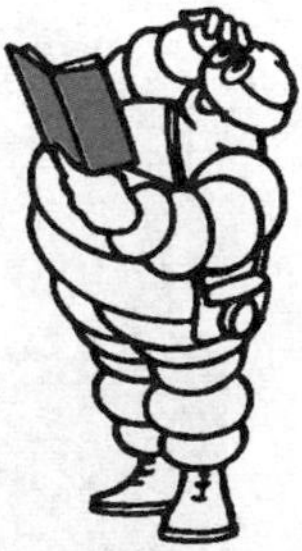

708

MARSEILLE

P 13000 B.-du-R. 84 ⑬ 114 ㉘ G. Provence - 800 550 h. - Agglo. 1 230 936 h.

Paris 771 ④ – Lyon 313 ④ – Nice 190 ② – Torino 379 ② – Toulon 65 ② – Toulouse 407 ④

OFFICES DE TOURISME

4 la Canebière (1ᵉʳ) 𝄐 04 91 13 89 00, Fax 04 91 13 89 20

Gare St-Charles (1ᵉʳ) 𝄐 04 91 50 59 18

Automobile Club de Provence, 149 bd Rabatau (10ᵉ) 𝄐 04 91 78 83 00.

RENSEIGNEMENTS PRATIQUES

TRANSPORTS
Auto-train 𝄐 08 36 35 35 35.
Tunnel Prado-Carénage : Péage 1996, tarif normal : 13 F.

TRANSPORTS MARITIMES
Pour la Corse : Société Nationale Corse-Méditerrannée (S.N.C.M.), 61 bd des Dames (2ᵉ).
Renseignements 𝄐 04 91 56 30 10 DS. Réservations 𝄐 04 91 56 30 30, Fax 04 91 56 35 86.

AÉROPORT
Marseille-Provence 𝄐 04 42 78 21 00 par ① : 28 km.

QUELQUES GOLFS
🏌 de Marseille-Aix 𝄐 04 42 24 20 41 par ① : 22 km
🏌 d'Allauch-Fonvieille (privé) 𝄐 04 91 07 28 22, sortie Marseille Est : 15 km par D 2 et D 4ᴬ
🏌 Country Club de la Salette 𝄐 04 91 27 12 16 par ② : 10 km.

CURIOSITÉS

LE SITE

❋★★★ du parvis de la basilique N.-D.-de-la-Garde - ≼★ depuis le belvédère St-Laurent **DT**

AUTOUR DU VIEUX PORT

Le vieux port★★ - Quai des Belges (marché aux poissons) **ET 5** -*Musée d'Histoire de Marseille★* **ET M¹** - *Musée du Vieux Marseille* **DET M²**.
Musée des Docks romains★ **DT M³**.

QUARTIER DU PANIER

Centre de la Vieille Charité★★ (archéologie méditerranéenne) **DS R** - *Ancienne cathédrale de la Major★* **DS N**.

N.-D.-DE-LA-GARDE

≼★★★ *du parvis de la basilique de N.-D.-de-la-Garde* **EV** - *Basilique St-victor★ (crypte★★)* **DU**.

LA CANEBIÈRE

De la rue Longue-des-Capucins au cours Julien : place du Marché-des-Capucins, rue du Musée, rue Rodolphe-Pollack, rue d'Aubagne **FTU** - *rue St-Ferréol* **FTU**.
Musée Cantini★ **FU M⁵**.

QUARTIER LONGCHAMP

Musée Grobet-Labadié★★ **GS M⁷** - *Palais Longchamp★* **GS** : *musée des Beaux-Arts★ et musée d'Histoire naturelle★*.

QUARTIERS SUD

Corniche Président-J.-F.-Kennedy★★ **AYZ** - *Parc du Pharo* **DU**.

AUTOUR DE MARSEILLE

Visite du port★★ - Château d'If★★ : ❋★★★ *sur le site de Marseille - Massif des Calanques★★*.

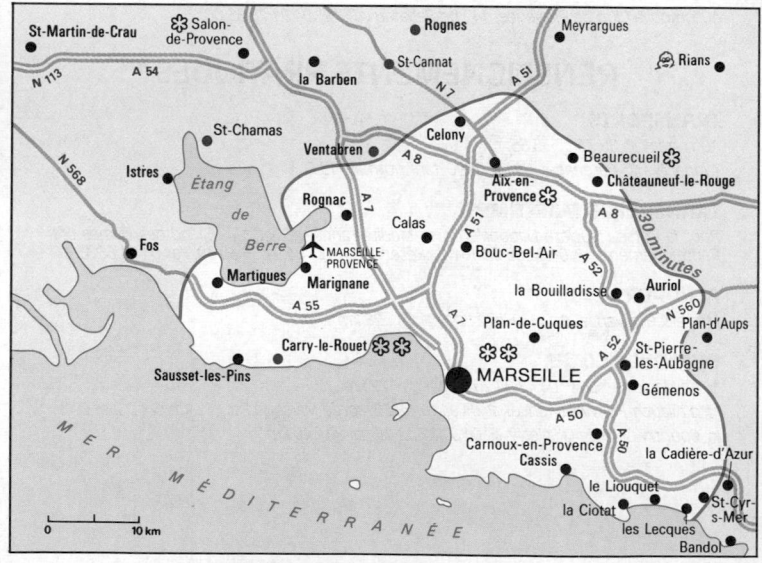

Sofitel Vieux Port M, 36 bd Ch. Livon ⊠ 13007 ℰ 04 91 15 59 00, Fax 04 91 15 59 50, ≼, « Restaurant panoramique ≼ vieux port », ⊼ – ⧄ ↤ ▤ 🔟 ☎ ✵ & ⇔ – 🔬 130. 🝙 ⓪ ⒼⒷ
p. 6 DU **n**
Les Trois Forts : Repas 210, enf. 95 – ⣎ 75 – **127 ch** 680/990, 3 appart.

Le Petit Nice (Passédat) M ⟋, anse de Maldormé (hauteur 160 corniche Kennedy) ⊠ 13007 ℰ 04 91 59 25 92, Fax 04 91 59 28 08, ㈘, « Villas dominant la mer, beaux aménagements intérieurs, ≼ », ⊼ – ⧄ ▤ 🔟 ☎ & ⇔ – 🔬 4 AZ **d**
Repas *(fermé sam. midi et dim. de nov. à mars)* 310 bc (déj.), 590/750 et carte 480 à 720 – ⣎ 115 – **13 ch** 1200/2200 – ½ P 1155/2605
Spéc. Beignets d'anémones de mer et tempura (été). Loup ''Lucie Passédat''. Escalope de foie de canard des landes poêlée aux figues (saison). Vins Palette, Bandol.

Holiday Inn M, 103 av. Prado ⊠ 13008 ℰ 04 91 83 10 10, Fax 04 91 79 84 12 – ⧄ ↤ ▤ 🔟 ☎ & ⇔ – 🔬 170. 🝙 ⓪ ⒼⒷ
p. 5 BZ **u**
Repas *(fermé sam. et dim.)* 130, enf. 60 – ⣎ 55 – **119 ch** 510, 4 appart.

Mercure Euro-Centre M, r. Neuve St-Martin ⊠ 13001 ℰ 04 91 39 20 00, Fax 04 91 56 24 57, ≼, ㈘ – ⧄ ↤ ▤ 🔟 ☎ & 🄿 – 🔬 200. 🝙 ⓪ ⒼⒷ ⒿⒸⒷ p. 6 EST **g**
Oursinade : ℰ 04 91 39 20 14 *(fermé 14 juil. au 2 sept., 22 déc. au 2 janv., sam. midi, dim. et fériés)* Repas 150/230, enf. 75 – *Oliveraie* grill Repas (déj. seul.) 95/110 ⅊, enf. 60 – ⣎ 63 – **199 ch** 525/600.

Novotel Vieux Port M, 36 bd Ch. Livon ⊠ 13007 ℰ 04 91 59 22 22, Fax 04 91 31 15 48, ≼, ㈘, ⊼ – ⧄ ↤ ▤ 🔟 ☎ & ⇔ – 🔬 200. 🝙 ⓪ ⒼⒷ
p. 6 DU **n**
Repas 128/160 bc ⅊, enf. 50 – ⣎ 55 – **93 ch** 510/590.

New H. Bompard ⟋ sans rest, 2 r. Flots Bleus ⊠ 13007 ℰ 04 91 52 10 93, Fax 04 91 31 02 14, ⊼, ☞ – ⧄ cuisinette ▤ 🔟 ☎ & 🄿 – 🔬 25. 🝙 ⓪ ⒼⒷ ⒿⒸⒷ
p. 4 AZ **e**
⣎ 50 – **46 ch** 400/440.

St-Ferréol's M sans rest, 19 r. Pisançon ⊠ 13001 ℰ 04 91 33 12 21, Fax 04 91 54 29 97 – ⧄ ▤ 🔟 ☎ ✵. 🝙 ⓪ ⒼⒷ ⒿⒸⒷ
p. 7 FU **h**
fermé 1ᵉʳ au 15 août – ⣎ 39 – **19 ch** 300/480.

Mascotte M sans rest, 5 La Canebière ⊠ 13001 ℰ 04 91 90 61 61, Fax 04 91 90 95 61 – ⧄ ↤ ▤ 🔟 ☎ – 🔬 30. 🝙 ⓪ ⒼⒷ
p. 6 ET **s**
⣎ 42 – **45 ch** 450/490.

New H. Vieux Port sans rest, 3 bis r. Reine Élisabeth ⊠ 13001 ℰ 04 91 90 51 42, Fax 04 91 90 76 24 – ⧄ ▤ 🔟 ☎ – 🔬 25. 🝙 ⓪ ⒼⒷ ⒿⒸⒷ
p. 6 ET **u**
⣎ 45 – **48 ch** 370.

New H. Astoria sans rest, 10 bd Garibaldi ⊠ 13001 ℰ 04 91 33 33 50, Fax 04 91 54 80 75 – ⧄ ▤ 🔟 ☎. 🝙 ⓪ ⒼⒷ ⒿⒸⒷ
p. 7 FT **f**
⣎ 42 – **58 ch** 325.

New H. Sélect sans rest, 4 allées Gambetta ⊠ 13001 ℰ 04 91 50 65 50, Fax 04 91 50 45 56 – ⧄ ▤ 🔟 ☎ – 🔬 25. 🝙 ⓪ ⒼⒷ ⒿⒸⒷ
p. 7 FS **k**
⣎ 42 – **60 ch** 310.

Rome et St Pierre sans rest, 7 cours St Louis ⊠ 13001 ℰ 04 91 54 19 52, Fax 04 91 54 34 56 – ⧄ ↤ 🔟 ☎ ✵ – 🔬 30. 🝙 ⓪ ⒼⒷ ⒿⒸⒷ
p. 7 FT **y**
⣎ 45 – **49 ch** 326/422.

Alizé M sans rest, 35 quai Belges ⊠ 13001 ℰ 04 91 33 66 97, Fax 04 91 54 80 06, ≼ – ⧄ ▤ 🔟 ☎. 🝙 ⓪ ⒼⒷ
p. 6 ETU **b**
⣎ 35 – **37 ch** 285/365.

Edmond Rostand M, 31 r. Dragon ⊠ 13006 ℰ 04 91 37 74 95, Fax 04 91 57 19 04 – ⧄ ▤ rest ☎. 🝙 ⒼⒷ
p. 7 FV **b**
Repas *(fermé août, sam. et dim.)* 55 (déj.)/60 ⅊ – ⣎ 30 – **16 ch** 250/290 – ½ P 215/235.

Climat de France Vieux Port sans rest, 6 r. Beauvau ⊠ 13001 ℰ 04 91 33 02 33, Fax 04 91 33 21 34 – ⧄ ▤ 🔟 ☎. 🝙 ⓪ ⒼⒷ ⒿⒸⒷ
p. 6 ET **r**
⣎ 36 – **49 ch** 320/360.

La Capitainerie des Galères, 46 r. Sainte ⊠ 13001 ℰ 04 91 54 73 73, Fax 04 91 54 77 77, ㈘ – ⧄ ▤ 🔟 ☎ & – 🔬 60. 🝙 ⒼⒷ
p. 6 EU **x**
Repas *(fermé sam. et dim.)* 85 ⅊ – ⣎ 35 – **137 ch** 260/300.

Miramar (Minguella), 12 quai Port ⊠ 13002 ℰ 04 91 91 10 40, Fax 04 91 56 64 31, ㈘ – ▤. 🝙 ⒼⒷ
p. 6 ET **v**
fermé 3 au 24 août, 4 au 18 janv. et dim. – Repas carte 300 à 420 ⅊
Spéc. Bouillabaisse. Flan d'orties de mer au beurre rouge. Croustillant de Saint-Pierre au beurre de miel et crêpe de maïs. Vins Cassis, Côtes de Provence.

La Ferme, 23 r. Sainte ⊠ 13001 ℰ 04 91 33 21 12, Fax 04 91 33 81 21 – ▤. 🝙 ⓪ ⒼⒷ
fermé août, sam. midi et dim. – Repas 215/350 et carte 270 à 330.
p. 6 EU **m**

Au Pescadou, 19 pl. Castellane ⊠ 13006 ℰ 04 91 78 36 01, Fax 04 91 83 02 94 – ▤. 🝙 ⓪ ⒼⒷ
p. 7 FV **x**
fermé 21 juil. au 31 août et dim. soir – Repas - produits de la mer - 158/198.

MARSEILLE

*Dans la liste des rues
des plans de villes,
les noms en rouge
indiquent
les principales
voies commerçantes.*

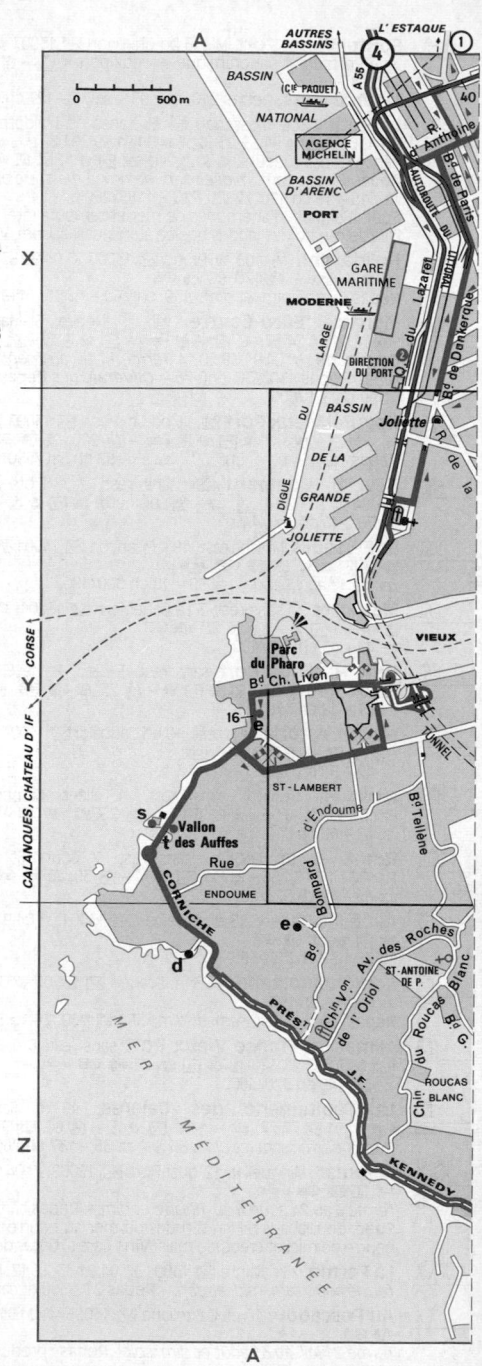

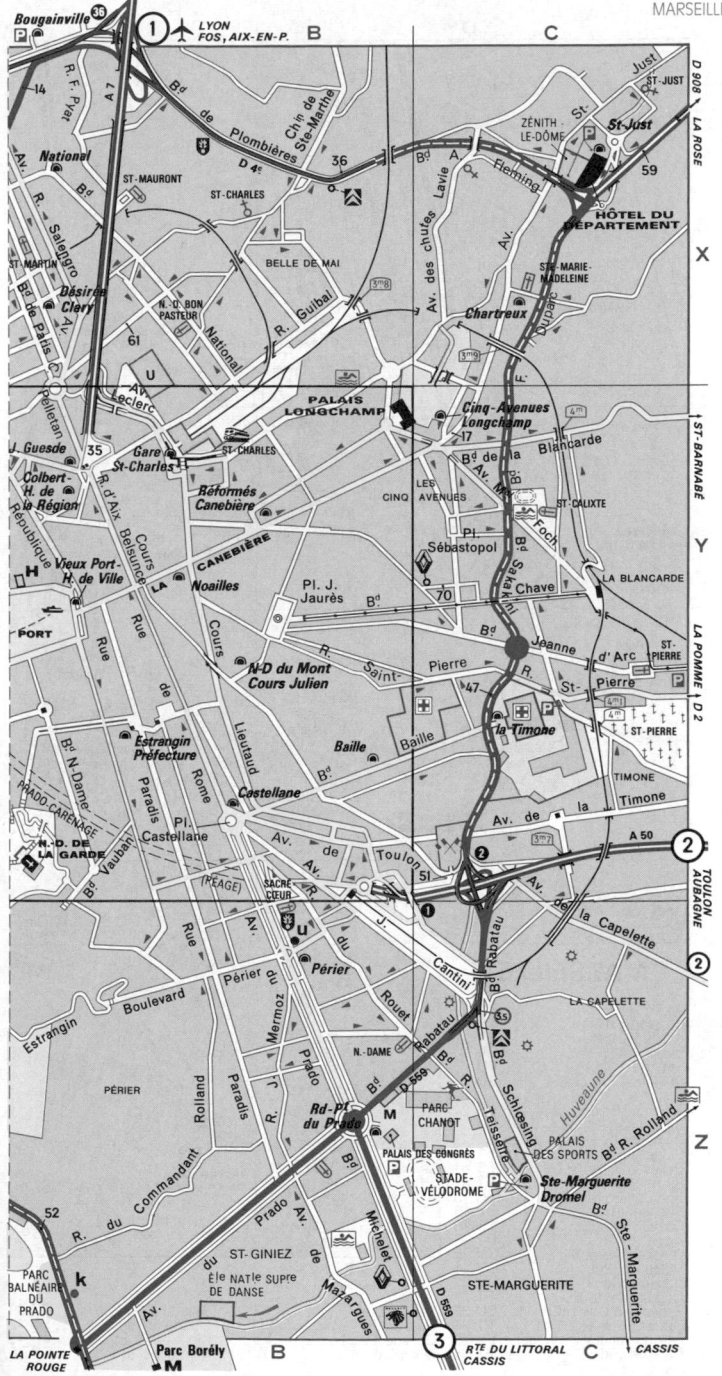

713

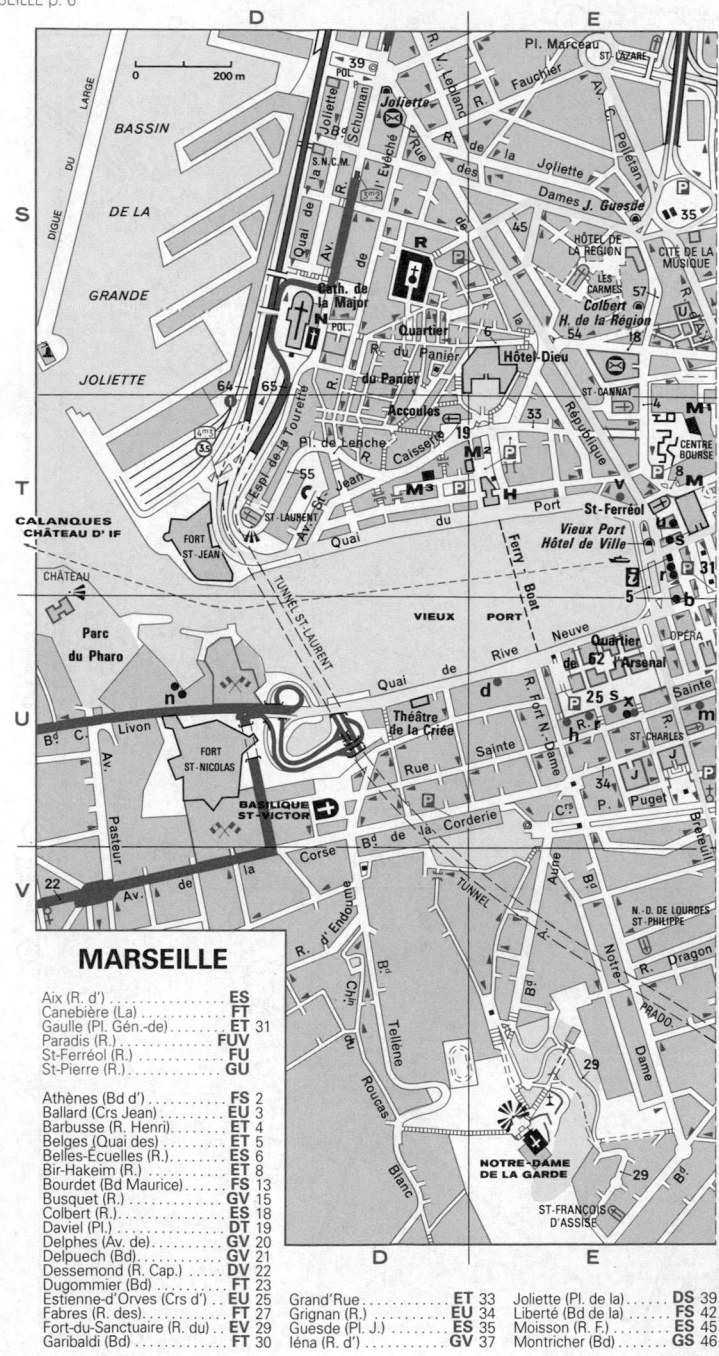

MARSEILLE

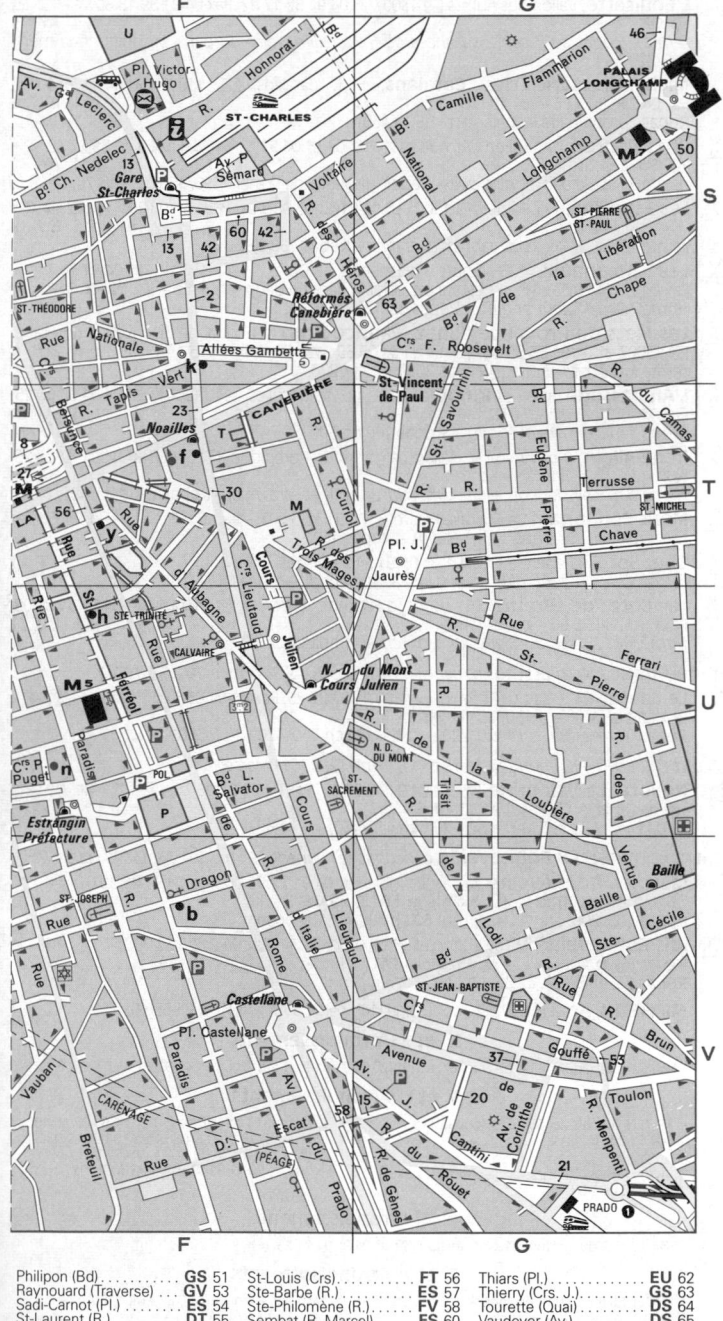

XX **L'Épuisette,** Vallon des Auffes ✉ 13007 ☎ 04 91 52 17 82, Fax 04 91 59 18 80, ← – ▤. AE ⓓ GB p. 4 **AY s**
fermé 25 août au 7 sept., vacances de fév. et dim. soir – **Repas** - produits de la mer - 195/320.

XX **Michel-Brasserie des Catalans,** 6 r. Catalans ✉ 13007 ☎ 04 91 52 30 63, Fax 04 91 59 23 05 – ▤. AE GB p. 4 **AY e**
Repas - produits de la mer - carte 250 à 450.

XX **Chez Fonfon,** 140 vallon des Auffes ✉ 13007 ☎ 04 91 52 14 38, Fax 04 91 59 27 32, ← – ⓓ GB p. 4 **AY t**
fermé 23 au 30 déc. et dim. soir – **Repas** - produits de la mer - 190/350 bc, enf. 70.

XX **Les Échevins,** 44 r. Sainte ✉ 13001 ☎ 04 91 33 08 08, Fax 04 91 54 08 21 – ▤. AE ⓓ GB JCB p. 6 **EU x**
fermé 13 juil. au 17 août, sam. midi et dim. – **Repas** 160/330.

XX **Les Arcenaulx,** 25 cours d'Estienne d'Orves ✉ 13001 ☎ 04 91 54 77 06, Fax 04 91 54 76 33, 🍽, « Restaurant-librairie dans un décor ancien » – ▤. AE ⓓ GB JCB
fermé 11 au 17 août et dim. – **Repas** 135/280. p. 6 **EU s**

XX **Les Mets de Provence "Chez Maurice Brun",** 18 quai de Rive Neuve (2e étage) ✉ 13007 ☎ 04 91 33 35 38, Fax 04 91 33 05 69 – ▤. AE GB p. 6 **EU d**
fermé lundi midi et dim. – **Repas** 200 bc (déj.)/270.

XX **L'Ambassade des Vignobles,** 42 pl. aux Huiles ✉ 13001 ☎ 04 91 33 00 25, Fax 04 91 54 25 60 – ▤. AE GB p. 6 **EU h**
fermé août, sam. midi et dim. – **Repas** 200 bc/300 bc.

XX **René Alloin,** 9 pl. Amiral Muselier (par prom. G. Pompidou) ✉ 13008 ☎ 04 91 77 88 25, Fax 04 91 77 76 84, 🍽 – ▤. GB p. 5 **BZ k**
fermé dim. soir de sept. à juil., dim. midi en août et sam. midi – **Repas** 135 (déj.), 195/270.

XX **Maris Caupona,** 11 r. Gustave Ricard ☎ 04 91 33 58 07 – ▤. AE GB p. 7 **FU n**
fermé 31 juil. au 2 sept., sam. et dim. – **Repas** 160.

X **Chez Soi,** 5 r. Papère ✉ 13001 ☎ 04 91 54 25 41 – AE GB p. 7 **FT f**
fermé 1er au 21 août, dim. soir en juil.-août et lundi – **Repas** 64 🍷.

X **La Côte de Bœuf,** 35 cours d'Estienne d'Orves ✉ 13001 ☎ 04 91 54 89 08, Fax 04 91 54 25 60 – ▤. AE GB p. 6 **EU r**
fermé juil., 23 déc. au 4 janv., dim. et fériés – **Repas** 160/180.

à Plan-de-Cuques *Nord-Est : 10 km par La Rose et D 908 – 9 847 h. alt. 70 – ✉ 13380 :*

Le Caesar Ⓜ, av. G. Pompidou ☎ 04 91 07 25 25, Fax 04 91 05 37 16, 🍽, 🏋, 🏊, 🌳 – 🛗 ▤ 📺 ☎ ♿ 🅿 – 🏛 30. AE ⓓ GB
Repas *(fermé dim. soir)* 120/220 – ☕ 45 – **30 ch** 360/420 – ½ P 350.

à l'Est par ② *et sortie La Penne-St-Menet : 11,5 km – ✉ 13011 Marseille :*

Novotel La Valentine Ⓜ, ☎ 04 91 43 90 60, Fax 04 91 27 06 74, 🍽, 🏊, 🌳, 🎾 – 🛗 ⊁ ▤ 📺 ☎ ♿ 🅿 – 🏛 150. AE ⓓ GB
Repas 115 🍷, enf. 50 – ☕ 52 – **131 ch** 415/450.

au centre commercial Bonneveine *par corniche Kennedy : 8 km* **AZ** – ✉ *13008 Marseille :*

Mercure Bonneveine Ⓜ, av. E. Triolet ☎ 04 91 22 96 00, Fax 04 91 25 20 02, 🍽, 🏊, 🎾 – 🛗 ⊁ ▤ 📺 ☎ 📞 ♿ 🚗 🅿 – 🏛 50. AE ⓓ GB
Repas 105/200, enf. 45 – ☕ 50 – **60 ch** 395/495, 9 appart.

Ibis Bonneveine Ⓜ, av. E. Triolet ☎ 04 91 72 34 34, Fax 04 91 25 32 78, 🍽, 🏊, 🎾 – 🛗 ⊁ ▤ 📺 ☎ 📞 ♿ 🚗 – 🏛 45. AE ⓓ GB
Repas 95, enf. 35 – ☕ 35 – **88 ch** 300.

MICHELIN, Agence, 22-24 r. Sauvage (14[e]) par N 8 **AX** ☎ 04 91 61 55 10

1[er] et 2[e] Arrondissements

BMW Gar. Station 7, 42 bd de Dunkerque (2e) ☎ 04 91 91 92 42 🅽 ☎ 04 91 47 90 90

3e et 4e Arrondissements

CITROEN Succursale, 53 bd Guigou (3e) ☎ 04 91 28 26 26

Ⓜ Ayme Pneus, 6 r. Esperandieu (4e) ☎ 04 91 50 71 07

Denizon, 34 bd Battala (3e) ☎ 04 91 02 40 40
Pneus 13, 26 bd d'Arras (4e) ☎ 04 91 49 02 51
Vulco, 19 à 23 bd de Briançon (3e) ☎ 04 91 50 77 91 🅽 ☎ 04 91 50 77 91

5e Arrondissement

RENAULT Gar. de Verdun, 11 r. de Verdun (5e) ☎ 04 91 94 91 25

6e et 7e Arrondissements

MERCEDES Paris Méditerranée Auto, 166 Crs Lieutaud (6e) ☎ 04 91 94 91 40

VAG Gar. Bernabeu, 50 av. Prado (6e) ☎ 04 91 37 74 34

8e Arrondissement

ALFA ROMEO, LANCIA Inter Map France, 241 av. Prado ✆ 04 91 80 91 44
CITROEN Succursale, 96 bd Rabatau (8e)
✆ 04 91 17 56 00 🅽 ✆ 04 91 17 56 00
FIAT Sud Autom., 110-116 av. Cantini (8e)
✆ 04 91 78 12 11
OPEL Auto Sce Réparation, 3-5 bd Rabatau (8e)
✆ 04 91 83 57 57
PEUGEOT Filiale SIAP Prado Michelet, 204 bd Michelet (8e) ✆ 04 91 22 92 92 🅽
✆ 04 91 77 24 24
RENAULT Succursale Michelet, 134 bd Michelet (8e)
✆ 04 91 30 33 00 🅽 ✆ 08 00 05 15 15

SEAT S.O.D.I.A., 150 av. Prado (8e)
✆ 04 91 53 55 22

🅦 Central Pneus II, 265 av. de Mazargues (8e)
✆ 04 91 22 04 77
Central-Pneus, 104 av. Cantini (8e)
✆ 04 91 79 79 86
Euromaster, 4 r. R.-Teissère/pl. Rabatau (8e)
✆ 04 91 79 18 12
V.S.D. Pneus, 25 bd du Sablier (8e)
✆ 04 91 73 32 22

9e, 10e et 11e Arrondissements

BMW Gd Sud Auto, Centre Gd V Traverse la Montre
✆ 04 91 18 15 15
FERRARI, HONDA Gar. Pagani, 47 bd Cabot (9e)
✆ 04 91 82 06 66
FORD Agence Centrale, 33 av. de la Capelette (10e)
✆ 04 91 17 43 17
MERCEDES M.A.S.A., 108 bd Pont-de-Vivaux (10e)
✆ 04 91 79 56 56
PEUGEOT SIAP Lombard, 37 av. J.-Lombard (11e)
par D 2 **CY** ✆ 04 91 18 13 13 🅽 ✆ 04 91 97 34 39

🅦 Alberola Pneus, 167 bd R.-Rolland (10e)
✆ 04 91 79 75 81
Ayme Pneus, 322 bd R.-Rolland (9e)
✆ 04 91 26 16 17
Ayme Pneus, 7 av. de la Capelette (10e)
✆ 04 91 80 15 15
Euromaster, 37 r. Capitaine Galinat (10e)
✆ 04 91 78 10 13

12e, 13e et 14e Arrondissements

RENAULT Cap Provence Automobile, 79 av. de la Rose (13e) par l'av. J.P. Sartre **CX** ✆ 04 91 10 05 05
🅽 ✆ 08 00 05 15 15
VAG S.O.D.R.A., 5 av. de Ste Marthe (14e)
✆ 04 91 50 19 30

🅦 Ayme Pneus, 80 bd Barry St-Just (13e)
✆ 04 91 66 25 12

Euromaster, 15 bd Gay-Lussac (14e)
✆ 04 91 98 90 11
Gay Pneus, 47 bd Burel ✆ 04 91 95 91 13
Sirvent Pneus, 194 bd D.-Casanova (14e)
✆ 04 91 67 22 20

15e et 16e Arrondissements

FORD Marseille Nord Autom., 64 r. de Lyon (15e)
✆ 04 91 95 90 42
PEUGEOT Gar. Gastaldi, 48 av de St-Antoine (15e) par
N 8 **AX** ✆ 04 91 51 32 37
PEUGEOT Filiale-SIAP NORD, 55 r de lyon (15e) **BX**
✆ 04 91 62 89 89 🅽 ✆ 08 00 44 24 24
RENAULT Gar. Lodi, 124 N la Viste (15e) par N 8 **AX**
✆ 04 91 69 90 71

RENAULT Cap Pinède Autom., av. du Cap Pinède (15e) par av. R. Salengro **ABX** ✆ 04 91 11 68 68
🅽 ✆ 08 00 05 15 15

🅦 Comptoir du Pneu, 428 N St-Antoine (15e)
✆ 04 91 51 24 13

Banlieue

🅦 Morillas Pneus, Septemes les Vallons ✆ 04 91 51 01 20

MARTEL 46600 Lot 🗗🖟 ⑱ G. Périgord Quercy – 1 462 h alt. 225.
Voir Place des Consuls★ – Belvédère de Copeyre ≤★ sur cirque de Montvalent★ SE :4 km.
🛈 Office de Tourisme Palais de la Raymondie ✆ 05 65 37 43 44, Fax 05 65 37 37 27.
Paris 516 – Brive-la-Gaillarde 33 – Cahors 77 – Figeac 59 – Gourdon 42 – St-Céré 32 – Sarlat-la-Canéda 44.

🏛 **Relais Ste-Anne** Ⓜ ❀ sans rest, ✆ 05 65 37 40 56, Fax 05 65 37 42 82, « Jardin fleuri »,
🔄 – 📺 ☎ 🅿. ⅁🄱
20 mars-15 nov. – 🖵 55 – **11 ch** 700.

à **Gluges** au Sud : 5 km par N 140 – ⊠ 46600 Martel.
Voir Site★.

🏠 **Falaises** ❀, ✆ 05 65 37 33 59, Fax 05 65 37 34 19, 🍽, 🍽 – ☎ 🅿. ⅁🄱. ❀
1er mars-15 nov. – **Repas** 100/250 – 🖵 38 – **16 ch** 230/320 – ½ P 230/280.

MARTIGUES 13500 B.-du-R. 🗗🖟 ⑫ G. Provence – 42 678 h alt. 1.
Voir Pont St-Sébastien ≤★ **Z B** – Étang de Berre★ **Z** – Viaduc autoroutier de Caronte★ –
Chapelle N.-D.-des-Marins ❉★ 3,5 km par ④.
🛈 Office de Tourisme quai P.-Doumer ✆ 04 42 80 30 72, Fax 04 42 80 00 97.
Paris 755 ② – Marseille 41 ② – Aix-en-Provence 49 ② – Arles 53 ④ – Salon-de-Provence 35 ①.

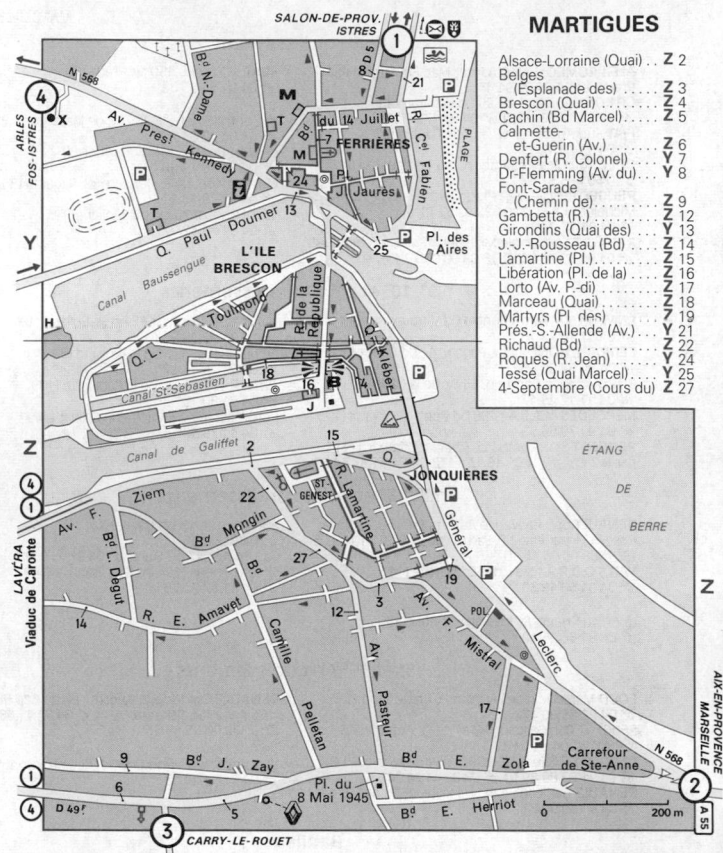

MARTIGUES

St-Roch ⑤, av. G. Braque ℘ 04 42 80 19 73, Fax 04 42 80 01 80, 佘, ㋡, 屛 – ▤ ▥ ☎ ℗ – 盆 30. ⅍ ◑ ☷ ☷ Y X
Repas 115/155 – ☑ 50 – **37 ch** 450/540.

Campanile, par ① : 1,5 km rte Istres ℘ 04 42 80 14 00, Fax 04 42 80 01 72 – ❄ ▤ rest ▥ ☎ ◟ ⅙ ℗ – 盆 25. ⅍ ◑ ☷ **Repas** 84 bc/107 bc, enf. 39 – ☑ 32 – **43 ch** 278.

MARTIN-ÉGLISE 76 S.-Mar. 52 ④ – rattaché à Dieppe.

MARVEJOLS 48100 Lozère 80 ⑤ G. Gorges du Tarn (plan) – 5 476 h alt. 650.
Voir Porte de Soubeyran★.
🛈 Office de Tourisme place du Soubeyran ℘ 04 66 32 02 14.
Paris 580 – Mende 29 – Espalion 64 – Florac 53 – Millau 76 – Rodez 84 – St-Chély-d'Apcher 34.

Gare et Rochers ⑤, pl. Gare ℘ 04 66 32 10 58, Fax 04 66 32 30 63, ≼, 佘 – ▥ ▥ ☎ fermé 15 janv. au 15 mars – **Repas** (fermé sam. hors sais. sauf vacances scolaires) 74/220, enf. 60 – ☑ 35 – **30 ch** 250/300 – ½ P 250/280.

Viz Club, rte du Nord ℘ 04 66 32 17 69 – ℗
fermé 2 au 31 janv. et dim. soir – **Repas** (nombre de couverts limité, prévenir) 100/240.

rte de Mende *par N 108 : 3,5 km –* ⊠ *48100 Marvejols :*

XX **Moulin de la Chaze,** ℘ 04 66 32 36 07, ⌂ – **P.** GB
fermé 1ᵉʳ au 15 oct. et lundi – **Repas** (week-ends prévenir) 110/220.

CITROEN Rel du Gévaudan, rte de St-Flour
℘ 04 66 32 15 62 **N** ℘ 04 66 32 15 62
FIAT Auto Performance, bd T.-Roussel
℘ 04 66 32 28 98
PEUGEOT Gar. Rouvière, ℘ 04 66 32 00 88

 Gar. Covinhes, 9 bd de Chambrun
℘ 04 66 32 17 00
Vulc Lozérienne-Point S, 26 bd de Chambrun
℘ 04 66 32 07 11

MASEVAUX *68290 H.-Rhin* 66 ⑧ *G. Alsace Lorraine – 3 267 h alt. 425.*
Env. *Descente du col du Hundsrück* ≤★★ *NE : 13 km.*
🛈 *Office de Tourisme Fossé Flagellants* ℘ *03 89 82 41 99, Fax 03 89 82 49 44.*
Paris 440 – Mulhouse 30 – Altkirch 31 – Belfort 23 – Colmar 56 – Thann 16 – Le Thillot 36.

XX **Host. Alsacienne** avec ch, r. Mar. Foch ℘ 03 89 82 45 25 – **☎.** GB
fermé 15 juin au 15 juil., dim. soir et lundi – **Repas** 90/200 ⌟ – ⌤ 33 – **11 ch** 185/250 –
½ P 260.

MASLACQ *64 Pyr.-Atl.* 78 ⑧ *– rattaché à Orthez.*

La MASSANA 86 ⑭ *– voir à Andorre (Principauté d').*

MASSERET *19510 Corrèze* 72 ⑱ *– 669 h alt. 380.*
Paris 436 – Limoges 43 – Guéret 130 – Tulle 47 – Ussel 90.

🏠 **La Tour** ⌂, pl. Butte ℘ 05 55 73 40 12, Fax 05 55 73 49 41 – ▦ rest 📺 ☎. GB
Repas 78/195 ⌟, enf. 60 – ⌤ 30 – **16 ch** 250 – ½ P 250.

MASSIAC *15500 Cantal* 76 ④ *G. Auvergne – 1 881 h alt. 534.*
Voir *N : Gorges de l'Alagnon★.*
🛈 *Office de Tourisme av. du Gén.-de-Gaulle* ℘ *04 71 23 07 76, Fax 04 71 23 12 13 et pl. des Pupilles de la Nation (saison)* ℘ *04 71 23 11 38.*
Paris 489 – Aurillac 84 – Brioude 22 – Issoire 38 – Murat 35 – St-Flour 28.

🏠 **Gd H. Poste,** 26 av. Ch. de Gaulle ℘ 04 71 23 02 01, Fax 04 71 23 09 23, ⌂, ⌘, 🎾 – ▯
▦ rest 📺 ☎ **P** – ⌘ 30. ◻ ◑ GB ᴊᴄʙ
Repas 70/180, enf. 45 – ⌤ 36 – **32 ch** 190/335 – ½ P 265/315.

au Chalet *Nord : 2,5 km par rte secondaire –* ⊠ *15500 Massiac :*

X **Aub. de Chalet,** Chapelle Ste-Madeleine ℘ 04 71 23 00 67 – **P.** GB
fermé merc. – **Repas** 80 et carte 130 à 200, enf. 50.

CITROEN Brunet Autom., pl. Pupilles de la Nation
℘ 04 71 23 02 23
PEUGEOT Gar. Richard, 20 av. Gén.-de-Gaulle
℘ 04 71 23 02 25

RENAULT Gar. Delmas, N 9 Le Gravairas, 103 av.
Gén.-de-Gaulle ℘ 04 71 23 02 11 **N** ℘ 04 71 23
02 11

MASSY *91 Essonne* 60 ⑩, 101 ㉕ *– voir à Paris, Environs.*

MATOUR *71520 S.-et-L.* 69 ⑱ *G. Bourgogne – 1 003 h alt. 500.*
🛈 *Office de Tourisme, Maison du Patrimoine* ℘ *03 85 59 72 24.*
Paris 410 – Mâcon 38 – Charolles 28 – Cluny 25 – Lapalisse 81 – Lyon 92 – Roanne 59.

X **Christophe Clément,** rte St-Pierre-le-Vieux ℘ 03 85 59 74 80, Fax 03 85 59 75 77 – GB
fermé 28 sept. au 21 oct., 19 janv. au 1ᵉʳ fév., dim. soir et lundi – **Repas** 70 (déj.), 95/195.

Gar. Dubuis, ℘ 03 85 59 70 85

🛈 *Office de Tourisme Porte de Mons ℰ 03 27 62 11 93, Fax 03 27 64 10 23 – Automobile-Club Porte de France, av. Gare ℰ 03 27 64 62 34.*

Paris 243 ⑤ – Charleville-Mézières 96 ④ – Mons 22 ① – St-Quentin 77 ④ – Valenciennes 39 ⑤.

MAUBEUGE

Albert-Ier (R.)	**B** 2	Paillot (R. G.)	**B** 21	Intendance (R. de l')	**B** 10
France (Av. de)	**B**	Roosevelt (Av. Franklin)	**AB** 28	Musée (R. du)	**B** 18
Gare (Av. de la)	**A**	Vauban (Pl.)	**B** 29	Nations (Pl. des)	**B** 19
Mabuse (Av. J.)	**B** 12	145e-Régt-d'Inf. (R. du)	**B** 31	Pasteur (Bd)	**A** 23
Mail A. Lurcat	**AB** 14			Pont-Rouge (Av. du)	**A** 24
		Concorde (Pl. de la)	**B** 4	Porte-de-Bavay (Av.)	**A** 25
		Coutelle (R.)	**A** 5	Provinces-Françaises (Av.)	**B** 26

🏨 **Campanile**, av. J. Jaurès ℰ 03 27 64 00 91, Fax 03 27 65 34 47, 🎛, 🎐 – 😾 📺 ☎ ✆ 🕭

🐾 📮 – 🔒 25. 🅰🅴 ⓸ 🅶🅱   B b

Repas 84 bc/107 bc, enf. 39 – 😑 32 – **38 ch** 278.

🏨 **Primevère**, av. J. Jaurès par ⑤ ℰ 03 27 62 15 00, Fax 03 27 65 64 70 – 📺 ☎ ✆ 📮 –

🐾 🔒 30. 🅰🅴 ⓸ 🅶🅱 🌋

Repas 85/109 🍴, enf. 46 – 😑 32 – **42 ch** 275.

sur rte d'Avesnes *par ④ et N 2 : 6 km –* 🖂 *59330 Beaufort :*

XX **Aub. de l'Hermitage**, ℰ 03 27 67 89 59, Fax 03 27 67 89 59 – 📮 🅰🅴 🅶🅱

fermé 21 juil. au 14 août, dim. soir et lundi – **Repas** 140/320, enf. 80.

CITROEN Gar. Deshayes, 18 bd de Jeumont   ⓟ Pneus et Sces D.K., 13 porte de Paris
ℰ 03 27 53 70 40   ℰ 03 27 62 17 65
RENAULT S.A.F.D.A., 124 rte de Valenciennes à
Feignies par ⑤ ℰ 03 27 53 18 88 🅽
ℰ 03 27 69 33 33

MAULÉON 79700 Deux-Sèvres **67** ⑥ ⑯ G. Poitou Vendée Charentes – 8 779 h alt. 180.
🏛 Office de Tourisme 27 Grand'Rue ℰ 05 49 81 95 22.
Paris 362 – Cholet 23 – Nantes 80 – Niort 81 – Parthenay 55 – La Roche-sur-Yon 65 – Thouars 45.

🏠🍽 **Terrasse** ⑤, 7 pl. Terrasse ℰ 05 49 81 47 24, Fax 05 49 81 65 04, ☞ – 📺 ☎ ✓. GB
fermé 1ᵉʳ au 11 mai, 27 juil. au 6 août, dim. de juin à sept. (sauf hôtel) et week-ends d'oct. à mai – **Repas** 85/185 ⅄ – ⌸ **13 ch** 230/300 – ½ P 230/245.

🍽🍽 **Europe**, 15 r. Hôpital ℰ 05 49 81 40 33, Fax 05 49 81 62 47 – GB
fermé 1ᵉʳ au 15 oct., 2 au 8 janv. et lundi – **Repas** 68/150 ⅄.

CITROEN Gar. Olivier, ℰ 05 49 81 47 75 🅽 ℰ 05 49 81 47 75

MAULÉON-LICHARRE 64130 Pyr.-Atl. **85** ④ ⑤ G. Pyrénées Aquitaine – 3 533 h alt. 140.
🏛 Office de tourisme de Soule, 10 r. J-Baptiste Heugas ℰ 05 59 28 02 37, Fax 05 59 28 02 21.
Paris 803 – Pau 61 – Oloron-Ste-Marie 30 – Orthez 39 – St-Jean-Pied-de-Port 41 – Sauveterre-de-Béarn 25.

🏠🍽 **Bidegain**, r. Navarre ℰ 05 59 28 16 05, Fax 05 59 28 00 96, 🏡, ☞ – ☎ ⇐. 🆎 ⓞ GB
fermé 24 au 30 nov., 15 déc. au 15 janv., vend. soir (sauf hôtel) sam. midi et dim. soir –
Repas 70/140 ⅄, enf. 50 – ⌸ 30 – **30 ch** 200/280 – ½ P 220/245.

PEUGEOT Gar. Sarlang, ℰ 05 59 28 07 61 🅽   ⑩ Euromaster, 3 av. Mar.-Harispe
ℰ 05 59 28 07 61   ℰ 05 59 28 07 90
RENAULT Gar. Jaury, ℰ 05 59 28 15 13
RENAULT Gar. le Rallye, ℰ 05 59 28 13 70 🅽
ℰ 05 59 28 13 70

MAURE-DE-BRETAGNE 35330 I.-et-V. **63** ⑤ ⑥ – 2 552 h alt. 51.
Paris 384 – Rennes 38 – Châteaubriant 58 – Ploërmel 38 – Redon 35.

🏠 **Centre** sans rest, 2 pl. Poste ℰ 02 99 34 91 52 – ☎ ⇐. GB
⌸ 28 – **16 ch** 135/270.

MAUREILLAS-LAS-ILLAS 66400 Pyr.-Or. **86** ⑲ G. Pyrénées Roussillon – 2 037 h alt. 130.
Paris 890 – Perpignan 28 – Gerona 71 – Port-Vendres 32 – Prades 56.

à Las Illas Sud-Ouest : 11 km par D 13 – ✉ 66480 :

🍽 **Hostal dels Trabucayres** ⑤ avec ch, ℰ 04 68 83 07 56, ≤, 🏡 – 🄿. GB. ✗ ch
🍽 hôtel :avril-oct. et fermé mardi soir et merc. sauf juil.-août – **Repas** (fermé 23 au 29 oct., 12
fév. au 12 mars, mardi soir et merc. sauf juil.-août) 60 bc/225 bc – ⌸ 25 – **5 ch** 150/180 –
½ P 180.

CITROEN Gar. Coste, ℰ 04 68 83 06 10

MAUREPAS 78310 Yvelines **60** ⑨, **101** ㉑ – 19 718 h alt. 165.
Voir Le Pays France Miniature★ NE : 3 km, G. Ile de France.
Paris 36 – Houdan 30 – Palaiseau 27 – Rambouillet 16 – Versailles 17.

🏨 **Relais Mercure** Ⓜ, N 10 ℰ 01 30 51 57 27, Fax 01 30 66 70 14, 🏡 – 📳 ✳ 🍽 rest 📺 ☎
& 🄿 – 🔬 100. 🆎 ⓞ GB ᴊᴄʙ
Repas 125 ⅄, enf. 45 – ⌸ 55 – **91 ch** 430.

RENAULT Succursale, bd des Arpents   VOLVO Pariwest Autom., ZA 8 r. du Commerce
ℰ 01 34 82 31 64 🅽 ℰ 08 00 05 15 15   ℰ 01 30 50 67 00

MAURIAC ⬤ 15200 Cantal **76** ① G. Auvergne (plan) – 4 224 h alt. 722.
Voir Basilique★ – Le Vigean : châsse★ dans l'église NE : 2 km.
Env. Barrage de l'Aigle★★ : 11 km par D 678 et D105, G. Berry Limousin.
🏛 Office de Tourisme pl. G.-Pompidou ℰ 04 71 67 30 26, Fax 04 71 68 12 39.
Paris 494 – Aurillac 54 – Le Mont-Dore 77 – Clermont-Ferrand 112 – Le Puy-en-Velay 177 –
Tulle 67.

🏨 **Serre** sans rest, r. du 11 Novembre ℰ 04 71 68 19 10, Fax 04 71 68 17 77 – 📳 📺 ☎ ✓ ⇐
🄿. GB. ✗
fermé 25 déc. au 15 janv. – ⌸ 27 – **11 ch** 240/370.

PEUGEOT Riom automobiles, rte de Clermont   ⑩ Haag Pneus, r. du 19 Mars ℰ 04 71 68 09 81
ℰ 04 71 68 06 24   Vizet pneus service, 10 r. Longchamp, av.
RENAULT Gar. Balmisse, au Vigean   A.-Chauvet ℰ 04 71 68 03 00
ℰ 04 71 68 06 77 🅽 ℰ 04 71 68 06 77
Gar. Dutuel, av. A.-Chauvet ℰ 04 71 68 15 24 🅽
ℰ 04 71 68 15 24

MAUROUX *46 Lot* 🔟🔟 ⑥ – *rattaché à Puy-l'Évêque.*

MAURS *15600 Cantal* 🔟🔟 ⑪ *G. Auvergne* – *2 350 h alt. 290.*

Voir *Buste-reliquaire★ et statues★ dans l'église.*

🏢 *Office de Tourisme pl. Champ-de-Foire ℘ 04 71 46 73 72.*

Paris 574 – *Aurillac 44* – *Rodez 60* – *Entraygues-sur-Truyère 50* – *Figeac 22* – *Tulle 94.*

🏨🏨 **La Châtelleraie** Ⓜ 🐾, à St-Étienne, Nord-Est : 1,5 km par rte Aurillac ℘ 04 71 49 09 09, Fax 04 71 49 07 07, 🍽️, parc, 🏊, – 📺 ☎ 🕭 🅿️, 🖭 ⑱ rest
22 mars-11 nov. – **Repas** *(fermé merc. midi hors sais.)* (résidents seul.) – ⊑ 40 – **33 ch** 430 – ½ P 370.

CITROEN Gar. Balitrand, ℘ 04 71 49 02 04   RENAULT Gar. Lavigne, ℘ 04 71 49 00 20

MAUSSAC *19 Corrèze* 🔟🔟 ⑪ – *rattaché à Meymac.*

MAUSSANE-LES-ALPILLES *13520 B.-du-R.* 🔟🔟 ① – *1 886 h alt. 32.*

Paris 713 – *Avignon 29* – *Arles 19* – *Marseille 76* – *Martigues 44* – *St-Rémy-de-Provence 10* – *Salon-de-Provence 28.*

🏨🏨 **Val Baussenc** Ⓜ 🐾, 122 av. Vallée des Baux ℘ 04 90 54 38 90, Fax 04 90 54 33 36, 🍽️, 🏊, 🌳 – 📺 ☎ 🕭 🅿️ 🖭 ⑩ ⑱, 🖭 rest
fermé 1ᵉʳ janv. au 1ᵉʳ mars – **Repas** *(fermé merc.)* (dîner seul.) 180/230, enf. 60 – ⊑ 60 – **21 ch** 490/650 – ½ P 450/500.

🏨🏨 **Pré des Baux** Ⓜ 🐾 sans rest, r. Vieux Moulin ℘ 04 90 54 40 40, Fax 04 90 54 53 07, 🏊 – 🖭 📺 ☎ 🅿️, 🖭 ⑱
21 mars-12 nov. et 20 déc.-5 janv. – ⊑ 60 – **10 ch** 580/680.

🏠 **Les Magnanarelles**, av. Vallée des Baux ℘ 04 90 54 30 25, Fax 04 90 54 50 04, 🍽️, 🏊, 🌳 ☎, ⑱
fermé 15 au 30 nov. et fév. – **Repas** 100/190 – ⊑ 35 – **18 ch** 230/300 – ½ P 280.

✕✕ **La Petite France** (Maffre-Bogé), av. Vallée des Baux ℘ 04 90 54 41 91, Fax 04 90 54 52 50 – 🍽️. ⑱
🏵️ *fermé 17 au 23 nov., 2 au 31 janv., jeudi midi et merc.* – **Repas** 175/350 et carte 220 à 330, enf. 75
Spéc. Ravioles d'olives vertes cassées à la ricotte. Crépinettes de pied de cochon aux morilles. Fondant chaud au chocolat, crème vanille. **Vins** Côteaux d'Aix-en-Provence.

au Paradou *Ouest : 2 km par D 17, rte d'Arles* – *926 h. alt. 21* – ✉ *13520 :*

✕ **Le Bistrot du Paradou,** ℘ 04 90 54 32 70 – 🍽️ 🅿️. ⑱
fermé 11 au 26 oct. et dim. – **Repas** (prévenir) (menu unique) (dîner seul. de juil. à sept.) 160 bc (déj.)/200 bc bc.

MAUVEZIN *32120 Gers* 🔟🔟 ⑥ – *1 671 h alt. 153.*

Paris 701 – *Auch 30* – *Agen 74* – *Montauban 55* – *Toulouse 59.*

✕ **La Rapière,** ℘ 05 62 06 80 08, Fax 05 62 06 80 08, 🍽️ – 🍽️. 🖭 ⑩ ⑱. 🖭
fermé 18 juin au 4 juil., 1ᵉʳ au 15 oct., mardi soir et merc. – **Repas** 68 (déj.), 110/260 🍷, enf. 50.

RENAULT Gar. Douard, ℘ 05 62 06 80 11

MAUZAC *31410 H.-Gar.* 🔟🔟 ⑰ – *562 h alt. 190.*

Paris 727 – *Toulouse 33* – *Auterive 21* – *Foix 61* – *St-Gaudens 64.*

✕✕ **La Chaumine,** Nord-Ouest : 2 km par D 53 et rte secondaire ℘ 05 61 56 30 41, 🍽️ – 🅿️. 🍴 ⑱
fermé mardi soir, jeudi soir et merc. – **Repas** 80 bc/210 🍷.

MAUZAC *24 Dordogne* 🔟🔟 ⑮ ⑯ – *958 h alt. 49* – ✉ *24150 Mauzac-et-Grand-Castang.*

Paris 538 – *Périgueux 51* – *Bergerac 28* – *Brive-la-Gaillarde 95* – *Sarlat-la-Canéda 57.*

🏨🏨 **La Métairie** 🐾, rte de Trémolat, 3 km ℘ 05 53 22 50 47, Fax 05 53 22 52 93, ≤, 🍽️, « Dans un parc surplombant la Dordogne », 🏊 – 📺 ☎ 🅿️, ⑩ ⑱
1ᵉʳ avril-31 oct. – **Repas** 145/260 – ⊑ 60 – **10 ch** 550/750 – ½ P 550/700.

🏠 **Poste,** ℘ 05 53 22 50 52, ≤, 🍽️ – ☎ 🅿️, 🖭 ⑱
🍴 *20 mars-31 oct. et fermé lundi sauf du 15 juin au 30 sept.* – **Repas** 65/180 🍷 – ⊑ 30 – **18 ch** 140/280 – ½ P 210/240.

MAUZÉ-SUR-LE-MIGNON 79210 Deux-Sèvres **71** ② – 2 378 h alt. 30.
Paris 430 – La Rochelle 42 – Niort 23 – Rochefort 40.

🏠 **Relais de la Fourche en Pré**, rte Niort ☎ 05 49 26 32 36, Fax 05 49 26 72 47, 🛋 – 📺
🍴 ☎ 🆚 ℙ. 🆚🅱
fermé 21 déc. au 11 janv., 15 au 28 fév., dim. soir et lundi – **Repas** 63 (déj.), 70/216 – ☑ 34 –
12 ch 250/360 – ½ P 280.

🍴 **France** avec ch, rte Niort ☎ 05 49 26 30 15, Fax 05 49 26 72 80 – 📺 ☎ ℙ. 🆚🅱
🍴 *fermé 23 au 31 déc. et dim. de fin sept. à Pâques* – **Repas** 65 (déj.), 83/185, enf. 50 – ☑ 30 –
7 ch 130/180 – ½ P 170/190.

MAYENNE ✈ 53100 Mayenne **59** ⑳ G. Normandie Cotentin – 13 549 h alt. 124.
Voir Ancien château ≤ ★.
🅱 Office de Tourisme quai de Waiblingen (fermé après-midi hors saison) ☎ 02 43 04 19 37.
Paris 282 – Alençon 60 – Flers 56 – Fougères 47 – Laval 32 – Le Mans 72.

🏨 **Gd Hôtel**, 2 r. A. de Loré ☎ 02 43 00 96 00, Fax 02 43 32 08 49 – ⇆ 📺 ☎ ℙ. 🆚 🆚🅱
fermé 22 au 28 déc. – **Repas** 89/200 – ☑ 40 – **27 ch** 257/389 – ½ P 267/335.

🍴🍴🍴 **Croix Couverte** avec ch, rte Alençon : 2 km sur N 12 ☎ 02 43 04 32 48,
🍴 Fax 02 43 04 43 69, 🛋, 🌳 – 📺 ☎ ℙ. 🆚🅱
fermé 2 au 11 janv. – **Repas** (fermé vend. soir et dim. du 1er oct. au 30 juin) 70/195 ♨, enf. 48
– ☑ 35 – **11 ch** 220/280 – ½ P 230/265.

par rte de Laval N 162 et rte secondaire – ✉ 53100 Mayenne :

🏠 **Campanile** Ⓜ, à 4 km ☎ 02 43 00 71 71, Fax 02 43 04 58 58, 🛋 – ⇆ ☎ 🆚 🅰 ℙ – 🔏 30.
🍴 🆚 ⓪ 🆚🅱
Repas 84 bc/107 bc, enf. 39 – ☑ 32 – **49 ch** 278.

🍴🍴🍴 **La Marjolaine** Ⓜ 🅢 avec ch, à 6,5 km, au domaine du Bas-Mont ☎ 02 43 00 48 42,
🍴 Fax 02 43 08 10 58, parc – 📺 ☎ 🆚 ℙ – 🔏 30. 🆚🅱
fermé 22 au 28 déc., vacances de fév., merc. (sauf hôtel) et dim. soir – **Repas** 95/300 et
carte 220 à 270, enf. 90 – ☑ 35 – **12 ch** 250/320 – ½ P 315/380.

🍴🍴 **Beau Rivage** 🅢 avec ch, à 4 km ☎ 02 43 00 49 13, Fax 02 43 04 43 69, 🛋, 🌳 – 📺 ☎
🍴 ℙ. 🆚🅱
fermé vacances de fév., dim. soir (sauf hôtel) d'oct. à juin et lundi – **Repas** 84/172 ♨, enf. 48
– ☑ 32 – **3 ch** 200/260 – ½ P 220/270.

BMW **TOYOTA** BMW 92 r. P.-Lintier   RENAULT Mayenne Autom., rte du Mans
☎ 02 43 04 15 84 🅽 ☎ 02 43 69 32 32   ☎ 02 43 30 44 44 🅽 ☎ 02 43 90 82 01
CITROEN SODIAM, 250 rte de Rennes
☎ 02 43 04 36 71 🅽 ☎ 08 00 05 24 24   🛞 Euromaster, 412 bd P.-Lintier
☎ 02 43 04 19 47

MAYET 72360 Sarthe **64** ③ – 2 877 h alt. 74.
Env. Forêt de Bercé★ E : 6 km, G. Châteaux de la Loire.
Paris 227 – Le Mans 31 – Château-la-Vallière 27 – La Flèche 31 – Tours 58 – Vendôme 77.

🍴 **Aub. des Tilleuls**, pl. H. de Ville ☎ 02 43 46 60 12 – 🆚🅱
🍴 *fermé fév., dim. soir, lundi soir, mardi soir et merc.* – **Repas** 50/150 ♨.

Le MAYET-DE-MONTAGNE 03250 Allier **73** ⑥ G. Auvergne – 1 609 h alt. 535.
🅱 Office de Tourisme Chalet Cantonal pl. aux Foires ☎ 04 70 59 38 40.
Paris 360 – Clermont-Ferrand 74 – Lapalisse 23 – Moulins 73 – Roanne 49 – Thiers 42 –
Vichy 26.

🍴 **Relais du Lac** avec ch, Sud : 0,5 km sur D 7 ☎ 04 70 59 70 23 – 📺 ☎ ℙ. 🌊 ch
🍴 **Repas** 63/190 ♨, enf. 40 – ☑ 33 – **7 ch** 240/270 – ½ P 230/240.
RENAULT Gar. Tartarin, ☎ 04 70 59 70 61

MAZAGRAN 57 Moselle **57** ⑭ – rattaché à Metz.

MAZAMET 81200 Tarn **83** ⑪ ⑫ G. Gorges du Tarn – 11 481 h alt. 241.
🏌 de la Barouge (privé) ☎ 05 63 61 06 72, par ① : 3,5 km.
🛩 de Castres-Mazamet : T.A.T. ☎ 05 63 70 32 62, par ③ : 14 km.
🅱 Office de Tourisme r. des Casernes ☎ 05 63 61 27 07, Fax 05 63 98 24 16 et le Plô de la Bise
(juil.-août) ☎ 05 63 61 25 54.
Paris 777 ④ – Toulouse 83 ③ – Albi 62 ④ – Béziers 89 ① – Carcassonne 49 ② – Castres
19 ④.

Plan page suivante

🏠 **H. Jourdon**, 7 av. A. Rouvière (e) ☎ 05 63 61 56 93, Fax 05 63 61 83 38 – 🔲 📺 ☎. 🆚 🆚🅱.
🍴 🌊
fermé dim. sauf fériés – **Repas** 70/190 ♨, enf. 50 – ☑ 45 – **11 ch** 190/400 – ½ P 230/280.

MAZAMET

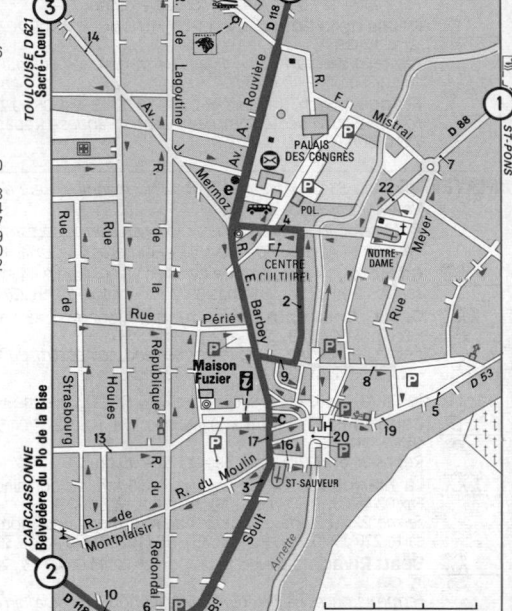

*Les plans de villes
sont orientés
le Nord en haut.*

*Pour un bon usage
des plans de villes, voir
les signes conventionnels
dans l'introduction.*

à Bout-du-Pont-de-Larn par ① et D 54 : 2 km – 1 053 h. alt. 280 – ⊠ 81660 :

   🏠 **La Métairie Neuve** ⑤, ℰ 05 63 61 23 31, Fax 05 63 61 94 75, ≤, 佘, ⅃, 🖛 – 🆃🆅 ☎ 🅿
      – ✿ 25. ⓪ ☒
      fermé 15 déc. au 25 janv. – **Repas** (*fermé sam. soir et dim. soir d'oct. à mars*) (dîner seul.)
      95/120 ⅃, enf. 45 – ☷ 50 – **14 ch** 330/460 – ½ P 350/400.

par ① D 109 et D 54 : 5 km – ⊠ 81660 Pont-de-Larn :

   🏠 **Host. du Château de Montlédier** ⑤, ℰ 05 63 61 20 54, Fax 05 63 98 22 51, ≤, 佘,
      « *Demeure du 12ᵉ siècle dans un parc* », ⅃ – 🆃🆅 ☎ 🅿 – ✿ 50. ☒
      fermé janv. – **Repas** (*fermé lundi sauf le soir en juil.-août et dim. soir de sept. à juin*)
      120/200 – ☷ 50 – **12 ch** 400/600 – ½ P 430.

à St-Amans-Soult par ① : 9 km – 1 677 h. alt. 283 – ⊠ 81240 :

   XX **Host. des Cèdres** avec ch, N 112 ℰ 05 63 98 36 73, Fax 05 63 98 26 18, 佘, parc – ☎
      ⇦, 🆀🅴 ☒
      fermé dim. soir et lundi – **Repas** 87/230 – ☷ 45 – **12 ch** 155/355 – ½ P 350.

      CITROEN S.M.A., Bout du Pont de Larn par ③   **RENAULT** Montagne Noire Autom., N 112 La
      ℰ 05 63 61 39 41 🆂 ℰ 05 63 61 39 41   Chevalière ℰ 05 63 97 58 30 🆂
      HONDA, OPEL Auto Garage, 11 r. Cormouls-Houlès   ℰ 05 63 72 75 47
      ℰ 05 63 61 06 94
      PEUGEOT Gd Gar. de la Gare, av. Ch.-Sabatier   ◉ Cousinié Pneus, à Aussillon ℰ 05 63 61 80 17
      ℰ 05 63 61 01 89   Euromaster, N 112, La Richarde
                                           ℰ 05 63 61 08 98

MAZAN 84 Vaucluse 𝟴𝟭 ⑬ – rattaché à Carpentras.

MAZAYE 63230 P.-de-D. 𝟳𝟯 ⑬ – 537 h alt. 760.
      Paris 443 – Clermont-Fd 24 – Le Mont-Dore 35 – Pontaumur 26 – Pontgibaud 7.

   🏠 **Aub. de Mazayes** 🅼 ⑤, à Mazayes-basses ℰ 04 73 88 93 30, Fax 04 73 88 93 80, 佘 –
      🆃🆅 ☎ 🅿 ☒
      fermé 4 au 30 janv., jeudi du 1ᵉʳ sept. au 31 mai et vend. midi – **Repas** 95/140 ⅃, enf. 50 –
      ☷ 33 – **8 ch** 190/250.

MAZET-ST-VOY 43520 H.-Loire **76** ⑧ – 1 077 h alt. 1060.

Paris 580 – Le Puy-en-Velay 39 – Lamastre 36 – St-Étienne 64 – Yssingeaux 18.

L'Escuelle, ℘ 04 71 65 00 51

fermé 3 janv. au 16 fév., dim. soir et lundi du 15 sept. au 30 juin – **Repas** 80/150 ⌾ – ⌾ 30 –
11 ch 180/250 – ½ P 210/270.

MÉAUDRE 38 Isère **77** ④ – rattaché à Autrans.

MEAUX ⬠ 77100 S.-et-M. **56** ⑫ ⑬, **106** ㉒ G. Ile de France – 48 305 h alt. 51.

Voir Centre épiscopal★ ABY : cathédrale★ **B**, ≼★ de la terrasse des remparts.

de Meaux-Boutigny (privé) ℘ 01 60 25 63 98, par ③ ; du Lac de Germigny ℘ 01 64 35
02 87, par ① : 10 km ; de Crécy-la-Chapelle ℘ 01 64 04 70 75, S : 16 km par ③.

Paris 53 ③ – Compiègne 67 ⑤ – Melun 54 ③ – Reims 98 ②.

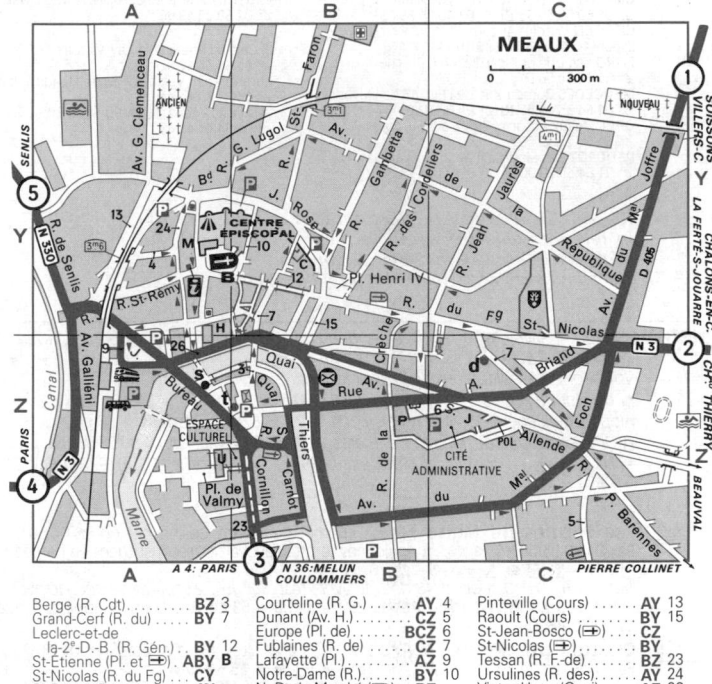

Berge (R. Cdt). . . . . **BZ** 3
Grand-Cerf (R. du) . . . . . **BY** 7
Leclerc-et-de
la-2ᵉ-D.-B. (R. Gén.) . . **BY** 12
St-Étienne (Pl. et ⬠) . . **ABY** B
St-Nicolas (R. du Fg) . . . . **CY**
St-Rémy (R.) . . . . **AY**

Courteline (R. G.) . . . . . . **AY** 4
Dunant (Av. H.) . . . . **CZ** 5
Europe (Pl. de) . . . . **BCZ** 6
Fublaines (R. de) . . . . . . **CZ** 7
Lafayette (Pl.) . . . . **AZ** 9
Notre-Dame (R.) . . . . . . **BY** 10
N.-D.-du-Marché (⬠) . . . . **BZ**

Pinteville (Cours) . . . . . . **AY** 13
Raoult (Cours) . . . . **BY** 15
St-Jean-Bosco (⬠) . . . . **CZ**
St-Nicolas (⬠) . . . . **BY**
Tessan (R. F.-de) . . . . . . **BZ** 23
Ursulines (R. des) . . . . . **AY** 24
Victor-Hugo (Quai) . . . . **AZ** 26

Richemont sans rest, quai Grande Ile ℘ 01 60 25 12 10, Fax 01 60 25 18 27 – ⌾ ⏹ ☎ –
⌾ 25. ⌾ ⌾
42 ch ⌾ 280/300.
AZ s

Le Marinone, 30 pl. Marché ℘ 01 64 33 57 37 – ⌾. ⌾ ⓪ ⌾
fermé 4 au 25 août, dim. soir et lundi – **Repas** 120/280, enf. 50.
ABZ t

La Grignotière, 36 r. Sablonnière ℘ 01 64 34 21 48, Fax 01 64 33 93 93 – ⌾. ⌾ ⌾
fermé août, mardi soir et merc. – **Repas** 95/169.
CZ d

à Varreddes par ① : 6 km – 1 520 h. alt. 53 – ⌾ 77910 :

Aub. Cheval Blanc avec ch, D 405 ℘ 01 64 33 18 03, Fax 01 60 23 29 68, ⌾, ⌾ – ⏹ ☎
⌾. ⌾ ⓪ ⌾
fermé 1ᵉʳ au 23 août, dim. soir et lundi – **Repas** 198/380 et carte 300 à 420 – ⌾ 49 – **8 ch**
298/328.

Aub. du Petit Nain, 7 r. Orsoy ℘ 01 64 33 18 12, Fax 01 64 34 39 60, ⌾, ⌾ – ⌾ ⌾
fermé 15 au 31 juil., 20 janv. au 6 fév., mardi soir, jeudi soir et merc. – **Repas** 120/295,
enf. 65.

à Germigny-l'Évêque par ① et D 97 : 8 km – 1 369 h. alt. 49 – ⊠ 77910 :

XXX **Le Gonfalon** ⑤ avec ch, 2 r. Église ℰ 01 64 33 16 05, Fax 01 64 33 25 59, ≼, 余 – ⊡ ☎.
ⅎ ① ⊞
fermé janv., dim. soir et lundi – **Repas** 150 (déj.), 198/350 et carte 260 à 420 – ☑ 50 – **10 ch**
280/380.

à Poincy par ② et D 17ᴬ : 5 km – 591 h. alt. 53 – ⊠ 77470 :

XXX **Moulin de Poincy**, ℰ 01 60 23 06 80, Fax 01 60 23 12 56, 余, 未 – ℙ. ⅎ ⊞ ⊞
fermé 8 au 19 sept., mardi soir et merc. – **Repas** 165/345 et carte 240 à 380.

à Nanteuil-lès-Meaux par ③ et D 228 : 4 km – 4 339 h. alt. 95 – ⊠ 77100 :

X **Le Montier**, 30 r. Pasteur ℰ 01 64 33 01 74, Fax 01 64 33 01 74, 余 – ⊞
fermé 30 août au 15 sept., 30 déc. au 13 janv., dim. soir et lundi – **Repas** 95 (déj.)/170.

ALFA ROMEO, TOYOTA Gar. Troublé, 17 av. de la
Foulée à Nanteuil-les-Meaux ℰ 01 64 33 30 00
BMW Gar. Verdier, 12 r. Buttes-Blanches ZI
ℰ 01 60 09 35 35 🆚 ℰ 01 40 25 89 00
CITROEN Victoire Autom., 101 av. Victoire,
ZI par ② ℰ 01 60 09 99 10
FORD Gar. Brie et Picardie, 44 r. Crèche
ℰ 01 64 34 06 51
MERCEDES Compagnie de l'Est, 137 av. Victoire
ℰ 01 64 33 05 52 🆚 ℰ PA 88 72 00 94
OPEL Meaux Autom., 71-73 av. F.-Roosevelt
ℰ 01 60 25 32 00
PEUGEOT Gar. Métin, 81 av. Roosevelt par ②
ℰ 01 64 33 20 00 🆚 ℰ 08 00 44 24 24

RENAULT Gar. Vance, 37 av. Roosevelt par ②
ℰ 01 64 34 90 76 🆚 ℰ 08 00 05 15 15
VAG Gar. Carnot, 26 et 67 av. F.-Roosevelt
ℰ 01 60 25 10 66

⑩ Central Pneus, ZI 57 av. Victoire
ℰ 01 64 34 12 67
Hurand Pneu Vulco, 17 av. de Meaux à Poincy
ℰ 01 64 33 41 41
Vernières Pneus, 101 r. Fg-St-Nicolas
ℰ 01 64 34 44 48

*Können Sie wegen Verkebrsstauungen erst nach 18 Ubr
in Ibrem Hotel sein, bestätigen Sie
telefonisch Ibre Zimmerreservierung ;
Sie geben sicherer... und es ist Gepflogenbeit.*

MEGÈVE 74120 H.-Savoie 🔢 ⑦ ⑧ G. Alpes du Nord – 4 750 h alt. 1113 – Sports d'hiver : 1 113/
2 350 m ⤪ 7 ⤪ 34 ⤪ – Casino **AY** (fermé).
Voir Mont d'Arbois au terminus de la télécabine ⚡ ★★★ **BZ**.
🏌 du Mont d'Arbois ℰ 04 50 21 29 79, E : 2 km **BZ**.
Altiport de Megève-Mont-d'Arbois ℰ 04 50 21 33 67, SE : 7 km **BZ**.
🖪 Office de Tourisme, Maison des Frères ℰ 04 50 21 27 28, Fax 04 50 93 03 09.
Paris 601 ① – Chamonix-Mont-Blanc 36 ① – Albertville 32 ② – Annecy 61 ② –
Genève 71 ①.

Plan page ci-contre

🏨 **Les Fermes de Marie** Ⓜ ⑤, chemin de Riante Colline par ② ℰ 04 50 93 03 10,
Fax 04 50 93 09 84, ≼, 余, « Anciennes fermes savoyardes reconstituées en hameau », 🛌,
🔲, 未 – 🛗 ⊡ ☎ ⬥, ⇐ ℙ. – 🄰 70. ⅎ ⊞
hôtel : 25 juin-10-sept. et 18 déc.-10 avril ; rest. : 1ᵉʳ juil.-2 sept. et 18 déc.-10 avril – carte
250 à 360 **La Rôtisserie :** **Repas** 250 – ☑ 80 – **58 ch** 810/1040, 5 appart, 3 duplex –
1/2 P 830/1520.

🏨 **Chalet du Mont d'Arbois** Ⓜ ⑤, rte Mt-d'Arbois ℰ 04 50 21 25 03,
Fax 04 50 21 24 79, ≼, 余, 🔲, 未, ※ – 🛗 ⊡ ☎ ℙ. ⅎ ① ⊞   BY p
10 juin-fin sept. et mi-déc.-fin mars – **Repas** 200/480 – ☑ 100 – **20 ch** 1520/1900 –
1/2 P 1200/1330.

🏨 **Le Fer à Cheval**, rte Crêt ℰ 04 50 21 30 39, Fax 04 50 93 07 60, 余, « Élégant décor
rustique », 🛌, 🔲, 未 – 🛗 ▤ rest ⊡ ☎ ⬥, ⇐ ℙ. – 🄰 40 à 80. ⅎ ⊞. ※ rest   BY a
20 juin-10 sept. et 15 déc.-10 avril – **Repas** carte 260 à 340 – ☑ 55 – **33 ch** 434/1285,
8 appart – 1/2 P 690/895.

🏨 **Mont-Blanc** Ⓜ sans rest, pl. Église ℰ 04 50 21 20 02, Fax 04 50 21 45 28, 🔲 – 🛗 ⊡ ☎
⇐ – 🄰 30. ⅎ ① ⊞ ⊞   AY r
fermé 25 avril au 1ᵉʳ juin – ☑ 80 – **30 ch** 1090/1840, 9 appart.

🏨 **Chalet St-Georges** Ⓜ, carrefour Rochebrune ℰ 04 50 93 07 15, Fax 04 50 21 51 18,
余, « Décoration montagnarde soignée » – 🛗 ⊡ ☎ ⬥ ⬥, ⇐. ⅎ ① ⊞ ⊞. ※ rest
fin juin-mi-sept. et 15 déc.-mi-avril – **La Table du Pêcheur :** **Repas** 118/150 🍷 – **La Table
du Trappeur** ℰ 04 50 21 15 73 *(fermé 15 mai au 15 juin, oct., dim. soir et lundi hors sais.)* –
Repas 98/130, 🍷 – ☑ 65 – **20 ch** 750/2000, 4 appart – 1/2 P 670/1550.   AY n

🏨 **Grange d'Arly** Ⓜ ⑤, 10 r. Allobroges ℰ 04 50 58 77 88, Fax 04 50 93 07 13, 余, « Belle
décoration intérieure » – 🛗 ⊡ ☎ ⬥ ⬥. ⅎ ① ⊞   AY t
hôtel : fin juin-11 nov. et mi-déc.-fin avril ; rest. :1ᵉʳ juil.-début sept. et mi-déc.-début avril –
Repas (dîner seul.) 90/130 – ☑ 50 – **22 ch** 835/930, 3 appart – 1/2 P 629/645.

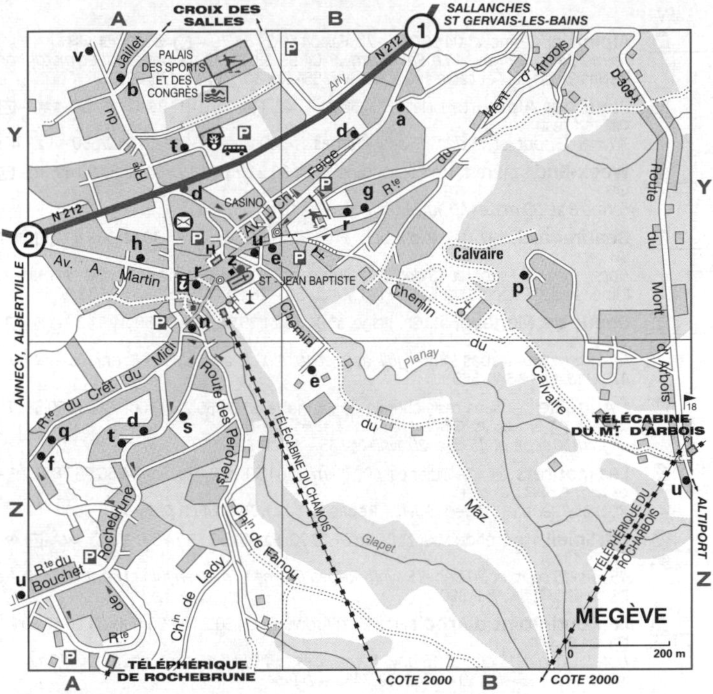

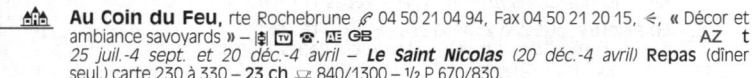

MEGÈVE

🏠🏠 **Au Coin du Feu**, rte Rochebrune 🖉 04 50 21 04 94, Fax 04 50 21 20 15, ≤, « Décor et ambiance savoyards » – 🛗 🖸 ☎. ⒶⒺ ⒼⒷ   AZ **t**
25 juil.-4 sept. et 20 déc.-4 avril – *Le Saint Nicolas* (20 déc.-4 avril) **Repas** (dîner seul.) carte 230 à 330 – **23 ch** ⊑ 840/1300 – ½ P 670/830.

🏠🏠 **Le Triolet** ⌂, rte Bouchet 🖉 04 50 21 08 96, Fax 04 50 70 77 75, ≤ – 🖸 ☎ ☞. ⒶⒺ ⒼⒷ. ⅌ rest   AZ **u**
Noël-Pâques – **Repas** (nombre de couverts limité, prévenir) 280/420 – ⊑ 100 – **10 ch** 1050, 3 appart – ½ P 1300.

🏠🏠 **Mont-Joly** ⌂, rte Crêt du Midi 🖉 04 50 21 26 14, Fax 04 50 58 75 20, ≤, 🏖, 🌳 – 🛗 🖸 ☎ ⓦ Ⓟ. ⒶⒺ ⓪ ⒼⒷ ⒿⒸⒷ. ⅌ rest   AZ **q**
15 juin-15 sept. et 20 déc.-10 avril – **Repas** 290/350 – ⊑ 54 – **22 ch** 760 – ½ P 740.

🏠🏠 **Les Sapins** ⌂, rte Rochebrune 🖉 04 50 21 02 79, Fax 04 50 93 07 54, 🏖, 🏊, 🌳 – 🛗 🖸 ☎ Ⓟ. ⒶⒺ ⒼⒷ. ⅌ rest   AZ **s**
25 juin-10 sept. et 20 déc.-20 avril – **Repas** 192/319, enf. 105 – ⊑ 46 – **18 ch** 394/620 – ½ P 565.

🏠🏠 **Au Vieux Moulin** ⌂, 188 r. A. Martin 🖉 04 50 21 22 29, Fax 04 50 93 07 91, 🏖, 🏊, 🌳 – 🛗 ⅍ 🖸 ☎ Ⓟ – 🕍 25. ⒶⒺ ⒼⒷ. ⅌   AY **h**
fermé mai et du 15 oct. au 30 nov. – **Repas** 120/190, enf. 50 – ⊑ 55 – **34 ch** 630/1160 – ½ P 680/780.

🏠🏠 **La Prairie** Ⓜ, av. Ch. Feige 🖉 04 50 21 48 55, Fax 04 50 21 42 13, 🌳 – 🛗 🖸 ☎ ☞ Ⓟ – 🕍 25. ⒶⒺ ⓪ ⒼⒷ ⒿⒸⒷ. ⅌ rest   BY **d**
hôtel : 21 juin-21 sept. et 13 déc.-fin avril ; rest. : 12 juil.-24 août et 20 déc.-fin mars – **Repas** (snack) (dîner seul.) carte environ 140 🍷 – ⊑ 45 – **32 ch** 470/850.

🏠🏠 **Ferme Hôtel Duvillard**, plateau du Mt d'Arbois 🖉 04 50 21 14 62, Fax 04 50 21 42 82, ≤, 🌳 – 🖸 ☎ Ⓟ. ⒶⒺ ⓪ ⒼⒷ. ⅌   BZ **u**
fin juin-mi-déc. – **Repas** 130 (déj.)/152 🍷 – ⊑ 65 – **19 ch** 677/1065 – ½ P 606/746.

🏠🏠 **St-Jean** ⌂, 97 Boucle des Mouilles par chemin du Maz 🖉 04 50 21 24 45, Fax 04 50 58 78 50, ≤, 🌳 – 🖸 ☎ Ⓟ. ⒼⒷ. ⅌   BZ **e**
1er juil.-10 sept. et 20 déc.-10 avril – **Repas** (dîner seul.) 130 – ⊑ 40 – **14 ch** 350/470 – ½ P 350/410.

🏨 **Alpina**, pl. Casino ℰ 04 50 21 54 77, Fax 04 50 21 53 79 – 📺 ☎. 🆔 ⓞ ⅁⅃ AY e
fermé 24 au 29 nov. – **Le Savoyard** ℰ 04 50 58 71 72 *(fermé lundi et mardi hors sais.)*
Repas 98 bc(déj.) et carte 180 à 280, enf. 55 – ⬜ 30 – **14 ch** 470/620.

🏨 **Fleur des Alpes**, rte Jaillet ℰ 04 50 21 11 42, Fax 04 50 91 93 42, ≼, 🌭, 🐎 – 📺 ☎ 🅿.
⅁⅃. 🕸 rest AY b
20 mai-15 sept. et 15 déc.-15 avril – **Repas** 95/200 – ⬜ 35 – **19 ch** 410/550 – ½ P 455/475.

🏨 **Week-End** sans rest, rte Rochebrune ℰ 04 50 21 26 49, Fax 04 50 58 90 40, ≼ – 📺 ☎ 🅿.
⅁⅃ AZ d
fermé 8 au 20 mai et 10 au 25 oct. – ⬜ 35 – **16 ch** 450/540.

🏨 **Beauregard**, 187 rte Mt-d'Arbois ℰ 04 50 21 05 56, Fax 04 50 58 96 78 – 📺 ☎ 🅿. ⅁⅃.
🕸 rest BY y
hôtel : 24 juin-3 sept. et 18 déc.-31 mars ; rest. : 1er juil.-31 août et 18 déc.-31 mars – **Repas**
(dîner seul.)(résidents seul.) 120/180 ⅃ – ⬜ 50 – **26 ch** 450/650 – ½ P 575/625.

🏨 **Coeur de Megève**, av. Ch. Feige ℰ 04 50 21 25 30, Fax 04 50 91 91 27 – 🛗 📺 ☎. 🆔
⅁⅃ AY u
fermé en mai – **Repas** *(ouvert juil.-août et 10 déc.-15 avril)* 80/139 ⅃, enf. 45 – ⬜ 40 – **28 ch**
470/810 – ½ P 340/565.

🏨 **L'Auguille** 🛎 sans rest, chemin de l'Auguille ℰ 04 50 21 40 00, Fax 04 50 58 78 78, ≼,
🐎 – 🛗 📺 ☎ 🚗 🅿. ⅁⅃. AY v
1er juin-30 sept. et 15 déc.-20 avril – ⬜ 35 – **11 ch** 320/350.

🏨 **Les Mourets** 🛎, rte Odier ① : *1 km* ℰ 04 50 21 04 76, Fax 04 50 58 78 78, ≼ – 🛗 📺
☎ 🚗 🕸 rest
20 mai-9 sept. et 20 déc.-3 avril – **Repas** 100 – ⬜ 38 – **24 ch** 390 – ½ P 390.

🏨 **Gai Soleil**, rte Crêt du Midi ℰ 04 50 21 00 70, Fax 04 50 58 74 50, ≼, 🔲, 🐎 – 📺 ☎. 🆔 ⓞ
⅁⅃. 🕸 rest AZ f
15 juin-15 sept. et 20 déc.-15 avril – **Repas** *(fermé le midi en juin et sept.)* 80/350 – ⬜ 42 –
21 ch 420/450 – ½ P 390.

🏨 **Le Rond-Point d'Arbois**, rte Mt-d'Arbois ℰ 04 50 21 17 50, Fax 04 50 58 90 24, 🐎 –
📺 ☎. 🆔 ⅁⅃ BY r
hôtel : 20 juin-15 oct. et 15 nov.-1er mai ; rest. : 1er juil.-15 sept. et 20 nov.-15 avril – **Repas**
(dîner seul.) 85 – ⬜ 30 – **13 ch** 390/460 – ½ P 345.

XX **Michel Gaudin**, carrefour d'Arly ℰ 04 50 21 02 18 – ⅁⅃ AY d
fermé lundi, mardi et merc. hors sais. – **Repas** 110/380.

XX **Le Prieuré**, pl. Eglise ℰ 04 50 21 01 79, 🌭 – 🆔 ⅁⅃ AY z
fermé juin, nov., dim. soir et lundi hors sais. – **Repas** 110/189.

à Petit Bois *par* ① : *3 km –* ✉ *74120 :*

🏰 **Princesse de Megève** Ⓜ 🛎, les Poëx ℰ 04 50 93 08 08, Fax 04 50 21 45 65, ≼, 🌭, 🔲
(été), « Bel aménagement dans une ancienne ferme savoyarde », 🐎 – 📺 ☎ 🚗 🅿. 🆔 ⓞ
⅁⅃. 🕸 rest
27 juin-7 sept. et 19 déc.-10 avril – **Repas** (dîner seul.)(½ pens.seul.) – ⬜ 80 – **11 ch**
670/1500 – ½ P 680/988.

au sommet du Mont d'Arbois *par télécabine du Mt d'Arbois ou télécabine de la Princesse –*
✉ *74170 St-Gervais :*

🏨 **L'Igloo** Ⓜ 🛎, ℰ 04 50 93 05 84, Fax 04 50 21 02 74, 🌭, 🔲 (été), « ❄ chaîne du Mont
Blanc » – 📺 ☎ – 🔒 25. ⅁⅃ ⅁⅃⅁
15 juin-20 sept. et 18 déc.-20 avril – **Repas** 125/230, enf. 95 – ⬜ 70 – **11 ch** (½ pens. seul.)
– ½ P 600/950.

voir aussi *à St-Gervais-les-Bains :* **Chez la Tante** 🏨

à l'altiport *Sud-Est : 7,5 km par rte Mont d'Arbois -* **BZ** *– alt. 1450 –* ✉ *74120 Megève :*

X **Cote 2000**, ℰ 04 50 21 31 84, Fax 04 50 93 05 04, ≼, 🌭, « Authentique chalet savoyard » – 🆔 ⅁⅃
mi-juil.-fin août et Noël-Pâques – **Repas** 150 et dîner à la carte environ 270.

à Leutaz *Sud-Ouest : 4 km par rte du Bouchet* **AZ** *–* ✉ *74120 Megève :*

X **La Sauvageonne**, ℰ 04 50 91 90 81, Fax 04 50 58 75 44, 🌭, « Ancienne ferme aménagée » – ⅁⅃
1er juil.-30 sept., 20 oct.-11 nov. et 10 déc.-25 avril – **Repas** 140 (déj.)et carte 230 à 260.

FIAT, LANCIA Gar. Gachet, 444 av. Ch.-Feige   VAG Muffat Méridol, rte d'Albertville
ℰ 04 50 21 21 23   ℰ 04 50 21 00 27

MEHUN-SUR-YÈVRE *18500 Cher* 64 ⑳ *G. Berry Limousin – 7 227 h alt. 130.*

Office de Tourisme pl. 14-Juillet ✆ 02 48 57 35 51.

Paris 225 – Bourges 18 – Cosne-sur-Loire 68 – Gien 77 – Issoudun 32 – Vierzon 16.

XXX **Les Abiès,** rte Vierzon ✆ 02 48 57 39 31, Fax 02 48 57 00 70, – P. AE GB
fermé vacances de fév., dim. soir et lundi – **Repas** 102/220 et carte 200 à 310.

CITROEN Gar. Charles VII, av. R. Aladenize ✆ 02 48 57 31 74

PEUGEOT Gar. des Aillis, 185 av. R. Aladenize ✆ 02 48 57 30 53

MÉJANNES-LÈS-ALÈS *30 Gard* 80 ⑱ *– rattaché à Alès.*

MÉLICOCQ *60 Oise* 56 ② *– rattaché à Compiègne.*

MÉLISEY *70270 H.-Saône* 66 ⑦ *G. Jura – 1 805 h alt. 330.*

Syndicat d'Initiative du Canton de Melisey, pl. de la Gare ✆ 03 84 63 22 80.

Paris 397 – Épinal 64 – Belfort 34 – Besançon 97 – Lure 12 – Luxeuil-les-Bains 21.

X **La Bergeraine,** ✆ 03 84 20 82 52, Fax 03 84 20 04 47, – P. GB
fermé 25 juin au 11 juil., 25 au 30 déc., mardi soir et merc. sauf du 14 juil. au 15 août – **Repas** 60 (déj.), 75/210 , enf. 45.

PEUGEOT Gar. Boffy, rte des Vosges ✆ 03 84 20 82 04

Ne prenez pas la route au hasard !

*3615 - 3617 MICHELIN vous apportent sur votre **Minitel** ou sur **fax** ses conseils routiers, hôteliers et touristiques.*

MELUN P *77000 S.-et-M.* 61 ②, 106 ㊺ *G. Ile de France – 35 319 h Agglo. 107 705 h alt. 43.*

Env. *Vaux-le-Vicomte : château★★ et jardins★★★ 6 km par ②.*

la Croix des Anges à Réau ✆ 01 60 60 18 76, par ⑨ N 105 : 8,5 km.

Paris 49 ⑧ – Fontainebleau 17 ⑤ – Châlons-en-Champagne 145 ① – Chartres 103 ⑧ – Meaux 54 ② – Orléans 104 ⑥ – Reims 146 ② – Sens 74 ⑤ – Troyes 127 ③.

Plan page suivante

Bleu Marine M, par ⑤ : *2,5 km rte Fontainebleau* ✆ 01 64 39 04 40, Fax 01 64 39 94 10, , parc, , , – – 150. AE GB
Repas 145, enf. 49 – 60 – **44 ch** 390/480, 5 appart.

XX **La Melunoise,** 5 r. Gâtinais ✆ 01 64 39 68 27, Fax 01 64 39 81 81 – GB X b
fermé août, vacances de fév., dim. soir, lundi soir et sam. – **Repas** 135/260, enf. 75.

à Crisenoy *par ② : 10 km – 580 h. alt. 89 – ✉ 77390 :*

XXX **Aub. de Crisenoy,** Gde Rue ✆ 01 64 38 83 06, Fax 01 64 38 83 06, , – AE GB
fermé 28 juil. au 12 août, 16 au 24 fév., dim. soir, merc. soir et lundi – **Repas** 100 (déj.), 158/210 et carte 240 à 310, enf. 58.

à Vaux-le-Pénil *Sud-Est : 3 km – 8 143 h. alt. 60 – ✉ 77000 :*

XXX **La Table St-Just,** r. Libération (près Château) ✆ 01 64 52 09 09, Fax 01 64 52 52 35 – GB
fermé 18 août au 1er sept., vacances de fév., sam. midi et dim. – **Repas** 145/250 et carte 260 à 360.

au Plessis-Picard *par ⑧ : 8 km – ✉ 77550 :*

XX **La Mare au Diable,** ✆ 01 64 10 20 90, Fax 01 64 10 20 91, – P. AE GB
fermé dim. soir et lundi – **Repas** 155/350, enf. 55.

à Pouilly-le-Fort *par ⑨ : 6 km – ✉ 77240 :*

XXX **Le Pouilly,** r. Fontaine ✆ 01 64 09 56 64, – P. AE GB
fermé 10 au 31 août, 23 au 30 déc., dim. soir et lundi – **Repas** 185/380 et carte 340 à 460.

CITROEN Sogame, 100 rte de Montereau à Vaux-le-Pénil ✆ 01 64 83 51 80 N ✆ 06 08 91 64 31
FORD Gar. de la Gare, 38 N6 à Vert-St-Denis ✆ 01 60 68 22 57
MERCEDES Gar. Techstar, 140 N6 à Vert-St-Denis ✆ 01 64 14 15 16
OPEL Gar. Brie et Champagne, 27 rte de Montereau ✆ 01 64 10 23 23
PEUGEOT Duport Autom., 61 N6 à Vert-St-Denis par ⑧ ✆ 01 60 68 69 70 N ✆ 08 00 44 24 24
RENAULT Gar. Redele, 23 rte de Montereau ✆ 01 64 39 95 77 N ✆ 08 00 05 15 15

SEAT, NISSAN AREVA, 548 av. Montaigne à Dammarie-les-Lys ✆ 01 64 83 56 26

Euromaster, 11 r. de Ponthierry ✆ 01 64 37 20 99
Euromaster, 22 r. Mar.-Juin, ZI à Vaux-le-Pénil ✆ 01 64 39 12 63
Vaysse Pneus, r. des Frères Thibault à Dammarie-les-Lys ✆ 01 64 37 50 07

MELUN

Carnot (R.) . . . . AY 6
Doumer (R. Paul) . . BY 13
Miroir (R. du) . . . . . . AY 25
Pouteau (R. René) . BY 34
St-Ambroise (R.) . . . AZ
St-Aspais (R.) . . . . . . BY 41
St-Étienne (R.) . . . . . AZ 43

Alsace-Lorr. (Q.) . . . BZ 2
Chartrettes (Rte de) . X 3
Chasse (R. de la) . . . . X 7
Corbeil (Av. de) . . . . . X 8
Courtille (R. de la) . . BZ 9
Europe (Rd-Pt de l') . . X 14
Godin (Av. E.) . . . . . . AZ 19
Jaurès (Av. J.) . . . . . . X 20
Leclerc (Av. Gén.) . . . X 22
Libération (Av. de la) . X 23
Montagne-du-Mée (R. de la) . . . . AY 26
N.-Dame (Pl.) . . . . . . BZ 32
Pompidou (Av. G.) . . . X 33
Prés.-Despatys (R.) . AY 35
Rossignol (Q. H.) . . . . X 39
St-Liesne (R.) . . . . . . X 44
Vaux (R. de) . . . . X 45
Voisenon (Rte de) . . . X 46
13e-Dragons (Av.) . . . . X 49
31e-d'Inf. (Av. du) . . . . X 50

LE MÉE-SUR-SEINE

Courtilleraies (Av.) . . . X 10
Dauvergne (Av. M.) . . X 12

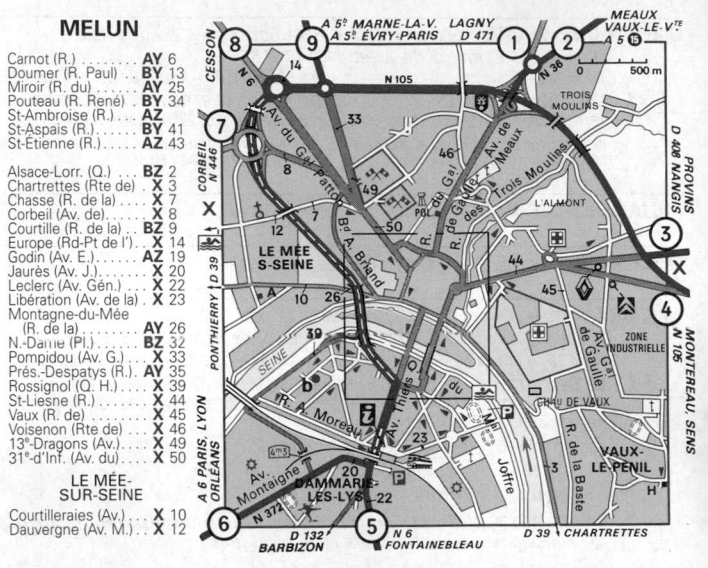

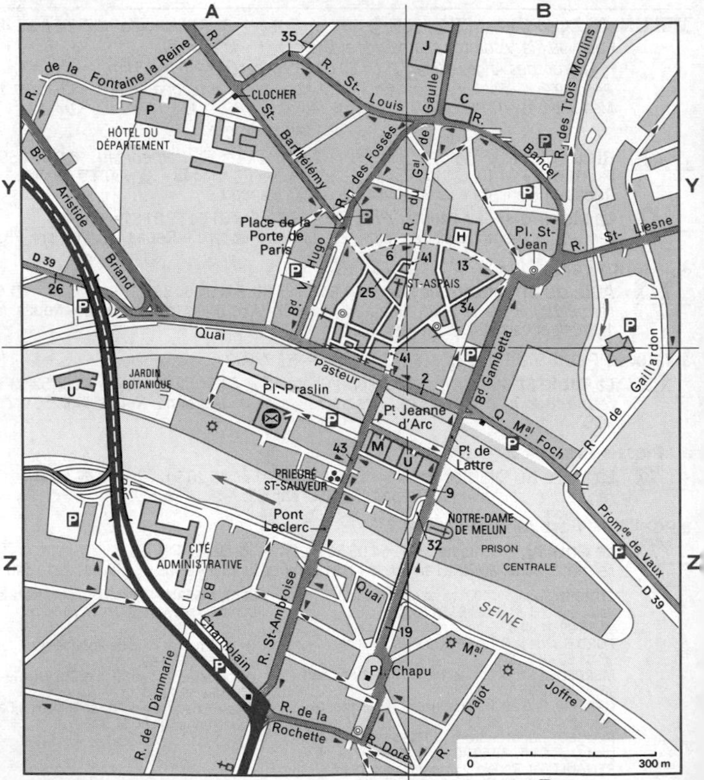

La MEMBROLLE-SUR-CHOISILLE *37 I.-et-L.* 64 ⑮ *– rattaché à Tours.*

MENDE P *48000 Lozère* 80 ⑤ ⑥ *G. Gorges du Tarn – 11 286 h alt. 731.*

Voir *Cathédrale★ – Pont N.-Dame★ – Route du col de Montmirat★★* par ③.

Office de Tourisme, bd Henri Bourrillon ☎ et Fax 04 66 65 02 69 – Automobile Club 3 r. Chapitre ☎ 04 66 49 20 54.

Paris 594 ① – Alès 105 ③ – Aurillac 154 ① – Gap 309 ② – Issoire 142 ① – Millau 101 ③ – Montélimar 155 ② – Le Puy-en-Velay 90 ② – Rodez 109 ③ – Valence 182 ②.

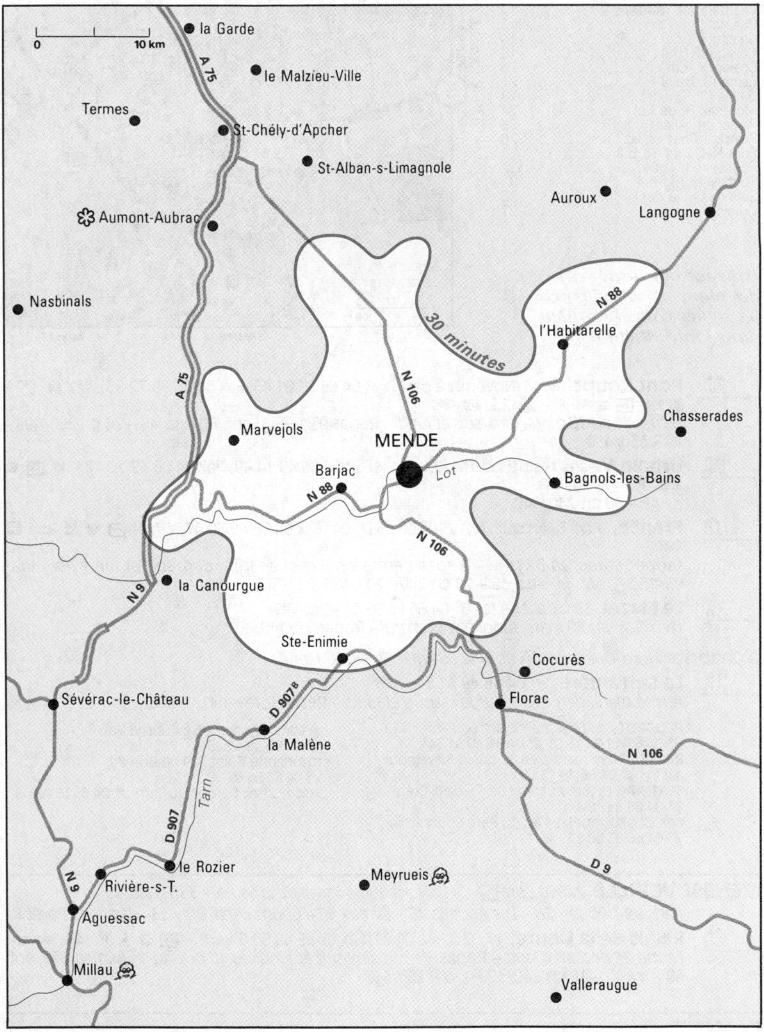

Lion d'Or, 12 bd Britexte par ② ☎ 04 66 49 16 46, Fax 04 66 49 23 31, ☐, ☐, ☐ – ☐ TV ☎ ☐ P – 30. AE ⓓ GB JCB
fermé 2 janv. au 1er fév. – **Repas** *(fermé dim. hors sais.)* 120/240, enf. 75 – ☐ 45 – **40 ch** 290/490 – ½ P 330/400.

MENDE

*Pour un bon usage
des plans de villes, voir
les signes conventionnels
dans l'introduction.*

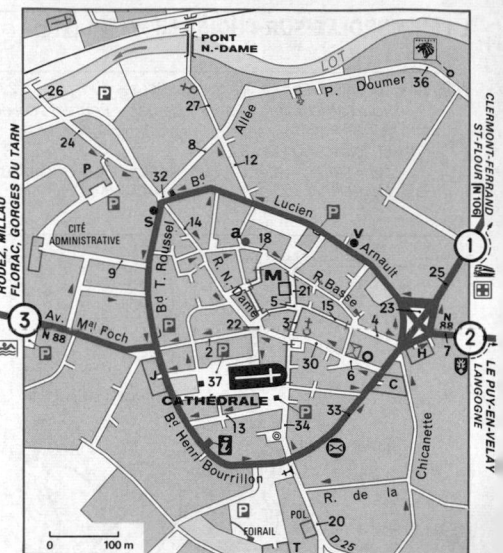

ERMITAGE ST-PRIVAT — MT MIMAT

🏨 **Pont Roupt,** av. 11-Novembre par ③ ☎ 04 66 65 01 43, Fax 04 66 65 22 96, 🏤, 🐟, 🔲 –
🛗 ⤢ 📺 ☎ 🗳 🅿 – 🔏 25. ◑ 🖭
fermé 1er au 30 mars, dim. soir et lundi – **Repas** 95/185 🐓, enf. 60 – 🖭 45 – **26 ch** 290/495 –
½ P 330/430.

🏨 **Urbain V** sans rest, 9 bd L. Roussel **(s)** ☎ 04 66 49 14 49, Fax 04 66 49 20 42 – 🛗 📺 ☎
🚗 🅿 – 🔏 30. 🖭
🖭 48 – **60 ch** 240/340.

🏨 **France,** 9 bd L. Arnault **(v)** ☎ 04 66 65 00 04, Fax 04 66 49 30 47, 🏤 – 📺 ☎ 🗳 🚗 🅿.
🖭
fermé 20 déc. au 31 janv. – **Repas** *(fermé lundi midi en sais., dim. soir et lundi hors sais.)*
95/150 🐓, enf. 55 – 🖭 36 – **28 ch** 240/320 – ½ P 265/305.

✕ **Le Mazel,** 25 r. Collège **(a)** ☎ 🖭 🖭
fermé 1er au 20 mars, lundi soir et mardi – **Repas** 79/140 🐓.

à Chabrits *Nord-Ouest par ③ et D 42 : 5 km – ✉ 48000 Mende :*

✕✕ **La Safranière,** ☎ 04 66 49 31 54 – 🖭
fermé mars, dim. soir (sauf juil.-août) et lundi – **Repas** *(prévenir)* 95/230.

PEUGEOT Gar. Giral, 7 allée des Soupirs
☎ 04 66 49 00 15 🚹 ☎ 04 66 49 91 34
RENAULT Gar. Lozère, ZA av. du 11 Novembre
par ③ ☎ 04 66 49 15 58
SEAT, VAG Lozère Autom., ZA 1 r. de la Crête
☎ 04 66 85 19 14
Gar. Charbonnel, 24 av. du Père Coudrin
☎ 04 66 65 08 22

🔘 Gar. Covinnes, 25 av. Gorges-du-Tarn
☎ 04 66 49 11 13
Lozérienne-Point S, 9 bd Britexte
☎ 04 66 65 03 98
Vulco, 31 av. Gorges-du-Tarn ☎ 04 66 65 08 69

MÉNESQUEVILLE *27850 Eure* 55 ⑦ *G. Normandie Vallée de la Seine – 358 h alt. 65.*
Paris 99 – Rouen 28 – Les Andelys 15 – Évreux 58 – Gournay-en-Bray 33 – Lyons-la-Forêt 8.

🏨 **Relais de la Lieure,** ☎ 02 32 49 06 21, Fax 02 32 49 53 87, 🌿 – 📺 ☎ 🕭 🅿. 🖭. 🛠 ch
fermé 23 déc. au 4 janv. – **Repas** *(fermé dim. soir et lundi du 15 oct. au 1er juin)* 80/275, enf.
60 – 🖭 40 – **16 ch** 240/320 – ½ P 290/350.

Le MÉNIL *88 Vosges* 66 ⑧ *– rattaché au Thillot.*

La MÉNITRÉ 49250 M.-et-L. **64** ⑪ – 1 780 h alt. 21.

Paris 294 – Angers 25 – Baugé 22 – Saumur 25.

🏠 **Au Bec Salé**, Port St-Maur ℘ 02 41 45 63 56, Fax 02 41 45 67 88, ≤, ☞ – 🔟 ☎ 🗶, ⅋ℰ GB
⬙ fermé 2 janv. au 1ᵉʳ fév., dim. soir et lundi d'oct. à Pâques – **Repas** 72/175 ⅃, enf. 46 – ☲ 35
– **11 ch** 230/270 – ½ P 230.

XX **Relais Bellevue** avec ch, Port St-Maur ℘ 02 41 45 61 05, ☞ – 🔟 ☎ 🄿. GB
⬙ fermé 15 fév. au 15 mars, dim. soir et lundi du 15 sept. au 30 juin – **Repas** 80/200 ⅃, enf. 50
– ☲ 35 – **6 ch** 195/220 – ½ P 205/215.

MENS 38710 Isère **77** ⑮ – 1 129 h alt. 780.

Paris 619 – Gap 64 – Clelles 12 – Monestier-de-Clermont 20 – La Mure 19.

🏠 **La Meisou dou Bourg** sans rest, ℘ 04 76 34 81 00, Fax 04 76 34 80 90 – 🔟 ☎ 🗶 🕭, ⅋ℰ
⑩ GB
☲ 35 – **10 ch** 230/310.

CITROEN Gar. du Trièves, ℘ 04 76 34 60 21 🄽   RENAULT Gar. du Vercors, ℘ 04 76 34 63 93 🄽
℘ 04 76 34 60 21   ℘ 04 76 34 63 93
PEUGEOT Gar. Richard, ℘ 04 76 34 63 92 🄽
℘ 04 76 34 69 54

MENTHON-ST-BERNARD 74290 H.-Savoie **74** ⑥ G. Alpes du Nord – 1 517 h alt. 482.

Voir Château de Menthon⋆ : ≤⋆ E : 2 km.

🛈 Office de Tourisme (fermé après-midi oct.-mai) ℘ 04 50 60 14 30.
Paris 547 – Annecy 10 – Albertville 37 – Bonneville 44 – Megève 52 – Talloires 3 – Thônes 13.

🏠 **Beau Séjour** ⬙, ℘ 04 50 60 12 04, Fax 04 50 60 05 56, ☞, parc – ☎ 🄿. ⅋ rest
hôtel : Pâques-fin sept. ; rest. : 15 juin-mi-sept. – **Repas** (dîner seul.) 150/200 – ☲ 40 –
18 ch 350/400 – ½ P 380/400.

MENTON 06500 Alpes-Mar. **84** ⑩ ⑳, **115** ㉘ G. Côte d'Azur – 29 141 h – Casino du Soleil **AZ.**

Voir Site⋆⋆ – Bord de mer et vieille ville⋆⋆ : Promenade du Soleil⋆⋆ ABYZ, Parvis St-
Michel⋆⋆, Église St-Michel⋆ BY F, Façade de la Chapelle de la Conception BYB, ≤⋆ de la
jetée BV, ≤⋆ du Vieux cimetière BXD – Musée du Palais Carnolès⋆ AXM1 – Caravan⋆ BV –
Jardin botanique exotique⋆ BVE – Salle des mariages⋆ de l'Hôtel de Ville BYH – Statuettes
féminines⋆ du musée municipal BYM2 – ≤⋆ du jardin des Colombières BV – Vallée du
Carei⋆ par ①.

Env. Monastère de l'Annonciade ⋇⋆ N : 6 km AV.

🛈 Office de Tourisme, 8 av. Boyer ℘ 04 93 57 57 00, Fax 04 93 57 51 00, et Pinède du Bastion
℘ 04 93 28 26 27 – Automobile Club, Palais de l'Europe 8 av. Boyer ℘ 04 93 35 77 39.
Paris 959 ③ – Monaco 12 ③ – Aix-en-Provence 206 ① – Cannes 63 ① – Cuneo 100 ① –
Monte-Carlo 10 ③ – Nice 30 ①.

Plan page suivante

🏛 **Ambassadeurs** 🅼, 3 rue Partouneaux ℘ 04 93 28 75 75, Fax 04 93 35 62 32, ☞, « Élégante installation » – 🛗 ☰ 🔟 ☎ 🕭 ⇔ – 🖄 100. ⅋ℰ ⑩ GB JCB. ⅋ rest   AY k
La Véranda (fermé dim. soir sauf fêtes) **Repas** 190/250, enf. 95 – ☲ 70 – **49 ch** 735/950 –
½ P 725.

🏛 **Royal Westminster** 🅼, 1510 prom. du Soleil ℘ 04 93 28 69 69, Fax 04 92 10 12 30, ≤,
🛁, ☞ – 🛗 ☰ 🔟 ☎ 🕭 – 🖄 40. ⅋ℰ ⑩ GB. ⅋   BY t
fermé nov. – **Repas** 120 bc – ☲ 36 – **92 ch** 380/720 – ½ P 410/510.•

🏛 **Riva** 🅼 sans rest, 600 prom. Soleil ℘ 04 92 10 92 10, Fax 04 93 28 87 87, ≤ – 🛗 ☰ 🔟 ☎
🕭. ⅋ℰ ⑩ GB. ⅋   AZ n
☲ 40 – **40 ch** 500/590.

🏛 **Princess et Richmond** sans rest, 617 prom. Soleil ℘ 04 93 35 80 20,
Fax 04 93 57 40 20, ≤, ⨍⬙ – 🛗 ☰ 🔟 ☎ 🕭. ⅋ℰ ⑩ GB. ⅋   AZ s
fermé 4 nov. au 16 déc. – ☲ 40 – **46 ch** 445/545.

🏛 **Aiglon**, 7 av. Madone ℘ 04 93 57 55 55, Fax 04 93 35 92 39, ☞, 🛁, ☞ – 🛗 ☰ ch 🔟 ☎ 🄿.
⅋ℰ ⑩ GB   AZ b
fermé 5 nov. au 20 déc. – **Le Riaumont** (fermé merc. midi) **Repas** 180/250, enf. 80 – ☲ 35
– **27 ch** 415/665, 3 appart – ½ P 420/540.

🏛 **Napoléon**, 29 Porte de France ℘ 04 93 35 89 50, Fax 04 93 35 49 22, ≤, 🛁, – 🛗 ☰ 🔟 ☎
🄿. ⅋ℰ ⑩ GB   BV s
fermé 1ᵉʳ nov. au 18 déc. – **Repas** 120/280 – ☲ 40 – **40 ch** 500/600 – ½ P 410/460.

🏨 **Prince de Galles**, 4 av. Gén. de Gaulle ℘ 04 93 28 21 21, Fax 04 93 35 92 91, ≤, ☞ – 🛗
🔟 ☎ – 🖄 30. ⅋ℰ ⑩ GB   AX e
Le Petit Prince : ℘ 04 93 28 88 08 (fermé 1ᵉʳ au 10 déc.) **Repas** 120/185, enf. 50 – ☲ 42 –
68 ch 325/540 – ½ P 342/407.

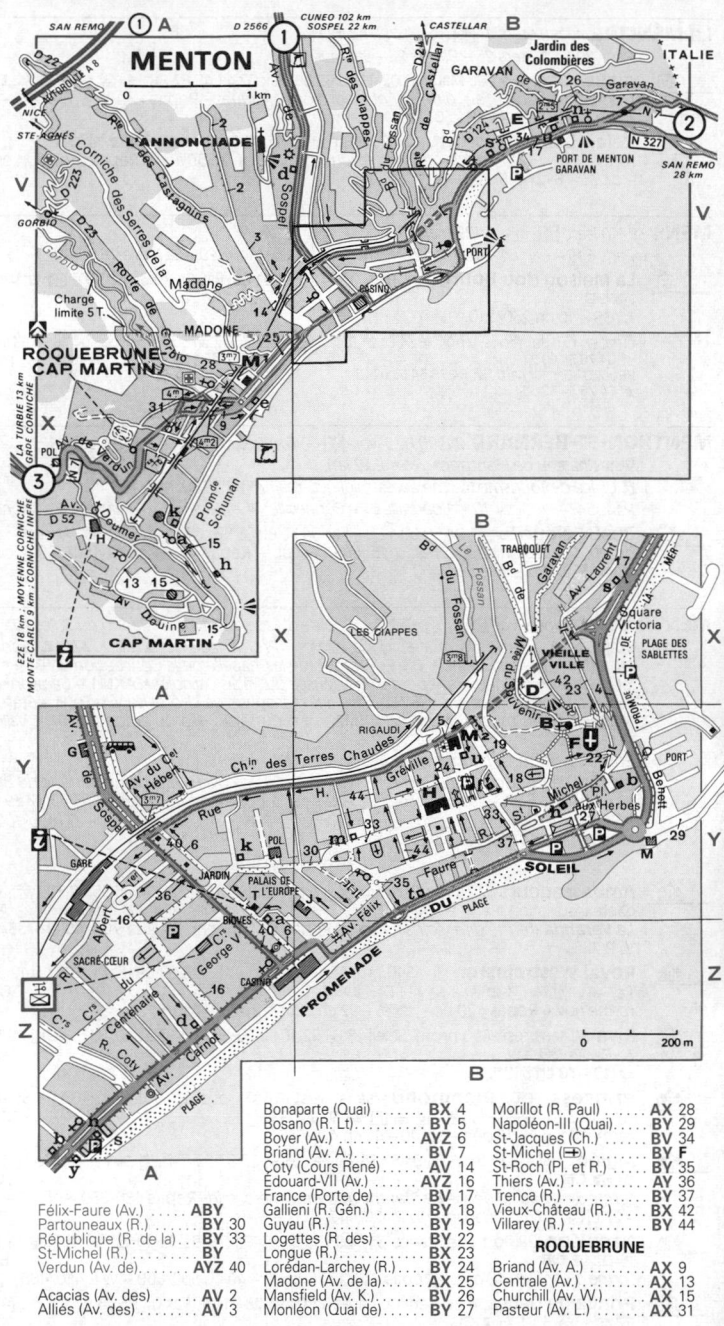

MENTON

Bonaparte (Quai)	**BX** 4
Bosano (R. Lt)	**BY** 5
Boyer (Av.)	**AYZ** 6
Briand (Av. A.)	**BV** 7
Coty (Cours René)	**AV** 14
Édouard-VII (Av.)	**AYZ** 16
France (Porte de)	**BV** 17
Gallieni (R. Gén.)	**BY** 18
Guyau (R.)	**BY** 19
Logettes (R. des)	**BY** 22
Longue (R.)	**BX** 23
Lorédan-Larchey (R.)	**BY** 24
Madone (Av. de la)	**AX** 25
Mansfield (Av. K.)	**BV** 26
Monléon (Quai de)	**BY** 27
Morillot (R. Paul)	**AX** 28
Napoléon-III (Quai)	**BY** 29
St-Jacques (Ch.)	**BV** 34
St-Michel (➡)	**BY F**
St-Roch (Pl. et R.)	**BY** 35
Thiers (Av.)	**AY** 36
Trenca (R.)	**BY** 37
Vieux-Château (R.)	**BX** 42
Villarey (R.)	**BY** 44

Félix-Faure (Av.)	**ABY**
Partouneaux (R.)	**BY** 30
République (R. de la)	**BY** 33
St-Michel (R.)	**BY**
Verdun (Av. de)	**AYZ** 40

| Acacias (Av. des) | **AV** 2 |
| Alliés (Av. des) | **AV** 3 |

ROQUEBRUNE

Briand (Av. A.)	**AX** 9
Centrale (R.)	**AX** 13
Churchill (Av. W.)	**AX** 15
Pasteur (Av. L.)	**AX** 31

Les plans de villes sont orientés le Nord en haut.

734

Chambord sans rest, 6 av. Boyer ℘ 04 93 35 94 19, Fax 04 93 41 30 55 – 📶 🖩 📺 ☎ ⟲.
AE ① GB JCB   AYZ   a
⊋ 35 – **40 ch** 450/580.

Méditerranée, 5 r. République ℘ 04 93 28 25 25, Fax 04 93 57 88 38 – 📶 🖩 rest 📺 ☎
✦ – 🅰 30. AE ① GB JCB. ✸ rest   BY   m
Repas 95/110 🍷, enf. 45 – ⊋ 35 – **90 ch** 390/450 – ½ P 305.

Beau Rivage sans rest, 1 av. Ibanez ℘ 04 93 28 08 08, Fax 04 93 57 41 47 – 📶 🖩 📺 ☎ P.
AE ① GB JCB   BV   u
⊋ 40 – **40 ch** 460/500.

Dauphin, 28 av. Gén. de Gaulle ℘ 04 93 35 76 37, Fax 04 93 35 31 74, ≤, 🍴 – 📶 🖩 ch 📺
☎. AE GB   AZ   y
fermé 20 oct. au 20 déc. – **Repas** snack (fermé dim.) 80/120 – ⊋ 35 – **30 ch** 210/450 –
½ P 230/330.

Climat de France Ⓜ, 57 av. Sospel ℘ 04 93 28 28 38, Fax 04 92 10 00 92, 🍴 – 📶 🖩 📺
☎ & P. AE ① GB. ✸ rest   ABV   d
Repas (fermé 1er au 20 nov. et dim. midi) 80 – ⊋ 35 – **37 ch** 340.

Narev's H. Ⓜ sans rest, 12bis r. Lorédan Larchey ℘ 04 93 35 21 31, Fax 04 93 35 21 20 –
📶 🖩 📺 ☎ & ⟲. AE ① GB   BY   u
⊋ 35 – **35 ch** 350/500.

Paris Rome, 79 Porte de France ℘ 04 93 35 73 45, Fax 04 93 35 29 30 – 📺 ☎. AE ①
GB. ✸ ch   BV   n
hôtel : fermé 11 nov. au 27 déc. ; rest. : fermé 15 nov. au 15 déc. et lundi – **Repas** 90/125 –
⊋ 42 – **22 ch** 265/450 – ½ P 289/345.

Amirauté sans rest, 3 Porte de France ℘ 04 93 35 59 41, Fax 04 93 57 74 44 – 📶 📺 ☎.
GB   BX   s
⊋ 35 – **18 ch** 290/340.

Londres, 15 av. Carnot ℘ 04 93 35 74 62, Fax 04 93 41 77 78, 🍴 – 📶 📺 ☎. AE GB
fermé 20 oct. au 20 déc. – **Repas** (fermé merc.) 100/140 🍷, enf. 50 – ⊋ 33 – **27 ch** 210/420
– ½ P 220/360.   AZ   d

Le Galion, port de Garavan ℘ 04 93 35 89 73, 🍴 – AE GB   BV   u
fermé nov., janv., lundi soir et merc. sauf août – **Repas** carte 200 à 340.

Viviers Bretons, 6 pl. Cap ℘ 04 93 35 24 24, 🍴 – 🖩. AE GB   BY   b
fermé nov. et mardi du 20 sept. au 30 juin – **Repas** - produits de la mer - (prévenir) 85 (déj.),
95/250.

Le Chaudron, 28 r. St Michel ℘ 04 93 35 90 25 – GB   BY   h
fermé 1er au 6 juil., 5 nov. au 22 déc., lundi soir d'oct. à juin et mardi – **Repas** (prévenir)
87/110 🍷, enf. 65.

Au Pistou, 2 r. Fossan ℘ 04 93 57 45 89, 🍴 – GB   BY   f
fermé 1er au 15 juin, 1er au 15 déc., dim. soir et lundi – **Repas** 80/120 🍷.

Les MENUIRES 73 Savoie 77 ⑦ ⑧ G. Alpes du Nord – Sports d'hiver : 1 400/2 850 m ⥮ 10 ⥮ 38
🎿 – ⊠ 73440 St-Martin-de-Belleville.
🛈 Office de Tourisme ℘ 04 79 00 73 00, Fax 04 79 00 75 06.
Paris 633 – Albertville 50 – Chambéry 97 – Moûtiers 23.

L'Ours Blanc Ⓜ ⅏, à Reberty 2000 ℘ 04 79 00 61 66, Fax 04 79 00 63 67, ≤, 🍴, ℔ – 📶
✦ 📺 ☎ & P. AE GB. ✸ rest
12 déc.-18 avril – **Repas** 70 (déj.), 150/220, enf. 65 – ⊋ 50 – **47 ch** 600/670 – ½ P 450/480.

Carla, ℘ 04 79 00 73 73, Fax 04 79 00 73 76, ≤ – 📶 📺 ☎ &. GB. ✸ rest
hôtel : 1er juil.-5 sept. et 15 déc.-30 avril ; rest. : 15 déc.-30 avril – **Repas** 100/160, enf. 48 –
⊋ 35 – **32 ch** 450/800 – ½ P 450.

MERCUÈS 46 Lot 79 ⑧ – rattaché à Cahors.

When you intend going by motorway use

MOTORWAYS OF FRANCE no 914

Atlas with simplified presentation
Introductory notes in English
Practical information: rest areas, service stations, tolls, restaurants.

MERCUREY 71640 S.-et-L. 69 ⑨ – 1 276 h alt. 269.

Paris 341 – Chalon-sur-Saône 14 – Autun 40 – Chagny 12 – Le Creusot 29 – Mâcon 73.

🏛 **Hôtellerie du Val d'Or** (Cogny), Grande-Rue ℘ 03 85 45 13 70, Fax 03 85 45 18 45, 🐎 –
🌣 📺 ☎ 🚗 🅿. 🅶🅱. ⚘
fermé 26 au 29 mai, 25 au 28 août et 14 déc. au 16 janv. – **Repas** 120 bc (déj.), 165/380 et
carte 220 à 400 – 🖵 55 – **13 ch** 350/430 – ½ P 430/490
Spéc. Tarte aux fruits au foie de canard poêlé. Galette de rouget barbet au jus d'olives
noires. Chiboust au citron, griottines chaudes au kirsch. **Vins** Bourgogne aligoté, Mercurey.

MÉRIBEL 73550 Savoie 74 ⑱
G. Alpes du Nord.
Voir *Sommet de la Saulire*
❄ ★★ SE par télécabine.
🏌18 ℘ 04 79 00 52 67, NE :
4,5 km.
Altiport ℘ 04 79 08 61 33,
NE.
🄳 Office de Tourisme de la
Vallée des Allues ℘ 04 79 08
60 01, Fax 04 79 00 59 61.
Paris 626 ① – Albertville 43
① – Annecy 88 ① – Cham-
béry 90 ① – Grenoble 121 ①
– Moûtiers 16 ①.

à la station de Méribel – alt. 1170
– Sports d'hiver : 1 400/
2 910 m ⚡ 16 ⚡ 34 ⚡ –
✉ 73550 Méribel-les-Allues

🏨 **L'Antarès** 🅼 ⚘, rte du
🌣 Belvédère **(z)** ℘ 04 79 23 28
23, Fax 04 79 23 28 18, ≤
montagnes, 🍴, 🏊, 🔲 – 🛗
📺 ☎ ℗ 🚗 🅿 – 🔒 30. 🅰🅴
① 🅶🅱
*13 juil.-31 août et 20 déc.-20
avril* – **Le Cassiopée** : Repas
190 (déj.), 310/460 et carte
350 à 490, enf. 90 – **L'Altaïr**
(20 déc.-20 avril) (dîner seul.)
Repas
carte 220 à 330, enf. 90 –
🖵 120 – **63 ch** 1890/2200,
13 appart – ½ P 1440/1520
Spéc. Cassolette de "sot-l'y
laisse", coeurs de pigeons et
champignons de saison.
Loup de ligne rôti en cocotte.
Carré de veau de lait rôti, sati-
née de ratte. **Vins** Chignin-
Bergeron, Mondeuse.

🏨 **Le Chalet** ⚘, au Belvédère **(b)** ℘ 04 79 23 28 23,
Fax 04 79 00 56 22, ≤ montagnes, 🍴, « Belle décoration intérieure », 🏊, 🔲 – 🛗
📺 ☎ 🚗 🅿. 🅰🅴 ① 🅶🅱
15 déc.-15 avril – **Repas** 180
(déj.)/300, enf. 90 – 🖵 120 –
29 ch 1890/2200, 6 appart
1440/1520.

🏨 **Le Grand Coeur** ⚘, **(a)**
℘ 04 79 08 60 03,
Fax 04 79 08 58 38, ≤, 🍴,
🏊 (été), 🧖 – 🛗 📺 ☎ 🚗
🅿. 🅰🅴 ① 🅶🅱
15 déc.-15 avril – **Repas** 175
(déj.)/330, enf. 80 – 🖵 95 –
41 ch 1050/3000 – ½ P 950/
3150.

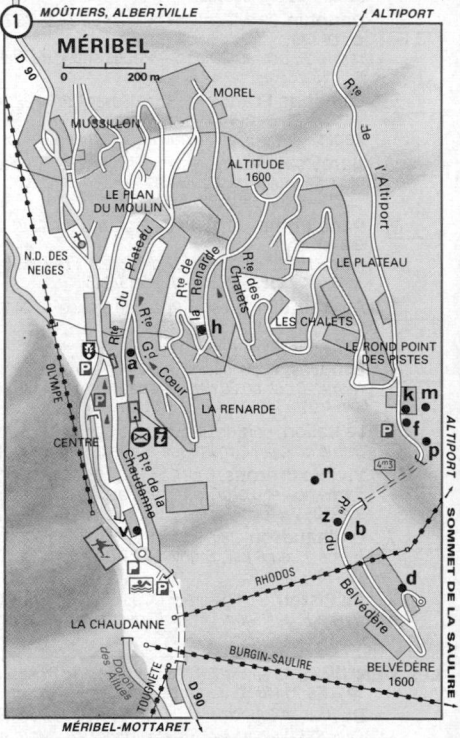

① MOÛTIERS, ALBERTVILLE / ALTIPORT

MÉRIBEL

0 ——— 200 m

MOREL
MUSSILLON
ALTITUDE 1600
LE PLAN DU MOULIN
N.D. DES NEIGES
LE PLATEAU
LES CHALETS
LE ROND POINT DES PISTES
LA RENARDE
CENTRE
RHODOS
LA CHAUDANNE
BURGIN-SAULIRE
BELVÉDÈRE 1600
MÉRIBEL-MOTTARET
ALTIPORT ⟋ SOMMET DE LA SAULIRE

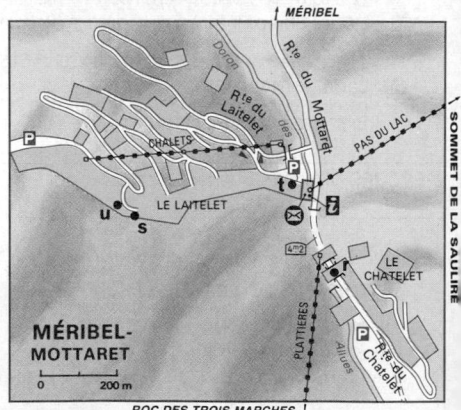

↑ MÉRIBEL

CHALETS
PAS DU LAC
LE LAITELET
LE CHATELET
MÉRIBEL-MOTTARET
0 ——— 200 m
PLATTIÈRES
SOMMET DE LA SAULIRE
ROC DES TROIS MARCHES ↓

🏨 **Allodis** Ⓜ 🦐, au Belvédère **(d)** 𝒫 04 79 00 56 00, Fax 04 79 00 59 28, ≤, 🍴, ⅃₅, ☒ – 🛗
📺 ☎ ⅃ ⟺ 🅿 – 🛁 100. ⅁ⅇ. 🌿
1er juil.-10 sept. et 15 déc.-15 avril – **Repas** 170 (déj.), 190/280 – ⛭ 60 – **37 ch** 1230/2000, 3 appart, 3 duplex – ½ P 1100/1280.

🏨 **Le Yeti** Ⓜ 🦐, rd-pt des Pistes **(p)** 𝒫 04 79 00 51 15, Fax 04 79 00 51 73, ≤, 🍴, ⅃ (été) –
🛗 📺 ☎ ⅃ ⟺ – 🛁 25. ⅀ⅇ ⓞ ⅁ⅇ. 🌿 rest
juil.-août et 15 déc.-10 avril – **Repas** 98 (déj.), 170/285, enf. 60 – ⛭ 60 – **25 ch** 1460/1500, 5 appart, 3 duplex – ½ P 990.

🏨 **Alba** Ⓜ 🦐, rd-pt des Pistes **(f)** 𝒫 04 79 08 55 55, Fax 04 79 00 55 63, ≤, 🍴 – 🛗 📺 ☎ ⅃
⟺. ⅁ⅇ ⅉⅭⅮ. 🌿 rest
15 déc.-15 avril – **Repas** 130 (déj.), 168/290 – ⛭ 60 – **20 ch** 800/1200.

🏨 **Marie-Blanche** Ⓜ 🦐, rte Renarde **(h)** 𝒫 04 79 08 65 55, Fax 04 79 08 57 07, ≤, 🍴 – 🛗
📺 ☎ ⅃ 🅿. ⅀ⅇ ⅁ⅇ. 🌿 rest
28 juin-10 sept. et 13-déc.-1er mai – **Repas** (dîner seul.) 180 – ⛭ 60 – **20 ch** 930/1860 –
½ P 860/960.

🏨 **Le Mérilys** 🦐 sans rest, rd-pt des Pistes **(m)** 𝒫 04 79 08 69 00, Fax 04 79 08 68 99, ≤ – 🛗
📺 ☎ ⟺. ⅁ⅇ
28 juin-1er sept. et 15 déc.-30 avril – **28 ch** ⛭ 618/1100.

🏨 **Le Tremplin** Ⓜ sans rest, **(v)** 𝒫 04 79 00 38 50, Fax 04 79 08 57 75, ≤, ⅃₅, ⅃ – 🛗 📺 ☎ ⅃
⅃ ⟺. ⅀ⅇ ⓞ ⅁ⅇ
15 juin-30 sept. et 1er déc.-1er mai – ⛭ 70 – **41 ch** 950/1500.

🏨 **L'Orée du Bois** 🦐, rd-pt des Pistes **(k)** 𝒫 04 79 00 50 30, Fax 04 79 08 57 52, ≤, 🍴, ⅃
(été) – 🛗 📺 ☎. ⅀ⅇ ⅁ⅇ. 🌿
juil.-août et Noël-Pâques – **Repas** 135 (déj.), 195/215, enf. 70 – ⛭ 70 – **35 ch** 710/910 –
½ P 640/740.

🏠 **Adray Télé-Bar** 🦐, sur les pistes (accès piétonnier) **(n)** 𝒫 04 79 08 60 26,
Fax 04 79 08 53 85, ≤ montagnes et pistes, 🍴 – ☎. ⅁ⅇ
20 déc.-20 avril – **Repas** 190 ⅃ – ⛭ 65 – **24 ch** 550/800 – ½ P 600/720.

à l'altiport *Nord-Est : 4,5 km* – ✉ *73550 Méribel-les-Allues* :

🏨 **Altiport H.** 🦐, 𝒫 04 79 00 52 32, Fax 04 79 08 57 54, ≤ montagnes, 🍴, ⅃ (été), ⅃₅, ⚜
– 🛗 📺 ☎ – 🛁 30. ⅁ⅇ. 🌿 rest
fin juin-mi-sept. et mi-déc.-fin avril – **Repas** 125 (déj.)/280 ⅃, enf. 70 – ⛭ 75 – **41 ch**
975/1380 – ½ P 990.

à Méribel-Mottaret *: 6 km* – ✉ *73550 Méribel-les-Allues* :

🏨 **Mont Vallon** 🦐, **(r)** 𝒫 04 79 00 44 00, Fax 04 79 00 46 93, ≤, 🍴, ⅃₅, ☒ – 🛗 📺 ☎ ⟺
– 🛁 80. ⅀ⅇ ⓞ ⅁ⅇ. 🌿 rest
mi-déc.-mi-avril – **Repas** carte 265 à 326 – ⛭ 90 – **92 ch** 1750 – ½ P 1300.

🏨 **La Tarentaise** 🦐, **(s)** 𝒫 04 79 00 42 43, Fax 04 79 00 46 99, ≤, 🍴, ⅃₅ – 🛗 📺 ☎ –
🛁 30. ⅀ⅇ ⓞ ⅁ⅇ. 🌿 rest
15 déc.-15 avril – **Repas** 160 – ⛭ 50 – **45 ch** 910/1020 – ½ P 700/730.

🏨 **Alpen Ruitor** 🦐, **(t)** 𝒫 04 79 00 48 48, Fax 04 79 00 48 31, ≤, 🍴 – 🛗 📺 ☎ ⟺ –
🛁 30. ⅀ⅇ ⓞ ⅁ⅇ
mi-déc.-mi-avril – **Repas** 220 (dîner)et carte 170 à 250, enf. 65 – ⛭ 60 – **43 ch** 1040/1380 –
½ P 800/850.

🏨 **Les Arolles** 🦐, **(u)** 𝒫 04 79 00 40 40, Fax 04 79 00 45 50, ≤, 🍴, ⅃₅, ☒ – 🛗 ⟺ 📺 ☎ ⅃.
⅁ⅇ ⅉⅭⅮ. 🌿 rest
15 déc.-3 mai – **Repas** 120 (déj.), 150/250 – ⛭ 55 – **60 ch** 1400 – ½ P 900/800.

aux Allues *Nord : 7 km par D 915ᴬ – 1 570 h. alt. 1125* – ✉ *73550* :

🏠 **La Croix Jean-Claude** 🦐, 𝒫 04 79 08 61 05, Fax 04 79 00 32 72, 🍴 – 📺 ☎. ⅁ⅇ
fermé 5 mai au 15 juin et 20 sept. au 29 oct. – **Repas** 125/230 ⅃ – ⛭ 45 – **18 ch** 450/480 –
½ P 300/480.

MÉRIGNAC *33 Gironde* **71** ⑨ – *rattaché à Bordeaux.*

MERKWILLER-PECHELBRONN *67250 B.-Rhin* **57** ⑲ *G. Alsace Lorraine* – *825 h alt. 160.*
Paris 496 – Strasbourg 49 – Haguenau 17 – Wissembourg 20.

🍴🍴 **Aub. Baechel-Brunn**, 𝒫 03 88 80 78 61, Fax 03 88 80 75 20, 🍴 – 🅿. ⅁ⅇ. 🌿
fermé 11 août au 2 sept., 13 au 28 janv., dim. soir sauf fêtes, lundi soir et mardi – **Repas**
95/280, enf. 50.

MERLETTE *05 H.-Alpes* **77** ⑰ – *rattaché à Orcières.*

MERY-CORBON 14370 Calvados 54 ⑰ – 873 h alt. 10.
Paris 220 – Caen 27 – Falaise 38 – Lisieux 29.

XX **Relais du Lion d'Or,** au Lion d'Or Sud : 3 km sur N 13 ℰ 02 31 23 65 30,
Fax 02 31 23 65 30 – 🅿. 🇬🇧
fermé dim. soir et lundi sauf juil.-août – **Repas** 98/260.

MÉRY-SUR-OISE 95 Val-d'Oise 55 ⑳,, 106 ③ – voir à Cergy-Pontoise (Pontoise).

MESNIÈRES-EN-BRAY 76 S.-Mar. 52 ⑮ – rattaché à Neufchâtel-en-Bray.

Le MESNIL-AMELOT 77 S.-et-M. 56 ⑪,, 101 ⑨ – voir à Paris, Environs.

Le MESNIL-ESNARD 76 S.-Mar. 55 ⑥ – rattaché à Rouen.

MESNIL-ST-PÈRE 10140 Aube 61 ⑰ G. Champagne – 287 h alt. 131.
Voir Parc naturel régional de la forêt d'Orient★★.
Paris 195 – Troyes 22 – Bar-sur-Aube 33 – Châtillon-sur-Seine 54 – St-Dizier 72 – Vitry-le-
François 70.

XXX **Aub. du Lac et rest. Vieux Pressoir** avec ch., ℰ 03 25 41 27 16, Fax 03 25 41 57 59,
🍴 – 📺 🕿 📞 & 🅿. 🇬🇧
fermé 12 au 28 nov., 6 au 30 janv., dim. soir et lundi du 28 sept. au 15 mars – **Repas** 170 et
carte 250 à 380 – 🖙 48 – **15 ch** 320/450 – ½ P 360/420.

MESNIL-SELLIERES 10 Aube 61 ⑰ – rattaché à Troyes.

Le MESNIL-SUR-OGER 51190 Marne 56 ⑯ G. Champagne – 1 118 h alt. 119.
Voir Musée de la vigne et du vin (maison Launois).
Paris 144 – Reims 40 – Châlons-en-Champagne 30 – Épernay 14 – Vertus 6.

XXX **Le Mesnil,** ℰ 03 26 57 95 57, Fax 03 26 57 78 57 – ▣. 🇦🇪 🇬🇧
fermé 16 août au 4 sept., 23 janv. au 6 fév., lundi soir et merc. – **Repas** 110/350 et carte 150
à 320, enf. 65.
RENAULT Gar. Ewen, ℰ 03 26 57 52 25

MESNIL-VAL 76 S.-Mar. 52 ⑤ – ✉ 76910 Criel-sur-Mer.
Paris 181 – Amiens 83 – Dieppe 26 – Le Tréport 6.

🏨 **Royal Albion** sans rest, ℰ 02 35 86 21 42, Fax 02 35 86 78 51, Parc, « Bel aménagement
intérieur » – ↖ 📺 🕿 & 🅿. 🇦🇪 🇬🇧. ✂
🖙 40 – **20 ch** 280/650.

🏨 **Host. de la Vieille Ferme** 🦢, ℰ 02 35 86 72 18, Fax 02 35 86 12 67, 🍴, 🌳 – 📺 🕿 🅿.
🇦🇪 ① 🇬🇧 🇯🇨🇧
fermé 2 au 22 janv., dim. soir et lundi hors sais. – **Repas** 109/239, enf. 45 – 🖙 35 – **33 ch**
280/450 – ½ P 310/370.

Les MESNULS 78490 Yvelines 60 ⑨, 106 ㉘ – 793 h alt. 120.
Paris 46 – Dreux 40 – Mantes-la-Jolie 34 – Rambouillet 16 – Versailles 27.

XXX **Toque Blanche** (Philippe), 12 Gde Rue ℰ 01 34 86 05 55, Fax 01 34 86 82 18, 🍴 – 🅿. 🇦🇪
✿ ① 🇬🇧
fermé août, dim. soir et lundi – **Repas** 260 (déj.)/380 et carte 320 à 470
Spéc. Salade de fonds d'artichauts et ravioli de langoustines. Poulet de Houdan poché,
sauce crème de champignons. Gâteau aux deux chocolats.

MÉTABIEF 25370 Doubs 70 ⑥ G. Jura – 504 h alt. 960 – Sports d'hiver : 980/1 460 m ⚡30 🎿.
Voir Le Morond ※★ S par télésiège.
Env. Mont d'Or ※★★ S : 8 km puis 30 mn.
🅱 Office de Tourisme pl. de la Mairie ℰ 03 81 49 13 81.
Paris 451 – Besançon 79 – Champagnole 46 – Lausanne 54 – Pontarlier 20.

🏨 **Étoile des Neiges** sans rest, ℰ 03 81 49 11 21, Fax 03 81 49 26 91 – ↖ 🕿 🅿. 🇬🇧
fermé 15 mai au 15 juin et 15 nov. au 15 déc. – 🖙 32 – **14 ch** 190/245.

voir aussi ressources hôtelières des **Hôpitaux-Neufs** et de **Jougne**.

738

METZ P 57000 Moselle **57** ⑬ ⑭ *G. Alsace Lorraine – 119 594 h Agglo. 193 117 h alt. 173.*

Voir *Cathédrale St-Etienne*★★★ CDV – *Porte des Allemands*★ DV – *Esplanade*★ CV : *église St-Pierre-aux-Nonnains*★ CX E – *Place St-Louis*★ DVX – *Église St-Maximin*★ DVX – *Narthex*★ *de l'église St-Martin* DX – *≤*★ *du Moyen Pont* CV – *La Cour d'Or, musées*★★ : *section archéologique*★★★ DV M¹.

Env. *Walibi Schtroumff*★ N : 15 km par ①.

🅟 de Metz-Cherisey 𝒫 03 87 52 70 18 par ⑤ : 14 km ; 🅟 du Technopole 𝒫 03 87 20 33 11, par ③ : 5 km ; 🅟 de la Grange-aux-Ormes, 𝒫 03 87 63 10 62, S par D 5 : 3 km.

✈ de Metz-Nancy-Lorraine : 𝒫 03 87 56 70 00, par ③ : 23 km.

🚗 𝒫 08 36 35 35 35.

🗓 Office de Tourisme pl. d'Armes 𝒫 03 87 55 53 76, Fax 03 87 36 59 43 et Bureaux Gare et Autoroutier de l'Est de la France – Automobile Club de la Moselle 10 r. Ferme St-Ladre à Marly 𝒫 03 87 66 80 15, Fax 03 87 62 75 87.

Paris 333 ① – *Bonn 264* ① – *Bruxelles 275* ① – *Dijon 269* ④ – *Lille 369* ① – *Luxembourg 63* ① – *Nancy 57* ④ – *Reims 191* ① – *Saarbrücken 69* ③ – *Strasbourg 163* ②.

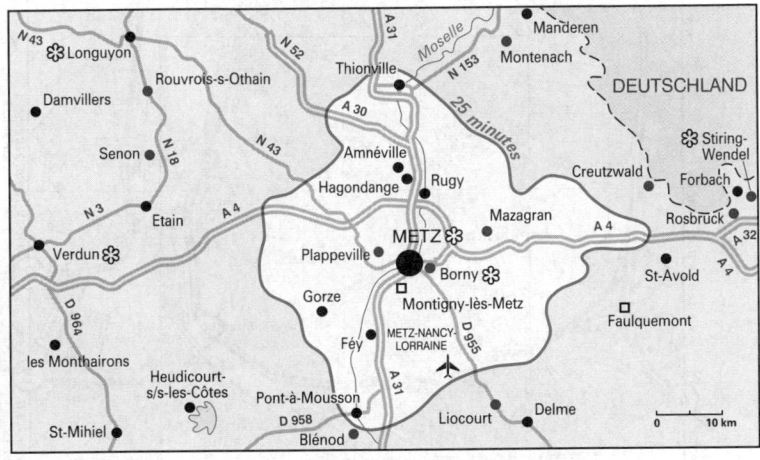

🏨🏨 **Mercure Centre St-Thiébault** M, 29 pl. St-Thiébault 𝒫 03 87 38 50 50, Fax 03 87 75 48 18 – 🛗 ⇔ 🔳 🔟 ☎ 🅿 – 🔬 50 à 200. 🆎 ⓘ 🆖 🇯🇨🇧   DX d
Repas 130/190 bc, enf. 50 – ☲ 56 – **112 ch** 450/500.

🏨🏨 **Novotel Centre** M, pl. Paraiges 𝒫 03 87 37 38 39, Fax 03 87 36 10 00, 🍴, 🛋 – 🛗 ⇔ 🔳 🔟 📺 🕭 ⟵ – 🔬 30 à 150. 🆎 ⓘ 🆖   DV t
Repas carte environ 170 ⅋, enf. 50 – ☲ 55 – **120 ch** 470/650.

🏨🏨 **Royal-Bleu Marine**, 23 av. Foch 𝒫 03 87 66 81 11, Fax 03 87 56 13 16, 🛋 – 🛗 ⇔ 🔟 ☎ – 🔬 25 à 60. 🆎 ⓘ 🆖   DX s
Repas 95/145 ⅋, enf. 49 – ☲ 60 – **58 ch** 350/480, 3 appart – ½ P 320/420.

🏨 **Foch** sans rest, 8 pl. R. Mondon 𝒫 03 87 74 40 75, Fax 03 87 74 49 90 – 🛗 🔟 ☎ ✆. 🆎 ⓘ 🆖   CX v
☲ 30 – **38 ch** 186/298.

🏨 **Bristol** sans rest, 7 r. La Fayette 𝒫 03 87 66 74 22, Fax 03 87 50 67 89 – 🛗 🔟 ☎. 🆎 🆖   CX u
☲ 26 – **53 ch** 150/285.

🏨 **Cécil** sans rest, 14 r. Pasteur 𝒫 03 87 66 66 13, Fax 03 87 56 96 02 – 🛗 ⇔ 🔟 ☎ ✆ ⟵. 🆎 ⓘ 🆖. 🏊   CX x
fermé 26 déc. au 4 janv. – ☲ 30 – **39 ch** 195/290.

🏨 **Métropole** sans rest, 5 pl. Gén. de Gaulle 𝒫 03 87 66 26 22, Fax 03 87 66 29 91 – 🛗 🔟 ☎ ✆. 🆎 🆖   DX q
☲ 29 – **80 ch** 210/280.

🏨 **Moderne** sans rest, 1 r. La Fayette 𝒫 03 87 66 57 33, Fax 03 87 55 98 59 – 🛗 🔟 ☎. 🆎 ⓘ 🆖   CX m
☲ 30 – **43 ch** 150/250.

🏨 **Ibis Pontiffroy** M, 47 r. Chambière, quartier Pontiffroy 𝒫 03 87 31 01 73, Fax 03 87 31 25 46, 🍴 – 🛗 ⇔ 🔟 ☎ 🕭 – 🔬 25. 🆎 ⓘ 🆖   DV e
Repas 95, enf. 39 – ☲ 35 – **79 ch** 300.

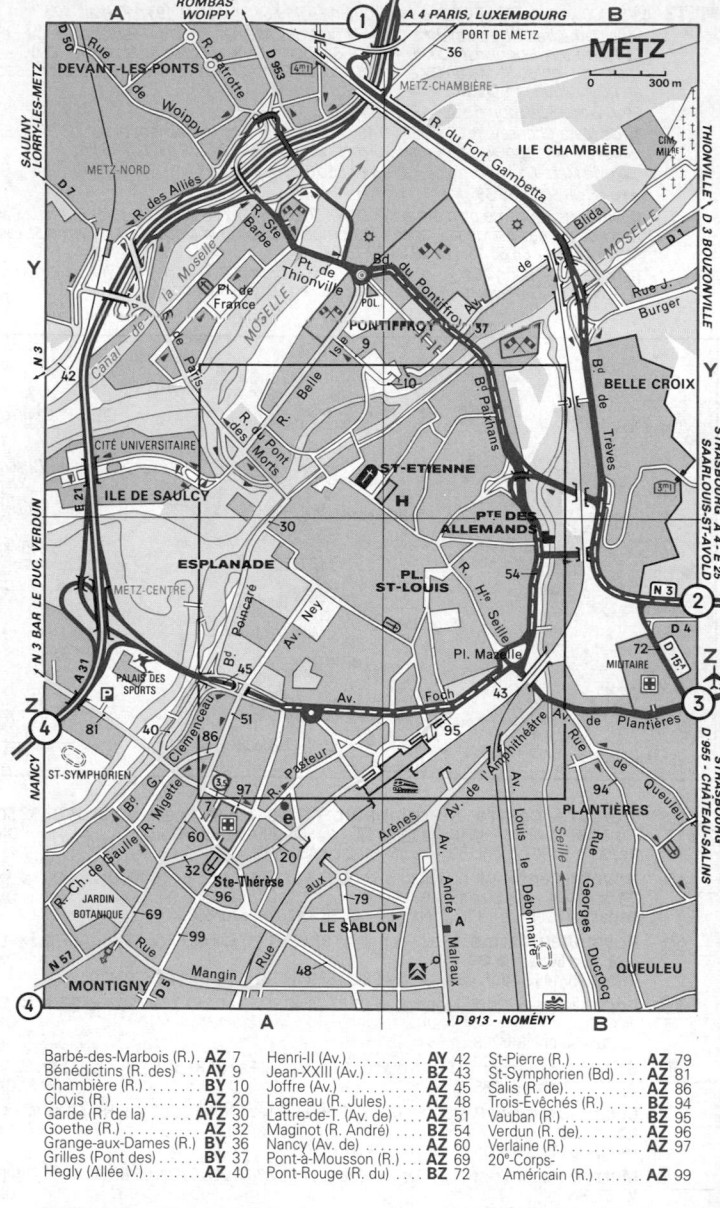

METZ

0   300 m

Pour vos voyages, en complément de ce guide, utilisez :

– Les **guides Verts Michelin** régionaux
  paysages, monuments et routes touristiques.
– Les **cartes Michelin** à 1/1 000 000 grands itinéraires
  1/200 000 cartes détaillées.

XXX **Maire,** 1 r. Pont des Morts ℘ 03 87 32 43 12, Fax 03 87 31 16 75, 余 – AE ⓓ GB CV f
Repas 150/380 et carte 260 à 340.

XXX **Chambertin,** 22 pl. St-Simplice ℘ 03 87 37 32 81, Fax 03 87 36 70 89, 余 – AE ⓓ GB
fermé 17 au 31 août, dim. soir et lundi – **Repas** 110/260 et carte 220 à 350. DV u

XXX **des Roches,** 29 r. Roches ℘ 03 87 74 06 51, Fax 03 87 75 40 04, 余 – AE ⓓ GB CV n
fermé dim. soir – **Repas** 140/300 et carte 240 à 350 - ***Marée d'Isis :*** **Repas** 90/110 ♁.

METZ

Ambroise-Thomas (R.) ..... **CV** 2
Clercs (R. des) .... **CV**
En Fournirue .... **DV**
Fabert (R.) .... **CV** 26
Jardins (R. des) .... **DV**
Palais (R. du) .... **CV** 64
Petit-Paris (R. du) .... **CV** 65
St-Louis (Pl.) .... **DVX**
Schuman (Av. R.) .... **CX**
Serpenoise (R.) .... **CV**
Tête d'Or (R. de la) .... **DV**

Allemands (R. des) .... **DV** 4
Armes (Pl. d') .... **DV** 5
Augustins (R. des) .... **DX** 6
Chambière (R.) .... **DV** 10
Chambre (Pl. de) .... **CV** 12
Champé (R. du) .... **DV** 13
Chanoine-Collin (R.) .... **DV** 15
Charlemagne (R.) .... **CX** 17
Chèvre (R. de la) .... **DX** 19
Coëtlosquet (R. du) .... **CX** 22
Coislin (Pl.) .... **DX** 23
Enfer (R. d') .... **DV** 25
Faisan (R. du) .... **CV** 27
Fontaine (R. de la) .... **DX** 29
Gaulle (Pl. du Gén.-de) ..... **DX** 31
Gde-Armée (R. de la) ...... **DV** 34
Hache (R. de la) .... **DV** 39
Juge-Pierre-Michel (R. du) ... **CV** 46
La Fayette (R.) .... **CX** 47
Lasalle (R.) .... **DX** 49
Lattre-de-T. (Av. de) .... **CX** 51
Leclerc-de-H. (Av.) .... **CX** 52
Mondon (Pl. R.) .... **CX** 57
Paix (R. de la) .... **CV** 61
Parmentiers (R. des) ...... **DX** 62
Pierre-Hardie (R. de la) ..... **CV** 66
Prés.-Kennedy (Av.) .... **CX** 73
République (Pl. de la) ...... **CX** 75
St-Eucaire (R.) .... **DV** 76
St-Gengoulf (R.) .... **CX** 78
St-Simplice (Pl.) .... **DV** 80
St-Thiébault (Pl.) .... **DX** 82
Ste-Marie (R.) .... **CV** 84
Salis (R. de) .... **CX** 86
Sérot (Bd Robert) .... **CV** 87
Taison (R.) .... **DV** 88
Tanneurs (R. des) .... **DV** 90
Trinitaires (R. des) .... **DV** 93
Verlaine (R.) .... **CX** 97

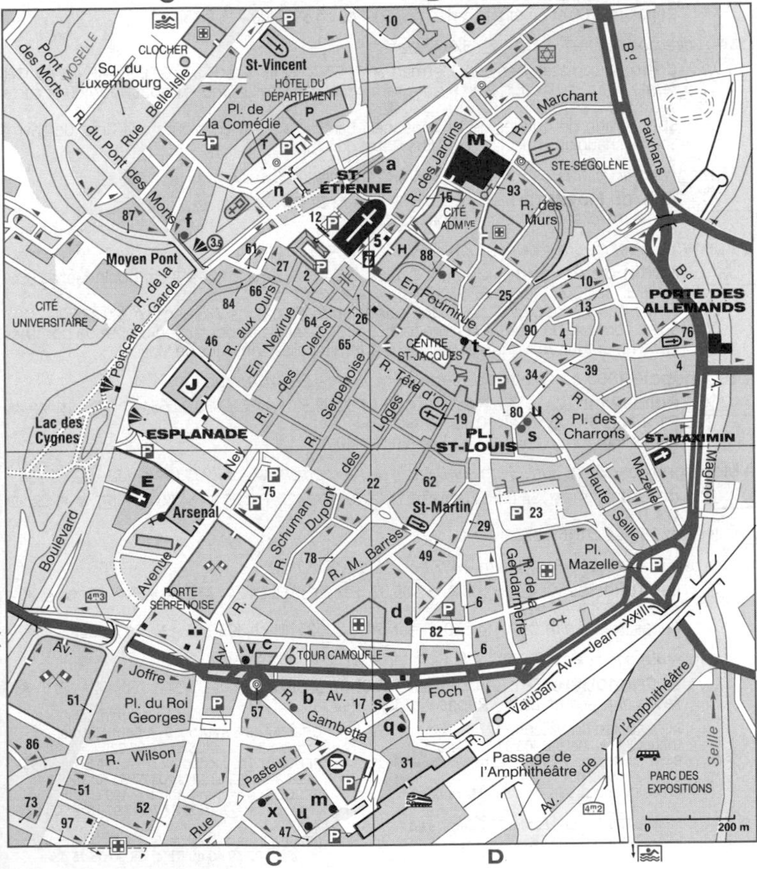

METZ

XX **A la Ville de Lyon,** 7 r. Piques ℰ 03 86 36 07 01, Fax 03 87 74 47 17 – 🅿. 🆎 ⑩ 🆖
fermé 28 juil. au 18 août, dim. soir et lundi – **Repas** 110/300, enf. 45.   DV a

XX **Le Chat Noir,** 30 r. Pasteur ℰ 03 87 56 99 19, Fax 03 87 66 67 64, 🍽 – 🆎 🆖
fermé Noël au Jour de l'An, sam. midi et dim. – **Repas** 110 ⅃.   AZ e

XX **La Goulue,** 24 pl. St-Simplice ℰ 03 87 75 10 69, Fax 03 87 36 94 05, 🍽 – 🖳. 🆎 🆖
fermé dim. et lundi – **Repas** 180/250.   DV s

XX **Flo,** 2 bis r. Gambetta ℰ 03 87 55 94 95, Fax 03 87 38 09 26, 🍽 – 🆎 ⑩ 🆖   CX b
Repas brasserie 109 bc/149 bc.

X **Le Chèvrefeuille,** 27 r. Taison ℰ 03 87 74 29 53 – 🆎 ⑩ 🆖   DV r
fermé 1er au 24 août, sam. soir et dim. – **Repas** 150 ⅃.

par ① *et A 31 sortie la Maxe : 5 km* – ✉ *57140 Woippy :*

🏨 **Relais Mercure Metz-Nord** Ⓜ, ℰ 03 87 34 20 00, Fax 03 87 32 73 11, 🍽 – 🛗 ⚶ ≡
📺 ☎ & 🅿 – 🔏 30 à 150. 🆎 ⑩ 🆖 ᴊᴄʙ
Repas 110/125 ⅃, enf. 45 – � 48 – **83 ch** 380/420.

par ① *et A 31 sortie Maizières-lès-Metz : 10 km* – ✉ *57280 Maizières-lès-Metz :*

🏨 **Novotel-Hauconcourt** Ⓜ, ℰ 03 87 80 18 18, Fax 03 87 80 36 00, 🍽, ⚒, 🌳 – 🛗 ⚶
📺 ☎ & 🅿 – 🔏 40 à 120. 🆎 ⑩ 🆖
Repas 110 ⅃, enf. 50 – ⊐ 52 – **132 ch** 420/450.

à Rugy *Nord : 12 km par D 1* – ✉ *57640 Argancy :*

🏨 **La Bergerie** Ⓜ ⅋, ℰ 03 87 77 82 27, Fax 03 87 77 87 07, 🍽, 🌳 – 📺 ☎ & 🅿 –
🔏 25 à 100.
Repas 130/200 et dîner à la carte – ⊐ 50 – **48 ch** 350/400 – ½ P 350.

par ② *direction Vallières : 3 km* – ✉ *57070 Metz :*

XXX **Crinouc** (Lamaze), 79 r. Gén. Metman ℰ 03 87 74 12 46, Fax 03 87 36 96 92 – 🅿. 🆎 ⑩ 🆖
❀ *fermé 14 juil. au 4 août, 2 au 9 janv., sam. midi, dim. soir et lundi* – **Repas** 190/400 et carte
280 à 430
Spéc. Gratin de queues de langoustines. Baron d'agneau en croûte à la fleur de thym.
Soufflé chaud au chocolat noir. **Vins** Côtes de Toul.

à Mazagran *par ② et D 954 : 13 km* – ✉ *57530 Courcelles-Chaussy :*

XX **Aub. de Mazagran,** ℰ 03 87 76 62 47 – 🅿. 🆎 🆖, ⅍
fermé mardi soir et merc. – **Repas** 120/340.

à Borny *par ③ et rte Strasbourg : 3 km* – ✉ *57070 Metz :*

XXX **Jardin de Bellevue** (Krompholtz), 58 r. Claude Bernard (près Technopole Metz 2000)
❀ ℰ 03 87 37 10 27, Fax 03 87 37 15 45, 🍽 – 🅿. 🆖
fermé 4 au 18 août, dim., mardi soir et lundi – **Repas** 155/285 et carte 200 à 320
Spéc. Véritable bouchée à la reine (oct. à avril). Blanc de turbot rôti en croûte de pommes
de terre. Gratin sabayonné et meringué aux mirabelles. **Vins** Vins de Moselle.

à Technopole 2000 *par ③ et rte de Strasbourg : 5 km* – ✉ *57070 Metz :*

🏨 **Holiday Inn** Ⓜ ⅋, 1 r. F. Savart ℰ 03 87 39 94 50, Fax 03 87 39 94 55, 🍽, ⚒ – 🛗 ⚶ ≡
📺 ☎ & 🅿 – 🔏 25 à 100. 🆎 ⑩ 🆖 ᴊᴄʙ
Repas 130/200 ⅃, enf. 60 – ⊐ 55 – **90 ch** 440/590.

à Montigny-lès-Metz *Sud : 3 km par D 5 (rte de l'aéroport)* - **AZ** – *21 983 h. alt. 180* – ✉ *57158 :*

🏨 **de l'Air** sans rest, 54 bis r. Franiatte ℰ 03 87 63 30 22, Fax 03 87 66 68 42 – 📺 ☎ 🅿. 🆎 ⑩
🆖
⊐ 25 – **21 ch** 165/270.

à Fey *par ④, A 31 sortie Fey : 11 km* – *487 h. alt. 227* – ✉ *57420 :*

🏨 **Les Tuileries** Ⓜ ⅋, ℰ 03 87 52 03 03, Fax 03 87 52 84 24, 🍽, 🌳 – ⚶ 📺 ☎ & 🅿 –
🔏 30 à 90. 🆎 ⑩ 🆖
Repas *(fermé dim. soir)* 110/350 ⅃, enf. 70 – ⊐ 52 – **41 ch** 305/325 – ½ P 270/328.

à Plappeville *par av. Henri II* - **AY** : *7 km* – *2 130 h. alt. 280* – ✉ *57050 :*

XX **La Grignotière,** 50 r. Gén. de Gaulle ℰ 03 87 30 36 68, Fax 03 87 31 11 98, 🍽 – 🆎 🆖
fermé dim. soir et lundi – **Repas** 120 (déj.), 195/295, enf. 65.

ALFA ROMEO Gar. Jacquot, 17 r. R.-Schumann à
Longeville-les-Metz ℰ 03 87 32 53 06
BMW Gar. Molinari, 19 r. de Paris à Rozerieulles
ℰ 03 87 60 42 40
CITROEN Succursale, 71 av. A.-Malraux
ℰ 03 87 38 55 55
MERCEDES Gar. de l'Etoile, A31 Campus d'Activités
à La Maxe ℰ 03 87 31 85 85

OPEL, SAAB Eurauto, 191 r. Gén.-Metman
Actipole Borny ℰ 03 87 74 95 82
PEUGEOT Gar. Jacquot, 2 r. P.-Boileau par D 953
ℰ 03 87 32 52 90 🌑 ℰ 03 87 32 52 90
PEUGEOT Mosellane-Autom., 199 r. Gén.-
Metman par ② ℰ 03 87 74 17 90 🌑 ℰ 03 87
74 17 90
RENAULT Auto Losange, 50 r. Gén.-Metman par
② ℰ 03 87 39 40 40 🌑 ℰ 08 00 05 15 15

RENAULT Gar. Chevalier, 57 bd St-Symphorien à
Longeville par D 157A à l'Ouest ℰ 03 87 66 80 22
🆖 ℰ 08 00 05 15 15
ROVER Gar. Corroy, 6 r. Chaponost à Moulins-les-
Metz ℰ 03 87 62 32 15
VAG Philippe Autom., à Augny ℰ 03 87 38 35 36

🔘 Euromaster, 11 r. des Coutelliers
ℰ 03 87 75 30 78
Euromaster, 2 r. de Pont-à-Mousson, quartier
Ste-Thérèse ℰ 03 87 62 17 71
Laglasse Pneus, 53 r. Haute-Seille ℰ 03 87 36 00 42

Leclerc Pneus, 57 av. Abbaye St-Eloy
ℰ 03 87 32 53 17
Leclerc Pneus, 3 pl. Mondon ℰ 03 87 65 49 33
Leclerc Pneus, ZI Nord à Hauconcourt
ℰ 03 87 80 49 80
Leclerc Pneus, 59 av. République à Jarny (54)
ℰ 03 82 33 44 59
Metz Pneus-Point S, 100 av. Strasbourg
ℰ 03 87 74 16 28

CONSTRUCTEUR : Renault Véhicules Industriels, à Batilly ℰ 03 82 20 34 99

METZERAL 68380 H.-Rhin 🮲🮲 ⑱ – 1 041 h alt. 480.
Paris 468 – Colmar 26 – Gérardmer 39 – Guebwiller 31 – Thann 44.

🏠 **Aux Deux Clefs** 🗇, ℰ 03 89 77 61 48, ≤ – ☎ 🅿, 🆎 ⓞ 🇬🇧, ✲ rest
🛏 1er avril-1er nov. – **Repas** (résidents seul.) 85 🍷 – ☲ 30 – **13 ch** 250/270 – ½ P 245.

🍴🍴 **Pont** avec ch., ℰ 03 89 77 60 84, 🏡 – 📺 ☎ 🅿, 🇬🇧
fermé 15 nov. au 15 déc. et lundi du 1er nov. au 1er mai – **Repas** 90/360 🍷, enf. 50 – ☲ 40 –
13 ch 200/320 – ½ P 275.

RENAULT Gar. Friederich, 29A r. Principale ℰ 03 89 77 60 02

MEUDON 92 Hauts-de-Seine 🯧🯧 ⑩., 🯫🯫🯫 ㉔ – voir à Paris, Environs.

MEULAN 78250 Yvelines 🯫🯫 ⑲, 🯫🯫🯫 ④ ⑯ – 8 101 h alt. 25.
🚉 de Gadancourt ℰ 01 34 66 12 77, par D 913 et D 43 : 13 km ; 🚉 de Seraincourt ℰ 01 34 75
47 28, par D 913 : 3,5 km.
Paris 45 – Beauvais 63 – Mantes-la-Jolie 20 – Pontoise 21 – Rambouillet 50 – Versailles 33.

🏨 **Mercure** 🇲 🗇, l'Ile Belle (dir. Mureaux) ℰ 01 34 74 63 63, Fax 01 34 74 00 98, ≤, 🏡, 🌺
– 📶 ✳ 📺 ☎ 🕭 🅿 – 🔏 40, 🆎 ⓞ 🇬🇧
Repas 140 🍷, enf. 54 – ☲ 55 – **56 ch** 520, 13 appart.

aux Mureaux : au Sud – 33 089 h. alt. 28 – ⊠ 78130 :

🏠 **Climat de France,** direction Bouafle, A 13 (vers Rouen) ℰ 01 34 74 72 50,
Fax 01 30 99 39 04, 🏡 – 📺 ☎ 🕭 🅿, 🆎 ⓞ 🇬🇧
Repas 91/150 🍷, enf. 39 – ☲ 36 – **42 ch** 305.

CITROEN Mureaux Autom., 14 r. Ampère aux
Mureaux ℰ 01 34 74 01 95
FORD Gar. de Chantereine, Les Sablons Rocade
Ouest aux Mureaux, ℰ 01 34 74 88 88
PEUGEOT Basse Seine Autom., 2 av. Seine aux
Mureaux ℰ 01 30 99 77 11
RENAULT P.H.P. Autom., 4 r. A.-Briand aux Mureaux
ℰ 01 34 74 17 92

RENAULT Carnot Autom., 8 bd Carnot à
Hardricourt ℰ 01 34 74 01 80

🔘 Marsat Pneus, 41 bis av. Gambetta
ℰ 01 34 74 84 44

MEURSAULT 21 Côte-d'Or 🯨🯨 ⑨ – rattaché à Beaune.

Le MEUX 60 Oise 🯬🯬 ② – rattaché à Compiègne.

MEXIMIEUX 01800 Ain 🯮🯮 ③, 🯫🯫🯬 ⑧ – 6 230 h alt. 245.
Paris 458 – Lyon 37 – Bourg-en-Bresse 38 – Chambéry 97 – Genève 118 – Grenoble 121.

🍴🍴🍴 **Claude Lutz** avec ch, 17 r. Lyon ℰ 04 74 61 06 78, Fax 04 74 34 75 23 – 📺 ☎ 🅿 – 🔏 80,
🏵 🆎 🇬🇧
fermé 15 au 24 juil., 13 oct. au 4 nov., dim. soir et lundi – **Repas** (prévenir) 155/330 et carte
210 à 280, enf. 70 – ☲ 40 – **14 ch** 190/350
Spéc. Salade bressane. Blanc de turbot au gamay du Bugey. Poulet de Bresse à la crème et
morilles. **Vins** Gamay du Bugey.

au Pont de Chazey-Villieu Est : 3 km sur N 84 – ⊠ 01800 Meximieux :

🍴🍴🍴 **La Mère Jacquet** avec ch, ℰ 04 74 61 94 80, Fax 04 74 61 92 07, 🏡, « Jardin fleuri »,
⛲ – 📺 ☎ 🕭 🅿, 🇬🇧
fermé 20 déc. au 5 janv. – **Repas** (fermé dim. soir et lundi) 160/400 et carte 240 à 390 –
☲ 50 – **19 ch** 300/500.

PEUGEOT Gar. du Centre, 3 av. du Docteur Berthier
ℰ 04 74 61 06 00
PEUGEOT Gar. Chabran, rte de Genève
ℰ 04 74 61 18 09

RENAULT Gar. Paviot, 74 r. de Lyon
ℰ 04 74 61 07 89

MEYLAN *38 Isère* **77** ⑤ – *rattaché à Grenoble.*

MEYMAC *19250 Corrèze* **73** ⑪ *G. Berry Limousin* – *2 796 h alt. 702.*

Voir *Vierge noire*★ *dans l'église abbatiale.*

🛈 *Office de Tourisme pl. Hôtel-de-Ville* ℰ *05 55 95 18 43 ou 05 55 95 10 15, Fax 05 55 95 29 28.*

Paris 445 – Aubusson 57 – Limoges 93 – Neuvic 30 – Tulle 50 – Ussel 17.

à Maussac *Sud : 9 km par D 36 et N 89* – *397 h. alt. 615* – ✉ *19250 :*

🏛 **Europa** Ⓜ, *sur N 89* ℰ *05 55 94 25 21, Fax 05 55 94 26 08,* 🏦 – ▤ rest 📺 ☎ ✆ 🕭 🅿. 🖭 ⓞ ⒼⒷ

🚄 **Repas** 70/150 ⓙ, enf. 50 – � 30 – **24 ch** 200/250 – ½ P 200.

à La Chapelle *Sud : 11 km par D 36 et N 89* – ✉ *19250 :*

🏠 **Chatel,** *sur N 89* ℰ *05 55 94 22 64, Fax 05 55 94 24 62* – 📺 ☎ 🅿. – 🛁 25. 🖭 ⒼⒷ

fermé 24 au 31 déc. – **Repas** 90/250 – ⊆ 50 – **30 ch** 200/320 – ½ P 250/280.

CITROEN Gar. Vergne, ℰ 05 55 95 11 36　　　　　　RENAULT Gar. Mauriange, ℰ 05 55 95 10 54 🅝
　　　　　　　　　　　　　　　　　　　　　　　ℰ 05 55 95 60 23

MEYRALS *24220 Dordogne* **75** ⑯ – *417 h alt. 150.*

Paris 523 – Périgueux 53 – Sarlat-la-Canéda 16 – Bergerac 60 – Cahors 75 – Fumel 58 – Gourdon 40.

au Nord-Est *: 4 km par rte de Sarlat et rte de Marquay* – ✉ *24220 Meyrals :*

🏛 **La Ferme Lamy** Ⓜ 🌤 *sans rest,* ℰ *05 53 29 62 46, Fax 05 53 59 61 41,* ≤, 🍃 – 📺 ☎ 🕭 🅿. 🖭 ⒼⒷ

⊆ 40 – **12 ch** 275/700.

Gagnez du temps et de l'argent.

Consultez **3615** *ou* **3617 MICHELIN :**
vos meilleurs itinéraires sur **Minitel** *ou sur* **télécopie.**

Bonne route !

MEYRARGUES *13650 B.-du-R.* **84** ③, **114** ⑯ *G. Provence* – *2 814 h alt. 247.*

Paris 750 – Marseille 48 – Aix-en-Provence 17 – Avignon 76 – Cavaillon 53 – Digne-les-Bains 96 – Manosque 36 – Salon-de-Provence 40.

🏰 **Château de Meyrargues** 🌤, ℰ *04 42 63 49 90, Fax 04 42 63 49 92,* ≤, parc, « Château fortifié dominant la vallée » – 🛗 ▤ ch 📺 ☎ 🅿. 🖭 ⓞ ⒼⒷ, 🌺

fermé 15 janv. au 15 fév., dim. soir et lundi – **Repas** 250/420 – ⊆ 65 – **11 ch** 700/1300 – ½ P 650/950.

MEYRUEIS *48150 Lozère* **80** ⑤ ⑮ *G. Gorges du Tarn* – *907 h alt. 698.*

Voir *NO : Gorges de la Jonte*★★.

Env. *Aven Armand*★★★ *NO : 11 km – Grotte de Dargilan*★★ *NO : 8,5 km.*

🛈 *Office de Tourisme Tour de l'Horloge* ℰ *04 66 45 60 33, Fax 04 66 45 65 27.*

Paris 644 – Mende 57 – Florac 35 – Millau 43 – Rodez 94 – Sévérac-le-Château 50 – Le Vigan 49.

🏰 **Château d'Ayres** 🌤, *Est : 1,5 km par D 57* ℰ *04 66 45 60 10, Fax 04 66 45 62 26,* ≤, 🏦, « Parc », 🛋, 🎾 – 📺 ☎ 🅿. 🖭 ⓞ ⒼⒷ. 🌺 rest

27 mars-15 nov. – **Repas** 113 (déj.), 152/265, enf. 80 – ⊆ 63 – **26 ch** 440/830 – ½ P 370/585.

🏠 **Mont Aigoual,** *r. Barrière* ℰ *04 66 45 65 61, Fax 04 66 45 64 25,* 🛋, 🍃 – 🛗 ☎ 🅿. 🖭 ⒼⒷ
🚄 🌺 rest

fin mars-début nov. – **Repas** 90/160, enf. 40 – ⊆ 40 – **30 ch** 300/450 – ½ P 280/310.

🏠 **Europe,** ℰ *04 66 45 60 05, Fax 04 66 45 65 31* – 🛗 ☎ 🅿. ⒼⒷ
🚄 *Pâques-1ᵉʳ nov.* – **Repas** 75/140 ⓙ, enf. 40 – ⊆ 30 – **29 ch** 220/250 – ½ P 240.

🏠 **Family H.,** ℰ *04 66 45 60 02, Fax 04 66 45 66 54,* 🛋, 🍃 – 🛗 📺 ☎ 🅿. ⒼⒷ
🚄 *23 mars -5 nov.* – **Repas** 75/160 ⓙ, enf. 43 – ⊆ 35 – **48 ch** 250 – ½ P 240/250.

🏠 **Gd H. de France,** ℰ *04 66 45 60 07, Fax 04 66 45 67 62,* 🛋, 🍃, 🎾 – 🛗 📺 ☎ 🅿. ⒼⒷ

hôtel : 1ᵉʳ avril-1ᵉʳ nov. ; rest. : 1ᵉʳ mai-1ᵉʳ oct. – **Repas** 95/115, enf. 38 – ⊆ 38 – **45 ch** 290 – ½ P 270.

CITROEN Gar. Giraud, ℰ 04 66 45 60 04

744

MÉYZIEU 69330 Rhône 📶 ⑫, 🔢 ⑱ – 28 077 h alt. 201.

Paris 469 – Lyon 18 – Pont-de-Chéruy 14 – St-Priest 13 – Vienne 35.

🏨 **Mont Joyeux** ♨, r. V. Hugo 🕿 04 78 04 21 32, Fax 04 72 02 85 72, 🛉, 🏊, 🌳 – 📺 ☎ 🕭 ℗ ₳ᴇ ① ☷

Repas 160/275 – 🖙 55 – **20 ch** 410/470 – ½ P 400.

🍴 **La Petite Auberge du Pont d'Herbens,** 32 r. V. Hugo 🕿 04 78 31 41 09, Fax 04 78 04 34 93, 🛉 – 🖭 ₳ᴇ ① ☷

fermé mars, lundi sauf fériés et dim. soir – **Repas** 80 (déj.), 105/250.

MÉZANGERS 53 Mayenne 🔟 ⑪ – *rattaché à Evron.*

MÈZE 34140 Hérault 🔢 ⑯ G. Gorges du Tarn – 6 502 h alt. 20.

🛈 *Office de Tourisme, r. A. Massaloup* 🕿 04 67 43 93 08.

Paris 787 – Montpellier 33 – Agde 20 – Béziers 39 – Lodève 52 – Pézenas 19 – Sète 18.

à Bouzigues *Nord-Est : 4 km par N 113 et rte secondaire – 907 h. alt. 3 – ✉ 34140 :*

🏨 **Côte Bleue** ♨, 🕿 04 67 78 31 42, Fax 04 67 78 35 49, ≤, 🛉, 🏊, 🌳 – 📺 ☎ ℗ – ₳ 40. ₳ᴇ ☷. 🛳 ch.

Repas 🕿04 67 78 30 87 -produits de la mer- *(fermé 15 janv. au 25 fév., mardi soir et merc.)* 148/250 – 🖙 36 – **32 ch** 280/350.

🛞 Thau Pneus, 35 rte de Pézenas 🕿 04 67 43 93 38

MÉZÉRIAT 01660 Ain 📶 ② – 1 995 h alt. 192.

Paris 410 – Mâcon 21 – Bourg-en-Bresse 18 – Villefranche-sur-Saône 47.

🍴 **Les Bessières,** 🕿 04 74 30 24 24, 🛉 – ☷

fermé 17 nov. au 15 fév., lundi et mardi – **Repas** 128/170.

MÉZIÈRES-EN-BRENNE 36290 Indre 🔢 ⑥ G. Berry Limousin – 1 194 h alt. 88.

🛈 *Office de Tourisme "Le Moulin" 1 r. du Nord* 🕿 02 54 38 12 24, Fax 02 54 38 13 76.

Paris 277 – Le Blanc 27 – Châteauroux 41 – Châtellerault 59 – Poitiers 81 – Tours 89.

🍴 **Boeuf Couronné** avec ch, 🕿 02 54 38 04 39, Fax 02 54 38 02 84 – ☎ 🕻 ₳ᴇ ☷. 🛳 ch

fermé 23 juin au 30 juin, 28 sept. au 16 oct., 2 au 16 janv. dim. soir et lundi sauf fériés – **Repas** 70/242 🍷, enf. 40 – 🖙 32 – **8 ch** 165/235 – ½ P 190/198.

RENAULT Gar. Fradet, 🕿 02 54 38 00 02 🗓 🕿 02 54 38 13 97

MIEUSSY 74440 H.-Savoie 📶 ⑦ G. Alpes du Nord – 1 346 h alt. 636.

🛈 *Office de Tourisme* 🕿 04 50 43 02 72, Fax 04 50 43 01 87, Mairie 🕿 04 50 43 01 67.

Paris 567 – Chamonix-Mont-Blanc 58 – Thonon-les-Bains 49 – Annecy 60 – Bonneville 21 – Genève 37 – Megève 46 – Morzine 26.

🏨 **Accueil Savoyard,** 🕿 04 50 43 01 90, Fax 04 50 43 09 59, 🛉, 🏊 – ☎ ℗. ☷

fermé 25 oct. au 8 nov. – **Repas** *(fermé sam. midi sauf vacances scolaires)* 72/160, enf. 45 – 🖙 32 – **19 ch** 180/290 – ½ P 210/300.

RENAULT Gar. Jacquard, 🕿 04 50 43 00 86 🗓 🕿 04 50 43 00 86

MIGENNES 89400 Yonne 🔢 ⑤ – 8 235 h alt. 87.

🛈 *Office de Tourisme pl. E.-Laporte* 🕿 03 86 80 03 70, Fax 03 86 92 95 32.

Paris 153 – Auxerre 23 – Joigny 10 – Nogent-sur-Seine 74 – St-Florentin 16 – Seignelay 12.

🍴🍴 **Paris** Ⓜ avec ch, 57 av. J. Jaurès 🕿 03 86 80 23 22, Fax 03 86 80 31 04 – ▤ rest 📺 ☎. ☷

fermé 26 juil. au 26 août, 2 au 17 janv., vend. soir, sam. midi et dim. soir – **Repas** 95/165, enf. 55 – 🖙 30 – **9 ch** 180/300.

RENAULT Gar. Picot, 148 av. J.-Jaurès 🕿 03 86 80 35 15

MILLAU ◁⊵ 12100 Aveyron 🔟 ⑭ G. Gorges du Tarn – 21 788 h alt. 372.

Voir *Site★* sur Millau (belvédère) par ③ du plan (N 9) – Musée de Millau : poteries★, maison de la Peau et du Gant (1ᵉʳ étage) **BZ M.**

Env. *Gorges du Tarn★★★ 21 km par ① – Canyon de la Dourbie★★ 8 km par ②.*

🛈 *Office de Tourisme av. A.-Merle* 🕿 05 65 60 02 42, Fax 05 65 61 36 08.

Paris 652 ① – Mende 101 ① – Rodez 66 ⑤ – Albi 109 ④ – Alès 135 ③ – Béziers 125 ③ – Montpellier 114 ③.

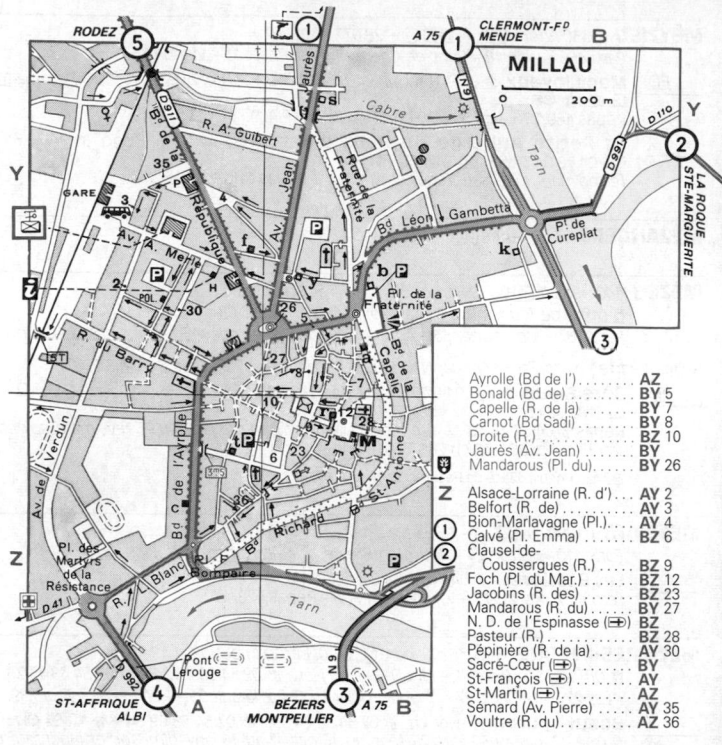

🏨 **International,** 1 pl. Tine ✆ 05 65 59 29 00, Fax 05 65 59 29 01 – 📶 ▤ rest 📺 ☎ ✆ 🄿 –
🛗 30 à 120. 🄰🄴 ⑩ 🄶🄱   BY y
Repas *(fermé dim. soir et lundi hors sais.)* 110/325, enf. 65 – 🖃 45 – **110 ch** 258/438 –
½ P 241/374.

🏨 **Cévenol H. et rest. Pot d'Etain,** 115 r. Rajol ✆ 05 65 60 74 44, Fax 05 65 60 85 99, 🌳
– 📶 📺 ☎ 🕭 🄿. ⑩ 🄶🄱   BY k
1ᵉʳ mars-28 nov. – **Repas** *(fermé lundi midi et dim. de mi-sept. à juin et vend. midi de juil. à
mi-sept.)* 97/140 🍷 – 🖃 37 – **42 ch** 308/330 – ½ P 290/316.

🏨 **Millau Hôtel Club** 🅼 🍃, par ④ et rte Montpellier ✆ 05 65 59 71 33, Fax 05 65 59 71 67,
🏡, 🌳, 🏊, ❀, ⛳ – 📶 ch 📺 ☎ 🕭 🄿. 🄰🄴 🄶🄱
Repas grill *(fermé dim. soir et lundi du 1ᵉʳ nov. au 30 avril)* carte environ 140 🍷, enf. 35 –
🖃 30 – **36 ch** 260 – ½ P 202.

🏨 **Campanile** 🅼, par ⑤ : 1,5 km ✆ 05 65 59 17 60, Fax 05 65 59 17 66, 🏡 – ❀ 📺 ☎ ✆ 🕭
🄿 – 🛗 30. 🄰🄴 🄶🄱
Repas 84 bc/107 bc, enf. 39 – 🖃 32 – **49 ch** 278.

🏨 **La Capelle** 🍃 sans rest, 7 pl. Fraternité ✆ 05 65 60 14 72 – ☎. 🄶🄱. ❀   BY b
vacances de printemps-1ᵉʳ oct. – 🖃 35 – **46 ch** 148/265.

🏨 **Causses,** 56 av. J. Jaurès ✆ 05 65 60 03 19, Fax 05 65 60 86 90 – 📺 ☎. 🄰🄴 ⑩ 🄶🄱
Repas *(fermé 20 déc. au 2 janv., dim. soir de sept. à juin et sam.)* 60/160 🍷 – 🖃 35 – **22 ch** BY s
225/260 – ½ P 238/250.

🍴🍴 **La Braconne,** 7 pl. Mar. Foch ✆ 05 65 60 30 93, 🏡 – 🄶🄱   BZ r
fermé 13 au 20 mai, 12 au 20 nov., dim. soir et lundi – **Repas** 98/185.

🍴 **Capion,** 3 r. J.-F. Alméras ✆ 05 65 60 00 91, Fax 05 65 60 42 13 – 🄰🄴 ⑩ 🄶🄱   AY f
fermé merc. sauf juil.-août – **Repas** 65 bc (déj.), 89/175 🍷, enf. 42.

🍴 **Le Square,** 10 r. St-Martin ✆ 05 65 61 26 00, 🏡 – 🄰🄴 🄶🄱   AZ t
fermé merc. sauf juil.-août – **Repas** 92/188, enf. 45.

🍴 **La Marmite du Pêcheur,** 14 bd Capelle ✆ 05 65 61 20 44, 🏡 – 🄰🄴 🄶🄱   BY a
fermé vacances de fév. et merc. soir d'oct. à Pâques – **Repas** 95/250 🍷, enf. 29.

par ④ *rte St-Affrique : 2 km :*

🏨 **Château de Creissels** ⚶, 🏯 05 65 60 16 59, Fax 05 65 61 24 63, ≼, 佘, 🐎 – 📺 ☎ ♿
🅿 🆎 ⓪ ⒼⒷ ⒿⒸⒷ
fermé 28 déc. au 12 fév. et hôtel : dim. du 17 nov. au 16 mars) – **Repas** *(fermé dim. soir et lundi midi du 20 sept. au 30 avril)* 118/218 ⅋, enf. 58 – ☲ 48 – **31 ch** 290/410 – ½ P 285/390.

PEUGEOT Gar. Pujol, 85 av. J.-Jaurès par ①
🏯 05 65 60 40 90

Pneus 2000, 8 av. Martel 🏯 05 65 60 09 77
Treillet Pneus-Point S, 325 r. E.-Delmas
🏯 05 65 60 05 56 Ⓝ 🏯 05 65 60 23 04

⑩ Lassale Pneus, 275 r. E.-Delmas
🏯 05 65 60 27 85

MILLY-LA-FORÊT *91490 Essonne* ⓺⓵ ⑪, ⓵⓪⓺ ⑭ *G. Ile de France* – *4 307 h alt. 68.*
Voir *Parc de Courances*★★ *N : 5 km.*
🅱 *Office de Tourisme 60 r. Jean Cocteau* 🏯 01 64 98 83 17, Fax 01 64 98 94 80.
Paris 60 – *Fontainebleau 19* – *Étampes 26* – *Évry 32* – *Melun 24* – *Nemours 27.*

à Auvers *(S.-et-M.) Sud : 4 km par D 948* – ⊠ *77123 Noisy-sur-École :*

XX **Aub. d'Auvers Galant,** 🏯 01 64 24 51 02, Fax 01 64 24 56 40, 佘 – 🆎 ⒼⒷ
fermé 18 au 28 août, vacances de fév., dim. soir et lundi – **Repas** 125/275.

MIMIZAN *40200 Landes* ⓻⓼ ⑭ *G. Pyrénées Aquitaine* – *6 710 h alt. 13 – Casino .*
Paris 684 – *Mont-de-Marsan 75* – *Arcachon 66* – *Bayonne 109* – *Bordeaux 106* – *Dax 70* – *Langon 112.*

à Mimizan-Bourg :

XXX **Au Bon Coin du Lac** (Caule) ⚶ *avec ch, au lac : Nord 1,5 km* 🏯 05 58 09 01 55,
🐘 Fax 05 58 09 40 84, ≼, 佘, 🐎 – 🍽 rest 📺 ☎ ⟸, 🆎 ⒼⒷ, ⁒ ch
fermé fév., dim. soir et lundi sauf juil.-août – **Repas** 160/350 et carte 340 à 420 – ☲ 65 –
4 ch 360/650, 4 appart – ½ P 650
Spéc. Sole soufflée aux langoustines. Charolais en croûte de cèpes. Crêpes soufflées. **Vins** Jurançon, Madiran.

à Mimizan-Plage *Ouest : 6 km par D 626* – ⊠ *40200 .*
🅱 *Office de Tourisme 38 av. M.-Martin* 🏯 05 58 09 11 20.

Plage Sud :

🏨 **Émeraude des Bois,** 68 av. Courant 🏯 05 58 09 05 28, 佘, 🐎 – ☎ ⟸ 🅿 ⒼⒷ, ⁒ rest
hôtel : Pâques-fin sept. ; rest. : fin mai-mi-sept. – **Repas** (dîner seul.) 98, enf. 55 – ☲ 34 –
16 ch 200/330 – ½ P 240/300.

🏨 **Airial** sans rest, 6 r. Papeterie 🏯 05 58 09 46 54, Fax 05 58 09 46 54, 🐎 – ☎ 🅿 ⒼⒷ
1er avril-31 oct. – ☲ 35 – **16 ch** 260/300.

🏨 **Plaisance,** 10 r. Cormorans 🏯 05 58 09 08 06, Fax 05 58 09 27 05, 🐎 – 📺 ☎ ⟸, ⒼⒷ, ⁒
🍴 **Repas** 70/200, enf. 45 – ☲ 32 – **12 ch** 350 – ½ P 275.

CITROEN Auto Mimizanaise, 15 av. de Bordeaux à
Mimizan-Bourg 🏯 05 58 09 09 81
RENAULT Gar. Poisson, 48 av. de Bordeaux à
Mimizan-Bourg 🏯 05 58 09 08 73 Ⓝ
🏯 08 00 05 15 15

RENAULT Gar. Caignieu, 13 av. de la Plage
🏯 05 58 09 03 98 Ⓝ 🏯 08 00 05 15 15

⑩ Pneu Land, 5 r. Grand Pierre
🏯 05 58 82 48 03

MINDIN *44 Loire-Atl.* ⓺⓻ ① – *rattaché à St-Brévin-les-Pins.*

MINERVE *34210 Hérault* ⓼⓷ ⑬ *G. Gorges du Tarn* – *104 h alt. 227.*
Voir *Site*★★ – *Village*★.
🅱 *Syndicat d'Initiative - Mairie* 🏯 04 68 91 81 43.
Paris 826 – *Béziers 46* – *Carcassonne 45* – *Narbonne 32* – *St-Pons 30.*

X **Relais Chantovent** ⚶ *avec ch,* 🏯 04 68 91 14 18, Fax 04 68 91 81 99, ≼, 佘 – ⒼⒷ
hôtel : 15 mars-15 déc. et fermé dim. soir sauf juil.-août et lundi – **Repas** 100/230, enf. 45 –
☲ 32 – **10 ch** 200/260 – ½ P 310.

---

*Un conseil **Michelin** :*

pour réussir vos voyages, préparez-les à l'avance.

*Les **cartes** et **guides Michelin**, vous donnent toutes indications utiles sur :*
itinéraires, visite des curiosités, logement, prix, etc.

MIONNAY *01390 Ain* 🄻🄳 ② , 🄻🄻🄾 ⑤ *– 1 103 h alt. 276.*

Paris 459 – Lyon 23 – Bourg-en-Bresse 45 – Meximieux 26 – Montluel 12 – Villefranche-sur-Saône 32.

❌❌❌❌ ❀❀ **Alain Chapel** avec ch, 🕿 04 78 91 82 02, Fax 04 78 91 82 37, 🏡, « Jardin fleuri » – 📺 🕿 🚗 🄿, 🄰🄴 ⓘ 🄶🄱
fermé janv., mardi midi et lundi sauf fêtes – **Repas** 330 (déj.), 600/800 et carte 510 à 660 – ⊏⊐ 87 – **13 ch** 600/800
Spéc. Moelleux de pommes de terre et langoustines. Lapin de quatre heures (avril à sept.). Poulette en vessie (juil. à sept.). **Vins** Mâcon-Clessé.

MIRABEL-AUX-BARONNIES *26110 Drôme* 🄱🄸 ③ *– 1 276 h alt. 263.*

🄱 *Office de Tourisme* 🕿 *04 75 27 13 93.*

Paris 667 – Carpentras 36 – Montélimar 54 – Nyons 7 – Pont-St-Esprit 42 – Vaison-la-Romaine 10 – Valence 108.

❌ **La Coloquinte**, av. Résistance 🕿 04 75 27 19 89, Fax 04 75 27 19 99, 🏡 – 🄶🄱
fermé fév., jeudi midi et merc. – **Repas** 70 (déj.), 112/163.

CITROEN Gar. Reynier, rte de Vaison 🕿 04 75 27 12 59

RENAULT Gar. L'Homme, Rte de Nyons 🕿 04 75 27 15 03

MIRAMAR *06 Alpes-Mar.* 🄱🄳 ⑧ *– rattaché à Théoule-sur-Mer.*

MIRAMBEAU *17150 Char.-Mar.* 🄷🄸 ⑥ *– 1 409 h alt. 59.*

Paris 517 – Bordeaux 73 – Cognac 47 – Montendre 18 – Saintes 52.

🏛 **Château de Mirambeau** 🐦, rte Montendre 🕿 05 46 70 71 77, Fax 05 46 70 71 10, 🏡 , parc, « Bel aménagement intérieur », 🛏, ⌇, 🞖, ❊ – 🛗 🖩 rest 📺 🕿 📟 🄿 – 🔼 25. 🄰🄴 🄶🄱 ❊ rest
1ᵉʳ avril-3 nov. – **Repas** 240/380 – ⊏⊐ 100 – **48 ch** 680/1050 – ½ P 660/845.

MIRANDE ◁🄿▷ *32300 Gers* 🄱🄿 ⑭ *G. Pyrénées Aquitaine – 3 565 h alt. 173.*

Voir *Musée des Beaux-Arts★.*

🄱 *Office de Tourisme r. Évêché* 🕿 *05 62 66 68 10.*

Paris 782 – Auch 25 – Mont-de-Marsan 99 – Tarbes 49 – Toulouse 101.

🏨 **Pyrénées**, av. d'Etigny 🕿 05 62 66 51 16, Fax 05 62 66 79 96, ⌇, 🌱 – 📺 🕿 🄿 – 🔼 30. 🄶🄱
fermé 15 nov. au 1ᵉʳ déc., dim. soir hors sais. et lundi – **Repas** 90/138 – ⊏⊐ 38 – **28 ch** 200/300 – ½ P 240/320.

RENAULT Gar. Dufour, 🕿 05 62 66 50 19

MIRANDOL-BOURGNOUNAC *81 Tarn* 🄱🄾 ⑪ *– rattaché à Carmaux.*

MIREBEAU-SUR-BÈZE *21310 Côte-d'Or* 🄶🄶 ⑬ *– 1 464 h alt. 202.*

Paris 337 – Dijon 26 – Châtillon-sur-Seine 100 – Dole 44 – Gray 24 – Langres 66.

❌❌ 🍴 **Aub. Marronniers** avec ch, 🕿 03 80 36 71 05, Fax 03 80 36 75 92, 🏡 – 📺 🕿. 🄰🄴 🄶🄱. ❊
fermé 23 déc. au 8 janv., vend. soir d'oct. à avril et dim. soir – **Repas** 59/160 🍷, enf. 35 – ⊏⊐ 25 – **16 ch** 160/230 – ½ P 184/209.

à Bèze *Nord : 9 km par D 959 G. Bourgogne – 569 h. alt. 217 – ✉ 21310 :*

🏛 **Le Bourguignon,** 🕿 03 80 75 34 51, Fax 03 80 75 37 06, 🏡 – 📺 🕿 🛗 🚗 🄿 🄰🄴 ⓞ 🄶🄱
Repas 60 (déj.), 87/190 🍷, enf. 45 – ⊏⊐ 33 – **25 ch** 140/245 – ½ P 195/245.

RENAULT Gar. Hinsinger, 🕿 03 80 36 71 15 🄽 🕿 03 80 36 71 15

MIRECOURT *88500 Vosges* 🄶🄸 ⑮ *G. Alsace Lorraine – 6 900 h alt. 285.*

Paris 363 – Épinal 34 – Lunéville 51 – Luxeuil-les-Bains 74 – Nancy 48 – Neufchâteau 40 – Vittel 24.

🏨 **Le Luth** Ⓜ 🐦, rte Neufchâteau 🕿 03 29 37 12 12, Fax 03 29 37 23 44, 🌱 – 📺 🕿 📟 🛗 🄿 – 🔼 25. 🄰🄴 🄶🄱
fermé 1ᵉʳ au 14 août (sauf hôtel), vend. soir et sam. (sauf hôtel en juil.-août) – **Repas** 80/165 🍷, enf. 50 – ⊏⊐ 45 – **29 ch** 220/295 – ½ P 250.

MIREPEISSET *11120 Aude* 🔢 ⑬ – *410 h alt. 39.*

Paris 812 – Béziers 31 – Carcassonne 50 – Narbonne 16 – St-Pons-de-Thomières 38.

  🍴 **Le Bec Fin,** 🖉 04 68 46 31 13 – ◑ ☒

    fermé 24/11 au 7/12, 19 au 31/01, mardi midi et lundi de sept. à juin, lundi midi et jeudi midi en juil.-août – **Repas** 91/195.

MIREPOIX *09500 Ariège* 🔢 ⑤ *G. Pyrénées Roussillon* – *2 993 h alt. 308.*

  Voir *Place principale*★★.

  🅱 *Office de Tourisme pl. Mar.-Leclerc* 🖉 05 61 68 83 76, Fax 05 61 68 89 48.

  Paris 775 – Foix 37 – Carcassonne 52 – Castelnaudary 34 – Limoux 33 – Pamiers 25 – Quillan 46.

  🏛 **La Maison des Consuls** sans rest, 6 pl. Couverts 🖉 05 61 68 81 81, Fax 05 61 68 81 15, « Maison du 14ᵉ siècle » – cuisinette 📺 ☎. ☒

    ☲ 40 – **8 ch** 450/650.

  RENAULT Gar. Jean, 🖉 05 61 68 15 64 🅽   Gar. de l'Hers, 🖉 05 61 68 15 76
  🖉 05 61 68 26 48

MIRIBEL-LES-ECHELLES *38380 Isère* 🔢 ⑭ – *1 607 h alt. 600.*

  Paris 563 – Grenoble 39 – Chambéry 28 – Le Pont-de-Beauvoisin 20.

  🍴 **Les Trois Biches,** 🖉 04 76 55 28 02, Fax 04 76 55 49 37 – ◑ ☒

    fermé 20 au 30 juin, 1ᵉʳ au 10 sept., 20 fév. au 5 mars et merc. sauf juil.-août – **Repas** 65/170 ♨, enf. 55.

  PEUGEOT Gar. Montagnat, 🖉 04 76 55 27 38

MIRMANDE *26 Drôme* 🔢 ⑫ – *rattaché à Saulce-sur-Rhône.*

MISSILLAC *44780 Loire-Atl.* 🔢 ⑮ *G. Bretagne* – *3 915 h alt. 44.*

  Voir *Retable*★ *dans l'église* – *Site*★ *du château de la Bretesche O : 1 km.*

  🅱 *de la Bretesche* 🖉 02 40 88 30 03, *O : 2 km.*

  Paris 438 – Nantes 65 – Redon 23 – St-Nazaire 37 – Vannes 54.

  🏛 **Golf de la Bretesche** ≫, rte La Baule : 1 km 🖉 02 51 76 86 96, Fax 02 40 66 99 47, ≤, parc, ⌙ – 📺 ☎ ❖ 🅿 – 🔬 60. 🖭 ☒. ✳ rest

    fermé fév. – **Repas** (dîner seul. en juil.-août) 150/250 – ☲ 60 – **29 ch** 620/1200 – ½ P 830/1410.

  RENAULT Gar. de Bretagne, à Pontchâteau 🖉 02 40 01 62 27 🅽 🖉 02 40 90 75 72

MISY-SUR-YONNE *77130 S.-et-M.* 🔢 ⑬, 🔢 ㊽ – *515 h alt. 72.*

  Paris 89 – Fontainebleau 33 – Auxerre 90 – Montereau-Fault-Yonne 12 – Nemours 34 – Sens 28.

  🍴🍴 **La Gaule,** chemin de Halage 🖉 01 64 31 31 11 – ☒

    fermé 23 déc. au 3 janv., dim. soir sauf juil.-août et fêtes et merc. – **Repas** 145/235.

MITTELBERGHEIM *67140 B.-Rhin* 🔢 ⑨ *G. Alsace Lorraine* – *628 h alt. 220.*

  Paris 496 – Strasbourg 38 – Barr 2 – Erstein 22 – Molsheim 21 – Sélestat 17.

  🍴🍴 **Winstub Gilg** avec ch, 🖉 03 88 08 91 37, Fax 03 88 08 45 17, « Ambiance typiquement alsacienne » – 📺 ☎ 🅿. 🖭 ◑ ☒

    fermé 23 juin au 9 juil., 5 au 28 janv., mardi soir et merc. – **Repas** 102/350 ♨ – ☲ 35 – **15 ch** 215/400.

  🍴🍴 **Am Lindeplatzel,** 🖉 03 88 08 10 69, Fax 03 88 08 45 08 – 🖭 ◑ ☒

    fermé 21 au 31 août, vacances de fév., merc. soir et jeudi – **Repas** 99/265 ♨, enf. 55.

MITTELHAUSEN *67170 B.-Rhin* 🔢 ⑨, 🔢 ④ – *490 h alt. 185.*

  Paris 469 – Strasbourg 22 – Haguenau 19 – Saverne 23.

  🏠 **A l'Étoile,** 12 r. La Hey 🖉 03 88 51 28 44, Fax 03 88 51 24 79, ⌙₅ – ▤ rest ☎ ❖ 👤 🅿. 🖭 ☒

    Repas *(fermé 13 juil. au 6 août, 2 au 9 janv., dim. soir et lundi)* 60/230 ♨ – ☲ 27 – **23 ch** 110/270 – ½ P 205/240.

MITTERSHEIM *57930 Moselle* 🔢 ⑯ – *627 h alt. 230.*

  Paris 411 – Nancy 62 – Metz 83 – Sarrebourg 23 – Sarre-Union 17 – Saverne 39.

  🍴🍴 **L'Escale** avec ch, rte Dieuze 🖉 03 87 07 67 01, Fax 03 87 07 54 57, ≤, 🏡, 🌿 – 📺 ☎ 🅿. 🖭 ◑ ☒

    fermé fév. et merc. sauf juil.-août – **Repas** 85/180 ♨ – ☲ 35 – **13 ch** 200/260 – ½ P 260.

MIZOËN 38 Isère **77** ⑥ – rattaché au Freney-d'Oisans.

MODANE 73500 Savoie **77** ⑧ G. Alpes du Nord – 4 250 h alt. 1057 – Sports d'hiver La Norma : 1 350/2 750 m ⬲ 1 ⬱ 16 ⬲.
    Tunnel du Fréjus : Péage en 1996 aller simple : autos 92, 139 ou 181 F, P.L. 444, 677 ou 895 F - Tarifs spéciaux AR (Validité limitée).
    🛈 Office de Tourisme pl. Replaton ✆ 04 79 05 22 35, Fax 04 79 05 27 69.
    Paris 667 – Albertville 92 – Chambéry 103 – Lanslebourg-Mont-Cenis 24 – Col du Lautaret 60 – St-Jean-de-Maurienne 32.

🏨 **Perce Neige,** cours J. Jaurès ✆ 04 79 05 00 50, Fax 04 79 05 12 92 – ▮ 📺 ☎. GB. ❄
    fermé 1er au 15 mai et 19 oct. au 4 nov. – **Repas** 82/113 ⅃, enf. 50 – ⌷ 29 – **18 ch** 240/332 – ½ P 230/276.

    CITROEN Gar. Ragona, 32 av. Jean Jaurès   PEUGEOT Gar. Bellussi, 10 r. de la République
    ✆ 04 79 05 33 04   ✆ 04 79 05 07 68 Ⓝ ✆ 04 79 05 07 68
    FIAT, LANCIA, TOYOTA, Gar. Durieux, 36 av. de la
    Liberté à Fourneaux ✆ 04 79 05 07 74

MOËLAN-SUR-MER 29350 Finistère **58** ⑪ ⑫ G. Bretagne – 6 596 h alt. 58.
    🛈 Office de Tourisme, r. des Moulins ✆ 02 98 39 67 28, Fax 02 98 96 50 11.
    Paris 524 – Quimper 46 – Carhaix-Plouguer 68 – Concarneau 28 – Lorient 27 – Quimperlé 10.

🏨 **Les Moulins du Duc** ❧, Nord-Ouest : 2 km ✆ 02 98 39 60 73, Fax 02 98 39 75 56, ≤,
    « Moulins dans un cadre de verdure, parc », ⅃₅, 🏊 – 📺 ☎ 🅿 – 🔝 25. 🖭 GB
    fermé 2 janv. au 1er mars – **Repas** 145/360, enf. 60 – ⌷ 50 – **22 ch** 440/790, 5 appart – ½ P 520/695.

🏨 **Manoir de Kertalg** ❧ sans rest, rte Riec-sur-Belon, Ouest : 3 km par D 24 et chemin
    privé ✆ 02 98 39 77 77, Fax 02 98 39 72 07, ≤, « Parc » – 📺 ☎ 📞 🅿. 🖭 GB
    15 avril-15 nov. – ⌷ 60 – **9 ch** 490/980.

Avant de prendre la route, consultez la **carte Michelin**
n° 911 "FRANCE - Grands Itinéraires".
Vous y trouverez :
– votre kilométrage,
– votre temps de parcours,
– les zones à "bouchons" et les itinéraires de dégagement,
– les stations-service ouvertes 24 h/24...
Votre route sera plus économique et plus sûre.

MOERNACH 68 H.-Rhin **66** ⑨ – rattaché à Ferrette.

MOIRANS-EN-MONTAGNE 39260 Jura **70** ⑭ G. Jura – 2 018 h alt. 627.
    Voir Belvédère du Regardoir ≤★ NO : 3 km puis 15 mn.
    Paris 447 – Bourg-en-Bresse 65 – Lons-le-Saunier 38 – Nantua 39 – St-Claude 21.

🏨 **Host. Lacuzon** Ⓜ, r. Jura ✆ 03 84 42 33 22, Fax 03 84 42 38 34 – ▮ 📺 ☎ 📞 ₺. 🖭 ⓞ
    GB JCB
    fermé 20 au 31 déc., vend. soir et sam. sauf juil.-août – **Repas** 80/230 ⅃ – ⌷ 34 – **12 ch** 280/365 – ½ P 262/275.

    CITROEN Gar. Messin, 41 r. Roussin   RENAULT Gar. Dalloz, 36 r. Voltaire
    ✆ 03 84 42 00 47   ✆ 03 84 42 01 24

MOISSAC 82200 T.-et-G. **79** ⑯ ⑰ G. Pyrénées Roussillon – 11 971 h alt. 76.
    Voir Église St-Pierre★ : portail méridional★★★, cloître★★.
    Env. Boudou ⁂★ 7 km par ③.
    🟤 Golf Club d'Espalais ✆ 05 63 29 04 56, par ③ N 113 : 20 km.
    🛈 Office de Tourisme pl. Durand-de-Bredon ✆ 05 63 04 01 85, Fax 05 63 04 27 10.
    Paris 644 ① – Agen 42 ③ – Cahors 62 ① – Auch 87 ② – Montauban 31 ① – Toulouse 73 ②.

Plan page ci-contre

🏨 **Le Chapon Fin,** pl. Récollets (a) ✆ 05 63 04 04 22, Fax 05 63 04 58 44, ⌂ – ▤ rest 📺
    ☎. GB
    Repas 95/180 – ⌷ 35 – **27 ch** 200/310 – ½ P 202/277.

    ◎ Taquipneu, La Dérocade ✆ 05 63 04 07 85

MOISSAC

A 62-E 72 ⑤ AGEN   MONTAUBAN
CASTELSARRASIN   TOULOUSE

MOISSAC-BELLEVUE *83630 Var* 🗺️ ⑥, 🗺️ ⑧ – *148 h alt. 599.*

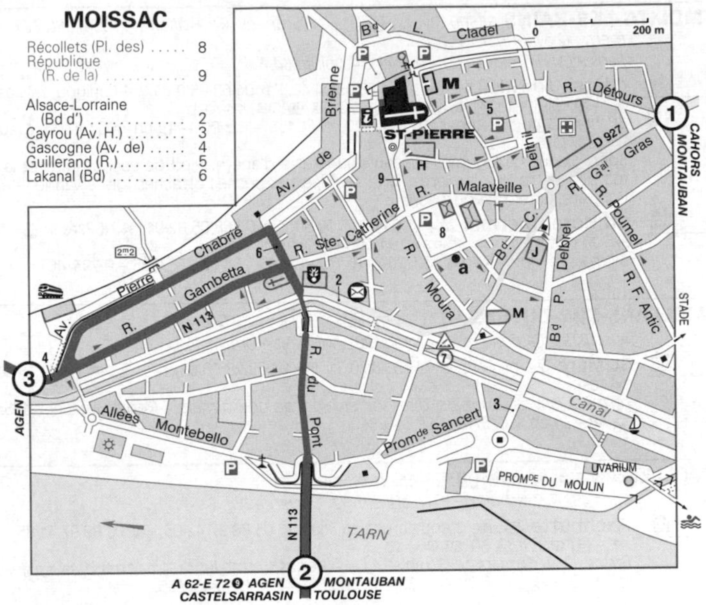

    Paris 816 – Digne-les-Bains 70 – Aix-en-Provence 85 – Castellane 77 – Draguignan 36 – Manosque 56.

🏨 **Bastide du Calalou** ⬧, ☎ 04 94 70 17 91, Fax 04 94 70 50 11, ≤, 😤, 🏊, 🌳, ❀ – 📺
    ☎ 🅿 🆎 ① ⒼⒷ
    1er mars-31 oct. et 14 déc.-16 janv. – **Repas** 135/250 – 🖵 50 – **36 ch** 600 – ½ P 400/550.

MOLINES-EN-QUEYRAS *05350 H.-Alpes* 🗺️ ⑲ *G. Alpes du Sud* – *336 h alt. 1750 – Sports d'hiver : 1 750/2 580 m* ⚡8 ⚡.

    Env. *Château-Queyras : site★, fort Queyras★, espace géologique★ NO : 8 km.*

    🎫 *Office de Tourisme* ☎ 04 92 45 83 22, Fax 04 92 45 80 79.

    Paris 725 – Briançon 44 – Gap 88 – Guillestre 26 – St-Véran 6.

🏨 **Le Cognarel** ⬧, au Coin Est : 3 km par D 205 et rte secondaire ☎ 04 92 45 81 03,
    Fax 04 92 45 81 17, ≤, 😤, 🌳 – ☎ – 🛎 30. 🆎 ① ⒼⒷ
    1er juin-14 sept. et 18 déc.-30 avril – **Repas** *(fermé lundi)* 100/160, enf. 55 – 🖵 38 – **21 ch**
    300/384 – ½ P 360.

🏠 **L'Équipe** ⬧, rte St-Véran ☎ 04 92 45 83 20, Fax 04 92 45 81 85, ≤, 😤, 🌳 – ☎ 🅿. 🆎 ①
ⒼⒷ ⒼⒷ
    17 mai-30 sept. et 18 déc.-31 mars – **Repas** *(fermé dim. soir et lundi soir en sept.)* 70/150
    🍷, enf. 40 – 🖵 40 – **22 ch** 300/320 – ½ P 300.

🏠 **Le Chamois,** ☎ 04 92 45 83 71, Fax 04 92 45 80 58, ≤ – ☎ 🅿. 🆎 ① ⒼⒷ
ⒼⒷ
    1er mai-2 nov. et 18 déc.-Pâques – **Repas** 80/194, enf. 55 – 🖵 44 – **17 ch** 300 – ½ P 300.

MOLINEUF *41 L.-et-Ch.* 🗺️ ⑦ – *rattaché à Blois.*

MOLITG-LES-BAINS 66500 Pyr.-Or. 86 ⑰ *G. Pyrénées Roussillon* – 185 h alt. 607 – Stat. therm. (2 avril-fin oct.).

Paris 913 – Perpignan 50 – Prades 8 – Quillan 54.

🏨 **Château de Riell** M ⌖, 𝄢 04 68 05 04 40, Fax 04 68 05 04 37, ≼ Canigou, 🏤, parc, ↧,
❄ ⚩ – |฿| cuisinette 🆀 ☎ ⇦ 🅿 – 🏋 70. ಟ ⓞ ಅ. 🛠 rest
30 mars-3 nov. – **Repas** 195 bc/420, enf. 150 – ☑ 90 – **19 ch** 1000/1300, 3 appart –
P 1180/1395
Spéc. Coque de légumes fondants au beurre d'aneth. Pied de cochon farci et la salade maraîchère, sauce aigrelette. Tarte soufflée aux pêches blanches, glace vanille (été). **Vins** Collioure, Côtes du Roussillon.

🏨 **Gd Hôtel Thermal** ⌖, 𝄢 04 68 05 00 50, Fax 04 68 05 02 91, ≼, « Parc », ↧, ⚩ – |฿|
⥮ ▤ rest 🆀 ☎ ⇦ 🅿 – 🏋 150. ಟ ಅ. 🛠 rest
31 mars-1er nov. – **Repas** 132/200, enf. 70 – ☑ 45 – **54 ch** 285/565 – P 293/467.

MOLLANS-SUR-OUVÈZE 26170 Drôme 81 ③ *G. Alpes du Sud* – 782 h alt. 280.

Paris 679 – Carpentras 31 – Nyons 20 – Vaison-la-Romaine 12.

🏨 **St-Marc** ⌖, pl. Gare 𝄢 04 75 28 70 01, Fax 04 75 28 78 63, 🏤, ↧, ☞, ⚩ – |฿| ☎ ಅ.
🛠 rest
fermé 3 janv. au 10 mars, dim. soir et lundi de nov. à mars – **Repas** 100 (déj.), 135/180 –
☑ 48 – **31 ch** 300/370 – ½ P 310/340.

MOLLKIRCH 67190 B.-Rhin 62 ⑨ – 552 h alt. 320.

Paris 482 – Strasbourg 37 – Molsheim 12 – Saverne 33.

🏨 **Fischhutte** ⌖, rte Grendelbruch : 3,5 km 𝄢 03 88 97 42 03, Fax 03 88 97 51 85, ≼, 🏤,
☞ – 🆀 ☎ 🅿 – 🏋 30. ಟ ಅ.
fermé 1er au 14 mars et 23 juin au 4 juil. – **Repas** *(fermé lundi soir et mardi sauf juil.-août)* 72
(déj.), 98/300 ⌕, enf. 70 – ☑ 38 – **17 ch** 230/340 – ½ P 245/330.

RENAULT Gar. Holtz, 𝄢 03 88 50 15 53 Ⓝ 𝄢 03 88 50 10 14

MOLSHEIM ⬱ 67120 B.-Rhin 62 ⑨ *G. Alsace Lorraine* –
7 973 h alt. 180.

Voir *La Metzig*★ D.

🅱 Office de Tourisme pl. Hôtel de Ville 𝄢 03 88 38 11
61, Fax 03 88 49 80 40.

Paris 476 ① – Strasbourg 29 ③ – Lunéville 92 ④ –
St-Dié 63 ④ – Saverne 27 ① – Sélestat 35 ③.

🏨 **Diana** M, pont de la Bruche (n) 𝄢 03 88 38 51 59,
Fax 03 88 38 87 11, 🏤, 𝑓₆, ↧, ☞ – |฿| 🆀 ☎ ⌕
⇦ 🅿 – 🏋 25 à 100. ಟ ⓞ ಅ 𝗝𝗖𝗕
Repas 145/290 ⌕ · **La Taverne :** Repas 80/
130 ⌕, enf.45 – ☑ 50 – **60 ch** 410/445 – ½ P 390.

🏨 **Le Bugatti** M sans rest, r. Commanderie par ③
𝄢 03 88 49 89 00, Fax 03 88 38 36 00 – |฿| 🆀 ☎ ⌕
⌕ 🅿 – 🏋 50. ಟ ⓞ ಅ 𝗝𝗖𝗕
fermé 24 au 31 déc. – ☑ 35 – **45 ch** 260/285.

MOLSHEIM

300 m

Saverne (R.) . . . 2
Strasbourg (R.) . . . 3

CITROEN Gar. Krantz, 6 av. Gare 𝄢 03 88 38 11 57
Ⓝ 𝄢 03 88 38 11 57

RENAULT Gar. Wietrich, N 422 par ③
𝄢 03 88 47 91 91 Ⓝ 𝄢 03 88 49 38 88

Les MOLUNES 39310 Jura 70 ⑮ – 93 h alt. 1274.

Paris 486 – Genève 52 – Gex 32 – Lons-le-Saunier 74 – St-Claude 15.

🏨 **Pré Fillet** ⌖, rte Moussières 𝄢 03 84 41 62 89, Fax 03 84 41 64 75, ≼ – ☎ ⌕ ⇦ 🅿 –
⚩ 25. ಅ
fermé 15 oct. au 1er déc. – **Repas** *(fermé dim. soir hors sais.)* 64 bc/160 ⌕, enf. 30 – ☑ 29 –
19 ch 220/250 – ½ P 193/208.

Michelin Green Guides to France in English

France
Atlantic Coast
Auvergne Rhône Valley
Brittany
Burgundy Jura

Châteaux of the Loire
Dordogne
Flanders Picardy and
  the Paris region
French Riviera

Normandy
Paris
Provence
Pyrénées Roussillon
  Gorges du Tarn
Vallée du Rhône

MONACO (Principauté de) 🟦🟦 ⑩, 🟦🟦🟦 ㉗ ㉘ *G. Côte d'Azur – 29 972 h alt. 65 – Casino –* ❃ *00 377 (sauf Beausoleil).*

Beausoleil *06240 Alpes-Mar. – 12 326 h alt. 89.*
　　Voir *Mont des Mules* ⁂★ *N : 1 km puis 30 mn.*
　　Paris 950 ⑤ *– Monaco 4* ③ *– Menton 14* ② *– Nice 20* ③ *– San Remo 39* ①.

🏨　**Forum** Ⓜ, pl. Moneghetti ☎ 04 93 78 96 36, Fax 04 93 78 96 38 – 🛗 📺 ☎ ᫁, 🅰🅴
　　🆖
　　Repas *(fermé sam. soir et dim.)* 120 🍷 – 🍴 60 – **39 ch** 480/740 – ½ P 400.

🏠　**Olympia** sans rest, 17 bis bd Gén. Leclerc ☎ 04 93 78 12 70, Fax 04 93 41 85 04 – 🛗 📺
　　☎, 🆖　　　　　　　　　　　　　　　　　　　　　　　　　　　　　　　　DX　**f**
　　🍴 32 – **32 ch** 260/315.

　🔧 Sera Technic Pneu, 38 r. des Martyrs ☎ 04 93 78 59 16

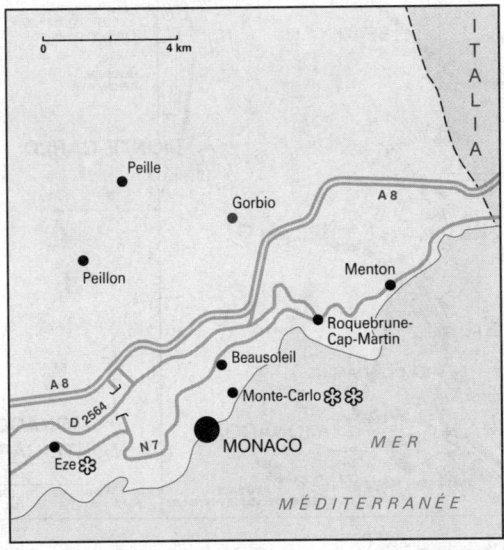

Monaco Capitale de la Principauté – ✉ 98000 .
　　Voir *Jardin exotique*★★ CZ : ≼★ – *Grotte de l'Observatoire*★ CZ **B** – *Jardins St-Martin*★ DZ
　　– *Ensemble de primitifs niçois*★★ dans la cathédrale DZ – *Christ gisant*★ dans la chapelle de
　　la Miséricorde D **D** – *Place du Palais*★ CZ – *Palais du Prince*★ CZ – *Musées : océano-*
　　graphique★★★ DZ *(aquarium*★★, ≼★★ *de la terrasse), d'anthropologie préhistorique*★
　　CZ **M¹**, *napoléonien et des archives monégasques*★ CZ **M⁴** – *Collection princière de*
　　voitures anciennes★ CZ **M⁶**.
　　Circuit automobile urbain – *A.C.M. 23 bd Albert-1er* ☎ 93 15 26 00, Fax 93 25 80 08.
　　Paris 951 ⑤ *– Menton 11* ② *– Nice 21* ③ *– San Remo 42* ①.

à Monaco Ville, sur le Rocher :

🍽🍽　**Castelroc,** pl. Palais ☎ 93 30 36 68, Fax 93 30 59 88, ≼, 🍽 – 🅰🅴 🆖 🃏　　　CZ　**p**
　　fermé 21 nov. au 1er fév., le soir d'oct. à mai et sam. – **Repas** 120/220.

à Fontvieille :

🏨🏨　**Abela** Ⓜ, 23 av. Papalins ☎ 92 05 90 00, Fax 92 05 91 67, ≼, 🍽, 🌊 – 🛗 ⁂ 📺 ☎ ᫁,
　　🛏 – 🛎 150. 🅰🅴 ⑩ 🆖 🃏　　　　　　　　　　　　　　　　　　　　　　　　　AV　**s**
　　Repas - cuisine française et libanaise - 165 *(sauf dim.)*et carte 220 à 360 – 🍴 105 – **192 ch**
　　880/1100 – ½ P 780/835.

　MERCEDES S.A.M.G.F., 25 av. Prince Héréditaire　　　🔧 Portier Tiberti, 4 av. Princesse Grâce
　　Albert ☎ 04 92 05 65 65 🔃 ☎ 03 88 72 00 94　　　　☎ 04 93 15 90 21
　　VAG Gar. du Pont, 35 bd Rainier III à Ste-Dévote
　　☎ 04 93 30 82 03

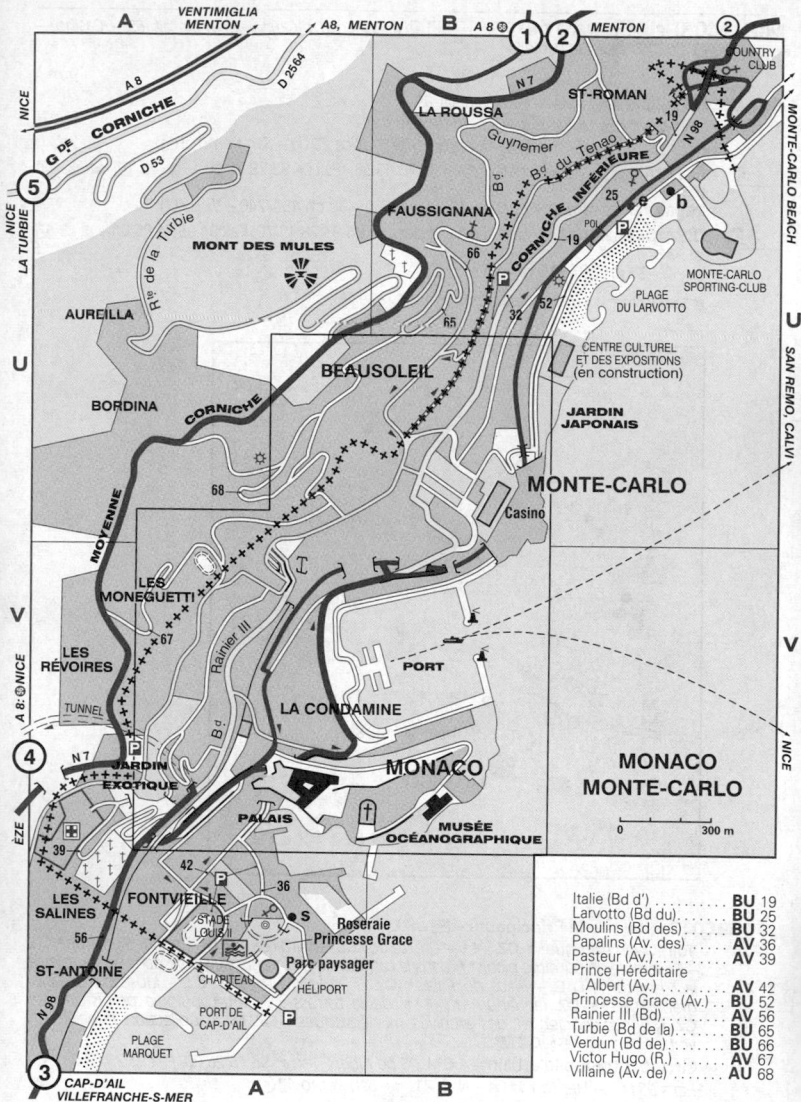

Italie (Bd d') . . . . **BU** 19
Larvotto (Bd du) . . . . . **BU** 25
Moulins (Bd des) . . . . . **BU** 32
Papalins (Av. des) . . . . . **AV** 36
Pasteur (Av.) . . . . **AV** 39
Prince Héréditaire
  Albert (Av.) . . . . **AV** 42
Princesse Grace (Av.) . . **BU** 52
Rainier III (Bd) . . . . **AV** 56
Turbie (Bd de la) . . . . . . **BU** 65
Verdun (Bd de) . . . . **BU** 66
Victor Hugo (R.) . . . . **AV** 67
Villaine (Av. de) . . . . **AU** 68

Monte-Carlo Centre mondain de la Principauté – Casinos : Grand Casino **DY**, Monte-Carlo
Sporting Club **BU**, Sun Casino **DX** – ✉ 98000 .
Voir Terrasse★★ du Grand casino **DXY** – Musée de poupées et automates★ **DX M⁵** – Jardin
japonais★ **U.**

🏌 de Monte-Carlo ✆ 04 93 41 09 11, par ④ : 11 km.
🛈 Office de Tourisme 2 A bd des Moulins ✆ 92 16 61 66, Fax 92 16 60 00.
Paris 949 ⑤ – Monaco 2 ② – Menton 10 ② – Nice 19 ③ – San Remo 41 ①.

Paris, pl. Casino ✆ 92 16 30 00, Fax 92 16 38 50, ≤, 斎, centre de thalassothérapie, ℉,
▣ – ♨ ❄ ▤ 🆚 ☎ ⟵ – ▵ 70. 🆎 ⓞ 🆖 🆎🆒, ✖ rest   **DY y**
voir rest. Louis XV et Le Grill ci-après - **Côté Jardin** ✆ 92 16 68 44 (déj. seul.) (fermé 11 juil.
au 31 août) Repas 290 et carte 320 à 410 – **Salle Empire** ✆ 92 16 29 52 (11 juil.-7 sept)
Repas carte 510 à 720 – 🖃 150 – **160 ch** 2300/3100, 40 appart.

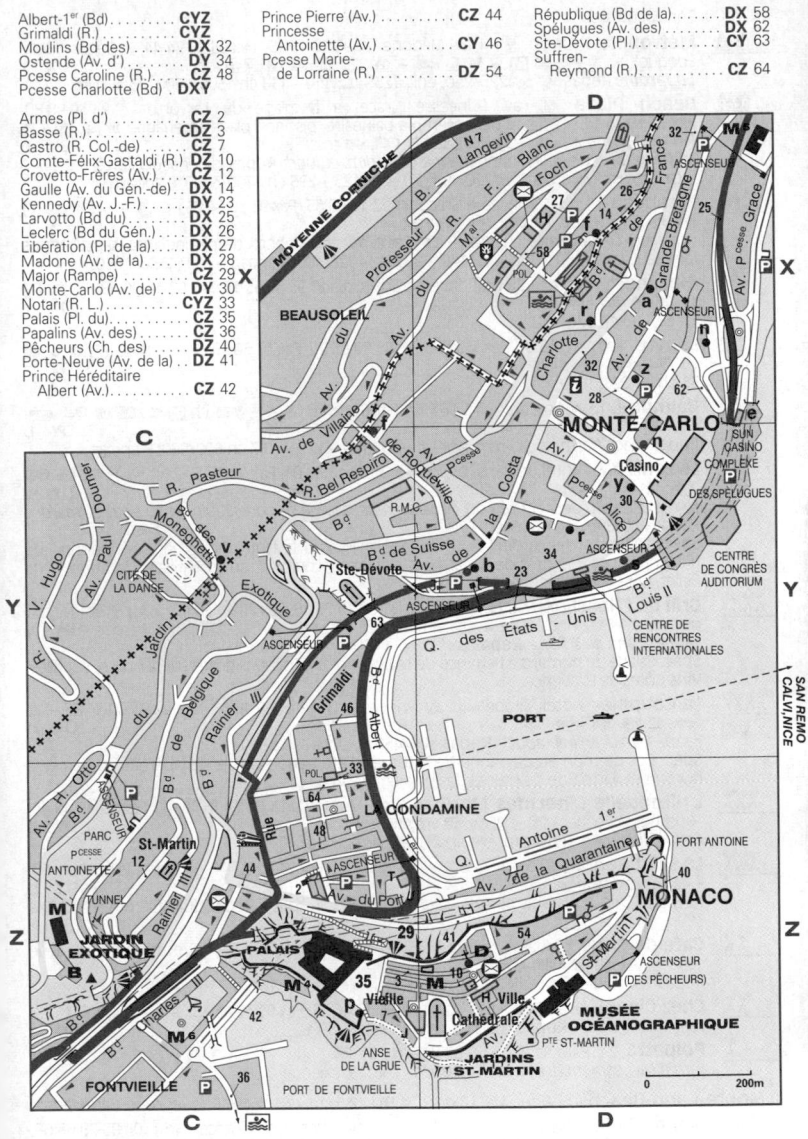

AAAA **Hermitage**, square Beaumarchais ℘ 92 16 40 00, Fax 92 16 38 52, ≤, 佘, centre de
thalassothérapie, « Salle à manger de style baroque », 👗, 🔲 – 📳 🗏 📺 ☎ ✆ ⟵ – 🔬 80.
AE ① GB JCB. ⋘   DY r
Repas 320/430 – ⌕ 150 – **215 ch** 1850/2750, 16 appart.

AAAA **Loews** M, 12 av. Spélugues ℘ 93 50 65 00, Fax 93 30 01 57, ≤, 佘, casino et cabaret, 👗,
🏊 – 📳 🗏 📺 ☎ 🕭 🔥 – 🔬 1 100. AE ① GB JCB. ⋘ rest   DX e
L'Argentin (dîner seul.) **Repas** 325 – **Le Pistou :** (dîner seul) (15 juin-30 sept.) **Repas**
à la carte 240/320 – **Café de la Mer :** Repas carte 210 à 310 ⅊ – ⌕ 110 – **581 ch** 1450/
1850, 38 appart.

🏨 **Métropole Palace** Ⓜ, 4 av. Madone ☎ 93 15 15 15, Fax 93 25 24 44, « Décor "Belle Époque" », ⊥ – ⧈ 🖩 🎬 🕿 ✆ ♿ ⟷ – ⚿ 220. 🄰🄴 ⓞ 🄶🄱 🄹🄲🄱
DX z
Le Jardin : Repas 190(déj.)/225/250, enf. 125 – ⊇ 110 – **138 ch** 1300/1800, 23 appart.

🏨 **Beach Plaza** Ⓜ, av. Princesse Grace, à la plage du Larvotto ☎ 93 30 98 80, Fax 93 50 23 14, ≤, 🐟, « Bel ensemble balnéaire, piscines, plage aménagée », 🏋, ⊠ – ⧈ ✵ 🖩 🎬 🕿 ✆ ♿ ⟷ – ⚿ 500. 🄰🄴 ⓞ 🄶🄱. ✻ rest
BU b
La Pergola - cuisine italienne *(fermé déc., dim. et lundi)* Repas (dîner seul.) carte 300 à 340 – **La Terrasse :** Repas 175/220, enf. 70 – ⊇ 125 – **295 ch** 1700/3450, 9 appart.

🏨 **Mirabeau** Ⓜ, 1 av. Princesse Grace ☎ 92 16 65 65, Fax 93 50 84 85, ≤, ⊥ – ⧈ ✵ 🖩 🖩 🕿 ⟷ – ⚿ 80. 🄰🄴 ⓞ 🄶🄱 🄹🄲🄱. ✻ rest
DX n
voir rest. **La Coupole** ci-après - **Le Café Mirabeau** bord de piscine *(mai-sept.)* Repas (déj. seul.) carte 260 à 320 – ⊇ 140 – **99 ch** 1400/2400, 4 appart – ½ P 1350/1650.

🏨 **Alexandra** sans rest, 35 bd Princesse Charlotte ☎ 93 50 63 13, Fax 92 16 06 48 – ⧈ 🖩 🖩 🕿. 🄰🄴 ⓞ 🄶🄱 🄹🄲🄱. ✻
DX r
⊇ 62 – **56 ch** 570/850.

🏨 **Louvre** sans rest, 16 bd des Moulins ☎ 93 50 65 25, Fax 93 30 23 68, ≤ – ⧈ 🖩 🖩 🕿 ✆. 🄰🄴 ⓞ 🄶🄱 🄹🄲🄱. ✻
DX a
33 ch ⊇ 824/1080.

🏨 **Balmoral**, 12 av. Costa ☎ 93 50 62 37, Fax 93 15 08 69, ≤ – ⧈ 🖩 ch 🖩 🕿. 🄰🄴 ⓞ 🄶🄱 🄹🄲🄱
DY b
Repas snack *(fermé nov., dim. soir et lundi)* 130 – ⊇ 78 – **67 ch** 600/900, 5 appart.

🏵🏵 **Le Louis XV** - Hôtel de Paris, pl. Casino ☎ 92 16 30 01, Fax 92 16 69 21 – 🖩 🄿. 🄰🄴 ⓞ 🄶🄱. ✻
DY y
fermé 1ᵉʳ au 30 déc., 17 fév. au 4 mars, merc. sauf le soir du 18 juin au 20 août et mardi –
Repas 780/890 et carte 630 à 870
Spéc. Légumes des jardins de Provence mijotés à la truffe noire écrasée. Poitrine de pigeonneau et foie gras de canard sur la braise. "Louis XV" au croustillant de pralin. Vins Bellet, Côtes de Provence.

🏵 **Grill de l'Hôtel de Paris**, pl. Casino ☎ 92 16 29 66, Fax 92 16 38 40, « Au 8ᵉ étage, toit ouvrant et ≤ la Principauté » – ⧈ 🖩 🄿. 🄰🄴 ⓞ 🄶🄱. ✻
DY y
fermé 5 janv. au 5 fév. – Repas carte 560 à 770
Spéc. Salade de homard à l'émincé de truffes noires. Poissons grillés sur la braise. Soufflés. Vins Côtes de Provence.

🏵 **La Coupole** - Hôtel Mirabeau, 1 av. Princesse Grace ☎ 92 16 66 99, Fax 93 50 84 85 – 🖩 ⟷. 🄰🄴 ⓞ 🄶🄱 🄹🄲🄱. ✻
DX n
fermé le midi en juil.-août – Repas 300/450 et carte 390 à 540
Spéc. Dos de thon en paysanne de légumes d'été (saison). Râble de lapereau au genièvre (automne). Tarte fine de fraises des bois en gratin de cassonade.

🍽 **L'Hirondelle (Thermes Marins)**, 2 av. Monte-Carlo ☎ 92 16 49 47, Fax 92 16 49 49, ≤ port et le Rocher, 🐟 – ⧈ 🖩 🖩. 🄰🄴 ⓞ 🄶🄱 🄹🄲🄱. ✻
DY s
fermé dim. soir – Repas (prévenir) 270 et carte 310 à 370.

🍽 **Le Saint Benoit**, 10 ter av. Costa ☎ 93 25 02 34, Fax 93 30 52 64, ≤ port et le Rocher, 🐟 – ⧈ 🖩 🖩 🄰🄴 ⓞ 🄶🄱 🄹🄲🄱
DY b
fermé 22 déc. au 5 janv. et lundi sauf le soir en juil.-août – Repas 164/230 et carte 270 à 390.

🍽 **Café de Paris**, pl. Casino ☎ 92 16 20 20, Fax 92 16 38 58, 🐟, « Evocation de brasserie 1900 » – 🖩. 🄰🄴 ⓞ 🄶🄱 🄹🄲🄱
DY n
Repas 180/450 et carte 240 à 410.

🍽 **Chez Gianni**, 39 av. Princesse Grace ☎ 93 30 46 33, Fax 93 30 46 33, 🐟 – 🄰🄴 ⓞ 🄶🄱
BU e
fermé sam. midi – Repas - cuisine italienne - 200/300.

🍽 **Polpetta**, 2 r. Paradis ☎ 93 50 67 84 – 🖩. 🄰🄴 🄶🄱
CY f
fermé fév., sam. midi et mardi – Repas - cuisine italienne - 150.

à Monte-Carlo-Beach *(06 Alpes-Mar.)* Nord-Est BU : 2,5 km – ⊠ 06190 Roquebrune-Cap-Martin :

🏨 **Monte-Carlo Beach H.** Ⓜ ❀, av. Princesse Grace ☎ 04 93 28 66 66, Fax 04 93 78 14 18, ≤ mer et Monaco, 🐟, « Beau complexe de loisirs balnéaires », ⊥, ❀ – ⧈ 🖩 ch 🖩 🕿 ✆ 🄿 – ⚿ 40. 🄰🄴 ⓞ 🄶🄱 🄹🄲🄱. ✻ rest
4 avril-6 oct. – **La Salle à Manger** (dîner seul.)(résidents seul.) Repas carte 300 à 470 - **La Potinière** (déj. seul.) *(5 juin-15 sept.)* Repas carte 310 à 440 – **Le Rivage** (déj. seul.) Repas carte 190 à 280 – **La Vigie** -buffet- *(27 juin-1ᵉʳ sept.)* Repas (déj. seul.) 280 – ⊇ 150 – **44 ch** 2350/2501.

ROVER, JAGUAR British Motors, 15 bd Princesse Charlotte ☎ 93 25 64 84

Si vous êtes retardé sur la route, dès 18 h,
confirmez votre réservation par téléphone,
c'est plus sûr... et c'est l'usage.

MONCÉ-EN-BELIN *72230 Sarthe* 🔟 ③ – *2 257 h alt. 60.*
Paris 214 – Le Mans 15 – La Flèche 35 – Le Grand-Lucé 23.

XX **Le Belinois,** bd Avocats 𝄐 02 43 42 01 18, Fax 02 43 42 22 16 – **P**. **GB**
fermé 15 juil. au 13 août, dim. soir, mardi soir et lundi – **Repas** 105/230.

MONCEL-LÈS-LUNÉVILLE *54 M.-et-M.* 🔢 ⑥ – *rattaché à Lunéville.*

MONCRABEAU *47600 L.-et-G.* 🔢 ⑭ – *789 h alt. 150.*
Paris 721 – Agen 42 – Condom 11 – Mont-de-Marsan 86 – Nérac 13.

XX **Le Phare** ⑱ avec ch, 𝄐 05 53 65 42 08, Fax 05 53 97 04 87, ♨, ♠ – 📺 ☎. 🆎 ⓪ **GB**
fermé 6 au 30 oct., 15 fév. au 6 mars, dim. soir et lundi sauf juil.-août – **Repas** 98/198 ⓵,
enf. 45 – ⊑ 32 – **8 ch** 245/385 – ½ P 260/340.

MONDEVILLE *14 Calvados* 🔢 ⑫ – *rattaché à Caen.*

MONDOUBLEAU *41170 L.-et-Ch.* 🔢 ⑮ ⑯ *G. Châteaux de la Loire* – *1 557 h alt. 170.*
Paris 168 – Le Mans 64 – Blois 62 – Chartres 81 – Châteaudun 39 – Orléans 89.

🏠 **Grand Monarque,** pl. Marché 𝄐 02 54 80 92 10, Fax 02 54 80 77 40, ♨, ♠ – 📺 ☎
🚗 🆎 **P**. **GB**
fermé 23 déc. au 6 janv., 10 au 16 mars, dim. soir et lundi d'oct. à avril – **Repas** 85/165 –
⊑ 30 – **13 ch** 230/260 – ½ P 205/220.

MONDRAGON *84430 Vaucluse* 🔢 ① – *3 118 h alt. 40.*
Paris 643 – Avignon 45 – Montélimar 42 – Nyons 41 – Orange 17.

XX **La Beaugravière** avec ch, N 7 𝄐 04 90 40 82 54, Fax 04 90 40 91 01, ♨ – 🍽 rest ☎ **P**.
GB
fermé 15 au 30 sept. et dim. soir – **Repas** 135/395 bc – ⊑ 30 – **3 ch** 245/345.

MONESTIER *24240 Dordogne* 🔢 ⑭ – *325 h alt. 100.*
Paris 559 – Périgueux 67 – Bergerac 19 – Duras 18 – Ste-Foy-la-Grande 18.

au Nord-Ouest *7 km par D 4 et D 18 –* ✉ *24240 Monestier :*

🏰 **Château des Vigiers** ⑱, au golf des Vigiers 𝄐 05 53 61 50 00, Fax 05 53 61 50 20, ⩽,
♨, parc, « Château du 16ᵉ siècle, golf » ⅃, ♨ – 🛗 📺 ☎ ♿ **P**. – 🅰 25. 🆎 **GB**. ⅌
fermé janv. et fév. – **Repas** (dîner seul.) 230/365 – ⊑ 80 – **36 ch** 790/1350, 11 appart –
½ P 625/775.

MONESTIER-DE-CLERMONT *38650 Isère* 🔢 ⑭ *G. Alpes du Nord* – *905 h alt. 825.*
🅱 *Syndicat d'Initiative Parc Municipal (en saison, matin seul.)* 𝄐 04 76 34 15 99.
Paris 600 – Grenoble 34 – La Mure 30 – Serres 74 – Sisteron 108.

🏠 **Au Sans Souci** ⑱, à St-Paul-lès-Monestier Nord-Ouest : 2 km sur D 8 - alt. 800
🚗 𝄐 04 76 34 03 60, Fax 04 76 34 17 38, ⩽, ♨, ⅃, ♨, 🚗 **P**. **GB**
fermé 20 déc. à fin janv., dim. soir et lundi sauf juil.-août – **Repas** 85/230 ⓵, enf. 52 – ⊑ 36 –
11 ch 180/280 – ½ P 285.

🏠 **Piot** ⑱, 𝄐 04 76 34 07 35, Fax 04 76 34 12 74, ♨, parc – ☎ **P**. **GB**
🚗 *fermé 15 nov. au 15 janv., mardi soir et merc. hors sais. –* **Repas** 80/150 ⓵, enf. 50 – ⊑ 38 –
19 ch 150/290 – ½ P 195/260.

PEUGEOT Gar. des Alpes, 𝄐 04 76 34 08 20 🅽   RENAULT Gar. Charvet, 𝄐 04 76 34 05 13 🅽
𝄐 04 76 34 14 08   𝄐 04 76 34 05 13

Le MONETIER-LES-BAINS *05 H.-Alpes* 🔢 ⑦ – *rattaché à Serre-Chevalier.*

La MONGIE *65 H.-Pyr.* 🔢 ⑱ ⑲ *G. Pyrénées Aquitaine* – *Sports d'hiver : 1 800/2 500 m* ⚡ 3 ⚡ 31 –
✉ *65200 Bagnères-de-Bigorre.*
Voir Le Taoulet ⩽⩽★★ *N par téléphérique – Col du Tourmalet* ⚹★★ *O : 4 km.*
Env. Pic du Midi de Bigorre ⚹★★★, *accès par le col du Tourmalet puis par route à péage
ouverte en été NO : 10 km.*
🅱 *Office de Tourisme* 𝄐 05 62 91 94 15, Fax 05 62 95 33 13.
*Paris 839 – Bagnères-de-Luchon 71 – Pau 87 – Arreau 38 – Bagnères-de-Bigorre 26 –
Lourdes 50 – Luz-St-Sauveur 22 – Tarbes 46.*

🏨 **Le Pourteilh,** ✆ 05 62 91 93 33, Fax 05 62 91 90 88 – 🛗 📺 ☎ 🚗, ⬛ GB, ❀ rest
15 juin-15 sept. (sauf rest.) et 15 déc.-fin avril – **Repas** 98/160 – 🍽 48 – **42 ch** 430/490 –
½ P 360/390.

Annexe Le Taoulet 🏠, ✆ 05 62 91 92 16, Fax 05 62 91 90 88 – ☎. ⬛ GB
Repas 85 – 🍽 38 – **28 ch** 220/280 – ½ P 230/260.

🏨 **Pic d'Espade,** ✆ 05 62 91 92 27, Fax 05 62 91 90 64, ≤, ⛰ – 📺 ☎. GB
🍴 *juin-sept. et 1ᵉʳ déc.-15 avril* – **Repas** 65/85 – 🍽 45 – **30 ch** 300/350 – ½ P 300/420.

MONNAIE 37380 I.-et-L. **64** ⑮ – 2 829 h alt. 113.
Paris 226 – Tours 17 – Château-Renault 15 – Vouvray 11.

✗✗ **Soleil Levant,** ✆ 02 47 56 74 74, Fax 02 47 56 45 22 – ⬛ GB
fermé 1ᵉʳ au 15 août, 1ᵉʳ au 15 fév., dim. soir et lundi – **Repas** 95/230, enf. 50.

MONPAZIER 24540 Dordogne **75** ⑯ G. Périgord Quercy – 531 h alt. 180.
Voir *Place centrale★.*
🛈 *Syndicat d'Initiative* ✆ 05 53 22 68 59, Fax 05 53 22 46 51.
Paris 558 – Périgueux 73 – Sarlat-la-Canéda 49 – Bergerac 45 – Fumel 30 – Villeneuve-sur-Lot 45.

🏨 **Edward 1ᵉʳ** ❧ sans rest, ✆ 05 53 22 44 00, Fax 05 53 22 57 99, ≤, « Demeure du 19ᵉ
siècle », ▨, ✿ – 📺 ☎ ⛽ P. ⬛ ⓪ GB
26 avril-2 nov. – 🍽 70 – **13 ch** 430/1150.

MONSÉGUR 33580 Gironde **79** ③ – 1 537 h alt. 62.
*Paris 629 – Bergerac 53 – Castillonnès 47 – Langon 35 – Libourne 49 – Marmande 22 – La
Réole 16.*

🏨 **Gd Hôtel,** ✆ 05 56 61 60 28, Fax 05 56 61 63 89 – 📺 ☎ 🚗. GB
🍴 **Repas** 55/170 ♨ – 🍽 25 – **11 ch** 120/250 – ½ P 190/220.

PEUGEOT Gar. Vigneau, ✆ 05 56 61 61 37

MONT voir au nom propre du mont.

MONTAGNY 42840 Loire **73** ⑧, **110** ㉓ – 1 124 h alt. 530.
Paris 400 – Roanne 15 – Lyon 76 – Montbrison 77 – St-Étienne 97 – Thizy 7.

✗✗ **Poste,** ✆ 04 77 66 11 31, Fax 04 77 66 15 63 – ▤. GB
🍴 *fermé 3 au 26 août, dim. soir et lundi* – **Repas** 75 (déj.), 105/260.

MONTAGNY-LÈS-BEAUNE 21 Côte-d'Or **69** ⑨ – rattaché à Beaune.

MONTAIGU 85600 Vendée **67** ④ – 4 323 h alt. 40.
Env. *Mémorial de vendée ★★ : le logis de la Chabotterie★ (salles historiques★★) SO : 14 km,
le chemin de la Mémoire des Lucs★ SO : 24 km* G. Poitou Vendée Charentes.
*Paris 386 – Nantes 33 – La Roche-sur-Yon 40 – Cholet 36 – Fontenay-le-Comte 87 –
Noirmoutier 91.*

au Pont de Sénard *Nord : 7 km par N 137 et D 77 –* ✉ *85600 St-Hilaire-de-Loulay :*

🏨 **Pont de Sénard** Ⓜ ❧, ✆ 02 51 46 49 50, Fax 02 51 94 11 11, ⛰ – 📺 ☎ ✆ ♿ P. –
▵ 30. ⬛ ⓪ GB. ❀ rest
fermé 3 au 15 août et dim. soir – **Repas** 90/340 ♨, enf. 55 – 🍽 35 – **23 ch** 250/380 –
½ P 280/315.

CITROEN Gar. Douaud, ZA de Mirville à Boufféré
✆ 02 51 94 15 97
FIAT, LANCIA Maine Autom., ZA Mirville à Boufféré
✆ 02 51 46 35 52 **Ⓝ** ✆ 02 51 46 35 52

PEUGEOT Beauvois Autom., ZI rte de Nantes
✆ 02 51 94 04 97
VAG Gar. Richomme, 15 r. Amiral Duchaffault
✆ 02 51 94 00 92

MONTARGIS 🆘 45200 Loiret **61** ⑫ G. Bourgogne – 15 020 h alt. 95.
Voir *Collection Girodet★ du musée* Z **M¹**.
🏌 de Vaugouard-Montargis ✆ 02 38 95 81 52 par ① : 9 km.
🛈 *Office de Tourisme pl. du Pâtis* ✆ 02 38 98 00 87, Fax 02 38 89 32 34.
*Paris 110 ① – Auxerre 81 ② – Autun 204 ② – Bourges 117 ④ – Chartres 117 ⑤ –
Chaumont 216 ② – Fontainebleau 51 ① – Nevers 125 ④ – Orléans 73 ⑤ – Sens 50 ②.*

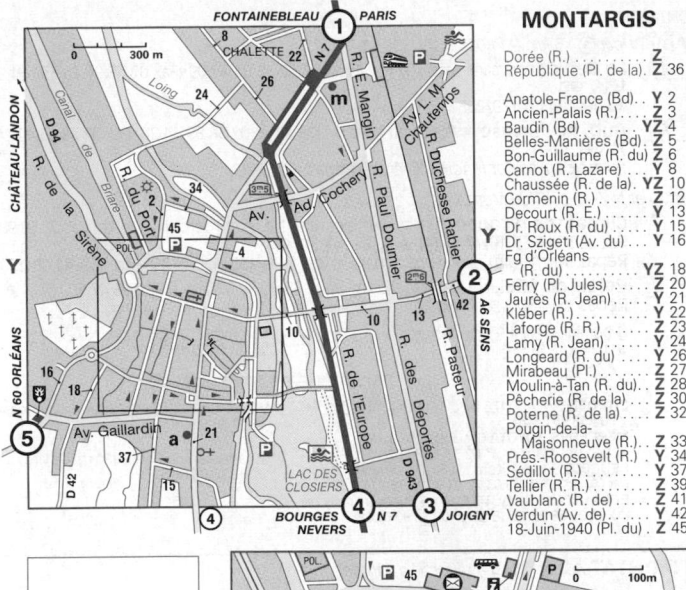

MONTARGIS

Pour visiter
la Bourgogne
utilisez
le guide vert
Michelin
**Bourgogne
Morvan**

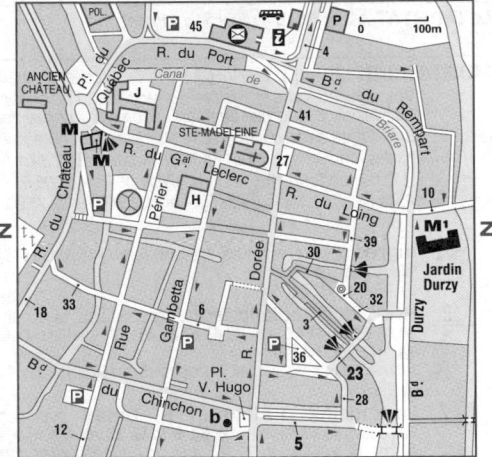

Ibis Ⓜ, 2 pl. V. Hugo ℘ 02 38 98 00 68, Fax 02 38 89 14 37 – 🛗 🔆 📺 ☎ & 🚗 🅿 – 🔬 25.
🆎 ⓪ 🆒   **Z** b
Brasserie de la Poste : Repas carte 150 à 220 🍷 – 🖵 35 – **49 ch** 295.

XXX **Gloire** avec ch, 74 av. Gén. de Gaulle ℘ 02 38 85 04 69, Fax 02 38 98 52 32 – 🍽 rest 📺 ☎
🚗, 🆒   **Y** m
❄ fermé 15 au 27 août, vacances de fév., mardi soir et merc. – **Repas** 160/250 et carte 300 à
380, enf. 70 – 🖵 40 – **12 ch** 250/350
Spéc. Etuvée de homard à la crème de petits pois. Filets de rouget et lotte façon bouillabaisse. Eventail d'agneau à la moutarde violette. **Vins** Sancerre, Bourgueil.

X **Chez Pierre**, 22 r. J. Jaurès ℘ 02 38 85 22 65 – 🍽 🅿. 🆒   **Y** a
fermé 1er au 21 août, 2 au 16 janv., dim. soir et lundi – **Repas** 90/160 🍷.

rte de Ferrières par ①, N 7 et rte secondaire – 🖂 45210 Fontenay-sur-Loing :

🏨 **Le Domaine de Vaugouard** 🦢, ℘ 02 38 95 81 52, Fax 02 38 95 79 78, ≤, 🌳, parc,
« Au milieu d'un golf », 🏊, 🎾 – cuisinette 📺 ☎ & 🅿 – 🔬 120. 🆎 ⓪ 🆒
Repas (fermé dim. soir de nov. à mars) 150, enf. 50 – 🖵 50 – **16 ch** 450/550, , 13 duplex –
½ P 430/550.

à Amilly *par ③ : 5 km – 11 029 h. alt. 110 –* ✉ *45200 :*

🏨 **Le Belvédère** sans rest, 192 r. J. Ferry ✆ 02 38 85 41 09, Fax 02 38 98 75 63, ☞ – 📺 ☎
& 🅿. 📭
🖵 40 – **24 ch** 179/255.

🍴🍴 **Aub. de l'Écluse,** r. Ponts (au bord du Canal) ✆ 02 38 85 44 24, Fax 02 38 85 44 24, ☞ –
🅿. 📭. ❧
fermé dim. soir et lundi sauf fêtes – **Repas** 145/225.

par ④ *et N 7 –* ✉ *45200 Montargis :*

🏨 **Climat de France** 🅜, av. Antibes (centre commercial) : 3 km ✆ 02 38 98 20 21,
Fax 02 38 89 19 16, ☞ – 📺 ☎ & 🅿 – 🏛 30. 📭
Repas *(fermé dim. soir d'oct. à mars)* 60 (déj.), 89/132 ⌘, enf. 39 – 🖵 35 – **41 ch** 270.

🍴 **Relais du Miel,** rte Nevers : 6,5 km ✆ 02 38 85 32 02, Fax 02 38 98 47 60, ☞ – 🅿. 📭
Repas 100/150 ⌘, enf. 41.

⊕ Dominicé-Point S, 64 r. J.-Jaurès   Euromaster, N 7, 3 rte de Nevers
✆ 02 38 93 38 33   ✆ 02 38 85 12 80

Périphérie et environs

CITROEN S.M.A., 1176 av. d'Antibes à Amilly par ④   VOLVO Gar. Schnaidt, 330 av. J.-Jaurès à Amilly
✆ 02 38 95 05 20   ✆ 02 38 93 28 10
MERCEDES, TOYOTA Gar. Jousselin, r. des
Aubépines à Amilly ✆ 02 38 98 82 82   ⊕ La Maison du Pneu, 180 rte de Viroy à Amilly
PEUGEOT Corre Autom., N 60 à Villemandeur   ✆ 02 38 85 09 52
par ⑤ ✆ 02 38 85 03 29 🆖 ✆ 02 38 71 60 86
RENAULT Gar. Basty, 1400 av. d'Antibes à Amilly par
③ ✆ 02 38 95 15 15 🆖 ✆ 02 38 90 62 88

Le MONTAT *46 Lot* 🔟🟵 ⑱ *– rattaché à Cahors.*

MONTAUBAN 🅿 *82000 T.-et-G.* 🔟🟵 ⑰ ⑱ *G. Pyrénées Roussillon – 51 224 h alt. 98.*
Voir *La vieille ville★★ : hôtel Lefranc-de-Pompignan★* Z E *– Musée Ingres★* Z *– Place
Nationale★* Z *– Dernier Centaure mourant★ (bronze de Bourdelle)* Z B.
Env. *Pente d'eau de Montech★ SO : 15 km par ③ et D 928.*
🛦 *des Aiguillons ✆ 05 63 31 35 40, N par D 959 : 8 km.*
🄳 *Office de Tourisme, Ancien Collège pl. Prax ✆ 05 63 63 60 60, Fax 05 63 63 65 12.*
Paris 642 ① – Toulouse 54 ③ – Agen 75 ④ – Albi 73 ② – Auch 85 ③ – Cahors 60 ①.

Plan page ci-contre

🏨🏨🏨 **Ingres** 🅜 sans rest, 10 av. Mayenne ✆ 05 63 63 36 01, Fax 05 63 66 02 90, 🈂 – 🛗 🖳 📺 ☎
& 🚗. 📭 ⓪ 📭   Y u
🖵 45 – **31 ch** 310/470.

🏨🏨 **Host. des Coulandrières,** rte Castelsarrasin par ④ : 4 km ✉ 82290 Montbeton
✆ 05 63 67 47 47, Fax 05 63 67 46 45, ☞, « Parc fleuri, piscine » – 🖳 rest 📺 ☎ 🅿 –
🏛 100. ⓪ 📭. ❧ rest
fermé 5 janv. au 20 fév. – **Repas** *(fermé dim. soir)* 140/195 – 🖵 50 – **22 ch** 380/450 –
½ P 380.

🍴🍴🍴 **La Cuisine d'Alain et H. Orsay** avec ch, face gare ✆ 05 63 66 06 66,
Fax 05 63 66 19 39, ☞ – 🛗 🖳 📺 ☎ & 🅿 📭 ⓪ 📭 🔚   Y f
fermé 11 au 24 août, 23 déc. au 6 janv., lundi midi et dim. – **Repas** 125 bc/300 et carte 240 à
370 – 🖵 34 – **20 ch** 250/330 – ½ P 270.

🍴🍴 **Au Chapon Fin,** 1 pl. St-Orens ✆ 05 63 63 12 10, Fax 05 63 20 47 43 – 🖳. 📭   Y d
📭 *fermé 26 juil. au 25 août, vend. soir et sam. –* **Repas** 82/260 ⌘, enf. 60.

🍴🍴 **Au Fil de l'Eau,** 14 quai Dr Lafforgue ✆ 05 63 66 11 85, Fax 05 63 66 11 85 – 🖳. 📭
📭   X e
fermé 15 au 22 juil., 12 au 20 août, 2 au 9 janv., dim. soir et lundi – **Repas** 115/270, enf. 55.

🍴 **Le Grand Bleu,** 6 r. St-Jean ✆ 05 63 66 37 51 – 📭   X a
fermé 11 au 31 août, dim. soir et lundi – **Repas** 100/150.

par ① *et N 20 : 4 km –* ✉ *82000 Montauban :*

🏨 **Climat de France,** ✆ 05 63 66 51 61, Fax 05 63 66 70 80, ☞ – 🖳 rest 📺 ☎ & & 🅿. 📭
Repas 69 bc (déj.), 85/125 ⌘, enf. 39 – 🖵 33 – **36 ch** 210/265.

à Brial *par ③ et A 20 (sortie 67, Z.I. Bressols) : 10,5 km –* ✉ *82710 Bressols :*

🍴🍴🍴 **Depeyre,** ✆ 05 63 23 05 06, Fax 05 63 02 18 18, ☞, parc – 🖳 🅿. 📭 ⓪ 📭
🏵 *fermé 30 juin au 8 juil., 1ᵉʳ au 9 sept., 12 au 26 janv., dim. soir et lundi –* **Repas** 200/300 ⌘
Spéc. Terrine de lotte aux herbes. Chausson de saumon au vin de Fronton. Suprême de
canard aux pêches (été). **Vins** Côtes du Frontonnais.

MONTAUBAN

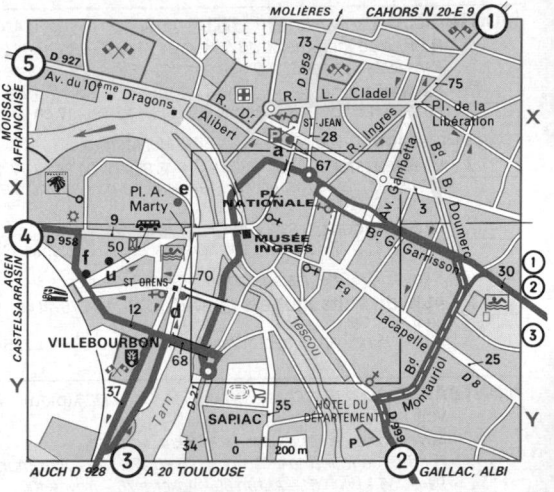

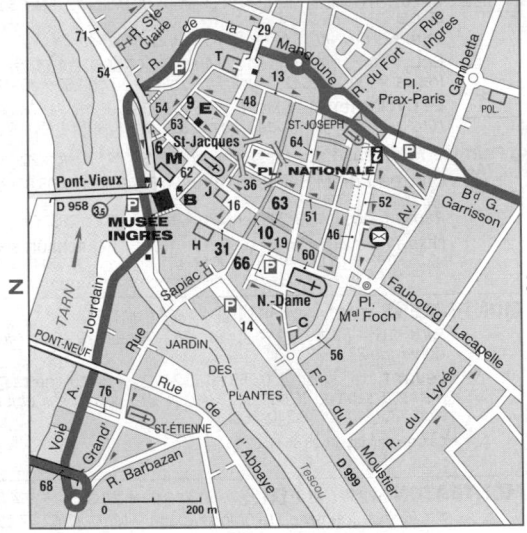

ALFA ROMEO Gar. Suères, 44-46 r. L.-Cladel
 ✆ 05 63 03 42 06
BMW, ROVER Gar. Escat, 382 av. de Toulouse
 ✆ 05 63 63 34 97
CITROEN Midi Auto 82, N 20, ZI Nord par ①
 ✆ 05 63 92 67 00
MERCEDES Gar. Hamecher, ZI Albasud 40 imp.
Taillefer ✆ 05 63 23 07 70
NISSAN Gar. Sabatié, 963 r. de l'Abbaye
 ✆ 05 63 63 08 00
PEUGEOT Gar. Macard, r. Bac ✆ 05 63 66 31 31 **N**
 ✆ 06 08 23 95 77
RENAULT Tarn-et-Garonne Autom., 200 rte du
Nord par ① ✆ 05 63 03 23 23 **N**
 ✆ 06 09 72 09 94

Gar. Almayrac et Despoux, 200 r. M.-Delpouy
 ✆ 05 63 63 44 52

Ⓜ Doumerc Pneus, 281 av. de Toulouse
 ✆ 05 63 63 09 76
Le Palais du Pneu, 17 pl. Lalaque
 ✆ 05 63 63 15 80
Pereira Pneus, 52 av. du 10ᵉ-Dragon
 ✆ 05 63 03 53 98
Taquipneu, 590 rte de Paris N 20
 ✆ 05 63 20 37 00
Taquipneu, 69 av. Gambetta ✆ 05 63 03 30 14

MONTAUBAN-DE-LUCHON 31 H.-Garonne 🎴🎴 ⑳ – rattaché à Bagnères-de-Luchon.

MONTAUROUX 83440 Var 🞔🞔 ⑧, 🞔🞔🞔 ⑫ ㉕, 🞔🞔🞔 ㉓ G. Côte d'Azur – 2 773 h alt. 364.
    🅇 Office de Tourisme pl. du Clos ℰ 04 94 47 75 90, Fax 04 94 47 60 03 (Mairie).
    Paris 892 – Cannes 33 – Draguignan 42 – Fréjus 29 – Grasse 21.

  🏠 **La Marjolaine** ⌂, ℰ 04 94 47 72 78, Fax 04 94 76 43 13, ≤, 㑑, 㫧 – 📧 ☎ 🅿. GB
      fermé lundi hors sais. – Repas 105/145 – 🖙 35 – **17 ch** 140/280 – ½ P 195/240.

rte de Draguignan Sud : 3 km – ⌖ 83440 Montauroux :

  XX **La Bécassière**, D 562 ℰ 04 94 76 43 96, Fax 04 94 47 79 17, 㑑, 㫧 – 🅿. AE ⓞ GB
      fermé oct., le soir (sauf vend. et sam.) de nov. à avril, dim. soir sauf juil.-août et lundi –
      Repas 100/205.

  X **Le St-Vincent**, D 562 ℰ 04 94 47 75 41, 㑑 – 🅿. GB
      fermé 12 au 27 nov., dim. soir hors sais. et lundi – Repas 110/185.

au Sud : 5 km par D 562 et rte secondaire – ⌖ 83440 Fayence :

  XX **Aub. du Puits Jaubert** ⌂ avec ch, ℰ 04 94 76 44 48, ≤, 㑑, parc, « Ancienne berge-
      rie » – 🅿. GB
      fermé 15 nov. au 15 déc. et mardi – Repas 150/265 – 🖙 35 – **8 ch** 230/250 – ½ P 320/340.

MONTBARD ◉ 21500 Côte-d'Or 🞔🞔 ⑦ G. Bourgogne (plan) – 7 108 h alt. 221.
    Voir *Parc Buffon★.*
    Env. *Abbaye de Fontenay★★★* E : 6 km par D 905.
    🅇 Office de Tourisme r. Carnot ℰ 03 80 92 03 75 – Automobile Club ℰ 03 80 92 03 75.
    Paris 235 – Dijon 81 – Autun 89 – Auxerre 76 – Troyes 100.

  🏨 **Gare** sans rest, 10 av. Mar. Foch ℰ 03 80 92 02 12, Fax 03 80 92 41 72, parc – ⇎ 📺 ☎ ℰ
      🅿. GB
      fermé 23 déc. au 1ᵉʳ fév. – 🖙 40 – **34 ch** 160/330.

  🏠 **Écu**, 7 r. A. Carré ℰ 03 80 92 11 66, Fax 03 80 92 14 13, 㑑 – ⇎ 📺 ☎ 🅿. AE ⓞ GB
      Repas 95 (déj.), 120/250, enf. 60 – 🖙 45 – **24 ch** 250/420 – ½ P 320/360.

  XX **Le Cyclamen**, 6 av. Mar. Foch ℰ 03 80 92 06 46, Fax 03 80 92 08 62, 㑑 – GB
      fermé 12 au 31 janv., vend. soir et sam. midi sauf fériés – Repas 75 (déj.), 98/175 ⌘.

à Fain-lès-Montbard Sud-Est : 6 km par N 905 – 341 h. alt. 220 – ⌖ 21500 :

  🏨 **Château de Malaisy** ⌂, ℰ 03 80 89 46 54, Fax 03 80 92 30 16, parc, ⛴ – 📺 ☎ ⌖ 🅿. –
      🛎 25 à 150. GB. ⌗
      Repas 125 (déj.), 150/245, enf. 70 – 🖙 48 – **22 ch** 285/590 – ½ P 324/472.

    CITROEN Gar. Monnet, rte de Dijon   RENAULT SOCA, 39 r. Abrantès
    ℰ 03 80 92 06 09 🞔 ℰ 03 80 92 06 09   ℰ 03 80 92 06 23 🞔 ℰ 03 80 92 70 35

MONTBAZENS 12220 Aveyron 🞔🞔 ① – 1 389 h alt. 457.
    Paris 603 – Rodez 39 – Aurillac 78 – Figeac 29 – Marcillac-Vallon 26 – Villefranche-de-
    Rouergue 27.

  🏠 **Levant**, rte Rignac ℰ 05 65 80 60 24, ⛴, 㫧 – cuisinette 📺 ☎ ⇔ 🅿. GB. ⌗
  GB *fermé 15 sept. au 10 oct. et 26 déc. au 2 janv., dim. soir et lundi* – Repas 75/170 ⌘ – 🖙 30 –
      9 ch 280/310 – ½ P 240/280.

    Gar. du Fargal, ℰ 05 65 80 62 23

MONTBAZON 37250 I.-et-L. 🞔🞔 ⑮ G. Châteaux de la Loire – 3 354 h alt. 59.
    🅇 Office de Tourisme, "La Grange Rouge" - N10 - ℰ 02 47 26 97 87, Fax 02 47 34 01 78.
    Paris 248 – Tours 15 – Châtellerault 58 – Chinon 41 – Loches 33 – Montrichard 41 –
    Saumur 67.

  🏰🏰🏰 **Château d'Artigny** ⌂, Sud-Ouest : 2 km par D 17 ℰ 02 47 34 30 30,
    Fax 02 47 34 30 39, 㑑, « Parc, ≤ l'Indre », ⛴, ⛴, ⌗ – 📧 📺 ☎ 🅿. – 🛎 60. AE ⓞ GB JCB
    fermé 23 nov. au 9 janv. – Repas 290/450 – 🖙 90 – **41 ch** 850/1670 – ½ P 865/1275.

    Port Moulin au Fil de l'Eau,, « Pavillon au bord de la rivière » – 📺. AE ⓞ GB JCB
    Repas voir *Château d'Artigny* – 🖙 90 – **10 ch** 450/500.

  🏨🏨 **Domaine de la Tortinière** ⌂, Nord : 2 km par N 10 et D 287 ℰ 02 47 34 35 00,
    Fax 02 47 65 95 70, 㑑, « Dans un parc ≤ vallée de l'Indre », ⛴, ⌗ – 📺 ☎ ⌖ 🅿. – 🛎 30.
    GB. ⌗
    fermé 21 déc. au 28 fév. – Repas (prévenir) 210 bc (déj.), 285/360, enf. 110 – 🖙 70 – **15 ch**
    580/995, 6 appart – ½ P 575/940.

  🏨🏨 **Relais de Touraine,** Nord : 2 km rte Tours ℰ 02 47 26 06 57, Fax 02 47 26 18 40, 㑑, 㫧
    – 📺 ☎ 🅿. – 🛎 50. GB
    fermé 2 au 20 janv. – Repas *(fermé dim. soir et lundi)* 145/190 – 🖙 40 – **21 ch** 260/340 –
    ½ P 340.

XXX **La Chancelière,** 1 pl. Marronniers ℘ 02 47 26 00 67, Fax 02 47 73 14 82, « Élégant décor » – ▤. ⌷▤
⌘ *fermé 25 au 31 août., 10 fév. au 5 mars, dim. soir et lundi sauf fériés* – **Repas** 330/450 - *Le Jeu de Cartes :* Repas 160/220, enf.110
Spéc. Ravioles d'huîtres au champagne (sept. à juin). Foie de canard frais poêlé aux échalotes, glacis de vin rouge (automne et hiver). Ris de veau braisé au beurre de tilleul.
Vins Chinon, Vouvray sec.

X **Courtille,** av. Gare ℘ 02 47 26 28 26 – ⌷▤
fermé 20 juil. au 12 août, dim. soir et merc. – **Repas** 100 (déj.), 148/210.

Ouest : *5 km par N 10, D 287 et D 87* – ✉ *37250 Montbazon :*

XX **Moulin Fleuri** ⌦ avec ch., ℘ 02 47 26 01 12, Fax 02 47 34 04 71, ≤, « Ancien moulin au bord de l'Indre », ☞ – ⊡ ☎ �ℙ. ⊞ ⌷▤
fermé 1ᵉʳ fév. au 8 mars et lundi sauf fériés – **Repas** 175/310, enf. 60 – ☷ 44 – **12 ch** 190/560 – ½ P 255/345.

PEUGEOT Gar. Rousseau, ℘ 02 47 26 06 50

MONTBÉLIARD ◈ *25200 Doubs* 🖪🖪 ⑧ *G. Jura – 29 005 h Agglo. 117 510 h alt. 325.*
Voir *Le Vieux Montbéliard★ AZ : hôtel Beurnier-Rossel★.*
🖫 *de Prunevelle* ℘ *03 81 98 11 77, par* ③ *: 10 km.*
🚩 *Office de Tourisme 1 rue H.-Mouhot* ℘ *03 81 94 45 60, Fax 03 81 32 12 07.*
Paris 421 ④ *– Besançon 84* ④ *– Mulhouse 59* ② *– Basel 97* ③ *– Belfort 22* ② *– Pontarlier 102* ④ *– Vesoul 62* ①.

Plan page suivante

🏨 **Bristol** sans rest, 2 r. Velotte ℘ 03 81 94 43 17, Fax 03 81 94 15 29 – ✻ ⊡ ☎ ℙ – 🛗 40. ⊞ ⌷▤. ⌖ 　　　　　　　　　　　　　　　　　　　　　　　　　　　　　　　　AZ **b**
fermé août – ☷ 34 – **43 ch** 200/415.

🏨 **La Balance,** 40 r. Belfort ℘ 03 81 96 77 41, Fax 03 81 91 47 16 – 🛗 ⊡ ☎ ✆ ⌕ – 🛗 25. ⊞ ⓪ ⌷▤. ⌖ 　　　　　　　　　　　　　　　　　　　　　　　　　　　　　　　　　　　　AZ **s**
Repas 95/145 ⅃, enf. 40 – ☷ 35 – **42 ch** 270/370 – ½ P 275/300.

🏨 **Joffre,** 34 bis av. Mar. Joffre ℘ 03 81 94 44 64, Fax 03 81 94 37 40 – 🛗 ✻ ⊡ ☎ ✆ ⌕ ℙ – 🛗 30. ⊞ ⓪ ⌷▤ 　　　　　　　　　　　　　　　　　　　　　　　　　　　AX **a**
Repas snack *(fermé août, 22 au 28 déc., vend., sam. et dim.)* (dîner seul.) carte environ 110 ⅃ – ☷ 40 – **62 ch** 285/315 – ½ P 240.

🏨 **Les Relais Verts,** le Pied des Gouttes ℘ 03 81 90 10 69, Fax 03 81 90 15 18, ☞ – 🛗 ⊡ ⌘ ☎ ✆ ⌕ ℙ – 🛗 30. ⌷▤ 　　　　　　　　　　　　　　　　　　　　　　　　　　AX **v**
Repas *(fermé sam. midi)* 78/250, enf. 39 – ☷ 50 – **42 ch** 230/285 – ½ P 175/225.

🏨 **Ibis,** le Pied des Gouttes ℘ 03 81 90 21 58, Fax 03 81 90 44 37, ☞ – ✻ ⊡ ☎ ✆ ⌕ ℙ – 🛗 30. ⊞ ⓪ ⌷▤ 　　　　　　　　　　　　　　　　　　　　　　　　　　　　　　AX **v**
Repas 95, enf. 39 – ☷ 35 – **62 ch** 290.

🏨 **Mulhouse,** pl. Gare ℘ 03 81 94 46 35, Fax 03 81 32 20 32 – 🛗 ⊡ ☎. ⊞ ⌷▤ 　　　AZ **a**
⌘ **Repas** 80/180 ⅃, enf. 50 – ☷ 36 – **54 ch** 280/330 – ½ P 250/300.

XXX **La Tour Henriette,** 59 fg Besançon ℘ 03 81 91 03 24, Fax 03 81 96 71 43 – ⊞ ⓪ ⌷▤ 　　　　　　　　　　　　　　　　　　　　　　　　　　　　　　　　　AZ **r**
fermé 28 juil. au 28 août, dim. soir et sam. – **Repas** 100 (déj.), 175/250 bc et carte 270 à 370 ⅃.

XX **St-Martin,** 1 r. Gén. Leclerc ℘ 03 81 91 18 37, Fax 03 81 91 18 37 – ⊞ ⌷▤ 　　AZ **u**
fermé 2 au 24 août, dim. et fériés – **Repas** 180/240.

XX **Bernard Legendre,** 1 r. Laurillard (1ᵉʳ étage) ℘ 03 81 96 77 73, Fax 03 81 91 84 62 – ⌷▤
Repas (nombre de couverts limité, prévenir) 90/250. 　　　　　　　　　　　　　AZ **n**

ALFA ROMEO, FIAT Gar. Mercier, 1 r. Keller à Arbouans ℘ 03 81 35 57 62
CITROEN Gar. Nedey, ZA la Cray à Veaujeancourt par D 126 **AY** ℘ 03 81 90 57 57
PEUGEOT Succursale, 16 av. Helvétie ℘ 03 81 99 14 00
RENAULT Filiale, r. Champs Cerf, Rond point Pied Goutte ℘ 03 81 32 66 00 ℕ ℘ 03 81 32 93 40

🅫 Pneus et Services D.K., 7a r. Port ℘ 03 81 98 25 29
Pneus et services D.K., ZI du Charmontet ℘ 03 81 95 38 33

MONTBÉLIARD

Cuvier (R.) . . . . **AZ**
Denfert-Rochereau (Pl.) **AZ** 10
Febvres (R. des) . . . . . . **AZ** 14

Albert-Thomas (Pl.) . . . . **AZ** 2
Audincourt (R. d') . . . . **AXY** 4

Belchamp (R. de) . . . . . . **AY** 5
Besançon (Fg de) . . . . . **AX** 7
Chabaud-Latour (Av.) . . **AX** 9
Dorian (Pl.) . . . . **AZ** 12
Epinal (R. d') . . . . **AX** 13
Gambetta (Av.) . . . . **AX** 15
Helvétie (Av. d') . . . . . **AXZ** 18
Jean-Jaurès (Av.) . . . . . **AY** 20
Joffre (Av. du Mar.) . . . **AXZ** 22

Lattre-de-Tassigny
(Av. du Mar.) . . . . **AZ** 23
Leclerc (R. Gén.) . . . . . . **AZ** 24
Ludwigsburg (Av. de) . . **AX** 26
Petite-Hollande (R.) . . . **AXY** 28
St-Georges (Pl.) . . . . . . **AZ** 29
Schliffre (R. de) . . . . . . **AZ** 32
Toussain (R. P.) . . . . . . **AX** 36
Valentigney (R. de) . . . . **AY** 40

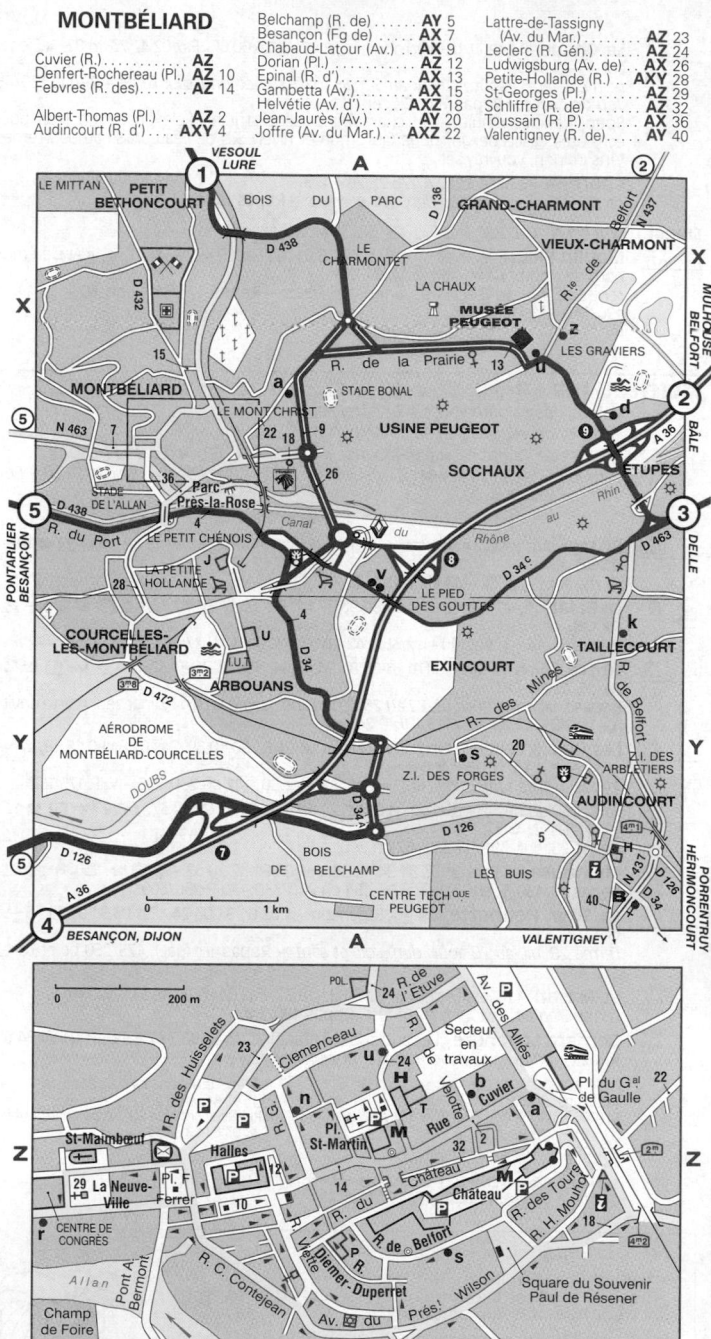

764

MONTBENOIT 25650 Doubs **70** ⑦ G. Jura – 238 h alt. 804.

Voir Ancienne abbaye★ : stalles★★, niche abbatiale★.

🚇 Office de Tourisme ℰ 03 81 38 10 92.

Paris 465 – Besançon 60 – Morteau 18 – Pontarlier 15.

à **Maisons-du-Bois** Sud-Ouest : 4 km sur D 437 – ⌧ 25650 Maisons-du-Bois-Lièvremont :

⋇ **Saugeais** avec ch, ℰ 03 81 38 14 65, Fax 03 81 38 11 27 – 📺 ☎ 🄿, 🄶🄱, ⋗ ch
🍴 fermé 2 au 15 janv., dim. soir et lundi sauf vacances scolaires – **Repas** 68/165 ⅃, enf. 40 –
⊑ 40 – **7 ch** 190/260 – ½ P 240/250.

PEUGEOT Gar Querry, ℰ 03 81 38 11 89 🄽 ℰ 03 81 38 10 99

MONT-BLANC (Tunnel du) 74 H.-Savoie **74** ⑧ ⑨ – voir à Chamonix-Mont-Blanc.

MONTBONNOT-ST-MARTIN 38 Isère **77** ⑤ – rattaché à Grenoble.

MONTBOUCHER-SUR-JABRON 26 Drôme **81** ① – rattaché à Montélimar.

MONTBRISON ⬀ 42600 Loire **73** ⑰ G. Vallée du Rhône (plan) – 14 064 h alt. 391.

Voir Intérieur★ de l'église N.-D.-d'Espérance.

🏌 Superflu Golf Club ℰ 04 77 76 00 14, à St-Romain, SE : 8 km par D 8 ; 🏌 de Savigneux
ℰ 04 77 58 70 74, E : 4 km par D 496 et VO.

🚇 Office de Tourisme Cloître des Cordeliers ℰ 04 77 96 08 69, Fax 04 77 58 00 16.

Paris 513 – St-Étienne 36 – Lyon 75 – Le Puy-en-Velay 103 – Roanne 66 – Thiers 70.

🏨 **Host. Lion d'Or**, 14 quai Eaux Minérales ℰ 04 77 58 34 66, Fax 04 77 58 73 13, � – 📺
🍴 ☎ ⋘ – 🛦 40, 🄰🄴 🄶🄱
fermé 26 déc. au 12 janv. – **Repas** (fermé sam. midi du 23 mars au 30 juin et en sept. sam.
du 1ᵉʳ oct. au 22 mars et dim. soir sauf juil.-août) 80/290 – ⊑ 45 – **19 ch** 230/415 –
½ P 255/330.

🏠 **Gil de France** 🄼, 18 bis bd Lachèze ℰ 04 77 58 06 16, Fax 04 77 58 73 78, 🌛 – 📺 ☎ ⋖
⋗ 🄿, 🄰🄴 🄶🄱
Repas 68 (déj.), 90/170 ⅃, enf. 45 – ⊑ 35 – **28 ch** 250 – ½ P 225.

à **Savigneux** Est : 1,5 km par D 496 – 2 391 h. alt. 382 – ⌧ 42600 :

🏠 **Marytel** 🄼 sans rest, 95 rte Lyon ℰ 04 77 58 72 00, Fax 04 77 58 42 81 – 📺 ☎ ⋖ 🄿 –
🛦 50, 🄰🄴 🄾 🄶🄱
⊑ 30 – **33 ch** 230/260.

⋇⋇ **Yves Thollot**, 93 rte Lyon ℰ 04 77 96 10 40, Fax 04 77 58 31 92, 🌛 – 🄿, 🄰🄴 🄶🄱
🍴 fermé 28 juil. au 14 août, vacances de fév., dim. soir et lundi – **Repas** 100 (déj.), 110/300.

à **Champdieu** Nord : 4,5 km par D 8 – 1 355 h. alt. 340 – ⌧ 42600 .

Voir Église★.

⋇⋇ **Le Prieuré**, ℰ 04 77 58 31 21, Fax 04 77 58 50 54 – 🄿, 🄶🄱
🍴 fermé 4 au 24 août, dim. soir et jeudi – **Repas** 70/240.

OPEL Forez-Autos, av. P.-Cézanne, Beauregard par   🅦 Chasseing Pneus, rte de Lyon à Savigneux
D 69 ℰ 04 77 58 02 59   ℰ 04 77 96 06 06
RENAULT Gar. Mathieu, 8 av. de St-Etienne
ℰ 04 77 58 30 48 🄽 ℰ 04 77 44 14 03
Géométrie-Pneus, ZI des Granges
ℰ 04 77 96 10 60

MONTBRON 16220 Charente **72** ⑮ G. Poitou Vendée Charentes – 2 422 h alt. 141.

Paris 461 – Angoulême 30 – Nontron 23 – Rochechouart 37 – La Rochefoucauld 14.

🏨 **Host. Château Ste-Catherine** ⋙, au Sud : 4,5 km par rte Marthon ℰ 05 45 23 60 03,
Fax 05 45 70 72 00, ≤, 🌛, « Demeure du 17ᵉ siècle dans un parc », 🏊 – ⋙⋗ 📺 ☎ 🄿, 🄰🄴
🄶🄱
fermé fév. – **Repas** (fermé dim. soir du 1ᵉʳ nov. au 31 mars) 120/220 – ⊑ 49 – **14 ch**
350/550 – ½ P 350/450.

CITROEN Gar. Marchat, ℰ 05 45 23 61 63

MONTCEAU-LES-MINES 71300 S.-et-L. **69** ⑰ ⑱ G. Bourgogne – 22 999 h alt. 285.

Env. Mont-St-Vincent : tour ⋇ ★★ 12 km par ③.

🏌 Golf du Château d'Avoise à Montchanin ℰ 03 85 78 19 19 par ②.

🚇 Office de Tourisme 1 pl. Hôtel de Ville ℰ 03 85 57 38 51, Fax 03 85 58 15 23.

Paris 329 ② – Chalon-sur-Saône 45 ② – Autun 42 ① – Mâcon 71 ③ – Moulins 90 ④ –
Roanne 92 ④.

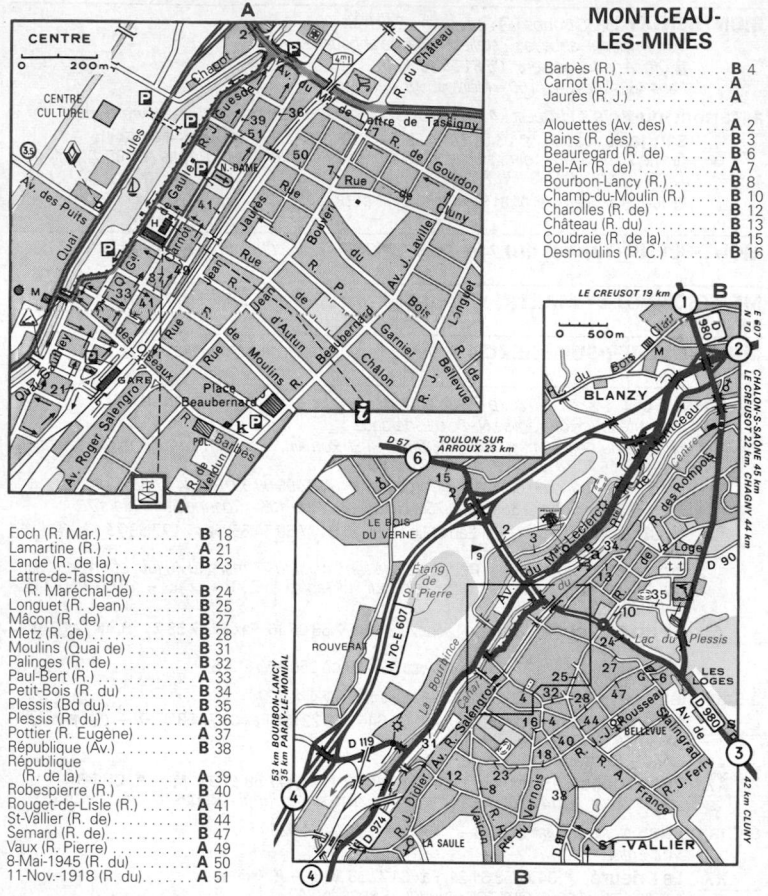

MONTCEAU-LES-MINES

Barbès (R.) . . . . **B** 4
Carnot (R.) . . . . **A**
Jaurès (R. J.) . . . . **A**

Alouettes (Av. des) . . . . **A** 2
Bains (R. des) . . . . **B** 3
Beauregard (R. de) . . . . **B** 6
Bel-Air (R. de) . . . . **B** 7
Bourbon-Lancy (R.) . . . . **B** 8
Champ-du-Moulin (R.) . . . . . . **B** 10
Charolles (R. de) . . . . **B** 12
Château (R. du) . . . . **B** 13
Coudraie (R. de la) . . . . **B** 15
Desmoulins (R. C.) . . . . **B** 16

CENTRE
0   200m

Foch (R. Mar.) . . . . **B** 18
Lamartine (R.) . . . . **A** 21
Lande (R. de la) . . . . **A** 23
Lattre-de-Tassigny
  (R. Maréchal-de) . . . . **B** 24
Longuet (R. Jean) . . . . **B** 25
Mâcon (R. de) . . . . **B** 27
Metz (R. de) . . . . **B** 28
Moulins (Quai de) . . . . **B** 31
Palinges (R. de) . . . . **B** 32
Paul-Bert (R.) . . . . **A** 33
Petit-Bois (R. du) . . . . **B** 34
Plessis (Bd du) . . . . **B** 35
Plessis (R. du) . . . . **A** 36
Pottier (R. Eugène) . . . . **A** 37
République (Av.) . . . . **B** 38
République
  (R. de la) . . . . **A** 39
Robespierre (R.) . . . . **A** 40
Rouget-de-Lisle (R.) . . . . **A** 41
St-Vallier (R. de) . . . . **B** 44
Semard (R. de) . . . . **A** 47
Vaux (R. Pierre) . . . . **A** 49
8-Mai-1945 (R. du) . . . . **A** 50
11-Nov.-1918 (R. du) . . . . . . **A** 51

🏚 des 4 Saisons M, rte Blanzy ℰ 03 85 57 49 49, Fax 03 85 57 72 23, 🍴 – 🆃🆅 ☎ ⅙ 🅿 🇦🇪 GB
  B a
  Repas 73 (déj.), 85/115 ⅞, enf. 60 – ☑ 30 – **30 ch** 275.

🏚 **Beauregard** sans rest, sur D 980 : 2 km ℰ 03 85 57 15 37, Fax 03 85 57 64 01 – ☎ 🅿 GB
  fermé 19 déc. au 5 janv. et vend. soir hors sais. – ☑ 34 – **12 ch** 165/280.   **B s**

XX **France** avec ch, 7 pl. Beaubernard ℰ 03 85 57 26 64, Fax 03 85 58 36 21 – ▤ rest 🆅 ☎. GB
  fermé 29 juil. au 22 août et lundi – **Repas** 105 bc/290 – ☑ 35 – **10 ch** 190/270.   **A k**

par ③ et D 980 : 4 km – ✉ 71300 Gourdon :

🅰 **Aub. Plain-Joly,** ℰ 03 85 57 24 74, 🌭, ℀ – 🆅 ☎ 🅿 🇦🇪 GB
  Repas 70/135 ⅞ – ☑ 32 – **8 ch** 150/280 – ½ P 180.

à Galuzot Sud-Ouest : 5 km par D 974 – ✉ 71230 St-Vallier :

X **Moulin de Galuzot,** ℰ 03 85 57 18 85 – 🅿 🇦🇪 GB
  fermé mi-juil. à mi-août, mardi soir et merc. – **Repas** 85/200 ⅞.

PEUGEOT Gar. Rebeuf-Garnier, av. Mar. Leclerc ℰ 03 85 57 29 30
RENAULT Gar. Central, quai J.-Chagot ℰ 03 85 67 76 16 🆖 ℰ 03 85 77 32 70

Ⓦ Goésin Pneus, av. Mar.-Leclerc ℰ 03 85 57 36 01
Okrzesik Pneus, bd Maugrand ℰ 03 85 57 47 00

MONTCHAUVROT *39230 Jura* **70** ④.

🏨 **La Fontaine,** ℰ 03 84 85 50 02, Fax 03 84 85 56 18, parc – 📺 ☎ 🅿 – 🏄 40. GB
fermé 15 déc. au 15 janv., dim. soir et lundi du 22 sept. au 1ᵉʳ juil. – **Repas** 85 (déj.), 90/260 –
☲ 38 – **20 ch** 240/350 – ½ P 320.

MONTCHENOT *51 Marne* **56** ⑯ – *rattaché à Reims.*

MONT-DAUPHIN GARE *05 H.-Alpes* **77** ⑱ – *rattaché à Guillestre.*

MONT-DE-MARSAN 🅿 *40000 Landes* **82** ① *G. Pyrénées Aquitaine* – *28 328 h alt. 43.*
Voir *Musée Despiau-Wlérick★.*
🖥 *Golf Club Stade Montois* ℰ 05 58 75 63 05, par ① : 10 km.
🗎 *Office de Tourisme 6 pl. Gén.-Leclerc* ℰ 05 58 05 87 37, Fax 05 58 05 87 36 – *Automobile
Club av. Corps Franc Pommiès à St-Pierre-du-Mont* ℰ 05 58 75 03 24.
Paris 707 ① – *Agen 110* ① – *Bayonne 105* ⑥ – *Bordeaux 129* ① – *Pau 82* ③ – *Tarbes 102* ③

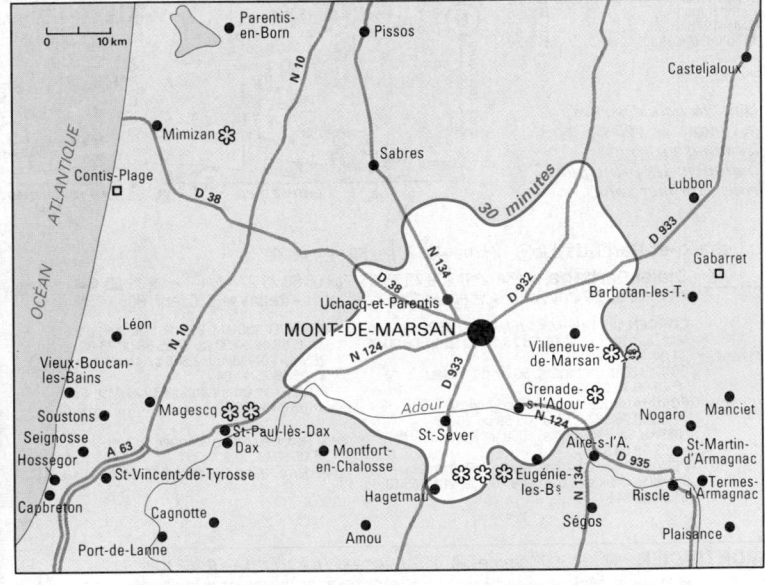

🏰 **Le Renaissance** Ⓜ 🏊, rte Villeneuve par ② : *2 km* ℰ 05 58 51 51 51,
Fax 05 58 75 29 07, 🍴, 🏊, 🌳 – 📺 ☎ & 🅿 – 🏄 25 à 40. AE GB
Repas *(fermé sam. midi et dim. soir)* 105/155 – ☲ 35 – **29 ch** 270/420 – ½ P 285/400.

🏨 **Abor** Ⓜ, rte Grenade par ④ : *3 km* ✉ 40280 St-Pierre-du-Mont ℰ 05 58 51 58 00,
Fax 05 58 75 78 78, 🍴, 🏊, 🌳 – 📺 ☎ & 🅿 – 🏄 80. AE GB
Repas *(fermé sam. midi sauf juil.-août)* 88/125 ⓙ, enf. 48 – ☲ 38 – **68 ch** 278/341 –
½ P 260/295.

🏨 **Richelieu,** 3 r. Wlérick ℰ 05 58 06 10 20, Fax 05 58 06 00 68 – 🛗 🍴 rest 📺 ☎ 🚗 –
🏄 50. AE ① GB JCB   BY r
Repas *(fermé sam. sauf fêtes)* 85/185 – ☲ 32 – **42 ch** 240/285 – ½ P 240/265.

🏨 **La Siesta,** 8 pl. J. Jaurès ℰ 05 58 06 44 44, Fax 05 58 06 09 30 – 🚗 📺 ☎ 🍴 GB
Repas *(15 avril-9 nov. et fermé dim. soir)* 75/150 ⓙ, enf. 40 – ☲ 33 – **16 ch** 220/260 –
½ P 230.   BZ e

🍴 **Zanchettin** avec ch, rte Villeneuve par ② : *3 km* ℰ 05 58 75 19 52, Fax 05 58 85 92 04,
🍴, 🌳 – 📺 ☎ 🅿. GB. 🚫 ch
fermé 18 août au 8 sept. – **Repas** *(fermé dim. soir et lundi)* 70/160 ⓙ – ☲ 25 – **9 ch** 140/250
– ½ P 160/175.

🍴 **Bistrot du Renaissance,** 22 r. Montluc ℰ 05 58 06 85 08 – 🍴. AE ① GB   BZ u
fermé 28 juil. au 4 août, lundi soir et dim. – **Repas** carte environ 130 ⓙ.

MONT-DE-MARSAN

*Dans la liste des rues
des plans de villes,
les noms en rouge
indiquent les principales
voies commerçantes.*

à Uchacq-et-Parentis *par ⑦ : 7 km – 403 h. alt. 50 –* ✉ *40090 :*

XX **Didier Garbage,** N 134 ℘ 05 58 75 33 66, Fax 05 58 75 22 77, 佘 – ≣ 🅿. 🖭 ⊜🅱
fermé 2 au 10 janv., dim. soir et lundi sauf juil.-août – **Repas** 98/380, enf. 80.

CITROEN Mont-de-Marsan Autom., 1596 av.
Mar.-Juin par ① ℘ 05 58 75 12 10 🄽 ℘ 08 00 05
24 24
CITROEN Gar. Castandet, 35 av. de Sabres
℘ 05 58 75 09 12
FORD La Hiroire-Auto, 995 bd Alingsas
℘ 05 58 75 36 62 🄽 ℘ 05 58 06 16 16
NISSAN Gar. Moquette, 1068 av. Mar.-Juin
℘ 05 58 06 83 33
PEUGEOT Gar. Labarthe, av. C.-F.-Pommiès à
St-Pierre-du-Mont par ⑥ ℘ 05 58 51 55 55 🄽
℘ 06 07 84 37 73

RENAULT SODIAM, 935 av. Mar.-Juin par ①
℘ 05 58 46 60 00 🄽 ℘ 05 58 06 73 08
RENAULT Gar. Baudry, 546 av. Mar.-Foch par ①
℘ 05 58 75 11 64
ROVER Gar. Continental, 839 av. Mar.-Foch
℘ 05 58 06 32 32

⑩ Pédarré, 7 allée Oranger, av. Mar.-Juin
℘ 05 58 05 50 50
Pédarré, 14 bd Candau ℘ 05 58 75 01 18

MONTDIDIER ◉ *80500 Somme* 🗟 ⑲ *G. Flandres Artois Picardie – 6 262 h alt. 82.*

🇧 *Syndicat d'Initiative 4 r. Jean Dupuy ℘ 03 22 78 92 00, Fax 03 22 78 00 88.*
Paris 108 – Amiens 38 – Compiègne 36 – Beauvais 50 – Péronne 48 – St-Quentin 64.

🏠 **Dijon,** 1 pl. 10-Août-1918 (rte de Rouen) ℘ 03 22 78 01 35, Fax 03 22 78 27 24 – 🖭 ☎ 🅿.
⊜🅱
fermé 2 au 17 août, vacances de fév., sam. (sauf hôtel) et dim. soir – **Repas** 78 🍷 – 🖵 35 –
14 ch 220/280 – ½ P 255.

⑩ Montdy Pneus, 30 av. M.-Leconte ℘ 03 22 37 08 67

Le MONT-DORE *63240 P.-de-D.* 🔢 ⑲ *G. Auvergne – 1 975 h alt. 1050 – Stat. therm. (15 mai-11
oct.) – Sports d'hiver : 1 070/1 840 m ✣ 2 ✚ 18 ✦ – Casino* **Z.**

Voir Puy de Sancy ✳✳✳ *5 km par ② puis 1 h. AR de téléphérique et de marche – Cascade
du Queureuilh*★ *2 km par ① puis 30 mn.*

Env. Col de Guéry ≤★★ *sur roches Tuilière et Sanadoire*★★ *et lac*★ *9 km par ① – Col de la
Croix-St-Robert*★★ *6,5 km par ③.*

📷 ℘ 04 73 65 00 79, par ③ : 2,5 km.

🇧 *Office de Tourisme av. Libération ℘ 04 73 65 20 21, Fax 04 73 65 05 71.*
*Paris 473 ① – Clermont-Ferrand 44 ① – Aubusson 87 ⑤ – Issoire 49 ① – Mauriac 77 ④ –
Ussel 58 ④.*

MONT-DORE

Favart (R.) .... Y 12
Panthéon (Pl. du) ..... Z 22
République (Pl. de la) .... Z 26
Rigny (R.) .... Z 28

Apollinaire (R. S.) ..... Y 2
Artistes (Promenade des) ... Z
Belges (Av. des) ...... Y
Bertrand (Av. M.) ..... Y
Chazotte (R. Capitaine) ...... Y 4
Clemenceau (Av.) ..... Z 5
Clermont (Av. de) ..... Y 8
Crouzets (Av. des) ..... Y
Dr-Claude (R.) .... Y
Duchâtel (R.) .... Z 9
Ferry (Av. J.) .... YZ
Gaulle (Pl. Ch.-de) .... Y 14
Guyot-Dessaigne (Av.) .... Y 15
Leclerc (Av. du Gén.) .... Y
Libération (Av. de la) .... YZ
Melchi-Roze (Promenade) .... Y
Meynadier (R.) .... YZ
Mirabeau (Bd) .... Y 18
Montlosier (R.) .... Y 19
Ramond (R.) .... Z 24
Sand (Allée G.) ...... YZ 29
Verrier (R. P.) .... Y
Wilson (Av.) .... Y 30
19-Mars-1962 (R. du) .. Y 32

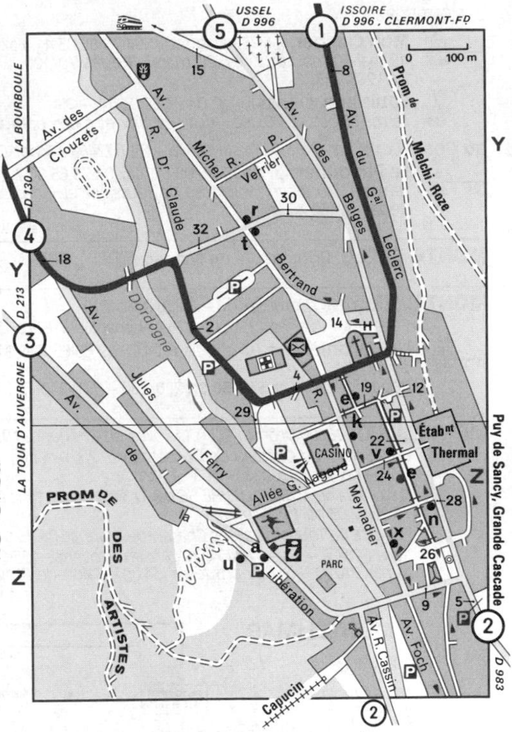

Michelin n'accroche pas de panonceau aux hôtels et restaurants qu'il signale.

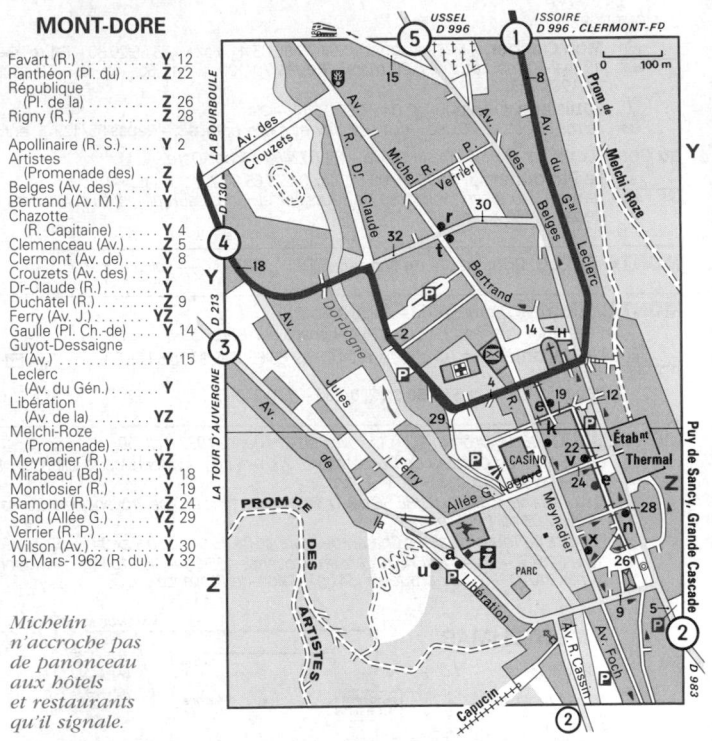

Panorama ⚘, av. Libération ✆ 04 73 65 11 12, Fax 04 73 65 20 80, ≤, Fö, ⛆, ☗ – |‡| TV ☎ P. GB. ✻ rest — Z u
12 mai-8 oct. et 25 déc.-15 mars – **Repas** 130/250, enf. 70 – ☐ 42 – **39 ch** 380/430 – ½ P 360/380.

Castelet, av. M. Bertrand ✆ 04 73 65 05 29, Fax 04 73 65 27 95, ⛆, ☗ – |‡| TV ☎ P. ⓓ GB. ✻ rest — Y t
20 mai-30 sept. et 20 déc.-31 mars – **Repas** 117/228, enf. 46 – ☐ 35 – **36 ch** 261/323 – ½ P 299.

Annexe Le Wilson 🏨 M sans rest, ✆ 04 73 65 00 06 – |‡| cuisinette TV ☎ ♿ P. GB
☐ 35 – **4 ch** 371, 12 appart 510. — Y r

Parc, r. Meynadier ✆ 04 73 65 02 92, Fax 04 73 65 28 36 – |‡| TV ☎. GB. ✻ rest — Z k
15 avril-1er oct., 26 déc.-15 mars et fermé mardi hors sais. – **Repas** 85/105 ♀, enf. 40 – ☐ 35 – **33 ch** 300 – ½ P 245.

Paris, 11 pl. Panthéon ✆ 04 73 65 01 79, Fax 04 73 65 20 98, ☗, Fö – |‡| TV ☎. GB. ✻ rest — Z v
10 mai-20 oct. et 20 déc.-18 avril – **Repas** 69/159 ♀, enf. 35 – ☐ 30 – **23 ch** 250/300 – ½ P 260.

Paix, r. Rigny ✆ 04 73 65 00 17, Fax 04 73 65 00 31 – |‡| ☎. AE ⓓ GB — Z n
fermé 10 oct. au 20 déc. – **Repas** 82/140, enf. 30 – ☐ 32 – **36 ch** 180/250 – ½ P 235.

Les Charmettes sans rest, 30 av. G. Clemenceau par ② ✆ 04 73 65 05 49, Fax 04 73 65 20 28 – ☎ ♿ P. GB. ✻
15 mai-30 sept., vacances de Noël, de fév. et week-ends en hiver – ☐ 28 – **21 ch** 240.

Londres sans rest, r. Meynadier ✆ 04 73 65 01 12 – |‡| ☎. GB — Z x
15 mars-15 nov. – ☐ 28 – **20 ch** 160/230.

Madalet sans rest, av. Libération ✆ 04 73 65 03 13, Fax 04 73 65 00 93 – ☎. AE GB
14 mai-30 sept. et Noël-Pâques – ☐ 26 – **17 ch** 165/240. — Z a

Les Mouflons sans rest, par ② *rte du Sancy : 0,5 km* ✆ 04 73 65 02 90, ≤ – P. GB
fermé 20 oct. au 20 déc. – ☐ 25 – **28 ch** 120/200.

🏠 **Mon Clocher,** r. M. Sauvagnat *&* 04 73 65 05 41, Fax 04 73 65 20 80 – 📺 ☎. ⅊
🍴 *12 mai-30 sept. et 2 fév.-20 mars* – **Repas** 70/100 ♨, enf. 50 – ☲ 32 – **30 ch** 160/230 –
½ P 208/243.

Y e

🍴 **Louisiane,** r. J. Moulin *&* 04 73 65 03 14 – ⅊
🍴 *fermé 25 oct. au 20 déc., 10 au 25 janv. et merc. hors sais.* – **Repas** 85/129 ♨, enf. 25.

Z e

au Genestoux *par* ⑤ *: 3,5 km sur D 996* – ✉ *63240 Le Mont-Dore :*

🍴 **Le Pitsounet,** *&* 04 73 65 00 67, Fax 04 73 65 06 22, 🌳 – **P**. ⅊
🍴 *fermé 1er au 8 avril, vacances de Toussaint et lundi (sauf juil.-août et vacances de fév.)* –
Repas 70/160 ♨, enf. 45.

MONTE-CARLO Principauté de Monaco 🟦🟦 ⑩,, 🟥🟥🟥 ㉗ ㉘ – *voir à Monaco.*

MONTÉLIER *26120 Drôme* 🟥🟥 ⑫ – *2 738 h alt. 219.*
Paris 567 – *Valence 12 – Crest 26 – Romans-sur-Isère 13.*

🏠 **La Martinière,** rte Chabeuil *&* 04 75 59 60 65, Fax 04 75 59 69 20, 🌳, 🏊 – 📺 ☎ ⅊ **P** –
🍴 🏚 40. ⅊
Repas 85/250 – ☲ 33 – **30 ch** 220/280 – ½ P 240.

MONTÉLIMAR *26200 Drôme* 🟦🟦 ① *G. Vallée du Rhône* – *29 982 h alt. 90.*
Env. *Site*★★ *du Château de Rochemaure, 7 km par* ④ – *Viviers : vieille ville*★, *S : 11 km par*
D 73 – Défilé de Donzère★★ *S : 11 km.*

🏌 *la Valdaine* *&* 04 75 01 86 66 *par D 540 : 4 km ;* 🏌 *la Drôme Provençale à Clansayes* *&* 04
75 98 57 03 *par* ② *: 21 km.*

🅱 *Office de Tourisme allées Champ-de-Mars* *&* 04 75 01 00 20, Fax 04 75 52 33 69.
Paris 604 ① – *Valence 45* ① – *Aix-en-Provence 155* ② – *Alès 102* ② – *Avignon 84* ② –
Nîmes 110 ② – *Le Puy-en-Velay 133* ③ – *Salon-de-Provence 120* ②.

MONTÉLIMAR

Julien (R. Pierre) .... **YZ**

Alexis (Chemin des)...	**Y**
Armes (Pl. d')	**Y**
Aygu (Av.)	**Z** 4
Blanc (Pl. L.)	**Z** 6
Briand (Bd Aristide)	**Y**
Clercs (Pl. des)	**Y**
Daujat (R. R.)	**Y**
Desmarais (Bd Marre).	**Y** 7
Dormoy (Pl. M.)	**Z** 8
Espoulette (Av. d')	**Z** 9
Europe (Pl. de l')	**Z**
Fust (Bd du)	**Y**
Fust (Pl. du)	**Y** 10
Gaulle (Bd Gén. de)	**Z**
Loubet (Pl. Emile)....	**Z** 12
Marché (Pl. du)	**Y**
Meyer (R. M.)	**Z** 14
Meynot (Bd)	**Z**
Monnaie-Vieille (R.) ..	**Y** 15
Montant-au-Château (R.)	**Z** 16
Planel (Pl. A.)	**Z** 17
Poyol (R. R.)	**Z**
Provençales (Allées) ..	**Y**
Rochemaure (Av. de).	**Y** 18
Roubion (Pl. du)	**Z**
St-Gaucher (R.).	**Y**
St-Martin (Av.).......	**Y**
St-Martin (Montée)	**Y** 20
St-Martin-Pl.).	**Y**
St-Martin (R.)	**Y**
Théâtre (Pl. du)	**Z**
Villeneuve (Av. de) ...	**Y** 24
Quatre-Alliances (R.) ..	**Y**

🏠 **Relais de l'Empereur,** pl. Marx Dormoy *&* 04 75 01 29 00, Fax 04 75 01 32 21, 🌳 – ⥮
📺 ☎ ⇐ **P** ⅍ ⑩ ⅊ ᴶᶜᴮ

Z f

fermé 11 nov. au 12 déc. – **Repas** 139/410 – ☲ 42 – **33 ch** 260/570 – ½ P 400/450.

🏠 **Sphinx** sans rest, 19 bd Desmarais *&* 04 75 01 86 64, Fax 04 75 52 34 21 – 📺 ☎ **P**. ⅍ ⅊
fermé 24 déc. au 2 janv. – ☲ 35 – **24 ch** 235/310.

Y b

🏠 **Printemps** 🍽, 8 chemin Manche par ① 🕿 04 75 01 32 63, Fax 04 75 46 03 14, 🌧, 🍹, 🌧 – 📺 🕿 🅿 🖭 ⑩ 🇬🇧
fermé 16 nov. au 21 déc. et dim. du 1er nov. au 15 fév. – **Repas** 95/195 ⑂, enf. 55 – 🍽 49 – 12 **ch** 280/450 – ½ P 380.

🏠 **La Crémaillère** sans rest, 138 av. J. Jaurès par ② 🕿 04 75 01 87 46, Fax 04 75 52 36 87, 🍹 – 📺 🕿 ✆ 🖭 🇬🇧
fermé 20 au 31 déc. et dim. – 🍽 35 – 20 **ch** 240/310.

🏠 **Beausoleil** sans rest, 14 bd Pêcher 🕿 04 75 01 19 80, Fax 04 75 01 08 17 – 📺 🕿 🅿. 🇬🇧
🍽 32 – 16 **ch** 180/280.   Y   s

🏠 **Provence** sans rest, rte Marseille par ② 🕿 04 75 01 11 67 – 🕿 🕮 🅿
fermé 15 janv. au 15 fév. et sam. de nov. à fév. – 🍽 32 – 16 **ch** 155/250.

🍴🍴 **Francis**, rte Marseille par ② : 2,5 km 🕿 04 75 01 43 82 – 🍽 🅿. 🇬🇧
fermé 23 juil. au 20 août, mardi soir et merc. –
Repas (prévenir) 88/158, enf. 63.

🍴 **Le Moderne**, 25 bd A. Briand 🕿 04 75 01 31 90 – 🇬🇧   Y   a
fermé 28 oct. au 8 nov., 24 déc. au 3 janv., vend. soir et lundi – **Repas** 69/139 ⑂, enf. 50.

à Montboucher-sur-Jabron *Sud-Est par D 940 : 4 km – 1 278 h. alt. 124* – ✉ 26740 :

🏰 **Château du Monard** 🅼 🍽, au golf de la Valdaine 🕿 04 75 01 86 66, Fax 04 75 01 24 49, ≤, 🌧, parc, 🎰, 🍹, 🍴 – 📞 🍽 📺 🕿 ♿ 🅿 – 🕿 40. 🖭 🇬🇧
fermé dim. soir de nov. à mars – **Repas** 145/405 ⑂, enf. 75 – 🍽 60 – 32 **ch** 570/930 – ½ P 555/845.

🏰 **Château de Montboucher** 🍽, 🕿 04 75 46 08 16, Fax 04 75 01 44 09, ≤, 🌧, 🍹, 🌧 – 📺 🕿 🅿. 🖭 🇬🇧
fermé lundi midi hors sais. – **Repas** 149/260, enf. 70 – 🍽 48 – 12 **ch** 490/980 – ½ P 400/620.

sur N 7 par ② : 7,5 km – ✉ 26780 Chateauneuf-du-Rhône :

🍴🍴 **Pavillon de l'Étang**, 🕿 04 75 90 76 82, Fax 04 75 90 72 39, 🌧, 🌧 – 🅿. 🖭 🇬🇧
fermé 31 août au 9 sept., vacances de fév., dim. soir et lundi – **Repas** 145/290, enf. 60.

par ② : 9 km par N 7 et D 844, rte Donzère – ✉ 26780 Malataverne :

🏰 **Domaine du Colombier** 🍽, 🕿 04 75 90 86 86, Fax 04 75 90 79 40, ≤, 🌧, « Jardin fleuri, 🍹 » – 📺 🕿 🅿 – 🕿 30. 🖭 ⑩ 🇬🇧
fermé 24 nov. au 8 déc. et 26 janv. au 9 fév. – **Repas** 190/360, enf. 120 – 🍽 70 – 21 **ch** 450/860, 3 appart – ½ P 485/860.

MICHELIN, Agence, ZA du Meyrol par av. Rochemaure par ⑥ 🕿 04 75 01 80 91

BMW Gar. Fourel, ZA du Meyrol 🕿 04 75 00 87 87
CITROEN Gar. Magne, bd des Présidents
🕿 04 75 01 20 55 🅽 🕿 08 00 05 24 24
FIAT, LANCIA Gar. Bernard, ZI déviation PL Sud
🕿 04 75 51 86 75
FORD Croullet Autom., ZI Sud 🕿 04 75 51 02 31
PEUGEOT Gar. Moulin, rte de Marseille, le Grand Pélican par ② 🕿 04 75 00 83 83 🅽
🕿 04 75 00 83 83

RENAULT Gar. Jean, rte de Valence par ①
🕿 04 75 00 87 00 🅽 🕿 04 75 53 11 48
RENAULT H.-Jean Autom., ZI Sud av. de Gournier
🕿 04 75 01 30 40
VAG Génin Autom., ZA du Meyrol
🕿 04 75 00 82 92

🛞 Ayme Pneus, ZI Sud av. Gournier
🕿 04 75 01 32 77
Euromaster, 112 av. J.-Jaurès 🕿 04 75 01 88 11

MONTENACH 57 Moselle 57 ④ – *rattaché à Sierck-les-Bains.*

MONTEREAU-FAULT-YONNE 77130 S.-et-M. 61 ⑬, 106 ㊼ *G. Ile de France* – 18 657 h alt. 53.
Voir *au N Montereau-Surville :* ≤★ *sur le confluent de la Seine et de l'Yonne, 15 mn.*
🐴 *de la Forteresse* 🕿 01 60 96 95 10 à Thoury par N 105 et D 21.
🅱 *Office de Tourisme 2 pl. René Cassin* 🕿 01 64 32 07 76.
Paris 82 – *Fontainebleau 24* – Meaux 82 – Melun 30 – Sens 36 – Troyes 96.

🍴🍴🍴 **Le Régent**, 6 pl. Bosson 🕿 01 60 96 35 74, Fax 01 64 32 33 46, 🌧 – 🖭 🇬🇧
fermé 18 au 24 août, 2 au 8 fév., dim. soir et lundi – **Repas** 105/260 et carte 190 à 290.

🍴 **Aub. des Noues**, 22 r. Arches 🕿 01 64 32 05 34, Fax 01 60 96 29 87, 🌧 – ⑩ 🇬🇧
fermé août et lundi – **Repas** (déj. seul.) 95/135.

à Flagy *Sud-Ouest : 10 km par rte Nemours et D 120 – 415 h. alt. 77* – ✉ 77940 :

🍴🍴🍴 **Host. du Moulin** 🍽 avec ch, 🕿 01 60 96 67 89, Fax 01 60 96 69 51, 🌧, « Moulin du 13e siècle », 🌧 – 🕿 🅿. 🖭 ⑩ 🇬🇧
fermé 14 au 26 sept., 21 déc. au 23 janv., dim. soir sauf fêtes et lundi sauf fériés le midi – **Repas** 150/240 et carte 180 à 350 ⑂, enf. 75 – 🍽 50 – 10 **ch** 260/500 – ½ P 366/442.

PEUGEOT Coffre Sud, 11 r. Chatelet par av.
Gén.-de-Gaulle 🕿 01 64 70 57 57
RENAULT Gar. Coulet, av. 8 Mai 1945 à Varennes-sur-Seine 🕿 01 60 73 55 65 🅽 🕿 06 07 84 20 57

Agrinel Espace Auto, 30 rte du Petit Fossard à
Varennes-sur-Seine 🕿 01 64 70 51 00

🛞 Sovic - Point S, ZI carr. Central, 7 r. des
Clomarts 🕿 01 64 32 11 98

MONTEUX *84 Vaucluse* **81** ⑫ – *rattaché à Carpentras.*

MONTFAUCON *25 Doubs* **66** ⑮ – *rattaché à Besançon.*

MONTFAVET *84 Vaucluse* **81** ⑫ – *rattaché à Avignon.*

MONTFERRAT *83131 Var* **84** ⑦ – *629 h alt. 466.*
Voir *S : Gorges de Châteaudouble★, G. Côte d'Azur.*
Paris 877 – Castellane 44 – Draguignan 15 – Toulon 100.

✕ **Ferme du Baudron,** *Sud : 1 km par D 955* ℘ *04 94 70 91 03,* 济, « *Cadre rustique* »,
↯ ✕ – 𝐏
fermé 15 janv. au 28 fév., le soir (sauf sam.) et merc. sauf juil.-août – **Repas** *(nombre de couverts limités, prévenir)* 90 et carte le dim. 120 à 210 ⅊.

MONTFORT-EN-CHALOSSE *40380 Landes* **78** ⑦ *G. Pyrénées Aquitaine – 1 116 h alt. 110.*
Voir *Musée de la Chalosse★.*
Paris 738 – Mont-de-Marsan 36 – Aire-sur-l'Adour 57 – Dax 19 – Hagetmau 27 – Orthez 29 – Tartas 16.

🏠 **Aux Tauzins** ☜, *Est : 1,5 km par D 32 et D 2* ℘ *05 58 98 60 22, Fax 05 58 98 45 79,* 济,
↯ , ⊞ – 📺 ☎ 𝐏 – 🏛 30. ⌹. ✀ ch
fermé 1ᵉʳ au 15 oct., 6 au 31 janv. et lundi sauf juil.-août – **Repas** 100/185 ⅊, enf. 45 – ☲ 30
– **16 ch** 225/265 – ½ P 240/250.

MONTFORT-L'AMAURY *78490 Yvelines* **60** ⑨, **106** ㉗ *G. Ile de France* **(plan)** *– 2 651 h alt. 185.*
Voir *Église★ – Ancien charnier★ (au cimetière) – Ruines du château ⩽★.*
🚩 *Office de Tourisme à la Mairie* ℘ *01 34 86 00 40.*
Paris 47 – Dreux 37 – Houdan 18 – Mantes-la-Jolie 30 – Rambouillet 19 – Versailles 27.

✕✕✕ **Aub. de l'Arrivée** *(Habans), D 76 (à Méré)* ℘ *01 34 86 00 28, Fax 01 34 86 84 94,* 济 – 🄰🄴
☺ ⌹ 🄹🄲🄱
fermé 17 août au 19 sept., 20 fév. au 10 mars, lundi soir et mardi – **Repas** 230/360 et carte 310 à 420
Spéc. *Foie gras de canard et sa gelée au sauternes. Cassolette de homard breton. Fondant au chocolat, crème pistache.*

✕✕✕ **Chez Nous,** *22 r. Paris* ℘ *01 34 86 01 62 –* ⌹
fermé dim. soir et lundi sauf fériés – **Repas** 140/240.

PEUGEOT Gar. du Grand Cèdre, 18 av. du Gal.-de-Gaulle ℘ 01 34 86 10 27

MONTGENÈVRE *05100 H.-Alpes* **77** ⑱ *G. Alpes du Sud – 519 h alt. 1850 – Sports d'hiver : 1 860/ 2 700 m ⛟ 2 ⛷ 22 ⚡.*
⛷₉ ℘ *04 92 21 94 23.*
🚩 *Office de Tourisme* ℘ *04 92 21 90 22, Fax 04 92 21 92 45.*
Paris 712 – Briançon 012 – Gap 102 – Lanslebourg-Mont-Cenis 74 – Torino 104.

🏠 **Valérie** ☜, ℘ *04 92 21 90 02, Fax 04 92 21 81 43 –* 🛗 📺 ☎. ⌹. ✀ rest
20 déc.-20 avril – **Repas** 100 (déj.)/130 – ☲ 30 – **18 ch** 450 – ½ P 375/415.

MONTGRÉSIN *60 Oise* **56** ⑪,, **106** ⑧ – *rattaché à Chantilly.*

Les MONTHAIRONS *55 Meuse* **57** ⑪ – *rattaché à Verdun.*

MONTHERMÉ *08800 Ardennes* **53** ⑱ *G. Champagne* **(plan)** *– 2 866 h alt. 180.*
Voir *Roche aux Sept Villages ⩽★★ S : 3 km – Roc de la Tour ⩽★★ E : 3,5 km puis 20 mn – Longue Roche ⩽★★ NO : 2,5 km puis 30 mn – Roche à Sept Heures ⩽★ N : 2 km – Roche de Roma ⩽★ S : 4 km – Les Dames de Meuse★ NO : 5 km – Rocher des Quatre Fils Aymon★ SE : 5 km – E : Vallée de la Semoy★.*
Env. *Roches de Laifour★★ NO : 6 km.*
🚩 *Office de Tourisme 50 r. Etienne Dolet* ℘ *03 24 53 07 46.*
Paris 251 – Charleville-Mézières 18 – Fumay 28.

⚓ **Franco-Belge,** *2 r. Pasteur* ℘ *03 24 53 01 20, Fax 03 24 53 54 49 –* 📺 ☎ 𝐏. ⌹. ✀
fermé 15 déc. au 15 janv., vend. soir du 15 déc. au 30 avril et dim. soir sauf juil.-août – **Repas** 92/290 – ☲ 35 – **16 ch** 245/320 – ½ P 250/280.

PEUGEOT Modern Gar., ℘ 03 24 53 00 46

MONTHIEUX 01390 Ain 🔟 ②, 🔟🔟 ⑤ – 344 h alt. 295.

Paris 443 – Lyon 31 – Bourg-en-Bresse 40 – Meximieux 26 – Villefranche-sur-Saône 23.

🏠 **Le Gouverneur** Ⓜ ﹗, Le Château du Breuil, rte Ambérieux-en-Dombes : 1,5 km par D 82 et D 6 ℘ 04 72 26 42 00, Fax 04 72 26 42 20, ≤, 🍴, parc, « Au milieu d'un golf », 🏊, 🍴 – 🛗 🔟 ☎ 🕭 📳 – 🔏 90. 🖭 ⑩ ⒼⒷ
fermé 15 au 30 déc. – **Repas** *(fermé dim. soir et lundi)* 160/190 – 🖙 55 – **53 ch** 540/590 – ½ P 415.

MONTICELLO 2B H.-Corse 🟨🟨 ⑬ – voir à Corse.

MONTIGNAC 24290 Dordogne 🔟🔟 ⑦ G. Périgord Quercy – 2 938 h alt. 77.

Voir Lascaux II★★ SE : 2,5 km.
Env. Le Thot, espace cro-magnon★ S : 7 km – Église★★ de St-Amand de Coly E : 7 km.
🅱 Syndicat d'Initiative, pl. Bertrand-de-Born ℘ 05 53 51 82 60, Fax 05 53 50 49 72.
Paris 493 – Brive-la-Gaillarde 38 – Périgueux 47 – Sarlat-la-Canéda 25 – Bergerac 89 – Limoges 100.

🏠 **Château de Puy Robert** ﹗, Sud-Ouest : 1,5 km par D 65 ℘ 05 53 51 92 13, Fax 05 53 51 80 11, ≤, parc, « Élégante décoration intérieure », 🏊 – 🛗 🔟 ☎ 📳 – 🔏 30. 🖭 ⑩ ⒼⒷ
1ᵉʳ mai-15 oct. et fermé merc. midi – **Repas** 195/395 et carte 350 à 480, enf. 85 – 🖙 80 – **36 ch** 650/1280, 4 duplex – ½ P 750/1040
Spéc. Esturgeon poêlé, marinade de champignons aux épices douces. Pigeon rôti, foie de canard poêlé au pain d'épice. "Millassou" à la citrouille, crème de lait. **Vins** Bergerac, Cahors.

🏠 **Roseraie** ﹗, pl. d'Armes ℘ 05 53 50 53 92, Fax 05 53 51 02 23, 🍴, « Demeure an-cienne aménagée avec soin », 🏊, 🍴 – 🔟 🔟 ☎. ⒼⒷ
Pâques-1ᵉʳ nov. – **Repas** *(fermé lundi midi)* 80 (déj.), 100/250 – 🖙 45 – **14 ch** 450 – ½ P 350/395.

🏠 **Relais du Soleil d'Or**, r. 4-Septembre ℘ 05 53 51 80 22, Fax 05 53 50 27 54, « Parc », 🏊 – 🔟 🔟 ☎ 📳 – 🔏 40. 🖭 ⒼⒷ
Repas *(fermé dim. soir et lundi hors sais.)* 130/250 – 🖙 55 – **28 ch** 295/405, 4 appart – ½ P 345/395.

RENAULT Gar. Vinette, ℘ 05 53 51 87 16

MONTIGNY 76 S.-Mar. 🟨🟨 ⑥ – rattaché à Rouen.

MONTIGNY-AUX-AMOGNES 58130 Nièvre 🟨🟨 ④ – 498 h alt. 218.

Paris 242 – Château-Chinon 56 – Decize 36 – Nevers 13 – Prémery 19.

❌ **Aub. des Amognes**, ℘ 03 86 58 61 97, 🍴 – 📳. ⒼⒷ
fermé 2 au 9 fév. et lundi – **Repas** 80/184, enf. 60.

MONTIGNY-LA-RESLE 89230 Yonne 🟨🟨 ⑤ – 548 h alt. 155.

Paris 174 – Auxerre 14 – St-Florentin 18 – Tonnerre 34.

🏠 **Soleil d'Or** Ⓜ, ℘ 03 86 41 81 21, Fax 03 86 41 86 88 – 🔟 ☎ 🕭 📳 – 🔏 25. 🖭 ⑩ ⒼⒷ
Repas 79 bc (déj.), 95/325 🍷, enf. 58 – 🖙 35 – **16 ch** 260/295 – ½ P 260.

MONTIGNY-LE-BRETONNEUX 78 Yvelines 🟨🟨 ⑨., 🔟🔟🔟 ㉒ – voir à St-Quentin-en-Yvelines.

MONTIGNY-LE-ROI 52140 H.-Marne 🟨🟨 ⑬ – 2 167 h alt. 404.

Paris 297 – Chaumont 36 – Bourbonne-les-Bains 22 – Langres 24 – Neufchâteau 58 – Vittel 50.

🏠 **Moderne**, ℘ 03 25 90 30 18, Fax 03 25 90 71 80 – 🍴 rest 🔟 ☎ 🕭 🕭 🚐 📳 – 🔏 25. 🖭 ⑩ ⒼⒷ
Repas 86/230 🍷, enf. 45 – 🖙 35 – **26 ch** 250/330 – ½ P 250/270.

PEUGEOT Gar. Flagez, ℘ 03 25 90 30 34 🅽   RENAULT Gar. Rabert, ℘ 03 25 90 31 15 🅽
℘ 03 25 90 71 71   ℘ 03 25 90 37 19

MONTIGNY-LÈS-METZ 57 Moselle 🟨🟨 ⑬ ⑭ – rattaché à Metz.

MONT-L'ÉVÊQUE 60 Oise 🟨🟨 ⑫ – rattaché à Senlis.

MONT-LOUIS 66210 Pyr.-Or. 🎱 ⑱ G. Pyrénées Roussillon – 200 h alt. 1565.

Voir Remparts★.

🛈 Office de Tourisme r. du Marché ℰ 04 68 04 21 97.

Paris 883 – Font-Romeu-Odeillo-Via 9 – Andorra-la-Vella 89 – Carcassonne 121 – Foix 106 – Perpignan 82 – Prades 36.

※ ⚓ **Lou Roubailou** avec ch, ℰ 04 68 04 23 26, Fax 04 68 04 14 09, « Auberge rustique » – ⚌, ⁑
juin-oct., janv.-mi-avril et fermé merc. hors sais. – **Repas** 125/195 – �}} 35 – **14 ch** 160/230 – ½ P 270.

à la Llagonne Nord : 3 km par D 118 – 243 h. alt. 1600 – ⊠ 66210 Mont-Louis :

🏠 **Corrieu** ⌂, ℰ 04 68 04 22 04, Fax 04 68 04 16 63, ≤, ※ – ☎ 🅿. 🗚 ⚌. ⁑ rest
6 juin-27 sept. et 21 déc.-29 mars – **Repas** 92/156 ⅃, enf. 52 – �}} 42 – **28 ch** 162/400 – ½ P 215/315.

PEUGEOT Gar. Giraud, carr. Monument Brousse à la Cabanasse ℰ 04 68 04 20 22 🅽 ℰ 04 68 04 20 22

MONTLOUIS-SUR-LOIRE 37270 I.-et-L. 🔢 ⑮ G. Châteaux de la Loire – 8 309 h alt. 60.

🛈 Office de Tourisme ℰ 02 47 45 00 16, Mairie ℰ 02 47 45 85 85.

Paris 234 – Tours 14 – Amboise 13 – Blois 47 – Château-Renault 34 – Loches 41 – Montrichard 32.

🏠 **de la Ville**, pl. Mairie ℰ 02 47 50 84 84, Fax 02 47 45 08 43, ㄍ – 📺 ☎ 🅿. ⚌
Repas (fermé 20 déc. au 15 janv.) 90/240, enf. 50 – ⊟ 35 – **29 ch** 280/350 – ½ P 205/255.

---

*Die auf den **Michelin-Karten** im Maßstab 1 : 200 000 rot unterstrichenen*
Orte sind in diesem Führer erwähnt.

Nur eine neue Karte gibt Ihnen die aktuellsten Hinweise.

MONTLUÇON ◁◻▷ 03100 Allier 🔢 ⑪ ⑫ G. Auvergne – 44 248 h alt. 220.

Voir Le Vieux Montluçon★ **BCZ** : intérieur★ de l'église St-Pierre (sainte Madeleine★★) **CYZ**, esplanade du château ≤★ – Collection de vielles★ au musée municipal **CZ M**.

🅁 du Val de Cher ℰ 04 70 06 71 15, N : 20 km par N 144.

🛈 Office de Tourisme 1 av. Marx Dormoy ℰ 04 70 05 05 92, Fax 04 70 03 89 91 – A.C. 10 r. Michelet ℰ 04 70 64 70 38.

Paris 330 ① – Moulins 80 ② – Bourges 97 ① – Clermont-Ferrand 110 ① – Limoges 153 ⑤ – Poitiers 205 ⑥.

Plan page ci-contre

🏯 **Domaine Château St-Jean** ⌂, près hippodrome par ③ ℰ 04 70 05 04 65, Fax 04 70 05 97 75, ㄍ, « Belle demeure en bordure d'un parc », ◩ – ⧄ 📺 ☎ 🅿 – ♨ 25 à 100. 🗚 ⚌
Repas 195/320 – ⊟ 60 – **16 ch** 400/590, 4 appart – ½ P 550/750.

🏠 **Ibis** Ⓜ, quai Favières ℰ 04 70 28 48 42, Fax 04 70 28 58 62 – ⧄ ⁘ ▤ rest 📺 ☎ ⅘ 🅿 – ♨ 40. 🗚 ⓞ ⚌
BY b
Repas 95, enf. 39 – ⊟ 35 – **63 ch** 290.

※※※ **Grenier à Sel** avec ch, pl. des Toiles ℰ 04 70 05 53 79, Fax 04 70 05 87 91, ㄍ, « Hôtel particulier du vieux Montluçon », ㄫ – 📺 ☎ 🅿. 🗚 ⓞ ⚌. ⁑ rest
CZ n
fermé dim. soir et lundi sauf juil.-août et fériés – **Repas** 120/380 et carte 260 à 370 – ⊟ 55 – **4 ch** 350/500.

※ ⚓ **Safran d'Or**, 12 pl. des Toiles ℰ 04 70 05 09 18 – 🗚 ⚌
CZ u
fermé dim. soir et lundi – **Repas** 79/168 ⅃, enf. 48.

par ① : 5 km sur N 144 – ⊠ 03410 St-Victor :

🏠 ⚓ **Primevère**, rte Bourges ℰ 04 70 28 88 88, Fax 04 70 28 87 73, ㄍ, ㄫ – ⁘ 📺 ☎ ⚷ ⅘ 🅿 – ♨ 25. 🗚 ⓞ ⚌
Repas 70/110 ⅃, enf. 46 – ⊟ 35 – **42 ch** 230/300.

ALFA ROMEO Gar. Andrieu, 21 r. H.-Berlioz ℰ 04 70 28 41 34
CITROEN Gar. Montluçonnais, r. de Pasquis ZA par r. C.-Desmoulins **AX** ℰ 04 70 08 23 30
FORD Barrat Autom., r. de Pasquis ℰ 04 70 05 68 11
MAZDA, ROVER Gar. Nord Ouest, ZA r. de Pasquis ℰ 04 70 03 09 70
MERCEDES, HONDA Gar. Auvity, 23 à 27 q. Stalingrad ℰ 04 70 29 07 93
OPEL S.I.V.R.A.C., 162 av. Gén.-de-Gaulle ℰ 04 70 28 39 01

PEUGEOT Gar. Bourbonnais, 10 r. P.-Sémard **AX** ℰ 04 70 05 34 37 🅽 ℰ 04 70 05 34 37
RENAULT D.I.A.M., 24 r. Camille Desmoulins ℰ 04 70 08 13 27 🅽 ℰ 04 70 02 40 38
TOYOTA S.A.G.A., q. de Stalingrad ℰ 04 70 28 88 80
VAG Europe Gar., 18 q. Forey ℰ 04 70 05 31 33 🅽 ℰ 04 70 05 39 10

Ⓔ Euromaster, 1 r. de Blanzat ℰ 04 70 03 74 30
Vulco, r. E.-Sue ZI ℰ 04 70 29 64 85

MONTLUÇON

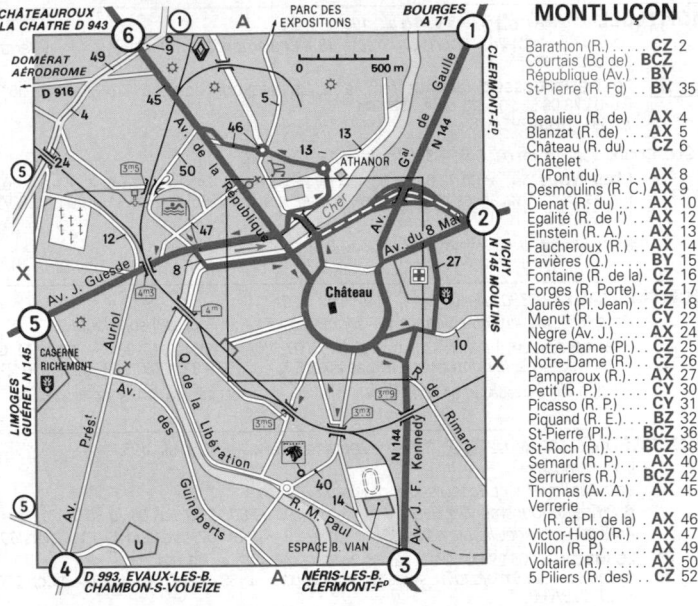

CHÂTEAUROUX
LA CHATRE D 943
PARC DES EXPOSITIONS
BOURGES
A 71
CLERMONT-Fd
DOMÉRAT
AÉRODROME
D 916
0
500 m
ATHANOR
Cher
Av. de la République
Av. du 8 Mai
VICHY
N 145 MOULINS
Château
Av. J. Guesde
Auriol
CASERNE RICHEMONT
LIMOGES
GUÉRET N 145
Q. de la Libération
Av. des Guineberts
Av. Prés!
R. de Rimard
N 144
Av. J. F. Kennedy
R. M. Paul
ESPACE B. VIAN
D 993, EVAUX-LES-B.
CHAMBON-S-VOUEIZE
NÉRIS-LES-B.
CLERMONT-Fd
A
X

B
C
ST-PAUL
CENTRE ST-JACQUES
ATHANOR
Av. de la République
Q. L. Blanc
Q. Ledru Rollin
Quai Forey
R. D. Papin
Pont de St-Jacques
Bd Président Allende
R. des Conches
Av. de Gaulle
Général
R. P. Constans
CHER
Pont St-Pierre
Q. Rouget de Lisle
Carnot
Av. du 8 - Mai
Jardin Prést Wilson
St-Pierre
N.-Dame
Passage du Doyenné
Chau des Ducs de Bourbon
Rue
Pl. de la Comédie
Bd de Courtais
Av. J. Ferry
POL.
Av. Marx Dormoy
R. A. Allier
R. de la Presle
Amaron
R. des Forges
R. Mme-de-Staël
R. St. Jean
Grand
0
200 m
Y
Z

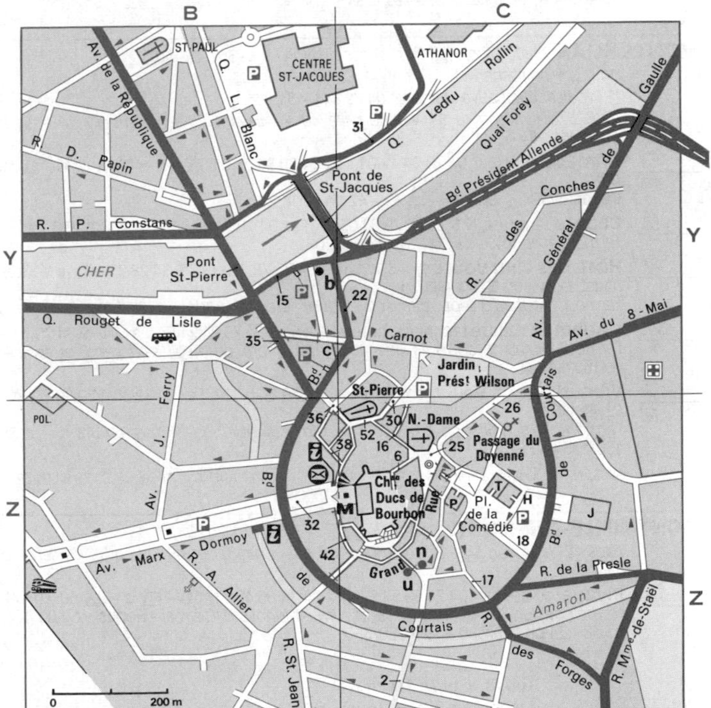

MONTLUEL 01120 Ain **74** ② – 5 954 h alt. 190.

Paris 472 – Lyon 24 – Bourg-en-Bresse 48 – Chalamont 21 – Meximieux 14 – Villefranche-sur-Saône 46.

🏠 **Le Petit Casset** ⌖ sans rest., à La Boisse Sud-Ouest : 2 km ℰ 04 78 06 21 33, Fax 04 78 06 55 20 – 🔟 ☎ 🄿. 🈁. ✀
⌂ 39 – **15 ch** 295/325.

à Ste-Croix Nord : 5 km par D 61 – 365 h. alt. 263 – ✉ 01120 :

🏠🏠 **Chez Nous** ⌖, ℰ 04 78 06 60 60, Fax 04 78 06 63 26, 😊, ✿ – 🔟 ☎ 🕭 🄿 – 🔏 40. 🈁
⌘ **Repas** (fermé vacances de fév., dim. soir et lundi) 78/265 ⌂ – ⌂ 34 – **29 ch** 180/280 – ½ P 225/280.

⑩ Relais Pneus, ZA du Petit Rosait à la Boisse ℰ 04 78 06 41 01

MONTMARAULT 03390 Allier **69** ⑬ – 1 597 h alt. 480.

Paris 350 – Moulins 46 – Gannat 40 – Montluçon 31 – St-Pourçain-sur-Sioule 28.

✕✕ **France** avec ch., 1 r. Marx Dormoy ℰ 04 70 07 60 26, Fax 04 70 07 68 45 – 🔟 ☎ 🄿. 🈁
⌘ fermé vacances de printemps – **Repas** 85/235 ⌂ – ⌂ 36 – **8 ch** 230/260 – ½ P 230/296.

PEUGEOT Gar. Mercadal, ℰ 04 70 07 61 06   RENAULT Gar. Maillard, ℰ 04 70 07 67 97

MONTMÉDY 55600 Meuse **57** ① G. Alsace Lorraine (plan) – 1 943 h alt. 193.

Voir Remparts★.

Env. Basilique★★ et Recevresse★ d'Avioth N : 8 km.

🛈 Office de Tourisme Ville Haute (fév.-nov.) ℰ 03 29 80 15 90, Fax 03 29 80 05 79.

Paris 260 – Charleville-Mézières 68 – Longwy 39 – Metz 102 – Verdun 49 – Vouziers 60.

🏠 **Le Mâdy**, ℰ 03 29 80 10 87, Fax 03 29 80 02 40 – 🔟 ☎. 🈁 🈁
⌘ fermé 3 fév. au 3 mars, dim. soir et lundi – **Repas** 71/168 ⌂, enf. 58 – ⌂ 50 – **11 ch** 250/290 – ½ P 225/300.

PEUGEOT Gar. Bigorgne, ℰ 03 29 80 10 34

MONTMÉLIAN 73800 Savoie **74** ⑯ G. Alpes du Nord – 3 930 h alt. 307.

Voir ✱★ du rocher.

🛈 Syndicat d'Initiative Mairie ℰ 04 79 84 07 31.

Paris 578 – Grenoble 51 – Albertville 40 – Allevard 25 – Chambéry 14 – St-Jean-de-Maurienne 64.

🏠 **Primevère**, N 6 ℰ 04 79 84 12 01, Fax 04 79 84 23 01, 😊 – ✕✕ 🔟 ☎ 🕭 🄿 – 🔏 30. 🈁
⌘ 🈁
Repas 59/104 ⌂, enf. 41 – ⌂ 32 – **42 ch** 260/290.

🏠 **George** sans rest., N 6 ℰ 04 79 84 05 87, Fax 04 79 84 40 14 – ☎ ⌫ 🄿. 🈁. ✀
⌘ fermé mai et nov. – ⌂ 30 – **12 ch** 160/200.

✕✕✕ **Host. des Cinq Voûtes**, N 6 ℰ 04 79 84 05 78, Fax 04 79 84 28 85, 😊, « Voûtes moyenâgeuses » – 🄿. 🈁 🈁 🈁
fermé 17 août au 9 sept., dim. soir et lundi – **Repas** 120 (déj.), 170/260 et carte 280 à 360.

✕✕ **L'Arlequin** (Centre technique hôtelier), N 6 ℰ 04 79 84 21 54, Fax 04 79 84 25 77 – 🄿. 🈁
⌘ fermé 7 juil. au 19 août, 21 déc. au 4 janv., merc. et le soir sauf vend. et sam. – **Repas** 75/160, enf. 45.

✕ **Viboud** avec ch., Vieux Montmélian ℰ 04 79 84 07 24, Fax 04 79 84 44 07 – 🔟 ☎ ⌫ 🄿.
🍴 🈁 🈁
fermé 1er au 10 juil., oct. 1er au 15 janv., dim. soir et lundi – **Repas** 98/148 ⌂ – ⌂ 35 – **8 ch** 160/195 – ½ P 200.

NISSAN Gar. Joguet, à Francin ℰ 04 79 84 23 78   RENAULT Gar. Novel, ℰ 04 79 84 04 52

MONTMERLE-SUR-SAÔNE 01090 Ain **74** ① – 2 596 h alt. 170.

Paris 421 – Mâcon 34 – Bourg-en-Bresse 44 – Chauffailles 49 – Lyon 53 – Villefranche-sur-Saône 13.

🏠🏠 **Rivage**, au pont ℰ 04 74 69 33 92, Fax 04 74 69 49 21, 😊 – 🔟 ☎ – 🔏 30. 🈁 🈁
fermé nov., lundi midi de juin à sept., dim. et lundi d'oct. à mai – **Repas** 100/300 ⌂, enf. 70 – ⌂ 38 – **21 ch** 270/380 – ½ P 330/350.

Repas 70/185	**Repas à prix fixes :** des menus à prix intermédiaires à ceux indiqués sont généralement proposés.

MONTMEYRAN 26120 Drôme 77 ⑫ – 2 360 h alt. 189.
  Paris 577 – Valence 16 – Crest 15 – Romans-sur-Isère 26.

XX **La Vieille Ferme**, Les Dorelons Est : 1,5 km par D 125 ℰ 04 75 59 31 64,
  Fax 04 75 59 49 17, ㄻ, « Intérieur rustique, jardin » – 🅿. 🇬🇧
  fermé 1er au 21 août, dim. soir, lundi soir et mardi – **Repas** (prévenir) 120 (déj.), 175/215.

MONTMIRAIL 84 Vaucluse 81 ⑫ – rattaché à Gigondas.

MONTMOREAU-ST-CYBARD 16190 Charente 75 ③ *G. Poitou Vendée Charentes* – 1 120 h
  alt. 90.
  🛈 Syndicat d'Initiative ℰ 05 45 24 04 07.
  Paris 481 – Angoulême 30 – Bordeaux 98 – Chalais 16 – Périgueux 66.

X **Plaisir d'Automne**, ℰ 05 45 60 39 40, ㄻ – 🇬🇧
  fermé 15 janv. au 1er fév., dim. soir sauf juil.-août et lundi – **Repas** 60 (déj.), 87/182, enf. 35.

  RENAULT Montmoreau Autom., ℰ 05 45 24 02 24

MONTMORENCY 95 Val-d'Oise 55 ⑪,, 101 ⑤ – voir Paris, Environs.

MONTMORT 51270 Marne 56 ⑮ ⑱ *G. Champagne* – 583 h alt. 210.
  Env. Fromentières : retable★★ de l'église SO : 11 km.
  *Paris 124 – Reims 44 – Châlons-en-Champagne 48 – Épernay 19 – Montmirail 25 –
  Sézanne 26.*

🏠 **Cheval Blanc**, ℰ 03 26 59 10 03, Fax 03 26 59 15 88 – 📺 ☎ 🅿. ⑩ 🇬🇧
🆑 **Repas** 78/300 ♫, enf. 50 – ☕ 35 – **19 ch** 160/320 – ½ P 270/320.

  *Découvrez la France avec les guides Verts **Michelin** :
  24 titres illustrés en couleurs.*

MONTOIRE-SUR-LE-LOIR 41800 L.-et-Ch. 64 ⑤ *G. Châteaux de la Loire* (plan) – 4 065 h
  alt. 65.
  Voir Chapelle St-Gilles★ : peintures murales★★ – Pont ⩽★.
  🛈 Syndicat d'Initiative à la Mairie ℰ 02 54 85 00 29.
  *Paris 187 – Le Mans 69 – Blois 44 – Château-Renault 21 – La Flèche 81 – St-Calais 24 –
  Vendôme 20.*

XX **Cheval Rouge** avec ch, pl. Foch ℰ 02 54 85 07 05, Fax 02 54 85 17 42 – 📺 ☎ 🅺 🖛. 🅰🅴
  🇬🇧
  fermé 15 au 30 nov., 5 au 23 fév., mardi soir et merc. sauf juil.-août – **Repas** (dim. prévenir)
  89 (déj.), 126/240, enf. 48 – ☕ 30 – **15 ch** 158/260 – ½ P 218/263.

  PEUGEOT Gar. Hervio, ℰ 02 54 85 02 40 🅽 ℰ 02 54 85 02 40

MONTORY 64470 Pyr.-Atl. 85 ⑤ – 379 h alt. 350.
  Paris 821 – Pau 58 – Mauléon-Licharre 18 – Oloron-Ste-Marie 23 – St-Jean-Pied-de-Port 57.

🏠 **Aub. de l'Étable**, ℰ 05 59 28 56 34, Fax 05 59 28 70 07, 🛂 – ☎ 🅺 ᬏ 🅿. 🅰🅴 ⑩ 🇬🇧
🆑 *fermé 18 au 26 déc.* – **Repas** 78/195 – ☕ 29 – **29 ch** 230/250 – ½ P 270.

MONTPELLIER 🅿 34000 Hérault 83 ⑦ *G. Gorges du Tarn* – 207 996 h Agglo. 248 303 h alt. 27.
  Voir Vieux Montpellier★★ : hôtel de Varennes★ FY M1, hôtel des Trésoriers de la Bourse★
  FY X, rue de l'Ancien Courrier★ EFY 4 – Promenade du Peyrou★★ : ⩽★ de la terrasse
  supérieure AU – Quartier Antigone★ – Musée Fabre★★ FY – Musée Atger★ (dans la faculté
  de médecine)★ EX – Musée languedocien★ (dans l'hôtel des trésoriers de France) FY M² –
  Château de Flaugergues★ E : 3 km.
  Env. Parc zoologique de Lunaret★ 6 km par av. Bouisson-Bertrand ABT – Château de la
  Mogère★ E : 5 km par D 24 DU.
  🛅 de Coulondres ℰ 04 67 84 13 75, 12 km par ⑦ ; 🛅🛅 de Fontcaude à Juvignac ℰ 04 67
  03 34 30, 9 km par ⑥ ; 🛅 de Massane à Baillargues ℰ 04 67 87 87 87, 13 km par ①.
  ᖛ de Montpellier-Méditerranée ℰ 04 67 20 85 00 SE par ③ : 7 km.
  🛈 Office de Tourisme Triangle Comédie, allée du Tourisme ℰ 04 67 58 67 58, Fax 04 67 58 67
  59 et 78 av. du Pirée ℰ 04 67 22 06 16, Fax 04 67 22 38 10 Annexes : gare SNCF r. J.-Ferry
  (15/6-15/9) ℰ 04 67 92 90 03, Rond-point des Prés d'Arènes ℰ 04 67 22 08 80 –
  Automobile-Club Hérault-Aveyron 3 r. Maguelone ℰ 04 67 58 44 12.
  Paris 758 ② – Marseille 171 ② – Nice 328 ② – Nîmes 52 ② – Toulouse 243 ⑤.

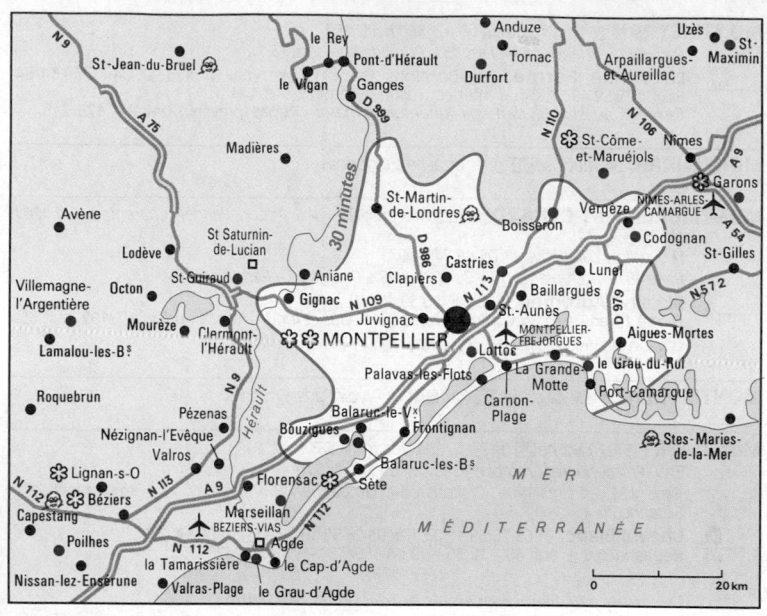

Alliance-Métropole, 3 r. Clos René ℘ 04 67 58 11 22, Fax 04 67 92 13 02, 🍴 – 🛗
🖥 📺 ☎ ✆ 🅿 ⇔ – 🕍 60. 🖭 ⓞ 🆖 🗔
Repas *(fermé week-ends)* 98/145 – 🍽 70 – **77 ch** 590, 4 appart.　FZ a

Sofitel Antigone 🅜 sans rest, 1 r. Pertuisanes ℘ 04 67 99 72 72, Fax 04 67 65 17 50,
« Piscine sur le toit » – 🛗 ✝ 🖥 📺 ☎ ✆ 🕻 – 🕍 130. 🖭 ⓞ 🆖
🍽 85 – **89 ch** 725/925.　CU v

Astron Méditerranée 🅜 sans rest, 45 av. Pirée ℘ 04 67 20 57 57, Fax 04 67 20 58 58,
🏋 – 🛗 ✝ 🖥 📺 ☎ ✆ 🕻 ⇔ 🅿. 🖭 ⓞ 🆖
🍽 75 – **23 ch** 405/575, 115 appart.　DU t

Mercure 🅜, 285 bd de l'Aéroport International ℘ 04 67 20 63 63, Fax 04 67 20 63 64, 🍴
– 🛗 ✝ 🖥 📺 ☎ ✆ 🕻 ⇔ – 🕍 80. 🖭 ⓞ 🆖
Repas *(fermé sam. et dim. et fériés)* 140 ⅄, enf. 45 – 🍽 57 – **108 ch** 390/460, 6 appart.　DU k

La Maison Blanche 🅜, 1796 av. Pompignane ℘ 04 67 79 60 25, Fax 04 67 79 53 39, 🍴,
🌳 – 🗉 ch 📺 ☎ ✆ 🅿. – 🕍 30. 🖭 ⓞ 🆖 ⚡ rest
Repas *(fermé lundi midi et dim.)* 95 (déj.)/150 – 🍽 50 – **38 ch** 330/440.　DT r

Parc sans rest, 8 r. A. Bège ℘ 04 67 41 16 49, Fax 04 67 54 10 05 – 🖥 📺 ☎ 🅿. 🖭 🆖
🍽 40 – **19 ch** 220/360.　BT k

Guilhem ⚘ sans rest, 18 r. J.-J. Rousseau ℘ 04 67 52 90 90, Fax 04 67 60 67 67 – 🛗 📺 ☎
✆. 🖭 ⓞ 🆖
🍽 49 – **33 ch** 390/650.　EY a

Palais sans rest, 3 r. Palais ℘ 04 67 60 47 38, Fax 04 67 60 40 23 – 🛗 📺 ☎. 🆖　EY m
🍽 45 – **26 ch** 260/380.

Les Troënes sans rest, 17 av. Émile Bertin Sans par av. Bouisson Bertrand **AT**
℘ 04 67 04 07 76, Fax 04 67 61 04 45 – 🖥 📺 ☎ 🅿. 🆖
🍽 34 – **14 ch** 255/305.

Ulysse sans rest, 338 av. St Maur ℘ 04 67 02 02 30, Fax 04 67 02 16 50 – ✝ 📺 ☎ ⇔. 🖭
ⓞ 🆖　CT f
🍽 40 – **27 ch** 260/330.

Jardin des Sens (Pourcel) 🅜 avec ch, 11 av. St-Lazare ℘ 04 67 79 63 38,
Fax 04 67 72 13 05, 🍴, « Élégant décor contemporain » – 🖥 rest 🅿. 🖭 🆖 🗔　CT e
Repas *(fermé dim.)* (nombre de couverts limité, prévenir) 190 (déj.), 320/530 et carte 380 à
550 – 🍽 90 – **13 ch** 650/1200
Spéc. Petits encornets farcis. Filet de turbot aux pieds de porc. Foie gras poêlé au banyuls.
Vins Coteaux du Languedoc, Corbières.

XXX **Le Chandelier,** 267 r. L. Blum (6e étage) 🕾 04 67 15 34 38, Fax 04 67 15 34 33, ≤, « Restaurant panoramique sous une coupole » – 🛗 🖫 **P.** AE ⓞ GB   CU s
      fermé lundi midi et dim. – **Repas** 160 (déj.), 270/380 et carte 300 à 450.

XX   **Le Cercle des Anges,** 3 r. Collot 🕾 04 67 66 35 13, Fax 04 67 66 35 27, 🌴 – AE ⓞ GB
      fermé lundi midi et dim. – **Repas** 110 (déj.), 225/300 et carte 220 à 300.   FY b

XX   **Le Petit Jardin,** 20 r. J.-J. Rousseau 🕾 04 67 60 78 78, Fax 04 67 66 16 79, 🌴,
      « Agréable terrasse ombragée » – 🖫 GB   EY a
      fermé janv. et lundi du 1er oct. au 30 avril – **Repas** 80 (déj.), 110/160 ⅃.

XX   **Castel Ronceray,** 130 r. Castel Ronceray par ⑤ ⊠ 34070 🕾 04 67 42 46 30,
      Fax 04 67 27 41 96, 🌴 – 🖫. AE GB
      fermé août, vacances de fév., lundi soir et dim. – **Repas** 130 (déj.), 165/220.

XX   **L'Olivier** (Breton), 12 r. A. Ollivier 🕾 04 67 92 86 28 – 🖬. AE ⓞ GB. ✽   FZ u
❀   *fermé août, dim., lundi et fériés* – **Repas** (prévenir) 160/198 et carte 250 à 330
      Spéc. Millefeuille de sardines, petits légumes en ratatouille et tapenade (été). Tarte renversée de pommes de terre au foie gras. Saint-Jacques aux cèpes (hiver). **Vins** Coteaux du Languedoc.

XX   **Maison de la Lozère,** 27 r. Aiguillerie 🕾 04 67 66 36 10, Fax 04 67 60 33 22, 🌴, « Salle voûtée du 13e siècle » – 🖬. AE GB   FY d
      fermé 4 au 24 août, lundi midi et dim. – **Repas** 125 (déj.), 150/275.

X   **Le Louvre,** 2 r. Vieille 🕾 04 67 60 59 37, 🌴 – 🖬. AE ⓞ GB   FY q
      fermé sam. midi du 1er juin au 14 sept., lundi sauf le soir du 1er juin au 14 sept. et dim. –
      Repas 150 ⅃.

Le Millénaire *par ② : 1 km* – ⊠ *34000 Montpellier :*

🏛   **Campanile,** 🕾 04 67 64 85 85, Fax 04 67 22 19 25, 🌴 – 🛗 ⅍ 🖬 rest 📺 ☎ ✆ 👶 🖫 –
⇔   🔬 25. AE ⓞ GB
      Repas 84 bc/107 bc, enf. 39 – ⊏ 32 – **82 ch** 278.

rte de Carnon-Pérols *par ③ : 6 km* – ⊠ *34470 Pérols :*

🏛   **Eurotel,** ZAC Le Fenouillet 🕾 04 67 50 27 27, Fax 04 67 50 23 27, 🌴, ⅃ – 🛗 🖬 📺 👶 🖫
⇔   – 🔬 70. AE ⓞ GB
      Repas 72/159 ⅃, enf. 32 – ⊏ 30 – **42 ch** 300/350 – ½ P 230/270.

à l'échangeur A9-Montpellier-sud *par ④ : 2 km* – ⊠ *34000 Montpellier :*

🏛🏛 **Novotel,** 125 bis av. Palavas 🕾 04 67 64 04 04, Fax 04 67 65 40 88, 🌴, ⅃ – 🛗 ⅍ 🖬 📺
      ☎ 👶 🖫 – 🔬 100. AE ⓞ GB
      Repas 100 ⅃, enf. 50 – ⊏ 52 – **162 ch** 440/480.

à Lattes *par ④ : 5 km – 10 203 h. alt. 3* – ⊠ *34970 :*

XXX **Domaine de Soriech,** dans Z.A.C. Soriech, près rd-pt D 189 et D 21, face Castorama
      🕾 04 67 15 19 15, Fax 04 67 15 58 21, 🌴, « Parc » – 🖬 🖫. AE GB. ✽
      fermé vacances de fév., dim. soir et lundi soir – **Repas** 175 (déj.), 230/395 et carte 350 à 420.

XXX **Le Mazerand,** rte Fréjorgues CD 172 🕾 04 67 64 82 10, Fax 04 67 20 10 73, 🌴, « Terrasses ombragées ouvrant sur le parc » – 🖬 🖫. AE ⓞ GB
      fermé sam. midi et lundi – **Repas** 165/320 et carte 230 à 350.

par ⑤ et N 112 : 6 km – ⊠ *34430 St-Jean-de-Vedas :*

🏛🏛 **Yan's,** Parc St Jean 🕾 04 67 47 07 45, Fax 04 67 47 16 90, 🌴, ⅃ – 🖬 📺 ☎ 🖫 – 🔬 30. AE
      GB
      Repas (*fermé 23 déc. au 2 janv., sam. midi et dim.*) 88/145 ⅃ – ⊏ 35 – **40 ch** 315/360 –
      ½ P 255.

par ⑥ rte de Lodève : 5 km – ⊠ *34080 Montpellier :*

🏛   **Abélia** sans rest, 70 rte Lodève 🕾 04 67 03 17 77, Fax 04 67 03 28 19 – 📺 ☎ 🖫. GB
      fermé dim. d'oct. à fin avril – ⊏ 38 – **12 ch** 215/285.

à Juvignac *par ⑥, rte de Millau : 6 km – 4 221 h. alt. 32* – ⊠ *34990 :*

🏛🏛 **Golf H. de Fontcaude** Ⓜ ⌂, au golf international, Nord-Ouest : 3 km
      🕾 04 67 03 34 10, Fax 04 67 03 34 51, ≤, 🌴 – 🛗 🖬 📺 ☎ 👶 🖫 – 🔬 40. AE ⓞ GB
      Repas 89/120 ⅃ – ⊏ 50 – **46 ch** 360/550 – ½ P 395/450.

à Clapiers *par ⑦ et D 65 : 8 km – 3 478 h. alt. 25* – ⊠ *34830 :*

🏛🏛 **Les Pins** Ⓜ ⌂, chemin Romarins 🕾 04 67 59 33 00, Fax 04 67 59 33 99, ≤, 🌴, « Dans une pinède », 🎪, ⅃, ✽ – 🛗 cuisinette 🖬 rest 📺 ☎ 🖫 – 🔬 80. AE GB
      1er mars au 15 nov. – **Repas** (en juil.-août dîner seul. pour résidents seul.) 100/190 ⅃ – ⊏ 40
      – **69 ch** 450 – ½ P 370.

au Nord *: 5 km par r. Proudhon BT et D 17* – ⊠ *34980 Montferrier-sur-Lez :*

🏛   **Heliotel,** rte de Mende, rd-pt Agropolis 🕾 04 67 41 54 00, Fax 04 67 41 54 54, 🌴 – cuisinette 🖬 📺 ☎ 🖫 – 🔬 40. AE GB
⇔   **Repas** 67/120 ⅃, enf. 44 – ⊏ 35 – **49 ch** 270/290 – ½ P 240.

      MICHELIN, Agence, 120 av. M.-Dassault à Castelnau-le-Lez par ① 🕾 04 67 79 50 79

MONTPELLIER

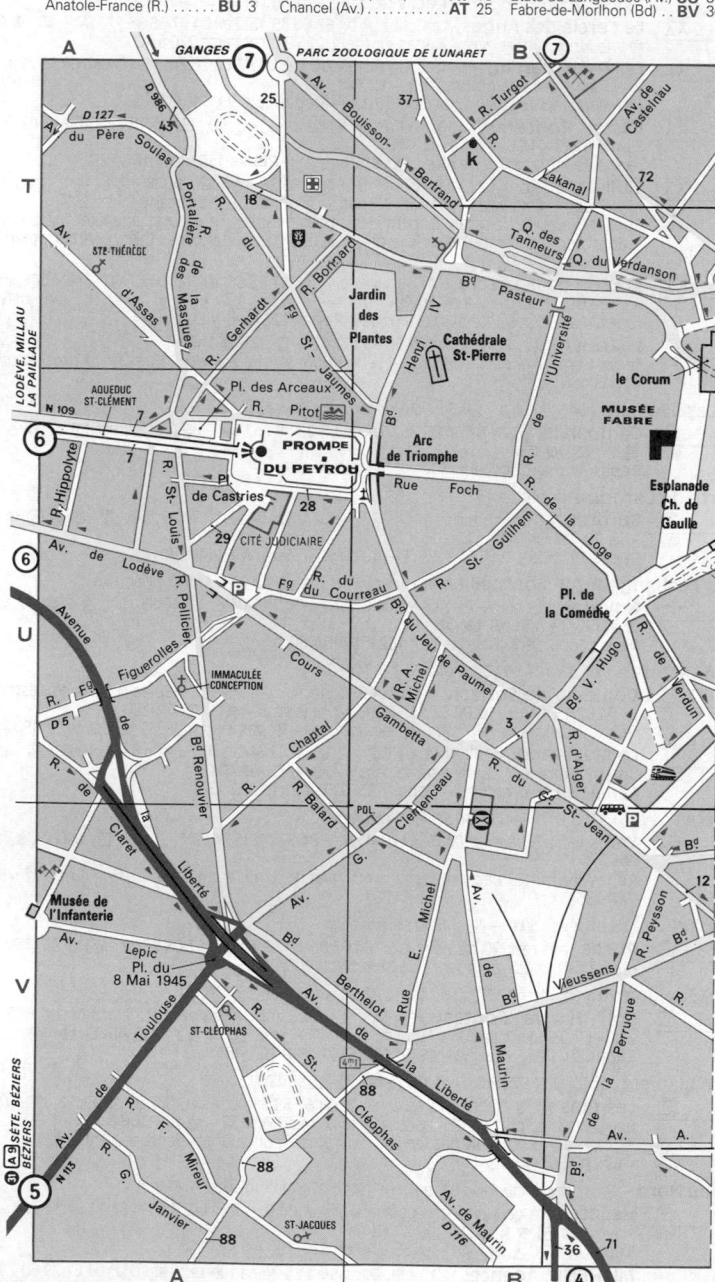

781

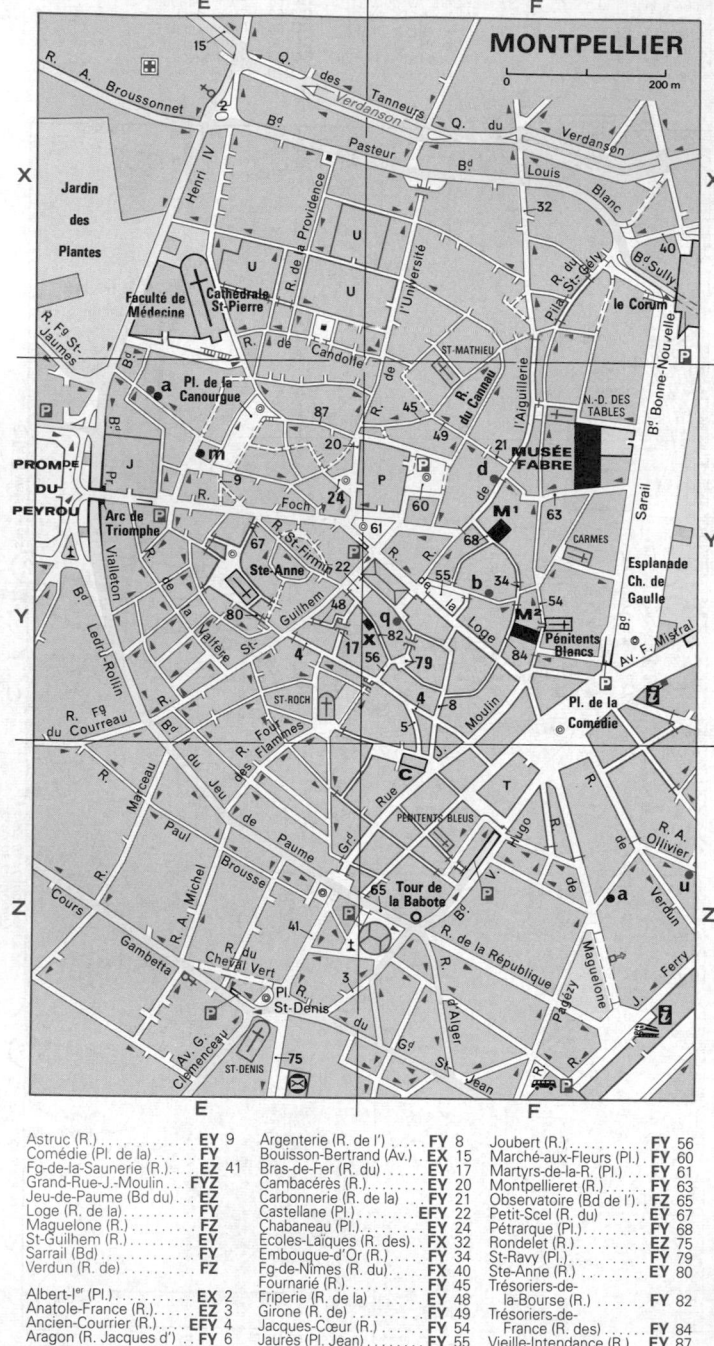

MONTPELLIER

0   200 m

ALFA ROMEO SODAM, ZI av. du Mas d'Argelliers
℘ 04 67 06 13 13
BMW Auto Méditerranée, ZI 361 r. Industrie
℘ 04 67 92 97 29
CITROEN Succursale, 730-838 av. des prés d'arènes
par ④ ℘ 04 67 12 67 67 **N** ℘ 04 67 22 06 17
FIAT SODAM, 1532 av. des Platanes à Lattes
℘ 04 67 65 78 80
FORD Fenouillet Autom., ZC Fenouillet rte de
Carnon à Pérols ℘ 04 67 50 34 20
FORD Gar. Imbert, rte de Sète à St-Jean-de-Védas
℘ 04 67 07 08 50 **N** ℘ 04 67 92 22 18
MERCEDES SODIRA, ZA de l'Aube Rouge à
Castelnau-le-Lez ℘ 04 67 79 40 50 **N**
℘ 03 23 72 11 08
MITSUBISHI, PORSCHE Gar. Mourier, ZI av.
Mas-d'Argelliers ℘ 04 67 06 13 13
NISSAN A.B.C. Auto, 55 rte de Béziers à St-Jean-
de-Védas ℘ 04 67 27 55 46
NISSAN Gar. Clémenceau, r. Montels L'Eglise à
Lattes ℘ 04 67 92 95 47
OPEL France Auto, 56 av. du Marché-Gare
℘ 04 67 06 80 80
OPEL France Auto, Parc de l'Aube Rouge à
Castelnau-le-Lez ℘ 04 67 72 20 40
PEUGEOT Gar. de l'Hérault, 905 r. Industrie par ④
℘ 04 67 06 25 25 **N** ℘ 08 00 44 24 24

RENAULT Paillade Autos, av. de l'Europe par ⑥
℘ 04 67 84 74 74 **N** ℘ 04 67 84 74 74
RENAULT Succursale, 700 r. de l'Industrie, ZI par
av. des Prés d'Arènes BV ℘ 04 67 07 87 87 **N**
℘ 04 67 04 95 12
TOYOTA P.H.F. Auto, 1678 av. de Toulouse
℘ 04 67 27 23 62
TOYOTA P.H.F. Auto, 500 av. de l'Europe à
Castelnau-le-Lez ℘ 04 67 79 44 76
VAG Cerf Autom., Rd-Pt Rieucoulon à St-Jean-
de Védas ℘ 04 67 07 83 83 **N** ℘ 04 67 92 22 18
VAG Cerf Autom., 145 rte de Nîmes au Crès
℘ 04 67 70 50 00 **N** ℘ 08 00 00 24 24

⑩ Ayme Pneus, 49 av. de Toulouse
℘ 04 67 42 82 25
Ayme Pneus, 210 rte de Nîmes au Crés
℘ 04 67 70 80 01
Ayme Pneus, av. Mas-d'Argelliers ZI
℘ 04 67 92 72 62
Euromaster, ZI av. Mas-d'Argelliers
℘ 04 67 92 05 93
Mendez Pneus, 18 r. St-Louis ℘ 04 67 58 54 50
Vulco, 685 r. Industrie ℘ 04 67 92 00 30

Ne prenez pas la route sans connaître votre temps de parcours.
*La **carte Michelin** n° 🟥🟥🟥 c'est "la carte du temps gagné".*

MONTPON-MÉNESTEROL 24700 Dordogne 🟥🟥 ③ ⑬ – 5 481 h alt. 93.
Paris 537 – Bergerac 41 – Libourne 39 – Périgueux 57 – Ste-Foy-la-Grande 24.

à Ménesterol Nord : 1 km par D 708, D 730 et D 3^{E1} – ⊠ 24700 Montpon-Ménesterol :

🍴🍴 **Aub. de l'Éclade,** ℘ 05 53 80 28 64, Fax 05 53 80 50 07, 🌦 – 🍽, **GB**
🍴 fermé 22 sept. au 8 oct., 23 fév. au 11 mars, mardi soir et merc. – **Repas** 70 (déj.), 120/220.

CITROEN Montpon Autom., 1 av. G.-Pompidou   ⑩ Sce du Pneu-Point S, 74 rte de Bordeaux
℘ 05 53 80 31 00   ℘ 05 53 80 37 21
PEUGEOT Gar. Bonnet, 51 av. J. Moulin
℘ 05 53 80 33 57

MONTRÉAL 32250 Gers 🟥🟥 ⑬ G. Pyrénées Aquitaine – 1 221 h alt. 131.
Paris 730 – Agen 57 – Auch 58 – Condom 16 – Mont-de-Marsan 66 – Nérac 27.

🍴 **Gare** ⌛ avec ch, Sud : 3 km par rte Eauze ℘ 05 62 29 43 37, Fax 05 62 29 49 82, 🌦,
🍴 ancienne gare au décor 1900, 🚗 – 🕾 📮, 🖭 **GB**, 🛇 ch
fermé 15 au 31 janv., 15 au 31 janv., jeudi soir sauf juil.-août et vend. – **Repas** 68/210, enf. 40
– ⊡ 30 – **5 ch** 190 – 1/2 P 180.

🍴 **Chez Simone,** face église ℘ 05 62 29 44 40, Fax 05 62 29 49 94 – 🖭 ⑩ **GB**
🍴 fermé dim. soir et lundi – **Repas** 70/160 ♨.

MONTREDON 11 Aude 🟥🟥 ⑪ – rattaché à Carcassonne.

MONTRÉJEAU 31210 H.-Gar. 🟥🟥 ⑳ G. Pyrénées Aquitaine – 2 857 h alt. 468.
Voir ≤★.
🅱 Office de Tourisme pl. V.-Abeille ℘ 05 61 95 80 22, annexe : Mairie ℘ 05 61 95 84 17.
Paris 801 – Bagnères-de-Luchon 38 – Auch 78 – Lannemezan 17 – St-Gaudens 14 –
Toulouse 107.

🏠 **Lecler,** av. St-Gaudens ℘ 05 61 95 80 43, Fax 05 61 95 45 78, ≤ Pyrénées – 🖭 🕾 ⌛. **GB**
🍴 fermé nov. – **Repas** (fermé dim. soir et lundi midi d'oct. à Pâques sauf vacances scolaires)
67/155 – ⊡ 30 – **19 ch** 110/280 – 1/2 P 185/245.

MONTREUIL ⟨SP⟩ 62170 P.-de-C. 🟥🟥 ⑫ G. Flandres Artois Picardie **(plan)** – 2 450 h alt. 54.
Voir Site★ – Citadelle★ : ≤★★ – Remparts★ – Mobilier★ de la chapelle de l'Hôtel-Dieu –
Église St-Saulve★.
🅱 Office de Tourisme, pl. Darnétal ℘ 03 21 06 04 27.
Paris 219 – Calais 72 – Abbeville 43 – Arras 80 – Boulogne-sur-Mer 37 – Lille 117 –
St-Omer 55.

🏰 **Château de Montreuil** (Germain) 🍷, chaussée Capucins 🕿 03 21 81 53 04,
🎄 Fax 03 21 81 36 43, 🌿, « Belle demeure dans un parc » – 📺 🕿 🚗 🅿 🅰🅴 ⓞ 🇬🇧
    fermé 14 déc. au 7 fév., juil. sauf de juin à sept. et jeudi midi – **Repas** 200 (déj.), 300/400 –
    🍽 70 – **14 ch** 750/900 – ½ P 770/820
    Spéc. Foie gras de canard poêlé au chou rouge (oct. à mars). Grouse d'Écosse, fondue
    d'échalotes (mi-août à fin oct.). Turbot rôti aux baies de genièvre.

✕ **Le Darnetal** avec ch, pl. Darnetal 🕿 03 21 06 04 87, Fax 03 21 86 64 67 – 🅰🅴 ⓞ 🇬🇧
  🍴 ch
    fermé 24 juin au 10 juil., 20 au 27 déc., lundi soir sauf juil.-août et mardi – **Repas** 100/200 🍷
    – 🍽 30 – **4 ch** 220/330.

à La Madelaine-sous-Montreuil *Ouest : 2,5 km par D 917 et D 139 – 147 h. alt. 7 –* ✉ *62170*
    Madelaine-sous-Montreuil :

✕✕✕ **Aub. La Grenouillère** (Gauthier) 🍷 avec ch, 🕿 03 21 06 07 22, Fax 03 21 86 36 36, 🌿 –
🎄 🕿 🅿 🅰🅴 ⓞ 🇬🇧
    fermé 15 au 26 déc., janv., mardi et merc. de sept. à juin – **Repas** 150/400 et carte 290 à 430
    – 🍽 50 – **4 ch** 380/450
    Spéc. Cuisses de grenouilles à l'ail et au persil frit. Agneau de pré-salé de la baie de Somme
    (juin à déc.) . Crêpes Suzette.

à Attin *Nord-Ouest : 5 km par N 39 – 560 h. alt. 11 –* ✉ *62170 :*

✕✕ **Bon Accueil,** 🕿 03 21 06 04 21 – 🍽. 🇬🇧
    fermé 18 août au 8 sept., vacances de fév., merc. hors sais., dim. soir et lundi – **Repas**
    88 bc/170 bc, enf. 46.

au Moulinel *Ouest : 9 km par D 139 –* ✉ *62170 St-Josse :*

✕ **Aub. du Moulinel,** 116 chaussée Avant-Pays 🕿 03 21 94 79 03 – 🅿. 🇬🇧
    fermé 8 au 23 déc., 27 fév. au 8 mars, lundi et mardi sauf le soir en juil.-août – **Repas**
    95 (déj.)/150, enf. 50.

    ⑩ Pneus Lagrange, à St-Justin 🕿 03 21 06 09 97

MONTREUIL *93 Seine-St-Denis* 🗺 ⑪., **101** ⑰ – *voir à Paris, Environs.*

MONTREUIL-BELLAY *49260 M.-et-L.* 🗺 ⑧ *G. Châteaux de la Loire* (plan) – *4 041 h alt. 50.*
    Voir *Château★★ – Site★.*
    🅱 *Office de Tourisme, pl. de la Concorde (avril-sept.)* 🕿 *02 41 52 32 39, Fax 02 41 52 32 35.*
    Paris 326 – Angers 49 – Châtellerault 71 – Chinon 40 – Cholet 60 – Poitiers 81 – Saumur 17.

🏨 **Splendid,** r. Dr Gaudrez 🕿 02 41 53 10 00, Fax 02 41 52 45 17 – 📺 🕿 🅿. 🇬🇧
🍴 **Repas** *(fermé dim. soir du 15 oct. à Pâques)* 75/210 🍷, enf. 40 – 🍽 35 – **22 ch** 150/280 –
    ½ P 210/280.
    Annexe Relais du Bellay 🏨🏨 sans rest,, 🔲, 🌿 – 🛗 📺 🕿 🕭 🅿. 🇬🇧
    🍽 45 – **43 ch** 260/400.

MONTREUIL-L'ARGILLÉ *27390 Eure* 🗺 ⑭ – *706 h alt. 170.*
    Paris 155 – L'Aigle 26 – Argentan 50 – Bernay 22 – Évreux 56 – Lisieux 34 – Vimoutiers 28.

✕ **Aub. de la Truite,** 🕿 02 32 44 50 47, Fax 02 32 44 00 66, « Collection d'orgues de Bar-
🍴 barie » – 🇬🇧
    fermé 15 janv. au 15 fév., mardi soir et merc. – **Repas** 85/200, enf. 50.

MONTREVEL-EN-BRESSE *01340 Ain* 🗺 ⑫ – *1 973 h alt. 215.*
    Paris 396 – Mâcon 24 – Bourg-en-Bresse 18 – Pont-de-Vaux 22 – St-Amour 24 – Tournus 35.

✕✕ **Léa** (Monnier), 🕿 04 74 30 80 84, Fax 04 74 30 85 66 – 🇬🇧
🎄 *fermé 26 juin au 11 juil., 23 déc. au 10 janv., dim. soir et merc.* – **Repas** (nombre de couverts
    limité, prévenir) 150/340 et carte 250 à 330
    Spéc. Gâteau de foies de volaille. Nage de Saint-Jacques aux petits légumes (oct. à avril).
    Suprême de volaille à la crème et aux morilles. **Vins** Seyssel, Montagnieu.

✕ **Le Comptoir,** 🕿 04 74 25 45 53 – 🍽. 🇬🇧
    fermé 26/06 au 11/07, 23/12 au 15/01, mardi soir hors sais., dim. midi en juil.-août et merc.
    sauf le soir en sais – **Repas** 70 (déj.), 90/150 🍷.

rte de Bourg-en-Bresse *Sud : 2 km sur D 975 –* ✉ *01340 Montrevel-en-Bresse :*

🏨 **Le Pillebois** 🅼, 🕿 04 74 25 48 44, Fax 04 74 25 48 79, 🌿, 🔲, 🌿 – 📺 🕿 🕭 🕃 🅿. –
  🍴 30. 🅰🅴 🇬🇧
    fermé 18 janv. au 1er fév., dim. soir d'oct. à avril – **L'Aventure** *(fermé dim. soir et lundi)*
    Repas 89(déj.), 132/235 🍷, enf. 59 – 🍽 35 – **30 ch** 240/290 – ½ P 255/355.

    CITROËN Gar. Berret, 🕿 04 74 30 80 06   PEUGEOT Gar. Petit, 🕿 04 74 30 82 22
    FIAT, LANCIA Gar. Roux, 🕿 04 74 25 45 46

MONTRICHARD 41400 L.-et-Ch. 🔠 ⑯ ⑰ G. Châteaux de la Loire – 3 786 h alt. 62.

Voir Donjon★ : ※★★.

🛈 Office de Tourisme 1 r. du Pont (Rameaux-sept.) ℘ 02 54 32 05 10, Fax 02 54 32 28 80.

Paris 218 – Tours 42 – Blois 36 – Châteauroux 85 – Châtellerault 95 – Loches 33 – Vierzon 73.

🏯 **Château de la Menaudière** ⌕, Nord Ouest : 2,5 km par rte Amboise D 115 ℘ 02 54 71 23 45, Fax 02 54 71 34 58, ≤, 斎, parc, ⚡, ※ – 📺 ☎ 📞 📂 – 🔥 25. 🅰🅴 ① 🅶🅱
fermé 4 janv. au 1ᵉʳ mars – **Repas** (fermé dim. soir et lundi d'oct. à avril) 90 (déj.), 190/290, enf. 60 – 😑 58 – **25 ch** 500/650 – ½ P 475/665.

🏠 **Tête Noire,** 24 r. Tours ℘ 02 54 32 05 55, Fax 02 54 32 78 37 – 📺 📞 📂
fermé 5 janv. au 2 fév. – **Repas** 96/260, enf. 55 – 😑 36 – **36 ch** 200/330 – ½ P 280/345.

🏠 **Croix Blanche** sans rest, 64 r. Nationale ℘ 02 54 32 30 87, Fax 02 54 32 48 06 – 📺 ☎. 🅰🅴 ① 🅶🅱 🆓
20 mars-12 nov. – 😑 30 – **19 ch** 175/275.

à Chissay en Touraine Ouest : 4 km par D 176 – 871 h. alt. 63 – ✉ 41400 :

🏯 **Château de Chissay** ⌕, ℘ 02 54 32 32 01, Fax 02 54 32 43 80, ≤, 斎, « Château du 15ᵉ siècle, parc, ⚡ » – 📱 ☎ 📂 – 🔥 30 à 100. 🅰🅴 ① 🅶🅱, ※ rest
15 mars-15 nov. – **Repas** 160 (déj.), 185/295 – 😑 65 – **24 ch** 390/820, 7 appart – ½ P 490/640.

PEUGEOT Gar. Ferrand, ℘ 02 54 32 00 61

MONTRICOUX 82800 T.-et-G. 🔠 ⑱ ⑲ G. Périgord Quercy – 909 h alt. 113.

Voir Bruniquel : site★, vieux bourg★, château ≤★ SE : 5 km.

🛈 Syndicat d'Initiative pl. Porte Basse ℘ 05 63 67 21 80.

Paris 632 – Cahors 50 – Gaillac 38 – Montauban 24 – Villefranche-de-Rouergue 58.

🎭 **Les Gorges de l'Aveyron,** Le Bugarel ℘ 05 63 24 50 50, Fax 05 63 24 50 52, 斎, « Parc surplombant l'Aveyron » – 📂. 🅶🅱
fermé fév. et lundi d'oct. à Pâques – **Repas** 148/250 et carte 260 à 370.

Une réservation confirmée par écrit est toujours plus sûre.

MONTROC-LE-PLANET 74 H.-Savoie 🔠 ⑨ – rattaché à Argentière.

MONTROND-LES-BAINS 42210 Loire 🔠 ⑱ G. Vallée du Rhône – 3 627 h alt. 356 – Stat. therm. (mars-nov.) – Casino –

🏌 du Forez ℘ 04 77 30 86 85 à Craintilleux, S : 12 km par N 82 et D 16.

🛈 Syndicat d'Initiative 1 r. des Ecoles ℘ 04 77 94 64 74.

Paris 498 – St-Étienne 31 – Lyon 61 – Montbrison 15 – Roanne 58 – Thiers 81.

🏯 **Host. La Poularde** (Etéocle), ℘ 04 77 54 40 06, Fax 04 77 54 53 14 – 🍽 📺 ☎ 🚗 –
🕸🕸 🔥 30. 🅰🅴 ① 🅶🅱 🆓
fermé 2 au 16 janv., mardi midi et lundi sauf fériés – **Repas** (dim. prévenir) 220/580 et carte 450 à 700 – 😑 80 – **11 ch** 340/560, 3 duplex
Spéc. Ecrevisses et huîtres sautées, fleurette ambrée au corail d'oursins. Pigeonneau du Forez en vessie. Surprise aztèque au chocolat. **Vins** Condrieu, Saint-Joseph.

🏠 **Motel du Forez** sans rest, 37 rte Roanne ℘ 04 77 54 42 28, Fax 04 77 94 66 58 – 📺 ☎ 📞 📂 🅰🅴 ① 🅶🅱 🆓
😑 30 – **18 ch** 240/280.

🏠 **Cirius,** bd Château, rte St-Étienne ℘ 04 77 54 89 22, Fax 04 77 54 84 32 – 📺 ☎ 👌 📂. 🅰🅴 🅶🅱
Repas snack 78 🍴, enf. 45 – 😑 35 – **46 ch** 250/300 – ½ P 250.

🎭 **Vieux Logis,** 4 rte Lyon ℘ 04 77 54 42 71, 斎 – 🅶🅱
fermé 1ᵉʳ au 15 sept., vacances de fév., dim. soir et lundi – **Repas** 110/250.

CITROEN Gar. Protière, ℘ 04 77 54 44 28 🅽 ℘ 04   RENAULT Gar. Decultieux, ℘ 04 77 54 41 32
77 88 34 54

MONTROUGE 92 Hauts-de-Seine 🔠 ⑩,, 🔢 ㉕ – voir à Paris, Environs.

MONTS 37260 I.-et-L. 🔠 ⑮ – 6 221 h alt. 50.

Paris 254 – Tours 20 – Azay-le-Rideau 13 – Chenonceaux 40 – Chinon 33 – Ste-Maure-de-Touraine 23.

🎭 **Aub. du Moulin,** au Vieux Bourg ℘ 02 47 26 76 86 – 📂. 🅶🅱
fermé 30 juil. au 10 août, 2 au 10 janv., lundi soir et mardi – **Repas** 90/210.

Le MONT-ST-MICHEL 50116 *Manche* 59 ⑦ *G. Normandie Cotentin, G. Bretagne – 72 h alt. 10.*

Voir *Abbaye*★★★ – *Remparts*★★ – *Grande-Rue*★ – *Jardins de l'abbaye*★ – *Musée historique :*
coqs de montres★ – *Le Mont n'est entouré d'eau qu'aux grandes marées.*
🛈 *Office de Tourisme Corps de Garde des Bourgeois* ℰ 02 33 60 14 30.
Paris 360 – St-Malo 56 – Alençon 135 – Avranches 22 – Dinan 55 – Fougères 48 – Rennes 70.

🏨 **Saint Pierre et Logis du Chapeau Blanc,** ℰ 02 33 60 14 03, Fax 02 33 48 59 82, ≤,
– 📺 ☎, 🅰🅴 🆚🅱 ⋯⋯
fermé 15 déc. au 15 fév. – **Repas** 88/290, enf. 48 – ☑ 50 – **21 ch** 430/620 – ½ P 380/480.

✕ **Croix Blanche** avec ch, ℰ 02 33 60 14 04, Fax 02 33 48 59 82, ≤, 🏤 – 📺 ☎. 🆚🅱
fermé 10 nov. au 24 déc. – **Repas** 80/260, enf. 45 – ☑ 50 – **9 ch** 570 – ½ P 360/410.

à la Digue *Sud : 2 km sur D 976 :*

🏨 **Relais du Roy,** ℰ 02 33 60 14 25, Fax 02 33 60 37 69 – 📺 ☎ 🕭 🅿. 🅰🅴 🆚🅱, ⋰⋰ ch
23 mars-30 nov. – **Repas** 90/200, enf. 47 – ☑ 50 – **27 ch** 350/440 – ½ P 380/410.

🏨 **Digue,** ℰ 02 33 60 14 02, Fax 02 33 60 37 59, ≤ – ▤ rest 📺 ☎ 🅿. 🅰🅴 ⓞ 🆚🅱 ⋯⋯, ⋰⋰ ch
fin mars-15 nov. – **Repas** 85/210, enf. 48 – ☑ 50 – **36 ch** 350/435 – ½ P 325/385.

à Beauvoir *Sud : 4 km par D 976 – 426 h. –* ✉ *50170 Pontorson :*

🏨 **Beauvoir,** ℰ 02 33 60 09 39, Fax 02 33 48 59 65 – 📺 ☎ 🅿. 🆚🅱
Repas 90/250, enf. 50 – ☑ 42 – **18 ch** 260/340 – ½ P 292.

MONTSALVY 15120 *Cantal* 76 ⑫ *G. Auvergne – 970 h alt. 800.*

Voir *Puy-de-l'Arbre* ⁂★ *NE : 1,5 km.*
🛈 *Office de Tourisme* ℰ 04 71 49 21 43.
Paris 600 – Aurillac 32 – Rodez 70 – Entraygues-sur-Truyère 15 – Figeac 57.

🏨 **Nord,** ℰ 04 71 49 20 03, Fax 04 71 49 29 00, 🛥
📺 ☎ 📞 🅿. 🅰🅴 ⓞ 🆚🅱 ⋯⋯
1ᵉʳ avril-31 déc. – **Repas** 87/250, enf. 42 – ☑ 40 – **20 ch** 250/320 – ½ P 265/300.

✕ **Aub. Fleurie** avec ch, ℰ 04 71 49 20 02 – 🆚🅱
fermé 15 janv. au 15 fév. – **Repas** 55/185 ⅞, enf. 30 – ☑ 25 – **11 ch** 120/160 – ½ P 133/153.

PEUGEOT Gar. Cazal, ℰ 04 71 49 26 65 🆔 ℰ 04 71 47 80 56

MONTSAUCHE-LES-SETTONS 58230 *Nièvre* 65 ⑯ *G. Bourgogne – 714 h alt. 574.*

Voir *Lac des Settons*★ *SE : 5 km.*
🛈 *Office de Tourisme pl. de l'ancienne gare* ℰ *et Fax* 03 86 84 55 90.
*Paris 256 – Autun 42 – Avallon 41 – Château-Chinon 25 – Clamecy 56 – Nevers 87 –
Saulieu 25.*

🏡 **Idéal,** ℰ 03 86 84 51 26, 🏤, 🛥 – ☎ 🅿. 🆚🅱
fermé janv., fév. et lundi sauf juin, juil. et août – **Repas** 65 bc/145 ⅞, enf. 40 – ☑ 30 – **15 ch**
160/260 – ½ P 195/220.

CITROEN Gar. Bouché-Pillon, ℰ 03 86 84 52 26

MONT-SAXONNEX 74130 *H.-Savoie* 74 ⑦ *G. Alpes du Nord – 880 h alt. 1000 – Sports d'hiver :*
1 100/1 570 m ⟟7.

Voir *Église* ⁂★★ *15 mn.*
🛈 *Syndicat d'Initiative* ℰ 04 50 96 97 27, Fax 04 50 96 92 08 *et Mairie (hors saison)* ℰ 04 50
96 90 56.
*Paris 569 – Chamonix-Mont-Blanc 52 – Thonon-les-Bains 56 – Annecy 50 – Bonneville 11 –
Cluses 11 – Megève 40 – Morzine 40.*

🏡 **Jalouvre** ⌕, ℰ 04 50 96 90 67, 🏤 – ☎ 🅿. 🆚🅱, ⋰⋰ rest
fermé 3 mai au 1ᵉʳ juin, 15 sept. au 1ᵉʳ nov. et merc. hors sais. – **Repas** 93/155 ⅞, enf. 42 –
☑ 40 – **14 ch** 145/235 – ½ P 250/260.

Les MONTS-DE-VAUX 39 *Jura* 70 ④ – *rattaché à Poligny.*

Pour vos voyages, en complément de ce guide utilisez :

- Les **guides Verts Michelin** régionaux
  paysages, monuments et routes touristiques.
- Les **cartes Michelin** à 1/1 000 000 grands itinéraires
  1/200 000 **cartes détaillées.**

MONTSOREAU _49730 M.-et-L._ 🔢 ⑫ ⑬ _G. Châteaux de la Loire – 561 h alt. 77._

Voir 🌲★★ – _Église★ de Candes-St-Martin SE : 1,5 km._
Paris 295 – Angers 57 – Châtellerault 65 – Chinon 19 – Poitiers 82 – Saumur 12 – Tours 59.

🍴 **Diane de Méridor**, ✆ 02 41 51 70 18, Fax 02 41 38 15 93, ≼ – 🅿. GB
🍽 _fermé 15 déc. au 31 janv., lundi soir d'oct. à mai et mardi sauf le soir en juil.-août –_ **Repas** 85/240, enf. 55.

Annexe Le Bussy 🏨 ॐ sans rest, ✆ 02 41 38 11 11, Fax 02 41 38 15 93, ≼, « Jardin en bordure de Loire et du château » – ☎ 🅿. GB
fermé 15 déc. au 31 janv. et mardi du 1ᵉʳ oct. au 30 avril – ☲ 38 – **12 ch** 280/350.

🍴 **Loire** avec ch, ✆ 02 41 51 70 06, Fax 02 41 38 15 08 – ☎ 🅿. GB. ॐ ch
🍽 _fermé 15 janv. au 1ᵉʳ mars, mardi soir et merc. hors sais._ – **Repas** 78/160 ₰, enf. 55 – ☲ 32 – **14 ch** 160/260 – ½ P 255.

MOOSCH _68690 H.-Rhin_ 🔢 ⑧ ⑨ _G. Alsace Lorraine – 1 906 h alt. 390._
Paris 464 – Mulhouse 28 – Colmar 49 – Gérardmer 42 – Thann 8 – Le Thillot 30.

🍴🍴 **Gully "Aux Trois Rois"** avec ch, ✆ 03 89 82 34 66, Fax 03 89 82 39 27 – 📺 ☎. GB
🍽 _fermé 7 juin au 2 juil._ – **Repas** _(fermé mardi soir et merc. d'oct. à avril)_ 60/130 ₰, enf. 40 – ☲ 40 – **5 ch** 270/325 – ½ P 280.

VAG Gar. Sovra, à Fellering ✆ 03 89 82 63 90 🅽 ✆ 03 89 82 63 90

MORANGIS _91 Essonne_ 🔢 ①,, 🔢 ㉟ – _voir à Paris, Environs._

MORESTEL _38510 Isère_ 🔢 ⑭ _G. Vallée du Rhône – 2 972 h alt. 220._
Paris 499 – Bourg-en-Bresse 73 – Chambéry 49 – Grenoble 69 – Lyon 65 – La Tour-du-Pin 16.

🏨 **France**, Gde rue ✆ 04 74 80 04 77, Fax 04 74 33 07 47 – 📺 ☎ ⇔ 🅿. – 🅰 25. GB
Repas _(fermé dim. et lundi)_ 95/250 ₰, enf. 80 – ☲ 39 – **11 ch** 260/425 – ½ P 330/370.

🍴 **La Grille**, N 75 ✆ 04 74 80 02 88, Fax 04 74 80 05 10 – 🅿. 🅰🅴 ⓞ GB
🍽 _fermé dim. soir d'oct. à avril_ – **Repas** 80 bc/205 ₰, enf. 60.

PEUGEOT Gar. Grégot, Les Avenières ✆ 04 74 33 60 10 🅽 ✆ 04 74 33 60 10
RENAULT Gar. du Parc, Les Avenières ✆ 04 74 33 61 30 🅽 ✆ 04 74 33 61 30

Ⓜ Vulco, ✆ 04 74 80 24 82

MORET-SUR-LOING _77250 S.-et-M._ 🔢 ⑫, 🔢 ㊺ _G. Ile de France_ **(plan)** – _4 174 h alt. 50._

Voir _Site★._
Paris 74 – Fontainebleau 11 – Melun 27 – Montereau-Fault-Yonne 14 – Nemours 17 – Sens 44.

🏨 **Aub. de la Terrasse**, 40 r. Pêcherie ✆ 01 60 70 51 03, Fax 01 60 70 51 69, ≼, 🌴 – 📺 ☎ ✓. 🅰🅴 GB
fermé 17 nov. au 1ᵉʳ déc. – **Repas** _(fermé dim. soir et lundi sauf fériés)_ 98/172 ₰, enf. 60 – ☲ 39 – **20 ch** 200/380 – ½ P 250/320.

🍴🍴 **Aub. de la Palette**, av. J. Jaurès ✆ 01 60 70 50 72, Fax 01 64 31 17 99 – GB
fermé 14 au 23 avril, 18 août au 6 sept., 7 au 18 janv., mardi soir et merc. – **Repas** 102/270.

à Veneux-les-Sablons _Ouest : 3,5 km – 4 298 h. alt. 76 –_ ✉ _77250 :_

🍴🍴 **Rôtisserie Bon Abri**, av. Fontainebleau ✆ 01 60 70 55 40, Fax 01 64 31 12 27 – 🅰🅴 ⓞ GB
fermé 28 juil. au 4 août, dim. soir et lundi – **Repas** 169/254.

MORGAT _29 Finistère_ 🔢 ⑭ _G. Bretagne –_ ✉ _29160 Crozon._

Voir _Phare ≼★ – Grandes Grottes★._
🅱 _Office de Tourisme bd de la Plage (saison)_ ✆ 02 98 27 29 49, Fax 02 98 27 24 89.
Paris 587 – Quimper 53 – Brest 60 – Châteaulin 37 – Douarnenez 45 – Morlaix 83.

🏨 **Gd H. de la Mer** Ⓜ ॐ, ✆ 02 98 27 02 09, Fax 02 98 27 02 39, ≼, parc, ॐ – 📶 📺 ☎ & 🅿 – 🅰 35. GB. ॐ
5 avril-11 oct. – **Repas** 110/195 ₰, enf. 80 – ☲ 57 – **78 ch** 485/585 – ½ P 440.

🏨 **Ville d'Ys** ॐ, ✆ 02 98 27 06 49, Fax 02 98 26 21 88, ≼ – 📶 ☎ 🅿. GB. ॐ rest
Pâques-30 sept. – **Repas** _(dîner seul. sauf dim. et fériés)_ 92/240 ₰, enf. 45 – ☲ 40 – **41 ch** 295/410 – ½ P 255/335.

MORIÈRES-LÈS-AVIGNON _84 Vaucluse_ 🔢 ⑫ – _rattaché à Avignon._

MORILLON _74 H.-Savoie_ 🔢 ⑧ – _rattaché à Samoëns._

MORLAAS 64160 Pyr.-Atl. 85 ⑦ G. Pyrénées Aquitaine – 3 094 h alt. 287.

Paris 769 – Pau 13 – Tarbes 37.

XX **Le Bourgneuf** (chambres prévues), ℰ 05 59 33 44 02, Fax 05 59 33 07 74, 🏤 – 🅿. 🆎
🞩 🇬🇧

fermé 27 oct. au 9 nov., dim. soir et lundi midi – **Repas** 58 bc/240 ♨, enf. 50.

CITROEN Gar. Saubade, ℰ 05 59 33 40 09 🆖 ℰ 05   RENAULT Gar. du Bourg-Neuf, à St-Jammes
59 33 40 09   ℰ 05 59 33 41 44

MORLAIX ⟨SP⟩ 29600 Finistère 58 ⑥ G. Bretagne – 16 701 h alt. 7.

Voir *Viaduc*★ **ABY** – *Grand'Rue*★ **BZ** – *Maison "de la Reine Anne" : intérieur*★ **BZ B** –
Vierge★ *dans l'église St-Mathieu* **BZ** – *Musée*★ **BZ M**.

Env. *Calvaire*★★ *de Plougonven SE : 12 km par D 9* **BZ**.

🅱 *Office de Tourisme pl. des Otages* ℰ 02 98 62 14 94, *Télex 940696, Fax 02 98 63 84 87.*

Paris 536 ② – Brest 58 ② – Quimper 77 ③ – St-Brieuc 84 ③.

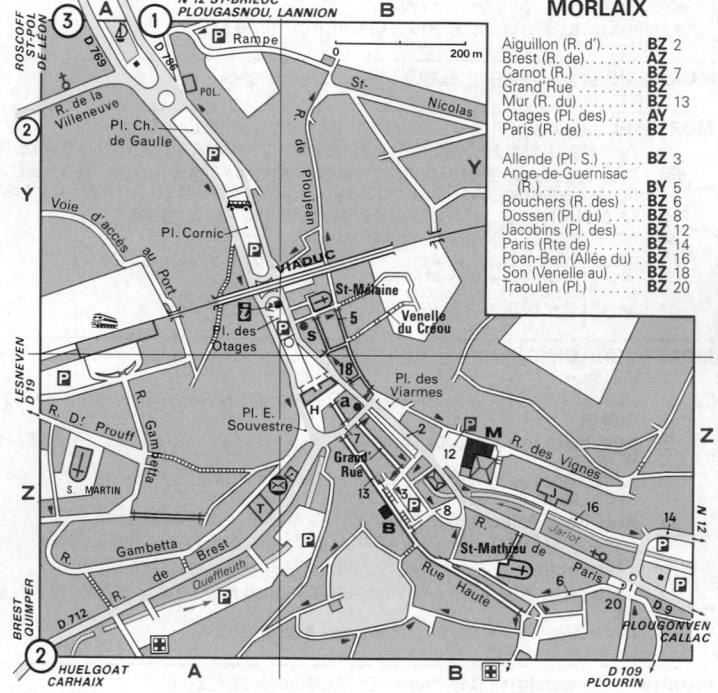

MORLAIX

Aiguillon (R. d')......	**BZ** 2
Brest (R. de)........	**AZ**
Carnot (R.)	**BZ** 7
Grand'Rue	**BZ**
Mur (R. du)	**BZ** 13
Otages (Pl. des)	**AY**
Paris (R. de)	**BZ**
Allende (Pl. S.)	**BZ** 3
Ange-de-Guernisac (R.)....	**BY** 5
Bouchers (R. des) ...	**BZ** 6
Dossen (Pl. du)	**BZ** 8
Jacobins (Pl. des) ...	**BZ** 12
Paris (Rte de)	**BZ** 14
Poan-Ben (Allée du) .	**BZ** 16
Son (Venelle au).....	**BZ** 18
Traoulen (Pl.)	**BZ** 20

🏨 **Europe,** 1 r. Aiguillon ℰ 02 98 62 11 99, Fax 02 98 88 83 38 – 🛗 📺 ☎. 🆎 ⓞ 🇬🇧 **BZ a**
Repas 140/270, enf. 50 - *Le Lof* ℰ 02 98 88 81 15 (brasserie) **Repas** 79, ♨, enf. 46 – ☲ 42 –
60 ch 250/375 – ½ P 260/345.

🏨 **Les Bruyères** sans rest, par rte de Plouigneau Est sur D 712 : 3 km ⊠ 29610 Plouigneau
ℰ 02 98 88 08 68, Fax 02 98 88 66 54, ✿ – 📺 ☎ ✆ 🅿. 🇬🇧
fermé 15 déc. au 30 janv. – ☲ 32 – **32 ch** 185/260.

🏨 **Fontaine** sans rest, ZA la Boissière par ① *et rte Lannion : 3 km* ℰ 02 98 62 09 55,
Fax 02 98 63 82 51 – 📺 ☎ 🅿. 🇬🇧
☲ 30 – **38 ch** 190/220.

🏨 **Campanile,** Z.A. du Launay par r. de la Villeneuve **AY** *Ouest : 2 km* ℰ 02 98 63 34 63,
🞩 Fax 02 98 63 35 66 – ⋇ 📺 ☎ ✆ ♿ 🅿 – 🔏 25. 🆎 ⓞ 🇬🇧
Repas 84 bc/107 bc, enf. 39 – ☲ 32 – **52 ch** 278.

Minimote St-Martin sans rest, derrière Ctre Com. Rallye par r. de la Villeneuve AY *Ouest : 3 km* ✉ 29600 St-Martin-des-Champs ✆ 02 98 88 35 30, Fax 02 98 63 33 99 – TV ☎. AE ① GB
☕ 34 – **22 ch** 260/280.

Marée Bleue, 3 rampe St Mélaine ✆ 02 98 63 24 21 – GB BY s
fermé 6 au 20 oct., vacances de fév., dim. soir et lundi sauf juil.-août – **Repas** 75/220 ♀, enf. 48.

BMW Ouest Autom., ZA la Boissière ✆ 02 98 63 30 30
CITROEN SOMODA, bd St-Martin à St-Martin-des-Champs par r. de la Villeneuve AY ✆ 02 98 62 09 68 N ✆ 02 98 62 09 68
FORD Gar. Bourven, rte de Paris, La Roseraie ✆ 02 98 88 18 02 N ✆ 02 98 88 18 02
NISSAN Gar. Allain, ZI de Keriven à St-Martin-des-Champs ✆ 02 98 88 06 16
PEUGEOT Gar. de Bretagne, La Croix Rouge par rte de Paris BZ ✆ 02 98 62 03 11 N ✆ 08 00 44 24 24
RENAULT Gar. Huitric, La Croix Rouge par rte de Paris BZ ✆ 02 98 62 04 22 N ✆ 08 00 05 15 15
VAG Gar. Beyou, rte de Plouvorn à St Martin des Champs ✆ 02 98 88 23 80

Simon Pneus, rte de St-Sève à St-Martin-des-Champs ✆ 02 98 88 01 43

MORNAC-SUR-SEUDRE *17113 Char.-Mar.* 71 ⑭ ⑮ *G. Poitou Vendée Charentes – 640 h alt. 5.*

Paris 503 – Royan 12 – Marennes 24 – Rochefort 36 – La Rochelle 73 – Saintes 36.

La Gratienne, rte Breuillet ✆ 05 46 22 73 90, Fax 05 46 22 66 22, 🍴, 🌳 – P. GB
1er avril-1er oct. et fermé mardi et merc. sauf juil.-août – **Repas** 130/190.

La Colombière, face au port ✆ 05 46 22 62 22 – GB
Pâques-fin sept. et fermé mardi sauf juil.-août – **Repas** 105/250, enf. 52.

Towns underlined in red on the ***Michelin maps***
at a scale of 1 : 200 000 are included in this Guide.
Use the latest map to take full advantage of this information.

MORNANT *69440 Rhône* 74 ⑪, 110 ㉒ *G. Vallée du Rhône – 3 900 h alt. 380.*

Paris 479 – Lyon 25 – St-Étienne 37 – Givors 11 – Rive-de-Gier 14 – Vienne 21.

Poste avec ch, ✆ 04 78 44 00 40, Fax 04 78 44 19 07 – ▤ rest TV ☎ 🚗. AE ① GB
Repas *(fermé dim. soir)* 66/175 ♀ – ☕ 32 – **14 ch** 140/250 – ½ P 250.

MORNAS *84550 Vaucluse* 81 ① *G. Provence – 2 087 h alt. 37.*

Paris 648 – Avignon 41 – Bollène 11 – Montélimar 47 – Nyons 45 – Orange 13 – Pont-St-Esprit 11.

Le Manoir, N 7 ✆ 04 90 37 00 79, Fax 04 90 37 10 34, 🍴 – ▤ rest ☎ 🚗 P. AE GB
fermé 11 nov. au 8 déc., 8 janv. au 10 fév., dim. soir et lundi du 15 sept. au 30 mai – **Repas** 100/180 ♀, enf. 45 – ☕ 45 – **25 ch** 250/390 – ½ P 295.

MORSCHWILLER-LE-BAS *68 H.-Rhin* 87 ⑲ *– rattaché à Mulhouse.*

MORTAGNE-AU-PERCHE SP *61400 Orne* 60 ④ *G. Normandie Vallée de la Seine* **(plan)** – *4 584 h alt. 260.*

Voir *Boiseries★ de l'église N.-Dame.*
de Bellême-St-Martin ✆ 02 33 73 00 07, S par D 938 : 17 km.
Office de Tourisme pl. Gén.-de-Gaulle ✆ 02 33 85 11 18, Fax 02 33 83 76 76.
Paris 156 – Alençon 39 – Chartres 80 – Lisieux 88 – Le Mans 73 – Verneuil-sur-Avre 41.

Host. Genty-Home avec ch, 4 r. Notre Dame ✆ 02 33 25 11 53, Fax 02 33 25 41 38 – TV ☎ 📞. AE GB
Repas 89/169 ♀, enf. 55 – ☕ 35 – **8 ch** 230/295 – ½ P 200/280.

Annexe Château des Carreaux sans rest, rte Alençon : 5,5 km par D 912 et N 12 ✆ 02 33 25 02 00, Fax 02 33 25 41 38, parc – TV ☎ P – 🎓 25. AE GB
☕ 40 – **4 ch** 355/480.

au Pin-la-Garenne *Sud : 9 km par rte Bellême sur D 938 – 620 h. alt. 158 – ✉ 61400 Mortagne-au-Perche :*

La Croix d'Or, ✆ 02 33 83 80 33, Fax 02 33 83 06 03 – P. ① GB
fermé vacances de fév., mardi soir et merc. sauf juil.-août – **Repas** 55/210 ♀, enf. 45.

CITROEN S.R.A.N., ✆ 02 33 25 06 66 N ✆ 02 33 25 33 09
FORD Gar. du Panorama, ✆ 02 33 25 37 45
PEUGEOT Gar. du Valdieu, à St-Langis-les-Mortagne ✆ 02 33 25 27 00 N ✆ 02 33 29 22 22
RENAULT Thibault autom., ✆ 02 33 25 21 45 N ✆ 02 33 25 21 45
VAG Gar. Poirier, N 12, Gaillons à St-Hilaire-le-Châtel ✆ 02 33 25 30 88

MORTAGNE-SUR-GIRONDE *17120 Char.-Mar.* **71** ⑥ *G. Poitou Vendée Charentes – 972 h alt. 51.*

Voir *Chapelle★ de l'Ermitage St-Martial S : 1,5 km.*

Syndicat d'Initiative Les Halles ✆ 05 46 90 52 90, Fax 05 46 90 61 25.

Paris 510 – Royan 33 – Blaye 55 – Jonzac 31 – Pons 26 – La Rochelle 115 – Saintes 36 – Saujon 31.

Aub. de la Garenne ✆ 05 46 90 63 69, Fax 05 46 90 50 93, <, – TV ☎ P. GB
fermé 20 oct. au 14 nov., dim. soir et lundi d'oct. à avril – **Repas** 70/200, enf. 42 – 30 – **11 ch** 178/265 – ½ P 195/238.

MORTAGNE-SUR-SÈVRE *85290 Vendée* **67** ⑤ *G. Poitou Vendée Charentes – 5 724 h alt. 115.*

Office de Tourisme 30 r. Nationale ✆ 02 51 65 11 32, Fax 02 41 71 17 24.

Paris 358 – Angers 67 – La Roche-sur-Yon 55 – Bressuire 41 – Cholet 10 – Nantes 63.

France, pl. Dr Pichat ✆ 02 51 65 03 37, Fax 02 51 65 27 83, rest TV ☎. AE GB
fermé 20 déc. au 10 janv. et sam. de mi-sept. à fin mai – **Repas** 80/99, enf. 48 - ***La Taverne :*** **Repas** 170/330, enf. 48 – 48 – **25 ch** 250/380 – ½ P 343/384.

PEUGEOT Gar. Fièvre, ZI du Puy Nardon rte de Poitiers ✆ 02 51 65 83 42 N ✆ 02 51 65 00 96

RENAULT Gar. Soulard, ✆ 02 51 65 02 33

MORTAIN *50140 Manche* **59** ⑨ *G. Normandie Cotentin* **(plan)** *– 2 416 h alt. 232.*

Voir *Site★ – Grande Cascade★ – Petite chapelle <★.*

Office de Tourisme Grande-Rue (juil.-août) ✆ 02 33 59 19 74 et à la Mairie (hors saison) ✆ 02 33 79 30 30.

Paris 278 – Avranches 35 – Domfront 26 – Flers 35 – Mayenne 53 – Le Mont-St-Michel 50 – St-Lô 65 – Villedieu-les-Poêles 36.

Poste, pl. Arcades ✆ 02 33 59 00 05, Fax 02 33 69 53 89, – TV ☎ P. GB
fermé vacances de fév., vend. soir et dim. soir hors sais. – **Repas** 92/240, enf. 60 – 40 – **28 ch** 140/400 – ½ P 195/310.

CITROEN Dubois-Helleux, ✆ 02 33 59 01 63 N ✆ 02 33 59 01 63

PEUGEOT Gar. Prieur, Le Neufbourg ✆ 02 33 59 00 14 N ✆ 02 33 59 00 14

RENAULT Gar. Langlois, 27 r. Rocher ✆ 02 33 59 00 53

MORTEAU *25500 Doubs* **70** ⑦ *G. Jura* **(plan)** *– 6 458 h alt. 780.*

Office de Tourisme pl. Gare ✆ 03 81 67 18 53.

Paris 468 – Besançon 63 – Basel 126 – Belfort 89 – Montbéliard 70 – Neuchâtel 41 – Pontarlier 32.

Aub. de la Roche (Feuvrier), au Pont de la Roche Sud-Ouest : 3 km par D 437 ✉ 25570 Gd Combe Chateleu ✆ 03 81 68 80 05, Fax 03 81 68 87 64, – P. GB
fermé 1er au 10 juil., 15 au 22 sept., 13 janv. au 2 fév., lundi sauf fériés le midi et dim. soir – **Repas** 135/410 et carte 260 à 410
Spéc. Escalope de foie de canard tiède au caramel de vin de Paille. Tournedos de saumon et lard du Tuyé. Rouelles de volaille de Bresse, morilles, crème de vin jaune. **Vins** Arbois blanc, Arbois-Pupillin rouge.

à Grand'Combe-Châteleu *Sud-Ouest : 5 km par D 437 et D 47 – 1 301 h. alt. 760 – ✉ 25570.*

Voir *Fermes anciennes★.*

Faivre, ✆ 03 81 68 84 63, Fax 03 81 68 87 80 – GB
fermé 29 juil. au 25 août, dim. soir et lundi – **Repas** 89 (déj.), 125/300.

FORD Gar. Franc-Comtois, La Tanche-les-Fins ✆ 03 81 67 07 99

PEUGEOT Gar. Central, 40 r. Louhière ✆ 03 81 68 55 20 N ✆ 03 81 67 08 12

Pneus Roland-Point S, 7 av. Ch.-de-Gaulle ✆ 03 81 67 31 50

MORTEMART *87330 H.-Vienne* **72** ⑥ *G. Berry Limousin – 152 h alt. 300.*

Paris 392 – Limoges 40 – Bellac 15 – Confolens 32 – St-Junien 20.

Le Relais avec ch, ✆ 05 55 68 12 09, Fax 05 55 68 12 09, – GB
fermé vacances de fév., mardi soir sauf du 14 juil. au 31 août et merc. – **Repas** 93/248 – 40 – **5 ch** 240/290.

Sorgfältig zubereitete, preiswerte Mahlzeiten : **Repas** 100/130

MORZINE 74110 H.-Savoie **74** ⑧ *G. Alpes du Nord – 2 967 h alt. 960 – Sports d'hiver : 1 000/*
2 350 m – ⛄ 6 ⛄ 60 ⛄.

Voir *Le Pléney* ☀★ *S : par téléphérique.*

Env. *Col de Joux Plane* ☀★★ *S : 10 km* **B**.

🛫₉ *Morzine-Avoriaz ℰ 04 50 74 17 08, E : 12 km par D 338.*

🏢 *Office de Tourisme pl. de la Crusaz ℰ 04 50 74 72 72, Fax 04 50 79 03 48.*

Paris 592 ② – Thonon-les-Bains 33 ① – Annecy 78 ② – Chamonix-Mont-Blanc 70 ② –
Cluses 29 ② – Genève 62 ②.

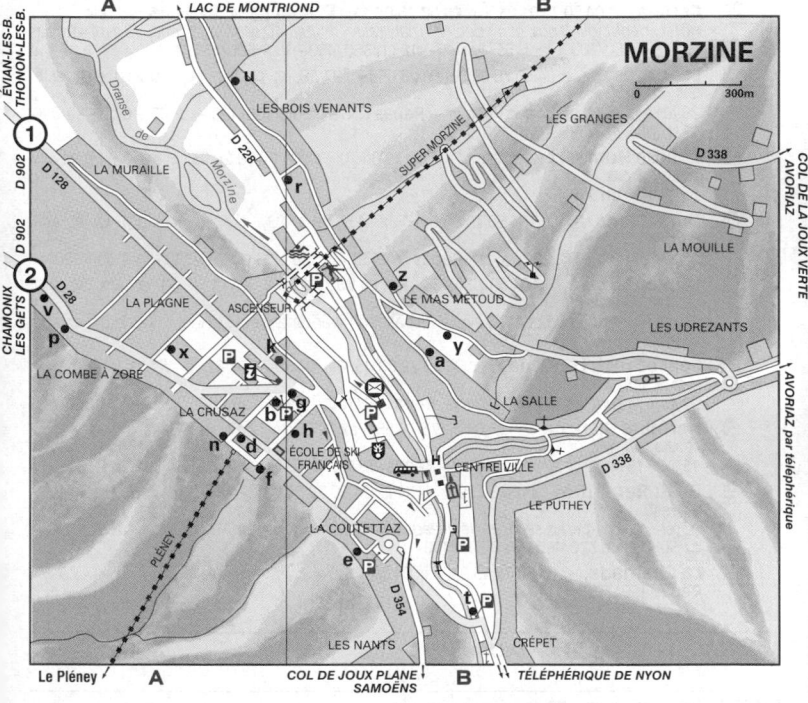

🏨🏨 **Le Dahu** ⍓, ℰ 04 50 75 92 92, Fax 04 50 75 92 50, ≤, 斎, ₣₅, ⍓, ⍓, ☞ – ⧉ 📺 ☎ 🅿 –
🛏 25. ⅏. 🛎 rest   B z
15 juin-10 sept. et 20 déc.-10 avril – **Repas** *(fermé mardi en hiver)* 160/285 – ⍓ 60 – **40 ch**
535/1080, 4 duplex – ½ P 655/865.

🏨🏨 **Champs Fleuris**, ℰ 04 50 79 14 44, Fax 04 50 79 27 75, ≤, 斎, ₣₅, ⍓, ☞, ⅏ – ⧉ 📺 ☎
⍓ 🅿 – 🛏 30. ⅏. 🛎 rest   A f
30 juin-5 sept. et 20 déc.-10 avril – **Repas** 170/215 – ⍓ 60 – **45 ch** 500/1000 – ½ P 530/
790.

🏨🏨 **Les Airelles**, ℰ 04 50 74 71 21, Fax 04 50 79 17 49, ≤, 斎, ₣₅, ⍓, ☞ – ⧉ cuisinette 📺
☎ 🅿 – 🛏 30 à 50. ⓪ ⅏ 🅹🅲🅱. 🛎 rest   A b
15 mai-20 sept. et 1ᵉʳ déc.-20 avril – **Repas** 120/350 – ⍓ 60 – **47 ch** 595/850, 9 studios –
½ P 650/790.

🏨 **La Bergerie** sans rest, ℰ 04 50 79 13 69, Fax 04 50 75 95 71, ≤, « Intérieur savoyard »,
₣₅, ⍓, ☞ – ⧉ cuisinette 📺 ☎ ⍓. ⅏   B h
fin juin-15 sept. et 20 déc.-15 avril – ⍓ 60 – **5 ch** 400/600, 22 studios 800/1000.

🏨 **Le Tremplin**, ℰ 04 50 79 12 31, Fax 04 50 75 95 70, ≤, 斎, ☞ – ⧉ 📺 ☎ ⍓ 🅿. ⅏.
🛎 rest   A n
28 juin-6 sept. et 20 déc.-5 avril – **Repas** 180/260 ₰ – ⍓ 70 – **34 ch** 400/1000 – ½ P 550/
700.

791

🏠 **Le Samoyède,** ℰ 04 50 79 00 79, Fax 04 50 79 07 91, ≤, 🏡, 🌳 – 🛗 📺 ☎ 🅿. 🖭 ⓘ 🆖. 🍴 rest   B g
15 juin-fin sept. et 15 déc.-fin avril – **Repas** 85/220, enf. 55 – 🍽 45 – **27 ch** 250/590 – ½ P 440/540.

🏠 **Clef des Champs** 🦢, ℰ 04 50 79 10 13, Fax 04 50 79 08 18, ≤, 🖪, 🏊, 🌳 – 📺 ☎ 🅿. 🆖. 🍴 rest   B e
15 juin-15 sept. et 20 déc.-10 avril – **Repas** 130/150 – 🍽 40 – **27 ch** 370/450 – ½ P 340/380.

🏠 **Bel'Alpe,** ℰ 04 50 79 05 50, Fax 04 50 79 22 76, ≤, 🏊, 🌳 – ☎ 🅿. 🆖. 🍴 rest   A x
1er juil.-9 sept. et 20 déc.-10 avril – **Repas** 120/150 – 🍽 40 – **22 ch** 320/390 – ½ P 320/335.

🏠 **Carlina,** ℰ 04 50 79 01 03, Fax 04 50 75 94 11, 🏡 – 🔌 📺 ☎. 🖭 ⓘ 🆖
hôtel : début juil.-5 nov. et 1er déc.-1er mai ; rest. : 1er juil.-10 sept. et 20 déc.-15 avril – **Repas** 110 (déj.), 150/200 🍷, enf. 55 – 🍽 40 – **18 ch** 350/450 – ½ P 400/450.   A d

🏠 **Les Côtes** 🦢, ℰ 04 50 79 09 96, Fax 04 50 75 97 38, ≤, 🖪, 🏊, 🌳 – cuisinette 📺 ☎ 🅿. 🆖. 🍴 rest   B a
28 juin-13 sept. et 20 déc.-14 avril – **Repas** (dîner seul.) 100/120 – 🍽 48 – **6 ch** 280/320, 19 studios 400/585 – ½ P 320/340.

🏠 **Combe Humbert** sans rest, ℰ 04 50 79 06 70, Fax 04 50 79 25 03, ≤, 🌳 – 🛗 📺 ☎ ⇔. 🅿. 🖭 ⓘ 🆖   A p
🍽 35 – **10 ch** 250.

🏠 **Ours Blanc** 🦢, ℰ 04 50 79 04 02, Fax 04 50 75 97 82, ≤, 🏊, 🌳 – 📺 ☎ 🅿. 🆖. 🍴 rest   A u
25 juin-7 sept. et Noël-Pâques – **Repas** 110/130 – 🍽 38 – **23 ch** 200/340 – ½ P 300/320.

🏠 **La Renardière,** ℰ 04 50 79 03 50, Fax 04 50 79 03 50, ≤, 🏊 – 📺 ☎ ⇔ 🅿. 🆖. 🍴 rest   A v
1er juil.-10 sept. et 15 déc.-15 avril – **Repas** (en hiver dîner seul.) 80 (déj.), 100/250 – 🍽 40 – **17 ch** 260/350 – ½ P 310/330.

🏠 **Soly et rest. Le Varnay,** ℰ 04 50 79 09 45, Fax 04 50 74 71 82, ≤, 🏡, 🏊 (été), 🖪, 🌳 – ☎ 🅿. 🖭 ⓘ 🆖 🏧   B t
21 juin-14 sept. et 20 déc.-13 avril – **Repas** 78/140 – 🍽 39 – **19 ch** 250/310 – ½ P 370.

🏠 **Hermine Blanche** 🦢, ℰ 04 50 75 76 55, Fax 04 50 74 72 47, ≤, 🏡, 🖪, 🏊, 🌳 – 🛗 ☎ 🅿. 🆖. 🍴 rest   B y
15 juin-15 sept. et 20 déc.-20 avril – **Repas** 95/125 – 🍽 35 – **24 ch** 265/430 – ½ P 310.

🏠 **Beau Regard** 🦢, ℰ 04 50 79 11 05, Fax 04 50 79 07 41, ≤, 🖪, 🏊, 🌳 – 🛗 🅿. 🆖. 🍴 rest   B r
hôtel : mi-juin-début sept. et Nôel-Pâques ; rest. : juil.-août et Noël-Pâques – **Repas** 120 – 🍽 50 – **33 ch** 320/460 – ½ P 360/400.

🍴 **La Chamade,** ℰ 04 50 79 13 91, Fax 04 50 79 27 48, 🏡 – 🖭 ⓘ 🆖 🏧   A k
Repas 150/250.

MOSNAC 17 Char.-Mar.🗗🧱 ⑥ – rattaché à Pons.

MOTHERN 67470 B.-Rhin🗗🧱 ⑳ – 1 721 h alt. 115.
Paris 514 – Strasbourg 58 – Haguenau 35 – Karlsruhe 27 – Wissembourg 25.

🏠 **A L'Ancre,** 2 rte Lauterbourg ℰ 03 88 94 81 99, Fax 03 88 54 67 74, 🏡 – 📺 ☎ ✆ 👤 🅿. 🆖
Repas (fermé 1er au 15 mars, 1ee au 15 nov., mardi soir et merc.) 83/145 🍷, enf. 45 – 🍽 38 – **13 ch** 220/280 – ½ P 220/250.

La MOTTE 83920 Var🗗🧱 ⑦ – 1 993 h alt. 79.
🗗 St-Endréol ℰ 04 94 99 22 99, Fax 04 94 81 84 48.
Paris 858 – Fréjus 21 – Brignoles 52 – Cannes 55 – Draguignan 11 – St-Raphaël 24 – Ste-Maxime 27.

🍴🍴 **Les Pignatelles,** Est : 1 km par D 47 ℰ 04 94 70 25 70, Fax 04 94 70 26 55, 🏡 – 🅿. 🖭 🆖
fermé 10 fév. au 21 mars, dim. soir et merc. hors sais. – **Repas** 105/180.

La MOTTE-AU-BOIS 59 Nord🗗🧱 ⑭ – rattaché à Hazebrouck.

MOTTEVILLE 76 S.-Mar.🗗🧱 ⑬ – rattaché à Yvetot.

Le MOTTIER 38260 Isère 🔢 ⑬ – 468 h alt. 475.

Paris 529 – Bourgoin-Jallieu 23 – Grenoble 47 – St-Étienne-de-St-Geoirs 12 – Vienne 44.

XX **Les Donnières,** près Mairie 𝒫 04 74 54 42 06 – 🅰🅴

🔲 fermé 14 juil. au 15 août, janv., dim. soir, merc. et jeudi – **Repas** (nombre de couverts limité, prévenir) carte 90 à 140.

MOUANS-SARTOUX 06370 Alpes-Mar. 🔢 ⑧, 🔢 ⑬, 🔢 ㉔ – 7 989 h alt. 120.

Paris 908 – Cannes 10 – Antibes 15 – Grasse 7 – Mougins 4 – Nice 34.

X **Relais de la Pinède,** rte La Roquette-sur-Siagne 1,5 km par D 409 𝒫 04 93 75 28 29, ☎ – 🅿, 🅰🅴 ⓞ ⒼⒷ 🇯🇨🇧

fermé fév. et merc. – **Repas** (prévenir) 99/170.

MOUCHARD 39330 Jura 🔢 ④ ⑤ – 997 h alt. 285.

Paris 395 – Besançon 40 – Arbois 10 – Dole 36 – Lons-le-Saunier 48 – Salins-les-Bains 9.

XX **Chalet Bel'Air** avec ch, 𝒫 03 84 37 80 34, Fax 03 84 73 81 18, ☎, 🌳 – 🍽 rest 📺 ☎ 🅿.

🔲 🅰🅴 ⓞ ⒼⒷ

fermé 18 au 24 juin, 19 nov. au 17 déc. et merc. hors vacances scolaires – **Repas** 170/380 ⅄
- **Rôtisserie :** Repas 81/175 ⅄, enf. 65 – 🖵 40 – **10 ch** 245/400 – ½ P 263/340.

RENAULT Gar. Conry, 𝒫 03 84 37 82 43 🅽 𝒫 03 84 37 82 43

MOUDEYRES 43150 H.-Loire 🔢 ⑱ – 111 h alt. 1177.

Paris 570 – Le Puy-en-Velay 24 – Aubenas 64 – Langogne 58 – St-Agrève 40 – Yssingeaux 35.

🏨 **Aub. Pré Bossu** (Grootaert) ☜, 𝒫 04 71 05 10 70, Fax 04 71 05 10 21 – ☎ 🅿. 🅰🅴 ⒼⒷ.

🍴 🌳 rest

Pâques-nov. et fermé le midi sauf sam., dim. et fériés – **Repas** (prévenir)(salle à manger réservée aux non-fumeurs) 168/360 et carte 260 à 400 – 🖵 55 – **10 ch** 370/470 – ½ P 450/600

Spéc. Dodine de lapin aux pruneaux et foie gras de canard. Pot-au-feu de pigeonneau, crête de coq et queue de boeuf aux lentilles vertes du Puy. Gibier (sept. à nov.). **Vins** Côtes d'Auvergne, Saint-Joseph.

MOUGINS 06250 Alpes-Mar. 🔢 ⑨, 🔢 ㉔ ㊳ G. Côte d'Azur – 13 014 h alt. 260.

Voir Site★ – Ermitage N.-D. de Vie : site★, ≤★ SE : 3,5 km.

🅸⑱ de Cannes-Mougins 𝒫 04 93 75 79 13, E : 2 km ; 🅸⑱ Royal Mougins Golf Club 𝒫 04 92 92 49 69, O : 2,5 km.

🇧 Office de Tourisme av. J.-Ch.-Mallet (fermé dim. et lundi) 𝒫 04 93 75 87 67, Fax 04 92 92 04 03.

Paris 906 – Cannes 8 – Antibes 13 – Grasse 11 – Nice 32 – Vallauris 9.

🏨🏨 **H. de Mougins** Ⓜ ☜, 205 av. Golf (rte Antibes) 2,5 km 𝒫 04 92 92 17 07, Fax 04 92 92 17 08, ☎, 🏊, 🌳 – ☜ 🍽 📺 ☎ & 🅿 – 🔺 40. 🅰🅴 ⓞ ⒼⒷ

Repas (fermé 24 nov. au 26 déc. et dim. soir de janv. à mars) 150 (déj.), 190/250 – 🖵 85 – **50 ch** 980 – ½ P 635.

🏨🏨 **Mas Candille** ☜, bd Rebuffel 𝒫 04 93 90 00 85, Fax 04 92 92 85 56, ≤, ☎, 🏊, 🌳, ⁑ – 🍽 ch 📺 ☎ ℂ 🅿. 🅰🅴 ⓞ ⒼⒷ 🇯🇨🇧 🌳 rest

14 mars-10 nov. – **Repas** (fermé merc. midi et mardi sauf juil.-août) 185/250 – 🖵 85 – **23 ch** 980/1180 – ½ P 620/795.

🏨 **Manoir de l'Étang** ☜, Bois de Font-Merle (rte Antibes) - allée du Manoir 2 km 𝒫 04 93 90 01 07, Fax 04 92 92 20 70, ≤, ☎, parc, « Isolé dans la campagne », 🏊 – 📺 ☎ 🅿. 🅰🅴 ⒼⒷ. 🌳

fermé 1er nov. au 20 déc. et 10 janv. au 1er fév. – **Repas** (fermé mardi hors sais.) 145/190 – 🖵 55 – **17 ch** 600/900.

🏨 **Arc H.,** 1082 rte Valbonne 𝒫 04 93 75 77 33, Fax 04 92 92 20 57, ☎, 🏊, 🌳, ⁑ – 📺 ☎ & 🅿 – 🔺 40. 🅰🅴 ⓞ ⒼⒷ

Repas 100 (déj.), 120/180, enf. 70 – 🖵 43 – **44 ch** 510/560.

XXXX **Moulin de Mougins** (Vergé) avec ch, à Notre-Dame-de-Vie Sud-Est 2,5 km par D 3 𝒫 04 93 75 78 24, Fax 04 93 90 18 55, ☎, « Ancien moulin à huile du 16e siècle », 🌳 – 🍽 📺 ☎ 🅿. 🅰🅴 ⓞ ⒼⒷ

🍴 fermé 1er au 17 déc. et 11 fév. au 11 mars – **Repas** (fermé lundi sauf le soir du 15 juil. au 31 août et jeudi midi) 305 bc (déj.), 615/740 et carte 530 à 760 – 🖵 75 – **3 ch** 800/900, 4 appart – ½ P 1300/1500

Spéc. Poupeton de fleur de courgette à la truffe noire de Valréas. Petite bourride de langouste royale à la mode du Moulin. Noisettes d'agneau aux fleurs de sarriette roties sur l'os. **Vins** Bellet, Côtes de Provence.

XXX **Ferme de Mougins,** à St-Basile (rte de Valbonne) ℰ 04 93 90 03 74, Fax 04 92 92 21 48, ⟨rest⟩, ⟨rest⟩ – **P.** AE ⓞ GB JCB
fermé dim. soir et lundi hors sais. – **Repas** 195 (déj.), 250/380 et carte 390 à 510.

XXX **Les Muscadins** avec ch, au village ℰ 04 93 90 00 43, Fax 04 92 92 88 23, ≤, ⟨rest⟩ – ▤ ch
TV ☎ **P.** AE ⓞ GB
fermé 12 au 26 déc. et 18 fév. au 11 mars – **Repas** *(fermé mardi sauf juil.-août)* 175/290 et carte 300 à 390 – ⊡ 60 – **8 ch** 750/1200 – ½ P 555/780.

XX **Feu Follet,** au village ℰ 04 93 90 15 78, Fax 04 92 92 92 62, ⟨rest⟩ – AE GB
fermé dim. soir du 16 sept. au 14 juin, mardi midi du 15 juin au 15 sept. et lundi – **Repas** 128 (déj.)/158.

XX **Relais à Mougins,** au village ℰ 04 93 90 03 47, Fax 04 93 75 72 83, ⟨rest⟩ – GB JCB
fermé fév., mardi midi et lundi sauf fériés – **Repas** 125 (déj.), 150/375.

XX **Bistrot de Mougins,** au village ℰ 04 93 75 78 34, Fax 04 93 75 25 52 – ▤. GB
fermé mi-nov. à mi-déc., le midi en juil.-août et merc. midi – **Repas** (prévenir) 125 (déj.)/175.

XX **L'Amandier de Mougins,** au village ℰ 04 93 90 00 91, Fax 04 92 92 89 95, ⟨rest⟩ – AE ⓞ GB
Repas 140/180 ⟨⟩, enf. 65.

XX **Clos St-Basile,** à St-Basile (rte de Valbonne) ℰ 04 92 92 93 03, Fax 04 92 92 19 34, ⟨rest⟩ – **P.** AE GB
fermé 16 fév. à fin mars, mardi soir et merc. de sept. à juin – **Repas** 120 (déj.)/185.

PEUGEOT Gar. Ortelli, 235 rte du Cannet (bretelle autoroute) ℰ 04 93 69 60 60 ℕ ℰ 08 00 44 24 24

We suggest:

for a successful tour, that you prepare it in advance.

Michelin Maps *and* **Guides***, will give you much useful information on route*

planning, places of interest, accommodation, prices etc.

MOULINS ℙ *03000 Allier* 69 ⑭ *G. Auvergne – 22 799 h alt. 240.*
Voir *Cathédrale Notre-Dame★ : triptyque★★★, vitraux★★* DY *– Jacquemart★* DY *– Mausolée du duc de Montmorency★ (chapelle du lycée)* CDY B *– Musée d'Art et d'Archéologie★ : oeuvres médiévales★★, collection de faïences★* DY M².
🏌 *des Avenelles* ℰ 04 70 20 00 95, *par* ④ *N 7 : 7 km.*
🛈 *Office de Tourisme pl. Hôtel de Ville* ℰ 04 70 44 14 14, Fax 04 70 34 00 21.
Paris 289 ① *– Bourges 101* ① *– Chalon-sur-Saône 133* ③ *– Châteauroux 151* ① *– Clermont-Ferrand 104* ⑤ *– Mâcon 136* ③ *– Montluçon 81* ⑥ *– Nevers 56* ① *– Roanne 99* ④ *– Vichy 56* ④.

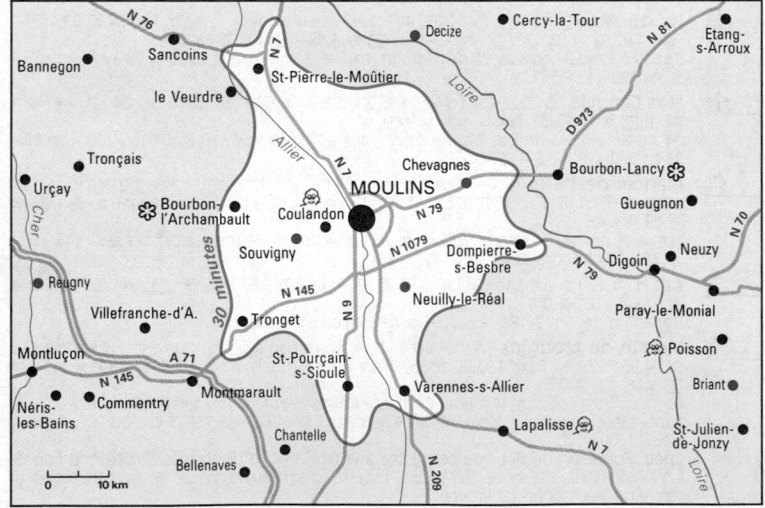

MOULINS

Allier (Pl. d') . . . . **CDZ**
Allier (R. d') . . . . **DYZ**
Flèche (R. de la) . . . . **DZ** 20
Horloge (R. de l') . . . . **DZ** 26

Alsace-Lorraine (Av. d') . . . . **BX** 3
Ancien-Palais (R.) . . . . **DY** 4
Bourgogne (R. de) . . . . **DY** 6
Bréchimbault (R.) . . . . **DZ** 7
Cerf-Volant (R.) . . . . **BV** 8
Clermont-Ferrand (Rte de) . . . . **AX** 10
Desboutins (R.) . . . . **BX** 16
Fausses-Braies (R. des) . . . . **DY** 19
Grenier (R.) . . . . **DY** 25
Hôtel-de-Ville (Pl. de l') . . . . **DY** 27
Jeu-de-Paume (R. du) . . . . **BV** 28
Laussédat (Pl. du Col.) . . . . **DY** 29
Leclerc (Av. Gén.) . . . . **BX** 30
Libération (Av. de la) . . . . **AX** 31
Montilly (Rte de) . . . . **AX** 32
Orfèvres (R. des) . . . . **DY** 33
Pascal (R. Blaise-) . . . . **CZ** 34
Péron (R. F.) . . . . **DY** 35
République (Av.) . . . . **BX** 36
Tanneries (R. des) . . . . **DY** 38
Tinland (R.M.) . . . . **CY** 39
Vert-Galant (R. du) . . . . **CDY** 40
4-Septembre (R.) . . . . **DZ** 42

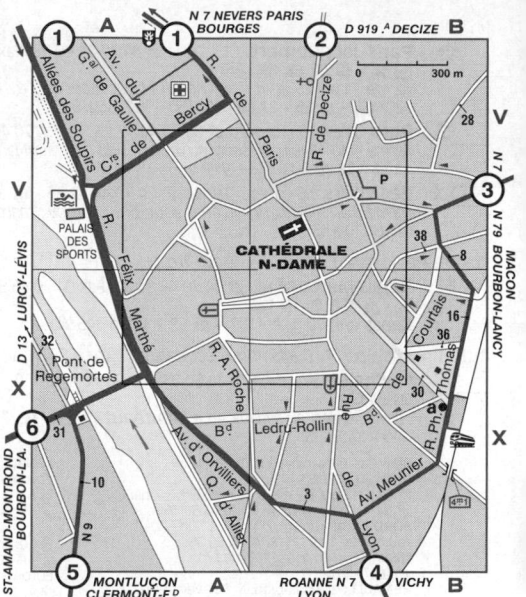

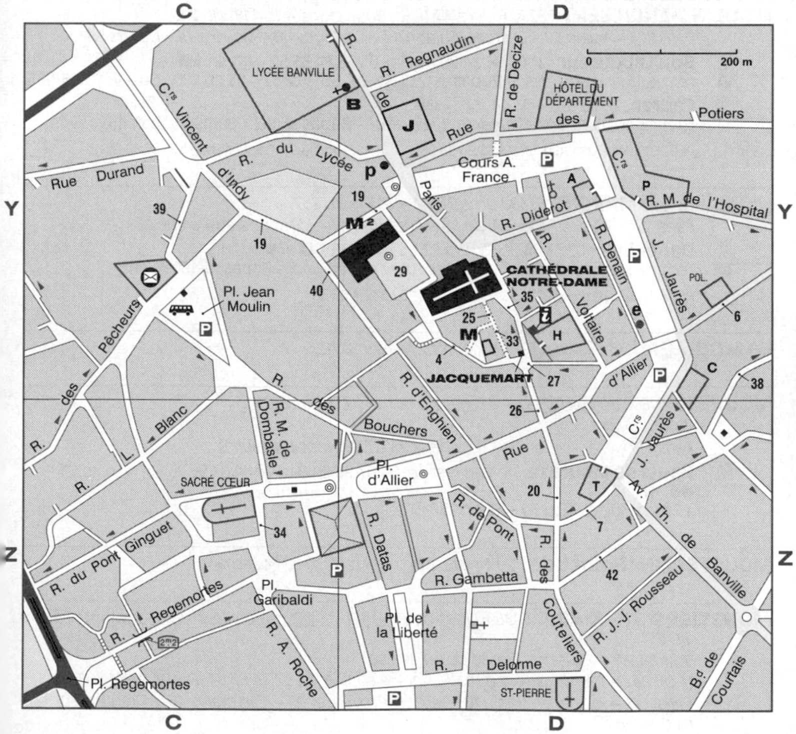

Paris-Jacquemart, 21 r. Paris ℰ 04 70 44 00 58, Fax 04 70 34 05 39, 佘, 🛌 – 🛗 ☰ rest
🆃🆅 ☎ 📶 📠 AE ⓞ GB JCB   DY p
fermé 11 au 25 août (sauf hôtel) et vacances de fév. – **Repas** *(fermé dim. soir et lundi)*
180/450 – ☲ 55 – **27 ch** 350/750 – ½ P 550/800.

Parc, 31 av. Gén. Leclerc ℰ 04 70 44 12 25, Fax 04 70 46 79 35 – ☰ rest 🆃🆅 ☎ 📶 🅿. GB
fermé 4 au 18 juil., 27 sept. au 4 oct. et 23 déc. au 4 janv. – **Repas** *(fermé sam.)* 90/220 ₰ –
☲ 36 – **28 ch** 200/330 – ½ P 250.   BX a

des Cours, 36 cours J. Jaurès ℰ 04 70 44 32 56 – ☰. AE GB   DY e
fermé 2 au 9 avril, 14 juil. au 6 août, 5 au 13 nov., mardi soir et merc. – **Repas** 130/305 et
carte 210 à 330.

rte de Paris par ① : *8 km* – ⊠ *03460 Trevol :*

Relais Mercure Ⓜ, ℰ 04 70 46 84 84, Fax 04 70 46 80 80, 佘, parc, 🛌 – 🛗 ↝ 🆃🆅 ☎ 📶
🅿. – 🔏 150. AE ⓞ GB
Repas 100/270 ₰, enf. 52 – ☲ 52 – **42 ch** 345/400.

à Coulandon par ⑥, D 945 et rte secondaire : *7 km* – *554 h. alt. 250* – ⊠ *03000 :*

Le Chalet ⑤, ℰ 04 70 44 50 08, Fax 04 70 44 07 09, ≤, 佘, « Parc », 🛌 – 🆃🆅 ☎ 📶 ₠ 🅿.
AE ⓞ GB
fermé 16 déc. au 31 janv. – **Le Montegut :** Repas 115/230, enf. 60 – ☲ 45 – **28 ch** 295/460
– ½ P 340/395.

BMW Gar. Thévenin, 29 r. Ch.-Rispal
ℰ 04 70 44 60 81
CITROEN Dubois-Dallois, Le Pré Vert N 7 par ①
ℰ 04 70 44 44 44 📶 ℰ 04 70 44 38 38
FORD Barrat Autom., ZI Moulins Sud N 7 à
Toulon-sur-Allier ℰ 04 70 44 99 55
NISSAN Gar. Courtais, 28 r. de Lyon
ℰ 04 70 20 06 17
RENAULT Gar. Paris-Lyon, N 7 à Avermes par ①
ℰ 04 70 44 30 12 📶 ℰ 04 70 44 30 12

RENAULT Gar. Vernet, 63 rte de Bourgogne à
Yzeure par ③ ℰ 04 70 46 07 55
SEAT Gar. St-Christophe, 119 r. de Paris
ℰ 04 70 44 13 60

🏭 Euromaster, 36 rte de Moulins à Avermes
ℰ 04 70 44 11 55
Euromaster, 103 rte de Lyon ℰ 04 70 46 31 42

MOULINS-ENGILBERT 58290 Nièvre 🖸🖸 ⑥ G. Bourgogne – *1 711 h alt. 215.*
Paris 275 – Autun 50 – Château-Chinon 17 – Corbigny 40 – Moulins 73 – Nevers 58.

Bon Laboureur, ℰ 03 86 84 20 55, Fax 03 86 84 35 52 – 🆃🆅 ☎. GB
fermé 15 janv. au 1er fév. – **Repas** 65/235 ₰, enf. 50 – ☲ 32 – **23 ch** 180/350 – ½ P 165/265.

Cadran, ℰ 03 86 84 33 44, 佘 – GB
fermé fév., merc. soir et lundi sauf juil.-août – **Repas** 58 (déj.), 89/198 ₰, enf. 45.

PEUGEOT Gar. Perraudin, ℰ 03 86 84 23 55   RENAULT Gar. Pessin, ℰ 03 86 84 25 13

MOULINS-LA-MARCHE 61380 Orne 🖸🖸 ④ – *816 h alt. 257.*
Paris 157 – Alençon 44 – L'Aigle 18 – Argentan 47 – Mortagne-au-Perche 18.

Dauphin, ℰ 02 33 34 50 55, Fax 02 33 34 25 35 – 🅿. GB
fermé 8 sept. au 1er oct., 3 au 19 fév., dim. soir et lundi – **Repas** 70/190 ₰, enf. 53.

RENAULT Gar. Bazin, ℰ 02 33 34 55 33 📶 ℰ 02 33 34 55 33

Le MOULLEAU 33 Gironde 🖸🖸 ② ⑫ – *rattaché à Arcachon.*

MOURÈZE 34800 Hérault 🖸🖸 ⑤ G. Gorges du Tarn – *100 h alt. 200.*
Voir *Cirque★★.*
Paris 737 – Montpellier 49 – Bédarieux 23 – Clermont-l'Hérault 8.

Hauts de Mourèze ⑤ sans rest, ℰ 04 67 96 04 84, Fax 04 67 96 25 85, ≤, parc, 🛌 – 🅿.
GB, ❀
15 mars-30 oct. – ☲ 30 – **16 ch** 250/300.

MOUSTERLIN (Pointe de) 29 Finistère 🖸🖸 ⑮ – *rattaché à Fouesnant.*

MOUSTIERS-STE-MARIE 04360 Alpes-de-H.-P. 🖸🖸 ⑰, 🖸🖸🖸 ⑧ G. Alpes du Sud (plan) – *580 h*
alt. 631.
Voir *Site★★ – Eglise★ – Musée de la Faïence★.*
🖪 *Office de Tourisme (fermé matin hors saison)* ℰ 04 92 74 67 84, Fax 04 92 74 60 65.
Paris 771 – Digne-les-Bains 48 – Aix-en-Provence 90 – Castellane 45 – Draguignan 62 –
Manosque 50.

🏠 **La Bastide de Moustiers** Ⓜ ⤢, au sud du village, par D 952 et rte secondaire
  𝒫 04 92 70 47 47, Fax 04 92 70 47 48, ≼, 🏠, parc, « Accueillante auberge aménagée dans
  une bastide du 17ᵉ siècle », ⤢ – 🔲 🖭 ☎ ✆ 🅿 📧 ⑩ ⎚ ⅏ ch
  fermé 17 nov. au 6 fév. et mardi du 17 nov. au 12 mars – **Repas** *(fermé 17 nov. au 12 mars)*
  (nombre de couverts limité, prévenir) 195/260 – �░ 75 – **7 ch** 900/1300.

🏠 **Le Colombier** ⤢ sans rest, rte Castellane : 0,5 km 𝒫 04 92 74 66 02, Fax 04 92 74 66 70,
  ≼, 🏠, ⅏, ⤢ – 🖭 🅿 📧 ⅏
  fermé 12 nov. au 5 déc. et fév. – �░ 32 – **22 ch** 220/330.

🍴🍴 **Les Santons** (Abert), pl. Église 𝒫 04 92 74 66 48, Fax 04 92 74 63 67, 🏠 – 📧 ⑩ ⎚
❀ *fermé déc., janv., lundi soir sauf du 14 juil. au 15 sept. et mardi –* **Repas** (nombre de
  couverts limité, prévenir) 170/420 et carte 300 à 500
  Spéc. Nouilles fraîches aux truffes et foie gras. Saint-Pierre grillé au ragoût de légumes.
  Caneton aux olives vertes et cuisse laquée au miel. **Vins** Côtes de Provence.

  RENAULT Gar. Honorat, 𝒫 04 92 74 66 30 Ⓝ   Gar. Achard, 𝒫 04 92 74 66 24
  𝒫 04 92 74 66 30

MOUTHIER-HAUTE-PIERRE *25920 Doubs* 🔟 ⑥ *G. Jura – 356 h alt. 450.*
  Voir *Belvédère de Mouthier* ≼★★ *SE : 2,5 km – Gorges de Nouailles*★ *SE : 3,5 km – Roche de
  Haute-Pierre* ≼★ *N : 5 km puis 30 mn.*
  *Paris 439 – Besançon 39 – Baume-les-Dames 54 – Levier 27 – Pontarlier 21 – Salins-les-
  Bains 42.*

🏠 **La Cascade** ⤢, 𝒫 03 81 60 95 30, Fax 03 81 60 94 55, ≼ vallée – 🖭 ☎ ♿ 🅿 ⎚ ⅏
🍴 *20 fév.-13 nov. –* **Repas** 110/280 – ⌱ 41 – **23 ch** 275/350 – ½ P 290/322.

MOÛTIERS *73600 Savoie* 🔟 ⑰ *G. Alpes du Nord – 4 295 h alt. 480.*
  🚗 ☎ 08 36 35 35 35.
  🛈 Office de Tourisme pl. St-Pierre 𝒫 04 79 24 04 23, Fax 04 79 24 56 05.
  Paris 610 – Albertville 27 – Chambéry 75 – St-Jean-de-Maurienne 87.

🏠 **Ibis,** colline Champoulet 𝒫 04 79 24 27 11, Fax 04 79 24 30 03, ≼ – 🛗 💱 🖭 ☎ ♿ 🅿 📧
  ⑩ ⎚
  Repas 95, enf. 39 – ⌱ 35 – **61 ch** 280/320.

🏠 **des Alpes,** 103 r. Basse de la Gare 𝒫 04 79 24 01 15, Fax 04 79 24 23 37 – 🖭 ☎. 📧 ⎚
  1ᵉʳ juil.-31 août et 1ᵉʳ déc.-fin avril – **Repas** 95/125 ⅃, enf. 45 – ⌱ 35 – **24 ch** 230/390 –
  ½ P 170/310.

  PEUGEOT Arly Autom., 𝒫 04 79 24 10 66 Ⓝ   ⓦ La Maison du Pneu, 𝒫 04 79 24 21 95
  𝒫 04 79 22 93 73
  RENAULT Moutiers Autom., 𝒫 04 79 24 61 61 Ⓝ
  𝒫 04 79 09 54 37

Les MOÛTIERS-EN-RETZ *44580 Loire-Atl.* 🔟 ② *G. Poitou Vendée Charentes – 739 h alt. 5.*
  Paris 431 – Nantes 46 – Challans 35 – St.-Nazaire 41.

🍴🍴 **Bonne Auberge,** av. Mer 𝒫 02 40 82 72 03, Fax 02 40 64 68 37 – ⎚, ⅏
  fermé mi-nov. à mi-déc., dim. soir et lundi sauf juil.-août – **Repas** 110/295, enf. 70.

MOUX-EN-MORVAN *58230 Nièvre* 🔟 ⑰ *– 744 h alt. 502.*
  Paris 265 – Autun 30 – Château-Chinon 31 – Clamecy 70 – Nevers 93 – Saulieu 17.

🍴 **Beau Site,** 𝒫 03 86 76 11 75, Fax 03 86 76 15 84, 🏠, parc – 🅿 ⎚ ⅏ rest
🍴 *hôtel : fermé 30 nov. au 15 mars –* **Repas** *(fermé 21 déc. au 30 janv., dim. soir et lundi du 16
  nov. au 16 mars)* 65/185 ⅃, enf. 50 – ⌱ 32 – **20 ch** 140/250 – ½ P 190/250.

  CITROEN Gar. Bureau, 𝒫 03 86 76 14 05 Ⓝ 𝒫 03 86 76 14 05

MOUZON *08210 Ardennes* 🔟 ⑩ *G. Champagne – 2 637 h alt. 160.*
  Voir *Église Notre-Dame*★.
  Paris 265 – Charleville-Mézières 40 – Carignan 7 – Longwy 62 – Sedan 17 – Verdun 64.

🍴🍴 **Les Échevins,** 33 r. Ch. de Gaulle 𝒫 03 24 26 10 90, Fax 03 24 29 05 95 – ⎚
  fermé 4 au 28 août, 19 janv. au 5 fév., dim. soir et lundi sauf fériés le midi – **Repas** 95/185,
  enf. 60.

  PEUGEOT Gar. Fédricq, 𝒫 03 24 26 13 87 Ⓝ   RENAULT Gar. Rogier, 𝒫 03 24 26 11 84 Ⓝ
  𝒫 03 24 26 13 87   𝒫 03 24 26 11 84

MOYE *74 H.-Savoie* 🔟 ⑤ *– rattaché à Rumilly.*

MUHLBACH-SUR-MUNSTER 68380 H.-Rhin [[]] ⑱ G. Alsace Lorraine – 631 h alt. 460.
Paris 466 – Colmar 25 – Gérardmer 38 – Guebwiller 32.

🏨 **Perle des Vosges** 🌳 (annexe 🏨 Ⓜ 5 ch), ℘ 03 89 77 61 34, Fax 03 89 77 74 40, ≼, [⛺] – 📶 ☎ P̲. ⓞ GB, ✖ rest
fermé 15 nov. au 1ᵉʳ déc. et 3 janv. au 3 fév. – **Repas** 70 (dîner), 110/200 ⅃ – ☲ 35 – **40 ch**
248/400, 5 appart – ½ P 215/265.

MULHOUSE ⟨SP⟩ 68100 H.-Rhin [[]] ⑧ ⑩ G. Alsace Lorraine – 108 357 h Agglo. 223 856 h alt. 240.
Voir Parc zoologique et botanique★★ CV – Place de la Réunion★ EFY 113 : Hôtel de Ville★★
FY H (musée historique★★ M¹) – Vitraux★ du temple St-Étienne FY D – Musée de l'auto-
mobile-collection Schlumpf★★★ BU – Musée français du chemin de fer★★★ AV – Musée de
l'Impression sur étoffes★ FZ M² – Electropolis : musée de l'énergie électrique★ AV M⁸.
Env. Musée du Papier peint★ : collection★★ à Rixheim E : 6 km DV M⁷.
🏌 du Rhin à Chalampé ℘ 03 89 26 07 86, par ② : 19 km; 🏌 des Bouleaux à Wittelsheim
℘ 03 89 55 55 07, par ⑥ : 4 km.
✈ de Bâle-Mulhouse (Euro-Airport) par ③ : 27 km, ℘ 03 89 90 31 11 à St-Louis et ❀ 061
℘ 325 31 11 à Bâle (Suisse).
🚗 ℘ 08 36 35 35 35.
🛈 Office de Tourisme 9 av. Mar.-Foch ℘ 03 89 45 68 31, Fax 03 89 45 66 16 – Automobile
Club Résidence du Parc, 15 bd Europe ℘ 03 89 45 38 72.
Paris 465 ⑤ – Basel 35 ③ – Belfort 42 ⑤ – Besançon 137 ⑤ – Colmar 43 ① – Dijon 219 ⑤ –
Freiburg-im-Breisgau 58 ② – Nancy 176 ① – Reims 367 ⑥ – Strasbourg 115 ①.

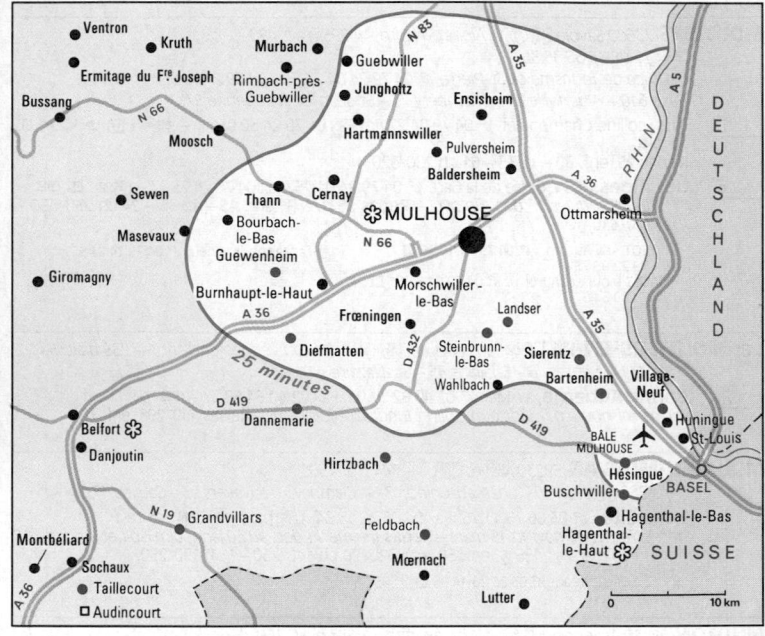

🏨 **Parc** Ⓜ, 26 r. Sinne ℘ 03 89 66 12 22, Fax 03 89 66 42 44 – 📶 ✖ ▤ 📺 ☎ ⅄ ⟷ – 🏌 80.
AE ⓞ GB
FZ **a**
Repas (fermé août sam. midi et dim.) 120 – ☲ 90 – **76 ch** 650/1300.

🏨 **Mercure Centre**, 4 pl. Gén. de Gaulle ℘ 03 89 36 29 39, Fax 03 89 36 29 49 – 📶 ✖ ▤ 📺
☎ ⅄ ⟷ – 🏌 100. AE ⓞ GB
FZ **b**
Repas 99/145 ⅃, enf. 50 – ☲ 55 – **96 ch** 340/490 – ½ P 330.

🏨 **Bourse** sans rest, 14 r. Bourse ℘ 03 89 56 18 44, Fax 03 89 56 60 51, ✍ – 📶 ✖ 📺 ☎ ⅄.
AE ⓞ GB
FZ **d**
fermé 22 déc. au 3 janv. – ☲ 50 – **50 ch** 300/445.

MULHOUSE

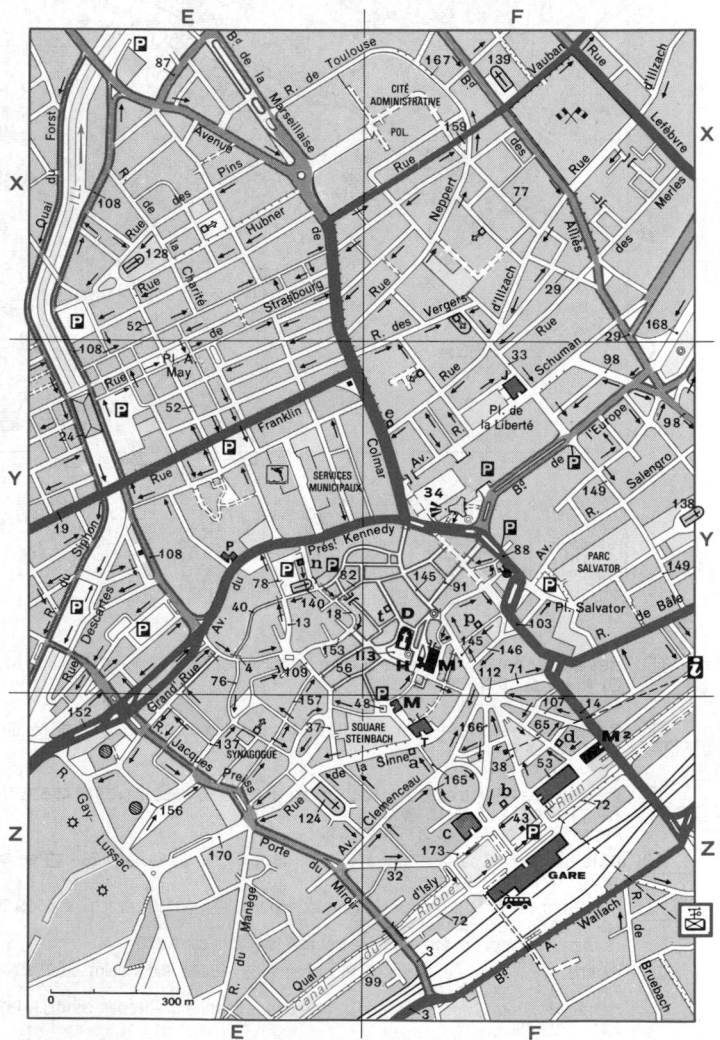

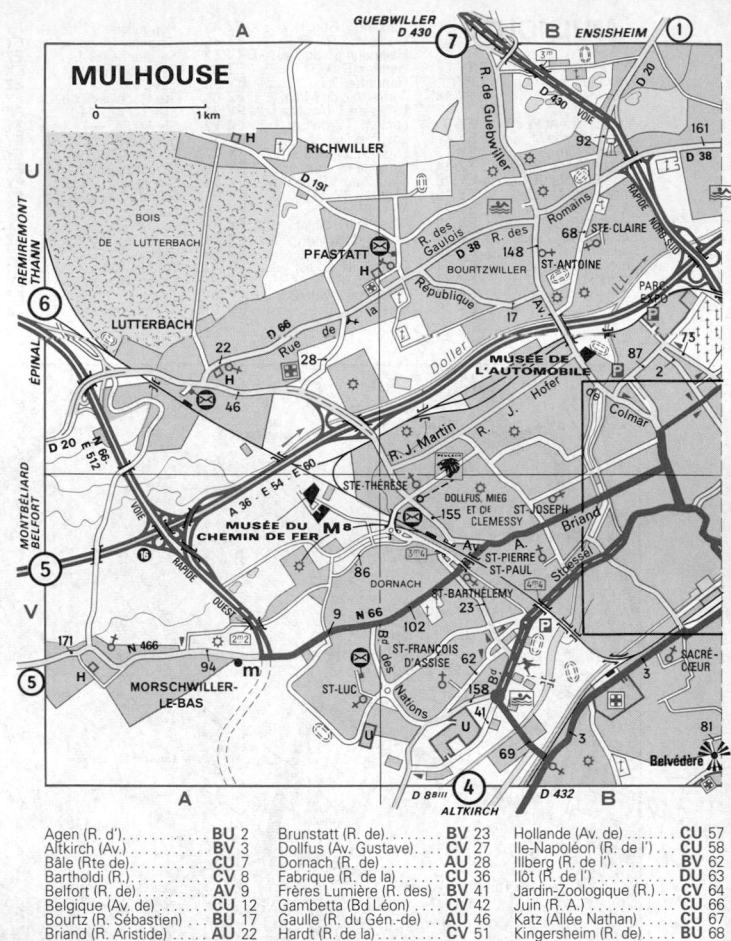

MULHOUSE

0   1 km

RICHWILLER

BOIS DE LUTTERBACH

PFASTATT
BOURTZWILLER
STE-CLAIRE
ST-ANTOINE

LUTTERBACH

MUSÉE DE L'AUTOMOBILE

STE-THÉRÈSE

DOLLFUS, MIEG ET CIE CLEMESSY   ST-JOSEPH

MUSÉE DU CHEMIN DE FER

DORNACH
ST-PIERRE
ST-PAUL
ST-BARTHÉLEMY

ST-FRANÇOIS D'ASSISE

MORSCHWILLER-LE-BAS

ST-LUC

SACRÉ-CŒUR

Belvédère

des Maréchaux M sans rest, 15 r. Lambert ℰ 03 89 66 44 77, Fax 03 89 46 30 66, *fₐ* – 🛗 📺 ☎ 🅿 – 🔬 30. ⅍ ⑩ ⅏ FY **t**
➸ 48 – **60 ch** 300/400.

Bristol sans rest, 18 av. Colmar ℰ 03 89 42 12 31, Fax 03 89 42 50 57 – 🛗 ⇌ 📺 ☎ 🅿 – 🔬 30. ⅍ ⑩ ⅏ 🆁🅲🅱 FY **e**
➸ 40 – **67 ch** 250/380.

Ibis Centre Filature, 34 allée Nathan Katz ℰ 03 89 56 09 56, Fax 03 89 45 53 57, 🍴 – 🛗 ⇌ 📺 ☎ 🅿 – 🔬 35. ⅍ ⑩ ⅏ CU **e**
Repas 95 ⅃, enf. 39 – ➸ 35 – **70 ch** 305.

Bâle sans rest, 19 passage Central ℰ 03 89 46 19 87, Fax 03 89 66 07 06 – 📺 ☎. ⅏ FY **p**
➸ 36 – **32 ch** 175/295.

Le Parc, 8 r. V. Hugo à Illzach-Modenheim ⊠ 68110 Illzach ℰ 03 89 56 61 67, Fax 03 89 56 13 85, 🍴, 🌳 – 🅿. ⅏ CU **k**
fermé sam. midi, dim. soir et lundi – **Repas** 210/430 et carte 270 à 440.

Poste, 7 r. Gén. de Gaulle à Riedisheim ⊠ 68400 Riedisheim ℰ 03 89 44 07 71, Fax 03 89 64 32 79 – 🅿. ⅍ ⅏ CV **d**
fermé 28 juil. au 18 août, vacances de fév., dim. soir et lundi – **Repas** 135 (déj.), 185/400 et carte 270 à 390 ⅃.

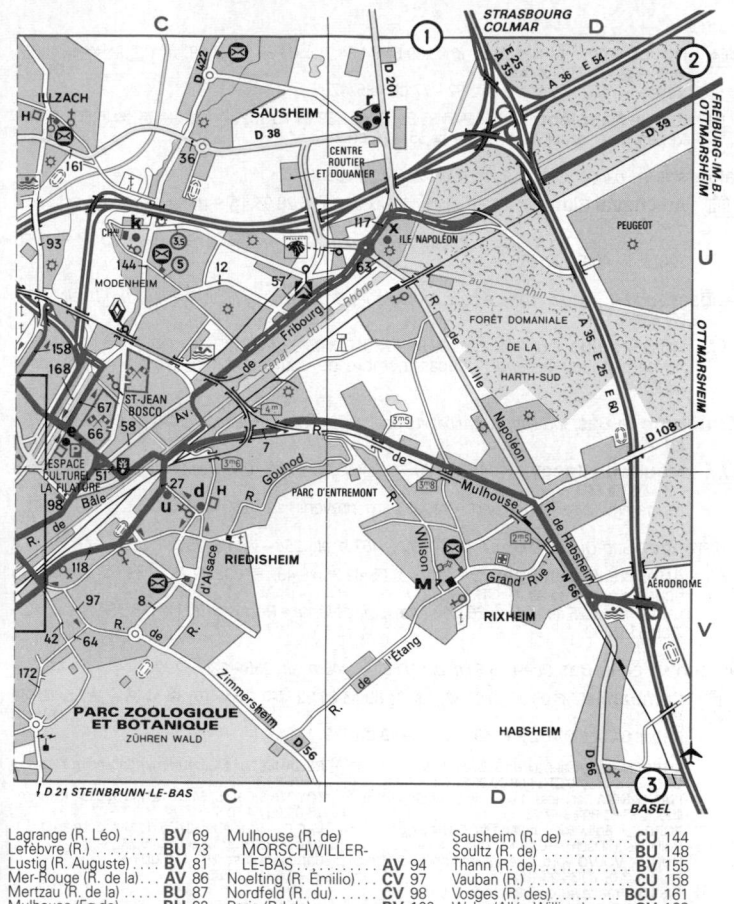

XX **Aub. de la Tonnelle** (Hirtzlin), 61 r. Mar.-Joffre à Riedisheim ⊠ 68400 Riedisheim
※ ℰ 03 89 54 25 77, Fax 03 89 64 29 85 – ⅁⅀ CV u
fermé merc. – **Repas** 168 et carte 190 à 280 ⅃
Spéc. Poêlée de grenouilles fraîches aux fines herbes. Fricassée de volaille fermière aux
langoustines et pâtes. Poire rôtie "stamm de la tonnelle". **Vins** Riesling, Pinot noir.

X **Aux Caves du Vieux Couvent**, 23 r. Couvent ℰ 03 89 46 28 79, Fax 03 89 66 47 87,
※ ⅏, Taverne – ⅁. ⅀⅁ ⅃ ⅁⅀ EY n
fermé dim. soir et lundi – **Repas** 55/150 ⅃.

au Nord-Est : île Napoléon – ⊠ 68110 Illzach :

XXX **La Closerie**, ℰ 03 89 61 88 00, Fax 03 89 61 95 49 – ⅁. ⅁⅀ DU x
fermé 15 au 31 juil., 23 déc. au 4 janv., dim. (sauf fériés le midi), sam. midi et lundi soir –
Repas 230/310 et carte 250 à 380 ⅃, enf. 75.

au Nord-Est par D 201 – ⊠ 68390 Sausheim :

▥ **Mercure**, ℰ 03 89 61 87 87, Fax 03 89 61 88 40, ※, ⅃, ⅀⅁ – ⅁ ⅀⅁ ⅁ ⅁ ☎ ⅃ ⅁ –
⅀ 60. ⅀⅁ ⅁ ⅁⅀ DU r
Repas 98 ⅃, enf. 56 – ⅀ 52 – **100 ch** 415.

🏨 **Novotel** Ⓜ, r. Ile Napoléon, ℰ 03 89 61 84 84, Fax 03 89 61 77 99, 🌳, ⌕ – 🛏 ≡ ch 📺
☎ 🅿 – 🕍 80. 🖭 ⓪ 🖼   DU s
Repas 94/190 ⅄, enf. 52 – ⌸ 52 – **77 ch** 435/470.

🏨 **Ibis Ile Napoléon,** ℰ 03 89 61 83 83, Fax 03 89 61 78 10, 🌳 – 📱 ⌕ 📺 ☎ 🅿. 🖭 ⓪ 🖼
Repas (dîner seul.) 95, enf. 39 – ⌸ 35 – **76 ch** 285.   DU f

à Baldersheim *par* ① : *8 km – 2 238 h. alt. 226 –* ⊠ *68390 :*

🏨 **Au Cheval Blanc,** ℰ 03 89 45 45 44, Fax 03 89 56 28 93, 🏊 – 📱 ⌕ ≡ rest 📺 ☎ 🎣 ⅗ 🅿
– 🕍 30. 🖼
fermé 22 déc. au 4 janv., – **Repas** *(fermé dim. soir)* 87/236 ⅄, enf. 52 – ⌸ 40 – **83 ch**
220/355 – ½ P 240/265.

à Landser *Sud-Est : 11 km par rte parc zoologique, Bruebach, D 21 et D 6ᴮ – 1 941 h. alt. 230 –*
⊠ *68440 :*

🍴🍴 **Host. Paulus,** 4 pl. Paix ℰ 03 89 81 33 30, Fax 03 89 26 81 85 – 🅿. 🖼
fermé dim. soir et lundi – **Repas** (nombre de couverts limité, prévenir) 200 bc (déj.),
220/340.

à Steinbrunn-le-Bas *Sud-Est : 10 km par rte parc zoologique, Bruebach et D 21 – 618 h. alt. 275 –*
⊠ *68440 :*

🍴🍴 **Moulin du Kaegy,** ℰ 03 89 81 30 34, Fax 03 89 81 31 10, « Maison du 16ᵉ siècle, jardin »
– 🅿. 🖭 ⓪ 🖼
fermé janv., dim. soir et lundi – **Repas** (dim. prévenir) 215 (déj.), 330/530.

à Froeningen *Sud-Ouest : 9 km par D 8ᴮᴵᴵᴵ - BV – 467 h. alt. 256 –* ⊠ *68720 :*

🍴🍴 **Aub. de Froeningen** *avec ch,* ℰ 03 89 25 48 48, Fax 03 89 25 57 33, 🌳, « Maison
fleurie », ⚬ – 🍸 ☎ 🅿. 🖼
fermé 11 au 25 août, 5 au 26 janv., dim. soir et lundi – **Repas** 80 (déj.), 175/350 ⅄ – ⌸ 42 –
7 ch 325/400.

à Morschwiller-le-Bas *Ouest : 5,5 km par N 66 – 2 445 h. alt. 265 –* ⊠ *68790 :*

🏨 **Campanile,** ℰ 03 89 59 87 87, Fax 03 89 43 81 82, 🌳 – ⌕ 📺 ☎ 🎣 🅿 – 🕍 25. 🖭 ⓪
🖼   AV m
Repas 84 bc/107 bc, enf. 39 – ⌸ 32 – **49 ch** 278.

CITROEN Succursale, av. de Suisse à Illzach
ℰ 03 89 31 33 40 🅽 ℰ 08 00 05 24 24
FIAT, LANCIA Gar. Hess, 1 bis r. de Sausheim à
Illzach ℰ 03 89 66 57 66
FORD Gar. Bollwerk, Parc Activité Ouest av. de
Hollande à Illzach ℰ 03 89 31 09 60
HONDA, VOLVO Porte Ouest Automobiles, 21G r.
Thann ℰ 03 89 33 27 28
NISSAN France Autom., 83 av. de Colmar
ℰ 03 89 60 25 50
OPEL Gar. Muller, 23 r. Thann ℰ 03 89 33 27 27
PEUGEOT S.I.A.M, 7 r. de Berne à Illzach
ℰ 03 89 31 06 60 🅽 ℰ 08 00 44 24 24
PEUGEOT S.I.A.M., 22 r. Thann ℰ 03 89 59 65 65 🅽
ℰ 08 00 44 24 24

RENAULT Gar. Mulhousien, r. Sausheim à Illzach
ℰ 03 89 36 22 22
TOYOTA S.D.A.R., 64 rte de Mulhouse à Rixheim
ℰ 03 89 44 40 50
VAG Gar. Schelcher, 27 fg de Mulhouse à
Kingersheim ℰ 03 89 52 45 22
Gar. Manu Est, 26 r. Manulaine
ℰ 03 89 52 35 80

🛞 Euromaster, 3 r. L.-Pasteur ℰ 03 89 56 64 24
Euromaster, ZA les Pylones, 11-15 r. de Londres
à Illzach ℰ 03 89 61 78 78
Kautzmann, 2 r. A.-Hertzog ℰ 03 89 33 17 33
Pneus et Services D.K., 14 av. de Hollande ZI à
Illzach ℰ 03 89 61 76 76

MUNSTER *68140 H.-Rhin* 🖪🖳 ⑱ *G. Alsace Lorraine – 4 657 h alt. 400.*

Env. *Soultzbach-les-Bains : autels★★ dans l'église E : 7 km.*

🗓 *Office de Tourisme pl. du Marché ℰ 03 89 77 31 80, Fax 03 89 77 07 17.*

*Paris 461 – Colmar 20 – Gérardmer 33 – Guebwiller 29 – Mulhouse 60 – St-Dié 55 –
Strasbourg 89.*

🏨 **Verte Vallée** Ⓜ ⚬, 10 r. A. Hartmann, parc de la Fecht ℰ 03 89 77 15 15,
Fax 03 89 77 17 40, 🌳, 🛁, 🏊, 🌱 – 📱 ≡ rest 📺 ☎ ⅗ 🅿 – 🕍 25 à 100. 🖭 ⓪ 🖼
fermé 4 au 26 janv. – **Repas** 88/260 ⅄, enf. 70 – ⌸ 55 – **100 ch** 400, 7 appart – ½ P 350.

🏨 **Deux Sapins,** 49 r. 9ᵉ Zouaves par rte Gérardmer ℰ 03 89 77 33 96, Fax 03 89 77 03 90 –
📱 ☎ 🅿. 🖭 ⓪ 🖼
fermé 20 nov. au 20 déc., dim. soir et lundi d'oct. à avril – **Repas** 70/180 ⅄, enf. 42 – ⌸ 32 –
25 ch 240/320 – ½ P 230/270.

FORD Gar. Sary, ℰ 03 89 77 33 44
PEUGEOT Gar. Schmidt, ℰ 03 89 77 40 78 🅽
ℰ 03 89 77 40 78

RENAULT Gar. Gissler, ℰ 03 89 77 37 44

MURAT *15300 Cantal* 76 ③ *G. Auvergne* (plan) – *2 409 h alt. 930.*

Voir *Site* ★ – *Église* ★ *de Bredons S : 2,5 km.*

🅷 *Office de Tourisme pl. Hôtel-de-Ville* ℘ *04 71 20 09 47.*

Paris 524 – Aurillac 49 – Brioude 57 – Issoire 72 – Le Puy-en-Velay 118 – St-Flour 25.

🏠 **Les Breuils** sans rest, ℘ 04 71 20 01 25, Fax 04 71 20 02 43, 🔽, 🐾 – ☎ 🅿. 🆖, 🛁
début mai-1ᵉʳ nov., vacances scolaires en hiver et fermé dim. sauf vacances scolaires –
🛏 40 – **10 ch** 450/480.

🏠 **Les Messageries,** ℘ 04 71 20 04 04, Fax 04 71 20 02 81, *ℹ, ⊿* – 🆘 ☎. 🅰🅴 🆖
🍴 *fermé 12 nov. au 25 déc.* – **Repas** 75/150 ⅃ – 🛏 40 – **24 ch** 220/260 – ½ P 240.

à l'Est *par N 122, rte de Clermont-Ferrand : 4 km* – ✉ *15300 Murat :*

✗✗✗ **Jarrousset,** ℘ 04 71 20 10 69, Fax 04 71 20 15 26, 🌣, ⊿, 🐾 – 🅿. 🆖
❀ **Spéc.** Fricassée d'écrevisses à la tomate et basilic (juin à oct.). Escalope de saumon poêlée
aux lentilles. Petit chou farci aux truffes.

CITROEN Gar. Meissonnier, Le Martinet   RENAULT Gar. Dolly, ℘ 04 71 20 03 93
℘ 04 71 20 13 87 🆕 ℘ 04 71 20 05 55
PEUGEOT Gar. Delrieu, ℘ 04 71 20 06 22 🆕
℘ 04 71 20 06 22

MURBACH *68 H.-Rhin* 62 ⑱ – *rattaché à Guebwiller.*

MUR-DE-BARREZ *12600 Aveyron* 76 ⑫ *G. Gorges du Tarn* – *1 109 h alt. 790.*

Paris 575 – Aurillac 39 – Rodez 85 – St-Flour 59.

🏠 **Aub. du Barrez** Ⓜ 🕊, ℘ 05 65 66 00 76, Fax 05 65 66 07 98, 🐾 – 📺 ☎ ✇ 🅿. 🅰🅴 🆖
🍽 *fermé janv.* – **Repas** *(fermé dim. soir de nov. à Pâques et lundi sauf du 8 juil. au 15 sept. et*
fériés) 65/195 ⅃ – 🛏 36 – **18 ch** 200/480 – ½ P 245/335.

PEUGEOT Gar. Manhes, ℘ 05 65 66 02 25 🆕   Gar. Yerles, ℘ 05 65 66 02 24 🆕
℘ 05 65 66 16 70   ℘ 05 65 66 16 94

MUR-DE-BRETAGNE *22530 C.-d'Armor* 58 ⑲ *G. Bretagne* – *2 049 h alt. 225.*

Voir *Rond-Point du lac* ≤★ – *Lac de Guerlédan* ★★ *O : 2 km.*

🅷 *Syndicat d'Initiative pl. de l'église (juin-sept.)* ℘ 02 96 28 51 41, Fax 02 96 26 09 12.

Paris 456 – St-Brieuc 46 – Carhaix-Plouguer 50 – Guingamp 45 – Loudéac 20 – Pontivy 17 –
Quimper 100.

✗✗✗ **Aub. Grand'Maison** (Guillo) avec ch, ℘ 02 96 28 51 10, Fax 02 96 28 52 30 – 📺 ☎. 🅰🅴
❀ ⓪ 🆖 🇯🇨🇧
fermé 1ᵉʳ au 25 oct., vacances de fév., dim. soir et lundi – **Repas** (nombre de couverts
limité, prévenir) 160 (déj.), 190/400 et carte 270 à 430, enf. 100 – 🛏 55 – **12 ch** 280/600 –
½ P 450/600
Spéc. Profiteroles de foie gras au coulis de truffes. Fricassée de homard aux légumes
croquants. Pigeonneau "en bécasse".

La MURE *38350 Isère* 77 ⑮ *G. Alpes du Nord* – *5 480 h alt. 890.*

Paris 606 – Grenoble 41 – Gap 64.

🏠 **Murtel,** ℘ 04 76 30 96 10, Fax 04 76 30 91 38, 🌣 – 📺 ☎ 🅿. 🆖
🍴 **Repas** 75 bc/165 ⅃, enf. 44 – 🛏 30 – **40 ch** 240/260 – ½ P 205/220.

CITROEN Gar. Gay, ℘ 04 76 81 02 57   RENAULT Gar. du Nord, ℘ 04 76 81 01 69 🆕
PEUGEOT Gar. Reynier, ℘ 04 76 81 03 78 🆕   ℘ 04 76 81 01 69
℘ 04 76 81 03 78

Les MUREAUX *78 Yvelines* 55 ⑲,, 106 ⑯ – *rattaché à Meulan.*

MURET ◆ *31600 H.-Gar.* 82 ⑰ *G. Pyrénées Roussillon* – *18 134 h alt. 169.*

Paris 716 – Toulouse 22 – Auch 73 – St-Gaudens 73 – Pamiers 50.

🏠 **Aragon** sans rest, 15 r. Aragon ℘ 05 61 56 18 19 – ☎
fermé dim. – 🛏 22 – **20 ch** 125/168.

à Labarthe-sur-Lèze *Est : 6 km par D 19 – 3 772 h. alt. 162* – ✉ *31860 :*

✗✗ **Rose des Vents,** carrefour D 19-D 4 ℘ 05 61 08 67 01, Fax 05 61 08 85 84, 🌣, 🐾 – 🅿.
🅰🅴 ⓪ 🆖
fermé 15 au 30 août, vacances de fév., dim. soir et lundi – **Repas** 90/195.

✗✗ **Poêlon,** ℘ 05 61 08 68 49, Fax 05 61 08 78 48, 🌣 – 🆖
fermé vacances de Toussaint, dim. soir et merc. – **Repas** 89/200.

CITROEN Gar. Dedieu, à Rieumes 🖉 05 61 91 81 28
CITROEN G.A.M., N 117 🖉 05 62 11 60 40
FIAT Sud Garonne Autom., 7 r. A.-Berges, ZI
Marclan 🖉 05 61 56 82 82
MERCEDES Antras Autom., 44 av. de l'Europe
🖉 05 61 51 80 20 🅽 🖉 03 23 72 11 01
PEUGEOT SO.NO.MA., 50 av. de Toulouse
🖉 05 61 51 81 81 🅽 🖉 05 62 22 29 32

RENAULT S.A.D.A.M., 254 av. des Pyrénées
🖉 05 61 51 05 44 🅽 🖉 05 61 17 76 50

🔘 Muret Pneus, ZI Joffrery 🖉 05 61 51 09 39
Vialatte Pneus-Point S, 179 av. de Toulouse
🖉 05 61 51 48 34

MUROL 63790 P.-de-D. 🎟️ ⑬ ⑭ G. Auvergne (plan) – 606 h alt. 830.

Voir Château★★.

🛈 Office de Tourisme r. de Jassaguet 🖉 04 73 88 62 62, Fax 04 73 88 60 23.

Paris 461 – Clermont-Ferrand 37 – Besse-en-Chandesse 12 – Condat 40 – Issoire 30 –
Le Mont-Dore 19.

🏨 **Les Volcans** sans rest., 🖉 04 73 08 60 77, 🖙 – ☎ 🅿 🆔 🆖🅱
15 juin-30 sept., vacances de Noël, de fév. et de printemps – 🖵 35 – **10 ch** 220/260.

RENAULT Gar. Dabert, 🖉 04 73 88 63 43

MUSSIDAN 24400 Dordogne 🎟️ ④ G. Périgord Quercy – 2 985 h alt. 50.

🛈 Syndicat d'Initiative pl. de la République 🖉 05 53 81 73 87.

Paris 532 – Périgueux 39 – Angoulême 85 – Bergerac 25 – Libourne 56 – Ste-Foy-la-
Grande 29.

🏨 **Midi** 🦐, à la gare 🖉 05 53 81 01 77, Fax 05 53 81 82 90 14, 🍽, 🍹, 🖙 – 📺 ☎ 🗸 🅿 🆖🅱.
🦐 ch
fermé 20 fév. au 20 mars, vend. soir et sam. hors sais. – **Repas** 70/170 ⅋, enf. 48 – 🖵 35 –
10 ch 200/300 – ½ P 250.

🍴🍴 **Relais de Gabillou,** rte de Périgueux 🖉 05 53 81 01 42, 🍽, 🍹 – 🅿 🆖🅱
fermé janv. et lundi – **Repas** 85/300 ⅋, enf. 50.

à Sourzac Est : 4 km par N 89 – 1 011 h. alt. 50 – ⌧ 24400 :

🏨 **Le Chaufourg,** 🖉 05 53 81 01 56, Fax 05 53 82 94 87, « Ambiance guesthouse », 🍹, 🖙
– 📺 ☎ 🅿 🆔 🆖🅱
Repas (1er avril-30 oct. et fermé mardi midi et merc. midi) (résidents seul.) carte 190 à 270 –
🖵 75 – **10 ch** 720/1200.

PEUGEOT Gar. Rousseau, 🖉 05 53 81 04 47

MUTRECY 14220 Calvados 🎟️ ⑮ – 219 h alt. 113.

Paris 248 – Caen 19 – Falaise 35 – Lisieux 56 – St-Pierre-sur-Dives 39.

🍴 **Aub. des Pommiers** 🦐, 🖉 02 31 79 32 03, Fax 02 31 79 32 03 – ☎ 🅿 🆔 🆗 🆖🅱
🦐 **Repas** 55 (déj.), 79/180, enf. 45 – 🖵 28 – **10 ch** 170/240 – ½ P 175/200.

MUTZIG 67190 B.-Rhin 🎟️ ⑨ G. Alsace Lorraine – 4 552 h alt. 190.

Paris 478 – Strasbourg 30 – Obernai 12 – Saverne 30 – Sélestat 36.

🏨 **Host. de la Poste,** pl. Fontaine 🖉 03 88 38 38 38, Fax 03 88 49 82 05, 🍽 – 📺 ☎ 🚗.
🆖🅱
Repas 100/310 ⅋ – 🖵 38 – **19 ch** 210/315 – ½ P 263/305.

🍴 **Aub. Alsacienne "au Nid de Cigogne",** r. 18-Novembre 🖉 03 88 38 11 97 – 🆖🅱
fermé mardi soir et merc. – **Repas** 135/230 ⅋, enf. 52.

🔘 Kautzmann, 🖉 03 88 38 61 78

NAINTRÉ 86 Vienne 🎟️ ④ – rattaché à Châtellerault.

NAJAC 12270 Aveyron 🎟️ ⑳ G. Gorges du Tarn – 766 h alt. 315.

Voir Site★★ – Ruines du château★ : <★.

🛈 Office de Tourisme pl. Faubourg 🖉 05 65 29 72 05, Fax 05 65 29 79 29.

Paris 629 – Rodez 76 – Albi 49 – Cahors 69 – Gaillac 49 – Montauban 70 – Villefranche-de-
Rouergue 19.

Belle Rive ⟋, Nord-Ouest : 2 km par D 39 ℘ 05 65 29 73 90, Fax 05 65 29 76 88, ≤, ㏇,
« Dans les gorges de l'Aveyron », ⌂, ☞, ✻ – ☎ 🅿. ⓪ ㏉
Pâques-1er nov. et fermé dim. soir en oct. – **Repas** 86/235 ⟋, enf. 55 – ⌑ 45 – **36 ch**
245/280 – ½ P 278/292.

Oustal del Barry avec ch, ℘ 05 65 29 74 32, Fax 05 65 29 75 32, ≤, ㏇, « Jardin » – ⟦
📺 ☎ ⟵. ⒶⒺ ㏉
1er avril-1er nov. et fermé lundi sauf de juil. à sept. – **Repas** 98 (déj.), 135/260 et carte 270 à
400 ⟋, enf. 65 – ⌑ 48 – **20 ch** 260/460 – ½ P 335/360.

au Nord-Est : 8 km par D 39, D 339 et D 638 – ⊠ 12270 Najac :

Longcol ⟋, ℘ 05 65 29 63 36, Fax 05 65 29 64 28, ≤, ㏇, parc, « Ancienne ferme du 17e
siècle aménagée avec élégance », ⌂, ✻ – 📺 ☎ ✆ 🅿. – 🛁 40. ⒶⒺ ㏉. ✻ rest
Pâques-12 nov. – **Repas** (fermé mardi midi sauf du 15 juin au 15 sept.) 140 (déj.), 195/390 –
⌑ 70 – **17 ch** 650/850 – ½ P 575/770.

NANCY ℗ 54000 M.-et-M. 62 ⑤ G. Alsace Lorraine – 99 351 h Agglo. 329 447 h alt. 206.

Voir Ensemble 18e s. : Place Stanislas★★★ BY , Arc de Triomphe★ BY B – Place de la
Carrière★ BY et Palais du Gouvernement★ BX W – Palais ducal★★ BX : musée Historique
lorrain★★★ – Église et Couvent des Cordeliers★ BX : gisant de Philippe de Gueldre★★ –
Porte de la Craffe★ AX F – Église N.-D.-de-Bon-Secours★ EX – Façade★ de l'église St-
Sébastien BY – Musées : Beaux-Arts★★ BY M², Ecole de Nancy★★ DX M³, Zoologie (aqua-
rium tropical★) CY M⁴.

Env. Basilique★★ de St-Nicolas-de-Port par ② : 12 km.

🏌 de Nancy-Aingeray ℘ 03 83 24 53 87, par ⑥ : 17 km ; 🏌 de Pulnoy ℘ 03 83 18 10 18, E :
7 km par ① puis D 83.

✈ de Metz-Nancy-Lorraine : ℘ 03 87 56 70 00, par ⑥ : 43 km.

🚗 ℘ 08 36 35 35 35.

🛈 Office de Tourisme 14 pl. Stanislas ℘ 03 83 35 22 41, Fax 03 83 35 90 10 – Automobile
Club Lorrain 49 pl. de la Carrière ℘ 03 83 35 04 65, Fax 03 83 36 79 79.

Paris 308 ⑤ – Chaumont 118 ④ – Dijon 217 ⑤ – Metz 58 ⑥ – Reims 195 ⑤ – Strasbourg
152 ①.

Gd H. de la Reine et rest. Stanislas, 2 pl. Stanislas ℘ 03 83 35 03 01,
Fax 03 83 32 86 04, ㏇, « Palais du 18e siècle sur la place Stanislas » – ⟦ ⟵ 🍽 rest 📺 ☎ ⟵,
– 🛁 25 à 40. ⒶⒺ ⓪ ㏉ ㏋
BY d
Repas 180 (déj.), 240/360 et carte 220 à 390, enf. 80 – ⌑ 80 – **42 ch** 600/1350, 6 appart
Spéc. Suprême de pigeonneau, galette de pommes de terre et céleri (avril à sept.). Dos de
truite rôti au lard fumé, sauce au vin blanc (juil. à sept.). Gibier. **Vins** Côtes de Toul blanc et
rouge.

NANCY

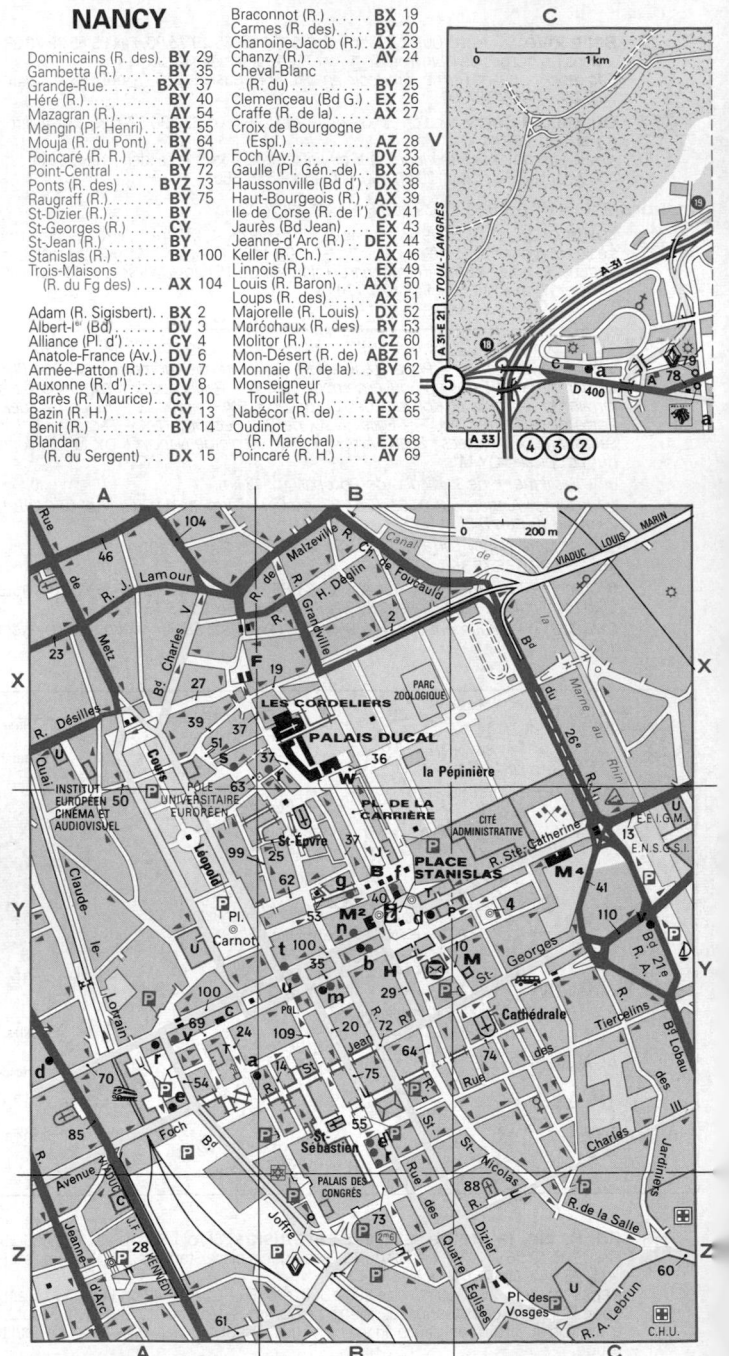

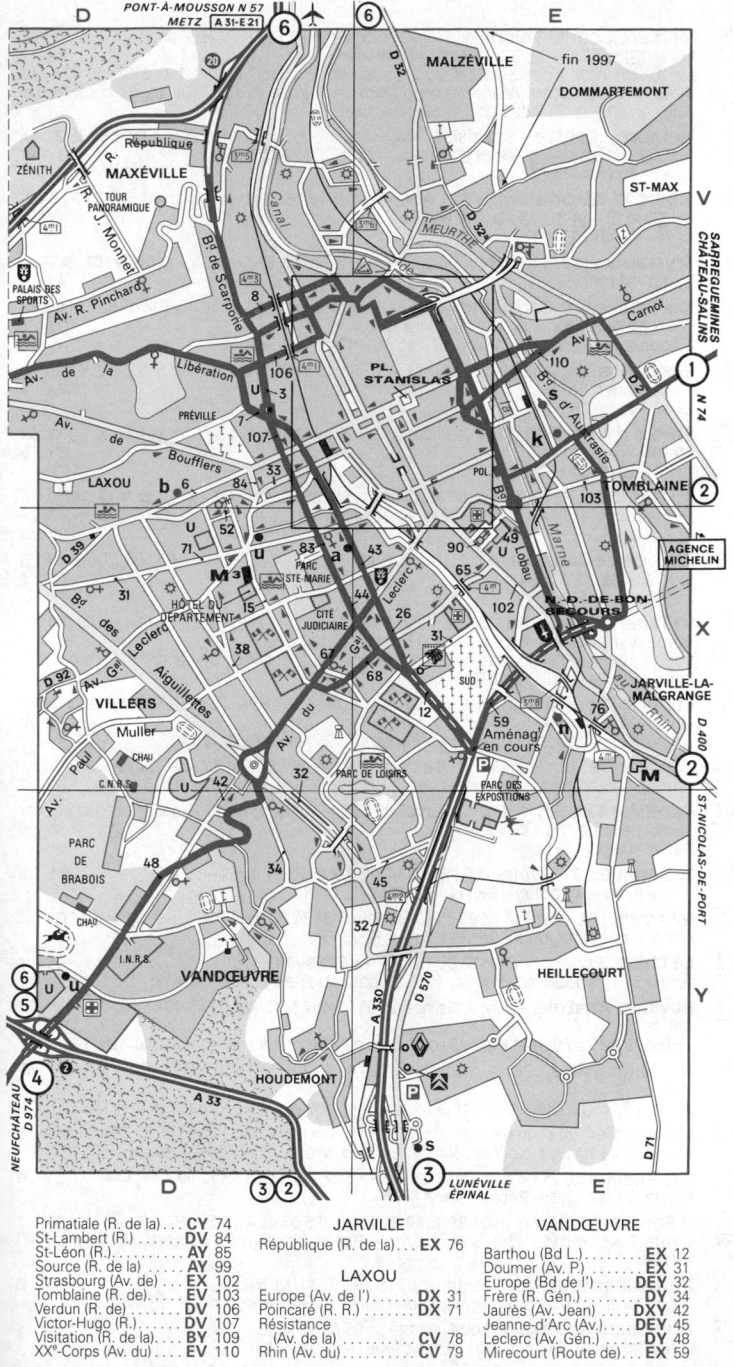

🏨 **Mercure Centre Thiers** Ⓜ, 11 r. R. Poincaré ✆ 03 83 39 75 75, Fax 03 83 32 78 17 – 🛗
✉ 🖿 📺 ☎ ✇ ᴸ ♿ – 🔬 30 à 150. 🖭 ⓪ 🖼 🖼 AY   r
La Toison d'Or (fermé 15 juil. au 24 août et dim. soir) **Repas** 190/240, enf. 60 – *Le Rendez-Vous Litteraire (fermé vend., dim. midi et sam. du 15 juil. au 24 août)* **Repas** 125, enf. 60 – ⚏ 55 – **185 ch** 475/625, 7 appart.

🏨 **Mercure Centre Stanislas** Ⓜ sans rest, 5 r. Carmes ✆ 03 83 35 32 10, Fax 03 83 32 92 49 – 🛗 ✉ 🖿 📺 ☎ ⬅ – 🔬 25. 🖭 ⓪ 🖼 🖼 BY   m
⚏ 52 – **80 ch** 445/465.

🏨 **Albert 1er-Astoria** sans rest, 3 r. Armée Patton ✆ 03 83 40 31 24, Fax 03 83 28 47 78 – 🛗
✉ 📺 ☎ 🅿 – 🔬 30. 🖭 ⓪ 🖼 🖼 AY   d
⚏ 39 – **85 ch** 295/390.

🏨 **Crystal** sans rest, 5 r. Chanzy ✆ 03 83 35 41 55, Fax 03 83 37 84 85 – 🛗 📺 ☎. 🖭 ⓪ 🖼
⚏ 43 – **38 ch** 295/385. AY   a

🏨 **Ibis Centre Ste-Catherine** Ⓜ, 42 av. 20e Corps ✆ 03 83 37 10 10, Fax 03 83 37 66 33 –
🛗 ✉ 📺 ☎ ᴸ ⬅ – 🔬 à 80. 🖭 ⓪ 🖼 CY   v
L'Aquarelle : **Repas** 140 ⅃, enf. 60 – ⚏ 35 – **60 ch** 280/365.

🏨 **Résidence** sans rest, 30 bd J. Jaurès ✆ 03 83 40 33 56, Fax 03 83 90 16 28 – 🛗 ✉ 📺 ☎
✇ 🖭 ⓪ 🖼 DEX   a
⚏ 37 – **22 ch** 260/340.

🏨 **Portes d'Or** sans rest, 21 r. Stanislas ✆ 03 83 35 42 34, Fax 03 83 32 51 41 – 🛗 📺 ☎. 🖭
⓪ 🖼 🖼 BY   b
⚏ 38 – **20 ch** 240/310.

🏨 **Au Bon Coin**, 33 r. Villers ✆ 03 83 40 04 01, Fax 03 83 90 32 08 – 🛗 📺 ☎ ✇ 🅿. 🖼
fermé 26 juil. au 17 août, dim. et fériés – **Repas** 71/147 ⅃, enf. 50 – ⚏ 35 – **20 ch** 180/250 – ½ P 240. DX   u

🏨 **Ibis Centre Gare** sans rest, 3 r. Crampel ✆ 03 83 32 90 16, Fax 03 83 32 08 77 – 🛗 ✉ 📺
☎ ✇ ♿ – 🔬 25. 🖭 🖼 AY   e
⚏ 35 – **82 ch** 320.

XXX ❀ **La Table des Mengin**, 27 r. Ponts ✆ 03 83 35 17 25, Fax 03 83 35 72 49 – 🖿. 🖭 🖼
fermé dim. et lundi – **Repas** 120/340 bc et carte 190 à 280 BY   e
Spéc. Lasagnes d'encornets au beurre de foie gras. Matelote de sandre au gris de Toul. Pot-au-feu de volaille. **Vins** Pinot noir.

XXX **Capucin Gourmand**, 31 r. Gambetta ✆ 03 83 35 26 98, Fax 03 83 35 75 32, « Décor Modern'style » – 🖼 BY   m
fermé 1er au 20 août, dim. et lundi – **Repas** 150/550 et carte 320 à 470.

XXX **Cap Marine**, 60 r. Stanislas ✆ 03 83 37 05 03, Fax 03 83 37 01 32 – 🖿. 🖭 ⓪ 🖼
fermé 1er au 20 août, sam. midi et dim. – **Repas** 135/210 bc et carte 230 à 310. BY   t

XX **Excelsior Flo**, 50 r. H. Poincaré ✆ 03 83 35 24 57, Fax 03 83 35 18 48, brasserie, « Décor ''École de Nancy'' » – 🖭 ⓪ 🖼 AY   v
Repas 109 bc/149 bc.

XX **Les Agaves**, 2 r. Carmes ✆ 03 83 32 14 14, Fax 03 83 37 13 31 – 🖭 🖼 BY   u
fermé lundi soir et dim. – **Repas** 150/180 ⅃.

XX **Mirabelle**, 24 r. Héré ✆ 03 83 30 49 69, Fax 03 83 32 78 93 – 🖼 BY   f
fermé dim. soir et lundi – **Repas** 95 (déj.), 125/310.

XX **La Chine**, 31 r. Ponts ✆ 03 83 30 13 89 – 🖿. 🖭 ⓪ 🖼 BY   r
fermé 5 au 25 août, dim. soir et lundi – **Repas** - cuisine chinoise - 145/185.

XX **Pavillon Anatole**, 62 av. A. France ✆ 03 83 40 63 30, Fax 03 83 40 63 30, 🌐 – 🖿. 🖭
🖼 DVX   b
fermé 29 avril au 9 mai, 1er au 22 août, sam. midi, dim. soir et lundi – **Repas** 150/320.

XX **La Mignardise**, 28 r. Stanislas ✆ 03 83 32 20 22, Fax 03 83 32 19 20, 🌐 – 🖭
🖼 BY   n
fermé 28 juil. au 12 août, 27 oct. au 4 nov., dim. soir et lundi – **Repas** 75 (déj.), 120/300.

XX **L'Amandier**, 24 pl. Arsenal ✆ 03 83 32 11 01, Fax 03 83 32 11 01 – 🖿. 🖭 🖼 AX   s
fermé 1er au 20 août, Noël au Jour de l'An, sam. midi, dim. et fériés – **Repas** 142/179.

X **Les Pissenlits**, 25 bis r. Ponts ✆ 03 83 37 43 97, Fax 03 83 35 72 49 – 🖿. 🖭 🖼 BY   e
fermé dim. et lundi – **Repas** 98/148 ⅃.

X **V'Four**, 10 r. St-Michel ✆ 03 83 32 49 48, Fax 03 83 32 49 48, 🌐 – 🖭 🖼 BX   r
fermé 3 au 16 mars, dim. soir et lundi – **Repas** (nombre de couverts limité, prévenir) 80/160.

X **Petite Marmite**, 8 r. Gambetta ✆ 03 83 35 25 63 – 🖭 🖼 BY   b
fermé 15 au 31 juil., 12 au 18 janv. et dim. sauf fériés – **Repas** 71 (déj.), 98/170.

X **Nouveaux Abattoirs**, 4 bd Austrasie ✆ 03 83 35 46 25 – 🖼 EV   s
fermé 20 juil. au 15 août, sam., dim. et fériés – **Repas** 90/270 ⅃.

✗ **Le Wagon,** 57 r. Chaligny ℘ 03 83 32 32 16, Fax 03 83 35 68 36, « Ancien wagon-restau-
⊛ rant » – 🝙 🄿, 🄰🄴 ⓞ 🄶🄱   EV k
fermé 4 juil. au 5 août, sam., dim. et fêtes – **Repas** 82/196 ⅊, enf. 41.

✗ **Bouchon Lyonnais,** 15 r. Maréchaux ℘ 03 83 37 55 77, Fax 03 83 35 28 71 – 🝙 🄰🄴 🄶🄱
⊛ **Repas** 85/160.   BY g

à Jarville-la-Malgrange *Sud-Est : 3 km par av. Strasbourg* - **EX** – *9 992 h. alt. 210* – ⊠ *54140 :*

✗ **Les Chanterelles,** 27 av. Malgrange ⊠ 54140 ℘ 03 83 51 43 17, Fax 03 83 51 43 17 –
🄶🄱   EX n
fermé 15 au 31 août, sam. midi et dim. soir – **Repas** 95/145 ⅊, enf. 47.

à Houdemont *Sud : 6 km vers ③ par A 330* - **EY** – *1 836 h. alt. 270* – ⊠ *54180 :*

🏨 **Novotel Nancy Sud** Ⓜ, près centre commercial ⊠ 54180 ℘ 03 83 56 10 25,
Fax 03 83 57 62 20, 🌴, 🝙, ⤳ – 📧 ⤴ 🆀 🝙 🄿 – 🔏 25 à 100. 🄰🄴 ⓞ 🄶🄱 🄹🄲🄱   EY s
Repas carte environ 170, enf. 50 – ☷ 52 – **86 ch** 430/470.

à Richardménil *par ③, A 330 et D 570 : 12 km* – *3 040 h. alt. 230* – ⊠ *54630 :*

✗✗ **Au Bon Accueil,** ℘ 03 83 25 62 10, Fax 03 83 25 62 10 – 🄿, 🄰🄴 ⓞ 🄶🄱
fermé 29 juil. au 19 août, 18 fév. au 4 mars, dim. soir et lundi sauf fériés – **Repas** 118/225 ⅊.

à Flavigny-sur-Moselle *par ③ et A 330 : 16 km* – *1 609 h. alt. 240* – ⊠ *54630 :*

✗✗✗ **Le Prieuré** (Roy) Ⓜ ⤳ avec ch, ℘ 03 83 26 70 45, Fax 03 83 26 75 51, 🌴, ⤳, 🌲 – 🆀 🝙, 🄰🄴
❀ ⓞ 🄶🄱
fermé 21 août au 3 sept., vacances de fév., dim. soir et merc. – **Repas** 200 (déj.), 300/420 et
carte 370 à 480 – ☷ 60 – **4 ch** 600
Spéc. Carpaccio de foie gras de canard, vinaigrette truffée. Salmis de pigeon et de homard
breton. Soufflé fondant au chocolat chaud.

à Vandoeuvre-lès-Nancy *Sud-Ouest : 4 km par av. Gén. Leclerc* - **DY** – *34 105 h. alt. 300* –
⊠ *54500 :*

🏩 **Ibis Brabois** Ⓜ, allée de Bourgogne ⊠ 54500 ℘ 03 83 44 55 77, Fax 03 83 44 21 44, 🌴
– 📧 ⤴ 🆀 🝙 🕹 🄿 – 🔏 25 à 40. 🄰🄴 ⓞ 🄶🄱   DY u
Repas 95, enf. 39 – ☷ 35 – **68 ch** 300/320.

à Neuves-Maisons *par ④ : 14 km* – *6 432 h. alt. 230* – ⊠ *54230 :*

✗✗ **L'Union,** 1 r. A. Briand ℘ 03 83 47 30 46, Fax 03 83 47 33 42, 🌴 – 🄶🄱
fermé 15 juil. au 5 août, dim. soir et lundi – **Repas** 100 bc (déj.), 128/265.

à Laxou *Ouest : 4 km par av. Libération* - **DV** – *15 490 h. alt. 258* – ⊠ *54520 :*

🏨 **Novotel Nancy Ouest** Ⓜ, ⊠ 54520 Laxou ℘ 03 83 93 45 45, Fax 03 83 98 57 07, 🌴,
🝙, ⤳ – 📧 ⤴ 🆀 🝙 🕹 🄿 – 🔏 25 à 200. 🄰🄴 ⓞ 🄶🄱 🄹🄲🄱   CV a
Repas 93/130 ⅊, enf. 50 – ☷ 52 – **119 ch** 435/475.

MICHELIN, Agence, 117 bd Tolstoï à Tomblaine **EX** ℘ 03 83 21 83 21

NISSAN Gar. Lorraine-Auto, 39 av. Garenne
℘ 03 83 40 22 57
OPEL S.A.N.E., 11 r. Tapis-Vert ℘ 03 83 39 06 40
Roth, 29 bd Joffre building Joffre
℘ 03 83 32 96 03 Ⓝ ℘ 03 83 32 96 03

🅦 Le Circulaire, 37 r. Sigisbert-Adam
℘ 03 83 37 06 23
Leclerc-Pneu, 4 r. M.-Barrès ℘ 03 83 37 06 57
Leclerc-Pneu, 11 r. A.-Krug ℘ 03 83 35 28 31

Périphérie et environs

CITROEN Central Autom. de Lorraine, D 570 à
Houdemont ℘ 03 83 51 29 30
FORD Nancy-Laxou Autom., 21 av. Résistance à
Laxou ℘ 03 83 95 50 00 Ⓝ ℘ 03 83 95 50 00
PEUGEOT S.I.A.L., av. P.-Doumer à Vandoeuvre
℘ 03 83 50 38 00 Ⓝ ℘ 08 00 44 24 24
PEUGEOT S.I.A.L., 1 à 3 av. Résistance à Laxou
℘ 03 83 95 80 80 Ⓝ ℘ 08 00 44 24 24
RENAULT Succursale, av. Résistance direction Paris
à Laxou ℘ 03 83 95 33 33 Ⓝ ℘ 08 00 05 15 15

RENAULT Succursale, D 570 rte d'Epinal à
Houdemont ℘ 03 83 95 32 32 Ⓝ
℘ 08 00 05 15 15

🅦 Euromaster, 53 r. E.-Levassor, Zi Franclos à
Ludres ℘ 03 83 25 77 33
Euromaster, 27 bis rte de Frouard à Cham-
pigneulles ℘ 03 83 38 14 64

NANGIS *77370 S.-et-M.* 🇫🇷 ③, 🇫🇷 ㊱ ㊽ – *7 013 h alt. 127.*
Voir Église★ de Rampillon E : 4,5 km par D 62, G. Ile de France.
🕳 *de Fontenailles* ℘ 01 64 60 51 52, *O : 5 km par D 408.*
🅗 *Syndicat d'Initiative 7 r. des Fontaines* ℘ 01 64 08 12 95.
Paris 72 – Fontainebleau 33 – Coulommiers 25 – Melun 26 – Provins 22 – Sens 53.

✗✗ **Dauphin** avec ch, 9 bis r. A. Briand ℘ 01 64 08 00 27, Fax 01 64 08 12 97 – 🆀 🝙 🕹 🄿, 🄰🄴
ⓞ 🄶🄱
fermé 27 juil. au 17 août, vacances de fév. dim. soir et merc. – **Repas** 135/235, enf. 49 –
☷ 38 – **13 ch** 190/300 – ½ P 215/270.

CITROEN S.N.M.A., 3 av. Gén. de Gaulle
    📞 01 64 08 00 48 🚩 📞 01 64 08 00 48
Nangis Accessoires Pièces, 31 r. des Fontaines
    📞 01 64 08 73 21

🛞 A.P.P. Pneus, rn 19 📞 01 64 08 35 14

NANS-LES-PINS 83860 Var 84 ⑭ , 114 ㉛ – 2 485 h alt. 380.

Paris 797 – Aix-en-Provence 44 – Brignoles 26 – Marseille 43 – Rians 36 – Toulon 73.

🏯 **Domaine de Châteauneuf** ⌂, au Châteauneuf Nord : 3,5 km par D 80 et N 560
📞 04 94 78 90 06, Fax 04 94 78 63 30, 🏡 , « Demeure du 18ᵉ siècle dans un parc, golf »,
🏊, ✗ – 📺 ☎ 🅿. – 🛎 30. 🖭 ⑩ 🎦
1ᵉʳ mars-30 nov. – **Repas** *(fermé lundi hors sais.)* 170 (déj.), 230/380, enf. 110 – ⊆ 75 – **25 ch**
580/1200, 5 appart. – ½ P 600/890.

RENAULT Gar. Cardillo, 📞 04 94 78 92 53

NANS-SOUS-STE-ANNE 25330 Doubs 70 ⑤ G. Jura – 142 h alt. 367.

Voir *Source du Lison*★★ 15 mn, *Grotte Sarrazine*★★ 30 mn, *Creux Billard* ★ 30 mn, SE : 3 km.
Paris 417 – Besançon 42 – Pontarlier 38 – Salins-les-Bains 14.

🏡 **Poste** ⌂, 📞 03 81 86 62 57, Fax 03 81 86 55 32, ≤ – 🌤 ☎. 🎦
🎦 fermé 15 déc. au 25 janv., mardi soir et merc. d'oct. à mars – **Repas** 85/150, enf. 45 – ⊆ 32
– **8 ch** 215 – ½ P 230.

NANTERRE 92 Hauts-de-Seine 55 ⑳ , 101 ⑭ – voir Paris, Environs.

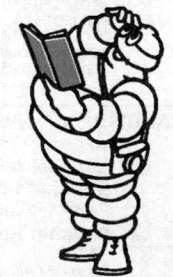

NANTES

P *44000 Loire-Atl.* 🗺 ③ *G. Bretagne - 244 995 h. - Agglo. 496 078 h - alt. 8.*

Paris 384 ② *– Angers 91* ② *– Bordeaux 321* ④ *– Lyon 615* ② *– Quimper 235* ⑥ *–*
Rennes 110 ⑦

OFFICE DE TOURISME

pl. du Commerce 𝄐 *02 40 20 60 00, Fax 02 40 89 11 99*
Automobile Club 6 bd G.-Guisth'au 𝄐 *02 40 48 56 19, Fax 02 51 82 26 12.*

RENSEIGNEMENTS PRATIQUES

TRANSPORTS
Auto-train 𝄐 *08 36 35 35 35.*

AÉROPORT
International Nantes-Atlantique 𝄐 *02 40 84 80 00 par D 85 : 8,5 km* BX

QUELQUES GOLFS
🏌 𝄐 *02 40 63 25 82 par D 81 : 16 km* AV
🏌 *de Nantes-Erdre* 𝄐 *02 40 59 21 21, N : 6 km par D 69* BV.

CURIOSITÉS

SOUVENIRS DES DUCS DE BRETAGNE
Château★★ HY *: tour de la Couronne d'Or*★★*, puits*★★*, musée d'Art populaire régional*★*.*
Intérieur★★ *de la cathédrale St-Pierre-et-St-Paul* HY *: tombeau de François II*★★*.*

NANTES DU 18ᵉ S.
Quai de la Fosse EFZ *: Hôtel Durbé - Ancienne île Feydeau*★ GZ*.*

LA VILLE DU 19ᵉ S.
Place Royale GZ *- Rue Crébillon* GZ *- Passage Pommeraye*★ GZ *- Place Graslin* FZ
Cours Cambronne★ FZ *- Jardin des Plantes*★ HY*.*

MUSÉES
Musée des Beaux-Arts★★ HY **M**¹ *- Muséum d'histoire naturelle*★★FZ **M**² *- Palais*
Dobrée★ FZ *- Musée archéologique*★ **M**³*.*
Musée Jules-Verne★ BX **M**⁵*.*

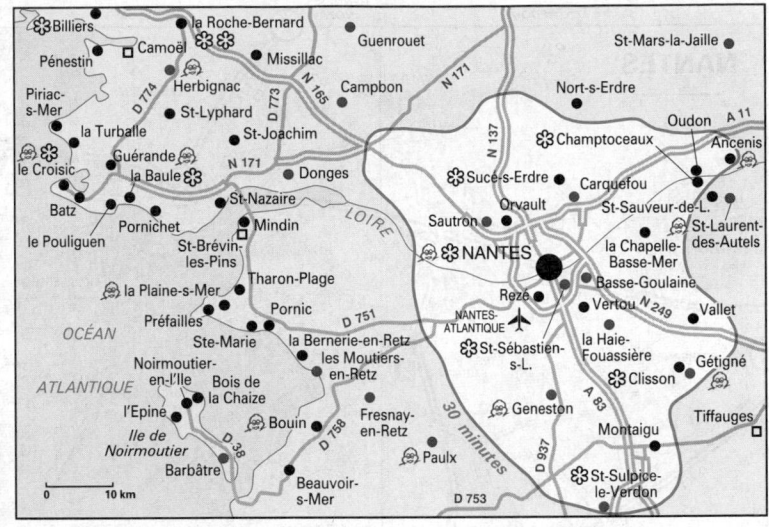

🏨🏨🏨 **Gd H. Mercure** Ⓜ, 4 r. Couëdic ℰ 02 51 82 10 00, Fax 02 51 82 10 10, 🎙 – 🔲 cuisinette
✻⇒ 🔲 📺 ☎ & ⇔ – 🛄 200. 🖭 ⓪ ☷
Repas 98 – 🖙 60 – **156 ch** 570/640 – ½ P 475.　　　　　　　　　　　　　　 GZ **m**

🏨🏨🏨 **Mercure Beaulieu** Ⓜ ⑤, Ile Beaulieu ✉ 44200 ℰ 02 40 47 61 03, Fax 02 40 48 23 83,
≼, 🎙, 🏊, ℛ – 🔲 ✻⇒ 🔲 📺 ☎ & 🅿 – 🛄 80. 🖭 ⓪ ☷
Repas 110 ♨, enf. 39 – 🖙 52 – **98 ch** 470/490.　　　　　　　　　　　　　　 CX **a**

🏨🏨🏨 **Holiday Inn Garden Court** Ⓜ, 1 bd Martyrs Nantais ✉ 44200 ℰ 02 40 47 77 77,
Fax 02 40 47 36 52, 🎙 – 🔲 ✻⇒ 🔲 📺 ☎ & ⇔ – 🛄 30. 🖭 ⓪ ☷ ᴊᴄʙ
Repas *(fermé sam. midi et dim. midi)* 98/180, enf. 50 – 🖙 58 – **108 ch** 470/670.　 HZ **v**

🏨🏨🏨 **Novotel Cité des Congrès** Ⓜ, 3 r. Valmy ℰ 02 51 82 00 00, Fax 02 51 82 07 40, 🎙 – 🔲
✻⇒ 🔲 📺 ☎ & – 🛄 25. 🖭 ⓪ ☷
Repas carte environ 170, enf. 50 – 🖙 52 – **105 ch** 480/510.　　　　　　　　 HZ **t**

🏨🏨🏨 **La Pérouse** Ⓜ sans rest, 3 allée Duquesne ℰ 02 40 89 75 00, Fax 02 40 89 76 00, « Décor
contemporain » – 🔲 🔲 📺 ☎ &. 🖭 ⓪ ☷
🖙 49 – **47 ch** 395/495.　　　　　　　　　　　　　　　　　　　　　　　　 GY **k**

🏨🏨 **Jules Verne** Ⓜ sans rest, 3 r. Couëdic ℰ 02 40 35 74 50, Fax 02 40 20 09 35 – 🔲 🔲 📺 ☎
&. 🖭 ⓪ ☷
🖙 45 – **65 ch** 395/495.　　　　　　　　　　　　　　　　　　　　　　　　 GZ **h**

🏨🏨 **Amiral** Ⓜ sans rest, 26 bis r. Scribe ℰ 02 40 69 20 21, Fax 02 40 73 98 13 – 🔲 📺 ☎ &. 🖭
⓪ ☷
🖙 35 – **49 ch** 299/319.　　　　　　　　　　　　　　　　　　　　　　　　 FZ **a**

🏨🏨 **L'Hôtel** sans rest, 6 r. Henry IV ℰ 02 40 29 30 31, Fax 02 40 29 00 95 – 🔲 ✻⇒ 📺 ☎ ✆ &. 🖭
⓪ ☷
🖙 39 – **31 ch** 360/390.　　　　　　　　　　　　　　　　　　　　　　　　 HY **e**

🏨🏨 **Gd Hôtel** sans rest, 2 r. Santeuil ℰ 02 40 73 46 68, Fax 02 40 69 65 98 – 🔲 📺 ☎. 🖭 ⓪ ☷
🖙 30 – **41 ch** 245/260.　　　　　　　　　　　　　　　　　　　　　　　　 GZ **p**

🏨🏨 **Graslin** sans rest, 1 r. Piron ℰ 02 40 69 72 91, Fax 02 40 69 04 44 – 🔲 ✻⇒ 📺 ☎. 🖭 ⓪ ☷
🖙 36 – **47 ch** 250/350.　　　　　　　　　　　　　　　　　　　　　　　　 FZ **v**

🏨🏨 **Astoria** sans rest, 11 r. Richebourg ℰ 02 40 74 39 90, Fax 02 40 14 05 49 – 🔲 📺 ☎ ✆
⇔. ☷
fermé 1ᵉʳ août au 1ᵉʳ sept. – 🖙 38 – **45 ch** 290/360.　　　　　　　　　　　 HY **k**

🏨🏨 **Colonies** sans rest, 5 r. Chapeau Rouge ℰ 02 40 48 79 76, Fax 02 40 12 49 25 – 🔲 📺 ☎.
🖭 ☷
🖙 30 – **39 ch** 245/259.　　　　　　　　　　　　　　　　　　　　　　　　 GZ **q**

🏨🏨 **Vendée** sans rest, 8 allée Cdt Charcot ℰ 02 40 74 14 54, Fax 02 40 74 77 68 – 🔲 📺 ☎ –
🛄 30. 🖭 ⓪ ☷ ᴊᴄʙ
🖙 40 – **93 ch** 240/320.　　　　　　　　　　　　　　　　　　　　　　　　 HY **n**

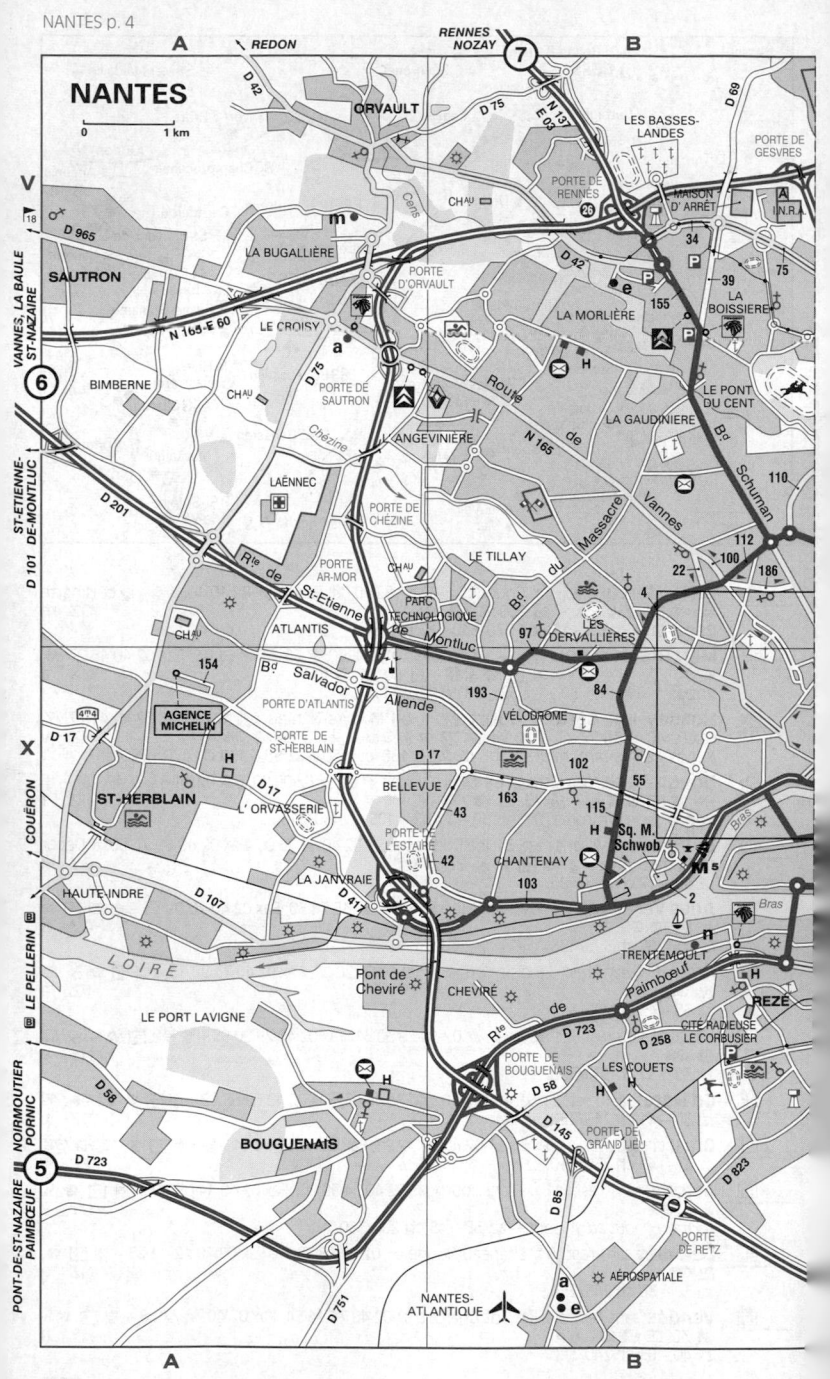

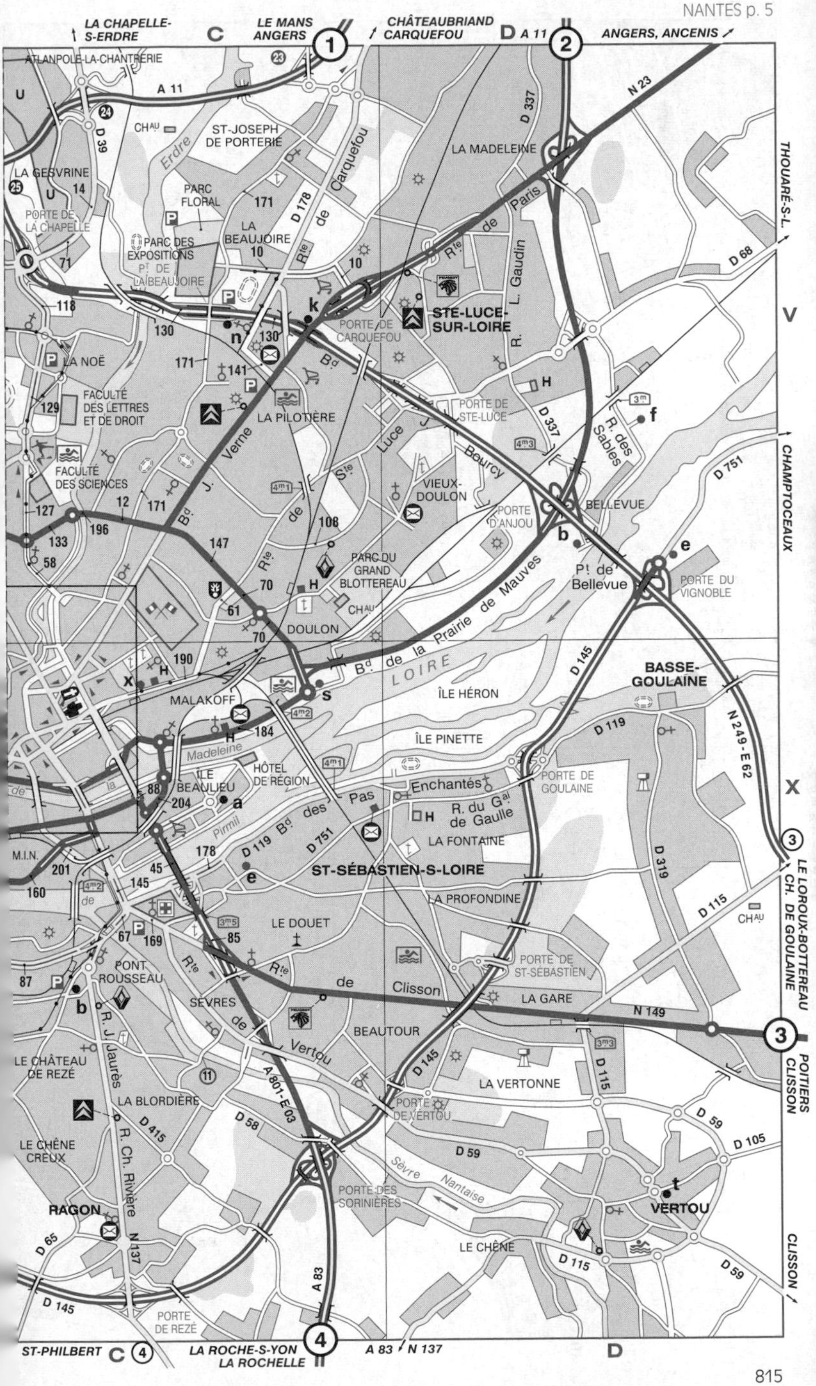

LA CHAPELLE-S-ERDRE

LE MANS
ANGERS

CHÂTEAUBRIAND
CARQUEFOU

ANGERS, ANCENIS

A 11

D 11

ATLANPOLE-LA-CHANTRERIE

A 11

D 337

N 23

THOUARÉ-S-L.

D 39

CH^{AU}

ST-JOSEPH
DE PORTERIE

de Carquefou

LA MADELEINE

LA GESVRINE

PORTE
DE LA CHAPELLE

PARC
FLORAL

R^{te} de Paris

de Paris

D 68

R. L. Gaudin

PARC DES
EXPOSITIONS
P^t DE
LA BEAUJOIRE

LA
BEAUJOIRE

R^{te}

k

PORTE DE
CARQUEFOU

STE-LUCE-
SUR-LOIRE

V

LA NOÉ

n

B^d

H

FACULTÉ
DES LETTRES
ET DE DROIT

LA PILOTIÈRE

B^d J. Verne

PORTE DE
STE-LUCE

D 337

R. des
Sables

f

CHAMPTOCEAUX

FACULTÉ
DES SCIENCES

de Luce

Bourcy

BELLEVUE

D 751

VIEUX-
DOULON

PORTE
D'ANJOU

b

e

PORTE DU
VIGNOBLE

PARC DU
GRAND BLOTTEREAU

H

CH^{AU}

DOULON

B^d de la Prairie de Mauves

P^t de
Bellevue

D 145

BASSE-
GOULAINE

N 249-E62

X

MALAKOFF

LOIRE

ÎLE HÉRON

D 119

ÎLE PINETTE

HÔTEL
DE RÉGION

ÎLE
BEAULIEU

a

Madeleine

Pas
Enchantés

R. du G^{al}
de Gaulle

PORTE DE
GOULAINE

H

D 319

M.I.N.

B^d des

D 751

D 119

LA FONTAINE

ST-SÉBASTIEN-S-LOIRE

e

LA PROFONDINE

LE LOROUX-BOTTEREAU
CH. DE GOULAINE

3

PONT
ROUSSEAU

LE DOUET

D 115

CH^{AU}

b

SÈVRES

de Clisson

R^{te}

PORTE DE
ST-SÉBASTIEN

LA GARE

N 149

POITIERS
CLISSON

3

LE CHÂTEAU
DE REZÉ

BEAUTOUR

D 145

LA VERTONNE

D 115

D 59

D 105

CLISSON

R. J. Jaurès

R. Ch. Rivière

LA BLORDIÈRE

D 415

D 58

de Vertou

PORTE
DE VERTOU

D 59

LE CHÊNE
CREUX

Sèvre
Nantaise

D 59

t

VERTOU

RAGON

D 65

N 137

PORTE DES
SORINIÈRES

LE CHÊNE

D 115

D 145

PORTE
DE REZÉ

A 83

ST-PHILBERT

4

LA ROCHE-S-YON
LA ROCHELLE

4

A 83 / N 137

D

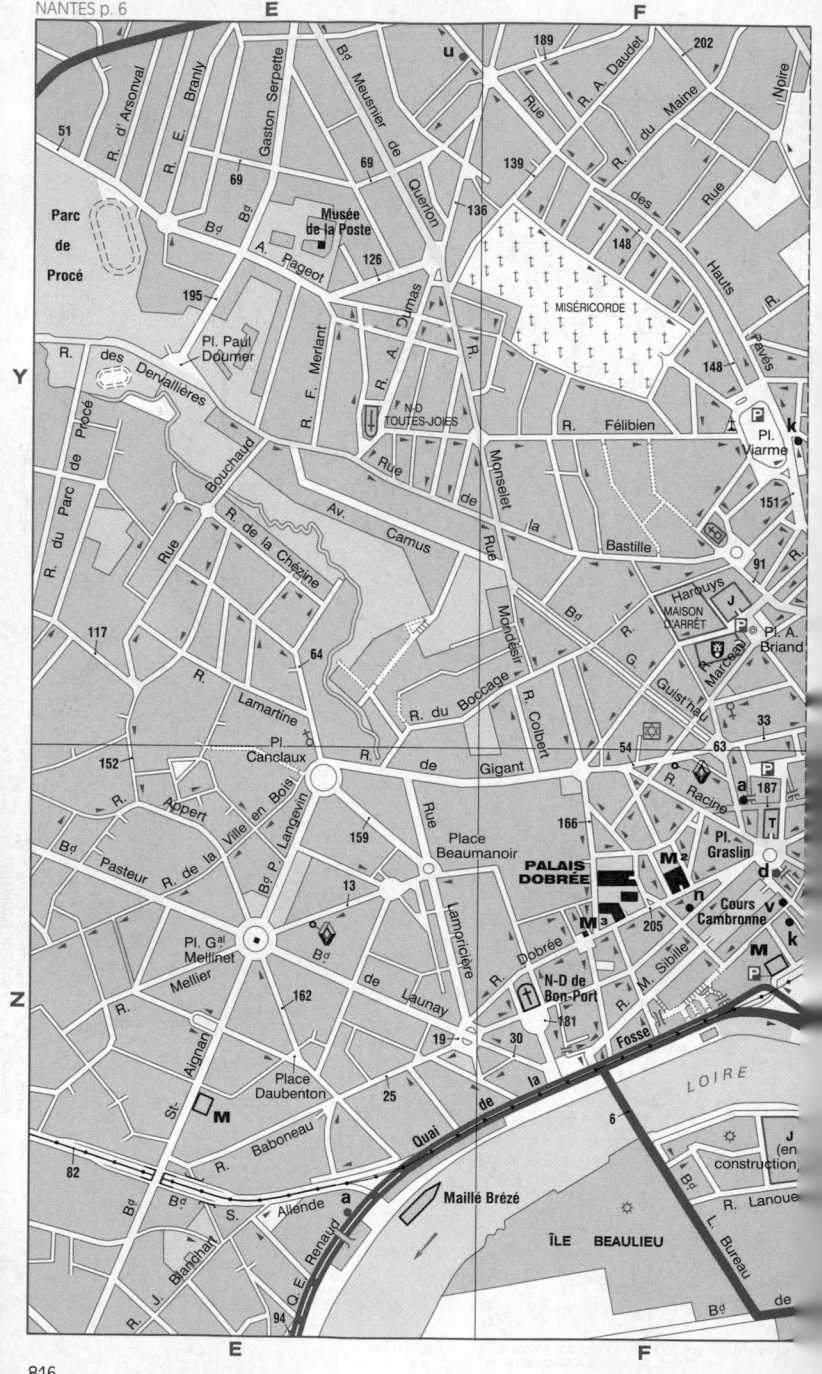

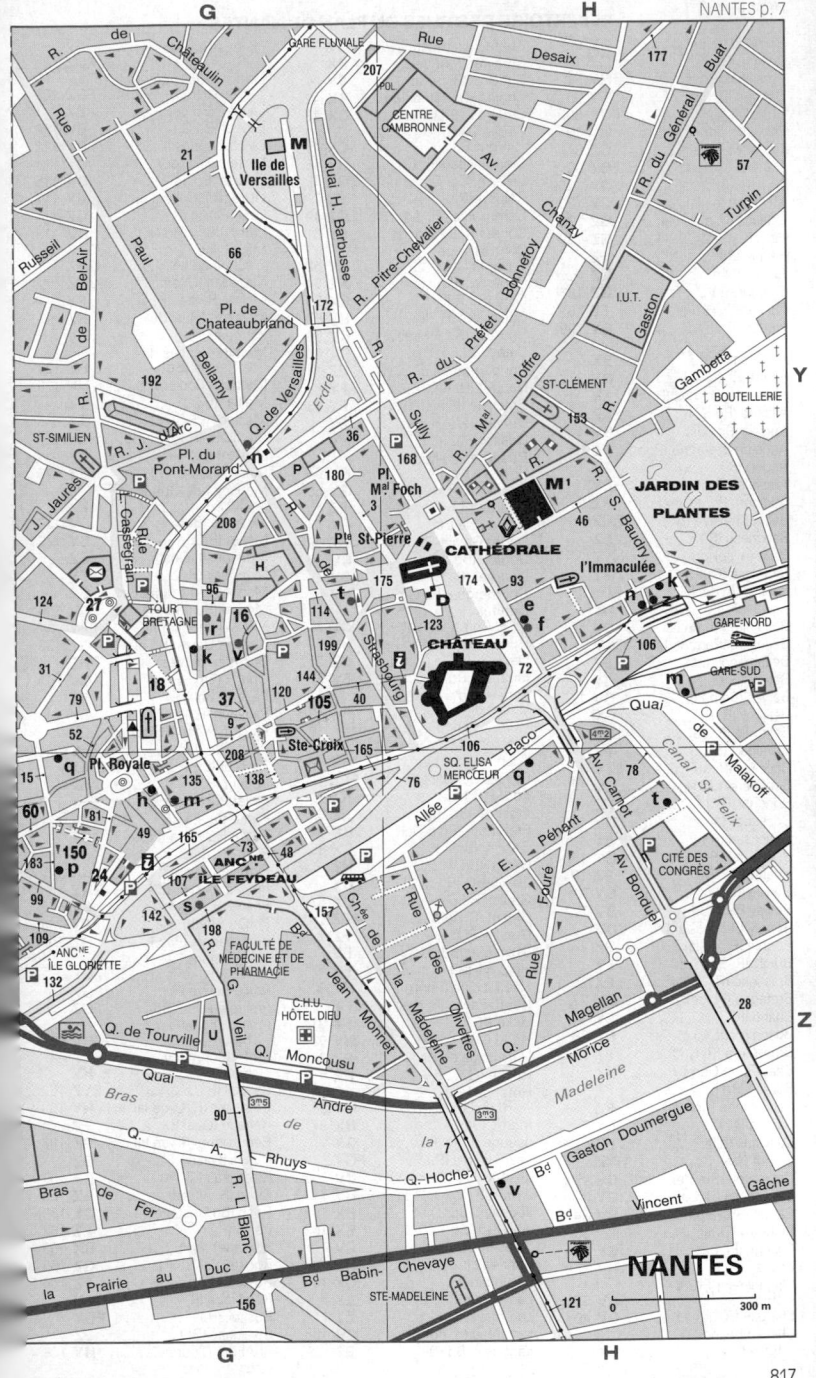

RÉPERTOIRE DES RUES DU PLAN DE NANTES

🏠 **Cholet** sans rest, 10 r. Gresset ℰ 02 40 73 31 04, Fax 02 40 73 78 82 – 📶 📺 ☎. 𝔸𝔼 🅶🅱
☲ 28 – **38 ch** 225/245.   FZ   n

🏠 **Climat de France** M, 50 quai Malakoff (gare sud) ℰ 02 40 35 30 30, Fax 02 40 89 35 43 –
📶 ⇔ 📺 ☎ & ⇔ – 🔼 100. 𝔸𝔼 ⓞ 🅶🅱   HY   m
Repas 85/99 ⅃, enf. 39 – ☲ 35 – **91 ch** 285 – ½ P 235.

🏠 **Ibis Centre** M, 3 allée Baco ℰ 02 40 20 21 20, Fax 02 40 48 24 64, 🏛 – 📶 ⇔ 📺 ☎ 🌾 &.
⇔ – 🔼 60. 𝔸𝔼 ⓞ 🅶🅱   HZ   q
Repas 95, enf. 39 – ☲ 35 – **104 ch** 310.

🏠 **Le Martray** M, 10 pl. Viarme ℰ 02 40 89 62 62, Fax 02 40 89 43 78 – 📶 📺 ☎ & ⇔. 𝔸𝔼
🅶🅱   FY   k
Repas (brasserie) *(fermé dim.soir)* 72/110 ⅃, enf. 45 – ☲ 35 – **60 ch** 260/290 – ½ P 260/
280.

🏠 **Gare** sans rest, 5 allée Cdt Charcot ℰ 02 40 74 37 25, Fax 02 40 93 33 71 – 📶 📺 ☎. 𝔸𝔼 ⓞ
🅶🅱   HY   z
☲ 26 – **28 ch** 170/240.

🏠 **Fourcroy** sans rest, 11 r. Fourcroy ℰ 02 40 44 68 00 – 📺 ☎. 🛥
fermé 24 déc. au 5 janv. – ☲ 26 – **19 ch** 137/177.   FZ   k

🍴🍴🍴 **L'Atlantide** (Lecoutre), 15 quai E. Renaud, centre les Salorges, 4ᵉ étage ✉ 44100
❀ ℰ 02 40 73 23 23, Fax 02 40 73 76 46, ⇐ – 🔳. 𝔸𝔼 🅶🅱   EZ   a
fermé 3 au 4 août, sam. midi et dim. – **Repas** 144 (déj.), 170/290 et carte 270 à 350
Spéc. Galette d'anguilles du pays de Retz, beurre à la tomate (sauf janv. et fév.). Saint-
Jacques dorées au muscadet (mi-sept. à mi-mars). Pintade fermière de treize-septiers au
poiré et aux fèves (mars à juil.). **Vins** Muscadet sur lie, Anjou-Villages.

🍴🍴🍴 **San Francisco**, 3 chemin Bateliers ✉ 44300 ℰ 02 40 49 59 42, Fax 02 40 68 99 16, 🏛 –
📶. 𝔸𝔼 ⓞ 🅶🅱   CX   s
fermé août, dim. soir et lundi – **Repas** 150/270 et carte 260 à 310.

🍴🍴🍴 **Le Gavroche**, 139 r. Hauts Pavés ℰ 02 40 76 22 49, Fax 02 40 76 37 80, 🏛 – 🔳 📶 𝔸𝔼
🅶🅱   EY   u
fermé 27 juil. au 25 août, dim. soir et lundi – **Repas** 115/280 et carte 230 à 330.

🍴🍴 **Aub. du Château**, 5 pl. Duchesse Anne ℰ 02 40 74 31 85, Fax 02 40 37 97 57 – 🅶🅱
fermé 3 au 25 août, 24 déc. au 2 janv., dim. et lundi – **Repas** (nombre de couverts limité,   HY   f
prévenir) 134/175.

🍴🍴 **La Cigale**, 4 pl. Graslin ℰ 02 51 84 94 94, Fax 02 51 84 94 95, « Brasserie 1900 » – 🅶🅱
Repas 75 (déj.), 100/150, enf. 39.   FZ   d

🍴🍴 **L'Océanide**, 2 r. P. Bellamy ℰ 02 40 20 32 28, Fax 02 40 48 08 55 – 𝔸𝔼 ⓞ 🅶🅱   GY   n
fermé 11 au 18 août, sam. midi en juil.-août et dim. – **Repas** - produits de la mer - 99/190.

🍴🍴 **L'Esquinade**, 7 r. St-Denis ℰ 02 40 48 17 22 – 𝔸𝔼 ⓞ 🅶🅱   GY   t
fermé 21 juil. au 17 août, lundi soir et dim. – **Repas** 79 (déj.), 98/210, enf. 65.

🍴🍴 **La Palombière**, 13 bd Stalingrad ℰ 02 40 74 05 15 – 𝔸𝔼 🅶🅱   CX   x
fermé 4 au 24 août, dim. sauf le midi d'oct. à mai et sam. midi – **Repas** 95/215.

XX **L'Embellie**, 14 r. A. Brossard ℰ 02 40 48 20 02, Fax 02 40 47 15 31 – 🖭 🖼   GY   r
fermé 15 au 24 août, 24 au 28 déc., sam. midi et dim. – **Repas** 70 (déj.), 95/175.

X **Le Bouchon**, 7 r. Bossuet ℰ 02 40 20 08 44, Fax 02 40 35 41 21, 🍽 – 🖭 🖼   GY   v
fermé sam. midi et dim. – **Repas** 130/150.

X **Le Pressoir**, 11 allée Turenne ℰ 02 40 35 31 10 – 🖭 🖼   GZ   s
fermé 20 juil. au 20 août, lundi soir, sam. midi et dim. – **Repas** carte 160 à 220.

Environs

à la Beaujoire *Nord-Est : 5 km –* ✉ *44300 Nantes :*

🏨 **Otelinn** Ⓜ, 45 bd Batignolles ℰ 02 40 50 07 07, Fax 02 40 49 41 40 – 🛗 🌡 ▤ rest 📺 ☎
🚗   ℰ & ⇔ 🅿 – 🔏 30 à 100. 🖭 ⓪ 🖼   CV   n
Repas 70/145, enf. 39 – � 45 – **60 ch** 288/308 – ½ P 275.

rte de Paris *vers ② : 5 km –* ✉ *44300 Nantes :*

🏨 **Ibis Beaujoire** Ⓜ, allée Champ de Tir ℰ 02 40 93 22 22, Fax 02 40 52 17 73 – 🛗 🌡 📺 ☎
ℰ & 🅿 – 🔏 40. 🖭 ⓪ 🖼   CV   k
Repas 95, enf. 39 – � 37 – **64 ch** 290.

rte d'Angers *par N 23 -* **DV** *–* ✉ *44470 Carquefou :*

🏨 **Novotel Carquefou** ⚛, à la Belle Étoile : 12 km ℰ 02 40 52 64 64, Fax 02 40 93 70 78,
🍽, 🏊, 🞫 – 🌡 ▤ rest 📺 ☎ & 🅿 – 🔏 100. 🖭 ⓪ 🖼 🈎
Repas 105 🍷, enf. 50 – � 52 – **96 ch** 420/470.

🏨 **Belle Étoile** Ⓜ, à la Belle Étoile : 11,5 km ℰ 02 40 68 01 69, Fax 02 40 68 07 27, 🚗 –
🚗   📺 ☎ & 🅿 🖼
Repas *(fermé août, 24 déc. au 1er janv., sam., dim. et fériés)* 75/160 🍷 – � 30 – **37 ch**
250/270 – ½ P 235.

au Nord-Est *: 11 km par A 11, sortie Bellevue, puis r. des Sables –* ✉ *44980 Ste-Luce-sur-Loire :*

XXX **Bénureau**, Le Grand Plessis ℰ 02 40 25 95 25, Fax 02 40 25 84 17, 🍽, « Belle demeure
du 19e siècle dans un parc » – 🅿. 🖼   DV   f
fermé dim. soir et lundi – **Repas** 155/265 et carte 210 à 310.

au pont de Bellevue *Est : 9 km par A 11 –* ✉ *44980 Ste-Luce-sur-Loire :*

XXX **Beauséjour**, ℰ 02 40 25 60 39, Fax 02 40 25 60 30, ≤ – 🖭 ⓪ 🖼   DV   b
fermé 15 au 29 juil., vacances de fév., dim. soir et lundi – **Repas** 105/195 et carte 200 à 270,
enf. 85.

à Basse-Goulaine *vers ③ sur D 751 : 8 km – 5 910 h. alt. 22 –* ✉ *44115 :*

XXX **Villa Mon Rêve**, rte des bords de Loire ℰ 02 40 03 55 50, Fax 02 40 06 05 41, 🍽, « Jardin et roseraie » – 🅿. 🖭 🖼   DV   e
fermé 3 au 17 nov. et vacances de fév. – **Repas** 148/245, enf. 68.

par ③ *: 15 km sur D 751 –* ✉ *44450 St-Julien-de-Concelles :*

XX **Aub. Nantaise**, Le Bout des Ponts ℰ 02 40 54 10 73, Fax 02 40 54 10 73, ≤ – ▤. 🖭
🖼
fermé sam. midi, dim. soir et lundi soir – **Repas** 110/240, enf. 60.

à St-Sébastien-sur-Loire *par D 119 : 4 km – 22 202 h. alt. 24 –* ✉ *44230 :*

XXX **Manoir de la Comète** (Thomas-Trophime), 21 av. Libération ℰ 02 40 34 15 93,
❀   Fax 02 40 34 46 23, « Élégant cadre contemporain » – 🅿. 🖭 🖼   CX   e
fermé 2 au 19 août, et dim. – **Repas** 150/300 et carte 280 à 380
Spéc. Croustillant de pommes de terre et foie gras de canard (mars à mai). Aumônière de
homard breton (juin à oct.). Canard sauvage aux épices et cèpes (sept. à janv.). **Vins** Muscadet, Bourgueil.

à La Haie Fouassière *par ③, N 149 et D 74 : 15 km – 2 911 h. alt. 25 –* ✉ *44690 :*

XX **Cep de Vigne**, à la Gare Nord : 1 km par D 74 ℰ 02 40 36 93 90, 🍽 – 🖼
fermé 15 juil. au 1er août, vacances de fév., dim soir, mardi soir et merc. – **Repas** 93 bc/300.

à Vertou *Sud-Est : 10 km par D 59 – 18 235 h. alt. 32 –* ✉ *44120 :*

🏨 **Haute-Forêt**, bd Europe ℰ 02 40 34 01 74, Fax 02 51 71 24 23, 🚗 – 📺 ☎ 🅿. 🖼
🚗   **Repas** 55/160 🍷 – � 25 – **35 ch** 200/240 – ½ P 180/220.   DX   t

rte de La Roche-sur-Yon *par ④ et D 178 : 12 km –* ✉ *44840 Les Sorinières :*

🏨 **Abbaye de Villeneuve** ⚛, ℰ 02 40 04 40 25, Fax 02 40 31 28 45, ≤, 🍽, « Demeure
du 18e siècle dans un parc », 🏊 – 📺 ☎ & 🅿 – 🔏 50. 🖭 ⓪ 🖼. 🞫 rest
Repas 95 (déj.), 195/390 – � 70 – **20 ch** 390/950, 3 appart – ½ P 490/940.

à Rezé *Sud-Ouest : 6 km par D 723 – 33 262 h. alt. 8 – ⊠ 44400 :*

🏠 **Cheval Blanc** sans rest, 50 r. Commune de 1871 𝒫 02 40 75 65 07, Fax 02 40 75 92 48 – 📺 ☎ 🅿. 🆎 🖭   CX   b
fermé 2 au 25 août – ⊡ 30 – **20 ch** 238/300.

✕✕ **L'Aquarelle**, 33 rue Gén.-Leclerc 𝒫 02 40 75 18 33, Fax 02 40 32 31 80 – 🖭   BX   n
fermé août, dim. et lundi – **Repas** 98/230.

à l'Aéroport *Sud-Ouest : 10 km par rte de Pornic* – ⊠ *44340 Bouguenais :*

🏨 **Océania** 🅼, 𝒫 02 40 05 05 66, Fax 02 40 05 12 03, 🏘, 🎢, ⏋, ✕ – 📶 ✦ 🖭 📺 ☎ ✆ &,
🅿 – 🔬 80. 🆎 🖭   BX   a
Repas 100/175 ⅃ – ⊡ 50 – **87 ch** 470/580.

🏨 **Mascotte** 🅼 sans rest, 𝒫 02 40 32 14 14, Fax 02 40 32 14 13, ✕ – 📶 ✦ 📺 ☎ ✆ & 🅿.
🆎 🖭   BX   e
⊡ 40 – **73 ch** 310.

rte de Pornic *: 15 km sur D 751 –* ⊠ *44830 Bouaye :*

🏨 **Les Champs d'Avaux** 🅼, 𝒫 02 40 65 43 50, Fax 02 40 32 64 83, 🏘, ⏋, ☞, ✕ – 📺 ☎
✆ & 🅿 – 🔬 80. 🆎 🖭
fermé 19 au 30 déc. – **Repas** *(fermé vend. soir et sam. midi d'oct. à mars et dim. soir)*
88/275 – ⊡ 50 – **42 ch** 280/320 – ½ P 270.

rte de Vannes *vers ⑥ : 7 km –* ⊠ *44800 St-Herblain :*

✕✕✕ **Le Pavillon**, 𝒫 02 40 94 99 99, Fax 02 40 94 96 07, ☞ – 🅿. 🆎 🖭   AV   a
fermé 3 au 25 août, sam. midi et dim. – **Repas** 130/280 et carte 240 à 320, enf. 85.

rte de Vannes *par ⑥ : 17 km –* ⊠ *44360 Vigneux-de-Bretagne :*

🏨 **Mercure Atlantel**, 𝒫 02 40 57 10 80, Fax 02 40 57 13 30, 🏘, ⏋, ☞, ✕ – 🖭 rest 📺 ☎
& 🅿 – 🔬 30 à 150. 🆎 🖭
Repas 128 ⅃, enf. 42 – ⊡ 52 – **86 ch** 390/410.

à Sautron *Nord-Ouest : 11 km - AV – 6 026 h. alt. 64 –* ⊠ *44880 :*

✕✕ **Le Romarin**, 79 r. Bretagne (D 965) 𝒫 02 40 63 15 87, Fax 02 40 63 39 24 – 🖭 🖭
fermé 4 au 25 août, dim. soir et lundi – **Repas** 100 bc (déj.), 145/240.

à Orvault *Nord-Ouest : 8 km - ABV – 23 115 h. alt. 45 –* ⊠ *44700 :*

🏨 **Domaine d'Orvault** ⌂, par N 137 et voie pavillonnaire 𝒫 02 40 76 84 02,
Fax 02 40 76 04 21, 🏘, « Hostellerie dans un parc », 🎢, ✕ – 📶 🖭 rest 📺 🖭 🅿. 🔬 25.
🆎 🖭   BV   e
Repas *(fermé vacances de fév. et lundi midi)* 165/350 – ⊡ 70 – **25 ch** 380/750 – ½ P 625/
820.

✕✕✕ **Orée du Bois**, rte Garenne 𝒫 02 40 63 63 54, Fax 02 40 63 91 79, 🏘, « Terrasse avec
pièce d'eau », ☞ – 🅿. 🖭   AV   m
fermé dim. soir et lundi – **Repas** 120/385 et carte 220 à 290.

par ⑦, rte de Treillières Z.I. Ragon Tourneuve *: 5 km –* ⊠ *44119 Treillières :*

🏨 **Mint H.** 🅼, 1 r. Lavoisier 𝒫 02 40 72 87 88, Fax 02 40 72 85 07, ⏋ – 📺 ☎ ✆ & 🅿 – 🔬 30.
☞ 🆎 🖭 🖭 ᴊᴄʙ
Repas 78/92 ⅃ – ⊡ 38 – **48 ch** 290/310.

à Sucé-sur-Erdre *: 16 km par D 69 - BV – 4 806 h. alt. 14 –* ⊠ *44240 :*

✕✕✕ **La Chataigneraie** (Delphin), 156 rte Carquefou 𝒫 02 40 77 90 95, Fax 02 40 77 90 08, ≤,
🏘, « Manoir du 19ᵉ siècle dans un parc au bord de l'Erdre » – 🅿. 🆎 🖭 🖭
✧ *fermé 28 juil. au 4 août, 10 au 30 janv., lundi sauf fériés le midi et dim. soir* – **Repas** 175/420
et carte 300 à 380, enf. 100
Spéc. Méli-mélo de queues de langoustines sur gelée et velouté de crustacés (été).Sandre
au beurre blanc nantais, pommes vapeur. Filet de pigeon en croûte, compote de choux et
foie gras. **Vins** Muscadet sur lie, Anjou.

✕ **Au Cordon Bleu** avec ch, 𝒫 02 40 77 71 34, Fax 02 40 77 73 44, 🏘 – 📺 ☎. 🆎 🖭
☞ *fermé 27 oct. au 2 nov., 1ᵉʳ au 8 fév., dim. soir et lundi* – **Repas** 85/190, enf. 55 – ⊡ 35 –
8 ch 200/260 – ½ P 220/280.

au Nord-Est *par D 178 et rte de la Chantrerie : 9 km –* ⊠ *44300 Nantes :*

✕✕✕ **Manoir de la Régate**, 155 rte Gachet 𝒫 02 40 18 02 97, Fax 02 40 25 23 36, 🏘, parc –
🅿. 🆎 🖭
fermé dim. soir – **Repas** 97 (déj.), 145/320 et carte 210 à 300.

✕✕ **Aub. du Vieux Gachet**, rte Gachet 𝒫 02 40 25 10 92, Fax 02 40 18 03 92, ≤, 🏘, « Terrasse en bordure de l'Erdre » – 🅿. 🆎 🖭
fermé 4 au 25 août, vacances de fév., dim. soir et lundi – **Repas** 90 (déj.), 140/220.

à Carquefou *Nord : 11 km par D 178 – 12 877 h. alt. 34 –* ⊠ *44470 :*

XXX **Aub. du Cheval Blanc,** r. 9 août-1944, ℰ 02 40 50 88 05, Fax 02 40 50 88 05 – 🅖🅑
fermé 23 juil. au 12 août, 20 fév. au 4 mars, dim. soir et lundi sauf fériés – **Repas** 110/240 et
carte 250 à 350.

MICHELIN, Agence, 13 r. du Rémouleur, ZI à St-Herblain **AX** ℰ 02 40 92 52 10

CITROEN Centre de gros automobiles, 14 r. Marché
Commun ℰ 02 40 49 65 97
CITROEN Citroën Nantes Capal, 215 bd J.-Verne
ℰ 02 40 50 71 72 🆓 ℰ 02 40 74 66 66
OPEL Longchamp Autom., 37 rte de Vannes
ℰ 02 40 67 68 00
PEUGEOT Atlantique autos, 170 rte de Clisson
ℰ 02 40 34 27 43 🆓 ℰ 02 40 40 22 60
PEUGEOT Gar. Dugast, 105 r. Gén.-Buat
ℰ 02 40 74 18 04
PEUGEOT S.I.A.O., 7 bd Martyrs-Nantais
ℰ 02 40 35 16 16
PEUGEOT Gar. Charpentier, 78 r. de Rennes
ℰ 02 40 76 69 66
PEUGEOT S.I.A.O., 40 r. de Monaco, centre de gros,
rte de Paris ℰ 02 40 93 96 96 🆓 ℰ 08 00 44 24 24
PEUGEOT S.I.A.O Reze, bd Mar. de Lattre de
Tassigny ℰ 02 40 32 21 21 🆓 ℰ 08 00 44 24 24
RENAULT Gar.de l'Abbaye Chesneau, 19 r. de
Belleville ℰ 02 40 69 62 20

RENAULT Gar. Lizé, 82 r. du Landreau
ℰ 02 40 49 49 17
RENAULT Gar. Copernic, 5 r. Copernic
ℰ 02 40 73 34 04
ROVER Gar. Le Moigne, 18 allée Baco
ℰ 02 40 47 77 16
VAG Auto-Gar. de l'Ouest, 8 r. Sully
ℰ 02 40 29 40 00

🔘 Euromaster, 104 rte de Vannes
ℰ 02 40 76 11 98
Euromaster, 15 bd Martyrs-Nantais-de-la-
Résistance ℰ 02 40 47 87 14
Nantes-Pneumatiques, 83 rte de Paris
ℰ 02 40 52 57 57
SOFRAP-Point S, 10 quai H.-Barbusse
ℰ 02 40 74 05 69
Vulco, 58 r. Fouré ℰ 02 40 89 52 00

Périphérie et environs

CITROEN Gar. Robin, 133 rte de Rennes à Orvault
ℰ 02 40 76 81 50
CITROEN Citroen Capal, 9 r. Ch.-Rivière à Rezé
ℰ 02 40 84 70 00 🆓 ℰ 02 40 74 66 66
CITROEN Citroen Capal, 351 rte de Vannes à
St-Herblain ℰ 02 40 16 74 00 🆓 ℰ 02 40 74 66 66
FIAT, LANCIA Loire-Océans-Autos, 272 bd M.-Paul
à St-Herblain ℰ 02 40 94 84 14
FORD Mustière Automobiles, 365 rte de Vannes à
St-Herblain ℰ 02 40 16 11 12 🆓 ℰ 02 40 40 22 40
MERCEDES Gar. Paris-Maine, Le Croisy à Orvault
ℰ 02 40 16 81 81
PEUGEOT S.I.A.O., rte de Vannes le Croisy à Orvault
ℰ 02 40 67 76 76
RENAULT Gar. Cora, 100 rte Sorinières à Rezé par r.
J.-Jaurès ℰ 02 40 84 49 49 🆓 ℰ 02 51 70 21 21
RENAULT Gar. Moinet, 25 r. J.-Jaurès à Rezé
ℰ 02 40 04 04 00

RENAULT Gar. Dabireau, 25 r. A.-Arnaud à Vertou
par D 59 ℰ 02 40 34 21 04 🆓 ℰ 02 40 33 16 26
RENAULT Plaisance Auto, rte de Machecoul à
St-Philbert-de-Grand-Lieu par D 65
ℰ 02 40 78 77 71 🆓 ℰ 02 40 78 77 71
RENAULT Succursale, rte de Vannes les Lions à
St-Herblain ℰ 02 40 67 27 27 🆓 ℰ 08 00 05
15 15
ROVER Auto Paris Ste-Luce, r. de la Jalousie à
Ste-Luce-sur-Loire ℰ 02 40 25 74 42

🔘 Euromaster, Zone Atlantis 155 bd S. Allendé à
St-Herblain ℰ 02 40 92 00 05
Euromaster, 36 r. Grande Bretagne à Carquefou
ℰ 02 40 25 25 05
Lemaux-Pneu, 67 r. A.-Briand à Rezé
ℰ 02 40 75 84 16

NANTEUIL-LÈS-MEAUX *77 S.-et-M.* 🆔🆔 ⑬ *– rattaché à Meaux.*

NANTILLY *70 H.-Saône* 🆔🆔 ⑬ *– rattaché à Gray.*

NANTUA 🔜 *01130 Ain* 🆔🆔 ④ *G. Jura* **(plan)** *– 3 602 h alt. 479.*

Voir *Cluse★★ – Lac★ – Bords du lac* ≼★.

🅑 Office de Tourisme, pl. de la Déportation ℰ 04 74 75 00 05, Fax 04 74 75 06 83.
Paris 478 – Aix-les-Bains 79 – Annecy 67 – Bourg-en-Bresse 51 – Genève 66 – Lyon 92.

🏨 **France,** 44 r. Dr Mercier ℰ 04 74 75 00 55, Fax 04 74 75 26 22 – 📺 ☎ 🍽 🅿 🄰🄴 🅖🅑
fermé 1ᵉʳ nov. au 20 déc. et mardi sauf le soir en juil.-août – **Repas** 130/198 – 🖵 35 – **17 ch**
250/405.

🏨 **L'Embarcadère,** av. Lac ℰ 04 74 75 22 88, Fax 04 74 75 22 25, ≼ – 📺 ☎ 🅿 – 🔬 30. 🅖🅑.
🛠 rest
fermé 5 au 11 mai, 20 déc. au 20 janv., mardi midi et lundi de mai à oct. – **Repas** 105/300,
enf. 50 – 🖵 33 – **50 ch** 250/330 – ½ P 220/280.

à Brion *Nord-Ouest : 5 km par N 84 et D 979 – 587 h. alt. 475 –* ⊠ *01460 :*

XX **Bernard Charpy,** 1 r. Croix-Chalon ℰ 04 74 76 24 15, Fax 04 74 76 22 36, 🌿 – 🅿. 🅖🅑
fermé 5 au 25 août, 26 déc. au 12 janv., dim. soir, lundi et soirs fériés – **Repas** 95 (déj.),
138/220.

à La Cluse *Nord-Ouest : 3,5 km par N 84 –* ⊠ *01460 Montréal-la-Cluse :*

🏠 **Lac H.** sans rest, 22 av. Bresse ℰ 04 74 76 29 68, Fax 04 74 76 13 70 – 📺 ☎ 🕭 🅿. 🅖🅑. 🛠
🖵 27 – **28 ch** 169/200.

PEUGEOT Gar. Tarrare, à Montréal La Cluse
ℰ 04 74 76 01 61

RENAULT Gar. du Lac, 16 rte de Lyon à Port
ℰ 04 74 76 07 33 🆓 ℰ 04 74 76 07 33

La NAPOULE *06 Alpes-Mar.* **84** ⑧, **114** ㉖ – *voir à Mandelieu-La-Napoule.*

NARBONNE SP *11100 Aude* **83** ⑭ *G. Pyrénées Roussillon – 45 849 h alt. 13.*

Voir *Cathédrale St-Just*★★ *(Trésor : tapisserie représentant la Création*★★*)* **BY B** – *Donjon Gilles Aycelin*★ *(*✻★*)* **BY M** – *Chœur*★ *de la basilique St-Paul* **AZ** – *Palais des Archevêques*★ **BY M** : *musée d'Art*★ *et musée archéologique*★★ – *Musée lapidaire*★ **BZ M**¹.

Env. *Abbaye de Fontfroide*★★ *14 km par* ④.

✆ 04 68 65 41 31 et 32.

Office de Tourisme pl. R.-Salengro ✆ 04 68 65 15 60, Fax 04 68 65 59 12.

Paris 805 ② – *Perpignan 64* ③ – *Béziers 28* ① – *Carcassonne 61* ③ – *Montpellier 93* ②.

NARBONNE

Droite (R.)	BY	
Hôtel-de-Ville (Pl. de l')	BY	19
Jaurès (R. Jean)	ABY	21
Pt-des-Marchands (R. du)	BYZ	35
République (Crs de la)	BYZ	39
Anatole France (Av.)	AY	2
Ancien Courrier (R. de)	BY	3
Ancienne Porte de Béziers (R. de l')	BY	4
Blum (Sq. Th.-Léon)	BX	6
Cabirol (R.)	AZ	7
Concorde (Pont de la)	AY	8
Condorcet (Bd)	BX	9
Courier (R. P.-L.)	BZ	10
Crémieux (R. B.)	BZ	12
Escoute (Pont de l')	AY	13
Fabre (R. Gustave)	AY	14
Foch (Av. Mar.)	BX	16
Garibaldi (R.)	BY	17
Gaulle (Bd Gén. de)	BY	18
Jacobins (R. des)	BZ	23
Joffre (Bd Mar.)	AY	24
Liberté (Pont de la)	BZ	25
Louis-Blanc (R.)	BY	26
Luxembourg (R. du)	AZ	27
Major (R. de la)	BY	28
Maraussan (R.)	AZ	30
Michelet (R.)	BY	32
Mirabeau (Cours)	BZ	33
Pyrénées (Av. des)	AY	36
Pyrénées (Pl. des)	AZ	37
Rabelais (R.)	AZ	38
Salengro (Pl. R.)	BY	41
Toulouse (Av. de)	AZ	42
Voltaire (Pont)	AY	45
1848 (Bd de)	BX	46

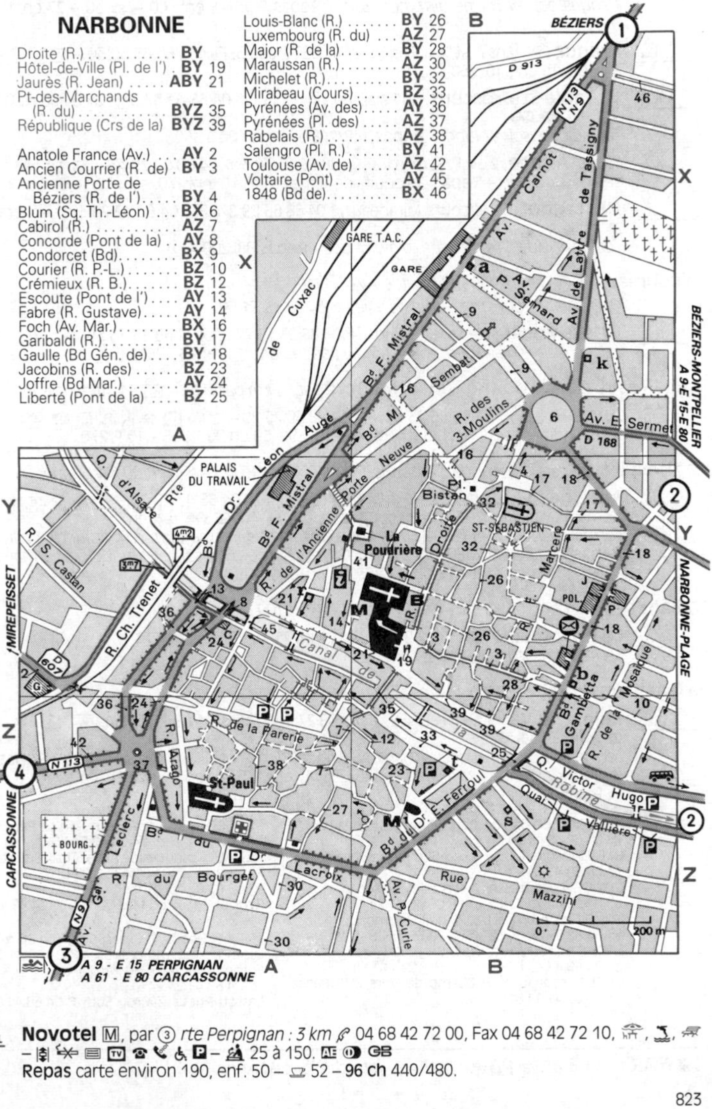

Novotel M, par ③ *rte Perpignan : 3 km ✆ 04 68 42 72 00, Fax 04 68 42 72 10,* – *25 à 150.* AE GB
Repas carte environ 190, enf. 50 – 52 – **96 ch** 440/480.

🏠 **d'Occitanie** Ⓜ, av. Mer par ② : 2 km ✆ 04 68 65 23 71, Fax 04 68 65 09 17, 🏢, 🌊, 🌾, ✻ – 📶 cuisinette ▤ 📺 ☎ & 🄿 – 🍴 100. 🄰🄴 ⓪ 🇬🇧
Le Silène (fermé dim. soir et lundi du 15 sept. au 30 juin) **Repas** 75(déj.), 92/198 🍷, enf. 45 –
🍽 40 – **55 ch** 200/380 – ½ P 320.

🏠 **La Résidence** ⏚ sans rest, 6 r. 1er-Mai ✆ 04 68 32 19 41, Fax 04 68 65 51 82, « Bel
aménagement intérieur » – 📶 📺 ☎ ✆ 🚗, 🄰🄴 🇬🇧 🄹🄲🄱   AY   r
🍽 50 – **26 ch** 320/415.

🏠 **Languedoc**, 22 bd Gambetta ✆ 04 68 65 14 74, Fax 04 68 65 81 48 – 📶 📺 ☎ ✆ 🚗 –
🍴 25. 🄰🄴 ⓪ 🇬🇧 🄹🄲🄱   BY   b
La Petite Cour ✆ 04 68 90 48 03 *fermé dim.* **Repas** 60(déj.)/100 🍷, enf. 38 – 🍽 38 – **36 ch**
200/450, 3 appart – ½ P 230/330.

🏛 **Lion d'Or**, 39 av. P. Sémard ✆ 04 68 32 06 92, Fax 04 68 65 51 13 – ☎. 🄰🄴 ⓪ 🇬🇧
Pâques-oct. et fermé dim. hors sais. – **Repas** 90/160, enf. 40 – 🍽 30 – **27 ch** 170/230 –
½ P 235.   BX   k

🏛 **France** ⏚ sans rest, 6 r. Rossini ✆ 04 68 32 09 75, Fax 04 68 65 50 30 – 📺 ✆ 🚗. 🇬🇧
🍽 30 – **15 ch** 110/250.   BZ   s

XXX **La Table St-Crescent**, au Palais du Vin par ③ ✆ 04 68 41 37 37, Fax 04 68 41 01 22, 🏢
– 🄿. 🄰🄴 ⓪ 🇬🇧
fermé dim. soir et lundi – **Repas** 148/248 et carte 180 à 360.

XX **Rest. Alsace**, 2 av. P. Sémard ✆ 04 68 65 10 24, Fax 04 68 90 79 45 – ▤. 🄰🄴 🇬🇧   BX   a
fermé lundi soir – **Repas** - produits de la mer - 98/270, enf. 70.

X **L'Estagnol**, 5 bis cours Mirabeau ✆ 04 68 65 09 27, Fax 04 68 32 23 38, 🏢, brasserie –
▤. 🇬🇧   BZ   t
fermé 1er au 15 fév. et dim. d'avril à oct. – **Repas** 88/200 🍷.

à Coursan *par ① : 7 km – 5 137 h. alt. 6 –* ⊠ *11110* .

🄱 *Office de Tourisme, Hôtel de Ville,* ✆ *04 68 33 51 59.*

XX **L'Os à Moelle**, rte Salles d'Aude ✆ 04 68 33 55 72, Fax 04 68 33 35 39, 🏢, 🌾 – 🄿. 🇬🇧
🚗 *fermé 4 au 10 fév., dim. soir sauf juil.-août et lundi* – **Repas** 105/185 🍷.

sur aire A 9 de Narbonne-Vinassan Nord *Est : 6 km par D 68 –* ⊠ *11110 Vinassan :*

🏠 **Aude H.** Ⓜ, ✆ 04 68 45 25 00, Fax 04 68 45 25 20 – 📶 ▤ 📺 ☎ & 🄿 🄰🄴 ⓪ 🇬🇧
🚗 **Repas** (dîner seul.) 70/125 🍷, enf. 45 – 🍽 35 – **59 ch** 290/355 – ½ P 270.

à l'Hospitalet *par ② et rte de Narbonne-Plage (D 168) : 10 km –* ⊠ *11100 Narbonne :*

🏠 **Aub. des Vignes** Ⓜ ⏚, ✆ 04 68 45 28 50, Fax 04 68 45 28 78, ≤, 🏢, parc, « Dans un
domaine vinicole », 🌊 – ▤ rest 📺 ☎ & 🄿 – 🍴 40. 🄰🄴 🇬🇧. ✻ ch
fermé 3 janv. au 28 fév. – *La Grange des Mizels (fermé dim. soir et lundi d'oct. à mars)*
Repas 160 (déj.) 210/280, enf. 80 – *L'Olivet (fermé dim. soir et lundi d'oct. à mars)* **Repas**
125, enf. 60 – 🍽 60 – **22 ch** 390/690 – ½ P 360/505.

à Bages *par ③ et D 105 : 8 km – 694 h. alt. 30 –* ⊠ *11100 :*

XX **Le Portanel**, ✆ 04 68 42 81 66, Fax 04 68 41 75 93, ≤ – ▤. 🇬🇧
fermé dim. soir – **Repas** 98/255.

à Ornaisons *par ④ et D 24 : 14 km – 943 h. alt. 34 –* ⊠ *11200 :*

🏠 **Relais du Val d'Orbieu** ⏚, ✆ 04 68 27 10 27, Fax 04 68 27 52 44, 🏢, 🌊, 🌾, ✻ – 📺
☎ & 🄿. 🄰🄴 ⓪ 🇬🇧
fermé 24 nov. au 14 déc., 19 janv. au 2 fév. et dim. soir du 9 nov. au 1er mars – **Repas** *(fermé
le midi du 9 nov. au 1er mars)* 125/295 🍷, enf. 75 – 🍽 70 – **14 ch** 440/720, 6 appart –
½ P 625/825.

La NARTELLE 83 Var 🄼 ⑰., 🄼🄼🄼 ㊲ – *rattaché à Ste-Maxime.*

NASBINALS _48260 Lozère_ 🔟🔢 ⑭ _G. Gorges du Tarn – 503 h alt. 1180 – Sports d'hiver : 1 240/1 320 m_
_≰ 1 ≴._
Paris 580 – Aurillac 104 – Mende 59 – Rodez 65 – Aumont-Aubrac 24 – Chaudes-Aigues 27 – Espalion 34 – St-Flour 66.

au Nord _par D 12 : 4 km – alt. 1 08 – ⊠ 48260 Nasbinals :_

🏛   **Relais de l'Aubrac** 🍷, au Pont de Gournier (carrefour D 12 - D 112) 𝒫 04 66 32 52 06,
Fax 04 66 32 56 58, ☆ – ☎ 🅿. ☺🅱 ⫽ rest
fermé 1ᵉʳ janv. au 10 fév. – **Repas** (carte le soir) 85 (déj.), 100/170 ⅋, enf. 40 – ⊑ 32 – **22 ch**
220/300 – ½ P 210/250.

NATZWILLER _67130 B.-Rhin_ 🔢🔢 ⑧ – _634 h alt. 500._
Paris 415 – Strasbourg 58 – Barr 33 – Molsheim 31 – St-Dié 40.

🏛   **Aub. Metzger**, 𝒫 03 88 97 02 42, Fax 03 88 97 93 59, ☆, ☞ – 📺 ☎ 🅿. ☺🅱
☜   _fermé 23 au 30 juin, 7 au 20 janv., dim. soir et lundi sauf juil.-août_ – **Repas** 60/280 ⅋, enf. 45
– ⊑ 40 – **10 ch** 255/280 – ½ P 290.

NAUCELLE _12800 Aveyron_ 🔟🔢 ① – _1 929 h alt. 490._
Paris 664 – Rodez 35 – Albi 48 – Millau 89 – St-Affrique 76 – Villefranche-de-Rouergue 50.

à Castelpers _Sud-Est : 12,5 km par D 997 et D 10 – ⊠ 12170 Ledergues :_

✕✕   **Château de Castelpers** 🍷 avec ch, 𝒫 05 65 69 22 61, Fax 05 65 69 25 31, ≤, « Parc
au bord de l'eau » – 📺 ☎ 🅿. 🄰🄴 ⓪ ☺🅱. ⫽ rest
1ᵉʳ avril-1ᵉʳ oct. – **Repas** (résidents seul.) 145 ⅋ – ⊑ 48 – **8 ch** 290/490 – ½ P 270/350.

NAUZAN _17 Char.-Mar._ 🔢🔢 ⑮ – _voir St-Palais-sur-Mer et Royan._

NAVAROSSE _40 Landes_ 🔢🔢 ⑬ – _rattaché à Biscarrosse._

NAVARRENX _64190 Pyr.-Atl._ 🔢🔢 ⑤ _G. Pyrénées Aquitaine – 1 036 h alt. 125._
  🅱 _Office de Tourisme, Porte St-Antoine 𝒫 05 59 66 10 22._
Paris 798 – Pau 43 – Oloron-Ste-Marie 21 – Orthez 22 – St-Jean-Pied-de-Port 62 – Sauve-terre-de-Béarn 21.

🏛   **Commerce**, 𝒫 05 59 66 50 16, Fax 05 59 66 52 67 – ☎. ☺🅱
☜   _hôtel : 9 mars-21 oct. et fermé dim. soir et sam._ – **Repas** (fermé 15 au 31 oct., 20 déc. au 15
janv., dim. soir et sam.) 62/180 ⅋, enf. 48 – ⊑ 30 – **28 ch** 190/230 – ½ P 220.

    CITROEN Gar. Labrit, 𝒫 05 59 66 16 32 🄽 𝒫 05 59 34 36 75

NAY _64800 Pyr.-Atl._ 🔢🔢 ⑦ – _3 591 h alt. 300._
Paris 797 – Pau 20 – Laruns 34 – Lourdes 25 – Oloron-Ste-Marie 37 – Tarbes 31.

🏛   **Voyageurs**, pl. Marcadieu 𝒫 05 59 61 04 69, Fax 05 59 61 15 68 – 📳 📺 ☎ ☌. ☺🅱
☜   _fermé 25 déc. au 5 janv._ – **Repas** 75/200 ⅋, enf. 45 – ⊑ 30 – **22 ch** 190/250 – ½ P 200/230.

🏚   **Aub. Chez Lazare** 🍷, Les Labassères Sud-Ouest : 3 km par D 36 et D 287
☜   𝒫 05 59 61 05 26, Fax 05 59 61 25 11, ☞ – 📺 ☎ ☌ 🅿. ☺🅱
fermé lundi midi et dim. en été, dim. soir et lundi en hiver – **Repas** 65 (déj.), 85/140 ⅋ –
⊑ 32 – **7 ch** 250/260 – ½ P 240.

    PEUGEOT Gar. Manuel, 𝒫 05 59 61 27 67   RENAULT Gar. Bonnasse-Cahot, à Bénéjacq
    RENAULT Gar. Fouraa, 𝒫 05 59 61 06 18 🄽 𝒫 05   𝒫 05 59 61 07 25 🄽 𝒫 05 59 61 26 99
    59 61 06 18

NÉANT-SUR-YVEL _56430 Morbihan_ 🔢🔢 ④ – _882 h alt. 54._
Paris 409 – Rennes 62 – Dinan 61 – Loudéac 41 – Ploërmel 11 – Vannes 59.

✕   **Aub. de la Table Ronde** avec ch, 𝒫 02 97 93 03 96, Fax 02 97 93 05 26 – ☎. ⓪ ☺🅱
☜   _fermé 15 au 23 sept., 5 au 27 janv., dim. soir et lundi (sauf juil-août et fêtes)_ – **Repas**
48 (déj.), 58/170 ⅋, enf. 32 – ⊑ 29 – **9 ch** 125/210 – ½ P 125/175.

NEAUPHLE-LE-CHÂTEAU 78640 Yvelines 60 ⑨, 106 ⑯ G. Ile de France – 2 499 h alt. 185.

Paris 39 – Dreux 44 – Mantes-la-Jolie 30 – Rambouillet 24 – St-Nom-la-Bretèche 12 – Versailles 20.

🏠🏠 **Le Verbois** ⌖, 38 av. République ℰ 01 34 89 11 78, Fax 01 34 89 57 33, ≤, 佘, parc, ⚒ – ⇔ 📺 ☎ 🅿 – 🔬 40. 🖭 ⲅⲃ
fermé 10 au 26 août et 20 au 27 déc. – **Repas** (fermé dim. soir) 155/245 – ⌂ 70 – **20 ch** 490/590 – ½ P 470.

✕✕ **La Griotte,** 58 av. République ℰ 01 34 89 19 98, 佘, « Jardin fleuri » – 🖭 ⲅⲃ
fermé dim. soir et lundi soir – **Repas** 150.

PEUGEOT Gar. Cabailh, 7 r. des Frères-Lumière à Plaisir ℰ 01 30 55 53 45 🅽 ℰ 01 30 55 53 45

RENAULT Gar. St-Nicolas, 17 r. des Soupirs ℰ 01 34 89 36 36

NÉGRON 37 I.-et-L. 64 ⑯ – rattaché à Amboise.

NEMOURS 77140 S.-et-M. 61 ⑫ G. Ile de France – 12 072 h alt. 60.

Voir Musée de Préhistoire de l'Ile de France★ par ②.

Paris 79 ① – Fontainebleau 17 ⑤ – Chartres 127 ① – Melun 33 ⑤ – Montargis 35 ① – Orléans 90 ④ – Sens 48 ②.

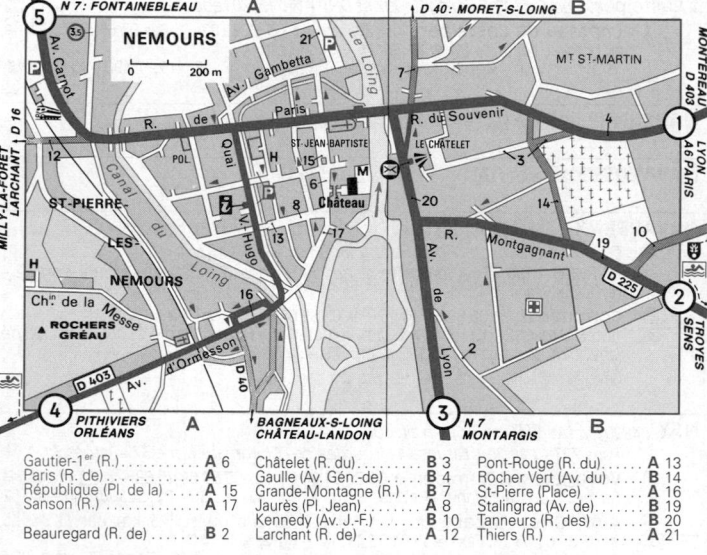

Gautier-1ᵉʳ (R.) . . . . **A** 6	Châtelet (R. du) . . . . **B** 3	Pont-Rouge (R. du) . . . . . . **A** 13
Paris (R. de) . . . . **A**	Gaulle (Av. Gén.-de) . . . . . **B** 4	Rocher Vert (Av. du) . . . . . **B** 14
République (Pl. de la) . . . . **A** 15	Grande-Montagne (R.) . . . **B** 7	St-Pierre (Place) . . . . **A** 16
Sanson (R.) . . . . **A** 17	Jaurès (Pl. Jean) . . . . **A** 8	Stalingrad (Av. de) . . . . . . **B** 19
	Kennedy (Av. J.-F.) . . . . . . **B** 10	Tanneurs (R. des) . . . . **B** 20
Beauregard (R. de) . . . . . . **B** 2	Larchant (R. de) . . . . **A** 12	Thiers (R.) . . . . **A** 21

Autoroute A 6 sur l'aire de service, Sud-Est 2 km accès par A 6 ou par ② D 225 – ⊠ 77140 Nemours :

🏠🏠 **Relais Mercure** 🅼 sans rest, ℰ 01 64 28 10 32, Fax 01 64 28 60 59, ⚌ – cuisinette 📺 ☎ 🅿, 🖭 ⓞ ⲅⲃ ⌡ⲥⲃ
⌂ 52 – **102 ch** 295/395.

à Glandelles par ③ : 7 km – ⊠ 77167 Bagneaux-sur-Loing :

✕✕ **Les Marronniers,** N 7 ℰ 01 64 28 07 04, Fax 01 64 29 29 91, 佘 – 🖭 ⲅⲃ
⌖ fermé 20 août au 1ᵉʳ sept., mardi soir et merc. – **Repas** 69/210 ⧸, enf. 50.

✕✕ **La Glandelière,** Sud : 1 km N 7 ℰ 01 64 28 10 20, 佘 – 🅿. ⲅⲃ
fermé 15 sept. au 5 oct., lundi soir, jeudi soir et mardi – **Repas** 115/225, enf. 45.

CITROEN Nemours Autom., ZI r. d'Egreville ℰ 01 64 28 11 17
PEUGEOT Gar. Coffre, 18 av. Kennedy B ℰ 01 64 45 59 29
RENAULT SNCA, 107 av. Carnot à St-Pierre par ⑤ ℰ 01 64 28 01 50
Gar. Bohec, 16 av. Gén-de-Gaulle ℰ 01 64 28 29 10

⑩ Dominicé-Point S, 16 r. d'Egreville ℰ 01 64 28 11 21
Pneu Sce, 45 av. Carnot à St-Pierre-lès-Nemours ℰ 01 64 28 04 67

NÉRAC 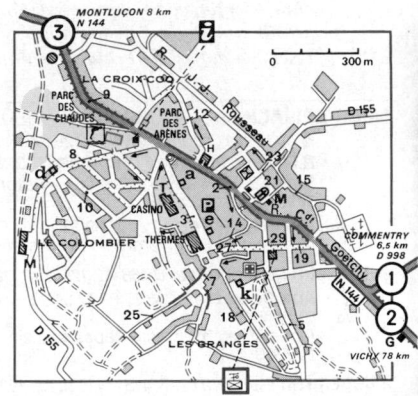 47600 L.-et-G. **79** ⑭ G. Pyrénées Aquitaine **(plan)** – 7 015 h alt. 65.

⯈ d'Albret à Barbaste ℘ 05 53 65 53 69, NO par D 930 : 8 km.

🅱 Office de Tourisme av. Mondenard ℘ 05 53 65 27 75.

Paris 708 – Agen 28 – Bordeaux 131 – Condom 21 – Marmande 52.

d'Albret, 42 allées d'Albret ℘ 05 53 97 41 10, Fax 05 53 65 20 26, 舘 – 🔳 🅣🅥 ☎ – 🛦 25. **GB**

fermé 3 au 10 mars, 17 nov. au 8 déc. et lundi de sept. à mai – **Repas** 65/270 ⅊ – 🖵 35 – **23 ch** 200/480 – ½ P 225/360.

du Château, 7 av. Mondenard ℘ 05 53 65 09 05, Fax 05 53 65 89 78 – ☎. **GB**. 🕅 ch

fermé 2 au 16 janv. – **Repas** (fermé vend. soir, sam. midi et dim. soir sauf du 1er juin au 30 sept.) 65/240 ⅊ – 🖵 28 – **17 ch** 200/250 – ½ P 225.

NÉRIS-LES-BAINS 03310 Allier **73** ② G. Auvergne – 2 831 h alt. 364 – Stat. therm. (avril-oct.) – Casino .

⯈ Ste-Agathe ℘ 04 70 03 21 77 par ③ : 4 km.

🅱 Office de Tourisme carrefour des Arènes ℘ 04 70 03 11 03, Fax 04 70 03 25 89.

Paris 340 ③ – Moulins 74 ① – Clermont-Ferrand 82 ② – Montluçon 9 ③ – St-Pourçain-sur-Sioule 57 ①.

NÉRIS-LES-BAINS

Arènes (Bd des)	2
Boisrot-Desserviers (R.)	3
Constans (R.)	5
Cuvier (R.)	7
Dormoy (Av. Marx)	8
Gaulle (R. du Gén.-de)	9
Kars (R. des)	10
Marceau (R.)	12
Migat (R. du Capitaine)	14
Molière (R.)	15
Parmentier (R.)	18
Reignier (Av.)	19
République (Pl. de la)	21
Rieckötter (R.)	23
St-Joseph (R.)	25
Thermes (Pl. des)	27
Voltaire (R.)	29

*Ne voyagez pas
aujourd'hui
avec une carte d'hier.*

Le Garden, 12 av. Marx Dormoy **(d)** ℘ 04 70 03 21 16, Fax 04 70 03 10 67, 舘, « Jardin fleuri » – 🅣🅥 ☎ 🕻 🅟 – 🛦 25. 🅰🅴 ⓞ **GB**

fermé 2 au 18 janv. – **Repas** 78/210 ⅊, enf. 45 – 🖵 32 – **19 ch** 240/325 – P 305/343.

Parc des Rivalles ⌂, r. Parmentier **(k)** ℘ 04 70 03 10 50, Fax 04 70 03 11 05, parc – 🛗 ☎ 🅿. **GB**. 🕅 rest

16 avril-6 oct. – **Repas** 82/250 ⅊, enf. 50 – 🖵 33 – **26 ch** 170/260 – P 242/292.

La Promenade, 38 r. Boisrot-Desserviers **(e)** ℘ 04 70 03 26 26, Fax 04 70 03 25 62 – 🛗 🔳 🅣🅥 ☎ 🅿. 🅰🅴 **GB**. 🕅

avril-oct. – **Repas** 98/210, enf. 45 – 🖵 35 – **40 ch** 240/320 – P 330/350.

La Terrasse, 52 r. Boisrot-Desserviers **(a)** ℘ 04 70 03 10 42, Fax 04 70 03 15 41 – 🛗 🅣🅥 ☎. **GB**. 🕅 rest

15 avril-15 oct. – **Repas** 85/100 – 🖵 32 – **21 ch** 220/270 – P 280/300.

NÉRONDES 18350 Cher **69** ② – 1 521 h alt. 200.

⯈ Vallée de Germigny ℘ 02 48 80 23 43 à Saint-Hilaire-de-Gondilly, NE.

Paris 238 – Bourges 36 – Montluçon 84 – Nevers 34 – St-Amand-Montrond 44.

Le Lion d'Or avec ch, pl. Mairie ℘ 02 48 74 87 81 – 🔳 rest ☎. **GB**

fermé 15 au 29 oct., 11 fév. au 4 mars, dim. soir et merc. de nov. à fév. – **Repas** 85/205, enf. 50 – 🖵 36 – **11 ch** 140/265 – ½ P 187/310.

CITROEN Gar. de la Gare, ℘ 02 48 74 80 25

*Die auf den **Michelin-Karten** im Maßstab 1 : 200 000 rot unterstrichenen
Orte sind in diesem Führer erwähnt.*

Nur eine neue Karte gibt Ihnen die aktuellsten Hinweise.

NESTIER 65150 H.-Pyr. 🔢🔢 ㉒ – 196 h alt. 500.

Paris 810 – Bagnères-de-Luchon 47 – Auch 75 – Lannemezan 14 – St-Gaudens 23 – Toulouse 116.

XX **Relais du Castéra** avec ch, ℰ 05 62 39 77 37, Fax 05 62 39 77 29, 🏤 – 🕿 🅿. 🕮 GB. 🛏 ch

fermé 2 au 10 juin, 4 au 20 janv., dim. soir sauf juil.-août et lundi – **Repas** 100 (déj.), 138/250, enf. 55 – 🖙 40 – **7 ch** 240/280 – ½ P 240/260.

Le NEUBOURG 27110 Eure 🔢🔢 ⑯ G. Normandie Vallée de la Seine – 3 639 h alt. 130.

Voir Château du Champ de Bataille★ NO : 4 km.

Paris 126 – Rouen 38 – Bernay 30 – Conches-en-Ouche 22 – Évreux 25.

X **Côté Jardin**, 10 r. Dr Couderc ℰ 02 32 35 81 89 – GB
fermé dim. soir et lundi – **Repas** 100/230.

RENAULT Gar. Levasseur, ℰ 02 32 35 01 56   🟠 Marsat Pneus, rte d'Elbeuf à Vitot ℰ 02 32 35 10 47

*Die im **Michelin-Führer***

verwendeten Zeichen und Symbole haben –
*dünn oder **fett** gedruckt, in einer Kontrastfarbe oder **schwarz** –*
jeweils eine andere Bedeutung.
Lesen Sie daher die Erklärungen aufmerksam durch.

NEUF-BRISACH 68600 H.-Rhin 🔢🔢 ⑲ G. Alsace Lorraine – 2 092 h alt. 197.

🚣 du Rhin à Chalampé ℰ 03 89 26 07 86, S par D 468 : 25 km.

🚩 Office de Tourisme 6 pl. d'Armes ℰ 03 89 72 56 66, Fax 03 89 72 91 73.

Paris 493 – Colmar 16 – Basel 63 – Belfort 79 – Freiburg-im-Breisgau 33 – Mulhouse 39 – Sélestat 37 – Thann 48.

X **La Petite Palette**, ℰ 03 89 72 73 50, Fax 03 89 72 61 93 – ▤. GB
fermé lundi soir et mardi soir – **Repas** 100 (déj.), 155/340.

à Biesheim Nord : 3 km par D 468 – 2 125 h. alt. 189 – ⊠ 68600 :

🏬 **Aux Deux Clefs**, ℰ 03 89 72 51 20, Fax 03 89 72 92 94, « Jardin » – 📺 🕿 ℃ 🅿 – 🔬 25.
GB 🕮 ⓞ GB

fermé 1ᵉʳ au 15 janv. – **Repas** 60 (déj.), 85/275 ♨, enf. 60 – 🖙 40 – **28 ch** 280/470 – ½ P 320/420.

à Vogelgrün Est : 5 km par N 415 – 415 h. alt. 192 – ⊠ 68600.

Voir Bief hydro-électrique★ – ≼★ du pont-frontière.

🏯 **L'Européen** Ⓜ ♨, à la frontière, sur l'île du Rhin ℰ 03 89 72 51 57, Fax 03 89 72 74 54, 🏤, ⅃, 🐎 – 📳 📺 🕿 ♣ 🅿 – 🔬 40. 🕮 ⓞ GB
Repas 230/480 – 🖙 60 – **45 ch** 370/1000 – ½ P 370/770.

FORD Gar. Ebelin, ℰ 03 89 72 51 76   RENAULT Gar. Venturini, ℰ 03 89 72 69 11 🅽
RENAULT Biesheim Autom., ZI CD 52 à Biesheim   ℰ 03 89 72 69 11
ℰ 03 89 72 54 83 🅽 ℰ 06 07 83 38 87

NEUFCHÂTEAU ◀🅿▶ 88300 Vosges 🔢🔢 ⑬ G. Alsace Lorraine – 7 803 h alt. 300.

Voir Escalier★ de l'hôtel de ville H – Groupe en pierre★ dans l'église St-Nicolas K.

🚩 Office de Tourisme 3 parking des Grandes Ecuries ℰ 03 29 94 10 95, Fax 03 29 94 10 89.

Paris 322 ① – Chaumont 58 ⑥ – Belfort 156 ④ – Épinal 74 ③ – Langres 81 ⑤ – Verdun 105 ①.

🏬 **St-Christophe**, 1 av. Grande-Fontaine (a)
GB ℰ 03 29 94 38 71, Fax 03 29 06 02 09, 🏤 – 📳
▤ rest 📺 🕿 🅿 – 🔬 40. GB
Repas 80/220 ♨ – 🖙 35 – **34 ch** 270/310 – ½ P 260/280.

à Rouvres-la-Chétive par ③ : 10 km – 378 h. alt. 390 – ⊠ 88170 :

🏠 **La Frezelle** ♨, ℰ 03 29 94 51 51, GB Fax 03 29 94 69 10 – 📺 🕿 ♣ 🚗. 🕮 ⓞ GB. 🛏 ch

fermé 24 déc. au 4 janv. – **Repas** (fermé sam.) 79/220 ♨, enf. 55 – 🖙 30 – **7 ch** 230/330 – ½ P 230/265.

NEUFCHÂTEAU

Gaulle
(Av. Gén. de) . . 3
Herringen (Av. d') . 6
St-Jean (R.) 7
1ʳᵉ Armée-Fse (R.) . 9

CITROEN CB Autom., rte de Langres par ⑤
℘ 03 29 94 10 33
RENAULT Gar. Reuchet, 95 av. Gén.-de-Gaulle
par ⑤ ℘ 03 29 94 19 20 🆖 ℘ 03 29 06 20 43
RENAULT Gar. Reuchet, rte de Nancy par ②
℘ 03 29 94 05 57 🆖 ℘ 03 29 06 20 43

⑩ Néo-Pneu, ZI rte de Frebécourt
℘ 03 29 94 10 47 🆖 ℘ 03 29 06 01 06

NEUFCHÂTEL-EN-BRAY 76270 S.-Mar. 🆖 ⑮ *G. Normandie Vallée de la Seine* – 5 322 h alt. 99.
   Env. *Forêt d'Eawy*★★ *10 km au SO.*
   🆖 *de Saint-Saëns* ℘ 02 35 34 25 24, SO : 17 km par N 28 et D 929.
   🛈 *Office de Tourisme 6 pl. Notre-Dame* ℘ 02 35 93 22 96.
   Paris 132 – Amiens 71 – Rouen 51 – Abbeville 57 – Dieppe 40 – Gournay-en-Bray 37.

XX **Les Airelles** avec ch, 2 passage Michu ℘ 02 35 93 14 60, Fax 02 35 93 89 03, 🏤, 🐾 – 📺
   ☎ 🅴 🆖
   fermé 18 déc. au 4 janv., dim. soir et lundi d'oct. à avril – **Repas** 89/208, enf. 58 – ⌧ 30 –
   14 ch 210/260.

à Mesnières-en-Bray *Nord-Ouest : 5,5 km par D 1 – 609 h. alt. 65 –* ⌧ 76270 :.
   Voir *Château*★.

XX **Aub. du Bec Fin,** ℘ 02 35 94 15 15, Fax 02 35 94 42 14, 🏤 – 🅿. 🆖
   fermé oct. et lundi – **Repas** 88 (déj.), 138/235, enf. 80.

RENAULT Gar. Sibra, 31 Gde r. St-Pierre
℘ 02 32 97 55 55 🆖 ℘ 06 07 56 72 03
VAG Gar. Duparc, 9 rte de Foucamont
℘ 02 35 93 02 66 🆖 ℘ 02 35 93 02 66

⑩ Marsat Pneus, 16 bd Mar.-Joffre
℘ 02 35 94 15 01

NEUFCHATEL-SUR-AISNE 02190 Aisne 🆖 ⑥ – 483 h alt. 59.
   Env. *Asfeld : église St-Didier*★ *NE : 10 km,* G. Champagne.
   Paris 164 – Reims 21 – Laon 45 – Rethel 32 – Soissons 60.

XX **Le Jardin,** 22 r. Principale ℘ 03 23 23 82 00, Fax 03 23 23 84 05, 🏤, 🐾 – 🅰🅴 🅾 🆖
🐾 *fermé 15 au 31 janv., dim. soir, mardi soir et lundi* – **Repas** 95/320 ⅃.

NEUF-MARCHÉ 76220 S.-Mar. 🆖 ⑧ – 568 h alt. 86.
   Paris 89 – Rouen 53 – Les Andelys 35 – Beauvais 32 – Gisors 18 – Gournay-en-Bray 7.

XX **Aub. du Puits de Corval,** ℘ 02 35 09 12 25, Fax 02 35 09 24 17 – 🆖
   fermé merc. soir et mardi sauf fériés – **Repas** 115/260.

X **André de Lyon,** D 915 ℘ 02 35 90 10 01 – 🆖
   fermé 16 août au 4 sept., 15 fév. au 3 mars, merc. et le soir sauf vend. et sam. – **Repas** carte
   120 à 270.

NEUILLÉ-LE-LIERRE 37380 I.-et-L. 🆖 ⑮ ⑯ – 514 h alt. 92.
   Paris 217 – Tours 26 – Amboise 14 – Château-Renault 10 – Montrichard 33 – Reugny 5.

XX **Aub. de la Brenne,** ℘ 02 47 52 95 05, Fax 02 47 52 29 43 – 🅿. 🅰🅴 🆖
🐾 *fermé 14 janv. au 4 mars, mardi soir et merc.* – **Repas** (dim. prévenir) 90/210, enf. 60.

NEUILLY-EN-THELLE 60530 Oise 🆖 ⑳ – 2 683 h alt. 130.
   Paris 50 – Compiègne 55 – Beaumont-sur-Oise 10 – Beauvais 32 – Pontoise 32 – Senlis 25.

X **Aub. du Centre,** ℘ 03 44 26 70 01 – 🆖
🐾 *fermé 4 août au 2 sept., vacances de fév. et lundi* – **Repas** 62/97 ⅃.

NEUILLY-LE-RÉAL 03340 Allier 🆖 ⑭ – 1 287 h alt. 260.
   Paris 304 – Moulins 16 – Mâcon 130 – Roanne 83 – Vichy 48.

XX **Logis Henri IV,** ℘ 04 70 43 87 64, « Ancien relais de chasse du 16ᵉ siècle » – 🅰🅴 🆖
   fermé 1ᵉʳ au 5 sept., vacances de fév., dim. soir et lundi – **Repas** 95 (déj.), 136/240.

NEUILLY-SUR-SEINE 92 Hauts-de-Seine 🆖 ⑳,, 🔲 ⑮ – *voir à Paris, Environs.*

Les noms des localités citées dans ce guide

sont soulignés de rouge

sur les **cartes Michelin** à 1/200 000.

NEUNG-SUR-BEUVRON *41210 L.-et-Ch.* 🔢 ⑲ – *1 152 h alt. 102.*

 Paris 184 – Orléans 49 – Blois 39 – Bracieux 21 – Romorantin-Lanthenay 21 – Salbris 26.

 ♨ **Les Tilleuls,** 5 pl. A. Prudhomme ✆ 02 54 83 63 30, Fax 02 54 83 74 91, 🍽 – ☎ ❤, 🖭
 🖧 **GB**, 🛥 ch
 fermé 15 fév. au 15 mars, mardi soir et merc. sauf juil.-août – **Repas** 75/160 🍷, enf. 50 –
 ⊡ 35 – **7 ch** 200/210 – ½ P 215/225.

NEUVÉGLISE *15260 Cantal* 🔢 ⑭ – *1 078 h alt. 938.*

 Env. Château d'Alleuze★★ : site★★ NE : 14 km, G. Auvergne.

 🛈 *Office de Tourisme le Bourg ✆ 04 71 23 85 43.*

 *Paris 537 – Aurillac 78 – Entraygues-sur-Truyère 75 – Espalion 67 – St-Chély-d'Apcher 43 –
 St-Flour 21.*

à Cordesse *Est : 1,5 km sur D 921 –* ✉ *15260 Neuvéglise :*

 ✕✕ **Relais de la Poste** 🖳 *avec ch,* ✆ 04 71 23 82 32, Fax 04 71 23 86 23, 🍽, 🌳 – 📺 ☎
 🖧 🚗 **P.** 🖭 **GB**
 15 mars-15 nov. – **Repas** 70/210 🍷, enf. 42 – ⊡ 35 – **8 ch** 230/330 – ½ P 240/300.

 RENAULT Gar. Mabit, ✆ 04 71 23 81 53   **Gar. Sauret,** ✆ 04 71 23 80 90 🅽 ✆ 04 71 23
                     84 47

NEUVES-MAISONS *54 M.-et-M.* 🔢 ⑤ – *rattaché à Nancy.*

NEUVILLE-AUX-BOIS *45170 Loiret* 🔢 ⑲ – *3 870 h alt. 127.*

 Env. Château de Chamerolles★ E : 9 km, G. Châteaux de la Loire.

 Paris 94 – Orléans 27 – Chartres 65 – Étampes 45 – Pithiviers 21.

 🏛 **L'Hostellerie** 🖳, 48 pl. Gén. Leclerc ✆ 02 38 75 50 00, Fax 02 38 91 86 81, 🍽 – 🛗 📺 ☎
 🖧 🕭 **P.** – 🛏 25 à 80. 🖭 ⑩ **GB**
 Repas 85/180 🍷, enf. 50 – ⊡ 40 – **32 ch** 300/390 – ½ P 246.

La NEUVILLE-AUX-TOURNEURS *08390 Ardennes* 🔢 ⑰ – *298 h alt. 250.*

 Paris 216 – Charleville-Mézières 32 – Hirson 24 – Rethel 48 – Rocroi 16.

 🏠 **Motel Dubois** 🦌, N 43 ✆ 03 24 54 32 55, Fax 03 24 54 34 90 – 📺 ☎ ❤ **P.** 🖭 ⑩ **GB**
 🖧 *fermé janv. et lundi midi sauf fériés –* **Repas** 68/120 – ⊡ 20 – **10 ch** 130/200 – ½ P 220.

NEUVILLE-DE-POITOU *86170 Vienne* 🔢 ⑬ – *3 840 h alt. 116.*

 Paris 333 – Poitiers 16 – Châtellerault 33 – Parthenay 39 – Saumur 79 – Thouars 51.

 ✕✕ **Saint-Fortunat,** 4 r. Bangoura-Moridé ✆ 05 49 54 56 74 – 🖭 ⑩ **GB**
 ♨ *fermé 18 août au 1er sept., 2 au 20 janv., soirs fériés, dim. soir et lundi –* **Repas** 95/220.

NEUVILLE-ST-AMAND *02 Aisne* 🔢 ⑭ – *rattaché à St-Quentin.*

NEUVILLE-SUR-SAONE *69250 Rhône* 🔢 ①, 🔢 ⑭ *G. Vallée du Rhône – 6 762 h alt. 177.*

 Paris 446 – Lyon 15 – Bourg-en-Bresse 53 – Villefranche-sur-Saône 20.

à Albigny-sur-Saône *par rive droite : 2,5 km – 2 836 h. alt. 170 –* ✉ *69250 :*

 ✕✕✕ **Le Cellier,** quai Saône ✆ 04 78 98 26 16, Fax 04 72 08 90 10, 🍽 – **P.** 🖭 **GB**
 *fermé 18 au 24 août, 25 oct. au 9 nov., 5 au 11 janv., lundi (sauf le midi en sais.) et dim. soir
 hors sais. –* **Repas** 130/350 et carte 210 à 280.

NEUVILLE-SUR-SARTHE *72 Sarthe* 🔢 ⑬ – *rattaché au Mans.*

NEUVY-SAUTOUR *89 Yonne* 🔢 ⑮ – *rattaché à St-Florentin.*

NEUZY *71 S.-et-L.* 🔢 ⑱ – *rattaché à Digoin.*

NEVERS 🅿 58000 Nièvre 📖 ③ ④ G. Bourgogne – 41 968 h alt. 194 Pèlerinage de Ste Bernadette d'avril à octobre : couvent St-Gildard.

Voir Cathédrale St-Cyr-et-Ste-Julitte★★ Z – Palais ducal★ Z – Église St-Étienne★ Y – Porte du Croux★ Z – Faïences de Nevers★ du musée municipal Frédéric Blandin Z M¹.

🏌 du Nivernais ℰ 03 86 58 18 30, à Magny-Cours par ④.

Circuit Automobile permanent à Magny-Cours par ④ : 12 km.

🚹 Office de Tourisme 31 av. Pierre Bérégovoy ℰ 03 86 68 46 00, Fax 03 86 68 45 98 – Automobile Club du Centre ZAC à Marzy ℰ 03 86 36 49 98.

Paris 235 ① – Bourges 69 ④ – Chalon-sur-Saône 157 ③ – Clermont-Ferrand 158 ④ – Dijon 188 ③ – Montargis 126 ① – Montluçon 104 ④ – Moulins 56 ④ – Orléans 166 ① – Roanne 153 ④.

Plan page suivante

Loire, quai Médine ℰ 03 86 61 50 92, Fax 03 86 59 43 29 – 📳 🍴 🍽 rest 📺 ☎ 🅿 – 🏋 80. Æ ⓘ ⓖⓑ Z a
Repas (fermé 15 déc. au 15 janv. et sam.) 110/190 – 🖙 40 – **58 ch** 340/450 – ½ P 385/415.

Diane, 38 r. Midi ℰ 03 86 57 28 10, Fax 03 86 59 45 08 – 📳 📺 ☎ 🐾 🚗. Æ ⓘ ⓖⓑ ⓙⓒⓑ
fermé 21 déc. au 4 janv. – Repas (fermé lundi midi et dim.) 79/152 ⅃, enf. 36 – 🖙 40 – **30 ch** 390/590 – ½ P 395. Z u

Climat de France Ⓜ, 35 bd V. Hugo ℰ 03 86 71 95 95, Fax 03 86 36 08 16 – 📳 📺 ☎ 🕭 🅿 – 🏋 40. Æ ⓘ ⓖⓑ ⓙⓒⓑ V f
Repas 79/125 ⅃, enf. 39 – 🖙 35 – **54 ch** 295.

Ibis, rte de Moulins par ④ ℰ 03 86 37 56 00, Fax 03 86 37 64 48, 🌧 – 🍴 📺 ☎ 🕭 🅿 – 🏋 30. Æ ⓖⓑ
Repas 95 ⅃, enf. 39 – 🖙 35 – **56 ch** 295/325.

Molière 🐾 sans rest, 25 r. Molière ℰ 03 86 57 29 96, Fax 03 86 36 00 13 – 🍴 📺 ☎ 🕭 🅿. ⓘ ⓖⓑ V k
fermé 20 au 26 déc. – 🖙 34 – **18 ch** 190/275.

Villa du Parc sans rest, 16 ter r. Lourdes ℰ 03 86 61 09 48, Fax 03 86 57 85 17 – 📺 ☎. Æ ⓖⓑ Y d
🖙 28 – **26 ch** 140/275.

Clèves sans rest, 8 r. St-Didier ℰ 03 86 61 15 87 – 📺 ☎. Æ ⓘ ⓖⓑ Z x
🖙 28 – **15 ch** 169/259.

Les Jardins de la Porte du Croux, 17 r. Porte du Croux ℰ 03 86 57 12 71, Fax 03 86 36 08 80, 🌧, « Terrasse avec ≼ les remparts » – Æ ⓖⓑ Z e
fermé 15 au 28 fév., dim. soir et lundi de sept. à mai – Repas 120/240 et carte 170 à 240.

Jean-Michel Couron, 21 r. St-Etienne ℰ 03 86 61 19 28, Fax 03 86 36 02 96 – ⓖⓑ Y r
fermé 1ᵉʳ au 15 août, dim. soir et lundi – Repas 102/224
Spéc. Rouelles de lotte au romarin, étuvé d'aubergines, tomates et olives. Filet de veau, jus crémeux au foie gras. Tarte aux bananes rôties.

La Botte de Nevers, r. Petit Château ℰ 03 86 61 16 93, Fax 03 86 36 42 22, « Cadre d'inspiration médiévale » – Æ ⓖⓑ Y n
fermé 15 juil. au 3 août, dim. soir et lundi – Repas 100/240.

Cour St-Étienne, 33 r. St-Étienne ℰ 03 86 36 74 57 – ⓖⓑ Y s
fermé 30 juil. au 19 août, 3 au 16 janv., dim. soir et lundi – Repas (nombre de couverts limité, prévenir) 82/140.

Morvan, 28 r. Mouësse ℰ 03 86 61 14 16, Fax 03 86 21 47 75 – 🍽 🅿. Æ ⓖⓑ X b
fermé 23 déc. au 5 janv. et dim. soir hors sais. – Repas 105/240, enf. 50.

Le Puits de St-Pierre, 21 r. Mirangron ℰ 03 86 59 28 88, Fax 03 86 61 29 81 – Æ ⓖⓑ Y v
fermé 30 juin au 15 juil., 16 au 24 fév., dim. soir et lundi – Repas 90/225, enf. 50.

rte de Paris par ① – ✉ 58640 Varennes-Vauzelles :

Campanile, à 3 km par N 7 ℰ 03 86 21 40 44, Fax 03 86 57 73 33, 🌧 – 🍴 📺 ☎ 🕭 🅿 – 🏋 30. Æ ⓘ ⓖⓑ
Repas 84 bc/107 bc, enf. 39 – 🖙 32 – **48 ch** 278.

Relais du Bengy, à 4,5 km sur N 7 ℰ 03 86 38 02 84, Fax 03 86 38 29 00, 🌧 – ⓖⓑ
fermé 24 juil. au 13 août, vacances de fév. et dim. – Repas (déj. seul. sauf vend.) 95/195 ⅃.

rte de Moulins par ④ : 3 km sur N 7 – ✉ 58000 Challuy :

La Gabare, ℰ 03 86 37 54 23, Fax 03 86 37 64 49, 🌧 – 🅿. ⓖⓑ
fermé 10 au 24 août, 27 oct. au 3 nov., 16 au 23 fév., sam. midi et dim. sauf fériés – Repas 95/195.

NEVERS

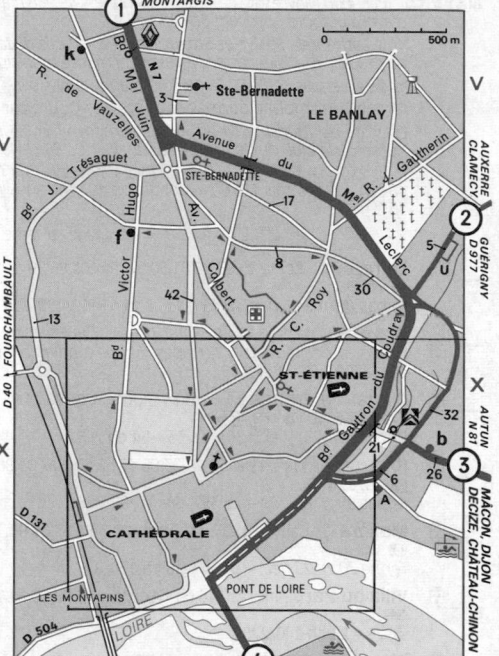

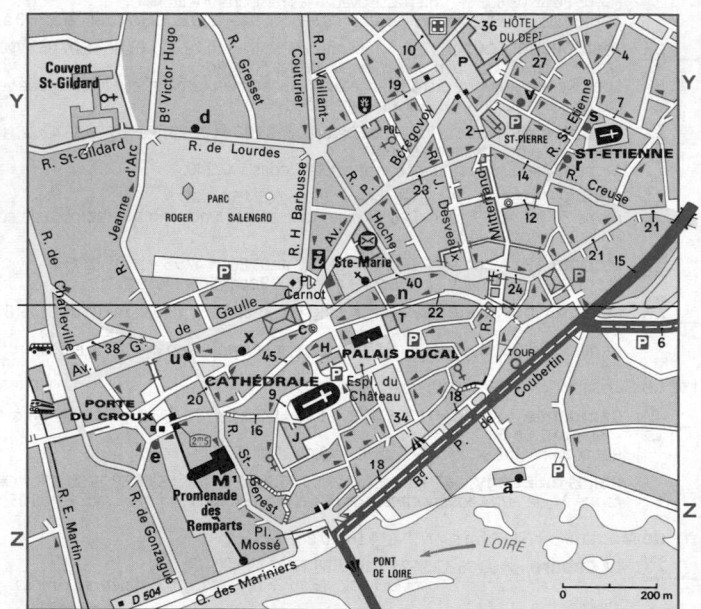

à Magny-Cours *par ④ rte Moulins : 12 km – 1 483 h. alt. 205 –* ⊠ *58470 :*

Holiday Inn Ⓜ, ℰ 03 86 21 22 33, Fax 03 86 21 22 03, ≼, 綿, « A côté du circuit et du golf », ℔, ⅀, ✖ – ⧄ ¼× ☰ ⓉⓋ ☎ ও 🄿 – 🄰 25 à 140. 🄰🄴 ⓄⒹ 🄶🄱 🄹🄲🄱
Repas 98/130, enf. 60 – ⊂⊃ 60 – **70 ch** 460.

du Circuit Ⓜ, sur N 7 ℰ 03 86 58 04 88, Fax 03 86 58 00 25, ✖ – ⓉⓋ ☎ ও 🄿. 🄰🄴 🄶🄱
fermé Noël au Jour de l'An – **Repas** snack *(fermé dim. soir)* carte environ 80 ⅄ – ⊂⊃ 30 – **32 ch** 250.

La Renaissance (Dray) Ⓜ ❧ *avec ch, au village* ℰ 03 86 58 10 40, Fax 03 86 21 22 60, 綿 – cuisinette ⓉⓋ ☎ 🄿. 🄶🄱
fermé 27 juil. au 11 août, 14 fév. au 10 mars, dim. soir et lundi – **Repas** 220/400 et carte 440 à 560 – ⊂⊃ 80 – **9 ch** 400/800
Spéc. Cuisses de grenouilles sautées au beurre d'échalote. Tournedos de lotte grillé sur escalope de foie gras de canard. Rognon de veau aux échalotes confites. **Vins** Pouilly Fumé, Sancerre.

ALFA ROMEO, ROVER Gar. Tenailles, 18 r. Pasteur
ℰ 03 86 59 28 55
BMW, TOYOTA Gar. Verma, 4 av. Colbert
ℰ 03 86 61 03 32
CITROEN Gar. Vincent, N 7 Les Bourdons à
Varennes-Vauzelles par ① ℰ 03 86 68 22 00
CITROEN Gar. André, 8 bis r. de Nièvre
ℰ 03 86 61 17 11
FIAT Gar. Tenailles Autom., 18 r. Ch. Roy
ℰ 03 86 36 00 28
FORD Auto Hall, N 81 la Baratte à St Eloi
ℰ 03 86 71 85 00
LANCIA Gar. de la Cité, r. M.-Turpin à Vauzelles
ℰ 03 86 57 15 45
MERCEDES Gar. Bezin, N 7 à Sermoise
ℰ 03 86 68 21 70 🄽 ℰ 08 00 00 24 24 30
NISSAN Gar. Doulet, 203 rte de Lyon à Challuy
ℰ 03 86 37 61 07

OPEL SORAMA, N 7, Le Bengy à Varennes-
Vauzelles ℰ 03 86 38 02 94
PEUGEOT CATAR, 102 r. H. Bouquillard par D 40
X ℰ 03 86 57 36 80
RENAULT Gar. Decelle, 39-49 bd Mar.-Juin
ℰ 03 86 59 84 00 🄽 ℰ 08 00 05 15 15
RENAULT Gar. Cottet, rte de Busserolles à Marzy
par D 131 X ℰ 03 86 36 62 90
VAG Gds Champs Autom., ZAC des Gds Champs,
ℰ 03 86 59 58 44 🄽 ℰ 08 00 00 24 24
VOLVO Gar. Jacquey, 139 fg du Gd Mouesse
ℰ 03 86 61 12 47

⑩ Euromaster, 3 r. du Petit Mouësse
ℰ 03 86 57 76 33
Vulco, 1 r. Petit-Mouësse ℰ 03 86 61 02 51

NÉZIGNAN-L'ÉVÈQUE *34 Hérault* 🄷🄷 ⑮ *– rattaché à Pézenas.*

Pour circuler sur les autoroutes

procurez-vous

AUTOROUTES DE FRANCE n° 🄷🄷🄷

Cartographie simplifiée en atlas

Renseignements pratiques : aires de repos,
stations-service, péage, restaurants...

NICE

P *06000 Alpes-Mar.* **84** ⑨ ⑩ **115** **2627** *G. Côte d'Azur*
342 439 h. - Agglo. 516 740 h - alt. 6.

Paris 929 ⑥ – *Cannes 33* ⑥ – *Genova 195* ① – *Lyon 471* ⑥ – *Marseille 190* ⑥ – *Torino 213* ①

OFFICES DE TOURISME

av. Thiers ℘ *04 93 87 07 07, Fax 04 93 16 85 16*
5, promenade des Anglais ℘ *04 93 87 60 60, Fax 04 93 82 07 99*
Nice-Ferber près de l'aéroport ℘ *04 93 83 32 64*
  à l'aéroport de Nice - Terminal 1 ℘ *04 93 21 41 11, Fax 04 93 21 44 50*
  Automobile Club, 9 r. Massenet ℘ *04 93 87 18 17, Fax 04 93 88 90 00.*

RENSEIGNEMENTS PRATIQUES

TRANSPORTS
Auto-train ℘ *08 36 35 35 35.*

TRANSPORTS MARITIMES
Pour la Corse : S.N.C.M. - Ferryterranée, quai du Commerce ℘ *04 93 13 66 66, Fax 04 93 13 66 81* **JZ.**

AÉROPORT
Nice-Côte-d'Azur ℘ *04 93 21 30 12, 7 km* **AU.**

CURIOSITÉS

SITE ET LE FRONT DE MER
Site★★ *- Promenade des Anglais*★★ **EFZ** *- Musée Masséna*★ **FZ M**[1].

LE VIEUX NICE
≤★★ *du château* **JZ** *- Intérieur*★ *de l'église St-Martin-St-Augustin* **HY** *- Église St-Jacques*★ **HZ** *- Escalier monumental*★ *du palais Lascaris* **HZ K.**
Intérieur★ *de la cathédrale Ste-Réparate* **HZ** *- Décors*★ *de la chapelle de l'Annonciation* **HZ R** *- Retables*★ *de la chapelle de la Miséricorde*★ **HZ S.**

CIMIEZ
Musée Marc-Chagall★★ **GX** *- Musée Matisse*★★ **HV M**[2] *- Monastère*★ *: primitifs niçois*★★ *dans l'église* **HV Q** *- Site archéologique gallo-romain*★ **HV.**

LES QUARTIERS OUEST
Musée des Beaux-Arts (Jules Chéret)★★ **DZ** *- Musée d'Art naïf A. Jakovsky*★ **AU M**[10] *- Parc Phoenix*★ **AU.**

PROMENADE DU PAILLON
Musée d'Art moderne et d'Art contemporain★★ **HY M**[9] *- Palais des Arts, du Tourisme et des Congrès (Acropolis)*★ **HJX.**

AUTRES CURIOSITÉS
Cathédrale orthodoxe russe St-Nicolas★ **EXY** *- Mosaïque*★ *de Chagall dans la faculté de Droit* **DZ U.**

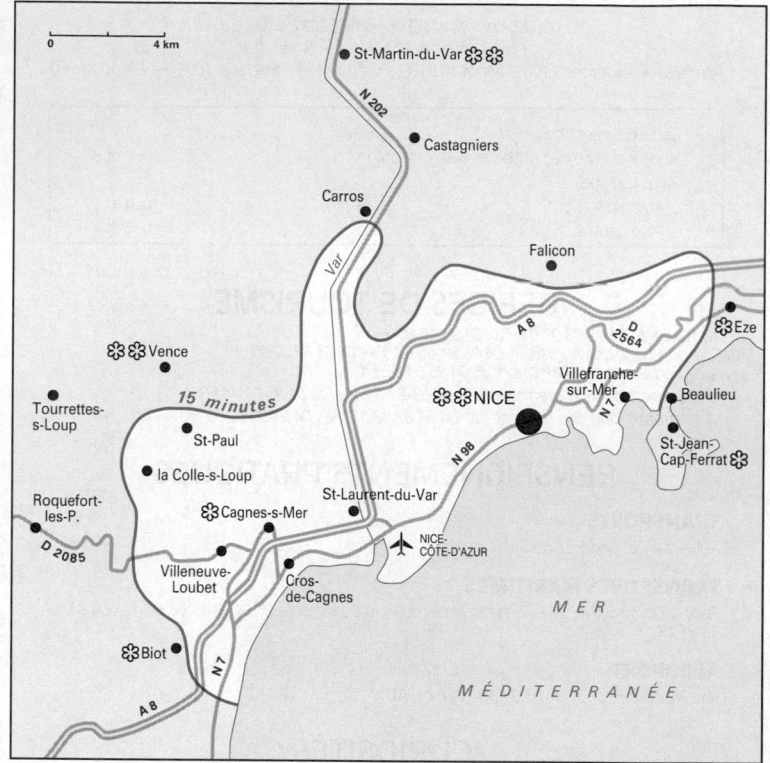

Négresco, 37 promenade des Anglais ℰ 04 93 16 64 00, Fax 04 93 88 35 68, ≤, « Mobilier d'époque : 17ᵉ et 18ᵉ siècle, Empire, Napoléon III » – 🛗 🗏 📺 ☎ 🕭 🚗 – 🔬 50 à 200. 🆎 ⑩ 🇬🇧 🇯🇨🇧
p. 6 **FZ k**
voir rest. **Chantecler** ci-après **- La Rotonde : Repas** 155, carte le dim. – 😐 120 – **122 ch** 1630/2350, 18 appart.

Palais Maeterlinck Ⓜ ⌂, 6 km par corniche inférieure ✉ 06300 ℰ 04 92 00 72 00, Fax 04 92 04 18 10, ≤, 🍽, « Piscine, jardin et terrasses dominant la mer », 🇫🇩, 🏊, – 🛗 cuisinette ⇔ 🗏 📺 ☎ 🕭 🚗 🅿 – 🔬 25. 🆎 ⑩ 🇬🇧
p. 5 **CU t**
fermé 5 janv. au 15 mars – **Le Mélisande : Repas** 200(déj.)/240 – 😐 160 – **9 ch** 1800/2000, 10 appart 2500/10000, 9 duplex.

Méridien Ⓜ, 1 promenade des Anglais ℰ 04 93 82 25 25, Fax 04 93 16 08 90, 🍽, « Piscine sur le toit ≤ baie » – 🛗 ⇔ 🗏 📺 ☎ – 🔬 25 à 200. 🆎 ⑩ 🇬🇧 🇯🇨🇧
p. 6 **FZ d**
L'Habit Blanc (oct.-avril) **Repas** 130/200, ♨, enf. 70 – **La Terrasse** (mai-sept.) **Repas** 145/190, ♨, enf. 70 – 😐 95 – **304 ch** 1250/2850, 8 appart.

Abela Regency Ⓜ, 223 promenade des Anglais ✉ 06200 ℰ 04 93 37 17 17, Fax 04 93 71 21 71, 🍽, « Piscine sur le toit ≤ baie », 🇫🇩 – 🛗 ⇔ 🗏 📺 ☎ 🕭 – 🔬 30 à 180. 🆎 ⑩ 🇬🇧
p. 4 **AU n**
Les Mosaïques (fermé juil.-août) **Repas** 155, enf. 100 – **La Terrasse-Les Jardins** grill (21 juin-15 sept.) **Repas** 95(déj.),165/195, enf. 100 – 😐 90 – **321 ch** 980/1280, 12 appart.

Élysée Palace Ⓜ, r. Sauvan ℰ 04 93 86 06 06, Fax 04 93 44 50 40, 🍽, « Piscine sur le toit ≤ la ville » – 🛗 ⇔ 🗏 📺 ☎ 🕭 🚗 – 🔬 45. 🆎 ⑩ 🇬🇧 🇯🇨🇧
p. 6 **EZ d**
Repas (fermé dim. du 1ᵉʳ nov. au 1ᵉʳ mars) 150/190 – 😐 95 – **143 ch** 1000/1300 – ½ P 710.

Plaza Concorde, 12 av. Verdun ℰ 04 93 16 75 75, Fax 04 93 82 50 70, ≤, 🍽, « Terrasse sur le toit » – 🛗 🗏 📺 ☎ ✆ – 🔬 260. 🆎 ⑩ 🇬🇧 🇯🇨🇧
p. 7 **GZ f**
Repas carte 170 à 250 ♨ – 😐 80 – **173 ch** 900/1500, 10 appart.

🏨🏨🏨 **Sofitel** Ⓜ, 2-4 parvis de l'Europe ⌧ 06300 𝒫 04 92 00 80 00, Fax 04 93 26 27 00, 佘, « Piscine panoramique sur le toit », ⅃₅ – 🛗 ✱ ≣ 🖵 ☎ ⇐ – 🛦 50. 🆎 ⓞ 🆖 𝒿𝒸𝒷
Repas 92/260 bc – ☲ 90 – **152 ch** 1160/1300.   p. 7 JX t

🏨🏨🏨 **Beau Rivage** Ⓜ, 24 r. St-François-de-Paule ⌧ 06300 𝒫 04 93 80 80 70, Fax 04 93 80 55 77, ₐ₅ – 🛗 ✱ ≣ 🖵 ☎ ୯ ♿ – 🛦 35. 🆎 ⓞ 🆖   p. 7 GZ y
Bistrot du Rivage (fermé dim. soir et sam.) **Repas** carte 170 à 280 – *Brasserie de la Plage (ouvert mai à sept.)* **Repas** (déj. seul.) carte 190 à 270 – ☲ 95 – **118 ch** 700/1800 – ½ P 630/945.

🏨🏨🏨 **Splendid,** 50 bd V. Hugo 𝒫 04 93 16 41 00, Fax 04 93 87 02 46, 佘, « Piscine sur le toit ⩽ la ville » – 🛗 ✱ ≣ 🖵 ☎ ⇐ – 🛦 30 à 100. 🆎 ⓞ 🆖 𝒿𝒸𝒷. ✻ rest   p. 6 FYZ g
Repas 145 ♓ – ☲ 80 – **115 ch** 890/1190, 14 appart.

🏨🏨 **West End,** 31 promenade des Anglais 𝒫 04 92 14 44 00, Fax 04 93 88 85 07, ⩽, 佘 – 🛗 ✱ ≣ 🖵 ☎ ୯ – 🛦 120. 🆎 ⓞ 🆖 𝒿𝒸𝒷   p. 6 FZ p
Repas 120/185 ♓ – ☲ 60 – **123 ch** 600/1350, 6 appart – ½ P 540/880.

🏨🏨 **Westminster Concorde,** 27 promenade des Anglais 𝒫 04 93 88 29 44, Fax 04 93 82 45 35, 佘 – 🛗 ≣ ch 🖵 ☎ – 🛦 150. 🆎 ⓞ 🆖 𝒿𝒸𝒷. ✻ rest   p. 6 FZ m
Le Farniente (fermé nov. et dim. du 15 oct. au 15 avril) **Repas** (dîner seul. en juil.-août) 170/200 – ☲ 85 – **102 ch** 900/1200.

🏨🏨 **La Pérouse** ⬙, 11 quai Rauba-Capéu 𝒫 04 93 62 34 63, Fax 04 93 62 59 41, 佘, « ⩽ Nice et la Baie des Anges », ⅃ – 🛗 ≣ ch 🖵 ☎. 🆎 ⓞ 🆖 𝒿𝒸𝒷. ✻ rest
Repas grill *(14 mai-16 sept.)* carte environ 230 – ☲ 85 – **64 ch** 890/1325.   p. 7 HZ k

🏨🏨 **Atlantic,** 12 bd V. Hugo 𝒫 04 93 88 40 15, Fax 04 93 88 68 60, 佘 – 🛗 ≣ 🖵 ☎ – 🛦 50. 🆎 ⓞ 🆖 𝒿𝒸𝒷   p. 6 FY d
Repas 130/150 – ☲ 80 – **125 ch** 650/900 – ½ P 560/635.

🏨🏨 **Holiday Inn** Ⓜ, 20 bd V. Hugo 𝒫 04 93 16 55 00, Fax 04 93 16 55 55, 佘 – 🛗 ✱ ≣ 🖵 ☎ ୯ ♿ – 🛦 90. 🆎 ⓞ 🆖 𝒿𝒸𝒷   p. 6 FY a
Repas 108/152 ♓ – ☲ 85 – **131 ch** 700/1150 – ½ P 595/770.

🏨🏨 **Gd H. Mercure Centre** sans rest, 28 av. Notre-Dame 𝒫 04 93 13 36 36, Fax 04 93 62 61 69, « Jardin suspendu au 2ᵉ étage, ⅃ au 8ᵉ, ⩽ » – 🛗 ✱ ≣ 🖵 ☎ – 🛦 25 à 120. 🆎 ⓞ 🆖 𝒿𝒸𝒷   p. 6 FXY q
☲ 75 – **201 ch** 625/695.

🏨🏨 **Novotel** Ⓜ, 8-10 Parvis de l'Europe ⌧ 06300 𝒫 04 93 13 30 93, Fax 04 93 13 09 04, 佘, « Piscine panoramique sur le toit » – 🛗 ✱ ≣ 🖵 ☎ ♿ ⇐ – 🛦 80. 🆎 ⓞ 🆖 𝒿𝒸𝒷
Repas carte environ 170 ♓, enf. 53 – ☲ 55 – **173 ch** 510/750.   p. 7 JX v

🏨🏨 **Napoléon** sans rest, 6 r. Grimaldi 𝒫 04 93 87 70 07, Fax 04 93 16 17 80 – 🛗 ≣ 🖵 ☎. 🆎 ⓞ 🆖 𝒿𝒸𝒷   p. 6 FZ r
☲ 60 – **83 ch** 655/820.

🏨🏨 **Mercure Promenade des Anglais** Ⓜ sans rest, 2 r. Halévy 𝒫 04 93 82 30 88, Fax 04 93 82 18 20 – 🛗 ✱ ≣ 🖵 ☎ – 🛦 25. 🆎 ⓞ 🆖   p. 6 FZ v
☲ 75 – **122 ch** 590/890.

🏨🏨 **Ambassador** sans rest, 8 av. de Suède 𝒫 04 93 87 90 19, Fax 04 93 82 14 90 – 🛗 ≣ 🖵 ☎. 🆎 ⓞ 🆖 𝒿𝒸𝒷   p. 6 FZ x
15 fév.-15 nov. – ☲ 50 – **45 ch** 520/850.

🏨 **Petit Palais** ⬙ sans rest, 10 av. E. Bieckert 𝒫 04 93 62 19 11, Fax 04 93 62 53 60, ⩽ Nice et mer – 🛗 🖵 ☎. 🆎 ⓞ 🆖   p. 7 HX p
☲ 50 – **25 ch** 530/780.

🏨 **Mercure Masséna** Ⓜ sans rest, 58 r. Gioffredo 𝒫 04 93 85 49 25, Fax 04 93 62 43 27 – 🛗 ✱ ≣ 🖵 ☎ ⇐. 🆎 ⓞ 🆖 𝒿𝒸𝒷   p. 7 GZ k
☲ 70 – **116 ch** 590/795.

🏨 **Apogia** Ⓜ sans rest, 26 r. Smolett ⌧ 06300 𝒫 04 93 89 18 88, Fax 04 93 89 16 06 – 🛗 ✱ ≣ 🖵 ☎ ♿ ⇐. 🆎 ⓞ 🆖 𝒿𝒸𝒷   p. 7 JY e
☲ 51 – **101 ch** 480/560.

🏨 **Grimaldi** sans rest, 15 r. Grimaldi 𝒫 04 93 87 73 61, Fax 04 93 88 30 05 – 🛗 ≣ 🖵 ☎. 🆎 ⓞ 🆖 𝒿𝒸𝒷   p. 6 FY s
☲ 50 – **24 ch** 600/800.

🏨 **Windsor,** 11 r. Dalpozzo 𝒫 04 93 88 59 35, Fax 04 93 88 94 57, 佘, ⅃₅, ⅃, ✿ – 🛗 ≣ ch 🖵 🖵 ☎. 🆎 ⓞ 🆖. ✻ rest   p. 6 FZ f
Repas (snack) *(fermé dim.)* carte environ 150 – ☲ 40 – **57 ch** 415/670 – ½ P 395/455.

🏨 **Gourmet Lorrain,** 7 av. Santa Fior ⌧ 06100 𝒫 04 93 84 90 78, Fax 04 92 09 11 25, 佘 – ≣ 🖵 ☎. 🆎 ⓞ 🆖 𝒿𝒸𝒷   p. 6 FV n
Repas *(fermé sam. midi, dim. soir et lundi midi)* 95/160 ♓ – ☲ 35 – **11 ch** 250/300 – ½ P 270.

🏨 **Gounod** sans rest, 3 r. Gounod 𝒫 04 93 88 26 20, Fax 04 93 88 23 84 – 🛗 ≣ 🖵 ☎ 🅿. 🆎 ⓞ 🆖 𝒿𝒸𝒷   p. 6 FYZ g
☲ 60 – **41 ch** 515/590, 6 appart.

RÉPERTOIRE DES RUES

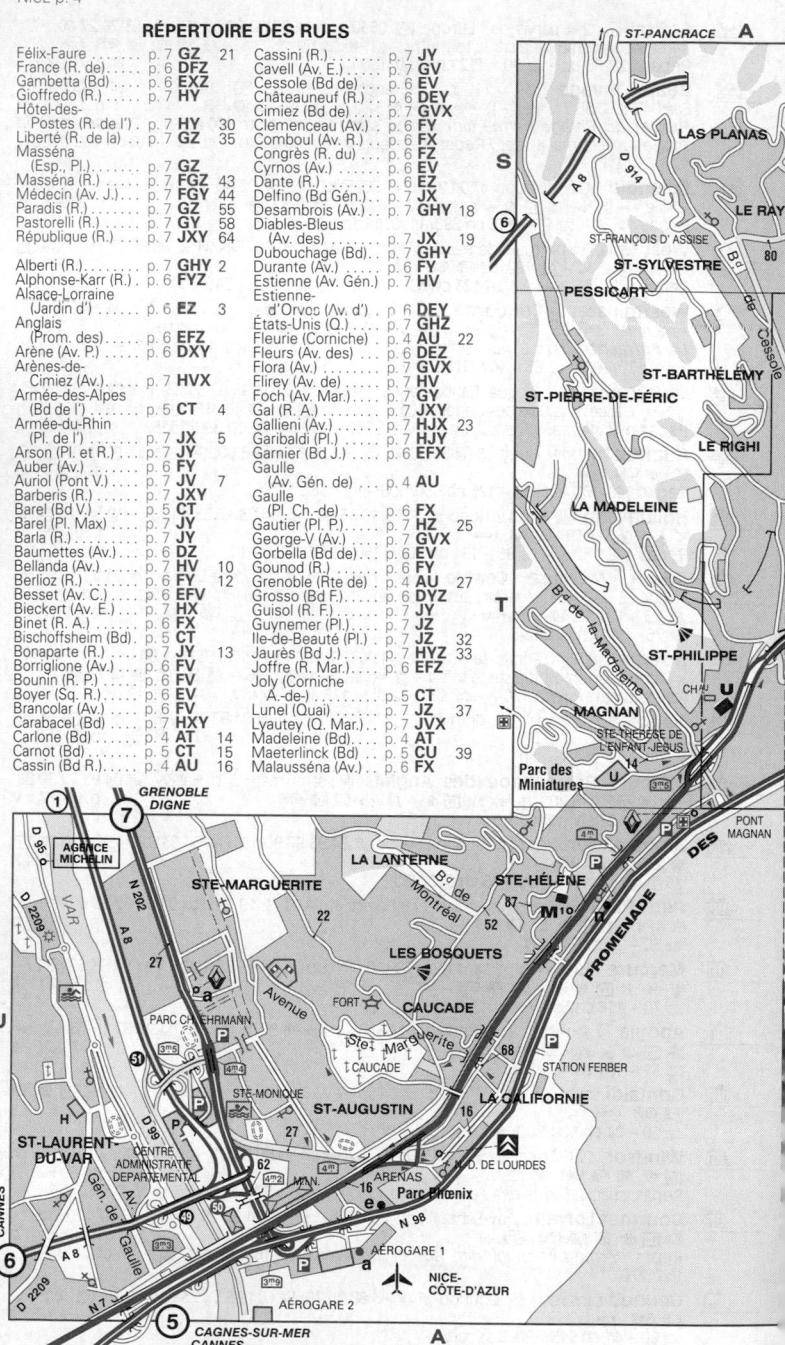

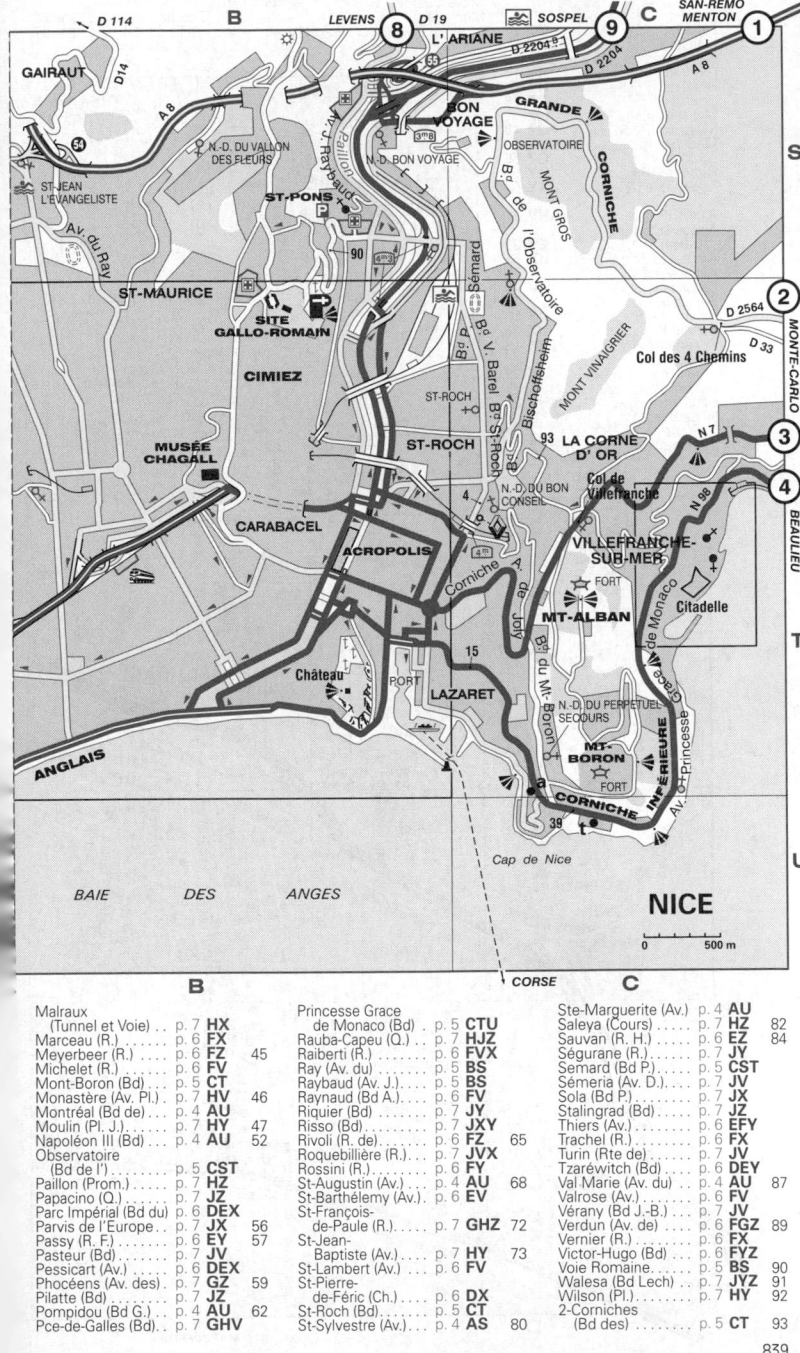

NICE

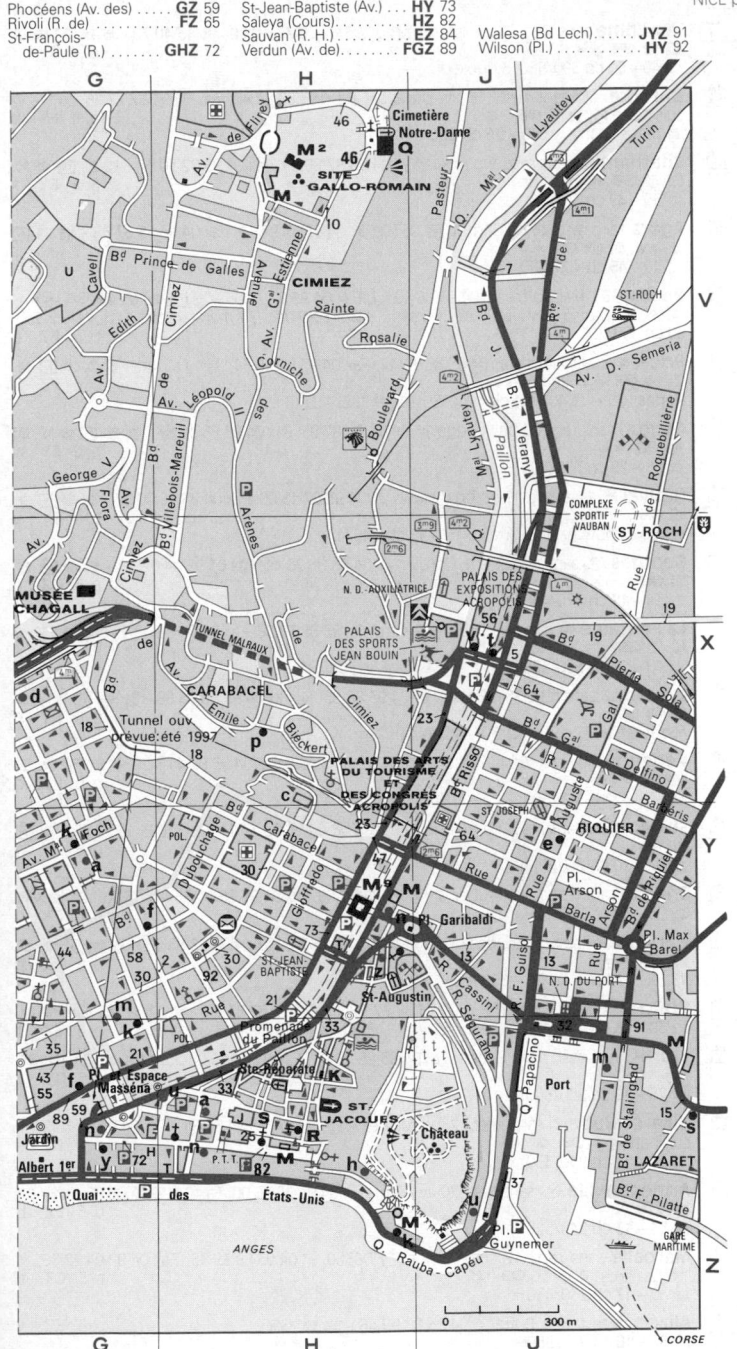

841

Vendôme sans rest, 26 r. Pastorelli ℘ 04 93 62 00 77, Fax 04 93 13 40 78 – |🛗| 🖭 📺 ☎ 🅿.
🖭 ⑩ 🖼 🏧
p. 7 GY f
🛏 40 – **51 ch** 390/560, 5 duplex.

Durante 🦢 sans rest, 16 av. Durante ℘ 04 93 88 84 40, Fax 04 93 87 77 76, 🌳 – |🛗|
cuisinette 📺 ☎ 🅿. 🖼. 🏧
p. 6 FY b
1er fév.-31 oct. – 🛏 40 – **26 ch** 280/450.

Chatham 🅼 sans rest, 9 r. A. Kaar ℘ 04 93 87 80 61, Fax 04 93 82 30 97 – |🛗| ☰ 📺 ☎ ✆.
🖭 ⑩ 🖼 🏧
p. 6 FY x
🛏 35 – **49 ch** 350/500.

Agata sans rest, 46 bd Carnot ✉ 06300 ℘ 04 93 55 97 13, Fax 04 93 55 67 38 – |🛗| ☰ 📺
☎ 🍴. 🖭 ⑩ 🖼 🏧
p. 7 JZ s
🛏 40 – **45 ch** 400/550.

Busby, 38 r. Mar. Joffre ℘ 04 93 88 19 41, Fax 04 93 87 73 53 – |🛗| 📺 ☎. 🖭 ⑩ 🖼 🏧
hôtel : fermé 15 nov. au 20 déc. , rest. . ouvert 20 déc. 31 mai – **Repas** 120 🍷 – 🛏 35 –
80 ch 500/700.
p. 6 FZ u

Brice, 44 r. Mar. Joffre ℘ 04 93 88 14 44, Fax 04 93 87 38 54, 🌴, ⅃5, 🌳 – |🛗| ☰ ch 📺 ☎.
🖭 ⑩ 🖼 🏧. 🎛 rest
p. 6 FZ b
Repas 125 – 🛏 40 – **61 ch** 400/650 – ½ P 385/415.

Carlton sans rest, 26 bd V. Hugo ℘ 04 93 88 87 83, Fax 04 93 88 18 87 – |🛗| ☰ 📺 ☎ ✆. 🖭
⑩ 🖼 🏧
p. 6 FY w
🛏 35 – **29 ch** 300/600.

Nouvel H. sans rest, 19 bis bd V. Hugo ℘ 04 93 87 15 00, Fax 04 93 16 00 67 – |🛗| ☰ 📺 ☎.
🖭 🖼
p. 6 FY v
fermé 25 nov. au 21 déc. – 🛏 15 – **58 ch** 345/470.

Georges 🦢 sans rest, 3 r. H. Cordier ℘ 04 93 86 23 41, Fax 04 93 44 02 30 – |🛗| ☰ 📺 ☎.
🖭 🖼
p. 6 DZ e
🛏 34 – **18 ch** 320/450.

La Fontaine 🅼 sans rest, 49 r. France ℘ 04 93 88 30 38, Fax 04 93 88 98 11 – |🛗| ☰ 📺 ☎
✆. 🖭 🖼
p. 6 FZ t
🛏 40 – **29 ch** 350/530.

Lausanne sans rest, 36 r. Rossini ℘ 04 93 88 85 94, Fax 04 93 88 15 88 – |🛗| 🛎 📺 ☎ 🍴.
🖭 ⑩ 🖼
p. 6 FY n
fermé 21 au 28 déc. – 🛏 50 – **36 ch** 415.

Régence sans rest, 21 r. Masséna ℘ 04 93 87 75 08, Fax 04 93 82 41 31 – |🛗| ☰ 📺 ☎. 🖭
⑩ 🖼 🏧
p. 6 FZ q
🛏 35 – **37 ch** 335/380.

St-Georges sans rest, 7 av. G. Clemenceau ℘ 04 93 88 79 21, Fax 04 93 16 22 85 – |🛗| 📺
☎. 🖼
p. 6 FY y
🛏 32 – **30 ch** 260/310.

Trianon sans rest, 15 av. Auber ℘ 04 93 88 30 69, Fax 04 93 88 11 35 – |🛗| 📺 ☎. 🖭 ⑩ 🖼
p. 6 FY u
🛏 35 – **32 ch** 230/320.

Harvey sans rest, 18 av. de Suède ℘ 04 93 88 73 73, Fax 04 93 82 53 55 – |🛗| ☰ 📺 ☎. 🖭
⑩ 🖼 🏧
p. 6 FZ h
15 fév.-31 oct. – 🛏 25 – **62 ch** 310/370.

Buffa sans rest, 56 r. Buffa ℘ 04 93 88 77 35, Fax 04 93 88 83 39 – ☰ 📺 ☎. 🖭 ⑩ 🖼
🛏 30 – **13 ch** 280/380.
p. 6 EZ r

Star H. sans rest, 14 r. Biscarra ℘ 04 93 85 19 03, Fax 04 93 13 04 23 – 📺 ☎. 🖭 ⑩ 🖼
🏧
p. 7 GY k
🛏 25 – **19 ch** 200/300.

Villa St-Hubert sans rest, 26 r. Michel-Ange ℘ 04 93 84 66 51, Fax 04 93 84 70 96 –
cuisinette 📺. 🖼. 🏧
p. 6 FV s
🛏 30 – **11 ch** 230/330.

Armenonville 🦢 sans rest, 20 av. Fleurs ℘ 04 93 96 86 00, Fax 04 93 96 86 00, 🌳 – 📺
☎ ✆ 🅿. 🏧
p. 6 EZ b
🛏 33 – **13 ch** 240/525.

Marbella sans rest, 120 bd Carnot ✉ 06300 ℘ 04 93 89 39 35, Fax 04 92 04 22 56, ≤
littoral – 🛎 📺 ☎. 🖭 🖼. 🏧
p. 5 CT a
🛏 30 – **17 ch** 230/430.

Alizé sans rest, 65 r. Buffa ℘ 04 93 88 99 46 – ☰ ☎. 🖼
p. 6 EZ y
🛏 30 – **10 ch** 270/380.

XXXXX · 💠💠 **Chantecler** - Hôtel Négresco, 37 promenade des Anglais ℰ 04 93 16 64 00, Fax 04 93 88 35 68 – 🖭. 🖭 ⓞ 🖼 🖼 p. 6 FZ **k**
fermé 18 nov. au 16 déc. – **Repas** 255 bc (déj.), 395/560 et carte 500 à 700
Spéc. Légumes mijotés en casserole, grosses langoustines rôties. Filets de rougets poêlés, panisses "façon socca". Selle d'agneau de Sisteron rôtie, ragoût d'artichauts violets. **Vins** Côtes de Provence.

XXX **L'Ane Rouge,** 7 quai Deux-Emmanuel ⊠ 06300 ℰ 04 93 89 49 63, Fax 04 93 89 49 63 – 🖭 🖭 ⓞ 🖼 p. 7 JZ **m**
fermé 7 au 21 janv. et merc. – **Repas** 148/198 et carte 240 à 330.

XX **Le Florian,** 22 r. A. Karr ℰ 04 93 88 86 60, Fax 04 93 87 31 98 – 🖭. 🖭 🖼 p. 6 FY **k**
fermé sam. midi et dim. – **Repas** 149 bc/250 🍸.

XX **Boccaccio,** 7 r. Masséna ℰ 04 93 87 71 76, Fax 04 93 82 09 06, 😀, « Décor de Cara-velle » – 🖭. 🖭 🖼 🖼 p. 7 GZ **f**
Repas - produits de la mer - 140 (déj.)et carte 290 à 410.

XX **Les Dents de la Mer,** 2 r. St-François-de-Paule ⊠ 06300 ℰ 04 93 80 99 16, Fax 04 93 85 05 78, 😀, « Décor original de galion englouti » – 🖭. 🖭 ⓞ 🖼
Repas - produits de la mer - 148/199. p. 7 HZ **n**

XX **Flo,** 4 r. S. Guitry ℰ 04 93 13 38 38, Fax 04 93 13 38 39, brasserie, « Ancien théâtre » – 🖭. 🖭 ⓞ 🖼 p. 7GYZ **m**
Repas 109 bc/149 bc.

XX **Don Camillo,** 5 r. Ponchettes ⊠ 06300 ℰ 04 93 85 67 95, Fax 04 93 13 97 43 – 🖭. 🖭 🖼 p. 7 HZ **h**
fermé lundi midi et dim. – **Repas** - cuisine niçoise et italienne - 200/320.

XX **L'Univers,** 54 bd J. Jaurès ⊠ 06300 ℰ 04 93 62 32 22, Fax 04 93 62 55 69 – 🖭. 🖭 ⓞ 🖼 🖼 p. 7 HZ **u**
fermé 7 au 21 juil. et dim. en été – **Repas** 160 bc (déj.)/170.

XX **Chez Rolando,** 3 r. Desboutins ⊠ 06300 ℰ 04 93 85 76 79 – 🖭. 🖼 p. 7 GZ **n**
fermé juil., le midi en août, dim. et fériés – **Repas** - cuisine italienne - carte 190 à 240 🍸.

XX **La Toque Blanche,** 40 r. Buffa ℰ 04 93 88 38 18, Fax 04 93 88 38 18 – 🖭. 🖼
fermé dim. sauf le midi de sept. à juin et lundi – **Repas** (nombre de couverts limités, prévenir) 145/160. p. 6 FZ **n**

XX **Aux Gourmets,** 12 r. Dante ℰ 04 93 96 83 53 – 🖭. 🖭 ⓞ 🖼 p. 6 EZ **w**
fermé 15 juil. au 5 août, dim. soir et lundi – **Repas** 98/250.

XX **Bông-Laï,** 14 r. Alsace-Lorraine ℰ 04 93 88 75 36 – 🖭. 🖭 ⓞ 🖼 p. 6 FX **x**
fermé 9 au 26 déc., lundi et mardi – **Repas** - cuisine vietnamienne - carte 220 à 290.

XX **L'Allegro,** 6 pl. Guynemer ⊠ 06300 ℰ 04 93 56 62 06, Fax 04 93 56 38 28, « Fresques représentant les personnages de la ''Comedia Dell'Arte'' » – 🖭. 🖼 p. 7 JZ **u**
fermé dim. – **Repas** - cuisine italienne - 130 (déj.)et carte 200 à 290.

X **Aub. des Arts,** 9 r. Pairolière ⊠ 06300 ℰ 04 93 85 63 53, Fax 04 93 80 10 41 – 🖭 ⓞ 🖼 🖼 p. 7 HY **z**
fermé lundi midi et dim. sauf fériés – **Repas** 108/178, enf. 65.

X **La Casbah,** 3 r. Dr Balestre ℰ 04 93 85 58 81 – 🖭. 🖼 p. 7 GY **a**
fermé 1er juil. au 31 août, dim. soir et lundi midi – **Repas** - couscous - 110/180 🍸.

X **L'Olivier,** 2 pl. Garibaldi ⊠ 06300 ℰ 04 93 26 89 09, 😀 – 🖭. 🖭 🖼. 🍸 p. 7 HY **n**
fermé août, merc. soir et dim. – **Repas** carte 150 à 180 🍸.

X **Mireille,** 19 bd Raimbaldi ℰ 04 93 85 27 23 – 🖭. 🖼 p. 7 GX **d**
fermé 2 au 24 juin, 22 au 30 sept., lundi et mardi – **Repas** - plat unique : paella - 110/150.

X **La Merenda,** 4 r. Terrasse ⊠ 06300 p. 7 HZ **a**
fermé 4 au 18 août, 24 déc. au 4 janv., 16 au 22 fév., sam. et dim. – **Repas** - cuisine niçoise - carte 150 à 210.

à l'Aéroport : *7 km* – ⊠ *06200 Nice* :

🏨 · 😀 **Campanile,** 459 promenade des Anglais ℰ 04 93 21 20 20, Fax 04 93 83 83 96 – 🛗 ✂ 🖭 🖭 🖭 ✆ ✆ 📶 – 🔏 25 à 80. 🖭 ⓞ 🖼 p. 4 AU **e**
Repas 84 bc/107 bc, enf. 39 – 🖂 34 – **170 ch** 370.

XXX **Ciel d'Azur,** aérogare 1, 2e étage ℰ 04 93 21 36 36, Fax 04 93 21 35 31 – 🖭. 🖭 ⓞ 🖼 🖼 p. 4 AU **a**
Repas (déj. seul.) 240/300.

MICHELIN, Agence, ZI quartier des Pugets à St-Laurent-du-Var par ⑥ AU ℰ 04 93 31 66 09

BMW Gar. Azur-Autos, Nice la Plaine 1 Contre Allée N 202 ☎ 04 93 18 22 00
CITROEN Succursale, 74, bd R.-Cassin
☎ 04 93 72 66 66 ■ ☎ 04 93 89 80 89
CITROEN Succursale, Complexe J. Bouin - Palais des Sports ☎ 04 93 13 67 67 ■ ☎ 04 93 89 80 89
FORD Nice Est Autom., 9 bd de l'Armée des Alpes ☎ 04 93 89 03 73
FORD Alpes Auto, 58 av. de St-Augustin
☎ 04 93 18 22 93
MITSUBISHI, PORSCHE Somédia, 1 et 3 av. Notre-Dame ☎ 04 93 92 44 12
OPEL Détroit-Motors, 87 r. de France
☎ 04 93 87 62 45
PEUGEOT Gds Gar. Nice et Littoral, 132 bd Pasteur ☎ 04 93 72 67 26 ■ ☎ 04 92 06 36 25
RENAULT Gar. Macagno, 17 av. de la Californie ☎ 04 93 86 59 81
RENAULT Gar. des Résidences, 9 r. Combattants en AFN ☎ 04 93 88 18 59

RENAULT Succursale, 254 rte de Grenoble
☎ 04 93 14 22 22 ■ ☎ 08 00 05 15 15
RENAULT Succursale de Nice Riquier, 2 bd Armée-des-Alpes ☎ 04 93 14 20 20 ■ ☎ 08 00 05 15 15
VAG S.M.A., 146 rte de Turin ☎ 04 92 00 35 35 ■ ☎ 04 93 29 87 87

⊙ Cagnol, 3 r. Gare-du-Sud 7 bd J.-Garnier
☎ 04 93 84 52 29
Euromaster, angle R.-Nicot de Villemain et 17 bd P.-Montel ☎ 04 93 83 10 92
Nice-Pneu, 14 r. L.-Ackermann ☎ 04 93 87 49 07
Office du Pneu, 116 bd Gambetta
☎ 04 93 88 45 84
Omnium-Niçois du C/c, 298 rte de Turin
☎ 04 93 27 91 00
Vulca-202, 762 rte de Grenoble
☎ 04 93 08 14 84

NIEDERBRONN-LES-BAINS 67110 B.-Rhin 🗟 ⑱ ⑲ G. Alsace Lorraine – 4 372 h alt. 190 – Stat. therm. – Casino .

🖪 Office de Tourisme 2 pl. Hôtel de Ville ☎ 03 88 80 89 70.

Paris 460 – Strasbourg 53 – Haguenau 22 – Sarreguemines 58 – Saverne 42 – Wissembourg 38.

Muller Ⓜ, av. Libération ☎ 03 88 63 38 38, Fax 03 88 63 38 39, ㈜, parc, 🏊, 🔟 – 📶 🔟 ☎ ♿ – ⚠ – 🔬 25 à 50. ☲ ⓪ ☲. ❀ rest
Repas (fermé janv. et lundi) 56/228 ⅃, enf. 48 – ☲ 40 – **43 ch** 250/425 – ½ P 275/328.

Gd Hôtel ☜ sans rest, av. Foch ☎ 03 88 80 84 48, Fax 03 88 80 84 40, ☞ – 📶 ⇆ 🔟 ☎ 🅿. ☲ ⓪ ☲
☲ 42 – **52 ch** 300/480.

Bristol, pl. H. de Ville ☎ 03 88 09 61 44, Fax 03 88 09 01 20 – 📶 ▤ rest 🔟 ☎ 🅿. ☲ ⓪ ☲
fermé janv. – Repas 65/340 ⅃ – ☲ 35 – **28 ch** 200/305 – ½ P 330.

Cully, r. République ☎ 03 88 09 01 42, Fax 03 88 09 05 80, ㈜ – 📶 🔟 ☎ 🅿. ☲ ⓪ ☲
Repas (fermé vacances de fév., mardi soir et merc.) 60/250 ⅃, enf. 40 – ☲ 30 – **40 ch** 190/300 – ½ P 240/250.

Parc, pl. Thermes ☎ 03 88 80 84 84, ㈜ – ☲ ⓪ ☲
fermé 26 janv. au 21 fév. et jeudi – Repas 190/330 et carte 230 à 370 ⅃, enf. 80.

Les Acacias, 35 r. Acacias ☎ 03 88 09 00 47, Fax 03 88 80 83 33, ㈜ – 🅿. ☲ ☲
fermé 5 au 11 sept., 27 déc. au 3 janv., 26 janv. au 15 fév., sam. midi et vend. – Repas 65 (déj.), 90/280 ⅃, enf. 55.

CITROEN Gar. Krebs, 6 r. des Romains ☎ 03 88 09 03 66

NIEDERHASLACH 67280 B.-Rhin 🗟 ⑨ G. Alsace Lorraine – 1 088 h alt. 255.

Voir Église★.

Paris 481 – Strasbourg 41 – Molsheim 14 – St-Dié 54 – Saverne 32.

La Pomme d'Or, face église ☎ 03 88 50 90 21, Fax 03 88 50 95 17 – 🔟 ☎. ☲. ❀ ch
fermé 27 juin au 8 juil., fév., dim. soir et lundi (sauf hôtel de juin à août) – Repas 59 (déj.), 85/160 ⅃ – ☲ 30 – **20 ch** 170/210 – ½ P 250.

RENAULT Gar. Ludwig, ☎ 03 88 50 90 08 ■ ☎ 03 88 50 90 08

NIEDERSCHAEFFOLSHEIM 67500 B.-Rhin 🗟 ⑲ – 1 267 h alt. 185.

Paris 474 – Strasbourg 26 – Haguenau 7 – Saverne 32.

Au Boeuf Rouge avec ch, ☎ 03 88 73 81 00, Fax 03 88 73 89 71, ☞ – 🔟 ☎ 🅿 – ⚠ 30. ☲ ⓪ ☲
fermé 14 juil. au 4 août, vacances de fév., dim. soir et lundi sauf fêtes – Repas 120/310 ⅃, enf. 50 – ☲ 38 – **15 ch** 270/330 – ½ P 260.

NIEDERSTEINBACH 67510 B.-Rhin 🗟 ⑲ G. Alsace Lorraine – 161 h alt. 225.

Paris 462 – Strasbourg 66 – Bitche 25 – Haguenau 34 – Lembach 9 – Wissembourg 24.

Cheval Blanc ☜, ☎ 03 88 09 55 31, Fax 03 88 09 50 24, ㈜, 🏊, ☞, ❀ – 🔟 ☎ 🅿. ☲. ❀ rest
fermé 12 au 27 juin, 1er au 11 déc. et 27 janv. au 6 mars – Repas (fermé jeudi) 94/290 ⅃, enf. 65 – ☲ 46 – **26 ch** 330/370 – ½ P 280/320.

NIEUIL *16270 Charente* **72** ⑤ – *954 h alt. 150.*

Paris 439 ② – *Angoulême 41 – Confolens 26 – Limoges 65 – Nontron 51 – Ruffec 36.*

Château de Nieuil (Mme Bodinaud) ⌂, à l'Est par D 739 et rte secondaire ℰ 05 45 71 36 38, Fax 05 45 71 46 45, ≤, 🏠, « Belle demeure Renaissance dans un parc », 🎱 ℀ – 🖩 ☎ ⇔ 🅿 – 🔬 50. 🖪 ① 📧
26 avril-3 nov. – **Repas** *(fermé dim. soir et lundi sauf juil.-août)* 190 bc (déj.), 250/330 et carte 280 à 410 *- La Grange aux Oies (ouvert 14 déc.-14 avril et fermé dim. soir et lundi)* **Repas** 175 bc, enf. 90 – 🖙 75 – **11 ch** 630/1400, 3 appart – ½ P 755/1090
Spéc. Fondant de truite aux aromates, galette de blé-vêtu. Barbue à la vapeur de verveine fraîche. Les meilleurs morceaux de boeuf du Limousin, échalotes au pineau.

NÎMES 🅿 *30000 Gard* **80** ⑲ *G. Provence* – *128 471 h Agglo. 138 527 h alt. 39.*

Voir *Arènes*★★★ **CV** – *Maison Carrée*★★★ **CU** : *musée des Antiques*★ – *Jardin de la Fontaine*★★ **AX** : *Tour Magne*★, ≤★ – *Intérieur*★ *de la chapelle des Jésuites* **DU B** – *Carré d'Art*★ **CU** – *Musées : Archéologie*★ **DU M**¹, *Beaux-Arts*★ **ABY M**², *Vieux Nîmes*★ **CU M**³.

🛫 *de Nîmes-Arles-Camargue* ℰ 04 66 70 17 37, par ⑤ : 11 km; 🛫 *des Hauts-de-Nîmes à Vacquerolles* ℰ 04 66 23 33 33, E : 6 km par ⑦.

✈ *de Nîmes-Camargue :* ℰ 04 66 70 06 88, par ⑤ : 8 km.

🖪 *Accueil de France 6 r. Auguste* ℰ 04 66 67 29 11, *Télex 490926, Fax 04 66 21 81 04 et à la gare SNCF* ℰ 04 66 84 18 13 – *A.C. 5 bd Talabot* ℰ 04 66 29 12 54.

Paris 711 ② – *Montpellier 53* ⑤ – *Aix-en-Provence 109* ④ – *Avignon 47* ② – *Clermont-Ferrand 331* ② – *Grenoble 248* ② – *Lyon 253* ② – *Marseille 125* ④ – *Nice 282* ④ – *St-Étienne 244* ②.

NÎMES

Aspic (R. de l') . . . . CUV
Courbet (Bd Amiral) . . . . DUV 14
Crémieux (Rue) . . . . DU 16
Curaterie (R.) . . . . DU 17
Daudet (Bd A.) . . . . CU 18
Gambetta (Bd) . . . . CDU
Grand'Rue . . . . DU 24

Guizot (R.) . . . . CU 26
Madeleine (R. de la) . . . . . . CU 32
Nationale (R.) . . . . CDU
Perrier (R. Gén.) . . . . CU
République (R. de la) . . . . . CV 43
Victor-Hugo (Bd) . . . . CUV

Arènes (Bd des) . . . . CV 2
Auguste (R.) . . . . CU 4
Bernis (R. de) . . . . CV 6

Chapitre (R. du) . . . . CU 12
Esclafidous (Pl. des) . . . . . . DU 19
Fontaine (Q. de la) . . . . CU 20
Halles (R. des) . . . . CU 27
Horloge (R. de l') . . . . CU 28
Libération (Bd de la) . . . . . . DV 30
Maison carrée (Pl. de la) . . . CU 33
Marchands (R. des) . . . . CU 35
Prague (Bd de) . . . . DV 42
Saintenac (Bd E.) . . . . DU 45

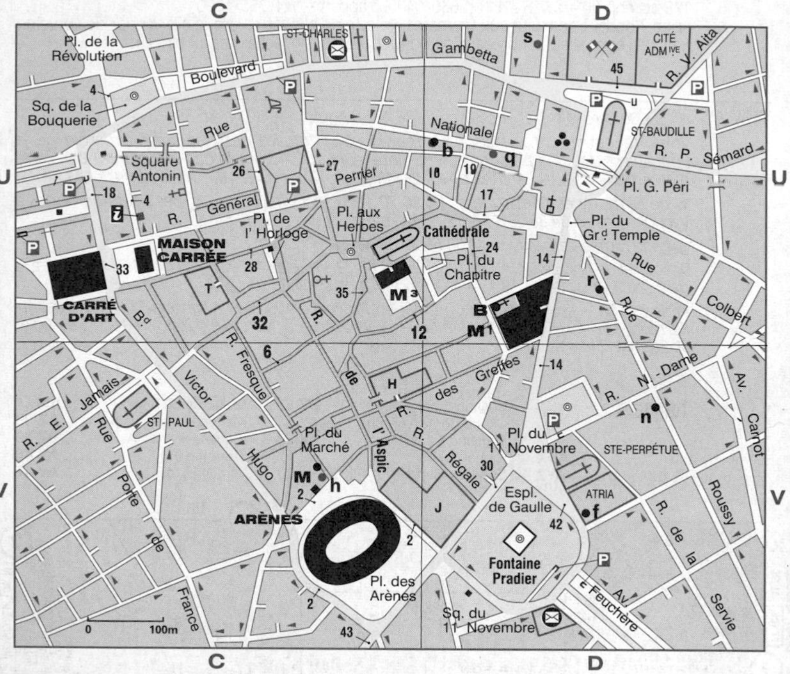

Imperator Concorde, quai de la Fontaine ✉ 30900 ✆ 04 66 21 90 30, Fax 04 66 67 70 25, 🏞, « Jardin fleuri » – |♦| ▤ ch TV ☎ 🚗 – 🏛 40. AE ⓓ GB JCB — AX g
Repas 165/330 – ☕ 80 – **61 ch** 530/1000 – ½ P 590/750.

Vatel M (École hôtelière), 140 r. Vatel par av. Kennedy AY ✆ 04 66 62 57 57, Fax 04 66 62 57 50, ←, 🏞 – |♦| ▤ TV ☎ ♿ P – 🏛 150. AE ⓓ GB
Les Palmiers (6e étage) *(fermé fin juil. à début sept., dim. soir et lundi)* **Repas** 110(déj.)130/190, enf. 85 – ***Provençal :*** Repas 110 🍷, enf. 48 – ☕ 48 – **46 ch** 500/600.

Novotel Atria Nîmes Centre M, 5 bd Prague ✆ 04 66 76 56 56, Fax 04 66 76 26 36 – |♦| ⇹ ▤ TV ☎ ♿ 🚗 – 🏛 25 à 480. AE ⓓ GB JCB — DV f
Repas 79/120 – ☕ 50 – **119 ch** 470/520.

L'Orangerie M, 755 r. Tour de l'Évêque ✆ 04 66 84 50 57, Fax 04 66 29 44 55, 🏞, 🏊 – ▤ TV ☎ ♿ P – 🏛 30. AE ⓓ GB JCB — BZ k
Repas 110 (déj.), 150/260, enf. 75 – ☕ 50 – **30 ch** 360/530 – ½ P 345.

New Hôtel la Baume M, 21 r. Nationale ✆ 04 66 76 28 42, Fax 04 66 76 28 45, « Hôtel particulier du Vieux Nîmes » – |♦| ▤ TV ☎ ♿. AE ⓓ GB JCB — DU b
Repas *(fermé dim.)* 80/105 🍷, enf. 36 – ☕ 40 – **33 ch** 350.

Tuileries sans rest, 22 r. Roussy ✆ 04 66 21 31 15, Fax 04 66 67 48 72 – |♦| ▤ TV ☎ 🚗. AE ⓓ GB JCB — DV n
☕ 40 – **9 ch** 270/350.

Plazza sans rest, 10 r. Roussy ✆ 04 66 76 16 20, Fax 04 66 67 65 99 – |♦| ▤ TV ☎ 🚗. AE ⓓ GB JCB. ⚡ — DU r
☕ 50 – **28 ch** 270/420.

🏛 **Amphithéâtre** sans rest, 4 r. Arènes ℰ 04 66 67 28 51, Fax 04 66 67 07 79 – 📺 ☎. 🅰🅴 🇬🇧   CV h
fermé 20 déc. au 1ᵉʳ fév. – ☕ 33 – **17 ch** 180/250.

XX **Le Magister**, 5 r. Nationale ℰ 04 66 76 11 00, Fax 04 66 67 21 05 – 🍴. 🅰🅴 ⓞ 🇬🇧
JCB   DU q
fermé 14 juil. au 6 août, dim. sauf le midi du 15 sept. au 8 juin et sam. midi du 15 sept. au 8 juin – **Repas** 150/270, enf. 70.

XX **Le Jardin d'Hadrien**, 11 r. Enclos Rey ℰ 04 66 21 86 65, Fax 04 66 21 54 42, � – 🅰🅴
🇬🇧   DU s
fermé 24/08 au 4/09, vacances de Toussaint, de fév., merc. sauf juil.-août et dim. sauf le midi de sept. à juin – **Repas** 95/140, enf. 60.

X **Le Bouchon et l'Assiette**, 5 bis r. de Sauve ℰ 04 66 62 02 93 – 🍴. 🇬🇧   AXY a
fermé merc. – **Repas** 85 (déj.), 145/195.

X **Le Lisita**, 2 bd Arènes ℰ 04 66 67 29 15, Fax 04 66 67 25 32 – 🇬🇧. 🌸   CV h
fermé 4 au 24 août, dim. soir et sam. – **Repas** 125/170.

à Marguerittes *par ② et N 86 : 8 km – 7 548 h. alt. 60 –* ✉ *30320 :*

🏛 **L'Hacienda** 🦢, Le Mas de Brignon, Sud-Est : 2 km par rte secondaire ℰ 04 66 75 02 25, Fax 04 66 75 45 58, 🏊, 🎾 – 📺 ☎ 🅿. 🇬🇧. 🌸 rest
fermé janv. et fév. – **Repas** 105 (déj.), 200/340 – ☕ 70 – **12 ch** 550 – ½ P 495/520.

à Garons *par ⑤, D 42 et D 442 : 9 km – 3 648 h. alt. 90 –* ✉ *30128 :*

XXX **Alexandre** (Kayser), ℰ 04 66 70 08 99, Fax 04 66 70 01 75, �, « Jardin arboré » – 🍴 🅿.
❀ 🅰🅴 🇬🇧 JCB
fermé vacances de fév., dim. sauf le midi de sept. à juin et lundi – **Repas** 170 (déj.), 265/410 et carte 350 à 450
Spéc. Iles flottantes aux truffes de Provence (mi-sept.à mai). Gigotin de baudroie rôti à l'os (juin à oct.). Canard cuit au grill, lasagnes aux morilles. **Vins** Costières de Nîmes, Châteauneuf-du-Pape.

près échangeur A9 - A54 *parc hôtelier Ville Active par ⑤ : 3 km –* ✉ *30900 Nîmes :*

🏨 **Mercure Nîmes-Ouest**, ℰ 04 66 84 14 55, Fax 04 66 38 01 44, �, 🏊, 🎾, 🌸 – 📶 ⇔
🍴 📺 ☎ ☏ 🅿 – 🔬 25 à 80. 🅰🅴 🇬🇧 JCB
Repas *(fermé dim. midi et sam. d'oct. à mars)* 115, enf. 50 – ☕ 52 – **100 ch** 490/540.

🏨 **Holiday Inn**, ℰ 04 66 29 86 87, Fax 04 66 84 72 76, 🌸 – 📶 🍴 📺 ☎ ☏ 🕭 🅿 – 🔬 400. 🅰🅴
⇔ ⓞ 🇬🇧 JCB
Repas 83/225 – ☕ 40 – **54 ch** 320/370 – ½ P 330.

🏨 **Nimotel**, ℰ 04 66 38 13 84, Fax 04 66 38 14 06, 🌸, 🏊 – 📶 🍴 📺 ☎ ☏ 🕭 🅿 – 🔬 80. 🅰🅴
⇔ ⓞ 🇬🇧 JCB
Repas 85/160 🍷, enf. 65 – ☕ 35 – **180 ch** 250/290.

à St-Côme-et-Maruéjols *Ouest : 15 km par av. Kennedy* AY *, D 40, D 14 et D 1 – 410 h. alt. 62 –* ✉ *30870 :*

XXX **La Vaunage** (Villenueva), ℰ 04 66 81 33 29, 🌸 – 🇬🇧. 🌸
❀ *fermé 1ᵉʳ au 20 mars, 1ᵉʳ au 20 sept., lundi et mardi* – **Repas** carte 220 à 350
Spéc. Parmentière de homard. Marinière de turbot aux parfums des garrigues. Coffret de compote de pommes, caramel de cidre. **Vins** Costières de Nîmes.

CITROEN K 2 Auto, 2290 rte de Montpellier par ⑤
ℰ 04 66 38 78 78 🎇 ℰ 06 09 39 95 18
FORD Méditerranée-Autom., 655 av. Mar.-Juin
ℰ 04 66 84 08 01
MERCEDES SODIRA, 328 rte d'Avignon
ℰ 04 66 26 04 99 🎇 ℰ 08 00 24 24 30
PEUGEOT Gds Gar. du Gard, 1667 av. Mar.-Juin
par ⑥ ℰ 04 66 84 69 11 🎇
ℰ 04 66 20 90 67
RENAULT Succursale, 1412 av. Mar.-Juin par ⑥
ℰ 04 66 62 72 72 🎇 ℰ 04 66 87 94 61
TOYOTA Gar. Veyrunes, bd Périphérique Sud, r.
F.-Cantier ℰ 04 66 26 40 40

🏵 Ayme Pneus, 2500 rte de Montpellier
ℰ 04 66 84 94 21
Pneus Service Folcher, 2722 rte de Montpellier
ℰ 04 66 84 85 40
Pneus Service Folcher, 55 bd Talabot
ℰ 04 66 67 94 17
Vulco, 2 et 4 r. République ℰ 04 66 67 32 72
Vulco, bd Périphérique Sud ℰ 04 66 84 02 01

Pleasant hotels and restaurants
are shown in the Guide by a **red sign**.
Please send us the names
of any where you have enjoyed your stay.
Your **Michelin Guide** will be even better.

🏨🏨 … 🏛

XXXXX … X

NIORT ℗ *79000 Deux-Sèvres* **71** ② *G. Poitou Vendée Charentes – 57 012 h alt. 24.*

Voir *Donjon★ : salle de la chamoiserie et de la ganterie★* **AY** – *Le Pilori★* **BY**.

Env. *Château du Coudray-Salbart★ 10 km par* ①.

🏌 *Club Niortais* ℘ 05 49 09 01 41, S : 3 km près de l'hippodrome.

🛈 *Office de Tourisme pl. de la Poste* ℘ 05 49 24 18 79, Fax 05 49 24 98 90 – *Automobile Club 1 av. République* ℘ 05 49 24 90 80.

Paris 408 ② – *La Rochelle 64* ⑤ – *Angoulême 115* ③ – *Bordeaux 184* ④ – *Limoges 161* ③ – *Nantes 141* ⑥ – *Poitiers 76* ② – *Rochefort 62* ⑤.

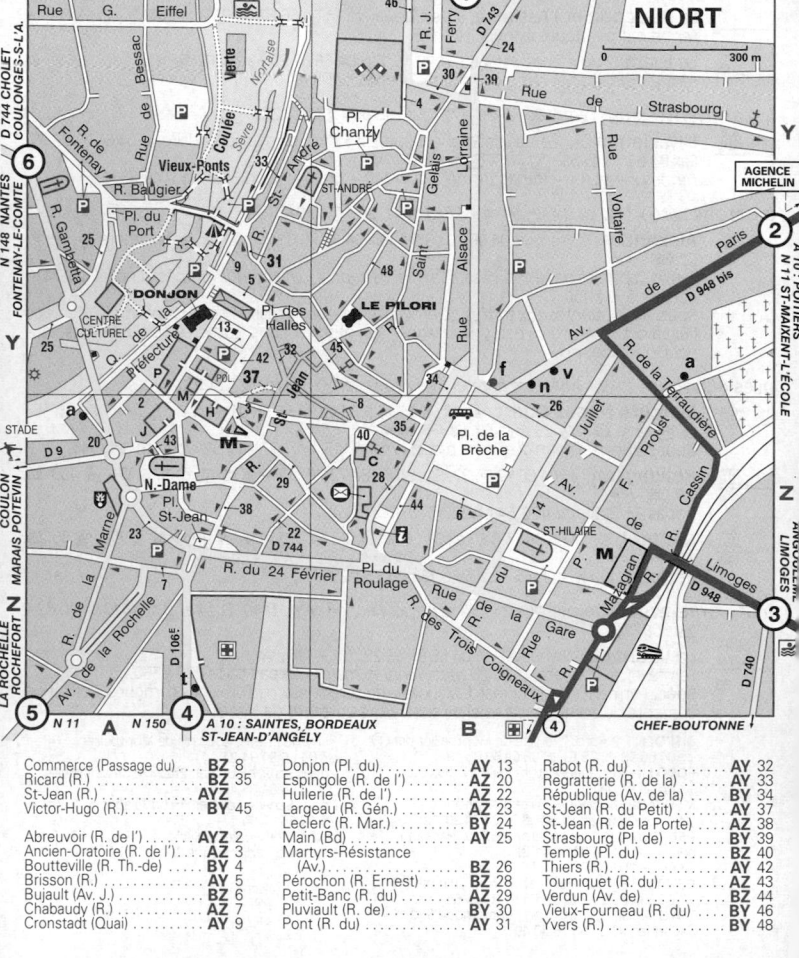

Commerce (Passage du)	**BZ** 8	Donjon (Pl. du)	**AY** 13	Rabat (R. du)	**AY** 32
Ricard (R.)	**BZ** 35	Espingole (R. de l')	**AZ** 20	Regratterie (R. de la)	**AY** 33
St-Jean (R.)	**AYZ**	Huilerie (R. de l')	**AZ** 22	République (Av. de la)	**BZ** 34
Victor-Hugo (R.)	**BY** 45	Largeau (R. Gén.)	**AZ** 23	St-Jean (R. du Petit)	**AY** 37
		Leclerc (R. Mar.)	**BY** 24	St-Jean (R. de la Porte)	**AZ** 38
Abreuvoir (R. de l')	**AYZ** 2	Main (Bd)	**AY** 25	Strasbourg (Pl. de)	**BY** 39
Ancien-Oratoire (R. de l')	**AZ** 3	Martyrs-Résistance		Temple (Pl. du)	**AY** 40
Boutteville (R. Th.-de)	**BY** 4	(Av.)	**BZ** 26	Thiers (R.)	**AY** 42
Brisson (R.)	**AY** 5	Pérochon (R. Ernest)	**BZ** 28	Tourniquet (R. du)	**AY** 43
Bujault (Av. J.)	**BZ** 6	Petit-Banc (R.)	**AZ** 29	Verdun (Av. de)	**BZ** 44
Chabaudy (R.)	**AZ** 7	Pluviault (R. de)	**BY** 30	Vieux-Fourneau (R. du)	**BY** 46
Cronstadt (Quai)	**AY** 9	Pont (R. du)	**AY** 31	Yvers (R.)	**BY** 48

🏨🏨🏨 **Mercure Porte Océane** Ⓜ ⑤, 17 r. Bellune ℘ 05 49 24 29 29, Fax 05 49 28 00 90, 🌳, ⅃, 🌫 – ⮻ ✻ 🖃 ch 🔟 ☎ 📞 ⏒ 🄿 – 🔏 80. ⒶⒺ ⓄⒹ ⒼⒷ **BY** a
Repas *(fermé dim. midi et sam. de nov. à Pâques)* 100/230, enf. 50 – ⏝ 52 – **60 ch** 460/620.

🏨🏨 **Gd Hôtel** sans rest, 32 av. Paris ℘ 05 49 24 22 21, Fax 05 49 24 42 41, 🌫 – ⮻ ✻ 🔟 ☎ ⏒, ⒶⒺ ⓄⒹ ⒼⒷ **BY** v
⏝ 40 – **38 ch** 275/435.

848

🏦 **Moulin** Ⓜ sans rest, 27 r. Espingole ℰ 05 49 09 07 07, Fax 05 49 09 19 40 – 📶 📺 ☎ ✆ ⅋
P. AE GB   AZ a
fermé Noël au Jour de l'An – ☲ 30 – **34 ch** 250/280.

🏨 **Paris** sans rest, 12 av. Paris ℰ 05 49 24 93 78, Fax 05 49 28 27 57 – 📶 ☎ ✆ ⟷. **GB**
fermé 22 déc. au 4 janv. – ☲ 37 – **44 ch** 220/290.   BY n

🍽 **Avenue** sans rest, 43 av. St-Jean-d'Angély ℰ 05 49 79 28 42, Fax 05 49 73 10 85 – 📺 ✆ **P.**
GB   AZ t
☲ 30 – **20 ch** 110/250.

ⅩⅩⅩ **Relais St-Antoine** (Cardin), pl. Brèche ℰ 05 49 24 02 76, Fax 05 49 24 79 11 – ▤. **AE ⓞ**
✿ **GB**   BY f
fermé vacances de Toussaint, de fév., sam. sauf le soir du 15 sept. au 15 juin et dim. –
Repas 95 (déj.), 130/360 et carte 260 à 370, enf. 50
Spéc. Foie gras de canard et sa gelée au pineau. Fricassée de langoustines à l'orange. Gibier
(saison). **Vins** Haut-Poitou.

ⅩⅩⅩ **Belle Étoile**, 115 quai M. Métayer (près périph. ouest) -AY- *Ouest : 2,5 km*
ℰ 05 49 73 31 29, Fax 05 49 09 05 59, ☆, ☞ –**P. AE ⓞ GB**
fermé 4 au 24 août, dim. soir et lundi – **Repas** 150/420 bc et carte 240 à 340, enf. 85.

par ② : *5 km sur N 11* – ✉ *79180 Chauray :*

🏨 **Solana** Ⓜ sans rest, ℰ 05 49 33 33 33, Fax 05 49 33 33 33 – 📺 ☎ ⅋ **P.** – ⚒ 30. **AE ⓞ**
GB. ※
☲ 40 – **50 ch** 300/325.

ⅩⅩ **Victor**, 685 av. de Paris ℰ 05 49 33 13 70, Fax 05 49 33 31 00, ☆ – ▤ **P. AE ⓞ GB**
☜ **Repas** 75/140 ⅋, enf. 50.

sur autoroute A 10 *aire Les Ruralies ou accès de Niort par③ et rte secondaire : 9 km* – ✉ *79230 Prahecq :*

🏦 **Les Ruralies** Ⓜ, ℰ 05 49 75 67 66, Fax 05 49 75 80 29 – 📶 ▤ ch 📺 ☎ ✆ ⅋ **P.** –
⚒ 25 à 50. **AE ⓞ GB**
La Mijotière (rest. d'autoroute) **Repas** 70/115 ⅋, enf. 45 – ☲ 35 – **51 ch** 290/340.

rte de Saintes *par④ : 12 km* – ✉ *79360 Granzay-Gript :*

🏨 **Domaine du Griffier** Ⓜ ☜, ℰ 05 49 32 62 62, Fax 05 49 32 62 63, ≤, ☆, parc, 🔲 –
📺 ☎ ⅋ **P.** – ⚒ 25 à 100. **AE GB**
fermé Noël au Jour de l'An – **Repas** (fermé sam. midi) 96 (déj.), 143/173, enf. 60 – ☲ 50 –
29 ch 340/620 – ½ P 355/495.

rte de La Rochelle *par⑤ : 4,5 km sur N 11* – ✉ *79000 Niort :*

🏨 **Espace** Ⓜ sans rest, ℰ 05 49 09 08 07, Fax 05 49 09 16 07 – ✦⇔ 📺 ☎ ⅋ **P.** – ⚒ 25. **AE ⓞ**
GB
☲ 30 – **31 ch** 220/280.

🏨 **Reix H.** Ⓜ sans rest, ℰ 05 49 09 15 15, Fax 05 49 09 14 13, 🔽 – 📺 ☎ ⅋ **P. AE GB**
fermé 22 déc. au 5 janv. – ☲ 30 – **36 ch** 260/300.

MICHELIN, Agence, 11 r. J.B.-Colbert par ② ℰ 05 49 33 00 42

ALFA ROMEO Gar. de Paris, 55 bis r. Terraudière
ℰ 05 49 24 72 40
BMW Gar. Tapy, 45 r. des Maisons Rouges, ZA
ℰ 05 49 33 01 46 **N** ℰ 05 49 73 37 70
CITROEN Gar. Dupont, 362 av. de Limoges par ③
ℰ 05 49 24 12 85
CITROEN Niort Autom., Espace M.-France r.
Cousinet par ② ℰ 05 49 17 85 00
FORD Gar. Genève, 119 av. de Nantes
ℰ 05 49 77 23 92 **N** ℰ 05 49 73 55 10
LANCIA Gar. Beauchamp, ZC Mendès France r. Cail
ℰ 05 49 24 25 05
MERCEDES S.A.V.I.A., r. Pied de Fond ZI St-Liguaire
ℰ 05 49 73 41 90 **N** ℰ 08 00 24 24 30
OPEL Gar. Hurtaud, ZI Mendès-France
ℰ 05 49 17 85 40
PEUGEOT Automobilis, ZI Mendès-France par ②
ℰ 05 49 33 02 05 **N** ℰ 05 49 05 49 04

PEUGEOT Gar. Bailly, rte de Niort à St-Martin-les-
Melle par ③ ℰ 05 49 27 00 70
RENAULT Gar. St-Christophe, 214 av. de Paris par
② ℰ 05 49 33 34 22 **N** ℰ 08 00 05 15 15
VAG International Gar., ZI Mendès-France
ℰ 05 49 17 85 25
Gar. Aumonier, 630 rte de Niort à Aiffres
ℰ 05 49 32 02 57

🏍 Chouteau, 640 rte de Paris à Chauray
ℰ 05 49 33 08 63
Chouteau, 36 av. de Paris ℰ 05 49 24 68 81
Pneumatec, ZC des Trente-Ormeaux, r.
Vaumorin ℰ 05 49 33 12 08
Vulco, r. Pied de Fond ZI St-Liguaire
ℰ 05 49 09 03 38

NISSAN-LEZ-ENSÉRUNE *34440 Hérault* 🔢 ⑭ *G. Gorges du Tarn* – *2 835 h alt. 21.*
Voir *Oppidum d'Ensérune★ : musée★, ≤★ NO : 5 km.*
🄱 *Office de Tourisme 17 square René Dez* ℰ 04 67 37 14 12.
Paris 792 – *Montpellier 79* – *Béziers 12* – *Capestang 9* – *Narbonne 17* – *St-Pons-de-Thomières 49.*

🏨 **La Résidence,** ℰ 04 67 37 00 63, Fax 04 67 37 68 63, ☆ – ☎ ⟷. **GB. ※**
fermé nov. – **Repas** (dîner seul.) (résidents seul.) 95 bc/110 bc, enf. 50 – ☲ 35 – **18 ch**
240/280 – ½ P 250.

NITRY 89310 Yonne 🗾 ⑥ – 336 h alt. 240.

Paris 193 – Auxerre 33 – Avallon 22 – Vézelay 31.

🏠 **Axis** sans rest., échangeur A 6 ℰ 03 86 33 60 92, Fax 03 86 33 64 14 – 📺 ☎ ᴴ 🄿 ㎐ ㎝
🛏 29 – **41 ch** 190/240.

✗
🍽 **Aub. la Beursaudière,** ℰ 03 86 33 62 51, Fax 03 86 33 65 21, ㎡, « Cadre rustique » –
🄿 ㎐ ⓞ ㎝
Repas 85/230 ᨖ, enf. 50.

NOCÉ 61 Orne 🗾 ⑮ – rattaché à Bellême.

NOÉ 31410 H.-Gar. 🗾 ⑰ – 1 975 h alt. 198.

Paris 729 – Toulouse 35 – Auch 86 – Auterive 21 – Foix 61 – St-Gaudens 60 – St-Girons 69.

🏠 **L'Arche de Noé,** ℰ 05 61 87 40 12, Fax 05 61 87 06 67, ㎡, ㎰ – 📺 ☎ 🄿. ㎝
Repas (fermé dim. soir et vend. en hiver) 68 (déj.), 90/145 ᨖ – 🛏 32 – **19 ch** 175/275 –
½ P 195/230.

NOEUX-LES-MINES 62290 P.-de-C. 🗾 ⑭ – 12 351 h alt. 29.

Paris 208 – Lille 39 – Arras 25 – Béthune 5 – Bully-les-Mines 8 – Doullens 49 – Lens 16.

🏠 **Les Tourterelles,** 374 r. Nationale ℰ 03 21 66 90 75, Fax 03 21 26 98 98, ㎰ – 📺 ☎ 🄿.
㎝. ㎙
Repas (fermé sam. midi et dim. soir) 110 (dîner), 135/180 – 🛏 35 – **18 ch** 220/350 –
½ P 230/300.

✗ **Paix,** 115 r. Nationale ℰ 03 21 26 37 66 – ㎝
fermé août, dim. soir, soirs fériés et sam. – **Repas** 90/180 ᨖ.

NOGARO 32110 Gers 🗾 ② – 2 008 h alt. 98.

Paris 729 – Mont-de-Marsan 45 – Agen 89 – Auch 63 – Pau 75 – Tarbes 66.

🏠 **Le Commerce,** pl. Cordeliers ℰ 05 62 09 00 95, Fax 05 62 09 14 40, ㎡ – ☎. ㎝. ㎙
🍽 fermé 20 déc. au 15 janv. et dim. soir d'oct. à juin – **Repas** 60 bc/160 ᨖ, enf. 40 – 🛏 25 –
19 ch 200/220 – ½ P 190/220.

à Manciet Nord-Ouest : 9 km par N 124 – 784 h. alt. 131 – ✉ 32370 :

✗✗ **La Bonne Auberge** avec ch, ℰ 05 62 08 50 04, Fax 05 62 08 58 84 – 📺 ☎ – 🏦 25. ㎐
ⓞ ㎝. ㎙
Repas (fermé dim. soir) 90/270 – 🛏 40 – **14 ch** 250/450 – ½ P 225/280.

à St-Martin-d'Armagnac Sud-Est : 8 km par D 25 et rte secondaire – 205 h. alt. 115 – ✉ 32110 :

✗✗ **Aub. du Bergerayre** ☜ avec ch, ℰ 05 62 09 08 72, Fax 05 62 09 09 74, ㎡, « Jardin
🍽 ouvert sur la campagne », ㏖, – 📺 ☎ ᴴ 🄿. ㎝
Repas (fermé mardi soir et merc. d'oct. à mars) (de nov. à mars dîner sur réservation)
80 bc/200 ᨖ, enf. 50 – 🛏 35 – **12 ch** 300/425 – ½ P 255/325.

CITROEN Gar. Bounet, ℰ 05 62 09 00 39
CITROEN Gar. Requena, 48 av. des Pyrénées à Eauze
ℰ 05 62 09 95 90 🆗 ℰ 05 62 09 97 00
CITROEN Gar. Fitte, à Manciet ℰ 05 62 08 50 15
RENAULT Gar. Ducourneau, ℰ 05 62 09 00 80
RENAULT Gar. Gourgues, 19 bd Gén.-Ballon
ℰ 05 62 09 93 15 🆗 ℰ 08 00 05 15 15

RENAULT Gar. Catherine, rte de Condom à Eauze
ℰ 05 62 09 78 21 🆗 ℰ 05 62 09 72 26
RENAULT Gar. Vignoli, N 124 à Manciet
ℰ 05 62 08 51 57

⑩ Euromaster, 23 rte de Gascogne à Eauze
ℰ 05 62 09 81 52

NOGENT 52800 H.-Marne 🗾 ⑫ G. Champagne – 4 754 h alt. 410.

🄱 Syndicat d'Initiative ℰ 03 25 03 69 18.

Paris 287 – Chaumont 21 – Bourbonne-les-Bains 37 – Langres 23 – Neufchâteau 56 –
Vittel 65.

🏠 **Commerce,** pl. Gén. de Gaulle ℰ 03 25 31 81 14, Fax 03 25 31 74 00 – 📺 ☎ ☏ ㏐, ㎝
Repas (fermé dim. soir du 1er nov. à Pâques) 100/250 ᨖ, enf. 60 – 🛏 45 – **19 ch** 250/320 –
½ P 220/290.

Gar. Ponce, ℰ 03 25 31 80 44

---

*For your travels in **France**, use with this Guide*

- the **Michelin Green Guides** (regions of France)
  picturesque scenery - buildings - scenic routes
- the **Michelin Maps :** main road map (scale 1:1 000 000)
  regional maps (scale 1:200 000)

NOGENT-LE-ROI *28210 E.-et-L.* 60 ⑧, 106 ㉖ *G. Ile de France – 3 832 h alt. 93.*

de Maintenon ✆ 02 37 27 18 09, SE : 8 km par D 983.

Paris 76 – Chartres 30 – Ablis 34 – Dreux 19 – Maintenon 10 – Mantes-la-Jolie 49 – Rambouillet 27.

XX **Relais des Remparts,** 2 pl. Marché aux Légumes ✆ 02 37 51 40 47, Fax 02 37 51 40 47, – GB
fermé août, vacances de fév., dim. soir, mardi soir et merc. – **Repas** 85/222.

OPEL Gar. Bento, 41 Gde rue à Coulombs ✆ 02 37 51 42 05 N ✆ 02 37 51 42 05
PEUGEOT Gar. Jeunesse, à Chaudon ✆ 02 37 51 41 47

RENAULT Gar. Bourinet, 19 r. de Verdun à Lormaye ✆ 02 37 51 42 95

NOGENT-LE-ROTROU *28400 E.-et-L.* 60 ⑮ *G. Normandie Vallée de la Seine – 11 591 h alt. 116.*

du Perche ✆ 02 37 29 17 33, par ③ : 9 km.

Office de Tourisme 44 r. Villette-Gaté ✆ 02 37 52 22 16, Fax 02 37 52 39 45.

Paris 146 ① – Alençon 65 ⑤ – Le Mans 72 ④ – Chartres 55 ① – Châteaudun 55 ③ – Mortagne-au-Perche 35 ⑤.

NOGENT-LE-ROTROU

Villette-Gaté (R.) . . . . . . Y 25

Bouchers (R. des) . . . . . . Z 2
Bourg-le-Comte (R.) . . . . . . Z 3
Bretonnerie (R.) . . . . . . Z
Château-St-Jean (R.) . . . . . . Z
Croix-la-Comtesse (R.) . . . . . . Y 6
Deschanel (R.) . . . . . . YZ
Dr-Desplantes (R.) . . . . . . Z 8
Foch (Av. Mar.) . . . . . . Y 9
Fuye (R. de la) . . . . . . YZ 10
Giroust (R.) . . . . . . Y 12
Gouverneur (R.) . . . . . . YZ 13
Paty (R. du) . . . . . . Z 15
Poupardières (R. des) . . . . . . Z 16
Prés (Av. des) . . . . . . Y
République (Av. de la) . . . . . . Z 17
Rhône (R. du) . . . . . . Z 18
St-Hilaire (R.) . . . . . . Y
St-Laurent (R.) . . . . . . Z 20
St-Martin (R.) . . . . . . Y
Sully (R. de) . . . . . . YZ 23

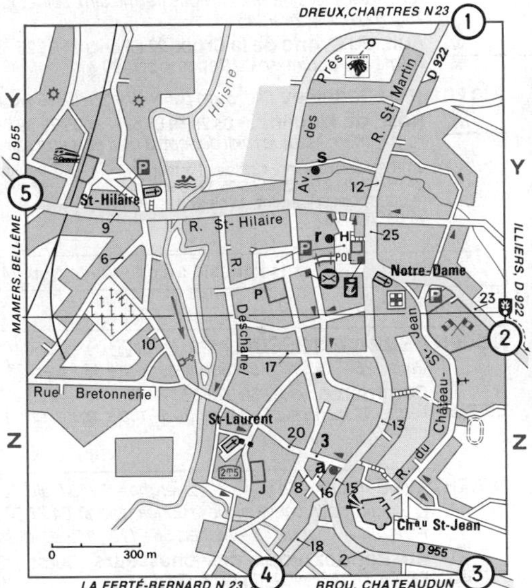

Si vous êtes retardé sur la route, dès 18 h, confirmez votre réservation par téléphone, c'est plus sûr... et c'est l'usage.

Lion d'Or, 28 pl. St-Pol ✆ 02 37 52 01 60, Fax 02 37 52 23 82 – GB. ch
fermé 4 au 26 août, 23 déc. au 5 janv., dim. soir et lundi – **Repas** 110/270, enf. 68 – 39 – **14 ch** 270/380 – ½ P 300/350. Y r

Sully M sans rest, 25 r. Clos Couronnet ✆ 02 37 52 15 14, Fax 02 37 52 15 20 – AE GB. – *fermé 20 déc. au 6 janv.* – 35 – **42 ch** 250/270. Y s

XX **Host. de la Papotière,** 3 r. Bourg le Comte ✆ 02 37 52 18 41, Fax 02 37 52 94 71, « Maison du 16e siècle » – P. GB – **Repas** 70/200. Z a

à Villeray *(61 Orne) par ① D 918 et D 10 : 11 km – ✉ 61110 Condeau :*

XXX **Moulin de Villeray** avec ch, ✆ 02 33 73 30 22, Fax 02 33 73 38 28, ←, , « Parc au bord de l'Huisne », – P. AE GB
fermé fév. – **Repas** 145 (déj.), 198/330 et carte 240 à 420 – 70 – **18 ch** 590/1200 – ½ P 695/1000.

CITROEN Répar. Autos Nogentaise, rte d'Alençon par ⑤ ✆ 02 37 52 47 48 N ✆ 02 37 52 42 84
FORD Gar. de l'Huisne, av. des Prés à Margon ✆ 02 37 52 05 97
PEUGEOT Gar. Thibault, av. des Prés à Margon ✆ 02 37 52 13 26

RENAULT Auto du Perche, 1 bis r. G.-Hayes par Centre Cial des Gauchetières Z ✆ 02 37 52 18 91
RENAULT N.A.S.A., av. de Paris à Margon par ① ✆ 02 37 52 58 70 N ✆ 02 37 29 81 93

Perche Pneus, 1 r. du Croc Quartier Paty ✆ 02 37 52 33 70

NOGENT-SUR-AUBE 10240 Aube 🚲 ⑦ – 311 h alt. 99.

Paris 175 – Troyes 31 – Châlons-en-Champagne 65 – Romilly-sur-Seine 47.

XX **Assiette Champenoise**, D 441 🖉 03 25 37 66 74, 😊, « Jardin fleuri ouvert sur la
campagne » – 🅿. **GB**
fermé dim. soir – Repas 95/235, enf. 60.

PEUGEOT MCA Autom., 🖉 03 25 37 62 08 🅽 🖉 03 25 37 62 08

NOGENT-SUR-MARNE 94 Val-de-Marne 🚲 ⑪., 🔟 ㉗ – voir Paris, Environs.

NOGENT-SUR-OISE 60 Oise 🚲 ① – rattaché à Creil.

NOGENT-SUR-SEINE ⟨SP⟩ 10400 Aube 🚲 ④ ⑤ G. Champagne – 5 505 h alt. 67.

Paris 106 – Troyes 58 – Châlons-en-Champagne 93 – Épernay 83 – Fontainebleau 66 –
Provins 18 – Sens 43.

XX **Beau Rivage** 😊 avec ch, r. Villiers-aux-Choux, près piscine 🖉 03 25 39 84 22,
Fax 03 25 39 18 32, 😊 – 📺 ☎. **GB**. ⚡ ch
fermé vacances de fév. – Repas *(fermé dim. soir et lundi sauf fériés)* 78/190 – ☲ 34 – **7 ch**
250/290 – ½ P 240/245.

XX **Aub. du Cygne de la Croix**, 22 r. Ponts 🖉 03 25 39 91 26, Fax 03 25 39 81 79, 😊 – **GB**
fermé fév. et dim. soir – Repas 80 bc/190 🍷.

à la Chapelle-Godefroy Est : 3 km par N 19 – 🖂 10400 Nogent-sur-Seine :

XX **Host. du Moulin**, 🖉 03 25 39 88 32, Fax 03 25 39 06 02, parc – 🅿. 🆎 **GB**
fermé merc. (sauf le midi de sept. à mai) et mardi soir – Repas 145/288, enf. 60.

CITROEN Gar. Legrand, 48 bis av. Pasteur   RENAULT Gar. Corbin, 16-20 av. Gén.-de-Gaulle
🖉 03 25 39 87 09 🅽 🖉 03 25 39 05 98   🖉 03 25 39 84 39
PEUGEOT Gar. St-Laurent, 11 bis av. J.-C.-Perrier
🖉 03 25 39 83 17

Visitez la capitale avec le guide Vert Michelin **PARIS**.

NOGENT-SUR-VERNISSON 45290 Loiret 🚲 ② – 2 357 h alt. 125.

Paris 126 – Auxerre 76 – Bonny-sur-Loire 36 – Gien 23 – Montargis 17 – Orléans 73.

X **Commerce**, 🖉 02 38 97 60 37 – **GB**
fermé 1er au 15 sept., 14 fév. au 1er mars, mardi soir, merc. soir et jeudi – Repas 68/175 🍷,
enf. 50.

NOIRÉTABLE 42440 Loire 🚲 ⑯ G. Auvergne – 1 719 h alt. 720.

🄱 Syndicat d'Initiative pl. de la Condamine 🖉 04 77 24 93 04.

Paris 482 – Roanne 46 – Ambert 56 – Lyon 115 – Montbrison 46 – St-Étienne 91 – Thiers 24.

🏨 **Au Rendez-vous des Chasseurs**, Ouest : 2 km par D 53 🖉 04 77 24 72 51,
Fax 04 77 24 93 40 – 📺 ☎ 🅿. **GB**
fermé 13 sept. au 7 oct., dim. soir et lundi d'oct. à juin – Repas 60/200 🍷 – ☲ 28 – **14 ch**
130/260 – ½ P 160/210.

RENAULT Gar. Dejob, 🖉 04 77 24 70 31 🅽 🖉 04 77 24 70 31

NOIRMOUTIER (Ile de) 85 Vendée 🚲 ① G. Poitou Vendée Charentes – alt. 8.

Accès : par le pont routier au départ de Fromentine : Passage gratuit.

- par le passage du Gois : 4,5 km.

- pendant le premier ou le dernier quartier de la lune par beau temps (vents hauts) d'une
heure et demie environ avant la basse mer, à une heure et demie environ après la basse
mer.

- pendant la pleine lune ou la nouvelle lune par temps normal : deux heures avant la basse
mer à deux heures après la basse mer.

- en toutes périodes par mauvais temps (vents bas) ne pas s'écarter de l'heure de la basse
mer.

La Barbatre 85630 – 1 269 h alt. 5.

Paris 464 – Nantes 79 – La Roche-sur-Yon 77 – Cholet 116.

X **Bistrot des Iles**, Pointe de la Fosse 🖉 02 51 39 68 95, Fax 02 51 35 80 64, ≤, 😊 – 🅿. **GB**
15 fév.-15 nov. et fermé mardi soir sauf juil.-août – Repas 75/150.

L'Épine – *1 653 h alt. 2* – ✉ *85740* .

Paris 473 – Nantes 88 – La Roche-sur-Yon 86 – Cholet 125 – Noirmoutier-en-l'île 4.

🏠 **Punta Lara** ⟋⟍, Sud : 2 km par D 95 et rte secondaire ✉ 85680 La Guérinière
 ℰ 02 51 39 11 58, Fax 02 51 39 69 12, ≼, ㄥ, parc, « Dans une pinède en bordure de
 mer », ⏄, 🔥, 🎾 – ☎ ❝ ⋤ – 🕍 rest
 28 mars-19 oct. – **Repas** 95 (déj.), 140/290 – ⥥ 60 – **63 ch** 495/960 – ½ P 580/700.

Noirmoutier-en-l'Île – *4 846 h alt. 8* – ✉ *85330* .

Voir *Collection de faïences anglaises★ au château.*

🗓 *Office de Tourisme, annexe : quai Jean-Bart (juin-sept. et vacances scolaires)* ℰ *02 51
39 12 42.*

Paris 474 – Nantes 89 – La Roche-sur-Yon 87 – Cholet 126.

🏠 **Fleur de Sel** Ⓜ ⟋⟍, ℰ 02 51 39 21 59, Fax 02 51 39 75 66, 🍽, « Jardin fleuri », ⏄, 🎾 –
 📺 ☎ ᕕ ⋤ – 🔬 25. 🕍 🇬🇧
 22 fév.-2 nov. – **Repas** *(fermé lundi midi en mars et en oct.)* 120/168, enf. 70 – ⥥ 50 –
 35 ch 445/625 – ½ P 475/525.

🏠 **Les Douves,** 11 r. Douves ℰ 02 51 39 02 72, Fax 02 51 39 73 09, ⏄ – 📺 ☎ ⋤ – 🔬 25. 🕍
 🇬🇧
 Repas 99/210, enf. 52 – ⥥ 36 – **22 ch** 422 – ½ P 359/375.

✕✕ **L'Etier,** rte L'Épine Sud-Ouest : 1 km ℰ 02 51 39 10 28, Fax 02 51 39 23 00 – ⋤. 🕍 🇬🇧
⟍⟋ *fév.-1er nov. et fermé lundi hors sais.* – **Repas** 70/200, enf. 45.

✕✕ **Le Grand Four,** 1 r. Cure (derrière le Château) ℰ 02 51 39 61 97, Fax 02 51 39 61 97 – 🕍
 🇬🇧
 *fermé 24 nov. au 12 déc., 12 janv. au 9 fév., dim. soir et lundi d'oct. à mars sauf vacances
 scolaires* – **Repas** 99/235, enf. 60.

✕✕ **Côté Jardin,** 1 bis r. Grand Four (derrière le château) ℰ 02 51 39 03 02,
 Fax 02 51 39 24 46 – 🕍 🇬🇧
 fermé 15 janv. au 15 fév., jeudi soir, dim. soir et lundi hors sais. – **Repas** 89/189, enf. 40.

au Bois de la Chaize *Est : 2 km* – ✉ *85330 Noirmoutier.*

Voir *Bois★.*

🏛 **Les Prateaux** ⟋⟍, ℰ 02 51 39 12 52, Fax 02 51 39 46 28, ☞ – 📺 ☎ ❝ ⋤ 🅿 🕍 🇬🇧.
 🎾 ch
 mi-fév.-mi-nov. – **Repas** 150/300 – ⥥ 65 – **22 ch** 440/780 – ½ P 420/620.

🏠 **St-Paul** ⟋⟍, ℰ 02 51 39 05 63, Fax 02 51 39 73 98, 🍽, « Beau jardin », ⏄, 🎾 – 📺 ☎. 🕍
 🇬🇧. 🎾 rest
 hôtel : 15 fév.-3 nov. ; rest. : 15 mars-3 nov. – **Repas** 125/295 – ⥥ 54 – **37 ch** 550/650 –
 ½ P 625/680.

🏠 **Les Capucines** (annexe 🏠 ⟋⟍-11 ch), ℰ 02 51 39 06 82, Fax 02 51 39 33 10, ⏄ – 📺 ☎
⟍⟋ ⋤ 🅿. 🕍 🇬🇧. 🎾 ch
 1er mars-11 nov. et fermé mardi soir et merc. sauf d'avril à sept. – **Repas** 59 (déj.), 72/210,
 enf. 45 – ⥥ 38 – **21 ch** 330/420 – ½ P 330/370.

NOISY-LE-GRAND *93 Seine-St-Denis* 🖼 ⑪,, 🔢 ⑱ – *voir à Paris, Environs.*

NOIZAY *37 I.-et-L.* 🔢 ⑯ – *rattaché à Vouvray.*

NOLAY *21340 Côte-d'Or* 🔢 ⑨ *G. Bourgogne* – *1 551 h alt. 299.*

Voir *site★ du Château de la Rochepot E : 5 km – Site★ du Cirque du Bout-du-Monde NE :
5 km.*

🗓 *Office de Tourisme Maison des Halles (juil.-août)* ℰ *03 80 21 70 86, Fax 03 80 21 72 99.*

Paris 313 – Chalon-sur-Saône 34 – Autun 29 – Beaune 20 – Dijon 65.

✕✕ **Le Burgonde,** 35 r. République ℰ 03 80 21 71 25, Fax 03 80 21 88 06 – 🕍 🇬🇧
⟍⟋ *fermé 5 au 20 mars, 2 au 11 juin, 1er au 17 janv., dim. soir et lundi* – **Repas** 79/188.

PEUGEOT Gar. de l'Hôtel de Ville, ℰ 03 80 21 71 63

Les NONIÈRES *26 Drôme* 🔢 ⑭ – ✉ *26410 Châtillon-en-Diois.*

Env. *Cirque d'Archiane★★ O : 9,5 km, G. Alpes du Sud.*

Paris 637 – Die 25 – Gap 85 – Grenoble 72 – Valence 92.

🏠 **Le Mont-Barral** ⟋⟍, ℰ 04 75 21 12 21, Fax 04 75 21 12 70, ≼, 🍽, ⏄, ☞, 🎾 – ☎ ⋤ –
⟍⟋ 🔬 25. 🇬🇧
 fermé 15 nov. au 25 déc., mardi soir et merc. sauf juil.-août – **Repas** 85/180 ♨, enf. 35 –
 ⥥ 36 – **22 ch** 235/275 – ½ P 238/278.

NONTRON ⬠ 24300 Dordogne **72** ⑮ G. Berry Limousin – 3 558 h alt. 260.

🛈 Office de Tourisme r. de Verdun 🕿 05 53 56 25 50.

Paris 458 – Angoulême 44 – Libourne 116 – Limoges 65 – Périgueux 51 – Rochechouart 42.

🏨 **Grand Hôtel**, 3 pl. A. Agard (ville haute) 🕿 05 53 56 11 22, Fax 05 53 56 59 94, ㈜, 🔾, 🦝 – 🛏 🛗 🅿 🗜. ⊜

Repas 82/250 🍷 – �ⁿ 34 – **25 ch** 180/320 – ½ P 220/280.

CITROEN Gar. Limousin, 🕿 05 53 56 01 42   PEUGEOT Gar. Bayer, 🕿 05 53 56 00 21

NORT-SUR-ERDRE 44390 Loire-Atl. **63** ⑰ – 5 362 h alt. 13.

Paris 373 – Nantes 32 – Ancenis 28 – Châteaubriant 38 – Rennes 82 – St-Nazaire 62.

❌❌ **Bretagne** Ⓜ avec ch, 41 r. A. Briand 🕿 02 40 72 21 95, Fax 02 40 72 25 07, ㈜, 🦝 – 📺 ⊜ 🕿. ⊜, ﹪ ch

fermé vacances de fév., dim. soir et lundi – **Repas** 80/210, enf. 50 – ⊏ 32 – **7 ch** 205/280 – ½ P 235.

NORVILLE 76330 S.-Mar. **55** ⑤ – 827 h alt. 50.

Voir Château d'Etelan★ S : 1 km,G. Normandie Vallée de la Seine.

Paris 172 – Le Havre 45 – Rouen 46 – Bolbec 19 – Honfleur 45 – Lisieux 72.

❌ **Aub. de Norville** avec ch, 🕿 02 35 39 91 14, Fax 02 35 38 47 08 – 📺 🕿. ⊜

Repas (fermé dim. soir et lundi) 70/200 🍷, enf. 50 – ⊏ 25 – **10 ch** 190/240.

NOTRE-DAME-DE-BONDEVILLE 76 S.-Mar. **55** ⑥ – rattaché à Rouen.

NOTRE-DAME-DE-GRAVENCHON 76330 S.-Mar. **55** ⑤ G. Normandie Vallée de la Seine – 8 901 h alt. 35.

Paris 177 – Le Havre 41 – Rouen 50 – Bolbec 15 – Yvetot 25.

🏨 **Pascal Saunier**, 1 r. Amiral Grasset 🕿 02 35 38 60 67, Fax 02 35 38 30 64, 🦝 – 🛗 📺 🕿 🅿. 🗜 ⊜

Repas (fermé 1ᵉʳ au 13 août et dim. soir) 155/300 – **28 ch** ⊏ 320/340 – ½ P 380.

PEUGEOT Gar. Patin, r. H.-Dunant 🕿 02 35 38 64 17   🚲 Pain Pneu, 30 ter, r. de la République à
RENAULT Gar. Poret, r. D.-Papin Zi 🕿 02 35 38 62 38   Lillebonne 🕿 02 35 38 28 90

NOTRE-DAME-DE-MONTS 85690 Vendée **67** ⑪ – 1 333 h alt. 6.

Voir La Barre-de-Monts : Centre de découverte du Marais breton-vendéen N : 6 km G. Poitou Vendée Charentes.

Paris 459 – La Roche-sur-Yon 64 – Challans 22 – Nantes 74 – Noirmoutier-en-l'Île 26 – Pornic 46.

🏨 **Plage**, 🕿 02 51 58 83 09, Fax 02 51 58 97 12, ≤, ㈜ – 🛗 📺 🕿. 🗜 ⓪ ⊜

1ᵉʳ avril-1ᵉʳ oct. – **Repas** 100/370 🍷, enf. 49 – ⊏ 42 – **49 ch** 220/462 – ½ P 311/424.

🏨 **Centre**, pl. Église 🕿 02 51 58 83 05, Fax 02 51 59 16 62 – 📺 🕿 🅿. 🗜 ⓪ ⊜

fermé en janv. et lundi – **Repas** 70/235 🍷, enf. 48 – ⊏ 35 – **19 ch** 220/260 – ½ P 240/290.

NOTRE-DAME-DU-HAMEL 27390 Eure **55** ⑭ – 186 h alt. 200.

Paris 154 – L'Aigle 21 – Argentan 51 – Bernay 29 – Évreux 55 – Lisieux 41 – Vimoutiers 29.

❌❌ **La Marigotière**, 🕿 02 32 44 58 11, Fax 02 32 44 78 62, ㈜, « Parc en bordure de rivière » – 🅿. ⊜

fermé 6 au 12 oct., 23 au 28 fév., mardi soir, dim. soir et merc. – **Repas** 149/350.

NOUAN-LE-FUZELIER 41600 L.-et-Ch. **64** ⑲ – 2 274 h alt. 113.

🛈 Office de Tourisme pl. de la Gare 🕿 02 54 88 76 75, Fax 02 54 88 19 91.

Paris 178 – Orléans 45 – Blois 59 – Cosne-sur-Loire 72 – Gien 55 – Lamotte-Beuvron 8 – Salbris 13.

🏨 **Charmilles** ⌂ sans rest, D 122-rte Pierrefitte-sur-Sauldre 🕿 02 54 88 73 55, « Parc » – 📺 🗜 🅿. ⊜. ﹪

Pâques-30 nov. – ⊏ 35 – **13 ch** 270/400.

🏨 **Moulin de Villiers** ⌂, rte Chaon, Nord Est : 3 km par D 44 🕿 02 54 88 72 27, Fax 02 54 88 78 87, ≤, « En forêt, étang privé », 🦝 – 📺 🕿 🅿. ⊜. ﹪

fermé 1ᵉʳ au 15 sept., 2 janv. au 22 mars, merc. et jeudi en nov. et en déc. – **Repas** 78/190 🍷 – ⊏ 40 – **19 ch** 200/360 – ½ P 230/300.

XX **Le Dahu,** 14 r. H. Chapron ℘ 02 54 88 72 88, Fax 02 54 88 72 88, 斎, « Jardin » – **P.** Æ
GB
fermé 10 fév. au 20 mars, mardi soir et merc. sauf juil.-août – **Repas** 127/250.

XX **Le Raboliot,** av. Mairie ℘ 02 54 88 70 67, Fax 02 54 88 77 86 – 🔲. Æ GB
fermé 13 janv. au 20 fév., mardi soir de déc. à mars et merc. – **Repas** 85/220 ₰, enf. 55.

Le NOUVION-EN-THIÉRACHE 02170 Aisne 53 ⑮ – 2 905 h alt. 185.
Paris 197 – St-Quentin 49 – Avesnes-sur-Helpe 20 – Le Cateau 19 – Guise 21 – Hirson 27 –
Laon 59 – Vervins 28.

🏠 **Paix,** r. J. Vimont-Vicary ℘ 03 23 97 04 55, Fax 03 23 98 98 39, 🐎 – 🔲 ☎ **P.** GB
fermé 20 juil. au 7 août, vacances de fév., soirs fériés, lundi (sauf hôtel) et dim. soir – **Repas**
90/320 ₰ – 🍽 36 – **16 ch** 160/285 – ½ P 200/252.

NOUZERINES 23 Creuse 68 ⑳ – *rattaché à Boussac.*

NOUZONVILLE 08700 Ardennes 53 ⑱ G. Champagne – 6 970 h alt. 120.
Paris 241 – Charleville-Mézières 8 – Givet 52 – Rocroi 26.

XX **La Potinière,** Nord : 1 km rte Joigny-sur-Meuse ℘ 03 24 53 13 88, Fax 03 24 53 36 19,
斎, « Jardin fleuri » – **P.** GB
fermé 16 août au 4 sept., vacances de fév., dim. soir et lundi – **Repas** 95/235.

CITROEN Gar. Brunet, 14 bd J.-B.-Clément ℘ 03 24 53 82 08 🄽 ℘ 03 24 52 91 13

NOVALAISE 73 Savoie 74 ⑮ – *rattaché à Aiguebelette-le-Lac.*

NOVES 13550 B.-du-R. 81 ⑫ G. Provence – 4 021 h alt. 97.
Paris 689 – Avignon 13 – Arles 36 – Carpentras 26 – Cavaillon 15 – Marseille 90 – Orange 36.

🏠 **Aub. de Noves** (Lalleman) 🐾, rte Châteaurenard, 2 km par D 28 ℘ 04 90 24 28 28,
❀ Fax 04 90 24 28 00, ≼, 斎, « Belle demeure dans un parc », 🏊, 💥 – 🛗 🔲 ☎ ❤ **P.** –
🏛 40. Æ ⓞ GB
Repas 225/495 et carte 370 à 490 ₰, enf. 140 – 🍽 100 – **19 ch** 1150/1500, 4 appart –
½ P 1120/1295
Spéc. Soufflé d'ail doux sur ''petits gris''. Poulet à l'ail et au cumin. Mijotée de crêpes
fourrées à la pomme d'amour au muscat de Beaumes de Venise. **Vins** Châteauneuf-du-
Pape blanc, Lirac.

NOYAL-SUR-VILAINE 35 I.-et-V. 59 ⑰ – *rattaché à Rennes.*

NOYON 60400 Oise 56 ③ G. Flandres Artois Picardie (**plan**) – 14 426 h alt. 52.
Voir Cathédrale Notre-Dame★★ – Abbaye d'Ourscamps★ 5 km par N 32.
Env. Blérancourt : musée national de la coopération franco-américaine SE : 14 km.
🏢 Office de Tourisme pl. Hôtel de Ville ℘ 03 44 44 21 88, Fax 03 44 93 36 39.
Paris 105 – Compiègne 22 – St-Quentin 40 – Amiens 66 – Laon 52 – Péronne 44 – Soissons
40.

🏨 **Le Cèdre** 🅼, 8 r. Évêché ℘ 03 44 44 23 24, Fax 03 44 09 53 79, 斎 – 🔲 ☎ ₺ **P.** – 🏛 60.
Æ GB
Repas 75/120 ₰, enf. 55 – 🍽 38 – **34 ch** 290/350 – ½ P 250.

XXX **Saint-Eloi** avec ch, 81 bd Carnot ℘ 03 44 44 01 49, Fax 03 44 09 20 90 – 🔲 ☎ **P.** – 🏛 80.
Æ GB
fermé 21 juil. au 10 août, 26 au 30 déc. et dim. soir – **Repas** 130/200 et carte 200 à 300 –
🍽 45 – **22 ch** 220/290 – ½ P 290/330.

XX **Dame Journe,** 2 bd Mony ℘ 03 44 44 01 33, Fax 03 44 09 59 68 – 🔲. Æ GB
fermé 18 août au 2 sept., 2 au 12 janv., dim. soir, lundi soir et mardi soir – **Repas** 80/260.

à Pont l'Évêque Sud : 3 km par N 32 et D 165 – 659 h. alt. 35 – ✉ 60400 :

XX **L'Auberge,** ℘ 03 44 44 05 17, Fax 03 44 44 39 50, 斎, 🐎 – **P.** GB
fermé 24 au 31 août, 22 au 28 fév., dim. soir et lundi – **Repas** 105/185.

CITROEN Gar. Wargnier, 15 av. J.-Jaurès   ⓦ Euromaster, 5 bd E.-Noël ℘ 03 44 44 01 59
℘ 03 44 44 05 40
VAG Gar. Thiry, 82 bd Carnot ℘ 03 44 44 02 78

NUAILLÉ 49 M.-et-L. 67 ⑥ – *rattaché à Cholet.*

NUCES 12 Aveyron 80 ② – *rattaché à Valady.*

NUITS-ST-GEORGES 21700 Côte-d'Or 🔢 ⑫ G. Bourgogne – 5 569 h alt. 243.

🏛 Office de Tourisme r. Sonoys 🕿 03 80 61 22 47, Fax 03 80 61 30 98.

Paris 320 – Dijon 22 – Beaune 22 – Chalon-sur-Saône 46 – Dole 67.

🏨🏨 **Host. St-Vincent** Ⓜ, r. Gén. de Gaulle 🕿 03 80 61 14 91, Fax 03 80 61 24 65, 🖼 – 📱 📺 ☎ 📞 👶 📇 – 🔲 25 à 40. ᴀᴇ ⓞ ɢʙ 🇯🇨🇧
fermé 24 au 31 déc. – **Repas** *(fermé mardi midi et lundi)* 119/250 – ☑ 55 – **23 ch** 360/450.

🏨🏨 **La Gentilhommière** 🌊, rte Meuilley Ouest : 1,5 km 🕿 03 80 61 12 06, Fax 03 80 61 30 33, 🖼, « Parc avec rivière », 🏊, 🎾 – 📺 ☎ 📞 – 🔲 30. ᴀᴇ ⓞ ɢʙ 🇯🇨🇧
fermé mi-déc. à mi-janv. – **Repas** *(fermé merc. midi et mardi)* 140 (déj.), 195/270 – ☑ 50 – **20 ch** 390.

✗✗✗ **Côte d'Or** avec ch, r. Thurot 🕿 03 80 61 06 10, Fax 03 80 61 36 24 – 📺 ☎. ᴀᴇ ⓞ ɢʙ
fermé jeudi midi et merc. – **Repas** 100 (déj.), 150/260 – ☑ 50 – **7 ch** 320/490.

✗ **Au Bois de Charmois**, rte Meuilley Ouest : 3 km 🕿 03 80 61 04 79, 🖼 – ɢʙ
fermé vacances de fév., dim. soir du 30 nov. au 1ᵉʳ mars et lundi – **Repas** 56 (déj.), 70/220 🍷.

à l'échangeur *Autoroute A 31 - carrefour de l'Europe* – 🖂 21700 Nuits-St-Georges :

🏩 **St-Georges** (annexe 🏨🏨 Ⓜ 17 ch.) 🕿 03 80 61 15 00, Fax 03 80 61 23 80, 🖼, 🏊 – 🍽 rest 📺 ☎ 👶 📱 – 🔲 30. ᴀᴇ ⓞ ɢʙ 🇯🇨🇧
Repas 85/250, enf. 50 – ☑ 45 – **47 ch** 325/365 – ½ P 295/310.

à Curtil-Vergy *Nord-Ouest : 7 km par D 25, D 35 et rte secondaire – 78 h. alt. 350* – 🖂 21220 :

🏨🏨 **Le Manassès** Ⓜ 🌊 sans rest, 🕿 03 80 61 43 81, Fax 03 80 61 42 79, ≤, « Musée de la vigne et du vin », 🖼 – 🍽 📺 ☎ 📱. ᴀᴇ ɢʙ
mars-nov. – ☑ 50 – **7 ch** 400.

✗ **Aub. La Ruéllée**, 🕿 03 80 61 44 11, Fax 03 80 61 44 11, 🖼 – 📱. ɢʙ
fermé déc. et lundi – **Repas** 68/142, enf. 55.

CITROEN Gar. Blondeau, 🕿 03 80 61 02 40 Ⓝ 🕿 03 80 61 02 40

MERCEDES Gar. Aubin, 🕿 03 80 61 03 85
PEUGEOT Gar. des Gds Crus, 🕿 03 80 61 02 23 Ⓝ 🕿 03 80 61 02 23

Ne prenez pas la route sans connaître votre temps de parcours.
La **carte Michelin** *nº* 🔢 *c'est "la carte du temps gagné".*

NYONS ◀🆂▶ 26110 Drôme 🔢 ③ G. Provence – 6 353 h alt. 271.

Voir *Rue des Grands Forts*★ – *Pont Roman*★.

🏛 Office de Tourisme pl. Libération 🕿 04 75 26 10 35, Fax 04 75 26 01 57.

Paris 654 ④ – Alès 108 ③ – Gap 104 ① – Orange 42 ③ – Sisteron 99 ① – Valence 96 ④.

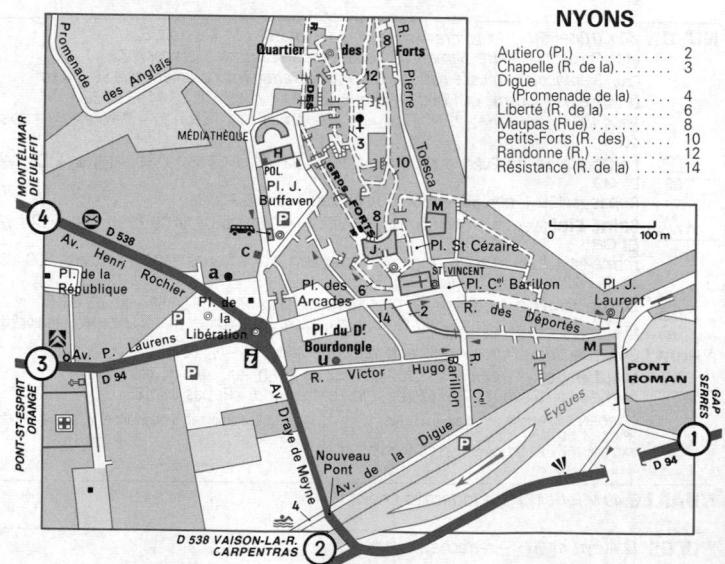

NYONS

Autiero (Pl.)	2
Chapelle (R. de la)	3
Digue (Promenade de la)	4
Liberté (R. de la)	6
Maupas (Rue)	8
Petits-Forts (R. des)	10
Randonne (R.)	12
Résistance (R. de la)	14

🏨 **Colombet,** pl. Libération (a) 🕾 04 75 26 03 66, Fax 04 75 26 42 37 – 🔲 🗐 rest 📺 ☎ ✄
🚗, ⴳⴴ
fermé 15 nov. au 10 janv. – **Repas** 97/240, enf. 66 – ⴷ 39 – **27 ch** 180/480 – ½ P 240/330.

🏨 **Caravelle** ⴳ sans rest, r. Antignans par prom. Digue 🕾 04 75 26 07 44,
Fax 04 75 26 23 79, ⴷ – 📺 ☎ ⴿ
fermé 10 nov. au 5 déc. et 5 au 28 fév. – ⴷ 48 – **11 ch** 278/395.

🏨 **La Picholine** ⴳ, prom. Perrière par prom. des Anglais Nord : 1 km 🕾 04 75 26 06 21,
Fax 04 75 26 40 72, ⴤ, ⴿ, 🏊, ⴷ – 📺 ☎ 🅿. ⴳⴴ
fermé 20 oct. au 4 nov. et fév. – **Repas** *(fermé lundi soir de sept. à juin et mardi)* 125/195,
enf. 65 – ⴷ 42 – **16 ch** 280/390 – ½ P 315/375.

🍴 **Le Petit Caveau,** 9 r. V. Hugo **(u)** 🕾 04 75 26 20 21, Fax 04 75 26 07 28 – 🗐. ⴲ ⴳⴴ
fermé 24 nov. au 20 déc., dim. soir sauf juil.-août et lundi – **Repas** 100/230, enf. 70.

rte de Gap *par ① : 7 km sur D 94* – ✉ 26110 Nyons :

🍴 **La Charrette Bleue,** 🕾 04 75 27 72 33, Fax 04 75 26 05 72, ⴤ – 🅿. ⴳⴴ
fermé 5 janv. au 11 fév., mardi soir sauf juil.-août et merc. – **Repas** 92/169, enf. 46.

rte d'Orange *par ③ : 6 km sur D 94* – ✉ 26110 Nyons :

🍴 **Croisée des Chemins,** 🕾 04 75 27 61 19, Fax 04 75 27 68 55, ⴤ – 🅿. ⴳⴴ
fermé 20 au 28 juin, 14 nov. au 20 déc., jeudi soir et vend. – **Repas** 85 (déj.), 115/210,
enf. 45.

CITROEN Central Gar., 🕾 04 75 26 12 11 🅽 🕾 04 75 26 12 11

OBERHASLACH 67280 B.-Rhin ⴖⴑ ⑨ *G. Alsace Lorraine* – *1 333 h alt. 270.*
Paris 480 – Strasbourg 42 – Molsheim 15 – Saverne 31 – St-Dié 55.

🏨 **Host. St-Florent** Ⓜ, 🕾 03 88 50 94 10, Fax 03 88 50 99 61 – 🔲 🗐 rest ☎ ✄ ⴳ 🅿 –
ⴷ 40. ⴲ ⴾ ⴳⴴ. ⴥ ch
fermé 27 déc. au 20 janv., dim. soir et lundi – **Repas** 50 (déj.), 85/250 ⴵ – ⴷ 38 – **24 ch**
235/275 – ½ P 265.

OBERNAI 67210 B.-Rhin ⴖⴑ ⑨ *G. Alsace Lorraine* **(plan)** – *9 610 h alt. 185.*
Voir *Place du Marché*★★ – *Hôtel de ville*★ – *Tour de la Chapelle*★ – *Ancienne halle aux blés*★
– *Maisons anciennes*★ – *Place*★ *de Boersch NO : 4 km.*
🅱 Office de Tourisme Chapelle du Beffroi 🕾 03 88 95 64 13, Fax 03 88 49 90 84.
Paris 487 – Strasbourg 30 – Colmar 48 – Erstein 15 – Molsheim 11 – Sélestat 26.

🏨 **Parc** Ⓜ ⴳ, 169 r. Gén. Gouraud 🕾 03 88 95 50 08, Fax 03 88 95 37 29, ⴤ, ⴙⴺ, 🏊, 🏓, ⴷ
– 🔲 🗐 rest 📺 ☎ ⴳ 🅿 – ⴷ 60 à 120. ⴲ ⴳⴴ
fermé 30 juin au 7 juil. et déc. – **Repas** *(fermé dim. soir et lundi)* 175 (déj.), 200/365, enf. 95
– ⴷ 75 – **44 ch** 650/1100, 6 appart – ½ P 550/800.

🏨 **A la Cour d'Alsace** Ⓜ ⴳ, 3 r. Gail 🕾 03 88 95 07 00, Fax 03 88 95 19 21, ⴤ, ⴷ – 🔲 📺
☎ ⴳ 🅿 – ⴷ 70. ⴲ ⴾ ⴳⴴ. ⴥ
fermé 23 déc. au 15 janv. – **Le Jardin des Remparts** *(fermé sam. midi, dim. soir et lundi)*
Repas 160(déj.)198/390, enf. 80 – **Le Caveau de Gail :** Repas 120(déj.), 150/200 ⴵ, enf. 80
– ⴷ 60 – **43 ch** 680/830 – ½ P 620.

🏨 **Grand Hôtel** sans rest, r. Dietrich 🕾 03 88 95 51 28, Fax 03 88 95 50 93 – 🔲 ⴙⴺ 📺 ☎ –
ⴷ 80. ⴲ ⴾ ⴳⴴ. ⴥ
fermé 15 au 28 fév. – ⴷ 45 – **22 ch** 330/405.

🏨 **Les Jardins d'Adalric** Ⓜ ⴳ sans rest, r. Mar. Koenig 🕾 03 88 49 90 90,
Fax 03 88 49 91 80, 🏊, ⴷ – 🔲 ⴙⴺ 📺 ☎ ⴳ 🅿 – ⴷ 25. ⴲ ⴾ ⴳⴴ
ⴷ 42 – **46 ch** 305/370.

🏨 **La Diligence** sans rest, 23 pl. Mairie 🕾 03 88 95 55 69, Fax 03 88 95 42 46 – 🔲 📺 ☎ ✄ 🅿.
ⴲ ⴳⴴ
ⴷ 50 – **40 ch** 204/410.

Annexe Résidence Bel Air 🏠 ⴳ sans rest, à 1 km – 📺 ☎ ✄ 🚗 🅿. ⴲ ⴳⴴ
ⴷ 50 – **14 ch** 280/327.

🏨 **Vosges,** 5 pl. Gare 🕾 03 88 95 53 78, Fax 03 88 49 92 65, ⴤ – 🔲 📺 ☎ ⴳ 🅿. ⴲ ⴳⴴ
Repas *(fermé 23 juin au 7 juil., 14 janv. au 4 fév., dim. soir hors sais. et lundi)* 85/300 ⴵ, enf.
50 – ⴷ 50 – **20 ch** 260/300 – ½ P 310.

🏨 **Host. Duc d'Alsace,** 6 r. Gare 🕾 03 88 95 55 34, Fax 03 88 95 00 92 – 📺 ☎ – ⴷ 25. ⴲ
ⴳⴴ
fermé janv. et fév. voir rest. **Winstub de Bruno Sohn** ci-après – ⴷ 45 – **19 ch** 320/460.

🍴 **Winstub de Bruno Sohn,** 6 r. Gare 🕾 03 88 48 33 38, Fax 03 88 95 44 39, ⴤ – ⴳⴴ
fermé 1er au 10 juil., fév., dim. soir et lundi – **Repas** 145/300.

🍴 **Cour des Tanneurs,** ruelle du canal de l'Ehn 🕾 03 88 95 15 70, Fax 03 88 95 43 84 – 🗐.
ⴲ ⴳⴴ
fermé 21 déc. au 10 janv., mardi soir et merc. – **Repas** 60 (déj.), 85/185 ⴵ.

à Ottrott *Ouest : 4 km – 1 501 h. alt. 268 –* ⊠ *67530 .*

Voir *Couvent de Ste-Odile : ⁂★★ de la terrasse, chapelle de la Croix★ SO : 11 km - pèlerinage 13 décembre.*

🏰 **Host. des Châteaux** Ⓜ ⌂, Ottrott-le-Haut 🌶 03 88 48 14 14, Fax 03 88 95 95 20, ≤, *Ⅰ₅*, 🏊, 🏊 – 🛉 🗏 🖸 ☎ ◖ ◗ 🖪 – 🔬 30 à 100. ⅢⅡ ◐ 🖼
fermé fév. – **Repas** *(fermé dim. soir et lundi de nov. à janv.)* 160/450, enf. 76 – ⌧ 65 – **54 ch** 505/780, 6 appart – ½ P 505/775.

🏰 **Clos des Délices** Ⓜ, rte Klingenthal Nord-Ouest : 1 km par D 426 🌶 03 88 95 81 00, Fax 03 88 95 97 71, 🌿, « Parc », 🏊 – 🛉 🗏 🖸 ☎ ◖ & 🖪 – 🔬 80. 🖼
fermé dim. soir et merc. – **Repas** 120/380, enf. 85 – ⌧ 60 – **23 ch** 480/680 – ½ P 430/520.

🏡 **A l'Ami Fritz** Ⓜ ⌂, Ottrott-le-Haut 🌶 03 88 95 80 81, Fax 03 88 95 84 85, 🌿 – 🛉 🖸 &
🖪 ⅢⅡ ◐ 🖼
fermé 4 au 19 janv. – **Repas** *(fermé merc.)* 125/295 ⅄, enf. 50 – ⌧ 48 – **22 ch** 330/450 – ½ P 335/365.

🏡 **Beau Site** Ⓜ, Ottrott-le-Haut 🌶 03 88 95 80 61, Fax 03 88 95 86 41, 🌿 – 🖸 ☎ ◖ ⌂ 🖪
🖼
fermé fév. – **Repas** 100/220 ⅄ – ⌧ 55 – **18 ch** 320/800 – ½ P 415/565.

🏡 **Domaine Le Moulin**, rte Klingenthal Nord-Ouest : 1 km par D 426 🌶 03 88 95 87 33, Fax 03 88 95 98 03, 🌿, « Parc », 🍽 – 🛉 🖸 ☎ ◖ & 🖪 – 🔬 25. 🖼
fermé 20 déc. au 15 janv. – **Repas** *(fermé sam. midi)* 110/260 ⅄, enf. 90 – ⌧ 40 – **20 ch** 295/400, 3 duplex – ½ P 320/360.

🏠 **Résidence A l'Ami Fritz** ⌂ sans rest, Ottrott-le-Haut 🌶 03 88 95 87 39, Fax 03 88 95 84 85, ≤, 🏎 – 🖸 ☎ ◖ 🖪 – 🔬 25. ⅢⅡ ◐ 🖼
14 mars-18 nov. – ⌧ 48 – **17 ch** 265/355.

à Boersch *Ouest : 4 km par D 322 – 1 892 h. alt. 225 –* ⊠ *67530 :*

🍴🍴 **Le Chatelain**, 🌶 03 88 95 83 33, Fax 03 88 95 80 63, 🌿 – 🖪. ⅢⅡ ◐ 🖼
⌂ *fermé lundi* – **Repas** 85/295 ⅄, enf. 50.

OBERSTEIGEN *67 B.-Rhin* 🔢 ⑧ *G. Alsace Lorraine –* ⊠ *67710 Wangenbourg.*

Voir *Vallée de la Mossig★ E : 2 km.*

Paris 459 – Strasbourg 38 – Molsheim 27 – Sarrebourg 31 – Saverne 16 – Wasselonne 13.

🏰 **Host. Belle Vue** ⌂, 🌶 03 88 87 32 39, Fax 03 88 87 37 77, ≤, *Ⅰ₅*, 🏊, 🏊 – 🛉 🖸 ☎ 🖪 –
⌂ 🔬 25 à 40. 🖼. ⁂ rest
fermé 6 janv. au 20 avril, dim. soir et lundi hors sais. – **Repas** 85/280 ⅄, enf. 60 – ⌧ 50 –
32 ch 300/380, 6 appart – ½ P 380/480.

OBERSTEINBACH *67510 B.-Rhin* 🔢 ⑱ ⑲ *G. Alsace Lorraine – 199 h alt. 239.*

Paris 460 – Strasbourg 68 – Bitche 23 – Haguenau 36 – Wissembourg 26.

🍴🍴🍴 **Anthon** ⌂ avec ch, 🌶 03 88 09 55 01, Fax 03 88 09 50 52, 🌿, 🏎 – ☎ 🖪. 🖼
fermé janv., mardi et merc. – **Repas** 120/350 et carte 260 à 350 ⅄, enf. 70 – ⌧ 50 – **9 ch**
280/310.

OBJAT *19130 Corrèze* 🔢 ⑧ *– 3 163 h alt. 131.*

*Paris 475 – Brive-la-Gaillarde 20 – Arnac-Pompadour 22 – Limoges 83 – Tulle 47 –
Uzerche 30.*

🏠 **France**, av. G. Clemenceau (vers la gare) 🌶 05 55 25 80 38, Fax 05 55 25 91 87 – 🗏 rest 🖸
⌂ ☎ ◖ 🖪. 🖼
fermé 20 sept. au 5 oct., 24 déc. au 2 janv. et dim. hors sais. – **Repas** 75/220 ⅄ – ⌧ 35 –
30 ch 130/220 – ½ P 180/230.

🍴🍴 **Pré Fleuri**, par rte de Vignols 🌶 05 55 84 13 46, 🌿 – 🖼
⌂ *fermé 25 août au 1ᵉʳ sept., vacances de fév., dim. soir sauf juil.-août et lundi* – **Repas**
75/150.

🍴 **Chez Tony**, pl. Gare 🌶 05 55 25 02 23 – 🖼
⌂ *fermé juin, dim. soir et lundi* – **Repas** 80/180 ⅄, enf. 40.

à St-Aulaire *par rte des 4 Chemins : 3 km – 707 h. alt. 251 –* ⊠ *19130 :*

🏠 **Bellevue** ⚑, ℘ 05 55 25 81 39, Fax 05 55 84 12 01, ≼, 🏤 – ☎ 🅿. 🄰🄴 ⓞ 🄶🄱. ✺ ch
🚗 *fermé janv., vend. soir, sam. midi et dim. soir sauf juil.-août* – **Repas** 70/150 ⅃, enf. 40 – ☷ 35 – **10 ch** 150/270 – ½ P 240/260.

OCHIAZ *01 Ain* 🯱🯴 ⑤ *– rattaché à Bellegarde-sur-Valserine.*

OCTON *34800 Hérault* 🯸🯳 ⑤ *– 350 h alt. 185.*
Paris 725 – Montpellier 56 – Béziers 52 – Lodève 14.

🏠 **Mas de Clergues** ⚑, ℘ 04 67 96 08 84, ≼, ⅃ – 🅿
Pâques-15 oct. – **Repas** 160 bc, enf. 80 – ☷ 30 – **7 ch** 290/320 – ½ P 300.

ODEILLO *66 Pyr.-Or.* 🯸🯶 ⑯ *– rattaché à Font-Romeu.*

ODENAS *69460 Rhône* 🯷🯴 ① *– 750 h alt. 300.*
Paris 426 – Mâcon 32 – Bourg-en-Bresse 54 – Lyon 49 – Villefranche-sur-Saône 15.

✖ **Christian Mabeau,** ℘ 04 74 03 41 79, Fax 04 74 03 49 40, 🏤, « Terrasse en bordure des vignes » – 🄶🄱
fermé dim. soir et lundi – **Repas** 100/310, enf. 77.

RENAULT Gar. Bénétullière, Le Perréon ℘ 04 74 03 22 67

OIE *85140 Vendée* 🯶🯷 ⑮ *– 852 h alt. 102.*
Paris 387 – La Roche-sur-Yon 30 – Cholet 39 – Nantes 63 – Niort 93.

🏠 **Grand Turc** Ⓜ, ℘ 02 51 66 08 74, Fax 02 51 66 14 13 – 🔌 🆀 ☎ 🅿. 🄰🄴 ⓞ 🄶🄱
🚗 *fermé dim. soir* – **Repas** 73/180 ⅃, enf. 42 – ☷ 35 – **19 ch** 230/290 – ½ P 260.

CITROEN Gar. SEBA, ℘ 02 51 66 13 98

OIRON *79100 Deux-Sèvres* 🯶🯸 ② *G. Poitou Vendée Charentes – 1 009 h alt. 95.*
Voir Château★ : galerie★★ – Collégiale★.
Paris 327 – Poitiers 57 – Loudun 15 – Parthenay 41 – Thouars 12.

✖✖ **Relais du Château** Ⓜ avec ch, ℘ 05 49 96 54 96, Fax 05 49 96 54 45, 🏤 – 🆀 ☎ ☕. 🄶🄱
🚗 *fermé vacances de fév., lundi (sauf hôtel) et dim. soir* – **Repas** 71/223 ⅃, enf. 41 – ☷ 30 – **14 ch** 130/230 – ½ P 160/178.

OISLY *41 L.-et-Ch.* 🯶🯴 ⑰ *– rattaché à Contres.*

OLARGUES *34390 Hérault* 🯸🯳 ③ *G. Gorges du tarn – 512 h alt. 183.*
🅱 *Office de Tourisme, av. de la Gare (juil.-août) ℘ 04 67 97 71 26.*
Paris 764 – Béziers 50 – Castres 72 – Lodève 54 – Montpellier 97 – St-Affrique 77.

🏠🏠 **Domaine de Rieumégé** ⚑, 2,5 km par rte St-Pons ℘ 04 67 97 73 99, Fax 04 67 97 78 52, 🏤, ⅃, 🛥, ✺ – ☎ 🅿. 🄰🄴 🄶🄱
29 mars-12 oct. – **Repas** *(fermé le midi de sept. à juin sauf sam., dim. et fériés)* 100 (déj.), 160/240, enf. 58 – ☷ 55 – **14 ch** 396/835 – ½ P 394/488.

OLEMPS *12 Aveyron* 🯸🯰 ② *– rattaché à Rodez.*

OLÉRON (Ile d') ★ *17 Char.-Mar.* 🯷🯱 ⑬ ⑭ *G. Poitou Vendée Charentes.*
⛳ *d'Oléron ℘ 05 46 47 11 59, S par D 126 : 2 km.*
Accès *par le pont viaduc.* **Passage gratuit.**

Boyardville – ⊠ *17190 St-Georges-d'Oléron.*
⛳ *d'Oléron ℘ 05 46 47 11 59, S par D 126 : 2 km.*
Paris 520 – La Rochelle 83 – Marennes 24 – Rochefort 45 – Saintes 64.

✖✖ **Bains** avec ch, au port ℘ 05 46 47 01 02, Fax 05 46 47 16 90, 🏤 – 🆀 ☎. 🄰🄴 ⓞ 🄶🄱
16 mai-21 sept. – **Repas** *(fermé merc. en mai et juin.)* 97/149, enf. 57 – ☷ 35 – **11 ch** 207/265 – ½ P 297/350.

Le Château-d'Oléron – *3 544 h alt. 9 –* ⊠ *17480 .*

🏢 Office de Tourisme pl. République 🕿 05 46 47 60 51, Fax 05 46 47 73 65.
Paris 509 – La Rochelle 71 – Royan 40 – Marennes 12 – Rochefort 34 – Saintes 53.

🏠 **France,** 🕿 05 46 47 60 07, Fax 05 46 75 21 55, 🍴 – 📺 🕿. 🆎 ⓞ 🆖
fermé 24 déc. au 15 janv., dim. soir et lundi sauf vacances scolaires – **Repas** 88/148, enf. 58
– ⌑ 32 – **11 ch** 260/275 – ½ P 280/300.

RENAULT Gar. S.O.A., 🕿 05 46 47 67 22

La Cotinière – ⊠ *17310 St-Pierre-d'Oléron.*

Paris 515 – La Rochelle 84 – Royan 53 – Marennes 25 – Rochefort 46 – Saintes 65.

🏨 **Motel Île de Lumière** 🏖 sans rest, 🕿 05 46 47 10 80, Fax 05 46 47 30 87, ≼, 🎱, 🏊,
🏖, 🛎 – cuisinette 📺 🕿 🅿. 🆖
11 avril-fin sept. – **45 ch** ⌑ 670.

🏠 **L'Écailler,** 🕿 05 46 47 10 31, Fax 05 46 47 10 23, ≼, 🍴 – 📖 📺 🕿 🅿. 🆎 ⓞ 🆖 🗾
fermé 12 nov. au 1er fév., – **Repas** 100/380, enf. 58 – ⌑ 43 – **8 ch** 430 – ½ P 440.

Grand-Village-Plage *17370 – 718 h alt. 6.*

Voir *Maison de la coiffe et du costume oléronais★ .*
Paris 510 – La Rochelle 72 – Royan 41 – Marennes 13 – Rochefort 35 – Saintes 54.

🍴 **Relais des Salines,** au port des Salines, petit village 🕿 05 46 75 82 42,
🦪 Fax 05 46 75 21 55, 🍴, « Reconstitution d'une cabane ostréicole » – 🆖
1er avril-30 sept. et fermé dim. soir et lundi sauf vacances scolaires – **Repas** 58 (déj.) (sauf
dim.) et carte 130 à 180 🍷, enf. 48.

La Remigeasse – ⊠ *17550 Dolus-d'Oléron.*

Paris 516 – La Rochelle 78 – Royan 47 – Marennes 19 – Rochefort 41 – Saintes 60.

🏨 **Gd Large et rest. Amiral** 🏖, à la plage 🕿 05 46 75 37 89, Fax 05 46 75 49 15, ≼, parc,
« Dans les dunes, face à la mer », 🏊, 🛎 – 📺 🕿. 🆎 🆖
fin avril-fin sept. – **Repas** 170 (déj.), 270/380 – ⌑ 95 – **21 ch** 790/1740, 5 appart – ½ P 820/
1280.

St-Pierre-d'Oléron – *5 365 h alt. 8 –* ⊠ *17310 .*

Voir *Église ⁂ ★ .*
🏢 Office de Tourisme pl. Gambetta 🕿 05 46 47 11 39, Fax 05 46 47 10 41 et à la Cotinière
(Pâques-15 sept.) 🕿 05 46 47 09 08.
Paris 518 – La Rochelle 81 – Royan 50 – Marennes 22 – Rochefort 43 – Saintes 62.

XXX **La Campagne,** D 734 🕿 05 46 47 25 42, Fax 05 46 75 16 04, 🍴, 🏖 – 🆎 🆖. 🛎
Pâques-1er nov. et fermé dim. soir et lundi – **Repas** 150/280 et carte 290 à 390.

XX **Moulin du Coivre,** D 734 🕿 05 46 47 44 23 – 🅿. 🆖
fermé dim. soir et lundi sauf vacances scolaires – **Repas** 125/170.

St-Trojan-les-Bains – *1 490 h alt. 5 –* ⊠ *17370 .*

🏢 Office de Tourisme carrefour du Port 🕿 05 46 76 00 86.
Paris 513 – La Rochelle 75 – Royan 44 – Marennes 16 – Rochefort 38 – Saintes 57.

🏨 **Novotel** Ⓜ 🏖, plage de Gatseau Sud : 2,5 km 🕿 05 46 76 02 46, Fax 05 46 76 09 33, ≼,
🍴, centre de thalassothérapie, « En forêt près de la mer », 🎱, 🏊, 🏖, 🛎 – 📶 ⇆ 📺 🕿
⛵ 🅿 – 🚗 25. 🆎 ⓞ 🆖
fermé 1er au 7 déc. – **Repas** 145 🍷, enf. 60 – ⌑ 60 – **80 ch** 770/820 – ½ P 565/590.

🏨 **La Forêt** Ⓜ 🏖, bd P. Wiehn 🕿 05 46 76 00 15, Fax 05 46 76 14 67, 🍴, 🏖 – 📶 ▤ rest 📺
🦪 🕿. ⓞ 🆖
hôtel : 22 mars-15 nov. ; rest : 30 mars-30 sept. – **Repas** 85/250, enf. 55 – ⌑ 40 – **43 ch**
305/550 – ½ P 300/425.

🏠 **L'Albatros** 🏖, Sud : 1,5 km 🕿 05 46 76 00 08, Fax 05 46 76 03 58, ≼, 🍴 – ▤ rest 📺 🕿
🅿. 🆖
8 fév.-11 nov. – **Repas** 89/189, enf. 60 – ⌑ 44 – **13 ch** 305/342 – ½ P 324/342.

XX **Belle Cordière,** 76 r. République 🕿 05 46 76 12 87, 🍴 – 🆎 🆖
fermé 15 au 30 mars, 15 nov. au 15 déc., mardi soir et merc. – **Repas** 90/195, enf. 55.

X **La Marée,** au port 🕿 05 46 76 04 96, Fax 05 46 76 08 95, 🍴 – 🆎 ⓞ 🆖
22 mars-28 sept. et fermé lundi sauf du 15 juin au 15 sept. – **Repas** 80 (déj.), 115/170,
enf. 50.

OLIVET *45 Loiret* 🔲 ⑨ *– rattaché à Orléans.*

Les OLLIÈRES-SUR-EYRIEUX 07360 Ardèche **76** ⑲ ⑳ – 769 h alt. 200.

Paris 596 – Valence 34 – Le Cheylard 28 – Lamastre 33 – Montélimar 53 – Privas 19.

XX **Aub. de la Vallée** avec ch, ℰ 04 75 66 20 32, Fax 04 75 66 20 63 – 🗐 rest 📺 ☎ 🅿. 🅖🅑. ✑

fermé 23 au 28 sept., 1er fév. au 15 mars, dim. soir et lundi hors sais. – **Repas** 95/325 🅙 – ☲ 45 – **7 ch** 190/340 – ½ P 265/310.

PEUGEOT Gar. de Veyes, ℰ 04 75 66 20 86

OLLIOULES 83190 Var **84** ⑭, **114** ⑭ G. Côte d'Azur – 10 398 h alt. 52.

Voir Gorges d'Ollioules★.

🛈 Office de Tourisme 16 r. Nationale (juil.-août) ℰ 04 94 63 11 74.

Paris 828 – Toulon 12 – Aix-en-Provence 75 – Marseille 56.

X **L'Assiette Gourmande,** pl. H. Duprat (parvis de l'église) ℰ 04 94 63 04 61, 🍴 – 🅖🅑 fermé merc. midi et sam. midi en juil.-août, mardi soir et merc. de sept. à juin – **Repas** (nombre de couverts limité, prévenir) 130/195, enf. 55.

VAG Gar. Star, quart. Lagoubran, chemin des Canniers ℰ 04 94 09 23 12

OLONNE-SUR-MER 85340 Vendée **67** ⑫ – 8 546 h alt. 40.

Paris 447 – La Roche-sur-Yon 34 – Les Sables-d'Olonne 5 – St-Gilles-Croix-de-Vie 27.

au Nord-Ouest sur D 80 : 7 km – ⊠ 85340 Olonne-sur-Mer :

X **Aub. de la Forêt,** ℰ 02 51 90 52 29, Fax 02 51 20 11 89, 🍴 – 🅿. 🅐🅔 ① 🅖🅑 fermé mi-janv. à mi-fév., lundi et mardi de sept. à juin – **Repas** 120/295, enf. 50.

RENAULT Central Gar., 6 rte de Nantes ℰ 02 51 21 01 07 🅝 ℰ 06 07 56 57 12

OLORON-STE-MARIE ⬙ 64400 Pyr.-Atl. **85** ⑤ ⑥ G. Pyrénées Aquitaine – 11 067 h alt. 224.

Voir Portail★★ de l'église Ste-Marie **A**.

🛈 Office de Tourisme pl. Résistance ℰ 05 59 39 98 00, Fax 05 59 39 43 97.

Paris 819 ⑤ – Pau 35 ② – Bayonne 95 ⑤ – Dax 80 ⑤ – Lourdes 58 ② – Mont-de-Marsan 98 ①.

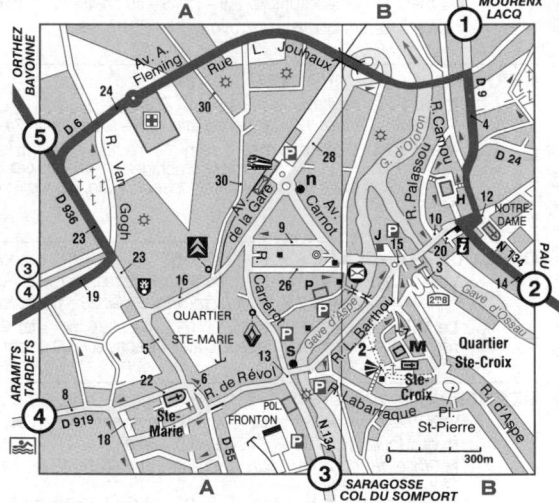

OLORON-STE-MARIE

Barthou (R. Louis) . . . . **B**
Camou (R.) . . . . **B**
Gambetta (Pl.) . . . . **B** 12
Résistance (Pl. de la) . . . . **B** 20

Bellevue
  (Promenade) . . . . **B** 2
Biscondau . . . . **B** 3
Bordelongue (R. A.) . . . . . **B** 4
Casamayor-Dufaur (R.) . . **A** 5
Cathédrale (R.) . . . . **A** 6
Dalmais (R.) . . . . **B** 7
Derème
  (Av. Tristan) . . . . **A** 8
Despourins (R.) . . . . **A** 9
Gabe (Pl. Amédée) . . . . . **B** 10
Jaca (Pl. de) . . . . **A** 13
Jeliotte (R.) . . . . **B** 14
Mendiondou (Pl.) . . . . . . **B** 15
Moureu
  (Av. Charles et Henri) . . **A** 16
Oustalots (Pl. des) . . . . . **A** 18
Pyrénées (Bd. des) . . . . . **A** 19
St-Grat (Rue) . . . . **A** 22
Tassigny
  (Av. de Lattre de) . . . . **A** 23
Toulet (R. Paul-Jean) . . . . **A** 24
Vigny (Av. Alfred de) . . . . **A** 26
4-Septembre (Av. du) . . . . **A** 28
14-Juillet (Av. du) . . . . . . **A** 30

🏛️ **Alysson** 🅜, bd Pyrénées ℰ 05 59 39 70 70, Fax 05 59 39 24 47, ≤, 🍴, 🎱 – 🔰 ✑ 🗐 rest 📺 ☎ 🦻 ᵶ 🅿 – 🔬 35. 🅐🅔 🅖🅑

Repas (fermé 24 nov. au 15 déc., dim. soir et sam. hors sais.) 85 (déj.), 105/220, enf. 60 – ☲ 55 – **34 ch** 320/440 – ½ P 330/380.

🏠 **Brun,** pl. Jaca ℰ 05 59 39 64 90, Fax 05 59 39 12 28 – 🔰 📺 ☎ 🦻. 🅐🅔 ① 🅖🅑   A s ☟ **Repas** snack (fermé vend. soir et sam.) 60/120 🅙 – ☲ 25 – **20 ch** 230/260 – ½ P 210.

🏠 **Paix** sans rest, 24 av. Sadi-Carnot ℰ 05 59 39 02 63, Fax 05 59 39 98 20 – 📺 ☎ 🅿. ✑   A n fermé 20 oct. au 1er nov. – ☲ 28 – **24 ch** 150/250.

ALFA ROMEO, FIAT Gar. Guiraud, av. Ch.-Moureu ☎ 05 59 39 02 43
CITROEN Atomic Gar., 5 av. 14-Juillet ☎ 05 59 39 53 00
PEUGEOT Gar. Tristan, av. de Lattre-de-Tassigny ☎ 05 59 39 10 73 N ☎ 05 59 38 82 44
RENAULT Gar. Haurat, 41 r. Carrérot ☎ 05 59 39 01 93 N ☎ 05 59 38 81 25
RENAULT Gar. Biscay, à Ledeuix par ① ☎ 05 59 39 12 08
VAG Gar. Loustaunau, 71 av. d'Espagne à Bidos ☎ 05 59 39 26 55

Barbosa Pneus, 9 av. du 14 Juillet ☎ 05 59 39 65 00
Dours Pneus, av. Flemming ☎ 05 59 36 11 21

OMAHA BEACH *14 Calvados 54 ④ ⑭ – voir à Vierville-sur-Mer.*

OMONVILLE-LA-PETITE *50440 Manche 54 ① – 137 h alt. 33.*
Paris 381 – Cherbourg 26 – Barneville-Carteret 45 – Nez de Jobourg 7 – St-Lô 103.

La Fossardière sans rest, au hameau de la Fosse ☎ 02 33 52 19 83 – ☎ P. GB
15 mars-15 nov. – ☕ 38 – **10 ch** 250/360.

ONZAIN *41150 L.-et-Ch. 64 ⑯ – 3 080 h alt. 69.*
Paris 198 – Tours 47 – Amboise 22 – Blois 17 – Château-Renault 23 – Montrichard 22.

Domaine des Hauts de Loire M, Nord-Ouest : 3 km par D 1 et voie privée ☎ 02 54 20 72 57, Fax 02 54 20 77 32, « Élégant relais de chasse dans un grand parc », – TV ☎ P – 70. AE GB.
fermé 1er déc. au 5 fév. – **Repas** *(fermé mardi midi et lundi en fév. et mars)* 290/375 et carte 360 à 560 – ☕ 85 – **25 ch** 650/1400, 10 appart – ½ P 900/1200
Spéc. Salade d'anguille croustillante à la vinaigrette d'échalotes. Filet de boeuf poché au vin de Montlouis. Pigeonneau du Vendômois au jus de presse. **Vins** Sauvignon, Touraine-Mesland.

Château des Tertres sans rest, Ouest : 1,5 km par D 58 ☎ 02 54 20 83 88, Fax 02 54 20 89 21, « Gentilhommière dans un parc » – ☎ P. AE GB.
20 mars-11 nov. – ☕ 42 – **14 ch** 390/500.

Host. Les Couronnes, au golf de la Carte, Sud-Est : 4,5 km sur N 152 ☎ 02 54 20 49 00, Fax 02 54 20 43 78, – TV ☎ P – 30. AE GB. rest
15 mars-15 déc. – **Repas** 75/155 – ☕ 45 – **10 ch** 450/650, 10 duplex – ½ P 435/500.

PEUGEOT Gar. Guyader, ☎ 02 54 20 70 37

OPIO *06650 Alpes-Mar. 81 ⑳, 115 ㉔ – 1 792 h alt. 300.*
Syndicat d'Initiative, Mairie ☎ 04 93 77 23 18.
Paris 914 – Cannes 17 – Digne-les-Bains 126 – Draguignan 74 – Grasse 8 – Nice 30.

Mas des Géraniums, à San Peyre Est : 1 km sur D 7 ☎ 04 93 77 23 23, Fax 04 93 77 76 05, « Terrasse ombragée », – P. GB
fermé 23 oct. au 1er déc., mardi soir de sept. à juin, jeudi midi en juil.-août et merc. – **Repas** 145/230, enf. 65.

ORADOUR-SUR-GLANE *87520 H.-Vienne 72 ⑥ ⑦ G. Berry Limousin – 1 998 h alt. 275.*
Voir *"Village martyr" dont la population a été massacrée en juin 1944.*
Paris 401 – Limoges 23 – Angoulême 88 – Bellac 26 – Confolens 35 – Nontron 70.

Le Milord, ☎ 05 55 03 10 35, Fax 05 55 03 21 76, – AE GB
fermé fév. et merc. soir de sept. à avril – **Repas** 60/200, enf. 35.

ORANGE *84100 Vaucluse 81 ⑪ ⑫ G. Provence – 26 964 h alt. 97.*
Voir *Théâtre antique*★★★ **BZ** – *Arc de Triomphe*★★ **AY** – *Colline St-Eutrope* ★ **BZ.**
du Moulin ☎ 04 90 34 34 04, par ② : 4 km.
Office de Tourisme, Cours A.-Briand ☎ 04 90 34 70 88, Fax 04 90 34 99 62 et pl. Frères Mounet (avril-sept.).
Paris 657 ⑤ – Avignon 32 ⑤ – Alès 84 ⑤ – Carpentras 24 ③ – Montélimar 56 ⑤ – Nîmes 58 ⑤.

Plan page ci-contre

Mercure, rte Caderousse par ⑤ ☎ 04 90 34 24 10, Fax 04 90 34 85 48, – TV ☎ P – 30 à 150. AE GB JCB
Repas 118/160, enf. 55 – ☕ 52 – **99 ch** 420/590.

Arène sans rest, pl. Langes ☎ 04 90 11 40 40, Fax 04 90 11 40 45 – TV ☎. AE GB — AY a
fermé 8 nov. au 1er déc. – ☕ 44 – **30 ch** 340/500.

ORANGE

République (R. de la) ...... **BY** 9
St-Martin (R.) .... **AY** 13

Arc-de-Triomphe
  (Av. de l') .... **AY**
Artaud (Av. A.) .... **ABY**
Blanc (R. A.) .... **BZ**
Briand (Crs A.) .... **AYZ**
Caristie (R.) .... **BY** 2
Châteauneuf (R. de) ..... **BZ** 3
Clemenceau (Pl. G.) ..... **BY** 4
Concorde (R. de la) ...... **BY**
Contrescarpe
  (R. de la) .... **BY**
Daladier (Av. E.) .... **ABY**
Fabre (Av. H.) .... **BY**
Frères-Mounet
  (Pl. des) .... **BY** 5
Guillaume-le
  Taciturne (Av.) .... **BY**
Lacour (R.) .... **AY**
Leclerc (Av. Gén.) .... **BZ**
Levade (R. de la) .... **BY**
Mistral (Av. F.) .... **BY** 6
Noble (R. du) .... **ABY**
Pourtoules (Cours) .... **BZ**
Pourtoules (R.) .... **BZ** 7
Princes d'Orange-
  Nassau (Mtée des) ..... **AZ**
République (Pl. de la) .... **BY** 8
Roch (R. Madeleine) ..... **BZ** 10
St-Clement (Rue) .... **AZ**
St-Florent (R.) .... **BY** 12
St-Jean (Rue) .... **AY**
Tanneurs (R. des) .... **AY** 16
Thermes (Av. des) .... **AZ**
Tourre (R. de) .... **AZ** 20
Victor-Hugo (Rue) .... **AY**

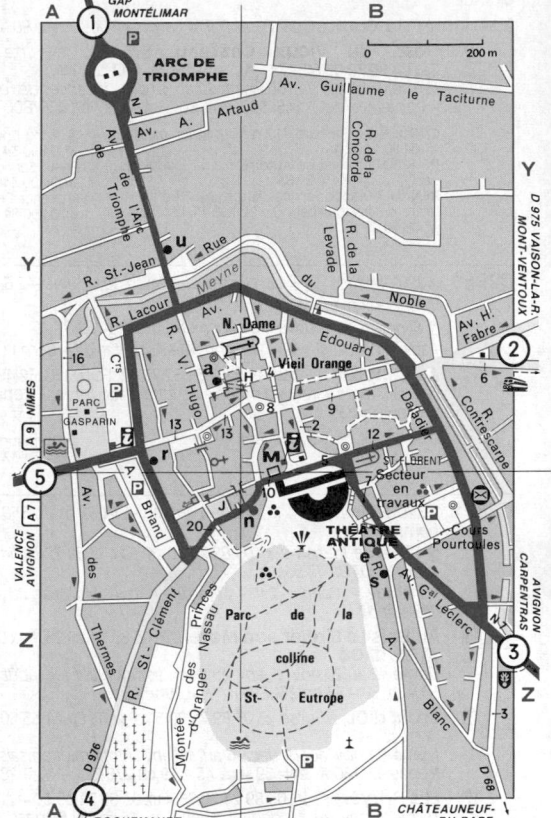

Promeneurs,
campeurs,
fumeurs,
Soyez prudents!
Le feu
est le plus terrible ennemi
de la forêt.

🏨 **Glacier** sans rest, 46 cours A. Briand ℘ 04 90 34 02 01, Fax 04 90 51 13 80 – 🛗 📺 ☎. AE
GB JCB   AY r
fermé 22 déc. au 1ᵉʳ fév. et dim. de nov. à Pâques – ☞ 35 – **28 ch** 260/300.

🏨 **Ibis**, rte Caderousse par ⑤ ℘ 04 90 34 35 35, Fax 04 90 34 96 47, 斎, ♨ – ↳ ≡ ch 📺 ☎
⅋ 🄿 – 🔏 30. AE ⓪ GB
Repas 95, enf. 39 – ☞ 36 – **72 ch** 290/320.

🏨 **St-Jean** sans rest, 7 cours Pourtoules ℘ 04 90 51 15 16, Fax 04 90 11 05 45 – 📺 ☎ 🄿.
GB   BZ s
10 fév.-10 nov. – ☞ 30 – **22 ch** 260/300.

🏨 **Campanile**, rte Caderousse par ⑤ ℘ 04 90 51 68 68, Fax 04 90 34 04 67, 斎 – ↳
≡ rest 📺 ☎ ⅋ & 🄿. AE ⓪ GB
Repas 84 bc/107 bc, enf. 39 – ☞ 32 – **39 ch** 278.

XX **Le Parvis**, 3 cours Pourtoules ℘ 04 90 34 82 00, 斎 – ≡. AE ⓪ GB   BZ e
fermé 9 nov. au 2 déc., 26 janv. au 3 fév., dim. soir et lundi sauf du 1ᵉʳ juil. au 15 août –
Repas 98/225.

X **Le Yaca**, 24 pl. Silvain ℘ 04 90 34 70 03, 斎 – GB   BZ n
fermé nov, mardi soir d'oct. à juin et merc. – **Repas** 65/125 ⅊, enf. 45.

par ① N 7 et rte secondaire : 4 km – ✉ 84100 Orange :

🏨 **Mas des Aigras** ⑤ sans rest, ℘ 04 90 34 81 01, Fax 04 90 34 05 66, « Joli mas provençal », ♨, 斎, ⅋ – 📺 ☎ 🄿. GB
☞ 50 – **11 ch** 410/460.

863

à Sérignan-du-Comtat *par* ① *et D 976 : 8 km – 2 069 h. alt. 80 –* ✉ *84830 :*

×× **Host. du Vieux Château** ⚐ avec ch, rte Ste-Cécile *ℰ* 04 90 70 05 58,
🍴 Fax 04 90 70 05 62, 🌳, 🏊, ☞ – 📺 ☎ & 🅿. 🆎 🅶🅱
fermé vacances de Toussaint, 22 au 30 déc., vacances de fév., dim. soir et lundi d'oct. à avril
– Repas 100 (déj.), 145/350, enf. 60 – ☲ 40 – **7 ch** 400/800 – ½ P 330/530.

CITROEN Gar. Bernard, N 7 rte d'Avignon par ③   🛞 Ayme-Pneus, rte de Caderousse
ℰ 04 90 11 48 48   *ℰ* 04 90 34 24 65
PEUGEOT Orangeoise-Autom., rte de Jonquières   Pneus Service, 280 av. de Lattre-de-Tassigny
par ③ *ℰ* 04 90 34 61 83   *ℰ* 04 90 34 14 66
RENAULT Orange Services Autom., 956 bd de   Provence Pneus, ZI Coudoulet, r. des Pays-Bas
Lattre-de-Tassigny par ① *ℰ* 04 90 11 15 15 🅽   *ℰ* 04 90 51 02 20 🅽 *ℰ* 04 90 51 84 01
ℰ 08 00 05 15 15

ORBEC *14290 Calvados* 🄻🄻 ⑭ *G. Normandie Vallée de la Seine – 2 642 h alt. 110.*
Voir *Vieux manoir★*.
🛈 *Syndicat d'Initiative r. Guillonnière,* *ℰ* 02 31 32 87 15.
Paris 172 – L'Aigle 39 – Alençon 80 – Argentan 52 – Bernay 17 – Caen 76 – Lisieux 22.

×× **Au Caneton,** r. Grande *ℰ* 02 31 32 73 32, Fax 02 31 62 48 91 – 🆎 🅶🅱 🅹🅲🅱
fermé 2 au 16 janv., dim. soir et lundi sauf fêtes – **Repas** (nombre de couverts limité,
prévenir) 98/350.

CITROEN Gar. Decaux, à la Vespière   🛞 Normandie Pneu Maintenance, à la Vespière
ℰ 02 31 32 80 49   *ℰ* 02 31 32 28 20

ORBEY *68370 H.-Rhin* 🄲🄲 ⑱ *G. Alsace Lorraine – 3 282 h alt. 550 – Sports d'hiver Voir "Le Bon-homme".*
🛈 *Office de Tourisme* *ℰ* 03 89 71 30 11, Fax 03 89 71 34 11 et wagon d'accueil (mi-juin/mi-sept.) *ℰ* 03 89 47 53 11.
Paris 462 – Colmar 21 – Gérardmer 41 – Munster 20 – Ribeauvillé 22 – St-Dié 41 – Sélestat 37.

🏨 **Au Bois Le Sire et son Motel,** *ℰ* 03 89 71 25 25, Fax 03 89 71 30 75, 🏊, – 📺 ☎ & 🅿. –
🍴 🔼 30. 🆎 🅶🅱
fermé 12 au 20 nov., 5 janv. au 5 fév. et lundi sauf juil.-août – Repas 53 (déj.), 85/305 ⚱, enf.
50 – ☲ 50 – **35 ch** 260/380 – ½ P 290/335.

🏨 **Croix d'Or,** r. Église *ℰ* 03 89 71 20 51, Fax 03 89 71 35 60, 🌳 – ▬ rest 📺 ☎. 🆎 🅾 🅶🅱.
🍴 ✕ rest
fermé 24 nov. au 19 déc., 6 au 31 janv., lundi midi en sais. et merc. sauf le soir en sais. –
Repas 90/160 ⚱, enf. 59 – ☲ 45 – **19 ch** 270/300 – ½ P 285/320.

🏨 **Les Bruyères,** *ℰ* 03 89 71 20 36, Fax 03 89 71 35 30 – 📶 ☎ 🅿. 🆎 🅾 🅶🅱
🍴 *fermé 3 nov. au 19 déc. et 3 janv. au 14 fév. –* **Repas** 75/155, enf. 48 – ☲ 38 – **29 ch**
260/300 – ½ P 245/280.

🏨 **Saut de la Truite** ⚐, à Remomont Nord-Ouest : 1 km par rte secondaire ✉ 68370
🍴 Orbey *ℰ* 03 89 71 20 04, Fax 03 89 71 31 52, ≤, 🌳, ☞ – ☎ 🅿. – 🔼 30. 🅶🅱
fermé 1er au 20 déc., 4 janv. au 1er fév. et merc. d'oct. à juin – **Repas** 75/210 ⚱, enf. 50 –
☲ 42 – **22 ch** 205/310 – ½ P 250/310.

à Basses-Huttes *Sud : 4 km par D 48 –* ✉ *68370 Orbey :*

🏨 **Wetterer** ⚐, *ℰ* 03 89 71 20 28, Fax 03 89 71 36 50 – ☎ 🅿. 🅶🅱. ✕
🍴 *fermé 4 nov. au 15 déc. et merc. sauf le soir en juil.-août –* **Repas** 75 (déj.), 85/190 ⚱, enf. 45
– ☲ 38 – **16 ch** 200/270 – ½ P 245/250.

à Pairis *Sud-Ouest : 3 km sur D 48 II –* ✉ *68370 Orbey.*
Voir *Lac Noir★ : ≤★ 30 mn O : 5 km.*

🏨 **Au Bon Repos** ⚐, *ℰ* 03 89 71 21 92, Fax 03 89 71 24 51, ☞ – ☎ 🅿. 🆎 🅶🅱
🍴 *fermé 12 nov. au 20 déc. et merc. sauf le soir en juil.-août –* **Repas** 80/160 ⚱, enf. 48 –
☲ 32 – **18 ch** 155/230 – ½ P 235/245.

CITROEN Gar. Eberlé, *ℰ* 03 89 71 20 35 🅽 *ℰ* 03 89 71 23 45

ORCHAMPS-VENNES *25390 Doubs* 🄶🄶 ⑰ *G. Jura – 1 497 h alt. 795.*
Voir *Grandfontaine-Fournets : tuyé★ de la ferme du Montagnon E : 4 km.*
Env. *La Roche du Prêtre ≤★★★ sur le Cirque de Consolation★★ NE : 13 km.*
Paris 453 – Besançon 48 – Baume-les-Dames 41 – Montbéliard 70 – Morteau 18 – Pontarlier 37.

CITROEN Gar. Cartier, *ℰ* 03 81 43 60 52 🅽   RENAULT Gar. Gaiffe, *ℰ* 03 81 43 52 36
ℰ 03 81 43 57 72

ORCHIES 59310 Nord **51** ⑯, **111** ㉝ – 6 945 h alt. 40.

Paris 217 – Lille 29 – Denain 28 – Douai 20 – St-Amand-les-Eaux 19 – Tournai 18 – Valenciennes 30.

Le Manoir Ⓜ, Ouest par rte Seclin ℘ 03 20 64 68 68, Fax 03 20 64 68 69 – 📶 ⇔ 📺 ☎ ♿
Ⓟ – 🏛 30. ㏅ ⓞ ㎨
Repas (fermé dim. soir et soirs fériés) 75/300 🍷, enf. 55 – ☲ 55 – **34 ch** 300/380 –
½ P 290/350.

La Chaumière, Sud : 3 km D 957, rte Marchiennes ℘ 03 20 71 86 38, Fax 03 20 61 65 91,
🍴, 🐎 – Ⓟ. ㏅ ⓞ ㎨
fermé fév., dim. soir et lundi – **Repas** 80/320 bc.

ORCIÈRES 05170 H.-Alpes **77** ⑰ G. Alpes du Sud – 841 h alt. 1446 – Sports d'hiver à Orcières-Merlette : 1 850/2 650 m ⟜ 2 ⚡ 26 🎿.

Env. Vallée du Drac Blanc★★ NO : 14 km.

🅱 Office de Tourisme ℘ 04 92 55 89 89, Fax 04 92 55 62 47.

Paris 682 – Briançon 112 – Gap 33 – Grenoble 116 – La Mure 76 – St-Bonnet-en-Champsaur 27.

Poste, ℘ 04 92 55 70 04, Fax 04 92 55 73 38, 🐎 – ☎. ㏅ ㎨
fermé 15 oct. au 15 déc. – **Repas** 68/150 🍷, enf. 40 – ☲ 32 – **21 ch** 260/295 – ½ P 230/240.

à Merlette Nord : 5 km par D 76 – ⊠ 05170 Orcières :

Les Gardettes ⌂, ℘ 04 92 55 71 11, Fax 04 92 55 77 26, ⩽ – 📺 ☎ ⇔ Ⓟ. ㏅ ㎨
1er juil.-15 sept. et 15 déc.-30 avril – **Repas** 80/95 🍷 – ☲ 38 – **15 ch** 270/350 – ½ P 300/345.

ORCIVAL 63210 P.-de-D. **73** ⑬ G. Auvergne – 283 h alt. 840.

Voir Basilique Notre-Dame★★.

🅱 Syndicat d'Initiative ℘ 04 73 65 92 25.

Paris 447 – Clermont-Ferrand 27 – Aubusson 87 – Le Mont-Dore 18 – Rochefort-Montagne 6 – Ussel 58.

Roche sans rest, ℘ 04 73 65 82 31 – ☎. ㎨. ❀
fermé 15 nov. au 20 déc. et vend. hors sais. – ☲ 30 – **9 ch** 160/250.

Les Bourelles ⌂ sans rest, ℘ 04 73 65 82 28, ⩽, 🐎 – Ⓟ. ❀
Pâques-1er oct. et vacances de fév. – ☲ 26 – **7 ch** 130/170.

RENAULT Gar. Bony, N 89 Massagettes à St-Pierre-Roche ℘ 04 73 65 99 00 🅽 ℘ 04 73 65 88 64

ORDINO **86** ⑭ – voir à Andorre (Principauté d').

ORGNAC-L'AVEN 07150 Ardèche **80** ⑨ – 327 h alt. 190.

Voir Aven d'Orgnac★★★ NO : 2 km, G. Vallée du Rhône.

Paris 657 – Alès 44 – Aubenas 52 – Pont-St-Esprit 23.

Stalagmites, ℘ 04 75 38 60 67, Fax 04 75 38 66 02, 🍴 – ☎ Ⓟ
avril-oct. – **Repas** 70/130, enf. 45 – ☲ 26 – **24 ch** 140/250 – ½ P 178/215.

ORINCLES 65 H.-Pyr. **85** ⑧ – rattaché à Lourdes.

ORLÉANS Ⓟ 45000 Loiret **64** ⑨ G. Châteaux de la Loire – 105 111 h Agglo. 243 153 h alt. 100.

Voir Cathédrale Ste-Croix★ EY : boiseries★★ – Maison de Jeanne d'Arc★ DZ E – Quai Fort-des-Tourelles ⩽★ EZ 60 – Musée des Beaux-Arts★★ EY M¹ – Musée Historique★ EZ M² – Muséum d'histoire naturelle★ EY M³.

Env. Olivet : parc floral de la Source★★ SE : 8 km CZ.

🏌 d'Orléans Val de Loire ℘ 02 38 59 25 15, E : 17km par N 460 CY ; 🏌 Parc de Limere, S : 9 km par D 326 BZ ; 🏌 de Marcilly, ℘ 02 38 76 11 73, SE par D 14 et D 108 : 18 km.

🅱 Office de Tourisme et Accueil de France pl Albert-1er ℘ 02 38 53 05 95, Fax 02 38 54 49 84 – Automobile Club du Loiret, r. A.-Brillat-Savarin, Expo-Sud ℘ 02 38 66 50 50, Fax 02 38 66 30 31.

Paris 131 ⑪ – Caen 272 ⑪ – Clermont-Ferrand 298 ⑥ – Dijon 299 ③ – Limoges 271 ⑥ – Le Mans 142 ⑩ – Reims 267 ③ – Rouen 208 ⑪ – Tours 116 ⑨.

Plans pages suivantes

Mercure Ⓜ, 44 quai Barentin ℘ 02 38 62 17 39, Fax 02 38 53 95 34, ⩽, 🍴, 🏊 – 📶 ⇔ ▤
📺 ♿ Ⓟ – 🏛 100. ㏅ ⓞ ㎨ ㎉   DZ t
Le Gourmandin : Repas 140, enf. 50 – ☲ 55 – **105 ch** 495.

Terminus sans rest, 40 r. République ℘ 02 38 53 24 64, Fax 02 38 53 24 18 – 📶 📺 ☎ ✆ –
🏛 25. ㏅ ⓞ ㎨   EY z
fermé 23 déc. au 4 janv. – ☲ 40 – **47 ch** 325/370.

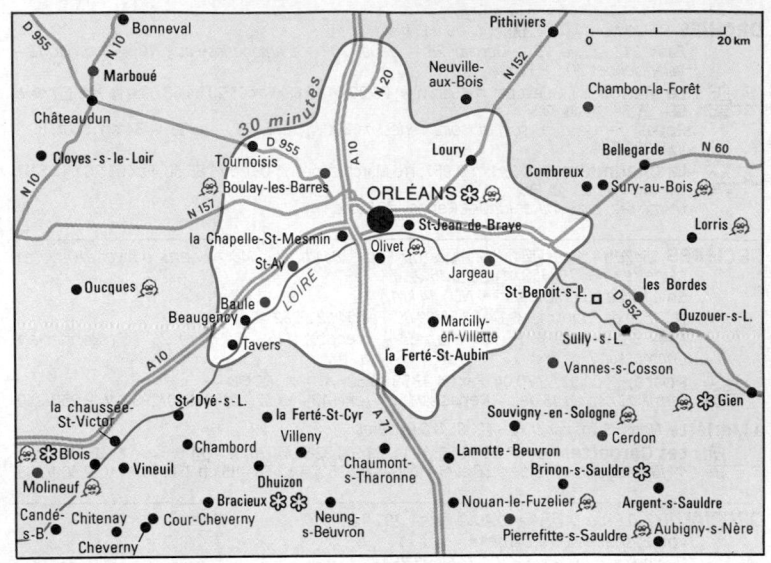

🏨🏨 **d'Arc** sans rest, 37 r. République ℰ 02 38 53 10 94, Fax 02 38 81 77 47 – 🛗 📺 ☎. 🆎 ⓞ
 🔾 GB EY g
🖃 50 – **35 ch** 360/450.

🏨🏨 **Sanotel** sans rest, 16 quai St-Laurent ℰ 02 38 54 47 65, Fax 02 38 62 05 91 – 🛗 🗐 📺 ☎ 🅿
 – 🛦 100. 🆎 ⓞ GB DZ q
🖃 40 – **50 ch** 296/370.

🏨 **des Cèdres** sans rest, 17 r. Mar. Foch ℰ 02 38 62 22 92, Fax 02 38 81 76 46, 🌿 – 🛗 ↤
 📺 ☎. 🆎 ⓞ GB DY b
🖃 37 – **35 ch** 290/380.

🏨 **d'Orléans** sans rest, 6 r. A. Crespin ℰ 02 38 53 35 34, Fax 02 38 53 68 20 – 🛗 📺 ☎ 🚗.
 🆎 ⓞ GB EY t
🖃 38 – **18 ch** 260/380.

☝ **St-Martin** sans rest, 52 bd A. Martin ℰ 02 38 62 47 47, Fax 02 38 81 13 28 – 📺 ☎. GB.
 🛠 EY r
fermé 24 déc. au 2 janv. – 🖃 26 – **22 ch** 130/300.

XXX **Les Antiquaires** (Pipet), 2 r. au Lin ℰ 02 38 53 52 35, Fax 02 38 62 06 95 – 🗐. 🆎 ⓞ GB
🕸 *fermé 13 au 21 avril, 3 au 26 août, 24 déc. au 2 janv., dim. et lundi* – **Repas** 120 (déj.),
 200/300 et carte 230 à 370 EZ d
 Spéc. Persillé de ris de veau et homard. Gibier de Sologne (saison). Soufflé chaud à la
 liqueur ou aux citrons verts. **Vins** Reuilly, Cheverny.

XXX **La Poutrière** (Le Bras), 8 r. Brèche ✉ 45100 ℰ 02 38 66 51 71, Fax 02 38 51 19 38, 🌱,
🕸 🌿 – 🗐. 🆎 ⓞ GB EZ s
 fermé 1er au 12 sept., 24 déc. au 10 janv., dim. soir et lundi – **Repas** (nombre de couverts
 limité, prévenir) 175/300 et carte 280 à 370
 Spéc. Terrines de gibier (oct. à janv.). Homard rôti à la coque flambé au whisky sauce crème.
 Croquant de pommes tièdes caramélisées, sorbet abricot. **Vins** Sancerre.

XX **Le Florian**, 70 bd A. Martin ℰ 02 38 53 08 15, Fax 02 38 53 08 49, 🌱, 🌿 – 🆎 ⓞ GB
 fermé 3 au 25 août et dim. – **Repas** 120/180. EY p

XX **Eugène**, 24 r. Ste-Anne ℰ 02 38 53 82 64, Fax 02 38 54 31 89 – 🆎 GB EY u
 fermé 26 juil. au 20 août, sam. midi, lundi midi et dim. – **Repas** (nombre de couverts limité,
 prévenir) 125/180.

XX **L'Archange**, 66 r. fg Madeleine ℰ 02 38 88 64 20, Fax 02 38 43 08 81, 🌱 – ⓞ GB
 *fermé 3 au 28 août, vacances de fév., mardi soir sauf juil.-août, dim. sauf le midi de sept. à
 juin et lundi* – **Repas** 90/194, enf. 60. BY z

XX **L'Ambroisie**, 222 r. Bourgogne ℰ 02 38 68 13 33 – 🗐. 🆎 GB EZ t
 fermé dim. – **Repas** 98/180.

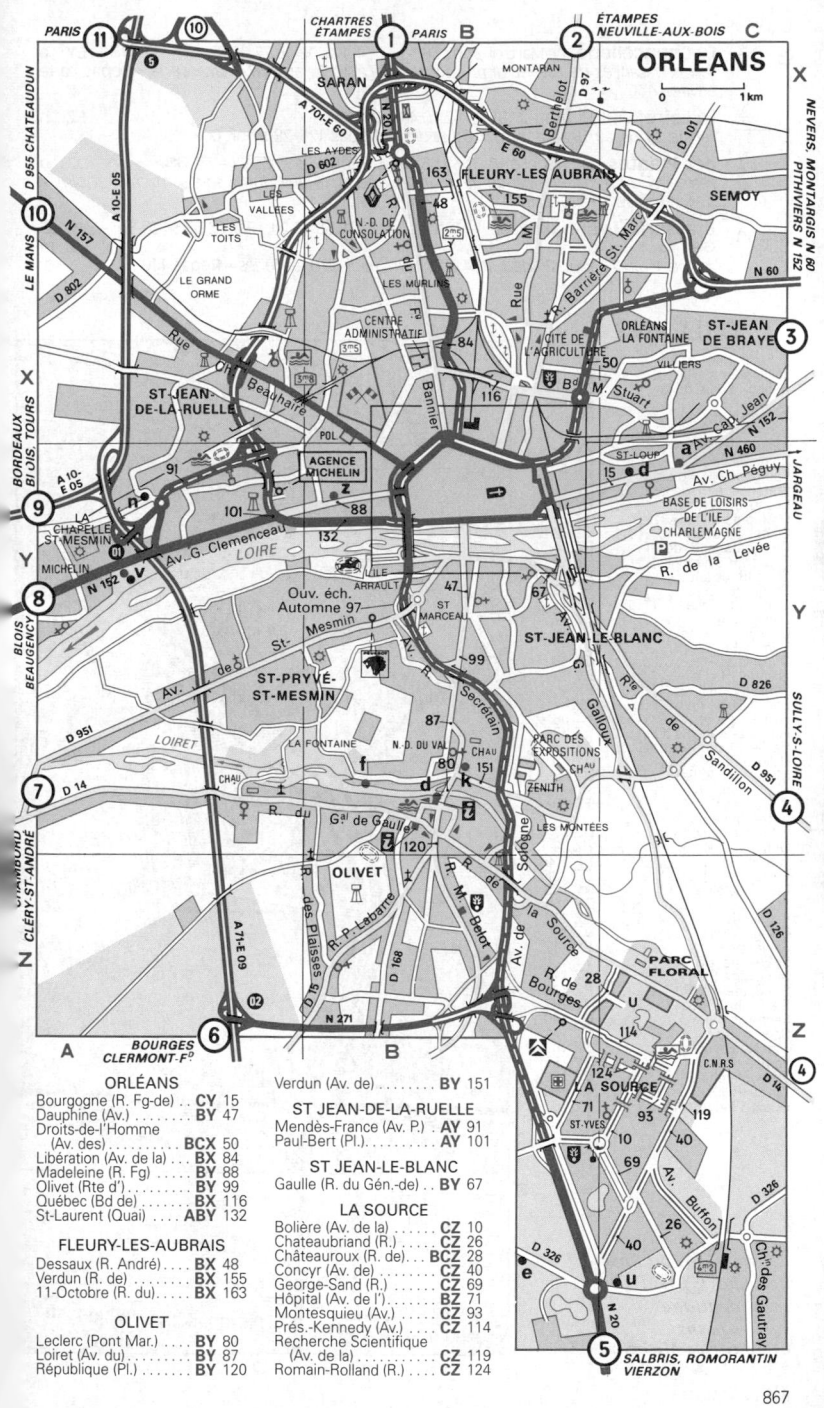

ORLÉANS

XX **La Chancellerie,** pl. Martroi ✆ 02 38 53 57 54, Fax 02 38 77 09 92, ⛱ – AE GB — EY a
fermé vacances de fév. et dim. – **Repas** 127/148 ♖, enf. 47 - ***Brasserie :*** Repas carte environ 130 ♖.

X **La Loire,** 6 r. J. Hupeau ✆ 02 38 62 76 48 – AE GB — EZ h
fermé 28 juil. au 18 août, sam. midi et dim. – **Repas** 125/280, enf. 60.

X ☺ **des Plantes,** 44 r. Tudelle ✆ 02 38 56 65 55, Fax 02 38 51 33 27 – AE GB — DZ n
fermé 1er au 9 mai, 24 juil. au 23 août, 24 déc. au 2 janv., lundi soir, sam. midi et dim. – Repas (prévenir) 100/228.

X **Brasserie Lyonnaise,** 82 r. Turcies ✆ 02 38 53 15 24, Fax 02 38 54 67 54 – ▤. AE GB — DZ m
fermé 1er au 25 août, 28 déc. au 4 janv., sam. midi, dim. et fériés – **Repas** 110.

ORLÉANS

Bannier (R.)	DY	
Jeanne-d'Arc (R.)	EY	
République (R. de la)	EY	
Royale (R.)	EZ	125
Tabour (R. du)	EZ	145
Antigna (R.)	DY	4
Bothereau (R. R.)	FY	14
Bourgogne (R. Fg-de)	FZ	15
Bretonnerie (R. de la)	DEY	17
Briand (Bd A.)	FY	19
Champ-de-Mars (Av.)	DZ	25
Châtelet (Square du)	EZ	32
Charpenterie (R. de la)	EZ	34
Chollet (R. Théophile)	EY	36
Claye (R. de la)	FY	38
Coligny (R.)	FZ	39
Croix-de-la-Pucelle (R.)	EZ	43
Dauphine (Av.)	EZ	47
Dolet (R. Étienne)	EZ	49
Dunois (Pl.)	DY	52
Dupanloup (R.)	EY	53
Escures (R. d')	EY	55
Étape (Pl. de l')	EY	56
Ételon (R. de l')	FY	57
Folie (R. de la)	FZ	58
Fort-des-Tourelles (Q.)	EZ	60
Gaulle (Pl. du Gén.-de)	DZ	65
Hallebarde (R. de la)	DY	70
Madeleine (R. Fg)	DZ	88
Motte-Sanguin (Bd de la)	FZ	95
Notre-Dame-de-Recouvrance (R.)	DZ	97
Oriflamme (R. de l')	FZ	98
Parisie (R.)	EZ	100
Poirier (R. du)	EZ	106
Pte-Madeleine (R.)	DY	108
Pte-St-Jean (R.)	DY	109
Pothier (R.)	EZ	112
Prague (Quai)	DZ	113
Rabier (R. F.)	EY	117
St-Euverte (Bd)	FYZ	126
St-Euverte (R.)	FY	127
Ste-Catherine (R.)	EZ	138
Ste-Croix (Pl.)	EYZ	139
Secrétain (Av. R.)	DZ	140
Segellé (Bd P.)	FY	141
Tour Neuve (R. de la)	FZ	147
Verdun (Bd de)	DY	152
Vieux-Marché (Pl.)	DZ	159
Weiss (R. L.)	FY	160
6-Juin-1944 (Pl. du)	FY	162

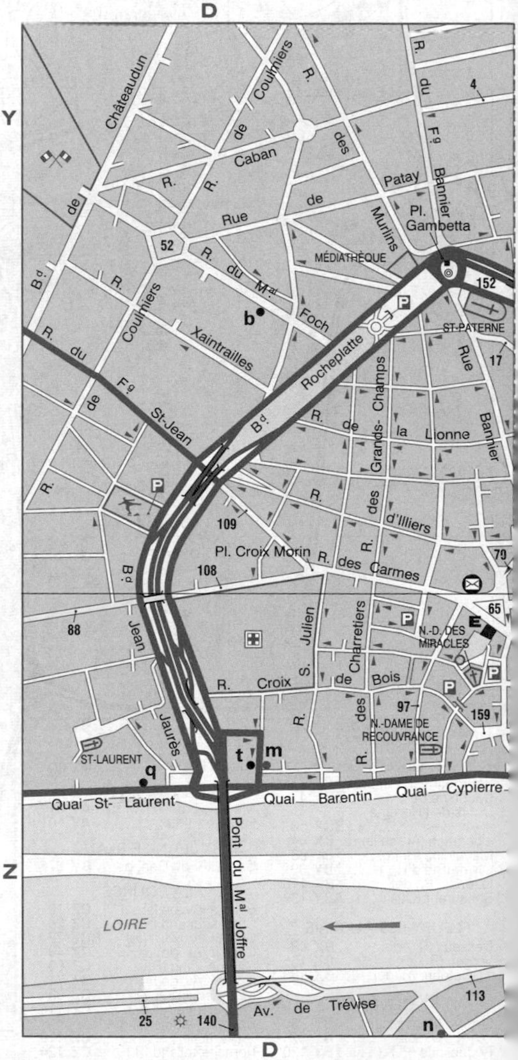

Les numéros de sorties des villes ①, ②... sont identiques sur les plans et les cartes Michelin.

à St-Jean-de-Braye *Est : 4 km* - **CXY** – *16 387 h. alt. 108* – ⊠ *45800 :*

🏠 **Novotel Orléans Charbonnière,** N 152 ☎ 02 38 84 65 65, Fax 02 38 84 66 61, 🏤, 🏊,
🌳 – 🛅 ⊁ 🗏 TV ☎ & 🅿 – 🔬 150. 🆎 ① 🆖
Repas 98, enf. 50 – ⊇ 52 – **107 ch** 425/515.

🏨 **Promotel** M sans rest, 117 fg Bourgogne ☎ 02 38 53 64 09, Fax 02 38 62 70 62, « Jardin
ombragé, 🏊 » – 🛅 ⊁ TV ☎ 📞 & 🅿, 🆖. ⊁ – ⊇ 40 – **83 ch** 260/350.   CY d

XX **La Grange,** 205 fg Bourgogne ☎ 02 38 86 43 36, Fax 02 38 61 52 15 – 🆖   CY a
fermé août, dim. (sauf fêtes le midi) et lundi – **Repas** 100/145.

à La Source *Sud-Est : 11 km carrefour N 20-D 326 –* ⊠ *45100 Orléans :*

🏠 **Novotel Orléans La Source** M, r. H. de Balzac ☎ 02 38 63 04 28, Fax 02 38 69 24 04,
🏤, 🏊, 🌳, ⅍ – ⊁ 🗏 TV ☎ & 🅿 – 🔬 200. 🆎 ① 🆖   CZ u
Repas carte environ 170, enf. 50 – ⊇ 52 – **119 ch** 410/470.

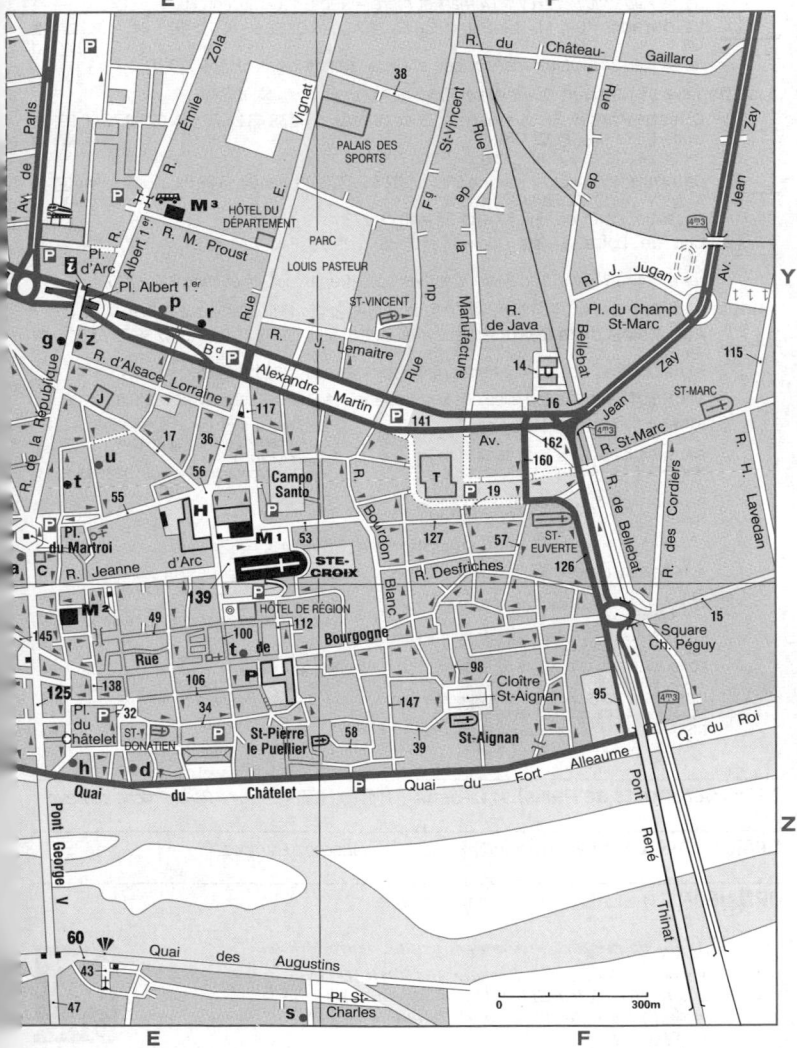

au parc de Limère *Sud-Est : 13 km par N 20 et D 326 –* ⊠ *45160 Ardon :*

Domaine des Portes de Sologne Ⓜ ⌇, 🅟 02 38 49 99 99, Fax 02 38 49 99 00, 🍃,
🐾, ♨ – 🛗 🖺 ☎ ➔ 🅿 – 🏌 300. 🕮 ➀ ⒼⒷ   CZ e
Repas 125/250, enf. 60 – ☐ 55 – **117 ch** 405/600 – ½ P 400.

à Olivet *Sud : 5 km par av. Loiret et bords du Loiret* G. *Châteaux de la Loire – 17 572 h. alt. 100 –*
⊠ *45160 .*

🛈 *Office de Tourisme 333 r. du Gén. de Gaulle* 🅟 *02 38 63 49 68.*

Le Rivage Ⓜ ⌇, 635 r. Reine Blanche 🅟 02 38 66 02 93, Fax 02 38 56 31 11, 🍃, « Terrasse au bord de l'eau », 🍃, ♨ – 🖺 ☎ 🅿. 🕮 ➀ ⒼⒷ   BY f
fermé 25 déc. au 20 janv. – **Repas** *(fermé dim. soir du 1er nov. à Pâques)* 160/300 – ☐ 55 –
17 ch 370/490 – ½ P 450/500.

La Laurendière, 68 av. Loiret 🅟 02 38 51 06 78, Fax 02 38 56 36 20 – ➀
ⒼⒷ   BY k
fermé 7 au 23 juil., 16 fév. au 4 mars et merc. – **Repas** 100/235, enf. 60.

L'Eldorado, 10 r. M. Belot 🅟 02 38 64 29 74, Fax 02 38 69 14 33, 🍃, 🍃 – 🅿. 🕮 ➀
                                                                                                                                              BY d
fermé 4 au 24 août, vacances de fév. et lundi – **Repas** *(déj. seul.)* 100/220.

à la Chapelle-St-Mesmin *Ouest : 4 km –* AY *– 8 207 h. alt. 101 –* ⊠ *45380 :*

Orléans Parc H. Ⓜ ⌇, sans rest, 55 rte Orléans 🅟 02 38 43 26 26, Fax 02 38 72 00 99, ≤,
parc – 🖺 ☎ ♨ 🅿. 🕮 ⒼⒷ   AY v
fermé 24 déc. au 2 janv. – ☐ 45 – **34 ch** 300/580.

Campanile, Z.A. Les Portes de Micy 🅟 02 38 72 23 23, Fax 02 38 88 21 81, 🍃 – �$ 🖺 ☎
♨ 🅿 – 🏌 30. 🕮 ➀ ⒼⒷ   AY n
Repas 84 bc/107 bc, enf. 39 – ☐ 32 – **48 ch** 278.

Ciel de Loire, 55 rte Orléans 🅟 02 38 72 29 51, Fax 02 38 72 29 67, 🍃, parc – 🅿.
ⒼⒷ   AY v
fermé 14 au 21 avril, 4 au 24 août et dim. soir – **Repas** 110/240 et carte 240 à 330.

à Boulay-les-Barres *par ⑩ : 12 km – 466 h. alt. 126 –* ⊠ *45140 St-Jean-de-la-Ruelle :*

Aub. Relais de la Beauce, Les Barres (D 955) 🅟 02 38 75 36 04, Fax 02 38 75 33 39 – 🕮
➀ ⒼⒷ
fermé août, dim. soir, lundi soir et mardi soir – **Repas** 95/280, enf. 65.

MICHELIN, Agence, 1 allée des Mistigris à St-Jean-de-la-Ruelle AY 🅟 02 38 88 02 20

BMW Gar. Dupont, 34 fg Madeleine
🅟 02 38 71 71 71
FIAT SNDA, rte de Paris 🅟 02 38 24 51 51
MERCEDES Gar. Jousselin, 12 r. Jousselin
🅟 02 38 53 61 04
PEUGEOT Agence Générale Autom., 22 av.
St-Mesmin 🅟 02 38 66 10 97 Ⓝ 🅟 02 38 78 21 60

Ⓦ Euromaster, 5 r. Rape 🅟 02 38 53 57 18
Orléans-Pneu, 42 quai St-Laurent
🅟 02 38 62 24 54
Vulco, ZI de Montaran à Saran 🅟 02 38 73 13 13

Périphérie et environs

ALFA ROMEO, LANCIA Prestige Autom., ZAC des
Aulnaies à Olivet 🅟 02 38 69 65 65
CITROEN France et Delaroche, N 20 à Saran par ①
🅟 02 38 52 29 29
CITROEN France et Delaroche, r. de Bourges à
Olivet 🅟 02 38 63 02 62
FORD ASFIR Sud, 764 r. du Rosier à Olivet
🅟 02 38 69 32 88
MITSUBISHI, PORSCHE Loire Auto, r. Bergeresse
ZAC Aulnaies à Olivet 🅟 02 38 69 33 69
NISSAN Auto Val de Loire, 26 r. A.-Dessaux à
Fleury-les-Aubrais 🅟 02 38 22 88 66

RENAULT Succursale, 539 fg Bannier à Saran
🅟 02 38 79 30 30 Ⓝ 🅟 02 38 79 30 30
VAG Gar. Pillon, 20 r. A.-Dessaux à Fleury-les-
Aubrais 🅟 02 38 22 87 22 Ⓝ 🅟 02 38 86 49 62

Ⓦ Euromaster, ZA r. d'Alsace à Olivet
🅟 02 38 63 41 64
Super Pneus, r. du Clos St-Gabriel à St-Jean-de-
la-Ruelle 🅟 02 38 72 54 00

ORLY (Aéroports de Paris) 94 *Val-de-Marne* 🗺 ①., 🗺 ㉖ *– voir à Paris, Proche banlieue.*

ORMOY-LA-RIVIÈRE 91 *Essonne* 🗺 ⑳., 🗺 ㊷ *– rattaché à Étampes.*

ORNAISONS 11 *Aude* 🗺 ⑬ *– rattaché à Narbonne.*

Avant de prendre la route, consultez votre Minitel

Votre meilleur itinéraire sur **3615 MICHELIN**
et sur **3617 MICHELIN** *(feuille de route par fax)*
et de très nombreux conseils hôteliers
et touristiques.

ORNANS 25290 Doubs **86** ⑯ *G. Jura* **(plan)** – 4 016 h alt. 355.

  Voir *Grand Pont* ≼⋆ – *Miroir de la Loue*⋆ – O : *Vallée de la Loue*⋆⋆ –
  Le Château ≼⋆ N : 2,5 km.

  🛈 *Office de Tourisme r. P.-Vernier (avril-sept.)* ℘ 03 81 62 21 50.

  Paris 426 – *Besançon 26* – *Baume-les-Dames 42* – *Morteau 53* – *Pontarlier 35* – *Salins-les-Bains 37*.

🏨 **France,** r. P. Vernier ℘ 03 81 62 24 44, Fax 03 81 62 12 03, 🚗 – 📺 ☎ 🅿 ⓞ 🇬🇧, ⅏ ch
🚗 *fermé 15 déc. au 15 fév., lundi (sauf hôtel) et dim. soir sauf vacances scolaires* – **Repas**
    110/300 – ⊇ 40 – **31 ch** 160/400 – ½ P 300/400.

rte de Bonnevaux-le-Prieuré *Nord-Ouest : 8 km par D 67 et D 280* – ⊠ 25620 Bonnevaux :

XXX **Moulin du Prieuré** ⌘ avec ch, ℘ 03 81 59 21 47, Fax 03 81 59 28 79, 🍽, 🚗 – 📺 ☎ 🕭
     🅿 🆎 ⓞ 🇬🇧
     10 mars-11 nov. – **Repas** 145 (déj.), 220/350 – ⊇ 30 – **8 ch** 350/380 – ½ P 440/570.

  PEUGEOT Pernot Automobiles Services,   RENAULT Gar. de la Vallée, ℘ 03 81 62 18 68 🅽
  ℘ 03 81 62 15 24 🅽 ℘ 03 81 57 40 40   ℘ 03 81 62 21 35

OROUET 85 Vendée **67** ⑫ – *rattaché à St-Jean-de-Monts.*

ORPIERRE 05700 H.-Alpes **81** ⑤ *G. Alpes du Sud* – 335 h alt. 682.

  Paris 693 – *Digne-les-Bains 71* – *Gap 56* – *Château-Arnoux 46* – *Serres 20* – *Sisteron 32*.

aux Bégües *Sud-Ouest : 4,5 km* – ⊠ 05700 Orpierre :

🏨 **Le Céans** ⌘, ℘ 04 92 66 24 22, Fax 04 92 66 28 29, ≼, 🛆, ⅏ – 📺 ☎ 🅿 🆎 🇬🇧, ⅏
🚗 *15 mars-30 oct.* – **Repas** 85/200 – ⊇ 35 – **22 ch** 230/280 – ½ P 235.

ORSAY 91 Essonne **60** ⑩, **101** ㉞ – *voir à Paris, Environs.*

ORTHEZ 64300 Pyr.-Atl. **78** ⑧ *G. Pyrénées Aquitaine* – 10 159 h alt. 55.

  Voir *Pont Vieux*⋆ AZ.

  🛆 de Salies-de-Béarn ℘ 05 59 38 37 59, par ④ : 17 km.

  🛈 *Office de Tourisme Maison Jeanne-d'Albret* ℘ 05 59 69 02 75, Fax 05 59 69 12 00.

  Paris 763 ⑤ – *Pau 48* ② – *Bayonne 74* ④ – *Dax 38* ⑤ – *Mont-de-Marsan 54* ①.

ORTHEZ

Briand (R. Aristide)	**BY** 8
Jacobins (R. des)	**BZ** 22
St-Gilles (R.)	**BZ**
Albret (R. Jeanne-d')	**BZ** 2
Aquitaine (R. d')	**AY** 3
Argote (R. Daniel)	**AZ** 4
Armes (Pl. d')	**BZ** 5
Baillères (R. Paul)	**BZ** 6
Bourg-Vieux (R.)	**BZ** 7
Brossers (Pl.)	**BZ** 9
Corps-Franc-Pommiès	
(Av. du)	**AY** 12
Darget (R. Xavier)	**BZ** 13
Foy (R. du Gén.)	**BY** 14
Frères-Reclus	
(R. des)	**AZ** 16
Horloge (R. de l')	**BY** 21
Jammes (Av. Francis)	**BZ** 23
Lasserre (R. Pierre)	**ABZ** 26
Moncade (R.)	**BY** 28
Moulin (R. du)	**BZ** 29
Moutète (Pl. de la)	**AZ** 30
Pont-Neuf (Av. du)	**ABZ** 32
Poustelle (Pl. de la)	**BY** 33
St-Pierre (R. et ⛪)	**AY** 35
St-Pierre (R.)	**AY** 36
Tilleuls (Av. des)	**BY** 38
Viaduc (R. du)	**AY** 40

🏨 **Au Temps de la Reine Jeanne** ⌘, 44 r. Bourg-Vieux ℘ 05 59 67 00 76,
🚗 Fax 05 59 69 09 63 – 📺 ☎ 🕭 🆎 🇬🇧   BZ r
    fermé 8 au 15 mars – **Repas** 85/180 🍷, enf. 40 – ⊇ 30 – **20 ch** 223/305 – ½ P 250/265.

XX **Aub. St-Loup,** 20 r. Pont Vieux ℘ 05 59 69 15 40, Fax 05 59 67 13 19, 🍽 – 🆎 🇬🇧
    fermé dim. soir et lundi – **Repas** 98/148 🍷, enf. 48.   AZ e

871

à Maslacq *par* ② : *9 km – 738 h. alt. 74 –* ✉ *64300 Orthez* :

🏨 **Maugouber** ⏩, 🖉 05 59 38 78 00, Fax 05 59 38 78 29, ⣿, 🗺 – ■ rest 📺 ☎ ⴜ. ➾.
🍴 rest
fermé 23 déc. au 2 janv., vend. soir et sam. d'oct. au 30 avril – **Repas** 62/180 ⬧ – ⌲ 33 –
22 ch 235/320 – ½ P 215/240.

> **CITROEN** Béarn Auto, rte de Bayonne par ④
> 🖉 05 59 38 79 00
> **PEUGEOT** Paloise Autom., 19 av. du 8 mai
> 🖉 05 59 69 08 22
> RENAULT Gar. Mousques, 10 av. F.-Jammes
> 🖉 05 59 69 09 78
> **RENAULT** Autom. Ortheziennes, N 117, ZI des
> Soarns par ② 🖉 05 59 67 00 00 🅽
> 🖉 08 00 05 15 15

> VAG Gar. des Vallées, rte de Pau
> 🖉 05 59 67 03 11
>
> 🛞 Pédarré Pneus, N 117 à Castétis
> 🖉 05 59 69 06 15

ORVAULT *44 Loire-Atl.* 🔳 ③ *– rattaché à Nantes.*

OSNY *95 Val-d'Oise* 🔳 ⑲,, 🔳 ⑤,, 🔳 ② *– voir à Cergy-Pontoise.*

OSQUICH (Col d') *64 Pyr.-Atl.* 🔳 ④ *G. Pyrénées Aquitaine.*
Voir ❋★.
Paris 805 – Biarritz 70 – Mauléon-Licharre 15 – Oloron-Ste-Marie 45 – Pau 75 – St-Jean-Pied-de-Port 26.

🏨 **Col d'Osquich** ⏩, ✉ 64130 Mauléon 🖉 05 59 37 81 23, Fax 05 59 37 86 81, ≤, 🏡, 🗺
🍴 – 📺 ☎ ⴜ. ➾. ➾
1er juin-20 nov. – **Repas** 70/180, enf. 50 – ⌲ 25 – **18 ch** 160/220 – ½ P 210.

OSSÈS *64780 Pyr.-Atl.* 🔳 ③ *– 692 h alt. 102.*
Paris 810 – Biarritz 43 – Cambo-les-Bains 23 – Pau 120 – St-Étienne-de-Baïgorry 11 – St-Jean-Pied-de-Port 15.

🏨 **Mendi Alde,** pl. église 🖉 05 59 37 71 78, Fax 05 59 37 77 22, 🏡 – ■ rest 📺 ☎ ➾. ➾
🍴 *fermé 1er nov. au 10 déc., dim. soir et lundi de mi-sept. à mi-mai* – **Repas** 75/180 – ⌲ 30 –
24 ch 220/260 – ½ P 240/270.

OSTHOUSE *67150 B.-Rhin* 🔳 ⑤ *– 884 h alt. 155.*
Paris 502 – Strasbourg 26 – Obernai 18 – Offenburg 41 – Sélestat 23.

🍴🍴 **A L'Aigle d'Or,** 🖉 03 88 98 06 82, Fax 03 88 98 81 75 – ■ ➾. ➾
fermé 4 au 24 août, vacances de fév., lundi soir et mardi – **Repas** 160/375 ⬧.

OSTWALD *67 B.-Rhin* 🔳 ⑩ *– rattaché à Strasbourg.*

OTTMARSHEIM *68490 H.-Rhin* 🔳 ⑨ *G. Alsace Lorraine – 1 897 h alt. 220.*
Voir *Centrale hydro-électrique★ – Église★.*
Paris 481 – Mulhouse 18 – Basel 35 – Colmar 45 – Freiburg im Breisgau 42.

🏨 **Als'Hôtel** Ⓜ, carrefour de la Vierge 🖉 03 89 26 06 07, Fax 03 89 26 23 12, 🏡 – ▮ ⤬ 📺
☎ ⴜ. ➾. – ⛛ 50. ➾ ➾
La Route Romane 🖉 03 89 26 05 05 **Repas** 59/180 ⬧, enf. 45 – ⌲ 30 – **40 ch** 250/310 –
½ P 230/280.

OTTROTT *67 B.-Rhin* 🔳 ⑨ *– rattaché à Obernai.*

OUCHAMPS *41120 L.-et-Ch.* 🔳 ⑰ *– 648 h alt. 92.*
Voir *Château de Fougères-sur-Bièvre★ NO : 5 km, G. Châteaux de la Loire.*
Paris 199 – Tours 56 – Blois 19 – Montrichard 18 – Romorantin-Lanthenay 39.

🏨 **Relais des Landes** ⏩, Nord : 1,5 km 🖉 02 54 44 40 40, Fax 02 54 44 03 89, parc – 📺 ☎
⛛ 30. ➾ ➾ ➾
15 mars-30 nov. – **Repas** 130 (déj.), 180/305, enf. 95 – ⌲ 56 – **28 ch** 495/745 – ½ P 539/664.

> A good moderately priced meal : 🍴 **Repas** 100/130

OUCQUES 41290 L.-et-Ch. 🚗🏆 ⑦ – 1 473 h alt. 127.

Paris 161 – *Orléans* 58 – *Beaugency* 28 – *Blois* 28 – *Châteaudun* 30 – *Vendôme* 20.

🍴🍴 **Commerce** avec ch, ℰ 02 54 23 20 41, Fax 02 54 23 02 88 – 🛏 rest 📺 ☎ ❤ 🚗, 🕮 GB
🏠 *fermé 20 déc. au 15 janv., dim. soir et lundi sauf juil.-août et fêtes* – Repas (dim. prévenir) 95/265, enf. 62 – 🖵 39 – **12 ch** 210/290 – ½ P 320.

RENAULT Gar. Pean, ℰ 02 54 23 20 25 🅽 ℰ 02 54 23 20 25

OUDON 44521 Loire-Atl. 🚗🏆 ⑱ – 2 353 h alt. 11.

Paris 355 – *Nantes* 30 – *Ancenis* 9 – *Clisson* 38 – *Nort-sur-Erdre* 27.

🍴🍴 **Le Port** avec ch, 10 pl. Port ℰ 02 40 83 68 58, Fax 02 40 83 69 79, 🏞 – 📺 ☎ ❤. 🕮 ⓞ
GB
fermé dim. soir – Repas 75/190 – 🖵 30 – **5 ch** 280/370 – ½ P 220/240.

OUESSANT (Ile d') ★★ 29242 Finistère 🚗🏆 ② G. Bretagne – 1 062 h alt. 23.

Voir *Rochers* ★★★ – *Phare du Stiff* ☀★★ – *Pointe de Pern* ★.

Accès par transports maritimes.

🚢 depuis **Brest** (1er éperon/ Port de commerce) avec escales au Conquet et à Molène.
Traversée 2 h 15 - Renseignements : Cie Maritime Penn Ar Bed ℰ 02 98 80 24 68 (Brest), Fax 02 98 33 10 08.

🛈 Office de Tourisme pl. de l'Eglise ℰ 02 98 48 85 83, Fax 02 98 48 87 09.

OUHANS 25520 Doubs 🚗🏆 ⑥ – 287 h alt. 600.

Voir *Source de la Loue* ★★★ N : 2,5 km puis 30 mn – *Belvédère du Moine de la Vallée* ☀★★ NO : 5 km – *Belvédère de Renédale* ≼★ NO : 4 km puis 15 mn, G. Jura.
Paris 453 – *Besançon* 48 – *Pontarlier* 16 – *Salins-les-Bains* 40.

🏠 **Sources de la Loue**, ℰ 03 81 69 90 06, Fax 03 81 69 93 17, 🏞 – ☎ 🅿. 🕮 ⓞ GB
🐌 *fermé 25 oct. au 8 nov., 20 déc. au 1er fév. et merc. soir hors sais.* – Repas 58/190 🍷, enf. 40 – 🖵 30 – **13 ch** 180/200 – ½ P 230.

OUISTREHAM 14150 Calvados 🚗🏆 ② G. Normandie Cotentin **(plan)** – 6 709 h – Casino (Riva Bella).

Voir *Église St-Samson* ★.

🏌 de Caen ℰ 02 31 94 72 09, S par D 514 : 13 km.

🛈 Office de Tourisme Jardins du Casino ℰ 02 31 97 18 63, Fax 02 31 96 87 33.
Paris 236 – *Caen* 16 – *Arromanches-les-Bains* 32 – *Bayeux* 43 – *Cabourg* 20.

au Port d'Ouistreham :

🍴🍴🍴 **Normandie** avec ch, 71 av. M. Cabieu ℰ 02 31 97 19 57, Fax 02 31 97 20 07 – 📺 ☎ ❤ 🅿 –
🏊 50. 🕮 ⓞ GB
fermé 20 déc. au 10 janv., dim. soir et lundi de nov. à mars – Repas 88/340 et carte 190 à 340
– 🖵 40 – **22 ch** 340 – ½ P 320.

à Riva-Bella :

🏰 **Thermes Riva-Bella Normandie** Ⓜ, av. Cdt Kieffer ℰ 02 31 96 40 40,
Fax 02 31 96 45 45, ≼, centre de thalassothérapie, 🎏, 🛏 – 🛗 ❤ 📺 ☎ ♿ 🅿 – 🏊 35. 🕮 ⓞ
GB. 🍽 rest
fermé 2 au 16 janv. – Repas 110 bc/230 🍷, enf. 60 – 🖵 55 – **46 ch** 450/650, 4 appart –
½ P 550.

🍴 **Métropolitain**, 1 rte Lion ℰ 02 31 97 18 61, « Évocation d'un wagon de métropolitain
🐌 de 1900 » – 🕮 ⓞ GB
fermé 25 nov. au 1er déc., lundi soir et mardi sauf de juin à sept. – Repas 70/190.

à Colleville-Montgomery bourg Ouest : 3,5 km par D 35ᴬ – 1 926 h. alt. 10 – ⌧ 14880 :

🍴🍴 **Ferme St-Hubert**, ℰ 02 31 96 35 41, Fax 02 31 97 45 79, 🏞, 🌳 – 🅿. 🕮 ⓞ GB 🇯
fermé 23 déc. au 13 janv., dim. soir et lundi sauf juil.-août et fériés – Repas 90/255, enf. 50.

OUST 09140 Ariège 🚗🏆 ③ – 449 h alt. 500.

Paris 803 – *Foix* 60 – *Tarascon-sur-Ariège* 50 – *St-Girons* 17.

🏨 **Host. de la Poste**, ℰ 05 61 66 86 33, Fax 05 61 66 86 33, 🏞, 🏊, 🌳 – ☎ 🅿. GB
Pâques-1er nov. et fermé lundi soir et mardi sauf juil.-août – Repas 98/250, enf. 60 – 🖵 40 –
25 ch 150/320 – ½ P 310/380.

OUZOUER-SUR-LOIRE 45570 Loiret 🚗🏆 ① – 2 310 h alt. 140.

Paris 141 – *Orléans* 53 – *Gien* 17 – *Montargis* 44 – *Pithiviers* 55 – *Sully-sur-Loire* 9.

🍴🍴 **Abricotier**, 106 r. Gien ℰ 02 38 35 07 11, Fax 02 38 35 63 63 – GB
fermé dim. soir, merc. soir et lundi – Repas 135/220, enf. 52.

OYE-ET-PALLET *25160 Doubs* **70** ⑥ *– 467 h alt. 853.*

Paris 454 – Besançon 66 – Champagnole 43 – Morez 55 – Pontarlier 7.

Parnet, ✆ 03 81 89 42 03, Fax 03 81 89 41 47, ≤, parc, ⛱, ✗ – TV ☎ ✆ ⇐⇒ P. GB. ✗
fermé 20 déc. au 6 fév., dim. soir et lundi sauf juil.-août – **Repas** 100/260 – ☕ 40 – **16 ch** 295/350 – 1/2 P 350/385.

OYONNAX *01100 Ain* **70** ⑭ *G. Jura – 23 869 h alt. 540.*

Office de Tourisme 1 r. Bichat ✆ 04 74 77 94 46, Fax 04 74 77 68 27.

Paris 488 ③ – Bellegarde-sur-Valserine 31 ② – Bourg-en-Bresse 62 ④ – Lons-le-Saunier 61 ① – Nantua 17 ③.

OYONNAX

Anatole-France (R.) . . . . **YZ**
Jean-Jaurès (Av.) . . . . **Z** 10
Michelet (R.) . . . . **Y**
Sonthonnax (R. J.) . . . . **Y** 18

Vandel (R.) . . . . **Y** 22
Voltaire (R.) . . . . **Z**
Zola (Pl. Émile) . . . . **Z** 25
8-Mai-1945 (R. du) . . . . **Z** 26

Bichat (R.) . . . . **YZ** 2
Brunet (R.) . . . . **Y** 3

Château (R. du) . . . . **Z** 4
Muret (R. du) . . . . **Z** 12
Paix (R. de la) . . . . **Z** 14
Renan (R.) . . . . **Z** 15
Roosevelt (Av. Prés.) . . . . **Y** 16
Vaillant-Couturier (Pl.) . . . . **Y** 20
Victoire (R. de la) . . . . **Z** 23

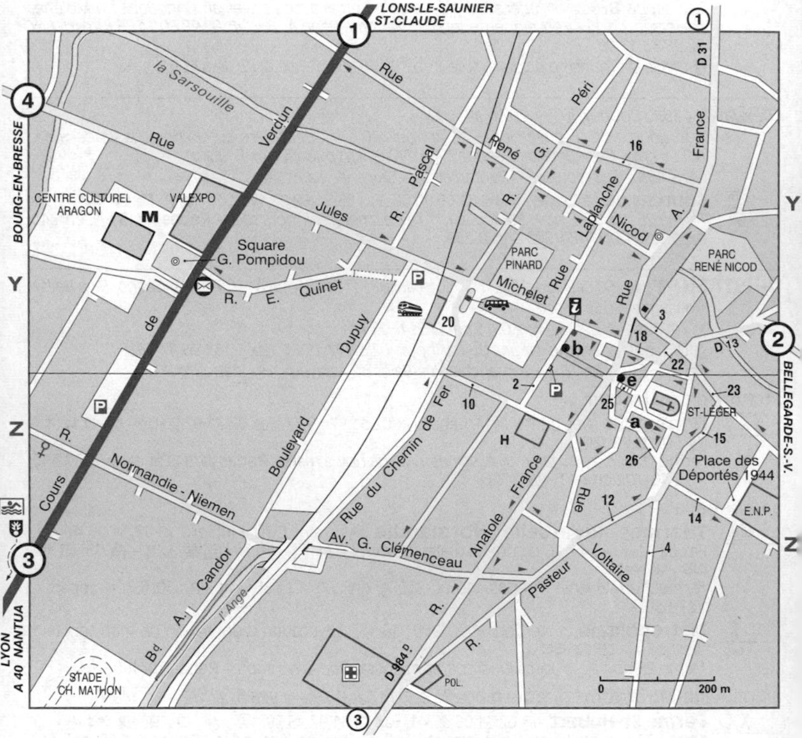

Gdes Roches et rest. Les Feuillantines ⛱, rte Bourg par ④ : *1,5 km*
✆ 04 74 77 27 60, Fax 04 74 73 89 87, ≤, ⛱ – |‡| TV ☎ ✆ P – 🏛 50. AE ⓓ GB
Repas *(fermé sam. midi et dim. soir sauf juil.-août)* 80/195 🍷, enf. 50 – ☕ 35 – **38 ch** 285/420 – 1/2 P 320/380.

Ibis M, r. Bichat ✆ 04 74 73 90 15, Fax 04 74 77 23 19 – |‡| ✗ TV ☎ ♿ – 🏛 60. AE ⓓ GB
Repas *(fermé dim.)* 120 🍷, enf. 39 – ☕ 35 – **53 ch** 295. Y b

Buffard, pl. Eglise ✆ 04 74 77 86 01, Fax 04 74 73 77 68 – |‡| TV ☎. AE GB YZ e
Repas *(fermé 28 juil. au 14 août, vend. soir, dim. soir et sam.)* 70/195 🍷 – ☕ 35 – **25 ch** 180/300 – 1/2 P 220/260.

Toque Blanche, 11 pl. Église St-Léger ✆ 04 74 73 42 63, Fax 04 74 73 76 48 – ▤. AE GB Z a
fermé 4 au 24 août, 5 au 11 janv., sam. midi, dim. soir et lundi midi – **Repas** 98/250, enf. 65.

au Lac Génin *par ② et D 13 : 10 km – ✉ 01130 Charix.*
Voir *Site*★ *du lac.*

Aub. du Lac Genin avec ch, ✆ 04 74 75 52 50, Fax 04 74 75 51 15, ←, – TV ☎ P. GB.
fermé 15 oct. au 1er déc., dim. soir et lundi – **Repas** 65/110, enf. 35 – 28 – **5 ch** 130/250.

CITROEN D.A.R.A., 86 r. Castellion ✆ 04 74 77 31 22
HONDA, MITSUBISHI Gar. Capelli, 178 r. A.-France ✆ 04 74 77 18 86
PEUGEOT S.I.C.M.A., rte de la Forge à Bellignat ✆ 04 74 77 45 09 N ✆ 04 72 12 55 73
RENAULT Gar. du Lac, rte de St-Claude, ZI Nord par ① ✆ 04 74 77 46 42 N ✆ 04 74 76 07 33
Gar. Oyonnaxien, 9 r. Vaugelas ✆ 04 74 73 59 77
Gar. Vailloud, à Bellignat par D 85 ✆ 04 74 77 24 30

Alain Pneu-Point S, 53 Crs de Verdun ✆ 04 74 73 51 88
Ayme Pneus, 53 r. B.-Savarin ✆ 04 74 77 88 88

OZOIR-LA-FERRIÈRE *77330 S.-et-M.* 61 ②, 106 ㉝, 101 ㉚ *– 19 031 h alt. 110.*
✆ *01 60 02 60 79, O : 2 km.*
Syndicat d'Initiative pl. de la Mairie ✆ *01 64 40 10 20, Fax 64 40 09 91.*
Paris 35 – Coulommiers 42 – Lagny-sur-Marne 18 – Melun 30 – Sézanne 82.

La Gueulardière, 66 av. Gén. de Gaulle ✆ 01 60 02 94 56, Fax 01 60 02 98 51, – AE GB
fermé août, sam. midi et dim. – **Repas** 150/230.

Le Relais d'Ozoir, 73 av. Gén. de Gaulle ✆ 01 60 02 91 33, Fax 01 64 40 40 91 – GB
fermé 14 juil. au 4 août, dim. soir, jeudi soir et lundi – **Repas** 97/245.

FIAT Couffignal, 38 av. Gén.-de-Gaulle ✆ 01 60 02 60 77

PACY-SUR-EURE *27120 Eure* 55 ⑰, 106 ① *G. Normandie Vallée de la Seine – 4 295 h alt. 40.*
Paris 81 – Rouen 61 – Dreux 38 – Évreux 19 – Louviers 31 – Mantes-la-Jolie 27 – Vernon-sur-Eure 15.

Altina M, rte Paris ✆ 02 32 36 13 18, Fax 02 32 26 05 11 – TV ☎ P – 30. AE GB
Repas *(fermé 3 au 24 août, dim. soir et lundi midi)* 65/175, enf. 54 – 33 – **29 ch** 270/294 – ½ P 250.

à Douains *Nord-Est : 6 km par D 181 et D 75 – 346 h. alt. 128 – ✉ 27120 :*

Château de Brécourt , ✆ 02 32 52 40 50, Fax 02 32 52 69 65, ←, , parc, « Château du 17e siècle », , – ☎ P – 100. AE GB
Repas 190 (déj.), 235/360 – 69 – **30 ch** 475/1040 – ½ P 600/1155.

à Caillouet *Ouest : 6 km par N 13 et rte secondaire – 336 h. alt. 122 – ✉ 27120 :*

Les Deux Tilleuls, ✆ 02 32 36 90 48, Fax 02 32 36 90 48, , – P. GB
fermé 25 août au 4 sept., vacances de fév., lundi soir et merc. sauf fêtes – **Repas** 78/240.

à Cocherel *Nord-Ouest : 6,5 km par D 836 – ✉ 27120 Pacy-sur-Eure :*

Ferme de Cocherel avec ch, ✆ 02 32 36 68 27, Fax 02 32 26 28 18, – P. AE GB JCB
fermé 1er au 10 sept., 2 au 22 janv., mardi et merc. sauf fériés – **Repas** 195 et carte 270 à 450 – **3 ch** 325/400.

PEUGEOT Gar. de la Prudence, ✆ 02 32 36 10 44 N ✆ 02 32 36 10 44
RENAULT Gar. Bonneau, ✆ 02 32 36 11 88

PADIRAC *46500 Lot* 75 ⑲ *– 160 h alt. 360.*
Voir *Gouffre de Padirac*★★★ *N : 2,5 km,* G. Périgord Quercy.
Paris 536 – Brive-la-Gaillarde 53 – Cahors 64 – Figeac 39 – Gourdon 47 – Gramat 11 – St-Céré 16.

Montbertrand, au village ✆ 05 65 33 64 47, , , – ☎ P. GB. ch
30 mars-2 nov. – **Repas** 90/180, enf. 68 – 35 – **7 ch** 225/275 – ½ P 224/250.

PAILHEROLS *15800 Cantal* 76 ⑬ *– 171 h alt. 1000.*
Paris 566 – Aurillac 35 – Entraygues-sur-Truyère 49 – Murat 42 – Raulhac 11 – Vic-sur-Cère 14.

Aub. des Montagnes , ✆ 04 71 47 57 01, Fax 04 71 49 63 83, , , , – ☎ P. GB
fermé 15 oct. au 20 déc. – **Repas** 72/122 – 28 – **20 ch** 215/270 – ½ P 243/270.

PAIMPOL 22500 C.-d'Armor 🔢 ② G. Bretagne– 7 856 h alt. 15.

Voir *Abbaye de Beauport★ SE : 2 km par* ② – *Tour de Kerroc'h* ⩽★ *3 km par* ① *puis 15 mn.*

Env. *Pointe de Minard★★ SE : 11 km par* ②.

🏌 *du Bois-Gelin* ℘ *02 96 55 33 40 à Tréméven, par* ③ *: 12 km.*

🛈 *Syndicat d'Initiative r. St-Vincent* ℘ *02 96 20 83 16, Fax 02 96 55 31 89.*

Paris 494 ② – *St-Brieuc 46* ② – *Guingamp 29* ④ – *Lannion 33* ⑤.

PAIMPOL
Circulation réglementée l'été

Martray (Pl. du)	13
République (Pl. de la)	16
Bertho (R. Sylvain)	2
Botrel (Sq. T.)	3
Église (R. de l')	4
Fromal (R. H.)	5
Gaulle (Av. Gén.-de)	7
Islandais (R. des)	8
Labenne (R. de)	9
Leclerc (R. Gén.)	10
Marne (R. de la)	12
Morand (Quai)	14
Pasteur (R.)	15
St-Vincent (R.)	17
Verdun (Pl. de)	19
18-Juin (R. du)	22

*Les plans de villes
sont orientés
le Nord en haut.*

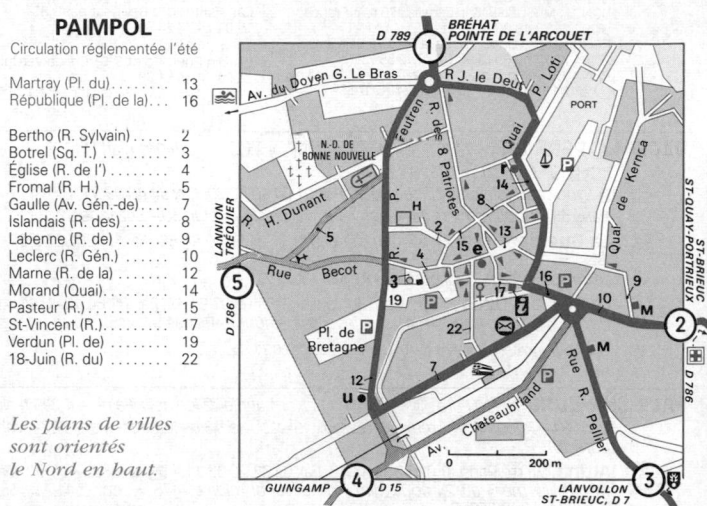

🏨 **Paimpol-Eurotel,** par ③ *: 1 km* ℘ 02 96 20 81 85, Fax 02 96 20 48 24 – 📺 ☎ ⅙ 🅿 –
🔼 25. 🕮 🆎
fermé 12 nov. au 20 déc., vend. soir et sam. d'oct. à mars – **Repas** 90/145 ⅙, enf. 50 – ⧄ 45
– **30 ch** 245/330 – ½ P 275/290.

✕✕ **Le Repaire de Kerroc'h** avec ch, 29 quai Morand **(r)** ℘ 02 96 20 50 13,
Fax 02 96 22 07 46, « *Malouinière du 18ᵉ siècle* » – |🛗 📺 ☎. 🆎 ※ rest
Repas *(fermé 15 janv. au 28 fév., merc. midi et mardi sauf juil.-août)* 115 bc (déj.), 175/365
⅙, enf. 65 – **Le Bistrot Le Coquillage** *(fermé 15 au 25/11, 5/01 au 15/02, merc. midi et
mardi sauf juil.-août)* **Repas** carte environ 200 ⅙, enf. 65 – ⧄ 50 – **12 ch** 290/580 – ½ P 395.

✕✕ **Marne** avec ch, 30 r. Marne **(u)** ℘ 02 96 20 82 16, Fax 02 96 20 92 07 – 📺 ☎ 🅿. 🆎 🆎
fermé 15 fév. au 8 mars, jeudi soir et vend. sauf juil.-août et fériés – **Repas** 98/420 bc, enf.
65 – ⧄ 40 – **12 ch** 310/420 – ½ P 275/300.

✕✕ **Vieille Tour,** 13 r. Église **(e)** ℘ 02 96 20 83 18 – 🆎
fermé lundi midi en juil.-août, dim. soir et merc. hors sais. – **Repas** 105/245, enf. 75.

à Ploubazlanec *par* ① *: 2 km – 3 725 h. alt. 60 –* ✉ 22620 :

🏨 **Motel Nuit et Jour** sans rest, rte Ile-de-Bréhat ℘ 02 96 20 97 97, 🌳 – cuisinette 📺 ☎
⅙ 🅿. 🆎
⧄ 35 – **20 ch** 265/410.

à Pors-Even *par* ① *: 5 km –* ✉ 22620 Ploubazlanec :

🏨 **Bocher,** ℘ 02 96 55 84 16 – 🅿. 🆎 ※
1ᵉʳ avril-5 nov. – **Repas** 110/240, enf. 60 – ⧄ 32 – **15 ch** 160/400 – ½ P 240/320.

à Loguivy-de-la-Mer *par* ① *et D 15 : 5 km –* ✉ 22620 Ploubazlanec :

✕✕ **Au Grand Large** avec ch, ℘ 02 96 20 90 18, Fax 02 96 20 87 10, 🌤 – 📺 ☎. 🆎
🆎
fermé 12 au 20 nov., 15 janv. au 15 fév., dim. soir et lundi d'oct. à Pâques – **Repas** 85/195,
enf. 45 – ⧄ 38 – **6 ch** 300/350 – ½ P 350.

à la Pointe de l'Arcouest *par* ① *: 6 km* – ✉ *22620 Ploubazlanec.*

Voir ≤★★.

🏨 **Le Barbu** ⚿, 𝄢 02 96 55 86 98, Fax 02 96 55 73 87, ≤ Ile de Bréhat, « Jardin avec piscine » – 📺 ☎ 👌 🅿, 🖭 ⒼⒷ
fermé 2 janv. au 14 fév. – **Repas** *(fermé lundi en mars et du 15 nov. au 20 déc.)* 95 (déj.),
150/200 – 😑 60 – **20 ch** 500/800 – ½ P 500/700.

CITROEN Gar. Landais, rte de Lanvollon par ③   RENAULT Gar. Poidevin, rte de Lanvollon par ③
𝄢 02 96 55 33 80 🄽 𝄢 02 96 55 33 80   𝄢 02 96 20 73 15 🄽 𝄢 08 00 05 15 15
FORD Gar. Chapalain, Quai Duguay Trouin
𝄢 02 96 20 80 55 🄽 𝄢 02 96 20 80 55

PAIMPONT *35380 I.-et-V.* 🟦🟦 ⑤ *G. Bretagne* – *1 385 h alt. 159.*

Voir *Forêt de Paimpont★.*

Paris 389 – *Rennes 42* – *Dinan 59* – *Ploërmel 24* – *Redon 48.*

🏠 **Relais de Brocéliande,** 𝄢 02 99 07 81 07, Fax 02 99 07 80 60, 🏠, 🌳 – 📺 ☎ 🅿 –
🔬 35, 🖭 ⓞ ⒼⒷ, 🐾 rest
fermé 15 au 31 déc. – **Repas** 110/280 🦴 – 😑 35 – **24 ch** 180/280 – ½ P 235/285.

PAIRIS *68 H.-Rhin* 🟦🟦 ⑱ – *rattaché à Orbey.*

PALAGACCIO *2B H.-Corse* 🟦🟦 ③ – *voir à Corse (Bastia).*

PALAISEAU *91 Essonne* 🟦🟦 ⑩, 🟥🟥🟥 ㉞ – *voir à Paris, Environs.*

PALAVAS-LES-FLOTS *34250 Hérault* 🟦🟦 ⑦ ⑰ *G. Gorges du Tarn* – *4 748 h alt. 1* – *Casino .*

Voir *Ancienne cathédrale★ de Maguelone SO : 4 km.*

🅱 *Office de Tourisme bd Joffre* 𝄢 04 67 07 73 34, Fax 04 67 07 73 01.

Paris 765 – *Montpellier 12* – *Aigues-Mortes 25* – *Nîmes 59* – *Sète 30.*

🏨 **Amérique H.** sans rest, av. F. Fabrège 𝄢 04 67 68 04 39, Fax 04 67 68 07 83, 🏊, – 📶 📺
☎ 👌, 🖭 ⓞ ⒼⒷ
😑 37 – **49 ch** 290/350.

🏠 **Brasilia** sans rest, bd Joffre 𝄢 04 67 68 00 68, Fax 04 67 68 40 41 – 📺 ☎. 🖭 ⓞ
ⒼⒷ
😑 34 – **22 ch** 250/380.

XXX **L'Escale,** 5 bd Sarrail 𝄢 04 67 68 24 17, Fax 04 67 68 24 17, ≤ – 🖭 ⒼⒷ
Repas 120/160 et carte 220 à 360, enf. 60.

La PALUD-SUR-VERDON *04120 Alpes-de-H.-P.* 🟦🟦 ⑰ *G. Alpes du Sud* – *243 h alt. 930.*

Paris 790 – *Digne-les-Bains 65* – *Castellane 25* – *Draguignan 60* – *Manosque 67.*

🏨 **Gorges du Verdon** ⚿, Sud : 1 km 𝄢 04 92 77 38 26, Fax 04 92 77 35 00, ≤, 🏠, 🏊, 🌳,
🦋 – 📺 ☎ 🅿 – 🔬 25, 🖭 ⒼⒷ
28 mars-12 oct. – **Repas** 120/180 🦴, enf. 59 – 😑 60 – **27 ch** (½ pens. seul.) – ½ P 320/435.

🏠 **Aub. des Crêtes,** Est : 1 km sur D 952 𝄢 04 92 77 38 47, Fax 04 92 77 30 40, 🏠, 🌳 – ☎
🅿. 🖭
29 mars-5 oct. – **Repas** *(fermé jeudi sauf juil.-août et vacances scolaires)* 82/112, enf. 50 –
😑 35 – **12 ch** 260/285 – ½ P 262/275.

PAMIERS 🚍 *09100 Ariège* 🟦🟦 ④ ⑤ *G. Pyrénées Roussillon* – *12 965 h alt. 280.*

🅱 *Office de Tourisme bd Delcassé* 𝄢 05 61 67 52 52, Fax 05 61 67 22 40.

Paris 758 – *Foix 20* – *Auch 132* – *Carcassonne 77* – *Castres 97* – *Toulouse 64.*

🏨 **France,** 5 cours Rambaud 𝄢 05 61 60 20 88, Fax 05 61 67 29 48 – 🍽️ ▦ rest 📺 ☎ 📞 📠
🅿 – 🔬 30, 🖭 ⓞ ⒼⒷ
Repas *(fermé vacances de Noël et dim. du 1er oct. au 25 mai)* 72 (déj.), 90/230, enf. 50 –
😑 35 – **30 ch** 230/400 – ½ P 250/275.

ALFA ROMEO, LADA Gar. Brillas, rte de Mirepoix, la   PEUGEOT Gar. Labail, N 20 à St-Jean-du-Falga
Tour-du-Crieu 𝄢 05 61 60 13 31   𝄢 05 61 68 01 00
CITROEN Gar. Lopez, Côtes de la Cavalerie   RENAULT Pamiers Autom., N 20 à St-Jean-du-
𝄢 05 61 67 11 45   Falga 𝄢 05 61 68 01 41 🄽 𝄢 05 61 68 51 20

PANTIN 93 Seine-St-Denis 56 ⑪., 101 ⑯ – voir à Paris, Environs.

Le PARADOU 13 B.-du-R. 83 ⑩ – rattaché à Maussane-les-Alpilles.

PARAMÉ 35 I.-et-V. 59 ⑥ – voir à St-Malo.

PARAY-LE-MONIAL 71600 S.-et-L. 69 ⑰ G. Bourgogne – 9 859 h alt. 245.

Voir Basilique du Sacré-Coeur★★ – Hôtel de ville★ H – Tympan★ du musée du Hiéron M.
🛈 Office de Tourisme av. Jean-Paul-II ℘ 03 85 81 10 92, Fax 03 85 88 35 61.
Paris 363 ⑤ – Moulins 68 ⑤ – Autun 76 ⑤ – Mâcon 68 ② – Montceau-les-Mines 36 ① –
Roanne 55 ④.

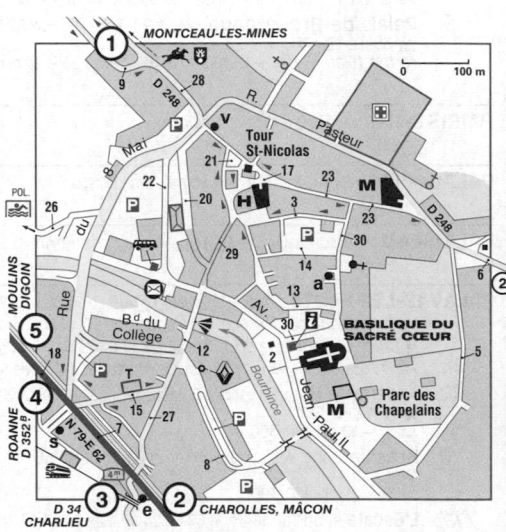

PARAY-LE-MONIAL

🏨 **Trois Pigeons,** 2 r. Dargaud (v) ℘ 03 85 81 03 77, Fax 03 85 81 58 59, 🏠 – 📶 ☎ ₺ 🚗.
ᴬᴱ ᴳᴮ
1ᵉʳ mars-1ᵉʳ déc. – **Repas** 83/240 ₰ – ☲ 35 – **45 ch** 225/330 – ½ P 225/265.

🏨 **Terminus,** 27 av. Gare (s) ℘ 03 85 81 59 31, Fax 03 85 81 38 31, 🏠 – 📺 ☎ 🚗 Ⓟ. ᴳᴮ
※ ch
Repas (fermé dim. soir et sam.) 70/200 ₰, enf. 50 – ☲ 35 – **16 ch** 220/450 – ½ P 280/360.

🏨 **Basilique,** 18 r. Visitation (a) ℘ 03 85 81 11 13, Fax 03 85 88 83 70 – 📶 🍴 rest ☎. ᴬᴱ ⓪
ᴳᴮ ᴶᶜᴮ
15 mars-31 oct. – **Repas** 70/230 ₰, enf. 45 – ☲ 32 – **58 ch** 180/280 – ½ P 185/205.

🏨 **Vendanges de Bourgogne,** 5 r. D. Papin (e) ℘ 03 85 81 13 43, Fax 03 85 88 87 59, 🏠
– 📺 ☎ 🚗 Ⓟ. ᴬᴱ ⓪ ᴳᴮ
fermé 8 au 28 janv. et dim. soir du 1ᵉʳ oct. au 1ᵉʳ mai – **Repas** 72/185 ₰, enf. 55 – ☲ 33 –
17 ch 175/250 – ½ P 240/280.

à l'Est : par ② : 3 km sur D 248 – ✉ 71600 Paray-le-Monial :

🏨 **Val d'Or,** ℘ 03 85 81 05 07, Fax 03 85 88 84 46, 🏠 – 📺 ☎ 🚗 Ⓟ. ᴬᴱ ⓪ ᴳᴮ
fermé 20 au 30 oct., 27 janv. au 3 fév., dim. soir et lundi d'oct. à mars – **Repas** 60/230 ₰, enf.
40 – ☲ 30 – **15 ch** 200/260 – ½ P 175/230.

à Poisson par ③ : 8 km sur D 34 – 578 h. alt. 300 – ✉ 71600 :

XX **Poste et H. La Reconce** Ⓜ avec ch, ℘ 03 85 81 10 72, Fax 03 85 81 64 34, 🏠, 🌳 –
🍴 rest 📺 ☎ ₺ Ⓟ. ᴬᴱ ᴳᴮ
fermé 13 au 26 oct., 1ᵉʳ au 22 fév., mardi (sauf hôtel) et lundi soir sauf juil.-août – **Repas**
118/480 bc ₰, enf. 60 – ☲ 48 – **7 ch** 290/380.

par ⑤ : *4 km sur N 79 – ✉ 71600 Paray-le-Monial :*

Motel Grill Le Charollais M, ✆ 03 85 81 03 35, Fax 03 85 81 50 31, – TV ☎ P. AE GB
Repas grill 64/103 , enf. 35 – 38 – **20 ch** 269/360 – 1/2 P 225.

FIAT Gar. Lauferon, 16 r. Deux-Ponts ✆ 03 85 81 13 41
PEUGEOT Gar. de la Beluze, La Beluze par av. de Charolles à Volesvres ✆ 03 85 81 43 45
RENAULT Gar. Taillardat, 13 bd Dauphin Louis ✆ 03 85 81 44 12 N ✆ 03 85 26 70 54

PARCEY *39 Jura* 70 ③ *– rattaché à Dole.*

PARENT *63 P.-de-D.* 73 ⑭ ⑮ *– rattaché à Vic-le-Comte.*

PARENTIGNAT *63 P.-de-D.* 73 ⑮ *– rattaché à Issoire.*

PARENTIS-EN-BORN *40160 Landes* 78 ③ *G. Pyrénées Aquitaine – 4 056 h alt. 32.*

Office de Tourisme pl. Gén.-de-Gaulle ✆ 05 58 78 43 60.
Paris 659 – Bordeaux 82 – Mont-de-Marsan 78 – Arcachon 42 – Mimizan 25.

Poste, av. 8-Mai-1945 ✆ 05 58 78 40 23 – GB
fermé dim. soir et lundi sauf juil.-août – **Repas** 55 bc/130.

Cousseau avec ch, r. St-Barthélemy ✆ 05 58 78 42 46 – P. GB
fermé 26 mai au 1er juin, 13 oct. au 2 nov., vend. soir et dim. soir – **Repas** 68/300 – 30 – **10 ch** 160/260.

CITROEN Gar. Dumartin, ✆ 05 58 78 43 00 N ✆ 05 58 78 40 40
RENAULT Gar. Larrieu, ✆ 05 58 78 43 50 N ✆ 05 58 78 43 50
Lucet, 19 av. du 8 mai 1945 ✆ 05 58 78 40 79

PARIS
et
ENVIRONS

P 75 *Plans :* 🔟, 🔟, 🔟 *et* 🔟 *G. Paris – 2 152 333 h. – Région d'lle-de-France 10 651 000 h. – alt. Observatoire 60 m – Place de la Concorde 34 m.*

Aérogares urbaines (Terminal) : *esplanade des Invalides (7ᵉ) (liaisons Orly)* ℘ *01 43 17 21 65 et Palais des Congrès Porte Maillot (liaisons Roissy)* ℘ *01 44 09 51 52.*

Aéroports de Paris : *voir à Orly et à Roissy-en-France, rubrique environs.*

Trains Autos : *renseignements* ℘ *01 36 35 35 35.*

ARRONDISSEMENTS

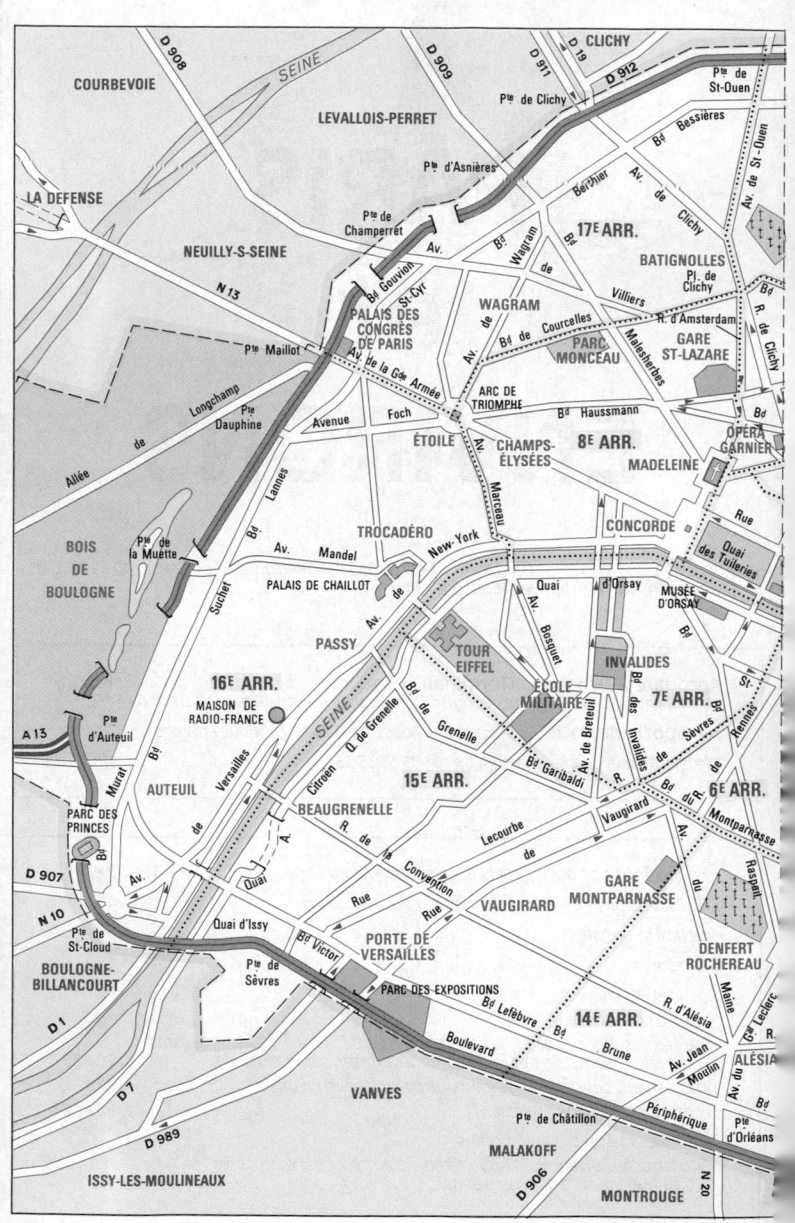

ET QUARTIERS

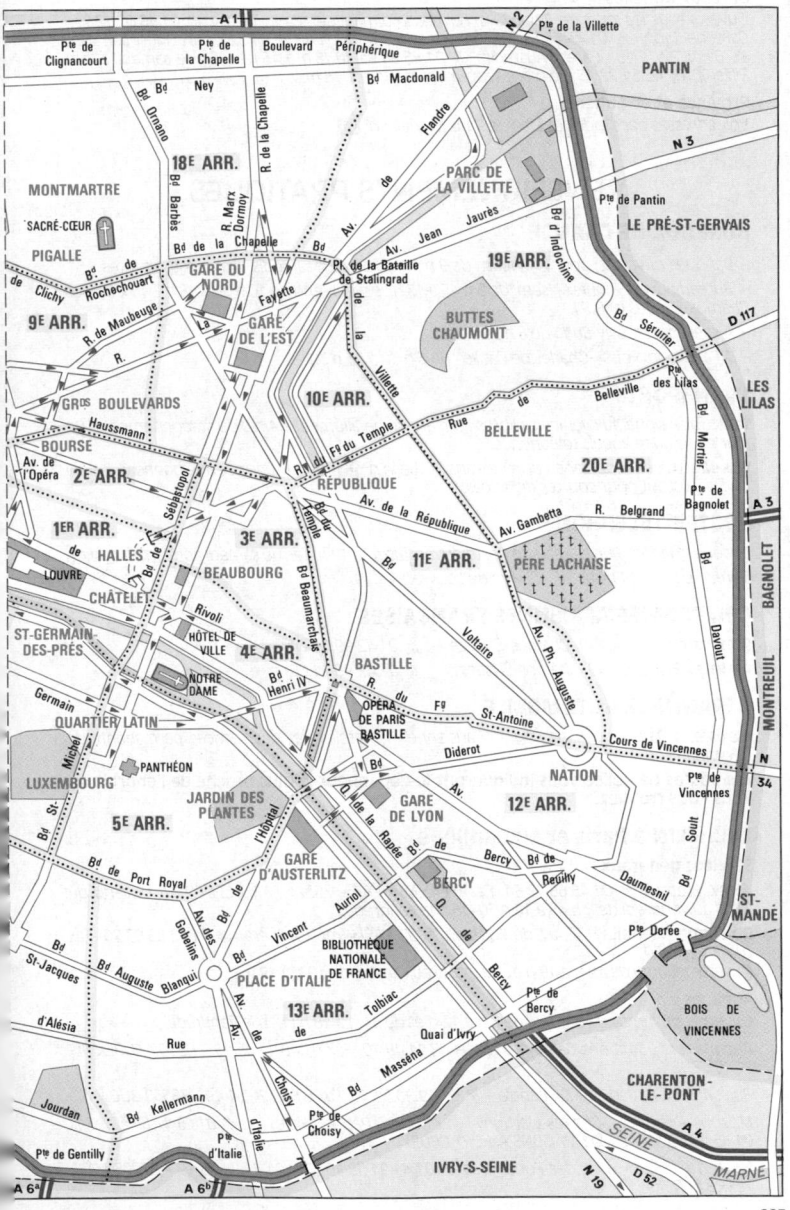

OFFICES DE TOURISME

Office de Tourisme de Paris :
(tous les jours de 9 à 20 h), 127 av. des Champs-Élysées (8ᵉ) ☎ 01 49 52 53 54, Télex 645439, Fax 01 49 52 53 00 – Informations, réservations d'hôtels et change.

Bureaux Annexes :
Ouverts tous les jours de 8 h à 20 h, fermés le dimanche : Gare de l'Est ☎ 01 46 07 17 73 ; Gare de Lyon ☎ 01 43 43 33 24 ; Gare du Nord ☎ 01 45 26 94 82 ; Gare Montparnasse ☎ 01 43 22 19 19 ; Gare d'Austerlitz ☎ 01 45 84 91 70 (8 h à 15 h - 13 h le samedi) ; Tour Eiffel ☎ 01 45 51 22 15 (de mai à septembre de 11 h à 18 h).

Province et étranger :
Voir adresses dans Index et Plan de Paris Michelin nᵒ **11**

RENSEIGNEMENTS PRATIQUES

BUREAUX DE CHANGE

– *Banques ouvertes, pour la plupart, de 9 h à 16 h 30 sauf samedis, dimanches et fêtes.*

– *Bureau ouvert 7 jours/7 (sem. de 8 h 45 à 17 h, le week-end de 10 h 30 à 18 h) : 154, av. des Champs-Élysées (U.B.P.).*

– *A l'aéroport d'Orly-Sud : de 6 h 30 à 23 h*

– *A l'aéroport Roissy-Charles de Gaulle : de 6 h 30 à 23 h 30*

TRANSPORTS

Taxi : *faire signe aux véhicules libres (lumière jaune allumée) – Aires de stationnement – De jour et de nuit : appels téléphonés.*

Bus-Métro : *se reporter au plan de Paris Michelin nᵒ* **11**. *Le bus permet une bonne vision de la ville, surtout pour courtes distances.*

POSTES-TÉLÉPHONE

Chaque quartier a un bureau de Poste ouvert jusqu'à 19 h, fermé samedi après-midi et dim.
Bureau ouvert 24 h sur 24 : 52, rue du Louvre.

COMPAGNIES AÉRIENNES FRANÇAISES

Air France	119, Champs-Élysées	☎ 01 42 99 23 64
Air Inter Europe	49, Champs-Élysées	☎ 01 42 99 21 00

DÉPANNAGE AUTOMOBILE

Il existe, à Paris et dans la Région Parisienne, des ateliers et des services permanents de dépannage.

Les postes de Police vous indiqueront le dépanneur le plus proche de l'endroit où vous vous trouvez.

MICHELIN à Paris et en banlieue

Services généraux :
46 av. Breteuil ☎ 01 45 66 12 34, Fax 01 45 66 11 63 – 75324 PARIS CEDEX 07. Ouverts du lundi au vendredi de 8 h 45 à 16 h 30 (16 h le vendredi).

Boutique Michelin : *32, av. de l'Opéra, 75002 PARIS (métro Opéra) ☎ 01 42 68 05 20, Fax 01 47 42 10 50.*
Ouverte le lundi de 12 h à 19 h et du mardi au samedi de 10 h à 19 h.

Agences :
Ouvertes du lundi au vendredi de 8 h à 12 h et de 14 h à 18 h (17 h le vendredi).

Aubervilliers : 34 r. des Gardinoux ☎ 01 48 11 49 10, Fax 01 48 11 49 19 – 93302 AUBERVIL-LIERS CEDEX.

Buc : 417 av. R. Garros – Z.I. Centre – ☎ 01 39 20 51 10, Fax 01 39 20 51 19 – 78530 BUC.

Maisons-Alfort : r. Charles-Martigny – Z.I. des Petites Haies - ☎ 01 45 17 69 10, Fax 01 45 17 69 19 – 94702 MAISONS ALFORT CEDEX.

Nanterre : 13, 15, 17 r. des Fondrières ☎ 01 41 91 58 10, Fax 01 41 91 58 19 – 92005 NAN-TERRE CEDEX.

PRACTICAL INFORMATION

TOURIST INFORMATION

Paris "Welcome" Office *(Office de Tourisme de Paris) :*
127 Champs-Élysées, 8th, ℰ 01 49 52 53 54, Telex 645439, Fax 01 49 52 53 00
American Express *11 Rue Scribe, 9th, ℰ 01 47 14 50 00*

FOREIGN EXCHANGE OFFICES

Banks : *close at 4.30 pm and at weekends*
Orly Sud Airport : *daily 6.30 am to 11 pm*
Charles de Gaulle Airport : *daily 6.30 am to 11.30 pm*

TRANSPORT

Taxis : *may be hailed in the street when showing the illuminated sign-available day and night at taxi ranks or called by telephone*
Bus-Métro (subway) : *for full details see the Michelin Plan de Paris no* 🔟🔟.
The métro is quickest but the bus is good for sightseeing and practical for short distances

POSTAL SERVICES

Local post offices : *open Mondays to Fridays 8 am to 7 pm ; Saturdays 8 am to noon*
General Post Office, *52 Rue du Louvre, 1st : open 24 hours*

AIRLINES

AMERICAN AIRLINES : 109 r. Fg.-St-Honoré, 8th, ℰ 01 42 89 05 22
DELTA AIRLINES : 4 r. Scribe, 9th, ℰ 01 47 68 92 92
UNITED AIRLINES : 55 r. Raspail - 92532 LEVALLOIS PERRET CEDEX, ℰ 01 41 40 30 30
T.W.A. : 6 r. Christophe-Colomb, 8th, ℰ 01 49 19 20 00
BRITISH AIRWAYS : 12 r. de Castiglione, 1st, ℰ 01 47 78 14 14
AIR FRANCE : 119 Champs-Élysées, 8th, ℰ 01 42 99 23 64
AIR INTER EUROPE : 49 Champs-Élysées, 8th, ℰ 01 42 99 21 00

BREAKDOWN SERVICE

Certain garages in central and outer Paris operate a 24-hour breakdown service. If you break down the police are usually able to help by indicating the nearest one.

TIPPING

In France, in addition to the usual people who are tipped (the barber or ladies' hairdresser, hat-check girl, taxi-driver, doorman, porter, et al.), the ushers in Paris theaters and cinemas, as well as the custodians of the "men's" and "ladies" in all kinds of establishments, expect a small gratuity.

In restaurants, the tip ("service") is always included in the bill to the tune of 15 %. However you may choose to leave in addition the small change in your plate, especially if it is a place you would like to come back to, but there is no obligation to do so.

To sightsee in the capital
use the **Michelin** Green Guide **PARIS** (English edition).

CURIOSITÉS

quelques idées pour profiter au mieux d'un séjour à Paris :

PARIS VU D'EN HAUT

Tour Eiffel★★★ – *Tour Montparnasse*★★★ – *Tour Notre-Dame*★★★ – *Dôme du Sacré Cœur*★★★ – *Plate-forme de l'Arc de Triomphe*★★★.

PERSPECTIVES CÉLÈBRES DE PARIS

⩽★★★ *depuis l'Obélisque au centre de la Place de la Concorde :* Champs-Élysées, Arc de Triomphe, Grande Arche de la Défense.
⩽★★ *depuis l'Obélisque au centre de la Place de la Concorde :* La Madeleine, Assemblée nationale.
⩽★★★ *depuis la terrasse du Palais de Chaillot :* Tour Eiffel, Ecole Militaire, Trocadéro.
⩽★★ *depuis le pont Alexandre III :* Invalides, Grand et Petit Palais.

QUELQUES MONUMENTS HISTORIQUES

Le Louvre★★★ *(cour carrée, colonnade de Perrault, la pyramide)* – *Tour Eiffel*★★★ – *Notre-Dame*★★★ – *Sainte-Chapelle*★★★ – *Arc de Triomphe*★★★ – *Invalides*★★★ *(Tombeau de Napoléon)* – *Palais-Royal*★★ – *Opéra*★★ – *Conciergerie*★★ – *Panthéon*★★ – *Luxembourg*★★ *(Palais et Jardins).*

Églises : *La Madeleine*★★ – *Sacré-Cœur*★★ – *St Germain-des-Prés*★★ – *St Étienne du Mont*★★ – *St Germain l'Auxerrois*★★.

Dans le Marais : *Place des Vosges*★★ – *Hôtel Lamoignon*★★ – *Hôtel Guénégaud*★★ *(musée de la Chasse)* – *Palais Soubise*★★ *(musée de l'Histoire de France).*

QUELQUES MUSÉES

Le Louvre★★★ – *Orsay*★★★ *(milieu du 19e s. jusqu'au début du 20e s.)* – *Art moderne*★★★ *(au Centre Pompidou)* – *Armée*★★★ *(aux Invalides)* – *Arts décoratifs*★★ *(107, rue de Rivoli)* – *Musée National du Moyen Âge* – *Thermes et Hôtel de Cluny*★★ – *Rodin*★★ *(Hôtel de Biron)* – *Carnavalet*★★ *(Histoire de Paris)* – *Picasso*★★ – *Cité des Sciences et de l'Industrie*★★★ *(La Villette)* – *Marmottan*★★ *(collection de peintres impressionnistes)* – *Orangerie*★★ *(des Impressionnistes à 1930).*

MONUMENTS CONTEMPORAINS

La Défense★★ *(C.N.I.T., la Grande Arche)* – *Centre Georges-Pompidou*★★ – *Forum des Halles* – *Institut du Monde Arabe*★ – *Opéra-Bastille* – *Bercy (Palais Omnisports, Ministère des Finances)* – *Bibliothèque Nationale de France François Mitterrand.*

QUARTIERS PITTORESQUES

Montmartre★★★ – *Ile St-Louis*★★ – *les Quais*★★ *(entre le Pont des Arts et le Pont de Sully)* – *Quartier St-Séverin*★★.

LE SHOPPING

Grands magasins :
Boulevard Haussmann, Rue de Rivoli, Rue de Sèvres.

Commerce de luxe :
Faubourg St-Honoré, Rue de la Paix, Rue Royale, av. Montaigne.

Occasions et antiquités :
Marché aux Puces (Porte de Clignancourt), Village Suisse (av. de la Motte-Picquet) – Louvre des Antiquaires.

Pour rechercher une adresse, consulter le **PARIS PLAN Michelin** n° **11**.
Pour approfondir une visite touristique, consulter le **guide vert Michelin PARIS.**

Liste alphabétique des hôtels et restaurants

A

D

E

F

M

S

T

U - V

W

Y - Z

Restaurants de Paris et de la banlieue

Les bonnes tables... à étoiles

✿✿✿

60	XXXXX	Lucas Carton *(Senderens)* - 8ᵉ
60	XXXXX	Taillevent *(Vrinat)* - 8ᵉ
79	XXXX	Alain Ducasse - 16ᵉ
44	XXXX	Ambroisie (L') *(Pacaud)* - 4ᵉ
53	XXXX	Arpège *(Passard)* - 7ᵉ

✿✿

60	XXXXX	Ambassadeurs (Les) - 8ᵉ	40	XXXX	Gérard Besson - 1ᵉʳ
40	XXXXX	Espadon - 1ᵉʳ	40	XXXX	Goumard-Prunier - 1ᵉʳ
60	XXXXX	Lasserre - 8ᵉ	40	XXXX	Grand Vefour - 1ᵉʳ
60	XXXXX	Laurent - 8ᵉ	84	XXXX	Guy Savoy - 17ᵉ
60	XXXXX	Ledoyen - 8ᵉ	54	XXXX	Le Divellec - 7ᵉ
49	XXXXX	Tour d'Argent - 5ᵉ	84	XXXX	Michel Rostang - 17ᵉ
40	XXXX	Carré des Feuillants - 1ᵉʳ	60	XXXX	Pierre Gagnaire - 8ᵉ
40	XXXX	Drouant - 2ᵉ	116	XXXX	Trois Marches (Les) Versailles
60	XXXX	Élysées (Les) - 8ᵉ	79	XXXX	Vivarois - 16ᵉ
79	XXXX	Faugeron - 16ᵉ	84	XXX	Apicius - 17ᵉ

✿

60	XXXXX	Bristol - 8ᵉ	74	XXXX	Relais de Sèvres - 15ᵉ
60	XXXXX	Régence - 8ᵉ	66	XXXX	Rest. Opéra - 9ᵉ
60	XXXX	Astor (L') - 8ᵉ	84	XXX	Amphyclès - 17ᵉ
74	XXXX	Célébrités (Les) - 15ᵉ	87	XXX	Beauvilliers - 18ᵉ
60	XXXX	Chiberta - 8ᵉ	54	XXX	Cantine des Gourmets (La) - 7ᵉ
84	XXXX	Clos Longchamp (Le) - 17ᵉ	40	XXX	Céladon (Le) - 2ᵉ
94	XXXX	Comte de Gascogne (Au) Boulogne-Billancourt	61	XXX	Copenhague - 8ᵉ
84	XXXX	Étoile d'Or (L') - 17ᵉ	121	XXX	Dariole de Viry (La) Viry-Châtillon
81	XXXX	Grande Cascade (La) - 16ᵉ	74	XXX	Duc (Le) - 14ᵉ
53	XXXX	Jules Verne - 7ᵉ	84	XXX	Faucher - 17ᵉ
61	XXXX	Marée (La) - 8ᵉ	49	XXX	Jacques Cagna - 6ᵉ
107	XXXX	Maxim's Orly (Aéroports de Paris)	79	XXX	Jamin - 16ᵉ
40	XXXX	Meurice (Le) - 1ᵉʳ	61	XXX	Jardin (Le) - 8ᵉ
74	XXXX	Montparnasse 25 - 14ᵉ	108	XXX	Magnolias (Les) Le Perreux-sur-Marne
66	XXXX	Muses (Les) - 9ᵉ	40	XXX	Mercure Galant - 1ᵉʳ
81	XXXX	Pré Catelan (Le) - 16ᵉ	49	XXX	Paris - 6ᵉ
79	XXXX	Prunier-Traktir - 16ᵉ	54	XXX	Paul Minchelli - 7ᵉ

✿

80	XXX	Pergolèse (Le) - 16ᵉ
79	XXX	Port Alma - 16ᵉ
69	XXX	Pressoir (Au) - 12ᵉ
79	XXX	Relais d'Auteuil - 16ᵉ
49	XXX	Relais Louis XIII - 6ᵉ
84	XXX	Sormani (Le) - 17ᵉ
66	XXX	Table d'Anvers (La) - 9ᵉ
102	XXX	Tastevin (Le) Maisons-Laffitte
84	XXX	Timgad - 17ᵉ
96	XX	Belle Epoque (La) Châteaufort

54	XX	Bellecour (Le) - 7ᵉ
44	XX	Benoît - 4ᵉ
85	XX	Braisière (La) - 17ᵉ
80	XX	Conti - 16ᵉ
84	XX	Petit Colombier (Le) - 17ᵉ
41	XX	Pierre Au Palais Royal - 1ᵉʳ
54	XX	Récamier - 7ᵉ
45	XX	Sousceyrac (A) - 11ᵉ
50	XX	Timonerie (La) - 5ᵉ
69	XX	Trou Gascon (Au) - 12ᵉ
106	XX	Truffe Noire Neuilly-sur-Seine

Pour souper après le spectacle

(Nous indiquons entre parenthèses l'heure limite d'arrivée)

66	XXX	Charlot ''Roi des Coquillages'' - 9ᵉ (1 h)
74	XXX	Dôme (Le) - 14ᵉ (0 h 45)
80	XXX	Pavillon Noura - 16ᵉ (0 h)
40	XXX	Pied de Cochon (Au) - 1ᵉʳ (jour et nuit)
40	XXX	Pierre '' A la Fontaine Gaillon '' - 2ᵉ (0 h 30)
49	XXX	Procope (Le) - 6ᵉ (1 h)
40	XXX	Vong (Chez) - 1ᵉʳ (0 h 30)
61	XXX	Yvan - 8ᵉ (0 h)
62	XX	Alsace (L') - 8ᵉ (jour et nuit)
85	XX	Ballon des Ternes - 17ᵉ (0 h 30)
85	XX	Baumann Ternes - 17ᵉ (0 h)
75	XX	Bistro 121 - 15ᵉ (0 h)
61	XX	Boeuf sur le Toit - 8ᵉ (2 h)
45	XX	Bofinger - 4ᵉ (1 h)
66	XX	Brasserie Café de la Paix - 9ᵉ (1h)
66	XX	Brasserie Flo - 10ᵉ (1 h 30)
75	XX	Coupole (La) - 14ᵉ (2 h)
66	XX	Grand Café Capucines - 9ᵉ (jour et nuit)
41	XX	Grand Colbert (Le) - 2ᵉ (1 h)
66	XX	Julien - 10ᵉ (1 h 30)
66	XX	Petit Riche (Au) - 9ᵉ (0 h 15)
62	XX	Pichet (Le) - 8ᵉ (0 h)
113	XX	Régency 1925 (1 h) St-Maur-des-Fossés

41	XX	Rôtisserie Monsigny - 2ᵉ (0 h)
66	XX	Terminus Nord - 10ᵉ (1 h)
45	XX	Thaï Elephant - 11ᵉ (0 h)
62	XX	Tong Yen - 8ᵉ (0 h)
41	XX	Vaudeville - 2ᵉ (2 h)
62	XX	Village d'Ung et Li Lam - 8ᵉ (0 h)
74	XX	Vin et Marée - 14ᵉ (0 h 30)
80	XX	Zébra Square - 16ᵉ (0 h)
62	X	Appart' (L') - 8ᵉ (0 h)
51	X	Balzar - 5ᵉ (0 h 30)
67	X	Bistro de Gala - 9ᵉ (0 h)
51	X	Bistro de la Grille - 6ᵉ (0 h 30)
67	X	Bistro des Deux Théâtres - 9ᵉ (0 h 30)
81	X	Bistrot de l'Étoile - 16ᵉ (0 h)
50	X	Bookinistes (Les) - 6ᵉ (0 h)
50	X	Bouillon Racine - 6ᵉ (0 h 30)
80	X	Butte Chaillot (La) - 16ᵉ (0 h)
41	X	Café Marly - 1ᵉ (1 h)
62	X	Cap Vernet - 8ᵉ (0 h)
66	X	I Golosi - 9ᵉ (0 h)
70	X	Paul (Chez) - 13ᵉ (0 h)
45	X	Petit Bofinger (Le) - 4ᵉ (0 h)
42	X	Poule au Pot (La) - 1ᵉʳ (5 h)
76	X	Régalade (La) - 14ᵉ (0 h)
55	X	Thoumieux - 7ᵉ (0 h)
41	X	Yvan sur Seine - 1ᵉʳ (4 h)

Le plat que vous recherchez

Une andouillette

44	Ambassade d'Auvergne - 3[e]
45	Anjou-Normandie - 11[e]
85	Caves Petrissans - 17[e]
76	Château Poivre - 14[e]
75	Coupole (La) - 14[e]
70	Escapade en Touraine (L') - 12[e]
62	Ferme des Mathurins - 8[e]
55	Fontaine de Mars (La) - 7[e]
42	Georges (Chez) - 2[e]
45	Grizzli (Le) - 4[e]
51	Moissonnier - 5[e]
70	Petit Marguery (Le) - 13[e]
40	Pied de Cochon (Au) - 1er
75	Pierre (Chez) - 15[e]
108	Pouilly Reuilly (Au) à Le Pré St-Gervais
67	Relais Beaujolais - 9[e]
70	Rhône (Le) - 13[e]
76	St-Vincent (Le) - 15[e]
81	Scheffer (Le) - 16[e]

Du boudin

44	Ambassade d'Auvergne - 3[e]
45	Bascou (Au) - 3[e]
54	Chez Eux (D') - 7[e]
55	Fontaine de Mars (La) - 7[e]
50	Marlotte (La) - 6[e]
51	Moissonnier - 5[e]
108	Pouilly Reuilly (Au) à Le Pré St-Gervais
70	Rhône (Le) - 13[e]

Une bouillabaisse

50	Arrosée (L') - 6[e]
84	Augusta - 17[e]
66	Charlot "Roi des Coquillages" - 9[e]
74	Dôme (Le) - 14[e]
69	Frégate (La) - 12[e]
106	Jarrasse à Neuilly-sur-Seine
80	Marius - 16[e]
61	Marius et Janette - 8[e]
74	Moniage Guillaume - 14[e]
116	Orée du Bois à Vélizy-Villacoublay
75	Senteurs de Provence (Aux) - 15[e]

Un cassoulet

44	Benoît - 4[e]
54	Chez Eux (D') - 7[e]
70	Etchégorry - 13[e]
75	Giberne (La) - 15[e]
66	Julien - 10[e]

85	Léon (Chez) - 17[e]
74	Lous Landès - 14[e]
45	Pyrénées Cévennes "Chez Philippe" - 11[e]
66	Quercy (Le) - 9[e]
70	Quincy (Le) - 12[e]
61	Sarladais (Le) - 8[e]
45	Sousceyrac (A) - 11[e]
101	St-Pierre à Longjumeau
55	Thoumieux - 7[e]
69	Trou Gascon (Au) - 12[e]
49	Truffière (La) - 5[e]
75	Vendanges (Les) - 14[e]

Une choucroute

62	Alsace (L') - 8[e]
67	Alsaco Winstub (L') - 9[e]
85	Baumann Ternes - 17[e]
45	Bofinger - 4[e]
66	Brasserie Flo - 10[e]
75	Coupole (La) - 14[e]
66	Terminus Nord - 10[e]

Un confit

98	Aub. Landaise à Enghien-les-Bains
111	Cazaudehore à St-Germain-en-Laye
54	Chez Eux (D') - 7[e]
92	Closerie Périgourdine à Argenteuil
66	Comme Chez Soi - 9[e]
66	Deux Canards (Aux) - 10[e]
93	Escargot (A l') à Aulnay-sous-Bois
70	Etchégorry - 13[e]
70	Françoise (Chez) - 13[e]
75	Gastroquet (Le) - 15[e]
75	Giberne (La) - 15[e]
42	Lescure - 1er
74	Lous Landès - 14[e]
45	Monde des Chimères (Le) - 4[e]
80	Paul Chêne - 16[e]
45	Pyrénées Cévennes "Chez Philippe" - 11[e]
66	Quercy (Le) - 9[e]
67	Relais Beaujolais - 9[e]
66	Saintongeais (Le) - 9[e]
61	Sarladais (Le) - 8[e]
84	Table de Pierre (La) - 17[e]
55	Thoumieux - 7[e]
113	Trinquet (Le) à St-Mandé
69	Trou Gascon (Au) - 12[e]
49	Truffière (La) - 5[e]

Un coq au vin

- 101 Bourgogne (La) à Maisons-Alfort
- 70 la Biche au Bois (A) - 12e
- 87 Marie-Louise - 18e
- 50 Moulin à Vent "Chez Henri" - 5e
- 75 Pierre (Chez) - 15e
- 50 Rôtisserie du Beaujolais - 5e
- 76 St-Vincent (Le) - 15e
- 79 Vivarois - 16e

Des poissons, crustacés, coquillages

- 62 Alsace (L') - 8e
- 84 Augusta - 17e
- 85 Ballon des Ternes - 17e
- 85 Baumann Ternes - 17e
- 45 Bistrot du Dôme - 4e
- 75 Bistrot du Dôme - 14e
- 61 Boeuf sur le Toit - 8e
- 45 Bofinger - 4e
- 66 Brasserie Flo - 10e
- 66 Charlot "Roi des Coquillages" - 9e
- 75 Coupole (La) - 14e
- 85 Dessirier - 17e
- 74 Dôme (Le) - 14e
- 74 Duc (Le) - 14e
- 69 Frégate (La) - 12e
- 41 Gaya Rive Droite - 1er
- 54 Gaya Rive Gauche - 7e
- 54 Glénan (Les) - 7e
- 40 Goumard-Prunier - 1er
- 96 Grand Bleu (Le) à Charenton-le-Pont
- 66 Grand Café Capucines - 9e
- 106 Jarrasse à Neuilly-sur-Seine
- 66 Julien - 10e
- 54 Le Divellec - 7e
- 61 Luna (La) - 8e
- 61 Marée (La) - 8e
- 116 Marée de Versailles (La) à Versailles
- 85 Marines de Pétrus (Les) - 17e
- 61 Marius et Janette - 8e
- 49 Marty - 5e
- 54 Paul Minchelli - 7e
- 84 Pétrus - 17e
- 40 Pied de Cochon (Au) - 1er
- 79 Port Alma - 16e
- 79 Prunier-Traktir - 16e
- 45 Table Richelieu (La) - 11e
- 85 Taïra - 17e
- 66 Terminus Nord - 10e
- 74 Vin et Marée - 14e
- 80 Vin et Marée - 16e

Des escargots

- 51 Allard - 6e
- 67 Alsaco Winstub (L') - 9e
- 44 Benoît - 4e
- 54 Champ de Mars (Le) - 7e
- 55 Clémentine - 7e
- 93 Escargot (A l') à Aulnay-sous-Bois
- 101 Escargot de Linas (L') à Linas
- 85 Léon (Chez) - 17e
- 50 Maître Paul (Chez) - 6e
- 51 Moissonnier - 5e
- 50 Moulin à Vent "Chez Henri" - 5e
- 70 Quincy (Le) - 12e
- 67 Relais Beaujolais - 9e

Une paëlla

- 98 Aub. Landaise à Enghien-les-Bains
- 70 Etchégorry - 13e
- 45 Pyrénées Cévennes "Chez Philippe" - 11e
- 80 Rosimar - 16e
- 106 San Valero à Neuilly-sur-Seine

Une grillade

- 62 Alsace (L') - 8e
- 61 Boeuf sur le Toit - 8e
- 66 Brasserie Flo - 10e
- 113 Coq de la Maison Blanche à St-Ouen
- 75 Coupole (La) - 14e
- 61 Fermette Marbeuf 1900 (La) - 8e
- 50 Joséphine "Chez Dumonet" - 6e
- 66 Julien - 10e
- 40 Pied de Cochon (Au) - 1er
- 85 Rôtisserie d'Armaillé (La) - 17e
- 50 Rôtisserie d'en Face - 6e
- 50 Rôtisserie du Beaujolais - 5e
- 41 Rôtisserie Monsigny - 2e
- 66 Terminus Nord - 10e
- 69 Train Bleu - 12e
- 41 Vaudeville - 2e

De la tête de veau

- 84 Apicius - 17e
- 45 Astier - 11e
- 75 Bistro 121 - 15e
- 85 Caves Petrissans - 17e
- 92 Ferme d'Argenteuil (La) à Argenteuil
- 85 Georges (Chez) - 17e
- 70 Jacky (Chez) - 13e
- 85 Léon (Chez) - 17e
- 49 Marty - 5e

Spécialités étrangères

Anglaises

77 Bertie's (H. Baltimore)

Chinoises, Thaïlandaises et Vietnamiennes

74 Chen - 15^e
75 Erawan - 15^e
54 Foc Ly - 7^e
106 Foc Ly à Neuilly-sur-Seine
81 Lac Hong - 16^e
95 Lotus de Brou (Le) à Brou-sur-Chante-reine
80 Ngo (Chez) - 16^e
66 P'tite Tonkinoise (La) - 10^e
50 Palanquin (Le) - 6^e
95 Panoramic de Chine (Le) à Carrières-sur-Seine
54 Tan Dinh - 7^e
80 Tang - 16^e
45 Thaï Elephant - 11^e
62 Tong Yen - 8^e
79 Tsé-Yang - 16^e
62 Village d'Ung et Li Lam - 8^e
40 Vong (Chez) - 1er

Espagnoles

80 Rosimar - 16^e
106 San Valero à Neuilly-sur-Seine

Grecques

55 Apollon - 7^e
50 Mavrommatis - 5^e

Indiennes

61 Indra - 8^e
74 Lal Qila - 15^e
74 Vishnou - 14^e
49 Yugaraj - 6^e

Italiennes

54 Beato - 7^e
80 Bellini - 16^e
51 Cafetière (La) - 6^e
56 Carpaccio (H. Royal Monceau) - 8^e

66 Chateaubriant (Au) - 10^e
80 Conti - 16^e
75 Fontana Rosa - 15^e
54 Gildo - 7^e
80 Giulio Rebellato - 16^e
66 I Golosi - 9^e
84 Il Ristorante - 17^e
97 Romantica (La) à Clichy
70 Sipario - 12^e
84 Sormani (Le) - 17^e
61 Stresa - 8^e
80 Villa Vinci - 16^e

Japonaises

71 Benkay (H. Nikko) - 15^e
50 Inagiku - 5^e
41 Kinugawa - 1er
62 Kinugawa - 8^e
61 Shozan - 8^e
61 Suntory - 8^e
82 Yamato (Le)(H. Meridien) - 17^e

Libanaises

80 Pavillon Noura - 16^e

Nord-Africaines

80 Al Mounia - 16^e
75 Caroubier (Le) - 14^e
106 Riad (Le) à Neuilly-sur-Seine
84 Timgad - 17^e
92 Tour de Marrakech (La) à Antony
66 Wally Le Saharien - 9^e

Portugaises

41 Saudade - 1er

Russes

50 Dominique - 6^e

Scandinaves

61 Copenhague - 8^e
61 Flora Danica (Copenhague) - 8^e

Dans la tradition : bistrots et brasseries

Les Bistrots

Les brasseries

Restaurants proposant
des menus de 100 F à 160 F

1er arrondissement

41	✕✕	Bonne Fourchette
41	✕✕	Cartes Postales (Les)
41	✕✕	Fabrice (Chez)
42	✕	Entre Ciel et Terre
42	✕	Lescure
42	✕	Poule au Pot (La)
42	✕	Victoire Suprême du Coeur
41	✕	Yvan sur Seine

2e arrondissement

| 41 | ✕✕ | Grand Colbert (Le) |
| 41 | ✕✕ | Rôtisserie Monsigny |

3e arrondissement

| 44 | ✕✕✕ | Ambassade d'Auvergne |

4e arrondissement

45	✕	Grizzli (Le)
45	✕	Monde des Chimères (Le)
45	✕	Petit Bofinger (Le)
45	✕	Relais St-Paul (Le)

5e arrondissement

49	✕✕	Aub. des Deux Signes
50	✕✕	Inagiku
50	✕✕	Mavrommatis
49	✕✕	Truffière (La)
51	✕	Moissonnier
51	✕	Quatre et Une Saveurs (Les)

6e arrondissement

50	✕✕	Arrosée (L')
50	✕✕	Bistrot d'Alex
49	✕✕	Chat Grippé (Le)
50	✕✕	Maître Paul (Chez)
50	✕✕	O à la Bouche (L')
51	✕	Bistro de la Grille
50	✕	Bookinistes (Les)
50	✕	Dominique
50	✕	Épi Dupin (L')
50	✕	Grilladin (Au)
50	✕	Palanquin (Le)
51	✕	Valérie Tortu

7e arrondissement

54	✕✕	Champ de Mars (Le)
55	✕	Apollon
55	✕	Aub. Bressane
55	✕	Bon Accueil (Au)
55	✕	Calèche (La)
55	✕	Clémentine
55	✕	Collinot (Chez)
55	✕	Florimond (Le)
55	✕	Maupertu (Le)
55	✕	Oeillade (L')
55	✕	Olivades (Les)
55	✕	P'tit Troquet (Le)
55	✕	Sédillot (Le)
55	✕	Thoumieux

8e arrondissement

62	✕✕	Village d'Ung et Li Lam
62	✕	Boucoléon (Le)
62	✕	Fenêtre sur Cour
62	✕	Ferme des Mathurins

9e arrondissement

66	✕✕	Bistrot Papillon
66	✕✕	Brasserie Café de la Paix
66	✕✕	Comme Chez Soi
66	✕✕	Petit Riche (Au)
66	✕✕	Quercy (Le)
66	✕✕	Saintongeais (Le)
67	✕	Alsaco Winstub (L')
67	✕	Bistro de Gala
67	✕	Excuse Mogador (L')

10e arrondissement

| 66 | ✕✕ | Chateaubriant (Au) |

11e arrondissement

45	✕✕	Aiguière (L')
45	✕✕	Table Richelieu (La)
45	✕	Anjou-Normandie
45	✕	Astier
45	✕	Fernandises (Les)

12e arrondissement

69	✕✕	Frégate (La)
69	✕✕	Gourmandise (La)
70	✕	Escapade en Touraine (L')
70	✕	Jean-Pierre Frelet

70	✕	la Biche au Bois (A)
70	✕	Sipario
70	✕	Temps des Cerises (Le)
70	✕	Zygomates (Les)

13e arrondissement

70	✕	Etchégorry
70	✕	Françoise (Chez)
70	✕	Michel
70	✕	Rhône (Le)

14e arrondissement

75	✕✕	Caroubier (Le)
74	✕✕	Monsieur Lapin
75	✕✕	Vendanges (Les)
76	✕	Château Poivre

15e arrondissement

75	✕✕	Copreaux (Le)
75	✕✕	Dernière Valse (La)
75	✕✕	Filoche
75	✕✕	Gauloise (La)
74	✕✕	Lal Qila
75	✕✕	Senteurs de Provence (Aux)
76	✕	Agape (L')
75	✕	Armoise (L')
75	✕	Gastroquet (Le)
76	✕	Père Claude (Le)
75	✕	Petit Plat (Le)
75	✕	Pierre (Chez)

16e arrondissement

80	✕✕	Sous l'Olivier
80	✕	Beaujolais d'Auteuil
80	✕	Butte Chaillot (La)
80	✕	Cuisinier François (Le)

17e arrondissement

85	✕✕	Aub. des Dolomites
84	✕✕	Béatilles (Les)
85	✕✕	Beudant (Le)
85	✕✕	Guyvonne (Chez)
85	✕✕	Laudrin (Chez)
85	✕✕	Léon (Chez)
85	✕✕	Niçoise (La)
85	✕✕	Petite Auberge (La)
85	✕✕	Soupière (La)
85	✕✕	Taïra
85	✕	Bistrot de l'Étoile
85	✕	Impatient (L')

18e arrondissement

87	✕	Étrier (L')
87	✕	Marie-Louise
87	✕	Poulbot Gourmet (Le)

19e arrondissement

87	✕✕	Chaumière (La)

20e arrondissement

87	✕✕	Allobroges (Les)
87	✕	Aucune Idée

BANLIEUE

Antony

92	✕✕	Amandier (L')

Argenteuil

92	✕✕	Closerie Périgourdine

Asnières-sur-Seine

92	✕✕	Petite Auberge (La)

Bois-Colombes

93	✕	Chefson (Le)

Bonneuil-sur-Marne

94	✕✕	Aub. du Moulin Bateau

Boulogne-Billancourt

94	✕✕	Auberge (L')

Carrières-sur-Seine

95	✕✕	Panoramic de Chine (Le)

Chatou

96	✕✕	Canotiers (Les)

Chelles

96	✕✕	Rôtisserie Briarde

Chevilly-Larue

96	✕	Fernand (Chez)

Clichy

97	✕✕	Barrière de Clichy (La)

Croissy-sur-Seine

98	✕	Buissonnière (La)

Plein air

7ᵉ arrondissement

54	XX	Maison de l'Amérique Latine (La)

8ᵉ arrondissement

60	XXXXX	Laurent

14ᵉ arrondissement

74	XXX	Pavillon Montsouris

16ᵉ arrondissement

81	XXXX	Grande Cascade (La)
81	XXXX	Pré Catelan (Le)

19ᵉ arrondissement

87	XXX	Pavillon Puebla

BANLIEUE

Asnières-sur-Seine

92	XXX	Van Gogh (Le)

Chennevières-sur-Marne

96	XXX	Écu de France

Maisons-Laffitte

102	XXX	Tastevin (Le)

St-Germain-en-Laye

111	XXX	Cazaudehore

Vaucresson

115	XX	Poularde (La)

Restaurants avec salons particuliers

1ᵉʳ arrondissement

40	XXXX	Carré des Feuillants
40	XXXX	Goumard-Prunier
40	XXXX	Grand Vefour
40	XXX	Mercure Galant
40	XXX	Pied de Cochon (Au)
41	XX	Gabriel (Chez)
41	XX	Gaya Rive Droite
41	XX	Kinugawa
41	XX	Palais Royal
41	XX	Pauline (Chez)
41	XX	Pharamond
42	X	Caveau du Palais
41	X	la Grille St-Honoré (A)

2ᵉ arrondissement

40	XXXX	Drouant
40	XXX	Céladon (Le)
41	XXX	Corbeille (La)
40	XXX	Pierre '' A la Fontaine Gaillon ''
41	XX	Rôtisserie Monsigny

3ᵉ arrondissement

44	XXX	Ambassade d'Auvergne

4ᵉ arrondissement

44	XX	Benoît
45	XX	Bofinger

5ᵉ arrondissement

49	XXXXX	Tour d'Argent
49	XX	Aub. des Deux Signes
49	XX	Marty
51	X	Moissonnier
50	X	Timbale St-Bernard (La)

6ᵉ arrondissement

49	XXX	Procope (Le)
49	XXX	Relais Louis XIII
50	XX	Bastide Odéon (La)
50	XX	Maître Paul (Chez)
50	XX	Rond de Serviette (Le)

7e arrondissement

53	XXXX	Arpège
54	XXX	Cantine des Gourmets (La)
54	XX	Champ de Mars (Le)
54	XX	Ferme St-Simon
54	XX	Maison de l'Amérique Latine (La)
54	XX	Récamier
55	X	Thoumieux

8e arrondissement

60	XXXXX	Lasserre
60	XXXXX	Laurent
60	XXXXX	Ledoyen
60	XXXXX	Lucas Carton
60	XXXXX	Taillevent
61	XX	Androuët
62	XX	Bistrot du Sommelier
61	XX	Marius et Janette

9e arrondissement

66	XXX	Table d'Anvers (La)
66	XX	Petit Riche (Au)

11e arrondissement

45	XX	Aiguière (L')

12e arrondissement

69	XXX	Pressoir (Au)

14e arrondissement

74	XXX	Moniage Guillaume
74	XXX	Pavillon Montsouris

74	XX	Chaumière des Gourmets (La)
75	XX	Coupole (La)
74	XX	Vin et Marée

15e arrondissement

74	XXXX	Célébrités (Les)
74	XXX	Chen
75	XX	Gauloise (La)

16e arrondissement

79	XXXX	Faugeron
81	XXXX	Grande Cascade (La)
81	XXXX	Pré Catelan (Le)
79	XXX	Jamin
79	XXX	Port Alma
80	X	Vin et Marée

17e arrondissement

84	XXXX	Clos Longchamp (Le)
84	XXXX	Guy Savoy
84	XXXX	Michel Rostang
84	XXX	Amphyclès
84	XXX	Manoir de Paris
85	XX	Ballon des Ternes
85	XX	Baumann Ternes
85	XX	Beudant (Le)
85	XX	Léon (Chez)
84	XX	Petit Colombier (Le)
85	XX	Petite Auberge (La)

18e arrondissement

87	XXX	Beauvilliers

19e arrondissement

87	XXX	Pavillon Puebla

Restaurants ouverts samedi et dimanche

1er arrondissement
40	XXXXX	Espadon
40	XXXXX	Meurice (Le)
40	XXX	Pied de Cochon (Au)
41	X	Café Marly
42	X	Poule au Pot (La)

2e arrondissement
40	XXXX	Drouant
41	XX	Grand Colbert (Le)
41	XX	Vaudeville

3e arrondissement
| 44 | XXX | Ambassade d'Auvergne |

4e arrondissement
44	XX	Benoît
45	XX	Bofinger
45	X	Bistrot du Dôme
45	X	Petit Bofinger (Le)

5e arrondissement
49	XXXXX	Tour d'Argent
49	XX	Marty
50	XX	Mavrommatis
50	XX	Toutoune (Chez)
49	XX	Truffière (La)
51	X	Balzar
51	X	Quatre et Une Saveurs (Les)
50	X	Rôtisserie du Beaujolais

6e arrondissement
49	XXX	Procope (Le)
49	XX	Yugaraj
51	X	Bistro de la Grille

7e arrondissement
53	XXXX	Jules Verne
54	XXX	Cantine des Gourmets (La)
54	XX	Champ de Mars (Le)
54	XX	Foc Ly
55	X	Côté 7eme (Du)
55	X	Table d'Eiffel (La)
55	X	Thoumieux

8e arrondissement
60	XXXXX	Ambassadeurs (Les)
60	XXXXX	Bristol
60	XXXX	Régence
62	XX	Alsace (L')
61	XX	Boeuf sur le Toit
61	XX	Fermette Marbeuf 1900 (La)
61	XX	Marius et Janette
62	XX	Tong Yen
62	XX	Village d'Ung et Li Lam
62	X	Appart' (L')
62	X	Cap Vernet

9e arrondissement
66	XXX	Charlot "Roi des Coquillages"
66	XX	Brasserie Café de la Paix
66	XX	Grand Café Capucines
67	X	Bistro des Deux Théâtres

10e arrondissement
66	XX	Brasserie Flo
66	XX	Julien
66	XX	Terminus Nord

12e arrondissement
| 69 | XXX | Train Bleu |
| 70 | X | Temps des Cerises (Le) |

13e arrondissement
| 70 | X | Paul (Chez) |

14e arrondissement
74	XXX	Dôme (Le)
74	XXX	Pavillon Montsouris
75	XX	Caroubier (Le)
75	XX	Coupole (La)
74	XX	Vin et Marée
75	X	Bistrot du Dôme

15e arrondissement
74	XXXX	Célébrités (Les)
75	XX	Bistro 121
75	XX	Gauloise (La)
74	XX	Lal Qila
75	X	Chaumière (La)
75	X	Fontana Rosa
76	X	Père Claude (Le)
75	X	Petit Plat (Le)

16e arrondissement

81	XXXXX	Grande Cascade (La)
80	XXX	Ngo (Chez)
80	XXX	Pavillon Noura
79	XXXX	Tsé-Yang
80	XX	Zébra Square
80	X	Butte Chaillot (La)
80	X	Vin et Marée

17e arrondissement

84	XXX	Pétrus
84	XXX	Timgad
85	XX	Ballon des Ternes
85	XX	Baumann Ternes
85	XX	Dessirier
85	XX	Georges (Chez)
85	X	Bistro du 17e
85	X	Bistrot d'à Côté Flaubert

BANLIEUE

Antony
| 92 | XX | Tour de Marrakech (La) |

Brou-sur-Chantereine
| 95 | XX | Lotus de Brou (Le) |

Carrières-sur-Seine
| 95 | XX | Panoramic de Chine (Le) |

La Celle-St-Cloud
| 95 | X | Petit Chez Soi (Au) |

Chelles
| 96 | XX | Rôtisserie Briarde |

Livry-Gargan
| 101 | XX | Petite Marmite |

Maisons-Laffitte
| 102 | XXX | Tastevin (Le) |
| 102 | XX | Rôtisserie Vieille Fontaine |

Neuilly-sur-Seine
| 106 | XX | Foc Ly |

Savigny-sur-Orge
| 114 | XX | Menil (Au) |

St-Germain-en-Laye
| 111 | XXX | Cazaudehore |
| 111 | X | Feuillantine (La) |

St-Mandé
| 113 | X | Trinquet (Le) |

St-Maur-des-Fossés
| 113 | XX | Régency 1925 |

Viroflay
| 120 | XX | Aub. la Chaumière |

PARIS
Hôtels - Restaurants
par arrondissements

(Liste alphabétique des Hôtels et Restaurants, voir p. 7 à 20)

G 12 : Ces lettres et chiffres correspondent au carroyage du **Plan de Paris** Michelin n° ▯▯, **Paris Atlas** n° ▯▯, **Plan avec répertoire** n° ▯▯ et **Plan de Paris** n° ▯▯.

En consultant ces quatre publications vous trouverez également les parkings les plus proches des établissements cités.

Opéra - Palais-Royal
Halles - Bourse

1er et 2e arrondissements

1er : ✉ 75001 - 2e : ✉ 75002

Ritz 🐎, 15 pl. Vendôme (1er) ✆ 01 43 16 30 30, Fax 01 43 16 31 78, ☂, « Belle piscine et luxueux centre de remise en forme » – |‡| ▤ TV ☎ ✆ – 🎓 30 à 80. AE ⓓ GB JCB. ✂ rest G 12
voir rest. ***Espadon*** ci-après - ***Bar Vendôme*** (déj. seul.) **Repas** carte 350 à 500 – ☕ 180 – **142 ch** 3200/4300, 45 appart.

Meurice, 228 r. Rivoli (1er) ✆ 01 44 58 10 10, Fax 01 44 58 10 15 – |‡| ⇆ ▤ ch TV ☎ ✆ – 🎓 100. AE ⓓ GB JCB. ✂ rest G 12
voir rest. ***Le Meurice*** ci-après – ☕ 150 – **134 ch** 2750/3700, 46 appart.

Inter - Continental, 3 r. Castiglione (1er) ✆ 01 44 77 11 11, Fax 01 44 77 14 60, ☂ – |‡| ⇆ ▤ TV ☎ ✆ ♿ – 🎓 500. AE ⓓ GB JCB. ✂ rest G 12
Brasserie 234 Rivoli ✆ 01 44 77 10 40 **Repas** 130(déj.) et carte 180 à 250 – ***La Terrasse Fleurie*** ✆ 01 44 77 10 44 *(mai-sept.)* **Repas** (déj. seul.) carte environ 200 – ☕ 195 – **358 ch** 2500/3150, 87 appart.

Castille Ⓜ, 37 r. Cambon (1er) ✆ 01 44 58 44 58, Fax 01 44 58 44 00, ☂ – |‡| ⇆ ▤ TV ☎ ✆ ♿ – 🎓 30. AE ⓓ GB JCB G 12
Il Cortile ✆ 01 44 58 45 67 cuisine italienne *(fermé dim.)* **Repas** 195 et carte 190 à 320 – ☕ 120 – **86 ch** 1990/3200, 7 appart, 14 duplex.

Westminster, 13 r. Paix (2e) ✆ 01 42 61 57 46, Fax 01 42 60 30 66 – |‡| ⇆ ▤ ch TV ☎ – 🎓 60. AE ⓓ GB JCB G 12
voir rest. ***Le Céladon*** ci-après – ☕ 110 – **84 ch** 1650/2500, 18 appart.

du Louvre, pl. A. Malraux (1er) ✆ 01 44 58 38 38, Fax 01 44 58 38 01, ☂ – |‡| ▤ TV ☎ ♿ – 🎓 100. AE ⓓ GB JCB H 13
Brasserie Le Louvre : **Repas** 175(dîner) et carte 180 à 310 – ☕ 110 – **194 ch** 1350/1950, 5 appart.

Lotti, 7 r. Castiglione (1er) ✆ 01 42 60 37 34, Fax 01 40 15 93 56 – |‡| ⇆ ▤ TV ☎. AE ⓓ GB JCB G 12
Repas 160/220 et carte 270 à 460 🍷 – ☕ 120 – **129 ch** 1410/3330.

Costes, 239 r. St-Honoré (1er) ✆ 01 42 44 50 00, Fax 01 42 44 50 01, ☂, « Bel hôtel particulier décoré avec élégance », 🏋, 🏊 – |‡| ▤ TV ☎ ✆ ♿ – 🎓 30. AE ⓓ GB JCB G 12
Repas carte 230 à 450 – ☕ 100 – **60 ch** 1500/3500.

🏨 **Édouard VII et rest. Le Delmonico,** 39 av. Opéra (2ᵉ) ℰ 01 42 61 56 90,
Fax 01 42 61 47 73 – 📶 🔲 📺 ☎. 🅰🅴 ⓪ 🆖   **G 13**
Repas *(fermé août, sam. et dim.)* 168 – ⛲ 90 – **65 ch** 1300/1500, 4 appart.

🏨 **Opéra Richepanse** Ⓜ sans rest, 14 r. Richepanse (1ᵉʳ) ℰ 01 42 60 36 00,
Fax 01 42 60 13 03 – 📶 🔲 📺 ☎ &. 🅰🅴 ⓪ 🆖 🅹🅲🅱   **G 12**
⛲ 65 – **35 ch** 1200/1400, 3 appart.

🏨 **Normandy,** 7 r. Échelle (1ᵉʳ) ℰ 01 42 60 30 21, Fax 01 42 60 45 81 – 📶 ⤢ 📺 ☎ – 🔬 30.
🅰🅴 ⓪ 🆖 🅹🅲🅱   **H 13**
L'Échelle *(fermé sam. et dim.)* **Repas** 150/220 – ⛲ 75 – **111 ch** 1265/1680, 4 appart.

🏨 **Royal St-Honoré** Ⓜ sans rest, 221 r. St-Honoré (1ᵉʳ) ℰ 01 42 60 32 79,
Fax 01 42 60 47 44 – 📶 🔲 📺 ☎ &. 🅰🅴 ⓪ 🆖 🅹🅲🅱   **G 12**
⛲ 90 – **67 ch** 1250/1950, 5 appart.

🏨 **Régina,** 2 pl. Pyramides (1ᵉʳ) ℰ 01 42 60 31 10, Fax 01 40 15 95 16, 🍽, « Hall ''Art Nouveau'' » – 📶 ⤢ 🔲 📺 ☎ – 🔬 30. 🅰🅴 ⓪ 🆖 🅹🅲🅱. 🕸 rest   **H 13**
Repas *(fermé août, sam., dim. et fériés)* 165 (déj.), 260/295 et carte 260 à 380 – ⛲ 95 –
116 ch 1600/2200, 14 appart.

🏨 **Stendhal** sans rest, 22 r. D. Casanova (2ᵉ) ℰ 01 44 58 52 52, Fax 01 44 58 52 00 – 📶 🔲 📺
☎ &. 🅰🅴 ⓪ 🆖   **G 12**
⛲ 95 – **20 ch** 1350/1500.

🏨 **L'Horset Opéra** Ⓜ sans rest, 18 r. d'Antin (2ᵉ) ℰ 01 44 71 87 00, Fax 01 42 66 55 54 – 📶
⤢ 🔲 📺 ☎. 🅰🅴 ⓪ 🆖 🅹🅲🅱   **G 13**
⛲ 80 – **54 ch** 990/1350.

🏨 **Cambon** Ⓜ sans rest, 3 r. Cambon (1ᵉʳ) ℰ 01 44 58 93 93, Fax 01 42 60 30 59 – 📶 🔲 📺 ☎
&. 🅰🅴 ⓪ 🆖 🅹🅲🅱   **G 12**
⛲ 80 – **42 ch** 1280/1680.

🏨 **Mansart** sans rest, 5 r. Capucines (1ᵉʳ) ℰ 01 42 61 50 28, Fax 01 49 27 97 44 – 📶 📺 ☎ &.
🅰🅴 ⓪ 🆖 🅹🅲🅱. 🕸   **G 12**
⛲ 50 – **57 ch** 830/1500.

🏨 **Novotel Les Halles** Ⓜ, 8 pl. M.-de-Navarre (1ᵉʳ) ℰ 01 42 21 31 31, Fax 01 40 26 05 79,
🍽 – 📶 ⤢ 🔲 📺 ☎ &. – 🔬 120. 🅰🅴 ⓪ 🆖 🅹🅲🅱   **H 14**
Repas 110 bc, enf. 60 – ⛲ 64 – **280 ch** 885/930, 5 appart.

🏨 **de Noailles** Ⓜ sans rest, 9 r. Michodière (2ᵉ) ℰ 01 47 42 92 90, Fax 01 49 24 92 71, décor
contemporain – 📶 📺 ☎. 🅰🅴 ⓪ 🆖 🅹🅲🅱   **G 13**
⛲ 40 – **58 ch** 680/880.

🏨 **Favart** sans rest, 5 r. Marivaux (2ᵉ) ℰ 01 42 97 59 83, Fax 01 40 15 95 58 – 📶 📺 ☎ &. 🅰🅴
⓪ 🆖 🅹🅲🅱   **F 13**
⛲ 20 – **37 ch** 490/590.

🏨 **Violet** Ⓜ sans rest, 7 r. J. Lantier (1ᵉʳ) ℰ 01 42 33 45 38, Fax 01 40 28 03 56 – 📶 📺 ☎ &. &.
🅰🅴 ⓪ 🆖 🅹🅲🅱. 🕸   **J 14**
⛲ 55 – **30 ch** 550/730.

🏨 **Relais du Louvre** sans rest, 19 r. Prêtres-St-Germain-L'Auxerrois (1ᵉʳ) ℰ 01 40 41 96 42,
Fax 01 40 41 96 44 – 📶 ☎ &. 🅰🅴 ⓪ 🆖 🅹🅲🅱   **H 14**
⛲ 50 – **20 ch** 600/950.

🏨 **Place du Louvre** Ⓜ sans rest, 21 r. Prêtres-St-Germain-L'Auxerrois (1ᵉʳ)
ℰ 01 42 33 78 68, Fax 01 42 33 09 95 – 📶 ☎ &. 🅰🅴 ⓪ 🆖 🅹🅲🅱   **H 14**
⛲ 40 – **20 ch** 496/812.

🏨 **Malte Opéra** sans rest, 63 r. Richelieu (2ᵉ) ℰ 01 44 58 94 94, Fax 01 42 86 88 19 – 📶 📺 ☎
&. 🅰🅴 ⓪ 🆖 🅹🅲🅱. 🕸   **G 13**
⛲ 80 – **54 ch** 790/890, 5 duplex.

🏨 **Louvre St-Honoré** Ⓜ sans rest, 141 r. St-Honoré (1ᵉʳ) ℰ 01 42 96 23 23,
Fax 01 42 96 21 61 – 📶 🔲 📺 ☎. 🅰🅴 ⓪ 🆖 🅹🅲🅱   **H 14**
⛲ 45 – **40 ch** 496/862.

🏨 **Britannique** sans rest, 20 av. Victoria (1ᵉʳ) ℰ 01 42 33 74 59, Fax 01 42 33 82 65 – 📶 📺 ☎
&. 🅰🅴 ⓪ 🆖 🅹🅲🅱. 🕸   **J 14**
⛲ 52 – **40 ch** 646/887.

🏨 **Molière** sans rest, 21 r. Molière (1ᵉʳ) ℰ 01 42 96 22 01, Fax 01 42 60 48 68 – 📶 📺 ☎ &. 🅰🅴
⓪ 🆖 🅹🅲🅱. 🕸   **G 13**
⛲ 50 – **32 ch** 470/720.

🏨 **Gd H. de Champagne** sans rest, 17 r. J.-Lantier (1ᵉʳ) ℰ 01 42 36 60 00,
Fax 01 45 08 43 33 – 📶 ⤢ 📺 ☎. 🅰🅴 ⓪ 🆖 🅹🅲🅱   **J 14**
⛲ 55 – **43 ch** 721/812.

🏨 **Gd H. de Besançon** Ⓜ sans rest, 56 r. Montorgueil (2ᵉ) ℰ 01 42 36 41 08,
Fax 01 45 08 08 79 – 📶 ⤢ ☎ &. 🅰🅴 ⓪ 🆖 🅹🅲🅱. 🕸   **G 14**
⛲ 40 – **20 ch** 550/650.

🏠 **Baudelaire Opéra** sans rest, 61 r. Ste Anne (2ᵉ) ℰ 01 42 97 50 62, Fax 01 42 86 85 85 – |♦|
📺 ☎. 𝔸𝔼 ⓞ 𝖦𝖡 𝖩𝖢𝖡   **G 13**
☞ 38 – **24 ch** 480/650, 5 duplex.

🏠 **Ducs de Bourgogne** sans rest, 19 r. Pont-Neuf (1ᵉʳ) ℰ 01 42 33 95 64,
Fax 01 40 39 01 25 – |♦| 📺 ☎. ✆. 𝔸𝔼 ⓞ 𝖦𝖡 𝖩𝖢𝖡. ⌘   **H 14**
☞ 44 – **50 ch** 465/615.

🏠 **Vivienne** sans rest, 40 r. Vivienne (2ᵉ) ℰ 01 42 33 13 26, Fax 01 40 41 98 19 – |♦| 📺 ☎. 𝖦𝖡
☞ 40 – **44 ch** 360/500.   **F 14**

XXXXX **Espadon** - Hôtel Ritz, 15 pl. Vendôme (1ᵉʳ) ℰ 01 43 16 30 30, Fax 01 43 16 31 78, 🌣 – ☰.
❀❀ 𝔸𝔼 ⓞ 𝔾𝔸 𝖩𝖢𝖡 ⌘   **G 12**
Repas 380 (déj.)/600 et carte 500 à 770
Spéc. Foie gras de canard. Côte double de veau de lait et légumes de saison. Chariot de
desserts.

XXXX **Grand Vefour,** 17 r. Beaujolais (1ᵉʳ) ℰ 01 42 96 56 27, Fax 01 42 86 80 71, « Ancien café
❀❀ du Palais Royal fin 18ᵉ siècle » – ☰. 𝔸𝔼 ⓞ 𝖦𝖡 𝖩𝖢𝖡. ⌘   **G 13**
fermé août, sam. et dim. – **Repas** 325 (déj.)/750 et carte 590 à 840
Spéc. Saumon mi-cuit en terrine, lait fumé aux grains de pavot. Parmentier de queue de
boeuf aux truffes. Sablé au basilic, fenouil confit et poivron rouge en sorbet (dessert).

XXXX **Le Meurice** - Hôtel Meurice, 228 r. Rivoli (1ᵉʳ) ℰ 01 44 58 10 50, Fax 01 44 58 10 15 – ☰.
❀   𝔸𝔼 ⓞ 𝖦𝖡 𝖩𝖢𝖡. ⌘   **G 12**
Repas 330 (déj.), 395 bc/500 et carte 340 à 470
Spéc. Foie gras de canard à la pulpe de raisin noir (automne, hiver). Langoustines frites en
papillote. Canette bressane rôtie aux cèpes et navets aigres-doux (automne).

XXXX **Drouant,** pl. Gaillon (2ᵉ) ℰ 01 42 65 15 16, Fax 01 49 24 02 15, « Siège de l'Académie Gon-
❀❀ court depuis 1914 » – ☰. 𝔸𝔼 ⓞ 𝖦𝖡   **G 13**
Repas 290 (déj.)/650 et carte 520 à 700 - *Café Drouant :* **Repas** 200 et carte 250 à 360
Spéc. Charlotte de langoustines aux aubergines confites. Turbot rôti en croûte d'argile, aux
truffes et au persil simple. Quartier d'agneau des Pyrénées rôti à l'ail doux (saison).

XXXX **Carré des Feuillants** (Dutournier), 14 r. Castiglione (1ᵉʳ) ℰ 01 42 86 82 82,
❀❀ Fax 01 42 86 07 71 – ☰. 𝔸𝔼 ⓞ 𝖦𝖡 𝖩𝖢𝖡   **G 12**
fermé août, sam. midi et dim. – **Repas** 285 (déj.)et carte 480 à 660
Spéc. Homard breton (juin à sept.). Langoustines pimentées rôties. Lièvre à la mode
d'Aquitaine (oct.-nov.).

XXXX **Goumard-Prunier,** 9 r. Duphot (1ᵉʳ) ℰ 01 42 60 36 07, Fax 01 42 60 04 54 – ☰. 𝔸𝔼 ⓞ
❀❀ 𝖦𝖡 𝖩𝖢𝖡   **G 12**
fermé dim. et lundi – **Repas** - produits de la mer - 295 (déj.)/780 et carte 450 à 600
Spéc. Ecrevisses à la nage façon Prunier (août à fév.). Bar de ligne grillé et petits artichauts
confits aux épices. Turbot de ligne rôti à l'arête.

XXXX **Gérard Besson,** 5 r. Coq Héron (1ᵉʳ) ℰ 01 42 33 14 74, Fax 01 42 33 85 71 – ☰. 𝔸𝔼 ⓞ 𝖦𝖡
❀❀ 𝖩𝖢𝖡   **H 14**
fermé sam. (sauf le soir du 15 sept. au 15 juin) et dim. – **Repas** 280 (déj.)/520 et carte 450 à
680
Spéc. Tartelette Lucullus. Gibier (saison). Truffes (15 déc. au 20 mars).

XXX **Le Céladon** - Hôtel Westminster, 15 r. Daunou (2ᵉ) ℰ 01 47 03 40 42, Fax 01 42 60 30 66 –
❀   ☰. 𝔸𝔼 ⓞ 𝖦𝖡   **G 12**
fermé août, sam., dim. et fériés – **Repas** 240/350 et carte 370 à 490
Spéc. Galette de homard à l'huile de pistache. Tronçon de turbot en cocotte au céleri rave
et parfum de truffe. Poitrine de pigeonneau et foie gras en charlotte d'endives (oct. à avril).

XXX **Pierre " A la Fontaine Gaillon ",** pl. Gaillon (2ᵉ) ℰ 01 47 42 63 22, Fax 01 47 42 82 84,
🌣 – ☰. 𝔸𝔼 ⓞ 𝖦𝖡   **G 13**
fermé sam. midi et dim. – **Repas** 165 et carte 210 à 390.

XXX **Mercure Galant,** 15 r. Petits-Champs (1ᵉʳ) ℰ 01 42 97 53 85, Fax 01 42 96 08 89 – 𝔸𝔼 𝖦𝖡
❀   *fermé sam. midi, dim. et fériés* – **Repas** 240/310 et carte 320 à 450   **G 13**
Spéc. Salade de homard breton aux agrumes. Poissons. "Mille et une feuilles" (dessert).

XXX **Chez Vong,** 10 r. Grande-Truanderie (1ᵉʳ) ℰ 01 40 39 99 89, Fax 01 42 33 38 15 – ☰. 𝔸𝔼 ⓞ
𝖦𝖡   **H 15**
fermé dim. – **Repas** - cuisine chinoise et vietnamienne - carte 190 à 300.

XXX **Au Pied de Cochon** (ouvert jour et nuit), 6 r. Coquillière (1ᵉʳ) ℰ 01 40 13 77 00,
Fax 01 40 13 77 09, brasserie – ☰. 𝔸𝔼 ⓞ 𝖦𝖡   **H 14**
Repas 178 et carte 160 à 350.

XXX **La Corbeille**, 154 r. Montmartre (2ᵉ) ℰ 01 40 26 30 87, Fax 01 40 26 08 20 – ▤. ⃝⃝ **G 14**
fermé août, sam. midi et dim. – **Repas** 165/300 et carte 260 à 370.

XX **Chez Pauline**, 5 r. Villédo (1ᵉʳ) ℰ 01 42 96 20 70, Fax 01 49 27 99 89, bistrot – ▯ ⃝ ⃝⃝
ᴶᶜᴮ **G 13**
fermé sam. sauf le soir d'oct. à avril et dim. – **Repas** 220 et carte 290 à 410.

XX **Rôtisserie Monsigny**, 1 r. Monsigny (2ᵉ) ℰ 01 42 96 16 61, Fax 01 42 97 40 97 – ▤. ▯
⃝⃝ ᴶᶜᴮ **G 13**
fermé 10 au 20 août et sam. midi – **Repas** 160 et carte 200 à 310 ⅋.

XX **Palais Royal**, 110 Galerie de Valois - Jardin du Palais Royal (1ᵉʳ) ℰ 01 40 20 00 27,
Fax 01 40 20 00 82, ☞ – ▯ ⃝ ⃝⃝ ᴶᶜᴮ **G 13**
fermé 23 déc. au 2 janv., sam. midi et dim. de sept. à mai – **Repas** carte 190 à 320.

XX **Saudade**, 34 r. Bourdonnais (1ᵉʳ) ℰ 01 42 36 30 71, Fax 01 42 36 27 77 – ▤. ▯ ⃝⃝. ⃝
fermé dim. – **Repas** - cuisine portugaise - 129 (déj.)et carte 170 à 330. **H 14**

XX **Kinugawa**, 9 r. Mont Thabor (1ᵉʳ) ℰ 01 42 60 65 07, Fax 01 42 60 45 21 – ▤. ⃝ ⃝⃝
ᴶᶜᴮ. ⃝ **G 12**
fermé 22 déc. au 6 janv. et dim. – **Repas** - cuisine japonaise - 150 (déj.), 245/700 et carte 250
à 370.

XX **Gaya Rive Droite**, 17 r. Duphot (1ᵉʳ) ℰ 01 42 60 43 03, Fax 01 42 60 04 54, « Belles
fresques d'azulejos » – ▤. ▯ ⃝⃝ **G 12**
fermé dim. – **Repas** - produits de la mer - carte 240 à 330.

XX **Pierre Au Palais Royal**, 10 r. Richelieu (1ᵉʳ) ℰ 01 42 96 09 17, Fax 01 42 96 09 62 – ▯
⃝ ⃝⃝ **H 13**
✿ *fermé août, sam., dim. et fériés* – **Repas** 195 et carte 250 à 380
Spéc. Escalope de foie gras de canard chaud. Quenelles de brochet. Boeuf ficelle à la
ménagère.

XX **Le Poquelin**, 17 r. Molière (1ᵉʳ) ℰ 01 42 96 22 19, Fax 01 42 96 05 72 – ▤. ▯ ⃝ ⃝⃝ ᴶᶜᴮ
fermé 1ᵉʳ au 20 août, sam. midi et dim. – **Repas** 189 et carte 270 à 370. **G 13**

XX **Armand Au Palais Royal**, 4 r. Beaujolais (1ᵉʳ) ℰ 01 42 60 05 11, Fax 01 42 96 16 24 – ▯
⃝⃝ ᴶᶜᴮ **G 13**
fermé 3 au 31 août, sam. midi et dim. – **Repas** 180 (déj.)/250.

XX **Chez Fabrice**, 38 r. Croix des Petits-Champs (1ᵉʳ) ℰ 01 40 20 06 46 – ▯ ⃝⃝ **H 14**
fermé sam. midi et dim. – **Repas** 125/185.

XX **Pile ou Face**, 52 bis r. N.-D. des Victoires (2ᵉ) ℰ 01 42 33 64 33, Fax 01 42 36 61 09 – ▤.
▯ ⃝⃝ **G 14**
fermé août, 23 déc. au 1ᵉʳ janv., sam. et dim. – **Repas** 245 (déj.)/320 et carte 280 à 380.

XX **Pharamond**, 24 r. Grande-Truanderie (1ᵉʳ) ℰ 01 42 33 06 72, Fax 01 40 28 01 81, bistrot,
« Authentique décor 1900 » – ▯ ⃝ ⃝⃝ **G 14**
fermé lundi midi et dim. – **Repas** 200 bc/310 bc et carte 240 à 440.

XX **Vaudeville**, 29 r. Vivienne (2ᵉ) ℰ 01 40 20 04 62, Fax 01 49 27 08 78, brasserie – ▯ ⃝ ⃝⃝
Repas carte 170 à 320. **G 14**

XX **Le Grand Colbert**, 2 r. Vivienne (2ᵉ) ℰ 01 42 86 87 88, Fax 01 42 86 82 65, brasserie – ▯
⃝ ⃝⃝ **G 13**
fermé 10 au 25 août – **Repas** 155 et carte 170 à 290 ⅋.

XX **Bonne Fourchette**, 320 r. St Honoré, au fond de la cour (1ᵉʳ) ℰ 01 42 60 45 27 – ▤. ⃝
⃝⃝. ⃝ **G 12**
fermé août, vacances de fév., dim. midi et sam. – **Repas** 125/165 et carte 230 à 300.

XX **Le Soufflé**, 36 r. Mont Thabor (1ᵉʳ) ℰ 01 42 60 27 19, Fax 01 42 60 54 98 – ▤. ▯ ⃝ ⃝⃝
ᴶᶜᴮ **G 12**
fermé dim. – **Repas** 175/250 et carte 180 à 340.

XX **Chez Gabriel**, 123 r. St-Honoré (1ᵉʳ) ℰ 01 42 33 02 99 – ▤. ▯ ⃝ ⃝⃝ ᴶᶜᴮ. ⃝ **H 14**
fermé 8 au 25 août, 24 déc. au 2 janv., dim. et fériés – **Repas** 175/220.

XX **Les Cartes Postales**, 7 r. Gomboust (1ᵉʳ) ℰ 01 42 61 02 93, Fax 01 42 61 02 93 – ⃝⃝
ᴶᶜᴮ **G 13**
fermé sam. midi et dim. – **Repas** (nombre de couverts limité, prévenir) 135/350 et carte
220 à 380.

X **A la Grille St-Honoré**, 15 pl. Marché St-Honoré (1ᵉʳ) ℰ 01 42 61 00 93, Fax 01 47
03 31 64 – ▤. ▯ ⃝ ⃝⃝ **G 12**
fermé 1ᵉʳ au 26 août, dim. et lundi – **Repas** 180 et carte 300 à 380.

X **Yvan sur Seine**, 26 quai Louvre (1ᵉʳ) ℰ 01 42 36 49 52 – ▤. ▯ ⃝ ⃝⃝ **H 14**
fermé sam. midi, dim. midi – **Repas** 98 (déj.)/138 et carte 190 à 280.

X **Café Marly**, 93 r. Rivoli - Cour Napoléon (1ᵉʳ) ℰ 01 49 26 06 60, Fax 01 49 26 07 06, ☞,
« Décor original dans le Grand Louvre, terrasse » – ▤. ▯ ⃝ ⃝⃝ **H 13**
Repas carte 180 à 280.

Caveau du Palais, 19 pl. Dauphine (1ᵉʳ) ☎ 01 43 26 04 28, Fax 01 43 26 81 84 – 🅰🅴 🆖
fermé Noël au Jour de l'An et dim. d'oct. à avril – **Repas** 184 bc et carte 200 à 350. **J 14**

Le Saint Amour, 8 r. Port Mahon (2ᵉ) ☎ 01 47 42 63 82 – 🔲. 🅰🅴 ⓞ 🆖 🆓
fermé sam. sauf le soir du 15 sept. au 15 juin, dim. et fériés – **Repas** 165 et carte 230 à 340. **G 13**

Le Petit Restaurant, 50 r. Richelieu (1ᵉʳ) ☎ 01 40 15 97 39 – 🔲. 🅰🅴 🆖 **G 13**
fermé août, sam. et dim. – **Repas** 170 ♨.

Chez Georges, 1 r. Mail (2ᵉ) ☎ 01 42 60 07 11, bistrot – 🔲. 🅰🅴 🆖 **G 14**
fermé 4 au 24 août et dim. – **Repas** 200 à 330.

La Poule au Pot, 9 r. Vauvilliers (1ᵉʳ) ☎ 01 42 36 32 96, bistrot – 🆖. 🚫 **H 14**
Repas (dîner seul.) 160 et carte 210 à 280.

Lescure, 7 r. Mondovi (1ᵉʳ) ☎ 01 42 60 18 91, bistrot – 🆖 **G 11**
fermé août, sam. soir et dim. – **Repas** 105 et carte 90 à 200.

Le Souletin, 6 r. Vrillière (1ᵉʳ) ☎ 01 42 61 43 78, bistrot – 🆖 **G 14**
fermé dim. et fériés – **Repas** carte 160 à 230.

Entre Ciel et Terre, 5 r. Hérold (1ᵉʳ) ☎ 01 45 08 49 84, rest. exclusivement non-fumeurs
– 🆖 **G 14**
fermé août, sam. et dim. – **Repas** - cuisine végétarienne - 87 et carte 120 à 180.

Victoire Suprême du Coeur, 41 r. Bourdonnais (1ᵉʳ) ☎ 01 40 41 93 95,
Fax 01 40 41 94 57 – 🆖 **H 14**
fermé 10 au 16 avril, 15 au 31 août et dim. – **Repas** - café végétarien - 65 (déj.)/82.

Bastille - République
Hôtel de Ville

3ᵉ, 4ᵉ et 11ᵉ arrondissements

3ᵉ : ✉ 75003 - 4ᵉ : ✉ 75004 - 11ᵉ : ✉ 75011

Pavillon de la Reine ⑤ sans rest, 28 pl. Vosges (3ᵉ) ℘ 01 42 77 96 40, Fax 01 42 77 63 06 – 🛗 🗏 📺 ☎ ⇔. ᴁ ➀ ㏇ ㎽ J17
⌑ 95 – **31 ch** 1600/1950, 14 appart, 10 duplex.

Jeu de Paume ⑤ sans rest, 54 r. St-Louis-en-l'Île (4ᵉ) ℘ 01 43 26 14 18, Fax 01 40 46 02 76, « Ancien jeu de paume du 17ᵉ siècle » – 🛗 📺 ☎ ⬧ – ⚙ 30. ᴁ ➀ ㏇ ㎽ K 16
⌑ 80 – **32 ch** 895/1350.

Little Palace Ⓜ, 4 r. Salomon de Caus (3ᵉ) ℘ 01 42 72 08 15, Fax 01 42 72 45 81 – 🛗 ⬨
📺 ☎ ᕒ. ᴁ ㏇ G 15
Repas *(fermé 13 juil. au 16 août, sam. et dim.)* carte 140 à 220 – ⌑ 50 – **57 ch** 650/750.

Bretonnerie sans rest, 22 r. Ste-Croix-de-la-Bretonnerie (4ᵉ) ℘ 01 48 87 77 63, Fax 01 42 77 26 78 – 🛗 📺 ☎. ㏇. ⬧ J 16
fermé 28 juil. au 24 août – ⌑ 50 – **27 ch** 650/780, 3 appart.

Bel Air Ⓜ sans rest, 5 r. Rampon (11ᵉ) ℘ 01 47 00 41 57, Fax 01 47 00 21 56 – 🛗 📺 ☎. ᴁ
➀ ㏇ ㎽. ⬧ G 17
⌑ 45 – **48 ch** 540/610.

Meslay République sans rest, 3 r. Meslay (3ᵉ) ℘ 01 42 72 79 79, Fax 01 42 72 76 94 – 🛗
📺 ☎. ᴁ ➀ ㏇ ㎽. ⬧ G 16
⌑ 40 – **39 ch** 550/660.

Caron de Beaumarchais Ⓜ sans rest, 12 r. Vieille-du-Temple (4ᵉ) ℘ 01 42 72 34 12, Fax 01 42 72 34 63 – 🛗 🗏 📺 ☎. ᴁ ➀ ㏇ ㎽ J 16
⌑ 48 – **19 ch** 620/730.

🏨🏨 **Axial Beaubourg** sans rest, 11 r. Temple (4ᵉ) ℰ 01 42 72 72 22, Fax 01 42 72 03 53 – 🛗
📺 ☎. ⅍E ⓞ ⅁Ⓑ ⅉ⊂Ⓑ. ⅍
🍽 35 – **39 ch** 450/590. **J 15**

🏨🏨 **Méridional** sans rest, 36 bd Richard-Lenoir (11ᵉ) ℰ 01 48 05 75 00, Fax 01 43 57 42 85 –
🛗 📺 ☎. ⅍E ⓞ ⅁Ⓑ ⅉ⊂Ⓑ
🍽 45 – **36 ch** 600. **J 18**

🏨🏨 **Beaubourg** sans rest, 11 r. S. Le Franc (4ᵉ) ℰ 01 42 74 34 24, Fax 01 42 78 68 11 – 🛗 📺
☎. ⅍E ⓞ ⅁Ⓑ.
🍽 38 – **28 ch** 590/700. **H 15**

🏨🏨 **Rivoli Notre Dame** sans rest, 19 r. Bourg Tibourg (4ᵉ) ℰ 01 42 78 47 39,
Fax 01 40 29 07 00 – 🛗 📺 ☎ ⅋. ⅍E ⓞ ⅁Ⓑ ⅉ⊂Ⓑ. ⅍
🍽 40 – **31 ch** 500/680. **J 16**

🏨🏨 **Verlain** sans rest, 97 r. St-Maur (11ᵉ) ℰ 01 43 57 44 88, Fax 01 43 57 32 06 – 🛗 ▦ 📺 ☎ ⅋.
⅍E ⅁Ⓑ ⅉ⊂Ⓑ
🍽 40 – **38 ch** 490/520. **G 19**

🏨🏨 **Lutèce** sans rest, 65 r. St-Louis-en-l'Ile (4ᵉ) ℰ 01 43 26 23 52, Fax 01 43 29 60 25 – 🛗 ▦ 📺
☎. ⅍E ⅁Ⓑ. ⅍
🍽 45 – **23 ch** 830/850. **K 16**

🏨🏨 **Deux Iles** sans rest, 59 r. St-Louis-en-l'Ile (4ᵉ) ℰ 01 43 26 13 35, Fax 01 43 29 60 25 – 🛗 📺
☎. ⅍E ⅁Ⓑ
🍽 45 – **17 ch** 720/830. **K 16**

🏨🏨 **Vieux Saule** sans rest, 6 r. Picardie (3ᵉ) ℰ 01 42 72 01 14, Fax 01 40 27 88 21 – 🛗 ⅍⇆ 📺
☎ ⇜. ⅍E ⓞ ⅁Ⓑ ⅉ⊂Ⓑ. ⅍
🍽 45 – **31 ch** 380/510. **H 17**

🏨 **Stella** Ⓜ sans rest, 14 r. Neuve St-Pierre (4ᵉ) ℰ 01 44 59 28 50, Fax 01 44 59 28 79 – 🛗 ▦
📺 ☎. ⅍E ⓞ ⅁Ⓑ ⅉ⊂Ⓑ
🍽 45 – **20 ch** 556/662. **J 17**

🏨 **Nord et Est** sans rest, 49 r. Malte (11ᵉ) ℰ 01 47 00 71 70, Fax 01 43 57 51 16 – 🛗 📺 ☎. ⅍E
⅁Ⓑ. ⅍
fermé août et 24 déc. au 2 janv. – 🍽 35 – **45 ch** 320/360. **G 17**

🏨 **Gd H. Prieuré** sans rest, 20 r. Grand Prieuré (11ᵉ) ℰ 01 47 00 74 14, Fax 01 49 23 06 64 –
📺 ☎. ⅍E ⅁Ⓑ. ⅍
🍽 30 – **32 ch** 300/360. **G 17**

🏨 **Allegro République** Ⓜ sans rest, 39 r. J.-P. Timbaud (11ᵉ) ℰ 01 48 06 64 97,
Fax 01 48 05 03 38 – 🛗 📺 ⅋. ⅍E ⅁Ⓑ
🍽 35 – **42 ch** 365/420. **G 18**

🏨 **Croix de Malte** Ⓜ sans rest, 5 r. Malte (11ᵉ) ℰ 01 48 05 09 36, Fax 01 43 57 52 02 54 – 🛗 ⅍⇆
📺 ☎. ⅍E ⓞ ⅁Ⓑ ⅉ⊂Ⓑ
🍽 45 – **29 ch** 470/535. **H 17**

🏨 **Beauséjour** Ⓜ sans rest, 71 av. Parmentier (11ᵉ) ℰ 01 47 00 38 16, Fax 01 43 55 47 89 –
🛗 📺 ☎. ⅍E ⅁Ⓑ ⅉ⊂Ⓑ
🍽 30 – **31 ch** 290/350. **H 18**

🏨 **Campanile** sans rest, 9 r. Chemin Vert (11ᵉ) ℰ 01 43 38 58 08, Fax 01 43 38 52 28 – 🛗 ⅍⇆
📺 ☎ ⅋ ⅍ ⇜. ⅍E ⓞ ⅁Ⓑ
🍽 34 – **157 ch** 420. **J 18**

🏨 **Prince Eugène** sans rest, 247 bd Voltaire (11ᵉ) ℰ 01 43 71 22 81, Fax 01 43 71 24 71 – 🛗
📺 ☎. ⅍E ⓞ ⅁Ⓑ ⅉ⊂Ⓑ
🍽 32 – **35 ch** 345/405. **K 21**

XXXX **L'Ambroisie** (Pacaud), 9 pl. des Vosges (4ᵉ) ℰ 01 42 78 51 45 – ⅍E ⅁Ⓑ. ⅍ **J 17**
❀❀❀ fermé juil., vacances de fév., dim. et lundi – **Repas** carte 720 à 1 030
Spéc. Charlotte de foie gras de canard landais au fenouil épicé. Noix de ris de veau cloutée
au romarin, poêlée d'artichauts aux zestes de citron. Dacquoise au praliné, giboulée de
fruits rouges.

XXX **Miravile**, 72 quai Hôtel de Ville (4ᵉ) ℰ 01 42 74 72 22, Fax 01 42 74 67 55 – ▤. ⅍E ⅁Ⓑ **J 15**
fermé 5 au 20 août, sam. midi et dim. – **Repas** 240 et carte 290 à 420.

XXX **Ambassade d'Auvergne**, 22 r. Grenier St-Lazare (3ᵉ) ℰ 01 42 72 31 22,
Fax 01 42 78 85 47 – ▤. ⅍E ⅁Ⓑ **H 15**
Repas 160 et carte 190 à 340.

XX **Benoît**, 20 r. St-Martin (4ᵉ) ℰ 01 42 72 25 76, Fax 01 42 72 45 68, bistrot **J 15**
❀ fermé août – **Repas** 200 (déj.) et carte 330 à 470
Spéc. Terrine de foie gras de canard. Steak de lotte au poivre. Aiguillette de boeuf mode
aux carottes.

XX **Bofinger**, 5 r. Bastille (4e) ℰ 01 42 72 87 82, Fax 01 42 72 97 68, brasserie, « Décor Belle
Époque » – AE ◑ GB **J 17**
Repas 169 bc et carte 190 à 300.

XX **Pyrénées Cévennes "Chez Philippe"**, 106 r. Folie-Méricourt (11e) ℰ 01 43 57 33 78,
Fax 01 43 57 66 17 – ▦. AE ◑ GB **G 17**
fermé août, sam. et dim – **Repas** carte 230 à 350.

XX **A Sousceyrac** (Asfaux), 35 r. Faidherbe (11e) ℰ 01 43 71 65 30, Fax 01 40 09 79 75 – ▦.
☺ AE ◑ GB **J 19**
fermé août, sam. midi et dim. – **Repas** 175 bc et carte 240 à 340
Spéc. Ris de veau aux pleurotes. Cassoulet. Lièvre à la royale "Gaston Richard" (saison).

XX **L'Excuse**, 14 r. Charles V (4e) ℰ 01 42 77 98 97, Fax 01 42 77 88 55 – AE GB **J 16**
fermé 10 au 17 août et dim. – **Repas** 165 (déj.)/185 et carte 280 à 400.

XX **Thaï Elephant**, 43 r. Roquette (11e) ℰ 01 47 00 42 00, Fax 01 47 00 45 44, « Décor typique » – ▦. AE ◑ GB **J 18**
fermé sam. midi – **Repas** - cuisine thaïlandaise - 150 (déj.), 275/300 et carte 190 à 270.

XX **L'Alisier**, 26 r. Montmorency (3e) ℰ 01 42 72 31 04, Fax 01 42 72 74 83 – GB. ⌖ **H 16**
fermé août, sam. et dim. – **Repas** 185 et carte 250 à 400.

XX **L'Aiguière**, 37 bis r. Montreuil (11e) ℰ 01 43 72 42 32, Fax 01 43 72 96 36 – ▦. AE ◑ GB
fermé sam. midi et dim. – **Repas** 135/248 et carte 260 à 380. **K 20**

XX **Les Amognes**, 243 r. Fg St-Antoine (11e) ℰ 01 43 72 73 05 – GB **K 20**
fermé 2 au 20 août, lundi midi et dim. – **Repas** 180.

XX **La Table Richelieu**, 276 bd Voltaire (11e) ℰ 01 43 72 31 23 – ▦. AE GB **K 21**
fermé sam. midi et lundi – **Repas** 149 bc/260 et carte 220 à 320.

XX **Chardenoux**, 1 r. J. Vallès (11e) ℰ 01 43 71 49 52, bistrot, « Décor début de siècle » – AE
◑ GB. ⌖ **K 20**
fermé août, sam. midi et dim. – **Repas** carte 160 à 250.

X **Bistrot du Dôme**, 2 r. Bastille (4e) ℰ 01 48 04 88 44, Fax 01 48 04 00 59 – ▦. AE GB **J 17**
Repas - produits de la mer - carte 170 à 270.

X **Au Bascou**, 38 r. Réaumur (3e) ℰ 01 42 72 69 25, bistrot – AE GB **G 16**
fermé août, sam. et dim. – **Repas** carte 180 à 240.

X **Le Petit Bofinger**, 6 r. Bastille (4e) ℰ 01 42 72 05 23, Fax 01 42 72 97 68 – ▦. AE ◑ GB
Repas 89 bc (déj.)/128 bc. **J 17**

X **Le Grizzli**, 7 r. St-Martin (4e) ℰ 01 48 87 77 56, ⌖, bistrot – AE GB **J 15**
fermé dim. – **Repas** 120 (déj.)/155 et carte 160 à 250.

X **Astier**, 44 r. J.-P. Timbaud (11e) ℰ 01 43 57 16 35, bistrot – GB **G 18**
fermé 12 au 22 avril, août, 15 au 31 déc., sam., dim. et fériés – **Repas** 135.

X **Le Maraîcher**, 5 r. Beautreillis (4e) ℰ 01 42 71 42 49 – GB **K 17**
fermé 15 juil. au 15 août, Noël au Jour de l'An, sam. midi, lundi midi et dim. – **Repas**
180/285 et carte 190 à 260.

X **Le Monde des Chimères**, 69 r. St-Louis-en-L'Ile (4e) ℰ 01 43 54 45 27, Fax 01 43
29 84 88 – GB **K 16**
fermé dim. et lundi – **Repas** 89 (déj.)/160 et carte 250 à 390.

X **Le Relais St-Paul**, 33 r. F. Miron (4e) ℰ 01 48 87 34 20 – GB **J 16**
fermé août, vacances de fév., sam. midi et dim. – **Repas** 90 (déj.)/135 et carte 180 à 240.

X **Anjou-Normandie**, 13 r. Folie-Méricourt (11e) ℰ 01 47 00 30 59 – GB **H 18**
fermé août, sam. et dim. – **Repas** (déj. seul.) 141/200 et carte 160 à 280, enf. 60.

X **Les Fernandises**, 19 r. Fontaine au Roi (11e) ℰ 01 48 06 16 96, bistrot – GB **G 18**
fermé 4 au 25 août, dim. et lundi – **Repas** 100 (déj.)/130 et carte 160 à 260.

Paris « Welcome » Office
127 Champs-Élysées (8th) (Office de Tourisme de Paris)
Open daily 9 AM to 8 PM. Closed Christmas Day, New Year's Day and May Day (1 May)
ℰ 01.49.52.53.54 - Fax 01.49.52.53.00
Leisure Information: in French (01.49.52.53.55), English (01.49.52.53.56),
German (01.49.52.53.57), Japanese (01.49.52.53.58)

Quartier Latin - Luxembourg
St-Germain-des-Prés

5e et 6e arrondissements

5e : ✉ 75005 – 6e : ✉ 75006

🏰 **Lutétia,** 45 bd Raspail (6ᵉ) ☎ 01 49 54 46 46, Fax 01 49 54 46 00 – 🛗 🖩 📺 ☎ – 🔥 300. 🖭 ⓘ ᴳᴮ
K 12
voir rest. **Le Paris** ci-après - **Brasserie Lutétia** ☎ 01 49 54 46 76 **Repas** 180/295 ♨, enf. 60
– ☎ 130 – **225 ch** 1490/1900, 30 appart.

🏛 **Relais Christine** Ⓜ ⤳ sans rest, 3 r. Christine (6ᵉ) ☎ 01 43 26 71 80, Fax 01 43 26 89 38
– 🛗 ⤢ 🖩 📺 ☎ ⇔. 🖭 ⓘ ᴳᴮ ᴶᶜᴮ
J 14
☎ 95 – **36 ch** 1630/2000, 15 duplex.

🏛 **Relais St-Germain** Ⓜ sans rest, 9 carrefour de l'Odéon (6ᵉ) ☎ 01 43 29 12 05,
Fax 01 46 33 45 30, « Bel aménagement intérieur » – 🛗 cuisinette 🖩 📺 ☎ ℃. 🖭 ⓘ ᴳᴮ
ᴶᶜᴮ
K 13
22 ch ☎ 1280/1950.

🏛 **Relais Médicis** Ⓜ sans rest, 23 r. Racine (6ᵉ) ☎ 01 43 26 00 60, Fax 01 40 46 83 39, « Bel
aménagement intérieur » – 🛗 🖩 📺 ☎. 🖭 ⓘ ᴳᴮ ᴶᶜᴮ
K 13
16 ch ☎ 930/1480.

🏛 **Holiday Inn Saint Germain des Prés** Ⓜ sans rest, 92 r. Vaugirard (6ᵉ)
☎ 01 42 22 00 56, Fax 01 42 22 05 39 – 🛗 ⤢ 🖩 📺 ☎ ᛘ ⇔. 🖭 ⓘ ᴳᴮ ᴶᶜᴮ
L 12
☎ 75 – **134 ch** 940/1030.

🏛 **Abbaye St-Germain** ⤳ sans rest, 10 r. Cassette (6ᵉ) ☎ 01 45 44 38 11,
Fax 01 45 48 07 86 – 🛗 🖩 📺 ☎. 🖭 ᴳᴮ. ⤢
K 12
42 ch ☎ 950/1500, 4 duplex.

Left Bank St-Germain sans rest, 9 r. Ancienne Comédie (6ᵉ) ✆ 01 43 54 01 70,
Fax 01 43 26 17 14 – ⓘ 🖵 📺 ☎ &. 🝙 ⓪ GB JCB. ✼
K 13
⛁ 30 – **30 ch** 895/990.

Madison Ⓜ sans rest, 143 bd St-Germain (6ᵉ) ✆ 01 40 51 60 00, Fax 01 40 51 60 01 – ⓘ 🖵
📺 ☎. 🝙 ⓪ GB JCB
J 13
55 ch ⛁ 760/1500.

Victoria Palace sans rest, 6 r. Blaise-Desgoffe (6ᵉ) ✆ 01 45 49 70 00, Fax 01 45 49 23 75 –
ⓘ ✼ 📺 ☎ & ⇔. 🝙 ⓪ GB JCB
L 11
⛁ 95 – **76 ch** 840/2000, 3 appart.

Sainte Beuve Ⓜ sans rest, 9 r. Ste-Beuve (6ᵉ) ✆ 01 45 48 20 07, Fax 01 45 48 67 52 – ⓘ
📺 ☎. 🝙 GB JCB
L 12
⛁ 80 – **22 ch** 700/1550.

Angleterre sans rest, 44 r. Jacob (6ᵉ) ✆ 01 42 60 34 72, Fax 01 42 60 16 93 – ⓘ 📺 ☎.
⓪ GB. ✼
J 13
⛁ 50 – **24 ch** 630/1100, 3 appart.

Littré sans rest, 9 r. Littré (6ᵉ) ✆ 01 45 44 38 68, Fax 01 45 44 88 13 – ⓘ 🖵 ☎ & – ⌂ 25.
🝙 ⓪ GB JCB. ✼
L 11
⛁ 50 – **93 ch** 990/1000, 4 appart.

St-Grégoire Ⓜ sans rest, 43 r. Abbé Grégoire (6ᵉ) ✆ 01 45 48 23 23, Fax 01 45 48 33 95 –
ⓘ 📺 ☎. 🝙 ⓪ GB JCB. ✼
L 12
⛁ 60 – **20 ch** 790/1390.

Latitudes St-Germain Ⓜ sans rest, 7-11 r. St-Benoit (6ᵉ) ✆ 01 42 61 53 53,
Fax 01 49 27 09 33 – ⓘ 🖵 📺 ☎ &. 🝙 ⓪ GB
J 13
⛁ 72 – **117 ch** 1060.

La Villa Ⓜ sans rest, 29 r. Jacob (6ᵉ) ✆ 01 43 26 60 00, Fax 01 46 34 63 63, « Original décor
contemporain » – ⓘ ✼ 🖵 📺 ☎. 🝙 ⓪ GB
J 13
⛁ 80 – **29 ch** 900/1800, 3 appart.

St-Germain-des-Prés sans rest, 36 r. Bonaparte (6ᵉ) ✆ 01 43 26 00 19,
Fax 01 40 46 83 63 – ⓘ 🖵 📺 ☎ &. 🝙 GB
J 13
⛁ 50 – **30 ch** 750/1300.

Les Rives de Notre-Dame Ⓜ sans rest, 15 quai St-Michel (5ᵉ) ✆ 01 43 54 81 16,
Fax 01 43 26 27 09, ≤ – ⓘ ✼ 🖵 📺 ☎. 🝙 ⓪ GB JCB
J 14
⛁ 85 – **10 ch** 950/2500.

Ferrandi sans rest, 92 r. Cherche-Midi (6ᵉ) ✆ 01 42 22 97 40, Fax 01 45 44 89 97 – ⓘ 🖵 📺
☎ &. 🝙 GB JCB
L 11
⛁ 60 – **41 ch** 480/980.

Villa des Artistes Ⓜ ❧ sans rest, 9 r. Grande Chaumière (6ᵉ) ✆ 01 43 26 60 86,
Fax 01 43 54 73 70 – ⓘ 🖵 📺 ☎. 🝙 ⓪ GB JCB. ✼
L 12
59 ch ⛁ 660/860.

Panthéon sans rest, 19 pl. Panthéon (5ᵉ) ✆ 01 43 54 32 95, Fax 01 43 26 64 65, ≤ – ⓘ 🖵
📺 ☎ &. 🝙 ⓪ GB JCB. ✼
L 14
fermé 3 au 28 août – ⛁ 45 – **34 ch** 680/780.

Grands Hommes sans rest, 17 pl. Panthéon (5ᵉ) ✆ 01 46 34 19 60, Fax 01 43 26 67 32, ≤
– ⓘ 🖵 📺 ☎ &. 🝙 ⓪ GB JCB. ✼
L 14
⛁ 45 – **32 ch** 680/780.

Le Régent Ⓜ sans rest, 61 r. Dauphine (6ᵉ) ✆ 01 46 34 59 80, Fax 01 40 51 05 07 – ⓘ 🖵
📺 ☎. 🝙 ⓪ GB JCB
J 13
⛁ 55 – **25 ch** 750/1000.

Résidence Henri IV Ⓜ sans rest, 50 r. Bernardins (5ᵉ) ✆ 01 44 41 31 81,
Fax 01 46 33 93 22 – ⓘ cuisinette 📺 ☎ &. 🝙 ⓪ GB JCB. ✼
K 15
⛁ 40 – **8 ch** 630/800, 5 appart.

de Buci Ⓜ sans rest, 22 r. Buci (6ᵉ) ✆ 01 43 26 89 22, Fax 01 46 33 80 31 – ⓘ 📺 ☎ & &.
🝙 ⓪ GB JCB. ✼
J 13
⛁ 70 – **24 ch** 950/1300.

Odéon H. Ⓜ sans rest, 3 r. Odéon (6ᵉ) ✆ 01 43 25 90 67, Fax 01 43 25 55 98 – ⓘ 🖵 📺 ☎.
🝙 ⓪ GB JCB. ✼
K 13
⛁ 55 – **33 ch** 706/1312.

de Fleurie sans rest, 32 r. Grégoire de Tours (6ᵉ) ✆ 01 53 73 70 00, Fax 01 53 73 70 20 – ⓘ
🖵 📺 ☎ &. 🝙 ⓪ GB. ✼
K 13
⛁ 50 – **29 ch** 650/1200.

Prince de Conti Ⓜ sans rest, 8 r. Guénégaud (6ᵉ) ✆ 01 44 07 30 40, Fax 01 44 07 36 34 –
ⓘ ✼ 🖵 📺 ☎ &. 🝙 ⓪ GB. ✼
J 13
⛁ 60 – **26 ch** 750/990.

🏨 **Relais St-Sulpice** Ⓜ ⌾ sans rest, 3 r. Garancière (6e) ℘ 01 46 33 99 00, Fax 01 46 33 00 10 – 🛗 🔲 📺 ☎ ✆ 👌. 🆎 ⓞ 🆖 🅙🅒🅑. 🏵
🛏 50 – **26 ch** 900/1200.
K 13

🏨 **Jardins du Luxembourg** Ⓜ ⌾ sans rest, 5 imp. Royer-Collard (5e) ℘ 01 40 46 08 88, Fax 01 40 46 02 28 – 🛗 ⇜ 🔲 📺 ☎ 👌. 🆎 ⓞ 🆖 🅙🅒🅑. 🏵
🛏 50 – **25 ch** 780/820.
L 14

🏨 **Belloy St-Germain** Ⓜ sans rest, 2 r. Racine (6e) ℘ 01 46 34 26 50, Fax 01 46 34 66 18 –
🛗 🔲 📺 ☎. 🆎 🆖 🅙🅒🅑
🛏 50 – **50 ch** 450/910.
K 14

🏨 **des Saints-Pères** sans rest, 65 r. des Sts-Pères (6e) ℘ 01 45 44 50 00, Fax 01 45 44 90 83
– 🛗 🔲 📺 ☎. 🆎 🆖. 🏵
🛏 55 – **36 ch** 550/1250, 3 appart.
J 12

🏨 **Sully St-Germain** Ⓜ sans rest, 31 r. Écoles (5e) ℘ 01 43 26 56 02, Fax 01 43 29 74 42, 🖟⌂
– 🛗 🔲 📺 ☎ ✆. 🆎 ⓞ 🆖 🅙🅒🅑. 🏵
🛏 50 – **56 ch** 600/950.
K 15

🏨 **Royal St-Michel** Ⓜ sans rest, 3 bd St-Michel (5e) ℘ 01 44 07 06 06, Fax 01 44 07 36 25 –
🛗 🔲 📺 ☎. 🆎 ⓞ 🆖 🅙🅒🅑
🛏 45 – **39 ch** 790/1160.
K 14

🏨 **de l'Odéon** Ⓜ sans rest, 13 r. St-Sulpice (6e) ℘ 01 43 25 70 11, Fax 01 43 29 97 34, « Maison du 16e siècle » – 🛗 🔲 📺 ☎. 🆎 ⓞ 🆖 🅙🅒🅑
🛏 55 – **29 ch** 660/950.
K 13

🏨 **Select** Ⓜ sans rest, 1 pl. Sorbonne (5e) ℘ 01 46 34 14 80, Fax 01 46 34 51 79 – 🛗 🔲 📺 ☎
✆. 🆎 ⓞ 🆖 🅙🅒🅑
🛏 40 – **67 ch** 650/890.
K 14

🏨 **Jardin de l'Odéon** Ⓜ sans rest, 7 r. Casimir Delavigne (6e) ℘ 01 46 34 23 90, Fax 01 43 25 28 12 – 🛗 🔲 📺 ☎ ✆ 👌. 🆎 ⓞ 🆖 🅙🅒🅑
🛏 50 – **41 ch** 606/1012.
K 13

🏨 **Clos Médicis** Ⓜ sans rest, 56 r. Monsieur Le Prince (6e) ℘ 01 43 29 10 80, Fax 01 43 54 26 90 – 🛗 ⇜ 🔲 📺 ☎ ✆ 👌. 🆎 ⓞ 🆖 🅙🅒🅑
🛏 65 – **38 ch** 790/990.
K 14

🏨 **St-Christophe** sans rest, 17 r. Lacépède (5e) ℘ 01 43 31 81 54, Fax 01 43 31 12 54 – 🛗 📺
☎. 🆎 ⓞ 🆖
🛏 50 – **31 ch** 650.
L 15

🏨 **Au Manoir St-Germain des Prés** sans rest, 153 bd St-Germain (6e) ℘ 01 42 22 21 65, Fax 01 45 48 22 25 – 🛗 ⇜ 🔲 📺 ☎ ✆. 🆎 ⓞ 🆖 🅙🅒🅑
🛏 40 – **32 ch** 750/990.
J 12

🏨 **Aramis St-Germain** sans rest, 124 r. Rennes (6e) ℘ 01 45 48 03 75, Fax 01 45 44 99 29 –
🛗 📺 ☎ – 🍸 30. 🆎 ⓞ 🆖 🅙🅒🅑. 🏵
🛏 45 – **42 ch** 550/850.
L 12

🏨 **Parc St-Séverin** sans rest, 22 r. Parcheminerie (5e) ℘ 01 43 54 32 17, Fax 01 43 54 70 71
– 🛗 🔲 📺 ☎ ✆. 🆎 ⓞ 🆖 🅙🅒🅑. 🏵
🛏 50 – **27 ch** 500/1500.
K 14

🏨 **Notre Dame** sans rest, 1 quai St-Michel (5e) ℘ 01 43 54 20 43, Fax 01 43 26 61 75, ≤ – 🛗
📺 ☎. 🆎 ⓞ 🆖 🅙🅒🅑
🛏 40 – **23 ch** 590/790, 3 duplex.
K 14

🏨 **Jardin de Cluny** sans rest, 9 r. Sommerard (5e) ℘ 01 43 54 22 66, Fax 01 40 51 03 36 – 🛗
🔲 📺 ☎ ✆. 🆎 ⓞ 🆖 🅙🅒🅑. 🏵
🛏 50 – **40 ch** 665/800.
K 14

🏨 **Bréa** sans rest, 14 r. Bréa (6e) ℘ 01 43 25 44 41, Fax 01 44 07 19 25 – 🛗 📺 ☎. 🆎 ⓞ 🆖
🛏 45 – **23 ch** 590/750.
L 12

🏨 **Agora St-Germain** sans rest, 42 r. Bernardins (5e) ℘ 01 46 34 13 00, Fax 01 46 34 75 05
– 🛗 📺 ☎ ✆. 🆎 ⓞ 🆖 🅙🅒🅑. 🏵
🛏 50 – **39 ch** 580/680.
K 15

🏨 **Pas-de-Calais** sans rest, 59 r. Sts-Pères (6e) ℘ 01 45 48 78 74, Fax 01 45 44 94 57 – 🛗 🔲
📺 ☎. 🆎 ⓞ 🆖 🅙🅒🅑
🛏 45 – **41 ch** 585/810.
J 12

🏠 **Marronniers** ⌾ sans rest, 21 r. Jacob (6e) ℘ 01 43 25 30 60, Fax 01 40 46 83 56 – 🛗 🔲
📺 ☎. 🆖. 🏵
🛏 45 – **37 ch** 715/865.
J 13

🏠 **Delavigne** sans rest, 1 r. Casimir Delavigne (6e) ℘ 01 43 29 31 50, Fax 01 43 29 78 56 – 🛗
📺. 🆖. 🏵
🛏 45 – **34 ch** 500/650.
K 13

🏠 **Sèvres Azur** sans rest, 22 r. Abbé-Grégoire (6e) ℘ 01 45 48 84 07, Fax 01 42 84 01 55 – 🛗
📺 ☎. 🆎 ⓞ 🆖 🅙🅒🅑
🛏 38 – **31 ch** 435/490.
K 11-12

Albe sans rest, 1 r. Harpe (5e) ✆ 01 46 34 09 70, Fax 01 40 46 85 70 – |⇕| ⇷ TV ☎ ✆. AE ⓓ GB JCB. ✂ K 14
☕ 45 – **45 ch** 514/750.

Maxim M sans rest, 28 r. Censier (5e) ✆ 01 43 31 16 15, Fax 01 43 31 93 87 – |⇕| TV ☎. AE ⓓ GB JCB. ✂ M 15
☕ 45 – **36 ch** 470/535.

Familia sans rest, 11 r. Écoles (5e) ✆ 01 43 54 55 27, Fax 01 43 29 61 77 – |⇕| TV ☎. AE ⓓ GB. ✂ L-K 15
☕ 35 – **30 ch** 370/490.

California H. sans rest, 32 r. Écoles (5e) ✆ 01 46 34 12 90, Fax 01 46 34 75 52 – |⇕| TV ☎. AE ⓓ GB K 14-15
☕ 45 – **44 ch** 520/700.

La Sorbonne sans rest, 6 r. Victor Cousin (5e) ✆ 01 43 54 58 08, Fax 01 40 51 05 18 – |⇕| ⇷ TV ☎. AE GB K 14
☕ 35 – **37 ch** 425/500.

XXXXX ✿✿ **Tour d'Argent** (Terrail), 15 quai Tournelle (5e) ✆ 01 43 54 23 31, Fax 01 44 07 12 04, ⩽ Notre-Dame, « Petit musée de la table. Dans les caves, spectacle historique sur le vin » – ▤. AE ⓓ GB JCB K 16
fermé lundi – **Repas** 395 (déj.) et carte 750 à 960
Spéc. Quenelles de brochet "André Terrail". Caneton "Tour d'Argent". Crêpes "Belle Époque".

XXX ✿ **Jacques Cagna,** 14 r. Grands Augustins (6e) ✆ 01 43 26 49 39, Fax 01 43 54 54 48, « Maison du Vieux Paris » – ▤. AE ⓓ GB JCB J 14
fermé 3 au 24 août, 23 déc. au 2 janv. , sam. midi et dim – **Repas** 270 (déj.) et carte 420 à 650
Spéc. Lotte en cocotte à l'estragon. Poularde de Houdan en deux services. Gibier (saison).

XXX ✿ **Paris** - Hôtel Lutétia, 45 bd Raspail (6e) ✆ 01 49 54 46 90, Fax 01 49 54 46 00, « Décor inspiration "Art-Déco" » – ▤. AE ⓓ GB K 12
fermé 26 juil. au 24 août, sam. et dim. – **Repas** 260 (déj.), 360/565 et carte 400 à 480
Spéc. Turbot cuit dans le sel de Guérande. Jarret de veau cuit en cocotte. Le "tout chocolat".

XXX ✿ **Relais Louis XIII** (Martinez), 8 r. Grands Augustins (6e) ✆ 01 43 26 75 96, Fax 01 44 07 07 80, « Maison historique, caveau du 16e siècle » – ▤. AE ⓓ GB JCB J 14
fermé 3 au 25 août, lundi midi et dim. – **Repas** 195 (déj.)/250 et carte 260 à 370
Spéc. Choux farcis au saumon légèrement fumé. Dos de Saint-Pierre, ravigote de pied de porc et ragoût de haricots tarbais. Millefeuille à la vanille.

XXX **Le Procope,** 13 r. Ancienne Comédie (6e) ✆ 01 40 46 79 00, Fax 01 40 46 79 09, « Ancien café littéraire du 18e siècle » – ▤. AE ⓓ GB K 13
Repas 106 (déj.)/185 et carte 170 à 350 🍷.

XX **Aub. des Deux Signes,** 46 r. Galande (5e) ✆ 01 43 25 46 56, Fax 01 46 33 20 49, « Cadre médiéval » – AE ⓓ GB JCB K 14
fermé août, sam. midi et dim. – **Repas** 150/230 et carte 300 à 420, enf. 100.

XX **Campagne et Provence,** 25 quai Tournelle (5e) ✆ 01 43 54 05 17, Fax 01 43 29 74 93 – ▤. GB. ✂ K 15
fermé lundi midi, sam. midi et dim. – **Repas** 158 (déj.) et carte 200 à 300.

XX **Le Chat Grippé,** 87 r. Assas (6e) ✆ 01 43 54 70 00, Fax 01 43 26 42 05 – ▤. AE GB JCB. ✂ LM 13
fermé 20 juil. au 20 août, sam. midi et lundi – **Repas** 160/200.

XX **Yugaraj,** 14 r. Dauphine (6e) ✆ 01 43 26 44 91, Fax 01 46 33 50 77 – ▤. AE ⓓ GB JCB. ✂
Repas - cuisine indienne - 130 (déj.), 180/220 et carte 230 à 260. J 14

XX **La Truffière,** 4 r. Blainville (5e) ✆ 01 46 33 29 82, Fax 01 46 33 64 74 – ▤. AE ⓓ GB L 15
fermé lundi – **Repas** 98 (déj.), 140/198 🍷.

XX **Dodin-Bouffant,** 25 r. F.-Sauton (5e) ✆ 01 43 25 25 14, Fax 01 43 29 52 61 – ▤. AE ⓓ GB K 15
fermé sam. midi et dim. – **Repas** 180 bc/245 bc et carte 240 à 410.

XX **Marty,** 20 av. Gobelins (5e) ✆ 01 43 31 39 51, Fax 01 43 37 63 70, brasserie – AE ⓓ GB JCB M 15
Repas 192/288 bc et carte 190 à 300.

XXX **La Timonerie** (de Givenchy), 35 quai Tournelle (5e) ℰ 01 43 25 44 42 – GB   **K 15**
❀   *fermé août, lundi midi et dim.* – **Repas** 250 (déj.)/350
    Spéc. Foie gras rôti sur pomme de terre séchée au four. Sandre rôti, choux et pommes de
    terre en vinaigrette. Tarte fine au chocolat.

XX **Mavrommatis**, 42 r. Daubenton (5e) ℰ 01 43 31 17 17, Fax 01 43 36 13 08 – 🍴. GB. ⅏
    fermé lundi – **Repas** - cuisine grecque - 120 (déj.)/140 et carte 170 à 220.   **M 15**

XX **Bistrot d'Alex**, 2 r. Clément (6e) ℰ 01 43 54 09 53 – 🍴. AE GB   **K 13**
    fermé 24 déc. au 2 janv., sam. midi et dim. – **Repas** 140/170 et carte 160 à 270.

XX **Joséphine "Chez Dumonet"**, 117 r. Cherche-Midi (6e) ℰ 01 45 48 52 40,
    Fax 01 42 84 06 83, bistrot – AE GB   **L 11**
    fermé août, sam. et dim. – carte 210 à 560 - *La Rôtisserie :* ℰ 01 42 22 81 19 *(fermé juil.,
    lundi et mardi)* Repas 150 bc et carte environ 180.

XX **Le Rond de Serviette**, 97 r. Cherche-Midi (6e) ℰ 01 45 44 01 02, Fax 01 42 22 50 10 –
    🍴. AE ① GB JCB   **L 11**
    fermé 2 au 24 août, sam. midi et dim.   **Repas** 132 bc (déj.), 168/250 bc.

XXX **Chez Toutoune**, 5 r. Pontoise (5e) ℰ 01 43 26 56 81 – AE GB   **K 15**
    fermé lundi midi – **Repas** 118 (déj.)/180.

XX **L'Arrosée**, 12 r. Guisarde (6e) ℰ 01 43 54 66 59, Fax 01 43 54 66 59 – 🍴. AE ① GB JCB.
    ⅏   **K 13**
    fermé sam. midi et dim. midi – **Repas** 150/210 et carte 270 à 500.

XX **La Marlotte**, 55 r. Cherche-Midi (6e) ℰ 01 45 48 86 79, Fax 01 45 44 34 80 – AE ① GB
    JCB. ⅏   **K 12**
    fermé août, sam. et dim. – **Repas** carte 190 à 300.

XX **Chez Maître Paul**, 12 r. Monsieur-le-Prince (6e) ℰ 01 43 54 74 59, Fax 01 46 34 58 33 –
    AE ① GB JCB   **K 13**
    fermé sam. midi et dim. en juil.-août – **Repas** 155/190 bc et carte 180 à 340.

XXX **Les Bouchons de François Clerc**, 12 r. Hôtel Colbert (5e) ℰ 01 43 54 15 34,
    Fax 01 46 34 68 07 – AE GB   **K 15**
    fermé 13 au 20 août , sam. midi et dim. – **Repas** 117 bc (déj.)/219.

XX **La Bastide Odéon**, 7 r. Corneille (6e) ℰ 01 43 26 03 65, Fax 01 44 07 28 93 – GB. ⅏
    fermé 3 au 25 août, dim. et lundi – **Repas** 180.   **K 13**

XX **Inagiku**, 14 r. Pontoise (5e) ℰ 01 43 54 70 07, Fax 01 40 51 74 44 – 🍴. GB   **K 15**
    fermé 1er au 15 août et dim. – **Repas** - cuisine japonaise - 88 (déj.), 148/248 et carte 230 à
    320.

XXX **L'O à la Bouche**, 157 bd Montparnasse (6e) ℰ 01 43 26 26 53, Fax 01 43 26 40 43 –
    GB   **M 13**
    fermé 17 au 23 mars, 3 au 25 août, 1er au 9 janv., dim. et lundi – **Repas** 130 (déj.), 140/180.

X   **L'Épi Dupin**, 11 r. Dupin (6e) ℰ 01 42 22 64 56, Fax 01 42 22 30 42 – GB   **K 12**
    fermé 1er au 25 août, sam. et dim. – **Repas** 153.

X   **Au Grilladin**, 13 r. Mézières (6e) ℰ 01 45 48 30 38, Fax 01 45 48 30 38 – AE GB   **K 12**
    fermé 26 juil. au 26 août, 23 déc. au 2 janv., lundi midi et dim. – **Repas** 124/159 et carte 190
    à 320.

X   **Bouillon Racine**, 3 r. Racine (6e) ℰ 01 44 32 15 60, Fax 01 44 32 15 61, brasserie, « Cadre
    "Art Nouveau" » – 🍴.   **K 14**
    fermé dim. – **Repas** carte 150 à 250.

X   **Les Bookinistes**, 53 quai Grands Augustins (6e) ℰ 01 43 25 45 94, Fax 01 43 25 23 07 –
    🍴. AE GB JCB   **J 14**
    fermé midi et sam. – **Repas** 160 et carte 200 à 260.

X   **La Timbale St-Bernard**, 16 r. Fossés St-Bernard (5e) ℰ 01 46 34 28 28, Fax 01 46
    34 66 26 – AE ① GB JCB   **K 15**
    fermé 4 au 24 août, sam. midi et dim. – **Repas** 98 (déj.), 168/250 bc et carte 170 à 250.

X   **Le Palanquin**, 12 r. Princesse (6e) ℰ 01 43 29 77 66 – GB   **K 13**
    fermé dim. – **Repas** - cuisine vietnamienne - 70 (déj.), 105/148 et carte 150 à 210.

X   **Moulin à Vent "Chez Henri"**, 20 r. Fossés-St-Bernard (5e) ℰ 01 43 54 99 37, bistrot –
    GB. ⅏   **K 15**
    fermé août, dim. et lundi – **Repas** carte 240 à 320.

X   **Dominique**, 19 r. Bréa (6e) ℰ 01 43 27 08 80, Fax 01 43 26 88 35 – AE ① GB   **L 12**
    fermé 20 juil. au 20 août, lundi midi et dim. – **Repas** - cuisine russe - 150/180 bc et carte 190
    à 300 🍷.

X   **Rôtisserie d'en Face**, 2 r. Christine (6e) ℰ 01 43 26 40 98, Fax 01 43 54 54 48 – 🍴. AE
    ① GB JCB   **J 14**
    fermé sam. midi et dim. – **Repas** 159 (déj.)/210.

X   **Rôtisserie du Beaujolais**, 19 quai Tournelle (5e) ℰ 01 43 54 17 47, Fax 01 44 07 12 04 –
    GB   **K 15**
    fermé lundi – **Repas** carte 170 à 240.

XX **Allard,** 41 r. St-André-des-Arts (6ᵉ) ℰ 01 43 26 48 23, Fax 01 46 33 04 02, bistrot – ▤. ᴬᴱ
◑ ᴳᴮ ᴶᶜᴮ   **K 14**
fermé dim. – **Repas** 150 (déj.)/200 et carte 240 à 420.

XX **Moissonnier,** 28 r. Fossés-St-Bernard (5ᵉ) ℰ 01 43 29 87 65, bistrot – ᴳᴮ   **K 15**
fermé 1ᵉʳ août au 2 sept., vacances de fév., dim. soir et lundi – **Repas** 150 et carte 180 à 290.

XX **Atelier Maître Albert,** 1 r. Maître Albert (5ᵉ) ℰ 01 46 33 13 78, Fax 01 44 07 01 86 – ▤.
ᴬᴱ ᴳᴮ   **K 15**
fermé lundi midi et dim. – **Repas** 130 bc (déj.), 170/230 bc.

XX **Balzar,** 49 r. Écoles (5ᵉ) ℰ 01 43 54 13 67, Fax 01 44 07 14 91, brasserie – ▤. ᴬᴱ ᴳᴮ **K 14**
fermé août – **Repas** carte 150 à 320.

XX **La Cafetière,** 21 r. Mazarine (6ᵉ) ℰ 01 46 33 76 90, Fax 01 43 25 76 90 – ᴳᴮ   **J 13**
fermé 3 au 24 août, 24 déc. au 5 janv. et dim. – **Repas** - cuisine italienne - carte 180 à 220.

XX **Valérie Tortu,** 11 r. Grande Chaumière (6ᵉ) ℰ 01 46 34 07 58, Fax 01 46 34 06 84 – ᴬᴱ ᴳᴮ
fermé 10 au 30 août, sam. midi et dim. – **Repas** 158 et carte 180 à 280.   **L 12**

XX **Bistro de la Grille,** 14 r. Mabillon (6ᵉ) ℰ 01 43 54 16 87, bistrot – ᴳᴮ   **K 13**
Repas 95 (déj.), 150/170 ⧉.

XX **Les Quatre et Une Saveurs,** 72 r. Cardinal-Lemoine (5ᵉ) ℰ 01 43 26 88 80,
Fax 01 43 26 90 07 – ᴳᴮ   **L 15**
fermé lundi – **Repas** - cuisine végétarienne - 120/130.

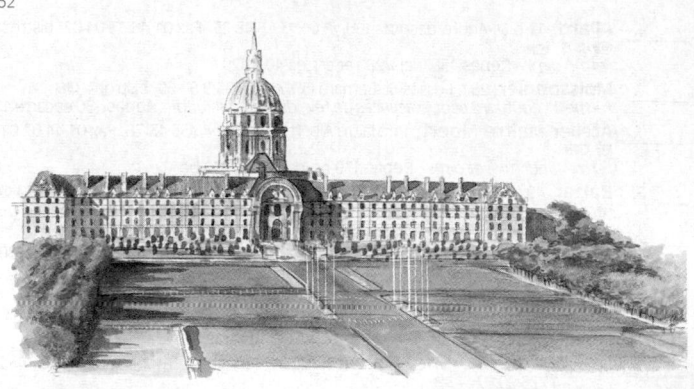

Faubourg St-Germain
Invalides - École Militaire

7ᵉ arrondissement

7ᵉ : ✉ 75007

🏨🏨🏨 **Montalembert** Ⓜ, 3 r. Montalembert ✆ 01 45 49 68 68, Fax 01 45 49 69 49, ☆, « Décoration originale » – 🛗 🔲 📺 ☎ ✆ – 🔥 25. 🆎 ⑩ ☒ ᴊᴄʙ   J 12
Repas 170 (déj.), 215/300 et carte 220 à 370 – ⬚ 100 – **51 ch** 1625/2080, 5 appart.

🏨🏨🏨 **Duc de Saint-Simon** ⬱ sans rest, 14 r. St-Simon ✆ 01 44 39 20 20, Fax 01 45 48 68 25, « Belle décoration intérieure » – 🛗 📺 ☎ ✆. 🆎 ☒ ⬚   J 11
⬚ 70 – **29 ch** 1025/1425, 5 appart.

🏨🏨🏨 **Cayré** sans rest, 4 bd Raspail ✆ 01 45 44 38 88, Fax 01 45 44 98 13 – 🛗 ⟲ 📺 ☎ ✆. 🆎 ⑩ ☒ ᴊᴄʙ   J 12
⬚ 50 – **119 ch** 900.

🏨🏨 **Le Tourville** Ⓜ sans rest, 16 av. Tourville ✆ 01 47 05 62 62, Fax 01 47 05 43 90 – 🛗 🔲 📺 ☎. 🆎 ⑩ ☒   J 9
⬚ 60 – **30 ch** 890/1390.

🏨🏨 **Bellechasse** Ⓜ sans rest, 8 r. Bellechasse ✆ 01 45 50 22 31, Fax 01 45 51 52 36 – 🛗 ⟲ 📺 ☎ ♿. 🆎 ⑩ ☒ ᴊᴄʙ   H 11
⬚ 75 – **41 ch** 910.

🏨🏨 **La Bourdonnais**, 111 av. La Bourdonnais ✆ 01 47 05 45 42, Fax 01 45 55 75 54 – 🛗 📺 ☎. 🆎 ⑩ ☒ ᴊᴄʙ   J 9
voir rest. *La Cantine des Gourmets* ci-après – ⬚ 40 – **57 ch** 510/690, 3 appart.

🏨🏨 **Lenox Saint-Germain** sans rest, 9 r. Université ✆ 01 42 96 10 95, Fax 01 42 61 52 83 – 🛗 📺 ☎. 🆎 ⑩ ☒   J 12
⬚ 45 – **32 ch** 650/1100.

🏨🏨 **Splendid** Ⓜ sans rest, 29 av. Tourville ✆ 01 45 51 29 29, Fax 01 44 18 94 60 – 🛗 📺 ☎ ✆ ♿. 🆎 ⑩ ☒   J 9
⬚ 46 – **48 ch** 590/990.

🏨🏨 **Bourgogne et Montana** sans rest, 3 r. Bourgogne ✆ 01 45 51 20 22, Fax 01 45 56 11 98 – 🛗 📺 ☎. 🆎 ⑩ ☒ ᴊᴄʙ   H 11
⬚ 70 – **28 ch** 690/930, 6 appart.

🏨 **Les Jardins d'Eiffel** Ⓜ sans rest, 8 r. Amélie ℰ 01 47 05 46 21, Fax 01 45 55 28 08 – 📶
⇄ ▤ 📺 ☎ 🆚 ᴴ ⇔. 🅰🄴 ① ⒼⒷ ⒿⒸⒷ.　　　　　　　　　　　　　　　　　　**H 9**
⟳ 60 – **80 ch** 700/960.

🏨 **Eiffel Park H.** Ⓜ sans rest, 17 bis r. Amélie ℰ 01 45 55 10 01, Fax 01 47 05 28 68 – 📶 📺
☎ ᴴ – 🏋 25. 🅰🄴 ① ⒼⒷ ⒿⒸⒷ. ⁄⁄　　　　　　　　　　　　　　　　　　**J 9**
⟳ 55 – **36 ch** 650/695.

🏨 **Verneuil St-Germain** sans rest, 8 r. Verneuil ℰ 01 42 60 82 14, Fax 01 42 61 40 38 – 📶
📺 ☎. 🅰🄴 ① ⒼⒷ ⒿⒸⒷ. ⁄⁄　　　　　　　　　　　　　　　　　　　　　　　　**J 12**
26 ch ⟳ 700/950.

🏨 **Muguet** Ⓜ sans rest, 11 r. Chevert ℰ 01 47 05 05 93, Fax 01 45 50 25 37 – 📶 📺 ☎. 🅰🄴
ⒼⒷ　　　　　　　　　　　　　　　　　　　　　　　　　　　　　　　　　　　**J 9**
⟳ 45 – **45 ch** 440/510.

🏨 **du Cadran** Ⓜ sans rest, 10 r. Champ-de-Mars ℰ 01 40 62 67 00, Fax 01 40 62 67 13 – 📶
▤ 📺 ☎ 🆚. 🅰🄴 ① ⒼⒷ. ⁄⁄　　　　　　　　　　　　　　　　　　　　　　　**J 9**
⟳ 50 – **42 ch** 850/920.

🏨 **Relais Bosquet** sans rest, 19 r. Champ-de-Mars ℰ 01 47 05 25 45, Fax 01 45 55 08 24 –
📶 📺 ☎ 🆚. 🅰🄴 ① ⒼⒷ　　　　　　　　　　　　　　　　　　　　　　　**J 9**
⟳ 53 – **40 ch** 760/810.

🏨 **Sèvres Vaneau** sans rest, 86 r. Vaneau ℰ 01 45 48 73 11, Fax 01 45 49 27 74 – 📶 ⇄ 📺
☎. 🅰🄴 ① ⒼⒷ ⒿⒸⒷ　　　　　　　　　　　　　　　　　　　　　　　　　　**K 11**
⟳ 75 – **39 ch** 780/840.

🏨 **St-Germain** sans rest, 88 r. Bac ℰ 01 49 54 70 00, Fax 01 45 48 26 89 – 📶 📺 🆚. 🅰🄴 ⒼⒷ.
⁄⁄　　　　　　　　　　　　　　　　　　　　　　　　　　　　　　　　　　　**J 11**
⟳ 45 – **29 ch** 415/730.

🏨 **de Varenne** ⒮ sans rest, 44 r. Bourgogne ℰ 01 45 51 45 55, Fax 01 45 51 86 63 – 📶 📺
☎. 🅰🄴 ⒼⒷ　　　　　　　　　　　　　　　　　　　　　　　　　　　　　　　**J 10**
⟳ 46 – **24 ch** 560/710.

🏨 **Derby Eiffel H.** sans rest, 5 av. Duquesne ℰ 01 47 05 12 05, Fax 01 47 05 43 43 – 📶 📺
☎. 🅰🄴 ① ⒼⒷ ⒿⒸⒷ　　　　　　　　　　　　　　　　　　　　　　　　　　**J 9**
⟳ 50 – **43 ch** 650/710.

🏨 **Beaugency** sans rest, 21 r. Duvivier ℰ 01 47 05 01 63, Fax 01 45 51 04 96 – 📶 📺 ☎. 🅰🄴
① ⒼⒷ　　　　　　　　　　　　　　　　　　　　　　　　　　　　　　　　　**J 9**
⟳ 40 – **30 ch** 600/700.

🏨 **Bersoly's** sans rest, 28 r. Lille ℰ 01 42 60 73 79, Fax 01 49 27 05 55 – 📶 ▤ 📺 ☎. 🅰🄴 ⒼⒷ 3
fermé 11 au 24 août – ⟳ 50 – **16 ch** 600/750.

🏨 **Chomel** sans rest, 15 r. Chomel ℰ 01 45 48 55 52, Fax 01 45 48 89 76 – 📶 📺 ☎. 🅰🄴 ①
ⒼⒷ ⒿⒸⒷ. ⁄⁄　　　　　　　　　　　　　　　　　　　　　　　　　　　　　**K 12**
⟳ 50 – **23 ch** 585/850.

🏨 **Londres** sans rest, 1 r. Augereau ℰ 01 45 51 63 02, Fax 01 47 05 28 96 – 📶 📺 ☎. 🅰🄴 ①
ⒼⒷ ⒿⒸⒷ　　　　　　　　　　　　　　　　　　　　　　　　　　　　　　　**J 8**
⟳ 45 – **30 ch** 495/595.

🏨 **France** sans rest, 102 bd La Tour Maubourg ℰ 01 47 05 40 49, Fax 01 45 56 96 78 – 📶 📺
☎ ᴴ. 🅰🄴 ① ⒼⒷ　　　　　　　　　　　　　　　　　　　　　　　　　　　　**J 9**
⟳ 35 – **60 ch** 385/500.

🏨 **Champ-de-Mars** sans rest, 7 r. Champ-de-Mars ℰ 01 45 51 52 30, Fax 01 45 51 64 36 –
📶 📺 ☎. 🅰🄴 ⒼⒷ ⒿⒸⒷ. ⁄⁄　　　　　　　　　　　　　　　　　　　　　　　**J 9**
⟳ 35 – **25 ch** 355/420.

🏨 **L'Empereur** sans rest, 2 r. Chevert ℰ 01 45 55 88 02, Fax 01 45 51 88 54 – 📶 📺 ☎. 🅰🄴
ⒼⒷ　　　　　　　　　　　　　　　　　　　　　　　　　　　　　　　　　　　**J 9**
⟳ 37 – **38 ch** 421/466.

🏨 **Turenne** sans rest, 20 av. Tourville ℰ 01 47 05 99 92, Fax 01 45 56 06 04 – 📶 📺 ☎. 🅰🄴 ①
ⒼⒷ. ⁄⁄　　　　　　　　　　　　　　　　　　　　　　　　　　　　　　　　**J 9**
⟳ 38 – **34 ch** 320/525.

XXXX **Jules Verne,** 2ᵉ étage Tour Eiffel, ascenseur privé pilier sud ℰ 01 45 55 61 44,
❀ Fax 01 47 05 29 41, ≤ Paris – ▤. 🅰🄴 ① ⒼⒷ ⒿⒸⒷ. ⁄⁄　　　　　　　　　**J 7**
Repas 290 (déj.)/680 et carte 510 à 660
Spéc. Petit pain soufflé aux gros tourteaux. Dos de turbot au jus de pommes vertes.
Entrecôte de veau de Corrèze aux truffes.

XXXX **Arpège** (Passard), 84 r. Varenne ℰ 01 45 51 47 33, Fax 01 44 18 98 39 – ▤. 🅰🄴 ① ⒼⒷ ⒿⒸⒷ
❀❀❀ *fermé dim. midi et sam.* – **Repas** 320 (déj.)/690 et carte 480 à 680　　　　　**J 10**
Spéc. Carpaccio de langoustines au caviar sevruga. Dragée de pigeonneau vendéen à
l'hydromel. Tomate confite farcie aux douze saveurs (dessert).

XXXX **Le Divellec,** 107 r. Université ℰ 01 45 51 91 96, Fax 01 45 51 31 75 – ▤, AE ⓪ GB JCB,
✤✤ ✾   H 10
fermé Noël au Jour de l'An, dim. et lundi – **Repas** - produits de la mer - 290 (déj.)/390 (déj.)
et carte 450 à 850
Spéc. Huîtres spéciales frémies à la laitue de mer. Homard à la presse avec son corail.
Escalope de turbot braisée aux truffes.

XXX **Paul Minchelli,** 54 bd La Tour Maubourg ℰ 01 47 05 89 86, Fax 01 45 56 03 84 – ▤. GB
✤   *fermé août,24 déc. au 2 janv., dim., lundi et fériés* – **Repas** - produits de la mer - carte 430 à
550   J 9
Spéc. Homard au miel et aux épices . Filet de bar au vert . Darnes de lotte pochée , riz noir
et aïoli de pommes de terre (printemps - été).

XXX **La Flamberge,** 12 av. Rapp ℰ 01 47 05 91 37, Fax 01 45 50 31 27 – ▤, AE ⓪ GB   H 8
fermé août, 20 au 28 déc., sam. midi et dim. – **Repas** 270 bc et carte 280 à 410.

XXX **La Cantine des Gourmets,** 113 av. La Bourdonnais ℰ 01 47 05 47 96, Fax 01 45
✤   51 09 29 – ▤, AE GB   J 9
Repas 240 bc (déj.), 320/420 et carte 340 à 480 ⅃
Spéc. Petits choux farcis de langoustines à la moëlle et fleur de sel. Volaille de Houdan
pochée-poêlée, ravioles de foie gras. Chiboust à la vanille, petits farcis de clémentines.

XXX **La Boule d'Or,** 13 bd La Tour Maubourg ℰ 01 47 05 50 18, Fax 01 47 05 91 21 – ▤, AE ⓪
GB JCB   H 10
fermé sam. midi – **Repas** 175/210.

XXX **Le Petit Laurent,** 38 r. Varenne ℰ 01 45 48 79 64, Fax 01 45 44 15 95 – AE ⓪ GB   J 11
fermé août, sam. midi et dim. – **Repas** 185/250 et carte 270 à 390.

XX **Le Bellecour** (Goutagny), 22 r. Surcouf ℰ 01 45 51 46 93, Fax 01 45 50 30 11 – ▤, AE ⓪
✤   GB   H 9
fermé août, sam. sauf le soir du 15 sept. au 15 juil. et dim. – **Repas** 160 (déj.)/220
Spéc. Truffière de Saint-Jacques (15 déc. au 15 avril). Quenelle de brochet ''maison''. Lièvre
à la cuillère (15 oct. au 15 janv.).

XX **Récamier** (Cantegrit), 4 r. Récamier ℰ 01 45 48 86 58, Fax 01 42 22 84 76, ㎡ – ▤. AE ⓪
✤   GB JCB   K 12
fermé dim. – **Repas** 300 bc et carte 280 à 450
Spéc. Oeufs en meurette. Mousse de brochet sauce Nantua. Sauté de boeuf bourguignon.

XX **La Maison de l'Amérique Latine,** 217 bd St-Germain ℰ 01 45 49 33 23,
Fax 01 40 49 03 94, ㎡, « Dans un hôtel particulier du 18ᵉ siècle, terrasse ouverte sur le
jardin » – AE ⓪ GB, ✤   J 11
fermé 4 au 25 août, sam., dim. et fériés – **Repas** (fermé le soir de nov. à avril) 195 (déj.) et
carte 300 à 340.

XX **Beato,** 8 r. Malar ℰ 01 47 05 94 27 – ▤. AE GB   H 9
fermé 25 juil. au 25 août,, 21 au 29 déc., dim. et lundi – **Repas** - cuisine italienne - 145 (déj.)
et carte 240 à 350 ⅃.

XX **Ferme St-Simon,** 6 r. St-Simon ℰ 01 45 48 35 74, Fax 01 40 49 07 31 – ▤. AE ⓪ GB
fermé 2 au 17 août, sam. midi et dim. – **Repas** 170 (déj.)/190 et carte 250 à 340.   J 11

XX **Vin sur Vin,** 18 r. Monttessuy ℰ 01 47 05 14 20, Fax 01 47 05 05 55 – ▤. GB   H 8
fermé 2 au 17 août, 23 déc. au 3 janv., lundi midi, sam. midi et dim. – **Repas** carte 270 à 370.

XX **Les Glénan,** 54 r. Bourgogne ℰ 01 47 05 96 65 – ▤. AE GB JCB   J 10
fermé août, vacances de fév., sam. et dim. – **Repas** - produits de la mer - 200 bc et carte 280
à 360.

XX **Le Bamboche,** 15 r. Babylone ℰ 01 45 49 14 40, Fax 01 45 49 14 44 – AE GB   K 11
fermé 11 au 24 août, sam. et dim. – **Repas** 190 et carte 280 à 380.

XX **Gildo,** 153 r. Grenelle ℰ 01 45 51 54 12, Fax 01 45 51 57 42 – ▤. AE GB   J 9
fermé 27 juil. au 25 août, lundi midi et dim. – **Repas** - cuisine italienne - 149 (déj.) et carte
250 à 390.

XX **D'Chez Eux,** 2 av. Lowendal ℰ 01 47 05 52 55, Fax 01 45 55 60 74 – AE ⓪ GB   J 9
fermé août – **Repas** 265 et carte 210 à 410.

XX **Foc Ly,** 71 av. Suffren ℰ 01 47 83 27 12, Fax 01 46 24 48 46 – ▤. AE GB   K 8
fermé lundi en juil.-août – **Repas** - cuisine chinoise et thaïlandaise - 160 bc (dîner) et carte
150 à 290, enf. 70.

XX **Tan Dinh,** 60 r. Verneuil ℰ 01 45 44 04 84, Fax 01 45 44 36 93   J 12
fermé août et dim. – **Repas** - cuisine vietnamienne - carte 240 à 280.

XX **Le Champ de Mars,** 17 av. La Motte-Picquet ℰ 01 47 05 57 99, Fax 01 44 18 94 69 – AE
⓪ GB   J 9
fermé 20 juil. au 20 août et lundi – **Repas** 118/198 et carte 180 à 310.

X **Gaya Rive Gauche,** 44 r. Bac ℰ 01 45 44 73 73, Fax 01 42 60 04 54 – AE GB   J 12
fermé août, dim. midi et fêtes – **Repas** - produits de la mer - carte 270 à 340.

XX **Le P'tit Troquet**, 28 r. Exposition ℰ 01 47 05 80 39, Fax 01 47 05 80 39, bistrot – ⚏ **J 9**
fermé 3 au 25 août, sam. midi et dim. – **Repas** 149 et carte environ 170.

XX **Les Olivades**, 41 av. Ségur ℰ 01 47 83 70 09, Fax 01 42 73 04 75 – ⚏ ⚏ **K 9**
fermé août, sam. midi et dim. – **Repas** 159/210.

XX **Thoumieux** avec ch, 79 r. St-Dominique ℰ 01 47 05 49 75, Fax 01 47 05 36 96, brasserie
⚏ – ▤ rest ⚏ ☎, ⚏ ⚏ **H 9**
Repas 72/150 bc et carte 180 à 260 – ⚏ 35 – **10 ch** 550/600.

XX **Le Maupertu**, 94 bd La Tour Maubourg ℰ 01 45 51 37 96 – ⚏ **J 10**
fermé 10 au 31 août, sam. midi et dim. – **Repas** 135 et carte 200 à 250.

XX **Clémentine**, 62 av. Bosquet ℰ 01 45 51 41 16, Fax 01 45 55 76 79 – ⚏ ⚏ **J 9**
fermé 17 au 31 août, sam. midi et dim. – **Repas** 139/180 et carte 180 à 270.

XX **L'Oeillade**, 10 r. St-Simon ℰ 01 42 22 01 60 – ▤. ⚏ **J 11**
fermé 15 au 22 août, sam. midi – **Repas** 158 et carte 200 à 280.

XX **Chez Collinot**, 1 r. P. Leroux ℰ 01 45 67 66 42 – ⚏ **K 11**
fermé août, sam. sauf le soir de sept. à juin et dim. – **Repas** 135.

XX **La Fontaine de Mars**, 129 r. St-Dominique ℰ 01 47 05 46 44, Fax 01 47 05 11 13, ⚏,
bistrot – ⚏ ⚏ **J 9**
fermé dim. – **Repas** carte 180 à 270.

XX **La Table d'Eiffel**, 39 av. La Motte-Picquet ℰ 01 45 55 90 20, Fax 01 44 18 36 73 – ⚏ ⚏
⚏ ⚏ **J 9**
Repas 175 bc.

XX **Le Sédillot**, 2 r. Sédillot ℰ 01 45 51 95 82, « Décor Art Nouveau » – ⚏ ⚏ **H 8**
⚏ *fermé 9 au 17 août, sam. et dim.* – **Repas** 85/150 et carte 180 à 300 ⚏.

XX **La Calèche**, 8 r. Lille ℰ 01 42 60 24 76, Fax 01 47 03 31 10 – ▤. ⚏ ⚏ ⚏ ⚏ **J 12**
fermé 7 au 31 août, 24 déc. au 1ᵉʳ janv., sam. et dim. – **Repas** 100/175 et carte 180 à 290.

XX **Aub. Bressane**, 16 av. La Motte-Picquet ℰ 01 47 05 98 37 – ▤. ⚏ ⚏ **J 9**
fermé 11 au 17 août et sam. midi – **Repas** 139 bc et carte 160 à 260.

XX **Du Côté 7ᵉᵐᵉ**, 29 r. Surcouf ℰ 01 47 05 81 65, bistrot – ⚏ ⚏ ⚏ **H 9-10**
fermé 12 au 20 août et lundi – **Repas** 180 bc.

XX **Le Florimond**, 19 av. La Motte-Picquet ℰ 01 45 55 40 38 – ⚏ **J 9**
fermé 5 au 20 août, sam. midi et dim. – **Repas** 105/157 et carte 180 à 280.

XX **Au Bon Accueil**, 14 r. Monttessuy ℰ 01 47 05 46 11 – ⚏ **H 8**
fermé août, 21 au 28 déc., sam. midi et dim. – **Repas** 120 (déj.)/135 et carte environ 220.

XX **Apollon**, 24 r. J. Nicot ℰ 01 45 55 68 47, Fax 01 47 05 13 60 **H 9**
fermé dim. – **Repas** - cuisine grecque - 128/210 bc et carte 160 à 250.

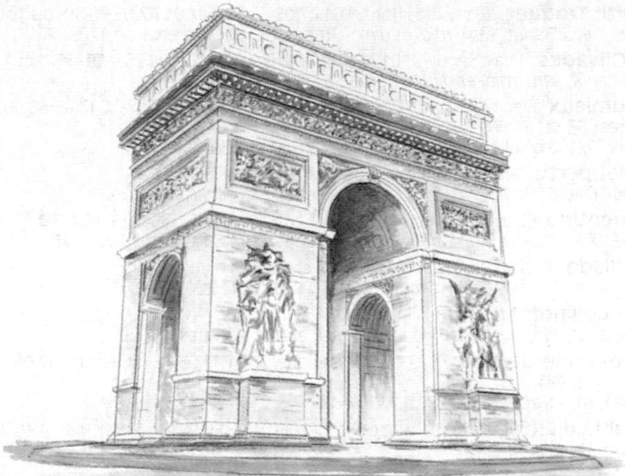

Champs-Élysées
St-Lazare - Madeleine

8e arrondissement

8e : ✉ 75008

Plaza Athénée, 25 av. Montaigne ✆ 01 53 67 66 65, Fax 01 53 67 66 66, ☂, ⚒ – |≡| ▤ TV ☎ ✆ – 🔔 30 à 100. AE ⓓ GB JCB. ✗ rest G 9
voir rest. ***Régence*** ci-après - ***Relais-Plaza*** ✆ 01 53 67 64 00 *(fermé 4 au 24 août)* **Repas** 290 et carte 320 à 500 – ***La Cour Jardin*** (terrasse) *(mai-sept.)* **Repas** 400/500 – ☕ 160 – **163 ch** 2950/4650, 42 appart.

Crillon, 10 pl. Concorde ✆ 01 44 71 15 00, Fax 01 44 71 15 02, ⚒ – |≡| ✗ ▤ TV ☎ – 🔔 30 à 60. AE ⓓ GB JCB G 11
voir rest. ***Les Ambassadeurs*** ci-après - ***L'Obélisque*** ✆ 01 44 71 15 15 *(fermé août et fériés)* **Repas** 270 et carte environ 300 – ☕ 155 – **118 ch** 2900/4100, 45 appart.

Bristol, 112 r. Fg St-Honoré ✆ 01 53 43 43 00, Fax 01 53 43 43 01, ⚒, ▣, ☂ – |≡| ▤ ch TV ☎ ✆ 🚗 – 🔔 30 à 60. AE ⓓ GB JCB. ✗ F 10
voir rest. ***Bristol*** ci-après – ☕ 170 – **153 ch** 2500/3950, 41 appart.

George V, 31 av. George-V ✆ 01 47 23 54 00, Fax 01 47 20 40 00, ☂ – |≡| ▤ TV ☎ ✆ – 🔔 30 à 600. AE ⓓ GB JCB. ✗ rest G 8
Les Princes *(fermé 1er au 15 janv.)* **Repas** 280/380 et carte 330 à 460, enf. 95 – ***Le Grill*** ✆ 01 47 23 60 80 *(fermé août, vacances de fév., sam. et dim.)* **Repas** 195 et carte 220 à 320, enf. 95 – ☕ 150 – **219 ch** 1800/3900, 39 appart.

Royal Monceau, 37 av. Hoche ✆ 01 42 99 88 00, Fax 01 42 99 89 90, ☂, « Piscine et centre de remise en forme » – |≡| ✗ ▤ TV ☎ ✆ 🚗 – 🔔 25 à 100. AE ⓓ GB JCB. ✗ E 8
voir rest. ***Le Jardin*** ci-après - ***Carpaccio*** ✆ 01 42 99 98 90 cuisine italienne*(fermé août)* **Repas** carte 300 à 420 – ☕ 145 – **180 ch** 2500/3500.

Prince de Galles, 33 av. George-V ✆ 01 53 23 77 77, Fax 01 53 23 78 78, ☂ – |≡| ✗ ▤ TV ☎ – 🔔 25 à 100. AE ⓓ GB JCB. ✗ G 8
Jardin des Cygnes : **Repas** 260/320 et carte 360 à 520, enf. 140 – ☕ 155 – **138 ch** 2295/3485, 30 appart.

🏨 **Vernet**, 25 r. Vernet ℘ 01 44 31 98 00, Fax 01 44 31 85 69 – 🛗 📺 ☎. 🅰🅴 ⓪ 🆖 🍱, ⅍ rest F 8
voir rest. *Les Élysées* ci-après – ☲ 120 – **54 ch** 1650/2300, 3 appart.

🏨 **de Vigny** Ⓜ sans rest, 9 r. Balzac ℘ 01 42 99 80 80, Fax 01 42 99 80 40, « Élégante installation » – 🛗 📺 ☎ ⇦, 🅰🅴 ⓪ 🆖 🍱 F 8
☲ 90 – **25 ch** 1900/2200, 12 appart.

🏨 **Lancaster**, 7 r. Berri ℘ 01 40 76 40 76, Fax 01 40 76 40 00, 🌿 – 🛗 📺 ch 📺 ☎ ✆. 🅰🅴 ⓪ 🆖 🍱 F 9
Repas (résidents seul.) carte environ 280 – ☲ 120 – **52 ch** 1800/2650, 8 appart.

🏨 **San Régis**, 12 r. J. Goujon ℘ 01 44 95 16 16, Fax 01 45 61 05 48, « Bel aménagement intérieur » – 🛗 📺 ☎. 🅰🅴 ⓪ 🆖 🍱, ⅍ G 9
Repas 200/250 (sauf week-ends)et carte 290 à 400 – ☲ 110 – **34 ch** 1650/2850, 10 appart.

🏨 **Astor** Ⓜ ⅍, 11 r. d'Astorg ℘ 01 53 05 05 05, Fax 01 53 05 05 30, 𝄞 – 🛗 📺 ch 📺 ☎ ✆. 🅰🅴 ⓪ 🆖 🍱 F 11
voir rest. *L'Astor* ci-après – ☲ 120 – **130 ch** 1790/2950, 4 appart.

🏨 **La Trémoille**, 14 r. La Trémoille ℘ 01 47 23 34 20, Fax 01 40 70 01 08 – 🛗 📺 ☎ ✆. 🅰🅴 25. 🅰🅴 ⓪ 🆖 🍱 G 9
Repas (fermé sam., dim. et fériés) 220 et carte 220 à 350, enf. 90 – ☲ 100 – **104 ch** 1950/2240, 3 appart.

🏨 **Élysées Star** Ⓜ sans rest, 19 r. Vernet ℘ 01 47 20 41 73, Fax 01 47 23 32 15 – 🛗 📺 ☎ – 🅰🅴 30. 🅰🅴 ⓪ 🆖 🍱 F 8
☲ 90 – **38 ch** 1700/1900.

🏨 **Balzac** Ⓜ sans rest, 6 r. Balzac ℘ 01 44 35 18 00, Fax 01 44 35 18 05 – 🛗 📺 ☎ ✆. 🅰🅴 ⓪ 🆖 🍱 F 8
voir rest. *Pierre Gagnaire* ci-après – ☲ 90 – **56 ch** 1850/2200, 14 appart.

🏨 **Sofitel Arc de Triomphe**, 14 r. Beaujon ℘ 01 53 89 50 50, Fax 01 53 89 50 51 – 🛗 📺 ☎ ✆ – 🅰🅴 40. 🅰🅴 ⓪ 🆖 🍱 F 8
Le Clovis ℘ 01 53 89 50 53 (fermé août, sam., dim. et fériés) **Repas** 235/500 et carte 340 à 480 – ☲ 120 – **135 ch** 1800/2700.

🏨 **Golden Tulip St-Honoré** Ⓜ, 218 r. Fg St-Honoré ℘ 01 49 53 03 03, Fax 01 40 75 02 00 – 🛗 cuisinette 📺 ☎ ♿ ⇦ – 🅰🅴 140. 🅰🅴 ⓪ 🆖 🍱 E 8
Relais Vermeer (fermé août, sam. midi et dim.) **Repas** 180/220 – ☲ 110 – **54 ch** 1500/1800, 18 appart.

🏨 **Château Frontenac** sans rest, 54 r. P. Charron ℘ 01 53 23 13 13, Fax 01 53 23 13 01 – 🛗 📺 ☎ – 🅰🅴 25. 🅰🅴 ⓪ 🆖. ⅍ G 9
☲ 85 – **102 ch** 950/1450, 4 appart.

🏨 **Bedford**, 17 r. de l'Arcade ℘ 01 44 94 77 77, Fax 01 44 94 77 97 – 🛗 📺 ☎ – 🅰🅴 50. 🅰🅴 🆖, ⅍ rest F 11
Repas (fermé 2 au 31 août, sam. et dim.) (déj. seul.) 200 carte 230 à 350 – ☲ 70 – **137 ch** 800/980, 11 appart.

🏨 **Warwick** Ⓜ, 5 r. Berri ℘ 01 45 63 14 11, Fax 01 45 63 75 81 – 🛗 📺 ☎ ✆ – 🅰🅴 30 à 110. 🅰🅴 ⓪ 🆖 🍱, ⅍ rest F 9
La Couronne ℘ 01 45 61 82 08 (fermé août, sam. midi et fériés) **Repas** 250/400 et carte 280 à 410 – ☲ 110 – **147 ch** 2100/2670, 5 appart.

🏨 **California**, 16 r. Berri ℘ 01 43 59 93 00, Fax 01 45 61 03 62, 🌿, « Importante collection de tableaux » – 🛗 📺 ☎ – 🅰🅴 25 à 80. 🅰🅴 ⓪ 🆖 🍱 F 9
Repas (fermé août, sam. et dim.)(déj. seul.) 170 – ☲ 120 – **147 ch** 1800/2200, 13 duplex.

🏨 **Résidence du Roy** Ⓜ sans rest, 8 r. François 1er ℘ 01 42 89 59 59, Fax 01 40 74 07 92 – 🛗 cuisinette 📺 ☎ ♿ ⇦ – 🅰🅴 25. 🅰🅴 ⓪ 🆖 🍱 G 9
☲ 90, 28 appart 1260/1740, 4 studios, 3 duplex.

🏨 **Concorde St-Lazare**, 108 r. St-Lazare ℘ 01 40 08 44 44, Fax 01 42 93 01 20, « Hall fin 19e siècle, superbe salon de billards » – 🛗 📺 ☎ ✆ – 🅰🅴 25 à 150. 🅰🅴 ⓪ 🆖 🍱, ⅍ rest E 12
Café Terminus : **Repas** 148/198bc et carte environ 230, ⅍, enf. 80 – ☲ 105 – **295 ch** 1300/1900, 5 appart.

🏨 **Napoléon** sans rest, 40 av. Friedland ℘ 01 47 66 02 02, Fax 01 47 66 82 33 – 🛗 📺 ☎ – 🅰🅴 30 à 60. 🅰🅴 ⓪ 🆖 🍱 F 8
☲ 90 – **70 ch** 1250/1950, 32 appart.

🏨 **Queen Elizabeth**, 41 av. Pierre-1er-de-Serbie ℘ 01 53 57 25 25, Fax 01 53 57 25 26 – 🛗 📺 ☎ ✆ – 🅰🅴 40. 🅰🅴 ⓪ 🆖 🍱 G 8
Repas (fermé août et dim.)(déj. seul.) 170 bc/230 bc – ☲ 90 – **53 ch** 1200/1850, 12 appart.

🏨 **Beau Manoir** sans rest, 6 r. de l'Arcade ℘ 01 42 66 03 07, Fax 01 42 68 03 00, « Bel aménagement intérieur » – 🛗 📺 ☎ ♿. 🅰🅴 ⓪ 🆖 🍱 F 11
29 ch ☲ 995/1200, 3 appart.

Sofitel Champs-Élysées M, 8 r. J. Goujon ℘ 01 43 59 52 41, Fax 01 49 53 08 42, ☞ –
🛗 ⟱ ≡ 📺 ☎ ✆ ⅋ 🚗 – 🔏 200. AE ⓪ GB JCB
G 9
Les Saveurs (fermé sam. et dim. de sept. à juin) **Repas** carte 220 à 310 – �}= 85 – **40 ch** 1500/1800.

Claridge-Bellman, 37 r. François 1er ℘ 01 47 23 54 42, Fax 01 47 23 08 84 – 🛗 ≡ 📺 ☎.
AE ⓪ GB. ⚓
G 9
Repas *(fermé août, sam. et dim.)* carte 170 à 290 – ☱= 70 – **42 ch** 1150/1350.

Rochester Champs-Élysées M sans rest, 92 r. La Boétie ℘ 01 43 59 96 15,
Fax 01 42 56 01 38 – 🛗 ≡ 📺 ☎ ✆ – 🔏 25. AE ⓪ GB. ⚓
F 9
☱= 85 – **90 ch** 880/1180.

Montaigne M sans rest, 6 av. Montaigne ℘ 01 47 20 30 50, Fax 01 47 20 94 12 – 🛗 📺
☎ ✆ ⅋. AE ⓪ GB
G 9
☱= 95 – **29 ch** 1300/1850.

Royal H. M sans rest, 33 av. Friedland ℘ 01 43 59 08 14, Fax 01 45 63 69 92 – 🛗 ⟱ ≡ 📺
☎. AE ⓪ GB JCB
F 8
☱= 95 – **58 ch** 1650/1950.

Chateaubriand M sans rest, 6 r. Chateaubriand ℘ 01 40 76 00 50, Fax 01 40 76 09 22 –
🛗 ⟱ ≡ 📺 ☎ ✆ ⅋. AE ⓪ GB JCB. ⚓
F 9
☱= 65 – **28 ch** 1200/1500.

Royal Alma M sans rest, 35 r. J. Goujon ℘ 01 42 25 83 30, Fax 01 45 63 68 64 – 🛗 📺 ☎. AE
⓪ GB JCB. ⚓
G 9
☱= 95 – **61 ch** 1380/1620, 3 appart.

Élysées-Ponthieu et Résidence sans rest, 24 r. Ponthieu ℘ 01 53 89 58 58,
Fax 01 53 89 59 59 – 🛗 cuisinette ⟱ ≡ 📺 ☎ ⅋. AE ⓪ GB JCB
F 9
☱= 75 – **92 ch** 800/985, 6 appart.

Powers sans rest, 52 r. François 1er ℘ 01 47 23 91 05, Fax 01 49 52 04 63 – 🛗 ≡ 📺 ☎. AE
⓪ GB JCB
G 9
☱= 65 – **53 ch** 826/1392.

Résidence Monceau sans rest, 85 r. Rocher ℘ 01 45 22 75 11, Fax 01 45 22 30 88 – 🛗
📺 ☎ ⅋. AE ⓪ GB JCB. ⚓
E 11
☱= 50 – **51 ch** 700/875.

Waldorf Madeleine M sans rest, 12 bd Malesherbes ℘ 01 42 65 72 06,
Fax 01 40 07 10 45 – 🛗 ⟱ ≡ 📺 ☎. AE ⓪ GB JCB
F 11
☱= 50 – **45 ch** 1100/1400.

Concortel sans rest, 19 r. Pasquier ℘ 01 42 65 45 44, Fax 01 42 65 18 33 – 🛗 ≡ 📺 ☎. AE
⓪ GB
F 11
☱= 50 – **46 ch** 500/750.

Mathurins M sans rest, 43 r. Mathurins ℘ 01 44 94 20 94, Fax 01 44 94 00 44 – 🛗 ≡ 📺
☎ ✆ ⅋ 🚗. AE ⓪ GB. ⚓
F 11
☱= 65 – **33 ch** 1000/1200, 3 appart.

Castiglione, 40 r. Fg St-Honoré ℘ 01 44 94 25 25, Fax 01 42 65 12 27 – 🛗 ≡ 📺 ☎ ✆ –
🔏 80. AE ⓪ GB
G 11
Repas 125/160 – ☱= 60 – **114 ch** 1250/1500.

New Roblin et rest. le Mazagran, 6 r. Chauveau-Lagarde ℘ 01 44 71 20 80,
Fax 01 42 65 19 49 – 🛗 ≡ 📺 ☎. AE ⓪ GB JCB. ⚓ rest
F 11
Repas *(fermé sam., dim. et fériés)* 89/155 ⅃ – ☱= 60 – **77 ch** 700/900.

L'Arcade M sans rest, 9 r. de l'Arcade ℘ 01 53 30 60 00, Fax 01 40 07 03 07 – 🛗 ≡ 📺 ☎
✆ ⅋ – 🔏 25. AE GB JCB
F 11
☱= 55 – **37 ch** 770/940, 4 duplex.

de l'Élysée sans rest, 12 r. Saussaies ℘ 01 42 65 29 25, Fax 01 42 65 64 28 – 🛗 ≡ 📺 ☎
✆. AE ⓪ GB JCB. ⚓
F 11
☱= 60 – **32 ch** 700/980.

West-End sans rest, 7 r. Clément-Marot ℘ 01 47 20 30 78, Fax 01 47 20 34 42 – 🛗 ≡ 📺 ☎.
AE ⓪ GB JCB
G 9
☱= 60 – **54 ch** 700/1300.

Lido M sans rest, 4 passage Madeleine ℘ 01 42 66 27 37, Fax 01 42 66 61 23 – 🛗 ≡ 📺 ☎.
AE ⓪ GB JCB
F 11
☱= 32 ch 830/980.

Étoile Friedland sans rest, 177 r. Fg St-Honoré ℘ 01 45 63 64 65, Fax 01 45 63 88 96 –
🛗 ⟱ ≡ 📺 ☎ ⅋. AE ⓪ GB JCB
F 9
☱= 75 – **40 ch** 1300.

Queen Mary M sans rest, 9 r. Greffulhe ℘ 01 42 66 40 50, Fax 01 42 66 94 92 – 🛗 ≡ 📺
☎. AE ⓪ GB JCB. ⚓
F 12
☱= 69 – **36 ch** 725/895.

Galiléo sans rest, 54 r. Galilée ℰ 01 47 20 66 06, Fax 01 47 20 67 17 – 🛗 🗏 📺 🕿 ♿. 🖼. ⚘
☞ 50 – **27 ch** 800/950.   **F 8**

Franklin Roosevelt sans rest, 18 r. Clément-Marot ℰ 01 47 23 61 66, Fax 01 47 20 44 30 – 🛗 📺 🕿. 🖼 ⚘
☞ 55 – **45 ch** 795/895.   **G 9**

Élysées Mermoz Ⓜ sans rest, 30 r. J. Mermoz ℰ 01 42 25 75 30, Fax 01 45 62 87 10 – 🛗 🗏 📺 🕿 ♿. 🖼 ⑩ 🖼
☞ 45 – **21 ch** 690/850, 5 appart.   **F 10**

Mercure Opéra Garnier Ⓜ sans rest, 4 r. de l'Isly ℰ 01 43 87 35 50, Fax 01 43 87 03 29 – 🛗 ⇜ 🗏 📺 🕿 ⚒ ♿. 🖼 ⑩ 🖼 🖼
☞ 58 – **141 ch** 790/850.   **F 12**

Flèche d'Or Ⓜ sans rest, 29 r. Amsterdam ℰ 01 48 74 06 86, Fax 01 48 74 06 04 – 🛗 ⇜ 🗏 📺 🕿 ♿. 🖼 ⑩
☞ 35 – **61 ch** 750/850.   **E 12**

Cordélia sans rest, 11 r. Greffulhe ℰ 01 42 65 42 40, Fax 01 42 65 11 81 – 🛗 🗏 📺 🕿. 🖼 ⑩ 🖼. ⚘
☞ 50 – **30 ch** 740/850.   **F 12**

Atlantic H. sans rest, 44 r. Londres ℰ 01 43 87 45 40, Fax 01 42 93 06 26 – 🛗 📺 🕿. 🖼 🖼 🖼. ⚘
☞ 52 – **87 ch** 520/790.   **E 12**

Mayflower sans rest, 3 r. Chateaubriand ℰ 01 45 62 57 46, Fax 01 42 56 32 38 – 🛗 📺 🕿. 🖼 🖼
☞ 50 – **24 ch** 656/962.   **F 9**

Newton Opéra sans rest, 11 bis r. de l'Arcade ℰ 01 42 65 32 13, Fax 01 42 65 30 90 – 🛗 🗏 📺 🕿. 🖼 ⑩ 🖼
☞ 50 – **31 ch** 690.   **F 11**

Fortuny sans rest, 35 r. de l'Arcade ℰ 01 42 66 42 08, Fax 01 42 66 00 32 – 🛗 🗏 📺 🕿. 🖼 ⑩ 🖼 🖼
☞ 50 – **30 ch** 680/750.   **F 11**

Plaza Élysées sans rest, 177 bd Haussmann ℰ 01 45 63 93 83, Fax 01 45 61 14 30 – 🛗 📺 🕿. 🖼 ⑩ 🖼 🖼
☞ 40 – **41 ch** 685/790.   **F 9**

Bradford Élysées sans rest, 10 r. St-Philippe-du-Roule ℰ 01 45 63 20 20, Fax 01 45 63 20 07 – 🛗 ⇜ 🗏 📺 🕿. 🖼 ⑩ 🖼 🖼. ⚘
☞ 60 – **48 ch** 890/990.   **F 9**

Lord Byron sans rest, 5 r. Chateaubriand ℰ 01 43 59 89 98, Fax 01 42 89 46 04 – 🛗 📺 🕿. 🖼 ⑩ 🖼 🖼. ⚘
☞ 50 – **31 ch** 660/1270.   **F 9**

Arc Élysée Ⓜ sans rest, 45 r. Washington ℰ 01 45 63 69 33, Fax 01 45 63 76 25 – 🛗 🗏 📺 🕿 ⚒ ♿. 🖼 ⑩ 🖼
☞ 50 – **23 ch** 696/902.   **F 9**

L'Orangerie sans rest, 9 r. Constantinople ℰ 01 45 22 07 51, Fax 01 45 22 16 49 – 🛗 ⇜ 📺 🕿. 🖼 ⑩ 🖼 🖼. ⚘
☞ 35 – **29 ch** 450/550.   **E 11**

Colisée sans rest, 6 r. Colisée ℰ 01 43 59 95 25, Fax 01 45 63 26 54 – 🛗 🗏 📺 🕿. 🖼 ⑩ 🖼 🖼
☞ 45 – **45 ch** 660/875.   **F 9**

Rond-Point des Champs-Elysées sans rest, 10 r. Ponthieu ℰ 01 53 89 14 14, Fax 01 45 63 99 75 – 🛗 📺 🕿 ⚒. 🖼 ⑩ 🖼 🖼. ⚘
☞ 38 – **44 ch** 510/816.   **F 10**

Madeleine Haussmann Ⓜ sans rest, 10 r. Pasquier ℰ 01 42 65 90 11, Fax 01 42 68 07 93 – 🛗 📺 🕿. 🖼 ⑩ 🖼
☞ 30 – **36 ch** 450/600.   **F 11**

Ministère sans rest, 31 r. Surène ℰ 01 42 66 21 43, Fax 01 42 66 96 04 – 🛗 📺 🕿 ⚒. 🖼 ⑩ 🖼 🖼
☞ 35 – **28 ch** 410/660.   **F 11**

New Orient sans rest, 16 r. Constantinople ℰ 01 45 22 21 64, Fax 01 42 93 83 23 – 🛗 📺 🕿. 🖼 ⑩ 🖼
☞ 38 – **30 ch** 390/590.   **E 11**

Lavoisier-Malesherbes sans rest, 21 r. Lavoisier ℰ 01 42 65 10 97, Fax 01 42 65 02 43 – 🛗 📺 🕿. 🖼. ⚘
☞ 35 – **32 ch** 370/500.   **F 11**

XXXXX 🕸🕸 **Les Ambassadeurs** - Hôtel Crillon, 10 pl. Concorde 🕾 01 44 71 16 16, Fax 01 44 71 15 02, « Cadre 18ᵉ siècle » – 🗐. 🝳 ⑩ ⬔ ⬔. 🛠 **G 11**
Repas 340 (déj.)/630 et carte 440 à 700
Spéc. Moelleux de pommes ratte, médaillons de homard à la civette. Suprême de bar croustillant aux amandes douces. Tarte sablée au chocolat, glace vanille aux noix caramélisées.

XXXXX 🕸🕸🕸 **Taillevent** (Vrinat), 15 r. Lamennais 🕾 01 44 95 15 01, Fax 01 42 25 95 18 – 🗐. 🝳 ⑩ ⬔ ⬔. 🛠 **F 9**
fermé 26 juil. au 25 août, sam., dim. et fériés – **Repas** (nombre de couverts limité - prévenir) carte 530 à 840
Spéc. Boudin de homard à la nage. Ballotine d'agneau aux truffes. Millefeuille à la vanille.

XXXXX 🕸🕸 **Lasserre,** 17 av. F.-D.-Roosevelt 🕾 01 43 59 53 43, Fax 01 45 63 72 23, « Toit ouvrant » – 🗐. 🝳 ⬔. 🛠 **G 10**
fermé 3 août au 1ᵉʳ sept., lundi midi et dim. – **Repas** carte 600 à 800
Spéc. Eminé de sandre sur flan d'endives caramélisées. Petits pâtés de ris de veau aux pleurotes. Bavaroise aux griottes sauce chocolat.

XXXXX 🕸🕸🕸 **Lucas Carton** (Senderens), 9 pl. Madeleine 🕾 01 42 65 22 90, Fax 01 42 65 06 23, « Authentique décor 1900 » – 🗐. 🝳 ⑩ ⬔ ⬔. 🛠 **G 11**
fermé 2 au 24 août, sam. midi et dim. – **Repas** 395 (déj.)et carte 650 à 1 200
Spéc. Langoustines au vermicelle frit, oeuf coque aux truffes. Pastilla de lapin au foie gras et ses côtelettes au romarin. Millefeuille d'arlettes aux oranges confites.

XXXXX 🕸🕸 **Ledoyen,** carré Champs-Élysées (1ᵉʳ étage) 🕾 01 53 05 10 01, Fax 01 47 42 55 01, - voir aussi rest. *Le Cercle* – 🇵. 🝳 ⑩ ⬔. 🛠 **G 10**
fermé août, sam. et dim. – **Repas** 290 (déj.), 520/590 et carte 480 à 830
Spéc. Truffe en feuilleté de pomme de terre (déc. à fév.). Turbot rôti à la bière de garde, oignons frits. Mousse chaude au cacao aux deux cuissons.

XXXXX 🕸🕸 **Laurent,** 41 av. Gabriel 🕾 01 42 25 00 39, Fax 01 45 62 45 21, 🌣, « Agréable terrasse d'été » – 🝳 ⑩ ⬔. 🛠 **G 10**
fermé sam. midi, dim. et fériés – **Repas** 390 et carte 540 à 870
Spéc. Langoustines croustillantes au basilic. Sole au plat, jeunes poireaux au gingembre. Variation sur le chocolat.

XXXX 🕸 **Bristol** - Hôtel Bristol, 112 r. Fg St-Honoré 🕾 01 53 43 43 40, Fax 01 53 43 43 01, 🌣 – 🗐. 🝳 ⑩ ⬔ ⬔. 🛠 **F 10**
Repas 360/580 et carte 530 à 770
Spéc. Langoustines royales grillées au sel de Guérande. Ravioles de champignons aux truffes. Pigeonneau du Lauragais doré à la broche.

XXXX 🕸 **Régence** - Hôtel Plaza Athénée, 25 av. Montaigne 🕾 01 53 67 65 00, Fax 01 53 67 66 76 – 🗐. 🝳 ⑩ ⬔ ⬔. 🛠 **G 9**
fermé 14 juil. au 3 août – **Repas** 310 (déj.)/585 et carte 450 à 660
Spéc. Marinière de coquillages et langoustines aux fettucini. Aiguillettes de Saint-Pierre au curry. Ris de veau meunière au beurre salé et citron confit.

XXXX 🕸🕸 **Les Élysées** - Hôtel Vernet, 25 r. Vernet 🕾 01 44 31 98 98, Fax 01 44 31 85 69, « Belle verrière » – 🗐. 🝳 ⑩ ⬔ ⬔. 🛠 **F 8**
fermé 28 juil. au 24 août, 22 au 28 déc., sam., dim. et fériés – **Repas** 340 (déj.), 390/530 et carte 420 à 620
Spéc. Epeautre ''comme un risotto'', cuisses de grenouilles en persillade. Filets de rougets poêlés à la tapenade. Chausson feuilleté au chocolat amer.

XXXX 🕸🕸 **Pierre Gagnaire** - Hôtel Balzac, 6 r. Balzac 🕾 01 44 35 18 25, Fax 01 44 35 18 37 – 🗐. 🝳 ⑩ ⬔ **F 8**
fermé 2 au 24 août, vacances de fév., dim. midi et sam. – **Repas** 450 (déj.), 480/1200 et carte 540 à 730
Spéc. Tourtière de légumes de saison, mousseline d'olives noires de Nyons. Tronçon de sole de ligne braisé à la manzanilla, jus de coing à l'estragon. Coffre de pigeon aux bâtons de cannelle en cocotte, jus de cuisson lié au chocolat.

XXXX 🕸 **L'Astor** - Hôtel Astor, 11 rue d'Astorg 🕾 01 53 05 05 05, Fax 01 53 05 05 30 – 🗐. 🝳 ⑩ ⬔ ⬔. **F 11**
fermé sam. et dim. – **Repas** 290 bc (déj.)et carte 250 à 400
Spéc. Salade de pommes de terre truffées à la tomate confite et parmesan. Pigeonneau en cocotte, pommes croustillantes. Moelleux au chocolat.

XXXX 🕸 **Chiberta,** 3 r. Arsène-Houssaye 🕾 01 45 63 77 90, Fax 01 45 62 85 08 – 🗐. 🝳 ⑩ ⬔ ⬔. **F 8**
fermé 1ᵉʳ août au 1ᵉʳ sept., 24 déc. au 2 janv., sam., dim. et fériés – **Repas** 290 et carte 440 à 580
Spéc. Salade de langoustines aux tomates et poivre de Sechuan. Saint-Pierre aux anchois et tapenade au basilic. Soufflé chaud aux noix, fondu au caramel.

XXXX 🕸️ **La Marée,** 1 r. Daru 𝄞 01 43 80 20 00, Fax 01 48 88 04 04 – ▤. 🅰🅴 ⓞ 🄶🄱   E 8
fermé sam. midi et dim. – **Repas** - produits de la mer - carte 360 à 590
Spéc. Belons au champagne (sept. à mai). Langoustines poêlées aux carottes confites.
Turbotin à la moutarde.

XXX **Maison Blanche,** 15 av. Montaigne 𝄞 01 47 23 55 99, Fax 01 47 20 09 56, ≤, 🍽,
« Décor contemporain » – ▤. 🅰🅴 🄶🄱   G 9
fermé août, 5 au 11 janv., sam. midi et dim. – **Repas** carte 370 à 550.

XXX 🕸️ **Le Jardin** - Hôtel Royal Monceau, 37 av. Hoche 𝄞 01 42 99 98 70, Fax 01 42 99 89 94, 🍽 –
▤. 🅰🅴 ⓞ 🄶🄱. ✒   E 8
fermé sam. et dim. – **Repas** 280/430 et carte 390 à 640
Spéc. Langoustines rôties au poivre. Morue à la ratatouille de pommes de terre. Figues
rôties dans leurs feuilles aux épices..

XXX 🕸️ **Copenhague,** 142 av. Champs-Élysées (1er étage) 𝄞 01 44 13 86 26, Fax 01 42 25 83 10,
🍽 – ▤. 🅰🅴 ⓞ 🄶🄱 🄹🄲🄱   F 8
fermé 4 au 31 août, 1er au 7 janv., sam. midi, dim. et fériés – **Repas** - cuisine danoise -
240/270 et carte 280 à 430 - *Flora Danica :* **Repas** 165bc/260 et carte 230 à 370, enf. 80
Spéc. Filet de cabillaud poêlé, beurre safrané. Côtelette et mignon de renne aux airelles.
Crêpes aux mures jaunes, glace vanille.

XXX **Le 30 - Fauchon,** 30 pl. Madeleine 𝄞 01 47 42 56 58, Fax 01 47 42 96 02, 🍽 – ▤. 🅰🅴 ⓞ
🄶🄱 🄹🄲🄱   F 12
fermé dim. – **Repas** 245 (dîner), 259/450 bc et carte 290 à 440.

XXX **Yvan,** 1bis r. J. Mermoz 𝄞 01 43 59 18 40, Fax 01 42 89 30 95 – ▤. 🅰🅴 🄶🄱   F-G 10
fermé sam. midi et dim. – **Repas** 168 (dîner), 178/298 et carte 260 à 390.

XXX **Le Marcande,** 52 r. Miromesnil 𝄞 01 42 65 19 14, Fax 01 40 76 03 27, 🍽 – 🅰🅴 🄶🄱   F 10
fermé 11 au 25 août, sam. et dim. – **Repas** 240 et carte 260 à 400.

XXX **Indra,** 10 r. Cdt-Rivière 𝄞 01 43 59 46 40, Fax 01 44 07 31 19 – ▤. 🅰🅴 ⓞ 🄶🄱   F 9
fermé dim. – **Repas** - cuisine indienne - 195 (déj.), 220/300 et carte 210 à 280.

XX **La Luna,** 69 r. Rocher 𝄞 01 42 93 77 61, Fax 01 40 08 02 44 – ▤. 🅰🅴 🄶🄱   E 11
fermé dim. – **Repas** - produits de la mer - carte 280 à 420.

XX **Les Géorgiques,** 36 av. George-V 𝄞 01 40 70 10 49 – ▤. 🅰🅴 ⓞ 🄶🄱 🄹🄲🄱. ✒   G 8
fermé sam. midi et dim. – **Repas** 180 (déj.)/360 et carte 350 à 450.

XX **Chez Tante Louise,** 41 r. Boissy-d'Anglas 𝄞 01 42 65 06 85, Fax 01 42 65 28 19 – ▤. 🅰🅴
ⓞ 🄶🄱 🄹🄲🄱   F 11
fermé août, sam. et dim. – **Repas** 190 et carte 240 à 340.

XX **Le Sarladais,** 2 r. Vienne 𝄞 01 45 22 23 62, Fax 01 45 22 23 62 – ▤. 🅰🅴 🄶🄱   E 11
fermé août, sam. midi et dim. – **Repas** 145 (dîner)/200 et carte 230 à 350.

XX **Le Grenadin,** 46 r. Naples 𝄞 01 45 63 28 92, Fax 01 45 61 24 76 – ▤. 🅰🅴 🄶🄱   E 11
fermé août, sam. et dim. – **Repas** 200/330 et carte 270 à 420.

XX **Le Cercle Ledoyen,** carré Champs-Élysées (rez-de-chaussée) 𝄞 01 53 05 10 02,
Fax 01 47 42 55 01, 🍽 – ▤. 🅰🅴 ⓞ 🄶🄱 🄹🄲🄱. ✒   G 10
fermé dim. – **Repas** carte 220 à 270.

XX **Hédiard,** 21 pl. Madeleine 𝄞 01 43 12 88 99, Fax 01 43 12 88 98 – ▤. 🅰🅴 ⓞ 🄶🄱   F 11
fermé dim. – **Repas** carte environ 300.

XX **Boeuf sur le Toit,** 34 r. Colisée 𝄞 01 43 59 83 80, Fax 01 45 63 45 40, brasserie – ▤. 🅰🅴
ⓞ 🄶🄱   F 10
Repas carte 180 à 300.

XX **La Fermette Marbeuf 1900,** 5 r. Marbeuf 𝄞 01 53 23 08 00, Fax 01 53 23 08 09,
« Décor 1900, céramiques et vitraux d'époque » – ▤. 🅰🅴 ⓞ 🄶🄱   G 9
Repas 178 et carte 220 à 330 ⅊.

XX **Marius et Janette,** 4 av. George-V 𝄞 01 47 23 41 88, Fax 01 47 23 07 19, 🍽 – ▤. 🅰🅴 ⓞ
🄶🄱 🄹🄲🄱   G 8
Repas - produits de la mer - 300 bc/500 bc et carte 350 à 480.

XX **Androuët,** 41 r. Amsterdam 𝄞 01 48 74 26 93, Fax 01 49 95 02 54 – ▤. 🅰🅴 ⓞ 🄶🄱   E 12
fermé dim. – **Repas** - fromages et cuisine fromagère - 175 (déj.), 195/250 et carte 220 à
350.

XX **Suntory,** 13 r. Lincoln 𝄞 01 42 25 40 27, Fax 01 45 63 25 86 – ▤. 🅰🅴 ⓞ 🄶🄱 🄹🄲🄱. ✒ F 9
fermé sam. midi et dim. – **Repas** - cuisine japonaise - 135 (déj.), 395/630 et carte 270 à 550.

XX **Le Lloyd's,** 23 r. Treilhard 𝄞 01 45 63 21 23, Fax 01 45 63 36 83 – 🅰🅴 🄶🄱   E 10
fermé 24 déc. au 2 janv., sam. et dim. – **Repas** 185 (dîner) et carte 230 à 370.

XX **Shozan,** 11 r. de la Trémoille 𝄞 01 47 23 37 32, Fax 01 47 23 67 30 – ▤. 🅰🅴 ⓞ 🄶🄱
🄹🄲🄱   G 9
fermé sam. midi et dim. – **Repas** - cuisine franco-japonaise - 175 (déj.) et carte 280 à 410.

XX **Stresa,** 7 r. Chambiges 𝄞 01 47 23 51 62 – ▤. 🅰🅴 ⓞ 🄶🄱. ✒   G 9
fermé août, 20 déc. au 2 janv., sam. soir et dim. – **Repas** - cuisine italienne - (prévenir) carte
220 à 370.

XX **Village d'Ung et Li Lam**, 10 r. J. Mermoz ℰ 01 42 25 99 79, Fax 01 42 25 12 06 – ▤. 📧 ⑨ 🅶🅱 F 10
Repas - cuisine chinoise et thaïlandaise - 98/159 et carte 160 à 210.

XX **Kinugawa**, 4 r. St-Philippe du Roule ℰ 01 45 63 08 07, Fax 01 42 60 45 21 – ▤. 📧 ⑨ 🅶🅱 🅹🅲🅱. ✻ F 9
fermé 22 déc. au 6 janv. et dim. – **Repas** - cuisine japonaise - 150 (déj.), 245/700 et carte 250 à 370.

XX **Bistrot du Sommelier**, 97 bd Haussmann ℰ 01 42 65 24 85, Fax 01 53 75 23 23 – ▤. 📧 🅶🅱 F 11
fermé 26 juil. au 24 août, 24 déc. au 2 janv., sam. et dim. – **Repas** carte 280 à 330 ⒝.

XX **Le Pichet**, 68 r. P. Charron ℰ 01 43 59 50 34, Fax 01 45 63 07 82 – ▤. 📧 ⑨ 🅶🅱 G 9-F 9
fermé sam. sauf le soir de sept. à mai et dim. – **Repas** carte 260 à 470.

XX **L'Alsace** (ouvert jour et nuit), 39 av. Champs-Élysées ℰ 01 53 93 97 00, Fax 01 53 93 97 09. 🏵, brasserie – ▤. 📧 ⑨ 🅶🅱 F 9
Repas 123 bc (dîner)/178 et carte 170 à 360 ⒝.

XX **Tong Yen**, 1 bis r. J. Mermoz ℰ 01 42 25 04 23, Fax 01 45 63 51 57 – ▤. 📧 ⑨ 🅶🅱 F 10
fermé 1er au 24 août – **Repas** - cuisine chinoise - carte 180 à 340.

X **Ferme des Mathurins**, 17 r. Vignon ℰ 01 42 66 46 39 – ⑨ 🅶🅱 F 12
fermé août, dim. et fériés – **Repas** 160/210 et carte 180 à 320.

X **Fenêtre sur Cour**, 4 r. de l'Arcade ℰ 01 42 65 53 13, Fax 01 42 66 53 82 – 📧 🅶🅱 F 11
fermé 11 au 17 août, sam. midi et dim. – **Repas** 160/250 bc et carte 230 à 320.

X **L'Appart'**, 9 r. Colisée ℰ 01 53 75 16 34, Fax 01 53 76 15 39 – ▤. 📧 🅶🅱 🅹🅲🅱 F 9
Repas 175 et carte 190 à 260.

X **Cap Vernet**, 82 av. Marceau ℰ 01 47 20 20 40, Fax 01 47 20 95 36, 🏵 – ▤. 📧 🅶🅱 🅹🅲🅱 F 8
Repas carte 210 à 330.

X **Le Boucoléon**, 10 r. Constantinople ℰ 01 42 93 73 33 – 🅶🅱 🅹🅲🅱. ✻ E 11
fermé août, sam. midi, dim. et fériés – **Repas** 90/150.

Opéra - Gare du Nord
Gare de l'Est - Grands Boulevards

9ᵉ et 10ᵉ arrondissements

9ᵉ : ✉ 75009 - 10ᵉ : ✉ 75010

Grand Hôtel Inter-Continental, 2 r. Scribe (9ᵉ) ℘ 01 40 07 32 32, Fax 01 42 66 12 51, ♫ – ☰ ⇔ ≣ 🔲 ☎ ᵔ ⇔ – 🔏 300. 🄰🄴 ⓞ 🄶🄱 🄹🄲🄱. ℅ rest
F 12
voir *Rest. Opéra* et *Brasserie Café de la Paix* ci-après **- La Verrière** ℘ 01 40 07 31 00 *(fermé août, 25 déc. au 4 janv., dim. soir et lundi soir)* **Repas** 195/275, enf. 95 – 🖵 120 – **492 ch** 1700/2800, 22 appart.

Scribe, 1 r. Scribe (9ᵉ) ℘ 01 44 71 24 24, Fax 01 44 71 24 42 – ❘§❘ ⇔ ≣ 🔲 ☎ ᵔ ⇔ – 🔏 50. 🄰🄴 ⓞ 🄶🄱 🄹🄲🄱. ℅ rest
F 12
voir rest. *Les Muses* ci-après **- Le Jardin des Muses : Repas** 98 (déj.), 140 et carte 160 à 220 ♫ – 🖵 105 – **206 ch** 1600/2450, 11 appart.

Ambassador, 16 bd Haussmann (9ᵉ) ℘ 01 44 83 40 40, Fax 01 40 22 08 74 – ❘§❘ ⇔ ≣ 🔲 ☎ ᵔ – 🔏 110. 🄰🄴 ⓞ 🄶🄱 🄹🄲🄱
F 13
Venantius ℘ 01 48 00 06 38 *(fermé août, sam. et dim.)* **Repas** 180 (dîner), 220/280 et carte 300 à 460, enf. 120 – 🖵 122 – **289 ch** 1500/1800.

Commodore, 12 bd Haussmann (9ᵉ) ℘ 01 42 46 72 82, Fax 01 47 70 23 81 – ❘§❘ ⇔ 🔲 ☎ – 🔏 25. 🄰🄴 ⓞ 🄶🄱 🄹🄲🄱
F 13
Cancans (brasserie) **Repas** 89 – *Le Carvery* (déj. seul.) *(fermé juil., août, sam. et dim.)* **Repas** 220 – 🖵 95 – **157 ch** 1450/1650, 5 appart.

Terminus Nord Ⓜ sans rest, 12 bd Denain (10ᵉ) ℘ 01 42 80 20 00, Fax 01 42 80 63 89 – ❘§❘ ⇔ 🔲 ☎ ᵔ ⇔ – 🔏 80. 🄰🄴 ⓞ 🄶🄱 🄹🄲🄱
E 16
🖵 75 – **247 ch** 925/985.

Lafayette Ⓜ sans rest, 49 r. Lafayette (9ᵉ) ℘ 01 42 85 05 44, Fax 01 49 95 06 60 – ❘§❘ ⇔ 🔲 ☎ ⇔ 🄰🄴 ⓞ 🄶🄱 🄹🄲🄱
F 14
🖵 75 – **96 ch** 875/940, 7 appart.

🏨🏨 **St-Pétersbourg**, 33 r. Caumartin (9ᵉ) ℘ 01 42 66 60 38, Fax 01 42 66 53 54 – 🛗 ▤ rest
📺 ☎ – 🔬 25. 🝾 ⑩ 🆖 🕩 ☞ rest ⠀⠀⠀⠀⠀⠀⠀⠀⠀⠀⠀⠀⠀⠀⠀⠀⠀⠀⠀⠀⠀⠀⠀⠀⠀⠀⠀⠀⠀ **F 12**
Le Relais (fermé août, sam. et dim.) Repas 140 et carte 180 à 270 – ⚌ 70 – **100 ch** 865/955.

🏨🏨 **Brébant**, 32 bd Poissonnière (9ᵉ) ℘ 01 47 70 25 55, Fax 01 42 46 65 70 – 🛗 ▤ rest 📺 ☎ –
🔬 25 à 100. 🝾 ⑩ 🆖 🕩 ⠀⠀⠀⠀⠀⠀⠀⠀⠀⠀⠀⠀⠀⠀⠀⠀⠀⠀⠀⠀⠀⠀⠀⠀⠀⠀⠀⠀⠀⠀⠀⠀⠀⠀ **F 14**
Vieux Pressoir : Repas 98/198 et carte 130 à 300 – ⚌ 48 – **122 ch** 760/890.

🏨🏨 **L'Horset Pavillon**, 38 r. Échiquier (10ᵉ) ℘ 01 42 46 92 75, Fax 01 42 47 03 97 – 🛗 ⇔ ▤
📺 ☎. 🝾 ⑩ 🆖 🕩 ⠀⠀⠀⠀⠀⠀⠀⠀⠀⠀⠀⠀⠀⠀⠀⠀⠀⠀⠀⠀⠀⠀⠀⠀⠀⠀⠀⠀⠀⠀⠀⠀⠀⠀⠀⠀⠀ **F 15**
Repas (fermé sam., dim. et fériés) 85/165 bc et carte 180 à 320 🖟, enf. 50 – ⚌ 80 – **92 ch**
850/950.

🏨🏨 **Franklin** Ⓜ sans rest, 19 r. Buffault (9ᵉ) ℘ 01 42 80 27 27, Fax 01 48 78 13 04 – 🛗 ⇔ 📺
☎. 🝾 ⑩ 🆖 🕩 ⠀⠀⠀⠀⠀⠀⠀⠀⠀⠀⠀⠀⠀⠀⠀⠀⠀⠀⠀⠀⠀⠀⠀⠀⠀⠀⠀⠀⠀⠀⠀⠀⠀⠀⠀⠀⠀ **E 14**
⚌ 75 – **68 ch** 780/840.

🏨🏨 **Blanche Fontaine** ॐ sans rest, 34 r. Fontaine (9ᵉ) ℘ 01 45 26 72 32, Fax 01 42 81 05 52
– 🛗 📺 ☎ ☏ ⇦. 🝾 ⑩ 🆖 🕩. ☞ ⠀⠀⠀⠀⠀⠀⠀⠀⠀⠀⠀⠀⠀⠀⠀⠀⠀⠀⠀⠀⠀⠀⠀⠀⠀⠀⠀⠀⠀ **D 13**
⚌ 40 – **45 ch** 466/540, 4 appart.

🏨🏨 **Carlton's H.** sans rest, 55 bd Rochechouart (9ᵉ) ℘ 01 42 81 91 00, Fax 01 42 81 97 04,
« Sur le toit, terrasse panoramique avec ≤ Paris » – 🛗 ⇔ 📺 ☎. 🝾 ⑩ 🆖 🕩 ⠀⠀⠀⠀⠀ **D 14**
⚌ 45 – **103 ch** 615/665.

🏨🏨 **Bergère** sans rest, 34 r. Bergère (9ᵉ) ℘ 01 47 70 34 34, Fax 01 47 70 36 36 – 🛗 ▤ 📺 ☎. 🝾
⑩ 🆖 🕩. ⠀⠀⠀ **F 14**
⚌ 60 – **134 ch** 690/990.

🏨🏨 **Richmond** sans rest, 11 r. Helder (9ᵉ) ℘ 01 47 70 53 20, Fax 01 48 00 02 10 – 🛗 📺 ☎. 🝾
⑩ 🆖 🕩. ☞ ⠀⠀ **F 13**
⚌ 40 – **58 ch** 660/820.

🏨🏨 **Anjou-Lafayette** sans rest, 4 r. Riboutté (9ᵉ) ℘ 01 42 46 83 44, Fax 01 48 00 08 97 – 🛗
📺 ☎ ☏. 🝾 ⑩ 🆖 🕩 ⠀⠀⠀⠀⠀⠀⠀⠀⠀⠀⠀⠀⠀⠀⠀⠀⠀⠀⠀⠀⠀⠀⠀⠀⠀⠀⠀⠀⠀⠀⠀⠀⠀⠀⠀ **E 14**
⚌ 40 – **39 ch** 480/620.

🏨🏨 **Paix République** sans rest, 2 bis bd St-Martin (10ᵉ) ℘ 01 42 08 96 95, Fax 01 42 06 36 30
– 🛗 📺 ☎. 🝾 ⑩ 🆖 🕩. ☞ ⠀⠀⠀⠀⠀⠀⠀⠀⠀⠀⠀⠀⠀⠀⠀⠀⠀⠀⠀⠀⠀⠀⠀⠀⠀⠀⠀⠀⠀⠀⠀⠀ **G 16**
⚌ 40 – **45 ch** 550/980.

🏨🏨 **Frantour Paris-Est** Ⓜ sans rest, 4 r. 8 Mai 1945 (cour d'Honneur gare de l'Est) (10ᵉ)
℘ 01 44 89 27 00, Fax 01 44 89 27 49 – 🛗 ▤ 📺 ☎ – 🔬 250. 🝾 🆖 ⠀⠀⠀⠀⠀⠀⠀⠀⠀⠀ **E 16**
⚌ 55 – **45 ch** 535/1035.

🏨🏨 **Touraine Opéra** Ⓜ sans rest, 73 r. Taitbout (9ᵉ) ℘ 01 48 74 50 49, Fax 01 42 81 26 09 – 🛗
⇔ 📺 ☎. 🝾 ⑩ 🆖 🕩 ⠀⠀⠀⠀⠀⠀⠀⠀⠀⠀⠀⠀⠀⠀⠀⠀⠀⠀⠀⠀⠀⠀⠀⠀⠀⠀⠀⠀⠀⠀⠀⠀⠀⠀⠀ **E 13**
⚌ 75 – **39 ch** 780/840.

🏨🏨 **Albert 1ᵉʳ** Ⓜ sans rest, 162 r. Lafayette (10ᵉ) ℘ 01 40 36 82 40, Fax 01 40 35 72 52 – 🛗 ▤
📺 ☎. 🝾 ⑩ 🆖 🕩. ☞ ⠀⠀⠀⠀⠀⠀⠀⠀⠀⠀⠀⠀⠀⠀⠀⠀⠀⠀⠀⠀⠀⠀⠀⠀⠀⠀⠀⠀⠀⠀⠀⠀⠀⠀ **E 16**
⚌ 40 – **57 ch** 440/548.

🏨🏨 **Opéra Cadet** Ⓜ sans rest, 24 r. Cadet (9ᵉ) ℘ 01 53 34 50 50, Fax 01 53 34 50 60 – 🛗 ▤ 📺
☎ ☏ ⇦. 🝾 ⑩ 🆖 🕩 ⠀⠀⠀⠀⠀⠀⠀⠀⠀⠀⠀⠀⠀⠀⠀⠀⠀⠀⠀⠀⠀⠀⠀⠀⠀⠀⠀⠀⠀⠀⠀⠀⠀⠀⠀ **F 14**
⚌ 65 – **82 ch** 755/980, 3 appart.

🏨🏨 **Mercure Monty** Ⓜ sans rest, 5 r. Montyon (9ᵉ) ℘ 01 47 70 26 10, Fax 01 42 46 55 10 – 🛗
⇔ 📺 ☎ – 🔬 50. 🝾 ⑩ 🆖 🕩 ⠀⠀⠀⠀⠀⠀⠀⠀⠀⠀⠀⠀⠀⠀⠀⠀⠀⠀⠀⠀⠀⠀⠀⠀⠀⠀⠀⠀⠀⠀⠀ **F 14**
⚌ 60 – **71 ch** 595/710.

🏨🏨 **Gd H. Haussmann** sans rest, 6 r. Helder (9ᵉ) ℘ 01 48 24 76 10, Fax 01 48 00 97 18 – 🛗 📺
☎. 🝾 ⑩ 🆖 🕩. ☞ ⠀⠀⠀⠀⠀⠀⠀⠀⠀⠀⠀⠀⠀⠀⠀⠀⠀⠀⠀⠀⠀⠀⠀⠀⠀⠀⠀⠀⠀⠀⠀⠀⠀⠀⠀⠀ **F 13**
⚌ 49 – **59 ch** 500/790.

🏨🏨 **Corona** ॐ sans rest, 8 cité Bergère (9ᵉ) ℘ 01 47 70 52 96, Fax 01 42 46 83 49 – 🛗 📺 ☎
☏. 🝾 ⑩ 🆖 🕩 ⠀⠀⠀⠀⠀⠀⠀⠀⠀⠀⠀⠀⠀⠀⠀⠀⠀⠀⠀⠀⠀⠀⠀⠀⠀⠀⠀⠀⠀⠀⠀⠀⠀⠀⠀⠀⠀⠀⠀ **F 14**
⚌ 45 – **56 ch** 570/690, 4 appart.

🏨🏨 **Trinité Plaza** sans rest, 41 r. Pigalle (9ᵉ) ℘ 01 42 85 57 00, Fax 01 45 26 41 20 – 🛗 📺 ☎.
🝾 ⑩ 🆖 🕩 ⠀⠀⠀ **E 13**
⚌ 30 – **42 ch** 570/660.

🏨🏨 **Résidence du Pré** sans rest, 15 r. P. Sémard (9ᵉ) ℘ 01 48 78 26 72, Fax 01 42 80 64 83 –
🛗 📺 ☎. 🝾 ⑩ 🆖. ☞ ⠀⠀⠀⠀⠀⠀⠀⠀⠀⠀⠀⠀⠀⠀⠀⠀⠀⠀⠀⠀⠀⠀⠀⠀⠀⠀⠀⠀⠀⠀⠀⠀⠀⠀⠀ **E 15**
⚌ 50 – **40 ch** 425/485.

🏨🏨 **Gotty** sans rest, 11 r. Trévise (9ᵉ) ℘ 01 47 70 12 90, Fax 01 47 70 21 26 – 🛗 📺 ☎. 🝾 ⑩
🆖 🕩 ⠀⠀ **F 14**
⚌ 45 – **44 ch** 550.

🏨🏨 **Français** sans rest, 13 r. 8-Mai 1945 (10ᵉ) ℘ 01 40 35 94 14, Fax 01 40 35 55 40 – 🛗 📺 ☎.
🝾 ⑩ 🆖 🕩 ⠀⠀⠀ **E 16**
⚌ 30 – **71 ch** 430/470.

曲 **du Pré** sans rest, 10 r. P. Sémard (9ᵉ) ℰ 01 42 81 37 11, Fax 01 40 23 98 28 – |≢| 🔟 ☎. 🆎 ⓪ GB. ⋘
E 15
⌑ 50 – **41 ch** 445/570.

曲 **Acadia** Ⓜ sans rest, 4 r. Geoffroy Marie (9ᵉ) ℰ 01 40 22 99 99, Fax 01 40 22 01 82 – |≢| ▤ 🔟 ☎ ⟨ ᕼ. 🆎 ⓪ GB JCB. ⋘
F 14
⌑ 60 – **36 ch** 790/990.

曲 **Axel** sans rest, 15 r. Montyon (9ᵉ) ℰ 01 47 70 92 70, Fax 01 47 70 43 37 – |≢| ⋙ ▤ ☎. 🆎 ⓪ GB JCB
F 14
⌑ 45 – **38 ch** 640/750.

曲 **Monterosa** Ⓜ sans rest, 30 r. La Bruyère (9ᵉ) ℰ 01 48 74 87 90, Fax 01 42 81 01 12 – |≢| ⋙ 🔟 ☎. 🆎 ⓪ GB
E 13
⌑ 32 – **36 ch** 400/600.

曲 **Printania** sans rest, 19 r. Château d'Eau (10ᵉ) ℰ 01 42 01 84 20, Fax 01 42 39 55 12 – |≢| 🔟 ☎. 🆎 ⓪ GB. ⋘
F 16
⌑ 42 – **51 ch** 496/592.

曲 **Moulin** Ⓜ sans rest, 39 r. Fontaine (9ᵉ) ℰ 01 42 81 93 25, Fax 01 40 16 09 90 – |≢| ⋙ 🔟 ☎. 🆎 ⓪ GB JCB
D 13
⌑ 75 – **50 ch** 550/810.

曲 **Athènes** sans rest, 21 r. d'Athènes (9ᵉ) ℰ 01 48 74 00 55, Fax 01 42 81 04 75 – |≢| ☎. 🆎 GB JCB. ⋘
E 12
⌑ 45 – **36 ch** 550/650.

曲 **Celte La Fayette** sans rest, 25 r. Buffault (9ᵉ) ℰ 01 49 95 09 49, Fax 01 49 95 01 88 – |≢| 🔟 ☎ ᕼ. 🆎 ⓪ GB JCB
E 14
⌑ 51 – **50 ch** 530/680.

曲 **Gare du Nord** sans rest, 33 r. St-Quentin (10ᵉ) ℰ 01 48 78 02 92, Fax 01 45 26 88 31 – |≢| 🔟 ☎. 🆎 GB. ⋘
E 16
⌑ 45 – **47 ch** 400/580.

曲 **Peyris** sans rest, 10 r. Conservatoire (9ᵉ) ℰ 01 47 70 50 83, Fax 01 40 22 95 91 – |≢| 🔟 ☎. 🆎 GB
F 14
⌑ 30 – **50 ch** 482/572.

🏠 **Capucines** sans rest, 6 r. Godot de Mauroy (9ᵉ) ℰ 01 47 42 25 05, Fax 01 42 68 05 05 – |≢| 🔟 ☎. 🆎 ⓪ GB JCB
F 12
⌑ 38 – **45 ch** 550/600.

🏠 **Riboutté-Lafayette** sans rest, 5 r. Riboutté (9ᵉ) ℰ 01 47 70 62 36, Fax 01 48 00 91 50 – |≢| 🔟 ☎. 🆎 GB JCB
E 14
⌑ 30 – **24 ch** 420/460.

🏠 **Modern' Est** sans rest, 91 bd Strasbourg (10ᵉ) ℰ 01 40 37 77 20, Fax 01 40 37 17 55 – |≢| 🔟 ☎. GB. ⋘
E 16
⌑ 30 – **30 ch** 380/460.

🏠 **Alba** ⌂ sans rest, 34 ter r. La Tour d'Auvergne (9ᵉ) ℰ 01 48 78 80 22, Fax 01 42 85 23 13 – |≢| cuisinette 🔟 ☎. 🆎 ⓪ GB JCB. ⋘
E 14
⌑ 40 – **24 ch** 450/700.

🏠 **Ibis Lafayette** sans rest, 122 r. Lafayette (10ᵉ) ℰ 01 45 23 27 27, Fax 01 42 46 73 79 – |≢| ⋙ 🔟 ☎ ᕼ. 🆎 ⓪ GB
E 16
⌑ 40 – **70 ch** 410/455.

🏠 **St-Laurent** Ⓜ sans rest, 5 r. St-Laurent (10ᵉ) ℰ 01 42 09 59 79, Fax 01 42 09 83 50 – |≢| ▤ 🔟 ☎ ᕼ. 🆎 ⓪ GB JCB
E-F 16
⌑ 45 – **44 ch** 550/680.

🏠 **Suède** sans rest, 106 bd Magenta (10ᵉ) ℰ 01 40 36 10 12, Fax 01 40 36 11 98 – |≢| ⋙ 🔟 ☎. 🆎 ⓪ GB JCB
E 15-16
⌑ 45 – **52 ch** 470/535.

🏠 **Champagne-Mulhouse** sans rest, 87 bd Strasbourg (10ᵉ) ℰ 01 42 09 12 28, Fax 01 42 09 48 12 – |≢| ⋙ 🔟 ☎. 🆎 ⓪ GB JCB
E 15
⌑ 45 – **31 ch** 470/535.

🏠 **Montréal** sans rest, 23 r. Godot-de-Mauroy (9ᵉ) ℰ 01 42 65 99 54, Fax 01 49 24 07 33 – |≢| ⋙ 🔟 ☎. 🆎 ⓪ GB JCB
F 12
fermé août – ⌑ 35 – **14 ch** 285/600, 5 appart.

🏠 **Résidence Magenta** sans rest, 35 r. Y.-Toudic (10ᵉ) ℰ 01 42 40 17 72, Fax 01 42 02 59 66 – |≢| ⋙ 🔟 ☎. 🆎 ⓪ GB JCB
F 17
⌑ 38 – **32 ch** 330/390.

XXXXX ☼ **Rest. Opéra** - Grand Hôtel Inter-Continental, pl. Opéra (9ᵉ) ℘ 01 40 07 30 10, Fax 01 40 07 33 86, « Cadre Second Empire » – ▤. AE ⓪ GB JCB, ✀ **F 12**
fermé août, sam. , dim. et fériés – **Repas** 240 (déj.)/350 bc et carte 390 à 600
Spéc. Langoustines croustillantes, émulsion d'agrumes à l'huile d olive. Bar grillé au jus de fenouil à l'anis étoilé. Dessert tout chocolat.

XXXX ☼ **Les Muses** - Hôtel Scribe, 1 r. Scribe (9ᵉ) ℘ 01 44 71 24 26, Fax 01 44 71 24 64 – ▤. AE ⓪ GB JCB, ✀ **F 12**
fermé août, sam., dim. et fériés – **Repas** 230/290 et carte environ 350
Spéc. Parmentier de foie gras de canard chaud. Noisettes de biche poêlées, figues au foie gras et nouilles alsaciennes (oct.-fév.). Tarte au chocolat ''Manjari'', soupe d'oranges aux fleurs séchées.

XXX ☼ **La Table d'Anvers** (Conticini), 2 pl. d'Anvers (9ᵉ) ℘ 01 48 78 35 21, Fax 01 45 26 66 67 – ▤. AE GB **D 14**
fermé sam. midi et dim. – **Repas** 180 (déj.)/250 et carte 470 à 580
Spéc. Homard en salade, œuf sucré et fleur de bananier. Rôti de lotte bardé à la coriandre. Monte-Cristo : ''un tabac''(dessert).

XXX **Charlot ''Roi des Coquillages'',** 12 pl. Clichy (9ᵉ) ℘ 01 53 20 48 00, Fax 01 53 20 48 09 – ▤. AE ⓪ GB **D 12**
Repas - produits de la mer - 178 et carte 230 à 340.

XX **Au Chateaubriant,** 23 r. Chabrol (10ᵉ) ℘ 01 48 24 58 94, Fax 01 42 47 09 75, collection de tableaux – ▤. AE GB **E 15**
fermé août, dim. et lundi – **Repas** - cuisine italienne - 159 et carte 280 à 330.

XX **Brasserie Café de la Paix** - Grand Hôtel Inter-Continental, 12 bd Capucines (9ᵉ) ℘ 01 40 07 30 20, Fax 01 40 07 33 86, ⛲ – ▤. AE ⓪ GB JCB **F 12**
Repas 159 et carte 230 à 360 ♨.

XX **Julien,** 16 r. Fg St-Denis (10ᵉ) ℘ 01 47 70 12 06, Fax 01 42 47 00 65, « Brasserie ''Belle Époque'' » – ▤. AE ⓪ GB **F 15**
Repas carte 190 à 310.

XX **Grand Café Capucines** (ouvert jour et nuit), 4 bd Capucines (9ᵉ) ℘ 01 43 12 19 00, Fax 01 43 12 19 09, brasserie, « Décor ''Belle Époque'' » – ▤. AE ⓪ GB **F 13**
Repas 178 et carte 170 à 360 ♨.

XX **Grange Batelière,** 16 r. Grange Batelière (9ᵉ) ℘ 01 47 70 85 15, Fax 01 47 70 85 15 – ▤. AE GB **F 14**
fermé août, sam. midi, dim. et fériés – **Repas** 185/300 et carte 250 à 360.

XX **Le Quercy,** 36 r. Condorcet (9ᵉ) ℘ 01 48 78 30 61 – AE ⓪ GB **E 14**
fermé 1ᵉʳ août au 1ᵉʳ sept., dim. et fériés – **Repas** 152 et carte 190 à 320.

XX **Bistrot Papillon,** 6 r. Papillon (9ᵉ) ℘ 01 47 70 90 03, Fax 01 48 24 05 59 – ▤. AE ⓪ GB **E 15**
fermé 29 mars au 7 avril, 4 au 25 août, sam. et dim. – **Repas** 140 et carte 210 à 310 ♨.

XX **Comme Chez Soi,** 20 r. Lamartine (9ᵉ) ℘ 01 48 78 00 02, Fax 01 42 85 09 78 – ▤. AE GB **E 14**
fermé août, sam. et dim. – **Repas** 80/140 et carte 200 à 320.

XX **Au Petit Riche,** 25 r. Le Peletier (9ᵉ) ℘ 01 47 70 68 68, Fax 01 48 24 10 79, bistrot, « Cadre fin 19ᵉ siècle » – ▤. AE ⓪ GB JCB **F 13**
fermé dim. – **Repas** 160/350 bc et carte 190 à 270 ♨.

XX **Brasserie Flo,** 7 cour Petites-Écuries (10ᵉ) ℘ 01 47 70 13 59, Fax 01 42 47 00 80, « Cadre 1900 » – ▤. AE ⓪ GB **F 15**
Repas carte 170 à 280 ♨.

XX **Terminus Nord,** 23 r. Dunkerque (10ᵉ) ℘ 01 42 85 05 15, Fax 01 40 16 13 98, brasserie – ▤. AE ⓪ GB **E 16**
Repas carte 180 à 300.

XX **Le Saintongeais,** 62 r. Fg Montmartre (9ᵉ) ℘ 01 42 80 39 92 – AE ⓪ GB **E 14**
fermé août, sam. et dim. – **Repas** 135 et carte 190 à 240.

XX **La P'tite Tonkinoise,** 56 r. Fg Poissonnière (10ᵉ) ℘ 01 42 46 85 98 – AE GB **F 15**
fermé 1ᵉʳ août au 4 sept., 22 déc. au 5 janv., dim. et lundi – **Repas** - cuisine vietnamienne - 133 (déj.) et carte 140 à 230.

X **Wally Le Saharien,** 36 r. Rodier (9ᵉ) ℘ 01 42 85 51 90 – ✀ **E 14**
fermé lundi midi et dim. – **Repas** - cuisine nord-africaine - 240 et carte 160 à 230.

X **I Golosi,** 6 r. Grange Batelière (9ᵉ) ℘ 01 48 24 18 63, Fax 01 45 23 18 96, « Décor de style vénitien » – ▤. GB **F 14**
fermé août, sam. soir et dim. – **Repas** - cuisine italienne - carte 170 à 230.

X **L'Oenothèque,** 20 r. St-Lazare (9ᵉ) ℘ 01 48 78 08 76, Fax 01 40 16 10 27 – ▤. GB **E 13**
fermé 18 au 31 août, sam. et dim. – **Repas** carte 210 à 310.

X **Aux Deux Canards,** 8 r. Fg Poissonnière (10ᵉ) ℘ 01 47 70 03 23, Fax 01 44 83 02 50 – AE ⓪ GB JCB **F 15**
fermé août, sam. midi et dim. – **Repas** carte 160 à 240.

✕ **L'Alsaco Winstub**, 10 r. Condorcet (9ᵉ) ✆ 01 45 26 44 31 – ⬛ ⬛   **E 15**
fermé août et dim. – **Repas** 79 (déj.), 87/170 bc et carte 160 à 260.

✕ **Chez Jean**, 52 r. Lamartine (9ᵉ) ✆ 01 48 78 62 73, Fax 01 48 78 62 73, bistrot – ⬛ **E 14**
fermé 2 au 24 août , 24 déc. au 2 janv. , sam. midi et dim. – **Repas** 165 bc.

✕ **Bistro de Gala**, 45 r. Fg Montmartre (9ᵉ) ✆ 01 40 22 90 50 – ⬛. ⬛ ⬛ ⬛ ⬛ **F 14**
fermé sam. midi et dim. – **Repas** 150 ☙.

✕ **Relais Beaujolais**, 3 r. Milton (9ᵉ) ✆ 01 48 78 77 91, bistrot – ⬛   **E 14**
fermé août, sam. et dim. – **Repas** 130 (déj.) et carte 160 à 290.

✕ **Bistro des Deux Théâtres**, 18 r. Blanche (9ᵉ) ✆ 01 45 26 41 43, Fax 01 48 74 08 92 –
⬛. ⬛ ⬛   **E 12**
Repas 169 bc.

✕ **Chez Catherine - Le Poitou**, 65 r. Provence (9ᵉ) ✆ 01 45 26 72 88, bistrot – ⬛ **F 13**
fermé août, 3 au 13 janv., lundi soir, sam. et dim. – **Repas** carte 150 à 220 ☙.

✕ **L'Excuse Mogador**, 21 r. Joubert (9ᵉ) ✆ 01 42 81 98 19 – ⬛   **F 12**
⬛ *fermé août, 25 au 31 déc., lundi soir, sam. et dim.* – **Repas** 75/95 et carte 100 à 170.

Bastille - Gare de Lyon
Place d'Italie - Bois de Vincennes

12ᵉ et 13ᵉ arrondissements

12ᵉ : ⊠ 75012 - 13ᵉ : ⊠ 75013

Novotel Gare de Lyon Ⓜ, 2 r. Hector Malo (12ᵉ) ☎ 01 44 67 60 00, Fax 01 44 67 60 60, ⬚ – |≋| ⤢ ▤ �📺 ☎ ❦ & ⇔ – ⚿ 150. ᴀᴇ ⓞ ⒼⒷ ᴊᴄʙ **L 18**
Repas 133 ⌀, enf. 52 – ☲ 64 – **253 ch** 780/820.

Pavillon Bastille Ⓜ sans rest, 65 r. Lyon (12ᵉ) ☎ 01 43 43 65 65, Fax 01 43 43 96 52 – |≋| ⤢ ▤ �📺 ☎ &. ᴀᴇ ⓞ ⒼⒷ ᴊᴄʙ **K 18**
☲ 65 – **25 ch** 795/955.

Novotel Bercy, 85 r. Bercy (12ᵉ) ☎ 01 43 42 30 00, Fax 01 43 45 30 60, 🏤 – |≋| ⤢ ▤ �📺 ☎ ❦ &. – ⚿ 30 à 60. ᴀᴇ ⓞ ⒼⒷ **M 19**
Repas 138, enf. 50 – ☲ 64 – **129 ch** 690/720.

Holiday Inn Tolbiac Ⓜ sans rest, 21 r. Tolbiac (13ᵉ) ☎ 01 45 84 61 61, Fax 01 45 84 43 38 – |≋| ⤢ ▤ �📺 ☎ &. – ⚿ 25. ᴀᴇ ⓞ ⒼⒷ **P 18**
☲ 65 – **71 ch** 770.

Mercure Pont de Bercy sans rest, 6 bd Vincent Auriol (13ᵉ) ☎ 01 45 82 48 00, Fax 01 45 82 19 16 – |≋| ⤢ ▤ �📺 ☎ &. – ⚿ 40. ᴀᴇ ⓞ ⒼⒷ **M 18**
☲ 60 – **89 ch** 650/690.

Mercure Vincent Auriol Ⓜ sans rest, 178 bd Vincent Auriol (13ᵉ) ☎ 01 44 24 01 01, Fax 01 44 24 07 07 – |≋| ⤢ 📺 ☎ &. – ⚿ 50. ᴀᴇ ⓞ ⒼⒷ **N 16**
☲ 62 – **70 ch** 680/785.

Mercure Blanqui sans rest, 25 bd Blanqui (13ᵉ) ☎ 01 45 80 82 23, Fax 01 45 81 45 84 – |≋| ⤢ ▤ 📺 ☎ &. ᴀᴇ ⓞ ⒼⒷ **P 15**
☲ 60 – **50 ch** 790.

Paris Bastille Ⓜ sans rest, 67 r. Lyon (12ᵉ) ☎ 01 40 01 07 17, Fax 01 40 01 07 27 – |≋| ▤ 📺 ☎ – ⚿ 25. ᴀᴇ ⓞ ⒼⒷ ᴊᴄʙ **K 18**
☲ 70 – **37 ch** 766/956.

🏨 **Allegro Nation** Ⓜ sans rest, 33 av. Dr A. Netter (12ᵉ) ℰ 01 40 04 90 90, Fax 01 40 04 99 20 – 🔲 📺 ☎ ⅙ ⟷. ⅍ⅇ ⅁ⅇ
⌂ 40 – **49 ch** 450/550.   **M 12**

🏨 **Slavia** sans rest, 51 bd St-Marcel (13ᵉ) ℰ 01 43 37 81 25, Fax 01 45 87 05 03 – ⅃⅁ 📺 ☎ ⅗.
ⅎⅇ ⊙ ⅁ⅇ. ⅏
⌂ 32 – **37 ch** 345/385, 6 appart.   **M 16**

🏨 **Résidence Vert Galant** ⅏, 43 r. Croulebarbe (13ᵉ) ℰ 01 44 08 83 50, Fax 01 44 08 83 69 – 📺 ☎. ⅎⅇ ⊙ ⅁ⅇ ⅉⅽⅆ. ⅏ ch   **N 15**
voir rest. *Etchegorry* ci-après – ⌂ 40 – **15 ch** 400/500.

🏨 **Terminus-Lyon** sans rest, 19 bd Diderot (12ᵉ) ℰ 01 43 43 24 03, Fax 01 43 44 09 00 – ⅃⅁
📺 ☎. ⅎⅇ ⊙ ⅁ⅇ ⅉⅽⅆ. ⅏
⌂ 40 – **60 ch** 450/660.   **L 18**

🏨 **Modern H. Lyon** sans rest, 3 r. Parrot (12ᵉ) ℰ 01 43 43 41 52, Fax 01 43 43 81 16 – ⅃⅁ 📺
☎. ⅎⅇ ⊙ ⅁ⅇ ⅉⅽⅆ. ⅏
⌂ 39 – **48 ch** 495/570.   **L 18**

🏨 **Média** sans rest, 22 r. Reine Blanche (13ᵉ) ℰ 01 45 35 72 72, Fax 01 43 31 43 31 – ⅃⅁ 📺 ☎.
ⅎⅇ ⊙ ⅁ⅇ. ⅏
fermé août – ⌂ 35 – **18 ch** 395/480, 3 duplex.   **M 15**

🏨 **Ibis Bercy,** 77 r. Bercy (12ᵉ) ℰ 01 43 42 91 91, Fax 01 43 42 34 79, 🌁 – ⅃⅁ 🍴 🔲 📺 ☎ ⅙
– ⅍ 25 à 160. ⅎⅇ ⊙ ⅁ⅇ
Repas 95, enf. 39 – ⌂ 40 – **368 ch** 420/445.   **M 19**

🏨 **Relais de Lyon** sans rest, 64 r. Crozatier (12ᵉ) ℰ 01 43 44 22 50, Fax 01 43 41 55 12 – ⅃⅁
📺 ☎ ⟷. ⅎⅇ ⊙ ⅁ⅇ ⅉⅽⅆ. ⅏
⌂ 40 – **34 ch** 350/480.   **K 19**

🏨 **Ibis Porte d'Italie** Ⓜ sans rest, 25 av. Stephen Pichon (13ᵉ) ℰ 01 44 24 94 85, Fax 01 44 24 20 70 – ⅃⅁ 🍴 📺 ☎ ⅗ ⅙. ⅎⅇ ⊙ ⅁ⅇ
⌂ 39 – **58 ch** 405/445.   **N 16**

🏨 **Touring Hôtel Magendie** Ⓜ sans rest, 2 r. Magendie (13ᵉ) ℰ 01 43 36 13 61, Fax 01 43 36 47 48 – ⅃⅁ 📺 ⅙ ⟷. ⅁ⅇ
112 ch ⌂ 325/395.   **N 14**

🏨 **Ibis** sans rest, 177 r. Tolbiac (13ᵉ) ℰ 01 45 80 16 60, Fax 01 45 80 95 80 – ⅃⅁ 🍴 📺 ☎ ⅗ ⅙.
ⅎⅇ ⊙ ⅁ⅇ
⌂ 39 – **60 ch** 390/430.   **P 15**

🏨 **Viator** sans rest, 1 r. Parrot (12ᵉ) ℰ 01 43 43 11 00, Fax 01 43 43 10 89 – ⅃⅁ 📺 ☎. ⅎⅇ ⅁ⅇ.
⅏
⌂ 35 – **45 ch** 320/370.   **L 18**

🏨 **Nouvel H.** sans rest, 24 av. Bel Air (12ᵉ) ℰ 01 43 43 01 81, Fax 01 43 44 64 13 – 📺 ☎ ⅗. ⅎⅇ
⊙ ⅁ⅇ
⌂ 40 – **28 ch** 360/535.   **L 21**

🏨 **Arts** sans rest, 8 r. Coypel (13ᵉ) ℰ 01 47 07 76 32, Fax 01 43 31 18 09 – ⅃⅁ 📺 ☎. ⅎⅇ ⅁ⅇ
⌂ 30 – **37 ch** 280/360.   **N 16**

XXXX **Au Pressoir** (Seguin), 257 av. Daumesnil (12ᵉ) ℰ 01 43 44 38 21, Fax 01 43 43 81 77 – ▤.
⊛ ⅎⅇ ⅁ⅇ   **M 22**
fermé août, sam. et dim. – **Repas** 400 et carte 390 à 500
Spéc. Salade de pommes de terre au foie gras. Assiette de fruits de mer tièdes (oct. à mai).
Lièvre à la royale (oct.-nov.).

XXX **Train Bleu,** Gare de Lyon (12ᵉ) ℰ 01 43 43 09 06, Fax 01 43 43 97 96, brasserie, « Cadre 1900 - fresques évoquant le voyage de Paris à la Méditerranée » – ⅎⅇ ⊙ ⅁ⅇ ⅉⅽⅆ   **L 18**
Repas (1ᵉʳ étage) 250 bc et carte 220 à 330, enf. 75.

XXX **L'Oulette,** 15 pl. Lachambeaudie (12ᵉ) ℰ 01 40 02 02 12, Fax 01 40 02 04 77, 🌁 – ⅎⅇ ⊙
⅁ⅇ   **N 20**
fermé sam. midi et dim. – **Repas** 165/245 bc et carte 250 à 380.

XX **Au Trou Gascon,** 40 r. Taine (12ᵉ) ℰ 01 43 44 34 26, Fax 01 43 07 80 55 – ▤. ⅎⅇ ⊙ ⅁ⅇ
⊛ ⅉⅽⅆ   **M 21**
fermé 26 juil. au 24 août., 28 déc. au 4 janv., sam. midi et dim. – **Repas** (nombre de couverts limité, prévenir) 190 (déj.)/285 bc et carte 300 à 410
Spéc. Chipirons sautés ''façon pibales'' (juin à sept.). Petit pâté chaud de cèpes au jus de persil (saison). Volaille de Chalosse rôtie.

XX **La Frégate,** 30 av. Ledru-Rollin (12ᵉ) ℰ 01 43 43 90 32 – ▤. ⅎⅇ ⅁ⅇ   **L 18**
fermé août, sam. et dim. – **Repas** - produits de la mer - 160/210 et carte 280 à 400.

XX **La Gourmandise,** 271 av. Daumesnil (12ᵉ) ℰ 01 43 43 94 41 – ⅎⅇ ⅁ⅇ   **M 22**
fermé 6 au 27 août, lundi soir et dim. – **Repas** 145/199 bc et carte 250 à 370, enf. 95.

XX **Le Petit Marguery**, 9 bd. Port-Royal (13ᵉ) ✆ 01 43 31 58 59, bistrot – 🄰🄴 ⚪ 🄶🄱　M 15
fermé août, 24 déc. au 3 janv., dim. et lundi – **Repas** 165 (déj.), 205/250.

XX **Le Traversière**, 40 r. Traversière (12ᵉ) ✆ 01 43 44 02 10, Fax 01 43 44 64 20 – 🄰🄴 ⚪ 🄶🄱
🄹🄲🄱　　　　　　　　　　　　　　　　　　　　　　　　　　　　　　　　　　K 18
fermé août, dim. soir et lundi soir – **Repas** 120 (déj.)/165 et carte 230 à 360 ♨, enf. 70.

XX **Les Marronniers**, 53 bis bd Arago (13ᵉ) ✆ 01 47 07 58 57, Fax 01 43 36 85 20 – 🖃. 🄰🄴 ⚪
🄶🄱　　　　　　　　　　　　　　　　　　　　　　　　　　　　　　　　　　N 14
fermé août, vacances de fév. et dim. – **Repas** 230 bc et carte 210 à 360.

X **Jean-Pierre Frelet**, 25 r. Montgallet (12ᵉ) ✆ 01 43 43 76 65 – 🖃. 🄶🄱　　　　L 20
fermé mi-juil. à mi-août, sam. midi et dim. – **Repas** 135 et carte 160 à 230.

X **Le Quincy**, 28 av. Ledru-Rollin (12ᵉ) ✆ 01 46 28 46 76, bistrot – 🖃　　　　　L 17
fermé 10 août au 10 sept., sam., dim. et lundi – **Repas** carte 230 à 350.

X **Etchégorry**, 41 r. Croulebarbe (13ᵉ) ✆ 01 44 08 83 51, Fax 01 44 08 83 69 – 🖃. 🄰🄴 ⚪ 🄶🄱
🄹🄲🄱　　　　　　　　　　　　　　　　　　　　　　　　　　　　　　　　　N 15
fermé dim. – **Repas** 160/210 bc et carte 200 à 280.

X **Chez Jacky**, 109 r. du Dessous-des-Berges (13ᵉ) ✆ 01 45 83 71 55, Fax 01 45 86 57 73 –
🖃. 🄰🄴 🄶🄱　　　　　　　　　　　　　　　　　　　　　　　　　　　　　　P 18
fermé août, sam. et dim. – **Repas** 188.

X **L'Escapade en Touraine**, 24 r. Traversière (12ᵉ) ✆ 01 43 43 14 96 – 🄶🄱　　L 18
fermé 4 au 30 août, sam., dim. et fériés – **Repas** 110/140 et carte 150 à 280.

X **Anacréon**, 53 bd St-Marcel (13ᵉ) ✆ 01 43 31 71 18 – 🖃. 🄰🄴 ⚪ 🄶🄱. ⚌　M 16
fermé août, vacances de fév., dim. et lundi – **Repas** 120 (déj.)/180.

X **Le Temps des Cerises**, 216 r. Fg St-Antoine (12ᵉ) ✆ 01 43 67 52 08, Fax 01 43 67 60 91 –
🖃. 🄰🄴 🄶🄱　　　　　　　　　　　　　　　　　　　　　　　　　　　　　　K 20
fermé lundi – **Repas** 97/224 et carte 210 à 330 ♨.

X **A la Biche au Bois**, 45 av. Ledru-Rollin (12ᵉ) ✆ 01 43 43 34 38 – 🄰🄴 ⚪ 🄶🄱　K 18
fermé mi-juil. à mi-août, Noël au Jour de l'An, sam. et dim. – **Repas** 102/118 et carte 130 à
210 ♨.

X **St-Amarante**, 4 r. Biscornet (12ᵉ) ✆ 01 43 43 00 08, bistrot – 🄶🄱　　　　K 18
fermé 14 juil. au 15 août, sam. et dim. – **Repas** (nombre de couverts limité, prévenir) carte
environ 180.

X **Chez Françoise**, 12 r. Butte aux Cailles (13ᵉ) ✆ 01 45 80 12 02, Fax 01 45 65 13 67, bistrot – 🄰🄴 ⚪ 🄶🄱. ⚌　　　　　　　　　　　　　　　　　　　　　　　　　　P 15
fermé 31 juil. au 28 août et dim. – **Repas** 72 bc (déj.), 99/146 et carte 160 à 270 ♨.

X **Sipario**, 69 r. Charenton (12ᵉ) ✆ 01 43 45 70 26, Fax 01 43 45 43 48 – 🄰🄴 ⚪ 🄶🄱 🄹🄲🄱　K 18
fermé 2 au 24 août, 23 déc. au 2 janv., sam. midi et dim. – **Repas** - cuisine italienne - 100 et
carte 160 à 200.

X **Le Rhône**, 40 bd Arago (13ᵉ) ✆ 01 47 07 33 57, 🌰 – 🄶🄱　　　　　　　N 14
🍴 *fermé août, sam., dim. et fêtes* – **Repas** 75/160 et carte 140 à 230 ♨.

X **Chez Paul**, 22 r. Butte aux Cailles (13ᵉ) ✆ 01 45 89 22 11, Fax 01 45 80 26 53, bistrot – 🄶🄱.
⚌　　　　　　　　　　　　　　　　　　　　　　　　　　　　　　　　　　P 15
Repas carte 150 à 220.

X **Michel**, 20 r. Providence (13ᵉ) ✆ 01 45 89 99 27, Fax 01 45 89 99 27 – 🄶🄱　　P 15
fermé 10 au 25 août et dim. – **Repas** 120/195 ♨.

X **Les Zygomates**, 7 r. Capri (12ᵉ) ✆ 01 40 19 93 04, Fax 01 40 19 93 04, bistrot – 🄶🄱.
⚌　　　　　　　　　　　　　　　　　　　　　　　　　　　　　　　　　　N 21
fermé août, sam. midi et dim. – **Repas** 75 (déj.)/130 et carte 160 à 240 ♨.

Vaugirard - Gare Montparnasse
Grenelle - Denfert-Rochereau

14ᵉ et 15ᵉ arrondissements

14ᵉ : ⊠ 75014 - 15ᵉ : ⊠ 75015

Hilton M, 18 av. Suffren (15ᵉ) ℘ 01 44 38 56 00, Fax 01 44 38 56 10, 숙 – 劇 똑 ≣ ℡ ☎
க ☞ ☜ – ₤ 25 à 400. ᴁᴇ ⓞ GB JCB
J 7
Western *(fermé lundi et mardi)* **Repas** 139 et carte 170 à 310, enf. 75 – **La Terrasse :**
Repas 140/160 et carte 170 à 290 – ☲ 130 – **444 ch** 1600/2200, 18 appart.

Nikko M, 61 quai Grenelle (15ᵉ) ℘ 01 40 58 20 00, Fax 01 40 58 24 44, ≤, ₤ઠ, ◩ – 劇 똑 ≣
℡ ☎ க ☜ – ₤ 25 à 600. ᴁᴇ ⓞ GB JCB
K 6
voir rest. **Les Célébrités** ci-après · **Brasserie Pont Mirabeau : Repas** 160 et carte
210 à 300, enf.85 – **Benkay** cuisine japonaise **Repas** 135 (déj.), 300/510 et carte 260 à
390 – ☲ 85 – **758 ch** 1690/1980, 6 appart.

Méridien Montparnasse, 19 r. Cdt Mouchotte (14ᵉ) ℘ 01 44 36 44 36, Fax 01 44 36
49 00, ≤ – 劇 똑 ≣ ch ℡ ☎ ☜ க ☞ – ₤ 25 à 1 000. ᴁᴇ ⓞ GB JCB,
✁ ch
M 11
voir rest. **Montparnasse 25** ci-après · **Justine** ℘ 01 44 36 44 00 **Repas** carte 200 à 300 –
☲ 95 – **918 ch** 1350/1550, 36 appart.

Sofitel Porte de Sèvres M, 8 r. L. Armand (15ᵉ) ℘ 01 40 60 30 30, Fax 01 45 57 04 22,
≤, piscine intérieure panoramique, ₤ઠ – 劇 똑 ≣ ℡ ☎ ☜ – ₤ 25 à 800. ᴁᴇ ⓞ GB JCB,
✁ rest
N 5
voir rest. **Le Relais de Sèvres** ci-après · **La Tonnelle** (brasserie) **Repas** 125 et carte environ 200 ₰ – ☲ 105 – **524 ch** 1480, 14 appart.

Sofitel Forum Rive Gauche M, 17 bd St-Jacques (15ᵉ) ℘ 01 40 78 79 80,
Fax 01 45 88 43 93 – 劇 똑 ≣ ℡ ☎ க – ₤ 25 à 1 200. ᴁᴇ ⓞ GB JCB
N 13-14
Le Café Français *(fermé sam. et dim. en août)* **Repas** 179/209bc, enf. 90 – **La Table et la**
Forme (menu basses calories) *(fermé août, sam. midi et dim.)* **Repas** 250 bc – ☲ 95 –
783 ch 1250/1500, 14 appart.

🏨 **Mercure Porte de Versailles** 🅼, 69 bd Victor (15ᵉ) ☏ 01 44 19 03 03, Fax 01 48 28 22 11 – 🛗 ⊁ ☰ 📺 ☎ 🕭 ⟷ – 🕭 25 à 250. 🆎 ① 🇬🇧   **N 7**
Repas carte 150 à 210, enf. 45 – ⊊ 70 – **91 ch** 1129/1200.

🏨 **Mercure Montparnasse** 🅼, 20 r. Gaîté (14ᵉ) ☏ 01 43 35 28 28, Fax 01 43 27 98 64 – 🛗 ⊁ ☰ 📺 ☎ 🕭 ⟷ – 🕭 80. 🆎 ① 🇬🇧   **M 11**
Bistrot de la Gaîté ☏ 01 43 22 86 46 **Repas** 130/180 ⅃, enf. 50 – ⊊ 70 – **179 ch** 980, 6 appart.

🏨 **Novotel Porte d'Orléans** 🅼, 15-19 bd R. Rolland (14ᵉ) ☏ 01 41 17 26 00, Fax 01 41 17 26 26 – 🛗 ⊁ ☰ 📺 ☎ 🕭 ⟷ – 🕭 130. 🆎 ① 🇬🇧 🇯🇨🇧   **S 12**
Repas 132, enf. 50 – ⊊ 62 – **150 ch** 660/710.

🏨 **L'Aiglon** sans rest, 232 bd Raspail (14ᵉ) ☏ 01 43 20 82 42, Fax 01 43 20 98 72 – 🛗 📺 ☎ ⟷, 🆎 ① 🇬🇧 🇯🇨🇧   **M 12**
⊊ 35 – **38 ch** 550/710, 9 appart.

🏨 **Novotel Vaugirard** 🅼, 257 r. Vaugirard (15ᵉ) ☏ 01 40 45 10 00, Fax 01 40 45 10 10, 🍃, 🛋 – 🛗 ⊁ ☰ rest 📺 ☎ 🕭 ⟷ – 🕭 25 à 200. 🆎 ① 🇬🇧 🇯🇨🇧   **M 9**
Repas *(fermé sam. et dim.)* 160 et carte environ 200 ⅃, enf. 60 – ⊊ 75 – **187 ch** 835.

🏨 **Mercure Tour Eiffel** 🅼 sans rest, 64 bd Grenelle (15ᵉ) ☏ 01 45 78 90 90, Fax 01 45 78 95 55 – 🛗 ⊁ ☰ 📺 ☎ 🕭 ⟷ – 🕭 30. 🆎 ① 🇬🇧   **K 7**
⊊ 68 – **64 ch** 850.

🏨 **Lenox Montparnasse** sans rest, 15 r. Delambre (14ᵉ) ☏ 01 43 35 34 50, Fax 01 43 20 46 64 – 🛗 📺 ☎. 🆎 ① 🇬🇧 🇯🇨🇧   **M 12**
⊊ 45 – **52 ch** 540/650.

🏨 **Raspail Montparnasse** sans rest, 203 bd Raspail (14ᵉ) ☏ 01 43 20 62 86, Fax 01 43 20 50 79 – 🛗 ☰ 📺 ☎. 🆎 ① 🇬🇧 🇯🇨🇧. ⌗   **M 12**
⊊ 50 – **38 ch** 490/1100.

🏨 **Bailli de Suffren** sans rest, 149 av. Suffren (15ᵉ) ☏ 01 47 34 58 61, Fax 01 45 67 75 82 – 🛗 ⊁ 📺 ☎. 🆎 ① 🇬🇧   **L 9**
⊊ 45 – **25 ch** 635/695, 4 appart.

🏨 **Alésia Montparnasse** sans rest, 84 r. R. Losserand (14ᵉ) ☏ 01 45 42 16 03, Fax 01 45 42 11 60 – 🛗 ⊁ 📺 ☎ 🕭. 🆎 ① 🇬🇧 🇯🇨🇧   **N 10**
⊊ 45 – **45 ch** 490/550.

🏨 **Mercure Paris XV** 🅼 sans rest, 6 r. St-Lambert (15ᵉ) ☏ 01 45 58 61 00, Fax 01 45 54 10 43 – 🛗 📺 ☎ 🕭 ⟷ – 🕭 25. 🆎 ① 🇬🇧   **M 7**
⊊ 55 – **56 ch** 620/720.

🏨 **Versailles** sans rest, 213 r. Croix-Nivert (15ᵉ) ☏ 01 48 28 48 66, Fax 01 45 30 16 22 – 🛗 📺 ☎. 🆎 ① 🇬🇧   **N 7**
⊊ 50 – **41 ch** 495/575.

🏨 **L'Orchidée** sans rest, 65 r. de l'Ouest (14ᵉ) ☏ 01 43 22 70 50, Fax 01 42 79 97 46 – 🛗 📺 ☎ 🕭. 🆎 ① 🇬🇧. ⌗   **N 11**
⊊ 35 – **40 ch** 456/862.

🏨 **Alizé Grenelle** sans rest, 87 av. É. Zola (15ᵉ) ☏ 01 45 78 08 22, Fax 01 40 59 03 06 – 🛗 📺 ☎. 🆎 ① 🇬🇧 🇯🇨🇧   **L 7**
⊊ 39 – **50 ch** 420/510.

🏨 **Beaugrenelle St-Charles** sans rest, 82 r. St-Charles (15ᵉ) ☏ 01 45 78 61 63, Fax 01 45 79 04 38 – 🛗 📺 ☎. 🆎 ① 🇬🇧 🇯🇨🇧   **K 7**
⊊ 39 – **51 ch** 390/500.

🏨 **Apollinaire** sans rest, 39 r. Delambre (14ᵉ) ☏ 01 43 35 18 40, Fax 01 43 35 30 71 – 🛗 📺 ☎. 🆎 ① 🇬🇧 🇯🇨🇧   **M 12**
⊊ 45 – **36 ch** 470/590.

🏨 **Tour Eiffel Dupleix** 🅼 sans rest, 11 r. Juge (15ᵉ) ☏ 01 45 78 29 29, Fax 01 45 78 60 00 – 🛗 📺 ☎. 🆎 ① 🇬🇧 🇯🇨🇧   **K 7**
⊊ 39 – **40 ch** 450/630.

🏨 **Arès** sans rest, 7 r. Gén. de Larminat (15ᵉ) ☏ 01 47 34 74 04, Fax 01 47 34 48 56 – 🛗 📺 ☎. 🆎 ① 🇬🇧   **K 8**
⊊ 45 – **42 ch** 530/650.

🏨 **Orléans Palace H.** sans rest, 185 bd Brune (14ᵉ) ☏ 01 45 39 68 50, Fax 01 45 43 65 64 – 🛗 📺 ☎ 🕭 – 🕭 35. 🆎 ① 🇬🇧 🇯🇨🇧   **R 11**
⊊ 50 – **92 ch** 600/770.

🏨 **Abaca Messidor** sans rest, 330 r. Vaugirard (15ᵉ) ☏ 01 48 28 03 74, Fax 01 48 28 75 17, 🍃 – 🛗 ⊁ 📺 ☎ 🕭. 🆎 ① 🇬🇧 🇯🇨🇧   **M 8**
⊊ 60 – **72 ch** 500/835.

🏨 **Sophie Germain** sans rest, 12 r. Sophie Germain (14ᵉ) ☏ 01 43 21 43 75, Fax 01 43 20 82 89 – 🛗 📺 ☎. 🆎 ① 🇬🇧. ⌗   **NP 12**
⊊ 38 – **33 ch** 520/580.

🏨 **Acropole** sans rest, 199 bd Brune (14ᵉ) ℘ 01 45 39 64 17, Fax 01 45 42 18 21 – 🛗 TV ☎.
AE ⓪ GB. ⊛
R 12
🖵 30 – **43 ch** 356/402.

🏨 **Wallace** sans rest, 89 r. Fondary (15ᵉ) ℘ 01 45 78 83 30, Fax 01 40 58 19 43 – 🛗 ⇄ TV ☎.
AE ⓪ GB JCB
L 8
🖵 60 – **35 ch** 600/700.

🏨 **Terminus Vaugirard** sans rest, 403 r. Vaugirard (15ᵉ) ℘ 01 48 28 18 72,
Fax 01 48 28 56 34 – 🛗 ⇄ TV ☎. – *fermé 16 au 26 déc.* – 🖵 45 – **90 ch** 530/580.
N 7

🏨 **Delambre** Ⓜ sans rest, 35 r. Delambre (14ᵉ) ℘ 01 43 20 66 31, Fax 01 45 38 91 76 – 🛗 TV
☎ ✆ &. GB
M 12
🖵 45 – **30 ch** 420/460.

🏨 **Sèvres-Montparnasse** sans rest, 153 r. Vaugirard (15ᵉ) ℘ 01 47 34 56 75,
Fax 01 40 65 01 86 – 🛗 TV ☎. AE ⓪ GB. ⊛
L 10
🖵 38 – **35 ch** 420/530.

🏨 **Apollon Montparnasse** sans rest, 91 r. Ouest (14ᵉ) ℘ 01 43 95 62 00,
Fax 01 43 95 62 10 – 🛗 TV ☎. AE ⓪ GB JCB
N 10-11
🖵 35 – **33 ch** 395/470.

🏨 **Lilas Blanc** Ⓜ sans rest, 5 r. Avre (15ᵉ) ℘ 01 45 75 30 07, Fax 01 45 78 66 65 – 🛗 ⇄ TV
☎. AE ⓪ GB
K 8
🖵 35 – **32 ch** 380/455.

🏨 **Ariane Montparnasse** sans rest, 35 r. Sablière (14ᵉ) ℘ 01 45 45 67 13,
Fax 01 45 45 39 49 – 🛗 TV ☎. AE GB
N 11
🖵 35 – **30 ch** 395/460.

🏨 **Carladez Cambronne** sans rest, 3 pl. Gén. Beuret (15ᵉ) ℘ 01 47 34 07 12,
Fax 01 40 65 95 68 – 🛗 ☎ ✆. AE ⓪ GB
M 9
🖵 36 – **27 ch** 400/440.

🏨 **Modern H. Val Girard** sans rest, 14 r. Pétel (15ᵉ) ℘ 01 48 28 53 96, Fax 01 48 28 69 94 –
🛗 TV ☎. AE ⓪ GB JCB
M 8
🖵 35 – **39 ch** 385/450.

🏨 **Châtillon H.** sans rest, 11 square Châtillon (14ᵉ) ℘ 01 45 42 31 17, Fax 01 45 42 72 09 – 🛗
TV ☎. GB. ⊛
P 11
🖵 32 – **31 ch** 290/360.

🏨 **Daguerre** sans rest, 94 r. Daguerre (14ᵉ) ℘ 01 43 22 43 54, Fax 01 43 20 66 84 – 🛗 TV ☎
&. AE ⓪ GB JCB. ⊛
N 11
🖵 38 – **30 ch** 385/430.

🏨 **Résidence St-Lambert** sans rest, 5 r. E. Gibez (15ᵉ) ℘ 01 48 28 63 14,
Fax 01 45 33 45 50 – 🛗 TV ☎. AE ⓪ GB JCB
N 8
🖵 42 – **48 ch** 490/570.

🏨 **Istria** sans rest, 29 r. Campagne Première (14ᵉ) ℘ 01 43 20 91 82, Fax 01 43 22 48 45 – 🛗
TV ☎ ✆. AE ⓪ GB JCB
M 12
🖵 40 – **26 ch** 470/580.

🏨 **Aberotel** sans rest, 24 r. Blomet (15ᵉ) ℘ 01 40 61 70 50, Fax 01 40 61 08 31 – 🛗 ⇄ TV ☎
&. AE ⓪ GB
L 9
🖵 40 – **28 ch** 430/630.

🏨 **des Bains** sans rest, 33 r. Delambre (14ᵉ) ℘ 01 43 20 85 27, Fax 01 42 79 82 78 – 🛗 TV ☎.
M 12
🖵 46 – **41 ch** 390/650.

🏨 **du Lion** sans rest, 1 av. Gén. Leclerc (14ᵉ) ℘ 01 40 47 04 00, Fax 01 43 20 38 18 – 🛗 ⇄ TV
☎ ✆. AE ⓪ GB
N 12
🖵 50 – **33 ch** 390/570.

🏨 **Fondary** sans rest, 30 r. Fondary (15ᵉ) ℘ 01 45 75 14 75, Fax 01 45 75 84 42 – 🛗 TV ☎. AE
GB
L 8
🖵 38 – **20 ch** 405.

🏨 **Parc** sans rest, 60 r. Beaunier (14ᵉ) ℘ 01 45 40 77 02, Fax 01 45 40 81 99 – 🛗 TV ☎. AE GB
R 12
🖵 30 – **24 ch** 350/390.

🏨 **Cécil'H.** sans rest, 47 r. Beaunier (14ᵉ) ℘ 01 45 40 93 53, Fax 01 45 40 43 26 – 🛗 TV ☎. AE
GB
R 12
🖵 32 – **25 ch** 360/400.

🏨 **Pasteur** sans rest, 33 r. Dr Roux (15ᵉ) ℘ 01 47 83 53 17, Fax 01 45 66 62 39 – 🛗 TV ☎.
GB
M 10
fermé fin juil. à fin août – 🖵 40 – **19 ch** 315/440.

🏨 **Friant** sans rest, 8 r. Friant (14ᵉ) ℘ 01 45 42 71 91, Fax 01 45 42 04 67 – 🛗 TV ☎. GB. ⊛
P 11
🖵 34 – **27 ch** 340/370.

XXXX **Les Célébrités** - Hôtel Nikko, 61 quai Grenelle (15ᵉ) ℰ 01 40 58 20 00, Fax 01 40 58 24 24,
ॐ ⟨- ▣ 亜 ⓞ GB JCB **K 6**
fermé août – **Repas** 290/390 et carte 340 à 540
Spéc. Ravioli de homard breton aux cèpes. Tronçon de turbot au jus de coques. Volaille de
Bresse rôtie, pommes de terre farcies.

XXXX **Montparnasse 25** - Hôtel Méridien Montparnasse, 19 r. Cdt Mouchotte (14ᵉ)
ॐ ℰ 01 44 36 44 25, Fax 01 44 36 49 03 – ▣ P. 亜 ⓞ GB JCB . ⅍ **M 25**
fermé 2 août au 2 sept., Noël au Jour de l'An, sam. et dim. – **Repas** 240 (déj.), 300/390 et
carte 350 à 440
Spéc. Tourte de pomme de terre, pied de porc et foie gras (janv. à mars). Tronçon de turbot
en cocotte, fricassée de morilles au vin d'Arbois (avril à juin). Assiette gourmande du
"croqueur" de chocolat.

XXXX **Relais de Sèvres** - Hôtel Sofitel Porte de Sèvres, 8 r. L. Armand (15ᵉ) ℰ 01 40 60 33 66,
ॐ Fax 01 45 57 04 22 – ▣. 亜 ⓞ GB JCB . ⅍ **N 5**
fermé août, 24 déc. au 4 janv., sam., dim. et fériés – **Repas** 220 (dîner)/350 bc et carte 280 à
360
Spéc. Cuisses de grenouilles poêlées à la livèche et oeuf cassé. Millefeuille de saumon
mi-doux aux légumes croquants. Pressé de queue de boeuf en marmite.

XXX **Morot Gaudry,** 6 r. Cavalerie (15ᵉ) (8ᵉ étage) ℰ 01 45 67 06 85, Fax 01 45 67 55 72, 佘 –
⟦$⟧ 亜 ⓞ GB **K 8**
fermé dim. – **Repas** 230 (déj.)/390 et carte 330 à 430.

XXX **Mille Colonnes,** 20 bis r. Gaîté (14ᵉ) ℰ 01 40 47 08 34, Fax 01 40 64 37 49, 佘 – ▣. 亜 ⓞ
GB **M 11**
fermé 28 juil. au 24 août, sam. midi et dim. – **Repas** 165.

XXX **Le Duc,** 243 bd Raspail (14ᵉ) ℰ 01 43 20 96 30, Fax 01 43 20 46 73 – ▣. 亜 GB JCB **M 12**
ॐ *fermé sam. en juil.-août, dim. et lundi* – **Repas** - produits de la mer - 260 et carte 330
à 520
Spéc. Tartare de poissons. Saint-Jacques au naturel (oct. à mai). Médaillons de lotte aux
endives caramélisées.

XXX **Pavillon Montsouris,** 20 r. Gazan (14ᵉ) ℰ 01 45 88 38 52, Fax 01 45 88 63 40, ⟨-, 佘,
« Pavillon 1900 en bordure du parc » – P. 亜 GB . ⅍ **R 14**
Repas 175 (déj.)/265, enf. 100.

XXX **Moniage Guillaume,** 88 r. Tombe-Issoire (14ᵉ) ℰ 01 43 22 96 15, Fax 01 43 27 11 79 –
亜 ⓞ GB JCB **P 12**
fermé dim. – **Repas** 245 et carte 280 à 440.

XXX **Le Dôme,** 108 bd Montparnasse (14ᵉ) ℰ 01 43 35 25 81, Fax 01 42 79 01 19, brasserie –
▣. 亜 ⓞ GB **LM 12**
fermé lundi – **Repas** - produits de la mer - carte 280 à 470.

XXX **Chen,** 15 r. Théâtre (15ᵉ) ℰ 01 45 79 34 34, Fax 01 45 79 07 53 – ▣. 亜 GB JCB **K 6**
fermé dim. – **Repas** - cuisine chinoise - 170/450 et carte 250 à 340.

XX **Lous Landès,** 157 av. Maine (14ᵉ) ℰ 01 45 43 08 04, Fax 01 45 45 91 35 – ▣. 亜 ⓞ
GB **N 11**
fermé août, sam. midi et dim. – **Repas** 195/310 et carte 270 à 420.

XX **Lal Qila,** 88 av. É. Zola (15ᵉ) ℰ 01 45 75 68 40, Fax 01 45 79 68 61, « Décor original » – ▣.
亜 ⓞ **L 7**
Repas - cuisine indienne - 55 (déj.), 125/250.

XX **Philippe Detourbe,** 8 r. Nicolas Charlet (15ᵉ) ℰ 01 42 19 08 59, Fax 01 45 67 09 13 – ▣.
GB **L 10**
fermé août, 21 au 28 déc., sam. midi et dim. – **Repas** 160 (déj.)/180.

XX **Yves Quintard,** 99 r. Blomet (15ᵉ) ℰ 01 42 50 22 27, Fax 01 42 50 22 27 – ▣. GB **M 8**
fermé 12 au 30 août, sam. midi et dim. – **Repas** 150 bc (déj.)/175 et carte 180 à 310.

XX **La Dînée,** 85 r. Leblanc (15ᵉ) ℰ 01 45 54 20 49, Fax 01 40 60 74 88 – 亜 ⓞ GB **M 5**
fermé 4 au 24 août, dim. midi et sam. – **Repas** 180 (déj.), 290/450 bc et carte 250 à 410.

XX **Monsieur Lapin,** 11 r. R. Losserand (14ᵉ) ℰ 01 43 20 21 39, Fax 01 43 21 84 86 – ▣.
GB **N 11**
fermé août, sam. midi et lundi – **Repas** 160/300 et carte 240 à 420.

XX **La Chaumière des Gourmets,** 22 pl. Denfert-Rochereau (14ᵉ) ℰ 01 43 21 22 59 – 亜
GB **N 12**
fermé août, sam. midi et dim. – **Repas** 165/245 et carte 260 à 340.

XX **Vin et Marée,** 108 av. Maine (14ᵉ) ℰ 01 43 20 29 50, Fax 01 43 27 84 11 – ▣. 亜 GB **N 11**
Repas - produits de la mer - carte environ 170.

XX **Vishnou,** 13 r. Cdt Mouchotte (14ᵉ) ℰ 01 45 38 92 93, Fax 01 44 07 31 19 – 亜 ⓞ
GB **M 11**
fermé dim. – **Repas** - cuisine indienne - 150 bc (déj.), 220/230 bc et carte 180 à 240.

XX **Bistro 121,** 121 r. Convention (15e) ✆ 01 45 57 52 90, Fax 01 45 57 14 69 – ▤. AE ⓞ GB JCB M 7
Repas 168/210 bc et carte 220 à 330 ♁.

XX **La Coupole,** 102 bd Montparnasse (14e) ✆ 01 43 20 14 20, Fax 01 43 35 46 14, « Brasserie parisienne des années 20 » – ▤. AE ⓞ GB L 12
Repas carte 200 à 300.

XX **La Dernière Valse,** 11 pl. Commerce (15e) ✆ 01 42 50 56 07 – GB. ✂ L 7
fermé août, sam. midi et dim. – **Repas** 130 et carte 190 à 250.

XX **Napoléon et Chaix,** 46 r. Balard (15e) ✆ 01 45 54 09 00, Fax 01 45 58 00 78 – ▤. AE GB M 5
fermé août, sam. midi et dim. – **Repas** carte 210 à 320.

XX **Le Caroubier,** 122 av. Maine (14e) ✆ 01 43 20 41 49 – ▤. ⓞ GB N 11
fermé 12 juil. au 18 août et lundi – **Repas** - cuisine nord-africaine - 140 et carte environ 200 ♁.

XX **Erawan,** 76 r. Fédération (15e) ✆ 01 47 83 55 67, Fax 01 47 34 85 98 – ▤. AE GB. ✂ K 8
fermé août et dim. – **Repas** - cuisine thaïlandaise - carte 140 à 220.

XX **Aux Senteurs de Provence,** 295 r. Lecourbe (15e) ✆ 01 45 57 11 98, Fax 01 45 58 66 84 – AE ⓞ GB JCB M 6
fermé 10 au 17 août, sam. midi et dim. – **Repas** - produits de la mer - 146 et carte 200 à 350.

XX **L'Etape,** 89 r. Convention (15e) ✆ 01 45 54 73 49, Fax 01 45 58 20 91 – ▤. GB M 6
fermé 24 déc. au 2 janv., sam. midi et dim. – **Repas** 170/190 bc et carte 160 à 270.

XX **Le Copreaux,** 15 r. Copreaux (15e) ✆ 01 43 06 83 35 – GB M 9
fermé août, sam. midi et dim. – **Repas** 125/180 et carte 200 à 250.

XX **Le Clos Morillons,** 50 r. Morillons (15e) ✆ 01 48 28 04 37, Fax 01 48 28 70 77 – AE GB N 8
fermé sam. midi et dim. – **Repas** 165/285 et carte 240 à 290.

XX **Les Vendanges,** 40 r. Friant (14e) ✆ 01 45 39 59 98, Fax 01 45 39 74 13 – AE GB R 11
fermé 4 au 31 août et dim. – **Repas** 150/200.

XX **Filoche,** 34 r. Laos (15e) ✆ 01 45 66 44 60 – ▤. GB. ✂ K 8
fermé 20 juil. au 25 août, 24 déc. au 3 janv., sam. et dim. – **Repas** 160 et carte 180 à 300.

XX **Pierre Vedel,** 19 r. Duranton (15e) ✆ 01 45 58 43 17, Fax 01 45 58 42 65, bistrot – GB M 6
fermé Noël au Jour de l'An, sam. sauf le soir d'oct. à avril et dim. – **Repas** carte 220 à 340.

XX **La Giberne,** 42 bis av. de Suffren (15e) ✆ 01 47 34 82 18, Fax 01 45 67 28 08 – AE ⓞ GB JCB J 8
fermé 26 juil. au 25 août, sam. midi et dim. – **Repas** 120 bc (déj.), 168/185 et carte 190 à 290.

XX **La Gauloise,** 59 av. La Motte-Picquet (15e) ✆ 01 47 34 11 64, Fax 01 40 61 09 70, ☂ – AE ⓞ GB K 8
Repas 144 bc/350 bc et carte 210 à 340.

X **La Chaumière,** 54 av. F. Faure (15e) ✆ 01 45 54 13 91 – AE ⓞ GB M 7
fermé août, vacances de fév., lundi soir et mardi – **Repas** 185 bc et carte 200 à 310.

X **de la Tour,** 6 r. Desaix (15e) ✆ 01 43 06 04 24 – GB J 8
fermé août, sam. midi et dim. – **Repas** 125 (déj.)/185 et carte 210 à 310.

X **Fontana Rosa,** 28 bd Garibaldi (15e) ✆ 01 45 66 97 84 – GB L 9
Repas - cuisine italienne - 120 (déj.) et carte 200 à 290.

X **L'Épopée,** 89 av. É. Zola (15e) ✆ 01 45 77 71 37 – AE GB L 7
fermé 11 au 24 août, sam. midi et dim. – **Repas** 185.

X **Bistrot du Dôme,** 1 r. Delambre (14e) ✆ 01 43 35 32 00, Fax 01 48 04 00 59 – ▤. AE GB M 12
Repas - produits de la mer - carte 190 à 240.

X **Le Petit Plat,** 49 av. É. Zola (15e) ✆ 01 45 78 24 20, Fax 01 45 78 23 13 – ▤. GB L 6
fermé 4 au 17 août – **Repas** 140 et carte 170 à 240.

X **Le Gastroquet,** 10 r. Desnouettes (15e) ✆ 01 48 28 60 91, Fax 01 45 33 23 70 – AE GB N 7
fermé août, sam. et dim. – **Repas** 149 et carte 200 à 370.

X **Les Cévennes,** 55 r. Cévennes (15e) ✆ 01 45 54 33 76, Fax 01 44 26 46 95 – AE GB. ✂ L 6
fermé 15 au 31 août, sam. midi et dim. – **Repas** 165/350.

X **Contre-Allée,** 83 av. Denfert-Rochereau (14e) ✆ 01 43 54 99 86, Fax 01 43 25 05 28 – AE GB N 13
fermé sam. midi et dim. – **Repas** 190.

X **L'Armoise,** 67 r. Entrepreneurs (15e) ✆ 01 45 79 03 31 – ▤. GB L 7
fermé 1er au 20 août, sam. midi et dim. – **Repas** 128 ♁.

X **Chez Pierre,** 117 r. Vaugirard (15e) ✆ 01 47 34 96 12, Fax 01 47 34 96 12, bistrot – ▤. AE GB L 11
fermé 30 avril au 6 mai, 1er au 26 août, dim., lundi midi et fériés – **Repas** 130/145 et carte 180 à 240.

※ **Le Père Claude**, 51 av. La Motte-Picquet (15ᵉ) ✆ 01 47 34 03 05, Fax 01 40 56 97 84 – ⒶⒺ ⒼⒷ **K 8**
Repas 105/160 et carte 260 à 370.

※ **Château Poivre**, 145 r. Château (14ᵉ) ✆ 01 43 22 03 68 – ⒶⒺ ⒼⒷ **N 11**
fermé 10 au 20 août, 22 déc. au 2 janv. et dim. – **Repas** 89 et carte 150 à 280 ♨.

※ **Les P'tits Bouchons de François Clerc**, 32 bd Montparnasse (15ᵉ) ✆ 01 45 48 52 03, Fax 01 45 48 52 17, bistrot – ⒶⒺ ⒼⒷ **L 11**
fermé sam. midi et dim. – **Repas** 169/199.

※ **La Régalade**, 49 av. J. Moulin (14ᵉ) ✆ 01 45 45 68 58, Fax 01 45 40 96 74, bistrot – ▤. ⒼⒷ **R 11**
fermé août, sam. midi, dim. et lundi – **Repas** (prévenir) 170.

※ **L'Os à Moelle**, 3 r. Vasco de Gama (15ᵉ) ✆ 01 45 57 27 27, bistrot – ⒶⒺ ⒼⒷ **M 6**
fermé 25 juil. au 25 août, dim. et lundi – **Repas** 145 (déj.)/190.

※ **L'Agape**, 281 r. Lecourbe (15ᵉ) ✆ 01 45 58 19 29 – ⒼⒷ **M 7**
fermé août, sam. midi et dim. – **Repas** 120.

※ **Le St-Vincent**, 26 r. Croix-Nivert (15ᵉ) ✆ 01 47 34 14 94, Fax 01 45 66 02 00, bistrot – ▤. ⒶⒺ ⒼⒷ **L 8**
fermé 11 au 17 août, sam. midi et dim. – **Repas** 165 bc et carte 150 à 190 ♨.

※ **Le Petit Mâchon**, 123 r. Convention (15ᵉ) ✆ 01 45 54 08 62, bistrot – ⒼⒷ **N 7**
fermé 3 au 26 août et dim. – **Repas** 85 (déj.)/210 et carte 160 à 230.

※ **L'Amuse Bouche**, 186 r. Château (14ᵉ) ✆ 01 43 35 31 61 – ⒼⒷ **N 11**
fermé 4 au 24 août, sam. midi et dim. – **Repas** (nombre de couverts limité, prévenir) 168.

Passy - Auteuil - Chaillot
Bois de Boulogne

16ᵉ arrondissement

16ᵉ : ⊠ 75016 ou 75116

Le Parc 🅼 ⑤, 55 av. R. Poincaré ⊠ 75116 ℰ 01 44 05 66 66, Fax 01 44 05 66 00, ☆,
« Atmosphère de belle demeure anglaise » – ⧉ ⤨ ≡ 🆃🆅 ☎ & – 🔏 30 à 250. 🆎 ① 🅶🅱.
🛠 rest   **G 6**
voir rest. *Alain Ducasse* ci-après **-** *Le Relais du Parc* ℰ 01 44 05 66 10 **Repas**
carte 260 à 350 – ⌁ 120 – **117 ch** 1990/2950, 3 duplex.

Raphaël, 17 av. Kléber ⊠ 75116 ℰ 01 44 28 00 28, Fax 01 45 01 21 50, « Élégant cachet
ancien, beau mobilier » – ⧉ ⤨ ≡ 🆃🆅 ☎ ✆ – 🔏 50. 🆎 ① 🅶🅱 🅹🅲🅱   **F 7**
La Salle à Manger (*fermé août, sam., dim. et fériés*) **Repas** 295 et carte 290 à 430 – ⌁ 120
– **67 ch** 1850/2950, 23 appart.

St-James Paris ⑤, 43 av. Bugeaud ⊠ 75116 ℰ 01 44 05 81 81, Fax 01 44 05 81 82, ☆,
« Bel hôtel particulier du 19ᵉ siècle », 𝄜, ⌘ – ⧉ ≡ 🆃🆅 ☎ ✆ 🅿 – 🔏 25. 🆎 ① 🅶🅱 🅹🅲🅱
🛠 rest   **F 5**
Repas (*fermé week-ends et fériés*) (résidents seul.) 300 (déj.), 350/550 et carte 280 à 400 –
⌁ 95 – **20 ch** 1600/2000, 20 appart 3800, 8 duplex 2400.

Baltimore 🅼, 88 bis av. Kléber ⊠ 75116 ℰ 01 44 34 54 54, Fax 01 44 34 54 44, « Belle
décoration intérieure » – ⧉ ⤨ ≡ 🆃🆅 ☎ ✆ – 🔏 30 à 100. 🆎 ① 🅶🅱 🅹🅲🅱   **G 7**
Bertie's ℰ 01 44 34 54 34 - *cuisine anglaise* (*fermé 1ᵉʳ au 15 août*) **Repas**
195 et carte 230 à 380 – ⌁ 120 – **104 ch** 1990/3500.

K. Palace 🅼 sans rest, 81 av. Kléber ⊠ 75116 ℰ 01 44 05 75 75, Fax 01 44 05 74 74,
« Décoration contemporaine », 𝄜 – ⧉ ⤨ ≡ 🆃🆅 ☎ ✆ 🅿 ⇔ – 🔏 40. 🆎 ① 🅶🅱 🅹🅲🅱
🛠   **G 7**
⌁ 105 – **83 ch** 1510/2610.

Villa Maillot 🅼 sans rest, 143 av. Malakoff ⊠ 75116 ℰ 01 53 64 52 52, Fax 01 45 00 60 61
– ⧉ ≡ 🆃🆅 ☎ ✆ & – 🔏 25. 🆎 ① 🅶🅱 🅹🅲🅱   **F 6**
⌁ 110 – **39 ch** 1550/1770, 3 appart.

🏨 **Pergolèse** Ⓜ sans rest, 3 r. Pergolèse ⊠ 75116 𝄞 01 40 67 96 77, Fax 01 45 00 12 11,
« Décor contemporain » – 🛗 ▤ 📺 ☎ ℃. 🄰🄴 ① 🄶🄱 🄹🄲🄱
⌑ 75 – **40 ch** 890/1590.   E 6

🏨 **Majestic** sans rest, 29 r. Dumont d'Urville ⊠ 75116 𝄞 01 45 00 83 70, Fax 01 45 00 29 48
– 🛗 ⇔ ▤ 📺 ☎ 🄰🄴 ① 🄶🄱 🄹🄲🄱   F 7
⌑ 60 – **27 ch** 1170/1470, 3 appart.

🏨 **Élysées Régencia** Ⓜ sans rest, 41 av. Marceau ⊠ 75016 𝄞 01 47 20 42 65,
Fax 01 49 52 03 42, « Belle décoration » – 🛗 ⇔ ▤ 📺 ☎. 🄰🄴 ① 🄶🄱 🄹🄲🄱. ℅   G 8
⌑ 80 – **41 ch** 1270/1700.

🏨 **Garden Élysée** Ⓜ ॐ sans rest, 12 r. St-Didier ⊠ 75116 𝄞 01 47 55 01 11,
Fax 01 47 27 79 24 – 🛗 ▤ 📺 ☎ ♿. 🄰🄴 ① 🄶🄱 🄹🄲🄱. ℅   G 7
⌑ 80 – **48 ch** 800/1600.

🏨 **Alexander** sans rest, 102 av. V. Hugo ⊠ 75116 𝄞 01 45 53 64 65, Fax 01 45 53 12 51 – 🛗
📺 ☎. 🄰🄴 ① 🄶🄿 🄹🄲🄱 ℅   G 6
⌑ 78 – **62 ch** 840/1320.

🏨 **Rond-Point de Longchamp** sans rest, 86 r. Longchamp ⊠ 75116 𝄞 01 45 05 13 63,
Fax 01 47 55 12 80 – 🛗 ⇔ ▤ 📺 ☎ ℃ – ▲ 50. 🄰🄴 ① 🄶🄱   G 6
⌑ 65 – **57 ch** 1500.

🏨 **Élysées Sablons** Ⓜ sans rest, 32 r. Greuze ⊠ 75116 𝄞 01 47 27 10 00,
Fax 01 47 27 47 10 – 🛗 ⇔ 📺 ☎ ♿. 🄰🄴 ① 🄶🄱 🄹🄲🄱   G 6
⌑ 75 – **41 ch** 850/1070.

🏨 **Frémiet** sans rest, 6 av. Frémiet ⊠ 75016 𝄞 01 45 24 52 06, Fax 01 42 88 77 46 – 🛗 ⇔
▤ 📺 ☎. 🄰🄴 ① 🄶🄱 🄹🄲🄱   J 6
⌑ 50 – **34 ch** 650/850.

🏨 **Élysées Bassano** sans rest, 24 r. Bassano ⊠ 75116 𝄞 01 47 20 49 03, Fax 01 47 23 06 72
– 🛗 ⇔ 📺 ☎. 🄰🄴 ① 🄶🄱 🄹🄲🄱   G 8
⌑ 75 – **40 ch** 850/960.

🏨 **Union H. Étoile** sans rest, 44 r. Hamelin, ⊠ 75116 𝄞 01 45 53 14 95, Fax 01 47 55 94 79
– 🛗 cuisinette 📺 ☎. 🄰🄴 ① 🄶🄱 🄹🄲🄱   G 7
⌑ 40 – **28 ch** 715/830, 13 appart.

🏩 **Résidence Impériale** Ⓜ sans rest, 155 av. Malakoff ⊠ 75116 𝄞 01 45 00 23 45,
Fax 01 45 01 88 82 – 🛗 ⇔ 📺 ☎. 🄰🄴 ① 🄶🄱   E 6
⌑ 55 – **37 ch** 740/800.

🏩 **Les Jardins du Trocadéro** Ⓜ sans rest, 35 r. Franklin ⊠ 75116 𝄞 01 53 70 17 70,
Fax 01 53 70 17 80 – 🛗 ⇔ ▤ 📺 ☎ ℃. 🄰🄴 ① 🄶🄱 🄹🄲🄱   H 6
⌑ 60 – **18 ch** 850/1950.

🏩 **Floride Étoile** sans rest, 14 r. St-Didier ⊠ 75116 𝄞 01 47 27 23 36, Fax 01 47 27 82 87 –
🛗 📺 ☎ – ▲ 40. 🄰🄴 ① 🄶🄱 🄹🄲🄱. ℅   G 7
⌑ 45 – **60 ch** 600/870.

🏩 **Kléber** sans rest, 7 r. Belloy ⊠ 75116 𝄞 01 47 23 80 22, Fax 01 49 52 07 20 – 🛗 📺 ☎ ℃.
🄰🄴 ① 🄶🄱 🄹🄲🄱   G 7
⌑ 60 – **23 ch** 690/890.

🏩 **Victor Hugo** sans rest, 19 r. Copernic ⊠ 75116 𝄞 01 45 53 76 01, Fax 01 45 53 69 93 – 🛗
📺 ☎. 🄰🄴 ① 🄶🄱 🄹🄲🄱. ℅   G 7
⌑ 65 – **75 ch** 669/828.

🏩 **Sévigné** sans rest, 6 r. Belloy ⊠ 75116 𝄞 01 47 20 88 90, Fax 01 40 70 98 73 – 🛗 📺 ☎ ℃.
🄰🄴 ① 🄶🄱 🄹🄲🄱   G 7
⌑ 48 – **30 ch** 620/750.

🏩 **Résidence Chambellan Morgane** sans rest, 6 r. Keppler ⊠ 75116 𝄞 01 47 20 35 72,
Fax 01 47 20 95 69 – 🛗 📺 ☎ ℃. 🄰🄴 ① 🄶🄱 🄹🄲🄱. ℅   GF 8
⌑ 50 – **20 ch** 650/850.

🏩 **Holiday Inn Garden Court** Ⓜ sans rest, 21 r. Gudin ⊠ 75016 𝄞 01 46 51 99 22,
Fax 01 46 51 07 24 – 🛗 ⇔ ▤ 📺 ☎ ℃. 🄰🄴 ① 🄶🄱 🄹🄲🄱   M 3
⌑ 65 – **47 ch** 710/780.

🏩 **Étoile Maillot** sans rest, 10 r. Bois de Boulogne (angle r. Duret) ⊠ 75116
𝄞 01 45 00 42 60, Fax 01 45 00 55 89 – 🛗 📺 ☎. 🄰🄴 ① 🄶🄱   F 6
⌑ 40 – **28 ch** 540/780.

🏩 **Royal Élysées** sans rest, 6 av. V. Hugo ⊠ 75116 𝄞 01 45 00 05 57, Fax 01 45 00 13 88 –
🛗 ▤ 📺 ☎. 🄰🄴 ① 🄶🄱 🄹🄲🄱   F 7
⌑ 50 – **35 ch** 1100/1200.

🏩 **Passy Eiffel** sans rest, 10 r. Passy ⊠ 75016 𝄞 01 45 25 55 66, Fax 01 42 88 89 88 – 🛗 ▤
📺 ☎. 🄰🄴 ① 🄶🄱 🄹🄲🄱   J 6
⌑ 40 – **48 ch** 580/680.

Massenet sans rest, 5 bis r. Massenet ⊠ 75116 ℰ 01 45 24 43 03, Fax 01 45 24 41 39 – 🛗
📺 ☎. 🆎 ⓞ 🇬🇧 ᴊᴄʙ. ⋘
J 6
⮞ 40 – **41 ch** 500/760.

Régina de Passy sans rest, 6 r. Tour ⊠ 75116 ℰ 01 45 24 43 64, Fax 01 40 50 70 62 – 🛗
📺 ☎. 📞 🆎 ⓞ 🇬🇧
H 6-J 6
⮞ 55 – **62 ch** 540/850.

Résidence Foch sans rest, 10 r. Marbeau ⊠ 75116 ℰ 01 45 00 46 50, Fax 01 45 01 98 68
– 🛗 📺 ☎. 🆎 ⓞ 🇬🇧
F 6
⮞ 45 – **25 ch** 615/650.

Résidence Marceau sans rest, 37 av. Marceau ⊠ 75116 ℰ 01 47 20 43 37,
Fax 01 47 20 14 76 – 🛗 📺 ☎. 🆎 ⓞ 🇬🇧 ᴊᴄʙ. ⋘
G 8
⮞ 35 – **30 ch** 550/650.

Murat sans rest, 119 bis bd Murat ⊠ 75016 ℰ 01 46 51 12 32, Fax 01 46 51 70 01 – 🛗 📺
☎. 🆎 ⓞ 🇬🇧. ⋘
M 3
⮞ 45 – **28 ch** 650/700.

Hameau de Passy Ⓜ ♨ sans rest, 48 r. Passy ⊠ 75016 ℰ 01 42 88 47 55,
Fax 01 42 30 83 72 – 📺 ☎. 🆎 ⓞ 🇬🇧 ᴊᴄʙ
J 5-6
⮞ 30 – **32 ch** 500/550.

Eiffel Kennedy sans rest, 12 r. Boulainvilliers ⊠ 75016 ℰ 01 45 24 45 75,
Fax 01 42 30 83 32 – 🛗 📺 ☎. 🆎 ⓞ 🇬🇧 ᴊᴄʙ
K 5
⮞ 45 – **30 ch** 480/680.

Nicolo sans rest, 3 r. Nicolo ⊠ 75116 ℰ 01 42 88 83 40, Fax 01 42 24 45 41 – 🛗 📺 ☎. 🆎
🇬🇧 ᴊᴄʙ
J 6
⮞ 35 – **28 ch** 380/450.

Alain Ducasse, 59 av. R. Poincaré ⊠ 75116 ℰ 01 47 27 12 27, Fax 01 47 27 31 22, « Bel
hôtel particulier de style "Art Nouveau" » – 🍽. 🆎 ⓞ 🇬🇧. ⋘
G 6
fermé 4 juil. au 4 août, 24 déc. au 4 janv., sam. et dim. – **Repas** 480 (déj.), 780/890 et carte
750 à 1 000
Spéc. Pâtes mi-séchées crémées et truffées au ris de veau, crêtes et rognons de coq.
Turbot aux algues, coquillages et copeaux de beurre demi-sel. Coupe glacée café-chocolat,
brioche rôtie.

Faugeron, 52 r. Longchamp ⊠ 75116 ℰ 01 47 04 24 53, Fax 01 47 55 62 90, « Décor
élégant » – 🍽. 🆎 🇬🇧 ᴊᴄʙ. ⋘
G 7
fermé août, 23 déc. au 3 janv., sam. sauf le soir d'oct. à avril et dim. – **Repas** 295 (déj.),
470/550 bc et carte 470 à 620
Spéc. Oeufs coque à la purée de truffes. Truffes (janv. à mars). Gibier (15 oct. au 10 janv.).

Prunier-Traktir, 16 av. V. Hugo ⊠ 75116 ℰ 01 44 17 35 85, Fax 01 44 17 90 10, « Cadre
"Art Déco" » – 🍽. 🆎 ⓞ 🇬🇧 ᴊᴄʙ. ⋘
F 7
fermé 20 juil. au 18 août, lundi midi et dim. – **Repas** - produits de la mer - carte 380 à 600
Spéc. Soupe crémeuse de homard aux haricots blancs et chorizo. Grosse sole rôtie. Pieds
de mouton Emile Prunier.

Vivarois (Peyrot), 192 av. V. Hugo ⊠ 75116 ℰ 01 45 04 04 31, Fax 01 45 03 09 84 – 🍽. 🆎
ⓞ 🇬🇧 ᴊᴄʙ
G 5
fermé août, sam. et dim. – **Repas** 345 (déj.) et carte 430 à 680
Spéc. Terrine de lentilles et queue de boeuf. Croustillant de rouget en tapenade. Trilogie de
lièvre aux saveurs d'automne (22 sept. au 3 déc.).

Relais d'Auteuil (Pignol), 31 bd. Murat ⊠ 75016 ℰ 01 46 51 09 54, Fax 01 40 71 05 03 –
🍽. 🆎 🇬🇧
L 3
fermé 2 au 24 août, sam. midi et dim. – **Repas** 250 (déj.), 420/530 et carte 380 à 520
Spéc. Amandine de foie gras de canard. Dos de bar au poivre concassé. Madeleine au miel
de bruyère, glace miel et noix.

Jamin (Guichard), 32 r. Longchamp ⊠ 75116 ℰ 01 45 53 00 07, Fax 01 45 53 00 15 – 🆎
ⓞ 🇬🇧
G 7
fermé 11 juil. au 3 août, sam. et dim. – **Repas** 280 (déj.)/375 et carte 270 à 400
Spéc. Crème légère aux lentilles et ventrèche juste fumée. Joue et queue de cochon
"braisées rôties" à la marjolaine et pommes tapées. Millefeuille au chocolat amer.

Tsé-Yang, 25 av. Pierre 1ᵉʳ de Serbie ⊠ 75016 ℰ 01 47 20 70 22, Fax 01 49 52 03 68,
« Cadre élégant » – 🍽. 🆎 ⓞ 🇬🇧
G 8
Repas - cuisine chinoise - 115 (déj.), 245/285 et carte 210 à 320.

Port Alma (Canal), 10 av. New York ⊠ 75116 ℰ 01 47 23 75 11 – 🍽. 🆎 ⓞ 🇬🇧
H 8
fermé août et dim. – **Repas** - produits de la mer - 200 (déj.) et carte 280 à 410
Spéc. Langoustines rôties aux courgettes, aubergines et tomates épicées. Rouget poêlé au
vinaigre, rosace de courgettes. Bar en croûte de sel de Guérande.

XXX **Pavillon Noura**, 21 av. Marceau ⊠ 75116 ✆ 01 47 20 33 33, Fax 01 47 20 60 31 – ☰. ☒
⓪ ☒. ✼
G 8
Repas - cuisine libanaise - 156 (déj.), 220/320 et carte 160 à 200.

XXX **Le Pergolèse** (Corre), 40 r. Pergolèse ⊠ 75116 ✆ 01 45 00 21 40, Fax 01 45 00 81 31 – ☒
☒
F 6
✿ *fermé août, sam. et dim.* – **Repas** 230/380 et carte 290 à 420
Spéc. Carpaccio de jambon d'agneau de Sologne. Langoustines croustillantes au cresson.
Saint-Jacques rôties en robe des champs (oct. à mars).

XXX **Chez Ngo**, 70 r. Longchamp ⊠ 75116 ✆ 01 47 04 53 20, Fax 01 47 04 53 20 – ☰. ☒ ⓪
☒ ☒. ✼
G 6
Repas - cuisine chinoise et thaïlandaise - 98 bc (déj.)/168 bc et carte 130 à 280.

XX **Zébra Square**, 3 pl. Clément Ader ⊠ 75016 ✆ 01 44 14 91 91, Fax 01 45 20 46 41,
« Décor moderne original » – ☒ ⓪ ☒ ☒. ✼
K 5
Repas carte 210 à 290.

XX **Al Mounia**, 16 r. Magdebourg ⊠ 75116 ✆ 01 47 27 57 28 – ☰. ☒ ☒. ✼
G 7
fermé 10 juil. au 31 août et dim. – **Repas** - cuisine marocaine - (le soir, prévenir) carte 200 à
250.

XX **Conti**, 72 r. Lauriston ⊠ 75116 ✆ 01 47 27 74 67, Fax 01 47 27 37 66 – ☰. ☒ ⓪ ☒ G 7
✿ *fermé 4 au 25 août, 25 déc. au 5 janv., sam., dim. et fériés* – **Repas** - cuisine italienne - 198 et
carte 310 à 400
Spéc. Tortellini au crabe (20 avril au 31 oct.). Espadon poêlé napolitaine (juin à sept.). Figues
rôties farcies aux amaretti (juil. à oct.).

XX **Giulio Rebellato**, 136 r. Pompe ⊠ 75116 ✆ 01 47 27 50 26 – ☰. ☒ ☒. ✼
G 6
fermé 27 juil. au 24 août et dim. – **Repas** - cuisine italienne - carte 260 à 390.

XX **Tang**, 125 r. de la Tour ⊠ 75116 ✆ 01 45 04 35 35, Fax 01 45 04 58 19 – ☒ ☒. ✼ H 5
fermé 12 au 15 juil., août, sam. midi et lundi – **Repas** - cuisine chinoise et thaïlandaise -
200 (déj.) et carte 230 à 320.

XX **Marius**, 82 bd Murat ⊠ 75016 ✆ 01 46 51 67 80, Fax 01 47 43 10 24, ☆ – ☒ ☒ M 2
fermé août, sam. midi et dim. – **Repas** carte 200 à 280.

XX **Villa Vinci**, 23 r. P. Valéry ⊠ 75116 ✆ 01 45 01 68 18 – ☰. ☒ ☒
F 7
fermé août, sam. et dim. – **Repas** - cuisine italienne - 182 et carte 240 à 390 ♨.

XX **Paul Chêne**, 123 r. Lauriston ⊠ 75116 ✆ 01 47 27 63 17, Fax 01 47 27 53 18 – ☰. ☒ ⓪
G 6
fermé 24 déc. au 1er janv., sam. midi et dim. – **Repas** 200/250 et carte 210 à 370.

XX **Fontaine d'Auteuil**, 35bis r. La Fontaine ⊠ 75016 ✆ 01 42 88 04 47 – ☰. ☒ ⓪
☒
K 5
fermé 4 au 24 août, sam. midi et dim. – **Repas** 175 (déj.), 230/350 et carte 270 à 370.

XX **Sous l'Olivier**, 15 r. Goethe ⊠ 75116 ✆ 01 47 20 84 81, Fax 01 47 20 73 75, ☆ – ☒ ☒
fermé août, sam., dim. et fériés – **Repas** 160 ♨.
G 8

XX **Chez Géraud**, 31 r. Vital ⊠ 75016 ✆ 01 45 20 33 00, Fax 01 45 20 46 60, « Belle fresque
en faïence de Longwy » – ☒ ☒
H 5
fermé août, dim. soir et sam. – **Repas** 180 et carte 220 à 330.

XX **La Petite Tour**, 11 r. de la Tour ⊠ 75116 ✆ 01 45 20 09 31 – ☒ ⓪ ☒ ☒
H 6
fermé août et dim. – **Repas** carte 280 à 420.

XX **Bellini**, 28 r. Lesueur ⊠ 75116 ✆ 01 45 00 54 20, Fax 01 45 00 11 74 – ☰. ☒ ☒
F 7
fermé sam. midi, dim. et fériés – **Repas** - cuisine italienne - 180 et carte 200 à 320.

X **Beaujolais d'Auteuil**, 99 bd Montmorency ⊠ 75016 ✆ 01 47 43 03 56,
Fax 01 46 51 27 81, bistrot – ☒
K 3
fermé sam. midi et dim. – **Repas** 123/220 bc et carte 150 à 220 ♨.

X **La Butte Chaillot**, 110 bis av. Kléber ⊠ 75116 ✆ 01 47 27 88 88, Fax 01 47 04 85 70 –
☰. ☒ ☒ ☒
G 7
Repas 150/210 et carte 210 à 290.

X **Le Cuisinier François**, 19 r. Le Marois ⊠ 75016 ✆ 01 45 27 83 74, Fax 01 45 27 83 74 –
☒ ☒
M 3
fermé août, merc. soir, dim. soir et lundi – **Repas** 160 et carte 260 à 380 ♨.

X **Rosimar**, 26 r. Poussin ⊠ 75016 ✆ 01 45 27 74 91, Fax 01 45 20 75 05 – ☰. ☒ ☒ K 3
fermé août, sam. midi, dim. et fériés – **Repas** - poissons et spécialités espagnoles -
120 (déj.)/175 et carte 190 à 270.

X **Le Driver's**, 6 r. G. Bizet ⊠ 75016 ✆ 01 47 23 61 15, Fax 01 47 23 80 17, « Collection
d'objets du sport automobile » – ☰. ☒ ☒
G 8
fermé sam. midi et dim. – **Repas** carte 120 à 240 ♨.

X **Vin et Marée**, 2 r. Daumier ⊠ 75016 ✆ 01 46 47 91 39, Fax 01 46 47 69 07 – ☰. ☒ ⓪
☒
M 3
Repas - produits de la mer - carte environ 170.

✗ **Bistrot de l'Étoile,** 19 r. Lauriston ✉ 75016 ✆ 01 40 67 11 16, Fax 01 45 00 99 87 – 🖴.
AE GB JCB   **F 7**
fermé sam. midi et dim. – **Repas** carte 200 à 260.

✗ **Lac Hong,** 67 r. Lauriston ✉ 75116 ✆ 01 47 55 87 17 – GB. ❄   **G 7**
fermé août et dim. – **Repas** - cuisine vietnamienne - 98 (déj.) et carte 170 à 290.

✗ **Le Scheffer,** 22 r. Scheffer ✉ 75016 ✆ 01 47 27 81 11, bistrot – AE GB   **H 6**
fermé sam., dim. et fériés – **Repas** carte 140 à 190 🍷.

Au Bois de Boulogne :

XXXX **Le Pré Catelan,** rte Suresnes ✉ 75016 ✆ 01 44 14 41 14, Fax 01 45 24 43 25, 🍴, 🌳 –
❀ 🅿. AE ⓞ GB JCB   **H 2**
fermé 6 au 18 fév., dim. soir et lundi – **Repas** 290 (déj.), 550/750 et carte 480 à 760
Spéc. Pot de crème prise aux cèpes, mouillettes croustillantes aux noix. Grillons de ris de
veau aux choux-fleurs. Cheese-cake aux coings, coulis de potimarron.

XXXX **La Grande Cascade,** allée de Longchamp (face hippodrome) ✉ 75016 ✆ 01 45
❀ 27 33 51, Fax 01 42 88 99 06, 🍴, « Pavillon Napoléon III » – 🅿. AE ⓞ GB
fermé 20 déc. au 10 janv. – **Repas** 295/600 et carte 500 à 650
Spéc. Pâté en croûte ''Lucien Tendret''. Filet de boeuf grillé sauce béarnaise, pommes
soufflées. Pain perdu aux noix et aux raisins.

XXX **La Terrasse du Lac,** rte Suresnes ✉ 75016 ✆ 01 40 67 11 56, Fax 01 45 00 31 24, ≤, 🍴
– 🅿. AE GB   **G 4**
*fermé 24 déc. au 2 janv., dim. soir du 2 mai au 17 oct., week-ends et le soir du 18 oct. au
1ᵉʳ mai* – **Repas** 198/330 et carte 210 à 310.

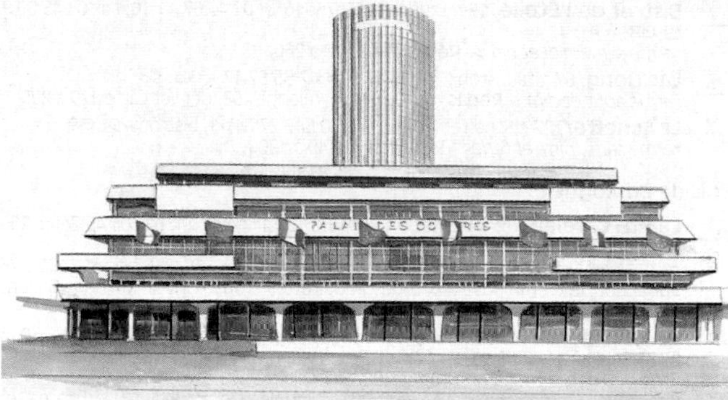

Batignolles - Ternes Wagram

17e arrondissement

17e : ✉ 75017

Concorde La Fayette M, 3 pl. Gén. Koenig ✆ 01 40 68 50 68, Fax 01 40 68 50 43, « Bar panoramique au 33e étage ≤ Paris » – |≢| ⇎ ▤ TV ☎ ✆ – 🏊 40 à 2 000. AE ⓓ GB JCB. ⛌ E 6
voir rest. ***L'Étoile d'Or*** ci-après - ***L'Arc-en-Ciel*** ✆ 01 40 68 51 25 *(fermé août)* **Repas** 144/225 🍷, enf. 102 – ***Les Saisons*** (coffee shop) ✆ 01 40 68 51 19 **Repas** 149 et carte 180 à 260 🍷, enf. 69 – ☕ 146 – **943 ch** 1650/2050, 27 appart.

Le Meridien M, 81 bd Gouvion St-Cyr ✆ 01 40 68 34 34, Fax 01 40 68 31 31 – |≢| ⇎ ▤ TV ☎ ✆ ♿ – 🏊 50 à 1 500. AE ⓓ GB JCB E 6
voir rest. ***Clos de Longchamp*** ci-après - ***Café Arlequin*** ✆ 01 40 68 30 85 **Repas** 158 , enf. 55 – ***Le Yamato*** ✆ 01 40 68 30 41 cuisine japonaise *(fermé août, 1er au 7 janv., sam. midi, dim. et lundi)* **Repas** 120 (déj.) 160/175 – ☕ 170 – **1 008 ch** 1450/1850, 17 appart.

Splendid Étoile sans rest, 1 bis av. Carnot ✆ 01 45 72 72 00, Fax 01 45 72 72 01 – |≢| ▤ TV ☎. AE ⓓ GB. ⛌ F 7
☕ 85 – **57 ch** 950/1700.

Balmoral sans rest, 6 r. Gén. Lanrezac ✆ 01 43 80 30 50, Fax 01 43 80 51 56 – |≢| ⇎ ▤ TV ☎ ✆. AE ⓓ GB E 7
☕ 40 – **57 ch** 500/800.

Quality Inn Pierre M sans rest, 25 r. Th.-de-Banville ✆ 01 47 63 76 69, Fax 01 43 80 63 96 – |≢| ⇎ TV ☎ ♿ – 🏊 30. AE ⓓ GB JCB D 8
☕ 70 – **50 ch** 830/970.

Regent's Garden sans rest, 6 r. P. Demours ✆ 01 45 74 07 30, Fax 01 40 55 01 42, « Jardin » – |≢| TV ☎. AE ⓓ GB JCB. ⛌ E 7
☕ 45 – **39 ch** 650/940.

Ternes Arc de Triomphe M sans rest, 97 av. Ternes ✆ 01 53 81 94 94, Fax 01 53 81 94 95 – |≢| ⇎ ▤ TV ☎ ✆ ♿. AE ⓓ GB E 6
☕ 65 – **39 ch** 670/980.

Étoile St-Ferdinand sans rest, 36 r. St-Ferdinand ✆ 01 45 72 66 66, Fax 01 45 74 12 92 – |≢| ▤ TV ☎. AE ⓓ GB JCB E 6-7
☕ 50 – **42 ch** 900.

Magellan 🐦 sans rest, 17 r. J.B.-Dumas *ℰ* 01 45 72 44 51, Fax 01 40 68 90 36, 🚗 – |‡| 📺 ☎. AE ① GB. 🛇
D 7
⌂ 40 – **75 ch** 590/630.

Champerret-Villiers Ⓜ sans rest, 129 av. Villiers *ℰ* 01 47 64 44 00, Fax 01 47 63 10 58 – |‡| ⇙ 🗏 📺 ☎ 🗳. AE ① GB JCB. 🛇
D 7
⌂ 50 – **45 ch** 585/695.

Banville sans rest, 166 bd Berthier *ℰ* 01 42 67 70 16, Fax 01 44 40 42 77 – |‡| 🗏 📺 ☎. AE GB
D 8
⌂ 50 – **39 ch** 635/760.

Mercure Étoile Ⓜ sans rest, 27 av. Ternes *ℰ* 01 47 66 49 18, Fax 01 47 63 77 91 – |‡| ⇙ 🗏 📺 ☎. AE ① GB
E 8
⌂ 70 – **56 ch** 860.

de Neuville sans rest, 3 r. Verniquet *ℰ* 01 43 80 26 30, Fax 01 43 80 38 55 – |‡| 📺 ☎. AE ① GB JCB
C 8
⌂ 55 – **28 ch** 620/720.

Cheverny sans rest, 7 Villa Berthier *ℰ* 01 43 80 46 42, Fax 01 47 63 26 62 – |‡| ⇙ 🗏 📺 ☎ – 🛁 50. AE ① GB
D 7
⌂ 50 – **48 ch** 520/660.

Neva Ⓜ sans rest, 14 r. Brey *ℰ* 01 43 80 28 26, Fax 01 47 63 00 22 – |‡| 🗏 📺 ☎ ⚹. AE ① GB. 🛇
E 8
⌂ 45 – **31 ch** 500/757.

Mercédès sans rest, 128 av. Wagram *ℰ* 01 42 27 77 82, Fax 01 40 53 09 89 – |‡| 🗏 📺 ☎. AE ① GB
D 9
⌂ 50 – **37 ch** 590/690.

Étoile Park H. sans rest, 10 av. Mac Mahon *ℰ* 01 42 67 69 63, Fax 01 43 80 18 99 – |‡| 📺 ☎. AE ① GB JCB
E 8
fermé 24 déc. au 1ᵉʳ janv. – ⌂ 52 – **28 ch** 484/710.

Harvey sans rest, 7 bis r. Débarcadère *ℰ* 01 45 74 27 19, Fax 01 40 68 03 56 – |‡| 🗏 📺 ☎ 🗳. AE ① GB JCB
E 6
⌂ 40 – **32 ch** 590/720.

Monceau sans rest, 7 r. Rennequin *ℰ* 01 47 63 07 52, Fax 01 47 66 84 44 – |‡| ⇙ 📺 ☎. AE ① GB JCB
E 8
⌂ 75 – **25 ch** 600/840.

Tilsitt Étoile sans rest, 23 r. Brey *ℰ* 01 43 80 39 71, Fax 01 47 66 37 63 – |‡| 📺 ☎ 🗳. AE ① GB JCB
E 8
⌂ 60 – **39 ch** 586/792.

Monceau Étoile sans rest, 64 r. de Levis *ℰ* 01 42 27 33 10, Fax 01 42 27 59 58 – |‡| 📺 ☎. AE ① GB JCB
D 10
⌂ 35 – **26 ch** 400/650.

Royal Magda sans rest, 7 r. Troyon *ℰ* 01 47 64 10 19, Fax 01 47 64 02 12 – |‡| 📺 ☎. AE ① GB. 🛇
E 8
⌂ 45 – **26 ch** 650/730, 11 appart.

Abrial Ⓜ sans rest, 176 r. Cardinet *ℰ* 01 42 63 50 00, Fax 01 42 63 50 03 – |‡| 📺 ☎ ⚹ 🖉. AE GB JCB
C 11
⌂ 48 – **80 ch** 596/652.

Étoile Péreire 🐦 sans rest, 146 bd Péreire *ℰ* 01 42 67 60 00, Fax 01 42 67 02 90 – |‡| 📺 ☎ 🗳. AE ① GB JCB. 🛇
D 7
⌂ 54 – **21 ch** 560/760, 5 duplex.

Monceau Élysées sans rest, 108 r. Courcelles *ℰ* 01 47 63 33 08, Fax 01 46 22 87 39 – |‡| 📺 ☎. AE ① GB
E 9
⌂ 50 – **29 ch** 650/770.

Astrid sans rest, 27 av. Carnot *ℰ* 01 44 09 26 00, Fax 01 44 09 26 01 – |‡| 📺 ☎. AE ① GB JCB
E 7
⌂ 50 – **40 ch** 450/715.

Palma sans rest, 46 r. Brunel *ℰ* 01 45 74 74 51, Fax 01 45 74 40 90 – |‡| 📺 ☎. AE GB. 🛇
E 7
⌂ 35 – **37 ch** 380/480.

Campanile, 4 bd Berthier *ℰ* 01 46 27 10 00, Fax 01 46 27 00 57, 🌫 – |‡| ⇙ 🗏 📺 ☎ 🗳 ⚹ 🖉 – 🛁 40. AE ① GB
B 10
Repas 92 bc/119 bc, enf. 39 – ⌂ 34 – **247 ch** 416.

Champerret-Héliopolis sans rest, 13 r. Héliopolis *ℰ* 01 47 64 92 56, Fax 01 47 64 50 44 – ⇙ 📺 ☎. AE ① GB JCB
D 7
⌂ 38 – **22 ch** 350/495.

XXXX **Guy Savoy**, 18 r. Troyon ☎ 01 43 80 40 61, Fax 01 46 22 43 09 – ▤. ⒶⒺ ⒼⒷ ⒿⒸⒷ   **E 8**
❋❋   *fermé sam. midi et dim.* – **Repas** 880 et carte 570 à 750
   Spéc. Foie gras de canard au sel gris. Bar en écailles grillées aux épices douces. Côte de
   veau de lait rôtie, purée de pommes de terre aux truffes.

XXXX **Michel Rostang**, 20 r. Rennequin ☎ 01 47 63 40 77, Fax 01 47 63 82 75, « Cadre élé-
❋❋ gant » – ▤. ⒶⒺ ⓞ ⒼⒷ ⒿⒸⒷ   **D 8**
   fermé 3 au 17 août, sam. midi et dim. – **Repas** 298 (déj.), 560/740 et carte 550 à 780
   Spéc. Eminçé de homard mi-cru, mi-cuit. Truffes (15 déc. au 15 mars). Canette de Bresse au
   sang.

XXXX **L'Étoile d'Or** - Hôtel Concorde La Fayette, 3 pl. Gén. Koenig ☎ 01 40 68 51 28,
❋   Fax 01 40 68 50 43 – ▤. ⒶⒺ ⓞ ⒼⒷ ⒿⒸⒷ. ℙℙ   **E 6**
   fermé août, 22 fév. au 1er mars, sam. et dim. – **Repas** 270/450 et carte 290 à 520
   Spéc. Piccatas de lotte et tomate confite à la menthe. Canard de Challans rôti au vouvray.
   Soufflé chaud au chocolat.

XXXX **Le Clos Longchamp** - Hôtel Méridien, 81 bd Gouvion-St-Cyr (Pte Maillot)
❋ ☎ 01 40 68 00 70, Fax 01 40 68 50 81 – ▤. ⒶⒺ ⓞ ⒼⒷ. ℙℙ   **E 6**
   fermé 2 au 24 août, 20 déc. au 6 janv., sam. dim. et fériés – **Repas** 250 (déj.), 470/470 et
   carte 400 à 590
   Spéc. Crevettes vapeur au vinaigre de champagne. Noix de Saint-Jacques aux parfums de
   Siam (oct. à avril). Volaille de Bresse sautée et sa cuisse en brochette.

XXX **Manoir de Paris**, 6 r. P. Demours ☎ 01 45 72 25 25, Fax 01 45 74 80 98 – ▤. ⒶⒺ ⓞ ⒼⒷ
   fermé sam. sauf le soir de sept. à juin et dim. – **Repas** 295/350 et carte 250 à 390.   **E 7**

XXX **Apicius** (Vigato), 122 av. Villiers ☎ 01 43 80 19 66, Fax 01 44 40 09 57 – ▤. ⒶⒺ ⓞ ⒼⒷ ⒿⒸⒷ
❋❋   *fermé août, sam. et dim.* – **Repas** carte 410 à 680   **D 8**
   Spéc. Langoustines façon ''tempura''. Ris de veau à la broche, compote de truffes. Grand
   dessert au chocolat amer.

XXX **Amphyclès** (Groult), 78 av. Ternes ☎ 01 40 68 01 01, Fax 01 40 68 91 88 – ▤. ⒶⒺ ⓞ ⒼⒷ
❋ ⒿⒸⒷ   **E 7**
   fermé sam. midi et dim. – **Repas** 680 et carte 580 à 700
   Spéc. Foie gras de canard vapeur, mijotée de cocos. Tronçon de turbot de ligne, risotto aux
   cèpes. Cochon de lait braisé, lentilles vertes du Puy.

XXX **Le Sormani** (Fayet), 4 r. Gén. Lanrezac ☎ 01 43 80 13 91, Fax 01 40 55 07 37 – ▤. ⒼⒷ **E 7**
❋   *fermé 1er au 21 août, 24 déc. au 2 janv., sam. et dim.* – **Repas** - cuisine italienne - 250 (déj.) et
   carte 320 à 420
   Spéc. Risotto à la truffe blanche (oct. à mi-déc.). Carpaccio chaud à la truffe noire. Lasagne
   de chou vert, petit salé, sauce au jus de truffe.

XXX **Faucher**, 123 av. Wagram ☎ 01 42 27 61 50, Fax 01 46 22 25 72 – ⒶⒺ ⒼⒷ   **D 8**
❋   *fermé sam. midi et dim.* – **Repas** carte 250 à 380
   Spéc. Oeuf au plat, foie gras chaud et coppa grillée. Filets de rouget à l'huile d'olive et
   rigattoni farcis. Canette rôtie et ses filets laqués.

XXX **Pétrus**, 12 pl. Mar. Juin ☎ 01 43 80 15 95, Fax 01 43 80 06 96 – ▤. ⒶⒺ ⓞ ⒼⒷ   **D 8**
   Repas - produits de la mer - 250/480 bc et carte 350 à 570.

XXX **Timgad** (Laasri), 21 r. Brunel ☎ 01 45 74 23 70, Fax 01 40 68 76 46, « Décor mauresque »
❋ – ▤. ⒶⒺ ⓞ ⒼⒷ. ℙℙ   **E 7**
   Repas - cuisine nord-africaine - carte 240 à 340
   Spéc. Couscous princier. Pastilla. Tagine.

XXX **Augusta**, 98 r. Tocqueville ☎ 01 47 63 39 97, Fax 01 42 27 21 71 – ▤. ⒼⒷ   **C 9**
   fermé 4 au 25 août, sam. sauf le soir d'oct. à avril et dim. – **Repas** - produits de la mer -
   carte 320 à 560.

XXX **Il Ristorante**, 22 r. Fourcroy ☎ 01 47 63 34 00, Fax 01 47 63 72 13 – ▤. ⒶⒺ ⒼⒷ   **D 8**
   fermé 10 au 24 août, 24 déc. au 1er janv., sam. et dim. midi – **Repas** - cuisine italienne - 165
   (déj.) et carte 250 à 340.

XX **Le Petit Colombier** (Fournier), 42 r. Acacias ☎ 01 43 80 28 54, Fax 01 44 40 04 29 – ⒶⒺ ⒼⒷ
❋   *fermé 1er au 18 août, dim. midi et sam.* – **Repas** 200 (déj.)/360 et carte 300 à 410   **E 7**
   Spéc. Oeufs rôtis à la broche aux truffes fraîches (15 déc. au 15 mars). Lièvre à la royale (25
   sept. au 30 déc.). Tournedos rossini.

XX **La Table de Pierre**, 116 bd Péreire ☎ 01 43 80 88 68, Fax 01 47 66 53 02 – ▤. ⒶⒺ ⒼⒷ
   fermé sam. midi et dim. – **Repas** 210/300 et carte 220 à 360.   **D 8**

XX **Graindorge**, 15 r. Arc de Triomphe ☎ 01 47 54 00 28, Fax 01 47 54 00 28 – ⒶⒺ ⒼⒷ   **E 7**
   fermé 4 au 18 août, sam. midi et dim. – **Repas** 165 (déj.), 188/230 et carte 210 à 300.

XX **Les Bouchons de François Clerc**, 22 r. Terrasse ☎ 01 42 27 31 51, Fax 01 42 27
   45 76, ☗ – ▤. ⒶⒺ ⒼⒷ   **D 10**
   fermé sam. midi et dim. – **Repas** (prévenir) 117 bc (déj.)/219.

XX **Les Béatilles**, 11 bis r. Villebois-Mareuil ✉ 75017 ☎ 01 45 74 43 80, Fax 01 45 74 43 81 –
   ▤. ⒶⒺ ⒼⒷ   **E 7**
   fermé 2 au 24 août, 22 déc. au 4 janv., sam. et dim. – **Repas** 160/290 et carte 210 à 300.

XX **La Truite Vagabonde,** 17 r. Batignolles ✆ 01 43 87 77 80, Fax 01 43 87 31 50, 🏠 – AE GB JCB D 11
fermé 10 au 24 août et dim. soir – **Repas** 250 bc/320 bc et carte 260 à 370.

XX **Billy Gourmand,** 20 r. Tocqueville ✆ 01 42 27 03 71 – AE GB D 10
fermé 3 au 24 août, sam. sauf le soir du 10 sept. au 15 juin, dim. et fériés – **Repas** 165 et carte 240 à 370.

XX **Le Beudant,** 97 r. des Dames ✆ 01 43 87 11 20, Fax 01 43 87 27 35 – ▤. AE ⓓ GB JCB D 11
fermé 15 au 30 août, sam. midi et dim. – **Repas** 155/300 et carte 220 à 330.

XX **Aub. des Dolomites,** 38 r. Poncelet ✆ 01 42 27 94 56, Fax 01 47 66 38 54 – AE GB E 8
fermé août, sam. midi et dim. – **Repas** 135/180 et carte 210 à 330.

XX **Les Marines de Pétrus,** 27 av. Niel ✆ 01 47 63 04 24, Fax 01 44 15 92 20 – ▤. AE ⓓ GB D 8
fermé août et dim. – **Repas** - produits de la mer - carte 210 à 300.

XX **Dessirier,** 9 pl. Mar. Juin ✆ 01 42 27 82 14, Fax 01 47 63 98 79 – AE ⓓ GB D 8
fermé 1er au 15 août – **Repas** - produits de la mer - carte 220 à 350.

XX **La Braisière** (Vaxelaire), 54 r. Cardinet ✆ 01 47 63 40 37, Fax 01 47 63 04 76 – AE GB D 9
✿ *fermé août, sam. et dim.* – **Repas** 175 et carte 210 à 380
Spéc. Mitonnée de pintadeau à la moutarde. Tarte feuilletée au crabe et tomate. Assiette "tout chocolat".

XX **Taïra,** 10 r. Acacias ✆ 01 47 66 74 14, Fax 01 47 66 74 14 – ▤. AE ⓓ GB E 7
fermé 15 au 25 août, sam. midi et dim. – **Repas** - produits de la mer - 160/330 et carte 260 à 390.

XX **Baumann Ternes,** 64 av. Ternes ✆ 01 45 74 16 66, Fax 01 45 72 44 32, brasserie – ▤. AE ⓓ GB E 7
Repas 178 et carte 190 à 330 🍷.

XX **La Petite Auberge,** 38 r. Laugier ✆ 01 47 63 85 51, Fax 01 47 63 85 81 – GB D 7-8
fermé 25 juil. au 25 août, lundi midi et dim. – **Repas** (nombre de couverts limité, prévenir) 160 et carte 190 à 320.

XX **Chez Guyvonne,** 14 r. Thann ✆ 01 42 27 25 43, Fax 01 42 27 25 43 – ▤. AE GB. ✂ D 10
fermé 4 août au 1er sept., 23 déc. au 1er janv., sam., dim. et fériés – **Repas** 150/180 et carte 200 à 280.

XX **La Soupière,** 154 av. Wagram ✆ 01 42 27 00 73 – ▤. AE GB D 9
fermé 9 au 18 août, sam. midi et dim. – **Repas** 138/270 et carte 190 à 260.

XX **Chez Georges,** 273 bd Péreire ✆ 01 45 74 31 00, Fax 01 45 74 02 56, bistrot – AE GB. ✂ E 6
Repas carte 180 à 310.

XX **Epicure 108,** 108 r. Cardinet ✆ 01 47 63 50 91 – GB D 10
fermé 11 au 23 août, vacances de fév., sam. midi et dim. – **Repas** 175/250.

XX **Ballon des Ternes,** 103 av. Ternes ✆ 01 45 74 17 98, Fax 01 45 72 18 84, brasserie – AE GB JCB E 6
fermé 1er au 20 août – **Repas** carte 180 à 260.

XX **La Niçoise,** 4 r. P. Demours ✆ 01 45 74 42 41, Fax 01 45 74 80 98 – ▤. AE ⓓ GB E 7
fermé sam. sauf le soir de sept. à juin et dim. – **Repas** 125/165 🍷.

XX **Chez Léon,** 32 r. Legendre ✆ 01 42 27 06 82, bistrot – ⓓ GB D 10
fermé août, sam. et dim. – **Repas** 135/185.

XX **Chez Laudrin,** 154 bd Péreire ✆ 01 43 80 87 40 – ▤. AE GB D 7
fermé sam. et dim. – **Repas** 155 et carte 240 à 400.

X **La Rôtisserie d'Armaillé,** 6 r. Armaillé ✆ 01 42 27 19 20, Fax 01 40 55 00 93 – ▤. AE GB JCB E 7
fermé 10 au 17 août, sam. midi et dim. – **Repas** 198 et carte 240 à 340.

X **L'Impatient,** 14 passage Geffroy Didelot ✆ 01 43 87 28 10 – GB D 10-11
fermé 11 au 31 août, vacances de fév., lundi soir, sam. et dim. – **Repas** 102/156 et carte 200 à 310.

X **Caves Petrissans,** 30 bis av. Niel ✆ 01 42 27 52 03, Fax 01 40 54 87 56, 🏠, bistrot – AE GB D 8
fermé 2 au 24 août, 23 déc. au 5 janv., sam., dim. et fériés – **Repas** 170 et carte 200 à 350.

X **Le Troyon,** 4 r. Troyon ✆ 01 40 68 99 40, Fax 01 40 68 99 57 – AE GB E 8
fermé sam. midi et dim. – **Repas** (prévenir) carte 180 à 230.

X **Bistro du 17e,** 108 av. Villiers ✆ 01 47 63 32 77, Fax 01 42 27 67 66 – ▤. AE GB D 8
Repas 169 bc.

X **Bistrot d'à Côté Flaubert,** 10 r. G. Flaubert ✆ 01 42 67 05 81, Fax 01 47 63 82 75 – AE GB D 8
Repas carte 220 à 330.

X **Bistrot de l'Étoile,** 13 r. Troyon ✆ 01 42 67 25 95, Fax 01 46 22 43 09 – ▤. AE GB JCB E 8
fermé dim. midi – **Repas** 120 bc (déj.), 150 bc/170 et carte 190 à 250.

Montmartre
La Villette - Belleville

18ᵉ, 19ᵉ et 20ᵉ arrondissements

18ᵉ : ✉ 75018 - 19ᵉ : ✉ 75019 - 20ᵉ : ✉ 75020

Terrass'H. M, 12 r. J. de Maistre (18ᵉ) ℘ 01 46 06 72 85, Fax 01 42 52 29 11, 斎, « Terrasse sur le toit, ≤ Paris » – 劇 ⁕ ≡ 🔟 ☎ ✆ – ▲ 160. 歴 ① GB JCB
C 13
La Terrasse ℘ 01 44 92 34 00 **Repas** 125bc/165, enf. 60 – ☷ 70 – **88 ch** 820/1300, 13 appart.

Holiday Inn M, 216 av. J. Jaurès (19ᵉ) ℘ 01 44 84 18 18, Fax 01 44 84 18 20, ℟6 – 劇 ⁕ ≡ 🔟 ☎ ✆ & ⇔ – ▲ 180. 歴 ① GB JCB
C 21
Repas 110/160 §, enf. 45 – ☷ 75 – **174 ch** 890/1050, 8 appart.

Mercure Montmartre sans rest, 3 r. Caulaincourt (18ᵉ) ℘ 01 44 69 70 70, Fax 01 44 69 70 71 – 劇 ⁕ ≡ 🔟 ☎ & – ▲ 120. 歴 ① GB
D 12
☷ 68 – **308 ch** 860/925.

Roma Sacré Coeur sans rest, 101 r. Caulaincourt (18ᵉ) ℘ 01 42 62 02 02, Fax 01 42 54 34 92 – 劇 🔟 ☎. 歴 ① GB JCB
C 14
☷ 37 – **57 ch** 410/480.

Le Laumière sans rest, 4 r. Petit (19ᵉ) ℘ 01 42 06 10 77, Fax 01 42 06 72 50 – 劇 🔟 ☎. GB
D 19
☷ 36 – **54 ch** 270/380.

Regyn's Montmartre sans rest, 18 pl. Abbesses (18ᵉ) ℘ 01 42 54 45 21, Fax 01 42 23 76 69 – 劇 🔟 ☎. 歴 GB
D 13
☷ 40 – **22 ch** 370/445.

🏠🏠 **Palma** sans rest, 77 av. Gambetta (20ᵉ) ℘ 01 46 36 13 65, Fax 01 46 36 03 27 – 🛗 📺 ☎. 🆎 ① 🅶🅱
G 21
🖃 33 – **32 ch** 340/395.

🏠 **Super H.** sans rest, 208 r. Pyrénées (20ᵉ) ℘ 01 46 36 97 48, Fax 01 46 36 26 10 – 🛗 📺 ☎. 🆎 ① 🅶🅱
G 21
fermé août – 🖃 32 – **32 ch** 250/500.

🏠 **Eden H.** sans rest, 90 r. Ordener (18ᵉ) ℘ 01 42 64 61 63, Fax 01 42 64 11 43 – 🛗 📺 ☎. 🆎 ① 🅶🅱
B 14
🖃 35 – **35 ch** 375/410.

🏠 **Damrémont** sans rest, 110 r. Damrémont (18ᵉ) ℘ 01 42 64 25 75, Fax 01 46 06 74 64 – 🛗 ✎📺 ☎ 📞. 🆎 ① 🅶🅱 ᴶᶜᴮ. ❀
B 13
🖃 40 – **35 ch** 350/490.

🏠 **Crimée** sans rest, 188 r. Crimée (19ᵉ) ℘ 01 40 36 75 29, Fax 01 40 36 29 57 – 🛗 📺 ☎. 🆎
🅶🅱
C 18
🖃 30 – **31 ch** 300/350.

🏠 **des Arts** sans rest, 5 r. Tholozé (18ᵉ) ℘ 01 46 06 30 52, Fax 01 46 06 10 83 – 🛗 📺 ☎. 🆎 🅶🅱. ❀
D 13
🖃 30 – **50 ch** 440/470.

🏠 **Abricotel** sans rest, 15 r. Lally Tallendal (19ᵉ) ℘ 01 42 08 34 49, Fax 01 42 40 83 95 – 📺 ☎ ⅚. 🆎 ① 🅶🅱
D 18
🖃 35 – **39 ch** 290/400.

XXX **Beauvilliers** (Carlier), 52 r. Lamarck (18ᵉ) ℘ 01 42 54 54 42, Fax 01 42 62 70 30, ☂
❀ « Décor original, terrasse » – ▤. 🆎 ① 🅶🅱 ᴶᶜᴮ
C 14
fermé lundi midi et dim. – **Repas** 185 (déj.)/400 bc et carte 420 à 540
Spéc. Filets de rougets grillés en fine escabèche. Rognonnade et grenadin de veau aux essences de truffes. Tuilé croustillant praliné, chocolat et pistache.

XXX **Pavillon Puebla,** Parc Buttes-Chaumont, entrée : av Bolivar, r. Botzaris (19ᵉ) ℘ 01 42 08 92 62, Fax 01 42 39 83 16, ☂, « Agréable situation dans le parc » – 🄿. 🆎 🅶🅱
fermé dim. et lundi – **Repas** 180/240 et carte 320 à 450.
E 19

XX **Cottage Marcadet**, 151 bis r. Marcadet (18ᵉ) ℘ 01 42 57 71 22 – ▤. 🅶🅱. ❀
C 13
fermé 13 au 22 avril, 3 au 26 août et dim. – **Repas** 155 (déj.)/215 bc et carte 240 à 370.

XX **Les Allobroges,** 71 r. Grands-Champs (20ᵉ) ℘ 01 43 73 40 00 – 🅶🅱
K 22
fermé août, dim. et lundi – **Repas** 95/165 et carte 220 à 300.

XX **Relais des Buttes,** 86 r. Compans (19ᵉ) ℘ 01 42 08 24 70, Fax 01 42 03 20 44, ☂ – 🅶🅱
fermé 9 au 30 août, 24 déc. au 4 janv., sam. et dim. – **Repas** 168 et carte 220 à 350.
E 20

XX **La Chaumière,** 46 av. Secrétan (19ᵉ) ℘ 01 42 06 54 69 – 🆎 ① 🅶🅱
E 18
fermé 10 au 25 août et dim. soir – **Repas** 143/198 bc et carte 190 à 360 ⅌.

XX **Au Clair de la Lune,** 9 r. Poulbot (18ᵉ) ℘ 01 42 58 97 03 – 🆎 ① 🅶🅱 ᴶᶜᴮ
D 14
fermé 25 août au 4 sept., 3 au 10 fév. et dim. – **Repas** 165 et carte 220 à 300.

X **La Verrière d'Eric Frechon,** 10 r. Gén. Brunet (19ᵉ) ℘ 01 40 40 03 30, Fax 01 40 40 03 30 – ▤. 🅶🅱
E 20
fermé août, dim. et lundi – **Repas** 190.

X **Le Poulbot Gourmet,** 39 r. Lamarck (18ᵉ) ℘ 01 46 06 86 00 – 🅶🅱
C 14
fermé dim. sauf le midi d'oct. à mai – **Repas** 160 et carte 210 à 300.

X **L'Étrier,** 154 r. Lamarck (18ᵉ) ℘ 01 42 29 14 01, bistrot – ▤. 🅶🅱. ❀
C 12
fermé 11 au 31 août, dim. et lundi – **Repas** (nombre de couverts limité, prévenir) 76 (déj.), 160/250 et carte environ 250.

X **Bistrot du 19ᵉ,** 45 r. Alouettes (19ᵉ) ℘ 01 42 00 84 85 – 🅶🅱
E 20
fermé dim . soir et lundi – **Repas** 165 bc.

X **Aucune Idée ?,** 2 pl. St-Blaise (20ᵉ) ℘ 01 40 09 70 67, Fax 01 43 71 38 69 – 🆎 🅶🅱 H 22
fermé 17 au 23 mars, août, dim. soir et lundi – **Repas** 155/165 et carte 160 à 310.

X **Marie-Louise,** 52 r. Championnet (18ᵉ) ℘ 01 46 06 86 55, bistrot – ① 🅶🅱
B 15
fermé 28 mars au 2 avril, fin juil. à début sept., dim. et lundi – **Repas** 130 et carte 140 à 260.

To sightsee in the capital
use the **Michelin** Green Guide **PARIS** (English edition).

ENVIRONS
Hôtels - Restaurants
25 km environ autour de Paris

F 15 : Ces lettres et ces chiffres correspondent au carroyage des **plans Michelin Banlieue de Paris** n° 🟦, n° 🟦, n° 🟦, n° 🟦.

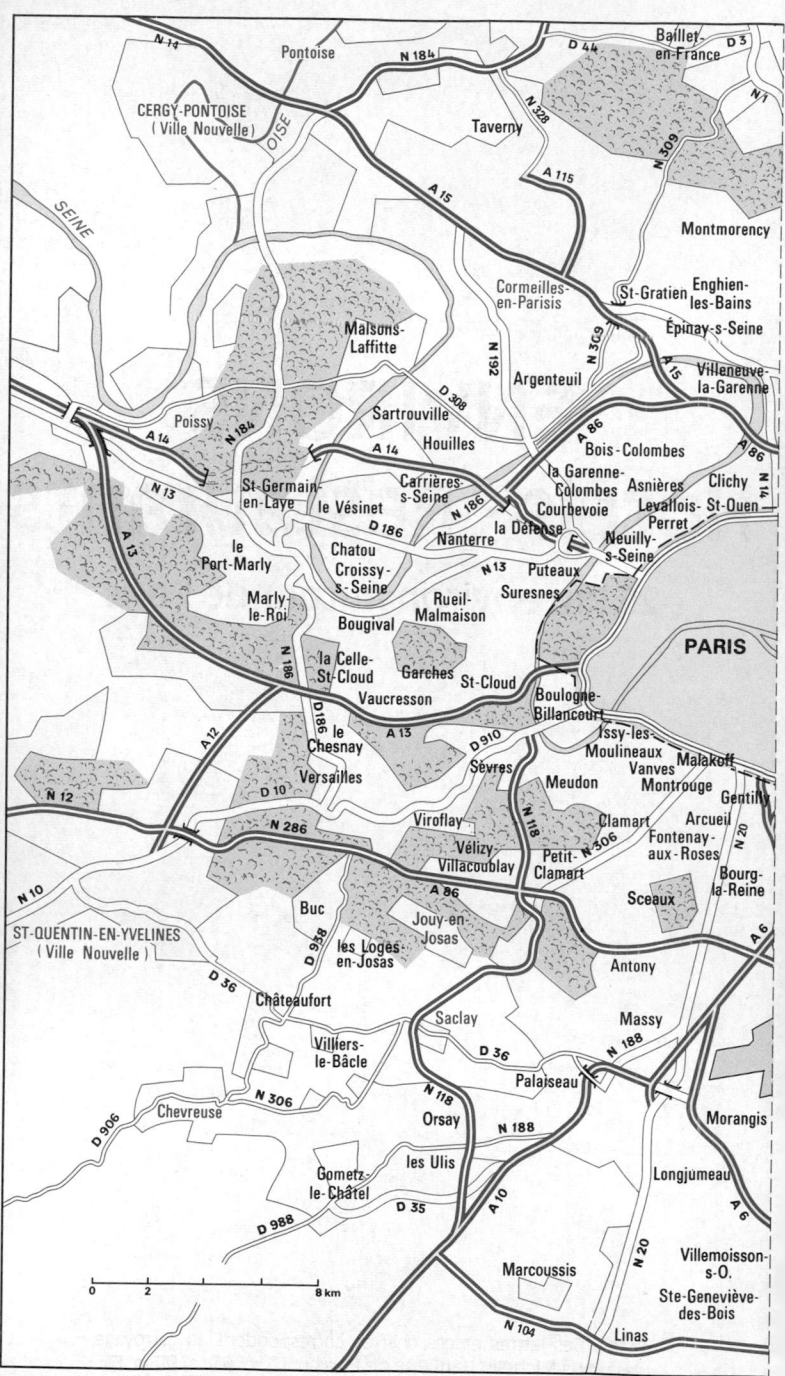

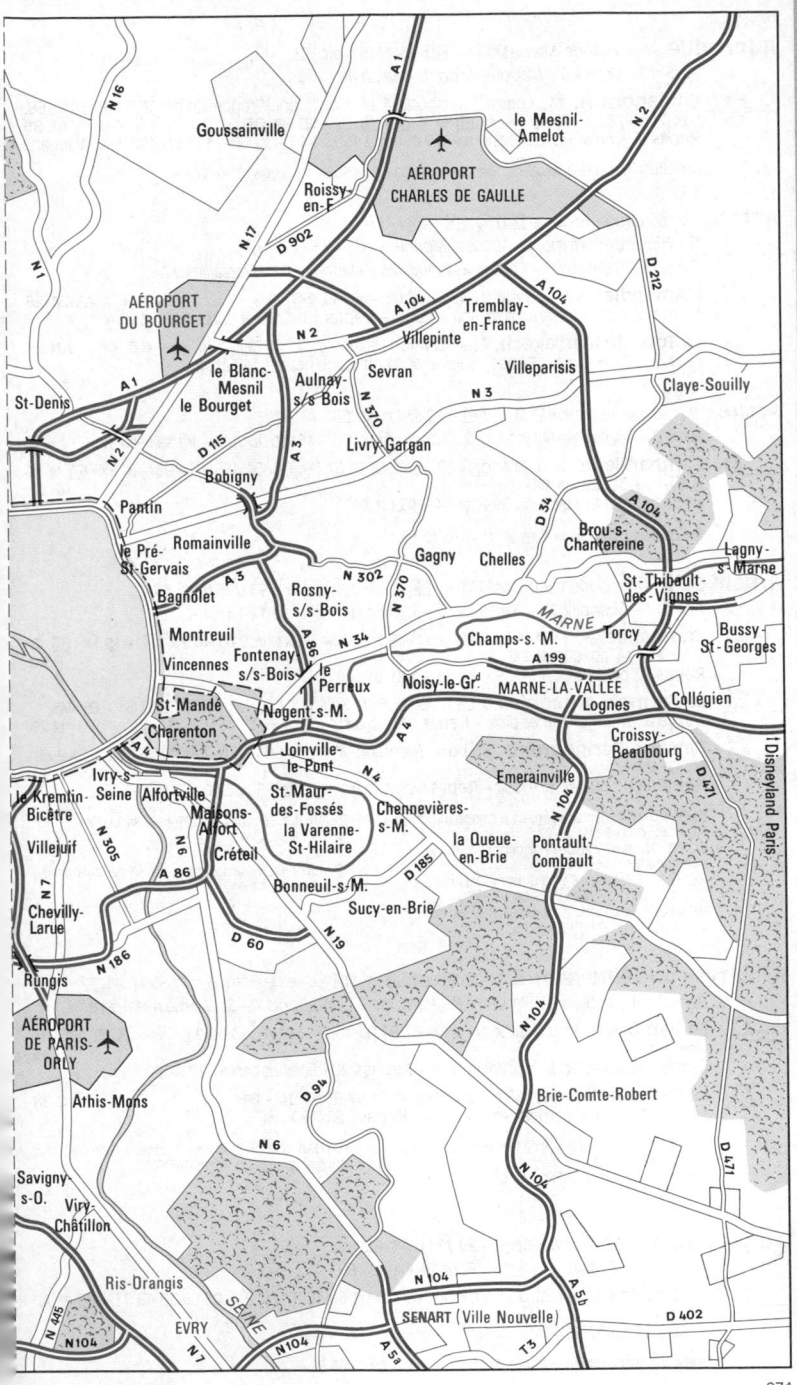

Goussainville

le Mesnil-Amelot

Roissy-en-F

AÉROPORT CHARLES DE GAULLE

N 16

N 17

D 902

N 2

A 1

N 1

AÉROPORT DU BOURGET

N 2

A 104

A 104

Tremblay-en-France

Villepinte

Villeparisis

D 212

Claye-Souilly

St-Denis

A 1

le Blanc-Mesnil
le Bourget

Aulnay-s/s Bois

Sevran

N 2

D 115

A 3

N 570

N 3

Livry-Gargan

Bobigny

Pantin

le Pré-St-Gervais

Romainville

A 3

Bagnolet

Montreuil

Vincennes

St-Mandé

Charenton

Ivry-s-Seine

le Kremlin-Bicêtre

Villejuif

N 305

A 4

Alfortville

Maisons-Alfort

Créteil

N 6

A 86

Chevilly-Larue

Rungis

N 186

AÉROPORT DE PARIS-ORLY

Athis-Mons

Savigny-s-O.

Viry-Châtillon

N 445

Ris-Orangis

N 104

EVRY

N 7

Fontenay-s/s-Bois

A 86

le Perreux

Nogent-s-M.

Joinville-le-Pont

St-Maur-des-Fossés
la Varenne-St-Hilaire

Bonneuil-s-M.

D 60

N 19

Sucy-en-Brie

D 94

N 6

Rosny-s/s-Bois

N 302

N 370

N 34

Gagny

Chelles

D 34

Brou-s-Chantereine

A 104

Lagny-s-Marne

St-Thibault-des-Vignes

MARNE

Torcy

Bussy-St-Georges

Champs-s. M.

A 199

Noisy-le-Gd

MARNE-LA-VALLÉE

Lognes

Collégien

A 4

Chennevières-s-M.

N 4

la Queue-en-Brie

D 195

Croissy-Beaubourg

Emerainville

D 471

N 104

Pontault-Combault

Brie-Comte-Robert

N 104

D 471

Disneyland Paris

SÉNART (Ville Nouvelle)

N 104

A 5b

A 5a

T 3

D 402

SEINE

N 104

Alfortville *94140 Val-de-Marne* 101 ㉗, 24 – *36 119 h alt. 32.*

    Paris 10 – Créteil 6 – Maisons-Alfort 1 – Melun 40.

🏛️ 🍴 **Chinagora H.** M, centre Chinagora, 1 pl. Confluent France-Chine ✆ 01 43 53 58 88, Fax 01 49 77 57 17 – ⫟ ✆⫟ 🗔 🖥 🖵 📞 ఋ – ⚿ 200. ⚎ ⓪ ⅏   **AE 35**
Repas *(fermé août)* (déj. seul.) 80/120 et carte 150 à 240 – ⊂ 50 – **181 ch** 490/550, 4 appart.

    CITROEN Gar. des Quais, 2 r. C.-de-Gaulle ✆ 01 43 78 50 34 🄽 ✆ 06 07 97 57 69

Antony *92160 Hauts-de-Seine* 101 ㉕, 22 – *57 771 h alt. 80.*

    🛈 *Office de Tourisme, pl. Auguste Mounie* ✆ 01 42 37 57 77.

    Paris 13 – Bagneux 9 – Corbeil-Essonnes 26 – Nanterre 27 – Versailles 17.

🍴🍴 **L'Amandier,** 8 r. Église ✆ 01 46 66 22 02 – 🖥. ⚎ ⅏. ⁂   **AM24-25**
    fermé 23 déc. au 2 janv., dim. soir et lundi – **Repas** 155/220 et carte 200 à 320 ⅃.

🍴🍴 **La Tour de Marrakech,** 72 av. Division Leclerc ✆ 01 46 66 00 54 – 🖥. ⅏. ⁂   **AN 25**
    fermé août et lundi – **Repas** - cuisine nord-africaine - carte 140 à 240.

Arcueil *94110 Val-de-Marne* 101 ㉖, 22 – *20 334 h alt. 65.*

    Paris 8 – Boulogne-Billancourt 9 – Longjumeau 14 – Montrouge 4 – Versailles 21.

🏨 **Campanile,** 73 av. A. Briand, N 20 ✆ 01 47 40 87 09, Fax 01 45 47 51 93 – ⫟ ✆⫟ 🗔 ☎ 📞
    ఋ 🅿 – ⚿ 30. ⚎ ⓪ ⅏   **AF 27**
Repas 92 bc/119 bc, enf. 39 – ⊂ 34 – **83 ch** 340.

    🅖 Equipneu, 32 r. de la Gare ✆ 01 46 65 10 44

Argenteuil ⚞ *95100 Val-d'Oise* 101 ⑭, 18 *G. Île de France* – *93 096 h alt. 33.*

    Paris 17 – Chantilly 35 – Pontoise 20 – St-Germain-en-Laye 17.

🏨 **Campanile** M, 1 r. Ary Scheffer ✆ 01 39 61 34 34, Fax 01 39 61 44 20, ⛲ – ⫟ ✆⫟ 🗔 ☎
    📞 ఋ 🅿 – ⚿ 40. ⚎ ⓪ ⅏   **P 20**
Repas 92 bc/119 bc, enf. 39 – ⊂ 34 – **100 ch** 340.

🍴🍴🍴 **La Ferme d'Argenteuil,** 2 bis r. Verte ✆ 01 39 61 00 62, Fax 01 30 76 32 31 – ⚎ ⅏
    fermé août, lundi soir et dim. – **Repas** 170 et carte 230 à 320.   **N 20**

🍴🍴 **Closerie Périgourdine,** 85 bd J.-Allemane ✆ 01 39 80 01 28, Fax 01 39 80 25 14 – 🖥.
    ⚎ ⓪ ⅏   **L 21**
fermé sam. midi et dim. soir – **Repas** 135/198 bc et carte 250 à 380.

    ALFA ROMEO Gar. Busson, 21 r. Chapeau Rouge à   RENAULT Succursale, 219 r. H. Barbusse
    Sannois ✆ 01 39 81 43 27   ✆ 01 39 96 41 41
    FORD Gar. des Grandes Fontaines, 70 bd J.-
    Allemane ✆ 01 39 81 61 61   🅖 Monteils Pneumatiques, 48-50 av. Stalingrad
    RENAULT S.R.P.A., 181 bd Général Delambre   ✆ 01 34 11 44 44
    ✆ 01 39 81 51 95 🄽 ✆ 08 00 02 83 07
    RENAULT Rousseau Argenteuil, 139 bis bd
    J.-Allemane ✆ 01 39 25 95 95

Asnières-sur-Seine *92600 Hauts-de-Seine* 101 ⑮, 18 *G. Île de France* – *71 850 h alt. 37.*

    Paris 9 – Argenteuil 8 – Nanterre 8 – Pontoise 27 – St-Denis 7 – St-Germain-en-Laye 18.

🍴🍴🍴 **Le Van Gogh,** Port Van Gogh ✆ 01 47 91 05 10, Fax 01 47 93 00 93, ⛲ – 🅿. ⚎ ⓪ ⅏
    🅙🅒🅑. ⁂   **S 25**
fermé 9 au 25 août, sam. midi et dim. – **Repas** 220 (dîner)et carte 220 à 390.

🍴🍴 **La Petite Auberge,** 118 r. Colombes ✆ 01 47 93 33 94 – ⅏   **S 23**
fermé 11 au 18 août, dim. soir et lundi – **Repas** 150/180.

    PEUGEOT Gar. Hôtel de Ville, 18 r. P.-Brossolette   TOYOTA S.I.D.A.T. Toyota France, 3 r. de
    ✆ 01 47 33 02 60   Normandie ✆ 01 46 13 46 70
    RENAULT Gar. Cretaz, 34 r. de Colombes
    ✆ 01 47 93 23 90

Athis-Mons *91200 Essonne* 101 ㊳ – *29 123 h alt. 85.*

    Paris 18 – Créteil 13 – Évry 12 – Fontainebleau 48.

🏨 **La Rotonde** sans rest, 25 bis r. H. Pinson ✆ 01 69 38 97 78, Fax 01 69 38 48 02 – 🗔 ☎ 🅿.
    ⅏. ⁂
⊂ 30 – **22 ch** 300/340.

    BMW VP Automobiles, 111 r. R.-Schumann ✆ 01 69 38 64 36

Aulnay-sous-Bois 93600 Seine-St-Denis **101** ⑱, **20** – 82 314 h alt. 46.

  Paris 19 – Bobigny 9 – Lagny-sur-Marne 22 – Meaux 29 – St-Denis 15 – Senlis 39.

⌂⌂⌂ **Novotel** Ⓜ, rte Gonesse N 370 ℘ 01 48 66 22 97, Fax 01 48 66 99 39, 佘, ⌁ – ▯ 灯 ▤
  ▥ ☎ ✆ & ℙ – ▵ 200. ⅍ ⓞ ⅁⅀   L 42
  Repas 128, enf. 50 – ☑ 57 – **138 ch** 480/495.

※※※ **Aub. des Saints Pères,** 212 av. Nonneville ℘ 01 48 66 62 11, Fax 01 48 66 25 22 – ▤.
  ⅍ ⅁⅀ ᴶᶜᴮ   R 42
  fermé août, 4 au 12 janv., sam. midi, dim. soir et lundi – **Repas** 200/360 et carte 310 à 450.

※※ **A l'Escargot,** 40 rte Bondy ℘ 01 48 66 88 88, Fax 01 48 68 26 91 – ⅍ ⓞ ⅁⅀   P 42
  fermé 15 juil. au 15 août, 2 au 9 janv., dim. et lundi – **Repas** (dîner, prévenir) 180 et carte 180
  à 400, enf. 95.

  CITROEN Gar. des Petits Ponts, 153 rte de Mitry   FORD Gar. Bocquet, 37 av. A. France
  ℘ 01 43 83 70 81 Ⓝ ℘ 01 48 60 60 30   ℘ 01 48 66 47 33
  CITROEN Gar. Nonneville, 205 av. de Nonneville   RENAULT Paris Nord Autos, r. J.-Duclos N 370
  ℘ 01 48 66 40 01   ℘ 01 48 66 30 65 Ⓝ ℘ 08 00 05 15 15

Bagnolet 93170 Seine-St-Denis **101** ⑰, **20** – 32 600 h alt. 96.

  Paris 8 – Bobigny 7 – Lagny-sur-Marne 32 – Meaux 38.

⌂⌂⌂ **Novotel Porte de Bagnolet** Ⓜ, av. République, échangeur porte de Bagnolet
  ℘ 01 49 93 63 00, Fax 01 43 60 83 95, ≼, ⌁ – ▯ 灯 ▤ ▥ ☎ & ⇦ – ▵ 600. ⅍ ⓞ ⅁⅀
  ᴶᶜᴮ   Y 36
  Repas carte environ 170, enf. 55 – ☑ 62 – **611 ch** 600/630.

▥ **Campanile** Ⓜ, 30 av. Gén. de Gaulle, échangeur Porte de Bagnolet ℘ 01 48 97 36 00,
  Fax 01 48 97 95 60 – ▯ 灯 ▤ ▥ ☎ ✆ & – ▵ 200. ⅍ ⓞ ⅁⅀   Y 36
  Repas 92 bc/119 bc, enf. 39 – ☑ 34 – **274 ch** 395.

  PEUGEOT Botzaris, 210 r. de Noisy-le-Sec ℘ 01 40 05 66 30

Baillet-en-France 95560 Val-d'Oise **101** ⑤ – 1 409 h alt. 100.

  Paris 30 – Beauvais 55 – Chantilly 22 – L'Isle-Adam 10 – Montmorency 11 – Pontoise 17.

※※※ **La Cascade** Ⓜ ⌂ avec ch, au Paris-International-Golf-Club, Sud : 1 km par rte secondaire
  ℘ 01 34 69 90 90, Fax 01 34 69 97 15, « Au milieu d'un parc et d'un golf », ⅙, ⌁, ※ – ▥
  ☎ ℙ – ▵ 30. ⅍ ⓞ ⅁⅀. ⌁ ch
  fermé 11 au 26 août, vacances de fév., sam. midi et dim. – **Repas** 260/360 – ☑ 55 – **6 ch**
  500/650.

  LANCIA Croix Verte Autom., ZAC les Ponts de Baillet ℘ 01 34 69 98 18

Le Blanc-Mesnil 93150 Seine-St-Denis **101** ⑰, **20** – 46 956 h alt. 48.

  Paris 19 – Bobigny 6 – Lagny-sur-Marne 25 – St-Denis 9 – Senlis 40.

⌂⌂⌂ **Bleu Marine** Ⓜ, 219 av. Descartes ℘ 01 48 65 52 18, Fax 01 45 91 07 75, 佘, ⅙ – ▯ 灯
  ▤ ▥ ☎ ✆ ⇦ ℙ – ▵ 50. ⅍ ⓞ ⅁⅀   M 40
  Repas 145, enf. 49 – ☑ 60 – **128 ch** 450/480.

voir aussi **Le Bourget**

Bobigny 93000 Seine-St-Denis **101** ⑰, **20** – 44 659 h alt. 42.

  Paris 13 – St-Denis 12.

▥ **Campanile** Ⓜ, 304 av. Paul Vaillant-Couturier ℘ 01 48 31 37 55, Fax 01 48 31 53 30 – ▯
  灯 ▥ ☎ ✆ & ℙ – ▵ 25 à 50. ⅍ ⓞ ⅁⅀   T 39
  Repas 92 bc/119 bc, enf. 39 – ☑ 34 – **120 ch** 340.

  PEUGEOT Nlle Centrale Auto, 97-103 av. Gallieni à Bondy ℘ 01 48 47 31 19

Bois-Colombes 92270 Hauts-de-Seine **101** ⑮, **18** – 24 415 h alt. 37.

  Paris 12 – Nanterre 8 – Pontoise 25 – St-Denis 9 – St-Germain-en-Laye 17.

※※※ **Le Bouquet Garni,** 7 r. Ch. Chefson ℘ 01 47 80 55 51, Fax 01 47 60 15 55 – ⅍ ⅁⅀ S 23
  fermé août, lundi soir, sam. midi et dim. – **Repas** 170.

※ **Le Chefson,** 17 r. Ch. Chefson ℘ 01 42 42 12 05, Fax 01 42 42 12 05, bistrot – ⅁⅀   S 23
  fermé 2 au 24 août, vacances de fév., sam. et dim. – **Repas** (nombre de couverts limité,
  prévenir) 70 (déj.), 112/160 et carte 160 à 270 ⅙.

  CITROEN Gar. Central, 17 bis av. Gambetta   CITROEN Gar. des Hauts de Seine, 249 av.
  ℘ 01 42 42 11 00   d'Argenteuil ℘ 01 47 81 42 22

Bonneuil-sur-Marne 94380 Val-de-Marne ⏽⏽⏽ ㉗, ㉔ – 13 626 h alt. 50.

Paris 17 – Chennevières-sur-Marne 6 – Créteil 4 – Lagny-sur-Marne 28 – St-Maur-des-Fossés 6.

🏠 **Campanile**, ZI Petits Carreaux, 2 av. Bleuets ✆ 01 43 77 70 29, Fax 01 43 99 42 96, 🌮 –
▥ 📺 ☎ 🅔 🕭 🄿 – 🔏 25. 🖪 ⓞ 🆖
AL 42
Repas 84 bc/107 bc, enf. 39 – 😋 32 – **60 ch** 278.

✕✕ **Aub. du Moulin Bateau**, r. Moulin Bateau ✆ 01 43 77 00 10, Fax 01 43 77 70 86, 🌮,
« Terrasse en bordure de Marne », ✵ – 🄿. 🖪 ⓞ 🆖
AJ 43
fermé sam. midi et dim. soir – **Repas** 140 bc/350 bc et carte 280 à 350.

CITROEN Soulard et Faure, av. du 19 Mars 1962
✆ 01 43 39 63 66
MERCEDES Gar. Val des Nations, ZA des Petits
Carreaux ✆ 01 43 39 70 11

RENAULT Central Gar., 11 r. du Colonel Fabien
✆ 01 43 39 62 76
RENAULT Central Gar., 3 av. de Boissy
✆ 01 43 39 62 39

Bougival 78380 Yvelines ⏽⏽⏽ ⑬, ⑱ G. Ile de France – 8 552 h alt. 40.

🛈 Syndicat d'Initiative - Hôtel de Ville - r. Joffre ✆ 01 39 69 01 15.

Paris 19 – Rueil-Malmaison 5 – St-Germain-en-Laye 6 – Versailles 7 – Le Vésinet 8.

🏛 **Forest Hill** 🅼, N 13 ✆ 01 39 18 17 16, Fax 01 39 18 15 80, 🏊, – ▥ 🍴 ▤ rest 📺 ☎ 🚗 –
🔏 15. 🖪 ⓞ 🆖 🃟
Y 11
Repas 79/134 bc, enf. 39 – 😋 55 – **175 ch** 650.

✕✕✕ **Le Camélia**, 7 quai G. Clemenceau ✆ 01 39 18 36 06, Fax 01 39 18 00 25 – ▤. 🖪 ⓞ
🆖
Y 10
fermé 26 juil. au 19 août, 21 au 29 déc., dim. soir et lundi – **Repas** carte 190 à 280.

Boulogne-Billancourt 🔄 92100 Hauts-de-Seine ⏽⏽⏽ ㉔, ㉒ G. Ile de France – 101 743 h alt. 35.

Voir Musée départemental Albert-Kahn★ : jardin★ – Musée Paul Landowski★.

Paris 9 – Nanterre 13 – Versailles 11.

🏛 **Latitudes** 🅼, 37 pl. René Clair ✆ 01 49 10 49 10, Fax 01 46 08 27 09, 🌮 – ▥ ▤ 📺 ☎ ⚕ –
🔏 150. 🖪 ⓞ 🆖 🃟
AC 21
L'Entracte ✆ 01 49 10 49 50 **Repas** 145bc et carte 170 à 320 – 😋 71 – **180 ch** 905/950.

🏛 **Acanthe** 🅼 sans rest, 9 rd-pt Rhin et Danube ✆ 01 46 99 10 40, Fax 01 46 99 00 05 – ▥
🍴 ▤ 📺 ☎ 🅔 ⚕. 🖪 ⓞ 🆖 🃟
AB 18
😋 65 – **45 ch** 695.

🏛 **Adagio** 🅼, 20 r. Abondances ✆ 01 48 25 80 80, Fax 01 48 25 33 13, 🌮 – ▥ 🍴 ▤ 📺 ☎
⚕ 🚗 – 🔏 60. 🖪 ⓞ 🆖 🃟
AB 19
Repas (fermé vend. soir, dim. midi et sam.) 70/120 – 😋 65 – **75 ch** 695/815.

🏠 **Paris** sans rest, 104 bis r. Paris ✆ 01 46 05 13 82, Fax 01 48 25 10 43 – ▥ 📺 ☎. 🖪 🆖
🆖
AB19-20
😋 38 – **31 ch** 345/420.

🏠 **Sélect H.** sans rest, 66 av. Gén.-Leclerc ✆ 01 46 04 70 47, Fax 01 46 04 07 77 – ▥ 📺 ☎ 🄿.
🖪 ⓞ 🆖 🃟
AC 19
😋 40 – **63 ch** 480/540.

🏠 **Olympic H.** sans rest, 69 av. V. Hugo ✆ 01 46 05 20 69, Fax 01 46 04 04 07 – ▥ 📺 ☎. 🖪
🆖
AC 20
😋 30 – **36 ch** 340/430.

🏠 **Bijou H.** sans rest, 15 r. V. Griffuelhes, pl. Marché ✆ 01 46 21 24 98, Fax 01 46 21 12 98 – ▥
📺 ☎. 🖪 ⓞ 🆖 🃟
AC 20
😋 27 – **50 ch** 270/350.

✕✕✕✕ **Au Comte de Gascogne** (Charvet), 89 av. J.-B. Clément ✆ 01 46 03 47 27,
🎇 Fax 01 46 04 55 70, « Jardin d'hiver » – ▤. 🖪 ⓞ 🆖
AB 19
fermé 9 au 19 août, sam. midi et dim. – **Repas** 260/440 et carte 400 à 500
Spéc. Dégustation de foie gras de canard. Petits artichauts poivrades façon barigoule (mai à oct.). Pigeon désossé farci et confit (oct. à mai).

✕✕ **L'Auberge**, 86 av. J.-B. Clément ✆ 01 46 05 67 19, Fax 01 46 05 23 16 – ▤. 🖪 ⓞ 🆖
🃟
AB 19
fermé 5 au 28 août, sam. midi et dim. – **Repas** 155/380 bc et carte 240 à 380.

✕✕ **La Ferme de Boulogne**, 1 r. Billancourt ✆ 01 46 03 61 69, Fax 01 46 04 55 70 – 🖪
🆖
AB 19
fermé 9 au 25 août, sam. midi et dim. – **Repas** 170 (dîner)et carte 200 à 290.

✕✕ **La Bretonnière**, 120 av. J.-B. Clément ✆ 01 46 05 73 56, Fax 01 46 05 73 56 – 🖪 ⓞ
🆖
AB 19
fermé sam. et dim. – **Repas** 170.

BMW Zol'Auto, 24 r. du Chemin Vert
ℰ 01 46 09 91 43 🆕 ℰ 01 46 08 23 00
CITROEN Gar. Augustin, 53 r. Danjou
ℰ 01 46 10 43 10 🆕 ℰ 08 00 05 24 24
FIAT, LANCIA C.F.B.A., 58 r. Rochereau et 65 r. du
Château ℰ 01 46 99 45 45
JAGUAR, ROVER Adam Clayton, 77 av. P.-Grenier
ℰ 01 46 09 15 32
OPEL, SAAB Cap Ouest Autom., 6 bis r. de la
Ferme ℰ 01 46 94 07 06
PEUGEOT Paris Ouest Autom., 21-23 q. A.-Le Gallo
ℰ 01 46 05 43 43 🆕 ℰ 08 00 44 24 24

RENAULT Succursale, 577 av. Gén.-Leclerc
ℰ 01 47 61 39 39 🆕 ℰ 08 00 05 15 15
SAAB Paris Boulogne Auto, 6 r. de la Ferme
ℰ 01 46 94 09 09
VAG Aguesseau Autom., 183 r. Gallieni
ℰ 01 46 05 62 60

🅗 Cent Mille Pneus, 117 rte de la Reine
ℰ 01 46 99 98 78
Etter Pneus, 57 r. Thiers ℰ 01 46 20 18 55

Le Bourget 93350 Seine-St-Denis 101 ⑰, 🔟 G. Ile de France – 11 699 h alt. 47.

Voir *Musée de l'Air et de l'Espace*★★.

Paris 12 – Bobigny 6 – Chantilly 38 – Meaux 41 – St-Denis 7 – Senlis 38.

🏨 **Novotel** M, ZA pont Yblon au Blanc Mesnil ✉ 93150 ℰ 01 48 67 48 88,
Fax 01 45 91 08 27, 余, 🕻, ⏋, 🐟 – ☆⇔ ☰ 🆕 ☎ & 🅿 – 🕿 25 à 200. 🆎 ⓞ ⅁Ꞵ 🆃 L 39
Repas carte environ 170 ⅃, enf. 50 – 🖙 55 – **143 ch** 470/495.

🏨 **Bleu Marine** M, aéroport du Bourget - Zone aviation d'affaires ℰ 01 49 34 10 38,
Fax 01 49 34 10 35 – 🕼 ☆⇔ ☰ 🆕 ☎ & 🅿 – 🕿 60. 🆎 ⓞ ⅁Ꞵ L 38
Repas 95/145, enf. 49 – 🖙 60 – **86 ch** 530.

CITROEN Gar. de l'Angelus, 205-207 av. P.-V.-
Couturier à Blanc Mesnil ℰ 01 48 66 81 54

🅗 Euromaster, 190 av. Ch.-Floquet à Blanc-
Mesnil ℰ 01 48 67 17 40 🆕 ℰ 01 48 60 60 30

Bourg-la-Reine 92340 Hauts-de-Seine 101 ㉕, 🔢 – 18 499 h alt. 56.

🖪 Office de Tourisme 1 bd Carnot ℰ 01 46 61 36 41.

Paris 10 – Boulogne-Billancourt 17 – Évry 23 – Versailles 18.

🏨 **Alixia** M sans rest, 82 av. Gén. Leclerc ℰ 01 46 60 56 56, Fax 01 46 60 57 34 – 🕼 ☆⇔ 🆕 ☎
🕻 🛋, 🆎 ⓞ ⅁Ꞵ AJ 26
🖙 42 – **39 ch** 530/550.

PEUGEOT Gar. Sireine Autos, 12 bis av. Gén.-
Leclerc ℰ 01 46 11 15 15
RENAULT Gar. des Cottages, 19 av. des Cottages
ℰ 01 43 50 13 75

🅗 Vaysse, 30 av. du Gén.-Leclerc
ℰ 01 46 65 67 69

Brou-sur-Chantereine 77177 S.-et-M. 101 ⑲ – 4 469 h alt. 120.

Paris 27 – Coulommiers 39 – Meaux 28 – Melun 47.

XX **Le Lotus de Brou,** 2 ter r. Carnot ℰ 01 64 21 01 44 – ⅁Ꞵ. ❀
fermé août et lundi – **Repas** - cuisine chinoise et thaï - carte 170 à 270.

🅗 RAVM, 12 r. de Chantereine ℰ 01 60 20 99 05

Buc 78530 Yvelines 101 ㉓, 🔢 – 5 434 h alt. 130.

Paris 29 – Bièvres 8 – Chevreuse 13 – Versailles 6.

🏨 **Campanile,** Z.A.C. du Pré Clos ℰ 01 39 56 26 26, Fax 01 39 56 26 27, 余 – ☆⇔ 🆕 ☎ 🕻 &
🅿 – 🕿 25. 🆎 ⓞ ⅁Ꞵ AM 9
Repas 84 bc/107 bc, enf. 39 – 🖙 32 – **49 ch** 278.

🏨 **Climat de France,** Z.A.C. du Haut Buc ℰ 01 39 56 48 11, Fax 01 39 56 81 54, 余 – 🆕 ☎
&. 🆎 ⓞ ⅁Ꞵ 🆓 AL 9
Repas 89/130 ⅃, enf. 39 – 🖙 34 – **44 ch** 304.

RENAULT Succursale, ZI, 2-4 r. R.-Garros ℰ 01 30 84 60 00 🆕 ℰ 08 00 05 15 15

Carrières-sur-Seine 78420 Yvelines 101 ⑭, 🔢 – 11 469 h alt. 52.

*Paris 20 – Argenteuil 9 – Asnières-sur-Seine 12 – Courbevoie 9 – Nanterre 9 – Pontoise 30 –
St-Germain-en-Laye 6.*

XX **Le Panoramic de Chine,** 1 r. Fermettes ℰ 01 39 57 64 58, Fax 01 39 15 17 68, 余 – 🅿.
🆎 ⓞ ⅁Ꞵ S 15
Repas - cuisine chinoise et thaï - 88/150 et carte 130 à 160 ⅃.

La Celle-St-Cloud 78170 Yvelines 101 ⑬, 🔢 – 22 834 h alt. 115.

Paris 21 – Rueil-Malmaison 7 – St-Germain-en-Laye 8 – Versailles 5 – Le Vésinet 10.

X **Au Petit Chez Soi,** pl. Église, au bourg ℰ 01 39 69 69 51, Fax 01 39 18 30 42, 余, bistrot
– 🆎 ⅁Ꞵ AA 11
fermé 24 déc. au 2 janv. – **Repas** 163.

Charenton-le-Pont 94220 Val-de-Marne 101 ㉗, 24 G. Île de France – 21 872 h alt. 45.
Voir *Musée Français du Pain* ★.
Paris 8 – Alfortville 4 – Ivry-sur-Seine 3.

🏨 **Novotel Atria** M, 5 pl. Marseillais (r. Paris) ℘ 01 46 76 60 60, Fax 01 49 77 68 00 – 🛗 ✦
🖥 📺 ☎ ✆ 🛦 🕾 – 🛦 25 à 180. 🖭 ⓞ GB JCB
Repas 115/250, enf. 55 – 🖵 60 – **133 ch** 610/660.
AD 35

✗✗ **Le Grand Bleu**, 21 av. Mar. de Lattre de Tassigny ℘ 01 49 77 65 65 – 🖭 GB
AE 36
fermé 28 juil. au 1er sept., dim. soir et lundi – **Repas** - produits de la mer - 115 (déj.)/170 et
carte 180 à 290.

Châteaufort 78117 Yvelines 101 ㉒, 22 – 1 427 h alt. 153.
Paris 34 – Arpajon 29 – Rambouillet 26 – Versailles 14.

✗✗ **La Belle Epoque** (Rayé), ℘ 01 39 56 21 66, Fax 01 39 56 87 96, 🎤, « Auberge rustique
⁂ dominant le vallon » – 🖭 ⓞ GB
AR 6
fermé 16 au 30 août, dim. soir et lundi – **Repas** 215/360 et carte 350 à 480
Spéc. Foie gras de canard aux deux cuissons. Canard de Challans à l'étouffée pané au pain
d'épices. Carré d'agneau de Pauillac au thym en cocotte lutée.

Chatou 78400 Yvelines 101 ⑬, 18 – 27 977 h alt. 30.
Paris 18 – Maisons-Laffitte 11 – Pontoise 33 – St-Germain-en-Laye 5 – Versailles 12.

✗✗ **Les Canotiers**, 16 av. Mar. Foch ℘ 01 30 71 58 69, Fax 01 30 53 27 28 – 🖥. GB JCB V 12
fermé dim. soir et lundi – **Repas** 105/230 🍴.

Chelles 77500 S.-et-M. 101 ⑲, 20 – 45 365 h alt. 45.
🛈 Office de Tourisme 51 bis av. de la Résistance ℘ 01 60 08 12 24.
Paris 24 – Coulommiers 42 – Meaux 28 – Melun 45.

🏨 **Climat de France**, D 34, rte Claye-Souilly ℘ 01 60 08 75 58, Fax 01 60 08 90 94 – 📺 ☎
& 🄿 – 🛦 50. 🖭 GB
W 52
Repas 89/117 🍴, enf. 39 – 🖵 35 – **42 ch** 270.

✗✗ **Rôtisserie Briarde**, 43 r. A. Meunier ℘ 01 60 08 02 78, Fax 01 60 20 99 85, 🎤, 🖛 – 🄿.
🖭 ⓞ GB
X 51
fermé août, vacances de printemps, lundi soir et mardi – **Repas** 160/220 et carte 260 à 360,
enf. 65.

CITROEN Gar. Pacha, 59-61 av. Mar.-Foch
℘ 01 64 26 64 26
FORD Gar. Dubos, 92 av. Mar.-Foch
℘ 01 60 20 43 42
NISSAN Gar. Pirrot, 34 à 40 r. A.-Meunier
℘ 01 60 08 85 95
OPEL Chelles Autom., ZI, 6 av. de Sylvie
℘ 01 60 08 53 02

PEUGEOT Gar. Metin, 53 av. Mar.-Foch
℘ 01 60 08 57 57 🈁 ℘ 08 00 44 24 24
RENAULT Gar. de Chelles, 9 av. du Marais
℘ 01 64 21 19 81 🈁 ℘ 01 60 26 15 88
VAG Gar. Lourdin, 33 r. G.-Nast
℘ 01 60 08 38 42

🔘 Euromaster, 41 r. A.-Meunier
℘ 01 60 08 07 68

Chennevières-sur-Marne 94430 Val-de-Marne 101 ㉘, 24 – 17 857 h alt. 108.
🏌 d'Ormesson ℘ 01 45 76 20 71, SE : 3 km.
Paris 19 – Coulommiers 49 – Créteil 9 – Lagny-sur-Marne 21.

✗✗✗ **Écu de France**, 31 r. Champigny ℘ 01 45 76 00 03, ≤, 🎤, « Cadre rustique, terrasse
fleurie en bordure de rivière », 🖛 – 🄿. GB. 🛱
AG 45
fermé 1er au 8 sept., dim. soir et lundi – **Repas** carte 210 à 340.

BMW Gar. du Bac, 2 et 4 r. Lavoisier
℘ 01 49 62 03 30 🈁 ℘ 01 40 25 59 00
FIAT Carrefour des Nations, 2 rte de la Libération
℘ 01 45 76 56 05

RENAULT SOVEA, 96 rte de la Libération
℘ 01 49 62 21 21 🈁 ℘ 08 00 05 15 15
VOLVO Volvo Alma, 102 rte de la Libération
℘ 01 45 93 04 00

Chevilly-Larue 94550 Val-de-Marne 101 ㉖, 22 – 16 223 h alt. 88.
Paris 12 – Antony 6 – Corbeil-Essonnes 28 – Créteil 11 – Longjumeau 11.

✗ **Chez Fernand**, 248 av. Stalingrad ℘ 01 46 86 11 77 – GB
AL 31
fermé 2 au 24 août, sam. et dim. – **Repas** 135 et carte 200 à 340.

🔘 Vulco, 88 av. Stalingrad ℘ 01 46 87 25 48

Clamart 92140 Hauts-de-Seine 101 ㉕, 22 – 47 227 h alt. 102.
🛈 Office de Tourisme 22 rue Pierre et Marie Curie ℘ 01 46 42 17 95.
Paris 10 – Boulogne-Billancourt 5 – Issy-les-Moulineaux 3 – Nanterre 17 – Versailles 14.

🏨 **du Trosy** sans rest, 41 r. P. Vaillant-Couturier ℘ 01 47 36 37 37, Fax 01 47 36 88 38 – 🛗 📺
☎ & 🕾. 🖭 GB
AG 21
🖵 35 – **40 ch** 310/400.

PEUGEOT Gar. Claudis, 182 av. Gén.-de-Gaulle
 01 41 07 90 20 **N** 08 00 44 24 24
RENAULT Clamart Autom., 185 av. V.-Hugo
 01 46 44 38 03 **N** 08 00 05 15 15

VAG S.T.N.A., 154 av. V.-Hugo 01 46 42 20 61

 Clamart Pneus, 329 av. Gén.-de-Gaulle
 01 46 31 12 04

Clichy 92110 Hauts-de-Seine **101** ⑮, **18** – 48 030 h alt. 30.
 Office de Tourisme 61 r. Martre 01 47 15 31 61.
 Paris 9 – Argenteuil 8 – Nanterre 9 – Pontoise 26 – St-Germain-en-Laye 19.

🏨 **Sovereign** sans rest, 14 r. Dagobert 01 47 37 54 24, Fax 01 47 30 05 80 – 📶 📺 ☎ ⇔.
 🅰 ⓪ 🆖   T 25
 ⊷ 40 – **42 ch** 390/450.

🏨 **Le Ruthène** sans rest, 35 r. Klock 01 47 37 02 51, Fax 01 42 70 83 87 – 📶 📺 ☎ ✆. 🅰
 🆖   U 26
 ⊷ 35 – **20 ch** 390/410.

🏨 **des Chasses** sans rest, 49 r. Pierre Bérégovoy 01 47 37 01 73, Fax 01 47 31 40 98 – 📶
 📺 ☎ ✆. 🅰 ⓪ 🆖 🅹🅲🅱. ⚿   T 25
 ⊷ 35 – **35 ch** 360/400.

🏨 **L'Europe** sans rest, 52 bd Gén. Leclerc 01 47 37 13 10, Fax 01 40 87 11 06 – 📶 📺 ☎ –
 🅰 25. 🅰 🆖   T 26
 ⊷ 40 – **43 ch** 400.

🍴🍴🍴 **La Romantica**, 73 bd J. Jaurès 01 47 37 29 71, Fax 01 47 37 76 32, 🍽 – 🅰 🆖   T 25
 fermé sam. midi et dim. – Repas - cuisine italienne - 250 (déj.), 350/450 et carte 280 à 420.

🍴🍴 **La Barrière de Clichy**, 1 r. Paris 01 47 37 05 18, Fax 01 47 37 77 05 – ▣. 🅰 ⓪
 🆖   U 26
 fermé 11 au 25 août, sam. midi et dim. – Repas 150/210 et carte 200 à 360.

BMW G.P.M., 8 rue de Belfort 01 47 39 99 40
CITROEN Centre Citroën Clichy, 125 bd J.-Jaurès
 01 42 70 17 17
CITROEN Succursale, 15-17 r. Fournier ZAC
 01 47 37 30 02

FORD Gar. Sadeva, 129 bd Jean Jaurès
 01 47 39 71 13

 Central Pneumatique, 22 r. Dr.-Calmette
 01 42 70 99 94

Courbevoie 92400 Hauts-de-Seine **101** ⑮, **18** G. Ile de France – 65 389 h alt. 28.
 Paris 10 – Asnières-sur-Seine 4 – Levallois-Perret 5 – Nanterre 5 – St-Germain-en-Laye 15.

🏨 **George Sand** sans rest, 18 av. Marceau 01 43 33 57 04, Fax 01 47 88 59 38, « Décor
 évoquant l'époque de George Sand » – 📶 📺 ☎. 🅰 ⓪ 🆖   U 20
 ⊷ 37 – **31 ch** 400/480.

🏨 **Clarine** sans rest, 85 bd St-Denis 01 47 88 28 58, Fax 01 47 88 24 80 – 📶 📺 ☎. 🅰 ⓪
 🆖   U 21-22
 ⊷ 40 – **33 ch** 390/450.

🏨 **Central** sans rest, 99 r. Cap. Guynemer 01 47 89 25 25, Fax 01 46 67 02 21 – 📶 📺 ☎ 🅿.
 🅰 ⓪ 🆖 🅹🅲🅱   U 20
 ⊷ 32 – **55 ch** 380/440.

Quartier Charras :

🏨🏨 **Mercure La Défense 5** Ⓜ, 18 r. Baudin 01 49 04 75 00, Fax 01 47 68 83 32 – 📶 ⇔ ▣
 📺 ☎ ✆ ♿ ⇔ – 🅰 25 à 250. 🅰 ⓪ 🆖 🅹🅲🅱   U 20
 Charleston Brasserie : Repas 138 ⅃, enf. 50 – ⊷ 70 – **510 ch** 890/940, 5 appart.

au Parc de Bécon :

🍴🍴 **Trois Marmites**, 215 bd St-Denis 01 43 33 25 35 – ▣. 🅰 ⓪ 🆖   U 22
 fermé sam. et dim. – Repas 190.

HONDA Japauto Autom., 96-102 bd de Verdun
 01 41 88 30 30
RENAULT Succursale, 8 bd G.-Clémenceau
 01 46 67 55 55 **N** 08 00 05 15 15

 Cenci Pneu Point S, 8 r. de Bitche
 01 43 33 25 36

Créteil 🅿 94000 Val-de-Marne **101** ㉗, **24** G. Ile de France – 82 088 h alt. 48.
 Voir *Hôtel de ville* ★ : *parvis* ★.
 Office de Tourisme 1 r. F.-Mauriac 01 48 98 58 18, Fax 01 42 07 09 65.
 Paris 14 – Bobigny 22 – Évry 31 – Lagny-sur-Marne 29 – Melun 36.

🏨🏨 **Novotel** Ⓜ ⌂, au lac 01 42 07 91 02, Fax 01 48 99 03 48, 🍽, ⛆ – 📶 ⇔ ▣ 📺 ☎ 🅿 –
 🅰 80. 🅰 ⓪ 🆖   AJ 38
 Repas 120, enf. 50 – ⊷ 57 – **110 ch** 490/550.

🏨 **Ibis**, carrefour Pompadour, 14 r. Basse Quinte 01 49 80 12 22, Fax 01 43 99 04 45 – 📶
 ⇔ 📺 ☎ ✆ ♿ 🅿 – 🅰 40. 🅰 ⓪ 🆖   AK 38
 Repas 95, enf. 39 – ⊷ 35 – **84 ch** 295.

CITROEN Gar. des Quais, 30 r. de Valenton
   ℂ 01 42 07 21 00 **N** ℂ 08 00 05 24 24
PEUGEOT SCA-SVICA, 89 av. Gén.-de-Gaulle
   ℂ 01 45 17 94 94
RENAULT SVAC, ZI Petites Haies, 37 r. de Valenton
   ℂ 01 45 17 98 00

① Euromaster, 54 av. H.-Barbusse à Valenton
   ℂ 01 43 89 06 54

Croissy-sur-Seine 78290 Yvelines 101 ⑬, 18 – 9 098 h alt. 24.

Paris 20 – Maisons-Laffitte 10 – Pontoise 28 – St-Germain-en-Laye 5 – Versailles 9.

  ✗ **La Buissonnière**, 9 av. Mar. Foch ℂ 01 39 76 73 55 – **GB**   **W 11**
fermé 15 août au 15 sept., dim. soir et lundi – **Repas** 150 et carte 180 à 250.

La Défense 92 Hauts-de-Seine 101 ⑭, 18 G. Paris – ⊠ 92400 Courbevoie.

Voir *Quartier* ★★ : *perspective*★ *du parvis.*

Paris 10 – Courbevoie 2 – Nanterre 3 – Puteaux 1.

🏨 **Sofitel CNIT** 🅼 ➘, 2 pl. Défense ℂ 01 46 92 10 10, Fax 01 46 92 10 50 – 🛗 ↦ 🔲 ch 📺
    🕿 ℁ – 🔏 70. 🆎 ⓪ **GB** 🇯🇨🇧   **U19-V19**
    voir rest. **Les Communautés** ci-après – 🖙 120 – **141 ch** 1500, 6 appart.

🏨 **Sofitel La Défense** 🅼 ➘, 34 cours Michelet, par bd circulaire sortie La Défense 4 ⊠
    92060 Puteaux ℂ 01 47 76 44 43, Fax 01 47 73 72 10, 🕋 – 🛗 ↦ 🔲 📺 🕿 ℂ ℁ – 🚗 –
    🔏 80. 🆎 ⓪ **GB**   **V 20**
    Les 2 Arcs *(fermé dim. midi et sam.)* **Repas** 295(déj.)/355(déj.) et carte 260 à 340 – **Le
    Botanic** *(fermé le soir sauf sam.)* **Repas** 265 – 🖙 85 – **150 ch** 1400.

🏨 **Renaissance** 🅼, 60 Jardin de Valmy, par bd circulaire, sortie La Défense 7 ⊠ 92918
    Puteaux ℂ 01 41 97 50 50, Fax 01 41 97 51 51, 𝕝𝕤 – 🛗 ↦ 🔲 📺 🕿 ℂ ℁ – 🔏 200. 🆎 ⓪
    GB. ℁ rest   **AW 40**
    Repas 170 ℥ – 🖙 95 – **314 ch** 1150/1550, 20 appart.

🏨 **Novotel La Défense** 🅼, 2 bd Neuilly ℂ 01 47 78 16 68, Fax 01 47 78 84 71, ≤ – 🛗 ↦
    🔲 📺 🕿 ℂ ℁ – 🔏 25 à 150. 🆎 ⓪ **GB** 🇯🇨🇧   **V 21**
    Repas carte environ 170 ℥, enf. 50 – 🖙 64 – **280 ch** 790.

🏨 **Ibis La Défense** 🅼, 4 bd Neuilly ℂ 01 41 97 40 40, Fax 01 41 97 40 50, 🕋 – 🛗 ↦ 🔲 📺
    🕿 ℂ ℁ – 🔏 50. 🆎 ⓪ **GB**   **V 21**
    Repas 95, enf. 39 – 🖙 39 – **284 ch** 495.

✗✗✗ **Les Communautés** - Hôtel Sofitel CNIT, 2 pl. Défense, 5ᵉ étage ℂ 01 46 92 10 30,
    Fax 01 46 92 10 50 – 🔲. 🆎 ⓪ **GB** 🇯🇨🇧   **UV 19**
    fermé sam. et dim. – **Repas** 180 (dîner)/310 et carte environ 280.

Enghien-les-Bains 95880 Val-d'Oise 101 ⑤, 18 G. Ile de France – 10 077 h alt. 45 – Stat. therm. (mars-déc.) – Casino .

Voir *Lac*★ – Deuil-la-Barre : *chapiteaux historiés*★ de l'église N.-Dame NE : 2 km.

🏌 de Domont Montmorency ℂ 01 39 91 07 50, N : 8 km.

🄳 *Office de Tourisme pl. du Mar. Foch* ℂ 01 34 12 41 15, Fax 01 39 34 05 76.

Paris 18 – Argenteuil 5 – Chantilly 32 – Pontoise 22 – St-Denis 7 – St-Germain-en-Laye 21.

🏨 **Le Grand Hôtel** 🅼 ➘, 85 r. Gén. de Gaulle ℂ 01 39 34 10 00, Fax 01 39 34 10 01, 🕋 , ☞
    – 🛗 ↦ 🔲 📺 🕿 ℂ 🅿 – 🔏 35. 🆎 ⓪ **GB**   **K 25**
    Repas 185/240 et carte 230 à 420, enf. 80 – 🖙 80 – **47 ch** 620/720.

✗✗ **Aub. Landaise**, 32 bd d'Ormesson ℂ 01 34 12 78 36 – 🔲. 🆎 **GB**   **J 26**
    fermé août, dim. soir et merc. – **Repas** carte environ 190.

BMW Enghien Autom., 211 av. Division Leclerc
   ℂ 01 39 89 14 17
NISSAN Gar. Andréoli, 14 r. J.-Ferry
   ℂ 01 39 64 70 32

RENAULT Relais des Courses, 4 av. Kellermann à
Eaubonne ℂ 01 39 59 89 45

Épinay-sur-Seine 93800 Seine-St-Denis 101 ⑮, 18 – 48 762 h alt. 34.

Paris 15 – Argenteuil 5 – Bobigny 18 – Pontoise 22 – St-Denis 5.

🏨 **Ibis**, 1 av. 18-Juin-1940 ℂ 01 48 29 83 41, Fax 01 48 22 93 03, 🕋 – 🛗 ↦ 📺 🕿 ℁ 🚗 –
    🔏 50. 🆎 ⓪ **GB**   **L 25**
    Repas 95, enf. 39 – 🖙 35 – **91 ch** 310.

🏨 **Myriades**, 127 rte St-Leu ℂ 01 42 35 81 63, Fax 01 42 35 81 62 – 🛗 🔲 rest 📺 🕿 ℂ ℁ 🅿 –
    🔏 30. **GB**   **M 28**
    Repas *(fermé dim. soir)* 81/115 ℥, enf. 44 – 🖙 36 – **46 ch** 290 – ½ P 246.

① Euromaster, 123-125 av. Mar.-de-Lattre-de-Tassigny ℂ 01 48 41 43 75

Fontenay-aux-Roses *92260 Hauts-de-Seine* 101 ㉕, 22 – *23 322 h alt. 120.*
Paris 9 – Boulogne-Billancourt 8 – Nanterre 19 – Versailles 15.

Climat de France, 32 av. J. M. Dolivet ✆ 01 43 50 02 04, Fax 01 46 83 81 20 – 🔌 📺 ☎ &
📠 – ⚠ 40. ⚠ ⓞ ⏛ AH 24
Repas 92/138 ⌀, enf. 39 – ☲ 37 – **58 ch** 360.

CITROEN B.F.A., 98 r. Boucicaut ✆ 01 46 61 21 75
FORD Gar. Mécanoel, 2 r. des Benards angle av.
Lombart ✆ 01 46 61 11 14
RENAULT Gar. Beck, 17 av. Jean-Moulin
✆ 01 43 50 61 90

Fontenay-sous-Bois *94120 Val-de-Marne* 101 ⑰, 20 , 24 – *51 868 h alt. 70.*
🄑 *Office de Tourisme 4 bis av. Charles Garcia ✆ 01 43 94 33 48, Fax 01 43 94 02 93.*
Paris 17 – Créteil 13 – Lagny-sur-Marne 25 – Villemomble 9 – Vincennes 4.

Mercure M, av. Olympiades ✆ 01 49 74 88 88, Fax 01 43 94 17 73 – 🔌 ⇔ 🍽 📺 ☎ ✆ & –
⚠ 90. ⚠ ⓞ ⏛ Z 42
Repas 145 ⌀, enf. 50 – ☲ 58 – **133 ch** 660/785.

La Musardière, 61 av. Mar. Joffre ✆ 01 48 73 96 13 – ▤. ⚠ ⏛ AA 42
fermé 6 au 21 août, lundi soir, mardi soir et dim. – **Repas** 149 et carte 190 à 410.

MERCEDES Etoile des Nations, 189 av. Mar.-De-Lattre-de-Tassigny ✆ 01 48 77 09 09

Gagny *93220 Seine-St-Denis* 101 ⑱, 20 – *36 059 h alt. 70.*
Paris 17 – Bobigny 12 – Lagny-sur-Marne 17 – Livry-Gargan 6.

Le Vilgacy, 45 av. H. Barbusse ✆ 01 43 81 23 33 – ⚠ ⏛ V 45
fermé août, dim. soir et lundi – **Repas** 130/170.

Garches *92380 Hauts-de-Seine* 101 ⑭, 22 – *17 957 h alt. 114.*
🄑🄑 *de St-Cloud ✆ 01 47 01 01 85, parc de Buzenval, 60 r. 19-Janvier.*
Paris 17 – Courbevoie 9 – Nanterre 9 – St-Germain-en-Laye 15 – Versailles 9.

La Tardoire, 136 Grande Rue ✆ 01 47 41 41 59 – ⏛ AB 15
fermé 14 juil. au 18 août, 2 au 10 janv., dim. soir et lundi – **Repas** 100 (déj.), 140/160.

CITROEN Gar. Magenta, 4 bd Gén.-de-Gaulle ✆ 01 47 10 91 50

La Garenne-Colombes *92250 Hauts-de-Seine* 101 ⑭, 18 – *21 754 h alt. 40.*
🄑 *Office de Tourisme 24 r. E.-d'Orves ✆ 01 47 85 09 90.*
*Paris 12 – Argenteuil 7 – Asnières-sur-Seine 5 – Courbevoie 2 – Nanterre 2 – Pontoise 28 –
St-Germain-en-Laye 13.*

Aub. du 14 Juillet, 9 bd République ✆ 01 42 42 21 79 – ⚠ ⓞ ⏛ T 21
fermé 11 au 31 août, sam., dim. et fériés – **Repas** 180 et carte 220 à 390.

PEUGEOT Succursale, 9 bd National ✆ 01 41 19 55 00 ℕ ✆ 08 00 44 24 24

Gentilly *94250 Val-de-Marne* 101 ㉖, 24 – *17 093 h alt. 46.*
Paris 7 – Créteil 16.

Mercure M, 51 av. Raspail ✆ 01 47 40 87 87, Fax 01 47 40 15 88, ☂ – 🔌 ⇔ 🍽 📺 ☎ &
⇔ – ⚠ 40. ⚠ ⓞ ⏛ AE 29
Repas *(fermé vend. soir, sam., dim. et fériés)* 125 ⌀ – ☲ 57 – **87 ch** 510/565.

Gometz-le-Chatel *91940 Essonne* 101 ㉝ – *1 763 h alt. 168.*
Paris 32 – Arpajon 22 – Évry 30 – Rambouillet 25 – Versailles 21.

La Mancelière, 83 rte Chartres ✆ 01 60 12 30 10, Fax 01 60 12 53 10 – ⚠ ⏛. ⿻
fermé 3 au 12 mai, 9 au 18 août, sam. midi et dim. – **Repas** 155 et carte 240 à 280.

Goussainville *95190 Val-d'Oise* 101 ⑦ – *24 812 h alt. 95.*
Paris 29 – Chantilly 24 – Pontoise 33 – Senlis 29.

Médian M, 2 av. F. de Lesseps ✆ 01 39 88 93 93, Fax 01 39 88 75 65, ☂ – 🔌 ▤ 📺 ☎ & 📠
– ⚠ 30. ⚠ ⓞ ⏛
Repas 78/130 ⌀, enf. 45 – ☲ 35 – **49 ch** 315, 6 appart.

Campanile, Z.A.E. Ch. de Gaulle ✆ 01 39 92 93 36, Fax 01 39 92 93 73 – 🔌 ⇔ 📺 ☎ ✆ &
📠 – ⚠ 25. ⚠ ⓞ ⏛
Repas 92 bc/119 bc, enf. 39 – ☲ 34 – **70 ch** 278.

Issy-les-Moulineaux 92130 Hauts-de-Seine 101 ㉕, 22 – 46 127 h alt. 37.

🛈 Office de Tourisme Esplanade de l'Hôtel de Ville ℰ 01 40 95 65 43, Fax 01 40 95 67 33.
Paris 8 – Boulogne-Billancourt 4 – Clamart 3 – Nanterre 15 – Versailles 13.

🏨 **Campanile,** 213 r. J.-J. Rousseau ℰ 01 47 36 42 00, Fax 01 47 36 88 93 – 📳 ✦ 📺 ☎ ✆
🛦 ←→ – 🔏 45. 🗚 ⓞ ☷
Repas 92 bc/119 bc, enf. 39 – ☄ 34 – **168 ch** 360.   AD 21

🍴🍴 **Manufacture,** 20 espl. Manufacture (face au 30 r. E. Renan) ℰ 01 40 93 08 98,
Fax 01 40 93 57 22, 🍷 – ▤. 🗚 ☷   AD 23
fermé 3 au 18 août, sam. midi et dim. – **Repas** 180.

🍴 **Coquibus,** 16 av. République ℰ 01 46 38 75 80, Fax 01 41 08 95 80, brasserie – 🗚
☷   AD 22
fermé 11 au 24 août, sam. midi et dim. – **Repas** 160/260.

ALFA-ROMEO, FIAT, LANCIA C.A.R. France, 41-45   🖲 Cent Mille Pneus, 30 r. A. Briand
q. Prés.-Roosevelt ℰ 01 46 62 78 78 🛚 ℰ 08 00   ℰ 01 46 48 88 88
31 14 11   RAVM, 11 av. Bourgain ℰ 01 47 36 51 59
                                                     RAVM, 56 av. du Bas-Meudon ℰ 01 46 38 81 77

Ivry-sur-Seine 94200 Val-de-Marne 101 ㉖, 24 – 53 619 h alt. 60.

Paris 7 – Créteil 10 – Lagny-sur-Marne 29.

🍴 **L'Oustalou,** 9 bd Brandebourg ℰ 01 46 72 24 71, Fax 01 46 70 36 86 – 🗚 ☷   AE 34
fermé 2 au 17 août, sam. et dim. – **Repas** 154 🍷.

🖲 Michardière, 30 av. de Verdun ℰ 01 46 72 65 48   Pneu Service, 14-16 bd Brandenbourg
                                                         ℰ 01 46 72 16 47

Joinville-le-Pont 94340 Val-de-Marne 101 ㉗, 24 – 16 657 h alt. 49.

🛈 Syndicat d'Initiative 23 r. de Paris ℰ et Fax 01 42 83 41 16.
Paris 11 – Créteil 6 – Lagny-sur-Marne 24 – Maisons-Alfort 4 – Vincennes 5.

🏨🏨 **Bleu Marine** Ⓜ, 16 av. Gén. Galliéni ℰ 01 48 83 11 99, Fax 01 48 89 51 58 – 📳 ✦ ▤ 📺
☎ 🛦 ←→ – 🔏 110. 🗚 ⓞ ☷   AE 41
Repas 145, enf. 49 – ☄ 60 – **93 ch** 420/480.

🏨 **Cinépole** ⬳ sans rest, 8 av. Platanes ℰ 01 48 89 99 77, Fax 01 48 89 43 92 – 📳 📺 ☎ 🛦
←→. 🗚 ⓞ ☷   AE 41
☄ 30 – **34 ch** 290.

🏨 **Campanile,** 1 allée E. L'Heureux (N 4) ℰ 01 48 89 89 99, Fax 01 48 89 76 49, 🍷 – 📳 ✦
📺 ☎ ✆ 🛦 ←→ – 🔏 35. 🗚 ⓞ ☷   AE 40
Repas 92 bc/119 bc, enf. 39 – ☄ 34 – **122 ch** 340.

PEUGEOT Sabrie, 49-57 av. Gén. Galliéni   VAG Gar. Bonnet, 134 av. R.-Salengro à
ℰ 01 45 11 75 75 🛚 ℰ 06 09 10 17 37   Champigny-sur-Marne ℰ 01 48 81 90 10
RENAULT Gar. Girardin, 118 av. R.-Salengro à
Champigny-sur-Marne ℰ 01 48 82 11 05 🛚 ℰ 06   🖲 Euromaster, 146 av. R.-Salengro N4 à
07 57 06 52   Champigny-sur-Marne ℰ 01 48 81 32 12
SEAT C O V A C, 26 bis 30 r. J. Jaures à Champigny- Inter Pneu Melia Vulco, 33 av. Gén. de Gaulle à
sur-Marne ℰ 01 47 06 19 60   Champigny-sur-Marne ℰ 01 48 83 66 67

Le Kremlin-Bicêtre 94270 Val-de-Marne 101 ㉘, 24 – 19 348 h alt. 60.

Paris 6 – Boulogne-Billancourt 10 – Évry 28 – Versailles 27.

🏨 **Campanile,** bd Gén. de Gaulle (pte d'Italie) ℰ 01 46 70 11 86, Fax 01 46 70 64 47, 🍷 – 📳
✦ 📺 ☎ ✆ 🛦 ←→ – 🔏 150. 🗚 ⓞ ☷   AE 31
Repas 92 bc/119 bc, enf. 39 – ☄ 34 – **155 ch** 360.

Levallois-Perret 92300 Hauts-de-Seine 101 ⑮, 18 – 47 548 h alt. 30.

Paris 9 – Argenteuil 10 – Nanterre 8 – Pontoise 29 – St-Germain-en-Laye 19.

🏨 **Espace Champerret** sans rest, 26 r. Louise Michel ℰ 01 47 57 20 71, Fax 01 47 57 31 39
– 📳 📺 ☎. 🗚 ⓞ ☷   V 24
☄ 35 – **36 ch** 315/400.

🏨 **Parc** sans rest, 18 r. Baudin ℰ 01 47 58 61 60, Fax 01 47 48 07 92 – 📳 📺 ☎. ☷   U 23
☄ 42 – **52 ch** 360/445.

🏨 **ABC Champerret** sans rest, 63 r. Danton ℰ 01 47 57 01 55, Fax 01 47 57 54 23 – 📳 📺 ☎
✆. 🗚 ⓞ ☷   V 23
☄ 30 – **39 ch** 320/370.

🏨 **Splendid'H.** sans rest, 73 r. Louise Michel ℰ 01 47 37 47 03, Fax 01 47 37 50 01 – 📳 ✦
📺 ☎. 🗚 ⓞ ☷ 🉐   V 24
☄ 40 – **47 ch** 385/429.

🏨 **Champagne H.** Ⓜ sans rest, 20 r. Baudin ℰ 01 47 48 96 00, Fax 01 47 58 13 29 – 📳 📺
☎. 🗚 ☷   U 23
☄ 35 – **30 ch** 320/410.

  Hermès sans rest, 22 r. Baudin ℰ 01 47 59 96 00, Fax 01 47 48 90 84 – ⧫ 📺 ☎. ◚ ◚ 23
🛏 40 – **33 ch** 360/450.

XX **La Rôtisserie,** 24 r. A. France ℰ 01 47 48 13 82, Fax 01 47 48 07 87 – ▤. ◚ ◚ **V 24**
fermé sam. midi et dim. – **Repas** 155.

XX **Le Jardin,** 9 pl. Jean Zay ℰ 01 47 39 54 02, Fax 01 47 39 59 99 – ◚ ◍ ◚ **U 24**
fermé 14 au 31 août, sam. midi et dim. – **Repas** 175.

XX **L'Instant Gourmand,** 113 r. L. Rouquier ℰ 01 47 37 13 43, Fax 01 47 37 79 68 – ▤. ◚
◍ ◚ **V 24**
fermé 10 au 25 août, sam. et dim. – **Repas** 155.

X **Le Petit Poste,** 39 r. Rivay ℰ 01 47 37 34 46, bistrot – ◚ ◚ **U 24**
fermé 4 au 24 août, lundi soir, sam. midi et dim. – **Repas** 170.

ALFA ROMEO, FIAT, LANCIA Fiat Auto France,
80-82 q. Michelet ℰ 01 41 27 56 56
BMW Gar. Pozzi, 114-116 r. A.-Briand
ℰ 01 47 70 81 33
CHRYSLER, MITSUBISHI, PORSCHE Sonauto
Levallois, 53 r. Marjolin ℰ 01 47 39 97 40
FERRARI Gar. Pozzi, 109. r. A.-Briand
ℰ 01 47 39 96 50 ◫ ℰ 01 46 42 41 78
JAGUAR Gar. Wilson, 116 r. Prés.-Wilson
ℰ 01 47 39 92 50

JAGUAR Franco Britannic Autom., 25 r.
P.-V.-Couturier ℰ 01 47 57 50 80 ◫
ℰ 01 46 42 41 78
NISSAN France Carrosserie Autom., 49 r.
A.-France ℰ 01 47 57 23 93

◍ Coudert Pneus, 2 r. de Bretagne
ℰ 01 47 37 89 16
Euromaster, 101 r. A.-France ℰ 01 47 58 56 70

Linas *91310 Essonne* ◍◍◍ ⑳ – *4 767 h alt. 55.*
  Autodrome permanent de Linas-Montlhéry.
  Paris 27 – Arpajon 7 – Évry 16 – Montlhéry 1.

XX **L'Escargot de Linas,** 136 av. Div. Leclerc ℰ 01 69 01 00 30, 🌤 – ◚ ◚
fermé août, lundi soir et dim. – **Repas** 160 et carte 260 à 360.

Livry-Gargan *93190 Seine-St-Denis* ◍◍◍ ⑱, ⑳ – *35 387 h alt. 60.*
  🛈 Office de Tourisme pl. Hôtel de Ville ℰ 01 43 30 61 60, Fax 01 43 30 48 41.
  Paris 18 – Aubervilliers 14 – Aulnay-sous-Bois 4 – Bobigny 8 – Meaux 27 – Senlis 40.

XX **Petite Marmite,** 8 bd République ℰ 01 43 81 29 15, 🌤 – ▤. ◚ **T 45**
fermé 4 au 30 août et merc. – **Repas** carte 200 à 310, enf. 100.

OPEL Gar. Guiot, 1-3 av. A.-Briand
ℰ 01 43 02 63 31

◍ Bonnet-Point S, 4 av. C.-Desmoulins
ℰ 01 43 81 53 13

Les Loges-en-Josas *78350 Yvelines* ◍◍◍ ㉓, ㉒ – *1 506 h alt. 160.*
  Paris 30 – Bièvres 7 – Chevreuse 14 – Palaiseau 11 – Versailles 7.

🏰 **Le Relais de Courlande** 🌿, 23 av. Div. Leclerc ℰ 01 39 56 01 77, Fax 01 39 56 06 72,
🌤, 🏋, 🌳 – ⧫ 🍴 📺 ☎ ☏ ♿ 🅿 – 🔔 100. ◚ ◚ ◚ **AL 10**
Repas 155/360 et carte 260 à 380 – 🛏 47 – **47 ch** 450/540, 3 appart.

RENAULT Gar. de la Halte, rte du Petit Jouy ℰ 01 39 07 12 50 ◫ ℰ 08 00 05 15 15

Longjumeau *91160 Essonne* ◍◍◍ ⑳ – *19 864 h alt. 78.*
  Paris 20 – Chartres 70 – Dreux 85 – Évry 15 – Melun 38 – Orléans 111 – Versailles 27.

🏰 **Relais des Chartreux** ▣, à Saulxier Sud Ouest : 2 km, sur N 20 ⊠ 91160 Longjumeau
ℰ 01 69 09 34 31, Fax 01 69 34 57 70, 🌤, 🏋, ♒, 🌳, 🍴 – ⧫ ▤ rest 📺 ☎ 🅿 – 🔔 100. ◚
◚
Repas 159/189 – 🛏 45 – **100 ch** 230/280.

X **St-Pierre,** 42 Grande Rue ℰ 01 64 48 81 99, Fax 01 69 34 25 53 – ▤. ◚ ◍ ◚
fermé 27 juil. au 18 août, lundi soir et dim. – **Repas** 125 (déj.), 170/190 et carte 230 à 330,
enf. 100.

à Saulx-les-Chartreux *Sud-Ouest par D 118 – 4 141 h. alt. 75 –* ⊠ *91160 :*

🏰 **Le St-Georges** 🌿, rte de Montlhéry : 1 km ℰ 01 64 48 36 40, Fax 01 64 48 89 48, ≤, 🌤,
parc, 🍴 – ⧫ 📺 ☎ 🅿 – 🔔 150. ◚ ◍ ◚
fermé mi-juil. à mi-août – **Repas** 150/450 et carte 190 à 320 – 🛏 40 – **40 ch** 380/430.

◍ Euromaster, 5 rte de Versailles, Petit Champlan ℰ 01 69 34 11 50

Maisons-Alfort *94700 Val-de-Marne* ◍◍◍ ㉗, ㉔ *G. Ile de France – 53 375 h alt. 37.*
  Paris 10 – Créteil 5 – Évry 34 – Melun 39.

XX **La Bourgogne,** 164 r. J. Jaurès ℰ 01 43 75 12 75, Fax 01 43 68 05 86 – ▤. ◚ ◚ **AG 37**
fermé août, sam. et dim. – **Repas** 205/350 et carte 210 à 400.

RENAULT M.A.E.S.A., 8 av. Prof. Cadiot
ℰ 01 43 76 63 70

Vaysse Pneus, 249 av. de la République
ℰ 01 42 07 36 85

◍ Le Page Pneus-Point S, 19 av. G.-Clémenceau
ℰ 01 41 79 09 99

Maisons-Laffitte 78600 Yvelines **101** ⑬, **18** G. Ile de France – 22 173 h alt. 38.

Voir Château★.

🛈 Office de Tourisme, 41 av. de Longueil ℘ 01 39 62 63 64, Fax 01 39 12 02 89.

Paris 22 – Argenteuil 11 – Mantes-la-Jolie 38 – Poissy 9 – Pontoise 19 – St-Germain-en-Laye 8 – Versailles 24.

Climat de France Ⓜ, 2 r. Paris (accès par av. Verdun) ℘ 01 39 12 20 20, Fax 01 39 62 45 54, 🏤, ☞ – Ⓣ ☎ ⅙ 🅿 – 🏛 25. ☒ ⓪ ☒
Repas 88/111 ⅞, enf. 39 – ☲ 35 – **65 ch** 338.

𝖃𝖃𝖃 **Le Tastevin** (Blanchet), 9 av. Eglé ℘ 01 39 62 11 67, Fax 01 39 62 73 09, 🏤, ☞ – 🅿 ☒
ⓔ ⓪ ☒ 🇯🇨🇧   **M 11**
fermé 10 août au 2 sept., vacances de fév., lundi soir et mardi – **Repas** 230 (déj.), 250/350 et carte 390 à 480
Spéc. Escalope de foie gras chaud au vinaigre de cidre. Gibier et champignons (saison). Sanciaux aux pommes (sept. a mars).

𝖃𝖃 **Le Laffitte**, 5 av. St-Germain ℘ 01 39 62 01 53 – ☒ ⓪ ☒   **M 11**
fermé 28 juil. au 27 août, dim. soir et lundi – **Repas** 170/200 bc.

𝖃𝖃 **Rôtisserie Vieille Fontaine**, 8 r. Grétry ℘ 01 39 62 01 78, Fax 01 39 62 13 43, 🏤, parc
– ☒ ☒   **L 12**
fermé 11 au 18 août et lundi – **Repas** 172.

RENAULT Gar. de la Station, 5, r. du Fossé ℘ 01 39 62 05 45

Malakoff 92240 Hauts-de-Seine **101** ㉕, **22** – 30 959 h alt. 67.

Paris 6 – Boulogne-Billancourt 6 – Évry 29 – Versailles 17.

Climat de France sans rest, 122 av. P. Brossolette ℘ 01 46 56 11 52, Fax 01 46 56 18 57
– 📶 Ⓣ ☎ ⅙ 🚗. ☒ ⓪ ☒   **AE 26**
☲ 35 – **53 ch** 380.

PEUGEOT Gar. Parisud Malakoff, 105 bd G.-Péri   Gar. Mittaud, 81 bd G.-Péri ℘ 01 42 53 27 56
℘ 01 40 92 55 00
PEUGEOT Gar. Blond, 28-30 bd de Stalingrad
℘ 01 46 55 22 36

Marcoussis 91460 Essonne **101** ㉞ G. Île de France – 5 680 h alt. 79.

Voir Vierge★ en marbre dans l'église.

Paris 30 – Arpajon 11 – Étampes 28 – Évry 17 – Montléry 3.

𝖃 **Le Bellejame**, 97 r. A. Dubois ℘ 01 69 80 66 47 – ☒ ⓪ ☒
ⓢ fermé jeudi soir, dim. soir et lundi – **Repas** 79/180 et carte 180 à 330, enf. 30.

PEUGEOT Gar. du Gay, rte d'Orsay ℘ 01 69 01 16 91

Marly-le-Roi 78160 Yvelines **101** ⑫ ⑬, **18** G. Ile de France – 16 741 h alt. 90.

Voir Parc★.

Paris 23 – Saint-Germain-en-Laye 4 – Versailles 8.

𝖃𝖃 **Le Village**, 3 Grande Rue ℘ 01 39 16 28 14, Fax 01 39 58 62 60 – ☒   **Y 7**
fermé 4 au 25 août, 2 au 8 janv., sam. midi, dim. soir et lundi soir – **Repas** (nombre de couverts limité, prévenir) 130 bc (déj.)/170 et carte 170 à 290, enf. 80.

---

en français
Visitez la capitale avec le
guide Vert Michelin PARIS

in English
Visit the capital with the
Michelin Green Guide PARIS

in deutsch
Besuchen Sie die französische Hauptstadt mit dem
Grünen Michelin-Führer PARIS

in italiano
per visitare la capitale utilizzate la
Guida Verde Michelin PARIGI

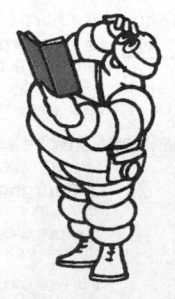

Marne-la-Vallée *77206 S.-et-M.* **101** ⑲ ⑳, **24** *G. Ile de France.*

de Bussy-St-Georges (privé) ✆ 01 64 66 00 00; 18 9 de Disneyland Paris ✆ 01 60 45 68 04.

Paris 27 – Meaux 28 – Melun 39.

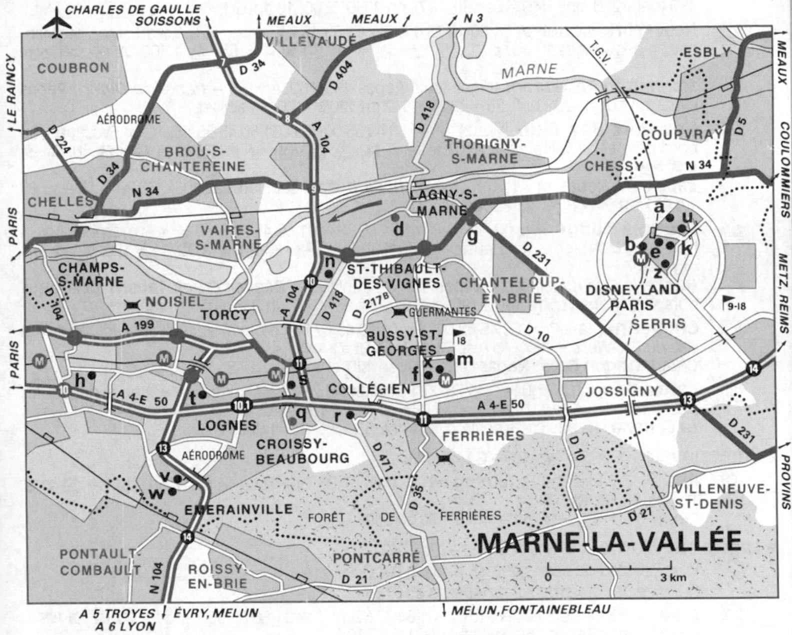

à Bussy-St-Georges – *1 545 h. alt. 105 – ✉ 77600 :*

Holiday Inn Ⓜ, 39 bd Lagny **(f)** ✆ 01 64 66 35 65, Fax 01 64 66 03 10, 🏖, 🏋, 🏊 – |‡| ⊁ ▤ 📺 ☎ ♿ 🚗 – 🏛 80. AE ⓓ GB JCB. ✗ rest
Repas 135, enf. 65 – ☕ 70 – **120 ch** 685/790.

Golf H. Ⓜ ⛳, 15 av. Golf **(m)** ✆ 01 64 66 30 30, Fax 01 64 66 04 36, 🏖, 🌳, 🎾 – |‡| ⊁ 📺 ☎ ♿ 🅿 – 🏛 120. AE ⓓ GB
Repas 98/153 🍷, enf. 46 – ☕ 60 – **94 ch** 460/580.

Sol Inn Paris Bussy Ⓜ, 44 bd A. Giroust **(x)** ✆ 01 64 66 11 11, Fax 01 64 66 29 05 – |‡| ▤ 📺 ☎ ♿ 🚗 – 🏛 50. AE ⓓ GB
Repas *(fermé sam. midi et dim. midi du 1er nov. au 20 mars)* 80 bc (déj.), 89/132 et carte 150 à 200 🍷 – ☕ 48 – **87 ch** 390/490.

à Champs-sur-Marne – *21 611 h. alt. 80 – ✉ 77420 .*

Voir Château★ (salon chinois★★) et parc★★.

Ibis, cité Descartes, bd Newton **(h)** ✆ 01 64 68 00 83, Fax 01 64 68 02 60, 🏖 – |‡| ⊁ 📺 ☎ 📞 ♿ 🚗 🅿 – 🏛 80. AE ⓓ GB
Repas 95, enf. 39 – ☕ 39 – **110 ch** 315.

à Collégien – *2 331 h. alt. 105 – ✉ 77090 :*

Novotel Ⓜ, à l'échangeur de Lagny A 4 **(r)** ✆ 01 64 80 53 53, Fax 01 64 80 48 37, 🏖, 🏊, 🌳 – |‡| ⊁ ▤ 📺 ☎ ♿ 🅿 – 🏛 300. AE ⓓ GB
Repas 120 🍷, enf. 60 – ☕ 55 – **197 ch** 500/550.

à Croissy-Beaubourg – *2 396 h. alt. 102 – ✉ 77183 :*

L'Aigle d'Or, 8 r. Paris **(q)** ✆ 01 60 05 31 33, Fax 01 64 62 09 39, 🏖, 🌳 – 🅿. AE ⓓ GB
fermé dim. soir et lundi soir – **Repas** 180/450 et carte 370 à 450.

à Disneyland Paris *accès par autoroute A 4 et bretelle Disneyland.*

Voir *Disneyland Paris*★★★ *(voir Guide Vert Disneyland Paris).*

🏨 **Disneyland Hôtel** Ⓜ, (b) ℰ 01 60 45 65 00, Fax 01 60 45 65 33, ≤, « Bel ensemble de style victorien à l'entrée du parc d'attractions », ᛁᛉ, ⬚, ☞ – 🛗 ᛋᛟ ▤ ☎ ♿ 🅿 – 🛅 50. ᴬᴱ ⓵ ᴳᴮ ᴶᶜᴮ ☜

California Grill (dîner seul.) **Repas** 195/260, enf. 75 – *Inventions :* **Repas** 180 (déj.)/250, enf. 140 – ⌑ 160 – **478 ch** 2050/3300, 18 appart.

🏨 **New-York** Ⓜ, (e) ℰ 01 60 45 73 00, Fax 01 60 45 73 33, ≤, ㎡, « Ambiance du Manhattan des années 30 », ᛁᛉ, ⬧, ⬚, ⚄ – 🛗 ᛋᛟ ▤ ᛏᴠ ☎ ♿ 🅿 – 🛅 1 500. ᴬᴱ ⓵ ᴳᴮ ᴶᶜᴮ ☜

Manhattan Restaurant (dîner seul.) **Repas** 195/260, enf. 55 – *Parkside Diner :* **Repas** carte environ 150 ⅛, enf. 55 – ⌑ 80 – **532 ch** 1200/1400, 31 appart.

🏨 **Newport Bay Club** Ⓜ, (z) ℰ 01 60 45 55 00, Fax 01 60 45 55 33, ≤, « Évocation du bord de mer de la Nouvelle Angleterre », ᛁᛉ, ⬧, ⬚ – 🛗 ᛋᛟ ▤ ☎ ♿ 🅿 – 🛅 50. ᴬᴱ ⓵ ᴳᴮ ᴶᶜᴮ ☜

Cape Cod : **Repas** 145 ⅛, enf. 55 – *Yacht Club* (dîner seul.) **Repas** 195/260, enf. 55 – ⌑ 65 – **1 077 ch** 950/1150, 15 appart.

🏨 **Séquoia Lodge** Ⓜ, (k) ℰ 01 60 45 51 00, Fax 01 60 45 51 33, ≤, « Atmosphère d'un hôtel des Montagnes Rocheuses », ᛁᛉ, ⬧, ⬚ – 🛗 ᛋᛟ ▤ ᛏᴠ ☎ ♿ 🅿 – 🛅 120. ᴬᴱ ⓵ ᴳᴮ ᴶᶜᴮ ☜

Hunter's Grill (dîner seul.) **Repas** 150/175, enf. 55 – *Beaver Creek Tavern* (dîner seul. hors sais.) **Repas** carte 130 à 190, enf. 55 – ⌑ 65 – **997 ch** 835/1150, 14 appart.

🏨 **Cheyenne**, (a) ℰ 01 60 45 62 00, Fax 01 60 45 62 33, ㎡, « Reconstitution d'une petite ville du Far-West » – ᛋᛟ ▤ rest ᛏᴠ ☎ ♿ 🅿 ᴬᴱ ⓵ ᴳᴮ ᴶᶜᴮ ☜

Chuck Wagon Café : **Repas** carte environ 120, enf. 55 – ⌑ 45 – **1 000 ch** 750.

🏨 **Santa Fé**, (u) ℰ 01 60 45 78 00, Fax 01 60 45 78 33, ㎡, « Construction évoquant les pueblos du Nouveau Mexique » – 🛗 ᛋᛟ ▤ rest ᛏᴠ ☎ ♿ 🅿 ᴬᴱ ⓵ ᴳᴮ ᴶᶜᴮ ☜

La Cantina : **Repas** carte environ 120, enf. 55 – ⌑ 45 – **1 000 ch** 615.

à Émerainville – *6 766 h. alt. 109* – ✉ *77184 :*

🏨 **Ibis** Ⓜ, ZI Pariest bd Beaubourg (v) ℰ 01 60 17 88 39, Fax 01 64 62 12 34 – 🛗 ᛋᛟ ᛏᴠ ☎ ♿ 🅿 – 🛅 80. ᴬᴱ ⓵ ᴳᴮ

Repas 95/119 ⅛, enf. 39 – ⌑ 39 – **80 ch** 330.

à Lagny-sur-Marne – *18 643 h. alt. 51* – ✉ *77400 .*

Voir *Château de Guermantes*★ *S : 3 km par D 35.*

🛈 *Office de Tourisme 5 cour Abbaye* ℰ *01 64 30 42 52.*

𝕏𝕏𝕏 **Egleny**, 13 av. Gén. Leclerc (d) ℰ 01 64 30 52 69, Fax 01 60 07 56 79, ㎡ – 🅿 ᴬᴱ ⓵ ᴳᴮ *fermé dim.* – **Repas** 150/390 et carte 270 à 370.

𝕏 **Le Relais Fleuri**, 1 av. Stade (g) ℰ 01 64 30 06 42, Fax 01 64 30 06 42, ㎡ – 🅿 ᴳᴮ *fermé août, lundi et le soir sauf sam.* – **Repas** 70 (déj.), 155/260 et carte 190 à 300.

à Lognes – *12 973 h. alt. 97* – ✉ *77185 :*

🏨 **Frantour** Ⓜ, 55 bd Mandinet (t) ℰ 01 64 80 02 50, Fax 01 64 80 02 70, ㎡, ᛁᛉ – 🛗 ᛏᴠ ☎ ♿ 🚗 🅿 – 🛅 75. ᴬᴱ ⓵ ᴳᴮ

Repas *(fermé le midi du 3 au 17 août, sam. midi et dim. midi)* 104/186 ⅛, enf. 55 – ⌑ 60 – **57 ch** 448/493, 28 duplex.

à St-Thibault-des-Vignes – *4 207 h. alt. 80* – ✉ *77400 :*

🏨 **Relais de l'Ecuyer**, Parc de l'Esplanade (n) ℰ 01 64 02 02 44, Fax 01 64 02 40 70, ㎡ – ᛏᴠ ☎ ♿ 🅿 – 🛅 25. ᴬᴱ ⓵ ᴳᴮ

Repas 75/118 ⅛, enf. 47 – ⌑ 35 – **66 ch** 335/365.

à Torcy *G. Île de France* – *18 681 h. alt. 97* – ✉ *77200 :*

🏨 **Campanile** Ⓜ, 34 r. Gén. de Gaulle (s) ℰ 01 60 17 84 85, Fax 01 64 62 06 91 – ᛋᛟ ▤ rest ᛏᴠ ☎ ♿ 🅿 – 🛅 80. ᴬᴱ ⓵ ᴳᴮ

Repas 92 bc/119 bc, enf. 39 – ⌑ 34 – **164 ch** 340.

CITROEN Gar. Yvois, 57 av. Leclerc à St-Thibault-des-Vignes ℰ 01 64 30 53 67
FORD Gar. Jamin, 34 av. Gén.-Leclerc à Lagny-sur-Marne ℰ 01 64 30 02 90
MERCEDES Cie de l'Est, 5-7 allée des Frènes à Champs-sur-Marne ℰ 01 64 68 70 87
PEUGEOT Métin Marne, 2 av. Gén.-Leclerc à Pomponne ℰ 01 64 30 30 30 Ⓝ ℰ 08 00 44 24 24

RENAULT Gar. du Fort du Bois, 9-11 r. du Plateau à Lagny-sur-Marne ℰ 01 64 02 40 75
RENAULT Gar. Brie des Nations, 4-6 av. P.-M.-France à Noisiel ℰ 01 60 05 92 92

🅖 Euromaster, 6-8 r. C.-Chappé à Lagny-sur-Marne ℰ 01 64 30 55 00

Repas 70/185	**Repas à prix fixes :** des menus à prix intermédiaires à ceux indiqués sont généralement proposés.

Massy *91300 Essonne* **101** ⑳, **22** *– 38 574 h alt. 78.*

Paris 19 – Arpajon 20 – Évry 21 – Palaiseau 3 – Rambouillet 39.

🏢 **Mercure** Ⓜ, 21 av. Carnot (gare T.G.V.) ✆ 01 69 32 80 20, Fax 01 69 32 80 25 – 🛗 ✦ ☰ 📺
☎ 🦽 ₺ 🚭 – 🍴 100. ⅋ⅇ ⑩ 🄶🄱　　　　　　　　　　　　　　　　　　　　AS 22
Repas *(fermé dim. midi et sam.)* 118 ₺, enf. 52 – ☲ 55 – **116 ch** 520.

CITROEN Succursale, rte de Chilly CD120　　　　 ⓜ Euromaster, 12 r. M.-Paul ZI de la Bonde
✆ 01 69 55 55 84　　　　　　　　　　　　　　 ✆ 01 69 20 38 20
RENAULT Villaine Autom., 8 r. de Versailles
✆ 01 69 30 08 26
RENAULT Massy Autom., av. de l'Europe
✆ 01 69 53 77 00

Le Mesnil-Amelot *77990 S.-et-M.* **101** ⑨ *– 705 h alt. 80.*

Paris 30 – Bobigny 21 – Goussainville 14 – Meaux 28 – Melun 67 – Senlis 26.

🏨 **Quality H.** Ⓜ, La Pièce du Gué ✆ 01 60 03 63 00, Fax 01 60 03 74 40, 😊, ₤₆, 🔲 – 🛗 ✦
☰ 📺 ☎ ₺ 🚭 🅿 – 🍴 300. ⅋ⅇ ⑩ 🄶🄱 🄹🄲🄱
Repas 150 bc et carte environ 200, enf. 55 – ☲ 80 – **240 ch** 495/1200.

Meudon *92190 Hauts-de-Seine* **101** ㉔, **22** *G. Ile de France* **(plan)** *– 45 339 h alt. 100.*

Voir *Terrasse★ :* ❄★ *– Forêt de Meudon★.*

Paris 12 – Boulogne-Billancourt 5 – Clamart 3 – Nanterre 15 – Versailles 13.

🍴🍴 **Relais des Gardes**, à Bellevue, 42 av. Gallieni ✆ 01 45 34 11 79, 😊 – ⅋ⅇ ⑩ 🄶🄱 🄹🄲🄱
fermé sam. midi et dim. soir – **Repas** 190/300 et carte 280 à 370.　　　　　　　AE 19

au sud *à Meudon-la-Forêt* – ✉ *92360 :*

🏨 **Mercure Ermitage de Villebon** Ⓜ, rte Col. Moraine ✆ 01 46 01 46 86,
Fax 01 46 01 46 99, 😊 – 🛗 ✦ ☰ ch 📺 ☎ ₺ 🚭 🅿 – 🍴 60. ⅋ⅇ ⑩ 🄶🄱　　　　 AH 18
Repas *(fermé dim. soir et soir fériés)* 130 bc/190 – ☲ 55 – **63 ch** 585/715.

🏢 **Forest Hill**, 40 av. Mar. de Lattre de Tassigny ✆ 01 46 30 22 55, Fax 01 46 32 16 54, 🔲 – 🛗
☰ 📺 ☎ ₺ 🚭 – 🍴 150. ⅋ⅇ ⑩ 🄶🄱 🄹🄲🄱　　　　　　　　　　　　　　　AJ18-19
Repas 79/134 bc – ☲ 55 – **155 ch** 520/590.

CITROEN Gar. Rabelais, 31 bd Nations-Unies　　　 RENAULT Gar. Biguet, 5 r. Docteur Arnaudet
✆ 01 46 26 45 50 🄽 ✆ 08 00 05 15 15　　　　 ✆ 01 46 26 27 80 🄽 ✆ 08 00 05 15 15
RENAULT Gar. de l'Orangerie, 16 r. de l'Orangerie　 RENAULT Gar. Biguet, 1 av. Gén.-de-Gaulle
✆ 01 45 34 27 18 🄽 ✆ 08 00 05 15 15　　　　 ✆ 01 46 31 65 40 🄽 ✆ 08 00 05 15 15

Montmorency *95160 Val-d'Oise* **101** ⑤ *G. Ile de France – 20 920 h alt. 82.*

Voir *Collégiale St-Martin★.*

Env. *Château d'Écouen★★ : musée de la Renaissance★★ (tenture de David et de Beth-
sabée★★★).*

🚂 *de Domont Montmorency à Domont* ✆ 01 39 91 07 50 par D 124.

🄱 *Office de Tourisme 1 av. Foch* ✆ 01 39 64 42 94.

Paris 19 – Enghien-les-Bains 4 – Pontoise 25 – St-Denis 10.

🍴🍴 **Au Coeur de la Forêt**, av. Repos de Diane et accès par chemin forestier
✆ 01 39 64 99 19, Fax 01 34 28 17 52, 😊, 🌳 – 🅿. 🄶🄱
fermé 15 août au 6 sept., dim. soir, lundi soir et jeudi – **Repas** 130/350 bc et carte 220 à 340.

RENAULT Gar. Rousseau, 150 av. Div. Leclerc　　　 VAG Gar. des Loges, 242 r. J.-Ferry à Mont-
✆ 01 39 34 95 95　　　　　　　　　　　　　 magny ✆ 01 34 28 60 00

Montreuil *93100 Seine-St-Denis* **101** ⑰, **20** *G. Ile de France – 94 754 h alt. 70.*

Voir *Musée de l'Histoire vivante★.*

🄱 *Office de Tourisme 1 r. Kléber* ✆ 01 42 87 38 09, Fax 01 42 87 27 13.

Paris 8 – Bobigny 7 – Lagny-sur-Marne 28 – Meaux 38 – Senlis 46.

🍴🍴🍴 **Le Gaillard**, 28 r. Colbert ✆ 01 48 58 17 37, Fax 01 48 70 09 74, 😊 – 🅿. ⅋ⅇ 🄶🄱　　Y 37
fermé 12 au 22 août, dim. soir et lundi soir – **Repas** 160/350 et carte 280 à 410.

CITROEN Succursale, 224-226 bd A.-Briand　　　 ⓜ Franor Vulco, 97 bd de Chanzy
✆ 01 48 59 64 00　　　　　　　　　　　　　 ✆ 01 42 87 39 60
RENAULT Succursale, 57 r. A.-Carrel　　　　　　 Pneu-Service, 65 r. de St-Mandé
✆ 01 49 20 38 38 🄽 ✆ 08 00 05 15 15　　　　 ✆ 01 48 51 93 79

Montrouge *92120 Hauts-de-Seine* **101** ㉕, **22** *– 38 106 h alt. 75.*

Paris 5 – Boulogne-Billancourt 7 – Longjumeau 17 – Nanterre 15 – Versailles 23.

🏨 **Mercure** Ⓜ, 13 r. F.-Ory ✆ 01 46 57 11 26, Fax 01 47 35 47 61 – 🛗 ✦ ☰ 📺 ☎ 🦽 ₺ –
🍴 120. ⅋ⅇ ⑩ 🄶🄱. ✄ rest　　　　　　　　　　　　　　　　　　　　　　 AE 27
Repas 129, enf. 50 – ☲ 62 – **186 ch** 695/895, 6 appart.

CITROEN Verdier-Montrouge Autom., 99 av.　　　 NISSAN Paris Sud Sce, 83 av. A.-Briand
Verdier ✆ 01 46 57 12 00　　　　　　　　　 ✆ 01 46 55 71 24
MERCEDES Succursale, 15-17 r. Barbès　　　　　 RENAULT Colin-Montrouge, 59 av. République
✆ 01 46 12 70 00　　　　　　　　　　　　　 ✆ 01 46 55 26 20

Morangis *91420 Essonne* **101** ㉟ *– 10 043 h alt. 85.*

    Paris 21 – Évry 14 – Longjumeau 4 – Versailles 24.

XXX   **Le Sabayon,** 15 r. Lavoisier ℘ 01 69 09 43 80 – ▤. **GB**
    fermé août, sam. midi et dim. – **Repas** 178/330 et carte 200 à 320.

    PEUGEOT Wissous Autom., av. Ch.-de-Gaulle à   **RENAULT** Gar. Richard, rte de Savigny
    Wissous ℘ 01 69 20 64 42   ℘ 01 69 09 47 50

Nanterre Ⓟ *92000 Hauts-de-Seine* **101** ⑭, **18** *– 84 565 h alt. 35.*

  🛈 *Office de Tourisme 4 r. du Marché* ℘ 01 47 21 58 02, Fax 01 47 25 99 02.

    Paris 13 – Beauvais 81 – Rouen 122 – Versailles 15.

🏨   **Mercure La Défense** Ⓜ, r. des 3 Fontanot ℘ 01 46 69 68 00, Fax 01 47 25 46 24 – ▤
    🖖 ▤ TV ☎ ᵭ. ⇔ – 🔏 130. ᴁ ⓞ **GB** JCB   **U 18**
    Repas *(fermé sam. midi et dim. midi)* 135/180   ⇌ 68 – **97 ch** 745/810.

🏨   **Quality Inn** Ⓜ, 2 av. B. Frachon ℘ 01 46 95 08 08, Fax 01 46 95 01 24 – ▤ 🖖 ▤ rest TV
    ☎ ᵭ. ⇔ – 🔏 30. ᴁ ⓞ **GB**   **U 16**
    Repas *(fermé sam. et dim.)* 150 – ⇌ 50 – **85 ch** 650/700.

XX   **La Rôtisserie,** 180 av. G. Clemenceau ℘ 01 46 97 12 11, Fax 01 46 97 12 09, 😀 – ᴁ
    GB   **V 17**
    fermé sam. midi et dim. – **Repas** *(prévenir)* 155.

    CITROEN Succursale, 100, av. F.-Arago   🅞 Euromaster, 74 av. V.-Lénine
    ℘ 01 41 19 35 00   ℘ 01 47 24 61 01

Neuilly-sur-Seine *92200 Hauts-de-Seine* **101** ⑮, **18** *G. Ile de France – 61 768 h alt. 34.*

    Paris 8 – Argenteuil 12 – Nanterre 5 – Pontoise 31 – St-Germain-en-Laye 16 – Versailles 17.

🏨   **Jardin de Neuilly** 🦢 sans rest, 5 r. P. Déroulède ℘ 01 46 24 51 62, Fax 01 46 37 14 60 –
    ▤ TV ☎. ᴁ ⓞ **GB**. ⍟   **W 23**
    ⇌ 60 – **30 ch** 900/1200.

🏨   **Paris Neuilly** Ⓜ sans rest, 1 av. Madrid ℘ 01 47 47 14 67, Fax 01 47 47 97 42 – ▤ 🖖 ▤
    TV ☎ ᵭ. ᴁ ⓞ **GB**   **W 21**
    ⇌ 65 – **80 ch** 970/1070.

🏨   **Parc** sans rest, 4 bd Parc ℘ 01 46 24 32 62, Fax 01 46 40 77 31 – ▤ TV ☎. **GB** JCB   **U 22**
    ⇌ 42 – **67 ch** 390/520.

🏨   **Roule** sans rest, 37 bis av. Roule ℘ 01 46 24 60 09, Fax 01 40 88 37 89 – ▤ TV ☎. ᴁ
    GB   **W 23**
    ⇌ 35 – **35 ch** 390/480.

XXX   **San Valero,** 209 ter av. Ch. de Gaulle ℘ 01 46 24 07 87, Fax 01 47 47 83 17 – ᴁ ⓞ **GB**.
    ⍟   **V 21**
    fermé 24 déc. au 1ᵉʳ janv., sam. midi, dim. et fériés – **Repas** - cuisine espagnole - 150 (déj.),
    190/250 et carte 220 à 320.

XX   **Truffe Noire** (Jacquet), 2 pl. Parmentier ℘ 01 46 24 94 14, Fax 01 46 37 27 02 – ᴁ
    ☺   **GB**   **W 23**
    fermé 7 au 27 août, sam. et dim. – **Repas** 230 bc et carte 300 à 380
    Spéc. "Menu tout champignons" (15 sept. à fin nov.). Mousseline de brochet beurre blanc.
    Agneau de lait rôti et persillé (fév. à avril).

XX   **Le Riad,** 42 av. Ch. de Gaulle ℘ 01 46 24 42 61, Fax 01 47 66 11 93 – ▤. ᴁ ⓞ **GB**   **W 23**
    fermé août, sam. midi et dim. – **Repas** - cuisine marocaine - carte 260 à 380.

XX   **Foc Ly,** 79 av. Ch. de Gaulle ℘ 01 46 24 43 36, Fax 01 46 24 48 46 – ▤. ᴁ **GB**   **V 21**
    fermé lundi en juil.-août – **Repas** - cuisine chinoise - 130 et carte 160 à 330 🍷, enf. 75.

XX   **Jarrasse,** 4 av. Madrid ℘ 01 46 24 07 56, Fax 01 40 88 35 60 – ᴁ ⓞ **GB** JCB   **V 21**
    fermé 26 juil. au 31 août et dim. – **Repas** - produits de la mer - 195 et carte 310 à 440.

XX   **Les Feuilles Libres,** 34 r. Perronet ℘ 01 46 24 41 41, Fax 01 46 40 77 61 – ▤. ᴁ ⓞ
    GB   **V 22**
    fermé 3 au 20 août, sam. midi et dim. – **Repas** 195 et carte 270 à 370.

XX   **Carpe Diem,** 10 r. Église ℘ 01 46 24 95 01, Fax 01 46 40 15 61 – ▤. ᴁ ⓞ **GB**   **V 22**
    fermé août, sam. midi et dim. – **Repas** 180 et carte 270 à 390.

X   **Bistrot d'à Côté Neuilly,** 4 r. Boutard ℘ 01 47 45 34 55, Fax 01 47 45 15 08 – ᴁ
    GB   **W 21**
    fermé 2 au 17 août, sam. midi et dim. – **Repas** 189.

X   **La Catounière,** 4 r. Poissonniers ℘ 01 47 47 14 33, Fax 01 47 47 14 33 – ▤. ᴁ **GB** **W 22**
    fermé août, sam. midi et dim. – **Repas** 178 bc.

    CITROEN Succursale, 124 av. A.-Peretti   🅞 Maillot Pneus, 69 av. Gén.-de-Gaulle
    ℘ 01 40 88 26 00 Ⓝ ℘ 08 00 05 24 24   ℘ 01 46 24 33 69

Nogent-sur-Marne 🔊 94130 Val-de-Marne 101 ㉗, 24 G. Ile de France – 25 248 h alt. 59.

🛈 Office de Tourisme 5 av. Joinville ℰ 01 48 73 73 97, Fax 01 48 73 75 90.
Paris 13 – Créteil 8 – Montreuil 5 – Vincennes 4.

🏨 **Mercure Nogentel** 🅼, 8 r. Port ℰ 01 48 72 70 00, Fax 01 48 72 86 19, 🈺 – ▯ 🌡 📺 ☎
♦ ঙ 👄 – 🕍 25 à 200. 🆀 ⑩ 🆖 🃟   AC 42
Le Canotier : Repas 165, enf. 80 – 🖙 58 – **60 ch** 520/580.

🏨 **Campanile**, quai du port (Pt de Nogent) ℰ 01 48 72 51 98, Fax 01 48 72 05 09, 🈺 – ▯
🌡 🔲 ch 📺 ☎ ♦ ঙ 👄 – 🕍 30. 🆀 ⑩ 🆖   AC42-43
Repas 92 bc/119 bc, enf. 39 – 🖙 34 – **91 ch** 340.

PEUGEOT Gar. Royal Nogent, 44 Gde r. Ch. de Gaulle ℰ 01 48 73 68 90

Noisy-le-Grand 93160 Seine-St-Denis 101 ⑱, 24 G. Île de France – 54 032 h alt. 82.

🛈 Office de Tourisme, ancienne Mairie, 167 r. P.-Brossolette ℰ 01 43 04 51 55.
Paris 20 – Bobigny 17 – Lagny-sur-Marne 14 – Meaux 37.

🏨 **Mercure** 🅼, 2 bd Levant ℰ 01 45 92 47 47, Fax 01 45 92 47 10, 🈺, ℐ⃗ – ▯ 🌡 🔲 ch 📺
☎ ♦ ঙ 👄 – 🕍 150. 🆀 ⑩ 🆖 ✢ rest   AB 47
Les Météores (fermé dim. midi et sam.) Repas 165 ♦, enf. 70 – 🖙 60 – **192 ch** 495/610.

🏨 **Novotel Atria** 🅼, 2 allée Bienvenüe-quartier Horizon ℰ 01 48 15 60 60,
Fax 01 43 04 78 83, 🈺, ℐ – ▯ 🌡 🔲 📺 ☎ ♦ 👄 🄿 – 🕍 300. 🆀 ⑩ 🆖   AB-AC 47
Repas 120, enf. 50 – 🖙 55 – **144 ch** 495/550.

PEUGEOT Gar. Métin Noisy, 56 av. du Pavé Neuf   VAG Gar. de la Pointe, 65 av. E.-Cossonneau
ℰ 01 45 92 13 13   ℰ 01 48 15 58 30

Orly (Aéroports de Paris) 94310 Val-de-Marne 101 ㉖, 24 – 21 646 h alt. 89.

✈ ℰ 01 49 75 15 15.
Paris 16 – Corbeil-Essonnes 31 – Créteil 12 – Longjumeau 14 – Villeneuve-St-Georges 15.

🏨 **Hilton Orly** 🅼, près aérogare ✉ 94544 ℰ 01 45 12 45 12, Fax 01 45 12 45 00, ℐ⃗ – ▯ 🌡
🔲 📺 ☎ ♦ 🄿 – 🕍 300. 🆀 ⑩ 🆖 🃟   AR 31
Repas 160 (déj.), 170/250 et carte 170 à 300 ♦ – 🖙 90 – **357 ch** 870/1270.

🏨 **Mercure** 🅼, N 7, Z.I. Nord, Orly tech ✉ 94547 ℰ 01 46 87 23 37, Fax 01 46 87 71 92 – ▯
🌡 🔲 📺 ☎ ♦ 🄿 – 🕍 80. 🆀 ⑩ 🆖
Repas carte 160 à 230 ♦, enf. 50 – 🖙 65 – **194 ch** 590/690.

Aérogare d'Orly Ouest :

🍴🍴🍴🍴 **Maxim's**, 2ᵉ étage ✉ 94546 ℰ 01 49 75 16 78, Fax 01 46 87 05 39 – 🔲. 🆀 ⑩ 🆖
✿ *fermé août, 24 déc. au 5 janv., sam., dim. et fériés* – **Repas** 230/480 bc et carte 270 à 370
Spéc. Terrine de canard. Sole de ligne braisée au vermouth. Volaille de Loué étuvée au vin
jaune, pâtes fines au beurre de truffe.

à Orly ville :

🏨 **Air Plus** 🅼, 58 voie Nouvelle (près Parc G. Méliès) ℰ 01 41 80 75 75, Fax 01 41 80 12 12 –
🚫 ▯ 🌡 🔲 📺 ☎ ♦ ঙ 🄿 🆀 🆖   AN 34
Repas (fermé sam. midi et dim. midi) 85 ♦ – 🖙 45 – **72 ch** 390/450.

*Voir aussi à **Rungis***

RENAULT S.A.P.A., Bât.225, Aérogares ℰ 01 41 73 08 00

Orsay 91400 Essonne 101 ㉞ G. Ile de France – 14 863 h alt. 90.
Paris 29 – Arpajon 20 – Évry 29 – Rambouillet 30.

🍴🍴 **Le Boudin Sauvage**, 6 r. Versailles ℰ 01 69 28 42 93, Fax 01 69 86 19 48, 🈺 – 🆀 ⑩
🆖 🃟
fermé août , week-ends et le soir sauf mardi , jeudi et vend. – **Repas** carte 450 à 500.

CITROEN Gd Gar. d'Orsay, 8 pl. de la République   RENAULT Gar. d'Orsay, 38 r. de Chartres
ℰ 01 69 28 40 26   ℰ 01 69 28 43 28

Palaiseau 🔊 91120 Essonne 101 ㉞, 22 – 28 395 h alt. 101.
Paris 21 – Arpajon 19 – Chartres 71 – Évry 20 – Rambouillet 40.

🏨 **Novotel** 🅼, Z.I. de Massy ℰ 01 69 20 84 91, Fax 01 64 47 17 80, 🈺, ℐ, ℐ – ▯ 🌡 🔲 📺
☎ ♦ 🄿 – 🕍 180. 🆀 ⑩ 🆖 🃟   AS 22
Repas 100/165, enf. 50 – 🖙 57 – **147 ch** 470/500.

CITROEN J.-Jaurès Autom., 33 av. J.-Jaurès   RENAULT Palaiseau Autom., 14 r. E.-Branly
ℰ 01 60 14 03 92   ℰ 01 60 10 61 76

Pantin 93500 Seine-St-Denis **101** ⑯, **20** G. Ile de France – 47 303 h alt. 26.
Voir Centre international de l'Automobile★.
🛈 Office de Tourisme, 25 ter r. du Pré-St-Gervais ℰ 01 48 44 93 72, Fax 01 48 44 18 51.
Paris 9 – Bobigny 5 – Montreuil 7 – St-Denis 5.

🏨 **Référence H.** Ⓜ, 22 av. J. Lolive ℰ 01 48 91 66 00, Fax 01 48 44 12 17, 佘, ℉ᴃ – ᑲ 圷 ▦
📺 ☎ ℅ & ⇔ – 🔬 80. ᴁᴇ ⓞ ᴳᴮ ᴶᴄᴮ, ⅋ rest
Repas (fermé août, sam., dim. et fériés) 180 – ☷ 75 – **120 ch** 750/810, 3 appart.

🏨 **Mercure Porte de Pantin** Ⓜ, r. Scandicci ℰ 01 48 46 70 66, Fax 01 48 46 07 90 – ᑲ ▦
📺 ☎ & ⇔ – 🔬 25 à 100. ᴁᴇ ⓞ ᴳᴮ   **U34-V34**
Repas 120 et carte 130 à 220 🍴, enf. 55 – ☷ 60 – **138 ch** 500/685.

CITROEN Succursale, 68-70 av. Gén.-Leclerc   🅟 Maillot Pneus, 160 av. J.-Jaurès
ℰ 01 49 15 10 00   ℰ 01 48 45 25 85
RENAULT Succursale, 13 av. Gén.-Leclerc   Steier-Pneus - Point S, 217 av. J.-Lolive
ℰ 01 48 10 42 19   ℰ 01 48 44 56 80

Le Perreux-sur-Marne 94170 Val-de-Marne **101** ⑱, **24** – 28 477 h alt. 50.
🛈 Office de Tourisme pl. R.-Belvaux ℰ 01 43 24 26 58.
Paris 16 – Créteil 12 – Lagny-sur-Marne 23 – Villemomble 9 – Vincennes 7.

🎌🎌🎌 **Les Magnolias** (Royant), 48 av. de Bry ℰ 01 48 72 47 43, Fax 01 48 72 22 28 – ▦. ᴁᴇ ⓞ
❀   ᴳᴮ   **AC 43**
fermé 9 au 24 août, sam. midi et dim. – **Repas** 168 et carte 270 à 340
Spéc. Ravioli de langoustines. Montgolfière de ris de veau aux morilles. Pudding de pain
d'épices à l'abricot, glace au gingembre.

CITROEN S.A.G.A., 131 av. P.-Brossolette, niv. A4   RENAULT Rel. des Nations, 258 av. République à
ℰ 01 43 24 13 50   Fontenay-sous-Bois ℰ 01 48 76 42 72
PEUGEOT Gar. Sabrié, 9-15 av. République à
Fontenay-sous-Bois ℰ 01 48 75 10 00 🅽 ℰ 06 09   🅟 Maison du Pneu 94, 103 bd Alsace Lorraine
10 17 37   ℰ 01 43 24 41 43
RENAULT Gar. Hoel, 44 46 av. Bry
ℰ 01 43 24 52 00

Petit-Clamart 92 Hauts-de-Seine **101** ㉔, **22** – ✉ 92140 Clamart.
Voir Bièvres : Musée français de la photographie★ S : 1 km, G. Ile de France.
Paris 19 – Antony 9 – Clamart 5 – Meudon 4 – Nanterre 19 – Sèvres 9 – Versailles 9.

🎌🎌 **Au Rendez-vous de Chasse,** 1 av. du Gén. Eisenhower ℰ 01 46 31 11 95,
Fax 01 40 94 11 40 – ▦. ᴁᴇ ⓞ ᴳᴮ ᴶᴄᴮ   **AK 19**
fermé dim. soir – **Repas** 130/230 et carte 220 à 380, enf. 95.

Pontault-Combault 77340 S.-et-M. **101** ㉙, **24** – 26 804 h alt. 94.
Paris 28 – Créteil 24 – Lagny-sur-Marne 16 – Melun 32.

🏨 **Saphir H.** Ⓜ, aire des Berchères sur N 104 ℰ 01 64 43 45 47, Fax 01 64 40 52 43, 佘, ℉ᴃ,
🏊, ⅋ – 🛗 ▦ 📺 ☎ & ⇔ 🅿 – 🔬 150. ᴁᴇ ⓞ ᴳᴮ
Le Jardin grill **Repas** 115/155, 🍴, enf. 50 – ☷ 52 – **158 ch** 485/530, 21 appart.

Le Port-Marly 78560 Yvelines **101** ⑬, **18** – 4 181 h alt. 30.
Paris 21 – St-Germain-en-Laye 3 – Versailles 11.

🎌🎌 **Aub. du Relais Breton,** 27 r. Paris ℰ 01 39 58 64 33, Fax 01 39 58 35 75, 佘, 🌳 – ᴁᴇ
ᴳᴮ   **W 8**
fermé août, dim. soir et lundi – **Repas** 159/229 bc et carte 230 à 320.

MERCEDES CPMB Autom., 10 r. St-Germain ℰ 01 39 17 31 17

Le Pré St-Gervais 93310 Seine-St-Denis **101** ⑯, **20** – 15 373 h alt. 82.
Paris 9 – Bobigny 6 – Lagny-sur-Marne 30 – Meaux 37 – Senlis 46.

🎌 **Au Pouilly Reuilly,** 68 r. A. Joineau ℰ 01 48 45 14 59, bistrot – ᴁᴇ ⓞ ᴳᴮ   **V 35**
fermé fin juil. au 5 sept., sam. et dim. – **Repas** carte 150 à 290.

Participez à notre effort permanent
de mise à jour

Adressez-nous vos remarques
et vos suggestions.

Cartes et guides Michelin

46 avenue de Breteuil - 75324 Paris Cedex 07

Puteaux *92800 Hauts-de-Seine* **101** ⑭, **18** – *42 756 h alt. 36.*

Paris 10 – Nanterre 4 – Pontoise 31 – St-Germain-en-Laye 14 – Versailles 17.

Syjac M sans rest, 20 quai de Dion-Bouton *ℰ* 01 42 04 03 04, Fax 01 45 06 78 69, « Élégante installation » – |‡| TV ☎ ᴋ. – ▲ 30. AE ⓪ GB
☲ 60 – **33 ch** 570/980.
W 20

Princesse Isabelle M sans rest, 72 r. J. Jaurès *ℰ* 01 47 78 80 06, Fax 01 47 75 25 20, Is
– |‡| ⇆ TV ☎ ⇍. AE ⓪ GB
☲ 50 – **29 ch** 660.
W 20

Le Dauphin M sans rest, 45 r. J. Jaurès *ℰ* 01 47 73 71 63, Fax 01 46 98 08 82, Is – |‡| TV
☎ ⇍. AE ⓪ GB JCB
☲ 40 – **30 ch** 470/540.
W 20

XX **La Chaumière**, 127 av. Prés. Wilson - rd-pt des Bergères *ℰ* 01 47 75 05 46,
Fax 01 47 75 05 46 – ⊟. AE GB
fermé 10 au 25 août, sam. midi, dim. soir et lundi soir – **Repas** 150 et carte 210 à 350.
W 18

🚗 Maison André, 20 r. des Fusillés *ℰ* 01 47 75 36 31

La Queue-en-Brie *94510 Val-de-Marne* **101** ㉘, **24** – *9 897 h alt. 95.*

Paris 23 – Coulommiers 50 – Créteil 14 – Lagny-sur-Marne 21 – Melun 32 – Provins 66.

Relais de Pincevent, av. Hippodrome *ℰ* 01 45 94 61 61, Fax 01 45 93 32 69, 🏠 – TV
☎ ᴋ. P – ▲ 80. GB
Repas 94/130 ⅃ – ☲ 30 – **56 ch** 280.
AH 48

XXX **Aub. du Petit Caporal**, 42 r. Gén. de Gaulle (N 4) *ℰ* 01 45 76 30 06 – ⊟. AE GB
fermé août, mardi soir, merc. soir et dim. – **Repas** 160/240 bc et carte 240 à 410.
AJ 50

Roissy-en-France (Aéroports de Paris) *95700 Val-d'Oise* **101** ⑧ – *2 054 h alt. 85.*

🛬 *Charles-de-Gaulle ℰ 01 48 62 22 80.*

Paris 26 – Chantilly 27 – Meaux 36 – Pontoise 37 – Senlis 28.

à Roissy-ville :

Copthorne M, allée Verger *ℰ* 01 34 29 33 33, Fax 01 34 29 03 05, 🏠, Is, 🖾 – |‡| ⇆ ⊟
TV ☎ ᴋ. ⇍ – ▲ 150. AE ⓪ GB JCB
Brasserie l'Europe (fermé dim. midi et sam.) **Repas** 260 et carte 190 à 370 – ☲ 70 –
237 ch 1150/1450.

Holiday Inn, allée Verger *ℰ* 01 34 29 30 00, Fax 01 34 29 90 52, Is – |‡| ⇆ ⊟ TV ☎ ᴋ. P
– ▲ 120. AE ⓪ GB JCB
Repas carte 180 à 280, enf. 60 – ☲ 90 – **243 ch** 850/1150.

Mercure, allée Verger *ℰ* 01 34 29 40 00, Fax 01 34 29 00 18, 🏠, 🚗 – |‡| ⇆ ⊟ TV ☎ ᴋ.
P – ▲ 200. AE ⓪ GB
Repas 142 bc, enf. 50 – ☲ 67 – **202 ch** 660/760.

Bleu Marine M, Z.A. parc de Roissy *ℰ* 01 34 29 00 00, Fax 01 34 29 00 11, Is – |‡| ⇆ ⊟
TV ☎ ᴋ. ⇍ P – ▲ 80. AE ⓪ GB
Repas 145, enf. 49 – ☲ 60 – **153 ch** 610.

Campanile M, Z.A. parc de Roissy *ℰ* 01 34 29 80 40, Fax 01 34 29 80 39, 🏠 – |‡| ⇆ TV
☎ ᴋ. ⇍ P – ▲ 150. AE ⓪ GB
Repas 92 bc/174 bc, enf. 39 – ☲ 34 – **269 ch** 395.

Ibis M, av. Raperie *ℰ* 01 34 29 34 34, Fax 01 34 29 34 19 – |‡| ⇆ ⊟ TV ☎ ᴋ. ⇍ – ▲ 150.
AE ⓪ GB
Repas 130 bc/215 bc, enf. 39 – ☲ 42 – **315 ch** 490.

dans le domaine de l'aéroport :

Hilton M, Roissypole *ℰ* 01 49 19 77 77, Fax 01 49 19 77 78, Is, 🖾 – |‡| ⇆ ⊟ TV ☎ ᴋ. ᴋ.
⇍ – ▲ 1 000. AE ⓪ GB. ⇆ rest
Le Gourmet (fermé 19 juil. au 18 août, sam. et dim.) **Repas** 230 – ***Les Aviateurs :*** Repas
179 bc, enf. 55 ⅃ – ☲ 115 – **378 ch** 1200/1700, 4 appart.

Sheraton M, Aérogare n° 2 *ℰ* 01 49 19 70 70, Fax 01 49 19 70 71, ≤, Is – |‡| ⇆ ⊟ TV
ᴋ. – ▲ 80. AE ⓪ GB JCB
Les Étoiles (fermé août, sam. et dim.) **Repas** 170 (déj.), 190/300 – ***Les Saisons :*** Repas
120 (déj.), 140/220 ⅃ – ☲ 120 – **244 ch** 1400/1850, 12 appart.

Sofitel M, *ℰ* 01 49 19 29 29, Fax 01 49 19 29 00, 🏠, 🖾, ⇅ – |‡| ⇆ ⊟ TV ☎ ᴋ. P –
▲ 150. AE ⓪ GB JCB
Repas 145 ⅃ – ☲ 100 – **352 ch** 950/1450.

Novotel M, *ℰ* 01 48 62 00 53, Fax 01 48 62 00 11 – |‡| ⇆ ⊟ TV ☎ ᴋ. P – ▲ 25 à 100. AE
⓪ GB JCB – **Repas** carte environ 170, enf. 50 – ☲ 60 – **201 ch** 660.

Ibis M, Roissypole *ℰ* 01 49 19 19 19, Fax 01 49 19 19 21, 🏠 – |‡| ⇆ ⊟ TV ☎ ᴋ. ⇍ –
▲ 80. AE ⓪ GB – **Repas** 95, enf. 39 – ☲ 39 – **556 ch** 395.

Z.I. Paris Nord II – ⊠ 95912 :

🏛️ **Hyatt Regency** M ⏧, 351 av. Bois de la Pie ℰ 01 48 17 12 34, Fax 01 48 17 17 17, 🏡,
« Original décor contemporain », 🏋️, 🔲, 🏓 – 🛗 🍴 🚭 📺 ☎ 👤 🅿️ – 🔬 250. 🆎 🆔 🆖 🆑
Apollo : Repas 185 (déj) 205 et carte 200 à 340 🍷, enf. 50 – ⏰ 95 – **383 ch** 1200/1500,
5 appart.

Voir aussi *ressources hôtelières au* **Mesnil-Amelot (77 S.-et-M.)**

Romainville 93230 Seine-St-Denis 🇮 ⑰, 🟤 – 23 563 h alt. 110.

Paris 10 – Bobigny 4 – St-Denis 12 – Vincennes 5.

XXX **Chez Henri**, 72 rte Noisy ℰ 01 48 45 26 65, Fax 01 48 91 16 74 – 🛗 🅿️. 🆎 🆖   **U 37**
fermé en août, sam. midi, lundi soir, dim. et fériés – **Repas** 160 et carte 270 à 380.

Rosny-sous-Bois 93110 Seine-St-Denis 🇮 ⑰, 🟤 – 37 489 h alt. 80.

🔼 ℰ 01 48 94 01 81.

Paris 18 – Bobigny 8 – Le Perreux-sur-Marne 5 – St-Denis 23.

🏛️ **Holiday Inn Garden Court** M, 4 r. Rome ℰ 01 48 94 33 08, Fax 01 48 94 30 05, 🏡 –
🛗 🍴 🚭 📺 ☎ 👤 🅿️ – 🔬 25 à 150. 🆎 🆔 🆖 🆑. 🐾 ch   **X 41**
Vieux Carré : Repas 145 et carte 160 à 330 🍷 – ⏰ 50 – **97 ch** 510/600.

🏛️ **Comfort Inn** M, 1 r. Lisbonne ℰ 01 48 94 78 78, Fax 01 45 28 83 69 – 🛗 🍴 🚭 rest 📺 ☎
🚭 👤 🚗 🅿️ – 🔬 80. 🆎 🆔 🆖. 🐾 rest   **W 41**
Repas *(fermé sam. et dim.)* 128 🍷 – ⏰ 42 – **100 ch** 390/420.

XX **Chalet du Golf**, 12 r. Raspail (au golf municipal) ℰ 01 49 35 02 72, Fax 01 49 35 10 44, ⬍,
🏡 – 👤 🅿️. 🆎 🆖   **X 41**
fermé sam. midi et dim. – **Repas** 155/230 bc et carte 210 à 320, enf. 90.

🔘 Euromaster, 183 bd d'Alsace-Lorraine ℰ 01 45 28 15 96

Rueil-Malmaison 92500 Hauts-de-Seine 🇮 ⑭, 🔢 G. Ile de France – 66 401 h alt. 40.

Voir *Château de Bois-Préau★ – Buffet d'orgues★ de l'église – Malmaison : musée★★ du
château.*

🔼 ℰ 01 47 49 64 67 – 🅱 Office de Tourisme, 160 av. Paul Doumer ℰ 01 47 32 35 75.
Paris 14 – Argenteuil 12 – Nanterre 3 – St-Germain-en-Laye 9 – Versailles 12.

🏛️ **Novotel Atria** M, 21 av. Ed. Belin ℰ 01 47 16 60 60, Fax 01 47 51 09 29 – 🛗 🍴 🚭 📺 ☎
🚭 👤 🚗 – 🔬 140. 🆎 🆔 🆖 🆑   **V 13**
Repas 137, enf. 51 – ⏰ 56 – **118 ch** 680/730, 4 appart.

🏛️ **Cardinal** sans rest, 1 pl. Richelieu ℰ 01 47 08 20 20, Fax 01 47 08 35 84 – 🛗 📺 ☎ 👤. 🆎
🆔 🆖   **X 14**
⏰ 50 – **63 ch** 570/690.

🏛️ **Arts** sans rest, 3 bd Mar. Joffre ℰ 01 47 52 15 00, Fax 01 47 14 90 19 – 🛗 📺 ☎. 🆎 🆔 🆖
⏰ 42 – **33 ch** 490/540.   **W 14**

XX **Rastignac**, 1 pl. Europe ℰ 01 47 32 92 29, Fax 01 47 32 93 35 – 🛗. 🆎 🆖   **V 13**
fermé 4 au 24 août, 24 déc. au 1er janv., sam. midi et dim. – **Repas** 169/395 et carte 170 à
260.

XX **Relais de St-Cucufa**, 114 r. Gén. Miribel ℰ 01 47 49 79 05, Fax 01 47 14 96 58, 🏡 – 🆎
🆖   **Y 13**
fermé 10 au 20 août, dim. soir et lundi soir – **Repas** 180 et carte 270 à 390.

Rungis 94150 Val-de-Marne 🇮 ㉖, 🟤 – 2 939 h alt. 80 Marché d'Intérêt National.

Paris 14 – Antony 6 – Corbeil-Essonnes 28 – Créteil 10 – Longjumeau 10.

à Pondorly : *accès : de Paris, A6 et bretelle d'Orly ; de province, A6 et sortie Rungis*

🏛️ **Gd Hôtel Mercure Orly** M, 20 av. Ch. Lindbergh ⊠ 94656 ℰ 01 46 87 36 36,
Fax 01 46 87 08 48, 🏊, 🛗 🍴 🚭 📺 ☎ 🚗 👤 🅿️ – 🔬 180. 🆎 🆔 🆖   **AM 29**
La Rungisserie : Repas 180, enf. 65 – ⏰ 63 – **190 ch** 860.

🏛️ **Holiday Inn** M, 4 av. Ch. Lindbergh ⊠ 94656 ℰ 01 46 87 26 66, Fax 01 45 60 91 25 – 🛗
🍴 🚭 📺 👤 🅿️ – 🔬 150. 🆎 🆔 🆖 🆑
Repas 95/140 et carte 150 à 250 🍷 – ⏰ 70 – **168 ch** 825/1025.

🏛️ **Novotel** M, Zone du Delta, 1 r. Pont des Halles ℰ 01 45 12 44 12, Fax 01 45 12 44 13, 🏡,
🏊 – 🛗 🍴 🚭 📺 🚭 👤 🅿️ – 🔬 150. 🆎 🆔 🆖
Repas carte environ 180 🍷, enf. 50 – ⏰ 60 – **181 ch** 650.

🏛️ **Ibis**, 1 r. Mondétour ⊠ 94656 ℰ 01 46 87 22 45, Fax 01 46 87 84 72, 🏡 – 🛗 🍴 📺 ☎ 👤 🅿️
– 🔬 100. 🆎 🆔 🆖   **AM 29**
Repas 95, enf. 39 – ⏰ 39 – **119 ch** 330.

à Rungis-ville :

XX **Le Charolais,** 13 r. N.-Dame ℘ 01 46 86 16 42 – ⒶⒺ ⓪ ⒼⒷ   **AN 30**
fermé 9 août au 1ᵉʳ sept., sam. et dim. – **Repas** 150 et carte 240 à 390.

🅜 Euromaster, 2 r. des Transports Centre Routier ℘ 01 46 86 46 01

St-Cloud 92210 Hauts-de-Seine 🔢 ⑭, 🔢 *G. Ile de France* – 28 597 h alt. 63.

Voir Parc★★ *(Grandes Eaux★★)* – Église Stella Matutina★.

🏌🏌 *(privé)* ℘ 01 47 01 01 85 parc de Buzenval à Garches, O : 4 km ; 🏇 *Paris Country Club (Hippodrome)* ℘ 01 47 71 39 22.

Paris 12 – Nanterre 9 – Rueil-Malmaison 7 – St-Germain 17 – Versailles 11.

🏨 **Villa Henri IV et rest. Le Bourbon,** 43 bd République ℘ 01 46 02 59 30,
Fax 01 49 11 11 02 – 🛗 🧺 📺 ☎ ✆ 🅿 ⒶⒺ ⓪ ⒼⒷ   **AB 17**
Repas *(fermé 26 juil. au 25 août et dim. soir)*115/198 – 🍴 48 – **36 ch** 460/550.

🏨 **Quorum** Ⓜ, 2 bd République ℘ 01 47 71 22 33, Fax 01 46 02 75 64, 🌤 – 🛗 🧺 rest 📺 ☎
🚻 ⇔, ⒶⒺ ⓪ ⒼⒷ   **AB 17**
Repas *(fermé sam. midi et dim.)* 88 🍴 – 🍴 40 – **58 ch** 440/480.

St-Denis ⊛ 93200 Seine-St-Denis 🔢 ⑯, 🔢 *G. Ile de France* – 89 988 h alt. 33.

Voir Basilique★★★.

🅱 *Office de Tourisme 1 r. de la République* ℘ 01 42 43 33 55, Fax 01 48 20 24 11.

Paris 10 – Argenteuil 10 – Beauvais 73 – Bobigny 9 – Chantilly 42 – Pontoise 27 – Senlis 43.

🏨 **Campanile** Ⓜ, 14 r. J. Jaurès ℘ 01 48 20 74 31, Fax 01 48 20 74 26 – 🛗 ✻ 📺 ☎ ✆ 🚻
⇔ – 🈴 50. ⒶⒺ ⓪ ⒼⒷ   **N 31**
Repas 92 bc/119 bc, enf. 39 – 🍴 34 – **99 ch** 340.

CITROEN Succursale, 43 bd Libération
℘ 01 49 33 10 00 Ⓝ ℘ 01 49 33 10 00
FORD Gar. Bocquet, 13 bis bd Carnot
℘ 01 48 22 20 95
MERCEDES Moderne Autom., 24-35 bd Carnot
℘ 01 48 09 24 24 Ⓝ ℘ 08 00 24 24 30
PEUGEOT Gar. Neubauer, 227 bd A.-France
℘ 01 49 33 60 60
RENAULT Succursale, 93 r. de la Convention à la
Courneuve ℘ 01 49 92 65 65 Ⓝ ℘ 08 00 05 15 15

SEAT S.M.J., 64 bd M.-Sembat ℘ 01 42 43 31 20

🅜 Bertrand Pneus Vulco, 29 r. R.-Salengro à
Villetaneuse ℘ 01 48 21 20 24
Pégaud Pneus Vulco, 16 av. R.-Semat
℘ 01 48 22 12 14
St-Denis Pneus, 20 bis r. G.-Péri
℘ 01 48 20 10 77

Ferienreisen wollen gut vorbereitet sein.

Die Straßenkarten und Führer von Michelin
geben Ihnen Anregungen und praktische Hinweise zur Gestaltung Ihrer Reise :
Streckenvorschläge, Auswahl und Besichtigungsbedingungen
der Sehenswürdigkeiten, Unterkunft, Preise ... u. a. m.

St-Germain-en-Laye ⊛ 78100 Yvelines 🔢 ⑬, 🔢 *G. Ile de France* – 39 926 h alt. 78.

Voir Terrasse★★ BY – Jardin anglais★ BY – Château★ BZ : musée des Antiquités
nationales★★ – Musée du Prieuré★ AZ.

🏌🏌 *(privé)* ℘ 01 34 51 75 90, par ④ : 3 km ; 🏌🏌🏌 de Fourqueux *(privé)* ℘ 01 34 51 41 47,
par r. de Mareil AZ.

🅱 *Office de Tourisme 38 r. Au-Pain* ℘ 01 34 51 05 12, Fax 01 34 51 36 01.

*Paris 23 ③ – Beauvais 81 ① – Chartres 82 ③ – Dreux 69 ③ – Mantes-la-Jolie 35 ④ –
Versailles 13 ③.*

Plan page suivante

X **La Feuillantine,** 10 r. Louviers ℘ 01 34 51 04 24 – ⒶⒺ ⒼⒷ   **AZ a**
Repas 130 🍴.

par ① D 284 et rte des Mares : 2,5 km – ✉ 78100 St-Germain-en-Laye :

🏨 **La Forestière** Ⓜ 🌿, 1 av. Prés. Kennedy ℘ 01 39 73 36 60, Fax 01 39 73 73 88, « Jardin
fleuri » – 🛗 📺 ☎ 🅿 – 🈴 30. ⒶⒺ ⒼⒷ ⒿⒸⒷ
voir rest. *Cazaudehore* ci-après – 🍴 75 – **25 ch** 770/980, 5 appart.

XXX **Cazaudehore,** 1 av. Prés. Kennedy ℘ 01 34 51 93 80, Fax 01 39 73 73 88, 🌤, « Jardin
fleuri » – 🅿. ⒶⒺ ⒼⒷ ⒿⒸⒷ
fermé lundi sauf fériés – **Repas** 290 bc/360 bc et carte 270 à 430.

CITROEN Ouest Autom., 45 r. de Mantes N 13 à
Chambourcy par ④ ℘ 01 30 74 90 00
PEUGEOT Vauban Autom., pl. Vauban par ④
℘ 01 30 87 15 15
RENAULT Gar. Adde, 112 r. du Prés.-Roosevelt
℘ 01 39 73 32 64

🅜 Relais du Pneu - Point S, 22 r. Péreire
℘ 01 34 51 19 33

ST-GERMAIN EN-LAYE

Paris (R. de)		**AZ**		Gde-Fontaine (R.)	**AZ**	10
Poissy (R. de)		**AZ** 22		Loges (Av. des)	**AY**	14
Vieux-Marché (R. du)		**AZ** 33		Malraux (Pl. A.)	**BZ**	16
				Mareil (Pl.)	**AZ**	19
Coches (R. des)		**AZ** 4		Pologne (R. de)	**AY**	23
Bonnenfant (R.A.)	**AZ** 3	Denis (R. M.)	**AZ** 5	Surintendance (R. de la)	**AY**	28
Marché-Neuf (Pl. du)	**AZ**	Detaille (Pl.)	**AY** 6	Victoire (Pl. de la)	**AY**	30
Pain (R. au)	**AZ** 20	Giraud-Teulon (R.)	**BZ** 9	Vieil-Abreuvoir (R. du)	**AZ**	32

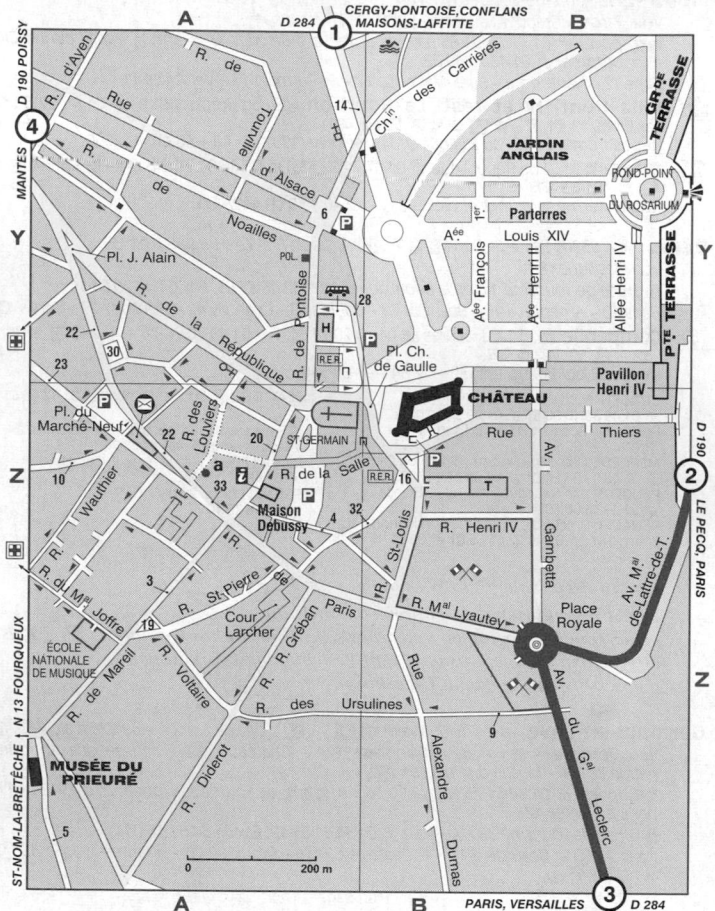

St-Gratien 95210 Val-d'Oise 101 ⑤, 18 – 19 338 h alt. 50.

Paris 17 – Argenteuil 4 – Chantilly 34 – Enghien-les-Bains 2 – St-Denis 10 – St-Germain-en-Laye 20.

Gem H. M, 54 bd Gare ℘ 01 39 34 20 40, Fax 01 39 64 06 62, 🌟 – 🛗 ⇖ 📺 ☎ ᭣ – 🛏 300. ⏏   K 23-24
Repas 85/150 ⅃ – 🖙 40 – **46 ch** 300.

St-Mandé 94160 Val-de-Marne 101 ㉗, 24 G. Ile de France – 18 684 h alt. 50.

Paris 7 – Créteil 10 – Lagny-sur-Marne 29 – Maisons-Alfort 6 – Vincennes 2.

Le Trinquet, 44 av. Gén. de Gaulle ℘ 01 43 28 23 93 – ⏏ ⓞ ⏏   AB 36
fermé mardi soir et merc. – **Repas** 140/260 bc et carte 160 à 250.

PORSCHE Fast Autom., 8-12 av V.-Hugo   Gar. Drécourt, 186 av. Gallieni ℘ 01 43 28 30 21
℘ 01 43 28 18 18

St-Maur-des-Fossés 94100 Val-de-Marne 101 ㉗, 24 – 77 206 h alt. 38.

🛈 Office de Tourisme 70 av. République ℘ et Fax 01 42 83 84 74.
Paris 13 – Créteil 6 – Nogent-sur-Marne 5.

Aub. de la Passerelle, 37 quai de la Pie ℘ 01 48 83 59 65, Fax 01 48 89 91 24 – 🍽, ⏏
⏏   AH 41
fermé 16 au 31 août, dim. soir et merc. – **Repas** 190/260 et carte 200 à 320, enf. 110.

à La Varenne-St-Hilaire – ✉ 94210 :

La Bretèche, 171 quai Bonneuil ℘ 01 48 83 38 73, Fax 01 42 83 63 19, 🌟 – 🍽. ⏏ ⏏
fermé 25 fév. au 10 mars, dim. soir et lundi – **Repas** 160 et carte 200 à 320.   AJ 44

Régency 1925, 96 av. Bac ℘ 01 48 83 15 15, Fax 01 48 89 99 74 – 🍽. ⏏ ⓞ ⏏   AH 45
Repas 140 et carte 220 à 300.

CITROEN Gar. Léglise, 7 bis av. Foch   RENAULT Gar. Chevant, 2 bd Gén.-Giraud
℘ 01 48 83 06 83   ℘ 01 48 83 05 43
MITSUBISHI Sélection Auto Sce, 102 av. Foch   VAG SMCDA, 48 r. de la Varenne
℘ 01 48 85 45 55   ℘ 01 48 86 41 42
RENAULT Gar. National, 20-22 bd des Muriers
℘ 01 45 11 06 66   ⓦ Selz Pneus, 5 av. L.-Blanc ℘ 01 48 85 27 33

Comment s'y retrouver dans la banlieue parisienne ?

Utilisez la **carte** *et les* **plans Michelin**

n⁰ˢ 101 *,*
17-18 *,* 19-20 *,* 21-22 *,* 23-24 *: clairs, précis, à jour.*

St-Ouen 93400 Seine-St-Denis 101 ⑯, 18 – 42 343 h alt. 36.

🛈 Office de Tourisme pl. République ℘ 01 40 11 77 36, Fax 01 40 11 01 70.
Paris 9 – Bobigny 12 – Chantilly 45 – Meaux 48 – Pontoise 27 – St-Denis 3.

Sovereign M, 54 quai Seine ℘ 01 40 12 91 29, Fax 01 40 10 89 49 – 🛗 📺 ☎ ᭣ ⇔ 🄿 –
🛏 45. ⏏ ⓞ ⏏ 🇯🇨🇧   R 28
Repas (fermé dim. et fériés) 110 et carte 140 à 200 ⅃ – 🖙 37 – **104 ch** 295/340.

Coq de la Maison Blanche, 37 bd J. Jaurès ℘ 01 40 11 01 23, Fax 01 40 11 67 68, 🌟
⏏. ⏏ ⓞ ⏏   S 28
fermé dim. – **Repas** 180 et carte 220 à 280.

FORD Gar. Bocquet, 45-57 av. Michelet   Technigum Pneus, 165 r. Docteur Bauer
℘ 01 40 11 13 10   ℘ 01 40 11 08 56

ⓦ Sté Nlle du Pneumatique, 87 bd V.-Hugo
℘ 01 40 11 08 66

Ste-Geneviève-des-Bois 91700 Essonne 101 ㉟ ㊱ – 31 286 h alt. 78.

🛈 Le Donjon, 8 av. du Château ℘ 01 60 16 29 33, Fax 01 60 15 56 78.
Paris 27 – Arpajon 12 – Corbeil-Essonnes 17 – Étampes 31 – Évry 10 – Longjumeau 10.

La Table d'Antan, 38 av. Gde Charmille, près Mairie ℘ 01 60 15 71 53 – ⏏
fermé mi-août à mi-sept., dim. soir, merc. soir et lundi – **Repas** 145.

Sartrouville 78500 Yvelines 101 ⑬, 18 – 50 329 h alt. 46.

Paris 21 – Argenteuil 10 – Maisons-Laffitte 2 – Pontoise 21 – St-Germain-en-Laye 8 – Versailles 20.

Le Jardin Gourmand, 109 rte Pontoise ℘ 01 39 13 18 88, 🌟 – ⏏ ⓞ ⏏ 🇯🇨🇧   M 16
fermé dim. soir – **Repas** 140/280 et carte 230 à 320.

ⓦ C.B. Maintenance, 34 av. G.-Clémenceau ℘ 01 39 13 56 18

Savigny-sur-Orge *91600 Essonne* **101** ㊱ – *33 295 h alt. 81.*

Paris 22 – Arpajon 19 – Corbeil-Essonnes 17 – Évry 11 – Longjumeau 5.

XX **Au Menil,** 24 bd A. Briand ✆ 01 69 05 47 48, Fax 01 69 44 09 44 – ▤. 🖭 ᴳᴮ
fermé 15 au 31 août, mardi du 15 déc. au 15 mars et lundi soir – **Repas** 99 bc/160 et carte environ 250.

CITROEN Essauto Diffusion, 91 rte de Corbeil à   RENAULT Gar. Sard, 10 bd A.-Briand
Morsang-sur-Orge ✆ 01 69 04 21 68   ✆ 01 69 05 04 50

Sceaux *92330 Hauts-de-Seine* **101** ㉕, **22** *G. Ile de France* – *18 052 h alt. 101.*

Voir *Parc★★ et Musée de l'Ile-de-France★ – L'Hay-les-Roses : roseraie★★ E : 3 km –
Châtenay-Malabry : église St-Germain l'Auxerrois★, Maison de Chateaubriand★ SO : 3 km.*
🖪 *Office de Tourisme 68 r. Houdan ✆ 01 46 61 19 03.*
Paris 11 – Antony 4 – Bagneux 4 – Corbeil-Essonnes 30 – Nanterre 29 – Versailles 19.

BMW Gar. Loiseau, 3 r. de la Flèche   ⓦ Vaysse, 77 r. V.-Fayo à Châtenay-Malabry
✆ 01 47 02 72 50   ✆ 01 46 61 14 18

Sevran *93270 Seine-St-Denis* **101** ⑱, **20** – *48 478 h alt. 50.*

Paris 21 – Bobigny 11 – Meaux 27 – Villepinte 4.

🏠 **Campanile,** 5 r. A. Léonov ✆ 01 43 84 67 77, Fax 01 43 83 27 40 – ▯ ᕦ 🖳 ☎ ✆ & ₽.
– 🛦 25. 🖭 ⓞ ᴳᴮ   **M 45**
Repas 92 bc/119 bc, enf. 39 – 🖂 34 – **58 ch** 340.

ⓦ Otico Sevran, 7 allée du Mar.-Bugeaud ✆ 01 43 84 36 30

Sèvres *92310 Hauts-de-Seine* **101** ㉔, **22** *G. Ile de France* – *21 990 h alt. 48.*

Voir *Musée National de céramique★★ – Étangs★ de Ville d'Avray O : 3 km.*
Paris 12 – Boulogne-Billancourt 3 – Nanterre 13 – St-Germain-en-Laye 19 – Versailles 8.

🏨 **Novotel** Ⓜ, 13 Grande Rue ✆ 01 46 23 20 00, Fax 01 46 23 02 32, 🌣, 🖟 – ▯ ᕦ ▤ rest
🖳 ☎ ✆ & ➡ – 🛦 120. 🖭 ⓞ ᴳᴮ   **AD 18**
Repas 130 et carte 160 à 210 ⅃ – 🖂 65 – **95 ch** 745/810.

XX **Aub. Garden,** 24 rte Pavé des Gardes ✆ 01 46 26 50 50, Fax 01 46 26 58 58, 🌣 – 🖭 ᴳᴮ
fermé 3 au 26 août, dim. soir et lundi – **Repas** 155 et carte 190 à 310.   **AF 17**

CITROEN Gar. Pont de Sèvres, ZAC, 2 av. Cristallerie ✆ 01 45 34 01 93 🖪 ✆ 08 00 05 24 24

Sucy-en-Brie *94370 Val-de-Marne* **101** ㉘, **24** – *25 839 h alt. 96.*

Voir *Château de Gros Bois★ : mobilier★★ S : 5 km,* G. Ile de France.
Paris 20 – Créteil 7 – Chennevières-sur-Marne 4.

quartier les Bruyères *Sud-Est : 3 km :*

🏨 **Le Tartarin** ᕚ, carrefour de la Patte d'Oie ✆ 01 45 90 42 61, Fax 01 45 90 52 55, 🌣 – 🖳
☎ – 🛦 30. ᴳᴮ   **AM 48**
Repas *(fermé août, mardi soir, merc. soir, jeudi soir et lundi)* 120/260 et carte 180 à 330 –
🖂 30 – **11 ch** 295/310.

PEUGEOT Gar. Paulmier, 89 r. Gén.-Leclerc   RENAULT Boissy Autom., 51 av. Gén. Leclerc à
✆ 01 49 82 96 96   Boissy-St-Léger ✆ 01 45 10 30 00 🖪
                                         ✆ 08 00 05 15 15

Suresnes *92150 Hauts-de-Seine* **101** ⑭, **18** *G. Ile de France* – *35 998 h alt. 42.*

Voir *Fort du Mont Valérien (Mémorial National de la France combattante).*
🖪 *Office de Tourisme 50 bd Henri Sellier ✆ 01 45 06 70 14, Fax 01 42 04 46 07.*
Paris 20 – Nanterre 5 – Pontoise 33 – St-Germain-en-Laye 14 – Versailles 14.

🏨 **Novotel** Ⓜ, 7 r. Port aux Vins ✆ 01 40 99 00 00, Fax 01 45 06 60 06 – ▯ ᕦ ▤ 🖳 ☎ &
➡ – 🛦 25 à 100. 🖭 ⓞ ᴳᴮ   **X 19**
Repas 148/220 ⅃ – 🖂 62 – **107 ch** 690/730.

🏨 **Atrium** Ⓜ sans rest, 68 bd H. Sellier ✆ 01 42 04 60 76, Fax 01 46 97 71 61, 🖟 – ▯ 🖳 ☎ &
➡ – 🛦 60. 🖭 ⓞ ᴳᴮ ᴶᶜᴮ   **Y 18**
🖂 50 – **42 ch** 580/630.

🏠 **Astor** sans rest, 19 bis r. Mt Valérien ✆ 01 45 06 15 52, Fax 01 42 04 65 29 – ▯ 🖳 ☎. 🖭 ᴳᴮ
🖂 30 – **51 ch** 340.   **X 18**

XX **Les Jardins de Camille,** 70 av. Franklin Roosevelt ✆ 01 45 06 22 66, Fax 01 47 72 42 25,
≼, 🌣 – 🖭 ᴳᴮ ᴶᶜᴮ   **X 18**
fermé dim. soir – **Repas** 160.

ⓦ Euromaster, 4 r. E.-Nieuport ✆ 01 47 72 43 21

Taverny 95150 Val-d'Oise **101** ④ G. Ile de France – 25 151 h alt. 92.

Voir église★.

Paris 27 – Beauvais 61 – Chantilly 30 – L'Isle-Adam 15 – Pontoise 13.

Campanile, centre commercial les Portes de Taverny ℰ 01 30 40 10 85, Fax 01 30 40 10 87, 🏤, 🍴 – ⛄ 📺 ☎ ❤ ও 🄿 – 🔺 25. 🄰🄴 ⓞ 🆖
Repas 84 bc/107 bc, enf. 39 – 🖵 32 – **76 ch** 278.

CITROEN Gar. Vincent, 183 r. d'Herblay
ℰ 01 39 95 44 00
HYUNDAI Gar. Autocat, 201 r. d'Herblay
ℰ 01 34 13 10 52

PEUGEOT Gar. des Lignières, 29 r. de Beauchamp
ℰ 01 39 60 13 58
RENAULT Gar. de la Diligence, 75 r. d'Herblay
ℰ 01 39 60 75 68

Tremblay-en-France 93290 Seine-St-Denis **101** ⑱, **20** – 31 385 h alt. 60.

Paris 24 – Aulnay-sous-Bois 8 – Bobigny 14 – Villepinte 5.

au Tremblay-Vieux-Pays :

XX **Le Cénacle**, 1 r. Mairie ℰ 01 48 61 32 91, Fax 01 48 60 43 89 – 🄰🄴 🆖   **H 48**
fermé août, sam. midi et dim. – **Repas** 175 bc /340 et carte 280 à 480, enf. 100.

Les Ulis 91940 Essonne **101** ㉝ – 27 164 h alt. 159.

Paris 31 – Arpajon 19 – Évry 27 – Rambouillet 30 – Versailles 20.

Campanile, Z.A. de Courtaboeuf 5 ℰ 01 69 28 60 60, Fax 01 69 28 06 35, 🏤 – ⛄ 📺 ☎ ❤ ও 🄿 – 🔺 25. 🄰🄴 ⓞ 🆖
Repas 84 bc/107 bc, enf. 39 – 🖵 32 – **49 ch** 278.

RENAULT S.D.A.O., av. des Tropiques, ZA Courtaboeuf-les-Ulis ℰ 01 60 92 69 69 🄽 ℰ 01 44 04 16 19

Vanves 92170 Hauts-de-Seine **101** ㉕, **22** – 25 967 h alt. 61.

Paris 7 – Boulogne-Billancourt 5 – Nanterre 16.

Mercure Porte de la Plaine, 36 r. Moulin ℰ 01 46 48 55 55, Fax 01 46 48 56 56 – 🛗 ⛄ 🍴 📺 ☎ ও – 🔺 260. 🄰🄴 ⓞ 🆖 🄹🄲🄱   **AD 24**
Repas 125, enf. 45 – 🖵 61 – **384 ch** 880/940, 4 appart.

Parc des Expositions 🄼 sans rest, 18 r. E. Baudouin ℰ 01 41 46 06 46, Fax 01 41 46 06 47 – 🛗 🍴 📺 ☎ ❤ ও 🚗 – 🔺 30. 🄰🄴 ⓞ 🆖   **AD 23**
🖵 58 – **55 ch** 580/780.

Ibis 🄼 sans rest, 43 r. J. Bleuzen ℰ 01 40 95 80 00, Fax 01 40 95 96 96 – 🛗 ⛄ 📺 ☎ ❤ ও 🚗. 🄰🄴 ⓞ 🆖   **BD 45**
🖵 39 – **71 ch** 400/450.

XXX **Pavillon de la Tourelle**, 10 r. Larmeroux ℰ 01 46 42 15 59, Fax 01 46 42 06 27, 🏤, 🌳 – 🄿. 🄰🄴 ⓞ 🆖 🄹🄲🄱   **AE 23**
fermé dim. soir et lundi – **Repas** 195/250 bc et carte 340 à 450.

XX **La Pyramide**, 9 r. Gaudray ℰ 01 46 45 42 76, Fax 01 46 45 88 70 – 🄰🄴 ⓞ 🆖   **AD 24**
fermé août, dim. soir et lundi – **Repas** 120 et carte 190 à 300, enf. 50.

Vaucresson 92420 Hauts-de-Seine **101** ㉓, **22** – 8 118 h alt. 160.

Voir Etang de St-Cucufa★ NE : 2,5 km – Institut Pasteur - Musée des Applications de la Recherche★ à Marnes-la-Coquette SO : 4 km, G. Ile de France.

Paris 17 – Mantes-la-Jolie 44 – Nanterre 16 – St-Germain-en-Laye 12 – Versailles 5.

voir plan de Versailles.

XX **La Poularde**, 36 bd Jardy (près autoroute) D 182 ℰ 01 47 41 13 47, Fax 01 47 01 41 32, 🏤 – 🄿. 🄰🄴 ⓞ 🆖   **U a**
fermé août, vacances de fév., dim. soir, mardi soir et merc. – **Repas** 175 et carte 240 à 380.

RENAULT Gar. Moriceau, 106 bd République ℰ 01 47 41 12 40 🄽 ℰ 08 00 05 15 15

Circulez en Banlieue de Paris avec les **Plans Michelin** à 1/15 000.

17 Plan Nord-Ouest   **18** Plan et répertoire des rues Nord-Ouest
19 Plan Nord-Est   **20** Plan et répertoire des rues Nord-Est
21 Plan Sud-Ouest   **22** Plan et répertoire des rues Sud-Ouest
23 Plan Sud-Est   **24** Plan et répertoire des rues Sud-Est

Vélizy-Villacoublay *78140 Yvelines* **101** ㉔, **22** – *20 725 h alt. 164.*
Paris 24 – Antony 14 – Chartres 82 – Meudon 9 – Versailles 6.

🏨 **Holiday Inn** M, av. Europe, près centre commercial Vélizy II *ℰ* 01 39 46 96 98, Fax 01 34 65 95 21, **⌧** – 🛏 ※ 🖃 **ch** 📺 ☎ ✆ 🕹 📮 – 🔬 25 à 250. **AE** ⓞ **GB** **JCB** AJ 18
Repas 135/179 🍷 – ☲ 75 – **182 ch** 840/1100.

🍴🍴 **Orée du Bois,** 2 r. M. Sembat *ℰ* 01 39 46 38 40, Fax 01 30 70 88 67, 🌿 – 🖃 **GB** AH 14
fermé 2 au 24 août, sam. et dim. – **Repas** 180 et carte 220 à 330.

RENAULT BSE-Vélizy, av. L.-Bréguet *ℰ* 01 39 46 96 03 **N** *ℰ* 08 00 05 15 15

Versailles 🅿 *78000 Yvelines* **101** ㉓, **22** *G. Ile de France* – *87 789 h alt. 130.*

Voir Château★★★ Y – *Jardins★★★ (Grandes Eaux★★★ et fêtes de nuit★★★ en été)*V – *Ecuries Royales★* Y – *Trianon★★* V – *Musée Lambinet★* Y **M.**

Env. Jouy-en-Josas : la "Diège"★ (statue) dans l'église, 7 km par ③.

🏌 🏌🏌 *de la Boulie (privé) ℰ* 01 39 50 59 41, *par* ③ : *2,5 km.*

🛈 *Office de Tourisme 7 r. des Réservoirs ℰ* 01 39 50 36 22, *Fax* 01 39 50 68 07 *et îlot des Manèges, 6 av. du Gén.-de-Gaulle ℰ* 01 39 53 31 63-*fermé lundi.*

Paris 21 ① – *Beauvais 95* ⑦ – *Dreux 61* ⑥ – *Évreux 89* ⑦ – *Melun 61* ③ – *Orléans 126* ③.

Plans pages suivantes

🏨 **Trianon Palace** M 🌫, 1 bd Reine *ℰ* 01 30 84 38 00, Fax 01 39 49 00 77, ≤, 🌿, parc, « Élégant décor début de siècle », 🖴, **⌧**, 🏊 – 🛏 🖃 ch 📺 ☎ ✆ 🕹 ⟺ 📮 – 🔬 30. **AE** ⓞ **GB** **JCB** X r
voir rest. **Les Trois Marches** ci-après **- Grill** *ℰ* 01 30 84 38 80 **Repas** 270 🍷 – ☲ 110 – **67 ch** 1800, 27 appart.

🏨 **Sofitel Château de Versailles** M, 2 av. Paris *ℰ* 01 39 53 30 31, Fax 01 39 53 87 20, 🌿 – 🛏 ※ 🖃 📺 ☎ & ⟺ – 🔬 150. **AE** ⓞ **GB** **JCB** Y a
Repas 170 et carte 210 à 330, enf. 50 – ☲ 85 – **146 ch** 990, 6 appart.

🏨 **Le Pavillon Trianon** M 🌫, 1 bd Reine *ℰ* 01 30 84 38 00, Fax 01 39 51 57 79, parc, 🖴, **⌧**, 🏊 – 🛏 🖃 📺 ☎ ✆ 🕹 ⟺ 📮 – 🔬 300. **AE** ⓞ **GB** **JCB** X r
fermé août – **Brasserie La Fontaine** *ℰ* 01 30 84 38 47 **Repas** 165 et carte 170 à 240 🍷, enf.75 – ☲ 75 – **98 ch** 900.

🏨 **Le Versailles** M sans rest, 7 r. Ste-Anne (Petite place) *ℰ* 01 39 50 64 65, Fax 01 39 02 37 85 – 🛏 🖃 📺 ☎ & ⟺. **AE** ⓞ **GB** **JCB** Y p
☲ 55 – **45 ch** 450/520.

🏨 **Relais Mercure** M sans rest, 19 r. Ph. de Dangeau *ℰ* 01 39 50 44 10, Fax 01 39 50 65 11 – 🛏 📺 ☎ ✆ & – 🔬 35. **AE** ⓞ **GB** **JCB** Y n
☲ 40 – **60 ch** 375/395.

🏨 **Ibis** M sans rest, 4 av. Gén. de Gaulle *ℰ* 01 39 53 03 30, Fax 01 39 50 06 31 – 🛏 ※ 📺 ☎ ✆ & ⟺. **AE** ⓞ **GB** Y u
☲ 39 – **82 ch** 380.

🏨 **Paris** sans rest, 14 av. Paris *ℰ* 01 39 50 56 00, Fax 01 39 50 21 83 – 🛏 📺 ☎ ✆. **AE** ⓞ **GB** **JCB** YZ e
☲ 40 – **37 ch** 220/380.

🏨 **Home St-Louis** sans rest, 28 r. St-Louis *ℰ* 01 39 50 23 55, Fax 01 30 21 62 45 – ※ 📺 ☎. **AE** **GB** **JCB** Z d
☲ 30 – **25 ch** 220/320.

🍴🍴🍴🍴 **Les Trois Marches** (Vié), 1 bd Reine *ℰ* 01 39 50 13 21, Fax 01 30 21 01 25, ≤, 🌿 – 🖃 📮. ❀❀ **AE** ⓞ **GB** **JCB** X r
fermé août, dim. et lundi – **Repas** 270 (déj.), 510/610 et carte 460 à 710
Spéc. Céleri rave à la manière des ravioli. Côte de veau de lait, croustillant de foie gras. Abricots secs au sauternes.

🍴🍴🍴 **Rescatore,** 27 av. St-Cloud *ℰ* 01 39 25 06 34, Fax 01 30 24 15 39 – **AE** ⓞ **GB** Y s
fermé août, sam. midi et dim. – **Repas** - produits de la mer - 180/210 et carte 240 à 360.

🍴🍴 **Le Potager du Roy,** 1 r. Mar.-Joffre *ℰ* 01 39 50 35 34, Fax 01 30 21 69 30 – 🖃. **AE** **GB** Z r
fermé dim. soir et lundi – **Repas** 169.

🍴🍴 **La Marée de Versailles,** 22 r. au Pain *ℰ* 01 30 21 73 73, Fax 01 39 50 55 87 – 🖃. **AE** **GB** Y t
fermé 3 au 19 août, vacances de fév., lundi soir et dim. – **Repas** - produits de la mer - 260 et carte 200 à 270 🍷.

🍴🍴 **Pascal Le Falher,** 22 r. Satory *ℰ* 01 39 50 57 43, Fax 01 39 49 04 66 – **AE** **GB**. ✥ Y m
fermé sam. midi et dim. – **Repas** 128/180 et carte 230 à 310.

🍴 **La Cuisine Bourgeoise,** 10 bd Roi *ℰ* 01 39 53 11 38, Fax 01 39 53 25 26 – **AE** **GB** XY k
fermé 9 au 25 août, vacances de fév., sam. midi et dim. – **Repas** 168/250 et carte 250 à 300.

🍴 **Le Chevalet,** 6 r. Ph. de Dangeau *ℰ* 01 39 02 03 13 – **GB** Y b
fermé août, lundi soir et dim. – **Repas** 138/180.

VERSAILLES

Les **guides Rouges,** les **guides Verts** et les **cartes Michelin**
sont complémentaires.
Utilisez-les ensemble.

VERSAILLES

au Chesnay – *29 542 h. alt. 120* – ⊠ *78150* :

🏨 **Novotel** Ⓜ, 4 bd St-Antoine ✆ 01 39 54 96 96, Fax 01 39 54 94 40 – 🛗 ⇔ 🔲 📺 ☎ ◔ 👌
➙ – 🔬 25 à 150. 🆎 ⓞ 🇬🇧
X   Z
Repas carte environ 180, enf. 50 – 🖵 60 – **105 ch** 540.

🏨 **Mercure** Ⓜ sans rest, r. Marly-le-Roi, face centre commercial Parly II ✆ 01 39 55 11 41,
Fax 01 39 55 06 22 – 🛗 ⇔ 🔲 📺 ☎ ◔ 👌 🅿 – 🔬 70. 🆎 ⓞ 🇬🇧 🇯🇨🇧
U   e
🖵 52 – **80 ch** 580.

🏨 **Ibis** Ⓜ sans rest, av. Dutartre, centre commercial Parly II ✆ 01 39 63 37 93,
Fax 01 39 55 18 66 – 🛗 ⇔ 📺 ☎ ◔. 🆎 ⓞ 🇬🇧
U   n
🖵 39 – **72 ch** 380.

🍴🍴 **Le Chesnoy**, 24 r. Pottier ✆ 01 39 54 01 01 – 🔲. 🆎 ⓞ 🇬🇧
U   X
fermé 4 au 24 août, dim. soir et lundi – **Repas** 178.

🍴🍴 **Le Connemara**, 41 rte Rueil ✆ 01 39 55 63 07, Fax 01 39 55 15 97 – 🆎 🇬🇧
U   b
fermé 15 juil. au 7 août, vacances de fév., dim. soir et lundi – **Repas** 135 (déj.), 165/280.

BMW Gar. Lostanlen, 10 r. de la Celle au Chesnay
✆ 01 39 54 75 20
CITROEN Succursale, 124 av. des Etats-Unis
✆ 01 39 25 11 95 🅽 ✆ 08 00 05 24 24
HONDA International Autom., 36-40 av. de
St-Cloud ✆ 01 39 07 24 01
JAGUAR, NISSAN Paris-Versailles Autom., 60bis r.
de Versailles au Chesnay ✆ 01 39 63 35 37
LANCIA Gar de Versailles, 18-22 r. de Conde
✆ 01 39 51 06 68
OPEL, SAAB Espace Vergennes, 18 r. de Vergennes ✆ 01 30 21 56 56
PEUGEOT Le Chesnay Autom., 36 r. Moxouris Parly
2 au Chesnay ✆ 01 39 54 52 76 🅽 ✆ 08 00 44 24
24

RENAULT Succursale, 81 r. de la Paroisse
✆ 01 30 84 60 00 🅽 ✆ 08 00 05 15 15
ROVER Espace Franklin, 9 r. Benjamin Franklin
✆ 01 39 07 11 50
TOYOTA Espace Franklin Clagny, 15 r. de Clagny
✆ 01 39 07 11 30
VAG Gar. des Chantiers, 58 r. des Chantiers
✆ 01 39 50 04 97

Ⓤ Euromaster, 77 r. des Chantiers
✆ 01 30 21 24 25

Le Vésinet *78110 Yvelines* 🔟🔟 ⑬, 🔟🔟 – *15 945 h alt. 44.*

🅱 *Office de Tourisme, Hôtel de Ville, 60 bd Carnot* ✆ 01 30 15 47 80.
Paris 20 – Maisons-Laffitte 9 – Pontoise 23 – St-Germain-en-Laye 3 – Versailles 15.

🏨 **Aub. des Trois Marches**, 15 r. J. Laurent (pl. Église) ✆ 01 39 76 10 30,
Fax 01 39 76 62 58 – 🛗 📺 ☎. 🆎 ⓞ 🇬🇧
V 10
fermé 10 au 17 août – **Repas** *(fermé dim. soir)* 150 – 🖵 40 – **15 ch** 450/510.

RENAULT Gar. de la Résidence, 40 et 119 av. du Mar. Foch ✆ 01 30 15 77 66 🅽 ✆ 08 00 05 15 15

Villejuif *94800 Val-de-Marne* 🔟🔟 ㉖, 🔟🔟 – *48 405 h alt. 100.*
Paris 8 – Créteil 11 – Orly 11 – Vitry-sur-Seine 3.

🏨 **Campanile**, 20 r. Dr Pinel ✆ 01 46 78 10 11, Fax 01 46 77 88 94 – 🛗 ⇔ 📺 ☎ ◔ 👌 🅿 –
🔬 50. 🆎 ⓞ 🇬🇧
AG 29
Repas 92 bc/119 bc, enf. 39 – 🖵 34 – **72 ch** 340.

Ⓤ La Pneumathèque-Point S, 21 r. de Verdun ✆ 01 46 77 06 06

Villemoisson-sur-Orge *91360 Essonne* 🔟🔟 ㉟ – *6 404 h alt. 45.*
Paris 23 – Arpajon 14 – Corbeil-Essonnes 18 – Évry 12 – Longjumeau 6.

🍴🍴🍴 **Trianon**, 72 rte Corbeil ✆ 01 69 51 50 80, Fax 01 69 51 50 81, 🌳, « Parc » – 🔲 🅿. 🆎 ⓞ
🇬🇧
fermé 4 au 24 août et dim. soir – **Repas** 160.

Write us...

If you have any comments on the contents of this Guide.

Your praise as well as your criticisms will receive careful consideration and, with your assistance, we will be able to add to our
stock of information and, where necessary, amend our judgments.

Thank you in advance!

Villeneuve-la-Garenne *92390 Hauts-de-Seine* 101 ⑮, 20 – *23 824 h alt. 30.*

Paris 13 – Nanterre 13 – Pontoise 25 – St-Denis 3 – St-Germain-en-Laye 21.

XXX **Les Chanteraines,** av. 8 Mai 1945 ✆ 01 47 99 31 31, Fax 01 41 21 31 17, ≤, 🍽 – ▤ P. AE GB N 27
fermé 4 au 24 août, dim. soir et sam. – **Repas** 180 et carte 260 à 340.

RENAULT Gar. Raynal, 16 av. Sangnier ✆ 01 47 94 09 09

Euromaster, 8 av. de la Redoute ZI ✆ 01 47 94 22 85

Villeparisis *77270 S.-et-M.* 101 ⑲ – *18 790 h alt. 72.*

Paris 25 – Bobigny 15 – Chelles 10 – Tremblay-en-France 5.

Relais du Parisis, Z.I. L'Ambrésis ✆ 01 64 27 83 83, Fax 01 64 27 94 49, 🍽 – TV ☎ ✆ ♿ P – 🏛 40. AE GB
Repas *(fermé dim. soir)* 82/210 🍷, enf. 45 – ☕ 42 – **44 ch** 280.

Villepinte *93420 Seine-St-Denis* 101 ⑧, 20 – *30 303 h alt. 60.*

Paris 29 – Bobigny 13 – Meaux 30 – St-Denis 20.

Campanile, 2 r. J. Fourgeaud ✆ 01 48 60 35 47, Fax 01 48 61 49 33, 🍽 – ⋈ TV ☎ ✆ ♿ P. AE ⓓ GB K 48
Repas 84 bc/107 bc, enf. 39 – ☕ 32 – **49 ch** 278.

Parc des Expositions *Paris Nord II – ✉ 93420 Villepinte :*

Ibis M, sortie visiteurs ✆ 01 48 63 89 50, Fax 01 48 63 23 10, 🍽 – |‡| ⋈ TV ☎ ♿ P – 🏛 30. AE ⓓ GB K 44
Repas 95 🍷, enf. 39 – ☕ 39 – **124 ch** 435.

RENAULT Gar. Verdier, 4 av. G.-Clemenceau ✆ 01 48 61 96 65 N ✆ 08 00 05 15 15

Villiers-le-Bâcle *91190 Essonne* 101 ㉓, 22 – *953 h alt. 153.*

Paris 31 – Arpajon 27 – Rambouillet 30 – Versailles 12.

XX **La Petite Forge,** ✆ 01 60 19 03 88, 🍽 – AE GB AS 9
fermé dim. – **Repas** 250 et carte 320 à 410.

Vincennes *94300 Val-de-Marne* 101 ⑰, 24 – *42 267 h alt. 51.*

Voir *Château★★ – Bois de Vincennes★★ : Zoo★★, Parc floral de Paris★★, Musée des Arts d'Afrique et d'Océanie★*, G. Paris.

Office de Tourisme 11 av. Nogent ✆ 01 48 08 13 00, Fax 01 43 74 81 01.

Paris 7 – Créteil 11 – Lagny-sur-Marne 26 – Meaux 39 – Melun 51 – Montreuil 2 – Senlis 48.

St-Louis M sans rest, 2 bis r. R. Giraudineau ✆ 01 43 74 16 78, Fax 01 43 74 16 49 – |‡| ⋈ TV ☎ ✆ ♿ – 🏛 25. AE ⓓ GB AB 37
☕ 45 – **25 ch** 490/650.

Daumesnil Vincennes M sans rest, 50 av. Paris ✆ 01 48 08 44 10, Fax 01 43 65 10 94 – |‡| TV ☎. AE ⓓ GB JCB AB 37
☕ 38 – **50 ch** 370/460.

Donjon sans rest, 22 r. Donjon ✆ 01 43 28 19 17, Fax 01 49 57 02 04 – |‡| TV ☎. GB AB 37
fermé 25 juil. au 25 août – ☕ 30 – **25 ch** 270/360.

X **La Rigadelle,** 26 r. Montreuil ✆ 01 43 28 04 23 – AE GB AB 37
fermé août, dim. soir et lundi – **Repas** (nombre de couverts limité, prévenir) 120/270 et carte 230 à 310.

CITROEN Succursale, 120 av. de Paris ✆ 01 43 57 96 96
FORD Gar. Deshayes, 230 r. de Fontenay ✆ 01 43 74 97 40
OPEL Gar. Démaria, 2-4 av. P.-Déroulède ✆ 01 43 28 16 33
PEUGEOT Gar. Sabrie, 3 av. de Paris ✆ 01 43 28 37 54 N ✆ 08 00 44 24 24

Pneu Service, 12 r. de Fontenay ✆ 01 43 28 14 79

Viroflay *78220 Yvelines* 101 ㉔, 22 – *14 689 h alt. 115.*

Paris 16 – Antony 16 – Boulogne-Billancourt 7 – Versailles 4.

XX **Aub. la Chaumière,** 3 av. Versailles ✆ 01 30 24 48 76, Fax 01 30 24 59 69, 🍽 – GB AG 13
fermé lundi – **Repas** 140/240.

PEUGEOT Gar. de l'Ile de France, 17 av. du Gén.-Leclerc ✆ 01 30 84 87 00 N ✆ 08 00 44 24 24
SOGA Versailles, 189 av. du Gén.-Leclerc ✆ 01 30 24 06 16

Euromaster, 199 av. du Gén.-Leclerc ✆ 01 30 24 49 96

Viry-Châtillon *91170 Essonne* **101** ⑯ *– 30 580 h alt. 34.*

Paris 26 – Corbeil-Essonnes 16 – Évry 9 – Longjumeau 9 – Versailles 33.

XXX **La Dariole de Viry** (Richard), 21 r. Pasteur ℘ 01 69 44 22 40, Fax 01 69 96 88 87 – ▤. ﹦
⇧ ⸾
fermé 2 au 19 août, 22 déc. au 3 janv., sam. midi et dim. – **Repas** 200
Spéc. Blinis aux escargots de Bourgogne. Gibier (saison). Soufflé Grand Marnier et pralin.

MERCEDES Gar. de L'Essonne, 137 av. Gén.-de-
Gaulle ℘ 01 69 21 35 90
PEUGEOT Besse et Guilbaud, 38 av. cour France à
Juvisy-sur-Orge ℘ 01 69 21 55 33
RENAULT Come et Bardon, 119 av. Gen.-de-Gaulle
℘ 01 69 96 91 40 **N** ℘ 08 00 05 15 15

SEAT Gar. Marchand, 113 av. Gén.-de-Gaulle
℘ 01 69 05 38 49

Ⓜ Euromaster, 134 Nationale 7
℘ 01 69 44 30 07

Die praktischen Begleiter für Ihren Parisaufenthalt :

Michelin-Plan von PARIS

Nr.   ⑨ **Paris Transports**

Nr. ⑩ **Stadtplan auf einem Kartenblatt mit**
Nr. ⑫ **dem alphabetischen Straßenverzeichnis.**

Nr. ⑪ **Atlas mit alphabetischem Straßenverzeichnis**
und nützlichen Adressen

Nr. ⑭ **Atlas mit alphabetischem Straßenverzeichnis**

... und zur Besichtigung der Sehenswürdigkeiten :

Grüner Reiseführer Paris (deutsche Ausgabe)

Diese Veröffentlichungen ergänzen sich sinnvoll.

LES PRINCIPALES MARQUES D'AUTOMOBILES

Constructeurs Français

Citroën
62 bd Victor-Hugo, 92200 Neuilly 📞 01 47 48 41 41
Magasin d'Exposition : 42 av. Champs-Elysées, 75008 Paris 📞 01 42 89 30 20

Matra Automobiles
Parc d'activités de Pissaloup, 8 av. Jean-d'Alembert, BP2, 78191 Trappes Cedex
📞 01 30 68 30 68

Peugeot (Automobiles)
Siège et services commerciaux : 75 av. Gde-Armée, 75116 Paris 📞 01 40 66 55 11
Magasin d'Exposition : 136 av. Champs-Elysées, 75008 Paris 📞 01 45 62 70 20

Renault
860 quai Stalingrad, 92109 Boulogne-Billancourt 📞 01 41 04 04 04
Magasin d'Exposition : 49-51-53 av. Champs-Elysées 📞 01 53 83 96 96

Renault V.I.
40 rue Pasteur, BP 302, 92156 Suresnes 📞 01 40 99 71 11

Importateurs

(Agents en France : demander la liste aux adresses ci-dessous)

Aro-France
2 rte d'Oigny, 02600 Villers-Cotterets 📞 03 23 96 29 29

BMW
3 av. Ampère, Montigny-le-Bretonneux 78886 St Quentin-en-Yvelines Cedex
📞 01 30 43 93 00

Chrysler France SAS – Jeep
122 av. du Gén. Leclerc, 92100 Boulogne Billancourt 📞 01 41 22 34 00

Daewoo
33/49 av. du Bois de la Pie, ZAC Paris Nord II, BP 50069, 95947 Roissy CDG Cedex
📞 01 48 63 15 21, Fax 01 48 63 23 56

Ferrari
Ch. Pozzi S.A., 109 r. Aristide-Briand, 92300 Levallois-Perret 📞 01 47 39 96 50

Fiat-Auto France (Lancia – Alfa-Roméo)
80/82 quai Michelet, 92532 Levallois-Perret Cedex 📞 01 47 30 50 00

Ford France
344 av. Napoléon-Bonaparte, 92506 Rueil-Malmaison Cedex 📞 01 47 32 60 00

Opel-France
1-9 av. du Marais, 95101 Argenteuil Cedex 📞 01 34 26 30 00

Honda-France
Parc d'Activité Paris-Est-La Madeleine, BP 46, Allée du 1er Mai, 77312 Marne-la-Vallée Cedex 2 📞 01 60 37 30 00

Inchcape France
Mazda (Ste France-Motors), Daihatsu-France, Kia-Proton, Z.I. Moimont II, 95670 Marly-la-Ville ☎ 01 34 72 13 00

Jaguars Cars France
4 rue Joseph-Monier, 92859 Rueil-Malmaison Cedex ☎ 01 41 29 02 40

Korauto (Ssangyong-Lotus)
100 Bd de Verdun, 92400 Courbevoie ☎ 01 41 88 30 40

Lada France
10 bd des Martyrs-de-Châteaubriant, 95103 Argenteuil Cedex ☎ 01 34 11 44 44

Mercedes-Benz
Parc de Rocquencourt, 78153 Le Chesnay Cedex ☎ 01 39 23 56 00
Magasin d'Exposition : 118 av. Champs-Elysées, 75008 Paris ☎ 01 45 62 24 04

Morgan-Ford
J. Savoye, 237 bd Pereire, 75017 Paris ☎ 01 45 74 82 80

Nissan France S.A.
Parc de Pissaloup, 13, av. Jean-d'Alembert, 78194 Trappes Cedex ☎ 01 30 69 25 00

Porsche-Mitsubishi-Hyundai
Sonauto, 1 av. du Fief, Z.A. des Béthunes de St-Ouen l'Aumône, 95310 St Ouen l'Aumône ☎ 01 34 30 60 60

Rolls-Royce, Bentley
Franco-Britannic, 25, r. P. Vaillant-Couturier, 92300 Levallois-Perret
☎ 01 47 57 90 24

Rover France
r. Ambroise-Croizat, Z.I., 95102 Argenteuil ☎ 01 39 98 40 40

Saab France S.A.
12, r. des Peupliers. Parc d'Activités du Petit Nanterre, 92000 Nanterre
☎ 01 47 86 72 22

Seat France (Groupe VAG France)
163 r. de la Belle Etoile, B.P. 50053, 95947 Roissy CDG Cedex ☎ 01 49 38 88 00

Skoda France
BP 40, 02600 Villers-Cotterets Cedex ☎ 03 23 73 80 80

Subaru France S.A.
21 rue des Peupliers, 92752 Nanterre Cedex ☎ 01 46 49 18 20

Toyota France
20-30 bd de la République, 92423 Vaucresson Cedex ☎ 01 47 10 81 00

V.A.G. AUDI France
11 av. de Boursonnes, 02600 Villers-Cotterets ☎ 03 23 73 80 80

Volvo Automobiles France S.A.
3 r. de la Nouvelle-France, 78130 les Mureaux ☎ 01 30 91 27 99

PARTHENAY 79200 Deux-Sèvres **67** ⑱ G. Poitou Vendée Charentes – 10 809 h alt. 175.

Voir *Site★ : ≼★ du Pont-Neuf – Pont et porte St-Jacques★* **Y B** – *Rue de la Vaux-St-Jacques★* **Y** – *Église★ de Parthenay-le-Vieux par* ④ : 1,5 km.

᠁ du Petit Chêne à Mazières ℘ 05 49 63 28 33, par ④ : 18 km ; ᠁ du Château des Forges ℘ 05 49 69 91 77, E : 23 km par D 59 **Z**.

🛈 Office de Tourisme, square R.-Bigot ℘ 05 49 64 24 24 et r. de la Vaux St-Jacques (saison) ℘ 05 49 64 52 29, Fax 05 49 94 90 07.

Paris 376 ② – *Poitiers 49* ② – *Bressuire 32* ① – *Châtellerault 76* ② – *Fontenay-le-Comte 52* ④ – *Niort 43* ④ – *Thouars 40* ①.

Aiguillon (R. Louis). . .	**Z** 2
Jaurès (R. Jean) . . .	**Z** 17
Bombarde (R.).	**YZ** 4
Châteou (R. du)	**Y** 6
Citadelle (R. de la) .	**Y** 8
Férolle (R.)	**Y** 14
Féron (R. le)	**Z** 15
Godineau (R. de) . .	**Y** 16
Meilleraie (Bd de la)	**YZ** 22
Mendès-France (Av. P.)	**Z** 23
Niquet (R. Gaston) .	**Z** 26
Picard (Pl. Georges)	**Z** 27
Place (R. de la)	**YZ** 29
Poste (R. de la)	**Z** 30
Saunerie (R. de la) .	**Z** 31
Sires-de-Parthenay (Bd des)	**Z** 34
Vau-vert (Pl. du). . . .	**Y** 35
8-Mai-1945 (Bd du).	**Z** 36

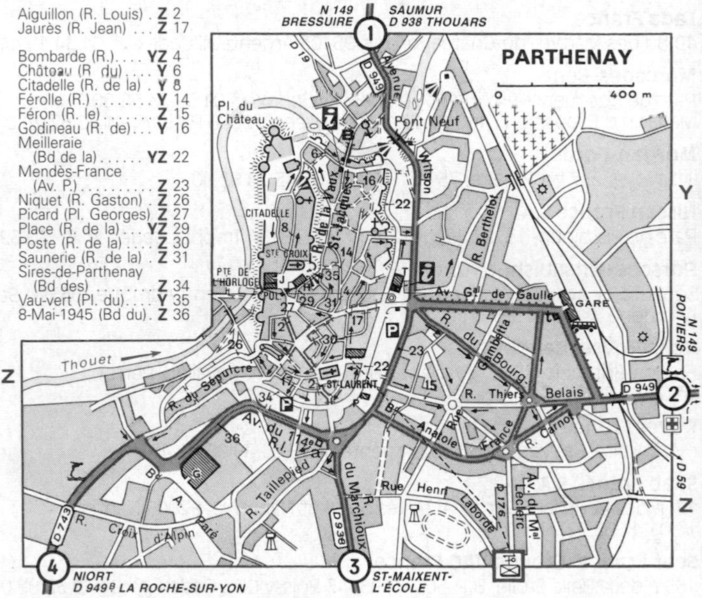

🏨 **St-Jacques** Ⓜ sans rest, 13 av. 114ᵉ R.I. ℘ 05 49 64 33 33, Fax 05 49 94 00 69 – 🛗 📺 ☎ ⟲ 🄿, 🄰🄴 ᴳᴮ ᴶᶜᴮ **Z a**
⟲ 40 – **46 ch** 195/350.

🍴 **Nord** Ⓜ avec ch, 86 av. Gén. de Gaulle ℘ 05 49 94 29 11, Fax 05 49 64 11 72 – 🍽 rest 📺 ☎ ⟲ 🄰🄴 🄾 ᴳᴮ ᴶᶜᴮ **Z t**
fermé 20 déc. au 9 janv. et sam. – **Repas** 76/230 ⅃, enf. 50 – ⟲ 30 – **10 ch** 260/290 – ½ P 250.

FORD Gar. Thoron, 52 av. A.-Briand
℘ 05 49 64 10 91
RENAULT Gâtine Espace Autom., 114 av. A.-Briand
℘ 05 49 94 04 00 🄽 ℘ 08 00 05 15 15

⓪ Vulco, pl. des Martyrs-de-la-Résistance
℘ 05 49 94 34 22

PARVILLE *27 Eure* **55** ⑯ – *rattaché à Évreux.*

PASSENANS *39 Jura* **70** ④ – *rattaché à Poligny.*

PATRIMONIO *2B H.-Corse* **90** ③ – *voir à Corse.*

GREEN TOURIST GUIDES
Picturesque scenery, buildings
Attractive routes
Touring programmes
Plans of towns and buildings

PAU 🅿 *64000* Pyr.-Atl. 🗗🗗 ⑥ ⑦ G. Pyrénées Aquitaine – *82 157 h Agglo. 144 674 h alt. 207* – Casino .

Voir *Boulevard des Pyrénées* ⩽★★★ ABZ – *Château*★★ : *tapisseries*★★★ AZ – *Musée des Beaux-Arts*★ BY M.

🏌 *Pau Golf Club* ☎ 05 59 32 02 33 AVX ; 🏌 *Béarn Golf Club à Artiguelouve* ☎ 05 59 83 09 29 par ④ : 11 km.

Circuit automobile urbain.

✈ de Pau-Pyrénées : ☎ 05 59 33 33 00, par ⑥ : 12 km.

🛈 *Office de Tourisme pl. Royale* ☎ 05 59 27 27 08, Fax 05 59 27 03 21 et pl. Monnaie ☎ 05 59 27 41 24 – *Automobile Club Basco-Béarnais 1 bd Aragon* ☎ 05 59 27 01 94.

Paris 777 ⑥ – *Bayonne 113* ⑤ – *Bordeaux 199* ⑥ – *Toulouse 198* ② – *Zaragoza 239* ④.

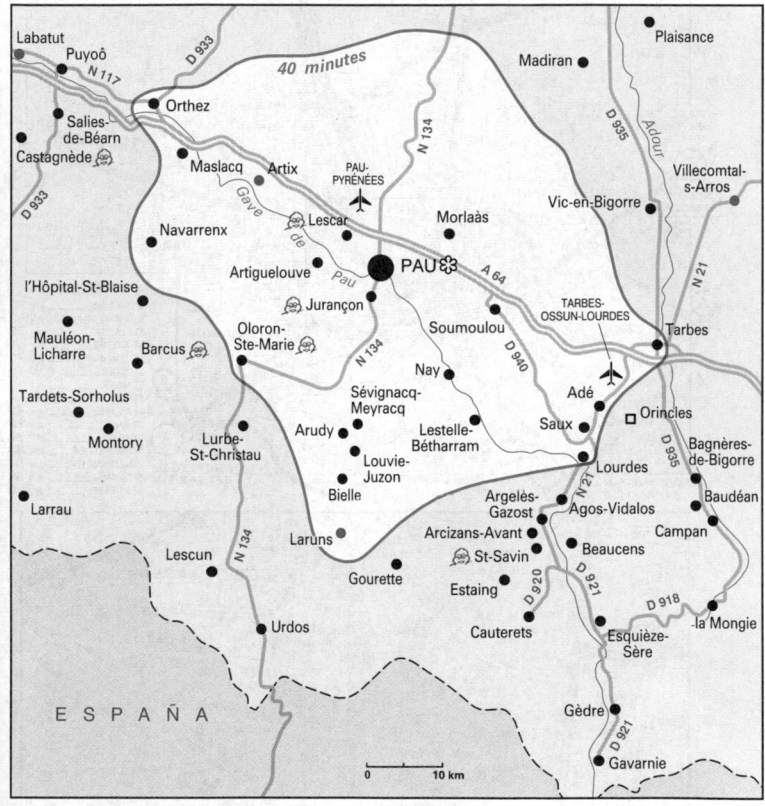

🏨 **Continental,** 2 r. Mar. Foch ☎ 05 59 27 69 31, Fax 05 59 27 99 84 – 🛗 📺 ☎ 🚗 – 🕍 90.
🆎 ① 🇬🇧 🕳️
BY e
Repas 130/165 – ☑ 40 – **80 ch** 325/500 – ½ P 340/390.

🏨 **Paris** 🌫 sans rest, 80 r. E. Garet ☎ 05 59 82 58 00, Fax 05 59 27 30 20 – 🛗 📺 ☎ 📞 🅿 –
🕍 35. 🆎 ① 🇬🇧
BY n
☑ 35 – **41 ch** 350/380.

🏨 **de Gramont** Ⓜ sans rest, 3 pl. Gramont ☎ 05 59 27 84 04, Fax 05 59 27 62 23 – 🛗 ⤢ 📺
☎ 📞 &. 🆎 ① 🇬🇧
AY t
☑ 35 – **36 ch** 200/495.

🏨 **Roncevaux** sans rest, 25 r. L. Barthou ☎ 05 59 27 08 44, Fax 05 59 82 92 79 – 🛗 📺 ☎ 🅿.
🆎 ① 🇬🇧
AZ f
☑ 40 – **40 ch** 315/390.

PAU

Barthou (R. Louis) . . . . **BZ** 3
Cordeliers (R. des) . . . . **AY** 25
Henri-IV (R.) . . . . **AZ** 44
St-Louis (R.) . . . . **AZ** 77
Serviez (R.) . . . . **AY**

Barèges (Av. de) . . . . **BX** 2
Bérard (Cours Léon) . . . . **AV** 8

Bernadotte (R.) . . . . **AY** 9
Bizanos (R. de) . . . . **BX** 12
Bordenave-d'Abère (R.) . . **AZ** 13
Champetier-de-Ribes
(Bd) . . . . **AV** 20
Clemenceau (Pl. G.) . . . . **ABZ** 22
Clemenceau (R. G.) . . . . . **BX** 24
Corps-Franc-Pommies
et du 49e R. I. (Bd) . . . **BV** 26
Dufau (Av.) . . . . **AV** 27
Édouard VII (Av.) . . . . **BV** 29

Espagne (Pont d') . . . . . . **AX** 30
Espalungue (R. d') . . . . . . **AZ** 31
Etigny (R. d') . . . . **AV** 32
Gambetta (R.) . . . . **BY** 38
Gassion (R.) . . . . **AZ** 40
Gaulle (Av. Gén. de) . . . . **BV** 41
Lyautey (Cours) . . . . **BV** 48
Poeymirau (Av. Gén.) . . . . **BX** 66
Terrier (R. Jacques) . . . . . **AX** 92
Vallées (Av. des) . . . . **AX** 93
14-Juillet (R. du) . . . . **AX** 95

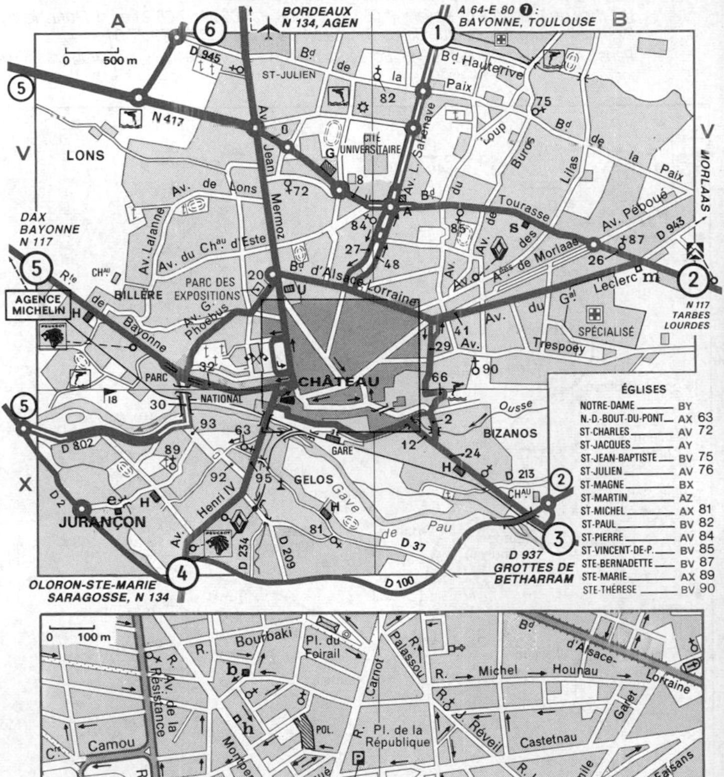

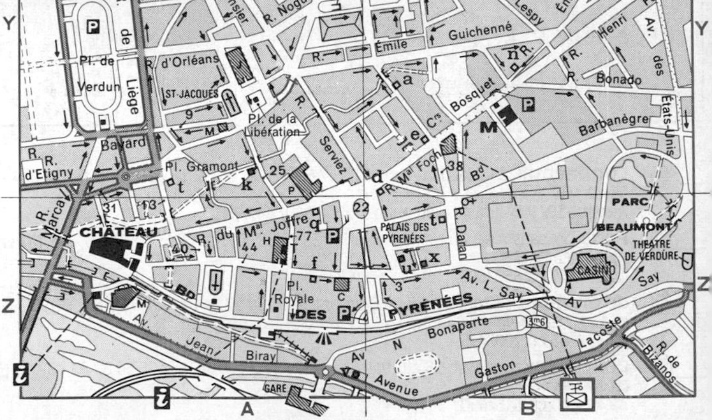

ÉGLISES

NOTRE-DAME _____ BY
N.-D.-BOUT-DU-PONT ___ AX 63
ST-CHARLES _____ AV 72
ST-JACQUES _____ AY
ST-JEAN-BAPTISTE ___ BV 75
ST-JULIEN _____ AX 76
ST-MAGNE _____ BX
ST-MARTIN _____ AZ
ST-MICHEL _____ AX 81
ST-PAUL _____ BV 82
ST-PIERRE _____ AV 84
ST-VINCENT-DE-P. ___ BV 85
STE-BERNADETTE ____ AX 87
STE-MARIE _____ AX 89
STE-THÉRÈSE _____ BV 90

Commerce, 9 r. Mar. Joffre ℰ 05 59 27 24 40, Fax 05 59 83 81 74, 斎 – ⟦♿⟧ ⟦TV⟧ ☎ – ⚠ 30 à 70. 🄰🄴 ⓞ 🄶🄱   AZ q
Repas *(fermé dim.)* 90/150 ₰ – ⊆ 35 – **51 ch** 235/320 – ½ P 252/265.

Le Navarre, 9 av. Gén. Leclerc ℰ 05 59 30 25 39, Fax 05 59 02 63 95, ☞ – ⟦♿⟧ ⤇ ⟦TV⟧ ☎ ✆ 🕭 ⟅⟆ 🄿. 🄶🄱   BV m
Repas snack carte 90 à 130 ₰ – ⊆ 30 – **31 ch** 260/280 – ½ P 220.

Montpensier sans rest, 36 r. Montpensier ℰ 05 59 27 42 72, Fax 05 59 27 70 95 – ⟦♿⟧ ⟦TV⟧ ☎ 🄿. 🄰🄴 ⓞ 🄶🄱   AY h
⊆ 35 – **22 ch** 210/350.

Le Bourbon sans rest, 12 pl. Clemenceau ℰ 05 59 27 53 12, Fax 05 59 82 90 99 – ⟦♿⟧ ⟦TV⟧ ✆. 🄶🄱   BY d
⊆ 35 – **33 ch** 290/300.

Ibis sans rest, 26 r. Samonzet ℰ 05 59 83 71 83, Fax 05 59 83 82 51 – ⟦♿⟧ ⤇ ⟦TV⟧ ☎ ✆ 🕭 – ⚠ 40. 🄰🄴 ⓞ 🄶🄱   BY a
⊆ 35 – **60 ch** 295/310.

Central sans rest, 15 r. L. Daran ℰ 05 59 27 72 75, Fax 05 59 27 33 28 – ⟦TV⟧ ☎ ✆. 🄰🄴 ⓞ 🄶🄱   BZ t
⊆ 35 – **28 ch** 185/350.

XXX **Chez Pierre**, 16 r. L. Barthou ℰ 05 59 27 76 86, Fax 05 59 27 08 14 – ▤. 🄰🄴 ⓞ 🄶🄱 🄹🄲🄱   BZ x
fermé 11 au 17 août, 2 au 8 janv., sam. midi et dim. – **Repas** carte 250 à 340.

XX **Le Viking** (David), 33 bd Tourasse ℰ 05 59 84 02 91 – 🄿. 🄰🄴 🄶🄱. ✻   BV s
❀ *fermé 14 juil. au 15 août, vacances de fév., sam., dim. et fériés* – **Repas** (nombre de couverts limité, prévenir) 160 et carte 250 à 360
Spéc. Terrine aux moules. Filets de sole ''Jeannette''. Ris d'agneau aux cèpes. **Vins** Jurançon, Madiran.

XX Au Fin Gourmet, face gare ℰ 05 59 27 47 71, Fax 05 59 82 96 77, 斎   AZ v

X **Michodière**, 34 r. Pasteur ℰ 05 59 27 53 85 – ▤. 🄶🄱. ✻   AY b
❀ *fermé 25 juil. au 20 août et dim.* – **Repas** 68 (déj.), 85/130.

X **La Table d'Hôte**, 1 r. Hédas ℰ 05 59 27 56 06, 斎 – 🄶🄱   AY k
fermé sam. midi et dim. – **Repas** 98/155, enf. 48.

X **Brasserie Le Berry**, 4 r. Gachet ℰ 05 59 27 42 95, 斎 – ▤. 🄶🄱   BZ u
fermé 26 fév. au 10 mars – **Repas** carte 90 à 170 ₰.

par ① *près échangeur A 64, sortie 7 : 5 km* – ✉ 64000 Pau :

Mercure Ⓜ, ℰ 05 59 84 29 70, Fax 05 59 84 56 11, 斎, ⤬, – ⟦♿⟧ ⤇ ▤ ⟦TV⟧ ☎ ✆ 🕭 🄿 – ⚠ 30 à 160. 🄰🄴 ⓞ 🄶🄱 🄹🄲🄱
Repas 85/140 bc ₰, enf. 54 – ⊆ 56 – **92 ch** 550/580.

à Jurançon : *2 km – 7 538 h. alt. 177* – ✉ 64110 :

XXX **Castel du Pont d'Oly** avec ch, 2 av. Rauski par ④ ℰ 05 59 06 13 40, Fax 05 59 06 10 53, 斎, ☞ – ⟦TV⟧ ☎ ✆ 🕭 🄶🄱
Repas *(fermé dim. soir)* 165/420 et carte 240 à 390 – ⊆ 50 – **6 ch** 400/450 – ½ P 375.

XXX **Ruffet**, 3 av. Ch. Touzet ℰ 05 59 06 25 13, cadre rustique – 🄶🄱   AX e
❀ *fermé dim. soir et lundi* – **Repas** 100 et carte 150 à 270.

rte de Bayonne *par* ⑤ : *6 km* – ✉ 64230 Lescar :

Novotel Ⓜ, centre commercial ℰ 05 59 32 17 32, Fax 05 59 32 34 98, 斎, ⤬, ☞ – ⤇ ▤ ⟦TV⟧ ☎ ✆ 🕭 🄿 – ⚠ 30 à 60. 🄰🄴 ⓞ 🄶🄱 🄹🄲🄱
Repas 75 ₰, enf. 50 – ⊆ 52 – **89 ch** 415/450.

à Lescar *par* ⑤ : *7,5 km – 5 793 h. alt. 179* – ✉ 64230 :

La Terrasse, 1 r. Maubec ℰ 05 59 81 02 34, Fax 05 59 81 08 77, 斎 – ⟦TV⟧ ☎ 🕭 🄿 – ⚠ 30. 🄰🄴
❀ *fermé 23 déc. au 2 janv.* – **Repas** *(fermé sam. midi et dim.)* 80/200 ₰ – ⊆ 25 – **24 ch** 245/275 – ½ P 215.

rte de Bordeaux *par* ⑥ : *4 km* – ✉ 64000 Pau :

Climat de France Ⓜ, centre commercial ℰ 05 59 72 74 00, Fax 05 59 72 74 01, 斎 – ⟦♿⟧ ▤ rest ⟦TV⟧ ☎ ✆ 🕭 🄿 – ⚠ 30 à 50. 🄰🄴 ⓞ 🄶🄱
Repas 59/135 ₰, enf. 39 – ⊆ 34 – **58 ch** 285.

MICHELIN, Agence, av. Lavoisier, ZI Induspal à Lons par ⑤ ℰ 05 59 32 56 33

BMW Gar. Bochet, ZA r. B.-Palissy à Lescar
℘ 05 59 81 18 00
CITROEN Gar. Domingue, Rte de Tarbes
℘ 05 59 02 75 18
CITROEN Gar. Brandam, à Jurançon
℘ 05 59 06 16 04
CITROEN Gar. Domingue, 11 r. des Entrepreneurs à
Billère ℘ 05 59 62 83 73
FORD Gar. Petit, rte de Bayonne à Lescar
℘ 05 59 81 30 00
FORD Gar. Petit, rte de Morlaas ℘ 05 59 80 79 00
MERCEDES SOPAVIA, 108 rte de Bayonne à Lons
℘ 05 59 62 64 64 🅽 ℘ 08 00 24 24 30
NISSAN Sud Auto, ZA N 117 à Lescar
℘ 05 59 81 29 08
PEUGEOT Gar. Dubroca, à Jurançon
℘ 05 59 06 06 52
PEUGEOT Paloise Autom., 7 rte de Bayonne à
Billère ℘ 05 59 72 79 70 🅽 ℘ 08 00 44 24 24
RENAULT Gar. P.P.D.A., Rte de Tarbes par ②
℘ 05 59 92 77 77 🅽 ℘ 08 00 05 15 15
RENAULT Gar. Bordeau-Lamiou, à Jurançon
℘ 05 59 06 22 83

RENAULT Gar. des Lilas, 19 av. des Lilas
℘ 05 59 02 88 11
RENAULT Gar. Barat, rte de Gan à Jurançon
par ④ ℘ 05 59 06 22 09
RENAULT Gar. Layus, 284 bd Cami Salie par ①
℘ 05 59 02 65 14
RENAULT Gar. PPDA, Av. Santos Dumont à Lescar
℘ 05 59 62 36 44
ROVER Gar. Morin, ZAC Monhauba à Lescar
℘ 05 59 81 18 81
VOLVO Gar. Davan, 12 bd Corps-Franc-Pommiès
℘ 05 59 02 70 20

🅑 Baudorre, 171 av. J.-Mermoz à Lons
℘ 05 59 32 43 85
Dours Pneus Point S, Rd-Pt Bilaa, N 117 à Lescar
℘ 05 59 81 22 32
Euromaster, 3 r. Chênos à Billère
℘ 05 59 32 42 99
Euromaster, 31 r. Carnot ℘ 05 59 30 30 68
Manaute, r. J.-Zay Parc Activités
℘ 05 59 30 58 50

PAUILLAC 33250 Gironde 🔟 ⑦ G. Pyrénées Aquitaine – 5 670 h alt. 20.
　　Voir château Mouton Rothschild★ : musée★★ NO : 2 km.
　　🗒 Office de Tourisme la Verrerie ℘ 05 56 59 03 08, Fax 05 56 59 23 38.
　　Paris 560 – Bordeaux 53 – Arcachon 117 – Blaye 16 – Lesparre-Médoc 23.

🏛 **Château Cordeillan Bages** Ⓜ ⌂, ℘ 05 56 59 24 24, Fax 05 56 59 01 89, 😀, 🌳 – 🛗
❀ 📺 🕾 ✆ 🅿. 🆎 ⓪ 🆖
　　fermé 6 déc. au 31 janv. – Repas (fermé sam. midi et lundi) 180 bc/380 – ⌷ 65 – **25 ch**
　　900/1155 – ½ P 765/910
　　Spéc. Flan de marennes, jus d'huîtres, cerfeuil et ciboulette. Turbotin au sésame, jus
　　balsamique, livèche croustillante. Filet et noisette d'agneau de Pauillac, légumes en cocotte
　　(Pâques à fin sept). Vins Haut-Médoc, Margaux.

🏛 **France et Angleterre**, 3 quai A. Pichon ℘ 05 56 59 01 20, Fax 05 56 59 02 31, 🌳 – 🛗
🍴 📺 🕾. 🆎 ⓪ 🆖 🅹🅲🅱
　　fermé 20 déc. au 10 janv. – Repas (fermé dim. soir et lundi du 15 oct. au 15 avril) 85/220 ⅃,
　　enf. 45 – ⌷ 35 – **29 ch** 300/350 – ½ P 250.

La PAULINE 83 Var 🔠 ⑮ – rattaché à Toulon.

PAULX 44270 Loire-Atl. 🔟 ② – 1 311 h alt. 15.
　　Paris 421 – Nantes 40 – La Roche-sur-Yon 49 – Challans 18 – St-Nazaire 63.

🍴 **Voyageurs**, pl. Église ℘ 02 40 26 02 76, Fax 02 40 26 02 77 – ▤. 🆎 ⓪ 🆖
　　fermé 25 août au 7 sept., vac. de fév., dim. soir et mardi – Repas 98 (déj.), 145/280, enf. 85.

PAVILLON (col du) 69 Rhône 🔠 ⑧ – rattaché à Cours.

PAVIN (Lac) 63 P.-de-D. 🔠 ⑬ ⑭ – rattaché à Besse-en-Chandesse.

PAYRAC 46350 Lot 🔟 ⑱ – 492 h alt. 320.
　　Paris 534 – Cahors 48 – Sarlat-la-Canéda 31 – Bergerac 102 – Brive-la-Gaillarde 51 – Figeac 62.

🏛 **Host. de la Paix**, ℘ 05 65 37 95 15, Fax 05 65 37 90 37, 🖾, 🖾 – 📺 🕾 🅿. – 🛁 25. 🆎 🆖
　　fermé 2 janv. au 19 fév. – Repas 75/160 ⅃, – ⌷ 32 – **50 ch** 280/330 – ½ P 286.

PÉAULE 56130 Morbihan 🔠 ⑭ – 2 188 h alt. 82.
　　Paris 437 – Ploërmel 46 – Redon 25 – La Roche-Bernard 11 – Vannes 36.

🏛 **Armor Vilaine**, pl. Église ℘ 02 97 42 91 03, Fax 02 97 42 82 27 – 📺 🕾 ⌷. 🆎 🆖
　　fermé 5 au 18 janv., dim. soir et lundi sauf juil.-août et fériés – Repas 68/240 ⅃, enf. 50 –
　　⌷ 40 – **17 ch** 195/250 – ½ P 235/285.

PÉCY 77970 S.-et-M. 🔟 ③ – 565 h alt. 132.
　　Paris 69 – Coulommiers 22 – Meaux 46 – Melun 37 – Provins 25 – Sézanne 51.

🍴 **Aub. Paysanne** ⌂ avec ch, à Cornefève, Sud : 3 km par rte secondaire
　　℘ 01 64 60 25 70, Fax 01 64 01 54 12 – 🅿. 🆖
　　Repas 100/175, enf. 50 – ⌷ 38 – **10 ch** 145/180 – ½ P 200/240.

PÉGOMAS 06580 Alpes-Mar. **84** ⑧, **114** ㉖, **115** ㉞ – 4 618 h alt. 18.
Paris 899 – Cannes 10 – Draguignan 59 – Grasse 9 – Nice 38 – St-Raphaël 37.

🏠 **Bosquet** ⬞ sans rest, chemin des Périssols - rte Mouans-Sartoux ℘ 04 92 60 21 20,
Fax 04 92 60 21 49, parc, ⤵, ❀ – cuisinette 📺 ☎ 🅿. ⊞ 🎎
fermé 10 au 28 fév. – ⊑ 30 – **18 ch** 200/320, 7 studios.

XX **Relais du Pas de l'Aï**, rte de Tanneron Sud-Ouest par D 109 et D 309 : 2 km
℘ 04 93 60 98 47, Fax 04 93 42 81 84, ≼, 🌤 – 🅿. ⊞ ⊞
fermé mardi soir, dim. soir et lundi d'oct. à mai – **Repas** 128 (déj.), 160/195.

X **L'Écluse**, au bord de la Siagne - Ouest : 1,5 km par rte secondaire ℘ 04 93 42 22 55,
Fax 04 93 40 72 65, ≼, 🌤 – ⊞ ⊞
fermé 15 oct. au 15 nov. et en semaine du 15 nov. au 15 avril – **Repas** 110/160, enf. 40.

à St-Jean Sud-Est : 2 km par D 9 – ✉ 06550 La Roquette-sur-Siagne :

🏠 **Chasseurs** sans rest, ℘ 04 92 19 18 00, Fax 04 92 19 19 61 – cuisinette 📺 ☎ 📞 ⇦ 🅿.
⊞. 🎎
⊑ 35 – **17 ch** 200/240, 3 studios.

PEILLE 06440 Alpes-Mar. **84** ⑲ G. Côte d'Azur – 1 836 h alt. 630.
Voir Le bourg★ – Monument aux morts ≼★.
🛈 Syndicat d'Initiative - Mairie ℘ 04 93 79 90 32.
Paris 956 – Monaco 19 – L'Escarène 14 – Menton 27 – Nice 27 – Sospel 35.

X **Aub. du Seuillet** avec ch, rte de La Turbie: 2,5 km par D 53 ℘ 04 93 41 17 39,
Fax 04 93 41 17 39, 🌤 – 🅿. ⊞ ⊞. 🎎 ch
hôtel : avril-fin sept. et vacances scolaires ; rest. : fermé nov., le soir en hiver et merc. –
Repas 115/148 – ⊑ 35 – **4 ch** 250 – ½ P 260.

PEILLON 06440 Alpes-Mar. **84** ⑩, **115** ㉗ G. Côte d'Azur – 1 139 h alt. 200.
Voir Village★ – Fresques★ dans la chapelle des Pénitents Blancs.
🛈 Syndicat d'Initiative à la Mairie ℘ 04 93 79 91 04.
Paris 949 – Monaco 28 – Contes 13 – L'Escarène 13 – Menton 37 – Nice 20 – Sospel 34.

🏠🏠 **Aub. de la Madone** ⬞, ℘ 04 93 79 91 17, Fax 04 93 79 99 36, ≼, 🌤, « Au pied d'un
village pittoresque, terrasse fleurie et jardin », ❀ – 🔄 ☎ 🅿. ⊞. 🎎 ch
fermé 20 oct. au 20 déc., 7 au 24 janv. et merc. – **Repas** 140 (déj.), 190/320 – ⊑ 60 – **20 ch**
460/800 – ½ P 460/680.

Annexe Lou Pourtail 🏠 ⬞ sans rest,, Fax 04 93 79 99 36, ≼, 🌰
début avril-20 oct. – ⊑ 58 – **7 ch** 200/380.

PEISEY-NANCROIX 73210 Savoie **74** ⑱ G. Alpes du Nord – 521 h alt. 1320.
🛈 Office de Tourisme ℘ 04 79 07 94 28, Fax 04 79 07 95 34.
Paris 639 – Albertville 56 – Bourg-St-Maurice 14.

🏠 **Vanoise** ⬞, à Plan Peisey : 4 km ℘ 04 79 07 92 19, Fax 04 79 07 97 48, ≼, 🌤, ⤵ (été) –
📺 ☎ 🅿. ⊞
20 juin-10 sept. et 20 déc.-25 avril – **Repas** 90, enf. 50 – ⊑ 35 – **34 ch** 220/300 –
½ P 320/350.

X **L'Ancolie**, à Nancroix Sud-Est : 2 km ℘ 04 79 07 93 20, Fax 04 79 07 91 65, 🌤 – ⊞
20 juin-10 sept., 20 déc.-2 mai et fermé lundi en hiver – **Repas** (prévenir) 140/200.

PÉLUSSIN 42410 Loire **76** ⑩ G. Vallée du Rhône – 3 132 h alt. 420.
Paris 514 – St-Étienne 41 – Annonay 30 – Tournon-sur-Rhône 58 – Vienne 27.

XX **Guy Chenavier** avec ch, ℘ 04 74 87 61 51, Fax 04 74 87 63 96, 🌤 – ▤ rest 📺 ☎. ⊞
fermé 11 au 14 juil. et sam. du 15 oct. au 15 avril – **Repas** 80 (déj.), 110/270 🍷, enf. 62 –
⊑ 30 – **7 ch** 170/250 – ½ P 210/250.

PELVOUX (Commune de) 05340 H.-Alpes **77** ⑰ G. Alpes du Sud – 335 h alt. 1260 – Sports
d'hiver : 1 250/2 300 m ⚡ 6 🎿.
Voir Route des Choulières : ≼★★ E.
Paris 705 – Briançon 23 – L'Argentière-la-Bessée 12 – Gap 86 – Guillestre 33.

Le Sarret –

🏠 **La Condamine** ⬞, ℘ 04 92 23 35 48, Fax 04 92 23 49 71, ≼, 🌰 – ☎ 🅿. ⊞ ⊙ ⊞.
🎎 rest
1er juin-15 sept. et 20 déc.-30 mars – **Repas** 80/150 – ⊑ 40 – **19 ch** 180/280 – ½ P 260.

Ailefroide – alt. 1510.
Voir Pré de Madame Carle : paysage★★ NO : 6 km.

🏠 **Chalet H. Rolland** ⬞, ℘ 04 92 23 32 01, Fax 04 92 23 46 23, ≼, 🌤, 🌰 – ☎ 🅿. ⊞
🎎 rest
15 juin-10 sept. – **Repas** 75 (déj.), 90/168 🍷, enf. 50 – ⊑ 35 – **26 ch** 300 – ½ P 250.

PÉNESTIN 56760 Morbihan 🔠🔠 ⑭ – 1 394 h alt. 20.

🔢 Office de Tourisme allée du Grand Pré 𝒫 02 99 90 37 74, Fax 02 99 90 47 08.

Paris 461 – Nantes 88 – Vannes 46 – La Baule 32 – La Roche-Bernard 17 – St-Nazaire 44.

🏨 **Loscolo** 🔊, Pointe de Loscolo Sud-Ouest : 4 km 𝒫 02 99 90 31 90, Fax 02 99 90 32 14, ≤,
🏯, 🌳 – 📺 ☎ 🅿, 𝄞.
28 mars-2 nov. – **Repas** (fermé mardi midi et merc. midi sauf juil.-août) 150/380, enf. 100 –
⊃ 58 – **16 ch** 360/480 – ½ P 378/493.

PENHORS 29 Finistère 🔢🔢 ⑭ – rattaché à Pouldreuzic.

PENNE-D'AGENAIS 47 L.-et-G. 🔢🔢 ⑥ – rattaché à Villeneuve-sur-Lot.

PENNEDEPIE 14 Calvados 🔢🔢 ③ – rattaché à Honfleur.

PENVÉNAN 22710 C.-d'Armor 🔢🔢 ① – 2 489 h alt. 70.

Paris 509 – St-Brieuc 61 – Guingamp 32 – Lannion 20 – Perros-Guirec 15 – La Roche-
Derrien 9 – Tréguier 8.

✂ **Crustacé** avec ch, 𝒫 02 96 92 67 46 – 🇬🇧
🍴 hôtel : 1ᵉʳ avril-13 oct. et fermé mardi et merc. sauf juil.-août – **Repas** (fermé 13 au 30 oct.,
13 janv. au 21 fév., mardi soir et merc. sauf juil.-août) 82/310, enf. 55 – ⊃ 32 – **6 ch** 180/220
– ½ P 220.

RENAULT Gar. Henry, 𝒫 02 96 92 65 22

PENVINS 56 Morbihan 🔢🔢 ⑬ – rattaché à Sarzeau.

PÉRIGNAC 17 Char.-Mar. 🔢🔢 ⑤ – rattaché à Pons.

PÉRIGNAT-LÈS-SARLIÈVE 63 P.-de-D. 🔢🔢 ⑭ – rattaché à Clermont-Ferrand.

PÉRIGNY 86 Vienne 🔢🔢 ⑬ – rattaché à Poitiers.

PÉRIGUEUX 🅿 24000 Dordogne 🔢🔢 ⑤ G. Périgord Quercy – 30 280 h alt. 86.

Voir Cathédrale St-Front★ : retable★★ dans l'abside BZ – Église St-Étienne de la Cité★ AZ K
– Quartier du Puy St-Front★ : rue Limogeanne★ BY , escalier★ de la maison Lajoubertie
BY E – Galerie Daumesnil★ face au n° 3 de la rue Limogeanne YZ 38 – Musée du Périgord★
BY M¹.

🏌 𝒫 05 53 53 02 35, par ⑤ : 5 km.

🔢 Office de Tourisme Rond-Point de la Tour Mataguerre 𝒫 05 53 53 10 63, Fax 05 53 09 02
50 – Automobile Club 14 r. Wilson 𝒫 05 53 53 35 19, Fax 05 53 53 56 76.

Paris 487 ① – Agen 140 ③ – Albi 234 ② – AngoulAeme 87 ⑤ – Bordeaux 124 ④ –
Brive-la-Gaillarde 74 ② – Limoges 95 ① – Pau 266 ③ – Poitiers 200 ⑤ – Toulouse 257 ②.

Plans pages suivantes

🏨 **Bristol** sans rest, 37 r. A. Gadaud 𝒫 05 53 08 75 90, Fax 05 53 07 00 49 – 📳 ⇔ 🖨 📺 ☎ 𝄞
🅿, 🆎 🇬🇧   AY u
⊃ 36 – **29 ch** 270/370.

🏠 **Périgord,** 74 r. V. Hugo 𝒫 05 53 53 33 63, Fax 05 53 08 19 74, 🏯, 🌳 – 📺 ☎ 🚗 –
🏩 30. 🇬🇧, ✂ ch   AY r
fermé 19 oct. au 3 nov., vacances de fév. et vend. sauf rest. – **Repas** (fermé dim. soir et
sam.) 75 (déj.), 90/165 ♨, enf. 50 – ⊃ 35 – **20 ch** 215/275 – ½ P 235/240.

🏠 **Ibis** 🅼, 8 bd Saumade 𝒫 05 53 53 64 58, Fax 05 53 07 51 79, 🏯 – 📳 ⇔ 📺 ☎ 𝄞 – 🏩 25.
🆎 ⓞ 🇬🇧   BZ a
Repas 95, enf. 39 – ⊃ 35 – **89 ch** 285/295.

✂✂ **Rocher de l'Arsault,** 15 r. L'Arsault 𝒫 05 53 53 54 06, Fax 05 53 08 32 32 – 🅿, 🆎
🇬🇧   BX s
fermé 15 juil. au 4 août, vacances de fév. et dim. midi sauf fériés – **Repas** 100/265 ♨, enf. 60.

✂ **Le 8,** 8 r. Clarté 𝒫 05 53 35 15 15, 🏯 – 🆎   BZ n
fermé juil., 17 au 20 nov., sam. midi et dim. – **Repas** (nombre de couverts limité, prévenir)
100 bc (déj.), 150/400.

✂ **L'Univers,** 3 r. Eguillerie 𝒫 05 53 53 34 79, Fax 05 53 06 70 76, 🏯 – 🇬🇧   BY e
🍴 fermé vacances de Noël, dim. soir sauf juil.-août et fériés – **Repas** 85/185.

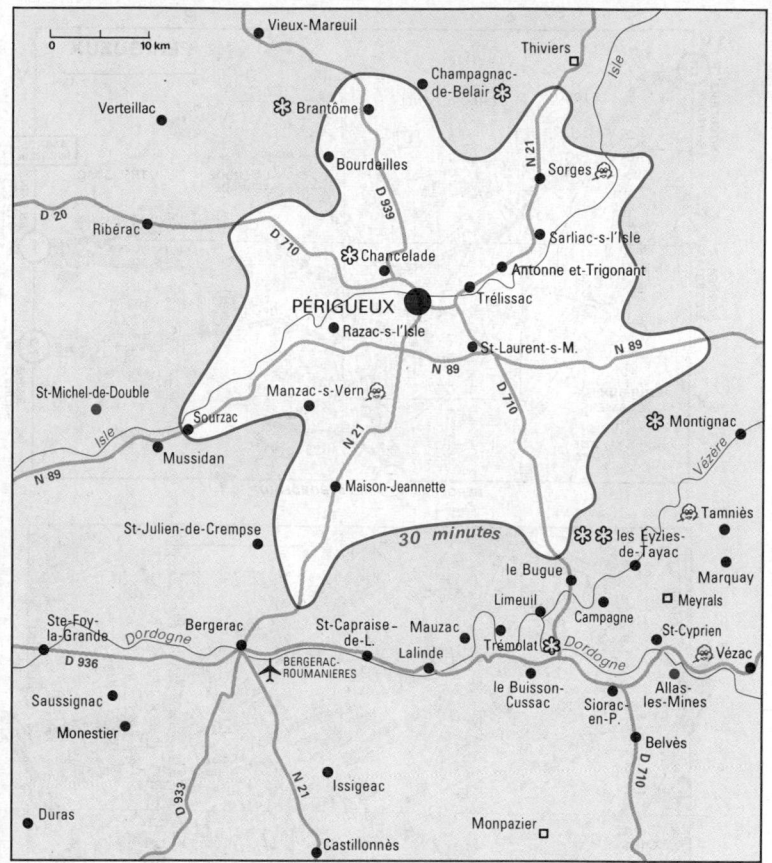

à **Trélissac** *par* ① : *5 km – 6 660 h. alt. 92 –* ✉ *24750* :

🏠 **Climat de France,** ℰ 05 53 04 36 36, Fax 05 53 54 08 97, 🍴 – 📺 ☎ ✆ ₺ 🅿 – 🅐 60. ⓪ 🆊
Repas 70 (déj.), 86/135 ₰, enf. 39 – ⬜ 35 – **62 ch** 285.

à **Antonne-et-Trigonant** *par* ① : *10,5 km – 1 050 h. alt. 106 –* ✉ *24420* .
Voir *Architecture intérieure* ★ *du château des Bories NE : 2 km.*

🏠🏠 **Host. L'Écluse** ⌘, ℰ 05 53 06 00 04, Fax 05 53 06 06 39, « *Dans un parc au bord de l'Isle* », 🔥 – 📶 📺 ☎ 🅿 – 🅐 120. 🅰🅴 🆊
Repas 95 bc (déj.), 130/160 ₰ – ⬜ 35 – **41 ch** 260/300, 4 appart – ½ P 245/285.

à **St-Laurent-sur-Manoire** *par* ②, *N 89 et rte secondaire : 6 km – 706 h. alt. 110 –* ✉ *24330* :

🏠🏠 **Le St-Laurent** ⌘, ℰ 05 53 04 99 99, Fax 05 53 54 34 40, ≤, 🍴, parc, 🎏, ⅃, ℀ – 📶 📺 ☎ ✆ ₺ 🚗 🅿 – 🅐 70. 🅰🅴 🆊
Repas 98/159 – ⬜ 39 – **37 ch** 290/390, 13 duplex – ½ P 295.

à **Chancelade** *par* ⑤, *D 710 et D 1 : 5,5 km – 3 718 h. alt. 88 –* ✉ *24650* .
Voir *Abbaye* ★ .

🏠🏠🏠 **Château des Reynats et rest. l'Oison** ⌘, ℰ 05 53 03 53 59, Fax 05 53 03 44 84, ✿ 🍴, parc, ⅃, ℀ – 📶 📺 ☎ ₺ 🅿 – 🅐 80. 🅰🅴 ⓪ 🆊 🆁🆇
Repas *(fermé lundi midi en sais., mardi midi et lundi hors sais.)* 145 (déj.), 190/350 et carte 270 à 400 – ⬜ 60 – **32 ch** 450/640, 5 appart – ½ P 480/650
Spéc. Marbré de volaille et foie gras (printemps-été). Omelette aux truffes fraîches (saison). Canard de Challans légèrement laqué aux pêches blanches. **Vins** Pécharmant.

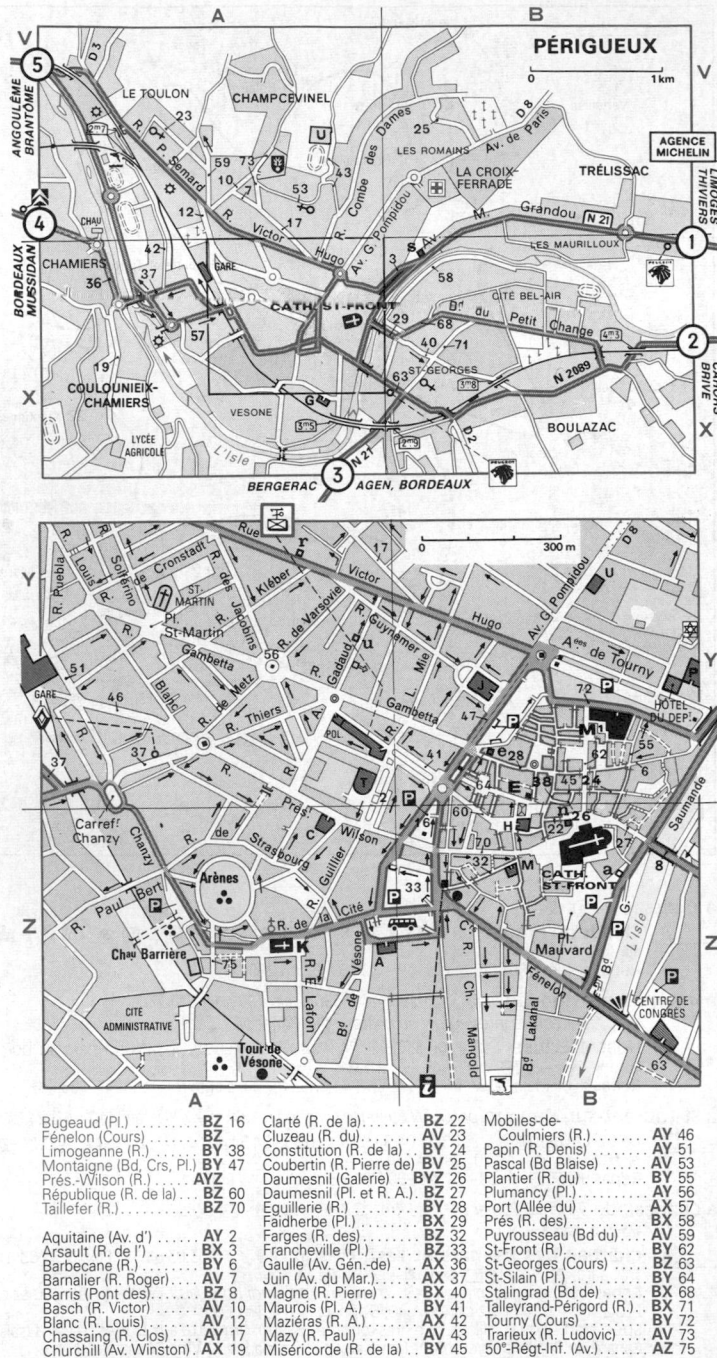

PÉRIGUEUX

à Razac-sur-l'Isle *par ⑤, D 939, D 710 et D 3 : 14 km – 2 212 h. alt. 75 –* ✉ *24430 :*

🏛 **Château de Lalande** ⌂, ℘ 05 53 54 52 30, Fax 05 53 07 46 67, 佘, parc, 🏊 – ☎ 🅿 – 🔏 25. 🖭 ⓪ ☺, ⅍ rest
15 mars-15 nov. – **Repas** *(fermé merc. midi hors sais.)* 98 (déj.)/300 – ☲ 40 – **22 ch** 265/460 – ½ P 325/400.

MICHELIN, Agence, av. Michel Grandou à Trélissac par ① ℘ 05 53 03 98 13

BMW Gar. Jessus, 46 r. Chanzy ℘ 05 53 08 99 30
CITROEN S.O.V.R.A., 74 av. Gén.-de-Gaulle à Chamiers ℘ 05 53 08 31 02 🄽 ℘ 05 53 02 70 15
CITROEN Gar. Deluc, rte de Limoges à Trélissac par ① ℘ 05 53 02 70 10 🄽 ℘ 05 53 02 70 10
FIAT, LANCIA Gar. Rebière, 228 av. Grandou à Trélissac ℘ 05 53 35 76 20
HONDA Gar. Borie, 156 av. Mar.-Juin ℘ 05 53 53 60 16
MERCEDES, TOYOTA Gar. Magot, 192 rte de Lyon ℘ 05 53 02 34 34
NISSAN, ROVER Gar. Pradier, 5 r. A.-Gadaud ℘ 05 53 53 53 94
PEUGEOT Gar. Brout, 18 cours St-Georges ℘ 05 53 08 28 55 🄽 ℘ 05 53 03 08 83
PEUGEOT Gar. Serreau, 202 rte de Limoges à Trélissac par ① ℘ 05 53 09 42 42 🄽 ℘ 05 53 03 09 49
RENAULT Gar. Sarda, rte de Limoges à Trélissac par ① ℘ 05 53 02 41 41 🄽 ℘ 05 53 03 05 14

RENAULT S.A.R.D.A., 74 av. Mar.-Juin ℘ 05 53 53 43 43 🄽 ℘ 05 53 03 05 14
VOLVO Gar. BG Sport, rte de Bordeaux à Marsac ℘ 05 53 03 96 52

⑩ Barrier, N 21 Les Jalots à Trélissac ℘ 05 53 53 54 17
Distripneus-Point S, rte de Bordeaux à Marsac-sur-l'Isle ℘ 05 53 04 13 48
Fontana Pneus, 4 bis av. H.-Barbusse ℘ 05 53 08 80 47
Périgord Pneus Point S, à Trélissac ℘ 05 53 54 41 27 🄽 ℘ 05 53 04 36 54
Réparpneu, ZAE av. L.-Suder à Marsac ℘ 05 53 04 95 52
Réparpneu, 145 bd Petit Change ℘ 05 53 53 46 83

PERNES-LES-FONTAINES *84210 Vaucluse* 81 ⑫ *G. Provence* **(plan)** *– 8 304 h alt. 75.*
Voir *Porte Notre-Dame★.*
🛈 *Office de Tourisme Pont de la Nesque* ℘ 04 90 61 31 04.
Paris 687 – Avignon 23 – Apt 44 – Carpentras 6 – Cavaillon 20.

🏛 **L'Hermitage** ⌂ sans rest, rte Carpentras : 2 km ℘ 04 90 66 51 41, Fax 04 90 61 36 41, parc, 🏊 – 📺 ☎ ✆ ⅋ 🅿 – 🔏 25. 🖭 ⓪ ☺
☲ 45 – **20 ch** 370/400.

PÉRONNE ⬤ *80200 Somme* 53 ⑬ *G. Flandres Artois Picardie – 8 497 h alt. 52.*
Voir *Historial de la Grande Guerre★.*
🛈 *Office de Tourisme 1 r. Louis XI* ℘ 03 22 84 42 38, Fax 03 22 84 51 25.
Paris 141 ② – St-Quentin 32 ① – Amiens 51 ② – Arras 48 ① – Doullens 54 ③.

Plan page suivante

✕✕ **La Quenouille,** 4 av. Australiens N 17 par ① ℘ 03 22 84 00 62, Fax 03 22 84 67 50, 佘, ⊞ – 🅿. 🖭 ☺
fermé 26 avril au 16 mai, dim. soir et lundi – **Repas** 95/185.

✕✕ **Host. des Remparts** avec ch, 21 r. Beaubois **(a)** ℘ 03 22 84 01 22, Fax 03 22 84 31 96, 佘 – 📺 ☎ ⇦ – 🔏 30. 🖭 ⓪ ☺ ⌷
Repas 85 bc (déj.), 90/249 – ☲ 35 – **16 ch** 190/320 – ½ P 190/240.

à Rancourt *par ① et N 17 : 10 km – 143 h. alt. 143 –* ✉ *80360 :*

🏛 **Le Prieuré** Ⓜ, ℘ 03 22 85 04 43, Fax 03 22 85 06 69, ✕ – 📺 ☎ 🅿 – 🔏 30. 🖭 ⓪ ☺
☺ **Repas** 78/240 – ☲ 35 – **27 ch** 260/290 – ½ P 210.

rte de Paris *par ② : 3 km –* ✉ *80200 Péronne :*

🏩 **Campanile,** ℘ 03 22 84 22 22, Fax 03 22 84 16 86 – ⇦ 📺 ☎ ✆ ⅋ 🅿 – 🔏 25. 🖭 ⓪ ☺
☺ **Repas** 84 bc/107 bc, enf. 39 – ☲ 32 – **39 ch** 278.

Aire d'Asservillers *sur A 1 par ② et D 164^E : 9 km –* ✉ *80200 Péronne :*

🏛 **Mercure** Ⓜ, ℘ 03 22 85 78 30, Fax 03 22 85 78 31, 佘 – 🛎 ⇦ 🍽 📺 ☎ ⅋ 🅿 – 🔏 40 à 100. 🖭 ⓪ ☺
Repas carte environ 160 ⅃, enf. 39 – ☲ 50 – **69 ch** 320/495.

CITROEN Gar. de Picardie, av. des Australiens, Mont-St-Quentin par ① ℘ 03 22 73 34 34 🄽 ℘ 08 00 05 24 24
OPEL Gar. du Château, 6 fg de Paris ℘ 03 22 84 75 35

RENAULT Péronne Autos., rte de Roisel par ① puis D 6 ℘ 03 22 83 50 00 🄽 ℘ 03 22 83 71 41

⑩ Euromaster, 29 fg de Bretagne ℘ 03 22 84 29 41

PÉRONNE

*Les rues
sont sélectionnées
en fonction
de leur importance
pour la circulation
et le repérage
des établissements cités.
Les rues secondaires
ne sont qu'amorcées.*

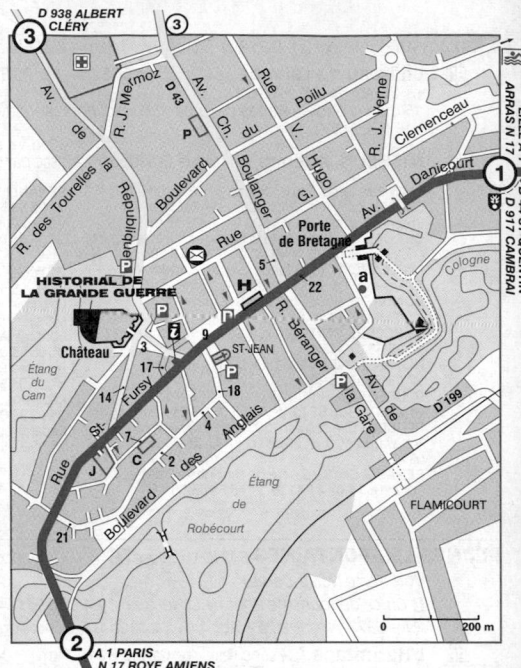

PÉROUGES *01800 Ain* 74 ② ③, 110 ⑧ *G. Vallée du Rhône* **(plan)** – *851 h alt. 290.*

Voir *Cité★★ : place de la Halle★★★.*

🖪 *Syndicat d'Initiative Entrée de la Cité ℘ 04 74 61 01 14.*

Paris 460 – Lyon 37 – Bourg-en-Bresse 40 – St-André-de-Corcy 20 – Villefranche-sur-Saône 58.

🏠 **Ostellerie du Vieux Pérouges** 🕭, ℘ 04 74 61 00 88, Fax 04 74 34 77 90, « Intérieur vieux bressan », 🐴 – 🕿 ❤ 🚗 🅿 – 🕍 25. ⅏
Repas 200/500, enf. 100 – 🖙 70 – **15 ch** 750/1050.

L'Annexe 🏠 🕭, – 📺 🕿. ⅏
voir rest. ci-dessus – 🖙 70 – **13 ch** 420/650.

PERPIGNAN 🅿 *66000 Pyr.-Or.* 86 ⑲ *G. Pyrénées Roussillon* – *105 983 h Agglo. 157 873 h alt. 60.*

Voir *Le Castillet★ BY – Loge de mer★ BY E – Hôtel de Ville★ BY H – Cathédrale St-Jean★ BCY – Palais des Rois de Majorque★ BCZ – Musée numismatique Joseph-Puig★ AY – Cabestany : tympan★ de l'église SE : 4 km par D 22 CZ.*

🏌 🏌 *de Saint-Cyprien ℘ 04 68 37 63 63.*

✈ *de Perpignan-Rivesaltes : ℘ 04 68 52 60 70, par ① : 6 km.*

🖪 *Office de Tourisme et Accueil de France - Palais des Congrès, pl. A. Lanoux ℘ 04 68 66 30 30, Fax 04 68 66 30 26 – Automobile Club du Roussillon 28 cours Palmarole ℘ 04 68 34 30 22, Fax 04 68 34 37 30.*

Paris 865 ① – Andorra la Vella 171 ⑥ – Béziers 93 ① – Montpellier 153 ① – Toulouse 205 ①

Plans pages suivantes

🏠 **Villa Duflot** Ⓜ, 109 av. V. Dalbiez par ④ *puis direction autoroute : 3 km* ℘ 04 68 56 67 67, Fax 04 68 56 54 05, 🌤, parc, « Patio », 🏊, – 🗏 📺 🕿 & 🅿 – 🕍 25 à 100. ⅏ ⓞ ⅏ 🄼 . ❀ ch
Repas carte 190 à 250 🍴 – 🖙 55 – **24 ch** 540/740 – ½ P 505/605.

🏠 **Park H. et Rest. Chapon Fin** Ⓜ, 18 bd J. Bourrat ℘ 04 68 35 14 14, Fax 04 68 35 48 18 – 🛗 🗏 📺 🕿 ❤ & 🚗 – 🕍 70. ⅏ ⓞ ⅏ 🄼   CY   y
Repas *(fermé 18 au 31 août, 2 au 18 janv. et dim.)* 98 (déj.), 150/300, enf. 70 - *Bistrot du Park (fermé 1er au 15 janv. et dim.)* **Repas** 98/150 🍴, enf. 60 – 🖙 40 – **67 ch** 260/500 – ½ P 350.

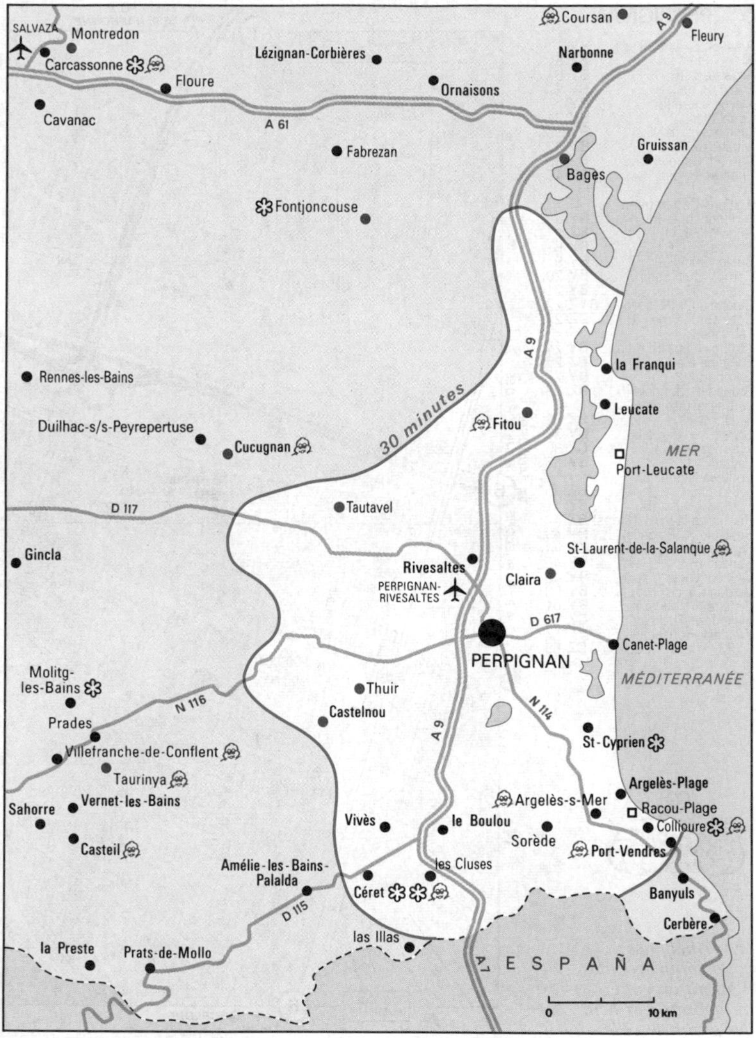

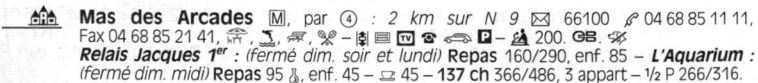

SALVAZA ✈

Montredon

Coursan 🍴

A 9

Carcassonne ❀ 🍴

Lézignan-Corbières ●

Narbonne ●

Fleury ●

Floure ●

Cavanac ●

Ornaisons ●

A 61

Fabrezan ●

Gruissan

Bages ●

❀ Fontjoncouse ●

Rennes-les-Bains ●

A 9

la Franqui ●

Duilhac-s/s-Peyrepertuse ●

30 minutes

Cucugnan 🍴 ●

🍴 Fitou ●

Leucate ●

MER

Port-Leucate ☐

D 117

Tautavel ●

Gincla ●

St-Laurent-de-la-Salanque 🍴

Rivesaltes ●

PERPIGNAN-RIVESALTES ✈

Claira ●

Canet-Plage ●

D 617

PERPIGNAN ⬤

MÉDITERRANÉE

Molitg-les-Bains ❀

Thuir ●

N 116

Castelnou

A 9

N 114

St-Cyprien ❀

Prades ●

Villefranche-de-Conflent 🍴 ●

Taurinya 🍴 ●

Sahorre ●

Vernet-les-Bains ●

Vivès ●

le Boulou ●

Argelès-s-Mer 🍴

Argelès-Plage 🍴

Racou-Plage ☐

Collioure ❀ 🍴

Casteil 🍴 ●

Amélie-les-Bains-Palalda ●

Céret ❀ ❀ 🍴 ●

les Cluses ●

Sorède ●

Port-Vendres 🍴

Banyuls ●

la Preste ●

Prats-de-Mollo ●

D 115

las Illas ●

ESPAÑA

Cerbère ●

0   10 km

🏯🏯🏯 **Mas des Arcades** Ⓜ, par ④ : 2 km sur N 9 ⊠ 66100 ℘ 04 68 85 11 11, Fax 04 68 85 21 41, 😀, ⏚, 🌳, ✕ – 🛗 🗏 📺 ☎ 🚗 🅿 – 🏛 200. ⅁⅄. ✕
Relais Jacques 1ᵉʳ : (fermé dim. soir et lundi) Repas 160/290, enf. 85 – *L'Aquarium : (fermé dim. midi)* Repas 95 ⏚, enf. 45 – 🖵 45 – **137 ch** 366/486, 3 appart – ½ P 266/316.

🏨🏨🏨 **Mercure** Ⓜ, 5 cours Palmarole ℘ 04 68 35 67 66, Fax 04 68 35 58 13, 🎵 – 🛗 ✕ 🗏 📺 ☎ 🖐 🚗 – 🏛 50. ⅍ ⓞ ⅁⅄ 🇯🇨🇧
Repas *(fermé dim.)* 140 – 🖵 55 – **55 ch** 420, 5 duplex.   BY b

🏨 **Windsor** sans rest, 8 bd Wilson ℘ 04 68 51 18 65, Fax 04 68 51 01 00 – 🛗 📺 ☎ – 🏛 50. ⅍ ⅁⅄
🖵 45 – **50 ch** 250/430, 5 appart.   BY t

🏨 **New Christina** Ⓜ, 51 cours Lassus ℘ 04 68 35 12 21, Fax 04 68 35 67 01, ⏚ – 🛗 🗏 📺 ☎ 🖐 🚗. ⅁⅄
Repas 100 bc, enf. 50 – 🖵 35 – **25 ch** 350/370 – ½ P 295.   CY w

PERPIGNAN

Alsace-Lorraine (R. d') . . . **BY** 2
Arago (Pl.) . . . . **BZ** 5
Argenterie (R. de l') . . . . . **BY** 6
Barre (R. de la) . . . . **BY** 7
Clemenceau (Bd G.) . . . . **BY**
Louis-Blanc (R.) . . . . **BY** 34
Marchands (R. des) . . . . . **BY** 35
Mirabeau (R.) . . . . **BY** 37
Péri (Pl. Gabriel) . . . . **BZ** 39
Théâtre (R. du) . . . . **BZ** 46

Anciens-Combattants
d'Indochine (Pl. des) . . **BY** 3
Ange (R. de l') . . . . **BZ** 4
Bartissol (R. E.) . . . . **BY** 8
Batllo (Quai F.) . . . . **BY** 9
Carnot (Quai Sadi) . . . . . . **BY** 20
Castillet (R. du) . . . . **BY** 21
Cloche d'Or (R. de la) . . **BYZ** 22
Côte des Carmes (R.) . . . . **CZ** 23
Fabriques
d'En Nabot (R. des) . . . **BY** 24
Fontaine-Neuve (R.) . . . . . **CZ** 25
Gambetta (Pl.) . . . . **BY** 27
Grande-la-Monnaie (R.) . . **BZ** 28
Lattre-de-Tassigny
(Quai de) . . . . **BZ** 32
Loge (R. et pl. de la) . . . . . **BY** 33
Mermoz (Av. J.) . . . . **CZ** 36
Payra (R. J.) . . . . **BY** 38
Petite-la-Monnaie
(R.) . . . . **BZ** 40
Porte-d'Assaut (R.) . . . . . . **BZ** 41
Remparts-la-Réal (R. des) **BZ** 42
Résistance (Pl. de la) . . . . . **BY** 43
Rigaud (Pl.) . . . . **BZ** 44
St-Jean (R.) . . . . **BY** 45
Vauban (Quai) . . . . **BY** 49
Verdun (Pl. de) . . . . **BY** 50
Victoire (Pl. de la) . . . . **BY** 51
Vielledent (R. J.) . . . . **CZ** 52
Waldeck-Rousseau
(R.) . . . . **CZ** 55

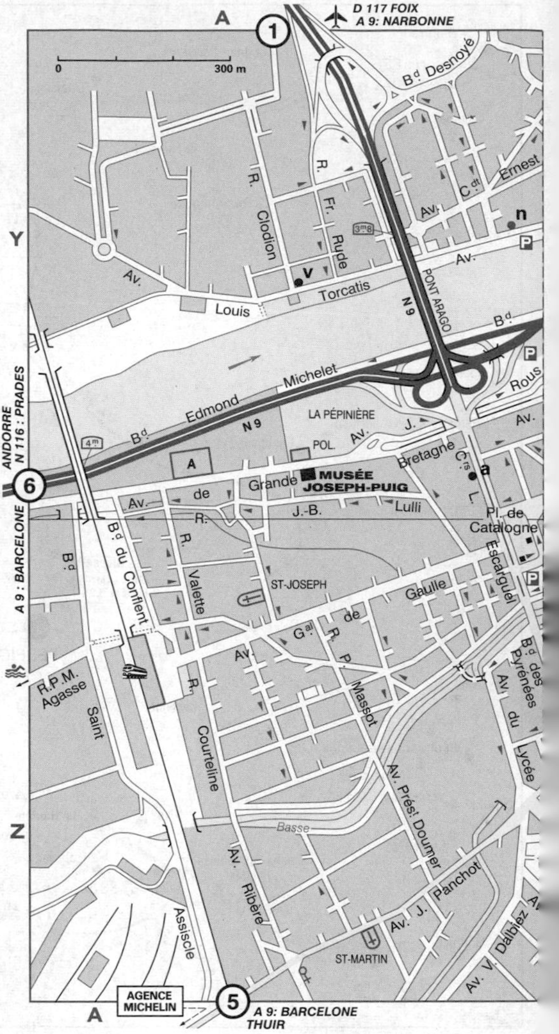

Les principales voies commerçantes figurent en rouge au début de la liste des plans de villes.

France et rest. l'Echanson, 16 quai Sadi-Carnot ✆ 04 68 34 92 81, Fax 04 68 34 26 01 – |♣| ▤ rest TV ☎ – 🏃 50. AE GB JCB — BY r
Repas *(fermé 15 juil. au 15 août et dim.)* 100/170 ♀ – ☕ 40 – **31 ch** 200/550, 4 appart – ½ P 210/250.

Mondial H. sans rest, 40 bd Clemenceau ✆ 04 68 34 23 45, Fax 04 68 34 55 07 – |♣| TV ☎. AE GB — BY k
☕ 32 – **41 ch** 215/290.

Ibis, 16 cours Lazare Escarguel ✆ 04 68 35 62 62, Fax 04 68 35 13 38 – |♣| ⚟ ▤ TV ☎ ✆ ♿ P – 🏃 250. AE ⓓ GB — AY a
Repas 95, enf. 39 – ☕ 35 – **100 ch** 350.

Kennedy M sans rest, 9 av. P. Cambres ✉ 66100 ✆ 04 68 50 60 02, Fax 04 68 67 55 10 – |♣| ▤ TV ☎ ♿ 🚗 P. AE ⓓ GB — CZ k
☕ 29 – **26 ch** 235/285.

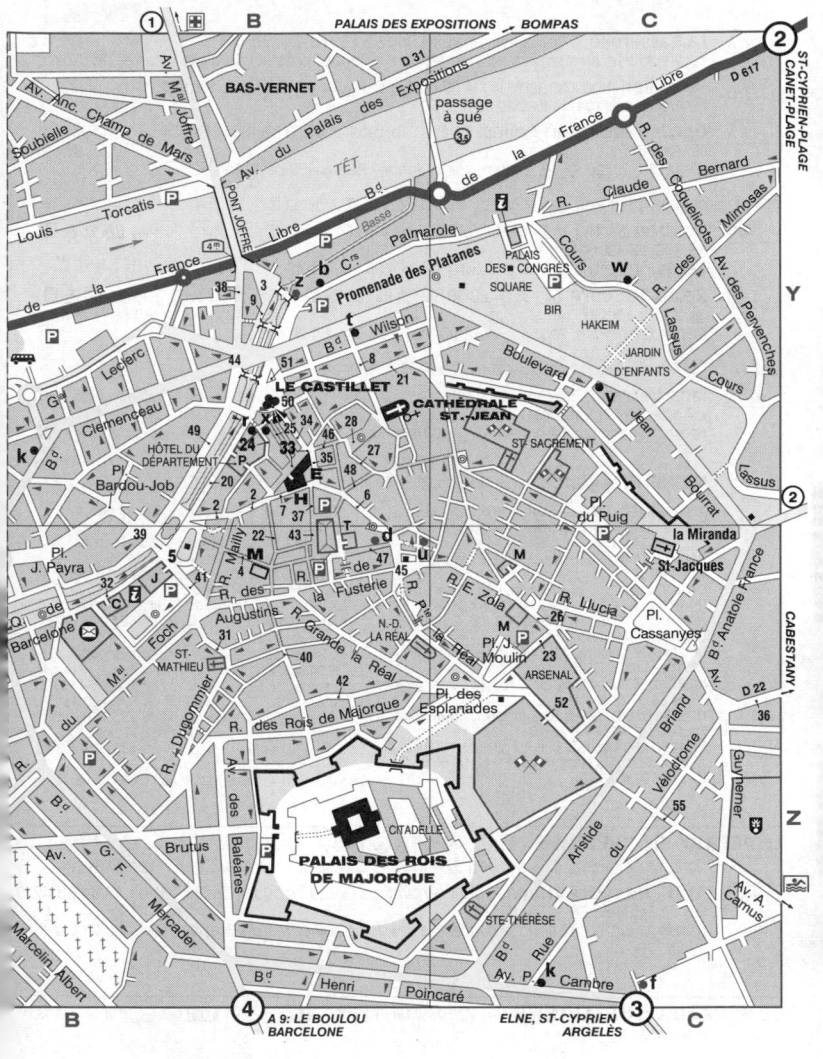

PALAIS DES EXPOSITIONS — BOMPAS

🏠 **Climat de France,** 170 av. Guynemer par ③ ℰ 04 68 66 00 00, Fax 04 68 66 02 02 – 🛗
▤ rest 📺 ☎ ✆ ᕑ ⇔ 🅿 – 🔏 25 à 80. 🖭 ⑩ ᠍GB
Repas 86/117 ⅃, enf. 39 – ☲ 35 – **90 ch** 290.

🏠 **Pyrénées H.** sans rest, 122 av. L. Torcatis ℰ 04 68 61 19 66, Fax 04 68 52 48 97 – 📺 ☎ 🅿.
🖭 ᠍GB   AY   v
☲ 30 – **20 ch** 140/315.

🏠 **Poste et Perdrix,** 6 r. Fabriques-d'En-Nabot ℰ 04 68 34 42 53, Fax 04 68 34 58 20 – 🛗
᠍GB 📺 ☎. 🖭 ⑩ ᠍GB   BY   x
fermé 25 janv. au 2 mars – **Repas** *(fermé dim. soir et lundi)* 85/140 ⅃ – ☲ 28 – **38 ch**
130/260 – ½ P 180/230.

🍽🍽 **Festin de Pierre,** 7 r. Théâtre ℰ 04 68 51 28 74 – ▤. 🖭 ᠍GB   BZ   d
fermé mardi soir et merc. – **Repas** 150/250.

🍽🍽 **Les Antiquaires,** pl. Desprès ℰ 04 68 34 06 58, Fax 04 68 35 04 47 – ▤. 🖭 ᠍GB   BZ   u
fermé 1er au 15 juil., dim. soir et lundi – **Repas** 135/250.

XX **La Passerelle**, 1 cours Palmarole ℰ 04 68 51 30 65 – ■. ℳ ☷ ☐ BY z
fermé 20 déc. au 4 janv., lundi midi et dim. – **Repas** - produits de la mer - carte 210 à 260.

XX **Le Voilier**, 1 bd Kennedy ℰ 04 68 50 48 50, Fax 04 68 50 41 05 – ■. ☷ CZ f
fermé août et dim. – **Repas** 125/195.

XX **Les Casseroles en Folies**, 72 av. L. Torcatis ℰ 04 68 52 48 03, Fax 04 68 52 47 96 – ■.
ℳ ◑ ☷ AY n
fermé 15 juin au 15 sept., dim. soir et lundi – **Repas** 150 bc 🍴, enf. 50.

par ① *près échangeur Perpignan-Nord : 10 km* – ⊠ *66600 Rivesaltes :*

🏨 **Novotel** ℳ, N 9 ℰ 04 68 64 02 22, Fax 04 68 64 24 27, 🍽, ☒, 🏊 – ⊱ ≡ 📺 ☎ ᵭ ♿ 🅿 –
🛆 200. ℳ ◑ ☷
Repas carte environ 170, enf. 50 – � 48 – **86 ch** 450/480.

🏨 **Relais Mercure** ℳ, ℰ 04 68 38 55 38, Fax 04 68 38 55 66, 🍽, 𝕴⑤, ☒ – ⏸ ≡ 📺 ᵭ ♿ 🅿 –
🛆 80. ℳ ◑ ☷
Repas *fermé dim. sauf juil.-août* 90/180 – � 30 – **64 ch** 350.

par ②, *D 617 et rte secondaire : 5 km* – ⊠ *66000 Perpignan :*

XXX **Mas Vermeil**, Traverse de Cabestany ℰ 04 68 66 95 96, Fax 04 68 66 89 13, 🍽, parc,
« Ancienne exploitation vinicole, patio » – 🅿. ℳ ☷
fermé mi-janv. à mi-fév., dim. soir et lundi d'oct. à avril – **Repas** 160/200 et carte 220 à 320,
enf. 70.

MICHELIN, Agence, r. de Munich, ZI St-Charles par ⑥ ℰ 04 58 54 53 10

ALFA ROMEO, FIAT, LANCIA Perpignan Autom.,
Espace Autom chem de la Fauceille
ℰ 04 68 54 63 54
BMW Gar. Alart, 20 av. de Grande Bretagne
ℰ 04 68 34 07 83
CITROEN Gar. Tressol-Chabrier, 95 av. Mar.-Juin par
③ ℰ 04 68 66 26 26 🅽 ℰ 04 68 67 63 51
HONDA, MITSUBISHI, PORSCHE Gar. Coll, 1085 av.
d'Espagne ℰ 04 68 85 17 25
MAZDA Gar. Valauto, 2 bd des Pyrénées
ℰ 04 68 56 96 96
MERCEDES Gar. Monopole, 2463 av. du Languedoc
ℰ 04 68 61 22 93
OPEL Auto 66, Espace Automobiles, Chemin de la
Fauceille ℰ 04 68 68 16 16
PEUGEOT SCA les Gds Gar. Pyrénéens, 1007 av.
d'Espagne rte du Perthus par ④ ℰ 04 68 85 68 85
🅽 ℰ 08 00 44 24 24

PEUGEOT Gar. Merino, 57 av. J.-Panchot par ⑤
ℰ 04 68 54 68 79
RENAULT Filiale, N 9, Km 3 rte du Perthus
par ④ ℰ 04 68 56 24 24 🅽 ℰ 08 00 05 15 15
TOYOTA Gar. Sudria, Espace Autom. ch. de la
Fauceille ℰ 04 68 68 15 00
VAG Europe Auto, rte de Thuir, r. P.-Langevin, ZI
1km ℰ 04 68 85 01 92 🅽 ℰ 04 68 61 15 64

🅦 Ayme Pneus, 156 av. du Languedoc ZIN
ℰ 04 68 61 26 38
Euromaster, 33 av. V.-Dalbiez ℰ 04 68 54 57 78
Euromaster, ZI St-Charles ℰ 04 68 54 30 11
Figuères, ZI St-Charles ℰ 04 68 55 23 10
Figuères, 29 r. H.-Bataille ℰ 04 68 61 20 02
Saint-Charles Pneus, r. Levavasseur ZI St-Charles
ℰ 04 68 54 67 30
Vulco, Km 4, rte de Prades ℰ 04 68 56 65 34

Le PERRAY-EN-YVELINES *78610 Yvelines* 📖 ⑨, 🗺 ㉘ – *4 645 h alt. 180.*
Paris 47 – Chartres 47 – Arpajon 37 – Mantes-la-Jolie 46 – Rambouillet 6 – Versailles 27.

XXX **Aub. des Bréviaires**, aux Bréviaires : 3,5 km par D 61 ℰ 01 34 84 98 47,
Fax 01 34 84 65 88, 🍽 – ℳ ☷
fermé 22 juil. au 12 août, vacances de fév., lundi soir et mardi – **Repas** 200 bc/260 et carte
220 à 370.

Le PERREUX-SUR-MARNE *94 Val-de-Marne* 📖 ⑪, 🗺 ⑰ ⑱,, 🗺 ⑱ – *voir à Paris,
Environs.*

PERRIER *63 P.-de-D.* 📖 ⑭ – *rattaché à Issoire.*

PERRIGNY-LÈS-DIJON *21 Côte-d'Or* 📖 ⑫ – *rattaché à Dijon.*

PERROS-GUIREC *22700 C.-d'Armor* 📖 ① *G. Bretagne – 7 497 h alt. 60 – Casino* A.
Voir *Nef romane*★ *de l'église* B – *Pointe du château* ⩻★ B – *Table d'orientation* ⩻★ B E –
Sentier des douaniers★★ A – *Chapelle N.-D. de la Clarté*★ *3 km par* ② – *Sémaphore* ⩻★
3,5 km par ②.
🏌 *de St-Samson* ℰ 02 96 23 87 34, *SO : 7 km.*
🛈 *Office de Tourisme 21 pl. de l'Hôtel de Ville* ℰ 02 96 23 21 15, Fax 02 96 23 04 72.
Paris 518 ① – *St-Brieuc 70* ① – *Lannion 12* ① – *Tréguier 19* ①.

PERROS-GUIREC

SEPT-ÎLES

SENTIER DES DOUANIERS

Pointe du Château

PLAGE DE TRESTRIGNEL

PLAGE DE TRESTRAOU

CASINO
PALAIS DES CONGRÈS

CENTRE DE THALASSOTHÉRAPIE

Clemenceau

PLOUMANACH LA CLARTÉ

A. Briand

Mermoz

Église

R. des Frères Le Montréer

R. du Dr. Saliou

R. de Kervilzic

de la Mer

R. de Landerval

PORT

LANNION
TRÉGUIER

Gaulle (R. Gén.-de)	**AB**	6
Joffre (R. du Mar.)	**B**	
Le-Bihan (Bd J.)	**A**	7
Leclerc (R. du Général)	**B**	9
Bons-Enfants (R. des)	**A**	2
Casino (Av. du)	**A**	3
Foch (R. du Mar.)	**A**	5
Le-Braz (R. A.)	**B**	8
L'Héveder (R. Sergent)	**B**	10
Messe (Chemin de la)	**B**	12
Renan (R. Ernest)	**B**	20
Rochellou (R. de)	**A**	22

Printania M ⑤, 12 r. Bons Enfants ✆ 02 96 49 01 10, Fax 02 96 91 16 36, ≤ mer et les îles, ☞, ※ – ❙ ⚍ 📺 ☎ 🖭 AE ⓪ GB JCB. ※ rest A e
fermé 20 déc. au 5 janv. – **Repas** *(fermé 15 déc. au 15 janv., dim. du 15 sept. au 30 avril et lundi midi)* 120/190 – ☂ 50 – **33 ch** 450/680 – ½ P 483/540.

Manoir du Sphinx ⑤, 67 chemin de la Messe ✆ 02 96 23 25 42, Fax 02 96 91 26 13, ≤ mer et les îles, ☞ – ❙ 📺 ☎ & 🖭 AE GB. ※ B e
fermé 5 janv. au 20 fév. – **Repas** *(fermé dim. soir d'oct. à mars et lundi midi)* 125/280, enf. 82 – ☂ 45 – **20 ch** 520/580 – ½ P 530/560.

Les Feux des Iles ⑤, 53 bd Clemenceau ✆ 02 96 23 22 94, Fax 02 96 91 07 30, ≤, ☞, ※ – 📺 ☎ & 🖭 AE ⓪ GB. ※ B d
fermé 1er au 10 oct., 20 fév. au 1er mars, dim. soir et lundi midi d'oct. à mars – **Repas** 128/325 ⅃, enf. 83 – ☂ 46 – **15 ch** 380/690 – ½ P 450/570.

Bon Accueil, 11 r. Landerval ✆ 02 96 23 25 77, Fax 02 96 23 12 66, ☞ – 📺 ☎ 🖭 AE GB B v
Repas *(fermé dim. soir sauf juil.-août)* 90/280 ⅃ – ☂ 35 – **21 ch** 260/360 – ½ P 340.

France ⑤, 14 r. Rouzic ✆ 02 96 23 20 27, Fax 02 96 91 19 57, ≤, ☞ – 📺 ☎ 🖭 GB. ※ B r
28 mars-5 oct. – **Repas** 99/159 – ☂ 44 – **30 ch** 280/380 – ½ P 300/335.

Les Sternes sans rest, rd-pt Perros-Guirec par ① ✆ 02 96 91 03 38, Fax 02 96 23 13 01 – 📺 ☎ & 🖭 AE ⓪ GB
☂ 33 – **20 ch** 200/280.

Levant, sur le port ✆ 02 96 23 20 15, Fax 02 96 23 36 31, ≤ – ❙ 📺 ☎ 🖭 GB B m
Repas *(fermé 22 au 28 déc., dim. soir et vend. sauf juil.-août)* 79/215 ⅃, enf. 50 – ☂ 31 – **22 ch** 265/345 – ½ P 283/330.

Hermitage ⑤, 20 r. Frères Le Montréer ✆ 02 96 23 21 22, Fax 02 96 91 16 56, ☞ – 📺 ☎ 🖭 AE GB. ※ rest B f
1er mai-20 sept. – **Repas** *(dîner seul.)(résidents seul.)* 98/120 – ☂ 32 – **24 ch** 230/290 – ½ P 268/290.

Crémaillère, pl. Église ✆ 02 96 23 22 08 – AE ⓪ GB B a
fermé 15 nov. au 5 déc., dim. soir et lundi hors sais. – **Repas** 95/185, enf. 50.

à Ploumanach *par ② : 6 km –* ✉ *22700 Perros-Guirec.*
  Voir *Rochers*★★ *– Parc municipal*★★.

🏨 **Rochers,** 🕿 02 96 91 44 49, Fax 02 96 91 43 64, ≤ – ☎. GB
✿ *12 avril-fin sept. –* **Repas** *(fermé merc. du 12 avril au 11 juin)* 120/390 et carte 270 à 370,
  enf. 80 – ☷ 50 – **14 ch** 300/390 – ½ P 400/445
  Spéc. Homard grillé façon ''Bébé Justin''. Bar au caramel de fenouil. ''Brochette'' tout
  chocolat et sa ganache.

🏠 **Europe** sans rest, 🕿 02 96 91 40 76, Fax 02 96 91 49 74 – 🖵 ☎ 👆 🄿. GB. ⁇
  ☷ 33 – **18 ch** 330.

🏠 **Parc,** 🕿 02 96 91 40 80, Fax 02 96 91 60 48, 😭 – 🖵 ☎ 🄿. ⅍ GB
🍴 *fermé 15 janv. au 16 fév. –* **Repas** 75/155, enf. 46 – ☷ 30 – **10 ch** 260 – ½ P 250/280.

  PEUGEOT Gar. de la Clarté, 127 bd Corniche par ② 🕿 02 96 91 46 23 🄽 🕿 02 96 91 46 23

PERTHES *52 H.-Marne* 🔢 ⑨ *– rattaché à St-Dizier.*

PERTUIS *84120 Vaucluse* 🔢 ③, 🔢 ③ *G. Provence– 15 791 h alt. 246.*
  🆔 *Office de Tourisme pl. Mirabeau* 🕿 04 90 79 15 56, Fax 04 90 09 59 06.
  *Paris 748 – Digne-les-Bains 95 – Aix-en-Provence 22 – Apt 35 – Avignon 75 – Cavaillon 45 –
  Manosque 35 – Salon-de-Provence 43.*

🏨 **Sevan,** rte Manosque Est : 1,5 km 🕿 04 90 79 19 30, Fax 04 90 79 35 77, ≤, 😭, ⅁, ⁇,
  ⁇ – 🛗 🖵 ☎ ⅍ 🄿 – 🏊 100. ⅍ ⓪ GB
  fermé 4 au 31 janv. – L'Olivier 🕿 04 90 79 08 19 *(fermé lundi sauf juil.-août)* **Repas**
  135/185, enf.90 – ☷ 48 – **36 ch** 435/650 – ½ P 440/465.

🍴 **Le Boulevard,** 50 bd Pecout 🕿 04 90 09 69 31, Fax 04 90 09 09 48 – 🍽. ⅍ GB
🍽 *fermé 24 août au 11 sept., vacances de fév., dim. soir et merc. –* **Repas** 98 (déj.), 140/190.

  FIAT Gar. Moullet, 159 bd J.B.-Pecout   ROVER Gar. Staiano, ZA rte d'Aix
  🕿 04 90 79 01 70   🕿 04 90 79 20 02
  RENAULT Gar. SEPAL, rte d'Aix-en-Provence N 556
  🕿 04 90 79 09 66   ⓦ Meysson-Pneu, Point S, rte d'Aix-en-
  ROVER Gar. Staiano, D 9 à Sannes   Provence 🕿 04 90 79 07 31
  🕿 02 99 77 75 61

PESMES *70140 H.-Saône* 🔢 ⑭ *G. Jura– 1 006 h alt. 205.*
  Paris 361 – Besançon 40 – Dijon 50 – Dole 25 – Gray 20.

🍴 **France** ⅍ avec ch, 🕿 03 84 31 20 05, ⁇ – 🖵 ☎ ⅍ 🄿. GB
  Repas 90 bc/170 ⅍ – ☷ 35 – **10 ch** 200/240 – ½ P 220.

PESSAC *33 Gironde* 🔢 ⑨ *– rattaché à Bordeaux.*

PETIT-CLAMART *92 Hauts-de-Seine* 🔢 ⑩, 🔢 ⑭ *– voir à Paris, Environs.*

PETITE-FORÊT *59 Nord* 🔢 ④ *– rattaché à Valenciennes.*

La PETITE-PIERRE *67290 B.-Rhin* 🔢 ⑰ *G. Alsace Lorraine– 623 h alt. 340.*
  *Paris 434 – Strasbourg 57 – Haguenau 43 – Sarrebourg 32 – Sarreguemines 49 – Sarre-
  Union 25.*

🏨 **La Clairière** Ⓜ ⅍, rte d'Ingwiller (D 7) : 1,5 km 🕿 03 88 71 75 00, Fax 03 88 70 41 05, 😭,
  🛁, ⅁ – 🛗 🖵 ☎ ⅍ 🄿 – 🏊 30 à 100. ⅍ ⓪ GB
  Repas 132/335, enf. 68 – ☷ 48 – **50 ch** 400/550 – ½ P 403/543.

🏨 **Aux Trois Roses** ⅍, 🕿 03 88 89 89 00, Fax 03 88 70 41 28, ≤, 😭, ⅁, ⁇, ⁇ – 🛗
  🍽 rest 🖵 ☎ – 🏊 30. ⅍ GB
  Repas 98/265 ⅍, enf. 55 – ☷ 53 – **43 ch** 275/590 – ½ P 290/460.

🏨 **Vosges,** 🕿 03 88 70 45 05, Fax 03 88 70 41 13, ≤, 🛁, ⁇ – 🛗 🍽 rest 🖵 ☎ ⅍ 🄿 – 🏊 25.
  GB ⒿⒸⒷ
  fermé 20 nov. au 15 déc. – **Repas** 100/280 ⅍, enf. 65 – ☷ 50 – **32 ch** 290/490 – ½ P 470.

🏨 **Lion d'Or,** 🕿 03 88 70 45 06, Fax 03 88 70 45 56, 😭, ⅁, ⁇, ⁇ – 🛗 🍽 rest 🖵 ☎ ⅍ 🄿.
  GB
  fermé janv. – **Repas** 98/320 ⅍, enf. 65 – ☷ 50 – **40 ch** 290/450 – ½ P 370/400.

à l'Étang d'Imsthal *Sud-Est : 3,5 km par D 178 –* ✉ *67290 La Petite-Pierre :*

🏨 **Aub. d'Imsthal** ⅍, 🕿 03 88 01 49 00, Fax 03 88 70 40 26, ≤, 😭, 🛁, ⁇ – 🛗 🖵 ☎ 🄿 –
🍴 🏊 25. ⅍ ⓪ GB ⒿⒸⒷ. ⁇ rest
  Repas 85/240 ⅍ – ☷ 50 – **23 ch** 240/640 – ½ P 300/500.

à Graufthal *Sud-Ouest : 11 km par D 178 et D 122 –* ⊠ *67320 :*

🏠 **Vieux Moulin** ⤫, ☎ 03 88 70 17 28, Fax 03 88 70 11 25, ≤, 佘, 屛 – 🆃 ☎ 🕭 🅿. 🖼
fermé 6 au 21 oct. et 12 janv. au 3 fév. – **Repas** *(fermé lundi soir et mardi)* 49 (déj.), 125/189 ⑂, enf. 40 – ⌸ 29 – **14 ch** 210/360 – ½ P 240/305.

RENAULT Gar. Letscher, 68 r. Division Leclerc à Petersbach ☎ 03 88 70 45 53 Ⓝ ☎ 03 88 70 45 53

Le PETIT-PRESSIGNY *37350 I.-et-L.* 🔢 ⑤ *– 394 h alt. 80.*
Paris 287 – Poitiers 74 – Le Blanc 40 – Châtellerault 37 – Châteauroux 71 – Tours 61.

ⵣⵣⵣ **La Promenade** (Dallais), ☎ 02 47 94 93 52, Fax 02 47 91 06 03 – 🔲. 🖼
❄ *fermé 22 sept. au 7 oct., 5 au 27 janv., dim. soir et lundi –* **Repas** 140/380 et carte 260 à 360
Spéc. Bouillon de carottes aux fèves, sariette et lard. Lièvre à la royale (saison). Géline de Touraine au citron et beurre d'écrevisses. **Vins** Touraine blanc et rouge.

Le PETIT QUEVILLY *76 S.-Mar.* 🔢 ⑥ *– rattaché à Rouen.*

PETRETO-BICCHISANO *2A Corse-du-Sud* 🔢 ⑰ *– voir à Corse.*

PEYRAT-LE-CHÂTEAU *87470 H.-Vienne* 🔢 ⑲ *G. Berry Limousin – 1 194 h alt. 426.*
Paris 402 – Limoges 53 – Aubusson 45 – Guéret 52 – Tulle 79 – Ussel 78 – Uzerche 62.

🏠 **Aub. Bois de l'Étang**, ☎ 05 55 69 40 19, Fax 05 55 69 42 93, 屛 – 🔳 rest ☎ 🅿 – 🔬 40.
🖭 🖼
fermé 15 déc. au 20 janv., dim. soir et lundi du 15 nov. au 31 mars – **Repas** 75/195 ⑂, enf. 45
– ⌸ 30 – **28 ch** 160/280 – ½ P 170/230.

🏠 **Bellerive**, ☎ 05 55 69 40 67, Fax 05 55 69 47 96, ≤ – ⇆ ☎ 🕭 ⇜ 🅿. 🖼
21 mars-11 nov. et fermé dim. soir et lundi du 1ᵉʳ oct. au 30 avril sauf fériés – **Repas** 69 (déj.),
95/245 ⑂, enf. 50 – ⌸ 35 – **10 ch** 220/250 – ½ P 190/245.

🏠 **Voyageurs**, ☎ 05 55 69 40 02, Fax 05 55 69 49 69 – ☎ 🅿. 🖼. ⚘
🍽 *mars-sept. –* **Repas** 75/140 ⑂ – ⌸ 35 – **14 ch** 170/280 – ½ P 200/240.

au Lac de Vassivière ⋆⋆ – ⊠ *87470 Peyrat-le-Château.*
Voir Centre d'art contemporain de l'île de Vassivière ⋆⋆.

🏠 **Golf du Limousin** ⤫, ☎ 05 55 69 41 34, Fax 05 55 69 49 16, 佘, 屛 – 🆃 ☎ 🅿. 🖼.
🍽 ⚘ rest
23 mars-fin oct. – **Repas** 85/160 ⑂, enf. 55 – ⌸ 34 – **18 ch** 215/270 – ½ P 230/252.

PEYREHORADE *40300 Landes* 🔢 ⑦ ⑰ *G. Pyrénées Aquitaine – 3 056 h alt. 19.*
🅱 *Office de Tourisme promenade Sablot ☎ 05 58 73 00 52.*
*Paris 756 – Biarritz 53 – Bayonne 42 – Cambo-les-Bains 47 – Dax 25 – Oloron-Ste-Marie 63 –
Pau 79.*

🏠 **Central** 🅼, pl. A. Briand ☎ 05 58 73 03 22, Fax 05 58 73 17 15 – 🛗 🆃 ☎ – 🔬 25. 🖭 ⓞ
🖼
fermé 10 au 25 mars, 22 au 30 déc., dim. soir et lundi sauf juil.-août – **Repas** 110/220 –
⌸ 40 – **16 ch** 300/350 – ½ P 370.

PEUGEOT Gar. Lannot-Vergé, ☎ 05 58 73 00 29

PEYRENS *11 Aude* 🔢 ⑳ *– rattaché à Castelnaudary.*

PÉZENAS *34120 Hérault* 🔢 ⑮ *G. Gorges du Tarn* (plan) *– 7 613 h alt. 15.*
Voir Vieux Pézenas ⋆⋆ : Hôtels de Lacoste⋆, d'Alfonce⋆, de Malibran⋆.
🅱 *Office de Tourisme, pl. Gambetta ☎ 04 67 98 35 45, Fax 04 67 98 96 80.*
Paris 750 – Montpellier 52 – Agde 20 – Béziers 25 – Lodève 40 – Sète 37.

à Nézignan-l'Évêque *Sud : 5 km par N 9 et D 13 – 753 h. alt. 40 –* ⊠ *34120 Pézenas :*

🏠 **Host. de St-Alban** 🅼 ⤫, 31 rte Agde ☎ 04 67 98 11 38, Fax 04 67 98 91 63, 佘, 🏊,
屛, 🍽 – 🆃 ☎ 🕭 🅿. 🖼. ⚘
Repas 145/300, enf. 55 – ⌸ 60 – **14 ch** 350/530 – ½ P 450/520.

au Nord-Est *11 km par N 9, N 113 et D 32 –* ⊠ *34230 Paulhan :*

🏠 **Château de Rieutort** ⤫, ☎ 04 67 25 00 61, Fax 04 67 25 29 92, 佘, parc, « Ancienne
demeure de maître », 🏊 – 🆃 ☎ 🅿. 🖼. ⚘ ch
24 mars-31 oct. – **Repas** (dîner seul.)(résidents seul.) 150 – ⌸ 50 – **7 ch** 380/510 –
½ P 400/460.

CITROEN Gar. Tressol, Rd-Pt d'Agde
☎ 04 67 90 43 00
PEUGEOT Gd Gar. Piscenois, 36 av. de Verdun
☎ 04 67 98 32 32 🅽 ☎ 04 67 98 32 32
RENAULT Occitane Autos, N 113, rte de Béziers par
② ☎ 04 67 98 97 73 🅽 ☎ 08 00 05 15 15

🕔 Gautrand-Pneus Vulco, 26 av. de Verdun
☎ 04 67 98 12 17

PÉZENS 11 Aude 🎯 ⑫ – rattaché à Carcassonne.

PFAFFENHOFFEN 67350 B.-Rhin 🎯 ⑱ G. Alsace Lorraine – 2 285 h alt. 170.
Voir Musée de l'Imagerie peinte et populaire alsacienne★.
Paris 469 – Strasbourg 36 – Haguenau 16 – Sarrebourg 51 – Sarre-Union 51 – Saverne 29.

XX **A l'Agneau** avec ch, ☎ 03 88 07 72 38, Fax 03 88 72 20 24, 🏠, 🌳 – 🕿 🚗. 🏧 🛥
fermé 22 juil. au 15 août et lundi – **Repas** 70 (dîner), 150/350 ⅃ – 🍽 35 – **17 ch** 130/250 –
½ P 230/300.
RENAULT Gar. Keller, ☎ 03 88 07 71 01

PHALSBOURG 57370 Moselle 🎯 ⑰ G. Alsace Lorraine – 4 189 h alt. 365.
🅱 Office de Tourisme r. Lobau ☎ 03 87 24 29 97, Mairie ☎ 03 87 24 12 26.
Paris 435 – Strasbourg 60 – Metz 107 – Sarrebourg 16 – Sarreguemines 50.

🏨 **Erckmann-Chatrian**, pl. d'Armes ☎ 03 87 24 31 33, Fax 03 87 24 27 81, 🏠 – 📺 🕿 –
🏨 25. 🏧
Repas (fermé mardi midi et lundi) 58/255 ⅃ – 🍽 37 – **18 ch** 210/290.

XXX **Au Soldat de l'An II** (Schmitt), 1 rte Saverne ☎ 03 87 24 16 16, Fax 03 87 24 18 18, 🏠 –
❀ 🏧
fermé 18 au 29 août, 4 au 14 nov., 6 au 23 janv., dim. soir et lundi – **Repas** 185 bc/440 et
carte 340 à 450 ⅃, enf. 85
Spéc. Millefeuille de sandre et saumon. Baeckeoffe de chevreuil aux truffes (juin à fév.).
Mirabelle soufflée. Vins Muscat d'Alsace, Moselle.

à Bonne-Fontaine Est : 4 km par N 4 et rte secondaire – ✉ 57370 Phalsbourg :

🏨 **Notre-Dame** ⅋, ☎ 03 87 24 34 33, Fax 03 87 24 24 64, ≤, 🏴 – 🗘 📺 🕿 ✆ ❀ 🅿 – 🏨 40.
🏧 ① 🏧
fermé 5 au 25 janv. – **Repas** 85/260 bc ⅃, enf. 57 – 🍽 42 – **34 ch** 260/450 – ½ P 285/345.
PEUGEOT Gar. Klein, 6 r. 23 Novembre ☎ 03 87 24 35 36 🅽 ☎ 03 87 24 24 24

PHILIPPSBOURG 57230 Moselle 🎯 ⑱ – 504 h alt. 215.
Paris 452 – Strasbourg 60 – Haguenau 29 – Wissembourg 46.

XX **Tilleul,** ☎ 03 87 06 50 10, Fax 03 87 06 58 89, 🌳 – 🅿. 🏧 ① 🏧
fermé 18 janv. au 12 fév., mardi soir et merc. – **Repas** 62 (déj.), 98/300 ⅃, enf. 50.

à l'étang de Hanau Nord-Ouest : 5 km par N 62 et rte secondaire – ✉ 57230 Philippsbourg.
Voir Étang★, G. Alsace Lorraine.

🏨 **Beau Rivage** 🅼 ⅋, ☎ 03 87 06 50 32, Fax 03 87 06 57 46, ≤, 🏠, 🛁, 🏴, 🚣 – 📺 🕿 ❀
🅿 – 🏨 25. 🏧
fermé fév. – **Repas** (fermé lundi) 50/90 ⅃, enf. 50 – 🍽 40 – **28 ch** 210/380 – ½ P 300/340.

PIANA 2A Corse-du-Sud 🎯 ⑮ – voir à Corse.

Le PIAN-MÉDOC 33290 Gironde 🎯 ⑧ – 5 078 h alt. 36.
Paris 596 – Bordeaux 25 – Lesparre-Médoc 54.

🏨 **Pont Bernet**, à Louens ☎ 05 56 70 20 19, Fax 05 56 70 22 90, 🏠, parc, 🏊, 🎾 – 📺 🕿 ❀
🅿 – 🏨 30. 🏧 ① 🏧
Repas (fermé dim. soir et lundi de nov. à avril) 95 (déj.), 158/300, enf. 50 – 🍽 45 – **18 ch** 310
– ½ P 330.

PICHERANDE 63113 P.-de-D. 🎯 ⑬ – 491 h alt. 1116.
Paris 483 – Clermont-Ferrand 65 – Issoire 49 – Le Mont-Dore 30.

🏔 **Central Hôtel**, ☎ 04 73 22 30 79, Fax 04 73 22 37 02 – 🏧
fermé 30 sept. au 1er déc. – **Repas** 70/150 ⅃ – 🍽 25 – **16 ch** 80/150 – ½ P 160.

PIERRE-BÉNITE 69 Rhône 🎯 ⑪,, 🎯 ㉔ – rattaché à Lyon.

PIERRE-DE-BRESSE 71270 S.-et-L. **70** ③ G. Bourgogne – 1 981 h alt. 202.

Voir Château★.

Paris 355 – Chalon-sur-Saône 42 – Beaune 48 – Dole 35 – Lons-le-Saunier 37.

☟ **Poste**, face Château ℘ 03 85 76 24 47 – ☎ **P**. GB
fermé janv. – **Repas** 70 (déj.), 90/230 ⅙ – ⌷ 28 – **13 ch** 150/265 – ½ P 185/230.

à Charette Nord-Ouest : 6,5 km par D 73 – 316 h. alt. 182 – ⊠ 71270 :

🏨 **Doubs Rivage** ⌂, ℘ 03 85 76 23 45, Fax 03 85 72 89 18, 佥, 爫 – ☎ **P**. GB
fermé 20 déc. au 8 janv., fév., dim. soir et lundi sauf juil.-août – **Repas** 87/240 ⅙, enf. 50 –
⌷ 38 – **10 ch** 180/240 – ½ P 240/260.

PIERREFEU 06910 Alpes-Mar. **81** ⑳, **115** ⑮ – 207 h alt. 690.

Paris 866 – Antibes 54 – Castellane 67 – Grasse 72 – Nice 48 – St-Martin-Vésubie 56.

X **Le Baous Redou**, à Vieux Pierrefeu 4,5 km ℘ 04 93 08 54 41
fermé merc. sauf juil.-août et jeudi – **Repas** (prévenir)(menu unique) 110/130 ⅙.

PIERREFITTE-SUR-SAULDRE 41300 L.-et-Ch. **64** ⑳ – 835 h alt. 125.

Paris 185 – Bourges 55 – Orléans 52 – Aubigny-sur-Nère 23 – Blois 73 – Salbris 13.

XX **Lion d'Or**, ℘ 02 54 88 62 14, Fax 02 54 88 62 14, « Cadre rustique », 爫 – GB
fermé 4 au 14 mars, 1ᵉʳ au 18 sept., lundi et mardi – **Repas** 132/250.

PIERREFONTAINE-LES-VARANS 25510 Doubs **66** ⑰ – 1 505 h alt. 695.

Paris 456 – Besançon 51 – Montbéliard 52 – Morteau 30 – Pontarlier 46.

X **Commerce** avec ch, ℘ 03 81 56 10 50, Fax 03 81 56 01 89 – TV ☎. GB
fermé 20 déc. au 20 janv., dim. soir et lundi sauf juil.-août – **Repas** 60/180 ⅙ – ⌷ 33 – **10 ch**
110/260 – ½ P 220/250.

PIERREFORT 15230 Cantal **76** ⑬ – 1 017 h alt. 950.

Paris 548 – Aurillac 64 – Entraygues-sur-Truyère 54 – Espalion 60 – St-Chély-d'Apcher 60 –
St-Flour 32.

🏨 **Midi** M, ℘ 04 71 23 30 20, Fax 04 71 23 39 34 – TV ☎ ⌫. GB. ⌖ rest
Repas 75/160 ⅙ – ⌷ 30 – **13 ch** 270/280 – ½ P 270/290.

PIERRELATTE 26700 Drôme **81** ① – 11 770 h alt. 50.

🛈 Office de Tourisme pl. Champs-de-Mars ℘ 04 75 04 07 98, Fax 04 75 98 40 65.
Paris 626 – Bollène 16 – Montélimar 22 – Nyons 45 – Orange 34 – Pont-St-Esprit 17 –
Valence 67.

🏨 **Centre** sans rest, 6 pl. Église ℘ 04 75 04 28 59, Fax 04 75 98 83 29 – ⌷ TV ☎ **P**. GB
⌷ 35 – **27 ch** 160/285.

🏨 **Tricastin** sans rest, r. Caprais-Favier ℘ 04 75 04 05 82 – TV ☎ ⌫ **P**. GB
⌷ 30 – **13 ch** 224/249.

XX **Les Recollets**, 6 pl. Église ℘ 04 75 96 83 10, Fax 04 75 96 46 18 – ▤ **P**. AE ① GB
fermé 4 au 28 août, vacances de fév., vend. soir et sam. – **Repas** 82/142, enf. 40.

PEUGEOT Gar. du Midi, rte de St-Paul   ⓦ Jérome Pneus, Quartier Beauregard, N 7
℘ 04 75 04 00 27   ℘ 04 75 04 29 76

PIETRANERA 2B H.-Corse **90** ② ③ – voir à Corse (Bastia).

Le PIGEON 46 Lot **75** ⑱ – rattaché à Souillac.

PILAT-PLAGE 33 Gironde **78** ⑫ – voir à Pyla-sur-Mer.

Le PIN-LA-GARENNE 61 Orne **60** ④ – rattaché à Mortagne-au-Perche.

PINSOT 38 Isère **77** ⑥ – rattaché à Allevard.

PIOGGIOLA 2B H.-Corse **90** ⑬ – voir à Corse.

PIRIAC-SUR-MER *44420 Loire-Atl.* **63** ⑬ *G. Bretagne – 1 442 h alt. 7.*

Voir *Pointe du Castelli* ≤* *SO : 1 km.*

Paris 468 – Nantes 95 – La Baule 20 – La Roche-Bernard 33 – St-Nazaire 33.

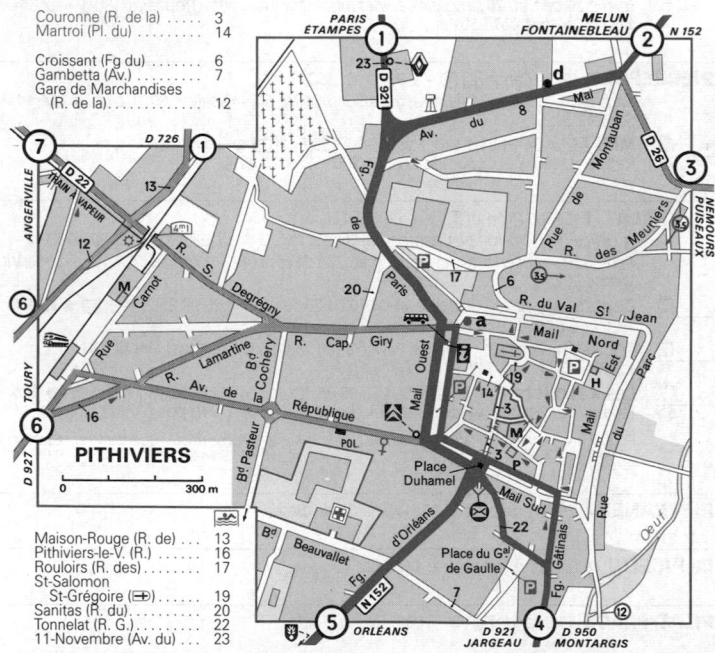

Poste, 26 r. Plage ℰ 02 40 23 50 90, Fax 02 40 23 68 96 – ☎, ᴀᴇ ☙
hôtel : 25 mars-11 nov. ; rest. : fin avril-début oct. et fermé lundi en mai – **Repas** 80/225 –
☲ 37 – **15 ch** 230/320 – ½ P 245/290.

PISIEU *38270 Isère* **77** ② – *362 h alt. 400.*

*Paris 518 – Annonay 44 – Grenoble 67 – Romans-sur-Isère 45 – Tournon-sur-Rhône 58 –
Vienne 29.*

✗ **Aub. de Pisieu,** ℰ 04 74 84 57 94 – ▤. ☙
fermé mardi soir et merc. sauf fériés – **Repas** 55 bc (déj.), 90/160 ₰, enf. 40.

PISSOS *40410 Landes* **78** ④ *G. Pyrénées Aquitaine – 970 h alt. 46.*

Paris 660 – Mont-de-Marsan 54 – Biscarrosse 33 – Bordeaux 83 – Castets 62 – Mimizan 51.

✗ **Café de Pissos** avec ch, ℰ 05 58 08 90 16, Fax 05 58 08 96 89, 숇 – ᴘ, ☙
fermé 15 au 30 nov., mardi soir et merc. sauf juil.-août – **Repas** 75 (déj.), 100/240 – ☲ 35 –
5 ch 210/300 – ½ P 200/230.

PITHIVIERS ◁ꜱ⊳ *45300 Loiret* **60** ⑳ *G. Châteaux de la Loire – 9 327 h alt. 115.*

🖪 *Office de Tourisme Mail-Ouest Gare Routière* ℰ 02 38 30 50 02, Fax 02 38 30 55 00.

*Paris 82 ① – Fontainebleau 45 ② – Orléans 44 ⑤ – Chartres 74 ⑥ – Châteaudun 76 ⑥ –
Montargis 45 ④.*

Couronne (R. de la) 3
Martroi (Pl. du) 14

Croissant (Fg du) 6
Gambetta (Av.) 7
Gare de Marchandises
(R. de la) 12

Maison-Rouge (R. de) . . . 13
Pithiviers-le-V. (R.) 16
Rouloirs (R. des) 17
St-Salomon
St-Grégoire (➡) 19
Sanitas (R. du) 20
Tonnelat (R. G.) 22
11-Novembre (Av. du) . . . 23

🖪 **Relais Saint-Georges,** av. du 8 Mai **(d)** ℰ 02 38 30 40 25, Fax 02 38 30 09 05, 춙 – ⭲
ᴛᴠ ☎ ♿ ᴘ – 🕿 25. ᴀᴇ ⓞ ☙
Repas (fermé dim. et soirs fériés) 75 (dîner), 98/140 ₰, enf. 50 – ☲ 36 – **42 ch** 280/360 –
½ P 248/288.

✗✗ **Aux Remparts,** 2 Mail Nord **(a)** ℰ 02 38 30 34 99, Fax 02 38 30 64 52 – ☙
fermé 22 au 28 déc., lundi soir, mardi soir et merc. – **Repas** 100 bc (déj.), 115/250.

CITROEN Gar. Molvaut, 6 av. République
☎ 02 38 30 19 22
PEUGEOT Gar. Balançon-Malidor, 76 fg d'Orléans
par ⑤ ☎ 02 38 34 53 53
RENAULT Beauce Gâtinais Autom., av. 11 Novembre ☎ 02 38 34 51 34
VAG Gar. Delafoy-Caillette, rte d'Etampes
☎ 02 38 30 16 05

ⓘ Euromaster, r. Gare de Marchandises
☎ 02 38 30 20 08
Euromaster, à Toury ☎ 02 37 90 51 61

PIZAY 69 Rhône **74** ①., **110** ⑦ – rattaché à Belleville.

La PLAGNE 73 Savoie **74** ⑱ G. Alpes du Nord – Sports d'hiver : 1 250/3 250 m ✠ 9 ✠ 104 ✠ – ✉ 73210 Macot-La-Plagne.

Voir La Grande Rochette ✱✱ (accès par télécabine) – Télécabine de Bellecôte ≤✱✱ à Plagne-Bellecôte E : 3 km.

🛈 Office du Tourisme le Chalet ☎ 04 79 09 79 79, Fax 04 79 09 70 10.
Paris 639 – Albertville 56 – Bourg-St-Maurice 22 – Chambéry 103 – Moûtiers 29.

🏨 **Graciosa** ⌂, ☎ 04 79 09 00 18, Fax 04 79 09 04 08, ≤ – □ ☎ Ⓟ. ⓪ GB Ⓦ. 🍴 rest
hôtel : juil.-août et déc.-avril ; rest : déc.-avril – **Repas** 175 (déj.), 185/235 – ⊡ 52 – **14 ch** 480/520 – ½ P 580.

La PLAINE-SUR-MER 44770 Loire-Atl. **67** ① – 2 104 h alt. 26.
Paris 444 – Nantes 58 – Pornic 9 – St-Michel-Chef-Chef 7 – St-Nazaire 28.

🏨 **Anne de Bretagne** Ⓜ ⌂, au Port de Gravette Nord-Ouest : 3 km ☎ 02 40 21 54 72, Fax 02 40 21 02 33, ≤, 斎, ⌂, 帚, 🍽 – □ ☎ Ⓟ – ⓐ 30. ⓐ GB
fermé 5 janv. au 27 fév. – **Repas** (fermé lundi midi du 15 mai au 15 sept., dim. soir et lundi du 15 sept. au 15 mai) 99/340, enf. 75 – ⊡ 53 – **25 ch** 375/625 – ½ P 440/565.

PLAISANCE 12550 Aveyron **83** ② – 228 h alt. 400.
Paris 723 – Albi 43 – Millau 69 – Rodez 73.

🍴🍴 **Les Magnolias** ⌂ avec ch, ☎ 05 65 99 77 34, Fax 05 65 99 70 57, 斎, 帚 – □ ☎. ⓐ GB
1er avril-31 déc. et fermé lundi du 15 oct. à déc. – **Repas** 68/300 – ⊡ 48 – **6 ch** 260/350 – ½ P 260/280.

PLAISANCE 32160 Gers **82** ③ – 1 657 h alt. 131.
Paris 752 – Auch 59 – Mont-de-Marsan 61 – Pau 61 – Aire-sur-l'Adour 30 – Condom 65 – Tarbes 45.

🍴🍴 **Ripa Alta** avec ch, pl. Église ☎ 05 62 69 30 43, Fax 05 62 69 36 99 – □ ☎ Ⓟ. ⓐ ⓪ GB
Repas (fermé lundi midi du 15 sept. au 15 mai) 78/198 ♪ – ⊡ 35 – **13 ch** 170/330 – ½ P 230/260.

CITROEN Gar. Lenfant, ☎ 05 62 69 32 13

PLAISIANS 26170 Drôme **81** ③ – 157 h alt. 612.
Paris 693 – Carpentras 45 – Nyons 34 – Vaison-la-Romaine 26.

🍴 **La Clue,** pl. Église ☎ 04 75 28 01 17, Fax 04 75 28 29 17, 斎 – ■ Ⓟ
1er avril-30 sept., week-ends et fériés du 2 nov. au 31 mars et fermé lundi – **Repas** 125/150.

PLANCOËT 22130 C.-d'Armor **59** ⑤ – 2 507 h alt. 41.
Paris 417 – St-Malo 27 – Dinan 17 – Dinard 22 – St-Brieuc 45.

🍴🍴🍴 **Jean-Pierre Crouzil** Ⓜ avec ch, ☎ 02 96 84 10 24, Fax 02 96 84 01 93, 斎, « Belle décoration intérieure », 帚 – ■ rest □ ☎ Ⓟ – ⓐ 25. ⓐ GB. 🍴 ch
⌘⌘ fermé 8 au 30 janv., dim. soir et lundi d'oct. à avril – **Repas** (fermé dim. soir sauf juil.-août et lundi) (week-ends prévenir) 150 (déj.), 230/500 et carte 340 à 450 – ⊡ 68 – **7 ch** 650/950 – ½ P 480/750
Spéc. Huîtres chaudes et glacées au sabayon de vouvray à la carotte. Homard breton brûlé au lambic. Filet de turbot fourré de crabe.

ⓘ Emeraude Pneumatiques, ☎ 02 96 84 11 82

A good moderately priced meal : ⒪ **Repas** 100/130

PLAN-D'AUPS 83640 Var 🟦 ⑭, 🔢 ㉚ G. Provence – 361 h alt. 670.
  🅱 Syndicat d'Initiative ℰ 04 42 04 50 10.
  Paris 799 – Marseille 44 – Aix-en-Provence 46 – Brignoles 36 – Toulon 75.

  🏠 **Lou Pebre d'Aï** ⌂, ℰ 04 42 04 50 42, Fax 04 42 62 55 52, 😃, ⤴, 🖼 – 📺 ☎ ⅙ 🅿 ⯐ Ⓞ GB
  fermé 2 janv. au 10 fév., mardi soir et merc. hors sais. – **Repas** 100/280, enf. 65 – ⯐ 35 –
  12 ch 270/390 – ½ P 280/340.

PLAN-DE-CUQUES 13 B.-du-R. 🟦 ⑬, , 🔢 ㉘ – rattaché à Marseille.

PLAN-DE-LA-TOUR 83120 Var 🟦 ⑰, 🔢 ㊱ – 1 991 h alt. 69.
  Paris 861 – Fréjus 30 – Cannes 75 – Draguignan 37 – St-Tropez 19 – Ste-Maxime 9.

  🏠 **Mas des Brugassières** ⌂ sans rest, Sud : 1,5 km par rte Grimaud ℰ 04 94 43 72 42,
  Fax 04 94 43 00 20, ⤴, 🖼, 🏊 – ⅙ ☎ 🅿 GB
  15 mars-15 oct. – ⯐ **40** – **14 ch** 480/550.

  ✕ **Au Vieux Moulin,** ℰ 04 94 43 02 07, 😃 – ▤. ⓄGB
  1ᵉʳ mars-fin oct. et fermé merc. sauf juil.-août – **Repas** 135.

à **Courruero** Sud : 3,5 km par rte Grimaud – ✉ 83120 Plan de la Tour :

  🏠 **Parasolis** ⌂ sans rest, ℰ 04 94 43 76 05, Fax 04 94 43 77 09, ≼, ⤴, 🖼 – ⅙ ☎ 🅿 ⯐
  15 mars-15 oct. – ⯐ 39 – **9 ch** 390/550, 3 studios.

PLAN-D'ORGON 13750 B.-du-R. 🟦 ① – 2 294 h alt. 85.
  Paris 699 – Avignon 23 – Aix-en-Provence 61 – Arles 39 – Marseille 78 – Nîmes 56.

  🏠 **Flamant Rose** ⌂, rte St-Rémy ℰ 04 90 73 10 17, Fax 04 90 73 19 61, 😃, ⤴, 🖼 –
  ▤ rest 📺 ☎ 🅿 GB. ⯐
  ferméjanv. et fév. – **Repas** (fermé merc. midi de nov. à mars) 69/165 ⅋, enf. 48 – ⯐ 35 –
  28 ch 210/330 – ½ P 268/298.

  ✕✕ **Les Grès Hauts,** rte Cavaillon, 2 km ℰ 04 90 73 19 12, 😃, ⤴, 🖼 – 🅿 GB
  fermé fév., sam. midi et merc. – **Repas** 115 (déj.), 155/320.

PLAN-DU-VAR 06 Alpes-Mar. 🟦 ⑲, 🔢 ⑯ – ✉ 06670 Levens.
  Voir Gorges de la Vésubie★★★ NE – Défilé du Chaudan★★ N : 2 km.
  Env. Bonson : site★, ≼★★ de la terrasse de l'église, retable de St-Benoît★ dans l'église NO :
  9 km, G. Côte d'Azur.
  Paris 868 – Antibes 39 – Cannes 49 – Nice 33 – Puget-Théniers 34 – St-Étienne-de-Tinée 61 –
  Vence 27.

  ✕✕ **Cassini,** rte Nationale ℰ 04 93 08 91 03, Fax 04 93 08 45 48, 😃 – ⯐ GB
  fermé 9 au 23 juin, 3 au 8 fév., dim. soir et lundi sauf juil.-août – **Repas** 130/195 ⅋, enf. 60.

PLAPPEVILLE 57 Moselle 🟥 ⑬ – rattaché à Metz.

PLATEAU D'ASSY 74480 H.-Savoie 🟥 ⑧ G. Alpes du Nord.
  Voir ☀★★★ – Église★ : décoration★★ – Pavillon de Charousse ☀★★ O : 2,5 km puis 30 mn –
  Lac Vert★ NE : 5 km.
  Env. Plaine-Joux ≼★★ NE : 5,5 km.
  🅱 Office de Tourisme av. J.-Arnaud ℰ 04 50 58 80 52, Fax 04 50 93 83 74.
  Paris 601 – Chamonix-Mont-Blanc 29 – Annecy 83 – Bonneville 44 – Megève 22 –
  Sallanches 12.

  🏠 **Tourisme** sans rest, ℰ 04 50 58 80 54, Fax 04 50 93 82 11, ≼, 🖼 – ☎ 🅿 GB
  fermé 15 au 30 juin, 15 au 30 oct. et lundi – ⯐ 28 – **15 ch** 130/260.

  PEUGEOT Gar. Legon, à Passy ℰ 04 50 78 33 74   RENAULT Gar. Ducoudray, à Chedde Passy
                                                        ℰ 04 50 78 33 77

PLÉNEUF-VAL-ANDRÉ 22370 C.-d'Armor 🟦 ④ – 3 600 h alt. 52 – Casino au Val-André.
  🏌 Pléneuf Val André ℰ 02 96 63 01 12.
  Paris 447 – St-Brieuc 28 – Dinan 43 – Erquy 9 – Lamballe 16 – St-Cast 30 – St-Malo 53.

au **Val-André** Ouest : 2 km, G. Bretagne – ✉ 22370 Pléneuf-Val-André.
  Voir Pointe de Pléneuf★ N 15 mn – Le tour de la Pointe de Pléneuf ≼★★ N 30 mn.
  🅱 Office de Tourisme 1 r. W.-Churchill ℰ 02 96 72 20 55.

Gd H. du Val André ⚓, r. Amiral Charner 𝄞 02 96 72 20 56, Fax 02 96 63 00 24, ≤ – ▮ ⟡⟡ 📺 ☎ 🅿 – 🛁 30. GB. ✵ rest
hôtel : 15 mars-12 nov. ; rest. : 30 avril-28 sept. et fermé mardi midi et lundi sauf juil.-août –
Repas 105/205, enf. 63 – ⌑ 49 – **39 ch** 375/425 – ½ P 378/418.

Clemenceau sans rest, 131 r. Clemenceau 𝄞 02 96 72 23 70 – ▮ 📺 ☎ 🅿. GB
fermé 17 au 30 mars et du 10 au 20 oct. – ⌑ 34 – **23 ch** 270/300.

Casino ⚓ sans rest, 10 r. Ch. Cotard 𝄞 02 96 72 20 22 – ☎ 🅿. ✵
Pâques-15 oct. – ⌑ 30 – **15 ch** 158/280.

Au Biniou, 121 r. Clemenceau 𝄞 02 96 72 24 35, Fax 02 96 63 03 23 – GB
fermé 2 au 31 janv., mardi soir et merc. hors sais. – **Repas** 90/200, enf. 50.

Mer avec ch, r. Amiral Charner 𝄞 02 96 72 20 44, Fax 02 96 72 85 72 – ☎ ⚒ 🅿. AE GB
fermé 15 nov. au 4 déc., 10 au 31 janv. et mardi du 15 oct. au 31 mars – **Repas** 69 (déj.), 89/265, enf. 45 – ⌑ 29 – **13 ch** 140/270 – ½ P 310.

Annexe Nuit et Jour 🏠 sans rest, – cuisinette 📺 ☎ ⚒ 🅿. AE GB
⌑ 29 – **8 ch** 270/300.

PLESSIS-PICARD *77 S.-et-M.* **61** ① ②., **106** ㉝ – *rattaché à Melun.*

PLESTIN-LES-GRÈVES *22310 C.-d'Armor* **58** ⑦ *G. Bretagne – 3 237 h alt. 45.*
Voir *Lieue de Grève★ – Corniche de l'Armorique★ N : 2 km.*
🄱 *Office de Tourisme à la Mairie* 𝄞 02 96 35 61 93.
Paris 529 – Brest 78 – Guingamp 46 – Lannion 18 – Morlaix 21 – St-Brieuc 78.

Côtes d'Armor, rte Corniche Nord : 4 km par D 42 𝄞 02 96 35 63 11, Fax 02 96 35 67 04, ≤, ✿ – 📺 ☎ 🅿. GB
15 mars-15 nov. – **Repas** *(fermé lundi sauf le soir en sais.)* 115/190 – ⌑ 42 – **20 ch** 330/370 – ½ P 335/360.

PLEURS *51230 Marne* **61** ⑥ – *713 h alt. 90.*
Paris 125 – Troyes 54 – Châlons-en-Champagne 49 – Épernay 50 – Sézanne 14 – Vitry-le-François 56.

Paix avec ch, 𝄞 03 26 80 10 14, Fax 03 26 80 12 69 – 📺 ☎ 🅿. GB
fermé 19 juil. au 8 août, 15 au 28 fév., dim. soir et lundi – **Repas** 68/260 ⚖ – ⌑ 24 – **7 ch** 180 – ½ P 190.

PLÉVEN *22130 C.-d'Armor* **59** ⑤ – *578 h alt. 80.*
Voir *Ruines du château de la Hunaudaie★ SO : 4 km,* G. Bretagne.
Paris 423 – St-Malo 37 – Dinan 24 – Dinard 31 – St-Brieuc 38.

Manoir de Vaumadeuc ⚓, 𝄞 02 96 84 46 17, Fax 02 96 84 40 16, « Manoir du 15ᵉ siècle dans un parc » – ☎ 🅿. AE ⓞ GB. ✵ rest
fermé 5 janv. à Pâques – **Repas** *(résidents seul. d'oct. à juin) (ouvert juil.-sept.) (dîner seul.)(nombre de couverts limité, prévenir)* 190/295 – ⌑ 50 – **14 ch** 590/950 – ½ P 435/680.

PLEYBER-CHRIST *29410 Finistère* **58** ⑥ *G. Bretagne – 2 828 h alt. 131.*
Paris 548 – Brest 54 – Châteaulin 48 – Landivisiau 18 – Morlaix 11 – Quimper 67 – St-Pol-de-Léon 27.

Gare, 𝄞 02 98 78 43 76, Fax 02 98 78 49 78, ✿ – 📺 ☎ ⚒ 🅿. GB. ✵
fermé 20 déc. au 10 janv., sam. midi et dim. soir du 1ᵉʳ sept. au 15 juin – **Repas** 60 (déj.), 88/170 ⚖ – ⌑ 30 – **8 ch** 200/230 – ½ P 210.

PLOEMEUR *56270 Morbihan* **58** ⑫ – *17 637 h alt. 45.*
🏌 *de Ploemeur-Océan* 𝄞 02 97 32 81 82, O par D 162ᴱ : 8 km.
Paris 506 – Vannes 62 – Concarneau 51 – Lorient 6 – Quimper 67.

Les Astéries Ⓜ, 1 pl. FFL (près église) 𝄞 02 97 86 21 97, Fax 02 97 86 34 33 – ▮ 📺 ☎ & 🅿 – 🛁 50. GB. ✵ rest
fermé 24 déc. au 3 janv., sam. et dim. du 15 sept. au 15 juin – **Repas** 68/110 ⚖ – ⌑ 50 – **36 ch** 290/340 – ½ P 250/265.

à Lomener Sud : 4 km par D 163 – ⌧ 56270 Ploemeur :

 Le Vivier ⋙, ℰ 02 97 82 99 60, Fax 02 97 82 88 89, ≤ île de Groix – 🍽 rest 📺 ☎ ⇦ 🅿.
🆎 ⓪ ▦ ᴶᶜᴮ
fermé 1ᵉʳ au 21 janv. et dim. soir sauf du 1ᵉʳ mai au 31 août – **Repas** 110/350, enf. 70 – ⊏ 45
– **14 ch** 310/480 – ½ P 400/450.

PLOËRMEL 56800 Morbihan ⑥③ ④ – 6 996 h alt. 93.

☞ du Lac au Duc ℰ 02 97 73 64 65.

🚩 Office de Tourisme 5 r. du Val ℰ 02 97 74 02 70.

Paris 416 – Vannes 48 – Lorient 88 – Loudéac 43 – Rennes 69.

🏨 **Le Roi Arthur** 🅼 ⋙, au lac au Duc : 1,5 km par D 8 ℰ 02 97 73 64 64, Fax 02 97 73 64 50,
≤, 🍴, parc, « Au bord d'un lac et d'un golf », ℱ₅, ▨ – 🛗 cuisinette 🍽 rest 📺 ☎ ✆ ㊿ 🅿 –
🏌 '100. 🆎 ⓪ ▦
Repas (fermé dim. soir de nov. à mars) 110/198 – ⊏ 48 – **46 ch** 380/460, 12 duplex –
½ P 365/395.

CITROEN Gar. Payoux, ZI du Bois Vert
ℰ 02 97 74 05 07 🆖 ℰ 02 97 74 05 07
FORD Broceliande Auto., ZA du bois vert
ℰ 02 97 74 00 51
RENAULT Triballier Ploermel Autos, rte de Rennes
ℰ 02 97 74 01 66 🆖 ℰ 02 97 01 68 85

VAG Gar. Cedam, ZI Route de Rennes
ℰ 02 97 74 07 73

⑩ Ploermel pneus, ZI r. Thimonier
ℰ 02 97 93 62 62

PLOEUC-SUR-LIÉ 22150 C.-d'Armor ⑤⑧ ⑩ – 2 932 h alt. 207.

Paris 456 – St-Brieuc 22 – Lamballe 27 – Loudéac 24.

🏨 **Commerce,** ℰ 02 96 42 10 36, Fax 02 96 42 85 77, 🍴 – ☎. ▦
🍽 fermé 6 au 21 oct., dim. soir et lundi de nov. à fév. – **Repas** 65/148 ⅊, enf. 50 – ⊏ 28 – **42 ch**
200/230 – ½ P 210/235.

PLOGOFF 29770 Finistère ⑤⑧ ⑬ – 1 902 h alt. 70.

Paris 613 – Quimper 47 – Audierne 11 – Douarnenez 30 – Pont-l'Abbé 43.

🏨 **Ker-Moor,** rte Audierne : 2,5 km ℰ 02 98 70 62 06, Fax 02 98 70 32 69, ≤ – 📺 ☎ ✆ 🅿. 🆎
🍽 ▦
Repas 80/278 ⅊, enf. 50 – ⊏ 35 – **16 ch** 170/335 – ½ P 278/346.

PLOMBIÈRES-LES-BAINS 88370 Vosges ⑥② ⑯ G. Alsace Lorraine – 2 084 h alt. 429 – Stat.
therm. (2 avril-25 oct.) – Casino .

Voir La Feuillée Nouvelle ≤★ 5 km par ②.

🚩 Office de Tourisme 16 r. Stanislas ℰ 03 29 66 01 30, Fax 03 29 66 01 94.

Paris 380 ④ – Épinal 37 ④ – Belfort 74 ② – Gérardmer 42 ① – Vesoul 52 ② – Vittel 61 ④.

PLOMBIÈRES-LES-BAINS

Église (Pl. de l')	3
Français (Av. Louis)	4
Franche-Comté (Av. de)	5
Gaulle (Av. du Gén.-de)	8
Hôtel-de-Ville (Rue de l')	9
Léopold (Av. de l')	10
Liétard (R.)	13
Stanislas (R.)	16

Pour un bon usage
des plans de villes
voir les signes
conventionnels
dans l'introduction.

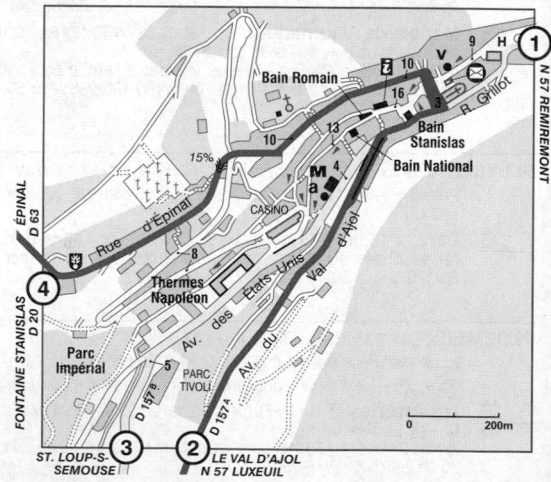

Beauséjour, 26 av. L. Français **(a)** ✆ 03 29 66 01 50, Fax 03 29 66 09 45, 🔥 – 🛏️ 🏊 📺 ☎. 🍽. ✂ rest
fermé 3 janv. au 15 fév., dim. soir et lundi d'oct. à avril – **Repas** 115/215 🍷 – ☲ 40 – **23 ch** 205/355 – ½ P 299/399.

Commerce, r. Hôtel de Ville **(v)** ✆ 03 29 66 00 47, Fax 03 29 30 01 18, 🍸, – 📺 ☎. 🍽
2 avril-25 oct. – **Repas** 85/170 🍷, enf. 47 – ☲ 27 – **42 ch** 125/195 – ½ P 170/200.

Host. Les Rosiers 🍤, par ② : 1 km ✆ 03 29 66 02 66, Fax 03 29 66 09 36, ≤, 🍸, 🌿 – ☎ 🅿. 🆎 ⓘ 🍽
fermé janv. et lundi d'oct. à mai – **Repas** 100/220, enf. 55 – ☲ 35 – **22 ch** 215/280 – ½ P 270/330.

près de la Fontaine Stanislas par ④ *et D 20 : 4 km – alt. 600 –* ✉ *88370 Plombières-les-B. :*

Fontaine Stanislas 🍤, ✆ 03 29 66 01 53, Fax 03 29 30 04 31, ≤, « En forêt, jardin » – 🏊 ☎ 🚗 🅿. 🆎 🍽. ✂ rest
1ᵉʳ avril-15 oct. – **Repas** 92/270, enf. 57 – ☲ 38 – **19 ch** 150/300 – ½ P 250/285.

PLOMEUR *29120 Finistère* 58 ⑭ *G. Bretagne – 3 272 h alt. 33.*
Paris 581 – Quimper 25 – Douarnenez 33 – Pont-l'Abbé 6.

Ferme du Relais Bigouden 🍤 sans rest, à Pendreff, rte Guilvinec : 2,5 km ✆ 02 98 58 01 32, Fax 02 98 82 09 62, 🌿 – 📺 ☎ 🅿. 🍽
15 mars-15 nov. – ☲ 32 – **16 ch** 270/298.

PLOMODIERN *29550 Finistère* 58 ⑮ *– 1 912 h alt. 60.*
Voir *Retables★ de la chapelle Ste-Marie-du-Ménez-Hom N : 3,5 km – Charpente★ de la chapelle St-Côme NO : 4,5 km.*
Env. *Ménez-Hom* 🌄 ★★★ *N : 7 km par D 47,* G. Bretagne.
🅱 *Office de Tourisme, pl. de l'Eglise (juil.-août)* ✆ 02 98 81 27 37.
Paris 589 – Quimper 28 – Brest 61 – Châteaulin 13 – Crozon 24 – Douarnenez 20.

Relais Porz-Morvan 🍤 sans rest, Est : 3 km ✆ 02 98 81 53 23, Fax 02 98 81 28 61, 🌿, ✂ – ☎ 🅿. 🍽
1ᵉʳ avril-30 sept., vacances de Toussaint, de Noël et de fév. – ☲ 35 – **12 ch** 300/320.

PLONÉOUR-LANVERN *29720 Finistère* 58 ⑭ *– 4 619 h alt. 71.*
Paris 581 – Quimper 19 – Douarnenez 25 – Guilvinec 14 – Plouhinec 21 – Pont-l'Abbé 7.

Voyageurs, derrière l'église ✆ 02 98 87 61 35, Fax 02 98 82 62 82 – 🍽 rest 📺 ☎ 📞 🅿. ⓘ 🍽
fermé 1ᵉʳ au 15 nov., vend. soir et sam. midi du 15 sept. au 15 juin – **Repas** 69 (déj.), 98/320 🍷, enf. 52 – ☲ 36 – **12 ch** 225/290 – ½ P 310/320.

Ty Didrouz 🍤, r. Croas ar Bléon ✆ 02 98 87 62 30, Fax 02 98 82 62 43 – 📺 ☎ 📞 ♿ 🅿. 🍽. ✂
fermé 25 déc. au 5 janv. – **Repas** 52 bc (déj.), 68/240 🍷 – ☲ 30 – **15 ch** 225 – ½ P 245.

PLOUBALAY *22650 C.-d'Armor* 59 ⑤ *G. Bretagne – 2 334 h alt. 32.*
Voir *Château d'eau* 🌄 ★★ : *1 km NE.*
Paris 417 – St-Malo 17 – Dinan 18 – Dol-de-Bretagne 34 – Lamballe 36 – St-Brieuc 55 – St-Cast-le-Guildo 16.

Gare, 4 r. Ormelets ✆ 02 96 27 25 16, Fax 02 96 27 25 16, 🔥 – 🆎 🍽. ✂
fermé 9 au 15 juin, 15 nov. au 15 déc., mardi soir et merc. sauf du 10 juil. au 20 août – **Repas** 75/198.

PLOUBAZLANEC *22 C.-d'Armor* 59 ② *– rattaché à Paimpol.*

PLOUDALMÉZEAU 29830 Finistère 🔠🔢 ③ – 4 874 h alt. 57.

Voir *Clocher-porche*★ de Lampaul-Ploudalmézeau N : 3 km, G. Bretagne.

🛈 *Office de Tourisme pl. de l'église (15 juin-15 sept.)* ☎ 02 98 48 11 88, Fax 02 98 48 11 88.
Paris 611 – Brest 25 – Landerneau 42 – Morlaix 75 – Quimper 94.

🍴 **Voyageurs** avec ch, pl. Église ☎ 02 98 48 10 13, Fax 02 98 48 19 92 – 📺 ☎. 🆖
🍽 *fermé 12 nov. au 15 déc., dim. soir sauf juil.-août et lundi* – **Repas** 70 (déj.), 79/200 ⅜ – ☷ 32
– **9 ch** 150/250 – ½ P 195/240.

PLOUER-SUR-RANCE 22490 C.-d'Armor 🔠🔢 ⑥ G. Bretagne – 2 438 h alt. 62.

*Paris 408 – St-Malo 23 – Dinan 11 – Dol-de-Bretagne 20 – Lamballe 52 – St-Brieuc 69 –
St-Cast-le-Guildo 32.*

🏠 **Manoir de Rigourdaine** Ⓜ 🐾 sans rest, au Nord par D 12 et rte secondaire : 3 km
☎ 02 96 86 89 96, Fax 02 96 86 92 46, ≤ estuaire de la Rance, 🐎 – 📺 ☎ 🔥 🄿. 🆖
29 mars-16 nov. – ☷ 38 – **19 ch** 300/420.

PEUGEOT Gar. Derrien, ☎ 02 96 86 91 30

PLOUESCAT 29430 Finistère 🔠🔢 ⑤ G. Bretagne – 3 689 h alt. 30.

🛈 *Office de Tourisme r. St-Julien (juin-août)* ☎ 02 98 69 62 18, Fax 02 98 61 91 74 et à la
Mairie *(hors saison)* ☎ 02 98 69 60 13.
Paris 571 – Brest 48 – Brignogan-Plages 16 – Morlaix 34 – Quimper 92 – St-Pol-de-Léon 15.

🍴 **L'Azou**, r. Gén. Leclerc ☎ 02 98 69 60 16, Fax 02 98 61 91 26 – 🆎 🅾 🆖
🍽 *fermé 29 sept. au 22 oct., merc. midi et mardi de sept. à juin* – **Repas** 80/290 ⅜, enf. 52.

CITROEN Gar. Rouxel, ☎ 02 98 69 60 03 🄽   PEUGEOT Gar. Bossard, ☎ 02 98 69 65 26
☎ 02 98 69 83 43   RENAULT Gar. Quillec, ☎ 02 98 69 61 10 🄽
                                                  ☎ 02 98 69 61 10

In questa guida

*uno stesso simbolo, uno stesso carattere
stampati a colori o in **nero**, in magro o in **grassetto**
hanno un significato diverso.
Leggete attentamente le pagine esplicative.*

PLOUFRAGAN 22 C.-d'Armor 🔠🔢 ③ – *rattaché à St-Brieuc.*

PLOUGASTEL-DAOULAS 29470 Finistère 🔠🔢 ④ G. Bretagne – 11 139 h alt. 113.

Voir *Calvaire*★★ – *Site*★ de la chapelle St-Jean NE : 5 km – Kernisi ❄★ SO : 4,5 km.
Env. *Pointe de Kerdéniel* ❄★★ SO : 8,5 km puis 15 mn.
Paris 595 – Brest 11 – Morlaix 59 – Quimper 63.

🏠 **Kastel Roc'h**, à l'échangeur de la D 33 ☎ 02 98 40 32 00, Fax 02 98 04 25 40, 🐎 – 🛗 📺
🍽 ☎ 🄿 – 🏊 80. 🆎 🅾 🆖
Repas grill *(fermé dim. soir du 1er sept. au 1er juin)* 75/95 ⅜ – ☷ 37 – **46 ch** 235/334 –
½ P 225.

🍴🍴 **Le Chevalier de l'Auberlac'h**, r. Mathurin Thomas ☎ 02 98 40 54 56,
Fax 02 98 40 65 16 – 🆎 🆖
fermé dim. soir et lundi hors sais. – **Repas** 78 (déj.), 125/295.

CITROEN Gar. du Centre, 2 r. Neuve ☎ 02 98 40 36 23

PLOUGUERNEAU 29880 Finistère 🔠🔢 ④ – 5 255 h alt. 60.

Paris 605 – Brest 26 – Landerneau 36 – Morlaix 69 – Quimper 92.

à la Plage de Lilia *Nord-Ouest : 5 km par D 71 :*

🏠 **Castel Ac'h**, ☎ 02 98 04 70 11, Fax 02 98 04 58 43, ≤ – 📺 ☎ 🔥 🄿. 🆎 🆖
Repas 64 (déj.), 87/210 ⅜, enf. 55 – ☷ 40 – **29 ch** 200/280 – ½ P 260/310.

PLOUHINEC 29780 Finistère 🔠🔢 ⑭ – 4 524 h alt. 101.

Paris 596 – Quimper 32 – Audierne 5 – Douarnenez 17 – Pont-l'Abbé 28.

🏠 **Ty Frapp**, r. de Rozavot ☎ 02 98 70 89 90, Fax 02 98 70 81 04 – 📺 ☎ 📧 🄿. 🆖. 🐾 ch
🍽 *fermé 6 au 21 oct., 22 déc. au 21 janv., dim. soir et lundi sauf juil.-août* – **Repas** 68/180 ⅜,
enf. 50 – ☷ 36 – **16 ch** 280 – ½ P 320.

PLOUMANACH 22 C.-d'Armor 59 ① – rattaché à Perros-Guirec.

PLOUNÉRIN 22780 C.-d'Armor 58 ⑦ – 649 h alt. 208.

Paris 514 – St-Brieuc 63 – Carhaix-Plouguer 49 – Lannion 25 – Morlaix 24.

XXX **Patrick Jeffroy** avec ch, ℘ 02 96 38 61 80, Fax 02 96 38 66 29 – 🆅 ☎ 🅟. 🆖. ✾
✿ fermé 10 au 16 mars, 17 au 30 nov., dim. soir et lundi hors sais. – **Repas** 120 bc (déj.), 198/372 et carte 210 à 370, enf. 80 – ☲ 50 – **3 ch** 350/390 – ½ P 420/530
Spéc. Langouste rôtie et tête de cochon demi-sel à l'échalote. Turbot à la compote d'oignons et pommes de terre au jus de poulet. Tarte madeleine aux pommes confites et confiture de lait.

PLUGUFFAN 29 Finistère 58 ⑮ – rattaché à Quimper.

POCÉ-SUR-CISSE 37 I.-et-L. 64 ⑯ – rattaché à Amboise.

Le POËT-LAVAL 26 Drôme 81 ② – rattaché à Dieulefit.

POILHES 34 Hérault 83 ⑭ – rattaché à Capestang.

POINCY 77 S.-et-M. 56 ⑬ – rattaché à Meaux.

POINTE voir au nom propre de la pointe.

POINT-SUBLIME 04 Alpes-de-H.-P. 84 ⑥, 114 ⑨ G. Alpes du Sud – ⊠ 04120 Castellane.

Voir ≤★★★ sur Grand Canyon du Verdon 15 mn – Couloir Samson★★ S : 1,5 km – Rougon ≤★ N : 2,5 km – Clue de Carejuan★ E : 4 km.
Env. Belvédères SO : de l'Escalès★★★ 9 km, de Trescaïre★★ 8 km, du Tilleul★★ 10 km, des Glacières★★ 11 km, de l'Imbut★★ 13 km.
Paris 796 – Digne-les-Bains 72 – Castellane 18 – Draguignan 52 – Manosque 75 – Salernes 65 – Trigance 14.

X **Aub. Point Sublime** avec ch, ℘ 04 92 83 60 35, Fax 04 92 83 74 31, ≤, 🍽 – ☎ 🅟. 🆖
1er avril-1er nov. – **Repas** 88/186, enf. 54 – ☲ 36 – **14 ch** 230/283 – ½ P 238/258.

Le POIRÉ-SUR-VIE 85170 Vendée 67 ⑬ – 5 326 h alt. 42.

Paris 435 – La Roche-sur-Yon 16 – Cholet 70 – Nantes 53 – Les Sables-d'Olonne 42.

🏠 **Centre,** ℘ 02 51 31 81 20, Fax 02 51 31 88 21, ⌇, 🍽 – 🆅 ☎. 🆀 🆖
🍴 **Repas** (fermé dim. soir hors sais.) 63/157 ⅃, enf. 50 – ☲ 35 – **25 ch** 154/325 – ½ P 175/253.

MERCEDES SAGA, 8 rte de Nantes
℘ 02 51 45 28 28 🅽 ℘ 08 00 24 24 30
PEUGEOT Gar. Piveteau, 2 r. Ecoliers
℘ 02 51 31 80 42

RENAULT Gar. Bretaudeau, ℘ 02 51 06 45 00 🅽
℘ 02 51 06 45 00

POISSON 71 S.-et-L. 69 ⑰ – rattaché à Paray-le-Monial.

POISSY 78300 Yvelines 55 ⑲, 106 ⑰, 101 ⑫ G. Ile de France – 36 745 h alt. 27.

Voir Église N.-Dame★.
Paris 31 ③ – Mantes-la-Jolie 30 ④ – Pontoise 19 ② – Rambouillet 48 ④ – St-Germain-en-Laye 6 ③.

Plan page suivante

XX **L' Esturgeon,** 6 cours 14-Juillet (a) ℘ 01 39 65 00 04, ≤ – 🆀 🅾 🆖
fermé août et jeudi – **Repas** 200/300.

XX **Le Clos du Roy,** 36 bd Robespierre (s) ℘ 01 39 65 52 52, Fax 01 39 79 46 36 – 🆖
🍴 fermé 5 au 26 août, dim. soir et lundi – **Repas** (nombre de couverts limité, prévenir) 130.

FORD Gar. Gambetta, 45 bd Gambetta
℘ 01 39 65 17 67
RENAULT Gar. Pihan, 78 bd Robespierre par ②
℘ 01 39 65 40 94 🅽 ℘ 01 39 11 50 00
RENAULT Bagros Heid, 1 r. du Pont
℘ 01 39 70 60 29

⑩ Marsat Pneus, 40 bd Robespierre
℘ 01 39 65 29 09

CONSTRUCTEUR : P.S.A., 45 r. J. P. Timbaud ℘ 01 30 19 30 00

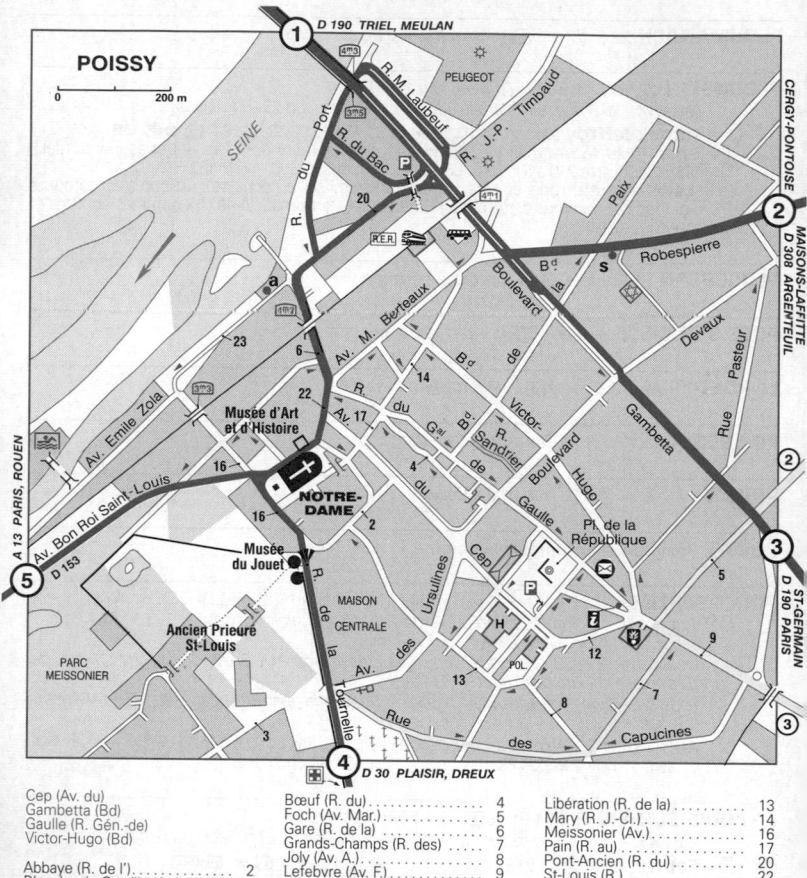

POISSY

0   200 m

D 190 TRIEL, MEULAN

CERGY-PONTOISE
D 308 ARGENTEUIL
MAISONS-LAFFITTE

A 13 PARIS, ROUEN

D 153

ST-GERMAIN
D 190 PARIS

D 30 PLAISIR, DREUX

NOTRE-DAME

Musée d'Art
et d'Histoire

Musée
du Jouet

Ancien Prieuré
St-Louis

PARC
MEISSONIER

MAISON
CENTRALE

Pl. de la
République

Cep (Av. du)		
Gambetta (Bd)		
Gaulle (R. Gén.-de)		
Victor-Hugo (Bd)		
Abbaye (R. de l')		2
Blanche-de-Castille (Av.)		3

Bœuf (R. du)		4
Foch (Av. Mar.)		5
Gare (R. de la)		6
Grands-Champs (R. des)		7
Joly (Av. A.)		8
Lefebvre (Av. F.)		9
Lemelle (Bd L.)		12

Libération (R. de la)		13
Mary (R. J.-Cl.)		14
Meissonier (Av.)		16
Pain (R. au)		17
Pont-Ancien (R. du)		20
St-Louis (R.)		22
14-Juillet (Cours du)		23

POITIERS ⊞ 86000 *Vienne* 68 ⑬ ⑭ *G. Poitou Vendée Charentes* – *78 894 h Agglo. 107 625 h alt. 116.*

Voir *Église N.-D.-la-Grande★★ : façade★★★ DY – Église St-Hilaire-le-Grand★★ CZ – Cathédrale St-Pierre★ DZ – Église Ste-Radegonde★ DZ Q – Baptistère St-Jean★ DZ – Grande salle★ du Palais de Justice DY J – Boulevard Coligny ≤★ BVX – Musée Ste-Croix★★ DZ.*
Env. *Le Futuroscope★★ 12 km par* ①.

⌦ du Haut-Poitou ℘ 05 49 62 53 62, par ① N 10 : 22 km ; ⌦ Golf Club Poitevin ℘ 05 49 46 70 27 à Mignaloux-Beauvoir par ③.

✈ de Poitiers-Biard : ℘ 05 49 58 27 96 AV.

🛈 Office de Tourisme 8 r. Grandes-Écoles ℘ 05 49 41 21 24, Fax 05 49 88 65 84 – Automobile Club 2 r. Claveurier ℘ 05 49 41 65 27, Fax 05 49 88 70 93.

Paris 336 ① – *Angers 130* ⑥ – *Limoges 120* ③ – *Nantes 183* ⑥ – *Niort 75* ⑤ – *Tours 103* ①.

Plans pages suivantes

🏨 **Europe** sans rest, 39 r. Carnot ℘ 05 49 88 12 00, Fax 05 49 88 97 30, 🚗 – 🛗 📺 ☎ ✆ 🕭
⟜ 🅿 ⒶⒺ ⓪ ☒ ⓙⓒⓑ
CZ   **n**
⛳ 38 – **88 ch** 300/480.

🏨 **Grand Hôtel** 🅜 sans rest, 28 r. Carnot ℘ 05 49 60 90 60, Fax 05 49 62 81 89 – 📺 ☎ 🕭
⟜ ⒶⒺ ☒
CZ   **k**
⛳ 47 – **42 ch** 355/480, 5 appart.

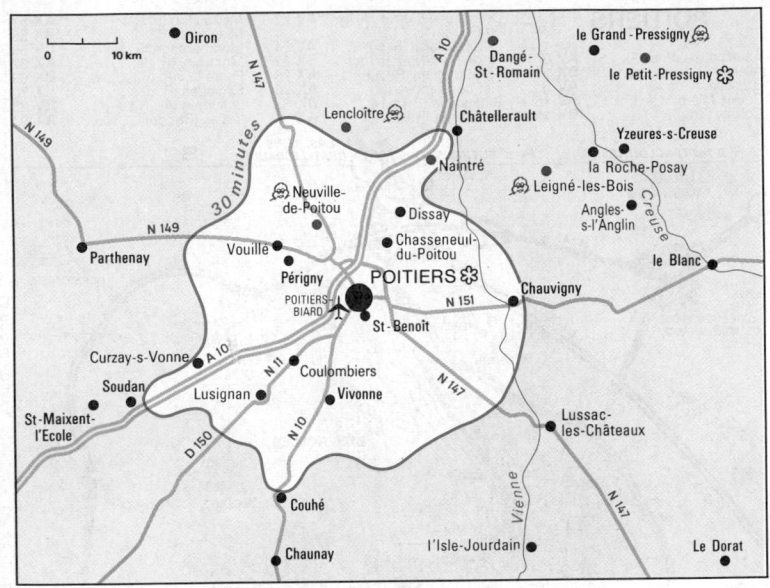

🏛 **Frémont** sans rest, 32 bd Abbé Frémont 𝒫 05 49 37 31 31, Fax 05 49 37 67 42 – 📺 ☎ 🕭
📔 ⓪ ☕ 🃏 ⌀.   DY h
⇌ 40 – **10 ch** 320/380.

🏠 **Come Inn** Ⓜ, Z.I. République 2 𝒫 05 49 88 42 42, Fax 05 49 88 42 44, 🕰 – 📺 ☎ ✆ 🕭 📔
📔 30. 🅰🅴 ☕   AV d
Repas 79/175 ⅃, enf. 40 – ⇌ 32 – **46 ch** 265/310 – ½ P 235/265.

🏠 **Ibis Beaulieu,** quartier Beaulieu 𝒫 05 49 61 11 02, Fax 05 49 01 72 76 – ✲ 📺 ☎ ✆ 🕭 📔
– 📔 40. 🅰🅴 ⓪ ☕   BX t
Repas 95 ⅃, enf. 39 – ⇌ 35 – **47 ch** 280/340 – ½ P 260.

🏠 **Gibautel** sans rest, rte Nouaillé 𝒫 05 49 46 16 16, Fax 05 49 46 85 97 – 📺 ☎ 🕭 📔 –
📔 25. 🅰🅴 ☕   BX b
⇌ 34 – **36 ch** 225/310.

🏠 **Ibis-Centre** sans rest, 15 r. Petit Bonneveau 𝒫 05 49 88 30 42, Fax 05 49 55 11 87 – 📲 ✲
📺 ☎ 🕭 📔 – 📔 30. 🅰🅴 ⓪ ☕   CZ f
⇌ 35 – **75 ch** 340.

🏠 **Plat d'Étain** sans rest, 7 r. Plat d'Étain 𝒫 05 49 41 04 80, Fax 05 49 52 25 84 – 📺 ☎ 📔. 🅰🅴
☕   DY s
fermé 20 déc. au 11 janv. – ⇌ 45 – **24 ch** 150/350.

XXX **Maxime,** 4 r. St-Nicolas 𝒫 05 49 41 09 55, Fax 05 49 41 09 55 – 🍽. 🅰🅴 ☕   DZ u
fermé 10 au 20 juil., 10 au 20 août, sam. et dim. – **Repas** 95/250 et carte 260 à 320.

XXX **des 3 Piliers** (Massonnet), 37 r. Carnot 𝒫 05 49 55 07 03, Fax 05 49 50 16 03, 🍸 – 🍽.
❀ ☕   CZ n
fermé vacances de fév., dim. soir et lundi sauf fériés – **Repas** 130/240 et carte 260 à 430
Spéc. Foie gras de canard aux épices. Pigeonneau aux herbillettes. Soufflé chaud au
Grand-Marnier. **Vins** Haut-Poitou.

XX **St Hilaire,** 65 r. T. Renaudot 𝒫 05 49 41 15 45, Fax 05 49 60 20 32, « Salle voûtée du 12ᵉ
siècle, ambiance médiévale » – ⓪ ☕   CZ b
fermé 1ᵉʳ au 15 janv., sam. en juil.-août et dim. – **Repas** 95 bc (déj.), 139/260.

X **Pavé de la Villette,** 21 r. Carnot 𝒫 05 49 60 49 49, Fax 05 49 50 63 41 – 🍽. 🅰🅴 ⓪ ☕
fermé sam. midi et dim. – **Repas** 100/125 ⅃, enf. 48.   CZ v

à Chasseneuil-du-Poitou par ① : 9 km – 3 002 h. alt. 75 – ⊠ 86360 :.
🎫 *Office de Tourisme 5, r. de la Poste 𝒫 05 49 52 83 64.*

🏛 **Mercure** Ⓜ, N 10 𝒫 05 49 52 90 41, Fax 05 49 52 51 72, 🍸, 🏊, 🌳 – 📲 ✲ 🍽 📺 ☎ 🕭 📔
– 📔 25 à 110. 🅰🅴 ⓪ ☕
Repas 130, enf. 65 – ⇌ 52 – **89 ch** 455/555.

POITIERS

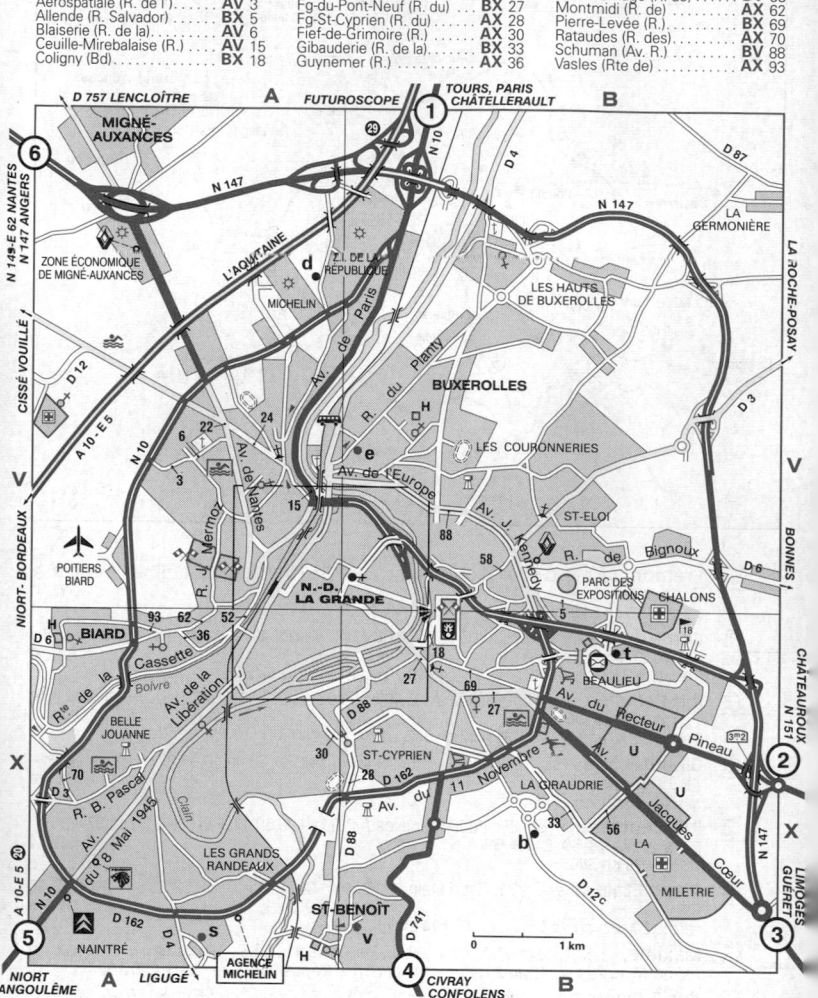

🏠 **Château Clos de la Ribaudière** ⅁, au village ℘ 05 49 52 86 66, Fax 05 49 52 86 32, 😊, parc – 📶 TV ☎ ♿ 🅿 – 🔥 80. 🆎 ⊙ 🆖 🌐
   Repas 115 (déj.), 150/275 – 🍽 50 – **41 ch** 440/620 – ½ P 480.

au Futuroscope par ① : 12 km – ✉ 86360 Chasseneuil-du-Poitou :

🏰 **Novotel Futuroscope** Ⓜ, ℘ 05 49 49 91 91, Fax 05 49 49 91 90, 😊, 🏊, – 📶 cuisinette
   🍴☒ 🖭 TV ♿ 🅿 – 🔥 30 à 170. 🆎 ⊙ 🆖
   Repas 100/200, enf. 50 – 🍽 52 – **110 ch** 590/675, 18 studios.

🏠 **Aquatis** Ⓜ, ℘ 05 49 49 55 00, Fax 05 49 49 55 01 – 📶 🍴☒ 🖭 TV ☎ ✆ ♿ 🅿 – 🔥 50. 🆎 ⊙
   🆖
   Repas 79 (déj.), 97/118 🍷, enf. 49 – 🍽 42 – **84 ch** 320/385.

🏠 **Deltasun** Ⓜ, ℘ 05 49 49 01 01, Fax 05 49 49 01 10, 😊, 🏊, – 📶 🖭 TV ☎ ♿ 🅿 –
   🔥 25 à 60. 🆎 ⊙ 🆖
   Repas 95/150 🍷, enf. 45 – 🍽 40 – **75 ch** 350/390 – ½ P 305.

POITIERS

Carnot (R.) .... CZ 9
Cordeliers (R. des) .... DY 19
Gambetta (R.) .... DY 31
Grand-Rue .... DY
Marché-N.-Dame (R. du) . DYZ 54

Abbé-Frémont (Bd) .... DY 2
Bouchet (R. Jean) .... DY 7
Coligny (Bd) .... DZ 18
Descartes (R.) .... DY 23
Gaulle (Pl. Ch. de) .... DY 32
Intend.-le-Nain (R.) .... DY 40
Jean-de-Berry (Pl.) .... DY 47
Jeanne-d'Arc (Bd) .... DY 48

Macé (R. Jean) .... DY 50
Marne (R. de la) .... CY 55
Mouton (R. du) .... DY 63
Oudin (R. H.) .... DY 67
Riffault (R.) .... DY 74
Solférino (Bd) .... CY 89
Tison (Bd de) .... CZ 92
Verdun (Bd de) .... CY 94

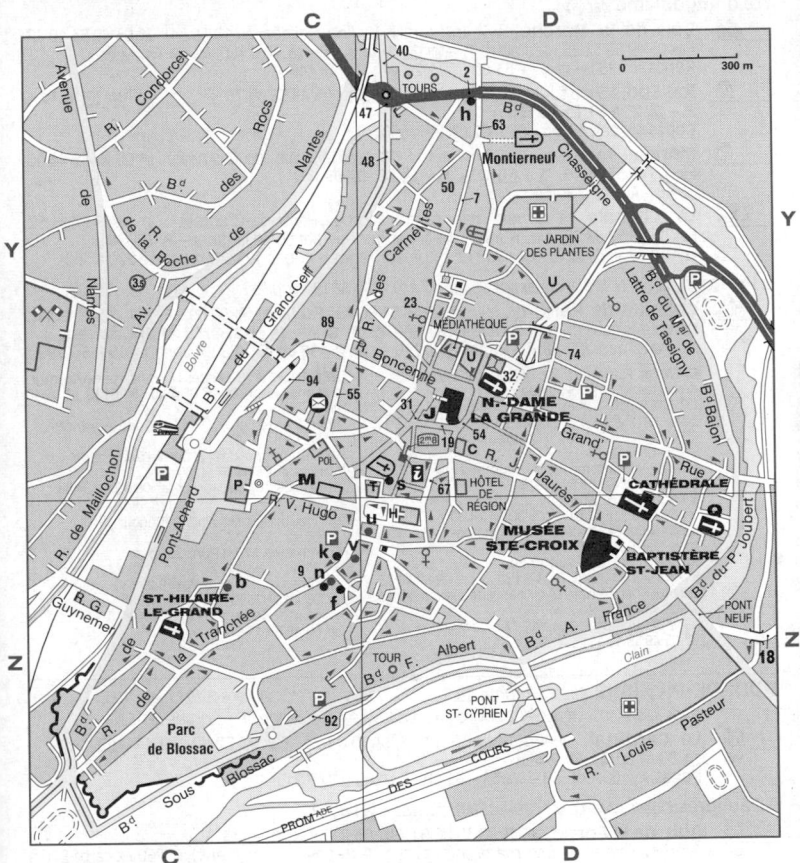

🏨 **Météor,** ☎ 05 49 49 09 10, Fax 05 49 49 09 11 – 🛗 🗏 📺 ☎ 🕭 🅿️ 🅰🅴 ⓪ 🇬🇧, 🛇 rest
Repas 75 🥂, enf. 39 – 🖵 38 – **198 ch** 350/375.

🏨 **Ibis Futuroscope,** ☎ 05 49 49 90 00, Fax 05 49 49 90 09, 🌐, 🏊 – 🛗 ⁜ 🗏 📺 ☎ 🕭 🕭
🅿️ – 🔬 40. 🅰🅴 ⓪ 🇬🇧
Repas 95, enf. 40 – 🖵 35 – **140 ch** 290/395.

rte de Limoges *par* ③, *N 147 et rte secondaire : 10 km* – ✉ *86800 Poitiers :*

🏰 **Manoir de Beauvoir** Ⓜ ⌖, ☎ 05 49 55 47 47, Fax 05 49 55 31 95, ≼, 🌐, « Parc et
golf » – 🛗 cuisinette 📺 ☎ 🕭 🅿️ – 🔬 25 à 80. 🅰🅴 🇬🇧
fermé 21 déc. au 5 janv. – **Repas** 98/250, enf. 52 – 🖵 45 – **43 ch** 430/600, 3 appart.

à St-Benoît *Sud du plan par D 88 : 4 km* – *5 843 h. alt. 77* – ✉ *86280* .

🏢 *Office de Tourisme, salle de l'Abbaye* ☎ 05 49 88 42 12.

🍴🍴🍴 **Chalet de Venise** Ⓜ ⌖ *avec ch, au village* ☎ 05 49 88 45 07, Fax 05 49 52 95 44, 🌐,
« Élégante installation, jardin et terrasse au bord de l'eau » – 📺 ☎ 🕭 🕭 🅿️ 🅰🅴 ⓪ 🇬🇧
Repas *(fermé 25 août au 2 sept., 16 fév. au 1ᵉʳ mars, dim. soir et lundi)* 140 *(déj.)*, 170/290 et
carte 290 à 380, enf. 85 – 🖵 45 – **12 ch** 300/350 – ½ P 375.
BX **V**

au Sud du plan *par av. Libération* **AX** *et rte Ligugé (D 4) : 4 km – ✉ 86280 St-Benoît :*

XX **A l'Orée des Bois** avec ch, ✆ 05 49 57 11 44, Fax 05 49 43 21 40 – TV ☎ P. GB
fermé lundi (sauf hôtel) et dim. soir – **Repas** 85/230 ♁, enf. 60 – ☕ 40 – **16 ch** 205/340 – ½ P 290/340. **AX s**

rte d'Angoulême *par ⑤ :*

Bois de la Marche, à 7 km par N 10 (intersection N 10-N 11) ✆ 05 49 53 10 10, Fax 05 49 55 32 25, parc, – TV ☎ & P – 40 à 100. AE GB JCB
Repas 100/260 – ☕ 42 – **53 ch** 290/420 – ½ P 340/440.

Ibis Sud, à 3 km sur N 10 ✆ 05 49 53 13 13, Fax 05 49 53 03 73, – TV ☎ & P – 25 à 50. AE GB
Repas 95, enf. 39 – ☕ 35 – **82 ch** 295/360.

Mondial sans rest, à 6 km par N 10 (sortie Hauts-de-Croutelle) ✆ 05 49 55 44 00, Fax 05 49 55 33 49, – TV ☎ & P – 30. AE GB
☕ 38 – **40 ch** 270/450.

XXX **La Chênaie,** à 6 km par N 10 (sortie Hauts-de-Croutelle) ✆ 05 49 57 11 52, Fax 05 49 52 68 66, « Jolie salle à manger ouvrant sur le jardin » – P. AE GB
fermé 19 au 31 janv., dim. soir et lundi sauf fériés – **Repas** 125/220 et carte 220 à 300.

à Périgny *par ⑥, N 149 et rte secondaire : 17 km – ✉ 86190 Vouillé :*

Château de Périgny ✆ 05 49 51 80 43, Fax 05 49 51 90 09, ≤, « Anciennes demeures dans un grand parc », – TV ☎ P – 25 à 80. AE GB. rest
fermé 20 déc. au 5 janv. – **Repas** 145/240 – ☕ 70 – **38 ch** 420/880, 4 appart – ½ P 560/690.

BMW Gar. Futurauto, Rte de Saumur à Migné-Auxances ✆ 05 49 54 04 04
CITROEN Diffusion Autom. du Poitou, 157 av. 8 Mai 1945 ✆ 05 49 55 80 80 N ✆ 05 49 44 63 11
CITROEN S.E.D.P. Auto, à Croutelle par ⑤ ✆ 05 49 53 06 14
FORD R. M.-Autom., rte de Saumur à Migné-Auxances ✆ 05 49 51 69 09
MERCEDES Gar. Etoile 86, 230 rte de Paris ✆ 05 49 37 37 73 N ✆ 08 00 24 24 30
NISSAN Gar. Bourgoin, 12 rte Torchaise à Vouneuil-sous-Biard ✆ 05 49 57 10 07
PEUGEOT Sté Com. Autom. du Poitou, 137 av. 8 Mai 1945 ✆ 05 49 53 04 51 N ✆ 05 49 62 40 39
RENAULT Gar. Maillet, 14 r. Chanterie à Nieul l'Espoir ✆ 05 49 42 64 02
RENAULT Poitevine Autom., 17 r. de Bignoux ✆ 05 49 56 11 11
RENAULT S.A.C.O.A. des Nations, rte de Saumur à Migné-Auxances ✆ 05 49 51 61 61 N ✆ 05 49 44 66 29
ROVER Auto Sport, N 147 à Migné-Auxances ✆ 05 49 51 57 57
VAG Brillant Autom., ZI Demi-Lune, rte de Nantes ✆ 05 49 37 60 60
Eurautos, rte de Saumur ✆ 05 49 51 54 63

Chouteau, r. Moulin à St-Benoit ✆ 05 49 57 20 77
Euromaster, 27 bd Pont-Joubert ✆ 05 49 01 83 11
Euromaster, 174 av. 8 Mai 1945 ✆ 05 49 57 25 82
Vulco, r. de Talweg, ZI République ✆ 05 49 88 11 92

POIX-DE-PICARDIE *80290 Somme 52 ⑰ G. Flandres Artois Picardie – 2 191 h alt. 106.*

Paris 129 – Amiens 27 – Abbeville 44 – Beauvais 47 – Dieppe 86 – Forges-les-Eaux 43.

Le Cardinal, pl. République ✆ 03 22 90 08 23, Fax 03 22 90 18 61 – TV ☎ – 30 à 100. AE GB
Repas 70/160, enf. 38 – ☕ 34 – **35 ch** 230/260 – ½ P 215.

à Caulières *Ouest : 7 km par N 29 – 188 h. alt. 185 – ✉ 80590 :*

XXX **Aub. de la Forge,** ✆ 03 22 38 00 91, Fax 03 22 38 08 48 – GB
fermé vacances de fév., mardi soir et merc. – **Repas** (dim.-prévenir) 80/260 et carte 220 à 270, enf. 50.

POLIGNY *39800 Jura 70 ④ G. Jura* (plan) *– 4 714 h alt. 373.*

Voir *Statues★ dans la collégiale – Culée de Vaux★ S : 2 km.*

Env. *Cirque de Ladoye ≤★★ S : 8 km.*

Office de Tourisme cour des Ursulines ✆ 03 84 37 24 21, Fax 03 84 37 22 37.

Paris 396 – Besançon 58 – Chalon-sur-Saône 76 – Dole 37 – Lons-le-Saunier 30 – Pontarlier 64.

Paris, 7 r. Travot ✆ 03 84 37 13 87, Fax 03 84 37 23 39, – ☎. GB
2 fév.-2 nov. – **Repas** *(fermé mardi midi et lundi)* 90/190 ♁, enf. 55 – ☕ 38 – **22 ch** 220/330 – ½ P 300/330.

aux Monts de Vaux *Sud-Est : 4,5 km par rte de Genève – ✉ 39800 Poligny.*

Voir ≤★.

Host. Monts de Vaux ✆ 03 84 37 12 50, Fax 03 84 37 09 07, ≤, parc, – TV ☎ P. AE GB
fermé fin oct. à fin déc., mardi midi en juil.-août, merc. midi et mardi de sept. à juin – **Repas** 180 (déj.)/400 – ☕ 70 – **7 ch** 700/950, 3 appart – ½ P 750/850.

à Passenans *Sud-Ouest : 11 km par N 83 et D 57 – 281 h. alt. 320 – ✉ 39230 :*

Le Revermont ⛰, ✆ 03 84 44 61 02, Fax 03 84 44 64 83, ←, 🍽, parc, 🏊, 🎾 – 🛗 📺 ☎ 🚗 🅿 – 🏔 25. AE GB
fermé janv., fév., dim. soir et lundi d'oct. à mars – **Repas** 110/280 – ☕ 44 – **28 ch** 310/400 – ½ P 300/343.

RENAULT Comte Autom., ✆ 03 84 73 77 77 🅽 Chevassu Pneus, ✆ 03 84 37 15 67 ✆ 06 07 73 30 79

POLLIAT *01310 Ain* **74** ② *– 2 025 h alt. 260.*
Paris 414 – Mâcon 25 – Bourg-en-Bresse 11 – Lyon 74 – Villefranche-sur-Saône 53.

Place, ✆ 04 74 30 40 19, Fax 04 74 30 42 34 – ☎ 🚗. GB
fermé 30 juin au 7 juil., 3 au 17 oct., lundi (sauf hôtel) et dim. soir – **Repas** 82/220 🍷, enf. 50 – ☕ 32 – **8 ch** 130/270 – ½ P 260/290.

Coq Bressan, ✆ 04 74 30 40 16, Fax 04 74 25 75 91 – GB
fermé 18 juin au 5 juil., 15 au 31 oct., 28 janv. au 6 fév., merc. soir et jeudi – **Repas** 80/180.

RENAULT Gar. Guigue, à Presles ✆ 04 74 30 41 63 🅽 ✆ 08 00 05 15 15

POLMINHAC *15800 Cantal* **76** ⑫ *– 1 135 h alt. 650.*
Paris 557 – Aurillac 16 – Murat 33 – Vic-sur-Cère 5.

Bon Accueil, près gare ✆ 04 71 47 40 21, Fax 04 71 47 40 13, ←, 🏊, 🌳 – ▤ rest ☎ 🅿. GB. 🚫
fermé 15 oct. au 1er déc., dim. soir et lundi midi sauf vacances scolaires – **Repas** 60/130 🍷, enf. 38 – ☕ 35 – **23 ch** 235/280 – ½ P 220/245.

PONS *17800 Char.-Mar.* **71** ⑤ *G. Poitou Vendée Charentes – 4 412 h alt. 39.*
Voir *Donjon★ de l'ancien château – Hospice des Pèlerins★ SO par D 732 – Boiseries★ du château d'Usson 1 km par D 249.*
🅸 *Syndicat d'Initiative Donjon de Pons (15 juin-15 sept.) ✆ 05 46 96 13 31.*
Paris 496 – Royan 43 – Blaye 61 – Bordeaux 98 – Cognac 23 – La Rochelle 101 – Saintes 23.

Aub. Pontoise (Chat), 23 av. Gambetta ✆ 05 46 94 00 99, Fax 05 46 91 33 40, 🍽 – ▤ rest 📺 ☎ 🚗. GB
fermé 20 déc. au 31 janv., dim. soir du 15 sept. au 1er juil. et lundi sauf le soir du 1er juil. au 15 sept. – **Repas** 160/350 et carte 280 à 390 – ☕ 60 – **22 ch** 270/460 – ½ P 350/450
Spéc. Homard sauté en casserole à l'ail et persil plat. Lamproie au vin de Bordeaux et blanc de poireau. Gâteau de pommes de terre à la truffe et au foie gras.

Bordeaux, 1 r. Gambetta ✆ 05 46 91 31 12, Fax 05 46 91 22 25, 🍽 – 📺 ☎ 📞 🚗. AE GB
fermé lundi midi et dim. d'oct. à avril – **Repas** 85/230 🍷 – ☕ 35 – **15 ch** 220/260 – ½ P 230.

à St-Léger *Nord-Ouest : 5 km par N 137 et D 249 – 461 h. alt. 56 – ✉ 17800 :*

Le Rustica, ✆ 05 46 96 91 75, 🍽 – 🅿. GB
fermé 16 au 30 oct., 15 au 28 fév., mardi soir et merc. sauf juil.-août – **Repas** 65/260 🍷, enf. 39.

à Pérignac *Nord-Est : 8 km par rte de Cognac – 964 h. alt. 41 – ✉ 17800 :*

La Gourmandière, ✆ 05 46 96 36 01, Fax 05 46 96 36 01, 🍽, 🌳 – GB
fermé 6 au 22 oct., 2 au 9 fév. et lundi sauf le soir en juil.-août – **Repas** 100/250.

à Mosnac *Sud : 11 km par rte Bordeaux et D 134 – 431 h. alt. 23 – ✉ 17240 :*

Moulin de Marcouze Ⓜ ⛰, ✆ 05 46 70 46 16, Fax 05 46 70 48 14, parc, « Élégante hostellerie au bord de la Seugne », 🏊 – ▤ 📺 ☎ ♿ 🅿. AE GB JCB
fermé 12 au 22 nov. et fév. – **Repas** 170/420 et carte 320 à 470 – ☕ 75 – **10 ch** 530/700 – ½ P 780

RENAULT Relais de Saintonge, 7 cours Alsace-Lorraine ✆ 05 46 91 32 47

Participez à notre effort permanent de mise à jour

Adressez-nous vos remarques et vos suggestions.

Cartes et guides Michelin

46 avenue de Breteuil - 75324 Paris Cedex 07

PONT-A-MOUSSON 54700 M.-et-M. **57** ⑬ *G. Alsace Lorraine* **(plan)** – *14 645 h alt. 180.*

Voir *Place Duroc* ⋆ – *Anc. abbaye des Prémontrés* ⋆.

🛈 *Office de Tourisme 52 pl. Duroc* ℘ *03 83 81 06 90.*

Paris 327 – Metz 31 – Nancy 29 – Toul 48 – Verdun 66.

🏨 **Bagatelle** sans rest, 47 r. Gambetta ℘ 03 83 81 03 64, Fax 03 83 81 12 63 – 📺 ☎ 🅿. 🖭 ⓪ ⅏ ᴶᶜᴮ

fermé 29 déc. au 5 janv. – ☲ 40 – **18 ch** 250/380.

🏠 **Primevère,** av. Etats-Unis ℘ 03 83 81 08 57, Fax 03 83 81 08 43, 🏤 – ⅏ 📺 ☎ ℣ 🕭 🅿 – 🛦 30. 🖭 ⓪ ⅏

Repas 89/106 🍷, enf. 46 – ☲ 33 – **40 ch** 270 – ½ P 226/235.

à Blénod-lès-Pont-à-Mousson *Sud : 2 km par N 57 – 4 768 h. alt. 189 –* ⊠ *54700 :*

✗ **Aub. des Thomas,** 100 av. V. Claude ℘ 03 83 81 07 72, Fax 03 83 82 34 94, 🏤 – 🖭 ⓪ ⅏

fermé 2 au 25 août, vacances de fév, merc. soir, dim. soir et lundi – **Repas** (nombre de couverts limité, prévenir) 95/250 🍷.

CITROEN Europ Auto RM, Av. des Etats-Unis ℘ 03 83 81 01 31
PEUGEOT Gar. André, r. pt Mouja à Blénod ℘ 03 83 81 01 08

RENAULT P.A.M. Autom., Rte de Briey ℘ 03 83 81 38 32

🔘 Euromaster, 111 r. R.-Blum ℘ 03 83 81 15 35

PONTARLIER

République (R. de la)... **AB**	
St-Etienne (R. du Fg) .... **B**	
St-Pierre (Pl.) .... **A**	
Ste-Anne (R.) .... **AB** 35	
Arçon (Pl. d') .... **A** 2	
Augustins (R. des) ..... **B** 3	
Bernardines (Pl. des)... **AB** 4	Mirabeau (R.) .... **B** 27
Bernardines (R. des) .... **B** 6	Moulin Parnet (R. du).... **A** 29
Capucins (R. des) ...... **A** 7	Pagnier (Pl. J.)......... **B** 30
Crétin (Pl.) .... **B** 8	Parc (R. du) .... **A** 31
Ecorces (R. des) ...... **A** 12	Salengro (Pl. R.) .... **A** 36
Gambetta (R.) .... **B** 13	Tissot (R.) .... **AB** 37
Halle (R. de la)........ **A** 15	Vanolles (R. de) .... **B** 38
Lattre-de-Tassigny	Vieux-Château (R. du) ... **A** 39
(Pl. Mar.) .... **B** 19	Villingen-
Mathez (R. Jules) ..... **B** 26	Schwenningen (Pl. de) **A** 40

PONTARLIER 🔷 25300 Doubs 🔟 ⑥ G. Jura – 18 104 h alt. 838.

Voir *Vitraux modernes★ de l'église St-Bénigne* **B** – *Les Rosiers* ⩽★★ *2 km par* ② – *Cluse★★ de Pontarlier 4 km par* ② – *Château de Joux★ 4 km par* ②.

Env. *Grand Taureau* ⁂★★ *par* ② : *11 km*.

🛈 *Office de Tourisme, 14 bis r. de la Gare* ✆ *03 81 46 48 33, Fax 03 81 46 83 32.*

Paris 448 ③ – *Besançon 58* ④ – *Basel 157* ① – *Beaune 150* ③ – *Belfort 128* ④ – *Dole 90* ③ *– Genève 117* ② – *Lausanne 68* ② – *Lons-le-Saunier 82* ③ – *Neuchâtel 55* ②.

Plan page ci-contre

🏨 **Gd H. Poste**, 55 r. République ✆ 03 81 39 18 12, Fax 03 81 46 60 05 – 📶 ☎ 📺 🅿. 🇬🇧
fermé dim. du 1er nov. au 30 avril – **Repas** *(fermé dim. soir et lundi)* 85/225 ⅃, enf. 45 – ☑ 40 – **21 ch** 230/370 – ½ P 225/285. **B r**

🏨 **Parc** sans rest, 1 r. Moulin Parnet ✆ 03 81 46 85 92 – 📺 ☎ ⟷ 🅿. 🝙 ⓪ 🇬🇧 **A s**
☑ 34 – **20 ch** 220/350.

🏠 **Villages H.**, par ③ : *1 km* ✆ 03 81 46 71 78, Fax 03 81 46 67 37 – 📺 ☎ ♿ 🅿 – 🔏 60. 🝙 ⓪ 🇬🇧
Repas 75/160 ⅃, enf. 40 – ☑ 35 – **52 ch** 235/265 – ½ P 260/270.

🏠 **Campanile**, par ③ : *1 km* ✆ 03 81 46 66 66, Fax 03 81 39 51 56, 🌤 – ⟷ 📺 ☎ 📺 ♿ 🅿 – 🔏 30. 🝙 ⓪ 🇬🇧
Repas 84 bc/107 bc, enf. 39 – ☑ 32 – **48 ch** 278.

🍴 **La Gourmandine**, 1 av. Armée de l'Est ✆ 03 81 46 65 89, Fax 03 81 39 08 75 – 🇬🇧
fermé 1er au 15 juil., mardi soir et merc. – **Repas** 120/200, enf. 55. **B e**

CITROEN Gar. Bardi, 8 r. Donnet Zedel par ③
✆ 03 81 38 40 40 🎁 ✆ 03 81 38 40 44
FIAT Gar. Dornier, 55 r. Salins ✆ 03 81 39 09 85
OPEL Gar. Belle Rive, 78 r. de Besançon
✆ 03 81 39 14 42
PEUGEOT Gar. Beau-Site, 29 av. Armée de l'Est par
② ✆ 03 81 39 23 95 🎁 ✆ 03 81 39 23 95
RENAULT Gar. Deffeuille, r. Fée Verte ZI par ③
✆ 03 81 46 56 55 🎁 ✆ 03 81 46 91 75

TOYOTA Gar. Graber, 73 r. de Besançon
✆ 03 81 39 17 80

Ⓜ La Maison du Pneu, 8 bis r. des Lavaux
✆ 03 81 39 19 01
Pneu Pontissalien, 35 r. Eiffel ✆ 03 81 39 33 87

Pour traverser Paris et vous diriger en banlieue,
utilisez la **carte Michelin Banlieue de Paris** n° 🔟🔟 à 1/50 000
et les **plans de banlieue** nᵒˢ 🔟🕖-🔟🔟, 🔟🔟-🔟🔟, 🔟🔟-🔟🔟, 🔟🔟-🔟🔟 à 1/15 000.

PONTAUBAULT 50220 Manche 🔟 ⑧ – 492 h alt. 25.

Paris 346 – *St-Malo 61* – *Avranches 8* – *Dol-de-Bretagne 35* – *Fougères 36* – *Rennes 73* – *St-Lô 66.*

au Sud-Ouest : *2,5 km sur D 43* – ✉ *50220 Céaux* :

🏠 **Relais du Mont**, ✆ 02 33 70 92 55, Fax 02 33 70 94 57, 🌭 – 📺 ☎ ♿ 🅿 – 🔏 50. 🝙 🇬🇧
Repas 78/190 ⅃, enf. 45 – ☑ 35 – **30 ch** 300/400 – ½ P 320/350.

à Céaux *Ouest : 4 km sur D 43* – 397 h. alt. 20 – ✉ *50220* :

🏠 **Au P'tit Quinquin**, ✆ 02 33 70 97 20, Fax 02 33 70 97 42 – 📺 ☎ 🅿. 🇬🇧
fermé 5 janv. au 15 fév., dim. soir et lundi du 15 fév. au 15 juin – **Repas** 72/169 ⅃, enf. 42 – ☑ 30 – **20 ch** 145/250 – ½ P 195/240.

PONTAUBERT 89 Yonne 🔟 ⑯ – rattaché à Avallon.

PONT-AUDEMER 27500 Eure 🔟 ④ G. Normandie Vallée de la Seine – 8 975 h alt. 15.

Voir *Vitraux★ de l'église St-Ouen.*

🛈 *Office de Tourisme pl. Maubert* ✆ 02 32 41 08 21.

Paris 164 ① – *Le Havre 41* ① – *Rouen 52* ① – *Caen 74* ⑤ – *Évreux 68* ② – *Lisieux 36* ④.

Plan page suivante

🍴 **Aub. du Vieux Puits** avec ch, 6 r. N.-D.-du-Pré (e) ✆ 02 32 41 01 48, Fax 02 32 42 37 28, « Maison normande du 17e siècle, bel intérieur rustique », 🌭 – 📺 ☎ ♿ 🅿. 🇬🇧. ⌀
fermé 15 déc. au 25 janv., lundi soir et mardi hors sais. – **Repas** 198 (déj.)/310 – ☑ 46 – **12 ch** 280/430.

🍴 **Erawan**, 4 r. Seûle (a) ✆ 02 32 41 12 03, Fax 02 32 42 53 19, 🌤 – ⓪ 🇬🇧. ⌀
fermé août et merc. – **Repas** - cuisine thaïlandaise - 125/230.

à Campigny *par* ③ *et D 29 : 6 km* – 807 h. alt. 121 – ✉ *27500* :

🏨 **Le Petit Coq aux Champs** 🏞, ✆ 02 32 41 04 19, Fax 02 32 56 06 25, 🌤, parc, « Chaumière normande dans la campagne », 🌊 – ⟷ ☎ 🅿. 🝙 ⓪ 🇬🇧 🇯🇨🇧
fermé 6 au 26 janv. – **Repas** 185 bc/225 bc – ☑ 60 – **12 ch** 590/875 – ½ P 675/740.

1039

PONT-AUDEMER

*Les plans de villes
sont orientés
le Nord en haut.*

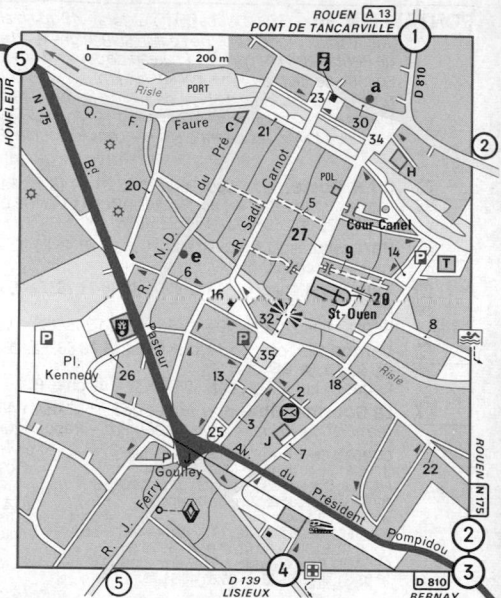

CITROEN Gar. Roulin, ZI r. Gén.-Koening par ②
℘ 02 32 41 01 56
CITROEN Gar. Testu, à Lieurey ℘ 02 32 57 93 47
FIAT Gar. Hauchecorne, 16 r. Maquis Surcouf
℘ 02 32 41 03 04
OPEL Gar. des Deux Ponts, 22 r. Notre-Dame-du-
Pré ℘ 02 32 41 00 13
PEUGEOT Gar. Delamare, ZI Rocade Sud par ②
℘ 02 32 41 00 47
RENAULT Gar. Sovère, rte d'Honfleur à St-Germain-
Village par r. J.-Ferry ℘ 02 32 41 31 64 N
℘ 02 32 43 81 45
RENAULT Gar. Lidor, rte de Cormeilles à Lieurey
℘ 02 32 57 90 67

RENAULT Gar. Deschamps, rte de Bernay à
Lieurey par ③ ℘ 02 32 57 91 77 N
℘ 02 32 57 91 77
VAG Gar. Durfort, 10 rte de Rouen
℘ 02 32 41 01 57
Stat. La Risle, 67 rte de Rouen
℘ 02 32 41 14 11

⓪ Marsat Pneus, rte de Bernay à St-Germain-
Village ℘ 02 32 42 15 46
Sube Pneurama Point S, r. des Fossés
℘ 02 32 41 14 89

PONTAULT-COMBAULT 77 S.-et-M. 🖽 ② ⑩ ,, 🖽 ㉙ – *voir à Paris, Environs.*

PONTAUMUR 63380 P.-de-D. 🖽 ⑬ – 859 h alt. 535.

Paris 404 – *Clermont-Ferrand 42* – Aubusson 48 – Le Mont-Dore 58 – Montluçon 69 –
Ussel 58.

🏠 **Poste**, ℘ 04 73 79 90 15, Fax 04 73 79 73 17 – 📺 ☎ ⬛ – 🏛 25. ⬛ ⬚ ch
⬚ fermé 15 déc. au 1ᵉʳ fév., dim. soir et lundi sauf juil.-août – **Repas** 88/250, enf. 55 – ☲ 34 –
15 ch 210/260 – ½ P 210/230.

PONT-AVEN 29930 Finistère 🖽 ⑪ ⑯ *G. Bretagne* – 3 031 h alt. 18.

Voir Promenade au Bois d'Amour★.

🖪 Office de Tourisme pl. Hôtel de Ville ℘ 02 98 06 04 70, Fax 02 98 06 17 25.

Paris 534 – *Quimper 34* – Carhaix-Plouguer 62 – Concarneau 16 – Quimperlé 18 –
Rosporden 15.

XXX **Moulin de Rosmadec** (Sébilleau) Ⓜ ⬚ avec ch, près pont centre ville
⬚ ℘ 02 98 06 00 22, Fax 02 98 06 18 00, ⬍, « Ancien moulin sur l'Aven, décor et mobilier
bretons » – 📺 ☎ ⬛
fermé 15 au 30 nov. et fév. – **Repas** (fermé dim. soir hors sais. et merc.) (nombre de
couverts limité, prévenir) 160/298 et carte 310 à 400 – ☲ 42 – **4 ch** 400/470
Spéc. Homard breton grillé. Sauté de langoustines en millefeuille de pommes de terre.
Blanc de Saint-Pierre grillé aux artichauts.

rte Concarneau *Ouest : 4 km par D 783 –* ⊠ *29930 Pont-Aven :*

XXX **La Taupinière** (Guilloux), ✆ 02 98 06 03 12, Fax 02 98 06 16 46, ☞ – ▤ **P.** AE ⓪ **GB**. ⚘
舀 *fermé 21 sept. au 15 oct., lundi soir sauf juil.-août et mardi –* **Repas** (prévenir) 265/465 et carte 300 à 420

Spéc. Gratin de tourteau et d'araignée au céleri. Petites queues de lottes poêlées, ragoût de jeunes blettes (printemps-été). Croustillant de pommes rôties au miel, glace au chouchen.

PEUGEOT Gar. Quénéhervé, à Croissant-Kergoz ✆ 02 98 06 03 11

PONTCHARTRAIN *78 Yvelines*⑥⓪ ⑨, **⑩⑥** ⑯ – ⊠ *78760 Jouars-Pontchartrain.*

Env. *Domaine de Thoiry★★ NO : 12 km,* G. Ile de France.

🏌 *Isabella* ✆ 01 30 54 10 62, E : 3 km ; 🏌🏌 *des Yvelines* ✆ 01 34 86 48 89, O par N 12 : 13,5 km.

Paris 37 – Dreux 43 – Mantes-la-Jolie 31 – Montfort-l'Amaury 9 – Rambouillet 22 – Versailles 18.

XXX **L'Aubergade,** rte Nationale ✆ 01 34 89 02 63, Fax 01 34 89 85 72, 斎, « Beau jardin fleuri, volière » – **P.** **GB**
fermé 3 au 20 août, dim. soir et lundi soir hors sais. – **Repas** 185 et carte 260 à 420.

XX **Le Bistro Gourmand,** 7 rte Pontel N 12 ✆ 01 34 89 25 36 – **GB**
fermé 24 déc. au 2 janv., vacances de fév., dim. soir et lundi – **Repas** 98/195 ♨.

à Ste-Apolline *Est : 3 km sur D912 –* ⊠ *78370 Plaisir :*

XXX **La Maison des Bois,** ✆ 01 30 54 23 17, Fax 01 30 68 92 26, 斎, « Demeure rustique, jardin » – **P.** AE **GB**
fermé lundi en août, jeudi soir et dim. soir – **Repas** 280 bc et carte 250 à 400.

à Ergal *Sud-Est : 5 km par D 15 et D 23 –* ⊠ *78760 Jouars-Pontchartrain :*

XX **Aub. d'Ergal,** 2 r. Chambord ✆ 01 34 89 87 87, Fax 01 34 89 55 65, 斎, ☞ – **P.** AE **GB**
fermé 15 août au 10 sept., dim. soir et lundi – **Repas** 140/190.

CITROEN Gar. Palazzi, 24 rte de Paris ✆ 01 34 89 02 68

Le PONT-DE-BEAUVOISIN *38480 Isère*⑦④ ⑭ ⑮ G. *Alpes du Nord – 2 369 h alt. 280.*

Paris 526 – Grenoble 57 – Chambéry 36 – Bourg-en-Bresse 99 – Lyon 81 – La Tour-du-Pin 21.

🏠 **Morris,** Sud-Est : 2 km par D 82 rte Voiron ✆ 04 76 37 02 05, Fax 04 76 32 92 88, 斎, ☞ –
🐚 **P.** **GB**
Repas 70/195 ♨, enf. 45 – ⊡ 35 – **14 ch** 160/290 – ½ P 205/245.

CITROEN Gar. Chaboud, ✆ 04 76 37 03 10 Ⓝ ✆ 04 76 37 03 10
FORD Angelin Autom., ✆ 04 76 37 25 49 Ⓝ ✆ 04 76 37 25 49
LADA ROVER Gar. Termoz, ✆ 04 76 37 05 60 Ⓝ ✆ 04 76 37 21 04

PEUGEOT Gar. Cloppet, ✆ 04 76 37 25 63
RENAULT Autos Isère, ✆ 04 76 37 04 18

⑩ Prieur Pneus-Point S, ✆ 04 76 37 34 38
Vulco, ✆ 04 76 37 26 62

PONT-DE-BRAYE *72 Sarthe*⑥④ ⑤ – *rattaché à Bessé-sur-Braye.*

PONT-DE-BRIQUES *62 P.-de-C.*⑤① ⑪ – *rattaché à Boulogne-sur-Mer.*

PONT-DE-CHAZEY-VILLIEU *01 Ain*⑦④ ③ – *rattaché à Meximieux.*

PONT-DE-CHERUY *38230 Isère*⑦④ ⑬, **⑪①⓪** ⑱ – *4 700 h alt. 220.*

🏌🏌 *Golf Club de Lyon à Villette d'Anthon* ✆ 8 02 31 11 33, NO : 10 km.

Paris 487 – Lyon 32 – Belley 56 – Bourgoin-Jallieu 24 – Grenoble 89 – Meximieux 23 – Vienne 42.

🐟 **Bergeron** sans rest, près Église ✆ 04 78 32 10 08, Fax 04 78 32 11 70 – ☎ **P.** **GB**
fermé 11 au 24 août – ⊡ 25 – **16 ch** 120/290.

CITROEN Gar. Garnier, à Tignieu par D 517 ✆ 04 78 32 11 46
PEUGEOT Gar. Maunand, ✆ 04 78 32 11 07
RENAULT Gar. Gayard, 26 r. des Remparts ✆ 04 73 23 29 87

⑩ Relais Pneus, à Tignieu ✆ 04 72 02 93 76
Roudinsky Pneus, à Tignieu ✆ 04 78 32 22 21

PONT-DE-CLAIX *38 Isère*⑦⑦ ⑤ – *rattaché à Grenoble.*

PONT-DE-DORE *63 P.-de-D.*⑦⑧ ⑮ – *rattaché à Thiers.*

PONT-DE-L'ARCHE 27340 Eure 🗺 ⑥ G. Normandie Vallée de la Seine– 3 022 h alt. 20.

Paris 114 – Rouen 19 – Les Andelys 29 – Elbeuf 15 – Évreux 35 – Gournay-en-Bray 56 – Louviers 11.

🏠 **La Tour** Ⓜ sans rest, 41 quai Foch 🕾 02 35 23 00 99, Fax 02 35 23 46 22, ☞ – 🆃🆅 ☎ 🅿. 🆀🅴 ① 🆖🅱. ⋘
🛏 35 – **16 ch** 280/320.

%% **La Pomme,** aux Damps 1,5 km au bord de l'Eure 🕾 02 35 23 00 46, Fax 02 35 23 52 09, ☞, ☞ – 🅿. 🆀🅴 🆖🅱
fermé 4 au 24 août, dim. soir, mardi soir et merc. – **Repas** 118/185.

PONT-DE-L'ISÈRE 26 Drôme 🗺 ② – rattaché à Valence.

Le PONT-DE-PACÉ 35 I.-et-V. 🗺 ⑱ – rattaché à Rennes.

PONT-DE-PANY 21410 Côte d'Or 🗺 ⑪.

Paris 292 – Dijon 23 – Avallon 87 – Beaune 36 – Saulieu 56.

🏰 **Château La Chassagne** ⋙, au Nord par D 33 et rte secondaire : 2 km 🕾 03 80 49 76 00, Fax 03 80 49 76 19, ☞, « Château du 19ᵉ siècle dans un parc », 🏋, ⛷, %% – 🅻 🆃🆅 ☎ 🐾 🅿. – 🛆 25. 🆀🅴 ① 🆖🅱 – ⋙ rest
Repas (fermé lundi) 145/320, enf. 70 – 🛏 60 – **9 ch** 690/1350, 3 appart. – ½ P 625/910.

%% **Pont de Pany,** 🕾 03 80 23 60 59, Fax 03 80 23 68 90, ☞ – 🅿. 🆀🅴 ① 🆖🅱
fermé janv., dim. soir et lundi hors sais. – **Repas** 110/230 🦪, enf. 55.

Une réservation confirmée par écrit est toujours plus sûre.

PONT-DE-POITTE 39130 Jura 🗺 ⑭ G. Jura– 638 h alt. 450.

Paris 425 – Champagnole 35 – Genève 90 – Lons-le-Saunier 16.

%% **Ain** avec ch, 🕾 03 84 48 30 16, Fax 03 84 48 36 95 – 📺 rest 🆃🆅 ☎ 🐾. 🆖🅱
🐾 fermé 15 déc. au 31 janv., dim. soir de sept. à juin, mardi midi en juil.-août et lundi – **Repas** 110/300 🦪 – 🛏 40 – **10 ch** 220/300 – ½ P 220/280.

PONT-DE-ROIDE 25150 Doubs 🗺 ⑱ G. Jura– 4 983 h alt. 351.

Paris 475 – Besançon 79 – Belfort 37 – La Chaux-de-Fonds 52 – Porrentruy 29.

🏠 **Voyageurs** sans rest, 15 pl. Centrale 🕾 03 81 96 92 07, Fax 03 81 92 27 80 – 🆃🆅 ☎ 🅿. ① 🆖🅱
fermé dim. – 🛏 26 – **16 ch** 155/230.

PEUGEOT Gar. du Lion, 🕾 03 81 92 42 27

PONT-DE-SALARS 12290 Aveyron 🗺 ③ – 1 422 h alt. 700.

Paris 654 – Rodez 25 – Albi 88 – Millau 47 – St-Affrique 56 – Villefranche-de-Rouergue 70.

🏠 **Voyageurs,** 🕾 05 65 46 82 08, Fax 05 65 46 89 99 – 📺 rest 🆃🆅 ☎ 🐾 🅿. 🆀🅴 🆖🅱 🅹🅲🅱
🐾 fermé fév., dim. soir et lundi d'oct. à mai – **Repas** 78 bc/260 🦪 – 🛏 29 – **27 ch** 210/310 – ½ P 215/250.

RENAULT Gar. Capoulade, 🕾 05 65 46 83 16 🅽 🕾 05 65 46 83 16

PONT-DE-VAUX 01190 Ain 🗺 ⑫ – 1 913 h alt. 177.

Paris 381 – Mâcon 23 – Bourg-en-Bresse 40 – Lons-le-Saunier 61 – St-Amour 36 – Tournus 20.

%%% **Le Raisin** (Chazot) avec ch, 🕾 03 85 30 30 97, Fax 03 85 30 67 89 – 🆃🆅 ☎ 🐾 🅿. 🆀🅴 ① 🆖🅱
🐾 fermé 8 au 31 janv., dim. soir de sept. à mai et lundi – **Repas** 112/325 et carte 210 à 310 🦪, enf. 70 – 🛏 40 – **18 ch** 270/320
Spéc. Grenouilles fraîches à la "Maître d'Hôtel". Crêpes "Parmentier". Poulet de Bresse aux morilles et à la crème. **Vins** Mâcon, Brouilly.

%% **Commerce** avec ch, 🕾 03 85 30 30 56, Fax 03 85 30 65 04 – 🆃🆅 ☎ 🚗. 🆖🅱, ⋘ ch
fermé 1ᵉʳ au 15 juin, 24 nov. au 10 déc., mardi soir et merc. – **Repas** 110/210 – 🛏 35 – **10 ch** 220/250 – ½ P 260.

CITROEN Gar. Grospellier, 🕾 03 85 30 31 13 🅽 🕾 03 85 30 31 13

PONT-D'HÉRAULT 30 Gard 🗺 ⑱ – rattaché au Vigan.

PONT-D'OUILLY *14690 Calvados* **55** ⑪ *G. Normandie Cotentin – 1 002 h alt. 65.*

Voir *Roche d'Oëtre★★ S : 6,5 km.*

🛈 *Syndicat d'Initiative ℰ 02 31 69 39 54.*

Paris 270 – Caen 41 – Briouze 25 – Falaise 19 – Flers 21 – Villers-Bocage 37 – Vire 39.

🏨 **Commerce,** *ℰ 02 31 69 80 16, Fax 02 31 69 78 08,* 🍽, 🌳 – 📺 ☎. 延 ⨎
🍽 *fermé 20 janv. au 20 fév., dim. soir et lundi sauf juil.-août –* **Repas** *75/190* 🍴*, enf. 45 –* ☲ *30 –* **16 ch** *180/230 – ½ P 230/240.*

à St-Christophe *Nord : 2 km par D 23 –* ✉ *14690 Pont d'Ouilly :*

XX **Aub. St-Christophe** 🕭 *avec ch, ℰ 02 31 69 81 23, Fax 02 31 69 26 58,* 🍽, 🌳 – 📺 ☎
延 ⨎ *fermé 19 oct. au 3 nov., vacances de fév., dim. soir et lundi –* **Repas** *95/250, enf. 58 –* ☲ *42 –* **7 ch** *270 – ½ P 285.*

PONT-DU-BOUCHET *63 P.-de-D.* **73** ③ *–* ✉ *63380 Pontaumur.*

Env. *Méandre de Queuille★★ NE : 11,5 km puis 15 mn, G. Auvergne.*

Paris 395 – Clermont-Ferrand 39 – Pontaumur 14 – Riom 36 – St-Gervais-d'Auvergne 19.

🏨 **La Crémaillère** 🕭*, ℰ 04 73 86 80 07, Fax 04 73 86 93 17,* ≤*,* 🍽, « Jardin » – 📺 ☎ ✆
🍽 🅿. ⨎. 🎿
fermé 15 déc. au 15 janv., vend. soir et sam. hors sais. – **Repas** *72/220 –* ☲ *32 –* **15 ch**
240/320 – ½ P 225/240.

PONT-DU-CHAMBON *19 Corrèze* **75** ⑩ *– rattaché à Marcillac-la-Croisille.*

PONT-DU-CHÂTEAU *63430 P.-de-D.* **73** ⑮ *G. Auvergne – 8 562 h alt. 365.*

🛈 *Syndicat d'Initiative, Mairie ℰ 04 73 83 20 02, Fax 04 73 83 15 00.*

Paris 423 – Clermont-Ferrand 16 – Billom 12 – Riom 18 – Thiers 30.

X **Pierre Villeneuve,** *r. Poste ℰ 04 73 83 50 03, Fax 04 73 83 59 36 –* ⨎
fermé 5 au 26 août, dim. soir et lundi – **Repas** *95 (déj.), 145/225.*

RENAULT Gar. Gayard, 26 r. des Remparts   Gar. Cottier, N 89 ℰ 04 73 83 22 85
ℰ 04 73 23 29 87   Gar. Vigier, 20 bis r. Croix Blanche
    ℰ 04 73 83 25 24

PONT-DU-DOGNON *87 H.-Vienne* **72** ⑧ *G. Berry Limousin –* ✉ *87400 Le Châtenet-en-Dognon.*

Paris 391 – Limoges 33 – Bellac 52 – Bourganeuf 29 – La Jonchère-St-Maurice 9 –
La Souterraine 52.

🏨 **Chalet du Lac** 🕭*, ℰ 05 55 57 10 53, Fax 05 55 57 11 46,* ≤*,* 🛁*,* 🌳 – ☎ ⨎ 延 ⨎
fermé janv. – **Repas** *(fermé dim. soir sauf juil.-août) 95/230 –* ☲ *35 –* **17 ch** *250/350 –*
½ P 250.

PONT-DU-GARD *30 Gard* **80** ⑲ *G. Provence –* ✉ *30210 Remoulins.*

Voir *Pont-aqueduc romain★★★.*

🛈 *Office de Tourisme ℰ 04 66 37 00 02, hors saison ℰ 04 66 21 02 51.*

Paris 691 – Avignon 26 – Alès 48 – Arles 38 – Nîmes 26 – Orange 38 – Pont-St-Esprit 41 –
Uzès 14.

🏨 **Le Colombier** 🕭*, Est : 0,8 km par D 981 (rive droite) ℰ 04 66 37 05 28,*
Fax 04 66 37 35 75, 🍽*,* – 📺 ☎ ⬅ 🅿. 延 ⨎ ⨎
Repas *68 (déj.), 90/160* 🍴*, enf. 50 –* ☲ *35 –* **10 ch** *200/290 – ½ P 245/270.*

au Nord-Ouest *: 4 km sur D 981 –* ✉ *30210 Vers-Pont-du-Gard :*

🏨 **La Bégude St Pierre** Ⓜ*, ℰ 04 66 63 63 63, Fax 04 66 22 73 73,* 🍽*,* « Bégude du 17ᵉ
siècle », 🏊*,* 🌳 – 📺 ☎ ✆ & 🅿 – 🔔 *30.* 延 ⑩ ⨎ ⨎
Repas *(fermé dim. soir et lundi de nov. à mars) 150/360 –* ☲ *70 –* **29 ch** *415/680, 3 appart –*
½ P 420/550.

à Castillon-du-Gard *Nord-Est : 4 km par D 19 et D 228 – 759 h. alt. 90 –* ✉ *30210 :*

🏨 **Le Vieux Castillon** 🕭*, ℰ 04 66 37 61 61, Fax 04 66 37 28 17,* 🍽*, patio,* « Au coeur
❀ d'un village médiéval », 🏊*,* – ▤ 📺 ☎ 🅿 – 🔔 *30 à 60.* 延 ⑩ ⨎ ⨎
fermé début janv. à début mars – **Repas** *250/510 et carte 430 à 780 –* ☲ *90 –* **33 ch**
750/1390 – ½ P 895/1215
Spéc. *Petite fougasse à la tomate et brandade de morue. Mini carré d'agneau des Alpilles
et son filet aux cannelloni d'aubergines. Marmelade chaude d'abricots, gratin vanille Bourbon, coulis aux fruits rouges (été).* **Vins** *Côtes du Rhône, Lirac.*

à Collias *Ouest : 7 km par D 981 et D 112 – 756 h. alt. 45 –* ⊠ *30210 Remoulins :*

🏠 **Host. Le Castellas** ⚜, Grand'rue ℘ 04 66 22 88 88, Fax 04 66 22 84 28, 佘, « Décor original dans une ancienne demeure gardoise », ⤳, ☞ – ▤ ch 📺 ☎ 🅿 . 🆎 ⑩ 🆑 🆑 *fermé début janv. à début mars –* **Repas** *(fermé dim. soir et lundi d'oct. à mai, mardi midi et lundi midi de juin à sept.)* 95 *(déj.),* 165/360 – 🖵 60 – **17 ch** 450/590 – ½ P 590/760.

PONTEMPEYRAT *43 H.-Loire* 76 ⑦ – ⊠ *43500 Craponne-sur-Arzon.*
Paris 530 – *Le Puy-en-Velay* 44 – *Ambert* 40 – *Montbrison* 49 – *St-Étienne* 56 – *Yssingeaux* 41.

🏠 **Mistou** ⚜, ℘ 04 77 50 62 46, Fax 04 77 50 66 70, « Parc au bord de l'Ance » – ↨ 📺 ☎ ☎ 🅿 – 🄰 25. 🆎 🆖. ⚘ rest
Pâques-1ᵉʳ nov. – **Repas** *(fermé le midi sauf juil.-août, week-ends et fériés)* 125/310, enf. 75 – 🖵 50 – **14 ch** 440/560 – ½ P 480/540.

Le PONTET *84 Vaucluse* 81 ⑫ – *rattaché à Avignon.*

PONT-ÉVÊQUE *38 Isère* 74 ⑫., 110 ㉟ – *rattaché à Vienne.*

PONT-FARCY *14380 Calvados* 59 ⑨ – 487 h alt. 72.
Paris 297 – *St-Lô* 24 – *Caen* 63 – *Villedieu-les-Poêles* 18 – *Villers-Bocage* 35 – *Vire* 19.

🍴 **Coq Hardi**, ℘ 02 31 68 86 03 – 🆖
fermé vend. soir et dim. soir – **Repas** 68/113 ⚘, enf. 35.

PONTGIBAUD *63230 P.-de-D.* 73 ⑬ *G. Auvergne* – 801 h alt. 735.
Paris 436 – *Clermont-Ferrand* 24 – *Aubusson* 67 – *Le Mont-Dore* 40 – *Riom* 26 – *Ussel* 71.

🏠 **Poste**, ℘ 04 73 88 70 02, Fax 04 73 88 79 74 – ▤ rest ☎ 🚗. 🆎 🆖
fermé 1ᵉʳ au 15 oct., janv., dim. soir et lundi sauf juil.-août – **Repas** 78/270 ⚘ – 🖵 34 – **10 ch** 185/220 – ½ P 200/220.

à La Courteix *Est : 4 km sur D 941ᴮ –* ⊠ *63230 St-Ours :*

🍴🍴🍴 **L'Ours des Roches**, ℘ 04 73 88 92 80, Fax 04 73 88 75 07, « Décor original » – 🅿 . 🆎 ⑩ 🆖
fermé 2 au 20 janv., dim. soir et lundi sauf fériés – **Repas** 125/320 et carte environ 300.

PONTHIERRY *77 S.-et-M.* 61 ①, 106 ㊹ – ⊠ *77310 St-Fargeau-Ponthierry.*
Paris 44 – *Fontainebleau* 19 – *Corbeil-Essonnes* 13 – *Étampes* 35 – *Melun* 12.

🍴🍴 **Aub. du Bas Pringy**, à Pringy - N 7 ℘ 01 60 65 57 75, Fax 01 60 65 48 57, 佘 – 🅿 . 🆎 ⑩ 🆖
fermé août, lundi soir et mardi sauf fêtes – **Repas** 98/250, enf. 56.

PEUGEOT Gar. des Bordes, 107 av. de Fontainebleau à St-Fargeau ℘ 01 60 65 71 13 🆚 ℘ 01 64 09 99 97

RENAULT Gar. Tractaubat, 48-50 av. de Fontainebleau à St Fargeau ℘ 01 60 65 70 39 🆚 ℘ 01 60 65 70 39

PONTIVY ⬪ *56300 Morbihan* 58 ⑲ *G. Bretagne* – 13 140 h alt. 99.
Voir *Maisons anciennes★ (rues du Fil, du Pont, du Dr-Guépin Υ) – Stival : vitraux★ de la chapelle St-Mériadec NO : 3,5 km par ⑥.*
🏌 *de Rimaison* ℘ 02 97 27 74 03, S : 15 km par D 768.
🚪 *Office de Tourisme 61 r. Gén.-de-Gaulle* ℘ 02 97 25 04 10, Fax 02 97 27 87 09.
Paris 463 ① – *Vannes* 54 ② – *Concarneau* 104 ③ – *Lorient* 59 ② – *Rennes* 115 ① – *St-Brieuc* 59 ①.

Plan page ci-contre

🏠 **Rohan Wesseling** Ⓜ sans rest, 90 r. Nationale ℘ 02 97 25 02 01, Fax 02 97 25 02 85 – ▣ 📺 📺 ⑥ 🅿 – 🄰 50. 🆎 🆖   Z u
🖵 40 – **18 ch** 295/380.

🏠 **Europe**, 14 pl. A. Briand ℘ 02 97 25 11 14, Fax 02 97 25 48 04, ☞ – ▣ 📺 ☎ 🅿 . ⑩ 🆖. ⚘ rest   Z b
Repas *(fermé dim.)* 76/140 ⚘ – 🖵 35 – **20 ch** 250/330 – ½ P 280/400.

🍴🍴 **La Pommeraie**, 17 quai Couvent ℘ 02 97 25 60 09 – 🆖   Y s
fermé 15 au 31 août, dim. soir et lundi – Repas 130/220.

🍴🍴 **Le Martray**, 32 r. Pont ℘ 02 97 27 88 82 – 🆎 🆖   Y e
fermé 15 au 31 août, dim. soir et lundi – **Repas** 95/225.

PONTIVY

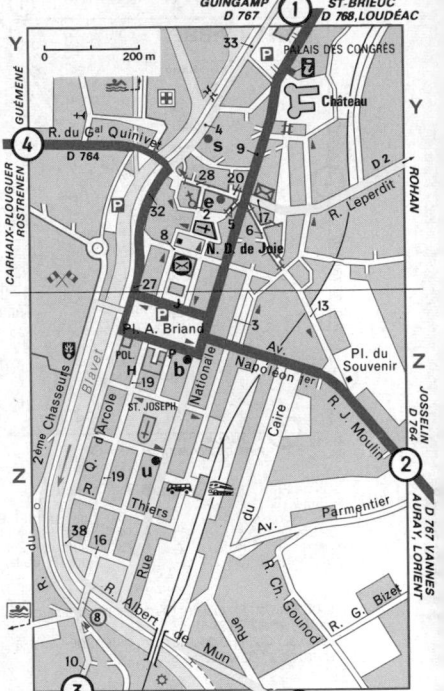

> Ne voyagez pas
> aujourd'hui
> avec une carte d'hier.
> ___
> Don't use
> yesterday's maps
> for today's journey.

à Quelven par ③, D 2 et D 2⁸ : 10 km – ⌂ 56310 Guern :

🏠 **Aub. de Quelven** Ⓜ ⁂ sans rest, à la Chapelle ℘ 02 97 27 77 50, Fax 02 97 27 77 51 –
📺 ☎ 🅿. 🆖
fermé 15 au 30 sept. et merc. – ⊡ 30 – **10 ch** 250/280.

CITROEN Gar. Laloge, rte de Vannes par ③
℘ 02 97 25 30 56 🚗 ℘ 06 07 88 36 65
PEUGEOT Gar. Lainé, 40 r. Colbert
℘ 02 97 25 12 19 🚗 ℘ 02 97 25 12 19
RENAULT Centre Bretagne Renault Pontivy, av. des
Otages par ⑥ ℘ 02 97 28 50 00 🚗
℘ 02 97 28 60 22

⓪ Piété, 6 r. de Mun et r. Guynemer
℘ 02 97 25 02 77
Vulco, rte de Lorient par ④ ℘ 02 97 25 41 70

PONT-L'ABBÉ 29120 *Finistère* 🗺️ ⑭ ⑮ *G. Bretagne* – *7 374 h alt. 5.*
   Voir *Manoir de Kerazan-en-Loctudy★ 3,5 km par* ②.
   Env. *Calvaire★★ de la chapelle N.-D.-de-Tronoën O : 8 km.*
   🛈 *Office de Tourisme 3 r. du Château* ℘ *02 98 82 37 99.*
   Paris 575 ① – *Quimper 19* ① – *Douarnenez 32* ④.

Plan page suivante

🏨 **Château de Kernuz** ⁂, par ③ *et rte secondaire : 3 km* ℘ 02 98 87 01 59,
Fax 02 98 66 02 36, « *Château du 15ᵉ siècle dans un parc* », ⌑, ⁂ – ☎ 🅿. 🆎 🆖 🍱, ⁂
1ᵉʳ avril-30 sept. – **Repas** 150, enf. 80 – ⊡ 40 – **17 ch** 400/450 – ½ P 410.

🏠 **Bretagne,** 24 pl. République ℘ 02 98 87 17 22, Fax 02 98 82 39 31, 🍴 – 📺 ☎. 🆎 🆖,
⁂ ch   A e
fermé 15 janv. au 5 fév. – **Repas** *(fermé lundi hors sais.)* 73 (déj.), 120/230 ⌑ – ⊡ 39 – **20 ch**
250/390 – ½ P 315/365.

🍴🍴 **Relais de Ty-Boutic,** par ③ *: 3 km* ℘ 02 98 87 03 90, Fax 02 98 87 30 63, 🍴 – 🅿. 🆖
fermé 4 fév. à fin mars, mardi soir et merc. de sept. à juin et lundi en juil.-août – **Repas**
165/320 ⌑ **- Le Buffet :** Repas 88/150 ⌑, enf. 55.

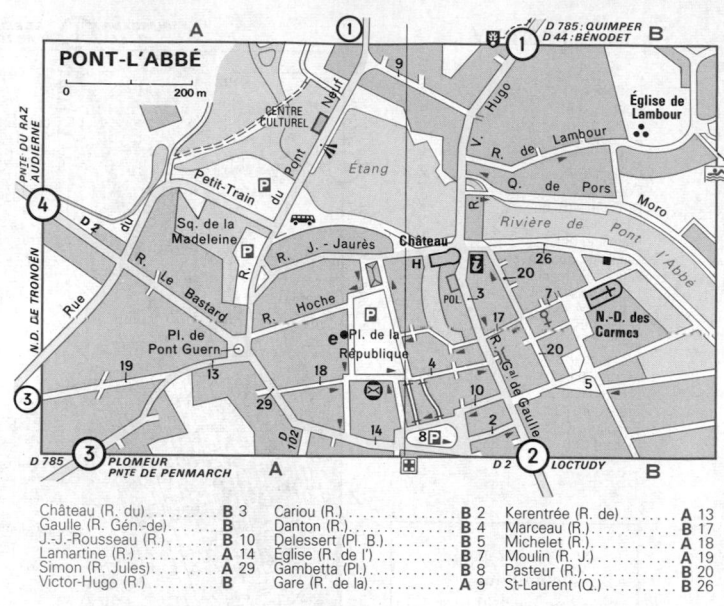

PONT-L'ABBÉ

0 — 200 m

CITROEN Gar. Chapalain, rte de Plomeur à Kerouan par ③ *℘* 02 98 87 16 37
RENAULT Gar. l'Helgouac'h, 24 r. Gén.-de-Gaulle à Loctudy *℘* 02 98 87 53 55

RENAULT Gar. Chatalen, rte de Quimper à Kermaria par ① *℘* 02 98 66 03 70 **N** *℘* 06 07 11 79 75

PONT-LES-MOULINS 25 Doubs 𝟨𝟨 ⑱ – rattaché à Baume-les-Dames.

PONT-L'ÉVÊQUE 14130 Calvados 𝟧𝟧 ③ G. Normandie Vallée de la Seine – 3 843 h alt. 12.

Voir *La belle époque de l'automobile*★ *au Sud par D 48.*

🏌 🏌 de St-Julien *℘* 02 31 64 30 30, SE par D 579 : 3 km.

🯄 Office de Tourisme, r. St-Michel *℘* 02 31 64 12 77, Fax 02 31 64 76 96.

Paris 192 – Caen 48 – Le Havre 39 – Rouen 79 – Trouville-sur-Mer 11.

🏛 **Climat de France**, Base de loisirs, Sud Est : 2 km par D 48 *℘* 02 31 64 64 00, Fax 02 31 64 12 28, ≼, 🏕, 🔄 – 🖙 🔟 ☎ ✆ & 🅿 – 🔬 70. ⚿ ⓪ ☞
fermé janv. – **Repas** 90/130 ⅃, enf. 39 – 🖙 35 – **56 ch** 360.

✗✗ **Aigle d'Or**, 68 r. Vaucelles *℘* 02 31 65 05 25, Fax 02 31 65 12 03, « Ancien relais de poste du 16ᵉ siècle » – 🅿. ⚿ ☞
fermé merc. du 14 juil. au 31 août – **Repas** 125/300.

✗✗ **Aub. de la Touques**, pl. Église *℘* 02 31 64 01 69 – ⚿ ☞
fermé 3 au 26 déc., 5 au 25 janv., mardi sauf août et lundi soir – **Repas** 78/169.

St-André-d'Hébertot Est : 8 km par N 175 et rte secondaire – 292 h. alt. 80 – ⊠ 14130 Pont-l'Évêque :

🏰 **Aub. du Prieuré** ⚘, *℘* 02 31 64 03 03, Fax 02 31 64 16 66, « Prieuré du 13ᵉ siècle », 🔄, 🞷 – 🖙 🔟 ☎ & 🅿 – 🔬 30 à 100. ☞. ✗ rest
fermé merc. – **Repas** 145/180 et dîner à la carte – 🖙 65 – **12 ch** 390/840 – ½ P 375/600.

CITROEN Gar. Dupuits, 5 r. St-Mélaine *℘* 02 31 64 01 86

🞔 Pont l'Évêque Pneus, ZI r. P.-Gamare *℘* 02 31 65 00 67

PONT-L'ÉVÊQUE 60 Oise 𝟧𝟨 ③ – rattaché à Noyon.

---

*Die auf den **Michelin-Karten** im Maßstab 1 : 200 000 rot unterstrichenen Orte sind in diesem Führer erwähnt.*

Nur eine neue Karte gibt Ihnen die aktuellsten Hinweise.

PONTLEVOY *41400 L.-et-Ch.* **64** ⑰ *G. Châteaux de la Loire– 1 423 h alt. 99.*
Voir *Ancienne abbaye★.*
Paris 210 – Tours 50 – Amboise 25 – Blois 27 – Montrichard 8.

XX **de l'École** avec ch, ℘ 02 54 32 50 30, Fax 02 54 32 33 58, 壽, ♠ – **☎ P**. **GB**. ❀
🍴 *fermé fév. et mardi sauf juil.-août* – **Repas** 98/230, enf. 62 – ☲ 42 – **11 ch** 280/395 –
½ P 325.

PONTMAIN *53220 Mayenne* **59** ⑲ – *935 h alt. 164.*
Paris 324 – Domfront 41 – Fougères 18 – Laval 53 – Mayenne 44.

🏠 **Aub. de l'Espérance** (Centre d'Aide par le Travail), 9 r. Grange ℘ 02 43 05 08 10,
🍴 Fax 02 43 05 03 19, 壽 – 團 ☎ ঙ **P**. **GB**
Repas 58 bc/85 ₰, enf. 35 – ☲ 25 – **14 ch** 143/222 – ½ P 166.

PONTOISE *95 Val-d'Oise* **55** ⑳., **106** ⑤ ⑥., **101** ③ – *voir à Cergy-Pontoise.*

PONTORSON *50170 Manche* **59** ⑦ *G. Normandie Cotentin– 4 376 h alt. 15.*
🛈 *Office de Tourisme pl. Église* ℘ 02 33 60 20 65.
Paris 360 – St-Malo 47 – Avranches 22 – Dinan 46 – Fougères 39 – Rennes 61.

🏨 **Bretagne,** r. Couesnon ℘ 02 33 60 10 55, Fax 02 33 58 20 54 – ✸ 🔟 ☎. ﷼ **GB**
🍴 *fermé 10 janv. au 15 fév. et lundi hors sais.* – **Repas** 80/260, enf. 40 – ☲ 30 – **12 ch** 230/380
– ½ P 235/300.

🏨 **Montgomery,** r. Couesnon ℘ 02 33 60 00 09, Fax 02 33 60 37 66, 壽, « Maison du 16ᵉ
siècle » – ✸ 🔟 ☎ ♠. ﷼ ⓞ **GB**
26 mars-2 nov. – **Repas** 100/172, enf. 59 – ☲ 49 – **32 ch** 345/460 – ½ P 322/451.

🏠 **Relais Clemenceau,** bd Clemenceau ℘ 02 33 60 10 96, Fax 02 33 60 25 71 – 🔟 ☎ ♠
🍴 **P**. **GB**
fermé 9 janv. au 14 fév., dim. soir et lundi hors sais. – **Repas** 58/200 ₰, enf. 38 – ☲ 32 –
18 ch 130/270 – ½ P 190/250.

CITROEN Gar. Jamin, 14 r. Libération
℘ 02 33 60 00 29

PEUGEOT Gar. Galle-Vettori, ℘ 02 33 60 00 37 **N**
℘ 02 33 60 02 71

Le Guide change, changez de guide tous les ans.

PONT-RÉAN *35170 I.-et-V.* **63** ⑥.
Paris 360 – Rennes 17 – Châteaubriant 52 – Fougères 66 – Nozay 56 – Vitré 51.

X **Aub. de Réan** avec ch, ℘ 02 99 42 24 80, Fax 02 99 42 28 66 – 🔟 ☎ **P**. **GB**. ❀
🍴 *fermé vacances de fév. et 25 au 31 août* – **Repas** *(fermé dim. soir et lundi)* 85/190 – ☲ 38 –
7 ch 190/240.

PONT-ST-ESPRIT *30130 Gard* **80** ⑩ *G. Provence* **(plan)** – *9 277 h alt. 59.*
🛈 *Office de Tourisme 1 r. Vauban* ℘ 04 66 39 44 45, Fax 04 66 39 23 12.
Paris 645 – Avignon 46 – Alès 64 – Montélimar 38 – Nîmes 65 – Nyons 45.

🏨 **St-Jean-Baptiste** ❧ sans rest, rte Nîmes ℘ 04 66 39 33 24, Fax 04 66 39 10 46, ⅀, 壽
– 🔟 ☎ ঙ ♠ **P**. ﷼ ⓞ **GB**
☲ 45 – **28 ch** 340/460.

PONT-ST-PIERRE *27360 Eure* **55** ⑦ *G. Normandie Vallée de la Seine– 882 h alt. 15.*
Voir *Boiseries★ de l'église– Côte des Deux-Amants* ≼★★ *SO : 4,5 km puis 15 mn – Ruines de
l'abbaye de Fontaine-Guérard★ NE : 3 km.*
Paris 106 – Rouen 21 – Les Andelys 19 – Évreux 46 – Louviers 23 – Pont-de-l'Arche 12.

XXX **Bonne Marmite** avec ch, ℘ 02 32 49 70 24, Fax 02 32 48 12 41 – 🔟 ☎ ঙ **P** – ⚖ 25. ﷼
🍴 ⓞ **GB** **JCB**. ❀ ch
fermé 21 juil. au 13 août, 18 fév. au 9 mars, dim. soir et lundi sauf fériés – **Repas** 145/490 bc
et carte 250 à 410, enf. 98 – ☲ 45 – **9 ch** 370/550 – ½ P 320/415.

XX **Aub. de l'Andelle,** ℘ 02 32 49 70 18 – **GB**
fermé mardi soir – **Repas** 105/250.

CITROEN Gar. Grandserre, à Neuville-Chant-d'Oisel
℘ 02 35 79 91 91

⓪ Brunel Pneus, Le Petit Nojeon à Fleury-sur-
Andelle ℘ 02 32 49 01 22

PONT-STE-MARIE *10 Aube* **61** ⑰ – *rattaché à Troyes.*

PONT-SUR-YONNE 89140 Yonne 🟦🟦 ⑭ – 3 212 h alt. 75.

Paris 106 – Fontainebleau 43 – Auxerre 74 – Montereau-Faut-Yonne 13 – Nemours 44 – Sens 17.

✗ **Host. de l'Écu** avec ch., ℰ 03 86 67 01 00, Fax 03 86 96 31 20, 🏠 – ⒶⒺ ⓪ ⒼⒷ
fermé fév., lundi soir et mardi d'oct. à mai – **Repas** 86/280 bc – ⇌ 30 – **6 ch** 160/200 – ½ P 180/240.

RENAULT Gar. Ristick, N 6, av. du Gén.-Leclerc ℰ 03 86 67 11 87 🅽 ℰ 03 86 96 36 33

Le PORGE 33680 Gironde 🟦🟦 ① – 1 230 h alt. 8.

Paris 627 – Bordeaux 52 – Andernos-les-Bains 18 – Lacanau-Océan 26 – Lesparre-Médoc 54.

✗✗ **Vieille Auberge,** ℰ 05 56 26 50 40, Fax 05 56 26 50 40, 🏠, « Jardin » – Ⓟ. ⒼⒷ
fermé 24 nov. au 7 déc.,26 janv. au 8 fév., mardi soir d'oct. à Pâques et merc. – **Repas** 128 et carte 170 à 300.

PORNIC 44210 Loire-Atl. 🟦🟦 ① G. Poitou Vendée Charentes **(plan)** – 9 815 h alt. 20 – Casino le Môle.

🔲 ℰ 02 40 82 06 69, O : 1 km.
🅱 Office de Tourisme la Gare ℰ 02 40 82 04 40, Fax 02 40 82 90 12.
Paris 436 – Nantes 50 – La Roche-s-Yon 82 – Les Sables-d'Olonne 95 – St-Nazaire 31.

🏛 **Alliance** Ⓜ 🦢, plage de la Source, Sud : 1 km ℰ 02 40 82 21 21, Fax 02 40 82 80 89, ≼, centre de thalassothérapie, ⛱, ✗ – 📶 ✆ ≡ rest 📺 ☎ ৬ Ⓟ – 🔒 40. ⒶⒺ ⓪ ⒼⒷ Ⓙⓒⓑ
✗ rest
Repas 165 – ⇌ 70 – **90 ch** 550/850 – ½ P 560/660.

🏠 **Relais St-Gilles** 🦢, 7 r. F. de Mun ℰ 02 40 82 02 25 – 📺 ☎. ⒼⒷ. ✗ rest
hôtel : 1er avril-10 oct. ; rest. : 10 juin-20 sept. – **Repas** (dîner seul.) 115 – ⇌ 35 – **28 ch** 280/350 – ½ P 265/310.

🏠 **Alizés** Ⓜ sans rest, 44 r. Gén. de Gaulle ℰ 02 40 82 00 51, Fax 02 40 82 87 32 – 📺 ☎ ৬ Ⓟ. ⒼⒷ
⇌ 33 – **29 ch** 295/360.

à Ste-Marie Ouest : 3 km – ✉ 44210 Pornic :

🏨 **Les Sablons** 🦢, ℰ 02 40 82 09 14, Fax 02 40 82 04 26, ⛱, ✗ – 📺 ☎ Ⓟ. ⒼⒷ. ✗
Repas (fermé dim. soir et lundi hors sais.) 100/250, enf. 50 – ⇌ 40 – **30 ch** 360/420 – ½ P 330/360.

CITROEN Gar. du Môle, 26 quai Leray
ℰ 02 40 82 00 08
PEUGEOT Route Bleue Autom., rte Bleue
ℰ 02 40 82 00 26

RENAULT Gar. Guitteny, 7 r. Gén.-de-Gaulle
ℰ 02 40 82 01 17
RENAULT DIFA, ZI des Terres Jarries
ℰ 02 40 64 08 08 🅽 ℰ 02 40 82 66 66

PORNICHET 44380 Loire-Atl. 🟦🟦 ⑭ G. Bretagne – 8 133 h alt. 12 – Casino .

🅱 Office de Tourisme 3 bd République ℰ 02 40 61 33 33, Fax 02 40 11 60 88 et pl. de la Gare (juin-sept.) ℰ 02 40 61 08 92.
Paris 447 – Nantes 74 – La Baule 6 – St-Nazaire 12.

🏛 **Sud Bretagne** Ⓜ, 42 bd République ℰ 02 40 11 65 00, Fax 02 40 61 73 70, 🏠, « Jolie décoration intérieure », 🔲, ⛱ – 📶 ⛱ Ⓟ – 🔒 40. ⒶⒺ ⓪ ⒼⒷ Ⓙⓒⓑ
Repas 190/270 – ⇌ 60 – **24 ch** 500/800, 3 appart – ½ P 600/850.

🏨 **Villa Flornoy** Ⓜ 🦢, 7 av. Flornoy (près Hôtel de Ville) ℰ 02 40 11 60 00, Fax 02 40 61 86 47, ⛱ – 📺 ☎ ৬. ⒶⒺ ⓪ ⒼⒷ. ✗ rest
hôtel : vacances de fév.-vacances de Toussaint ; rest : Pâques-fin sept. – **Repas** (fermé lundi hors sais.) (dîner seul.) 100/135 – ⇌ 40 – **21 ch** 390/510 – ½ P 360/410.

🏨 **Ibis** Ⓜ, 66 bd Océanides ℰ 02 40 61 51 52, Fax 02 40 61 74 74, 🏠, centre de thalasso-thérapie – 📶 ⛱ 📺 ☎ ✆ ৬ – 🔒 30. ⒶⒺ ⓪ ⒼⒷ
Repas 119 🍷, enf. 40 – ⇌ 42 – **86 ch** 495/545 – ½ P 422/432.

Avant de prendre la route, consultez la **carte Michelin**
n° 911 "FRANCE - Grands Itinéraires".

Vous y trouverez :
– votre kilométrage,
– votre temps de parcours,
– les zones à "bouchons" et les itinéraires de dégagement,
– les stations-service ouvertes 24 h/24...
Votre route sera plus économique et plus sûre.

PORQUEROLLES (Ile de) ★★★ 83400 Var 84 ⑯, 114 ㊼ G. Côte d'Azur.

Accès par transports maritimes.

⛴ depuis **La Tour Fondue** (presqu'île de Giens). Traversée 20 mn - Renseignements et tarifs : Transport et Vision Sous-Marine ☏ 04 94 58 95 14, Fax 04 94 58 91 73 (La Tour Fondue).

⛴ depuis **Cavalaire.** (traversée 1 h 15 mn) ou **Le Lavandou** (traversée 50 mn) ou **La Croix Valmer** (traversée 1 h 30) Renseignements et tarifs : "Vedettes Iles d'Or" 15 quai Gabriel Péri ☏ 04 94 71 01 02 (Le Lavandou), Fax 04 94 71 78 95.

⛴ depuis **Miramar.** Service saisonnier - Traversée 25 mn - Renseignements et tarifs : Voir ci-dessus.

⛴ depuis **Toulon.** Services saisonniers - Traversée 1 h - Renseignements et tarifs : Transmed 2000 quai Stalingrad ☏ 04 94 92 96 82 (Toulon), Fax 04 94 91 98 57.

🏨 ❀ **Mas du Langoustier** ⊗, Ouest : 3,5 km du port ☏ 04 94 58 30 09, Fax 04 94 58 36 02, ⇐, 🍽, parc, « Dans un site sauvage dominant le littoral », 🏖, ✻ – 📳 📺 ☎ ৬ – 🔏 60. 🆎 ① ☻
fin avril-début oct. – **Repas** 320 bc/400 et carte 310 à 530 – 😅 80 – **50 ch** (1/2 pens. seul.), 3 appart – 1/2 P 697/1271
Spéc. Gâteau d'ail violet confit, jus de persil et champignons des bois. Pigeon rôti au miel, gaufrette de pommes de terre. Filet de Saint-Pierre rôti, fondue de poireaux et girolles sautées. **Vins** Côtes de Provence, Porquerolles.

PORS ÉVEN 22 C.-d'Armor 59 ② – rattaché à Paimpol.

A good moderately priced meal : 😊 Repas 100/130

PORT-BLANC 22 C.-d'Armor 59 ① G. Bretagne – ✉ 22710 Penvénan.
Paris 512 – St-Brieuc 65 – Guingamp 35 – Lannion 19 – Perros-Guirec 17 – Tréguier 11.

🏠 **Le Rocher** ⊗ sans rest, ☏ 02 96 92 64 97 – 🅿. ✻
15 juin-15 sept. – 😅 30 – **10 ch** 190/300.

PORT-CAMARGUE 30 Gard 83 ⑱ – rattaché au Grau-du-Roi.

PORT-CROS (Ile de) ★★ 83400 Var 84 ⑯ ⑰, 114 ㊽ ㊾ G. Côte d'Azur.

Accès par transports maritimes.

⛴ depuis **Le Lavandou.** Traversée 35 mn - ou **La Croix Valmer.** Traversée 1 h Renseignements et tarifs : "Vedettes Iles d'Or" 15 quai Gabriel Péri ☏ 04 94 71 01 02 (Le Lavandou), Fax 04 94 71 78 95.

⛴ depuis **Cavalaire.** Traversée 1 h - ou **Miramar** Traversée 45 mn - services saisonniers - Renseignements et tarifs : Voir ci-dessus.

⛴ depuis le **Port de la Plage d'Hyères.** Traversée 1 h – Renseignements et tarifs : Transport et Vision Sous-Marine ☏ 04 94 58 95 14, Fax 04 94 58 91 73.

🏨 **Le Manoir** ⊗, ☏ 04 94 05 90 52, Fax 04 94 05 90 89, ⇐, 🍽, parc – ☎. ☻ ✻
8 mai-29 sept. – **Repas** 250/290 – 😅 60 – **18 ch** (1/2 pens. seul.), 4 duplex – 1/2 P 790/990.

PORT-DE-CARHAIX 29 Finistère 58 ⑰ – rattaché à Carhaix.

PORT-DE-GAGNAC 46 Lot 75 ⑲ – rattaché à Bretenoux.

PORT-DE-LA-MEULE 85 Vendée 67 ⑪ – voir à Yeu (île d').

PORT-DE-LANNE 40300 Landes 78 ⑰ – 665 h alt. 28.
Paris 753 – Biarritz 37 – Mont-de-Marsan 75 – Bayonne 29 – Dax 22 – Peyrehorade 7 – St-Vincent-de-Tyrosse 21.

XX **Vieille Auberge** ⊗ avec ch, ☏ 05 58 89 16 29, Fax 05 58 89 12 89, 🍽, « Auberge rustique avec jardin fleuri et petit musée des traditions locales », 🏊, – 📺 ☎ 🅿. ✻ rest
mai-oct. – **Repas** (fermé mardi midi et lundi) 120/250 – 😅 45 – **10 ch** 270/500 – 1/2 P 320/400.

PORT-DONNANT 56 Morbihan 63 ⑪ – voir à Belle-Ile-en-Mer.

PORT-EN-BESSIN 14 Calvados 54 ⑭ G. Normandie Cotentin – 2 308 h alt. 10 – ⊠ 14520 Port-en-Bessin-Huppain.
Paris 273 – Caen 38 – St-Lô 46 – Bayeux 9 – Cherbourg 93.

🏨 **La Chenevière** Ⓜ ॐ, Sud : 1,5 km par D 6 ℘ 02 31 51 25 25, Fax 02 31 51 25 20, 佘, parc, « Demeure du 19e siècle » – ⍾ ⤢ 📺 ☎ 🅿 – 🔬 40. 🄰🄴 ⑩ 🄶🄱
hôtel : 1er mars-29 nov. , rest. : 15 mars-29 nov. – **Repas** 135 (déj.), 195/350, enf. 85 – **19 ch** ⊑ 775/1350 – ½ P 810/910.

🏨 **Mercure** Ⓜ, sur le Golf, Ouest : 2 km par D 514 ℘ 02 31 22 44 44, Fax 02 31 22 36 77, 佘, 🏊, ⚒ – 🐾 🛏 📺 ☎ 🅿 – 🔬 40. 🄰🄴 🄶🄱
1er mars-15 nov. – **Repas** 125/155 🍴, enf. 48 – ⊑ 50 – **39 ch** 490/590, 7 duplex.

🍴🍴 **Marine** ॐ avec ch, 5 quai Letourneur ℘ 02 31 21 70 08, Fax 02 31 21 90 36, ≤ – 📺 ☎. 🄶🄱
fermé 15 au 30 nov., 8 au 28 fév., dim. soir et lundi du 1er déc. au 31 mars – **Repas** 98/325, enf. 52 – ⊑ 38 – **16 ch** 265/385.

🍴 **Bistrot d'à Côté,** 12 r. Letournier ℘ 02 31 51 79 12, Fax 02 31 51 79 33 – 🄰🄴 ⑩ 🄶🄱
fermé 24 déc. au 1er fév., mardi et merc. d'oct. à mars – **Repas** - produits de la mer - 95 bc/250, enf. 45.

RENAULT Gar. David, rte de Bayeux ℘ 02 31 21 72 34 🅽 ℘ 02 31 21 72 34

Les PORTES-EN-RÉ 17 Char.-Mar. 71 ⑫ – voir à Ré (Ile de).

PORTET-SUR-GARONNE 31 H.-Gar. 82 ⑱ – rattaché à Toulouse.

PORT-GOULPHAR 56 Morbihan 63 ⑪ – voir à Belle-Ile-en-Mer.

PORT-GRIMAUD 83 Var 84 ⑰, 114 ㊲ G. Côte d'Azur – ⊠ 83310 Cogolin.
Voir ≤★ de la tour de l'Église oecuménique.
Paris 868 – Fréjus 27 – Brignoles 62 – Hyères 47 – St-Tropez 8 – Ste-Maxime 7 – Toulon 67.

🏨 **Giraglia** ॐ, sur la plage ℘ 04 94 56 31 33, Fax 04 94 56 33 77, ≤ golfe, 佘, « Au bord de la mer », 🏊, ⍾ – ⍾ 📺 ☎ – 🔬 25. 🄰🄴 ⑩ 🄶🄱
Pâques-oct. – **Repas** 120 (déj.), 145/280 – ⊑ 60 – **48 ch** 1165/1965.

🍴🍴 **La Tartane,** ℘ 04 94 56 38 32, 佘 – 🄰🄴 🄶🄱
fermé 15 nov. au 20 déc., lundi soir et mardi du 20 déc. à Pâques – **Repas** 150/265, enf. 65.

à La Foux Sud : 2 km sur N 98 – ⊠ 83310 Cogolin :
🍴🍴 **Port Diffa,** ℘ 04 94 56 29 07, 佘 – 🛏 🅿. 🄰🄴 ⑩ 🄶🄱. ⚒
fermé 6 janv. au 1er mars et lundi sauf juil.-août – **Repas** - cuisine marocaine - 173.

PORT-HALIGUEN 56 Morbihan 63 ⑫ – rattaché à Quiberon.

PORTICCIO 2A Corse-du-Sud 90 ⑰ – voir à Corse.

PORTICCIOLO 2B H.-Corse 90 ② – voir à Corse.

PORT-JOINVILLE 85 Vendée 67 ⑪ – voir à Yeu (Ile d').

PORT-LEUCATE 11 Aude 86 ⑩ – rattaché à Leucate.

PORT-MANECH 29 Finistère 58 ⑪ G. Bretagne – ⊠ 29920 Névez.
Paris 547 – Quimper 39 – Carhaix-Plouguer 71 – Concarneau 19 – Pont-Aven 13 – Quimperlé 30.

🏨 **du Port,** ℘ 02 98 06 82 17, Fax 02 98 06 62 70, ☞ – ☎. 🄶🄱. ⚒ ch
Pâques-fin sept. – **Repas** (fermé lundi midi) 86/260, enf. 55 – ⊑ 36 – **30 ch** 240/400 – ½ P 240/380.

PORT MARLY 78 Yvelines 55 ⑳, 106 ⑱, 101 ⑬ – voir à Paris, Environs.

PORT-MORT 27940 Eure 55 ⑰, 106 ① – 839 h alt. 19.
Paris 88 – Rouen 56 – Les Andelys 10 – Évreux 33 – Vernon-sur-Eure 12.

🍴🍴 **Aub. des Pêcheurs,** ℘ 02 32 52 60 43, Fax 02 32 52 07 62, 佘, ☞ – 🅿. 🄶🄱
fermé 4 au 26 août, vacances de fév., lundi soir et mardi – **Repas** 98/192.

PORT NAVALO 56 Morbihan 🔲🔲 ⑫ – rattaché à Arzon.

PORTO 2A Corse-du-Sud 🔲🔲 ⑮ – voir à Corse.

PORTO-POLLO 2A Corse-du-Sud 🔲🔲 ⑱ – voir à Corse.

PORTO-VECCHIO 2A Corse-du-Sud 🔲🔲 ⑧ – voir à Corse.

PORTS 37800 I.-et-L. 🔲🔲 ④ – 343 h alt. 42.
   Paris 283 – Tours 50 – Châtellerault 27 – Chinon 34 – Loches 45.

   ✕ **Le Grillon,** Le Bec des Deux Eaux, Sud-Est : 2 km ℘ 02 47 65 02 74 – ⏺️. ✼
   ➸ fermé 8 juin au 7 juil., 19 sept. au 1er oct., jeudi soir et vend. – **Repas** 60 (déj.), 80/250 ⅃,
   enf. 80.

PORT-SUR-SAÔNE 70170 H.-Saône 🔲🔲 ⑤ – 2 521 h alt. 228.
   Paris 346 – Besançon 65 – Bourbonne-les-Bains 46 – Épinal 77 – Gray 54 – Jussey 24 –
   Langres 64 – Vesoul 14.

à **Vauchoux** Sud : 3 km par D 6 – 108 h. alt. 210 – ✉ 70170 :

   ✕✕✕ **Château de Vauchoux,** ℘ 03 84 91 53 55, Fax 03 84 91 65 38, 佘, parc, ⅃, ✕ – 🄿. Ⓔ
   Ⓓ ⏺️
   fermé fév. – **Repas** 160/380 et carte 370 à 600.

   The Guide changes, so renew your Guide every year.

PORT-VENDRES 66660 Pyr.-Or. 🔲🔲 ⑳ G. Pyrénées Roussillon – 5 370 h alt. 3.
   Env. Tour Madeloc ✳️⋆⋆ SO : 8 km puis 15 mn.
   🄱 Office de Tourisme quai P.-Forgas ℘ 04 68 82 07 54, Fax 04 68 82 53 48.
   Paris 902 – Perpignan 34.

   🏛 **St-Elme** sans rest, 2 quai P. Forgas ℘ 04 68 82 01 07 – ☎. Ⓔ Ⓓ ⏺️
   ⇌ 32 – **30 ch** 185/320.

   ✕✕ **Côte Vermeille,** quai Fanal ℘ 04 68 82 05 71, ≼ – ▤. Ⓔ ⏺️
   ➸ fermé 15 au 30 nov. et mardi sauf juil.-août – **Repas** 105 (déj.)/225.

PORT-VILLEZ 78 Yvelines 🔲🔲 ⑱ – rattaché à Vernon (27 Eure).

La POTERIE 22 C.-d'Armor 🔲🔲 ④ – rattaché à Lamballe.

POUDENAS 47170 L.-et-G. 🔲🔲 ⑬ – 274 h alt. 83.
   Paris 721 – Agen 45 – Aire-sur-l'Adour 64 – Condom 19 – Mont-de-Marsan 67 – Nérac 17.

   ✕✕ **Le Moulin de la Belle Gasconne** Ⓜ avec ch, ℘ 05 53 65 71 58, Fax 05 53 65 87 39,
   ⅃, 佘 – 🄿 – 🛦 80. Ⓔ Ⓓ ⏺️ ⒿⒸⒷ
   fermé 4 janv. au 10 fév., dim. soir et lundi du 15 sept. au 30 juin – **Repas** 185/290 – ⇌ 60 –
   7 ch 400/580 – ½ P 590/650.

POUILLY-EN-AUXOIS 21320 Côte-d'Or 🔲🔲 ⑱ G. Bourgogne – 1 372 h alt. 390.
   🄸 Château de Chailly ℘ 03 80 90 30 40.
   Paris 271 – Dijon 44 – Avallon 66 – Beaune 47 – Montbard 60.

à **Chailly-sur-Armançon** Ouest : 6,5 km par D 977bis – 193 h. alt. 387 – ✉ 21320 Pouilly-en-
   Auxois :

   🏯 **Château de Chailly** Ⓜ ⍉, ℘ 03 80 90 30 30, Fax 03 80 90 30 00, ⅃, 佘, ✕ – 📇 ✻ 📺
   ☎ ⅄. 🄿 – 🛦 80. Ⓔ Ⓓ ⏺️
   fermé 19 déc. au 12 janv. – **L'Armançon** (fermé mardi midi et lundi) **Repas** 180(déj.),240/
   430, enf. 85 – **Le Rubillon** (fermé le soir sauf lundi) **Repas** 155/185 ⅃, enf. 85 – ⇌ 80 –
   42 ch 1170/3000, 3 appart – ½ P 1266/1551.

à **Ste-Sabine** Sud-Est : 8 km par N 81, D 977bis et D 970 – 183 h. alt. 365 – ✉ 21320 Pouilly-en-
   Auxois :

   🏛 **Host. du Château Ste-Sabine** ⍉, ℘ 03 80 49 22 01, Fax 03 80 49 20 01, ≼, « Parc
   agrémenté d'animaux », ⅃ – 📺 ☎ 🄿. ⏺️. ✼
   fermé 5 janv. au 28 fév. – **Repas** 150/285, enf. 75 – ⇌ 50 – **16 ch** 350/740 – ½ P 340/544.

CITROEN Gar. Todesco, à Ste-Sabine
ℰ 03 80 49 21 39
FORD Gar. Omont, ℰ 03 80 90 73 21 🅽 ℰ 03 80 90
73 21
PEUGEOT Gar. Poisot, r. Gén.-de-Gaulle
ℰ 03 80 90 81 75

RENAULT Gar. Orset, rte d'Autun D977b à
Créancey ℰ 03 80 90 80 45 🅽 ℰ 03 80 90 80 45
VAG Gar. Jeannin, ℰ 03 80 90 82 11 🅽 ℰ 03 80
90 82 11

POUILLY-LE-FORT 77 S.-et-M. 🔢 ② – rattaché à Melun.

POUILLY-SOUS-CHARLIEU 42720 Loire 🔢 ⑧ – 2 834 h alt. 264.
Paris 377 – Roanne 14 – Charlieu 6 – Digoin 43 – Vichy 75.

XXX **de la Loire**, ℰ 04 77 60 81 36, Fax 04 77 60 76 06, 斎, 痴 – 🄿. 🄰🄴 🄶🄱
fermé 1ᵉʳ au 13 juil., vacances de fév., dim. soir et lundi – **Repas** 98/300 et carte 200 à 320.

FIAT Gar. Coudert, ℰ 04 77 60 70 23 🅽 ℰ 04 77 60 98 33

POUILLY-SUR-LOIRE 58150 Nièvre 🔢 ⑬ G. Bourgogne – 1 708 h alt. 168.
🄱 Office de Tourisme 6 r. W.-Rousseau ℰ 03 86 39 03 75.
Paris 197 – Bourges 58 – Château-Chinon 88 – Clamecy 59 – Cosne-sur-Loire 15 – Nevers 38
– Vierzon 79.

🏨 **Relais de Pouilly** 🄼, près échangeur Sud : 2 km ℰ 03 86 39 03 00, Fax 03 86 39 07 47,
🕸 斎, 痴 – 🅃🅅 🕿 ✆ 🕭 🄿. 🄰🄴 🄾 🄶🄱
Repas 79/155 ⅃, enf. 45 – ⚌ 39 – **24 ch** 240/360 – ½ P 275/295.

XX **Coq Hardi et H. Relais Fleuri** avec ch, Sud-Est : 0,5 km ℰ 03 86 39 12 99,
Fax 03 86 39 14 15, 斎, « Jardin fleuri et ⩽ la Loire » – 🅃🅅 🕿 ✆ ⟵ 🄿. 🄰🄴 🄾 🄶🄱
fermé 15 janv. au 15 fév., mardi soir et merc. d'oct. à Pâques – **Repas** 105/250, enf. 40 –
⚌ 36 – **9 ch** 280/290 – ½ P 300/310.

CITROEN Gar. Prulière, ℰ 03 86 39 14 44 🅽 ℰ 03
86 39 14 44

PEUGEOT Gar. SAPL, ℰ 03 86 39 14 65 🅽 ℰ 03
86 39 16 44

POULAINS (Pointe des) 56 Morbihan 🔢 ⑪ ⑫ – voir à Belle-Ile-en-Mer.

POULDREUZIC 29710 Finistère 🔢 ⑭ – 1 854 h alt. 51.
Paris 590 – Quimper 25 – Audierne 17 – Douarnenez 17 – Pont-l'Abbé 16.

🏠 **Ker Ansquer** 📎, à Lababan, Nord-Ouest : 2 km par D 2 ℰ 02 98 54 41 83,
Fax 02 98 54 32 24, sculptures régionales, 痴 – cuisinette 🅃🅅 🕿 🄿. 🄶🄱
avril-oct. – **Repas** (fermé le midi sauf sam. et dim.) (sur réservation seul.) 120/300 – ⚌ 40 –
11 ch 355, 4 studios – ½ P 355.

à Penhors Ouest : 4 km par D 40 – ⊠ 29710 Plogastel-St-Germain :

🏨 **Breiz Armor** 🄼 📎, à la plage ℰ 02 98 51 52 53, Fax 02 98 51 52 30, ⩽, 斎, 🄵🅢, 痴 – 🅃🅅
🕿 ❺ 🄿. – 🆊 50. 🄶🄱
hôtel : avril-fin sept. et vacances scolaires de Noël ; rest. : fermé janv., fév. et lundi sauf
juil.-août – **Repas** 72 (déj.), 96/250, enf. 45 – ⚌ 38 – **26 ch** 370/390 – ½ P 360/390.

Le POULDU 29 Finistère 🔢 ⑫ G. Bretagne – ⊠ 29360 Clohars-Carnoët.
Env. St-Maurice : site★ et ⩽★ du pont NE : 7 km.
🄱 Office de Tourisme r. Ch.-Filiger ℰ 02 98 39 93 42, Fax 02 98 96 90 99.
Paris 522 – Quimper 55 – Concarneau 37 – Lorient 25 – Moëlan-sur-Mer 10 – Quimperlé 14.

🏨 **Armen**, ℰ 02 98 39 90 44, Fax 02 98 39 98 69, 痴 – 🆊 🅃🅅 🕿 🄿. 🄰🄴 🄾 🄶🄱. 🚿 rest
fin avril-fin sept. – **Repas** 90/230, enf. 52 – ⚌ 55 – **38 ch** 320/460 – ½ P 370/450.

🏠 **Panoramique** 🄼 sans rest, au Kérou-plage ℰ 02 98 39 93 49, Fax 02 98 96 90 16 – 🕿 ❺
🄿. 🄶🄱
28 mars-3 nov. – ⚌ 35 – **25 ch** 320/350.

POULIGNY-NOTRE-DAME 36 Indre 🔢 ⑲ – rattaché à La Châtre.

Le POULIGUEN 44510 Loire-Atl. 🔢 ⑭ G. Bretagne – 4 912 h alt. 4.
🄸 de La Baule à St-André-des-Eaux ℰ 02 40 60 46 18, NE : 10 km.
🄱 Office de Tourisme Port Sterwitz ℰ 02 40 42 31 05, Fax 02 40 62 22 27.
Paris 455 – Nantes 82 – La Baule 8 – Guérande 8 – St-Nazaire 21.

Voir plan de La Baule.

🏨 **Beau Rivage,** 11 r. J. Benoit ℘ 02 40 42 31 61, Fax 02 40 42 82 98, ≤, ℩₅, 🖾 – 🛗 🖸 ☎ 🅿️
– 🛦 35. 🖼 . 🛞 rest   AZ   r
mi-fév.-fin nov. – **Repas** 150/250 – ☑ 40 – **66 ch** 420 – ½ P 420.

🏠 **A l'Orée du Bois** sans rest, r. Mar. Foch ℘ 02 40 42 32 18, Fax 02 40 62 23 73 – 🖸 ☎.
🖼 . 🛞   AZ   t
☑ 38 – **15 ch** 235/320.

POURVILLE-SUR-MER 76 S.-Mar. 52 ④ – *rattaché à Dieppe.*

POUZAUGES 85700 Vendée 67 ⑯ G. Poitou Vendée Charentes (plan) – 5 473 h alt. 225.

Voir *Puy Crapaud* 🌸 ★★ *SE : 2,5 km* – *Moulins du Terrier-Marteau★ : ≤★ sur le bocage O :
1 km par D 752* – *Bois de la Folie* ≤★ *NO : 1 km.*

Env. *St-Michel-Mont-Mercure* 🌸 ★★ *du clocher de l'église NO : 7 km par D 752.*

🏢 *Office de Tourisme r. Georges Clemenceau* ℘ 02 51 91 82 46.

Paris 385 – *La Roche-sur-Yon 55* – *Bressuire 28* – *Chantonnay 22* – *Cholet 39* – *Nantes 84.*

🏨 **Aub. de la Bruyère** 🛏️ , rte La Pommeraie ℘ 02 51 91 93 46, Fax 02 51 57 08 18, ≤, 🍽️ ,
🖾 , 🐎 – 🛗 🖸 ☎ 🅿️ – 🛦 100. 🕮 ⓪ 🖼
Repas *(fermé dim. soir et sam. d'oct. à mai sauf fêtes)* 80/175, enf. 45 – ☑ 39 – **28 ch**
248/370 – ½ P 510/570.

POUZAY 37 I.-et-L. 68 ④ – *rattaché à Ste-Maure-de-Touraine.*

                Pasti accurati a prezzi contenuti : 🍴 **Repas** 100/130

Le POUZIN 07250 Ardèche 76 ⑳ G. Vallée du Rhône – 2 693 h alt. 90.

Paris 585 – *Valence 26* – *Avignon 107* – *Die 60* – *Montélimar 28* – *Privas 14.*

🏠 **Avenue,** ℘ 04 75 63 80 43, Fax 04 75 85 93 27 – 🖸 ☎. 🕮 ⓪ 🖼
fermé 3 au 11 mai, 23 août au 14 sept., 20 déc. au 4 janv. et dim. sauf hôtel en juil.-août –
Repas (dîner seul.) 70 🍷 – ☑ 28 – **14 ch** 198/240 – ½ P 210/240.

CITROEN Gar. Pheby, ℘ 04 75 63 80 16 🅽   RENAULT Gar. Combe, ℘ 04 75 85 98 16 🅽
℘ 04 75 85 95 56   ℘ 08 00 05 15 15

PRADES ◉ 66500 Pyr.-Or. 86 ⑰ G. Pyrénées Roussillon – 6 009 h alt. 360.

Voir *Abbaye St-Michel-de-Cuxa★ S : 3 km* – *Village d'Eus★ NE : 7 km.*

Env. *Prieuré de Serrabone★★ E : 28 km.*

🏢 *Office de Tourisme 4 r. V.-Hugo* ℘ 04 68 96 27 58, Fax 04 68 05 21 79.

Paris 910 – *Perpignan 46* – *Mont-Louis 36* – *Olette 16* – *Vernet-les-Bains 11.*

🏨 **Pradotel** Ⓜ sans rest, av. Festival, sur la rocade ℘ 04 68 05 22 66, Fax 04 68 05 23 22, ≤,
🏊 , 🐎 – 🌿 🖸 ☎ 🛗 🅿️ – 🛦 25. 🖼
fermé janv. et dim. de mars à mars – ☑ 35 – **39 ch** 295/345.

🏠 **Hexagone** Ⓜ , rd-pt de Molitg, sur la rocade ℘ 04 68 05 31 31, Fax 04 68 05 24 89 – 🖸
☎ 🛗 🅿️ . 🖼 . 🛞 rest
Repas *(fermé juin à sept. et dim.)* (dîner seul.) (résidents seul.) 85/105 – ☑ 35 – **30 ch**
270/295.

🍴 **Le Festival,** av. Festival, sur la rocade ℘ 04 68 05 22 96, Fax 04 68 05 22 96, 🍽️ – 🅿️ . 🖼
fermé merc. du 1ᵉʳ oct. au 30 juin – **Repas** 68/198 🍷 , enf. 30.

à Taurinya *Sud : 6 km par D 27* – 248 h. alt. 545 – ✉ 66500 :

🍴🍴 **Aub. des Deux Abbayes,** ℘ 04 68 96 49 53, 🍽️ , 🐎 – 🖼
fermé vacances de Toussaint, le soir (sauf sam.) de nov. à fév., mardi soir et merc. – **Repas**
110/220 🍷 , enf. 45.

RENAULT Gar. Bosom, ℘ 04 68 96 11 14   ⓦ Pneu Service, ℘ 04 68 96 43 23

Le PRADET 83220 Var 84 ⑮ , 114 ㊻ G. Côte d'Azur – 9 704 h alt. 1.

Voir *Musée de la mine de Cap Garonne : grande salle★, 3 km au Sud par D 86.*

🏢 *Office de Tourisme pl. Gén.-de-Gaulle* ℘ 04 94 21 71 69, Fax 04 94 08 56 96.

Paris 846 – *Toulon 12* – *Draguignan 77* – *Hyères 11.*

🏨 **Azur** 🛏️ , 163 av. Raimu ℘ 04 94 21 68 50, Fax 04 94 08 27 00, 🍽️ , 🏊 , 🐎 – 🖸 ☎ 🅿️ –
🛦 30. 🕮 🖼
Repas *(fermé dim. soir)* 120/160 – ☑ 50 – **19 ch** 295/395 – ½ P 300/350.

aux Oursinières *Sud : 3 km par D 86 –* ⊠ *83220 Le Pradet :*

🏨 **L'Escapade** ⌨ sans rest, *𝒫* 04 94 08 39 39, Fax 04 94 08 31 30, « Jardin fleuri », ⊒ – 📺
☎ 👝 ⅢⅢ GB. 🛠
Pâques-mi-oct. – ⊡ 60 – **14 ch** 695/1200.

✗✗ **La Chanterelle,** *𝒫* 04 94 08 52 60, Fax 04 94 08 31 30, 🏤 – GB
fermé janv., fév. et merc. de 1ᵉʳ oct. à Pâques – **Repas** 160/240.

PRALOGNAN-LA-VANOISE *73710 Savoie* 🗺 ⑱ *G. Alpes du Nord* – *667 h alt. 1425* – *Sports d'hiver : 1 410/2 360 m ≤ 1 ≤ 13 🎿.*
Voir Site★ – Parc national de la Vanoise★★ – La Chollière★ SO : 1,5 km puis 30 mn – Mont Bochor ≤★ par téléphérique.
🛈 *Office de Tourisme 𝒫 04 79 08 79 08, Fax 04 79 08 76 74*
Paris 638 – Albertville 55 – Chambéry 102 – Moûtiers 28.

🏨 **Les Airelles** ⌨, les Darbelays, Nord : 1 km *𝒫* 04 79 08 70 32, Fax 04 79 08 73 51, ≤, 🏤 –
📺 ☎ 👝 ℙ. GB. 🛠 rest
6 juin-21 sept. et 20 déc.-18 avril – **Repas** 89/150 – ⊡ 45 – **22 ch** 380/430 – ½ P 335/390.

🏨 **Grand Bec,** *𝒫* 04 79 08 71 10, Fax 04 79 08 72 22, ≤, 🏤, ⊒ (été), ℹ6, 🎾, ✗ – ⅊ 📺 ☎
👝 GB. 🛠 rest
17 mai-24 sept. et 20 déc.-15 avril – **Repas** 125/205 – ⊡ 55 – **39 ch** 480 – ½ P 380.

🏨 **Capricorne** ⌨, *𝒫* 04 79 08 71 63, Fax 04 79 08 76 25, ≤ – 📺 ☎ ℙ. GB ⒿⒸⒷ. 🛠 ch
juin-sept. et 20 déc.-20 avril – **Repas** 110/165, enf. 45 – ⊡ 35 – **15 ch** 360 – ½ P 320.

🍴 **Parisien,** *𝒫* 04 79 08 72 31, Fax 04 79 08 76 26, ≤, 🏤, 🌳 – ☎. GB. 🛠 rest
ⓢ *1ᵉʳ juin-20 sept. et 20 déc.-20 avril* – **Repas** 65/140 – ⊡ 30 – **24 ch** 140/340 – ½ P 220/298.

PRA-LOUP *04 Alpes-de-H.-P.* 🗺 ⑧ – *rattaché à Barcelonnette.*

PRAMOUSQUIER *83 Var* 🗺 ⑰., 🗺 ㊾ – *rattaché à Cavalière.*

Le PRARION *74 H.-Savoie* 🗺 ⑧ – *rattaché aux Houches.*

PRATS-DE-MOLLO-LA-PRESTE *66230 Pyr.-Or.* 🗺 ⑱ *G. Pyrénées Roussillon* (plan) – *1 102 h alt. 740.*
Voir Ville haute★.
🛈 *Office de Tourisme pl. Le Foiral 𝒫 04 68 39 70 83, Fax 04 68 39 74 51.*
Paris 923 – Perpignan 61 – Céret 32.

🏨 **Touristes,** *𝒫* 04 68 39 72 12, Fax 04 68 39 79 22, 🌳 – ☎ ℙ. GB
1ᵉʳ avril-31 oct. – **Repas** 100/160, enf. 48 – ⊡ 40 – **28 ch** 210/300 – ½ P 245/300.

🏨 **Bellevue,** *𝒫* 04 68 39 72 48, Fax 04 68 39 78 04 – ▦ rest 📺 ☎ ℙ. GB
30 mars-2 nov. et vacances scolaires – **Repas** 90/180, enf. 54 – ⊡ 33 – **18 ch** 170/270 –
½ P 180/235.

🏨 **Costabonne,** *𝒫* 04 68 39 70 24, Fax 04 68 39 77 52 – 📺 ☎. GB
ⓢ **Repas** 75/150 🍷, enf. 45 – ⊡ 35 – **18 ch** 150/230 – ½ P 240/310.

🍴 **Ausseil,** *𝒫* 04 68 39 70 36, 🏤 – ☎. GB
ⓢ **Repas** 78/128 🍷, enf. 45 – ⊡ 30 – **18 ch** 130/210 – ½ P 190/250.

à La Preste *: 8 km – Stat. therm. (30 mars-26 oct.) –* ⊠ *66230 Prats-de-Mollo-La-Preste :*

🏨 **Val du Tech** ⌨, *𝒫* 04 68 39 71 12, Fax 04 68 39 78 07 – ⅊ 📺 ☎. GB
1ᵉʳ avril-30 oct. – **Repas** 90/120 – ⊡ 33 – **38 ch** 170/300 – ½ P 476/616.

🏨 **Ribes** ⌨, *𝒫* 04 68 39 71 04, Fax 04 68 39 78 02, ≤ vallée, 🏤 – ☎ ℙ. GB. 🛠 rest
ⓢ *avril-oct.* – **Repas** 59/90 🍷, enf. 40 – ⊡ 36 – **24 ch** 160/325 – ½ P 180/240.

CITROEN Gar. Pagès Xatart, *𝒫* 04 68 39 71 34

Le PRAZ *73 Savoie* 🗺 ⑱ – *rattaché à Courchevel.*

Les PRAZ-DE-CHAMONIX *74 H.-Savoie* 🗺 ⑧ ⑨ – *rattaché à Chamonix.*

PRAZ-SUR-ARLY 74120 H.-Savoie 🔢 ⑦ – 922 h alt. 1036 – Sports d'hiver : 1 036/2 000 m ✦ 13 ✦.

🛈 Office de Tourisme pl. Mairie ℘ 04 50 21 90 57, Fax 04 50 21 98 08.
Paris 605 – Chamonix-Mont-Blanc 41 – Albertville 27 – Chambéry 78 – Megève 5.

🏠 **Edelweiss** sans rest, rte Megève ℘ 04 50 21 93 87, ≼, ☞ – 🖵 ☎ ⇔ 🅿, ⅁ⅅ, ✦
☐ 40 – **16 ch** 400/480.

FORD Gar. du Crêt du Midi, ℘ 04 50 21 90 30 🅝 ℘ 04 50 21 90 30

PRÉCY-SOUS-THIL 21390 Côte-d'Or 🔢 ⑰ G. Bourgogne – 603 h alt. 323.
Paris 244 – Dijon 65 – Auxerre 84 – Avallon 39 – Beaune 80 – Montbard 33 – Saulieu 15.

🏠 **Loriot,** ℘ 03 80 64 56 33, Fax 03 80 64 47 50, 🏡, ☞ – 🖵 ☎ ✔ 🅿, ⅁ⅅ
fermé dim. soir et lundi midi d'oct. à juin – **Repas** 85/185 🍷, enf. 45 – ☐ 35 – **11 ch**
260/330 – ½ P 260/330.

RENAULT Gar. Orset, rte de Sémur ℘ 03 80 64 50 56

PRÉCY-SUR-OISE 60460 Oise 🔢 ⑪, 🔢 ⑦ – 3 137 h alt. 33.
Voir Église★ de St-Leu-d'Esserent NE : 3,5 km, G. Ile de France.
Paris 45 – Compiègne 47 – Beauvais 37 – Chantilly 9 – Creil 12 – Pontoise 37 – Senlis 17.

❌❌ **Le Condor,** 14 r. Wateau ℘ 03 44 27 60 77, Fax 03 44 27 62 18 – ▤. ⒶⒺ ⑩ ⅁ⅅ
fermé 16 au 31 août, vacances de fév., mardi soir et merc. – **Repas** 98/255 bc.

PRÉ-EN-PAIL 53140 Mayenne 🔢 ② – 2 422 h alt. 230.
Paris 215 – Alençon 24 – Argentan 40 – Domfront 38 – Laval 68 – Mayenne 37.

🏠 **Bretagne,** r. A. Briand ℘ 02 43 03 13 00, Fax 02 43 03 16 71 – 🖵 ☎ 🅿, ⅁ⅅ
fermé 15 déc. au 15 janv. et dim. soir – **Repas** 72/165 🍷 – ☐ 30 – **18 ch** 180/250 –
½ P 195/295.

PEUGEOT Gar. Huet, ℘ 02 43 03 00 12 🅝 ℘ 02 43 03 00 12

PRÉFAILLES 44770 Loire-Atl. 🔢 ① – 857 h alt. 10.
Voir Pointe St-Gildas★ O : 2 km, G. Poitou Vendée Charentes.
🛈 Office de Tourisme Grande-Rue ℘ 02 40 21 62 22, Fax 02 40 64 53 45.
Paris 447 – Nantes 61 – Pornic 12 – St-Brévin-les-Pins 18.

🏠 **La Flottille** Ⓜ, pointe St-Gildas, Ouest : 2 km ℘ 02 40 21 61 18, Fax 02 40 64 51 72, ≼ –
▤ rest 🖵 ☎ ✔ ♿ – 🔏 50. ⒶⒺ ⑩ ⅁ⅅ
Repas 100/280, enf. 60 – ☐ 50 – **26 ch** 450 – ½ P 430/470.

B e

La PRENESSAYE 22 C.-d'Armor 🔢 ⑳ – rattaché à Loudéac.

PRENOIS 21 Côte-d'Or 🔢 ⑲ – rattaché à Val-Suzon.

Le PRÉ-ST-GERVAIS 93 Seine-St-Denis 🔢 ⑪., 🔢 ⑯ – voir à Paris, Environs.

La PRESTE 66 Pyr.-Or. 🔢 ⑰ – rattaché à Prats-de-Mollo.

PRIAY 01160 Ain 🔢 ③, 🔢 ⑨ – 948 h alt. 300.
Paris 455 – Lyon 52 – Bourg-en-Bresse 28 – Nantua 39.

❌❌ **Mère Bourgeois,** ℘ 04 74 35 61 81, Fax 04 74 35 43 49, 🏡 – ⇔. ⅁ⅅ
fermé 23 au 28 juin, 12 nov. au 5 déc., 25 fév. au 1er mars, dim. soir, mardi soir et merc. –
Repas 105/295 🍷, enf. 75.

PRIVAS 🅟 07000 Ardèche 🔢 ⑲ G. Vallée du Rhône – 10 080 h alt. 300.
🛈 Office de Tourisme 3 r. E.-Reynier ℘ 04 75 64 33 35, Fax 04 75 64 73 95.
Paris 599 ② – Valence 40 ② – Alès 105 ④ – Mende 143 ④ – Montélimar 34 ③ –
Le Puy-en-Velay 88 ④.

Plan page suivante

🏠 **La Chaumette,** av. Vanel ℘ 04 75 64 30 66, Fax 04 75 64 88 25, 🏡, 🔏, – 🛗 🖵 ☎ 🅿 –
🔏 45. ⒶⒺ ⑩ ⅁ⅅ   B e
Repas (fermé sam. midi) 115/225 🍷 – ☐ 47 – **36 ch** 320/405 – ½ P 360/380.

à Alissas par ③ : 5 km – 720 h. alt. 210 – ✉ 07210 :

❌❌ **Lous Esclos,** sur D 2 ℘ 04 75 65 12 73, 🏡 – ▤ 🅿, ⅁ⅅ
fermé août, 23 déc. au 5 janv., sam. midi, dim. soir, merc. soir et lundi – **Repas** 97/185 🍷,
enf. 40.

PRIVAS

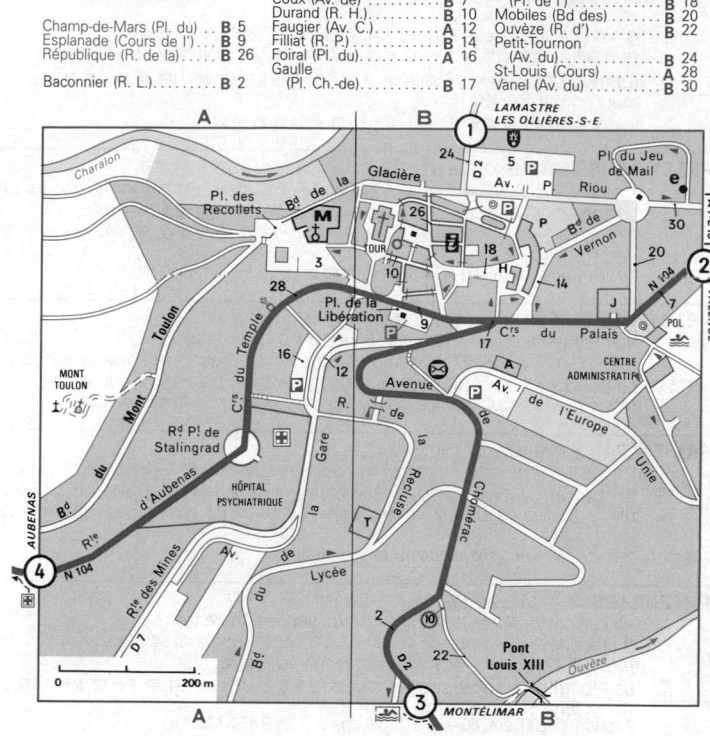

à Chomérac par ③ : 8 km – 2 306 h. alt. 169 – ⊠ 07210 :

XX   **du Molière**, sur D 2 ℰ 04 75 65 07 07, Fax 04 75 65 09 73, 佘 – 🗐 P. AE ⓞ GB
fermé 1er au 6 juil., 5 au 11 janv., dim. soir et merc. sauf juil.-août – **Repas** 98/250 ♪, enf. 55.

au col de l'Escrinet par ④ : 13 km – ⊠ 07000 Privas :

🏨   **Panoramic Escrinet** ⑤, ℰ 04 75 87 10 11, Fax 04 75 87 10 34, ≤ vallée, ⴱ, 秊 –
🗐 rest 📺 ☎ P. AE ⓞ GB. ⍉ rest
15 mars-15 nov. – **Repas** (prévenir) 130/300, enf. 70 – ⍁ 38 – **20 ch** 250/350 – ½ P 320/400.

CITROEN Gar. Viazac, ZI du Lac rte de Montelimar
par ③ ℰ 04 75 64 31 90
PEUGEOT Gds Gar. Midi, N 104 à Coux par ②
ℰ 04 75 64 23 33 🔃 ℰ 04 75 53 18 30
RENAULT Diffusion Privadoise, rte de Montélimar
ℰ 04 75 64 33 01

Ⓦ R.I.P.A., ZI du Lac ℰ 04 75 64 05 56 🔃
ℰ 04 75 64 05 56

PROPRIANO 2A Corse-du-Sud ⑨⓪ ⑱ – voir à Corse.

PROVENCHÈRES-SUR-FAVE 88490 Vosges ⑥② ⑱ G. Alsace Lorraine – 733 h alt. 404.
Paris 407 – Colmar 55 – Épinal 66 – St-Dié 16 – Sélestat 35 – Strasbourg 78.

🏠   **Aub. du Spitzemberg** ⑤, à la Petite Fosse, Nord Ouest : 7 km par D 45 et voie
forestière ℰ 03 29 51 20 46, Fax 03 29 51 10 12, ≤, « Dans la forêt vosgienne », 秊 – 📺 ☎
↩ P. GB
fermé 6 au 29 janv. – **Repas** (fermé mardi) 82/148 ♪, enf. 51 – ⍁ 42 – **10 ch** 250/390 –
½ P 225/270.

Non viaggiate oggi con una carta di ieri.

Voir *Ville Haute*★★ AY : *remparts* ★★ AY, *tour de César*★★ : ⩽★ BY, *Grange aux Dîmes*★ AY E – *Groupe de statues*★★ *dans l'église St-Ayoul* CZ – *Chœur*★ *de l'église St-Quiriace* AY – *Musée du Provinois : collections*★ *de sculptures et de céramiques* AY M.

Env. *St-Loup-de-Naud : portail*★★ *de l'église*★ 7 km par ④.

Paris 89 ⑤ – *Fontainebleau 55* ④ – *Châlons-en-Champagne 98* ② – *Meaux 65* ⑤ – *Melun 48* ⑤ – *Sens 46* ④.

PROVINS

Cordonnerie (R. de la)	**BY** 24
Friperie (R. de la)	**BY** 37
Hugues le Grand (R.)	**BZ** 43
Leclerc (Pl. du Mar.)	**BY** 47
Val (R. du)	**BY** 79
Anatole-France (Av.)	**AZ** 2
Arnoul (R. Victor)	**BY** 3
Balzac (Pl. Honoré de)	**BYZ** 4
Bordes (R. des)	**BZ** 7
Bourquelot (R. Félix).	**BY** 8
Capucins (R. des)	**BZ** 12

Champbenoist (Rte de)	**BZ** 13
Changis (R. de)	**BZ** 14
Châtel (Pl. du)	**AY** 18
Chomton (Bd Gilbert)......	**AZ** 19
Collège (R. du)	**ABY** 23
Courloison (R.)	**BY** 27
Couverte (R.)	**AY** 28
Desmarets (R. Jean).	**AY** 29
Dr.-Masson (R.)	**BZ** 30
Ferté (Av. de la)	**BY** 33
Garnier (R. Victor)	**BZ** 39
Gd-Quartier-Gén.	
(Bd du)	**BZ** 42
Jacobins (R. des)	**BY** 44
Nocard (R. Edmond)	**BYZ** 54

Opoix (R. Christophe)......	**BY** 57
Palais (R. du)	**AY** 59
Plessier	
(Bd du Gén.)	**BYZ** 64
Pompidou (Av. G.).........	**BY** 67
Pont-Pigy (R. du)	**BY** 68
Prés (R. des)	**BY** 69
Remparts	
(Allée des)	**AY** 72
St-Ayoul (Pl.)	**BY** 73
St-Jean (R.)	**AY** 74
St-Quiriace (Pl.)	**AY** 77
Souvenir (Av. du).	**BY** 78
Verdun (Av. de)	**BY** 82
29ᵉ-Dragons (Pl. du)	**BY** 84

🏨 **Vieux Remparts** Ⓜ ⌂, 3 r. Couverte - Ville Haute ℘ 01 64 08 94 00, Fax 01 60 67 77 22, ☎ – ⫴ ⺌ ☎ ⚙ 🅿 – ⌂ 35. ⚎ ⓞ ☒
AY **b**
Repas 145/350 – ⚌ 50 – **25 ch** 370/600 – ½ P 420/480.

✕✕ **Le Médiéval**, 6 pl. H. de Balzac ℘ 01 64 00 01 19, Fax 01 64 00 01 19, ☎ – ⚎
☒
BYZ **e**
fermé 1ᵉʳ au 15 mars, 1ᵉʳ au 15 juil., dim. soir et lundi – **Repas** 98 (déj.), 135/178 ⌂, enf. 55.

CITROEN SPDA, 32 rampe St Syllas
℘ 01 64 08 92 70
FORD Auto Sces du Dome, 5 av. A. France
℘ 01 64 00 00 95
OPEL Gar. de Champagne, 2 r. A.-Briand
℘ 01 64 00 04 85
PEUGEOT Autom. de la Brie, 1 av. Voulzie, ZI par rte
de Champbenoist BZ ℘ 01 60 58 51 50 ℕ
℘ 06 07 28 36 28

RENAULT Gar. Briard, ZAC Parc des Deux Rivières
℘ 01 64 60 20 20 ℕ ℘ 01 64 60 20 20

⦿ Agricopneu, 11 av. Patton à St-Brice
℘ 01 64 08 92 55
Erric, à Jutigny ℘ 01 64 08 62 10
Euromaster, ZAC des Bordes, rte de Champbenoist ℘ 01 64 00 03 23

PUGET-THÉNIERS 06260 Alpes-Mar. 81 ⑲, 115 ⑬ ⑭ G. Alpes du Sud (plan) – 1 703 h alt. 405.

Voir Vieille ville★ – Groupe sculpté★ et retable de N.-D-de-Secours★ dans l'église – Statue★ de Maillol.

Env. Entrevaux : Site★★, Ville forte★, ≤★ de la citadelle O : 7 km.

🛈 Office de Tourisme (juil.-août) ℘ 04 93 05 05 05.

Paris 834 – Barcelonnette 93 – Cannes 82 – Digne-les-Bains 89 – Draguignan 93 – Manosque 129 – Nice 65.

🏠 **Alizé** sans rest, N 202 ℘ 04 93 05 06 20, Fax 04 93 05 14 14, 🏊 – 🕿 & 🅿. 🖼 ⟳ 38 – **16 ch** 250/280.

CITROEN Gar. Casalengo, Quartier St-Roch   RENAULT Gar. Richerme, N 202 ℘ 04 93 05 00 11
℘ 04 93 05 00 25 🅽 ℘ 04 93 05 00 25

PUILLY-ET-CHARBEAUX 08370 Ardennes 56 ⑩ – 258 h alt. 274.

Paris 277 – Charleville-Mézières 53 – Carignan 9 – Sedan 50 – Verdun 71.

✗ **Aub. de Puilly,** à Puilly ℘ 03 24 22 09 58
🍸 fermé 18 au 29 août et merc. – **Repas** 50 (déj.), 80/210.

PUJAUDRAN 32 Gers 82 ⑦ – rattaché à l'Isle-Jourdain.

PUJOLS 47 L.-et-G. 79 ⑤ – rattaché à Villeneuve-sur-Lot.

PULIGNY-MONTRACHET 21 Côte-d'Or 69 ⑨ – rattaché à Beaune.

PULVERSHEIM 68840 H.-Rhin 87 ⑱ – 2 021 h alt. 235.

Paris 471 – Mulhouse 12 – Belfort 48 – Colmar 32 – Guebwiller 13 – Thann 17.

à l'Écomusée Nord-Ouest : 2,5 km – ✉ 68190 Ungersheim :

🏠 **Les Loges de l'Écomusée** M ≫, ℘ 03 89 74 44 95, Fax 03 89 74 44 68, 🏡 – cuisinette 📺 🕿 & 🅿 – 🛆 40. 🖼
La Taverne ℘ 03 89 74 44 49 **Repas** 54 (déj.), 97/158 ⅃, enf. 38 – ⟳ 30 – **30 ch** 330, 10 studios.

PUPILLIN 39 Jura 70 ④ – rattaché à Arbois..

PUSIGNAN 69330 Rhône 74 ⑫, 110 ⑰ – 2 720 h alt. 221.

Paris 474 – Lyon 23 – Montluel 13 – Meyzieu 5 – Pont-de-Chéruy 9.

✗✗✗ **La Closerie,** ℘ 04 78 04 40 50, Fax 04 78 04 44 05, 🏡 – 🖼 ⟳ 🖼
fermé 11 au 31 août, dim. soir et lundi – **Repas** 115/250 et carte 240 à 330.

PUTANGES-PONT-ECREPIN 61210 Orne 60 ② G. Normandie Cotentin – 1 032 h alt. 230.

Paris 211 – Alençon 58 – Argentan 20 – Briouze 15 – Falaise 17 – La Ferté-Macé 25 – Flers 31.

🏠 **Lion Verd,** ℘ 02 33 35 01 86, Fax 02 33 39 53 32, 🌊 – 🕿 🅿. 🖼
🍸 fermé 23 déc. au 1er fév. et vend. soir de nov. à mars – **Repas** 75/200 ⅃, enf. 40 – ⟳ 22 – **19 ch** 170/320 – ½ P 180/260.

PUTEAUX 92 Hauts-de-Seine 55 ⑳,, 101 ⑭ – voir à Paris, Environs.

Le PUY-EN-VELAY 🅿 43000 H.-Loire 76 ⑦ G. Vallée du Rhône – 21 743 h alt. 629 Pèlerinage (15 août).

Voir Site★★★ – La cité épiscopale★★★ BY : Cathédrale Notre-Dame★★, cloître★★ (trésor d'Art religieux★★ dans la salle des États du Velay) – Chapelle St-Michel d'Aiguilhe★★ AY – Vieille ville★ – Rocher Corneille ≤★ BY – Musée Crozatier : section lapidaire★, dentelles★ AZ – Espaly St-Marcel : ≤★ du rocher St-Joseph 2 km par D 589.

Env. Ruines du château de Polignac★ : ※★ 6 km par ③ – Christ★ dans l'église de Lavoûte-sur-Loire et souvenirs de famille★ dans le château de Lavoûte-Polignac 13 km par ①.

🆒 du Cros-du-Loup ℘ 04 71 09 17 77 à Ceyssac, par D 590 : 7 km.

🛈 Office de Tourisme pl. du Breuil ℘ 04 71 09 38 41, Fax 04 71 05 22 62 et 23 r. Tables (juil.-août) ℘ 04 71 05 99 02.

Paris 547 ③ – Alès 141 ② – Aurillac 167 ③ – Avignon 204 ② – Clermont-Ferrand 133 ③ – Grenoble 229 ① – Lyon 136 ① – Mende 89 ② – St-Étienne 77 ① – Valence 111 ①.

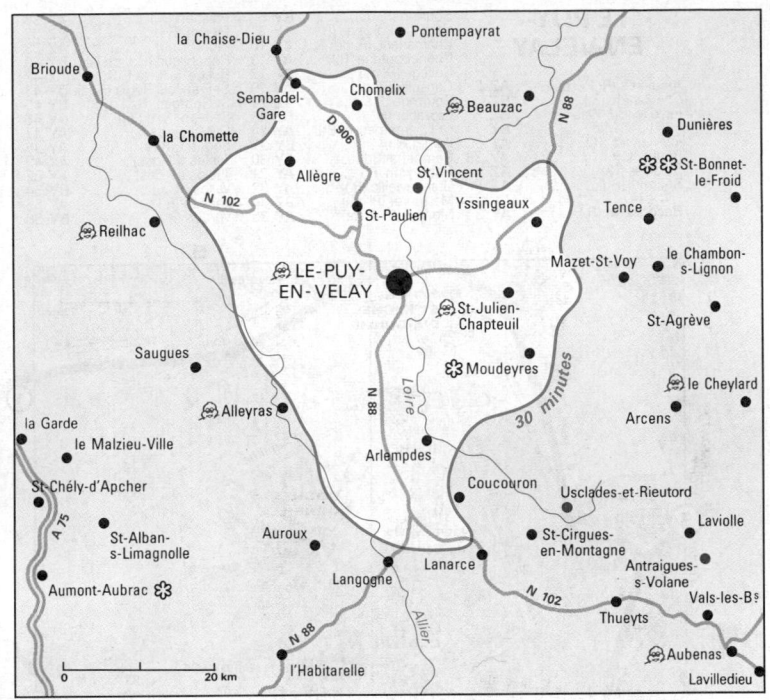

🏠 **Brivas** Ⓜ, à Vals-près-du-Puy par D 31 **AZ** ✉ 43750 ℰ 04 71 05 68 66, Fax 04 71 05 65 88, � – |฿| 🌂 📺 ☎ ✆ & 🅿 – 🛎 30. 🆎 ⮻ 🄹🄲🄱
  fermé 25 au 31 déc. – **Repas** *(fermé sam. midi)* 95/185 ⅃, enf. 56 – 🖙 38 – **60 ch** 264/310 – ½ P 265/315.

🏠 **Regina**, 34 bd Mar. Fayolle ℰ 04 71 09 14 71, Fax 04 71 09 18 57 – |฿| 🌂 📺 ☎ ✆. 🆎 ⮻
  BZ d
  Repas *(fermé dim. soir de nov. à mars)* 98/215 ⅃ – 🖙 40 – **30 ch** 250/385 – ½ P 285.

🏠 **Ibis St-Laurent**, 1 av. Aiguilhe ℰ 04 71 02 22 22, Fax 04 71 09 22 96 – |฿| 🌂 📺 ☎ & –
  🛎 25. 🆎 ⮻ **AY b**
  Repas 100 ⅃, enf. 39 – 🖙 35 – **57 ch** 294/320.

🏠 **Val Vert**, rte Mende par ② : *1,5 km sur N 88* ℰ 04 71 09 09 30, Fax 04 71 09 36 49 – 📺 ☎
  ✆ 🅿. 🆎 ⓞ ⮻
  fermé 21 au 29 déc. – **Repas** 72 bc (déj.), 98/210 ⅃, enf. 50 – 🖙 37 – **23 ch** 240/300 –
  ½ P 266.

🏠 **Dyke H.** sans rest, 37 bd Mar. Fayolle ℰ 04 71 09 05 30, Fax 04 71 02 58 66 – 📺 ☎ ✆ 🚗.
  ⓞ ⮻ 🄹🄲🄱 **BZ r**
  🖙 30 – **15 ch** 190/250.

🍴🍴 **Tournayre**, 12 r. Chênebouterie ℰ 04 71 09 58 94, Fax 04 71 02 68 38 – ⮻ **AY f**
  fermé 2 au 30 janv., dim. soir et lundi
  Repas 85/300.

🍴🍴 **Bateau Ivre**, 5 r. Portail d'Avignon ℰ 04 71 09 67 20 – ⮻ **BZ k**
  fermé 23 au 29 juin, 4 au 18 nov., dim. et lundi – **Repas** 105/185, enf. 60.

🍴 **Lapierre**, 6 r. Capucins ℰ 04 71 09 08 44 – ⮻. 🍽 **AZ u**
  fermé 1er au 20 juin, 1er au 20 oct., 1er au 20 fév., jeudi soir et mardi – **Repas** 85/220 ⅃.

par ① , N 88 et rte de Chaspinhac-Rosières – ✉ 43700 Blavozy :

🏠 **Moulin de Barette** 🦆, ℰ 04 71 03 00 88, Fax 04 71 03 00 51, 🌳, parc, ᳤, 🍽 – cuisinette 📺 ☎ 🅿 – 🛎 250. ⮻
  fermé 15 janv. au 15 fév. – **Repas** *(fermé dim. soir et lundi hors sais.)* 89/220 ⅃, enf. 52 –
  🖙 38 – **30 ch** 250/330 – ½ P 260/330.

LE PUY-EN-VELAY

Aiguières (R. Porte)	AZ	2
Chaussade (R.)	BZ	
Fayolle (Bd Mar.)	BZ	
Foch (Av. Mar.)	BZ	
Pannessac (R.)	AY	
Raphaël (R.)	AY	39
St-Gilles (R.)	AZ	
St-Louis (Bd)	AZ	
Becdelièvre (R.)	AY	3
Bouillon (R. du)	BY	5
Card.-de-Polignac (R.)	BY	8
Chamarlenc (R. du)	AY	10
Chênebouterie (R.)	AY	13
Collège (R. du)	BZ	17
Consulat (R. du)	AY	19
Courrerie (R.)	AZ	20
Crozatier (R.)	BZ	23
Dr-Chantemesse (Bd)	AY	24
For (Pl. du)	BY	27
Gambetta (Bd)	AY	30
Gouteyron (R.)	AY	31
Grangevieille (R.)	AY	32
Martouret (Pl. du)	ABZ	34
Monteil (R. A. de)	AY	35
Philibert (R.)	AY	36
Pierret (R.)	BZ	37
Plot (Pl. du)	AZ	38
République (Bd. de la)	BY	40
Roche-Taillade (R.)	AY	42
St-François Régis (R.)	BY	43
St-Georges (R.)	BY	45
St-Jean (R. du Fg)	BY	46
St-Maurice (Pl.)	AY	47
Séguret (R.)	AY	48
Tables (Pl. des)	AY	49
Tables (R. des)	AY	52
Vallès (R. J.)	BY	54
Vaneau (R.)	AY	55
Verdun (R.)	BY	58

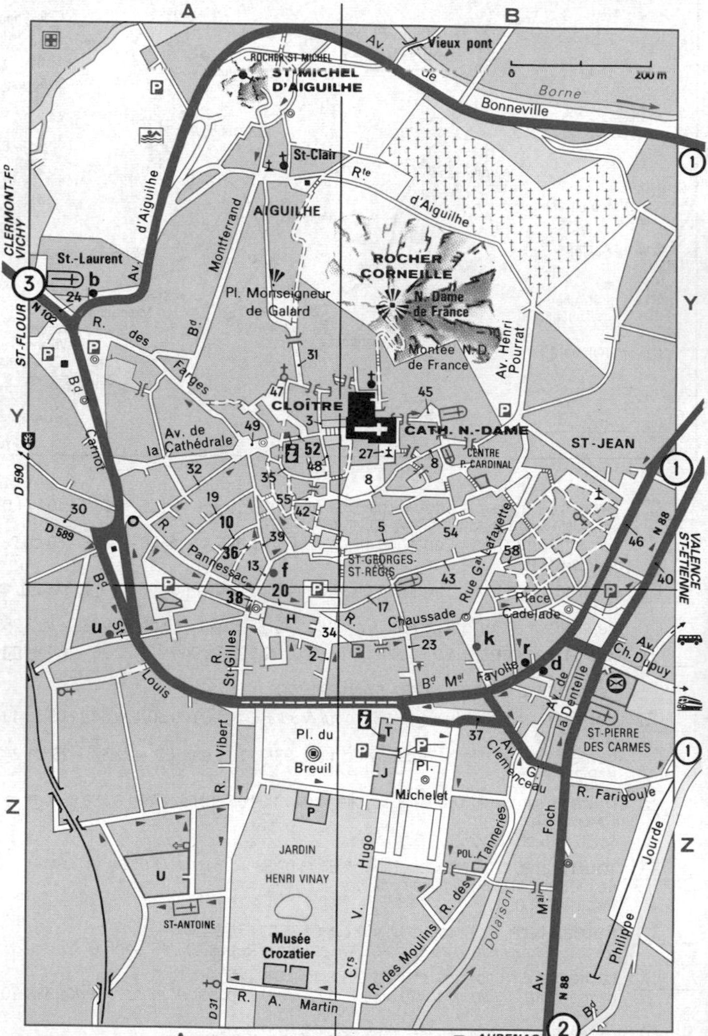

Dans la liste des rues des plans de villes,
les noms en rouge indiquent les principales voies commerçantes.

CITROEN Gar. Pouderoux, ZI de Corsac à Brives-Charensac par ① ✆ 04 71 05 44 88
FIAT Gar. Roche, 53 r. Gazelle ✆ 04 71 05 64 64
FORD Velay-Autom., ZI à Brives-Charensac ✆ 04 71 09 61 35
HONDA Autom. Gachet, 21 r. de la Gazelle ✆ 04 71 02 44 00
OPEL Gar. Trescarte, 26 bd République ✆ 04 71 05 56 44
PEUGEOT Gd Gar. de Corsac, ZI de Corsac à Brives-Charensac par ① ✆ 04 71 09 39 55
RENAULT Gd Gar. Velay, ZI de Corsac à Brives-Charensac par ① ✆ 04 71 02 36 55 🅽 ✆ 04 71 05 15 15

ROVER Philibois Schiano Autom., 25 bd Mar. Joffre ✆ 04 71 02 91 91
TOYOTA Gar. Escudero, 18 bd République ✆ 04 71 09 02 81

⑩ Carlet Pneus, 45 av. de la Bernarde à Espaly ✆ 04 71 02 38 40
Chaussence Pneus Point S, ZI de Corsac à Brives-Charensac ✆ 04 71 02 05 01
Puy Pneus Services, La Chartreuse à Brives-Charensac ✆ 04 71 09 35 89
R.I.P.A., 44 av. Ch.-Dupuy à Brives-Charensac ✆ 04 71 02 13 41 🅽 ✆ 04 71 02 13 41

PUY-L'ÉVÊQUE 46700 Lot 🔟 ⑦ G. Périgord Quercy – 2 209 h alt. 130.

Paris 591 – Agen 72 – Cahors 31 – Gourdon 42 – Sarlat-la-Canéda 56 – Villeneuve-sur-Lot 43.

à Touzac Ouest : 8 km par D 8 – 412 h. alt. 75 – ✉ 46700 :

🏨 **La Source Bleue** ⑲, ✆ 05 65 36 52 01, Fax 05 65 24 65 69, 🍴, « Anciens moulins dans un joli parc au bord du Lot », 🏋, 🛏, – 📺 ☎ 🐾 ⅙ 🅿 – 🔬 25. 🆎 ⑩ 🆖 🆑
25 mars-25 déc. – **La Source Enchantée** ✆ 05 65 30 63 18 (fermé janv., fév. et merc.)
Repas 100/230, enf. 55 – ☲ 35 – **16 ch** 300/460 – ½ P 320/400.

à Mauroux Sud-Ouest : 12 km par D 8 et D 5 – 371 h. alt. 213 – ✉ 46700 :

🏨 **Le Vert** ⑲, ✆ 05 65 36 51 36, Fax 05 65 36 56 84, ≼, 🍴, 🛏, 🌳 – 📺 ☎ 🅿 🆎 🆖
13 fév.-12 nov. – **Repas** (fermé vend. midi et jeudi) 100/160, enf. 50 – ☲ 38 – **7 ch** 280/380 – ½ P 310/360.

RENAULT Gar. Cros, ✆ 05 65 21 30 49

PUYMIROL 47270 L.-et-G. 🔟 ⑮ G. Pyrénées Aquitaine – 777 h alt. 153.

Paris 632 – Agen 17 – Moissac 34 – Villeneuve-sur-Lot 45.

🏨 **Les Loges de l'Aubergade** (Trama) 🅼 ⑲, 52 r. Royale ✆ 05 53 95 31 46,
❀ ❀ Fax 05 53 95 33 80, 🍴, « Maison des 13ᵉ et 17ᵉ siècles » – 🍽 ☎ 🚗 – 🔬 25 à 40. 🆎 ⑩ 🆖 🆑
fermé vacances de fév. et lundi (sauf le soir en sais. et fériés) – **Repas** 180 (déj.), 280/650 et carte 440 à 700 – ☲ 90 – **10 ch** 1235/1410 – ½ P 1050
Spéc. Papillote de pomme de terre au fumet de truffes. Brandade de homard, jus coraillé. Double corona "Trama", feuille de tabac au poivre (dessert). **Vins** Buzet, Côtes de Duras.

PUYOO 64270 Pyr.-Atl. 🔟 ⑦ ⑧ – 1 007 h alt. 40.

Paris 761 – Pau 62 – Dax 28 – Orthez 15 – Peyrehorade 16 – Salies-de-Béarn 8 – Tartas 40.

🏨 **Voyageurs,** N 117 ✆ 05 59 65 12 83, Fax 05 59 65 15 42, 🍴, 🌳 – 📺 ☎ 🅿. 🆖
🍽 fermé 4 au 13 juil., vacances de Noël et dim. soir – **Repas** 80/140 – ☲ 28 – **15 ch** 180/250 – ½ P 200.

PUY-ST-VINCENT 05290 H.-Alpes 🔟 ⑰ G. Alpes du Sud – 235 h alt. 1325 – Sports d'hiver : 1 400/2 750 m ✦ 1 ✦ 14 ✦.

Voir Les Prés ≼✦ SE : 2 km – Église✦ de Vallouise N : 4 km.

🅱 Office de Tourisme Bâtiment Communal ✆ 04 92 23 35 80, Fax 04 92 23 45 23.

Paris 703 – Briançon 21 – Gap 84 – L'Argentière-la-Bessée 10 – Guillestre 31 – Pelvoux (Commune de) 6.

🏨 **La Pendine** ⑲, aux Prés Est : 1 km par D 4 ✆ 04 92 23 32 62, Fax 04 92 23 46 63, ≼, 🍴, 🌳 – 📺 ☎ 🅿. 🆖, ❄
20 juin-6 sept. et 15 déc.-10 avril – **Repas** 88/190 ⅙ – ☲ 45 – **28 ch** 180/340 – ½ P 260/320.

🏨 **Saint-Roch** ⑲, aux Prés Est : 1 km par D 4 ✆ 04 92 23 32 79, Fax 04 92 23 45 11, ≼ vallée et montagnes, 🍴, 🛏, (été) – 🕃 📺 ☎. 🆖, ❄
10 juin-5 sept. et 15 déc.-10 avril – **Repas** (self le midi en hiver) 130/260 – ☲ 49 – **15 ch** 355 – ½ P 345/380.

Quando cercate un albergo o un ristorante, siate pratici.
*Approfittate delle località sottolineate in rosso sulle **carte stradali** 1:200 000.*
Ma che le carte siano recenti!

PYLA-SUR-MER *33115 Gironde* 🔢🔢 ⑫ *G. Pyrénées Aquitaine – alt. 7.*

🛈 *Syndicat d'Initiative Rd-Point du Figuier* ☎ 05 56 54 02 22, Fax 05 56 22 58 84 *et Pavillon de la Grande Dune* ☎ 05 56 22 12 85.

Paris 650 – Bordeaux 73 – Arcachon 8 – Biscarrosse 34.

Voir plan d'Arcachon agglomération.

🏠 **Maminotte** ⌂ *sans rest, allée Acacias* ☎ 05 56 54 55 73, Fax 05 57 52 24 30 – ☎. **GB**
⊡ 45 – **12 ch** 430/490. AY n

XX **Moussours**, *bd Océan* ☎ 05 56 54 07 94, Fax 05 56 83 20 98, 🌤 – **GB** AY e
15 fév.-15 nov. et fermé lundi sauf le soir en été et dim. soir – **Repas** 120 (déj.), 180/195.

à Pilat-Plage *Sud : 3 km par D 218 –* ✉ *33115 Pyla-sur-mer.*
Voir *Dune★★ : ☀★★.*

🏯 Oyana ⌂, ☎ 05 56 22 72 59, Fax 05 56 22 16 47, ≤, 🌤 – ☎
saisonnier – **17 ch.**

X **Corniche** ⌂ *avec ch,* ☎ 05 56 22 72 11, Fax 05 56 22 70 21, ≤ *plage et océan,* 🌤 – 📺
☎. **GB**
Pâques-1ᵉʳ nov. – **Repas** *(fermé merc. sauf juil.-août)* 89/145, enf. 55 – ⊡ 45 – **15 ch**
400/580 – ½ P 280/490.

QUARRÉ-LES-TOMBES *89630 Yonne* 🔢🔢 ⑯ *G. Bourgogne – 735 h alt. 457.*
Paris 234 – Auxerre 74 – Avallon 19 – Château-Chinon 47 – Clamecy 49 – Dijon 96 – Saulieu 28.

XX **Le Morvan,** ☎ 03 86 32 24 83, Fax 03 86 32 24 83 – 🆎 ⓞ **GB**
fermé 5 janv. au 1ᵉʳ mars, mardi soir et merc. du 10 sept. au 30 juin – **Repas** 105/240, enf. 58.

aux Brizards *Sud-Est : 8 km par D 55 et D 355 –* ✉ *89630 Quarré-les-Tombes :*
🏠 **Aub. des Brizards** Ⓜ ⌂ *(annexe* 🏠 *14 ch),* ☎ 03 86 32 20 12, Fax 03 86 32 27 40, 🌤,
« *Dans la campagne, parc avec étang, jardin fleuri* », ✕ – ⊡ ☎ 📱 🆎 ⓞ **GB**
Repas 100 bc/300, enf. 60 – ⊡ 75 – **23 ch** 220/500, 4 duplex – ½ P 270/510.

aux Lavaults *Sud-Est : 5 km par D 10 –* ✉ *89630 Quarré-les-Tombes :*
XXX **Aub. de l'Âtre** *(Salamolard) avec ch,* ☎ 03 86 32 20 79, Fax 03 86 32 28 25, « *Jardin*
🌲 *fleuri* » – 📱 🆎 ⓞ **GB** 🇯🇨🇧
fermé 25 nov. au 10 déc., 20 janv. au 5 mars, mardi soir et merc. du 1ᵉʳ sept. au 13 juil. –
Repas *(prévenir)* 145/295 et carte 250 à 380, enf. 70 – ⊡ 50 – **7 ch** 450/600
Spéc. Oeufs en meurette aux petits lardons fumés. Eventail de sandre grillé au cerfeuil.
Ronde des cinq chocolats, glace pain d'épice.

QUATRE-ROUTES-D'ALBUSSAC *19 Corrèze* 🔢🔢 ⑨ *– alt. 600 –* ✉ *19380 Albussac.*
Voir *Roche de Vic ☀★ S : 2 km puis 15 mn, G. Berry Limousin.*
Paris 499 – Brive-la-Gaillarde 26 – Aurillac 74 – Mauriac 69 – St-Céré 39 – Tulle 20.

🏠 **Roche de Vic,** ☎ 05 55 28 15 87, Fax 05 55 28 01 09, 🌤, 🏊, 🌳 – 📺 ☎ 📞 📱 **GB**
🍴 *fermé janv., fév. et lundi sauf juil.-août et fériés* – **Repas** 75/175, enf. 48 – ⊡ 35 – **13 ch**
160/250 – ½ P 245/250.

QUÉDILLAC *35290 I.-et-V.* 🔢🔢 ⑮ *– 1 018 h alt. 85.*
Paris 390 – Rennes 40 – Dinan 29 – Lamballe 44 – Loudéac 56 – Ploërmel 45.

🏠 **Relais de la Rance,** ☎ 02 99 06 20 20, Fax 02 99 06 24 01 – 📺 ☎ 📱 🆎 ⓞ **GB**
🍴 *fermé 24 déc. au 8 janv. et dim. soir sauf juil.-août* – **Repas** 105/330, enf. 58 – ⊡ 35 – **13 ch**
230/360.

Les QUELLES *67 B.-Rhin* 🔢🔢 ⑧ *– rattaché à Schirmeck.*

QUELVEN *56 Morbihan* 🔢🔢 ⑫ *– rattaché à Pontivy.*

QUEMIGNY-POISOT *21220 Côte-d'Or* 🔢🔢 ⑲ *– 167 h alt. 397.*
Paris 302 – Dijon 23 – Avallon 97 – Beaune 31 – Saulieu 66.

X **Orée du Bois,** ☎ 03 80 49 78 77, Fax 03 80 49 78 77 – **GB**
🍴 *fermé 22 déc. au 7 fév., dim. soir d'oct. à avril et lundi* – **Repas** 75/170, enf. 55.

QUENZA *2A Corse-du-Sud* 🔢🔢 ⑦ *– voir à Corse.*

QUESTEMBERT 56230 Morbihan 63 ④ *G. Bretagne* – *5 076 h alt. 100.*

🛈 *Office de Tourisme Hôtel Belmont ℰ 02 97 26 56 00, Fax 02 97 26 54 55.*

Paris 447 – Vannes 28 – Ploërmel 34 – Redon 34 – Rennes 99 – La Roche-Bernard 23.

🏵🏵🏵🏵 **Bretagne** (Paineau) Ⓜ avec ch, r. St-Michel ℰ 02 97 26 11 12, Fax 02 97 26 12 37, 😤, 🌳

🏵🏵 – 🝙 📺 ❦ 🅿. 🆎 GB

fermé 1ᵉʳ au 8 déc., 20 janv. au 11 fév., mardi midi et lundi sauf juil.-août et fériés – **Repas** (prévenir) 180 (déj.), 295/490 et carte 420 à 540 – ☷ 90 – **11 ch** 780/1200 – ½ P 950/1010

Spéc. Huîtres en paquets à la vapeur d'estragon. Choux farcis de homard à l'effilochée de tomate. Ris de veau rôti à la glace de viande.. **Vins** Muscadet.

CITROEN Gar. Le Ray, ℰ 02 97 26 10 43 🝙 ℰ 06 09 35 49 75
RENAULT Gar. Marquer, ℰ 02 97 26 10 41 🝙 ℰ 06 09 49 26 00

VAG CEDAM, ZI de Lenruit ℰ 02 97 26 50 55
🛞 Questembert Pneus, ZI de Lenruit ℰ 02 97 26 67 72

QUETTEHOU 50630 Manche 54 ③ *G. Normandie Cotentin* – *1 395 h alt. 14.*

🛈 *Office de Tourisme pl. de la Mairie ℰ 02 33 43 63 21.*

Paris 346 – Cherbourg 29 – Barfleur 10 – St-Lô 67 – Valognes 16.

🏠 **Demeure du Perron,** ℰ 02 33 54 56 09, Fax 02 33 43 69 28, 🌳 – 📺 ☎ ❦ ♿ 🅿. GB
🍴 *fermé dim. soir du 15 nov. au 31 mars sauf fériés* – **Repas** (fermé dim. soir et lundi midi d'oct. à juin sauf fériés) 82/125 – ☷ 40 – **15 ch** 230/290 – ½ P 225/335.

🍴 **La Chaumière** avec ch, ℰ 02 33 54 14 94, Fax 02 33 44 09 87 – 📺 ☎. GB
🍴 *fermé vacances de Toussaint, de fév., dim. soir et merc. sauf juil.-août* – **Repas** 58/200 🍷 – ☷ 25 – **5 ch** 130/200 – ½ P 150/180.

CITROEN Gar. Godefroy, ℰ 02 33 54 13 50 🝙 ℰ 02 33 54 13 50

En juin et en septembre,

les hôtels sont moins chers qu'en pleine saison, le service est plus soigné.

La QUEUE-EN-BRIE 94 Val-de-Marne 61 ① ②., 101 ㉙ – *voir à Paris, Environs.*

QUEYRAC 33 Gironde 71 ⑯ – *rattaché à Lesparre-Médoc.*

QUIBERON 56170 Morbihan 63 ⑫ *G. Bretagne* – *4 623 h alt. 10 – Casino .*

Voir Côte sauvage★★ NO : 2,5 km.

🛈 *Office de Tourisme et Accueil de France 14 r. Verdun ℰ 02 97 50 07 84, Fax 02 97 30 58 22.*

Paris 505 ① – Vannes 46 ① – Auray 28 ① – Concarneau 99 ① – Lorient 48 ①.

Plan page suivante

🏨🏨🏨 **Sofitel Thalassa** Ⓜ 🏖, pointe du Goulvars ℰ 02 97 50 20 00, Fax 02 97 50 46 32, ≤, centre de thalassothérapie, 🏊, 🌳, 🎾 – 🛗 🚹 📺 ☎ ♿ 🅿 – 🕍 30. 🆎 ⓞ GB. 🍴 rest
fermé janv. – **Repas** 215/460 🍷, enf. 120 – ☷ 70 – **133 ch** 815/1630 – ½ P 860/1105.
B a

🏨🏨 **Ker Noyal** 🏖, 51 ch. des Dunes ℰ 02 97 50 08 41, Fax 02 97 30 58 20, « Jardin » – 📺 ☎ 🅿 – 🕍 40. 🆎 GB. 🍴
1ᵉʳ mars-31 oct. – **Repas** 100/250 – ☷ 50 – **100 ch** 550/650 – ½ P 545.
B e

🏨🏨 **Bellevue** 🏖, r. Tiviec ℰ 02 97 50 16 28, Fax 02 97 30 44 34, 🏊 – 📺 ☎ 🅿. 🆎 GB. 🍴 rest
début avril-fin sept. – **Repas** 100/135 – ☷ 50 – **38 ch** 430/700 – ½ P 407/530.
B d

🏨🏨 **Albatros** Ⓜ, 24 quai Belle-Île ℰ 02 97 50 15 05, Fax 02 97 50 27 61, ≤, 😤 – 📺 ☎ ❦ ♿ 🅿
🍴 – 🕍 25. GB
Repas 75/124 🍷, enf. 39 – ☷ 37 – **35 ch** 330/440 – ½ P 305/355.
A s

🏨🏨 **Roch Priol** 🏖, r. Sirènes ℰ 02 97 50 04 86, Fax 02 97 30 50 09 – 🚹 📺 ☎ 🅿. GB
🍴 *15 fév.-15 nov.* – **Repas** 60/155 🍷, enf. 42 – ☷ 35 – **51 ch** 235/340 – ½ P 325/350.
B h

🏨🏨 **Petite Sirène,** 15 bd R. Cassin ℰ 02 97 50 17 34, Fax 02 97 50 03 73, ≤ – 📺 ☎ 🅿. 🆎 GB
🍴 *20 mars-5 nov.* – **Repas** (fermé merc. hors sais.) 98/265 – ☷ 40 – **14 ch** 338/428.
B b

🏨 **Ibis** Ⓜ, av. Marronniers, pointe du Goulvars ℰ 02 97 30 47 72, Fax 02 97 30 55 78, 😤, 🛋, 🏊 – 🚹 📺 ☎ ❦ ♿ 🅿 – 🕍 60. 🆎 ⓞ GB 🇯🇵
Repas 109 bc, enf. 40 – ☷ 40 – **75 ch** 495/545, 20 duplex.
B r

🏠 **Druides,** 6 r. Port Maria ℰ 02 97 50 14 74, Fax 02 97 50 35 72 – 🚹 📺 ☎. 🆎 GB
🍴 *hôtel : mars-oct. ; rest. : avril-sept.* – **Repas** 80/170, enf. 48 – ☷ 40 – **31 ch** 340/520 – ½ P 360/415.
A n

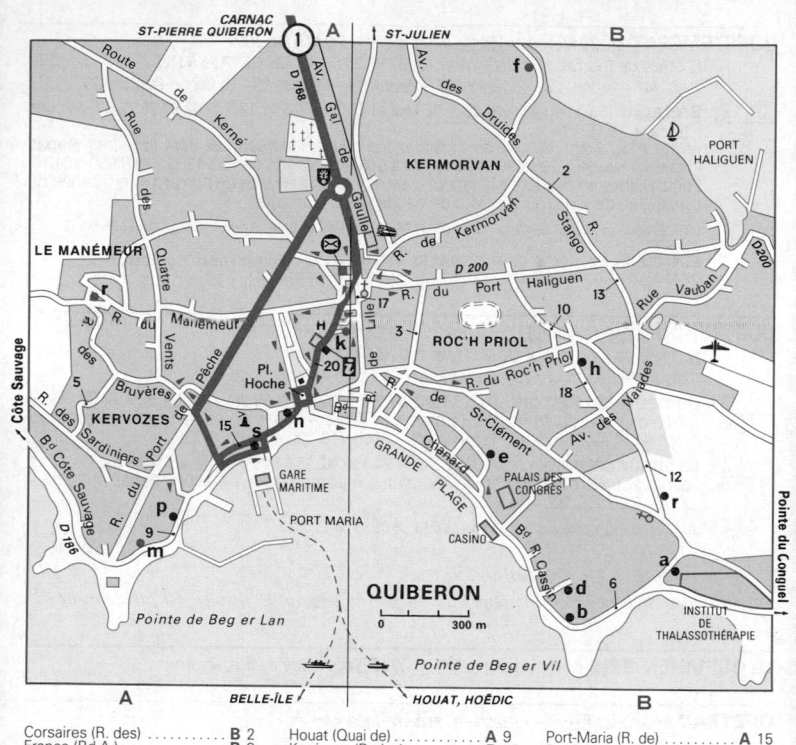

Neptune, 4 quai de Houat à Port Maria ℰ 02 97 50 09 62, Fax 02 97 50 41 44, ≤ – 🛗 📺 ☎. GB
A p
fermé lundi – Repas 85/210, enf. 50 – 🖵 38 – **21 ch** 320/390 – ½ P 340/360.

Le Relax, 27 bd Castero à la plage de Kermorvan ℰ 02 97 50 12 84, Fax 02 97 50 12 84, ≤,
🎋 –🅿. ℻ 🕮 GB
B f
fermé 15 déc. à mi-fév. et lundi de mi-sept. à juin – Repas 75/150 &, enf. 48.

Le Jules Verne, 1 bd d'Hoëdic ℰ 02 97 30 55 55, ≤, 🎋 – GB
A m
fermé 1er au 8 fév., mardi soir et merc. d'oct. à mai – Repas 90/280.

Ancienne Forge, 20 r. Verdun ℰ 02 97 50 18 64 – ℻ GB
A k
fermé 5 janv. au 10 fév., dim. soir et lundi sauf juil.-août – Repas 95/195, enf. 45.

La Chaumine, à Manémeur ℰ 02 97 50 17 67 – GB
A r
fermé 17 nov. au 17 déc., dim. soir et lundi du 15 sept. au 15 juin – Repas 80 (déj.), 140/260,
enf. 55.

à St-Pierre-Quiberon *Nord : 4,5 km par D 768* – 2 184 h. alt. 12 – ⊠ 56510.
Voir *Pointe du Percho* ≤ ★ *au NO : 2,5 km.*

Plage, ℰ 02 97 30 92 10, Fax 02 97 30 99 61, ≤ – 🛗 cuisinette 📺 ☎ 🕮. ℻ 🕮 GB, 🍽 rest
Pâques-oct. – Repas 90 (déj.), 100/160, enf. 50 – 🖵 46 – **46 ch** 410/590 – ½ P 350/460.

St-Pierre, ℰ 02 97 50 26 90, Fax 02 97 50 37 98, 🎋 – 📺 ☎ 🕻 & 🅿. ℻ 🕮 GB
avril-oct. – Repas 50/180, enf. 50 – 🖵 39 – **30 ch** 300/370 – ½ P 345/390.

à St-Julien *Nord : 2 km* – ⊠ 56170 Quiberon :

Baie 🐚 sans rest, ℰ 02 97 50 08 20, Fax 02 97 50 41 51 – ☎ 🅿. ℻ GB
Pâques-15 nov. – 🖵 33 – **19 ch** 205/350.

à Port-Haliguen *Est : 2 km par D 200 – ✉ 56170 Quiberon :*

Europa, ☏ 02 97 50 25 00, Fax 02 97 50 39 30, ≤, ⛹, 🏊, 🌳 – |‡| TV ☎ P – 🏛 25. GB. ✻ rest
22 mars-12 nov. – **Repas** 100/230, enf. 65 – ☕ 55 – **53 ch** 520/670 – ½ P 445/510.

CITROEN Gar. Corveste, 21 av. Gén.-de-Gaulle par ① ☏ 02 97 50 07 71
PEUGEOT Gar. Le Garrec, 6 av. Gén.-de-Gaulle par ① ☏ 02 97 50 08 01
RENAULT Marquer Autom., 12 av. Gén.-de-Gaulle par ① ☏ 02 97 50 07 42 N ☏ 02 97 50 07 42

QUIÉVRECHAIN *59 Nord* 53 ⑤ *– rattaché à Valenciennes.*

QUILINEN *29 Finistère* 58 ⑮ *– rattaché à Quimper.*

QUILLAN *11500 Aude* 86 ⑦ *G. Pyrénées Roussillon – 3 818 h alt. 291.*

Voir *Défilé de Pierre Lys★ S : 5 km.*

🅘 *Office de Tourisme pl. Gare ☏ 04 68 20 07 78, Fax 04 68 20 04 91.*

Paris 819 – Foix 61 – Andorra la Vella 114 – Carcassonne 52 – Limoux 28 – Perpignan 77 – Prades 62.

La Chaumière, bd Ch. de Gaulle ☏ 04 68 20 17 90, Fax 04 68 20 13 55 – TV ☎ 🚗. ⓓ GB
fermé 2 janv. au 1er fév., dim. soir et lundi du 15 oct. au 15 juin – **Repas** 75/190 🍷, enf. 45 – ☕ 35 – **18 ch** 300/340 – ½ P 300/320.

La Pierre Lys, av. Carcassonne ☏ 04 68 20 08 65, 🌳, 🌳 – ☎ P. GB
fermé mi-nov. à mi-déc. – **Repas** 67/230, enf. 50 – ☕ 35 – **16 ch** 180/290 – ½ P 205/220.

Cartier, bd Ch. de Gaulle ☏ 04 68 20 05 14, Fax 04 68 20 22 57 – |‡| TV ☎. AE GB
15 mars-15 déc. – **Repas** *(fermé sam. d'oct. à avril)* 80/150, enf. 42 – ☕ 38 – **30 ch** 180/350 – ½ P 265/290.

au Sud : *10 km sur D117 (carrefour D117 - D107) – ✉ 11140 Axat :*

Rébenty, ☏ 04 68 20 50 78 – AE GB
fermé nov., dim. soir et lundi sauf juil.-août – **Repas** 100/140.

CITROEN Gar. Nivet, rte de Carcassonne ☏ 04 68 20 04 27
PEUGEOT Gar. Roosli, 4 bd Ch.-de-Gaulle ☏ 04 68 20 01 01
RENAULT Gar. de la Haute Vallée, ZA rte de Carcassonne ☏ 04 68 20 06 66 N ☏ 04 68 20 01 79
VAG Gar. Dubois, ZA rte de Carcassonne ☏ 04 68 20 07 92

QUIMPER P *29000 Finistère* 58 ⑮ *G. Bretagne – 59 437 h alt. 41.*

Voir *Cathédrale St-Corentin★★* **BZ** – *Le vieux Quimper★ : Rue Kéréon★* **ABY** – *Jardin de l'Évêché ≤★* **BZ K** – *Mont-Frugy ≤★* **ABZ** – *Musée des Beaux-Arts★★* **BY M³** – *Musée départemental breton★* **BZ M¹** – *Musée de la faïence Jules Verlingue★* **AX M²** – *Descente de l'Odet★★ en bateau 1 h 30 – Festival de Cornouaille (fin juillet).*

Env. *Calvaire de Quilinen★ N : 10 km par D 770.*

🏌18 *de l'Odet ☏ 02 98 54 87 88 à Clohars-Fouesnant : 12 km.*

✈ *de Quimper-Cornouaille ☏ 02 98 94 30 30, par D 40 : 8 km* **AX.**

🅘 *Office de Tourisme pl. Résistance ☏ 02 98 53 04 05, Fax 02 98 53 31 33 – Automobile Club ☏ 02 98 53 04 05.*

Paris 564 ③ – Brest 71 ① – Lorient 68 ③ – Rennes 217 ③ – St-Brieuc 129 ① – Vannes 120 ③.

Plans pages suivantes

Novotel, par bd Le Guennec, près centre commercial de Kerdrezec ☏ 02 98 90 46 26, Fax 02 98 53 01 96, 🌳, 🏊 – |‡| ⊬ ▤ rest TV ☎ ♿ P – 🏛 100. AE ⓓ GB JCB AX n
Repas 100/150 🍷, enf. 50 – ☕ 50 – **92 ch** 490.

Mascotte M, 6 r. Th. Le Hars ☏ 02 98 53 37 37, Fax 02 98 90 31 51 – |‡| ⊬ TV ☎ 📞 ♿ – 🏛 25. AE ⓓ GB BZ d
Repas *(fermé dim. sauf juil.-août)* (dîner seul.) 90/140 🍷, enf. 42 – ☕ 40 – **63 ch** 320/480.

La Tour d'Auvergne, 13 r. Réguaires ☏ 02 98 95 08 70, Fax 02 98 95 17 31 – |‡| TV ☎ 📞 P. AE GB BZ e
Repas *(fermé sam. midi du 1er mai au 15 juil., sam. soir et dim. d'oct. à avril)* 135/230 🍷, enf. 68 – ☕ 53 – **41 ch** 450/550 – ½ P 435/475.

Gradlon sans rest, 30 r. Brest ☏ 02 98 95 04 39, Fax 02 98 95 61 25 – TV ☎ 📞. AE ⓓ GB. ✻ BY a
fermé 20 déc. au 12 janv. – ☕ 55 – **22 ch** 360/490.

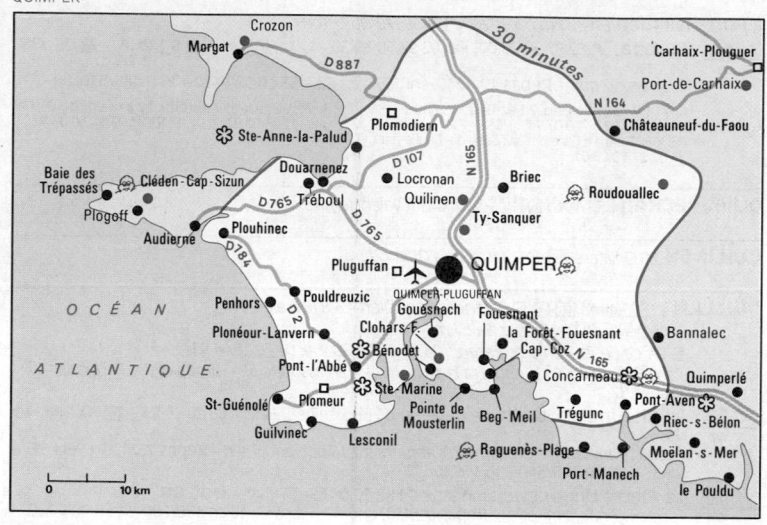

QUIMPER

ALFA ROMEO Gar. Jourdain, 36 rte de Bénodet
℞ 02 98 90 60 64
CITROEN S.C.A.F. Diffusion Autom., rte de Bénodet
à Ménez-Bily par ⑤ ℞ 02 98 90 33 47 **N**
℞ 02 98 90 28 05
FIAT LANCIA Ouest Atlantique Autom., 136 av. Ty
Bos, rte de Concarneau ℞ 02 98 90 84 00
FORD Bretagne-Autom., 105 av. de Ty-Bos
℞ 02 98 90 32 00 **N** ℞ 02 98 90 24 24
MERCEDES Gar. Belléguic, ZI rte de Coray,
℞ 02 98 90 03 69 **N** ℞ 02 98 90 24 24
PEUGEOT Gar. Nédélec, 66 rte de Brest
℞ 02 98 95 42 74 **N** ℞ 02 98 62 20 74
RENAULT Gar. de l'Odet, ZI Kernevez 1 r. Nobel
℞ 02 98 55 80 00 **N** ℞ 07400291
ROVER Kemper Autom., 13 av. Libération
℞ 02 98 90 50 00

VAG Gar. Honoré, KM 4 rte de Rosporden
℞ 02 98 94 63 00

Ⓥ Bégot Pneus, 79 rte de Brest
℞ 02 98 95 09 33
Ets CAP, r. Lebon ZI Hippodrome
℞ 02 98 90 18 87
Euromaster, ZA la Salle Verte à Ergué-Gabéric
℞ 02 98 59 67 67
Simon Pneus, Le Melenec, rte d'Elliant à
Ergué-Gabéric ℞ 02 98 90 17 73
Vulco, 1 r. O.-de-Serre ZI Hippodrome
℞ 02 98 53 35 26
Vulco, ZAC Kergoaler, rte de Pont Aven
℞ 02 98 96 01 39

QUIMPERLÉ 29300 Finistère 58 ⑫ ⑰ G. Bretagne **(plan)** – 10 748 h alt. 30.

Voir Église Ste-Croix★★ – Rue Dom-Morice★.

🏌 du Val Quéven ℞ 02 97 05 17 96 à Gestel : SE, 18 km par RN 165.

🛈 Office de Tourisme Le Bourgneuf ℞ 02 98 96 04 32, Fax 02 98 96 16 12.

Paris 519 – Quimper 48 – Carhaix-Plouguer 55 – Concarneau 31 – Pontivy 55 – Rennes 171 –
St-Brieuc 110 – Vannes 74.

🏛 **Novalis** 🅼, rte Concarneau : 2,5 km ℞ 02 98 39 24 00, Fax 02 98 39 12 10 – 📺 ☎ ⅀ 🄿 –
🄰 60. 🄰🄴 ⅁🄱
Repas grill (fermé sam. midi et dim.) 70/150 ⅃ – ⅁ 38 – **25 ch** 240/260 – ½ P 225.

🏠 **Kervidanou** 🅼, zone commerciale de Kervidanou par rte Concarneau : 4 km
℞ 02 98 39 18 00, Fax 02 98 96 35 11 – 🔋 📺 ☎ ⅀ ⅃ 🄿 – 🄰 30. ⅁🄱
fermé 20 déc. au 10 janv. – **Repas** grill (fermé sam. et dim.) (dîner seul.) 90 ⅃ – ⅁ 35 –
41 ch 200/210 – ½ P 210.

XX **Relais du Roch**, rte du Pouldu par D 49 : 2 km ℞ 02 98 96 12 97, Fax 02 98 39 22 40 – 🄿.
⅁🄱
fermé 1er au 15 janv., dim. soir et lundi – **Repas** 85/300, enf. 40.

XX **Bistro de la Tour**, 2 r. Dom. Morice ℞ 02 98 39 29 58, Fax 02 98 39 21 77 – ⅁🄱
fermé sam. midi sauf du 15 juil. au 31 août et dim. soir – **Repas** 99/360 bc.

CITROEN Gar. Gaudart, rte de Quimper à Roz-Glass
℞ 02 98 96 20 30 **N** ℞ 08283156
FIAT Central Auto, 22 rte de Lorient
℞ 02 98 39 08 39
OPEL Auto Service 29, ZAC de Kervidannou
℞ 02 98 96 14 74
RENAULT Sodiqa, 117 r. de Pont-Aven
℞ 02 98 39 34 55 **N** ℞ 08 00 05 15 15

VAG Gar. Quimperlois, 37 41 r. de Lorient
℞ 02 98 39 32 24

Ⓥ Vulco, ZAC Kergoaler, rte de Pont Aven
℞ 02 98 96 01 39

QUINCIÉ-EN-BEAUJOLAIS 69430 Rhône 73 ⑨ – 1 059 h alt. 325.

Paris 427 – Mâcon 33 – Roanne 69 – Beaujeu 7 – Bourg-en-Bresse 54 – Lyon 59.

🏠 **Mont-Brouilly**, Est : 2,5 km par D 37 ℞ 04 74 04 33 73, Fax 04 74 69 00 72, �, 🍸, 🌳 –
🔋 rest 📺 ☎ ⅀ ⅃ 🄿 – 🄰 25. 🄰🄴 ⅁🄱
fermé 22 au 28 déc., fév., lundi midi d'avril à sept., dim. soir et lundi d'oct. à mars – **Repas**
95/260 ⅃, enf. 50 – ⅁ 35 – **29 ch** 290/330 – ½ P 260/280.

QUINÉVILLE 50310 Manche 54 ③ G. Normandie Cotentin – 306 h alt. 29.

Paris 337 – Cherbourg 36 – Barfleur 21 – Carentan 32 – St-Lô 60.

🏠 **Château de Quinéville** ⑤, ℞ 02 33 21 42 67, Fax 02 33 21 05 79, parc – 📺 ☎ ⅀ 🄿. 🄰🄴
⅁🄱
fermé 5 janv. au 1er avril – **Repas** (fermé merc. du 1er oct. au 20 déc.) 150/230 – ⅁ 45 –
24 ch 460/560 – ½ P 390/410.

QUINSAC 33360 Gironde 75 ⑪ – 1 866 h alt. 80.

Paris 589 – Bordeaux 14 – Langon 33 – Libourne 38.

XX **Host. Robinson** ⑤ avec ch, Sud-Est : 2 km sur D 10 ℞ 05 56 21 31 09,
Fax 05 56 21 37 11, ⩽, 🌳, 🌲 – ☎ 🄿. 🄰🄴 ⓪ ⅁🄱
Repas 130/200 – ⅁ 35 – **5 ch** 300.

au Port Neuf *Nord : 4 km par D 10 et D 14 – ✉ 33360 Camblanès-et-Meymac :*

La Maison du Fleuve, ☎ 05 56 20 06 40, Fax 05 56 20 01 04, ≤, « Au bord de la Garonne » – P. AE GB
fermé janv. et lundi d'oct. à mars – **Repas** (prévenir) 85 (déj.), 135/150.

QUINSON *04480 Alpes-de-H.-P. 84 ⑤, 114 ⑦ – 274 h alt. 370.*

Paris 787 – Digne-les-Bains 63 – Aix-en-Provence 76 – Brignoles 44 – Castellane 73.

Relais Notre-Dame, ☎ 04 92 74 40 01, Fax 04 92 74 02 10, – ☎ P. AE GB. ch
fermé 15 déc. au 15 mars, dim. soir et lundi d'oct. à Pâques – **Repas** 85/210, enf. 40 – 37 – **14 ch** 160/280 – ½ P 214/269.

QUINT-FONSEGRIVES *31 H.-Gar. 82 ⑧ – rattaché à Toulouse.*

QUINTIN *22800 C.-d'Armor 59 ⑫ ⑬ G. Bretagne – 2 602 h alt. 180.*

Paris 464 – St-Brieuc 18 – Guingamp 31 – Lamballe 34 – Loudéac 32.

Commerce, r. Rochonen ☎ 02 96 74 94 67, Fax 02 96 74 00 94 – ☎. GB
fermé mi-déc. à mi-janv. – **Repas** *(fermé dim. soir et lundi midi sauf juil.-août)* 59/289 , enf. 49 – 32 – **13 ch** 170/260 – ½ P 190/230.

En haute saison, et surtout dans les stations, il est prudent de retenir à l'avance.

RACOU-PLAGE *66 Pyr.-Or. 86 ⑳ – rattaché à Argelès-sur-Mer.*

RAGUENÈS-PLAGE *29 Finistère 58 ⑪ G. Bretagne – ✉ 29920 Névez.*

Paris 546 – Quimper 38 – Carhaix-Plouguer 70 – Concarneau 18 – Pont-Aven 12 – Quimperlé 29.

Chez Pierre , ☎ 02 98 06 81 06, Fax 02 98 06 62 09, « Jardin » – ☎ P. GB. rest
28 mars-25 sept. – **Repas** *(fermé merc. du 11 juin au 10 sept.)* 100/275, enf. 77 – 34 – **35 ch** 211/418 – ½ P 247/357.

Men Du sans rest, ☎ 02 98 06 84 22, Fax 02 98 06 76 69, ≤, – ☎ P. GB.
Pâques-fin sept. – 36 – **14 ch** 300/350.

Le RAINCY *93 Seine-St-Denis 56 ⑪,, 101 ⑱ – voir à Paris, Environs.*

RAISMES *59 Nord 53 ④ – rattaché à Valenciennes.*

RAMATUELLE *83350 Var 84 ⑰, 114 ㊲ G. Côte d'Azur – 1 945 h alt. 136.*

Voir Col de Collebasse ≤★ S : 4 km.

Paris 875 – Fréjus 36 – Hyères 52 – Le Lavandou 36 – St-Tropez 10 – Ste-Maxime 15 – Toulon 71.

Le Baou , ☎ 04 94 79 20 48, Fax 04 94 79 28 36, ≤ village et campagne, , , – ☎ – 60. AE GB
15 mars-31 oct. – ***La Terrasse :*** Repas 180/270 – ***Le Jardin aux Herbes*** *(30 juin-1er sept.)* **Repas** (dîner seul.)150 b.c – 65 – **41 ch** 650/1600 – ½ P 550/1025.

La Vigne de Ramatuelle M , Sud-Ouest : 1,5 km par D 93 ☎ 04 94 79 12 50, Fax 04 94 79 13 20, ≤, parc, – ch ☎ P. AE GB
Pâques-30 oct. – ***La Petite Table*** (dîner seul.)(menu unique) *(15 juin-31 août)* **Repas** 175, enf. 85 – 75 – **12 ch** 1200/1350.

Ferme d'Hermès sans rest, rte l'Escalet, Sud-Est : 2,5 km ☎ 04 94 79 27 80, Fax 04 94 79 26 86, « Demeure provençale dans le vignoble », , – cuisinette ☎ P. GB
1er avril-1er nov. et 27 déc.-10 janv. – 70 – **9 ch** 700/850.

La Forge, r. Victor Léon ☎ 04 94 79 25 56 – . AE GB
15 fév.-15 nov. et fermé le midi en juil.-août et mardi hors sais. – **Repas** 160.

à la Bonne Terrasse *Est : 5 km par D 93 et rte de Camarat – ✉ 83350 Ramatuelle :*

Chez Camille, ☎ 04 94 79 80 38, ≤, – P. GB
29 mars-7 oct. et fermé mardi sauf le soir en juil.-août – **Repas** - produits de la mer - (week-end et saison, prévenir) 185/420.

RAMBOUILLET ⟨⑱⟩ *78120 Yvelines* **60** ⑧ ⑨, **106** ㉗ ㉘ *G. Ile de France* – *24 343 h alt. 160.*

Voir *Boiseries*★ *du château Z* – *Parc*★ **YZ** : *laiterie de la Reine*★ **Z B**, *chaumière des coquillages*★ **Z E** – *Bergerie nationale*★ **Z** – *Forêt de Rambouillet*★.

🛈 *Office de Tourisme à l'Hôtel de Ville* ℘ *01 34 83 21 21.*

Paris 52 ① – *Chartres 41* ③ – *Étampes 39* ③ – *Mantes-la-Jolie 50* ① – *Orléans 89* ③ – *Versailles 32* ①.

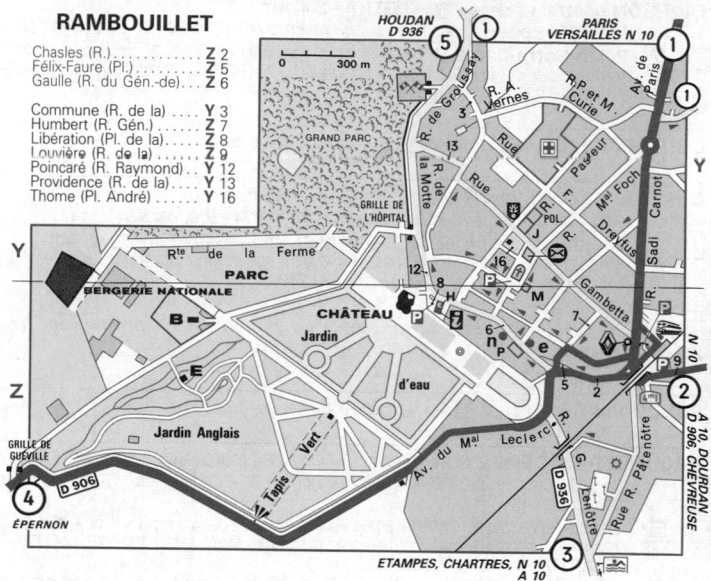

RAMBOUILLET

Chasles (R.)	**Z** 2
Félix-Faure (Pl.)	**Z** 5
Gaulle (R. du Gén.-de)	**Z** 6
Commune (R. de la)	**Y** 3
Humbert (R. Gén.)	**Z** 7
Libération (Pl. de la)	**Z** 8
Louvière (R. de la)	**Z** 9
Poincaré (R. Raymond)	**Y** 12
Providence (R. de la)	**Y** 13
Thome (Pl. André)	**Y** 16

🏨 **Climat de France,** D 906, échangeur N 10 par ② ℘ 01 34 85 62 62, Fax 01 30 59 23 57, 🏊, ✵ – 📺 ☎ 🕹 📞 – 🅰 50. 🝌 ⓪ ☷
Repas 90/130 ⅋, enf. 39 – ☲ 35 – **67 ch** 280/305.

XX **Cheval Rouge,** 78 r. Gén. de Gaulle ℘ 01 30 88 80 61, Fax 01 34 83 91 60 – 🍴. 🝌 ⓪ ☷
fermé 21 juil. au 18 août et dim. soir – **Repas** 130/175.
       Z n

X **Poste,** 101 r. Gén. de Gaulle ℘ 01 34 83 03 01 – 🝌 ☷
fermé 22 déc. au 4 janv., dim. soir et lundi sauf fêtes – **Repas** 106/194 ⅋.
       Z e

BMW Soravia, 29 r. Pâtenôtre ℘ 01 34 85 77 77
CITROEN Gar. Van de Maele, r. G.-Lenôtre par ③
℘ 01 30 41 81 81 🔃 ℘ 08 00 05 24 24
PEUGEOT Gar. Préhel, 56 r. Le Nôtre, Le Bel Air par
③ ℘ 01 30 41 01 70 🔃 ℘ 08 00 44 24 24

RENAULT Gar. de la Gare, 9 r. Sadi-Carnot
℘ 01 30 59 89 42 🔃 ℘ 08 00 05 15 15
VAG Gar. Sofriga, 122 r. de Clairefontaine
℘ 01 30 41 87 68

RANCÉ *01390 Ain* **73** ⑩, **110** ④ – *410 h alt. 282.*

Paris 436 – *Lyon 28* – *Bourg-en-Bresse 45* – *Villefranche-sur-Saône 14.*

XX **Rancé,** ℘ 04 74 00 81 83, Fax 04 74 00 87 08 – 🍴. ☷
⊜ *fermé dim. soir, lundi soir et mardi soir sauf juil.-août* – **Repas** 80/295, enf. 65.

RANÇON *87290 H.-Vienne* **72** ⑦ *G. Berry Limousin* – *544 h alt. 217.*

Paris 373 – *Limoges 38* – *Bellac 13* – *La Souterraine 35.*

X **L'Oie et le Gril,** ℘ 05 55 68 15 06 – ☷
fermé 15 sept. au 15 oct., 15 fév. au 1er mars, mardi soir et merc. – **Repas** 62 (déj.)/120.

RANCOURT *80 Somme* **53** ⑬ – *rattaché à Péronne.*

Se siete in ritardo sull'itinerario previsto,
alle 18 confermate telefonicamente la prenotazione :
la sicurezza e la consuetudine lo esigono.

RANDAN 63310 P.-de-D. **73** ⑤ G. Auvergne – 1 429 h alt. 407.

Voir Villeneuve-les-Cerfs : pigeonnier★ O : 2 km.

🛈 Syndicat d'Initiative à la Mairie ℘ 04 70 41 50 02.

Paris 407 – Clermont-Ferrand 40 – Aigueperse 13 – Gannat 21 – Riom 25 – Thiers 29 – Vichy 14.

※ **Centre** avec ch, ℘ 04 70 41 50 23, Fax 04 70 56 14 78 – ☎. **GB**
⟃⟃ fermé 20 oct. au 1ᵉʳ déc., mardi soir et merc. sauf juil.-août – **Repas** 60/230 ⅄ – ☷ 29 – **9 ch** 160/260 – ½ P 190/225.

à St-Priest-Bramefant Est : 7,5 km par D 59 – 637 h. alt. 290 – ⊠ 63310 :

🏨 **Château de Maulmont** ⟲, ℘ 04 70 59 03 45, Fax 04 70 59 11 88, ≤, « Château du 19ᵉ siècle dans un parc », ℔, ⑊, ⬚ – ⬛ ☎ 🅿 – ⚐ 50. 🖭 **GB**
fermé 1ᵉʳ janv. au 1ᵉʳ mars – **Repas** 95/230, enf. 55 – ☷ 55 – **29 ch** 450/900 – ½ P 710/ 1150.

CITROEN Gar. Elambert, ℘ 04 70 41 51 62

RÂNES 61150 Orne **60** ② G. Normandie Cotentin – 1 015 h alt. 237.

🛈 Syndicat d'Initiative à la Mairie ℘ 02 33 39 73 87.

Paris 213 – Alençon 20 – Argentan 20 – Bagnoles-de-l'Orne 19 – Falaise 35.

🏠 **St Pierre**, ℘ 02 33 39 75 14, Fax 02 33 35 49 23 – ⬛ ☎ 🅿 – ⚐ 50. 🖭 ⓞ **GB**
⟃⟃ **Repas** (fermé vend. soir hors sais.) 75/198 ⅄, enf. 48 – ☷ 38 – **12 ch** 220/345 – ½ P 280.

※※ **Jean Anne**, ℘ 02 33 39 75 16 – 🖭 **GB**
⟃⟃ fermé mardi soir et merc. sauf fériés – **Repas** 65/200 ⅄.

RANG 25250 Doubs **66** ⑰ – 474 h alt. 290.

Paris 457 – Besançon 61 – Baume-les-Dames 22 – Belfort 48 – Lure 38 – Montbéliard 27 – Vesoul 53.

※ **Moderne** avec ch, ℘ 03 81 96 32 54 – ⟺ 🅿. **GB**
⟃⟃ fermé 1ᵉʳ au 15 nov., 19 janv. au 8 fév. et lundi – **Repas** 55/210 ⅄ – ☷ 23 – **10 ch** 95/180 – ½ P 140/160.

RAON-L'ÉTAPE 88110 Vosges **62** ⑦ – 6 780 h alt. 284.

Voir Église★ d'Etival-Clairefontaine S : 6 km,G. Alsace Lorraine.

🛈 Office de Tourisme r. J.-Ferry ℘ 03 29 41 83 25.

Paris 373 – Épinal 45 – Nancy 67 – Lunéville 36 – Neufchâteau 112 – St-Dié 19 – Sarrebourg 51.

🏠 **Relais Lorraine Alsace** Ⓜ, 31 r. J. Ferry ℘ 03 29 41 61 93, Fax 03 29 41 93 09, ㎡ – ⬛
⟃⟃ ☎ 🖭 ⓞ **GB**
Repas (fermé nov. et lundi) 70/158 ⅄ – ☷ 28 – **10 ch** 219/289 – ½ P 195/225.

CITROEN Gar. Jacquel, ZI du Hagis ℘ 03 29 41 47 79

RASTEAU 84 Vaucluse **81** ② – rattaché à Vaison-la-Romaine.

RAUZAN 33420 Gironde **75** ⑫ G. Pyrénées Aquitaine – 978 h alt. 69.

Paris 600 – Bordeaux 40 – Bergerac 62 – Libourne 22 – Marmande 46.

※※ **La Gentilhommière**, ℘ 05 57 84 13 42 – 🅿. ⓞ **GB**
fermé lundi sauf fériés – **Repas** 65 bc (déj.), 110/250 ⅄.

RENAULT Gar. Nardou, ℘ 05 57 84 13 17

RAZAC-SUR-L'ISLE 24 Dordogne **75** ⑤ – rattaché à Périgueux.

RAZ (Pointe du) ★★★ 29 Finistère **58** ⑬ G. Bretagne.

Voir ⁂★★.

Paris 618 – Quimper 52 – Douarnenez 35 – Pont-l'Abbé 48.

à La Baie des Trépassés par D 784 et rte secondaire : 3,5 km :

🏨 **Relais de la Pointe du Van** ⟲, ⊠ 29770 Cléden-Cap-Sizun ℘ 02 98 70 62 79, Fax 02 98 70 35 20, ≤, ㎡ – ⧄ ☎ 🅿. **GB**
1ᵉʳ avril-30 sept. – **Repas** 100/210, enf. 43 – ☷ 38 – **25 ch** 252/376 – ½ P 307/369.

🏨 **Baie des Trépassés** ⟲, ⊠ 29770 Plogoff ℘ 02 98 70 61 34, Fax 02 98 70 35 20, ≤ – ⬛
☎ 🅿. **GB**
fermé 5 janv. au 13 fév. – **Repas** 100/285, enf. 43 – ☷ 38 – **27 ch** 276/370 – ½ P 275/373.

RÉ (Île de) ★ *17 Char.-Mar.* **71** ⑫ *G. Poitou Vendée Charentes.*
Accès : *par le pont routier (voir à La Rochelle).*

Ars-en-Ré – *1 165 h alt. 4* – ⊠ *17590* .
    🛈 *Office de Tourisme pl. Carnot (saison)* ✆ *05 46 29 46 09.*
    Paris 503 – *La Rochelle 34* – *Fontenay-le-Comte 82* – *Luçon 71.*

🏨 **Le Parasol** ⌕, rte St-Clément-des-Baleines, Nord Ouest : 1 km ✆ 05 46 29 46 17,
    Fax 05 46 29 05 09, 🐾 – cuisinette 📺 ☎ 🛁, 🅿. ⓸ 💂
    mars-nov. – **Repas** *(fermé mardi en oct. et nov.)* 120/180 ⅃ – ⌸ 40 – **9 ch** 365, 20 studios
    450 – ½ P 343/385.

🏠 **Le Martray,** Le Martray, Est : 3 km par D 735 ✆ 05 46 29 40 04, Fax 05 46 29 41 19, 🌇 –
    ▤ rest 📺 ☎ 🅿. 🆎 ⓸ 💂
    22 mars-3 nov. – **Repas** 130/200, enf. 55 – ⌸ 40 – **14 ch** 320/380 – ½ P 370/380.

✕✕ **Bistrot de Bernard,** 1 quai Criée ✆ 05 46 29 40 26, Fax 05 46 29 20 99, 🌇 – 💂
    fermé lundi soir et mardi du 15 sept. au 1er avril – **Repas** 130/165.

    CITROEN Gar. de Beauregard, ✆ 05 46 29 40 43

Bois-Plage-en-Ré – *2 014 h alt. 5* – ⊠ *17580* .
    🛈 *Office de Tourisme 18 r. de l'Eglise* ✆ *05 46 09 23 26, Fax 05 46 09 13 15.*
    Paris 492 – *La Rochelle 23* – *Fontenay-le-Comte 71* – *Luçon 60.*

🏨 **Les Gollandières** ⌕, ✆ 05 46 09 23 99, Fax 05 46 09 09 84, 🌇, ⊒, 🐾 – 📺 ☎ 🅿. –
    🖳 25. 🆎 ⓸ 💂
    1er avril-1er nov. – **Repas** 120/180 – ⌸ 40 – **32 ch** 340/420 – ½ P 390/420.

    *Michelin n'accroche pas de panonceau aux hôtels et restaurants
    qu'il signale.*

La Flotte – *2 452 h alt. 4* – ⊠ *17630* .
    🛈 *Office de Tourisme quai Sénac* ✆ *05 46 09 60 38, Fax 05 46 09 64 88.*
    Paris 487 – *La Rochelle 18* – *Fontenay-le-Comte 65* – *Luçon 54.*

🏨 **Richelieu** Ⓜ, ✆ 05 46 09 60 70, Fax 05 46 09 50 59, ≤, 🌇, centre de thalassothéra-
☑   pie, 🏋, ⊒, 🐾, ✕ – ▤ rest 📺 ☎ 🅿. – 🖳 60. 🆎 💂
    Repas *(fermé 5 janv. au 10 fév.)* 300/420 et carte 320 à 470 – ⌸ 100 – **42 ch** 800/2000,
    3 appart – ½ P 800/2500
    Spéc. Salade de langoustines au jus de truffe. Homard grillé au beurre rouge. Croustillant
    royal sauce cardinal. **Vins** Blanc et rouge de Ré.

🏖 **Hippocampe** sans rest, ✆ 05 46 09 60 68 – ☎. 💂
    ⌸ 25 – **18 ch** 102/253.

✕✕ **Le Lavardin,** r. H. Lainé ✆ 05 46 09 68 32, Fax 05 46 09 54 03 – ▤.
    fermé 17 nov. au 17 déc., 5 au 31 janv., mardi soir d'oct. à mars et merc. de sept. à juin –
    Repas 95 bc/340.

✕✕ **L'Écailler,** 3 quai Senac ✆ 05 46 09 56 40, 🌇 – 💂
    avril-1er nov. – **Repas** - produits de la mer seul. - carte 210 à 250 ⅃.

Les Portes-en-Ré – *660 h alt. 4* – ⊠ *17880* .
    🏌 *Trousse Chemise* ✆ *05 46 29 69 37, S par D 101 : 3,5 km.*
    🛈 *Office de Tourisme, r. de Trousse-Chemise* ✆ *05 46 29 52 71, Fax 05 46 29 52 81.*
    Paris 511 – *La Rochelle 42* – *Fontenay-le-Comte 90* – *Luçon 79.*

✕✕ **Aub. de la Rivière,** Ouest : 1 km sur D 101 ✆ 05 46 29 54 55, Fax 05 46 29 40 32, 🌇, 🐾
    – 🅿. 🆎 💂
    fin mars-nov. et fermé merc. sauf vacances scolaires – **Repas** 130/350, enf. 65.

Rivedoux-Plage – *1 163 h alt. 2* – ⊠ *17940* .
    🛈 *Office de Tourisme pl. République* ✆ *05 46 09 80 62, Fax 05 46 09 80 62.*
    Paris 482 – *La Rochelle 13* – *Fontenay-le-Comte 60* – *Luçon 49.*

🏨 **Rivotel** Ⓜ, 154 av. Dunes ✆ 05 46 09 89 51, Fax 05 46 09 89 04, ≤, 🌇, ⊒, 🐾 – 📺 ☎ 🛁 🅿.
    🆎 💂
    28 mars-3 nov. – **Le Lamparo** *(28 mars-30 sept)* **Repas** 120/260, enf. 65 – ⌸ 50 – **35 ch**
    440/780 – ½ P 410/660.

🏨 **Aub. de la Marée,** rte St-Martin ✆ 05 46 09 80 02, Fax 05 46 09 88 25, ≤, 🌇, « Jardin
    fleuri et piscine » – ▤ ch 📺 ☎ 🅿. 💂
    hôtel : 28 mars-11 nov. ; rest. : 16 mai-21 sept. – **Repas** *(fermé lundi midi et mardi midi)*
    120 (déj.), 180/330, enf. 70 – ⌸ 48 – **30 ch** 450/800 – ½ P 380/600.

St-Clément-des-Baleines – *607 h alt. 2* – ⊠ *17590* .

Voir *L'Arche de Noé (parc d'attractions) : Naturama★ (collection d'animaux naturalisés) – Phare des Baleines ⚡★ N : 2,5 km.*

🛈 *Office de Tourisme 200 r. du Centre ⁄ 05 46 29 24 19.*

Paris 507 – La Rochelle 38 – Fontenay-le-Comte 85 – Luçon 74.

🏨 **Le Chat Botté** sans rest, 2 pl. Église ⁄ 05 46 29 21 93, Fax 05 46 29 29 97, 🚁 – 📺 ☎ 🅿. GB. ✨
fermé 1ᵉʳ au 17 déc. et 5 janv. au 16 fév. – 🍽 60 – **19 ch** 360/560.

XX **Le Chat Botté,** ⁄ 05 46 29 42 09, Fax 05 46 29 29 77, 🏡, 🚁 – 🖭 GB
fermé 10 janv. au 20 fév., dim. soir et lundi d'oct. à mars – **Repas** 125/365.

St-Martin-de-Ré – *2 512 h alt. 14* – ⊠ *17410* .

Voir *Fortifications★.*

🛈 *Office de Tourisme av. V.-Bouthillier ⁄ 05 46 09 20 06, Fax 05 46 09 06 18.*

Paris 491 – La Rochelle 22 – Fontenay-le-Comte 69 – Luçon 50.

🏨 **La Jetée** Ⓜ sans rest, quai G. Clemenceau ⁄ 05 46 09 36 36, Fax 05 46 09 36 06 – 🚪 📺 ☎ ⅘ 🚗 – 🔏 30. GB
🍽 45 – **31 ch** 470/590.

🏨 **Le Galion** Ⓜ 🐚 sans rest, allée Guyane ⁄ 05 46 09 03 19, Fax 05 46 09 13 26, ≤ – 📺 ☎ ⅘ 🚗. 🖭 ① GB
fermé 17 nov. au 11 déc. – 🍽 45 – **31 ch** 440/590.

🏠 **Port** sans rest, 29 quai Poithevinière ⁄ 05 46 09 21 21, Fax 05 46 09 06 85, ≤ – 📺 ☎. GB
🍽 36 – **35 ch** 380/420.

🏠 **Les Colonnes**, 19 quai Job-Foran ⁄ 05 46 09 21 58, Fax 05 46 09 21 49, ≤ – 📺 ☎. GB
Repas *(fermé 15 déc. au 5 fév. et merc.)* 125/195 ⅘, enf. 45 – 🍽 41 – **30 ch** 520.

XX **La Baleine Bleue,** ⁄ 05 46 09 03 30, Fax 05 46 09 30 86, 🏡 – GB. ✨
fermé 11 nov. au 13 déc., mardi et merc. du 10 nov. au 30 mars et lundi sauf juil.-août – **Repas** 150 *(déj.)*, 180/350.

RENAULT Gar. Neveur, ⁄ 05 46 09 44 22

RÉALMONT *81120 Tarn* 🎳🎳 ① – *2 631 h alt. 212.*

Paris 706 – Toulouse 79 – Albi 20 – Castres 24 – Graulhet 18 – Lacaune 56 – St-Affrique 85.

XXX **Noël** avec ch, r. H. de Ville ⁄ 05 63 55 52 80, Fax 05 63 55 69 91, 🏡 – 📺 ☎ – 🔏 50. 🖭 ①
GB. ✨
fermé vacances de fév., dim. soir et lundi sauf août – **Repas** 95 *(déj.)*/250 et carte 210 à 300, enf. 65 – 🍽 28 – **8 ch** 195/320 – ½ P 220/260.

RENAULT Gar. Conrazier, ⁄ 05 63 55 51 38

REDON ⬳ *35600 I.-et-V.* 🎳🎳 ⑤ *G. Bretagne* – *9 260 h alt. 10.*

Voir *Tour★ de l'église St-Sauveur* Y.

🛈 *Office de Tourisme pl. de la République ⁄ 02 99 71 06 04, Fax 02 99 71 01 59.*

Paris 412 ① – Châteaubriant 58 ② – Nantes 81 ② – Ploërmel 46 ① – Rennes 66 ① – St-Nazaire 53 ② – Vannes 57 ③.

Plan page suivante

🏨 **Bel Hôtel** sans rest, 42 av. J. Burel à St-Nicolas-de-Redon par ② ⊠ 44460 St-Nicolas-de-Redon ⁄ 02 99 71 10 10, Fax 02 99 72 33 03 – 📺 ☎ 🅿. GB
🍽 33 – **33 ch** 185/295.

XXX **Jean-Marc Chandouineau** avec ch, 10 av. Gare ⁄ 02 99 71 02 04, Fax 02 99 71 08 81 –
📺 ☎ 🅿. 🖭 ① GB   Y s
fermé 27 avril au 4 mai, 17 au 24 août, dim. soir et sam. – **Repas** 135/320 et carte 230 à 350
– 🍽 50 – **7 ch** 320/450 – ½ P 400/450.

XX **La Bogue,** 3 r. des Etats ⁄ 02 99 71 12 95 – 🖭 GB   Y r
🍏 *fermé 25 au 31 août, vacances de fév., dim. sauf le midi d'avril à oct.* – **Repas** 75/295.

au Nord *rte de Gacilly par D 873 : 3 km* – ⊠ *35600 Redon :*

XXX **Moulin de Via,** ⁄ 02 99 71 05 16, Fax 02 99 71 08 36, 🏡, 🚁 – 🅿. GB
fermé 2 au 19 sept., dim. soir et lundi – **Repas** 95/290, enf. 70.

CITROEN Gar. Vinouze, ZA de la Porte par ①
⁄ 02 99 71 00 36
FORD Gar. Rouxel, 8 r. de la Barre ⁄ 02 99 71 17 65
PEUGEOT Huray Autom., rte de Rennes par ①
⁄ 02 99 72 36 36
RENAULT Gar. Ménard, zone Briangaud, rte de
Rennes ⁄ 02 99 70 52 27 🅽 ⁄ 06 07 31 39 18

VAG Gar. Mazarguil, 120 r. de Vannes
⁄ 02 99 71 17 81 🅽 ⁄ 02 99 71 27 80

🔘 Euromaster, ZI Portuaire, rte de Vannes
⁄ 02 99 71 18 50

REDON

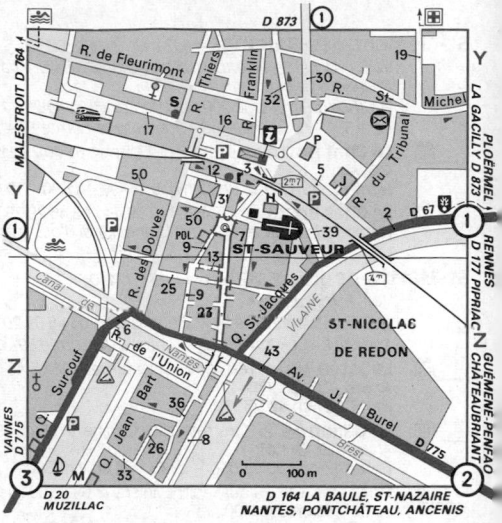

REICHSFELD 67140 B.-Rhin **62** ⑨ – 295 h alt. 336.
Paris 503 – Strasbourg 45 – Barr 8 – Sélestat 19 – Molsheim 27 – Villé 14.

✗ **Bleesz** 🕊 avec ch, ☎ 03 88 85 50 61 – **P**. **GB**
fermé 1ᵉʳ janv. au 1ᵉʳ mars, merc. soir et jeudi – **Repas** 120/330 🍷 – ☑ 35 – **8 ch** 265 –
½ P 240.

REICHSTETT 67 B.-Rhin **62** ⑩ – *rattaché à Strasbourg.*

REILHAC 43 H.-Loire **76** ⑤ – *rattaché à Langeac.*

REIMS ⬤ 51100 Marne **56** ⑥ ⑯ *G. Champagne* – 180 620 h Agglo. 206 437 h alt. 85.

Voir *Cathédrale Notre-Dame*★★★ BY – *Basilique St-Remi*★★ CZ : *intérieur*★★★ – *Palais du Tau*★★ BY S – *Caves de Champagne*★★ BCX, CZ – *Place Royale*★ BY – *Porte Mars*★ BX – *Hôtel de la Salle*★ BY E – *Chapelle Foujita*★ BX – *Bibliothèque*★ *de l'ancien Collège des Jésuites* BZ W – *Musée St-Rémi*★★ CZ M³ – *Musée-hôtel Le Vergeur*★ BX M² – *Musée des Beaux-Arts*★ BY M¹ – *Centre historique de l'automobile française*★ CY M.
Env. *Fort de la Pompelle : casques allemands*★ *9 km par* ③.
🏌 *Reims-Champagne* ☎ 03 26 03 60 14, à Gueux par ⑦ : 9,5 km.
✈ *Reims-Champagne* ☎ 03 26 07 15 15, par ⑩ : 6 km.
🛈 *Office de Tourisme 2 r. G.-de-Machault* ☎ 03 26 77 45 25, Fax 03 26 77 45 27 – *Automobile Club de Champagne 7 bd Lundy* ☎ 03 26 47 34 76, Fax 03 26 88 52 24.
Paris 144 ⑦ – *Bruxelles 232* ⑩ – *Châlons-en-Champagne 47* ④ – *Lille 206* ⑨ – *Luxembourg 212* ④.

Plans pages suivantes

🏨🏨🏨 **Boyer "Les Crayères"** Ⓜ 🕊, 64 bd Vasnier, ☎ 03 26 82 80 80, Fax 03 26 82 65 52, ≼,
❀❀❀ « Élégante demeure dans un parc », ✗ – 📶 🗏 📺 ☎ 🗶 **P**. **AE** ⓞ **GB**   CZ a
fermé 22 déc. au 12 janv. – **Repas** *(fermé mardi midi et lundi)* (nombre de couverts limité, prévenir) carte 460 à 640 – ☑ 104 – **16 ch** 990/1950, 3 appart
Spéc. Escargots "petits-gris" en barigoule d'artichauts. Filets de rouget de roche grillés, sauce au thym. Pigeonneau au foie gras en habit vert, fumet de truffe. **Vins** Champagne.

🏨🏨🏨 **Les Templiers** *sans rest*, 22 r. Templiers ☎ 03 26 88 55 08, Fax 03 26 47 80 60, 🔟 – 📶 ⟨⟩
📺 ☎ 🕭 **P**. **AE** ⓞ **GB** **JCB** – ☑ 85 – **19 ch** 950/1400.   BX a

🏨🏨 **L'Assiette Champenoise** Ⓜ 🕊, à Tinqueux, 40 av. Paul Vaillant-Couturier ✉ 51430
☎ 03 26 84 64 64, Fax 03 26 04 15 69, « Parc », 🔟 – 📶 🗏 *rest* 📺 ☎ 🗶 🕭 **P** – 🔔 60. **AE** ⓞ
GB – **Repas** 300/485 bc – ☑ 70 – **60 ch** 505/770 – ½ P 715/930.   V e

🏨🏨 **Holiday Inn Garden Court** Ⓜ, 46 r. Buirette ☎ 03 26 47 56 00, Fax 03 26 47 45 75, 🌤
– 📶 ⟨⟩ 🗏 📺 ☎ 🕭 ⟿ – 🔔 30. **AE** ⓞ **GB** **JCB**   AY f
Repas *(fermé sam. midi)* 86 bc/98, enf. 47 – ☑ 58 – **80 ch** 490.

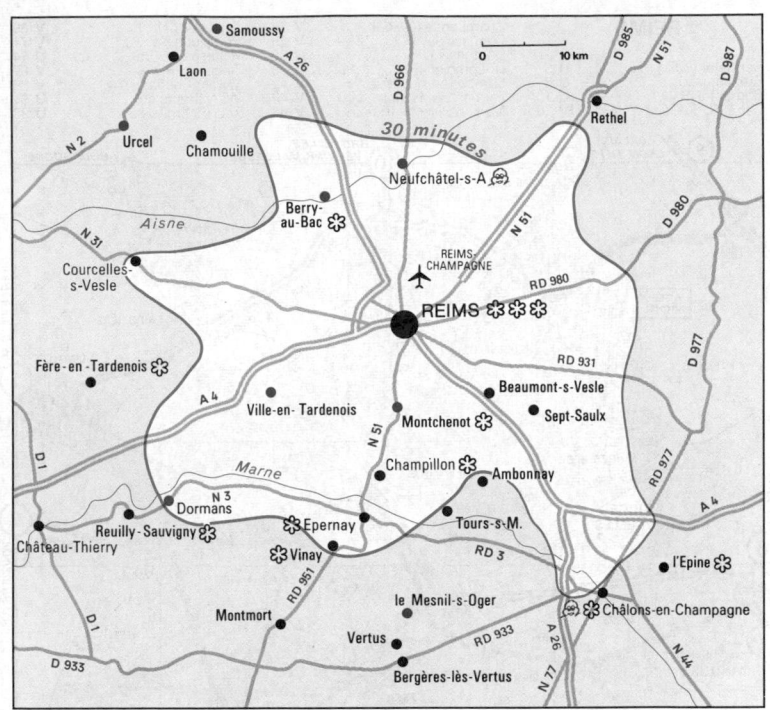

Mercure-Cathédrale, 31 bd P. Doumer ℘ 03 26 84 49 49, Fax 03 26 84 49 84 – 🛗 cuisinette 🏃 ▤ 📺 ☎ 🚗 – ⚙ 150. ⅍ ⓞ ☑
Repas *(fermé sam. midi et dim. midi)* 130 bc/175 ♨, enf. 50 – ⌸ 54 – **124 ch** 420/510.
AY v

Paix, 9.r. Buirette ℘ 03 26 40 04 08, Fax 03 26 47 75 04, ⛲, ☞ – 🛗 🏃 ▤ 📺 ☎ ✆ 🚗 – ⚙ 50 à 100. ⅍ ⓞ ☑ ☒
Repas brasserie 95 ♨ – ⌸ 52 – **105 ch** 390/660.
AY q

Quality H. Ⓜ, 37 bd P. Doumer ℘ 03 26 40 01 08, Fax 03 26 40 34 13 – 🛗 🏃 ▤ 📺 ☎ ✆ ♿ 🚗 – ⚙ 40. ⅍ ⓞ ☑
Orphée (fermé sam. midi et dim.) Repas 119/205, enf.85 – ⌸ 55 – **80 ch** 430/480.
AY t

New H. Europe Ⓜ sans rest, 29 r. Buirette ℘ 03 26 47 39 39, Fax 03 26 40 14 37 – 🛗 ▤ 📺 ☎ ♿ 🅿 – ⚙ 30. ⅍ ⓞ ☑ ☒
⌸ 45 – **54 ch** 395.
AY u

Porte Mars sans rest, 2 pl. République ℘ 03 26 40 28 35, Fax 03 26 88 92 12 – 🛗 📺 ☎ ✆. ⅍ ⓞ ☑
fermé dim. soir – ⌸ 40 – **24 ch** 290/385.
AX k

Continental sans rest, 93 pl. Drouet-d'Erlon ℘ 03 26 40 39 35, Fax 03 26 47 51 12 – 🛗 📺 ☎ ✆. ⅍ ⓞ ☑ ☒
fermé 24 au 29 déc. – ⌸ 45 – **50 ch** 300/480.
AXY r

Gd H. du Nord sans rest, 75 pl. Drouet-d'Erlon ℘ 03 26 47 39 03, Fax 03 26 40 92 26 – 🛗 🏃 📺 ☎ ✆. ⅍ ⓞ ☑
fermé 23 déc. au 2 janv. – ⌸ 30 – **50 ch** 275/320.
AY m

Univers, 41 bd Foch ℘ 03 26 88 68 08, Fax 03 26 40 95 61 – 🛗 📺 ☎ – ⚙ 25 à 70. ⅍ ⓞ ☑ ☒
Repas 80/195 – ⌸ 35 – **42 ch** 240/290 – ½ P 225/245.
AX a

Ibis Centre sans rest, 28 bd Joffre ℘ 03 26 40 03 24, Fax 03 26 88 33 19 – 🛗 🏃 📺 ☎ ✆ ♿ – ⚙ 25 à 60. ⅍ ⓞ ☑
⌸ 36 – **94 ch** 315/405.
AX d

Crystal sans rest, 86 pl. Drouet-d'Erlon ℘ 03 26 88 44 44, Fax 03 26 47 49 28, ☞ – 🛗 📺 ☎ ✆. ⅍ ☑
⌸ 35 – **31 ch** 240/350.
AXY n

Berthelot (Bd M.)	**U** 5	Champagne (Av. de)	**V** 22	Paris (Av. de)	**V** 69
Brébant (Av.)	**U** 8	Cognacq-Jay (R.)	**V** 25	Pompidou (Av. G.)	**V** 71
Brimontel (R. de)	**U** 10	Danton (R.)	**U** 30	Robespierre (Bd)	**U** 74
Carré (R. du Gén.)	**UV** 20	Dr-Lemoine (R.)	**U** 35	Tinqueux (R. de)	**U** 87
		Europe (Av. de l')	**V** 42	Vaillant-Couturier (Av.)	**V** 89
		Farman (Av. Henri)	**V** 43	Witry (Route de)	**U** 91
		Maison-Blanche (R.)	**V** 64	Zola (R. Émile)	**U** 92

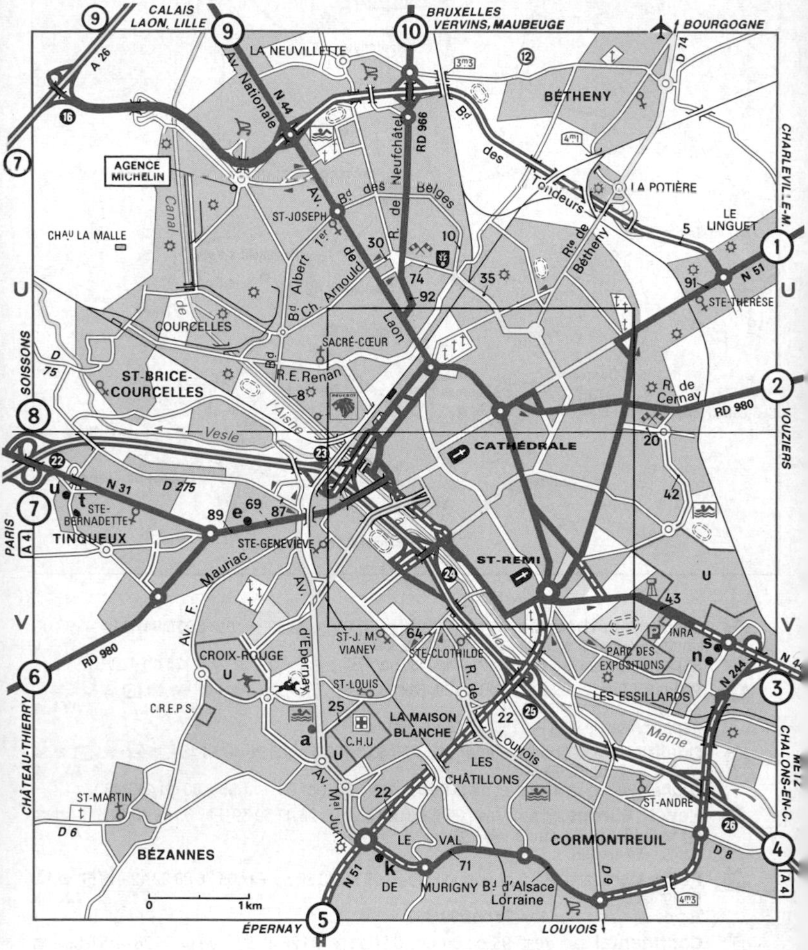

🏠 **de la Cathédrale** sans rest, 20 r. Libergier ℘ 03 26 47 28 46, Fax 03 26 88 65 81 – 📺 ☎ ⛐ 🕮 ⓪ GB
AY e
⚏ 40 – **17 ch** 245/335.

🏞 **Le Bon Moine**, 14 r. Capucins ℘ 03 26 47 33 64, Fax 03 26 40 43 87 – 📺 ☎. GB JCB
⏚ ⚌
AY b
fermé dim. (sauf hôtel en juil.-août) – **Repas** brasserie 61/130 ↓ – ⚏ 35 – **10 ch** 230/295 –
½ P 228.

XXX **Le Chardonnay**, 184 av. Épernay ℘ 03 26 06 08 60, Fax 03 26 05 81 56 – 🕮 ⓪ GB
fermé sam. midi et dim. soir – **Repas** 150 bc/420 et carte 260 à 330. V a

XXX **Le Foch**, 37 bd Foch ℘ 03 26 47 48 22, Fax 03 26 88 78 22 – ▤. 🕮 GB
fermé dim. soir et lundi – **Repas** 155/230 et carte 250 à 330. AX a

XX **Le Continental**, 95 pl. Drouet d'Erlon ℘ 03 26 47 01 47, Fax 03 26 40 95 60 – 🕮 ⓪ GB
Repas 96/180. AXY r

XX **Le Vigneron,** pl. P. Jamot 🕿 03 26 47 00 71, Fax 03 26 47 87 66, 🍴, « Belle collection d'affiches anciennes » – 🖼. 🇬🇧   BY a
fermé sam. midi et dim. – **Repas** (nombre de couverts limité, prévenir) 160.

XX **Le Drouet,** 96 pl. Drouet d'Erlon 🕿 03 26 88 56 39, Fax 03 26 88 57 21, 🍴 – 🖼 **P.** 🇬🇧
fermé 22 au 28 déc. – **Repas** 110/140, enf. 65.   AX n

XX **La Vigneraie,** 14 r. Thillois 🕿 03 26 88 67 27, Fax 03 26 40 26 67 – 🆎 🇬🇧   AY a
fermé 4 au 25 août, 5 au 19 janv., dim. soir et lundi – **Repas** (nombre de couverts limité, prévenir) 90 (déj.), 130/260.

XX **Vonelly-Gambetta,** 13 r. Gambetta 🕿 03 26 47 41 64, Fax 03 26 47 22 43 – 🆎 🇬🇧. ✂
fermé 15 juil. au 4 août, dim. soir et lundi – **Repas** 95/220.   BY d

X **Au Petit Comptoir,** 17 r. Mars 🕿 03 26 40 58 58, Fax 03 26 47 26 19 – 🖼. 🆎 🇬🇧
fermé 24 déc. au 12 janv., sam. midi et dim. – **Repas** carte 160 à 220.   BX f

X **Brasserie Le Boulingrin,** 48 r. Mars 🕿 03 26 40 96 22, Fax 03 26 40 03 92 – 🆎 🇬🇧
fermé dim. – **Repas** 100 bc/140.   BX e

X **Les Charmes,** 11 r. Brûlart 🕿 03 26 85 37 63 – 🇬🇧   CZ v
fermé sam. midi et dim. – **Repas** 95 (déj.), 130/180 bc.

rte de Châlons-en-Champagne *vers* ③ *: 3 km* – ✉ *51100 Reims :*

🏨 **Mercure Cormontreuil** Ⓜ, 🕿 03 26 05 00 08, Fax 03 26 85 64 72, 🍴, 🏊 – 🔌 ↤
🖼 rest 📺 🕿 ♿ **P.** – 🎪 25 à 100. 🆎 ① 🇬🇧   V s
Repas 115, enf. 51 – ⌷ 54 – **103 ch** 420/490.

🏨 **Les Reflets Bleus,** 12 R. G. Voisin 🕿 03 26 82 59 79, Fax 03 26 82 53 92, 🍴 – ↤ 📺 🕿
♿ **P.** – 🎪 30. 🆎 ① 🇬🇧   V n
Repas *(fermé dim. soir)* 92/152, enf. 50 – ⌷ 45 – **41 ch** 289/319 – ½ P 370.

rte d'Épernay *vers* ⑤ *: 5 km* – ✉ *51100 Reims :*

🏨 **Campanile-Sud,** av. G. Pompidou - Val de Murigny 🕿 03 26 36 66 94, Fax 03 26 49 95 40,
🍴 – ↤ 📺 🕿 ♿ **P.** – 🎪 25. 🆎 ① 🇬🇧   V k
Repas 84 bc/107 bc, enf. 39 – ⌷ 32 – **60 ch** 278.

à Montchenot *par* ⑤ *: 11 km* – ✉ *51500 Rilly-la-Montagne :*

XXX **Le Grand Cerf** (Giraudeau), N 51 🕿 03 26 97 60 07, Fax 03 26 97 64 24, 🍴, 🌳 – **P.** 🆎
🇬🇧
fermé 18 août au 3 sept., dim. soir et merc. – **Repas** 170/410 et carte 280 à 450
Spéc. "Homard melon" en vinaigrette aigre-douce (avril à sept.). Tourte de Saint-Jacques au homard (oct. à avril). Pied de cochon farci aux ris de veau et champignons. **Vins** Cumière, Bouzy.

par ⑦ *, autoroute A 4 sortie Tinqueux : 6 km* – ✉ *51430 Tinqueux :*

🏨 **Novotel** Ⓜ, 🕿 03 26 08 11 61, Fax 03 26 08 72 05, 🍴, 🏊 – ↤ 🖼 📺 🕿 ♿ **P.** – 🎪 180.
🆎 ① 🇬🇧   V u
Repas 120 ⅛, enf. 52 – ⌷ 50 – **127 ch** 445/495.

🏨 **Ibis,** 🕿 03 26 04 60 70, Fax 03 26 84 24 40 – ↤ 📺 🕿 ♿ **P.** – 🎪 50. 🆎 🇬🇧   V u
Repas *(fermé 24 déc. au 2 janv. et dim.)* (dîner seul.) 95, enf. 39 – ⌷ 37 – **75 ch** 290/310.

🏨 **Campanile-Ouest,** ZA Sarah Bernhardt 🕿 03 26 04 09 46, Fax 03 26 84 25 87, 🍴 – ↤
📺 🕿 ♿ **P.** – 🎪 25. 🆎 ① 🇬🇧   V t
Repas 84 bc/107 bc, enf. 39 – ⌷ 32 – **49 ch** 278.

par ⑧ *et rte de Soissons (N 31) : 7 km* – ✉ *51370 Champigny-sur-Vesle :*

XXX **La Garenne** (Laplaige), 🕿 03 26 08 26 62, Fax 03 26 84 24 13 – 🖼 **P.** 🆎 ① 🇬🇧
fermé 27 juil. au 18 août, dim. soir et lundi – **Repas** 145/390 et carte 260 à 380, enf. 60
Spéc. Langoustines rôties, senteurs du jardin. Nage de homard au champagne rosé. Le "tout chocolat". **Vins** Champagne.

MICHELIN, Agence, Chemin de St-Thierry, ZI des 3 Fontaines à St-Brice-Courcelles U
🕿 03 26 09 19 32

ALFA ROMEO Venise Auto, 86 r. de Venise
🕿 03 26 82 20 02
BMW P.W.A., 16 av. de Paris 🕿 03 26 08 63 68 🅽
🕿 03 26 09 08 08
FORD Gar. St-Christophe, 35 r. Col.-Fabien
🕿 03 26 08 24 66
LANCIA Gar. Fornage, 397 av. de Laon
🕿 03 26 50 40 00
MERCEDES Gar. Ténédor, 6 r. J.-Vergnier-Val
Murigny 🕿 03 26 49 97 77 🅽 🕿 08 00 24 24 30
NISSAN Murigny Auto, ZI de Murigny r. Ed.-
Rostand 🕿 03 26 50 29 00
PEUGEOT Gds Gar. de Champagne, 16 av. Brébant
🕿 03 26 04 95 00 🅽 🕿 03 26 09 08 08

RENAULT Succursale, 8 r. Col.-Fabien
🕿 03 26 50 60 70 🅽 🕿 03 26 02 89 71
VAG Gar. du Rhône, 412 av. de Laon
🕿 03 26 87 13 61
Gar. Tellier, 56 r. Ruinart Brimont
🕿 03 26 47 12 66

🅦 Leclerc Pneus, 19 r. Magdeleine
🕿 03 26 88 20 77
Leclerc Pneus, ZI Sud-Est,bd Val-de-Vesle
🕿 03 26 05 03 45
Legros Point S, 27 r. du Champ de Mars
🕿 03 26 88 30 15

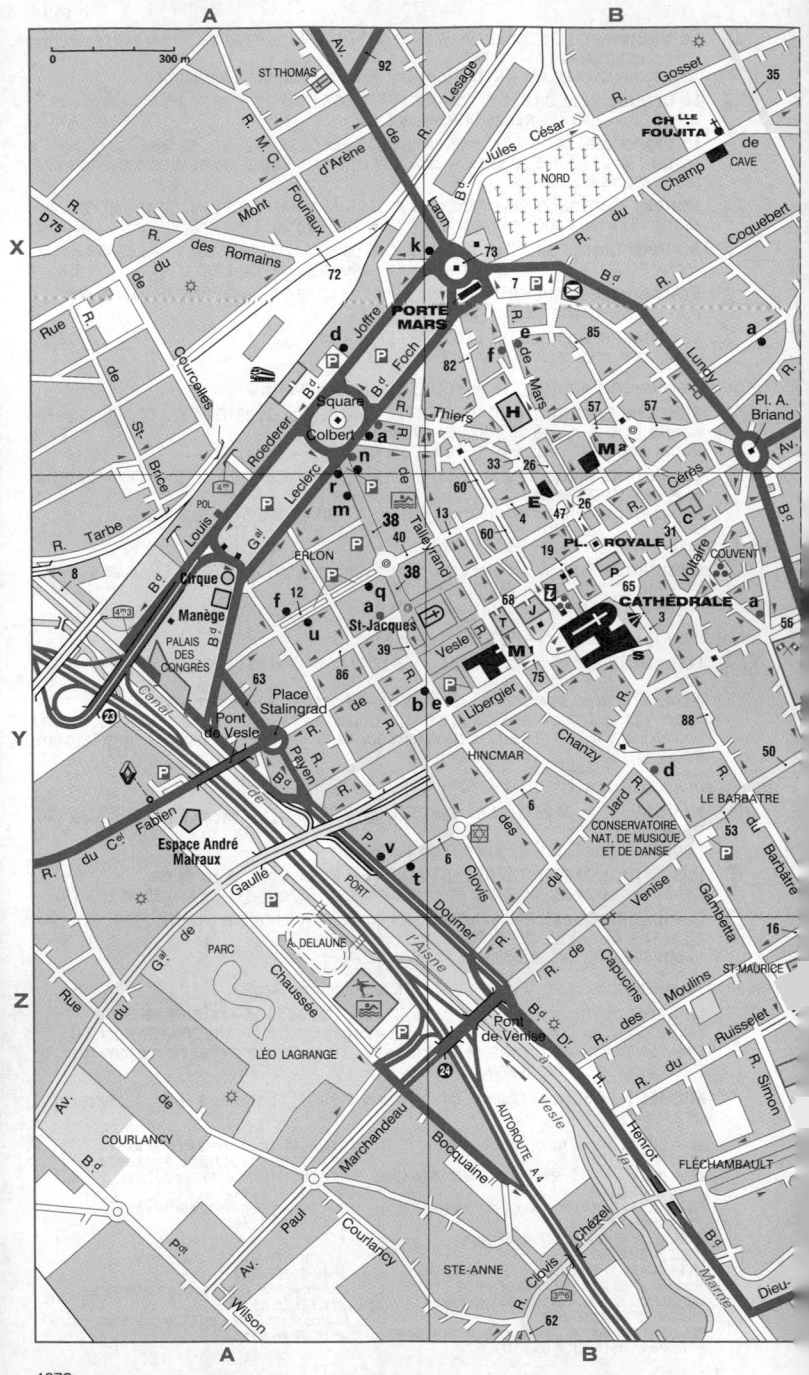

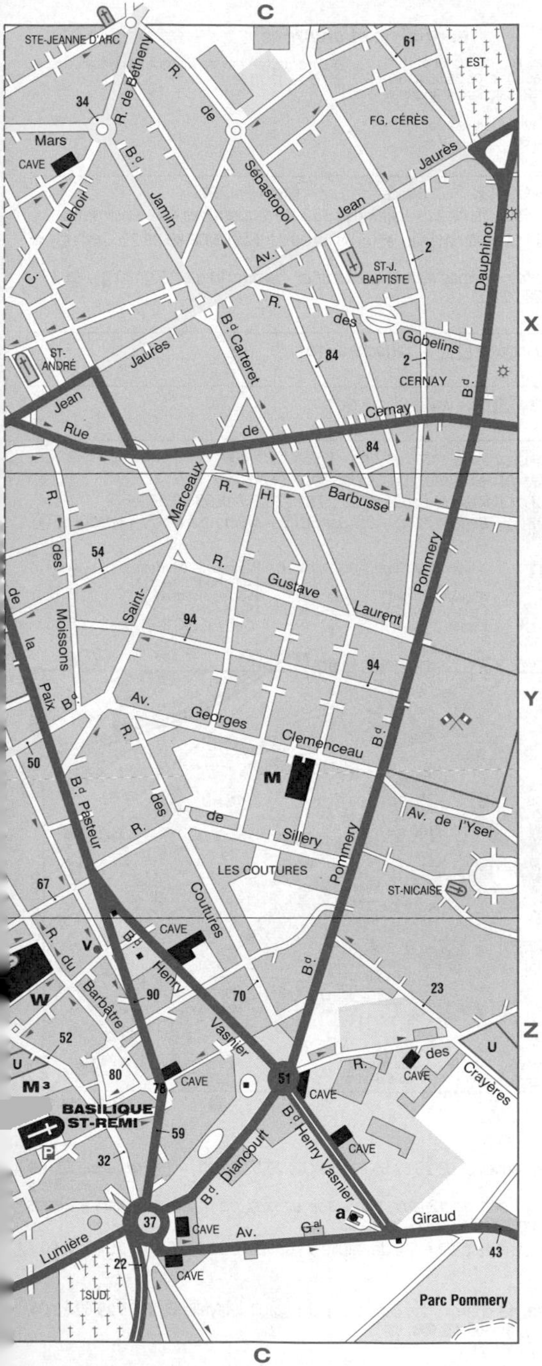

REIMS

Arbalète (R. de l') .... **BY** 4
Cadran St-Pierre (R.) .... **BY** 13
Carnot (R.) .... **BY** 19
Drouet d'Erlon (Pl.) ...... **AY** 38
Étape (R. de l') .... **AY** 40
Jean-Jaurès (Av.) ...... **BCX**
Laon (Av. de) .... **ABX**
Talleyrand (R. de) ..... **ABY**
Vesle (R. de) .... **ABY**

Alsace-Lorraine (R. d') ... **CX** 2
Anatole-France (Cours) .. **BY** 3
Boulard (R.) .... **BY** 6
Boulingrin (Pl. du) .... **BX** 7
Brébant (Av.) .... **AY** 8
Buirette (R.) .... **AY** 12
Carmes (R. des) .... **BZ** 16
Carnégie (Pl.) .... **BY** 17
Champagne (Av. de) ..... **CZ** 22
Chemin Vert (R. du) ..... **CZ** 23
Colbert (R.) .... **BXY** 26
Desteuque (R. E.) .... **BY** 31
Dieu-Lumière (R.) .... **CZ** 32
Dr-Jacquin (R.) .... **BXY** 33
Dr-Knoéri (Pl. du) .... **CX** 34
Dr-Lemoine (R.) .... **BX** 35
Droits-de-l'Homme (Pl. des) .... **CZ** 37
Dubois (R. Th.) .... **AY** 39
Farman (Av. H.) .... **CZ** 43
Forum (Pl.) .... **BY** 47
Gerbert (R.) .... **BCY** 50
Gouraud (Pl. Gén.) ...... **CZ** 51
Grand-Cerf (R. du) ...... **CZ** 52
Herduin (R. Lt) .... **BY** 53
Houzeau Muiron (R.) .... **CY** 54
Jamot (R. Paul) .... **BY** 56
J.-J.-Rousseau (R.) ..... **BX** 57
Lambert (Bd Victor) ..... **CZ** 59
Langlet (Crs J.-B.) ...... **BY** 60
Lefèbvre (R. E.) .... **CX** 61
Louvois (R. de) .... **BZ** 62
Magdeleine (R.) .... **AY** 63
Martyrs-de-la-Résistance (Pl. des) ... **BY** 65
Montlaurent (R.) .... **CY** 67
Myron-Herrick (Pl.) ...... **BY** 68
Philipe (R. Gérard) ...... **CZ** 70
Prés.-F.-Roosevelt (R.) .. **AX** 72
République (Pl. de la) ... **BX** 73
Rockefeller (R.) .... **BY** 75
St-Nicaise (Pl.) .... **CZ** 78
Salines (R. des) .... **CZ** 80
Sarrail (R. Gén.) .... **BX** 82
Strasbourg (R. de) ...... **CX** 84
Temple (R. du) .... **BX** 85
Thillois (R. de) .... **AY** 86
Université (R. de l') ..... **BY** 88
Victor-Hugo (Bd) .... **CZ** 90
Zola (R. Émile) .... **AX** 92
16e-et-22e-Dragons (R. des). **CY** 94

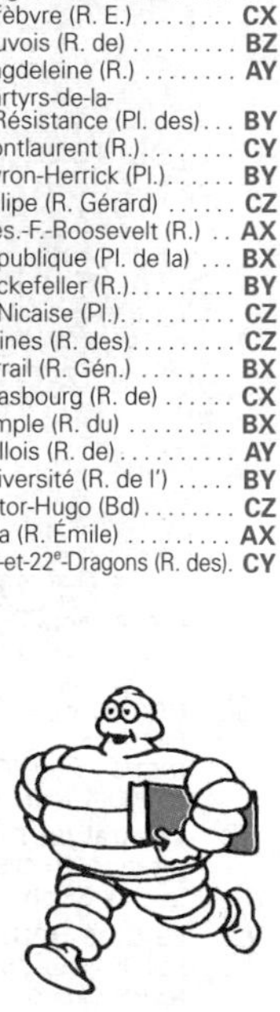

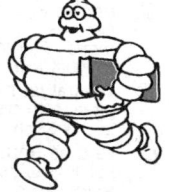

Périphérie et environs

CITROEN Succursale, 38 av. P.V.-Couturier à Tinqueux ℰ 03 26 50 67 65 N ℰ 03 26 36 45 16
OPEL Reims Autom., 2 av. R.-Salengro à Tinqueux ℰ 03 26 08 21 08
VOLVO Gar. Delhorbe, 35 av. Nationale à La Neuvillette ℰ 03 26 77 50 60

Euromaster, 2 av. A.-Margot à la Neuvillette ℰ 03 26 47 70 52

REIPERTSWILLER 67340 B.-Rhin 87 ⑬ G. Alsace Lorraine – 946 h alt. 230.
Paris 444 – Strasbourg 56 – Bitche 21 – Haguenau 35 – Sarreguemines 49 – Saverne 35.

🏨 **La Couronne** M ॐ, 13 r. Wimmenau ℰ 03 88 89 96 21, Fax 03 88 89 98 22, 🐎 – 📺 ☎ 🅿. GB
fermé 12 au 21 nov. et fév. – **Repas** *(fermé lundi soir et mardi)* 87 (déj.), 130/180 ♨ – � 35 – **16 ch** 290/340 – ½ P 260/290

Le RELECQ-KERHUON 29 Finistère 58 ④ – rattaché à Brest.

La REMIGEASSE 17 Char.-Mar. 71 ⑭ – voir à Oléron (Ile d').

REMIREMONT 88200 Vosges 62 ⑯ G. Alsace Lorraine – 9 068 h alt. 400.
Voir Rue Ch.-de-Gaulle★ AB – Crypte★ de l'abbatiale St-Pierre A.
🅱 Office de Tourisme 2 r. Charles-de-Gaulle ℰ 03 29 62 23 70, Fax 03 29 23 96 79.
Paris 394 ⑤ – Épinal 27 ⑤ – Belfort 71 ② – Colmar 80 ① – Mulhouse 81 ② – Vesoul 65 ④.

REMIREMONT

Courtine (R. de la) ...... **A**	Xavée (R. de la) .... **A** 16	États-Unis (R. des) .... **A** 6
Gaulle (R. Ch.-de) ..... **AB**	Abbaye (Pl. de l') .... **A** 2	Franche-Pierre (R.) .... **A** 7
	Calvaire (Av. du) .... **A** 3	Prêtres (R. des) .... **B** 14
	Écoles (R. des) .... **A** 5	Utard (Pl. H.) .... **A** 15
		5ᵉ-et-15ᵉ-B.C.P. (R. des) ... **B** 18

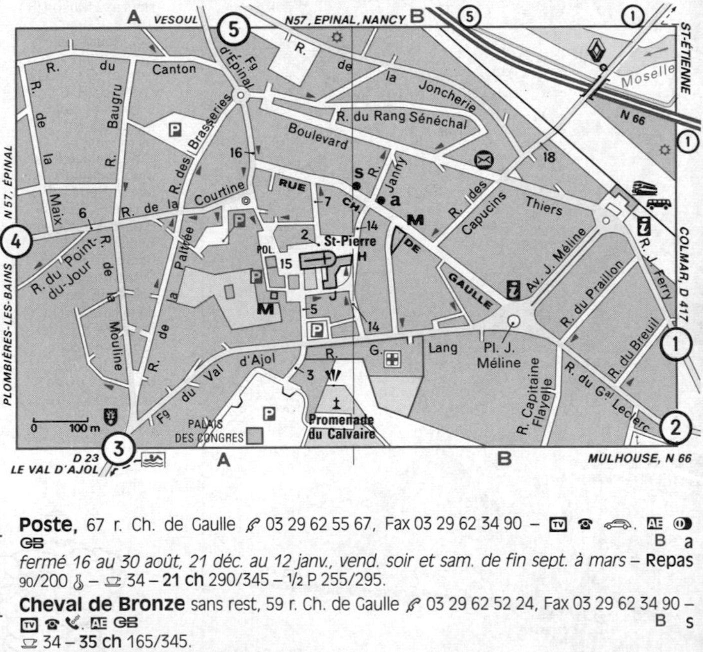

🏨 **Poste,** 67 r. Ch. de Gaulle ℰ 03 29 62 55 67, Fax 03 29 62 34 90 – 📺 ☎ 🚗 ம ⑩ GB B a
fermé 16 au 30 août, 21 déc. au 12 janv., vend. soir et sam. de fin sept. à mars – **Repas** 90/200 ♨ – � 34 – **21 ch** 290/345 – ½ P 255/295.

🏨 **Cheval de Bronze** sans rest, 59 r. Ch. de Gaulle ℰ 03 29 62 52 24, Fax 03 29 62 34 90 – 📺 ☎ ✆ ம GB B s
� 34 – **35 ch** 165/345.

XX **Le Clos Heurtebise,** 13 chemin des capucins par r. Capit. Flayelle B ℰ 03 29 62 08 04, Fax 03 29 62 38 80, 🌂, 🐎 – 🅿. ம GB. ৠ
fermé dim. soir – **Repas** 90/260 ♨.

à Fallières *par ④ et D 3 : 4 km –* ✉ *88200 :*

🏨 **Logis des Prés Braheux,** ✆ 03 29 62 23 67, Fax 03 29 62 01 40, ☞ – 📺 ☎ 🅿 AE GB, ❀

fermé 28 juil. au 11 août, 4 au 11 janv., lundi (sauf hôtel) et dim. soir – **Repas** 95/225 ♨, enf. 45 – 🍽 38 – **14 ch** 195/340 – 1/2 P 275/320.

CITROEN Gar. Remiremont Anotin, Les Bruyères, rte de Mulhouse par ② ✆ 03 29 23 29 45 🆕 ✆ 03 29 23 00 07
PEUGEOT Choux Autom., à St-Etienne-les-Remiremont par ② *et D 23* ✆ 03 29 23 18 28 🆕 ✆ 03 29 23 18 28
RENAULT Gar. Pierre, Parc économique à St Etienne les Remiremont ✆ 03 29 62 55 95

Comptoir du Pneu, 2 r. J.-Ferry ✆ 03 29 23 23 32
Pneu Villaume, Ranfaing à St-Nabord ✆ 03 29 62 23 13

REMOULINS *30210 Gard* 80 ⑲ ⑳ *G. Provence – 1 771 h alt. 27.*

Paris 688 – Avignon 23 – Alès 50 – Arles 35 – Nîmes 23 – Orange 35 – Pont-St-Esprit 42.

🏨 **Moderne,** pl. des Gds Jours ✆ 04 66 37 20 13, Fax 04 66 37 01 85 – 🍽 📺 ☎ 📞 🚗, GB
fermé 31 oct. au 11 nov. et sam. d'oct. à mars – **Repas** 76 (déj.), 85/123 ♨, enf. 45 – 🍽 36 – **22 ch** 240/320 – 1/2 P 270/290.

à St-Hilaire-d'Ozilhan *Nord-Est : 4,5 km par D792 – 618 h. alt. 55 –* ✉ *30210 :*

🏨 **L'Arceau** 🦐, ✆ 04 66 37 34 45, Fax 04 66 37 33 90, 🌳 – 📺 ☎ 🅿 AE GB
fermé 28 nov. au 10 fév., dim. soir et lundi de fin sept. à Pâques – **Repas** 100/225 – 🍽 35 – **24 ch** 345 – 1/2 P 260.

CITROEN Gar. Julien, ✆ 04 66 37 08 31 🆕 ✆ 04 66 37 41 27

RENAISON *42370 Loire* 73 ⑦ *– 2 563 h alt. 387.*

Voir *Bourg★ de St-Haon-le-Châtel N : 2 km – Barrage de la Tache : rocher-belvédère★ O : 5 km,* G. Vallée du Rhône.

Paris 377 – Roanne 12 – Chauffailles 45 – Lapalisse 40 – St-Étienne 91 – Thiers 59 – Vichy 57.

✗✗ **Jacques Coeur** avec ch, ✆ 04 77 64 25 34, Fax 04 77 64 43 88 – 📺 ☎. GB
fermé mi-fév. à mi-mars, dim. soir et lundi – **Repas** 90/190 ♨ – 🍽 37 – **8 ch** 220/295 – 1/2 P 230/265.

✗ **Central** avec ch, ✆ 04 77 64 25 39, Fax 04 77 62 13 09, 🌳 – 📺 ☎ 🚗. GB
fermé 23 sept. au 24 oct., 12 au 26 fév., dim. soir (sauf hôtel) et merc. – **Repas** 70 (déj.), 80/240 ♨, enf. 57 – 🍽 33 – **8 ch** 200/310 – 1/2 P 250.

RENNES 🅿 *35000 I.-et-V.* 59 ⑰ *G. Bretagne – 197 536 h Agglo. 245 065 h alt. 40.*

Voir *Le Vieux Rennes★★* **ABY** *– Jardin du Thabor★★* **BY** *– Retable★★ à l'intérieur★ de la cathédrale St-Pierre* **AY** *– Musées* **BY M** *: de Bretagne★★, des Beaux-Arts★★ – Ecomusée du pays de Rennes★* **VD.**

⛳ 🔟 *de Rennes-St-Jacques* ✆ 02 99 30 18 18, Chavagne, par⑦ : 6 km ; 🔟 *de la Freslonnière au Rheu* ✆ 02 99 60 84 09, par ⑧ : 7 km ; 🔟 *de Cicé-Blossac à Bruz* ✆ 02 99 52 79 79, par⑦ : 10 km.

✈ *de Rennes-St-Jacques :* ✆ 02 99 29 60 00, par⑦ : 7 km.

🚩 *Office de Tourisme Pont de Nemours* ✆ 02 99 79 01 98, Fax 02 99 79 31 38 et gare SNCF ✆ 02 99 53 23 23, Fax 02 99 53 82 22 – Automobile Club 28 r. Lanjuinais ✆ 02 99 78 25 80.

Paris 349 ③ – Angers 129 ④ – Brest 245 ⑨ – Caen 178 ② – Le Mans 155 ③ – Nantes 110 ⑥.

Plans pages suivantes

🏨 **Mercure Colombier,** 1 r. Cap. Maignan ✆ 02 99 29 73 73, Fax 02 99 30 06 30 – 📱 📺 ☎ ♿ – 🔼 30 à 300. AE ⓞ GB JCB
ABZ **m**
La Table Ronde : Repas carte 140 à 200, enf. 45 – 🍽 55 – **140 ch** 480.

🏨 **Mercure Pré Botté** Ⓜ sans rest, r. Paul Louis Courier ✆ 02 99 78 32 32, Fax 02 99 78 33 44 – 📱 📺 ☎ ♿ 🚗 – 🔼 25. AE ⓞ GB JCB
BZ **t**
🍽 55 – **104 ch** 480/505.

🏨 **Novotel,** av. Canada, près centre commercial ✆ 02 99 86 14 14, Fax 02 99 86 14 15, 🌳, 🏊, ☞ – 🍽 📺 ☎ 🅿 – 🔼 150. AE ⓞ GB
CV **e**
Repas carte environ 170 ♨, enf. 50 – 🍽 52 – **96 ch** 440/470.

🏨 **Anne de Bretagne** sans rest, 12 r. Tronjolly ✆ 02 99 31 49 49, Fax 02 99 30 53 48 – 📱 📺 ☎ 📞 🚗, AE ⓞ GB JCB
AZ **q**
🍽 43 – **42 ch** 385/470.

🏨 **Président** sans rest, 27 av. Janvier ✆ 02 99 65 42 22, Fax 02 99 65 49 77 – 📱 📺 ☎ 📞 🚗, AE GB
BZ **n**
fermé 28 déc. au 5 janv. – 🍽 38 – **34 ch** 290/390.

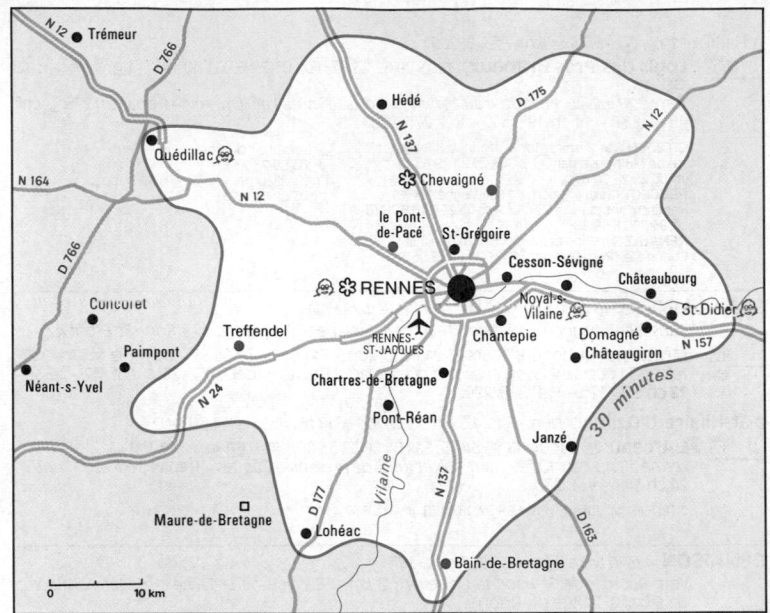

Astrid Ⓜ sans rest, 32 av. L. Barthou ℰ 02 99 30 82 38, Fax 02 99 31 88 55 – 🕼 🛬 📺 ☎
🔖. ⒶⒺ ⓪ ▣ BZ u
🗻 32 – **30 ch** 270/330.

🏠 **Brest** sans rest, 15 pl. Gare ℰ 02 99 30 35 83, Fax 02 99 30 08 60 – 🕼 📺 ☎. ▣ BZ e
🗻 40 – **48 ch** 230/300.

🏠 **Atlantic** Ⓜ sans rest, 31 bd Beaumont ℰ 02 99 30 36 19, Fax 02 99 65 10 17 – 🕼 📺 ☎ ✆
🅿. ⒶⒺ ⓪ ▣ BZ d
🗻 35 – **24 ch** 220/300.

🏠 **Lanjuinais** sans rest, 11 r. Lanjuinais ℰ 02 99 79 02 03, Fax 02 99 79 03 97 – 🕼 📺 ☎ ✆. ⒶⒺ
⓪ ▣ AZ v
🗻 35 – **33 ch** 199/320.

🏠 **Nemours** sans rest, 5 r. Nemours ℰ 02 99 78 26 26, Fax 02 99 78 25 40 – 🕼 🛬 📺 ☎ ✆.
▣. ❄ AZ s
🗻 35 – **26 ch** 240/315.

🏠 **Campanile,** par ③ *Zone Universitaire de Beaulieu, r. A. de Becquerel* ⊠ 35700
ℰ 02 99 38 37 27, Fax 02 99 38 27 93, 🍴 – 🛬 📺 ☎ ✆ 🔖 🅿. – 🏄 30 à 30. ⒶⒺ ⓪ ▣
Repas 84 bc/107 bc, enf. 39 – 🗻 32 – **42 ch** 278.

🏠 **Angélina** sans rest, 1 quai Lamennais ℰ 02 99 79 29 66, Fax 02 99 79 61 01 – 🕼 📺 ☎ ✆.
ⒶⒺ ▣ ⒿⒸⒷ AY f
🗻 36 – **29 ch** 255/300.

🏠 **Garden-H.** sans rest, 3 r. Duhamel ℰ 02 99 65 45 06, Fax 02 99 65 02 62 – 🕼 📺 ☎ ✆. ⒶⒺ
▣ BZ r
🗻 32 – **24 ch** 235/300.

XXX **La Fontaine aux Perles** (Gesbert), r. Poterie par ④ *rte La Guerche-de-Bretagne* ⊠
🎖 35200 ℰ 02 99 53 90 90, Fax 02 99 53 47 77, 🍴, 🌳 – 🅿. ⒶⒺ ⓪ ▣
fermé dim. soir et lundi – **Repas** 100 (déj.), 130/300 et carte 225 à 260, enf. 68
Spéc. Mimosa de langoustines, tartare de tourteaux et foie gras. Galette de blanc de turbot
à l'andouille. Civet de homard breton à la nage.

XXX **Palais** (Tizon), 7 pl. Parlement de Bretagne ℰ 02 99 79 45 01, Fax 02 99 79 12 41 – 🍽. ⒶⒺ
🎖 ⓪ ▣ BY e
fermé dim. soir et lundi – **Repas** 140/300 et carte 280 à 420
Spéc. Farci d'étrilles aux aromates (mai à sept). Huîtres tièdes aux grillons de pieds de porc
(oct. à mars). Saint-Jacques aux cèpes et lard fumé. **Vins** Muscadet-sur-lie.

RENNES

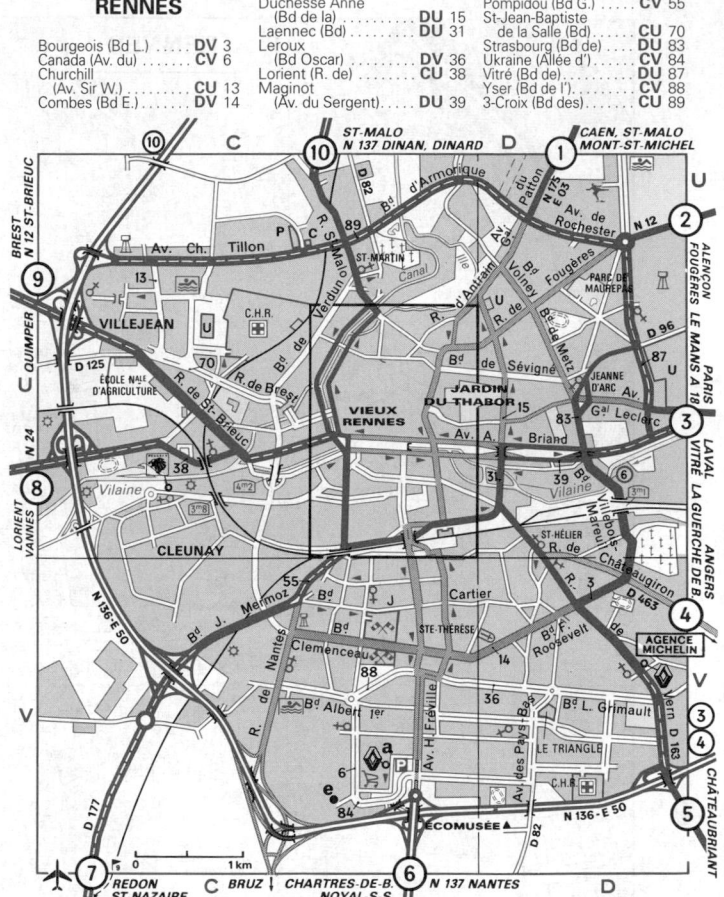

XXX **Corsaire** (Luce), 52 r. Antrain ⊠ 35700 ✆ 02 99 36 33 69, Fax 02 99 36 33 69 – AE ①
GB   BX y
❀
fermé dim. soir – **Repas** 110/190 et carte 210 à 390, enf. 65
Spéc. Poêlée de langoustines et de foie de canard au vinaigre de framboises. Ormeaux au
beurre persillé (sauf juil.-août). Coq au vin aux petits oignons et lardons (automne-hiver).

XXX **L'Ouvrée**, 18 pl. Lices ✆ 02 99 30 16 38, Fax 02 99 30 16 38 – AE ① GB JCB   AY z
⊛   *fermé 14 au 21 avril, 1er au 15 août, sam. midi et lundi* – **Repas** 80/180 et carte 210 à 310 ⅊.

XXX **Escu de Runfao**, 11 r. Chapître ✆ 02 99 79 13 10, Fax 02 99 79 43 80, 😤 – AE GB
JCB   AY a
fermé 6 au 20 août, 2 au 10 janv., sam. midi et dim. soir – **Repas** 128/265 et carte 320
à 450.

XX **Chouin**, 12 r. Isly ✆ 02 99 30 87 86 – GB   BZ h
fermé 27 juil. au 18 août, dim. et lundi – **Repas** - poissons et fruits de mer - 99/129.

XX **Le Florian**, 12 r. Arsenal ✆ 02 99 67 25 35 – GB, ✀   AZ b
*fermé 1er au 8 avril, 2 au 26 août, 23 déc. au 1er janv., dim. (sauf le midi de sept. à juin) et
lundi* – **Repas** 95/210.

X **Le Gourmandin**, 4 pl. Bretagne ✆ 02 99 30 42 01 – ▥. AE ① GB   AYZ r
⊛   *fermé 1er au 25 août, 22 fév. au 3 mars, sam. midi et dim.* – **Repas** 80/155.

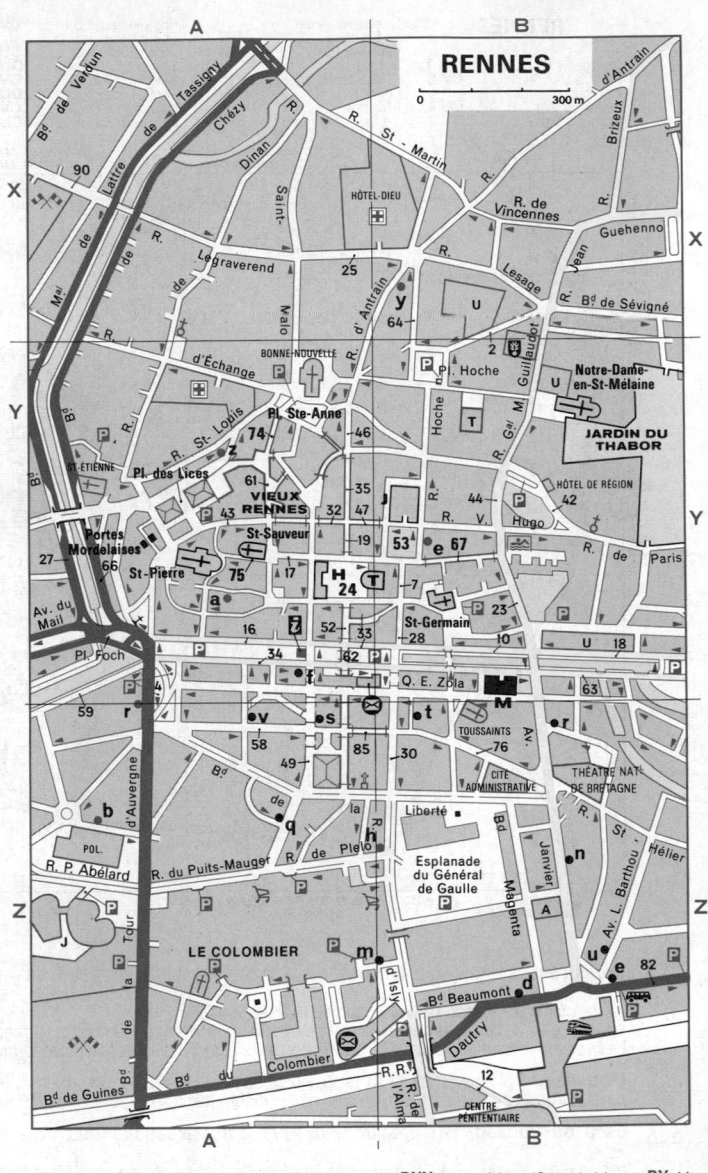

RENNES

0   300 m

à St-Grégoire *Nord : 5,5 km par D 82* CU – *5 809 h. alt. 45* – ⊠ *35760 :*

🏨 **Mascotte** Ⓜ, centre Espace Performance 🌫 02 99 23 78 78, Fax 02 99 23 78 33, 🏦 – 🛗
🛋 🔳 📺 🕿 ❤ ⓵ 🚅 🅿 ⒶⒺ ⓪ ⒼⒷ
Cap Malo 🌫 02 99 23 10 92 *(fermé sam. midi et dim.)* **Repas** 86/149 ⓙ, enf. 58 – ⌐ 42 –
48 ch 360/470.

🏨 **Brit** Ⓜ, 6 av. St-Vincent 🌫 02 99 68 76 76, Fax 02 99 68 83 01, 🏦 – 📺 🕿 🅿 – 🔬 30. ⒶⒺ
⊜ ⓪ ⒼⒷ
Repas 85/135 ⓙ, enf. 55 – ⌐ 40 – **56 ch** 299/319 – ½ P 225.

à Chevaigné *par ① : 12 km par N 175 – 1 335 h. alt. 60 –* ⊠ *35250 :*

XX **La Marinière** (Lejeune), rte Mont-St-Michel 🌫 02 99 55 74 64, Fax 02 99 55 89 65, 🏦 , 🌿
❀ – 🅿. ⒶⒺ ⓪ ⒼⒷ
fermé dim. soir, lundi soir et soirs fériés – **Repas** 90 *(déj.)*, 130/280 et carte 220 à 280
Spéc. Saint-Jacques (oct. à avril). Cassolette de homard. Agneau de pré-salé (15 avril à fin
sept.).

à Cesson-Sévigné *par ③ : 6 km – 12 708 h. alt. 28 –* ⊠ *35510 :*

🏨 **Germinal** 📎, 9 cours de la Vilaine, au bourg 🌫 02 99 83 11 01, Fax 02 99 83 45 16, ≼,
🏦 , « Ancien moulin sur la Vilaine » – 🛗 📺 🕿 ❤ 🅿. ⒶⒺ ⒼⒷ ⒿⒸⒷ. ❀ rest
fermé 2 au 18 août (sauf hôtel) et 21 déc. au 5 janv. – **Repas** *(fermé dim.)* 98 *(déj.)*, 130/300 –
⌐ 45 – **20 ch** 325/450.

🏨 **Floréal** 📎, N 157, Z.A. La Rigourdière 🌫 02 99 83 82 82, Fax 02 99 83 89 62 – 🛗 🔳 rest
⊜ 📺 🕿 ❤ ⓵ 🅿 – 🔬 25 à 80. ⒼⒷ
Repas *(fermé dim.)* 70/135 ⓙ – ⌐ 40 – **47 ch** 230/290 – ½ P 200/270.

à Noyal-sur-Vilaine *par ③ : 12 km – 4 089 h. alt. 75 –* ⊠ *35530 :*

XX **Host. les Forges** avec ch, 🌫 02 99 00 51 08, Fax 02 99 00 62 02 – 📺 🕿 🅿 – 🔬 25. ⒶⒺ ⓪
🐎 ⒼⒷ
fermé 11 au 24 août, dim. soir et soirs fériés – **Repas** 95/198 – ⌐ 35 – **11 ch** 225/310.

à Chantepie *par ④ : 5 km – 5 898 h. alt. 40 –* ⊠ *35135 :*

🏨 **Les Relais Bleus**, Z.I. Sud-Est 🌫 02 99 32 34 34, Fax 02 99 53 57 26 – 📺 🕿 ⓵ 🅿 – 🔬 30.
⊜ ⒶⒺ ⒼⒷ
Repas *(fermé dim. soir et sam.)* 79/98 ⓙ, enf. 36 – ⌐ 35 – **50 ch** 280.

à Chartres-de-Bretagne *par ⑥ : 10 km – 5 543 h. alt. 37 –* ⊠ *35131 :*

🏨 **Chaussairie** Ⓜ sans rest, sur ancienne rte de Nantes 🌫 02 99 41 14 14,
⊜ Fax 02 99 41 33 44 – 📺 🕿 ❤ ⓵ 🅿 – 🔬 30. ⒶⒺ ⓪ ⒼⒷ
⌐ 35 – **33 ch** 250/310.

X **La Cotriade**, 48 r. Nationale 🌫 02 99 41 37 23, Fax 02 99 77 14 04 – ⒶⒺ ⒼⒷ
⊜ *fermé dim. soir et lundi* – **Repas** 65 *(déj.)*, 80/160 ⓙ.

au Pont-de-Pacé *par ⑨ : 10 km –* ⊠ *35740 Pacé :*

XXX **La Griotte**, 🌫 02 99 60 15 15, Fax 02 99 60 26 84, 🌿 – ⒶⒺ ⓪ ⒼⒷ
fermé 28 juil. au 26 août, 15 au 28 fév., dim. soir, mardi soir et merc. – **Repas** 99/270 et carte
160 à 290, enf. 85.

MICHELIN, Agence, ZI de Chantepie, r. Veyettes par ④ 🌫 02 99 50 72 00

BMW Gar. Huchet, 316 rte de St-Malo
🌫 02 99 25 06 06 Ⓝ 🌫 06 07 78 59 67
CITROEN Succursale de Rennes, 4 r. Breillou ZI
Sud-Est à Chantepie par ④ Ⓝ
FIAT, LANCIA Sobredia, 9 r. de Paris à Cesson-
Sévigné 🌫 02 99 83 40 00
FORD Gar. Europe, 73 av. du Mail 🌫 02 99 59 83 15
FORD Gar. Sévigné, 73 r. de Rennes à Cesson-
Sévigné 🌫 02 99 83 19 19
JAGUAR, SAAB Gar. du Mail, 17 r. Doyen Leroy
🌫 02 99 59 12 24
MERCEDES Delourmel-Autom., 9 r. Cerisaie, ZI à
St-Grégoire 🌫 02 99 38 10 10 Ⓝ 🌫 08 00 24 24 30
NISSAN Gar. Espace 3, 2 r. du petit Marais à
Cesson-Sévigné 🌫 02 99 83 59 59
PEUGEOT Gar. Sourget, 14 r. J.-Vallès
🌫 02 99 31 01 55
PEUGEOT Filiale, rte de Paris à Cesson-Sévigné par
③ 🌫 02 99 83 16 06 Ⓝ 🌫 06 08 27 11 24
RENAULT Succursale, rte de Fougères, lieu-dit les
Longs-Champs par ② 🌫 02 99 87 67 67 Ⓝ
🌫 08 00 05 15 15

RENAULT Succursale, Centre Alma, r. du
Bosphore 🌫 02 99 87 67 67 Ⓝ
🌫 08 00 05 15 15
RENAULT Celta Ouest Ag. Renault Ouest, 145 rte
de Lorient 🌫 02 99 54 03 63 Ⓝ
🌫 02 99 36 38 36
RENAULT Gar. Bagot Landry, 57 bd Mar.-de-
Lattre-de-Tassigny 🌫 02 99 59 55 48
ROVER Gar. Huchet, 316 rte de St-Malo
🌫 02 99 25 06 00
SEAT Excel Auto, 49 r. de Rennes à Cesson-
Sévigné 🌫 02 99 83 84 84
VAG Gar. Floc, 53 bis r. de Rennes à Cesson-
Sévigné 🌫 02 99 83 94 94 Ⓝ 🌫 02 99 50 70 56
VOLVO Defrance Autom., 40 av. Sergent-
Maginot 🌫 02 99 67 21 11

⦿ Euromaster, ZI rte de Lorient, 67 r. Manoir-de-
Servigné 🌫 02 99 59 13 47
Euromaster, r. Charmilles à Cesson-Sévigné
🌫 02 99 53 77 77
Euromaster, 70 av. Mail 🌫 02 99 59 35 29

La guida cambia, cambiate la guida ogni anno.

RENNES-LES-BAINS 11190 Aude 🎱🎱 ⑦ – 221 h alt. 310 – Stat. therm. (mi avril-mi nov.).

🛈 Syndicat d'Initiative 🖉 04 68 69 88 04.
Paris 815 – Perpignan 72 – Carcassonne 49 – Foix 74 – Limoux 24 – Quillan 21.

XXX **Host. de Rennes-les-Bains** Ⓜ ⅖ avec ch, 🖉 04 68 69 81 81, Fax 04 68 69 81 82, 🏠
– 🎴 📺 ☎ ♿, 🌐
mars-nov. – **Repas** (fermé dim. soir et lundi) 98/380 – 🖙 45 – **8 ch** 340/510 – ½ P 345.

La RÉOLE 33190 Gironde 🎱🎱 ⑬ – 4 273 h alt. 44.
Paris 626 – Bordeaux 74 – Casteljaloux 42 – Duras 25 – Libourne 46 – Marmande 28.

X **Les Fontaines,** 24 r. A. Bénac 🖉 05 56 61 15 25 – 🔲 🌐
🍷 fermé 12 au 22 nov., dim. soir et lundi sauf fériés – **Repas** 75/200 ◉, enf. 50.

RETHEL ◀🚲▶ 08300 Ardennes 🎱🎱 ⑦ G. Champagne – 7 923 h alt. 80.
🛈 Syndicat d'Initiative, Hôtel de Ville 🖉 03 24 39 51 40.
Paris 186 – Charleville-Mézières 46 – Reims 40 – Laon 58 – Verdun 107.

🏨 **Moderne,** pl. Gare 🖉 03 24 38 44 54, Fax 03 24 38 37 84 – 📺 ☎ 🅿 – 🔺 50. 🌐 ⑩ 🌐
Repas 89/290 ◉, enf. 45 – 🖙 35 – **24 ch** 210/260 – ½ P 230.

CITROEN Rethel Autom., Rue de la Sucrerie
🖉 03 24 39 52 00 🅽 🖉 03 24 72 94 95
CITROEN Gar. Dehan-Giot, 18 r. du Gén.-Leclerc à
Coucy 🖉 03 24 72 00 42
FORD S.R.A., r. A.-Berquet 🖉 03 24 38 19 48
PEUGEOT Dachy Auto Loisirs, r. Comtesse, ZI de
Pargny 🖉 03 24 38 51 88 🅽 🖉 08 00 44 24 24

RENAULT Centre Auto Rethelois, r. de la
Sucrerie 🖉 03 24 38 19 20
VAG Ardennes Sud Auto, 34 r. des Trois
Châteaux à Acy-Romance 🖉 03 24 38 62 62

🛞 Euromaster, ZI de Pargny, r. de Bastogne
🖉 03 24 38 01 70

RETHONDES 60 Oise 🎱🎱 ③., 🔢🔢 ⑪ – rattaché à Compiègne.

REUGNY 03190 Allier 🎱🎱 ⑫ – 263 h alt. 204.
Paris 315 – Moulins 63 – Bourbon-l'Archambault 42 – Montluçon 15 – Montmarault 45.

X **Table de Reugny,** 🖉 04 70 06 70 06, Fax 04 70 06 70 06, 🏠, 🌳 – 🌐
fermé 25 août au 8 sept., dim. soir et lundi – **Repas** 65 (déj.), 98/205.

REUILLY-SAUVIGNY 02 Aisne 🎱🎱 ⑮ – rattaché à Château-Thierry.

REVEL 31250 H.-Gar. 🎱🎱 ⑳ G. Gorges du Tarn – 7 520 h alt. 210.
🛈 Office de Tourisme, pl. Philippe-VI-de-Valois 🖉 05 61 83 50 06, Fax 05 62 18 06 21.
Paris 745 – Toulouse 51 – Carcassonne 46 – Castelnaudary 21 – Castres 28 – Gaillac 62.

🏨 **Midi,** 34 bd Gambetta 🖉 05 61 83 50 50, Fax 05 61 83 34 74, 🏠 – 📺 ☎ 🍴 🌐
Repas (fermé 12 nov. au 6 déc. et dim. soir hors sais.) 90/180, enf. 60 – 🖙 35 – **20 ch**
220/400 – ½ P 190/230.

XXX **Le Lauragais,** 25 av. Castelnaudary 🖉 05 61 83 51 22, Fax 05 62 18 91 79, 🏠, « Intérieur
rustique », 🌳 – 🅿. 🌐 🌐
Repas 125/350 et carte 260 à 360 ◉.

au Nord par rte de Castres : 3 km – ✉ 31250 Revel :

XX **Mazies** ⅖ avec ch, 🖉 05 61 27 69 70, Fax 05 62 18 06 37, 🏠, « Jardin » – 📺 ☎ 🍴 🅿.
🍷 🌐. ✂ ch
fermé 26 déc. au 20 janv. – **Repas** (fermé dim. soir et lundi) 85/245 ◉, enf. 50 – 🖙 32 – **7 ch**
250/295 – ½ P 240/250.

à St-Ferréol Sud-Est : 3 km par D 629 – ✉ 31250 .
Voir Bassin de St-Ferréol★.

🏨 **du Lac** ⅖, 🖉 05 62 18 70 80, Fax 05 62 18 71 13, ≤, 🏠, 🌳 – cuisinette 📺 ☎ ♿ 🅿 –
🔺 50. 🌐. ✂ ch
Repas (fermé dim. soir et lundi de sept. à mai) 88/188 – 🖙 31 – **19 ch** 280/310, 4 duplex –
½ P 250.

🏨 **Hermitage** ⅖ sans rest, 🖉 05 61 83 52 61, ≤, 🌳 – ☎ 🅿. 🌐
🖙 35 – **14 ch** 220/280.

CITROEN Gar. Fabre, 6 av. de la Gare
🖉 05 61 83 53 37
PEUGEOT Gar. Baylet, 29 av. de Castres
🖉 05 61 83 54 10

🛞 Espace Pneu, Av. de Castelnaudary
🖉 05 61 83 50 09

REVENTIN-VAUGRIS 38 Isère 🎱🎱 ⑪ – rattaché à Vienne..

REVIGNY-SUR-ORNAIN *55800 Meuse* 56 ⑲ *– 3 528 h alt. 144.*

Paris 237 – Bar-le-Duc 18 – St-Dizier 30 – Vitry-le-François 36.

XX **Les Agapes** (Joblot), 7 r. A. Maginot ✆ 03 29 70 56 00, Fax 03 29 70 59 30 – AE ⓓ GB
✿ *fermé 28 juil. au 22 août, Noël au Jour de l'An, dim. soir et lundi* – **Repas** 95 (déj.), 165/235 et carte 210 à 320 ♨, enf. 60
Spéc. Croustade d'escargots aux laitues braisées. Pot-au-feu de foie gras. Millefeuille caramélisé aux fruits de saison. **Vins** Chardonnay, Pinot noir.

RÉVILLE *50760 Manche* 54 ③ *– 1 205 h alt. 12.*

Voir *La Pernelle* ※★★ *du blockhaus O : 3 km – Pointe de Saire : blockhaus* ≤★ *SE : 2,5 km,* G. Normandie Cotentin.

Paris 352 – Cherbourg 33 – Carentan 46 – St-Lô 74 – Valognes 23.

X **Au Moyne de Saire** avec ch, ✆ 02 33 54 46 06, Fax 02 33 54 14 99 – ☎ P. GB
fermé dim. soir hors sais. – **Repas** 82/199 ♨, enf. 39 – ☐ 30 – **11 ch** 170/275 – ½ P 200/255.

REY *30 Gard* 80 ⑯ *– rattaché au Vigan.*

REZÉ *44 Loire-Atl.* 67 ③ *– rattaché à Nantes.*

Le RHIEN *70 H.-Saône* 66 ⑦ *– rattaché à Ronchamp.*

RHINAU *67860 B.-Rhin* 62 ⑩ *– 2 286 h alt. 158.*

Paris 511 – Strasbourg 36 – Marckolsheim 26 – Molsheim 36 – Obernai 27 – Sélestat 25.

XXX **Au Vieux Couvent** (Albrecht), ✆ 03 88 74 61 15, Fax 03 88 74 89 19, 余 – AE ⓓ GB
✿ *fermé 20 au 31 oct., mardi et merc.* – **Repas** 150/450 ♨, enf. 100
Spéc. Foie gras d'oie servi à la cuillère, kouglopf toasté. Matelote à l'alsacienne, nouilles maison. Millefeuille à l'eau de vie de framboise. **Vins** Riesling, Tokay-Pinot gris.

PEUGEOT Gar. du Rhin, ✆ 03 88 74 60 59

RIANS *83560 Var* 84 ④, 114 ⑰ ⑱ *– 2 720 h alt. 406.*

ℹ Syndicat d'Initiative Mairie (hors saison) ✆ 04 94 72 64 80.

Paris 772 – Marseille 71 – Aix-en-Provence 34 – Avignon 99 – Draguignan 70 – Manosque 34 – Toulon 80.

Esplanade, au village ✆ 04 94 80 31 12, ≤ – TV ☎ 🚗. AE GB
fermé sam. hors sais. – **Repas** 75/120 ♨, enf. 35 – ☐ 27 – **9 ch** 150/210 – ½ P 160/185.

XX **La Roquette,** rte Manosque ✆ 04 94 80 32 58, 余 – P. GB
fermé 17 nov. au 1er déc., dim. soir et lundi sauf fériés –
Repas 135/250, enf. 50.

au Sud *: 5 km par rte de St-Maximin – ✉ 83560 Rians :*

XXX **Le Bois St-Hubert** M ⛰ avec ch, ✆ 04 94 80 31 00, Fax 04 94 80 55 71, 余, parc, « Belle décoration intérieure », ⛱, ✂ – TV ☎ P – 🏛 30. AE GB
fermé janv., fév., lundi soir et mardi d'oct. à mai – **Repas** 125 (déj.), 210/260 et carte 260 à 380, enf. 95 – ☐ 70 – **9 ch** 600/900 – ½ P 600/700.

RENAULT Gar. Sepulveda, N 561, quartier St-Esprit ✆ 04 94 80 30 78 N ✆ 04 94 80 39 37

RIBEAUVILLÉ ⟨SP⟩ *68150 H.-Rhin* 62 ⑱ ⑲ *G. Alsace Lorraine – 4 774 h alt. 240.*

Voir *Grand'Rue*★★ **AB** *: tour des Bouchers*★ **A.**

ℹ Office de Tourisme, 1 Grand'Rue ✆ 03 89 73 62 22, Fax 03 89 73 36 61.

Paris 433 ⑤ – Colmar 14 ③ – Gérardmer 62 ④ – Mulhouse 59 ④ – St-Dié 43 ⑤ – Sélestat 13 ②.

Plan page suivante

Clos St-Vincent ⛰, Nord-Est : 1,5 km par rte secondaire ✆ 03 89 73 67 65, Fax 03 89 73 32 20, 余, « Dans le vignoble, ≤ la plaine d'Alsace », ⛱, 🪑 – 🛗 TV ☎ P. GB — B u
15 mars-15 nov. – **Repas** *(fermé mardi et merc.)* 185/255 – **12 ch** ☐ 700/990, 3 appart – ½ P 605/685.

Le Ménestrel M sans rest, 27 av. Gén. de Gaulle par ④ ✆ 03 89 73 80 52, Fax 03 89 73 32 39, 🏋, 🪑 – 🛗 ⇹ TV ☎ ♿ P – 🏛 30. AE GB
fermé 15 fév. au 15 mars – ☐ 60 – **29 ch** 390/480.

Tour sans rest, 1 r. Mairie ✆ 03 89 73 72 73, Fax 03 89 73 38 74, 🏋 – 🛗 TV ☎ P. ⓓ GB. ✻ — A a
fermé 1er janv. au 15 mars – ☐ 40 – **35 ch** 300/420.

RIBEAUVILLÉ

Grand'Rue . . . . AB

Abbé Kremp (R. de l') . . . . . A 2
Bergheim (Rte de) . . . . B
Château (R. du) . . . . A 3
Flesch (R.) . . . . B 4
Fontaine (R. de la) . . . . A
Frères-Mertian (R. des) . . . A 5
Hôtel-de-Ville (Pl. de l') . . . . A 6
Hunawihr (R. des) . . . . B 8
Juifs (R. des) . . . . A
Klée (R.) . . . . B
Klobb (R.) . . . . A
Lutzelbach (R. du) . . . . A
Marne (R. de la) . . . . A
République (Pl. de la) . . . . . A
Sainte-Marie-aux-Mines (R.) . . . . A 9
Sinne (Pl. de la) . . . . A 10
Tanneurs (R. des) . . . . B 12
Vignoble (R. du) . . . . A
1re-Armée (Pl. de la) . . . . . . B
3-Décembre (R. du) . . . . . . AB

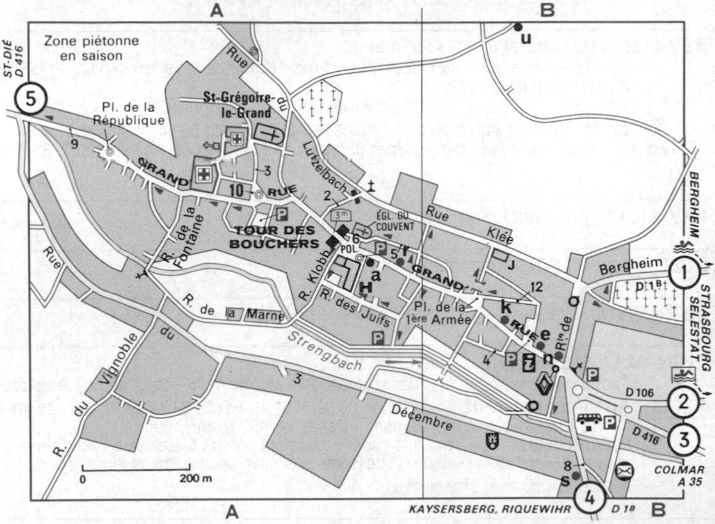

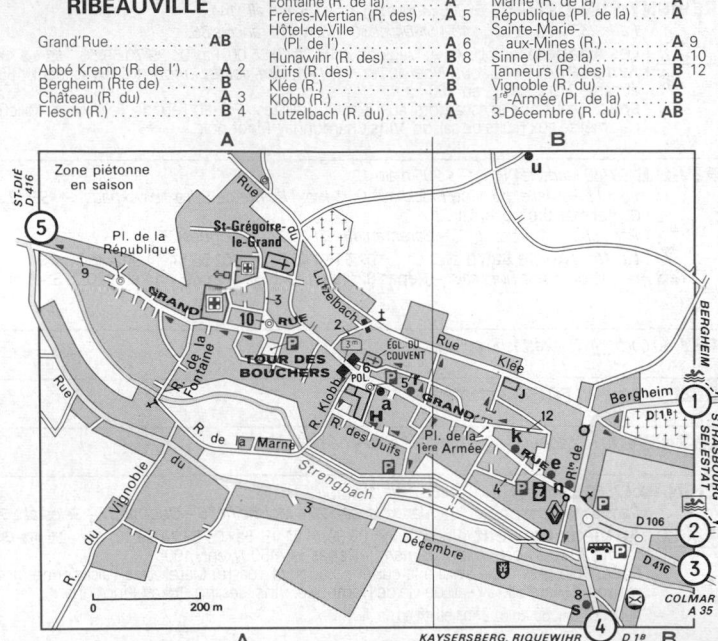

Les Vosges sans rest, 2 Gd'rue ✆ 03 89 73 61 39, Fax 03 89 73 34 21 – 🛗 TV ☎. AE GB — B e
fermé 5 janv. au 25 mars et lundi – ☕ 50 – **18 ch** 270/395.

Haut-Ribeaupierre, 1 rte Bergheim ✆ 03 89 73 62 64, Fax 03 89 73 36 61 – ▤. AE GB — B n
fermé merc. – **Repas** 130/340 et carte 290 à 390 🍷.

Relais des Ménétriers, 10 av. Gén. de Gaulle ✆ 03 89 73 64 52, Fax 03 89 73 69 94 – GB — B s
fermé 30 juin au 14 juil., dim. soir et lundi – **Repas** 58 (déj.), 95/185 🍷.

Aub. A l'Étoile, 46 Gd'Rue ✆ 03 89 73 36 46 – GB — A r
fermé 15 nov. au 15 déc., lundi soir et mardi – **Repas** 70/240 🍷.

Wistub Zum Pfifferhüs, 14 Gd'rue ✆ 03 89 73 62 28, Fax 03 89 73 80 34, rest. non-fumeurs exclusivement, « Cadre typiquement alsacien » – GB. — B k
fermé 1er au 10 juil., 1er au 15 mars, merc. et jeudi – **Repas** (prévenir) carte 160 à 220 🍷.

rte de Ste Marie-aux-Mines *par ⑤ : 4 km :*

La Pépinière, ✆ 03 89 73 64 14, Fax 03 89 73 88 78, , – 🛗 ☎ P. GB
Pâques-15 nov. – **Repas** *(fermé merc. midi et mardi)* 140/365 🍷, enf. 60 – ☕ 48 – **20 ch** 220/450 – ½ P 390/415.

RENAULT Gar. Jessel, ✆ 03 89 73 61 33 N ✆ 03 89 73 61 33
RENAULT Gar. des Trois Cantons, 42 rte de Guemar par ② ✆ 03 89 73 61 07

RIBÉRAC *24600 Dordogne* 75 ④ *G. Périgord Quercy – 4 118 h alt. 68.*
Voir *Aubeterre-sur-Dronne : église monolithe★★ O : 17 km.*
🅸 *Office de Tourisme, pl. Gén.-de-Gaulle ✆ 05 53 90 03 10, Fax 05 53 91 35 13.*
Paris 506 – Périgueux 38 – Angoulême 59 – Barbezieux 59 – Bergerac 51 – Libourne 67 – Nontron 50.

Rêv'H. M, rte de Périgueux : 1,5 km ✆ 05 53 91 62 62, Fax 05 53 91 48 96 – TV ☎ ♿ P. GB
Repas 59 (déj.), 62/158 🍷, enf. 40 – ☕ 28 – **17 ch** 190/240 – ½ P 205.

France, r. M. Dufraisse ✆ 05 53 90 00 61, Fax 05 53 91 06 05, – TV ☎ – 40. GB
Repas 70/200, enf. 45 – ☕ 30 – **20 ch** 135/225 – ½ P 155/205.

CITROEN Gar. Lafargue, ✆ 05 53 90 05 38
PEUGEOT Gar. Fargeout, ✆ 05 53 90 01 09 N ✆ 05 53 90 01 09
Périgord Pneus Point S, ✆ 05 53 90 05 06 N ✆ 05 53 04 36 54

Les RICEYS 10340 Aube 61 ⑰ G. Champagne – 1 421 h alt. 180.

Paris 211 – Troyes 47 – Bar-sur-Aube 53 – Châtillon-sur-Seine 33 – St-Florentin 58 – Tonnerre 38.

XX **Le Magny** ॐ avec ch, D 452 ℘ 03 25 29 38 39, Fax 03 25 29 11 72 – 📺 ☎ 🅿. 🇬🇧
⌚ fermé 25 août au 5 sept., 25 janv. au 20 fév., mardi soir et merc. – **Repas** 70/210 ⅃, enf. 45 –
⌑ 35 – **7 ch** 220/240 – ½ P 215/225.

RENAULT Gar. Roy, ℘ 03 25 29 30 33

RICHARDMÉNIL 54 M.-et-M. 62 ⑤ – rattaché à Nancy.

RIEC-SUR-BELON 29340 Finistère 58 ⑪ ⑯ – 4 014 h alt. 65.

🗓 Office de Tourisme pl. Église (fermé après-midi hors saison) ℘ 02 98 06 97 65, Fax 02 98 06 93 73.

Paris 530 – Quimper 39 – Carhaix-Plouguer 61 – Concarneau 21 – Quimperlé 13.

au Port de Belon Sud : 4 km par C 3 et C 5 – ⌧ 29340 Riec-sur-Belon :

X **Chez Jacky,** ℘ 02 98 06 90 32, Fax 02 98 06 49 72, ≤, « En bordure du Belon » – 🇬🇧
mi-mars-mi-oct. et fermé lundi – **Repas** - produits de la mer seul. - (en saison, prévenir) 98/380.

Se cercate un albergo tranquillo,
oltre a consultare il carte dell'introduzione,
rintracciate nell'elenco degli esercizi quelli con il simbolo ॐ.

RIEUPEYROUX 12240 Aveyron 80 ① – 2 348 h alt. 750.

Paris 628 – Rodez 39 – Albi 54 – Carmaux 38 – Millau 93 – Villefranche-de-Rouergue 23.

🏠 **Commerce,** ℘ 05 65 65 53 06, Fax 05 65 65 56 58, ⌃, ☞ – 📶 📺 ☎ 🅿. 🆔 🇬🇧
⌚ fermé 20 déc. au 20 janv., dim. soir et lundi sauf juil.-août – **Repas** 80/190 ⅃, enf. 45 – ⌑ 30
– **21 ch** 230/320 – ½ P 250.

RENAULT Gar. Costes, ℘ 05 65 65 54 15

RIEUX-MINERVOIS 11160 Aude 83 ⑫ G. Pyrénées Roussillon – 1 868 h alt. 115.

Voir Église★.

Paris 838 – Carcassonne 29 – Narbonne 40 – Perpignan 99.

X **Logis de Merinville** avec ch, ℘ 04 68 78 12 49, Fax 04 68 78 12 49 – 🇬🇧. ⌘
fermé 11 nov. au 14 déc., 16 janv. au 24 mars, mardi soir et merc. sauf juil.-août – **Repas**
78 (déj.), 110/180 ⅃, enf. 45 – ⌑ 28 – **7 ch** 230/250 – ½ P 195/210.

RIEZ 04500 Alpes de H.P. 81 ⑯, 114 ⑦ G. Alpes du Sud (plan) – 1 707 h alt. 520.

Voir Baptistère★ – Echassier fossile★ au musée "Nature en Provence" – Mont St-Maxime ⌘★ NE : 2 km.

🗓 Office de Tourisme allée Louis Gardiol ℘ 04 92 77 82 80, Fax 04 92 77 79 67.

Paris 773 – Digne-les-Bains 41 – Brignoles 65 – Castellane 58 – Manosque 34 – Salernes 46.

🏠 **Carina** sans rest, ℘ 04 92 77 85 43, Fax 04 92 77 74 93 – ☎ & 🅿. 🇬🇧. ⌘
mi-mars-mi-nov. – ⌑ 33 – **30 ch** 250/300.

Gar. Marchandy, ℘ 04 92 77 80 60   Gar. Oberti, ℘ 04 92 77 80 16 🅽 ℘ 04 92 77 80 16

RIGNAC 12390 Aveyron 80 ① – 1 668 h alt. 500.

Paris 614 – Rodez 28 – Aurillac 88 – Figeac 40 – Villefranche-de-Rouergue 29.

🏠 **Marre,** rte Belcastel ℘ 05 65 64 51 56, ☞ – ☎ ⇦ 🅿. 🇬🇧
⌚ fermé vacances de printemps, de Noël, dim. soir et lundi sauf juil.-août – **Repas** 68 bc/125
⅃, enf. 49 – ⌑ 27 – **13 ch** 175/215 – ½ P 185/205.

🍴 **Delhon,** rte Belcastel ℘ 05 65 64 50 27, Fax 05 65 64 49 90 – ☎. 🇬🇧
⌚ **Repas** (fermé dim. soir et sam. d'oct. à mai et fêtes) 75/130 ⅃ – ⌑ 26 – **18 ch** 105/220 –
½ P 155/170.

RIGNY 70 H.-Saône 66 ⑭ – rattaché à Gray.

RILLÉ 37340 I.-et-L. 🄖🄓 ⑬ – 275 h alt. 82.

Paris 273 – Tours 38 – Angers 64 – Chinon 40 – Saumur 41.

🏨 **Logis du Lac** ⬥, Ouest : 2 km par D 49 ☏ 02 47 24 66 61, 🏵, 🚗 – ☎ 📆. 📼
🍴 fermé vacances de Toussaint, 13 fév. au 10 mars, dim. soir et merc. hors. sais. – **Repas** 70 bc/140, enf. 45 – 🖵 35 – **7 ch** 200/235 – ½ P 198.

RILLIEUX-LA-PAPE 69 Rhône🄗🄔 ⑪ ⑫, 🄑🄑🄞 ⑮ – rattaché à Lyon.

RILLY-SUR-LOIRE 41150 L.-et-Ch. 🄖🄓 ⑯ – 321 h alt. 66.

Paris 203 – Tours 38 – Amboise 15 – Blois 22 – Montrichard 19.

🏨 **Château de la Haute-Borde,** rte Blois : 1,5 km ☏ 02 54 20 98 09, Fax 02 54 20 97 16,
🍴 🏵, « Parc » – ☎ 📆 – 🄬 35. 🄀🄴 📼, ⬥ ch
hôtel : fermé 15 déc. au 31 janv.; rest. : ouvert 15 mars-15 déc. – **Repas** 82/170, enf. 50 –
🖵 32 – **18 ch** 141/320 – ½ P 215/295.

🏨 **Aub. des Voyageurs,** ☏ 02 54 20 98 85, Fax 02 54 20 98 48, ⬩ – ☎ ⬥ 📆. 📼
🍴 fermé janv., fév, mardi soir et merc. d'oct. à mai – **Repas** 75/130 🍷, enf. 50 – 🖵 30 – **16 ch** 255/270 – ½ P 255.

RIMBACH-PRÈS-GUEBWILLER 68 H.-Rhin🄖🄒 ⑱ – rattaché à Guebwiller.

RIOM ◁◆▷ 63200 P.-de-D. 🄗🄓 ④ G. Auvergne – 18 793 h alt. 363.

Voir Église N.-D.-du-Marthuret★ : Vierge à l'Oiseau★★★ – Maison des Consuls★ **B** – Hôtel Guimoneau★ **D** – Ste-Chapelle★ du Palais de Justice **L** – Cour★ de l'Hôtel de Ville **H** – Musées : Auvergne★ **M¹**, Mandet★ **M²** – Mozac : chapiteaux★★, trésor★★ de l'église★ 2 km par ④ – Marsat : Vierge noire★★ dans l'église SO : 3 km par D 83.
Env. Châteaugay : donjon★ du château et ⟳★ 7,5 km par ③ – Volvic : coulée de lave★ dans la maison de la pierre 7 km par ④ – Ruines du château de Tournoël★ : ⟳★ 8 km par ④.
🅱 Office de Tourisme 16 r. Commerce ☏ 04 73 38 59 45, Fax 04 73 38 25 15.
Paris 410 ① – Clermont-Ferrand 15 ③ – Montluçon 75 ① – Moulins 83 ① – Thiers 43 ② – Vichy 41 ①.

RIOM

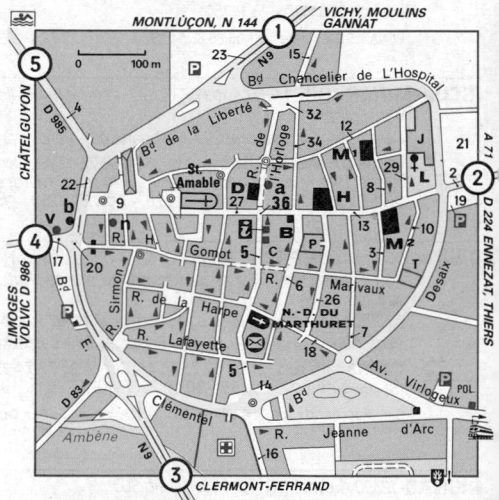

🏨 **La Caravelle** sans rest, 21 bd République **(b)** ☏ 04 73 38 31 90, Fax 04 73 33 11 30 – 🛗 ☎ 📆 📼
🖵 30 – **27 ch** 145/270.

🏨 **Lyon** sans rest, 107 fg La Bade par ② ☏ 04 73 38 07 66, 🚗 – ☎ 📆
fermé 26 avril au 11 mai et 1er au 18 sept. – 🖵 26 – **15 ch** 120/160.

XXX **Les Petits Ventres,** 6 r. A. Dubourg **(n)** ☏ 04 73 38 21 65, Fax 04 73 63 12 21 – ▤. 🄀🄴 ⓞ
📼
fermé 18 août au 7 sept., vacances de fév., dim. soir, lundi soir et mardi soir – **Repas** 100/240 et carte 160 à 290, enf. 60.

XX **Le Magnolia,** 11 av. Cdt Madeline (v) ℰ 04 73 38 08 25 – ▦. 🇬🇧
ⓔ *fermé 15 juil. au 10 août, lundi midi et dim.* – **Repas** 70/190.

X **Flamboyant,** 21 bis r. Horloge (a) ℰ 04 73 63 07 97 – 🎫 ⓞ 🇬🇧
ⓔ *fermé 22 au 27 mars, 22 sept. au 10 oct., lundi midi en juil.-août, lundi soir de sept. à juin et dim. soir* – **Repas** 60 bc (déj.), 84/185 ⅋, enf. 45.

à l'échangeur A 71 *par ② : 2 km* – ✉ 63200 Riom :

🏨 **Anémotel** Ⓜ, Z.A.C. Les Portes de Riom ℰ 04 73 33 71 00, Fax 04 73 64 00 60, � – 🛗 ▤
ⓔ 📺 ☎ ✆ ६ 🅿 – 🅰 40. 🇬🇧
  Repas 79/170 ⅋, enf. 38 – 🖙 36 – **43 ch** 290 – ½ P 240.

rte de Marsat *Sud-Ouest : 2,5 km par D 83* – ✉ 63200 Riom :

XX **Moulin de Villeroze,** ℰ 04 73 38 58 23, Fax 04 73 38 92 26, � – 🅿. 🎫 ⓞ 🇬🇧
  fermé 1er au 14 août et dim. soir – **Repas** 120 (déj.), 145/250.

FIAT AFA Auchataire, rte de Paris
ℰ 04 73 38 22 75
FORD Gar. Dugat, av de Paris ℰ 04 73 38 41 42
MAZDA Auvergne Distribution Sce, ZA Mirabelle N
9 ℰ 04 73 63 08 84
PEUGEOT Techstar 80 Clermontoise auto, 81 av. de
Clermont par av. Libération ℰ 04 73 38 23 05 Ⓝ
ℰ 08 00 44 24 24

RENAULT Gar. Gaudoin, 14 r. F.-Forest à Mozac
par ④ ℰ 04 73 38 20 76
RENAULT Gar. Delaire, 18 av. de Clermont
ℰ 04 73 38 26 32 Ⓝ ℰ 06 07 59 47 06

🅦 Borie Pneu 2000, 35 rte de Paris
ℰ 04 73 63 18 36

RIORGES *42 Loire🔢 ⑦ – rattaché à Roanne.*

RIOZ *70190 H.-Saône🔢 ⑮ – 883 h alt. 267.*
  Paris 385 – Besançon 26 – Belfort 78 – Gray 46 – Vesoul 24 – Villersexel 37.

🏠 **Logis Comtois,** ℰ 03 84 91 83 83, 🌭 – ☎ 🅿. 🇬🇧
ⓔ *fermé 15 déc. au 31 janv.* – **Repas** *(fermé dim. soir et lundi midi)* 78/145 ⅋ – 🖙 32 – **27 ch**
  160/245 – ½ P 190/235.

RENAULT Gar. Pernin, ℰ 03 84 91 82 10

RIQUEWIHR *68340 H.-Rhin🔢 ⑱ ⑲ G. Alsace Lorraine (plan) – 1 075 h alt. 300.*
  Voir *Village★★★.*
  🅑 *Office de Tourisme r. 1ère-Armée (Pâques-11 nov. et vacances scolaires) ℰ 03 89 47 80 80, Fax 03 89 49 04 40.*
  Paris 475 – Colmar 12 – Gérardmer 60 – Ribeauvillé 4 – St-Dié 47 – Sélestat 17.

🏨 **H. Le Schoenenbourg** Ⓜ 🍴 sans rest, r. Piscine ℰ 03 89 49 01 11, Fax 03 89 47 95 88,
  �, 🏊, 🌭 – 🛗 📺 ☎ ६, 🚗 🅿. 🎫 🇬🇧
  🖙 49 – **45 ch** 360/540.

🏨 **Le Riquewihr** sans rest, rte Ribeauvillé ℰ 03 89 47 83 13, Fax 03 89 47 99 76, ≼ – 🛗 📺
  ☎ 🅿. 🎫 ⓞ 🇬🇧 🇯🇨🇧
  fermé fév. – 🖙 48 – **49 ch** 265/340.

🏨 **Couronne** 🍴 sans rest, 5 r. Couronne ℰ 03 89 49 03 03, Fax 03 89 49 01 01 – cuisinette
  📺 ☎ 🅿. 🎫 ⓞ 🇬🇧 🇯🇨🇧
  🖙 44 – **37 ch** 250/380, 3 appart.

🏨 **A L'Oriel** 🍴 sans rest, 3 r. Ecuries Seigneuriales ℰ 03 89 49 03 13, Fax 03 89 47 92 87,
  « Maison du 16e siècle » – 🛗 📺 ☎ ✆. 🎫 🇬🇧
  🖙 45 – **19 ch** 350/450.

XXX **Aub. du Schoenenbourg** (Kiener), r. Piscine ℰ 03 89 47 92 28, Fax 03 89 47 89 84, �
  ✿ – ▦ 🅿. 🎫 🇬🇧
  fermé 4 janv. au 7 fév., jeudi midi et merc. – **Repas** 195/398 et carte 320 à 440 ⅋
  Spéc. Carpaccio de foie gras de canard à la vinaigrette de truffes. Duo de saumons tièdes
  au raifort et couronne de choucroute. Assiette du chasseur, spätzle maison (sept. à janv.).
  Vins Riesling, Tokay-Pinot gris.

XX **Le Sarment d'Or** 🍴 avec ch, 4 r. Cerf ℰ 03 89 47 92 85, Fax 03 89 47 99 23, « Maison
  du 17e siècle » – 📺 ☎. 🇬🇧. ✿ ch
  fermé 23 au 30 juin et 6 janv. au 12 fév. – **Repas** *(fermé dim. soir et lundi)* 110/290 ⅋, enf. 50
  – 🖙 48 – **10 ch** 290/450 – ½ P 340/420.

XX **La Table du Gourmet** (Brendel), 5 r. 1e Armée ℰ 03 89 47 98 77, Fax 03 89 49 04 56,
  ✿ « Cadre typiquement alsacien » – 🎫 🇬🇧. ✿
  fermé 19 janv. au 27 fév., merc. midi et mardi – **Repas** 160 (déj.), 199/380 et carte 280 à 380,
  enf. 80
  Spéc. Assiette du "gaveur" (printemps). Dos de sandre rôti à la sauge (été). Chevreuil des
  chasses d'Alsace (automne-hiver). **Vins** Riesling, Gewurztraminer.

à Zellenberg *Est : 1 km par D 1B – 343 h. alt. 300 – ✉ 68340 :*

Au Riesling, ✆ 03 89 47 85 85, Fax 03 89 47 92 08, ← – |♿| ☎ ♿ P. AE GB. ✗ ch
fermé janv., dim. soir et lundi – **Repas** 98/210 ♁, enf. 45 – ☕ 45 – **36 ch** 310/350 – ½ P 300/370.

XXX **Maximilien** (Eblin), ✆ 03 89 47 99 69, Fax 03 89 47 99 85, ← – P. AE GB
✿ *fermé dim. soir et lundi* – **Repas** 175 (déj.), 205/415 et carte 310 à 430
Spéc. Carpaccio de filet de boeuf parfumé aux cèpes et parmesan. Tronçon de turbot rôti à l'os. Pigeon et homard rôtis aux gousses d'ail en robe. **Vins** Tokay-Pinot gris, Pinot blanc.

RISCLE *32400 Gers* 82 ② *– 1 778 h alt. 105.*
Office de Tourisme ✆ 05 62 69 74 01, Mairie ✆ 05 62 69 70 10.
Paris 739 – Mont-de-Marsan 48 – Aire-sur-l'Adour 17 – Auch 71 – Pau 63 – Tarbes 54.

X **Relais du Pont d'Arcole** avec ch, rte Bordeaux ✆ 05 62 69 71 40, Fax 05 62 69 84 36, ☂, ☗ – P. GB
fermé 2 au 12 janv. et dim. soir – **Repas** 70/160 ♁ – ☕ 35 – **12 ch** 180/250.

à Termes-d'Armagnac *Nord-Est : 8,5 km par D 935 et D 3 – 190 h. alt. 146 – ✉ 32400.*
Voir ✱★ *du donjon,* G. Pyrénées Aquitaine.

Relais de la Tour, ✆ 05 62 69 22 77, Fax 05 62 69 23 99, ⛱, ☗ – ☎ ✆ P. GB
fermé fév., dim. soir et lundi – **Repas** 70/240 – ☕ 27 – **11 ch** 230/260 – ½ P 220/250.

CITROEN Gar. Coulom, rte de Bordeaux ✆ 05 62 69 70 08
PEUGEOT Gar. Laffargue, rte d'Aquitaine ✆ 05 62 69 72 61
RENAULT Auto Adour, rte de Tarbes ✆ 05 62 69 73 73

RISOUL *05600 H.-Alpes* 77 ⑱ *– 526 h alt. 1117.*
Env. *Belvédère de l'Homme de Pierre* ✱★★ *S : 15 km* G. Alpes du sud.
Paris 718 – Briançon 37 – Gap 61 – Guillestre 02 – St-Véran 34.

La Bonne Auberge, au village ✆ 04 92 45 02 40, Fax 04 92 45 13 12, ←, ⛱, ☗ – ▤ rest ☎ P. GB. ✗ rest
1er juin-20 sept. et 1er fév.-30 mars – **Repas** 90/115 – ☕ 28 – **25 ch** 300/310 – ½ P 265/270.

RISTOLAS *05460 H.-Alpes* 77 ⑲ *– 72 h alt. 1630.*
Paris 733 – Briançon 52 – Gap 96 – Guillestre 34.

Chalet de Ségure, ✆ 04 92 46 71 30, Fax 04 92 46 79 54, ←, ☂ – ☎ 🚗. GB
25 mai-25 sept. et 26 déc.-10 avril – **Repas** *(fermé lundi sauf le midi en juil.-août)* 70/140 ♁ – ☕ 30 – **10 ch** 250/260 – ½ P 260.

RIVA-BELLA *14 Calvados* 55 ② *– voir à Ouistreham-Riva-Bella.*

RIVE-DE-GIER *42800 Loire* 73 ⑲, 110 ㉛ *G. Vallée du Rhône – 15 623 h alt. 225.*
Paris 496 – Lyon 38 – St-Étienne 23 – Montbrison 64 – Roanne 107 – Thiers 130 – Vienne 25.

XXX **Host. La Renaissance** avec ch, 41 r. A. Marrel ✆ 04 77 75 04 31, Fax 04 77 83 68 58, ☂, ☗ – ☎ P. AE ⓓ GB
fermé dim. soir et lundi – **Repas** 99/375 et carte 290 à 500 – ☕ 65 – **6 ch** 220/400.

à Ste-Croix-en-Jarez *Sud-Est : 10 km par D 30 – 329 h. alt. 450 – ✉ 42800 :*

X **Le Prieuré** avec ch, ✆ 04 77 20 20 09, ☂ – TV ☎. AE ⓓ GB. ✗
fermé fév. – **Repas** *(fermé lundi)* 62/240, enf. 45 – ☕ 33 – **4 ch** 260/280 – ½ P 240.

PEUGEOT Gar. Boutin, 44 r. Cl.-Drivon ✆ 04 77 75 04 22 N ✆ 04 77 75 04 22

RIVEDOUX-PLAGE *17 Char.-Mar.* 71 ⑫ *– voir à Ré (Ile de).*

RIVESALTES *66600 Pyr.-Or.* 86 ⑨ ⑲ *G. Pyrénées Roussillon – 7 110 h alt. 13.*
Env. *Fort de Salses★★ N : 11 km.*
✈ *de Perpignan-Rivesaltes : ✆ 04 68 52 60 70 : 4 km.*
Office de Tourisme r. L.-Rollin ✆ 04 68 64 04 04, Fax 04 68 38 50 88.
Paris 858 – Perpignan 11 – Narbonne 57 – Quillan 68.

Alta Riba, av. Gare ✆ 04 68 64 01 17, Fax 04 68 64 60 91 – |♿| TV ☎ ♿ 🚗 P – 🏊 80. AE ⓓ GB
Repas 65/160 ♁, enf. 45 – ☕ 30 – **54 ch** 170/250 – ½ P 220/230.

CITROEN Gar. Galabert, av. Gambetta ✆ 04 68 64 07 67
RENAULT Gar. Sales, 68 bd Arago ✆ 04 68 64 15 73

La-RIVIÈRE-ST-SAUVEUR 14 Calvados 55 ④ – rattaché à Honfleur.

RIVIÈRE-SUR-TARN 12640 Aveyron 80 ④ – 757 h alt. 380.

Paris 648 – Mende 72 – Millau 14 – Rodez 65 – Sévérac-le-Château 29.

Le Clos d'Is, ℘ 05 65 59 81 40, Fax 05 65 59 84 03, 余, 每 – ☎ ७ ℙ, Æ GB
Repas (fermé dim. soir d'oct. à mars) 65 (déj.), 72/180 ♣ – ☲ 35 – **22 ch** 170/275 – ½ P 200/250.

RENAULT Gar. Vayssière, ℘ 05 65 59 80 05

La RIVIÈRE-THIBOUVILLE 27 Eure 55 ⑮ – alt. 72 – ✉ 27550 Nassandres.

Paris 140 – Rouen 49 – Bernay 15 – Évreux 35 – Lisieux 39 – Le Neubourg 15 – Pont-Audemer 34.

Soleil d'Or avec ch., ℘ 02 32 45 00 08, Fax 02 32 46 89 68, 余, 每 – ☎ ☎ ℙ, Æ GB
Repas (fermé merc. soir et dim. soir) 95/208 – ☲ 38 – **13 ch** 220/600 – ½ P 240/415.

PEUGEOT Gar. Chaise, N 13 à Nassandres ℘ 02 32 45 00 33 🅽 ℘ 02 32 45 00 33

ROANNE ◁🆂🅿▷ 42300 Loire 73 ⑦ G. Vallée du Rhône – 41 756 h alt. 265.

Env. Belvédère de Commelle-Vernay ⩽★ : 7 km au S par quai Sémard **BV.**

🛅 de Champlong à Villerest ℘ 04 77 69 70 60, par ③.

✈ Roanne-Renaison : ℘ 04 77 66 83 55, par D 9 **AV** : 5 km.

🚹 Office de Tourisme, cours République ℘ 04 77 71 51 77, Fax 04 77 70 96 62 – Automobile Club 24 r. Rabelais ℘ 04 77 71 31 67.

Paris 387 ④ – Bourges 199 ④ – Chalon-sur-Saône 134 ① – Clermont-Ferrand 118 ③ – Dijon 193 ① – Lyon 86 ② – Montluçon 142 ④ – St-Étienne 87 ② – Valence 186 ② – Vichy 69 ④.

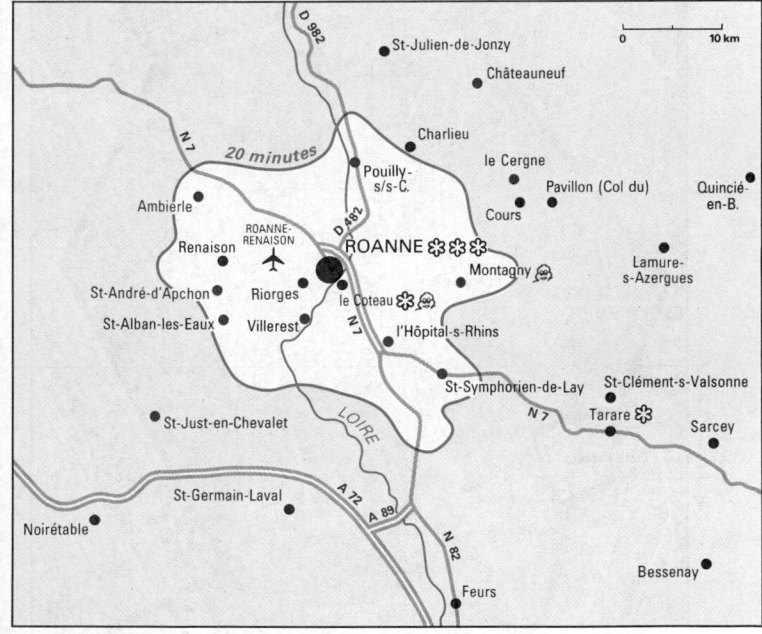

Troisgros 🅼, pl. Gare ℘ 04 77 71 66 97, Fax 04 77 70 39 77, « Élégant décor contemporain », 每 – ♿ 🗐 🆃🆅 ☎ ⟵. Æ ⓓ GB JCB   CX   r
fermé 29 juil. au 13 août, vacances de fév., mardi soir et merc. – **Repas** (nombre de couverts limité, prévenir) 300 (déj.), 600/730 et carte 530 à 850, enf. 140 – ☲ 110 – **16 ch** 700/1400, 3 appart
Spéc. Cassolette de queues d'écrevisses à la nage (juil. à déc.). Lièvre à la royale (oct.). Jarret de veau confit. **Vins** Bourgogne blanc, Saint-Joseph.

ROANNE

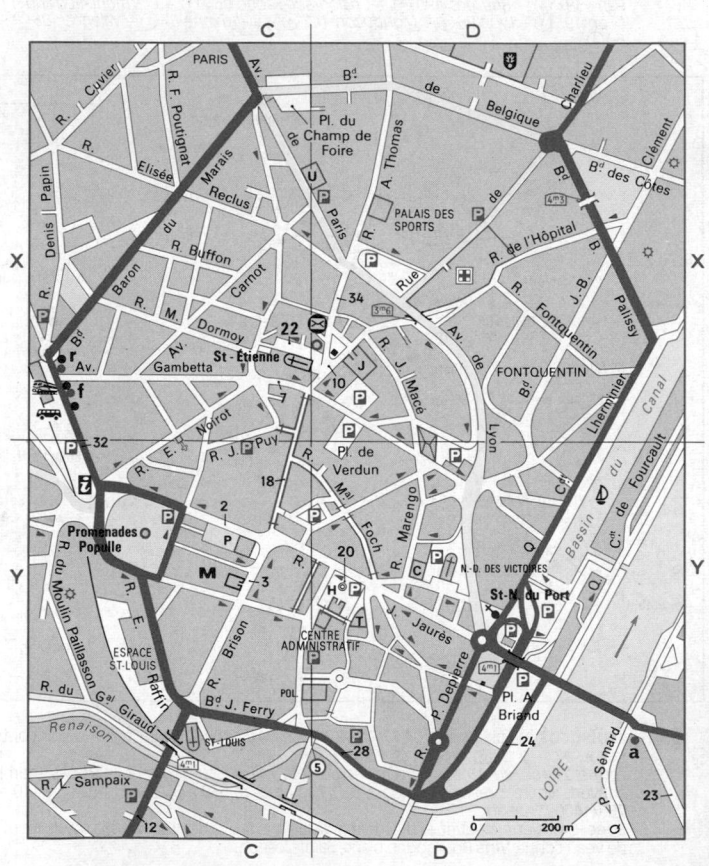

🏨🏨 **Grand Hôtel** sans rest, 18 cours République (face gare) ✆ 04 77 71 48 82, Fax 04 77 70 42 40 – 🔊 📺 ☎ ℃ 🅿 – 🔬 60. 🆎 ⓞ 🆚 🆓   CX f
fermé 1ᵉʳ au 18 août et 24 déc. au 5 janv. – ☞ 42 – **31 ch** 247/395.

🏨🏨 **Terminus** sans rest, 15 cours République (face gare) ✆ 04 77 71 79 69, Fax 04 77 72 90 26 – 🔊 📺 ☎ ℃ ☜.   CX f
☞ 35 – **55 ch** 210/270.

🏨 **Campanile**, 38 r. Mâtel ✆ 04 77 72 72 73, Fax 04 77 72 77 61, 😷 – ☜ 📺 ☎ ℃ 🕭 🅿 –
🔬 25. 🆎 ⓞ 🆚   BV n
Repas 84 bc/107 bc, enf. 39 – ☞ 32 – **47 ch** 278.

XXX **L'Astrée**, 17 bis cours République (face gare) ✆ 04 77 72 74 22, Fax 04 77 72 72 23 – 🍽.
ⓞ 🆚   CX f
fermé 30 avril au 11 mai, 3 au 17 août, sam. et dim. – **Repas** 105/350 et carte 180 à 350.

X **Central**, 20 cours République (face gare) ✆ 04 77 67 72 72, Fax 04 77 72 57 67, bistrot –
🍽. 🆚   CX r
fermé août, lundi midi et dim. – **Repas** 120/160 , dîner à la carte.

au Coteau *(rive droite de la Loire)* – 7 469 h. alt. 350 – ✉ 42120 Le Coteau :

🏨🏨 **Artaud**, 133 av. Libération ✆ 04 77 68 46 44, Fax 04 77 72 23 50 – 🍽 ch 📺 ☎ ☜ –
🔬 100. 🆎 🆚 🆓   BV e
fermé 27 juil. au 17 août – **Repas** *(fermé dim. sauf fériés)* 98/350 ⅃ – ☞ 36 – **25 ch** 250/400.

🏨 **Ibis**, 53 bd Ch. de Gaulle, ZI Le Coteau - **BV** ✆ 04 77 68 36 22, Fax 04 77 71 24 99, 😷, 🏊,
☜ 📺 ☎ ℃ 🕭 🅿 – 🔬 70. 🆎 ⓞ 🆚
Repas 110 bc/120 bc, enf. 40 – ☞ 36 – **67 ch** 295/310.

XXX **Aub. Costelloise** (Alex), 2 av. Libération ✆ 04 77 68 12 71, Fax 04 77 72 26 78 – 🍽. 🆎
🆚   DY a
fermé 12 août au 2 sept., 2 au 10 janv., dim. et lundi – **Repas** 125/355 et carte 240 à 370
Spéc. Homard à la nage de légumes. Pigeon rôti façon bécasse. Pain perdu au miel et aux pommes. **Vins** Côte Roannaise.

X **Ma Chaumière**, 3 r. St-Marc ✆ 04 77 67 25 93 – 🆚   BV s
fermé 28 juil. au 24 août, dim. soir et lundi – **Repas** 105/235.

X **Relais Fleuri**, quai P. Sémard ✆ 04 77 67 18 52, Fax 04 77 67 72 07, 😷 – 🆎 🆚
fermé 1ᵉʳ au 15 sept., dim. soir et lundi – **Repas** 115/250.   BV v

à Riorges *Ouest : 3 km par D 31* - **AV** – 9 868 h. alt. 295 – ✉ 42153 :

XXX **Le Marcassin** avec ch, rte St-Alban-les-Eaux ✆ 04 77 71 30 18, Fax 04 77 23 11 22, 😷 –
📺 🆚 🆚. ✖ ch
fermé 1ᵉʳ au 20 août et 15 au 28 fév. – **Repas** *(fermé dim.soir et sam.)* 105/295 et carte 180 à 260 – ☞ 30 – **9 ch** 230/280 – ½ P 215/245.

par ② rte de Lyon : 6 km – ✉ 42120 Roanne :

🏨 **Primevère** Ⓜ, N 7 ✆ 04 77 62 84 84, Fax 04 77 62 02 09, 😷 – ☜ 📺 ☎ 🕭 🅿 – 🔬 30. 🆎
ⓞ 🆚
Repas 81/104 ⅃ – ☞ 30 – **42 ch** 270.

à Villerest *par ③ : 6 km* – 4 104 h. alt. 363 – ✉ 42300 :

XX **Château de Champlong**, rte golf ✆ 04 77 69 69 69, Fax 04 77 69 71 08, 😷 , parc – 🅿.
🆎 🆚
fermé 15 au 30 nov., 15 au 31 janv., dim. soir et lundi – **Repas** 105/270.

FORD Gar. de la Poste, 14 r. R.-Salengro
✆ 04 77 44 51 51

VOLVO Gar. Gobelet, 54 av. Gambetta
✆ 04 77 72 30 22

Périphérie et environs

BMW Gar. Barberet, 36 bd Ch.-de-Gaulle, Le Coteau
BV ✆ 04 77 70 42 22
CITROEN Gar. Lagoutte, 212 av. de la Libération, Le Coteau BV ✆ 04 77 67 00 22 🆗 ✆ 06 09 36 77 33
MERCEDES SOGEMO, Port Aiguilly, D 482 à Vougy
✆ 04 77 44 48 88
NISSAN Sinoir Autom., 16 av. Ch.-de-Gaulle à Riorges ✆ 04 77 71 73 42
PEUGEOT S.A.G.G., 704 av. Ch.-de-Gaulle par ④ à Riorges ✆ 04 77 44 88 00 🆗 ✆ 06 07 08 25 75

RENAULT Gar. Lafay, 31 bd Ch.-de-Gaulle, Le Coteau ✆ 04 77 74 47 00 🆗 ✆ 08 00 05 15 15
VAG Gar. Route Bleue, 29 bd Etines ZI, Le Coteau ✆ 04 77 67 34 00

Ⓥ Comptoir du Pneu, 4 pl. Eglise, Le Coteau
✆ 04 77 67 05 15
Euromaster, 47 bd Ch.-de-Gaulle, ZI Le Coteau
✆ 04 77 70 04 44

ROCAMADOUR *46500 Lot* **75** ⑱ ⑲ *G. Périgord Quercy* **(plan)** *– 627 h alt. 279.*

Voir *Site*★★★ *– Remparts* ☀★★★ *– Tapisseries*★ *dans l'Hôtel de Ville – Vierge noire*★ *dans la chapelle Notre-Dame – Musée-trésor Francis-Poulenc*★ *– Féerie du rail : maquette*★.

🖪 *Office de Tourisme à la Mairie* ℘ *05 65 33 62 59.*

Paris 537 – Cahors 57 – Brive-la-Gaillarde 54 – Figeac 46 – Gourdon 36 – St-Céré 30 – Sarlat-la-Canéda 51.

🏛 **Beau Site** 🕭, ℘ 05 65 33 63 08, Fax 05 65 33 65 23, ≼, ☆ – 🛗 📺 ☎ 🅿 🅰🅴 ⓘ ⅭⒷ ⒿⒸⒷ
11 fév.-12 nov. – **Repas** 98/290, enf. 49 – ⌑ 47 – **42 ch** 300/480 – ½ P 375.

🏛 **du Château** 🕭, rte du Château : 1,5 km ℘ 05 65 33 62 22, Fax 05 65 33 69 00, ☆, 🏊,
🅰 ⚭, ⚭ – 🍽 rest 📺 ☎ ⅙ 🅿 – 🛗 60. 🅰🅴 ⒼⒷ
28 mars-12 nov. – **Repas** 72/280, enf. 48 – ⌑ 45 – **60 ch** 320/430 – ½ P 315/375.

Annexe Relais Amadourien 🏨 🕭 sans rest, – 📺 ☎ 🅿 🅰🅴 ⒼⒷ
⌑ 35 – **24 ch** 250/280.

🏛 **Terminus des Pélerins** 🕭, ℘ 05 65 33 62 14, Fax 05 65 33 72 10, ≼, ☆ – 📺 ☎ 🅰🅴
ⓘ ⒼⒷ
29 mars-2 nov. – **Repas** 68/240 ⅛, enf. 47 – ⌑ 35 – **12 ch** 200/320 – ½ P 252/290.

🏛 **Comp'Hostel** sans rest, à l'Hospitalet ℘ 05 65 33 73 50, Fax 05 65 33 69 60, 🏊 – 📺 ☎ ⅙
🅿 ⒼⒷ
28 mars-30 sept. – ⌑ 33 – **15 ch** 250.

🏛 **Belvédère**, à l'Hospitalet ℘ 05 65 33 63 25, Fax 05 65 33 69 25, ≼ site de Rocamadour,
☆ – 📺 ☎ 🅿 🅰🅴 ⒼⒷ
27 mars-2 nov. – **Repas** 65/250 ⅛, enf. 48 – ⌑ 35 – **19 ch** 240/350 – ½ P 285/355.

🏛 **Panoramic,** à l'Hospitalet ℘ 05 65 33 63 06, Fax 05 65 33 69 26, ≼, ☆, 🏊, 🅰 – 📺 ☎ 🅿.
🅰🅴 ⓘ ⒼⒷ
15 fév.-11 nov. – **Repas** 71/240 ⅛, enf. 48 – ⌑ 37 – **20 ch** 240/300 – ½ P 249/275.

🏛 **Lion d'Or** 🕭, ℘ 05 65 33 62 04, Fax 05 65 33 72 54, ≼ – 🛗 ☎. ⒼⒷ
29 mars-3 nov. – **Repas** 60/250, enf. 42 – ⌑ 34 – **35 ch** 210/260 – ½ P 240/260.

🏛 **Sainte-Marie** 🕭, ℘ 05 65 33 63 07, Fax 05 65 33 69 08, ≼, ☆ – ☎. ⒼⒷ
30 mars-19 oct. – **Repas** 72/270 bc, enf. 42 – ⌑ 36 – **22 ch** 195/280 – ½ P 250.

rte de Brive *2,5 km par D 673 – ⊠ 46500 Rocamadour :*

🏛 **Troubadour** 🕭, ℘ 05 65 33 70 27, Fax 05 65 33 71 99, ≼, ☆, 🏊, 🅰 – 🍽 rest 📺 ☎ 🅿.
ⒼⒷ. ⚭ rest
15 fév.-11 nov. – **Repas** (dîner seul.)(résidents seul.) 110/150, enf. 50 – ⌑ 45 – **10 ch**
280/380 – ½ P 310/380.

rte de Payrac *4 km par D 673 et rte secondaire – ⊠ 46500 Rocamadour :*

🏨 **Les Vieilles Tours** 🕭, ℘ 05 65 33 68 01, Fax 05 65 33 68 59, ≼, ☆, parc, 🏊 – 📺 ☎ 🅿.
ⒼⒷ. ⚭ rest
22 mars-12 nov. – **Repas** (fermé le midi sauf dim. et fêtes) 115/320, enf. 56 – ⌑ 51 – **18 ch**
210/460 – ½ P 310/440.

à la Rhue *rte de Brive : 6 km par D 673, N 140 et rte secondaire – ⊠ 46500 Rocamadour :*

🏨 **Domaine de la Rhue** Ⓜ 🕭 sans rest, ℘ 05 65 33 71 50, Fax 05 65 33 72 48, ≼, « Anciennes écuries élégamment aménagées », 🏊, 🅰 – ☎ 🅿. ⒼⒷ
28 mars-19 oct. – ⌑ 44 – **12 ch** 370/570.

La ROCHE-BERNARD *56130 Morbihan* **63** ⑭ *G. Bretagne – 766 h alt. 38.*

Voir *Pont*★.

🏌 de la Bretesche ℘ 02 40 88 30 03, SE : 11 km.

🖪 *Office de Tourisme pl. du Pilori* ℘ *02 99 90 67 98, Fax 02 99 90 88 28.*

Paris 447 – Nantes 74 – Ploërmel 56 – Redon 27 – St-Nazaire 39 – Vannes 41.

🏨 **Manoir du Rodoir** Ⓜ, rte Nantes ℘ 02 99 90 82 68, Fax 02 99 90 76 22, ☆, parc – 📺
☎ 🅿 – 🛗 80. 🅰🅴 ⒼⒷ
Repas (fermé lundi soir et mardi) 95 (déj.), 120/235, enf. 60 – ⌑ 52 – **24 ch** 380/490 –
½ P 485.

🏨 **Deux Magots,** pl. Bouffay ℘ 02 99 90 60 75, Fax 02 99 90 87 87 – 📺 ☎ ✆. ⒼⒷ. ⚭
fermé 20 déc. au 15 janv., dim. soir du 15 sept. au 30 juin et lundi (sauf hôtel du 1er juil. au
15 sept.) – **Repas** 80/320, enf. 50 – ⌑ 32 – **15 ch** 280/480.

🏛 **Le Colibri** Ⓜ sans rest, r. Four ℘ 02 99 90 66 01, Fax 02 99 90 75 94 – 📺 ☎ ✆ ⅙ 🅿. ⒼⒷ.
⚭
⌑ 32 – **11 ch** 240/400.

🏛 **Bretagne** sans rest, ℘ 02 99 90 60 65 – ☎ 🅿. ⚭
Pâques-1er nov. et fermé sam. – ⌑ 31 – **13 ch** 270/320.

XXXX 🏵🏵 **Aub. Bretonne** (Thorel) Ⓜ avec ch, pl. Duguesclin 𝒫 02 99 90 60 28, Fax 02 99 90 85 00, « Bel aménagement intérieur » – 🔊 📺 ☎ ✆ ₲, ⟵. ⅭⅭ GB
fermé 13 nov. au 4 déc. et 5 au 19 janv. – **Repas** *(fermé vend. midi et jeudi)* 210/600 et carte 430 à 600 – ⊡ 80 – **8 ch** 500/1400 – ½ P 830/1280
Spéc. Homard rôti au citron et au poivre. Lard aux châtaignes et aux truffes en cocotte lutée (oct. à avril). Fruit de saison rôti, ''kouign aman'', crème glacée à la vanille.

XX ⇔ **Aub. Rochoise** avec ch, r. Nantes 𝒫 02 99 90 77 37, Fax 02 99 90 92 44, 🏤 – 📺 ☎ ⟵.
ⅭⅭ GB
fermé fév. – **Repas** *(fermé lundi soir et mardi)* 55 (déj.), 78/198 – ⊡ 40 – **5 ch** 210/250 – ½ P 215.

rte de Redon : *6 km par D 34 et rte secondaire* – ✉ 56130 La Roche-Bernard :

🏨 **Domaine de Bodeuc** Ⓜ ⑤, 𝒫 02 99 90 89 63, Fax 02 99 90 90 32, ≤, parc, ⚊ – 🔊 📺 ☎ P. ⅭⅭ GB. ⿻ rest
fermé mars – **Repas** *(dîner seul.)(résidents seul.)* 170 – ⊡ 45 – **8 ch** 500/550 – ½ P 445.

PEUGEOT Gar. Manche Ocean, à Marzan 𝒫 02 99 90 76 47   RENAULT Gar. Priour, ZA des Métairies, rte de St-Dolay 𝒫 02 99 90 71 90 🅽 𝒫 02 99 90 72 92

La ROCHE-CANILLAC 19320 Corrèze 🎟⑩ – 186 h alt. 460.
Paris 505 – *Brive-la-Gaillarde* 49 – Argentat 16 – Aurillac 72 – Mauriac 56 – St-Céré 58 – Tulle 26 – Ussel 61.

🏨 **Aub. Limousine,** 𝒫 05 55 29 12 06, Fax 05 55 29 27 03, 🏤, ⚊ – ☎ P. GB
1ᵉʳ mai-30 sept. – **Repas** 90/200, enf. 50 – ⊡ 32 – **26 ch** 210/299 – ½ P 270.

La ROCHE-CHALAIS 24490 Dordogne 🎟③ – 2 860 h alt. 60.
Paris 514 – Bergerac 63 – Blaye 64 – Bordeaux 65 – Périgueux 69.

🏨 **Soleil d'Or** Ⓜ, 14 r. Apre Côte 𝒫 05 53 90 86 71, Fax 05 53 90 28 21, 🏤 – ⟵ 📺 ☎ ₲ P. GB – **Repas** 90 (déj.), 130/240 ⑧, enf. 55 – ⊡ 37 – **15 ch** 275/350 – ½ P 225/275.

ROCHECORBON 37 I.-et-L. 🎟⑮ – *rattaché à Tours.*

ROCHEFORT ⬡ 17300 Char.-Mar. 🎟⑬ *G. Poitou Vendée Charentes* – 25 561 h alt. 12 – Stat. therm. (10 fév.-mi déc.).
Voir Corderie royale★★ BY – Maison de Loti★ BZ B – Musée d'Art et d'Histoire★ BZ M¹ – Les Métiers de Mercure★ (musée) BZ D – Echillais : façade★ de l'église 4,5 km par ③.
Env. Croix hosannière★ de Moëze SO : 12 km.
Accès Pont de Martrou. Péage : auto 25 F (AR 40 F), voiture et caravane 45 F (AR 70 F).
Renseignements : Régie d'Exploitation des Ponts 𝒫 05 46 83 01 01, Fax 05 46 83 05 54.
🅱 Office de Tourisme av. Sadi-Carnot 𝒫 05 46 99 08 60, Fax 05 46 99 52 64.
Paris 469① – La Rochelle 39⑤ – Royan 40③ – Limoges 195② – Niort 62① – Saintes 45⑤.
Plan page suivante

🏨 **La Corderie Royale** Ⓜ ⑤, r. Audebert (près Corderie Royale) 𝒫 05 46 99 35 35, Fax 05 46 99 78 72, ≤, 🏤, « Ancienne artillerie royale au bord de la Charente », 𝟦, ⚊, 🏤 – 🔊 📺 ▤ rest 📺 ☎ ₲ P. – 🎱 40 à 120. ⅭⅭ ⓪ GB 🇯🇨🇧   BY h
fermé lundi (sauf hôtel) et dim. soir du 15 oct. à Pâques – **Repas** 100 (déj.), 140/195, enf. 80 – ⊡ 50 – **50 ch** 485/800, 3 appart – ½ P 475.

🏨 ⇔ **Les Remparts** Ⓜ, aux Thermes 𝒫 05 46 87 12 44, Fax 05 46 83 92 62 – 🔊 📺 ☎ ₲ – 🎱 70. ⅭⅭ ⓪ GB   BY s
Repas 70/95 ⑧, enf. 36 – ⊡ 35 – **73 ch** 310 – ½ P 295.

🏨 ⇔ **Le Paris,** 27 av. La Fayette 𝒫 05 46 99 33 11, Fax 05 46 99 77 34 – 🔊 ✢ ▤ rest 📺 ☎ – 🎱 40. GB   BZ d
fermé 22 déc. au 15 janv., vend. soir du 1ᵉʳ oct. au 1ᵉʳ mai et dim. – **Repas** 75/190 ⑧, enf. 55 – ⊡ 35 – **38 ch** 235/330 – ½ P 280/290.

🏨 **Roca-Fortis** sans rest, 14 r. République 𝒫 05 46 99 26 32, Fax 05 46 87 49 48, 🏤 – 📺 ☎. GB – ⊡ 34 – **16 ch** 220/275.   BY v

🏨 **Ibis** Ⓜ, 1 r. Bégon 𝒫 05 46 99 31 31, Fax 05 46 87 24 09 – 🔊 ✢ 📺 ☎ ✆ ₲ P. ⅭⅭ ⓪ GB. ⿻ rest – **Repas** 95 – ⊡ 35 – **44 ch** 300.   BY n

XXX **Escale de Bougainville,** port de plaisance 𝒫 05 46 99 54 99, Fax 05 46 99 54 99, ≤, – ▤. GB   BY k
fermé dim. soir et lundi – **Repas** 105/210 et carte 250 à 340.

XX **Tourne-Broche,** 56 av. Ch. de Gaulle 𝒫 05 46 99 20 19, Fax 05 46 99 72 06 – ⅭⅭ GB   BZ e
fermé 5 au 25 janv., dim. soir et lundi – **Repas** 100/200.

XX ⇔ **Bruno Berton,** 76 r. Grimaux 𝒫 05 46 83 95 12 – GB. ⿻   BZ a
fermé 7 au 14 juil., 25 août au 1ᵉʳ sept., dim. et lundi – **Repas** (nombre de couverts limité, prévenir) 120/185.

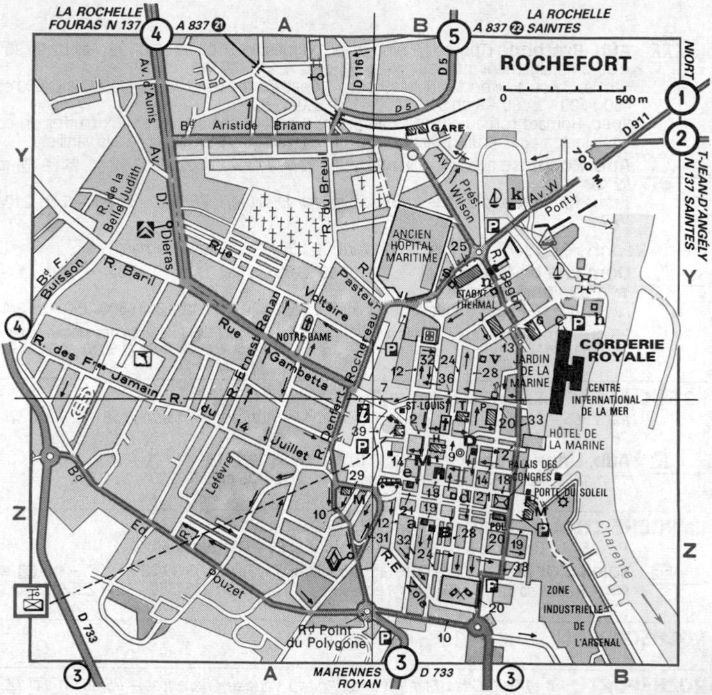

Audry-de-Puyravault (R.) . . . . BZ 2
Gambetta (R.) . . . . AY
Gaulle (Av. Ch. de) . . . . . BZ 18
La-Fayette (Av.) . . . . BZ 21
République (R. de la) . BYZ 28

Carnot (Av. Sadi) . . . . . . BY 7
Colbert (Pl.) . . . . BZ 9
Déportés et Fusillés (Av. des) . . . . ABZ 10
Dr-Peltier (R. du) . . . . . BYZ 12
Dr-Pujos (R. du) . . . . BY 13
Duvivier (R.) . . . . BZ 14
Grimaux (R.) . . . . BZ 19
Jaurès (R. Jean) . . . . BZ 20
Loti (R. Pierre) . . . . BYZ 24
Pelletan (Av. Camille) . . BY 25
Rochambeau (Av.) . . . . . . AZ 29
Roux (R. Auguste) . . . . ABZ 31
Thiers (R.) . . . . BYZ 32
Toufaire (R.) . . . . BZ 33
Victor-Hugo (R.) . . . . BY 36
3e-R.I.C. (Av. du) . . . . . . BZ 39

par ③ *: 3 km rte de Royan avant pont de Martrou –* ✉ *17300 Rochefort :*

La Belle Poule, ℘ 05 46 99 71 87, Fax 05 46 83 99 77, ☂, ♣ – TV ☎ P. AE ⓓ GB
fermé dim. soir hors sais. – **Repas** 90/172, enf. 45 – ☕ 32 – **20 ch** 260/290 – 1/2 P 270.

CITROEN Rochefort Autom., 46-48 av. Dr Dieras ℘ 05 46 87 41 55
FORD Gar. Zanker, 76 r. Gambetta ℘ 05 46 82 17 50
PEUGEOT S.O.C.A.R., 58 av. 11 Novembre par ③ ℘ 05 46 99 02 76 N ℘ 05 46 99 24 24
RENAULT Gar. Peyronnet, av. Fusillés et Déportés ℘ 05 46 87 36 20 N ℘ 06 07 53 78 10

Euromaster, ZC de la Fraternité à Tonnay-Charente ℘ 05 46 99 01 13

ROCHEFORT-EN-TERRE *56220 Morbihan* 63 ④ *G. Bretagne – 645 h alt. 40.*
Voir *Site★ – Maisons anciennes★.*
Office de Tourisme - Mairie ℘ 02 97 43 33 57.
Paris 425 – Ploërmel 35 – Redon 25 – Rennes 82 – La Roche-Bernard 26 – Vannes 35.

Host. Lion d'Or, ℘ 02 97 43 32 80, Fax 02 97 43 30 12, « Maison du 16e siècle » – GB
fermé 20 au 30 janv., mardi soir hors sais. et lundi soir – **Repas** 88/300, enf. 60.

ROCHEFORT-EN-YVELINES *78730 Yvelines* 60 ⑨, 106 ㊶ *G. Ile de France – 783 h alt. 140.*
Voir *Site★ – Vaisseau★ de l'église de St-Arnoult-en-Yvelines SO : 3,5 km.*
Paris 50 – Chartres 42 – Dourdan 9 – Étampes 26 – Rambouillet 16 – Versailles 34.

La Brazoucade, 51 r. Guy le Rouge ℘ 01 30 41 49 09, Fax 01 30 88 41 55 – ▤ P. AE GB
fermé 15 au 31 août, vacances de fév., mardi soir et merc. – **Repas** 145/210.

L'Escu de Rohan, 15 r. Guy le Rouge ℘ 01 30 41 31 33 – GB
fermé dim. soir et lundi sauf fériés – **Repas** 120/250.

ROCHEFORT-SUR-NENON 39 Jura 66 ⑭ – rattaché à Dôle.

La ROCHEFOUCAULD 16110 Charente 72 ⑭ G. Poitou Vendée Charentes **(plan)** – 3 448 h alt. 75.

Voir Château★.

🛈 Office de Tourisme Halle aux Grains pl. Gourville ℘ 05 45 63 07 45.

Paris 444 – Angoulême 22 – Confolens 43 – Limoges 82 – Nontron 37 – Ruffec 40.

🏠 **Aubérivières,** rte Mansle ℘ 05 45 63 10 10, Fax 05 45 63 02 60 – ▥ ☎ ❤ 🅿. 🖭 ❸
🐾 ❤ ch
fermé 1er au 15 août et dim. – **Repas** 67/164 ⅃ – ⌒ 32 – **10 ch** 195/250 – ½ P 180/192.

CITROEN Bordron Chabernaud, ℘ 05 45 62 01 41   RENAULT Gar. Cyclope, ℘ 05 45 63 03 91 Ⓝ
℘ 05 45 63 94 95

ROCHEGUDE 26790 Drôme 81 ② – 1 053 h alt. 121.

Paris 644 – Avignon 47 – Bollène 8 – Carpentras 34 – Nyons 31 – Orange 16 – Vaison-la-Romaine 24.

🏯 **Château de Rochegude** ⅍, ℘ 04 75 97 21 10, Fax 04 75 04 89 87, ✳, 🍽, parc, 🏊,
🍴 – 🛗 🗏 ▥ ☎ 🅿. 🖭 ❶ ❸ ❿
fermé mi-janv. à mi-mars, mardi midi et lundi hors sais. – **Repas** 200 (déj.), 220/490 – ⌒ 95 –
25 ch 650/1500, 4 appart.

La ROCHE-L'ABEILLE 87 H.-Vienne 72 ⑰ – rattaché à St-Yrieix-la-Perche.

ROCHE-LEZ-BEAUPRÉ 25 Doubs 66 ⑮ – rattaché à Besançon.

La ROCHELLE Ⓟ 17000 Char.-Mar. 71 ⑫ G. Poitou Vendée Charentes – 71 094 h Agglo.
100 264 h alt. 1 – Casino X.

Voir Vieux Port★★ : tour St-Nicolas★, ⁂★★ de la tour de la Lanterne★, plan-relief★ dans la
tour de la Chaîne – Le quartier ancien★★ : Hôtel de Ville★ Z H, Hôtel de la Bourse★ Z C,
Porte de la Grosse Horloge★ Z F – Port des Minimes : aquarium★ X – Parc Charruyer★ Y –
Musées : Muséum d'Histoire naturelle★★ Y M¹, Nouveau Monde★ Y M², Beaux-Arts★ Y M³,
d'Orbigny-Bernon★ (histoire rochelaise et céramique) Y M⁴.

🏌 de la Prée ℘ 05 46 01 24 42, par D 104 : 11 km V.

Accès par le Pont de l'île de Ré par ④. **Péage** en 1996 : auto (AR) 110 F (saison) 60 F (hors
saison), camion 120 à 300 F, moto 20 F, gratuit pour piétons et vélos.

Renseignements par Régie d'Exploitation des Ponts : ℘ 05 46 00 51 10, Fax 05 46 43 04 71.

🛫 de la Rochelle-Laleu : T.A.T. ℘ 05 46 42 18 27, NO : 4,5 km V.

🛈 Office de Tourisme et Accueil de France quartier du Gabut, pl. de la Petite Sirène ℘ 05 46
41 14 68, Fax 05 46 41 99 85.

Paris 472 ① – Angoulême 144 ② – Bordeaux 185 ③ – Nantes 134 ① – Niort 64 ①.

Plans pages suivantes

🏨 **Novotel** Ⓜ ⅍, av. Porte Neuve ℘ 05 46 34 24 24, Fax 05 46 34 58 32, 🍽, 🍴 – 🛗 ✻ 🗏
▥ ☎ & 🅿 – 🔏 130. 🖭 ❶ ❸   Y t
Repas 100/120 ⅃, enf. 50 – ⌒ 55 – **94 ch** 500/650.

🏨 **France-Angleterre et Champlain** sans rest, 20 r. Rambaud ℘ 05 46 41 23 99,
Fax 05 46 41 15 19, « Ancien hôtel particulier avec agréable jardin » – 🛗 ▥ ☎ – 🔏 40. 🖭
❶ ❸   Y b
⌒ 45 – **36 ch** 315/535, 4 appart.

🏨 **Les Brises** ⅍ sans rest, chemin digue Richelieu (av. P. Vincent) ℘ 05 46 43 89 37,
Fax 05 46 43 27 97, « Terrasse en bordure de mer et ⩽ les îles » – 🛗 ▥ ☎ ⇔ 🅿. 🖭 ❸
⌒ 50 – **50 ch** 410/630.   X q

🏨 **Monnaie** Ⓜ ⅍ sans rest, 3 r. Monnaie ℘ 05 46 50 65 65, Fax 05 46 50 63 19 – 🛗 ▥ ☎
⇔ 🅿 – 🔏 25. 🖭 ❶ ❸   Z z
⌒ 55 – **31 ch** 450/580, 4 appart.

🏨 **L'Océanide** Ⓜ, quai L. Prunier ℘ 05 46 50 61 50, Fax 05 46 41 24 31, ⩽ – 🛗 ✻ ▥ ☎ ❤
& 🅿 – 🔏 400. 🖭 ❶ ❸   Z e
Repas (fermé dim. du 15 nov. au 15 mars) 115/125 ⅃, enf. 46 – ⌒ 52 – **123 ch** 450/540 –
½ P 380.

🏨 **Mercure et rest. Le Yachtman,** 23 quai Valin ℘ 05 46 41 20 68, Fax 05 46 41 81 24,
🍽, 🍴 – 🛗 ✻ 🗏 rest ▥ ☎ – 🔏 80. 🖭 ❶ ❸   Z r
Repas (fermé 24 au 30 déc., dim. soir et lundi d'oct à avril) 98/300, enf. 50 – ⌒ 50 – **44 ch**
480/540.

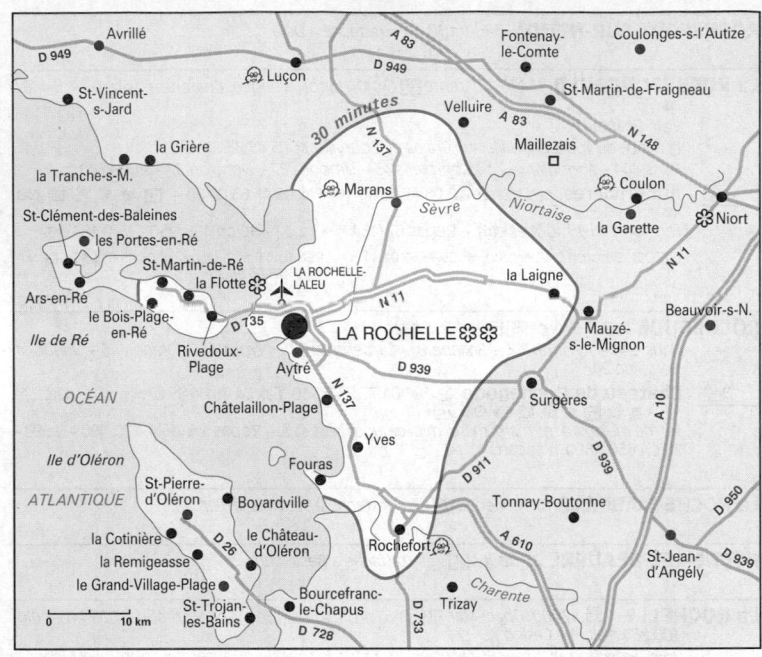

🏠🏠 **Trianon et Plage,** 6 r. Monnaie ✆ 05 46 41 21 35, Fax 05 46 41 95 78 – 📺 ☎ 🅿. 🅰🅴 ⓞ
🆖, 🧹 rest   **Z b**
fermé 22 déc. au 1ᵉʳ fév., sam. midi et dim. du 15 oct. au 15 mars – **Repas** 95/188, enf. 62 –
🍽 42 – **25 ch** 350/440 – ½ P 360/405.

🏠🏠 **St-Jean d'Acre et rest. Au Vieux Port** Ⓜ, 4 pl. Chaîne ✆ 05 46 41 73 33,
🦀   Fax 05 46 41 10 01, �🌂 – 🛗 📺 ☎ – 🔬 25. 🅰🅴 ⓞ 🆖   **Z f**
Repas 82/300, enf. 56 – 🍽 50 – **70 ch** 360/650 – ½ P 435/485.

🏠🏠 **St-Nicolas** Ⓜ sans rest, 13 r. Sardinerie ✆ 05 46 41 71 55, Fax 05 46 41 70 46 – 🛗 📺 ☎ 📞
  🕙 🅿 – 🔬 25. 🅰🅴 ⓞ 🆖   **Z d**
🍽 48 – **79 ch** 380/415.

🏠 **Aliénor** sans rest, 51 r. Perigny ✆ 05 46 27 31 31, Fax 05 46 27 09 34, 🛋, 🖼 – 🛗 📺 ☎ 📞
  🅿. 🅰🅴 🆖   **V s**
fermé 12 déc. au 11 janv. – 🍽 37 – **40 ch** 320/350.

🏠 **Ibis Grosse Horloge** sans rest, 4 r. L. Vieljeux ✆ 05 46 50 68 68, Fax 05 46 41 34 94 – 🛗
  🍴 📺 ☎ 🕙. 🅰🅴 ⓞ 🆖   **Z v**
🍽 36 – **77 ch** 310/395.

🏠 **Ibis Vieux Port,** pl. Cdt de la Motte Rouge ✆ 05 46 41 60 22, Fax 05 46 41 93 47 – 🛗 🍴
  📺 ☎ 📞 🕙 – 🔬 25. 🅰🅴 ⓞ 🆖   **Z n**
Repas 95, enf. 39 – 🍽 36 – **76 ch** 360/395.

🏠 **Le Manoir** sans rest, 8 bis av. Gén. Leclerc ✆ 05 46 67 47 47, Fax 05 46 67 38 92 – 📺 ☎ 📞
  🅿 🆖   **V e**
🍽 35 – **18 ch** 350/520.

🏠 **Majestic** sans rest, 6 av. Coligny ✆ 05 46 34 10 23 – ☎. 🆖   **X n**
fermé janv. – 🍽 35 – **14 ch** 280/350.

🏠 **Terminus** sans rest, 11 pl. Cdt de la Motte Rouge ✆ 05 46 50 69 69, Fax 05 46 41 73 12 –
  📺 ☎ 🅿 – 🔬 25. 🆖   **Z x**
🍽 37 – **30 ch** 290/350.

🏠 **Tour de Nesle** sans rest, 2 quai L. Durand ✆ 05 46 41 05 86, Fax 05 46 41 95 17, ≤ – 🛗 📺
  ☎. 🅰🅴 ⓞ 🆖   **Z u**
🍽 36 – **28 ch** 260/420.

LA ROCHELLE

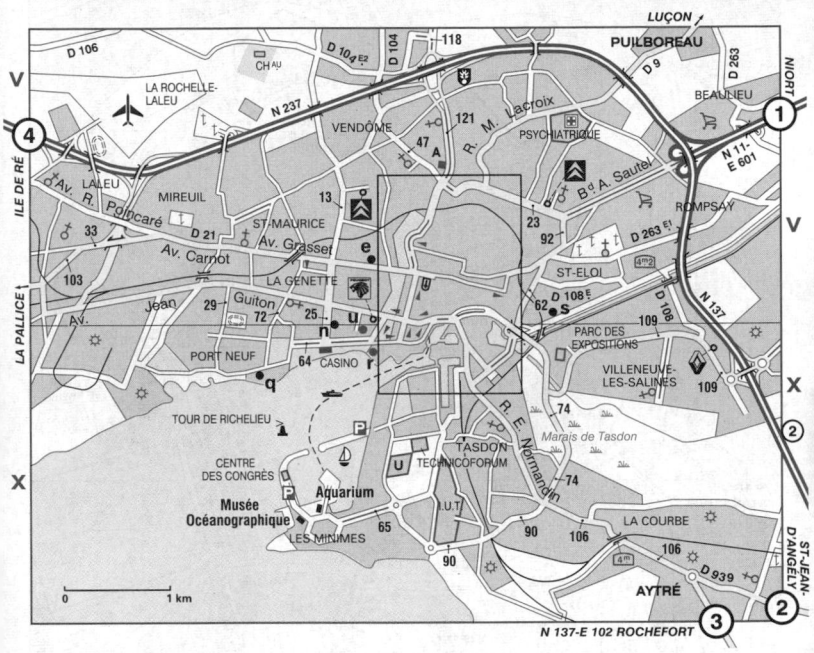

XXXX
🏵🏵
Richard Coutanceau, plage de la Concurrence ✆ 05 46 41 48 19, Fax 05 46 41 99 45, ⇐ – 🍽. 🖭 ⓞ ☷   **X** r
fermé dim. – **Repas** 210/420 et carte 330 à 480
Spéc. Salade de langoustines rôties aux cocos tièdes (avril à nov.). Matelote d'anguille et pétale de lard à l'étuvée de jeunes poireaux. Homard breton rôti à la coque, petits légumes croquants (mars à nov.). **Vins** Mareuil, Haut-Poitou.

XXX
🏵
La Marmite (Marzin), 14 r. St-Jean du Pérot ✆ 05 46 41 17 03, Fax 05 46 41 43 15 – 🍽. 🖭 ⓞ ☷   **Z** a
fermé merc. hors sais. – **Repas** 200/400 et carte 270 à 420
Spéc. Ragoût fin de coquillages et crustacés. Blanc de turbot rôti aux coquillages et riz sauvage. Morue fraîche à la purée d'ail et jus de viande. **Vins** Haut-Poitou, Fiefs Vendéens.

XX
Serge, 46 cours des Dames ✆ 05 46 41 18 80, Fax 05 46 41 95 76, 😋 – 🖭 ⓞ ☷ 🃏   **Z** s
Repas - produits de la mer - 148/340.

XX
Bistrot de l'Entracte, 22 r. St-Jean du Pérot ✆ 05 46 50 62 60, Fax 05 46 41 99 45 – 🍽. ☷   **Z** a
fermé dim. – **Repas** 145.

XX
Toque Blanche, 39 r. St-Jean du Pérot ✆ 05 46 41 60 55, Fax 05 46 50 51 08 – 🍽. 🖭 ☷
fermé dim. soir du 15 oct. au 1ᵉʳ mars – **Repas** 110/225.   **Z** q

XX
☷
Les 4 Sergents, 49 r. St-Jean du Pérot ✆ 05 46 41 35 80, Fax 05 46 41 95 64, décor de jardin d'hiver – 🍽. 🖭 ⓞ ☷ – **Repas** 82/180 🍷, enf. 39.   **Z** q
fermé dim. soir et lundi – **Repas** 82/180 🍷, enf. 39.

XX
Le Claridge, 1 r. Admyrauld ✆ 05 46 50 64 19 – 🖭 ☷   **Y** v
fermé 18 au 31 août, lundi soir et dim. – **Repas** 98/160 🍷.

XX
☷
La Galathée, 45 r. St-Jean du Pérot ✆ 05 46 41 17 06, Fax 05 46 41 17 06 – ☷   **Z** q
fermé vacances de fév., mardi soir sauf juil.-août et merc. – **Repas** 80/170, enf. 45.

X
☷
Parc, 38 r. Th. Renaudot ✆ 05 46 34 15 58 – ☷   **VX** u
fermé lundi soir et dim. – **Repas** 75/200 🍷, enf. 45.

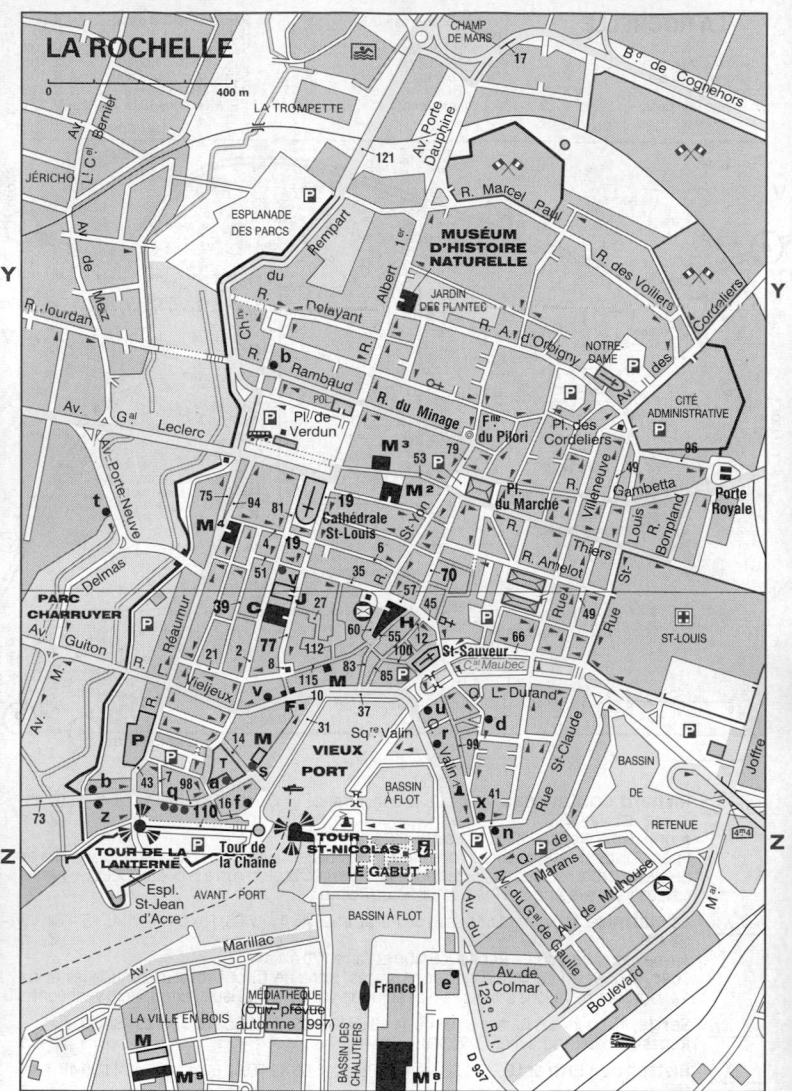

LA ROCHELLE

à Aytré *par ③ : 5 km – 7 786 h. –* ✉ *17440 :*

XXX **La Maison des Mouettes,** bd Plage ℰ 05 46 44 29 12, Fax 05 46 34 66 01, ≤, 斎 , 雷 –
🍴 ℙ. 🖭 ⓞ ◑ ⅏ 📇
fermé lundi sauf juil.-août et fériés – **Repas** 129/298 et carte 230 à 410.

au Pont de l'Ile de Ré *par ④ : 7 km –* ✉ *17000 La Rochelle :*

X **Bistrot du Belvédère,** ℰ 05 46 42 62 62, ≤, 斎 – 🖭 ⓞ ◑
fermé lundi soir, mardi soir et merc. soir du 15 oct. au 15 avril – **Repas** 68 (déj.), 98/260,
enf. 48.

BMW Gar. Cormier, ZAC de Beaulieu-La Rochelle à
Puilboreau ℰ 05 46 27 34 36 ℕ ℰ 05 46 67 16 16
CITROEN S.O.R.D.A., 99 bd de Cognehors
ℰ 05 46 27 19 68 ℕ ℰ 06 07 23 52 21
CITROEN Gar. Bretonnier, 8 r. Trompette V
ℰ 05 46 34 79 79
FORD Porte Dauphine Autom., 2 à 12 av. Porte
Dauphine ℰ 05 46 67 51 11
MERCEDES S.A.V.I.A., Ctre cial de Beaulieu à
Puilboreau ℰ 05 46 67 54 22 ℕ ℰ 08 00 24 24 30
PEUGEOT Gar. Lara, 1 av. Guiton ℰ 05 46 34 65 65
ℕ ℰ 06 09 25 22 48

RENAULT La Rochelle Autom., av. J.-P.-Sartre
ℰ 05 46 44 01 00 ℕ ℰ 06 07 54 64 27
ROVER L.G.A, ZAC Beaulieu à Puilboreau
ℰ 05 46 67 45 45 ℕ ℰ 05 46 67 56 26

⑩ Euromaster, 9 r. St-Louis ℰ 05 46 41 13 20
Euromaster, 153 bd A.-Sautel ℰ 05 46 34 85 71
Euromaster, N 137 à Angoulins
ℰ 05 46 56 80 94
Vulco, 1 r. de Québec ℰ 05 46 43 52 40

La ROCHE-POSAY *86270 Vienne*🟦🟦 ⑤ *G. Poitou Vendée Charentes – 1 444 h alt. 112 – Stat.
therm. – Casino .*

🟫 *du Connétable* ℰ 05 49 86 25 10.
🅱 *Office de Tourisme, 14 bd Victor Hugo* ℰ 05 49 19 13 00, Fax 05 49 86 27 94.
*Paris 316 – Poitiers 61 – Le Blanc 29 – Châteauroux 78 – Châtellerault 23 – Loches 50 –
Tours 83.*

🏨 **St-Roch** Ⓜ, ℰ 05 49 86 21 03, Fax 05 49 86 21 69, 雷 – 📶 🍴 ch 🖭 ☎ ₺ ℙ. ◑
fermé 20 déc. au 26 janv. – **Repas** 110/280 – ☑ 28 – **36 ch** 270/380.

🏨 **Europe** sans rest, ℰ 05 49 86 21 81, Fax 05 49 86 66 28, 雷 – 📶 🍴 ☎ ₺ ℙ. ◑
1ᵉʳ avril-15 oct. – ☑ 24 – **31 ch** 170/200.

🏠 **Host. St-Louis,** ℰ 05 49 86 20 54, Fax 05 49 86 00 79 – 🖭 ☎ ℙ. ◑
⊗ *10 mars-15 oct. –* **Repas** 75/130 ₰, enf. 42 – ☑ 27 – **19 ch** 150/250 – P 220/280.

Les ROCHES-DE-CONDRIEU *38370 Isère*🟦🟦 ⑪ *– 1 836 h alt. 158.*
Paris 501 – Lyon 43 – Annonay 35 – Grenoble 103 – Rive-de-Gier 23 – Vienne 14.

🏠 **Bellevue,** ℰ 04 74 56 41 42, Fax 04 74 56 47 56, ≤ – 🖭 ☎ ⟵. 🖭 ◑
*fermé vacances de Toussaint, de fév., mardi midi et lundi de mai à sept. et dim. soir d'oct. à
avril –* **Repas** 90 (déj.), 120/290 ₰, enf. 55 – ☑ 40 – **17 ch** 200/320 – ½ P 250/450.

PEUGEOT, RENAULT Gar. Capellaro, ℰ 04 74 56 41 32

La ROCHE-SUR-FORON *74800 H.-Savoie*🟦🟦 ⑥ *G. Alpes du Nord – 7 116 h alt. 548.*
Voir Vieille ville★★
🅱 *Office de Tourisme pl. Andrevetan* ℰ 04 50 03 36 68, Fax 04 50 03 31 38.
Paris 555 – Annecy 32 – Thonon-les-Bains 42 – Bonneville 8 – Genève 25.

🏠 **Le Foron** Ⓜ sans rest, N 203 ℰ 04 50 25 82 76, Fax 04 50 25 81 54 – 🖭 ☎ ₺ ℙ. 🖭 ⓞ
◑
fermé 20 déc. au 6 janv. – ☑ 30 – **26 ch** 240/300.

🏠 **Des Afforets** sans rest, 101 r. Egalité ℰ 04 50 03 35 01, Fax 04 50 25 82 47 – 📶 🖭 ☎. 🖭
◑
☑ 30 – **28 ch** 230/290.

XXX **Le Marie-Jean** (Signoud), rte Bonneville : 2 km ℰ 04 50 03 33 30, Fax 04 50 25 99 98 – ℙ.
❀ 🖭 ⓞ ◑
fermé 3 au 25 août, dim. soir et lundi – **Repas** 160 (déj.), 215/280 et carte 300 à 410
Spéc. Foie gras de canard. Croustillant de rouget à la pomme de terre et basilic. Tourte de
ris de veau aux champignons de saison. **Vins** Roussette, Mondeuse.

à Arenthon *Nord-Est : 6 km par N 503 et D 19ᴮ – 952 h. alt. 439 –* ✉ *74800 :*

X **Aub. Savoyarde "La Rôtisserie",** ℰ 04 50 25 57 16, 斎 – ◑
fermé 28 juil. au 14 août, 19 janv. au 5 fév., dim. soir et lundi – **Repas** -cuisine sur braise et à
la broche - 78 (déj.), 145/255 ₰, enf. 75.

PEUGEOT Gar. Lemuet, N 203 à Amancy
ℰ 04 50 43 98 15

⑩ Euromaster, av. L.-Rannard ℰ 04 50 03 10 46

La ROCHE-SUR-YON 🅿 85000 *Vendée* 🔠 ⑬ ⑭ *G. Poitou Vendée Charentes – 45 219 h*
alt. 75.

🔳🔳 *de la Domangère* 🗬 02 51 07 60 15 par ④, D 746 puis D 85 : 8 km.

🅱 *Office de Tourisme Galerie Bonaparte, pl. Napoléon* 🗬 02 51 36 00 85, Fax 02 51 05 37 01
– *Automobile Club 17 r. Lafayette* 🗬 02 51 36 24 60, Fax 02 51 37 93 19.
Paris 414 ② – *Cholet 65* ② – *Nantes 68* ① – *Niort 90* ③ – *La Rochelle 76* ③.

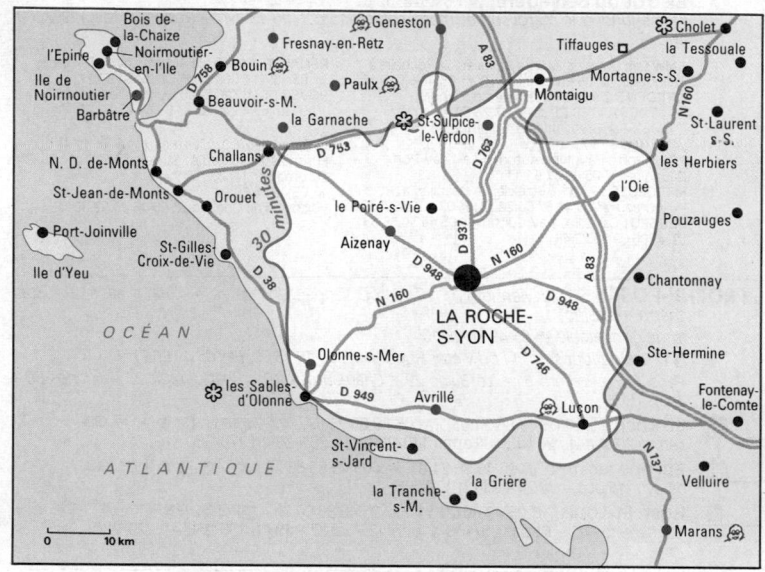

	Mercure Ⓜ, 117 bd A. Briand 🗬 02 51 46 28 00, Fax 02 51 46 28 98 – 📳 ⤢ ▤ 📺 ☎ 📞 🔗
	– 🛌 80. 🖭 ⓞ 🖼
	AZ u

Le Jardin Gourmand (fermé sam. midi, dim. et fériés) **Repas** 120/240, enf. 60 – **Brasserie
Lafayette : Repas** 78/125♭, enf. 40 – ☷ 48 – **67 ch** 395/450.

	Napoléon sans rest, 50 bd A. Briand 🗬 02 51 05 33 56, Fax 02 51 62 01 69 – 📳 📺 ☎ 📞 –
	🛌 40. 🖭 ⓞ 🖼 🇯🇨🇧
	AY r

fermé 23 déc. au 7 janv. – ☷ 40 – **29 ch** 280/330.

	Le Vincennes sans rest, 81 bd Mar. Leclerc 🗬 02 51 62 73 22, Fax 02 51 37 45 85 – cui-
	sinette 📺 ☎ 📞 📼 📠 🖭 ⓞ 🖼
	AY s

☷ 26 – **21 ch** 200/260.

	L'Halbran, 86 r. de Gaulle 🗬 02 51 07 08 09, Fax 02 51 37 66 90 – 🖼	BY t

fermé 3 au 24 août, sam. midi et dim. – **Repas** 85 (déj.), 120/250.

	Le Rivoli, 31 bd A. Briand 🗬 02 51 37 43 41 – 📭 🖼	AY a

fermé 16 au 31 août, sam. soir et dim. – **Repas** 90/189.

à l'Est *par* ③, *D 948 et D 80 : 5 km :*

	Logis de la Couperie 🌿 sans rest, 🗬 02 51 37 21 19, Fax 02 51 47 71 08, 🚿 – 📺 ☎ 📠
	🖭 🖼 🌿

☷ 39 – **7 ch** 269/485.

ALFA ROMEO Gar. Barteau, rte de Nantes à
Mouilleron le Captif 🗬 02 51 62 01 04
BMW Gar. Napoléon, rte de Nantes, ZI Nord
🗬 02 51 37 36 27
CITROEN Guénant Autos, 15 rte de Nantes par ①
🗬 02 51 36 45 00 🅽 🗬 02 51 36 45 11
FIAT, LANCIA Gar. Hermouet, 46 av. Alienor
d'Aquitaine 🗬 02 51 62 22 22
FORD Gar. Baudry, bd Lavoisier ZI Sud
🗬 02 51 47 77 47
OPEL Gar. des Jaulnières, rte d'Aubigny ZA des
Jaulnières 🗬 02 51 05 36 74

PEUGEOT Gar. Sorin, 17 bd Sully par rte de
Nantes par ① 🗬 02 51 37 08 15 🅽
🗬 06 08 28 89 19
RENAULT La Roche Autom., rte de Nantes
🗬 02 51 45 18 18 🅽 🗬 06 07 39 85 49
VAG Alizees automobiles, N 160 rte des Sables
Les Clouzeaux 🗬 02 51 36 29 29

🏭 Chouteau Pneus Vendée, r. du Commerce ZI
Sud 🗬 02 51 36 07 15
Le Pneu Yonnais Point S, rte de Nantes, ZI Nord
🗬 02 51 37 05 77

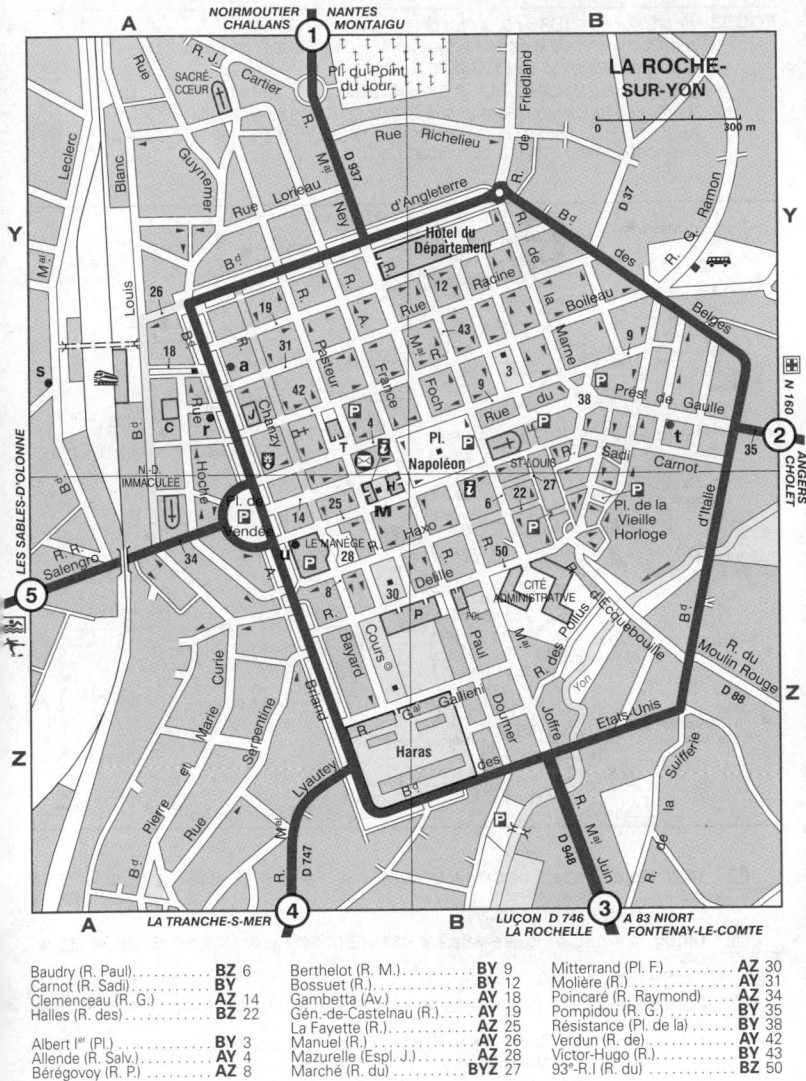

Baudry (R. Paul)	**BZ** 6	Berthelot (R. M.)	**BY** 9	Mitterrand (Pl. F.)	**AZ** 30
Carnot (R. Sadi)	**BY**	Bossuet (R.)	**BY** 12	Molière (R.)	**AY** 31
Clemenceau (R. G.)	**AZ** 14	Gambetta (Av.)	**AY** 18	Poincaré (R. Raymond)	**AZ** 34
Halles (R. des)	**BZ** 22	Gén.-de-Castelnau (R.)	**AY** 19	Pompidou (R. G.)	**BY** 35
		La Fayette (R.)	**AZ** 25	Résistance (Pl. de la)	**BY** 38
Albert Iᵉʳ (Pl.)	**BY** 3	Manuel (R.)	**AY** 26	Verdun (R. de)	**AY** 42
Allende (R. Salv.)	**AY** 4	Mazurelle (Espl. J.)	**AZ** 28	Victor-Hugo (R.)	**BY** 43
Bérégovoy (R. P.)	**AZ** 8	Marché (R. du)	**BYZ** 27	93ᵉ-R.I (R. du)	**BZ** 50

ROCHETAILLÉE *42 Loire* **76** ⑨ *– rattaché à St-Étienne.*

La ROCHETTE *73110 Savoie* **74** ⑯ *– 3 124 h alt. 360.*

Voir *Vallée des Huiles★ NE,* G. Alpes du Nord.

🛈 *Office de Tourisme Maison des Carmes* ℰ *et Fax 04 79 25 53 12.*
Paris 595 – Grenoble 49 – Albertville 41 – Allevard 9 – Chambéry 32.

✕ **Parc** *avec ch,* ℰ *04 79 25 53 37,* 🍴*,* �] *–* 🅿, 🅰🅴 ⑩ 🅶🅱, 🛇
⇔ *fermé sam. du 1ᵉʳ sept. au 15 déc. et dim. soir sauf juil.-août –* **Repas** *80/185* 🍷 *–* 🖵 *34 –*
12 ch *155/200 – ½ P 220/235.*

CITROEN Gar. Fachinger, ℰ 04 79 25 52 73

Voir *Clocher*★★★ *de la cathédrale N.-Dame*★★ BY – *Musée Fenaille*★ BZ M1.

ⁱ₈ *du Grand Rodez* ℘ *05 65 78 38 00 par D 901.*

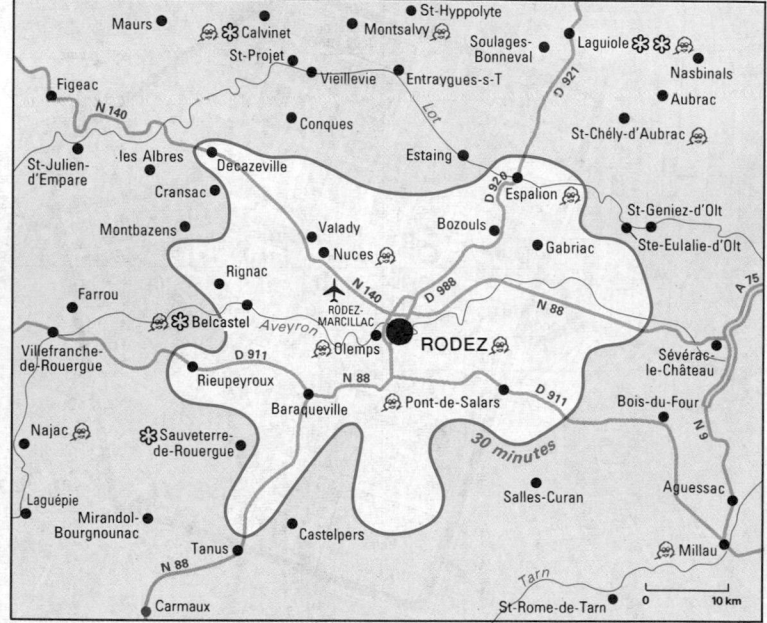

✈ *de Rodez-Marcillac : T.A.T.* ℘ *05 65 42 20 30, par* ③ *: 10 km.*

🇧 *Office de Tourisme pl. Foch* ℘ *05 65 68 02 27, Fax 05 65 68 78 15.*

Paris 632 ① – *Albi 80* ② – *Alès 185* ① – *Aurillac 91* ① – *Brive-la-Gaillarde 157* ③ –
Clermont-Ferrand 218 ① – *Montauban 129* ②.

🏨🏨 **Tour Maje** *sans rest,* bd Gally ℘ 05 65 68 34 68, Fax 05 65 68 27 56 – 🛗 📺 ☎ ✆. ⅀ ⓪
GB
BZ s
⊇ 40 – **41 ch** 290/420, 3 appart.

🏨🏨 **Biney** *sans rest,* r. Victoire-Massol ℘ 05 65 68 01 24, Fax 05 65 68 50 45 – 🛗 ⤢ 📺 ☎.
GB
BY k
⊇ 38 – **27 ch** 250/350.

🏨 **Concorde,** 12-14 r. Béteille ℘ 05 65 68 31 61, Fax 05 65 68 09 98 – 🛗 📺 ☎ ✆ 🅿. ⅀ ⓪
⊜
GB
BY a
fermé 24 déc. au 2 janv. – **Repas** *(fermé sam. d'oct. à mai)* 50 (déj.), 85/140 ⅄ – ⊇ 30 –
28 ch 200/270 – ½ P 220/270.

XX **Jardins de l'Acropolis,** par ③ : 1,5 km Z.A.C. Bouran ℘ 05 65 68 40 07,
Fax 05 65 68 40 67 – GB
fermé 5 au 12 janv., dim. soir et lundi soir – **Repas** 70 (déj.), 90/195 ⅄.

XX **St-Amans,** 12 r. Madeleine ℘ 05 65 68 03 18 – ▤. GB
BZ v
⊕
fermé 10 fév. au 10 mars, dim. soir et lundi –
Repas 130/280.

X **Goûts et Couleurs,** 38 r. Bonald ℘ 05 65 42 75 10, Fax 05 65 78 11 20, 🏡 – ⅀
GB
BY e
fermé 10 au 18 sept., 15 janv. au 10 fév., dim. et lundi – **Repas** 95 (déj.), 130/270 ⅄.

rte d'Espalion *par* ① *et D 988 : 3 km* – ⊠ *12850 Onet-le-Château :*

🏨🏨 **Bastide,** ℘ 05 65 67 08 15, Fax 05 65 67 43 32, 🏡 – 🛗 ⤢ 📺 ☎ ✆ 🕭 🅿 – ⚖ 80. ⅀ ⓪
GB
Repas 87/160 ⅄, enf. 40 – ⊇ 35 – **38 ch** 260/300 – ½ P 215.

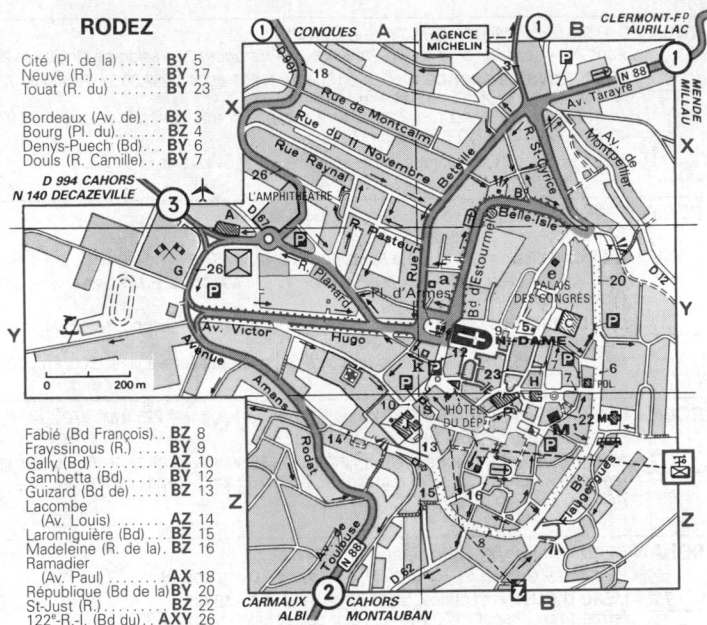

RODEG

RODEZ

Cité (Pl. de la) . . . . **BY** 5
Neuve (R.) . . . . **BY** 17
Touat (R. du) . . . . **BX** 23

Bordeaux (Av. de) . . . . **BX** 3
Bourg (Pl. du) . . . . **BZ** 4
Denys-Puech (Bd) . . . **BY** 6
Douls (R. Camille) . . . **BY** 7

D 994 CAHORS
N 140 DECAZEVILLE

Fabié (Bd François) . . **BZ** 8
Frayssinous (R.) . . . . **BY** 9
Gally (Bd) . . . . **AZ** 10
Gambetta (Bd) . . . . . . **BY** 12
Guizard (Bd de) . . . . . **BZ** 13
Lacombe
   (Av. Louis) . . . . **AZ** 14
Laromiguière (Bd) . . . **BZ** 15
Madeleine (R. de la) . **BZ** 16
Ramadier
   (Av. Paul) . . . . **AX** 18
République (Bd de la) **BY** 20
St-Just (R.) . . . . **BZ** 22
122ᵉ-R.-I. (Bd du) . . . **AXY** 26

---

rte de Marcillac-Vallon *Nord, par D 901* **AX** :

🏰 **Host. de Fontanges** ⚜, à 3,5 km ℘ 05 65 77 76 00, Fax 05 65 42 82 29, ㍿, parc, ⏉,
   ⚒ – 📺 ☎ 🅿 – 🔏 100. 🆎 ⑩ 🆊 🄹🄲🄱
   Repas *(fermé dim. soir de nov. à mars)* 98/330, enf. 55 – ☷ 40 – **42 ch** 390, 4 appart –
   ½ P 350/390.

🏨 **Campanile**, rd-pt St-Félix, à 2 km ℘ 05 65 42 97 08, Fax 05 65 42 66 69, ㍿ – ⛄ 📺 ☎
   ⛔ ❟ 🅿 – 🔏 25. 🆎 ⑩ 🆊
   Repas 84 bc/107 bc, enf. 39 – ☷ 32 – **47 ch** 278.

à Olemps *par ② et D 653 : 3 km – 3 032 h. alt. 580 –* ⌧ *12510 :*

🏰 **Les Peyrières** ⚜, ℘ 05 65 68 20 52, Fax 05 65 68 47 88, ㍿, ⏉, ⏉ – 📺 ☎ ⛔ 🅿. 🆎 🆊.
   ⛄ ch
   Repas *(fermé dim. soir et lundi midi sauf juil.-août)* 90/300 ⚖ – ☷ 38 – **50 ch** 250/350 –
   ½ P 280/300.

MICHELIN, Agence, r. de Cantaranne ZI de la Prade à Onet le Château **BY**
   ℘ 05 65 42 17 88

BMW Gar. Escat, ZA Bel Air ℘ 05 65 42 84 21
CITROEN Rouergue Autom., rte d'Espalion à
Sébazac-Concourès par ① ℘ 05 65 46 96 50
FIAT, LANCIA Gaubert Autos, 31 bd Paul Ramadier
℘ 05 65 78 17 17
FORD Gar. Boutonnet, La Gineste, rte de Decaze-
ville ℘ 05 65 42 20 12
MERCEDES, OPEL Gar. Benoit, La Primaube à Luc
℘ 05 65 71 48 31
NISSAN Gar. Dufourgniaud, 93-97 av. de Toulouse
℘ 05 65 75 50 50
PEUGEOT Gar. Caussignac et Guiet, rte de Conques
par av. de Bordeaux **BY** ℘ 05 65 42 38 06
RENAULT Gar. Fabre Rudelle, rte d'Espalion à
Onet-le-Château par ① ℘ 05 65 67 04 10 🔃
℘ 05 65 67 04 10

TOYOTA Gar. BRF, La Primaub à Luc
℘ 05 65 69 59 30
VAG Gar. Besset et Jean, ZA Bel-Air
℘ 05 65 42 20 14
Gar. Brossy, 33 av. du Stade à Luc Primaube
℘ 05 65 69 53 37

Ⓜ Comptoir Aveyronnais Pneumatiques, 336 av.
de Rodez à Luc Primaube ℘ 05 65 68 68 32
Euromaster, Parc St-Marc, rte Espalion à Onet le
Chateau ℘ 05 65 67 16 11
Tout pour le Pneu, 40 r. Béteille
℘ 05 65 68 01 13
Vulco, ZI de la Prade à Onet-le-Château
℘ 05 65 67 07 43

*Die auf den **Michelin-Karten** im Maßstab 1 : 200 000 rot unterstrichenen*
Orte sind in diesem Führer erwähnt.

Nur eine neue Karte gibt Ihnen die aktuellsten Hinweise.

ROGNAC 13340 B.-du-R. 🔢 ②, 🔢 ⑭ – 11 099 h alt. 25.

Paris 744 – Marseille 31 – Aix-en-Provence 22 – Martigues 27 – Salon-de-Provence 23.

XX **Host. Royal Provence** avec ch, au Sud par N 113 ℰ 04 42 87 00 27, Fax 04 42 78 77 13,
⇐ – ▤ rest 📺 ☎ 🄿, 🄰🄴 ⓪ 🄶🄱 🄹🄲🄱
fermé 27 juil. au 19 août et 2 au 12 janv. – **Repas** (fermé dim. soir et lundi soir) 97/255 –
☑ 35 – **10 ch** 200/250 – ½ P 195.

🚗 Chapus Pneus, 71 av. Ambroise Croizat à Berre l'Étang ℰ 04 42 85 40 14

ROGNES 13840 B.-du-R. 🔢 ③ G. Provence – 3 450 h alt. 311.

Voir Retables★ dans l'église.
🛈 Office de Tourisme 5 pl. de la Fontaine ℰ 04 42 50 13 36.
Paris 736 – Marseille 48 – Aix-en-Provence 19 – Cavaillon 39 – Manosque 54 – Salon-de-Provence 24.

XX **Les Olivarelles**, Nord-Ouest : 6 km par D 66 et rte secondaire ℰ 04 42 50 24 27,
Fax 04 42 50 17 99, �─, 🌿 – 🄿, 🄶🄱
fermé 1ᵉʳ au 15 janv., dim. soir et lundi sauf fêtes – **Repas** (prévenir) 92/300, enf. 70.

ROGNY-LES-SEPT-ÉCLUSES 89220 Yonne 🔢 ② G. Bourgogne – 725 h alt. 170.

Paris 143 – Auxerre 58 – Gien 26 – Montargis 33.

X **Aub. des Sept Ecluses** avec ch, ℰ 03 86 74 52 90, Fax 03 86 74 56 77 – ☎. 🄰🄴 ⓪ 🄶🄱
fermé janv., fév., lundi soir et mardi du 1ᵉʳ oct. au 30 avril – **Repas** 98/199, enf. 50 – ☑ 35 –
7 ch 190/250 – ½ P 200/225.

ROHAN 56580 Morbihan 🔢 ⑲ G. Bretagne – 1 604 h alt. 55.

Paris 450 – Vannes 53 – Lorient 73 – Pontivy 18 – Quimperlé 88.

XX **L'Eau d'Oust**, rte Loudéac ℰ 02 97 38 91 86, �─ – 🄰🄴 🄶🄱
fermé 14 au 22 sept., 1ᵉʳ au 16 fév., dim. soir et lundi – **Repas** 75/220.

RENAULT Gar. des Vallées, ℰ 02 97 38 98 98 🄽 ℰ 02 97 38 80 15

ROISSY-EN-FRANCE 95 Val-d'Oise 🔢 ⑪,, 🔢 ⑧ – voir à Paris, Environs.

ROMAINVILLE 93 Seine-St-Denis 🔢 ⑪,, 🔢 ⑰ – voir à Paris, Environs.

ROMANÈCHE-THORINS 71570 S.-et-L. 🔢 ① G. Vallée du Rhône – 1 710 h alt. 187.

Voir "Le Hameau du vin" ★.
Paris 407 – Mâcon 16 – Chauffailles 51 – Lyon 58 – Villefranche-sur-Saône 24.

🏩 **Maritonnes** (Fauvin), près gare ℰ 03 85 35 51 70, Fax 03 85 35 58 14, �─, « Parc fleuri,
🏊 » – 📺 ☎ 🄿, 🄰🄴 ⓪ 🄶🄱
fermé mi-déc. à fin janv., dim. soir hors sais., mardi (sauf hôtel) et lundi – **Repas** 150 (déj.),
195/420 et carte 290 à 450, enf. 100 – ☑ 60 – **20 ch** 380/560 – ½ P 540/600
Spéc. Escalope de foie gras poêlée sauce aigre-douce. Quenelle de brochet, sauce homardine. Fricassée de volaille de Bresse à la crème et aux morilles. **Vins** Chenas, Saint-Véran.

ROMANS-SUR-ISÈRE 26100 Drôme 🔢 ② G. Vallée du Rhône – 32 734 h alt. 162.

Voir Tentures★★ de l'église St-Barnard **BY** – Musée de la Chaussure★ **CY M** – Musée diocésain d'Art sacré★ à Mours-St-Eusèbe, 4 km par ①.
🔞 de Saint-Didier, ℰ 04 75 59 67 01, par ④ : 15 km.
🛈 Office de Tourisme Le Neuilly, pl. J.-Jaurès ℰ 04 75 02 28 72, Fax 04 75 05 91 62.
Paris 559 ⑤ – Valence 20 ④ – Die 77 ④ – Grenoble 79 ② – St-Étienne 91 ⑤ – Vienne 71 ⑤.

Plan page ci-contre

🏠 **Primevère** Ⓜ, clos des Tanneurs ℰ 04 75 05 10 20, Fax 04 75 02 03 00, �─, 🏊 – 🕊 📺
☎ 📞 ♿ 🄿 – 🛎 25. 🄰🄴 ⓪ 🄶🄱 🄹🄲🄱   AZ **n**
Repas 79/160 🍴, enf. 42 – ☑ 35 – **32 ch** 295.

🏠 **Cendrillon** sans rest, 9 pl. Carnot ℰ 04 75 02 83 77, Fax 04 75 05 35 33 – 📺 ☎. 🄰🄴 ⓪
🄶🄱   AZ **s**
☑ 26 – **28 ch** 150/230.

🏠 **Magdeleine** sans rest, 31 av. P. Sémard ℰ 04 75 02 33 53 – 📺 ☎ 🚗. 🄶🄱   AZ **e**
☑ 10 – **16 ch** 155/215.

XX **Parc**, 6 av. Gambetta par ② ℰ 04 75 70 26 12, Fax 04 75 05 08 23, �─, 🌿 – 🄶🄱
fermé dim. soir et lundi – **Repas** 130/310.

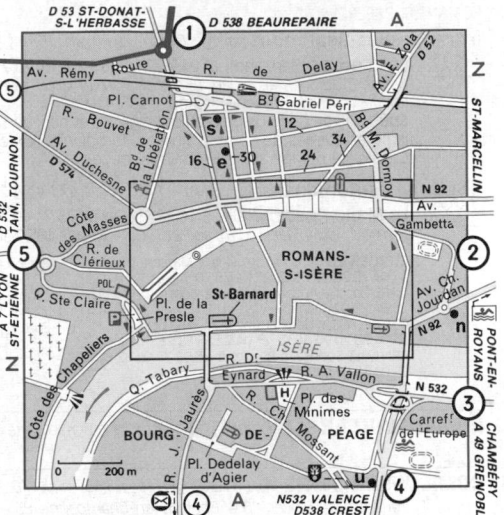

ROMANS-SUR-ISÈRE BOURG-DE-PÉAGE

Cordeliers
  (Côtes des) . . . . . **CY**
Faure (Pl. M.) . . . . . **BY**
Gailly (Pl. P. E.) . . . . . **BY**
Jacquemart
  (Côte) . . . . **BY** 15
Jacquemart (R.) . . **AZ** 16
Mathieu-de-
  la-Drôme (R.) . . . **CY** 18

Clerc (R. des) . . . . . **CY** 4
Ecosserie
  (R. de l') . . . . **BY** 8
Fontaine-des-
  Cordeliers (R.) . . **CY** 10
Guillaume (R.) . . . . **AZ** 12
Herbes (Pl. aux) . . **BY** 14
Massenet (Pl.) . . . . **CY** 17
Merlin (R.) . . . . **CY** 20
Mouton (R. du) . . . **BY** 22
Palestro (R.) . . . . . **AZ** 24
Perrot-de-
  Verdun (Pl.) . . . . **BY** 26
Sabaton (R.) . . . . . **CY** 28
Ste-Marie (R.) . . . . **CY** 29
Semard (R. P.) . . . . **AZ** 30
Trois-Carreaux (R.) **CY** 32
Victor-Hugo . . . . . . **AZ** 34

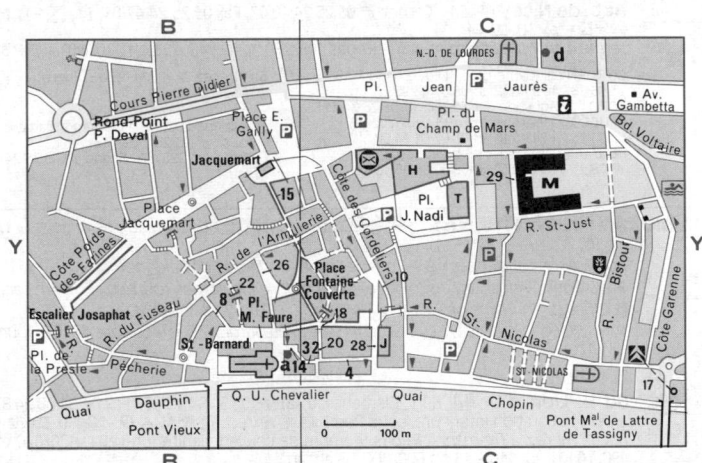

%%%% XX ⊖ **Le Chevet de St-Barnard,** 1 pl. aux Herbes ℰ 04 75 05 04 78 – ⊖B   BY **a**
fermé 20 juil. au 10 août, dim. soir et merc. – **Repas** 85/160 ⅃.

%%%% XX **La Fourchette,** 8 r. Solférino ℰ 04 75 02 12 94, Fax 04 75 02 65 51, 😤, 🌳 – 🆎 ⊖B   CY **d**
fermé 15 au 21 sept., 2 au 10 janv., vacances de fév., dim. soir et lundi – **Repas** 100 (déj.), 140/280.

à Bourg-de-Péage AZ – *9 248 h. alt. 151* – ⊠ *26300* :

🏨 **Don Angelo** Ⓜ, bd Alpes-Provence ℰ 04 75 72 44 11, Fax 04 75 72 20 01, 😤, ⅃₆ – 🛗 ▦ 📺 ☎ ᵵ ⟸ 🅿 – 🔬 30. 🆎 ⊖B, ⅍ rest   AZ **u**
Repas *(fermé dim. soir)* 150 (déj.), 250/300 – ⊃ 60 – **38 ch** 380/530 – ½ P 370/405.

à l'Est : *par* ② *et N 92 : 4 km* – ⊠ *26750 St-Paul-lès-Romans* :

🏨 **Karene H.** Ⓜ, ℰ 04 75 05 12 50, Fax 04 75 05 25 17, ≋, 🌳 – 📺 ☎ 🅿 – 🔬 50. 🆎 ⓘ ⊖B
fermé 20 déc. au 2 janv. – **Repas** *(dîner seul.)* 95 ⅃ – ⊃ 40 – **23 ch** 262/320.

à Granges-lès-Beaumont par ⑤ : 6 km – 791 h. alt. 155 – ⊠ 26600 :

Les Cèdres (Bertrand), ℰ 04 75 71 50 67, Fax 04 75 71 64 39, 佘, ♨, ☞ – 🄿, ⬛
fermé 5 au 11 mai, 1ᵉʳ au 15 sept., 5 au 11 janv., jeudi soir et lundi – **Repas** (nombre de couverts limité, prévenir) 180 (déj.), 255/430
Spéc. Salade tiède de poireaux vinaigrette et noix de Saint-Jacques grillées. Filet de bar de ligne et queues de gambas grillées. Turbot rôti aux épices, mousseline d'artichaut. **Vins** Crozes-Hermitage blanc, Hermitage rouge.

à St-Paul-lès-Romans par ② : 8 km – 1 401 h. alt. 171 – ⊠ 26750 :

La Malle Poste, ℰ 04 75 45 35 43, Fax 04 75 71 40 48 – ▦, ⬛ ⬛ ⬛
fermé 1ᵉʳ au 15 janv., dim. soir et lundi – **Repas** 185/350 et carte 230 à 310.

CITROEN Romans Autom., Place Massenet
ℰ 04 75 70 00 66 🅽 ℰ 04 75 70 52 68
OPEL Rocade Autom., av. du Vercors
ℰ 04 75 02 21 21
PEUGEOT Gar. des Dauphins, ZI N 92 par ②
ℰ 04 75 70 24 66 🅽 ℰ 04 72 55 89 25
RENAULT Sodrisa, r. Réaumur ℰ 04 75 05 82 82 🅽
ℰ 04 75 02 11 22

⌀ Dorcier Ayme Pneus, 41 cours P.-Didier
ℰ 04 75 02 24 64
Drom Pneus, à Bourg-de-Péage
ℰ 04 75 02 49 31
Euromaster, ZI N 92 ℰ 04 75 70 45 67

ROMANSWILLER 67 B.-Rhin 📟 ⑭ – rattaché à Wasselonne.

ROMILLY-SUR-SEINE 10100 Aube 📟 ⑤ – 15 557 h alt. 76.

Paris 126 – Troyes 40 – Châlons-en-Champagne 83 – Nogent-sur-Seine 18 – Sens 61 – Sézanne 26.

Aub. de Nicey Ⓜ, 24 r. Carnot ℰ 03 25 24 10 07, Fax 03 25 24 47 01, ℔, ⬛ – ❘ ☎ ⬛ ⬛ ⬛ – 🄿 – 🔬 30. ⬛ ⬛
fermé 4 au 24 août et dim. soir – **Repas** 105/260 🍷 – ⊇ 48 – **23 ch** 370/410 – ½ P 320.

CITROEN Gar. Carnerot, 114 r. A.-Briand, N 19
ℰ 03 25 24 79 48 🅽 ℰ 06 07 66 99 27
FORD Gar. Agostino, 6 r. E.-Zola ℰ 03 25 24 71 58
PEUGEOT Gar. Lesaffre, Rd-Pt Val-Thibault
ℰ 03 25 24 74 45 🅽 ℰ 06 07 01 84 58
RENAULT Gar. Cadot, 1-3 bd Robespierre
ℰ 03 25 39 51 80 🅽 ℰ 08 00 05 15 15

Gar. Rocca, N 19, 64 ter av. Diderot
ℰ 03 25 24 90 42

⌀ Aub'Pneus, ZI de la Glacière à Maizières Gde
Paroisse ℰ 03 25 24 97 18
Euromaster, 223 r. A.-Briand ℰ 03 25 24 79 40

ROMORANTIN-LANTHENAY ⬛ 41200 L.-et-Ch. 📟 ⑱ G. Châteaux de la Loire – 17 865 h alt. 93.

Voir Maisons anciennes★ B – Vues des ponts★ – Musée de Sologne★ M¹.
Env. Aliotis, l'Aquarium de Sologne★ au lieu-dit le Moulin des Tourneux E : 8 km par ②.
🗈 Office de Tourisme pl. Paix ℰ 02 54 76 43 89, Fax 02 54 76 96 24.
Paris 202 ① – Bourges 73 ③ – Blois 41 ⑤ – Châteauroux 75 ③ – Orléans 67 ① – Tours 91 ④ – Vierzon 34 ③.

Plan page ci-contre

Gd H. Lion d'Or Ⓜ, 69 r. Clemenceau (a) ℰ 02 54 94 15 15, Fax 02 54 88 24 87, 佘, « Belle décoration intérieure, patio fleuri » – ❘ ▦ rest ☎ ⬛ ⬛ 🄿 – 🔬 50. ⬛ ⬛ ⬛
fermé mi-fév. à fin mars – **Repas** (nombre de couverts limité, prévenir) 420/620 et carte 490 à 610 – ⊇ 110 – **13 ch** 600/2000, 3 appart
Spéc. Cuisses de grenouilles à la rocambole. Langoustines bretonnes rôties à la poudre d'épices douces. Brioche caramélisée au sorbet d'angélique (mai à oct.). **Vins** Pouilly Fumé, Bourgueil.

La Pyramide Ⓜ ⌗, r. Pyramide par ① ℰ 02 54 76 26 34, Fax 02 54 76 22 28, 佘 – ❘ ⬛ ☎ ⬛ 🄿 – 🔬 60. ⬛
Repas 80/125 🍷, enf. 40 – ⊇ 30 – **66 ch** 190/230 – ½ P 215.

Le Lanthenay (Valin) ⌗ avec ch, à Lanthenay par ① : 2,5 km, pl. Église ℰ 02 54 76 09 19, Fax 02 54 76 72 91, ☞ – 🔬 ⬛, ⬛ ⬛ ⬛
fermé 15 au 29 juil., 21 déc. au 15 janv., dim. soir et lundi – **Repas** 105/295 et carte 210 à 300 – ⊇ 36 – **10 ch** 260/300 – ½ P 255/280
Spéc. Feuilleté d'huîtres "Viroflay" (oct. à avril). Fricassée de tête de veau en tortue. Cabri rôti à l'ail doux (fév. à avril). **Vins** Cheverny, Quincy.

La Cabrière, 30 av. Villefranche par ③ ℰ 02 54 76 38 94 – ⬛
fermé dim. soir et lundi – **Repas** 65 (déj.), 89/198 bc, enf. 50.

FORD Gar. Girard, 86 fg d'Orléans par ①
ℰ 02 54 76 11 01
PEUGEOT Gar. Hureau, 14 fg d'Orléans
ℰ 02 54 76 01 98

RENAULT Gar. de Paris, 12-14 av. de Paris par fg d'Orléans ℰ 02 54 76 06 68 🅽
ℰ 06 07 31 30 03

ROMORANTIN-LANTHENAY

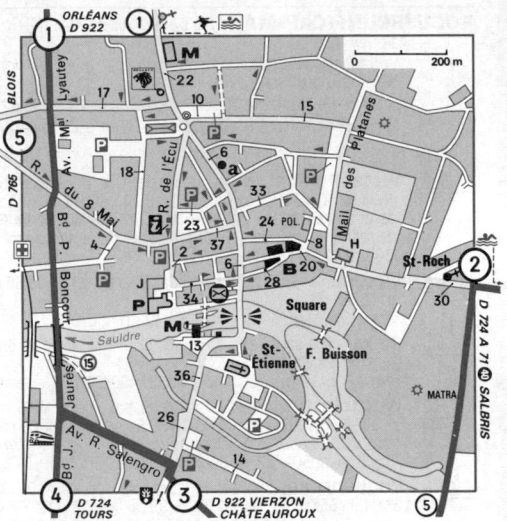

Un conseil Michelin :
pour réussir vos voyages, préparez-les à l'avance.

Les cartes et guides Michelin, vous donnent toutes indications utiles sur :
itinéraires, visite des curiosités, logement, prix, etc.

RONCE-LES-BAINS 17 Char.-Mar. **71** ⑭ G. Poitou Vendée Charentes – alt. 6 – ⊠ 17390 La Tremblade.

🛈 Office de Tourisme pl. Brochard ℰ 05 46 36 06 02, Fax 05 46 36 38 17.
Paris 506 – Royan 25 – Marennes 9 – Rochefort 31 – La Rochelle 68.

🏠 **Le Grand Chalet,** 2 av. La Cèpe ℰ 05 46 36 06 41, Fax 05 46 36 38 87, ≤ île d'Oléron, 🚗 – ☎ 🅿 🆎 🆖 . ✀ rest
15 fév.-15 nov. – **Repas** (fermé mardi) 89 (déj.), 130/320 – ☷ 35 – **28 ch** 320 – ½ P 280/320.

RONCHAMP 70250 H.-Saône **66** ⑦ – 3 088 h alt. 380.
Voir Chapelle★★, G. Jura.
Paris 400 – Besançon 94 – Belfort 22 – Lure 12 – Luxeuil-les-Bains 31 – Vesoul 43.

au Rhien Nord : 3 km – ⊠ 70250 Ronchamp :

🏠 **Rhien Carrer** 🐾, ℰ 03 84 20 62 32, Fax 03 84 63 57 08, 🏠, 🚗, ✕ – 📺 ☎ 🕭 🅿 –
🍴 30. 🆖
Repas 55/220 🍷, enf. 40 – ☷ 28 – **22 ch** 125/210 – ½ P 160/190.

à Champagney Est : 4,5 km par D 4 – 3 283 h. alt. 370 – ⊠ 70290 :

🏠 **Commerce,** ℰ 03 84 23 13 24, Fax 03 84 23 24 33, 🚗 – ☎ 🅿 🆎 ① 🆖
fermé 1ᵉʳ au 15 fév. et lundi hors sais. – **Repas** 70/250 🍷 – ☷ 30 – **25 ch** 170/250 –
½ P 190/220.

ROOST-WARENDIN 59 Nord **51** ⑯ – rattaché à Douai.

ROQUEBRUN 34460 Hérault **83** ⑭ G. Gorges du Tarn – 550 h alt. 89.
Paris 772 – Montpellier 96 – Béziers 29 – Lodève 63 – Narbonne 46 – St-Pons 39.

✕ **Petit Nice** avec ch, ℰ 04 67 89 64 27, ≤ – 🆖
Repas (fermé le soir du 1ᵉʳ nov. au 15 mars) 90 bc/260 bc – ☷ 35 – **8 ch** 170/240 – ½ P 250.

ROQUEBRUNE-CAP-MARTIN 06190 Alpes-Mar. 84 ⑩, 115 ㉘ G. Côte d'Azur – 12 376 h alt. 70.

Voir *Village perché*★★ : *rue Moncollet*★, ✳★★ *du donjon*★ – *Cap Martin* ≤★★ X – ≤★★ *du belvédère du Vistaëro SO : 4 km.*

🏢 *Office de Tourisme 20 av. P.-Doumer 𝓒 04 93 35 62 87, Fax 04 93 28 57 00.*
Paris 955 – Monaco 9 – Menton 3 – Monte-Carlo 8 – Nice 26.

Plans : voir à Menton

🏨🏨🏨 **Vista Palace** M ⑤, Grande Corniche par ③ *rte La Turbie D 2564 : 4 km*
𝓒 04 92 10 40 00, Fax 04 93 35 18 94, 🏤, « ≤ Monaco et la côte, piscine, jardin en terrasses », ⅃ₒ – 🛗 ✱⇄ 📺 ☎ ☜ ₺ 🅿 – 🔏 60. 🖭 ⑩ ⒼⒷ ⒿⒸⒷ, ✽ rest
*15 mars-15 nov. et 20 déc.-6 janv. – **Le Vistaero :** Repas 250/550 – ⊑ 100 – **63 ch** 1300/1850, 5 appart – ½ P 1170/1295.*

🏨🏨 **Victoria** sans rest, 7 prom. Cap-Martin 𝓒 04 93 35 65 90, Fax 04 93 28 27 02, ≤ – ▤ 📺 ☎. 🖭 ⑩ ⒼⒷ   AX k
*fermé 5 janv. au 5 fév. – ⊑ 35 – **32 ch** 400/510.*

🏨🏨 **Alexandra** sans rest, 93 av. W. Churchill 𝓒 04 93 35 65 45, Fax 04 93 57 96 51, ≤ – 🛗 ▤ 📺 ☎ 🅿. 🖭 ⑩ ⒼⒷ   AX a
*fermé 8 au 20 déc. – ⊑ 40 – **40 ch** 400/520.*

🏨 **Westminster**, 14 av. L. Laurens par ③ *et N 98, rte de Monaco par basse corniche :*
⊜ 𝓒 04 93 35 00 68, Fax 04 93 28 88 50, ≤, « Jardin en terrasses » – ☎ 🅿. 🖭 ⒼⒷ. ✽
*hôtel : 15 fév.-25 oct. – Repas (15 fév.-5 oct. et fermé merc.) (dîner seul.)(résidents seul.)
70/110 – ⊑ 30 – **27 ch** 300/440 – ½ P 280/360.*

XXX **Roquebrune**, 100 av. J. Jaurès par ③ *et N 98, rte de Monaco par basse corniche :*
𝓒 04 93 35 00 16, Fax 04 93 28 98 36, ≤, 🏤 – 🖭 ⑩ ⒼⒷ ⒿⒸⒷ
fermé 12 nov. au 6 déc., mardi du 15 sept. au 31 mai et le midi (sauf week-ends) de juin au 15 sept. – Repas (prévenir) 170 (déj.)/360 et carte 430 à 650.

XX **Deux Frères** avec ch, pl. Deux Frères, au village par ③ *: 3,5 km* 𝓒 04 93 28 99 00, Fax 04 93 28 99 10, ≤, 🏤 – 📺 ☎. 🖭 ⒼⒷ
Repas *(fermé 15 nov. au 20 déc. et jeudi d'oct. à mars)* 148/298 – ⊑ 45 – **10 ch** 385/495.

XX **Au Grand Inquisiteur**, 18 r. Château (accès piétonnier) au vieux village par ③ *: 3,5 km*
𝓒 04 93 35 05 37, « Salle voûtée dans une maison du 14ᵉ siècle » – ▤. 🖭 ⒼⒷ. ✽
fermé 3 nov. au 25 déc. et lundi – Repas (nombre de couverts limité, prévenir) 145/215.

XX **Le Corail**, 7 prom. du Cap 𝓒 04 93 41 37 69, 🏤 – ▤. 🖭 ⑩ ⒼⒷ   AX k
fermé 5 janv. au 5 fév. et lundi – Repas - cuisine vietnamienne et chinoise - 88.

XX **Hippocampe**, 44 av. W. Churchill 𝓒 04 93 35 81 91, ≤ baie et littoral – 🖭 ⒼⒷ   AX h
fermé 28 avril au 13 mai, 15 oct. au 15 nov., 5 au 20 janv., jeudi soir de juil. à sept. et lundi – Repas (prévenir) 155/315.

La ROQUEBRUSSANNE 83136 Var 84 ⑮, 114 ㉜ – 1 235 h alt. 365.

Paris 812 – Toulon 38 – Aix-en-Provence 59 – Aubagne 46 – Brignoles 15 – St-Maximin-la-Ste-Beaume 20.

🏨 **Aub. de la Loube** M, 𝓒 04 94 86 81 36, 🏤 – 📺 ☎. 🖭 ⒼⒷ
Repas *(fermé 1ᵉʳ au 15 oct. et mardi)* 69 (déj.), 95/139 ₺ – ⊑ 35 – **8 ch** 320 – ½ P 300.

ROQUEFORT-LES-PINS 06330 Alpes-Mar. 84 ⑨ – 4 714 h alt. 184.

Paris 914 – Nice 25 – Cannes 17 – Grasse 14.

🏨🏨 **Aub. du Colombier**, 𝓒 04 93 77 10 27, Fax 04 93 77 07 03, 🏤, parc, ⅃, ✽ – 📺 ☎ 🅿 – 🔏 25. 🖭 ⑩ ⒼⒷ
*fermé 10 janv. au 10 fév. – Repas (fermé mardi d'oct. à mars) 125/180, enf. 60 – ⊑ 50 – **20 ch** 270/650 – ½ P 435/545.*

La ROQUE-GAGEAC 24250 Dordogne 75 ⑰ G. Périgord Quercy – 447 h alt. 85.

Voir *Site*★★.

Paris 530 – Brive-la-Gaillarde 64 – Sarlat-la-Canéda 13 – Cahors 55 – Fumel 57 – Lalinde 44 – Périgueux 68.

🏨🏨 **Belle Étoile**, 𝓒 05 53 29 51 44, Fax 05 53 29 45 63, ≤, 🏤 – ▤ rest ☎ ⇄. 🖭 ⒼⒷ
🏨 *1ᵉʳ avril-15 oct. – Repas (fermé lundi d'avril à juin) 115/250, enf. 50 – ⊑ 38 – **17 ch** 270/320 – ½ P 330.*

🏨 **Gardette**, 𝓒 05 53 29 51 58, Fax 05 53 31 19 32, 🏤 – ☎ 🅿. ⒼⒷ
*23 mars-2 oct. – Repas 115/250 – ⊑ 30 – **15 ch** 190/300 – ½ P 300.*

XX **Plume d'Oie** M avec ch, 𝓒 05 53 29 57 05, Fax 05 53 31 04 81, ≤ – 📺 ☎. ⒼⒷ
*fermé fin janv. à début mars – Repas (fermé dim. soir et lundi de sept. à juin, sam. midi et lundi midi en juil.-août) 195/395 – ⊑ 55 – **4 ch** 380/760.*

rte de Vitrac *Sud-Est : 4 km par D 703 –* ✉ *24250 La Roque Gageac:*

🏨 **Le Périgord,** ℘ 05 53 28 36 55, Fax 05 53 28 38 73, parc, ⬛, ✗ – ▤ rest 📺 ☎ 🅿. 🅰🅴 🇬🇧
fermé janv., fév., dim. soir et lundi du 2 nov. au 1ᵉʳ avril – **Repas** 98/260, enf. 50 – ⌷ 35 –
40 ch 250/360 – ½ P 290/340.

ROQUEMAURE *30150 Gard* 🔢 ⑪ ⑫ *G. Provence* – *4 647 h alt. 19.*
Paris 668 – *Avignon 19 – Alès 76 – Bagnols-sur-Cèze 21 – Nîmes 49 – Orange 11 –*
Pont-St-Esprit 32.

🏨 **Château de Cubières** *sans rest,* ℘ 04 66 82 64 28, Fax 04 66 90 21 20, parc, « Demeure du 18ᵉ siècle », ⬛ – ☎ 🅿. 🇬🇧
fermé 3 nov. et 15 fév. au 3 mars – ⌷ 48 – **19 ch** 275/440.

🏠 **Clément V,** rte Nîmes ℘ 04 66 82 67 58, Fax 04 66 82 84 66, 🏡, ⬛ – ☎ 📞 🚗 🅿. 🇬🇧
fermé vacances de Toussaint et de fév. – **Repas** *(fermé dim. hors sais.)* *(dîner seul.)*
(résidents seul.) 95/125 🍷, enf. 50 – ⌷ 38 – **20 ch** 295/305 – ½ P 260/270.

ROSAY *78 Yvelines* 🔢 ⑱,, 🔢 ⑲ – *rattaché à Mantes-la-Jolie.*

ROSBRUCK *57 Moselle* 🔢 ⑯ – *rattaché à Forbach.*

ROSCOFF *29680 Finistère* 🔢 ⑥ *G. Bretagne* **(plan)** – *3 711 h alt. 7.*
Voir *Église N.-D.-de-Croas-Batz★ Y – Aquarium Ch. Pérez★ Y.*
🄱 Office de Tourisme 46 r. Gambetta ℘ 02 98 61 12 13, Fax 02 98 69 75 75.
Paris 564 ① – *Brest 64* ① – *Landivisiau 27* ① – *Morlaix 27* ① – *Quimper 99* ①.

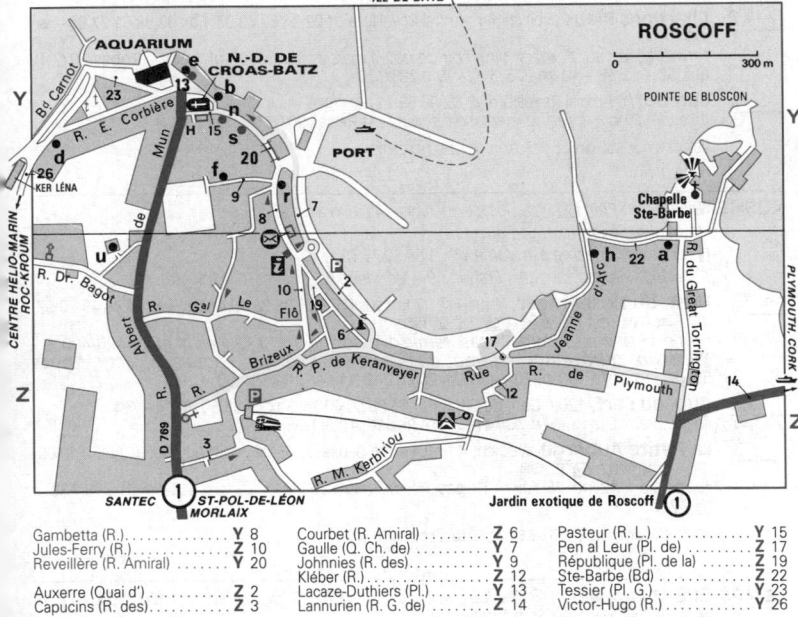

Gambetta (R.). . . . . **Y** 8	Courbet (R. Amiral) . . . . **Z** 6	Pasteur (R. L.) . . . . **Y** 15
Jules-Ferry (R.). . . . . **Z** 10	Gaulle (Q. Ch. de) . . . . **Y** 7	Pen al Leur (Pl. de) . . . . **Z** 17
Reveillère (R. Amiral) . . . . . . **Y** 20	Johnnies (R. des). . . . . **Y** 9	République (Pl. de la) . . . . **Z** 19
	Kléber (R.). . . . . **Z** 12	Ste-Barbe (Bd) . . . . **Z** 22
Auxerre (Quai d') . . . . **Z** 2	Lacaze-Duthiers (Pl.) . . . . **Y** 13	Tessier (Pl. G.) . . . . **Y** 23
Capucins (R. des). . . . . **Z** 3	Lannurien (R. G. de) . . . . **Z** 14	Victor-Hugo (R.) . . . . **Y** 26

🏨 **Brittany,** bd Ste Barbe ℘ 02 98 69 70 78, Fax 02 98 61 13 29, ≤, ⬛ – 🛗 📺 ☎ 🅿 – 🔬 30.
🅰🅴 🇬🇧. ✗ rest   **Z a**
21 mars-25 oct. – **Repas** *(fermé lundi midi)* 98 (déj.), 120/295 – ⌷ 58 – **25 ch** 530/700 –
½ P 490/590.

🏨 **Gulf Stream** ☝, r. Marquise de Kergariou par r. E. Corbière ℘ 02 98 69 73 19,
Fax 02 98 61 11 89, ≤, 🏡 – 🛗 📺 ☎ 🅿 – 🔬 50. 🅰🅴 🇬🇧. ✗
18 mars-12 oct. – **Repas** 120 (déj.)/380 – ⌷ 46 – **32 ch** 540 – ½ P 530.

Talabardon, pl. Église ✆ 02 98 61 24 95, Fax 02 98 61 10 54, ← – |♦| TV ☎ P – 🏃 40. AE ① GB Y b
25 fév.-15 nov. – **Repas** *(fermé dim. soir)* 93/265, enf. 55 – ☕ 50 – **39 ch** 390/585 – ½ P 365/440.

La Résidence ⛲ sans rest, r. des Johnies ✆ 02 98 69 74 85, Fax 02 98 69 78 63, ⛱ – |♦| ☎. GB Y f
1er mars-15 nov. – ☕ 35 – **30 ch** 260/300.

Armen Le Triton ⛲ sans rest, r. Dr Bagot ✆ 02 98 61 24 44, Fax 02 98 69 77 97, ⛱, 🎾 – |♦| TV ☎ P. AE GB Z u
15 fév.-15 nov. – ☕ 35 – **45 ch** 250/350.

Les Tamaris sans rest, r. É. Corbière ✆ 02 98 61 22 99, Fax 02 98 69 74 36, ← – |♦| TV ☎. AE GB Y d
avril-sept. – ☕ 32 – **27 ch** 230/320.

Ibis-Le Corsaire sans rest, pl. Église ✆ 02 98 61 22 61, Fax 02 98 61 11 94, ← – |♦| TV ☎. AE ① GB Y e
☕ 38 – **40 ch** 350/400.

Bellevue, r. Jeanne d'Arc ✆ 02 98 61 23 38, Fax 02 98 61 11 80, ← – TV ☎. GB. ✂ rest Z h
20 mars-15 nov. – **Repas** *(fermé lundi)* 115/265, enf. 62 – ☕ 38 – **18 ch** 300/400 – ½ P 310/350.

Centre - Chez Janie, 5 r. Gambetta ✆ 02 98 61 24 25, ←, 🏠 – ☎. AE GB Y r
fermé 1er au 15 janv. et jeudi de nov. à avril – **Repas** *(fermé jeudi sauf juil.-août)* 80/175, enf. 42 – ☕ 30 – **15 ch** 270/300 – ½ P 220/280.

XXX **Le Temps de Vivre,** pl. Église ✆ 02 98 61 27 28, Fax 02 98 61 19 46, ← – AE GB JCB Y e
fermé en oct., en fév., mardi midi en juil.-août, dim. soir de sept. à juin et lundi – **Repas** 110/360 et carte 270 à 400.

XX **Chardons Bleus** avec ch, 4 r. Amiral Réveillère ✆ 02 98 69 72 03, Fax 02 98 61 27 86 – ☎. GB Y n
fermé 1er fév. au 1er mars, dim. soir de nov. à mars et jeudi sauf juil.-août – **Repas** 88/210, enf. 50 – ☕ 38 – **10 ch** 275/310 – ½ P 285/320.

X **Surcouf,** r. Amiral Réveillère ✆ 02 98 69 71 89 – GB Y s
1er avril-10 nov. et fermé merc. soir hors sais. – **Repas** 90/150 🍷, enf. 38.

CITROEN Gar. Scouarnec, r. J.-Bara ✆ 02 98 61 23 05

ROSHEIM *67560 B.-Rhin* 62 ⑨ *G. Alsace Lorraine* – *4 016 h alt. 190.*

Voir *Église St-Pierre et St-Paul*★.

ℹ *Office de Tourisme à la Mairie* ✆ *03 88 50 75 38.*

Paris 483 – Strasbourg 29 – Erstein 19 – Molsheim 7 – Obernai 6 – Sélestat 31.

Host. du Rosenmeer, Nord-Est : 2 km sur D 35 ✆ 03 88 50 43 29, Fax 03 88 49 20 57, 🏠, ⛱ – ▤ rest TV ☎ P – 🏃 25. AE GB
fermé 15 janv. au 5 fév. – **Repas** *(fermé dim. soir de nov. à Pâques et lundi)* 120/400 🍷 – ***Winstub d'Rosemer*** *(fermé dim. sauf le soir de Pâques à oct.)* **Repas** 50 (déj.) et carte 130 à 220 – ☕ 60 – **20 ch** 240/410 – ½ P 410/500.

XX **Aub. du Cerf,** 120 r. Gén. de Gaulle ✆ 03 88 50 40 14, Fax 03 88 50 40 14 – GB
fermé 5 au 12 janv., dim. soir et lundi – **Repas** 58 (déj.), 85/195 🍷.

X **La Petite Auberge** avec ch, 41 r. Gén. de Gaulle ✆ 03 88 50 40 60, Fax 03 88 50 40 60, 🏠 – cuisinette TV P. GB
fermé 26 janv. au 15 fév. – **Repas** *(fermé merc.)* 98/280 🍷 – ☕ 30 – **9 ch** 200/250 – ½ P 260.

PEUGEOT Gar. Jost, ✆ 03 88 50 40 53 N ✆ 03 88 50 40 53

La ROSIÈRE *73 Savoie* 74 ⑱ ⑲ *G. Alpes du Nord* – *alt. 1820* – *Sports d'hiver : 1 100/2 600 m* ⛷ *18* ⛷ – ✉ *73700 Bourg-St-Maurice.*

Altiport ✆ 04 79 06 83 40.

ℹ *Office de Tourisme* ✆ *04 79 06 80 51, Fax 04 79 06 83 20.*

Paris 666 – Albertville 76 – Bourg-St-Maurice 22 – Chambéry 123 – Chamonix-Mont-Blanc 60 – Val-d'Isère 32.

Relais Petit St-Bernard ⛲, ✆ 04 79 06 80 48, Fax 04 79 06 83 40, ← montagnes, 🏠 – ☎ P. GB. ✂ ch
22 juin-7 sept. et 21 déc.-28 avril – **Repas** 90/110 – ☕ 36 – **20 ch** 240/340 – ½ P 305/350.

Les ROSIERS-SUR-LOIRE *49350 M.-et-L.* **64** ⑫ *G. Châteaux de la Loire– 2 204 h alt. 22.*

🛈 *Syndicat d'Initiative pl. du Mail* ℰ *02 41 51 90 22.*

Paris 303 – Angers 30 – Baugé 27 – Bressuire 66 – Cholet 62 – La Flèche 46 – Saumur 18.

XXX   **Jeanne de Laval** (Augereau) avec ch, rte Nationale ℰ 02 41 51 80 17,
🕸   Fax 02 41 38 04 18, « Jardin fleuri » – 🍴 rest 📺 ☎ 🅿. 🆑 🆖
   fermé 22 nov. au 15 déc. et lundi en hiver – **Repas** (nombre de couverts limité, prévenir)
   180/420 – ☲ 55 – **4 ch** 350/600 – ½ P 650/700
   Spéc. Foie gras de canard au torchon. Poissons de Loire au beurre blanc (saison). Matelote
   d'anguille au champigny (saison). **Vins** Savennières, Saumur-Champigny.

   Annexe Ducs d'Anjou 🏠 🐾 sans rest, ℰ 02 41 51 80 17, Fax 02 41 38 04 18, parc –
   📺 ☎ 🅿.
   ☲ 55 – **8 ch** 380/600.

XXX   **La Toque Blanche,** rte Angers ℰ 02 41 51 80 75, Fax 02 41 38 06 38 – 🍴 🅿. 🆖
🐾   *fermé mardi soir et merc.*
   Repas 99 bc/210 🍷.

XX   **Val de Loire** avec ch, pl. Église ℰ 02 41 51 80 30, Fax 02 41 51 95 00 – 📺 ☎. 🆖
🐾   *fermé 1er fév. au 10 mars, dim. soir et lundi sauf du 15 juin au 31 août* – **Repas** 72/190 🍷 –
   ☲ 28 – **9 ch** 220/260 – ½ P 189/271.

ROSNY-SOUS-BOIS *93 Seine-St-Denis* **56** ⑪,, **101** ⑰ *– voir à Paris, Environs.*

ROSOY *89 Yonne* **61** ⑭ *– rattaché à Sens.*

L'Atlas Routier FRANCE de Michelin, c'est :

   – toute la cartographie détaillée (1/200 000) en un seul volume,

   – des dizaines de plans de villes,

   – un index de repérage des localités.

Le copilote indispensable dans votre véhicule.

ROTHÉNEUF *35 I.-et-V.* **59** ⑥ *– rattaché à St-Malo.*

ROUBAIX *59100 Nord* **51** ⑥ ⑯, **111** ⑮ *G. Flandres Artois Picardie – 97 746 h alt. 27.*

  Voir *Centre des archives du monde du travail* BX M *– Parc Barbieux – Chapelle d'Hem*★
  (murs-vitraux★★ *de Manessier) 5 km, voir plan de Lille* JS B.

  🏌 *des Flandres (privé)* ℰ 03 20 72 20 74, par⑦ *: 8 km ;* 🏌 *du Sart* ℰ 03 20 72 02 51, par⑦ :
  5 km ; 🏌 *de Brigode à Villeneuve-d'Ascq* ℰ 03 20 91 17 86, par⑦ *: 6 km ;* 🏌🏌 *de Bondues*
  ℰ *03 20 23 20 62, par D 9 : 8 km* AX.

  🛈 *Office de Tourisme 78 bd Gal-Leclerc* ℰ *03 20 65 31 90, Fax 03 20 65 31 83 – Automobile*
  Club du Nord 42 r. Mar.-Foch ℰ *03 20 65 95 95.*

  Paris 234 ⑩ *– Lille 15* ⑩ *– Kortrijk 24* ④ *– Tournai 22* ⑦.

                    Accès et sorties : voir plan de Lille.

🏨   **Gd Hôtel Mercure** Ⓜ, 22 av. J. Lebas ℰ 03 20 73 40 00, Fax 03 20 73 22 42 – 🛗 ✸ 📺
   ☎ 🅿 – 🔥 30 à 100. 🆑 ⓞ 🆖   BX r
   Repas 105 bc 🍷 – ☲ 50 – **92 ch** 370/490.

🏨   **Ibis** Ⓜ sans rest, bd Gén. Leclerc ℰ 03 20 45 00 00, Fax 03 20 73 59 31 – 🛗 📺 ☎ 🔥 🚗 –
   🔥 25. 🆑 ⓞ 🆖   BX e
   ☲ 35 – **94 ch** 295.

XX   **Chez Charly,** 127 r. J. Lebas ℰ 03 20 70 78 58 – 🆖, ✸   AX a
   fermé vacances de printemps, août et dim. sauf fériés – **Repas** (déj. seul.) 100/220.

à Lys-lez-Lannoy *5 km par D 206 – 12 300 h. alt. 28 –* ✉ *59390 :*

XX   **Aub. de la Marmotte,** 5 r. J.-B. Lebas ℰ 03 20 75 30 95, Fax 03 20 81 16 34 – 🅿.
🐾   🆖
   fermé vacances de printemps, août, dim.soir, mardi soir, merc. soir et lundi – **Repas**
   80 bc/145 🍷.   plan de Lille JS f

PEUGEOT Gar. Weynants, 196 bd Gambetta   Euromaster, 76 r. Carnot à Wattrelos
ℰ 03 20 73 91 00 🆖 ℰ 08 00 44 24 24   ℰ 03 20 02 79 19
RENAULT Succursale, 55 r. Mar.-Foch BY   Prévost Pneus, 29 r. V.-Hugo ℰ 03 20 75 53 79
ℰ 03 20 99 43 00 🆖 ℰ 08 00 05 15 15

🛞 Crépy Pneus Point S, 29 r. de l'Ouest
ℰ 03 20 70 98 02

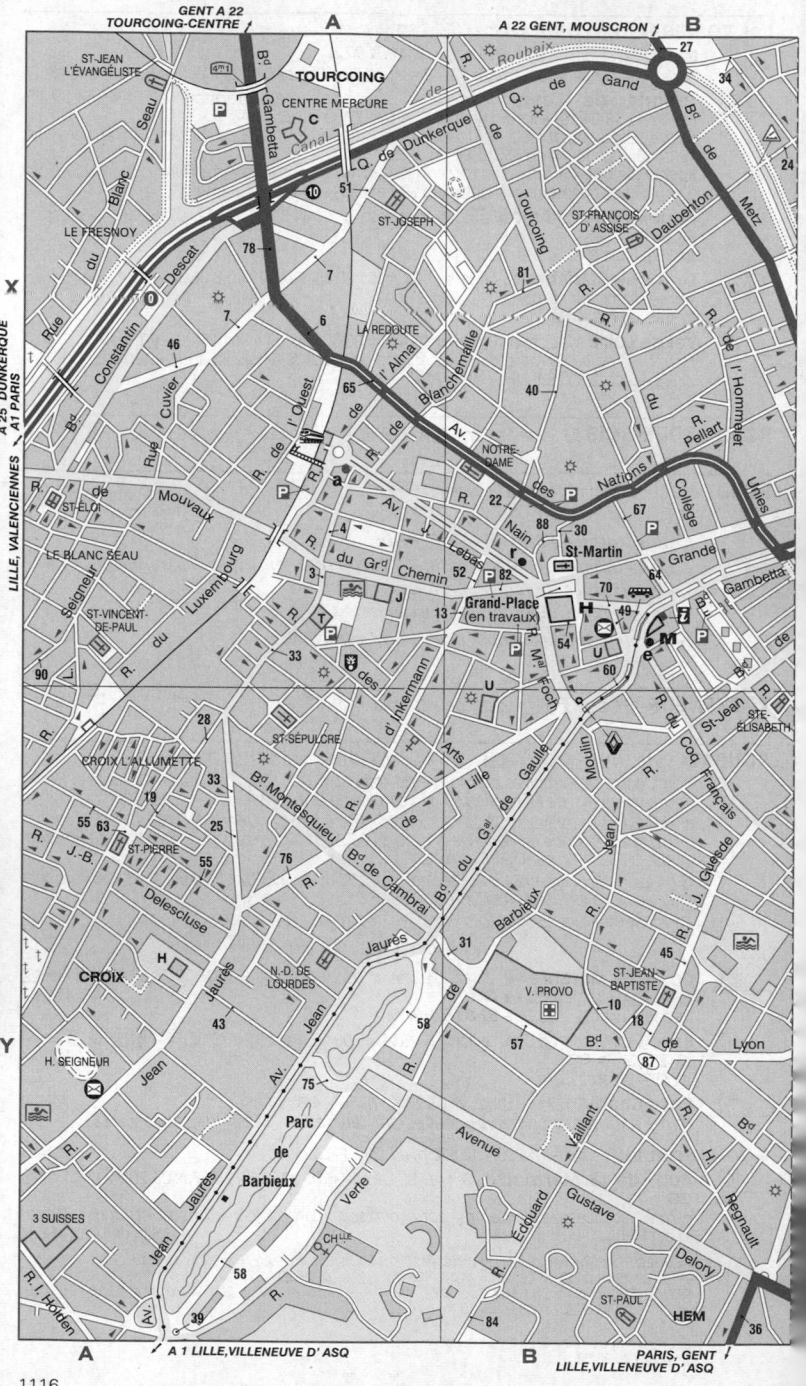

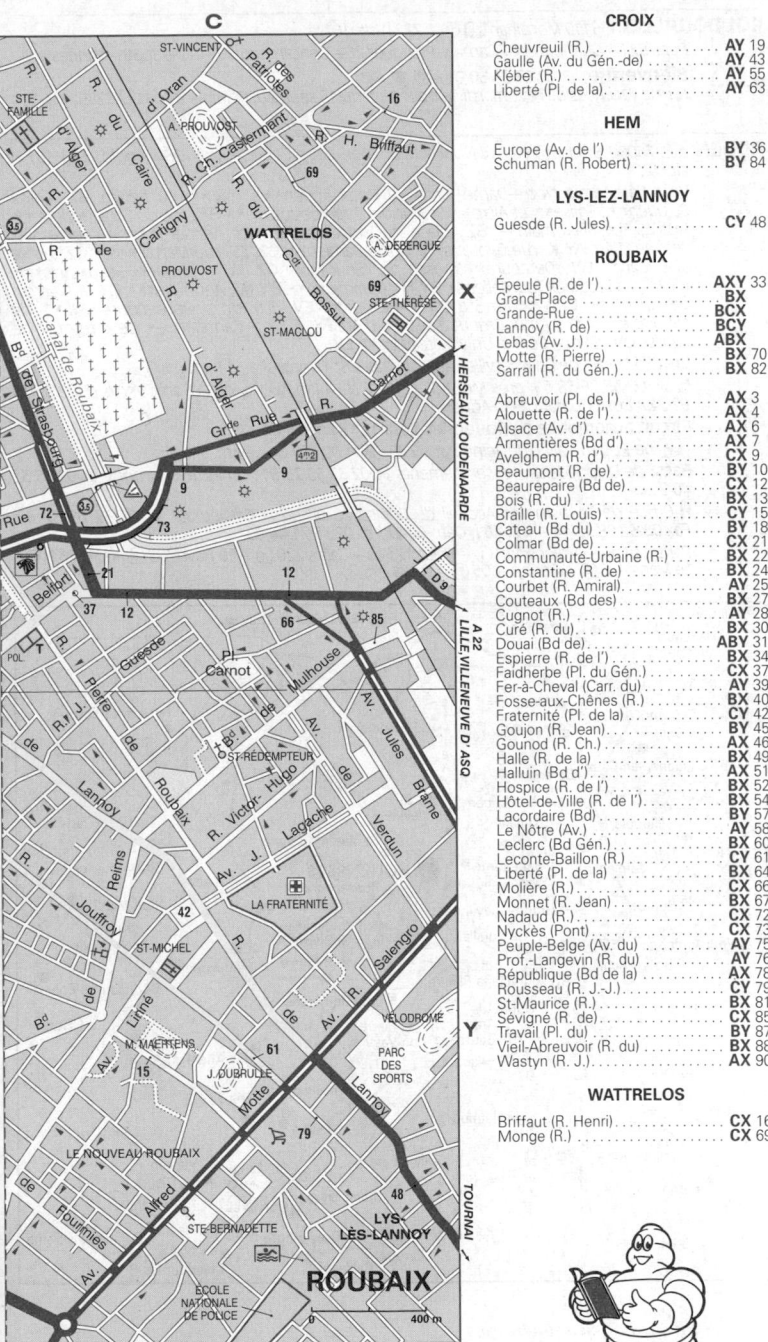

ROUDOUALLEC 56110 Morbihan 58 ⑯ – 772 h alt. 167.

Paris 521 – Quimper 34 – Carhaix-Plouguer 26 – Concarneau 36 – Lorient 65 – Vannes 112.

✗ **Bienvenue,** ℘ 02 97 34 50 01 – 🅿, 🆎 🆖
fermé vacances de fév., mardi soir et merc. du 15 sept. au 1ᵉʳ juin – **Repas** 69/285.

ROUEN 🅿 76000 S.-Mar. 55 ⑥ G. Normandie Vallée de la Seine – 102 723 h Agglo. 380 161 h alt. 12.

Voir Cathédrale Notre-Dame★★★ – Le Vieux Rouen★★★ : ❄★★ du beffroi BZ, Église St-Ouen★★, Église★★ et Aître★★ St-Maclou, Palais de Justice★★ BY, rue du Gros-Horloge★★ ABYZ, rue St-Romain★★ BZ, place du Vieux-Marché★ AY, verrière★★ de l'église Ste-Jeanne-d'Arc AY K, rue Ganterie★ BY, rue Damiette★ CZ 35, rue Martainville★ CZ, église St-Godard★ BY, Demeure★ (musée de l'Éducation) CZ M⁹ – Musées: Beaux-Arts★★★ BY M¹, Le Secq des Tournelles★★ BY M³, Céramique★★ BY M², Antiquités★★ CY M⁷ – Jardin des Plantes★ EX   Côte Ste-Catherine ❄★★★ EV, 3,5 km – Bonsecours : ❄★★ du calvaire et ⩽★★ du monument à Jeanne d'Arc FX, 3 km – Canteleu ⩽★ de la terrasse de l'église DV, 4 km – Centre Universitaire ❄★★ EV.

Env. St-Martin de Boscherville : anc. abbatiale St-Georges★★, 11 km par ⑦.

🏌 ℘ 02 35 76 38 65, près Mont-St-Aignan, N : 4 km AB ; 🏌 de la Forêt Verte ℘ 02 35 33 62 94 à Bosc-Guérande-St-Adrien.

Circuit automobile de Rouen-les-Essarts 13 km par ⑥.

✈ de Rouen-Vallée de Seine : ℘ 02 35 79 41 00, par ③ : 9 km.

Bacs: de Dieppedalle : renseignements ℘ 02 35 36 20 81 ; du Petit-Couronne ℘ 02 35 32 40 21.

🅱 Office de Tourisme et Accueil de France 25 pl. de la Cathédrale ℘ 02 32 08 32 40, Fax 02 32 08 32 44 – A.C. 46 r. Gén.-Giraud ℘ 02 35 71 44 89.

Paris 134 ⑥ – Amiens 119 ① – Caen 123 ⑥ – Calais 220 ① – Le Havre 88 ⑧ – Lille 231 ① – Le Mans 196 ⑥ – Rennes 305 ⑥ – Tours 275 ⑥.

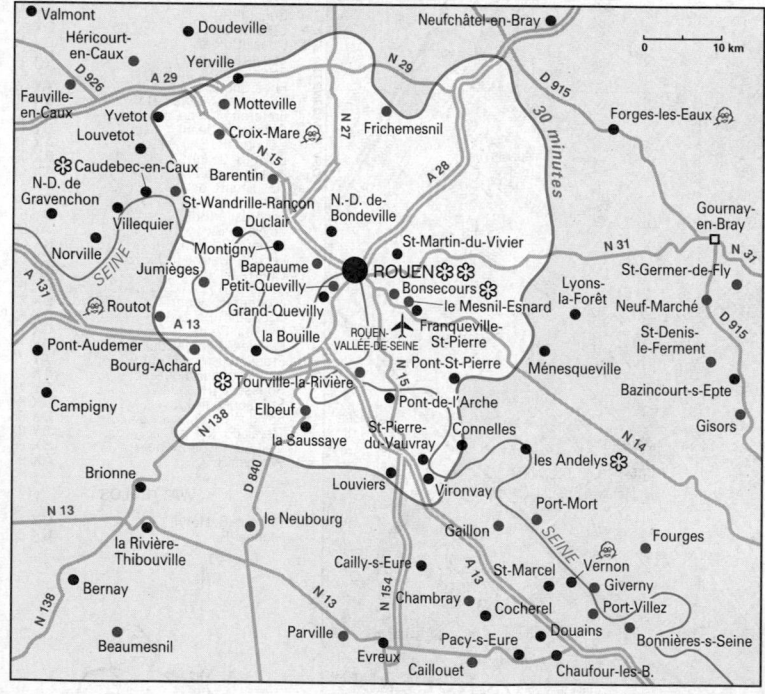

En juin et en septembre,
les hôtels sont moins chers qu'en pleine saison, le service est plus soigné.

🏨 **Mercure Champ de Mars** Ⓜ, av. A. Briand ☎ 02 35 52 42 32, Fax 02 35 08 15 06 – |🛗|
🍴🕎 📺 ☎ ✔ ᯲ ᯲ – 🛗 160. 🖭 ⓞ 🆖 🄹🄲🄱 CZ   j
Repas *(fermé sam. midi)* 130, enf. 45 – ☲ 55 – **139 ch** 380/520.

🏨 **Mercure Centre** Ⓜ sans rest, r. Croix de Fer ☎ 02 35 52 69 52, Fax 02 35 89 41 46 – |🛗|
🍴🕎 🍽 📺 ☎ ᯲ – 🛗 40. 🖭 ⓞ 🆖 BZ   f
☲ 55 – **125 ch** 530/870.

🏨 **Dieppe et rest. Le Quatre Saisons**, pl. B. Tissot ☎ 02 35 71 96 00, Fax 02 35 89 65 21
– |🛗| 📺 ☎. 🖭 ⓞ 🆖 🄹🄲🄱 BY   z
Repas 138/198 – ☲ 45 – **41 ch** 390/595 – ½ P 360.

🏨 **Le Dandy** sans rest, 93 bis r. Cauchoise ☎ 02 35 07 32 00, Fax 02 35 15 48 82 – |🛗| 📺 ☎
🆖 AY   p
☲ 40 – **18 ch** 270/390.

🏨 **Bordeaux** sans rest, 9 pl. République ☎ 02 35 71 93 58, Fax 02 35 71 92 15 – |🛗| 📺 ☎ ✔
🖭 ⓞ 🆖 🄹🄲🄱 BZ   e
☲ 35 – **48 ch** 260/330.

🏨 **Astrid** sans rest, pl. Gare ☎ 02 35 71 75 88, Fax 02 35 88 53 25 – |🛗| 📺 ☎. 🖭 ⓞ 🆖 🄹🄲🄱
☲ 35 – **40 ch** 250/360. BY   s

🏨 **Clarine**, 14 quai G. Boulet ☎ 02 35 15 25 25, Fax 02 35 15 92 90 – |🛗| 🍴🕎 📺 ☎ ᕦ 🅿 –
🛗 180. 🖭 🆖 AY   v
Repas 59/98 🍷 – ☲ 32 – **82 ch** 295.

🏨 **Ibis Rive Gauche** sans rest, 44 r. Amiral Cécille ✉ 76100 ☎ 02 35 63 27 27,
Fax 02 35 63 27 11 – |🛗| 🍴🕎 📺 ☎ ᕦ ᯲. 🖭 ⓞ 🆖 AZ   m
☲ 35 – **81 ch** 290/305.

🏨 **Viking** sans rest, 21 quai Havre ☎ 02 35 70 34 95, Fax 02 35 89 97 12 – |🛗| cuisinette 🍴🕎 📺
☎. 🖭 ⓞ 🆖 🄹🄲🄱 AZ   y
☲ 35 – **38 ch** 275/325.

🏨 **Québec** sans rest, 18 r. Québec ☎ 02 35 70 09 38, Fax 02 35 15 80 15 – |🛗| 📺 ☎. 🖭 🆖
fermé 24 déc. au 5 janv. – ☲ 38 – **38 ch** 165/330. BZ   q

🏨 **Cardinal** sans rest, 1 pl. Cathédrale ☎ 02 35 70 24 42, Fax 02 35 89 75 14 – |🛗| 📺 ☎. 🆖
fermé 23 déc. au 5 janv. – ☲ 34 – **20 ch** 235/360. BZ   r

🏨 **Lisieux** sans rest, 4 r. Savonnerie ☎ 02 35 71 87 73, Fax 02 35 89 31 52 – 🍴🕎 📺 ☎ ✔. 🖭
ⓞ 🆖 BZ   b
fermé 20 déc. au 4 janv. – ☲ 36 – **30 ch** 195/310.

🏨 **Vieille Tour** sans rest, 42 pl. Haute Vieille Tour ☎ 02 35 70 03 27, Fax 02 35 98 08 54 – |🛗|
📺 ☎. 🖭 ⓞ 🆖 BZ   d
☲ 30 – **23 ch** 160/295.

🍽🍽🍽🍽 **Gill** (Tournadre), 9 quai Bourse ☎ 02 35 71 16 14, Fax 02 35 71 96 91 – 🍽. 🖭 ⓞ 🆖 🄹🄲🄱
❀ ❀ *fermé 13 au 20 avril, 3 au 18 août, dim. sauf le midi d'oct. à avril et lundi* – **Repas** 199/400 et
carte 320 à 460, enf. 120 BZ   a
Spéc. Grosses queues de langoustines poêlées, chutney de tomates et poivrons rouges.
Pigeon à la rouennaise. Mirliton rouennais aux abricots frais (été).

🍽🍽🍽 **Les Nymphéas** (Kukurudz), 9 r. Pie ☎ 02 35 89 26 69, Fax 02 35 70 98 81, 😊 – 🖭 🆖
❀ *fermé 1er au 8 sept., dim. soir et lundi* – **Repas** 165/250 et carte 290 à 380 AY   h
Spéc. Escalope de foie gras chaud de canard au vinaigre de cidre. Sauvageon à la rouennaise. Soufflé chaud aux pommes et calvados.

🍽🍽🍽 **La Couronne**, 31 pl. Vieux Marché ☎ 02 35 71 40 90, Fax 02 35 71 05 78, « Maison normande du 14e siècle » – 🖭 ⓞ 🆖 AY   d
Repas 150/245 et carte 280 à 400.

🍽🍽🍽 **L'Écaille** (Tellier), 26 rampe Cauchoise ☎ 02 35 70 95 52, Fax 02 35 70 83 49 – 🍽. 🖭 🆖
❀ *fermé dim. soir et lundi* – **Repas** 145/380 et carte 320 à 450 AY   g
Spéc. Salade de homard à la vinaigrette de crustacés. Saint-Pierre grillé, petits légumes, jus
d'olive safrané. Croquant aux pommes confites parfumées au calvados.

🍽🍽🍽 **Le Beffroy** (Mme Engel), 15 r. Beffroy ☎ 02 35 71 55 27, Fax 02 35 89 66 12, « Cadre
❀ normand » – 🖭 ⓞ 🆖 BY   b
fermé dim. soir et mardi soir – **Repas** 100/275 et carte 250 à 340
Spéc. Timbale de homard et de langoustines. Turbot au vinaigre de cidre. Canard à la
rouennaise.

🍽🍽🍽 **Aub. du Vieux Carré**, 34 r. Ganterie ☎ 02 35 71 67 70, Fax 02 35 98 56 21, 😊 – 🆖
fermé 1er au 15 août – **Repas** 120/230 et carte 260 à 330. BY   v

🍽🍽🍽 **Les P'tits Parapluies** (Andrieu), 2 pl Rougemare ☎ 02 35 88 55 26, Fax 02 35 70 24 31 –
❀ 🖭 ⓞ 🆖 🄹🄲🄱 CY   e
fermé 3 au 19 août, vacances de fév., dim. sauf le midi du 26 oct. au 1er juin et lundi – **Repas**
155/245 et carte 240 à 320
Spéc. Galette de pommes de terre et d'andouille au cidre (hiver). Poêlée de Saint-Jacques
au jus de pomme verte (oct. à mai). Sauvageon aux épices douces.

ROUEN

Alliés (Av. des) .... **DX** 4
Ango (R. Jean) .... **EV** 7
Béthencourt (Quai de) .... **EV** 14
Bicheray (Av. du Commandant) **DV** 15
Bois-des-Dames (Av. du) ..... **EV** 17
Boisguilbert (Bd de) .... **EV** 18
Bonsecours (Rte de) .... **EV** 21
Briand (R. Aristide) .... **DX** 33
Brossolette (Bd) .... **DX** 34
Bruyères (Rond-Point des) .... **EX** 36
Caen (Av. de) .... **EV** 37
Canteleu (Route de) .... **DV** 39
Carnot (Av.) .... **DV** 40
Chasselièvre (R.) .... **EV** 52
Clères (Chemin de) .... **EV** 54
Coquelicots (R. des) .... **EX** 55
Corneille (R. Pierre) .... **EX** 58
Corniche (Route de la) .... **FV** 60
Darnétal (Route de) .... **FV** 64
Duclair (R. de) .... **DV** 69
Elbeuf (R. d') .... **EX** 75
Europe (Av. de l') .... **EV** 78
Europe (Bd de l') .... **EVX** 79
Felling (Av. de) .... **EX** 82
Fond du Val (Allée du) .... **EV** 85
France (Quai de) .... **DV** 87
Gaulle (Bd Charles-de) .... **DX** 88
Grand-Cours (Av. du) .... **EX** 91
Grand'Mare (Av. de la) .... **FV** 92
Jean-Jaurès (Av.) .... **DX** 97
Jean-Jaurès (Bd) .... **DV** 99
La Fayette (R.) .... **EV** 103
Leclerc (Av. Général) .... **DV** 105
Leclerc-de-Hauteclocque
(Av. du Gén.) .... **DX** 106
Lesseps (Bd Ferdinand-de) ... **EV** 107
Maréchal-Juin (Av. du) .... **FV** 109
Martyrs-de-la-Résistance
(R. des) .... **DV** 110
Mont-Riboudet (Av. du) .... **EV** 112
Nansen (R.) .... **DV** 114
Pène (R. Annie de) .... **FV** 118
Quatre-Mares (Grande R. de) . **EX** 122
Renard (R. du) .... **EV** 125
République (R. de la) .... **FV** 126
Rondeaux (Av. Jean) .... **EV** 131
Roosevelt (Bd Franklin) .... **DX** 132
Ste-Lucie (Rond-Point) .... **DX** 135
Siegfried (Bd André) .... **EV** 142
Sotteville (R. de) .... **EX** 145
Verdun (Bd de) .... **EV** 150
11-Novembre (Bd du) .... **EX** 157

AMFREVILLE ....

Paris (Route de) .... **FX** 158

BONSECOURS ....

République (R. de la) .... **EX** 160

GRAND-QUEVILLY ....

Verdun (Bd de) .... **DX** 165

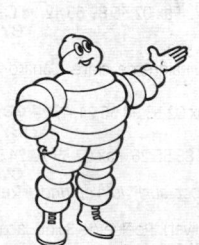

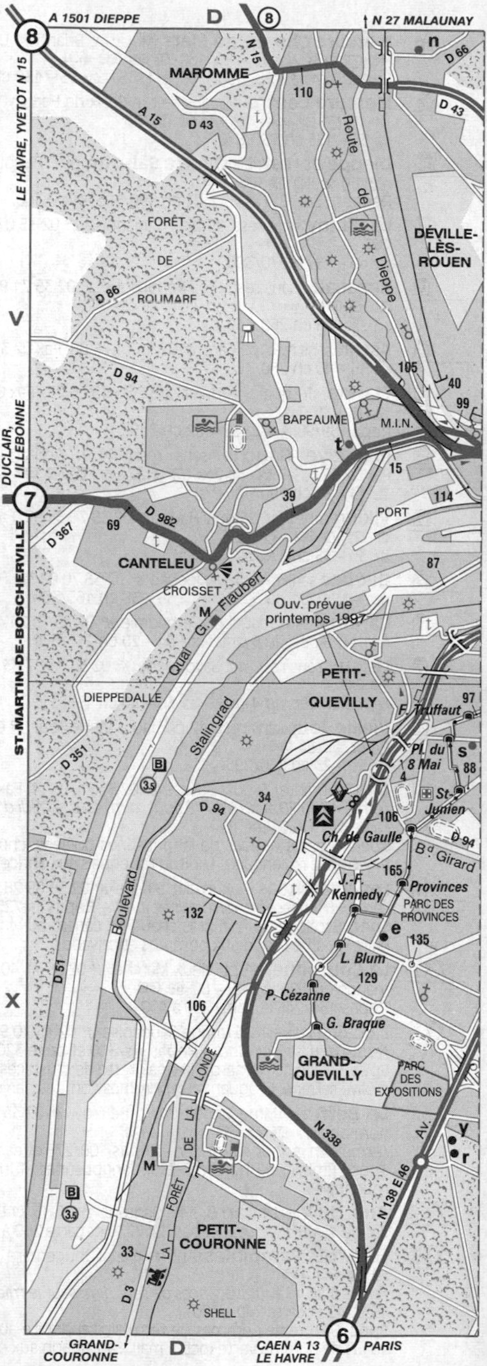

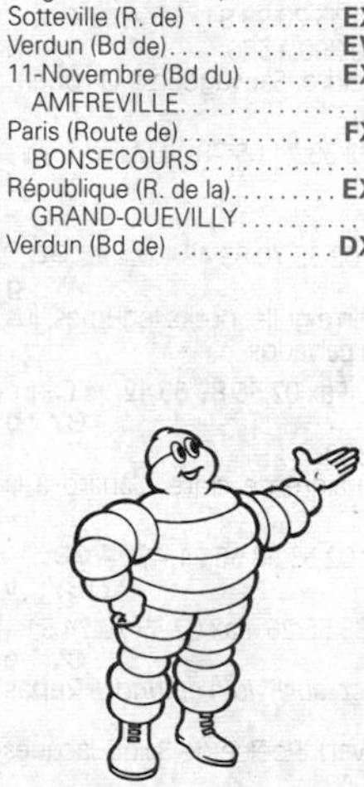

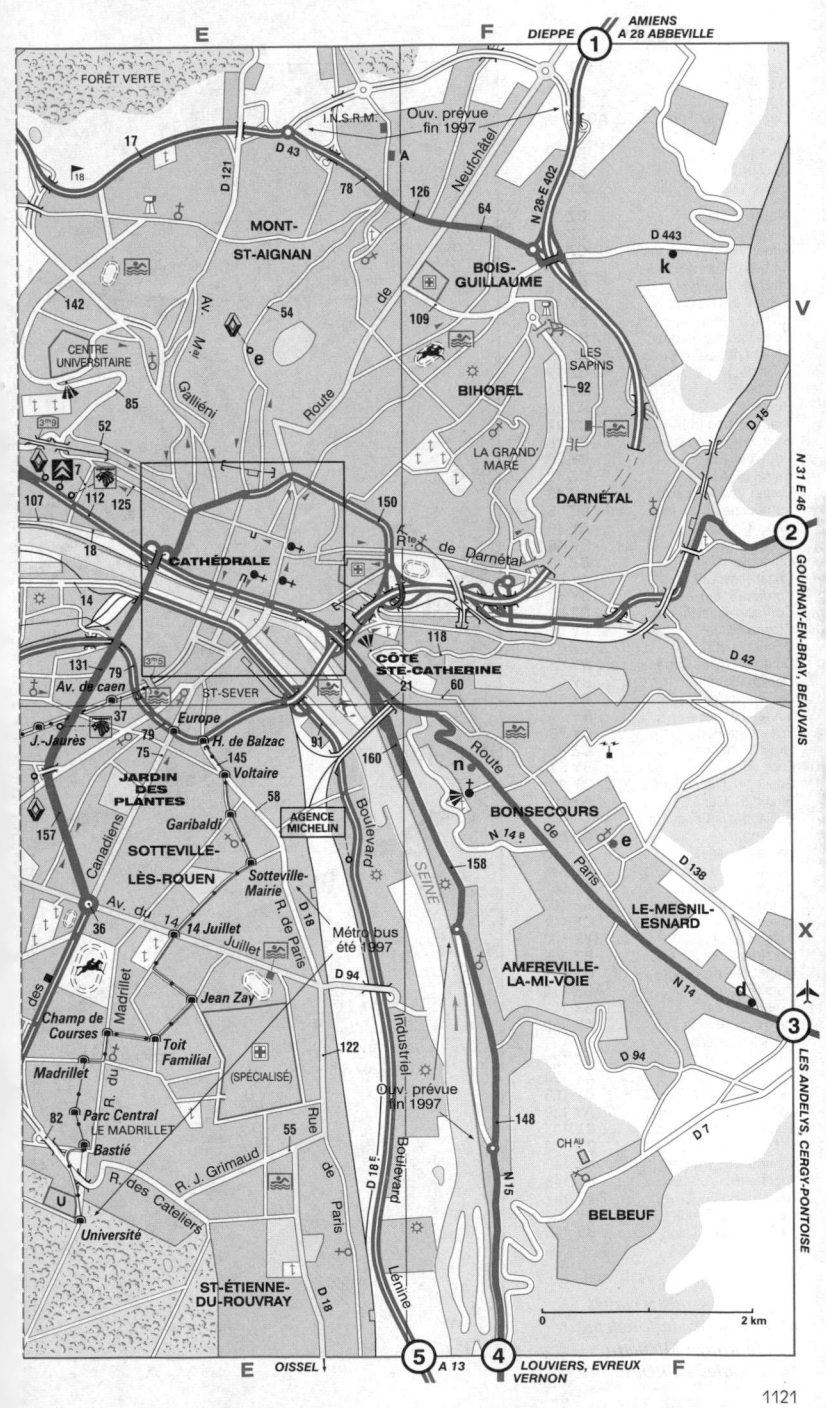

ROUEN

*Pour les grands voyages
d'affaires ou de tourisme.*
**Guide Rouge Michelin
Main Cities EUROPE.**

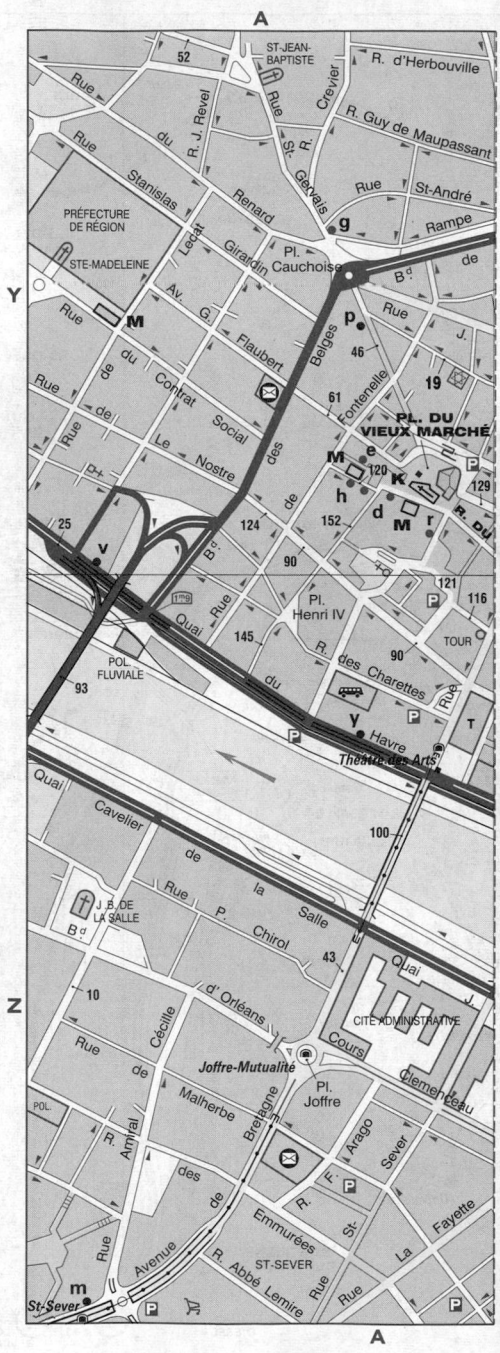

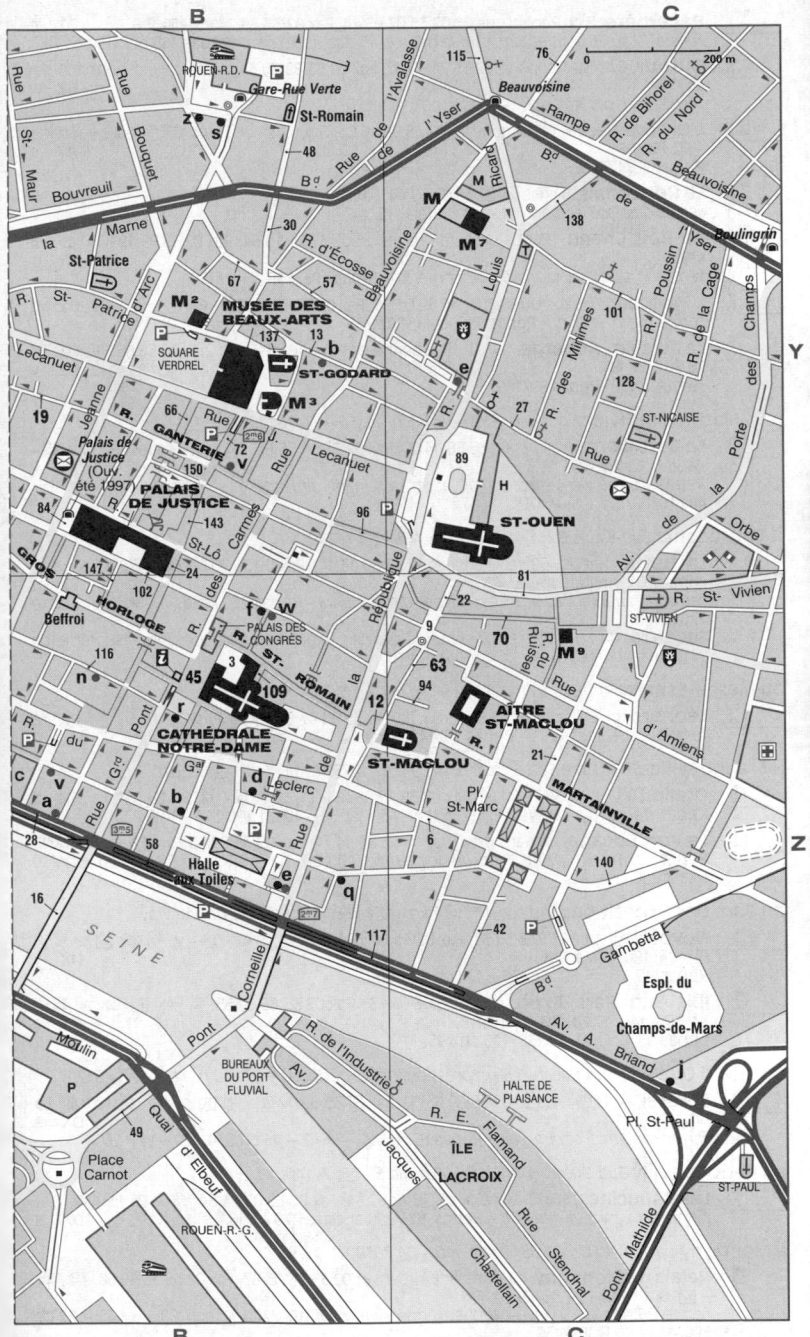

XX **Reverbère,** 5 pl. République ✆ 02 35 07 03 14, Fax 02 35 89 77 93 – AE GB BZ e
fermé 10 au 25 août et dim. sauf le midi du 1er oct. au 30 mai – **Repas** 165 bc/310 bc.

XX **Dufour,** 67 r. St-Nicolas ✆ 02 35 71 90 62, Fax 02 35 89 70 34, « Cadre vieux normand » – AE GB BZ w
fermé dim. soir et lundi – **Repas** 80 bc (déj.), 120/230.

XX **L'Orangerie,** 2 r. T. Cormeille ✆ 02 35 98 16 03, Fax 02 35 98 70 44, 🏖, « Salle voûtée » – AE ⓓ GB AY e
Repas 98/178.

XX **Le Rouennais,** 5 r. Pie ✆ 02 35 07 55 44, Fax 02 35 71 96 38 – GB AY h
fermé dim. soir et lundi – **Repas** 75 (déj.), 99/240.

XX **Au Bois Chenu,** 23 pl. Pucelle d'Orléans ✆ 02 35 71 19 54, Fax 02 35 89 49 83 – AE ⓓ GB AY r
fermé 1er au 10 sept., mardi soir et merc. – **Repas** 105/155 🍷, enf. 50.

X **L'Épisode,** 37 r. aux Ours ✆ 02 35 89 01 91, Fax 02 35 07 06 21 – GB BZ n
fermé merc. et dim. – **Repas** 110 (déj.), 170/235.

X **La Vieille Auberge,** 37 r. St-Étienne-des-Tonneliers ✆ 02 35 70 56 65, Fax 02 35 70 56 65 – GB BZ v
fermé lundi – **Repas** 89/189.

à St-Martin-du-Vivier *Nord-Est : 8 km – 1 445 h. alt. 56 – ✉ 76160 :*

🏨 **La Bertelière** Ⓜ 🐦, ✆ 02 35 60 44 00, Fax 02 35 61 56 63, 🏖, 🌳 – ▤ rest 📺 ☎ ♿ P – 🎪 200. AE ⓓ GB FV k
Repas *(fermé week-ends en juil.-août, sam. midi, dim. soir et soirs fériés)* 159 – ☕ 55 – **44 ch** 480/570 – ½ P 470.

à Bonsecours *Sud-Est : 3,5 km – 6 898 h. alt. 144 – ✉ 76240 :*

XXX ✿ **La Butte** (Hervé), 69 rte Paris ✆ 02 35 80 43 11, Fax 02 35 80 69 74, 🏖, « Coquette auberge normande » – AE GB FX n
fermé 1er au 25 août, vacances de Noël, dim. et lundi – **Repas** 200 bc (déj.), 250/340 et carte 270 à 400
Spéc. Filet de Saint-Pierre aux senteurs des îles. Canardeau à la rouennaise. Suprême de pintadeau Vallée d'Auge.

au Mesnil-Esnard *Sud-Est : 6 km – 6 092 h. alt. 150 – ✉ 76240 :*

XX **Léonard,** pl. Église ✆ 02 35 80 16 88, Fax 02 35 80 07 82, 🏖 – P. GB FX e
fermé dim. soir et lundi – **Repas** 99/140, enf. 60.

à Franqueville-St-Pierre *Sud-Est par N 14 : 9 km – 4 230 h. alt. 140 – ✉ 76520 :*

🏨 **Otelinn** Ⓜ, ✆ 02 35 79 00 99, Fax 02 35 79 88 13 – 📺 ☎ ♿ P – 🎪 50. AE GB FX d
Repas *(fermé dim. soir)* 85 bc/190 🍷, enf. 45 – ☕ 39 – **40 ch** 290/305 – ½ P 235.

🏨 **Le Vert Bocage,** rte Paris par ③ ✆ 02 35 80 14 74, Fax 02 35 80 55 73 – 📺 ☎ P. AE GB
Repas *(fermé dim. soir et lundi de nov. à mars)* 100/205 🍷, enf. 55 – ☕ 27 – **19 ch** 230/270 – ½ P 250.

au Parc des Expositions *Sud par N 138 : 6 km – ✉ 76800 St-Étienne-du-Rouvray :*

🏨 **Novotel** Ⓜ, ✆ 02 35 66 58 50, Fax 02 35 66 15 56, 🏖, 🏊, 🌳, 🎾 – 🛗 ⊁ ▤ 📺 ☎ ♿ P – 🎪 180. AE ⓓ GB JCB DX y
Repas 95 🍷, enf. 50 – ☕ 50 – **134 ch** 420/560.

🏨 **Ibis Sud Parc Expo,** ✆ 02 35 66 03 63, Fax 02 35 66 62 55 – ⊁ 📺 ☎ ♿ P – 🎪 30 à 140. AE ⓓ GB. ✻ rest DX r
Repas 95, enf. 39 – ☕ 35 – **76 ch** 295.

au Grand Quevilly *Sud-Ouest : 5,5 km près Parc des Expositions – 27 658 h. alt. 6 – ✉ 76120 :*

🏨 **Soretel,** av. Provinces ✆ 02 35 69 63 50, Fax 02 35 69 42 28 – 🛗 📺 ☎ P – 🎪 100. AE ⓓ GB DX e
fermé sam. midi et dim. soir – **Repas** 85/165 🍷 – ☕ 42 – **45 ch** 330/360 – ½ P 260.

au Petit Quevilly *Sud-Ouest : 3 km – 22 600 h. alt. 5 – ✉ 76140 :*

XXX **Les Capucines,** 16 r. J. Macé ✆ 02 35 72 62 34, Fax 02 35 03 23 84, 🏖 – AE ⓓ GB DX s
fermé sam. midi et dim. soir – **Repas** 160/290 et carte 270 à 340.

à Montigny *par ⑦ : 10 km – 1 051 h. alt. 110 – ✉ 76380 :*

🏨 **Relais de Montigny,** r. Lieutenant Aubert ✆ 02 35 36 05 97, Fax 02 35 36 19 60, 🏖, 🌳 – 📺 ☎ 🚗 P – 🎪 30. AE ⓓ GB
fermé 26 déc. au 5 janv. – **Repas** *(fermé sam. midi)* 100/220 🍷, enf. 80 – ☕ 45 – **22 ch** 300/415 – ½ P 360/430.

à Bapeaume-lès-Rouen *Nord-Ouest : 3 km –* ⊠ *76820 :*

XX **Vieux Moulin,** 3 r. S. Lecoeur ℰ 02 35 36 39 59, Fax 02 35 36 02 56, 🍴 – 🅿. 🄐 ① ⅭⒷ
Repas 110/320. DV t

à Notre-Dame-de-Bondeville *Nord-Ouest : 7,5 km – 7 584 h. alt. 25 –* ⊠ *76960 :*

X **Les Elfes** avec ch, ℰ 02 35 74 36 21, Fax 02 35 75 27 09 – 📺 ☎ 🅿. ⅭⒷ DV n
fermé 1ᵉʳ au 24 août, dim. soir et merc. – **Repas** 98/210 – ⌐ 30 – **7 ch** 195 – ½ P 180.

MICHELIN, Agence, 24 bd Industriel à Sotteville-lès-Rouen B ℰ 02 35 73 63 73

BMW S.R.D.A., 122 r. de Constantine
ℰ 02 35 98 33 77
CITROEN Succursale, 144 av. Mont Riboudet
ℰ 02 35 52 86 40 🄽 ℰ 02 32 10 62 62
FORD Gar. Thibaut, 135 r. Lafayette
ℰ 02 35 72 76 84
HONDA Gar. Sporty, 65 av. du Mont Riboudet
ℰ 02 35 88 13 88
MERCEDES Gar. Autotechnic, 99 r. de Constantine
ℰ 02 35 88 16 88 🄽 ℰ 02 35 71 93 57
NISSAN S.E.R.A., 3 r. J.-Ango ℰ 02 35 89 01 53
OPEL S.N.O.A., 31 av. de Caen ℰ 02 35 72 11 63
PEUGEOT S.I.A. de Normandie, 116 av. Mont-
Riboudet, Rive Droite ℰ 02 35 89 81 44 🄽
ℰ 02 35 70 02 05
PEUGEOT S.I.A. de Normandie, 71-73 av. de Caen,
Rive Gauche ℰ 02 35 72 24 84 🄽
ℰ 02 35 70 02 05

RENAULT Succursale, 184 av. Mont-Riboudet
ℰ 02 32 10 41 41 🄽 ℰ 08 00 05 15 15
TOYOTA Succursale, 4-10 r. Lillebonne,23 r.
A.-Dormoy ℰ 02 35 15 13 13
VAG Gar. Blet, 90 av. Mont-Riboudet
ℰ 02 35 88 45 45 🄽 ℰ 02 35 88 03 88

🛞 Ansselin Pneus, 55 av. de Caen
ℰ 02 35 62 00 24
Blard Pneus Center, 46 r. de Lillebonne
ℰ 02 35 71 72 97
CAP, Hangar n°10 quai F.-de Lesseps
ℰ 02 35 07 08 99
Marsat-Pneus, 28 r. F.-Arago, pl. des Emmurés
ℰ 02 35 72 32 38
Vulco, bd Industriel à Sotteville-les-Rouen
ℰ 02 35 72 50 90

Périphérie et environs

CITROEN Succursale, Ctre Cial de Bois-Cany au
Grand-Quevilly ℰ 02 35 18 29 20 🄽
ℰ 02 35 74 11 26
DAEWOO Nord-Autos Sce, 94 r. Martyrs Résistance
à Maromme ℰ 02 35 74 22 83
FIAT Albion Auto, r. Canal à Bapeaume-les-Rouen
ℰ 02 35 74 46 74
FORD Gar. Thibaut, 128 av. J.-Jaurès au Petit-
Quevilly ℰ 02 35 72 96 96
RENAULT Succursale Rouen Rive Gauche, 20 pl.
Chartreux au Petit Quevilly ℰ 02 35 58 22 22 🄽
ℰ 08 00 05 15 15
RENAULT Gar. du Chemin de Clères, 138 ch. de
Clères à Bois-Guillaume ℰ 02 35 71 22 70
RENAULT Succursale Rouen Rive Gauche, Bois
Cany au Grand Quevilly ℰ 02 35 58 22 22 🄽
ℰ 08 00 05 15 15
ROVER Redelé Autom., 226 av. des Alliés au Petit
Quevilly ℰ 02 35 73 24 02

VAG Gar. Blet, Ctre Cial, r. Lavoisier au Grand
Quevilly ℰ 02 35 69 69 45 🄽 ℰ 02 35 88 03 88
VAG Socap, 164 r. de Paris au Mesnil-Esnard
ℰ 02 35 80 15 55 🄽 ℰ 02 35 73 39 56

🛞 CAP, 226 av. des Alliés à Petit Quevilly
ℰ 02 35 03 33 23
Euromaster, quai du Buisson à Oissel
ℰ 02 35 95 42 13
Marsat Pneus, 141-143 pl. A.-Briand à Maromme
ℰ 02 35 74 27 69
Rouen Pneus, r. Cateliers ZI Madrillet à St-
Etienne-du-Rouvray ℰ 02 35 65 34 13
Régnier Pneus, 18 av. J.-Jaurès au Petit Quevilly
ℰ 02 35 72 67 01
Sube Pneurama Point S, 23 r. de Roanne à
Elbeuf ℰ 02 35 81 04 47
Sube Pneurama Point S, r. Chesnaie à St-
Etienne-du-Rouvray ℰ 02 35 65 24 53

ROUFFACH 68250 H.-Rhin 🅑🅱 ⑲ *G. Alsace Lorraine – 4 303 h alt. 204.*

🏌 *Golf d'Alsace* ℰ 03 89 78 59 59 *par D 8 : 2 km.*

Paris 480 – Colmar *15 – Basel 60 – Belfort 57 – Guebwiller 10 – Mulhouse 28 – Thann 26.*

🏨 **Château d'Isenbourg** ⬙, ℰ 03 89 49 63 53, Fax 03 89 78 53 70, ≼, 🍴, 🐴, 🏊, 🎾,
⊛ 🐎, ✗ – 🛗 🍴 rest 📺 ☎ 🅿. – 🔬 25. 🄐 ① ⅭⒷ ⒿⒸⒷ
fermé 12 janv. au 13 mars – **Repas** 260 (déj.), 270/370 et carte 320 à 440 – ⌐ 85 – **40 ch**
850/1450 – ½ P 855/1155
Spéc. Beignets de grenouilles sur compote de cresson. Pot-au-feu de foie gras. Grappe de
raisin au chocolat blanc. **Vins** Pinot noir, Riesling.

🏨 **A la Ville de Lyon,** r. Poincaré ℰ 03 89 49 65 51, Fax 03 89 49 76 67, 🍴 – 🛗 📺 ☎ 🅿 –
🔬 40. 🄐 ① ⅭⒷ
fermé 17 fév. au 10 mars – *voir rest.* **Philippe Bohrer** *ci-après* **- Brasserie Chez Julien**
ℰ 03 89 49 69 80 **Repas** 50/140 🍷, enf. 48 – ⌐ 42 – **43 ch** 270/450 – ½ P 335/355.

XXX **Philippe Bohrer,** r. Poincaré ℰ 03 89 49 62 49, Fax 03 89 49 76 67 – 🍽 🅿. 🄐 ① ⅭⒷ
⊛ *fermé 17 fév. au 10 mars et lundi* – **Repas** 130/395 et carte 250 à 380, enf. 90
Spéc. Presskopf de homard et foie gras aux herbes. Filet de turbot au gewürztraminer et
pommes d'amour. Croustillant de caille à l'ancienne. **Vins** Tokay-Pinot gris, Pinot noir.

à Bollenberg *Sud-Ouest : 6 km par N 83 et rte secondaire –* ⊠ *68250 Rouffach :*

🏨 **Bollenberg** ⬙ *sans rest,* ℰ 03 89 49 62 47, Fax 03 89 49 77 66, 🐴, 🐎 – 📺 ☎ 🅿 –
🔬 80. 🄐 ① ⅭⒷ
⌐ 50 – **45 ch** 280/380.

※※ **Vieux Pressoir,** ℰ 03 89 49 60 04, Fax 03 89 49 76 16, 斎, « Décor alsacien » – 🅿. 🆎 ⑩
※ 🆖
fermé 20 au 27 déc. – **Repas** 85/340 bc.

CITROEN Gar. Sauter, ℰ 03 89 49 61 46   FORD Gar. Habermacher, ℰ 03 89 49 60 08

ROUFFIAC-TOLOSAN *31 H.-Gar.* 🔢 ⑧ – *rattaché à Toulouse.*

Le ROUGET *15290 Cantal* 🔢 ⑪ – *910 h alt. 614.*
Paris 555 – *Aurillac 25* – *Figeac 41* – *Laroquebrou 16* – *St-Céré 39* – *Tulle 76.*
🏠 **Voyageurs,** ℰ 04 71 46 10 14, Fax 04 71 46 93 89 – ⅍ ☎ 🅿. 🛇 ch
※ **Repas** 65 bc/110 ⚒ – ⊡ 22 – **38 ch** 180/200 – ½ P 200.

CITROEN Gar. Fau, ℰ 04 71 46 11 03 🅽   PEUGEOT Gar. Lajarrige, à Cayrols
ℰ 04 71 46 11 03   ℰ 04 71 46 15 65
                                                    RENAULT Gar. Montimart, ℰ 04 71 46 15 47

ROUGIVILLE *88 Vosges* 🔢 ⑰ – *rattaché à St-Dié.*

ROULLET *16 Charente* 🔢 ⑬ – *rattaché à Angoulême.*

Les ROUSSES *39220 Jura* 🔢 ⑮ ⑯ *G. Jura* – *2 840 h alt. 1110* – *Sports d'hiver : 1 120/1 680 m*
⅍ 40 ⚛.
Voir *Gorges de la Bienne* ⋆ *O : 3 km.*
🏌 *Golf du Rochas (les Rousses)* ℰ 03 84 60 06 25 sur D 29^F1 ; 🏌 *du Mont-Saint-Jean* ℰ 03 84
60 09 71, E : 1 km par D 29^F1.
🛈 *Office de Tourisme* ℰ 03 84 60 02 55, Fax 03 84 60 52 03.
Paris 461 – *Genève 41* – *Gex 30* – *Lons-le-Saunier 65* – *Nyon 21* – *St-Claude 32.*
🏛 **France,** ℰ 03 84 60 01 45, Fax 03 84 60 04 63, 斎 – 📺 ☎ 🅿. – ⛄ 25. 🆎 ⑩ 🆖
❄ *fermé 9 au 27 juin et 17 nov. au 12 déc.* – **Repas** 150/435 et carte 330 à 450 ⚒ – ⊡ 48 –
32 ch 385/530 – ½ P 330/455
Spéc. Marbré de queue de boeuf au foie gras en gelée. Viennoise de cabillaud. Andouillette
de pied de porc sauce Périgueux. **Vins** Arbois rosé, Côtes du Jura.

à la Cure *Sud-Est : 2,5 km par N 5, rte de Genève* – ✉ *39220 Les Rousses :*
※※ **Arbez Franco-Suisse** Ⓜ avec ch, ℰ 03 84 60 02 20, Fax 03 84 60 08 59, 斎 – 🅿.
🆖 🛇 rest
fermé 16 au 30 nov., lundi soir et mardi hors sais. – **Repas** 120/210 – ⊡ 38 – **10 ch** 270/350
– ½ P 300/315.

à Noirmont *Nord : 3 km par D 29^E* – ✉ *39220 Les Rousses :*
🏠 **Chamois** ≫, ℰ 03 84 60 01 48, Fax 03 84 60 39 38, ≼ – 📺 ☎ 🅿. 🆖
※ *fermé 28 avril au 18 mai, 24 nov. au 14 déc., vend. soir et sam. midi hors sais.* – **Repas**
78/145 ⚒, enf. 45 – ⊡ 30 – **12 ch** 250/310 – ½ P 280.

RENAULT Gar. des Neiges, ℰ 03 84 60 01 00 🅽 ℰ 06 07 46 90 27

ROUSSILLON *84220 Vaucluse* 🔢 ⑬ *G. Provence* (plan) – *1 165 h alt. 360.*
Voir *Site* ⋆ *du village* ⋆.
🛈 *Office de Tourisme pl. de la Poste* ℰ 04 90 05 60 25, Fax Mairie 04 90 05 73 34.
Paris 727 – *Apt 11* – *Avignon 51* – *Bonnieux 10* – *Carpentras 37* – *Cavaillon 30* – *Sault 31.*
※※ **David,** pl. Poste ℰ 04 90 05 60 13, Fax 04 90 05 75 80, ≼ falaises et vallée, 斎 – ⑩ 🆖
20 mars-20 nov. – **Repas** *(fermé lundi sauf fériés)* (week-ends et fêtes prévenir) 130/270 ⚒,
enf. 50.

ROUSSILLON *38150 Isère* 🔢 ① – *7 365 h alt. 200.*
Paris 509 – *Annonay 28* – *Grenoble 89* – *St-Étienne 70* – *Tournon-sur-Rhône 43* – *Vienne 20.*
🏛 **Le Médicis** Ⓜ sans rest, r. Fernand Léger ℰ 04 74 86 22 47, Fax 04 74 86 48 05 – ⅍ 📺
☎ ⅊ 🚗 🅿 – ⛄ 60. 🆖
⊡ 32 – **15 ch** 220/310.
🏠 **Europa,** rte Valence ℰ 04 74 86 28 84, Fax 04 74 86 15 11 – 🗐 🝙 📺 ☎ 🅿. 🆎 ⑩ 🆖
fermé 24 déc. au 4 janv., dim. soir et lundi midi d'oct. à mars – **Repas** 95/205, enf. 45 –
⊡ 35 – **26 ch** 179/240 – ½ P 205/220.

CITROEN Gar. Pleynet, 5 r. Puits-sans-Tour à   PEUGEOT Gar. Bourget, 79 av. G.-Péri
Péage-de-Roussillon ℰ 04 74 86 20 12   ℰ 04 74 86 17 08
CITROEN Drisar Autom., 132 N7 à Salaise-sur-
Sanne ℰ 04 74 86 04 20

ROUTOT 27350 Eure 54 ⑲ G. Normandie Vallée de la Seine – 1 043 h alt. 140.

Voir La Haye-de-Routot : ifs millénaires★ N : 4 km.

Paris 148 – Le Havre 59 – Rouen 36 – Bernay 45 – Évreux 70 – Pont-Audemer 19.

※※ **L'Écurie**, ℘ 02 32 57 30 30, Fax 02 32 57 30 30 – ⊖B
⊛ fermé 28 juil. au 4 août, vacances de Noël, de fév., merc. soir, dim. soir et lundi – **Repas**
100/240.

CITROEN Gar. Bocquier, ℘ 02 32 57 30 48
FIAT Gar. du Centre, ℘ 02 32 57 31 23 N ℘ 02
32 57 31 23

ROUVRES-EN-XAINTOIS 88500 Vosges 62 ⑭ – 337 h alt. 330.

Paris 356 – Épinal 41 – Lunéville 58 – Mirecourt 8 – Nancy 55 – Neufchâteau 33 – Vittel 17.

🏠 **Burnel** ❧, au village ℘ 03 29 65 64 10, Fax 03 29 65 68 88, ⅙, ╤ – �📺 ☎ ❤ ⅙ 🅿 ﾑ ⊖B
fermé 24 au 31 déc. et dim. soir hors sais. – **Repas** 86/190 ⅃ – ☲ 50 – **16 ch** 165/305 –
½ P 225/260.

ROUVRES-LA-CHÉTIVE 88 Vosges 62 ⑬ – rattaché à Neufchâteau.

ROUVROIS-SUR-OTHAIN 55 Meuse 57 ② – rattaché à Longuyon (M.-et-M.).

---

*Konsultieren Sie vor Ihrer Reise die **Michelin-Karte** Nr. 911.*

Sie gibt die geschätzte Fahrzeit von Stadt zu Stadt an
und trägt zur Zeitersparnis bei.

ROYAN 17200 Char.-Mar. 71 ⑮ G. Poitou Vendée Charentes – 16 837 h alt. 20 – Casino Royan Pontaillac A.

Voir Front de mer★ C – Église N.-Dame★ E – Corniche★ et Conche★ de Pontaillac A.

🏌 de Royan ℘ 05 46 23 16 24, par ④ : 7 km.

Bac: pour le Verdon-s-Mer ℘ 05 56 09 60 84, Fax 05 56 09 68 43.

🛈 Office de Tourisme Palais des Congrès ℘ 05 46 38 65 11, Fax 05 46 38 52 01 et pl. Poste
℘ 05 46 05 04 71, Fax 05 46 06 67 76.

Paris 504 ① – Bordeaux 121 ② – Périgueux 170 ② – Rochefort 41 ⑤ – Saintes 37 ①.

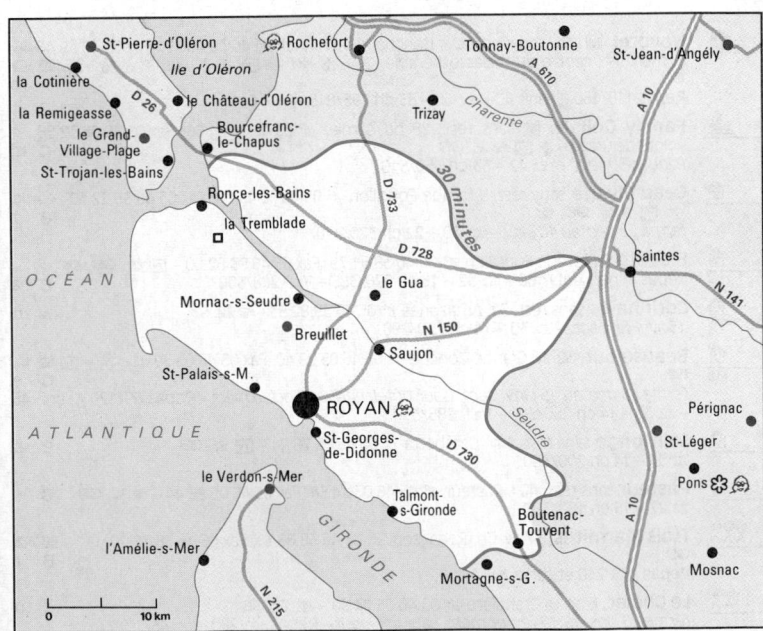

ROYAN

*Les pastilles numérotées
des plans de villes
① , ② , ③ sont répétées
sur les **cartes Michelin**
à 1/200 000.
Elles facilitent
ainsi le passage
entre les **cartes**
et les **guides Michelin.***

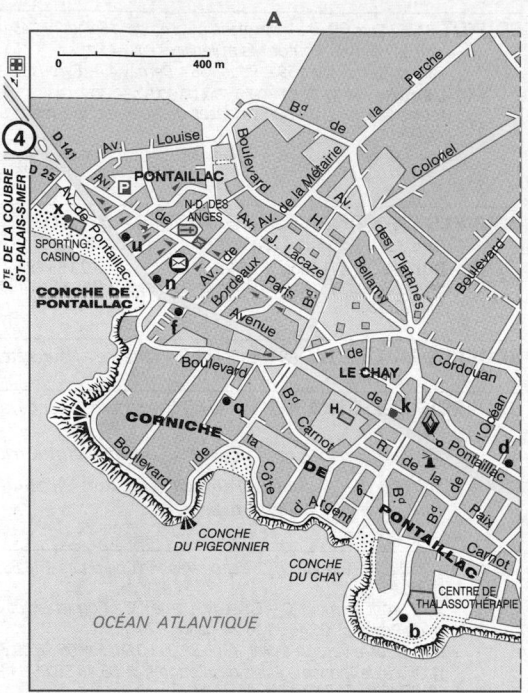

🏨 **Novotel** Ⓜ ⑁, bd Carnot - Conche du Chay ✆ 05 46 39 46 39, Fax 05 46 39 46 46, ≤ mer, �️, centre de thalassothérapie, ⒌ – 🛗 ♿ 🔳 📺 ☎ ᕓ ⇄ 🄿 – 🕍 130. 🖭 ⑩ GB
A b
Repas 110/160 ⓓ, enf. 60 – �ⴳ 60 – **83 ch** 795/815 – ½ P 611.

🏨 **Family Golf H.** Ⓜ sans rest, 28 bd Garnier ✆ 05 46 05 14 66, Fax 05 46 06 52 56, ≤ Pointe de Grave – 🛗 📺 ☎ 🄿. GB
C m
Pâques-30 sept. – ⴳ 42 – **33 ch** 350/510.

🏨 **Beau Rivage** sans rest, 9 façade Foncillon ✆ 05 46 39 43 10, Fax 05 46 38 22 50, ≤ – 🛗 ♿ 📺 ☎ ᕓ. GB. ⅍
B z
fermé 22 déc. au 10 janv. – ⴳ 39 – **22 ch** 320/410.

🏨 **Bleuets,** 21 façade Foncillon ✆ 05 46 38 51 79, Fax 05 46 23 82 00 – 📺 ☎. GB. ⅍
B a
Repas (dîner seul.) 100 – ⴳ 32 – **16 ch** 270/385 – ½ P 268/308.

🏨 **Corinna** ⑁ sans rest, 5 r. Amazones ✆ 05 46 39 82 53 – ☎ 🄿. ⅍
A d
15 avril-fin sept. – ⴳ 30 – **14 ch** 250/290.

🏨 **Beauséjour,** 32 av. Grande Conche ✆ 05 46 05 09 40, Fax 05 46 05 39 41, 🌳 – 📺 ☎ ᕓ. GB
C e
fermé 15 déc. au 15 janv., sam. (sauf hôtel) et dim. d'oct. à mars – **Repas** 69/120 ⓓ, enf. 45 – ⴳ 32 – **14 ch** 250/320 – ½ P 285/330.

🏨 **Saintonge** sans rest, 14 r. Gambetta ✆ 05 46 05 78 24 – 📺 ☎. GB
B b
ⴳ 34 – **14 ch** 200/380.

🏨 **Pasteur** sans rest, 40 r. Pasteur ✆ 05 46 05 14 34, Fax 05 46 05 96 44 – ☎ ᕓ. GB
B s
ⴳ 27 – **15 ch** 180/300.

XXX **Trois Marmites,** 37 av. Ch. Regazzoni ✆ 05 46 38 66 31, Fax 05 46 38 72 20, 🌳 – 🖭 ⑩ GB
B r
Repas 135/230 et carte 200 à 300.

XX **Le Chalet,** 6 bd La Grandière ✆ 05 46 05 04 90 – ▤. 🖭 GB
C u
fermé 20 janv. au 19 fév. et merc. sauf juil.-août – **Repas** 100/280, enf. 45.

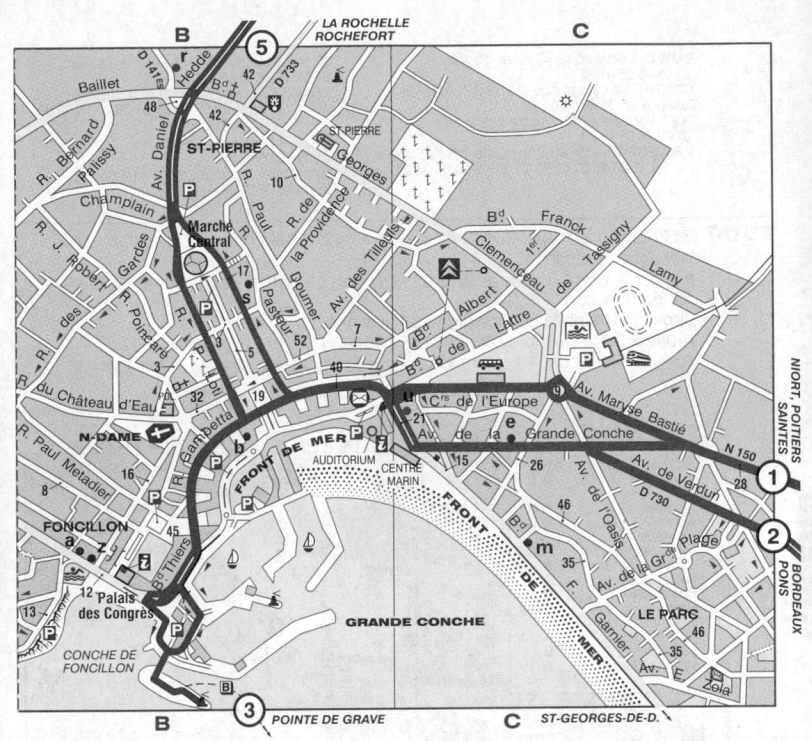

XX 　**Relais de la Mairie**, 1 r. Chay ℰ 05 46 39 03 15 – ▤. 🖭 ⓞ GB 　　　　　A k
🐾 　*fermé 12 nov. au 4 déc., vacances de fév., dim. soir hors sais. et mardi* – **Repas** 80/172 ₰,
　　enf. 50.

à Pontaillac :

🏨 　**Gd H. de Pontaillac** sans rest, 195 av. Pontaillac ℰ 05 46 39 00 44, Fax 05 46 39 04 05, ≼
　　– ⧉ 🖭 ☎ ⌂. GB 　　　　　　　　　　　　　　　　　　　　　A u
　　Pâques-30 sept. – ☲ 43 – **41 ch** 420/580.

🏨 　**Miramar** sans rest, 173 av. Pontaillac ℰ 05 46 39 03 64, Fax 05 46 39 23 75, ≼ – 🖭 ☎. 🖭
　　ⓞ GB 　　　　　　　　　　　　　　　　　　　　　　　　　　A n
　　avril-fin oct. – ☲ 44 – **27 ch** 360/550.

🏨 　**Résidence de Saintonge et rest. Pavillon Bleu** ⌂, allée des Algues
🐾 　ℰ 05 46 39 00 00, Fax 05 46 39 07 00 – 🖭 ☎ ⓟ. GB 　　　　　　　A q
　　30 mars-30 sept. – **Repas** 68/175 – ☲ 38 – **40 ch** 220/340 – ½ P 330/350.

🏨 　**Belle-Vue** sans rest, 122 av. Pontaillac ℰ 05 46 39 06 75, Fax 05 46 39 44 92, ≼ – 🖭 ☎ ⓟ.
　　GB 　　　　　　　　　　　　　　　　　　　　　　　　　　　A f
　　1ᵉʳ mars-1ᵉʳ nov. – ☲ 38 – **18 ch** 275/355.

XX 　**La Jabotière**, près Casino ℰ 05 46 39 91 29, Fax 05 46 38 39 93, ≼ – 🖭 GB 　　A x
　　fermé 22 au 29 déc., 2 janv. au 2 fév., dim. soir et lundi hors sais. sauf fériés – **Repas**
　　130/265.

rte de St-Palais *par* ④ *: 3,5 km* – ✉ *17640 Vaux-sur-Mer :*

🏨 　**Résidence de Rohan** ⌂ sans rest, Conche de Nauzan ℰ 05 46 39 00 75,
　　Fax 05 46 38 29 99, ≼, « Villas dans un parc dominant la plage », ⊼, ⸜ – 🖭 ☎ ⓟ. 🖭
　　GB
　　20 mars-11 nov. – ☲ 53 – **41 ch** 580/640.

X 　**La Biche au Bois** avec ch, D 25 ℰ 05 46 39 01 52, Fax 05 46 38 17 96, ⸝ – 🖭 ☎ ⓟ.
🐾 　GB
　　20 fév.-30 sept. et fermé jeudi sauf du 15 juin au 30 sept. – **Repas** 54/170 ₰, *enf. 35* – ☲ 26
　　– **12 ch** 220 – ½ P 220.

BMW Gar. Bienvenue, 43 av. M.-Bastié ℘ 05 46 05 01 62
CITROEN Gar. Casagrande, 24 bd de Lattre-de-Tassigny ℘ 05 46 05 04 26
FORD Gar. Zanker, 11 r. Notre-Dame ℘ 05 46 05 69 87
PEUGEOT Gar. Richard, Zone Ciale, rte de Saintes par ① ℘ 05 46 05 03 55 🄽 ℘ 05 46 05 24 24

RENAULT Gar. du Chay, 75 av. de Pontaillac ℘ 05 46 38 48 88
RENAULT Royan auto 2000, 20 r. Lavoisier par ① ℘ 05 46 05 05 08 🄽 ℘ 06 07 55 02 96

Brault Point S, av. Libération ℘ 05 46 05 46 93
Euromaster, 50 bd de Lattre-de-Tassigny ℘ 05 46 05 54 24

ROYAT *63130 P.-de-D.* **73** ⑭ *G. Auvergne – 3 950 h alt. 450 – Stat. therm. – Casino* **B.**
Voir *Église St-Léger*★ **A.**
9 18 des Volcans à Orcines ℘ 04 73 62 15 51, par ③ : 9 km ; 9 de Charade ℘ 04 73 35 73 09, SO : 6 km par ②, D 5 et D 5^F.
Circuit automobile de montagne d'Auvergne.
Office de Tourisme pl. Allard ℘ 04 73 35 81 87, Fax 04 73 35 81 07.
Paris 426 – Clermont-Ferrand 5 – Aubusson 89 – La Bourboule 46 – Le Mont-Dore 40.

Accès et sorties : voir plan de Clermont-F.

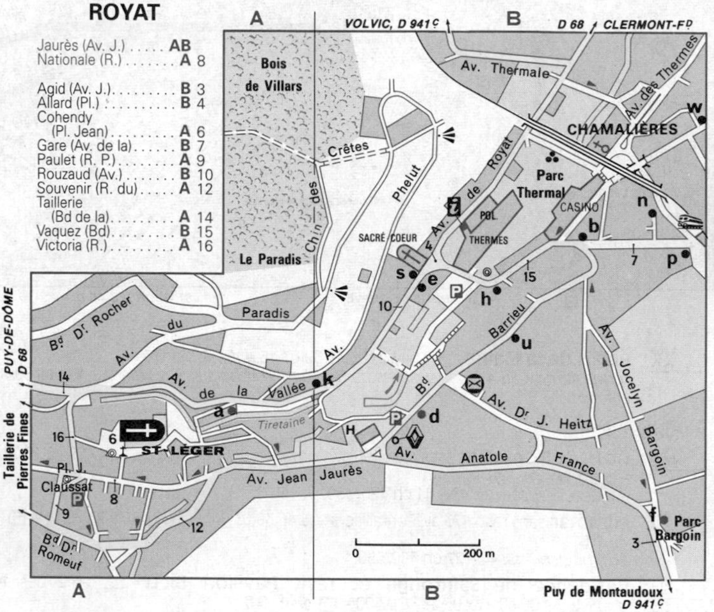
ROYAT
Jaurès (Av. J.) ..... AB
Nationale (R.) .... A 8
Agid (Av. J.) .... B 3
Allard (Pl.) .... B 4
Cohendy (Pl. Jean) .... A 6
Gare (Av. de la) ...... B 7
Paulet (R. P.) .... A 9
Rouzaud (Av.) .... B 10
Souvenir (R. du) ..... A 12
Taillerie (Bd de la) .... A 14
Vaquez (Bd) .... B 15
Victoria (R.) .... A 16
A
B
VOLVIC, D 941C
D 68 CLERMONT-FD
Bois de Villars
Le Paradis
Crêtes
Chin des
Phelut
Av. Thermale
Av. des Thermes
CHAMALIÈRES
Parc Thermal
CASINO
Av. de Royat
POL.
THERMES
SACRÉ COEUR
Paradis
Bd Dr Rocher
Av. du
Av. de la Vallée
Tiretaine
ST-LÉGER
Pl. J. Claussat
Av. Jean Jaurès
Bd Dr Romeuf
Bd Barrieu
Av. Dr J. Heitz
Av. Anatole France
Av. Jocelyn Bargoin
Parc Bargoin
PUY-DE-DÔME D 68
Taillerie de Pierres Fines
Puy de Montaudoux D 941C
0 200 m

Métropole, bd Vaquez ℘ 04 73 35 80 18, Fax 04 73 35 66 67 – AE GB — B h
1er mai-30 sept. – **Repas** 165, enf. 80 – ☕ 45 – **61 ch** 230/480, 5 appart – P 345/599.

Royal St-Mart, av Gare ℘ 04 73 35 80 01, Fax 04 73 35 75 92 – GB — B n
1er mai-30 sept. – **Repas** 110/135 – ☕ 33 – **60 ch** 160/350 – ½ P 210/420.

Richelieu, av. A. Rouzaud ℘ 04 73 35 86 31, Fax 04 73 35 63 98 – TV GB. rest — B e
13 avril-début oct. – **Repas** 85/103, enf. 52 – ☕ 30 – **60 ch** 180/480 – ½ P 218/348.

Univers, av. Gare ℘ 04 73 35 81 28, Fax 04 73 35 66 79 – GB — B p
1er mai-30 sept. – **Repas** 85 (dîner), 95/120 – ☕ 33 – **42 ch** 150/295 – P 275/310.

Castel H., pl. Dr Landouzy ℘ 04 73 35 80 14, Fax 04 73 35 80 49, ← – TV AE GB. ch — B b
mars-oct. – **Repas** 75 (dîner), 80/140 – ☕ 30 – **54 ch** 130/320 – P 260/300.

Athena sans rest, av. A. Rouzaud ℘ 04 73 35 80 32, Fax 04 73 35 66 26 – TV AE GB JCB — B s
☕ 30 – **24 ch** 220/290.

🏠 **Le Chatel**, av. Vallée ☎ 04 73 35 82 78, Fax 04 73 35 79 49 – 📶 📺 ☎. 🅶🅱   B k
🅶🅱 *20 mars-25 oct.* – **Repas** 75/215 ₰, enf. 45 – 🖵 32 – **27 ch** 190/320 – P 270/310.

🏠 **Chalet Camille** ◈, bd Barrieu ☎ 04 73 35 80 87, Fax 04 73 35 63 62, 🛋 – 📺 ☎ 🄿. 🄰🄴
🅶🅱   B u
Repas *(fermé vacances de fév.)* 85/100 ₰ – 🖵 26 – **22 ch** 200/250 – ½ P 210/305.

XXX **Belle Meunière** avec ch, av. Vallée ☎ 04 73 35 80 17, Fax 04 73 29 95 18, 🌳 – 📺 ☎
🅶🅱   A a
🛋, 🄰🄴 ⓞ 🅶🅱
fermé 9 au 24 nov., 1ᵉʳ au 15 fév., dim. soir et merc. – **Repas** 120/260, enf. 60 – 🖵 35 – **7 ch**
210/280 – P 320/340.

XX **L'Oasis**, 31 av. Bargoin ☎ 04 73 35 82 79, Fax 04 73 35 62 93, ≼ – 🅶🅱   B f
🅶🅱 *fermé 15 juil. au 14 août, dim. soir et lundi sauf fériés le midi* – **Repas** 80/185, enf. 60.

X **L'Hostalet**, bd Barrieu ☎ 04 73 35 82 67 – 🄰🄴 🅶🅱   B d
avril-déc. et fermé dim. sauf fériés et lundi – **Repas** 75 (déj.), 125/185.

ROYE 80700 Somme 🗺 ⑳ G. Flandres Artois Picardie – 6 333 h alt. 88.
Paris 113 ⑤ – Amiens 44 ⑥ – Compiègne 42 ⑤ – Arras 75 ⑦ – St-Quentin 47 ②.

ROYE

Amiens (R. d')	2
Basse-Ville (R.)	3
Dr-Duquesnel (R.)	4
Est (Bd de l')	6
Fontaines (R. des)	8
Goyencourt (R. de)	9
Jaurès (Av. Jean)	10
Lavaquerie (R.)	13
Leclerc (Bd Gén.)	14
Nesle (R. de)	15
Noyon (R. de)	16
Paris (R. de)	17
Péronne (R. de)	19
République (Pl. de la)	21
St-Médard (R.)	23

*Pas de publicité
payée dans ce guide*

🏨 **Les Lions**, rte Rosières (v) ☎ 03 22 79 71 00, Fax 03 22 79 71 01 – 📺 ☎ ✆ 🕭 🄿 – 🄼 80.
🅶🅱 🄰🄴 ⓞ 🅶🅱
Repas 95/190 ₰, enf. 45 – 🖵 40 – **43 ch** 270/320 – ½ P 210/260.

XXX **La Flamiche** (Mme Klopp), pl. H. de Ville (a) ☎ 03 22 87 00 56, Fax 03 22 78 46 77 – 🄰🄴 ⓞ
✿ 🅶🅱 🄹🄲🄱
fermé 15 au 22 juil., 23 déc. au 12 janv., dim. soir et lundi – **Repas** 135/480 et carte 390 à 590
Spéc. Flamiche aux poireaux (oct. à mai). Caudière picarde d'anguilles de Somme. Caneton
sauvageon croisé rôti au gingembre.

XX **Le Florentin et H. Central** avec ch, 36 r. Amiens (s) ☎ 03 22 87 11 05,
🛋 Fax 03 22 87 42 74 – 📺 ☎. 🄰🄴 🅶🅱. ✂ ch
fermé 18 au 31 août, 23 déc. au 3 janv., dim. soir et lundi – **Repas** 88/210, enf. 60 – 🖵 30 –
8 ch 230/320.

XX **Nord** avec ch, pl. République (e) ☎ 03 22 87 10 87, Fax 03 22 87 46 88 – 🅶🅱
fermé 17 au 31 juil., 12 au 28 fév., mardi soir et merc. – **Repas** 95/295, enf. 65 – 🖵 29 – **7 ch**
165/180.

ROZAY-EN-BRIE 77540 S.-et-M. 🗺 ③ G. Ile de France – 2 380 h alt. 90.
Paris 59 – Coulommiers 20 – Meaux 37 – Melun 31 – Provins 34 – Sézanne 59.

🏨 **Les 3 Épis** 🄼, 2 av. Épi (près N 4) ☎ 01 64 25 65 25, Fax 01 64 25 70 04 – 🍽 rest 📺 ☎ 🕭 🄿
🅶🅱 – 🄼 70. 🄰🄴 🅶🅱
Repas 75/105 – 🖵 35 – **55 ch** 260 – ½ P 220.

Le ROZIER 48150 Lozère 🟦🔟 ④ ⑤ *G. Gorges du Tarn* – 157 h alt. 400.

Voir *Terrasses du Truel* ⇐⋆ E : 3,5 km – *Gorges du Tarn*⋆⋆⋆.

Env. *Chaos de Montpellier-le-Vieux*⋆⋆⋆ S : 11,5 km – *Corniche du Causse Noir* ⇐⋆⋆ SE : 13 km puis 15 mn.

🛈 *Office de Tourisme* ℘ 05 65 62 60 89, Fax 05 65 62 60 27.

Paris 648 – *Mende 63* – Florac 57 – Millau 23 – Sévérac-le-Château 28 – Le Vigan 72.

🏨 **Gd H. de la Muse et du Rozier** Ⓜ 🐾, à La Muse (D 907) rive droite du Tarn ⌧ 12720 Peyreleau (Aveyron) ℘ 05 65 62 60 01, Fax 05 65 62 63 88, ⇐, 🍽, « au bord du Tarn », 🛋,
🎾 – 🗐 📺 🕿 🅿 🏧 ⓪ 🖭 🗒
8 mars-3 nov. – **Repas** 95 (déj.), 160/220 – ⌸ 60 – **38 ch** 495/650 – 1/2 P 460/620.

🏠 **Voyageurs**, ℘ 05 65 62 60 09, Fax 05 65 62 64 01 – 🗐 🕿. 🖭. ✀ ch
⊜ Pâques-oct. – **Repas** 78/150 ⅃ – ⌸ 35 – **29 ch** 240/400 – 1/2 P 240.

🏠 **Doussière** sans rest (annexe 🏨 🐾 🕿 11 ch), ℘ 05 65 62 60 25 – 🖭
Pâques-11 nov. ⌸ 32 – **24 ch** 180/305.

RUCH 33350 Gironde 🟦🔟 ⑬ – 509 h alt. 100.

Voir *Moulin de Labarthe*⋆ SO : 4 km, *G. Pyrénées Aquitaine*.

Paris 563 – *Bordeaux 48* – Bergerac 55 – Libourne 27 – La Réole 27.

🏠 **Château Lardier** 🐾, NE : 2 km par D 232 et rte secondaire ℘ 05 57 40 54 11, Fax 05 57 40 70 38, 🍽, 🎾 – 🕿 🅿. 🖭
mars-nov. et fermé lundi midi en sais. – **Repas** 85 (déj.), 125/270, enf. 50 – ⌸ 40 – **10 ch** 280 – 1/2 P 305/410.

Une réservation confirmée par écrit est toujours plus sûre.

RUE 80120 Somme 🟦🔟 ⑥ *G. Flandres Artois Picardie* – 2 942 h alt. 9.

Voir *Chapelle du St-Esprit*⋆.

🛈 *Office de Tourisme* 54 Porte de Bécray ℘ 03 22 25 69 94, Fax 03 22 25 76 26.

Paris 202 – *Amiens 68* – Abbeville 24 – Berck-Plage 23 – Le Crotoy 8.

🏠 **Lion d'Or**, r. Barrière ℘ 03 22 25 74 18, Fax 03 22 25 66 63 – 📺 🕿 🅿. 🖭. ✀
⊜ fermé 7 au 28 déc. et dim. soir du 1er oct. au 31 mai – **Repas** 80/160 ⅃, enf. 55 – ⌸ 35 – **16 ch** 240/440 – 1/2 P 230.

RENAULT Gar. Dupont, à Quend ℘ 03 22 23 23 68

RUEIL-MALMAISON 92 Hauts-de-Seine 🟦🟦 ⑳., 🟥🟥🟥 ⑭ – voir à Paris, Environs.

RUGY 57 Moselle 🟦🟦 ④ – rattaché à Metz.

RULLY 71150 S.-et-L. 🟦🔟 ① – 1 635 h alt. 220.

Paris 334 – *Chalon-sur-Saône 18* – Autun 44 – Chagny 5 – Le Creusot 32.

XX **Le Vendangerot** avec ch, ℘ 03 85 87 20 09, Fax 03 85 91 27 18, 🍽 – 📺 🕿 🅿. 🖭
fermé 18 fév. au 20 mars, mardi soir du 1er oct. au 1er avril et merc. – **Repas** 88/215 ⅃ – ⌸ 35 – **14 ch** 150/280 – 1/2 P 248.

RUMILLY 74150 H.-Savoie 🟦🔟 ⑤ *G. Alpes du Nord* – 9 991 h alt. 334.

🛈 *Office de Tourisme de l'Albanais* ℘ 04 50 64 58 32, Fax 04 50 64 69 21.

Paris 533 – *Annecy 24* – Aix-les-Bains 21 – Bellegarde-sur-Valserine 36 – Belley 46 – Genève 56.

XX **L'Améthyste**, 27 r. Pont-Neuf ℘ 04 50 01 02 52 – 🍽. 🖭
15 sept.-20 avril et fermé dim. soir et lundi – **Repas** 89/280, enf. 45.

à Moye Nord-Ouest : 4 km par D 231 – 697 h. alt. 472 – ⌧ 74150 :

🏠 **Relais du Clergeon** 🐾, ℘ 04 50 01 23 80, Fax 04 50 01 41 38, ⇐, 🍽, 🎾 – 🕿 🖀 🅿 –
⊜ 🏧 40. ⓪ 🖭
fermé janv., dim. soir et lundi – **Repas** (dim. et fêtes prévenir) 75/250 ⅃, enf. 46 – ⌸ 35 – **18 ch** 150/330 – 1/2 P 230/290.

CITROEN Gar. Lacrevaz, 7 r. J.-Béard   FORD Falcoz-Maison, 49 rte d'Aix-les-Bains
℘ 04 50 01 11 75   ℘ 04 50 01 20 678
FIAT Gar. Vigouroux, rte d'Aix ℘ 04 50 01 31 72

RUNGIS 94 Val-de-Marne 🟦🔟 ①., 🟥🟥🟥 ㉖ – voir à Paris, Environs.

RUOMS *07120 Ardèche* 80 ⑨ *G. Vallée du Rhône – 1 858 h alt. 121.*

Voir Défilé★ NO : 2,5 km – Gorges de la Beaume★ O : 4 km – Auriolles : Promenade★ à Labeaume SO : 4 km puis 30 mn.

Office de Tourisme r. Alphonse Daudet ✆ 04 75 93 91 90, Fax 04 75 39 78 91.

Paris 653 – Alès 55 – Aubenas 23 – Pont-St-Esprit 47.

rte des Vans *Sud-Ouest : 3,5 km par D 111 – ✉ 07120 Ruoms :*

La Chapoulière, ✆ 04 75 39 65 43, Fax 04 75 39 75 82, – P. GB
15 mars-15 nov. – **Repas** 90/200, enf. 46 – ☕ 40 – **12 ch** 260/310 – ½ P 260/305.

domaine du Rouret *près Grospierres, Sud-Ouest : 13 km par D 111 – ✉ 07120 Grospierres :*

Latitudes Le Caleou, ✆ 04 75 35 77 00, Fax 04 75 93 97 46, ←, , « Parc ombragé et complexe de loisirs », – – P – 100. AE GB JCB.
avril-oct. – **Repas** 75 (déj.), 150/190, enf. 70 – ☕ 50 – **117 ch** 580 – ½ P 560.

CITROEN Gar. Dupland, ✆ 04 75 39 61 23 N ✆ 04 75 39 61 94

RENAULT Gar. Bouschon, ✆ 04 75 39 61 08 N ✆ 04 75 39 61 08

RUYNES-EN-MARGERIDE *15320 Cantal* 76 ⑭ ⑮ *– 605 h alt. 920.*

Paris 528 – Aurillac 87 – Langeac 47 – Le Puy-en-Velay 83 – St-Chély-d'Apcher 29 – St-Flour 13.

Moderne, ✆ 04 71 23 41 17, Fax 04 71 23 49 82, – P. AE GB
début mars-oct. – **Repas** 62/148, enf. 42 – ☕ 32 – **20 ch** 150/210 – ½ P 195/215.

RENAULT Gar. Brun, ✆ 04 71 23 42 31

Les SABLES-D'OLONNE SP *85100 Vendée* 67 ⑫ *G. Poitou Vendée Charentes – 15 830 h alt. 4 – Casino des Sports* **CY.**

Voir *Le Remblai★* **BCZ.**

18 *des Olonnes ✆ 02 51 33 16 16, 6 km par ②.*

Office de Tourisme r. Mar.-Leclerc ✆ 02 51 32 03 28, Fax 02 51 32 84 49.

Paris 450 ② – La Roche-sur-Yon 37 ② – Cholet 101 ② – Nantes 103 ② – Niort 112 ④ – La Rochelle 90 ④.

Plan page suivante

Atlantic H., 5 prom. Godet ✆ 02 51 95 37 71, Fax 02 51 95 37 30, ←, – rest – 25. AE GB BY e
Le Sloop *(fermé déc., sam. midi et vend. d'oct. à avril)* **Repas** 90(déj.)/150, enf. 59 – ☕ 50 – **30 ch** 440/730 – ½ P 515/598.

Roches Noires M sans rest, 12 prom. G. Clemenceau ✆ 02 51 32 01 71, Fax 02 51 21 61 00, ← – AE GB BY s
☕ 40 – **37 ch** 350/660.

Arundel, 8 bd F. Roosevelt ✆ 02 51 32 03 77, Fax 02 51 32 86 28 – AE GB. rest AZ k
fermé 15 déc. au 8 janv. – **Repas** *(1er juin-15 sept. et fermé lundi sauf juil.-août)* (résidents seul.) 90/125 – ☕ 45 – **42 ch** 340/550 – ½ P 350/425.

Admiral's sans rest, Port Olona ✆ 02 51 21 41 41, Fax 02 51 32 71 23 – – 25. AE GB AY q
fermé 24 déc. au 3 janv. et dim. soir en hiver – ☕ 38 – **32 ch** 350/430.

Les Hirondelles, 44 r. Corderies ✆ 02 51 95 10 50, Fax 02 51 32 31 01 – P. AE GB CZ r
30 mars-20 sept. – **Repas** 80/140, enf. 50 – ☕ 36 – **64 ch** (½ pens. seul.) – ½ P 320/350.

Calme des Pins M, 43 av. A. Briand ✆ 02 51 21 03 18, Fax 02 51 21 59 85 – P. GB CY v
hôtel : 1er avril-30 sept. ; rest. : 1er mai-22 sept. – **Repas** 90/150, enf. 50 – ☕ 36 – **46 ch** 380 – ½ P 350.

Chêne Vert, 5 r. Bauduère ✆ 02 51 32 09 47, Fax 02 51 21 29 65 – GB
fermé 24 déc. au 5 janv., sam. (sauf hôtel) et dim. d'oct. à mai – **Repas** 50/110, enf. 35 – ☕ 30 – **33 ch** 300/330 – ½ P 250/310. CZ p

Antoine, 60 r. Napoléon ✆ 02 51 95 08 36, Fax 02 51 23 92 78 – . GB.
hôtel : 15 mars-15 oct. ; rest. : 15 avril-30 sept. – **Repas** (dîner seul.) 100/130 – ☕ 32 – **19 ch** 260/320 – ½ P 255/295. AZ a

Alizé H. sans rest, 78 av. A. Gabaret ✆ 02 51 32 44 90, Fax 02 51 21 49 59 – . GB.
fermé 20 déc. au 20 fév. et dim. d'oct. à avril – ☕ 30 – **24 ch** 150/245. BY n

Merle Blanc sans rest, 59 av. A. Briand ✆ 02 51 32 00 35, – . GB CY t
☕ 32 – **24 ch** 140/310.

LES SABLES-D'OLONNE

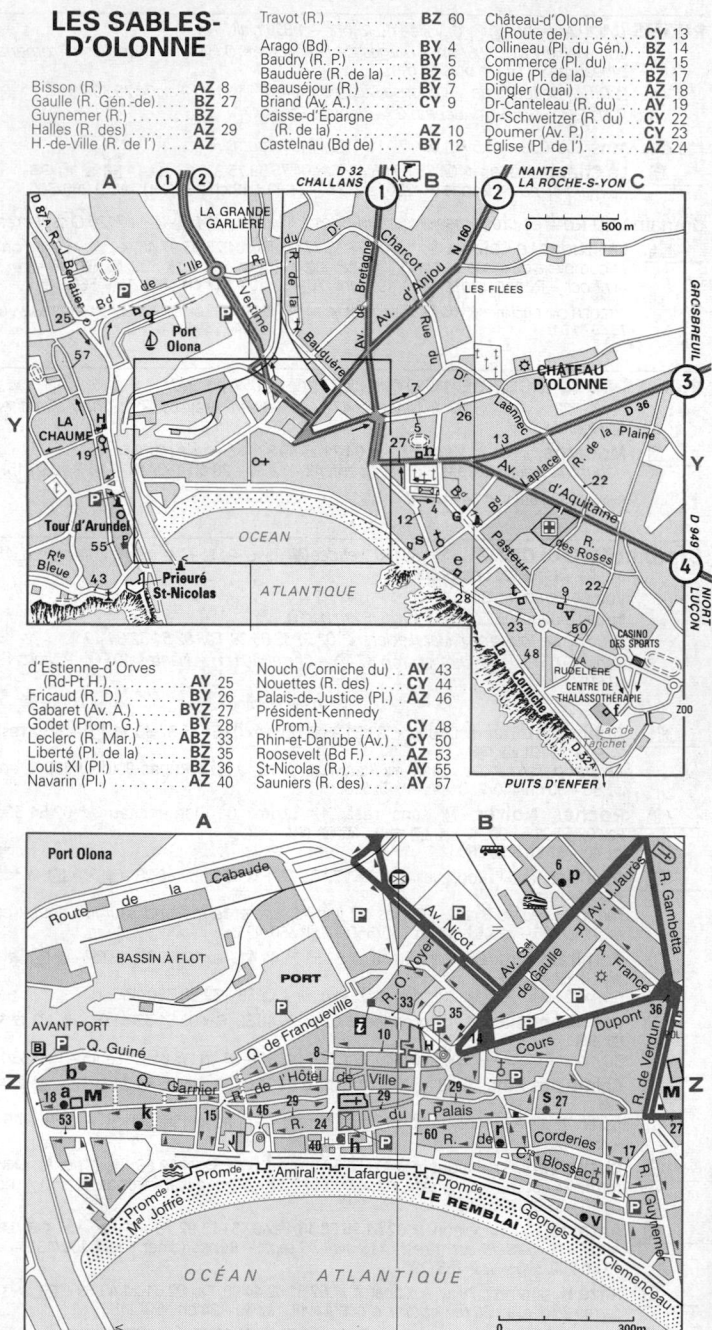

XXX **Beau Rivage** (Drapeau), 40 prom. G. Clemenceau 🖉 02 51 32 03 01, Fax 02 51 32 46 48,
😊 ≤ – 🖭 ⓪ 🖭 BZ **v**
fermé 28 sept. au 9 oct., janv., dim. soir et lundi de fin sept. à fin mai sauf fêtes – **Repas**
188/470 et carte 420 à 520, enf. 115
Spéc. Farandole de fruits de mer. Millefeuille de langouste et pommes de terre au beurre
de mousserons. Côtelette de turbot. **Vins** Muscadet.

XX **Le Sablier**, 56 r. Nationale 🖉 02 51 21 09 54 – 🖭 🖭 CZ **s**
fermé vacances de fév., dim. soir et lundi sauf juil.-août – **Repas** 98/192.

XX **Le Navarin,** pl. Navarin 🖉 02 51 21 11 61, ≤, 🏠 – 🖭 🖭 BZ **h**
fermé 15 au 30 nov., dim. soir et lundi de sept. à avril – **Repas** 162/295.

XX **Le Clipper,** 19 bis quai Guiné 🖉 02 51 32 03 61, Fax 02 51 32 03 61 – 🖭 🖭 AZ **b**
🍴 *fermé 24 au 31 nov., 9 au 28 fév., lundi en juil.-août, mardi soir et merc. de sept. à juin* –
Repas 67/192.

au Lac de Tanchet *par la Corniche : 2,5 km* – ⊠ *85100 Les Sables d'Olonne :*

🏨 **Mercure** Ⓜ ⚓, 🖉 02 51 21 77 77, Fax 02 51 21 77 80, ≤, 🏠, centre de thalassothérapie,
🛁, 🕳 – 🕴 🕸 ch 🖭 ☎ & 🖭 – 🔏 120. 🖭 ⓪ 🖭. 🎇 rest CY **f**
Repas 153/170, enf. 52 – 🖙 60 – **100 ch** 690/750 – ½ P 540/570.

à l'anse de Cayola *Sud-Est : 7 km par la Corniche* – ⊠ *85180 Château d'Olonne :*

XXX **Cayola,** 76 promenade de Cayola 🖉 02 51 22 01 01, Fax 02 51 22 08 28, ≤, 🏠, « Piscine
et terrasses dominant la mer » – 🖭 🖭 🖭 🖭
fermé 6 janv. au 3 fév., dim. soir et lundi de mi-sept. à janv. – **Repas** 189 (dîner), 170/495 et
carte 230 à 380, enf. 90.

CITROEN Olonne Autom., av. du Pas du Bois au   VAG Gar. Tixier, La Mouzinière, au Château-
Château-d'Olonne par ④ 🖉 02 51 21 36 36 🅽   d'Olonne 🖉 02 51 32 41 04
🖉 06 09 15 13 15
PEUGEOT Gar. Olonauto, av. du Mar.-Juin au
Château d'Olonne par ④ 🖉 02 51 21 06 18 🅽
🖉 06 09 66 13 77

SABLES-D'OR-LES-PINS 22 C.-d'Armor 🔟 ④ G. Bretagne – ⊠ 22240 Fréhel.
🛈 🖉 02 96 41 42 57, SE.
*Paris 445 – St-Brieuc 39 – St-Malo 45 – Dinan 44 – Dol-de-Bretagne 62 – Lamballe 27 –
St-Cast 21.*

🏨 **Manoir St-Michel** ⚓ sans rest, à la Carquois, Est : 1,5 km par D 34 🖉 02 96 41 48 87,
Fax 02 96 41 41 55, « Jardin et plan d'eau » – 🖭 ☎ & 🖭. 🖭
28 mars-3 nov. – 🖙 40 – **17 ch** 280/550, 3 duplex.

🏨 **Voile d'Or - La Lagune,** 🖉 02 96 41 42 49, Fax 02 96 41 55 45, ≤, 🖈 – 🖭 ☎ & 🖭. 🖭
🐟 *15 mars-15 nov. et fermé mardi midi et lundi en oct.* – **Repas** 105/260, enf. 52 – 🖙 41 –
26 ch 260/400 – ½ P 285/400.

🏨 **Diane,** 🖉 02 96 41 42 07, Fax 02 96 41 42 67, 🏠, 🖈 – 🕴 🖭 ☎ 🖭 🖭 🖭
🍴 *25 mars-8 oct.* – **Repas** 60 (déj.), 85/230, enf. 50 – 🖙 40 – **28 ch** 375 – ½ P 260/335.

🏨 **Morgane** sans rest, 🖉 02 96 41 46 90, 🖈 – ☎ 🖭. 🖭
1er avril-30 sept. – 🖙 38 – **20 ch** 300/350.

🏨 **Bon Accueil** sans rest, 🖉 02 96 41 42 19, Fax 02 96 41 57 59, 🖈 – 🕴 ☎ & 🖭. 🖭
15 mars-5 oct. – 🖙 35 – **38 ch** 250/340.

🏠 **Pins,** 🖉 02 96 41 42 20, Fax 02 96 41 59 02, 🏠, 🖈 – ☎. 🖭 🖭
🍴 *27 mars-30 sept.* – **Repas** 78/170, enf. 48 – 🖙 36 – **22 ch** 210/270 – ½ P 255/305.

à Pléhérel-plage *Est : 3,5 km par D 34* – ⊠ *22240 Fréhel :*

🏠 **Plage et Fréhel** ⚓, 🖉 02 96 41 40 04, Fax 02 96 41 57 96, ≤, 🖈 – ☎ 🖭. 🖭. 🎇 rest
🍴 *28 mars-30 sept. et 25 oct.-11 nov.* – **Repas** 80/238, enf. 50 – 🖙 36 – **27 ch** 248/298 –
½ P 225/295.

Gar. Hamon, 🖉 02 96 41 42 48

SABLÉ-SUR-SARTHE 72300 Sarthe 🔟 ① G. Châteaux de la Loire – 12 178 h alt. 29.
🛈🛈 de Sablé-Solesmes 🖉 02 43 95 28 78, S : 6 km par D 159.
🛈 Office de Tourisme pl. R.-Elizé 🖉 02 43 95 00 60, Fax 02 43 92 60 77.
Paris 251 – Le Mans 59 – Angers 64 – La Flèche 27 – Laval 44 – Mayenne 59.

XX **Escu du Roy** avec ch, 20 r. L. Legludic (près Eglise) 🖉 02 43 95 90 31, Fax 02 43 92 17 52 –
🖂 rest 🖭 ☎ 🖭 🖭
fermé vend. d'oct. à fév. et dim. soir – **Repas** 89/210 🍷, enf. 45 – 🖙 30 – **9 ch** 230/280 –
½ P 240.

XX **Host. St-Martin,** 3 r. Haute St-Martin 🖉 02 43 95 00 03, 🏠 – 🖭 ⓪ 🖭
fermé lundi – **Repas** 95/170, enf. 50.

à Solesmes *Nord-Est : 3 km par D 22 – 1 277 h. alt. 28 –* ⊠ *72300* .

    Voir *Statues des "Saints de Solesmes"*★★ *dans l'église abbatiale*★ *(chant grégorien) – Pont* ⩽★.

    🏨🏨   **Grand Hôtel,** 🅿 02 43 95 45 10, Fax 02 43 95 22 26, 🛏 – |🛗| 🆃🆅 ☎ – 🔏 60. 🆎 🅞 🖭
           Repas 115/280 – ☑ 45 – **34 ch** 350/450 – ½ P 320.

        CITROEN Gar. Alteam, rte du Mans   🔘 Euromaster, ZA rte de la Flèche
        🅿 02 43 95 06 51   🅿 02 43 92 20 35
        PEUGEOT Sablé Autom., r. de la Briquetterie ZA la
        Tuilerie 🅿 02 43 92 55 55 🅽 🅿 06 07 32 79 05
        RENAULT Centre Auto Tuilerie, 3 r. de la Tuilerie
        🅿 02 43 95 55 67 🅽 🅿 02 43 95 55 67

SABRES *40630 Landes* 🔢🔢 ④ *G. Pyrénées Aquitaine – 1 096 h alt. 78.*

    Voir *Ecomusée*★ *de la grande Lande NO : 4 km.*

    🅱 *Office de Tourisme - Mairie* 🅿 *05 58 07 56 39, Fax 05 58 07 51 86.*

    Paris 679 – Mont-de-Marsan 35 – Arcachon 93 – Bayonne 110 – Bordeaux 102 – Mimizan 40.

    🏨   **Aub. des Pins** 🍃, 🅿 05 58 07 50 47, Fax 05 58 07 56 74, 🌳, parc – ⇆ 🆃🆅 ☎ ⅋ 🅿 –
           🔏 40. 🆎 🖭. ⅋ ch
           fermé 4 au 26 janv., dim. soir et lundi hors sais. – **Repas** 90/350 🍷, enf. 60 – ☑ 45 – **23 ch**
           300/650 – ½ P 300/470.

    Le Guide change, changez de guide tous les ans.

SACHÉ *37 I.-et-L.* 🔢 ⑭ *– rattaché à Azay-le-Rideau.*

SAHORRE *66 Pyr.-Or.* 🔢 ⑰ *– rattaché à Vernet-les-Bains.*

SAIGNES *15240 Cantal* 🔢 ② *G. Auvergne – 1 009 h alt. 480.*

    Paris 484 – Aurillac 79 – Clermont-Ferrand 91 – Mauriac 27 – Le Mont-Dore 56 – Ussel 38.

    🏛   **Relais Arverne,** 🅿 04 71 40 62 64, Fax 04 71 40 61 14 – 🆃🆅 ☎ 🅿. 🖭
    🍽   *fermé 1ᵉʳ au 15 oct., vacances de fév., vend. soir, sam. midi et dim. soir* – **Repas** 70/220 🍷 –
           ☑ 30 – **10 ch** 220/250 – ½ P 207/232.

        PEUGEOT Gar. Brigoux, rte d'Auzer   RENAULT Gar. Tribout, av. de la Gare
        🅿 04 71 40 62 11 🅽 🅿 04 71 40 62 11   🅿 04 71 40 61 11

SAIGNON *84 Vaucluse* 🔢 ⑭,, 🔢🔢🔢 ② *– rattaché à Apt.*

SAILLAGOUSE *66800 Pyr.-Or.* 🔢 ⑱ *G. Pyrénées Roussillon – 825 h alt. 1309.*

    Voir *Gorges du Sègre*★ *E : 2 km.*

    🅱 *Office de Tourisme* 🅿 *04 68 04 72 89, Fax 04 68 04 05 57.*

    Paris 871 – Font-Romeu-Odeillo-Via 13 – Bourg-Madame 9 – Mont-Louis 12 – Perpignan 94.

    🏨   **Planes** *(La Vieille Maison Cerdane)*, 🅿 04 68 04 72 08, Fax 04 68 04 75 93 – |🛗| 🆃🆅 ☎ ⅋. 🆎
           🖭
           fermé 10 oct. au 20 déc. – **Repas** 140/250, enf. 60 **- Brasserie :** **Repas** 65, 🍷 – ☑ 35 –
           18 ch 220/255 – ½ P 260/290.

    🏨   **Planotel** 🍃 *sans rest,* 🅿 04 68 04 72 08, Fax 04 68 04 75 93, ⩽, ⅊, 🛏 – 🆃🆅 ☎ 🅿. 🆎 🖭
           1ᵉʳ juin-30 sept., 20 déc.-3 janv. et vacances scolaires – ☑ 35 – **20 ch** 250/270.

à Llo *Est : 3 km par D 33 – 131 h. alt. 1424 –* ⊠ *66800* .

    Voir *Site*★.

    🏨   **L'Atalaya** 🍃, 🅿 04 68 04 70 04, Fax 04 68 04 01 29, ⩽, 🌳, « *Jolie auberge rustique* »,
        ⅊ – 🆃🆅 ☎ 🅿. 🖭. ⅋ rest
        fermé 5 nov. au 20 déc. – **Repas** *(fermé mardi midi et lundi hors sais.)* 165/280 – ☑ 60 –
        13 ch 490/650 – ½ P 470/600.

        CITROEN Gar. Rougé, 🅿 04 68 04 70 55   RENAULT Gar. Domenech, 🅿 04 68 04 70 30 🅽
                                        🅿 04 68 04 76 45

ST-AFFRIQUE *12400 Aveyron* 🔢 ⑬ *G. Gorges du Tarn* **(plan)** *– 7 798 h alt. 325.*

    Env. *Roquefort-sur-Soulzon : caves de Roquefort*★, *rocher St-Pierre* ⩽★ *NE : 11,5 km.*

    🅱 *Office de Tourisme bd Verdun* 🅿 *05 65 99 09 05.*

    Paris 678 – Albi 82 – Castres 91 – Lodève 68 – Millau 27 – Rodez 81.

🏨 **Moderne,** 54 av. A. Pezet ☎ 05 65 49 20 44, Fax 05 65 49 36 55 – 📺 ☎. ⚼ 🟢
fermé 6 au 12 oct. (sauf hôtel) et 20 déc. au 20 janv. – **Repas** 90/280 ⚖, enf. 55 – ☕ 37 –
28 ch 200/390 – ½ P 230/280.

Annexe Les Tilleuls 🏛 sans rest, ☎ 05 65 99 07 24 – 📺 ☎
☕ 37 – **18 ch** 95/190.

✕ **Palais Gourmand,** bd E. Trémolet ☎ 05 65 99 07 43, Fax 05 65 99 07 43, 🏠 –
🟢 🟢
fermé 4 au 25 fév., mardi soir et merc. sauf 15 juil. au 31 août – **Repas** 78/165, enf. 35.

CITROEN Gar. Bousquet, Rte de St-Affrique à
Vabres l'Abbaye ☎ 05 65 98 10 00
PEUGEOT Gar. Pujol, 36 bd E.-Borel
☎ 05 65 49 21 09

🅾 La Maison du Pneu, 7 bd de Verdun
☎ 05 65 49 01 23
Maury, rte de Vabres, Le Vern ☎ 05 65 99 06 83
Treillet Pneus Point S, av. J.-Bourgougnon
☎ 05 65 49 22 08 🅽 ☎ 05 65 60 23 04

ST-AGRÈVE 07320 Ardèche 🟨 ⑨ ⑲ *G. Vallée du Rhône* **(plan)** – *2 762 h alt. 1050.*
Voir Mont Chiniac ≤★★.
🅸 Office de Tourisme à la Mairie (15 juin-15 sept.) ☎ et Fax 04 75 30 15 06.
Paris 580 – Le Puy-en-Velay 52 – Aubenas 74 – Lamastre 21 – Privas 70 – St-Étienne 70 –
Yssingeaux 35.

✕✕✕ **Domaine de Rilhac** 🏠 avec ch, par D 120, D 21 et rte secondaire : 2 km
☎ 04 75 30 20 20, Fax 04 75 30 20 00, ≤, 🎋 – 📺 ☎ ✆ 🅿. 🟢
fermé fév., lundi soir et mardi sauf juil.-août – **Repas** 110 (déj.), 140/295 et carte 240 à 350,
enf. 70 – ☕ 60 – **8 ch** 330/430 – ½ P 390/440.

RENAULT Gar. Chareyron, La Batterie à Mars ☎ 04 75 30 14 12 🅽 ☎ 04 75 30 14 12

ST-AIGNAN 41110 L.-et-Ch. 🟨 ⑰ *G. Châteaux de la Loire* **(plan)** – *3 672 h alt. 115.*
Voir Crypte★★ de l'église★ – Zoo Parc de Beauval★ S : 4 km.
🅸 Office de Tourisme (juil.-août) ☎ 02 54 75 22 85.
Paris 220 – Tours 59 – Blois 40 – Châteauroux 66 – Romorantin-Lanthenay 34 – Vierzon 56.

🏰 **Clos du Cher** 🅼 🏠, le Boeuf Couronné, Nord : 1 km ✉ 41140 Noyers-sur-Cher
☎ 02 54 75 00 03, Fax 02 54 75 03 79, 🏠, parc – 📺 ☎ & 🅿. ⚼ 🟢. 🌿 ch
fermé 12 au 19 nov., début janv. à mi-fév. et merc. d'oct. à juin – **Repas** 135/350 ⚖, enf. 60
– ☕ 60 – **10 ch** 390/550 – ½ P 395/460.

🏠 **Gd H. St-Aignan,** ☎ 02 54 75 18 04, Fax 02 54 75 12 59, ≤ – ☎ ⇔ 🅿 – 🔏 25. ⚼ ⚫
🟢
fermé 16 nov. au 1er déc., 15 fév. au 9 mars, dim. soir et lundi de nov. à fin mars – **Repas**
85/195 ⚖ – ☕ 30 – **21 ch** 110/340 – ½ P 185/300.

✕ **Gare** avec ch, à la gare de Noyers, Nord : 2 km sur D 675 ✉ 41140 Noyers-sur-Cher
☎ 02 54 75 16 38 – 🅿. 🟢. 🌿 ch
fermé 10 janv. au 10 fév., dim. soir et lundi – **Repas** 65/225 ⚖ – ☕ 25 – **10 ch** 120/180 –
½ P 200/250.

PEUGEOT Gar. Danger, La Croix-Michel
☎ 02 54 75 19 72

RENAULT Touraine Sologne Autom., à Seigy
☎ 02 54 75 40 18

ST-ALBAN-DE-MONTBEL 73 Savoie 🟨 ⑮ – *rattaché à Aiguebelette-le-Lac.*

ST-ALBAN-LES-EAUX 42370 Loire 🟨 ⑦ – *843 h alt. 410.*
Paris 383 – Roanne 12 – Lapalisse 47 – Montbrison 68 – St-Étienne 88 – Thiers 50 – Vichy 64.

✕ **St-Albanais,** ☎ 04 77 65 84 23, 🏠 – 🟢
fermé vacances de fév., mardi soir et merc. sauf juil.-août – **Repas** 55/230.

ST-ALBAN-LEYSSE 73 Savoie 🟨 ⑮ – *rattaché à Chambéry.*

ST-ALBAN-SUR-LIMAGNOLE 48120 Lozère 🟨 ⑮ – *1 928 h alt. 950.*
Paris 560 – Mende 40 – Le Puy-en-Velay 77 – Espalion 73 – St-Chély-d'Apcher 13 –
Sévérac-le-Château 80.

🏠 **Relais St-Roch** 🏠, Château de la Chastre ☎ 04 66 31 55 48, Fax 04 66 31 53 26, 🌊, 🎋
– 📺 ☎ ✆ 🅿. ⚼ ⚫ 🟢
1er avril-2 nov. – **La Petite Maison** ☎04 66 31 56 00 *(fermé lundi midi en juil.-août, mardi*
midi et lundi de sept. à juin) **Repas** 118/268, enf. 68 – ☕ 54 – **10 ch** 390/750 – ½ P 393/
539.

🅾 Gar. Brunet, ☎ 04 66 31 55 29

Voir *Ancienne abbaye de Noirlac★★ 4 km par* ⑥.
Env. *Château de Meillant★★ 8 km par* ① – *Ainay-le-Vieil : château★ 11 km par* ④.
🛈 *Office de Tourisme pl. République (fermé dim.) ℰ 02 48 96 16 86, Fax 02 48 96 46 64.*
Paris 286 ⑤ – *Bourges 44* ⑤ – *Châteauroux 66* ⑤ – *Montluçon 54* ④ – *Moulins 79* ③ –
Nevers 71 ③.

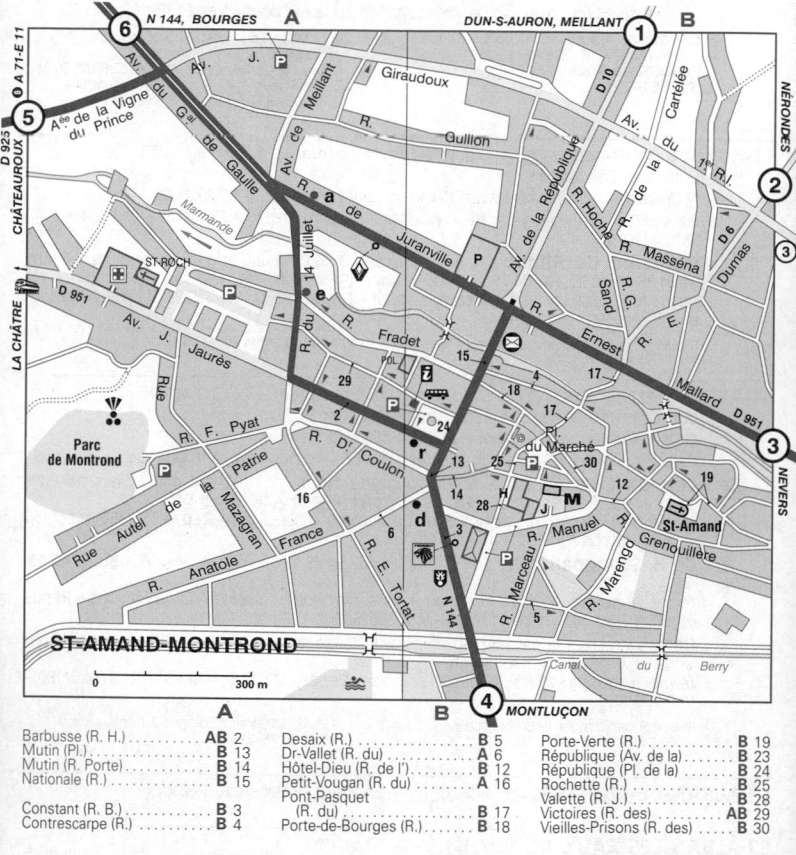

Barbusse (R. H.) . . . . **AB** 2	Desaix (R.) . . . . **B** 5	Porte-Verte (R.) . . . . **B** 19
Mutin (Pl.) . . . . **B** 13	Dr-Vallet (R. du) . . . . **A** 6	République (Av. de la) . . . . **B** 23
Mutin (R. Porte) . . . . **B** 14	Hôtel-Dieu (R. de l') . . . . . **B** 12	République (Pl. de la) . . . . **B** 24
Nationale (R.) . . . . **B** 15	Petit-Vougan (R. du) . . . . . **A** 16	Rochette (R.) . . . . **B** 25
	Pont-Pasquet	Valette (R. J.) . . . . **B** 28
Constant (R. B.) . . . . **B** 3	(R. du) . . . . **B** 17	Victoires (R. des) . . . . **AB** 29
Contrescarpe (R.) . . . . . . **B** 4	Porte-de-Bourges (R.) . . . . **B** 18	Vieilles-Prisons (R. des) . . . **B** 30

🏨 **Relais Mercure L'Amandois** Ⓜ, 7 r. H. Barbusse ℰ 02 48 63 72 00, Fax 02 48 96 77 11
🕾 – 📳 ▤ rest 📺 ☎ ♿ – 🔬 25. 🖭 ⓪ ◸⃝
                                                                                        B r
  Repas *(fermé dim. soir de fin oct. à fin fév.)* 79/130 – ☑ 38 – **27 ch** 290/330.

🏨 **Le Noirlac** Ⓜ, rte Bourges par ⑥ : 2 km ℰ 02 48 96 80 80, Fax 02 48 96 63 88, 🛋, 🏊,
🐎, ✗ – 📺 ☎ ♿ 🅿 – 🔬 30. 🖭 ◸⃝
  fermé 26 déc. au 1er janv. – **Repas** 95/198 ⅊, enf. 45 – ☑ 38 – **44 ch** 275/310 – ½ P 270.

✗✗ **Croix d'Or** avec ch, 28 r. 14-Juillet ℰ 02 48 96 09 41, Fax 02 48 96 72 89 – 📺 ☎ ◂⃝, 🖭
◸⃝
                                                                                       A e
  fermé vend. soir de nov. à mars sauf fêtes – **Repas** 98/300 – ☑ 45 – **11 ch** 170/290.

✗✗ **Poste** avec ch, 9 r. Dr Vallet ℰ 02 48 96 27 14, Fax 02 48 96 97 74 – 📺 ☎ 🅿. 🖭
◸⃝
                                                                                       B d
  fermé 5 au 19 janv., dim. soir et lundi de nov. à mars – **Repas** 99/250 ⅊, enf. 60 – ☑ 40 –
20 ch 185/310 – ½ P 310.

✗ **Boeuf Couronné**, 86 r. Juranville ℰ 02 48 96 42 72, Fax 02 48 96 33 80 – 🅿.
◸⃝
                                                                                       A a
  fermé 3 au 10 juil., 2 au 14 janv., dim. soir et lundi – **Repas** 98/175, enf. 40.

à Noirlac *par ⑥ et D 35 : 4 km –* ✉ *18200 St-Amand-Montrond :*

✗ **Aub. Abbaye de Noirlac,** 𝒸 02 48 96 22 58, Fax 02 48 96 86 63, 🍽 – **GB**
fermé 8 janv. au 12 fév. et merc. – **Repas** 95/170.

à Bruère-Allichamps *par ⑥ : 8,5 km – 609 h. alt. 170 –* ✉ *18200 :*

🏛 **Les Tilleuls,** rte Noirlac 𝒸 02 48 61 02 75, Fax 02 48 61 08 41, 🍽 – ☎ **P.** **GB**. ✂ ch
🍴 *fermé 21 au 31 déc., fév., dim. soir de nov. à mars et lundi –* **Repas** 105/225 ⬧, enf. 60 –
⬚ 36 – **10 ch** 175/230 – ½ P 215/265.

CITROËN Gén. Autom. St-Amand, rte de Bourges
par ⑥ 𝒸 02 48 96 25 07
FORD Gar. Marembert, 94 av. Gén.-de-Gaulle
𝒸 02 48 96 26 93
PEUGEOT Gar. Charbonnier, 15 r. B.-Constant
𝒸 02 48 96 10 07 🅽 𝒸 08 00 44 24 24
RENAULT Gar. Centre, 45 r. Juranville
𝒸 02 48 96 05 89 🅽 𝒸 02 48 57 54 97

VAG Gar. Pardonnet, 69 av. du Gén.-de-Gaulle
𝒸 02 48 96 27 79

⑩ Vulco, 99 av. Gén.-de-Gaulle 𝒸 02 48 96 11 21

ST-AMANS-SOULT *81 Tarn* 🟦🟦 ⑫ *– rattaché à Mazamet.*

ST-AMBROIX *30500 Gard* 🟦🟦 ⑧ *– 3 517 h alt. 142.*
🇧 *Office de Tourisme pl. de l'Ancien Temple 𝒸 04 66 24 33 36, Fax 04 66 24 30 00.*
Paris 683 – Alès 20 – Aubenas 55 – Mende 106.

à St-Brès *Nord : 1,5 km par D 904 – 612 h. alt. 156 –* ✉ *30500 :*

✗✗ **Aub. St-Brès** avec ch, 𝒸 04 66 24 10 79, Fax 04 66 24 38 30, 🍽, 🌳 – 📺 ☎ ✆ **P.** **GB**
fermé 25 au 29 août, 1ᵉʳ au 9 janv., lundi midi en juil.-août, dim. soir et lundi de sept. à juin –
Repas 95/300 ⬧, enf. 50 – ⬚ 40 – **9 ch** 190/340 – ½ P 275/375.

⑩ Thomas-Pneus, 𝒸 04 66 24 17 91

ST AMOUR *39160 Jura* 🟦🟦 ⑬ *– 2 200 h alt. 248.*
Paris 406 – Mâcon 62 – Bourg-en-Bresse 29 – Chalon-sur-Saône 71 – Lons-le-Saunier 34 –
Tournus 45.

✗✗ **Fred et Martine,** r. Bresse 𝒸 03 84 48 71 95, Fax 03 84 44 00 52 – **GB**
🍴 *fermé vacances de fév., dim. soir et lundi –*
Repas 98/240 ⬧.

✗ **Commerce,** pl. Chevalerie 𝒸 03 84 48 73 05, Fax 03 84 48 86 94 – **GB**
fermé 15 déc. au 20 janv., dim. soir et lundi sauf juil.-août – **Repas** 88/220 ⬧, enf. 60.

RENAULT Gar. Lecuelle, 𝒸 03 84 48 73 52

ST-AMOUR-BELLEVUE *71570 S.-et-L.* 🟦🟦 ① *– 492 h alt. 306.*
Paris 402 – Mâcon 11 – Bourg-en-Bresse 48 – Lyon 67 – Villefranche-sur-Saône 33.

✗✗ **Chez Jean Pierre,** 𝒸 03 85 37 41 26, Fax 03 85 37 18 40, 🍽 – **GB**
fermé 15 déc. au 8 janv., merc. soir et jeudi – **Repas** 100/225 ⬧, enf. 50.

ST-ANDIOL *13670 B.-du-R.* 🟦🟦 ① *– 2 253 h alt. 55.*
Paris 694 – Avignon 18 – Aix-en-Provence 66 – Arles 37 – Marseille 83.

✗✗ **Berger des Abeilles** ⬧ avec ch, Nord : 2 km par N 7 et D 74ᴱ (rte Cabanes)
𝒸 04 90 95 01 91, Fax 04 90 95 48 26, 🍽, 🌳 – 📺 ☎ **P.** **AE** **GB**
fermé janv., fév. et lundi midi d'oct. à déc. – **Repas** 136/230, enf. 65 – ⬚ 60 – **6 ch** 300/350
– ½ P 370.

ST-ANDRÉ-D'APCHON *42370 Loire* 🟦🟦 ⑦ *G. Vallée du Rhône – 1 720 h alt. 417.*
Paris 379 – Roanne 11 – Lapalisse 42 – Montbrison 69 – St-Étienne 89 – Thiers 57 – Vichy 59.

✗✗ **Lion d'Or,** 𝒸 04 77 65 81 53 – **AE** ⬤ **GB**
fermé dim. soir et lundi – **Repas** 95/205 ⬧.

ST-ANDRÉ-DE-CORCY *01390 Ain* 🟦🟦 ②, 🟦🟦🟦 ⑤ *– 2 547 h alt. 296.*
Paris 452 – Lyon 27 – Bourg-en-Bresse 41 – Meximieux 22 – Villefranche-sur-Saône 24.

à St-Marcel-en-Dombes *Nord : 3 km par N 83 – 786 h. alt. 265 –* ✉ *01390 :*

✗ **La Colonne,** 𝒸 04 72 26 11 06 – **GB**
fermé 4 au 11 juil., 20 déc. au 20 janv., lundi soir et mardi sauf fériés – **Repas** 90/240.

ST-ANDRÉ-DE-CUBZAC *33240 Gironde* **71** ⑧ *– 6 341 h alt. 35.*

🛈 *Office de Tourisme 141 r. Nationale* 𝒫 *05 57 43 64 80, Fax 05 57 43 69 63.*
Paris 559 – Bordeaux 26 – Angoulême 94 – Blaye 25 – Jonzac 63 – Libourne 21 – Saintes 94.

à St-Gervais *Nord-Ouest : 3,5 km par N 137 et D 151E – 1 204 h. alt. 39 –* ✉ *33240 :*

XX **Au Sarment,** 𝒫 *05 57 43 44 73, Fax 05 57 43 90 28,* 🌣 *–* **GB**
fermé 11 au 25 août, 3 au 10 fév., dim. soir et lundi sauf fériés – **Repas** *90/200.*

CITROEN Gar. Darroman, 480 rte de Bordeaux
𝒫 05 57 43 06 49
FORD Gar. de l'Europe, 168 rte Nationale
𝒫 05 57 43 03 95

RENAULT Gar. Carip, N 137 à Pugnac
𝒫 05 57 68 80 50 **N** 𝒫 08 00 05 15 15

⓪ Ateliers Aquitaine Pneumatique, 70 ch. Bois
Milon 𝒫 05 57 43 20 56

ST-ANDRÉ-D'HÉBERTOT *14 Calvados* **55** ④ *– rattaché à Pont-l'Évêque.*

ST-ANDRÉ-LES-ALPES *04170 Alpes-de-H.-P.* **81** ⑱ *G. Alpes du Sud – 794 h alt. 914.*

🛈 *Office de Tourisme pl. M.-Pastorelli* 𝒫 *04 92 89 02 39, Fax 04 92 89 19 23.*
Paris 781 – Digne-les-Bains 44 – Castellane 21 – Colmars 28 – Manosque 95 – Puget-Théniers 45.

✗ **Aub. du Parc** *avec ch.,* 𝒫 *04 92 89 00 03, Fax 04 92 89 17 38,* 🌣 *,* 🍃 *–* 📺 ☎ 🚗 **P.** **GB**
🍴 *fermé 1ᵉʳ janv. au 15 fév. –* **Repas** *85/170, enf. 45 –* 🍽 *36 –* **12 ch** *130/170 – ½ P 220/280.*

ST-ANDRÉ-LES-VERGERS *10 Aube* **61** ⑯ *– rattaché à Troyes.*

ST-ANTHÈME *63660 P.-de-D.* **73** ⑰ *G. Vallée du Rhône – 880 h alt. 950 – Sports d'hiver : 1 250/ 1 410 m ⚡3 ✦.*

🛈 *Syndicat d'Initiative, Mairie* 𝒫 *04 73 95 47 06.*
Paris 513 – St-Étienne 53 – Ambert 22 – Clermont-Ferrand 100 – Montbrison 24.

à Raffiny *Sud par D 261 : 5 km –* ✉ *63660 St Romain :*

🏠 **Pont de Raffiny,** 𝒫 *04 73 95 49 10, Fax 04 73 95 80 21 –* ☎ **P.** **GB**
🦞 *fermé janv. à mi-fév., dim. soir et lundi sauf du 15 juin au 3 sept. –* **Repas** *85/160 🍂, enf. 55 –* 🍽 *32 –* **12 ch** *175/240 – ½ P 210/225.*

ST-ANTOINE-L'ABBAYE *38160 Isère* **77** ③ *G. Vallée du Rhône – 873 h alt. 339.*

Voir Abbatiale★.

🛈 *Office de Tourisme, Maison du Tourisme et du Patrimoine* 𝒫 *04 76 36 44 46, Fax 04 76 36 40 49.*
Paris 558 – Valence 48 – Grenoble 65 – Romans-sur-Isère 25 – St-Marcellin 12.

XX **Aub. de l'Abbaye,** *Mail de l'Abbaye* 𝒫 *04 76 36 42 83, Fax 04 76 36 45 19,* 🌣 *, « Maison ancienne face à l'Abbaye » –* AE **GB**
fermé 3 au 27 janv., lundi soir et mardi de sept. à mai – **Repas** *114 bc/240.*

ST-AUBAN *04 Alpes-de-H.-P.* **81** ⑯ *– rattaché à Château-Arnoux.*

ST-AUBIN-SUR-MER *14750 Calvados* **55** ① *G. Normandie Cotentin – 1 526 h alt. 7.*

🛈 *Office de Tourisme Digue Favereau* 𝒫 *02 31 97 30 41, Fax 02 31 96 18 92.*
Paris 252 – Caen 19 – Arromanches-les-Bains 19 – Bayeux 26 – Cabourg 32.

🏨 **Clos Normand,** 𝒫 *02 31 97 30 47, Fax 02 31 96 46 23,* ⩽ *,* 🌣 *,* 🍃 *–* ☎ **P.** AE **GB**
1ᵉʳ mars-15 nov. – **Repas** *98/270, enf. 56 –* 🍽 *36 –* **28 ch** *320/350 – ½ P 335/350.*

🏨 **St-Aubin,** 𝒫 *02 31 97 30 39, Fax 02 31 97 41 56,* ⩽ *–* 📺 ☎ **P.** AE **GB**
fermé janv., dim. soir et lundi du 1ᵉʳ oct. au 30 avril sauf vacances scolaires – **Repas** *110/280, enf. 50 –* 🍽 *35 –* **24 ch** *330 – ½ P 280/330.*

ST-AULAIRE *19 Corrèze* **75** ⑧ *– rattaché à Objat.*

ST-AUNÈS *34130 Hérault* **83** ⑦ *– 2 027 h alt. 32.*

Paris 751 – Montpellier 11 – Lunel 17 – Nîmes 45.

🏨 **Cetus** Ⓜ, *N 113* 𝒫 *04 67 70 38 40, Fax 04 67 87 38 04,* 🏋 *,* ⊒ *– ⧉* 📠 📺 ☎ ✆ 🔥 **P.** *–* 🚲 *35.* AE ① **GB**, ✂ *rest*
Repas *(fermé sam. midi et dim. midi) 87/180 –* 🍽 *40 –* **50 ch** *320/370 – ½ P 320.*

ST-AUVENT 87310 H.-Vienne 72 ⑯ – 817 h alt. 300.

Paris 425 – Limoges 32 – Chalûs 21 – Rochechouart 11 – St-Junien 14.

※ 🍽 **Aub. Vallée de la Gorre,** ✆ 05 55 00 01 27, Fax 05 55 00 01 27 – 🗐. 🄶🄱
fermé 1ᵉʳ au 10 sept., dim. soir et lundi soir – **Repas** 70/225 ⅃.

ST-AVÉ 56 Morbihan 63 ③ – *rattaché à Vannes.*

ST-AVOLD 57500 Moselle 57 ⑮ G. Alsace Lorraine – 16 533 h alt. 260.

Voir *Groupe sculpté★ dans l'église St-Nabor.*

Env. *Mine-image★ de Freyming-Merlebach NE : 10 km.*

🏌 *Faulquemont* ✆ 03 87 29 21 21, SO : 16 km par D 20.

🛈 Office de Tourisme à la Mairie ✆ 03 87 91 30 19.

Paris 372 – Metz 44 – Haguenau 114 – Lunéville 75 – Nancy 72 – Saarbrücken 31 – Sarreguemines 28 – Strasbourg 125 – Thionville 69 – Trier 93.

🏨 **Europe,** 7 r. Altmayer ✆ 03 87 92 00 33, Fax 03 87 92 01 23, 🏤 – 📳 📺 ☎ 🚗 🄿 – 🔏 25. 🄰🄴 🄶🄱 🄹🄲🄱
Repas *(fermé sam. midi et dim. soir)* 130/290 – ☑ 45 – **34 ch** 280/310 – ½ P 255.

※※※ **Le Neptune,** à la piscine ✆ 03 87 92 27 90, Fax 03 87 92 38 10 – 🄶🄱. 🛇
fermé juil., août, lundi et le soir sauf sam. – **Repas** 120/300 et carte 200 à 360.

au Nord 2,5 km sur N 33 (près échangeur A 4) – ✉ 57500 St-Avold :

🏨 **Novotel** Ⓜ 🛝, ✆ 03 87 92 25 93, Fax 03 87 92 02 47, 🏤, « A l'orée de la forêt », 🏊, 🌲 – 🛏 rest 📺 ☎ 🕭 🄿 – 🔏 25 à 150. 🄰🄴 🄾 🄶🄱
Repas carte environ 170 ⅃, enf. 50 – ☑ 52 – **61 ch** 415/450.

au Nord-Ouest par D 72 et D 25ᴰ : 5 km – ✉ 57740 Longeville-lès-St-Avold :

※※ **Moulin d'Ambach,** ✆ 03 87 92 18 40, Fax 03 87 29 08 68, 🏤 – 🄿. 🄰🄴 🄶🄱
fermé 14 au 26 juil., 23 fév. au 3 mars – **Repas** 120/260 ⅃, enf. 55.

CITROEN Gar. Rein, 65 r. Gén.-Mangin ✆ 03 87 29 24 24
FORD Gar. Schwaller, r. du 27 Novembre ✆ 03 87 29 27 27
PEUGEOT Derr St-Avold Auto, N 3 ZI Longeville ✆ 03 87 29 20 50

RENAULT Moselle Autom., 67 av. Patton ✆ 03 87 91 83 83 🆖 ✆ 03 87 23 44 42

🛞 Leclerc-Pneu, 10 r. Mar.-Foch ✆ 03 87 92 24 68

ST-AY 45130 Loiret 64 ⑧ – 2 978 h alt. 100.

Paris 139 – Orléans 13 – Beaugency 14 – Blois 45.

※※※ **La Grande Tour,** N 152 ✆ 02 38 88 83 70, Fax 02 38 80 68 05, 🏤, 🌲 – 🄿. 🄶🄱
fermé vacances de fév., dim. soir et lundi – **Repas** 100/270 et carte 240 à 300, enf. 65.

ST-AYGULF 83370 Var 84 ⑱, 114 ㊳, 115 ㉝ G. Côte d'Azur – alt. 15.

🛈 Office de Tourisme pl. Poste ✆ 04 94 81 22 09.

Paris 875 – Fréjus 6 – Brignoles 69 – Draguignan 33 – St-Raphaël 8 – Ste-Maxime 15.

🏨 **Catalogne** sans rest, ✆ 04 94 81 01 44, Fax 04 94 81 32 42, 🏊, 🌲 – 📳 📺 ☎ 🄿. 🄰🄴 🄾
🄶🄱. 🛇
Pâques-oct. – ☑ 46 – **32 ch** 350/510.

ST-BEAUZEIL 82150 T.-et-G. 79 ⑯ – 120 h alt. 181.

Paris 622 – Agen 35 – Cahors 57 – Montauban 64 – Villeneuve-sur-Lot 24.

🏨 **Château de l'Hoste** 🛝, rte Agen (D 656) ✆ 05 63 95 25 61, Fax 05 63 95 25 50, 🏤, parc, 🏊 – ☎ 🄿 – 🔏 40. 🄶🄱
fermé 1ᵉʳ au 22 nov., 15 fév. au 6 mars, dim. soir et lundi d'oct. à mi-mai – **Repas** 115/265, enf. 60 – ☑ 40 – **32 ch** 210/260 – ½ P 280.

ST-BENOIT 01300 Ain 74 ⑭ – 488 h alt. 230.

Paris 499 – Belley 19 – Bourg-en-Bresse 73 – Lyon 76 – La Tour-du-Pin 25 – Vienne 69 – Voiron 42.

※ 🍽 **Billiemaz,** au pont d'Evieu, Sud-Ouest : 2,5 km ✆ 04 74 39 72 56 – 🄿. 🄰🄴 🄾 🄶🄱
fermé 24 juin au 4 juil., 1ᵉʳ au 12 sept., mardi soir et merc. – **Repas** 68/220.

PEUGEOT Gar. Personéni, ✆ 04 74 39 72 59 🆖 ✆ 04 74 39 72 59

ST-BENOIT 86 Vienne 68 ⑬ ⑭ – *rattaché à Poitiers.*

ST-BENOIT-SUR-LOIRE 45730 Loiret 64 ⑩ G. Châteaux de la Loire – 1 880 h alt. 126.

Voir Basilique★★ (chant grégorien).

Env. Germigny-des-Prés : mosaïque★★ de l'église★ NO : 6 km – Châteauneuf-sur-Loire : mausolée★ dans l'église St-Martial NO : 10 km.

🛈 Office de Tourisme 44, r. Orléanaise ℘ 02 38 35 79 00.

Paris 141 – Orléans 41 – Bourges 93 – Châteauneuf-sur-Loire 10 – Gien 33 – Montargis 43.

🏠 **Labrador** 🐾 sans rest, ℘ 02 38 35 74 38, Fax 02 38 35 72 99, 🚗 – 🔟 ☎ ⚐ 🅿 – 🛗 50. 🖭 ⒼⒷ
fermé 1er janv. au 15 fév. – 🖵 40 – **44 ch** 175/355.

ST-BERTRAND-DE-COMMINGES 31510 H.-Gar. 85 ⑳ G. Pyrénées Aquitaine – 217 h alt. 581.

Voir Site★★ – Cathédrale Ste-Marie-de-Comminges★ : cloître★★, boiseriess★★ et trésor★ – Basilique Saint-Just★ de Valcabrère (chevet★) NE : 2 km.

Paris 803 – Bagnères-de-Luchon 32 – Lannemezan 26 – St-Gaudens 17 – Tarbes 59 – Toulouse 110.

🏠 **Comminges,** face Cathédrale ℘ 05 61 88 31 43, Fax 05 61 94 98 22, 🍽, 🚗 – ☎ 🅿. ⒼⒷ.
🍽 rest
1er avril-30 sept. – **Repas** (fermé mardi en avril et mai) 90/140 ⓑ, enf. 50 – 🖵 30 – **14 ch** 180/350 – ½ P 225/285.

à Aveux (H.-Pyr.) Sud : 4 km par D 26A et D 925 – 49 h. alt. 587 – ✉ 65370 :

🍴 **Moulin d'Aveux** avec ch, ℘ 05 62 99 20 68, Fax 05 62 99 22 27, 🍽, 🚗 – ☎ 🅿. ⒼⒷ
fermé 11 au 30 nov., dim. soir et lundi d'oct. à avril – **Repas** 68 bc/225 ⓑ, enf. 35 – 🖵 25 – **11 ch** 225/250 – ½ P 220/240.

à Gaudent Sud : 6 km par D 26A et D 925 – 34 h. alt. 514 – ✉ 65370 :

🍴 **La Chapelle d'Albret** 🐾 avec ch, ℘ 05 62 99 21 13, Fax 05 62 99 23 69, 🚗 – 🔟 🅿. ⒼⒷ
fermé lundi – **Repas** 70/125 ⓑ, enf. 45 – 🖵 25 – **4 ch** 220/250 – ½ P 200/230.

ST-BOIL 71390 S.-et-L. 70 ⑪ – 377 h alt. 240.

Paris 360 – Chalon-sur-Saône 25 – Cluny 28 – Montceau-les-Mines 35 – Mâcon 52.

🍴🍴 **Aub. Cheval Blanc** Ⓜ avec ch, ℘ 03 85 44 03 16, Fax 03 85 44 07 25, 🍽, 🏊, 🚗 – 🔟 ☎ ⚐ 🅿. ⒼⒷ. 🍽
fermé 15 fév. au 15 mars et merc. – **Repas** 95 (déj.), 135/210 – 🖵 60 – **11 ch** 370/470 – ½ P 450/480.

ST-BONNET-EN-CHAMPSAUR 05500 H.-Alpes 77 ⑯ G. Alpes du Sud – 1 371 h alt. 1025.

Env. ≤★★ du col du Noyer O : 13,5 km.

🛈 Office de Tourisme r. Maréchaux ℘ 04 92 50 02 57.

Paris 657 – Gap 16 – Grenoble 91 – La Mure 51.

🏠 **La Crémaillère** 🐾, ℘ 04 92 50 00 60, Fax 04 92 50 01 57, ≤, 🍽, 🚗 – 🔟 ☎ 🅿. ⒼⒷ, 🍽 rest
hôtel : Pâques-1er nov. et vacances de fév. ; rest. : Pâques-1er nov. – **Repas** 100/190, enf. 55 – 🖵 35 – **21 ch** 270/330 – ½ P 270/300.

PEUGEOT Champsaur Autos, ℘ 04 92 50 52 33   **Gar. Central,** ℘ 04 92 50 52 52
RENAULT Gar. Piot, à La Fare-en-Champsaur
℘ 04 92 50 53 80 Ⓝ ℘ 04 92 50 53 80

ST-BONNET-LE-CHÂTEAU 42380 Loire 76 ⑦ G. Vallée du Rhône – 1 687 h alt. 870.

Voir Chevet de la collégiale ≤★ – Chemin des Murailles★.

🛈 Syndicat d'Initiative pl. de la République ℘ 04 77 50 52 48.

Paris 534 – St-Étienne 35 – Ambert 46 – Montbrison 31 – Le Puy-en-Velay 66.

🍴 **La Calèche,** 7 r. F. Valette ℘ 04 77 50 15 58 – ⒼⒷ
fermé fév., merc. sauf le midi en juil.-août et mardi soir – **Repas** 80/230.

ST-BONNET-LE-FROID 43290 H.-Loire 76 ⑨ – 180 h alt. 1126.

Paris 559 – Le Puy-en-Velay 57 – Valence 70 – Aubenas 93 – Annonay 27 – St-Étienne 52 – Tournon-sur-Rhône 51 – Yssingeaux 31.

XXX ❀❀ **Aub. des Cimes** (Marcon) Ⓜ avec ch, ℘ 04 71 59 93 72, Fax 04 71 59 93 40, 🖾 – ⤬
🖃 rest 📺 ☎ 🅿 AE ⓞ ⒼⒷ
Pâques-15 nov. et fermé dim. soir et lundi sauf juil.-août – **Repas** 150/550 et carte 300 à 450 – 🖵 80 – **18 ch** 380/750 – ½ P 500/850
Spéc. Ragoût de lentilles vertes du Puy. Omble chevalier à l'oseille sauvage, purée aux cèpes. Menu champignons (printemps-automne). **Vins** Crozes-Hermitage blanc et rouge.

XX **André Chatelard,** ℘ 04 71 59 96 09, Fax 04 71 59 98 75, 🌤 – ⒼⒷ
fermé vacances de fév., mardi de déc. à mars, dim. soir et lundi – **Repas** 95/350 🍸, enf. 60.

ST-BRÈS 30 Gard 80 ⑧ – rattaché à St-Ambroix.

ST-BRÉVIN-LES-PINS 44250 Loire-Atl. 67 ① G. Poitou Vendée Charentes – 8 688 h alt. 9 – Casino à St-Brévin-l'Océan.

Voir Pont routier St-Nazaire-St-Brévin★, G. Bretagne.

Pont de St-Nazaire : Passage gratuit.
🅱 Office de Tourisme 10 r. Église ℘ 02 40 27 24 32 et Bureau de l'Océan (saison).
Paris 442 – Nantes 56 – Challans 63 – Noirmoutier-en-l'Ile 78 – Pornic 19 – St-Nazaire 15.

🏠 **Estuaire** sans rest, parc d'activités de la Guerche, Sud-Est : 1 km ℘ 02 40 27 39 40, Fax 02 40 64 40 98 – ⤬ ☎ 📞 ⛔ 🅿 ⒼⒷ
🖵 40 – **25 ch** 250/300.

à Mindin Nord : 3 km – ⊠ 44250 St-Brévin-les-Pins :

🏠 **La Boissière** ⤬, 70 av. Mindin ℘ 02 40 27 21 79, Fax 02 40 39 11 88, 🌤, 🖾 – ☎ 🅿 AE ⒼⒷ. ⌗ rest
1er avril-1er oct. – **Repas** 85/145 – 🖵 32 – **23 ch** 305/425 – ½ P 255/385.

XX **Débarcadère** avec ch, pl. Marine ℘ 02 40 27 20 53, Fax 02 40 27 23 69, ≤, 🖾 – ☎ 📞 🅿 AE ⒼⒷ
fermé 1er déc. au 15 janv. – **Repas** (fermé dim. soir et sam. sauf juil.-août) 100/215, enf. 60 – 🖵 35 – **14 ch** 250/310 – ½ P 360/400.

RENAULT Gar. Clisson, Parc d'Activité de la Guerche ℘ 02 40 27 20 07

ST-BRIAC-SUR-MER 35800 l.-et-V. 59 ⑤ – 1 825 h alt. 30.
🅱 Office de Tourisme 49 Grande Rue ℘ 02 99 88 32 47.
Paris 423 – St-Malo 15 – Dinan 23 – Dol-de-Bretagne 33 – Lamballe 41 – St-Brieuc 60 – St-Cast-le-Guildo 21.

à Lancieux Sud-Ouest : 2 km par D 786 – ⊠ 22770 :

🏠🏠 **Bains** Ⓜ sans rest, 20 r. Poncel ℘ 02 96 86 31 33, Fax 02 96 86 22 85, 🖾 – cuisinette 📺 ☎ ⛔ 🅿 AE ⒼⒷ
fermé janv. – 🖵 38 – **12 ch** 360/500.

ST-BRICE-EN-COGLÈS 35460 l.-et-V. 59 ⑱ – 2 484 h alt. 105.
Paris 337 – St-Malo 65 – Avranches 35 – Fougères 16 – Rennes 46.

🏠 **Lion d'Or,** r. Chateaubriant ℘ 02 99 98 61 44, Fax 02 99 97 85 66 – 📺 ☎ 📞 ⛔ 🅿 – 🎗 25. ⒼⒷ
Repas (fermé dim. soir sauf juil.-août) 58 (déj.), 75/200 🍸, enf. 45 – 🖵 30 – **24 ch** 210/280 – ½ P 175/230.

FORD Gar. Guerinel, ℘ 02 99 98 61 27 🅽 ℘ 02 99 98 67 67

ST-BRIEUC 🅟 22000 C.-d'Armor 59 ③ G. Bretagne – 44 752 h alt. 78.
Voir Cathédrale St-Étienne★ AY – Tertre Aubé ≤★ BV.
Env. Pointe du Roselier★ NO : 8,5 km par D 24 BV.
🏌 de la Crinière ℘ 02 96 32 72 60 aux Ponts-neufs, par ② : 15 km.
✈ de St-Brieuc-Armor : ℘ 02 96 94 95 00, 10 km par ①.
🅱 Office de Tourisme 7 r. St-Guéno ℘ 02 96 33 32 50, Fax 02 96 61 42 16 – A.C. 6 pl. Duguesclin ℘ 02 96 33 16 20.
Paris 451 ② – Brest 143 ① – Caen 231 ② – Cherbourg 254 ② – Dinan 59 ② – Lorient 116 ③ – Morlaix 84 ① – Quimper 129 ③ – Rennes 100 ② – St-Malo 72 ②.

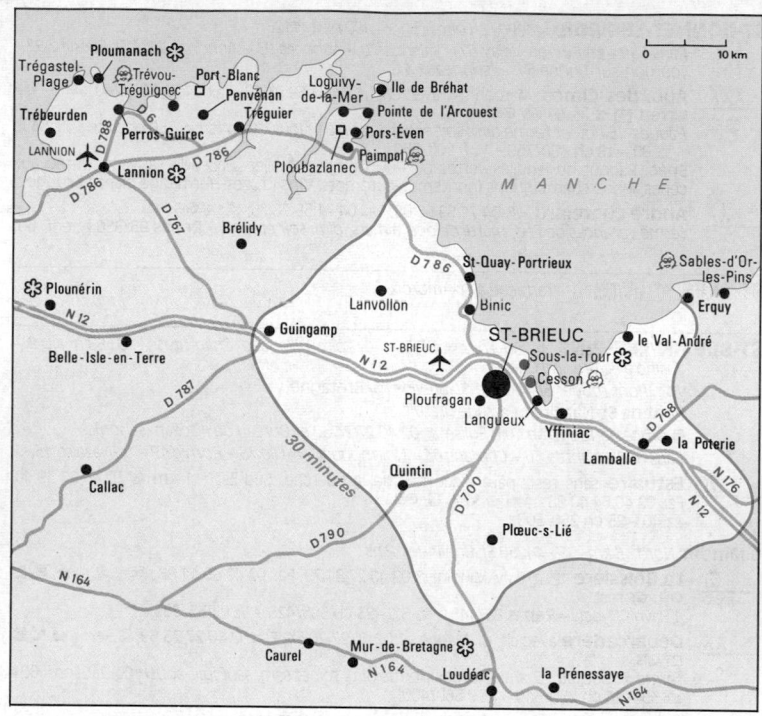

🏨 **de Clisson** Ⓜ ⚜ sans rest, 36 r. Gouët ✆ 02 96 62 19 29, Fax 02 96 61 06 95 – 📶 ⛍ 📺 ☎ 🅟 🅿 ﾑ 🆎 🇬🇧 ✿
38 – **24 ch** 260/425.

AY e

🏨 **Champ de Mars** Ⓜ sans rest, 13 r. Gén. Leclerc ✆ 02 96 33 60 99, Fax 02 96 33 60 05 – 📶 📺 ☎ & 🇬🇧
35 – **21 ch** 240/290.

BZ s

🏨 **Ker Izel** ⚜ sans rest, 20 r. Gouët ✆ 02 96 33 46 29, Fax 02 96 61 86 12 – ⛍ 📺 ☎ & ☎ 🆎 ⓪ 🇬🇧 🇯🇨🇧 ✿
35 – **22 ch** 240/320.

AY a

🏨 **Quai des Etoiles** Ⓜ sans rest, 51 r. Gare ✆ 02 96 78 69 96, Fax 02 96 78 69 90 – 📶 📺 ☎ & 🅟 🆎 ⓪ 🇬🇧
42 – **41 ch** 255/305.

AZ e

🍴🍴🍴 **Aux Pesked,** 59 r. Légué ✆ 02 96 33 34 65, Fax 02 96 33 65 38, ≼ – 🗐 🅿 🆎 🇬🇧 🇯🇨🇧
fermé vacances de fév., dim. soir et lundi – **Repas** 115/495 bc et carte 200 à 260.

AV a

🍴🍴 **Amadeus,** 22 r. Gouët ✆ 02 96 33 92 44, Fax 02 96 61 42 05 – 🇬🇧
fermé vac. de printemps, 1er au 15 juil., lundi midi et dim. – **Repas** 90 (dîner), 110 bc/260.

AY b

à Sous-la-Tour *Nord-Est : 3 km par Port Légué et D 24* BV – ✉ 22190 Plérin :

🍴🍴 **La Vieille Tour** (Hellio), 75 r. de la Tour ✆ 02 96 33 10 30, Fax 02 96 33 10 30 – 🗐. 🆎 🇬🇧
✿ *fermé vacances de fév., dim. soir et lundi* – **Repas** (nombre de couverts limité, prévenir) 135/400 et carte 330 à 420, enf. 100
Spéc. Saint-Jacques (nov. à avril). Homard breton grillé servi en deux temps. Saint-Pierre rôti, tarte de pommes de terre.

à Cesson *Est : 3 km par r. Genève* BV – ✉ 22000 :

🍴🍴🍴 **Croix Blanche,** 61 r. Genève ✆ 02 96 33 16 97, Fax 02 96 02 03 50, ✿ – 🗐 🅿 🆎 ⓪ 🇬🇧
✿ *fermé 5 au 17 août, dim. soir et lundi*
Repas 98/350 et carte 220 à 290.

🍴🍴 **Le Quatre Saisons,** 61 chemin Courses ✆ 02 96 33 20 38, Fax 02 96 33 77 38, ✿ – 🇬🇧
fermé 6 au 20 oct., vacances de fév., sam. midi, dim. soir et lundi soir – **Repas** 98 (déj.), 125/355.

ST-BRIEUC

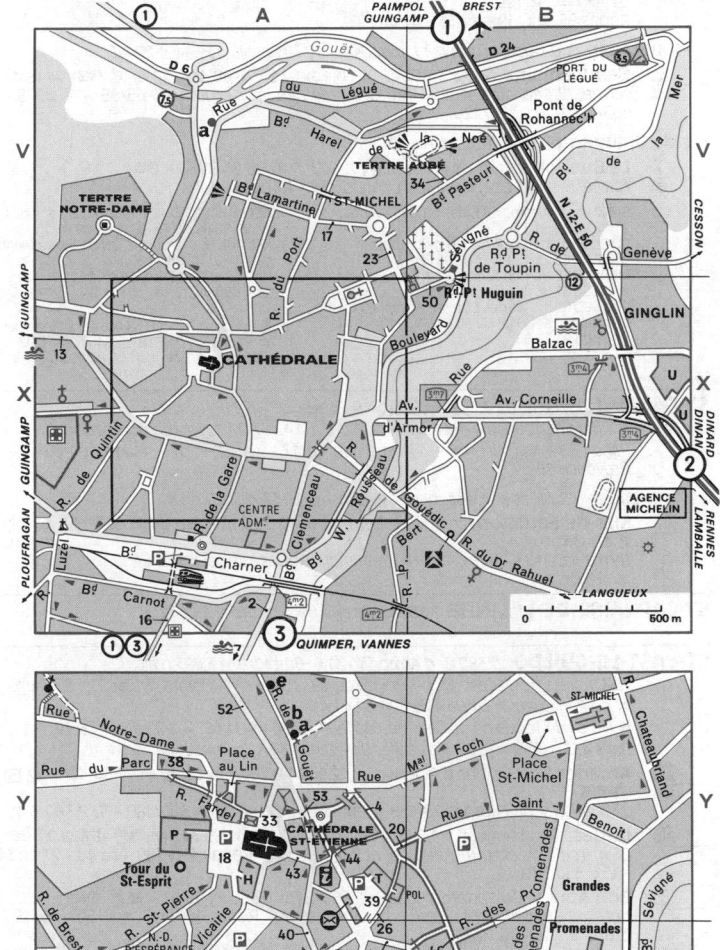

à Langueux *Sud-Est : 4 km par r. Dr Rahuel* **BX** – *5 938 h. alt. 101* – ⊠ *22360 :*

  Campanile, 🖉 02 96 33 65 66, Fax 02 96 33 86 87 – 🍴 🕙 📺 ☎ ✆ & 📮 – 🛁 25. 🖭 ⓪ ⒼⒷ
  Repas 84 bc/107 bc, enf. 39 – 😊 32 – **38 ch** 278.

à Yffiniac *par* ② *: 8 km* – *3 510 h. alt. 10* – ⊠ *22120 :*

  Ibis, aire de repos N 12 🖉 02 96 72 64 10, Fax 02 96 72 71 55 – 🛗 🍴 📺 ☎ ✆ & 📮 – 🛁 80.
  🖭 ⓪ ⒼⒷ, ⚘ rest
  Repas 95, enf. 39 – 😊 35 – **42 ch** 298.

à Ploufragan *Sud-Ouest : 5 km par r. Luzel* **AX** – *10 583 h. alt. 139* – ⊠ *22440 :*

  Beaucemaine 🐾, 🖉 02 96 78 05 60, Fax 02 96 78 08 33 – 📺 ☎ 📮. ⒼⒷ, ⚘ rest
  fermé 22 déc. au 5 janv. – **Repas** *(fermé dim. soir et le midi)* 65/95 ⓑ – 😊 25 – **25 ch**
  135/270 – ½ P 180/220.

rte de Guingamp *par r. Corderie* **AX** *13 :*

  Le Buchon, à Trémuson : 8 km ⊠ 22440 🖉 02 96 94 85 84 – ⒼⒷ
  fermé 1ᵉʳ au 15 oct., lundi soir et mardi soir – **Repas** 82/310.

    BMW Rosé Autom., 14 r. des Landes à Langueux
    🖉 02 96 52 54 57
    CITROEN Gar. S.A.V.R.A., 101 r. du Gouedic
    🖉 02 96 68 15 15 🅽 🖉 02 96 68 15 17
    MERCEDES Hamon Autom., 1 r. Gay Lussac
    🖉 02 96 33 33 45
    PEUGEOT Gds Gar. des Côtes-d'Armor, 65 r.
    Chaptal, ZI par ② 🖉 02 96 62 24 24 🅽
    🖉 06 08 91 22 86

    RENAULT S.B.D.A., r. Monge, ZI par r. de Gouédic
    🖉 02 96 68 16 16 🅽 🖉 08 00 05 15 15
    RENAULT Gar. Monfort, 28 r. Vallée à Plérin
    par ① 🖉 02 96 74 52 61
    VAG Sélection Auto, 14 r. Chaptal
    🖉 02 96 68 22 10

    🏢 Euromaster, ZAC r. Lecuyer à Plérin par ①
    🖉 02 96 74 70 56 🅽 🖉 04 76 29 55 49
    Vulco, 2 r. Ampère 🖉 02 96 60 46 65

ST-CANNAT *13760 B.-du-R.* 🟦84 ②, 🟦114 ⑭ *G. Provence* – *3 918 h alt. 216.*
🅱 *Office de Tourisme, Plateau de la Pile* 🖉 04 42 57 20 12 *(matin hors saison).*
Paris 733 – *Marseille 46* – *Aix-en-Provence 17* – *Cavaillon 37* – *Manosque 61* – *Salon-de-Provence 19.*

au Sud *par rte d'Éguilles et rte secondaire : 2 km* – ⊠ *13760 St-Cannat :*

  ✕✕ **Mas de Fauchon,** chemin de Berre 🖉 04 42 50 61 77, Fax 04 42 57 22 56, 😊, 🏊, 🎾 –
    📮. 🖭 ⒼⒷ
    fermé vacances de fév., dim. soir et lundi – **Repas** 130 (déj.), 150/245.

ST-CAPRAISE-DE-LALINDE *24 Dordogne* 🟦75 ⑮ – *rattaché à Lalinde.*

ST-CAST-LE-GUILDO *22380 C.-d'Armor* 🟦59 ⑤ *G. Bretagne* – *3 093 h alt. 52.*
  Voir *Pointe de St-Cast* ≤★★ – *Pointe de la Garde* ≤★★ – *Pointe de Bay* ≤★ *S : 5 km.*
  📷₁₈ *de Pen Guen* 🖉 02 96 41 91 20, S : 4 km.
  🅱 *Office de Tourisme pl. Gén.-de-Gaulle* 🖉 02 96 41 81 52, Fax 02 96 41 76 19.
  Paris 433 – *St-Malo 33* – *Avranches 91* – *Dinan 34* – *St-Brieuc 49.*

  Arcades Ⓜ, 15 r. Duc d'Aiguillon 🖉 02 96 41 80 50, Fax 02 96 41 77 34, 😊 – 🛗 📺 ☎. 🖭
  ⒼⒷ
  1ᵉʳ avril-15 sept. – **Repas** 78/158 ⓑ, enf. 39 – 😊 40 – **32 ch** 300/480 – ½ P 300/390.

  Dunes, r. Primauguet 🖉 02 96 41 80 31, Fax 02 96 41 85 34, 🎾, ⚘ – 📺 ☎ 📮. ⒼⒷ. ⚘
  27 mars-3 nov. et fermé dim. soir et lundi en oct. – **Repas** 110/380 – 😊 40 – **27 ch** 340/400
  – ½ P 350/370.

  Bon Abri, r. Sémaphore 🖉 02 96 41 85 74, Fax 02 96 41 99 11 – ☎ 📮. ⒼⒷ
  hôtel : 1ᵉʳ mai-10 sept. ; rest. : 1ᵉʳ juin-10 sept. – **Repas** 100/145, enf. 50 – 😊 35 – **42 ch**
  220/315 – ½ P 260/270.

  ✕✕ **Le Biniou,** à Pen-Guen, Sud : 1,5 km 🖉 02 96 41 94 53, Fax 02 96 41 65 09, ≤ – 📮. ⒼⒷ
    *1ᵉʳ mars-11 nov., vacances scolaires et fermé mardi sauf du 15 juin au 15 sept. et vacances
    scolaires* – **Repas** 92 (déj.), 130/230, enf. 50.

    PEUGEOT Gar. les Mielles, 13 bd Vieuxville 🖉 02 96 41 86 67 🅽 🖉 02 96 41 86 67

ST-CÉRÉ *46400 Lot* 🟦75 ⑲ ⑳ *G. Périgord Quercy* **(plan)** – *3 760 h alt. 152.*
  Voir *Site★* – *Tapisseries de Jean Lurçat★ au casino* – *Atelier-musée Jean Lurçat★* – *Château
  de Montal★★ O : 3 km.*
  Env. *Cirque d'Autoire★ : ≤★★ par Autoire (site★) O : 8 km.*
  📷₅ *Golf Club des 3 Vallées à St-Jean l'Espinasse* 🖉 05 65 10 83 09.
  🅱 *Office de Tourisme pl. République* 🖉 05 65 38 11 85, Fax 05 65 38 38 71.
  Paris 540 – *Brive-la-Gaillarde 54* – *Aurillac 67* – *Cahors 75* – *Figeac 41* – *Tulle 59.*

Trois Soleils de Montal Ⓜ ⚬, rte de Gramat, Ouest : 2 km par D 673 ℰ 05 65 38 20 61, Fax 05 65 38 30 66, ≤, 🏖, 🛴, 🛁, 🛋, 🛴, 🍽 – 🍽 TV ☎ ♿ & 🄿 – 🛌 50. GB. ⚑ rest
Repas *(fermé 2 au 20 janv., sam. midi, dim. soir et lundi midi d'oct. à mars)* 120/300 – ☳ 55 – **28 ch** 450 – ½ P 450.

France, av. F. de Maynard ℰ 05 65 38 02 16, Fax 05 65 38 02 98, 🏖, 🛴, 🛴 – TV ☎ 🚗
🄿. GB. ⚑ rest
20 avril-15 nov. – **Repas** *(fermé vend. sauf le soir du 1ᵉʳ juil. au 15 sept. et sam. midi)*
120/250, enf. 60 – ☳ 45 – **18 ch** 300/380 – ½ P 340/400.

Le Coq Arlequin sans rest, av. Dr Roux ℰ 05 65 38 02 13, Fax 05 65 38 37 27 – TV ☎ 🚗
🄿. GB
☳ 48 – **16 ch** 250/480.

du Touring sans rest, pl. République ℰ 05 65 38 30 08, Fax 05 65 38 18 67 – TV ☎ ♿. GB
fermé 15 oct. au 15 nov. – ☳ 32 – **28 ch** 260/310.

Ric ⚬ avec ch, rte Leyme par D 48 : 2 km ℰ 05 65 38 04 08, Fax 05 65 38 00 14, ≤ plateau du Quercy, 🏖, 🛴, 🛴 – TV ☎ 🄿. GB
fermé janv., fév. et lundi hors sais. – **Repas** (nombre de couverts limité, prévenir) 110 (déj.), 165/250 et carte 270 à 340 – ☳ 45 – **5 ch** 400 – ½ P 400.

MERCEDES, VAG Gar. Payrot, 401 av. Anatole de Monzie ℰ 05 65 38 01 07 ⓜ Meublat, rte de Monteil ℰ 05 65 38 16 54

ST-CERGUES 74140 H.-Savoie 🏵 ⑯ ⑰ – 2 337 h alt. 615.
Paris 549 – *Thonon-les-Bains* 21 – Annecy 52 – Annemasse 9 – Bonneville 24 – Genève 19.

France avec ch, ℰ 04 50 43 50 32, Fax 04 50 94 66 45, 🏖, 🛴 – TV ☎ ♿ 🄿 – 🛌 25. GB
fermé 11 avril au 6 mai, 17 oct. au 3 nov., dim. soir et lundi sauf juil.-août – **Repas** 98/240, enf. 60 – ☳ 38 – **21 ch** 145/290 – ½ P 200/265.

Können Sie wegen Verkehrsstauungen erst nach 18 Uhr
in Ihrem Hotel sein, bestätigen Sie
telefonisch Ihre Zimmerreservierung ;
Sie gehen sicherer... und es ist Gepflogenheit.

ST-CÉZAIRE-SUR-SIAGNE 06780 Alpes-Mar. 🏵 ⑧, 🏵 ⑫ G. Côte d'Azur – 2 182 h alt. 475.
Voir Site★ – Point de vue★ – Grottes de St-Cézaire★ NE : 4 km.
🄱 Office de Tourisme 1 bd Courmes ℰ 04 93 60 84 30.
Paris 908 – Cannes 32 – Castellane 62 – Draguignan 58 – Grasse 16 – Nice 56.

Aub. Puits d'Amon, ℰ 04 93 60 28 50 – 🗐. GB
fermé 26 janv. au 15 fév., merc. soir et jeudi de sept. à juin et jeudi midi en juil.-août – **Repas** 105/210 🔔, enf. 75.

ST-CHAMAS 13250 B.-du-R. 🏵 ① G. Provence – 5 396 h alt. 15.
🄱 Office de Tourisme, Montée des Pénitents ℰ 04 90 50 90 54, Fax 04 90 50 90 10.
Paris 736 – *Marseille* 50 – Arles 43 – Martigues 26 – St-Rémy-de-Provence 38 – Salon-de-Provence 16.

Le Rabelais, 10 r. A. Fabre ℰ 04 90 50 84 40, Fax 04 90 50 78 49, 🏖, « Salle voûtée » –
🗐. ㏂ GB
fermé 16 au 31 août, vacances de fév., sam. midi et dim. soir – **Repas** 109/197.

ST-CHAMOND 42400 Loire 🏵 ⑲ G. Vallée du Rhône – 38 878 h alt. 388.
Paris 508 ① – *St-Étienne* 12 ③ – Feurs 51 ③ – Lyon 50 ① – Montbrison 52 ③ – Vienne 37 ①.

Plan page suivante

Ambassadeurs, 28 av. Libération ℰ 04 77 22 85 80, Fax 04 77 31 96 95 – TV ☎. ㏂ ⓞ
GB   BZ **a**
hôtel: fermé 2 au 11 août ; rest. : fermé 1ᵉʳ au 11 mai, 3 au 24 août, vend. soir et sam. –
Repas 78/270 🔔, enf. 50 – ☳ 28 – **19 ch** 240/320 – ½ P 220/260.

Chemin de Fer, 27 av. Libération ℰ 04 77 22 00 15, Fax 04 77 22 06 01 – ㏂ ⓞ GB
fermé 11 au 31 août, vend. soir et sam. – **Repas** 59/230 🔔.   BZ **e**

à l'Horme par ② : 3 km – 4 689 h. alt. 320 – ✉ 42152 :

Vulcain sans rest, ℰ 04 77 22 17 11, Fax 04 77 29 07 95 – 🛗 TV ☎ ♿ 🚗 🄿. ㏂ GB
☳ 33 – **30 ch** 220/352.

PEUGEOT I.C.A.R. Vallée du Gier, Sortie autoroute St-Julien par ② ℰ 04 77 31 42 42   RENAULT Fonsala Autom., bd Fonsala par ② ℰ 04 77 22 22 98

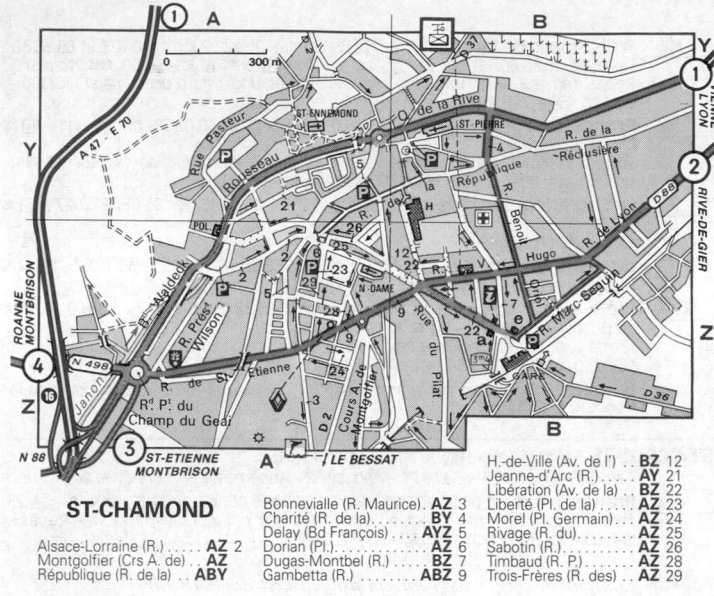

ST-CHAMOND

Alsace-Lorraine (R.) . . . . . **AZ** 2	
Montgolfier (Crs A. de) . . **AZ**	
République (R. de la) . . **ABY**	

Bonnevialle (R. Maurice). **AZ** 3
Charité (R. de la) . . . . **BY** 4
Delay (Bd François) . . . . **AYZ** 5
Dorian (Pl.) . . . . **AZ** 6
Dugas-Montbel (R.) . . . . . **BZ** 7
Gambetta (R.) . . . . **ABZ** 9

H.-de-Ville (Av. de l') . . **BZ** 12
Jeanne-d'Arc (R.) . . . . . **AY** 21
Libération (Av. de la) . . **BZ** 22
Liberté (Pl. de la) . . . . . **AZ** 23
Morel (Pl. Germain) . . . **AZ** 24
Rivage (R. du) . . . . **AZ** 25
Sabotin (R.) . . . . **AZ** 26
Timbaud (R. P.) . . . . **AZ** 28
Trois-Frères (R. des) . . . **AZ** 29

EUROPE on a single sheet
Michelin map no 9 7 0 .

ST-CHARTIER 36 Indre 68 ⑲ – rattaché à La Châtre.

ST-CHÉLY-D'APCHER 48200 Lozère 76 ⑮ – 4 570 h alt. 1000.
🛈 Office de Tourisme pl. 19-Mars-1962 ℘ 04 66 31 03 67, Fax 04 66 31 30 30.
Paris 546 – Aurillac 106 – Mende 47 – Le Puy-en-Velay 86 – Rodez 98 – St-Flour 32.

à La Garde Nord : 9 km par N 9 – ⊠ 48200 Albaret-Ste-Marie :

🏨 **Rocher Blanc,** ℘ 04 66 31 90 09, Fax 04 66 31 93 67, 佘 , ⌁ , 屏 – ▤ rest 📺 ☎ 🅿. 🅶🅱
1er avril-12 nov. – **Repas** (fermé dim. soir sauf juil.-août) (dim. prévenir) 90/195 ⅃ – ⌧ 39 –
20 ch 260/380.

🔘 Terrisson Pneus, Croix des Anglais, N 9 ℘ 04 66 31 23 93

ST-CHÉLY-D'AUBRAC 12470 Aveyron 80 ③ ④ – 547 h alt. 700 – Sports d'hiver à Brameloup :
1 200/1 390 m ⸸ 9 ⸓.
🛈 Syndicat d'Initiative ℘ 05 65 44 21 25, Fax 05 65 44 20 01.
Paris 596 – Rodez 51 – Espalion 20 – Mende 75 – St-Flour 82 – Sévérac-le-Château 61.

🏠 **Voyageurs-Vayrou** (annexe ⸎), ℘ 05 65 44 27 05, Fax 05 65 44 21 67 – 🅶🅱, ⸝⸝ ch
30 mars-30 sept. – **Repas** (fermé sam. midi sauf juil.-août et feriés) 90/180, enf. 65 – ⌧ 37 –
14 ch 189/290 – ½ P 230/280.

ST-CHÉRON 91530 Essonne 60 ⑩ – 4 082 h alt. 100.
Paris 43 – Fontainebleau 61 – Chartres 53 – Dourdan 10 – Étampes 18 – Orléans 88 –
Rambouillet 28 – Versailles 37.

à St-Évroult Sud : 1,5 km par V 6 – ⊠ 91530 St-Chéron :

🍴 **Aub. de la Cressonnière,** ℘ 01 64 56 60 55, Fax 01 64 56 56 37, 佘 , 屏 – 🅶🅱
fermé 15 au 30 sept., 15 fév. au 1er mars, dim. soir et lundi sauf feriés – **Repas** 110/200.
RENAULT P.O.G. Auto, r. P.-Payenneville ℘ 01 64 56 50 42

ST-CHRISTAU 64 Pyr.-Atl. 85 ⑥ – voir à Lurbe-St-Christau.

ST-CIERS-DE-CANESSE 33710 Gironde **71** ⑧ – 713 h alt. 40.
Paris 550 – Bordeaux 47 – Blaye 9 – Jonzac 54 – Libourne 41.

au Nord : 2 km par D 250 et D 135ᵉ – ⊠ 33710 St-Ciers-de-Canesse :

🏠 **La Closerie des Vignes** Ⓜ ⌂, Village Arnauds 𝒫 05 57 64 81 90, Fax 05 57 64 94 44,
≤, ⤬, ⌨ – 𝖙𝖛 ☎ 👪 𝔭. 𝖦𝖡
1ᵉʳ mars-15 nov. et fermé le midi – **Repas** 125/155, enf. 75 – ⊑ 40 – **9 ch** 370 – ½ P 340.

ST-CIRGUES-DE-JORDANNE 15590 Cantal **76** ② ⑫ – 199 h alt. 800.
Paris 558 – Aurillac 17 – Murat 35.

🏠 **Tilleuls,** 𝒫 04 71 47 92 19, Fax 04 71 47 91 06, ⌨, ⤬ – ☎ ⤇ 𝔭. – 🏛 25. ⓞ 𝖦𝖡
🍴 fermé dim. soir et lundi du 1ᵉʳ nov. à Pâques – **Repas** 70/220 ⅄, enf. 37 – ⊑ 30 – **14 ch** 270
– ½ P 250/270.

ST-CIRGUES-EN-MONTAGNE 07510 Ardèche **76** ⑱ – 361 h alt. 1044.
Paris 594 – Le Puy-en-Velay 56 – Aubenas 41 – Privas 70 – Langogne 31.

🏠 **Parfum des Bois,** 𝒫 04 75 38 93 93, Fax 04 75 38 95 38 – 𝖙𝖛 ☎ 𝔭. 𝖦𝖡
🍴 fermé 5 au 25 janv. – **Repas** 70/200 ⅄, enf. 45 – ⊑ 30 – **24 ch** 250/290 – ½ P 260.

ST-CIRQ-LAPOPIE 46330 Lot **79** ⑨ G. Périgord Quercy – 187 h alt. 320.
Voir Site★★ – Vestiges de l'ancien château ≤★★ – Le Bancourel ≤★.
🛈 Office de Tourisme 𝒫 05 65 31 29 06, Fax 05 65 31 21 28 et Mairie 𝒫 05 65 31 24 14.
Paris 589 – Cahors 25 – Figeac 44 – Villefranche-de-Rouergue 38.

🏠 **La Pélissaria** ⌂, 𝒫 05 65 31 25 14, Fax 05 65 30 25 52, ≤, « Maison du 13ᵉ siècle aménagée avec soin », ⤬ – 𝖙𝖛 ☎. 𝖦𝖡
1ᵉʳ avril-12 nov. – **Repas** (fermé jeudi et vend.) (prévenir) (dîner seul.) 200 – ⊑ 50 – **10 ch**
450/650.

🍴🍴 **Aub. du Sombral ''Aux Bonnes Choses''** ⌂ avec ch, 𝒫 05 65 31 26 08,
🍴 Fax 05 65 30 26 37, 🍽 – ☎. 𝖦𝖡
1ᵉʳ avril-15 nov. et fermé mardi soir et merc. sauf du 1ᵉʳ juil. au 15 sept. – **Repas** 100/250 –
⊑ 48 – **8 ch** 300/375.

à Tour-de-Faure Est : 2 km par D 40 – 296 h. alt. 137 – ⊠ 46330 :

🏠 **Les Gabarres** sans rest, 𝒫 05 65 30 24 57, Fax 05 65 30 25 85, ⌨, ⤬ – ☎ 👪 𝔭. 𝖦𝖡
⊑ 35 – **28 ch** 270/310.

ST-CLAIR 83 Var **84** ⑯,, **114** ⑱ – rattaché au Lavandou.

ST-CLAUDE ⟨⟩ 39200 Jura **70** ⑮ G. Jura – 12 704 h alt. 450.
Voir Site★★ – Cathédrale St-Pierre★ : stalles★★ Z – Place Louis-XI ≤★ Z – Exposition de
pipes et diamants Z **E** – Gorges du Flumen★ par ②.
Env. Route de Morez (D 69) ≤★★ 7 km par ① – Crêt Pourri ⁂★ E : 6 km puis 30 mn par
D 304 Z.
🏌₉ de Villard-Saint-Sauveur 𝒫 03 84 41 05 14, par ② : 5 km.
🛈 Office de Tourisme 19 r. du Marché 𝒫 03 84 45 34 24, Fax 03 84 41 02 72 – Automobile
Club St-Blaise 𝒫 03 84 45 67 57.
Paris 468 ③ – Annecy 86 ② – Bourg-en-B. 74 ③ – Genève 67 ② – Lons-le-Saunier 59 ③.

Plan page suivante

🏠 **Jura,** 40 av. Gare 𝒫 03 84 45 24 04, Fax 03 84 45 58 10 – ▤ rest 𝖙𝖛 ☎ 📞 👪 ⤇. 𝖦𝖡
Le Panoramic 𝒫 03 84 45 69 76 Fax 03 84 45 72 (fermé dim. soir et lundi de sept. à mai)
Repas 92/170 – ⊑ 40 – **35 ch** 190/320.   Z a

🏠 **St-Hubert,** pl. St-Hubert 𝒫 03 84 45 10 70, Fax 03 84 45 64 76 – ▐▌ ✦⤬ ▤ rest 𝖙𝖛 ☎ 📞 𝔭.
🍴 𝖦𝖡   Z s
fermé 25 déc. au 8 janv., dim. soir hors sais., sam. midi et lundi midi – **Repas** 80/162 ⅄, enf.
50 – ⊑ 32 – **30 ch** 230/400 – ½ P 235/255.

🐟 **Poste** sans rest, 1 r. Reybert 𝒫 03 84 45 52 34, Fax 03 84 45 69 67 – ☎. 𝖦𝖡   Y z
⊑ 27 – **15 ch** 135/275.

à Villard-St-Sauveur par ② et D 290 : 5 km – 588 h. alt. 545 – ⊠ 39200 St-Claude :

🏠 **Au Retour de la Chasse** ⌂, 𝒫 03 84 45 44 44, Fax 03 84 45 13 95, ≤, 𝄞, ⁂ – 𝖙𝖛 ☎
📞 𝔭 – 🏛 30. 𝖠𝖤 ⓞ 𝖦𝖡
fermé 20 au 30 déc., dim. soir et lundi du 15 sept. au 30 juin – **Repas** 90/330 – ⊑ 33 – **15 ch**
300/360 – ½ P 310/330.

1149

ST-CLAUDE

*Les rues
sont sélectionnées
en fonction
de leur importance
pour la circulation
et le repérage
des établissements cités.
Les rues secondaires
ne sont qu'amorcées.*

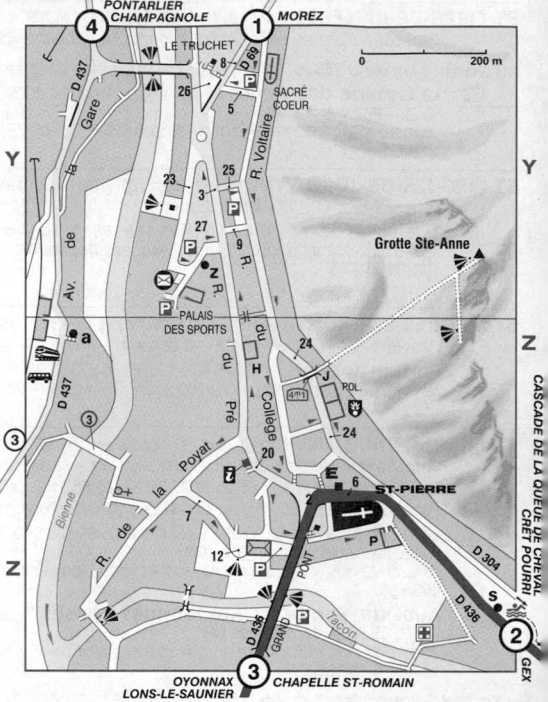

CITROEN Gar. Duchêne, 21 rte Valfin par ④
₳ 03 84 45 12 07 **N** ₳ 03 88 19 32 60
FIAT Gar. de Genève, ₳ 03 84 45 21 01
FORD Gar. Grenard, 20 bis r. Carnot
₳ 03 84 45 06 48 **N** ₳ 03 84 45 42 34
PEUGEOT Gar. Ganeval, ZA d'Etables, rte de Lyon
par ③ ₳ 03 84 45 11 07 **N** ₳ 03 84 35 94 06

RENAULT Lacuzon Autom., 21 r. Carnot par ③
₳ 03 84 41 51 52 **N** ₳ 03 84 35 93 71

Ⓜ Alain Pneu Point S, 28 r. Collège
₳ 03 84 45 15 37
Métifiot, 25 r. Carnot ₳ 03 84 45 58 78

ST-CLÉMENT-DES-BALEINES *17 Char.-Mar.* **71** ⑫ – *voir à Ré (île de).*

ST-CLÉMENT-SUR-VALSONNE *69170 Rhône* **73** ⑨ – *467 h alt. 370.*
Paris 460 – Roanne 45 – Lyon 44 – Montbrison 65 – Tarare 4 – Villefranche-sur-Saône 29.

✃ **St-Clément** *avec ch,* ₳ *04 74 05 17 80,* ☖ – ☎. GB
fermé 1er au 21 janv., lundi soir et mardi sauf juil.-août – **Repas** *60 (déj.), 98/200* ♣, *enf. 45* –
☑ *25* – **9 ch** *200/240* – *½ P 180.*

ST-CLOUD *92 Hauts-de-Seine* **55** ⑳,, **101** ⑭ – *voir à Paris, Environs.*

ST-CÔME-ET-MARUEJOLS *30 Gard* **80** ⑮ – *rattaché à Nîmes.*

Michelin Green Guides to France in English

France	Châteaux of the Loire	Normandy
Atlantic Coast	Dordogne	Paris
Auvergne Rhône Valley	Flanders Picardy and	Provence
Brittany	the Paris region	Pyrénées Roussillon
Burgundy Jura	French Riviera	Gorges du Tarn
		Vallée du Rhône

ST-CYPRIEN *24220 Dordogne* **75** ⑯ *G. Périgord Quercy – 1 593 h alt. 80.*
Paris 530 – *Périgueux 55* – *Sarlat-la-Canéda 21* – *Bergerac 54* – *Cahors 68* – *Fumel 51* – *Gourdon 37.*

🏤 **L'Abbaye** ⑤, ℰ 05 53 29 20 48, Fax 05 53 29 15 85, 🎢, ⊠, 🛲 – 📺 ☎ 🅿. 🖭 ⅏.
🕉 rest
15 avril-20 oct. – **Repas** (dîner seul.) 150/330 ⅃, enf. 58 – ⊆ 60 – **24 ch** 340/680 –
½ P 370/560.

🏠 **Terrasse,** ℰ 05 53 29 21 69, Fax 05 53 29 60 88, 🎢 – 📺 ☎. 🖭 ⅏
⊞ *fermé 15 déc. au 31 janv., dim. soir d'oct. à juin et lundi sauf juil.-août –* **Repas** 80/150 ⅃,
enf. 40 – ⊆ 35 – **17 ch** 210/330 – ½ P 220/270.

à Allas-les-Mines *Sud-Ouest : 5 km par D 703 et C 204 – 203 h. alt. 85 – ⊠ 24220 :*

✕ **Gabarrier,** ℰ 05 53 29 22 51, Fax 05 53 29 47 12, 🎢, « En bordure de la Dordogne »,
🛲 – 🅿. ⅏
fév.-oct. et fermé merc. en fév. et mars – **Repas** 115/320, enf. 65.

RENAULT Castillon Veyssière, à Castels   ⓦ Sauvanet Pneus, ℰ 05 53 29 23 21
ℰ 05 53 29 20 23

ST-CYPRIEN *66750 Pyr.-Or.* **86** ⑳ *G. Pyrénées Roussillon – 6 892 h alt. 5 – Casino .*
🛝 ⓘ ℰ 04 68 37 63 63, N : 1 km.
🄱 *Office de Tourisme parking Nord du Port* ℰ 04 68 21 01 33, Fax 04 68 21 98 33.
Paris 886 – *Perpignan 17* – *Céret 32* – *Port-Vendres 21.*

à St-Cyprien-Plage *Nord-Est : 3 km par D 22 – ⊠ 66750 St-Cyprien :*

🏤 **Le Mas d'Huston** Ⓜ ⑤, au golf ℰ 04 68 37 63 63, Fax 04 68 37 64 64, ≤, 🎢, « Parc »,
⊠, 🕴 – 🕴 🍽 📺 ☎ 🅿 – 🔬 120. 🖭 ⓞ ⅏. 🕉 rest
*fermé fév. – **Le Mas :** **Repas** 150 (dîner), 160/270, enf.75 – - **Les Parasols :** Repas
(déj. seul.) 140, enf. 75 – ⊆ 60 – **50 ch** 535/770 – ½ P 500.*

🏠 **Mar i Sol,** r. Rodin ℰ 04 68 37 31 00, Fax 04 68 37 03 11, ≤ – 🕴 📺 ☎ ᇰ. ⅏
⊞ *fermé 31 déc. au 1ᵉʳ mars et merc. d'oct. à mai –* **Repas** 65/140 ⅃ – ⊆ 30 – **45 ch** 300/320 –
½ P 250/270.

à St-Cyprien-Sud *: 3 km – ⊠ 66750 St-Cyprien :*

🏤 **L'Ile de la Lagune** Ⓜ ⑤, ℰ 04 68 21 01 02, Fax 04 68 21 06 28, ≤, 🎢, ⊠, 🛥 – 🕴 🍽
⊠ 📺 ☎ ᇰ. ⇦ 🅿 – 🔬 30. 🖭 ⅏
*fermé 6 janv. au 6 mars, dim. soir et lundi du 15 oct. au 1ᵉʳ avril – **L'Almandin** (fermé dim.
soir et lundi du 30 sept. au 15 juin)* **Repas** 180/390 et carte 280 à 380, enf. 80 – ⊆ 65 –
18 ch 630/900, 4 appart – ½ P 670/710
Spéc. Blinis aux anchois de Collioure et au caviar d'aubergine. Bouillabaisse de baudroie et
gambas, pommes au safran. Dessert tout chocolat blanc et noir au jus de banyuls. **Vins**
Côtes du Roussillon, Collioure.

🏠 **La Lagune** ⑤, ℰ 04 68 21 24 24, Fax 04 68 37 00 00, ≤, 🎢, ⊠, ✕ – 📺 ☎ ᇰ 🅿. 🖭 ⅏
1ᵉʳ mai-30 sept. – **Repas** 135 ⅃, enf. 65 – ⊆ 45 – **36 ch** 300/440 – ½ P 345/370.

PEUGEOT Gar. des Albères, ℰ 04 68 21 02 44   RENAULT Gar. Vandellos, ℰ 04 68 21 05 47

ST-CYR-SUR-MER *83270 Var* **84** ⑭, **114** ㊸ *– 7 033 h alt. 10.*
🛝 *Golf de la Frégate* ℰ 04 94 32 50 50.
Paris 812 – *Marseille 40* – *Toulon 25* – *Bandol 8* – *Le Beausset 13* – *Brignoles 56.*

Les Lecques *– ⊠ 83270 St-Cyr-sur-Mer :*

🏨 **Grand Hôtel** ⑤, ℰ 04 94 26 23 01, Fax 04 94 26 10 22, ≤, 🎢, « Parc fleuri », ⊠, ✕ –
🕴 📺 ☎ 🅿. 🖭 ⓞ ⅏. 🕉 rest
29 mars-19 oct. – **Repas** 175/220 – ⊆ 65 – **58 ch** 385/940 – ½ P 470/720.

🏠 **Petit Nice** ⑤, ℰ 04 94 32 00 64, Fax 04 94 88 72 39, ⊠, 🛲 – 📺 ☎ ᇰ ⅃. 🖭 ⅏. 🕉 rest
hôtel : 15 mars-30 oct. ; rest. : 15 mars-15 oct. – **Repas** (1/2 pens. seul.) – ⊆ 33 – **30 ch**
263/330 – ½ P 304/338.

🏠 **Chanteplage,** ℰ 04 94 26 16 55, Fax 04 94 26 25 71, ≤, 🎢, 🛲 – 📺 ☎ 🅿. ⅏
hôtel : 1ᵉʳ avril-5 nov. ; rest : 15 juin-15 sept. – **Repas** (dîner seul.)(résidents seul.) – ⊆ 35 –
20 ch 295/420 – ½ P 265/350.

au Sud-Est *: 4 km par D 559 – ⊠ 83270 St-Cyr-sur-Mer :*

🏤 **de Frégate** ⑤, ℰ 04 94 29 39 39, Fax 04 94 29 39 40, ≤ littoral, 🎢, parc,
« Complexe de loisirs et centre de conférence », ⊠, ✕ – 🕴 ⇦ 🍽 📺 ☎ ᇰ 🅿 – 🔬 150.
🖭 ⓞ ⅏ – **Repas** 190 – ⊆ 80 – **94 ch** 1210/1430, 6 appart – ½ P 945.

PEUGEOT Gar. Iori, 63 Bd J.-Jaurès   **Gar. Marro,** quartier Banette ℰ 04 94 26 31 09
ℰ 04 94 26 23 80

ST-DALMAS-DE-TENDE *06 Alpes-Mar.* **84** ⑩ ⑳,, **115** ⑧ ⑨ *– rattaché à Tende.*

ST-DALMAS-VALDEBLORE *06 Alpes-Mar.* 🗓84 ⑲ ,, 🗓115 ⑥ – *voir à Valdeblore.*

ST-DENIS *93 Seine-St-Denis* 🗓56 ⑪ ,, 🗓101 ⑯ – *voir à Paris, Environs.*

ST-DENIS-D'ANJOU *53290 Mayenne* 🗓64 ① *G. Châteaux de la Loire – 1 278 h alt. 51.*
Paris 262 – Angers 44 – Le Mans 70 – Sablé-sur-Sarthe 11.

✗ **La Calèche** avec ch, ☎ 02 43 70 61 00, Fax 02 43 70 94 40, 🍽 – ☎. GB
hôtel : 1ᵉʳ avril-5 oct., 25 oct.-31 déc. et fermé dim. soir et mardi – **Repas** *(fermé 5 au 24 oct., 15 au 28 fév., dim. soir et mardi)* 95/190, enf. 50 – ⌑ 35 – **7 ch** 215/260 – ½ P 245/ 260.

ST-DENIS-D'ORQUES *72350 Sarthe* 🗓60 ⑫ – *693 h alt. 120.*
Paris 238 – Le Mans 37 – Alençon 63 – Laval 40 – Mayenne 47 – Sablé-sur-Sarthe 24.

✗ **Aub. de la Grande Charnie,** av. Libération ☎ 02 43 88 43 12, Fax 02 43 88 61 08 – GB
🍴 fermé vacances de fév., dim. soir et lundi – **Repas** 78/208, enf. 45.

ST-DENIS-LE-FERMENT *27 Eure* 🗓55 ⑧ – *rattaché à Gisors.*

ST-DENIS-SUR-SARTHON *61420 Orne* 🗓60 ② – *971 h alt. 193.*
Paris 203 – Alençon 12 – Argentan 40 – Domfront 50 – Falaise 63 – Flers 60 – Mayenne 49.

🏛 **La Faïencerie** sans rest, ☎ 02 33 27 30 16, parc – ☎ 🅿. GB
Pâques-15 nov. – ⌑ 35 – **18 ch** 180/350.

RENAULT Gar. Poirier, ☎ 02 33 27 30 32

ST-DIDIER *35 I.-et-V.* 🗓59 ⑱ – *rattaché à Chateaubourg.*

ST-DIDIER-DE-LA-TOUR *38 Isère* 🗓74 ⑭ – *rattaché à La Tour-du-Pin.*

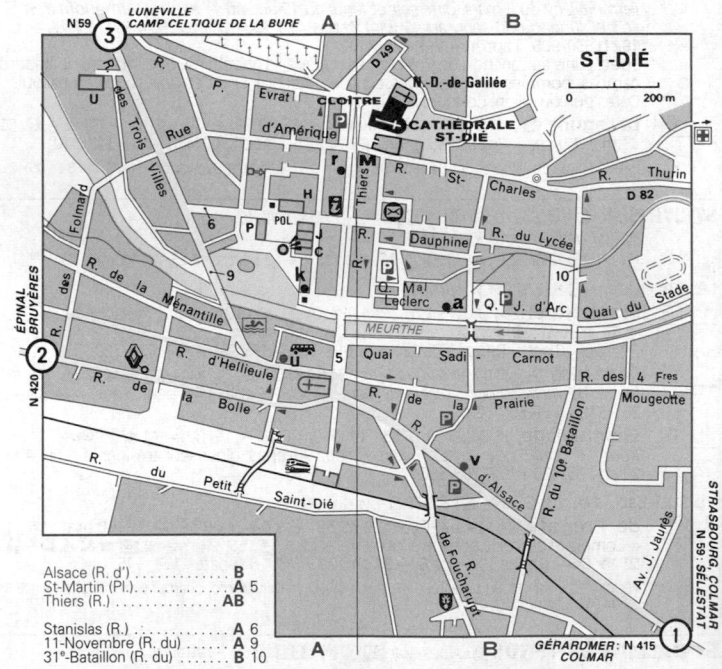

ST-DIÉ

Alsace (R. d')	**B**
St-Martin (Pl.)	**A** 5
Thiers (R.)	**AB**
Stanislas (R.)	**A** 6
11-Novembre (R. du)	**A** 9
31ᵉ-Bataillon (R. du)	**B** 10

ST-DIÉ ⟨S⟩ 88100 *Vosges* 62 ⑰ *G. Alsace Lorraine* – *22 635 h alt. 350.*

Voir *Cathédrale St-Dié*★ **B** – *Cloître gothique*★ **AB**.

🏢 *Office de Tourisme 31 r. Thiers* 𝄐 *03 29 56 17 62, Fax 03 29 56 72 30.*

Paris 391 ③ – *Colmar 56* ① – *Épinal 49* ② – *Belfort 126* ① – *Mulhouse 100* ① – *Strasbourg 91* ①.

Plan page ci-contre

🏠 **Ibis**, 5 quai Jeanne d'Arc 𝄐 03 29 55 43 44, Fax 03 29 55 49 15 – 🛗 ⏰ 📺 ☎ ✆ ♿ 🚗 – 🔥 40. 🄰🄴 ⓞ 🌐
B a
Repas 95, enf. 39 – ⌸ 36 – **49 ch** 295/320.

🏠 **Moderne**, 64 r. Alsace 𝄐 03 29 56 11 71, Fax 03 29 56 45 06 – 📺 ☎ ✆ 📶 🄿. 🌐. ⌘ ch
fermé vacances de Noël, vend. soir et sam. – **Repas** 98/180 🍷 – ⌸ 36 – **10 ch** 250/385 –
½ P 250/270.
B v

🏠 **Vosges et Commerce** sans rest, 57 r. Thiers 𝄐 03 29 56 16 21, Fax 03 29 55 48 71 – 📺 ☎ ✆ 🚗. 🄰🄴 ⓞ 🌐
A r
⌸ 30 – **29 ch** 135/300.

🏠 **Campanile**, Ouest : 1,5 km par ② et Z.A.C. d'Hellieule 𝄐 03 29 56 85 20,
⟨S⟩ Fax 03 29 55 52 64, 🌿 – ⏰ 📺 ☎ ✆ ♿ 🄿 – 🔥 25. 🄰🄴 ⓞ 🌐
Repas 84 bc/107 bc, enf. 39 – ⌸ 32 – **49 ch** 278.

🏡 **Parc** sans rest, 5 r. J.-J. Baligan 𝄐 03 29 56 36 54 – 📺. 🌐
A k
fermé dim. d'oct. à mai – ⌸ 30 – **7 ch** 220/260.

🍴 **Voyageurs**, 22 r. Hellieule 𝄐 03 29 56 21 56, Fax 03 29 56 60 80 – 🌐
A u
⟨S⟩ *fermé vacances de printemps, 14 juil. au 6 août, vacances de Noël, dim. soir et lundi* –
Repas 60/170 🍷.

à Rougiville *Ouest : 6 km par* ② – ✉ *88100 St-Dié :*

🏠 **Le Haut Fer**, 𝄐 03 29 55 03 48, Fax 03 29 55 23 40, ≤, 🏊, 🐎, 🍴 – 📺 ☎ 🄿. 🄰🄴
⟨S⟩ 🌐
fermé 1er au 17 janv., lundi (sauf hôtel) et dim. soir sauf juil.-août – **Repas** 72/198 🍷 – ⌸ 30 –
16 ch 280/300 – ½ P 260/270.

FORD Gar. Thouzet, rte de Raon 𝄐 03 29 52 27 27
RENAULT Gar. Husson, 52 r. Bolle 𝄐 03 29 51 62 62
🄽 𝄐 03 29 56 60 70

◍ Pneu Villaume, N 59 rte de Raon
𝄐 03 29 56 14 18
Pneus et Services D.K., 126 r. d'Alsace
𝄐 03 29 56 11 34

ST-DISDIER 05250 *H.-Alpes* 77 ⑮ *G. Alpes du Nord* – *157 h alt. 1024.*

Voir *Défilé de la Souloise*★ *N.*

Paris 639 – *Gap 44* – *Grenoble 73* – *La Mure 33.*

🏠 **Aub. La Neyrette** ⟨S⟩, 𝄐 04 92 58 81 17, Fax 04 92 58 89 95, ≤, 🌿, 🐎 – 📺 ☎ 🄿. 🄰🄴
ⓞ 🌐
fermé 1er oct. au 15 déc. – **Repas** 96/179, enf. 61 – ⌸ 35 – **10 ch** 240/290 – ½ P 270.

ST-DIZIER ⟨S⟩ 52100 *H.-Marne* 61 ⑨ *G. Champagne* – *33 552 h alt. 147.*

🏢 *Office de Tourisme Pavillon du Jard* 𝄐 03 25 05 31 84, Fax 03 25 06 95 51.

Paris 208 ⑤ – *Bar-le-Duc 25* ① – *Chaumont 74* ③ – *Nancy 101* ② – *Troyes 86* ④ – *Vitry-le-François 30* ⑤.

Plan page suivante

🏨 **Gambetta**, 62 r. Gambetta 𝄐 03 25 56 52 10, Fax 03 25 56 39 47, 🌿 – 🛗 ▤ rest 📺 ☎ ♿
⟨S⟩ 🚗 🄿 – 🔥 30 à 150. 🄰🄴 ⓞ 🌐 🄹🄲🄱
B e
Repas *(fermé dim. soir et soirs fériés)* 55/125 🍷, enf. 50 – ⌸ 35 – **63 ch** 260/390 –
½ P 210.

🏠 **Ibis** Ⓜ, rte Bar-le-Duc par ① : *2 km* 𝄐 03 25 05 68 22, Fax 03 25 56 37 77, 🏊 – 🛗 ⏰ 📺 ☎
♿ 🄿 – 🔥 80. 🄰🄴 ⓞ 🌐
Repas *(fermé sam. midi et dim. soir)* 120/160 🍷, enf. 45 – ⌸ 35 – **62 ch** 290/355.

🏡 **Picardy** sans rest, 15 av. Verdun 𝄐 03 25 05 09 12, Fax 03 25 05 36 81 – 📺 ☎ ✆ 🄿. 🄰🄴
🌐
A b
⌸ 27 – **12 ch** 185/230.

🍴 **La Gentilhommière**, 29 r. J. Jaurès 𝄐 03 25 56 32 97, Fax 03 25 06 32 66 – 🌐
A u
fermé 16 au 31 août, dim. soir et lundi – **Repas** 103/162.

à Perthes *par* ⑤ : *10 km* – ✉ *52100 :*

🍴 **La Cigogne Gourmande** ⟨S⟩ avec ch, 𝄐 03 25 56 40 29, Fax 03 25 06 22 81 – ▤ rest
⟨S⟩ 📺. 🄰🄴 🌐
fermé 15 au 30 juil. et 17 au 23 fév. – **Repas** 80/295, enf. 60 – ⌸ 35 – **6 ch** 185/320.

ST-DIZIER

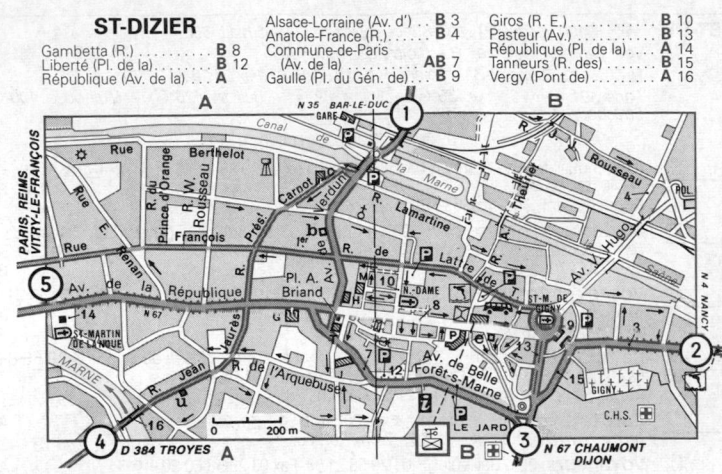

FORD Dynamic Motors, Rte de Bar le Duc
☎ 03 25 56 03 98
PEUGEOT C.A.B., 6 av. Parchim ☎ 03 25 56 19 72
N ☎ 03 80 61 52 71
RENAULT Gar. Fogel, 20 av. des Etats-Unis par ②
☎ 03 25 56 19 79 **N** ☎ 03 25 94 91 82

⓪ Leclerc-Pneus, rte de Bar-le-Duc à Bettan-
court-la-Ferrée ☎ 03 25 05 19 16
Pneus Legros Sud Point S, 111 r. E.-Renan
☎ 03 25 05 23 54

ST-DONAT-SUR-L'HERBASSE 26260 Drôme **77** ② G. Vallée du Rhône – 2 658 h alt. 202.
    Paris 558 – Valence 28 – Grenoble 91 – Hauterives 20 – Romans-sur-Isère 13 – Tournon-sur-
    Rhône 17.

XXX   **Chartron** M avec ch, ☎ 04 75 45 11 82, Fax 04 75 45 01 36, 🏡 – 🍴 rest 📺 ☎ 🚗 **P**. 🖭
    Ⓘ GB
    fermé lundi soir de sept. à juin (sauf hôtel) et mardi – Repas 120/420, enf. 75 – ⚌ 45 – 7 ch
    280/350 – ½ P 300.

ST-DYÉ-SUR-LOIRE 41500 L.-et-Ch. **64** ⑦ ⑧ G. Châteaux de la Loire – 895 h alt. 96.
    Paris 172 – Orléans 51 – Beaugency 20 – Blois 17 – Romorantin-Lanthenay 43.

🏠   **Manoir Bel Air** 🐾, ☎ 02 54 81 60 10, Fax 02 54 81 65 34, <, parc – ✤ 📺 ☎ **P** –
    🛏 25 à 40. GB JCB. ⚞ rest
    fermé 20 janv. au 20 fév. – Repas 118/228 – ⚌ 38 – 40 ch 380 – ½ P 380.

SAINTE voir après la nomenclature des Saints.

ST-ELOY-LES-MINES 63700 P.-de-D. **73** ③ – 4 721 h alt. 490.
    Paris 360 – Clermont-Ferrand 61 – Guéret 88 – Montluçon 30 – Moulins 71 – Vichy 57.

🏠   **Le St-Joseph**, r. J. Jaurès ☎ 04 73 85 21 50, Fax 04 73 85 47 73 – 📺 ☎ ♿ **P** – 🛏 25. 🖭
ⒾⒾ   ⓪ GB
    Repas 60 bc/170 🍷, enf. 42 – ⚌ 25 – 28 ch 190/230 – ½ P 190.

CITROEN Gar. Mercier, 1 r. J.-Jaurès
☎ 04 73 85 03 68
PEUGEOT Gar. H et W, rte des Nigonnes
☎ 04 73 85 03 92

PEUGEOT Gar. St-Christophe, 112 r. J.-Jaurès
☎ 04 73 85 06 60
RENAULT Gar. Gidel, N 144 "La Boule"
☎ 04 73 85 06 83 **N** ☎ 04 73 85 16 16

ST-EMILION 33330 Gironde **75** ⑫ G. Pyrénées Aquitaine (plan) – 2 799 h alt. 30.
    Voir Site★★ – Église monolithe★ – Cloître des Cordeliers★ – ≤★ de la tour du château du
    Roi.
    🛈 Office de Tourisme pl. Créneaux ☎ 05 57 24 72 03, Fax 05 57 74 47 15.
    Paris 586 – Bordeaux 41 – Bergerac 58 – Langon 50 – Libourne 9 – Marmande 61.

🏰   **Host. de Plaisance** (Quilain), pl. Clocher ☎ 05 57 24 72 32, Fax 05 57 74 41 11, 🌿 – 🍴
✿   ☎ – 🛏 35. 🖭 ⓪ GB
    fermé 2 au 31 janv. – Repas 145/275 – ⚌ 58 – 12 ch 500/790
    Spéc. Escalopes de foie gras de canard chaud. Aiguillettes de pigeonneau fermier rôti dans
    son jus (1er fév. au 15 oct.). Macaron à la crème pralinée, coulis vanillé. Vins Saint-Emilion.

Aub. de la Commanderie sans rest, r. Cordeliers ℘ 05 57 24 70 19, Fax 05 57 74 44 53 – ⧖ 🆃🆅 ☎. 🆖. ✺
fermé 15 janv. au 15 fév. – ⊏ 48 – **18 ch** 270/500.

Logis des Remparts sans rest, r. Guadet ℘ 05 57 24 70 43, Fax 05 57 74 47 44, 🐾 – 🆃🆅 ☎ 🅿. 🆖, ✺
fermé 15 déc. au 15 janv. – ⊏ 50 – **17 ch** 350/520.

Palais Cardinal, pl. 11 Novembre 1918 ℘ 05 57 24 72 39, Fax 05 57 74 47 54, �️, 🏊, 🐾 – 🆃🆅 ☎ 🅿. 🆖. ✺ ch
1er avril-30 nov. – **Repas** *(fermé merc.)* 79/198, enf. 60 – ⊏ 48 – **17 ch** 315/380 – ½ P 351/373.

Francis Goullée, r. Guadet ℘ 05 57 24 70 49, Fax 05 57 74 47 96, « Cadre rustique » – 🆖
fermé 23 nov. au 7 déc., lundi de fin nov. à Pâques et dim. soir – **Repas** 120/230 ⅊, enf. 40.

Le Tertre, r. Tertre de la Tente ℘ 05 57 74 46 33, Fax 05 57 74 49 87 – 🍽. 🆎 🆖
1er avril-3 nov. – **Repas** 90 (déj.), 130/350.

Clos du Roy, 12 r. Petite Fontaine ℘ 05 57 74 41 55, Fax 05 57 74 45 13 – 🆖
fermé vacances de fév., dim. soir et merc. – **Repas** 98/260.

au Nord-Ouest : *4 km par D 243 –* ✉ *33330 St-Émilion :*

Château Gd Barrail ✎, ℘ 05 57 55 37 00, Fax 05 57 55 37 49, ≼, 🌿, « Château du 19e siècle au milieu des vignobles », 🏊, 🐾 – ⧖ 🆃🆅 ☎ ఉ 🅿. – 🅰 40. 🆎 ⓪ 🆖. ✺ rest
Repas *(fermé dim. soir et lundi en hiver)* 160 (déj.), 230/320 – ⊏ 100 – **28 ch** 1100/1500 – ½ P 900/1050.

ST-ESTÈBEN *64640 Pyr.-Atl.* 🄶🄵 ③ *G. Pyrénées Aquitaine – 391 h alt. 100.*
Paris 799 – Biarritz 46 – Bayonne 35 – Orthez 54 – Pau 109 – St-Jean-Pied-de-Port 29.

Chez Onésime, ℘ 05 59 29 65 51, « Cadre rustique », 🐾 – 🅿.

ST-ÉTIENNE 🅿 *42000 Loire* 🄻🄰 ⑲, 🄻🄶 ⑨ *G. Vallée du Rhône – 199 396 h Agglo. 313 338 h alt. 520.*

Voir *Le vieux St-Etienne★ : maisons sans escaliers★ (n° 54 et 56 rue Daguerre* U *16) – Musée d'Art moderne★★* T M *– Musée d'Art et d'Industrie : Armes★* Z *– Puits Couriot★* U M¹.
Env. *Guizay* ≼★★ S *: 10 km* V.

🆂 Golf Public de St-Etienne ℘ 04 77 32 14 63.
🛫 de St-Étienne-Bouthéon : ℘ 04 77 36 54 79, par ⑤ : 15 km.
🅱 Office de Tourisme 3 pl. Roannelle ℘ 04 77 25 12 14, Fax 04 77 32 71 28 – Automobile Club du Forez 9 r. Gén. Foy ℘ 04 77 32 55 99, Fax 04 77 32 18 44.
Paris 521 ① *– Clermont-Ferrand 149* ④ *– Grenoble 156* ① *– Lyon 63* ① *– Valence 94* ②.

Plans pages suivantes

Mercure Parc de l'Europe, r. Wuppertal, Sud-Est du plan, par cours Fauriel ✉ 42100 ℘ 04 77 42 81 81, Fax 04 77 42 81 89, �️ – ⧖ ✺ 🍽 rest 🆃🆅 ☎ ⇦ 🅿. – 🅰 200. 🆎 ⓪ 🆖
La Ribandière (fermé 23 déc. au 5 janv., sam., dim. et fériés) **Repas** 140/210, enf. 60 – ⊏ 55 – **120 ch** 485/550. U a

Albatros 🅼, face au golf par r. Revollier T ℘ 04 77 41 41 00, Fax 04 77 38 28 16, ≼, �, 🏊 – ⧖ 🆃🆅 ☎ ఉ ⇦ 🅿. – 🅰 60. 🆎 🆖
fermé 11 au 17 août et 21 déc. au 6 janv. – **Repas** 115/245 – ⊏ 48 – **44 ch** 450/500 – ½ P 650.

Midi sans rest, 19 bd Pasteur ✉ 42100 ℘ 04 77 57 32 55, Fax 04 77 59 11 43 – ⧖ ✺ 🍽 🆃🆅 ☎ ✓ ⇦. 🆎 ⓪ 🆖
fermé 1er au 25 août – ⊏ 44 – **33 ch** 310/380. V e

Terminus du Forez, 31 av. Denfert-Rochereau ℘ 04 77 32 48 47, Fax 04 77 34 03 30 – ⧖ 🍽 rest 🆃🆅 ☎ 🅿. – 🅰 30. 🆎 ⓪ 🆖 🄹🄲🄱
Repas *(fermé 27 juil. au 24 août, 22 au 28 déc., lundi midi, sam. midi et dim.)* 99/198 – ⊏ 50 – **65 ch** 285/385. Y h

Ténor 🅼 sans rest, 12 r. Blanqui ℘ 04 77 33 79 88, Fax 04 77 41 69 81 – ⧖ 🆃🆅 ☎ ⇦ 🅰 40. 🆖
⊏ 36 – **68 ch** 306. Y d

Ibis 🅼 sans rest, 35 av. Denfert-Rochereau ℘ 04 77 37 90 90, Fax 04 77 38 47 65 – ⧖ ✺ 🆃🆅 ☎ ✓ ఉ ⇦. 🆖
⊏ 36 – **88 ch** 298/345. Y a

Valrhôtel 🅼, 77 r. Montat ℘ 04 77 21 12 21, Fax 04 77 41 57 28 – ⧖ 🆃🆅 ☎ ఉ ⇦. 🆎 🆖
Repas 59 (déj.), 85/115 ⅊, enf. 39 – ⊏ 33 – **68 ch** 295 – ½ P 235. U s

Ibis, 35 pl. Massenet, Nord-Ouest du plan par bd Thiers ou A 72 ℘ 04 77 93 31 87, Fax 04 77 93 71 29 – ⧖ ✺ 🍽 rest 🆃🆅 ☎ ✓ ⇦ 🅿. – 🅰 100. 🆖
Repas 95 ⅊, enf. 41 – ⊏ 35 – **85 ch** 300/335. T u

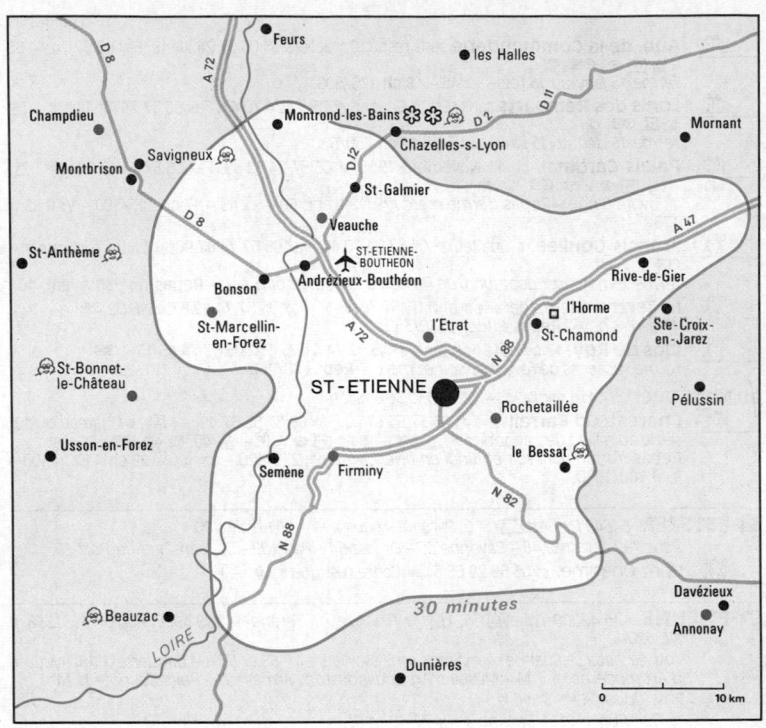

🏠 **Carnot** sans rest, 11 bd J. Janin ℘ 04 77 74 27 16, Fax 04 77 74 25 79 – 🛗 📺 ☎ 🅿️.
GB   X e
⬚ 30 – **24 ch** 195/275.

🏠 **Cheval Noir** sans rest, 11 r. F. Gillet ℘ 04 77 33 41 72, Fax 04 77 37 79 19 – 🛗 ✵ 📺 ☎.
AE ① GB JCB   Y k
fermé 4 au 10 mai, 3 au 17 août et 4 au 11 janv. – ⬚ 32 – **45 ch** 150/270.

XXX **Clos des Lilas**, 28 r. Virgile, Sud-Est du plan par cours Fauriel ⊠ 42100 ℘ 04 77 25 28 13,
Fax 04 77 41 58 91, � – ▤. GB   V p
fermé août, vacances de fév., mardi soir, dim. soir et lundi – **Repas** 185/400 et carte 320 à
390.

XXX **André Barcet**, 19 bis cours V. Hugo ℘ 04 77 32 43 63, Fax 04 77 32 23 93 – ▤. AE ①
GB   Z u
fermé 14 au 31 juil. – **Repas** 165/380 et carte 250 à 380.

XXX **Le Chantecler**, 5 cours Fauriel ⊠ 42100 ℘ 04 77 25 48 55, Fax 04 77 37 62 75 – ▤. AE
① GB   Z q
fermé 20 juil. au 18 août, sam. et dim. – **Repas** 138/205 et carte 190 à 290.

XX **Le Régency**, 17 bd J. Janin ℘ 04 77 74 27 06, Fax 04 77 74 98 24 – ▤. AE GB   X r
fermé août, sam. et dim. de mai à sept., dim. soir, lundi soir et sam. d'oct. à avril – **Repas**
110/200.

XX **Nouvelle**, 30 r. St-Jean ℘ 04 77 32 32 60, Fax 04 77 41 77 00 – ▤. AE GB   Y v
fermé 27 juil. au 18 août, vacances de fév., dim. soir et lundi – **Repas** 85 bc (déj.), 130/270,
enf. 80.

XX **Le Bouchon**, 7 r. Robert ℘ 04 77 32 93 32, Fax 04 77 33 22 42 – ▤. AE GB   Y t
fermé 3 au 17 août, sam. midi et dim. – **Repas** 100/200.

X **Praire**, 14 r. Praire ℘ 04 77 37 85 74, Fax 04 77 25 17 10 – ▤. GB   Y f
fermé 4 au 12 mai, 10 au 18 août, dim. sauf le midi du 14 sept. au 30 avril, sam. midi et lundi
– **Repas** - *produits de la mer* - 98 (déj.), 118/150.

X **Hubert Chaurand**, 13 pl. Massenet ℘ 04 77 93 62 21, � – GB   T u
fermé 11 au 24 août, dim. soir et sam. – **Repas** 76 bc (dîner), 88/258.

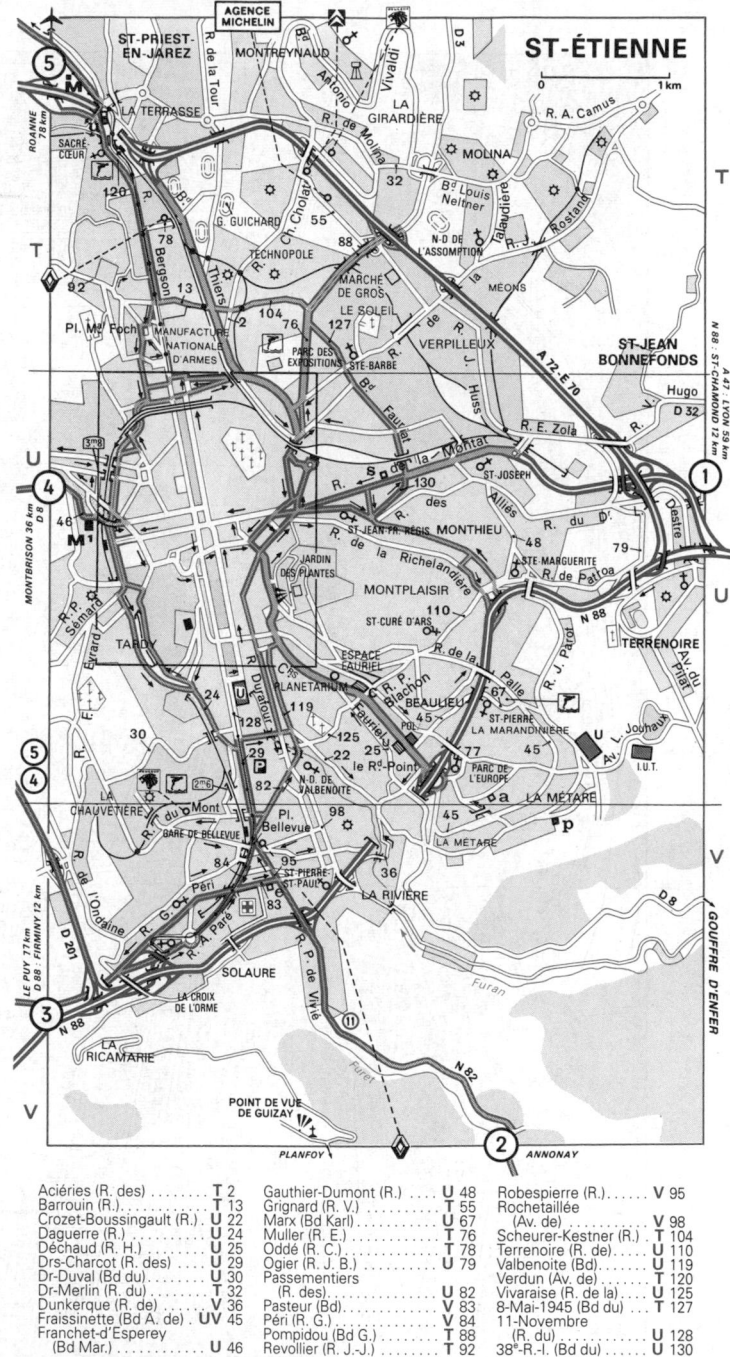

ST-ÉTIENNE

0   1 km

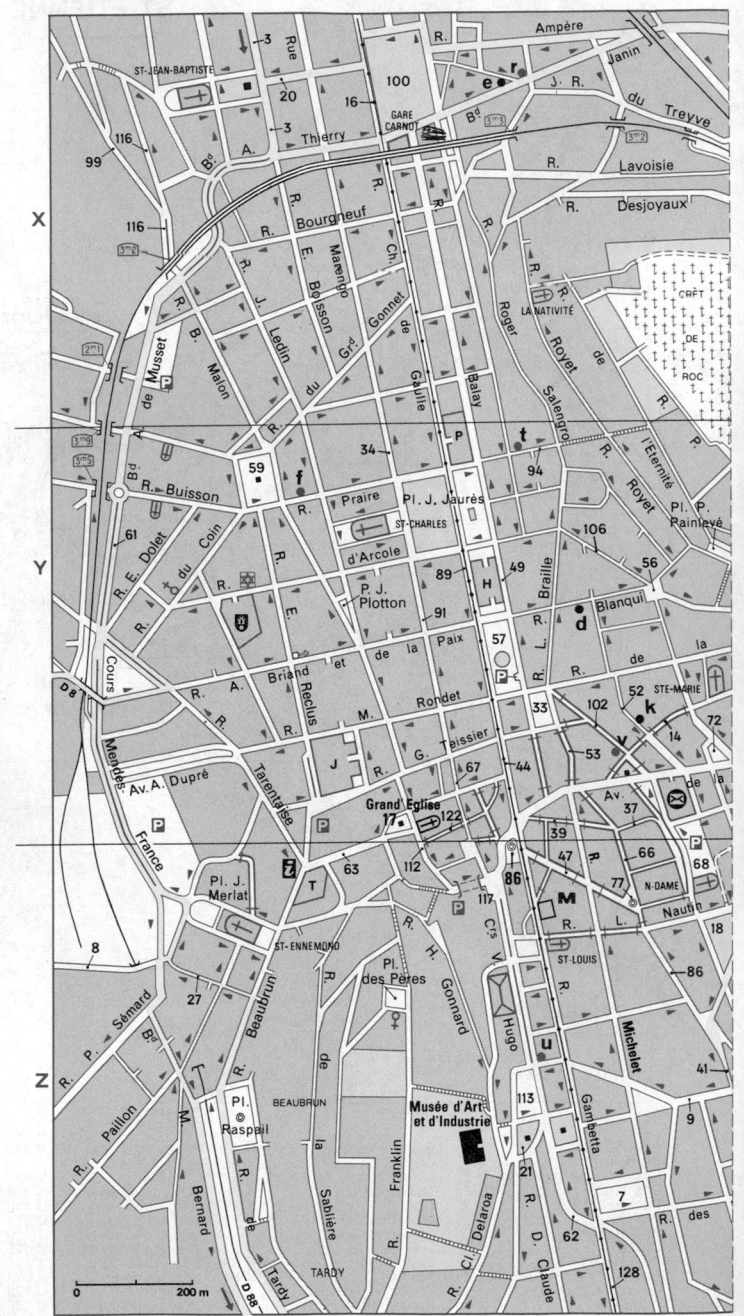

ST-JEAN-BAPTISTE

3

20

16

100

GARE CARNOT

116

99

116

R. Bourgneuf

Musset

R. Buisson

61

R. E. Dolet

Y

59

f

34

Praire

PI. J. Jaurès

ST-CHARLES

d'Arcole

89

P. J. Plotton

91

de la Paix

Briand et

Reclus

J

Grand Eglise

77

112

122

Z

T

63

PI. J. Merlat

ST-ENNEMOND

8

27

PI. des Pères

PI. Raspail

BEAUBRUN

Musée d'Art et d'Industrie

113

TARDY

0   200 m

Ampère

Janin

J. R.

du Treyve

Lavoisie

Desjoyaux

LA NATIVITÉ

CRÊT DE ROC

l'Eternité

t

94

PI. P. Painlevé

106

56

Blanqui

d

57

33

102

52

k

STE-MARIE

72

V

14

53

G. Teissier

67

44

37

39

86

47

R

66

P

68

77

N-DAME

M

117

18

ST-LOUIS

86

U

Michelet

41

21

9

7

62

128

ST-ÉTIENNE

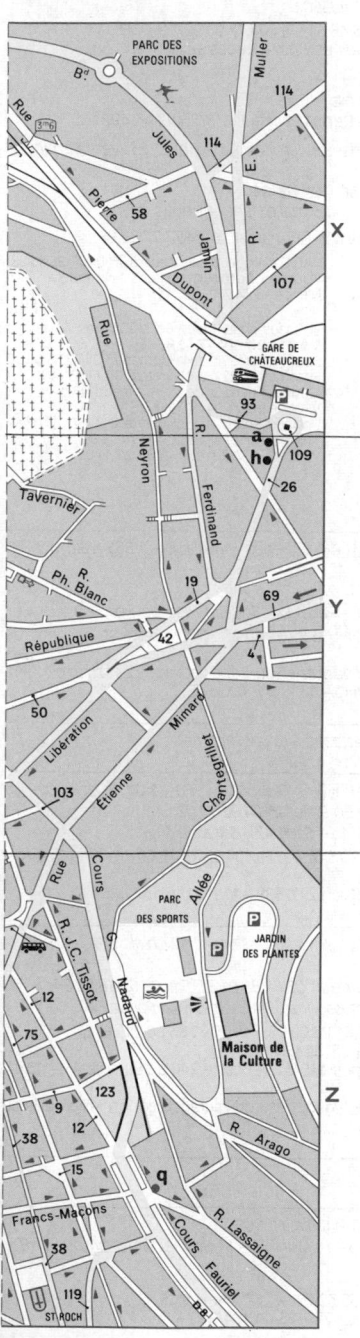

*Les **cartes Michelin**
sont constamment tenues à jour.*

à l'Étrat Nord : 5 km par D 11 – 2 524 h. alt. 460 – ⊠ 42580 :

XX **Yves Pouchain,** rte St-Héand ℘ 04 77 93 46 31, Fax 04 77 93 90 71 – GB
fermé 15 au 31 juil., vacances de fév., dim. soir et lundi – **Repas** 98/380, enf. 68.

à Rochetaillée Sud-Est : 8 km par D 8 – ⊠ 42100 :

X **Le Coissou,** ℘ 04 77 32 88 48, ≤ – AE ⑩ GB
fermé août, vacances de fév. sam. et dim. – **Repas** 99 (déj.), 135/250, enf. 49.

au lieu-dit Bécizieux Ouest ④ : 9 km par rte St-Victor-sur-Loire et D 25 (vers Firminy) –
⊠ 42230 St-Victor-sur-Loire :

XX **Aub. La Grange d'Ant',** ℘ 04 77 90 45 36 – AE ⑩ GB
fermé 12 janv. au 4 fév., dim. soir du 1er sept. au 3 mai et lundi – **Repas** 98/210.

MICHELIN, Agence, ZI de Montreynaud, 9 r. V.-Grignard **T** ℘ 04 77 74 22 88

CITROËN Succursale, 1 r V.-Grignard
℘ 04 77 92 28 40 N ℘ 04 77 37 22 64
FORD E.D.A., ZI de Montreynaud, 17-19 r. G.-Delory
℘ 04 77 74 42 44
MERCEDES Alcia St-Etienne, r. J.-Snella
℘ 04 77 92 13 92
OPEL St-Étienne Autom., 50 rue D.-Claude
℘ 04 77 32 50 25
PEUGEOT Gar. Boniface, 24 à 28 r. du Mont
℘ 04 77 57 17 37 N ℘ 04 77 88 34 94
PEUGEOT Gar. Boniface, ZI de Montreynaud, 13-15
r. G.-Delory ℘ 04 77 74 74 66 N ℘ 04 77 88 34 94
RENAULT Bellevue Autom., 1 r. Thimonier
℘ 04 77 57 28 28
RENAULT Succursale, 5 r. C.-Oddé
℘ 04 77 43 49 49 N ℘ 08 00 05 15 15

VAG Gar. Rocle, 6 r. E.-Mimard ℘ 04 77 25 40 28
Fournier Autocenter, 1 et 3 r. Nicéphore
Niepce ℘ 04 77 5/ 25 13

⑩ Chaussende Pneus, 6 r. M.-Charras, ZC de
Monthieu ℘ 04 77 33 80 46
Euromaster, 36 r. de la Montat ℘ 04 77 33 06 20
Euromaster, 22 r. J.-Neyret ℘ 04 77 33 06 81
Métifiot Pneus, ZI de Montreynaud, 12 r.
V.-Grignard ℘ 04 77 79 06 03
Philibert Pneus, à la Talaudière ℘ 04 77 53 07 19
Vulco, 2 r. J.-Snella ℘ 04 77 74 42 66
Vulco, 22 r. Voltaire ℘ 04 77 25 44 05

ST-ÉTIENNE-DE-BAÏGORRY 64430 Pyr.-Atl. 85 ③ G. Pyrénées Aquitaine – 1 565 h alt. 163.
Voir Église St-Etienne★.
🅱 Office de Tourisme pl. Église ℘ 05 59 37 47 28.
Paris 818 – Biarritz 51 – Cambo-les-Bains 31 – Pau 112 – St-Jean-Pied-de-Port 12.

🏨 **Arcé** ⑲, près église ℘ 05 59 37 40 14, Fax 05 59 37 40 27, 😤, « Terrasse au bord de
l'eau », 🌊, 🎾, 🐾 – 🆃🆅 ☎ 🅿. GB
mi-mars-mi-nov. – **Repas** (fermé lundi midi hors sais. sauf fériés et vacances scolaires) (dim.
prévenir) 110/260, enf. 60 – 😑 50 – **24 ch** 440/715 – 1/2 P 420/565.

ST-ÉTIENNE-DE-FURSAC 23 Creuse 72 ⑧ – rattaché à La Souterraine.

ST-ÉTIENNE-LES-ORGUES 04230 Alpes-de-H.-P. 81 ⑮ G. Alpes du Sud – 1 091 h alt. 700.
🅱 Syndicat d'Initiative Médiathèque Square Elli Pallet ℘ 04 92 73 02 57.
Paris 740 – Digne-les-Bains 46 – Forcalquier 13 – Sault 47 – Sisteron 31.

🏠 **St-Clair** ⑲, Sud : 2 km par D 13 ℘ 04 92 73 07 09, Fax 04 92 73 12 60, ≤, 😤, 🌊, 🚲 –
🕻 rest ☎ 🅿. GB. 🛇 ch
1er mars-31 oct. – **Repas** 80/170 – 😑 37 – **30 ch** 212/388 – 1/2 P 217/313.

ST-FÉLIX-LAURAGAIS 31540 H.-Gar. 82 ⑲ G. Pyrénées Roussillon – 1 177 h alt. 332.
Voir Site★.
🅱 Office de Tourisme ℘ 05 62 18 96 99, Mairie ℘ 05 61 83 01 71, Fax 05 62 18 90 84.
Paris 739 – Toulouse 44 – Auterive 46 – Carcassonne 58 – Castres 38 – Gaillac 67.

🏨 **Aub. du Poids Public** (Taffarello), ℘ 05 61 83 00 20, Fax 05 61 83 86 21, ≤, 😤, « Salle à
manger rustique », 🚲 – 🆃🆅 ☎ 🖘 🅿. – 🔹 25. AE GB
fermé janv. et dim. soir d'oct. à avril – **Repas** 135/315 et carte 240 à 380 – 😑 45 – **13 ch**
260/315 – 1/2 P 287/312
Spéc. Foie gras de canard cuit au torchon. Pigeonneau du Lauragais confit. Millefeuille au
chocolat. **Vins** Gaillac.

ST-FERRÉOL 31 H.-Gar. 82 ⑳ – rattaché à Revel.

ST-FIRMIN 05800 H.-Alpes 77 ⑯ G. Alpes du Nord – 408 h alt. 901.
Paris 641 – Gap 32 – Corps 10 – Grenoble 75 – La Mure 35 – St-Bonnet-en-Champsaur 18.

au Séchier Est : 4 km – ⊠ 05800 St-Firmin :

🏠 **Loubet** ⑲, ℘ 04 92 55 21 12, Fax 04 92 55 32 72, ≤, 😤, 🚲 – ☎ 🅿.
15 juin-fin sept. – **Repas** 58/159, enf. 51 – 😑 27 – **23 ch** 194/279 – 1/2 P 197/276.

ST-FLORENT 2B H.-Corse **90** ③ – voir à Corse.

ST-FLORENTIN 89600 Yonne **61** ⑮ G. Bourgogne– 6 433 h alt. 120.

Voir Vitraux★ de l'église **E**.

🛈 Office de Tourisme 8 r. de la Terrasse ✆ 03 86 35 11 86.

Paris 169 ④ – Auxerre 32 ③ – Troyes 51 ① – Chaumont 138 ② – Dijon 163 ② – Sens 44 ④.

ST-FLORENTIN

Grande-Rue	5
St-Martin (R.)	15
Aval (R. du Fg-d')	2
Dilo (Pl.)	3
Dilo (R. du Fg)	4
Guimbarde (R. de la)	6
Halle (Pl. de la)	7
Landrecies (Fg)	9
Leclerc (R. Gén.)	10
Montarmance (R.)	12
Pont (R. du)	13
Rempart (R. Basse-du)	14
St-Martin (R. du Fg)	17

Une réservation
confirmée par écrit
est toujours plus sûre.

🏠 **Tilleuls** 🦢, 3 r. Decourtive **(s)** ✆ 03 86 35 09 09, Fax 03 86 35 36 90, 🍽, 🎋 – 📺 ☎ 🅿. AE GB

fermé 29/12 au 5/01, 16/02 au 9/03, lundi (sauf hôtel) et dim. soir de sept. à mai et lundi midi de juin à août – **Repas** 90 (déj.), 110/250 🦪, enf. 60 – 🖵 38 – **9 ch** 230/315.

🎇🎇🎇 **Grande Chaumière** (Bonvalot) Ⓜ 🦢 avec ch, 3 r. Capucins **(a)** ✆ 03 86 35 15 12, Fax 03 86 35 33 14, 🍽, 🎋 – 📺 ☎ 🅿 AE ⓪ GB, 🎋 ch

fermé 2 au 10 sept., 20 déc. au 16 janv., jeudi midi et merc. de sept. à mai – **Repas** 135 (déj.), 210/495 et carte 280 à 440 – 🖵 56 – **10 ch** 350/850 – ½ P 560

Spéc. Saumon fumé tiède à la crème fleurette. Fricassée de langoustines à l'orange torréfiée. Roulé de pintadeau au foie gras. **Vins** Irancy, Chablis.

à Neuvy-Sautour par ① : 7 km – 959 h. alt. 157 – ⊠ 89570 :

🎇🎇 **Dauphin,** ✆ 03 86 56 30 01, Fax 03 86 56 40 00, 🍽 – 🅿. GB
fermé lundi sauf le midi en sais. et dim. soir – **Repas** 100/240 🦪, enf. 60.

aux Pommerats par ⑤, rte de Venizy et D 129 : 4 km – ⊠ 89210 Venizy :

🏛🏛 **Moulin des Pommerats** 🦢, ✆ 03 86 35 08 04, Fax 03 86 43 47 88, 🍽, 🎋 – 📺 ☎ 🅿 – 🛏 30. GB

Repas (fermé 15 fév. au 5 mars, dim. soir et lundi d'oct. à mars) 95/310 – 🖵 55 – **19 ch** 300/450 – ½ P 280/355.

CITROEN Gar. Bleu, rte de Troyes ✆ 03 86 35 12 52 Ⓝ ✆ 03 86 35 32 49
PEUGEOT Gar. de l'Europe, av. 8 Mai par ④ ✆ 03 86 35 06 05 Ⓝ ✆ 03 86 35 12 81
RENAULT Gar. Autoflo, rte de Paris par ④ ✆ 03 86 35 06 26 Ⓝ ✆ 08 00 05 15 15

🏀 Auto Service Pneumatiques, 5-7 r. de Lancôme ✆ 03 86 43 43 33

ST-FLORENT-LE-VIEIL 49410 M.-et-L. **63** ⑲ G. Châteaux de la Loire – 2 511 h alt. 45.

Voir Tombeau★ dans l'église – Esplanade ≤★.

🛈 Office de Tourisme à la Mairie ✆ 02 41 72 62 32.

Paris 334 – Angers 42 – Ancenis 15 – Châteaubriant 68 – Château-Gontier 63 – Cholet 39.

🏠 **Host. de la Gabelle,** ✆ 02 41 72 50 19, Fax 02 41 72 54 38, ≤ – 📺 ☎ 📞. AE ⓪ GB
🦢 **Repas** 85/250 🦪, enf. 45 – 🖵 35 – **20 ch** 180/270 – ½ P 250.

PEUGEOT Gar. Alloyer, ✆ 02 41 72 50 07

Au service de l'automobiliste :
les **pneus**, les **cartes**, les **guides Michelin**

ST-FLOUR ⏺ 15100 *Cantal* 🔢 ④ ⑭ *G. Auvergne – 7 417 h alt. 783.*

Voir Site★★ – Cathédrale★ B – Brassard★ dans le musée de la Haute Auvergne B H –
Plateau de la Chaumette : calvaire ⩽★ S : 3 km par D 40 puis 30 mn.

🚉 *Office de Tourisme av. du Dr. Mallet ℘ 04 71 60 22 50, Fax 04 71 60 05 14.*

Paris 516 ① – Aurillac 74 ④ – Issoire 65 ① – Millau 139 ② – Le Puy-en-Velay 110 ① – Rodez
116 ③.

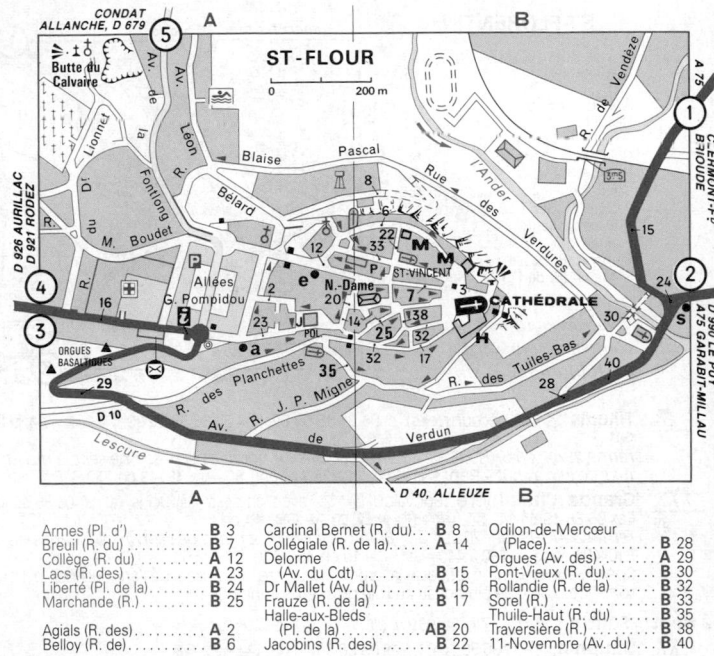

Ville basse :

🏨🏨 **Gd H. L'Étape**, 18 av. République par ② ℘ 04 71 60 13 03, Fax 04 71 60 48 05 – 🛗 🌿 📺
🅿️ ☎ 🚗, 🆎 ⓪ ⅭⒷ ᴊᴄв
fermé 24 déc. au 15 janv. et dim. soir de nov. à mars – **Repas** *(fermé dim. soir et lundi sauf*
juil.-août) 95/290 – ▧ 44 – **23 ch** 300/450 – ½ P 270/330.

🏨🏨 **Les Messageries et rest. Nautilus**, 23 av. Ch. de Gaulle par ② ℘ 04 71 60 11 36,
🚗 Fax 04 71 60 46 79, 🎥, 🏊, – 📺 ☎ 🚗 🅿️. ⅭⒷ
fermé 19 janv. au 13 fév., sam. midi et vend. d'oct. à Pâques sauf vacances scolaires – **Repas**
80 bc/370 🍷, enf. 60 – ▧ 50 – **17 ch** 200/430 – ½ P 245/365.

🏨🏨 **St-Jacques**, 8 pl. Liberté ℘ 04 71 60 09 20, Fax 04 71 60 33 81, 🏊 – 🛗 📺 ☎ 🚗,
ⅭⒷ   **B s**
fermé 15 nov. au 5 janv., vend. soir et sam. midi de nov. à Pâques – **Repas** 90/235, enf. 50 –
▧ 42 – **28 ch** 255/400 – ½ P 265/305.

🏨 **Aub. La Providence**, 1 r. Château d'Alleuze par D 40 (sud du plan) ℘ 04 71 60 12 05,
Fax 04 71 60 33 94 – 📺 ☎ 🍴 🅿️. 🆎 ⓪ 🅿️. ⅭⒷ
fermé 15 oct. au 15 nov., 1er au 15 janv., vend. soir et dim. soir du 1er nov. à Pâques et lundi
midi – **Repas** 90/160 – ▧ 38 – **10 ch** 300 – ½ P 300/320.

Ville haute :

🏨🏨 **Europe**, 12 cours Ternes ℘ 04 71 60 03 64, Fax 04 71 60 03 45, ⩽ vallée – 🛗 📺 ☎ 🚗.
🚗 ⅭⒷ   **A a**
fermé 8 au 23 janv. – **Repas** 80/265, enf. 60 – ▧ 43 – **45 ch** 255/365 – ½ P 210/305.

🏨🏨 **Gd H. Voyageurs**, 25 r. Collège ℘ 04 71 60 34 44, Fax 04 71 60 00 21 – 🛗 📺 ☎ 🚗. ⓪
ⅭⒷ. 🍽 rest   **A e**
1er avril-1er nov. – **Repas** 88/220, enf. 55 – ▧ 37 – **33 ch** 150/360 – ½ P 190/300.

CITROEN Gar. Bardoux, 47 av. République par ②
 ℘ 04 71 60 12 39
FIAT Gar. des Orgues, Av. de Verdun
 ℘ 04 71 60 34 76
FORD Saint Flour Autom., Les Rosiers, échangeur
nord ℘ 04 71 60 21 25
LADA, OPEL Gar. Universel, 1 r. M.-Boudet
 ℘ 04 71 60 09 64

PEUGEOT Montplain Autom., av. Lioran, ZI
Montplain par ④ ℘ 04 71 60 02 43 🆗 ℘ 04 71
60 18 85
RENAULT Gar. Berthet, Av. République par ②
 ℘ 04 71 60 01 81
SEAT Gar. Teissedre, ZI Montplain, rte d'Aurillac
 ℘ 04 71 60 20 66 🆗 ℘ 04 71 60 10 35

ST-FRANÇOIS-LONGCHAMP 73130 *Savoie* 🗺 ⑰ *G. Alpes du Nord* – *236 h alt. 1400* – *Sports d'hiver : 1 415/2 550 m* 🚠 *16.*

Paris 635 – *Albertville 61* – *Chambéry 72* – *Moûtiers 34* – *St-Jean-de-Maurienne 23.*

Station Haute : Longchamp – ✉ 73130 La Chambre.

🛈 Office de Tourisme ℘ 04 79 59 10 56, Fax 04 79 59 13 67.

🏠 **Cheval Noir**, ℘ 04 79 59 10 88, Fax 04 79 59 10 00, ≤, 斎 – 📺 ☎ 🅿. GB. ஜ rest
1ᵉʳ juil.-31 août et 20 déc.-20 avril – **Repas** 98/175, enf. 54 – 🖙 38 – **20 ch** 250/380,
7 duplex – ½ P 375/400.

ST-GALMIER 42330 *Loire* 🗺 ⑱ *G. Vallée du Rhône* – *4 272 h alt. 400.*

Voir *Vierge du Pilier★ et triptyque★ dans l'église.*

🛈 Office de Tourisme bd Sud ℘ 04 77 54 06 08, Fax 04 77 54 06 07.

Paris 500 – *St-Étienne 26* – *Lyon 58* – *Montbrison 25* – *Montrond-les-Bains 11* – *Roanne 68.*

🏠 **La Charpinière** Ⓜ ஜ, ℘ 04 77 54 10 20, Fax 04 77 54 18 79, 斎, parc, 🏊, ஜ – 📺 ☎ 📞
🅿 – 🔬 35. 🆎 ⓪ GB. ஜ rest
Repas 98 bc/240 – 🖙 49 – **34 ch** 420 – ½ P 360.

🏠 **Le Forez**, 6 r. Didier Guetton ℘ 04 77 54 00 23, Fax 04 77 54 07 49 – 📺 ☎ 🚗 – 🔬 30.
🆎 ⓪ GB
fermé 25 août au 7 sept., dim. soir et vend. – **Repas** 63/175 ⓘ, enf. 50 – 🖙 35 – **17 ch**
200/290 – ½ P 170/190.

🍴🍴 **Bougainvillier**, Pré Château ℘ 04 77 54 03 31, Fax 04 77 94 95 93, 斎 – ▤. GB
fermé 11 août au 4 sept., vacances de fév., dim. soir et lundi – **Repas** (prévenir) 90/270.

🍴 **Poste**, r. Maurice André ℘ 04 77 54 00 30, ≤, 斎 – ▤. 🆎 ⓪ GB
fermé 24 juil. au 8 août, 15 janv. au 7 fév., merc. soir et jeudi – **Repas** (dim. prévenir) 85/295.

🍴 **Voyageurs** avec ch, pl. Hôtel de Ville ℘ 04 77 54 00 25, 斎 – ☎ 📞 🚗. GB
fermé 1ᵉʳ au 20 août, 2 au 20 janv., dim. soir (sauf hôtel), vend. soir et sam. – **Repas** 66/170
ⓘ – 🖙 25 – **11 ch** 160/220 – ½ P 235/265.

RENAULT Gar. Pailleux, ℘ 04 77 54 06 71

ST-GAUDENS 🚗 31800 *H.-Gar.* 🗺 ① *G. Pyrénées Aquitaine* – *11 266 h alt. 405.*

Voir *Boulevards Jean-Bepmale et des Pyrénées* ≤★ **Z.**

🛈 Office de Tourisme 2 r. Thiers ℘ 05 61 94 77 61, Fax 05 61 94 77 50.

Paris 787 ② – *Bagnères-de-Luchon 47* ④ – *Auch 76* ① – *Foix 87* ② – *Lourdes 84* ⑤ –
Tarbes 65 ⑤ – *Toulouse 93* ②.

Plan page suivante

🏠 **Commerce**, av. Boulogne ℘ 05 61 89 44 77, Fax 05 61 95 06 96 – 📶 ▤ 📺 ☎ 📞 ᵭ 🚗.
🆎 ⓪ GB
                    Y e
fermé 23 déc. au 1ᵉʳ fév. – **Repas** 75/195 ⓘ, enf. 60 – 🖙 45 – **49 ch** 230/380 – ½ P 220/280.

🏠 **Beaurivage**, rte Luchon par ④ : *2 km* ℘ 05 61 94 76 70, Fax 05 61 94 76 79, 斎 – 📺 ☎
📞 – 🔬 30. 🆎 ⓪ GB 🃏
Repas 110 – 🖙 50 – **10 ch** 300/650.

à Valentine *par* ④ : *4 km* – *907 h. alt. 370* – ✉ 31800 St-Gaudens :

🍴🍴 **La Connivence**, ℘ 05 61 95 29 31, Fax 05 61 88 36 42, 斎, 🌳 – 🅿. GB
fermé sam. midi et lundi – **Repas** 128/200.

CITROEN G.A.M., av. de Toulouse par ②
 ℘ 05 61 95 13 69 🆗 ℘ 08 00 05 24 24
FORD ILS Autom., N 117 à Landorthe
 ℘ 05 61 95 07 38 🆗 ℘ 05 61 89 43 10
PEUGEOT Gar. Comet, N 117 à Landorthe par ②
 ℘ 05 61 94 72 22
RENAULT S.I.A.C., 14 av. de Boulogne
 ℘ 05 61 94 77 94 🆗 ℘ 05 61 95 07 07
VAG Gar. Dambax, N 117 à Estancarbon
 ℘ 05 61 95 43 43

⑩ Comptoir du Pneu, 162 av. de Toulouse
 ℘ 05 61 89 28 25
Euromaster, 5 pl. Mar.-Juin ℘ 05 61 89 11 24
Pyrénées Pneus Point S, N 117 à Villeneuve-de-
Rivière ℘ 05 61 95 58 58 🆗 ℘ 05 61 95 58 58

ST-GAUDENS

République (R. de la) . . . **Y** 14
Thiers (R.) . . . . **Y** 15
Victor-Hugo (R.) . . . . . **Z**

Boulogne (Av. de) . . . **Y** 2
Compagnons-du-Tour
  de-France (R. des) . **Y** 3
Foch (Av. Mar.) . . . . . . **Z** 4
Isle (Av. de l') . . . . . . **Y** 5
Jaurès (Pl. Jean) . . . **YZ** 6
Joffre (Av. Mar.) . . . . . **Z** 7
Leclerc (Av. Gén.) . . . **Y** 8
Mathe (Av.) . . . . **Y** 9
Palais (Pl. du) . . . . **Y** 10
Pasteur (Bd) . . . . **Y** 12
Pyrénées (Rd des) . . . **Z** 13
Toulouse (Av. de) . . . . **Y** 16

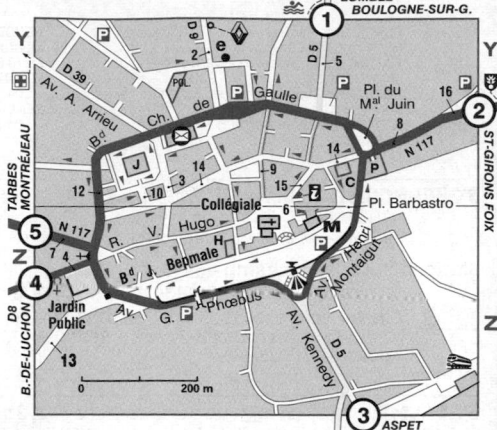

ST-GENIEZ-D'OLT 12130 Aveyron 𝟴𝟬 ④ G. Gorges du Tarn – 1 988 h alt. 410.
🎗 Office de Tourisme 4 r. du Cours ℘ 05 65 70 43 42, Fax 05 65 70 47 05.
Paris 621 – Rodez 46 – Espalion 29 – Florac 79 – Mende 69 – Sévérac-le-Château 25.

🏨 **France,** ℘ 05 65 70 42 20, Fax 05 65 47 41 38 – 🛗 ⇥ 📺 ☎ 🅚, 🆖
⇔⇔   25 mars-30 oct. – **Repas** 75/175 ⚖, – ⌑ 32 – **48 ch** 245/285 – ½ P 280/300.

🏛 **Poste** 🕿, ℘ 05 65 47 43 30, Fax 05 65 47 42 75, 🍴, 🌳, 🛎 – 🛗 ☎ 🅿. 🆎 🆖
1ᵉʳ avril-15 nov. – **Repas** 88/140 ⚖, enf. 46 – ⌑ 35 – **50 ch** 215/280 – ½ P 270.

RENAULT Gar. Crespo, ℘ 05 65 47 52 89   Gar. Fages, ℘ 05 65 70 41 40

ST-GENIS-POUILLY 01630 Ain 𝟳𝟬 ⑮ – 5 696 h alt. 445.
Paris 528 – Bellegarde-sur-Valserine 30 – Bourg-en-Bresse 102 – Genève 11 – Gex 10.

XX **Aub. Charaux,** Sud-Ouest : 2 km sur D 984 ✉ 01710 Thoiry ℘ 04 50 42 29 38,
Fax 04 50 28 21 25, 🍴, 🌳 – 🅿. 🆎 🅾 🆖
fermé 30 juin au 16 juil., 29 déc. au 5 janv., 21 fév. au 2 mars, dim. soir et lundi – **Repas**
100/300, enf. 50.

XX **L'Amphitryon,** Nord : 2 km sur D 984ᶜ et rte de Crozet, C 18 ℘ 04 50 20 64 64,
Fax 04 50 42 06 98, 🍴 – 🖁 🆖
fermé 1ᵉʳ au 13 août, 26 déc. au 11 janv., dim. soir et lundi – **Repas** 90 (déj.), 150/290.

CITROEN Gar. du Centre, ℘ 04 50 42 10 03   RENAULT Gar. Pelletier, ℘ 04 50 42 12 91

ST-GÉNIX-SUR-GUIERS 73240 Savoie 𝟳𝟰 ⑭ – 1 735 h alt. 235.
🎗 Office de Tourisme ℘ 04 76 31 63 16, Fax 04 76 31 71 30.
Paris 516 – Grenoble 59 – Bellay 24 – Chambéry 32 – Lyon 75.

à Champagneux Nord-Ouest : 4 km par N 516 – 327 h. alt. 214 – ✉ 73240 :

🏨 **Bergeronnettes** 🅼 🕿, près église ℘ 04 76 31 50 30, Fax 04 76 31 61 29, ≼, 🍴, 🔲,
⇔⇔   🌳 – 🖁 cuisinette 🍽 rest 📺 ☎ 🅚 🅿. 🆖, 🞀 ch
Repas 70/200 ⚖, enf. 40 – ⌑ 35 – **18 ch** 310/600 – ½ P 290.

RENAULT Gar. Borgey, ℘ 04 76 31 70 82

ST-GEORGES-DE-DIDONNE 17110 Char.-Mar. 𝟳𝟭 ⑮ G. Poitou Vendée Charentes – 4 705 h
alt. 7.
Voir Pointe de Vallières★ – Pointe de Suzac★ S : 3 km.
🎗 Office de Tourisme bd Michelet ℘ 05 46 05 09 73, Fax 05 46 06 36 99.
Paris 505 – Royan 4 – Blaye 81 – Bordeaux 119 – Jonzac 56 – La Rochelle 81.

⇧ **Colinette** 🕿, 16 av. Gde Plage ℘ 05 46 05 15 75, Fax 05 46 06 54 17, 🍴 – 📺 ☎. 🆖
⇔⇔   ouvert week-ends du 10 nov. au 10 fév. et fermé 20 déc. au 20 janv. – **Repas** (fermé dim.
soir et lundi d'oct. à mars) 84/155 ⚖, enf. 37 – ⌑ 28 – **24 ch** 150/340 – ½ P 187/302.

Floréal ⚓, 10 allée Repos 🏖 05 46 05 08 12, Fax 05 46 06 30 70, 🌣 – 🗤 🕾 🖪 ⓞ 🖭
Repas *(1er avril-20 sept.)* 65/130 🍴, enf. 39 – 🖵 28 – **18 ch** 150/220 – ½ P 195/250.

Printemps ⚓ sans rest, 7 av. Pelletan 🏖 05 46 05 14 65 – 🕾 🖪, 🖭 🖭, 🖋
Pâques-fin sept. – 🖵 28 – **12 ch** 200/240.

ST-GEORGES-DE-RENEINS 69830 Rhône 🗺 ① – 3 509 h alt. 209.

Paris 422 – Mâcon 28 – Bourg-en-Bresse 48 – Chauffailles 47 – Lyon 43 – Villefranche-sur-Saône 10.

Sables, r. Saône 🏖 04 74 67 64 08, Fax 04 74 67 68 23 – 📺 🕾 🖪, 🖭 🖭
Repas (dîner seul.) 69/92 🍴 – 🖵 28 – **18 ch** 120/185 – ½ P 150/175.

Host. St-Georges, N 6 🏖 04 74 67 62 78, 🌣 – 🖭
fermé 4 au 24 août, vacances de Noël, dim. soir, mardi soir et merc. – **Repas** 75 (déj.), 109/240.

ST-GEORGES-D'ESPÉRANCHE 38790 Isère 🗺 ⑫, 🗺 ㊲ – 2 221 h alt. 400.

Paris 499 – Lyon 36 – Bourgoin-Jallieu 21 – Grenoble 91 – Vienne 21.

Le Castel d'Espéranche, 🏖 04 74 59 18 45, Fax 04 74 59 04 40, 🌣, 🌰 – 🖪, 🖭 🖭
fermé mardi soir et merc. – **Repas** 90/340, enf. 70.

RENAULT Gar. Berthon, 🏖 04 74 59 02 09 🖪 🏖 04 74 59 19 66

ST-GEORGES-LA-POUGE 23250 Creuse 🗺 ⑩ – 328 h alt. 585.

Paris 382 – Limoges 71 – Aubusson 22 – Bourganeuf 22 – Guéret 29 – Montluçon 72.

🏚 **Domaine des Mouillères** ⚓, Nord : 2 km par D 3 et rte secondaire 🏖 05 55 66 60 64, Fax 05 55 66 68 80, ≤, « Dans la campagne limousine », 🌰 – 🕾 🖪, 🖭, 🖋
1er avril-1er oct. – **Repas** (dîner seul.)(résidents seul.) carte environ 180 – 🖵 40 – **7 ch** 250/380.

ST-GEORGES-SUR-LOIRE 49170 M.-et-L. 🗺 ⑲ ⑳ *G. Châteaux de la Loire* – 3 101 h alt. 50.

Voir *Château de Serrant★★ NE : 2 km.*

Paris 311 – Angers 19 – Ancenis 34 – Châteaubriant 64 – Château-Gontier 56 – Cholet 47.

Relais d'Anjou, r. Nationale 🏖 02 41 39 13 38, Fax 02 41 39 13 69, 🌣 – 🖭 🖭
fermé 1er au 15 juil., 5 au 21 janv., dim. soir, mardi soir et lundi – **Repas** 150/320.

Tête Noire, r. Nationale 🏖 02 41 39 13 12 – 🖭, 🖋
fermé 4 au 24 août, 3 au 9 fév., vend. soir et sam. – **Repas** 70 (déj.), 107/250.

ST-GEORGES-SUR-MOULON 18110 Cher 🗺 ⑪ – 645 h alt. 181.

Paris 230 – Bourges 15 – Bonny-sur-Loire 63 – Cosne-sur-Loire 51 – Gien 64 – Orléans 107 – Salbris 42 – Vierzon 32.

🏚 **Le St-Georges**, D 940 🏖 02 48 64 50 14, Fax 02 48 64 13 67 – 📺 🕾 🖙 🖪 – 🏛 30.
🖭
fermé 21 au 28 juil. et 30 janv. au 28 fév. – **Repas** 75/184, enf. 36 – 🖵 36 – **10 ch** 160/340 – ½ P 210/300.

ST-GERMAIN-DE-JOUX 01130 Ain 🗺 ④ ⑤ – 465 h alt. 507.

Paris 488 – Bellegarde-sur-Valserine 13 – Belley 65 – Bourg-en-Bresse 61 – Nantua 14 – St-Claude 32.

🏚 **Reygrobellet**, N 84 🏖 04 50 59 81 13, Fax 04 50 59 83 74 – 📺 🕾 🖙 🖪, ⓞ 🖭, 🖋
🖭
fermé 10 au 17 mars, 30 juin au 7 juil., 13 oct. au 4 nov., dim., soir et lundi – **Repas** 98/260 🍴
– 🖵 33 – **10 ch** 220/260 – ½ P 220/250.

ST-GERMAIN-DES-VAUX 50440 Manche 🗺 ① – 489 h alt. 59.

Voir *Baie d'Ecalgrain★★ S : 3 km – Port de Goury★ NO : 2 km.*

Env. *Nez de Jobourg★★ S : 7,5 km puis 30 mn – ≤★★ sur anse de Vauville SE : 9,5 km par Herqueville, G. Normandie Cotentin.*

Paris 384 – Cherbourg 29 – Barneville-Carteret 48 – Nez de Jobourg 7 – St-Lô 106.

Moulin à Vent, Est : 1,5 km par D 45 🏖 02 33 52 75 20, Fax 02 33 52 22 57, 🌰 – 🖪, 🖭
🖭
fermé 1er au 15 oct., sam. midi et le soir (sauf sam.) d'oct. à Pâques, dim. soir et lundi –
Repas 100/170, enf. 45.

PEUGEOT Gar. Troude, à Beaumont-Hague   RENAULT Gar. Lecocq, à Beaumont
🏖 02 33 52 70 12   🏖 02 33 52 76 58 🖪 🏖 02 33 52 73 16

ST-GERMAIN-DE-TALLEVENDE 14 Calvados 🔠 ⑨ – rattaché à Vire.

ST-GERMAIN-DU-BOIS 71330 S.-et-L. 🔟 ③ G. Bourgogne – 1 856 h alt. 210.

Paris 358 – Chalon-sur-Saône 33 – Dole 57 – Lons-le-Saunier 31 – Mâcon 74 – Tournus 45.

※ **Host. Bressane** avec ch, ℰ 03 85 72 04 69, Fax 03 85 72 07 75, intérieur régional pittoresque – ☎ 🅿. GB
fermé 12 au 21 avril, 20 déc. au 12 janv., dim. soir sauf juil.-août et lundi – **Repas** 55/165 ♨,
enf. 36 – ☷ 25 – **9 ch** 105/240 – ½ P 175/205.

ST-GERMAIN-DU-CRIOULT 14 Calvados 🔠 ⑩ – rattaché à Condé-sur-Noireau.

ST-GERMAIN-EN-LAYE 78 Yvelines 🔠 ⑲ ⑳ ,, 🔢 ⑬ – voir à Paris, Environs.

ST-GERMAIN-LAVAL 42260 Loire 🔠 ⑰ G. Vallée du Rhône – 1 510 h alt. 410.

🛈 Syndicat d'Initiative ℰ 04 77 65 52 96, Fax 04 77 65 51 31 et à la Mairie ℰ 04 77 65 41 30.
Paris 507 – Roanne 34 – L'Arbresle 68 – Montbrison 30 – St-Étienne 69 – Thiers 53 – Vichy 88.

☟ **Touristes,** ℰ 04 77 65 41 08 – ℀ GB
fermé fév. et mardi sauf juil.-août – **Repas** 60/200 ♨ – ☷ 24 – **12 ch** 100/230 – ½ P 200.

PEUGEOT Gar. Rambaud, ℰ 04 77 65 41 09 🅽 ℰ 04 77 65 41 09

ST-GERMAIN-LES-ARLAY 39200 Jura 🔟 ④ – 465 h alt. 255.

Paris 400 – Chalon-sur-Saône 58 – Besançon 75 – Dole 41 – Lons-le-Saunier 11 – Pontarlier 83.

※※ **Host. St-Germain,** ℰ 03 84 44 60 91, Fax 03 84 44 63 64, 🌿 – 🅿. GB
fermé 15 oct au 3 nov. – **Repas** 110/215.

ST-GERMAIN-L'HERM 63630 P.-de-D. 🔠 ⑯ – 533 h alt. 1050.

Paris 483 – Clermont-Ferrand 69 – Ambert 28 – Brioude 32 – Le Puy-en-Velay 67 – St-Étienne 103.

🏠 **France,** ℰ 04 73 72 00 27, Fax 04 73 72 02 33, 🚗 – ☎ 🚐. ℀ GB
fermé 15 oct. au 10 nov., 5 au 12 janv. et merc. hors sais. – **Repas** 70/170 ♨ – ☷ 40 – **20 ch** 145/315 – ½ P 205/245.

ST-GERMER-DE-FLY 60850 Oise 🔠 ⑧ ⑨ G. Flandres Artois Picardie – 1 585 h alt. 105.

Voir Église★ – ≤★ de la D 129 SE : 4 km.
🛈 Office de Tourisme pl. de Verdun ℰ 03 44 82 62 74.
Paris 91 – Rouen 59 – Les Andelys 41 – Beauvais 27 – Gisors 21 – Gournay-en-Bray 8.

※※ **Aub. de l'Abbaye,** ℰ 03 44 82 50 73, Fax 03 44 82 64 54 – GB
fermé 18 au 31 août, 7 au 31 janv., dim. soir sauf fêtes, mardi soir et merc. – **Repas** 62 (déj.),
94/158, enf. 50.

ST-GERVAIS 33 Gironde 🔠 ⑪ – rattaché à St-André-de-Cubzac.

ST-GERVAIS-D'AUVERGNE 63390 P.-de-D. 🔠 ③ G. Auvergne – 1 419 h alt. 725.

🛈 Syndicat d'Initiative à la Mairie ℰ 04 73 85 80 94.
Paris 377 – Clermont-Ferrand 55 – Aubusson 75 – Gannat 42 – Montluçon 48 – Riom 39 – Ussel 85.

🏨 **Castel H. 1904** 🦢, ℰ 04 73 85 70 42, Fax 04 73 85 84 39, 🚗 – 📺 ☎ 📞 🅿. GB. 🌾
29 mars-30 nov. – **Repas** (fermé mardi midi, dim. midi et lundi) 179/259 - **Comptoir à Moustaches** (bistrot) **Repas** 79/169 ♨, enf. 70 – ☷ 40 – **17 ch** 295 – ½ P 255/270.

🏠 **Relais d'Auvergne,** rte Châteauneuf ℰ 04 73 85 70 10, Fax 04 73 85 85 66 – ☎ 🚐 🅿.
GB
fermé 1ᵉʳ janv. au 3 fév. – **Repas** 68/138 ♨ – ☷ 28 – **12 ch** 115/210 – ½ P 160/190.

ST-GERVAIS-EN-VALLIÈRE 71350 S.-et-L. 🔟 ② – 269 h alt. 203.

Paris 325 – Chalon-sur-Saône 24 – Beaune 18 – Chagny 19 – Verdun-sur-le-Doubs 10.

à Chaublanc Nord-Est : 3 km par D 94 et D 183 – ✉ 71350 St-Gervais-en-Vallière :

🏨 **Moulin d'Hauterive** 🦢, ℰ 03 85 91 55 56, Fax 03 85 91 89 65, 🌿, parc, ♨, 🌊, 🌾 –
📺 ☎ 🅿. – 🏋 30. ℀ ⓞ GB. 🌾 rest
fermé janv., mardi midi de sept. à mai et lundi sauf le soir de juin à août – **Repas** 98 (déj.),
250/300, enf. 80 – ☷ 70 – **11 ch** 580/650, 6 appart, 5 duplex – ½ P 600/730.

1166

ST-GERVAIS-LES-BAINS 74170 H.-Savoie 🗺 ⑧ *G. Alpes du Nord* – 5 124 h alt. 820 – Stat. therm. (7 avril-8 nov.) – Sports d'hiver : 850/2 400 m ⟨ 4 ⟨ 36 ⟩.

Env. *Route du Bettex*★★★ 8 km par ③ puis D 43 – Le Planey ⁂ ★★ S : 10,5 km par D 43 – *Site*★★ de St-Nicolas-de-Véroce S : 9 km par D 43 – *Le Plateau de la Croix* ⁂ ★★ S : 12 km par D 43.

🚗 ☎ 08 36 35 35 35.

🛈 *Office de Tourisme* av. Mont-Paccard ℰ 04 50 47 76 08, Fax 04 50 47 75 69.

Paris 599 ⑤ – *Chamonix-Mont-Blanc 25* ① – *Annecy 81* ⑤ – *Bonneville 42* ⑤ – *Megève 12* ③ – *Morzine 57* ⑤.

🏨 **Carlina** 🦢, r. Rosay **(w)** ℰ 04 50 93 41 10, Fax 04 50 93 56 26, ⟨, 🔲, 🌳 – 🕴 📺 ☎ 🅿. 🆎 ⓞ 🄶🄱, 🎾
15 juin-30 sept. et 20 déc.-15 avril – **Repas** 135/180, enf. 80 – ☞ 48 – **34 ch** 425/600.

🏨 **Val d'Este,** pl. Église **(b)** ℰ 04 50 93 65 91, Fax 04 50 47 76 29, ⟨ – 📺 ☎. 🆎 ⓞ 🄶🄱
fermé 2 au 8 juin et 15 nov. au 20 déc. – **Repas** *(fermé merc. en mai, juin et de mi-sept. à oct.)* 98/185 ⅃ – ☞ 40 – **14 ch** 255/378 – ½ P 265/323.

🏠 **Edelweiss** 🦢 sans rest, chemin du Vorassay par ② **(u)** ℰ 04 50 93 44 48, Fax 04 50 47 75 05, ⟨ – ☎ 🅿. 🄶🄱
☞ 35 – **14 ch** 195/315.

au Bettex *Sud-Ouest : 8 km par D 43 ou par télécabine, station intermédiaire* – ✉ 74170 St-Gervais-les-Bains :

🏨 **Arbois-Bettex** Ⓜ 🦢, ℰ 04 50 93 12 22, Fax 04 50 93 14 42, ⟨ Massif Mt-Blanc, 🛦, 🔲 – 📺 ☎ 🅿. 🄶🄱. 🎾 rest
1ᵉʳ juil.-5 sept. et 20 déc.-20 avril – **Repas** carte 160 à 200 ⅃, enf. 50 – ☞ 50 – **33 ch** 410/760 – ½ P 580/650.

🏠 **Flèche d'Or** 🦢, 🄶🄱 ℰ 04 50 93 11 54, ⟨ Massif Mt-Blanc, 🌣 – ☎. 🄶🄱. 🎾 rest
fin juin-fin août et Noël-fin avril – **Repas** 80/100 ⅃ – ☞ 38 – **16 ch** 450/480 – ½ P 400/430.

au Mont d'Arbois *par télécabine* – ✉ 74190 Le Fayet :

🏠 **Chez la Tante** 🦢, à la station supérieure (accès piétonnier) ℰ 04 50 21 31 30, Fax 04 50 21 31 33, �, « ⁂ exceptionnel de la chaîne des Aravis au Mt-Blanc », 🛦 – ☎. 🆎 🄶🄱
1ᵉʳ juil.-15 sept. et 15 déc.-30 mars – **Repas** (self au déj. en hiver) carte 140 à 190 ⅃ – ☞ 35 – **25 ch** 290/350 – ½ P 425.

voir aussi *à Megève :* **L'Igloo** 🏨 *(accès piétonnier)*

FORD Gar. Tuaz, ℰ 04 50 78 30 75

Le Fayet – ✉ 74190 .

🛈 *Syndicat d'Initiative* r. de la Poste ℰ 04 50 93 64 64, Fax 04 50 78 38 48.

🏠 **La Chaumière,** av. Genève **(a)** ℰ 04 50 93 60 10, Fax 04 50 78 37 23 – 📺 ☎ 🅿. 🆎 ⓞ 🄶🄱
fermé 20 nov. au 15 déc. – **Repas** 92/255, enf. 51 – ☞ 38 – **22 ch** 310/360 – ½ P 320/350.

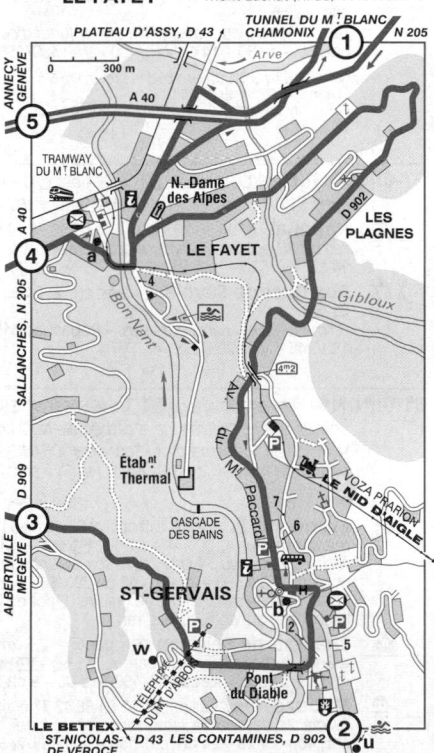

ST-GERVAIS-LES-BAINS LE FAYET

Comtesse (R.)	2
Gontard (Av.)	4
Miage (Av. de)	5
Mont-Blanc (R. et jardin du)	6
Mont-Lachat (R. du)	7

ST-GILLES 30800 Gard 🎯 ⑨ *G. Provence* **(plan)** – *11 304 h alt. 10.*

Voir *Façade*★★ *et crypte*★ *de l'église* – *Vis de St-Gilles*★.

🅱 *Office de Tourisme pl. Mistral 𝒫 04 66 87 33 75, Fax 04 66 87 16 28.*

Paris 727 – *Montpellier 59* – *Aigues-Mortes 37* – *Arles 17* – *Beaucaire 26* – *Lunel 32* – *Nîmes 20.*

🏠 **Le Cours**, 10 av. F. Griffeuille 𝒫 04 66 87 31 93, Fax 04 66 87 31 83, 🍽 – 📺 ☎. 🖭 ⓞ GB
🔲 JCB
fermé 15 déc. au 25 fév. – **Repas** 50/145, enf. 41 – 🖙 32 – **34 ch** 238/305 – ½ P 230/250.

✕ **Le Clément IV**, port de plaisance 𝒫 04 66 87 00 66 – GB
fermé 15 janv. au 15 fév., dim. soir et lundi – **Repas** 108/162.

✕ **La Rascasse**, 16 av. F. Griffeuille 𝒫 04 66 87 42 96 – ▤. GB
🔲 *fermé fév., mardi soir hors sais. et merc.* – **Repas** 67/120, enf. 50.

rte d'Arles *Est : 3,5 km* – ✉ *13200 Arles :*

🏠🏠 **Les Cabanettes** ⟆, 𝒫 04 66 87 31 53, Fax 04 66 87 35 39, 🍽, 🏊, 🌳 – ▤ 📺 ☎ 🚗 🅿
– 🏌 25. 🖭 ⓞ GB JCB
fermé 25 janv. au 28 fév. – **Repas** 135/200, enf. 70 – 🖙 50 – **29 ch** 435 – ½ P 375.

RENAULT Camargues Autom., rte de Nîmes   ⓦ Ayme Pneus, rte de Nîmes 𝒫 04 66 87 08 30
𝒫 04 66 87 41 14 🄽 𝒫 04 66 87 41 14

ST-GILLES-CROIX-DE-VIE 85800 Vendée 🎯 ⑫ *G. Poitou Vendée Charentes* – *6 296 h alt. 12.*

🏌 *St-Jean-de-Monts 𝒫 02 51 58 82 73, N par D 38 : 20 km;* 🏌 *des Fontenelles 𝒫 02 51 54 13 94, E par D 6 : 11 km.*

🅱 *Office de Tourisme Forum du Port de Plaisance, bd Égalité 𝒫 02 51 55 03 66, Fax 02 51 55 69 60.*

Paris 459 – *La Roche-sur-Yon 46* – *Challans 21* – *Cholet 99* – *Nantes 77* – *Les Sables-d'Olonne 32.*

✕✕✕ **Les Embruns** avec ch, 16 bd Mer 𝒫 02 51 55 11 40, Fax 02 51 55 11 20, ≼ – 📺 ☎ 🚗.
GB. 🎬 ch
fermé 17 nov. au 5 déc., dim. soir et lundi d'oct. à avril – **Repas** 100/280 et carte 310 à 450, enf. 60 – 🖙 50 – **14 ch** 270/480 – ½ P 380/450.

CITROEN Gar. Goillandeau, rte des Sables, Km 3 à   PEUGEOT EL.ME.CA., 2 r. Pasteur
Givrand 𝒫 02 51 55 89 94   𝒫 02 51 55 10 19
FORD Pineau-Bossard, 39 r. du Mar. Leclerc   RENAULT Gar. Raffin, Le Fenouiller
𝒫 02 51 55 19 25   𝒫 02 51 55 84 92

ST-GINGOLPH 74500 H.-Savoie 🎯 ⑱ *G. Alpes du Nord* – *677 h alt. 385.*

Paris 549 – *Thonon-les-Bains 28* – *Annecy 100* – *Évian-les-Bains 18* – *Montreux 19.*

🏠 **National**, 𝒫 04 50 76 72 97, Fax 04 50 76 71 93, ≼ – ☎ 🅿. 🖭 GB. 🎬 ch
fermé 20 oct. au 20 nov., mardi soir et merc. sauf juil.-août – **Repas** 95/230 🍷 – 🖙 35 –
14 ch 180/320 – ½ P 230/290.

✕✕✕ **Aux Ducs de Savoie** ⟆ avec ch, 𝒫 04 50 76 73 09, Fax 04 50 76 74 31, ≼, 🍽 – ☎ 🅿.
🖭 GB
fermé lundi et mardi hors sais. – **Repas** 145/315 et carte 200 à 380, enf. 85 – 🖙 34 – **12 ch**
180/245 – ½ P 285/325.

ST-GIRONS ⬫ 09200 Ariège 🎯 ③ – *6 596 h alt. 398.*

Voir *St-Lizier : Cloître*★ *de la cathédrale N : 2 km, G. Pyrénées Aquitaine.*

🅱 *Office de Tourisme pl. A.-Sentein 𝒫 05 61 96 26 60, Fax 05 61 96 26 69.*

Paris 796 ① – *Foix 45* ② – *Auch 112* ① – *St-Gaudens 42* ① – *Toulouse 102* ①.

Plan page ci-contre

🏠🏠🏠 **Eychenne** ⟆, 8 av. P. Laffont 𝒫 05 61 04 04 50, Fax 05 61 96 07 20, 🍽, « Bel aménage-
🅰 ment intérieur », 🏊, 🌳 – ▤ rest 📺 ☎ 🅿 – 🏌 35. 🖭 ⓞ GB   B a
fermé 22 déc. au 31 janv., dim. soir et lundi de nov. à fin mars sauf fériés – **Repas** 135/320
et carte 210 à 350 – 🖙 48 – **42 ch** 290/565 – ½ P 380/443
Spéc. Foie de canard frais aux raisins. Gigot de lotte safrané. Soufflé au Grand-Marnier. **Vins**
Pacherenc du Vic-Bilh, Madiran.

🏠🏠🏠 **Château de Seignan** ⟆, par ② : 2,5 km 𝒫 05 61 96 08 80, Fax 05 61 96 08 20, 🍽,
« Belle demeure dans un parc », 🏊, 🍽 – 📺 ☎ 🅿. 🖭 ⓞ GB. 🎬 rest
1er avril-31 oct. – **Repas** 98/450 – 🖙 45 – **9 ch** 550/890 – ½ P 372/562.

🏠 **Mirouze**, 19 av. Gallieni 𝒫 05 61 66 12 77, Fax 05 61 04 81 59, 🍽, 🌳 – ☎ 🅿. 🖭 GB
🔲 *fermé 21 déc. au 31 janv., dim. soir et lundi midi du 15 oct. au 1er avril* – **Repas** 69/135,
enf. 40 – 🖙 29 – **24 ch** 120/335 – ½ P 155/245.   A v

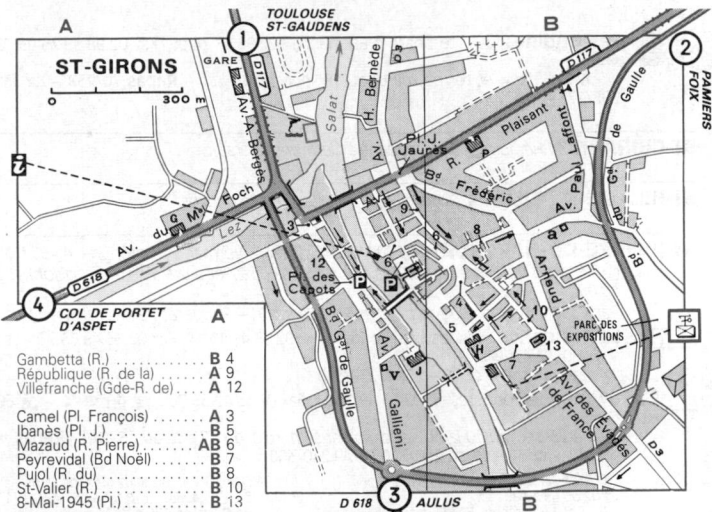

ST-GIRONS

TOULOUSE
ST-GAUDENS

PAMIERS
FOIX

COL DE PORTET
D'ASPET

Gambetta (R.) .... **B** 4
République (R. de la) .... **A** 9
Villefranche (Gde-R. de) .... **A** 12

Camel (Pl. François) .... **A** 3
Ibanès (Pl. J.) .... **B** 5
Mazaud (R. Pierre) .... **AB** 6
Peyrevidal (Bd Noël) .... **B** 7
Pujol (R. du) .... **B** 8
St-Valier (R.) .... **B** 10
8-Mai-1945 (Pl.) .... **B** 13

à Lorp-Sentaraille *par* ① : *4 km – 1 092 h. alt. 361 – ⊠ 09190 St-Lizier :*

🏨 🍴 **Horizon 117,** ☎ 05 61 66 26 80, Fax 05 61 66 26 08, 佘, ⊒, ☞ – 🖵 ☎ ✆ 🅿. Ⅲ ⓪ ☜.
※ rest
fermé 1ᵉʳ au 18 nov., dim. soir et sam. midi d'oct. à mai – **Repas** 75/210 🐓, enf. 45 – ⊇ 35 –
20 ch 260/330 – ½ P 270/310.

CITROEN Sté Autom. du Couserans, av. Résistance,
l'Arial par ③ ☎ 05 61 66 34 45
PEUGEOT SEGAC, rte de Toulouse à St-Lizier par ①
☎ 05 61 66 31 00 🖪 ☎ 06 09 65 70 49
RENAULT Austria Auto, rte de Toulouse à St-Lizier
par ① ☎ 05 61 04 06 08 🖪 ☎ 05 61 96 09 09
VAG Ariège Auto Services, rte de Toulouse à
St-Lizier ☎ 05 61 04 86 86

🔧 Euromaster, Chantereine St-Lizier
☎ 05 61 66 00 81
St-Girons Pneus, 77 bis rte de Foix
☎ 05 61 66 79 50

ST-GOBAIN *02410 Aisne* 🔢 ④ *G. Flandres Artois Picardie – 2 321 h alt. 200.*
Voir Forêt★★.
Paris 139 – Compiègne 57 – St-Quentin 31 – La Fère 8 – Laon 21 – Noyon 34 – Soissons 31.

🍴 **Parc,** ☎ 03 23 52 80 58, 佘, ☞ – 🅿. ☜
fermé 13 juil. au 14 août, dim. soir et lundi – **Repas** 90/170.

ST-GRATIEN *95 Val-d'Oise* 🔢 ⑳., 🔢 ⑤ – *voir à Paris, Environs.*

ST-GRÉGOIRE *35 I.-et-V.* 🔢 ⑰ – *rattaché à Rennes.*

ST-GUÉNOLÉ *29 Finistère* 🔢 ⑭ *G. Bretagne – ⊠ 29760 Penmarch.*
Voir Musée préhistorique★ – ≤★★ du phare d'Eckmühl★ S : 2,5 km – Église★ de Penmarch
SE : 3 km – Pointe de la Torche ≤★ NE : 4 km.
🛈 *Office de Tourisme pl. du Mar.-Davout ☎ 02 98 58 81 44, Fax 02 98 58 86 62.*
Paris 589 – Quimper 33 – Douarnenez 41 – Guilvinec 8 – Plonéour-Lanvern 16 – Pont-
l'Abbé 14.

🏨 🍴 **Sterenn** ⌖, rte phare d'Eckmühl ☎ 02 98 58 60 36, Fax 02 98 58 71 28, ≤ pointe de
Penmarch – 🍴 rest 🖵 ☎ 🅿. Ⅲ ☜. ※
30 mars-19 oct. et fermé merc. sauf du 11 juin au 17 sept. – **Repas** 80/300, enf. 60 – ⊇ 40
– **16 ch** 350/450 – ½ P 365/425.

🏨 **Héol** sans rest, r. L. Le Lay ☎ 02 98 58 71 71, Fax 02 98 58 64 02, ≤, ⊒ – 🖵 ☎ 🅿. ☜
14 juin-15 sept. – ⊇ 38 – **18 ch** 285/450.

🏠 **Mer,** 184 r. F. Péron ☎ 02 98 58 62 22, Fax 02 98 58 53 86 – 🖵 ☎. ☜
fermé 11 janv. au 8 fév., dim. soir et lundi hors sais. – **Repas** 90/275 – ⊇ 40 – **15 ch** 300/320
– ½ P 350/370.

1169

🏛 **Les Ondines** ⌂, rte phare d'Eckmühl ✆ 02 98 58 74 95, Fax 02 98 58 73 99, 🏡 – ☎.
GB
1ᵉʳ avril-1ᵉʳ janv. et fermé mardi du 15 sept. au 15 juin – **Repas** 70/238 – ⌷ 33 – **16 ch** 255/275 – ½ P 275.

ST-GUIRAUD 34 Hérault 🔢 ⑤ – *rattaché à Clermont-l'Hérault.*

ST-HILAIRE-D'OZILHAN 30 Gard 🔢 ⑲ – *rattaché à Remoulins.*

ST-HILAIRE-DU-HARCOUËT 50600 Manche 🔢 ⑨ *G. Normandie Cotentin* – 4 489 h alt. 70.
🛈 *Office de Tourisme pl. du Bassin ✆ 02 33 49 15 27 et à la Mairie (hors saison) ✆ 02 33 49 10 06.*
Paris 338 – Alençon 99 – Avranches 28 – Caen 101 – Fougères 29 – Laval 67 – St-Lô 69.

🏨 **La Résidence** sans rest, rte Fougères ✆ 02 33 49 10 14, Fax 02 33 49 53 70 – 📶 📺 ☎ 🅿
– 🔬 80. 🆎 ⑩ GB
1ᵉʳ mars-31 oct. – ⌷ 36 – **25 ch** 230/350.

🏛 **Cygne**, rte Fougères ✆ 02 33 49 11 84, Fax 02 33 49 53 70 – 📶 📺 ☎ 📞 – 🔬 60. 🆎 ⑩
GB
fermé 23 déc. au 10 janv., vend. soir et sam. midi du 15 oct. au 15 avril – **Repas** 73/210 🍷,
enf. 42 – ⌷ 36 – **19 ch** 230/310 – ½ P 240/300.

CITROEN Gar. Ledebt-Aubril, 77 r. de Paris
✆ 02 33 49 10 89
OPEL Gar. Lemaréchal, ZA la Fosse aux Loups
✆ 02 33 49 21 90
PEUGEOT Gar. Lemonnier, rte de Paris
✆ 02 33 49 24 90 Ⓝ ✆ 02 33 49 24 90

RENAULT Gar. Boulaux, 64 r. de Paris
✆ 02 33 49 20 71 Ⓝ ✆ 02 33 49 20 71
Gar. Garnier, 126 r. de Mortain
✆ 02 33 49 12 02

ST-HILAIRE-DU-ROSIER 38840 Isère 🔢 ③ – 1 731 h alt. 240.
Paris 576 – Valence 39 – Grenoble 62 – Romans-sur-Isère 17 – St-Marcellin 9.

XXX **Bouvarel** avec ch, à St-Hilaire-gare, Sud : 4 km ✆ 04 76 64 50 87, Fax 04 76 64 58 47, 🏡,
« Jardin fleuri », 🏊 – 📺 ☎ 🅿. 🆎 ⑩ GB
fermé 5 au 23 janv., lundi hors sais. et dim. soir – **Repas** 198/460 et carte 320 à 470 – ⌷ 70
– **14 ch** 330/390 – ½ P 540
Spéc. Ravioles ''fait maison''. Chausson aux truffes. Poulet aux écrevisses (avril à oct.). **Vins**
Saint-Joseph, Hermitage.

ST-HILAIRE-LE-CHÂTEAU 23250 Creuse 🔢 ⑨ ⑩ – 296 h alt. 453.
Paris 380 – Limoges 64 – Aubusson 25 – Bourganeuf 14 – Guéret 28 – Montluçon 79.

XXX **du Thaurion** avec ch, ✆ 05 55 64 50 12, Fax 05 55 64 90 92, 🏡, 🌳 – 📺 ☎ 🅿. 🆎 ⑩ GB
fermé 20 déc. au 15 fév., jeudi midi et merc. sauf juil.-août – **Repas** 95/400 et carte 240 à
300 – ⌷ 45 – **9 ch** 330/550.

ST-HILAIRE-PETITVILLE 50 Manche 🔢 ⑬ – *rattaché à Carentan.*

ST-HILAIRE-ST-FLORENT 49 M.-et-L. 🔢 ⑫ – *rattaché à Saumur.*

ST-HIPPOLYTE 25190 Doubs 🔢 ⑱ *G. Jura* – 1 128 h alt. 380.
Voir *Site* ★ – *Vallée du Dessoubre* ★ *S.*
🛈 *Office de Tourisme ✆ 03 81 96 53 75.*
Paris 487 – Besançon 91 – Basel 86 – Belfort 49 – Montbéliard 30 – Pontarlier 72.

🏨 **Le Bellevue**, rte Maîche ✆ 03 81 96 51 53, Fax 03 81 96 52 40, 🏡 – 📺 ☎ 📞 ⇌ 🅿.
GB
fermé vend. soir, sam. midi et dim. soir d'oct. à mars – **Repas** 100/210 bc 🍷, enf. 55 – ⌷ 34
– **15 ch** 145/285 – ½ P 200/252.

ST-HIPPOLYTE 68590 H.-Rhin 🔢 ⑲ *G. Alsace Lorraine* – 1 078 h alt. 234.
Env. *Château du Haut-Koenigsbourg* ★★ : 🔭★★ *NO : 8 km.*
Paris 433 – Colmar 20 – Ribeauvillé 7 – St-Dié 42 – Sélestat 10 – Villé 18.

🏛 **Aux Ducs de Lorraine** ⌂, ✆ 03 89 73 00 09, Fax 03 89 73 05 46, ≼ – 📶 🍽 rest 📺 ☎ 🅿
– 🔬 40. GB. 🌸 ch
fermé 24 nov. au 9 déc. et 6 janv. au 21 fév. – **Repas** *(fermé dim. soir de nov. à mi-mai et
lundi)* 95 (déj.), 105/310 🍷 – ⌷ 60 – **42 ch** 350/700 – ½ P 450/600.

🏨 **Parc** Ⓜ ⬧, 🕾 03 89 73 00 06, Fax 03 89 73 04 30, 🌧, 𝕃ᵼ, 🔲, 🚗 – 🛗 📺 🕾 ✆ ♿ ♿ 🅿 –
🛢 50. 🆎 ⑩ ☖
fermé 7 au 28 janv. – **Repas** *(fermé lundi)* 125/300 🍷 – ⬛ 55 – **31 ch** 250/600, 6 duplex –
½ P 330/460.

🏠 **La Vignette**, 🕾 03 89 73 00 17, Fax 03 89 73 05 69 – 🛗 🕾. ☖, ✂ ch
fermé 30 juin au 5 juil., 20 déc. au 15 fév. et merc. sauf hôtel en été – **Repas** 95/250 🍷,
enf. 55 – ⬛ 35 – **25 ch** 250/360 – ½ P 235/320.

PEUGEOT Gar. Thirion, 🕾 03 89 73 03 26

ST-HIPPOLYTE *63 P.-de-D.* **73** ④ *– rattaché à Châtelguyon.*

ST-HIPPOLYTE *12140 Aveyron* **76** ⑫ *– 541 h alt. 695.*
Paris 590 – Aurillac 43 – Rodez 69 – Entraygues-sur-Truyère 14 – Espalion 38 – Figeac 69.

🏨 **Gd H. Le St-Hippolyte** Ⓜ ⬧, 🕾 05 65 66 60 00, Fax 05 65 66 60 01, ≼, 🌧, 🔲, 🚗 – 🛗
🍃 ▤ rest 📺 🕾 ✆ ♿ 🚗 🅿 – 🛢 100. ☖
1ᵉʳ avril-1ᵉʳ déc. – **Repas** *(fermé merc. hors sais.)* 65 (déj.), 78/250 🍷 – ⬛ 38 – **17 ch** 250/350
– ½ P 210/260.

Une réservation confirmée par écrit est toujours plus sûre.

ST-HONORAT (Ile) ★★ *06 Alpes-Mar.* **84** ⑨, **115** ㉟ ㊴ *G. Côte d'Azur.*
Voir *Ancien monastère fortifié★* : ≼★★ – *Tour de l'île★★.*
Accès *par transports maritimes.*
🍃 *depuis* **Golfe-Juan et Juan-les-Pins** *(escale à l'île Ste-Marguerite). En saison -
Traversée 45 mn – Renseignements et tarifs : Transports Maritimes Cap d'Antibes, Port de
Golfe Juan* 🕾 *04 93 63 45 94, Fax 04 93 63 74 27 (Golfe-Juan) et* 🕾 *04 92 93 02 36
(Juan-les-Pins).*

ST-HONORÉ-LES-BAINS *58360 Nièvre* **69** ⑥ *G. Bourgogne – 754 h alt. 300 – Stat.
therm. (avril-sept.) – Casino .*
🛈 *Office de Tourisme pl. du Marché* 🕾 *03 86 30 71 70.*
Paris 286 – Château-Chinon 28 – Luzy 22 – Moulins 69 – Nevers 69 – St-Pierre-le-Moutier 67.

🏠 **Lanoiselée**, 4 av. Jean Mermoz 🕾 03 86 30 75 44, Fax 03 86 30 75 66, 🌧, 🚗 – 📺 🕾 ♿
🍃 🅿. 🆎 ⑩ ☖. ✂ rest
*hôtel : fermé 15 déc. au 31 janv. ; rest. : ouvert 15 fév.-15 nov. et fermé dim. soir et lundi
d'oct. à mars* – **Repas** 85/170, enf. 65 – ⬛ 38 – **18 ch** 340/410 – P 330.

🏠 **Aub. du Pré Fleuri**, 22 av. Jean Mermoz 🕾 03 86 30 74 96, Fax 03 86 30 64 61, 🌧, 🚗 –
📺 🕾 🅿. 🆎 ☖
fermé fév., dim. soir et lundi d'oct. à mars – **Repas** 90 (déj.)/185, enf. 60 – ⬛ 42 – **9 ch**
290/340 – P 385.

RENAULT Gar. Savinois, 🕾 03 86 30 71 81

ST-IGNACE (Col de) *64 Pyr.-Atl.* **85** ② *– rattaché à Ascain.*

ST-JACQUES-DES-BLATS *15800 Cantal* **76** ③ *– 352 h alt. 990.*
Paris 540 – Aurillac 33 – Brioude 73 – Issoire 89 – St-Flour 41.

🏨 **Le Griou**, 🕾 04 71 47 06 25, Fax 04 71 47 00 16, ≼, 🌧, 🚗 – 🕾 🅿. ☖
🍃 *fermé 15 oct. au 20 déc.* – **Repas** 70/170, enf. 45 – ⬛ 30 – **20 ch** 210/260 – ½ P 230/255.

🏠 **Le Brunet** ⬧, 🕾 04 71 47 05 86, Fax 04 71 47 04 27, ≼, 🌧, parc – 🕾 🅿. ☖. ✂ rest
🍃 *1ᵉʳ mai-10 oct. et 20 déc.-20 avril* – **Repas** 75/145, enf. 40 – ⬛ 30 – **16 ch** 210/270 –
½ P 220/255.

ST-JAMES *50240 Manche* **59** ⑧ *G. Normandie Cotentin – 2 976 h alt. 100.*
Voir *Cimetière américain.*
Paris 348 – St-Malo 62 – Avranches 20 – Fougères 23 – Rennes 63 – St-Lô 78.

🏠 **Normandie**, pl. Bagot 🕾 02 33 48 31 45, Fax 02 33 48 31 37 – 📺 🕾. ☖
🍃 *fermé 26 déc. au 12 janv.* – **Repas** *(fermé dim. soir du 19 nov. au 15 fév.)* 72/230 🍷, enf. 55 –
⬛ 37 – **14 ch** 180/260 – ½ P 270.

ST-JEAN-CAP-FERRAT *06230 Alpes-Mar.* 84 ⑩, 115 ㉗ *G. Côte d'Azur – 2 248 h alt. 12.*

Voir *Fondation Ephrussi-de-Rothschild*★★ **M** : *site*★★, *musée Ile de France*★★, *jardins*★ –
Phare ⁕★★ – *Pointe de St-Hospice* ⪦★ *de la chapelle.*

🛈 *Office de Tourisme av. D.-Semeria* 𝒸 04 93 76 08 90, Fax 04 93 76 16 67.
Paris 938 ④ – *Nice 9* ④ – *Menton 32* ③.

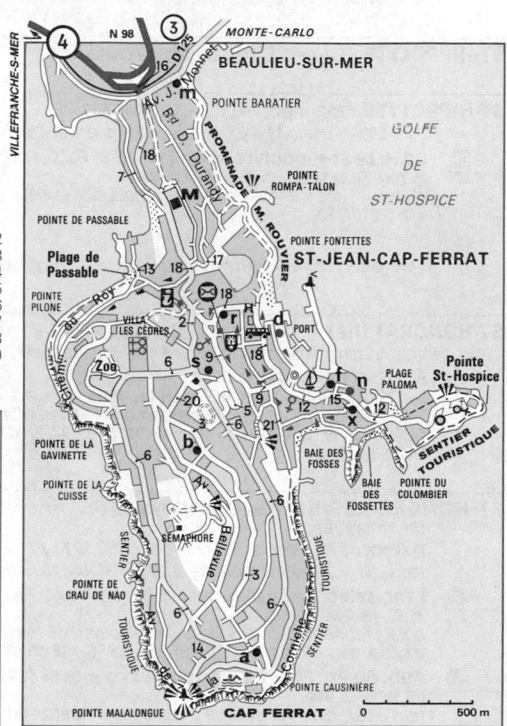

ST-JEAN-CAP-FERRAT

Les flèches noires
indiquent les sens
uniques supplémen-
taires l'été

Albert-Ier (Av.)	2
Centrale (Av.)	3
États-Unis (Av. des)	5
Gaulle (Bd Gén. de)	6
Grasseuil (Av.)	7
Libération (Bd)	9
Mermoz (Av. J.)	12
Passable (Ch. de)	13
Phare (Av. du)	14
Puncia (Av. de la)	15
St-Jean (Pont)	16
Sauvan (Bd H.)	17
Semeria (Av. D.)	18
Verdun (Av. de)	20
Vignon (Av. C.)	21

Promeneurs,
campeurs,
fumeurs

ATTENTION au FEU

soyez
prudents !
Le feu est le plus
terrible ennemi
de la forêt

Grand H. du Cap Ferrat M ⌂, bd Gén. de Gaulle au Cap-Ferrat **(a)** 𝒸 04 93 76 50 50,
Fax 04 93 76 04 52, ⪦ mer, 🍽, « Vaste parc, jardin fleuri, ⊼ en bord de mer, funiculaire
privé », ⅃₅, ⅀ – ‖ ≣ 📺 ☎ 🄿 – ⚿ 40. 🅰🅴 ⓪ 🇬🇧. ⅀ rest
fermé 4 janv. au 1er mars – **Repas** 420/480 et carte 460 à 630 - ***Club Dauphin*** à la piscine
(début avril-fin oct.) **Repas** (déj. seul.) 350/450, enf. 120 – ⊂⊃ 120 – **55 ch** 2900/5500,
4 appart
Spéc. Trois petites salades de homard, langoustines et scampis frais. Noisettes d'agneau de
Sisteron. Millefeuille caramélisé aux fraises des bois. **Vins** Bellet.

Royal Riviera M, av. J. Monnet **(m)** 𝒸 04 93 76 31 00, Fax 04 93 01 23 07, ⪦, 🍽, « Jardin fleuri, ⊼ », 🐎 – ‖ ⅀ ≣ 📺 ☎ 🄿 – ⚿ 100. 🅰🅴 ⓪ 🇬🇧. ⅀ rest
fermé 15 nov. au 14 janv. – **Repas** 220/390, enf. 130 – ***La Pergola*** à la piscine *(15 juin-
15 sept.)* **Repas** (déj. seul.) carte 260 à 320 – ⊂⊃ 110 – **77 ch** 1450/2880 – ½ P 1470/1740.

Voile d'Or, au port **(f)** 𝒸 04 93 01 13 13, Fax 04 93 76 11 17, 🍽, « ⪦ port et golfe,
terrasse, piscine en bord de mer », ⅃₅, 🐎 – ‖ ≣ 📺 ☎ – ⚿ 25
15 mars-30 oct. – **Repas** 250 (déj.), 290/340 – ⊂⊃ 120 – **45 ch** 1600/3260, 5 appart.

Brise Marine ⌂ sans rest, av. J. Mermoz **(x)** 𝒸 04 93 76 04 36, Fax 04 93 76 11 49, ⪦ Cap
et golfe, 🐎 – ≣ 📺 ☎. 🅰🅴 🇬🇧
fermé 10 nov. au 31 janv. – ⊂⊃ 57 – **16 ch** 670/730.

Panoramic ⌂ sans rest, av. Albert 1er **(s)** 𝒸 04 93 76 00 37, Fax 04 93 76 15 78, ⪦ Cap et
golfe – 📺 ☎ 🄿. 🅰🅴 ⓪ 🇬🇧
fermé 1er nov. au 20 déc. – ⊂⊃ 50 – **20 ch** 555/715.

🏠 **Belle Aurore,** av. D. Séméria (r) ☎ 04 93 76 04 59, Fax 04 93 76 15 10, ≤, 🛋, ⬛ – 📺 ☎
 🄿, 🆎 ⓪ 🅖🅑
 Repas *(mai-sept.)* 150/200 – ⴱ 52 – **19 ch** 475/710 – ½ P 450/567.

🏠 **Clair Logis** 𝕊 sans rest, av. Centrale (b) ☎ 04 93 76 04 57, Fax 04 93 76 11 85, « Parc » –
 📺 ☎ 🄿, 🆎 ⓪ 🅖🅑
 fermé 11 nov. au 14 déc. et 16 janv. au 28 fév. – ⴱ 45 – **18 ch** 300/650.

✕✕ **Le Sloop,** au nouveau port (d) ☎ 04 93 01 48 63, 🈂 – 🆎 ⓪ 🅖🅑
 fermé 15 nov. au 15 déc. et merc. hors sais. – **Repas** 155.

✕✕ **Capitaine Cook,** av. J. Mermoz (n) ☎ 04 93 76 02 66, 🈂 – 🅖🅑
 fermé 15 nov. au 26 déc., jeudi midi et merc. – **Repas** 120/150.

ST-JEAN (Col) *04 Alpes-de-H.-P.* 🎇 ⑦ – *rattaché à La Seyne.*

 Dans la liste des rues des plans de villes,
 les **noms en rouge** *indiquent les principales voies commerçantes.*

ST-JEAN-D'ANGÉLY ◀🔷▶ *17400 Char.-Mar.* 🎇 ③ ④ *G. Poitou Vendée Charentes* – *8 060 h*
 alt. 25.
 Env. Église St-Pierre★★ à Aulnay, NE : 18 km par ② *et D 950.*
 🄱 *Office de Tourisme pl. du Pilori* ☎ 05 46 32 04 72.
 Paris 445 ② – *La Rochelle 73* ④ – *Royan 68* ③ – *Angoulême 65* ② – *Cognac 35* ③ – *Niort 48*
 ① – *Saintes 27* ⑤.

ST-JEAN-D'ANGÉLY

Bancs (R. des)	**A** 4	
Gambetta (R.)	**A**	
Grosse-Horloge (R.)	**B** 12	
Hôtel-de-Ville (Pl. de l')	**B** 13	
Taillebourg (Fg)	**A**	
Abbaye (R. de l')	**A** 2	
Aguesseau (R. d')	**A** 3	
Bourcy (R. Pascal)	**B** 6	

Cumont (Bd P. de)	**B** 8	
Dubreuil (R. L. A.)	**A** 10	
Gymnase (R. du)	**B** 14	
Jacobins (R. des)	**B** 16	
Libération (Sq. de la)	**A** 17	
Maréchal-Leclerc (Av. du)	**B** 19	
Maréchaux (R. des)	**AB** 20	
Porte de Niort		
(R. de la)	**B** 24	

Port-Mahon (Av. du)	**AB** 25	
Regnaud (R.)	**A** 27	
Remparts (R. des)	**B** 28	
Rose (R.)	**B** 29	
Texier (R. Michel)	**A** 31	
Tourneur (R. L.)	**B** 32	
Tour-Ronde (R.)	**B** 33	
Verdun (R. de)	**A** 35	
3-Frères-Gautreau		
(R. des)	**B** 37	
4-Septembre (R. du)	**B** 39	
11-Novembre (R. du)	**AB** 40	

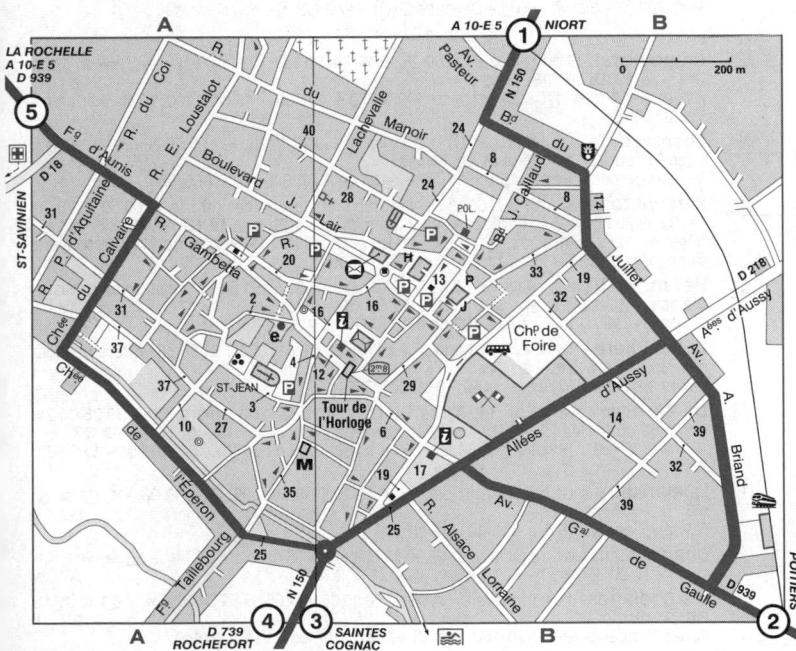

XX **Le Scorlion,** 5 r. Abbaye $\mathscr{E}$ 05 46 32 52 61, 斎, « Ancienne abbaye royale » – ▤.
GB
A e
fermé 5 au 11 mai, 3 au 16 nov., 2 au 15 fév., dim. soir et lundi – **Repas** 145/330, enf. 60.

CITROEN Gar. Delaleau, ZI de la Sacristinerie par ②   RENAULT SAGA, rte de Saintes par ③
$\mathscr{E}$ 05 46 32 44 44 🅽 $\mathscr{E}$ 06 09 91 37 74 $\mathscr{E}$ 05 46 32 40 22 🅽 $\mathscr{E}$ 05 46 97 32 51
FORD Gar. Sarrazin, 4 av. de Saintes   VAG Gar. Drevet, 17 fg Taillebourg
$\mathscr{E}$ 05 46 32 46 33 $\mathscr{E}$ 05 46 32 01 74
MERCEDES S.A.V.I.A., ZI du Point-du-Jour n° 2
$\mathscr{E}$ 05 46 59 03 03 🅽 $\mathscr{E}$ 08 00 24 24 30   Ⓥ Vulco, ZI av. Point du Jour $\mathscr{E}$ 05 46 32 12 43
PEUGEOT Gar. Nouraud-Amy, ZI, 27 av. Point-du-
Jour par ② $\mathscr{E}$ 05 46 59 09 09

ST-JEAN-D'ASSÉ *72380 Sarthe* 🖸🖸 ⑬ – *1 021 h alt. 68.*
Paris 214 – Le Mans 18 – Alençon 33 – La Ferté-Bernard 62 – Mamers 34.

X **La Petite Auberge,** rte Nationale (N 138) $\mathscr{E}$ 02 43 25 25 15, ☞ – 🅿. GB
⊜ *fermé août, dim. soir, merc.soir et lundi* – **Repas** 65/150 🍷, enf. 38.

CITROEN Gar. Bardet, $\mathscr{E}$ 02 43 25 25 27

ST-JEAN-DE-BLAIGNAC *33420 Gironde* 🖸🖸 ⑫ – *405 h alt. 50.*
Paris 594 – Bordeaux 47 – Bergerac 55 – Libourne 16 – La Réole 31.

XX **Aub. St-Jean,** $\mathscr{E}$ 05 57 74 95 50, Fax 05 57 84 50 56 – ▤. GB
⊜ *fermé lundi* – **Repas** 60/260 🍷.

ST-JEAN-DE-BRAYE *45 Loiret* 🖸🖸 ⑨ – *rattaché à Orléans.*

ST-JEAN-DE-LUZ *64500 Pyr.-Atl.* 🖸🖸 ② *G. Pyrénées Aquitaine* – *13 031 h alt. 3* – *Casino* ABY.
Voir *Église St-Jean-Baptiste*★★ AZ B – *Maison Louis-XIV*★ AZ E – *Corniche basque*★★ par ④
– *Sémaphore de Socoa* ≤★★ *5 km par* ④.
🆚 de la Nivelle $\mathscr{E}$ 05 59 47 18 99, par ③ et D 704 : 1 km; 🆚 de Chantaco $\mathscr{E}$ 05 59 26 14 22,
par ② : 2,5 km.
🄱 *Office de Tourisme pl. Mar.-Foch* $\mathscr{E}$ 05 59 26 03 16, Fax 05 59 26 21 47.
Paris 790 ① – Biarritz 15 ① – Bayonne 24 ① – Pau 132 ① – San Sebastián 34 ③.

Plan page ci-contre

🏨 **Grand Hôtel,** 43 bd Thiers $\mathscr{E}$ 05 59 26 35 36, Fax 05 59 51 19 91, ≤, 斎 – 🛗 ⋙ ▤ 🕿
⟵ – 🍴 30. 🆎 ⑩ GB. ⋙ rest
BY n
mai-oct. – **Repas** 170/220 et carte 300 à 470 – ⊇ 100 – **43 ch** 1100/1500, 5 appart –
½ P 825/975.

🏨 **Chantaco,** face au golf par ② : *2 km* $\mathscr{E}$ 05 59 26 14 76, Fax 05 59 26 35 97, ≤, 斎,
« Jardin fleuri », 🏊 – 🔟 🕿 🅿. 🆎 ⑩ GB
31 mars-30 oct. – **Repas** 150/195 – ⊇ 80 – **24 ch** 800/1600 – ½ P 665/980.

🏨 **Parc Victoria** M ⊛, 5 r. Cépé par bd Thiers et rte Quartier du Lac $\mathscr{E}$ 05 59 26 78 78,
Fax 05 59 26 78 08, 斎, « Décor élégant, parc, 🏊 » – 🛗 🔟 🕿 🕭 🅿. 🆎 ⑩ GB. ⋙ rest
hôtel : 15 mars-15 nov. ; rest. : 1ᵉʳ avril-31 oct. et fermé mardi – **Repas** (nombre de couverts
limité, prévenir) 230/330 – ⊇ 80 – **9 ch** 1000/1300, 3 appart – ½ P 800/900.

🏨 **Hélianthal** M, pl. M. Ravel $\mathscr{E}$ 05 59 51 51 51, Fax 05 59 51 51 54, 斎, institut de thalasso-
thérapie – 🛗 🔠 🔟 🕿 🕭 – 🍴 25 à 100. 🆎 ⑩ GB. ⋙ rest
BY v
Repas 135 (déj.)/195 – ⊇ 70 – **100 ch** 930/1085 – ½ P 700/803.

🏨 **La Devinière** sans rest, 5 r. Loquin $\mathscr{E}$ 05 59 26 05 51, Fax 05 59 51 26 38, « Bel aménagement intérieur », ☞ – 🕿. GB
BY f
fermé 20 nov. au 10 déc. – ⊇ 50 – **8 ch** 600/750.

🏨 **La Réserve** ⊛, rd-pt Ste-Barbe, Nord : 2 km par bd Thiers $\mathscr{E}$ 05 59 26 04 24,
Fax 05 59 26 11 74, ≤, 斎, 🏊, ☞, ⋙ – cuisinette 🔟 🕿 🕭 ⟵ 🅿 – 🍴 60. 🆎 ⑩ GB
27 mars-15 nov. – **Repas** 160/280, enf. 60 – ⊇ 60 – **40 ch** 650/800, 36 studios – ½ P 580/
620.

🏨 **La Marisa** M sans rest, 16 r. Sopite $\mathscr{E}$ 05 59 26 95 46, Fax 05 59 51 17 06 – 🛗 🔟 🕿 🕭.
GB
BY b
fermé 15 janv. au 15 fév. – ⊇ 40 – **16 ch** 480.

🏨 **Ohartzia** sans rest, 28 r. Garat $\mathscr{E}$ 05 59 26 00 06, Fax 05 59 26 74 75, ☞ – 🔟 🕿. GB. ⋙
⊇ 40 – **17 ch** 350/450.
AY w

🏨 **Les Goëlands,** 4 av. Etcheverry $\mathscr{E}$ 05 59 26 10 05, Fax 05 59 51 04 02, ☞ – 🔟 🕿 🅿. 🆎
GB. ⋙ rest
BY k
Repas (résidents seul.) 120/160 – ⊇ 35 – **35 ch** 210/495 – ½ P 425/440.

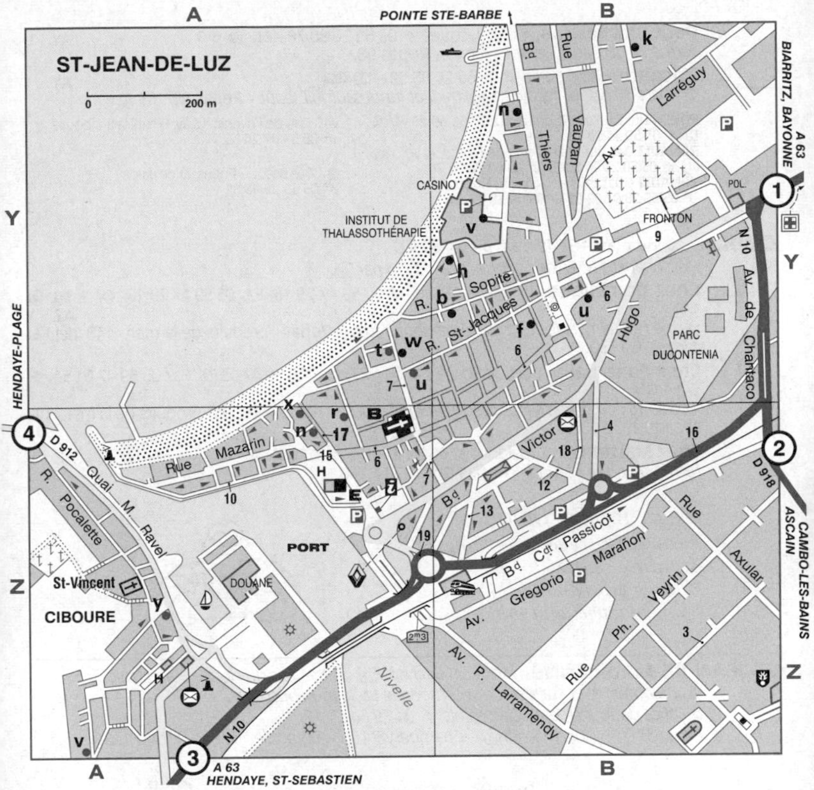

Gambetta (R.) .... AZ, BY 6
Garat (R.) .... AYZ 7
Victor-Hugo (Bd) .... BYZ

Bibal (R. F.) .... BZ 3
Chauvin-Dragon (R.) .... BZ 4
Grandes Allées .... BY 9
Infante (Quai de l') .... AZ 10
Jaurréguiberry (Av.) .... BZ 12
Labrouche (Av.) .... BZ 13
Louis-XIV (Pl.) .... AZ 15
Pyrénées (Av. des) .... BZ 16
République (R. de la) ...... AZ 17
Salagoity (R. de) .... BZ 18
Verdun (Av. de) .... AZ 19

Villa Bel Air, Promenade J. Thibaud ✆ 05 59 26 04 86, Fax 05 59 26 62 34, ≤ – |‡| ▤ rest TV ☎ P. GB. ✂ rest — BY h
hôtel : 28 mars-11 nov. ; rest : 3 juin-27 sept. – **Repas** *(fermé dim.)* 130 – ☕ 40 – **21 ch** 448/575 – ½ P 404/450.

Donibane M, par ①, *près échangeur Nord : 2 km* ✆ 05 59 26 21 21, Fax 05 59 51 20 50, 🏖, 🏊 – ▤ rest TV ☎ 📞 ♿ P – 🏛 45. AE GB
Repas 80/120 🍷, enf. 45 – ☕ 40 – **68 ch** 390 – ½ P 320/350.

Agur sans rest, 96 r. Gambetta ✆ 05 59 51 91 11, Fax 05 59 51 91 21 – cuisinette TV ☎. AE ① GB. ✂ — BY u
1er mars-15 nov. – ☕ 36 – **17 ch** 325/445.

Aub. Kaïku, 17 r. République ✆ 05 59 26 13 20, Fax 05 59 51 07 47, 🏖, « Maison du 16e siècle » – AE GB — AZ x
fermé 12 nov. au 20 déc., lundi midi du 15 juin au 15 sept. et merc. du 16 sept. au 14 juin – **Repas** - produits de la mer - (en saison, prévenir) 145/250.

Le Tourasse, 25 r. Tourasse ✆ 05 59 51 14 25, Fax 05 59 51 14 25 – AE GB — AZ r
fermé mi-janv. à mi-fév., mardi soir et merc. hors sais. sauf vacances scolaires – **Repas** (en saison, prévenir) 90 et carte 230 à 330.

Taverne Basque, 5 r. République ✆ 05 59 26 01 26, 🏖 – AE ① GB — AZ n
1er avril-31 déc. et fermé lundi soir et mardi – **Repas** 98, enf. 50.

✗ **Petit Grill Basque**, 4 r. St-Jacques ℰ 05 59 26 80 76 – AE ⓞ GB   AY u
fermé 20 déc. au 20 janv. et merc. – **Repas** 98.

✗ **L'Acanthe**, 31 r. Garat ℰ 05 59 26 85 59 – AE GB   AY t
1ᵉʳ mars-30 oct. et fermé mardi midi et lundi sauf juil.-août – **Repas** 98/165 ♨.

FORD Auto Durruty, ZI de Layatz ℰ 05 59 26 45 94   VAG Gar. de l'Avenir, 13 av. Errepira à Ciboure
N ℰ 05 59 23 68 68   ℰ 05 59 47 26 56
RENAULT Gar. Lamerain, Zone de Layatz, N 10 par
① ℰ 05 59 26 94 80 N ℰ 06 09 38 25 74   ⓦ Côte Basque Pneus, ZI de Jalday
RENAULT Gar. Lamerain, 4 bd V.-Hugo   ℰ 05 59 26 45 81
ℰ 05 59 26 04 02 N ℰ 06 09 38 25 74

Ciboure AZ du plan – *5 849 h alt. 3* – ⊠ *64500* .
Voir *Chapelle N.-D. de Socorri : site★ 5 km par* ③.

✗✗ **Chez Dominique**, 15 quai M. Ravel ℰ 05 59 47 29 16, Fax 05 59 47 29 16, 斎 – ▪, AE
GB   AZ y
fermé fév., dim. soir et lundi de mi-sept à juin – **Repas** - produits de la mer - 140 (déj.) et
carte 220 à 330.

✗✗ **Chez Pantxua**, au port de Socoa par ④ : *2 km* ℰ 05 59 47 13 73, Fax 05 59 47 01 54, ≤,
斎 – GB
15 fév.-15 nov. et fermé lundi soir sauf juil.-août et mardi – **Repas** - produits de la mer - 140
et carte 190 à 250.

✗ **Chez Mattin**, 63 r. E. Baignol ℰ 05 59 47 19 52 – AE GB. ✋   AZ v
fermé janv., fév. et lundi – **Repas** carte 190 à 260.

GREEN TOURIST GUIDES

Picturesque scenery, buildings
Attractive routes
Touring programmes
Plans of towns and buildings

ST-JEAN-DE-MAURIENNE ◁▷ *73300 Savoie* ⑦⑦ ⑦ *G. Alpes du Nord* – *9 439 h alt. 556*.
Voir *Ciborium★ et stalles★ de la cathédrale St-Jean-Baptiste* AY.
🄱 Office de Tourisme pl. Cathédrale ℰ 04 79 64 03 12.
Paris 637 ① – *Albertville 63* ① – *Chambéry 74* ① – *Grenoble 105* ① – *Torino 138* ②.

Libération (R. de la) . . . . **AY** 12   Collège (R. du) . . . . **AYZ** 4   Marché (Pl. du) . . . . **AY** 13
République (R. de la) . . **AYZ** 18   Échaillon (Pont de l') . . **BY** 5   Orme (R. de l') . . . . **AY** 15
                                          Fodéré (Pl. E.) . . . . **AY** 6   Ramassot (R. de) . . . . . **AZ** 16
Briand (Av. A.) . . . . **AZ** 2   Gare (Av. de la) . . . . **AY** 7   Sommeiller (Av. G.) . . . **BYZ** 20
Brun-Rollet (R.) . . . . **AY** 3   Girard (R. F.) . . . . **AY** 9   Sous-Préfecture (R.) . . . **AZ** 21

🏨 **St-Georges** sans rest, 334 r. République 𝒫 04 79 64 01 06, Fax 04 79 59 84 84 – ⅏ 🅣 ☎
P. Æ ① GB
AZ s
🛏 35 – **22 ch** 230/290.

🏨 **Nord,** pl. Champ de Foire 𝒫 04 79 64 02 08, Fax 04 79 59 91 31 – 🛗 🅣 ☎ P. GB
🍴 rest
AY e
fermé 1ᵉʳ au 25 oct. et dim. soir – **Repas** 68/175 – 🛏 28 – **19 ch** 195/255 – ½ P 220/225.

🏨 **Dorhotel** Ⓜ sans rest, r. L. Sibué 𝒫 04 79 83 23 83, Fax 04 79 83 23 00 – 🛗 🅣 ☎ 🕻 ♿ P. –
🄰 40. Æ ① GB JCB
BY n
🛏 35 – **40 ch** 202/245.

CITROEN Gar. Deléglise, quai J.-Poncet
𝒫 04 79 64 03 00 🅽 𝒫 04 79 64 03 00
PEUGEOT Gar. Alpettaz, ZI Les Plans par ②
𝒫 04 79 64 13 88 🅽 𝒫 04 79 59 60 22
RENAULT Gar. Duverney, ZI le Parquet
𝒫 04 79 64 12 33 🅽 𝒫 08 00 05 15 15

VAG Gar. J.-Lain, ZI Le Parquet 𝒫 04 79 64 26 63

⑩ Euromaster, pl. Champ de Foire
𝒫 04 79 64 05 74

ST-JEAN-DE-MOIRANS 38430 Isère 🈲 ④ – *2 399 h alt. 226.*
Paris 551 – Grenoble 24 – Chambéry 45 – Lyon 89 – Valence 82.

XXX **Beauséjour** avec ch, rte Grenoble 𝒫 04 76 35 30 38, Fax 04 76 35 59 80, � – 🅣 ☎ P.
🍴 Æ ① GB
fermé 28 juil. au 19 août, 5 au 20 janv., dim. soir et lundi – **Repas** 170 bc/380 et carte 200 à
310, enf. 70 – 🛏 40 – **7 ch** 250 – ½ P 300.

Le Guide change, changez de guide tous les ans.

ST-JEAN-DE-MONTS 85160 Vendée 🈲 ⑪ *G. Poitou Vendée Charentes – 5 959 h alt. 16 –*
Casino La Pastourelle.
🏌️ 𝒫 02 51 58 82 73, O : 2,5 km.
🄱 Office de Tourisme 67 esplanade de la Mer 𝒫 02 51 58 00 48, Fax 02 51 59 62 28.
Paris 455 – La Roche-sur-Yon 59 – Cholet 99 – Nantes 73 – Noirmoutier-en-l'Île 34 –
Les Sables-d'Olonne 48.

🏨 **Mercure** Ⓜ ⑂, av. Pays de Monts 𝒫 02 51 59 15 15, Fax 02 51 59 91 03, 🏊, 🎾 – 🛗 🅣
☎ ♿ P.–🄰 35. Æ ① GB
1ᵉʳ mars-15 nov. – **Repas** 96 (déj.)/156, enf. 78 – 🛏 56 – **44 ch** 590/705 – ½ P 520/560.

🏨 **L'Espadon,** 8 av. Forêt 𝒫 02 51 58 03 18, Fax 02 51 59 16 11 – 🛗 🅣 ☎ P. Æ ① GB
Repas *(15 fév.-7 nov.)* 78/180, enf. 45 – 🛏 38 – **27 ch** 300 – ½ P 305/345.

🏨 **Annexe Les Dunes** 🏨 ⑂, 1 allée d'Alsace 𝒫 02 51 58 10 32, Fax 02 51 59 16 11 – ☎
♿ P. GB
1ᵉʳ avril-15 sept. – **Repas** voir *L'Espadon* – 🛏 38 – **44 ch** 300 – ½ P 295.

🏨 **Le Robinson** (annexe 🏨 Ⓜ ▤ ch), 28 bd Gén. Leclerc 𝒫 02 51 59 20 20,
Fax 02 51 58 88 03, 🏊 – ▤ rest ☎ 🕻 ♿. Æ ① GB
fermé 15 déc. au 15 janv. – **Repas** 74/215, enf. 60 – 🛏 37 – **80 ch** 230/370 – ½ P 250/300.

🏨 **Tante Paulette,** 32 r. Neuve 𝒫 02 51 58 01 12, Fax 02 51 59 77 54, 🌷 – ☎. Æ ① GB.
🍴 ch
1ᵉʳ mars-4 nov. – **Repas** 78/170, enf. 50 – 🛏 32 – **32 ch** 250/310 – ½ P 280/320.

🏨 **La Cloche d'Or** ⑂, 26 av. Tilleuls 𝒫 02 51 58 00 58, Fax 02 51 59 04 04 – ☎. GB. 🍴 rest
hôtel : Pâques-1ᵉʳ nov. et fermé merc. et jeudi en avril ; rest : 1ᵉʳ mai-15 sept. – **Repas**
78/158, enf. 38 – 🛏 30 – **25 ch** 360 – ½ P 265/315.

XX **Le Richelieu** avec ch, 8 av. Oeillets 𝒫 02 51 58 06 78, Fax 02 51 59 74 45, 🌷 – 🅣 ☎. Æ
GB. 🍴 ch
fermé janv. et fév. – **Repas** 98/295, enf. 50 – 🛏 40 – **8 ch** 300/350 – ½ P 310/460.

XX **Jacques Rondeau,** 9 av. Forêt 𝒫 02 51 58 02 66, 🌷 – GB
fermé fév., dim. soir et lundi sauf juil.-août – **Repas** 75 (déj.), 115/138.

sur D 38 (rte N.-D. de Monts) *Nord-Ouest : 3 km* – ✉ 85160 St-Jean-de-Monts :

X **La Quich'Notte,** 𝒫 02 51 58 62 64 – P. Æ GB
20 mars-20 sept. et fermé mardi midi et lundi sauf juil.-août – **Repas** 90/160, enf. 42.

à Orouet *Sud-Est : 7 km* – ✉ 85160 St-Jean-de-Monts :

🏨 **Aub. de la Chaumière,** D 38 𝒫 02 51 58 67 44, Fax 02 51 58 98 12, parc, 🏊, 🎾 – ☎ ♿.
P. Æ ① GB
15 mars-30 sept. – **Repas** 78 (déj.), 98/220, enf. 50 – 🛏 35 – **37 ch** 270/400 – ½ P 290/370.

PEUGEOT Gar. Besseau, 114 r. Gén.-de-Gaulle
𝒫 02 51 58 88 88 🅽 𝒫 02 40 95 49 20
RENAULT Gar. Vrignaud, 30 et 35 rte de Challans
𝒫 02 51 58 26 74 🅽 𝒫 02 40 95 48 46

RENAULT Gar. Marionneau, 354 r. de Notre-Dame
à St Jean de Monts 𝒫 02 51 58 83 14

ST-JEAN-DE-REBERVILLIERS 28170 E.-et-L. 60 ⑦ – 161 h alt. 181.

Paris 97 – Chartres 29 – Dreux 17 – Verneuil-sur-Avre 31.

XXX **Saint-Jean,** ℘ 02 37 51 62 83, Fax 02 37 51 84 52, 😊 – 🅿. 🆎 ⓞ 🇬🇧
fermé 4 au 20 mars, 1ᵉʳ au 23 oct., dim. soir, jeudi soir et vend. – **Repas** (nombre de couverts limité, prévenir) 140 (déj.), 165/215 et carte 200 à 280.

ST-JEAN-DE-SIXT 74450 H.-Savoie 74 ⑦ G. Alpes du Nord – 852 h alt. 963.

Voir *Défilé des Étroits★ NO : 3 km.*

🏢 *Office de Tourisme* ℘ 04 50 02 70 14, Fax 04 50 02 31 03.

Paris 577 – Annecy 29 – Chamonix-Mont-Blanc 77 – Bonneville 22 – La Clusaz 3 – Genève 47.

🏠 **Beau Site** ⑤, ℘ 04 50 02 24 04, Fax 04 50 02 35 82, ≤, ⏋, 🌿 – 🛗 📺 ☎ 🚗 🅿. 🇬🇧
🍴 rest
15 juin-10 sept. et Noël-Pâques – **Repas** 85/150, enf. 50 – ☲ 32 – **20 ch** 190/310 – ½ P 235/290.

ST-JEAN-DES-OLLIÉRES 63520 Puy-de-Dôme 73 ⑮ – 363 h alt. 652.

Paris 458 – Clermont-Ferrand 45 – Ambert 43 – Billom 16 – Issoire 29 – Thiers 35.

X **L'Archou** ⑤ avec ch, ℘ 04 73 70 92 00, Fax 04 73 70 99 22 – ☎. 🇬🇧
fermé vacances de Toussaint – **Repas** (fermé dim. soir et jeudi hors sais.) 95/220, enf. 50 – ☲ 30 – **7 ch** 170/230 – ½ P 210/250.

ST-JEAN-DU-BRUEL 12230 Aveyron 80 ⑮ G. Gorges du Tarn – 820 h alt. 520.

Env. *Gorges de la Dourbie★★ NE : 10 km.*

🏢 *Syndicat d'Initiative, 34 Grande-Rue* ℘ 05 65 62 23 64.

Paris 691 – Montpellier 99 – Le Caylar 26 – Lodève 44 – Millau 40 – Rodez 107 – St-Affrique 49 – Le Vigan 36.

🏠 **Midi-Papillon** ⑤, ℘ 05 65 62 26 04, Fax 05 65 62 12 97, ≤, ⏋, 🌿 – ☎. 🇬🇧
🍴 *22 mars-11 nov.* – Repas 74/204 ♨, enf. 48 – ☲ 24 – **19 ch** 128/200 – ½ P 190/226.

ST-JEAN-DU-DOIGT 29630 Finistère 58 ⑥ G. Bretagne – 661 h alt. 15.

Voir *Enclos paroissial : trésor★★, église★, fontaine★.*

Paris 544 – Brest 75 – Guingamp 61 – Lannion 33 – Morlaix 17 – Quimper 95.

🏠 **Le Ty Pont,** ℘ 02 98 67 34 06, Fax 02 98 67 85 94, 🌿 – ☎. 🇬🇧
🍴 *20 mars-31 oct. et fermé dim.soir et lundi sauf du 15 juin au 13 sept.* – **Repas** 75/137, enf. 52 – ☲ 34 – **28 ch** 145/241 – ½ P 212/232.

ST-JEAN-DU-GARD 30270 Gard 80 ⑰ G. Gorges du Tarn – 2 441 h alt. 183.

Voir *Musée des Vallées Cévenoles★.*

🏢 *Office de Tourisme, pl. Rabaut-St-Etienne* ℘ 04 66 85 32 11, Fax 04 66 85 16 28.

Paris 686 – Alès 28 – Florac 53 – Lodève 89 – Montpellier 75 – Nîmes 60 – Le Vigan 57.

🏠 **Aub. du Péras,** rte Anduze ℘ 04 66 85 35 94, Fax 04 66 52 30 32, 😊 – 📺 ☎ 🅿. 🆎 ⓞ
🍴 🇬🇧
1ᵉʳ mars-30 nov. – **Repas** 78/170, enf. 28 – ☲ 28 – **10 ch** 268/290.

PEUGEOT Gar. Rossel, ℘ 04 66 85 30 32

ST-JEAN-EN-ROYANS 26190 Drôme 77 ③ G. Alpes du Nord – 2 895 h alt. 250.

🏢 *Office de Tourisme Pavillon du Tourisme* ℘ 04 75 48 61 39.

Paris 585 – Valence 44 – Die 63 – Romans-sur-Isère 26 – Grenoble 69 – St-Marcellin 21 – Villard-de-Lans 35.

🏠 **Castel Fleuri,** pl. Champ de Mars ℘ 04 75 47 58 01, Fax 04 75 47 79 30, 😊, 🌿 – 📺 ☎ 🅿. 🆎 🇬🇧
fermé 12 nov. au 3 déc., vacances de fév., dim. soir et lundi – **Repas** 87/169 – ☲ 35 – **12 ch** 160/280 – ½ P 235.

au col de la Machine Sud-Est : 11 km par D 76.

Voir *Combe Laval★★★.*

🏠 **du Col de la Machine** ⑤, ℘ 04 75 48 26 36, Fax 04 75 48 29 12, ≤, ⏋ – 📺 ☎ 🚗 🅿.
🇬🇧
fermé 10 au 24 mars, 12 nov. au 10 déc., dim. soir et lundi sauf de juin à sept. – **Repas** 90/180, enf. 48 – ☲ 38 – **14 ch** 160/260 – ½ P 210/260.

RENAULT Gar. Usclard, ℘ 04 75 47 55 39 🅽 ℘ 04 75 47 53 92

ST-JEAN-LE-THOMAS *50530 Manche* 59 ⑦ – *398 h alt. 20.*
  Paris 352 – St-Lô 62 – St-Malo 83 – Avranches 16 – Granville 17 – Villedieu-les-Poêles 36.

 🏠 **Bains,** ℰ 02 33 48 84 20, Fax 02 33 48 66 42, ∑, 🐎 – ☎ 🅿 ℀ ⓪ 🅶🅱
 Ⓔ *23 mars-2 nov.* – **Repas** *(fermé jeudi midi et merc. en oct.)* 75/185, enf. 50 – ⌒ 32 – **30 ch**
 199/345 – ½ P 232/319.

ST-JEAN-PIED-DE-PORT *64220 Pyr.-Atl.* 85 ③ *G. Pyrénées Aquitaine* – *1 432 h alt. 159.*
  Voir *Trajet des pèlerins de St-Jacques★.*
 🛈 *Office de Tourisme pl. Ch.-de-Gaulle* ℰ *05 59 37 03 57, Fax 05 59 37 34 91.*
 Paris 822 ③ – Biarritz 56 ③ – Bayonne 54 ③ – Dax 87 ① – Oloron-Ste-Marie 71 ① – Pau
 101 ① – San Sebastián 100 ③.

ST-JEAN-PIED-DE-PORT

Si vous êtes retardé
sur la route, dès 18 h,
confirmez votre réservation
par téléphone,
c'est plus sûr...
et c'est l'usage.

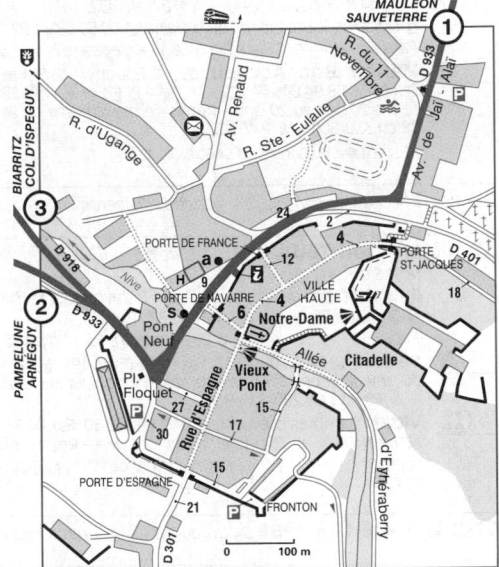

 🏨🏨 **Pyrénées** (Arrambide), pl. Ch. de Gaulle **(a)** ℰ 05 59 37 01 01, Fax 05 59 37 18 97, ∑, 🐎
 ❀❀ – 🛗 ▤ rest 🆃🆅 ☎ ⇔ – ⚷ 30. 🔤 🅶🅱 🅹🅲🅱. ℀
 fermé 20 nov. au 22 déc., 5 au 28 janv., lundi soir de nov. à mars et mardi du 20 sept. au 30
 juin – **Repas** *(dim. et saison - prévenir)* 230/500 et carte 330 à 470 – ⌒ 85 – **20 ch** 550/880
 – ½ P 650/750
  Spéc. Petits poivrons farcis à la morue. Saumon de l'Adour grillé, sauce béarnaise (mars à
  juil.). Lasagne au foie gras et aux truffes. **Vins** Jurançon, Irouléguy.

 🏠 **Central,** pl. Ch. de Gaulle **(s)** ℰ 05 59 37 00 22, Fax 05 59 37 27 79 – 🆃🆅 ☎. 🔤 ⓪ 🅶🅱 🅹🅲🅱.
 Ⓔ ℀
 fermé 15 déc. au 10 fév. – **Repas** 98/220, enf. 60 – ⌒ 45 – **14 ch** 350/490 – ½ P 370/440.

 ✕ **Ipoutchaïnia** avec ch, à Ascarat, Ouest : 1,5 km par ③ *et D 15* ℰ 05 59 37 02 34,
 Ⓔ Fax 05 59 37 36 95, 🏡 – ☎ 🅿. ℀
 fermé 15 nov. au 15 déc. – **Repas** 70/140, enf. 45 – ⌒ 40 – **12 ch** 210 – ½ P 230.

à Aincillé *par* ① *et D 18 : 7 km – 110 h. alt. 253 –* ✉ *64220 :*

 ✕ **Pecoïtz** ⌚ avec ch, ℰ 05 59 37 11 88, ≤, 🐎 – ☎ 🅿. 🅶🅱
 Ⓔ *fermé 1er janv. au 1er mars et vend. d'oct. à mai* – **Repas** 80/185, enf. 50 – ⌒ 30 – **16 ch**
 160/210 – ½ P 180/215.

à Estérençuby *Sud : 8 km par D 301 – 427 h. alt. 229 –* ✉ *64220 :*

 🏠 **Sources de la Nive** ⌚, Sud : 4 km par rte secondaire ℰ 05 59 37 10 57, ≤, 🐎 – ☎ 🅿.
 Ⓔ 🅶🅱
 fermé janv. et mardi hors sais. – **Repas** 50/160, enf. 40 – ⌒ 30 – **26 ch** 200 – ½ P 200.

ST-JEAN-SUR-VEYLE *01290 Ain* 🔢 ② – *926 h alt. 200.*

Paris 400 – *Mâcon 10 – Bourg-en-Bresse 31 – Villefranche-sur-Saône 41.*

🍴 **Petite Auberge**, ℰ 03 85 31 53 92, Fax 03 85 31 69 34 – ⊟
fermé vacances de Toussaint, 2 au 16 janv., dim. soir d'oct. à avril et lundi – **Repas**
65 bc (déj.), 105/225.

ST-JOACHIM *44720 Loire-Atl.* 🔢 ⑮ *G. Bretagne* – *3 994 h alt. 5.*

Voir *Tour de l'île de Fédrun★ O : 4,5 km – Promenade en chaland★★.*

Paris 439 – *Nantes 67 – Redon 41 – St-Nazaire 17 – Vannes 63.*

🍴🍴 **Aub. du Parc** ⌖ avec ch, Ile de Fedrun ℰ 02 40 88 53 01, Fax 02 40 91 67 44, 🌫,
« Chaumière briéronne », 🌳 – ☎ 🅿. ⊟
fermé 15 janv. au 1ᵉʳ mars, dim. soir et lundi hors sais. – **Repas** 160/198 – ⊑ 38 – **4 ch** 380.

ST-JORIOZ *74410 H.-Savoie* 🔢 ⑥ – *4 178 h alt. 452.*

🛈 *Office de Tourisme, pl. de la Mairie* ℰ 04 50 68 61 82.

Paris 548 – *Annecy 9 – Albertville 36 – Megève 52.*

🏨 **Manoir Bon Accueil** ⌖, à Epagny : 2,5 km par D 10 A ℰ 04 50 68 60 40,
Fax 04 50 68 94 84, 🌫, ⌟, 🌳, 🍴 – 📳 📺 ☎ 🅿. – 🏊 25. ⊟. 🚫 rest
fermé 20 déc. au 20 janv. – **Repas** *(fermé dim. soir du 20 sept. au 20 avril)* 120/180 – ⊑ 42 –
28 ch 330/500 – ½ P 400/530.

PEUGEOT Gar. du Centre, ℰ 04 50 68 60 32

ST-JULIEN *56 Morbihan* 🔢 ⑫ – *rattaché à Quiberon.*

ST-JULIEN-CHAPTEUIL *43260 H.-Loire* 🔢 ⑦ *G. Vallée du Rhône* – *1 664 h alt. 815.*

Voir *Site★.*

Env. *Montagne du Meygal★ : Grand Testavoyre ✳★★ NE : 14 km puis 30 mn.*

🛈 *Office de Tourisme* ℰ 04 71 08 77 70.

Paris 566 – *Le Puy-en-Velay 20 – Lamastre 53 – Privas 85 – St-Agrève 32 – Yssingeaux 17.*

🏨 **Barriol**, ℰ 04 71 08 70 17, Fax 04 71 08 74 19 – 📺 ☎ 📞 🚗. ⊟. 🚫
30 janv.-30 sept. et fermé dim. soir et lundi sauf juil.-août – **Repas** 78 (déj.), 110/200, enf. 56
– ⊑ 40 – **11 ch** 280 – ½ P 248.

🍴🍴🍴 **Vidal** (chambres prévues), ℰ 04 71 08 70 50, Fax 04 71 08 40 14 – 🅰 ⊟
fermé 15 janv. au 28 fév., lundi soir et mardi – **Repas** 95/350 et carte 170 à 290, enf. 60.

PEUGEOT Gar. Abrial, ℰ 04 71 08 72 20 🅽 ℰ 04 71   RENAULT Gar. de Chapteuil, ℰ 04 71 08 72 79 🅽
08 72 20   ℰ 04 71 08 72 79

ST-JULIEN-DE-CREMPSE *24 Dordogne* 🔢 ⑮ – *rattaché à Bergerac.*

ST-JULIEN-DE-JONZY *71110 S.-et-L.* 🔢 ⑧ *G. Bourgogne* – *282 h alt. 508.*

Voir *Portail★ de l'église.*

Env. *Église★ de Semur-en-Brionnais NO : 6 km.*

Paris 369 – *Moulins 84 – Roanne 30 – Charolles 33 – Lapalisse 47 – Mâcon 80.*

🍴 **Pont** avec ch, ℰ 03 85 84 01 95, Fax 03 85 84 14 61, 🌫 – 📺 ☎ 🚗 🅿. ⊟
fermé vacances de fév. – **Repas** *(fermé lundi soir)* 55 (déj.), 90/173 🍷, enf. 45 – ⊑ 35 – **7 ch**
195/235 – ½ P 240.

ST-JULIEN-DE-JORDANNE *15 Cantal* 🔢 ② – *alt. 920* – ✉ *15590 Mandailles-St-Julien.*

Voir *Vallée de Mandailles★★*, G. Auvergne.

Paris 552 – *Aurillac 24 – Mauriac 56 – Murat 28.*

🏨 **Touristes**, ℰ 04 71 47 94 71, Fax 04 71 47 91 64, 🌳 – 🅿. 🅰 ⊟
vacances de printemps - 1ᵉʳ oct. et vacances de Noël, de fév. – **Repas** 60/120 – ⊑ 30 –
18 ch 100/200 – ½ P 200/230.

ST-JULIEN-D'EMPARE *12 Aveyron* 🔢 ⑩ – *rattaché à Figeac.*

ST-JULIEN-EN-CHAMPSAUR *05500 H.-Alpes* 🔢 ⑯ – *252 h alt. 1050.*

Paris 662 – *Gap 18 – Grenoble 97 – La Mure 56 – Orcières 22.*

🏨 **Les Chenets** ⌖, ℰ 04 92 50 03 15, Fax 04 92 50 73 06, 🌫 – ☎ 🚗. ⊟
fermé 8 au 26 avril, 12 nov. au 26 déc., dim. soir et merc. hors sais. – **Repas** 90/170, enf. 50 –
⊑ 35 – **18 ch** 180/270 – ½ P 250.

ST-JULIEN-EN-GENEVOIS 74160 H.-Savoie **74** ⑥ – 7 922 h alt. 460.

  ₁₈ de Bossey ℘ 04 50 43 75 25.

  🎿 Syndicat d'Initiative (juil.-août) ℘ 04 50 49 30 61.

  Paris 527 – Annecy 34 – Thonon-les-Bains 47 – Bonneville 35 – Genève 11 – Nantua 55.

🏠 **Savoie H.** sans rest, av. L. Armand ℘ 04 50 49 03 55, Fax 04 50 49 06 23 – |📶| 🆃🆅 ☎ 🅿, 🆀🅴 ① 🅶🅱
  ☲ 30 – **20 ch** 230/300.

🏠 **Le Soli** sans rest, r. Mgr Paget ℘ 04 50 49 11 31, Fax 04 50 35 14 64 – |📶| 🆃🆅 ☎ 🅿, 🆀🅴 ① 🅶🅱
  fermé 23 déc. au 3 janv. – ☲ 35 – **27 ch** 210/275.

XXX **Diligence et Taverne du Postillon**, av. Genève ℘ 04 50 49 07 55, Fax 04 50 49 52 31, exposition de peintures d'artistes régionaux – ▤ 🆀🅴 ① 🅶🅱 🄹🄲🄱
  La Taverne (sous-sol) (fermé 4 au 25 août, 2 au 12 janv., dim. soir et lundi) **Repas** 150(déj.), 180/350 et carte 280 à 410, enf. 130 – **La Brasserie** (fermé 4 au 11 août, 2 au 12 janv., dim. soir et lundi) **Repas** 101(déj.)/120, enf. 55.

à Bossey Est : 5 km par N 206 – 486 h. alt. 438 – ⊠ 74160 :

XXX **La Ferme de l'Hospital,** ℘ 04 50 43 61 43, Fax 04 50 95 31 53, 🍴 – ▤ 🅿, 🆀🅴 🅶🅱
  fermé 1ᵉʳ au 15 mars, 1ᵉʳ au 15 nov., dim. soir, lundi midi et merc. – **Repas** 190/265 et carte 240 à 330.

à Viry Sud-Ouest : 5 km par N 206 – 2 550 h. alt. 504 – ⊠ 74580 :

🏠 **H. de Viry** Ⓜ sans rest, ℘ 04 50 04 82 68, Fax 04 50 04 82 38 – 🆃🆅 ☎ 🚗 🅿, 🆀🅴 🅶🅱
  fermé 1ᵉʳ au 15 janv. – ☲ 40 – **22 ch** 210/500.

rte d'Annecy Sud : 9,5 km par N 201 – ⊠ 74350 Cruseilles :

🏨 **Rey,** au Col du Mont Sion ℘ 04 50 44 13 29, Fax 04 50 44 05 48, ≤, 🍴, ⊐, 🌳, ✻ – |📶| 🆃🆅 ☎ 🅿, 🅶🅱, 🐾 ch
  fermé 30 oct. au 13 nov. et 5 au 25 janv. – **Clef des Champs** ℘ 04 50 44 13 11 (fermé vend. midi sauf juil.-août et jeudi) **Repas** 107/340, enf. 66 – ☲ 39 – **30 ch** 270/490 – ½ P 317/422.

OPEL Leclerc et Maréchal, 7 rte d'Annecy
  ℘ 04 50 49 28 31
PEUGEOT Gar. Lemuet, ZI à Neydens
  ℘ 04 50 35 19 30 🅽 ℘ 04 50 87 91 86

RENAULT Rd-Pt Auto, rte d'Annemasse
  ℘ 04 50 49 07 35
Gar. Megevand, 3 r. Platière ℘ 04 50 49 28 33

ST-JULIEN-SUR-CHER 41320 L.-et-Ch. **64** ⑱ – 627 h alt. 110.

  Paris 211 – Bourges 65 – Blois 51 – Châteauroux 65 – Montrichard 50 – Romorantin-Lanthenay 10 – Vierzon 26.

XX **Les Deux Pierrots,** ℘ 02 54 96 40 07 – 🅶🅱
  fermé 18 juin au 4 juil., lundi soir et mardi – **Repas** 127/183.

ST-JUNIEN 87200 H.-Vienne **72** ⑥ G. Berry Limousin – 10 604 h alt. 240.

  Voir Collégiale★ Y B.

  ₉ ₁₈ ℘ 05 55 02 96 96, O : 4 km par ③.

  🎿 Office de Tourisme pl. Champ-de-Foire ℘ 05 55 02 17 93, Fax 05 55 02 94 31.

  Paris 423 ① – Limoges 31 ① – Angoulême 72 ③ – Bellac 35 ① – Confolens 28 ③ – Ruffec 70 ③.

  Plan page suivante

🏨 **Relais de Comodoliac,** 22 av. Sadi-Carnot ℘ 05 55 02 27 26, Fax 05 55 02 68 79, 🍴, 🌳 – 🏌 🆃🆅 ☎ ✆ 🅿 – 🕍 30. 🆀🅴 ① 🅶🅱 Y n
  Repas (fermé dim. soir de nov. à fév.)79/270 ⅃, enf. 55 – ☲ 35 – **28 ch** 230/310 – ½ P 250.

🏠 **Boeuf Rouge et Althôtel** Ⓜ, 57 bd V. Hugo ℘ 05 55 02 31 84, Fax 05 55 02 62 40, ⊐ – 🆃🆅 ✆ 🅿 – 🕍 25. 🆀🅴 ① 🅶🅱 Y d
  Repas 69/149 ⅃, enf. 49 – ☲ 35 – **51 ch** 280/360 – ½ P 294.

🏠 **Argos** sans rest, 49 av. H. Barbusse ℘ 05 55 02 66 85, Fax 05 55 02 68 79 – 🆃🆅 ☎ 🅿 🆀🅴 ① 🅶🅱 Y s
  fermé fév. et dim. d'oct à mars – ☲ 30 – **26 ch** 150/280.

au pont à la Planche par ①, N 141 et D 675 : 5 km – ⊠ 87200 St-Junien :

X **Rendez-vous des Chasseurs** avec ch, ℘ 05 55 02 19 73, Fax 05 55 02 06 98, 🍴 – ▤ rest 🆃🆅 🅿, 🅶🅱
  fermé 1ᵉʳ au 10 août, 15 au 31 déc., et vend. – **Repas** 72/220 ⅃, enf. 40 – ☲ 30 – **7 ch** 180/220 – ½ P 220/270.

ST-JUNIEN

Dumas (R. Lucien) . . . . **Y** 8
J.-J.-Rousseau (R.) . . . . **Y** 12
Mocquet (Pl. Guy) . . . . **Y** 16
Péri (R. Gabriel) . . . . **Y** 17

Anatole-France (Av.) . . . . . . **Y**
Bastié (Av. Maryse) . . . . . . **Z** 2
Blanc (Bd Louis) . . . . **Y** 3
Blanqui (Fg Auguste) . . . . . **Z** 4
Brossolette (Bd) . . . . **Y** 6
Cachin (Bd Marcel) . . . . . . **Y**
Carnot (Av. Sadi) . . . . **Y**
Corot (Av.) . . . . **Y** 7
Defaye (R.) . . . . **Y**
Estienne-d'Orves
  (Av. d') . . . . **Z**
Flaubert (Av. G.) . . . . **YZ**
Gaillard (Fg) . . . . **Z** 10
Lasvergnas (Pl.) . . . . **Y**
Liebknecht (Fg) . . . . **Y** 13
Michels (Pl. Ch.) . . . . **Y** 15
Pérucaud (R. H.) . . . . **Y** 18
Petit (Pl. J.) . . . . **Y** 19
République
  (Bd de la) . . . . **Y** 20
Rigaud (R. Junien) . . . . **Y**
Roche (Pl. Auguste) . . . . . . **Y** 21
Roche (Av. Victor) . . . . **Z**
Vaillant-Couturier
  (R. Paul) . . . . **Z** 23
Victor-Hugo (Bd) . . . . **Y**
Vignerie (Av. L.) . . . . **Y**
Voltaire (Av.) . . . . **Y** 24

*Les plans de villes
sont orientés
le Nord en haut.*

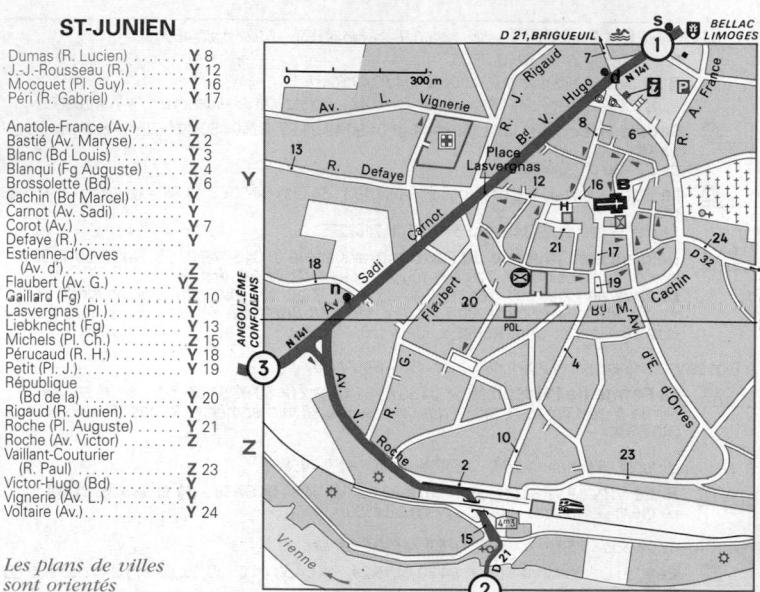

par ② rte de Rochechouart, D 675 et rte secondaire : 2 km – ⊠ 87200 St-Junien :

XXX **Lauryvan,** Bois au Boeuf ℰ 05 55 02 26 04, Fax 05 55 02 25 29, 佘, ⌖ – **P**. GB
fermé fév., dim. soir et lundi – **Repas** 120/260 et carte 150 à 280.

CITROEN Gar. Vigier, Le Pavillon par ①
ℰ 05 55 02 31 29 🆕 ℰ 05 55 02 31 29
PEUGEOT Ouest Limousin Autom., La Croix Blanche
N 141 par ① ℰ 05 55 02 02 50
RENAULT St-Junien Autos, ZI Parc Activité Axial
ℰ 05 55 02 38 37 🆕 ℰ 05 55 42 81 85

Gar. Guéroux, 4 av. d'Oradour sur Glane
ℰ 05 55 02 16 28

🏷 Pneus et C/c, 1 r. de Montrozier
ℰ 05 55 02 14 57

ST-JUST-EN-CHEVALET 42430 Loire 📗 ⑦ – 1 422 h alt. 647.

Paris 390 – Roanne 31 – L'Arbresle 87 – Montbrison 48 – St-Étienne 88 – Thiers 29 –
Vichy 51.

X **Londres,** pl. Rochetaillée ℰ 04 77 65 02 42 – GB
🍴 fermé vacances de printemps, de Toussaint, vend. soir, sam. midi et dim. soir de sept à juin
– **Repas** 81/200 🐌, enf. 50.

Gar. Du Lac, à Juré ℰ 04 77 62 54 13 🆕 ℰ 04 77 62 54 13

ST-LAMBERT 78 Yvelines 📙 ⑨, 📗 ㉙, 📙 ㉒ G. Ile de France – 382 h alt. 120 – ⊠ 78470 St-Lambert-des-Bois.

Voir Vestiges de l'abbaye de Port-Royal des Champs★ NO : 1,5 km.
Paris 39 – Rambouillet 22 – Versailles 14.

XXX **Les Hauts de Port Royal,** D 91 ℰ 01 30 44 10 21, Fax 01 30 64 44 10, 佘 – **P**. AE GB
fermé dim. soir et lundi – **Repas** 150/250.

ST-LARY-SOULAN 65170 H.-Pyr. 📗 ⑲ G. Pyrénées Aquitaine – 1 108 h alt. 820 – Stat. therm. (janv.-fin oct.) – Sports d'hiver : 1 680/2 450 m ⛷ 2 ⛷ 30.

🛈 Office de Tourisme r. Principale ℰ 05 62 39 50 81, Fax 05 62 39 50 06.
Paris 863 – Bagnères-de-Luchon 45 – Arreau 12 – Auch 104 – St-Gaudens 67 – Tarbes 71.

🏨 **Mercure Cristal Parc** M ⚜, ℰ 05 62 99 50 00, Fax 05 62 99 50 10, ≼, 佘, ⌖ – 📶 TV
☎ ៦ ⇔ **P** – 🔔 100. AE ⓞ GB. ※ rest
fermé 1er nov. à mi-déc. – **Les Délices :** **Repas** 138/149 🐌, enf. 55 – ⊡ 55 – **65 ch** 560.

La Pergola 🦢, 𝒫 05 62 39 40 46, Fax 05 62 40 06 55, ≤, 🏦, 🎋 – 🔽 ☎ **P.** **GB**. 🕏 ch
fermé mi-avril à mi-mai et début nov. à début déc. – **Repas** 85 (déj.), 100/195 – ☲ 35 –
19 ch 340/380 – ½ P 245/300.

Neste 🦢, 𝒫 05 62 39 42 79, Fax 05 62 39 58 77, ≤, 🔟 – 🔳 rest 🔽 ☎ & **P.** **GB**. 🕏
1er juin-30 sept. et 20 déc.-30 avril – **Repas** 70/145 ♨, enf. 40 – ☲ 35 – **22 ch** 280/320 –
½ P 265.

Aurélia 🦢, Nord : 1,5 km sur D 19 𝒫 05 62 39 56 90, Fax 05 62 39 43 75, 🏦, 🔟, 🎋, 🍽 –
🛗 🔽 ☎ **P.** **GB**. 🕏
fermé 30 sept. au 15 déc. – **Repas** 55 (déj.), 72/145 ♨, enf. 40 – ☲ 38 – **18 ch** 210/260 –
½ P 280.

Pons ''Le Dahu'', 𝒫 05 62 39 43 66, Fax 05 62 40 00 86, 🎋 – ☎ **P.** 🆎 **GB**. 🕏 rest
Repas 50 bc/100 ♨ – ☲ 35 – **39 ch** 230 – ½ P 220/260.

Gar. Celotti, 𝒫 05 62 39 40 39

ST-LATTIER 38840 Isère 🗝 ③ – 1 028 h alt. 170.

Paris 572 – *Valence 34* – Grenoble 68 – Romans-sur-Isère 13 – St-Marcellin 16.

Lièvre Amoureux, 𝒫 04 76 64 50 67, Fax 04 76 64 31 21, 🏦, « Jardin fleuri, 🔟 » – ☎
P. 🆎 ⓞ **GB**
20 mars-30 sept. et fermé dim. soir et lundi du 20 mars au 10 juin – **Repas** *(fermé dim. soir
et lundi sauf le 11 juin au 10 sept.)* 179/290, enf. 68 – ☲ 60 – **12 ch** 320/460 – ½ P 455.

Aub. du Viaduc Ⓜ avec ch, N 92 𝒫 04 76 64 51 65, Fax 04 76 64 30 93, 🏦, 🔟 – 🔽 ☎
P. **GB**
Repas *(fermé 15 au 30 déc., lundi soir et mardi)* 105/195 ♨ – ☲ 50 – **7 ch** 450/650 –
½ P 330/380.

Brun avec ch, Les Fauries, N 92 𝒫 04 76 64 54 76, Fax 04 76 64 31 78, 🏦 – 🔽 ☎ **P.** 🆎
GB
Repas 100/210 ♨, enf. 45 – ☲ 30 – **10 ch** 180/220 – ½ P 220.

ST-LAURENT-DE-LA-SALANQUE 66250 Pyr.-Or. 🗝 ⑳ – 7 186 h alt. 2.

Env. *Fort de Salses★★ NO : 9 km,* G. Pyrénées Roussillon.
🅱 Office de Tourisme pl. Gambetta 𝒫 et Fax 04 68 28 31 03, Mairie 𝒫 04 68 28 57 27.
Paris 863 – *Perpignan 18* – Elne 26 – Narbonne 62 – Quillan 80 – Rivesaltes 12.

Aub. du Pin, 15 av. Mar. Joffre 𝒫 04 68 28 01 62, Fax 04 68 28 39 14, 🏦, 🎋 – ☎ **P.** 🆎
GB
fermé 2 au 15 janv. et merc. hors sais. – **Repas** 95/199 ♨ – ☲ 30 – **18 ch** 220 – ½ P 220.

Commerce avec ch, 2 bd Révolution 𝒫 04 68 28 02 21 – 🔳 rest 🔽 ☎ 🍽 – 🔬 25. **GB**.
🕏
fermé 1er au 15 mars, 1er au 15 nov., lundi sauf le soir en juil.-août et dim. soir de sept. à juin
– **Repas** 95/200 – ☲ 34 – **14 ch** 200/280 – ½ P 220/265.

CITROEN Gar. Formenty, rte de Barcares
𝒫 04 68 28 01 08
PEUGEOT Gar. Balouet, av. de la Côte-Vermeille
𝒫 04 68 28 32 73

RENAULT Gar. Billes, ZA rte de Torreilles
𝒫 04 68 28 54 54
RENAULT Gar. Tarrius, 2 bd Canal
𝒫 04 68 28 14 67 🅽 𝒫 04 68 61 95 55

ST-LAURENT-DE-MURE 69720 Rhône 🗝 ⑫, 🗝 ㉘ – 4 513 h alt. 252.

Paris 481 – *Lyon 20* – Pont-de-Chéruy 16 – La Tour-du-Pin 39 – Vienne 33.

Host. Le St-Laurent, 𝒫 04 78 40 91 44, Fax 04 78 40 45 41, 🏦, parc – 🔽 ☎ ❤ **P.** 🆎
ⓞ **GB**. 🕏 rest
fermé 10 au 24 août, dim. soir, soirs fériés et sam. – **Repas** 85/290 ♨ – ☲ 30 – **29 ch**
245/320.

ST-LAURENT-DES-ARBRES 30126 Gard 🗝 ⑳ – 1 683 h alt. 60.

Paris 675 – *Avignon 20* – Alès 69 – Nîmes 48 – Orange 22.

La Galinette Ⓜ 🦢 sans rest, pl. de l'Arbre 𝒫 04 66 50 14 14, Fax 04 66 50 46 30, « Bel
aménagement intérieur » – 🔽 ☎. **GB**. 🕏
☲ 40 – **10 ch** 330/450.

ST-LAURENT-DES-AUTELS 49270 M.-et-L. 🗝 ④ – 1 510 h alt. 92.

Paris 358 – *Nantes 34* – Ancenis 11 – Cholet 42 – Clisson 26.

Cheval Blanc, 𝒫 02 40 83 90 05 – **GB**
fermé 14 au 20 juil., 11 au 17 août, dim. soir, mardi soir et merc. – **Repas** 100/280.

Quando cercate un albergo o un ristorante, siate pratici.
Approfittate delle località sottolineate in rosso sulle carte stradali 1:200 000.
Ma che le carte siano recenti!

ST-LAURENT-DU-PONT 38380 Isère 🟥🟥 ⑤ G. Alpes du Nord – 4 061 h alt. 410.

Voir Gorges du Guiers Mort★★ SE : 2 km – Site★ de la Chartreuse de Curière SE : 4 km.

🚩 Office de Tourisme Vieille Tour, pl. Mairie ℰ 04 76 06 22 55, Fax 04 76 06 21 21.

Paris 564 – Grenoble 33 – Chambéry 28 – La Tour-du-Pin 42 – Voiron 15.

🏠 **Voyageurs**, r. Pasteur ℰ 04 76 55 21 05, Fax 04 76 55 12 68 – 📺 ☎. 🔠
🍴 fermé 19 déc. au 20 janv., vend. soir et dim. soir sauf du 14 juil. au 15 août – **Repas** 61/198,
enf. 40 – 🖵 35 – **17 ch** 175/295 – ½ P 232.

🍴🍴 **La Blache**, av. Gare ℰ 04 76 55 29 57, 🍽 – 🔠
fermé 15 au 30 août, vacances de fév. et lundi – **Repas** 117/260.

ST-LAURENT-DU-VAR 06700 Alpes-Mar. 🟥🟥 ⑨, 🟥🟥🟥 ㉖ G. Côte d'Azur – 24 426 h alt. 18.

Voir Corniche du Var★ N.

🚩 Office de Tourisme 1, promenade des Flots Bleus ℰ 04 92 12 40 00, Fax 04 93 14 92 83.

Paris 921 – Nice 10 – Antibes 15 – Cagnes-sur-Mer 6 – Cannes 25 – Grasse 33 – Vence 15.

Voir plan de NICE Agglomération.

au Cap 3000 – ⊠ 06700 :

🏨🏨 **Novotel** Ⓜ, 40 av. Verdun ℰ 04 93 31 61 15, Fax 04 93 07 62 25, 🍽, 🏊, 🖾 – 📳 🍴 🖾
📺 ☎ ✆ & 🅿 – 🏛 100. 🖭 ⓞ 🔠 🔠
Repas carte environ 170 🍷, enf. 50 – 🖵 52 – **103 ch** 595.

🏨🏨 **Galaxie** sans rest, av. Mar. Juin ℰ 04 93 07 73 72, Fax 04 93 14 32 14 – 📳 🖾 📺 ☎ 🅿 –
🏛 25. 🖭 ⓞ 🔠 🔠
🖵 40 – **28 ch** 510/610.

au Port St-Laurent – ⊠ 06700 :

🏰🏰 **Holiday Inn Resort** Ⓜ, ℰ 04 93 14 80 00, Fax 04 93 07 21 24, ≼, 🍽, 🎮, 🏊, 🐎 – 📳
🍴 🖾 📺 ☎ ✆ & 🚗 – 🏛 150. 🖭 ⓞ 🔠 🔠 ✆ rest
Repas 120/165 – 🖵 95 – **124 ch** 1090/1590 – ½ P 805/1055.

🍴🍴 **Aigue Marine**, immeuble Atoll Beach ℰ 04 93 07 84 55, Fax 04 93 07 88 68, ≼, 🍽 – 🖾.
🖭 🔠
fermé sam. midi en sais. et dim. soir hors sais. – **Repas** 170/250.

🍴🍴 **Sant'Ana**, ℰ 04 93 07 02 24, Fax 04 93 14 90 34, 🍽 – 🖾. 🖭 ⓞ 🔠
fermé 11 au 25 nov. et lundi – **Repas** 145/190.

ST-LAURENT-EN-GRANDVAUX 39150 Jura 🟥🟥 ⑮ G. Jura – 1 781 h alt. 904.

Paris 442 – Champagnole 23 – Lons-le-Saunier 46 – Morez 11 – Pontarlier 59 – St-Claude 31.

🏠 **Commerce**, ℰ 03 84 60 11 41, Fax 03 84 60 10 68, 🖾 – ☎ 🚗. 🔠
🍴 fermé 1er avril au 12 mai, 11 nov. au 22 déc., dim. soir et lundi sauf du 6 juil. au 24 août –
Repas 78/155 🍷 – 🖵 35 – **13 ch** 160/300 – ½ P 200/250.

🥄 **Poste**, ℰ 03 84 60 15 39, Fax 03 84 60 89 03 – ☎ ✆ 🚗. 🔠
🍴 fermé 1er au 15 mai et nov. – **Repas** 75/120 🍷 – 🖵 32 – **10 ch** 210/230 – ½ P 210.

ST-LAURENT-SUR-MANOIRE 24 Dordogne 🟥🟥 ⑥ – rattaché à Périgueux.

ST-LAURENT-SUR-SAÔNE 01 Ain 🟥🟥 ⑲ – rattaché à Mâcon.

ST-LAURENT-SUR-SÈVRE 85290 Vendée 🟥🟥 ⑤ G. Poitou Vendée Charentes – 3 247 h alt. 121.

Paris 361 – Angers 70 – La Roche-sur-Yon 58 – Bressuire 36 – Cholet 15 – Nantes 69.

🏠 **L'Hermitage**, r. Jouvence ℰ 02 51 67 83 03, Fax 02 51 67 84 11, 🍽, 🖾 – ☎. 🔠
🍴 fermé 1er au 15 août, vacances de fév., sam. d'oct. à fin avril et dim. soir du 1er mai au 30
sept. – **Repas** 72/160 🍷 – 🖵 35 – **16 ch** 190/280 – ½ P 250/270.

ST-LÉGER 17 Char.-Mar. 🟥🟥 ⑤ – rattaché à Pons.

ST-LÉGER-EN-YVELINES 78610 Yvelines 🟥🟥 ⑧, 🟥🟥🟥 ㉗ – 1 074 h alt. 150.

Paris 55 – Chartres 54 – Dreux 34 – Mantes-la-Jolie 38 – Rambouillet 12 – Versailles 36.

🍴🍴 **La Belle Aventure** avec ch, ℰ 01 34 86 31 35, Fax 01 34 86 36 85, 🍽, 🖾 – ☎. 🔠
fermé 4 au 24 août et vacances de fév. – **Repas** (fermé dim. soir et lundi) 159 – 🖵 60 – **8 ch**
350/500 – ½ P 450.

---

*Get your copy of the **Michelin** Green Guide to **New England**.*

ST-LÉGER-LES-MÉLÈZES 05260 H.-Alpes **77** ⑯ G. Alpes du Nord – 182 h alt. 1250 – Sports d'hiver : 1 260/2 000 m ⸸ 14 ⸸.
Paris 669 – Gap 20 – Grenoble 103.

🏛 **L'Ecureuil** ⟡, 𝒫 04 92 50 40 49, Fax 04 92 50 71 64, ⟪, ⛲, ☛ – 🔌 ☎ 🅿 – 🕍 60. 🖼.
⚒ rest
15 juin-15 sept. et 26 déc.-20 mars – Repas 90/180 ⸹ – ⊇ 40 – **40 ch** 250/280 – ½ P 250.

ST-LÉONARD-DE-NOBLAT 87400 H.-Vienne **72** ⑱ G. Berry Limousin – 5 024 h alt. 347.
Voir Église★ : clocher★★.
🏔 de la Porcelaine 𝒫 05 55 31 10 69, O par D 941 puis VC : 14 km.
🚩 Office de Tourisme pl. du Champ de Mars 𝒫 05 55 56 25 06, Fax 05 55 56 98 01.
Paris 401 – Limoges 21 – Aubusson 68 – Brive-la-Gaillarde 96 – Guéret 63.

🏨 **Gd St-Léonard** (Vallet), 23 av. Champs de Mars 𝒫 05 55 56 18 18, Fax 05 55 56 98 32 – 📺
🕸 ☎ ⸜ ⟶. 🖼 ⓪ 🖼
fermé 15 déc. au 15 janv. et lundi sauf le soir du 15 juin au 15 sept. – **Repas** 115/290 et carte 250 à 360 – ⊇ 46 – **14 ch** 280/310 – ½ P 300/320
Spéc. Croustillant d'escargots au coulis de persil. Coeur de filet et queue de boeuf au cahors. Fondant meringué au chocolat et à la réglisse.

XX **Modern** avec ch, 6 bd A. Pressemane 𝒫 05 55 56 00 25 – 📺 ☎ ⸜ ⟶. 🖼
fermé 1ᵉʳ fév. au 5 mars, lundi sauf le soir du 10 juil. au 30 sept. et dim. soir d'oct. au 10 juil.
– Repas 105/230, enf. 65 – ⊇ 36 – **7 ch** 260/300 – ½ P 260/275.

PEUGEOT Gar. Ducros, rte de Bujaleuf 𝒫 05 55 56 17 17

Write us...

If you have any comments on the contents of this Guide.

Your praise as well as your criticisms will receive careful consideration and, with your assistance, we will be able to add to our stock of information and, where necessary, amend our judgments.

Thank you in advance!

ST-LÉONARD-DES-BOIS 72590 Sarthe **60** ⑫ G. Normandie Cotentin – 497 h alt. 105.
Voir Alpes Mancelles★.
Paris 211 – Alençon 19 – Le Mans 51 – Fresnay-sur-Sarthe 13 – Laval 74 – Mayenne 45.

🏨 **Touring H.** ⟡, 𝒫 02 43 31 44 44, Fax 02 43 31 44 49, ⟪, « Jardin au bord de la Sarthe »,
🛁, 🅂 – 🔌 📺 ☎ ⸜ 🅿 – 🕍 40. 🖼 ⓪ 🖼
Repas (dim. prévenir) 110/220, enf. 57 – ⊇ 45 – **35 ch** 400/450 – ½ P 325/348.

ST-LÔ 🅿 50000 Manche **54** ⑬ G. Normandie Cotentin – 21 546 h alt. 20.
Voir Haras★ B.
🚩 Office de Tourisme pl. du Gén.-de-Gaulle 𝒫 02 33 05 02 09.
Paris 301 ② – Caen 66 ② – Cherbourg 80 ⑦ – Fougères 100 ⑤ – Laval 136 ⑤ – Rennes 137 ⑤.

Plans pages suivantes

🏛 **Voyageurs** Ⓜ, 5 av. Briovère 𝒫 02 33 05 08 63, Fax 02 33 05 14 34, 🏠 – 🔌 ⸤ 📺 ☎ ⸜
♿ ⟶ – 🕍 80. 🖼 ⓪ 🖼   A s
Le Tocqueville 𝒫 02 33 05 15 15 Repas 100/300, enf. 50 – ⊇ 40 – **31 ch** 255/360 –
½ P 290/320.

🏛 **Armoric** sans rest, 15 r. Marne 𝒫 02 33 05 61 32, Fax 02 33 05 12 68 – 📺 ☎ ⸜ 🅿. 🖼
⊇ 25 – **20 ch** 160/280.   B a

XXX **La Gonivière**, rd-pt 6 Juin (1ᵉʳ étage) 𝒫 02 33 05 15 36, Fax 02 33 05 01 72 – 🖼 🖼
fermé dim. – Repas 110/280 et carte 210 à 360.   A r

XX **Le Péché Mignon**, 84 r. Mar. Juin 𝒫 02 33 72 23 77, Fax 02 33 72 27 58 – 🖼 ⓪
🍴   B e
fermé 28 juil. au 5 août, 22 fév. au 5 mars, sam. midi et lundi – Repas 85/285, enf. 45.

au Calvaire par ② et D 972 : 7 km – ✉ 50810 St-Pierre-de-Semilly :

XXX **Les Glycines**, 𝒫 02 33 05 02 40, Fax 02 33 56 29 32, 🏠 – 🅿. 🖼 🖼
fermé 28 juil. au 3 août, vacances de fév., dim. soir et lundi – Repas 98 bc/308 et carte 250 à 400, enf. 50.

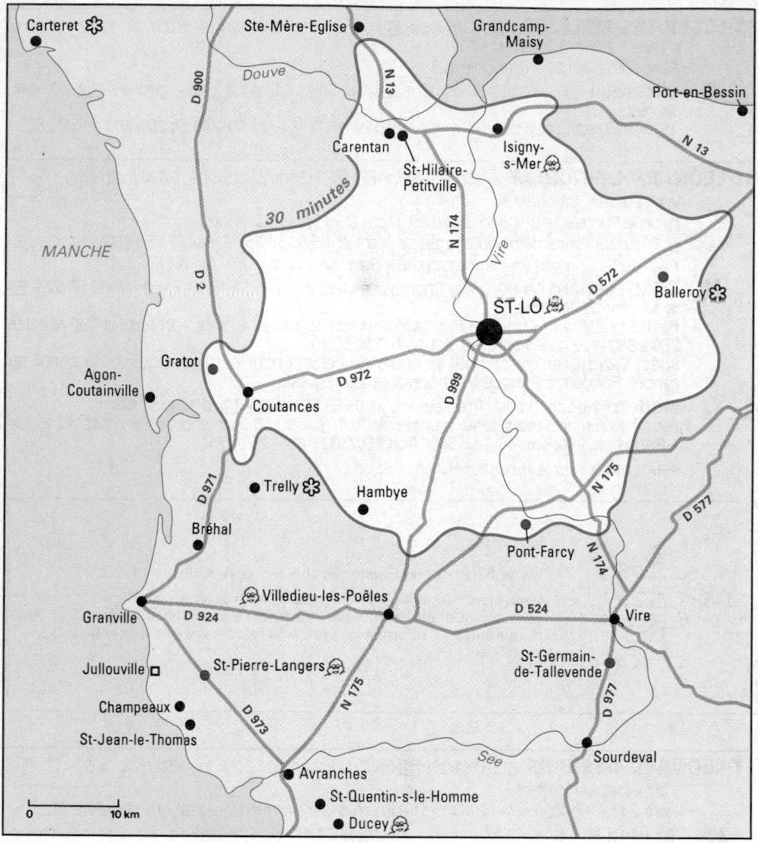

Carteret
Ste-Mère-Eglise
Grandcamp-
Maisy
Port-en-Bessin
Douve
D 900
N 13
N 13
Carentan
St-Hilaire-
Petitville
Isigny-
s-Mer
30 minutes
MANCHE
N 174
Vire
D 572
Balleroy
D 2
ST-LÔ
Gratot
Agon-
Coutainville
D 972
D 999
Coutances
D 971
Trelly
Hambye
N 175
D 577
Bréhal
Pont-Farcy
N 174
Villedieu-les-Poêles
Granville
D 924
D 524
Vire
Jullouville
St-Pierre-Langers
St-Germain-
de-Tallevende
Champeaux
D 973
N 175
D 977
St-Jean-le-Thomas
See
Sourdeval
Avranches
St-Quentin-s-le-Homme
Ducey
0
10 km

Z.A. La Chevalerie *par ③ : 4 km – ✉ 50000 St-Lô :*

Ibis Ⓜ, ✆ 02 33 57 78 38, Fax 02 33 55 27 67, 🍽, – ⇆ 📺 ☎ ♿ 🅿 – 🏋 100. AE ⓓ GB
Repas 107 🍷, enf. 39 – ☕ 35 – **48 ch** 275/325.

ALFA ROMEO, SEAT Manche Alfa, rte de Coutances à Agneaux ✆ 02 33 05 19 34 Gar. de l'Institut, 29 rte de Coutances à Agneaux, ✆ 02 33 55 49 28
CITROEN DI.CO.MA., ZA la Chevalerie par ④ ✆ 02 33 57 48 30 🅽 ✆ 02 33 56 59 46
FORD Manche Auto Services, 700 av. de Paris ✆ 02 33 05 39 39
NISSAN Gar. Dessoude, Zone Delta ✆ 02 33 05 30 52
PEUGEOT Autom. St-Loises, av. de Paris ✆ 02 33 77 37 37 🅽 ✆ 02 99 65 89 93
RENAULT Gar. Briocar, ZAC La Chevalerie par ③ ✆ 02 33 77 88 88 🅽 ✆ 02 33 77 88 88

VAG Gar. Lebon, Zone Delta, rte de Bayeux ✆ 02 33 72 07 95
Gar. Marie, 164, rte de Tessy ✆ 02 33 57 12 98

Euromaster, 700 av. de Paris ✆ 02 33 57 52 37
La Chevalerie Pneus, r. J.-Vallès ZI la Chevalerie ✆ 02 33 57 43 44
Ledoyen Pneus Point S, 559 av. de Paris ✆ 02 33 57 73 04
Schmitt pneus Vulco, 290 av. de Paris ✆ 02 33 57 40 57

*Les nouveaux Guides Verts touristiques **Michelin**, c'est :*
- *un texte descriptif plus riche,*
- *une information pratique plus claire,*
- *des plans, des schémas et des photos en couleurs,*

... et, bien sûr, une actualisation détaillée et fréquente.
Utilisez toujours la dernière édition.

Havin (R.) .... **A** 13
Leclerc (R. Mar.) .... **B**
St-Thomas (R.) .... **A**
Torteron (R.) .... **A**

Alsace-Lorraine (R.) ..... **A** 2
Baltimore (R. de) .... **A** 3

Beaucoudray (R. de) .... **A** 5
Belle (R. du) .... **A** 7
Briovère (Av. de) .... **A** 8
Champ-de-Mars (Pl.) .... **B** 9
Feuillet (R. Octave) ..... **A** 12
Gaulle (Pl. Gén.-de) ... **A** 13
Gerahrdt
   (R. Gén.) .... **B** 14
Grimouville (R. de) ..... **A** 16
Houssin-Dumanoir (R.) .. **A** 18

Lattre-T. (R. Mar.-de).. **B** 19
Mesnilcroc (R. du) ..... **B** 22
Neufbourg (R. du)...... **B** 23
Notre-Dame (Parvis) ... **A** 24
Noyers (R. des)........ **A** 27
Poterne (R. de la) ..... **A** 28
Ste-Croix (Pl.) .... **B** 30
Vieillard
   de Boismartin (R.).... **B** 31
80e-et-136e (R. des) ... **A** 33

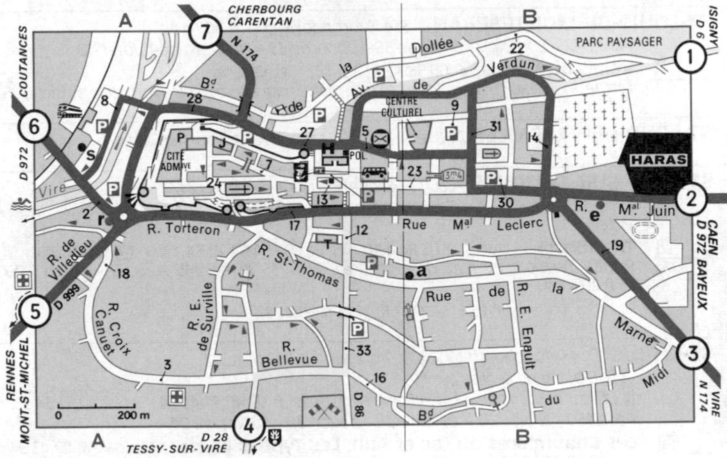

ST-LOUBÈS 33450 Gironde **71** ⑨ – 6 207 h alt. 28.
  Paris 570 – Bordeaux 19 – Créon 23 – Libourne 19 – St-André-de-Cubzac 14.

✗ **Le Coq Sauvage** ॐ avec ch, à Cavernes, Nord-Ouest : 4 km ℰ 05 56 20 41 04,
  Fax 05 56 20 44 76 – �ᴛᴠ ☎ – ⚖ 25. ⒼⒷ
  fermé 2 au 24 août, 20 déc. au 4 janv., sam. soir et dim. – **Repas** 92/175 – ☑ 30 – **6 ch**
  265/285 – ½ P 250.

  CITROEN Gar. Dupuy, 17 av. de la République ℰ 05 56 20 41 40

ST-LOUIS 68300 H.-Rhin **66** ⑩ – 19 547 h alt. 250.
  Paris 497 – Mulhouse 30 – Altkirch 30 – Basel 6 – Belfort 74 – Colmar 62 – Ferrette 25.

🏠 **Berlioz** sans rest, 14 r. Henner (près gare) ℰ 03 89 69 74 44, Fax 03 89 70 19 17 – �ᴛᴠ ☎ ✆
  🚗 ₱. ⒜⒠ ⓞ ⒼⒷ
  fermé 23 déc. au 6 janv. et 28 au 31 mars – ☑ 40 – **21 ch** 280/310.

✗✗✗ **Le Trianon**, 46 r. Mulhouse ℰ 03 89 67 03 03, Fax 03 89 69 15 94 – 🔳. ⒼⒷ
  fermé 21 juil. au 19 août, 14 au 29 janv., lundi et mardi – **Repas** 140 (déj.), 310/360 et carte
  290 à 440.

à Huningue Est : 2 km par D 469 – 6 252 h. alt. 245 – ⊠ 68330 :

🏠 **Tivoli**, 15 av. Bâle ℰ 03 89 69 73 05, Fax 03 89 67 82 44 – |ϕ| 🔳 rest �ᴛᴠ ☎ ₱. ⒼⒷ
  Repas (fermé 1er au 25 août, 24 déc. au 7 janv., sam. midi et dim.) 160/360 ⅃ – ☑ 50 –
  44 ch 350/420 – ½ P 280/350.

à Village-Neuf Nord-Est : 3 km par N 66 et D 21 – 2 920 h. alt. 240 – ⊠ 68128 :

✗✗ **Mayer**, 2 r. St-Louis ℰ 03 89 67 11 15, Fax 03 89 69 45 08 – ₱. ⒼⒷ
  fermé 15 juil. au 8 août, 24 déc. au 5 janv., lundi et mardi sauf d'avril à juin – **Repas** 190/400 ⅃.

à Hésingue Ouest : 4 km par D 419 – 1 713 h. alt. 290 – ⊠ 68220 :

✗✗✗ **Au Boeuf Noir**, ℰ 03 89 69 76 40, Fax 03 89 67 77 29, ☆ – 🔳. ⒜⒠ ⒼⒷ
  fermé août, sam. midi et dim. – **Repas** 220/340 et carte 280 à 470.

à l'Aéroport de Bâle-Mulhouse (Euro-Airport) Nord-Ouest : 5 km par N 66 et D 12 –
  ⊠ 68300 St-Louis :

✗✗ **Euroairport** (secteur français), 5e étage de l'aérogare ℰ 03 89 90 32 35,
  Fax 03 89 90 32 65, ≼ – 🔳. ⒜⒠ ⓞ ⒼⒷ
  Repas brasserie 50 (déj.), 78 bc/79 ⅃, enf. 35 · **grill :** Repas 115/187 ⅃, enf. 35.

CITROEN Gar. Flury, 11 r. du Rhône
   ℰ 03 89 69 13 02
NISSAN Autos Franco Suisse, 106 r. de St-Louis à Hesingue *ℰ* 03 89 69 18 42
OPEL Gar. Feldbauer, 20 r. Prés *ℰ* 03 89 69 22 26
PEUGEOT Gar. Ledy, 8 r. du Temple
   ℰ 03 89 69 80 35 **N** *ℰ* 03 89 26 78 85

RENAULT Gar. Bader, 81 av. Gén.-de-Gaulle
   ℰ 03 89 89 70 00 **N** *ℰ* 08 00 05 15 15

⓿ Pneus et Services D. K., 65 r. Gén.-de-Gaulle
   ℰ 03 89 69 81 08

ST-LOUIS-DE-MONTFERRAND 33440 Gironde 🔢 ⑧ – 1 808 h alt. 1.

Paris 572 – Bordeaux 15 – Blaye 38 – Libourne 33 – St-André-de-Cubzac 13.

   ※ **Relais du Marais,** *ℰ* 05 56 77 41 19, 🏤 – 🅿️. **GB**. ❀
      fermé 14 juil. au 15 août, 26 au 31 déc., sam. midi et dim. soir – **Repas** 60 bc (déj.), 95/165.

ST-LOUP-DE-VARENNES 71 S. et L. 🔢 ⑧   *rattaché à Chalon-sur-Saône.*

ST-LOUP-SUR-SEMOUSE 70800 H.-Saône 🔢 ⑥ – 4 677 h alt. 247.

Paris 363 – Épinal 44 – Bourbonne-les-Bains 49 – Gray 83 – Remiremont 32 – Vesoul 36 – Vittel 59.

   🏨 **Trianon,** pl. J.-Jaurès *ℰ* 03 84 49 00 45, Fax 03 84 94 22 34, 🏤 – 📺 ☎. 🆑 **GB**
   🍽 **Repas** *(fermé sam. midi de sept. à avril)* 75/235 ⅃, enf. 45 – 🖵 32 – **13 ch** 235/260 – ½ P 205/240.

    FORD Gar. Dormoy, *ℰ* 03 84 94 27 27 **N** *ℰ* 03 84 94 27 27

ST-LYPHARD 44410 Loire-Atl. 🔢 ⑭ G. Bretagne – 2 889 h alt. 12.

Voir *Clocher de l'église* ❀★★.

🛈 Office de Tourisme, pl. de l'Eglise Herbignac *ℰ* 02 40 91 41 34, Fax 02 40 91 34 96.
Paris 450 – Nantes 77 – La Baule 18 – Redon 39 – St-Nazaire 24.

   🏩 **Les Chaumières du Lac et Aub. Les Typhas** Ⓜ, rte Herbignac *ℰ* 02 40 91 32 32, Fax 02 40 91 30 33, 🌿 – 📺 ☎ &. 🅿️. **GB**
      hôtel : ouvert 15 mars-15 nov. ; rest : fermé 15 au 25 nov. et 1er fév. au 15 mars – **Repas** *(fermé lundi midi en juil.-août, lundi sauf du 15 nov. au 15 mars et mardi sauf le soir en juil.-août)* 98/250 – 🖵 45 – **20 ch** 350/490 – ½ P 360/420.

rte de St-Nazaire Sud : 3 km par D 47 – ✉ 44410 St-Lyphard :

   ※※ **Aub. le Nézil,** *ℰ* 02 40 91 41 41, « Chaumière briéronne », 🌿 – 🅿️. **GB**
      fermé vacances de Toussaint, de fév., mardi soir et merc. sauf juil.-août – **Repas** 75/190, enf. 50.

à Bréca Sud : 6 km par D 47 et rte secondaire – ✉ 44410 St-Lyphard :

   ※※ **Aub. de Bréca,** *ℰ* 02 40 91 41 42, Fax 02 40 91 37 41, 🏤, « Chaumière briéronne dans un jardin fleuri » – 🆑 **GB**
      23 mars-2 nov. et fermé dim. soir et jeudi sauf juil.-août – **Repas** 120/220, enf. 50.

à Kerbourg Sud-Ouest : 6 km par D 51 (rte de Guérande) – ✉ 44410 St-Lyphard :

   ※※ **Aub. de Kerbourg,** *ℰ* 02 40 61 95 15, Fax 02 40 61 98 64, 🏤, « Chaumière briéronne aménagée avec élégance » – 🅿️. **GB**
      fermé 25 déc. au 14 fév., lundi sauf le soir en juil.-août, dim. soir de sept. à juin et mardi midi – **Repas** (en saison, prévenir) 195/345.

ST-MACAIRE 33 Gironde 🔢 ② – rattaché à Langon.

ST-MACAIRE-EN-MAUGES 49450 M.-et-L. 🔢 ⑤ – 5 543 h alt. 101.

Paris 354 – Angers 61 – Ancenis 40 – Cholet 12 – Nantes 47.

   🏨 **La Gâtine,** *ℰ* 02 41 55 30 23, Fax 02 41 46 11 30 – 📺 ☎ ☏. **GB**. ❀
   🍽 *fermé 15 juil. au 12 août –* **Repas** *(fermé dim. soir et lundi)* 72/200 – 🖵 28 – **15 ch** 130/290 – ½ P 200/235.

ST-MAIXENT-L'ÉCOLE 79400 Deux-Sèvres 🔢 ⑫ G. Poitou Vendée Charentes (plan) – 6 893 h alt. 85.

Voir *Église abbatiale*★ – *Musée militaire : série d'uniformes*★.

🏌 du Petit Chêne à Mazières *ℰ* 05 49 63 28 33, O par D 6 : 20 km.
🛈 Office de Tourisme Porte Châlon *ℰ* 05 49 05 54 05.
Paris 384 – Poitiers 52 – Angoulême 107 – Niort 24 – Parthenay 29.

   🏩 **Logis St-Martin** ⌂, chemin Pissot *ℰ* 05 49 05 58 68, Fax 05 49 76 19 93, ≼, 🏤, parc, « Demeure du 17e siècle » – 📺 ☎ 🅿️. 🆑 ⓿ **GB**. ❀
      fermé janv. – **Repas** 95 bc (déj.), 140/260 – 🖵 58 – **10 ch** 390/490 – ½ P 410/460.

à Soudan *Est : 7,5 km par N 11 – 306 h. alt. 155 – ✉ 79800.*
Voir *Musée des Tumulus de Bougon★★.*

XX **L'Orangerie** avec ch, ✆ 05 49 06 56 06, Fax 05 49 06 56 10, 🏞 – TV ☎ P. AE GB
fermé 6 au 26 janv. et dim. soir du 15 sept. au 15 juin – **Repas** 88/210, enf. 48 – ☕ 35 – **7 ch** 185/240 – 1/2 P 210/290.

PEUGEOT Gar. Courtois, 87 r. Clémenceau ✆ 05 49 76 13 42
RENAULT Gar. du Grand Chêne, N 11 à Azay-le-Brûlé ✆ 05 49 05 50 72
Moinet Pneus, 12 av. de Blossac ✆ 05 49 05 50 22 N ✆ 05 49 25 50 22

ST-MALO SP *35400 I.-et-V.* 59 ⑥ *G. Bretagne – 48 057 h alt. 5 – Casino* **AXY.**
Voir *Site★★★ – Remparts★★★* **DZ** *– Château★★* **DZ** *: musée d'histoire de la ville★* **M²**, *tourelles de guet ✻★★, tour Quic-en-Groigne★* **DZ E** *– Fort national★ : ⩽★★ 15 mn* **AX** *– Vitraux★ de la cathédrale St-Vincent* **DZ** *– Usine marémotrice de la Rance : digue ⩽★ S : 4 km par ④.*
✈ *de Dinard-Pleurtuit-St-Malo : ✆ 02 99 46 70 28, par ③ : 14 km.*
ℹ *Office de Tourisme esplanade St-Vincent ✆ 02 99 56 64 48, Fax 02 99 40 93 13.*
Paris 417 ③ – Alençon 180 ③ – Avranches 67 ③ – Dinan 33 ③ – Rennes 73 ③ – St-Brieuc 72 ③.

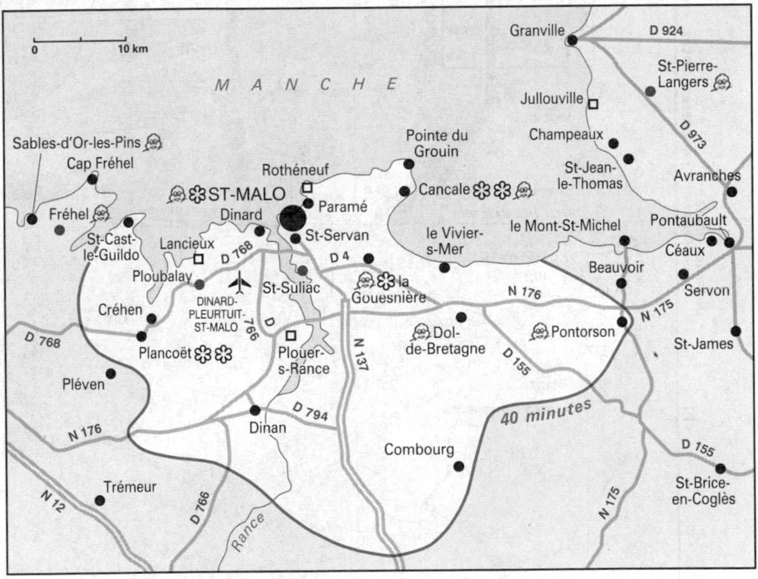

Intra muros :

Central et rest. la Frégate, 6 Gde rue ✆ 02 99 40 87 70, Fax 02 99 40 47 57 – 🛗 ✈ TV ☎ 📞 🚗 – 🏛 25. AE ⓓ GB JCB — DZ n
fermé dim. du 15 nov. au 20 mars – **Repas** 139/290, enf. 72 – ☕ 57 – **47 ch** 575/850 – 1/2 P 415/535.

La Cité M sans rest, 26 r. Ste-Barbe ✆ 02 99 40 55 40, Fax 02 99 40 10 04 – 🛗 TV ☎ ♿ 🚗. AE ⓓ GB JCB — DZ v
☕ 48 – **39 ch** 378/540.

Ajoncs d'Or sans rest, 10 r. Forgeurs ✆ 02 99 40 85 03, Fax 02 99 40 80 70 – 🛗 TV ☎. AE ⓓ GB JCB — DZ a
1ᵉʳ mars-12 nov. – ☕ 45 – **22 ch** 420/560.

Quic en Groigne sans rest, 8 r. d'Estrées ✆ 02 99 20 22 20, Fax 02 99 20 22 30 – TV ☎ 🚗. GB. ✈ — DZ u
☕ 40 – **15 ch** 270/420.

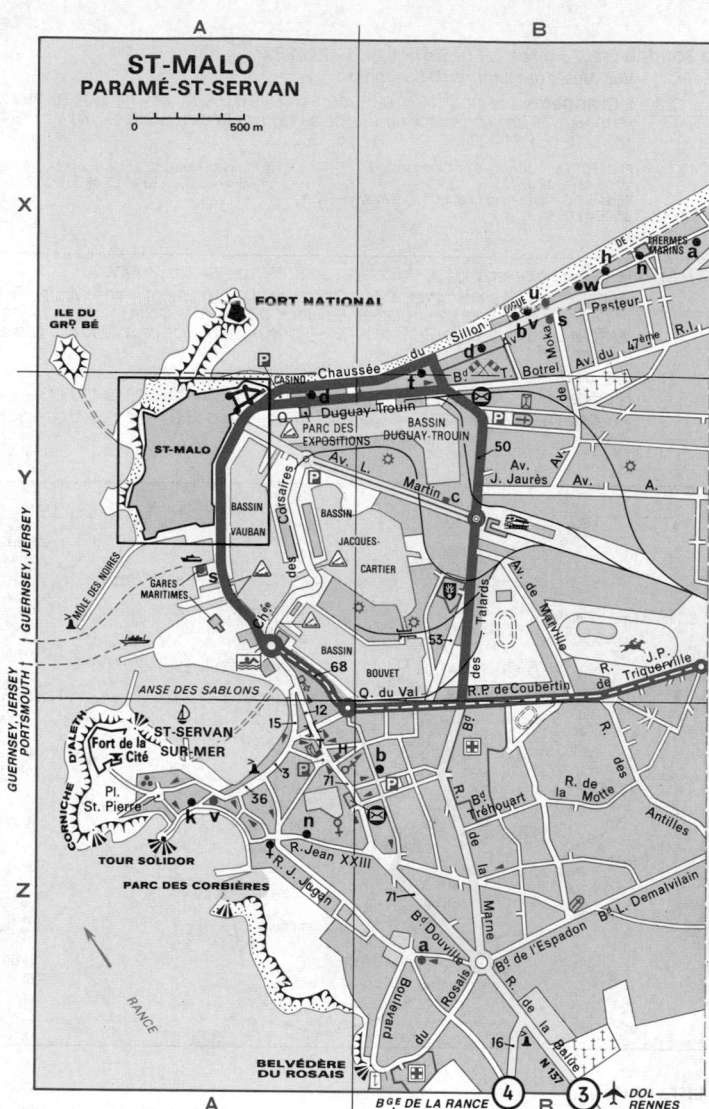

ST-MALO
PARAMÉ-ST-SERVAN

0   500 m

FORT NATIONAL

ILE DU GR^D BÉ

ST-MALO

Parc des Expositions

Bassin Duguay-Trouin

Bassin VAUBAN

Bassin JACQUES-CARTIER

Bassin BOUVET

GARES MARITIMES

ANSE DES SABLONS

ST-SERVAN SUR-MER

Fort de la Cité

Pl. St. Pierre

TOUR SOLIDOR

PARC DES CORBIÈRES

R. Jean XXIII

RANCE

BELVÉDÈRE DU ROSAIS

B^{G.E} DE LA RANCE DINARD

DOL RENNES ST-BRIEUC

GUERNSEY, JERSEY

GUERNSEY, JERSEY PORTSMOUTH

CORNICHE D'ALETH

🏨 **Jean Bart** sans rest, 12 r. Chartres ℰ 02 99 40 33 88, Fax 02 99 40 33 88 – 🛗 📺 ☎.
GB
1er mars-15 nov. et 27 déc.-4 janv. – 🍴 35 – **18 ch** 290/360.
DZ b

🏨 **Palais** sans rest, 8 r. Toullier ℰ 02 99 40 07 30, Fax 02 99 40 29 53 – 🛗 📺 ☎. 🖭
GB
fermé 10 au 26 déc. et dim. du 15 nov. au 15 fév. sauf vacances scolaires – 🍴 37 – **18 ch**
250/360.
DZ k

🏨 **Brochet** sans rest, 1 r. Corne de Cerf ℰ 02 99 56 30 00, Fax 02 99 56 55 54 – 🛗 📺 ☎. GB.
⬚
fermé 4 janv. au 21 mars – 🍴 40 – **22 ch** 230/350.
DZ q

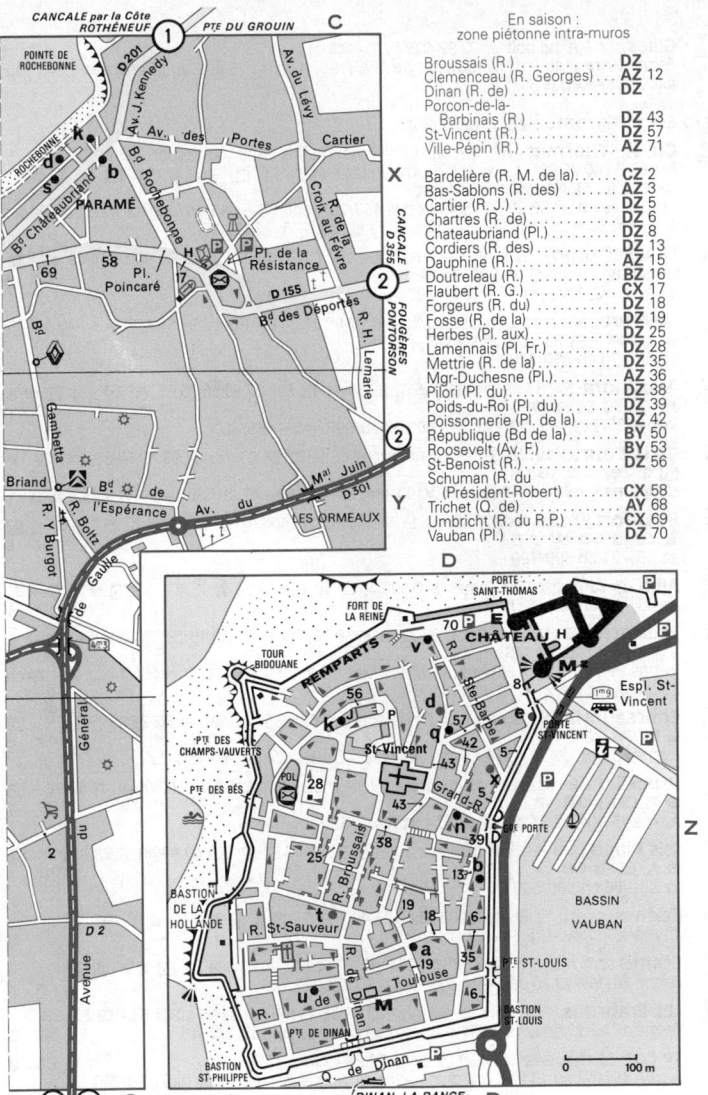

En saison :
zone piétonne intra-muros

Broussais (R.)	**DZ**
Clemenceau (R. Georges)	**AZ** 12
Dinan (R. de)	**DZ**
Porcon-de-la-Barbinais (R.)	**DZ** 43
St-Vincent (R.)	**DZ** 57
Ville-Pépin (R.)	**AZ** 71

Bardelière (R. M. de la)	**CZ** 2
Bas-Sablons (R. des)	**AZ** 3
Cartier (R. J.)	**DZ** 5
Chartres (R. de)	**DZ** 6
Chateaubriand (Pl.)	**DZ** 8
Cordiers (R. des)	**DZ** 13
Dauphine (R.)	**AZ** 15
Doutreleau (R.)	**BZ** 16
Flaubert (R. G.)	**CX** 17
Forgeurs (R. du)	**DZ** 18
Fosse (R. de la)	**DZ** 19
Herbes (Pl. aux)	**DZ** 25
Lamennais (Pl. Fr.)	**DZ** 28
Mettrie (R. de la)	**DZ** 35
Mgr-Duchesne (Pl.)	**AZ** 36
Pilori (Pl. du)	**DZ** 38
Poids-du-Roi (Pl. du)	**DZ** 39
Poissonnerie (Pl. de la)	**DZ** 42
République (Bd de la)	**BY** 50
Roosevelt (Av. F.)	**BY** 53
St-Benoist (R.)	**DZ** 56
Schuman (R. du (Président-Robert)	**CX** 58
Trichet (Q. de)	**AY** 68
Umbricht (R. du R.P.)	**CX** 69
Vauban (Pl.)	**DZ** 70

XX **A la Duchesse Anne** (Thirouard), 5 pl. Guy La Chambre ℘ 02 99 40 85 33, Fax 02 99 40 00 28, 斎 – **GB**. ℘   **DZ e**
£ *fermé déc., janv., dim. soir hors sais. et merc.* – **Repas** carte 220 à 300
Spéc. Foie gras de canard. Homard grillé "Duchesse Anne". Tarte tatin (sept. à juin).

XX **Le Chalut** (Foucat), 8 r. Corne de Cerf ℘ 02 99 56 71 58, Fax 02 99 56 71 58 – ■. **AE GB**
£ *fermé dim. soir sauf juil.-août et lundi* – **Repas** (prévenir) 95/300 et carte 240 à 330 **DZ d**
❀ **Spéc.** Soupière de Saint-Jacques et chair de tourteau à la coriandre (oct. à début mai). Dos de cabillaud rôti aux artichauts camus. Tronçon de turbot breton au vinaigre de cidre.

XX **Delaunay,** 6 r. Ste-Barbe ℘ 02 99 40 92 46, Fax 02 99 56 88 91 – **AE GB**   **DZ x**
fermé mi-nov. à mi-déc., mi-janv. à mi-fév., dim. sauf fériés et lundi d'oct. à mars – **Repas** 125 (déj.), 175/208.

✗ **Gilles,** 2 r. Pie qui boit 🕿 02 99 40 97 25 – GB   DZ t
fermé 27 nov. au 9 déc., vacances de fév., jeudi midi du 15 nov. au 15 mars et merc. sauf juil.-août – **Repas** 89/178, enf. 62.

St-Malo Est et Paramé – ⊠ 35400 St-Malo :

🏨 **Gd H. Thermes** Ⓜ ⑤, aux Thermes marins, 100 bd Hébert 🕿 02 99 40 75 75, Fax 02 99 40 76 00, ≤, centre de thalassothérapie, ₤₆, ☒ – 🛗 🗏 rest 📺 🕿 ﺝ 🚗 – ♨ 25 à 80. ﷼ ⓞ GB JCB ⑤ rest   BX n
Le Cap Horn 🕿 02 99 40 75 40 **Repas** 130/295, enf. 85 – *La Verrière* (fermé janv.) **Repas** 170, enf. 85 – ⊠ 70 – **179 ch** 390/1435, 7 appart – ½ P 640/1050.

🏨 **La Villefromoy** ⑤ sans rest, 7 bd Hébert 🕿 02 99 40 92 20, Fax 02 99 56 79 49, « Mobilier ancien » – 🛗 📺 🕿 ﺝ 🅿 ﷼ ⓞ   CX s
15 mars-12 nov. – ⊠ 55 – **20 ch** 500/700.

🏨 **Mercure** sans rest, 2 chaussée Sillon 🕿 02 99 56 84 84, Fax 02 99 56 45 73, ≤ – 🛗 ⇔ 📺 🕿 ﺝ 🚗 – ♨ 25 à 50. ﷼ ⓞ GB JCB   AY d
⊠ 55 – **70 ch** 650/740.

🏨 **Alexandra** ⑤, 138 bd Hébert 🕿 02 99 56 11 12, Fax 02 99 56 30 03, ≤, ㄍ – 🛗 📺 🕿 ﺝ 🅿 – ♨ 30. ﷼ ⓞ GB JCB   BX h
Repas 95/295, enf. 50 – ⊠ 55 – **40 ch** 650/890 – ½ P 435/550.

🏨 **Gd H. Courtoisville** ⑤, 69 bd Hébert 🕿 02 99 40 83 83, Fax 02 99 40 57 83, ㄍ – 🛗 ⇔ 📺 🕿 ﺝ, GB, ⑤ rest   BX a
début mars-mi-nov. – **Repas** 130/190, enf. 65 – ⊠ 50 – **47 ch** 380/620 – ½ P 430/480.

🏨 **Beaufort** Ⓜ sans rest, 25 chaussée Sillon 🕿 02 99 40 99 99, Fax 02 99 40 99 62, ≤ – 🛗 📺 🕿 ﷼ ⓞ GB, ⑤   BX b
⊠ 49 – **21 ch** 390/790.

🏨 **Alba** ⑤ sans rest, 17 r. Dunes 🕿 02 99 40 37 18, Fax 02 99 40 96 40, ≤ – 📺 🕿 🅿 ﷼ GB   BX w
⊠ 45 – **20 ch** 420/700.

🏨 **Mascotte,** 76 chaussée Sillon 🕿 02 99 40 36 36, Fax 02 99 40 18 78, ㄍ – 🛗 ⇔ 📺 🕿 🚗 – ♨ 40. ﷼ ⓞ GB   BX d
Repas *(fermé le midi et week-ends en hiver)* (résidents seul.) 80 ﹩, enf. 42 – ⊠ 40 – **79 ch** 350/480, 9 duplex – ½ P 583/643.

🏨 **Chateaubriand** ⑤ sans rest, 8 bd Hébert 🕿 02 99 56 01 19, Fax 02 99 56 17 81, ≤ – 📺 🕿 🅿 GB, ⑤   CX d
fermé 15 nov. au 20 déc. et 5 janv. au 7 fév. – ⊠ 33 – **24 ch** 280/480.

🏨 **Brocéliande** sans rest, 43 chaussée Sillon 🕿 02 99 20 62 62, Fax 02 99 40 42 47, ≤ – 📺 🕿 🅿 ﷼ ⓞ GB, ⑤   BX v
fermé 13 nov. au 23 déc. – ⊠ 48 – **9 ch** 470/550.

🏨 **Ibis Plage** sans rest, 58 chaussée Sillon 🕿 02 99 40 57 77, Fax 02 99 40 57 78 – 🛗 ⇔ 📺 🕿 ﺝ ﷼ ⓞ GB   BXY t
⊠ 39 – **60 ch** 380/500.

🏨 **Eden** sans rest, 1 r. Étang 🕿 02 99 40 23 48, Fax 02 99 40 55 86 – 📺 🕿 🅿 GB, ⑤   CX b
1ᵉʳ mars-11 nov. – ⊠ 34 – **27 ch** 220/320.

🏨 **Courlis** sans rest, 9 r. Bains 🕿 02 99 56 00 15, Fax 02 99 56 68 63 – 📺 🕿 🅿 ﷼ GB   CX k
fermé 20 nov. au 20 déc. – ⊠ 32 – **11 ch** 260/300.

✗✗ **Les Embruns,** 120 chaussée Sillon 🕿 02 99 56 33 57, Fax 02 99 40 47 53 – ﷼ ⓞ GB   BX s
fermé 17 au 30 nov., 19 au 31 janv. et lundi – **Repas** 95/165, enf. 40.

✗ **Ty Coz,** 57 chaussée Sillon 🕿 02 99 56 09 68 – GB   BX u
fermé 15 janv. au 15 fév., mardi soir et merc. hors sais. – **Repas** 75 (déj.), 88/160.

St-Malo Sud et St-Servan-sur-Mer – ⊠ 35400 St-Malo.

Voir *Corniche d'Aleth* ≤★★ AZ – *Parc des Corbières* ≤★ AZ – *Belvédère du Rosais*★ ABZ - *Tour Solidor*★ AZ : *musée du Cap Hornier*★, ≤★.

🏨 **Le Valmarin** ⑤ sans rest, 7 r. Jean XXIII 🕿 02 99 81 94 76, Fax 02 99 81 30 03, « Élégante malouinière du 18ᵉ siècle, parc » – 📺 🕿 🅿 ﷼ GB   AZ n
fermé 16 nov. au 24 déc. et 8 janv. au 14 fév. – ⊠ 55 – **12 ch** 500/750.

🏨 **La Korrigane** ⑤ sans rest, 39 r. Le Pomellec 🕿 02 99 81 65 85, Fax 02 99 82 23 89, « Demeure ancienne au confort raffiné », ㄍ – 📺 🕿 🅿 ﷼ ⓞ GB   BZ b
fermé janv. – ⊠ 55 – **10 ch** 550/800.

🏨 **Manoir de la Grassinais** Ⓜ, quartier La Grassinais Sud : 3 km par av. Gén. de Gaulle CZ 🕿 02 99 81 33 00, Fax 02 99 81 60 90 – 📺 🕿 ﺝ 🅿 – ♨ 25. GB
fermé lundi (sauf hôtel) et dim. soir – **Repas** 98/250 ﹩ – ⊠ 35 – **29 ch** 350 – ½ P 295.

La Rance Ⓜ sans rest, 15 quai Sébastopol (port Solidor) ℰ 02 99 81 78 63, Fax 02 99 81 44 80, ⩶, « Beau mobilier ancien » – 📺 ☎ 🍸, 🆎 ⒼⒷ 🄹🄲🄱   AZ **k**
⌘ 47 – **11 ch** 395/495.

Ibis, centre com. La Madeleine, Sud : 3 km par av. Gén. de Gaulle CZ ℰ 02 99 82 10 10, Fax 02 99 82 35 74, 🏤 – ⊀ 📺 ☎ 🍸 🕎 – 🔬 60. 🆎 ⓞ ⒼⒷ
Repas 95, enf. 39 – ⌘ 35 – **73 ch** 380/500.

St-Placide, 6 pl. Poncel ℰ 02 99 81 70 73, Fax 02 99 81 89 49 – 🆎 ⒼⒷ. ⅍   BZ **a**
fermé 23 au 30 oct., vacances de fév., mardi soir hors sais. et merc. – **Repas** 80 (déj.), 112/210 ⅊, enf. 58.

Les Écluses, gare maritime de la Bourse ℰ 02 99 56 81 00, Fax 02 99 56 95 90, ⩶ – 🄿.
ⒼⒷ   AY **s**
fermé 24 déc. au 24 janv., dim. soir et lundi – **Repas** 79/150 bc, enf. 50.

L'Atre, 7 espl. Cdt Menguy (port Solidor) ℰ 02 99 81 68 39, Fax 02 99 81 56 18, ⩶ – 🆎 ⒼⒷ.
⅍   AZ **v**
fermé 15 déc. au 15 janv., le soir (sauf week-ends) de nov. à fév., mardi soir hors sais. et merc. – **Repas** 85/135.

à Rothéneuf par ① : 3 km – ✉ 35400 .
Voir *Manoir de Jacques Cartier★*.

Terminus ⌚ sans rest, 16 r. Goélands ℰ 02 99 56 97 72, Fax 02 99 40 58 17 – 📺 ☎ 🄿.
ⒼⒷ
15 fév.-15 nov. – ⌘ 31 – **31 ch** 188/275.

CITROEN Gar. Côte d'Emeraude, 131 bd Gambetta
ℰ 02 99 21 17 17 🅽 ℰ 02 99 82 50 10
PEUGEOT Gar. Dutan, ZAC la Madeleine, N 137
par ③ ℰ 02 99 82 77 77 🅽 ℰ 02 99 24 18 90
RENAULT St-Malo autos distribution, 61 bd
Gambetta ℰ 02 99 20 60 60 🅽 ℰ 02 99 82 94 09

🔧 Euromaster, 49 quai Duguay-Trouin
ℰ 02 99 56 74 74

ST-MANDÉ 94 Val-de-Marne 🄵🄶 ⑪., 🄸🄾🄸 ㉗ – *voir à Paris, Environs.*

ST-MARCEL 36 Indre 🄺🄶 ⑰ ⑱ – *rattaché à Argenton-sur-Creuse.*

ST-MARCEL 71 S.-et-L. 🄺🄶 ⑨ – *rattaché à Chalon-sur-Saône.*

ST-MARCEL 27 Eure 🄵🄵 ⑰ – *rattaché à Vernon.*

ST-MARCEL-EN-DOMBES 01 Ain 🄺🄸 ② – *rattaché à St-André-de-Corcy.*

ST-MARCELLIN 38160 Isère 🄺🄺 ③ G. *Vallée du Rhône* – *6 696 h alt. 282.*
🄱 *Office de Tourisme av. Collège* ℰ 04 76 38 53 85.
Paris 563 – *Grenoble 53* – *Valence 46* – *Die 75* – *Vienne 72* – *Voiron 47.*

Savoyet-Serve (annexe 🏠), 16 bd Gambetta ℰ 04 76 38 24 31, Fax 04 76 64 02 99 – 📳
📺 rest 📺 ☎ 🄿 – 🔬 45. 🆎 ⒼⒷ
fermé dim. soir – **Repas** 88/240 ⅊, enf. 44 – ⌘ 35 – **51 ch** 150/385 – ½ P 200/335.

La Tivollière, Château du Mollard ℰ 04 76 38 21 17, Fax 04 76 64 02 99, 🏤 – 🄿. 🆎 ⒼⒷ
fermé dim. soir et lundi – **Repas** 140/300 et carte 200 à 260, enf. 70.

CITROEN Gar. Costaz, 16 av. des Alpes
ℰ 04 76 38 09 25
FORD Gar. Giraud, 4 rte de Romans
ℰ 04 76 38 07 06 🅽 ℰ 04 76 38 06 89
PEUGEOT Gar. Pilloud, rte de Chatte
ℰ 04 76 38 25 90

RENAULT Gar. Rey, 36 av. de Provence
ℰ 04 76 64 92 15

🔧 Mouren Point S, 19 av. de Provence
ℰ 04 76 38 01 14

ST-MARCELLIN-EN-FOREZ 42680 Loire 🄷🄸 ⑱ – *3 133 h alt. 390.*
Paris 518 – *St-Étienne 25* – *Craponne-sur-Arzon 43* – *Feurs 30* – *Montbrison 15.*

Manoir du Colombier, ℰ 04 77 52 90 37, 🏤, « Demeure du 17ᵉ siècle » – 🄿. ⒼⒷ
fermé mardi soir et merc. – **Repas** 95/265.

CITROEN Gar. Breuil, ℰ 04 77 52 81 09

ST-MARS-LA-JAILLE 44540 Loire-Atl. 🄶🄸 ⑱ – *2 114 h alt. 28.*
Paris 345 – *Nantes 55* – *Ancenis 18* – *Angers 53* – *Châteaubriant 29.*

Relais de St-Mars, 1 r. Industrie ℰ 02 40 97 00 13 – 🆎 ⒼⒷ
fermé 1ᵉʳ au 15 août, dim. soir et merc. soir – **Repas** 130/240 et carte 260 à 340, enf. 60.

ST-MARTIN-BELLE-ROCHE *71 S.-et-L.* **70** ⑪ – *rattaché à Mâcon.*

ST-MARTIN-BELLEVUE *74370 H.-Savoie* **74** ⑥ – *1 412 h alt. 732.*
Paris 536 – Annecy 11 – Aix-les-Bains 43 – La Clusaz 36 – Genève 37 – Rumilly 34.

🏨 **Beau Séjour** ♨, à la gare : 1 km 🕿 04 50 60 30 32, Fax 04 50 60 38 44, 🏤, 🐾 – 🛗 📺 🕿 📮 – 🏛 30. **GB**
15 mars-15 déc. – **Repas** *(fermé dim. soir et lundi sauf juil.-août)* 98/198 ☖ – 🍽 40 – **32 ch** 290/360 – 1/2 P 240/320.

ST-MARTIN-D'ARMAGNAC *32 Gers* **82** ② – *rattaché à Nogaro.*

ST-MARTIN-DE-BELLEVILLE *73440 Savoie* **74** ⑰ *G. Alpes du Nord* – *2 341 h alt. 1450* – *Sports d'hiver : 1 400/3 200 m ⛷ 10 ⛷ 58.*
Paris 625 – Albertville 42 – Chambéry 90 – Moûtiers 15.

🏨 **Alp-Hôtel** ♨, 🕿 04 79 08 92 82, Fax 04 79 08 94 61, ≤, 🏤, ☖ – 🛗 🕿 🛗, **AE GB**. 🧖 rest
15 déc.-15 avril – **Repas** *(dîner seul.)* 165/195 – 🍽 42 – **30 ch** 350/650 – 1/2 P 445.

XX **La Bouitte**, à St-Marcel, Sud-Est : 2 km 🕿 04 79 08 96 77, 🏤 – 📮. **AE ⓞ GB JCB**
1ᵉʳ juil.-31 août. et 15 déc.-1ᵉʳ mai – **Repas** 105/270, enf. 75.

ST-MARTIN-DE-CRAU *13310 B.-du-R.* **83** ⑩ – *11 040 h alt. 22.*
Paris 723 – Marseille 77 – Arles 18 – Martigues 40 – St-Rémy-de-Provence 20 – Salon-de-Provence 26.

🏨 **Aub. des Épis**, 13 av. Plaisance 🕿 04 90 47 31 17, Fax 04 90 47 16 30, 🏤 – 📺 🕿 📮. **AE GB**
fermé 18 au 26 nov., 1ᵉʳ fév. au 5 mars, dim. soir et lundi – **Repas** 95/176, enf. 57 – 🍽 36 – **11 ch** 266/276 – 1/2 P 260/290.

Ⓜ Crau-Pneus, 20 Zone du Cabrau 🕿 04 90 47 00 74

ST-MARTIN-DE-FRAIGNEAU *85 Vendée* **71** ① – *rattaché à Fontenay-le-Comte.*

ST-MARTIN-DE-LA-PLACE *49160 M.-et-L.* **64** ⑫ – *1 129 h alt. 80.*
Voir *Château de Boumois*★ *SE : 3 km*, G. Châteaux de la Loire.
Paris 290 – Angers 30 – Baugé 29 – La Flèche 48 – Les Rosiers 8 – Saumur 11.

XX **Cheval Blanc** avec ch, 🕿 02 41 38 42 96, Fax 02 41 38 42 62 – 🕿 🛗. **GB**. 🧖 rest
fermé 3 janv. au 5 fév., dim. soir et lundi d'oct. à juin – **Repas** 90/250, enf. 55 – 🍽 30 – **12 ch** 250/300 – 1/2 P 270/300.

ST-MARTIN-DE-LONDRES *34380 Hérault* **83** ⑥ *G. Gorges du Tarn* – *1 623 h alt. 194.*
Paris 781 – Montpellier 26 – Le Vigan 38.

XXX **Les Muscardins**, 19 rte Cévennes 🕿 04 67 55 75 90, Fax 04 67 55 70 28 – **AE ⓞ GB**
fermé fév., lundi et mardi sauf le soir en été – **Repas** 170 (déj.), 240/390 et carte 340 à 430, enf. 80.

XX **La Pastourelle**, chemin de la Prairie 🕿 04 67 55 72 78, 🏤, 🐾 – 📮. **AE GB**
fermé 15 au 30 sept., vacances de fév., mardi soir en hiver et merc. – **Repas** 100/260, enf. 60.

au Sud : *12 km par D 32, D 127 et D 127⁶⁶* – ⊠ *34380 Argelliers* :
XX **Aub. de Saugras** ♨ avec ch, 🕿 04 67 55 08 71, Fax 04 67 55 04 65, 🏤, « Ancien mas du 12ᵉ siècle », 🛎 – 🕿 📮. **AE GB**
fermé 15 au 30 juin et nov. – **Repas** *(fermé mardi sauf juil.-août et merc.)* 97/250 – **4 ch** 🍽 200/220 – 1/2 P 200.

ST-MARTIN-D'ENTRAUNES *06470 Alpes-Mar.* **81** ⑨, **115** ② – *113 h alt. 1050.*
🚩 Syndicat d'Initiative 🕿 04 93 05 51 04, Fax 04 93 05 57 55.
Paris 791 – Digne-les-Bains 106 – Barcelonnette 50 – Castellane 66 – Nice 108 – St-Martin-Vésubie 83.

🏨 **La Vallière**, 🕿 04 93 05 59 59, Fax 04 93 05 59 60, 🏤 – 🕿 📮. **GB**
fermé nov. et jeudi sauf vacances scolaires – **Repas** 95/210 ☖, enf. 60 – 🍽 45 – **10 ch** 220/320 – 1/2 P 250/280.

ST-MARTIN-DE-RÉ *17 Char.-Mar.* **71** ⑫ – *voir à Ré (Ile de).*

ST-MARTIN-DE-VALAMAS *07310 Ardèche* **76** ⑲ – *1 386 h alt. 550.*

Env. *Ruines de Rochebonne★ : site★★ E : 7 km,* G. *Vallée du Rhône.*

🛈 *Syndicat d'Initiative r. de la Poste* 𝒫 *04 75 30 47 72, Fax 04 75 30 55 85.*

Paris 595 – Aubenas 59 – Le Cheylard 8 – Lamastre 29 – Privas 55 – Le Puy-en-Velay 54 – St-Agrève 17.

PEUGEOT Gar. Saroul et Volle, 𝒫 04 75 30 44 09   RENAULT Gar. Mounier, 𝒫 04 75 30 44 97 **N**
                                                                        𝒫 04 75 30 44 97

ST-MARTIN-DU-FAULT *87 H.-Vienne* **72** ⑦ – *rattaché à Limoges.*

ST-MARTIN-DU-TOUCH *31 H.-Gar.* **82** ⑦ – *rattaché à Toulouse.*

ST-MARTIN-DU-VAR *06670 Alpes-Mar.* **84** ⑨, **115** ⑯ – *1 869 h alt. 110.*

Paris 940 – Nice 28 – Antibes 34 – Cannes 44 – Puget-Théniers 39 – St-Martin-Vésubie 39 – Vence 22.

XXXX **Jean-François Issautier,** rte de Nice (N 202) : 3 km 𝒫 04 93 08 10 65,
❀❀   Fax 04 93 29 19 73 – 🅱 **P.** **AE** **①** **GB**
fermé 13 au 21 oct., fin fév. à fin mars, dim. sauf le midi du 8 sept. au 29 juin et lundi –
Repas 250 bc (déj.), 320/515 et carte 390 à 600
Spéc. Grosses crevettes en robe de pomme de terre. Poisson de Méditerranée rôti au jus de tomate, sauce pistou. "Cul" d'agneau de Sisteron à la menthe fraîche. **Vins** Côtes de Provence, Bellet.

ST-MARTIN-DU-VIVIER *76 S.-Mar.* **55** ⑦ – *rattaché à Rouen.*

ST-MARTIN-EN-BRESSE *71620 S.-et-L.* **69** ⑩ – *1 603 h alt. 192.*

Paris 343 – Chalon-sur-Saône 18 – Beaune 36 – Dijon 54 – Dôle 54 – Lons-le-Saunier 50.

🏠 **Au Puits Enchanté,** 𝒫 03 85 47 71 96, Fax 03 85 47 74 58 – ☎ **P.** **GB**
🍴 *fermé 2 au 9/9, 15 au 31/1, vacances de fév., dim. soir sauf juil.-août, lundi du 3 nov. au 28 fév. et mardi –* Repas 95/220, enf. 55 – ⌾ 38 – **14 ch** 170/280 – ½ P 210/265.

ST-MARTIN-LA-GARENNE *78 Yvelines* **55** ⑱., **106** ③ – *rattaché à Mantes.*

ST-MARTIN-LA-MÉANNE *19320 Corrèze* **75** ⑩ – *362 h alt. 500.*

Voir *Barrage du Chastang★ SE : 5 km,* G. *Berry Limousin.*

Paris 511 – Brive-la-Gaillarde 55 – Aurillac 68 – Mauriac 49 – St-Céré 54 – Tulle 32 – Ussel 58.

🏠 **Voyageurs,** 𝒫 05 55 29 11 53, Fax 05 55 29 27 70, 🌃 , 🐎 – ☎ 🐕. **GB**
fermé 2 au 31 janv., dim. soir et lundi hors sais. – **Repas** 95/200 ⓛ, enf. 45 – ⌾ 29 – **8 ch** 235/300 – ½ P 230/260.

ST-MARTIN-LE-BEAU *37270 I.-et-L.* **64** ⑮ G. *Châteaux de la Loire* – *2 427 h alt. 55.*

Paris 231 – Tours 19 – Amboise 9 – Blois 45 – Loches 32.

XX **La Treille** avec ch, 𝒫 02 47 50 67 17, Fax 02 47 50 20 14 – 🅣🅥 ☎ 🐕. **GB**
🍴 *fermé fév., dim. soir et lundi hors sais. –* **Repas** 68/260 – ⌾ 33 – **8 ch** 200/230 – ½ P 235/250.

ST-MARTIN-LE-GAILLARD *76260 S.-Mar.* **52** ⑤ G. *Normandie Vallée de la Seine* – *279 h alt. 60.*

Paris 167 – Amiens 77 – Dieppe 27 – Eu 12 – Neufchâtel-en-Bray 35 – Rouen 87.

XX **Moulin du Becquerel,** Nord-Ouest : 1,5 km sur D 16 𝒫 02 35 86 74 94, 🌃 , « Dans la campagne », 🐎 – **GB**
fermé 19 janv. au 3 mars, dim. soir sauf du 14 juil. au 15 août et lundi – **Repas** 95/148, enf. 50.

ST-MARTIN-LE-VINOUX *38 Isère* **77** ⑤ – *rattaché à Grenoble.*

ST-MARTIN-VÉSUBIE *06450 Alpes-Mar.* **84** ⑲, **115** ⑥ G. *Côte d'Azur* **(plan)** – *1 041 h alt. 1000.*

Voir *Venanson : ≤★, fresques★ de la chapelle St-Sébastien S : 4,5 km.*

Env. *Le Boréon★★ (cascade★) N : 8 km – Vallon de la Madone de Fenestre★ et cirque★★ NE : 12 km.*

🛈 *Office de Tourisme pl. F.-Faure* 𝒫 04 93 03 21 28.

Paris 857 – Antibes 73 – Barcelonnette 113 – Cannes 83 – Menton 66 – Nice 66.

🏠 **Edward's et Châtaigneraie** 🏊, 🕿 04 93 03 21 22, Fax 04 93 03 33 99, 🍽, parc – 🕿 **P.** 🖭 **GB**, ⌁ ch
10 juin-30 sept. – **Repas** (résidents seul.) 100 – 🖵 20 – **31 ch** 420/440, 4 duplex – ½ P 320.

ST-MATHIEU (Pointe de) 29 Finistère 58 ③ – *rattaché au Conquet.*

ST-MAUR-DES-FOSSÉS 94 Val-de-Marne 61 ①,, 101 ㉗ – *voir à Paris, Environs.*

ST-MAURICE-DE-BEYNOST 01 Ain 74 ⑫ – *rattaché à Lyon.*

ST-MAXIMIN 30 Gard 80 ⑲ – *rattaché à Uzès.*

ST-MAXIMIN-LA-STE-BAUME 83470 Var 84 ④ ⑤, 114 ⑱ G. Provence – *9 594 h alt. 289.*
Voir *Basilique★★ – Ancien couvent royal★.*
🎠 *Sainte-Baume à Nans-les-Pins* 🕿 *04 94 78 60 12, S par N 560 : 9 km.*
🖪 Office de Tourisme, Hôtel de Ville, accueil Couvent Royal 🕿 04 94 59 84 59, Fax 04 94 59 82 92.
Paris 796 – Aix-en-Provence 44 – Brignoles 22 – Draguignan 76 – Marseille 52 – Rians 24 – Toulon 57.

🏨 **France,** av. Albert 1er 🕿 04 94 78 00 14, Fax 04 94 59 83 80, 🍽, 🏊 – 🛏 ch 📺 🕿 🚗. 🖭 ⓪ **GB**
Repas 105 (déj.), 120/225, enf. 65 – 🖵 40 – **26 ch** 320/350 – ½ P 315/340.

🏨 **Plaisance** sans rest, 20 pl. Malherbe 🕿 04 94 78 16 74, Fax 04 94 78 18 39 – 📺 🕿 ⌁. 🖭 ⓪ **GB**
🖵 42 – **13 ch** 330/390.

🍴🍴 **Chez Nous,** bd J. Jaurès 🕿 04 94 78 02 57, Fax 04 94 78 13 04, 🍽 – 🖭 **GB**
fermé 20 déc. au 20 janv. et merc. hors sais. – **Repas** 120/260.

Ⓜ Gérard-Pneus, ZI N 7 🕿 04 94 78 14 49

ST-MÉDARD 46150 Lot 79 ⑦ – *136 h alt. 170.*
Paris 576 – Cahors 20 – Gourdon 30 – Villeneuve-sur-Lot 59.
🍴🍴🍴 **Le Gindreau** (Pelissou) 🕿 05 65 36 22 27, Fax 05 65 36 24 54, ≤, 🍽 – 🖭 **GB**
ⓧ *fermé 12 nov. au 12 déc., vacances de fév., dim. soir sauf juil.-août, lundi sauf férié le midi et mardi* – **Repas** (dim. et fêtes prévenir) 170/420 et carte 250 à 380, enf. 75
Spéc. Escalopes de foie gras de canard poêlées, pliées dans une feuille de chou. Truffes fraîches (15 déc. au 15 mars). Agneau fermier du Quercy. **Vins** Cahors.

ST-MÉDARD-EN-JALLES 33160 Gironde 71 ⑨ – *22 064 h alt. 22.*
Paris 591 – Bordeaux 15 – Blaye 60 – Jonzac 96 – Libourne 45 – Saintes 127.
🍴🍴 **Tournebride,** rte Le Porge : 2 km 🕿 05 56 05 09 08, Fax 05 56 05 09 08 – **P.** 🖭 ⓪ **GB**
JCB
fermé 10 au 31 août, dim. soir et lundi – **Repas** 95/205.

ST-MICHEL-DE-DOUBLE 24400 Dordogne 75 ④ – *285 h alt. 120.*
Paris 532 – Périgueux 48 – Angoulême 85 – Bergerac 34 – Libourne 55 – Ste-Foy-la-Grande 41.
🍴 **Quatre Saisons,** 🕿 05 53 81 79 72, Fax 05 53 81 79 64 – **P.** **GB**
fermé mardi – **Repas** 60 bc (déj.), 90/120, enf. 50.

ST-MICHEL-DE-MONTAIGNE 24230 Dordogne 75 ⑬ – *292 h alt. 100.*
Paris 550 – Bergerac 42 – Bordeaux 57 – La Réole 44.
🏨 **Jardin d'Eyquem** Ⓜ 🏊 sans rest, 🕿 05 53 24 89 59, Fax 05 53 61 14 40, 🏊, 🌳 – cuisinette 📺 🕿 ⌖ **P.** **GB**, ⌁
1er mars-15 nov. – 🖵 45, 5 appart 395/590.

ST-MIHIEL 55300 Meuse 57 ⑫ G. Alsace Lorraine (plan) – *5 367 h alt. 228.*
Voir *Sépulcre★★ dans l'église St-Étienne – Pâmoison de la Vierge★ dans l'église St-Michel.*
🎠 *de Madine* 🕿 03 29 89 56 00 *à la base de Loisirs ; à Heudicourt-sous-les-Côtes par D 901.*
🖪 Office de Tourisme pl. J.-Bailleux 🕿 03 29 89 06 47.
Paris 287 – Bar-le-Duc 35 – Metz 62 – Nancy 74 – Toul 50 – Verdun 36.

🏠 **Trianon,** 38 r. Basse des Fosses 🕿 03 29 90 90 09, Fax 03 29 90 96 11 – 📺 🕿. **GB**
Repas *(fermé dim. soir et lundi)* 65 (déj.), 115/220 ⌁ – 🖵 30 – **10 ch** 200/280 – ½ P 375.

à Heudicourt-sous-les-Côtes *Nord-Est : 15 km par D 901 et D 133* – 169 h. alt. 240 – ⊠ 55210 .
Voir *Butte de Montsec :* ☀★★, *monument*★ *S : 13 km.*

Lac de Madine (annexe 🛥 🐟), 𝒸 03 29 89 34 80, Fax 03 29 89 39 20, 🍴 – 📺 ☎ 🅴 🅿 –
🏛 40. ☑
fermé 2 au 31 janv. et lundi hors sais. – **Repas** 80/240 🍷, enf. 50 – ⊇ 38 – **48 ch** 250/320 –
½ P 255/295.

🏵 Knutti, 8 pl. du Quartier Colson Blaise 𝒸 03 29 90 27 05

Reis in de omgeving van Parijs met de **Michelinkaarten**
nrs. **101** (schaal 1:50 000) **Banlieue de Paris**
106 (schaal 1:100 000) **Environs de Paris**
237 (schaal 1:200 000) **Ile de France**

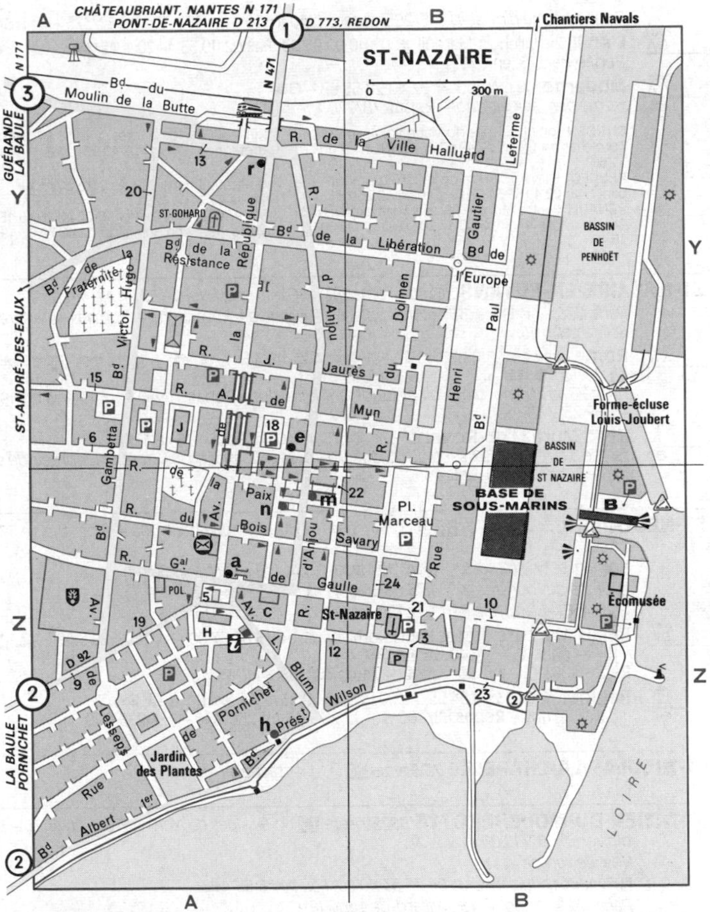

ST-NAZAIRE

(map of St-Nazaire)

ST-NAZAIRE 🕮 44600 Loire-Atl. 🔢 ⑮ G. Bretagne – 64 812 h Agglo. 131 511 h alt. 4.

Voir *Base de sous-marins★ et sortie sous-marine du port★* BZ B – *Terrasse panoramique★* BZ B – *Pont routier de St-Nazaire-St-Brévin★.*

Accès Pont de Saint-Nazaire : *gratuit.*

🛈 *Office de Tourisme pl. F.-Blancho* ℘ 02 40 22 40 65, Fax 02 40 22 19 80.

Paris 438 ① – *Nantes 66* ① – *La Baule 14* ② – *Vannes 77* ③.

Plan page précédente

🏨	**Berry,** 1 pl. Gare ℘ 02 40 22 42 61, Fax 02 40 22 45 34 – 📶 🔄 📺 ☎ 📞, 🅰🅴 ⓪ 🇬🇧 Repas 89/225 🛦 – 🖵 45 – **29 ch** 290/475 – ½ P 280/370.	AY r
🏨	**Europe** sans rest, 2 pl. Martyrs de la Résistance ℘ 02 40 22 49 87, Fax 02 40 66 23 28 – 📺 ☎ 🅿. 🅰🅴 ⓪ 🇬🇧 🖵 35 – **39 ch** 160/360.	AY e
🏠	**Touraine** sans rest, 4 av. République ℘ 02 40 22 47 56, Fax 02 40 22 55 05 – ☎. 🅰🅴 ⓪ 🇬🇧 🖵 26 – **19 ch** 120/215.	AZ a
XXX	**Au Bon Accueil** avec ch, 39 r. Marceau ℘ 02 40 22 07 05, Fax 02 40 19 01 58 – 📺 ☎. 🅰🅴 ⓪ 🇬🇧 Repas *(fermé dim. soir)* 115/295 et carte 240 à 350 – 🖵 48 – **10 ch** 320/375 – ½ P 340.	AZ n
XX	**L'An II,** 2 r. Villebois-Mareuil ℘ 02 40 00 95 33, Fax 02 40 53 44 20 – 🅰🅴 🇬🇧 Repas 110/275, enf. 79.	AZ h
XX 🍽	**Moderne,** 46 r. Anjou ℘ 02 40 22 55 88 – 🇬🇧 *fermé dim. soir et lundi* – **Repas** 78/220 🛦.	AZ m

CITROEN Sonadib, Etoile du Matin voie express
Pornichet par ② ℘ 02 40 17 10 10 🔟 ℘ 02 40 70
21 60
PEUGEOT S.I.N.A., 374 rte de la Côte d'Amour
par ② ℘ 02 40 53 34 77 🔟 ℘ 02 40 95 30 81
RENAULT Centre Auto de l'Etoile, Voie express de
Pornichet par ② ℘ 02 40 17 20 20 🔟 ℘ 08 00 05
15 15

RENAULT Gar. de la Torse, la Torse à Montoir-de-
Bretagne par ① ℘ 02 40 90 02 78

🛞 Picaud Pneus, 210 rte Côte d'Amour
℘ 02 40 70 00 39
SOFRAP, 20 r. H.-Gautier ℘ 02 40 66 15 15
Vulco, 18-22 bd Hôpital ℘ 02 40 70 07 19

ST-NAZAIRE-EN-ROYANS 26190 Drôme 🔢 ③ G. Alpes du Nord – 531 h alt. 172.

Paris 576 – Valence 35 – Grenoble 64 – Pont-en-Royans 10 – Romans-sur-Isère 18 – St-Marcellin 15.

XX	**Rome** avec ch, ℘ 04 75 48 40 69, Fax 04 75 48 31 17, ≤, 🏤 – 📶 🍴 rest 📺 ☎ 🚗 🅿. 🔄 25. 🅰🅴 ⓪ 🇬🇧 *fermé 5 au 30 nov., dim. soir et lundi sauf juil.-août* – **Repas** 90/250 – 🖵 40 – **13 ch** 190/290 – ½ P 255/275.	
X 🍽	**Rest. Muraz "du Royans",** ℘ 04 75 48 40 84, Fax 04 75 48 47 06 – 🇬🇧 *fermé 2 au 10 juin, 22 sept. au 22 oct., mardi sauf le midi en juil.-août et lundi soir de sept. à juin* – **Repas** 85/220, enf. 45.	

ST-NECTAIRE 63710 P.-de-D. 🔢 ⑭ G. Auvergne **(plan)** – 664 h alt. 700 – Stat. therm. (7 avril-11 oct.).

Voir *Église★★ : trésor★★ – Puy de Mazeyres ❋★ E : 3 km puis 30 mn.*

🛈 *Office de Tourisme ℘ 04 73 88 50 86, Fax 04 73 88 54 42.*

Paris 456 – Clermont-Ferrand 42 – Issoire 24 – Le Mont-Dore 25.

🏨	**Relais Mercure** Ⓜ, Les Bains Romains ℘ 04 73 88 57 00, Fax 04 73 88 57 02, 🏖, 🔄, 🞵 – 📶 🔄 📺 ☎ &. – 🔄 40. 🅰🅴 ⓪ 🇬🇧 🇯🇨🇧 Repas 100/165, enf. 50 – 🖵 42 – **71 ch** 300/380 – ½ P 310.
🏠 🍽	**Régina,** ℘ 04 73 88 54 55, Fax 04 73 88 50 56, 🔄 – 🔄 📺 ☎ 🅿. 🇬🇧 *1ᵉʳ avril-1ᵉʳ nov.* – **Repas** 82/160 🛦 – 🖵 25 – **17 ch** 250/330 – ½ P 220/290.

ST-NICOLAS-LA-CHAPELLE 73 Savoie 🔢 ⑦ – rattaché à Flumet.

ST-NIZIER-DU-MOUCHEROTTE 38250 Isère 🔢 ④ G. Alpes du Nord – 575 h alt. 1170 – Sports d'hiver : 1 162/1 200 m 🎿2 🎿.

Voir *Belvédère ❋★★.*

🛈 *Syndicat d'Initiative ℘ 04 76 53 40 60, Fax 04 76 53 44 36.*

Paris 582 – Grenoble 16 – Villard-de-Lans 18.

🏠 🍽	**Le Concorde,** ℘ 04 76 53 42 61, Fax 04 76 53 43 28, ≤, 🏤 – ☎ 🅿. 🇬🇧. 🞵 ch *fermé 31 oct. au 20 déc.* – **Repas** 84/170 🛦 – 🖵 34 – **31 ch** 203/270 – ½ P 217/250.

Visitez la capitale avec le guide Vert Michelin **PARIS.**

ST-OMER 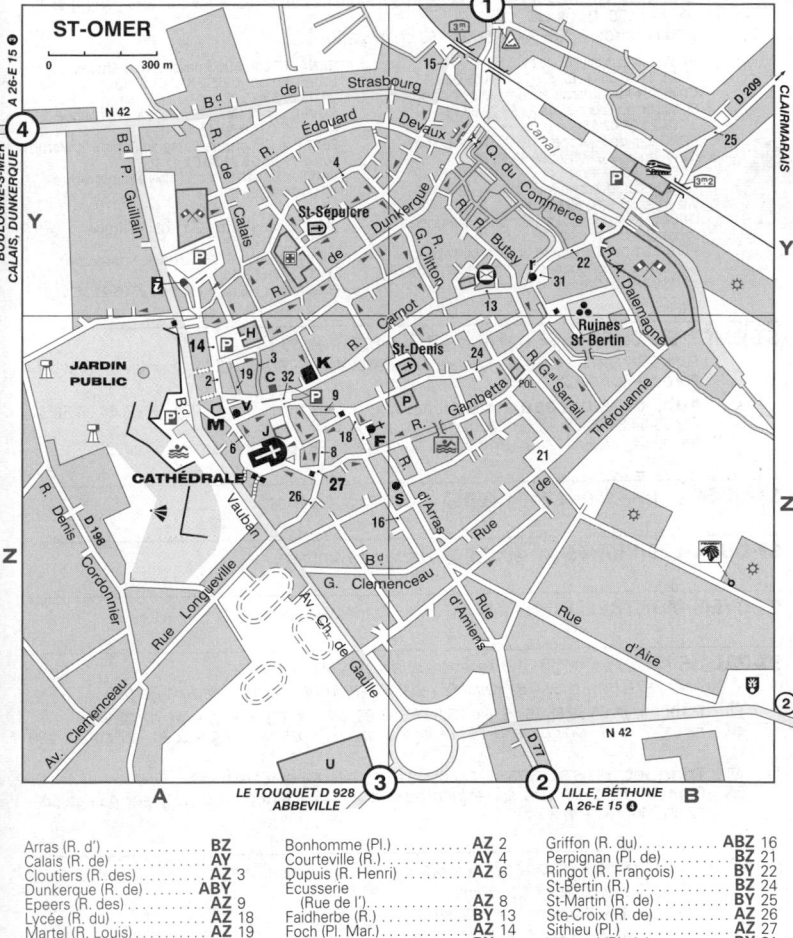 62500 P.-de-C. 🗺 ③ *G. Flandres Artois Picardie* – *14 434 h alt. 23.*

Voir *Cathédrale Notre-Dame*★★ AZ – *Hôtel Sandelin et musée*★ AZ **K** – *Anc. chapelle des Jésuites*★ AZ **F** – *Jardin public*★ AZ – *Marais audomarois* NE : 4 km par D 209.

Env. *Ascenseur des Fontinettes*★ 5,5 km, SE.

🏌 du Bois de Rumingham 🖉 03 21 85 30 33, par ④ ; 🏌🏌 St-Omer Golf Club 🖉 03 21 38 59 90, par ④ N 42 et D 225 : 15 km.

🛈 Office de Tourisme bd P.-Guillain 🖉 03 21 98 08 51, Fax 03 21 98 22 82.

Paris 258 ④ – *Calais 42* ④ – *Abbeville 88* ③ – *Amiens 113* ② – *Arras 78* ④ – *Béthune 51* ④ – *Boulogne-sur-Mer 50* ④ – *Dunkerque 45* ① – *Ieper 52* ② – *Lille 64* ②.

🏨 **Bretagne,** 2 pl. Vainquai 🖉 03 21 38 25 78, Fax 03 21 93 51 22 – 📶 📺 ☎ 🅿 – 🔏 80. 🖭 ⑩ 🅖🅑
BY **r**
Repas *(fermé 11 au 24 août, 2 au 10 janv., dim. soir, sam. et soirs fériés)* 90/175 - **Maëva** grill *(fermé 22 déc. au 2 janv., sam. midi et lundi)* **Repas** 79 ⅃, enf. 35 – ☲ 45 – **75 ch** 290/400.

🏠 **St-Louis,** 25 r. Arras 🖉 03 21 38 35 21, Fax 03 21 38 57 26 – 🍴 rest 📺 ☎ 🗘 🅿. 🖭 🅖🅑.
🍴 rest
BZ **s**
Repas 70/150 ⅃, enf. 50 – ☲ 32 – **30 ch** 185/295.

🏠 **Ibis** Ⓜ, 2 r. H. Dupuis 𝄃 03 21 93 11 11, Fax 03 21 88 80 20 – 🛗 ⇔ 📺 ☎ ᴋ 🅿 – 🔼 25. 🆎
Ⓓ 🆖
Repas 95, enf. 39 – ⌷ 35 – **66 ch** 262/310.

AZ v

à Hallines par ③ et D 211 : 6 km – 1 396 h. alt. 36 – ⊠ 62570 :

XXX **Host. St-Hubert** ♨ avec ch, 𝄃 03 21 39 77 77, Fax 03 21 93 00 86, « Demeure 19ᵉ
siècle, parc avec rivière » – 📺 ☎ 🅿. 🆖
fermé dim. soir et lundi – **Repas** 120/340 et carte 260 à 320 – ⌷ 50 – **9 ch** 350/800.

à Tilques par ④, N 42, N 43 et rte secondaire : 6 km – 900 h. alt. 27 – ⊠ 62500 :

🏰 **Château Tilques** ♨, 𝄃 03 21 88 99 99, Fax 03 21 38 34 23, « Parc », ✕ – ⇔ 📺 ☎ 🅿 –
🔼 25 à 150. 🆎 Ⓓ 🆖, ❀
Repas 100 (déj.), 185/300 – ⌷ 50 – **53 ch** 475/850.

BMW Gar. Lengaigne, 42 av. Joffre
𝄃 03 21 98 50 00 🅽 𝄃 03 21 85 55 00
CITROEN Audomarois Autom., Rte de Calais à
St-Martin au Laert 𝄃 03 21 38 20 88 🅽
𝄃 03 21 98 42 13
FORD Gar. de l'Europe, Ctre Cial Maillebois à
Longuenesse 𝄃 03 21 98 99 33 🅽
𝄃 03 21 98 42 13
LANCIA Gar. Dassonneville, 144 r. L.-Blum à
Wizernes 𝄃 03 21 93 34 04
OPEL Gar. Lemoine, ZI Maillebois, r. St-Adrien à
Longuenesse 𝄃 03 21 38 11 87
PEUGEOT Gar. Damide, ZI du Fort Maillebois, av.
G.-Courbet à Longuenesse 𝄃 03 21 98 04 44 🅽
𝄃 08 00 44 24 24

RENAULT Gar. Audomarois, rte d'Arques à
Longuenesse 𝄃 03 21 12 67 67 🅽
𝄃 03 21 38 70 77
ROVER Gar. Molmy, 83 av. L.-Blum à Longuenesse 𝄃 03 21 38 12 07
SEAT Gar. Rebergue, 39 rte de Calais à St-Martin-
au-Laërt 𝄃 03 21 38 01 41
VAG Gar. Delattre, N de Calais à Salperwick
𝄃 03 21 93 68 37

🏢 Equipneu Point S, ZI r. Lobel à Arques
𝄃 03 21 38 42 43
Equipneu Point S, 35 bis bd de Strasbourg
𝄃 03 21 88 58 34
Euromaster, 16 bis r. Pasteur 𝄃 03 21 38 43 66

ST-OMER-EN-CHAUSSÉE 60860 Oise 55 ⑨ – 1 092 h alt. 99.
Paris 96 – Compiègne 73 – Aumale 37 – Beauvais 13 – Breteuil 31 – Gournay-en-Bray 28 –
Poix-de-Picardie 34.

XX **Aub. de Monceaux**, aux Monceaux, Sud : 1 km sur D 901 𝄃 03 44 84 50 32,
Fax 03 44 84 01 85, 🌫, « Cadre rustique » – 🅿. 🆖
fermé 31 juil. au 14 août, janv., merc. soir et jeudi – **Repas** (dim. prévenir) 115/230.

ST-OUEN 93 Seine-St-Denis 55 ⑳., 101 ⑯ – voir à Paris, Environs.

ST-OUEN-LES-VIGNES 37 I.-et-L. 64 ⑯ – rattaché à Amboise.

ST-OYEN-MONTBELLET 71 S.-et-L. 69 ⑲ ⑳ – rattaché à Fleurville.

ST-PALAIS 64120 Pyr.-Atl. 85 ④ G. Pyrénées Aquitaine – 2 055 h alt. 50.
Paris 787 – Biarritz 67 – Bayonne 56 – Dax 56 – Pau 74 – St-Jean-Pied-de-Port 32.

🏠 **Paix** Ⓜ, 𝄃 05 59 65 73 15, Fax 05 59 65 63 83, 🌫 – 🛗 📺 ☎ 🅿 ᴋ – 🔼 70. 🆎 🆖
🚲 fermé 1ᵉʳ au 15 janv. et vend. soir de janv. à mars – **Repas** 70/150 ♨ – ⌷ 30 – **27 ch** 280/290
– ½ P 250.

🏠 **Trinquet**, 𝄃 05 59 65 73 13, Fax 05 59 65 83 84 – 📺 ☎ ✆. 🆖
🚲 fermé 1ᵉʳ au 15 oct., dim. soir et lundi de sept. au 14 juil. – **Repas** 60/140 ♨, enf. 45 – ⌷ 30 –
12 ch 240/280 – ½ P 240.

ST-PALAIS-SUR-MER 17420 Char.-Mar. 71 ⑮ G. Poitou Vendée Charentes – 2 736 h alt. 5.
Voir La Grande Côte★★ NO : 3 km.
Env. Zoo de la Palmyre★★ NO : 10 km.
🏌 de Royan 𝄃 05 46 23 16 24, N : 3 km.
🎫 Office de Tourisme 1 av. de la République 𝄃 05 46 23 22 58, Fax 05 46 23 36 73.
Paris 511 – Royan 6 – La Rochelle 82.

🏨 **Primavera** ♨, rte Gde Côte, Nord-Ouest : 2 km 𝄃 05 46 23 20 35, Fax 05 46 23 28 78, ≤,
« Élégantes villas 1900 dans un parc face à la mer », 🏊, ✕ – 🛗 📺 ☎ 🅿. 🆎 Ⓓ 🆖, ❀ ch
fermé 1ᵉʳ au 22 déc. et vacances de fév. – **Repas** (fermé mardi soir et merc. d'oct. à mars)
115/225 – ⌷ 48 – **45 ch** 440/620 – ½ P 365/445.

🏠 **Résidence Frivole** ♨ sans rest, 10 av. Platin 𝄃 05 46 23 25 00, Fax 05 46 23 20 25, 🌫
– ☎. 🆎 Ⓓ 🆖
21 mars-23 sept. et 24 oct.-4 nov. – ⌷ 50 – **11 ch** 290/440.

à la plage de Nauzan *Sud-Est : 1,5 km par rte Royan – ✉ 17420 St-Palais-sur-Mer :*

Téthys ⚘, ✆ 05 46 23 33 61, ≤, ☂ – TV ☎ P. GB
mi-mai - mi-sept. – **Repas** 96/195, enf. 40 – ☕ 36 – **23 ch** 275/330 – ½ P 300/350.

CITROEN Gar. Valz, ✆ 05 46 23 10 53

ST-PARDOUX *63440 P.-de-D.* **73** ④ *– 363 h alt. 615.*
Paris 395 – Clermont-Ferrand 41 – Aubusson 94 – Montluçon 51 – Vichy 39.

sur autoroute A 71 *aire des Volcans ou accès de St-Pardoux Sud-Est par N 144 et D 12 : 8 km – ✉ 63440 Champs :*

des Volcans M, ✆ 04 73 33 71 50, Fax 04 73 33 03 78, ≤, ☂, ⛱ – |‡| ✈ ▤ rest TV ☎ ♿ P – 🏔 30. AE GB
Repas 85/117, enf. 44 – ☕ 39 – **46 ch** 335.

RENAULT Gar. Malleret, ✆ 04 73 97 40 94

ST-PARDOUX-LA-CROISILLE *19320 Corrèze* **75** ⑩ *– 173 h alt. 410.*
Paris 504 – Brive-la-Gaillarde 52 – Aurillac 80 – Mauriac 46 – St-Céré 66 – Tulle 25 – Ussel 51.

Beau Site ⚘, ✆ 05 55 27 79 44, Fax 05 55 27 69 52, ≤, parc, ⛱, ✂ – ☎ P. GB. ✂ rest
25 avril-30 sept. – **Repas** 99/225 – ☕ 36 – **28 ch** 250/310 – ½ P 285/295.

ST-PATRICE *37 I.-et-L.* **64** ⑬ *– rattaché à Langeais.*

ST-PAUL *06570 Alpes-Mar.* **84** ⑨, **115** ㉕ *G. Côte d'Azur – 2 903 h alt. 125.*
Voir Site★ – Remparts★ – Fondation Maeght★★.
ℹ Office de Tourisme Maison Tour, r. Grande ✆ et Fax 04 93 32 60 27.
Paris 924 – Nice 21 – Antibes 18 – Cagnes-sur-Mer 9 – Cannes 28 – Grasse 22 – Vence 4.

Le Saint-Paul M ⚘, 86 r. Grande, au village ✆ 04 93 32 65 25, Fax 04 93 32 52 94, ≤, ☂, « Demeure provençale su 16e siècle » – |‡| ▤ TV ☎ ♿. AE ⓓ GB
Repas *(fermé jeudi midi de nov. à mars et merc.)* 185 (déj.), 290/420 – ☕ 90 – **15 ch** 950/1450, 3 appart – ½ P 965/1115.

La Colombe d'Or, ✆ 04 93 32 80 02, Fax 04 93 32 77 78, ☂, « Cadre "vieille provence", collection de peintures et sculptures modernes », ⛱, ⛱ – ▤ ch TV ☎ P. AE ⓓ GB JCB
fermé 3 nov. au 20 déc. – **Repas** carte 240 à 420 – ☕ 60 – **16 ch** 1250, 10 appart – ½ P 825/925.

La Couleur Pourpre, 7 rempart Ouest ✆ 04 93 32 60 14 – AE GB
fermé 15 nov. au 23 déc., merc. midi et mardi de sept à juin et le midi en juil.-août – **Repas** 185.

par rte de La Colle-sur-Loup :

Mas d'Artigny ⚘, rte des Hauts de St-Paul : 3 km ✆ 04 93 32 84 54, Fax 04 93 32 95 36, ≤, ☂, parc, « Appartements avec piscines privées », ⛱, ✂ – |‡| ▤ ch TV ☎ P – 🏔 120. AE ⓓ GB JCB
Repas 290/400 et carte 350 à 450, enf. 120 – ☕ 95 – **55 ch** 800/1850, 29 appart – ½ P 900/1335.

La Grande Bastide M sans rest, 2 km ✆ 04 93 32 50 30, Fax 04 93 32 50 59, ≤, ⛱ – TV ☎ P. AE ⓓ GB
☕ 55 – **10 ch** 550/650.

Le Hameau sans rest, 1 km ✆ 04 93 32 80 24, Fax 04 93 32 55 75, ≤, « Cadre rustique, jardin en terrasses », ⛱ – ▤ ☎ P. GB
fermé 15 nov. au 22 déc. et 6 janv. au 15 fév. – ☕ 54 – **16 ch** 440/620.

Messugues ⚘ sans rest, quartier Gardettes par rte Fondation Maeght : 2 km ✆ 04 93 32 53 32, Fax 04 93 32 94 15, « Piscine originale », ⛱ – |‡| ☎ P. AE ⓓ GB
24 mars-30 sept. – ☕ 50 – **15 ch** 450/650.

au Sud *: 4 km par D 2 et rte secondaire :*

Les Bastides de St-Paul M sans rest, 880 rte Blaquières (D 336 - axe Cagnes-Vence) ✆ 04 92 02 08 07, Fax 04 93 20 50 41, ⛱, ⛱ – TV ☎ ✆ ♿ P. AE ⓓ GB JCB
☕ 50 – **17 ch** 400/650.

Ganz **Europa** auf einer Karte : **Michelin-Karte** Nr. **970**

ST-PAUL-CAP-DE-JOUX 81220 Tarn 82 ⑩ – 924 h alt. 158.
Paris 707 – Toulouse 60 – Albi 51 – Castelnaudary 47 – Castres 24 – Montauban 74.

à Viterbe Nord-Ouest : 7 km par D 112 et D 149 – 234 h. alt. 141 – ⌧ 81220 :

XX **Marronniers,** ✆ 05 63 70 64 96, Fax 05 63 70 60 96, 😊 – **P.** AE ① GB
fermé vacances de Toussaint, mardi soir d'oct. à mars et merc. sauf juil.-août – **Repas**
64 (déj.), 96/156, enf. 40.

ST-PAUL-DE-VARCES 38760 Isère 77 ④ – 1 530 h alt. 428.
Paris 584 – Grenoble 18 – Villard-de-Lans 43 – Voiron 42.

XX **Aub. Messidor,** ✆ 04 76 72 80 64, 😊 – AE GB
fermé fév., dim. soir et lundi – **Repas** 125/260.

ST-PAULIEN 43350 H.-Loire 76 ⑦ G. Vallée du Rhône – 1 872 h alt. 795.
Voir Intérieur★ de l'église.
Paris 537 – Le Puy-en-Velay 14 – La Chaise-Dieu 27 – Craponne-sur-Arzon 25 – St-Étienne 91
– Saugues 44.

🏠 **Voyageurs,** 9 av. Rochelambert ✆ 04 71 00 40 47, Fax 04 71 00 51 05 – 🍽 rest 📺 ☎ ✆
😊 🚗 GB
Repas 65/135 🍷, enf. 40 – � 25 – **13 ch** 205/235 – ½ P 200.

ST-PAUL-LE-JEUNE 07460 Ardèche 80 ⑧ – 862 h alt. 255.
Voir Banne : ruines de la citadelle ≤★ N : 5 km, G. Provence.
Paris 676 – Alès 32 – Aubenas 43 – Pont-St-Esprit 53 – Vallon-Pont-d'Arc 28 – Villefort 37.

X **Moderne** avec ch, ✆ 04 75 39 82 75 – ☎. GB
😊 fermé fév. et merc. – **Repas** 85/175 – ⊐ 28 – **9 ch** 190 – ½ P 210.

ST-PAUL-LÈS-DAX 40 Landes 78 ⑦ – rattaché à Dax.

ST-PAUL-LÈS-ROMANS 26 Drôme 77 ③ – rattaché à Romans-sur-Isère.

ST-PAUL-TROIS-CHATEAUX 26130 Drôme 81 ① G. Vallée du Rhône – 6 789 h alt. 90.
Voir Cathédrale St-Paul★.
Env. Barry ≤★★ S : 8 km.
🛈 Office de Tourisme r. République ✆ 04 75 96 61 29, Fax 04 75 96 74 61.
Paris 630 – Montélimar 27 – Nyons 39 – Orange 32 – Vaison-la-Romaine 35 – Valence 72.

🏛 **L'Esplan** Ⓜ, pl. l'Esplan ✆ 04 75 96 64 64, Fax 04 75 04 92 36, 😊, « Décor contemporain » – 🛋 🍽 📺 ☎ 👌 ᴇ ① GB
fermé 20 déc. au 5 janv. – **Repas** (fermé dim. soir du 15 oct. au 15 avril) 98/270 🍷, enf. 48 –
⊐ 40 – **36 ch** 300/490 – ½ P 340/390.

X **La Vieille France,** ✆ 04 75 96 70 47, Fax 04 75 96 70 47 – AE GB
😊 fermé 1er au 20 août, 5 au 11 janv., lundi soir et dim. – **Repas** 98 (déj.), 130/250.

ST-PÉE-SUR-NIVELLE 64310 Pyr.-Atl. 85 ② – 3 463 h alt. 30.
Paris 789 – Biarritz 17 – Bayonne 21 – Cambo-les-Bains 18 – Pau 131 – St-Jean-de-Luz 14.

à Ibarron Ouest : 1,5 km – ⌧ 64310 St-Pée-sur-Nivelle :

XX **Fronton,** ✆ 05 59 54 10 12, Fax 05 59 54 18 09, 😊 – AE ① GB
fermé fév., mardi soir et merc. d'oct. à mai – **Repas** 130/238.

à l'Ouest : 4 km par rte de St-Jean-de-Luz et D 307 – ⌧ 64310 St-Pée-sur-Nivelle :

🏠 **Aub. Basque** 🦢 sans rest, ✆ 05 59 54 10 15, ≤, « Jardin ombragé » – ☎ **P.** GB. 🌿
Pâques-oct. – ⊐ 30 – **19 ch** 300.

ST-PÉRAY 07130 Ardèche 77 ⑪ ⑫ – 5 886 h alt. 124.
Voir Ruines du château de Crussol : site★★★ et ≤★★ SE : 2 km, G. Vallée du Rhône.
Env. Saint-Romain-de-Lerps ❊★★★ NO : 9,5 km par D 287.
🛈 Syndicat d'Initiative 45 r. République ✆ 04 75 40 46 75.
Paris 562 – Valence 4 – Lamastre 35 – Privas 39 – Tournon-sur-Rhône 15.

🏠 **Pôle 2000** Ⓜ, rte Granges-lès-Valence ✆ 04 75 40 55 56, Fax 04 75 40 29 72 – 📺 ☎ ✆ ♿
😊 **P.** AE ① GB
Repas (fermé août, vend. soir et sam.) 85/139 🍷 – ⊐ 29 – **25 ch** 199/244 – ½ P 196.

à Cornas *Nord : 2 km par N 86 – 2 102 h. alt. 130 –* ✉ *07130 :*

　　✗ **Ollier,** ℰ 04 75 40 32 17 – 🗐. ☒
　　fermé 6 au 27 août, vacances de fév., lundi soir et jeudi soir d'oct. à mars, mardi soir et merc. – **Repas** 90/180.

à Soyons *Sud : 7 km par N 86 – 1 551 h. alt. 106 –* ✉ *07130 :*

　　🏨 **Domaine de la Musardière** 🅜, ℰ 04 75 60 83 55, Fax 04 75 60 85 21, 😮, parc, 🛁,
　　🔥, ✗ – 📶 ≈× ➡ 🄿 – 🔬 30. 🖭 ⓞ ☒ ᴊᴄʙ. ❄ ch
　　Repas 120/390 – 😐 95 – **12 ch** 650/1200, 3 appart – ½ P 750/950.
　　La Châtaigneraie 🏨,, parc, 🔥, ✗ – cuisinette 🗐 ch 📶 ☎ 🄿. 🖭 ⓞ ☒
　　Repas voir ***Domaine de la Musardière*** – 😐 95 – **18 ch** 450/650 – ½ P 550.

ST-PÈRE *89 Yonne* 🟦🟦 ⑮ ⑯ *– rattaché à Vézelay.*

ST-PÉREUSE *58110 Nièvre* 🟦🟦 ⑥ *– 260 h alt. 355.*
　　Paris 265 – Autun 54 – Château-Chinon 14 – Clamecy 57 – Nevers 55.

　　✗✗ **La Madonette,** ℰ 03 86 84 45 37, Fax 03 86 84 46 69, 😮, « Jardin fleuri » – ☒
　　fermé 15 déc. au 31 janv. et merc. sauf juil.-août – **Repas** 60/240 🍷, enf. 55.

ST-PEY-DE-CASTETS *33350 Gironde* 🟦🟦 ⑫ *– 597 h alt. 80.*
　　Paris 561 – Bordeaux 48 – Bergerac 53 – Libourne 24 – La Réole 32.

　　✗ **Aub. Gasconne,** ℰ 05 57 40 52 08, Fax 05 57 40 52 08 – 🄿. ☒
　　fermé 15 au 28 fév., dim. soir et lundi – **Repas** 75 bc (déj.), 95/265.

ST-PIERRE-DE-BOEUF *42520 Loire* 🟦🟦 ① *– 1 174 h alt. 142.*
　　Paris 510 – Annonay 24 – Lyon 52 – St-Étienne 56 – Tournon-sur-Rhône 46 – Vienne 23.

　　✗✗ **La Diligence,** ℰ 04 74 87 12 19, Fax 04 74 87 10 08 – 🗐. 🖭 ☒
　　fermé dim. soir et lundi sauf fériés – **Repas** 82/270.

ST-PIERRE-DE-CHARTREUSE *38380 Isère* 🟦🟦 ⑤ *G. Alpes du Nord – 650 h alt. 885 – Sports d'hiver : 900/1 800 m* ✗ 1 ✗ 11 ✗.
　　Voir *Terrasse de la Mairie* ≤★ *– Prairie de Valombré* ≤★ *sur couvent de la Grande Chartreuse O : 4 km – Site★ de Perquelin E : 3 km – La Correrie : musée Cartusien★ du couvent de la Grande Chartreuse NO : 3,5 km – Décoration★ de l'église de St-Hugues-de-Chartreuse S : 4 km.*
　　🗓 *Office de Tourisme* ℰ 04 76 88 62 08, Fax 04 76 88 64 65.
　　Paris 575 – Grenoble 28 – Belley 64 – Chambéry 39 – La Tour-du-Pin 53 – Voiron 26.

　　🏨 **Beau Site,** ℰ 04 76 88 61 34, Fax 04 76 88 64 69, ≤, 🔥 – 🍴 ☎ – 🔬 30. ⓞ ☒
　　fermé 15 oct. au 20 déc. – **Repas** *(fermé dim. soir et lundi hors sais.)* 80/140, enf. 50 – 😐 35 – **31 ch** 300/360 – ½ P 300/330.

　　🏠 **Le Saint-Pierre,** La Diat Sud-Ouest : 1 km ℰ 04 76 88 65 79, Fax 04 76 88 68 95 – ☎. 🖭
　　ⓞ ☒. ❄
　　fermé 15 nov. au 15 déc., dim. soir et lundi hors sais. – **Repas** 85/158 🍷, enf. 50 – 😐 40 – **7 ch** 240/280 – ½ P 240/260.

　　✗ **Aub. Atre Fleuri** ❄ avec ch, Sud : 3 km sur D 512 ℰ 04 76 88 60 21, Fax 04 76 88 64 97,
　　😮, 😮 – ☎ 🄿. ☒
　　fermé 15 au 30 avril, 15 oct. au 25 déc., lundi soir et mardi sauf juil.-août, fév. et mars –
　　Repas 80/215, enf. 50 – 😐 30 – **7 ch** 195/220 – ½ P 220/230.

　　✗ **Le Chant d'Aile,** ℰ 04 76 88 60 72, Fax 04 76 88 69 73, 😮 – 🖭 ☒
　　fermé 15 nov. au 15 déc., mardi soir et merc. – **Repas** 80/195 🍷, enf. 45.

au col du Cucheron *Nord : 3,5 km par D 512 – Sports d'hiver au Planolet : 1 050/1 500 m* ✗ 7 ✗ –
　　✉ *38380 St-Pierre-de-Charteuse :*

　　✗ **Chalet H. du Cucheron** ❄ avec ch, ℰ 04 76 88 62 06, Fax 04 76 88 65 43, ≤, 😮 – 🖭
　　ⓞ ☒. ❄ rest
　　fermé 13 oct. au 24 déc., 12 au 23 janv. et lundi sauf vacances scolaires – **Repas** 94/155 🍷,
　　enf. 50 – 😐 29 – **7 ch** 145/200 – ½ P 192/225.

ST-PIERRE-D'ENTREMONT *73670 Savoie* 🟦🟦 ⑮ *G. Alpes du Nord – 294 h alt. 640.*
　　Voir *Cirque de St-Même★★ SE : 4,5 km – Gorges du Guiers Vif★★ et Pas du Frou★★ O : 5 km – Château du Gouvernement★ : ≤★ SO : 3 km.*
　　🗓 *Office de Tourisme de la Vallée des Entremonts* ℰ *et Fax 04 79 65 81 90.*
　　Paris 553 – Grenoble 47 – Belley 59 – Chambéry 27 – Les Echelles 12 – Lyon 109.

H. du Château de Montbel, 🕭 04 79 65 81 65, Fax 04 79 65 89 49 – 🛗 ☎ 🚗, 🇬🇧, 🛠
fermé 18 au 26 avril, 25 oct. à fin nov., dim. soir et lundi sauf vacances scolaires – **Repas**
80/190, enf. 60 – ☑ 32 – **15 ch** 180/260 – ½ P 220/265.

✗ **Aub. du Cozon**, Nord : 1 km rte Granier 🕭 04 79 65 80 09, Fax 04 79 65 89 09, 🌧 – 🅿.
🗚 ① 🇬🇧 ᴊᴄʙ, 🛠
fermé 5 janv. au 4 fév., dim. soir, lundi soir et mardi soir sauf juil.-août et fériés – **Repas**
100/205 🍷.

ST-PIERRE-DES-CORPS 37 I.-et-L. 👊 ⑮ – *rattaché à Tours.*

ST-PIERRE-DES-NIDS 53370 Mayenne 👊 ② – 1 595 h alt. 246.
Paris 208 – *Alençon 16* – Argentan 44 – Domfront 49 – Laval 79 – Mayenne 40.

✗✗ **Dauphin** avec ch, rte Alençon 🕭 02 43 03 52 12, Fax 02 43 03 55 49 – 📺 ☎ 🅿. 🗚 🇬🇧. 🛠
🚷 *fermé 24 août au 8 sept., vacances de fév. et merc. du 1ᵉʳ sept. à Pâques* – **Repas** 92/265 🍷,
enf. 47 – ☑ 35 – **9 ch** 145/275 – ½ P 290.

RENAULT Gar. Lechat, 🕭 02 43 03 50 71

ST-PIERRE-D'OLÉRON 17 Char.-Mar. 👊 ⑬ – *voir à Oléron (Ile d').*

ST-PIERRE-DU-VAUVRAY 27 Eure 👊 ⑰ – *rattaché à Louviers.*

ST-PIERRE-LAFEUILLE 46090 Lot 👊 ⑧ – 217 h alt. 350.
Paris 572 – *Cahors 10* – Figeac 62 – Payrac 38 – Puy-l'Évêque 34 – Rocamadour 47.

✗✗ **La Bergerie**, N 20 🕭 05 65 36 82 82, Fax 05 65 36 82 40, 🌧 – 🅿. 🇬🇧
fermé 10 janv. au 6 fév., dim. soir et lundi sauf juil.-août – **Repas** 90/240, enf. 55.

ST-PIERRE-LANGERS 50530 Manche 👊 ⑦ – 357 h alt. 40.
Paris 343 – *St-Lô 59* – St-Malo 83 – Avranches 17 – Granville 11.

✗✗ **Le Jardin de l'Abbaye**, Croix Barrée 🕭 02 33 48 49 08, Fax 02 33 48 18 50 – 🇬🇧
🚷 *fermé 28 sept. au 18 oct., fév., dim. soir sauf juil.-août et lundi* – **Repas** 100/350, enf. 60.

ST-PIERRE-LE-MOUTIER 58240 Nièvre 👊 ③ G. Bourgogne – 2 091 h alt. 214.
🖪 Syndicat d'Initiative à la Mairie 🕭 03 86 37 42 09, Fax 03 86 37 45 80.
Paris 258 – *Bourges 70* – Moulins 32 – Château-Chinon 87 – Montluçon 75 – Nevers 25.

🏠 **Vieux Puits** sans rest, près Église 🕭 03 86 37 44 77, Fax 03 86 37 49 05 – 📺 ☎. 🗚 🇬🇧
☑ 35 – **11 ch** 230/325.

✗✗ **La Vigne** avec ch, rte Decize 🕭 03 86 37 41 66, Fax 03 86 37 28 90, 🌧, parc – 📺 ☎ 🕭 🅿.
🇬🇧
fermé merc. (sauf hôtel) et dim. soir d'oct. à mars – **Repas** (dim. et fêtes prévenir) 95/270 –
☑ 50 – **12 ch** 260/330 – ½ P 276/350.

CITROEN Gar. Belli, pl. Jeanne-d'Arc 🕭 03 86 37 40 60

ST-PIERRE-LÈS-AUBAGNE 13 B.-du-R. 👊 ⑭,, 👊 ㉙ ㉚ – *rattaché à Aubagne.*

ST-PIERREMONT 88700 Vosges 👊 ⑥ – 167 h alt. 251.
Paris 359 – *Nancy 54* – Lunéville 25 – St-Dié 41.

🏠 **Relais Vosgien**, 🕭 03 29 65 02 46, Fax 03 29 65 02 83, 🌧, 🐎 – ☎ 🕭 🅿. 🇬🇧
🚷 *fermé 25 déc. au 15 janv.* – **Repas** (fermé sam. midi) 80/220 🍷, enf. 50 – ☑ 35 – **17 ch**
180/270 – ½ P 200/280.

ST-PIERRE-QUIBERON 56 Morbihan 👊 ⑪ ⑫ – *rattaché à Quiberon.*

ST-POL-DE-LÉON 29250 Finistère 👊 ⑥ G. Bretagne – 7 261 h alt. 60.
Voir Clocher⋆⋆ de la chapelle du Kreisker⋆ : 🔭⋆⋆ de la tour – Ancienne cathédrale⋆ –
Rocher Ste-Anne : ≤⋆ dans la descente.
🖪 Office de Tourisme pl. de l'Évêché 🕭 02 98 69 05 69, Fax 02 98 69 01 20.
Paris 557 – Brest 60 – Brignogan-Plages 30 – Morlaix 20 – Roscoff 5.

🏠 **France**, r. Minimes 𝒫 02 98 29 14 14, Fax 02 98 29 10 57, ⚙ – 📺 ☎ ✆ 🅿 – 🛁 50. 🆎 🆖
fermé lundi d'oct. à avril – **Repas** 89/169, enf. 45 – ☲ 37 – **20 ch** 290 – ½ P 280.

RENAULT Gar. Huitric, rte de Plouenan - la Gare
𝒫 02 98 29 02 82 🆕 𝒫 08 00 05 15 15

⓵ Caroff Pneus, 26 r. de Brest 𝒫 02 98 69 08 87
🆕 𝒫 02 98 69 08 33

ST-PONS-DE-THOMIÈRES 34220 Hérault 🎱🎱 ⑬ *G. Gorges du Tarn* – 2 566 h alt. 301.

Voir *Grotte de la Devèze★ SO : 5 km.*

🅱 Office de Tourisme pl. du Foirail 𝒫 04 67 97 06 65, Fax 04 67 97 29 65.
Paris 766 – Béziers 53 – Carcassonne 65 – Castres 53 – Lodève 73 – Narbonne 52.

🍴 **La Route du Sel**, 15 Grand'Rue 𝒫 04 67 97 05 14, Fax 04 67 97 13 70 – 📟. 🆖
fermé 20 janv. au 10 fév., dim. soir et lundi – **Repas** 95/210.

au Nord : *10 km sur D 907* – ✉ *34220 St-Pons* :

🍴🍴 **Aub. du Cabaretou** 🦢 *avec ch,* 𝒫 04 67 97 02 31, Fax 04 67 97 32 74, ≤ *vallée et*
🏠 *montagne*, 🍽 , ⚙ – 📺 ☎ 🅿 . 🆎 ⓞ 🆖
fermé mi-janv. à mi-fév., dim. soir et lundi d'oct. à avril – **Repas** 95/255 – ☲ 45 – **11 ch**
250/280 – ½ P 260/270.

ST-POURÇAIN-SUR-SIOULE 03500 Allier 🎱🎱 ⑭ *G. Auvergne* – 5 159 h alt. 234.

Voir *Église Ste-Croix★ AYB – Musée de la Vigne et du Vin★ AY M.*

🅱 de Briailles 𝒫 04 70 45 49 49, E : 3 km par D 130 BZ et VO.
🅱 Office de Tourisme 35 bd L.-Rollin 𝒫 04 70 45 32 73, Fax 04 70 45 60 27.
Paris 375 ① – Moulins 32 ① – Montluçon 64 ⑤ – Riom 52 ③ – Roanne 79 ② – Vichy 28 ③.

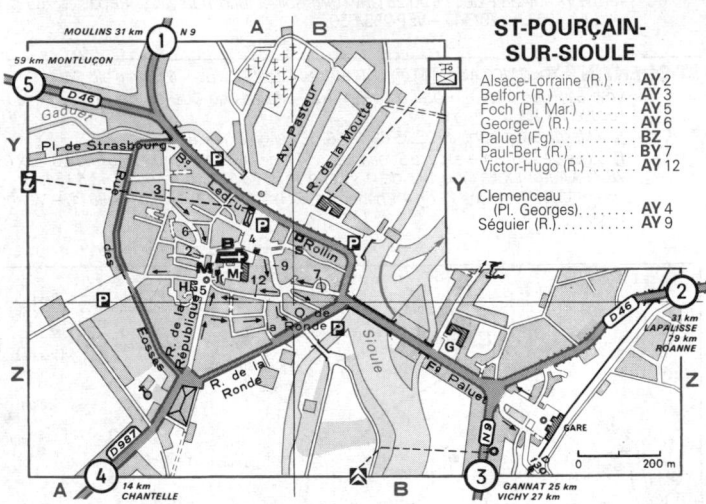

ST-POURÇAIN-SUR-SIOULE

Alsace-Lorraine (R.)	**AY** 2
Belfort (R.)	**AY** 3
Foch (Pl. Mar.)	**AY** 5
George-V (R.)	**AY** 6
Paluet (Fg).	**BZ**
Paul-Bert (R.).	**BY** 7
Victor-Hugo (R.)	**AY** 12
Clemenceau	
(Pl. Georges).	**AY** 4
Séguier (R.).	**AY** 9

🏨 **Chêne Vert**, bd Ledru-Rollin 𝒫 04 70 45 40 65, Fax 04 70 45 68 50, 🍽 – 📺 ☎ 🅿 – 🛁 40.
🆎 ⓞ 🆖   ABY s
fermé 2 au 31 janv., dim. soir et lundi du 1ᵉʳ oct. au 15 juin – **Repas** 95/200 – ☲ 40 – **31 ch**
230/410.

CITROEN Gar. Poubeau, 53 rte de Gannat
𝒫 04 70 45 33 99 🆕 𝒫 04 70 45 33 99
FORD Gar. Gaulmin, 7 pl. Liberté 𝒫 04 70 45 37 39
PEUGEOT Gar. Orpelière, 39-41 rte de Montmarault
par ⑤ 𝒫 04 70 45 51 36

⓵ Euromaster, 1 r. Gare 𝒫 04 70 45 59 15

ST-PRIEST-BRAMEFANT 63 P.-de-D. 🎱🎱 ⑤ – *rattaché à Randan.*

Des pneus mal gonflés s'usent vite, tiennent moins bien la route,
sont moins confortables. Respectez les pressions recommandées.

ST-PRIEST-TAURION 87480 H.-Vienne 72 ⑧ G. Berry Limousin – 2 506 h alt. 255.

Env. Ambazac : chasse★★ et dalmatique★ dans l'église, ≤★ du parc de Montméry N : 9 km par D 44.

Paris 390 – Limoges 14 – Bellac 47 – Bourganeuf 36 – La Souterraine 51.

🏠 **Relais du Taurion**, ℘ 05 55 39 70 14, Fax 05 55 39 67 63, 🌾 – 📺 ☎ 📞 ℙ, ⍾ fermé 1er au 7 sept. et 15 déc. au 15 janv. – Repas 105/200, enf. 55 – ⌧ 35 – **8 ch** 250/300 – ½ P 275.

ST-PROJET 15 Cantal 76 ⑪ ⑫ – alt. 220 – ✉ 15340 Calvinet.

Paris 614 – Aurillac 46 – Rodez 46 – Entraygues-sur-Truyère 22 – Figeac 39 – Villefranche-de-Rouergue 62.

⛲ **Pont**, ℘ 04 71 49 94 21, Fax 04 71 49 96 10, ≤, 🌦, parc – ☎ ℙ, ⍾
⍾ 8 mars-30 nov – Repas 65/150 ⏣, enf. 48 – ⌧ 37 – **12 ch** 125/210 – ½ P 175/220.

ST-QUAY-PORTRIEUX 22410 C.-d'Armor 59 ③ G. Bretagne – 3 018 h alt. 25 – Casino .

🏌 des Ajoncs d'Or ℘ 02 96 71 90 74, O : 7 km.

🚹 Office de Tourisme 17 bis, r. Jeanne d'Arc ℘ 02 96 70 40 64, Fax 02 96 70 39 99.

Paris 470 – St-Brieuc 22 – Étables-sur-Mer 3 – Guingamp 28 – Lannion 53 – Paimpol 26.

🏨 **Ker Moor** ⏣, 13 r. Prés. Le Sénécal ℘ 02 96 70 52 22, Fax 02 96 70 50 49, ≤ côte et mer, 🌾 – ⊫ 📺 ☎ ℙ – 🈴 25. ⍾ ⍾ ⍾. ⍾ rest
Repas 135/205 – ⌧ 50 – **29 ch** 405/530 – ½ P 485/580.

🏨 **Gerbot d'Avoine**, bd Littoral ℘ 02 96 70 40 09, Fax 02 96 70 34 06 – 📺 ☎ 📞 ℙ, ⍾
⍾ fermé 17 nov. au 8 déc., 5 au 26 janv., dim. soir et lundi hors sais. – Repas 85/285 ⏣, enf. 48 – ⌧ 44 – **20 ch** 220/345 – ½ P 255/330.

ST-QUENTIN ⟨P⟩ 02100 Aisne 53 ⑭ G. Flandres Artois Picardie – 60 644 h alt. 74.

Voir Basilique★ BY – Hôtel de ville★ AZ – Pastels de Quentin de La Tour★★ au musée Lécuyer AY M[1].

🏌 à Mesnil-St-Laurent ℘ 03 23 68 19 48, SE par ③ D 12 : 10 km.

🚹 Office de Tourisme espace St-Jacques, 14 r. de la Sellerie ℘ 03 23 67 05 00, Fax 03 23 67 78 71 – Automobile Club 14 r. de la Sellerie ℘ 03 23 67 05 00 et 03 23 62 30 34.

Paris 152 ⑤ – Amiens 75 ⑥ – Charleroi 158 ③ – Lille 112 ⑥ – Reims 98 ③ – Valenciennes 80 ⑥.

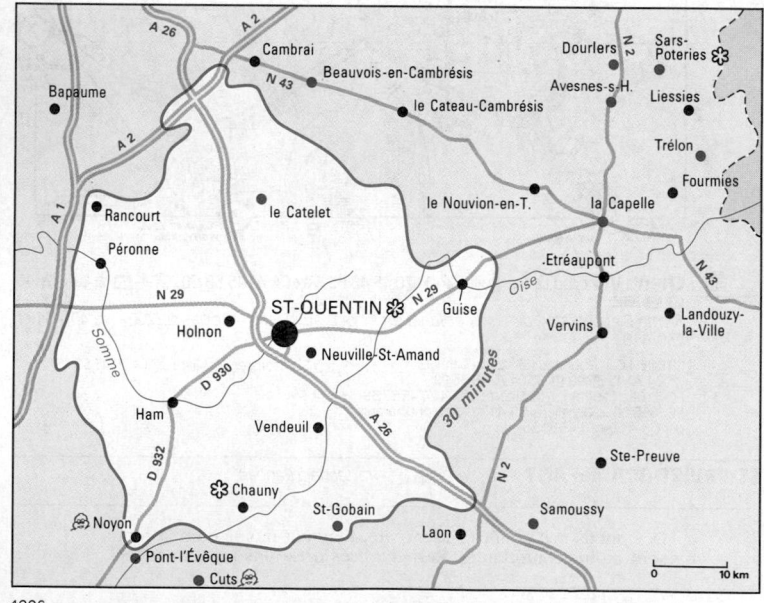

ST-QUENTIN

Gd Hôtel et rest. Président Ⓜ, 6 r. Dachery ℘ 03 23 62 69 77, Fax 03 23 62 53 52 – 🛗
🖂 📺 ☎ 🗲 👌 🅿 – 🕍 30. 🖭 ⓞ ☺ 🕮   BZ **n**
Repas *(fermé 28 juil. au 25 août, 22 au 29 déc., sam. midi et dim. sauf fériés)* 180 bc/330 et
carte 300 à 410 – ☑ 60 – **24 ch** 420/600
Spéc. Poêlée de langoustines et Saint-Jacques au pistou (oct. à mai). ''Soissoulet'' d'agneau
à la picarde. Soufflé à la chicorée à café et son coulis.

Paix et Albert 1er, 3 pl. 8-Octobre ℘ 03 23 62 77 62, Fax 03 23 62 66 03 – 🛗 📺 ☎ 🗲 🅿 –
🕍 40. 🖭 ⓞ ☺   BZ **a**
Le Brésilien : Repas 105/160, enf. 65 – *Le Carnotzet :* Repas (dîner seul.) 105, enf. 65 –
☑ 38 – **52 ch** 285/320.

ST-QUENTIN

Croix-Belle-Porte (R.) ...... **AY 6**
États-Généraux (R. des).. **AY 8**
Hôtel-de-Ville (Pl. de l').... **AZ 17**
Isle (R. d') .... **BZ**
Lyon (R. de) .... **BZ 24**
Raspail (R.) .... **AY**
Sellerie (R. de la) .... **BZ 33**
Zola (R. Émile) .... **AZ**

Basilique (Pl. de la) ...... **ABY 2**
Brossolette (R. Pierre) ..... **AZ 3**
Canonniers (R. des) .... **AZ 4**
Faidherbe (Av.) .... **AZ 10**
Gaulle (Av. Gén.-de) .... **BZ 13**
Gouvernement (R. du) ..... **BY 15**
Leclerc (R. Gén.) .... **BZ 21**
Le Sérurier (R.) .... **AY 23**
Marché-Franc
(Pl. du) .... **BZ 25**
Mulhouse (R. de) .... **BY 26**

Picard (R. Ch.) .... **BY 28**
Pompidou (R. G.) .... **AY 29**
Prés.-J.-F.-Kennedy
(R. du) .... **AY 30**
St-André (R.) .... **AZ 32**
Sous-Préfecture
(R. de la) .... **BZ 34**
Thomas (R. A.) .... **AY 36**
Toiles (R. des) .... **BZ 37**
Verdun (Bd) .... **AZ 38**
8-Octobre (Pl. du) .... **BZ 41**

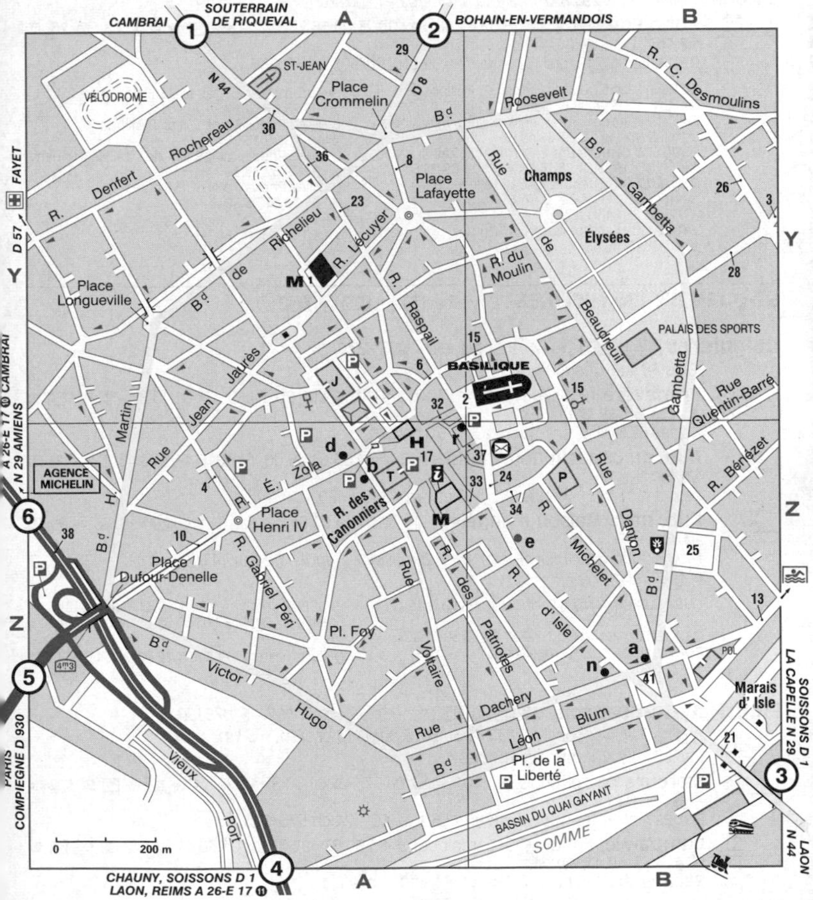

1207

🏨 **Ibis** M, 14 pl. Basilique ℰ 03 23 67 40 40, Fax 03 23 62 69 36 – |≜| ✦ ▦ rest 🗺 ☎ ✆ &. 🖭
⓪ ☷   ABZ   r
Repas (fermé dim. soir et soirs fériés) 95/147 bc, enf. 45 – ☷ 36 – **49 ch** 300/310.

🏨 **Mémorial** sans rest, 8 r. Comédie ℰ 03 23 67 90 09, Fax 03 23 62 34 96 – 🗺 ☎ ✆ 🅿. 🖭
⓪ ☷   AZ   b
☷ 45 – **18 ch** 280/380.

🏨 **France et Angleterre** sans rest, 28 r. E. Zola ℰ 03 23 62 13 10, Fax 03 23 62 63 44 – ✦
🗺 🖭 ☷ ⒿⒸⒷ   AZ   d
☷ 35 – **28 ch** 120/250.

XXX **Le Rond d'Alembert**, 27 r. d'Isle ℰ 03 23 64 46 46, Fax 03 23 64 49 90 – |≜|. 🖭 ⓪ ☷
fermé sam. midi et dim. – **Repas** 150 bc/240 et carte 240 à 310, enf. 70.   BZ   e

à Neuville-St-Amand Sud-Est : 3 km par ③ et D 12 – 916 h. alt. 82 – ✉ 02100 :

🏨 **Le Château** ⬡, ℰ 03 23 68 41 82, Fax 03 23 68 46 02, parc – 🗺 ☎ ✆ 🅿 – 🔬 25. 🖭 ⓪
☷. ✂ ch
fermé 28 juil. au 17 août, 24 au 31 déc., sam. midi et dim. soir – **Repas** 125/345 – ☷ 45 –
15 ch 330/390.

par ⑥ **et N 29 : 2 km** – ✉ 02100 St-Quentin :

🏨 **Campanile**, ℰ 03 23 67 91 22, Fax 03 23 67 49 55 – ✦ 🗺 ☎ ✆ &. 🅿 – 🔬 25. 🖭 ⓪ ☷
☷ **Repas** 84 bc/107 bc, enf. 39 – ☷ 32 – **39 ch** 278.

à Holnon par ⑥ et N 29 : 6 km – 1 199 h. alt. 102 – ✉ 02760 :

🏨 **Pot d'Étain** M, ℰ 03 23 09 61 46, Fax 03 23 09 66 55, 😋 – ✦ 🗺 ☎ ✆ &. 🅿 – 🔬 25. 🖭
Repas 95 bc/210, enf. 50 – ☷ 32 – **32 ch** 290/505 – ½ P 250.

CITROEN Saint-Quentin Auto, r. G.-Philippe à
Gauchy ℰ 03 23 08 68 00
FIAT P.P.B Autom., 92 av. des Fusillés à Fontaine-
Notre-Dame ℰ 03 23 68 19 87
PEUGEOT Center Auto, r. Parmentier ZAC la Vallée
par ⑥ ℰ 03 23 64 16 16 N ℰ 03 23 08 03 63
RENAULT Gar. Gueudet, ZAC La Vallée, r. Par-
mentier par ⑥ ℰ 03 23 67 47 47 N
ℰ 06 08 55 64 91
VAG Gar. du Cambrésis, 98 r. A.-Dumas
ℰ 03 23 62 45 43

◍ Euromaster, 51 ter av. Gén.-de-Gaulle
ℰ 03 23 06 67 67
Lepilliez Pneus Point S, 3 pl. Basilique
ℰ 03 23 62 33 30
Lepilliez Pneus Point S, ZI r. de Picardie à Gauchy
ℰ 03 23 62 33 30
Lepilliez Pneus Point S, 155 r. de Fayet
ℰ 03 23 62 33 30

ST-QUENTIN-EN-YVELINES 78 Yvelines ⑥⓪ ③, 🔟🔢 ㉘, 🔟🔢 ㉑.

Coignières ⑥⓪ ③, 🔟🔢 ㉘ – 4 157 h alt. 160 – ✉ 78310 .
Paris 38 – St-Quentin-en-Yvelines 7.

🏨 **Primevère** M, 1 r. Prévenderie (N 10) ℰ 01 34 61 00 90, Fax 01 34 61 15 87 – |≜| ✦ 🗺 ☎
☷ &. – 🔬 60. 🖭 ☷
Repas 69/104 &., enf. 46 – ☷ 32 – **70 ch** 270.

XXX **Aub. du Capucin Gourmand**, N 10 ℰ 01 34 61 46 06, Fax 01 34 61 73 46, 😋 – 🅿. 🖭
⓪ ☷
fermé dim. soir – **Repas** 250/350 et carte 330 à 480.

XXX **Aub. de la Maison d'Angèle**, N 10 ℰ 01 34 61 64 39, Fax 01 34 61 94 30, 😋 – 🅿. 🖭
⓪ ☷
fermé août, 7 au 14 avril, sam. midi, dim. soir et lundi – **Repas** 147/249 et carte 250 à 320,
enf. 60.

CHRYSLER, HYUNDAI Pacific Motors, 98 N 10
ℰ 01 34 61 06 25
CITROEN Gar. Collet, 21 N 10 ℰ 01 30 50 11 30
FORD Gar. Poroux, 88 rte Nationale
ℰ 01 30 13 74 74

PEUGEOT Coignières Autom., ZI Pariwest, 2 r.
Fresnel ℰ 01 34 82 03 30 N ℰ 08 00 44 24 24

◍ Euromaster, 109-115 N 10 ℰ 01 34 61 47 37

Montigny-le-Bretonneux ⑥⓪ ③, 🔟🔢 ㉘ – 31 687 h alt. 162 – ✉ 78180 .
🏌 🏌 🏌 Club National ℰ 01 30 43 36 00, E par D 36 et D 912 : 5 km.
Paris 31 – St-Quentin-en-Yvelines 3.

🏨 **Mercure** M, 9 pl. Choiseul ℰ 01 30 57 00 57, Fax 01 30 57 15 22, 😋 – |≜| ✦ 🗺 ☎ &. ⬠
– 🔬 70. 🖭 ⓪ ☷
Repas (fermé les week-ends) 95/155 – ☷ 60 – **74 ch** 575/625.

🏨 **Campanile**, 2 pl. Ovale (G. Pompidou) ℰ 01 30 57 49 50, Fax 01 30 44 27 37 – |≜| ✦ 🗺 ☎
✆ &. – 🔬 40. 🖭 ⓪ ☷
Repas 92 bc/119 bc, enf. 39 – ☷ 34 – **108 ch** 340.

FIAT Sodiam 78, 1 r. N.-Copernic à Guyancourt
𝄐 01 30 43 39 39
PEUGEOT SOVEDA, N 286 𝄐 01 30 45 09 42 🅽
𝄐 08 00 44 24 24

RENAULT Gar. Cedam, 43 av. de Manet
𝄐 01 30 43 25 79 🅽 𝄐 08 00 05 15 15
VAG M.B.A., ZAC 10 av. des Prés
𝄐 01 30 44 12 12

Voisins-le-Bretonneux 🔟 ⑨, 🔟🔟🔟 ㉙ – 11 220 h alt. 163 – ⊠ 78960.
Paris 34 – St-Quentin-en-Yvelines 5.

🏠 **Le Relais de Voisins** Ⓜ ⬎, av. Grand-Pré 𝄐 01 30 44 11 55, Fax 01 30 44 02 04, 🌤 –
🍴 🔟 ☎ 🅿 – 🔬 40. ☒
fermé 1er au 15 août – **Repas** *(fermé dim. soir)* 79/159 ⅄ – ⊊ 32 – **54 ch** 310.

🏠 **Port Royal** ⬎ sans rest, 20 r. H. Boucher 𝄐 01 30 44 16 27, Fax 01 30 57 52 11, ☞ – '☞
🔟 ☎ ❅ 🅿. ☒
⊊ 32 – **40 ch** 260/290.

au golf national *Est : 2 km par D 36 – ⊠ 78114 Magny-les-Hameaux :*

🏰 **Novotel St-Quentin Golf National** Ⓜ ⬎, 𝄐 01 30 57 65 65, Fax 01 30 57 65 00, ≤,
🌤, 🛏, 🛋, ☞, ❈ – 🛗 '☞ 🔟 ☎ ⅃ 🅿 – 🔬 200. ☒ ⑩ ☒
Repas 145, enf. 50 – ⊊ 55 – **131 ch** 495/550.

ST-QUENTIN-SUR-LE-HOMME 50 Manche 🔟🔟 ⑧ – rattaché à Avranches.

ST-QUIRIN 57560 Moselle 🔟🔟 ⑧ G. Alsace Lorraine – 904 h alt. 305.
🅱 Syndicat d'Initiative 𝄐 03 87 08 60 34.
Paris 437 – Strasbourg 91 – Baccarat 41 – Lunéville 55 – Phalsbourg 33 – Sarrebourg 18.

XX **Host. du Prieuré**, 𝄐 03 87 08 66 52, Fax 03 87 08 66 49 –.🅿. ☒
fermé mi-janv. à mi-fév. et merc. – **Repas** 58 (déj.), 98/240 ⅄, enf. 47.

rte du col du Donon *Sud-Est : 5,5 km par D 96 et D 993 – ⊠ 57560 Abreschviller :*

🏠 **Aub. du Kiboki** ⬎, 𝄐 03 87 08 60 65, Fax 03 87 08 65 26, ≤, 🌤, parc, 🛏, 🛋, ❈ – 🔟
☎ ⅃ 🅿. ☒ ☒. ❈
fermé 1er fév. au 15 mars, merc. midi et mardi – **Repas** 110/275 ⅄, enf. 65 – ⊊ 50 – **16 ch**
400/470 – ½ P 430/500.

ST-RAPHAËL 83700 Var 🔟🔟 ⑧, 🔟🔟🔟 ㉕, 🔟🔟🔟 ㉝ G. Côte d'Azur – 26 616 h alt. 6 – Casino Ⓩ.
Voir *Collection d'amphores★ dans le musée archéologique* Y **M**.
🛆 de Valescure 𝄐 04 94 82 40 46, NE par D 37 : 6 km; 🛆 Latitudes Estérel 𝄐 04 94 82 47 88,
E : 5 km.
🅱 Office de Tourisme r. W.-Rousseau 𝄐 04 94 19 52 52, Fax 04 94 83 85 40.
Paris 873 ③ – Fréjus 4 ③ – Aix-en-Provence 121 ③ – Cannes 40 ④ – Toulon 96 ③.

Accès et sorties : voir plan de Fréjus.

🏨 **Excelsior**, 193 bd F. Martin (prom. R. Coty) 𝄐 04 94 95 02 42, Fax 04 94 95 33 82, ≤, 🌤 –
🛗 🗐 🔟 ☎ ⅃ 🅿. ☒ ⑩ ☒   Z h
Repas 120 (déj.), 140/195 ⅄ – ⊊ 55 – **36 ch** 375/755 – ½ P 453/548.

🏨 **Continental** Ⓜ sans rest, prom. René Coty 𝄐 04 94 83 87 87, Fax 04 94 19 20 24, ≤ – 🛗
'☞ 🗐 🔟 ☎ ❅ 🚐. ☒ ☒   Z e
⊊ 50 – **44 ch** 550/990.

🏨 **Bleu Marine**, port Santa-Lucia par ① 𝄐 04 94 95 31 31, Fax 04 94 82 21 46, 🌤, 🛏, 🛋 –
🍴 🛗 🗐 🔟 ☎ ⅃ 🚐 – 🔬 200. ☒ ⑩ ☒
Repas 85/170 ⅄, enf. 55 – ⊊ 45 – **100 ch** 460/590 – ½ P 395/440.

XXX **L'Arbousier**, 6 av. Valescure 𝄐 04 94 95 25 00, Fax 04 94 83 81 04, 🌤 – 🗐. ☒ ☒
fermé 18/12 au 4/01, vacances de fév., mardi soir et merc. de sept. à juin, mardi midi et
merc. midi en juil.-août – **Repas** 140 (déj.).   Y r

XX **Pastorel**, 54 r. Liberté 𝄐 04 94 95 02 36, Fax 04 94 95 64 07, 🌤 – ☒ ⑩ ☒   Y t
fermé 23 fév. au 11 mars, dim. soir, lundi et le midi en août – **Repas** 160/195.

XX **Les Terrasses de l'Orangerie**, prom. R. Coty 𝄐 04 94 83 10 50, 🌤 – ☒ ⑩ ☒
fermé 1er au 15 janv., dim. soir et lundi de sept. à juin, lundi midi, mardi midi et merc. midi
en juil.-août – **Repas** (déj.), 145/250.   Z m

au Nord-Est *: 5 km par D 37 et rte Golf – ⊠ 83700 St-Raphaël :*

🏰 **H. Golf de Valescure** ⬎, 𝄐 04 94 52 85 00, Fax 04 94 82 41 88, 🌤, parc, 🛋, ❈ – 🛗
🗐 ch 🔟 ☎ ⅃ 🅿 – 🔬 60. ☒ ⑩ ☒, ❈ rest
fermé 15 nov. au 20 déc. et 7 au 31 janv. – **Repas** 98 bc (déj.), 165/195, enf. 65 – **40 ch**
⊊ 580/910 – ½ P 520/585.

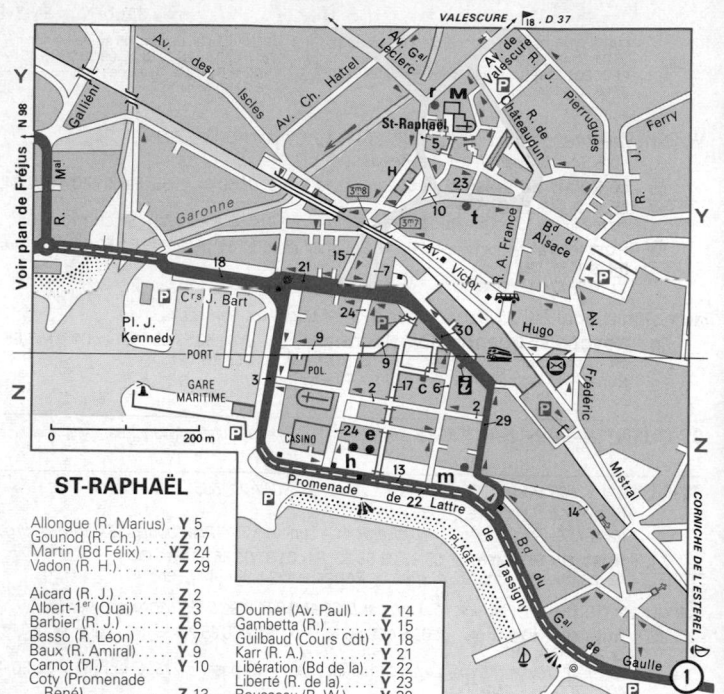

VALESCURE ↗ 18 · D 37

CORNICHE DE L'ESTÉREL

ST-RAPHAËL

Allongue (R. Marius) . **Y** 5
Gounod (R. Ch.) . . . . . **Z** 17
Martin (Bd Félix) . . . **YZ** 24
Vadon (R. H.) . . . . **Z** 29

Aicard (R. J.) . . . . **Z** 2
Albert-1ᵉʳ (Quai) . . . . . **Z** 3
Barbier (R. J.) . . . . **Z** 6
Basso (R. Léon) . . . . . **Y** 7
Baux (R. Amiral) . . . . . **Y** 9
Carnot (Pl.) . . . . **Y** 10
Coty (Promenade
    René) . . . . **Z** 13
Doumer (Av. Paul) . . . **Z** 14
Gambetta (R.) . . . . **Y** 15
Guilbaud (Cours Cdt) . **Y** 18
Karr (R. A.) . . . . **Y** 21
Libération (Bd de la) . . **Z** 22
Liberté (R. de la) . . . . . **Y** 23
Rousseau (R. W.) . . . . **Y** 30

🏨 **San Pedro** ⚐, av. Col. Brooke ℰ 04 94 83 65 69, Fax 04 94 40 57 20, ㎡, parc, ⌧ – 📶
🔲 ch 📺 ☎ 🅿 🆎 ① 🇬🇧
Repas *(fermé dim. soir et lundi)* 95 (déj.), 130/180 – � 50 – **28 ch** 650/750 – ½ P 500.

🍽 **Le Jardin de Sébastien,** ℰ 04 94 44 66 56, ㎡ – 🅿. 🇬🇧
fermé 7 janv. au 15 fév., lundi midi et jeudi midi en sais., dim.soir et lundi hors sais. – **Repas**
150/285.

à Boulouris par ① : 5 km – ⌧ 83700 St-Raphaël :

🏨 **La Potinière** ⚐, ℰ 04 94 19 81 71, Fax 04 94 19 81 72, ㎡, parc, 🛁, ⌧, 🔲 – cuisinette
📺 ☎ 🅿 – 🏓 60. 🆎 ① 🇬🇧
Repas *(fermé le midi sauf week-ends du 1ᵉʳ oct. au 20 déc. et du 5 janv. au 31 mars)*
120/160, enf. 75 – ⊂ 50 – **30 ch** 470/790 – ½ P 438/550.

au Dramont par ① : 6 km – ⌧ 83530 Agay :

🏨 **Sol e Mar,** rte Corniche d'Or ℰ 04 94 95 25 60, Fax 04 94 83 83 61, ≤ Ile d'Or et cap du
Dramont, ㎡, ⌧, 🛶 – 📶 📺 ☎ 🅿 🆎 🇬🇧
27 mars-6 oct. – **Repas** 150/210 – ⊂ 50 – **46 ch** 500/690 – ½ P 450/580.

FORD Gar. Vagneur, 142 av. Valescure
ℰ 04 94 95 42 78

PEUGEOT Gar. Vézinet Rel. Santa Luccia, 642 rte
de la Corniche ℰ 04 94 95 12 58

ST-RÉMY 71 S.-et L. 🕅 ⑨ – rattaché à Chalon-sur-Saône.

ST-RÉMY-DE-PROVENCE 13210 B.-du-R. 🕅 ⑫ G. Provence – 9 340 h alt. 59.
Voir *Les Antiques*★★ : *Mausolée*★★, *Arc municipal*★, *Glanum*★ 1km par ③ – *Cloître*★ de
l'ancien monastère de St-Paul-de-Mausole par ③ – *Hôtel de Sade : dépôt lapidaire*★ **Y** L.
Env. ✳★★ *de la Caume 7 km par* ③.
🕅 de Servanes ℰ 04 90 47 59 95 à Mouriès, 17 km par ③.
🅱 Office de Tourisme pl. J.-Jaurès ℰ 04 90 92 05 22, Fax 04 90 92 38 52.
Paris 704 ① – *Avignon* 19 ① – *Arles* 26 ④ – *Marseille* 91 ② – *Nîmes* 43 ④ – *Salon-de-*
Provence 39 ②.

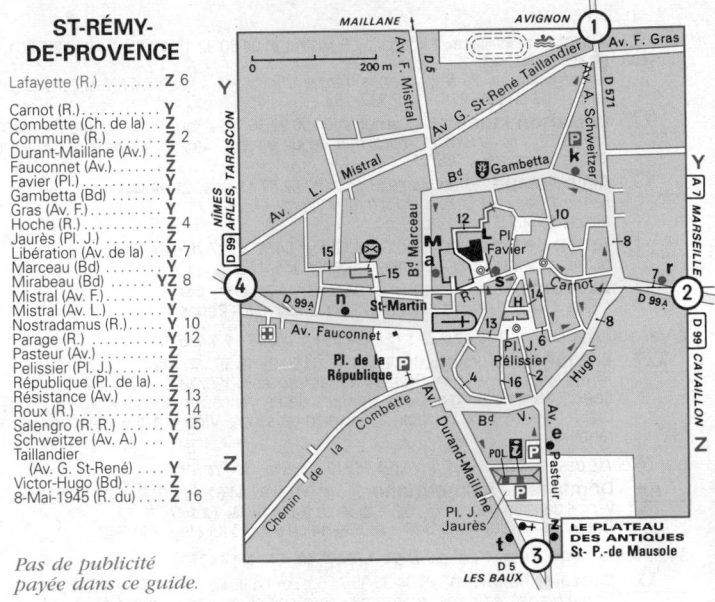

*Pas de publicité
payée dans ce guide.*

Host. du Vallon de Valrugues Ⓜ ≫, chemin Canto Cigalo par ② : 1 km
℘ 04 90 92 04 40, Fax 04 90 92 44 01, ≼, 🎋, « Terrasse fleurie au bord de la piscine », ℔,
🍃, ❀ – 🖡 ch 📺 ☎ 👌 🅿 – 🔬 30. 🇦🇪 ⓪ 🇬🇧 🇯🇨🇧, ❀ rest
Repas 155 (déj.), 255/460, enf. 100 – ☲ 85 – **41 ch** 680/1180, 12 appart – ½ P 710/
910.

Château des Alpilles ≫, Ouest : 2 km par D 31 ℘ 04 90 92 03 33, Fax 04 90 92 45 17,
🎋, « Demeure du 19ᵉ siècle dans un parc », ♨, ❀ – 🖡 cuisinette 🍃 ch 📺 ☎ 👌 🅿 🇦🇪 ⓪
🇬🇧, ❀ rest
*fermé 13 nov. au 19 déc., 5 janv. au 16 fév., merc. midi et mardi du 17/02 au 23/03 et merc.
du 24 mars au 12 nov.* – **Repas** (dîner seul.)(résidents seul.) 195/250 – ☲ 78 – **20 ch**
980/1080.

Mas des Carassins ≫ sans rest, 1 chemin Gaulois par ③ : 1 km ℘ 04 90 92 15 48,
Fax 04 90 92 63 47, ≼, « Jardin ombragé et fleuri » – ☎ 🅿 🇬🇧, ❀
22 mars-3 nov. – ☲ 50 – **10 ch** 380/550.

Les Antiques sans rest, 15 av. Pasteur ℘ 04 90 92 03 02, Fax 04 90 92 50 40, « Parc », ♨
– ☎ 🅿 🇦🇪 ⓪ 🇬🇧　　　　　　　　　　　　　　　　　　　　　**Z e**
29 mars-20 oct. – ☲ 62 – **27 ch** 360/590.

Castelet des Alpilles sans rest, pl. Mireille ℘ 04 90 92 07 21, Fax 04 90 92 52 03, 🎋,
🍃 – 📺 ☎ 🅿 🇦🇪 ⓪ 🇬🇧　　　　　　　　　　　　　　　　　　**Z t**
23 mars-31 oct. – ☲ 45 – **19 ch** 360/495.

Canto Cigalo ≫ sans rest, chemin Canto Cigalo par ② : 1 km ℘ 04 90 92 14 28,
Fax 04 90 92 24 48, 🎋 – ☎ 🅿 🇬🇧, ❀
début mars-mi-nov. – ☲ 38 – **20 ch** 270/340.

L'Amandière ≫ sans rest, av. Plaisance du Touch par ① *puis rte Noves : 1 km*
℘ 04 90 92 41 00, Fax 04 90 92 48 38, ♨, 🎋 – 📺 ☎ 👌 🅿 🇬🇧, ❀
1ᵉʳ mars-15 oct. et 15 déc.-15 janv. – ☲ 39 – **26 ch** 275/340.

Soleil ≫ sans rest, 35 av. Pasteur ℘ 04 90 92 00 63, Fax 04 90 92 61 07, ♨ – ☎ 👐 🅿 🇦🇪
⓪ 🇬🇧, ❀　　　　　　　　　　　　　　　　　　　　　　　　　　**Z z**
10 mars-15 nov. – ☲ 38 – **21 ch** 292/367.

Van Gogh ≫ sans rest, 1 av. J. Moulin par ② ℘ 04 90 92 14 02, Fax 04 90 92 09 05, ♨,
🎋 – 📺 ☎ 🅿 🇬🇧, ❀
1ᵉʳ mars-15 nov. – ☲ 35 – **22 ch** 310/370.

Cheval Blanc sans rest, 6 av. Fauconnet ℘ 04 90 92 09 28, Fax 04 90 92 69 05 – 📺 ☎ 👐
🚗 🅿 🇬🇧 🇯🇨🇧　　　　　　　　　　　　　　　　　　　　　　　　**Z n**
fermé 15 nov. au 15 déc. et 15 janv. au 1ᵉʳ fév. – ☲ 30 – **22 ch** 250/300.

🏠 **Acacia**, rte Maillane : 1 km par av. F. Mistral ℰ 04 90 92 13 43, Fax 04 90 92 64 01, 🍴, 🌳 –
🏧 📺 ☎ 🅿. 🄶🄱. 🌿
fermé 5 janv. au 28 fév. – **Repas** *(fermé lundi d'oct. à juin sauf fêtes)* 76/148 ↓, enf. 56 –
⊐ 32 – **12 ch** 225/275 – ½ P 232/252.

XX **La Maison Jaune**, 15 r. Carnot ℰ 04 90 92 56 14, « Terrasse ombragée » – 🄶🄱   Y s
fermé 22 janv. au 8 mars, mardi midi de juil. à sept., dim. soir en hiver et lundi sauf fêtes –
Repas 100 bc (déj.), 165/275.

XX **Alain Assaud**, 13 bd Marceau ℰ 04 90 92 37 11 – 🍴. 🄰🄴 🄾 🄶🄱   Y a
🌸 *fermé 15 janv. au 1er fév., jeudi midi et merc.*
Repas 130/220.

X **Jardin de Frédéric**, 8 bd Gambetta ℰ 04 90 92 27 76 – 🍴. 🄶🄱   Y k
fermé vacances de fév. et merc. – **Repas** 135/170.

X **La Source**, 13 av. Libération ℰ 04 90 92 11 71, 🍴 🄶🄱   Y r
fermé 15 au 30 nov. et lundi du 1er oct. au 31 mai – **Repas** 90/220.

à Verquières *par* ②, *D 30 et D 29 : 11 km* – *654 h. alt. 48* – ✉ *13670 :*

XXX **Croque Chou** (Ravoux), pl. Eglise ℰ 04 90 95 18 55, 🍴 –🌿
❀ *fermé lundi et mardi sauf fêtes* – **Repas** (prévenir) 190/280
Spéc. Galantine de gigot aux senteurs de Provence. Dorade rôtie au vin rouge, fenouil
braisé. Filet mignon de lapin à l'infusion de sauge. **Vins** Coteaux d'Aix-en-Provence, Cairanne.

par ④ *et rte des Baux D 27 : 4,5 km* – ✉ *13210 St-Rémy-de-Provence :*

🏰 **Domaine de Valmouriane** 🌊, ℰ 04 90 92 44 62, Fax 04 90 92 37 32, 🍴, « Mas provençal dans un parc », 🏊, 🎾 – 🛗 🍴 ch 📺 ☎ 🅿. 🄰🄴 🄾 🄶🄱
Repas 150 bc (déj.), 270/340 – ⊐ 65 – **14 ch** 890/1310 – ½ P 730/940.

à Maillane *Nord-Ouest : 7 km par D 5* – *1 664 h. alt. 14* – ✉ *13910 :*

XX **Oustalet Maïanen**, ℰ 04 90 95 74 60, Fax 04 90 95 76 17, 🍴 – 🍴. 🄰🄴 🄶🄱
*fermé fin déc. à fin fév., mardi soir, merc. soir et jeudi soir d'oct. à mars, dim. soir et lundi
sauf fériés* – **Repas** 125/155 ↓, enf. 60.

CITROEN Gar. Merklen, ZA par av. F.-Mistral   PEUGEOT Gar. Franguy, rte de Tarascon, av. Gleize
ℰ 04 90 92 01 24   par ④ ℰ 04 90 92 13 16

ST-RÉMY-LÈS-CHEVREUSE 78470 Yvelines 🄶🄾 ⑨ ⑩, 🄸🄾🄶 ㉙, 🄸🄾🄸 ㉜ – 5 589 h alt. 73.

Voir *Chevreuse : site★* – *Vallée de Chevreuse★*.
Env. *Château de Breteuil★★, SO : 8 km,* G. Ile de France.
🌾 *de Chevry* ℰ 01 60 12 40 33, SE : 4,5 km; 🌾 🌾 *de St-Aubin à St-Aubin* ℰ 01 69 41 25 19.
🄱 Office de Tourisme, 1 rue Ditte ℰ 01 30 52 22 49.
Paris 38 – *Chartres 60* – *Longjumeau 23* – *Rambouillet 22* – *Versailles 18.*

XX **La Cressonnière**, 46 r. de Port Royal, direction Milon ℰ 01 30 52 00 41,
Fax 01 30 47 28 31, 🍴 – 🄰🄴 🄶🄱
fermé 16 au 31 août, dim. soir de nov. à avril, mardi et merc. – **Repas** 190/350 et carte 350
à 440.

TOYOTA Gar. du Claireau, ℰ 01 30 52 41 00

ST-RÉMY-SUR-DUROLLE 63550 P.-de-D. 🄷🄱 ⑥ G. Auvergne – 2 033 h alt. 620.

Voir *Calvaire ✳★ 15 mn.*
Paris 465 – *Clermont-Ferrand 52* – *Chabreloche 13* – *Thiers 7.*

XX **Vieux Logis** avec ch, Nord : 3,5 km sur D 201 ℰ 04 73 94 30 78, Fax 04 73 94 04 70, ≼,
🍴 – 🅿. 🄶🄱
fermé 15 au 30 sept., fév., dim. soir et lundi – **Repas** 88/162 ↓ – ⊐ 20 – **4 ch** 160.

ST-RESTITUT 26130 Drôme 🄼🄸 ① G. Vallée du Rhône – 947 h alt. 150.

Voir *Décoration★ de l'église* – *Belvédère ≼★ 3 km par D59A puis 15 mn.*
Env. *Clansayes ≼★★ N : 8 km.*
Paris 634 – *Bollène 8* – *Montélimar 31* – *Nyons 37* – *Valence 75.*

🏠 **Aub. des 4 Saisons** 🌊, ℰ 04 75 04 71 88, Fax 04 75 04 70 88, « Maisons romanes
aménagées en hostellerie » – 📺 ☎. 🄰🄴 🄾 🄶🄱
fermé janv. – **Repas** *(fermé sam. midi)* 130/350 – ⊐ 55 – **10 ch** 200/450 – ½ P 250/385.

ST-ROMAIN-D'AY 07 Ardèche 🄷🄱 ⑩ – rattaché à Satillieu.

ST-ROMAIN-EN-VIENNOIS 84 Vaucluse 🄱🄸 ③ – rattaché à Vaison-la-Romaine.

ST-ROMAIN-SUR-CHER *41140 L.-et-Ch.* **64** ⑰ *– 1 236 h alt. 130.*

Paris 214 – Tours 63 – Blois 34 – Montrichard 23 – Romorantin-Lanthenay 38.

XX **St-Romain** avec ch, ℘ 02 54 71 71 10, Fax 02 54 71 72 89 – TV ☎ P. GB
fermé 15 sept. au 13 oct., dim. soir et lundi sauf juil.-août et fériés – **Repas** 68/218 – ☕ 30 – **5 ch** 152/218 – ½ P 230.

ST-ROME-DE-TARN *12490 Aveyron* **80** ⑬ *– 676 h alt. 360.*

Paris 671 – Rodez 66 – Le Caylar 49 – Millau 19 – St-Affrique 15.

Les Raspes M, ℘ 05 65 58 11 44, Fax 05 65 58 11 45, 余, 余 – ⫸ TV ☎ & P. GB
fermé 24 au 31 mars, 10 au 30 nov., dim. soir et lundi – **Repas** 140/240, enf. 50 – ☕ 35 – **16 ch** 330 – ½ P 285/295.

ST-SALVADOUR *19 Corrèze* **75** ⑨ *– rattaché à Seilhac.*

ST-SAMSON-DE-LA-ROQUE *27680 Eure* **55** ④ *– 271 h alt. 80.*

Voir *Phare de la Roque* ✻★ *N : 2 km*, G. **Normandie Vallée de la Seine.**

Paris 178 – Le Havre 39 – Beuzeville 14 – Bolbec 24 – Évreux 99 – Honfleur 19 – Pont-Audemer 14.

XXX **Relais du Phare,** ℘ 02 32 57 61 68, 余, 余 – AE ⓓ GB
fermé dim. soir et lundi sauf fériés – **Repas** 190/230 et carte 210 à 290.

ST-SATUR *18 Cher* **65** ⑫ *– rattaché à Sancerre.*

ST-SATURNIN-DE-LUCIAN *34 Hérault* **83** ⑤ *– rattaché à Clermont-l'Hérault.*

ST-SAUD-LACOUSSIÈRE *24470 Dordogne* **72** ⑯ *– 951 h alt. 370.*

Paris 447 – Limoges 55 – Brive-la-Gaillarde 100 – Châlus 23 – Nontron 15 – Périgueux 59.

Host. St-Jacques ⑤, ℘ 05 53 56 97 21, Fax 05 53 56 91 33, 余, « Terrasse et jardin fleuris », ⛱, ✂ – TV ☎ P. GB
ouvert : 1er avril-15 oct., les dim. midi et midis fériés en hiver et fermé lundi – **Repas** 97/187, enf. 67 – ☕ 45 – **22 ch** 250/550 – ½ P 290/390.

ST-SAUVES-D'AUVERGNE *63 P.-de-D.* **73** ⑬ *– rattaché à La Bourboule.*

ST-SAUVEUR-DE-LANDEMONT *49270 M.-et-L.* **67** ④ *– 587 h alt. 65.*

Paris 363 – Nantes 32 – Ancenis 16 – Cholet 47 – Clisson 27.

Château de la Colaissière M ⑤, ℘ 02 40 98 75 04, Fax 02 40 98 74 15, ⩽, « Parc », ⛱, ✂ – TV ☎ & P – 🏛 40. GB
fermé janv., dim. soir et lundi – **Repas** 166 (déj.), 200/350 – ☕ 75 – **16 ch** 630/1280.

ST-SAUVEUR-DE-MONTAGUT *07190 Ardèche* **76** ⑲ *– 1 396 h alt. 218.*

Paris 600 – Valence 38 – Le Cheylard 24 – Lamastre 34 – Privas 24.

X **Montagut** avec ch, pl. Église ℘ 04 75 65 40 31, Fax 04 75 65 41 86, 余 – GB
fermé 3 au 26 sept., 1er au 15 janv., dim. soir et lundi sauf juil.-août – **Repas** 65 (déj.), 98/210 ♁, enf. 45 – ☕ 28 – **4 ch** 200/250 – ½ P 200.

CITROEN Gar. Marze, ℘ 04 75 65 41 66
RENAULT Gar. Renov Auto, ℘ 04 75 65 40 46

ST-SAVIN *65 H.-Pyr.* **85** ⑰ *– rattaché à Argelès-Gazost.*

ST-SAVINIEN *17350 Char.-Mar.* **71** ④ *G. Poitou Vendée Charentes – 2 340 h alt. 18.*

Env. *Château de la Roche Courbon★ et Jardins★ : ⩽★★ SO : 10 km.*

ℹ *Office de Tourisme r. Bel Air ℘ 05 46 90 21 07, Fax 05 46 90 19 45.*

Paris 458 – Rochefort 29 – La Rochelle 62 – St-Jean-d'Angély 15 – Saintes 17 – Surgères 30.

CITROEN Gar. Roy, ℘ 05 46 90 21 12 N ℘ 05 46 90 21 12
RENAULT Gar. Garnier, ℘ 05 46 90 20 24

ST-SÉBASTIEN-SUR-LOIRE *44 Loire-Atl.* **67** ③ *– rattaché à Nantes.*

ST SEINE L'ABBAYE 21440 Côte-d'Or **65** ⑲ G. Bourgogne – 326 h alt. 451.
Paris 288 – Dijon 30 – Autun 75 – Châtillon-sur-Seine 57 – Montbard 48.

Poste ⌂, ℘ 03 80 35 00 35, Fax 03 80 35 07 64, 佶, – ☎ – 🖚 🅿 GB
1ᵉʳ mars-15 nov. – **Repas** 75/250, enf. 40 – ⊊ 40 – **20 ch** 150/320 – ½ P 250/350.

ST-SERNIN-SUR-RANCE 12380 Aveyron **80** ⑫ G. Gorges du Tarn – 563 h alt. 300.
Paris 710 – Albi 51 – Cassagnes-Bégonhès 58 – Castres 69 – Lacaune 30 – Rodez 84 – St-Affrique 32.

Carayon ⌂, ℘ 05 65 98 19 19, Fax 05 65 99 69 26, ≤, 佶, parc, 16, 🏊, ℁ – 🛗 📺 ☎ ♿
🚗 🅿 🆎 ⓪ GB
fermé nov., dim soir et lundi de déc. à avril – **Repas** 75/300 ⅃, enf. 49 – ⊊ 37 – **57 ch** 199/379 – ½ P 309/399.

ST-SERVAN-SUR-MER 35 I.-et-V. **59** ⑥ – voir à St-Malo.

ST-SEVER 40500 Landes **78** ⑥ G. Pyrénées Aquitaine – 4 536 h alt. 102.
Voir Chapiteaux★ de l'église.
🛈 Office de Tourisme pl. Tour-du-Sol ℘ 05 58 76 34 64.
Paris 726 – Mont-de-Marsan 17 – Aire-sur-l'Adour 32 – Dax 50 – Orthez 37 – Pau 64 – Tartas 24.

Relais du Pavillon avec ch, au Nord : 2 km carrefour D 933 et D 924 ℘ 05 58 76 20 22, Fax 05 58 76 25 81, 佶, 🏊, 佶 – 📺 ☎ 🅿 – 🕍 30. 🆎 ⓪ GB
fermé dim. soir de sept. à juin – **Repas** 85/160 et carte 220 à 290 – ⊊ 40 – **14 ch** 210/280 – ½ P 300/350.

STS-GEOSMES 52 H.-Marne **66** ③ – rattaché à Langres.

ST-SIMON 31 H.-Gar. **82** ⑧ – rattaché à Toulouse.

ST-SORLIN-D'ARVES 73530 Savoie **77** ⑥ ⑦ G. Alpes du Nord – 291 h alt. 1550.
Voir Site★ de l'église de St-Jean-d'Arves SE : 2,5 km.
Env. Col de la Croix de Fer ✳★★ O : 7,5 km puis 15 mn – Col du Glandon ≤★ puis Combe d'Olle★★ O : 10 km.
🛈 Office de Tourisme, Vallée de l'Arvan ℘ 04 79 59 71 77, Fax 04 79 59 75 50.
Paris 659 – Albertville 85 – Le Bourg-d'Oisans 50 – Chambéry 96 – St-Jean-de-Maurienne 22.

Chardon Bleu ⌂, ℘ 04 79 59 71 47, Fax 04 79 59 76 02, ≤, 佶, 🏊, 佶 – ☎. GB.
℁ rest
1ᵉʳ juil.-31 août et 15 déc.-20 avril – **Repas** 100/120 ⅃, enf. 70 – ⊊ 30 – **28 ch** 220/260 – ½ P 290/310.

ST-SULIAC 35430 I.-et-V **59** ⑥ – 802 h alt. 30.
Paris 409 – St-Malo 12 – Dinan 20 – Dol-de-Bretagne 21 – Lamballe 55 – Rennes 65 – St-Cast-le-Guildo 36.

La Grève, ℘ 02 99 58 33 83, Fax 02 99 58 35 40, ≤, 佶 – 🆎 GB
15 mars-15 nov. et fermé lundi soir et mardi sauf juil.-août – **Repas** 140/185, enf. 70.

ST-SULPICE 81370 Tarn **82** ⑨ – 4 354 h alt. 112.
Paris 685 – Toulouse 32 – Albi 46 – Castres 54 – Montauban 44.

Aub. de la Pointe, N 88 ℘ 05 63 41 80 14, Fax 05 63 41 90 24, 佶, « Terrasse dominant le Tarn », 佶 – 🅿 🆎 ⓪ GB
fermé mardi soir et merc. d'oct. à mai – **Repas** 65 (déj.), 90/190 ⅃, enf. 50.

CITROEN Gar. Graniti, ℘ 05 63 40 01 70   RENAULT Gar. Gomez, ℘ 05 63 41 80 57 🅽
                                                            ℘ 05 63 41 96 44

ST-SULPICE-LE-VERDON 85260 Vendée **67** ⑭ – 592 h alt. 65.
Paris 400 – Nantes 43 – La Roche-sur-Yon 28 – Cholet 50.

Lionel Guilbaud, La Chabotterie Sud Est : 2 km par D 18 ℘ 02 51 42 47 47, ✿ Fax 02 51 42 81 29, « Ancienne grange aménagée, dans les dépendances du Logis de la Chabotterie » – 🅿 GB
fermé 12 janv. au 1ᵉʳ fév., lundi soir et mardi d'oct. à avril – **Repas** 150/360 et carte 270 à 350
Spéc. Petit pain de sandre au beurre blanc. Canard au sang et au poivre, pomme de terre aux truffes. Tatin de poires et pommes.

ST-SULPICE-SUR-LÈZE *31410 H.-Gar.* **82** ⑰ – *1 423 h alt. 200.*
Paris 730 – Toulouse 36 – Auterive 13 – Foix 54 – St-Gaudens 64.

XX **La Commanderie,** ℰ 05 61 97 33 61, Fax 05 61 97 33 61, 佘, 屛 – **GB**
⊜ *fermé 9 au 30 sept., vacances de fév., lundi soir et mardi –* **Repas** 85/165 ₰, enf. 50.

ST-SYLVESTRE-SUR-LOT *47 L-et-G.* **79** ⑥ – *rattaché à Villeneuve-sur-Lot.*

ST SYMPHORIEN *72240 Sarthe* **60** ⑫ – *469 h alt. 135.*
Paris 227 – Le Mans 27 – Alençon 52 – Laval 63 – Mayenne 52.

XX **Relais de la Charnie** avec ch, ℰ 02 43 20 72 06, Fax 02 43 20 70 59, 🛴 – **🆅 ☎. GB**
⊜ *fermé 15 fév. au 2 mars, dim. soir et lundi –* **Repas** 80/195 ₰, enf. 52 – ⌕ 30 – **9 ch** 220/320
– ½ P 260/300.

ST-SYMPHORIEN-DE-LAY *42470 Loire* **73** ⑧ – *1 489 h alt. 446.*
Paris 404 – Roanne 18 – Lyon 69 – Montbrison 55 – St-Étienne 75 – Thizy 20.

au Nord-Est *par N 7 et D 80¹ : 2 km –* ⊠ *42470 St-Symphorien-de-Lay :*

X **Aub. des Terrasses,** ℰ 04 77 64 72 87, ≼ – **GB**
⊜ *fermé 5 janv. au 2 fév., dim. soir et lundi –* **Repas** 70/220.

ST-THÉGONNEC *29410 Finistère* **58** ⑥ *G. Bretagne – 2 139 h alt. 83.*
Voir Enclos paroissial★★.
Env. Enclos paroissial★★ de Guimiliau SO : 7,5 km.
*Paris 549 – Brest 48 – Châteaulin 51 – Landivisiau 12 – Morlaix 13 – Quimper 70 – St-Pol-de-
Léon 28.*

🏠 **Aub. St-Thégonnec** 🅼, ℰ 02 98 79 61 18, Fax 02 98 62 71 10, 佘, 屛 – **🆅 ☎ ✆ & ℙ.**
⊜ **AE ① GB. ✲ rest**
fermé 22 déc. au 10 janv., dim. soir et lundi sauf juil.-août – **Repas** 80/265 ₰, enf. 70 – ⌕ 35
– **19 ch** 300/450 – ½ P 320/400.

ST-THIBAULT-DES-VIGNES *77 S.-et-M.* **56** ⑫., **101** ⑳ – *voir à Paris, Environs (Marne-la-
Vallée).*

ST-TROJAN-LES-BAINS *17 Char.-mar.* **71** ⑭ – *voir à Oléron (Ile d').*

ST-TROPEZ *83990 Var* **84** ⑰, **114** ㊲ *G. Côte d'Azur – 5 754 h alt. 4.*
*Voir Musée de l'Annonciade★★ Z – Port★ YZ – Môle Jean Réveille ≼★ Y – Citadelle★ Y : ≼★
des remparts, ✳★★ du donjon – Chapelle Ste-Anne ≼★ S : 4 km par av. P. Roussel Z.*
🚢 *depuis La Croix Valmer (traversée 1 h 30). Renseignements et tarifs : "Vedettes Iles
d'Or" 15 quai Gabriel Péri 83980 Le Lavandou ℰ 04 94 71 01 02.*
🛈 *Office de Tourisme quai J.-Jaurès ℰ 04 94 97 45 21, Fax 04 94 97 82 66.*
*Paris 874 – Fréjus 35 – Aix-en-Provence 121 – Brignoles 67 – Cannes 72 – Draguignan 48 –
Toulon 70.*

Plan page suivante

🏨 **Byblos** 🅼 ⚘, av. P. Signac ℰ 04 94 56 68 00, Fax 04 94 56 68 01, ≼, 佘, 𝄞, 🛴, 屛 – 🛗
      ▤ 🆅 ☎ ⊜ ℙ – 🍸 50. **AE ① GB**   Z d
21 mars-12 oct. – **Les Arcades :** Repas 190(déj.), 290/410, enf. 160 – **Relais Caves du Roy**
(dîner seul.) **Repas** carte 240 à 320 – ⌕ 125 – **58 ch** 1790/2950, 44 appart – ½ P 1485/
1890.

🏨 **Résidence de la Pinède** 🅼 ⚘, à la plage de la Bouillabaisse par ① : 1 km
      ℰ 04 94 55 91 00, Fax 04 94 97 73 64, ≼, 佘, 🛴, 🐚, 屛 – 🍸 ▤ 🆅 ☎ ℙ. **AE ① GB**
✿ *mi-mars-10 oct. –* **Repas** 250 (déj.), 380/620 et carte 430 à 640 – ⌕ 115 – **37 ch** 2090/3410,
6 appart – ½ P 1325/1875
Spéc. Salade de homard breton, tartare de légumes acidulés au vinaigre de Modène.
Rouget de Méditerranée rôti à l'huile d'olive. Suprême de loup cuit en cocotte, légumes en
barigoule. **Vins** Gassin.

🏨 **La Bastide de St-Tropez** 🅼 ⚘, rte Carles : 1 km par av. P. Roussel - Z
      ℰ 04 94 97 58 16, Fax 04 94 97 21 71, 佘, « Belle décoration intérieure, 🛴 », 屛 – ▤ ch
✿ 🆅 ☎ & ℙ – 🍸 25. **AE ① GB**
fermé 6 janv. au 15 fév. – **L'Olivier** *(fermé mardi midi et lundi du 6 oct. à Pâques)* **Repas**
270 et carte 350 à 580, enf. 110 – ⌕ 100 – **18 ch** 1900/2350, 6 appart – ½ P 1400/1625
Spéc. Anchois frais marinés et artichauts violets (avril à oct.). Blanc de daurade en habit de
Provence. Chapon de mer farci et braisé en jus de bouillabaisse. **Vins** Côtes de Provence.

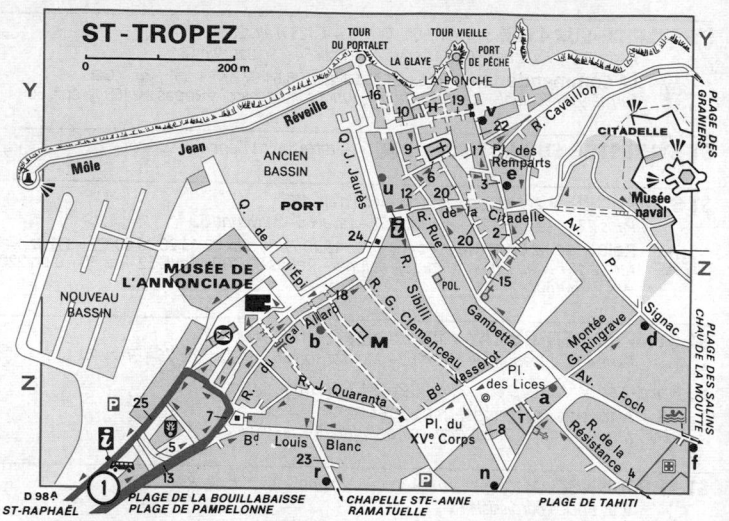

ST-TROPEZ

200 m

TOUR DU PORTALET
TOUR VIEILLE
LA GLAYE
PORT DE PÊCHE
LA PONCHE
R. Cavaillon
CITADELLE
PLAGE DES GRANIERS
Réveille
Jean
ANCIEN BASSIN
Môle
PORT
Pl. des Remparts
Musée naval
PLAGE DES SALINS CHÂU DE LA MOUTTE
NOUVEAU BASSIN
MUSÉE DE L'ANNONCIADE
R. de la Citadelle
R. Sibilli
R. G. Clemenceau
Gambetta
Montée Ringrave
Signac
R. J. Quaranta
Bᵈ Vasserot
Pl. des Lices
P
POL
Pl. du XVᵉ Corps
B. de la Résistance
G. Av. Foch
PLAGE DE TAHITI
Bᵈ Louis Blanc
CHAPELLE STE-ANNE RAMATUELLE
D 98A
ST-RAPHAËL
PLAGE DE LA BOUILLABAISSE
PLAGE DE PAMPELONNE

En saison : zone piétonne dans la vieille ville.

Aire-du-Chemin (R.) . . . . . . Y 2	Guichard (R. du Cdt) . . . . . Y 9	Péri (Quai Gabriel) . . . . Z 18
Aumale (Bd d') . . . . Y 3	Hôtel-de-Ville (Pl. de l') . . Y 10	Ponche (R. de la) . . . . Y 19
Belle-Isnarde (Ch. de la) . . Z 4	Laugier (R. V.) . . . . Y 12	Portail-Neuf (R. du) . . . . . YZ 20
Blanqui (Pl. Auguste) . . . . Z 5	Leclerc (Av. Général) . . . . Z 13	Remparts (R. des) . . . . Y 22
Clocher (R. du) . . . . Y 6	Miséricorde (R.) . . . . Y 15	Roussel (Av. Paul) . . . . . . Z 23
Croix-de-Fer (Pl. de la) . . . Z 7	Mistral (Quai Frédéric) . . . Y 16	Suffren (Quai) . . . . Y 24
Grangeon (Av.) . . . . Z 8	Ormeau (Pl. de l') . . . . Y 17	11-Novembre (Av. du) . . . Z 25

Domaine de l'Astragale Ⓜ ☞, par ① : 1,5 km, chemin de la Gassine ✆ 04 94 97 48 98, Fax 04 94 97 16 01, ㈜, ☒, ☞, ℀ – 🖹 🆅 ☎ & 🅿 – ⛟ 25. ㏂ ⑩ ㏌
8 mai-mi-oct. – **Repas** 260 et carte le midi – ☲ 95 – **34 ch** 1950/2250 – ½ P 1265/1465.

La Mandarine Ⓜ ☞, Sud : 0,5 km par av. P. Roussel, rte Tahiti ✆ 04 94 79 06 66, Fax 04 94 97 33 67, ㈜, ☒, ☞ – 🖹 ch 🆅 ☎ 🅿 – ⛟ 50. ㏂ ⑩ ㏌. ℀ rest
8 mai-12 oct. – **Repas** 250 et carte le midi – ☲ 95 – **39 ch** 1200/2400, 4 appart 940/1865.

La Ponche Ⓜ, pl. Révelin ✆ 04 94 97 02 53, Fax 04 94 97 78 61, ㈜ – 🎘 🖹 🆅 ☎ 🚗. ㏂ ㏌ ㏒
28 mars-2 nov. – **Repas** 120 (déj.), 180/240 – ☲ 60 – **18 ch** 950/1700.
Y v

Le Yaca, 1 bd Aumale ✆ 04 94 97 11 79, Fax 04 94 97 58 50, ㈜, ☒ – 🖹 🆅 ☎. ㏂ ⑩ ㏌
1ᵉʳ avril-10 oct. – **Repas** 185 (dîner) et carte 190 à 300 – ☲ 85 – **22 ch** 1200/2300.
Y e

des Lices, av. Augustin Grangeon ✆ 04 94 97 28 28, Fax 04 94 97 59 52, ☒ – 🖹 ch 🆅 ☎ ✆ 🅿. ㏂ ㏌
Z n
hôtel : 15 mars-15 nov. et 26 déc.-5 janv. ; rest. : 1ᵉʳ juin-30 sept. – **Repas** grill (dîner seul.) 175 ⅄ – ☲ 65 – **41 ch** 620/1200.

Le Provençal ☞, par ① : 2 km, chemin Bonnaventure ✆ 04 94 97 00 83, Fax 04 94 97 44 37, ㈜, ☒, ☞ – 🆅 ☎ 🅿. ㏂ ㏌
Repas snack de piscine (juin-fin sept.) carte environ 200 – ☲ 60 – **20 ch** 900.

Lou Troupelen sans rest, chemin des Vendanges ✆ 04 94 97 44 88, Fax 04 94 97 41 76, ☞ – ☎ 🅿 ⑩ ㏌ ㏒. ℀
Z f
28 mars-28 oct. – ☲ 50 – **45 ch** 330/499.

Lou Cagnard sans rest, av. P. Roussel ✆ 04 94 97 04 24, Fax 04 94 97 09 44 – 🆅 ☎ 🅿. ㏌
Z r
fermé 5 nov. au 12 déc. – ☲ 45 – **19 ch** 300/500.

Bistrot des Lices (Tarridec), 3 pl. des Lices ✆ 04 94 97 29 00, Fax 04 94 97 76 39, ㈜ – ㏂ ㏌
Z a
fermé janv., fév., dim. soir et merc. du 1ᵉʳ nov. à Pâques – **Repas** 185 (déj.), 295/525 et carte 330 à 530, enf. 150
Spéc. Ratatouille pimentée des légumes "tradition", oeuf mollet écrasé. Embeurrée d'épeautre aux petits gris "comme un risotto". Saint-Pierre braisé sur fenouil "frais et sec". **Vins** Côtes de Provence.

XX **Le Girelier,** au port ℘ 04 94 97 03 87, Fax 04 94 97 43 86, ≤, 🏠 – ▤, 🆎 ⓪ 🆒   Y u
1ᵉʳ avril-6 oct. – **Repas** 180.

X **Petit Charron,** 5 r. Charrons ℘ 04 94 97 73 78 – ▤. 🆎 🆒   Z b
fermé 15 au 30 oct., 15 au 28 fév., dim. soir, lundi, mardi de nov. à mars et merc. – **Repas**
145/195.

au Sud-Est *: par av. Foch - Z – ✉ 83990 St-Tropez :*

🏠 **La Tartane** ⚘, à 3 km ℘ 04 94 97 21 23, Fax 04 94 97 09 16, 🏠, « Jardin », 🏊 – ▤ ch
🖭 ☎ 🅿. 🆎 🆒. ⚘ rest
hôtel : 1ᵉʳ avril-15 oct. ; rest. : 1ᵉʳ mai-30 sept. – **Repas** snack de piscine (déj. seul.) 60/160 🍷
– ⊑ 68 – **15 ch** 750/900.

🏠 **La Bastide des Salins** ⚘ sans rest, à 4 km ℘ 04 94 97 24 57, Fax 04 94 54 89 03,
« Jardin », 🏊 – ▤ 🖭 ☎ 🅿. 🆎 🆒
15 ch ⊑ 1400/2200.

🏠 **Levant** ⚘ sans rest, à 2,5 km ℘ 04 94 97 33 33, Fax 04 94 97 76 13, « Jardin », 🏊 – 🖭 ☎
🅿. 🆎 ⓪ 🆒
15 mars-15 oct. – ⊑ 55 – **28 ch** 595/850.

🏠 **Pré de la Mer** ⚘ sans rest, à 2,5 km ℘ 04 94 97 12 23, Fax 04 94 97 43 91, « Jardin » –
cuisinette 🖭 ☎ 🅿. 🆎 🆒
23 mars-30 sept. – ⊑ 55 – **12 ch** 695/1350.

🏠 **La Barlière** ⚘ sans rest, à 1,5 km ℘ 04 94 97 41 24, Fax 04 94 97 73 40, 🏊, 🌳 – 🖭 ☎
⚘ 🅿. 🆒. ⚘
⊑ 60 – **22 ch** 590/850.

au Sud-Est *par av. Paul Roussel et rte de Tahiti :*

🏠🏠 **Château de la Messardière** Ⓜ ⚘, à 2 km ✉ 83990 St-Tropez ℘ 04 94 56 76 00,
Fax 04 94 56 76 01, 🏠, parc, « Dans une pinède dominant la baie, ≤ », 🏊 – 🛗 ▤ 🖭 ☎ 🖑
⚘ 🅿 – 🔔 80. 🆎 ⓪ 🆒. ⚘ rest
19 mars-5 nov. – **Repas** 240 (dîner), 280/420 – ⊑ 100 – **76 ch** 1500/3000, 14 appart.

🏠🏠 **La Ferme d'Augustin** ⚘ sans rest, à 4 km ✉ 83350 Ramatuelle ℘ 04 94 97 23 83,
Fax 04 94 97 40 30, 🏊, 🌳 – 🛗 🖭 ☎ ⚙ 🅿. 🆎 🆒
20 mars-20 oct. – ⊑ 75 – **46 ch** 620/1600.

🏠 **St-Vincent** ⚘, à 4 km ✉ 83350 Ramatuelle ℘ 04 94 97 36 90, Fax 04 94 54 80 37, 🏠,
🏊 – ▤ ch 🖭 ☎ 🖑 🅿. 🆎 🆒
hôtel : 15 mars-20 oct. ; rest. : 15 mai-15 sept. – **Repas** grill carte environ 200 – ⊑ 70 –
16 ch 980/1200, 4 duplex – ½ P 475/760.

🏠 **La Figuière** ⚘, à 4 km ✉ 83350 Ramatuelle ℘ 04 94 97 18 21, Fax 04 94 97 68 48, 🏠,
🏊, 🌳, ⚘ – ▤ ch 🖭 ☎ 🅿. 🆒
28 mars-6 oct. – **Repas** grill carte 170 à 260 🍷 – ⊑ 65 – **42 ch** 500/950.

par ① *et D 93 rte de Ramatuelle* – ✉ 83350 Ramatuelle :

🏠🏠 **Les Bergerettes** Ⓜ ⚘, à 5 km ℘ 04 94 97 40 22, Fax 04 94 97 37 55, ≤, 🏠, parc, 🏊 –
▤ ch 🖭 ☎ 🅿. 🆎 🆒
hôtel : fin avril-fin sept. ; rest. : juin-fin août – **Repas** snack de piscine carte environ 200 –
⊑ 75 – **29 ch** 930/980.

🏠 **Les Bouis** Ⓜ ⚘, à 6 km ℘ 04 94 79 87 61, Fax 04 94 79 85 20, ≤ mer, 🏠, 🌳 – ▤ ch
🖭 ☎ 🅿. 🆎 🆒. ⚘ rest
hôtel : 25 mars-25 oct. ; rest. : 1ᵉʳ avril-30 sept. – **Repas** grill (déj. seul.) carte 150 à 200 –
⊑ 70 – **13 ch** 1000/1150, 4 duplex.

🏠 **Deï Marres** ⚘ sans rest, à 3 km ℘ 04 94 97 26 68, Fax 04 94 97 62 76, ≤, 🏊, 🌳, ⚘ –
🖭 ☎ 🖑 🅿. 🆎 ⓪ 🆒
15 mars-31 oct. – ⊑ 45 – **24 ch** 850/1100.

XX **Aub. des Vieux Moulins** avec ch, à 4 km ℘ 04 94 97 17 22, Fax 04 94 97 72 70, 🏠 –
🖭 ☎ 🅿. 🆎 🆒
1ᵉʳ mai-15 oct. – **Repas** (dîner seul.) 220 – ⊑ 65 – **5 ch** 600.

X **Aub. de l'Oumède,** à 7 km ℘ 04 94 79 81 24, 🏠 – 🅿. 🆒
début avril-mi-oct. – **Repas** (dîner seul.) 180/215.

par ① *domaine du Treizain : 3 km* – ✉ 83580 Gassin :

🏠 **Treizain** ⚘, ℘ 04 94 97 70 08, Fax 04 94 97 67 25, ≤, 🏠, 🏊, 🌳 – ▤ ch 🖭 ☎ 🅿. 🆎 ⓪
🆒
15 avril-15 oct. – **Repas** snack (résidents seul.) carte environ 100 – ⊑ 50 – **16 ch** 750/1100.

CITROEN Gar. Azzena, à Gassin par ① ℘ 04 94 56 10 38

Sorgfältig zubereitete, preiswerte Mahlzeiten : 🍽 **Repas** 100/130

ST-VAAST-LA-HOUGUE 50550 Manche 54 ③ G. Normandie Cotentin – 2 134 h alt. 4.

🚢 de Fontenay-en-Cotentin ℰ 02 33 21 44 27, S : 16 km.

🛈 Office de Tourisme, quai Vauban ℰ 02 33 54 41 37, Fax 02 33 54 41 37.

Paris 348 – Cherbourg 32 – Carentan 42 – St-Lô 70 – Valognes 19.

🏨 **France et Fuchsias,** ℰ 02 33 54 42 26, Fax 02 33 43 46 79, 🍽, ☞ – 📺 ☎. 🆎 ⓞ 🆊.
🕸 ch
fermé 5 janv. au 23 fév., lundi de mi-sept. au 15 mai et mardi midi de nov. à mars – Repas
80 (déj.)/260 🍷, enf. 59 – ☑ 43 – **34 ch** 195/420 – ½ P 230/385.

🏨 **La Granitière,** ℰ 02 33 54 58 99, Fax 02 33 20 34 91, ☞ – ☎ 🄵. 🆎 ⓞ 🆊
fermé 15 fév. au 16 mars et mardi d'oct. à mai – **Repas** (dîner seul.) 85/200 – ☑ 42 – **10 ch**
190/460 – ½ P 295/432.

ST-VALÉRIEN 89150 Yonne 61 ⑬ – 1 666 h alt. 165.

Paris 109 – Fontainebleau 50 – Auxerre 67 – Nemours 33 – Sens 15.

🍴🍴 **Le Gâtinais,** ℰ 03 86 88 62 78 – 🆊
fermé le soir du 15 sept. au 15 juin sauf jeudi, vend. et sam. – **Repas** 95/250.

PEUGEOT Gar. Février, ℰ 03 86 88 61 05

ST-VALERY-EN-CAUX 76460 S.-Mar. 52 ③ G. Normandie Vallée de la Seine – 4 595 h alt. 5 –
Casino .

Voir Falaise d'Aval ⟨★ O : 15 mn.

🛈 Office de Tourisme Maison Henri IV ℰ 02 35 97 00 63, Fax 02 35 97 32 65.

Paris 191 – Le Havre 79 – Bolbec 44 – Dieppe 35 – Fécamp 33 – Rouen 59 – Yvetot 31.

🏨 **Relais Mercure,** 14 av. Clemenceau ℰ 02 35 57 88 00, Fax 02 35 57 88 88, ⟨ – 🛗 📺 ☎ –
🔏 100. 🆎 ⓞ 🆊. 🕸 rest
Repas 69/120, enf. 40 – ☑ 50 – **145 ch** 290/350, 4 appart.

🏠 **Terrasses,** à la plage ℰ 02 35 97 11 22, Fax 02 35 97 05 83, ⟨ – 📺 ☎. 🆊
fermé 15 déc. au 15 janv., dim. soir et lundi sauf juil.-août – **Repas** 90/198 🍷, enf. 50 – ☑ 35
– **12 ch** 220/350 – ½ P 310/330.

🍴🍴 **Port,** quai d'Amont ℰ 02 35 97 08 93, Fax 02 35 97 28 32 – 🆊
fermé dim. soir et lundi sauf juil.-août – **Repas** 115/198.

par rte de Fécamp : par D 925 et D 68 le Bourg Ingouville – ☒ 76460 Ingouville-sur-Mer :

🍴🍴🍴 **Les Hêtres** ☞ avec ch, ℰ 02 35 57 09 30, Fax 02 35 57 09 31, « Jardin fleuri » – 📺 ☎ 🄵.
🆊
fermé 27 janv. au 10 fév., lundi soir et mardi hors sais. – **Repas** 160/350 et carte 300 à 450 –
☑ 65 – **4 ch** 550/620.

ST-VALERY-SUR-SOMME 80230 Somme 52 ⑥ G. Flandres Artois Picardie – 2 769 h alt. 27.

Voir Digue-promenade★ – Chapelle des Marins ⟨★ – Musée Picarvie★ – La baie de
Somme★★.

Paris 197 – Amiens 63 – Abbeville 18 – Blangy-sur-Bresle 38 – Le Tréport 25.

🏠 **Relais Guillaume de Normandy** ☞, quai Romerel ℰ 03 22 60 82 36,
Fax 03 22 60 81 82 – 📺 ☎ 🄵. 🆊. 🕸 rest
fermé 23 nov. au 27 déc. et mardi sauf juil.-août – **Repas** 85/210 🍷, enf. 55 – ☑ 35 – **14 ch**
220/340 – ½ P 285/320.

ST-VALLIER 26240 Drôme 77 ① G. Vallée du Rhône – 4 115 h alt. 135.

🛈 Office de Tourisme, Pays Valloire Galaure ℰ 04 75 31 27 27.

Paris 529 – Valence 34 – Annonay 21 – St-Étienne 60 – Tournon-sur-Rhône 16 – Vienne 41.

🍴🍴🍴 **Albert Lecomte et H. Terminus** Ⓜ avec ch, 116 av. J. Jaurès, rte Lyon
ℰ 04 75 23 01 12, Fax 04 75 23 38 82 – 🍽 📺 ☎ ⇔ 🄵. 🆎 ⓞ 🆊
fermé 10 au 20 août, vacances de fév., dim. soir et lundi – **Repas** 130 (déj.), 155/420 et carte
270 à 390 – ☑ 50 – **10 ch** 270/380 – ½ P 340.

🍴🍴 **Voyageurs,** 2 av. J. Jaurès ℰ 04 75 23 04 42, Fax 04 75 23 46 99, 🍽 – 🍴. 🆎 ⓞ 🆊
fermé 4 au 25 nov. et dim. soir – **Repas** 95/200, enf. 60.

PEUGEOT Gar. de l'Europe, ℰ 04 75 23 28 42 Gar. Trouiller, ℰ 04 75 23 07 78

Donnez-nous votre avis sur les tables que nous
recommandons,
sur leurs spécialités et leurs vins de pays.

1218

ST-VALLIER-DE-THIEY 06460 Alpes-Mar. 📖 ⑧, 🔢 ⑫, 🔢 ㉓ G. Côte d'Azur – 1 536 h alt. 730.

Voir Pas de la Faye ≤★★ NO : 5 km – Grotte de Beaume Obscure★ S : 2 km – Col de la Lèque ≤★ SO : 5 km.

🅱 Office de Tourisme 10 pl. du Tour ℘ 04 93 42 78 00, Fax 04 93 42 66 51.

Paris 912 – Cannes 29 – Castellane 51 – Draguignan 62 – Grasse 12 – Nice 53.

🏛 **Relais Impérial,** ℘ 04 93 42 60 07, Fax 04 93 42 66 21, 🍴 – 📶 📺 ☎ 📞, 🆎 ⓞ 🇬🇧
Repas 95/200 ⅊, enf. 50 – ☑ 35 – **30 ch** 300/390 – ½ P 280/325.

ST-VÉRAN 05350 H.-Alpes 📖 ⑲ G. Alpes du Sud – 257 h alt. 2042 la plus haute commune d'Europe – Sports d'hiver : 1 750/2 800 m ⚡ 15 ⚡.

Voir Vieux village★★ – Musée du Soum★.

🅱 Office de Tourisme ℘ 04 92 45 82 21, Fax 04 92 45 84 52.

Paris 731 – Briançon 49 – Guillestre 32.

🏛 **L'Astragale** Ⓜ ॐ, à l'église ℘ 04 92 45 87 00, Fax 04 92 45 87 10, ≤, 🔲 – 📶 💦 📺 ☎ 📞 🅿 🇬🇧
fermé 2 nov. au 19 déc. – **Repas** 95 (déj.)/130 – ☑ 50 – **21 ch** 435/840 – ½ P 420/590.

🏛 **Grand Tétras** ॐ, ℘ 04 92 45 82 42, Fax 04 92 45 85 98, ≤, 🍴 – ☎ 🅿 🇬🇧
31 mai-14 sept. et 20 déc.-10 avril – **Repas** 85/125 ⅊, enf. 45 – ☑ 47 – **21 ch** 240/430 – ½ P 288/366.

ST-VÉRAND 71570 S.-et-L. 📖 ① – 191 h alt. 300.

Paris 403 – Mâcon 12 – Bourg-en-Bresse 49 – Lyon 68 – Villefranche-sur-Saône 34.

🏛 **Aub. du St-Véran,** ℘ 03 85 37 16 50, Fax 03 85 37 49 27, 🍴, 🌳 – 📺 ☎ 🅿 🇬🇧
Repas (fermé lundi et mardi hors sais.) 95/205, enf. 55 – ☑ 35 – **11 ch** (½ pens. seul.) – ½ P 225/360.

ST-VIANCE 19 Corrèze 📖 ⑧ – rattaché à Brive-la-Gaillarde.

ST-VINCENT 43800 H.-Loire 📖 ⑦ – 806 h alt. 605.

Paris 547 – Le Puy-en-Velay 18 – La Chaise-Dieu 36 – St-Étienne 73.

❌❌ **La Renouée,** à Cheyrac, Nord par D 103 ℘ 04 71 08 55 94, Fax 04 71 08 55 94 – 🇬🇧. 🌿
fermé 29 sept. au 8 oct., 5 janv. au 2 mars, lundi sauf juil.-août et dim. soir – **Repas** 100/235, enf. 57.

ST-VINCENT-DE-TYROSSE 40230 Landes 📖 ⑰ – 5 075 h alt. 24.

Paris 741 – Biarritz 32 – Mont-de-Marsan 75 – Bayonne 24 – Dax 23 – Pau 102 – Peyrehorade 24.

🏛 **Twickenham,** av. Gare ℘ 05 58 77 01 60, Fax 05 58 77 95 15, 🍴, ⚓ – 📺 ☎ 🅿 – 🏊 40. 🆎 🇬🇧
Repas (fermé dim. soir du 1er oct. au 31 mai) 80 (déj.), 135/180 ⅊ – ☑ 30 – **30 ch** 260/290 – ½ P 300/330.

🏛 **Côte d'Argent** ॐ sans rest, rte Hossegor ℘ 05 58 77 02 16, Fax 05 58 77 23 96, 🌳 – 📶 📺 ☎ 🅿 🆎 ⓞ 🇬🇧
☑ 30 – **22 ch** 250/290.

❌❌❌ **Le Hittau,** ℘ 05 58 77 11 85, 🍴, « Ancienne bergerie dans un jardin fleuri » – 🅿 🆎 ⓞ 🇬🇧
fermé fév., lundi sauf le soir en juil.-août et dim. soir de sept. à juin – **Repas** 140/400 et carte 230 à 390.

❌❌ **Les Gourmets,** N10 ℘ 05 58 77 16 97, 🍴 – 🆎 🇬🇧
fermé vacances de Noël, mardi soir et merc. sauf juil.-août – **Repas** 65/165 ⅊, enf. 48.

RENAULT Gar. Darrigade, ℘ 05 58 77 03 33 🆖   ⓜ Comptoir Landais Pneu, ℘ 05 58 77 00 88 ℘ 05 58 77 03 33

ST-VINCENT-SUR-JARD 85520 Vendée 📖 ⑪ G. Poitou Vendée Charentes – 658 h alt. 10.

🅱 Office de Tourisme le Bourg ℘ 02 51 33 62 06.

Paris 448 – La Rochelle 68 – La Roche-sur-Yon 35 – Challans 69 – Luçon 33 – Les Sables-d'Olonne 24.

🏛 **Océan** ॐ, Sud : 1 km (près maison de Clemenceau) ℘ 02 51 33 40 45, Fax 02 51 33 98 15, 🍴 – 🍽 rest 📺 ☎ 🅿 🇬🇧
fermé 30 nov. au 15 fév. et jeudi hors sais. – **Repas** 79/225 ⅊, enf. 48 – ☑ 33 – **38 ch** 230/420 – ½ P 290/380.

🏠 **Chabosselières** sans rest, rte Jard 𝒫 02 51 33 43 32, � – ☎ 🅿. GB
1ᵉʳ avril-30 sept. et fermé mardi sauf juil.-août – ⌧ 28 – **10 ch** 250/260.

✗ **Chalet St-Hubert** avec ch, rte Jard 𝒫 02 51 33 40 33, Fax 02 51 33 41 94, � – ☎ 🅿. GB
🍴 *fermé 15 nov. au 15 déc., dim. soir et lundi du 15 sept. au 15 juin* – **Repas** 80/185, enf. 45 –
⌧ 30 – **10 ch** 200/235 – ½ P 210/285.

ST-VIT 25410 Doubs 🔢 ⑭ ⑮ – *3 774 h alt. 257.*

Paris 389 – Besançon 20 – Dole 28 – Gray 41 – Pontailler-sur-Saône 37 – Salins-les-Bains 36.

✗✗ **Le Tisonnier,** Est : 5 km rte Besançon (N 73) 𝒫 03 81 58 50 01, Fax 03 81 58 63 46, 🏠 –
🅿. AE ⓞ GB
fermé lundi sauf fériés le midi – **Repas** 100 bc (déj.)/240 ⚘, enf. 58.

ST-VRAIN 91770 Essonne 🔢 ⑩, 🔢 ㊸ – *2 307 h alt. 75.*

Voir *Parc animalier et de loisirs ★,* G. Ile de France.

Paris 41 – Fontainebleau 43 – Corbeil-Essonnes 18 – Étampes 21 – Melun 38.

✗ **Host. de St-Caprais,** r. St-Caprais 𝒫 01 64 56 15 45, Fax 01 64 56 85 22, 🏠 – GB
fermé 14 juil. au 15 août, dim. soir et lundi – **Repas** 148/185.

ST-WANDRILLE-RANÇON 76490 S.-Mar. 🔢 ⑤ G. Normandie Vallée de la Seine – *1 151 h
alt. 16.*

Voir *Abbaye★ (chant grégorien).*

Paris 163 – Le Havre 58 – Rouen 34 – Barentin 16 – Duclair 16 – Lillebonne 20 – Yvetot 17.

✗✗ **Aub. Deux Couronnes,** 𝒫 02 35 96 11 44, Fax 02 35 56 56 23, **«** Maison normande
ancienne **»** – AE GB
fermé dim. soir et lundi sauf fêtes – **Repas** 130/160 ⚘, enf. 55.

ST-YORRE 03 Allier 🔢 ⑤ – *rattaché à Vichy.*

ST-YRIEIX-LA-PERCHE 87500 H.-Vienne 🔢 ⑰ G. Berry Limousin – *7 558 h alt. 360.*

Voir *Collégiale du Moûtier★.*

🅱 *Office de Tourisme 6 r. Plaisances 𝒫 05 55 75 40 22, Fax 05 55 75 08 97.*

Paris 433 – Limoges 41 – Brive-la-Gaillarde 61 – Périgueux 62 – Rochechouart 52 – Tulle 69.

à la Roche l'Abeille Nord-Est : 12 km par D 704 et 17ᴬ – 563 h. alt. 400 – ✉ 87800 :

🏛️ **Moulin de la Gorce** (Bertranet) 🦐, Sud : 2 km par D 17 𝒫 05 55 00 70 66,
❀❀ Fax 05 55 00 76 57, ≼, **«** En bordure d'étang, parc **»** – 📺 ☎ 🅿. AE ⓞ GB
fermé 4 janv. au 8 fév., dim. soir et lundi d'oct. à mars – **Repas** 180 bc (déj.), 250/480 et carte
330 à 440 – ⌧ 75 – **10 ch** 480/900 – ½ P 775
Spéc. Oeufs brouillés aux truffes dans leur coque. Marinade de bar et saumon à la crème de
caviar. Lièvre à la royale (15 oct. au 15 déc.).

VAG Gar. Dubois, rte de Coussac   🏍 Pneus et Caoutchouc, 3 av. de Limoges
𝒫 05 55 75 10 70 🄽 𝒫 05 55 75 10 70   𝒫 05 55 08 14 98

STE-ADRESSE 76 S.-Mar. 🔢 ③ – *rattaché au Havre.*

STE-ANNE-D'AURAY 56400 Morbihan 🔢 ② G. Bretagne – *1 630 h alt. 42.*

Voir *Trésor★ de la basilique – Pardon (26 juil.).*

Paris 477 – Vannes 17 – Auray 7 – Hennebont 30 – Locminé 27 – Lorient 40 – Quimperlé 56.

🏛️ **Croix Blanche,** 𝒫 02 97 57 64 44, Fax 02 97 57 50 60, 🏠, � – 📺 ☎ 🅿. AE ⓞ GB. ❀
🍴 *fermé 12 au 25 nov., fév., dim. soir et lundi d'oct. à mai* – **Repas** 85/275, enf. 60 – ⌧ 40 –
23 ch 219/365 – ½ P 249/309.

🏛️ **Le Myriam** 🦐 sans rest, 𝒫 02 97 57 70 44, Fax 02 97 57 50 61 – 📶 📺 ☎ 🅿. GB
1ᵉʳ mai-30 sept. et fermé lundi soir et mardi sauf juil.-août – ⌧ 28 – **30 ch** 260/290.

🏠 **Paix,** 𝒫 02 97 57 65 08, Fax 02 97 57 50 61 – ☎. GB
🍴 *1ᵉʳ avril-30 sept. et fermé lundi soir et mardi sauf juil.-août* – **Repas** 60/125 – ⌧ 26 – **24 ch**
190.

✗✗✗ **L'Auberge** Ⓜ avec ch, 𝒫 02 97 57 61 55, Fax 02 97 57 69 10 – 📺 ☎ 🅿. AE GB
🍃 *fermé 6 au 20 oct., 11 au 27 janv., 22 fév. au 2 mars, mardi soir sauf juil.-août et merc.* –
Repas 90/350 – ⌧ 35 – **6 ch** 230/290 – ½ P 255/270.

RENAULT Gar. Josset, 𝒫 02 97 57 64 13 🄽 𝒫 02 97 57 74 30

STE-ANNE-LA-PALUD (Chapelle de) 29550 Finistère 58 ⑭ G. Bretagne – alt. 65.

Voir Pardon (fin août).

Paris 586 – Quimper 24 – Brest 67 – Châteaulin 19 – Crozon 33 – Douarnenez 17 – Plomodiern 10.

🏨 **Plage** ⤢, à la plage ℘ 02 98 92 50 12, Fax 02 98 92 56 54, ≤, ⅃, ☞, ✎ – ⊫ ▤ rest ⊡ ☎ 🅿 ⒶⒺ ⓞ ⒼⒷ. ✎ rest

début avril-début nov. – **Repas** 220/400 et carte 340 à 600 – ⨯ 80 – **26 ch** 1000/1300, 4 appart – ½ P 820/970

Spéc. Sarrasin de homard breton aux légumes. Ballotin de jeune pigeon au foie gras et vieux porto. "Kuign amann" de pommes rôties aux agrumes.

STE-CÉCILE-LES-VIGNES 84290 Vaucluse 81 ② – 1 927 h alt. 108.

Paris 648 – Avignon 48 – Bollène 13 – Nyons 26 – Orange 16 – Vaison-la-Romaine 19.

🏨 **Le Relais** Ⓜ ⤢, ℘ 04 90 30 84 39, Fax 04 90 30 81 79, ≤, ☞, ⅃, ☞ – ▤ ⊡ ☎ ⅋ 🅿 ⒼⒷ
fermé 1er au 15 mars, 1er au 15 oct., dim. soir et lundi sauf hôtel du 15 mars au 15 oct. – **Repas** 130/260 – ⨯ 50 – **12 ch** 480/850.

STE-COLOMBE 84 Vaucluse 81 ⑬ – rattaché à Bédoin.

STE-CROIX 01 Ain 74 ②., 110 ⑦ – rattaché à Montluel.

STE-CROIX-EN-JAREZ 42 Loire 73 ⑲ – rattaché à Rive-de-Gier.

STE-ÉNIMIE 48210 Lozère 80 ⑤ G. Gorges du Tarn (plan) – 473 h alt. 470.

Env. ≤★★ sur le canyon du Tarn S : 6,5 km par D 986.

🛈 Office de Tourisme à la mairie ℘ 04 66 48 53 44, Fax 04 66 48 52 28.

Paris 620 – Mende 28 – Florac 27 – Meyrueis 29 – Millau 58 – Sévérac-le-Château 45 – Le Vigan 78.

🏛 **Aub. du Moulin,** ℘ 04 66 48 53 08, Fax 04 66 48 58 16, ☞ – ☎ 🅿 ⒼⒷ
20 mars-15 nov. – **Repas** (fermé dim. soir et lundi midi sauf juil.-août) 88/170 – ⨯ 34 – **10 ch** 290/340 – ½ P 290.

STE-EULALIE-D'OLT 12130 Aveyron 80 ④ – 310 h alt. 425.

Paris 625 – Rodez 43 – Espalion 25 – Sévérac-le-Château 28.

✗ **Au Moulin d'Alexandre** ⤢ avec ch, ℘ 05 65 47 45 85, ☞ – ☎
🍴 fermé 21 au 30 avril, 29 sept. au 10 oct. et dim. soir de nov. à Pâques – **Repas** 65/130 ⅃ – ⨯ 40 – **9 ch** 230/250 – ½ P 230.

STE-FEYRE 23 Creuse 72 ⑩ – rattaché à Guéret.

STE-FLORINE 43250 H.-Loire 76 ⑤ – 3 021 h alt. 440.

Paris 471 – Clermont-Fd 57 – Brioude 14 – Issoire 20 – Murat 59 – Le Puy-en-Velay 76 – St-Flour 51.

✗ **Le Florina** avec ch, ℘ 04 73 54 04 45, Fax 04 73 54 02 62 – ⊡ ☎ ⅋ ⅋. ⒼⒷ
🍴 fermé dim. soir – **Repas** 70/165 ⅃ – ⨯ 30 – **10 ch** 210/230 – ½ P 190.

STE-FORTUNADE 19490 Corrèze 75 ⑨ G. Berry Limousin – 1 605 h alt. 470.

Voir Chef-reliquaire★ dans l'église.

Paris 488 – Brive-la-Gaillarde 29 – Aurillac 81 – Mauriac 76 – St-Céré 51 – Tulle 8.

à l'Ouest par D 1 et D 94 : 5 km – ✉ 19490 Ste-Fortunade :

✗ **Moulin de Lachaud,** ℘ 05 55 27 30 95, ≤, ☞, « Au bord d'un étang », ☞ – 🅿. ⒼⒷ
fermé 15 janv. au 28 fév., dim. soir et lundi – **Repas** 125/178.

STE-FOY-LA-GRANDE 33220 Gironde 75 ⑬ ⑭ G. Périgord Quercy – 2 745 h alt. 10.

🏌 du Château des Vigiers ℘ 05 53 61 50 33, SE : 9 km par D 18.

🛈 Office de Tourisme 102 r. de la République ℘ 05 57 46 03 00, Fax 05 57 46 53 77 (mairie).

Paris 561 ⑤ – Périgueux 67 ① – Bordeaux 71 ⑤ – Langon 59 ④ – Marmande 44 ③.

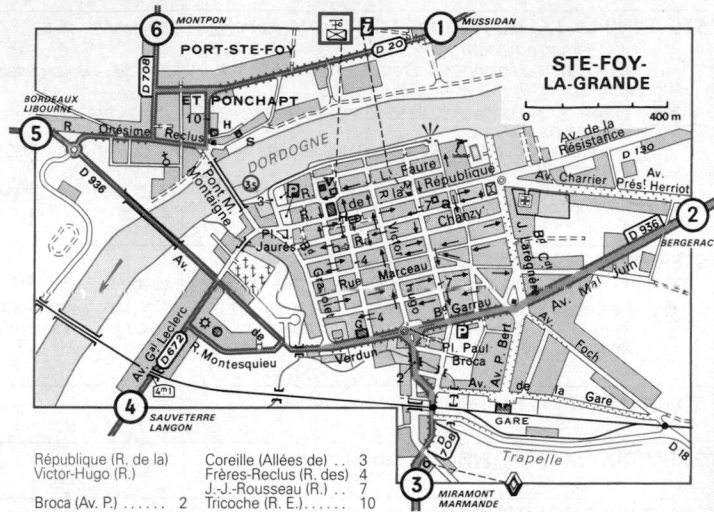

República (R. de la)
Victor-Hugo (R.)

Broca (Av. P.) 2

Coreille (Allées de) .. 3
Frères-Reclus (R. des) 4
J.-J.-Rousseau (R.) .. 7
Tricoche (R. E.)...... 10

🏨 **Grand Hôtel**, r. République (a) ℘ 05 57 46 00 08, Fax 05 57 46 50 70, 🏠 – ☎ 🚗. AE
GB JCB
  Repas *(fermé sam. midi et mardi hors sais.)* 68/175 ♨ – 🖵 35 – **17 ch** 280/380 – ½ P 225.

✗ **Vieille Auberge** avec ch, r. Pasteur (v) ℘ 05 57 46 04 78, Fax 05 57 46 17 39 – GB
  fermé 24 au 30 juin, 18 au 28 nov., dim. soir et lundi – **Repas** 72 (déj.), 98/230 ♨, enf. 50 –
  🖵 30 – **5 ch** 165/200 – ½ P 210/230.

✗ **Au Fil de l'Eau**, 3 r. Rouquette (s) ℘ 05 53 24 72 60, 🏠 – GB
  fermé 29 sept. au 14 oct., dim. soir de sept. à Pâques et lundi – **Repas** 68 (déj.), 120/195,
  enf. 50.

RENAULT Pineuilh Autos, 68 av. de la Résistance à
Pineuilh par ③ ℘ 05 57 46 29 65 **N**
℘ 05 57 46 29 65
RENAULT Gar. Daniel, 26 bd Gratiolet
℘ 05 57 46 01 63

🅿 Service du Pneu-Point S, à Port Ste-Foy
℘ 05 53 24 76 00

STE-FOY-TARENTAISE 73640 Savoie 🗗🗗 ⑲ G. Alpes du Nord – 643 h alt. 1050.
  Paris 650 – Albertville 67 – Chambéry 114 – Moûtiers 40 – Val-d'Isère 19.

🏨 **Le Monal**, ℘ 04 79 06 90 07, Fax 04 79 06 94 72 – 🛗 ☎. AE GB. 🛠 rest
  fermé 8 mai au 10 juin et 11 oct. au 4 nov. – **Repas** 80 (déj.), 100/150 ♨, enf. 45 – 🖵 35 –
  24 ch 145/350 – ½ P 260/280.

STE-GEMME-MORONVAL 28 E.-et-L. 🗗🗗 ⑦., 🗗🗗🗗 ㉘ – rattaché à Dreux.

STE-GENEVIÈVE-DES-BOIS 91 Essonne 🗗🗗 ⑦., 🗗🗗🗗 ㊱ – voir à Paris, Environs.

STE-GENEVIÈVE-SUR-ARGENCE 12420 Aveyron 🗗🗗 ⑬ – 1 143 h alt. 800.
  Env. Barrage de Sarrans★★ N : 8 km, G. Gorges du Tarn.
  🅱 Syndicat d'Initiative à la Mairie ℘ 05 65 66 41 46.
  Paris 581 – Aurillac 59 – Chaudes-Aigues 33 – Espalion 45.

🏨 **Voyageurs**, ℘ 05 65 66 41 03, 🛋 – 📺 ☎ 🚗. GB
  fermé 20 sept. au 10 oct., dim. soir et sam. de nov. à juin – **Repas** 60 bc/150 bc – 🖵 28 –
  14 ch 180/210 – ½ P 230/250.

STE-HERMINE 85210 Vendée 🗗🗗 ⑮ – 2 285 h alt. 28.
  Paris 417 – La Roche-sur-Yon 34 – Fontenay-le-C. 25 – Nantes 87 – Les Sables-d'Olonne 66.

✗ **Relais de la Marquise** avec ch, ℘ 02 51 27 30 11, Fax 02 51 28 84 38 – 🅿. GB
  *fermé 1 au 6/07, 4 au 9 nov., 16 fév. au 9 mars, lundi midi en juil.-août, dim. soir et lundi de
  sept. à juin* – **Repas** 63/160 – 🖵 27 – **9 ch** 123/210 – ½ P 120/155.

STE-MAGNANCE *89420 Yonne* 🗺️ ⑰ *G. Bourgogne – 325 h alt. 310.*

Voir *Tombeau★ dans l'église.*

Paris 224 – Auxerre 64 – Avallon 15 – Dijon 69 – Saulieu 24.

　　✗　**La Chènevotte,** N 6 ☎ 03 86 33 14 79 – 🅶🅱

　　　　fermé 15 au 30 oct., 15 au 30 nov., mardi soir et merc. – **Repas** 109/180.

STE-MARGUERITE (Île) ★★ *06 Alpes-Mar.* 🟦 ⑨, 🟦 ㉟ ㊴ *G. Côte d'Azur –* 🖂 *06400 Cannes.*

Voir *Forêt★★ – ≼★ de la terrasse du Fort-Royal.*

Accès *par transports maritimes.*

　　🚢 *depuis* **Cannes.** *Traversée 15 mn par Cie Esterel-Chanteclair, gare maritime des Îles*
　　☎ *04 93 39 11 82, Fax 04 92 98 80 32.*

STE-MARIE *44 Loire-Atl.* 🗺️ ① – *rattaché à Pornic.*

STE-MARIE-AUX-MINES *68160 H.-Rhin* 🗺️ ⑯ *G. Alsace Lorraine – 5 767 h alt. 350.*

Tunnel de Ste-Marie-aux-Mines. *Péage aller simple : autos 19 F, camions 38 à 76 F -
Renseignements par S.A.P.R.R.* ☎ *03 29 51 21 71.*

🛈 *Office de Tourisme* ☎ *03 89 58 80 50.*

Paris 415 – Colmar 33 – St-Dié 24 – Sélestat 22.

　　✗　**Aux Mines d'Argent** *avec ch, r. Dr Weisgerber (près H. de Ville)* ☎ *03 89 58 55 75,* 🍴 –
　　🍴　📺 ☎. 🅶🅱. ✂ ch
　　　　Repas *(fermé 22 août au 10 sept., 20 fév. au 15 mars, mardi soir et merc.)* 62/215 🍷, enf. 45
　　　　– 🍽 38 – **5 ch** 220/260 – ½ P 260.

　　CITROEN Gar. Vogel, ☎ 03 89 58 74 73　　　　　　PEUGEOT Gar. Moeglen, ☎ 03 89 58 70 40

STE-MARIE-DE-VARS *05 H.-Alpes* 🗺️ ⑱ – *rattaché à Vars.*

STES-MARIES-DE-LA-MER – *voir après Saintes.*

STE-MARIE-SICCHÉ *2A Corse-du-Sud* 🗺️ ⑰ – *voir à Corse.*

STE-MARINE *29 Finistère* 🗺️ ⑮ *G. Bretagne –* 🖂 *29120 Pont-l'Abbé.*

Paris 568 – Quimper 21 – Bénodet 6 – Concarneau 24 – Pont-l'Abbé 10.

　　✗✗　**L'Agape** *(Le Guen),* ☎ *02 98 56 32 70, Fax 02 98 51 91 94,* 🍴 – 📮. 🅰🅴 🅶🅱
　　🌸　　*fermé vacances de fév., mardi soir et merc. sauf juil.-août* – **Repas** 160/270 et carte 280 à
　　　　400, enf. 70
　　　　Spéc. *Agapes de poissons marinés. Galette de turbot au jus de viande. Jardinière de
homard.*

STE-MAURE *10 Aube* 🗺️ ⑯ – *rattaché à Troyes.*

STE-MAURE-DE-TOURAINE *37800 I.-et-L.* 🗺️ ④ ⑤ *G. Châteaux de la Loire – 3 983 h alt. 85.*

🛈 *Office de Tourisme pl. du Château* ☎ *02 47 65 66 20, Fax 02 47 31 04 28.*

Paris 272 – Tours 39 – Le Blanc 69 – Châtellerault 37 – Chinon 31 – Loches 32 – Thouars 73.

　　🏨　**Host. Hauts de Ste-Maure,** *av. Ch. de Gaulle* ☎ *02 47 65 50 65, Fax 02 47 65 60 24,*
　　　　🍴, « *Ancien relais de poste »,* 🍴 – 🛗 🔲 📺 ☎ 📶 ᵭ 📮. 🅰🅴 🅾 🅶🅱
　　　　fermé fév., lundi midi et dim. d'oct. à avril – **Repas** 108/240 – 🍽 50 – **19 ch** 280/420 –
　　　　½ P 350/420.

　　✗✗　**Gueulardière** *avec ch, av. Ch. de Gaulle* ☎ *02 47 65 40 71, Fax 02 47 65 69 47* – 📺 ☎ 📶
　　🍴　📮. 🅰🅴 🅾 🅶🅱
　　　　Repas *(fermé 4 au 31 janv., dim. soir et lundi)* 70/180, enf. 50 – 🍽 39 – **16 ch** 170/260 –
　　　　½ P 170/270.

à l'échangeur autoroute A 10 *Ouest : 2,5 km sur rte de Chinon –* 🖂 *37800 Noyant-de-
Touraine :*

　　✗✗　**La Ciboulette,** ☎ *02 47 65 84 64,* 🍴 – 📮. 🅶🅱
　　　　Repas 100/325 🍷, enf. 50.

à Pouzay *Sud-Ouest : 8 km – 696 h. alt. 51 –* ⊠ *37800 :*

X **Gardon Frit,** ℘ 02 47 65 21 81, Fax 02 47 65 21 81, 斎 – **GB**
fermé 4 au 19 mars, 23 sept. au 30 oct., 6 au 15 janv., mardi et merc. – **Repas** - produits de
la mer - 72 (déj.), 95/199 ♨.

CITROEN Gar. Rico, 78 av. Gén.-de-Gaulle   RENAULT Gar. de Vauzelles, ℘ 02 47 65 41 13
℘ 02 47 65 40 46 **N** ℘ 02 47 65 40 46
PEUGEOT Gar. Saint-Aubin, ℘ 02 47 65 40 85 **N**
℘ 02 47 65 40 85

STE-MAXIME *83120 Var* **84** ⑰, **114** ㊲ *G. Côte d'Azur* – *10 015 h alt. 10.*

Voir *Sémaphore* ✳ ★ *N : 1,5 km.*

ᓗ *de Beauvallon* ℘ 04 94 96 16 98, par ③ : 4 km ; ᓗ ℘ 04 94 49 26 60, N : 3 km par route du
sémaphore **B**.

🛈 *Office de Tourisme promenade S. Lorière* ℘ 04 94 96 19 24, Télex 970080, Fax 04 94
49 17 97.

Paris 875 ① – *Fréjus 21* ② – *Aix-en-Provence 122* ① – *Cannes 58* ② – *Draguignan 34* ① –
Toulon 73 ③.

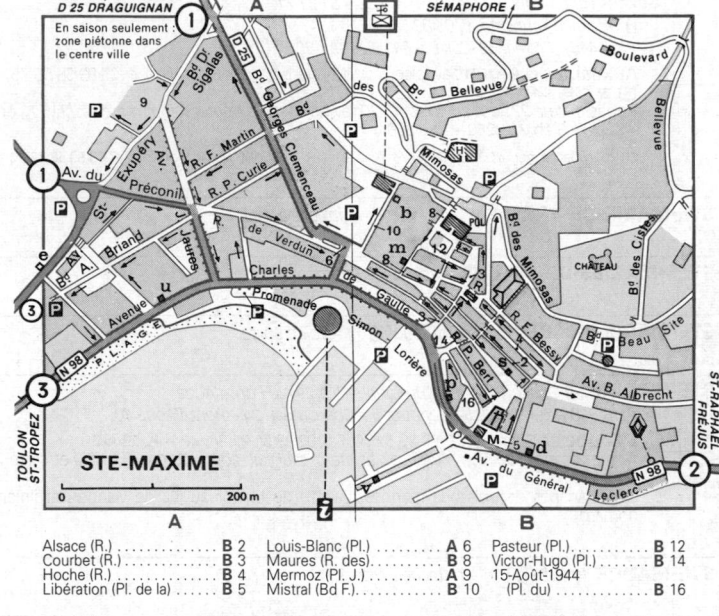

Alsace (R.) . . . . **B** 2	Louis-Blanc (Pl.) . . . . **A** 6	Pasteur (Pl.) . . . . **B** 12
Courbet (R.) . . . . **B** 3	Maures (R. des) . . . . **B** 8	Victor-Hugo (Pl.) . . . . **B** 14
Hoche (R.) . . . . **B** 4	Mermoz (Pl. J.) . . . . **A** 9	15-Août-1944
Libération (Pl. de la) . . . . . **B** 5	Mistral (Bd F.) . . . . **B** 10	(Pl. du) . . . . **B** 16

🏨 **Belle Aurore** Ⓜ, 4 bd Jean Moulin par ③ ℘ 04 94 96 02 45, Fax 04 94 96 63 87, ≼ golfe
de St-Tropez, 斎, « En bordure de mer », 🏊, 🖡🌀 – 🗏 📺 ☎ 🄿 🖭 ⓞ **GB**
hôtel : fermé 11 au 24 oct., 16 nov. au 20 déc. et 7 janv. au 28 fév. ; rest. : 1ᵉʳ avril-30 sept. –
Repas *(fermé merc. midi hors sais.)* 198/360 – 🖙 75 – **16 ch** 800/1800 – ½ P 700/1300.

🏨 **Les Santolines** sans rest, La Croisette par ③ ℘ 04 94 96 31 34, Fax 04 94 49 22 12,
« Jardin fleuri », 🏊 – 🗏 📺 ☎ & 🄿 🖭 **GB**
fermé 6 janv. au 3 mars – 🖙 50 – **13 ch** 650/750.

🏨 **Mas des Oliviers** Ⓜ ⤳ sans rest, quartier de la Croisette par ③ : 1 km
℘ 04 94 96 13 31, Fax 04 94 49 01 46, ≼, 🏊, 斎, ℀ – 📺 ☎ & 🄿 🖭 ⓞ **GB**
fermé 15 janv. au 15 fév. – 🖙 48 – **20 ch** 520/700.

🏨 **Petit Prince** Ⓜ sans rest, 11 av. St-Exupéry ℘ 04 94 96 44 47, Fax 04 94 49 03 38 – 🛗 🗏
📺 ☎ & 🄿 🖭 ⓞ **GB**   A e
🖙 45 – **29 ch** 380/750.

🏨 **La Croisette** ⤳ sans rest, 2 bd Romarins par ③ ℘ 04 94 96 17 75, Fax 04 94 96 52 40,
斎 – 🛗 📺 ☎ & 🄿 🖭 ⓞ **GB**
1ᵉʳ mars-30 oct. – 🖙 50 – **20 ch** 550/980.

🏨 **Montfleuri** ⌘, 4 av. Montfleuri par ② 𝄽 04 94 96 19 57, Fax 04 94 49 25 07, 🌳, 🖛 – 🛗
🖵 ☎ 🅿. 🗗
hôtel : 27 mars- 13 oct. ; rest. : 30 avril-30 sept. – **Repas** (dîner seul.) 155/190 – ⬚ 55 – **31 ch**
340/570 – ½ P 340/460.

🏨 **Poste** sans rest, 7 bd F. Mistral 𝄽 04 94 96 18 33, Fax 04 94 96 41 68, 🛋 – 🛗 🖵 ☎ 🅿. 🗚
ⓞ 🗗   B   b
7 mai-10 oct. – ⬚ 45 – **24 ch** 440/590.

XXX **L'Amiral**, galerie marchande du port 𝄽 04 94 43 99 36, ≤ port et golfe, 🌳 – 🗚
                                                                                                            B   v
fermé 15 nov. au 15 déc., dim. soir et lundi hors sais. – **Repas** 170/260 et carte 200 à 410.

XX **Le Daniéli**, av. Gén. Leclerc 𝄽 04 94 43 96 45, Fax 04 94 96 05 83, 🌳 – 🗚 🗗   B   d
fermé 5 au 23 janv. et lundi du 15 oct. au 1ᵉʳ mars sauf vacances scolaires – **Repas** 119/210.

XX **L'Esquinade**, av. Ch. de Gaulle 𝄽 04 94 96 01 65 – 🗗   B   p
fermé 1ᵉʳ au 16 déc., 1ᵉʳ au 14 fév. et le mardi d'oct. à juin – **Repas** 112/200.

X **Sans Souci**, r. P. Bert 𝄽 04 94 96 18 26, 🌳 – 🗗   B   s
15 fév.-1ᵉʳ nov. et fermé lundi sauf de mai à sept. – **Repas** 96/136, enf. 58.

X **Le Dauphin**, av. Ch. de Gaulle 𝄽 04 94 96 31 56 – ▣. 🗗   A   u
fermé 1ᵉʳ déc. au 15 janv., mardi soir et merc. hors sais. – **Repas** (nombre de couverts
limité, prévenir) 95/200 🍷.

X **Sarrazin**, pl. Colbert 𝄽 04 94 96 10 84 – 🗗   B   m
fermé 5 janv. au 1ᵉʳ fév. et mardi sauf juil.-août – **Repas** (dîner seul. en juil.-août) 110/240.

au Nord-Est *par r. Clemenceau et rte du Débarquement* – ✉ 83120 Ste-Maxime :

🏨 **Golf Plaza** 🅼 ⌘, au Golf, 5,5 km 𝄽 04 94 56 66 66, Fax 04 94 56 66 00, ≤ baie et golf,
🌳, espace balnéo-esthétique, golf, 🍏, 🛋, 🛏, ✎ – 🛗 ▤ 🖵 ☎ 🕭 🛗 ◔ – 🔏 120. 🗚 ⓞ
🗗
Relais Provence : Repas (dîner seul.) 195 – **Le St-Andrews** (club house) 𝄽 04 94 49 23 32
(fermé le soir d'oct. à avril) Repas 98(déj.)/120 🍷, enf. 65 – **Costa Smeralda** (snack)
(15 juin.-15 sept.) Repas (déj. seul.) carte environ 170, enf. 65 – ⬚ 75 – **93 ch** 1225/1300,
13 appart.

🏨 **Parc H. Jas Neuf** 🅼, 71 rte Débarquement, 4 km 𝄽 04 94 96 51 88, Fax 04 94 49 09 71,
≤, 🌳, 🛋 – 🛗 ▤ rest 🖵 ☎ 🅿. 🗚 🗗
L'Olive d'Or : Repas 115 (déj.),145/215, enf. 60 – ⬚ 45 – **25 ch** 550/790 – ½ P 485/535.

à La Nartelle *par ② : 4 km* – ✉ 83120 Ste-Maxime :

🏨 **Host. Vierge Noire** sans rest, 𝄽 04 94 96 33 11, Fax 04 94 49 28 90, 🛋, 🖛 – 🖵 ☎ 🅿.
🗗, 🏊
22 mars-15 oct. – ⬚ 47 – **11 ch** 480/650.

RENAULT Gar. de l'Arbois, av. Gén.-Leclerc 𝄽 04 94 96 14 03

STE-MENEHOULD ◀▶ 51800 Marne 🗟🗟 ⑲ G. Champagne – 5 177 h alt. 137.
    Voir ≤★ de la butte appelée "Le château" – Château de Braux-Ste-Cohière★ O : 5,5 km.
    🅱 Office de Tourisme 15 pl. Gén.-Leclerc 𝄽 03 26 60 85 83, Fax 03 26 60 27 22.
    Paris 222 – Bar-le-Duc 49 – Châlons-en-Champagne 47 – Reims 79 – Verdun 47 – Vitry-le-
    François 51.

🏨 **Cheval Rouge** 🅼, 1 r. Chanzy 𝄽 03 26 60 81 04, Fax 03 26 60 93 11 – 🖵 ☎. 🗚 ⓞ 🗗
🍲 *fermé 17 nov. au 8 déc. et lundi de sept. à Pâques* – **Repas** 90/215 🍷 – ⬚ 45 – **20 ch**
230/260 – ½ P 260/280.

à Florent-en-Argonne *Nord-Est : 7,5 km par D 85* – 234 h. alt. 225 – ✉ 51800 :

🏨 **Le Jabloire** 🅼 ⌘ sans rest, 𝄽 03 26 60 82 03, Fax 03 26 60 85 45 – 🖵 ☎ 🅿. 🗚 🗗
fermé 6 au 20 janv. et dim. soir de nov. à mars – ⬚ 36 – **12 ch** 320/380.

XX **Aub. la Ményère,** 𝄽 03 26 60 93 70, Fax 03 26 60 13 92, 🌳, « Maison du 16ᵉ siècle » –
🗗
fermé 18 août au 10 sept., 20 fév. au 5 mars, dim. soir et lundi – **Repas** 140 🍷.

à Futeau *Est : 13 km par N 3 et D 2* – 173 h. alt. 190 – ✉ 55120 :

XXX **L'Orée du Bois** ⌘ avec ch, Sud : 1 km 𝄽 03 29 88 28 41, Fax 03 29 88 24 52, ≤, 🖛 – 🖵
☎ 🅿. 🗗
*fermé vacances de Toussaint, 4 au 31 janv., mardi soir et dim. soir hors sais. et mardi midi en
sais.* – **Repas** 115/360 et carte 260 à 360, enf. 85 – ⬚ 50 – **7 ch** 310/380 – ½ P 420.

PEUGEOT Gar. Crochet, rte de Châlons   VAG Argonne Autos, N 3 𝄽 03 26 60 97 72
𝄽 03 26 60 84 78
RENAULT Gar. Roudier, rte de Châlons
𝄽 03 26 60 80 80

STE-MÈRE-ÉGLISE *50480 Manche* 🅾🅸 ③ *G. Normandie Cotentin* – *1 556 h alt. 28.*

Paris 320 – *Cherbourg 38* – *St-Lô 42* – *Bayeux 56.*

🏨 **Le Sainte-Mère** Ⓜ, rte Caen 🛱 02 33 21 00 30, Fax 02 33 41 38 40 – 📶 📺 ☎ 🗲 ♿ 🅿 –
🚗 70. ⒶⒺ ⓪ ☁
Repas 75/175, enf. 40 – ♀ 35 – **40 ch** 260/290 – ½ P 250.

RENAULT Gar. Lecathelinais, r. Cap. Laine, rte de Cherbourg 🛱 02 33 41 43 09

STE-PREUVE *02 Aisne* 🅾🅶 ⑥ – *75 h alt. 115* – ✉ *02350 Liesse.*

Paris 163 – *St-Quentin 67* – *Laon 23* – *Reims 49* – *Rethel 45* – *Soissons 58* – *Vervins 29.*

🏯 **Château de Barive** ≫, 🛱 03 23 22 15 15, Fax 03 23 22 08 39, parc, 🔲, ✖ – cuisinette
📺 ☎ 🅿 – 🚗 25. ⒶⒺ ⓪ ☁, ✖
fermé mi-déc. à mi-janv. **Repas** 130/400 – ♀ 65 – **12 ch** 380/880 – ½ P 460/660.

SAINTES ◀◉▶ *17100 Char.-Mar.* 🅱🅸 ④ *G. Poitou Vendée Charentes* – *25 874 h alt. 15.*

Voir *Abbaye aux Dames : église abbatiale*★ – *Vieille ville*★ : *cathédrale St-Pierre* – *Arc de Germanicus*★ BZ F – *Église St-Eutrope : église inférieure*★ AZ D – *Arènes*★ – *Musée des Beaux-Arts*★ AZ M² – *Musée Dupuy-Mestreau (collections régionales)* AZ M⁵ – *Polissoir de Grézac (Musée éducatif de préhistoire)* BZ M⁵.

🏌 de Saintonge 🛱 05 46 74 27 61, N 150 par ① : 5 km.

🇧 Office de Tourisme Villa Musso, 62 cours National 🛱 05 46 74 23 82, Fax 05 46 92 17 01.

Paris 471 ⑥ – *Royan 37* ⑤ – *Bordeaux 117* ④ – *Niort 74* ⑥ – *Poitiers 138* ⑥ – *Rochefort 45* ⑦.

Plan page ci-contre

🏯 **Relais du Bois St-Georges** Ⓜ ≫, r. Royan (D 137) 🛱 05 46 93 50 99,
Fax 05 46 93 34 93, ≤, 🌫, « Dans un parc avec étang », 🔲 – 🖐 📺 ☎ 🗲 🚗 🅿 – 🚗 50.
☁   Y d
Repas 198 bc/504 bc - *La Table du Bois* : **Repas** carte 100 à 130 – ♀ 80 – **27 ch** 450/1150,
3 duplex.

🏨 **Bosquets** Ⓜ ≫ sans rest, 107 cours Mar. Leclerc 🛱 05 46 74 04 47, Fax 05 46 74 27 89,
🚗 – 🖐 📺 ☎ 🗲 🅿, ☁ 🎴   Y b
fermé 23 déc. au 10 janv. – ♀ 33 – **35 ch** 275/305.

🏨 **Trois Sapins** Ⓜ sans rest, rte Rochefort 🛱 05 46 74 42 70 – 📺 ☎ 🗲 🅿, ☁, ✖   Y a
♀ 30 – **36 ch** 260/300.

🏨 **Messageries** ≫ sans rest, r. Messageries 🛱 05 46 93 64 99, Fax 05 46 92 14 34 – 🔲 📺
☎ 🗲 🚗, ⒶⒺ ☁   AZ r
fermé 23 déc. au 4 janv. – ♀ 35 – **34 ch** 230/360.

🏨 **Avenue** sans rest, 114 av. Gambetta 🛱 05 46 74 05 91, Fax 05 46 74 32 16 – 📺 ☎ 🗲 🅿,
☁   BZ s
fermé 26 déc. au 5 janv. – ♀ 33 – **15 ch** 175/269.

🏨 **France et rest. Le Chalet**, pl. Gare 🛱 05 46 93 01 16, Fax 05 46 74 37 90, 🌫 – 📶 📺
☎, ⒶⒺ ☁   BZ n
Repas *(fermé vacances de Toussaint et dim. soir du 1ᵉʳ oct. à Pâques)* 80/175 ♀ – ♀ 32 –
25 ch 215/300 – ½ P 240/360.

🏨 **Au Terminus** sans rest, 2 r. J. Moulin 🛱 05 46 74 35 03, Fax 05 46 97 24 47 – 📺 ☎, ⒶⒺ ⓪
☁   BZ a
fermé 23 déc. au 15 janv. – ♀ 32 – **28 ch** 200/390.

XXXX **Logis Santon**, 54 cours Genêt 🛱 05 46 74 20 14, Fax 05 46 74 49 79, 🌫, 🚗 – 🅿, ⒶⒺ ⓪
☁   Y k
fermé dim. soir et lundi – **Repas** 98/250 et carte 250 à 350.

XX **La Rôtisserie de François**, 5 r. A. Lemoyne 🛱 05 46 94 15 01, Fax 05 46 97 78 10 – ⒶⒺ
☁   AZ r
fermé dim. soir et lundi sauf juil.-août – **Repas** 95/165 ♀, enf. 45.

X **Bistrot Galant**, 28 r. St-Michel 🛱 05 46 93 08 51 – ☁   AZ e
fermé 26 janv. au 15 fév., dim. soir et lundi – **Repas** 95/235, enf. 51.

CITROEN Gar. Ardon, rte de Bordeaux par ③
🛱 05 46 93 88 02 🅽 🛱 05 46 93 88 08
PEUGEOT Gar. Guerry, av. de Saintonge, ZI Ormeau
de Pied 🛱 05 46 93 48 33 🅽 🛱 06 07 56 16 14
RENAULT Gar. Bagonneau, ZI 137 cours P.-Doumer
🛱 05 46 92 35 35 🅽 🛱 06 07 48 51 26
VAG Voiville Auto, av. de Saintonge
🛱 05 46 92 01 44

🅾 Euromaster, ZI de l'Ormeau-de-Pied, rte de
Royan 🛱 05 46 93 11 03
Vulco, D 137 ZI de l'Ormeau-de-Pied
🛱 05 46 94 08 18

SAINTES

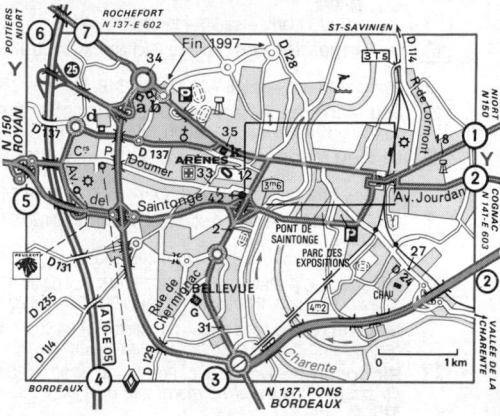

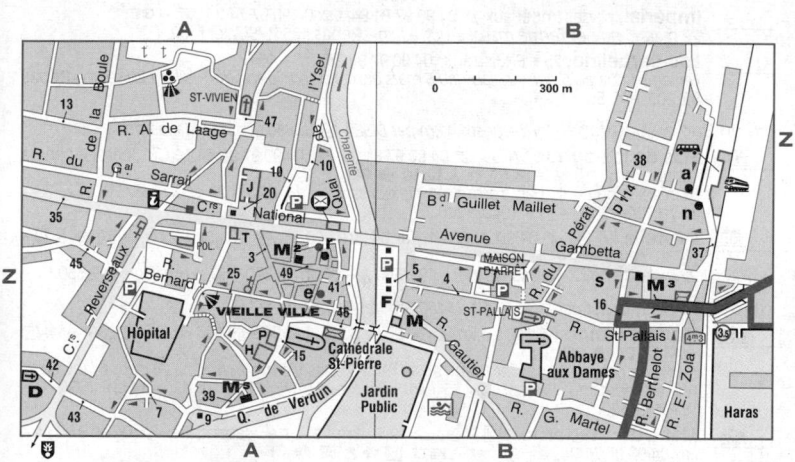

*Richiedete nelle librerie il catalogo delle **pubblicazioni Michelin**.*

STE-SABINE 21 Côte-d'Or 65 ⑱ – rattaché à Pouilly-en-Auxois.

STE-SAVINE 10 Aube 61 ⑯ – rattaché à Troyes.

STES-MARIES-DE-LA-MER 13460 B.-du-R. 83 ⑲ G. Provence **(plan)** – 2 232 h alt. 1.

Voir Église★ – Pèlerinage des Gitans★★ (24 et 25 mai).

🛈 Office de Tourisme av. Van Gogh ℘ 04 90 97 82 55, Fax 04 90 97 71 15.

Paris 762 – Montpellier 65 – Aigues-Mortes 34 – Arles 39 – Marseille 133 – Nîmes 54 – St-Gilles 35.

🏨 **Galoubet** sans rest, rte Cacharel ℘ 04 90 97 82 17, Fax 04 90 97 71 20, ⚊, – 📺 ☎ 🅿 . 🄶🄱. ※
  fermé 5 janv. au 15 fév. – ⌑ 35 – **20 ch** 300/400.

🏨 **Le Mas des Rièges** 🦢 sans rest, par rte Cacharel et rte secondaire : 1 km
  ℘ 04 90 97 85 07, Fax 04 90 97 72 26, ≤, 🛦, ⚊, 🌳 – 📺 ☎ 🅿 . 🄰🄴 🄶🄱
  22 mars-11 nov. – ⌑ 40 – **20 ch** 350/500.

🏠 **Pont Blanc** ⇘ sans rest, chemin du Pont Blanc par rte Arles ✆ 04 90 97 89 11, ⤓ – 📺 ☎ 🅘 🅟. 🖼️
fermé 5 au 31 janv. – ⌨ 30 – **12 ch** 300/340.

🏠 **Le Fangassier** sans rest, rte Cacharel ✆ 04 90 97 85 02, Fax 04 90 97 76 05 – ☎ 🅟. 🖼️. ※
20 mars-15 oct. – ⌨ 26 – **22 ch** 263/318.

🏠 **Lou Marquès** ⇘ sans rest, r. Vibre ✆ 04 90 97 82 89, Fax 04 90 97 72 24 – ☎. 🖼️. ※
15 mars-15 oct. – ⌨ 14 – **14 ch** 290.

🏠 **Le Bleu Marine** 🅜 sans rest, av. Dr Cambon ✆ 04 90 97 77 00, Fax 04 90 97 76 00, ⤓ – 📺 ☎ ✆ 🅘 🅟. 🖼️
Pâques-2 nov. et Noël-Jour de l'An – ⌨ 30 – **26 ch** 340/360.

🏠 **Les Arcades** 🅜 sans rest, r. P. Herman ✆ 04 90 97 73 10, Fax 04 90 97 75 23 – 🔲 📺 ☎ 🅘, 🅘, ※
1er mars-12 nov. – ⌨ 35 – **17 ch** 295/360.

🏠 **Mirage**, r. C. Pelletan ✆ 04 90 97 80 43, Fax 04 90 97 72 22, 🏠 – ☎. 🖼️. ※ ch
1er avril-30 sept. – **Repas** *(dîner seul.)* 90/150 – ⌨ 20 – **27 ch** 250/320 – ½ P 275.

⛱️ **Méditerranée** sans rest, 4 r. F. Mistral ✆ 04 90 97 82 09, Fax 04 90 97 76 31 – ☎. 🖼️. ※
fermé 15 nov. au 20 déc. et 5 janv. au 15 fév. – ⌨ 26 – **14 ch** 180/280.

❌❌ **Hippocampe** avec ch, r. C. Pelletan ✆ 04 90 97 80 91, Fax 04 90 97 73 05, 🏠 – 🖼️
16 mars-11 nov. et fermé mardi sauf du 8 juil. au 30 sept. – **Repas** 130/220 – ⌨ 27 – **4 ch** 325.

❌ **Impérial**, pl. des Impériaux ✆ 04 90 97 81 84, Fax 04 90 97 74 25, 🏠 – 🖼️
22 mars-3 nov. et fermé mardi d'oct. à juin – **Repas** 125/175 🅘, enf. 60.

❌ **Lou Cardelino**, 25 r. F. Mistral ✆ 04 90 97 96 23, 🏠 – 🖼️
fermé 24 nov. au 5 déc., 28 janv. au 6 mars et merc. sauf le soir du 3 juil. au 20 sept. – **Repas** 89/200, enf. 55.

rte du Bac du Sauvage *Nord-Ouest : 4 km par D 38* – ✉ 13460 Les Stes-Maries-de-la-Mer :

🏰 **Mas de la Fouque** 🅜 ⇘, ✆ 04 90 97 81 02, Fax 04 90 97 96 84, ≤, 🏠, parc, « Dans la Camargue », ⤓, ※ – 🔲 📺 ☎ 🅘 🅟. 🅐🅔 ⓪ 🖼️
22 mars-3 nov. – **Repas** *(fermé mardi midi sauf du 14 juil. au 26 août)* 235/395 – ⌨ 75 – **14 ch** 1200/2000 – ½ P 1060/1240.

🏠 **L'Estelle** 🅜 ⇘, ✆ 04 90 97 89 01, Fax 04 90 97 80 36, ≤, 🏠, 🅘, ⤓, 🌳 – 📺 ☎ 🅘 🅟. 🅐🅔 ⓪ 🖼️ 🆓. ※ rest
22 mars-16 nov. – **Repas** 125 *(déj.)*, 190/360 🅘 – **14 ch** ⌨ 770/960, 3 duplex – ½ P 550.

rte d'Arles *Nord-Ouest par D 570* – ✉ 13460 Les Stes-Maries-de-la-Mer :

🏰 **Mangio Fango** 🅜 ⇘, à 1 km ✆ 04 90 97 80 56, Fax 04 90 97 83 60, 🏠, ⤓, 🌳 – 🔲 📺 ☎ ✆ 🅟. 🅐🅔 🖼️
fermé 11 nov. au 24 déc. et 6 janv. au 1er fév. – **Repas** *(fermé 11 nov. au 24 déc., 6 janv. au 20 fév. et merc. du 15 sept. au 15 juin)* *(dîner seul.)* 175/195 – ⌨ 45 – **14 ch** 450/600 – ½ P 445/520.

🏰 **Mas du Tadorne** 🅜 ⇘, à 2,5 km et rte secondaire ✆ 04 90 97 93 11, Fax 04 90 97 71 04, 🏠, ⤓, 🌳 – 🔲 ch 📺 ☎ 🅟. 🅐🅔 ⓪ 🖼️
fermé 7 janv. au 15 mars et lundi du 15 mars au 30 avril – **Repas** 160/190, enf. 70 – ⌨ 65 – **11 ch** 850/1300, 4 appart – ½ P 500/600.

🏠 **Mas des Roseaux** ⇘ sans rest, à 1 km ✆ 04 90 97 86 12, Fax 04 90 97 70 84, ≤, ⤓, 🌳 – 📺 ☎ 🅟. 🅐🅔 ⓪ 🖼️. ※
28 fév.-2 nov. – ⌨ 24 – **15 ch** 500/520.

🏠 **L'Étrier Camarguais**, à 1,5 km ✆ 04 90 97 81 14, Fax 04 90 97 88 11, 🏠, ⤓, 🌳 – 📺 ☎ 🅟 – 🆓 60. 🅐🅔 ⓪ 🖼️ 🄹🄲🄱
Pâques-nov. – **Repas** *(fermé lundi hors saison)* 120 *(déj.)*, 170/220 – ⌨ 50 – **27 ch** 540/640 – ½ P 490.

🏠 **Les Rizières** ⇘ sans rest, à 2,5 km ✆ 04 90 97 91 91, Fax 04 90 97 70 77, ⤓ – 🔲 📺 ☎ 🅟. 🖼️
⌨ 40 – **27 ch** 450/530.

❌❌ **Host. du Pont de Gau** avec ch, à 5 km ✆ 04 90 97 81 53, Fax 04 90 97 98 54 – 📺 ☎ 🅟. 🅐🅔 ⊝
fermé 6 janv. au 22 fév. et merc. du 15 nov. à Pâques sauf vacances scolaires – **Repas** 95/260, enf. 70 – ⌨ 32 – **9 ch** 250 – ½ P 307.

EUROPE on a single sheet
Michelin map no 🄰🄷🄾.

Les SAISIES 73620 Savoie **74** ⑰ G. Alpes du Nord – Sports d'hiver : 1 600/1 950 m ⚡ 24 ⚡.

Voir Signal de Bisanne ❄ ★★ O : 5 km.

🛈 Office de Tourisme ℘ 04 79 38 90 30, Fax 04 79 38 96 29.

Paris 625 – Albertville 30 – Beaufort 18 – Bourg-St-Maurice 57 – Megève 25.

🏠🏠 **Le Calgary** Ⓜ ⚓, ℘ 04 79 38 98 38, Fax 04 79 38 98 00, ≼, 🏡, ⅃₆, ⬛, 🌬 – ⅋ 📺 ☎ ⅙ ⬅, ⚙, 🆔 ⓪ 🆘, ❄ rest
21 juin-13 sept. et 14 déc.-26 avril – **Repas** 115 (déj.), 135/195 – ☲ 60 – **40 ch** 490/750, 4 duplex – ½ P 575.

SALBRIS 41300 L.-et-Ch. **64** ⑲ G. Châteaux de la Loire – 6 083 h alt. 104.

🏌 de Rivaulde ℘ 02 54 97 21 85, E par D 724 : 1 km.

🛈 Office de Tourisme, bd de la République ℘ et Fax 02 54 96 15 52.

Paris 189 – Bourges 50 – Blois 65 – Montargis 101 – Orléans 66 – Vierzon 24.

🏠🏠 **Domaine de Valaudran** Ⓜ ⚓, Sud-Ouest : 1,5 km par D 724 ℘ 02 54 97 20 00, Fax 02 54 97 12 22, 🏡, parc, ⅃, ⇖ 📺 ☎ ⅙ 🄿 – 🔏 50. 🆔 ⓪ 🆘
fermé fév. – **Repas** 160 – ☲ 80 – **30 ch** 465/595 – ½ P 465.

🏠🏠 **Parc**, 8 av. Orléans ℘ 02 54 97 18 53, Fax 02 54 97 24 34, 🏡, parc – 📺 ☎ ⬅ 🄿, 🆔 ⓪ 🆘
Repas (fermé dim. soir, lundi soir et mardi midi du 8 déc. au 23 mars) 95/200 – ☲ 45 – **27 ch** 200/450 – ½ P 270/375.

🏠 **La Sauldraie**, 81 av. Orléans ℘ 02 54 97 17 76, Fax 02 54 97 29 67, 🏡, parc – 📺 ☎ 🄿, 🆘
Repas (fermé 15 au 24 sept., 17 au 24 fév., dim. soir et lundi en hiver) 105/255 ⅙, enf. 60 – ☲ 43 – **11 ch** 255/270.

PEUGEOT Gar. Deniau, Rond Point Rocade Sud
℘ 02 54 97 00 42 🄽 ℘ 02 54 97 23 97

RENAULT Gar. le Bozec, 92 rte d'Orléans
℘ 02 54 97 05 14

SALERS 15140 Cantal **76** ② G. Auvergne (plan) – 439 h alt. 950.

Voir Grande-Place★★ – Église★ – Esplanade de Barrouze ≼★.

🛈 Office de Tourisme, pl. Tyssandier d'Escous ℘ 04 71 40 70 68.

Paris 514 – Aurillac 45 – Brive-la-Gaillarde 110 – Mauriac 21 – Murat 44.

🏠🏠 **Le Bailliage** ⚓, ℘ 04 71 40 71 95, Fax 04 71 40 74 90, 🏡, ⅃, 🌬 – 📺 ☎ ⬅ 🄿, 🆔
🆘
fermé 20 nov. au 1er fév. – **Repas** 68/165 ⅙, enf. 40 – ☲ 38 – **30 ch** 305/360 – ½ P 315.

🏠🏠 **Le Gerfaut** ⚓, rte Puy Mary, Nord Est : 1 km par D 680 ℘ 04 71 40 75 75, Fax 04 71 40 73 45, ≼, ⅃, 🌬 – ⅋ cuisinette 📺 ☎ ⅙ 🄿 – 🔏 25. 🆔 ⓪ 🆘
Pâques-1er nov. - voir rest. **Les Templiers** ci-après – ☲ 36 – **20 ch** 270/430, 5 studios –
½ P 298/323.

🏠 **Les Remparts** ⚓, ℘ 04 71 40 70 33, Fax 04 71 40 75 32, ≼ Monts du Cantal, 🏡 – 📺 ☎ 🆘
fermé 20 oct. au 20 déc. – **Repas** 68/135, enf. 40 – ☲ 35 – **18 ch** 260/295 – ½ P 260/280.

Annexe Château de la Bastide 🏠🏠 Ⓜ ⚓, ℘ 04 71 40 74 14, Fax 04 71 40 75 32, 🌬
– 📺 ☎. 🆘
hôtel : fermé 20 oct. au 20 déc. ; rest. : ouvert 1er juil. au 31 août – **Repas** 68/135 – ☲ 35 –
13 ch 330/340 – ½ P 300/305.

🍴 **Les Templiers**, r. Couvent ℘ 04 71 40 71 35, Fax 04 71 40 73 45 – 🆔 ⓪ 🆘
15 fév.-15 nov. et fermé lundi du 1er nov. à avril – **Repas** 63/170 ⅙, enf. 40.

au Theil Sud-Ouest : 6 km par D 35 et D 37 – ✉ 15140 St-Martin-Valmeroux :

🏠🏠 **Host. de la Maronne** ⚓, ℘ 04 71 69 20 33, Fax 04 71 69 28 22, ≼, « Jardin fleuri », ⅃,
❅ – ⅋ rest ☎ ⅗ 🄿, 🆔 🆘, ❄ rest
20 mars- 5 nov. – **Repas** (fermé le midi sauf dim.) 150/250 – ☲ 60 – **20 ch** 500/580 –
½ P 500/520.

CITROEN Gar. Moderne, ℘ 04 71 40 70 80 🄽
℘ 04 71 40 70 80

RENAULT Gar. Roux, ℘ 04 71 40 72 04 🄽
℘ 04 71 40 72 04

SALÈVE (Mont) ★★ 74 H.-Savoie **74** ⑥ G. Alpes du Nord – alt. 1380 au Grand Piton, 1 184 à la table d'orientation des Treize Arbres ❄ ★★ (13 km SO d'Annemasse par ④, D 41 puis 15 mn).

Voir Téléphérique de Salève★★.

Paris 542 – Annecy 31 – Thonon-les-Bains 46 – Bellegarde-sur-Valserine 46 – Bonneville 34.

🔭 **Dusonchet** ⚓, à La Croisette - alt. 1 176 m. ✉ 74560 Monnetier-Mornex
℘ 04 50 94 52 04, ≼, 🏡 – ☎ 🄿, 🆘, ❅ ch
fermé 15 oct. au 20 nov., dim. soir et merc. – **Repas** 100/150, enf. 50 – ☲ 30 – **10 ch**
190/290 – ½ P 250/260.

SALIES-DE-BÉARN 64270 Pyr.-Atl. **78** ⑧ G. Pyrénées Aquitaine – 4 974 h alt. 50 – Stat. therm.

Env. Sauveterre-de-Béarn : site★, ≼★★ du vieux pont, S : 10 km.

🏌 ☐ de Salies de Béarn ℰ 05 59 38 37 59, 2 km par ① rte d'Orthez.

🛈 Office de Tourisme r. des Bains ℰ 05 59 38 00 33, Fax 05 59 38 02 95.

Paris 766 ① – Pau 65 ① – Bayonne 60 ① – Dax 36 ① – Orthez 18 ① – Peyrehorade 19 ③.

SALIES-DE-BÉARN

Coustère (R. Élysée)	4
Jardin-Public (Cours du)	8
Jeanne d'Albret (Pl.)	10
St-Vincent (R.)	24
Bains (R. des)	2
Bignot (Pl. du)	3
Docteurs-Foix (Av. des)	5
Gare (Av. de la)	7
Lanabère (Bd du Gén.)	15
Leclerc (Av. du Mar.)	16
Martinàa (R.)	18
Pécaut (Av. Félix)	19
Pyrénées (Av. des)	21
St-Martin (R.)	23
Tannerie (R. de la)	26
Temple (Pl. du)	27
Toulet (R. Paul-Jean)	28

Pour aller loin rapidement,
*utilisez les **cartes Michelin***
des pays d'Europe
à 1/1 000 000.

🏛 **du Golf** M ⑤, par ① : 1 km ℰ 05 59 65 02 10, Fax 05 59 38 16 41, 🛋, ⌇, 🌳, 🎾 – 🛗 📺
🅿 ☎ ♿ 🅿. ⬜
Repas 75/130 🍷 – ⌑ 35 – **33 ch** 250/310 – ½ P 250/265.

à Castagnède par ③, D 17, D 27 et D 384 : 8 km – 212 h. alt. 38 – ⊠ 64270 :

🍴 **La Belle Auberge** ⑤ avec ch, ℰ 05 59 38 15 28, Fax 05 59 65 03 57, 🛋, ⌇, 🌳 – 📺 ☎
🍷 🅿. ⬜
fermé mi-déc. à fin janv. – **Repas** (fermé dim. soir de sept. à juin) 62/110 🍷 – ⌑ 24 – **8 ch**
180/210 – P 250.

RENAULT Gar. Hourdebaigt, ℰ 05 59 38 06 19 🅽 ℰ 05 59 38 06 19

SALIGNAC-EYVIGUES 24590 Dordogne **75** ⑰ G. Périgord Quercy – 964 h alt. 297.

Paris 515 – Brive-la-Gaillarde 34 – Sarlat-la-Canéda 18 – Cahors 81 – Périgueux 67.

🏛 **La Terrasse,** ℰ 05 53 28 80 38, Fax 05 53 28 99 67 – ☎. ⬜
Pâques-15 oct. – **Repas** (fermé merc. midi) 85/195, enf. 50 – ⌑ 42 – **14 ch** 250/380 –
½ P 290.

au Nord-Ouest : 2,5 km par D 62⁸ et rte secondaire – ⊠ 24590 Salignac-Eyvigues :

🍴🍴 **La Meynardie,** ℰ 05 53 28 85 98, Fax 05 53 28 82 79, 🛋, « Cadre rustique », 🌳 – 🅿.
⬜
fermé mi-nov. à mi-déc. et merc. hors sais. – **Repas** 72 (déj.), 98/270, enf. 72.

SALINS-LES-BAINS 39110 Jura **70** ⑤ G. Jura (plan) – 3 629 h alt. 340 – Stat. therm. – Casino.

Voir Site★ – Fort Belin★ – Fort St-André★ O : 4 km par D 94.

🛈 Office de Tourisme pl. des Salines ℰ 03 84 73 01 34, Fax 03 84 37 92 85.

Paris 403 – Besançon 43 – Dole 44 – Lons-le-Saunier 51 – Poligny 24 – Pontarlier 46.

🏛 **Gd H. des Bains** sans rest, pl. Alliés ℰ 03 84 37 90 50, Fax 03 84 37 96 80, 🛋, 🔳 – 🛗 ⇔
📺 ☎ 🍷 🅿. ⬜
fermé 5 au 20 janv. et dim. soir d'oct. à avril – ⌑ 40 – **31 ch** 285/395.

🍴🍴 **Rest. des Bains,** pl. des Alliés ℰ 03 84 73 07 54, Fax 03 84 37 99 43 – 🆎 ⬜
fermé 6 au 30 janv., dim. soir et lundi du 15 sept. au 15 juin sauf fériés – **Repas** 100/300 –
Brasserie (fermé dim. soir et lundi soir) **Repas** 68 🍷, enf. 42.

rte de Champagnole *Sud : 5 km par D 467 –* ⊠ *39110 Salins-les-Bains :*

XX **Relais de Pont d'Héry,** 𝒫 03 84 73 06 54, Fax 03 84 73 06 51, 佘, ⽊, 毌 – ⊞ *fermé 5 janv. au 20 fév., dim. soir et lundi sauf juil.-août –* **Repas** 92/154 ⅊.

CITROEN, FORD Gar. Salinois, 𝒫 03 84 73 08 63 🅽   RENAULT Gar. Vieille-Girardet, 𝒫 03 84 73 11 56
𝒫 03 84 73 08 63
PEUGEOT Gar. Vurpillot, 𝒫 03 84 73 14 52 🅽
𝒫 03 84 73 05 45

SALLANCHES 74700 H.-Savoie 🗗🗗 ⑧ G. *Alpes du Nord – 12 767 h alt. 550.*

Voir ⁎⁎★★ *sur le Mt-Blanc – Chapelle de Médonnet :* ⁎⁎★★ *– Cascade d'Arpenaz★ N : 5 km.*
🔼 *Office de Tourisme 31 quai Hôtel de Ville* 𝒫 04 50 58 04 25, Fax 04 50 58 38 47.
Paris 587 – Chamonix-Mont-Blanc 28 – Annecy 69 – Bonneville 30 – Megève 14 – Morzine 45.

🏠 **Host. Prés du Rosay** (Perrin) Ⓜ ⃠, rte du Rosay 𝒫 04 50 58 06 15, Fax 04 50 58 48 70,
⋞, 佘, 毌 –│⋕│ ⊡ ☎ ⓧ ℙ – ⃛ 25. ⅄Ε ⊞. ⅊ rest
fermé 1er au 10 mai et 1er au 10 janv. – **Repas** *(fermé dim. soir et lundi midi sauf du 10 juil. au 20 août)* 200/400 et carte 280 à 430 – ⊑ 62 – **15 ch** 380/480 – ½ P 440/640
Spéc. Trilogie de foie gras. Omble chevalier (saison) . Grand dessert. **Vins** Montagnieu, Chignin.

🏠 **La Crémaillère** ⃠, 1,5 km par ancienne rte Combloux 𝒫 04 50 58 32 50, Fax 04 50 93 74 16, ⋞ chaîne Mt-Blanc, 毌 –│⋕│ ⊡ ☎ ⎗ ℙ – ⃛ 50. ⅄Ε ⓞ ⊞
Repas 88/245 ⅊ – ⊑ 45 – **43 ch** 305/450 – ½ P 320/355.

🐾 **Mont-Blanc** sans rest, 83 r. Chenal 𝒫 04 50 58 12 47 – ⊡ ☎. ⅄Ε ⓞ ⊞ 𝐉𝐂𝐁
fermé 5 au 21 avril et 20 sept. au 6 oct. – ⊑ 30 – **24 ch** 155/270.

XX **Bernard Villemot,** 57 r. Dr Berthollet 𝒫 04 50 93 74 82 – ⅄Ε ⓞ ⊞
fermé 12 au 25 nov., 6 au 29 janv., dim. soir et lundi – **Repas** 150/300 ⅊.

à Cordon *Sud-Ouest : 4 km par D 113 – 766 h. alt. 871 – Sports d'hiver : 1 000/1 600 m ⅊ 6 –* ⊠ *74700.*
🔼 *Office de Tourisme pl. de l'Eglise* 𝒫 04 50 58 01 57.

🏠 **Roches Fleuries** ⃠, 𝒫 04 50 58 06 71, Fax 04 50 47 82 30, ⋞ chaîne Mt-Blanc, 佘, ⼌⅄, ⽊, 毌 – ⊡ ☎ ⇦ ℙ. ⅄Ε ⓞ ⊞. ⅊ rest
8 mai-29 sept. et 20 déc.-15 avril – **Repas** 145/295 **· La Boîte à Fromages** *(dîner seul.)* **Repas** 160 – ⊑ 59 – **28 ch** (½ pens. seul.) – ½ P 450/600.

🏠 **Chamois d'Or** ⃠, 𝒫 04 50 58 05 16, Fax 04 50 93 72 96, ⋞ chaîne Mt-Blanc, 佘, « Chalet fleuri », ⼌⅄, ⼌⅄, 毌, ⅁⅁ –│⋕│ ⊡ ☎ ⇦ ℙ. ⅄Ε ⓞ ⊞
1er juin-mi-sept. et 20 déc.-mi avril – **Repas** 128/280 – ⊑ 58 – **29 ch** 390/700 – ½ P 420/520.

🏠 **Le Cordonant** ⃠, 𝒫 04 50 58 34 56, Fax 04 50 47 95 57, ⋞ chaîne Mt-Blanc, 佘, ⼌⅄ –
⊡ ☎ ℙ. ⊞. ⅊ rest
mi-mai-20 sept. et 20 déc.-mi-avril – **Repas** 120/180 – ⊑ 38 – **16 ch** 310/360 – ½ P 330/360.

🏠 **Les Rhodos** ⃠, 𝒫 04 50 58 13 54, Fax 04 50 58 57 23, ⋞ chaîne Mt-Blanc – ☎ ℙ. ⅊ rest
1er juin-20 sept. et Noël-Pâques – **Repas** 75/138, enf. 50 – ⊑ 37 – **28 ch** 220/290 – ½ P 240/265.

🏠 **Solneige** ⃠, 𝒫 04 50 58 04 06, Fax 04 50 91 21 41, ⋞ chaîne Mt-Blanc, 毌 – ⊡ ☎ ℙ. ⊞
fermé 16 au 29 déc. – **Repas** 95/150 – ⊑ 35 – **27 ch** 262/294 – ½ P 265/275.

ALFA ROMEO, FIAT Gar. St-Martin, 135 rte de Passy   RENAULT A.S.A., av. André Lasquin
𝒫 04 50 58 41 88   𝒫 04 50 93 70 92 🅽 𝒫 08 00 05 15 15
CITROEN Gar. Greffoz, 1222 av. de Genève   VAG Gar. des Fontanets, 1336 rte de Chamonix
𝒫 04 50 58 20 49 🅽 𝒫 08 00 05 24 24   𝒫 04 50 58 36 44
PEUGEOT Gar. Lemuet, 1501 rte du Fayet
𝒫 04 50 43 98 10   ⑩ Dhoomun Centre du Pneu, ZI sortie
RENAULT Alpautomobiles, 2374 av. de Genève   autoroute 𝒫 04 50 58 47 45
𝒫 04 50 93 92 92

SALLEBOEUF 33370 Gironde 🗗🗗 ⑨ – 1 714 h alt. 46.
Paris 582 – Bordeaux 17 – Créon 11 – Libourne 19 – St-André-de-Cubzac 26.

X **La Forêt,** 𝒫 05 56 21 25 49, Fax 05 56 21 25 49, 佘, 毌 – ℙ. ⊞
fermé 15 au 30 sept., dim. soir et lundi – **Repas** 80/240.

SALLÈDES 63270 P.-de-D. 🗗🗗 ⑮ – 402 h alt. 590.
Paris 447 – Clermont-Fd 33 – Ambert 52 – Issoire 18 – Thiers 37.

X **La Reine Margot,** 𝒫 04 73 69 00 16, Fax 04 73 69 21 92 – ⊞
fermé 5 janv. au 28 fév., mardi soir du 15 mars au 30 oct., lundi, mardi et merc. du 1er nov. au 15 mars – **Repas** 95 (déj.), 125/275 ⅊, enf. 55.

SALLES-CURAN 12410 Aveyron 80 ⑬ – 1 277 h alt. 887.

Paris 660 – Rodez 40 – Albi 77 – Millau 38 – St-Affrique 41.

🏠🏠 **Host. du Lévézou** ⑤, ☎ 05 65 46 34 16, Fax 05 65 46 01 19, 🏤, Demeure du 14ᵉ siècle, – ☎ 🅿, 🖭 ⓪ 🅶🅱

Pâques-mi oct. et fermé dim. soir et lundi – **Repas** (dim. et fêtes prévenir) 80 (déj.), 130/250, enf. 70 – ☱ 40 – **20 ch** 200/330 – ½ P 270/330.

Les **SALLES-SUR-VERDON** 83630 Var 84 ⑥, 114 ⑧ G. Alpes du Sud – 154 h alt. 440.

Voir Lac de Ste-Croix★★.

Paris 784 – Digne-les-Bains 59 – Brignoles 56 – Draguignan 49 – Manosque 61 – Moustiers-Ste-Marie 13.

🏠 **Aub. des Salles** ⑤, ☎ 04 94 70 20 04, Fax 04 94 70 21 78, ≤, 🏤 – 🛗 🖭 ☎ 🕭 ⇐ 🅿. 🅶🅱

15 mars-1ᵉʳ nov. et fermé mardi soir et merc. en mars, avril et oct. – **Repas** 88/218 – ☱ 35 – **30 ch** 280/340 – ½ P 280/310.

🏠 **Ste-Anne** sans rest, ☎ 04 94 70 20 02, Fax 04 94 84 23 00, ≤ – ☎. 🅶🅱. ⚞ ☱ 45 – **19 ch** 280/420.

SALON-DE-PROVENCE 13300 B.-du-R. 84 ② G. Provence – 34 054 h alt. 80.

Voir Château de l'Empéri : musée★★ BYZ.

Env. Table d'orientation de Lançon ≤★★ 12 km par ② puis 15 mn.

🏌 Pont Royal Country Club ☎ 04 90 57 40 79 par ①, N 538 et D 17ᴰ.

🚹 Office de Tourisme 56 cours Gimon ☎ 04 90 56 27 60, Fax 04 90 56 77 09.

Paris 721 ① – Marseille 53 ② – Aix-en-Provence 37 ② – Arles 45 ③ – Avignon 47 ① – Nîmes 75 ③.

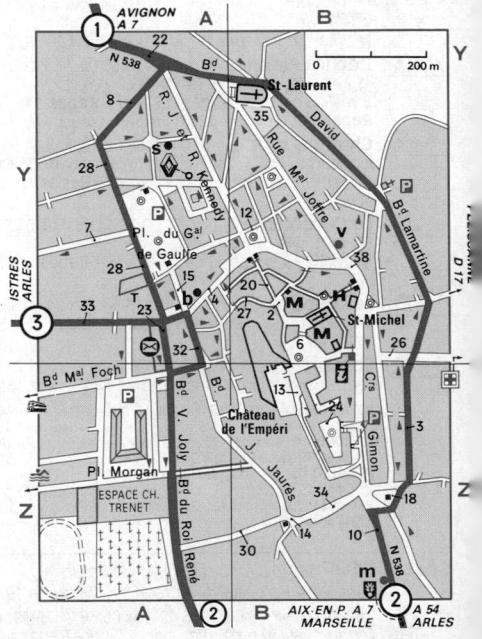

SALON-DE-PROVENCE

Carnot (Cours) . . . . **AY** 4
Crousillat (Pl.) . . . . **BY** 12
Frères-Kennedy
  (R. des). . . . . **AY**
Gimon (Cours) . . . . **BZ**
Victor-Hugo (Cours) . . . . . **BY** 38

Ancienne Halle (Pl.) . . . . . **BY** 2
Capucins (Bd des) . . . . . . **BY** 3
Centuries (Pl. des) . . . . . . **BY** 6
Clemenceau
  (Bd Georges) . . . . **AY** 7
Coren
  (Bd Léopold) . . . . **AY** 8
Craponne
  (Allées de) . . . . **BZ** 10
Farreyroux (Pl.) . . . . **BZ** 13
Ferrage (Pl.) . . . . **BZ** 14
Fileuses-de-Soie
  (R. des). . . . . **AY** 15
Gambetta (Pl.) . . . . **BZ** 18
Horloge (R. de l') . . . . **BY** 20
Ledru-Rollin (Bd) . . . . **AY** 22
Massenet (R.) . . . . **AY** 23
Médicis (Pl. C. de) . . . . . . **BZ** 24
Mistral
  (Bd Frédéric) . . . . **BY** 26
Moulin d'Isnard (R.) . . . . . **BY** 27
Nostradamus (Bd) . . . . . . **AY** 28
Pasquet (Bd) . . . . **BZ** 30
Pelletan
  (Cours Camille) . . . . . . **AY** 32
République
  (Bd de la) . . . . **AY** 33
Raynaud-d'Ursule (R.) . . . **BZ** 34
St-Laurent (Square) . . . . . **BY** 35

🏠🏠 **Angleterre** sans rest, 98 cours Carnot ☎ 04 90 56 01 10, Fax 04 90 56 71 75 – 🖭 ☎ 🕿 – 🈱 50. 🖭 🅶🅱 🅹🅲🅱
fermé 21 déc. au 3 janv. – ☱ 33 – **26 ch** 195/285.
AY **b**

🏠 **Sélect** ⑤ sans rest, 35 r. Suffren ☎ 04 90 56 07 17, Fax 04 90 56 42 48 – 🖭 ☎ ⇐. 🖭 🅶🅱 🅹🅲🅱. ⚞
fermé dim. d'oct. à mars – ☱ 35 – **17 ch** 195/250.
AY **s**

XXX **Le Mas du Soleil** Ⓜ ⤳ avec ch, 38 chemin St-Côme (Est - **BY** - *par D 17)*
𝒫 04 90 56 06 53, Fax 04 90 56 21 52, 🍽, « Bel aménagement intérieur », ⤳, 🌿 – 🖥 📺
🕿 & 🅿 ஊ 🏧 JCB
Repas *(fermé dim. soir et lundi)* 170/450 et carte 280 à 440 – ⏏ 65 – **10 ch** 550/850 –
½ P 675/750.

XXX **La Salle à Manger,** 6 r. Mar. Joffre 𝒫 04 90 56 28 01, 🍽, « Maison bourgeoise aména-
gée avec élégance » – ஊ   BY v
fermé 5 au 25 août, 23 déc. au 5 janv., dim. sauf le midi du 15 sept. au 30 juin et lundi –
Repas carte environ 160.

XX **Craponne,** 146 allées Craponne 𝒫 04 90 53 23 92, 🍽 – ஊ   BZ m
fermé 7 au 27 juil., 24 déc. au 3 janv., dim. soir et lundi – **Repas** 105/210.

au Nord-Est : *5 km par D 17* **BY** *puis D 16 –* ✉ *13300 Salon-de-Provence :*

🏨 **Abbaye de Sainte-Croix**, 𝒫 04 90 56 24 55, Fax 04 90 56 31 12, ≤, 🍽, parc, ⤳ –
🍜 ⬛ ch 📺 🕿 🅿 – 🔒 150. ஊ ⑪ ஊ, ✸ rest
14 mars-3 nov. – **Repas** *(fermé lundi midi sauf fériés)* 200 (déj.), 385/410 et carte environ 450
– ⏏ 77 – **19 ch** 655/1290, 5 appart – ½ P 783/1085
Spéc. Salade de homard. Canon d'agneau et jus de truffe. Filet de loup à l'huile de basilic.
Vins Coteaux d'Aix.

rte de Pélissanne *par ② : 3 km –* ✉ *13300 Salon-de-Provence :*

🏨 **Campanile,** 𝒫 04 90 42 14 14, Fax 04 90 53 51 26, 🍽 – ↩ ⬛ rest 📺 🕿 ⚓ & 🅿 –
🔒 25. ஊ ⑪ ஊ
Repas 84 bc/107 bc, enf. 39 – ⏏ 32 – **48 ch** 278.

à la Barben *Sud-Est : 8 km par ②, D 572 et D 22E – 500 h. alt. 105 –* ✉ *13330 :*

XX **La Touloubre** avec ch, 𝒫 04 90 55 16 85, Fax 04 90 55 17 99, 🍽 – 🕿 🅿 – 🔒 40. ஊ
fermé 13 au 28 oct., vacances de fév., dim. soir et lundi – **Repas** 120/240, enf. 65 – ⏏ 30 –
7 ch 240.

au Sud par ②, *N 113 et D 19 (direction Grans) : 5 km –* ✉ *13250 Cornillon :*

🏨 **Devem de Mirapier** Ⓜ ⤳, 𝒫 04 90 55 99 22, Fax 04 90 55 86 14, ≤, 🍽, « Dans un
parc de pins et garrigues », ⤳, ✸ – ⬛ 📺 🕿 & 🅿 – 🔒 100. ஊ ஊ
fermé 15 déc. au 20 janv. et week-ends d'oct. à avril – **Repas** (résidents seul.) 100 (déj.),
150/200 – ⏏ 70 – **16 ch** 530/660 – ½ P 550/625.

CITROEN P.A.D., rte de Miramas par ③   Ⓦ Bues-Pneus, quartier Crau-Sud déviation N
𝒫 04 90 42 39 39 🅽 𝒫 08 00 05 24 24   113 𝒫 04 90 53 30 40
PEUGEOT Gar. Blanc, rte de Miramas par ③   Euromaster, bd Roi-René 𝒫 04 90 53 15 75
𝒫 04 90 56 23 71   Pyrame, 411 bd Roi René 𝒫 04 90 53 30 38
RENAULT S.A.P.A.S., 666 bd du Roi René
𝒫 04 90 42 13 13 🅽 𝒫 08 00 05 15 15
RENAULT Gar. Rigaud, 52 pl. des Martyrs AY
𝒫 04 90 56 00 45

Les SALVAGES *81 Tarn* 🎱🎱 ① *– rattaché à Castres.*

SALVAGNY *74 H.-Savoie* 🎱🎱 ⑧ *– rattaché à Samoëns.*

Le SAMBUC *13200 B.-du-R.* 🎱🎱 ⑩.
Paris 744 – Arles 24 – Marseille 118 – Stes-Marie-de-la-Mer 48 – Salon-de-Provence 67.

🏨 **Le Mas de Peint** Ⓜ ⤳, 2,5 km par rte Salins 𝒫 04 90 97 20 62, Fax 04 90 97 22 20, 🍽,
parc, ambiance guest house, « Demeure camarguaise du 17e siècle aménagée avec élégance », ⤳ – ⬛ 🕿 🅿 ஊ ⑪ ஊ
fermé 6 janv. au 20 mars – **Repas** *(fermé mardi)* (nombre de couverts limité, prévenir)
180 (déj.)/225 – ⏏ 85 – **10 ch** 990/1500 – ½ P 763/1198.

SAMOËNS *74340 H.-Savoie* 🎱🎱 ⑧ *G. Alpes du Nord – 2 148 h alt. 710 – Sports d'hiver : 800/2 280 m*
✦ 2 ⚡ 14 ⚡.
Voir *Place du Gros Tilleul✦ – Jardin alpin Jaysinia✦.*
Env. *La Rosière ≤✦✦ N : 6 km – Cascade du Rouget✦✦ S : 10 km – Cirque du Fer à Cheval✦✦*
E : 13 km.
🅱 *Office de Tourisme, Gare routière 𝒫 04 50 34 40 28, Fax 04 50 34 95 82.*
Paris 585 – Chamonix-Mont-Blanc 63 – Thonon-les-Bains 59 – Annecy 70 – Bonneville 31 –
Cluses 21 – Megève 55 – Morzine 29.

🏨 **Neige et Roc** ⤳, 𝒫 04 50 34 40 72, Fax 04 50 34 14 48, ≤, 🍽, 🛁, ⤳, 🌿, ✸ – 🛗
cuisinette 📺 🕿 🅿 – 🔒 25. ஊ. ✸ rest
1er juin-30 sept. et 20 déc.-15 avril – **Repas** 110 (déj.), 130/250, enf. 50 – ⏏ 45 – **32 ch** 500,
18 studios – ½ P 420.

🏨 **Les Glaciers,** ☎ 04 50 34 40 06, Fax 04 50 34 16 75, ≤, 🏤, *I₅*, ⊥, 🐎, ❀ – ⬦ 📺 ☎ 🅿.
🗚 ⑩ ᴳᴮ, ❀ rest
1ᵉʳ juin-15 sept. et 20 déc.-15 avril – **Repas** 95/160, enf. 55 – ⊏⊐ 45 – **50 ch** 250/350 –
½ P 360.

🏨 **Edelweiss** ◈, Nord-Ouest : 1,5 km par rte Planpraz ☎ 04 50 34 41 32,
Fax 04 50 34 18 75, ≤ montagnes, 🏤 – ☎ 🅿. ᴳᴮ. ❀ rest
fermé 30 sept. au 15 déc. – **Repas** 105/145 – ⊏⊐ 38 – **20 ch** 260/340 – ½ P 300.

🏨 **Gai Soleil,** ☎ 04 50 34 40 74, Fax 04 50 34 10 78, ≤, *I₅*, ⊥ – ⬦ cuisinette 📺 ☎ 🅿. ᴳᴮ.
🍴 ❀ rest
14 juin-15 sept. et 20 déc.-15 avril – **Repas** 77/168, enf. 55 – ⊏⊐ 39 – **24 ch** 340 – ½ P 295.

à Morillon *Ouest : 4,5 km – 428 h. alt. 687 – Sports d'hiver 700/2200 m ✦ 1 ✦ 7 ✦ – ⊠ 74440 .*
🅱 *Office de Tourisme* ☎ 04 50 90 15 76, Fax 04 50 90 11 47.

🏨 **Morillon,** ☎ 04 50 90 10 32, Fax 04 50 90 70 08, ≤, ⊥, 🐎 – ⬦ ☎ 🅿. ⑩ ᴳᴮ. ❀ rest
🍴 *14 juin-15 sept. et 20 déc.-5 avril* – **Repas** 85/120, enf. 48 – ⊏⊐ 38 – **25 ch** 295 – ½ P 300/
310.

🏨 **Le Sauvageon** ◈, Sud-Est : 1,5 km par D 255 et rte secondaire ☎ 04 50 90 10 25,
Fax 04 50 90 13 08, ≤, 🐎 – ☎ ✆ 🅿. ᴳᴮ. ❀ rest
fermé 15 sept. au 15 déc., dim. soir et lundi en mai et juin – **Repas** 90/165 ⓓ, enf. 50 –
⊏⊐ 30 – **20 ch** 150/260 – ½ P 240/270.

à Verchaix *Ouest : 6 km par D 907 – 391 h. alt. 800 – ⊠ 74440 :*

🍴 **Rouge Gorge,** près rd-pt D 907 ☎ 04 50 90 16 77 – ᴳᴮ
🍴 *fermé 15 au 30 juin, 15 nov. au 15 déc., dim. soir et lundi* – **Repas** (nombre de couverts
limité, prévenir) 75 bc (déj.), 110/205, enf. 50.

à Salvagny *Sud-Est : 9 km par D 907 et D 29 – ⊠ 74740 Sixt-Fer-à-Cheval :*

🏨 **Le Petit Tetras** ◈, ☎ 04 50 34 42 51, Fax 04 50 34 12 02, ≤, 🏤, ⊥, 🐎 – ⬦ ☎ 🅿. 🗚 ⑩
ᴳᴮ. ❀ rest
30 juin-14 sept. et 20 déc.-4 avril – **Repas** 90/170 ⓓ, enf. 55 – ⊏⊐ 35 – **30 ch** 260/300 –
½ P 265/285.

CITROEN Gar. Baudet, ☎ 04 50 34 43 82 🔃 ☎ 04 50 34 43 82

SAMOIS-SUR-SEINE *77920 S.-et-M.* 🔢 ②, 🔢 ⑯ *G. Ile de France– 1 916 h alt. 83.*
Voir *Ensemble★ (quai, île du Berceau) – Tour Dénecourt ☀★ SO : 5 km.*
Paris 65 – Fontainebleau 9 – Melun 15 – Montereau-Fault-Yonne 21.

XXX **Maison de Champgosier,** à Samois-le-Haut ☎ 01 64 24 60 71, Fax 01 64 24 80 93, 🏤,
🐎 – 🗚 ⑩ ᴳᴮ
fermé 18 au 29 août, 5 au 29 janv., dim. soir et lundi – **Repas** 160 bc/280 et carte 280 à 390.

SAMOREAU *77210 S.-et-M.* 🔢 ② – 1 856 h alt. 55.
Paris 65 – Fontainebleau 6 – Melun 17 – Montereau-Faut-Yonne 17 – Nemours 24.

🍴 **Aub. de la Treille,** 5 r. Grande ☎ 01 64 23 71 22, 🏤, 🐎 – ᴳᴮ
fermé 1ᵉʳ au 20 sept., 1ᵉʳ au 15 janv., dim. soir et lundi – **Repas** 115/180.

SAMOUSSY *02 Aisne* 🔢 ⑤ – *rattaché à Laon.*

SANARY-SUR-MER *83110 Var* 🔢 ⑭, 🔢 ⑭ *G. Côte d'Azur – 14 730 h alt. 1.*
Voir *Chapelle N.-D.-de-Pitié ≤★ – Site★ de N.-D.-de-Pépiole 5 km par ③ – Musée de
l'automobile sportive★ 5 km par ④.*
🅱 *Office de Tourisme Jardins de la Ville* ☎ 04 94 74 01 04, Fax 04 94 74 58 04.
Paris 827 ① – Toulon 15 ② – Aix-en-Provence 74 ① – La Ciotat 30 ① – Marseille 54 ①.

Plan page ci-contre

🏨 **Tour,** quai Gén. de Gaulle (n) ☎ 04 94 74 10 10, Fax 04 94 74 69 49, ≤, 🏤 – 📺 ☎. 🗚 ⑩
ᴳᴮ
Repas *(fermé mardi sauf juil.-août)* 120/250 – ⊏⊐ 35 – **25 ch** 300/520 – ½ P 320/370.

🏖 **Synaya** ◈, chemin Olive (r) ☎ 04 94 74 10 50, 🐎 – ☎ 🅿. ᴳᴮ. ❀ rest
1ᵉʳ avril-1ᵉʳ nov. – **Repas** (dîner seul.) (résidents seul.) 90 – ⊏⊐ 38 – **11 ch** 200/280 –
½ P 235/265.

XXX **Relais de la Poste,** pl. Poste (b) ☎ 04 94 74 22 20, 🏤 – ▤. 🗚 ᴳᴮ
fermé dim. soir et lundi sauf juil.-août – **Repas** 95 (déj.), 145/265 et carte 230 à 360, enf. 80.

XX **Cour des Arts,** r. Barthélémy de Don (e) ☎ 04 94 88 08 05, Fax 04 94 29 00 22, 🏤 – 🗚
ᴳᴮ
*fermé 28/10 au 3/11, 23/12 au 5/01, 17/02 au 2/03, le midi en juil.-août, dim. soir et lundi
de sept. à juin* – **Repas** 110 (déj.), 145/205.

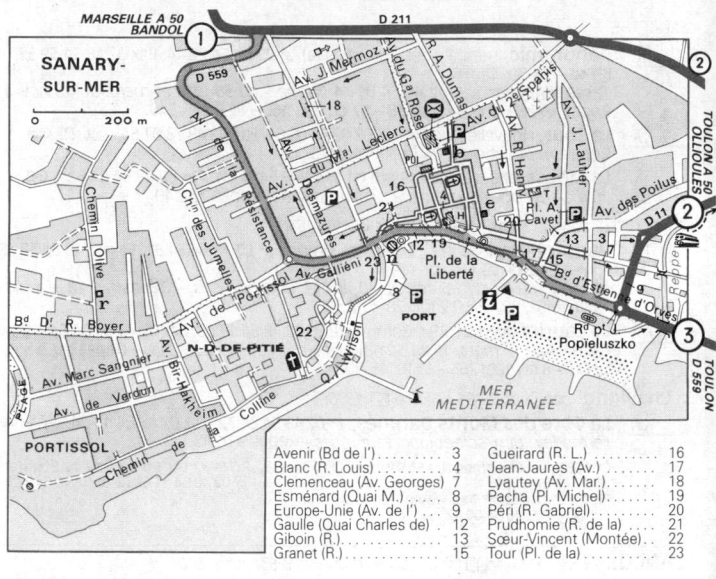

SANARY-SUR-MER

Avenir (Bd de l')	3	Gueirard (R. L.)	16
Blanc (R. Louis)	4	Jean-Jaurès (Av.)	17
Clemenceau (Av. Georges)	7	Lyautey (Av. Mar.)	18
Esménard (Quai M.)	8	Pacha (Pl. Michel)	19
Europe-Unie (Av. de l')	9	Péri (R. Gabriel)	20
Gaulle (Quai Charles de)	12	Prudhomie (R. de la)	21
Giboin (R.)	13	Sœur-Vincent (Montée)	22
Granet (R.)	15	Tour (Pl. de la)	23

SANCERRE 18300 Cher 🔠 ⑫ G. Berry Limousin – 2 059 h alt. 342.

Voir *Site*★ – *Esplanade de la porte César* ⩽★★ – *Tour des Fiefs* ※★ – *Carrefour D 923 et D 7* ⩽★★ *O : 4 km.*

🏌 du Sancerrois ℘ 02 48 54 11 22 par ① puis D 955 : 4 km.

🛈 Office de Tourisme r. de la Croix de Bois ℘ 02 48 54 08 21 et Nouvelle Place (juin-sept.).

Paris 193 ① – Bourges 46 ③ – La Charité-sur-Loire 25 ② – Salbris 70 ③ – Vierzon 67 ③.

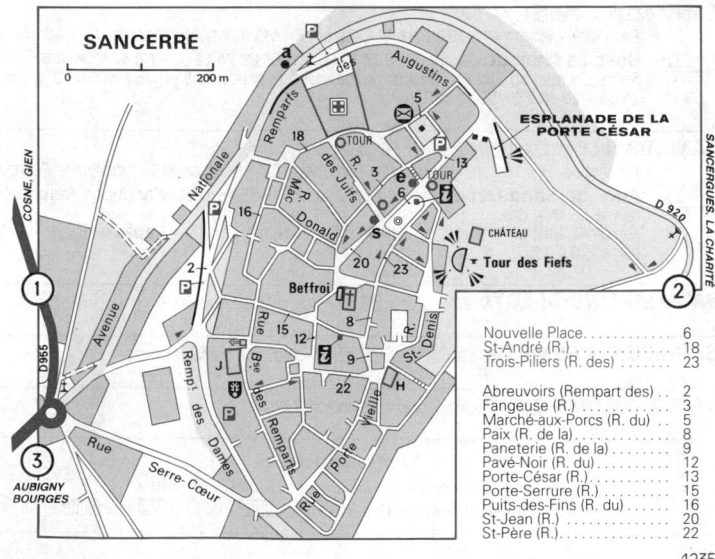

SANCERRE

Nouvelle Place	6		
St-André (R.)	18		
Trois-Piliers (R. des)	23		
Abreuvoirs (Rempart des)	2		
Fangeuse (R.)	3		
Marché-aux-Porcs (R. du)	5		
Paix (R. de la)	8		
Paneterie (R. de la)	9		
Pavé-Noir (R. du)	12		
Porte-César (R.)	13		
Porte-Serrure (R.)	15		
Puits-des-Fins (R. du)	16		
St-Jean (R.)	20		
St-Père (R.)	22		

Panoramic, rempart des Augustins (a) ✆ 02 48 54 22 44, Fax 02 48 54 39 55, ←, – |‡| TV ☎ – 50. AE GB
Tasse d'Argent : ✆ 02 48 54 01 44 *(fermé 2 au 30 janv. et merc. du 15 nov. à fin mars)*
Repas 93/280, enf. 48 – 38 – **57 ch** 280/360 – ½ P 295/340.

La Tour, Nouvelle Place (e) ✆ 02 48 54 00 81, Fax 02 48 78 01 54 – . AE GB
Repas 99/249 et carte 230 à 300, enf. 75.

La Moussière, Nouvelle Place (s) ✆ 02 48 54 15 01, Fax 02 48 54 07 62 – GB
20 mars-31 oct. et fermé mardi midi et lundi – **Repas** 75/140.

à St-Satur *par ① : 3 km – 1 805 h. alt. 155 – ✉ 18300 :*

Verger Fleuri, 22 r. Basse des Moulins ✆ 02 48 54 31 82, Fax 02 48 54 38 42, , – TV ☎ P. AE GB. rest
fermé 1er au 6 oct., 15 déc. au 20 janv. et lundi hors sais. – **Repas** 78/210, enf. 48 – 36 – **12 ch** 245/280 – ½ P 210/228.

Le Laurier avec ch, 29 r. Commerce ✆ 02 48 54 17 20, Fax 02 48 54 04 54 – TV ☎. GB
fermé 3 au 17 mars, 1er au 30 nov., dim. soir et lundi hors sais. – **Repas** 75/255 ♫, enf. 50 – 35 – **8 ch** 105/265 – ½ P 145/200.

à Chavignol *par ① et D 183 : 4 km – ✉ 18300 :*

La Côte des Monts Damnés, ✆ 02 48 54 01 72, Fax 02 48 54 14 24, – GB
fermé fév., dim. soir et lundi sauf fériés – **Repas** 98/245.

CITROEN Gar. Declomesnil, à St-Satur par ① ✆ 02 48 54 11 34
PEUGEOT Gar. Cotat-Mulhausen, 1 av. de Verdun par ③ ✆ 02 48 54 00 62
RENAULT Gar. Bonlieu, rte de Bourges par ③ ✆ 02 48 54 12 82 N ✆ 02 48 54 12 82

SANCOINS *18600 Cher 69 ③ G. Berry Limousin – 3 634 h alt. 210.*

Syndicat d'Initiative r. M. Lucas (juin-sept.) ✆ 02 48 74 65 85 et Mairie (hors saison) ✆ 02 48 74 50 81.
Paris 297 – Bourges 52 – Moulins 50 – Montluçon 69 – Nevers 34 – St-Amand-Montrond 37.

Parc sans rest, r. M. Audoux ✆ 02 48 74 56 60, Fax 02 48 74 61 30 – ☎ P.
fermé 1er au 15 janv. – 29 – **11 ch** 210/270.

L'Ancienne Poste, 36 r. M. Lucas ✆ 02 48 76 23 34 – GB
fermé 1er au 15 oct., dim. soir et lundi – **Repas** 60/120 ♫, enf. 39.

CITROEN Central Gar., Les Cachons N76 ✆ 02 48 74 50 42 N ✆ 02 48 74 50 42
RENAULT Gar. le Val d'Aubois, rte de Bourges ✆ 02 48 74 57 41 N ✆ 02 48 74 57 41

SANCY (Puy de) *63 P.-de-D. 73 ⑬ – voir ressources hôtelières au Mont-Dore.*

SAND *67230 B.-Rhin 62 ⑩ – 941 h alt. 159.*

Paris 499 – Strasbourg 29 – Barr 14 – Erstein 7 – Molsheim 24 – Obernai 15 – Sélestat 21.

Host. La Charrue, ✆ 03 88 74 42 66, Fax 03 88 74 12 02 – TV ☎ P. GB.
fermé 21 déc. au 5 janv. – **Repas** *(fermé mardi midi et lundi)* 75 (déj.), 100/250 ♫, enf. 50 – 35 – **26 ch** 250/320 – ½ P 260.

SANDARVILLE *28120 E.-et-L. 60 ⑰ – 282 h alt. 171.*

Paris 106 – Chartres 19 – Brou 24 – Châteaudun 37 – Le Mans 115 – Nogent-le-Rotrou 48.

Aub. de Sandarville, près Église ✆ 02 37 25 33 18, , « Ancienne ferme beauceronne », – GB
fermé 18 août au 1er sept., 19 janv. au 9 fév., dim. soir et lundi – **Repas** 150 (déj.), 190/330 et carte 270 à 430.

SAN-MARTINO-DI-LOTA *2B H.-Corse 90 ② – voir à Corse (Bastia).*

SAN-PEIRE-SUR-MER *83 Var 84 ⑰ ⑱, 114 ㊲ – rattaché aux Issambres.*

SANTA-COLOMA *86 ⑭ – voir à Andorre (Principauté d').*

Routes enneigées
Pour tous renseignements pratiques, consultez les **cartes Michelin « Grandes Routes » 918, 919, 915** ou **989**.

SANTENAY _41190 L.-et-Ch._ 🟦🄬 ⑥ – _229 h alt. 115._

Paris 199 – _Tours 43_ – _Amboise 25_ – _Blois 17_ – _Château-Renault 17_ – _Herbault 5_ – _Vendôme 32._

  ❌ **Union** avec ch, ✆ 02 54 46 11 03, Fax 02 54 46 18 57 – **🅿**, **GB**, ✖ ch
  🍽 _fermé dim. soir et lundi_ – **Repas** 70/220 – ⌑ 28 – **5 ch** 180/240 – ½ P 220/260.

SANTENAY _21590 Côte-d'Or_ 🟦🄬 ① _G. Bourgogne_ – _1 008 h alt. 225_ – _Casino_ .

Paris 329 – _Chalon-sur-Saône 23_ – _Autun 40_ – _Le Creusot 28_ – _Dijon 63_ – _Dole 83._

  ❌❌ **Le Terroir,** pl. Jet d'Eau ✆ 03 80 20 63 47, Fax 03 80 20 66 45 – **GB**
  🍽 _fermé 15 déc. au 15 janv., dim. soir et jeudi sauf juil.-août_ – **Repas** 83 (déj.), 98/215, enf. 50.

SANT-JULIA-DE-LORIA 🟦🄰 ⑭ – _voir à Andorre (Principauté d')._

Le SAPPEY-EN-CHARTREUSE _38700 Isère_ 🟦🄬 ⑤ _G. Alpes du Nord_ – _762 h alt. 1014_ – _Sports d'hiver au Sappey et au Col de Porte : 1 000/1 700 m_ ⚹ _11_ ☇.

Env. _Charmant Som_ ✾✾✾ _NO : 9 km puis 1 h._

🛈 _Syndicat d'Initiative - Mairie_ ✆ 04 76 88 84 05.

Paris 579 – _Grenoble 14_ – _Chambéry 51_ – _St-Pierre-de-Chartreuse 14_ – _Voiron 38._

  🏠 **Skieurs** ✆ 04 76 88 82 76, Fax 04 76 88 85 76, ≤, 🍴, 🍽, 🎿, ☞ – 📺 ☎ **🅿** – 🛎 30.
  🍽 **GB**
      fermé avril, nov., déc., dim. soir et lundi hors sais. – **Repas** 120/250 – ⌑ 35 – **18 ch** 290/310 – ½ P 330/345.

  ❌❌ **Le Pudding,** ✆ 04 76 88 80 26, Fax 04 76 88 84 66, 🍴 – **AE GB**. ✖
  🍽 _fermé 8 au 28 sept., dim. soir et lundi_ – **Repas** 135/290, enf. 75.

**Die im Michelin-Führer**

verwendeten Zeichen und Symbole haben –
dünn oder **fett** gedruckt, in einer Kontrastfarbe oder **schwarz** –
jeweils eine andere Bedeutung.
Lesen Sie daher die Erklärungen aufmerksam durch.

SARCEY _69490 Rhône_ 🟦🄬 ⑨, 🟦🄳🄾 ⑪ – _690 h alt. 380._

Paris 453 – _Roanne 51_ – _Lyon 34_ – _Tarare 10_ – _Villefranche-sur-Saône 22._

  🏨 **Chatard** Ⓜ ✆ 04 74 26 85 85, Fax 04 74 26 89 99, 🍽, ✖ – 🛗 📺 ☎ 🖩 **🅿** – 🛎 40. **AE**
  🍽 **GB**
      fermé 2 au 15 janv. – **Repas** 85 (déj.), 106/315, enf. 50 – ⌑ 38 – **37 ch** 200/310 – ½ P 245.

SARE _64310 Pyr.-Atl._ 🟦🄵 ② _G. Pyrénées Aquitaine_ – _2 054 h alt. 70._

Paris 798 – _Biarritz 26_ – _Cambo-les-Bains 19_ – _Pau 140_ – _St-Jean-de-Luz 14_ – _St-Pée-sur-Nivelle 9._

  🏨 **Arraya,** ✆ 05 59 54 20 46, Fax 05 59 54 27 04, 🍴, « Cadre rustique basque, jardin » – 📺
      ☎ **🅿**. **AE GB**. ✖ ch
      26 avril-11 nov. – **Repas** 130/190 – ⌑ 48 – **20 ch** 405/530 – ½ P 418/478.

  🏠 **Pikassaria** 🐕, Sud : 2 km par rte secondaire ✆ 05 59 54 21 51, Fax 05 59 54 27 40, ≤,
      ☞ – 📺 ☎ **🅿**. **GB**
      15 mars-15 nov. et fermé merc. sauf du 1er juil. au 30 sept. – **Repas** 88/170, enf. 60 – ⌑ 32 – **32 ch** 200/260 – ½ P 255.

SARLAT-LA-CANÉDA ◈ _24200 Dordogne_ 🟦🄵 ⑪ _G. Périgord Quercy_ – _9 909 h alt. 145._

Voir _Vieux Sarlat_★★ : _place des Oies_★ Y, _rue des Consuls_★ Y, _hôtel Plamon_★ Y **E**, _hôtel de Malleville_★ Y **B**, _maison de La Boétie_★ Z **D** – _Musée-aquarium_★ Y **M¹**.

Env. _Décor_★ _et mobilier_★ _du château de Puymartin NO : 7 km par_ ④.

🝙₉ _de Rochebois à Vitrac_ ✆ 05 53 31 52 80.

🛈 _Office de Tourisme pl. Liberté_ ✆ 05 53 59 27 67, Fax 05 53 59 19 44 et av. Gén.-de-Gaulle _(juil.-août)_ ✆ 05 53 59 18 87.

Paris 518 ① – _Brive-la-Gaillarde 52_ ① – _Bergerac 73_ ③ – _Cahors 63_ ③ – _Périgueux 66_ ④.

SARLAT-
LA-CANÉDA

République (R.) ... **Z** 18

Bouquerie (Pl.).... **Y** 2
Consuls (R. des) ... **Y** 4
Faure (R. E.)...... **Z** 6
Gde-Rigaudie (Pl.). **Z** 7
Leclerc (Av.)...... **Z** 9
Leroy (Bd E.)...... **Y** 12
Liberté (Pl.)....... **Y** 13
Nesmann (Bd V.).. **Y** 14
Oies (Pl. des)..... **Y** 16
Peyrou (Pl. du).... **Z** 17
11-Novembre (Pl.). **Y** 19
14-Juillet (Pl.)..... **Z** 20

🏨 **de Selves** Ⓜ sans rest, 93 av.
de Selves   ℰ 05 53 31 50 00,
Fax 05 53 31 23 52, 🔟, 🚗 – 📶
🍴 📺 ☎ ✆ ⅙ 🚗 – 🛆 30. 🅰🅴 ⓞ
GB   **Y** v
fermé 12 janv. au 7 fév. – 🖃 50 –
40 ch 380/570.

🏨 **La Madeleine,** 1 pl. Petite Ri-
gaudie   ℰ 05 53 59 10 41,
Fax 05 53 31 03 62, 🏡 – 📶 ≼
🍴 ch 📺 ☎ ✆ 🚗. 🅰🅴 GB **Y** e
*hôtel : fermé 1ᵉʳ janv. au 15 fév. ;
rest. : ouvert 15 fév.-15 nov.* –
Repas 100/255, enf. 65 – 🖃 45 –
29 ch 300/395   ½ P 340/365.

🏨 **St-Albert et Montaigne,** pl.
Pasteur   ℰ 05 53 31 55 55,
Fax 05 53 59 19 99 – 📶 🍴 rest 📺
☎ ✆ – 🛆 25. 🅰🅴 GB. 🛇 ch **Z** n
*25 mars-2 nov. et fermé dim. soir
et lundi* – **Repas** 97/180 ⅙ –
🖃 40 – **61 ch** 260/330 –
½ P 295/330.

🏨 **Compostelle** sans rest, 64 av.
Selves   ℰ 05 53 59 08 53,
Fax 05 53 30 31 65 – 📶 📺 ☎ ⅙.
GB   **Y** r
Pâques-15 nov. – 🖃 35 – **23 ch**
270/300.

✕ **La Rapière,** pl. Cathédrale
ℰ 05 53 59 03 13, Fax 05 53 30
27 84, 🏡 – 🍴. 🅰🅴 GB
fermé 15 janv. à fin fév. et dim. –
Repas 85 (déj.), 100/250.   **Z** u

✕ **Marcel** avec ch, 50 av. Selves
🍴 ℰ 05 53 59 21 98,
Fax 05 53 30 27 77 – 📺 ☎ 🅿. GB
15 fév.-15 nov. – **Repas** *(fermé
vend. midi et lundi sauf juil.-août)*
75/220, enf. 45 – 🖃 35 – **12 ch**
220/260 – ½ P 240/270.   **Y** a

au Sud *par ② et C 1 : 3 km :*

🏠 **Mas de Castel** 🛇 sans rest,
ℰ 05 53 59 02 59, Fax 05 53 28
25 62, 🔟, 🚗 – ☎ 🅿. GB. 🛇
Pâques-11 nov. – 🖃 33 – **13 ch**
220/320.

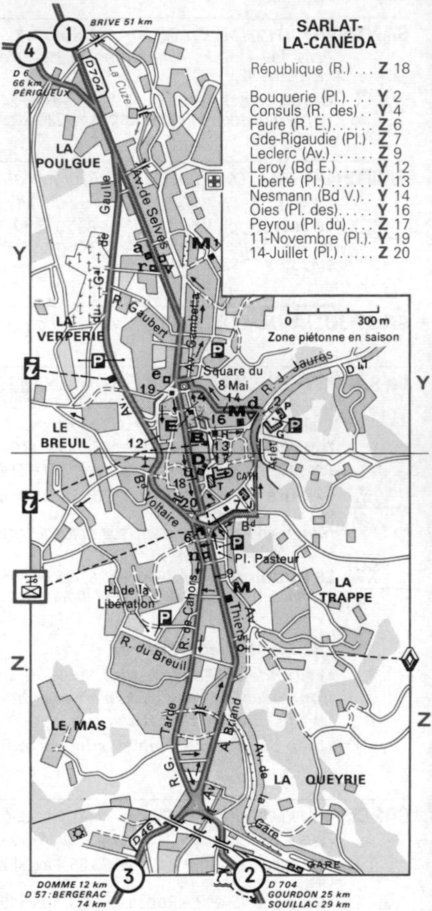

par ③ *rte de Bergerac et rte secondaire : 3 km* – ⊠ *24200 Sarlat-la-Canéda :*

🏨 **Relais de Moussidière** Ⓜ 🛇, ℰ 05 53 28 28 74, Fax 05 53 28 25 11, ≼, 🏡, « Parc »,
🛆 – 📺 ☎ ✆ ⅙ 🅿. 🅰🅴 GB
1ᵉʳ avril-15 nov. – **Repas** (dîner seul.) 170 – 🖃 65 – **35 ch** 550/620 – ½ P 485/520.

par ④ *rte des Eyzies et rte secondaire : 3 km*

🏨 **Host. Meysset** 🛇, ℰ 05 53 59 08 29, Fax 05 53 28 47 61, ≼, 🏡, parc – ☎ 🅿. 🅰🅴 ⓞ
GB
25 avril-4 oct. et fermé lundi midi et merc. midi – **Repas** 98/240, enf. 50 – 🖃 45 – **22 ch**
280/440, 4 appart – ½ P 340/385.

ALFA ROMEO Gar. Mora, Rivaux ℰ 05 53 59 19 71
CITROEN Sarlat Autos, rte de Vitrac par ③
ℰ 05 53 59 10 64
FIAT, LANCIA Gar. Lacombe, 12 av. de Selves
ℰ 05 53 29 18 52
FORD Gar. Carles, rte de Vitrac ℰ 05 53 59 05 23 Ⓝ
ℰ 05 53 59 07 35
PEUGEOT S.M.A.S., av. Dordogne par ③
ℰ 05 53 59 10 75 Ⓝ ℰ 05 53 31 90 91

RENAULT Gar. Robert, 33 av. Thiers
ℰ 05 53 59 35 21

🅦 Sauvanet Pneus, ch. des Sables
ℰ 05 53 31 08 59
Service du Pneu Point S, rte du Lot
ℰ 05 53 59 00 33

Ne voyagez pas aujourd'hui avec une carte d'hier.

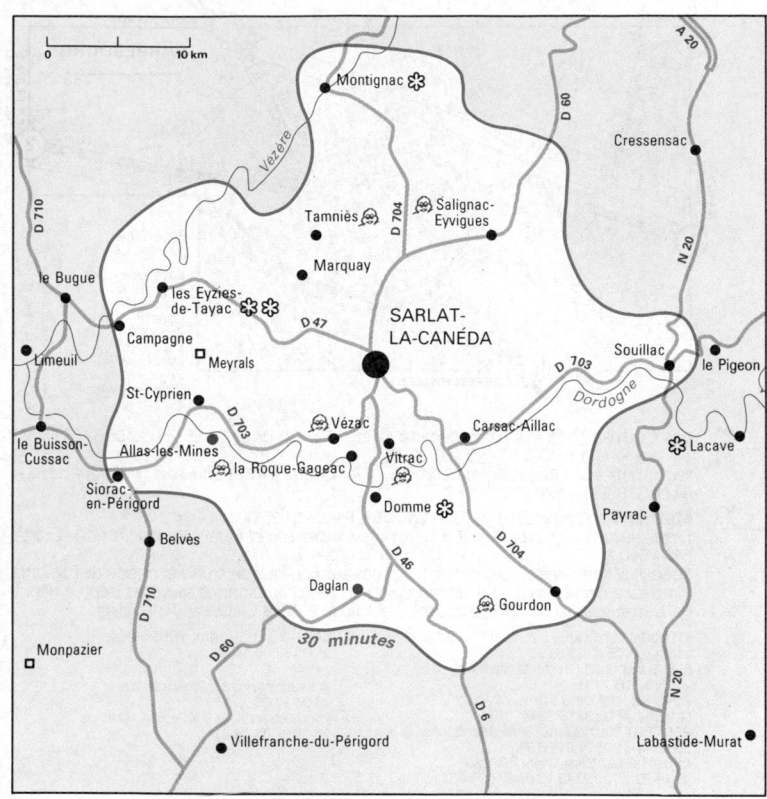

EUROPE on a single sheet
Michelin map no 970.

SARLIAC-SUR-L'ISLE 24420 Dordogne **75** ⑥ – 798 h alt. 102.
Paris 478 – Périgueux 15 – Brive-la-Gaillarde 66 – Limoges 85.

Chabrol, ℘ 05 53 07 83 39, 舒 – ☎. GB. ❀
fermé sept. et lundi – **Repas** 70/260 ₰ – ☲ 30 – **10 ch** 120/180 – ½ P 230/250.

SARRAS 07370 Ardèche **77** ① – 1 837 h alt. 133.
Voir De la D 506 coup d'oeil★★ sur le défilé de St-Vallier★ S : 5 km, G. Vallée du Rhône.
Paris 531 – Valence 35 – Annonay 20 – Lyon 72 – St-Étienne 58 – Tournon-sur-Rhône 16.

Vivarais, ℘ 04 75 23 01 88, Fax 04 75 23 49 73, 舒 – ☎ 🅿. 🆎 GB
fermé 1er au 7 août, 1er au 15 fév. et mardi de sept. à mai – **Repas** 95/320 – ☲ 38 – **7 ch**
250/290.

Commerce, ℘ 04 75 23 03 88 – 🚗. GB
fermé 22 déc. au 4 janv., dim. soir et lundi midi – **Repas** 69/140 ₰ – ☲ 25 – **12 ch** 110/150 –
½ P 130/160.

SARREBOURG ⟨SP⟩ 57400 Moselle **62** ⑧ G. Alsace Lorraine – 13 311 h alt. 282.
Voir Vitrail★ dans la chapelle des Cordeliers **B**.
🛈 Office de Tourisme Chapelle des Cordeliers ℘ 03 87 03 11 82.
Paris 438 ④ – Strasbourg 73 ② – Épinal 85 ④ – Lunéville 56 ④ – Metz 94 ④ – St-Dié 69 ④ –
Sarreguemines 53 ①.

Grand'Rue
Marché (Pl. du) . . . 9
Fayolle (Av. Gén.) . 2
Foch (R. Mar.) 3
France (Av. de) . . . 4
Gare (R. de la) 5
Jean-XXIII (Quai) . . 6
Lebrun (Quai). 7
Napoléon (R.). 10
Poincaré (Av.). 13
Prés.-Schuman (R.) 14

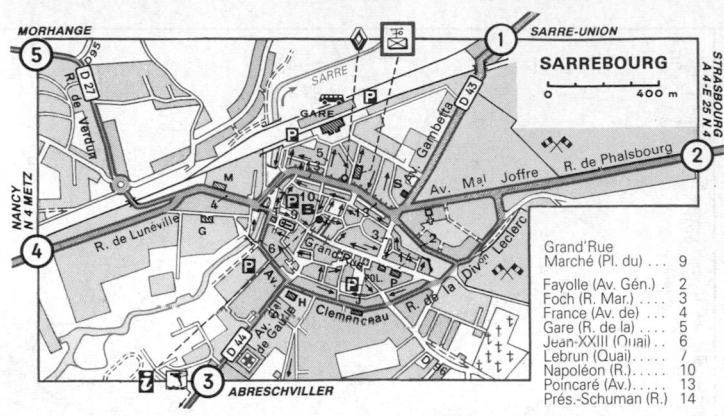

Les Cèdres M, par ③ *et chemin d'Imling : 3 km* ✆ 03 87 03 55 55, Fax 03 87 03 66 33, – 100. AE GB
fermé dim. soir – **Repas** *(fermé 22 déc. au 4 janv., sam. midi et dim. soir)* 70/220 – 38 – **44 ch** 328/535 – ½ P 235.

Mathis, 7 r. Gambetta **(s)** ✆ 03 87 03 21 67, Fax 03 87 23 00 64 – GB
fermé 28 juil. au 1er août, 5 au 9 janv., dim. soir, mardi soir et lundi – **Repas** 170/320 et carte 240 à 360
Spéc. Ravigotte de rouelles de Saint-Jacques aux copeaux de truffe et poêlée de foie gras (fin déc. à début mars). Filet de faon emballé aux champignons sauvages (sept. à début fév.). Streussel aux pommes croquant, glace au miel. **Vins** Chasselas, Pinot blanc.

CITROEN Gar. Oblinger, Zone Ariane-de-Buhl par ④ ✆ 03 87 23 89 56
FIAT Europ'Auto, ZA rte de Niderviller ✆ 03 87 03 22 12
FORD Gar. des Deux Sarres, ZA Ariane à Buhl-Lorraine ✆ 03 87 03 32 60
PEUGEOT Berthel Auto, Zone Ariane "plus" à Buhl Lorraine ✆ 03 87 03 09 09
RENAULT Gar. Billiar, 25 av. Poincaré ✆ 03 87 23 22 22 N ✆ 03 87 69 24 50

VAG Gar. Lett Autom., rte de Hesse ✆ 03 87 03 14 02

Kautzmann, 5 r. Dr-Schweitzer ✆ 03 87 03 23 53
Pneus et Services D.K., voie A.-Malraux ✆ 03 87 03 21 87

SARREGUEMINES

SP *57200 Moselle* 57 ⑯ ⑰ *G. Alsace Lorraine – 23 117 h alt. 210.*

Voir *Musée : jardin d'hiver★★, collection de céramiques★* **BY M.**

Env. *Parc archéologique européen de Bliesbruck-Reinheim : thermes publics★, 9,5 km par* ①.

Office de Tourisme r. Maire-Massing ✆ 03 87 98 80 81, Fax 03 87 98 25 77.

Paris 397 ③ *– Strasbourg 105* ② *– Colmar 147* ② *– Épinal 150* ② *– Karlsruhe 136* ① *– Lunéville 93* ② *– Metz 69* ③ *– Nancy 90* ② *– St-Dié 135* ② *– Saarbrücken 18* ③.

Plan page ci-contre

Alsace, 10 r. Poincaré ✆ 03 87 98 44 32, Fax 03 87 98 39 85, – 25. AE GB. ABY r
Rôtisserie Ducs de Lorraine *(fermé dim. soir)* **Repas** 98/315, enf. 65 – ***La Taverne :*** **Repas** carte environ 140, enf. 32 – 40 – **26 ch** 355/390.

Primevère, rte Bitche par ① *: 2 km* ✆ 03 87 95 34 35, Fax 03 87 95 34 60 – – 25. AE GB
Repas 88/108, enf. 38 – 34 – **46 ch** 295.

Aub. St-Walfrid (chambres prévues), par ③ *et rte Grosbliederstroff* ✆ 03 87 98 43 75, Fax 03 87 95 76 75, – AE GB
fermé 3 au 19 août, 1er au 15 janv., dim. et lundi hors sais. – **Repas** 130/350 et carte 270 à 420.

Aub. Vieux Moulin, 135 r. France par ③ *: 1,5 km* ✆ 03 87 98 22 59, Fax 03 87 28 12 63 – GB
fermé mardi et merc. – **Repas** 170 (déj.), 240/350 et carte 240 à 390.

rte de Bitche *par* ① *: 11 km sur N 62 – ✉ 57200 Sarreguemines :*

Pascal Dimofski, ✆ 03 87 02 38 21, Fax 03 87 02 21 36, – AE GB
fermé 18 août au 3 sept., vacances de fév., lundi soir et mardi – **Repas** 160 (déj.), 180/360, enf. 80.

SARREGUEMINES

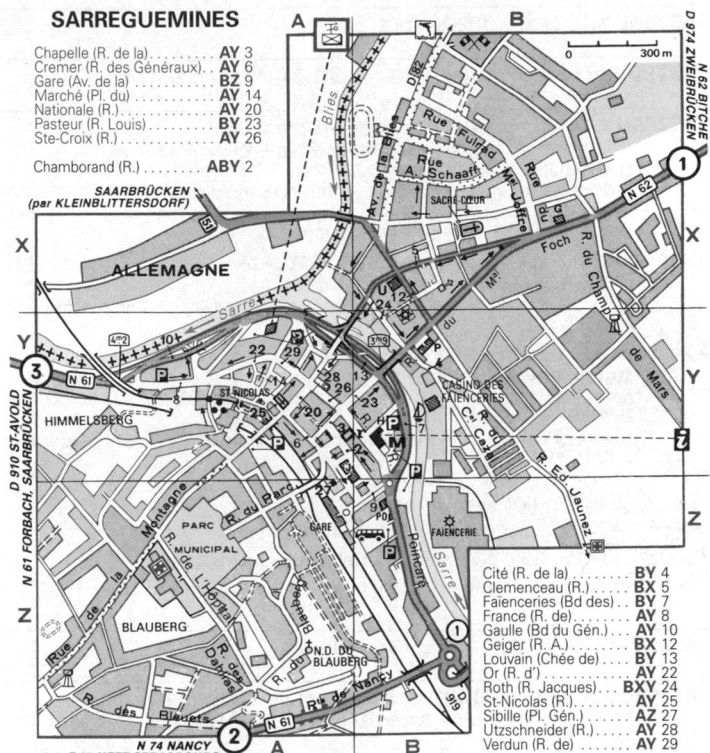

CITROEN Gar. Herber, rue des Frères Rémy ZI
ℰ 03 87 98 84 81
PEUGEOT Gar. Derr, ZI r. Gutenberg par ①
ℰ 03 87 95 67 94

RENAULT Gar. Rebmeister, ZI r. Frères-Lumière
par ① ℰ 03 87 95 10 88 🅽 ℰ 08 00 05 15 15

⑩ Euromaster, 120 av. Foch ℰ 03 87 95 18 24

SARRE-UNION 67260 B.-Rhin 🏷️ ⑰ – 3 159 h alt. 240.

Paris 410 – Strasbourg 84 – Lunéville 73 – Metz 82 – Nancy 78 – St-Avold 38 – Sarreguemines 24.

🏠 **Au Cheval Noir,** r. Phalsbourg ℰ 03 88 00 12 71, Fax 03 88 00 19 09 – ♨ 📺 ☎ 🅿 – 🔼 40. 🖭 ◑ 🖭 🎴, ❄️ ch
fermé 1ᵉʳ au 21 oct. – **Repas** (fermé lundi) 60/250 🍷 – ⌑ 30 – **20 ch** 120/250 – ½ P 210/260.

rte de Strasbourg Sud-Est : 8 km par N 61 – ✉ 67320 Berg :

🏨 **Kirchberg Park H.** Ⓜ, N 61 ℰ 03 88 00 60 60, Fax 03 88 00 76 45, ≤, 🌿 – 📺 ☎ 🅿. 🖭
Repas 45 (déj.), 99/220 🍷, enf. 35 – ⌑ 45 – **15 ch** 260/450 – ½ P 310/380.

⑩ Weiss Pneus Point S, à Diemeringen ℰ 03 88 00 42 60

SARS-POTERIES 59216 Nord 🏷️ ⑥ G. Flandres Artois Picardie – 1 496 h alt. 181.

Voir Musée du Verre★.

🛈 Syndicat d'Initiative 20 r. du Gén.-de-Gaulle ℰ 03 27 39 35 49.

Paris 221 – St-Quentin 78 – Avesnes-sur-Helpe 12 – Charleroi 46 – Lille 107 – Maubeuge 16.

🍴 **Auberge Fleurie** (Lequy) (chambres prévues), ℰ 03 27 61 62 48, Fax 03 27 59 32 16 – 🅿.
🖭 ◑ 🖭
fermé 19 août au 2 sept., 14 au 27 janv., dim. soir et lundi sauf fériés – **Repas** (nombre de couverts limité - prévenir) 150/300 et carte 250 à 340
Spéc. Homard au beurre blanc à l'estragon. Agneau de lait rôti (déc. à avril). Figues pochées au vin, glace au pain d'épices.

SARTÈNE *2A Corse-du-Sud* **90** ⑱ – *voir à Corse.*

SARTROUVILLE *78 Yvelines* **55** ⑳, **106** ⑱, **101** ⑬ – *voir à Paris, Environs.*

SARZEAU *56370 Morbihan* **63** ⑬ *G. Bretagne – 4 972 h alt. 30.*

Voir *Ruines★ du château de Suscinio SE : 3,5 km – Presqu'île de Rhuys★.*

Kerver ☎ 02 97 45 30 09, O par D 780 : 7 km.

Office de Tourisme, Centre Bourg, Bâtiment des Trinitaires ☎ 02 97 41 82 37, Fax 02 97 41 74 95.

Paris 479 – Vannes 22 – Nantes 116 – Redon 62.

à St-Colombier *Nord-Est : 4 km par D 780 – ✉ 56370 Sarzeau :*

✕ **Le Tournepierre,** ☎ 02 97 26 42 19 – AE GB
fermé 17 nov. au 1er déc., dim. soir et lundi sauf juil.-août – **Repas** 98 (déj.), 145/260, enf. 65.

à Penvins *Sud-Est : 7 km par D 198 – ✉ 56370 Sarzeau :*

Mur du Roy ⑤, ☎ 02 97 67 34 08, Fax 02 97 67 36 23, ≤, 余, 🐴 – ☎ ♿ P. GB
fermé 2 au 31 janv. et mardi midi d'oct. à déc. – **Repas** 98/180, enf. 38 – ☕ 35 – **10 ch** 290/360 – ½ P 295/330.

CITROEN Gar. Clinchard, 5 r. de la Madeleine ☎ 02 97 41 81 23

Gar. Pépion, 17 r. Venetes ☎ 02 97 41 84 12

Eine gute Ergänzung
zum vorliegenden Hotelführer
sind die gelben **Michelin-Abschnittskarten**
im Maßstab 1 : 200 000.

SASSENAGE *38 Isère* **77** ④ – *rattaché à Grenoble.*

SASSETOT-LE-MAUCONDUIT *76540 S.-Mar.* **52** ⑫ – *944 h alt. 89.*

Paris 201 – Le Havre 55 – Bolbec 30 – Fécamp 16 – Rouen 65 – St-Valery-en-Caux 20 – Yvetot 28.

✕✕ **Relais des Dalles,** près château ☎ 02 35 27 41 83, Fax 02 35 27 13 91, 余, « Jardin fleuri » – AE GB JCB
fermé 15 au 30 déc., 2 au 14 janv., mardi soir et merc. sauf du 15 juil. au 31 août – **Repas** (dim. prévenir) 96 (déj.), 130/200.

SATILLIEU *07290 Ardèche* **76** ⑨ – *1 818 h alt. 485.*

Paris 546 – Valence 49 – Annonay 13 – Lamastre 36 – Privas 87 – St-Vallier 21 – Tournon-sur-Rhône 30 – Yssingeaux 54.

à St-Romain-d'Ay *Nord-Est : 4,5 km par D 578A et D 6 – 660 h. alt. 450 – ✉ 07290 :*

✕✕ **Régis Poinard,** ☎ 04 75 34 42 01, Fax 04 75 34 48 23 – P. GB
fermé 15 janv. au 20 fév., dim. soir et lundi – **Repas** 90/300.

SAUGUES *43170 H.-Loire* **76** ⑯ *G. Auvergne – 2 089 h alt. 960.*

Office de Tourisme ☎ 04 71 77 84 46, Fax 04 71 77 66 40.

Paris 536 – Le Puy-en-Velay 44 – Brioude 51 – Mende 73 – St-Chély-d'Apcher 42 – St-Flour 52.

La Terrasse, ☎ 04 71 77 83 10, Fax 04 71 77 63 79 – ☎. AE GB. ✂
1er mars-15 nov. et fermé lundi (sauf hôtel) et dim. soir sauf juil.-août – **Repas** 95/170 – ☕ 35 – **15 ch** 290 – ½ P 240/290.

SAUJON *17600 Char.-Mar.* **71** ⑮ *G. Poitou Vendée Charentes – 4 891 h alt. 7 – Stat. therm. .*

Voir *Chapiteaux★ dans l'église.*

Office de Tourisme pl. Ch.-de-Gaulle ☎ 05 46 02 83 77.

Paris 493 – Royan 15 – Bordeaux 119 – Marennes 25 – Rochefort 34 – La Rochelle 72 – Saintes 26.

Commerce, r. Saintonge ☎ 05 46 02 80 50, 余 – ☎ P. GB
15 mars-15 déc. et fermé dim. soir et lundi hors sais. – **Repas** 82/180, enf. 48 – ☕ 30 – **19 ch** 155/320 – P 285/365.

au Gua *Nord : 6 km par D 1 – 1 689 h. alt. 3 –* ⊠ *17680 :*

🏨 **Moulin de Châlons,** Châlons, Ouest : 1 km rte Royan ✆ 05 46 22 82 72, Fax 05 46 22 91 07, �, parc, « Ancien moulin à marée du 18ᵉ siècle » – ☎ 🅿. 🆎 ⓪ 🆬
15 mai-20 sept. et fermé merc. midi et mardi sauf juil.-août – **Repas** 140 bc (déj.)/350 – � 63 – **14 ch** 350/500 – ½ P 390/460.

CITROEN Central Gar., ✆ 05 46 02 80 25

SAULCE-SUR-RHÔNE *26270 Drôme* 🔢 ⑪ *– 1 443 h alt. 93.*
Paris 589 – Valence 31 – Crest 23 – Montélimar 19 – Privas 26.

🏨 **Clutier,** 62 av. Provence - Les Reys-de-Saulce ✆ 04 75 63 00 22, Fax 04 75 63 12 60, �には, 🛎, 🎨 – 🖥 📺 ☎ 🚗 🅿 – 🏄 50. 🆬
fermé 10 au 20 oct., 23 déc. au 24 janv., dim. soir sauf juil.-août et lundi – **Repas** 68/210 🍷, enf. 50 – ⊠ 35 – **20 ch** 200/300 – ½ P 230/320.

à Mirmande *Sud-Est : 3 km par D 204 G. Vallée du Rhône – 497 h. alt. 204 –* ⊠ *26270 :*

🏨 **La Capitelle** ⚶, ✆ 04 75 63 02 72, Fax 04 75 63 02 50, ≼, � have, « Demeure ancienne » – ☎. 🆎 ⓪ 🆬
mars-nov. et fermé mardi sauf le soir de juin à sept. et merc. midi d'oct. à mai – **Repas** 135/260 🍷 – ⊠ 55 – **11 ch** (½ pens. seul.) – ½ P 340/425.

SAULCHOY *62870 P.-de-C.* 🔢 ⑫ *– 260 h alt. 13.*
Paris 201 – Calais 88 – Abbeville 31 – Arras 75 – Berck-sur-Mer 22 – Doullens 44 – Hesdin 19 – Montreuil 17.

🍴🍴 **Val d'Authie,** ✆ 03 21 90 30 20, �には – 🆬
fermé 1ᵉʳ au 6 sept. et jeudi du 1ᵉʳ oct. au 30 avril sauf fériés – **Repas** 80 bc/180 🍷.

Évitez de fumer au cours du repas :
vous altérez votre goût et vous gênez vos voisins.

SAULGES *53340 Mayenne* 🔢 ⑪ *G. Normandie Cotentin – 333 h alt. 97.*
Paris 248 – Le Mans 54 – Château-Gontier 36 – La Flèche 47 – Laval 34 – Mayenne 41.

🏨 **Ermitage** ⚶, ✆ 02 43 90 52 28, Fax 02 43 90 56 61, �には, « Jardin fleuri », 🦶, 🛎 – 📺 ☎ 🖥 🅿 – 🏄 45. 🆎 🆬
fermé fév., dim. soir et lundi du 20 sept. au 15 avril – **Repas** 100/310, enf. 70 – ⊠ 52 – **36 ch** 370/500 – ½ P 420/460.

SAULIEU *21210 Côte-d'Or* 🔢 ⑰ *G. Bourgogne – 2 917 h alt. 535.*
Voir *Basilique St-Andoche★ : chapiteaux★★ – Le Taureau★ (sculpture) par Pompon.*
🅱 *Office de Tourisme* 24 r. d'Argentine ✆ 03 80 64 00 21, Fax 03 80 64 21 96.
Paris 248 ① – Dijon 74 ② – Autun 41 ④ – Avallon 39 ① – Beaune 63 ② – Clamecy 77 ①.
Plan page suivante

🏨🏨 **La Côte d'Or** (Loiseau) Ⓜ ⚶, 2 r. Argentine **(e)** ✆ 03 80 90 53 53, Fax 03 80 64 08 92,
✿✿✿ « Élégante hostellerie agrémentée d'un jardin fleuri » – 📺 ☎ 🚗 – 🏄 30. 🆎 ⓪ 🆬 🇯🇨🇧
Repas 420 (déj.), 680/890 et carte 600 à 980, enf. 110 – ⊠ 120 – **24 ch** 340/2100, 3 duplex
Spéc. Jambonnettes de grenouilles à la purée d'ail et au jus de persil. Sandre à la fondue d'échalote, sauce au vin rouge. Blanc de volaille au foie gras chaud et purée truffée. **Vins** Sauvignon de Saint-Bris, Côte de Nuits-Village.

🏨 **Poste,** 1 r. Grillot **(t)** ✆ 03 80 64 05 67, Fax 03 80 64 10 82 – 🛏 rest 📺 ☎ 🅿 – 🏄 30. 🆎 ⓪ 🆬
mars-nov. – **Repas** 98/188, enf. 60 – ⊠ 40 – **45 ch** 170/485 – ½ P 300/450.

🍴🍴 **La Borne Impériale** avec ch, 16 r. Argentine **(v)** ✆ 03 80 64 19 76, �には, 🎨 – ☎ 🅿. 🆬
fermé 15 nov. au 15 déc., mardi soir et merc. soir – **Repas** 120/190 – ⊠ 40 – **7 ch** 190/300.

🍴🍴 **Aub. du Relais** avec ch, 8 r. Argentine **(a)** ✆ 03 80 64 13 16, Fax 03 80 64 08 33 – 📺. 🆎 🆬. ✂ ch
Repas 110/200 🍷, enf. 62 – ⊠ 34 – **5 ch** 240/280 – ½ P 240/290.

🍴 **Vieille Auberge** avec ch, 15 r. Grillot **(n)** ✆ 03 80 64 13 74 – 🅿. 🆎 🆬
fermé 2 fév. au 1ᵉʳ mars, mardi soir et merc. sauf juil.-août – **Repas** 70/165 – ⊠ 30 – **5 ch** 210/260 – ½ P 230.

CITROEN Gar. de l'Etape, ✆ 03 80 64 17 99 RENAULT S.C.A, r. Grillot par ②
✆ 03 80 64 03 45 🅽 ✆ 03 80 64 03 45

SAULIEU

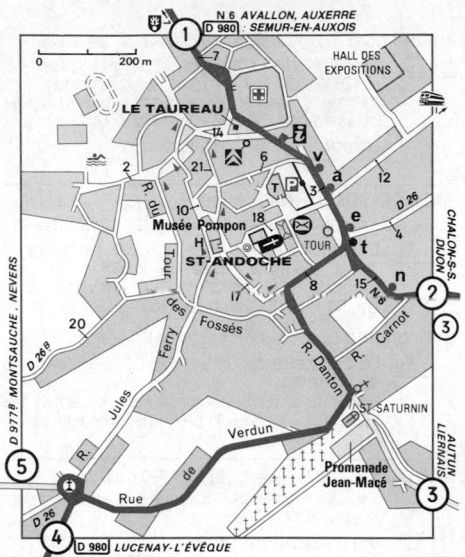

Les localités citées
dans le guide Michelin
sont soulignées
de rouge
sur les **cartes Michelin**
à 1/200 000.

SAULT 84390 Vaucluse 🔢 ⑭ G. Alpes du Sud – 1 206 h alt. 765.
Env. Gorges de la Nesque★★ : belvédère★★ SO : 11 km par D 942 – Mont Ventoux ☀★★★
NO : 26 km.
🅱 Office de Tourisme av. Promenade 𝄞 04 90 64 01 21.
Paris 721 – Digne-les-B. 92 – Aix-en-P. 81 – Apt 31 – Avignon 67 – Carpentras 42 – Gap 100.

🏨 **Host. du Val de Sault** ⑤, rte St-Trinit et rte secondaire : 2 km 𝄞 04 90 64 01 41,
Fax 04 90 64 12 74, ≤ Mont-Ventoux, 🍴, 🔟, 🐎, 🎾 – 📺 ☎ 🅿. 🆎 ☎
29 mars-3 nov. – Repas 123 (déj.), 149/217 – 😋 59 – **11 ch** 490/640 – ½ P 540.

🏠 **Albion** sans rest, 𝄞 04 90 64 06 22 – 📺 ☎. ☎
😋 35 – **11 ch** 290/310.

SAULX-LES-CHARTREUX 91 Essonne 🔢 ⑩., 🔢 ㉟ – voir à Paris, Environs (Longjumeau).

SAULZET-LE-CHAUD 63 P.-de-D. 🔢 ⑭ – rattaché à Ceyrat.

SAUMUR ◈ 49400 M.-et-L. 🔢 ⑫ G. Châteaux de la Loire – 30 131 h alt. 30.
Voir Château★★ : musée d'Arts décoratifs★★, musée du Cheval★, tour du Guet ☀★ – Église
N.-D.-de-Nantilly★ : tapisseries★★ – Vieux quartier★ BY : Hôtel de ville★ H ,tapisseries★ de
l'église St-Pierre – Musée de la Cavalerie★ AY M¹ – Musée des Blindés★ au Sud.
🔢 de Loudun 𝄞 02 49 86 25 10 par ②, D 145 : 16 km – 🔢 du Saumurois 𝄞 02 41 50 87 00 à
St-Hilaire-St-Florent.
🅱 Office de Tourisme pl. Bilange 𝄞 02 41 40 20 60, Fax 02 41 40 20 69 – Automobile Club
𝄞 02 41 40 20 60.
Paris 303 ① – Angers 48 ① – Châtellerault 77 ③ – Cholet 69 ③ – Le Mans 101 ① – Poitiers
94 ③ – Tours 66 ①.

Plan page ci-contre

🏨 **Loire** Ⓜ ⑤, r. Vieux Pont 𝄞 02 41 67 22 42, Fax 02 41 67 88 80, ≤ – 🛗 ▤ rest 📺 ☎ &
🚗 🅿. – 🔐 40. 🆎 ⓪ ☎
BY g
Repas (fermé vend. soir et sam. du 15 nov. au 31 mars) 80/198, enf. 48 – 😋 48 – **44 ch**
450/590 – ½ P 335/391.

🏨 **St-Pierre** ⑤ sans rest, 8 r. Haute-St-Pierre 𝄞 02 41 50 33 00, Fax 02 41 50 38 68 – 🛗 ⟨⟩
📺 ☎. 🆎 ⓪ ☎ 🇯🇧 ⟨⟩
BY b
fermé 11 au 19 janv. – 😋 48 – **14 ch** 330/705.

SAUMUR

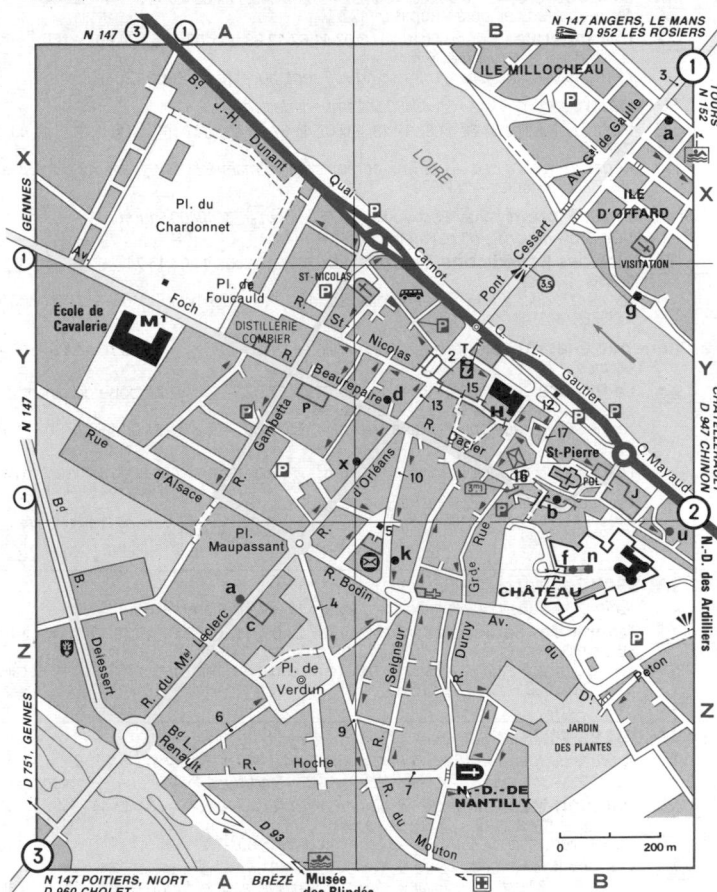

🏨 **Roi René**, 94 av. Gén. de Gaulle ℰ 02 41 67 45 30, Fax 02 41 67 74 59 – 🛗 📺 ☎ 🚗 –
🔏 25. 🆎 GB
BX a
fermé 24 nov. au 21 déc. – **Repas** *(ouvert 15 mars-16 nov. et fermé sam. midi)* 80/175 –
☄ 32 – **39 ch** 250/410 – ½ P 275.

🏨 **Central** sans rest, 23 r. Daillé ℰ 02 41 51 05 78, Fax 02 41 67 82 35 – 📺 ☎ 🚗. 🆎 GB
☄ 35 – **27 ch** 250/390.
BY d

🏨 **Londres** sans rest, 48 r. Orléans ℰ 02 41 51 23 98, Fax 02 41 51 12 63 – 📺 ☎ P. GB
☄ 32 – **27 ch** 210/290.
ABY x

🏨 **Nouveau Terminus**, 15 av. David d'Angers (face gare) par ① ℰ 02 41 67 31 01,
Fax 02 41 67 34 03 – 🛗 📺 ☎. 🆎 GB. ❄ rest
fermé 24 déc. au 2 janv. – **Repas** 75/130 🍴, enf. 45 – ☄ 35 – **43 ch** 250/270 – ½ P 250/280.

🏨 **Le Volney** sans rest, 1 r. Volney ℰ 02 41 51 25 41 – 📺 ☎ 📞. 🆎 GB
BZ k
fermé 15 déc. au 15 janv. – ☄ 35 – **12 ch** 160/300.

XXX **Les Délices du Château**, cour du château ℰ 02 41 67 65 60, Fax 02 41 67 74 60, ≤,
🌤, « Terrasse face au jardin du château » – P. 🆎 ① GB
BZ f
fermé 15 déc. au 2 janv. et dim. soir hors sais. – **Repas** 130 (déj.), 175/285 et carte 290 à 370.

XXXX **Les Menestrels,** 11 r. Raspail ☎ 02 41 67 71 10, Fax 02 41 50 89 64 – ■■ ⓞ ⒸⒸ
JCB
BZ u
fermé dim. sauf le midi de mai à août – **Repas** 100 (déj.), 160/340 et carte 250 à 360.

XX **La Croquière,** 42 r. Mar. Leclerc ☎ 02 41 51 31 45, Fax 02 41 67 26 71 – ■■ ⒸⒸ AZ a
⚜ *fermé dim. soir et lundi* – **Repas** 62/172 ♪.

X **L'Orangeraie,** cour du Château ☎ 02 41 67 12 88, Fax 02 41 67 74 60, ≤, , « Face au
château » – **P.**, ■■ ⓞ ⒸⒸ JCB
BZ n
fermé 15 déc. au 2 janv. et dim. soir du 15 sept. au 1er mai – **Repas** 90/125.

Z.I. St-Lambert *par* ① *: 3 km* – ✉ *49400 St-Lambert-des-Levées :*

🏨 **Parc,** av. Fusillés ☎ 02 41 67 17 18, Fax 02 41 67 18 85,  – □ ☎ ☏ ♿ **P.** – ④ 40. ■■ ⓞ
⚜ ⒸⒸ JCB
Repas *(fermé 24 déc. au 12 janv. et dim. d'oct. à mars)* 82/120 ♪, enf. 45 – ⊔ 38 – **28 ch**
280/330, 12 duplex – 1/2 P 270.

à St-Hilaire-St-Florent *par av. Foch* **AXY** *et D 751 : 3 km* – ✉ *49400 Saumur.*
Voir *École nationale d'Équitation*★.

🏨 **Clos des Bénédictins** ⚜, ☎ 02 41 67 28 48, Fax 02 41 67 13 71, ≤, ⎔, ✉ – □ ☎ **P.**
■■ ⒸⒸ, ✃ rest
fermé 1er déc. au 15 fév. – **Repas** 120 (déj.), 159/375 bc – ⊔ 55 – **23 ch** 300/450 –
1/2 P 365/445.

à Chênehutte-les-Tuffeaux *par av. Foch* **AXY** *et D 751 : 8 km* – *1 153 h. alt. 29* – ✉ *49350
Gennes :*

🏫 **Le Prieuré** ⚜, ☎ 02 41 67 90 14, Fax 02 41 67 92 24, ≤, « Site boisé dominant la Loire,
parc, ⎔ » ✃ – □ ☎ ☏ **P.** – ④ 50. ■■ ⓞ ⒸⒸ JCB
fermé 20 janv. au 5 mars – **Repas** 160 (déj.), 230/400 – ⊔ 85 – **33 ch** 550/1350 – 1/2 P 760/
1010.

FORD Gar. Jolly, bd Mar.-Juin par bd J.-H.-Dunant
☎ 02 41 50 41 01
PEUGEOT Guillemet Autom., 103 r. Pont-Fouchard
à Bagneux par ③ ☎ 02 41 50 11 33 ♯
☎ 02 41 50 24 24

PEUGEOT Gar. Guillemet, 5 r. de Rouen par ①
☎ 02 41 67 48 68 ♯ ☎ 02 41 50 24 24

★ Godelu-Pneus, rte de Cholet à Distré
☎ 02 41 50 17 96

La SAUSSAYE *27370 Eure* 㗄 ⑳ – *1 840 h alt. 137.*
Paris 122 – Rouen 24 – Évreux 40 – Louviers 19 – Pont-Audemer 52.

XXX **Manoir des Saules** avec ch, ☎ 02 35 87 25 65, Fax 02 35 87 49 39, , ✉ – ✃ ☎ **P.**
■■ ⓞ ⒸⒸ
fermé dim. soir et lundi – **Repas** (nombre de couverts limité, prévenir) 185/370 et carte 300
à 420, enf. 100 – ⊔ 70 – **9 ch** 580.

SAUSSET-LES-PINS *13960 B.-du-R.* 㗄 ⑫ G. Provence – *5 541 h alt. 15.*
📧 Office de Tourisme 16 av. du Port ☎ 04 42 44 71 48 et Fax 04 42 45 15 58.
Paris 772 – Marseille 37 – Aix-en-Provence 45 – Martigues 11 – Salon-de-Provence 49.

🏨 **Paradou-Méditerranée** Ⓜ, au port ☎ 04 42 44 76 76, Fax 04 42 44 78 48, ≤, , ⎔,
✉ – 🛗 □ ☎ ☏ ♿ **P.** – ④ 50. ■■ ⓞ ⒸⒸ
Repas *(fermé sam.)* 150/250 – ⊔ 50 – **41 ch** 450/780 – 1/2 P 390.

XXX **Les Girelles,** ☎ 04 42 45 26 16, Fax 04 42 45 49 65, ≤,  – □ ■■ ⒸⒸ JCB
fermé 6 au 22 oct., 5 au 15 janv., dim. soir sauf juil.-août et lundi – **Repas** 160/240 et carte
250 à 390.

X **Le Jardin des Lyar,** quai du Port ☎ 04 42 45 00 00, Fax 04 42 45 35 51, ≤,  – □ ■■
ⒸⒸ
fermé lundi sauf le soir en juil.-août et dim. soir de sept. à juin – **Repas** 110/180.

SAUSSIGNAC *24240 Dordogne* 㗄 ⑭ – *378 h alt. 120.*
Paris 558 – Périgueux 66 – Bergerac 19 – Libourne 54 – Ste-Foy-la-Grande 14.

🏨 **Le Relais de Saussignac,** ☎ 05 53 27 92 08, Fax 05 53 27 96 57,  – □ ☎ ■■ ⒸⒸ
1er avril-1er nov. – **Repas** 65 bc (déj.), 95/180, enf. 50 – ⊔ 35 – **19 ch** 220/280 – 1/2 P 218/255.

SAUTERNES *33210 Gironde* 㗄 ① G. Pyrénées Aquitaine – *589 h alt. 50.*
Paris 626 – Bordeaux 49 – Bazas 24 – Langon 11.

XX **Le Saprien,** ☎ 05 56 76 60 87, Fax 05 56 76 68 92,  – **P.** ■■ ⒸⒸ
fermé 16 nov. au 16 déc., 15 au 28 fév., dim. soir et lundi – **Repas** 150 bc/299, enf. 68.

SAUTRON *44 Loire-Atl.* 㗄 ③ – *rattaché à Nantes.*

SAUVETERRE *30150 Gard* 🎱 ⑪ – *1 378 h alt. 23.*
  Paris 672 – Avignon 12 – Alès 79 – Nîmes 52 – Orange 15 – Pont-St-Esprit 36 – Villeneuve-
  lès-Avignon 8.

  🏨 **Host. de Varenne** ⌂, 🖉 04 66 82 59 45, Fax 04 66 82 84 83, 🌳, « Demeure du 18ᵉ
  siècle », 🌿 – 📺 ☎ 🅿. 🖭 ⓪ GB. ⅏ rest
  fermé 1ᵉʳ au 15 fév. – **Repas** *(fermé merc. d'oct. à avril)* 105 (déj.), 170/350 bc – ⊊ 50 –
  13 ch 380/700 – ½ P 370/640.

SAUVETERRE-DE-COMMINGES *31510 H.-Gar.* 🎱 ① – *730 h alt. 480.*
  Paris 797 – Bagnères-de-Luchon 35 – Lannemezan 30 – St-Gaudens 11 – Tarbes 63 –
  Toulouse 104.

  🏨 **Host. des 7 Molles** ⌂, à Gesset, Sud : 3 km par D. 9 🖉 05 61 88 30 87,
  Fax 05 61 88 36 42, ≤, « Beau parc, ⚘ », ⅏ – 📺 ☎ 🅿 – 🚗 30. 🖭 ⓪ GB
  mi-mars-fin oct., mi-déc.-5 janv. et fermé mardi hors sais. – **Repas** 190/295 – ⊊ 70 – **19 ch**
  570/780 – ½ P 600/705.

SAUVETERRE-DE-ROUERGUE *12800 Aveyron* 🎱 ① *G. Gorges du Tarn* – *888 h alt. 460.*
  Voir *Place centrale★.*
  🅱 *Office de Tourisme (mai-oct.)* 🖉 05 65 72 02 52.
  Paris 664 – Rodez 35 – Albi 52 – Millau 89 – St-Affrique 83 – Villefranche-de-Rouergue 43.

  🏨 **Le Sénéchal** (Truchon) 🅼, 🖉 05 65 71 29 00, Fax 05 65 71 29 09, 🌳, « Décor contem-
  ✿ porain », 🛏 – 💆 ⅏ 📺 ☎ 🅿 – 🚗 30. 🖭 ⓪ GB JCB. ⅏ rest
  fermé 1ᵉʳ janv. au 1ᵉʳ mars, mardi midi et lundi sauf juil.-août et fériés – **Repas** (nombre de
  couverts limité, prévenir) 130/450 et carte 260 à 400 – ⊊ 75 – **11 ch** 550 – ½ P 490
  Spéc. Foies gras chauds. Volaille de ferme de pays. Craquelin de fraises à la ''recuite'' de
  brebis vanillée. **Vins** Marcillac, Vin d'Entraygues et du Fel.

SAUVIGNY-LES-BOIS *58160 Nièvre* 🎱 ④ – *1 591 h alt. 210.*
  Paris 242 – Autun 98 – Decize 27 – Nevers 11.

  %% **Moulin de l'Etang,** 🖉 03 86 37 10 17, Fax 03 86 37 12 06, 🌳 – 🅿. GB
  fermé merc. soir et lundi – **Repas** 98/230.

SAUX *65 H.-Pyr.* 🎱 ⑧ – *rattaché à Lourdes.*

SAUXILLANGES *63490 P.-de-D.* 🎱 ⑮ *G. Auvergne* – *1 109 h alt. 460.*
  Voir *Pic d'Usson* ⁂★ *SO : 4 km.*
  Paris 463 – Clermont-Ferrand 49 – Ambert 47 – Issoire 13 – Thiers 47 – Vic-le-Comte 20.

  %% **Chalut** avec ch, 🖉 04 73 96 80 71, Fax 04 73 96 87 25 – 🍽 rest 🚗. 🖭 GB
  ⊜ *fermé 1ᵉʳ au 15 sept., 19 fév. au 5 mars, dim. soir et lundi* – **Repas** 58/280 🍷, enf. 50 – ⊊ 26
  – **6 ch** 135/190 – ½ P 180/190.

  % **Mairie,** 🖉 04 73 96 80 32, Fax 04 73 96 80 32 – 🍽. GB
  ⊜ *fermé 23 juin au 4 juil., 22 sept. au 3 oct., mardi soir et merc.* – **Repas** 79/185, enf. 40.

Le SAUZE *04 Alpes-de-H.-P.* 🎱 ⑧ – *rattaché à Barcelonnette.*

SAUZON *56 Morbihan* 🎱 ⑪ – *voir à Belle-Ile-en-Mer.*

SAVERNE ⟨SP⟩ *67700 B.-Rhin* 🎱 ⑱ *G. Alsace Lorraine* – *10 278 h alt. 200.*
  Voir *Château★ : façade★★* B – *Maisons anciennes★* B E – *St-Jean-Saverne : chapelle*
  St-Michel★, ≤★ N : 4,5 km par D 115 puis 30 mn A – *Château du Haut-Barr★ :* ≤★★ SO : 5 km
  par D 102 puis D 171 A – *Vallée de la Zorn★ par D132.*
  Env. *Église★★ de Marmoutier,* 6,5 km par ③.
  🅱 *Office de Tourisme Château des Rohan* 🖉 03 88 91 80 47, Fax 03 88 71 02 90.
  Paris 446 ① – Strasbourg 39 ③ – Lunéville 85 ④ – St-Avold 84 ① – Sarreguemines 64 ①.

Plan page suivante

  🏨 **Europe** sans rest, 7 r. Gare 🖉 03 88 71 12 07, Fax 03 88 71 11 43 – 💆 📺 ☎ 📞 ⅓. 🖭 ⓪
  GB   A e
  ⊊ 45 – **28 ch** 290/420.

  🏨 **Geiswiller,** 17 r. Côte 🖉 03 88 91 18 51, Fax 03 88 71 15 36 – 💆 📺 ☎ 📞 🚗 🅿. 🖭 ⓪ GB
  JCB. ⅏ rest   A a
  Repas *(fermé 21 juil. au 10 août et 24 déc. au 5 janv.)* 95/300 🍷, enf. 55 – ⊊ 48 – **36 ch**
  320/450 – ½ P 340/350.

Grand' Rue . . . . **AB**

Clés (R. des) . . . . **B** 3
Églises (R. des) . . . . **B** 8
Gare (R. de la) . . . . **A** 13

Bouxwiller (R. de) . . . . . . **B** 2
Côte (R. de la) . . . . **A** 5
Dettwiller (R. de) . . . . . . **B** 6
Foch (R. Mar.) . . . . **A** 12

Gaulle (Pl. Gén. de) . . . . . **B** 14
Joffre (R. Mar.) . . . . **B** 16
Pères (R. des) . . . . **B** 17
Poincaré (R.) . . . . **A** 20
Poste (R. de la) . . . . **B** 22
19-Novembre (R. du) . . . . **A** 23

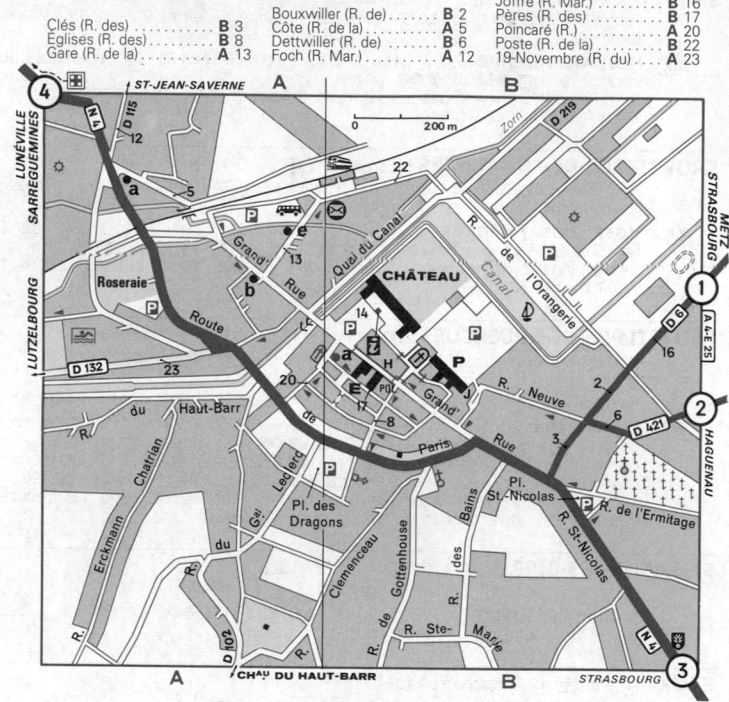

🏠 **Boeuf Noir,** 22 Gd'rue ✆ 03 88 91 10 53, Fax 03 88 71 02 26 – 📺 ☎ 🅿. ⊖ᴮ   A b
    fermé 1er au 15 juil., 18 au 27 fév., dim. soir et mardi – **Repas** 68 (déj.), 98/210 ⅃ – ⊐ 32 –
    13 ch 195/295 – ½ P 265/285.

✗ **Zum Staeffele,** 1 r. Poincaré ✆ 03 88 91 63 94 – 🄰🄴 ⊖ᴮ. ⁂   B a
    fermé 7 au 27 juil., 15 déc. au 5 janv., sam. midi, dim. soir et lundi – **Repas** 100 (déj.),
    185/260.

CITROEN Oblinger Autom., ZA r. du Kochersberg
par ② ✆ 03 88 71 53 80
FORD Saverne Autos, 40 rte de Paris
✆ 03 88 01 85 85
OPEL Gar. Diemer, 32 r. Ermitage ✆ 03 88 91 19 00
PEUGEOT Gar. Roser, N 4 à Otterswiller par ③
✆ 03 88 91 26 33
RENAULT Gar. Billiar, 116 r. St-Nicolas par ③
✆ 03 88 71 55 55 🅽 ✆ 03 88 57 72 25

RENAULT Gar. Adam, 4 N4 à Marmoutier
✆ 03 88 70 61 10

◉ Pneus et Services D.K., 26 r. Ermitage
✆ 03 88 91 18 22

SAVIGNEUX 42 Loire **73** ⑰ ,, **110** ④ – *rattaché à Montbrison.*

SAVIGNY-LÈS-BEAUNE 21 Côte-d'Or **69** ⑨ – *rattaché à Beaune.*

SAVIGNY-SUR-ORGE 91 Essonne **61** ①,, **101** ㊱ – *voir à Paris, Environs.*

SCEAUX 92 Hauts-de-Seine **60** ⑩,, **101** ㉕ – *voir à Paris, Environs.*

SCEAUX-SUR-HUISNE 72160 Sarthe **60** ⑭ ⑮ – 472 h alt. 93.

    Paris 174 – Le Mans 33 – La Ferté-Bernard 12 – Nogent-le-Rotrou 33 – St-Calais 35 –
    Vibraye 16.

✗✗ **Aub. Panier Fleuri,** N 23 ✆ 02 43 93 40 08, Fax 02 43 93 43 86 – ⊖ᴮ
    fermé 15 au 28 fév., mardi soir et merc. – **Repas** 77/205 ⅃.

SCHIRMECK *67130 B.-Rhin* 62 ⑧ *G. Alsace Lorraine – 2 167 h alt. 315.*

Voir *Vallée de la Bruche★ N et S.*

🔒 *Syndicat d'Initiative Hôtel de Ville* ℘ *03 88 49 63 80, Fax 03 88 49 63 89.*

Paris 405 – Strasbourg 51 – Nancy 100 – St-Dié 39 – Saverne 45 – Sélestat 45.

XX **Le Sabayon**, 4 r. Gare à Labroque ℘ 03 88 97 04 35, Fax 03 88 48 44 85, 斎 – 🗐. ⓞ **GB**
JCB

fermé 16 août au 1er sept., 17 au 24 fév., merc. soir et lundi – **Repas** 120 bc/155 et dim. à la carte 🍴, enf. 60.

à Barembach *Nord-Est : 1,5 km – 872 h. alt. 348 – ⊠ 67130 :*

🏠 **Château de Barembach**, 5 r. Mar. de Lattre de Tassigny ℘ 03 88 97 97 50, Fax 03 88 47 17 19, 斎, 🐾 – 🗐 ☎ ✔ 🄿. 🛁 25. 🖭 ⓞ **GB**. 🎸 rest
Repas 145 (déj.), 178/398 – 🖵 55 – **15 ch** 385/895 – ½ P 410/685.

aux Quelles *Sud-Ouest : 7,5 km par N 420, D 261 et rte forestière – ⊠ 67130 Schirmeck :*

🏠 **Neuhauser** 🐾, ℘ 03 88 97 06 81, Fax 03 88 97 14 29, ≤, 🟥, 🐾 – 🗐 rest 🖭 ☎ 🄿. 🖭 ⓞ
GB. 🎸 rest
Repas 100/300 🍴 – 🖵 45 – **14 ch** 300/320, 3 chalets – ½ P 320/340.

CITROEN Gar. Béraud, à la Broque ℘ 03 88 97 05 43

La SCHLUCHT (Col de) *88 Vosges* 62 ⑱ *G. Alsace Lorraine – alt. 1139 – Sports d'hiver : 1 150/ 1 280 m ≰2 🎿.*

Voir *Route des Crêtes★★★ N et S – Le Hohneck ☀★★★ S : 5 km.*

Paris 444 – Colmar 37 – Épinal 59 – Gérardmer 15 – Guebwiller 46 – St-Dié 37 – Thann 44.

🏠 **Collet**, au Collet : 2 km sur rte Gérardmer ⊠ 88400 Gérardmer, ℘ 03 29 60 09 57, Fax 03 29 60 08 77, ≤, 斎 – 🖭 ☎ 🄿. 🖭 ⓞ **GB**
fermé 12 nov. au 20 déc. – **Repas** *(fermé merc. sauf vacances scolaires)* 88 (déj.), 118/ 158 🍴, enf. 50 – 🖵 50 – **21 ch** 390 – ½ P 340/380.

SCHWEIGHOUSE-SUR-MODER *67 B.-Rhin* 57 ⑲ *– rattaché à Haguenau.*

SCIEZ (port de) *74 H.-Savoie* 70 ⑰ *– rattaché à Thonon-les-Bains.*

SEBOURG *59 Nord* 53 ⑤ *– rattaché à Valenciennes.*

Le SECHIER *05 H.-Alpes* 77 ⑯ *– rattaché à St-Firmin.*

SECLIN *59113 Nord* 51 ⑯, 111 ㉒ *G. Flandres Artois Picardie – 12 281 h alt. 30.*

Voir *Cour★ de l'hôpital.*

🔒 *Syndicat d'Initiative 9 bd Hentgès* ℘ 03 20 90 00 02.

Paris 212 – Lille 17 – Lens 26 – Tournai 31 – Valenciennes 47.

🏠 **Campanile**, Z.A.C. de l'Epinette (sortie 19 - A1) ℘ 03 20 96 74 63, Fax 03 20 96 74 60 – ⚡=
🖭 ☎ ✔ 🕭 🄿 – 🛁 25. 🖭 **GB**
Repas 84 bc/107 bc, enf. 39 – 🖵 32 – **49 ch** 278.

XX **Aub. du Forgeron** avec ch, 17 r. Roger Bouvry ℘ 03 20 90 09 52, Fax 03 20 32 70 87 –
🖭 ☎ ✔ 🄿. 🖭 **GB**
fermé 5 au 21 août et 24 déc. au 1er janv. – **Repas** *(fermé dim.)* 125/285 – 🖵 45 – **18 ch** 200/420 – ½ P 260/380.

RENAULT Gar. Wacrenier, 15 rte de Lille   ⊚ Euromaster, ZI ℘ 03 20 90 65 54
℘ 03 20 62 94 14 🅽 ℘ 06 07 55 70 43

SEDAN ⬙ *08200 Ardennes* 53 ⑲ *G. Champagne – 21 667 h alt. 154.*

Voir *Château fort★ BY.*

🔒 *Office de Tourisme parking du Château* ℘ 03 24 27 73 73, Fax 03 24 29 03 28.

Paris 249 ② – Charleville-Mézières 25 ② – Châlons-en-Champagne 119 ② – Liège 168 ① – Luxembourg 106 ① – Metz 146 ① – Namur 116 ① – Reims 103 ② – Thionville 133 ① – Verdun 81 ①.

Plan page suivante

🏠 **Europe**, 2 pl. Gare ℘ 03 24 27 18 71, Fax 03 24 29 32 00 – 📳 🖭 ☎ 🄿. **GB**   AZ **e**
Repas 74/139, enf. 40 – 🖵 30 – **25 ch** 190/230 – ½ P 200.

XXX **Au Bon Vieux Temps**, 3 pl. Halle ℘ 03 24 29 03 70, Fax 03 24 29 20 27 – 🗐. 🖭 ⓞ
GB   BYZ **r**
fermé vacances de fév., dim. soir et lundi sauf fériés – **Repas** 125/300 et carte 270 à 400.

1249

SEDAN

Armes (Pl. d')	**BY** 3	Calonne (Pl.)	**BY** 5
Carnot (R.)	**BY** 6	Crussy (Pl.)	**BY** 8
Gambetta (R.)	**BY** 12	Fleuranges (R. de)	**AY** 10
Halle (Pl. de la)	**BY** 15	Goulden (Pl.)	**BY** 14
Leclerc (Av. du Mar.)	**BY** 24	Horloge (R. de l')	**BY** 17
Ménil (R. du)	**BY**	Jardin (Bd du Gd)	**BY** 18
		La Rochefoucauld	
		(R. de)	**BY** 20
Alsace-Lorraine (Pl. d')	**BZ** 2	Lattre-de-Tassigny	
Blanpain (R.)	**BY** 4	(Bd Mar.-de)	**AZ** 21
		Margueritte (Av. du G.)	**ABY** 26

Martyrs-de-la-
Résistance (Av. des) . **AY** 27
Nassau (Pl.) . . . . **BZ** 31
Promenoir-des-Prêtres . **BY** 33
Rivage (R. du) . . . . **BY** 34
Rochette (Bd de la) . . . . **BY** 35
Rovigo (R.) . . . . **BY** 36
Strasbourg (R. de) . . . . **BZ** 39
Turenne (Pl.) . . . . **BY** 41
Vesseron-Lejay (R.) . . . . **AY** 42
Wuidet-Bizot (R.) . . . . . . **BZ** 44

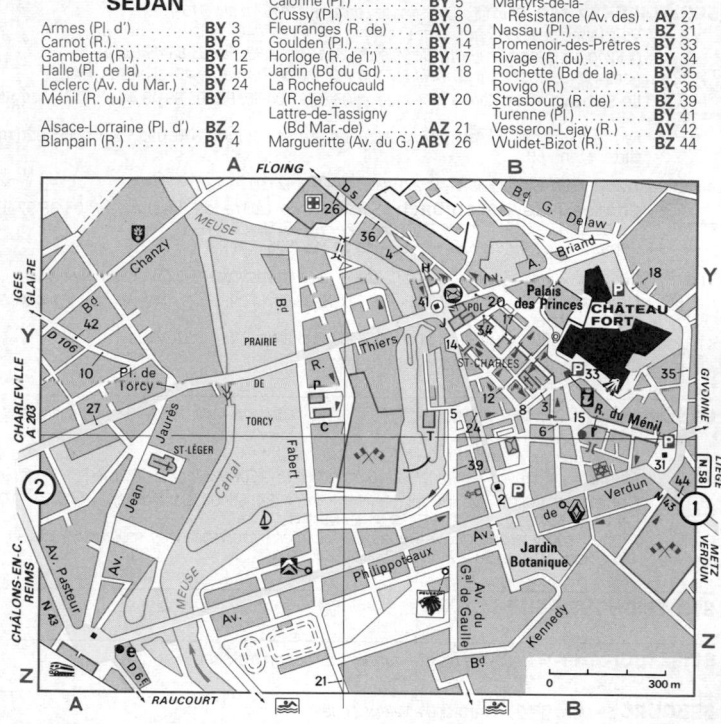

à Bazeilles *par* ① *: 3 km – 1 599 h. alt. 161 –* ✉ *08140 :*

🏛 **Château de Bazeilles** Ⓜ 🕭 sans rest, ℘ 03 24 27 09 68, Fax 03 24 27 64 20, parc – 📺
🕿 📞 🕭 🅿 🆎 GB
⬚ 48 – **20 ch** 375/425.

🏨 **Aub. du Port** 🕭, Sud : 1 km par rte Remilly-Aillicourt ℘ 03 24 27 13 89,
Fax 03 24 24 29 35 58, ☞, « Jardin en bord de Meuse » – 📺 🕿 🅿 – 🔬 25. 🆎 ⓞ GB. ⚘ ch
fermé 16 août au 1ᵉʳ sept., 20 déc. au 15 janv., vend. soir hors sais., sam. midi et dim. soir –
Repas 138/235, enf. 50 – ⬚ 40 – **20 ch** 260/295 – ½ P 275.

XXX **L'Orangerie,** ℘ 03 24 27 52 11, Fax 03 24 27 64 20 – 🅿. GB
fermé sam. midi, dim. soir et lundi – **Repas** 150/350 et carte 230 à 350, enf. 90.

à Frénois *par* ② *et D 67 : 3,5 km –* ✉ *08200 Sedan :*

🏨 **Campanile,** ℘ 03 24 29 45 45, Fax 03 24 27 64 52, ☞ – ⚘ 📺 🕿 📞 🕭 🅿 – 🔬 25. 🆎 ⓞ
GB
Repas 84 bc/107 bc, enf. 39 – ⬚ 32 – **49 ch** 278.

CITROEN Succursale, 40 av. Philippoteaux
℘ 03 24 29 78 58
OPEL Gar. St-Christophe, 1 av. Philippoteaux
℘ 03 24 27 17 89
PEUGEOT S.I.S.A., 6 av. Gén.-de-Gaulle
℘ 03 24 27 13 25 Ⓝ ℘ 08 00 44 24 24
RENAULT Ardennes Autos, 19 av. de Verdun
℘ 03 24 27 78 78 Ⓝ ℘ 08 00 05 15 15

VAG Gar. Poncelet, 2 pl. de Torcy
℘ 03 24 27 01 01 Ⓝ ℘ 03 26 53 86 05

🖉 Legros Point S, 45 av. Ch.-de-Gaulle à Balan
℘ 03 24 27 44 22

SÉES 61500 Orne 🗺 ③ *G. Normandie Cotentin* (plan) – *4 547 h alt. 186.*
Voir *Cathédrale Notre-Dame*★ *: chœur et transept*★★ – *Forêt d'Ecouves*★★ *SO : 5 km.*
🗓 Office de Tourisme pl. Gén.-de-Gaulle ℘ 02 33 28 74 79, Fax 02 33 28 18 13.
Paris 187 – Alençon 22 – L'Aigle 42 – Argentan 24 – Domfront 66 – Mortagne-au-Perche 33.

🏠 **The Garden H.** ॐ sans rest, 12 r. Ardrilliers ℰ 02 33 27 98 27, Fax 02 33 28 90 07, ☞ –
🛗 📺 ☎ 🅿. 🆎 ① 🅶🅱
⌑ 25 – **24 ch** 120/250.

%% **Dauphin** avec ch, 31 pl. Halles ℰ 02 33 27 80 07, Fax 02 33 28 80 33 – 📺 ☎. 🆎 ① 🅶🅱
%% *fermé 17 au 24 nov., 1ᵉʳ au 16 fév., dim. soir et lundi d'oct. à juin* – **Repas** 110/330, enf. 80 –
⌑ 58 – **7 ch** 300/560 – ½ P 320/350.

%% **Cheval Blanc** avec ch, 1 pl. St-Pierre ℰ 02 33 27 80 48, Fax 02 33 28 58 05 – 📺 ☎ ✆
⊜ ⇦, 🅶🅱, 🞕
fermé 7 au 30 nov., 15 au 28 fév., jeudi soir et vend. – **Repas** 69/250 ♟, enf. 38 – ⌑ 28 –
9 ch 175/250 – ½ P 165/200.

à Macé : *5,5 km par rte d'Argentan et D 303 – 464 h. alt. 173 – ⬚ 61500 .*
Voir *Château d'O★ NO : 5 km.*

🏨 **Ile de Sées** ॐ, ℰ 02 33 27 98 65, Fax 02 33 28 41 22, 🉐, parc, %% – 📺 ☎ ✆ 🅿. – 🏖 30.
🅶🅱, 🞕
fermé 15 janv. au 15 mars, dim. soir et lundi – **Repas** 78 bc (déj.), 98/175 ♟, enf. 55 – ⌑ 38 –
16 ch 290/310 – ½ P 320.

CITROEN Gar. Hugeron, 60 r. République
ℰ 02 33 27 80 13
PEUGEOT Gar. Portilla, ZI la Croix Ragaine
ℰ 02 33 27 93 76 🅽 ℰ 02 33 27 93 76

RENAULT Gar. Herouin, rte de Mortagne
ℰ 02 33 27 84 10 🅽 ℰ 02 33 27 94 30

🅾 Fournier pneus, r. du 8 mai ℰ 02 33 27 83 30

SEGOS *32 Gers* 82 ② *– rattaché à Aire-sur-l'Adour.*

SEGRÉ ⬙ *49500 M.-et-L.* 63 ⑨ *G. Châteaux de la Loire – 6 434 h alt. 40.*
Voir *Château de la Lorie★ SE : 2 km.*
🄱 *Office de Tourisme 3 r. Capitaine Hautecloque ℰ 02 41 92 86 83 et Mairie 02 41 92 17 83.*
Paris 308 – Angers 41 – Ancenis 46 – Châteaubriant 41 – Laval 50 – Rennes 88 – Vitré 60.

%% **La Corvette**, 37 quai de Lauingen ℰ 02 41 61 06 94 – 🆎 ① 🅶🅱
⊜ *fermé 17 fév. au 17 mars, dim. soir et lundi sauf fêtes* – **Repas** 80/130 ♟, enf. 50.

CITROEN Gar. Bellanger, 34 r. Lamartine
ℰ 02 41 92 23 11

PEUGEOT Gar. Chesneau, à Ste-Gemme
d'Andigne ℰ 02 41 92 22 52

SÉGURET *84 Vaucluse* 81 ② *– rattaché à Vaison-la-Romaine.*

SÉGUR-LES-VILLAS *15300 Cantal* 76 ③ *– 318 h alt. 1045.*
Paris 527 – Aurillac 67 – Allanche 12 – Condat 19 – Mauriac 56 – Murat 19 – St-Flour 43.

🏠 **Santoire**, à La Carrière du Monteil de Ségur, Sud : 4 km sur D 3 ℰ 04 71 20 70 68,
⊜ Fax 04 71 20 73 44, ≼, 🔲, %% – cuisinette 📺 ☎ 🅿. 🅶🅱
fermé 15 nov. au 27 déc. – **Repas** 75/150 ♟, enf. 45 – ⌑ 32 – **28 ch** 250.

SEICHES-SUR-LE-LOIR *49140 M.-et-L.* 64 ① *– 2 248 h alt. 22.*
Paris 274 – Angers 20 – Château-Gontier 42 – Château-la-Vallière 53 – La Flèche 28 –
Saumur 48.

à Matheflon *Nord : 2 km par rte secondaire – ⬚ 49140 Seiches-sur-le-Loir :*

🏠 **Host. St-Jacques,** ℰ 02 41 76 20 30, Fax 02 41 76 61 51, 🉐 – 📺 ☎ 🅿. 🆎 🅶🅱
⊜ *fermé Noël au Jour de l'An, vacances de fév., dim. soir et lundi de nov. à mars* – **Repas**
69/190 ♟, enf. 40 – ⌑ 28 – **7 ch** 215/240 – ½ P 205/235.

SEIGNELAY *89250 Yonne* 65 ⑤ *G. Bourgogne – 1 538 h alt. 120.*
Paris 168 – Auxerre 17 – Chablis 28 – Joigny 21 – Nogent-sur-Seine 77 – St-Florentin 20 –
Tonnerre 45.

♨ **Commerce,** ℰ 03 86 47 71 21 – 🅿. 🅶🅱
⊜ *fermé août, dim. et fêtes (sauf hôtel) et lundi* – **Repas** 55/90 ♟ – ⌑ 20 – **7 ch** 85/140.

SEIGNOSSE *40510 Landes* 78 ⑰ *– 1 630 h alt. 15.*
Paris 748 – Biarritz 35 – Mont-de-Marsan 82 – Dax 30 – Soustons 13.

au Golf *Ouest : 4 km par D 86 – ⬚ 40510 Seignosse :*

🏨 **Golf H.** Ⓜ ॐ, ℰ 05 58 41 68 40, Fax 05 58 41 68 41, 🉐, « Golf en lisière de forêt », 🔲 –
🛗 ▤ rest 📺 ☎ ৬ 🅿. – 🏖 30. 🆎 🅶🅱
fermé 3 janv. au 12 mars – **Repas** (dîner seul.) 160/250, enf. 60 – ⌑ 50 – **45 ch** 465/660 –
½ P 505.

SEILH *31 H.-Gar.* 82 ⑦ *– rattaché à Toulouse.*

SEILHAC *19700 Corrèze* 75 ⑨ *– 1 540 h alt. 500.*

Paris 466 – Brive-la-Gaillarde 31 – Aubusson 99 – Limoges 74 – Tulle 14 – Uzerche 15.

Relais des Monédières, rte de Tulle : 1 km ✆ 05 55 27 04 74, Fax 05 55 27 90 03, parc, – TV ☎ P. AE GB.
fermé 15 déc. au 22 janv. – **Repas** 70/180, enf. 60 – 38 – **17 ch** 215/280 – ½ P 210/235.

à St-Salvadour *Nord-Est : 8 km par D 940, D 44 et D 173E – 292 h. alt. 460 – ✉ 19700 :*

Ferme du Léondou, ✆ 05 55 21 60 04, Fax 05 55 21 60 04 – P. AE GB
fermé 9 fév. au 10 mars et merc. sauf le midi en juil.-août – **Repas** 60/230.

SÉLESTAT *67600 B.-Rhin* 62 ⑲ *G. Alsace Lorraine – 15 538 h alt. 170.*

Voir *Vieille ville★ : église Ste-Foy★* **BY**, *église St-Georges★* **BY**, *Bibliothèque humaniste★* **BY M** – *Volerie des Aigles : démonstrations de dressage★ au château de Kintzheim : 5 km par ④ puis 30 mn – Vallée de la Liepvrette★.*

Env. *Ebermunster : intérieur★★ de l'église abbatiale★, 9 km par ①.*

Office de Tourisme Commanderie St-Jean, bd Gén.-Leclerc ✆ 03 88 92 02 66, Fax 03 88 92 88 63.

Paris 435 ① – Colmar 23 ③ – Gérardmer 66 ③ – St-Dié 44 ⑤ – Strasbourg 49 ①.

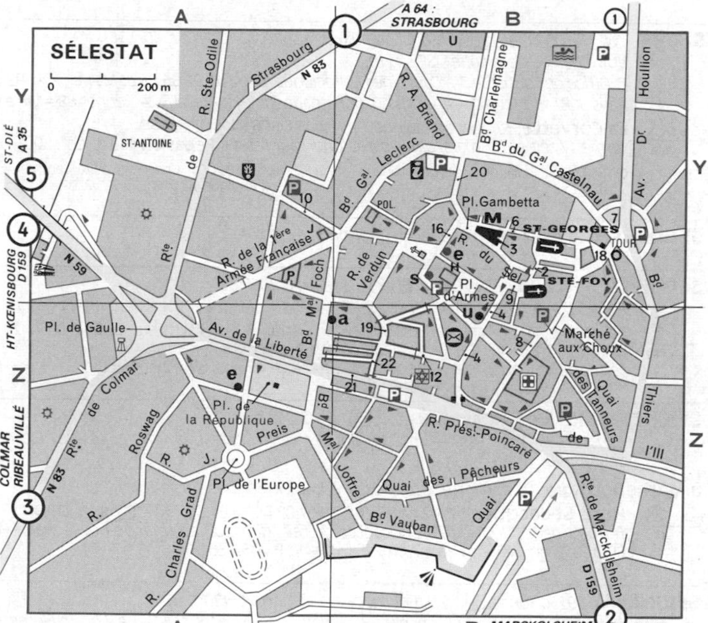

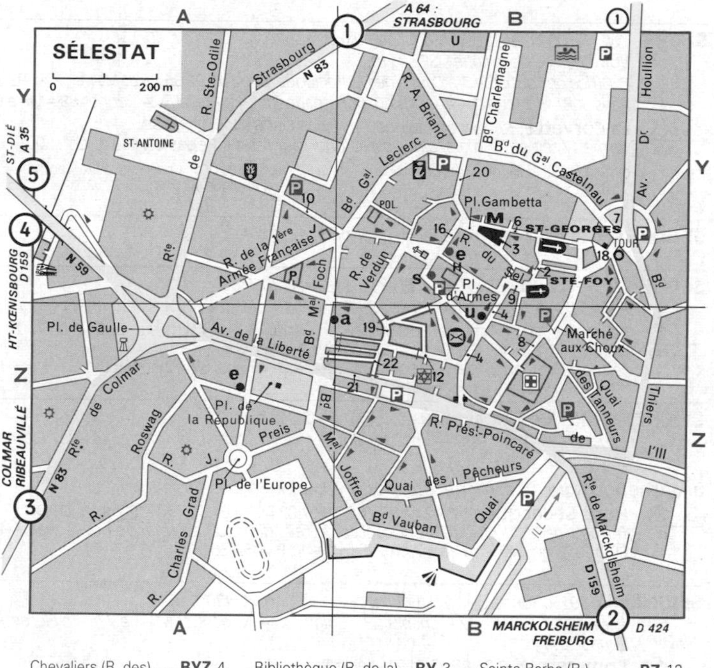

Chevaliers (R. des) ... **BYZ** 4	Bibliothèque (R. de la) .. **BY** 3	Sainte-Barbe (R.) ...... **BZ** 12
Hôpital (R. de l') .... **BZ** 8	Église (R. de l') .... **BY** 6	Serruriers (R. des) ..... **BY** 16
Prés.-Poincaré (R. du) .. **BZ**	Lattre-de-Tassigny (Pl. du Mal-de) ...... **BY** 7	Strasbourg (Pl. Pte-de) . **BY** 18
4e-Zouaves (R. du) ..... **BZ** 21	Marché-Vert (R. du) .... **BY** 9	Victoire (Pl. de la) ...... **BZ** 19
Babil (R. du) .... **BY** 2	Paix (R. de la) .... **AY** 10	Vieux Marché aux Vins . **BY** 20
		17-Novembre (R. du) .. **BZ** 22

Host. de l'Abbaye la Pommeraie M, 8 av. Mar. Foch ✆ 03 88 92 07 84, Fax 03 88 92 08 71, « Belle décoration intérieure », – TV ☎. AE GB JCB **ABZ a**
fermé dim. soir – **Repas** 290 bc/450 bc - ***S'Apfelstuebel :*** **Repas** carte eniron 180 – 90 – **12 ch** 700/1500 – ½ P 690/1090.

🏠 **Aub. des Alliés** Ⓜ, 39 r. Chevaliers ℰ 03 88 92 09 34, Fax 03 88 92 12 88 – 🗖 rest 📺 ☎
🛎 – 🏖 40. ⊞   BZ u
Repas *(fermé dim. soir et lundi)* 110/165 – ☲ 55 – **18 ch** 250/360 – ½ P 300/330.

🏠 **Vaillant**, pl. République ℰ 03 88 92 09 46, Fax 03 88 82 95 01, ℹ₆ – 🛗 📺 ☎ – 🏖 30. ⊞.
🍴 rest   AZ e
Repas *(fermé sam. midi et dim. soir hors sais. et fêtes)* 88/225 ⅊ – ☲ 50 – **47 ch** 280/380 –
½ P 250/315.

XXX **Jean-Frédéric Edel**, 7 r. Serruriers ℰ 03 88 92 86 55, Fax 03 88 92 87 26, ☼ – ⊞ ⓞ
⊞   BY e
🅐 *fermé 22 juil. au 14 août, vacances de fév., dim. soir, mardi soir et merc.* – Repas 160/400 et
carte 320 à 410
Spéc. Foie gras "aux deux façons". Poitrine de veau à la bière. Pêche pochée glace au pain
d'épices. **Vins** Tokay-Pinot gris, Pinot noir.

XX **Vieille Tour**, 8 r. Jauge ℰ 03 88 92 15 02, Fax 03 88 92 19 42 – ⊞   BY s
fermé 26 janv. au 11 fév. et lundi – Repas 90/270 ⅊.

à Baldenheim *Est : 8,5 km par* ①, *D 21 et D 209* – *875 h. alt. 170* – ⊠ *67600 :*

XXX **La Couronne**, r. Sélestat ℰ 03 88 85 32 22, Fax 03 88 85 36 27 – ⊞ ⊞
🅐 *fermé 22 juil. au 5 août, 5 au 12 janv., dim. soir et lundi* – Repas 178/410 et carte 310
à 400 ⅊
Spéc. Bouquet de cuisses de grenouilles et schniderspätle aux herbes. Tartelette fine de
sandre au gewürztraminer. Noisettes de chevreuil aux airelles (juin à janv.). **Vins** Tokay-Pinot
gris, Pinot noir.

CITROEN Gar. Ménétré, 89 rte de Strasbourg par ①
ℰ 03 88 92 08 42
CITROEN Gar. Alsauto, ZI Nord Paradis, r. Grenchen
par ① ℰ 03 88 92 97 02 🅽 ℰ 03 88 82 30 82
FIAT Gar. Ligner, 24 rte de Sélestat à Châtenois
ℰ 03 88 85 09 85
FORD Gar. Keller, 1 r. Waldkirch, ZI Nord
ℰ 03 88 92 22 68
MAZDA, BMW Gar. Walter, 43 rte de Ste-Marie-
aux-Mines à Châtenois ℰ 03 88 82 07 22
PEUGEOT Maison Rouge Autom., Rd-Pt Maison
Rouge par ① ℰ 03 88 58 80 58 🅽
ℰ 03 88 26 56 47

RENAULT Centre Alsace Autom., ZI Nord, r.
Westrich par ① ℰ 03 88 58 01 01 🅽
ℰ 08 00 05 15 15
VAG Gar. Michel, 2 r. Grenchen ZI Nord
ℰ 03 88 57 44 44

🛞 Kautzmann, 28 rte de Colmar
ℰ 03 88 92 38 00
Pneus et Services D.K., 95 rte de Colmar
ℰ 03 88 92 14 95

SELLES-SUR-CHER *41130 L.-et-Ch.* 🔢 ⑱ *G. Châteaux de la Loire* – *4 751 h alt. 88.*
🄱 *Office de Tourisme, pl. Ch.-de-Gaulle (juil.-août)* ℰ *02 54 97 67 26 et à la Mairie (hors
saison)* ℰ *02 54 97 40 19.*
Paris 223 – *Blois 43* – *Orléans 102* – *Romorantin-Lanthenay 21* – *St-Aignan 17* – *Valençay 15.*

X **Lion d'Or** avec ch, 14 pl. Paix ℰ 02 54 97 40 83, Fax 02 54 97 72 36, ☼ – 📺 ☎ 🅿 ⊞ ⊞
🐌 *fermé dim. soir et lundi d'oct. à mai* – Repas 85/228 – ☲ 35 – **10 ch** 213/268 – ½ P 224/
249.

SÉLONCOURT *25 Doubs* 🔢 ⑱ – *rattaché à Audincourt.*

SELONNET *04 Alpes-de-H.-P.* 🔢 ⑦ – *rattaché à Seyne.*

SELTZ *67470 B.-Rhin* 🔢 ③ – *2 584 h alt. 115.*
Paris 508 – *Strasbourg 52* – *Haguenau 29* – *Karlsruhe 37* – *Wissembourg 28.*

XX **Aub. de la Forêt**, rte Benheim (D 468) ℰ 03 88 86 50 45, Fax 03 88 86 17 16 – 🅿. ⊞
fermé 8 au 21 juil., 22 déc. au 15 janv., sam. midi et lundi – Repas 150/350 ⅊ - **Winstub :**
Repas 50(déj.) et carte environ 160, ⅊.

SEMBADEL *43 H.-Loire* 🔢 ⑥ – *rattaché à La Chaise-Dieu.*

SEMBLANÇAY *37360 I.-et-L.* 🔢 ⑭ – *1 489 h alt. 100.*
Paris 248 – *Tours 16* – *Angers 97* – *Blois 76* – *Le Mans 71.*

XXX **Mère Hamard** avec ch, pl. Eglise ℰ 02 47 56 62 04, Fax 02 47 56 53 61 – 📺 ☎ 🅿. ⊞
🐌 *fermé vacances de Toussaint, de fév., dim. soir et lundi sauf hôtel du 15 mai au 30 sept.* –
Repas 99/265, enf. 60 – ☲ 49 – **9 ch** 210/265 – ½ P 275/285.

SEMÈNE *43 H.-Loire* 🔢 ⑧ – *rattaché à Aurec-sur-Loire.*

SEMNOZ (Montagne du) 74 H.-Savoie **74** ⑥ ⑯ *G. Alpes du Nord* – ⊠ 74000 Annecy.

Voir *Crêt de Châtillon* ☀****** (accès par D 41 : d'Annecy 20 km ou du col de Leschaux 14 km, puis 15 mn).

Paris 553 – Annecy 16 – Aix-les-Bains 41 – Albertville 59 – Chambéry 58.

sur D 41 – ⊠ 74000 Annecy :

Rochers Blancs ⬚, près du sommet, alt. 1 650 ⏱ 04 50 01 23 60, Fax 04 50 01 40 68, ≤, 🏦 – 🕿 🅿 GB

hôtel : fermé 1ᵉʳ oct. au 30 nov. – **Repas** *(fermé le soir en oct. et nov.)* 70/145 ⬚, enf. 48 – ⊡ 35 – **23 ch** 220/320 – ½ P 250/290.

Semnoz Alpes ⬚, au sommet, alt. 1 704 ⏱ 04 50 01 23 17, Fax 04 50 64 53 05, ≤ Mont-Blanc, 🏦 – 🕿 🅿 GB, ✗ rest

18 mai-30 sept. et 20 déc.-vacances de printemps – **Repas** 75/150, enf. 40 – ⊡ 38 – **15 ch** 170/270 – ½ P 220/280.

SEMUR-EN-AUXOIS 21140 Côte-d'Or **65** ⑰ ⑱ *G. Bourgogne* – 4 545 h alt. 286.

Voir *Site★ – Église N.-Dame★ – Pont Joly ≤★.*

🛈 *Office de Tourisme 2 pl. Gaveau ⏱ 03 80 97 05 96, Fax 03 80 97 08 85.*

Paris 246 ③ – Dijon 81 ③ – Auxerre 86 ③ – Avallon 41 ③ – Beaune 82 ③ – Montbard 20 ①.

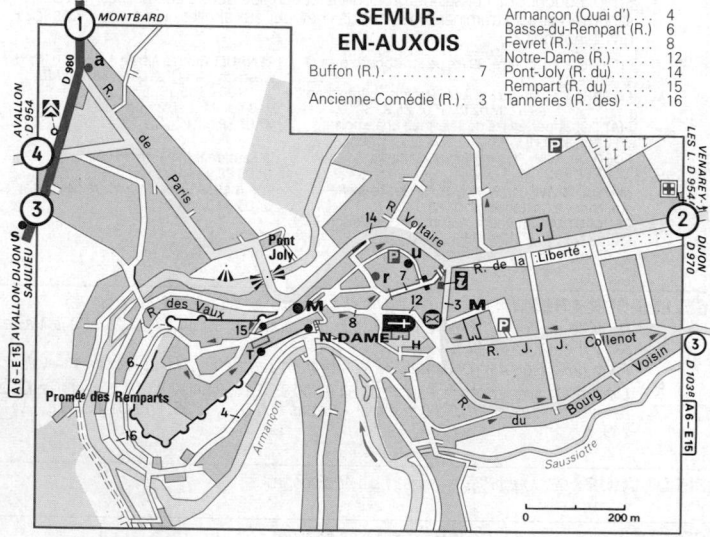

SEMUR-EN-AUXOIS

Buffon (R.)	7
Ancienne-Comédie (R.)	3
Armançon (Quai d')	4
Basse-du-Rempart (R.)	6
Fevret (R.)	8
Notre-Dame (R.)	12
Pont-Joly (R. du)	14
Rempart (R. du)	15
Tanneries (R. des)	16

Host. d'Aussois Ⓜ ⬚, rte Saulieu (s) ⏱ 03 80 97 28 28, Fax 03 80 97 34 56, ≤, 🏦, ⒧, ✑ – ▤ rest 📺 🕿 🕭 🅿 – 🔔 25 à 50. 🕮 GB

fermé 1ᵉʳ au 15 fév. – **Repas** 95/220 ⬚, enf. 45 – ⊡ 35 – **43 ch** 370 – ½ P 310.

Cymaises ⬚ sans rest, 7 r. Renaudot (u) ⏱ 03 80 97 21 44, Fax 03 80 97 18 23, ☞ – 🕿 🕭 🅿 GB

fermé 25 oct. au 10 nov. et 2 au 16 fév. – ⊡ 35 – **18 ch** 250/320.

Gourmets, 4 r. Varenne (r) ⏱ 03 80 97 09 41, Fax 03 80 97 17 95, 🏦 – 🕮 GB

fermé 2 au 10 juin, mi-nov. au 31 déc., lundi soir et mardi – **Repas** 100/200 ⬚, enf. 58.

Quinconces, 58 r. Paris (a) ⏱ 03 80 97 02 00, Fax 03 80 97 03 02, 🏦 – 🅿 GB

fermé 20 au 31 août, 24 déc. au 10 janv., dim. soir et sam. – **Repas** 65 (déj.), 78/148 ⬚, enf. 50.

au lac de Pont Est : 3 km par D 103ᴮ – ⊠ 21140 Semur-en-Auxois :

Lac ⬚, ⏱ 03 80 97 11 11, Fax 03 80 97 29 25 – 📺 🕿 🅿 ⓞ GB ᴊᴄʙ

fermé 15 déc. au 13 janv., dim. soir et lundi du 15 oct. au 15 avril – **Repas** 90/230 ⬚, enf. 55 – ⊡ 36 – **21 ch** 245/330 – ½ P 300/340.

CITROEN Gar. Martin, ⏱ 03 80 97 07 89
FORD Gar. Delaveau, rte de Dijon ⏱ 03 80 97 02 61
🈁 ⏱ 03 80 97 02 61

RENAULT Sté Commerciale Autom., rte de Lac de Pont ⏱ 03 80 96 66 00
Gar. Pignon, ⏱ 03 80 97 07 18

SÉNAILLAC-LATRONQUIÈRE 46210 Lot 🔟🔟 ⑳ – 169 h alt. 557.

Paris 554 – Aurillac 50 – Cahors 90 – Figeac 32 – Lacapelle-Marival 26 – St-Céré 25 – Sousceyrac 8.

XX **Le Grandgousier**, ℰ 05 65 40 23 05
fermé 1ᵉʳ janv. au 14 fév., mardi midi sauf juil.-août et lundi – **Repas** 110/215, enf. 60.

SENLIS ⟨SP⟩ 60300 Oise 🔟🔟 ⑪ ⑫, 🔟🔟🔟 ⑧ ⑨ G. Ile de France – 14 439 h alt. 76.

Voir Cathédrale N.-Dame★★ BY – Vieilles rues★ ABY – Place du Parvis★ BY – Église St-Frambourg★ BY B – Jardin du Roy ≼★ AY – Forêt d'Halatte★ 5 km par la rue du Moulin Rieul BY – Butte d'Aumont ⁂★ 4,5 km par la rue du Moulin Rieul BY puis 30 mn.

Env. Parc Astérix★★ S : 12 km par autoroute A1.

🏌️ de Morfontaine (privé) ℰ 03 44 54 68 27, par ④ : 10 km.

🛈 Office de Tourisme pl. Parvis-Notre-Dame ℰ 03 44 53 06 40, Fax 03 44 53 29 80.

Paris 52 ③ – Compiègne 34 ③ – Amiens 103 ③ – Beauvais 52 ⑥ – Mantes-la-Jolie 101 ⑤ – Meaux 37 ③ – Soissons 62 ③.

SENLIS

Halle (Pl. de la) . . . . **BY** 12	Heaume (R. du) . . . . **AZ** 13	Poterne (R. de la) . . . . **BZ** 29
	Leclerc (Av. Gén.) . . . . **BY** 15	Poulaillerie (R. de la) . . . . . **AY** 31
Apport-au-Pain (R.) . . . . . **AY** 2	Montagne St-Aignan	St-Vincent (Rempart) . . . . . **BZ** 36
Boutteville (Cours) . . . . . **BY** 5	(R. de la) . . . . **AY** 17	St-Yves-à-l'Argent (R.) . . . . **BZ** 38
Bretonnerie (R. de la) . . . . **AZ** 6	Montauban (Rempart du) . . **AY** 19	Ste-Geneviève (R.) . . . . **BZ** 40
Clemenceau (Av. G.) . . . . **BY** 7	Moulin St-Rieul (R. du) . . . . **AY** 21	Treille (R. de la) . . . . **AY** 42
Cordeliers (R. des) . . . . . **AZ** 9	Odent (R.) . . . . **BY** 24	Vernois (Av. F.) . . . . **AY** 47
	Parvis (Pl. du) . . . . **BY** 26	Vignes (R. des) . . . . **BZ** 49
	Puits Tiphaine (R. du) . . . . . **AY** 27	Villevert (R. de) . . . . **BY** 52

XX **Vieille Auberge**, 8 r. Long Filet ℰ 03 44 60 95 50, 🍽 – 🅰🅴 ☖☗   **AY** a
fermé dim. soir – **Repas** 108/148.

XX **Aub. La Mitonnée**, 93 r. Moulin St-Tron, Nord : 1,5 km par r. Moulin Rieul ℰ 03 44 53 10 05, Fax 03 44 53 13 99 – 🅰🅴 ☖☗
fermé dim. soir et lundi – **Repas** 145/210.

par ③ *sur N 324 : 2 km –* ✉ *60300 Senlis :*

Ibis, ☎ 03 44 53 70 50, Fax 03 44 53 51 93 – ⇔ TV ☎ ♿ P – 🏛 100. AE ⓓ GB
Repas 95, enf. 39 – ☐ 35 – **92 ch** 295.

à Mont-L'Évêque *Sud-Est : 4 km par D 330 – 494 h. alt. 77 –* ✉ *60300 :*

XX **Poivre et Sel,** 26 r. Meaux ☎ 03 44 60 94 99 – AE GB
fermé 28 juil. au 11 août, 22 déc. au 7 janv., sam. midi, dim. soir et lundi – **Repas** 105/255, enf. 52.

CITROEN SO.FI.DAC., Angle av. E.-Audibert, F.-Louat par ③ ☎ 03 44 60 00 01 N ☎ 06 08 74 07 83

RENAULT S.A.C.L.I., 64 av. Gén.-de-Gaulle par ③ ☎ 03 44 53 97 00 N ☎ 06 07 55 29 20

SENLISSE *78720 Yvelines* 60 ⑨, 106 ㉙ *– 425 h alt. 103.*
Paris 46 – Chartres 55 – Lonjumeau 28 – Rambouillet 14 – Versailles 21.

XX **Aub. du Gros Marronnier** ⛱ avec ch, pl. Église ☎ 01 30 52 51 69, Fax 01 30 52 55 91, 🏠, 🌳 – ☎. AE GB
fermé 23 au 26 déc., 11 au 30 janv., dim. soir et lundi midi du 15 nov. au 28 fév. – **Repas** 120/275 – ☐ 40 – **15 ch** 350/385 – ½ P 325.

SENNECÉ-LÈS-MÂCON *71 S.-et-L.* 69 ⑲ *– rattaché à Mâcon.*

SENNECEY-LÈS-DIJON *21 Côte-d'Or* 66 ⑫ *– rattaché à Dijon.*

SENON *55230 Meuse* 57 ② *G. Alsace Lorraine – 205 h alt. 235.*
Paris 297 – Metz 59 – Longuyon 21 – Verdun 29.

XX **La Tourtière,** ☎ 03 29 85 98 30, Fax 03 29 85 95 43 – P. AE GB
fermé 26/08 au 09/09, 15 au 28 fév., lundi du 15/11 au 15/03, mardi sauf le midi du 15/03 au 15/11 et merc. – **Repas** 100/275 🍷, enf. 44.

SENONCHES *28250 E.-et-L.* 60 ⑥ *– 3 171 h alt. 223.*
Paris 117 – Chartres 37 – Dreux 38 – Mortagne-au-Perche 42 – Nogent-le-Rotrou 35.

XX **Forêt** avec ch, pl. Champ de Foire ☎ 02 37 37 78 50, Fax 02 37 37 74 98, 🏠 – TV ☎. AE ⓓ GB
fermé 13 au 20 nov., 15 fév. au 15 mars, vend. soir et sam. – **Repas** 75/250 🍷 – ☐ 35 – **13 ch** 200/350 – ½ P 280/360.

XX **Pomme de Pin** avec ch, r. M. Cauty ☎ 02 37 37 76 62, Fax 02 37 37 86 61, 🏠 – TV ☎ P. AE GB
fermé 10 au 27 oct., 25 déc. au 21 janv., dim. soir et lundi – **Repas** 88/270 🍷 – ☐ 35 – **10 ch** 280/380 – ½ P 250/270.

CITROEN Gar. Central, 39 r. Peuret ☎ 02 37 37 71 18

PEUGEOT Gar. Blondeau, 20 r. M.-Cauty ☎ 02 37 37 70 82

SENONES *88210 Vosges* 62 ⑦ *G. Alsace Lorraine – 3 157 h alt. 340.*
Env. *Route de Senones au col du Donon★ NE : 20 km.*
Paris 386 – Épinal 56 – Strasbourg 80 – Lunéville 49 – St-Dié 22.

XX **Au Bon Gîte** avec ch, ☎ 03 29 57 92 46, Fax 03 29 57 93 92 – TV ☎ ☏ P. AE GB
fermé 1er au 10 mars, 4 au 24 fév., dim. soir et soirs fériés – **Repas** 61 (déj.), 95/160 🍷 – ☐ 30 – **7 ch** 235/300 – ½ P 215/250.

SENS ⟨SP⟩ *89100 Yonne* 61 ⑭ *G. Bourgogne – 27 082 h alt. 70.*
Voir *Cathédrale St-Étienne★ – Trésor★★ – Musée et palais synodal★* **M.**
⛳9 *des Ursules ☎ 03 86 66 58 46, O : 16 km par D 26.*
ℹ *Office de Tourisme pl. J.-Jaurès ☎ 03 86 65 19 49.*
Paris 117 ⑤ – Fontainebleau 54 ⑤ – Auxerre 60 ③ – Châlons-en-Champagne 156 ① – Montargis 50 ④ – Troyes 73 ②.

Plan page ci-contre

Paris et Poste, 97 r. République (a) ☎ 03 86 65 17 43, Fax 03 86 64 48 45, 🏠 – |♦| ▤ rest TV ☎ 🚗 – 🏛 30. AE ⓓ GB JCB
Repas 160/240, enf. 80 – ☐ 50 – **21 ch** 370/560, 4 appart – ½ P 350.

Virginia M, par ② *rte de Troyes : 3 km* ☎ 03 86 64 66 66, Fax 03 86 65 75 11, 🏠 – ⇔ TV ☎ ♿ P – 🏛 50. AE ⓓ GB
fermé 23 déc. au 2 janv. et dim. soir de 1er sept. au 1er mai – **Repas** grill 85 (dîner), 98/135 🍷, enf. 50 – ☐ 30 – **100 ch** 210/260 – ½ P 210/220.

SENS

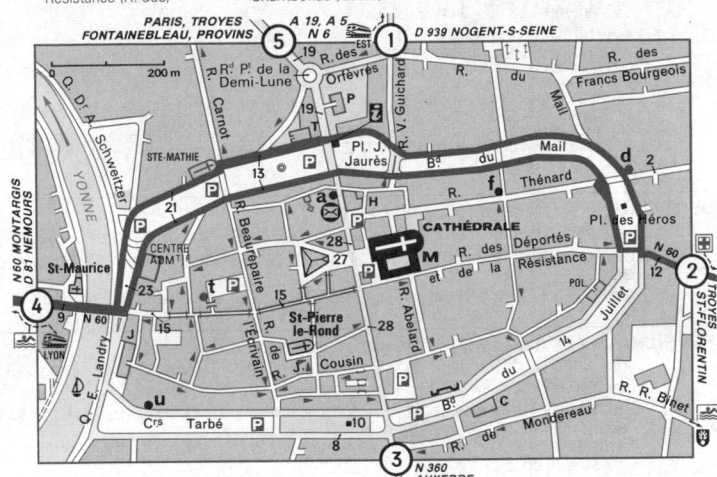

🏨 **Archotel**, 9 cours Tarbé (u) ℰ 03 86 64 26 99, Fax 03 86 64 46 29 – 📶 📺 ☎ ✆ 👶 🅿 –
🔼 25. 🆎 ⑩ 🆊
Repas *(fermé sam. et dim.)* 68/127 👶 – ☷ 36 – **44 ch** 256/330 – ½ P 220/245.

🏨 **Brennus** sans rest, 21 r. Trois Croissants (f) ℰ 03 86 64 04 40, Fax 03 86 65 44 10 – 📺 ☎
👶 🆊
fermé 1er au 10 janv. – ☷ 35 – **24 ch** 210/290.

✗✗✗ **La Madeleine**, 1 r. Alsace-Lorraine (d) ℰ 03 86 65 09 31, Fax 03 86 95 37 41 – 🍽. 🆎 ⑩
🆊 JCB
fermé dim. soir, lundi et soirs fériés – **Repas** 145/275 et carte 250 à 350.

✗✗ **La Potinière**, 51 r. Cécile de Marsangy par ④ ℰ 03 86 65 31 08, Fax 03 86 64 60 19, ≼,
🍴, « Belle terrasse au bord de l'Yonne », 🌲 – 🆎 🆊
fermé lundi soir et mardi – **Repas** (en saison, prévenir) 158/295.

✗✗ **Clos des Jacobins**, 49 Gde rue (t) ℰ 03 86 95 29 70, Fax 03 86 64 22 98 – 🍽. 🆎 🆊
fermé 23 déc. au 2 janv., mardi soir et merc. – **Repas** 95/280.

✗✗ **Aub. de la Vanne**, 176 av. de Senigallia par ③ ℰ 03 86 65 13 63, Fax 03 86 65 90 85, 🍴,
« Terrasse au bord de l'eau », 🌲 – 🅿. 🆎 🆊
fermé 15 au 30 nov., janv., dim. soir et mardi sauf juil.-août – **Repas** 85/168, enf. 60.

à Soucy par ① : 7 km – 1 316 h. alt. 90 – ⌧ 89100 :

✗✗ **Aub. du Regain** avec ch, ℰ 03 86 86 64 62, 🍴 – 🆊
fermé 25 août au 19 sept., 17 fév. au 3 mars, dim. soir (sauf hôtel) et lundi – **Repas** 98/245 –
☷ 25 – **5 ch** 130/200 – ½ P 160/200.

à Malay-le-Petit par ② : 8 km – 308 h. alt. 85 – ⌧ 89100 :

✗✗ **Aub. Rabelais** avec ch, ℰ 03 86 88 21 44, 🍴 – ☎ 🅿. 🆊
fermé 1er au 15 nov., 1er au 15 fév., merc. soir et jeudi sauf fêtes – **Repas** 99/250, enf. 45 –
☷ 35 – **6 ch** 175/260 – ½ P 190/240.

à Rosoy par ③ : 5,5 km – ⌧ 89100 :

✗✗ **Aub. de l'Hélix** avec ch, ℰ 03 86 97 92 10, Fax 03 86 97 19 00 – 📺 ☎ 🛏 🅿. 🆊
fermé 11 au 31 août, 16 au 28 fév., dim. soir et lundi – **Repas** 95/198 👶, enf. 50 – ☷ 29 –
10 ch 170/190 – ½ P 260.

à Subligny par ④ et N 60 : 7 km – 433 h. alt. 150 – ⌧ 89100 :

✗ Haie Fleurie, La Haie Pélerine, Sud-Ouest : 2 km ℰ 03 86 88 84 44, 🍴 – 🅿.

✗ **Relais de Subligny**, La Haie Pélerine, Sud-Ouest : 2 km ℰ 03 86 88 83 22,
Fax 03 86 88 83 22, 🍴, 🌲 – 🅿. 🆎 🆊
fermé 15 au 31 août, sam. soir, dim. soir et lundi – **Repas** 90/180 👶, enf. 62.

à Villeroy *par ④ et D 81 : 7 km – 242 h. alt. 184 – ✉ 89100 :*

XXX **Relais de Villeroy** avec ch, ☎ 03 86 88 81 77, Fax 03 86 88 84 04, 🍴 – TV ☎ P. GB
fermé 15 déc. au 15 janv. et dim. soir du 15 nov. au 1er mai – **Repas** 140/330 et carte 240 à 330, enf. 65 – ☕ 40 – **8 ch** 230/270.

BMW Gar. Berni, 13 av. Lorrach ☎ 03 86 65 70 90 N ☎ 03 86 65 19 97
CITROEN Gd Gar. de l'Yonne, rte de Lyon par ③ ☎ 03 86 83 13 73
PEUGEOT SEGAM, 16 bd Kennedy, par ③ ☎ 03 86 65 19 12 N ☎ 03 86 95 93 20
RENAULT Sénonaise Autom., Carr. Ste-Colombe à St-Denis-les-Sens par ⑤ ☎ 03 86 83 18 18 N ☎ 03 86 96 72 31
RENAULT Gar. Martineau, 11 rte de Nogent à Thorigny-sur-Oreuse par ① ☎ 03 86 88 42 03 N ☎ 03 86 88 42 03

Euromaster, 105 r. Gén.-de-Gaulle ☎ 03 86 65 24 33
Serdin Pneus, 78 rte de Paris ☎ 03 86 65 26 03
Sovic Point S, 18 bd Kennedy ☎ 03 86 65 25 05

SEPT-SAULX *51400 Marne 56 ⑰ – 484 h alt. 96.*

Paris 167 – Reims 24 – Châlons-en-Champagne 27 – Épernay 30 – Rethel 52 – Vouziers 52.

Cheval Blanc 🐦, ☎ 03 26 03 90 27, Fax 03 26 03 97 09, 🍴, 🍴, 🎾 – TV ☎ P. AE ⓓ GB
fermé 1er au 21 fév. – **Repas** 150 (déj.), 180/360 – ☕ 50 – **18 ch** 350/460, 7 appart.

SÉREILHAC *87620 H.-Vienne 72 ⑰ – 1 614 h alt. 322.*

Paris 410 – Limoges 17 – Châlus 15 – Confolens 51 – Nontron 48 – Périgueux 78 – St-Yrieix-la-Perche 36.

XX **Relais des Tuileries** avec ch, aux Betoulles Nord-Est : 2 km sur N 21 ☎ 05 55 39 10 27, Fax 05 55 36 09 21, 🍴, 🍴 – TV ☎ P. GB
fermé 17 au 30 nov., 12 au 31 janv., dim. soir et lundi d'oct. à mai – **Repas** 72/275 🍷, enf. 40 – ☕ 30 – **10 ch** 250/270 – ½ P 240.

SEREZIN-DU-RHÔNE *69360 Rhône 74 ⑪, 110 ㉔ – 2 257 h alt. 164.*

Paris 476 – Lyon 18 – Rive-de-Gier 24 – La Tour-du-Pin 55 – Vienne 19.

La Bourbonnaise, ☎ 04 78 02 80 58, Fax 04 78 02 17 39, 🍴, 🍴 – TV ☎ 📞 ♿ P – 🧑‍🏫 30. AE ⓓ GB
Repas 120/235, enf. 85 - ***Grill* :** **Repas** 70/92 🍷, enf. 38 – ☕ 40 – **41 ch** 179/295.

SÉRIGNAN-DU-COMTAT *84 Vaucluse 81 ② – rattaché à Orange.*

SERMERSHEIM *67230 B.-Rhin 87 ⑥ – 677 h alt. 160.*

Paris 504 – Strasbourg 36 – Lahr/Schwarzwald 41 – Obernai 20 – Sélestat 15.

Relais de l'Ill M sans rest, r. Rempart ☎ 03 88 74 31 28, Fax 03 88 74 17 51 – TV ☎ ♿ P. GB
☕ 35 – **23 ch** 260/400.

SERRAVAL *74230 H.-Savoie 74 ⑰ – 430 h alt. 760.*

Paris 566 – Annecy 31 – Albertville 26 – Bonneville 41 – Faverges 10 – Megève 42 – Thônes 10.

Tournette, ☎ 04 50 27 50 13, Fax 04 50 27 52 68, ≤, 🍴 – TV ☎ 🚗 P. AE GB
fermé 15 oct. au 1er nov. et mardi hors sais. – **Repas** 85/95 🍷, enf. 60 – ☕ 30 – **18 ch** 200/300 – ½ P 240.

SERRE-CHEVALIER *05240 H.-Alpes 77 ⑱ G. Alpes du Sud – Sports d'hiver : 1 350/2 800 m 🚡 9 ⛷ 63 ⛷.*

Voir ❄★★.

Paris 673 – Briançon 11 – Gap 99 – Grenoble 108 – Col du Lautaret 17.

à Chantemerle – ✉ *05330 St-Chaffrey.*

Voir *Col de Granon* ❄★★ *N : 12 km.*
ℹ *Office de Tourisme ☎ 04 92 24 09 46, Fax 04 92 24 12 11.*

Plein Sud 🐦 sans rest, ☎ 04 92 24 17 01, Fax 04 92 24 10 21, ≤, 🏋, 🏊, 🍴 – 🛗 TV ☎ 📞 P. GB. 🚫
14 juin-14 sept. et 20 déc.-19 avril – ☕ 45 – **42 ch** 420/540.

La Balme 🐦, ☎ 04 92 24 01 89, Fax 04 92 24 07 74, ≤, 🍴 – TV ☎ 📞 P. AE ⓓ GB JCB. 🚫 rest
fin juin-mi-sept. et début déc.-mi-avril – **Repas** (dîner seul.) 140 – ☕ 45 – **25 ch** 375/510 – ½ P 430.

🏠 **La Boule de Neige** Ⓜ 🍴, ℘ 04 92 24 00 16, Fax 04 92 24 00 25, 🌣, 🌳 – 📺 ☎. �🅖🅑.
🍴 ch
hôtel : 15 juin-15 sept. et 1ᵉʳ déc.-15 mai ; rest. : 20 juin-15 sept. et 20 déc.-30 avril – **Repas**
95/210 bc – � 42 – **9 ch** 590/640 – ½ P 405/465.

à Villeneuve-la-Salle – ⊠ 05240 La-Salle-les-Alpes.

Voir *Église St-Marcellin★ de La-Salle-les-Alpes.*

🛈 *Office de Tourisme* ℘ 04 92 24 71 88, Fax 04 92 24 76 18.

🏛 **Christiania,** ℘ 04 92 24 76 33, Fax 04 92 24 83 82, ≤, 🌳 – 📺 ☎ 🅿. ⚊🅖🅑. 🍴 rest
21 juin-7 sept. et 13 déc.-15 avril – **Repas** 95/150, enf. 45 – ☫ 45 – **28 ch** 300/480 –
½ P 420.

🏠 **Cimotel,** ℘ 04 92 24 78 22, Fax 04 92 24 70 91, ≤, 🛆 (été) – 🛗 📺 ☎ 🅿. ⚊🅖🅑. 🍴 rest
28 juin-30 août (sauf rest.) et 20 déc.-15 avril – **Repas** 100 (déj.)/145 – ☫ 45 – **17 ch** 400 –
½ P 450/500.

✕ **Le Bidule,** au Bez ℘ 04 92 24 77 80, Fax 04 92 24 85 51, 🌣 – ⚊🅖🅑
fermé 1ᵉʳ au 18 oct., 16 nov. au 2 déc. et 3 mai au 14 juin – **Repas** (prévenir) 90 (déj.),
130/200.

au Monêtier-les-Bains – *987 h. alt. 1480* – ⊠ 05220 :

🏛 **Aub. du Choucas** 🍴, ℘ 04 92 24 42 73, Fax 04 92 24 51 60, 🌣, « Décor montagnard,
belle salle de restaurant voûtée », 🌳 – ⚊🅒⚊ 📺 ☎. ⚊🅖🅑
fermé 3 au 16 mai et 3 nov. au 18 déc. – **Repas** *(fermé dim. soir, mardi midi et lundi du
7 avril au 15 juin et du 15 sept. au 2 nov.)* 95 (déj.), 170/380, enf. 80 – ☫ 65 – **8 ch** 600/700,
4 duplex – ½ P 540/770.

🏠 **Europe** 🍴, ℘ 04 92 24 40 03, Fax 04 92 24 52 17, 🌣 – 📺 ☎. ⚊🅖 ⑩ ⚊🅖🅑
1ᵉʳ juin-25 sept. et 15 déc.-25 avril – **Repas** 95/160 – ☫ 50 – **31 ch** 360/500 – ½ P 395.

🏠 **Castel Pélerin** 🍴, Le Lauzet, Nord-Ouest : 6 km par rte Lautaret et rte secondaire
℘ 04 92 24 42 09, Fax 04 92 24 40 34, ≤ – ☎ 🅿. ⚊🅖 ⚊🅖🅑
20 juin-1ᵉʳ sept. et 20 déc.-1ᵉʳ avril – **Repas** 95 (déj.), 135/155 – ☫ 35 – **6 ch** 265/265 –
½ P 270.

✕ **Le Chazal,** Les Guibertes, Sud-Est 2,5 km ℘ 04 92 24 45 54, 🌣 – ⚊🅖🅑. 🍴
*fermé 30 avril au 12 mai, vacances de toussaint, mardi soir (sauf fév. mars, juil. et août) et
merc.* – **Repas** 98/170.

OPEL Gar. du Téléphérique, à St-Chaffrey ℘ 04 92 24 01 65 🅽 ℘ 04 92 24 01 65

SERRIÈRES *07340 Ardèche* 🔢 ① *G. Vallée du Rhône* – *1 154 h alt. 140.*

🛈 *Syndicat d'Initiative quai J. Roche (juil.-août)* ℘ 04 75 34 06 01, *Mairie (hors saison)*
℘ 04 75 34 00 46.

*Paris 518 – Annonay 16 – Privas 91 – Rive-de-Gier 40 – St-Étienne 54 – Tournon-sur-Rhône
39 – Vienne 30.*

✕✕✕ **Schaeffer** avec ch, ℘ 04 75 34 00 07, Fax 04 75 34 08 79, 🌣 – 🍴 📺 ☎ ⟵⟶. ⚊🅖 ⚊🅖🅑
fermé 2 au 20 janv., dim. soir et lundi sauf juil.-août – **Repas** 120/440 et carte 250 à 390 –
☫ 40 – **12 ch** 260/340.

✕✕ **Parc,** ℘ 04 75 34 00 08, Fax 04 75 34 15 46, 🌣 – ⚊🅖🅑
fermé 1ᵉʳ au 10 oct., 2 au 10 janv., dim. soir et lundi en hiver – **Repas** 98/240.

à l'Ouest : *5 km par N 82 et rte secondaire* – ⊠ 07340 Serrières :

✕ **Coq Hardi,** ℘ 04 75 34 83 56, Fax 04 75 34 83 56, 🌣 – 🅿. ⚊🅖🅑
fermé 25 août au 3 sept., vacances de fév., lundi soir et mardi – **Repas** 95/187, enf. 50.

SERVON *50170 Manche* 🔢 ⑧ – *202 h alt. 25.*

Paris 352 – St-Malo 55 – Avranches 15 – Dol-de-Bretagne 29 – St-Lô 73.

✕ **Aub. du Terroir** 🍴 avec ch, ℘ 02 33 60 17 92, Fax 02 33 60 35 26, 🌣, 🌳, 🍴 – 📺 ☎
🍴🅿 – 🏌 25. ⚊🅖🅑
fermé vacances de fév. et merc. du 10 oct. au 15 avril sauf vacances scolaires – **Repas**
84/240, enf. 55 – ☫ 30 – **8 ch** 195/240 – ½ P 250/280.

In questa guida

uno stesso simbolo, uno stesso carattere
stampati a colori o in **nero**, in magro o in **grassetto**
hanno un significato diverso.

Leggete attentamente le pagine esplicative.

SERVOZ 74310 H.-Savoie **74** ⑧ *G. Alpes du Nord* – *619 h alt. 816.*

Voir *Gorges de la Diosaz★* : *chutes★★ E : 1 km.*

🖪 *Office de Tourisme Le Bouchet, pl. Église ℰ 04 50 47 21 68, Fax 04 50 47 27 06.*
Paris 601 – Chamonix-Mont-Blanc 14 – Annecy 82 – Bonneville 43 – Megève 26 – St-Gervais-les-Bains 13.

🏠 **Les Chamois** ॐ *sans rest, près Église ℰ 04 50 47 20 09, Fax 04 50 47 24 87,* ≤, 🌫 – TV
🕿 ℙ. GB
fermé 15 nov. au 20 déc. – ☲ 40 – **7 ch** 260/320.

SESSENHEIM 67770 B.-Rhin **57** ⑳, **87** ③ *G. Alsace Lorraine* – *1 542 h alt. 120.*
Paris 505 – Strasbourg 37 – Haguenau 18 – Wissembourg 37.

XX **A L'Agneau**, sur D 468 ℰ 03 88 86 95 55, Fax 03 88 86 04 43, 🌧 – 🗏 ℙ. GB
fermé 15 juin au 1ᵉʳ juil. et 15 janv. au 1ᵉʳ fév. – **Repas** carte 250 à 320 ⅃.

SÈTE 34200 Hérault **83** ⑯ *G. Gorges du Tarn* – *41 510 h alt. 4.*

Voir *Mont St-Clair★* : *terrasse du presbytère de la chapelle N.-D. de la Salette ※★★ AZ.*

🖪 *Office de Tourisme 60 Grand'Rue Mario Roustan ℰ 04 67 46 17 52, Fax 04 67 46 17 54.*
Paris 788 ③ – Montpellier 30 ③ – Béziers 55 ② – Lodève 63 ③.

Plan page ci-contre

🏰 **Grand Hôtel**, 17 quai Mar. de Lattre de Tassigny ℰ 04 67 74 71.77, Fax 04 67 74 29 27 – 📳
🗏 ch TV 🕿 – 🔬 25. ᴀᴇ ⓞ GB
AY t
fermé 23 déc. au 5 janv. – **La Rotonde** ℰ 04 67 46 12 20 *(fermé 5 déc. au 5 janv., sam. midi et dim.)* Repas 72/148 ⅃, enf. 52 – ☲ 40 – **45 ch** 300/555.

🏨 **Port Marine** Ⓜ, Môle St-Louis ℰ 04 67 74 92 34, Fax 04 67 74 92 33, ≤, 🌧 – 📳 🗏 TV 🕿
🕭 ←🚗 ℙ – 🔬 35. ᴀᴇ GB
AZ d
Repas *(fermé dim. soir et lundi midi d'oct. à avril)* 95/170 – ☲ 40 – **36 ch** 300/480, 6 appart – ½ P 350/430.

XXX **Les Saveurs Singulières**, 5 quai Ch. Lemaresquier ℰ 04 67 74 14 41,
Fax 04 67 74 38 74 – 🗏. ᴀᴇ GB. ✄
BZ b
fermé 20 juin au 13 juil., vacances de fév., dim. soir et lundi sauf le soir en juil.-août – **Repas** 115 (déj.), 165/310 et carte 260 à 430.

XX **La Palangrotte**, rampe P. Valéry - quai Marine ℰ 04 67 74 80 35, Fax 04 67 74 97 20 –
🗏. GB
AZ r
fermé dim. soir et lundi – **Repas** - produits de la mer - 120 (déj.), 150/310.

X **Rest. Alsacien**, 25 r. P. Sémard ℰ 04 67 74 77 94 – 🗏. GB
BY e
fermé fin juin à mi-juil., dim. soir et lundi – **Repas** 110 ⅃.

sur la Corniche *sud du plan par D 2 : 2 km :*

🏨 **Joie des Sables**, plage de la Corniche ℰ 04 67 53 11 76, Fax 04 67 51 24 26, ≤ – 🗏 TV 🕿
ℙ – 🔬 25. ᴀᴇ ⓞ GB
Les Flots d'Azur ℰ 04 67 53 01 52 *(fermé 2/1 au 7/2, lundi midi en sais., dim. soir et lundi d'oct. à mai)* **Repas** 75/180 ⅃, enf. 55 – ☲ 40 – **25 ch** 330 – ½ P 320.

🏨 **Les Tritons** sans rest, bd Joliot-Curie ℰ 04 67 53 03 98, Fax 04 67 53 38 31 – 📳 TV 🕿 ℙ.
ᴀᴇ ⓞ GB
☲ 35 – **40 ch** 240/340.

🏨 **Sables d'Or** sans rest, pl. É. Herriot ℰ 04 67 53 09 98 – 📳 TV 🕿. ᴀᴇ GB. ✄
☲ 35 – **30 ch** 225/320.

XX **Les Terrasses du Lido** avec ch, rond-point Europe ℰ 04 67 51 39 60,
Fax 04 67 51 28 90, 🌧, ☒ – 🗏 🕿 ←🚗 – 🔬 25. ᴀᴇ ⓞ GB
fermé 2 fév. au 2 mars – **Repas** *(fermé dim. soir et lundi sauf juil.-août)* 140/300, enf. 70 – ☲ 40 – **8 ch** 280/450 – ½ P 300/380.

X **La Corniche**, pl. É. Herriot ℰ 04 67 53 03 30, 🌧 – GB
fermé 8 janv. au 28 fév., lundi midi en juil.-août et merc. du 1ᵉʳ sept. au 30 juin – **Repas** 97/148.

FIAT Gar. des 4 Ponts, 5 pl. Delille ℰ 04 67 74 02 48
OPEL France Auto, ZI des Eaux Blanches
ℰ 04 67 48 48 61
PEUGEOT Gd Gar. Sétois, r. de Madrid - Parc
Aquatechnique par ③ ℰ 04 67 46 76 00
RENAULT Sète Exploitation Autos, ZI des Eaux
Blanches par ③ ℰ 04 67 51 60 60 Ⓝ
ℰ 08 00 05 15 15
RENAULT Gar. Lacour, quai des Moulins, r. Charbon-
niers BY ℰ 04 67 48 93 94

SEAT Sète Autom., 46 quai Bosc
ℰ 04 67 74 36 66

🔘 Comptoir Méridional du C/c, 1005 rte de
Montpellier ℰ 04 67 48 80 50
Vulco, rte de Balaruc, 73 parc Aquatechnique
ℰ 04 67 43 22 15

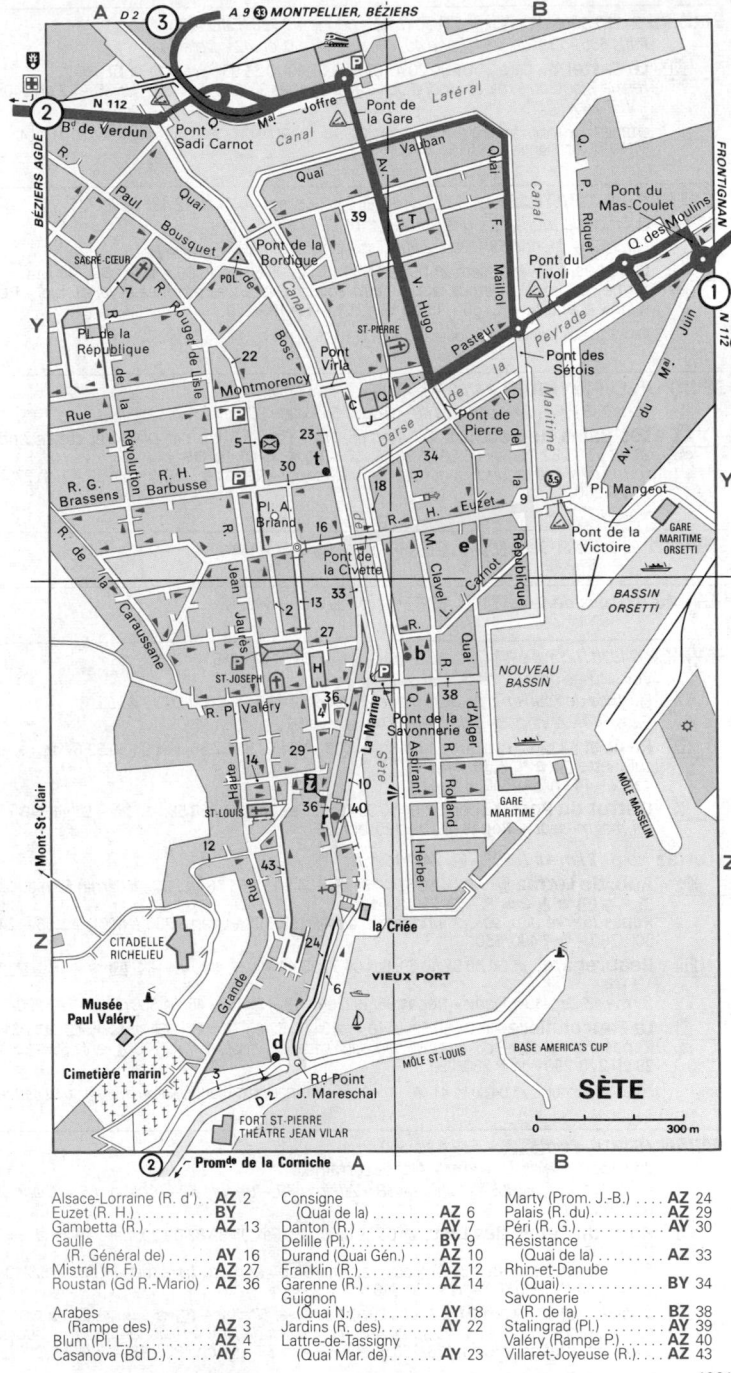

SEURRE 21250 Côte-d'Or 🟦🟦 ⑩, 🟥🟥 ② G. Bourgogne – 2 728 h alt. 177.
Paris 335 – Chalon-sur-Saône 40 – Beaune 28 – Dijon 42 – Dole 39.

🏠 **Le Castel**, av. Gare ℘ 03 80 20 45 07, Fax 03 80 20 33 93, 🏡 – 📺 ☎ 🅿 GB
🍴 *fermé 2 janv. au 6 fév. et lundi d'oct. à avril* – **Repas** 98/240, enf. 50 – 🍽 35 – **22 ch** 240/265
– ½ P 240.

CITROEN Gar. Milan, à Labruyère ℘ 03 80 21 05 78   RENAULT Calvel Autom., ℘ 03 80 21 15 42
RENAULT Gar. Pignolet, ℘ 03 80 20 41 46

SÉVÉRAC-LE-CHÂTEAU 12150 Aveyron 🟦🟦 ④ G. Gorges du Tarn – 2 486 h alt. 735.
🚩 Office de Tourisme r. des Douves ℘ 05 65 47 67 31.
Paris 620 – Mende 69 – Rodez 50 – Espalion 47 – Florac 72 – Millau 33.

🏕 **Causses**, à Sévérac-gare ℘ 05 65 71 60 15, Fax 05 65 47 75 06 – ☎ 🅿 GB 🍴 rest
🍴 *fermé oct., le midi de nov. à mars, dim soir sauf vacances scolaires et lundi midi* – **Repas**
50/136 🍷, enf. 40 – 🍽 35 – **13 ch** 150/230 – ½ P 180/220.

PEUGEOT Gar. Delmas, Lapanouse ℘ 05 65 47 62 16

SÉVIGNACQ-MEYRACQ 64260 Pyr.-Atl. 🟦🟦 ⑥ – 437 h alt. 415.
Paris 798 – Pau 24 – Lourdes 40 – Oloron-Ste-Marie 20.

🍴 **Les Bains de Secours** ♨ avec ch, Nord-Est : 3,5 km par D 934 et rte secondaire
🍴 ℘ 05 59 05 62 11, Fax 05 59 05 76 56, 🏡 – 📺 ☎ 🅿 🆎 ⑩ GB
fermé dim. soir et lundi (sauf hôtel de juin à sept.) – **Repas** 80/150 🍷 – 🍽 36 – **7 ch** 270/350
– ½ P 240.

SEVRAN 93 Seine-St-Denis 🟦🟦 ⑪,, 🟥🟥 ⑱ – voir à Paris, Environs.

SÈVRES 92 Hauts-de-Seine 🟦🟦 ⑩,, 🟥🟥 ㉔ – voir à Paris, Environs.

SÉVRIER 74320 H.-Savoie 🟦🟦 ⑥ G. Alpes du Nord – 2 980 h alt. 456.
Voir Musée de la Cloche★.
🚩 Office de Tourisme, pl. de la Mairie ℘ 04 50 52 40 56, Fax 04 50 52 48 66.
Paris 544 – Annecy 5 – Albertville 40 – Megève 56.

🏠 **Résidel** Ⓜ sans rest, Sud : 1 km sur N 508 ℘ 04 50 52 67 50, Fax 04 50 52 67 11, ≤, 🏸 –
🍴 cuisinette 📺 ☎ 🍴 🔥 🅿 GB
🍽 32 – **14 ch** 250/330, 6 duplex.

🍴 **Bistrot du Port**, au port ℘ 04 50 52 45 00, Fax 04 50 52 68 58, ≤, 🏡 – 🆎 ⑩ GB
mi-mai-mi-sept. – **Repas** grill 98/180, enf. 65.

à Letraz Nord : 2 km sur N 508 – ✉ 74320 Sévrier :

🏨 **Aub. de Létraz** Ⓜ, ℘ 04 50 52 40 36, Fax 04 50 52 63 36, ≤, 🏡, « Jardin face au lac »,
🏕 – 📳 ☎ 🍴 🅿 – 🛎 25. 🆎 ⑩ GB
Repas *(fermé dim. soir et lundi d'oct. à mai)* 195/395 et carte 280 à 400 – 🍽 56 – **24 ch**
500/760 – ½ P 490/630.

🏨 **Beauregard**, ℘ 04 50 52 40 59, Fax 04 50 52 44 71, ≤, 🏡, 🏸 – 📳 📺 ☎ 🍴 🅿 – 🛎 100.
⑩ GB
fermé 13 déc. au 13 janv. – **Repas** 95/192, enf. 58 – 🍽 35 – **45 ch** 300/375 – ½ P 290/335.

🏠 **La Fauconnière**, ℘ 04 50 52 41 18, Fax 04 50 52 63 33, 🏡 – 📺 ☎ 🍴 🅿 🆎 GB 🍴
🍴 **Repas** *(fermé dim. soir et lundi midi sauf vacances scolaires)* 60/220 🍷, enf. 50 – 🍽 39 –
28 ch 220/290 – ½ P 280/290.

CITROEN Alp'Auto, ℘ 04 50 52 41 44   RENAULT Laudon Autom., ℘ 04 50 52 43 72

SEWEN 68290 H.-Rhin 🟦🟦 ⑧ – 539 h alt. 500.
Voir Lac d'Alfeld★ O : 4 km, G. Alsace Lorraine.
Paris 441 – Épinal 77 – Mulhouse 38 – Altkirch 39 – Belfort 32 – Colmar 65 – Thann 25 –
Le Thillot 28.

🏠 **Host. du Relais des Lacs**, ℘ 03 89 82 01 42, Fax 03 89 82 09 29, parc – 🍴 ☎ 🚗 🅿.
🍴 🆎 ⑩ GB JCB
fermé 25 août au 6 sept., 6 janv. au 7 fév., mardi soir et merc. hors sais. – **Repas** 75/210 🍷 –
🍽 40 – **13 ch** 190/300 – ½ P 240/310.

🏠 **Vosges**, ℘ 03 89 82 00 43, Fax 03 89 82 08 33, ≤, 🏡, 🏸 – 📺 ☎ 🚗 🅿 🆎 ⑩ GB
🍴 *fermé 20 nov. au 25 déc., 20 au 28 fév., merc. midi de janv. à mars, dim. soir et jeudi sauf
juil.-août* – **Repas** 60 (déj.), 125/260 🍷, enf. 55 – 🍽 35 – **17 ch** 180/295 – ½ P 255/290.

SEYNE _04140 Alpes-de-H.-P._ 🟥 ⑦ _G. Alpes du Sud – 1 222 h alt. 1200._
  Voir _Col du Fanget_ ≤★ _SO : 5 km._
  🛈 _Office de Tourisme pl. Armes_ 𝒫 _04 92 35 11 00._
  Paris 715 – Digne-les-Bains 42 – Gap 46 – Barcelonnette 43 – Guillestre 75.

à Selonnet _Nord-Ouest : 4 km par D 900 – 331 h. alt. 1060 –_ ⊠ _04460 :_

  🏠 **Relais de la Forge** 🐾, 𝒫 04 92 35 16 98, Fax 04 92 35 07 37, 🚗 – 📺 ☎ **P.** AE GB
  🍴 _fermé 16 nov. au 15 déc., dim. soir et lundi sauf vacances scolaires –_ **Repas** 75/170 🍷 –
    ⊡ 35 – **15 ch** 160/270 – ½ P 195/235.

au col St-Jean _Nord : 12 km par D 900 – Sports d'hiver : 1 300/2 500 m ✠ 16 🎿 –_ ⊠ _04140 Seyne :_

  🍴 **Les Alisiers,** _Sud : 1 km par D 207_ 𝒫 04 92 35 30 88 – **P.** GB
  🍴 _fermé 12 nov. au 25 déc., mardi et merc. sauf vacances scolaires –_ **Repas** 65/198, enf. 38.

La SEYNE-SUR-MER _83500 Var_ 🟥 ⑮ _G. Côte d'Azur – 59 968 h alt. 3 – Casino (fermé)._
  Voir ≤★ _de la terrasse du fort Balaguier E : 3 km._
  🛈 _Office de Tourisme pl. L.-Rollin_ 𝒫 _04 94 94 73 09, Fax 04 94 30 84 62 et esplanade des Sablettes._
  Paris 833 – Toulon 9 – Aix-en-Provence 80 – La Ciotat 36 – Marseille 60.

  🏠 **Moderne** _sans rest,_ 2 r. L. Blum 𝒫 04 94 94 86 68, Fax 04 94 87 05 34 – 📺 ☎. AE GB
    ⊡ 30 – **26 ch** 185/300.

  🍴 **Aubergade,** 20 r. Faidherbe 𝒫 04 94 94 81 95 – 🍴. GB
  🍴 _fermé 1ᵉʳ au 15 août, lundi soir et dim. –_ **Repas** 87 (déj.), 133/210.

à Fabrégas _Sud : 4 km par rte de St-Mandrier et rte secondaire –_ ⊠ _83500 La Seyne-sur-Mer :_

  🍴 **Chez Daniel "rest. du Rivage",** 𝒫 04 94 94 85 13, Fax 04 94 87 25 25, ≤, 🌫 – **P.** AE
    GB
  🍴 _fermé fév. et merc. sauf juil.-août –_ **Repas** - _produits de la mer_ - 160/350, enf. 70.

SEYSSEL _74910 H.-Savoie_ 🟥 ⑤ _G. Jura – 1 630 h alt. 252._
  Env. _Grand Colombier_ 🌟★★★ _SO : 22 km._
  🛈 _Office de Tourisme Maison du Pays_ 𝒫 _04 50 59 26 56, Fax 04 50 56 21 94._
  Paris 519 – Annecy 41 – Aix-les-Bains 32.

dans le Val du Fier _Sud : 3 km par D 991 et D 14 G. Alpes du Nord –_ ⊠ _74910 Seyssel._
  Voir _Val du Fier★._

  🍴 **Rôtisserie du Fier,** 𝒫 04 50 59 21 64, Fax 04 50 56 20 54, 🌫, 🚗, 🍴 – **P.** AE GB. 🍴
  🍴 _fermé vacances de Toussaint, 5 au 11 janv., vacances de fév., mardi soir et merc. –_ **Repas**
    75/300 🍷.

SEYSSINET-PARISET _38 Isère_ 🟥 ④ – _rattaché à Grenoble._

SÉZANNE _51120 Marne_ 🟥 ⑤ _G. Champagne – 5 829 h alt. 137._
  🛈 _Office de Tourisme pl. République_ 𝒫 _03 26 80 51 43, Fax 03 26 80 54 13._
  Paris 114 – Troyes 62 – Châlons-en-Champagne 59 – Meaux 77 – Melun 88 – Sens 80.

  🏠 **Croix d'Or,** 53 r. Notre-Dame 𝒫 03 26 80 61 10, Fax 03 26 80 65 20 – ⚡📺 ☎ **P.** AE ◐
    GB
  🍴 _fermé 2 au 6 janv. –_ **Repas** 62 (déj.)/210 🍷, enf. 55 – ⊡ 35 – **13 ch** 200/300 – ½ P 280.

  🏠 **Relais Champenois,** 157 r. Notre-Dame 𝒫 03 26 80 58 03, Fax 03 26 81 35 32 – 📺 ☎ 🕭
    P. AE GB
  🍴 _fermé 20 déc. au 2 janv. et dim. soir en hiver –_ **Repas** 80/230 🍷, enf. 50 – ⊡ 38 – **15 ch**
    195/360 – ½ P 295/310.

  🍴 **Soleil,** 17 r. Paris 𝒫 03 26 80 63 13, Fax 03 26 80 67 92, 🌫 – GB
  🍴 _fermé 15 au 25 juil., vacances de fév., mardi soir et merc. –_ **Repas** 65/230 🍷, enf. 38.

SIERCK-LES-BAINS 57480 Moselle 🔟 ④ G. Alsace Lorraine – 1 825 h alt. 147.

Voir ≤★ du château fort.
🖪 Office de Tourisme, Tour de l'Horloge ℘ 03 82 83 74 14, Fax 03 82 83 22 10.
Paris 355 – Metz 45 – Luxembourg 34 – Thionville 17 – Trier 50.

à Montenach Sud-Est : 3,5 km sur D 956 – 369 h. alt. 200 – ⊠ 57480 :

XX **Aub. de la Klauss,** ℘ 03 82 83 72 38, Fax 03 82 83 73 00, 😚, 🚗 – 🅿. GB
fermé 24 déc. au 7 janv. et lundi – **Repas** 160/270 ⅃.

à Manderen Est : 7 km par N 153 et D 64 – 376 h. alt. 290 – ⊠ 57480 :

Au Relais du Château Mensberg ⑤, ℘ 03 82 83 73 16, Fax 03 82 83 23 37, 🚗 – 📺
🕿 ⅃ 🅿. ﷼ ⓄⓄ GB
fermé 1ᵉʳ au 4 janv. – **Repas** 75/250 ⅃, enf. 45 – ⌂ 35 – **17 ch** 240/290 – ½ P 195.

SIERENTZ 68510 H.-Rhin 🔟 ⑩ – 2 106 h alt. 270.
Paris 483 – Mulhouse 16 – Altkirch 19 – Basel 18 – Belfort 61 – Colmar 51.

XXX **Aub. St-Laurent,** 1 r. Fontaine ℘ 03 89 81 52 81, Fax 03 89 81 67 08, 😚 – 🅿. GB
fermé 6 au 22 juil., 11 au 26 fév., lundi et mardi – **Repas** 120 (déj.), 250/400 et carte 270 à
390, enf. 80.

PEUGEOT Gar. Bissel, ℘ 03 89 81 50 00

SIGNY-L'ABBAYE 08460 Ardennes 🔟 ⑰ G. Champagne – 1 422 h alt. 240.
Paris 210 – Charleville-Mézières 30 – Hirson 39 – Laon 71 – Rethel 24 – Rocroi 30 – Sedan 51.

XX **Aub. de l'Abbaye** avec ch, ℘ 03 24 52 81 27, Fax 03 24 53 71 72 – 📺 🕿. GB
fermé 2 janv. au 28 fév., merc. soir et jeudi – **Repas** 75/150 ⅃, enf. 60 – ⌂ 30 – **10 ch**
200/350 – ½ P 200/300.

CITROEN Gar. Thomassin, ℘ 03 24 52 80 24   RENAULT Gar. Turquin, ℘ 03 24 52 81 37

Pas de publicité payée dans ce guide.

SIGNY-LE-PETIT 08380 Ardennes 🔟 ⑰ – 1 280 h alt. 238.
Paris 210 – Charleville-Mézières 37 – Hirson 15 – Chimay 24.

Au Lion d'Or, pl. Église ℘ 03 24 53 51 76, Fax 03 24 53 36 96 – ☜⌂ 📺 🕿 ⅃ 🅿. ﷼ GB
Repas (fermé 17 au 23 mars, 22 au 28 déc. et 2 au 10 janv.) 70/260 ⅃ – ⌂ 60 – **10 ch**
290/450 – ½ P 285/335.

à Brognon Nord : 5 km par D 10 – 142 h. alt. 295 – ⊠ 08380 :

Domaine St-Antoine ⑤, ℘ 03 24 53 56 56, Fax 03 24 53 53 26, 😚, 🔲, 🚗 – 📺 🕿 🅿
– 🕿 25. ﷼ GB, ⅏ rest
Repas (fermé lundi midi) carte 240 à 330, enf. 85 – **10 ch** ⌂ 430/530 – ½ P 405.

SION 54 M.-et-M. 🔟 ④ G. Alsace Lorraine – alt. 497 – ⊠ 54330 Vézelise.
Voir ✳★ du calvaire – Signal de Vaudémont ✳★★ (monument à Barrès) S : 2,5 km –
Château de Thorey-Lyautey : salon marocain★ O : 4 km.
Paris 368 – Épinal 53 – Nancy 35 – Toul 39 – Vittel 34.

Notre Dame ⑤, ℘ 03 83 25 13 31, Fax 03 83 25 11 30, 😚 – 📺 🕿 🅿. GB
fermé janv. et fév. – **Repas** 75/120 ⅃, enf. 40 – ⌂ 32 – **16 ch** 155/270 – ½ P 155/205.

SIORAC-EN-PÉRIGORD 24170 Dordogne 🔟 ⑯ G. Périgord Quercy – 904 h alt. 77.
🖪 de Lolivarie ℘ 05 53 30 22 69.
Paris 537 – Périgueux 58 – Sarlat-la-Canéda 28 – Bergerac 45 – Cahors 67.

Aub. Petite Reine, rte de Belvès : 1 km ℘ 05 53 31 60 42, Fax 05 53 31 69 60, 🔲, ⅏ –
🍽 rest 🕿 🅿. GB. ⅏ ch
12 avril-31 oct. – **Repas** 110/170 – ⌂ 38 – **39 ch** 265/315 – ½ P 280/317.

SIRAN 34210 Hérault 🔟 ⑬ – 544 h alt. 96.
Voir Chapelle de Centeilles★ N : 2 km,G Gorges du Tarn.
Paris 832 – Carcassonne 36 – Lézignan-Corbières 20 – Narbonne 37 – Perpignan 96.

Villa d'Eléis ⑤, ℘ 04 68 91 55 98, Fax 04 68 91 48 34, ≤, 😚, 🚗 – 📺 🕿 ⅃ 🅿. GB
fermé 26 janv. au 26 fév. – **Repas** (fermé dim. soir et lundi d'oct. à avril) 110 (déj.), 155/
360 bc – ⌂ 60 – **12 ch** 350/700 – ½ P 355/530.

SISTERON 04200 Alpes-de-H.-P. **81** ⑤ ⑥ G. Alpes du Sud – 6 594 h alt. 490.

Voir Site★★ – Citadelle★ : ≤★ Y – Église Notre-Dame★ Z.

🛈 Office de Tourisme à l'Hôtel de Ville ℘ 04 92 61 12 03, Fax 04 92 61 19 57.

Paris 708 ① – Digne-les-Bains 39 ② – Barcelonnette 99 ① – Gap 50 ①.

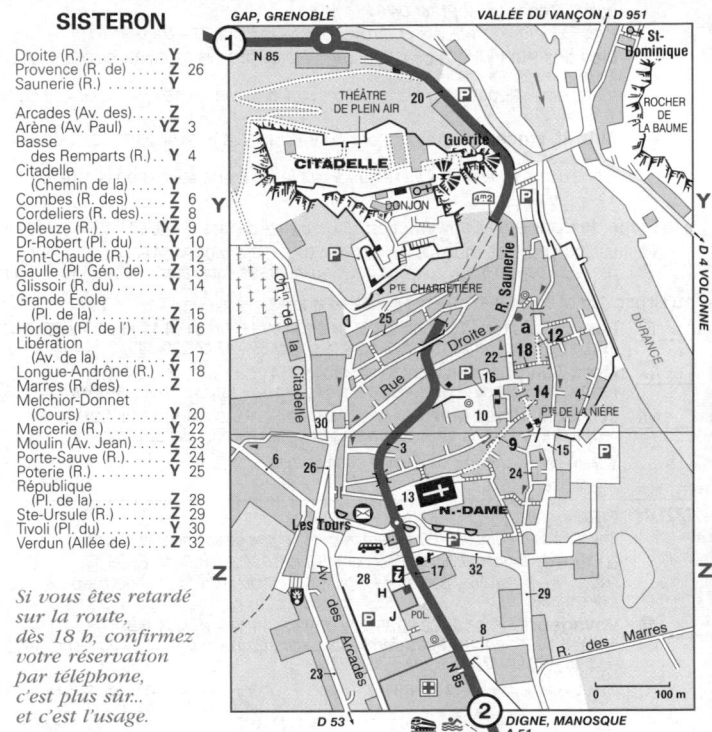

SISTERON

Droite (R.)	**Y**
Provence (R. de)	**Z** 26
Saunerie (R.)	**Y**
Arcades (Av. des)	**Z**
Arène (Av. Paul)	**YZ** 3
Basse	
des Remparts (R.)	**Y** 4
Citadelle	
(Chemin de la)	**Y**
Combes (R. des)	**Z** 6
Cordeliers (R. des)	**Z** 8
Deleuze (R.)	**YZ** 9
Dr-Robert (Pl. du)	**Y** 10
Font-Chaude (R.)	**Y** 12
Gaulle (Pl. Gén. de)	**Z** 13
Glissoir (R. du)	**Y** 14
Grande École	
(Pl. de la)	**Z** 15
Horloge (Pl. de l')	**Y** 16
Libération	
(Av. de la)	**Z** 17
Longue-Andrône (R.)	**Y** 18
Marres (R. des)	**Z**
Melchior-Donnet	
(Cours)	**Y** 20
Mercerie (R.)	**Y** 22
Moulin (Av. Jean)	**Y** 23
Porte-Sauve (R.)	**Y** 24
Poterie (R.)	**Y** 25
République	
(Pl. de la)	**Z** 28
Ste-Ursule (R.)	**Z** 29
Tivoli (Pl. du)	**Y** 30
Verdun (Allée de)	**Z** 32

Si vous êtes retardé
sur la route,
dès 18 h, confirmez
votre réservation
par téléphone,
c'est plus sûr..
et c'est l'usage.

🏨 **Gd H. du Cours,** pl. Église ℘ 04 92 61 04 51, Fax 04 92 61 41 73, 🌼 – 🛗 🖺 📺 ☎ ✆ 🚗. 🖭 ① 🖪   **Z r**

1ᵉʳ mars-15 nov. – **Repas** 115/150, enf. 40 – 😐 40 – **50 ch** 240/430 – ½ P 280/345.

🏨 **Touring Napoléon,** par ② ℘ 04 92 61 00 06, Fax 04 92 61 01 19 – 🖺 rest 📺 ☎ ✆ 🅿. 🖭 ① 🖪 🇯🇨🇧

fermé nov. et dim. soir d'oct. à juin sauf vacances scolaires – **Repas** 70/195 🍷, enf. 45 – 😐 35 – **28 ch** 250/300 – ½ P 218/243.

🍴🍴 **Becs Fins,** 16 r. Saunerie ℘ 04 92 61 12 04, Fax 04 92 61 12 04 – 🖭 ① 🖪   **Y a**

fermé dim. soir et merc. sauf juil.-août – **Repas** 110/250, enf. 60.

au Nord-Ouest par ① et N 85 – ⊠ 04200 Sisteron :

🏨 **Ibis** Ⓜ, à 4 km ℘ 04 92 62 62 00, Fax 04 92 62 62 10, 🏊, – 🌼 🖺 rest 📺 ☎ ✆ & 🅿 – 🔬 25. 🖭 ① 🖪
Repas 95, enf. 39 – 😐 35 – **43 ch** 310.

🏨 **Les Chênes,** à 2 km ℘ 04 92 61 13 67, Fax 04 92 61 16 92, 🌼, 🏊, 🎋 – 📺 ☎ ✆ 🅿 – 🔬 25. 🖪
fermé 25 oct. au 4 nov., 22 déc. au 24 janv., dim. sauf juil.-août – **Repas** (fermé dim. midi)
88/142, enf. 50 – 😐 38 – **25 ch** 280/320 – ½ P 235/265.

CITROEN Julien et Fils, 150 rte de Gap par ①
℘ 04 92 61 12 07
MERCEDES HYUNDAI ZI de Proviou Sud
℘ 04 92 61 06 66 🅽 ℘ 04 92 61 28 31
OPEL Gar. Espitallier, 1 av. J.-Jaurès
℘ 04 92 61 07 09
TOYOTA Alpes Sud Autom., av. Libération
℘ 04 92 61 01 64 🅽 ℘ 04 92 61 24 64

VAG Gar. Roca, rte de Gap ℘ 04 92 61 46 61
Gar. Meyer, rte de Gap par ① ℘ 04 92 61 43 77
🅽 ℘ 04 92 65 13 82

🛞 Ayme Pneus, av. Libération ℘ 04 92 61 08 15

SIX-FOURS-LES-PLAGES 83140 Var **84** ⑭, **114** ㊹ G. Côte d'Azur – 28 957 h alt. 20.

Voir *Fort de Six-Fours* ✳ ★ N : 2 km – *Presqu'île de St-Mandrier*★ : ✳ ★★ E : 5 km – ✳ ★★ du cimetière de St Mandrier-sur-Mer E : 4 km.

Env. *Chapelle N.-D.-du-Mai* ✳ ★★ S : 6 km.

🛈 Office de Tourisme plage de Bonnegrâce ℘ 04 94 07 02 21, Fax 04 94 25 13 36 et au Brusc quai St-Pierre (juil.-août) ℘ 04 94 34 17 50.

Paris 833 – Toulon 14 – Aix-en-Provence 81 – La Ciotat 37 – Marseille 61.

🏨 🅖 **Clos des Pins** Ⓜ, 101 bis r. République ℘ 04 94 25 43 68, Fax 04 94 07 63 07, 🍽 – 🛗 🖃 📺 ⚓ ⛳ 🅿. 🆎 ⓞ ☒
fermé janv. – **Repas** *(fermé dim. soir et sam. hors sais.)* 80/130 ⚨ – ⛺ 35 – **32 ch** 240/350 – ½ P 290/310.

XXX **Aub. St-Vincent**, carrefour Pont-du-Brusc (D 559) ℘ 04 94 25 70 50, Fax 04 94 25 54 64, 🍽 – 🖃 🅿. 🆎 ⓞ ☒
fermé dim. soir de sept. à juin et lundi sauf le soir en juil.-août – **Repas** 110/259 et carte 190 à 300, enf. 30.

à la Plage de Bonnegrâce *Nord-Ouest : 3 km par rte de Sanary* – ✉ 83140 Six-Fours-les-Plages :

XX **Le Dauphin**, 36 square Bains ℘ 04 94 07 61 58, Fax 04 94 34 80 44, 🍽 – ☒
fermé 27 oct. au 5 nov., dim. soir et lundi hors sais. sauf fêtes – **Repas** 130/255, enf. 70.

au Brusc *Sud : 4 km* – ✉ 83140 Six-Fours-les-Plages :

🏨 **Parc** ⤷ sans rest, 112 r. Bondil ℘ 04 94 34 00 15, Fax 04 94 34 16 94 – ☎ 🅿. ☒ ✻
29 mars-30 sept. et fermé dim. hors sais. – ⛺ 33 – **17 ch** 220/340.

XX **Mont-Salva**, chemin Mont Salva ℘ 04 94 34 03 93, 🍽 – 🅿. 🆎 ☒
fermé 13 au 19 nov., 20 fév. au 20 mars et dim. soir sauf juil.-août – **Repas** 114/196, enf. 57.

XX **St-Pierre - Chez Marcel**, ℘ 04 94 34 02 52, Fax 04 94 34 18 01 – 🆎 ⓞ ☒
fermé janv., mardi soir et merc. hors sais. – **Repas** - produits de la mer - 90/198, enf. 65.

🅜 Mendez Pneus, 454 av. Mar.-Juin ℘ 04 94 74 70 80

SIZUN 29450 Finistère **58** ⑤ G. Bretagne – 1 728 h alt. 112.

Voir *Enclos paroissial*★ – *Bannières*★ dans l'église de Locmélar N : 5 km.

🛈 Office de Tourisme 3 r. de l'Argoat (15 juin-30 sept.) ℘ 02 98 68 88 40.

Paris 571 – Brest 36 – Carhaix-Plouguer 44 – Châteaulin 34 – Landerneau 17 – Morlaix 35 – Quimper 58.

🏨 🅖 **Voyageurs**, ℘ 02 98 68 80 35, Fax 02 98 24 11 49 – ☎ ⛳ 🅿. ☒
fermé 5 au 28 sept. – **Repas** *(fermé sam. soir et dim. soir de nov. à Pâques)* 72/140 ⚨, enf. 53 – ⛺ 35 – **28 ch** 170/265 – ½ P 190/235.

CITROEN Gar. Jegou, ℘ 02 98 68 80 47   RENAULT Gar. Dolou, ℘ 02 98 68 80 38 Ⓝ
℘ 08 00 05 15 15

SOCCIA 2A Corse-du-Sud **90** ⑮ – voir à Corse.

SOCHAUX 25600 Doubs **66** ⑧ G. Jura – 4 419 h alt. 310.

Voir *Musée Peugeot*★ AX.

Paris 425 – Besançon 83 – Mulhouse 55 – Audincourt 5 – Belfort 18 – Montbéliard 5.

Voir plan de Montbéliard agglomération..

🏨 🅖 **Arianis** Ⓜ, 11 av. Gén. Leclerc ℘ 03 81 32 17 17, Fax 03 81 32 00 90, 🍽 – 🛗 ✻ 🖃 rest
📺 ⚓ ⛳ 🅿 – 🔔 80. 🆎 ⓞ ☒ 🅹🅲🅱   AX u
Repas *(fermé dim. soir et sam.)* 80/125 ⚨, enf. 45 – ⛺ 45 – **65 ch** 260/420 – ½ P 270/318.

🏨 🅖 **Campanile**, r. Collège ℘ 03 81 95 23 23, Fax 03 81 32 21 49, 🍽 – ✻ 📺 ☎ ⚓ ⛳ 🅿 –
🔔 25. 🆎 ⓞ ☒   AX d
Repas 84 bc/107 bc, enf. 39 – ⛺ 32 – **63 ch** 278.

XXX **Luc Piguet**, 9 r. Belfort ℘ 03 81 95 15 14, Fax 03 81 95 51 21, 🍽, ✻ – 🅿. 🆎 ⓞ ☒
fermé 1er au 8 janv., dim. soir et lundi sauf fériés – **Repas** 105/180 et carte 260 à 340, enf. 60.   AX z

CONSTRUCTEUR : S.A. des Automobiles Peugeot, ℘ 03 81 33 12 34

Un conseil **Michelin** :

pour réussir vos voyages, préparez-les à l'avance.

Les **cartes** *et* **guides Michelin**, *vous donnent toutes indications utiles sur :*
itinéraires, visite des curiosités, logement, prix, etc.

SOISSONS 02200 Aisne 56 ④ G. Flandres Artois Picardie – 29 829 h alt. 47.

Voir *Anc. Abbaye de St-Jean-des-Vignes**★★* – *Intérieur**★★* *de la Cathédrale St-Gervais-et-St-Protais*★ – *Musée de l'anc. abbaye de St-Léger*★ BY **M**.

🛈 Office de Tourisme 1 av. Gén.-Leclerc ℘ 03 23 53 08 27 et Cour Saint-Jean-des-Vignes ℘ 03 23 53 17 37, Fax 03 23 59 67 72.

Paris 103 ⑥ – Compiègne 39 ⑦ – Laon 37 ② – Meaux 63 ⑥ – Reims 56 ③ – St-Quentin 61 ① – Senlis 62 ⑥.

SOISSONS

Collège (R. du)	**AY** 5		
Commerce (R. du)	**BY** 6		
St-Christophe (R.)	**AY** 33		
St-Martin (R.)	**BY** 35		
Arquebuse (R. de l')	**BZ** 2		
Château-Thierry (Av.)	**BZ** 4		

Compiègne (Av.)	**AY**	8
Desmoulins (Bd C.)	**ABZ**	12
Gambetta (Bd L.)	**BY**	14
Intendance (R. de l')	**BY**	15
Leclerc (Av. Gén.)	**BZ**	22
Marquigny (Pl. F.)	**BY**	23
Paix (R. de la)	**BY**	24
Panleu (R. de)	**AY**	25
Prés.-Kennedy (Av.)	**AZ**	26
Quinquet (R.)	**ABY**	28

Racine (R.)	**BZ**	29
République (Pl. de la)	**BZ**	30
St-Antoine (R.)	**BY**	31
St-Christophe (Pl.)	**AY**	32
St-Jean (R.)	**AZ**	34
St-Quentin (R.)	**BY**	36
St-Rémy (R.)	**BY**	37
Strasbourg (Bd de)	**BY**	38
Villeneuve (R. de)	**BZ**	39

🏨 ⬛ **Campanile,** rte Paris par ⑥ 🖉 03 23 73 28 28, Fax 03 23 73 02 34, 🎤 – 🏧 📺 ☎ ✆ & 🅿
– 🔏 25. 🆀 ⓪ 🅶🅱
Repas 84 bc/107 bc, enf. 39 – 🖵 32 – **47 ch** 278.

🏨 **Prime,** rte Paris par ⑥ 🖉 03 23 73 33 04, Fax 03 23 73 31 89 – 📺 ☎ ✆ & 🅿 – 🔏 30. 🆀
⓪ 🅶🅱
Repas 89/110 ⅋, enf. 39 – 🖵 35 – **42 ch** 270 – ½ P 250.

XX **Avenue,** 35 av. Gén. de Gaulle 🖉 03 23 53 10 76, Fax 03 23 53 63 45 – 🅶🅱   BZ v
fermé 4 au 24 août, lundi soir et dim. sauf fériés – **Repas** 98/230 ⅋.

FIAT S.E.V.A., 94 av. de Compiègne
🖉 03 23 53 16 63
FORD Europ Autom., 55 av. Gén.-de-Gaulle
🖉 03 23 59 03 29
MERCEDES Gar. Idoine, 3 av. de Compiègne
🖉 05 23 55 04 41 🅽 🖉 03 23 53 04 41
NISSAN Boulanger Autom., 103 av Château-Thierry
à Belleu 🖉 03 23 73 21 11
OPEL S.D.A., 8-10 av. de Compiègne
🖉 03 23 59 97 40
PEUGEOT Gar. des Lions, 57 av. Gén.-de-Gaulle
🖉 03 23 76 33 00 🅽 🖉 08 00 44 24 24
RENAULT S.A.S., rte de Reims par ③
🖉 03 23 75 59 59 🅽 🖉 06 07 28 93 20

SKODA N.C.V. Autom., 96 bis bd Jeanne d'Arc
🖉 03 23 53 59 59
TOYOTA Gar. Bachelet, Rd-Pt de l'Archer
🖉 03 23 73 92 92
VAG Veltour Autom., 96 bd J.-d'Arc
🖉 03 23 53 59 59 🅽 🖉 03 23 53 59 59

⑩ Dupont Pneus-Point S, 35 av. de Laon
🖉 03 23 59 42 31
Euromaster, 60 av. de Compiègne
🖉 03 23 59 95 95
Hurand Pneu-Vulco, r. S.-Allende, ZAC Chevreux
🖉 03 23 73 90 00

The numbered circles on the town plans ①, ②, ③
are duplicated on the **Michelin maps** *at a scale of* 1 : 200 000.

These references, common to both guide and map,
make it easier to change from one to the other.

SOLDEU 🟫🟫 ⑮ – *voir à Andorre (Principauté d').*

SOLENZARA *2A Corse-du-Sud*🟫🟫 ⑦ – *voir à Corse.*

SOLESMES *72 Sarthe*🟫🟫 ① ② – *rattaché à Sablé-sur-Sarthe.*

SONDERNACH *68380 H.-Rhin*🟫🟫 ⑱ – *540 h alt. 540.*
Paris 474 – Colmar 28 – Gérardmer 41 – Guebwiller 29 – Thann 42.

XX ⬛ **A l'Orée du Bois,** rte du Schnepfenried 🖉 03 89 77 70 21, ≤, 🎤 – 🅿. 🅶🅱
fermé 6 janv. au 6 fév., le midi du 23 juin au 2 juil., merc. midi et mardi – **Repas** 75/220 ⅋,
enf. 45.

SONNAZ *73 Savoie*🟫🟫 ⑮ – *rattaché à Chambéry.*

SOPHIA-ANTIPOLIS *06 Alpes-Mar.*🟫🟫 ⑨ – *rattaché à Valbonne.*

SORÈDE *66690 Pyr.-Or.*🟫🟫 ⑲ G. *Pyrénées Roussillon – 2 160 h alt. 20.*
Paris 893 – Perpignan 25 – Amélie-les-Bains-Palalda 32 – Argelès-sur-Mer 7 – Le Boulou 16.

🏨 **St-Jacques** � *sans rest,* 45 r. St-Jacques 🖉 04 68 89 00 60, ≤, 🛋 – ☎ 🅿
mars-oct. – 🖵 35 – **15 ch** 280.

X **Salamandre,** 3 rte Laroque 🖉 04 68 89 26 67 – 🆀 ⓪ 🅶🅱
fermé 15 au 30 nov., 1ᵉʳ fév. au 15 mars, lundi sauf le soir du 15 juil. au 15 sept. et dim. soir –
Repas 85/120 ⅋, enf. 46.

SORGES *24420 Dordogne*🟫🟫 ⑥ G. *Périgord Quercy – 1 074 h alt. 178.*
🟦 *Syndicat d'Initiative Maison de la Truffe* 🖉 05 53 05 90 11, Fax 05 53 05 95 18 (Mairie).
Paris 468 – Périgueux 21 – Brantôme 24 – Limoges 76 – Nontron 36 – Thiviers 15 –
Uzerche 69.

🏨 **Aub. de la Truffe,** sur N 21 🖉 05 53 05 02 05, Fax 05 53 05 39 27, 🎤, 🛋, 🐎 – ▤ rest
📺 ☎ ✆ 🅿 – 🔏 30. 🆀 🅶🅱
Repas *(fermé dim. soir en hiver)* 80/250 ⅋, enf. 50 – 🖵 35 – **26 ch** 220/300 – ½ P 275.

SORGUES *84700 Vaucluse* 81 ⑫ *– 17 236 h alt. 24.*

Paris 674 – Avignon 11 – Carpentras 18 – Cavaillon 30 – Orange 18.

Davico, 67 r. St Pierre ☎ 04 90 39 11 02, Fax 04 90 83 48 42 – |‡| TV ☎. GB
fermé 15 au 31 août, 23 déc. au 6 janv., sam. midi et dim. – **Repas** 110/300 – ☕ 40 – **26 ch** 250/320 – ½ P 290/315.

à Entraigues-sur-la-Sorgue *Est : 4,5 km par D 38 – 5 788 h. alt. 30 – ✉ 84320 :*

Parc, rte Carpentras ☎ 04 90 83 62 43, Fax 04 90 83 29 11, ⛱, 🏊, 🌳 – ▤ TV ☎ ♿ P. GB. ✂
Repas *(fermé dim. soir hors sais. et le midi)* (résidents seul.) 98 bc/189 bc – ☕ 38 – **30 ch** 300/360 – ½ P 242/267.

CITROEN Gar. Rolland, 224 rte d'Orange ☎ 04 90 83 30 04
Gar. Lan, 125 rte de Carpentras à Entraigues-sur-Sorgues ☎ 04 90 83 18 73
Manu Pneus, Village d'Entreprises Ero, 18 r. des Métiers ☎ 04 90 39 66 89

SOTTEVILLE-SUR-MER *76740 S.-Mar.* 52 ③ *– 365 h alt. 60.*

Paris 193 – Dieppe 24 – Fontaine-le-Dun 11 – Rouen 61 – St-Valery-en-Caux 11.

XX **Les Embruns,** ☎ 02 35 97 77 99 – GB
fermé 1er au 15 oct., 26 janv. au 15 fév., lundi hors sais. et dim. soir – **Repas** 77 (déj.), 103/245.

SOUCY *89 Yonne* 61 ⑭ *– rattaché à Sens.*

SOUDAN *79 Deux-Sèvres* 68 ⑫ *– rattaché à St-Maixent-l'École.*

SOUESMES *41300 L.-et-Ch.* 64 ⑳ *– 1 135 h alt. 128.*

Paris 192 – Bourges 48 – Aubigny-sur-Nère 21 – Blois 76 – Cosne-sur-Loire 62 – Gien 51 – Salbris 11.

Aub. Croix Verte, ☎ 02 54 98 83 70 – P
fermé 1er au 15 sept., 1er au 15 fév., dim. soir et lundi – **Repas** 80/130 🍷 – ☕ 28 – **13 ch** 120/180.

SOUILLAC *46200 Lot* 75 ⑱ *G. Périgord Quercy – 3 459 h alt. 104.*

Voir Anc. église abbatiale : bas-relief "Isaïe"★★, revers du portail★ – Musée national de l'Automate et de la Robotique★.

Golf Club du Mas del Teil ☎ 05 65 32 68 20, N par D 15 : 7 km.

Office de Tourisme bd L.-J. Malvy ☎ 05 65 37 81 56, Fax 05 65 27 11 45.

Paris 520 ① – Brive-la-Gaillarde 37 ① – Sarlat-la-Canéda 29 ③ – Cahors 62 ② – Figeac 67 ② – Gourdon 27 ②.

Plan page suivante

Vieille Auberge M, 1 r. Recège ☎ 05 65 32 79 43, Fax 05 65 32 65 19, Fб, 🏊 – ▤ rest TV ☎ 📞 🚗 P – 🏛 30. AE ① GB — Y b
fermé dim. soir et lundi du 1er nov. au 31 mars – **Repas** 100/320, enf. 55 – ☕ 40 – **19 ch** 275/350 – ½ P 375.

Grand Hôtel, 1 allée Verninac ☎ 05 65 32 78 30, Fax 05 65 32 66 34, ⛱ – |‡| ▤ TV ☎. AE GB — Z e
1er avril-1er nov. et fermé merc. en avril et oct. – **Repas** 75/240, enf. 48 – ☕ 35 – **44 ch** 275/480 – ½ P 235/380.

Le Quercy sans rest, 1 r. Récège ☎ 05 65 37 83 56, Fax 05 65 37 07 22, 🏊 – TV ☎ 🚗. GB JCB — Y d
26 mars-14 nov. – ☕ 35 – **25 ch** 290.

Europe sans rest, 54 bd L.-J. Malvy ☎ 05 65 37 08 01, Fax 05 65 37 08 02, 🏊, 🌳 – TV ☎. GB — Y s
23 mars-20 oct. – ☕ 30 – **14 ch** 250.

Aub. du Puits, 5 pl. Puits ☎ 05 65 37 80 32, Fax 05 65 37 07 16 – TV ☎. GB — Y k
fermé 3 nov. au 1er janv., dim. soir et lundi hors sais. sauf vacances scolaires – **Repas** 80/280 🍷 – ☕ 32 – **20 ch** 150/300 – ½ P 200/250.

Belle Vue sans rest, 68 av. J. Jaurès - **Y** ☎ 05 65 32 78 23, Fax 05 65 37 03 89, 🏊, 🌳, 🎾 – |‡| ☎ P. GB
fermé 5 au 15 janv. – ☕ 32 – **27 ch** 205/235.

XX **Le Redouillé,** 28 av. Toulouse par ② ☎ 05 65 37 87 25, Fax 05 65 37 09 09, ⛱, 🌳 – ▤ P. AE ① GB
fermé 1er au 22 sept., mi-fév. à mi-mars, mardi soir et merc. hors sais. – **Repas** 95/165, enf. 55.

SOUILLAC

Abbaye (Pl. de l') ..... Z 2
Barebaste (R.) .... Z 4
Barnicou (Pl.) .... Z 5
Bénétou (Rue) .... Y 7
Betz (Pl. Pierre) ...... Z
Bouchier (Pl. J.-B.) .... Z 8
Doussot (Pl.) .... Z 9
Figuier (Pl. du) .... Y 12
Forail-Marsalès (Pl. du) .... YZ
Frégière (R. de la) .... Z
Gambetta (Av.) .... Y 14
Gaulle (Av. du Gén. de) .... Y 15
Gourgue (R. de) ...... Z 16
Granges (R. des) ..... Z
Grozel (R. de) .... Y
Halle (R. de la) .... Y 17
Juillet (R. de) .... Y
Laborie (Pl. de) .... Y 20
Laborie (R. de) .... Y
Louqsor (Rue) .... Z 21
Malvarès (Rue) .... Y 22
Malvy (Bd Louis-Jean) .... YZ
Malvy (Av. Martin) .... Y
Morlet (Rue) .... Z 24
Pons (Pl. de l'Abbé) ... Y 25
Pont (R. du) .... Z 26
Puits (Pl. du) .... Y 28
Rajol (Pl. du) .... Y 29
Recège (R. de la) ..... Y
St-Martin (Rue) .... Z 32
Sarlat (Av. de) .... Z
Verlhac (Av. P.) .... Y

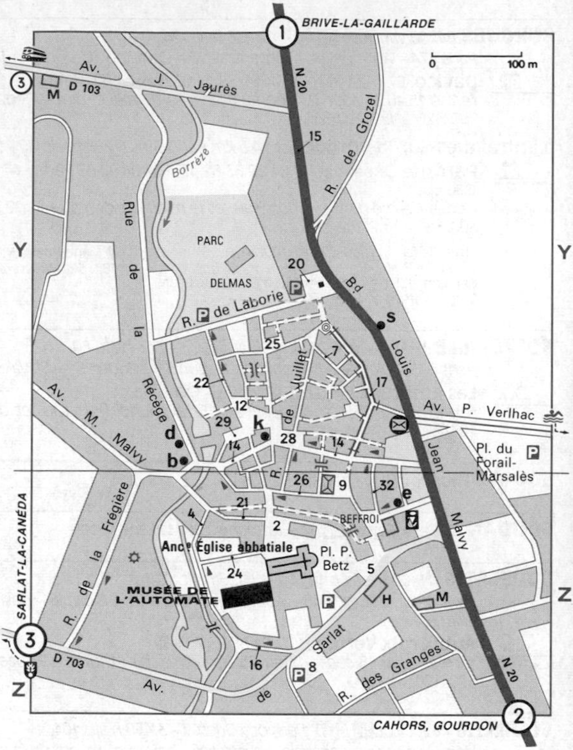

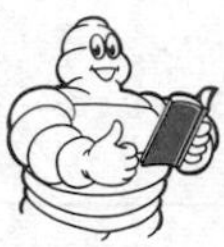

au Pigeon *rte de Martel : 6 km par D 703 – ✉ 46200 Mayrac :*

La Table au Fou Ⓜ avec ch, ☎ 05 65 32 28 50, Fax 05 65 32 28 55, ☂ – ▤ rest TV ☎ P. AE GB
Repas 70/280, enf. 35 – ☕ 35 – **7 ch** 240 – ½ P 190.

RENAULT Gar. Sanfourche, rte de Sarlat ☎ 05 65 32 73 03 **N** ☎ 05 65 20 72 15

Pneus Service, 19 av. J.-Jaurès ☎ 05 65 37 81 88

SOULAC-SUR-MER *33780 Gironde* **71** ⑯ *G. Pyrénées Aquitaine – 2 790 h alt. 7 – Casino de la Plage.*

Office de Tourisme 95 r. de la Plage ☎ 05 56 09 86 61, Fax 05 56 73 63 76.
Paris 514 – Royan 10 – Bordeaux 96 – Lesparre-Médoc 30.

à l'Amélie-sur-Mer *Sud-Ouest : 4,5 km par D 101^E – ✉ 33780 Soulac-sur-Mer :*

des Pins ≫, ☎ 05 56 73 27 27, Fax 05 56 73 60 39, ☂, ☂ – TV ☎ P. AE ⓞ GB. ✻ ch
fermé 15 nov. au 15 déc. et 15 janv. au 15 mars – **Repas** 95/250 ♀, enf. 55 – ☕ 43 – **34 ch** 225/420 – ½ P 275/395.

RENAULT Gar. Merlin, ☎ 05 56 09 80 44

SOULAGES-BONNEVAL *12 Aveyron* **76** ⑬ *– rattaché à Laguiole.*

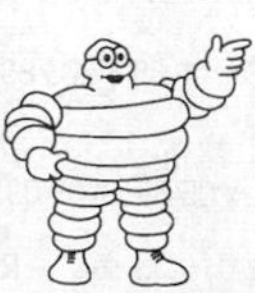

Participez à notre effort permanent de mise à jour

Adressez-nous vos remarques et vos suggestions.

Cartes et guides Michelin

46 avenue de Breteuil - 75324 Paris Cedex 07

SOUMOULOU *64420 Pyr.-Atl.* 🆘 ⑦ – *1 022 h alt. 296.*

Paris 790 – Pau 17 – Lourdes 24 – Nay 16 – Pontacq 11 – Tarbes 25.

🏠 **Béarn,** 𝄐 05 59 04 60 09, Fax 05 59 04 63 33, ㄹ , ㄹ – 🔟 ☎ 🅲 👁 🄿 🅰🅴 🅾 🅶🅱
☎ *fermé 15 au 30 oct., 5 au 30 janv., dim. soir et lundi d'oct. au 15 juil.* – **Repas** 67/195 ⅗,
enf. 50 – 🍽 38 – **14 ch** 200/310 – ½ P 230/243.

PEUGEOT Gar. Caillabet, à Lamarque-Pontacq   RENAULT Gar. Pujo, à Pontacq 𝄐 05 59 53 50 57
𝄐 05 59 53 50 89
RENAULT Gar. Grimaud, à Espoey
𝄐 05 59 04 65 17 🅽 𝄐 08 00 05 15 15

SOURDEVAL *50150 Manche* 🔢 ⑨ – *3 211 h alt. 217.*

Voir *Vallée de la Sée★ O,* G. Normandie Cotentin.

🄱 *Office de Tourisme 𝄐 02 33 59 29 44, Fax 02 33 69 47 95.*

Paris 310 – St-Lô 53 – Avranches 37 – Domfront 31 – Flers 31 – Mayenne 65 – St-Hilaire-du-Harcouët 25 – Vire 14.

🍴🍴 **Le Temps de Vivre** avec ch, pl. Rex 𝄐 02 33 59 60 41, Fax 02 33 59 88 34 – ☎. 🅶🅱
☎ *fermé vacances de fév. et lundi sauf août* – **Repas** 67/165 ⅗, enf. 36 – 🍽 25 – **7 ch** 170/230
– ½ P 175/185.

PEUGEOT Gar. Suard, 𝄐 02 33 59 60 35 🅽 𝄐 02 33 59 60 35

SOURZAC *24 Dordogne* 🔢 ④ – *rattaché à Mussidan.*

SOUSCEYRAC *46190 Lot* 🔢 ⑳ – *1 064 h alt. 559.*

Paris 546 – Aurillac 50 – Cahors 92 – Figeac 40 – Mauriac 73 – St-Céré 17.

🍴🍴 **Au Déjeuner de Sousceyrac** (Piganiol) avec ch, 𝄐 05 65 33 00 56, Fax 05 65 33 04 37
🕸 – 🔟 🅶🅱
🐾 *fermé 1ᵉʳ janv. au 15 mars, dim. soir et lundi sauf juil.-août* – **Repas** 115/250 et carte 270 à
340 – 🍽 32 – **10 ch** 200 – ½ P 220

Spéc. Terrine de foie gras de canard. Millefeuille de foie gras de canard et pommes de
terre. Crème brûlée aux noix. **Vins** Bergerac, Cahors.

SOUS-LA-TOUR *22 C.-d'Armor* 🔢 ③ – *rattaché à St-Brieuc.*

SOUSTONS *40140 Landes* 🔢 ⑯ – *5 283 h alt. 9.*

Voir *Étang de Soustons★ O : 1 km,* G. Pyrénées Aquitaine.

🏌 🏌 *Côte d'Argent 𝄐 05 58 48 54 65, NO par D 652 puis D 117 : 18 km ;* 🏌 *de Pinsolle*
𝄐 *05 58 48 03 92, Lac du Port d'Albret par D 652 : 10 km.*

🄱 *Office de Tourisme "La Grange de Labouyrie" 𝄐 05 58 41 52 62, Fax 05 58 41 30 63.*

Paris 733 – Biarritz 45 – Mont-de-Marsan 77 – Castets 24 – Dax 26 – St-Vincent-de-Tyrosse 13.

🏨 **Pavillon Landais** 🦢, av. Lac 𝄐 05 58 41 14 49, Fax 05 58 41 26 03, ≼, 🍽, « Au bord du
lac », 🔽, 🍽 – 🔟 ☎ 🅲 🄿 🅰🅴 🅾 🅶🅱
fermé janv. – **Repas** *(fermé dim. soir et lundi hors sais.)* 100 (déj.), 150/230 – 🍽 42 – **27 ch**
300/500 – ½ P 380/420.

🏨 **La Bergerie** 🦢, vers le Lac, allée des Soupirs 𝄐 05 58 41 11 43, Fax 05 58 41 21 61,
« Demeure landaise dans un parc » – 🔟 ☎ 🄿. 🅶🅱
15 mars-15 nov. – **Repas** *(résidents seul.)* – 🍽 45 – **12 ch** 300/400 – ½ P 450.

CITROEN Gar. Lartigau, 12 av. Mar.-Leclerc   PEUGEOT Gar. Bouyrie, 6 av. Gén.-de-Gaulle
𝄐 05 58 41 14 80 🅽 𝄐 05 58 41 14 80   𝄐 05 58 41 51 75
PEUGEOT Gar. Chopin, 7 r. d'Aste 𝄐 05 58 41 10 57

La SOUTERRAINE *23300 Creuse* 🔢 ⑧ G. Berry Limousin – *5 459 h alt. 390.*

Voir *Église★.*

🄱 *Office de Tourisme pl. Gare 𝄐 05 55 63 10 06, Fax Mairie 05 55 63 37 49.*

Paris 341 – Limoges 57 – Bellac 40 – Châteauroux 72 – Guéret 34.

à St-Étienne-de-Fursac *Sud : 11 km par D 1 – 843 h. alt. 322 –* ✉ *23290 :*

🏨 **Nougier,** 𝄐 05 55 63 60 56, Fax 05 55 63 65 47, « Intérieur rustique », 🍽 – 🔟 ☎ 🄿. 🅶🅱
*fermé 1ᵉʳ déc. au 28 fév., lundi midi en juil.-août, dim. soir et lundi du 1ᵉʳ sept. au 30 juin
sauf fêtes* – **Repas** 70 (déj.), 100/220 – 🍽 41 – **12 ch** 250/360 – ½ P 265/300.

CITROEN Gar. Chambraud, 2 r. Peu de Sedelle   ⊚ G.P. Pneus, bd de Belmont 𝄐 05 55 63 78 23
𝄐 05 55 63 08 89   Pneus et Caoutchouc, bd Belmont
PEUGEOT Gar. Laville, 7 av. République   𝄐 05 55 63 00 25
𝄐 05 55 63 01 63

SOUVIGNY *03210 Allier* 69 ⑭ *G. Auvergne – 2 024 h alt. 242.*

Voir *Prieuré St-Pierre★★ – Calendrier★★ dans l'église-musée St-Marc.*

Paris 295 – Moulins 13 – Bourbon-l'Archambault 15 – Montluçon 66.

XX **Aub. des Tilleuls,** ✆ 04 70 43 60 70 – GB
fermé 9 au 16 juin, 15 au 22 sept., 25 janv. au 9 fév., dim. soir sauf juil.-août et lundi – **Repas** 98/215, enf. 50.

SOUVIGNY-EN-SOLOGNE *41600 L.-et-Ch.* 64 ⑩ *– 440 h alt. 210.*

Paris 173 – Orléans 39 – Gien 43 – Lamotte-Beuvron 15 – Montargis 63.

XX **Perdrix Rouge,** ✆ 02 54 88 41 05, Fax 02 54 88 05 56, « Jardin » – AE GB
fermé 28/6 au 4/7, 27/8 au 4/9, 22/2 au 6/3, lundi sauf le midi du 1er avril au 15 nov. et mardi – **Repas** (dim. et fêtes prévenir) 80/300.

XX **Aub. Croix Blanche** avec ch, ✆ 02 54 88 40 08, Fax 02 54 88 91 06 – ☎ P. GB
fermé mi-janv. à début mars, mardi soir et merc. – **Repas** 76/235 – ☕ 35 – **9 ch** 280 – ½ P 220/270.

RENAULT Gar. Bruandet Paret, ✆ 02 54 88 43 18 N ✆ 02 54 88 43 18

SOYAUX *16 Charente* 72 ⑭ *– rattaché à Angoulême.*

SOYONS *07 Ardèche* 77 ⑪ ⑫ *– rattaché à St-Péray.*

STAINVILLE *55500 Meuse* 62 ① *– 380 h alt. 228.*

Paris 229 – Bar-le-Duc 18 – Commercy 37 – Joinville 37 – Neufchâteau 67 – St-Dizier 21 – Toul 59.

XX **La Petite Auberge,** ✆ 03 29 78 60 10 – AE ⓓ GB
✿ *fermé 28 juil. au 20 août, Noël au Jour de l'An, vend. soir, sam. midi et dim. soir* – **Repas** (nombre de couverts limité, prévenir) 95 (déj.), 150/200 et carte 210 à 290
Spéc. Navarin de Saint-Jacques (oct. à mai). Duo de sole et langoustines dans leur bisque. Poulet et ris de veau aux morilles. **Vins** Côtes de Toul.

X **La Grange** avec ch, ✆ 03 29 78 60 15, Fax 03 29 78 67 28, – TV ☎ . GB
fermé 15 déc. au 15 janv. et lundi soir de nov. à fév. – **Repas** 100/200 , enf. 50 – ☕ 45 – **8 ch** 230/290 – ½ P 300/350.

STEINBRUNN-LE-BAS *68 H.-Rhin* 66 ⑩ *– rattaché à Mulhouse.*

STELLA-PLAGE *62 P.-de-C.* 51 ⑪ *– rattaché au Touquet.*

STIRING-WENDEL *57 Moselle* 57 ⑥ *– rattaché à Forbach.*

en français
Visitez la capitale avec le
guide Vert Michelin PARIS

in English
Visit the capital with the
Michelin Green Guide PARIS

in deutsch
Besuchen Sie die französische Hauptstadt mit dem
Grünen Michelin-Führer PARIS

in italiano
per visitare la capitale utilizzate la
Guida Verde Michelin PARIGI

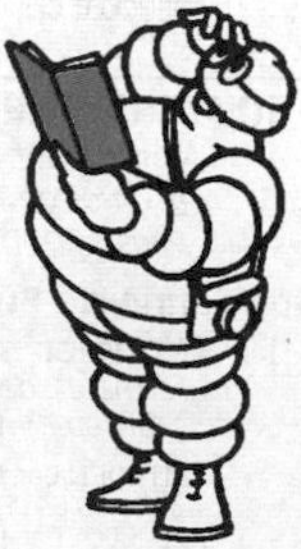

STRASBOURG

P 67000 B.-Rhin 52 ⑩ G. Alsace Lorraine - 252 338 h. - Agglo. 388 483 h - alt. 143.

Paris 490 ① – Basel 140 ③ – Bonn 318 ③ – Bordeaux 1065 ① – Frankfurt am Main 220 ③ –
Karlsruhe 82 ③ – Lille 526 ① – Luxembourg 220 ① – Lyon 496 ④ – Stuttgart 147 ③

OFFICES DE TOURISME

17 pl. de la Cathédrale ℘ 03 88 52 28 28, Fax 03 88 52 28 29
pl. de la gare ℘ 03 88 32 51 49
Pont de l'Europe ℘ 03 88 61 39 23
Automobile Club, 5 av. de la Paix ℘ 03 88 36 04 34, Fax 03 88 36 00 63.

RENSEIGNEMENTS PRATIQUES

TRANSPORTS
Auto-train ℘ 08 36 35 35 35.

AÉROPORT
Strasbourg-International ℘ 03 88 64 67 67 **AT.**

QUELQUES GOLFS
🏌🏌🏌 à Illkirch-Graffenstaden (privé) ℘ 03 88 66 17 22 **BT**
🏌 de la Wantzenau à Wantzenau ℘ 03 88 96 37 73 **CR**
🏌 de Kempferhof à Plosheim ℘ 03 88 98 72 72, S par D 468 : 15 km.

CURIOSITÉS

DÉCOUVERTE DE STRASBOURG
≤★ de la flèche de la cathédrale Notre-Dame★★★ **KZ** - Promenades en vedette sur l'Ill.

QUARTIER DE LA CATHÉDRALE
Cathédrale Notre-Dame ★★★ : horloge astronomique★ - Place de la cathédrale★ **KZ** :
maison Kammerzell★ **KZ** e - Musées★★ du palais Rohan★ **KZ.**
Musée alsacien★★ **KZ M**² - Musée de l'Oeuvre Notre-Dame★★ **KZ M**¹ - Musée d'Art
moderne★ **KZ M**⁴ - Musée historique★ **KZ M**³.

LA PETITE FRANCE
Rue du Bains-aux-Plantes★★ **HJZ** - Ponts couverts★ **HZ** - Barrage Vauban ☆★★ **HZ** -
Mausolée du maréchal de Saxe★★ dans l'église St-Thomas **JZ.**

AUTOUR DES PLACES KLÉBER ET BROGLIE
Place Kléber★, la plus célèbre place de Strasbourg, bordée au Nord par l'Aubette **JY** - Place
de Broglie : hôtel de ville★ **KY H.**

L'EUROPE À STRASBOURG
Palais de l'Europe★ **FU** - Nouveau palais des Droits de l'Homme **GU** - Orangerie★ **FGU.**

1274

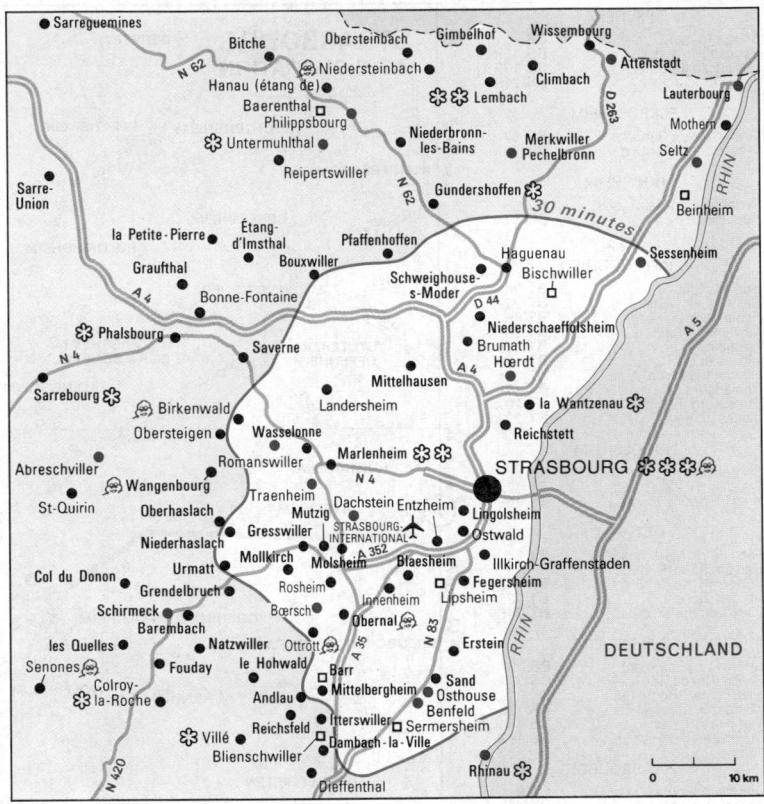

Régent Petite France M ⑤, 5 r. Moulins ℰ 03 88 76 43 43, Fax 03 88 76 43 76, ≤, 佘, « Anciennes glacières au bord de l'Ill - décor contemporain », ƒ₆ – ⓘ ↝ ≡ ch ⅢⅤ ☎ ℃ ₺ ⟵ – 益 25 à 60. ஊ ① ☒ ☒
p. 8 **JZ   z**
fermé 23 déc. au 3 janv. – **Repas** (fermé lundi en été, sam. et dim. en hiver) 175 bc – ☲ 87 – **63 ch** 1050/1460, 5 appart, 4 duplex.

Hilton, av. Herrenschmidt ℰ 03 88 37 10 10, Fax 03 88 36 83 27, 佘 – ⓘ ↝ ≡ ⅢⅤ ☎ ₺ ℗ – 益 25 à 300. ஊ ① ☒ ☒
p. 6 **EU   e**
La Maison du Boeuf ℰ 03 88 35 72 31 (fermé 12 juil. au 2 sept., sam. midi et dim.) **Repas** 195/290, enf. 65 – **Le Jardin** ℰ 03 88 35 72 61 **Repas** 105(déj.)159/182 ⓖ, enf. 57 – ☲ 98 – **241 ch** 1060/1300, 5 appart.

Sofitel M, pl. St-Pierre-le-Jeune ℰ 03 88 15 49 00, Fax 03 88 15 49 99, 佘, patio – ⓘ ↝ ≡ ⅢⅤ ☎ ⟵ – 益 25 à 150. ஊ ① ☒
p. 8 **JY   s**
L'Alsace Gourmande : Repas 150 ⓖ – ☲ 98 – **158 ch** 1100/1200.

Beaucour M ⑤ sans rest, 5 r. Bouchers ℰ 03 88 76 72 00, Fax 03 88 76 72 60, « Anciennes maisons alsaciennes élégamment aménagées » – ⓘ ≡ ⅢⅤ ☎ ℃ ₺ – 益 30. ஊ ① ☒
p. 9 **KZ   k**
☲ 65 – **49 ch** 550/950.

Régent Contades M sans rest, 8 av. Liberté ℰ 03 88 15 05 05, Fax 03 88 15 05 15, « Hôtel particulier du 19ᵉ siècle », ƒ₆ – ⓘ ↝ ≡ ⅢⅤ ☎. ஊ ① ☒ ☒
p. 9 **LY   f**
☲ 87 – **45 ch** 790/1300.

Maison Rouge sans rest, 4 r. Francs-Bourgeois ℰ 03 88 32 08 60, Fax 03 88 22 43 73, « Belle décoration intérieure » – ⓘ ⅢⅤ ☎ ₺ – 益 40. ஊ ① ☒
p. 8 **JZ   g**
☲ 65 – **140 ch** 540/590.

STRASBOURG AGGLOMÉRATION

0   2 km

A

BERSTETT

TRUCHTERSHEIM

PFETTISHEIM

KLEINFRANKENHEIM

BEHLENHEIM

PFULGRIESHEIM

WIWERSHEIM

GRIESHEIM - SUR - SOUFFEL

STUTZHEIM OFFENHEIM

DINGSHEIM

HURTIGHEIM

ITTENHEIM

OBERSCHAEFFOLSHEIM

BREUSCHWICKERSHEIM

WOLFISHEIM

ACHENHEIM

HANGENBIETEN

HOLTZHEIM

KOLBSHEIM

STRASBOURG - INTERNATIONAL

DUPPIGHEIM

ENTZHEIM

GLOECKELSBERG

GEISPOLSHEIM

BLAESHEIM

LIPSHEIM

COLMAR, SÉLESTAT

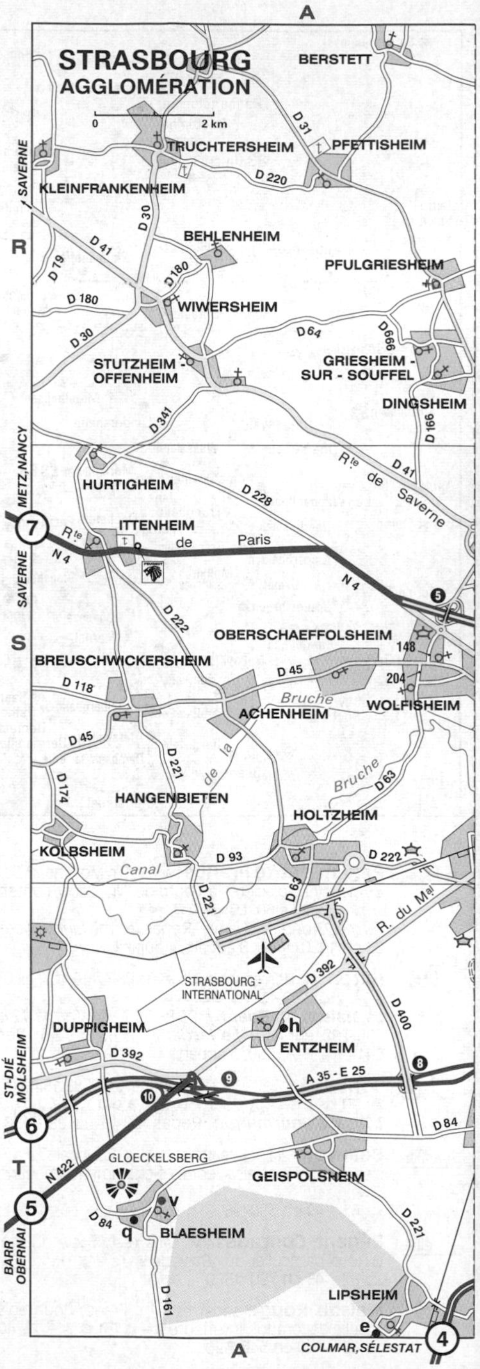

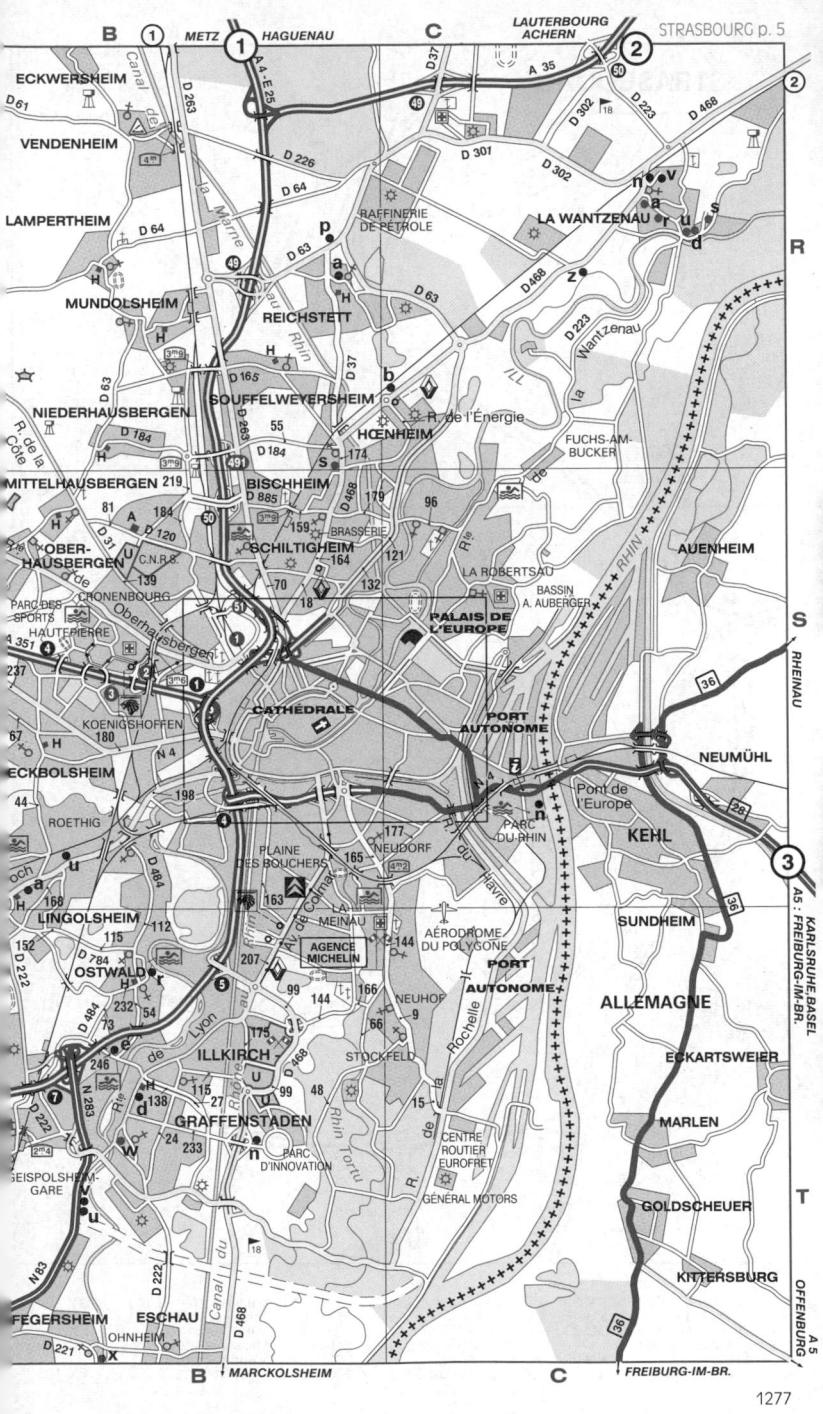

STRASBOURG

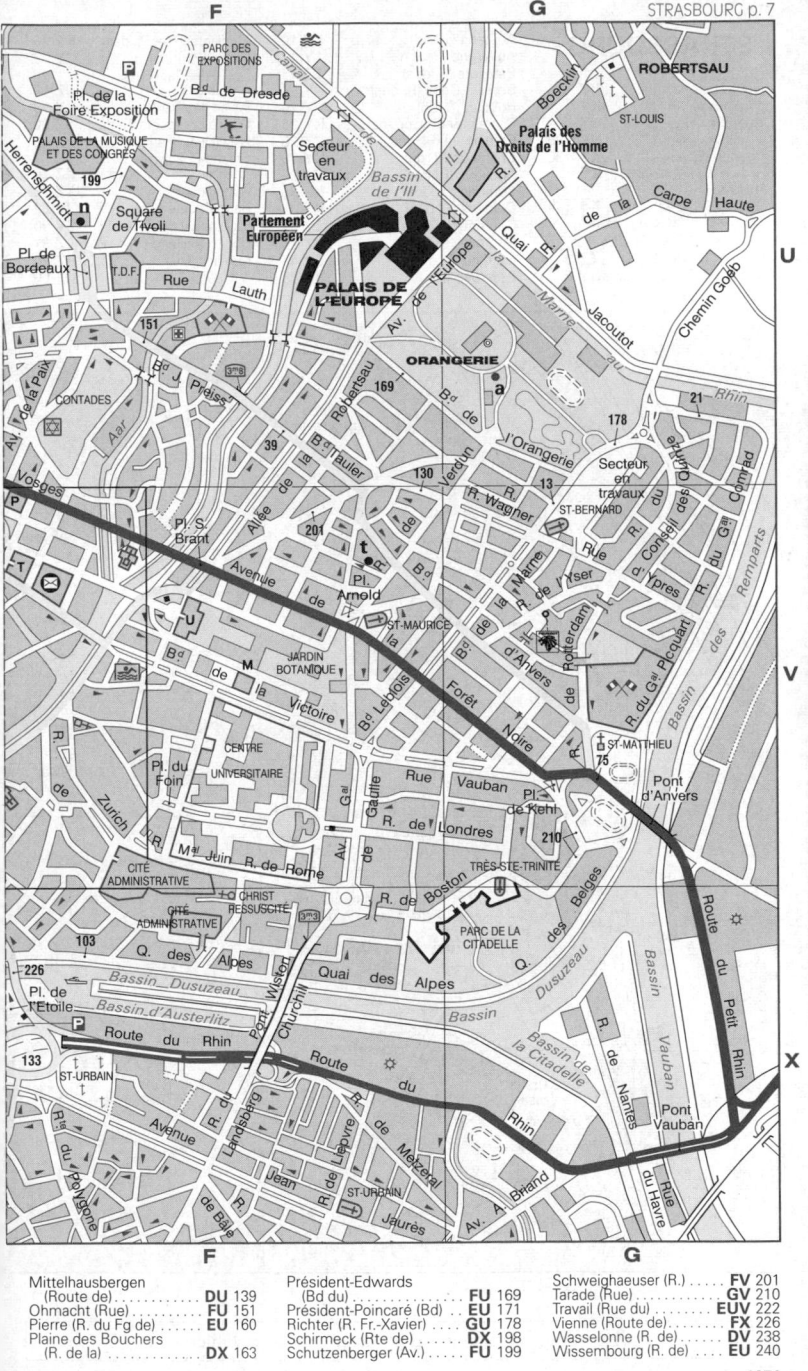

STRASBOURG

Ne voyagez pas aujourd'hui avec une carte d'hier.

Reisen Sie nicht heute mit einer Karte von gestern.

Monopole-Métropole sans rest, 16 r. Kuhn ✆ 03 88 14 39 14, Fax 03 88 32 82 55, « Décor alsacien et contemporain » – |≜| ⇔ 🖵 ☎ ⇔. ᴀᴇ ⓘ ɢʙ ᴊᴄʙ
p. 8 HY p
fermé 23 déc. au 4 janv. – ⊊ 65 – **90 ch** 420/730.

Holiday Inn, 20 pl. Bordeaux ✆ 03 88 37 80 00, Fax 03 88 37 07 04, ℉₅, 🔲 – |≜| ☎ ♿ ℙ – 🔏 50 à 500. ᴀᴇ ⓘ ɢʙ ᴊᴄʙ
p. 7 FU n
Repas 150, enf. 50 – ⊊ 85 – **170 ch** 950/1120.

Europe sans rest, 38 r. Fossé des Tanneurs ✆ 03 88 32 17 88, Fax 03 88 75 65 45, « Maison alsacienne à colombages, belle reproduction au 1/50ᵉ de la cathédrale » – |≜| 🖵 ☎ ℃ ⇔ – 🔏 40. ᴀᴇ ɢʙ ᴊᴄʙ
p. 8 JZ v
fermé 22 au 29 déc. – ⊊ 46 – **55 ch** 370/600, 5 appart.

France sans rest, 20 r. Jeu des Enfants ✆ 03 88 32 37 12, Fax 03 88 22 48 08 – |≜| ⇔ 🖵 ☎ ⇔ – 🔏 30. ᴀᴇ ɢʙ ᴊᴄʙ
p. 8 JY v
⊊ 65 – **66 ch** 470/700.

Mercure Centre Ⓜ sans rest, 25 r. Thomann ✆ 03 88 75 77 88, Fax 03 88 32 08 66 – |≜| ⇔ ☰ 🖵 ☎ ♿ ⇔. ᴀᴇ ⓘ ɢʙ
p. 8 JY q
⊊ 57 – **98 ch** 650.

Novotel Centre Halles Ⓜ, 4 quai Kléber ✆ 03 88 21 50 50, Fax 03 88 21 50 51 – |≜| ⇔ ☰ 🖵 ☎ ℃ ♿ – 🔏 25 à 100. ᴀᴇ ⓘ ɢʙ
p. 8 JY k
Repas carte environ 170, enf. 50 – ⊊ 57 – **97 ch** 560/670.

Grand Hôtel sans rest, 12 pl. Gare ✆ 03 88 52 84 84, Fax 03 88 52 84 00 – |≜| ⇔ 🖵 ☎ ℃. ᴀᴇ ⓘ ɢʙ
p. 8 HY m
⊊ 65 – **83 ch** 380/610.

Plaza, 10 pl. Gare ✆ 03 88 15 17 17, Fax 03 88 15 17 15, 🍴 – |≜| ⇔ 🖵 ☎. ᴀᴇ ⓘ ɢʙ ᴊᴄʙ
p. 8 HY m
La Brasserie : **Repas** 95 ♧, enf. 40 – ⊊ 58 – **72 ch** 480/560, 6 appart – ½ P 340.

Cathédrale Ⓜ sans rest, 12 pl. Cathédrale ✆ 03 88 22 12 12, Fax 03 88 23 28 00 – |≜| ⇔ 🖵 ☎. ᴀᴇ ⓘ ɢʙ
p. 9 KZ n
⊊ 48 – **32 ch** 350/790, 3 duplex.

des Rohan sans rest, 17 r. Maroquin ✆ 03 88 32 85 11, Fax 03 88 75 65 37 – |≜| ⇔ ☰ 🖵 ☎. ᴀᴇ ⓘ ɢʙ ᴊᴄʙ
p. 9 KZ u
⊊ 50 – **36 ch** 410/695.

Villa d'Est Ⓜ sans rest, 12 r. J. Kablé ✆ 03 88 15 06 06, Fax 03 88 15 06 16, ℉₅ – |≜| ⇔ 🖵 ☎. ᴀᴇ ⓘ ɢʙ ᴊᴄʙ
p. 6 EU s
fermé 23 déc. au 3 janv. – ⊊ 67 – **48 ch** 495.

La Dauphine sans rest, 30 r. 1ᵉ Armée ✆ 03 88 36 26 61, Fax 03 88 35 50 07 – |≜| 🖵 ☎ ⇔. ᴀᴇ ⓘ ɢʙ
p. 6 EX a
fermé 23 déc. au 2 janv. – ⊊ 60 – **45 ch** 475/560.

Dragon Ⓜ sans rest, 2 r. Écarlate ✆ 03 88 35 79 80, Fax 03 88 25 78 95 – |≜| ⇔ 🖵 ☎ ♿. ᴀᴇ ⓘ ɢʙ. ✀
p. 8 JZ d
fermé 23 au 27 déc. – ⊊ 58 – **32 ch** 430/655.

Hannong, 15 r. 22-Novembre ✆ 03 88 32 16 22, Fax 03 88 22 63 87 – |≜| ☰ rest 🖵 ☎ – 🔏 30. ᴀᴇ ⓘ ɢʙ
p. 8 JY a
fermé 3 au 9 janv. – **Repas** *(fermé sam. midi et dim.)* carte environ 170 ♧ – ⊊ 62 – **72 ch** 425/625.

Relais Mercure sans rest, 3 r. Maire Kuss ✆ 03 88 32 80 80, Fax 03 88 23 05 39, ℉₅ – |≜| ⇔ ☰ 🖵 ☎ – 🔏 30. ᴀᴇ ⓘ ɢʙ
p. 8 HY e
⊊ 49 – **52 ch** 370/420.

Forum H. Ⓜ, 50 rte Bischwiller à Schiltigheim ✉ 67300 ✆ 03 88 62 55 55, Fax 03 88 62 66 02, 🍴 – |≜| ⇔ 🖵 ☎ ♿ ⇔ – 🔏 40 à 80. ᴀᴇ ⓘ ɢʙ
p. 6 EU s
Repas *(fermé dim. soir)* 100 bc/120 ♧, enf. 48 – ⊊ 50 – **85 ch** 370/470.

Princes sans rest, 33 r. Geiler ✆ 03 88 61 55 19, Fax 03 88 41 10 92 – |≜| 🖵 ☎. ᴀᴇ ɢʙ
fermé 1ᵉʳ au 21 août – ⊊ 45 – **43 ch** 395/480.
p. 7 FV t

Aux Trois Roses sans rest, 7 r. Zürich ✆ 03 88 36 56 95, Fax 03 88 35 06 14 – |≜| 🖵 ☎ ℃ ♿. ᴀᴇ ⓘ ɢʙ. ✀
p. 9 LZ y
⊊ 57 – **33 ch** 290/470.

Pax, 24 r. Fg National ✆ 03 88 32 14 54, Fax 03 88 32 01 16, 🍴 – |≜| ⇔ 🖵 ☎ ♿ ⇔ – 🔏 20 à 70. ᴀᴇ ⓘ ɢʙ ᴊᴄʙ
p. 8 HYZ u
fermé 24 déc. au 2 janv. – **Repas** *(fermé dim. de nov. au 1ᵉʳ mars)* 90/115 ♧ – ⊊ 38 – **106 ch** 345/385 – ½ P 295.

Ibis Ⓜ sans rest, 18 r. Fg National ✆ 03 88 75 10 10, Fax 03 88 75 79 60 – |≜| ⇔ ☰ 🖵 ☎. ᴀᴇ ⓘ ɢʙ
p. 8 HYZ u
⊊ 35 – **98 ch** 370.

Saint-Christophe sans rest, 2 pl. Gare ✆ 03 88 22 30 30, Fax 03 88 32 17 11 – |≜| ⇔ 🖵 ☎. ᴀᴇ ⓘ ɢʙ
p. 8 HY t
⊊ 39 – **70 ch** 300/380.

Couvent du Franciscain sans rest, 18 r. Fg de Pierre ℰ 03 88 32 93 93, Fax 03 88 75 68 46 – |≜| 🅣🅥 ☎ 📞 ℃ ₰ 🅟. 🆎 🇬🇧   p. 8 **JY** e
fermé 23 déc. au 4 janv. – ⊑ 44 – **43 ch** 290/315.

Continental sans rest, 14 r. Maire Kuss ℰ 03 88 22 28 07, Fax 03 88 32 22 25 – |≜| 🅣🅥 ☎. 🆎 ⓘ 🇬🇧. ⚘   p. 8 **HY** s
fermé 24 au 30 déc. – ⊑ 36 – **48 ch** 297/340.

Vendôme sans rest, 19 r. Maire Kuss ℰ 03 88 32 45 23, Fax 03 88 32 23 02 – |≜| 🅣🅥 ☎. 🆎 ⓘ 🇬🇧   p. 8 **HY** b
⊑ 30 – **48 ch** 280/410.

Au Crocodile (Jung), 10 r. Outre ℰ 03 88 32 13 02, Fax 03 88 75 72 01, « Cadre élégant » – ≜. 🆎 ⓘ 🇬🇧. ⚘   p. 9 **KY** x
fermé 13 juil. au 4 août, 21 déc. au 1ᵉʳ janv., dim. et lundi – **Repas** 295 (déj.), 395/640 et carte 470 à 700, enf. 120
Spéc. Foie d'oie poêlé et pommes reinette au gingembre (saison). Timbale de grenouilles et flan de cresson. ''Délice ébène'' au Grand Marnier. **Vins** Sylvaner, Pinot blanc.

Buerehiesel (Westermann), dans le parc de l'Orangerie ℰ 03 88 45 56 65, Fax 03 88 61 32 00, ≼, parc, « Reconstitution d'une authentique ferme alsacienne agrémentée d'une verrière » – ≜ 🅟. 🆎 ⓘ 🇬🇧   p. 7 **GU** a
fermé 7 au 20 août, 24 déc. au 7 janv., 24 fév. au 4 mars, mardi et merc. – **Repas** 290 (déj.), 360/690 et carte 500 à 650, enf. 120
Spéc. Gelée légère aux queues d'écrevisses et fondant au foie gras de canard. Schnlederspaetle et cuisses de grenouilles poêlées au cerfeuil. Poulette de Bresse aux truffes cuite comme un baeckeoffe. **Vins** Riesling, Tokay-Pinot gris.

Maison Kammerzell et H. Baumann Ⓜ avec ch, 16 pl. Cathédrale ℰ 03 88 32 42 14, Fax 03 88 23 03 92, « Belle maison alsacienne du 16ᵉ siècle » – |≜| ☰ ch 🅣🅥 ☎ – ≜ 120. 🆎 ⓘ 🇬🇧   p. 9 **KZ** e
Repas 195/295 et carte 190 à 310 ₰, enf. 58 – ⊑ 55 – **9 ch** 420/630.

Zimmer, 8 r. Temple Neuf ℰ 03 88 32 35 01, Fax 03 88 32 42 28 – 🆎 ⓘ 🇬🇧
fermé 3 au 17 août, 24 déc. au 4 janv. et dim. – **Repas** 170/270.   p. 9 **KY** y

Maison des Tanneurs dite ''Gerwerstub'', 42 r. Bain aux Plantes ℰ 03 88 32 79 70, Fax 03 88 22 17 26, « Vieille maison alsacienne au bord de l'Ill » – 🆎 ⓘ 🇬🇧   p. 8 **JZ** t
fermé 21 juil. au 11 août, 30 déc. au 20 janv., dim. et lundi – **Repas** carte 270 à 350.

Estaminet Schloegel, 19 r. Krütenau ℰ 03 88 36 21 98, Fax 03 88 36 21 98 – ☰. 🆎 ⓘ 🇬🇧   p. 9 **LZ** q
fermé 9 au 24 août, sam. midi et dim. – **Repas** 110 (déj.), 180/300 et carte 240 à 300 ₰.

La Vieille Enseigne, 9 r. Tonneliers ℰ 03 88 32 58 50, Fax 03 88 75 63 80, 🍴 – ☰. 🆎 ⓘ 🇬🇧 🇯🇨🇧   p. 9 **KZ** f
fermé sam. midi et dim. – **Repas** 165/380 et carte 280 à 400 ₰.

Julien, 22 quai Bateliers ℰ 03 88 36 01 54, Fax 03 88 35 40 14 – ☰. 🆎 🇬🇧
fermé 3 au 24 août, 1ᵉʳ au 10 janv., dim. et lundi – **Repas** 195 (déj.), 295/385 et carte 290 à 410   p. 9 **KZ** x
Spéc. Foie gras de canard poêlé à la rhubarbe (saison). Langoustines à l'infusion de gewurztraminer. Croustillant de lapereau aux champignons. **Vins** Klevener, Riesling.

Au Gourmet Sans Chiqué, 15 r. Ste-Barbe ℰ 03 88 32 04 07, Fax 03 88 22 42 40 – ☰. 🆎 ⓘ 🇬🇧. ⚘   p. 8 **JZ** f
fermé 14 au 23 avril, 11 au 26 août, lundi midi et dim. – **Repas** 148/385.

La Cambuse, 1 r. Dentelles ℰ 03 88 22 10 22, Fax 03 88 23 24 99, « Décoration rappelant l'intérieur d'un bateau » – 🇬🇧   p. 8 **JZ** a
fermé 27 avril au 6 mai, 3 au 18 août, 21 déc. au 5 janv., dim. et lundi – **Repas** - produits de la mer - (prévenir) carte 240 à 320 ₰.

Pont des Vosges, 15 quai Koch ℰ 03 88 36 47 75, Fax 03 88 25 16 85, 🍴 – 🆎 🇬🇧
fermé sam. midi, dim. et fériés – **Repas** carte 200 à 270 ₰.   p. 9 **LY** h

Au Romain, 6 r. Vieux Marché aux Grains ℰ 03 88 32 08 54, Fax 03 88 23 51 65, 🍴 – 🆎 ⓘ 🇬🇧 🇯🇨🇧   p. 8 **JZ** p
fermé dim. soir et lundi – **Repas** 62/150 ₰, enf. 50.

L'Alsace à Table, 8 r. Francs-Bourgeois ℰ 03 88 32 50 62, Fax 03 88 22 44 11 – ☰. 🆎 ⓘ 🇬🇧   p. 8 **JZ** z
Repas 147 ₰, enf. 55.

Zuem Sternstebele, 17 r. Tonneliers ℰ 03 88 21 01 01, Fax 03 88 21 01 02, 🍴 – ☰. 🇬🇧   p. 9 **KZ** h
fermé lundi midi et dim. – **Repas** (nombre de couverts limité, prévenir) 75/200 ₰, enf. 45.

Au Bœuf Mode, 2 pl. St-Thomas ℰ 03 88 32 39 03, Fax 03 88 21 90 80 – 🆎 🇬🇧
fermé dim. – **Repas** 95/155 ₰.   p. 8 **JZ** k

XX **Le Benjamin**, 3 r. Dentelles ℘ 03 88 75 16 67, Fax 03 88 75 16 67 – AE GB   p. 8 **JZ n**
fermé 5 au 11 janv., lundi midi et dim. – **Repas** 60 (déj.), 140/200 ♯, enf. 48.

XX **L'Arsenal**, 11 r. Abreuvoir ℘ 03 88 35 03 69, Fax 03 88 35 03 69 – ■. AE ① GB
  p. 9 **LZ m**
fermé 26 juil. au 24 août, vacances de fév., sam. midi et dim. – **Repas** 135/215 ♯.

XX
⊖ **Buffet de la Gare**, pl. Gare ℘ 03 88 32 68 28, Fax 03 88 32 88 34 – GB   p. 8 **HY r**
Repas 64/150 ♯.

X **La Vieille Tour**, 1 r. A. Seyboth ℘ 03 88 32 54 30, Fax 03 88 32 54 30, 😊 – GB
fermé 16 août au 1ᵉʳ sept., vacances de Noël, de fév., lundi soir et dim. – **Repas**
110 (déj.)/190.   p. 8 **HZ e**

X **Ami Schutz**, 1 r. Ponts Couverts ℘ 03 88 32 76 98, Fax 03 88 32 38 40, 😊 – AE ① GB
Repas 120 (déj.), 150/250 ♯.   p. 8 **HZ r**

X **A l'Ancienne Douane**, 6 r. Douane ℘ 03 88 32 42 19, Fax 03 88 22 45 64, 😊 – AE ①
GB   p. 9 **KZ s**
Repas brasserie 69 (déj.), 89/130 ♯, enf. 47.

X
⊖ **Au Rocher du Sapin**, 6 r. Noyer ℘ 03 88 32 39 65, Fax 03 88 75 60 99, 😊 – GB
fermé 7 au 21 juil., dim. et lundi
Repas - spécialités alsaciennes - 88/125 ♯.   p. 8 **JY f**

X **Au Pont du Corbeau**, 21 quai St-Nicolas ℘ 03 88 35 60 68 – GB   p. 9 **KZ b**
fermé 10 juil. au 10 août, vacances de fév., dim. midi, sam. et fériés – **Repas** carte environ
160 ♯.

LES WINSTUBS : *Dégustation de vins et cuisine du pays, ambiance typiquement alsacienne*

X
⊖ **Zum Strissel**, 5 pl. Gde Boucherie ℘ 03 88 32 14 73, Fax 03 88 32 70 24, cadre rustique –
■, GB   p. 9 **KZ a**
fermé 4 au 31 juil., vacances de fév., dim. et lundi – **Repas** 62/133 ♯, enf. 46.

X **S'Burjerstuewel (Chez Yvonne)**, 10 r. Sanglier ℘ 03 88 32 84 15, Fax 03 88 23 00 18
– GB   p. 9 **KYZ r**
fermé 13 juil. au 10 août, 23 déc. au 2 janv., lundi midi et dim. – **Repas** (prévenir) carte 140 à
240 ♯.

X **Le Clou**, 3 r. Chaudron ℘ 03 88 32 11 67, Fax 03 88 75 72 83 – AE GB   p. 9 **KY n**
fermé merc. midi, dim. et fériés – **Repas** 125/220 bc.

X **S'Munsterstuewel**, 8 pl. Marché aux Cochons de Lait ℘ 03 88 32 17 63,
Fax 03 88 21 96 02, 😊 – AE GB   p. 9 **KZ y**
fermé 28 juil. au 15 août, vacances de fév., dim. et lundi – **Repas** 128 bc/196 bc, enf. 60.

X **La Petite Mairie**, 8 r. Brûlée ℘ 03 88 32 83 06, Fax 03 88 32 83 06 – GB   p. 9 **KY d**
fermé 1ᵉʳ au 26 août, 23 fév. au 2 mars, sam. soir et dim. – **Repas** carte 155 à 200 ♯.

Environs

au Nord-Est d'Hoenheim *par D 468 : 7 km* – ✉ 68800 Hoenheim :

🏨 **East Hôtel** sans rest, ℘ 03 88 81 02 10, Fax 03 88 81 40 93 – ✦ TV ☎ & P. GB
◻ 29 – **32 ch** 260.   p. 5 **CR b**

à Reichstett : *Nord : 7 km par D 468 et D 37 ou par A 4 et D 63 – 4 640 h. alt. 141* – ✉ 67116 :

🏨 **Paris**, sur D 63 ℘ 03 88 20 00 23, Fax 03 88 20 30 60, 😊, 🏊, 🌳 – ✦ ■ rest TV ☎ P.
GB   p. 5 **BR p**
Repas *(fermé 3 au 23 août, 21 déc. au 3 janv., dim. soir et sam.)* 95/265 ♯ – ◻ 38 – **17 ch**
270/320 – ½ P 260.

🏨 **Aigle d'Or** sans rest, ℘ 03 88 20 07 87, Fax 03 88 81 83 75 – TV ☎ P. AE GB
◻ 36 – **17 ch** 255/340.   p. 5 **BR a**

à La Wantzenau *Nord-Est : 12 km par D 468 – 4 394 h. alt. 130* – ✉ 67610 :

🏨 **Hôtel Au Moulin** 🍴 sans rest, Sud : 1,5 km par D 468 ℘ 03 88 59 22 22,
Fax 03 88 59 22 00, ≼, « Ancien moulin sur un bras de l'Ill », 🌳 – 🛗 TV ☎ & P. AE GB
fermé 24 déc. au 2 janv. voir rest. **Au Moulin** ci-après – ◻ 58 – **19 ch** 460.   p. 5 **CR z**

🏨 **La Roseraie** sans rest, 32 r. Gare ℘ 03 88 96 63 44, Fax 03 88 96 64 95 – TV ☎ & P. GB.
😊
◻ 35 – **15 ch** 250/300.   p. 5 **CR v**

XXX **Relais de la Poste** M avec ch, 21 r. Gén. de Gaulle ℘ 03 88 59 24 80, Fax 03 88 59 24 89,
😊, 🌳 – 🛗 ■ rest TV ☎ & P. AE ① GB
  p. 5 **CR a**
fermé 21 juil. au 3 août et 2 au 22 janv. – **Repas** *(fermé sam. midi, dim. soir et lundi)*
175 (déj.), 225/395 et carte 290 à 410 ♯ – ◻ 50 – **19 ch** 300/550 – ½ P 580/700.

XXX ✿ **A la Barrière** (Sutter), 3 rte Strasbourg ℰ 03 88 96 20 23, Fax 03 88 96 25 59, 佘 – 🅿, 🆎 ① 🆖 🇯🇨🇧
p. 5 CR n
fermé 11 au 31 août, vacances de fév., mardi soir et merc. – **Repas** (dim. prévenir)
150 (déj.)/250 et carte 280 à 360 ♨
Spéc. Bouillon de chou-fleur et huîtres au caviar (sept. à mars). Salade de choucroute
''terre et mer''. Lièvre à la royale (saison). **Vins** Muscat d'Alsace, Riesling.

XXX **Zimmer**, 23 r. Héros ℰ 03 88 96 62 08, Fax 03 88 96 37 40, 佘 – 🆎 ① 🆖
fermé 15 juil. au 5 août, 18 janv. au 4 fév., dim. soir et lundi – **Repas** 135/245 et carte 210 à
350 ♨
p. 5 CR r

XX **Rest. Au Moulin** - Hôtel Au Moulin, Sud : 1,5 km par D 468 ℰ 03 88 96 20 01,
Fax 03 88 59 22 00, 佘, « Jardin fleuri » – ▤ 🅿, 🆎 ① 🆖
p. 5 CR z
fermé 7 au 27 juil., 31 déc. au 15 janv., dim. soir et soirs fériés – **Repas** 140/395 ♨, enf. 80.

XX **Les Semailles**, 10 r. Petit-Magmod ℰ 03 88 96 38 38, 佘 – 🆖, ⅋
p. 5 CR s
fermé 15 août au 6 sept., sam. midi, dim. soir et lundi – **Repas** 185.

XX **Au Soleil**, 1 quai Bateliers ℰ 03 88 96 20 29, Fax 03 88 68 08 58, 佘 – 🅿, 🆎
🆖
p. 5 CR d
fermé vacances de fév. et jeudi soir sauf juil.-août – **Repas** 52 (déj.), 125/199 ♨.

X **Pont de l'Ill**, 2 r. Gén. Leclerc ℰ 03 88 96 29 44, Fax 03 88 96 21 18, 佘 – ▤. 🆖
fermé août, merc. soir et sam. midi – **Repas** 53 (déj.), 115/195 ♨.
p. 5 CR u

au pont de l'Europe *vers* ③ – ⊠ *67000 Strasbourg :*

🏨 **Mercure Pont de l'Europe** 🅼 ♒, ℰ 03 88 61 03 23, Fax 03 88 60 43 05, 佘 – ⅍
▤ ch 📺 ☎ 🅿 – 🔬 25 à 150.
p. 5 CS n
Repas 85/165 ♨, enf. 45 – ⊃ 55 – **93 ch** 395/495.

à Illkirch-Graffenstaden *par rte de Colmar BST : 5 km ou par A 35 (sortie n° 7)* – 22 307 h.
alt. 140 – ⊠ *67400 :*

🏨 **Holiday Inn Garden Court** 🅼, au Parc d'Innovation ℰ 03 88 40 84 84,
Fax 03 88 66 22 83, 佘, ♨, ▨, – ▤ 📺 ☎ 🅿 – 🔬 25 à 140. 🆎 ① 🆖 🇯🇨🇧
Repas (fermé sam. midi) 95/195 ♨ – ⊃ 68 – **68 ch** 495/665.
p. 5 BT n

🏨 **Alsace**, 187 rte Lyon ℰ 03 88 66 41 60, Fax 03 88 67 04 64, 佘 – 🛗 📺 ☎ 🅿 – 🔬 30. 🆖
fermé Noël au Jour de l'An – **Repas** (fermé sam. et dim.) 72/130 ♨ – ⊃ 30 – **40 ch** 300/320
– ½ P 230/240.
p. 5 BT d

X **Aub. du Cerf**, 305 rte Lyon ℰ 03 88 67 12 69, Fax 03 88 67 95 24, 佘 – 🆖
fermé lundi soir et dim. – **Repas** 99 (déj.)/140.
p. 5 BT w

au Sud-Ouest *par A 35 (sortie n° 7), D 484 et D 884 : 10 km* – ⊠ *67540 Ostwald :*

🏨 **Mercure Strasbourg-Sud** 🅼, r. 23 Novembre ℰ 03 88 67 32 00, Fax 03 88 67 11 26,
佘, ♨, – ⅍ ▤ rest 📺 ☎ ⅋ 🅿 – 🔬 25 à 150. 🆎 ① 🆖
p. 5 BT e
Repas 108 ♨, enf. 49 – ⊃ 52 – **94 ch** 470.

rte de Colmar *vers* ④ *par A 35 (sortie n° 7), N 283 et N 83 : 11 km* – ⊠ *67400 Illkirch-Graffenstaden :*

🏨 **Novotel Strasbourg-Sud** 🅼 ℰ 03 88 66 21 56, Fax 03 88 67 21 63, 佘, ♨, ⅋ – ⅍
▤ 📺 ☎ ⅋ 🅿 – 🔬 25 à 70. 🆎 ① 🆖 🇯🇨🇧
p. 5 BT u
Repas carte environ 170 ♨, enf. 50 – ⊃ 55 – **76 ch** 440/480.

🏨 **Climat de France** 🅼, ℰ 03 88 67 81 67, Fax 03 88 66 95 15, 佘 – 📺 ☎ ⅋ ⅋ 🅿 – 🔬 40.
🆎 ① 🆖
p. 5 BT v
Repas 79/125 ♨, enf. 39 – ⊃ 35 – **75 ch** 290.

à Fegersheim *vers* ④ *par A 35 (sortie n° 7), N 283 et N 83 : 14 km* – 3 953 h. alt. 145 – ⊠ 67640 :

🏨 **Aub. Au Chasseur**, près église d'Ohnheim, Est : 2 km par D 221 ℰ 03 88 64 03 78,
Fax 03 88 64 05 49, 佘, ⅋ – ▤ rest 📺 ☎ 🅿. 🆎 🆖
p. 5 BT x
fermé 4 au 24 août – **Repas** (fermé vend. soir et sam.) 58/250 ♨, enf. 65 – ⊃ 35 – **24 ch** 280
– ½ P 230.

à Lipsheim *vers* ④ *par A 35, N 83 et D 221* – 1 772 h. alt. 146 – ⊠ 67640 :

🏨 **Alizés** 🅼 ♒ sans rest, ℰ 03 88 59 02 00, Fax 03 88 64 21 61, ▨ – ⅍ ▤ 📺 ☎ ⅋ 🅿 –
🔬 25. 🆎 🆖
p. 4 AT e
fermé 24 déc. au 1er janv. – ⊃ 50 – **49 ch** 310/450.

à Blaesheim *par A 35 (sortie n° 9), N 422 et D 84 : 19 km* – 1 000 h. alt. 150 – ⊠ 67113 :

🏨 **Au Boeuf** 🅼 ♒, ℰ 03 88 68 68 99, Fax 03 88 68 60 07, 佘 – 🛗 ▤ rest 📺 ☎ ⅋ ⅋ 🅿 –
🔬 100. 🆎 ① 🆖
p. 4 AT q
fermé 4 au 25 août et 10 au 24 fév. – **Repas** (fermé dim. soir et lundi sauf fériés) 220/330 ♨
– ⊃ 55 – **22 ch** 390/570 – ½ P 480.

XX **Schadt**, ℰ 03 88 68 86 00, Fax 03 88 68 89 83 – 🆎 ① 🆖
p. 4 AT v
fermé dim. soir et jeudi – **Repas** carte 220 à 300.

à Entzheim *par A 35 (sortie n° 8), D 400 et D 392 : 12 km – 1 796 h. alt. 150 – ⊠ 67960 :*

🏨 **Père Benoit**, 34 rte Strasbourg 🕿 03 88 68 98 00, Fax 03 88 68 64 56, 🌳, « Ancienne ferme alsacienne du 18ᵉ siècle », 🛴, 🌱 – 🛗 📺 🕿 ✆ 🕭 🅿 – 🔔 30. 🅰🅴 ☺ 🅶🅱 🚫 rest
Repas *(fermé 28 juil. au 10 août, sam. midi, lundi midi et dim.)* 100/180 ⅄, enf. 40 – ☲ 40 – **60 ch** 260/370.
p. 4 **AT h**

à Ostwald *par rte de Schirmeck (D 392) et D 484 : 7 km ou par A 35 (sortie n° 7) et D 484 – 10 197 h. alt. 140 – ⊠ 67540 :*

🏨🏨 **Château de l'Ile** Ⓜ ⅌, 4 quai Heydt 🕿 03 88 66 85 00, Fax 03 88 66 85 49, 🛴, 🔲 – 🛗 🍽 📺 🕭 🅿 – 🔔 40 à 160. 🅰🅴 ☺ 🅶🅱 🚫
p. 5 **BT r**
Repas *(fermé dim. soir et lundi)* 250 bc (déj.), 280/350 - **Winstub : Repas** carte 180 à 260 ⅄ – ☲ 90 – **58 ch** 850/1890, 4 appart – ½ P 855/1375.

à Lingolsheim *par rte de Schirmeck (D 392) : 5 km – 16 480 h. alt. 140 – ⊠ 67380 :*

🏨 **Ramsès** sans rest, 59 r. Mar. Foch 🕿 03 88 76 11 00, Fax 03 88 77 39 31 – 🛗 ✸ 📺 🕿 🕭 🅿 – 🔔 30. 🅰🅴 ☺ 🅶🅱
p. 5 **BS a**
☲ 36 – **37 ch** 290/330.

🏨 **Ibis** Ⓜ, 2 r. Mar. Foch 🕿 03 88 77 18 18, Fax 03 88 77 22 42 – 🛗 ✸ 📺 🕿 🕭 🅿 – 🔔 30. 🅰🅴 ☺ 🅶🅱
p. 5 **BS u**
Repas 95, enf. 39 – ☲ 35 – **81 ch** 305.

MICHELIN, Agence, 9 r. Livio, Strasbourg-Meinau **BT** 🕿 03 88 39 39 40

BMW Gar. Le Building, 27-29 r. de Wasselonne 🕿 03 88 75 37 53 🆗 🕿 08 00 00 16 24
CITROEN Succursale, 200 av. de Colmar 🕿 03 88 65 87 87 🆗 🕿 08 00 00 05 24 24
FIAT, LANCIA Gar. des Halles, 60 r. Marché-Gare 🕿 03 88 28 26 10
MERCEDES Gar. Kroely, 17 r. Fossé-de-Treize 🕿 03 88 37 54 54 🆗 🕿 03 88 81 20 00
NISSAN France Autom., 134 av. de Colmar 🕿 03 88 44 28 36
PEUGEOT Gar. du Quinze, 1 pl. Albert 1ᵉʳ 🕿 03 88 61 52 19
PEUGEOT Hautepierre Autom., av. P.-Corneille 🕿 03 88 77 77 00 🆗 🕿 08 00 44 24 24
PEUGEOT Meinau Autom., 270 rte de Colmar 🕿 03 88 65 62 00 🆗 🕿 08 00 44 24 24

PORSCHE, SAAB K 67, 15 r. du Fossé des Treize 🕿 03 88 22 40 50 🆗 🕿 03 88 81 20 00
RENAULT Succursale, ZAC Hautepierre r. Peguy 🕿 03 88 30 85 30 🆗 🕿 08 00 05 15 15
Gar. Sengler, 59 r. J.-Giraudoux 🕿 03 88 30 00 75

🛞 Euromaster, 20 r. de l'Ardèche ZI Plaine des Bouchers 🕿 03 88 39 39 09
Euromaster, 3 r. de Bayonne, zone Eurofret 🕿 03 88 39 39 09
Kautzmann, 280 rte de Colmar 🕿 03 88 65 70 20
Louis Pneus, 24 r. Mar.-Lefèbvre 🕿 03 88 39 02 93
Metzger-Point S, 34 r. Fg-de-Pierre 🕿 03 88 32 39 20
Vulca Moderne, 15-17 r. Saglio 🕿 03 88 39 03 54

Périphérie et environs

CITROEN Succursale, 34 rte de Bischwiller à Schiltigheim 🕿 03 88 20 89 89
PEUGEOT Gar. Werle, 4 rte de Paris à Ittenheim 🕿 03 88 69 00 20
RENAULT Succursale, 4 rte de Strasbourg à Illkirch-Graffenstaden 🕿 03 88 40 82 40 🆗 🕿 08 00 05 15 15
RENAULT Gar. Simon, 1 r. Pompiers à Schiltigheim 🕿 03 88 33 62 22 🆗 🕿 08 00 05 15 15
RENAULT Gar. Simon, 5 av. Energie à Bischeim 🕿 03 88 83 56 42 🆗 🕿 08 00 05 15 15
ROVER Gar. de la Tour, 32 rte de Brumath à Hoenheim 🕿 03 88 83 74 13

VAG Gd Gar. du Polygone, N 83 à Illkirch Graffenstaden 🕿 03 88 66 66 99
VAG Gd Gar. du Polygone, 33 rte de Brumath à Hoenheim 🕿 03 88 83 76 40

🛞 Metzger-Point S, 121 r. Gén.-Leclerc à Ostwald 🕿 03 88 30 22 72
Pneus et Services D.K, 2 rte de Strasbourg à Illkirch Graffenstaden 🕿 03 88 39 21 10
Vulcastra, 58 rte de Brumath à Souffel-weyersheim 🕿 03 88 20 22 75

SUBLIGNY *89 Yonne* **61** ⑭ – *rattaché à Sens.*

SUCÉ-SUR-ERDRE *44 Loire-Atl.* **63** ⑰ – *rattaché à Nantes.*

SUCY-EN-BRIE *94 Val-de-Marne* **61** ①,, **101** ㉘ – *voir à Paris, Environs.*

SULLY-SUR-LOIRE *45600 Loiret* **65** ① *G. Châteaux de la Loire* – *5 806 h alt. 115.*

Voir Château★ : charpente★★.

🏌 🕿 02 38 36 52 08, par ⑥ : 4 km.
🏢 *Office de Tourisme pl. Gén.-de-Gaulle* 🕿 02 38 36 23 70, Fax 02 38 36 32 21.
Paris 138 ① – *Orléans 49* ① – *Bourges 85* ① – *Gien 23* ① – *Montargis 41* ① – *Vierzon 85* ④.
Plan page ci-contre

🍴🍴 **La Ferme des Châtaigniers**, chemin Châtaigniers, Sud-Ouest : 2,5 km par ⑥ 🕿 02 38 36 51 98, 🌳, 🌱 – 🅿. 🅶🅱
fermé 2 au 9 août et le soir hors sais. sauf vend. et sam. – **Repas** *(nombre de couverts limité, prévenir)* 110/155.

SULLY-SUR-LOIRE

Grand-Sully (R. du) 6
Porte-
  de-Sologne (R.) 12

Abreuvoir (R. de l') 2
Béthune (Av. de) 3
Champ-de-
  Foire (Bd du) 4
Chemin-de-Fer
  (Av. du) 5
Jeanne-d'Arc (Bd) 7
Marronniers (R. des) . . . 9
Porte-Berry (R.) 10
St-François (R. du Fg) . . 15
St-Germain
  (R. du Fg) 16
Venerie (Av. de la) 20

*Utilisez
le guide de l'année.*

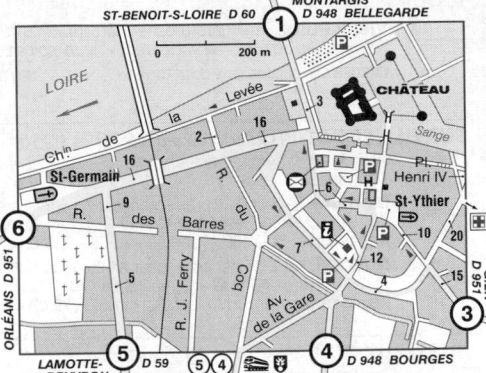

aux Bordes *par* ① , D 948 *et* D 961 : 6 km – 1 389 h. alt. 132 – ⌧ 45460 :

╳   **La Bonne Étoile**, D 952 ℰ 02 38 35 52 15 – ⅁⅄
🍴   *fermé 8 au 15 sept., 3 au 16 fév., dim. soir et lundi* – **Repas** 68/140 &, enf. 45.

CITROEN Gar. Roger Michel, ZA la Pillardière, rte de
Cerdon *par* ④ ℰ 02 38 36 35 51 ℕ
  ℰ 02 38 36 35 51

PEUGEOT Gar. Vergnes, 83 rte d'Orléans *par* ⑥
  ℰ 02 38 36 54 56
Gar. de la gare, 10 rte de Isdes
  ℰ 02 38 36 27 71

SUPER-BESSE 63 P.-de-D. ⁷³ ⑬ – *rattaché à Besse-en-Chandesse.*

SUPER-LIORAN 15 Cantal ⁷⁶ ③ *G. Auvergne* – *Sports d'hiver : 1 160/1 850 m* ≼ 1 ≼ 23 ≼ –
⌧ 15300 Laveissière.
  Voir *Plomb du Cantal* ⁂ ★★ *par téléphérique* – *Gorges de l'Alagnon★ NE : 4 km puis 30 mn*
  – *Col de Cère* ≼★ *O : 2 km.*
  🛈 *Office de Tourisme* ℰ 04 71 49 50 08, Fax 04 71 49 51 01.
  Paris 536 – *Aurillac 39* – *Condat 48* – *Murat 13* – *St-Jacques-des-Blats 7.*

🏨   **Gd H. Anglard et du Cerf** ⌂, ℰ 04 71 49 50 26, Fax 04 71 49 53 53, ≼ Monts du
🍴   Cantal – ⅏ ⊺⊻ ☎ ℙ – ⅄ 80. ⅍ ⅁⅄
     8 au 19 mai, 1ᵉʳ juil.-30 sept. et 20 déc.-27 avril – **Repas** 75/230 – ⌷ 30 – **38 ch** 200/360 –
     ½ P 280/350.

🏨   **Remberter et Saporta** ⌂, ℰ 04 71 49 50 28, Fax 04 71 49 52 88, ≼, ⌖, ⌃ – ⅏
🍴   cuisinette ⊺⊻ ☎ ℙ. ⅁⅄
     21 juin-15 sept. et 15 déc.-15 avril – **Repas** 80/195 – ⌷ 35 – **32 ch** 200/300 – ½ P 260/280.

🏨   **Rocher du Cerf et Crystal Chalet** ⌂, ℰ 04 71 49 50 14, Fax 04 71 49 54 07, ⌖ – ☎
🍴   ℙ. ⅍ ⅁⅄
     1ᵉʳ juil.-10 sept. et 20 déc.-1ᵉʳ avril – **Repas** 72/170 &, enf. 44 – ⌷ 25 – **27 ch** 150/230 –
     ½ P 270.

SUPER-SAUZE 04 Alpes-de-H.-P. ⁸¹ ⑧ – *rattaché à Barcelonnette.*

Le SUQUET 06 Alpes-Mar. ⁸⁴ ⑲, ¹¹⁵ ⑯ – alt. 400 – ⌧ 06450 Lantosque.
  Paris 882 – *Levens 18* – *Nice 46* – *Puget-Théniers 48* – *Roquebillière 11* – *St-Martin-
  Vésubie 20.*

🏨   **Aub. Bon Puits**, ℰ 04 93 03 17 65, Fax 04 93 03 10 48, ⌖, parc – ⅏ ≼⨯ ▤ ⊺⊻ ☎ ⏪ ℙ
     Pâques-début déc. et fermé mardi sauf juil.-août – **Repas** 99/155 &, enf. 75 – ⌷ 38 – **8 ch**
     290/320 – ½ P 300/330.

SURESNES 92 Hauts-de-Seine ⁵⁵ ⑳., ¹⁰¹ ⑭ – *voir à Paris, Environs.*

SURGÈRES 17700 Char.-Mar. ⁷¹ ③ *G. Poitou Vendée Charentes* – 6 049 h alt. 16.
  Voir *Église Notre-Dame★.*
  🛈 *Office de Tourisme angle r. Gambetta/Audry-de-Puyravault* ℰ 05 46 07 20 02, Fax 05 46
  07 53 98.
  Paris 442 – *La Rochelle 38* – *Niort 35* – *Rochefort 27* – *St-Jean-d'Angély 30* – *Saintes 54.*

✗ **Vieux Puits**, 6 r. P. Bert (proche Château) ✆ 05 46 07 50 83 – **GB**
fermé 15 au 30 sept., vacances de fév., jeudi soir et dim. soir – **Repas** 98/185, enf. 45.

CITROEN Gar. Dupont, 9 rte de La Rochelle
✆ 05 46 07 01 71

FORD Gar. Thomer, 36 av. St-Pierre
✆ 05 46 07 10 98

SURVILLIERS-ST-WITZ 95470 Val-d'Oise 🗺️6 ⑪, 🗺️6 ⑧ – 3 661 h alt. 110.
Paris 37 – Compiègne 48 – Chantilly 15 – Lagny-sur-Marne 43 – Luzarches 11 – Meaux 38 – Pontoise 39 – Senlis 15.

🏨 **Mercure** ⑤, sur D 10 près échangeur A1 Survilliers ✆ 01 34 68 28 28, Fax 01 34 68 22 81, 🌳, 🏊, – 🔑 ⊁ ▤ rest 📺 ☎ ✔ ♿ 🅿 – 🚲 120. 🅰🅴 ⑩ **GB**
Repas carte 130 à 180 ₰, enf. 50 – ☲ 57 – **115 ch** 555/580.

🏨 **Novotel**, sur D 16 par échangeur A1 Survilliers ✆ 01 34 68 69 80, Fax 01 34 68 64 94, 🌳, 🏊, 🌷 – ▤ 📺 ☎ 🅿 – 🚲 90. 🅰🅴 ⑩ **GB**
Repas carte environ 170, enf. 50 – ☲ 57 – **79 ch** 495.

SURY-AUX-BOIS 45530 Loiret 🗺️6 ① – 433 h alt. 127.
Paris 118 – Orléans 41 – Châteauneuf-sur-Loire 17 – Gien 46 – Montargis 32 – Pithiviers 29.

🏨 **Domaine de Chicamour** ⑤, Sud : 3,5 km N 60 ✆ 02 38 55 85 42, Fax 02 38 55 80 43, 🌳, « Demeure du 19e siècle dans un parc », ✗ – ☎ 🅿 **GB**. ✗ rest
15 mars-15 nov. – **Repas** 100/365 bc, enf. 75 – ☲ 50 – **12 ch** 345/390 – ½ P 420.

SUZE-LA-ROUSSE 26790 Drôme 🗺️1 ② G. Provence – 1 422 h alt. 92.
Paris 643 – Avignon 60 – Bollène 7 – Nyons 28 – Orange 23 – Valence 84.

🏨 **Relais du Château** Ⓜ 🕊️ ✆ 04 75 04 87 07, Fax 04 75 98 26 00, ≤, 🌳, 🏊, 🌷, ✗ – ▤ ▤ rest 📺 ☎ 🅿 – 🚲 40. 🅰🅴 ⑩ **GB**
fermé 1ᵉʳ au 25 mars, 1ᵉʳ au 18 nov. et 2 au 31 janv. – **Repas** 98/385 – ☲ 40 – **38 ch** 330/445 – ½ P 330/360.

TAILLECOURT 25 Doubs 🗺️6 ⑧ – *rattaché à Audincourt.*

TAIN-TOURNON 🗺️7 ① ② G. Vallée du Rhône.
Voir *Route panoramique*★★★ B.
🚉 *voir à Tain-l'Hermitage et à Tournon.*

Plan page ci-contre

Tain-l'Hermitage 26 Drôme – 5 003 h alt. 124 – ✉ 26600 .
Voir *Belvédère de Pierre-Aiguille*★ N : 4 km par D 241.
🚉 *Office de Tourisme 70 av. J.-Jaurès ✆ 04 75 08 06 81, Fax 04 75 08 34 59.*
Paris 547 – Valence 19 – Grenoble 97 – Le Puy-en-Velay 106 – St-Étienne 74 – Vienne 59.

🏨 **Mercure** Ⓜ, 1 av. P. Durand ✆ 04 75 08 65 00, Fax 04 75 08 66 05, 🌳, 🏊 – 🔑 ⊁ ▤ 📺 ☎ ♿ 🅿 – 🚲 90. 🅰🅴 ⑩ **GB** **JCB**   C e
La Veraison (fermé 1ᵉʳ au 15 déc. et sam. d'oct à avril) **Repas** 140/300₰, enf. 60 – ☲ 56 – **45 ch** 440/585.

🏨 **Les 2 Coteaux** sans rest, 18 r. J. Péala ✆ 04 75 08 33 01, Fax 04 75 08 44 20 – 📺 ☎ 🚗. 🅰🅴 **GB** **JCB**   B a
fermé 25 janv. au 25 fév. – ☲ 33 – **22 ch** 160/280.

✗✗✗ **Reynaud** Ⓜ avec ch, 82 av. Prés. Roosevelt, par ③ rte Valence ✆ 04 75 07 22 10, Fax 04 75 08 03 53, ≤, 🌳, 🏊 – 📺 ☎ 🅿 🅰🅴 ⑩ **GB**. ✗ rest
Repas *(fermé 15 au 23 août, 1ᵉʳ au 21 janv., dim. soir et lundi)* 160/360 et carte environ 320 – ☲ 60 – **10 ch** 350/450.

Tournon-sur-Rhône 🚉 07 Ardèche – 9 546 h alt. 125 – ✉ 07300 .
Voir *Terrasses*★ du château B.
🚉 *Office de Tourisme Hôtel Tourette ✆ 04 75 08 10 23, Fax 04 75 08 41 28.*
Paris 547 – Valence 20 – Grenoble 97 – Le Puy-en-Velay 105 – St-Étienne 74 – Vienne 59.

🏨 **Les Amandiers** Ⓜ sans rest, 13 av. de Nîmes ✆ 04 75 07 24 10, Fax 04 75 07 06 30 – 🔑 📺 ♿ 🅿 – 🚲 30. 🅰🅴 ⑩ **GB**   C n
☲ 35 – **25 ch** 280/340.

🏨 **Azalées**, 6 av. Gare ✆ 04 75 08 05 23, Fax 04 75 08 18 27, 🌳 – ⊁ 📺 ☎ 🅿. **GB**   B s
fermé 25 déc. au 2 janv. et dim. soir d'oct. à mars – **Repas** 84/154 ₰, enf. 45 – ☲ 35 – **37 ch** 230/270 – ½ P 230.

CITROEN Gar. Gélibert, Rd-Pt St-Vincent Rte de Nimes ✆ 04 75 07 11 75

TAIN-L'HERMITAGE

Jaurès (Av. J.) . . . . **BC**
Taurobole (Pl. du) . . . . . **BC**

Batie (Quai de la) . . . . . **C** 3
Defer (Pl. H.) . . . . **C** 8
Église (Pl. de l') . . . . . . **C** 12

Gaulle (Q. Gén. de) . . . . . . **C** 14
Grande-Rue . . . . **B** 16
Michel (R. F.) . . . . **B** 21
Peala (R. J.) . . . . **B** 24
Prés.-Roosevelt (Av.) . . . . . **C** 29
Rostaing (Q. A.) . . . . **C** 30
Seguin (Q. M.) . . . . **B** 32
Souvenir-Français
(Pl. du) . . . . **C** 33
8-Mai-1945 (Pl. du) . . . . **BC** 39

TOURNON-SUR-RHÔNE

Grande-Rue . . . . **B**

Dumaine (R. A.) . . . . **B** 9
Faure (R. G.) . . . . **B** 13
Juventon (Av. A. M.) . . . . **B** 19
Thiers (R.) . . . . **B** 35

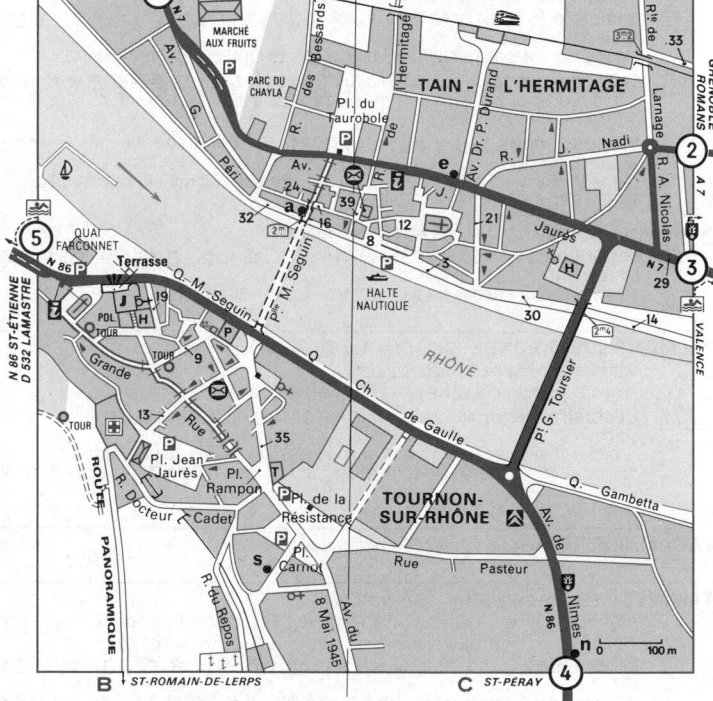

TALANT 21 Côte-d'Or **65** ⑳ – rattaché à Dijon.

TALENCE 33 Gironde **71** ⑨ – rattaché à Bordeaux.

TALLOIRES 74290 H.-Savoie **74** ⑥ G. Alpes du Nord – 1 287 h alt. 470.

Voir Site★★★ – Site★★ de l'Ermitage St-Germain★ E : 4 km.

ͷ₁₈ du lac d'Annecy ℘ 04 50 60 12 89, NO : 1 km.

🄱 Office de Tourisme ℘ 04 50 60 70 64, Fax 04 50 60 76 59.

Paris 550 – Annecy 13 – Albertville 34 – Megève 49.

Aub. du Père Bise ⌂, ℘ 04 50 60 72 01, Fax 04 50 60 73 05, ≤, 🛋, « Terrasse ombragée face au lac, parc », 🛦 – 📺 ☎ 🄿 – 🛦 25. 🄰🄴 ⓞ 🄶🄱
9 fév.-3 nov. et fermé merc. midi et mardi de sept. à mai – **Repas** 500/800 et carte 510 à 720 – ☷ 100 – **21 ch** 1000/2500, 5 appart – ½ P 1300/2250
Spéc. Gratin de queues d'écrevisses. Tatin de pommes de terre, truffes et foie d'oie. Poularde de Bresse.

L'Abbaye ⌂, ℘ 04 50 60 77 33, Fax 04 50 60 78 81, ≤, 🛋, « Abbaye bénédictine du 17ᵉ siècle, terrasse et jardin ombragés » – ☎ 🄿 – 🛦 25. 🄰🄴 ⓞ 🄶🄱
fermé janv. et fév. – **Repas** (fermé dim. soir et lundi d'oct. à mars) 150 (déj.), 180/250 – ☷ 70 – **32 ch** 820/1295 – ½ P 595/790.

🏨 **Le Cottage** ⚜, ℘ 04 50 60 71 10, Fax 04 50 60 77 51, ≤, 佘, « Terrasse ombragée »,
⅃, ☞ – ⃞ ☎ ⒫. ㏸ ⓞ ⌸ ⅏ rest
avril-oct. – **Repas** 140 bc (déj.), 180/270, enf. 90 – 🍴 65 – **35 ch** 500/1100 – ½ P 500/790.

🏨 **Les Prés du Lac** ⚜ sans rest, ℘ 04 50 60 76 11, Fax 04 50 60 73 42, ≤, « Jardin au bord
du lac », 🐾 – ⃞ ☎ 🅥 ⒫. ㏸ ⓞ
15 mars-4 oct. – 🍴 78 – **16 ch** 775/1100.

🏨 **Lac** ⚜, ℘ 04 50 60 71 08, Fax 04 50 60 72 99, ≤, 佘, ⅃, ☞ – ▯ ⃞ ☎ ⒫. ㏸ ⓞ ⌸ ⒿⒸⒷ
27 mai-30 sept. – **Repas** 120/180 ⅃ – 🍴 60 – **43 ch** 600/810 – ½ P 565/640.

🏨 **Beau Site** ⚜, ℘ 04 50 60 71 04, Fax 04 50 60 79 22, ≤, « Jardin », 🐾, ⅌ – ▯ ⃞ ☎ ⒫.
㏸ ⓞ ⌸ ⅏ rest
7 mai-6 oct. – **Repas** 175/225, enf. 75 – 🍴 55 – **29 ch** 450/950 – ½ P 480/645.

🏠 **La Charpenterie** ⚜, ℘ 04 50 60 70 47, Fax 04 50 60 79 07, 佘 – ▯ ⃞ ☎ ⒫. ㏸ ⓞ ⌸
fermé déc. et janv. – **Repas** *(fermé mardi d'oct. à avril)* 98/149, enf. 45 – 🍴 45 – **18 ch**
340/390 – ½ P 300/370.

XX **Villa des Fleurs** ⚜ avec ch, ℘ 04 50 60 71 14, Fax 04 50 60 74 06, 佘, ☞ – ⃞ ☎ ⒫ –
🔬 25. ㏸ ⌸
fermé 15 nov. au 15 déc., 20 janv. au 10 fév., dim. soir et lundi – **Repas** 150/290, enf. 85 –
🍴 55 – **8 ch** 420/460 – ½ P 420/450.

à Angon *Sud : 2 km par D 909a* – ✉ 74290 Veyrier-du-Lac :

🏨 **Les Grillons,** ℘ 04 50 60 70 31, Fax 04 50 60 72 19, ≤, 佘, ⅃, ☞ – ⅌ ⃞ ☎ ⒫. ㏸ ⌸.
⅏ rest
29 mars-12 nov. – **Repas** 90 (déj.), 120/180 – 🍴 40 – **28 ch** 400/580 – ½ P 310/395.

TALMONT-SUR-GIRONDE 17120 Char.-Mar. 71 ⑮ G. Poitou Vendée Charentes – 83 h alt. 20.
Voir *Site★ de l'église Ste-Radegonde★*.
Paris 503 – Royan 17 – Blaye 69 – La Rochelle 92 – Saintes 35.

XX **L'Estuaire** avec ch, au Caillaud ℘ 05 46 90 43 85, Fax 05 46 90 43 88, ≤, ☞ – ☎ ⒫. ⌸.
⅏ ch
hôtel : avril-sept. et fermé mardi et merc. sauf juil.-août – **Repas** *(fermé 1ᵉʳ au 10 oct.,
15 janv. au 15 fév., mardi soir et merc. sauf juil.-août)* 95/195, enf. 52 – 🍴 34 – **7 ch** 230/290
– ½ P 245.

LA TAMARISSIÈRE 34 Hérault 83 ⑮ – rattaché à Agde.

TAMNIÈS 24620 Dordogne 75 ⑰ – 313 h alt. 200.
Paris 509 – Brive-la-Gaillarde 54 – Périgueux 57 – Sarlat-la-Canéda 16 – Les Eyzies-de-
Tayac 12.

🏨 **Laborderie** ⚜, ℘ 05 53 29 68 59, Fax 05 53 29 65 31, ≤, 佘, parc, ⅃ – ▤ rest ⃞ ☎ ⒫.
🄰 ⌸
29 mars-2 nov. – **Repas** 80 (déj.), 95/240, enf. 50 – 🍴 35 – **36 ch** 200/470 – ½ P 260/380.

TANCARVILLE (Pont routier de) ★ 76430 S.-Mar. 55 ④ G. Normandie Vallée de la Seine –
1 326 h alt. 48.
Voir ≤★ *sur estuaire*.
Tunnel Péage en 1996 : *auto 15 F, camions et autocars 23 à 40 F, gratuit pour motos, vélos
et piétons.*
Paris 172 – Le Havre 29 – Caen 82 – Pont-Audemer 21 – Rouen 60.

XXX **Marine** ⃝Ⓜ avec ch, au pied du pont (D 982) ℘ 02 35 39 77 15, Fax 02 35 38 03 30, ≤ pont
suspendu et la Seine, 佘, ☞ – ⃞ ☎ ⒫. ㏸ ⌸. ⅏ ch
fermé 29 juil. au 18 août, dim. soir et lundi soir – **Repas** 140/225 et carte 320 à 460, enf. 72
– 🍴 45 – **8 ch** 250/340 – ½ P 300/350.

TANINGES 74440 H.-Savoie 74 ⑦ G. Alpes du Nord – 2 791 h alt. 640.
🄱 Office de Tourisme av. Thézières ℘ 04 50 34 25 05, Fax 04 50 34 83 96.
Paris 574 – Chamonix-Mont-Blanc 52 – Thonon-les-Bains 49 – Annecy 59 – Bonneville 20 –
Cluses 12 – Genève 44 – Megève 40 – Morzine 19.

XX **La Crémaillère,** au lac de Flérier, Sud-Ouest : 1 km ℘ 04 50 34 21 98, Fax 04 50 34 34 88,
佘, « Au bord du lac » – ⒫. ⌸
fermé 17 déc. au 30 janv., dim. soir et merc. sauf juil.-août – **Repas** (nombre de couverts
limité, prévenir) 90/210 ⅃, enf. 65.

RENAULT Gar. Delfante, ℘ 04 50 34 20 71 ℕ ℘ 04 50 34 20 71

TANNERON 83440 Var 🎇 ⑧, 🔢 ㉖ – 1 157 h alt. 376.
Paris 898 – Cannes 18 – Antibes 27 – Draguignan 57 – Grasse 17 – St-Raphaël 36.

XX **Le Champfagou** 🦢 avec ch, pl. du Village ℘ 04 93 60 68 30, Fax 04 93 60 70 60, ≤, 😋,
🍴 – ☎ 🅿️, 🆎 🔳
fermé nov, mardi midi et merc. midi en juil.-août, mardi soir et merc. de sept. à juin –
Repas 125/165, enf. 65 – ☑ 35 – **9 ch** 260 – ½ P 310.

TANUS 81190 Tarn 🎇 ⑪ – 464 h alt. 439.
Voir Viaduc du Viaur★ NE : 7 km, G. Gorges du Tarn.
Paris 678 – Rodez 48 – Albi 32 – St-Affrique 67.

XX **Voyageurs** avec ch, ℘ 05 63 76 30 06, Fax 05 63 76 37 94, 🍴 – 📺 ☎. 🔳
🍴 *fermé 2 au 15 janv, dim. soir et lundi sauf juil.-août – Repas 85/210 👃, enf. 45 – ☑ 40 –*
13 ch 230/280 – ½ P 225/255.

TARARE 69170 Rhône 🎇 ⑨ G. Vallée du Rhône – 10 720 h alt. 383.
🅱 Office de Tourisme 6 pl. Madeleine ℘ 04 74 63 06 65, Fax 04 74 63 52 69.
Paris 462 – Roanne 41 – Lyon 45 – Montbrison 61 – Villefranche-sur-Saône 31.

🏠 **Burnichon,** Est par N 7 : 1,5 km ℘ 04 74 63 44 01, Fax 04 74 05 08 52, 😋 – 📺 ☎ 🅿️ –
🍴 🛝 30. 🆎 ⓞ 🔳
Repas *(fermé dim.)* 70/230, enf. 40 – ☑ 33 – **34 ch** 160/280 – ½ P 215.

XXX **Jean Brouilly,** 3 ter r. Paris ℘ 04 74 63 24 56, Fax 04 74 05 05 48, parc – 🅿️, 🆎 ⓞ 🔳
❀ *fermé 4 au 19 août, dim. sauf fériés le midi et lundi – Repas 160/370 et carte 230 à 320*
Spéc. Ravigote de lapin en bigarade. Tournedos ''Milotier''. Fondant chocolat, lait
d'amandes amères. **Vins** Mâcon, Beaujolais.

FORD Gar. Beylier, 17 r. Serroux ℘ 04 74 05 20 21
🅽 ℘ 04 74 05 20 21
PEUGEOT Gar. Dubois, N 7 ℘ 04 74 63 03 80 🅽
℘ 04 74 05 77 01
RENAULT Gar. Laurent, rte de Valsonne
℘ 04 74 63 04 07

RENAULT Gar. Mortier, N 7 à Pontcharra-sur-
Turdine ℘ 04 74 05 73 08

⓪ Tarare Pneus, 50 bd Voltaire
℘ 04 74 63 38 12
Vulco, bd de la Turdine ℘ 04 74 63 44 00

TARASCON 13150 B.-du-R. 🎇 ⑪ G. Provence – 10 826 h alt. 8.
*Voir Château★★ : ☀★★ Y – Église Ste-Marthe★ Y – Musée Charles-Deméry★ (Souleiado)
Z M.*
🅱 Office de Tourisme 59 r. Halles ℘ 04 90 91 03 52, Fax 04 90 91 22 96.
Paris 705 ④ – Avignon 23 ① – Arles 18 ③ – Marseille 94 ③ – Nîmes 27 ④.

TARASCON

Halles (R. des) . . . . . **YZ**
Mairie
(Pl. de la) . . . . **Y** 15
Monge (R.) . . . . **Y**
Pelletan (R. E.) . . . . . **Z** 19
Proudhon (R.) . . . . . . **Z** 20
Victor-Hugo (Bd) . . . . **Z**

Aqueduc
(R. de l') . . . . **Y** 2
Berrurier
(Pl. Colonel) . . . . . . **Z** 3
Blanqui (R.) . . . . **Z** 4
Briand
(Crs Aristide) . . . . . **Z** 5
Château (Bd du) . . . . **Y** 6
Château (R. du) . . . . **Y** 7
Hôpital (R. de l') . . . . **Z** 9
Jaurès (R. Jean) . . . . **Y** 12
Jeu-de-Paume
(R. du) . . . . **YZ** 14
Millaud (R. Éd.) . . . . **YZ** 16
Mistral
(R. Frédéric) . . . . . **Z** 18
Raffin (R.) . . . . **Y** 23
République
(Av. de la) . . . . **Z** 24
Salengro (Av. R.) . . . . **Y** 25

*Le Guide change,
changez de guide
tous les ans.*

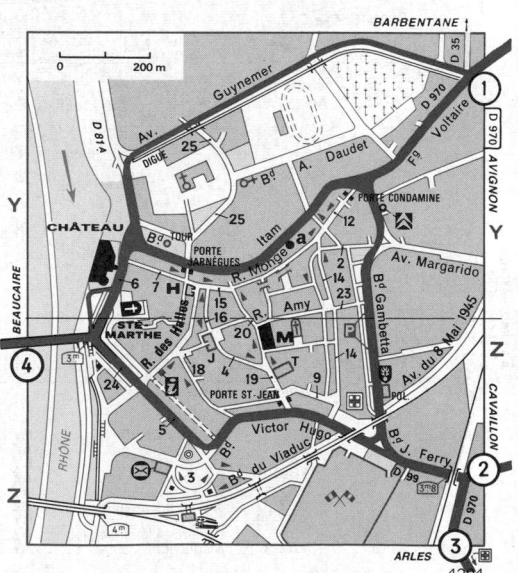

🏠 **Échevins et rest. Mistral,** 26 bd Itam ℰ 04 90 91 01 70, Fax 04 90 43 50 44 – |ậ| ⊟ rest
☎ ⬛, ⬛.
Pâques-1ᵉʳ nov. – **Repas** *(fermé sam. midi, dim. soir et lundi midi)* 90/150 – ⬛ 38 – **40 ch**
250/295.

CITROEN Gar. Chabas, 8 bd Gambetta   🔘 Tarascon Pneus, 1 pl. E.-Combe
ℰ 04 90 91 12 71   ℰ 04 90 43 54 36

TARASCON-SUR-ARIÈGE 09400 Ariège 🎱🎱 ④ ⑤ G. *Pyrénées Roussillon* – *3 533 h alt. 474.*
Voir *Parc pyrénéen de l'art préhistorique* ★★ O : 3 km – *Grotte de Niaux* ★★ (dessins
préhistoriques) SO : 4 km – *Grotte de Lombrives* ★ S : 3 km par N 20.
🄱 *Office de Tourisme av. des Pyrénées* ℰ 05 61 05 94 94, Fax 05 61 05 57 79.
Paris 793 – Foix 15 – Ax-les-Thermes 27 – Lavelanet 29.

🏠 **Confort** sans rest, quai A. Sylvestre ℰ 05 61 05 61 90, Fax 05 61 05 55 99 – 📺 ☎ ⬛ 🅿.
⬛
fermé 4 au 11 janv. – ⬛ 38 – **14 ch** 180/260.

CITROEN Gar. du Stade, ℰ 05 61 05 89 20

> Les **guides Rouges**, les **guides Verts** et les **cartes Michelin**
> sont complémentaires.
> Utilisez-les ensemble.

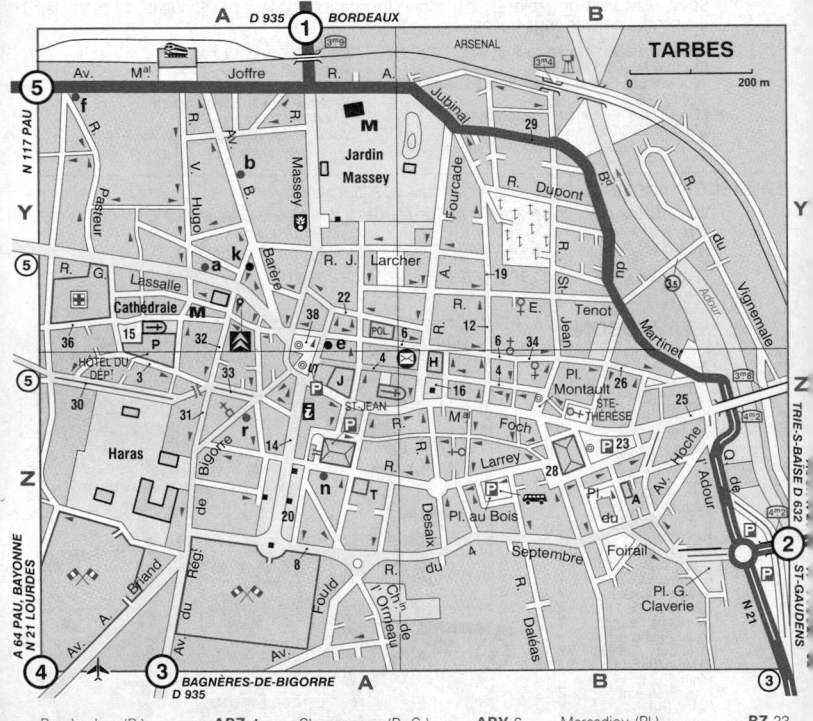

1292

TARBES ⓟ 65000 H.-Pyr. 85 ⑧ G. Pyrénées Aquitaine – 47 566 h alt. 320.

Voir *Musée Massey : musée international des Hussards*★ AY M.

⭧ de Laloubère ℘ 05 62 45 07 10, par ③ : 3 km ; ⭧ des Tumulus ℘ 05 62 45 14 50 à Laloubière, 2 km par ③.

✈ de Tarbes-Ossun-Lourdes : ℘ 05 62 32 92 22, par ④ : 9 km.

🚗 ℘ 08 36 35 35 35.

🛈 Office de Tourisme 3 cours Gambetta ℘ 05 62 51 30 31, Fax 05 62 44 17 63.

Paris 793 ① – Pau 43 ⑤ – Bordeaux 216 ① – Lourdes 19 ④ – Toulouse 156 ②.

Plan page ci-contre

🏨 **Foch** sans rest, 18 pl. Verdun ℘ 05 62 93 71 58, Fax 05 62 93 34 59 – 🛗 🗏 📺 ☎ ℅, 🖭 🖸🖪
fermé 24 au 31 déc. et dim. – 🍽 45 – **30 ch** 280/420. AYZ e

🏨 **Henri IV** sans rest, 7 av. B. Barère ℘ 05 62 34 01 68, Fax 05 62 93 71 32 – 🛗 📺 ☎ ⬌. 🖭
🛈 🖸🖪 AY k
🍽 40 – **23 ch** 280/360.

XX **L'Ambroisie**, 38 r. Larrey ℘ 05 62 93 09 34, Fax 05 62 93 09 24 – 🗏. 🖸🖪. ⚘ AZ n
fermé mi-fév. et lundi – **Repas** 98 (déj.), 160/290 et carte 290 à 370.

X **Le Petit Gourmand**, 62 av. B. Barère ℘ 05 62 34 26 86 – 🖭 🛈 🖸🖪 AY b
fermé sam. midi et lundi – **Repas** 145.

X **Le Grillon**, 37 av. Régt de Bigorre ℘ 05 62 93 88 31 – 🖭 🛈 🖸🖪. ⚘ AZ r
🖭 fermé lundi sauf fériés – **Repas** 85/180.

X **Le Panier Fleuri**, 74 av. Mar. Joffre ℘ 05 62 93 10 80, Fax 05 62 93 10 80 – 🖭 🛈 🖸🖪 AY f
fermé dim. soir et lundi – **Repas** 70 (déj.), 98/140.

X **Le Fil à la Patte**, 30 r. G. Lassalle ℘ 05 62 93 39 23 – 🗏. 🖭 🛈 🖸🖪 AY a
🖭 fermé 10 août au 2 sept., 1er au 12 janv., dim. et lundi – **Repas** 85/168.

rte d'Auch par ② : 4,5 km – ⊠ 65800 Aureilhan :

XX **La Patte d'Oie**, ℘ 05 62 36 40 52, �└ – 🅿. 🖸🖪
Repas 98/198.

par ④ rte de Lourdes par Juillan : 4 km sur D 921ᴬ – ⊠ 65290 Juillan :

XX **L'Aragon** avec ch, ℘ 05 62 32 07 07, Fax 05 62 32 92 50, �└ – 📺 ☎ 🅿. 🖭 🖸🖪
fermé dim. soir – **Repas** 150/260, enf. 50 – **Bistrot :** Repas 98, enf. 50 – 🍽 35 – **11 ch**
210/300 – ½ P 230/245.

par ④ près échangeur A 64 Ouest sur N 21 : 4 km – ⊠ 65000 Tarbes :

🏨 **Campanile**, ℘ 05 62 51 19 15, Fax 05 62 51 34 67 – ⭧ 📺 ☎ ℅ ⅙. 🅿 – 🔬 25. 🖭 🛈 🖸🖪
🖭 **Repas** 84 bc/107 bc, enf. 39 – 🍽 32 – **54 ch** 278.

à l'Aéroport par ④ : 9 km – ⊠ 65290 Juillan :

XXX **La Caravelle**, (1er étage) ℘ 05 62 32 99 96, Fax 05 62 32 05 25, ≼ Pyrénées – 🗏. 🖭 🛈
🖸🖪 🖽
fermé 21 juil. au 12 août, 5 au 23 janv., dim. soir et lundi – **Repas** 160/300 et carte 220 à 350.

rte de Pau par ⑤ : 6 km – ⊠ 65420 Ibos :

🏨 **La Chaumière du Bois** ⬯, ℘ 05 62 90 03 51, Fax 05 62 90 05 33, �└, parc, 🏊 – 📺 ☎
🖭 ℅ ⅙ 🅿. 🖸🖪
Repas (fermé dim. soir et lundi sauf juil.-août) 70/140 ⅄ – 🍽 32 – **22 ch** 280/360 –
½ P 260/300.

à la Côte de Ger par ⑤ : 10 km sur N 117 – ⊠ 65420 Ibos :

XX **La Vieille Auberge**, ℘ 05 62 31 51 54, Fax 05 62 31 55 59, �└ – 🗏 🅿. 🖭 🛈 🖸🖪
fermé dim. soir et lundi – **Repas** 100/235.

CITROEN Gar. Garoby, 23 r. Lassalle
℘ 05 62 93 31 36
FORD Gar. Fabre, bd Kennedy ℘ 05 62 51 15 11
NISSAN Gar. Raoux, bd Kennedy ℘ 05 62 93 28 97
VAG Gar. Tolsan, rte de Pau ℘ 05 62 34 35 83

🖘 Dours-Point S, 13 bis crs de Reffye
℘ 05 62 93 01 84
Euromaster, 1 bd Mar.-de-Lattre-de-Tassigny
℘ 05 62 34 74 96
Saliot-Vulco, 10 r. Clément ℘ 05 62 34 52 01

Périphérie et environs

BMW Tarbes Auto, rte de Pau à Ibos
℘ 05 62 90 06 00
CITROEN T.D.A., 28 rte de Lourdes à Odos par ④
℘ 05 62 93 94 95 🔃 ℘ 05 62 36 51 38
MERCEDES SOPAVIA, 64 rte de Lourdes à Odos
℘ 05 62 51 37 37

RENAULT Pyrénées Auto, rte de Lourdes à Odos
par ④ ℘ 05 62 44 54 54
VOLVO Davan-Chavanne, 88 rte de Lourdes à
Odos ℘ 05 62 93 69 36

*Die auf den **Michelin-Karten** im Maßstab 1 : 200 000 rot unterstrichenen
Orte sind in diesem Führer erwähnt.*

Nur eine neue Karte gibt Ihnen die aktuellsten Hinweise.

TARDETS-SORHOLUS 64470 Pyr.-Atl. 85 ⑤ – 704 h alt. 220.

Paris 816 – Pau 63 – Mauléon-Licharre 14 – Oloron-Ste-Marie 28 – St-Jean-Pied-de-Port 52.

※※ **Pont d'Abense** 🦢 avec ch, à Abense-de-Haut ℘ 05 59 28 54 60, 🍽, « Jardin fleuri » –
☎ 🅿. 😎. ℅
fermé 1ᵉʳ au 15 déc., janv. et jeudi hors sais. – **Repas** 75 bc/200 🍷, enf. 50 – 🖵 35 – **11 ch**
170/250 – ½ P 200/250.

PEUGEOT Gar. Larragneguy, ℘ 05 59 28 53 21   Gar. Carrère, ℘ 05 59 28 53 59

TARGASONNE 66 Pyr.-Or. 86 ⑱ – rattaché à Font-Romeu.

TARNAC 19170 Corrèze 72 ⑳ G. Berry Limousin – 403 h alt. 700.

Paris 436 – Limoges 67 – Aubusson 48 – Bourganeuf 44 – Eymoutiers 24 – Tulle 61 –
Ussel 46.

🏠 **Voyageurs** 🦢, ℘ 05 55 95 53 12, Fax 05 55 95 40 07 – 🛏 rest 📺 ☎. 😎. ℅ rest
fermé 15 déc. au 5 janv., vacances de fév., dim. soir et lundi du 1ᵉʳ oct. au 1ᵉʳ juin sauf fêtes –
Repas 85/160, enf. 58 – 🖵 38 – **15 ch** 220/250 – ½ P 255/266.

TASSIN-LA-DEMI-LUNE 69 Rhône 73 ⑳„ 110 ⑬ – rattaché à Lyon.

TAURINYA 66 Pyr.-Or. 86 ⑱ – rattaché à Prades.

TAUTAVEL 66720 Pyr.-Or. 86 ⑨ – 738 h alt. 110.

Voir Musée de Tautavel★★, G. Pyrénées Roussillon.
🛈 Office de Tourisme ℘ 04 68 29 44 29, Fax 04 68 29 40 48.
Paris 876 – Perpignan 28 – Carcassonne 96 – Limoux 81 – Narbonne 75 – Quillan 57.

✗ **Le Petit Gris,** rte d'Estagel ℘ 04 68 29 42 42, Fax 04 68 29 40 09, 🍽 – 🅿. 😎
fermé 5 au 20 janv. et lundi d'oct. à Pâques – **Repas** - grillades et spécialités catalanes -
(déj. seul. d'oct. à Pâques) 68/160 🍷.

TAVEL 30126 Gard 81 ⑪ – 1 439 h alt. 100.

Paris 675 – Avignon 15 – Alès 69 – Nîmes 43 – Orange 22 – Pont-St-Esprit 33 – Roquemaure 9.

※※ **Aub. de Tavel** avec ch, ℘ 04 66 50 03 41, Fax 04 66 50 24 44, 🍽, ⌇ – 📺 ☎. 🆎 ① 😎
fermé fév. – **Repas** *(fermé dim. soir et lundi du 15 sept. à juin)* 120 bc/250 et carte 240 à
350, enf. 65 – 🖵 65 – **10 ch** 410/470 – ½ P 375/405.

TAVERNY 95 Val-d'Oise 55 ⑳„ 101 ④ – voir à Paris, Environs.

TAVERS 45 Loiret 64 ⑧ – rattaché à Beaugency.

Le TEIL 07400 Ardèche 80 ⑩ G. Vallée du Rhône – 7 779 h alt. 75.

Voir Baptistère★ de l'église de Mélas.
🛈 Office de Tourisme pl. P.-Sémard "Les Sablons" ℘ 04 75 49 10 46.
Paris 609 – Valence 50 – Aubenas 35 – Montélimar 6 – Privas 30.

✗ **Le Gafferot,** 2 bd Stalingrad ℘ 04 75 49 49 24 – 🛏. 😎
fermé 16 au 30 juin, vacances de fév., dim. soir et lundi –
Repas 95/230.

✗ **L'Ardéchois,** 34 av. H. Barbusse ℘ 04 75 49 21 39 – 🛏. 😎
fermé 21 juil. au 21 août, dim. soir et lundi soir – **Repas** 85/145.

Le TEILLEUL 50640 Manche 59 ⑨ – 1 433 h alt. 212.

Paris 272 – Avranches 47 – Domfront 20 – Fougères 36 – Mayenne 39 – St-Lô 79.

🏨 **Clé des Champs,** Est : 1 km sur N 176 ℘ 02 33 59 42 27 – 📺 ☎ 📞 🚗 🅿. 🆎 ① 😎
fermé 15 fév. au 5 mars et dim. soir du 1ᵉʳ oct. au 1ᵉʳ avril – **Repas** 80/187 🍷 – 🖵 34 – **20 ch**
132/302 – ½ P 220/284.

RENAULT Gar. Bonsens, ℘ 02 33 59 40 28 🄽 ℘ 02 33 59 40 28

TEMPLERIE 35 I.-et-V. 59 ⑲ – rattaché à Fougères.

TENCE 43190 H.-Loire 📖 ⑧ G. Vallée du Rhône – 2 788 h alt. 840.

🛈 Office de Tourisme pl. Chatiagne 🎨 04 71 59 81 99, Fax 04 71 65 47 13.
Paris 569 – Le Puy-en-Velay 46 – Lamastre 38 – St-Étienne 52 – Yssingeaux 19.

🏨　**Host. Placide,** av. Gare 🎨 04 71 59 82 76, Fax 04 71 65 44 46, 🐴 – 📺 ☎ 🅿. 💳 ☖.
🏵 rest
15 mars-15 nov. et fermé dim. soir et lundi sauf de juin à sept. – **Repas** 150/360 – ☲ 50 –
17 ch 390/430 – ½ P 360.

PEUGEOT Gar. Bachelard, 🎨 04 71 59 80 20 🄽 🎨 04 71 59 83 30

TENDE 06430 Alpes-Mar. 📖 ⑳ G. Côte d'Azur – 2 089 h alt. 815.

Voir Fresques★★★ de la chapelle Notre-Dame des fontaines★★ SE : 11 km.
🏌 de Vievola 🎨 04 93 04 61 02, N par N 204 : 4,5 km.
Paris 896 – Cuneo 46 – Menton 55 – Nice 82 – Sospel 37.

à **St-Dalmas-de-Tende** Sud : 4 km par N 204 – ⊠ 06430 :

🏨　**Le Prieuré** Ⓜ ♨ (Centre d'Aide par le Travail), 🎨 04 93 04 75 70, Fax 04 93 04 71 58, 🍴,
🐴 – 📺 ☎ 🅿. – 🛁 60. 💳 ☖
1ᵉʳ mai-31 oct. – **Repas** 90/155 – ☲ 35 – **24 ch** 240/335.

à **la Brigue** Sud-Est : 6,5 km par N 204 et D 43 – 618 h. alt. 810 – ⊠ 06430 .

Voir Collégiale St-Martin★.

🏠　**Mirval** ♨, 🎨 04 93 04 63 71, Fax 04 93 04 79 81, ≤, 🐴 – 📺 ☎ 🅿. 💳 ⓪ ☖
1ᵉʳ avril-2 nov. – **Repas** 90/150 – ☲ 35 – **18 ch** 260/350 – ½ P 250/300.

TENDU 36 Indre 📖 ⑱ – rattaché à Argenton-sur-Creuse.

TERMES 48310 Lozère 📖 ⑭ – 172 h alt. 1120.

Paris 556 – Aurillac 116 – Mende 57 – Chaudes-Aigues 19 – St-Chély-d'Apcher 11 –
St-Flour 43.

🏠　**Aub. du Verdy,** 🎨 04 66 31 60 97, Fax 04 66 31 66 13, 🐴 – ☎ 🏕 🅿. 💳 ☖
fermé 31 janv. au 8 mars – **Repas** 55 bc/150 ₰ – ☲ 25 – **10 ch** 210/240 – ½ P 225.

TERMES-D'ARMAGNAC 32 Gers 📖 ② – rattaché à Riscle.

TERRASSON-LA-VILLEDIEU 24120 Dordogne 📖 ⑦ G. Périgord Quercy – 6 004 h alt. 90.

Paris 502 – Brive-la-Gaillarde 21 – Lanouaille 44 – Périgueux 53 – Sarlat-la-Canéda 38.

🏠　**Le Moulin Rouge** Ⓜ sans rest, N 89 🎨 05 53 50 25 00, Fax 05 53 50 12 20, 🛁 – 🚭 📺 ☎
📞 ♿ 🅿 – 🛁 30. 💳 ⓪ ☖
☲ 32 – **34 ch** 250/270.

🍴🍴🍴　**L'Imaginaire** (Bertranet), pl. Foirail (direction église St-Sour) 🎨 05 53 51 37 27,
Fax 05 53 51 60 37, 🍴, « Salle voûtée du 17ᵉ siècle » – ☖
fermé 10 au 18 mars, 1ᵉʳ au 9 sept., 15 au 26 déc., sam. midi, dim. soir et lundi sauf fériés –
Repas 170/240
Spéc. Tartines de pied de cochon gratinées au foie gras. Filet de bar piqué à l'ail, macaroni
au basilic. Puits d'amour aux fruits frais de saison.

RENAULT Gar. Sierra, N 89 🎨 05 53 50 00 69 🄽 🎨 06 07 37 32 15

TERTENOZ 74 H.-Savoie 📖 ⑰ – rattaché à Faverges.

TESSÉ-LA-MADELEINE 61 Orne 📖 ① – rattaché à Bagnoles-de-l'Orne.

La TESSOUALLE 49 M.-et-L. 📖 ⑤ ⑥ – rattaché à Cholet.

TÉTEGHEM 59 Nord 📖 ④ – rattaché à Dunkerque.

Le TEULET 19 Corrèze 📖 ⑳ – ⊠ 19430 Mercoeur.

Paris 532 – Aurillac 32 – Argentat 24.

🏠　**Relais du Teulet,** N 120 🎨 05 55 28 71 09, Fax 05 55 28 74 39, 🛁 – ☎ 🅿. 💳 ⓪ ☖
Repas 65/150 ₰, enf. 50 – ☲ 26 – **18 ch** 140/230 – ½ P 200/230.

THANN ⊗ *68800 H.-Rhin* 🆖 ⑨ *G. Alsace Lorraine* (plan) – *7 751 h alt. 343.*

Voir *Collégiale St-Thiébaut*★★.

Env. *Grand Ballon* ✻★★★ *N : 19 km.*

🛈 *Office de Tourisme 6 pl. Joffre* ℰ *03 89 37 96 20, Fax 03 89 37 04 58.*

Paris 471 – Mulhouse 21 – Belfort 36 – Colmar 41 – Épinal 87 – Guebwiller 21.

🏨 **La Cigogne** Ⓜ, ℰ *03 89 37 47 33, Fax 03 89 37 40 18,* 🍴 – 📶 �Ⓥ 📺 ☎ ✆ ⅀ ᐸ ℙ. ⅁ⅅ
Repas *(fermé fév., dim. soir et lundi)* 75/200 ⅄, enf. 49 – ⊇ 50 – **27 ch** 260/300.

🏨 **Parc**, 23 r. Kléber ℰ *03 89 37 37 47, Fax 03 89 37 56 23,* 🍴 – 📺 ☎ ✆ ℙ. ⅀ⅇ ⅁ⅅ
fermé fév. – **Repas** 98 (déj.), 120/220 ⅄, enf. 65 – ⊇ 45 – **20 ch** 230/445 – ½ P 285/390.

🏠 **Kléber**, 39 r. Kléber ℰ *03 89 37 13 66, Fax 03 89 37 39 67,* Ⅰ₅ – �Ⓥ 📺 ☎ ⅀ ℙ. ⅁ⅅ
Repas *(fermé 1ᵉʳ au 22 juil., dim. soir et sam.)* 90/240 ⅄, enf. 50 – ⊇ 50 – **26 ch** 150/300 – ½ P 300.

HAI, LANCIA Gar. Boëglin, 64 rte de Mulhouse à
Vieux-Thann ℰ *03 89 37 04 03* Ⓝ
ℰ *03 89 37 04 03*

PEUGEOT Gar. Jeker, 16 r Le de Roderen par
D103 et D35 ℰ *03 89 37 81 72* Ⓝ
ℰ *08 00 44 24 24*

THANNENKIRCH *68590 H.-Rhin* 🆖 ⑲ *G. Alsace Lorraine* – *336 h alt. 520.*

Voir *Route★ de Schaentzel (D 48¹) N : 3 km.*

Paris 430 – Colmar 24 – St-Dié 40 – Sélestat 16.

🏨 **Touring**, ℰ *03 89 73 10 01, Fax 03 89 73 11 79,* ≤, 🌳 – 📶 ☎ ℙ. – ⅍ 45. ⅁ⅅ
24 mars-15 nov. – **Repas** 69/169 ⅄, enf. 47 – ⊇ 36 – **48 ch** 194/338 – ½ P 240/315.

🏠 **Aub. la Meunière**, ℰ *03 89 73 10 47, Fax 03 89 73 12 31,* ≤, 🍴, « Décor rustique », Ⅰ₅ – ☎ ℙ. – ⅍ 25. ⅀ⅇ ⅁ⅅ
mars-nov. – **Repas** 95 (déj.), 100/200 ⅄, enf. 40 – ⊇ 35 – **15 ch** 280/370 – ½ P 245/305.

THARON-PLAGE *44730 Loire-Atl.* 🆖 ①.

Paris 442 – Nantes 56 – Challans 58 – St-Nazaire 25.

🏠 **Les Sables d'Or**, 119 bd Océan ℰ *02 40 27 82 17, Fax 02 40 39 94 03,* ≤ – 📺 ☎ ℙ. ⅅ ⅁ⅅ
fermé 2 janv. au 10 fév., dim. soir et lundi du 16 sept. au 31 mai – **Repas** 83/275, enf. 45 – ⊇ 40 – **13 ch** 350/370 – ½ P 350.

Le THEIL *15 Cantal* 🆖 ② – *rattaché à Salers.*

THÊMES *89 Yonne* 🆖 ⑭ – ⊠ *89410 Cézy.*

Paris 137 – Auxerre 34 – La Celle-St-Cyr 5 – Joigny 8 – Montargis 50 – Sens 26.

🍴🍴 **P'tit Claridge** ⌘ avec ch, ℰ *03 86 63 10 92, Fax 03 86 63 01 34,* 🍴, 🌳 – 📺 ☎ ℙ. ⅀ⅇ ⅁ⅅ
fermé fév., dim. soir et lundi – **Repas** 85/260, enf. 60 – ⊇ 30 – **13 ch** 90/200 – ½ P 170/200.

THÉOULE-SUR-MER *06590 Alpes-Mar.* 🆖 ⑧, 🆖 ㉖, 🆖 ㉞ – *1 216 h.*

🛈 *Office de Tourisme 2 Corniche d'Or* ℰ *04 93 49 28 28, Fax 04 93 49 00 04 et 37 av. Miramar (juin-sept.)* ℰ *04 93 75 48 48.*

Paris 899 – Cannes 11 – Draguignan 58 – Nice 43 – St-Raphaël 37.

à Miramar *5 km par N 98 - rte de St-Raphaël G. Côte d'Azur* – ⊠ *06590 Théoule-sur-Mer.*

Voir *Pointe de l'Esquilon* ≤★★ *NE : 1 km puis 15 mn.*

🏨 **Miramar Beach** Ⓜ, ℰ *04 93 75 41 36, Fax 04 93 75 44 83,* ≤, 🍴, Ⅰ₅, ⊠, 🐟, 🌳, ✖ – 📶 �Ⓥ ≡ 📺 ☎ ⅀ ℙ. – ⅍ 40. ⅀ⅇ ⅅ ⅁ⅅ ⅉ⅁ⅅ
L'Étoile des Mers : Repas 155/370, enf. 75 – ⊇ 75 – **58 ch** 650/1600 – ½ P 740/1065.

🏨 **Mas Provençal**, ℰ *04 93 75 40 20, Fax 04 93 75 44 83,* ⊠, ✖ – 📺 ☎ ℙ. ⅀ⅇ ⅅ ⅁ⅅ
15 mars-1ᵉʳ nov. – **Repas** 85/145, enf. 59 – ⊇ 45 – **25 ch** 350/430 – ½ P 305/345.

🍴🍴 **Aub. du Père Pascal**, ℰ *04 93 75 40 11, Fax 04 93 75 03 28,* ≤, 🍴 – ℙ. ⅀ⅇ ⅅ ⅁ⅅ
fév.-oct. et fermé jeudi sauf juil.-août – **Repas** 140/300.

THÉRONDELS *12600 Aveyron* 🆖 ⑬ – *505 h alt. 965.*

Paris 566 – Aurillac 49 – Chaudes-Aigues 49 – Espalion 64 – Murat 54 – Rodez 95 – St-Flour 51.

🏨 **Miquel** ⌘, ℰ *05 65 66 02 72, Fax 05 65 66 19 84,* 🍴, ⊠, 🌳 – 📺 ☎ ℙ. ⅁ⅅ
fermé 20 déc. au 15 janv. – **Repas** *(fermé dim. soir d'oct. à mai et lundi sauf le midi de juin à sept.)* 55/165 ⅄ – ⊇ 32 – **22 ch** 240/260 – ½ P 220/240.

THÉSÉE 41140 L.-et-Ch. 🖫🖫 ⑰ G. Châteaux de la Loire – 1 074 h alt. 80.

Paris 218 – Tours 51 – Blois 38 – Châteauroux 75 – Montrichard 11 – Romorantin-Lanthenay 41 – Vierzon 63.

🏠 **Host. Moulin de la Renne,** 🖉 02 54 71 41 56, 😤, 🚗 – 🕿 🅿 ☖ ☖
😊 fermé 15 janv. au 15 mars, dim. soir et lundi du 15 sept. au 30 avril – **Repas** 85/220, enf. 45 – 🖵 35 – **15 ch** 135/295 – ½ P 193/253.

THEYS 38570 Isère 🖫🖫 ⑥ G. Alpes du Nord – 1 321 h alt. 615.

🖪 Syndicat d'Initiative, Bureau d'accueil 🖉 04 76 71 05 92 et 🖉 04 76 71 03 17 (hors saison).
Paris 601 – Grenoble 30 – Allevard 19 – Le Bourg-d'Oisans 75 – Chambéry 38.

✕ **Le Vieux Moulin,** 🖉 04 76 71 02 59, Fax 04 76 71 02 59, 😤 – ☖
fermé oct. et merc. – **Repas** 90/130 ⌀, enf. 50.

THIÉBLEMONT-FARÉMONT 51300 Marne 🖫🖫 ⑨ – 587 h alt. 120.

Paris 190 – Bar-le-Duc 42 – Châlons-en-Champagne 41 – Troyes 90 – Verdun 96 – Vitry-le-François 12.

✕✕ **Le Champenois** avec ch, N 4 🖉 03 26 73 81 03, Fax 03 26 73 80 95 – ⁙ 🖵 🕿 🅿 ☖ ⓞ ☖
fermé 1er au 15 oct., 1er au 15 fév., dim. soir et lundi – **Repas** 98/330, enf. 49 – 🖵 35 – **9 ch** 220/330 – ½ P 270/310.

Dans ce guide

un même symbole, un même caractère,
imprimé en couleur ou en **noir***, en maigre ou en* **gras***,*
n'ont pas tout à fait la même signification.
Lisez attentivement les pages explicatives.

THIERS ⟨🆂🅿⟩ 63300 P.-de-D. 🖫🖫 ⑱ G. Auvergne – 14 832 h alt. 420.

Voir Site★★ – Le Vieux Thiers★ : Maison du Pirou★ YZ E – Terrasse du Rempart ⁙★ Y – Rocher de Borbes ⇐★ S : 3,5 km par D 102.
🖪 Office de Tourisme pl. du Pirou 🖉 04 73 80 10 74.
Paris 458 ③ – Clermont-Ferrand 45 ② – Issoire 57 ② – Lyon 133 ① – Le Puy-en-Velay 126 ② – Roanne 60 ① – St-Étienne 110 ① – Vichy 36 ③.

Plan page suivante

rte de Clermont-Ferrand par ② : 5 km sur N 89 – ⊠ 63300 Thiers :

🏛 **Parc Geoffroy** Ⓜ, 🖉 04 73 80 87 00, Fax 04 73 80 87 01, 😤, parc – 🛗 🖵 🕿 ✆ 🕭 🅿 – 🖍 50. ☖ ☖
Repas (fermé dim. soir du 15 oct. au 1er avril) 98/280, enf. 60 – 🖵 40 – **31 ch** 350/400 – ½ P 353.

🏠 **Fimotel,** 🖉 04 73 80 64 40, Fax 04 73 80 27 83, 😤 – 🛗 🖵 🕿 🕭 🅿 – 🖍 40. ☖ ⓞ ☖
😊 **Repas** 82/115 ⌀, enf. 38 – 🖵 35 – **41 ch** 270.

à Pont-de-Dore par ② : 6 km par N 89 – ⊠ 63920 Peschadoires :

🏠 **Éliotel,** rte Maringues 🖉 04 73 80 10 14, Fax 04 73 80 51 02 – 🖵 🕿 ✆ 🅿 ☖ ☖
fermé 22 déc. au 10 janv. – **Repas** (fermé dim. soir et sam.) 90/168 ⌀ – 🖵 32 – **13 ch** 220/260 – ½ P 240.

✕✕ **Ferme des Trois Canards,** Nord-Ouest : 2 km par rte Maringues 🖉 04 73 51 06 70, Fax 04 73 51 06 71, 😤 – 🅿 ☖
fermé 4 au 27 août, dim. soir et soirs fériés – **Repas** 125/390.

✕✕ **Chez La Mère Dépalle** avec ch, 🖉 04 73 80 10 05, Fax 04 73 80 52 22, 😤 – 🖵 🕿 🚗
😊 🅿 ☖
fermé janv., dim. soir sauf juil.-août et soirs fériés – **Repas** 75 (déj.), 98/250 ⌀ – 🖵 35 – **10 ch** 260/290 – ½ P 275.

✕✕ **Aub. des 4 Chemins,** 🖉 04 73 80 25 68, Fax 04 73 51 02 45, 😤 – 🍴 🅿 ⓞ ☖ ✖
😊 fermé 1er au 15 juil., vacances de fév., mardi soir et lundi – **Repas** 72 (déj.), 85 bc/198 ⌀.

THIERS

Bourg (R. du) .... Y 2
Conchette (R.) .... Y 5
Grenette (R.) .... Z 14
Mitterrand (R. F.) .... Y 15
Pirou (R. du) .... Y 16
Terrasse (R.) .... Y 17
Clermont (R. de) .... Z 3
Chabot (R. M.) .... Z 4
Coutellerie (R. de la) .... Z 8
Dr.-Dumas (R. des) .... Y 9
Duchasseint (Pl.) .... Y 10
Grammonts (R. des) .... Y 12
Voltaire (Av.) .... Z 20
4-Septembre (R. du) .... Z 22

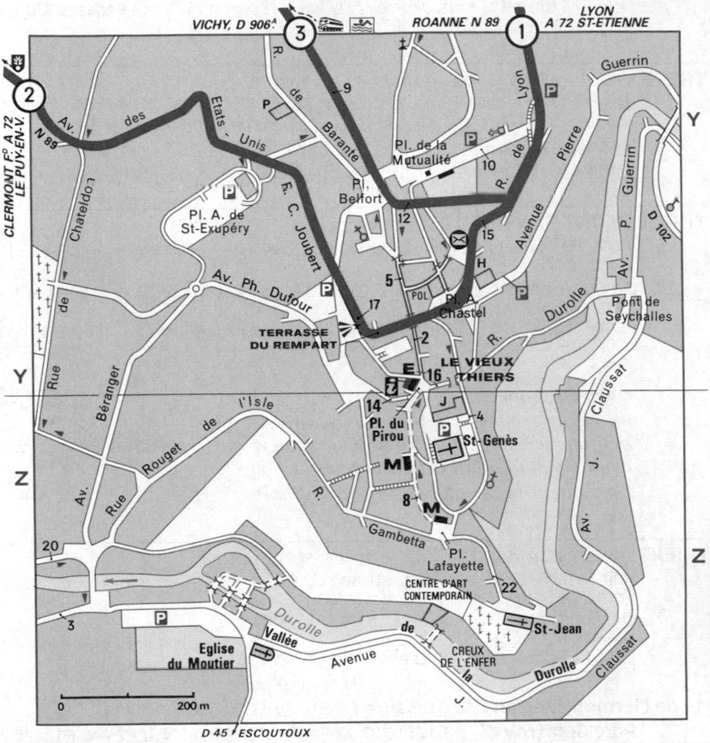

Ganz **Europa** auf einer Karte : **Michelin-Karte** Nr. **970**

THIÉZAC *15800 Cantal* **76** ⑫ ⑬ *G. Auvergne – 693 h alt. 805.*

Voir *Pas de Compaing*★ *NE : 3 km.*

Office de Tourisme Le Bourg ✆ *04 71 47 03 50 et à la Mairie (hors saison)* ✆ *04 71 47 01 21.*

Paris 546 – Aurillac 27 – Murat 22 – Vic-sur-Cère 6.

Casteltinet, ✆ 04 71 47 00 60, Fax 04 71 47 04 08, ←, – |‡| TV ☎ P. GB. rest
fermé 12 oct. à déc. – **Repas** *(fermé dim. soir et lundi sauf vacances scolaires)* 88/280 – ☕ 35 – **23 ch** 250/360 – ½ P 250.

Elancèze (annexe Belle Vallée 10 ch), ✆ 04 71 47 00 22, Fax 04 71 47 02 08 – |‡| ☎ P. GB
fermé 3 nov. au 22 déc. – **Repas** 90/185 – ☕ 30 – **41 ch** 220/265 – ½ P 215/250.

Le THILLOT *88160 Vosges* **66** ⑧ *G. Alsace Lorraine – 4 246 h alt. 495.*

Paris 434 – Épinal 49 – Belfort 46 – Colmar 73 – Mulhouse 58 – St-Dié 64 – Vesoul 65.

au Ménil *Nord-Est : 3,5 km par D 486 – 1 119 h. alt. 524 – ✉ 88160 Le Thillot :*

Les Sapins, ✆ 03 29 25 02 46, Fax 03 29 25 80 23 – TV ☎ P. AE GB
fermé 9 au 19 avril et 1er au 20 déc. – **Repas** *(fermé lundi sauf vacances scolaires)* 70 (déj.), 105/185, enf. 58 – ☕ 30 – **23 ch** 230/250 – ½ P 250/270.

RENAULT Gar. du Centre, 20 av. de Verdun ✆ 03 29 25 01 17 N ✆ 03 29 25 01 17

THIONVILLE 57100 Moselle 57 ③ ④ *G. Alsace Lorraine – 39 712 h Agglo. 132 413 h alt. 155.*
Voir *Château de la Grange★ par ① : 2 km.*
Office de Tourisme 16 r. Vieux-Collège ☎ 03 82 53 33 18, Fax 03 82 53 15 55.
Paris 340 ③ – Metz 29 ③ – Luxembourg 29 ⑥ – Nancy 84 ③ – Trier 77 ② – Verdun 87 ③.

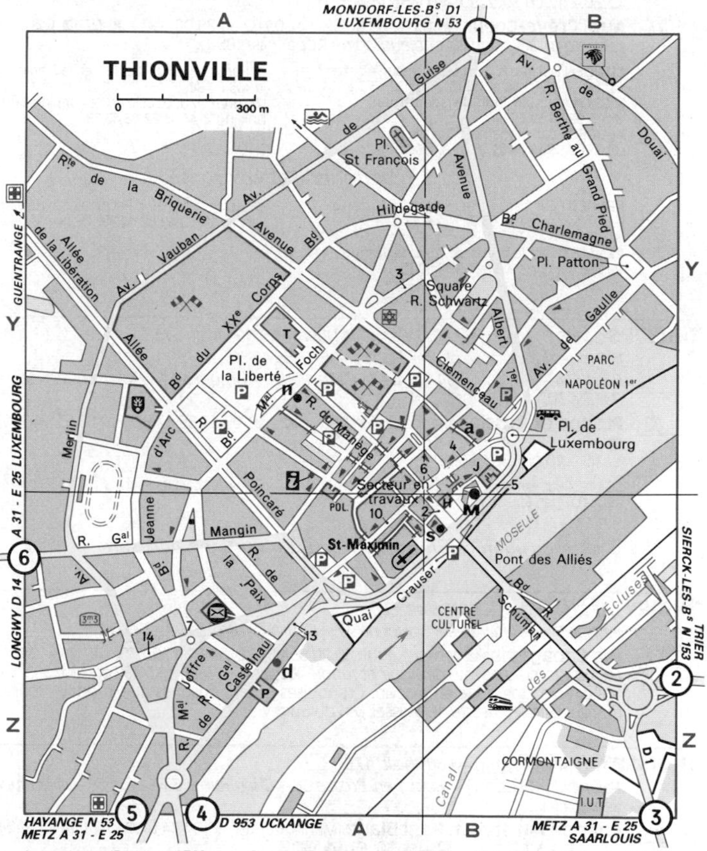

Luxembourg (R. de) . . . **BY** 4
Marché (Pl. du) . . . . . . **ABY** 6
Paris (R. de) . . . . **AZ** 10
Convention (R.) . . . . . . **ABZ** 2
Hoche (R. Lazare) . . . . . . **AY** 3
Marchal (Quai P.) . . . . . . **BY** 5
Marie-Louise (Pl.) . . . . **AZ** 7
République (Pl.) . . . . . . **AZ** 13
St-Pierre (R. de) . . . . . . **AZ** 14

Saint-Hubert M sans rest, 2 r. Convention ☎ 03 82 51 84 22, Fax 03 82 53 99 61 – AE GB JCB — BZ s
38 – **44 ch** 290/390.

Liberté, 69 bd Foch ☎ 03 82 54 33 44, Fax 03 82 54 34 80 – rest – 30. GB — AY n
Repas *(fermé dim. soir)* 75/195, enf. 45 – 35 – **39 ch** 200/295 – 1/2 P 230.

Noël, 2 r. Gén. de Castelnau ☎ 03 82 82 88 22, Fax 03 82 34 04 15, – P. AE GB
fermé dim. soir et lundi sauf fériés – **Repas** 150/245 et carte 230 à 380. — AZ d

Concorde M avec ch, 6 pl. Luxembourg (14e étage) ☎ 03 82 53 83 18, Fax 03 82 53 40 41, ✻ Thionville – AE GB JCB — BY a
Repas *(fermé dim. soir)* 160/390 et carte 290 à 410 – 38 – **25 ch** 320/380.

rte de Metz *par ③ : 2 km – ✉ 57110 Thionville :*

Campanile, ☎ 03 82 56 10 10, Fax 03 82 56 71 96, – – P – 35. AE GB
Repas 84 bc/107 bc, enf. 39 – 39 – **48 ch** 278.

au Crève-Coeur : *Nord-Ouest par allée de la Libération et allée Bel Air* - **AY** – ⊠ *57100 Thionville* :

🏨🏨   **L'Horizon** ⑤, ℰ 03 82 88 53 65, Fax 03 82 34 55 84, ≤, 佘, ≪ – 🆅 ☎ ✆ 🅿 🖭 ⓞ 🆖.
         ⁂ rest
         fermé 1ᵉʳ janv. au 18 fév., dim. soir de nov . à mars et sam. midi – **Repas** 180 (déj.), 215/305 –
         🖵 60 – **12 ch** 390/790 – ½ P 560/660.

✕✕   **Aub. Crève-Coeur**, ℰ 03 82 88 50 52, Fax 03 82 34 89 06, 佘 – 🅿 🖭 ⓞ 🆖
         fermé dim. soir, lundi soir et jeudi soir – **Repas** 145/185 ⅃.

CITROEN DM Autos, 36 rte d'Esch-sur-Alzette
par ⑥ ℰ 03 82 88 10 15 🄽 ℰ 03 82 53 32 46
NISSAN Auto Diffusion, 48 r. de Verdun
ℰ 03 82 34 34 63
PEUGEOT Gar. Moderne, 10 av. de Douai
ℰ 03 82 53 30 08 🄽 ℰ 03 82 53 30 08

⊛ Euromaster, 22 rte de Metz à Florange
ℰ 03 82 88 45 45
Leclerc-Pneu, boucle du Ferronnier ZI du
Linkling 2 ℰ 03 82 88 43 28

Périphérie et environs

PEUGEOT Gar. de la Fensch, 14 r. de Verdun à
Florange par ⑤ ℰ 03 82 58 46 21 🄽
ℰ 03 82 58 46 21
RENAULT Gar. de la Moselle, 25 r. de Verdun à
Terville par ⑤ ℰ 03 82 59 19 19 🄽
ℰ 08 00 05 15 15

⊛ Euromaster, 39 b Ferronnier, ZI Linkling à
Terville ℰ 03 82 88 44 89

THIVIERS 24800 Dordogne ⑦⑤ ⑥ *G. Périgord Quercy* – *3 590 h alt. 273.*
    🛈 *Syndicat d'Initiative pl. Mar. Foch* ℰ 05 53 55 12 50.
    Paris 454 – *Périgueux 34* – *Brive-la-Gaillarde 81* – *Limoges 61* – *Nontron 33* – *St-Yrieix-la-*
    Perche 30.

🏠   **France et Russie** *sans rest*, 51 r. Gén. Lamy ℰ 05 53 55 17 80, Fax 05 53 54 33 73 – 🆅
    ☎ ☜
    🖵 45 – **10 ch** 265/360.

CITROEN Gar. Bardon, ℰ 05 53 55 00 74
PEUGEOT Gar. Boucher, ℰ 05 53 55 00 86

RENAULT Gar. Joussely, ℰ 05 53 55 01 24

Une réservation confirmée par écrit est toujours plus sûre.

THOIRY 01710 Ain ⑦④ ⑤ – *3 015 h alt. 500.*
    Paris 525 – *Bellegarde-sur-Valserine 27* – *Bourg-en-Bresse 99* – *Gex 14.*

✕✕✕ **Les Cépages** (Delesderrier), ℰ 04 50 20 83 85, Fax 04 50 41 24 58, 佘, ≪ – 🆖
❀   *fermé vacances de fév., dim. soir et lundi* – **Repas** 120 (déj.), 190/480 et carte 305 à 475
    Spéc. Foie gras laqué au macvin. Grenouilles et langoustines au vin jaune. Poularde aux
    morilles. **Vins** Rousette de Seyssel, Vin du Bugey.

THOISSEY 01140 Ain ⑦④ ① – *1 306 h alt. 175.*
    Paris 411 – *Mâcon 17* – *Bourg-en-Bresse 36* – *Chauffailles 53* – *Lyon 59* – *Villefranche-sur-*
    Saône 25.

🏨🏨 **Chapon Fin et rest. Paul Blanc** (Maringue) ⑤, ℰ 04 74 04 04 74, Fax 04 74 04 94 51,
❀   佘, ≪ – 🄷 🆅 ☎ ☜ 🅿 – ⅍ 30. 🖭 🆖
    fermé 24 nov. au 10 déc., merc. midi et mardi – **Repas** 150 (déj.), 230/520 et carte 280 à 430,
    enf. 95 – 🖵 55 – **20 ch** 250/680 – ½ P 600/700
    Spéc. Gâteau de foies blonds. Grenouilles sautées fines herbes. Fricassée de volaille de
    Bresse aux morilles à la crème, crêpes Parmentier. **Vins** Macon-Viré, Fleurie.

THOLLON-LES-MÉMISES 74500 H.-Savoie ⑦⓪ ⑱ *G. Alpes du Nord* – *533 h alt. 920* – *Sports*
    d'hiver : 1 020/1 960 m ✚ 1 ⊀ 17 ⅛.
    Voir Pic de Mémise ✳✳ 30 mn.
    🛈 *Office de Tourisme* ℰ 04 50 70 90 01, Fax 04 50 70 92 80.
    Paris 588 – *Thonon-les-Bains 19* – *Annecy 91* – *Évian-les-Bains 13.*

🏠   **Bellevue**, ℰ 04 50 70 92 79, Fax 04 50 70 97 63, ≤, 佘, 🖀, ≪ – 🄷 🆅 ☎ & 🅿 🆖
    fermé 20 nov. au 15 déc. – **Repas** 82 (déj.), 130/220, enf. 65 – 🖵 30 – **37 ch** 370 – ½ P 320.

🏠   **Bon Séjour** ⑤, ℰ 04 50 70 92 65, Fax 04 50 70 95 72, ≪, ⁂ – 🆅 ☎ ☜ 🅿 🆖
    fermé 1ᵉʳ nov. au 18 déc. – **Repas** 100 (dîner), 110/200 ⅃, enf. 75 – 🖵 35 – **22 ch** 220/350 –
    ½ P 290/310.

🏠   **Les Gentianes**, à la télécabine Est : 2 km ℰ 04 50 70 92 39, Fax 04 50 70 95 51, ≤ lac et
    montagnes, 佘 – 🆅 ☎ 🅿 🆖
    fermé nov. au 15 déc. – **Repas** 95/125 ⅃, enf. 50 – 🖵 30 – **22 ch** 280/300 – ½ P 290/320.

Le THOLY *88530 Vosges* 62 ⑰ – *1 541 h alt. 628.*

Voir *Grande Cascade de Tendon★ NO : 5 km,* G. Alsace Lorraine.

🛈 *Syndicat d'Initiative à la Mairie ℘ 03 29 61 81 18.*

Paris 419 – Épinal 34 – Bruyères 23 – Gérardmer 11 – Remiremont 18 – St-Amé 12 – St-Dié 38.

🏠 **Gérard,** ℘ 03 29 61 81 07, Fax 03 29 61 82 92, ≤, 🔲 (mai-sept.), 🚗 – 🍴 rest 📺 ☎ 🚗 P, GB

fermé 1ᵉʳ oct. au 4 nov., dim. soir et sam. en hiver sauf vacances scolaires – **Repas** 70 (déj.), 98/160 ⌾, enf. 50 – � 35 – **22 ch** 280/300 – ½ P 290.

🏠 **Grande Cascade,** Nord-Ouest : 5 km sur D 11 ℘ 03 29 33 21 08, Fax 03 29 66 37 17, ≤ – 🛗 📺 ☎ ✆ P – 🛄 50. 🌐 ⓞ GB ᴊᴄв

fermé 9 au 25 déc. – **Repas** 70/180 ⌾, enf. 42 – ⊆ 38 – **24 ch** 250/340 – ½ P 200/285.

THOMERY *77 S.-et-M.* 61 ⑫ – *rattaché à Fontainebleau.*

THONES *74230 H.-Savoie* 74 ⑦ G. Alpes du Nord – *4 619 h alt. 650.*

Voir *Vallée de Manigod★★ S : 3 km.*

🛈 *Office de Tourisme pl. Avet ℘ 04 50 02 00 26, Fax 04 50 02 11 87.*

Paris 556 – Annecy 21 – Albertville 36 – Bonneville 31 – Faverges 20 – Megève 41.

🏠 **Nouvel H. Commerce,** r. Clefs ℘ 04 50 02 13 66, Fax 04 50 32 16 24 – 🛗 📺 ☎ P, GB

fermé 27 oct. au 27 nov. – **Repas** *(fermé dim. soir et lundi hors sais.)* 73/350 ⌾, enf. 48 – ⊆ 37 – **25 ch** 208/410 – ½ P 246/330.

🏠 **Hermitage,** av. Vieux Pont ℘ 04 50 02 00 31, Fax 04 50 02 04 86 – 🛗 🍴 rest 📺 ☎ 🚗 P, GB, ⚡

fermé 26 avril au 4 mai, 20 oct. au 10 nov. – **Repas** *(fermé lundi midi d'oct. à janv.)* 65/165 ⌾, enf. 42 – ⊆ 30 – **43 ch** 160/280 – ½ P 220/250.

CITROEN Gar. Uliana, ℘ 04 50 02 02 41

THONON-LES-BAINS ◈ *74200 H.-Savoie* 70 ⑰ G. Alpes du Nord – *29 677 h alt. 431 – Stat. therm.*

Voir *Les Belvédères★★ ABY – Voûtes★ de l'église St-Hippolyte AY – Domaine de Ripaille★ N : 2 km AY.*

Env. *Gorges du Pont du Diable★★ 15 km par ②.*

🛈 *Office de Tourisme pl. Marché ℘ 04 50 71 55 55, Fax 04 50 71 68 33.*

Paris 570 ③ – Annecy 73 ③ – Chamonix-Mont-Blanc 100 ③ – Genève 34 ④.

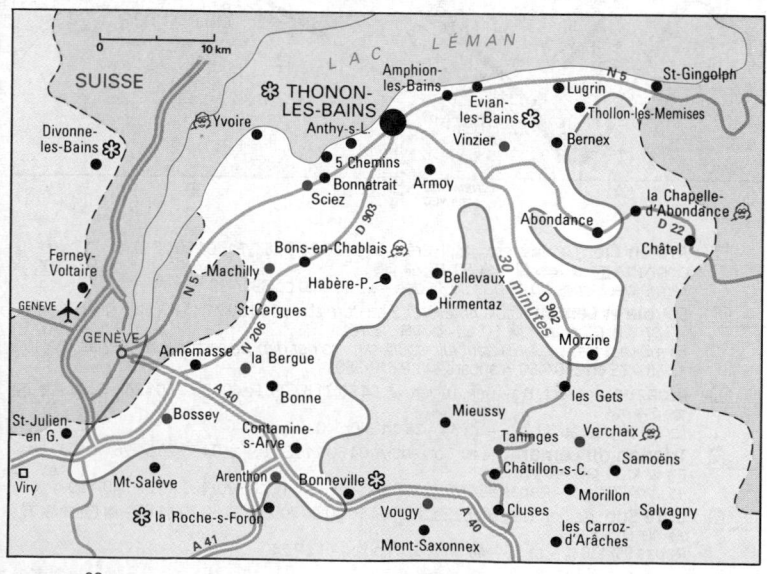

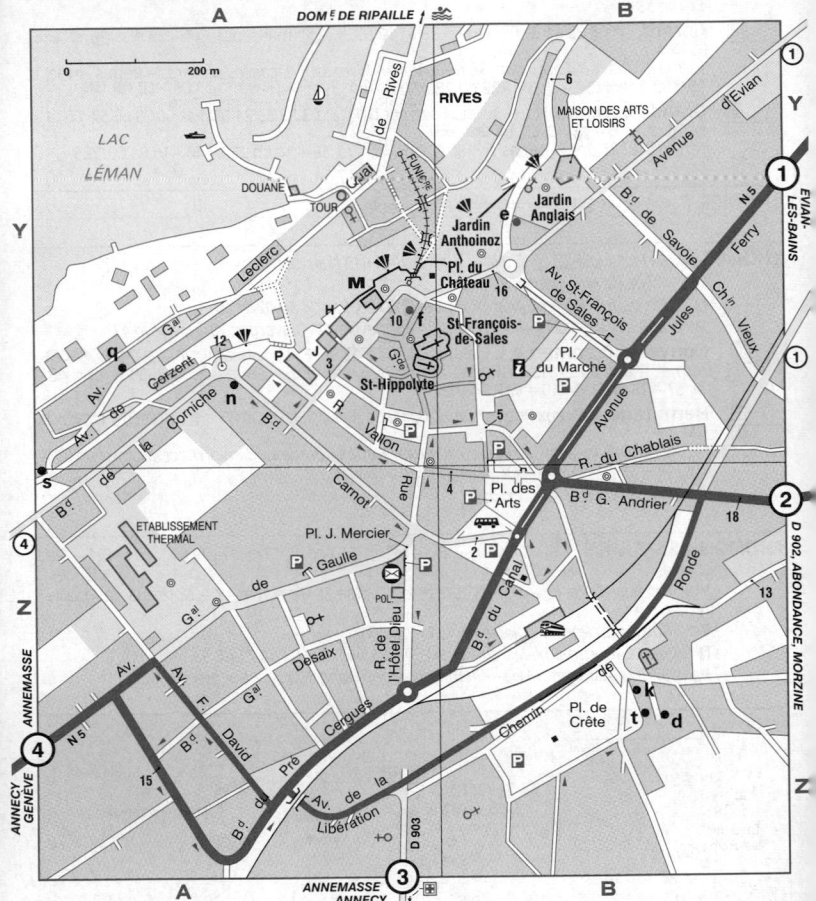

THONON-LES-BAINS

🏨 **Arc en Ciel** M sans rest, 18 pl. Crête ℘ 04 50 71 90 63, Fax 04 50 26 27 47, ⤢, 🐎 – 🛗 cuisinette 📺 ☎ ⇌ ℙ – 🏛 50. 🆎 ⑨ ⅁⅃
fermé week-ends du 15 nov. au 31 déc. – ☕ 38 – **40 ch** 390/490.   BZ **k**

🏨 **Savoie et Léman** *(École hôtelière)*, 2 bd Corniche ℘ 04 50 71 13 80, Fax 04 50 71 16 14, ≤, 🏤 – 🛗 📺 ☎ ℙ – 🏛 60. 🆎 ⑨ ⅁⅃ ❀ rest
fermé vacances scolaires (sauf juil.-août), sam. soir et dim. de sept. à juin – **Repas** 90/210 – ☕ 35 – **35 ch** 320/460, 4 appart – ½ P 310/360.   AY **n**

🏨 **Alpazur** sans rest, 8 av. Gén. Leclerc ℘ 04 50 71 37 25, Fax 04 50 71 01 24, ≤, 🐎 – 🛗 📺 ☎. ⅁⅃. ❀
fermé 1ᵉʳ déc. au 31 janv. – ☕ 34 – **26 ch** 240/310.   AY **q**

🏠 **Trianon du Léman** ⑤, av. Corzent ℘ 04 50 71 25 78, Fax 04 50 26 51 26, ≤, 🏤, 🐎 – 📺 ☎ ⇐ ℙ. ⅁⅃. ❀ ch
15 avril-20 sept. – **Repas** 95/220 , enf. 55 – ☕ 38 – **15 ch** 320/420 – ½ P 340/390.   AY **s**

🏠 **Côté Sud**, rte Genève par ④ : *3 km* ℘ 04 50 70 36 70, Fax 04 50 70 31 05 – 🛗 📺 ☎ ৬ ℙ – 🏛 40. 🆎 ⑨ ⅁⅃
Repas 95/130 – ☕ 35 – **48 ch** 295, 4 appart – ½ P 240.

A l'Ombre des Marronniers, 17 pl. Crête 📞 04 50 71 26 18, Fax 04 50 26 27 47, 🚘 –
📺 🕾 🅿️. 🖭 ⒿⒸⒷ. 🦐
BZ t
hôtel : fermé week-ends du 15 nov. au 31 déc. – **Repas** *(fermé nov., dim. soir et lundi d'oct.
à avril)* 72/190 ♪, enf. 50 – ⚏ 30 – **18 ch** 280/290 – ½ P 240/260.

Annexe Villa des Fleurs 🏠 🛁 sans rest, 4 av. Jardins 📞 04 50 71 11 38, 🚘 – 📺 🕾.
🖭 ⓘ ⒼⒷ.
BZ d
1er mai-30 sept. – ⚏ 31 – **11 ch** 280/330.

XXX **Le Prieuré** (Plumex), 68 Gde rue 📞 04 50 71 31 89, Fax 04 50 71 31 09 – 🖭 ⓘ ⒼⒷ
❀ *fermé dim. soir et mardi* – **Repas** 200 bc (déj.), 220/380 et carte 300 à 450
AY f
Spéc. Filets de perche en bouquet rôtis au savagnin (sauf juin). Féra farcie de lard grillé et
cumin, jus de veau. Omble chevalier cuit au beurre demi-sel, sauce au vin du Jura.

X **Le Scampi,** 1 av. Léman 📞 04 50 71 10 04, Fax 04 50 71 31 09, ≼, 🏠 – 🖭 ⒼⒷ
BY e
Repas 110/160, enf. 45.

à Armoy *Sud-Est : 7 km par* ② *et D 26 – 775 h. alt. 620 –* ✉ *74200 :*

🏤 **A l'Écho des Montagnes,** 📞 04 50 73 94 55, Fax 04 50 70 54 07, 🚘 – 📶 📺 🕾 ⅙ 🅿️.
🛁
fermé 17 déc. au 7 fév., dim. soir et lundi d'oct. à mai – **Repas** 88/180 – ⚏ 35 – **47 ch**
170/280 – ½ P 255.

à Anthy-sur-Léman *par* ④ *et D 33 : 6 km – 1 383 h. alt. 400 –* ✉ *74200 Thonon-les-Bains :*

XX **Le Lemanthy,** 📞 04 50 70 61 50, Fax 04 50 70 62 50, ≼, 🏠 – 🅿️. 🖭 ⒼⒷ
fermé vacances de Toussaint, de fév., dim. soir sauf juil.-août et lundi sauf fériés – **Repas**
120 (déj.), 150/270, enf. 60.

X **Aub. d'Anthy** 🛁 avec ch, 📞 04 50 70 35 00, Fax 04 50 70 40 90, 🏠 – 📺 🕾. 🖭 ⓘ
ⒼⒷ
fermé vacances de Toussaint, de fév., lundi soir et mardi sauf juil.-août – **Repas** 73 (déj.),
95/210 ♪, enf. 67 – ⚏ 35 – **7 ch** 251/309 – ½ P 229/255.

aux Cinq Chemins *par* ④ *: 7 km –* ✉ *74200 Thonon-les-Bains :*

🏤 **Les Cinq Chemins,** 📞 04 50 72 63 45, Fax 04 50 72 30 69, 🏠, 🛁, 🚘 – 📶 ✻ 📺 🕾 📞 🅿️
– 🅰 25. ⒼⒷ
fermé 10 au 23 juin, 21 déc. au 20 janv., lundi (sauf hôtel) et dim. soir sauf juil.-août – **Repas**
82 (déj.), 120/160 ♪ – ⚏ 35 – **28 ch** 300/380 – ½ P 300/360.

au port de Sciez *par* ④ *: 8 km – 3 371 h. alt. 406 –* ✉ *74140 Sciez.*
🛈 *Office de Tourisme, Capitainerie Port de Sciez* 📞 04 50 72 64 57.

XX **Les Néréïdes,** 2 rte du port 📞 04 50 72 67 28, 🏠 – ⒼⒷ
fermé 15 au 30 avril et merc. sauf juil.-août – **Repas** 130/190, enf. 55.

à Bonnatrait *par* ④ *: 9 km G. Alpes –* ✉ *74140 Douvaine :*

🏰 **Hôtellerie Château de Coudrée** 🛁, 📞 04 50 72 62 33, Fax 04 50 72 57 28, 🏠,
« *Château médiéval dans un parc au bord du lac* », 🛁, 🐎, 🚘 – 📺 🕾 📞 🅿️ – 🅰 100. 🖭
ⓘ ⒼⒷ ⒿⒸⒷ
mi-avril-mi-déc. – **Repas** 290/420 - *Bistrot François 1er :* Repas 180/246, enf. 120 – ⚏ 88
– **19 ch** 720/1580 – ½ P 740/1200.

CITROEN S.A.D.A.L, N 5 à Anthy par ④
📞 04 50 70 12 12
FORD Thuyset Autom., 16 av. Prés-Verts
📞 04 50 71 31 50 🅽 📞 04 50 26 27 99
HONDA, LANCIA, TOYOTA Gar. Grillet, av. de
Senevullaz 📞 04 50 71 37 43
OPEL Gar. Ricaud, av. Abattoirs 📞 04 50 71 02 11
PEUGEOT Lemuet Autom., N 5 Croisée d'Anthy à
Anthy-sur-Léman par ④ 📞 04 50 70 34 58 🅽
📞 04 50 70 34 58

RENAULT Gar. Florin, ZI Marclaz par ④
📞 04 50 26 74 00 🅽 📞 04 50 87 90 66
SEAT Espace Autom., ZA les 5 Chemins à
Margencel 📞 04 50 72 51 43
VAG Alp'gge, 21 av. de la Fontaine Couverte
📞 04 50 71 17 64

🛞 Quiblier Pneus, 3 av. de la Dranse
📞 04 50 71 38 72

THORENC *06 Alpes-Mar.* 🕭🔟 ⑲, 🔟🔟🔟 ⑫, 🔟🔟🔟 ㉓ *– alt. 1250 –* ✉ *06750 Andon.*
Voir Col de Bleine ≼★★ *N : 4 km, G. Alpes du Sud.*
Paris 836 – Castellane 37 – Draguignan 67 – Grasse 40 – Nice 59 – Vence 41.

☂ **Voyageurs** 🛁, 📞 04 93 60 00 18, Fax 04 93 60 03 51, 🏠, 🚘 – 📺 🛏 🅿️. ⒼⒷ
fermé 15 nov. au 1er fév. et jeudi sauf vacances scolaires – **Repas** 91/145 – ⚏ 35 – **12 ch**
180/300 – ½ P 300/320.

☂ **Aub. Les Merisiers** 🛁, 📞 04 93 60 00 23, Fax 04 93 60 02 17, 🏠, 🚘 – 📺 🕾. 🖭
ⒼⒷ
fermé 1er au 15 juin et mardi sauf vacances scolaires – **Repas** 99/159, enf. 45 – ⚏ 30 –
12 ch 200/250 – ½ P 230/250.

THORIGNÉ-SUR-DUÉ 72160 Sarthe 🔟 ⑭ – 1 518 h alt. 82.

Paris 179 – Le Mans 29 – Châteaudun 67 – Mamers 47 – Nogent-le-Rotrou 44 – St-Calais 24.

XX **St-Jacques** avec ch, pl. Monument 𝒫 02 43 89 95 50, Fax 02 43 76 58 42, 🍃 – 📺 ☎ 🄲
🄿, 🄰🄴 ⓪ 🄶🄱
fermé 1ᵉʳ au 15 oct., 5 au 31 janv., dim. soir d'oct. à mai et lundi – **Repas** 98/325 🍷 – 🖵 48 –
15 ch 300/420 – ½ P 300/480.

Le THORONET 83 Var 🔞 ⑥, 🔢 ㉒ – 1 163 h alt. 120 – ✉ 83340 Le Luc.

Voir Abbaye du Thoronet★★ O : 4,5 km, G. Côte d'Azur.

Paris 834 – Brignoles 24 – Draguignan 21 – St-Raphaël 50 – Toulon 64.

🏡 **Host. de l'Abbaye** ⌂, 𝒫 04 94 73 88 81, Fax 04 94 73 89 24, � – 🍃 – 🖀 ch 📺 ☎ ৬ 🄿
– 🄰 45. 🄰🄴 🄶🄱
Repas 100/175 – 🖵 40 – **20 ch** 290/320 – ½ P 305.

THOUARCÉ 49380 M.-et-L. 🔢 ⑪ – 1 546 h alt. 35.

Env. Château★★ de Brissac-Quincé, NE : 12 km, G. Châteaux de la Loire.

Paris 318 – Angers 27 – Cholet 43 – Saumur 37.

XX **Relais de Bonnezeaux,** rte Angers : 1 km 𝒫 02 41 54 08 33, Fax 02 41 54 00 63, ≤ – 🖀
🄿, ⓪ 🄶🄱
fermé 15 au 28 déc., vacances de fév., dim. soir et lundi – **Repas** 70 bc (déj.), 108/270, enf. 65.

RENAULT Gar. Peltier Vaillant, 𝒫 02 41 54 16 02 🄽 𝒫 02 41 54 16 02

When looking for a hotel or restaurant use the most efficient method.
Look for the names of towns underlined in red
*on the **Michelin maps** scale: 1:200 000.*
But make sure you have an up-to-date map!

THOUARS 79100 Deux-Sèvres 🔢 ⑧ G. Poitou Vendée Charentes **(plan)** – 10 905 h alt. 102.

Voir Façade★★ de l'église St-Médard★ – Site★ – Maisons anciennes★.

🄱 Office de Tourisme 3 bis, bd Pierre Curie 𝒫 05 49 66 17 65.

Paris 330 – Angers 66 – Bressuire 30 – Châtellerault 71 – Cholet 57.

🏡 **Château,** rte Parthenay 𝒫 05 49 96 12 60, Fax 05 49 96 34 02, ≤, �, 🍃 – 📺 ☎ 🄿. 🄶🄱
fermé dim. soir
Repas 70/185 🍷 – 🖵 30 – **20 ch** 225/245 – ½ P 240.

🏡 **Le Relais** sans rest, Nord : 3 km par rte Saumur 𝒫 05 49 66 29 45, Fax 05 49 66 29 33 – 📺
☎ 🄿. ⓪ 🄶🄱
🖵 25 – **15 ch** 195/210.

RENAULT Salvra, 41 bd P.-Curie   ⓦ Thouars Pneus, 24-26 pl. Lavault
𝒫 05 49 66 21 78 🄽 𝒫 05 49 94 70 42   𝒫 05 49 66 06 52 🄽 𝒫 05 49 66 06 52

THOURON 87140 H.-Vienne 🔢 ⑦ – 431 h alt. 374.

Paris 386 – Limoges 21 – Bellac 23 – Guéret 80.

XX **Pomme de Pin** 🄼 ⌂ avec ch, étang de Tricherie, Nord-Est : 2,5 km par rte secondaire
𝒫 05 55 53 43 43, Fax 05 55 53 35 33, �, 🍃 – 📺 ☎ 🄲, 🄶🄱. 🌱 ch
fermé 1ᵉʳ au 15 juin, 1ᵉʳ au 15 sept. et janv. – **Repas** (fermé mardi midi et lundi) 120/230,
enf. 48 – 🖵 30 – **4 ch** 280/350.

THUEYTS 07330 Ardèche 🔢 ⑱ G. Vallée du Rhône **(plan)** – 945 h alt. 462.

Voir Coulée basaltique★.

🄱 Office de Tourisme pl. Champ-de-Mars 𝒫 04 75 36 46 79.

Paris 611 – Le Puy-en-Velay 73 – Privas 48.

🏡 **Marronniers,** 𝒫 04 75 36 40 16, Fax 04 75 36 48 02, �, 🍃 – 📺 ☎ 🄿. 🄶🄱. 🌱 rest
fermé 20 déc. au 8 mars – **Repas** 85/180, enf. 55 – 🖵 30 – **19 ch** 230/260 – ½ P 260/270.

🏡 **Platanes,** N 102 𝒫 04 75 93 78 66, Fax 04 75 36 41 67 – 🛗 🖀 rest 📺 ☎ 🄲 ⌂ 🄿. 🄶🄱
15 fév.-7 nov. – **Repas** 75 🍷, enf. 45 – 🖵 35 – **25 ch** 160/260 – ½ P 230/260.

THUIR 66300 Pyr.-Or. 🔢 ⑲ – 6 638 h alt. 99.

Paris 879 – Perpignan 15 – Céret 24 – Prades 32.

XXX **La Gibecière,** 4 pl. Gén. de Gaulle 𝒫 04 68 53 12 54, � – 🄶🄱
fermé vacances de Toussaint, de fév., lundi soir, mardi soir et merc. – **Repas** - spécialités
catalanes - 65 bc/180 🍷, enf. 35.

THURY-HARCOURT 14220 Calvados 🗖🗖 ⑪ G. Normandie Cotentin – 1 803 h alt. 45.

Voir Parc et jardins du château★ – Boucle du Hom★ NO : 3 km.

🖪 Office de Tourisme 2 pl. St-Sauveur 🖉 02 31 79 70 45.

Paris 257 – Caen 28 – Condé-sur-Noireau 20 – Falaise 27 – Flers 32 – St-Lô 55 – Vire 41.

XX **Relais de la Poste** avec ch, 🖉 02 31 79 72 12, Fax 02 31 39 53 55, 🈴 – 🖭 ☎ ⇔ 🅿. 🖭 ⅁⅁

fermé mi-janv. à mi-fév., dim. soir et lundi du 15 nov. au 31 mars – **Repas** 138/360 – 🖙 42 –
12 ch 300/420 – ½ P 360/550.

PEUGEOT Gar. Amand, 🖉 02 31 79 71 21

TIFFAUGES 85130 Vendée 🗖🗗 ⑤ G. Poitou Vendée Charentes – 1 208 h alt. 77.

Paris 370 – Angers 79 – La Roche-sur-Yon 55 – Nantes 48 – Cholet 21 – Clisson 19 –
Montaigu 16.

🏨 **La Barbacane** ⌂ sans rest, pl. Église 🖉 02 51 65 75 59, Fax 02 51 65 71 91, ⭘, ᾇ – ⅖
🖭 ☎ ⇔ 🅿. ⅁⅁ ᴊᴄᴮ
🖙 30 – **16 ch** 290/440.

TIGNES 73320 Savoie 🗗🗖 ⑲ G. Alpes du Nord – 2 005 h alt. 1648 – Sports d'hiver : 1 550/3 656 m
⭘ 4 ⭘ 45 ⭘.

Voir Site★★ – Barrage★★ NE : 5 km – Panorama de la Grande Motte★★ SO.

🖪 🖉 04 79 06 37 42 et hors saison 🖉 04 79 06 34 66, S : 2 km.

Altiport 🖉 04 79 06 46 06, E : 3 km.

🖪 Office de Tourisme au Lac 🖉 04 79 40 04 40, Fax 04 79 40 03 15.

Paris 668 – Albertville 85 – Bourg-St-Maurice 31 – Chambéry 132 – Val-d'Isère 13.

🏰 **Campanules** ⌂, 🖉 04 79 06 34 36, Fax 04 79 06 35 78, ⭙, 🖪 – 🕼 🖭 ☎ 📞. 🖭 ⅁⅁
🛠 rest
1er juil.-31 août et 1er nov.-1er mai – **Repas** 100 (déj.)/180 – 🖙 70 – **32 ch** 950, 12 appart –
½ P 615/715.

🏨 **Le Refuge** 🅼 sans rest, 🖉 04 79 06 36 64, Fax 04 79 06 33 78, ⭙ – 🖭 ☎. ⅁⅁
🖙 49 – **24 ch** 530/800.

🏨 **Terril Blanc**, rte Val Claret 🖉 04 79 06 32 87, Fax 04 79 06 58 17, ⭙, 🈴 – 🖭 ☎ ⅁. 🅿. ⅁⅁
5 juil.-24 août et 21 déc.-4 mai – **Repas** 90/135, enf. 70 – 🖙 50 – **26 ch** 400/600 –
½ P 450/490.

🏨 **Paquis** ⌂, 🖉 04 79 06 37 33, Fax 04 79 06 36 59, ⭙ – 🕼 🖭 ☎. ⅁⅁. 🛠 rest
5 juil.-31 août (sauf rest.) et 25 oct.-1er mai – **Repas** 95 (déj.), 130/350, enf. 70 – 🖙 50 –
35 ch 600 – ½ P 480/520.

🏨 **Gentiana** ⌂, 🖉 04 79 06 52 46, Fax 04 79 06 35 61, ⭙ – 🕼 🖭 ☎ ⅁. ⅁⅁. 🛠 rest
hôtel : 25 juin-31 août et 25 oct.-5 mai ; rest. : 1er juil.-31 août et 25 oct.-5 mai – **Repas**
100/185, enf. 55 – 🖙 50 – **31 ch** 405/620 – ½ P 475/550.

🏨 **Neige et Soleil**, 🖉 04 79 06 32 94, Fax 04 79 06 33 18, ⭙, 🈴 – 🖭 ☎. ⅁⅁. 🛠
6 déc.-5 mai – **Repas** 100 (déj.), 140/180 – 🖙 45 – **26 ch** 390/650 – ½ P 350/470.

XX **L'Orée du Maquis**, Le Lavachet 🖉 04 79 06 42 21, Fax 04 79 06 42 21 – ⅁⅁
10 déc.-2 mai – **Repas** (prévenir)(dîner seul.) 125/250.

au Val Claret Sud-Ouest : 2 km – ⊠ 73320 Tignes.

🖪 Office de Tourisme (saison) 🖉 04 79 40 03 13.

🏰 **Ski d'Or** ⌂, 🖉 04 79 06 51 60, Fax 04 79 06 45 49, ⭙ – 🕼 ☎. 🖭 ⅁⅁
1er déc.-1er mai – **Repas** 135/245 bc – **22 ch** (½ pens. seul.) – ½ P 1050.

🏰 **Curling** ⌂ sans rest, 🖉 04 79 06 34 34, Fax 04 79 06 46 14, ⭙ – 🕼 ⅖ 🖭 ☎. 🖭 ⑩ ⅁⅁
5 juil.-30 août et 25 oct.-4 mai – **35 ch** 🖙 700/895.

🏨 **Vanoise** ⌂, 🖉 04 79 06 31 90, Fax 04 79 06 37 06, ⭙ – 🕼 🖭 ☎. ⅁⅁ ᴊᴄᴮ
Repas (1er nov.-10 mai) 125/175 – 🖙 55 – **22 ch** 400/560 – ½ P 420/520.

TIL-CHÂTEL 21120 Côte-d'Or 🗖🗖 ⑫ G. Bourgogne – 768 h alt. 275.

Paris 318 – Dijon 26 – Châtillon-sur-Seine 82 – Dole 75 – Gray 42 – Langres 48.

🏨 **Poste**, 🖉 03 80 95 03 53, Fax 03 80 95 19 90 – ☎ 📞 ⇔ 🅿. ⅁⅁. 🛠
⟺ fermé 10 au 30 nov., 24 déc. au 5 janv., sam. sauf le soir d'avril à oct. et dim. soir de nov. à
mars – **Repas** 70/180, enf. 54 – 🖙 28 – **9 ch** 210/300 – ½ P 201/236.

Le TILLEUL 76 S.-Mar. 🗗🗘 ⑪ – rattaché à Étretat.

TILQUES 62 P.-de-C. 🗘🗖 ③ – rattaché à St-Omer.

TONNAY-BOUTONNE 17380 Char.-Mar. 71 ③ *G. Poitou Vendée Charentes* – *1 088 h alt. 24.*
Paris 456 – La Rochelle 55 – Royan 53 – Niort 59 – Rochefort 22 – Saintes 29 – St-Jean-d'Angély 18.

🏠 **Le Prieuré** ⚲, ℘ 05 46 33 20 18, Fax 05 46 33 25 55, 🦋 – 📺 ☎ 🅿 GB
hôtel : *fermé 20 déc. au 15 janv. ; rest. : ouvert 1ᵉʳ mars-30 oct. et fermé dim. soir et lundi –*
Repas 140/250 – 🖵 45 – **15 ch** 360/500 – ½ P 330/390.

TONNEINS 47400 L.-et-G. 79 ④ – *9 334 h alt. 26.*
🛏 *de Barthe ℘ 05 53 88 83 31 à Tombeboeuf, NE : 19 km par D 120.*
🅱 *Office de Tourisme 3 bd Charles-de-Gaulle ℘ 05 53 79 22 79.*
Paris 602 – Agen 43 – Nérac 39 – Villeneuve-sur-Lot 36.

🏠 **Fleurs** Ⓜ sans rest, N 113 ℘ 05 53 79 10 47, Fax 05 53 79 46 37 – 📺 ☎ ♿ 🅿 – 🔬 25. GB
🖵 33 – **27 ch** 180/280.

XXX **Côté Garonne** Ⓜ avec ch, 36 cours de l'Yser ℘ 05 53 84 34 34, Fax 05 53 84 31 31, ≤ la
Garonne – 🛗 🎛 📺 ☎ 🕯, ﹐ 🆑 GB
fermé 15 au 31 août – **Repas** *(fermé lundi)* 85 (déj.), 115/250 et carte 250 à 400, enf. 65 –
🖵 75 – **5 ch** 850.

CITROEN Sovat, rte de Bordeaux ℘ 05 53 79 02 16
PEUGEOT Guyenne et Gascogne Autom., rte de
Bordeaux ℘ 05 53 79 14 75
RENAULT Gar. Dupouy, rte de Bordeaux
℘ 05 53 84 50 84 🅽 ℘ 08 00 05 15 15

🅦 Delapierre Pneus, 46 bd M.-Dormoy
℘ 05 53 79 02 85

TONNERRE 89700 Yonne 65 ⑥ *G. Bourgogne* – *6 008 h alt. 156.*
Voir *Intérieur★ de l'ancien hôpital : mise au tombeau★.*
Env. *Château de Tanlay★★ 9 km par ①.*
🛏 *de Tanlay ℘ 03 86 75 72 92, 9 km par ①.*
🅱 *Office de Tourisme r. du Collège ℘ 03 86 55 14 48.*
Paris 200 ② – Auxerre 40 ② – Châtillon-sur-Seine 49 ② – Joigny 54 ① – Montbard 47 ① –
Troyes 60 ①.

TONNERRE

Hôpital (R. de l')	9
Hôtel-de-Ville (R. de l')	10
St-Pierre (R.)	23
Campenon (R. Gén.)	2
Colin (R. Armand)	3
Fontenilles (R. des)	4
Fosse-Dionne (R. de la)	6
Garnier (R. Jean)	7
Marguerite-de-Bourgogne (Pl.)	12
Pompidou (Av. G.)	14
Pont (R. du)	16
République (Pl. de la)	17
St-Michel (R.)	18
St-Nicolas (R.)	20

*Dans la liste des rues
des plans de villes,
les noms en rouge
indiquent
les principales voies
commerçantes.*

*Les plans de villes sont
orientés le Nord en haut.*

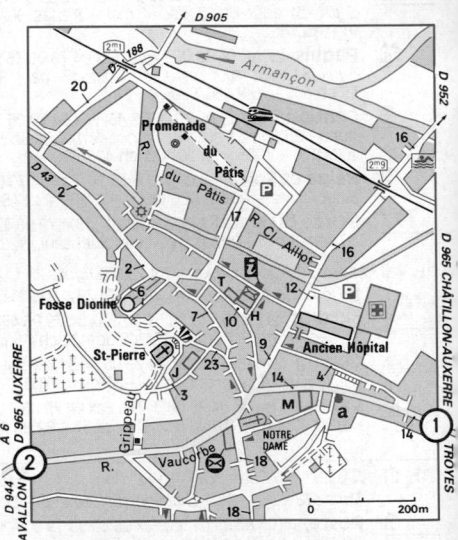

🏠 **Abbaye St-Michel** ⚲, r. St-Michel, sud du plan, ℘ 03 86 55 05 99, Fax 03 86 55 00 10,
♣♣ ≤, « Ancienne abbaye du 10ᵉ siècle dans un parc fleuri », ℀ – 📺 ☎ 🅿 ﹐ ⓪ GB
fermé 1ᵉʳ janv. au 28 fév. – **Repas** 180 (déj.), 280/620 et carte 440 à 690 – 🖵 85 – **11 ch**
590/1600, 3 appart – ½ P 715/1100
Spéc. Ailerons de volaille aux ravioli d'époisses. Bar à la peau au cidre du pays d'Othe.
Gaufrette à la poudre de miel. **Vins** Chablis, Epineuil.

Ibis Ⓜ, par ① et rte Dijon : 2 km ✆ 03 86 54 41 41, Fax 03 86 54 48 28, 🏤 – '✕ ▤ rest 📺 ☎ ✆ ❅ 🖙 – 🅰 40. 🆎 ⑩ – 🇬🇧
Repas 95/135, enf. 39 – 🍽 35 – **40 ch** 250/270.

Le Saint Père, 2 av. G. Pompidou (a) ✆ 03 86 55 12 84, Fax 03 86 55 12 84, 🏤 – 🇬🇧
fermé 16 au 27 mars, 5 sept. au 1ᵉʳ oct., le soir sauf vend. et sam. de nov. à mars, dim. soir et lundi – **Repas** 65/210 ⅄, enf. 55.

OPEL Gar. Maupois, 83 r. G.-Pompidou
✆ 03 86 55 14 11
PEUGEOT Hérault Autom., 22 r. Chevalier-d'Eon
✆ 03 86 55 08 98
RENAULT Gar. Perrot, rte de Paris
✆ 03 86 55 38 18 🅽 ✆ 08 00 05 15 15

VAG Gar. Lambert, 61 r. Vaucorbe
✆ 03 86 55 01 48
Tonnerre Accessoires, 20 av. A.-Grevin
✆ 03 86 55 00 66

⑩ SOVIC, 1 r. G.-Pompidou ✆ 03 86 55 16 29

TORCY 71 S.-et-L. 🔢 ⑧ – rattaché au Creusot.

TORCY 77 S.-et-M. 🔢 ⑫., 🔢 ⑲ – Voir à Paris, Environs (Marne-la-Vallée).

TORNAC 30 Gard 🔢 ⑰ – rattaché à Anduze.

GRÜNE REISEFÜHRER
Landschaften, Baudenkmäler
Sehenswürdigkeiten
Fremdenverkehrsstraßen
Streckenvorschläge
Stadtpläne und Übersichtskarten

TOUCY 89130 Yonne 🔢 ④ G. Bourgogne – 2 590 h alt. 200.
🅱 Office de Tourisme pl. Frères-Genêt (15 juin-15 sept.) ✆ 03 86 44 15 66.
Paris 156 – Auxerre 23 – Avallon 71 – Clamecy 44 – Cosne-sur-Loire 53 – Joigny 32 – Montargis 61.

Lion d'Or, r. L. Cormier ✆ 03 86 44 00 76 – 🇬🇧
fermé 1ᵉʳ au 20 déc., dim. soir et lundi – **Repas** 98/170, enf. 45.

CITROEN Gar. Degret, ✆ 03 86 44 11 99   RENAULT Gar. Massot, ✆ 03 86 44 14 63

TOUËT-SUR-VAR 06710 Alpes-Mar. 🔢 ⑲ ⑳, 🔢 ⑭ G. Alpes du Sud – 342 h alt. 327.
Voir Gorges inférieures du Cians★★ N : 2 km.
Env. Villars-sur-Var : Mise au tombeau★★ du retable du maître-autel★, retable de l'Annonciation★ dans l'église E : 8,5 km – Gorges supérieures du Cians★★★ N : 13 km.
Paris 844 – Nice 55 – Puget-Théniers 10 – St-Étienne-de-Tinée 71 – St-Martin-Vésubie 61.

Aub. des Chasseurs, ✆ 04 93 05 71 11, 🏤 – 🆎 ⑩ 🇬🇧
fermé fév., mardi et le soir hors sais. sauf vend. et sam. – **Repas** 100 (déj.)/190 ⅄.

TOUL ⏚ 54200 M.-et-M. 🔢 ④ G. Alsace Lorraine – 17 281 h alt. 209.
Voir Cathédrale St-Étienne★★ et cloître★ BZ – Église St-Gengoult : cloître★★ BZ – Façade★ de l'ancien palais épiscopal BZ H – Musée municipal★ : salle des malades★ BY M.
🅱 Office de Tourisme parvis Cathédrale ✆ 03 83 64 11 69, Fax 03 83 63 24 37.
Paris 286 ⑤ – Nancy 24 ② – Bar-le-Duc 62 ⑤ – Metz 75 ① – St-Dizier 78 ⑤ – Verdun 80 ①.

Plan page suivante

La Belle Époque, 31 av. V. Hugo ✆ 03 83 43 23 71 – ▤. 🇬🇧   AY s
fermé 1ᵉʳ au 10 mai, 23 déc. au 3 janv., sam. midi et dim. – **Repas** 135/186.

à la Z. I. Croix de Metz par ① et rte Villey-St-Etienne : 6 km – ✉ 54200 Toul :

Le Dauphin (Vohmann), ✆ 03 83 43 13 46, Fax 03 83 64 37 01, 🏤, 🌿 – 🄿. 🆎 🇬🇧
fermé 21 juil. au 11 août, dim. soir et lundi – **Repas** 189/400 carte 310 à 450
Spéc. Millefeuille de foie gras et pomme de terre. Raie au vinaigre et poivre. Soufflé aux mirabelles séchées à l'eau de vie. **Vins** Côtes de Toul.

CITROEN Gar. Michel, N 411 ZI Croix-d'Argent
par ① ✆ 03 83 43 08 61
PEUGEOT Gar. Mathiot Meny, av. 1ère-Armée-Française, rte de Troyes par ④ ✆ 03 83 43 00 74

RENAULT Toul Auto Diffusion, rte de Paris à Ecrouves par ⑤ ✆ 03 83 43 30 30 🅽
✆ 03 83 43 43 20
VAG Gar. St-Martin, rte de Nancy à Dommartin-les-Toul ✆ 03 83 64 55 05

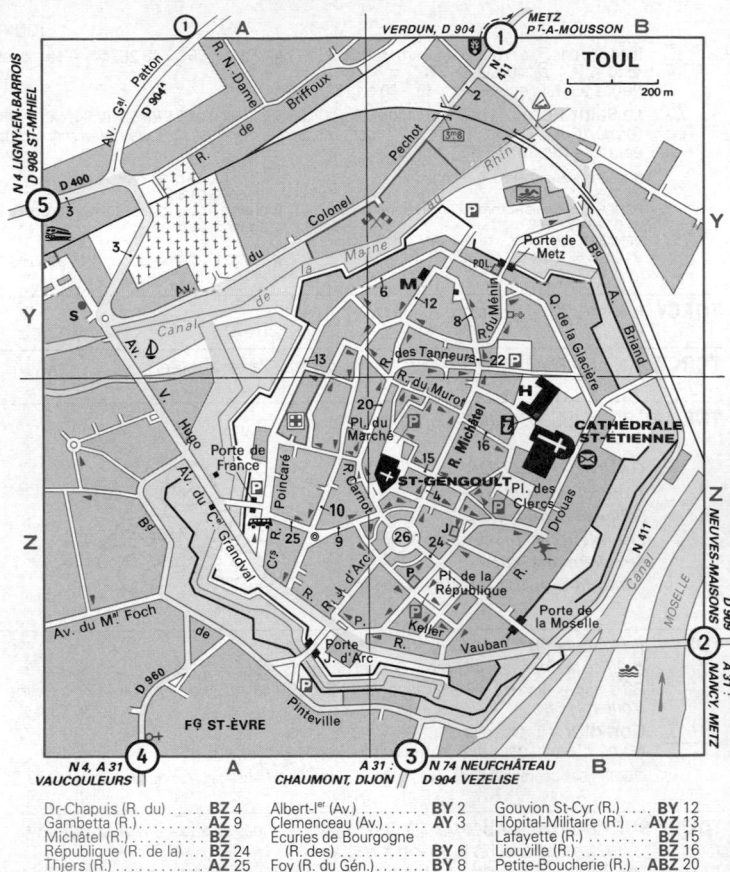

TOUL

0   200 m

*L'atlante stradale Michelin della **FRANCIA** è :*

– tutta la cartografia dettagliata (1/200 000) in un solo volume,

– decine di piante di città,

– un indice alfabetico delle località...

Lo strumento di viaggio indispensabile nel vostro veicolo.

TOULON   P *83000 Var* 🄱🄸 ⑮, 🄸🄸🄸 ㊺ *G. Côte d'Azur –* 167 619 h Agglo. 437 553 h alt. 10.

Voir *Rade★★ – Corniche du Mont Faron★★ : ≤★ BCU – Vieille ville★ FY : Atlantes★ de l'ancien hôtel de ville FY F, Musée naval★ EY – Port★.*

Env. *Tour Beaumont (Mémorial du Débarquement★ et ☀★★★) au Nord – Baou de 4 Oures ☀★★ NO : 7 km par D 62 AU et D 262 – Mont Caume ☀★★ NO : 15 km par D 62 AU – Fort de la Croix-Faron ≤★ N : 7 km CU.*

🏌 *de Valgarde ✆ 04 94 14 01 05, E : 10 km par ②.*

✈ *de Toulon-Hyères : ✆ 04 94 22 81 60, par ① : 21 km.*

🚗 *✆ 08 36 35 35 35.*

⚓ *pour la Corse (1ᵉʳ avril-30 sept.) : S.N.C.M/C.M.T., 49 av. Infanterie de Marine ✆ 04 94 16 66 66, Fax 04 94 16 66 68 FZ.*

🅱 *Office de Tourisme pl. des Riaux ✆ 04 94 18 53 00, Fax 04 94 18 53 09, gare SNCF ✆ 04 94 62 73 87, Mairie d'Honneur ✆ 04 94 36 34 61, aéroport ✆ 04 94 57 45 72 – Automobile Club du Var, 1 av. H. Dunant ✆ 04 94 31 61 13, Fax 04 94 36 58 55.*

Paris 839 ④ – Aix-en-Provence 86 ④ – Marseille 66 ④.

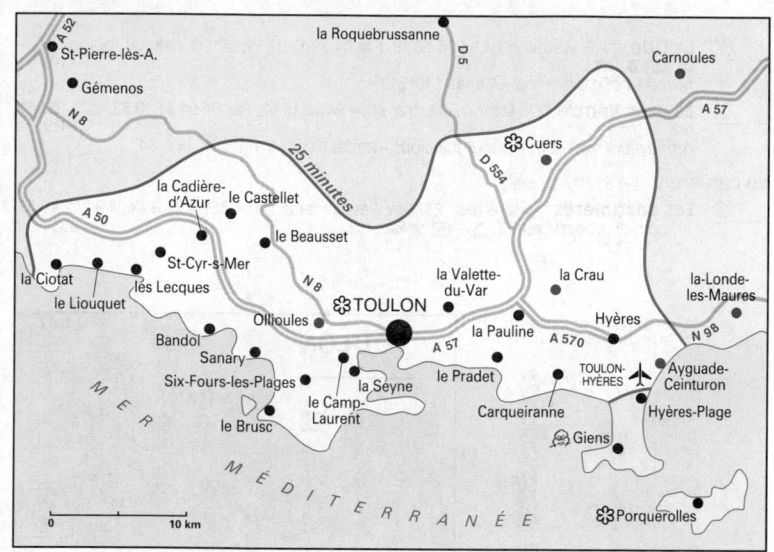

🏨🏨🏨 **Holiday Inn Garden Court** M, 1 av. Rageot de la Touche, 𝒫 04 94 92 00 21, Fax 04 94 62 08 15, 🍴, 🏊, – 🛗 🕇 ☰ 📺 ☎ 🏌 ⬅ – 🔔 50. 🆎 ⓞ 🆑 🆑🆑

Repas *(fermé week-ends d'oct. à mai)* 110 – ☲ 40 – **81 ch** 375 – ½ P 293.   DX b

🏨🏨🏨 **New Hôtel Tour Blanche** ⌂, près gare départ téléphérique du Mont-Faron ⊠ 83200 𝒫 04 94 24 41 57, Fax 04 94 22 42 25, ≤ Toulon et la rade, 🍴, 🏊, 🌳 – 🛗 ☰ 📺 ☎ 🅿 – 🔔 120. 🆎 ⓞ 🆑 🆑🆑

Repas 90 bc/150, enf. 50 – ☲ 50 – **91 ch** 395 – ½ P 270.   BU a

🏨🏨 **New H. Amirauté** sans rest, 4 r. A. Guiol 𝒫 04 94 22 19 67, Fax 04 94 09 34 72 – 🛗 cuisinette ☰ 📺 ☎ 🏌. 🆎 ⓞ 🆑 🆑🆑🆑   EX d
☲ 40 – **58 ch** 310.

🏨🏨 **Nouvel H.** sans rest, 224 bd Tessé 𝒫 04 94 89 04 22, Fax 04 94 92 13 06 – 🛗 ☰ 📺 ☎. 🆎 🆑🆑   FX f
☲ 27 – **29 ch** 168/300.

🏨 **Dauphiné** sans rest, 10 r. Berthelot 𝒫 04 94 92 20 28, Fax 04 94 62 16 69 – 🛗 🕇 ☰ 📺 ☎. 🆎 ⓞ 🆑 🆑🆑🆑   FX s
☲ 30 – **55 ch** 225/275.

🏨 **Le Jaurès** sans rest, 11 r. J. Jaurès 𝒫 04 94 92 83 04, Fax 04 94 62 16 74 – 📺 ☎. 🆑🆑   EX f
☲ 20 – **16 ch** 140/180.

🍴🍴 **La Chamade** (Bonneau), 25 r. Denfert-Rochereau 𝒫 04 94 92 28 58 – ☰. 🆎
🆑🆑   EX m
❀ *fermé 1er au 15 août, sam. midi et dim.* – **Repas** (nombre de couverts limité, prévenir) 175
Spéc. Tarte fine de rouget, ratatouille croquante. Filet mignon de porc aux pruneaux et caramel d'épices. Gâteau moelleux aux châtaignes, sauce au vieux rhum (saison).

🍴🍴 **Au Sourd,** 10 r. Molière 𝒫 04 94 92 28 52, Fax 04 94 91 59 92, 🍴 – 🆑🆑 🆑🆑🆑   FX w
fermé 5 au 20 juil., lundi soir et dim. – **Repas** - produits de la mer - 140.

🍴 **Pascal ''chez Mimi'',** 83 av. de la République 𝒫 04 94 92 79 60 – 🆑🆑   FY z
fermé merc. – **Repas** - cuisine tunisienne - carte environ 150.

au Mourillon – ⊠ 83000 Toulon.

    Voir *Tour royale* ✳ ★ .

🏨🏨 **Corniche,** 17 littoral F. Mistral 𝒫 04 94 41 35 12, Fax 04 94 41 24 58, ≤, 🍴 – 🛗 🕇 📺 ☎ ✆. 🆎 ⓞ 🆑   BV a
Le Bistrot : Repas 120/198, enf. 100 – *Le Bar à Huîtres* *(fermé sam. midi en juil.-août et dim.)* Repas 100 🍷 – ☲ 50 – **19 ch** 350/450, 3 appart – ½ P 300/350.

XX **Le Lido,** av. F. Mistral ℰ 04 94 03 38 18, Fax 04 94 42 07 65, 佘, ≤ rade de Toulon, 🐾 –
🗐, 🖭 ⓞ ⨎⨎ BV v
fermé lundi d'oct. à mai – **Repas** 140/210.

XX **Le Gros Ventre,** 279 littoral F. Mistral ℰ 04 94 42 15 42, Fax 04 94 31 40 32, 佘 – 🖭 ⓞ
⨎⨎ BV e
fermé jeudi midi et merc. sauf juil.-août – **Repas** 92 (déj.), 148/224, enf. 64.

au Cap Brun – ⊠ *83100 Toulon :*

🏠 **Les Bastidières** ❧ sans rest, 2371 av. Résistance ℰ 04 94 36 14 73, Fax 04 94 42 49 75,
« Jardin provençal fleuri », ⌥ – 🖵 ☎ 🅿 CV r
⊆ 70 – **5 ch** 650.

RÉPERTOIRE DES RUES DU PLAN DE TOULON

Alger (R. d') . . . . **FY**
Audéoud (R.) . . . . **CV** 4
Clemenceau (Av. G.) . **GXY**
Hoche (R.) . . . . **FY**
Jaurès (R. Jean) . . . . . **EFX**
Lafayette (Cours) . . . . . **FY**
Landrin (R. P.) . . . . **FXY**
Pastoureau (R. H.) . . . . **FX** 55
Seillon (R. H.) . . . . **FY** 74
Strasbourg (Bd de) . . . . **FX**
XVᵉ-Corps (Av. du) . . . . **AV** 85

Abel (Bd J.-B.) . . . . **CV**
Albert-1ᵉʳ (Pl.) . . . . **EX**
Anatole-France (R.) . . . **EXY**
Armaris (Bd des) . . . . . **CV**
Armes (Pl. d') . . . . **EX**
Baron (R. M.) . . . . **GZ**
Baudin (R.) . . . . **FY**
Bazeilles (Bd de) . . . . . **BV** 6
Berthelot (R.) . . . . **FX** 7
Besagne (Av. de) . . . . **FGY** 8
Bianchi (Bd) . . . . **AU**
Bidouré (Pl. M.) . . . . . . **AV** 9
Bir-Hakeim (Rd-Pt) . . . . **GY**
Blache (Pl. N.) . . . . **GX**
Blum (Pl. L.) . . . . **DX**
Bonaparte (Rd-Pt) . . . . **GZ**
Boucheries (R. des) . . . **FY** 10
Bourgeois (Carr. Léon) . **CV**
Bozzo (Av. L.) . . . . **GX**
Briand (Av. A.) . . . . **AV**
Brosset (Bd Gén.) . . . . **AV** 11
Brunetière (R. F.) . . . . . **FY** 12
Carnot (Av. L.) . . . . **DX**
Cathédrale
(Traverse de la) . . . . . **FY** 13
Chalucet (R.) . . . . **EX**
Charcot (Q. J.) . . . . **AV** 14
Churchill (Av. W.) . . . . . **DX** 15
Clappier (R. V.) . . . . . . **FX**
Colbert (Av.) . . . . **FX**
Collet (Av. Amiral) . . . . **DX**
Corderie (R. de la) . . . . **EXY**
Cronstadt (Q.) . . . . **FY**
Cuzin (Av. F.) . . . . **CV** 19
Dardanelles (Av. des) . . **DX**
Daudet (R. Alphonse) . . **GX** 20
Delpech (R.) . . . . **GX**
Démocratie (Bd de la) . . **GX**
Dr-Barrois (R.) . . . . **CU**
Dr-Fontan (R.) . . . . **AU** 21
Escartefigue (Bd M.) . . **BCU**
Esclangeon (R. V.) . . **BCU** 22
Estienne-
d'Orves (Av. d') . **AV, DX** 23
Fabié (R. F.) . . . . **FGX**
Faron (Bd du) . . . . **BU**
Farrère (Av. Cl) . . . . . . **CV** 24
Foch (Av. Mar.) . . . . . . **DX**
Forbin (Av.) . . . . **CV** 25
Forgentier (Ch. de) . . . . **AU**
Fort-Rouge (Ch. du) . . . **AU** 26
Gambetta (Pl.) . . . . **FY** 27
Garibaldi (R.) . . . . **FY** 28
Gasquet (Av. J.) . . . . . . **CV**
Gaulle
(Corniche Gén.-de) . . **CV**
Gouraud (Av. Gén.) . . . **AU** 30
Grenier (Q. E.) . . . . **AU** 31

Grignan (Bd) . . . . **BV**
Guillemard (R. R.) . . . . **DX**
Herriot (Av. E.) . . . . . . **AV** 32
Huile (Pl. à l') . . . . **FY** 35
Inf.-de-Marine
(Av. de l') . . . . **FZ**
Infernet (R. Cdt) . . . . . . **GZ**
Jacquemin (Bd E.) . . . . **AU** 36
Jaujard (R. Amiral) . . . . **GZ**
Joffre (Bd Mar.) . . . . . . **GY**
Juin (Av. Mar.) . . . . **CV, GY** 37
Lattre-de-T. (Av. Mar.) . . **GZ**
Le-Chatelier (Av. A.) . . . **AU**
Lebon (R. Ph.) . . . . **GZ**
Leclerc (Av. Gén.) . . . . **EX**
Le Bellegou (Av. E.) . . . **GZ**
Lesseps (Bd F. de) . . . . **GX**
Liberté (Pl. de la) . . . . . **FX**

Lices (Ch. des) . . . . . . **GX**
Lorgues (R. de) . . . . . . **FXY**
Loti (Av. P.) . . . . **CV**
Loubière (Ch. de la) . . . **GX**
Louis-Blanc (Pl.) . . . . . **FY** 38
Louvois (Bd) . . . . **EFX**
Lyautey (Av. Mar.) . . . . **DX**
Macé (Pl.) . . . . **AU** 39
Magnan (Av. Gén.) . . . . **EX** 40
Marceau (Av.) . . . . **CV**
Marchant (Av. Cdt) . . . . **GX**
Méridienne (R.) . . . . . . **FY** 41
Michelet (Bd J.) . . . . . . **FY** 42
Micholet (Av. V.) . . . . . **EY** 43
Mistral (Littoral F.) . . . . **CV** 44
Monsenergue
(Pl. Ingénieur-gén.) . . . **EY** 45
Moulin (Av. J.) . . . . **EX** 48

à la Valette-du-Var *par ① : 7 km – 20 687 h. alt. 64 – ✉ 83160 :*

Ibis Ⓜ, sortie Université Valgora ✆ 04 94 14 14 14, Fax 04 94 14 10 04, – 50. AE ⓓ GB
Repas 95, enf. 39 – 35 – **84 ch** 300/320.

Campanile, échangeur La Valette-Sud, Z.A. des Espaluns ✆ 04 94 21 13 01, Fax 04 94 08 56 54, – rest – 25. AE ⓓ GB
Repas 84 bc/107 bc, enf. 39 – 32 – **49 ch** 278.

à La Pauline *par ① et N 98 : 10 km – ✉ 83130 La Garde :*

Clarine Gardotel, sortie Université Valgoria ✆ 04 94 75 82 25, Fax 04 94 08 42 98, – 30. AE ⓓ GB JCB
Repas 78/98 , enf. 39 – 35 – **38 ch** 275/290 – ½ P 240.

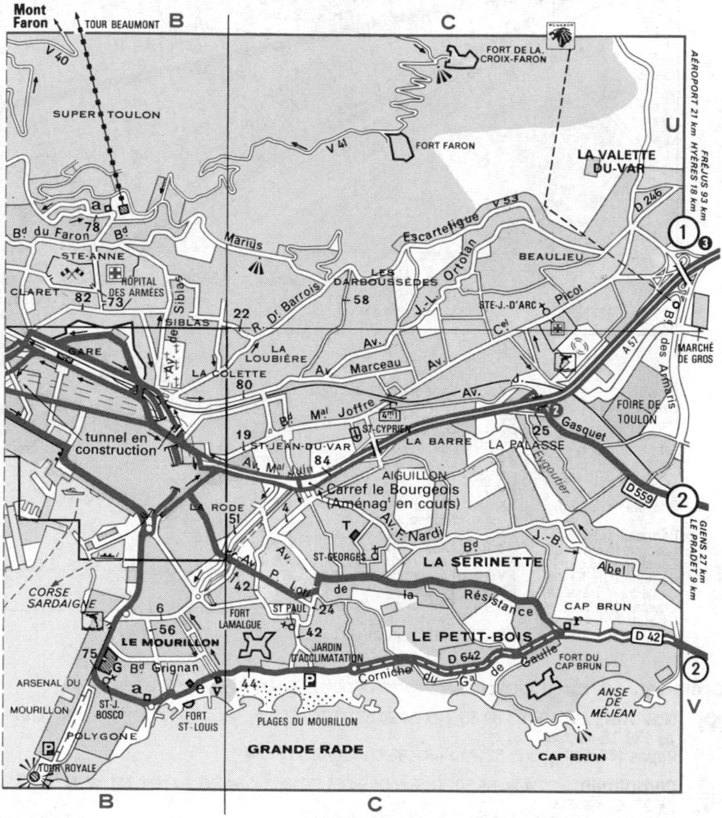

Moulins (Av. des) . . . . **AU**
Muraire (R.) . . . . **FX** 49
Murier (R. du) . . . . **FY**
Nardi (Av. F.) . . . . **CV**
Nicolas (Bd Cdt) . . . . **EFX**
Noguès (Av. Gén.) . . . . . . **DX**
Nomy (R. Amiral) . . . . **CV** 51
Orfèvres (Pl. des) . . . . **FY** 53
Ortolan (Av. J.-L.) . . . . . **CUV**
Pasteur (Pl. L.) . . . . **GZ**
Paul-Bert (Bd) . . . . **GZ**
Pelletan (Bd E.) . . . . **BV** 56
Péri (Pl. G.) . . . . **DX**
Perroud (Av. C.) . . . . **CU** 58
Peyresc (R.) . . . . **EX**
Picon (Bd L.) . . . . **AU** 63
Picot (Av. Col.) . . . . **CUV**
Poincaré (R. H.) . . . . **GY**
Pont-de-Bois (Ch. du) . . . **AV** 65
Pressensé (R. F. de) . . . . . **FY** 66
Puget (Pl.) . . . . **FXY**
Rageot-de-la-Touche (Av.) . . . . **DX**
Raynouard (Bd) . . . . **GX**
République (Av. de la) . . **EFY** 68
Résistance (Av. de la) . . . **CV**
Richard (Bd G.) . . . . **GX**
Rivière-Neuve (Q. de la) **AUV** 69
Roosevelt (Av. F.) . . . . . . **GYZ**
Routes (Av. des) . . . . **AU** 70
Sadi-Carnot (Pl.) . . . . **AU** 71
St-Bernard (R.) . . . . **GY**
St-Roch (Av.) . . . . **DX** 72
Ste-Anne (Bd) . . . . **BU** 73
Ste-Anne (Pont) . . . . **DX**
Semard (R. P.) . . . . **FY**
Siblas (Av. de) . . . . **GX**
Sinse (Q. de la) . . . . **FZ**
Tessé (Bd de) . . . . **FX**
Tirailleurs-Sénégalais (Av. des) . . . . **BV** 75
Toesca (Bd P.) . . . . **EX**
Valbourdin (Av.) . . . . **AU** 76
Vallée (Pl. A.) . . . . **GY**
Vauban (Av.) . . . . **EX**
Vence (Bd Amiral) . . . . . . **BU** 78
Vert-Côteau (Av.) . . . . **GX** 80
Victoire (Av. de la) . . . . . . **BU** 82
Victor-Hugo (Pl.) . . . . **FX**
Vienne (R. H.) . . . . **DX**
Weygand (Av. Gén.) . . . . . **CV** 84
9e-D.I.C. (Rd-Pt de la) . . . **GZ**
112e-Régt-d'Infanterie (Bd du) . . . . **FX**

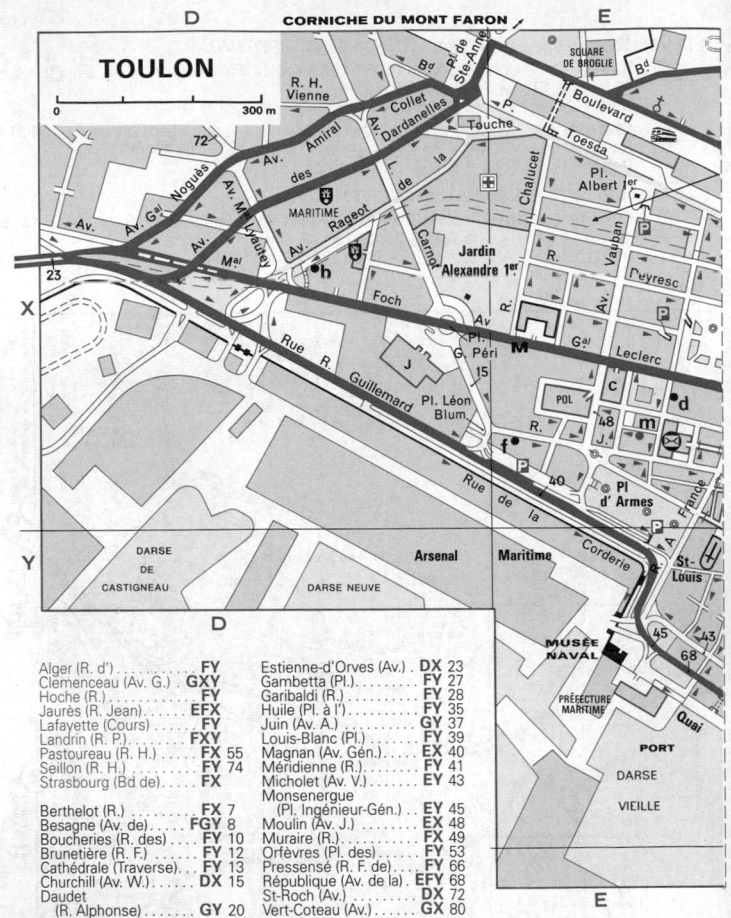

TOULON

0 _____ 300 m

CORNICHE DU MONT FARON

au **Camp-Laurent** par ④ autoroute A50 sortie Ollioules : 7,5 km – ⌂ 83500 La Seyne :

🏨 **Novotel**, ℘ 04 94 63 09 50, Fax 04 94 63 03 76, 🍽, ⌁, 🌳 – 📧 ✳ ☰ 📺 ☎ 🛎 ♿ 🅿 –
🔔 150. 🆎 ⓪ ☑
Repas 140/295 🍴, enf. 52 – ☲ 48 – **86 ch** 420/450.

🏨 **Campanile**, ℘ 04 94 63 30 30, Fax 04 94 63 23 10, 🍽 – ✳ ☰ rest 📺 ☎ 🛎 ♿ 🅿 –
🔔 25. 🆎 ⓪ ☑
Repas 84 bc/107 bc, enf. 39 – ☲ 32 – **49 ch** 278.

OPEL Champ-de-Mars Autom., Palais Réaltor, pl.
Champ-de-Mars ℘ 04 94 46 77 77
PEUGEOT Gds Gar. du Var, bd Armaris Ste-Musse
Aut. Toulon-Est CU ℘ 04 94 61 75 00 🅽
℘ 04 91 97 34 40

Ⓐ Aude-Point S, ch. Belle-Visto
℘ 04 94 24 27 60
Marcel Pneus, 126 r. Dr-Gibert
℘ 04 94 42 41 42
Pasero, bd Cdt Nicolas ℘ 04 94 93 04 51
Vulco, 704 av. Col.-Picot, ℘ 04 94 20 20 63

Périphérie et environs

ALFA ROMEO, FIAT D.I.A.T., La Coupiane à La
Valette-du-Var ℘ 04 94 61 78 78
BMW Bavaria Motors, ZAC des 4 Chemins N 98 à La
Garde ℘ 04 94 08 03 94
CITROEN SOCA, av. A.-Citroën à La Valette-du-Var
par ① ℘ 04 94 21 90 90

FORD Gar. d'Azur, av. Université à la Valette-du-
Var ℘ 04 94 21 04 00 🅽 ℘ 04 94 21 11 83
LANCIA Gar. Cuzin, ZAC des 4 Chemins à la Garde
℘ 04 94 08 49 49
NISSAN S.E.G.A., 903 av. Draguignan ZI de
Toulon Est à La Garde ℘ 04 94 08 24 08

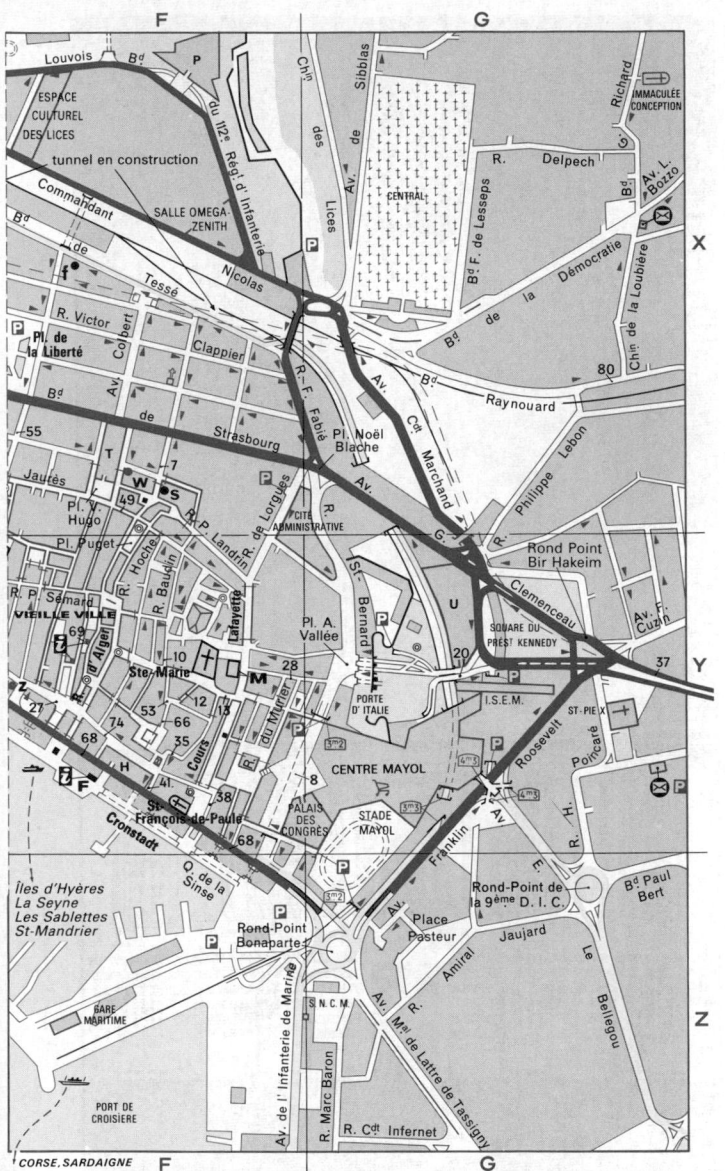

EUROPE on a single sheet **Michelin map** no 970.

1314

TOULOUSE

P *31000 H.-Gar.* **82** ⑧ *G. Pyrénées Roussillon - 358 688 h. - Agglo. 650 336 h - alt. 146.*
Paris 698 ① *– Barcelona 322* ⑦ *– Bordeaux 248* ① *– Lyon 536* ⑦ *– Marseille 408* ⑦

OFFICE DE TOURISME

Donjon du Capitole ℘ 05 61 11 02 22, Fax 05 61 22 03 63
Automobile Club du Midi, 17 allées J.-Jaurès ℘ 05 61 62 76 21, Fax 05 61 99 22 38.

RENSEIGNEMENTS PRATIQUES

TRANSPORTS
Auto-train ℘ 08 36 35 35 35.

AÉROPORT
Toulouse-Blagnac ℘ 05 61 42 44 00 **AT**

QUELQUES GOLFS
⌐₁₈ *de Toulouse (privé) ℘ 05 61 73 45 48, S : 10 km par D 4*
⌐₉ *Saint-Gabriel ℘ 05 61 84 16 65 par* ④ *: 10 km*
⌐₁₈⌐₁₈ *de Toulouse-Seilh ℘ 05 62 13 14 14 par* ⑪ *sur D 2 : 15,5 km*
⌐₁₈ *de la Ramée ℘ 05 61 07 09 09, SO : 10 km par D 50* **AV**
⌐₉ *de Toulouse-Borde-Haute ℘ 05 61 83 60 28 par* ⑤ *: 15 km.*

CURIOSITÉS

TOULOUSE ET L'AÉRONAUTIQUE
Usine Clément-Ader à Colomiers dans la banlieue Ouest par ⑩.

QUARTIER DE LA BASILIQUE ST-SERNIN
Basilique St-Sernin★★★ FX - Musée St-Raymond★★ FX M³.

QUARTIER DE LA PLACE DU CAPITOLE
Les Jacobins★★ : vaisseau de l'église★★★ FY - Capitole★ FY - Tour d'escalier★ de l'hôtel de Bernuy FY S.

DE LA PLACE DE LA DAURADE À LA CATHÉDRALE
Hôtel d'Assézat★ : fondation Bemberg★ FY B - Cathédrale St-Étienne★ GY - Musée des Augustins★★ (sculptures★★★) GY M¹.

AUTRES CURIOSITÉS
Muséum d'Histoire naturelle★★ GY M² - Musée Paul-Dupuy★ GZ M⁴.

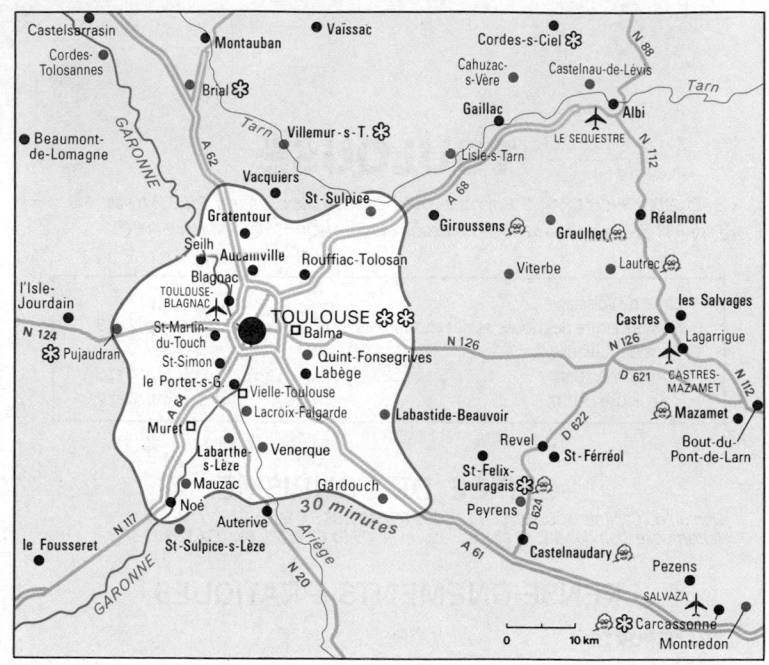

🏨 **Sofitel Centre** Ⓜ, 84 allées J. Jaurès ✆ 05 61 10 23 10, Fax 05 61 10 23 20 – 🛗 ✕ ▤ 📺 ☎ ✆ ♿ ⇔ – 🔏 30 à 150. ⅋ⅇ ⓪ ☖ ⒿⒸⒷ p. 7 HX v
L'Armagnac : Repas 110/155 bc – ☑ 80 – **105 ch** 840/900, 14 appart.

🏨 **Holiday Inn Crowne Plaza** Ⓜ, 7 pl. Capitole ✆ 05 61 61 19 19, Fax 05 61 23 79 96, 🏭 – 🛗 ✕ ▤ 📺 ☎ ♿ – 🔏 50 à 100. ⅋ⅇ ⓪ ☖ ⒿⒸⒷ p. 7 FY t
Repas 130/200 – ☑ 80 – **160 ch** 850/1800.

🏨 **Grand Hôtel Capoul** Ⓜ, 13 pl. Wilson ✆ 05 61 10 70 70, Fax 05 61 21 96 70 – 🛗 ▤ 📺 ☎ ♿ – 🔏 30 à 100. ⅋ⅇ ⓪ ☖ p. 7 GY n
Repas brasserie - 95/300 – ☑ 60 – **140 ch** 620/760.

🏨 **Novotel Centre** Ⓜ 🕭, pl. A. Jourdain ✆ 05 61 21 74 74, Fax 05 61 22 81 22, 🏭, 🎇 – 🛗 ✕ ▤ 📺 ☎ ♿ ⇔ – 🔏 25 à 120. ⅋ⅇ ⓪ ☖ p. 6 EX u
Repas carte environ 170, enf. 50 – ☑ 55 – **125 ch** 480/510, 6 appart.

🏨 **Mercure Atria** Ⓜ, 8 espl. Compans Caffarelli ✆ 05 61 11 09 09, Fax 05 61 23 14 12, 🏭 – 🛗 ✕ ▤ 📺 ☎ ♿ ⇔ 🅿 – 🔏 200. ⅋ⅇ ⓪ ☖ ⒿⒸⒷ p. 6 EX k
Repas 100/180 ⅃, enf. 50 – ☑ 55 – **134 ch** 495/550.

🏨 **de Brienne** Ⓜ sans rest, 20 bd Mar. Leclerc ✆ 05 61 23 60 60, Fax 05 61 23 18 94 – 🛗 ▤ 📺 ☎ ✆ ♿ 🅿 – 🔏 30. ⅋ⅇ ⓪ ☖ p. 6 EX n
☑ 46 – **68 ch** 360/460, 3 appart.

🏨 **Mercure St-Georges** Ⓜ, r. St-Jérôme (pl. Occitane) ✆ 05 61 23 11 77, Fax 05 61 23 19 38, 🏭 – 🛗 cuisinette ✕ ▤ 📺 ☎ ✆ – 🔏 25 à 200. ⅋ⅇ ⓪ ☖ ⒿⒸⒷ
Repas (fermé vend. soir, sam., dim. et fériés) carte environ 160, enf. 50 – ☑ 55 – **120 ch** 495/750, 28 appart. p. 7 GY s

🏨 **Mermoz** Ⓜ 🕭 sans rest, 50 r. Matabiau ✆ 05 61 63 04 04, Fax 05 61 63 15 64 – 🛗 cuisinette ▤ 📺 ☎ ✆ ♿ ⇔ – 🔏 40. ⅋ⅇ ⓪ ☖ ⒿⒸⒷ p. 7 GX f
☑ 50 – **52 ch** 465.

🏨 **Mercure Jean Jaurès "Les Capitouls"** Ⓜ sans rest, 29 allées J. Jaurès ✆ 05 61 62 63 33, Fax 05 61 63 15 17 – 🛗 ✕ ▤ 📺 ☎ ✆ ♿ 🅿 – 🔏 35. ⅋ⅇ ⓪ ☖ p. 7 GY g
☑ 59 – **51 ch** 510/540.

🏨 **Victoria** sans rest, 76 r. Bayard ✆ 05 61 62 50 90, Fax 05 61 99 21 02 – 🛗 ▤ 📺 ☎ – 🔏 30. ⅋ⅇ ⓪ ☖ ⒿⒸⒷ p. 7 GX s
☑ 45 – **71 ch** 310/360.

Beaux Arts M sans rest, 1 pl. Pont-Neuf ℰ 05 61 23 40 50, Fax 05 61 22 02 27 – |❙❙| ❄ ▤
TV, ☎. AE ⓞ GB, ❄
⌐ 75 – **19 ch** 450/800.   p. 7 FY   v

Mercure Wilson M sans rest, 7 r. Labéda ℰ 05 61 21 21 75, Fax 05 61 22 77 64 – |❙❙| ❄
▤ TV ☎ ⚫ P – 🔏 30. AE ⓞ GB
⌐ 55 – **95 ch** 505.   p. 7 GY   y

Grande Bretagne M, 300 av. Grande Bretagne ✉ 31300 ℰ 05 61 31 84 85,
Fax 05 61 31 87 12 – |❙❙| ❄ ▤ TV ☎ ⚫ P – 🔏 50. AE ⓞ GB
Repas (fermé sam. et dim.) 95/150 ⅊ – ⌐ 48 – **41 ch** 400/470.   p. 4 AU   r

Relais Mercure M sans rest, gare Matabiau (64 bd P. Sémard) ✉ 31500
ℰ 05 61 62 84 93, Fax 05 61 99 27 78 – |❙❙| ❄ ▤ TV ☎ ⚫ – 🔏 30. AE ⓞ GB
⌐ 43 – **62 ch** 345.   p. 7 HX   k

Président M ⚜ sans rest, 45 r. Raymond IV ℰ 05 61 63 46 46, Fax 05 61 62 83 60 – |❙❙| ▤
⚫ & ⇦. AE ⓞ GB
⌐ 40 – **31 ch** 270/350.   p. 7 GX   k

Athénée M sans rest, 13 r. Matabiau ℰ 05 61 63 10 63, Fax 05 61 63 87 80 – |❙❙| ▤ TV ☎ &
P – 🔏 30. AE ⓞ GB
⌐ 42 – **35 ch** 395/465.   p. 7 GX   a

Raymond IV sans rest, 16 r. Raymond IV ℰ 05 61 62 89 41, Fax 05 61 62 38 01 – |❙❙| TV ☎
⇦ – 🔏 30. AE ⓞ GB JCB
⌐ 45 – **38 ch** 290/380.   p. 7 GX   d

Vidéotel M, 77 bd Embouchure ✉ 31200 ℰ 05 61 57 34 77, Fax 05 61 23 54 74, 🌁 – |❙❙|
▤ TV ☎ & ⇦ P – 🔏 40. AE ⓞ GB
Repas (fermé sam. et dim.) 50/86 ⅊, enf. 40 – ⌐ 33 – **90 ch** 265.   p. 6 DX   e

Le Capitole sans rest, 10 r. Rivals ℰ 05 61 23 21 28, Fax 05 61 23 67 48 – |❙❙| ▤ TV ☎. AE
ⓞ GB
⌐ 35 – **33 ch** 210/380.   p. 7 FY   n

Gascogne sans rest, 25 allées Ch. de Fitte ✉ 31300 ℰ 05 61 59 27 44, Fax 05 61 42 25 52
– |❙❙| TV ☎ & ⇦ P. AE ⓞ GB
⌐ 35 – **51 ch** 230/280.   p. 6 EZ   k

Victor Hugo sans rest, 26 bd Strasbourg ℰ 05 61 63 40 41, Fax 05 61 62 66 31 – |❙❙| ▤
☎ &. AE GB
fermé 20 déc. au 2 janv. – ⌐ 30 – **32 ch** 220/290.   p. 7 GY   b

Ours Blanc-Wilson sans rest, 2 r. V. Hugo ℰ 05 61 21 62 40, Fax 05 61 23 62 34 – |❙❙| ▤
TV ☎. GB
⌐ 40 – **37 ch** 260/380.   p. 7 GY   p

Bordeaux sans rest, 4 bd Bonrepos ℰ 05 61 62 41 09, Fax 05 61 63 06 65 – |❙❙| TV ☎ &.
AE ⓞ GB
fermé 29 déc. au 4 janv. – ⌐ 32 – **31 ch** 225/250.   p. 7 GHX   e

Trianon Wilson sans rest, 7 r. Lafaille ℰ 05 61 62 74 74, Fax 05 61 99 15 44 – |❙❙| ❄ TV ☎
– 🔏 25. GB. ❄
fermé 23 déc. au 2 janv. – ⌐ 30 – **27 ch** 210/250.   p. 7 GX   u

Castellane sans rest, 17 r. Castellane ℰ 05 61 62 18 82, Fax 05 61 62 58 04 – |❙❙| cuisinette
❄ TV ☎ ⚫ & P – 🔏 50. AE ⓞ GB
⌐ 30 – **50 ch** 250/280.   p. 7 GY   v

Prado sans rest, 26 r. Prado par rte St-Simon ✉ 31100 ℰ 05 61 40 49 29,
Fax 05 62 14 11 75 – TV ☎ P. AE GB
⌐ 30 – **23 ch** 235/275.   p. 4 AU   f

Star sans rest, 17 r. Baqué ✉ 31200 ℰ 05 61 47 45 15, Fax 05 61 47 22 61 – TV ☎ ⚫. AE
GB
⌐ 28 – **17 ch** 182/244.   p. 5 BT   e

Les Jardins de l'Opéra (Toulousy), 1 pl. Capitole ℰ 05 61 23 07 76, Fax 05 61 23 63 00,
🌁 – ▤. AE ⓞ GB
fermé 3 au 26 août, 1er au 6 janv., dim. et fériés – **Repas** 200 bc (déj.), 295/540 et carte 460 à
640   p. 7 FY   q
Spéc. Ravioli de foie gras de canard au jus de truffes. Souris d'agneau à l'os, gâteau de
courgettes. Feuillantine de chocolat aux feuilles de chocolat. **Vins** Jurançon, Minervois.

La Frégate, 1 r. d'Austerlitz (2e étage) ℰ 05 61 21 62 45, Fax 05 61 22 58 41 – |❙❙| ▤. AE ⓞ
GB
Repas 170/200 et carte 230 à 330.   p. 7 GY   p

Michel Sarran, 21 bd A. Duportal ℰ 05 61 12 32 32, Fax 05 61 12 32 33, 🌁 – ▤. AE GB
fermé août, sam. midi et dim. – **Repas** (nombre de couverts limité, prévenir) 220/320 et
carte 260 à 380   p. 6 EX   m
Spéc. Terrine de foie gras à la graine de fenouil. Filets de rougets en croustille aux pignons
et gambas. Pigeon rôti en casserole à la purée aillée. **Vins** Côtes du Frontonnais.

RÉPERTOIRE DES RUES

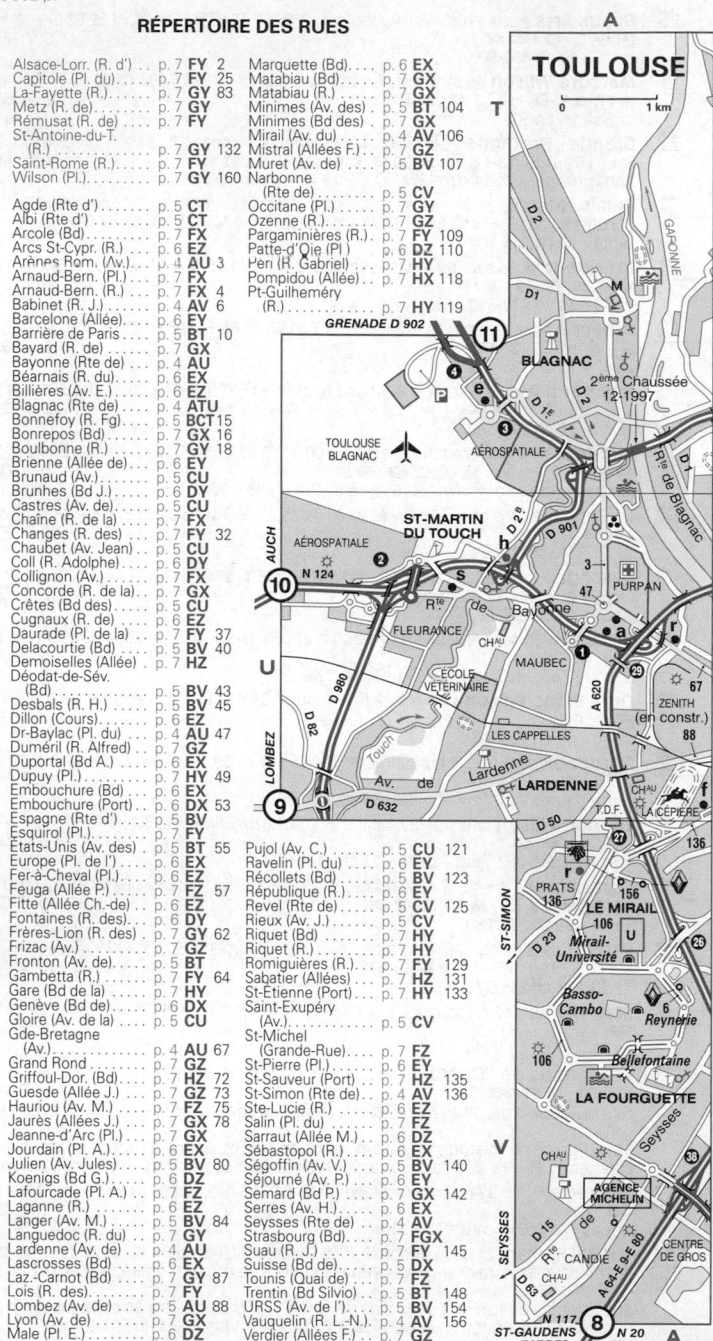

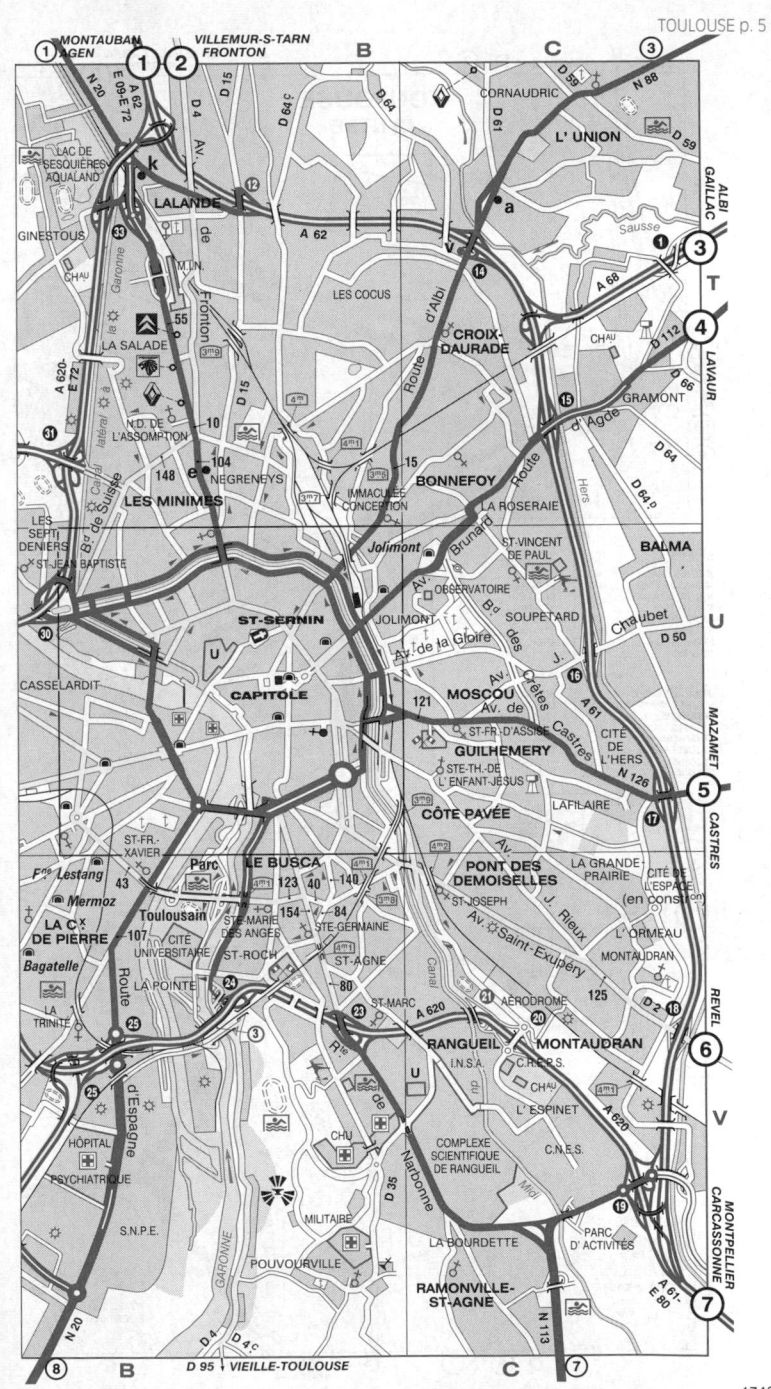

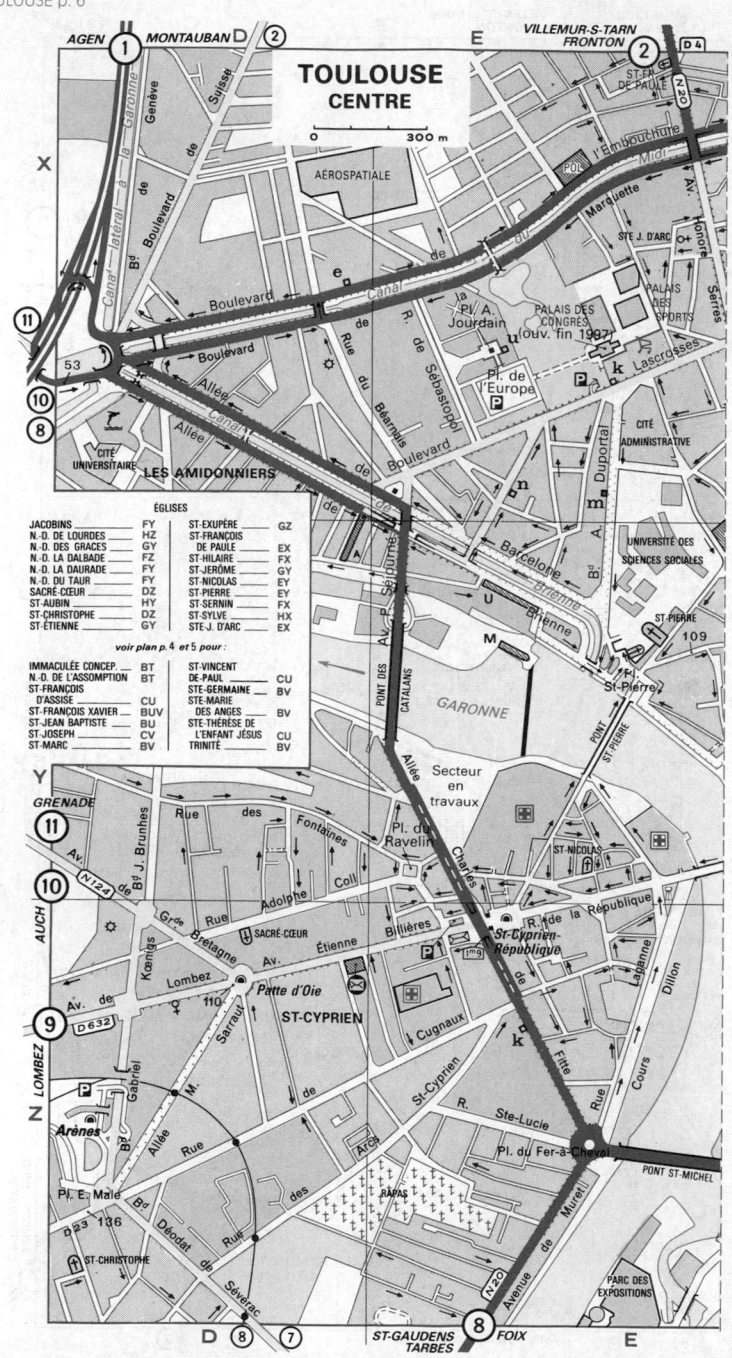

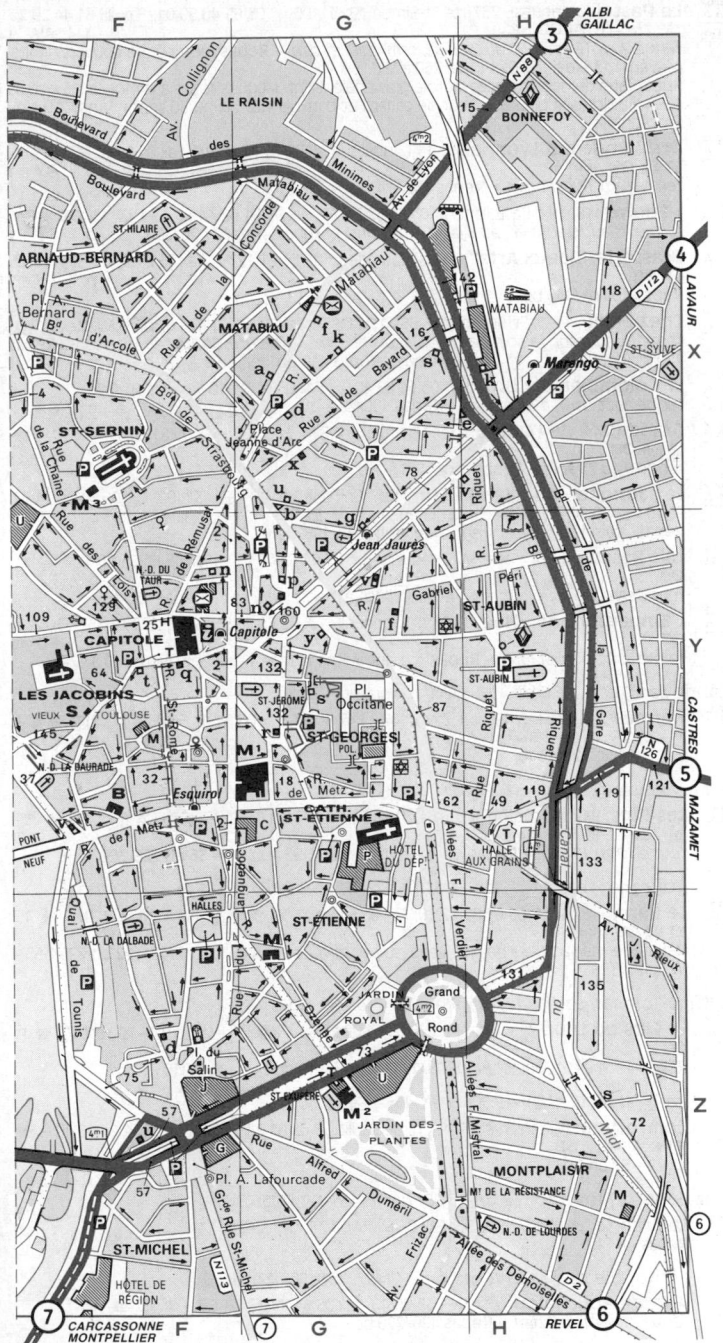

XXX **Le Pastel** (Garrigues), 237 rte St-Simon ⊠ 31100 ℰ 05 61 40 59 01, Fax 05 61 44 29 22,
😊 🏠, ☞ –🅿. ⒶⒺ ⒼⒷ. ⌗ p. 4 AV r
fermé 2 au 17 août, 20 au 28 déc., sam. midi et dim. – **Repas** (nombre de couverts limité,
prévenir) 135 (déj.)/320 et carte 260 à 380
Spéc. Tatin de navets glacés au foie gras poêlé. Saint-Jacques rôties à la moelle (15 oct. au
15 avril). Homard bleu au coeur de canard et banyuls (15 mai au 30 sept.). **Vins** Côtes du
Frontonnais.

XX **Orsi "Bouchon Lyonnais",** 13 r. Industrie ℰ 05 61 62 97 43, Fax 05 61 63 00 71 – ▤.
ⒶⒺ ⓪ ⒼⒷ 🇯🇨🇧 p. 7 GY f
fermé sam. midi et dim. – **Repas** 155/210.

XX **L'Edelweiss,** 19 r. Castellane ℰ 05 61 62 34 70, Fax 05 61 62 34 70 – ▤. ⒶⒺ ⓪ ⒼⒷ
fermé 1er au 30 août, 1er au 8 janv., dim., lundi et fériés – **Repas** 120/200. p. 7 GY v

XX **Brasserie "Beaux Arts",** 1 quai Daurade ℰ 05 61 21 12 12, Fax 05 61 21 14 80 – ▤. ⒶⒺ
⓪ ⒼⒷ p. 7 FY v
Repas 109 bc/149 bc.

XX **Chez Emile,** 13 pl. St-Georges ℰ 05 61 21 05 56, Fax 05 61 21 42 26, 😊 – ▤. ⒶⒺ ⓪ ⒼⒷ
fermé lundi sauf le soir de juin à sept. et dim. – **Rez-de-Chaussée** (poissons) **Repas**
110 bc (déj.)/225 ⅃ – **1er étage** (viandes) **Repas** 110 bc (déj.)/199 ⅃. p. 7 GY r

XX **Le Colombier,** 14 r. Bayard ℰ 05 61 62 40 05, Fax 05 61 99 10 11 – ▤. ⒶⒺ ⒼⒷ
fermé août, sam. midi et dim. – **Repas** 100/260. p. 7 GX x

XX **Grand Café de l'Opéra,** 1 pl. Capitole ℰ 05 61 21 37 03, Fax 05 61 23 41 04, 😊 – ▤.
ⒶⒺ ⓪ ⒼⒷ
fermé 9 au 25 août – **Repas** carte 140 à 280 ⅃.

XX **La Jonque du Yang Tsé,** bd Griffoul-Dorval ⊠ 31400 ℰ 05 61 20 74 74,
Fax 05 61 80 64 33, « Péniche aménagée » – ▤. ⒶⒺ ⒼⒷ p. 7 HZ s
Repas - cuisine chinoise - *(fermé lundi midi)* 88/198.

X **La Bascule,** 14 av. M. Hauriou ℰ 05 61 52 09 51, Fax 05 61 55 06 32 – ▤.
ⒼⒷ p. 7 FZ u
fermé sam. en août, dim. sauf le midi d'oct. à mai et lundi soir – **Repas** 98/138.

X **L'Empereur de Hué,** 26 r. Fonderie ℰ 05 61 53 55 72, Fax 05 61 53 55 72 –
ⒼⒷ p. 7 FZ d
fermé août, dim. et lundi – **Repas** - cuisine vietnamienne - (prévenir) carte 140 à 170.

à Lalande *par ② et N 20 : 6 km* – ⊠ *31200 Toulouse :*

🏠 **Hermès** Ⓜ sans rest, 49 av. J. Zay ℰ 05 61 47 60 47, Fax 05 61 47 56 08 – |🛗| ▤ 📺 ☎ ✆ ♿
🅿 – 🔏 25. ⒶⒺ ⓪ ⒼⒷ 🇯🇨🇧 p. 5 BT k
⌷ 30 – **68 ch** 280/340.

à Aucamville *par ② : 7 km – 3 807 h. alt. 128* – ⊠ *31140 :*

🏠 **Les Pins,** 94 rte Fronton ℰ 05 61 70 26 04, Fax 05 61 70 82 85, 😊 – |🛗| 📺 ☎ ✆ ♿ 🅿 –
🔏 30 à 80. ⒶⒺ ⒼⒷ 🇯🇨🇧
fermé 10 au 18 août – **Repas** *(fermé dim. soir)* 98/195 – ⌷ 35 – **35 ch** 220/300.

à Gratentour *par ② et D 14 : 15 km – 2 518 h. alt. 174* – ⊠ *31150 :*

🏠 **Le Barry** Ⓜ 🐾, ℰ 05 61 82 22 10, Fax 05 61 82 22 38, 😊, ⅃, ☞ – 📺 ☎ ♿ 🅿 – 🔏 45.
ⒶⒺ ⓪ ⒼⒷ 🇯🇨🇧. ⌗
Repas *(fermé vacances de fév., vend. soir et sam.)* 100 bc/200 ⅃ – ⌷ 40 – **22 ch** 295/365 –
½ P 320/338.

à Rouffiac-Tolosan *par ③ : 12 km – 961 h. alt. 210* – ⊠ *31180 :*

XX **Le Clos du Loup** avec ch, N 88 ℰ 05 61 09 28 39, Fax 05 61 35 13 97 – ▤ rest 📺 ☎ 🅿.
ⒼⒷ
Repas *(fermé dim. soir et lundi)* 98/195 – ⌷ 25 – **19 ch** 215 – ½ P 210.

à Balma *par ⑤ et N 126 : 5 km – 9 506 h. alt. 155* – ⊠ *31130 :*

🏠 **Comfort Inn** Ⓜ sans rest, 6 av. Ch. de Gaulle ℰ 05 61 24 53 99, Fax 05 61 24 46 40 – ✂
📺 ☎ ♿ 🅿. ⒶⒺ ⒼⒷ
⌷ 29 – **57 ch** 270.

à Quint-Fonsegrives *par ⑤ : 8 km – 3 261 h. alt. 153* – ⊠ *31130 Balma :*

XX **La Grange,** ℰ 05 61 24 00 55, Fax 05 61 24 08 73, 😊 – 🅿. ⒼⒷ
Repas 89/140.

à Labège Innopole *par ⑥ et D 16 : 12 km – 2 148 h. alt. 150* – ⊠ *31670 :*

XX **Aub. de Pouchalou,** ℰ 05 61 39 89 40, Fax 05 61 39 23 47, 😊 – 🅿. ⒶⒺ ⓪ ⒼⒷ
fermé sam. midi et dim. – **Repas** 120/220 bc.

à Vieille-Toulouse *Sud : 9 km par D 4 – 867 h. alt. 269 –* ⊠ *31320 :*

🏠🏠 **La Flânerie** ⊗ sans rest, rte Lacroix-Falgarde ℘ 05 61 73 39 12, Fax 05 61 73 18 56, ≤ la Garonne, parc, 🏊 – 📺 ☎ ⇔ 📳 ℡ ⓞ 🖭 ⑤
fermé 27 déc. au 13 janv. – ⌑ 45 – **12 ch** 280/580.

à Lacroix-Falgarde *Sud : 13 km par D 4 – 1 478 h. alt. 154 –* ⊠ *31120 :*

𝕏𝕏 **Le Bellevue**, ℘ 05 61 76 94 97, ≤, 🍽 – 📳 🖭 ⑤
fermé vacances de fév., mardi soir et merc. d'oct. à avril – **Repas** 118/195.

à Portet-sur-Garonne *Sud : 10 km par N 20 – 8 030 h. alt. 150 –* ⊠ *31120 :*

🏠🏠 **L'Hotan** Ⓜ, 80 rte d'Espagne ℘ 05 62 20 06 06, Fax 05 62 20 02 36, 🍽 – 📶 🗏 📺 ☎ 📞 ᶑ 📳 – 🔬 80. 🖭 ⑤ 🖭
Repas *(fermé dim. midi)* 98/145 ⅃ – ⌑ 49 – **52 ch** 370/420 – ½ P 345.

🏠 **Octel** Ⓜ sans rest, 8 chemin Genêts (Centre Secondo) ℘ 05 62 20 63 63, Fax 05 62 20 63 67 – cuisinette 🗏 📺 ☎ 📞 ᶑ 📳 🖭 🖭
⌑ 38 – **28 ch** 300/360, 32 studios.

𝕏 **Le Baron Ritay**, pl. République ℘ 05 61 72 01 53, Fax 05 61 72 55 77 – 🗏 🖭 🖭
fermé 3 au 25 août – **Repas** 82/210 bc.

à St-Simon *Sud-Ouest : 8 km par D 23 –* ⊠ *31100 Toulouse :*

🏰🏰 **Diane**, ℘ 05 61 07 59 52, Fax 05 61 86 38 94, 🍽, 🏊, 🌳 – ⁓ 🗏 rest 📺 ☎ 📳 – 🔬 30. 🖭 ⑤ 🖭
Le St-Simon *(fermé sam. midi, dim. et fériés)* **Repas** 145/190, enf. 60 – ⌑ 48 – **35 ch** 400/500 – ½ P 370/400.

𝕏𝕏𝕏 **Les Ombrages**, ℘ 05 61 07 61 28, Fax 05 61 06 42 26 – 📳 🖭 ⑤ 🖭
fermé lundi – **Repas** 120/240 et carte 220 à 310, enf. 80.

à Purpan *Ouest : 6 km par N 124 –* ⊠ *31300 Toulouse :*

🏨🏨🏨 **Palladia** Ⓜ, 271 av. Grande-Bretagne ℘ 05 62 12 01 20, Fax 05 62 12 01 21, 🍽, 🏊 – 📶 ⁓ 🗏 📺 ☎ ᶑ ⇔ 📳 – 🔬 25 à 250. 🖭 ⑤ 🖭 🖽 ⠀⠀⠀⠀⠀⠀⠀⠀⠀⠀⠀⠀⠀⠀⠀⠀ p. 4 AU **a**
Repas 120 sauf dim. et carte 170 à 290 – ⌑ 70 – **86 ch** 690/790, 4 appart – ½ P 535.

🏨🏨 **Novotel Aéroport** Ⓜ, ℘ 05 61 15 00 00, Fax 05 61 15 88 44, 🍽, 🏊, 🌳, 🎾 – 📶 ⁓ 🗏 📺 ☎ ᶑ 📳 – 🔬 150. 🖭 ⑤ 🖭 ⠀⠀⠀⠀⠀⠀⠀⠀⠀⠀⠀⠀⠀⠀⠀⠀⠀⠀⠀⠀⠀⠀⠀⠀⠀⠀⠀⠀⠀⠀⠀⠀⠀⠀⠀⠀⠀ p. 4 AU **a**
Repas carte environ 170, enf. 55 – ⌑ 55 – **123 ch** 440/470.

à St-Martin-du-Touch *Ouest : 8 km par N 124 –* ⊠ *31300 Toulouse :*

🏠🏠 **Airport H.** sans rest, 176 rte Bayonne ℘ 05 61 49 68 78, Fax 05 61 49 73 66 – 📶 📺 ☎ ᶑ ⇔ 📳 🖭 🖭 🖽 ⠀⠀⠀⠀⠀⠀⠀⠀⠀⠀⠀⠀⠀⠀⠀⠀⠀⠀⠀⠀⠀⠀ p. 4 AU **s**
⌑ 29 – **48 ch** 289/359.

𝕏𝕏 **Le Cantou**, 98 r. Velasquez (D 2⁸) ℘ 05 61 49 20 21, Fax 05 61 31 01 17, 🍽, « Jardin » – 🖭 ⑤ 🖭 ⠀⠀⠀⠀⠀⠀⠀⠀⠀⠀⠀⠀⠀⠀⠀⠀⠀⠀⠀⠀⠀⠀⠀⠀⠀⠀⠀⠀⠀⠀⠀ p. 4 AU **h**
fermé sam. et dim. – **Repas** 98/198.

à Blagnac *Nord-Ouest : 7 km vers ⑪ – 17 209 h. alt. 135 –* ⊠ *31700 :*

🏨🏨🏨 **Sofitel** Ⓜ, direction aéroport (sortie n° 3) ℘ 05 61 71 11 25, Fax 05 61 30 02 43, 🍽, 🏊, 🌳, 🎾 – 📶 ⁓ 🗏 📺 ☎ 📳 – 🔬 25 à 150. 🖭 ⑤ 🖭 🖽 ⠀⠀⠀⠀⠀ p. 4 AT **e**
Le Caouec : Repas 140, enf. 50 – ⌑ 71 – **100 ch** 830/880.

🏠🏠 **Le Grand Noble** Ⓜ, 90 av. Cornebarrieu ℘ 05 61 30 48 49, Fax 05 61 71 85 60, 🍽 – 📶 ⁓ 🗏 📺 ☎ ᶑ 📳 – 🔬 30. 🖭 🖭
Repas *(fermé sam.)* 75/137, enf. 45 – ⌑ 39 – **44 ch** 295 – ½ P 230.

𝕏𝕏𝕏 **Le Goulu**, r. Bordebasse ℘ 05 61 15 66 66, Fax 05 61 30 43 07, 🍽 – 🗏 📳 🖭 🖭 🖽
fermé 1ᵉʳ au 15 août, 22 déc. au 2 janv., sam. midi et dim. – **Repas** 115/200 et carte 220 à 300, enf. 65.

à Seilh *Nord-Ouest : 15 km par D 2 – 816 h. alt. 133 –* ⊠ *31840 :*

🏠🏠 **Latitudes** Ⓜ ⊗, rte Grenade ℘ 05 62 13 14 15, Fax 05 61 59 77 97, ≤, 🍽, 🏊, 🎾 – 📶 ⁓ 🗏 📺 ☎ ᶑ ⇔ 📳 – 🔬 180. 🖭 ⑤ 🖭
L'Aéropostale *(fermé 11 juil. au 18 août, dim. midi et sam.)* **Repas** 150 – ⌑ 45 – **116 ch** 475/700.

MICHELIN, Agence, ZI 30 bd de Thibaud AV ℘ 05 62 71 56 10

ALFA ROMEO, FIAT, SOMEDA, 123 rte de Revel
   ℘ 05 62 16 66 66
BMW Gar. Pelras, 145 r. N.-Vauquelin
   ℘ 05 61 41 53 53
BMW Gar. Soulié, 101 rte de Revel
   ℘ 05 62 71 67 71
CITROEN France Autom, ZI Montaudran, av.
D.-Daurat ℘ 05 62 16 65 85
CITROEN Succursale, 142, av. des Etats-Unis
   ℘ 05 62 72 95 55
FERRARI Gar. Pozzi-Ferrari France, 7 av. D.-Daurat
   ℘ 05 61 54 14 14
FORD Auto-Services, 134 rte de Revel
   ℘ 05 61 36 86 86
FORD S.L.A.D.A., 83 bd Silvio-Trentin
   ℘ 05 61 13 54 54
FORD Auto-Services, 226 rte de Narbonne
   ℘ 05 62 19 18 20
LADA Espace Auto 31, ZA Babinet, 4 r. E.-Baudot
   ℘ 05 61 44 95 55 Ⓝ ℘ 06 09 37 68 50
MERCEDES Antras Autos Toulouse, 231 rte d'Albi
   ℘ 05 61 61 33 33 Ⓝ ℘ 05 61 61 33 33
NISSAN Gar. Fittante, 6 r. 8 Mai 45 à Ramonville-St-
Agne ℘ 05 62 19 23 19
OPEL Générale Autom., 16 allée Ch. de Fitte
   ℘ 05 61 42 91 36
OPEL Auto Plus Mirail, 123 r. N.-Vauquelin
   ℘ 05 61 44 22 99
PEUGEOT S.I.A.L., 105 av. des Etats-Unis
   ℘ 05 62 72 96 96
PEUGEOT S.I.A.L., 28 av. Daurat ℘ 05 61 54 52 52
Ⓝ ℘ 08 00 44 24 24
PEUGEOT S.I.A.L., r. L.-N.-Vauquelin
   ℘ 05 62 11 13 13 Ⓝ ℘ 08 00 44 24 24
PEUGEOT Ramonville Auto, 9 av. Crêtes à
Ramonville-St-Agne par N 113 CV
   ℘ 05 62 19 19 19
PORSCHE AAS, 161 rte de Labège
   ℘ 05 62 71 67 67
RENAULT Renault St-Aubin, 32 r. Riquet
   ℘ 05 61 62 62 21 Ⓝ ℘ 08 00 05 15 15
RENAULT Succursale, r. L.-N.-Vauquelin
   ℘ 05 61 19 21 21 Ⓝ ℘ 05 61 28 79 79
RENAULT Gar. Puel, 2 r. J.-Babinet ℘ 05 61 40 41 40
RENAULT Toulouse Montaudran Autom., 125 rte
de Revel par ⑥ ℘ 05 61 54 42 54
RENAULT Succursale, 75 av. des Etats-Unis
   ℘ 05 61 10 75 70 Ⓝ ℘ 06 07 65 96 39
RENAULT S.T.E.C.A.V., ch. de la Violette à l'Union
   ℘ 05 61 74 45 00 Ⓝ ℘ 05 61 09 86 28

RENAULT Gar. Itier, 1 av. Marqueille à St-Orens-
Gameville ⑥ ℘ 05 62 24 80 42
ROVER Sterling Autom., à Labège
   ℘ 05 62 24 04 44
SAAB Central Gar., 161 rte de Labège
   ℘ 05 62 71 68 68
SEAT Mondial Autom, 109 av. des Etats-Unis
   ℘ 05 61 57 40 52
TOYOTA Gar. Laville, 2 r. M.-Caunes
   ℘ 05 61 61 05 00
VAG Capitole Autom., ZA Babinet
   ℘ 05 61 44 44 44
VAG Toulouse Autom., à Labège
   ℘ 05 61 36 09 89
VAG Toulouse-Autom., 34 Gde r. St-Michel
   ℘ 05 62 26 97 26
VAG S.C.A.U., 71 av. de Toulouse à l'Union
   ℘ 05 61 74 14 45
VAG Toulouse Autom., 187 av. des Etats-Unis
   ℘ 05 62 72 93 72
Gar. Vignard, r. E.-Branly à Ramonville-St-Agne
   ℘ 05 61 73 04 91
Véhicules Sce Auto, 144 av. Etats-Unis
   ℘ 05 61 13 53 53

⑩ Bellet Pneus, 63 bd de Thibault
   ℘ 05 61 40 11 12
Espace Pneu, 59 rte de Paris à Aucamville
   ℘ 05 61 37 10 10
Euromaster, 71 bd Marquette ℘ 05 61 21 68 13
Euromaster, av. E.-Serres à Colomiers
   ℘ 05 61 15 50 50
Euromaster, 336 av. de Fronton
   ℘ 05 61 47 59 59
Euromaster, 19 av. Thibaud ℘ 05 61 40 28 72
Euromaster, 82 r. N.-Vauquelin
   ℘ 05 61 43 20 60
Euromaster, ZI Montaudran, 10 av. Daurat
   ℘ 05 61 80 19 98
Le Pneu, 1 rte de Bessières à l'Union
   ℘ 05 61 74 23 33
Martignon-Pneus, ZA du Moulin à Aussonne
   ℘ 05 61 85 03 53
Pons Pneus, ZA Ribaute à Quint
   ℘ 05 61 24 40 94
Toulouse-Pneu, ZI de Prat-Gimont à Balma
   ℘ 05 61 48 62 04
Vialatte Pneus, 35 r. des Orfèvres à Blagnac
   ℘ 05 61 30 44 88
Vulco, 205 av. des Etats-Unis ℘ 05 61 47 80 80

TOUQUES 14 Calvados 🔠🔠 ③ – rattaché à Deauville.

Le TOUQUET-PARIS-PLAGE 62520 P.-de-C. 🔠🔠 ⑪ G. Flandres Artois Picardie – 5 596 h alt. 5 –
Casinos La Forêt BZ, Quatre saisons AY.
Voir Phare ⇐✱✱ – Vallée de la Canche✱ par ①.
🔟🔟🔟 ℘ 03 21 06 28 00, Fax 03 21 06 28 01, S : 2,5 km par ②.
🅱 Office de Tourisme Palais de l'Europe ℘ 03 21 05 21 65, Fax 03 21 05 50 66.
Paris 233 ① – Calais 68 ① – Abbeville 57 ① – Arras 95 ① – Boulogne-sur-Mer 30 ① – Lille
131 ① – St-Omer 68 ①.

Plan page ci-contre

🏨 **Westminster**, av. Verger ℘ 03 21 05 48 48, Fax 03 21 05 45 45, ↪, 🔲, 🍽 – 📲 📺 ☎ 🅿 –
🏛 25 à 200. 🅰🅴 ⓿ 🇬🇧
                                    BZ a
fermé 15 janv. au 5 fév. – **Le Pavillon** (fermé 15 janv. au 5 mars et mardi sauf juil.-août)
Repas (dîner seul.) 210/360 enf. 100 – **Coffee Shop** (fermé 15 janv. au 5 fév.) Repas
125/175, ☕, enf. 75 – ☖ 75 – **115 ch** 590/1150 – ½ P 650/720.

🏨 **Holiday Inn Resort** Ⓜ 🌳, av. Mar. Foch ℘ 03 21 06 85 85, Fax 03 21 06 85 00, 🌤, ↪,
🔲, 🍽 – 📲 ⁑ ≣ 📺 ☎ 🅿 – 🏛 80. 🅰🅴 ⓿ 🇬🇧
                                      BZ n
Le Touquet's : Repas 145 ☕, enf. 60 – ☖ 65 – **56 ch** 630/720, 32 duplex – ½ P 490.

🏨 **Manoir H.** 🌳, au Golf par ② : 2,5 km ℘ 03 21 06 28 28, Fax 03 21 06 28 29, 🌤, 🔲, 🍽,
🍽 – 📺 🅿. 🅰🅴 ⓿ 🇬🇧. 🍽 rest
fermé janv. – **Repas** 150/195 – **42 ch** ☖ 535/1110 – ½ P 535/705.

🏨 **Novotel** Ⓜ 🌳, sur la plage ℘ 03 21 09 85 00, Fax 03 21 09 85 10, ⇐, centre de thalassothérapie, 🔲, ▲▲– 📲 ⁑ ≣ rest 📺 ☎ 🛗 ⇔ 🅿 – 🏛 25 à 60. 🅰🅴 ⓿ 🇬🇧, 🍽 rest AZ e
fermé 3 au 18 janv. – **Repas** 155, enf. 60 – ☖ 62 – **149 ch** 590/1000, 3 appart.

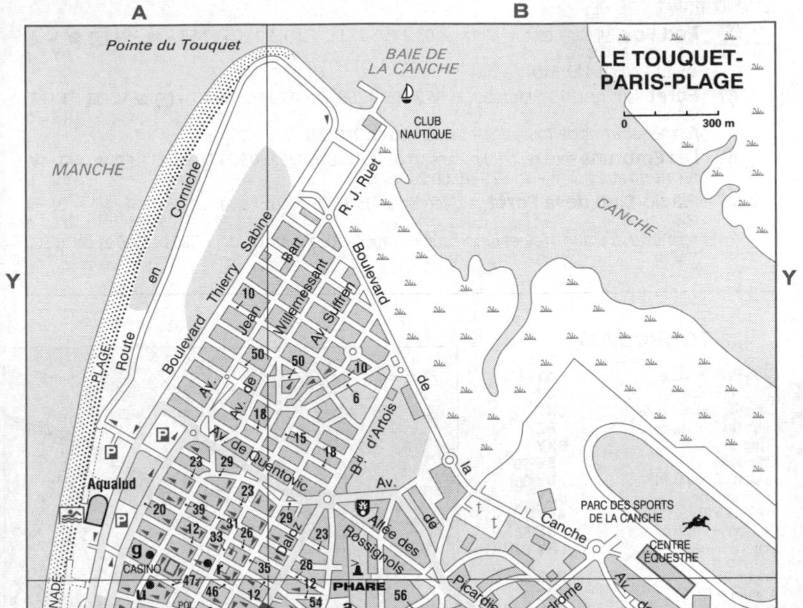
LE TOUQUET-
PARIS-PLAGE
0
300 m
A
B
Y
Z
Pointe du Touquet
BAIE DE
LA CANCHE
CLUB
NAUTIQUE
MANCHE
CANCHE
Corniche
en
Route
PLAGE
Boulevard
Thierry
Sabine
Bart
Jean
Willemessant
Av. Suffren
R. J. Ruet
Boulevard
de
la
Canche
Av. de
Av. de Quentovic
B.d d'Artois
Av.
Allée des
Rossignols
Dalloz
Aqualud
CASINO
PHARE
PARC DES SPORTS
DE LA CANCHE
CENTRE
ÉQUESTRE
Av. de l'Hippodrome
Picardie
Av. de la Dune aux Loups
Quételart
Av. L.
de Picardie
Palais des
Sports
Pl. de
l'Hermitage
Ste-Jeanne
d'Arc
Casino
du Palais
Palais
de l'Europe
Boulevard
POL
PROMENADE
DIGUE
Av.
Sanguet
Av. du Château
Av. du Golf
AÉRODROME
Joffre
Foch
M.al
Av. du M.al Gal de Gaulle
Quételart
Av.
Vincent
Av. du
Av. de Verdun
Av. F. Godin
Av. L.
CENTRE DE
THALASSOTHÉRAPIE
BERCK-PLAGE
ABBEVILLE
N 39 ARRAS, ST-OMER
D 940 BOULOGNE-SUR-MER

Londres (R. de) .... AYZ 31
Metz (R. de) .... AYZ 33
St-Jean (R.) .... AZ 46
St-Louis (R.) .... AZ 47

Aboudaram (Av.) .... BZ 2
Atlantique (Av. de l') ..... ABZ 4
Bardol (R. E.) .... BY 6
Bourdonnais (Av. de la) .... ABY 10
Bruxelles (R. de) .... AYZ 12

Calais (R. de) .... BY 15
Desvres (R. de) .... ABY 18
Dr-J.-Pouget (Bd du) .... AYZ 20
Dorothée (R.) .... AZ 21
Duboc (Av. et R. J.) ..... ABY 23
Garet (Av. et R. L.) ...... ABY 26
Genets (Av. des) .... ABZ 27
Grande Rue .... AZ 28
Hubert (Av. L.) .... ABY 29
Moscou (R. de) .... AYZ 35

Oyats (Av. et R. des) ..... ABZ 37
Paix (Av. et R. de la) ..... ABZ 38
Paris (R. de) .... AYZ 39
Pins (Av. des) .... BZ 40
Recoussine (Av. F.) .... BZ 42
Reine May (Av. de la) .... ABZ 43
St-Amand (R.) .... AZ 45
Tourville (Av. de l'Amiral) . ABY 50
Troènes (Av. des) .... BZ 52
Verger (Av. du) .... BZ 54
Whitley (Av. J.) .... BZ 56

Pour vos voyages, en complément de ce guide utilisez :

- Les **guides Verts Michelin** régionaux
  paysages, monuments et routes touristiques.
- Les **cartes Michelin** à 1/1 000 000 **grands itinéraires**
  1/200 000 **cartes détaillées.**

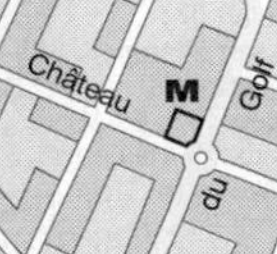

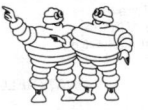

Red Fox M sans rest, r. Metz ✆ 03 21 05 27 58, Fax 03 21 05 27 56 – ⫿ ⤢ 📺 ☎ ☎ ✆,
🚗. AE ⓪ GB
🍴 40 – **48 ch** 410/510.

AY r

Forêt sans rest, 73 r. Moscou ✆ 03 21 05 09 88, Fax 03 21 05 59 40 – 📺 ☎ ✆. AE ⓪ GB.
🍴

AZ b

fermé vacances de Toussaint – 🍴 30 – **10 ch** 210/270.

Les Embruns sans rest, 89 r. Paris ✆ 03 21 05 87 61, Fax 03 21 05 85 09 – 📺 ☎. GB. 🍴
fermé 14 au 27 janv. – 🍴 32 – **19 ch** 240/300.

AYZ u

Flavio-Club de la Forêt, av. Verger ✆ 03 21 05 10 22, Fax 03 21 05 91 55, 🌿 – AE
GB

BZ d

fermé 10 janv. au 10 fév. et lundi sauf juil.-août – **Repas** 120 bc (déj.), 220 bc/680 et carte 360
à 460.

TOURCOING

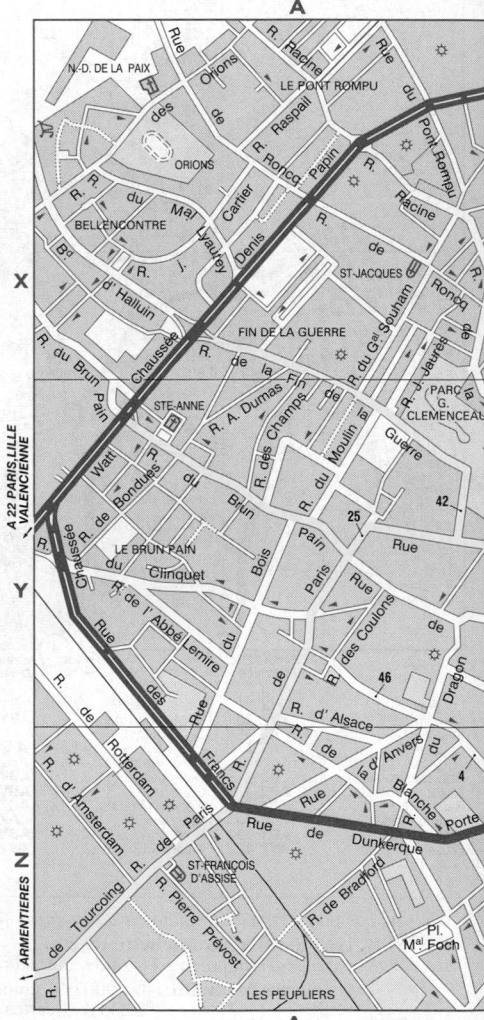

XX **Café des Arts**, 80 r. Paris ℰ 03 21 05 21 55, Fax 03 21 84 64 20 – AE ⓞ GB
fermé 15 au 25 déc., 12 janv. au 4 fév., merc. sauf vacances scolaires le soir et mardi – **Repas**
100/310.   **AY g**

à l'Est : *2,5 km par av. de Picardie* **BZ** :

XX **L'Escale**, ℰ 03 21 05 23 22, Fax 03 21 05 84 56 – P. AE ⓞ GB
fermé 24 nov. au 12 déc. et jeudi sauf juil.-août – **Repas** 155/220 - **Brasserie** : Repas
80/115 ♨, enf. 40.

à Stella-Plage *par* ② : *7 km* – ✉ *62780 Cucq* :

🏠 **des Pelouses**, bd E. Labrasse ℰ 03 21 94 60 86, Fax 03 21 94 10 11 – ▣ ☎ P. GB
🍴 *fermé janv.* – **Repas** 80/160 ♨, enf. 45 – ⊇ 35 – **30 ch** 150/300 – ½ P 190/250.

RENAULT G.C.R. "Renault le Touquet", av. G.-Besse par ① ℰ 03 21 94 91 00 Ⓝ ℰ 03 21 84 13 13

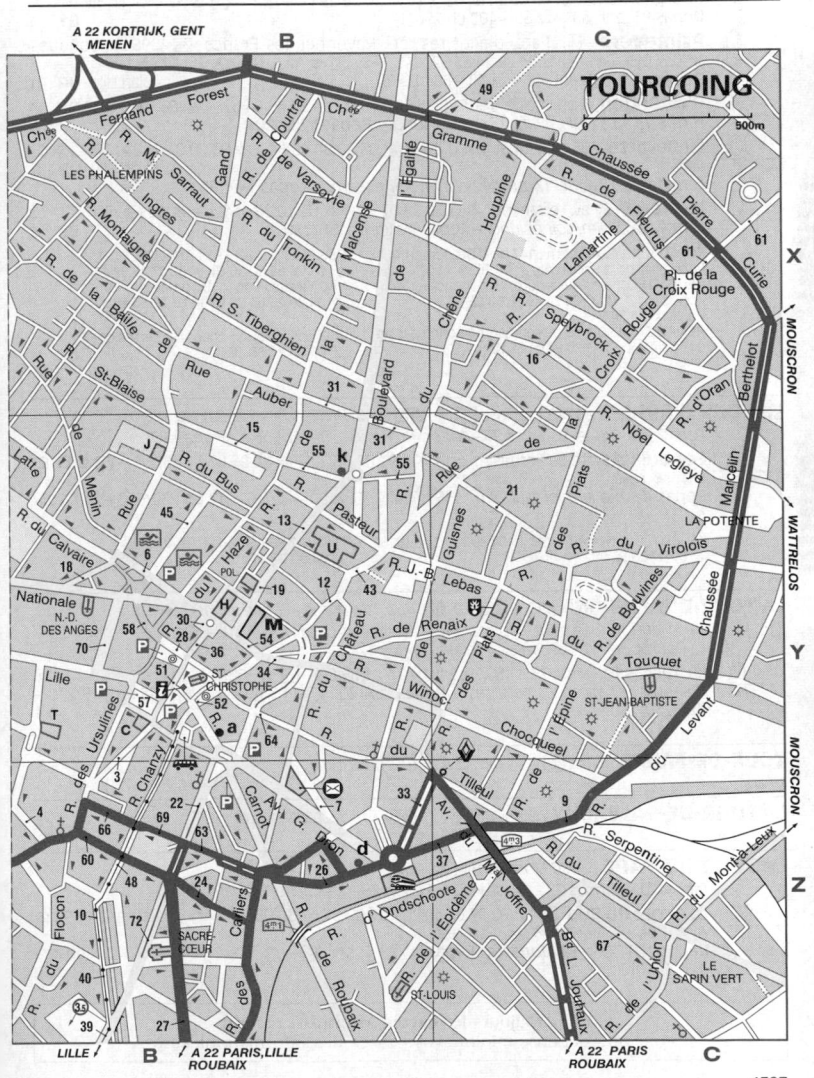

TOURCOING 59200 Nord **51** ⑥, **111** ⑭ _G. Flandres Artois Picardie – 93 765 h alt. 37._

Voir Musée des Beaux-Arts **BY M.**

ᴛₛ des Flandres (privé) ℘ 03 20 72 20 74, par N 350 : 9,5 km ; ᴛₛ du Sart (privé) ℘ 03 20 72 02 51, par N 350 : 12 km ; ᴛₛ de Bondues ℘ 03 20 23 20 62, SO : 7 km ; ᴛₛ de Brigode à Villeneuve d'Ascq ℘ 03 20 91 17 86.

🖪 _Office de Tourisme_ Parvis St-Christophe, pl. République ℘ 03 20 26 89 03 – _Automobile Club_ 13 r. Desurmont ℘ 03 20 26 56 37.

Paris 235 ⑩ – Lille 16 ⑩ – Kortrijk 20 ④ – Gent 62 ② – Oostende 80 ① – Roubaix 5 ⑦.

Accès et sorties : voir plan de Lille.

🏤   **Novotel** Ⓜ, au Nord près échangeur de Neuville-en-Ferrain (sortie 18) ⊠ 59535 Neuville-en-Ferrain ℘ 03 20 94 07 70, Fax 03 20 94 08 80, 🌴, ⅃ – 🛗 🌂 🖙 rest 📺 ☎ ✆ & 🅿 – 🚑 200. 🆎 ⓘ 🆎
    plan Lille HR e
Repas 91/160, enf. 50 – ⌑ 51 – **108 ch** 415/455.

🏠   **Ibis** Ⓜ, r. Carnot ℘ 03 20 24 84 58, Fax 03 20 26 29 58 – 🛗 🖙 📺 ☎ ✆ ⟨⟩. 🆎 ⓘ 🆎
Repas 95, enf. 39 – ⌑ 35 – **102 ch** 290.
    BY a

🏠   **Primevère** Ⓜ, Parc d'activités de Ravennes-les-Francs ⊠ 59910 Bondues
🍴   ℘ 03 20 36 01 96, Fax 03 20 24 53 52, 🌴 – 🖙 📺 ☎ ✆ & 🅿 – 🚑 25. 🆎 ⓘ 🆎
Repas 81/125 ⅃, enf. 46 – ⌑ 35 – **53 ch** 280.
    plan Lille HR b

XX   **P'tit Bedon**, 5 bd Égalité ℘ 03 20 25 00 51, Fax 03 20 76 64 62 – ▤. 🆎   BY k
fermé 15 au 31 juil., 1ᵉʳ au 15 sept. et lundi – **Repas** 120/400.

XX   **La Baratte**, 395 r. Clinquet (par D 950ᵇ) ℘ 03 20 94 45 63, Fax 03 20 03 41 84, 🌴 – ▤. 🆎 🆎
    plan de Lille HR d
fermé 4 au 22 août, 17 au 24 fév., dim. soir et sam. – **Repas** 100/180.

XX   **Le Plessy**, 31 av. Lefrançois ℘ 03 20 25 07 73, Fax 03 20 25 43 24 – ▤. 🆎 ⓘ 🆎
fermé août, dim. soir et lundi – **Repas** 115 (déj.), 180/250 bc.
    BZ d

FORD Ponthieux Autom., 147 bis r. Dronckaert à Roncq par bd d'Halluin **AX** ℘ 03 20 94 14 00
PEUGEOT Gar. de l'Autoroute, 13 r. Dronckaert à Roncq par D 91 ℘ 03 20 69 06 00 🗓
℘ 08 00 44 24 24
RENAULT DIANOR, 53 r. Dronckaert à Roncq par bd d'Halluin **AX** ℘ 03 20 94 01 35 🗓
℘ 06 07 44 07 93

RENAULT S.N.A.T., 95 r. Tilleul **CZ**
℘ 03 20 69 10 50 🗓 ℘ 06 07 43 92 14
VAG Valauto Roncq, Bd d Halluin à Roncq
℘ 03 20 25 63 00 🗓 ℘ 03 20 36 64 32

⓪ Euromaster, 15 chaussée Berthelot
℘ 03 20 24 36 36

La TOUR D'AIGUES 84240 Vaucluse **81** ⑭, **114** ③ _G. Provence – 3 328 h alt. 250._
Paris 754 – Digne-les-Bains 91 – Aix-en-Provence 28 – Apt 36 – Avignon 80.

🏠   **Fenouillets**, rte de Pertuis : 1 km ℘ 04 90 07 48 22, Fax 04 90 07 34 26, 🌴 – 📺 ☎ 🅿. 🆎 🆎. ✆ rest
Repas _(fermé le midi sauf dim.)_ 135 (dîner), 150/190 – ⌑ 36 – **12 ch** 250/350 – ½ P 283/313.

PEUGEOT Gar. Notre-Dame, ℘ 04 90 07 42 18 🗓
℘ 06 07 08 50 98
RENAULT SEF, ℘ 04 90 07 40 47 🗓
℘ 04 90 07 45 19

La TOUR-D'AUVERGNE 63680 P.-de-D. **73** ⑬ _G. Auvergne – 778 h alt. 1000._
Paris 480 – Clermont-Ferrand 58 – Besse-en-Chandesse 30 – Bort-les-Orgues 28 – La Bourboule 14 – Issoire 62 – Le Mont-Dore 17.

🏠   **La Terrasse**, ℘ 04 73 21 50 29, Fax 04 73 21 56 60 – 📺 ☎. 🆎
🍴   _mai-sept. et vacances scolaires –_ **Repas** 55/120 ⅃, enf. 38 – ⌑ 28 – **28 ch** 145/270 – ½ P 210/230.

TOUR-DE-FAURE 46 Lot **79** ⑨ – _rattaché à St-Cirq-Lapopie._

La TOUR-DE-SALVAGNY 69 Rhône **74** ⑪,, **110** ⑬ – _rattaché à Lyon._

Le TOUR-DU-PARC 56370 Morbihan **63** ⑬ – _672 h alt. 16._
Paris 479 – Vannes 22 – Muzillac 22 – Redon 58 – La Roche-Bernard 38.

🏨   **La Croix du Sud** ⟨⟩, ℘ 02 97 67 30 20, Fax 02 97 67 36 06, ⅃, 🌴, ✆ – cuisinette 📺 ☎ & 🅿 – 🚑 30. 🆎 ⓘ 🆎 🆎 ✆ rest
Repas 160/390 - _La Mouette :_ **Repas** 58/78 ⅃, enf. 48 – ⌑ 38 – **27 ch** 390/400, 3 appart – ½ P 395/400.

Utilisez toujours les **cartes Michelin** récentes.
Pour une dépense minime vous aurez des informations sûres.

La TOUR-DU-PIN 38110 Isère **74** ⑭ G. Vallée du Rhône – 6 770 h alt. 350.

🚇 de Faverges-de-la-Tour ℘ 04 76 73 65 00, E : 9 km par N 516.

Paris 520 – Grenoble 67 – Aix-les-Bains 55 – Chambéry 49 – Lyon 58 – Vienne 55.

🏨 **Relais de la Tour** 🏠, av. Gén. de Gaulle ℘ 04 74 83 31 31, Fax 04 74 97 87 01, ≤, 😤, ⁀,
🖼, 🌳, ✗ – 🛏 ☰ rest 📺 ☎ ᕝ 🅿. 🖭 ⑩ ⊞. ✗ rest
Repas 65 (déj.), 85/175 🖟 – ☲ 45 – **40 ch** 300/355 – ½ P 350/420.

🏨 **France et rest. Bec Fin**, 12 av. Alsace-Lorraine ℘ 04 74 97 00 08, Fax 04 74 97 36 47 –
☎ ☞. ⊞
Repas (fermé 22 au 31 déc. et dim. soir) 80/250 🖟, enf. 45 – ☲ 25 – **30 ch** 120/225 –
½ P 210/230.

à St-Didier-de-la-Tour Est : 3 km par N 6 – 1 310 h. alt. 380 – ✉ 38110 :

✗✗ **du Lac - Christian Poulet**, ℘ 04 74 97 25 53, Fax 04 74 97 01 93, 😤 – ☰ 🅿. 🖭 ⑩ ⊞
fermé 15 au 25 sept., 1ᵉʳ au 10 fév., mardi soir et merc. – Repas 98 (déj.), 140/320, enf. 80.

à Cessieu Ouest : 6 km par N 6 – 2 025 h. alt. 309 – ✉ 38110 :

✗✗ **La Gentilhommière** 🏠 avec ch, ℘ 04 74 88 30 09, Fax 04 74 88 32 61, 😤, « Jardin » –
📺 ☎ 🅿. 🖭 ⑩ ⊞. ✗ ch
fermé 17 au 30 nov., dim. soir et lundi – Repas 105/260, enf. 65 – ☲ 30 – **7 ch** 250/310.

à Faverges-de-la-Tour Est : 10 km par N 516, N 75 et D 145 – 1 000 h. alt. 394 – ✉ 38110 :

🏰 **Domaine de Faverges** 🏠, ℘ 04 74 97 42 52, Fax 04 74 88 86 40, ≤, 😤, « Beaux
aménagements intérieurs, parc, golf, ⁀, ✗ » – 🛏 📺 ☎ 📞 🅿 – 🔬 30 à 80. 🖭 ⑩ ⊞.
✗ rest
avril-nov. – Repas (fermé lundi) 190 (déj.), 330/490 – ☲ 95 – **38 ch** 700/1750 – ½ P 1100/
1380.

CITROEN Gar. Vial, N 6 ZI à St-Jean-de-Soudain   🛞 Bargeon Pneus, 60 av. Alsace-Lorraine
℘ 04 74 97 30 34   ℘ 04 74 97 32 05
CITROEN Gar. Monin, à St-Clair-de-la-Tour
℘ 04 74 97 10 82
RENAULT Tour-Autos, N 6 ℘ 04 74 97 25 63 🅽
℘ 04 74 43 09 58

TOURNAN-EN-BRIE 77220 S.-et-M. **61** ② – 5 528 h alt. 102.

🛈 Syndicat d'Initiative 2 r. de la République ℘ 01 64 07 10 77.

Paris 43 – Brie-Comte-Robert 14 – Meaux 30 – Melun 22 – Provins 50.

✗ **Aub. La Tourelle**, 1 r. Melun ℘ 01 64 25 32 23, 😤 – ⊞
fermé août, fév. et merc. – Repas (déj. seul.) carte 190 à 290.

CITROEN Gar. de la Brie, 25 r. Industrie ZI   FORD Gar. de l'Égalité, 21 r. Prés. Poincaré
℘ 01 64 07 19 24   ℘ 01 64 07 01 60

TOURNOISIS 45310 Loiret **60** ⑱ – 332 h alt. 130.

Paris 126 – Orléans 27 – Châteaudun 25 – Beaugency 34 – Blois 64.

✗✗ **Relais St-Jacques** avec ch, ℘ 02 38 80 87 03, Fax 02 38 80 81 46 – 📺 🅿. ⊞
fermé vacances de fév., dim. soir et lundi sauf juil.-août – Repas 69/189, enf. 47 – ☲ 28 –
5 ch 180/225 – ½ P 180/320.

TOURNON-D'AGENAIS 47370 L.-et-G. **79** ⑥ G. Pyrénées Aquitaine – 839 h alt. 156.

Voir Site★.

🛈 Syndicat d'Initiative pl. de l'Hôtel de Ville ℘ 05 53 40 70 38 ou Mairie ℘ 05 53 40 70 19.

Paris 611 – Agen 42 – Cahors 46 – Castelsarrasin 51 – Montauban 63 – Villeneuve-sur-Lot 26.

✗ **Petite Auberge**, ℘ 05 53 40 72 51, ≤
fermé 1ᵉʳ au 15 juin, oct., le soir de nov. à Pâques, dim. soir et lundi – Repas 80 (déj.),
110/180.

RENAULT Gar Mirabel, ℘ 05 53 40 72 07 🅽 ℘ 05 53 40 72 07

TOURNON-SUR-RHÔNE 07 Ardèche **77** ① – rattaché à Tain-Tournon.

TOURNUS 71700 S.-et-L. **69** ⑳ G. Bourgogne – 6 568 h alt. 193.

Voir Ancienne abbaye★★.

🛈 Office de Tourisme 2 pl. Carnot ℘ 03 85 51 13 10, Fax 03 85 32 18 21.

Paris 361 ① – Chalon-sur-Saône 28 ① – Bourg-en-Bresse 53 ② – Charolles 60 ③ –
Lons-le-Saunier 57 ② – Louhans 30 ② – Lyon 105 ② – Mâcon 35 ② – Montceau-les-
Mines 66 ①.

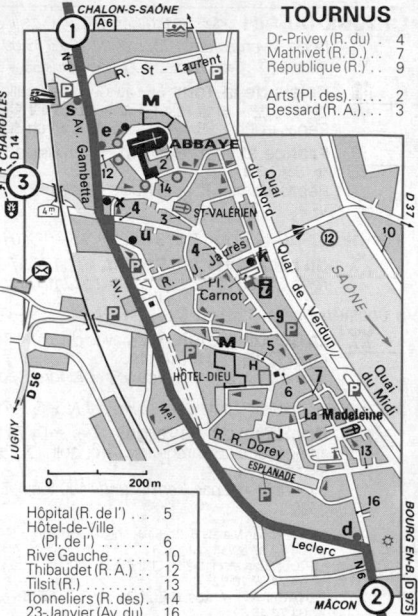

TOURNUS

🏠🏠 **H. de Greuze** M 🐾 sans rest,
5, pl. de l'Abbaye **(e)**
℘ 03 85 51 77 77, Fax 03 85 51
77 23 – ⬛ ▦ 📺 ☎ & 🅿. 🆎 ⓞ
🔳 JCB
☲ 100 – **21 ch** 590/1290.

🏠🏠 **Le Rempart** M, 2 av. Gambetta
(x) ℘ 03 85 51 10 56, Fax 03 85
51 77 22 – ⬛ ▦ 📺 ☎ & ⟵ 🅿. –
🏤 40. 🆎 ⓞ 🔳
Repas 165/415 et carte 300 à
420, enf. 100 **- Le Bistrot** : Repas
85 ♣, enf. 56 – ☲ 50 – **31 ch**
395/795, 6 appart – ½ P 435/600
Spéc. Jambonnettes de grenouilles, crème brûlée à l'échalote. Croustillant de pied de cochon. Volaille de Bresse. **Vins**
Mâcon blanc, Givry.

🏠🏠 **Le Sauvage**, pl. Champ de
Mars **(u)** ℘ 03 85 51 14 45,
Fax 03 85 32 10 27 – ⬛ 📺 ☎
⟵. 🆎 ⓞ 🔳 JCB
Repas 85/198 – ☲ 40 – **30 ch**
330/530 – ½ P 320/395.

🏠 **Paix**, 9 r. J. Jaurès **(k)**
℘ 03 85 51 01 85, Fax 03 85 51
02 30, 🍴 – ▦ rest 📺 ☎ 📞 ⟵.
🔳
fermé 25 oct. au 4 nov., 13 janv.
au 3 fév. et mardi soir du 15 sept.
au 15 juin – **Repas** 88/255 ♣, enf.
48 – ☲ 38 – **24 ch** 258/320 –
½ P 270/299.

XXX **Rest. Greuze** (Ducloux), 1 r. A. Thibaudet **(e)** ℘ 03 85 51 13 52, Fax 03 85 51 75 42 – ▦.
🆎 🔳
Repas 260/510 et carte 390 à 590
Spéc. Pâté en croûte "Alexandre Dumaine". Quenelle de brochet "Henri Racouchot".
Poulet de Bresse sauté nature "Jean Ducloux". **Vins** Mâcon blanc, Beaujolais.

XX **Terminus** M avec ch, 21 av. Gambetta **(s)** ℘ 03 85 51 05 54, Fax 03 85 32 55 15 – ▦ rest
📺 ☎ 🅿. 🔳
fermé 21 nov. au 10 déc., 7 au 13 janv., mardi soir et merc. sauf juil.-août – **Repas** 95/280 ♣,
enf. 55 – ☲ 35 – **13 ch** 200/285 – ½ P 350.

XX **Terrasses** M avec ch, 18 av. 23-Janvier **(d)** ℘ 03 85 51 01 74, Fax 03 85 51 09 99 – ▦ 📺
☎ ⟵ 🅿. 🔳
fermé 4 janv. au 4 fév., dim. soir (sauf hôtel en juil.-août) et lundi – **Repas** 98/235, enf. 55 –
☲ 38 – **18 ch** 280/290 – ½ P 260.

à Lacrost Est : 2 km par D 37 ou D 975 – 594 h. alt. 170 – ⬜ 71700 :

X **Petite Auberge**, ℘ 03 85 51 18 59 – 🔳
fermé 23 juin au 17 juil., 23 au 31 déc., dim. soir et lundi – **Repas** 72/185 ♣.

à Brancion par ③ et D 14 : 14 km – ⬜ 71700 Tournus.
Voir Donjon du château ≤★.

🏠🏠 **Montagne de Brancion** M 🐾, au col de Brancion ℘ 03 85 51 12 40,
Fax 03 85 51 18 64, ≤ monts du Mâconnais, ☴, 🌳 – 📺 ☎ 🅿. – 🏤 40. ⓞ 🔳
mi-mars-30 nov. – **Repas** 160 (déj.), 220/400, enf. 80 – ☲ 70 – **20 ch** 460/760 – ½ P 510/
660.

FORD Gar. Pagneux, 11 av. Gambetta
℘ 03 85 51 06 45 🅽 ℘ 03 85 51 02 03

🔘 Bayle Pneumatiques, r. G.-Mazoyer
℘ 03 85 51 14 14

TOURRETTES 83440 Var **84** ⑧, **114** ⑪ ㉔ *G. Côte d'Azur – 1 375 h alt. 350.*
Paris 897 – Castellane 56 – Draguignan 35 – Fréjus 34 – Grasse 26.

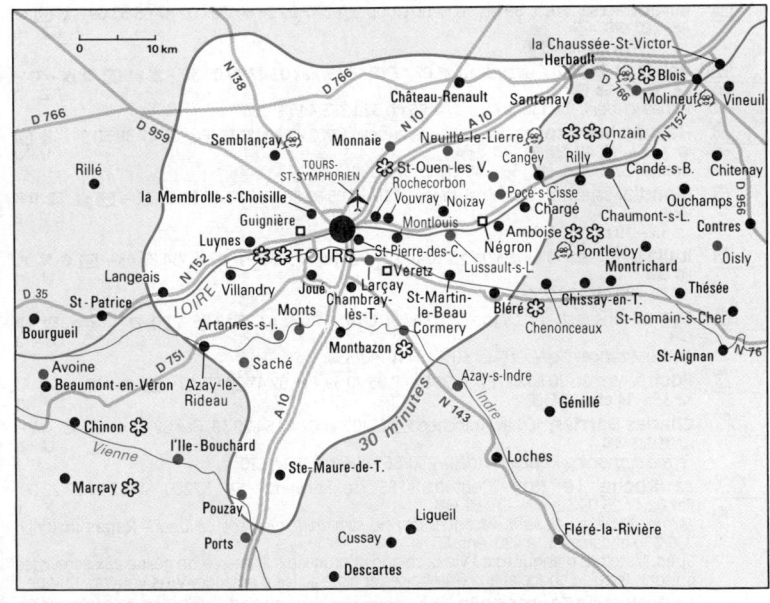

   Les Pins, Domaine Le Chevalier, Sud : 2 km sur D 19 ℰ 04 94 76 06 36, Fax 04 94 76 27 50, ⛲, 🌊, ☞, ⚒ – cuisinette 📺 ☎ 🕭 **P** 🆎 GB
   Repas 98/158 – 🍽 35 – **8 ch** 295/380, 8 studios – ½ P 295/310.

TOURRETTES-SUR-LOUP 06140 Alpes-Mar. **84** ⑨, **115** ㉕ *G. Côte d'Azur – 3 449 h alt. 400.*
Voir *Vieux village★ – ≤★ sur le village de la route des Quenières.*
Paris 931 – Nice 29 – Grasse 21 – Vence 6.

   Résidence des Chevaliers 🦢 sans rest, rte Caire ℰ 04 93 59 31 97, Fax 04 93 59 27 97, « ≤ village et côte », 🌊, ☞ – ☎ **P**. GB. ⚒
   1ᵉʳ avril-1ᵉʳ oct. – 🍽 58 – **12 ch** 500/700.

TOURS **P** 37000 I.-et-L. **64** ⑮ *G. Châteaux de la Loire – 129 509 h Agglo. 282 152 h alt. 60.*
Voir *Quartier de la cathédrale★★ CDY : cathédrale St-Gatien★★, musée des Beaux-Arts★★, historial de Touraine★ (château) M³, La Psalette★ CY, Place Grégoire de Tours★ DY 52 – Vieux Tours★★ : Place Plumereau★ ABY, hôtel Gouin★ BY, rue Briçonnet★ AY 13 – Quartier de St-Julien★ : musée du Compagnonnage★★ BY , Jardin de Beaune-Semblançay★ BY **B** – Prieuré de St-Cosme★ O : 3 km **V** – Musée des Equipages militaires et du Train★ **V** M⁵ – Grange de Meslay★ NE : 10 km par ②.*

🏌 *de Touraine ℰ 02 47 53 20 28; domaine de la Touche à Ballan-Miré par ⑪ : 14 km;*
🏌 *d'Ardrée ℰ 02 47 56 77 38 par ⑭, N 138 puis D 76 et VC : 14 km.*
✈ *de Tours-St-Symphorien : T.A.T. ℰ 02 47 54 19 46, NE : 7 km **U**.*
🛈 *Office de Tourisme 78 r. Bernard Palissy ℰ 02 47 70 37 37, Fax 02 47 61 14 22 – Automobile Club 4 pl. J.-Jaurès ℰ 02 47 05 50 19.*
Paris 237 ③ – Angers 108 ⑬ – Bordeaux 348 ⑩ – Chartres 141 ② – Clermont-Ferrand 329 ⑦ – Limoges 220 ⑩ – Le Mans 84 ⑭ – Orléans 116 ③ – Rennes 235 ⑭ – St-Étienne 470 ⑦.

   Jean Bardet Ⓜ 🦢, 57 r. Groison ⊠ 37100 ℰ 02 47 41 41 11, Fax 02 47 51 68 72, ≤, ⚒ ⚒ « Grand parc fleuri, beau potager », 🌊, – 📺 ☎ **P** – 🔏 30. 🆎 ① GB JCB   **U k**
   Repas *(fermé dim. soir du 1ᵉʳ nov. au 31 mars et lundi sauf le soir du 1ᵉʳ avril au 31 oct.)* 250/750 et carte 550 à 650, enf. 150 – 🍽 120 – **16 ch** 750/1050, 5 appart
   Spéc. Terrine de foie gras de canard au poivre. Pintadeau fermier truffé. Vaporeux glacé au café. **Vins** Vouvray, Bourgueil.

Univers et rest. La Touraine M, 5 bd Heurteloup ℘ 02 47 05 37 12, Fax 02 47 61 51 80, « Fresques des visiteurs célèbres de l'hôtel de 1846 à nos jours » – 劇 ⇔ ⬛ TV ☎ & ⟲ – ♨ 120. ⒶⒺ ⓸ ⒼⒷ
CZ u
Repas 130/170, enf. 50 – � 65 – **77 ch** 650/780, 8 appart.

Mercure M, 4 pl. Thiers ℘ 02 47 05 50 05, Fax 02 47 20 22 07 – 劇 ⇔ ⬛ TV ☎ & ⟲ ⟲ – ♨ 70. ⒶⒺ ⓸ ⒼⒷ
V z
Repas 125/245 bc, enf. 52 – ⊇ 55 – **120 ch** 395/490.

Holiday Inn M, 15 r. Ed. Vaillant ℘ 02 47 31 12 12, Fax 02 47 38 53 35, ₣6 – 劇 ⇔ ⬛ TV ☎ & ⟲ – ♨ 50. ⒶⒺ ⓸ ⒼⒷ
DZ m
Repas 120/250 – ⊇ 60 – **105 ch** 440/680.

Harmonie M ⟍ sans rest, 15 r. F. Joliot-Curie ℘ 02 47 66 01 48, Fax 02 47 61 66 38 – 劇 cuisinette TV ☎ & ⟲ – ♨ 40. ⒶⒺ ⓸ ⒼⒷ ⒿⒸⒷ
DZ b
fermé 20 déc. au 5 janv. et week-ends du 1ᵉʳ nov. au 31 mars – ⊇ 55 – **48 ch** 450/500, 6 appart.

Royal sans rest, 65 av. Grammont ℘ 02 47 64 71 78, Fax 02 47 05 84 62 – 劇 TV ☎ & ⟲ – ♨ 35. ⒶⒺ ⓸ ⒼⒷ
V s
⊇ 37 – **50 ch** 295/350.

Central H. sans rest, 21 r. Berthelot ℘ 02 47 05 46 44, Fax 02 47 66 10 26 – 劇 TV ☎ & ⟲ ℙ – ♨ 40. ⒶⒺ ⓸ ⒼⒷ ⒿⒸⒷ
CY k
⊇ 45 – **41 ch** 400/650.

du Manoir sans rest, 2 r. Traversière ℘ 02 47 05 37 37, Fax 02 47 05 16 00 – 劇 TV ☎ ℰ ℙ. ⒶⒺ ⓸ ⒼⒷ
CZ h
⊇ 30 – **20 ch** 240/320.

Châteaux de la Loire sans rest, 12 r. Gambetta ℘ 02 47 05 10 05, Fax 02 47 20 20 14 – 劇 TV ☎ ℙ. ⒶⒺ ⓸ ⒼⒷ
BZ x
1ᵉʳ mars-30 nov. – ⊇ 38 – **31 ch** 220/276.

Criden sans rest, 65 bd Heurteloup ℘ 02 47 20 81 14, Fax 02 47 05 61 65 – 劇 TV ☎ ⟲. ⒶⒺ ⓸ ⒼⒷ
DZ g
⊇ 40 – **33 ch** 265/315.

Mirabeau sans rest, 89 bis bd Heurteloup ℘ 02 47 05 24 60, Fax 02 47 05 31 09 – 劇 TV ☎ ⟲. ⒶⒺ ⒼⒷ ⒿⒸⒷ
DZ e
⊇ 39 – **25 ch** 198/310.

Relais St-Eloi, 8 r. Giraudeau ℘ 02 47 38 18 19, Fax 02 47 39 05 38 – 劇 ⬛ TV ☎ & ⟲ – ♨ 30. ⒶⒺ ⓸ ⒼⒷ
AZ b
Repas 75 (déj.), 95/130 ⅄ – ⊇ 37 – **56 ch** 320/355 – ½ P 263.

Holiday Inn Express M, 247 r. Giraudeau ℘ 02 47 37 00 36, Fax 02 47 38 50 91 – 劇 TV ☎ & ℙ – ♨ 40. ⒶⒺ ⓸ ⒼⒷ ⒿⒸⒷ
V g
Repas 75/100 bc, enf. 38 – **48 ch** ⊇ 370/390.

Mondial sans rest, 3 pl. Résistance ℘ 02 47 05 62 68, Fax 02 47 61 85 31 – TV ☎. ⒶⒺ ⒼⒷ ⒿⒸⒷ
BY a
⊇ 35 – **19 ch** 150/280.

Italia sans rest, 19 r. Devildé ⊠ 37100 ℘ 02 47 54 43 01, Fax 02 47 54 87 43 – TV ☎ ℰ ℙ. ⒶⒺ ⒼⒷ
U n
⊇ 30 – **20 ch** 190/250.

Cygne sans rest, 6 r. Cygne ℘ 02 47 66 66 41, Fax 02 47 20 18 76 – TV ☎ ℰ ⟲. ⒶⒺ ⓸ ⒼⒷ
CY a
fermé vacances de Noël – ⊇ 30 – **18 ch** 190/350.

Foch sans rest, 20 r. Mar. Foch ℘ 02 47 05 70 59, Fax 02 47 20 95 10 – TV ☎. ⒼⒷ
BY q
⊇ 35 – **14 ch** 190/300.

Charles Barrier, 101 av. Tranchée ⊠ 37100 ℘ 02 47 54 20 39, Fax 02 47 41 80 95, 斎 – ⬛ ℙ. ⒶⒺ ⒼⒷ
U e
fermé dim. soir – **Repas** 150 (déj.), 230/560 et carte 380 à 520.

La Roche Le Roy (Couturier), 55 rte St-Avertin ⊠ 37200 ℘ 02 47 27 22 00, Fax 02 47 28 08 39, 斎 – ℙ. ⒶⒺ ⒼⒷ
X r
❀
fermé 26 juil. au 19 août, vacances de fév., sam. midi, dim. soir et lundi – **Repas** 160 (déj.), 200/350 et carte 260 à 420, enf. 65
Spéc. Matelote d'anguilles au vieux chinon et pruneaux. Fricassée de géline aux écrevisses (saison). Tarte au chocolat aux framboises et glace au lait d'amande. **Vins** Vouvray, Chinon.

La Rôtisserie Tourangelle, 23 r. Commerce ℘ 02 47 05 71 21, Fax 02 47 61 60 76, 斎 – ⒶⒺ ⒼⒷ
BY z
fermé dim. soir et lundi – **Repas** 98/195 et carte 200 à 280.

Les Naïades-Le Lys, 63 r. Blaise Pascal ℘ 02 47 05 27 92, Fax 02 47 05 87 62 – ⒼⒷ
V n
fermé 12 au 20 août, dim. soir et lundi – **Repas** 95/175, enf. 55.

L'Odéon, 10 pl. Gén. Leclerc ℘ 02 47 20 12 65, Fax 02 47 20 47 58 – ⬛. ⒶⒺ ⓸ ⒼⒷ
CZ r
fermé dim. soir et lundi – **Repas** 107/225 ⅄.

TOURS

Alouette (Av. de l') . . . . **X** 2
Bordiers (R. des) . . . . **U** 9
Boyer (R. Léon) . . . . **V** 10
Chevallier (R. A.) . . . . **V** 19
Churchill (Bd. W.) . . . . **V** 20
Compagnons d'Emmaüs
 (Av. des) . . . . **U** 23
Eiffel (Av. Gustave) . . . . . **U** 37
Gaulle (Av. Gén. de) . . . . **V** 44
Giraudeau (R.) . . . . **V** 46
Grammont (Av. de) . . . . . **V** 47
Grand-Sud (Av.) . . . . **X** 51
Groison (R.) . . . . **U** 54
Marmoutier (Q. de) . . . . . **U** 63
Monnet (Bd J.) . . . . **V** 69

Portillon (Q. de) . . . . **U** 81
Proud'hon (Av.) . . . . **V** 82
République (Av. de la) . . **U** 87
St-Avertin (Rte de) . . . . . **X** 89
St-Sauveur (Pont) . . . . . . **V** 95
Sanitas (Pont du) . . . . . **VX** 96
Tranchée (Av. de la) . . . . **U** 98
Vaillant (R. E.) . . . . **V** 99
Wagner (Bd R.) . . . . **V** 105

CHAMBRAY-LÈS-T.

République (Av. de la) . . **X** 88

JOUÉ-LÈS-T.

Martyrs (R. des) . . . . **X** 64

Verdun (R. de) . . . . **X** 102

ST-AVERTIN

Brulon (R. Léon) . . . . . . **X** 14
Lac (Av. du) . . . . **X** 58
Larçay (R. de) . . . . **X** 59

ST CYR-SUR-L.

St-Cyr (Q. de) . . . . **V** 91

ST PIERRE-DES-C.

Jaurès
 (Boulevard Jean) . . . . **V** 57
Moulin (R. Jean) . . . . . . **V** 70

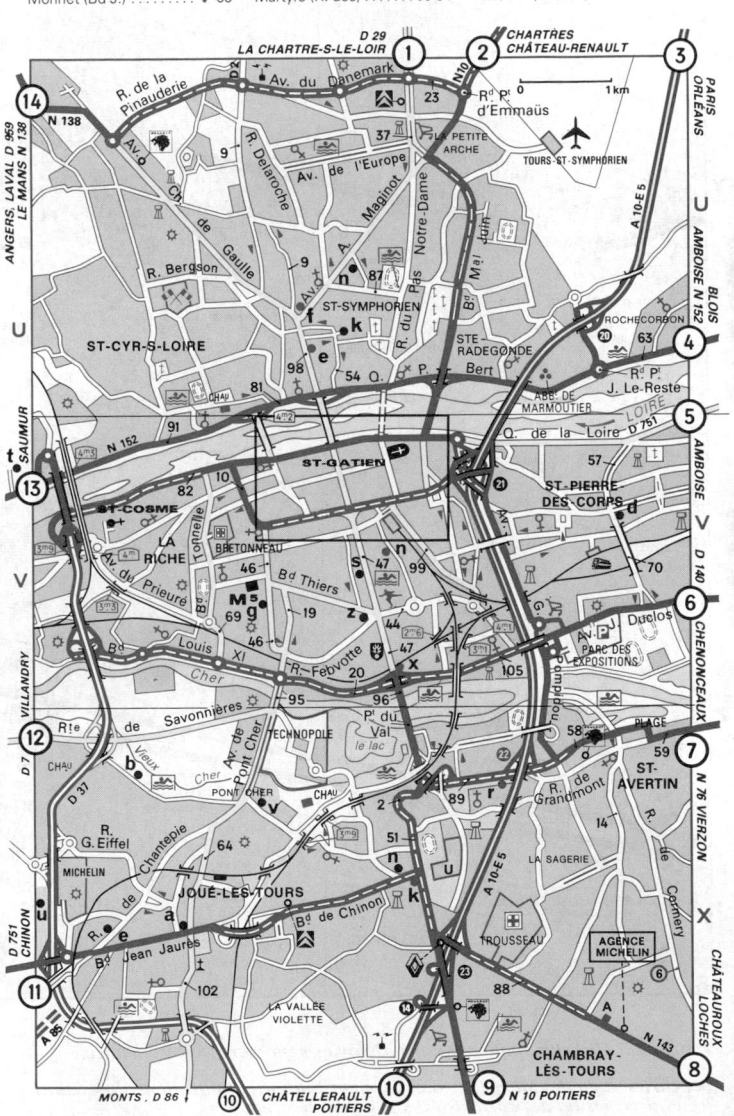

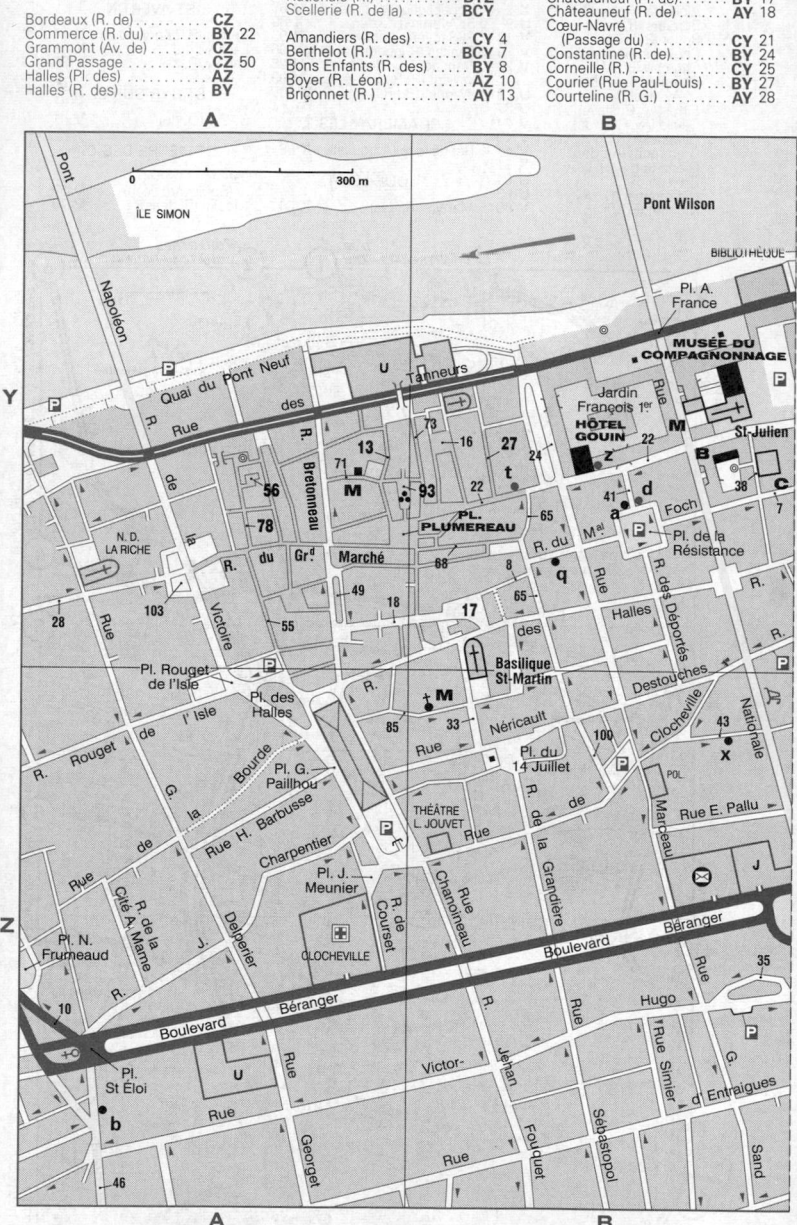

*Un conseil **Michelin** : pour réussir vos voyages, préparez-les à l'avance.*

*Les **cartes** et **guides Michelin** vous donnent toutes les indications utiles sur : itinéraires, visites des curioristés, logement, prix, etc.*

1334

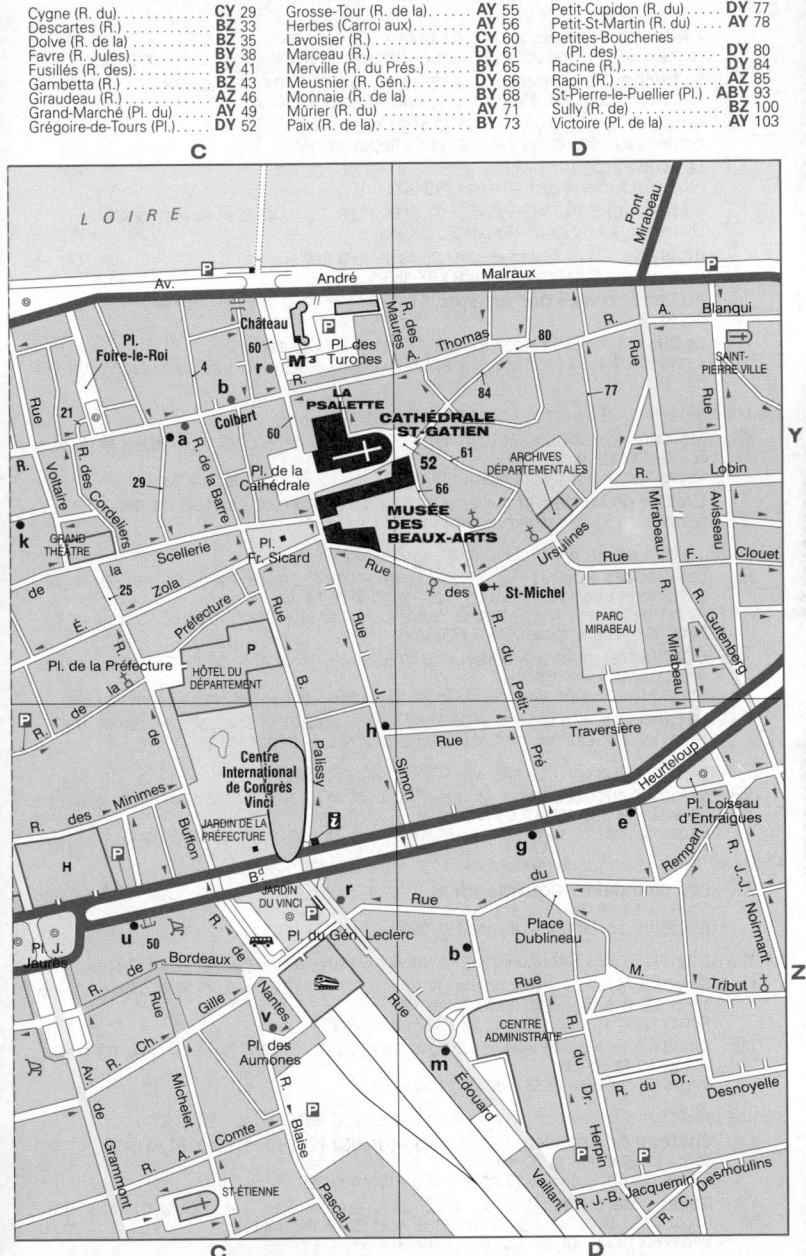

We suggest: for a successful tour, that you prepare it in advance.

Michelin Maps and **Guides**, *will give you much useful information on route planning, places of interest, accommodation, prices etc.*

1335

XX **L'Atlantic**, 59 r. Commerce ℰ 02 47 64 78 41 – ▤. **GB**   BY t
fermé août, dim. soir et lundi – **Repas** - poissons et fruits de mer - carte 190 à 300.

XX **La Ruche**, 105 r. Colbert ℰ 02 47 66 69 83, Fax 02 47 20 41 76 – ▤. **GB**   CY a
fermé vacances de Noël, dim. soir et lundi – **Repas** 90/160 ₰.

XX **Coq d'Or**, 272 av. Grammont ℰ 02 47 20 39 51 – **GB**   V x
fermé 10 au 25 août, dim. soir et lundi – **Repas** 100/185.

XX **Les Tuffeaux**, 21 r. Lavoisier ℰ 02 47 47 19 89 – ▤. **GB**   CY r
fermé lundi midi et dim. – **Repas** 110/200.

XX **L'Arc-en-Ciel**, 2 pl. Aumônes ℰ 02 47 05 48 88, Fax 02 47 66 94 05 – **AE ① GB**   CZ f
fermé dim. soir et lundi – **Repas** 88/290 bc.

X **Bigarade**, 122 r. Colbert ℰ 02 47 05 48 81 – **① GB JCB**   CY b
fermé merc. midi et mardi – **Repas** 97/180 ₰.

X **Au Rendez-vous des Artistes**, 6 r. Fusillés ℰ 02 47 61 85 81 – **AE GB**   BY d
Repas 68/200.

X **Le Rif**, 12 av. Maginot ✉ 37100 ℰ 02 47 51 12 44 – **AE GB**   U f
fermé 25 juil. au 25 août, dim. soir et lundi – **Repas** - cuisine nord-africaine - carte 120 à 170, enf. 38.

Z.I. Milletière *Nord : 9 km par ② – ✉ 37100 Parçay-Meslay :*

🏨 **Mercure** Ⓜ, r. Aviation ℰ 02 47 49 55 00, Fax 02 47 49 55 25, 佘, ☒ – 劇 ⇞ ▤ ▥ ☎ &
P – 🅰 300. **AE ① GB JCB**
Repas *(fermé dim. de nov. à janv.)* 79/149 ₰, enf. 50 – ☷ 55 – **93 ch** 405/495.

XX **L'Arche de Meslay**, 14 r. Ailes ℰ 02 47 29 00 07, Fax 02 47 29 04 04 – **P**. **GB**
fermé 11 au 31 août et dim. – **Repas** 83/180 ₰, enf. 41.

à Rochecorbon *par ④ : 6 km – 2 685 h. alt. 58 – ✉ 37210 :*

🏰 **Les Hautes Roches** Ⓜ, 86 quai Loire ℰ 02 47 52 88 88, Fax 02 47 52 81 30, ≼, 佘,
« Chambres troglodytiques », ☒, 🐎 – 劇 ▥ ☎ P. **AE GB**
fermé mi-janv. à mi-mars – **Repas** *(fermé lundi midi sauf fêtes)* 150 (déj.), 270/355 – ☷ 85 –
12 ch 995/1200, 3 appart – ½ P 735/1110.

XX **L'Oubliette**, rte Parcey-Meslay ℰ 02 47 52 50 49, Fax 02 47 52 50 49, 佘, « Salle creusée dans la roche » – **P**. **GB**
fermé 25 au 31 août, vacances de Toussaint, de fév., dim. soir et lundi – **Repas** 105/298.

XX **La Lanterne**, 48 quai Loire ℰ 02 47 52 50 02, Fax 02 47 52 54 46, 佘 – **P**. **AE GB JCB**
fermé mi-janv. à mi-fév., dim. soir et lundi sauf fériés – **Repas** 135/260.

à St-Pierre-des-Corps *Est : 3,5 km -* **V** *– 17 947 h. alt. 48 – ✉ 37700 :*

🏨 **Skippy Dancotel**, 10 r. J. Moulin ℰ 02 47 44 44 67, Fax 02 47 63 19 47, 佘 – 劇 ▤ rest
▥ ☎ P – 🅰 30 à 150. **AE ① GB**   V d
Repas *(fermé dim. sauf juil.-août)* 80/140 ₰ – ☷ 35 – **32 ch** 248/259 – ½ P 240.

à Larçay *par ⑦ : 9 km sur rte de Vierzon – 1 751 h. alt. 82 – ✉ 37270 :*

XX **Les Chandelles Gourmandes**, ℰ 02 47 50 50 02, Fax 02 47 50 55 94, « Décor rustique » – **AE ① GB**
fermé dim. soir et lundi – **Repas** 150/290.

à Chambray-lès-Tours *Sud : 6,5 km par rte de Poitiers -* **X** *– 8 190 h. alt. 90 – ✉ 37170 :*

🏨 **Novotel** Ⓜ, Z.A.C. La Vrillonnerie - N 10 ℰ 02 47 27 41 38, Fax 02 47 27 60 03, 佘, ☒ – 劇
⇞ ▤ ▥ ☎ & P – 🅰 25 à 180. **AE ① GB**
Repas 129/160 ₰, enf. 50 – ☷ 52 – **127 ch** 405/495.

🏨 **Ibis**, Z.A.C. La Vrillonnerie - N 10 ℰ 02 47 28 25 28, Fax 02 47 27 84 26, 佘 – ⇞ ▥ ☎ & &
P – 🅰 60. **AE ① GB**
Repas 95, enf. 39 – ☷ 35 – **80 ch** 275/295.

à Joué-lès-Tours *Sud-Ouest : 5 km par rte de Chinon – 36 798 h. alt. 65 – ✉ 37300 :*

🏰 **Château de Beaulieu** ॐ, 67 r. Beaulieu ℰ 02 47 53 20 26, Fax 02 47 53 84 20, ≼, 佘,
parc – ▤ ▥ ☎ P. – 🅰 30. **GB**   X b
Repas 195/420 – ☷ 50 – **19 ch** 380/750 – ½ P 400/590.

🏨 **Relais Mercure** Ⓜ ॐ, Parc des Bretonnières par ⑪ ℰ 02 47 53 16 16,
Fax 02 47 53 14 00, 佘 – 劇 ⇞ ▤ ▥ ☎ & P. **AE ① GB**, ⋇ rest   X u
Repas 80/186 ₰, enf. 50 – ☷ 40 – **75 ch** 320/395.

🏨 **Escurial** Ⓜ, 4 r. E. Branly ℰ 02 47 53 60 00, Fax 02 47 67 75 33, 🐎, ⋇ – 劇 ▥ ☎ & P. –
🅰 60. **AE GB**   X v
Repas *(fermé dim. soir)* 55 (déj.), 79/180 ₰, enf. 39 – ☷ 35 – **60 ch** 195/280 – ½ P 225.

🏨 **Parc** Ⓜ sans rest, 17 bd Chinon ℰ 02 47 25 15 38, Fax 02 47 25 11 43 – 劇 ▥ ☎ P. **AE GB**
☷ 35 – **30 ch** 198/295.   X n

🏨 **Chéops,** 75 bd J. Jaurès ℰ 02 47 67 72 72, Fax 02 47 67 85 38 – 📳 📺 ☎ ⚹ 🚗 – 🏊 25.
　　　ᴁ ⓞ ㏿
X a
　　　Repas *(fermé 2 au 17 août, 20 déc. au 6 janv., sam. et dim.)* 89/160 ⅃, – 🍽 32 – **58 ch** 198 –
　　　½ P 215.

🏨 **Chantepie** sans rest, r. Chantepie ℰ 02 47 53 06 09, Fax 02 47 67 89 25 – 📺 ☎ 🄿. ㏿
　　　fermé 23 déc. au 4 janv. – 🍽 35 – **28 ch** 269/289.
X e

🏨 **Ariane** sans rest, 8 av. Lac par ⑪ ℰ 02 47 67 67 60, Fax 02 47 67 33 36 – 📺 ☎ ⚹ ⚹ 🄿 –
　　　🏊 25. ㏿
　　　fermé 23 déc. au 4 janv. – 🍽 32 – **32 ch** 259/279.

🏨 **Lac,** av. Lac par ⑪ ℰ 02 47 67 37 87, Fax 02 47 67 85 43, 🍽 – 📺 ☎ 🄿 – 🏊 25 à 50. ㏿
🚗　　*fermé 17 nov. au 2 déc., dim. soir et lundi* – **Repas** 80/125 ⅃, enf. 45 – 🍽 35 – **21 ch**
　　　230/270 – ½ P 215.

✗✗ **Le Ronsard,** 47 av. Bordeaux (N 10) ℰ 02 47 25 13 44, Fax 02 47 48 01 68 – 🄿. ㏿
　　　fermé 4 au 25 août, dim. soir et lundi – **Repas** 90/275 ⅃, enf. 48.
X k

rte de Savonnières *par ⑫ : 12 km sur D 7* – ✉ 37510 Joué-lès-Tours :

✗✗ **Rest. des Cèdres,** ℰ 02 47 73 60 00, Fax 02 47 73 60 01, 🍽 – 🄿. ㏿
　　　fermé dim. soir et lundi – **Repas** 115/200 bc.

à La Guignière *Ouest : 4 km par ⑬* – ✉ 37230 Fondettes :

🏨 **Le Manoir** sans rest, ℰ 02 47 42 04 02, ⚹ – 📺 ☎ ⚹ 🚗 🄿. ᴁ ㏿
　　　fermé vacances de fév. – 🍽 26 – **16 ch** 195/220.
V t

à La Membrolle-sur-Choisille *Nord-Ouest : 6 km par ⑭ – 2 644 h. alt. 60* – ✉ 37390 :

🏨 **Host. du Château de l'Aubrière** ⚐, rte Fondettes ℰ 02 47 51 50 35,
　　　Fax 02 47 51 34 69, ⚹, 🍽, parc, 🏊 – 📺 ☎ 🄿 – 🏊 50. ㏿ ㏇. ⚹ rest
　　　Repas *(fermé mardi midi et lundi)* 190/300 – 🍽 55 – **8 ch** 450/1000, 4 appart – ½ P 600/
　　　700.

MICHELIN, Agence, ZI Chambray-lès-Tours X ℰ 02 47 28 60 59

CITROEN Succursale, 20 av. G.-Eiffel
ℰ 02 47 49 50 51

🔧 Euromaster, 16 r. Ch.-Huygens ZI la Milletière
ℰ 02 47 51 03 03

Super Pneus, 55 r. Voltaire ℰ 02 47 05 74 83
Vulco, 145 av. Maginot ℰ 02 47 54 57 50
Vulco, 193 Gd Sud Avenue à Chambray-les-Tours
ℰ 02 47 28 25 89

Périphérie et environs

ALFA ROMEO Gar. Stela, à Chambray-les-Tours
ℰ 02 47 48 21 00
BMW Gar. St-Simon, av. Fontaines à St-Avertin
ℰ 02 47 27 89 89 🄽 ℰ 08 00 00 16 24
CITROEN Succursale, 151 bd de Chinon à
Joué-les-Tours ℰ 02 47 80 21 21
FORD Gar. Pont, r. Coulomb-la-Vrillonnerie à
Chambray-les-Tours ℰ 02 47 48 69 00 🄽 ℰ 02 47
41 15 15
FORD Val de Loire Autom., 243 bd Ch-de-Gaulle à
St-Cyr-sur-Loire ℰ 02 47 88 47 88
MERCEDES SCA Touraine, Gd Sud Avenue, N 10 à
Chambray-les-Tours ℰ 02 47 28 06 37 🄽
ℰ 08 00 24 24 30
NISSAN SDA, La Vrillonnerie ZI N 2, 64 r. Ch.-
Coulomb à Chambray-les-Tours ℰ 02 47 48 08 16
OPEL Touraine Autom., 240 av. Mans à St-Cyr-sur-
Loire ℰ 02 47 49 12 12

OPEL Touraine Autom., 82 r. Charles Coulomb à
Chambray-les-Tours ℰ 02 47 28 08 08
PEUGEOT Gar. Cazin, 31 r. Grandmont à
St-Avertin ℰ 02 47 27 02 44
PEUGEOT Gar. de Touraine, 51 Gd Sud Avenue à
Chambray les Tours ℰ 02 47 27 66 66
PEUGEOT Gds Gar. de Touraine, 207 bd
Ch.-de-Gaulle à St-Cyr-sur-Loire
ℰ 02 47 51 52 53
RENAULT Succursale, 1 Gd Sud Avenue à
Chambray-les-Tours ℰ 02 47 80 77 77 🄽
ℰ 02 47 48 10 44

🔧 Euromaster, 14 r. J.-Perrin à Chambray-les-
Tours ℰ 02 47 28 18 55
La Maison du Pneu, 55 bd de Chinon à
Joué-les-Tours ℰ 02 47 25 13 66

TOURS-SUR-MARNE 51150 Marne 🗗🗗 ⑯ ⑰ – *1 152 h alt. 79.*
　　　Paris 155 – Reims 29 – Châlons-en-Champagne 23 – Épernay 14.

✗ **Touraine Champenoise** avec ch, r. Magasin ℰ 03 26 58 91 93, Fax 03 26 58 95 47 – ☎.
　　　ᴁ ⓞ ㏿
　　　fermé 24 au 29 déc. – **Repas** 96/255 ⅃, enf. 51 – 🍽 38 – **9 ch** 265/300 – ½ P 267/284.

RENAULT Gar. Croizy, ℰ 03 26 58 90 99

TOURTOUR 83690 Var 🗗🗗 ⑥, 🗗🗗🗗 ⑧ ⑨ *G. Côte d'Azur – 472 h alt. 652.*
　　　Voir *Église* ⚹⚹★.
　　　Paris 830 – Aups 10 – Draguignan 21 – Salernes 11.

🏨 **La Bastide de Tourtour** ⚐, rte de Flayosc ℰ 04 94 70 57 30, Fax 04 94 70 54 90,
　　　⚹ massif des Maures, 🍽, parc, 🏊, ✗ – 📳 📺 ☎ 🄿 – 🏊 25. ᴁ ⓞ ㏿
　　　1ᵉʳ mars-1ᵉʳ nov. – **Repas** *(fermé lundi hors sais. et mardi midi)* 160 (déj.), 230/280 – 🍽 75 –
　　　25 ch 530/1400 – ½ P 690/1050.

🏠🏠 **Petite Auberge** 🕊, Sud : 1,5 km par D 77 *ℰ* 04 94 70 57 16, Fax 04 94 70 54 52, ≤ massif des Maures, 🍴, 🏊 – 📺 ☎ 🅿. 🇬🇧
fermé 15 nov. au 15 déc., 7 au 20 janv. et jeudi – **Repas** 170/250 🍷 – 🖵 50 – **11 ch** 450/650 – ½ P 475/525.

🏠🏠 **Aub. St-Pierre** 🕊, Est : 3 km par D 51 et rte secondaire *ℰ* 04 94 70 57 17, Fax 04 94 70 59 04, ≤, 🍴, « Sur un domaine agricole », 🏊, 🦌, 🎾 – ☎ 🅿 – 🔬 25. 🇬🇧
28 mars-15 oct. – **Repas** *(fermé merc.)* (dîner pour résidents seul.) 170/250 – 🖵 50 – **16 ch** 450/510 – ½ P 415/455.

🏠 **Le Mas des Collines** Ⓜ 🕊, Ouest : 2 km par rte Villecroze et chemin privé *ℰ* 04 94 70 59 30, Fax 04 94 70 57 62, ≤ massif des Maures, 🍴, 🏊, 🦌 – ▤ 📺 ☎ 🅿. 🅰🇪 🇬🇧
Repas *(fermé mardi midi hors sais. sauf vacances scolaires)* 99 (déj.), 120/169 🍷 – 🖵 35 – **7 ch** 300/420 – ½ P 370.

XX **Les Chênes Verts** Ⓜ 🕊 avec ch, Ouest : 2 km sur rte Villecroze *ℰ* 04 94 70 55 06, Fax 04 94 70 59 35, 🦌 – 📺 ☎ 🅿. 🅰🇪 🇬🇧 🇯🇨🇧
fermé 4 janv. au 10 fév., mardi soir et merc. – **Repas** 200/390 et carte 330 à 440 – 🖵 70 – **3 ch** 600.

TOURVILLE-LA-RIVIÈRE 76410 S.-Mar. 🖂🖂 ⑥ – 1 886 h alt. 11.
Paris 121 – Rouen 15 – Les Andelys 38 – Elbeuf 11 – Gournay-en-Bray 63 – Louviers 20.

XX **Le Tourville** (Florin), *ℰ* 02 35 77 58 79 – 🅿. 🇬🇧
☺ *fermé vacances de printemps, août et lundi* – **Repas** (déj. seul. sauf vend. et sam.) carte 260 à 430
Spéc. Terrine de foies de volailles. Turbot sauce hollandaise. Profiteroles au chocolat.
🚗 CAP, *ℰ* 02 35 81 88 88

La TOUSSUIRE 73 Savoie 🖂🖂 ⑥ ⑦ *G. Alpes du Nord* – alt. 1690 – Sports d'hiver : 1 800/2 400 m ⩬ 19 ⩬ – ⊠ 73300 Fontcouverte-la-Toussuire.
🛈 Office de Tourisme *ℰ* 04 79 56 70 15, Fax 04 79 83 02 99.
Paris 652 – Albertville 78 – Chambéry 89 – St-Jean-de-Maurienne 16.

🏠🏠 **Les Soldanelles** 🕊, *ℰ* 04 79 56 75 29, Fax 04 79 56 71 56, ≤, 🔲, 🦌 – 🛗 📺 ☎ 🅿. 🇬🇧. 🦌 rest
juil.-août et 17 déc.-30 avril – **Repas** 110/230, enf. 52 – 🖵 40 – **33 ch** 240/295 – ½ P 355/385.

🏠 **Les Airelles**, *ℰ* 04 79 56 75 88, Fax 04 79 83 03 48, ≤ – 🛗 📺 ☎ 🅿. 🇬🇧. 🦌 rest
juil.-août et 15 déc.-25 avril – **Repas** 95/170, enf. 50 – 🖵 36 – **31 ch** 200/235 – ½ P 345/370.

TOUZAC 46 Lot 🖂🖂 ⑥ – rattaché à Puy-l'Évêque.

TRACY-SUR-MER 14 Calvados 🖂🖂 ⑮ – rattaché à Arromanches-les-Bains.

TRAENHEIM 67310 B.-Rhin 🖂🖂 ⑯ – 496 h alt. 200.
Paris 469 – Strasbourg 25 – Haguenau 40 – Molsheim 8 – Saverne 20.

XX **Zum Loejelgucker**, 17 r. Principale *ℰ* 03 88 50 38 19, Fax 03 88 31 61 82, 🍴, « Vieille demeure alsacienne » – 🇬🇧
fermé 17 au 23 fév., lundi et mardi – **Repas** 105/220 🍷.
RENAULT Gar. Ostermann, *ℰ* 03 88 50 38 46

La TRANCHE-SUR-MER 85360 Vendée 🖂🖂 ⑪ *G. Poitou Vendée Charentes* – 2 065 h alt. 4.
Env. *Parc de Californie★ (parc ornithologique)* E : 9 km.
🛈 Office de Tourisme pl. Liberté *ℰ* 02 51 30 33 96, Fax 02 51 27 78 71.
Paris 453 – La Rochelle 62 – La Roche-sur-Yon 41 – Luçon 30 – Niort 92 – Les Sables-d'Olonne 39.

🏠 **Dunes**, *ℰ* 02 51 30 32 27, Fax 02 51 27 78 30, 🏋, 🔲 – ☎ 🅿. 🇬🇧. 🦌
1er avril-25 sept. – **Repas** 85/165, enf. 50 – 🖵 38 – **50 ch** 298/495 – ½ P 305/400.

🏠 **Océan**, *ℰ* 02 51 30 30 09, Fax 02 51 27 70 10, ≤, 🏋, 🦌 – ☎ 🅿. 🇬🇧
1er avril-30 sept. – **Repas** 88/210, enf. 60 – 🖵 48 – **47 ch** 195/485 – ½ P 380/420.

X **Milouin**, av. M. Samson *ℰ* 02 51 27 49 49, Fax 02 51 27 49 49, 🍴 – 🅰🇪 🇬🇧
1er avril-30 sept., week-ends en oct.-nov. et fermé lundi et mardi en avril-mai – **Repas** 69/189, enf. 39.

à la Grière *Est : 2 km par D 46 –* ⊠ *85360 La Tranche-sur-Mer :*

🏨 **Marinotel** Ⓜ ⤫ sans rest, ✆ 02 51 27 44 20, Fax 02 51 27 43 54, ⬛ – 📺 ☎ ⑃ 🄿. ㏿. ⤫
 Pâques-15 sept. – ☐ 45 – **18 ch** 490.

🏨 **Cols Verts**, ✆ 02 51 27 49 30, Fax 02 51 30 11 42, 🎣, ⬛ – 🛗 📺 ☎. 🄰🄴 ㏿
 29 mars-2 nov. et fermé mardi sauf juil.-août – **Repas** 80/190 🍷, enf. 50 – ☐ 40 – **40 ch**
 280/440 – ½ P 295/375.

CITROEN Gar. du Château d'Eau, 14 rte de La Roche-sur-Yon à Angles ✆ 02 51 97 53 34
PEUGEOT Gar. Vrignaud, rte de la Tranche à Angles ✆ 02 51 97 52 27

VAG Gar. du Maupas, ✆ 02 51 30 38 43

TRÉBEURDEN *22560 C.-d'Armor* 🗝️🗝️ ① *G. Bretagne – 3 094 h alt. 81.*
 Voir *Le Castel* ⇐★ *30 mn – Pointe de Bihit* ⇐★ *SO : 2 km – Pleumeur-Bodou : Radôme et musée des Télécommunications★, Planétarium du Trégor★, NE : 5,5 km.*
 🏌 *de St-Samson* ✆ 02 96 23 87 34, *NE : 7 km.*
 🛈 *Office de Tourisme pl. Crech'Héry* ✆ 02 96 23 51 64, Fax 02 96 47 44 87.
 Paris 524 – St-Brieuc 73 – Lannion 9 – Perros-Guirec 14.

🏨🏨 **Ti al-Lannec** ⤫, ✆ 02 96 15 01 01, Fax 02 96 23 62 14, ⇐, 🌤, parc, 🎣 – 🛗 📺 ☎ ⭗ ⑃ 🄿
 – 🛁 30. 🄰🄴 ① ㏿. ⤫ rest
 15 mars-11 nov. – **Repas** 108 (déj.), 185/390, enf. 92 – ☐ 65 – **29 ch** 460/1080 – ½ P 575/
 790.

🏨🏨 **Manoir de Lan-Kerellec** Ⓜ ⤫, ✆ 02 96 15 47 47, Fax 02 96 23 66 88, ⇐, 🌿 – 📺 ☎ 🄿
 – 🛁 25. 🄰🄴 ① ㏿ 🃏
 15 mars-12 nov. – **Repas** *(fermé mardi midi et lundi sauf 15 juin au 15 sept.)* 140 (déj.),
 190/370 – ☐ 75 – **19 ch** 600/1600 – ½ P 635/1135.

🏨 **du Toëno**, rte Trégastel, Nord-Ouest : 2 km sur D 788 ✆ 02 96 23 68 78,
 Fax 02 96 15 42 54, ⇐ – 📺 ☎ ⑃ 🄿. 🄰🄴 ㏿
 fermé 15 nov. au 15 déc. – **Repas** *(dîner seul.)* 90/120 🍷 – ☐ 35 – **17 ch** 280/310 –
 ½ P 265/280.

TRÉBOUL *29 Finistère* 🗝️🗝️ ⑭ *– rattaché à Douarnenez.*

TREFFENDEL *35380 I.-et-V.* 🗝️🗝️ ⑤ *– 623 h alt. 115.*
 Paris 377 – Rennes 30 – Ploërmel 42 – Redon 53.

🍴🍴 **Aub. du Presbytère**, ✆ 02 99 61 00 76, Fax 02 99 61 00 48, 🌤 – 🄿. ㏿
 fermé dim. soir et lundi – **Repas** 85 (déj.), 150/350.

TREFFORT *38650 Isère* 🗝️🗝️ ⑭ *– 78 h alt. 618.*
 Paris 600 – Grenoble 35 – Monestier-de-Clermont 9 – La Mure 42.

au bord du lac *Sud : 3 km par D 110ᶠ –* ⊠ *38650 Treffort :*

🏨 **Château d'Herbelon** ⤫, ✆ 04 76 34 02 03, Fax 04 76 34 05 44, ⇐, 🌤, 🌿 – 📺 ☎ 🄿.
 ㏿. ⤫ ch
 fermé vacances de Toussaint, 2 janv. au 10 mars, lundi soir et mardi sauf juil.-août – **Repas**
 100/198, enf. 55 – ☐ 35 – **9 ch** 300/430 – ½ P 305/370.

TREFFORT *01370 Ain* 🗝️🗝️ ⑬ *– 1 779 h alt. 280.*
 Paris 436 – Mâcon 48 – Bourg-en-Bresse 16 – Lons-le-Saunier 56 – Oyonnax 41 – Pont-d'Ain 34.

🏨 **L'Embellie**, pl. Marché ✆ 04 74 42 35 05, Fax 04 74 42 35 65, 🌤 – 📺 ☎ 🄿. ㏿
 hôtel : fermé 20 au 27 oct. et lundi – **Repas** *(fermé 20 au 27 oct., 3 au 28 fév., dim. soir sauf juil.-août et lundi)* 100/235, enf. 50 – ☐ 50 – **8 ch** 180/260.

TRÉGASTEL *22730 C.-d'Armor* 🗝️🗝️ ① *G. Bretagne* (plan) *– 2 201 h alt. 58.*
 Voir *Rochers★★ – Ile Renote★★ NE – Table d'Orientation* ⇐★.
 🏌 *de St-Samson* ✆ 02 96 23 87 34, *S : 3 km.*
 🛈 *Office de Tourisme pl. Ste-Anne* ✆ 02 96 23 88 67, Fax 02 96 23 85 97.
 Paris 525 – St-Brieuc 74 – Lannion 11 – Perros-Guirec 9 – Trébeurden 10 – Tréguier 27.

🏨🏨 **Armoric**, ✆ 02 96 23 88 16, Fax 02 96 23 83 75, ⇐, ⤫ – 🛗 📺 🄿. 🛁 30. 🄰🄴 ㏿
 1ᵉʳ mai-30 sept. – **Repas** 100/240 – ☐ 40 – **48 ch** 500 – ½ P 430/540.

🍴🍴 **Aub. Vieille Eglise**, à Trégastel-Bourg Sud : 2,5 km ✆ 02 96 23 88 31, Fax 02 96 15 33 75
 – 🄿. ㏿
 fermé vacances de fév., dim. soir et lundi de sept. à juin – **Repas** (prévenir) 75 (déj.), 85/270.

au golf de St-Samson *Sud : 3 km par D 788 et rte secondaire – ✉ 22560 Pleumeur-Bodou :*

Golf H. ⛰, ☎ 02 96 23 87 34, Fax 02 96 23 84 59, ←, 🏛, ⛱, 🏖, 🎾 – TV ☎ ♿ P – 🏢 60. AE ⓓ GB. ✗ rest
Repas *(fermé janv., dim. soir et lundi d'oct. à Pâques)* 98/160, enf. 65 – ☕ 45 – **50 ch** 350/405 – ½ P 345.

Gar. de la Corniche, ☎ 02 96 23 88 70

TRÉGUIER *22220 C.-d'Armor* 59 ② *G. Bretagne* (plan) – *2 799 h alt. 40.*

Voir *Cathédrale St-Tugdual★★ : cloître★.*

Env. *chapelle St-Gonéry★ N : 6 km – Le Gouffre★ N : 10 km puis 15 mn.*

ℹ *Office de Tourisme Hôtel de Ville ☎ 02 96 92 30 19.*

Paris 505 – St-Brieuc 57 – Guingamp 28 – Lannion 18 – Paimpol 15.

sur le port :

Aigue Marine M, 5 r. M. Berthelot ☎ 02 96 92 97 00, Fax 02 96 92 44 48, ←, 🏋, ⛱, 🏖 – |‡| cuisinette ▤ rest TV ☎ ♿ P – 🏢 25 à 80. AE GB
fermé janv. – **Repas** *(fermé sam. midi, dim. soir et lundi midi d'oct. à avril)* 100/195, enf. 60 – ☕ 55 – **31 ch** 450, 17 studios – ½ P 380/400.

Roches Douvres sans rest, 17 r. M. Berthelot ☎ 02 96 92 27 27, ←, 🏖 – TV ☎ P. GB
fermé 6 au 20 oct. – ☕ 30 – **20 ch** 250/290.

Estuaire avec ch, pl. Gén.-de-Gaulle ☎ 02 96 92 30 25 – ☎. GB. ✗ ch
fermé lundi sauf le soir en juil.-août et dim. soir – **Repas** 88/215 🍷, enf. 58 – ☕ 32 – **15 ch** 140/280 – ½ P 190/230.

au Sud-Ouest *: 2 km par rte Lannion et rte secondaire – ✉ 22220 Tréguier :*

Kastell Dinec'h ⛰, ☎ 02 96 92 49 39, Fax 02 96 92 34 03, « Jardin », ⛱ – ☎ P. GB. ✗ rest
fermé 13 au 24 oct., 1er janv. au 11 mars, mardi soir et merc. hors sais. – **Repas** (dîner seul.) 125/310 – ☕ 57 – **15 ch** 430/490 – ½ P 440/460.

PEUGEOT S.V.A.T., 1 r. Gambetta ☎ 02 96 92 32 52 N ☎ 02 96 92 32 52

Europe — Si le nom d'un hôtel figure en petits caractères demandez, à l'arrivée, les conditions à l'hôtelier.

TRÉGUNC *29910 Finistère* 58 ⑪ ⑯ – *6 130 h alt. 45.*

ℹ *Office de Tourisme, 16 r. de Pont-Aven ☎ 02 98 50 22 05, Fax 02 98 97 77 60.*

Paris 545 – Quimper 28 – Concarneau 7 – Pont-Aven 9 – Quimperlé 28.

Aub. Les Gdes Roches ⛰, Nord-Est : 0,6 km par V 3 ☎ 02 98 97 62 97, Fax 02 98 50 29 19, « Fermes aménagées dans un parc, dolmen et menhir » – ☎ P. GB. ✗ ch
hôtel : fermé 15 nov. au 15 janv. et vacances de fév. ; rest. : ouvert fin mars-15 nov. – **Repas** *(fermé lundi et le midi sauf week-ends et fériés)* 98/240, enf. 55 – ☕ 45 – **18 ch** 260/400, 3 appart – ½ P 260/450.

TRÉLISSAC *24 Dordogne* 75 ⑥ – *rattaché à Périgueux.*

TRELLY *50660 Manche* 54 ⑫ – *478 h alt. 20.*

Paris 330 – St-Lô 37 – Avranches 37 – Bréhal 13 – Coutances 11 – Granville 23 – Villedieu-les-Poêles 24.

✿ **Verte Campagne** (Bernou) ⛰ avec ch, Sud Est : 1,5 km par D 539 et rte secondaire ☎ 02 33 47 65 33, Fax 02 33 47 38 03, « Ferme normande ancienne », 🏖 – ☎ P. GB. ✗
fermé 25 nov. au 8 déc., 10 janv. au 8 fév., dim. soir hors sais. et lundi sauf fériés – **Repas** 140/350 et carte 240 à 350 – ☕ 35 – **7 ch** 220/380 – ½ P 290/350
Spéc. Emincé d'ormeaux en salade de coco et cidre (sauf juil. -août). Assiette tout agneau de pré-salé à l'orge perlée (Pâques à fin sept.). "Déclinaison" aux chocolats.

TRÉLON *59132 Nord* 53 ⑯ *G. Flandres Artois Picardie* – *2 923 h alt. 188.*

Paris 213 – St-Quentin 69 – Avesnes-sur-Helpe 16 – Charleroi 52 – Guise 41 – Hirson 17 – Lille 117 – Vervins 37.

Le Framboisier, ☎ 03 27 59 73 34, Fax 03 27 57 07 47 – P. GB
fermé sept., 1er au 22 fév., dim. soir et lundi – **Repas** 108/295.

La TREMBLADE *17390 Char.-Mar.* **71** ⑭ *G. Poitou Vendée Charentes – 4 623 h alt. 4.*
Paris 514 – Royan 21 – Marennes 10 – Rochefort 32 – La Rochelle 69.

🏠 **Mounière** sans rest, rte Ronce-les-Bains : 1,5 km *℘* 05 46 36 09 19 – 📺 ☎ **P**. **GB**. ❀
🖸 35 – **17 ch** 300/310.

🏠 **Phoebus** sans rest, 13 ter r. Foran *℘* 05 46 36 29 85, Fax 05 46 36 51 03 – 📺 ☎ 📞 **GB**
fermé 1er au 7 déc. – 🖸 32 – **9 ch** 260/300.

PEUGEOT Gar. Horseau, 62 bd Joffre *℘* 05 46 36 13 23

TREMBLAY-EN-FRANCE *93 Seine-St-Denis* **56** ⑪., **101** ⑱ – *voir à Paris, Environs.*

Le TREMBLAY-SUR-MAULDRE *78490 Yvelines* **60** ⑨., **106** ㉘ – *668 h alt. 132.*
🖸🖸 *Académie de Golf ℘* 01 34 87 81 09.
Paris 42 – Houdan 25 – Mantes-la-Jolie 33 – Rambouillet 17 – Versailles 22.

🏰 **Château H. du Tremblay** ❀, *℘* 01 34 87 92 92, Fax 01 34 87 86 27, ≼, 佘, « Demeure du 17e siècle dans un parc » – 📺 ☎ **P**. – 🔔 150. **AE** ⑩ **GB**
fermé 1er au 24 août et 22 au 30 déc. – **Repas** *(fermé d'oct. à fév. sauf week-ends, dim. soir et lundi de mars à sept.)* 130/250 – 🖸 50 – **28 ch** 1200.

XXX **La Gentilhommière** (Brun), *℘* 01 34 87 80 96, Fax 01 34 87 91 52, 佘 – **AE** ⑩ **GB**
✿ *fermé 4 août au 4 sept., vacances de fév., lundi soir et mardi* – **Repas** 220/360 et carte 270 à 480
Spéc. Langoustines crues salées au caviar. Ris de veau en croûte de sel. Moëlleux au chocolat-pistache.

TREMEUR *22250 C.-d'Armor* **59** ⑮ – *613 h alt. 62.*
Paris 410 – Rennes 59 – St-Malo 55 – Dinan 24 – Loudéac 55 – St-Brieuc 45.

🏠 **Les Dineux**, voie express N 12, sortie Trémeur *℘* 02 96 84 65 80, Fax 02 96 84 76 35, 佘,
🖛 🗼, ☛ – 🍴 rest 📺 ☎ & **P** – 🔔 60. **AE** ⑩ **GB**
fermé 18 janv. au 10 fév. – **Repas** *(fermé sam. soir et dim. de sept. à juin)* 85/135 🍷, enf. 56
– 🖸 40 – **16 ch** 260/320 – ½ P 290.

TRÉMINIS *38710 Isère* **77** ⑮ *G. Alpes du Nord – 173 h alt. 900.*
Voir *Site★.*
Paris 631 – Gap 72 – Grenoble 66 – Monestier-de-Clermont 32 – La Mure 30 – Serres 57.

🏠 **Alpes** ❀, à Château-Bas *℘* 04 76 34 72 94, ☛ – **P**. ❀ rest
🖸 *fermé nov.* – **Repas** 68/113 🍷 – 🖸 25 – **11 ch** 140/260 – ½ P 190/220.

TRÉMOLAT *24510 Dordogne* **75** ⑯ *G. Périgord Quercy – 625 h alt. 53.*
Voir *Belvédère de Racamadou★★ N : 2 km.*
Paris 536 – Périgueux 50 – Bergerac 34 – Brive-la-Gaillarde 86 – Sarlat-la-Canéda 47.

🏰 **Vieux Logis** ❀, *℘* 05 53 22 80 06, Fax 05 53 22 84 89, ≼, 佘, « Jardin fleuri ouvert sur
✿ la campagne », 🗼 – 📺 ☎ & **P** – 🔔 60. **AE** ⑩ **GB**
Repas *(fermé mardi midi et merc. midi du 15 sept. au 15 avril)* 180/380 et carte 300 à 580,
enf. 95 – 🖸 80 – **19 ch** 760/1320, 5 appart – ½ P 695/995
Spéc. Tarte minute aux cèpes. Grosse pomme de terre aux ris de veau et à la truffe. ''Millas''
sarladais. **Vins** Pécharmant, Monbazillac.

CITROEN Gar. Evano, rte du Cingle *℘* 05 53 22 80 10

TRÉMONT-SUR-SAULX *55 Meuse* **61** ⑩ – *rattaché à Bar-le-Duc.*

TRÉPASSÉS (Baie des) *29 Finistère* **58** ⑬ – *rattaché à Raz (Pointe du).*

Le TRÉPORT *76470 S.-Mar.* **52** ⑤ *G. Normandie Vallée de la Seine* **(plan)** – *6 227 h alt. 12 – Casino .*
Voir *Calvaire des Terrasses ≼★.*
🚩 *Office de Tourisme Quai Sadi Carnot ℘* 02 35 86 05 69.
Paris 176 – Amiens 78 – Abbeville 37 – Blangy-sur-Bresle 26 – Dieppe 31 – Rouen 105.

XX **Le Homard Bleu**, 45 quai François 1er *℘* 02 35 86 15 89, Fax 02 35 86 49 21 – **AE** ⑩ **GB**
fermé 20 déc. au 10 fév. – **Repas** 92/280 🍷.

XX **Le St-Louis**, 43 quai François 1er *℘* 02 35 86 20 70, Fax 02 35 50 67 10 – 🍴. **AE** ⑩ **GB**
JCB
fermé 20 nov. au 15 déc. – **Repas** 92/280 🍷.

RENAULT Gar. Moderne, 1 et 9 q. S.-Carnot *℘* 02 35 86 13 90 **N** *℘* 02 35 86 13 90

TRESSERVE 73 Savoie **74** ⑮ – rattaché à Aix-les-Bains.

TRÉVOU-TRÉGUIGNEC 22660 C.-d'Armor **59** ① – 1 210 h alt. 56.
Paris 513 – St-Brieuc 65 – Guingamp 36 – Lannion 14 – Paimpol 29 – Perros-Guirec 11 – Tréguier 14.

🏠 **Ker Bugalic** ♨, ℰ 02 96 23 72 15, Fax 02 96 23 74 71, ≼, « Jardin fleuri » – 📺 ☎ 🅿.
GB. ⅏ rest
29 mars-fin sept. – Repas (prévenir) 108/255, enf. 65 – ⊡ 35 – **18 ch** 260/415 – ½ P 345/405.

TRIEL-SUR-SEINE 78510 Yvelines **55** ⑲, **101** ① ② G. Île de France – 9 615 h alt. 20.
Voir Église St-Martin★.
🛈 Syndicat d'Initiative 157bis r. Paul Doumer ℰ 01 39 75 05 38.
Paris 37 – Mantes-la-Jolie 27 – Pontoise 17 – Rambouillet 54 – St-Germain-en-Laye 12 – Versailles 29.

✗ **St-Martin**, 2 r. Galande (face Poste) ℰ 01 39 70 32 00, Fax 01 39 74 30 34 – GB
fermé 5 au 25 août, dim. soir et merc. – Repas (nombre de couverts limité, prévenir) 98/180, enf. 50.

Bagros Heid, 1 r. du Pont ℰ 01 39 70 60 29

> Besichtigen Sie die Seinemetropole
> mit dem Grünen **Michelin-Reiseführer PARIS** (deutsche Ausgabe)

TRIE-SUR-BAÏSE 65220 H.-Pyr. **85** ⑨ – 1 011 h alt. 240.
Paris 798 – Auch 49 – Lannemezan 26 – Mirande 24 – Tarbes 32.

🏠 **de la Tour**, ℰ 05 62 35 52 12, Fax 05 62 35 59 92, 🌣 – 📺 ☎ 🐾, GB
Repas (fermé lundi midi) 69/110 ⚒, enf. 46 – ⊡ 33 – **11 ch** 170/250 – ½ P 220/230.

TRIGANCE 83840 Var **84** ⑥ ⑦, **114** ⑨ – 120 h alt. 800.
Paris 819 – Digne-les-Bains 74 – Castellane 20 – Comps-sur-Artuby 10 – Draguignan 41 – Grasse 71 – Manosque 88.

🏠 **Château de Trigance** ♨, accès par voie privée ℰ 04 94 76 91 18, Fax 04 94 85 68 99,
« Cadre médiéval, terrasse avec ≼ vallée et montagnes » – 📺 ☎ 🅿. 🆎 ⓞ GB
22 mars-2 nov. – Repas 150 (déj.), 200/270 – ⊡ 68 – **10 ch** 600/900 – ½ P 550/720.

✗✗ **Le Vieil Amandier** ♨ avec ch, ℰ 04 94 76 92 92, Fax 04 94 85 68 65, 🌣, 🗲, – 📺 ☎ 🐾.
🅿. GB
1er avril-11 nov. – Repas 100 (déj.), 125/385 – ⊡ 40 – **12 ch** 260/300 – ½ P 270/310.

La TRINITÉ-SUR-MER 56470 Morbihan **63** ⑫ G. Bretagne – 1 433 h alt. 20.
Voir Pont de Kerisper ≼★.
🛈 Office de Tourisme Môle L.-Caradec ℰ 02 97 55 72 21, Fax 02 97 55 78 07.
Paris 490 – Vannes 31 – Auray 12 – Carnac 4 – Lorient 50 – Quiberon 22 – Quimperlé 66.

🏠 **Le Rouzic**, ℰ 02 97 55 72 06, Fax 02 97 55 82 25, ≼ – 🍴 📺 ☎ 🐾. 🆎 ⓞ GB
fermé 15 nov. au 15 déc., et 1er au 15 janv. – Repas (fermé dim. soir et lundi de fin sept. à début juin) 77/150 – ⊡ 38 – **32 ch** 340/380 – ½ P 316/330.

✗✗✗ **L'Azimut** (Le Calvez), ℰ 02 97 55 71 88, Fax 02 97 55 80 15, ≼, 🌣 – GB
fermé mardi soir et merc. du 15 sept. au 15 juin sauf vacances scolaires – Repas 98 (déj.), 138/235, enf. 50
Spéc. Pressé de foie gras aux Saint-Jacques (15 oct. au 1er avril). Homard grillé au feu de bois, sauce corail. Millefeuille minute de fruits de saison.

✗✗ **Ostréa** avec ch, ℰ 02 97 55 73 23, Fax 02 97 55 86 43, ≼, 🌣 – 📺 ☎. 🆎 GB
22 mars-22 sept. – Repas 135/195 – ⊡ 42 – **8 ch** 290/360.

TRIZAY 17250 Char.-Mar. **71** ⑭ – 1 049 h alt. 20.
Paris 477 – La Rochelle 51 – Royan 37 – Rochefort 12 – Saintes 26.

Ouest 2,5 km par rte de St-Agnant :
✗✗✗ **Les Jardins du Lac** Ⓜ ♨ avec ch, base de Loisirs ℰ 05 46 82 03 56, Fax 05 46 82 03 55,
≼, 🌣, « Dans un jardin dominant le plan d'eau », 🗲 – 📺 ☎ 🐾 🅿 – 🔏 25. 🆎 ⓞ GB
🇯🇨🇧
fermé fév. – Repas 130/250 et carte 230 à 300 – ⊡ 60 – **8 ch** 470/540 – ½ P 440/480.

Les TROIS-ÉPIS *68410 H.-Rhin* 62 ⑱ *G. Alsace Lorraine – alt. 658.*
  Paris 474 – Colmar 12 – Gérardmer 49 – Munster 17 – Orbey 12.

🏨 **Trois Épis** ⟲, ✆ 03 89 49 81 61, Fax 03 89 78 90 48, ≤ forêt vosgienne et plaine d'Alsace, ☞ – 🛗 📺 ☎ ☎ 📞 – 🍴 30. 🆎 📇. ✳ rest
  fermé 5 janv. au 7 fév. et merc. sauf fériés – **Repas** 130/360, enf. 50 – ☲ 60 – **40 ch** 380/480 – ½ P 355/430.

🏠 **La Chêneraie** ⟲ sans rest, ✆ 03 89 49 82 34, Fax 03 89 49 86 70, parc – ☎ 📞. 📇. ✳
  fermé 1ᵉʳ janv. au 6 fév. et merc. – ☲ 48 – **19 ch** 210/310.

🏠 **Croix d'Or**, ✆ 03 89 49 83 55, Fax 03 89 49 87 14, ≤, 🌿 – 📺 ☎ 📞. 📇
🍴 *fermé 20 nov. au 20 déc. et mardi* – **Repas** 80/195 ⅃, enf. 45 – ☲ 35 – **12 ch** 180/290 – ½ P 210/260.

🏔 **Villa Rosa**, ✆ 03 89 49 81 19, Fax 03 89 78 90 45, ≤, chambres non fumeurs exclusivement, 🍽, ☞ – ✂ ☎. 📇. ✳ rest
  fermé 3 janv. au 12 fév. – **Repas** *(fermé jeudi soir)* (dîner seul.) 100/150 ⅃ – ☲ 48 – **10 ch** 300 – ½ P 290.

TRONÇAIS *03 Allier* 69 ⑫ – ⊠ *03360 St-Bonnet-Tronçais.*
  Voir Forêt de Tronçais★★★ – Étang de St-Bonnet★ NO : 4 km – Étang de Saloup★ S : 5 km, G. Auvergne.
  Paris 310 – Moulins 56 – Bourges 62 – Montluçon 42 – St-Amand-Montrond 24.

🏨 **Le Tronçais** ⟲, ✆ 04 70 06 11 95, Fax 04 70 06 16 15, « Dans un parc au bord d'un étang », ✳ – 📺 ☎ 📞. 📇. ✳ rest
  15 mars-15 nov. et fermé dim. soir et lundi hors sais. – **Repas** 100/180, enf. 60 – ☲ 36 – **12 ch** 210/354 – ½ P 251/295.

TRONGET *03 Allier* 69 ⑬ – *1 058 h alt. 460* – ⊠ *03240 Le Montet.*
  Paris 362 – Moulins 29 – Bourbon-l'Archambault 24 – Montluçon 50.

🏠 **Commerce**, ✆ 04 70 47 12 95, Fax 04 70 47 32 53 – 📺 ☎ ☞ 📞. ⓞ 📇
🍴 **Repas** 70/170 ⅃, enf. 40 – ☲ 30 – **11 ch** 195/290 – ½ P 215/260.

TROO *41800 L.-et-Ch.* 64 ⑤ *G. Châteaux de la Loire – 320 h alt. 60.*
  Voir La "butte" ❊★ – St-Jacques des Guérets : peintures murales★ de l'église S : 1 km.
  🛈 *Syndicat d'initiative (mars-oct.)* ✆ 02 54 72 08 74, Fax 02 54 72 51 27.
  Paris 205 – Le Mans 63 – Château-du-Loir 34 – Tours 55 – Vendôme 28.

🍴🍴 **Cheval Blanc** Ⓜ avec ch, r. A.-Arnault ✆ 02 54 72 58 22, Fax 02 54 72 55 44, 🌿 – 📺 ☎.
📇
  fermé 15 au 30 nov. – **Repas** *(fermé mardi midi et lundi)* 120/280 – ☲ 40 – **9 ch** 270/360 – ½ P 300.

TROUVILLE-SUR-MER *14360 Calvados* 55 ③ *G. Normandie Vallée de la Seine* – *5 607 h alt. 2* – *Casino* **AY.**
  Voir Corniche ≤★ BX B.
  🛫 *de St-Gatien-Deauville* ✆ 02 31 65 19 99, *E : 9 km par D 74* **BZ.**
  ✈ *de Deauville-St-Gatien :* ✆ 02 31 88 31 28, *par D 74 : 7 km* **BZ.**
  🛈 *Office de Tourisme 32 bd F.-Moureaux* ✆ 02 31 88 36 19, Fax 02 31 88 63 06.
  Paris 202 ③ *– Caen 47* ④ *– Le Havre 39* ③ *– Lisieux 29* ③ *– Pont-l'Évêque 11* ③.

Plan page suivante

🏨 **Beach H.**, 1 quai Albert 1ᵉʳ ✆ 02 31 98 12 00, Fax 02 31 87 30 29, ≤, 🍽 – 🛗 📺 ☎ 🔥 ☞ –
🍴 40. 🆎 ⓞ 📇   **AY e**
  fermé janv. – **Repas** 98/140, enf. 60 – ☲ 52 – **108 ch** 660/740, 8 appart – ½ P 562.

🏠 **Mercure** Ⓜ, pl. Foch ✆ 02 31 87 38 38, Fax 02 31 87 35 41, 🌿 – 🛗 ✂ 📺 ☎ 🔥 –
🍴 25 à 80. 🆎 ⓞ 📇   **AY k**
  Repas 100/150, enf. 49 – ☲ 57 – **80 ch** 550/595.

🏠 **Relais de la Cahotte** sans rest, 11 r. V. Hugo ✆ 02 31 98 30 20, Fax 02 31 98 04 00 – 🛗
📺 ☎ 🔥. 🆎 ⓞ 📇   **AY u**
  fermé 17 nov. au 8 déc. – ☲ 45 – **32 ch** 440.

🏠 **Central**, 158 bd F.-Moureaux ✆ 02 31 88 80 84, Fax 02 31 88 42 22, 🌿 – 🛗 📺 ☎ 🔥 –
🍴 25. 🆎 📇   **AY n**
  Repas brasserie 91/132 – ☲ 35 – **26 ch** 270/380.

🏠 **Les Sablettes** sans rest, 15 r. P.-Besson ✆ 02 31 88 10 66 – 📺 ☎. 📇. ✳   **AY r**
  fermé 1ᵉʳ déc. au 31 janv. – ☲ 31 – **18 ch** 200/350.

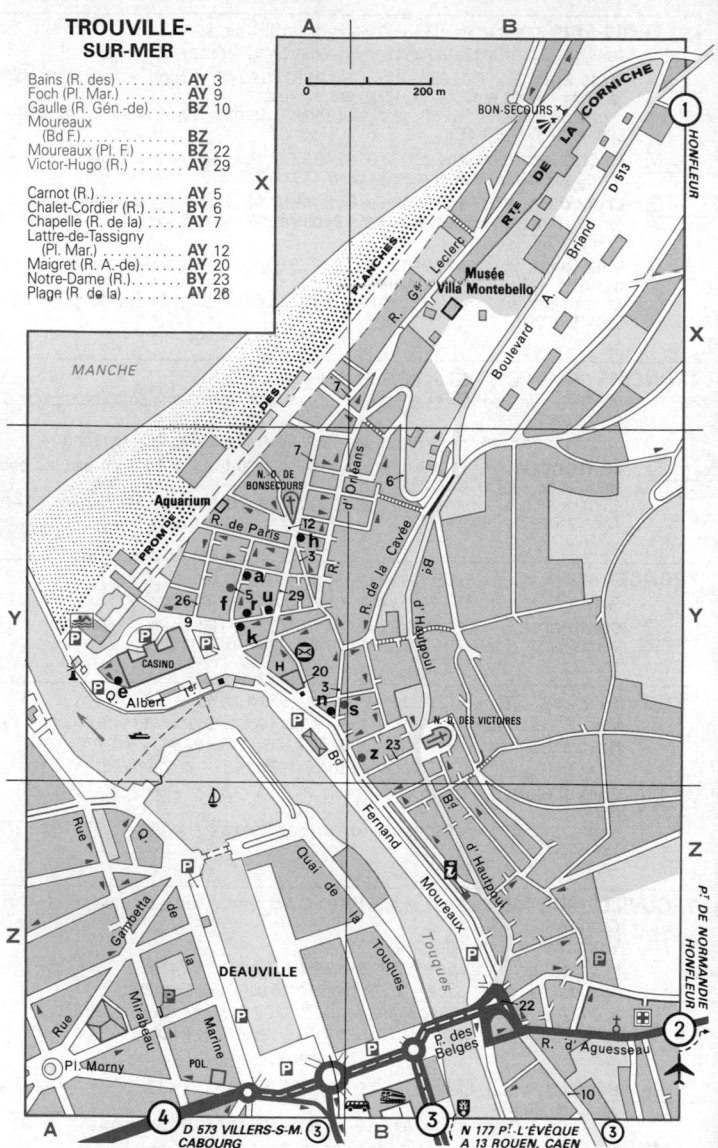

TROUVILLE-SUR-MER

Bains (R. des) . . . . **AY** 3
Foch (Pl. Mar.) . . . . **AY** 9
Gaulle (R. Gén.-de). . . . **BZ** 10
Moureaux
(Bd F.) . . . . **BZ**
Moureaux (Pl. F.) . . . . **BZ** 22
Victor-Hugo (R.) . . . . . . **AY** 29

Carnot (R.) . . . . **AY** 5
Chalet-Cordier (R.) . . . . **BY** 6
Chapelle (R. de la) . . . . **AY** 7
Lattre-de-Tassigny
(Pl. Mar.) . . . . **AY** 12
Maigret (R. A.-de). . . . . **AY** 20
Notre-Dame (R.). . . . . . **BY** 23
Plage (R. de la) . . . . **AY** 26

Maison Normande sans rest, 4 pl. Mar. de Lattre de Tassigny ℰ 02 31 88 12 25,
Fax 02 31 88 78 79 – 📺 ☎. GB JCB. ⋘   AY **h**
ouvert 1er mars-30 sept., week-ends en hiver et vacances scolaires et fermé mardi hors sais.
– � 37 – **20 ch** 360/480.

Carmen, 24 r. Carnot ℰ 02 31 88 35 43, Fax 02 31 88 08 03 – 📺 ☎ ✆. AE ① GB JCB. ⋘
Repas 95/180 ⅃, enf. 55 – ⊡ 35 – **16 ch** 400/420 – ½ P 330.   AY **a**

XX **La Régence,** 132 bd F. Moureaux ℰ 02 31 88 10 71 – AE ① GB   BY **z**
🍴 *fermé déc. et lundi sauf du 14 juil. au 31 août –*
Repas 138/245.

1344

✗ **Doult** avec ch, 4 r. Bains ✆ 02 31 88 10 27, Fax 02 31 88 33 79 – ⒼⒷ   **ABY**   s
fermé 17 nov. au 6 déc. et lundi hors sais. sauf vacances scolaires – **Repas** 98/210 – ⵣ 30 –
6 ch 280/400 – ½ P 260/350.

✗ **La Petite Auberge**, 7 r. Carnot ✆ 02 31 88 11 07 – ⒶⒺ ⒼⒷ   **AY**   f
fermé 1ᵉʳ au 12 juin, mardi et merc. sauf vacances scolaires – **Repas** (prévenir) 123/265.

TROYES Ⓟ 10000 Aube ⒍⒈ ⑯ ⑰ *G. Champagne* – 59 255 h Agglo. 122 763 h alt. 113.

Voir *Cathédrale St-Pierre-et-St-Paul★★ : trésor★* CY – *Le vieux Troyes★★* BZ – *Jubé★★* de
l'église Ste-Madeleine★ BZ **D** – *Basilique St-Urbain★* BYZ **B** – *Église St-Pantaléon★* BZ **E** –
Pharmacie★ de l'Hôtel-Dieu-le-Comte CY **M⁴** – *Musée d'Art Moderne★★* CY **M⁵** – *Maison de
l'outil et de la pensée ouvrière★★ dans l'hôtel de Mauroy★* BZ **M²** – *Musée historique de
Troyes et de Champagne★ et musée de la Bonneterie dans l'hôtel de Vauluisant★* BZ **M¹** –
Musée des Beaux-Arts et d'Archéologie★ dans l'abbaye St-Loup CY **M³**.

ⁱ₈ *de Troyes, La Cordelière, près Chaource* ✆ 03 25 40 18 76 par ④.

🛈 *Office de Tourisme 16 bd Carnot* ✆ 03 25 73 00 36, Fax 03 25 73 06 81 – *Automobile Club
24 quai Dampierre* ✆ 03 25 73 42 28.

Paris 171 ⑤ – *Dijon 183* ② – *Nancy 186* ②.

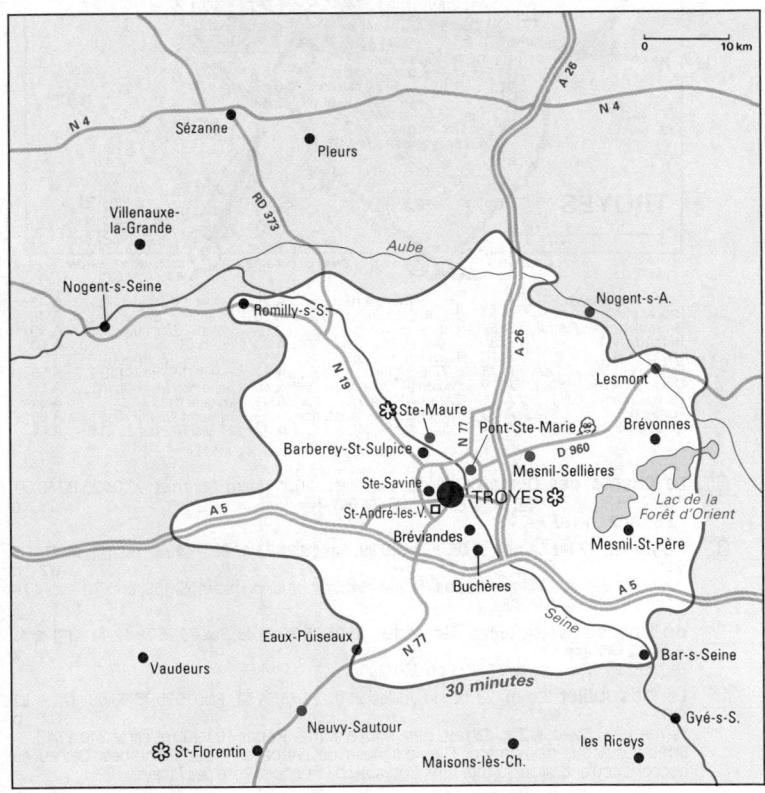

🏨🏨 **Poste** Ⓜ, 35 r. E. Zola ✆ 03 25 73 05 05, Fax 03 25 73 80 76 – 🛗 🚪 📺 ☎ 🕭 🚗 – 🏛 30.
ⒶⒺ ⓪ ⒼⒷ ⒿⒸⒷ   BZ   a
Les Gourmets ✆ 03 25 73 80 78 **Repas** 155 🍷 – **Le Carpaccio : Repas** 63/70 🍷, enf. 38 –
ⵣ 55 – **30 ch** 465/580.

🏨🏨 **Relais St-Jean** Ⓜ 🕊 sans rest, 51 r. Paillot de Montabert ✆ 03 25 73 89 90,
Fax 03 25 73 88 60 – 🛗 🚪 📺 ☎ 🕭 🅿. ⒶⒺ ⓪ ⒼⒷ ⒿⒸⒷ   BZ   s
ⵣ 60 – **23 ch** 440/660.

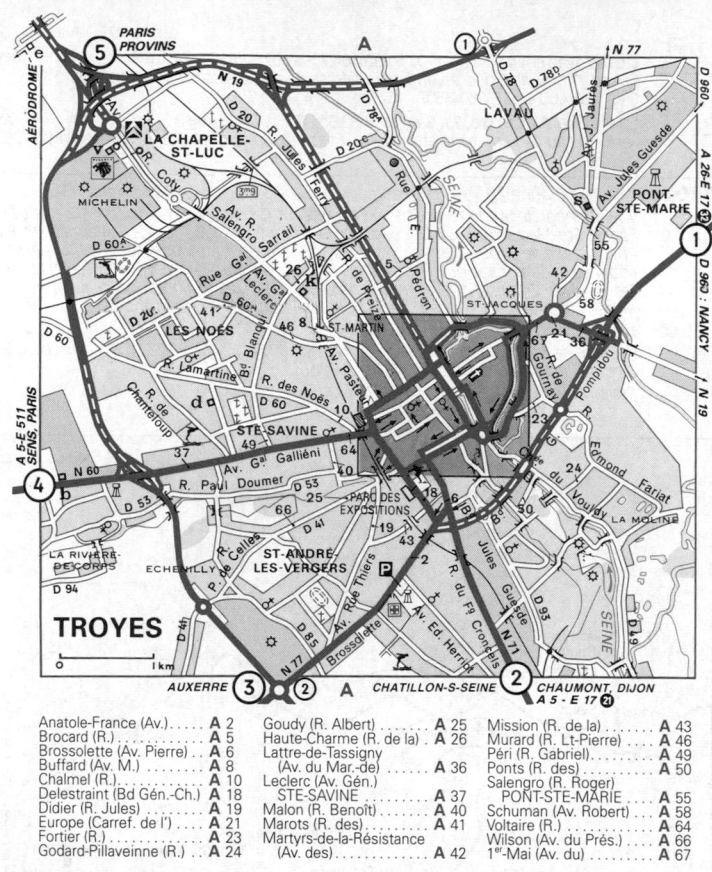

TROYES

Anatole-France (Av.) ...... **A** 2
Brocard (R.) .... **A** 5
Brossolette (Av. Pierre) .. **A** 6
Buffard (Av. M.) .... **A** 8
Chalmel (R.) .... **A** 10
Delestraint (Bd Gén.-Ch.) **A** 18
Didier (R. Jules) .... **A** 19
Europe (Carref. de l') .... **A** 21
Fortier (R.) .... **A** 23
Godard-Pillaveinne (R.) .. **A** 24

Goudy (R. Albert) .... **A** 25
Haute-Charme (R. de la) . **A** 26
Lattre-de-Tassigny
  (Av. du Mar.-de) ...... **A** 36
Leclerc (Av. Gén.)
  STE-SAVINE .... **A** 37
Malon (R. Benoît) ...... **A** 40
Marots (R. des) .... **A** 41
Martyrs-de-la-Résistance
  (Av. des) .... **A** 42

Mission (R. de la) .... **A** 43
Murard (R. Lt-Pierre) .... **A** 46
Péri (R. Gabriel) .... **A** 49
Ponts (R. des) .... **A** 50
Salengro (R. Roger)
  PONT-STE-MARIE ... **A** 55
Schuman (Av. Robert) ... **A** 58
Voltaire (R.) .... **A** 64
Wilson (Av. du Prés.) .... **A** 66
1er-Mai (Av. du) .... **A** 67

Le Champ des Oiseaux M ⌂ sans rest, 20 r. Linard Gonthier ℰ 03 25 80 58 50, Fax 03 25 80 98 34 – ▥ ☎ ☜ ⅃ ⇔. AE ① GB JCB
☑ 55 – **12 ch** 420/790.
CY e

Royal H., 22 bd Carnot ℰ 03 25 73 19 99, Fax 03 25 73 47 85 – ▤ ▤ rest ▥ ☎. AE ①
GB
BZ n
fermé 19 déc. au 10 janv. – Repas (fermé dim. soir et lundi midi) 105/158, enf. 70 – ☑ 40 –
37 ch 285/445 – ½ P 305.

de Troyes sans rest, 168 av. Gén. Leclerc ℰ 03 25 71 23 45, Fax 03 25 79 12 14 – ▥ ☎ ☜
& P. AE GB JCB
A k
fermé 2 au 17 août – ☑ 35 – **23 ch** 250/290.

Le Clos Juillet (Colin), 22 bd 14 Juillet ℰ 03 25 73 31 32, Fax 03 25 73 98 59, 斎 – AE
GB
CZ h
fermé 16 au 30 août, 7 au 28 fév., sam. midi et dim. – Repas 160/290 et carte 240 à 340
Spéc. Couscous de homard. Filet d'agneau de l'Aube en croûte d'herbes. Gâteau au chocolat coulant, sirop au thé. Vins Coteaux champenois, Rosé des Riceys.

Le Bourgogne, 40 r. Gén. de Gaulle ℰ 03 25 73 02 67, Fax 03 25 73 02 67 – ▤.
GB
BY f
fermé 3 au 26 août, lundi soir et dim. sauf les midis fériés – Repas 175.

Le Valentino, cour Rencontre (près H. de Ville) ℰ 03 25 73 14 14, Fax 03 25 73 74 04, 斎
– AE ① GB
BZ s
fermé 26 août au 5 sept., dim. soir et lundi – Repas 160/360.

Le Vivien, 7 pl. St-Rémy ℰ 03 25 73 70 70, Fax 03 25 73 70 90, 斎 – AE GB
BY p
fermé 15 au 30 sept., 15 au 28 fév., dim. soir et lundi – Repas 105/165.

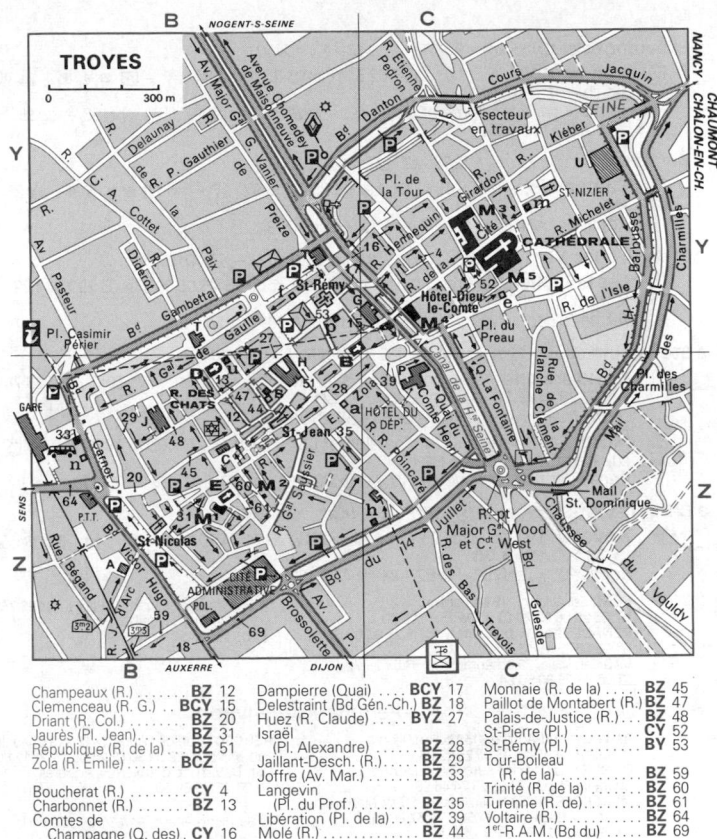

TROYES

0 300 m

XX **Le Café de Paris,** 63 r. Gén. de Gaulle ℘ 03 25 73 08 30, Fax 03 25 73 58 18 – GB
fermé 5 au 25 août, vacances de fév., dim. soir et lundi – **Repas** 112/245.   BYZ u

X **Les Matines,** 53 r. Simart ℘ 03 25 76 03 82, Fax 03 25 81 06 98 – AE GB   CY m
fermé août, dim. soir et lundi – **Repas** 110/300.

à Pont-Ste-Marie _Nord : 3 km par N 77_ – A – _4 856 h. alt. 110_ – ⊠ 10150 :

X **Bistrot DuPont,** 5 pl. Ch. de Gaulle ℘ 03 25 80 90 99 – ■. AE GB   A s
fermé dim. soir, lundi soir et merc. soir – **Repas** 88/150, enf. 70.

à Ste-Maure _Nord : 7 km par D 78_ – _1 218 h. alt. 111_ – ⊠ 10150 :

XXX **Aub. de Ste-Maure,** ℘ 03 25 76 90 41, Fax 03 25 80 01 55, 佘, « En bordure de
rivière » –. P. AE GB JCB
fermé 2 au 20 janv., dim. soir et lundi – **Repas** 120 (déj.), 185/240 et carte 220 à 340,
enf. 80
Spéc. Andouillette de Troyes au beurre de chaource. Foie gras poêlé, vinaigrette au pain
d'épice. Pigeonneau rôti au jus gras. **Vins** Coteaux champenois, Rosé des Riceys.

à Mesnil-Sellières _Nord-Est D 960 : 11 km_ – _370 h. alt. 171_ – ⊠ 10220 :

X **La Clef des Champs,** ℘ 03 25 80 65 62, 佘 –. P. AE GB
fermé vacances de fév., dim. soir et lundi – **Repas** 78/205.

au Golf de la Forêt d'Orient _Nord-Est D 960, Rouilly, puis rte de Géraudot : 19 km_ – ⊠ 10220
Piney :

🏨🏨 **Holiday Inn Forêt d'Orient** M ⅍, ℘ 03 25 43 80 80, Fax 03 25 41 57 58, 佘, « En
forêt, au bord du golf » –|劇| ⥥ TV ☎ ℀ P – 益 80. AE ① GB JCB
Repas 145/250, enf. 57 – ☲ 55 – **60 ch** 420/460, 23 duplex – ½ P 480.

à Bréviandes par ② : 5 km – 1 687 h. alt. 117 – ⊠ 10450 :

🏨 **Pan de Bois** ⑤, ℘ 03 25 75 02 31, Fax 03 25 49 67 84, 🌧 – 📺 ☎ & 🅿 – 🔏 40. 🖼.
<del>※</del> ch
fermé lundi (sauf hôtel) et dim. soir – **Grill :** Repas 88/165 ᵪ, enf. 68 – ☑ 36 – **31 ch**
245/285 – ½ P 250.

à Buchères par ② : 7 km – 1 328 h. alt. 117 – ⊠ 10800 :

🏨 **Campanile,** ℘ 03 25 49 67 67, Fax 03 25 75 15 97, 🌧 – <del>※</del> 📺 ☎ ✆ & 🅿 – 🔏 25. 🖼 ⓪
🚗 🖼
Repas 84 bc/107 bc, enf. 39 – ☑ 32 – **54 ch** 278.

à St-André-les-Vergers par ③ : 5 km – 11 329 h. alt. 112 – ⊠ 10120 :

🏨 **Les Épingliers** sans rest, 180 rte d'Auxerre ℘ 03 25 75 05 99, Fax 03 25 75 32 22 – 📺 ☎
✆ 🅿. 🖼
fermé 20 déc. au 2 janv. – ☑ 40 – **15 ch** 205/250.

à Ste-Savine Ouest : 3 km vers ④ – 9 495 h. alt. 116 – ⊠ 10300 :

🏨 **Chantereigne** ⑤ sans rest, 128 av. Gén. Leclerc (N 60) ℘ 03 25 74 89 35,
Fax 03 25 74 47 78 – <del>※</del> 📺 ☎ ✆ & 🅿. 🖼   A b
fermé Noël au Jour de l'An – ☑ 35 – **30 ch** 250/270.

🏨 **Motel Savinien** ⑤, 87 r. Fontaine ℘ 03 25 79 24 90, Fax 03 25 78 04 61, ⅙, 🖃, ※ –
🚗 cuisinette 🅿 – 🔏 30. ⓪ 🖼   A d
Repas *(fermé sam. midi)* 69/110 ᵪ – ☑ 32 – **60 ch** 210/240 – ½ P 205/215.

à Barberey-St-Sulpice par ⑤ : 5 km – 654 h. alt. 100 – ⊠ 10600 :

🏨 **Novotel** 🅼 ⑤, ℘ 03 25 71 74 74, Fax 03 25 71 74 50, 🌧, 🏊 – <del>※</del> 📺 ☎ & 🅿 –
🔏 30 à 60. 🖼 ⓪ 🖼   A e
Repas 100 ᵪ, enf. 50 – ☑ 52 – **83 ch** 420/460.

FORD Est Autom., 19 bd Danton   ⑩ Euromaster, 11 r. de la Paix ℘ 03 25 73 35 24
℘ 03 25 80 02 70 🔃 ℘ 03 25 80 02 70   Rémy Pneus, 94 Mail Charmilles
RENAULT Star, 15 bd Danton ℘ 03 25 80 02 87 🔃   ℘ 03 25 81 04 10
℘ 08 00 05 15 15
VAG Gar. Scala, 20 bd Pompidou ℘ 03 25 72 14 00
🔃 ℘ 03 25 80 50 64

Périphérie et environs

BMW Gar. Sud-Autom., 132 bd de Dijon à   PEUGEOT Gar. de l'Aube, N 19 à La Chapelle-St-
St-Julien-les-Villas ℘ 03 25 82 03 76   Luc ℘ 03 25 79 09 56 🔃 ℘ 03 25 41 12 60
CITROEN La Cité de l'Auto, 5 r. J.-Monnet,La   Gar. David, rte d'Auxerre à Rosières
Chapelle-St-Luc ℘ 03 25 74 46 98   ℘ 03 25 75 69 50
MERCEDES, NISSAN Gar. Craeye, 50 av. Martyrs du
24 Août à Buchères ℘ 03 25 71 37 00 🔃   ⑩ Barniche Pneus, 61/63 av. Leclerc à la
℘ 08 00 24 24 30   Rivière-de-Corps ℘ 03 25 79 36 09
OPEL Girost Autom., r. St-Aventin à Creney   Sovic Guiguet-Point S, N 77 rte d'Auxerre à
℘ 03 25 81 26 26   St-Germain ℘ 03 25 75 68 54

TULLE 🅿 *19000 Corrèze* �🇸 ⑨ *G. Berry Limousin* – *17 164 h alt. 210.*
Voir *Maison de Loyac*★ B B – *Clocher*★ *de la cathédrale St-Martin* B D.
🇮🇧 *d'Aubazine* ℘ 05 55 27 25 66, S : 14 km par ③.
🇪 *Office de Tourisme 2 pl. Emile Zola* ℘ 05 55 26 59 61, Fax 05 55 20 72 93.
Paris 480 ① – *Brive-la-Gaillarde 29* ④ – *Aurillac 85* ③ – *Clermont-Ferrand 144* ② – *Guéret
131* ① – *Limoges 88* ① – *Périgueux 103* ④.

Plan page ci-contre

🏨 **Gare,** 25 av. W. Churchill ℘ 05 55 20 04 04, Fax 05 55 20 15 87 – 📺 ☎ ✆. 🖼   A k
fermé 1ᵉʳ au 15 sept. – Repas 89/140 ᵪ, enf. 50 – ☑ 34 – **13 ch** 170/240 – ½ P 230.

🏨 **Royal** sans rest, 70 av. V. Hugo ℘ 05 55 20 04 52, Fax 05 55 20 93 63 – 📺 ☎ ✆ 🅿. 🖼 ⓪
🖼. ※   A e
☑ 32 – **14 ch** 150/260.

🍽 **Bon Accueil,** 10 r. Canton ℘ 05 55 26 70 57 – ☎. 🖼 🖼   B y
fermé 17 au 23 mars, 8 au 14 sept., 24 déc. au 1ᵉʳ janv., sam. soir et dim. – Repas 78
(déj.)/135 ᵪ – ☑ 32 – **13 ch** 160/180 – ½ P 180/200.

XXX **Central,** 32 r. J. Jaurès (1ᵉʳ étage) ℘ 05 55 26 24 46 – 🖃. 🖼   AB a
fermé dim. soir et sam. – Repas 130/260 et carte 220 à 310.

XX **Toque Blanche,** pl. M. Brigouleix ℘ 05 55 26 75 41, Fax 05 55 20 93 95 – 🖃. 🖼
🖼
fermé 1ᵉʳ au 10 juil., 26 janv. au 8 fév., dim. soir et lundi du 1ᵉʳ sept. au 10 juil. sauf fêtes –
Repas 110/145 ᵪ, enf. 50.   B z

TULLE

Baluze (Quai) .... B
Gambetta (Pl.) .... B 8
Gaulle (Av. Ch.-de) .... B
Jaurès (R. Jean) .... B
République (Quai de la) .... B 15
Victor-Hugo (Av.) .... A 22
Zola (Pl. Émile) .... B 24

Briand (Quai A.) .... B 2
Brigouleix (Pl. Martial) ..... B 3
Chammard (Quai A.-de) .... B 4
Chivallier (R. R.) .... A 5
Dunant (R. Henri) .... A 6
Faucher (Pl. Albert) .... A 7

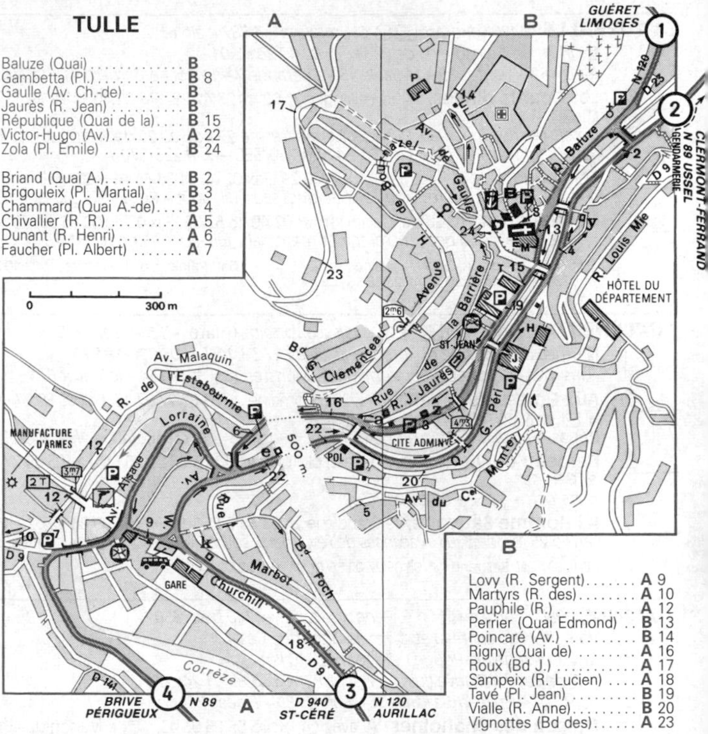

Lovy (R. Sergent) .... A 9
Martyrs (R. des) .... A 10
Pauphile (R.) .... A 12
Perrier (Quai Edmond) .. B 13
Poincaré (Av.) .... B 14
Rigny (Quai de) .... A 16
Roux (Bd J.) .... A 17
Sampeix (R. Lucien) .... A 18
Tavé (Pl. Jean) .... B 19
Vialle (R. Anne) .... B 20
Vignottes (Bd des) ...... A 23

CITROEN Gar. Bru, r. A.-Audubert par ③ ✆ 05 55 26 18 82 N ✆ 06 08 21 30 42
FORD Gar. Carles, rte de Brive ✆ 05 55 29 91 11
OPEL Gar. de l'Oasis, rte de Brive ✆ 05 55 20 84 20 N ✆ 05 55 20 84 20
PEUGEOT Gar. Bigeargeas, rte de Naves par av. Poincare B ✆ 05 55 29 99 99 N ✆ 08 00 44 24 24

RENAULT Tulle Autom., Cueille rte de Brive par ④ ✆ 05 55 29 96 96 N ✆ 06 09 37 43 45
VAG Gar. de St-Adrian, ZI Est ✆ 05 55 20 03 31
Ⓜ Cammas Vidalie, 3 av. Alsace-Lorraine ✆ 05 55 20 06 48

TULLINS *38210 Isère* 77 ④ *– 6 269 h alt. 223.*

18 Golf Club de Grenoble Charmeil ✆ 04 76 93 67 28, E : 5 km par D 45.

Paris 550 – Grenoble 30 – Bourgoin-Jallieu 45 – La Côte-St-André 27 – St-Marcellin 24 – Voiron 14.

Aub. de Malatras, Sud : 2 km sur N 92 ✆ 04 76 07 02 30, Fax 04 76 07 76 48, – ☎ P – 25. GB
fermé dim. soir d'oct. à mai – **Repas** 95/285, enf. 75 – ☕ 40 – **19 ch** 180/290 – ½ P 275/305.

OPEL Gar. de la Plaine, rte de St-Quentin ✆ 04 76 07 03 67
PEUGEOT Gar. Penon, 81 bd M.-Perret ✆ 04 76 07 01 25

RENAULT Gar. Baboulin, rte de St-Quentin ✆ 04 76 07 02 74
VAG Gar. Sporting, 54 av. de la Gare ✆ 04 76 07 73 88

TUNNEL SOUS LA MANCHE voir à Calais.

Teilen Sie uns Ihre Meinung
über die von uns empfohlenen Restaurants,
ihre Spezialitäten und die angebotenen Landweine mit.

La TURBALLE 44420 Loire-Atl. 🔠 ⑭ G. Bretagne – 3 587 h alt. 6.

🖪 Office de Tourisme pl. de Gaulle ℰ 02 40 23 32 01.

Paris 462 – Nantes 89 – La Baule 15 – Guérande 7 – La Roche-Bernard 31 – St-Nazaire 27.

🏠 **Les Chants d'Ailes,** 11 bd Bellanger ℰ 02 40 23 47 28, Fax 02 40 11 72 29, ≤ – 📺 ☎ 🖪.
🖭 🖼

hôtel : fermé 25 nov. au 15 déc. – **Repas** (fermé 25 nov. au 26 déc., dim. soir et lundi d'oct.
à mai sauf fêtes) 80/240 – ⌷ 33 – **17 ch** 250/350 – ½ P 228/278.

✕✕ **Terminus,** quai St-Paul ℰ 02 40 23 30 29, Fax 02 40 11 84 44, ≤ – 🖭 🖼
fermé 15 janv. au 15 fév., dim. soir et lundi sauf juil.-août – **Repas** 90/200, enf. 65.

✕ **Le Chaudron,** rte Guérande 1,5 km ℰ 02 40 23 32 52, Fax 02 40 62 83 38, 🏠 – ◐ 🖼
fermé 17 nov. au 4 déc., mardi soir et merc. sauf juil.-août – **Repas** 85/170.

RENAULT Gar. Pereon, ZA la Marjolaine   Gar. Palais, r. de la Frégate ℰ 02 40 23 32 23
ℰ 02 40 23 35 16 🅽 ℰ 02 40 23 35 16

TURCKHEIM 68230 H.-Rhin 🔠 ⑱ ⑲ G. Alsace Lorraine **(plan)** – 3 567 h alt. 225.

🖪 Office de Tourisme pl. Turenne ℰ 03 89 27 38 44, Fax 03 89 80 83 22.

Paris 475 – Colmar 6 – Gérardmer 46 – Munster 13 – St-Dié 54 – le Thillot 67.

🏠 **Aux Portes de la Vallée** ⬥, 29 r. Romaine ℰ 03 89 27 27 15, Fax 03 89 27 40 71, 🏠 –
🖼 📺 🖼 🕭 🖪. 🖼. 🞉 rest

Repas (fermé dim. soir) (½ pens. seul.) ♨ – ⌷ 35 – **18 ch** 180/400 – ½ P 215/325.

🏠 **Berceau du Vigneron** sans rest, pl. Turenne ℰ 03 89 27 23 55, Fax 03 89 27 47 21 – ☎
🖪. 🖼. 🞉

mars-oct. – ⌷ 30 – **16 ch** 210/380.

✕ **A l'Homme Sauvage,** 19 Grand'rue ℰ 03 89 27 56 15, Fax 03 89 80 83 02 – 🖼
fermé 25 juin au 3 juil., vacances de fév., merc. soir et jeudi sauf juil.-août – **Repas** 120/185.

PEUGEOT Gar. Bertrand, ℰ 03 89 27 00 56 🅽 ℰ 03 89 27 22 11

TURENNE 19500 Corrèze 🔢 ⑧ G. Périgord Quercy – 740 h alt. 350.

Voir Site⋆ du château et ⋆⋆ de la tour de César.

Env. Collonges-la-Rouge : village⋆⋆ E : 10 km.

🖪 Syndicat d'Initiative (juin à mi-sept.) ℰ 05 55 85 91 24.

Paris 502 – Brive-la-Gaillarde 16 – Cahors 89 – Figeac 76.

✕ **Maison des Chanoines** ⬥ avec ch, ℰ 05 55 85 93 43, 🏠, « Maison du 16ᵉ siècle » –
🖼

1ᵉʳ mars-12 nov. et fermé mardi soir et merc. sauf du 1ᵉʳ juil. au 30 sept. – **Repas** (nombre
de couverts limité, prévenir) 100 (déj.), 140/195 – ⌷ 40 – **3 ch** 300/370 – ½ P 330/380.

TURINI (Col de) 06440 Alpes-Mar. 🔠 ⑲, 🔢 ⑰ G. Côte d'Azur.

Voir Forêt de Turini⋆⋆ – Monument aux Morts ⋆⋆ NE : 4 km.

Env. Pointe des 3-Communes ⋆⋆⋆ NE : 6,5 km – Pierre Plate ⋆⋆⋆ S : 7 km – Cime de Peira
Cava ⋆⋆⋆ S : 8,5 km puis 30 mn.

Paris 974 – L'Escarène 24 – Nice 45 – Roquebillière 18 – St-Martin-Vésubie 27 – Sospel 21.

🏠🏠 **Trois Vallées** ⬥, ℰ 04 93 91 57 21, Fax 04 93 79 53 62, ≤, 🏠 – 📺 ☎ 🖪. 🖭 ◐ 🖼
Repas 125 (déj.), 158/320, enf. 75 – ⌷ 48 – **20 ch** 270/600 – ½ P 370/485.

🏠 **Les Chamois** ⬥, ℰ 04 93 91 57 42, Fax 04 93 79 53 62, ≤, 🏠 – 📺 ☎ 🖪. 🖭 ◐ 🖼
fermé 27 oct. au 6 déc. – **Repas** (fermé jeudi soir et vend. du 15 sept. au 30 juin) 68/120 ♨,
enf. 35 – ⌷ 48 – **11 ch** 270/525 – ½ P 273/400.

TURRIERS 04250 Alpes-de-H.-P. 🔠 ⑥ – 276 h alt. 1040.

Paris 705 – Gap 35 – Digne-les-Bains 65 – Sisteron 39.

🏠 **Roche Cline** ⬥, ℰ 04 92 55 11 38, Fax 04 92 55 11 75, ≤, 🛋, 🖀 – 📺 ☎ 🖪. 🖼. 🞉
fermé 20 déc. au 8 janv. et lundi du 15 sept. au 15 juin – **Repas** 80/115, enf. 55 – ⌷ 30 –
20 ch 190/250 – ½ P 255.

TY-SANQUER 29 Finistère 🔢 ⑮ – rattaché à Quimper.

UCHACQ-ET-PARENTIS 40 Landes 🔢 ⑥ – rattaché à Mont-de-Marsan.

Les ULIS 91 Essonne 🔢 ⑩,, 🔢 ㉝ – voir à Paris, Environs.

UNAC 09 Ariège 🔢 ⑮ – rattaché à Ax-les-Thermes.

UNTERMUHLTHAL *57 Moselle* 🔟 ⑱ – *rattaché à Baerenthal.*

URÇAY *03360 Allier* 🔢 ⑪ ⑫ – *294 h alt. 169.*
Paris 301 – *Moulins 67* – La Châtre 55 – Montluçon 34 – St-Amand-Montrond 15.

    🍴 **Étoile d'Or** avec ch, ℘ 04 70 06 92 66, Fax 04 70 06 92 77 – 🅿 🖭 . ⚡ ch
    🛏 *fermé 15 au 30 janv., dim. soir et merc.* – **Repas** 65/160 ⚥ – 🖃 28 – **6 ch** 140/200 –
    ½ P 145/195.

URCEL *02000 Aisne* 🔢 ⑤ – *502 h alt. 153.*
Paris 129 – *Reims 74* – Fère-en-Tardenois 43 – Laon 13 – Soissons 24 – Vailly-sur-Aisne 13.

    🍴🍴 **Host. de France,** rte Nationale , ℘ 03 23 21 60 08, Fax 03 23 21 60 08 – 🅿. 🖭
    fermé 21 juil. au 9 août, vacances de fév., mardi soir et merc. – **Repas** 132/168.

URCUIT *64990 Pyr.-Atl.* 🔢 ③ *G. Pyrénées Aquitaine* – *1 688 h alt. 32.*
Paris 763 – *Biarritz 27* – Bayonne 15 – Dax 45 – Orthez 62 – Pau 104.

    🍴 **Au Goût des Mets,** Nord-Ouest : 4 km sur D 261 ℘ 05 59 42 95 64, 🌿 – 🖃 🅿. 🖭
    🛏 *fermé 1ᵉʳ au 6 juil., vacances de fév., dim. soir et lundi hors sais.* – **Repas** 72/210, enf. 45.

URDOS *64490 Pyr.-Atl.* 🔢 ⑯ – *162 h alt. 780.*
Env. *Col du Somport*★★ *SE : 14 km, G. Pyrénées Aquitaine.*
Paris 861 – *Pau 76* – Jaca 45 – Oloron-Ste-Marie 42.

    🏠 **Voyageurs-Somport,** ℘ 05 59 34 88 05, Fax 05 59 34 86 74, 🌿 – 🕿. 🖭
    🛏 *fermé nov.* – **Repas** 68/150, enf. 50 – 🖃 28 – **41 ch** 160/250 – ½ P 180/220.

Le Guide change, changez de guide tous les ans.

URIAGE-LES-BAINS *38410 Isère* 🔢 ⑤ *G. Alpes du Nord* – *alt. 414* – *Stat. therm. (avril-nov.).*
Voir *Forêt de Prémol*★ *SE : 5 km par D 111.*
    🏌 *de Grenoble* ℘ 04 76 89 03 47, *S : 1 km par D 524.*
    🛈 *Office de Tourisme pl. Déesse Hygié* ℘ 04 76 89 10 27, Fax 04 76 89 26 68.
Paris 579 – *Grenoble 11* – Vizille 11.

    🏨 **Grand Hôtel** 🖭, ℘ 04 76 89 10 80, Fax 04 76 89 04 62, ≤, 🌿, 🗗, 🔲 – 🛄 🖭 🕿 🅿 –
    🔏 25. 🖭 ⓞ 🖭
    fermé janv. – *Les Terrasses (fermé sam. midi, dim. soir et lundi sauf juil.-août)* **Repas** 185
    (déj.) 255/360, enf. 110 – 🖃 65 – **44 ch** 385/545 – ½ P 450/524.

    🏠 **Les Mésanges** 🐾, rte St-Martin-d'Uriage et rte Bouloud : 1,5 km ℘ 04 76 89 70 69,
    🛏 Fax 04 76 89 56 97, ≤, 🌿, 🗗, 🌿 – 🕿 🅿. 🖭 🖭 . ⚡
    1ᵉʳ mai-20 oct., vacances de fév. et week-ends de fév. à Pâques – **Repas** *(fermé mardi soir)*
    80/240 ⚥, enf. 50 – 🖃 38 – **39 ch** 170/290 – P 250/320.

    🏠 **Le Manoir,** ℘ 04 76 89 10 88, Fax 04 76 89 20 63, 🌿 – 🖭 🕿 🅿. 🖭
    fermé 20 nov. au 10 fév., dim. soir et lundi de nov. à mars – **Repas** 100/250 ⚥, enf. 55 –
    🖃 35 – **15 ch** 150/360 – P 250/380.

URMATT *67280 B.-Rhin* 🔢 ⑧ ⑨ – *1 243 h alt. 240.*
Voir *Église*★ *de Niederhaslach NE : 3 km, G. Alsace Lorraine.*
Paris 485 – *Strasbourg 41* – Molsheim 14 – Saverne 36 – Sélestat 40 – Wasselonne 22.

    🏨 **Clos du Hahnenberg et rest. Chez Jacques** 🖭, ℘ 03 88 97 41 35,
    🛏 Fax 03 88 47 36 51, 🝐, 🔲, ⚡ – 🛄 🔁 🖭 🕿 ⚡. 🔏 25. 🖭 🖭
    Repas 60/198 ⚥, enf. 39 – 🖃 39 – **33 ch** 282/317 – ½ P 295.

    🏠 **Poste,** ℘ 03 88 97 40 55, Fax 03 88 47 38 32, 🌿 – 🖃 rest 🖭 🕿 🅿. 🖭 ⓞ 🖭 . ⚡ ch
    fermé 1ᵉʳ au 14 juil., 22 au 31 déc., vacances de fév. et lundi – **Repas** 100/350 ⚥ – 🖃 36 –
    13 ch 190/240 – ½ P 240/270.

    🍴 **A la Chasse** avec ch, ℘ 03 88 97 42 64, Fax 03 88 97 56 23 – 🖭 🕿 ⚡ 🚗 🅿. 🖭
    fermé fév. et vend. – **Repas** 50 (déj.)/130 ⚥ – 🖃 33 – **9 ch** 160/220 – ½ P 198/213.

URRUGNE *64122 Pyr.-Atl.* 🔢 ② *G. Pyrénées Aquitaine* – *6 098 h alt. 34.*
Paris 794 – *Biarritz 22* – Bayonne 29 – Hendaye 8 – San Sebastián 30.

    🍴 **Chez Maïté,** près église ℘ 05 59 54 30 27 – 🖭
    fermé janv., lundi soir en juil.-août, dim. soir et lundi de sept. à juin – **Repas** 100/130,
    enf. 65.

URT *64240 Pyr.-Atl.* **78** ⑱ *– 1 583 h alt. 41.*

Paris 758 – Biarritz 29 – Bayonne 16 – Cambo-les-Bains 27 – Pau 99 – Peyrehorade 19 – Sauveterre-de-Béarn 42.

XX ✿✿ **Aub. de la Galupe** (Parra), au port de l'Adour ✆ 05 59 56 21 84, Fax 05 59 56 28 66 – ▤. AE GB

fermé 12 janv. au 23 fév., dim. soir de sept. à juin et lundi – **Repas** (le week-end prévenir) 245 (déj.), 360/550

Spéc. Saumon sauvage de l'Adour (15 mars à fin juil.). Boudin noir et travers de cochon grillé au citron blanchi. Assiette de chocolat noir. **Vins** Jurançon, Irouléguy.

URY *77 S.-et-M.* **61** ⑪ ⑫ *– rattaché à Fontainebleau.*

USCLADES-ET-RIEUTORD *07510 Ardèche* **76** ⑩ *– 123 h alt. 1270.*

Paris 597 – Le Puy-en-Velay 51 – Aubenas 48 – Langogne 41 – Privas 59 – Thueyts 99.

à Rieutord :

X **Ferme de la Besse,** ✆ 04 75 38 80 64, « Authentique ferme du 15e siècle » – P

1er avril-1er déc. – **Repas** (prévenir) 145/190, enf. 55.

USSAC *19 Corrèze* **75** ⑧ *– rattaché à Brive-La-Gaillarde.*

USSEL SP *19200 Corrèze* **73** ⑪ *G. Berry Limousin – 11 448 h alt. 631.*

Office de Tourisme pl. Voltaire ✆ 05 55 72 11 50.

Paris 447 – Aurillac 101 – Clermont-Ferrand 85 – Guéret 102 – Tulle 59.

Gd H. Gare, av. P. Sémard ✆ 05 55 72 25 98, Fax 05 55 96 25 63 – TV ☎ P. GB

Repas *(fermé 25 juin au 4 juil., 25 sept. au 5 oct., 24 au 31 déc., vacances de fév., dim. soir hors sais. et lundi)* 95/185 ♀, enf. 55 – ☐ 26 – **17 ch** 230/250 – ½ P 220.

CITROEN N.G.A., 6 rte de Clermont ✆ 05 55 46 14 14 **N** ✆ 06 07 40 28 91
FIAT Gar. du Centre, 5 r. A.-Chavagnac ✆ 05 55 72 11 54
PEUGEOT Gar. du Collège, N 89 Eybrail ✆ 05 55 96 10 68
RENAULT Ussel Autom., N 89 Eybrail ✆ 05 55 72 40 11 **N** ✆ 05 55 72 40 11
VAG Gar. Saunière, 23 bd Dr-Goudounèche ✆ 05 55 72 12 66
Gar. Salagnac, 56 av. Gén.-Leclerc ✆ 05 55 96 23 23
Euromaster, 61 av. Gén.-Leclerc ✆ 05 55 72 15 83
Techni Pneus, 24 r. Gambetta ✆ 05 55 72 59 76

USSON-EN-FOREZ *42550 Loire* **76** ⑦ *G. Vallée du Rhône – 1 265 h alt. 925.*

Paris 526 – St-Étienne 49 – Ambert 34 – Montbrison 41 – Le Puy-en-Velay 52 – St-Bonnet-le-Château 14.

Rival, ✆ 04 77 50 63 65, Fax 04 77 50 67 62, – ☎. AE GB

fermé 20 au 30 juin et lundi sauf juil.-août – **Repas** 68/240 ♀ – ☐ 26 – **10 ch** 140/290 – ½ P 165/224.

RENAULT Gar. Colombet, ✆ 04 77 50 60 53

USTARITZ *64480 Pyr.-Atl.* **85** ② *– 4 263 h alt. 14.*

Paris 781 – Biarritz 14 – Bayonne 13 – Cambo-les-Bains 8 – Pau 123 – St-Jean-de-Luz 26.

XX **La Patoula** avec ch, près Église ✆ 05 59 93 00 56, Fax 05 59 93 16 54, , « Terrasse en bordure de rivière », – TV ☎ P. GB

fermé 5 janv. au 15 fév. – **Repas** *(fermé lundi sauf le soir du 15 juin au 15 sept. et dim. soir du 15 sept. au 15 juin)* 100/240 – ☐ 60 – **9 ch** 350/500 – ½ P 350/450.

RENAULT Gar. Etchegaray, à Larressore ✆ 05 59 93 04 37 **N** ✆ 05 59 29 80 02

UZERCHE *19140 Corrèze* **75** ⑧ *G. Berry Limousin* **(plan)** *– 2 813 h alt. 380.*

Voir *Ste-Eulalie ≤★ E : 1 km.*

Office de Tourisme pl. de la Lunade (avril-oct.) ✆ 05 55 73 15 71.

Paris 449 – Brive-la-Gaillarde 37 – Aubusson 98 – Bourganeuf 80 – Limoges 57 – Périgueux 88 – Tulle 29.

Teyssier, r. Pont Turgot ✆ 05 55 73 10 05, Fax 05 55 98 43 31, – TV ☎ P. AE GB JCB

fermé début déc. à début avril et merc. sauf le soir de mi-juil. à mi-sept. – **Repas** 120/250, enf. 63 – ☐ 39 – **14 ch** 150/360 – ½ P 250/360.

à Vigeois *Sud-Ouest : 9 km par N 20 et D 3 – 1 210 h. alt. 390 – ✉ 19410 :*

XX **Les Semailles** avec ch, rte Brive-la-Gaillarde ✆ 05 55 98 93 69 – ☎. GB. ch

fermé janv., dim. soir et lundi sauf juil.-août – **Repas** 70/220 – ☐ 30 – **8 ch** 170/290 – ½ P 200/260.

Chez le Turc *Nord-Ouest : 12 km par N 20 et D 902 –* ⊠ *19210 St-Martin-Sepert :*

XXX **La Pommeraie,** ℘ 05 55 98 70 70, Fax 05 55 73 52 30, ☞ – **P.** GB
fermé fév., dim. soir et lundi – **Repas** 210/260 et carte 200 à 270.

PEUGEOT Gar. Meriguet, ℘ 05 55 73 26 35   RENAULT Gar. Bachellerie, ℘ 05 55 73 15 75

UZÈS *30700 Gard* **80** ⑲ *G. Provence* – *7 649 h alt. 138.*

Voir *Ville ancienne*★★ – *Duché*★ : ✳★★ *de la Tour Bermonde* A – *Tour Fenestrelle*★★ B –
Place aux Herbes★ A – *Orgues*★ *de la Cathédrale St-Théodorit* B V.

🎔₉ ℘ 04 66 22 40 03, S : 5 km par ②.

🛈 *Office de Tourisme av. Libération* ℘ 04 66 22 68 88, Fax 04 66 22 95 19.

Paris 684 ② – *Alès 34* ④ – *Montpellier 77* ② – *Arles 51* ② – *Avignon 39* ② – *Montélimar
77* ① – *Nîmes 25* ②.

UZÈS

		Boucairie (R.)	**B** 4	Marronniers (Prom.)	**B** 16
		Collège (R. du)	**B** 6	Pascal (Av. M.)	**B** 17
		Dampmartin (Pl.)	**A** 7	Pelisserie (R.)	**A** 18
Alliés (Bd des)	**A** 2	Dr-Blanchard (R.)	**B** 8	Plan-de-l'Oume (R.)	**B** 19
Gambetta (Bd)	**A**	Duché (Pl. du)	**A** 9	Rafin (R.)	**B** 20
Gide (Bd Ch.)	**AB**	Entre-les-Tours (R.)	**A** 10	St-Etienne (R.)	**A** 25
République (R.)	**A** 23	Évêché (R. de l')	**B** 12	St-Théodorit (R.)	**B** 27
Uzès (R. J.-d')	**A** 29	Foch (Av. Mar.)	**A** 13	Victor-Hugo (Bd)	**A** 32
Vincent (Av. Gén.)	**A**	Foussat (R. Paul)	**A** 14	4-Septembre (R.)	**A** 35

🏨 **d'Entraigues,** 8 r. de la Calade ℘ 04 66 22 32 68, Fax 04 66 22 57 01, ☞, « Ancien hôtel
particulier du 15ᵉ siècle », ⌂ – ❘❙ 🔲 TV ☎ 🚗 – 🔬 40. AE ⓪ GB JCB   B s
Jardins de Castille : **Repas** 110/250, enf. 80 – ☑ 50 – **17 ch** 375/525 – ½ P 370/450.

🏠 **St-Géniès** ⏎ sans rest, rte St-Ambroix par ⑤ : *1,5 km* ℘ 04 66 22 29 99,
Fax 04 66 03 14 89, ⌂, ☞ – ☎ **P.** GB
fermé janv. – ☑ 35 – **18 ch** 240/300.

à St-Maximin *par ② et D 981 : 5,5 km* – *628 h. alt. 110* – ⊠ *30700 :*

XX **Aub. St-Maximim,** ℘ 04 66 22 26 41, Fax 04 66 22 73 73, ☞ – AE ⓪ GB JCB
15 mars-12 nov., lundi et mardi d'avril à juin, lundi midi et mardi midi du 1ᵉʳ juil. au 1ᵉʳ sept. –
Repas 99 (déj.), 150/250.

à Arpaillargues-et-Aureillac *par ③ : 4,5 km* – *667 h. alt. 107* – ⊠ *30700 :*

🏨 **H. Marie d'Agoult** ⏎, ℘ 04 66 22 14 48, Fax 04 66 22 56 10, ☞, « Demeure du 18ᵉ
siècle, parc, ✱, ⌂ » – 🔲 ch TV ☎ **P** – 🔬 40. AE ⓪ GB
23 mars-3 nov. – **Repas** 130 (déj.), 210/260, enf. 100 – ☑ 55 – **27 ch** 600/800 – ½ P 515/
640.

CITROEN Gar. Mandon, Champs-de-Mars par ②
  ℘ 04 66 22 22 64
PEUGEOT Gar. Laborie, av. Gare par ③
  ℘ 04 66 22 59 01
RENAULT Gar. SUVRA, rte d'Alès par ④
  ℘ 04 66 22 60 99

⑩ Rome-Pneus-Point S, rte Remoulins pt des Charrettes ℘ 04 66 22 26 65

VAAS 72500 Sarthe 🔢 ③ G. Châteaux de la Loire – 1 564 h alt. 41.
  Paris 238 – Le Mans 43 – Angers 76 – Château-du-Loir 8 – Château-la-Vallière 16.

XX **Vedaquais** Ⓜ avec ch, pl. Liberté ℘ 02 43 46 01 41, Fax 02 43 46 37 60 – 📺 ☎. ⓞ ⅁Ⓑ
  fermé vacances de Toussaint – **Repas** (fermé dim. soir et lundi) 85/220 ⅃ – ⌧ 28 – **8 ch** 250 – ½ P 190/212.

  RENAULT Gar. Ouvrard, ℘ 02 43 46 70 42 🔟 ℘ 02 43 46 72 38

VACQUEYRAS 84190 Vaucluse 🔢 ⑫ – 943 h alt. 117.
  Voir Clocher★ de la chapelle N.-D. d'Aubune SE : 3 km.
  Paris 665 – Avignon 34 – Nyons 36 – Orange 23 – Vaison-la-Romaine 20.

🏛 **Le Pradet** Ⓜ ⌂ sans rest, ℘ 04 90 65 81 00, Fax 04 90 65 80 27 – 📺 ☎ ௬ 🄿 ⅀ ⅁Ⓑ
  ⌧ 34 – **22 ch** 270/380.

VACQUIERS 31340 H.-Gar. 🔢 ⑧ – 916 h alt. 200.
  Paris 676 – Toulouse 23 – Albi 70 – Castres 78 – Montauban 35.

🏛 **Villa des Pins** ⌂, Ouest : 2 km par D 30 ℘ 05 61 84 96 04, Fax 05 61 84 28 54, ⌖, parc –
  📺 ☎ 🄿 – ⅍ 60. ⅁Ⓑ
  Repas 80/215 ⅃, enf. 40 – ⌧ 40 – **15 ch** 185/290 – ½ P 205/235.

VAIGES 53480 Mayenne 🔢 ⑪ – 1 019 h alt. 90.
  Paris 254 – Château-Gontier 37 – Laval 25 – Le Mans 60 – Mayenne 31.

🏛 **Commerce**, ℘ 02 43 90 50 07, Fax 02 43 90 57 40, ⌖ – 🛗 📺 ☎ ⅋ 🄿 ⅀ ⓞ ⅁Ⓑ, ⅍
  fermé 7 au 21 janv. et dim. soir d'oct. à mars – **Repas** 98/250 ⅃, enf. 65 – ⌧ 45 – **30 ch** 320/495 – ½ P 310/340.

VAILLY-SUR-SAULDRE 18260 Cher 🔢 ⑫ G. Berry Limousin – 865 h alt. 205.
  Paris 178 – Bourges 56 – Aubigny-sur-Nère 18 – Cosne-sur-Loire 23 – Gien 37 – Sancerre 25.

XX **Aub. du Lièvre Gourmand**, ℘ 02 48 73 80 23, Fax 02 48 73 86 13 – ⅁Ⓑ
  fermé 15 janv. au 15 fév., dim. soir et lundi hors sais. – **Repas** 140/190, enf. 60.

VAISON-LA-ROMAINE 84110 Vaucluse 🔢 ② ③ G. Provence – 5 663 h alt. 193.
  Voir Les ruines romaines★★ Y : théâtre romain★ Y, musée archéologique Théo-Desplans★ Y M – Haute Ville★ Z – Chapelle de St-Quenin★ Y – Maître-autel★ de l'anc. cathédrale N.-D. de Nazareth Y, cloître★ Y B.
  🗓 Office de Tourisme pl. Chanoine Sautel ℘ 04 90 36 02 11, Fax 04 90 28 76 04.
  Paris 667 ④ – Avignon 50 ③ – Carpentras 27 ② – Montélimar 65 ④ – Pont-St-Esprit 41 ④.

Plan page ci-contre

🏛 **Le Beffroi** ⌂, Haute Ville ℘ 04 90 36 04 71, Fax 04 90 36 24 78, ≤, ⌖, « Demeures des
  16ᵉ et 17ᵉ siècles », ⌖ – 📺 ☎ ⇦⇨ 🄿 ⅀ ⓞ ⅁Ⓑ, ⅍ rest   Z a
  hôtel : fermé 10 nov. au 20 déc. et 15 fév. au 20 mars – **Repas** (26 mars-31 oct. et fermé le midi jeu. week-ends) 98 (déj.), 145/195, enf. 55 – ⌧ 45 – **22 ch** 330/655 – ½ P 405/495.

🏛 **Logis du Château** ⌂, Les Hauts de Vaison ℘ 04 90 36 09 98, Fax 04 90 36 10 95, ≤,
  ⌖, ⅍ – 🛗 ▤ rest 📺 ☎ ௬ 🄿 ⅁Ⓑ   Z s
  début avril-fin oct. – **Repas** (fermé merc. midi et dim. midi) 95/158, enf. 50 – ⌧ 40 – **45 ch** 265/430 – ½ P 250/343.

🏛 **Burrhus et annexe Les Lis** sans rest, 2 pl. Montfort ℘ 04 90 36 00 11,
  Fax 04 90 36 39 05 – ☎. ⅀ ⅁Ⓑ   Y n
  fermé 14 nov. au 20 déc. et dim. en janv. et fév. – ⌧ 29 – **32 ch** 260/450.

XX **Le Moulin à Huile**, quai Mar. Foch ℘ 04 90 36 20 67, Fax 04 90 36 20 20, ≤, ⌖ – ▤. ⅀
  ⅁Ⓑ   Z e
  fermé 15 janv. au 15 fév., dim. soir et lundi de sept. au 15 juin – **Repas** 140 (déj.), 200/450 bc.

XX **Aub. de la Bartavelle**, pl. Sus Auze ℘ 04 90 36 02 16, ⌖ – ⅁Ⓑ   Y d
  fermé 15 fév. au 15 mars, mardi midi et lundi – **Repas** 80 (déj.), 130/200.

X **Le Bateleur**, pl. Th. Aubanel ℘ 04 90 36 28 04 – ▤. ⅁Ⓑ   Z k
  fermé 15 nov. au 15 déc., dim. soir et lundi – **Repas** (prévenir) 98/138, enf. 66.

VAISON-LA-ROMAINE

Fabre (Cours H.) ..... Y 13
Grande-Rue .... Y 18
Montfort (Pl. de) ..... Y 25
République (R.) ...... Y 32

Aubanel (Pl.) .... Z 3
Burrus (R.) .... Y 4
Cathédrale (Pl. de la) . Y 5
Chanoine-Sautel (Pl.) .. Y 6
Coudray (Av.) .... Y 9
Église (R. de l') .... Z 10
Évêché (R. de l') ..... Z 12
Foch
(Quai Maréchal) .... Z 14
Gontard (Quai P.) ..... Z 17
Horloge (R. de l') ..... Z 21
Jaurès (R. Jean) ...... Y 22
Mazen (Av. J.) .... Y 23
Mistral
(R. Frédéric) .... Y 24
Noël (R. B.) .... Y 27
Poids (Pl. du) .... Z 29
St-Quenin (Av.) .... Y 34
Taulignan (Crs) .... Y 35
Victor-Hugo (Av.) ..... Y 36
Vieux-Marché
(Pl. du) .... Z 38
Ville-Haute
(Chemin de la) ..... Z 39
11-Novembre (Pl. du) . Y 40

Michelin n'accroche pas de panonceau aux hôtels et restaurants qu'il signale.

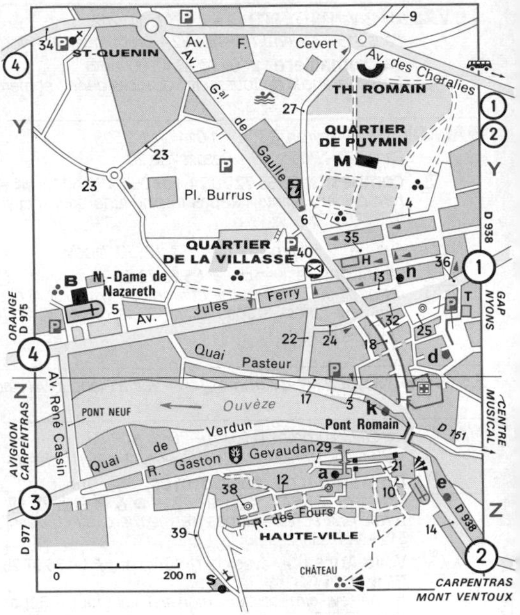

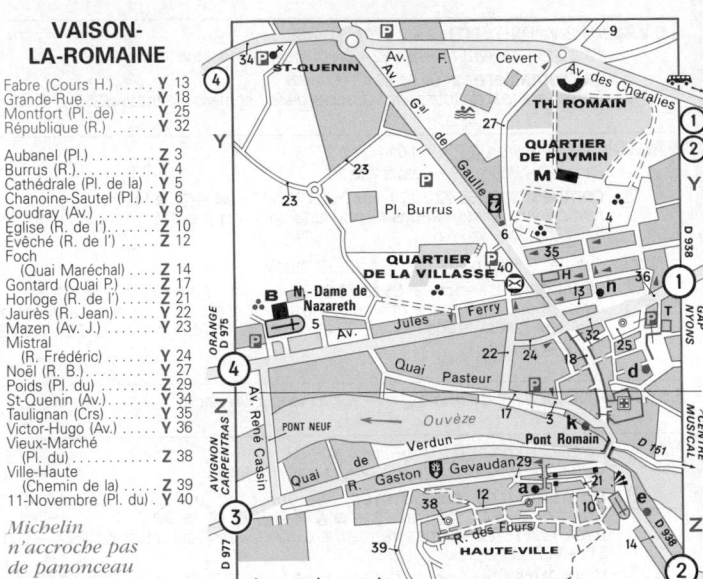

à St-Romain-en-Viennois *par ①, D 938 et D 71 : 4 km – 687 h. alt. 260 – ✉ 84110 :*

✕ **L'Amourié** avec ch, ✆ 04 90 46 43 72 – ☎. GB
fermé 9 au 15 juin, 27 au 31 oct., 15 déc. au 15 janv., mardi soir et merc. du 15 sept. au 15 juin – **Repas** 102/235 – ☐ 30 – **5 ch** 210/250 – 1/2 P 257.

à Entrechaux *par ②, D 938 et D 54 : 7 km G. Alpes du Sud – 809 h. alt. 280 – ✉ 84340 :*

✕✕ **St-Hubert,** ✆ 04 90 46 00 05, Fax 04 90 46 00 06, ⛱, ⛱ – P. GB. ✄
fermé 29 sept. au 11 oct., fév., mardi et merc – **Repas** 72/270 ♁.

à Séguret *par ③, D 977 et D 88 : 10 km – 798 h. alt. 250 – ✉ 84110 :*

Domaine de Cabasse ⛱, rte Sablet ✆ 04 90 46 91 12, Fax 04 90 46 94 01, ≤, ⛱, « Dans un domaine viticole », ⛱, ⛱ – TV ☎ P. AE GB. ✄ ch
25 mars-12 nov. – **Repas** *(fermé lundi midi et mardi midi sauf juil.-août)* 91/180 ♁ – ☐ 50 – **12 ch** 450/650 – 1/2 P 415/515.

✕✕✕ **La Table du Comtat** ⛱ avec ch, ✆ 04 90 46 91 49, Fax 04 90 46 94 27, ≤ plaine, ⛱ – ▤ rest TV ☎ P. AE ⓓ GB
fermé 30 nov. au 12 déc., fév., mardi soir et merc. d'oct. à juin – **Repas** 160/460 et carte 260 à 420, enf. 110 – ☐ 65 – **8 ch** 480/600 – 1/2 P 620/700.

à Rasteau *par ④, D 975 et D 69 : 9 km – 673 h. alt. 200 – ✉ 84110 :*

Bellerive ⛱, rte Violès ✆ 04 90 46 10 20, Fax 04 90 46 14 96, ≤ vignobles et Dentelles de Montmirail, ⛱, ⛱, ⛱ – TV ☎ P. GB
fin mars-3 nov. – **Repas** *(fermé vend. midi et lundi)* 125 (déj.), 160/190, enf. 70 – ☐ 55 – **20 ch** 510 – 1/2 P 475.

PEUGEOT Gar. de Luca, rte de Nyons par ① ✆ 04 90 36 24 33 N ✆ 04 90 36 24 33

VAÏSSAC *82800 T.-et-G.* 79 ⑱ *– 636 h alt. 134.*
Paris 638 – Toulouse 77 – Albi 58 – Montauban 23 – Villefranche-de-Rouergue 66.

Terrassier, ✆ 05 63 30 94 60, Fax 05 63 30 87 40, ⛱, ⛱ – TV ☎ P. GB. ✄
fermé dim. soir d'oct. à mars – **Repas** *(fermé 23 au 30 nov., 1er au 15 janv., vend. soir hors sais. et dim. soir)* 75 bc/200 ♁, enf. 35 – ☐ 40 – **12 ch** 210/250 – 1/2 P 220.

Les **cartes Michelin** sont constamment tenues à jour.

Le VAL *83143 Var* 84 ⑤, 114 ⑳ *– 2 893 h alt. 242.*
Paris 815 – Aix-en-Provence 62 – Draguignan 41 – Toulon 55.

La Crémaillère, ☎ 04 94 86 40 00 – GB
fermé vacances de Toussaint, vacances de fév. et merc. – **Repas** 94/235, enf. 59.

VALADY *12330 Aveyron* 80 ② *– 1 014 h alt. 350.*
Paris 622 – Rodez 19 – Decazeville 20.

Combes, ☎ 05 65 72 70 24, Fax 05 65 72 68 15, – ☎ P. GB
fermé 5 au 20 janv. – **Repas** *(fermé lundi sauf fériés)* 88/165 – 27 – **15 ch** 195/250 – ½ P 225/250.

à Nuces *Sud-Est : 2,5 km par N 140 – ✉ 12330 Valady :*

La Diligence avec ch, ☎ 05 65 72 60 20, , – ☎ P. – 30. GB
fermé 1er au 7/9, dim. soir et lundi (du 1/4 au 30/6 et sept.), mardi soir et merc. du 1/10 au 30/3 sauf fériés – **Repas** 85 bc/190 et carte 200 à 270, enf. 60 – 35 – **7 ch** 210/250 – ½ P 240/280.

Le VAL-ANDRÉ *22 C.-d'Armor* 59 ④ *– voir à Pléneuf-Val-André.*

VALAURIE *26230 Drôme* 81 ① ② *– 386 h alt. 162.*
Paris 623 – Montélimar 21 – Nyons 32 – Pierrelatte 13.

Domaine Les Mejeonnes , Ouest : 2 km sur D 541 ☎ 04 75 98 60 60, Fax 04 75 98 63 44, , parc, – ☎ P. – 25. AE GB
fermé janv. et fév. – **Repas** *(fermé merc. d'oct. à avril sauf fêtes)* 95/195 – 42 – **10 ch** 315 – ½ P 255/275.

Valle Aurea avec ch, rte Grignan ☎ 04 75 97 25 00, Fax 04 75 98 59 59, , – ☎ P. AE GB.
fermé fév., dim. soir et lundi sauf juil.-août – **Repas** 158/265 – 70 – **5 ch** 455/595 – ½ P 475/555.

VALBERG *06 Alpes-Mar.* 81 ⑨ ⑲, 115 ④ *G. Alpes du Sud – alt. 1669 – Sports d'hiver : 1 430/ 2 026 m 27 – ✉ 06470 Péone.*
Voir Intérieur de la chapelle N.-D.-des-Neiges.*
Office de Tourisme ☎ 04 93 23 24 25, Fax 04 93 02 52 27.
Paris 819 – Barcelonnette 75 – Castellane 68 – Digne-les-Bains 108 – Nice 85 – St-Martin-Vésubie 58.

Adrech de Lagas, ☎ 04 93 02 51 64, Fax 04 93 02 52 33, – ☎ P. AE GB.
1er juil.-15 sept. et 23 déc.-10 avril – **Repas** 120/150 – 45 – **20 ch** 480/500 – ½ P 380/430.

Chalet Suisse, ☎ 04 93 02 50 09, Fax 04 93 02 61 92, – ☎. AE GB. rest
juil.-août et 20 déc.-31 mars – **Repas** 120 – 40 – **20 ch** 270/520 – ½ P 365/410.

VALBONNE *06560 Alpes-Mar.* 84 ⑨, 115 ㉔ ㉕ *G. Côte d'Azur – 9 514 h alt. 250.*
18 Opio-Valbonne ☎ 04 93 42 00 08, NE : 2 km ; 9 Victoria Golf Club ☎ 04 93 12 23 26, S : 4 km.
Office de Tourisme 11 av. St-Roch ☎ 04 93 12 34 50, Fax 04 93 12 34 57.
Paris 909 – Cannes 12 – Antibes 15 – Grasse 13 – Mougins 8 – Nice 33 – Vence 24.

Armoiries sans rest, pl. Arcades ☎ 04 93 12 90 90, Fax 04 93 12 90 91, « Belle décoration intérieure » – ☎. AE GB JCB
50 – **16 ch** 500/900.

La Cigale, rte Opio ☎ 04 93 12 24 43, – ☎ P. GB
Repas *(fermé 10 au 20 juin, 23 nov. au 3 déc., 15 au 31 janv. et mardi sauf le soir en juil.-août)* 92/135 – 37 – **11 ch** 295/330 – ½ P 255.

Aub. Fleurie, rte Cannes (D 3) : 1,5 km ☎ 04 93 12 02 80, Fax 04 93 12 22 27, – P. GB
fermé 15 déc. au 31 janv., dim. soir et lundi – **Repas** 115/190 .

Moulin des Moines, pl. Église ☎ 04 93 12 03 41, Fax 04 93 12 25 24, – AE GB
fermé dim. soir et lundi – **Repas** 68 bc (déj.), 100 bc/255 .

Bistro de Valbonne, 11 r. Fontaine ☎ 04 93 12 05 59 – . AE GB
fermé 1er au 15 mars, nov., dim. et lundi – **Repas** (nombre de couverts limité, prévenir) 135/168.

Lou Cigalon, 4 bd Carnot ☎ 04 93 12 27 07 – . GB
fermé 5 au 31 janv., mardi sauf le soir en juil.-août et lundi – **Repas** (nombre de couverts limité, prévenir) 135/210.

rte de Cannes *Sud : 2,5 km par D 3 –* ⊠ *06560 Valbonne :*

🏨 **Castel'Aras** Ⓜ 🐾 sans rest, 30 chemin Pinchinade, rd-pt D 3-D 103 ✆ 04 93 12 90 00, Fax 04 93 12 90 01, 🦌, 🐸, 🎯 – 📺 ☎ & 🅿 ⒶⒺ ⓞ ⒼⒷ ⒿⒸⒷ
⊡ 50 – **33 ch** 500/600.

rte d'Antibes *Sud : 3 km par D 3 et D 103 –* ⊠ *06560 Valbonne :*

🍴 **Bois Doré,** ✆ 04 93 12 26 25, Fax 04 93 12 28 73, 😀, 🦌 – 🅿 ⒶⒺ ⒼⒷ
🏚 *fermé 12 janv. au 17 fév. et lundi –* **Repas** 125/180.

à Sophia-Antipolis *Sud-Est : 7 km par D 3 et D 103 –* ⊠ *06560 Valbonne :*

🏨 **Grand H. Mercure** Sophia Country Club Ⓜ 🐾, Les Luciole 2 - 3550 rte Dolines ✆ 04 92 96 68 78, Fax 04 92 96 68 96, 😀, 🎱, 🐸, 🦌, 🎯 – 🛗 🔌 📺 ☎ 📶 & 🅿 –
🏊 400. ⒶⒺ ⓞ ⒼⒷ
L'Arlequin (fermé dim. midi et sam.) **Repas** 120/180, enf. 70 – ⊡ 70 – **107 ch** 590/780.

🏨 **Mercure** Ⓜ 🐾, Les Lucioles 2, rue A. Caquot ✆ 04 92 96 04 04, Fax 04 92 96 05 05, 😀, 🦌 – 🛗 🔌 📺 ☎ 📶 & 🅿 – 🏊 120. ⒶⒺ ⓞ ⒼⒷ
Repas 158/175 bc, enf. 50 – ⊡ 60 – **104 ch** 510/595.

🏨 **Novotel** Ⓜ 🐾, Les Lucioles 1, 290 r. Dostoievski ✆ 04 93 65 40 00, Fax 04 93 95 80 12, 😀, 🐸, 🦌 – 🛗 🔌 📺 ☎ & 🅿 – 🏊 100. ⒶⒺ ⓞ ⒼⒷ, 🎯 rest
Repas grill 128, enf. 50 – ⊡ 55 – **97 ch** 600.

🏨 **Ibis,** Les Lucioles 2, r.A. Caquot ✆ 04 93 65 30 60, Fax 04 93 95 83 99, 😀, 🐸, 🦌 – 🛗 🔌
📺 ☎ & 🅿 ⒶⒺ ⓞ ⒼⒷ
Repas 95, enf. 39 – ⊡ 36 – **99 ch** 355/405.

RENAULT Gar. Cuberte, 1600 rte de Cannes ✆ 04 93 12 02 24

During the season, particularly in resorts, it is wise to book in advance.

VALCEBOLLÈRE *66340 Pyr.-Or.* 🎱 ⑱ – *37 h alt. 1470.*
Paris 873 – Font-Romeu-Odeillo-Via 27 – Bourg-Madame 9 – Perpignan 107 – Prades 62.

🏨 **Aub. Les Ecureuils** Ⓜ 🐾, ✆ 04 68 04 52 03, Fax 04 68 04 52 34, 🦌 – ☎ ⒶⒺ ⒼⒷ
1ᵉʳ mai-15 oct. et 20 déc.-15 avril – **Repas** 100/250, enf. 65 – ⊡ 40 – **15 ch** 250/350 – ½ P 250/310.

VAL CLARET *73 Savoie* 🎱 ⑲ – *rattaché à Tignes.*

VALDAHON *25800 Doubs* 🎱 ⑱ – *3 534 h alt. 645.*
Paris 438 – Besançon 33 – Morteau 31 – Pontarlier 30.

🏨 **Relais de Franche Comté** 🐾, ✆ 03 81 56 23 18, Fax 03 81 56 44 38, 😀, 🦌 – 📺 ☎
🏚 📶 🅿 – 🏊 30. ⒶⒺ ⓞ ⒼⒷ
fermé 20 déc. au 15 janv., vend. soir et sam. midi sauf juil.-août – **Repas** 68/250 🍷, enf. 35 – ⊡ 38 – **20 ch** 210/275 – ½ P 250/280.

à Chevigney-lès-Vercel *Nord-Est : 3 km par D 50 – 88 h. alt. 630 –* ⊠ *25530 :*

🏨 **Promenade,** ✆ 03 81 56 24 76, Fax 03 81 56 29 64, 😀, 🦌 – ☎ – 🏊 30. ⒼⒷ
🏚 *fermé vacances de Toussaint, dim. soir et lundi sauf juil.-août –* **Repas** 54/185 🍷, enf. 40 – ⊡ 32 – **11 ch** 170/250 – ½ P 162/173.

CITROEN Gar. Pétot, ✆ 03 81 56 27 12 🅽 ✆ 03 81 56 26 19
PEUGEOT Gar. de la Croisée, ✆ 03 81 56 22 84 🅽 ✆ 03 81 67 08 12
RENAULT Gar. Duquet, ✆ 03 81 56 23 07 🅽 ✆ 03 81 56 41 56

Le VAL-D'AJOL *88340 Vosges* 🎱 ⑯ *G. Alsace Lorraine – 4 877 h alt. 380.*
🛈 *Office de Tourisme 93 Grande-Rue ✆ et Fax 03 29 30 61 55.*
Paris 384 – Épinal 45 – Luxeuil-les-Bains 18 – Plombières-les-Bains 10 – Remiremont 18 – Vittel 70.

🏨 **Résidence** 🐾, r. Mousses ✆ 03 29 30 68 52, Fax 03 29 66 53 00, « Parc », 🐸, 🎯 – 📺 ☎
🅿 – 🏊 25 à 80. ⒶⒺ ⓞ ⒼⒷ
fermé 15 nov. au 15 déc. – **Repas** 95/270 🍷, enf. 50 – ⊡ 42 – **55 ch** 230/400 – ½ P 290/360.

VALDEBLORE (Commune de) *06420 Alpes-Mar.* 🎱 ⑱ ⑲, 🎱 ⑥ *G. Côte d'Azur – 664 h alt. 1050 – Sports d'hiver à la Colmiane : 1 400/1 800 m ⚡8.*
🛈 *Office de Tourisme ✆ 04 93 02 88 59, Fax 04 93 02 79 30.*
Paris 846 – Cannes 89 – Nice 72 – St-Étienne-de-Tinée 46 – St-Martin-Vésubie 11.

à St-Dalmas-Valdeblore – ⊠ 06420 St-Sauveur-de-Tinée.
Voir *Pic de Colmiane* ❀★★ E 4,5 km accès par télésiège.

🏠 **Aub. des Murès** ⬙, rte du col St-Martin ℘ 04 93 23 24 60, Fax 04 93 23 24 67, ≤, 🏠 –
☎ 🅿, 🆎 🇬🇧
fermé 1ᵉʳ au 15 nov. – **Repas** 120/150, enf. 65 – ☑ 35 – **10 ch** 280/330 – ½ P 300/330.

VAL-DE-MERCY 89 Yonne 🔢 ⑤ – *rattaché à Coulanges-la-Vineuse.*

VAL-D'ISÈRE 73150 Savoie 🔢 ⑲ *G. Alpes du Nord* – *1 701 h alt. 1850* – *Sports d'hiver : 1 785/
3 550 m ⬛ 6 ⬛ 45 ⬛.*
Voir *Rocher de Bellevarde* ❀★★★ par téléphérique.
Env. *Belvédère de la Tarentaise* ❀★★ SE : 15 km.
🅱 Office de Tourisme Maison de Val d'Isère ℘ 04 79 06 06 60, Fax 04 79 06 04 56.
Paris 669 ① – Albertville 86 ① – Briançon 138 ① – Chambéry 133 ①.

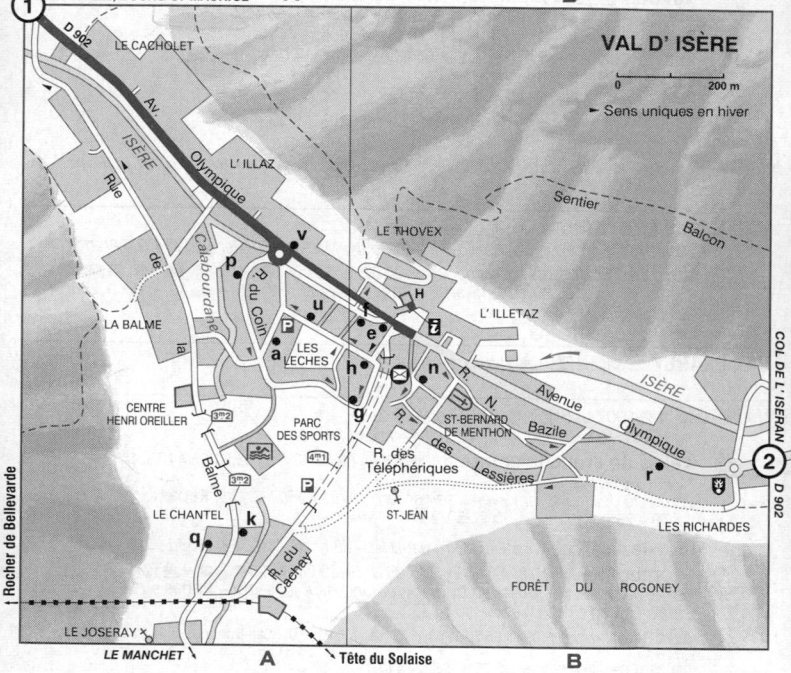

🏨 **Christiania** Ⓜ ⬙, ℘ 04 79 06 08 25, Fax 04 79 41 11 10, ≤, 🔟 , 🔳 – 🛗 📺 ☎ ㅎ – 🔼 40.
🆎 🇬🇧, ⬙ rest
A a
1ᵉʳ déc.-1ᵉʳ mai – **Repas** 260 et carte 280 à 390 – ☑ 65 – **66 ch** 1717/1994, 4 appart –
½ P 907/1187.

🏨 **Le Blizzard** Ⓜ, ℘ 04 79 06 02 07, Fax 04 79 06 04 94, ≤, 🏠 , 🔟 – 🛗 📺 ☎ 🚗 – 🔼 30.
🆎 ⓪ 🇬🇧 🇯🇨🇧, ⬙ rest
B f
juil.-août et déc.-2 mai – **Repas** 130/200 – **67 ch** ☑ 850/2580, 6 appart – ½ P 690/1460.

🏨 **Tsanteleina** Ⓜ, ℘ 04 79 06 12 13, Fax 04 79 41 14 16, ≤, 🏠 , 🔟 – 🛗 📺 ☎ ❤ 🅿 – 🔼 25.
🆎 🇬🇧, ⬙ rest
B e
30 juin-20 août et 1ᵉʳ déc.-5 mai – **Repas** 160 (déj.), 250/300 – ☑ 80 – **32 ch** 650/1100 –
½ P 635/970.

🏨 **Gd Paradis**, ℘ 04 79 06 11 73, Fax 04 79 41 11 13, ≤, 🏠 , 🔟 – 🛗 🔆 📺 ☎ 🚗 🅿 –
🔼 25. 🆎 ⓪ 🇬🇧 🇯🇨🇧, ⬙ rest
B g
ouvert août (sans rest.) et 1ᵉʳ déc.-10 mai – **Repas** 100 (déj.), 150/250 – ☑ 80 – **36 ch**
450/1000, 4 appart – ½ P 600/950.

🏨 **Mercure Village** Ⓜ, ℰ 04 79 06 12 93, Fax 04 79 41 11 12, ≤ – 🛗 📺 ☎ – 🏊 40. 🖭 ⓪
GB. ℅ rest
B h
fermé 5 mai au 15 juin – **Repas** 120 – � 65 – **45 ch** 660/1080.

🏨 **La Savoyarde**, ℰ 04 79 06 01 55, Fax 04 79 41 11 29, ≤, ⅙ – 🛗 📺 ☎. 🖭 ⓪ GB J̄CB
5 au 22 août (sauf rest.) et 1ᵉʳ déc.-5 mai – **Repas** 125 (déj.), 150/280 – ⊑ 65 – **44 ch**
710/1100 – ½ P 720/810.
A u

🏨 **Kandahar** Ⓜ, ℰ 04 79 06 02 39, Fax 04 79 41 15 54 – 🛗 📺 ☎ ⅙, ⟺ 🅿. 🖭 ⓪ GB
4 juil.-1ᵉʳ sept. et 28 nov.-5 mai – **La Taverne d'Alsace** (dîner seul.) **Repas**
carte 160 à 300 🍷, enf. 100 – **29 ch** ⊑ 780/1260 – ½ P 630/780.
A v

🏨 **Altitude** Ⓜ 🦢, ℰ 04 79 06 12 55, Fax 04 79 41 11 09, ≤, 🌣, ⅙, 🏊 – 🛗 📺 ☎ ⅙, 🅿. 🖭 ⓪
GB.
A k
juil.-août et 1ᵉʳ déc.-5 mai – **Repas** 165, enf. 80 – ⊑ 60 – **40 ch** 670/1100, 12 duplex –
½ P 670/700.

🏨 **La Galise**, ℰ 04 79 06 05 04, Fax 04 79 41 16 16 – 📺 ☎. GB. ℅ rest
B n
15 déc.-30 avril – **Repas** (dîner seul.) 125/175 – ⊑ 65 – **30 ch** 530/800 – ½ P 525/575.

🏨 **Bellier** 🦢, ℰ 04 79 06 03 77, Fax 04 79 41 14 11, ≤, 🌣, 🏊 – 📺 ☎ 🅿. 🖭 ⓪ GB
J̄CB
A p
1ᵉʳ juil.-31 août et 1ᵉʳ déc.-5 mai – **Repas** (dîner seul. en hiver) 100/150 – ⊑ 50 – **22 ch**
600/900 – ½ P 470/630.

🏨 **Chamois d'Or** 🦢, ℰ 04 79 06 00 44, Fax 04 79 41 16 58, ≤ – ☎ 🅿. GB. ℅
A q
Repas 95 🍷 – ⊑ 40 – **24 ch** (½ pens. seul.) – ½ P 390/415.

🏨 **L'Avancher,** rte Fornet ℰ 04 79 06 02 00, Fax 04 79 41 16 07, 🌣, 🏊 – ☎. GB
B r
juil.-août et début déc.-1ᵉʳ mai – **Repas** (dîner seul. de déc. à avril) 115 (déj.), 150/250 🍷 –
⊑ 60 – **15 ch** 402/663 – ½ P 481/530.

à la Daille *par ① : 2 km* – ✉ 73150 Val-d'Isère.
🛈 *Office de Tourisme (déc.-fin avril) ℰ 04 79 06 19 67.*

🏨 **Samovar,** ℰ 04 79 06 13 51, Fax 04 79 41 11 08, ≤ – 📺 ☎. GB. ℅ rest
1ᵉʳ déc.-30 avril – **Repas** 90 (déj.), 135/210, enf. 90 – ⊑ 50 – **12 ch** 730/790, 6 duplex –
½ P 640/790.

VALENÇAY 36600 Indre 🖥 ⑱ *G. Châteaux de la Loire* (plan) – *2 912 h alt. 140.*

Voir *Château⋆⋆ (spectacle son et lumière).*

🛈 *Office de Tourisme av. de la Résistance ℰ 02 54 00 04 42.*

Paris 231 – Blois 57 – Bourges 74 – Châteauroux 43 – Loches 49 – Vierzon 50.

🏨 **Espagne** (Fourré) 🦢, 9 r. du Château ℰ 02 54 00 00 02, Fax 02 54 00 12 63, « Terrasse
🌼 fleurie » – 📺 ☎ 🅿. 🖭 ⓪ GB
fermé janv. et fév., mardi midi et lundi d'oct. à Pâques – **Repas** 160 (déj.), 250/300 et carte
270 à 400 – ⊑ 75 – **14 ch** 350/650
Spéc. Escalope de foie gras de canard aux raisins. Rognon de veau à la berrichonne. Bombe
"Talleyrand". **Vins** Valençay, Reuilly.

à Veuil *Sud : 6 km par D 15 et rte secondaire* – *386 h. alt. 140* – ✉ 36600 :

✗✗ **Aub. St-Fiacre,** ℰ 02 54 40 32 78, Fax 02 54 40 35 66, 🌣, intérieur rustique – GB. ℅
fermé vacances de fév., mardi soir et merc. – **Repas** 98 (déj.), 150/180.

CITROEN Gar. Huard, ℰ 02 54 00 05 35 Ⓝ ℰ 02 54   PEUGEOT Gar. Desbrais, ℰ 02 54 00 17 99
00 05 35

VALENCE 🄿 26000 Drôme 🖥 ⑫ *G. Vallée du Rhône* – *63 437 h Agglo. 107 965 h alt. 126.*

Voir *Maison des Têtes⋆ CY – Intérieur⋆ de la cathédrale St-Apollinaire BZ – Champ de
Mars ≤⋆ BZ – Sanguines de Hubert Robert⋆⋆ au musée BZ M.*

🏌 *des Chanalets ℰ 04 75 55 16 23, par ① : 6 km ; 🏌 de St-Didier ℰ 04 75 59 67 01, E : 14 km
par D 119 ; 🏌 du Bourget ℰ 04 75 59 41 71 à Montmeyran, 16 km par ③.*

✈ *de Valence-Chabeuil : ℰ 04 75 85 26 26, par ③ : 5 km B YZ.*

🛈 *Office de Tourisme Parvis de la gare ℰ 04 75 44 90 40, Fax 04 75 44 90 41 – Automobile
Club de la Drôme 33 bis av. F.-Faure ℰ 04 75 43 61 07, Fax 04 75 55 62 04.*

*Paris 561 ① – Avignon 126 ⑤ – Grenoble 94 ② – Marseille 214 ⑤ – Nîmes 152 ⑤ –
Le Puy-en-Velay 111 ⑦ – St-Étienne 93 ①.*

Plans pages suivantes

🏨 **Novotel** Ⓜ, 217 av. Provence ℰ 04 75 42 20 15, Fax 04 75 43 56 29, 🌣, 🏊, 🐎, ℁ – 🛗
℁ ▤ 📺 ☎ ⅙, 🅿 – 🏊 25 à 250. 🖭 ⓪ GB
AX a
Repas 104 🍷, enf. 50 – ⊑ 51 – **107 ch** 465/495.

🏨 **Yan's H.** Ⓜ, rte Montéléger près centre hospitalier ℰ 04 75 55 52 52, Fax 04 75 42 27 37,
🌣, 🏊, 🐎 – ℁ ▤ ch 📺 ☎ ⅙, 🅿 – 🏊 40. 🖭 GB
AX b
Repas grill *(fermé sam. et dim.)* 125 bc, enf. 50 – ⊑ 40 – **38 ch** 345/425.

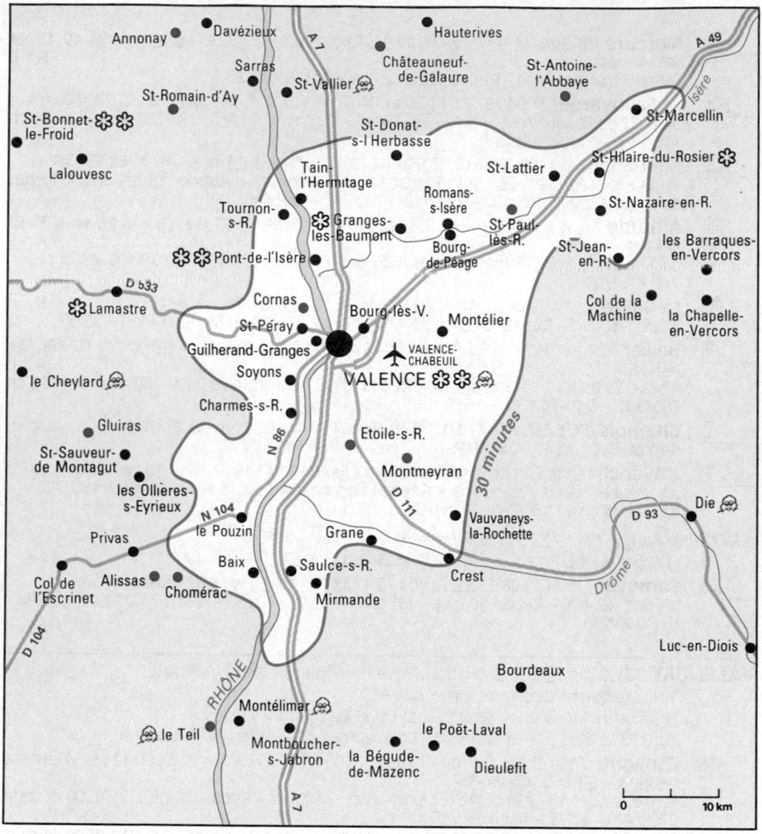

Annonay • Davézieux • A 7 Hauterives • St-Antoine-l'Abbaye A 49 Isère
Sarras • Châteauneuf-de-Galaure •
St-Romain-d'Ay • St-Vallier 🏖 • St-Marcellin •
St-Bonnet-le-Froid 🏵🏵 •
Lalouvesc • St-Donat-s-l'Herbasse • St-Lattier • St-Hilaire-du-Rosier 🏵
Tain-l'Hermitage • Romans-s-Isère
Tournon-s.-R. • 🏵 Granges-les-Baumont • St-Paul-lès-R. • St-Nazaire-en-R. •
🏵 🏵 Pont-de-l'Isère • Bourg-de-Péage • St-Jean-en-R. • les Barraques-en-Vercors •
D 533 Cornas • Bourg-lès-V. Montélier • Col de la Machine • la Chapelle-en-Vercors •
🏵 Lamastre St-Péray • VALENCE-CHABEUIL
Guilherand-Granges • VALENCE 🏵🏵 🏖
le Cheylard 🏖 Soyons •
Charmes-s.-R. • Etoile-s.-R. • 30 minutes
Gluiras • Montmeyran • Die 🏖
St-Sauveur-de-Montagut • D 111 D 93
les Ollières-s-Eyrieux • N 104 Vauvaneys-la-Rochette •
Privas • le Pouzin Grane • Drôme
Baix • Saulce-s.-R. • Crest
Col de l'Escrinet Alissas • Chomérac • Mirmande • Luc-en-Diois •
N 86 RHÔNE Bourdeaux •
D 104 Montélimar 🏖
🏖 le Teil le Poët-Laval •
Montboucher-s-Jabron • la Bégude-de-Mazenc Dieulefit •
A 7 0   10 km

🏤🏤 **Valsud** Ⓜ, sortie autoroute Valence-Sud ℰ 04 75 40 80 70, Fax 04 75 44 39 20, 🏡, ⌁ –
📶 ✳ 🎬 📺 ☎ ⚓ 🅿 – 🔔 60. 🅰🅴 ⓪ 🇬🇧   AX d
Repas 85/120 ⅜, enf. 40 – ⌷ 34 – **75 ch** 290/340 – ½ P 244.

🏤🏤 **France** sans rest, 16 bd Gén. de Gaulle ℰ 04 75 43 00 87, Fax 04 75 55 90 51 – 📶 ▤ 📺 ☎
✆ ⚓. 🅰🅴 ⓪ 🇬🇧   CZ w
⌷ 35 – **34 ch** 252/355.

🏨 **Park H.** sans rest, 22 r. J. Bouin ℰ 04 75 43 37 06, Fax 04 75 42 43 55 – 📺 ☎ ⚓. 🅰🅴 ⓪
🇬🇧   BY u
fermé 23 déc. au 4 janv. – ⌷ 33 – **21 ch** 260/290.

🏨 **Ibis**, 355 av. Provence ℰ 04 75 44 42 54, Fax 04 75 44 48 80, 🏡, ⌁ – 📶 ✳ ▤ ch 📺 ☎ 🅿
– 🔔 35. 🅰🅴 ⓪ 🇬🇧   AX n
Repas 98/150 ⅜, enf. 39 – ⌷ 36 – **86 ch** 300/350.

🏨 **Europe** sans rest, 15 av. F. Faure ℰ 04 75 43 02 16, Fax 04 75 43 61 75 – ▤ 📺 ☎ ⚓. 🅰🅴
🇬🇧   DY r
⌷ 35 – **26 ch** 195/330.

🏨 **Paris** sans rest, 30 av. P. Sémard ℰ 04 75 44 02 83, Fax 04 75 41 49 61 – 📶 📺 ☎. 🅰🅴 ⓪
🇬🇧 🇯🇨🇧   CZ h
fermé 24 au 30 déc. – ⌷ 30 – **36 ch** 220/290.

🏨 **Négociants**, 27 av. P. Sémard ℰ 04 75 44 01 86, Fax 04 75 44 77 57 – 📶 📺 ☎ ⚓. 🅰🅴 ⓪
🇬🇧 🇯🇨🇧   CZ f
fermé 22 déc. au 6 janv. – **Repas** *(fermé dim.)* 78/128 ⅜ – ⌷ 38 – **36 ch** 220/350 –
½ P 240/270.

Lyon sans rest, 23 av. P. Sémard ✆ 04 75 41 44 66, Fax 04 75 44 72 32 – |♦| TV ☎ ✆ – 🔨 30. GB — CZ e
☕ 36 – **56 ch** 180/260.

XXXX ✿✿ **Pic** avec ch, 285 av. V. Hugo ✆ 04 75 44 15 32, Fax 04 75 40 96 03, 🌳, « Jardin ombragé », 🏊 – |♦| ▤ rest ☎ ✆ 🚗 **P**. AE ⓓ GB JCB. ✗ ch — AX f
fermé 4 au 27 août – **Repas** *(fermé dim. soir)* (dim. prévenir) 290 (déj.), 560/660 et carte 530 à 830 – ☕ 100 – **14 ch** 750/1200
Spéc. Fricassée d'asperges vertes aux écrevisses, beurre d'oranges sanguines (fév. à juil.). Filet de loup au caviar. Millefeuille de cerf aux chataignes (oct. à fév.). **Vins** Condrieu, Hermitage.

XX 😊 **La Licorne,** 13 r. Chalamet ✆ 04 75 43 76 83 – ▤. AE ⓓ GB JCB — CZ s
fermé 1er au 15 août, sam. midi, dim. soir et lundi midi –
Repas (prévenir) 100/350 bc.

XX **Le Saint Ruf,** 9 r. Sabaterie ✆ 04 75 43 48 64, Fax 04 75 42 85 71 – AE GB — BY b
fermé 26 juil. au 18 août, 1er au 11 janv., dim. sauf le midi d'oct. à juin et lundi – **Repas** 153/270, enf. 52.

VALENCE

André (Bd G.) .... AV 3
Beaumes (Av. des) .... AX 8
Belle-Meunière (R.) .... AV 10
Bonnet (R. G.) .... AV 13
Châteauvert (R.) .... AX 18
Grand-Charran (Av. du) .... AX 34
Kennedy (Bd J.-F.) .... AV 40
Lattre-de-Tassigny (Av. Mar. de) .... AV 41
Libération (Av. de la) ...... AX 44
Montplaisir (R.) .... AVX 52
Roosevelt (Bd Franklin) .... AX 68

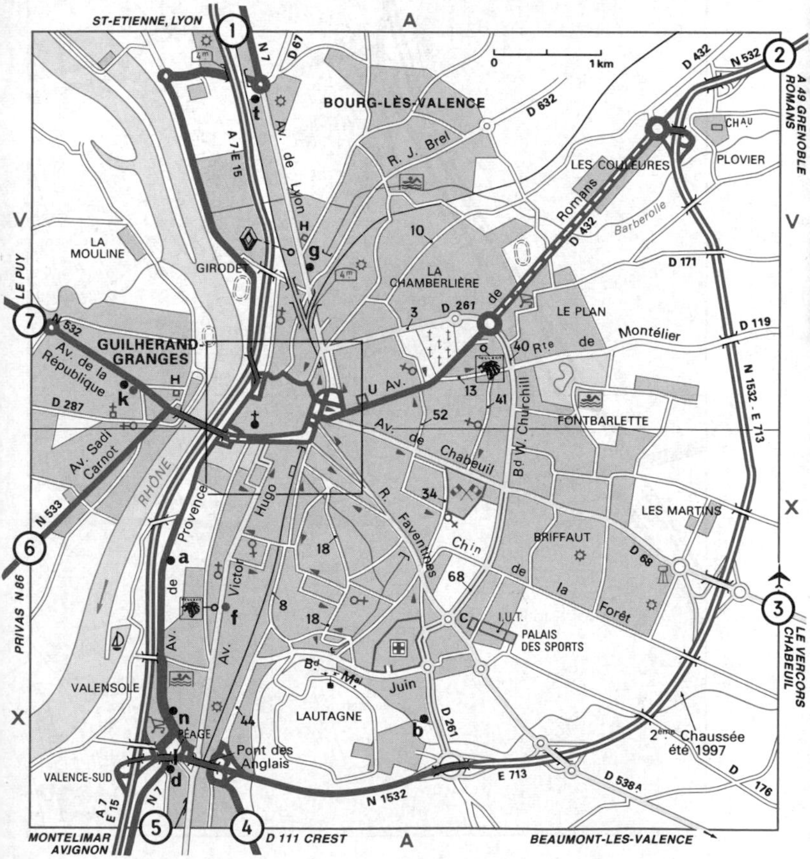

XX **La Petite Auberge,** 1 r. Athènes ℘ 04 75 43 20 30, Fax 04 75 42 67 79, 霜 – GB
fermé 4 au 20 août, dim. sauf fêtes et merc. soir – **Repas** 78 bc (déj.), 98/225. DY t

X **Bistrot des Clercs,** 48 Gde rue ℘ 04 75 55 55 15, Fax 04 75 43 64 85, 霜 – ≣. AE GB
fermé dim. – **Repas** 99 et carte 160 à 210. CY m

à Bourg-lès-Valence – *18 230 h. alt. 142* – ⊠ *26500* :

🏠 **Agora In** M, 159 av. Lyon ℘ 04 75 82 91 91, Fax 04 75 82 91 06 – 钅 ≣ TV ☎ ✆ ⅙ P –
GB 🏛 45. GB. ✄
1er mars-31 oct. – **Repas** (dîner seul.) 75/150 ⅄ – ⊊ 40 – **45 ch** 200/250 – ½ P 275. AV t

🏠 **Seyvet,** 24 av. Marc-Urtin ℘ 04 75 43 26 51, Fax 04 75 55 61 49 – 🛗 ≣ rest TV ☎ ✆ P –
🏛 30. AE ① GB
fermé dim. soir hors sais. – **Repas** 98/230 ⅄, enf. 52 – ⊊ 35 – **34 ch** 220/305 – ½ P 235. AV g

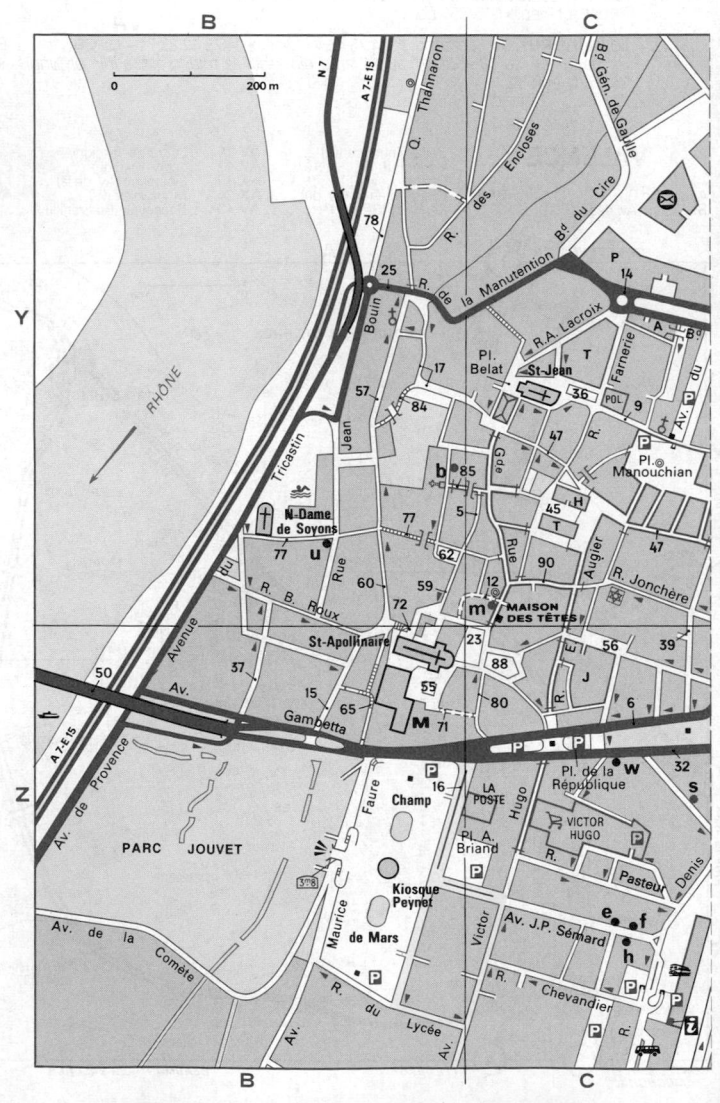

à Pont de l'Isère *par* ① *: 9 km – 2 770 h. alt. 120 –* ⊠ 26600 :

XXXX **Michel Chabran** Ⓜ avec ch, N 7 🖉 04 75 84 60 09, Fax 04 75 84 59 65, 🏡 – ▤ 📺 ☎ 🅿.
🆎 ⓪ ⅭⒷ
☆☆
Repas 215 bc (déj.), 290/795 et carte 440 à 680, enf. 100 – 🖃 80 – **12 ch** 400/690
Spéc. Millefeuille de foie gras de canard aux artichauts et courgettes. Filets de rougets
poêlés, purée de pommes de terre à l'huile d'olive. Dos d'agneau de Rémuzat cuit à l'os aux
gousses d'ail. **Vins** Crozes-Hermitage, Saint-Joseph.

XXX **Aub. Chalaye,** 17 r. 16-août-1944 🖉 04 75 84 59 40, Fax 04 75 84 76 36, 🏡, 🍷, 🌳 – 🅿.
🆎 ⅭⒷ
fermé vacances de fév., dim. soir et lundi – **Repas** 165/260 et carte 240 à 340.

VALENCE

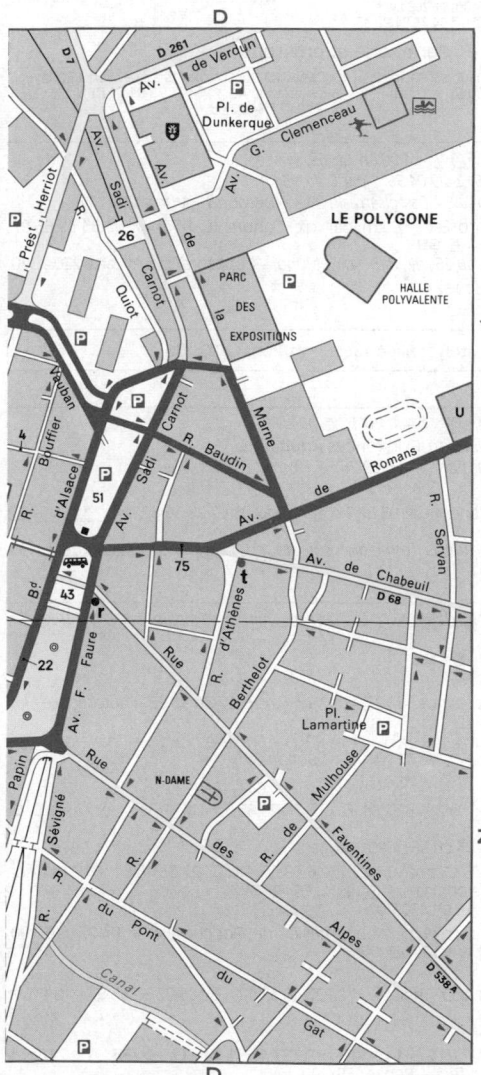

*Les pastilles numérotées
des plans de villes
①, ②, ③ sont répétées
sur les **cartes Michelin**
à 1/200 000.
Elles facilitent
ainsi le passage
entre les **cartes**
et les **guides Michelin**.*

à Guilherand-Granges *(Ardèche) – 10 492 h. alt. 130 –* ⊠ *07500 :*

🏠   **Alpes-Cévennes** sans rest, 641 av. République ℰ 04 75 44 61 34, Fax 04 75 41 12 41 – 📳
🍴 📺 ☎ 🚗, 🗚 🆖   AV   k
⌑ 28 – **28 ch** 180/240.

%%   **Les Trois Canards,** 565 av. République ℰ 04 75 44 43 24, Fax 04 75 41 64 48, � – 🗚
① 🆖   AV   k
fermé dim. soir et lundi – **Repas** 125/200, enf. 65.

BMW Gar. Fourel, 37 av. de Marseille
  ℰ 04 75 44 20 97
CITROEN Gar. Minodier, 126 rte de Beauvallon
par ④ ℰ 04 75 44 82 84 🆖 ℰ 04 72 72 02 27
PEUGEOT Gar. Riou, 42 allée F.-Coppée **AV**
  ℰ 04 75 42 00 20
PEUGEOT SOVACA, 125 av. M.-Faure et 268 av.
V.-Hugo **AX** ℰ 04 75 75 65 65 🆖 ℰ 04 75 81 90 35

⦿ Ayme Pneus, 15 à 19 av. des Beaumes
  ℰ 04 75 44 11 40
Barrial Pneus, 106 av. V.-Hugo ℰ 04 75 44 24 43
Euromaster, av. de Provence, Pont-des-Anglais
  ℰ 04 75 44 13 40

Périphérie et environs

CITROEN Gar. Pélissier, 82 av. J.-Jaurès à Portes-les-
Valence par ⑤ ℰ 04 75 57 30 00 🆖
  ℰ 04 75 57 30 00

RENAULT Succursale, 13 av. de Lyon à Bourg-
les-Valence **AV** ℰ 04 75 79 01 01 🆖
  ℰ 04 75 84 22 08

VALENCE-d'AGEN *82400 T.-et-G.* **79** ⑯ *– 4 901 h alt. 69.*
  🏌 *Golf Club d'Espalais* ℰ 05 63 29 04 56, S par D 11 : 3 km.
  Paris 650 – Agen 24 – Cahors 68 – Castelsarrasin 24 – Moissac 18 – Montauban 51.

%%%   **La Campagnette,** Nord-Est : 2 km par rte Cahors (D 953) ℰ 05 63 39 65 97,
Fax 05 63 39 65 97, �, 🌳 – 🄿, 🆖
fermé mardi soir du 15 oct. au 15 fév., dim. soir et lundi – **Repas** 105/310 et carte 220 à 370.

RENAULT Gar. Mosconi, ℰ 05 63 39 52 42

> A good moderately priced meal : 🍴 **Repas** 100/130

VALENCE-SUR-BAÏSE *32310 Gers* **82** ④ *– 1 157 h alt. 117.*
  Voir *Abbaye de Flaran*★ *NO : 2 km,* G. Pyrénées Aquitaine.
  🛈 *Office de Tourisme r. Jules Ferry* ℰ 05 62 28 59 19.
  Paris 737 – Auch 37 – Agen 50 – Condom 8.

🏠   **Ferme de Flaran,** rte Condom ℰ 05 62 28 58 22, Fax 05 62 28 56 89, �, 🏊, 🌳 – 📺
☎ 🄿, 🆖
fermé 6 au 13 oct. et janv. – **Repas** *(fermé dim. soir et lundi sauf juil.-août)* 95/180, enf. 45 –
⌑ 38 – **15 ch** 280 – ½ P 255.

VALENCIENNES ⬥ *59300 Nord* **53** ④ ⑤ *G. Flandres Artois Picardie – 38 441 h Agglo.*
338 392 h alt. 22.
  Voir *Musée des Beaux-Arts*★ **BY M.**
  🏌 ℰ 03 27 46 30 10, E : 1,5 km **CV.**
  🛈 *Office de Tourisme 1 r. Askièvre* ℰ 03 27 46 22 99, Fax 03 27 30 38 35 – *Automobile Club
2 r. de Mons* ℰ 03 27 46 34 32.
  *Paris 210 ⑤ – Lille 55 ⑥ – Amiens 118 ⑤ – Arras 69 ⑤ – Bruxelles 104 ② – Charleroi 82 ② –
Charleville-Mézières 132 ③ – Reims 174 ③ – St-Quentin 61 ⑤.*

Plan page ci-contre

🏨   **Grand Hôtel,** 8 pl. Gare ℰ 03 27 46 32 01, Fax 03 27 29 65 57 – 📳 📺 ☎ – 🔬 25 à 100. 🗚
① 🆖 🄹🄲🄱   AX   d
Repas 100/230 ⅃ – ⌑ 52 – **93 ch** 350/590, 5 appart.

🏠   **Aub. du Bon Fermier,** 66 r. Famars ℰ 03 27 46 68 25, Fax 03 27 33 75 01, �, « Maison
du 16ᵉ siècle, décor rustique original » – 📺 ☎ 📞 🗚 ① 🆖   AY   a
Repas 120/300 ⅃ – ⌑ 45 – **16 ch** 430/700.

🏠   **Notre Dame** ⌂ sans rest, 1 pl. Abbé Thellier de Poncheville ℰ 03 27 42 30 00,
Fax 03 27 45 12 68 – 🍴 📺 ☎ 📞 🗚 ① 🆖   BY   s
⌑ 40 – **35 ch** 310/350.

🏠   **H. La Coupole** sans rest, 25 r. Tholozé ℰ 03 27 46 37 12, Fax 03 27 33 65 97 – 📳 📺 ☎
🚗, 🗚 ① 🆖   AX   e
⌑ 42 – **38 ch** 140/245.

%%   **Le Musigny,** 90 av. Liège ℰ 03 27 41 49 30, Fax 03 27 47 91 19 – 🗚 ① 🆖   CV   v
fermé dim. soir et lundi sauf férié – **Repas** 155/290.

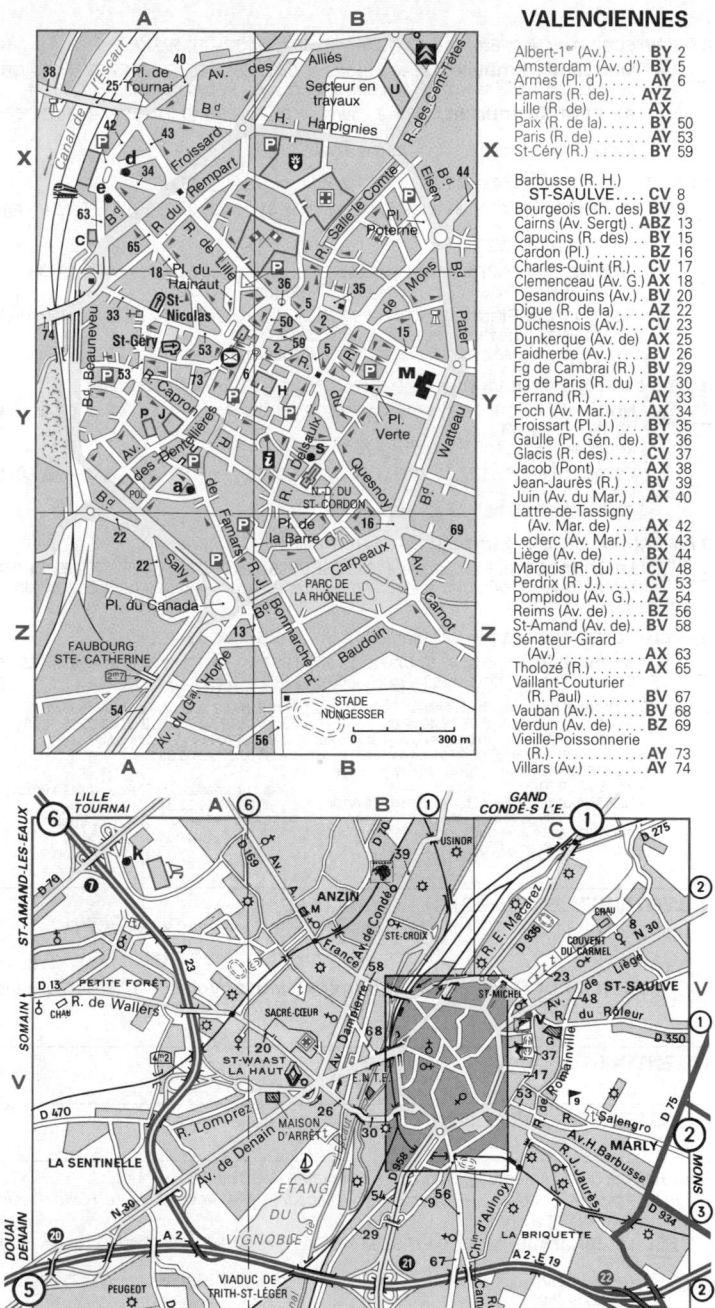

VALENCIENNES

à Quiévrechain *au Nord-Est par N 30 : 12 km – 6 456 h. alt. 32 –* ⊠ *59920 :*

XX **Manoir de Tombelle,** 135 av. J. Jaurès ℘ 03 27 35 12 30, Fax 03 27 26 27 61 – GB
fermé 6 au 27 juil., sam. midi, dim. soir et lundi soir – **Repas** 120 (déj.), 160/295.

XX **Au Petit Restaurant,** 182 r. J.-Jaurès ℘ 03 27 45 43 10, Fax 03 27 26 36 81, 🌰 – 🖪.
GB
fermé 1ᵉʳ au 21 août et sam. – **Repas** 97/240 ᪲.

à Sebourg *à l'Est par D 934 et D 250 : 11 km – 1 661 h. alt. 80 –* ⊠ *59990 :*

🏠 **H. Jardin Fleuri** ⌇ sans rest, ℘ 03 27 26 53 31, Fax 03 27 26 50 08, « Parc » – 📺 ☎ 🖪.
⌂ 30 – **10 ch** 200/270.

XX **Clos de la Perrière,** ℘ 03 27 26 53 33, Fax 03 27 26 54 63, 🌰, 🚗 🖪. 🖭 GB
fermé 18 août au 8 sept., dim. soir et lundi – **Repas** 115/200.

XX **Rest. Jardin Fleuri,** D 250 ℘ 03 27 26 53 44, Fax 03 27 26 52 26, 🌰, « Terrasses fleuries - collection de fers à repasser », 🚗 – 🖭 ⓞ GB
fermé fév., dim. soir, soirs fériés et merc. – **Repas** 95/250, enf. 60.

à la Z.I. de Prouvy-Rouvignies *par* ⑤ *et N 30 : 5 km –* ⊠ *59300 Valenciennes :*

🏨 **Novotel** Ⓜ, ℘ 03 27 21 12 12, Fax 03 27 21 06 02, 🌰, 🏊, 🚗 – 🏃 ▤ 📺 ☎ 🕾 ᪲ 🖪 –
🛐 180. 🖭 ⓞ GB
Repas 98/145 bc, enf. 50 – ⌂ 51 – **76 ch** 430/460.

🏠 **Campanile,** ℘ 03 27 21 10 12, Fax 03 27 21 08 55 – 🏃 📺 ☎ 🕾 ᪲ 🖪 – 🛐 60. 🖭 ⓞ
GB
Repas 84 bc/107 bc – ⌂ 32 – **105 ch** 278.

à Raismes *Nord-Ouest : 5 km par D 169 – 14 099 h. alt. 23 –* ⊠ *59590 :*

XXX **La Grignotière,** 6 r. J. Jaurès ℘ 03 27 36 91 99, Fax 03 27 36 74 29, 🌰 – 🖭 ⓞ GB
fermé 16 au 30 août, dim. soir et lundi sauf fériés le midi – **Repas** 115/255 bc et carte 200 à 320.

à Petite Forêt *Nord-Ouest par A 23 sortie 7 : 5 km – 5 293 h. alt. 28 –* ⊠ *59494 :*

🏠 **Campanile,** ℘ 03 27 47 87 87, Fax 03 27 28 95 25 – 🏃 📺 ☎ 🕾 ᪲ 🖪 – 🛐 25. 🖭 ⓞ GB
Repas 84 bc/107 bc, enf. 39 – ⌂ 32 – **49 ch** 278. AV k

CITROEN Succursale, ch. des Alliés
℘ 03 27 23 86 86 Ⓝ ℘ 03 27 46 47 85
LANCIA, MAZDA Gar. du Centre, ZI n° 4, 200 r. Pdt
Lecuyer à St-Saulve ℘ 03 27 28 04 34
MERCEDES Marty-et-Lecourt, 147 av. de Liège
℘ 03 27 28 00 00
NISSAN Gar. Le Relais, 17 r. W.-Rousseau à Anzin
℘ 03 27 29 03 49
PEUGEOT Caffeau et Ruffin, 136 à 162 r. J.-Jaurès à
Anzin ℘ 03 27 22 87 00 Ⓝ ℘ 08 00 44 24 24

RENAULT Succursale, 20 av. Denain
℘ 03 27 14 70 70 Ⓝ ℘ 08 00 05 15 15
VAG S.A.D.I.A.V., N 114 à Aulnoy
℘ 03 27 29 03 03

🏭 Euromaster, ZI n°2 Rouvignies à Prouvy
℘ 03 27 21 02 54
Pneus et Sces D.K., 317 av. Dampierre
℘ 03 27 46 47 03

VALENTIGNEY *25700 Doubs* 🖽🖽 ⑱ *– 13 133 h alt. 325.*
Paris 479 – Basel 70 – Belfort 27 – Besançon 83 – Montbéliard 9 – Morteau 66.

Voir plan de Montbéliard agglomération.

CONSTRUCTEUR : S.A. Peugeot Motocycles, à Beaulieu-Mandeure
℘ 03 81 36 80 00

VALENTINE *31 H.-Gar.* 🖽🖽 ⑮ *– rattaché à St-Gaudens.*

La VALETTE-DU-VAR *83 Var* 🖽🖽 ⑮,, 🖽🖽🖽 ㊺ *– rattaché à Toulon.*

VALGORGE *07110 Ardèche* 🖽🖽 ⑧ *G. Vallée du Rhône – 430 h alt. 560.*
Paris 620 – Alès 77 – Aubenas 41 – Langogne 51 – Privas 71 – Le Puy-en-Velay 81 – Vallon-Pont-d'Arc 45.

🏨 **Le Tanargue** ⌇, ℘ 04 75 88 98 98, Fax 04 75 88 96 09, ≼, parc – 🛗 🏃 ☎ 🖪. ⓞ
GB
fermé 1ᵉʳ janv. au 15 mars – **Repas** (en saison prévenir) 95/195 – ⌂ 39 – **25 ch** 255/360 – ½ P 275/360.

VALLAURIS *06 Alpes-Mar.* 🖽🖽 ⑨,, 🖽🖽🖽 ㉟ ㊵ *– rattaché à Golfe-Juan.*

VALLERAUGUE 30570 Gard 🎇 ⑱ *G. Gorges du Tarn – 1 091 h alt. 346.*
Paris 695 – Mende 101 – Millau 75 – Nîmes 85 – Le Vigan 22.

🏨 **Host. Les Bruyères**, ☎ 04 67 82 20 06, 🏤, 🍴 – ☎ ⇔. 🟦
    mai-sept. – **Repas** 80/130, enf. 50 – ☄ 30 – **25 ch** 250/280 – ½ P 250/280.
XX **Petit Luxembourg** avec ch (annexe 🏨 10 ch), ☎ 04 67 82 20 44, Fax 04 67 82 24 66 –
    📺 ☎. 🟦
    fermé 20 déc. au 20 janv., dim. soir et lundi hors sais. – **Repas** 80/230 ⅃, enf. 45 – ☄ 30 –
    8 ch 220/270 – ½ P 260.

VALLET 44330 Loire-Atl. 🎇 ④ – 6 116 h alt. 54.
    🛈 *Office de Tourisme* ☎ 02 40 36 35 87.
    Paris 374 – Nantes 26 – Ancenis 27 – Cholet 35 – Clisson 10.

🏨 **Don Quichotte** 🅼, 35 rte Clisson ☎ 02 40 33 99 67, Fax 02 40 33 99 72, 🏤, 🌿 – 📺 ☎
    🔥 🅿. 🆎 ⓪ 🟦
    Repas *(fermé dim. soir)* 90/200 – ☄ 35 – **12 ch** 275/305 – ½ P 235.

    CITROEN Gar. Herbreteau, ☎ 02 40 33 92 39   RENAULT Gar. Leray, 37 r. d'Anjou
                                                ☎ 02 40 36 24 11

VALLOIRE 73450 Savoie 🎇 ⑦ *G. Alpes du Nord – 1 012 h alt. 1430 – Sports d'hiver : 1 430/2 600 m*
    ✦ 1 ⚡ 20 🎿.
    Voir *Col du Télégraphe* ⇐★ *N : 5 km.*
    Altiport Bonnenuit ☎ 04 79 59 02 00.
    🛈 *Office de Tourisme* ☎ 04 79 59 03 96, Fax 04 79 59 09 66.
    Paris 667 – Albertville 92 – Briançon 53 – Chambéry 103 – Lanslebourg-Mont-Cenis 58 – Col
    du Lautaret 25.

🏨 **La Sétaz et rest. Le Gastilleur**, ☎ 04 79 59 01 03, Fax 04 79 59 00 63, ⇐, 🍴, 🌿 – 📺
    ☎ 🅿. 🆎 🟦 🆓. ⚡ rest
    1ᵉʳ juin-20 sept. et 11 déc.-21 avril – **Repas** 115/185 – ☄ 45 – **22 ch** 280/480 – ½ P 400/
    460.

🏨 **Gd Hôtel Valloire et Galibier**, ☎ 04 79 59 00 95, Fax 04 79 59 09 41, ⇐, 🌿 – 🛗 📺 ☎
    🅿 – 🔥 40. 🆎 ⓪ 🟦
    14 juin-13 sept. et 20 déc.-11 avril – **Repas** 85/220, enf. 55 – ☄ 45 – **46 ch** 300/430 –
    ½ P 430/470.

🏨 **Christiania**, ☎ 04 79 59 00 57, Fax 04 79 59 00 06, 🏤 – 📺 ☎. 🆎 🟦. ⚡ rest
    15 juin-15 sept. et 1ᵉʳ déc.-20 avril – **Repas** 90/170 – ☄ 35 – **26 ch** 230/320 – ½ P 340/380.

aux Verneys Sud : 2 km – ✉ 73450 Valloire :

🏨 **Relais du Galibier**, ☎ 04 79 59 00 45, Fax 04 79 83 31 89, ⇐, 🌿 – 📺 ☎ 🅿. 🟦
    20 juin-20 sept. et 1ᵉʳ déc.-10 avril – **Repas** 90/170, enf. 50 – ☄ 34 – **26 ch** 360 –
    ½ P 320/380.

🏨 **Crêt Rond**, ☎ 04 79 59 01 64, Fax 04 79 83 33 24 – 📺 ☎ 🅿. 🟦
    1ᵉʳ juil.-30 sept. et 20 déc.-20 avril – **Repas** 70/150, enf. 40 – ☄ 40 – **18 ch** 200/260 –
    ½ P 310.

    Gar. Bouvet, ☎ 04 79 59 02 40

VALLON-PONT-D'ARC 07150 Ardèche 🎇 ⑨ *G. Vallée du Rhône – 1 914 h alt. 117.*
    Voir *Gorges de l'Ardèche★★★ au SE – Arche★★ de Pont d'Arc SE : 5 km.*
    Paris 660 – Alès 47 – Aubenas 35 – Avignon 80 – Carpentras 89 – Mende 113 –
    Montélimar 49.

au Sud-Est par rte des Gorges : 6,5 km – ✉ 07150 Vallon-Pont-d'Arc :

🏨 **Chames** ⬦, ☎ 04 75 88 11 33, Fax 04 75 88 10 20, ⇐, 🏤, 🌿 – ☎ 🅿. 🟦
    avril-sept. – **Repas** 75/165 – ☄ 35 – **28 ch** 260/310 – ½ P 280.

VALLORCINE 74660 H.-Savoie 🎇 ⑨ *G. Alpes du Nord – 329 h alt. 1260 – Sports d'hiver : 1 360/*
    1 605 m ⚡ 3.
    🛈 *Office de Tourisme* pl. Gare ☎ 04 50 54 60 71, Fax 04 50 54 61 73.
    Paris 629 – Chamonix-Mont-Blanc 17 – Annecy 111 – Thonon-les-Bains 97.

🏨 **Ermitage** ⬦, au Buet Sud-Ouest : 2 km par N 506 et rte secondaire ☎ 04 50 54 60 09, ⇐,
    🏤, 🌿 – ☎ 🅿. 🟦. ⚡ rest
    6 avril-fin sept., vacances de Noël et 1ᵉʳ fév.-fin mars – **Repas** 100/180, enf. 70 – ☄ 45 –
    15 ch 360 – ½ P 340.

🛖 **Mont-Blanc**, ☎ 04 50 54 60 02, ⇐, 🌿 – ☎ 🅿. 🟦
    15 au 20 mai, 15 juin-15 sept., 22 déc.-3 janv. et 1ᵉʳ fév.-16 mars – **Repas** 80/131 – ☄ 31 –
    24 ch 248/350 – ½ P 194/288.

VALLOUX *89 Yonne* 65 ⑯ *– rattaché à Avallon.*

VALMONT *76540 S.-Mar.* 52 ⑫ *G. Normandie Vallée de la Seine – 875 h alt. 60.*

Voir *Abbaye*★.

Paris 194 – Le Havre 48 – Rouen 66 – Bolbec 23 – Dieppe 58 – Fécamp 12 – Yvetot 28.

Agriculture, pl. Dr Dupont ✆ 02 35 29 03 63, Fax 02 35 29 45 59, – TV ☎ ✆ ♿ P. GB. ✗ ch
fermé 13 janv. au 11 fév. – **Repas** *(fermé dim. soir et lundi)* 59 bc (déj.), 95/195 ⅌, enf. 55 – ☕ 32 – **17 ch** 230/340 – ½ P 220/280.

Aub. du Bec au Cauchois, Ouest : 1,5 km par rte Fécamp ✆ 02 35 29 77 56, Fax 02 35 29 77 52 – P. GB
fermé dim. soir et lundi – **Repas** 65 (déj.), 90/205 ⅌, enf. 50.

RENAULT Valmont Autom., ✆ 02 35 29 81 96

VALMOREL *73 Savoie* 74 ⑰ *G. Alpes du Nord – alt. 1400 – Sports d'hiver : 1 250/2 550 m* 2 30 – ✉ *73260 Aigueblanche.*

Office de Tourisme, Maison de Valmorel ✆ 04 79 09 85 55, Fax 04 79 09 85 29.

Paris 623 – Albertville 40 – Chambéry 87 – Moutiers 20.

Planchamp , ✆ 04 79 09 83 91, Fax 04 79 09 83 93, ← – TV ☎. GB JCB. ✗ rest
5 juil.-2 sept. et 23 déc.-20 avril – **Repas** 150/190 – ☕ 65 – **30 ch** 490/500 – ½ P 590/650.

VALOGNES *50700 Manche* 54 ② *G. Normandie Cotentin – 7 412 h alt. 35.*

de Fontenay-en-Cotentin ✆ 02 33 21 44 27, par ② : 11 km.

de Cherbourg-Maupertus : ✆ 02 33 22 91 32, par ① : 18 km par D 24.

Office de Tourisme 21 r. du Grand Moulin ✆ 02 33 95 01 26, Fax 02 33 95 23 23, pl. Château (avril-sept.) ✆ 02 33 40 11 55.

Paris 337 ② – Cherbourg 21 ⑤ – Caen 103 ② – Coutances 56 ③ – St-Lô 60 ②.

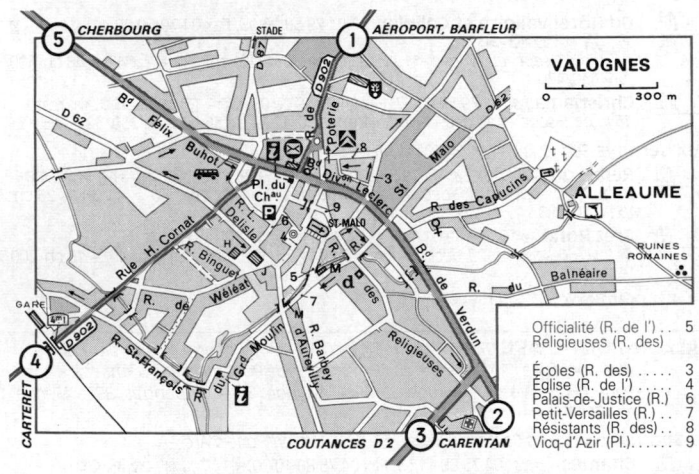

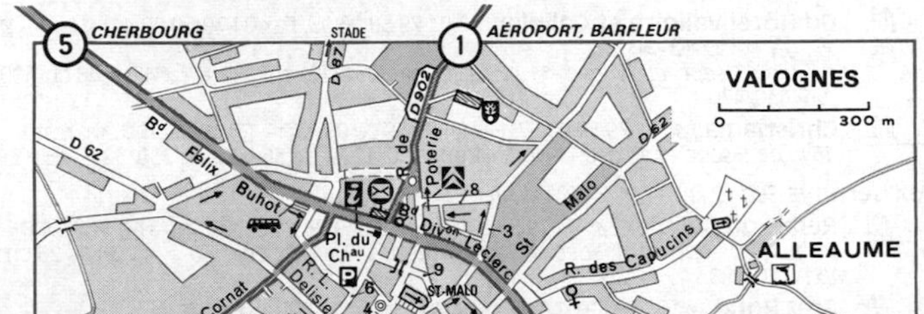
CHERBOURG
STADE
AÉROPORT, BARFLEUR
VALOGNES
0 300 m
ALLEAUME
RUINES ROMAINES
Balnéaire
GARE
CARTERET
COUTANCES D 2
CARENTAN
Officialité (R. de l') .. 5
Religieuses (R. des)
Écoles (R. des) 3
Église (R. de l') 4
Palais-de-Justice (R.) 6
Petit-Versailles (R.) .. 7
Résistants (R. des) .. 8
Vicq-d'Azir (Pl.)...... 9

Gd H. du Louvre, 28 r. Religieuses **(d)** ✆ 02 33 40 00 07, Fax 02 33 40 13 73, – TV ☎ P. GB. ✗ ch
fermé 20 déc. au 20 janv., vend. d'oct. à avril et sam. midi – **Repas** 65 (déj.), 85/155, enf. 42 – ☕ 32 – **22 ch** 160/265 – ½ P 185/240.

Beaurepaire, r. Beaurepaire par ② ✆ 02 33 40 20 30, Fax 02 33 95 11 26, – P. GB
fermé fin janv. à fin fév., dim. soir et lundi sauf fériés – **Repas** 140/340 et carte 290 à 400.

CITROEN Gar. Jacqueline, 1 bd Div. Leclerc ✆ 02 33 40 17 59
OPEL Gar. Luce, Tapotin à Yvetot Bocage ✆ 02 33 40 29 09

PEUGEOT Valognes Autom., N 13 par ② ✆ 02 33 40 09 38
RENAULT Gar. Mangon, 10 bd F.-Buhot ✆ 02 33 95 05 20 N ✆ 08 00 05 15 15

Pasti accurati a prezzi contenuti : Repas 100/130

VALRAS-PLAGE 34350 Hérault 🎞🎞 ⑮ G. Gorges du Tarn – 3 043 h alt. 1 – Casino .

🛈 Office de Tourisme pl. R.-Cassin ℘ 04 67 32 36 04.

Paris 786 – Montpellier 74 – Agde 25 – Béziers 16.

🏠🏠 **Albizzia** Ⓜ sans rest, bd Chemin Creux ℘ 04 67 37 48 48, Fax 04 67 37 58 10, ⌿ – 📺 ☎ ℄ ㅤ & 🅿 ㅤ AE ⓘ GB ㅤ ☲ 38 – **28 ch** 330/420.

🏠 **Moderne**, pl. Gén. de Gaulle ℘ 04 67 32 25 86, Fax 04 67 32 51 21, 肃 – ☎ – 🔬 40. AE GB

mai-sept. – **Repas** 68/200, enf. 43 – ☲ 43 – **30 ch** 228/355 – ½ P 280/330.

✕✕ **Méditerranée** avec ch, 32 r. Ch. Thomas ℘ 04 67 32 38 60, Fax 04 67 32 30 91 – 🍴 rest GB ㅤ 📺 ☎. AE GB

hôtel : 1ᵉʳ mai-fin oct. ; rest : fermé 15 au 30 nov., 1ᵉʳ au 15 fév., le soir de déc. à fév. et lundi – **Repas** 80/255 – ☲ 33 – **12 ch** 250/280 – ½ P 260.

VALRÉAS 84600 Vaucluse 🎞🎞 ② G. Provence **(plan)** – 9 069 h alt. 250.

🛈 Office de Tourisme, pl. A.-Briand ℘ 04 90 35 04 71.

Paris 641 – Avignon 67 – Crest 54 – Montélimar 33 – Nyons 14 – Orange 36 – Pont-St-Esprit 39.

🏠 **Grand Hôtel**, 28 av. Gén. de Gaulle ℘ 04 90 35 00 26, Fax 04 90 35 60 93, 肃, ⌿, 🐎 – 📺 ㅤ ☎ ⇌. GB

fermé 22 déc. au 28 janv., sam. soir hors sais. et dim. (sauf hôtel en sais.) – **Repas** 99/300 ₰ ☲ 39 – **15 ch** 270/370 – ½ P 300/380.

CITROEN Gar. Giai, rte
d'Orange ℘ 04 90 35 14 60
PEUGEOT Gar. Ginoux, rte
d'Orange ℘ 04 90 35 01 53
⓪ Ayme Pneus, 36 Crs Victor
Hugo ℘ 04 90 35 19 08

VALROS 34290 Hérault 🎞🎞 ⑮ –
1 021 h alt. 60.

Paris 758 – Montpellier
59 – Agde 17 – Béziers 18
– Pézenas 7.

🏠 **Aub. de la Tour**, N 9
℘ 04 67 98 52 01, Fax
04 67 98 65 31, 肃, ⌿,
🐎 – 📺 ☎ 🅿.
GB

fermé 15 au 30 nov. et 1ᵉʳ
au 15 fév. – **Repas** (fermé lundi) 95/234 ₰ –
☲ 32 – **18 ch** 260/280 –
½ P 250/260.

VALS-LES-BAINS 07600 Ardèche 🎞🎞 ⑲ G. Vallée du
Rhône – 3 661 h alt. 210
– Stat. therm. (janv.-dé-
but déc.) – Casino .

🛈 Office de Tourisme et
du Thermalisme r. J.-Jau-
rès ℘ 04 75 37 49 27, Fax
04 75 94 67 00.

Paris 631 ② – Le Puy-en-
Velay 88 ③ – Aubenas 6
③ – Langogne 58 ③ –
Privas 33 ②.

🏠🏠 **Gd H. des Bains** ⌿,
(a) ℘ 04 75 37 42 13,
Fax 04 75 37 67 02, 肃,
parc, ⌿ – 🛗 📺 ☎ 🅿. AE
ⓘ GB JCB
avril-nov. – **Repas** 130/
330 – ☲ 50 – **63 ch** 340/
630 – P 410/600.

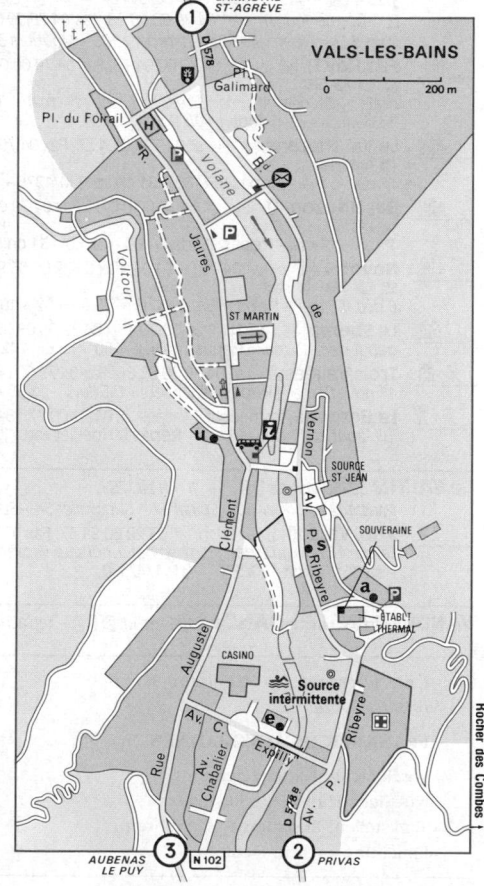

🏨 **Vivarais**, av. C. Expilly (e) 𝄃 04 75 94 65 85, Fax 04 75 37 65 47, 🏢, 🌊 – 🛅 📺 🅿. 🆎 ⓞ ᴳᴮ ᴶᶜᴮ, 🍴 rest
Repas 100/250 – 🍽 45 – **47 ch** 285/430 – ½ P 350/450.

🏨 **Lyon**, av. P. Ribeyre (s) 𝄃 04 75 37 43 70, Fax 04 75 37 59 11, 🌊 – 🛅 🕿 ⇔. 🆎 ⓞ ᴳᴮ
29 mars-7 oct. – **Repas** 95/190, enf. 50 – 🍽 40 – **35 ch** 310/450 – P 390/450.

🏠 **St-Jean**, r. J. Jaurès (u) 𝄃 04 75 37 42 50, Fax 04 75 37 54 77 – 🛅 🕿 🅿. ᴳᴮ. 🍴 rest
mi-avril-1er nov. – **Repas** 80/120 🍴, enf. 49 – 🍽 38 – **32 ch** 230/270 – P 305/325.

VAL-SUZON 21121 Côte-d'Or 🗺 ⑪ G. Bourgogne – 194 h alt. 361.
Paris 299 – Dijon 21 – Auxerre 140 – Avallon 94 – Châtillon-sur-Seine 68 – Montbard 59 – Saulieu 71.

🏨 **Host. Val-Suzon et Chalet de la Fontaine aux Geais** 🦢, N 71 𝄃 03 80 35 60 15, Fax 03 80 35 61 36, 🏢, « Jardin fleuri avec volière » – 📺 🕿 🅿. 🆎 ⓞ ᴳᴮ. 🍴 rest
fermé dim. soir (sauf hôtel) et lundi d'oct. à avril – **Repas** 130 (déj.), 200/420, enf. 85 – 🍽 60 – **16 ch** 450/550 – ½ P 485/585.

à Prenois Sud : 7 km par N 71 et D 104 – 299 h. alt. 485 – ✉ 21370 :

🍴 **Aub. de la Charme**, 𝄃 03 80 35 32 84, Fax 03 80 35 34 48, 🏢 – ᴳᴮ
fermé 1er au 12 août, 2 au 16 janv., lundi soir et mardi – **Repas** 90/215.

VAL-THORENS 73 Savoie 🗺 ⑧ G. Alpes du Nord – alt. 2300 – Sports d'hiver : 1 830/3 300 m ⛷ 4 🚡 23 – ✉ 73440 St-Martin-de-Belleville.
🛈 Office de Tourisme 𝄃 04 79 00 08 08, Fax 04 79 00 00 04.
Paris 642 – Albertville 59 – Chambéry 106 – Moûtiers 32.

🏨 **Fitz Roy H.** Ⓜ 🦢, 𝄃 04 79 00 04 78, Fax 04 79 00 06 11, ≤, 🏢, 🎰, 🌊 – 🛅 🍴 rest 📺 🕿 🍴, 🆎 ⓞ ᴳᴮ
hôtel : 1er déc.-1er mai ; rest : 6 déc.-1er mai – **Repas** 180 (déj.), 220/500 – **30 ch** (½ pens. seul.), 6 appart – ½ P 1200/1700.

🏨 **Le Val Thorens** Ⓜ 🦢, 𝄃 04 79 00 04 33, Fax 04 79 00 09 40, ≤, 🏢, 🎰 – 🛅 📺 🕿 🍴. 🆎 ⓞ ᴳᴮ. 🍴
1er déc.-5 mai – **Repas** 95/180 – **81 ch** 🍽 890/1276 – ½ P 788.

🏨 **Bel Horizon** Ⓜ 🦢, 𝄃 04 79 00 04 77, Fax 04 79 00 06 08, ≤, 🏢, 🎰 – 🛅 📺 🕿. ᴳᴮ. 🍴 rest
1er déc.-1er mai – **Repas** 90 (déj.)/160 – 🍽 60 – **31 ch** 580/1040 – ½ P 680.

🏨 **Novotel** Ⓜ 🦢, 𝄃 04 79 00 04 04, Fax 04 79 00 05 93, ≤, 🏢 – 🛅 📺 🕿 🍴 – 🎱 100. 🆎 ⓞ ᴳᴮ. 🍴 rest
6 déc.-30 avril – **Repas** 95/145 🍴, enf. 75 – 🍽 52 – **104 ch** (½ pens. seul.) – ½ P 700.

🏨 **Le Sherpa** 🦢, 𝄃 04 79 00 00 70, Fax 04 79 00 08 03, ≤, 🎰 – 🛅 📺 🕿. ᴳᴮ. 🍴 rest
début déc.-1er mai – **Repas** 120 (déj.)/160 – 🍽 66 – **42 ch** (½ pens. seul.) – ½ P 650.

🏠 **Trois Vallées** 🦢, 𝄃 04 79 00 01 86, Fax 04 79 00 04 08, ≤ – 📺 🕿. 🆎 ᴳᴮ. 🍴 rest
1er nov.-10 mai – **Repas** (dîner seul.) 135/145 – 🍽 55 – **28 ch** 540/700 – ½ P 565.

🍴 **La Bergerie**, immeuble 3 Vallées 𝄃 04 79 00 77 18 – ᴳᴮ
juil.-août et 1er nov.-10 mai – **Repas** 90 (déj.)et carte 200 à 290.

Le VALTIN 88230 Vosges 🗺 ⑱ – 101 h alt. 751.
Paris 442 – Colmar 50 – Épinal 57 – Guebwiller 54 – St-Dié 27 – Col de la Schlucht 9.

🍴 **Aub. Val Joli** 🦢 avec ch, 𝄃 03 29 60 91 37, Fax 03 29 60 81 73, 🏢, 🍴 – 📺 🕿 🅿. ᴳᴮ
fermé 17 nov. au 2 déc., dim. soir et lundi sauf vacances scolaires – **Repas** 60/230 🍴, enf. 35 – 🍽 35 – **16 ch** 150/370 – ½ P 174/300.

VANDOEUVRE-LÈS-NANCY 54 M.-et-M. 🗺 ⑤ – rattaché à Nancy.

Unterwegs auf den Autobahnen mit dem Atlas

FRANKREICHS AUTOBAHNEN Nr. 914

Vereinfachte Kartenzeichnung
Nützliche Hinweise : Rastplätze,
Tankstellen, Restaurants, Gebühren...
Einleitung auch in Deutsch

VANNES ℗ 56000 Morbihan 🖫🖫 ③ G. Bretagne – 45 644 h alt. 20.

Voir *Vieille ville*★★ AZ : *Place Henri-IV*★ AZ 10, *Cathédrale*★ AZ B, *Remparts*★, *Promenade de la Garenne* ≼★★ BZ – *Musée archéologique*★ *dans le château Gaillard* AZ M – *Aquarium océanographique et tropical*★ *au Sud* – *Golfe du Morbihan*★★ *en bateau*.

🖪 de Baden ℘ 02 97 57 18 96, par ④ puis D 101 : 14 km.

🖪 Office de Tourisme 1 r. Thiers ℘ 02 97 47 24 34, Fax 02 97 47 29 49.

Paris 461 ② – Quimper 120 ④ – Rennes 114 ② – St-Brieuc 109 ① – St-Nazaire 77 ③.

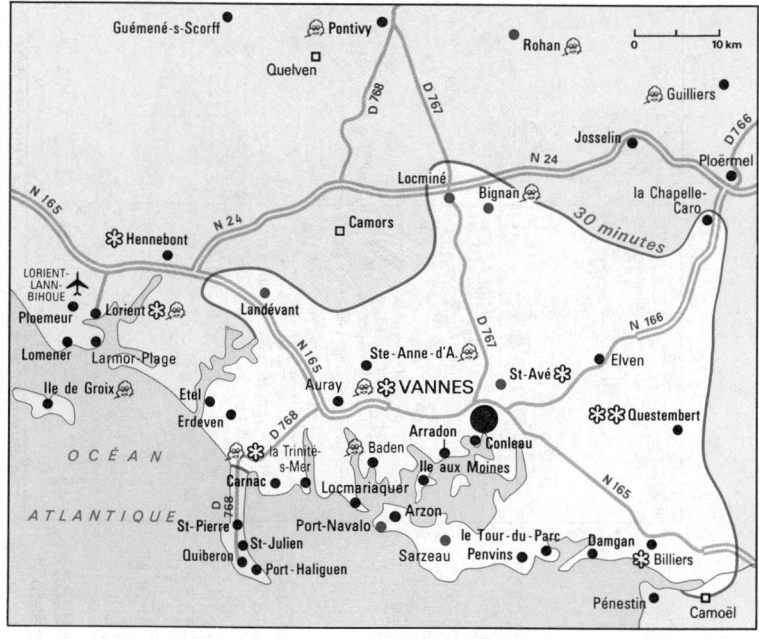

🏛 **Aquarium H. et rest. Le Dauphin** Ⓜ, Le parc du Golfe, Sud rte Conleau ℘ 02 97 40 44 52, Fax 02 97 63 03 20, ≼, 🏤 – ﹖ 📺 🕿 ఓ, ⟺ 🄿 – 🛦 60. 🖭 ⓞ ☷
Repas *(fermé dim. soir du 1ᵉʳ oct. au 15 avril)* 90/230, enf. 65 – ☷ 45 – **48 ch** 400/480 – ½ P 400.

🏛 **La Marébaudière** sans rest, 4 r. A. Briand ℘ 02 97 47 34 29, Fax 02 97 54 14 11 – ﹖ 📺 🕿 ఓ 🄿. 🖭 ☷
☷ 48 – **41 ch** 330/435.　　　　　　　　　　　　　　　　　　　　　　　　BZ　r

🏛 **Image Ste-Anne**, 8 pl. Libération ℘ 02 97 63 27 36, Fax 02 97 40 97 02 – ﹖ 📺 🕿 ఓ 🄿. ☷
Repas *(fermé dim. soir de nov. à Pâques)* 78/178, enf. 45 – ☷ 55 – **33 ch** 275/380 – ½ P 280/285.　　　　　　　　　　　　　　　　　　　　　　　　　　　　AY　x

🏠 **Ibis** Ⓜ, Z.U.P de Ménimur (r. E.-Jourdan) par ① ℘ 02 97 63 61 11, Fax 02 97 63 21 33 – ≼⟶ 📺 🕿 ఓ 🄿 – 🛦 30. 🖭 ⓞ ☷
Repas 95, enf. 39 – ☷ 35 – **59 ch** 315/390.

🏠 **France** sans rest, 57 av. V. Hugo ℘ 02 97 47 27 57, Fax 02 97 42 59 17 – 📺 🕿. ☷
fermé 26 déc. au 2 janv. – ☷ 35 – **25 ch** 190/300.　　　　　　　　　　　　AY　a

🏠 **Verdun** sans rest, 10 av. Verdun ℘ 02 97 47 21 23, Fax 02 97 47 93 78 – 📺 🕿. ☷
☷ 28 – **24 ch** 120/200.　　　　　　　　　　　　　　　　　　　　　　　　BZ　u

🏠 **Bretagne** sans rest, 34 r. Méné ℘ 02 97 47 20 21 – 📺 🕿. ☷
☷ 25 – **12 ch** 240.　　　　　　　　　　　　　　　　　　　　　　　　　　AYZ　b

XXX **Régis Mahé**, pl. Gare ℘ 02 97 42 61 41 – 🖭 ☷　　　　　　　　　　　BY　h
🕸 *fermé 17 au 30 nov., vacances de fév., dim. soir et lundi* – **Repas** 165 bc (déj.), 210/360 et carte 280 à 360
Spéc. Minestrone de légumes et noix de Saint-Jacques (oct. à avril). Dos de bar, pommes de terre écrasées et jus de veau. Tarte chaude au chocolat, glace crème fraîche.

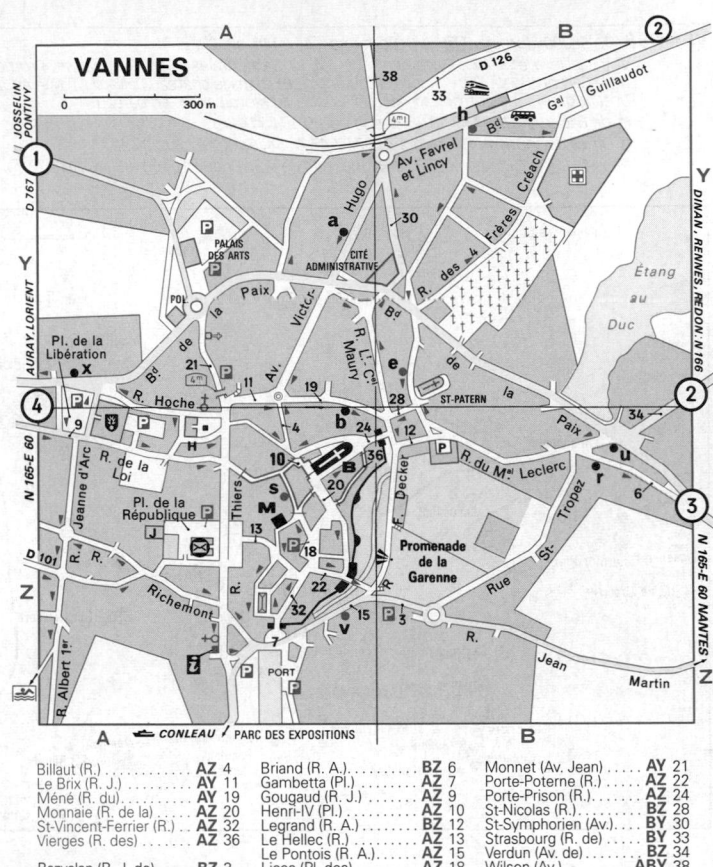

VANNES

300 m

XX **La Table des Gourmets,** 6 r. A. Le Pontois ℰ 02 97 47 52 44 – 🖭 ☎️   AZ **v**
🏛 *fermé 24 au 30 nov., 26 au 31 janv., lundi midi et merc. midi en sais., dim. soir et merc. hors sais.* – Repas 80 (déj.), 98/300, enf. 50.

X **Le Pavé des Halles,** 17 r. Halles ℰ 02 97 47 15 96, Fax 02 97 47 86 39 – 🖭 ☎️   AZ **s**
🏛 *fermé 15 janv. au 7 fév., dim. de juil. à sept., dim. soir et lundi d'oct. à juin* – Repas (nombre de couverts limité, prévenir) 88/195, enf. 45.

X **La Morgate,** 21 r. La Fontaine ℰ 02 97 42 42 39, Fax 02 97 47 25 27 – ☎️   BY **e**
🏛 *fermé 3 au 18 nov., dim. soir et lundi* – Repas 85 (déj.), 123/190, enf. 65.

à St-Avé *par* ①, *D 767 et D 135 - près centre hospitalier spécialisé : 6 km – 6 929 h. alt. 50 –* ✉ *56890 :*

XXX **Pressoir** (Rambaud), 7 r. Hôpital ℰ 02 97 60 87 63, Fax 02 97 44 59 15 – 🗐 🅿️ 🖭 ⓞ ☎️
🅹🅲🅱
✿ *fermé 3 au 13 mars, 30 juin au 8 juil., 6 au 23 oct., mardi midi de nov. à avril, dim. soir et lundi* – Repas 135 (déj.), 195/390 et carte 270 à 370
Spéc. Huîtres creuses de Bretagne tièdes aux oeufs de caille et caviar. Galette de rouget aux pommes de terre et au romarin. Homard breton rôti au beurre de corail (avril-sept.).

rte de Plumelec *Nord-Est : 6 km par D 126* BY *et rte secondaire* – ✉ *56890 St-Avé :*

🏠 **Moulin de Lesnuhé** ⌖ *sans rest,* ℰ 02 97 60 77 77, « Ancien moulin du 15ᵉ siècle »,
🌳 – ☎ 🅿️ 🖭 ☎️
fermé 15 déc. au 15 janv. – 🖵 32 – **12 ch** 250/270.

à Conleau *Sud-Ouest : 4,5 km –* ⊠ *56000 Vannes.*

Voir *Presqu'île de Conleau★ 30 mn.*

🏛️ **Le Roof** M ⚓, 𝒫 02 97 63 47 47, Fax 02 97 63 48 10, ≤, 🚗 – 🕴 📺 ☎ 🅿️ – 🔬 70. 🖭
⓪ 🆖 🍸
Repas 150/330 - *Café de Conleau (déj. seul. du 3 nov. au 1ᵉʳ avril)* **Repas** 100 🍷, enf. 48 –
🛏️ 50 – **41 ch** 365/645 – ½ P 340/465.

à Arradon *par ④ : 7 km ou par D 101 – 4 317 h. alt. 40 –* ⊠ *56610 .*

Voir ≤★.

🏛️ **Les Vénètes** ⚓, à la pointe : 2 km 𝒫 02 97 44 03 11, ≤ golfe et les îles – 📺 ☎. 🆖.
⚓
29 mars-29 sept. – **Repas** *(fermé sam. midi et mardi)* 130/215, enf. 95 – 🛏️ 45 – **12 ch**
325/500 – ½ P 383/465.

🏛️ **Le Stivell,** r. Plessis Arradon 𝒫 02 97 44 03 15, Fax 02 97 44 78 90, 🌳 – 📺 ☎ 🅿️ – 🔬 25.
🖭 🆖
fermé 15 nov. au 15 déc. et 5 au 13 janv. – **Repas** *(fermé dim. soir et lundi du 15 sept. au*
15 juin) 75 bc (déj.), 87/235 🍷, enf. 39 – 🛏️ 38 – **25 ch** 320/435 – ½ P 275/295.

XX **L'Arlequin,** Parc d'activités de Botquelen 𝒫 02 97 40 41 41, Fax 02 97 40 52 93, 🌳 – 🅿️.
🖭 ⓪ 🆖
fermé dim. soir – **Repas** 90 (déj.), 150/250.

XX **Le Médaillon,** 10 r. Bouruet Aubertot 𝒫 02 97 44 77 28, Fax 02 97 44 77 28, 🌳 – 🖭
🆖
fermé dim. soir et merc. sauf juil.-août – **Repas** 80/183, enf. 52.

XX **Les Logoden,** près de la Poste 𝒫 02 97 44 03 35 – 🖭 🆖
fermé 1ᵉʳ au 9 oct., 3 au 24 janv., merc. soir et jeudi de sept. à juin – **Repas** 58 (déj.), 78/240
🍷, enf. 50.

au Gréo *par ④, D 101 et rte secondaire : 10 km –* ⊠ *56610 Arradon :*

🏛️ **Le Logis de Parc er Gréo** M ⚓ sans rest, 7 bis r. Mané Guen 𝒫 02 97 44 73 03,
Fax 02 97 44 80 48, 🛝 – 🖐️ 📺 ☎ 📞 🅿️ 🖭 ⓪ 🆖
fermé 4 janv. au 7 fév. – 🛏️ 45 – **12 ch** 360/450.

BMW Auto Diffusion, rte Ste-Anne d'Auray ZA de
Parc Lann 𝒫 02 97 40 74 75 🅽 𝒫 02 97 63 23 45
CITROEN Gar. Borgat, rte de Pontivy par ①
𝒫 02 97 47 43 77
CITROEN Midi auto 56, rte de Nantes à Séné
par ③ 𝒫 02 97 54 22 74 🅽 𝒫 02 97 63 23 45
FORD Autorep, 41 r. du Vincin 𝒫 02 97 63 10 35
MERCEDES Gar. Allannic, ZA Parc Lann Sud
𝒫 02 97 46 03 20 🅽 𝒫 02 97 63 23 45
OPEL Gar. Mahéo, zone Ciale Kerthomas
𝒫 02 97 40 78 78 🅽 𝒫 02 97 63 23 45
PEUGEOT Gar. Laine, 124 av. de la Marne par ④
𝒫 02 97 63 27 27 🅽 𝒫 02 99 24 19 77
RENAULT S.V.D.A., 95 av. E.-Herriot par ③
𝒫 02 97 54 20 70 🅽 𝒫 08 00 05 15 15
RENAULT Gar. Le Goff, rte d'Auray par ④
𝒫 02 97 63 14 73

TOYOTA Auto Loisirs, ZAC Poulfanc, r. des
Vosges à Séné 𝒫 02 97 42 77 49 🅽
𝒫 02 97 63 23 45
VAG Gar. Floc, ZA de Kerlann 𝒫 02 97 63 81 81
🅽 𝒫 02 97 63 23 45

🛞 Foucaud Pneus, 35 rte de Nantes à Séné
𝒫 02 97 47 12 91
Foucaud pneus, 13 r. 5eme Cuirassier
𝒫 02 97 47 42 57
Jahier Pneus, r. Nicéphore Niepce, ZI du Prat
𝒫 02 97 47 64 65
Jahier Pneus, 2 r. 65ᵉ-R.I., rte de Pontivy
𝒫 02 97 47 18 50

VANNES-SUR-COSSON *45510 Loiret* 64 ⑩ *– 455 h alt. 125.*

Paris 149 – Orléans 34 – Gien 36 – Lamotte-Beuvron 24 – Montargis 63.

XX **Vieux Relais,** ✆ 02 38 58 04 14 – GB
fermé 1er au 15 juil., mi-déc. à mi-janv., dim. soir et lundi – **Repas** 98/225.

Les VANS *07140 Ardèche* 80 ⑧ *G. Vallée du Rhône – 2 668 h alt. 170.*

Office de Tourisme pl. Ollier (fermé après-midi hors saison) ✆ 04 75 37 24 48, Fax 04 75 39 87 51.

Paris 665 – Alès 45 – Aubenas 37 – Pont-St-Esprit 66 – Privas 67 – Villefort 24.

Le Carmel ⓢ, ✆ 04 75 94 99 60, Fax 04 75 37 20 02, ⛱, 🏞 – TV ☎ ♿ P – 🏛 25. AE ⓓ GB
fermé 12 nov. au 20 déc. et 8 janv. au 28 fév. – **Repas** *(fermé mardi)* (dîner seul.) 100/140, enf. 45 – ☕ 40 – **26 ch** 250/380 – ½ P 300/325.

XX **Le Grangousier,** face église ✆ 04 75 94 90 86, « Maison du 16e siècle » – GB
fermé 15 déc. au 31 janv., merc. et dim. soir sauf juil.-août – **Repas** (nombre de couverts limité, prévenir) 95/350.

au Sud-Est : *6 km par D 901 – ✉ 07140 Les Vans :*

Mas de l'Espaïre ⓢ, ✆ 04 75 94 95 01, Fax 04 75 37 21 00, ⛲, ⛱, 🏞 – TV ☎ ✆ ♿ P – 🏛 25. AE ⓓ GB JCB
1er mars-30 nov. – **Repas** 120/180 – ☕ 40 – **35 ch** 340/390 – ½ P 300/340.

CITROEN Gar. du Midi, ✆ 04 75 37 22 39 N ✆ 04 75 37 35 76

PEUGEOT Gar. Boissin, ✆ 04 75 37 21 41

VANVES *92 Hauts-de-Seine* 60 ⑩., 101 ㉕ *– voir à Paris, Environs.*

VARCES *38 Isère* 77 ④ *– rattaché à Grenoble.*

VARENGEVILLE-SUR-MER *76119 S.-Mar.* 52 ④ *G. Normandie Vallée de la Seine – 1 048 h alt. 80.*

Voir *Site★ de l'église – Parc des Moustiers★ – Ste-Marguerite : arcades★ de l'église O : 4,5 km – Phare d'Ailly ≤★ NO : 4 km.*

Paris 196 – Dieppe 10 – Fécamp 56 – Fontaine-le-Dun 19 – Rouen 64 – St-Valery-en-Caux 25.

à Vasterival *Nord-Ouest : 3 km par D 75 et rte secondaire – ✉ 76119 Varengeville-sur-Mer :*

de la Terrasse ⓢ, ✆ 02 35 85 12 54, Fax 02 35 85 11 70, ≤, « Jardin ombragé », 🎾 – ☎ P. GB. ✂ rest
15 mars-15 oct. – **Repas** 88/170, enf. 45 – ☕ 38 – **22 ch** 260/300 – ½ P 260/275.

La VARENNE-ST-HILAIRE *94 Val-de-Marne* 61 ①., 101 ㉘ *– voir à Paris, Environs (St-Maur-des-Fossés).*

VARENNES-JARCY *91480 Essonne* 61 ①, 106 ㉜ ㉝, 101 ㊳ *– 1 687 h alt. 55.*

Paris 30 – Brunoy 6 – Évry 15 – Melun 23.

XX **Host. de Varennes,** ✆ 01 69 00 97 03, Fax 01 69 00 80 08, ⛲, parc – P. AE GB
fermé août, 5 au 11 janv., lundi soir et mardi – **Repas** 125/195.

Write us...

If you have any comments on the contents of this Guide.

Your praise as well as your criticisms will receive careful consideration and, with your assistance, we will be able to add to our stock of information and, where necessary, amend our judgments.

Thank you in advance!

VARENNES-SUR-ALLIER *03150 Allier* 69 ⑭ *– 4 413 h alt. 245.*

 🛈 *Office de Tourisme* ℰ 04 70 45 84 37.
 Paris 319 – Moulins 31 – Digoin 59 – Lapalisse 19 – St-Pourçain-sur-Sioule 11 – Vichy 25.

au Sud-Est : *8,5 km par N 209 et D 214 –* ✉ *03150 Varennes-sur-Allier :*

🏛 **Château de Theillat** 🗫, ℰ 04 70 99 86 70, Fax 04 70 99 86 33, ≼, 🏤, « Château du 19ᵉ siècle dans un parc », 🐓, ⊼, ❤ – ⧫ 🆅 ☎ ℙ – 🔬 25 à 100. 🆎 ⑩ ⌾. ❤ rest
Repas 170/380 – 🖙 70 – **18 ch** 650/1100 – ½ P 550.

CITROEN Gar. Muet, 37 av. de Lyon
ℰ 04 70 45 00 19 🅽 ℰ 04 70 45 00 19
FORD Gar. Mantin, 58 av. de Chazeuil
ℰ 04 70 45 06 08

RENAULT Central Gar., 26 r. 4-Septembre
ℰ 04 70 45 05 02 🅽 ℰ 04 70 45 05 02
Gar. Sabot, 13 r. Hôtel de Ville ℰ 04 70 45 05 23

VARETZ *19 Corrèze* 75 ⑧ *– rattaché à Brive-la-Gaillarde.*

VARREDDES *77 S.-et-M.* 56 ⑬., 106 ㉓ *– rattaché à Meaux.*

VARS *05560 H.-Alpes* 77 ⑱ *G. Alpes du Sud – 941 h alt. 1650.*
 Paris 728 – Briançon 47 – Gap 71 – Barcelonnette 43 – Digne-les-Bains 126.

à Ste-Marie-de-Vars – ✉ *05560 Vars :*

🏨 **Le Vallon** 🗫, ℰ 04 92 46 54 72, Fax 04 92 46 61 62, ≼, 🏤, 🎋 – 🆅 ☎ ℙ – 🔬 30. ⌾. ❤ rest
juil.-août et 20 déc.-20 avril – **Repas** 93/125, enf. 54 – 🖙 39 – **34 ch** 270/460 – ½ P 336/378.

🏨 **La Mayt**, ℰ 04 92 46 50 07, Fax 04 92 46 63 92, ≼ – 🆅 ☎ ℙ. ⌾. ❤ rest
1ᵉʳ juil.-1ᵉʳ sept. et 20 déc.-20 avril – **Repas** 75/120 – 🖙 42 – **21 ch** 290/420 – ½ P 350/380.

aux Claux – *Sports d'hiver : 1 650/2 750 m ⚡ 1 ⚡ 30 ⚡ –* ✉ *05560 Vars.*
 🛈 *Office de Tourisme cours Fontanarosa* ℰ 04 92 46 51 31, Fax 04 92 46 56 54.

🏨 **Le Caribou**, ℰ 04 92 46 50 43, Fax 04 92 46 59 92, ≼, 🏤, ⊼ – ⧫ 🆅 ☎ ℙ. ⌾. ❤ rest
15 juin-1ᵉʳ sept. et 14 déc.-22 avril – **Repas** 90 (déj.), 100/170 – 🖙 45 – **37 ch** 650/900 – ½ P 540/720.

🏨 **L'Écureuil** Ⓜ 🗫 sans rest, ℰ 04 92 46 50 72, Fax 04 92 46 62 51, ≼ – 🆅 ☎ ♿ ℙ. ⌾
1ᵉʳ juil.-26 août et 5 déc.-20 avril – 🖙 40 – **19 ch** 390/480.

🏨 **Les Escondus**, ℰ 04 92 46 67 00, Fax 04 92 46 50 47, ≼, 🏤, 🎋, ❤ – 🆅 ☎ ℙ. 🆎 ⌾. ❤ rest
28 juin-10 sept. et déc.-fin avril – **Repas** 65/140, enf. 65 – 🖙 38 – **22 ch** 360/460 – ½ P 470/535.

🍴 **Chez Plumot**, ℰ 04 92 46 52 12, 🏤 – ⌾
juil.-août et déc.-avril – **Repas** 100 (déj.), 125/185, enf. 60.

VARZY *58210 Nièvre* 65 ⑭ *G. Bourgogne – 1 455 h alt. 249.*
 Paris 211 – La Charité-sur-Loire 37 – Clamecy 17 – Cosne-sur-Loire 42 – Nevers 53.

🍴🍴 **Aub. de la Poste** avec ch, ℰ 03 86 29 41 72, Fax 03 86 29 72 67, 🏤 – 🆅 ☎ ❤. ⌾
fermé fév., lundi du 15 nov. au 15 mars et dim. soir – **Repas** 100/260, enf. 60 – 🖙 35 – **10 ch** 200/250.

RENAULT Gar. Moreau, ℰ 03 86 29 42 10

VASSIVIÈRE (Lac de) *87 H.-Vienne* 72 ⑲ *– rattaché à Peyrat-le-Château.*

VASTERIVAL *76 S.-Mar.* 52 ④ *– rattaché à Varengeville-sur-Mer.*

VATAN *36150 Indre* 68 ⑧ ⑨ *G. Berry Limousin – 2 022 h alt. 140.*
 Paris 236 – Bourges 51 – Blois 78 – Châteauroux 34 – Issoudun 21 – Vierzon 27.

🍴 **France**, ℰ 02 54 49 74 11, 🏤, ❤ – 🆅 ☜ ℙ. ⌾
fermé 27 août au 3 sept., 4 fév. au 6 mars, mardi soir et merc. sauf fériés – **Repas** 92/187 ♨ – 🖙 35 – **12 ch** 140/380.

CITROEN Gar. Thibault, ℰ 02 54 49 75 27

◉ Leseche Pneus, ℰ 02 54 49 74 02

VAUCHOUX *70 H.-Saône* 66 ⑤ *– rattaché à Port-sur-Saône.*

VAUCLAIX *58140 Nièvre* 65 ⑯ *– 145 h alt. 281.*

Paris 250 – Autun 66 – Avallon 37 – Clamecy 43 – Nevers 69.

La Poste, ✆ 03 86 22 71 38, Fax 03 86 22 76 00, ☂, ⛱, ☙ – TV ☎ P. GB. ✂ rest
Repas 98/380 – ☕ 46 – **8 ch** 335 – ½ P 310.

VAUCOULEURS *55140 Meuse* 62 ③ *G. Alsace Lorraine – 2 401 h alt. 254.*

Paris 275 – Nancy 48 – Bar-le-Duc 51 – Commercy 20 – Neufchâteau 31.

Relais de la Poste avec ch, ✆ 03 29 89 40 01, Fax 03 29 89 40 93 – TV ☎ ⇐. GB. ✂
fermé 24 déc. au 24 janv., dim. soir et lundi – **Repas** 82/170 🌡 – ☕ 32 – **9 ch** 210/250 – ½ P 240.

VAUCRESSON *92 Hauts-de-Seine* 60 ⑩, 101 ㉓ *– voir à Paris, Environs.*

VAUDEURS *89320 Yonne* 61 ⑮ *– 478 h alt. 200.*

Paris 142 – Troyes 58 – Auxerre 50 – Sens 25.

La Vaudeurinoise ☙ avec ch, ✆ 03 86 96 28 00, Fax 03 86 96 28 03, ☂ – ✂ P. GB
fermé 15 au 28 fév., mardi soir et merc. sauf juil-août – **Repas** (dim. prévenir) 85/220 – ☕ 30 – **6 ch** 175/250 – ½ P 200/250.

VAULT DE LUGNY *89 Yonne* 65 ⑯ *– rattaché à Avallon.*

VAUNAVEYS-LA-ROCHETTE *26400 Drôme* 77 ② *– 448 h alt. 282.*

Paris 588 – Valence 26 – Crest 6 – Die 45 – Romans-sur-Isère 35 – Privas 42.

Aub. de la Rochette avec ch, à La Rochette Nord : 3 km ✆ 04 75 25 79 30, Fax 04 75 25 79 25, ⛱, ☙ – TV ☎ P. GB. ✂
fermé 15 au 30 oct., vacances de fév. et hôtel : fermé merc. du 1er nov. au 30 mars – **Repas** *(fermé dim. soir, jeudi midi et merc.)* (nombre de couverts limité, prévenir) 129/195 – ☕ 60 – **5 ch** 400/600 – ½ P 370/395.

VAUX-LE-PÉNIL *77 S.-et-M.* 61 ②, 106 ㊺ *– rattaché à Melun.*

VAUX-SOUS-AUBIGNY *52190 H.-Marne* 66 ③ *– 663 h alt. 275.*

Paris 305 – Dijon 47 – Gray 45 – Langres 25.

Aub. des Trois Provinces, ✆ 03 25 88 31 98 – GB
fermé 26 janv. au 16 fév., dim. soir et lundi – **Repas** 89/128.

VEAUCHE *42340 Loire* 73 ⑱ *G. Vallée du Rhône – 7 282 h alt. 387.*

Voir *Bras reliquaire★ dans l'église.*

Paris 505 – St-Étienne 21 – Lyon 80 – Montbrison 27 – Roanne 71.

Relais de l'Etrier, N 82 ✆ 04 77 54 60 11, Fax 04 77 94 87 74, ☂ – ▤ P. GB
fermé dim. soir et lundi – **Repas** 80/250 🌡.

VELIZY-VILLACOUBLAY *78 Yvelines* 60 ⑩, 101 ㉔ *– voir à Paris, Environs.*

VELLUIRE *85 Vendée* 71 ⑪ *– rattaché à Fontenay-le-Comte.*

Gli alberghi o ristoranti ameni sono indicati nella guida con un simbolo rosso.

Contribuite a mantenere la guida aggiornata segnalandoci gli alberghi e ristoranti dove avete soggiornato piacevolmente.

🏨🏨🏨🏨🏨 ... 🏨

XXXXX ... X

VENAREY-LES-LAUMES 21150 Côte-d'Or 🔢 ⑧ ⑱ G. Bourgogne – 3 544 h alt. 235.

Paris 259 – Dijon 67 – Avallon 54 – Montbard 14 – Saulieu 42 – Semur-en-Auxois 13 – Vitteaux 20.

à Alise-Ste-Reine Est : 2 km – 667 h. alt. 415 – ✉ 21150 .

Voir Mont Auxois★ : ☀★.

✗ **Cheval Blanc,** ✆ 03 80 96 01 55 – 🅿. GB
fermé 2 au 31 janv., dim. soir et lundi sauf le midi en juil.-août – **Repas** 75 (déj.), 140/220.

CITROEN Gar. Jourdan, ✆ 03 80 96 05 63
FORD Gar. Maufront, ✆ 03 80 96 05 50
PEUGEOT Gar. Chalumeau, ✆ 03 80 96 03 84

RENAULT Gar. Renardet, ✆ 03 80 96 05 12

⑩ Gar. Maufront, ✆ 03 80 96 05 50

VENASQUE 84210 Vaucluse 🔢 ⑬ G. Provence – 785 h alt. 310.

Voir Baptistère★ – Gorges★ E : 5 km par D 4.

🚩 Office de Tourisme, Grande-Rue ✆ 04 90 66 11 66.

Paris 694 – Avignon 35 – Apt 33 – Carpentras 13 – Cavaillon 32 – Orange 37.

🏠 **Aub. La Fontaine** ॐ, ✆ 04 90 66 02 96, Fax 04 90 66 13 14, ambiance guest house – cuisinette ▦ ch 📺 ☎ 🅿. GB
fermé mi-nov. à mi-déc. – **Repas** *(fermé merc.)* (nombre de couverts limité, prévenir) (dîner seul. sauf dim. et fêtes) 220 🍷 - **Le Bistro** *(fermé dim. soir et lundi)* **Repas** 80/150 🍷 – ⏳ 50, 5 appart 800.

🏠 **La Garrigue** ॐ, ✆ 04 90 66 03 40, Fax 04 90 66 61 43, 😼, 🍽, ☞ – ☀ ▦ ch ☎ 🅿. GB.
avril-15 oct. et fermé mardi – **Repas** (dîner seul.)(résidents seul.) – ⏳ 45 – **15 ch** 300/450 – ½ P 330/480.

VENCE 06140 Alpes-Mar. 🔢 ⑨, 🔢 ㉕ G. Côte d'Azur – 15 330 h alt. 325.

Voir Chapelle du Rosaire★ *(chapelle Matisse)* – Place du Peyra★ B **13** – Stalles★ de l'ancienne cathédrale B E – ≤★ de la terrasse du château N. D. des Fleurs NO : 2,5 km par D 2210.

Env. Col de Vence ☀★★ NO : 10 km par D 2 A – St-Jeannet : site★, ≤★ 8 km par ③.

🚩 Office de Tourisme pl. Grand-Jardin ✆ 04 93 58 06 38, Fax 04 93 58 91 81.

Paris 926 ① – Nice 23 ① – Antibes 20 ① – Cannes 30 ① – Grasse 26 ②.

Alsace-Lorr. (R.) . **B** 3
Évêché (R. de l') . **B** 5
Hôtel-de-Ville (R.) . **B** 6
Place-Vieille (R.) . **B** 14
Résistance
(Av.) . . . . **A, B** 17
Juin (Pl. Mar.) . . . **A** 8

Marché (R. du) . . **B** 10
Meyère (Av. Col.) **B** 12
Peyra (Pl. du) . . . **B** 13
Poilus (Av. des) . . **A** 15
Portail-Levis (R.) . **B** 16
Rhin-et-Dan. (Av.) **A** 18
St-Lambert (R.) . . **B** 19
Tuby (Av.) . . . . . . **A** 21

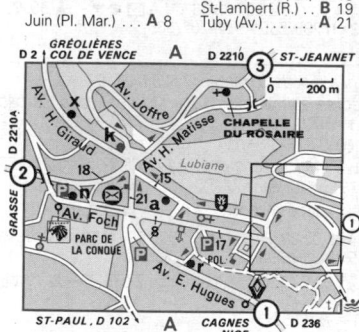

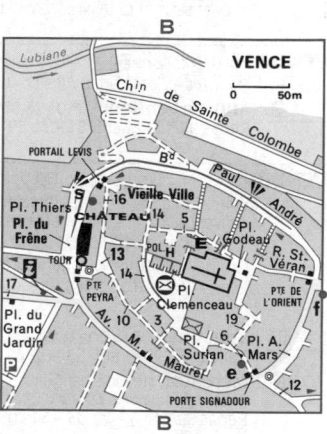

🏨 **Château du Domaine St-Martin** ॐ, rte de Coursegoules par D 2 : 2,5 km ✆ 04 93 58 02 02, Fax 04 93 24 08 91, ≤ Vence et littoral, 😼, parc, 🍽, ✗ – ⚡ ▦ 📺 ☎ 🅿. AE ⓞ GB, ✗ rest
mi-avril-mi-oct. – **Repas** 300 (déj.), 430/490 et carte 420 à 660 – ⏳ 120 – **24 ch** 1600/4000, 10 appart – ½ P 1895/2495.

🏨 **Relais Cantemerle** Ⓜ ॐ, 258 chemin Cantemerle par av. Col. Meyère B ✆ 04 93 58 08 18, Fax 04 93 58 32 89, 😼, 🍽, ☞ – ▦ ch 📺 ☎ 🅿. AE ⓞ GB
hôtel : 27 mars-15 oct. ; rest. : 1ᵉʳ mai-fin sept. – **Repas** *(fermé lundi sauf juil.-août)* 140 (déj.)/210, enf. 110 – ⏳ 70, 19 duplex 950/1030 – ½ P 735/775.

Diana sans rest, av. Poilus ✆ 04 93 58 28 56, Fax 04 93 24 64 06 – |‡| cuisinette ⇔ TV ☎ . AE ① GB — A a
☕ 40 – **25 ch** 395/415.

Floréal, 440 av. Rhin et Danube par ② ✆ 04 93 58 64 40, Fax 04 93 58 79 69, ⛲, 🌳 – |‡| TV ☎ P. GB
1er avril-15 oct. – **Repas** 115/155 – ☕ 50 – **43 ch** 450/490.

Mas de Vence M, 539 av. E. Hugues ✆ 04 93 58 06 16, Fax 04 93 24 04 21, 🏠, ⛲, 🌳 – |‡| TV ☎ ♿ P. AE ① GB JCB. ✗ rest — A r
Repas 150/170 🍷 – ☕ 46 – **41 ch** 370/465 – ½ P 380.

La Roseraie sans rest, rte de Coursegoules ✆ 04 93 58 02 20, Fax 04 93 58 99 31, « Villa 1900 joliment décorée », ⛲, 🌳 – TV ☎ P. AE GB JCB — A x
☕ 55 – **11 ch** 395/560.

Parc H. sans rest, 50 av. Foch ✆ 04 93 58 27 27 – ☎. AE GB. ✗ — A n
Pâques-15 oct. – ☕ 35 – **13 ch** 260/360.

Jacques Maximin, 689 chemin de la Gaude par ① *rte Cagnes : 3 km* ✆ 04 93 58 90 75, Fax 04 93 58 22 86, 🏠, 🌳 – P. GB
fermé 12 janv. au 9 fév., dim. soir et lundi – **Repas** (nombre de couverts limité, prévenir) 240 et carte 340 à 450
Spéc. Gâteau d'aubergines confites à la niçoise. Ratatouille de crustacés, beurre de basilic. Pigeonneau du Lauragais.

Le Vieux Couvent, 37 av. Alphonse Toreille ✆ 04 93 58 78 58 – GB — B f
fermé fin janv. à début mars, dim. soir et merc. de nov. à avril – **Repas** (nombre de couverts limité, prévenir) 150/210 et carte 190 à 280.

Aub. des Seigneurs avec ch, pl. Frêne ✆ 04 93 58 04 24, Fax 04 93 24 08 01, « Auberge rustique du 17e siècle » – ☎. AE ① GB — B s
15 mars-15 nov. – **Repas** *(fermé dim. soir et lundi)* 170/240 – ☕ 50 – **8 ch** 280/360.

Aub. des Templiers, 39 av. Joffre ✆ 04 93 58 06 05, Fax 04 93 58 06 05, 🏠 – AE GB
fermé 10 au 25 mars, 17 nov. au 8 déc., dim. soir et lundi – **Repas** 150/225. — A k

Chez Jordi, 8 r. Hôtel de Ville ✆ 04 93 58 83 45 — B e
fermé 15 juil. au 15 août, 28 déc. au 10 janv., dim. et lundi – **Repas** (nombre de couverts limité, prévenir) 85/125.

CITROEN Gar. Jouve, 129 av. Gén.-Leclerc ✆ 04 93 58 07 29
MERCEDES, PEUGEOT Gar. Simondi, 39 av. Foch ✆ 04 93 58 01 21 N ✆ 04 93 58 01 21
RENAULT Gar. de la Rocade, 840 av. E.-Hugues ✆ 04 93 58 00 29
RENAULT Gar. Mistral, 711 rte de Grasse par ② ✆ 04 93 24 03 60

VENDEUIL *02800 Aisne 53 ⑭ – 881 h alt. 76.*

Paris 140 – Compiègne 58 – St-Quentin 17 – Laon 30 – Soissons 50.

Aub. de Vendeuil, ✆ 03 23 07 54 54, Fax 03 23 07 88 58, 🏠 – TV ☎ P – 🎓 30. AE ① GB
Repas 90/190 🍷, enf. 65 – ☕ 50 – **22 ch** 285/335 – ½ P 267/365.

VENDÔME SP *41100 L.-et-Ch. 64 ⑥ G. Châteaux de la Loire – 17 525 h alt. 82.*

Voir *Anc. abbaye de la Trinité* ★ *: église abbatiale* ★★ **BZ** – *Musée* ★ *dans les bâtiments conventuels* – *Château : terrasses* ≤★ **ABZ.**

⛳ de la Bosse ✆ 02 54 23 02 60, par ② D 917 : 20 km.

ℹ Office de Tourisme Hôtel le Saillant 47-49 r. Poterie ✆ 02 54 77 05 07, Fax 02 54 73 20 81.

Paris 170 ① – Blois 34 ③ – Le Mans 78 ⑥ – Orléans 77 ① – Tours 58 ④.

Plan page ci-contre

Vendôme, 15 fg Chartrain ✆ 02 54 77 02 88, Fax 02 54 73 90 71 – |‡| TV ☎ . GB
Repas 75/190 🍷, enf. 55 – ☕ 45 – **35 ch** 210/395 – ½ P 275/330. — BY a

Mercator, rte Blois par ③ *: 1,5 km* ✆ 02 54 72 28 38, Fax 02 54 77 73 88 – ▤ rest TV ☎ ♿ P – 🎓 40 à 140. AE ①
Repas 89/144 🍷 – ☕ 33 – **51 ch** 274 – ½ P 256.

Le Paris, 1 r. Darreau ✆ 02 54 77 02 71, Fax 02 54 73 17 71 – AE GB — BX z
fermé 15 juil. au 6 août, dim. soir et lundi – **Repas** 89/215 🍷, enf. 65.

Aub. de la Madeleine avec ch, pl. Madeleine ✆ 02 54 77 20 79, Fax 02 54 80 00 02, 🏠 – TV ☎. GB — AY d
fermé vacances de fév. – **Repas** *(fermé merc.)* 80/210, enf. 46 – ☕ 30 – **8 ch** 200/290 – ½ P 240.

par ① *: 3 km sur N 10 – ✉ 41100 Vendôme :*

Bel air, ✆ 02 54 72 20 20, Fax 02 54 73 24 41 – TV ☎ ♿ P – 🎓 30. GB
fermé Noël au Jour de l'An et dim. soir en hiver – **Repas** 75/98 🍷, enf. 38 – ☕ 28 – **31 ch** 185/230 – ½ P 210.

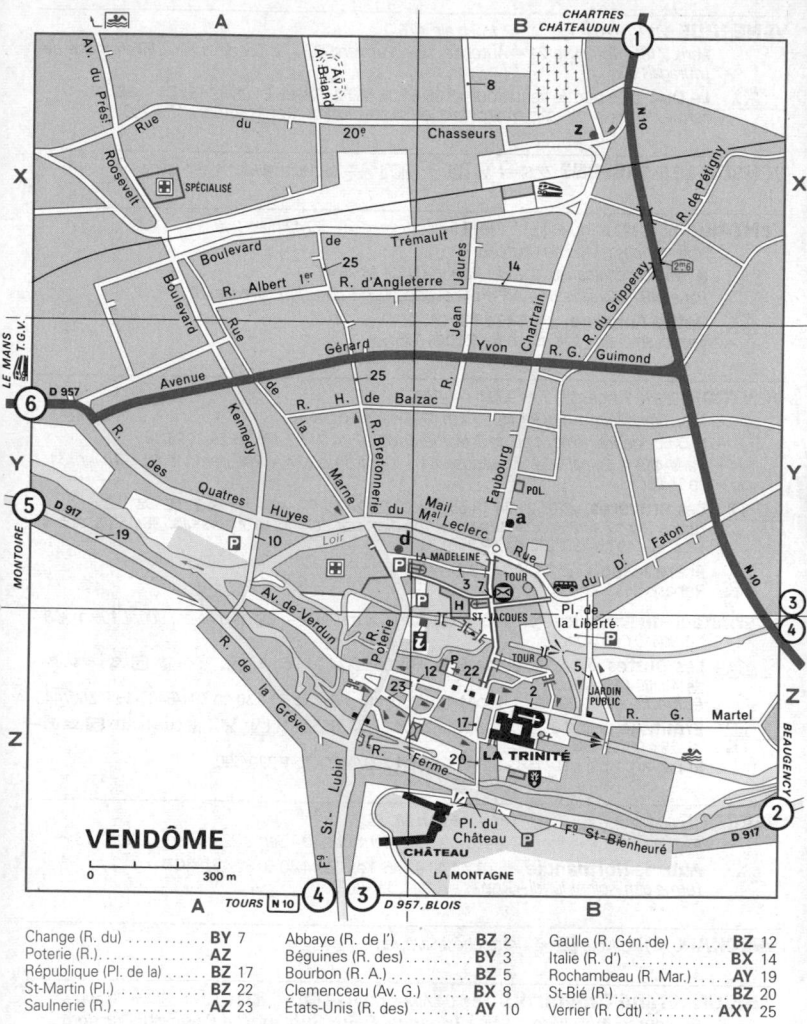

VENDÔME

Change (R. du)	**BY** 7	Abbaye (R. de l')	**BZ** 2	Gaulle (R. Gén.-de)	**BZ** 12
Poterie (R.)	**AZ**	Béguines (R. des)	**BY** 3	Italie (R. d')	**BX** 14
République (Pl. de la)	**BZ** 17	Bourbon (R. A.)	**BZ** 5	Rochambeau (R. Mar.)	**AY** 19
St-Martin (Pl.)	**BZ** 22	Clemenceau (Av. G.)	**BX** 8	St-Bié (R.)	**BZ** 20
Saulnerie (R.)	**AZ** 23	États-Unis (R. des)	**AY** 10	Verrier (R. Cdt)	**AXY** 25

aux Fontaines *par* ① *et N 10 : 15 km –* ⊠ *41100 Vendôme :*

XX   **Aub. de la Sellerie,** ☎ 02 54 23 41 43, Fax 02 54 23 48 00, 🍴 – 🅿 ☉☐
⊛   *fermé 9 au 17 juin, janv., lundi soir et mardi –*
Repas 98 bc/200.

Nord-Est *4 km par D 92 et rte secondaire –* ⊠ *41100 St-Ouen :*

XX   **La Vallée,** 34 r. Barré-de-St-Venant ☎ 02 54 77 29 93, Fax 02 54 73 16 96, 🍴 – 🅿 ☉☐
fermé 8 au 21 sept., 24 fév. au 16 mars, dim. soir et lundi sauf fériés – **Repas** 89/205.

CITROEN Gar. Granger, N 10, St-Ouen par ①
☎ 02 54 77 13 06
FORD Gar. Coutrey, 19 rte de Paris à St-Ouen
☎ 02 54 73 73 71
PEUGEOT N.S.A.V., 33 rte de Paris, St-Ouen par ①
☎ 02 54 73 08 06 🅽 ☎ 06 07 45 03 91
RENAULT Vendôme Autom., N 10 Les Grouets à
St-Ouen par ① ☎ 02 54 73 36 34 🅽
☎ 06 09 69 05 86

🏭 Euromaster, 10 r. d'Italie ☎ 02 54 77 77 35
Moreau Pneus, 192 fg Chartrain
☎ 02 54 77 58 04

VENERQUE 31810 H.-Gar. **82** ⑱ – 2 158 h alt. 176.

Paris 718 – *Toulouse 24* – *Auterive 12* – *Pamiers 42* – *St-Gaudens 82* – *Villefranche-de-Lauragais 30*.

XX **Le Duc,** allée Duc de Ventadour ℘ 05 61 08 38 32, Fax 05 61 08 42 13, 斎 – **GB**
fermé dim. soir hors sais., mardi midi en sais. et lundi – **Repas** 90 (déj.), 130/280.

VENEUX-LES-SABLONS 77 S.-et-M. **61** ⑫., **106** ㊻ – *rattaché à Moret-sur-Loing*.

VENTABREN 13122 B.-du-R. **84** ②, **114** ⑭ G. *Provence* – 3 742 h alt. 210.

Voir ⩽★ *des ruines du Château*.

🛈 *Syndicat d'Initiative, Grande-Rue* ℘ 04 42 28 76 47.

Paris 748 – *Marseille 33* – *Aix-en-Provence 15* – *Salon-de-Provence 27*.

XX **Petite Auberge,** ℘ 04 42 28 80 01, ⩽, 斎 – **GB**
fermé janv., dim. soir et lundi – **Repas** 145.

VENTRON 88310 Vosges **62** ⑰ – 900 h alt. 630.

Env. *Grand Ventron* 米★★ *NE : 7 km,* G. *Alsace Lorraine*.

🛈 *Office de Tourisme, 4 pl. de la Mairie* ℘ 03 29 24 07 02, Fax 03 29 24 23 16.

Paris 439 – *Épinal 55* – *Mulhouse 51* – *Gérardmer 27* – *Remiremont 30* – *Thann 31* – *Le Thillot 13*.

🏠 **Les Bruyères,** ℘ 03 29 24 18 63, Fax 03 29 24 23 15, 🚗 – ↭ ☎ 🅿. 쩨 **GB**
fermé 15 nov. au 26 déc. – **Repas** *(fermé dim. soir et lundi midi hors sais.)* 98/135 🖢, enf. 45
– 🖭 30 – **19 ch** 180/230 – 1/2 P 258.

X **Frère Joseph,** ℘ 03 29 24 18 23 – **GB**
☞ **Repas** 55/130, enf. 40.

à l'Ermitage du Frère Joseph *Sud : 5 km par D 43 et D 43E* – *Sports d'hiver : 900/1 100 m* ⚡8 –
✉ 88310 Cornimont :

🏯 **Les Buttes** 🌿, ℘ 03 29 24 18 09, Fax 03 29 24 21 96, ⩽, 🔲, ❌ – 🛗 📺 ☎ ⟵ 🅿.
🦽 40. 쩨 **GB**. 🌿 rest
fermé 12 nov. au 20 déc. – **Repas** 145/250, enf. 60 – 🖭 50 – **30 ch** 384/540 – 1/2 P 360/440.

🏨 **Ermitage** 🌿, ℘ 03 29 24 18 29, Fax 03 29 24 16 57, ⩽, 🔲, ❌ – 🛗 cuisinette 📺 ☎ 🅿.
☞ 🦽 25 à 80. 쩨 **GB**
Repas 70 bc (déj.), 80/138 – 🖭 40 – **55 ch** 200/460 – 1/2 P 220/390.

VERBERIE 60410 Oise **56** ②, **106** ⑩ – 2 627 h alt. 33.

Paris 69 – *Compiègne 16* – *Beauvais 56* – *Clermont 30* – *Senlis 22* – *Villers-Cotterêts 31*.

XX **Aub. de Normandie,** ℘ 03 44 40 92 33, Fax 03 44 40 50 62, 斎 – **GB**
fermé dim. soir et lundi – **Repas** 95 (déj.), 118/170.

VERCHAIX 74 H.-Savoie **74** ⑧ – *rattaché à Samoëns*.

VERDON (Grand Canyon du) ★★★ 04 Alpes-de-H.-P. **81** ⑰, **114** ⑧ ⑨ G. *Alpes du Sud*.

Ressources hôtelières : *voir à* **Trigance, Point Sublime, La Palud-sur-Verdon**.

Write us...

If you have any comments on the contents
of this Guide.

Your praise as well as your criticisms
will receive careful consideration and,
with your assistance, we will be able to add to our
stock of information
and, where necessary, amend our judgments.

Thank you in advance!

Le VERDON-SUR-MER 33123 Gironde **71** ⑮ G. Pyrénées Aquitaine – 1 344 h alt. 3.

Voir *Pointe de Grave : dune* ≤★ N : 4 km.

Bac: *pour Royan : renseignements* ℰ 05 56 09 60 84, Fax 05 56 09 68 43.

🛈 *Office de Tourisme r. F-Lebreton (Pâques, juin-sept.)* ℰ 05 56 09 61 78 *et à la Pointe de la Grave (juil.-août)* ℰ 05 56 73 70 04.

Paris 507 – Royan 4 – Bordeaux 100 – Lesparre-Médoc 34.

XX **Le Côte d'Argent,** pointe de Grave ℰ 05 56 09 60 45, 😄 – 🅿. 🆎 🇬🇧
☜ *fermé 15 nov. au 15 déc., 15 au 30 janv. et le soir d'oct. à avril sauf week-ends* – **Repas** 85/220 ⅃, enf. 49.

VERDUN ◉ 55100 Meuse **57** ⑪ G. Alsace Lorraine – 20 753 h alt. 198.

Voir *Ville Haute*★ *: Cathédrale Notre-Dame*★, *Palais épiscopal*★ *(Centre mondial de la paix)* – *Citadelle souterraine*★ – *Verdun Haut lieu du souvenir*★★★ *: Mémorial de Verdun, Fort et Ossuaire de Douaumont, Tranchée des Baïonnettes, le Mort-Homme, la Cote 304.*

🛈 *Office de Tourisme pl. Nation* ℰ 03 29 86 14 18, Fax 03 29 84 22 42.

Paris 262 ④ – Bar-le-Duc 56 ④ – Metz 79 ③ – Châlons-en-Champagne 88 ④ – Nancy 94 ③.

VERDUN

Foch (Pl. Mar.) .... **CY** 8	Beaurepaire (R.) .... **CZ** 3		Prés.-Poincaré (R.) .... **CZ** 17	
Mazel (R.) .... **CY** 14	Chevert (Pl.) .... **CZ** 4		République (Quai de la) ... **CY** 18	
	Douaumont (Av. de) ...... **CY** 6		Rû (R. de) .... **BZ** 19	
Alsace-Lorraine (Av.) ...... **CZ** 2	Lattre-de-Tassigny (Av. Mar. de) ... **CY** 10		St-Paul (R.) .... **CY** 20	
	Mautroté (R.) .... **BY** 13		St-Pierre (R.) .... **BY** 21	
	Mgr-Ginisty (Pl.) .... **BY** 16		Soupirs (Allée des) .... **BY** 24	
			Tour du Champ (R. de la) ... **CZ** 29	

Host. Coq Hardi, 8 av. Victoire ✆ 03 29 86 36 36, Fax 03 29 86 09 21 – 📶 🎦 ☎ 🖐 ৬ 🚗
– 🛁 25. 🝙 ① ⬛ GB   CY v
Repas 200/480 et carte 380 à 490, enf. 105 – ☲ 75 – **35 ch** 360/780, 3 appart
Spéc. Salade "Coq Hardi". Canard de Challans au vinaigre de framboise. Mirabelles de
Lorraine flambées au caramel. **Vins** Côtes de Toul.

Prunellia, 48 av. Metz par ③ ✆ 03 29 83 94 94, Fax 03 29 83 94 95, 斎 – 🎦 ☎ ৬ 🅿 –
🛁 25. 🝙 ⬛ GB
Repas 88/155, enf. 45 – ☲ 36 – **41 ch** 288/348 – ½ P 241/302.

Montaulbain sans rest, 4 r. Vieille-Prison ✆ 03 29 86 00 47, Fax 03 29 84 75 70 – 🎦 ☎.
GB. ⬝⬝   BCY e
fermé 15 au 28 fév. – ☲ 28 – **10 ch** 130/210.

aux Monthairons par ④ et D 34 : 13 km – 367 h. alt. 200 – ✉ 55320 :

Host. du Château des Monthairons ⬝, ✆ 03 29 87 78 55, Fax 03 29 87 73 49, ≤,
斎, « Château du 19e siècle dans un parc », 🐎 – 🎦 ☎ ৬ 🚗 🅿 – 🛁 35. 🝙 ① ⬛ GB
fermé 2 janv. au 10 fév., dim. soir, mardi midi et lundi du 15 nov. au 15 mars – **Repas** (fermé
lundi midi du 16 mars au 15 nov.) 120 (déj.), 165/395, enf. 100 – ☲ 65 – **13 ch** 450/790,
5 appart – ½ P 450/650.

CITROEN Gd Gar. de la Meuse, av. Col.-Driant   🟡 Frattini Vulco, 21 av. Douaumont
✆ 03 29 86 44 05   ✆ 03 29 86 04 36
PEUGEOT Verdun Autom., 2 av. 42e Division par ②   Leclerc Pneu, 13 av. Col.-Driant
✆ 03 29 86 86 86   ✆ 03 29 86 29 55
RENAULT Gar. Friob, av. d'Etain par ②   Legros, 21-23 r. du Fort-de-Vaux
✆ 03 29 86 00 00 🅽 ✆ 08 00 05 15 15   ✆ 03 29 84 61 70
ROVER Gar. Trévisan, bd J.-Monnet à Haudainville
✆ 03 29 84 41 79

VERDUN-SUR-LE-DOUBS 71350 S.-et-L. 🔟 ② G. Bourgogne – 1 065 h alt. 180.
🚋 Office de Tourisme ✆ 03 85 91 87 52.
Paris 331 – Chalon-sur-Saône 24 – Beaune 24 – Dijon 64 – Dole 47 – Lons-le-Saunier 59.

Host. Bourguignonne avec ch, rte Ciel ✆ 03 85 91 51 45, Fax 03 85 91 53 81, 斎, ⬚ –
🎦 ☎ 🅿. 🝙 GB
15 mars-15 déc. et fermé merc. sauf du 15 mai au 15 oct – **Repas** 105/350 – ☲ 50 – **15 ch**
300/490 – ½ P 390.

à Allerey-sur-Saône Nord-Ouest 3 km par D 970 – 592 h. alt. 183 – ✉ 71350 Verdun-sur-le-
Doubs :

Les Glycines, ✆ 03 85 91 96 60, Fax 03 85 91 96 61 – GB
fermé 2 au 10 sept., fév., mardi soir et merc. – **Repas** 95/250 ⬝, enf. 50.

VÉRETZ 37270 I.-et-L. 🔢 ⑮ G. Châteaux de la Loire – 2 709 h alt. 50.
Paris 239 – Tours 12 – Bléré 17 – Blois 52 – Chinon 52 – Montrichard 33.

Grand Repos ⬝ sans rest, 18 chemin Acacias ✆ 02 47 50 35 34, Fax 02 47 50 58 58 – ☎
🚗 🅿. 🝙 GB JCB
avril-sept. – ☲ 25 – **23 ch** 180/200.

VERGÈZE 30310 Gard 🔢 ⑧ – 3 135 h alt. 30.
Paris 726 – Montpellier 39 – Nîmes 18.

La Passiflore ⬝, ✆ 04 66 35 00 00, Fax 04 66 35 09 21 – ▤ ch ☎ 🅿. 🝙 GB. ⬝⬝ rest
Repas (fermé 15 nov. au 26 déc., dim. de nov. à mars et lundi) (dîner seul.) 135, enf. 40 –
☲ 38 – **11 ch** 265/325 – ½ P 260/310.

VERLINGHEM 59 Nord 🔢 ⑯, 🔢 ⑫ – rattaché à Lille.

VERMENTON 89270 Yonne 🔢 ⑤ G. Bourgogne – 1 105 h alt. 125.
Paris 190 – Auxerre 25 – Avallon 28 – Vézelay 28.

Aub. Espérance, ✆ 03 86 81 50 42 – ▤. GB
fermé janv., dim. soir et lundi – **Repas** 86/224 ⬝, enf. 47.

VERNET-LES-BAINS 66820 Pyr.-Or. 🔢 ⑰ G. Pyrénées Roussillon – 1 489 h alt. 650 – Stat.
therm. (mi-mars/mi-déc.) – Casino .
Voir Site★ – Église★ de Corneilla-de-Conflent 2,5 km par ①.
🚋 Office de Tourisme pl. Mairie ✆ 04 68 05 55 35, Fax 04 68 05 60 33.
Paris 921 ① – Perpignan 57 ① – Mont-Louis 36 ① – Prades 11 ①.

🏠🏠 **Le Mas Fleuri** Ⓜ ⤳ sans rest, bd Clemenceau (a) ℰ 04 68 05 51 94, Fax 04 68 05 50 77, « Parc ombragé », 🛏 – 🎬 ☎ 🅿, 🖭 ⑩ 🖼, ✿
1ᵉʳ juin-30 sept. – ☎ 48 – **29 ch** 325/530.

🏠🏠 **Princess** ⤳, r. Lavandières (k) ℰ 04 68 05 56 22,
Fax 04 68 05 62 45, 🏛 – 🎬 cuisinette ✕ ≡ rest 🎬 ☎ ✆
⬥ ⟺ 🅿 – 🛏 40. 🖭 ⑩ 🖼, ✿ rest
15 mars-30 nov. et 22 déc.-2 janv. – Repas 85/130 ⅃, enf.
60 – ☎ 35 – **40 ch** 276/346 – ½ P 278/293.

🏠 **Eden,** prom. Cady (n) ℰ 04 68 05 54 09,
Fax 04 68 05 60 50, 🏛 – 🛗 🎬 ☎ 🅿, 🖭 🖼
29 mars-1ᵉʳ nov. – Repas (fermé lundi) 79/170 ⅃, enf. 53 –
☎ 38 – **23 ch** 190/300 – ½ P 235/285.

✕✕ **Comte Guifred de Conflent** avec ch (collège d'application hôt.), av. Thermes (u) ℰ 04 68 05 51 37,
Fax 04 68 05 64 11, 🏛, 🎐 – 🛗 🎬 ☎ – 🛏 40. 🖭 ⑩ 🖼
fermé fin nov. à début janv. – Repas 100/190, enf. 55 –
☎ 40 – **10 ch** 290/490 – ½ P 325/375.

à Casteil Sud : 2 km par D 116 – 102 h. alt. 780 – ✉ 66820 :

🏠 **Molière** ⤳, ℰ 04 68 05 50 97, Fax 04 68 05 55 11, ≤,
🏛, 🎐 – ☎ 🅿, 🖼
15 mars-15 nov. – Repas (fermé mardi soir et merc. du 15
oct. au 15 avril) 85/160, enf. 45 – ☎ 35 – **10 ch** 190/250 – ½ P 240/250.

à Sahorre Sud-Ouest : 3,5 km par D 27 – 333 h. alt. 650 – ✉ 66360 :

🏠 **Châtaigneraie** ⤳, ℰ 04 68 05 51 04, ≤, 🏛, 🎐 – ≡ rest ☎ 🅿, 🖼, ✿ ch
mai-fin sept. – Repas 78/127, enf. 60 – ☎ 30 – **10 ch** 175/263 – ½ P 210/245.

PEUGEOT Gar. Villacèque, ℰ 04 68 05 51 14   RENAULT Gar. Pous, ℰ 04 68 05 52 81

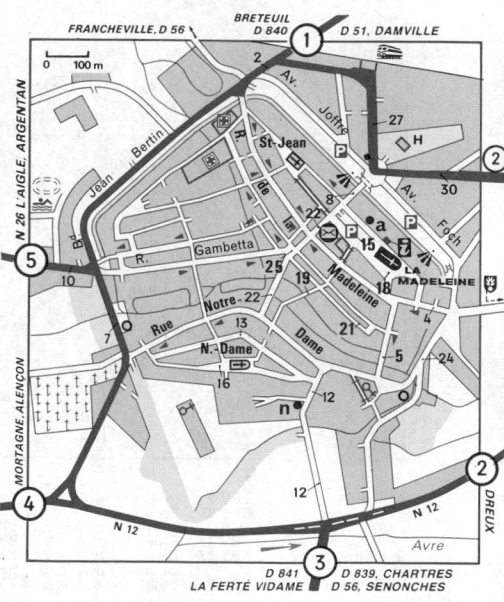

VERNET-LES-BAINS

Burnay (Av.)	2
Mines (Av.)	3
St-Martin (Av.)	5
Thermes (Av.)	6

VERNEUIL-SUR-AVRE 27130 Eure 🖺🔟 ⑥ G. Normandie Vallée de la Seine – 6 446 h alt. 155.
Voir Église de la Madeleine★ – Statues★ de l'église N.-Dame.
🏌 de Center Parcs ℰ 02 32 23 50 02, par ④ : 9 km.
🅱 Office de Tourisme 129 pl. Madeleine ℰ 02 32 32 17 17.
Paris 116 ② – Alençon 78 ④ – Argentan 77 ⑤ – Chartres 58 ③ – Dreux 38 ② – Évreux 42 ①.

VERNEUIL-SUR-AVRE

Breteuil (Rte de)	2
Briand (R. A.)	4
Canon (R. du)	5
Casati (Bd)	7
Clemenceau (R.)	8
Demolins (Av. E.)	10
Ferté-Vidame (Rte de la)	12
Lait (R. au)	13
Madeleine (Pl. de la)	15
Notre-Dame (Pl.)	16
Poissonnerie (R. de la)	18
Pont-aux-Chèvres (R. du)	19
Tanneries (R. des)	21
Thiers (R.)	22
Tour-Grise (R. de la)	24
Verdun (Pl. de)	25
Victor-Hugo (Av.)	27
Vlaminck (R. M.-de)	30

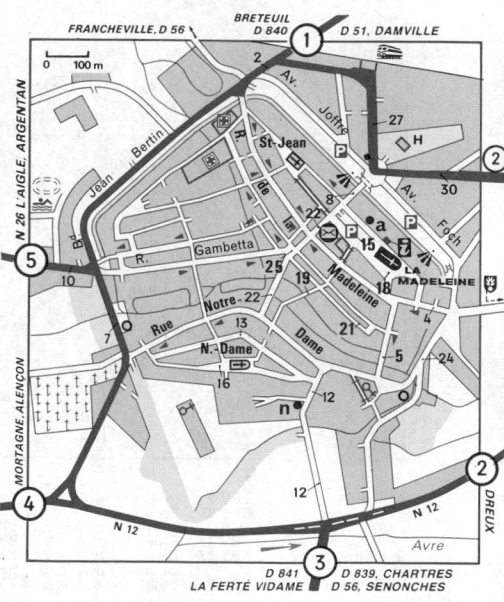

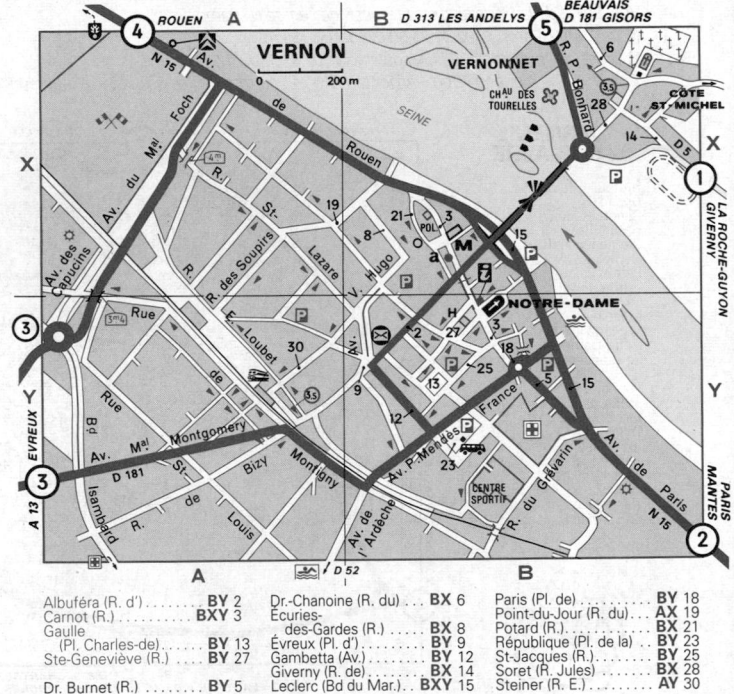

Host. du Clos ⅏, 98 r. Ferté-Vidame (n) ℰ 02 32 32 21 81, Fax 02 32 32 21 36, 余, ℻, 宀, ╳ – ▭ ☎ ⅃ ℙ – 益 25. Æ ⓪ ㏿
fermé 15 déc. au 15 janv. – **Repas** *(fermé lundi sauf fériés)* 180/330 – ⌸ 80 – **6 ch** 600/900, 4 appart 1100/1250 – ½ P 800/925.

Saumon ⅏, 89 pl. Madeleine (a) ℰ 02 32 32 02 36, Fax 02 32 37 55 80 – ▭ ☎ ⅃ – 益 25. ㏿
fermé 23 déc. au 5 janv. – **Repas** 65/260 ⅃ – ⌸ 40 – **28 ch** 210/290.

RENAULT Gar. Poilvez, 228 av. R.-Zaigue par ① ℰ 02 32 32 17 54 ◻ ℰ 02 32 32 17 54 VOLVO Gar. Moderne, N 12 ℰ 02 32 32 84 94

Ⓜ Marsat Pneus, r. Porte de Mortagne ℰ 02 32 32 39 38

VERNIERFONTAINE 25580 Doubs ⬓⬓ ⑯ – 321 h alt. 670.
Paris 437 – Besançon 32 – Baume-les-Dames 38 – Morteau 37 – Pontarlier 28.

╳ **Le Fontaine** ⅏ avec ch, ℰ 03 81 60 04 64, Fax 03 81 60 05 36 – ☎ ℙ. ㏿
fermé 1ᵉʳ au 15 janv. et lundi d'oct. à mars – **Repas** 60/220 ⅃, enf. 35 – ⌸ 30 – **10 ch** 150/300 – ½ P 140/160.

Benutzen Sie für weite Fahrten
*die **Michelin-Länderkarten** im Maßstab 1:1 000 000.*

VERNON 27200 Eure ⬓⬓ ⑰ ⑱, ⬚⬚⬚ ① ② *G. Normandie Vallée de la Seine* – 23 659 h alt. 32.
Voir *Église N.-Dame★* BY – *Château de Bizy* 2 km par ③ – *N.-D.-de-la-Mer* ⩽★ 6 km par ② – *Signal des Coutumes* ⩽★ 7 km par ②.
🛈 Office de Tourisme 36 r. Carnot ℰ 02 32 51 39 60.
Paris 76 ② – Rouen 63 ③ – Beauvais 65 ⑤ – Évreux 32 ③ – Mantes-la-Jolie 22 ②.

╳╳ **Les Fleurs,** 71 r. Carnot ℰ 02 32 51 16 80, Fax 02 32 21 30 51 – ㏿. ⅏   BX a
fermé 1ᵉʳ au 20 août, vacances de fév., dim. soir et lundi – **Repas** 120/220.

à St-Marcel *par* ④ – *4 398 h. alt. 60* – ✉ *27950 :*

Arianotel Ⓜ, rte Rouen ✆ 02 32 21 55 56, Fax 02 32 51 11 18 – 📺 ☎ ⴺ 🅿 – 🔺 30. ☎, ❀ rest
Repas *(fermé 3 au 25 août, lundi midi et dim.)* 85/130 ♨, enf. 45 – 🍽 30 – **37 ch** 250.

Haut Marais sans rest, 2 rte Rouen ✆ 02 32 51 41 30, Fax 02 32 21 11 32 – 📺 ☎ ⴺ 🅿 ᴀᴇ ☎
fermé 15 au 28 fév. et dim. du 1ᵉʳ nov. au 1ᵉʳ avril – 🍽 31 – **28 ch** 240/280.

à Port-Villez *(78 Yvelines) par* ② *: 4 km – 164 h. alt. 80* – ✉ *78270 :*

La Gueulardière, ✆ 01 34 76 22 12, ☎ – 🅿. ☎
fermé dim. soir et lundi – **Repas** 150.

CITROEN Gar. Cambour, 118 av. de Rouen
✆ 02 32 51 44 50
FORD Auto-Normandie, ZI r. de l'Industrie
✆ 02 32 51 59 39 Ⓝ ✆ 02 32 21 31 86
PEUGEOT Gar. Gervilliers, 10 av. de Paris par ②
✆ 02 32 51 50 14

⊚ Marsat Pneus, ZI 11 r. de la Garenne à
St-Marcel ✆ 02 32 21 68 04
Sube Pneurama - Point S, 11 bd Isambard
✆ 02 32 51 08 95

VERNOUILLET *28 E.-et-L.* 🔲 ⑦ – *rattaché à Dreux.*

VERQUIÈRES *13 B.-du-R.* 🔲 ① – *rattaché à St-Rémy-de-Provence.*

VERSAILLES *78 Yvelines* 🔲 ⑨ ⑩,, 🔲 ㉓ – *voir à Paris, Environs.*

VER-SUR-LAUNETTE *60 Oise* 🔲 ⑫ – *rattaché à Ermenonville.*

VERTEILLAC *24320 Dordogne* 🔲 ④ – *706 h alt. 185.*
Paris 494 – Angoulême 47 – Périgueux 49 – Brantôme 31 – Chalais 33 – Ribérac 12.

au Nord-Ouest *: 5 km par D 1, D 101, C 201 et rte secondaire* – ✉ *24320 St-Martial-Viveyrols :*

Les Aiguillons Ⓜ ☞, ✆ 05 53 91 07 55, Fax 05 53 90 40 97, ≤, ☎, parc, 🏊 – 📺 ☎ ⴺ ⴺ
🅿. ☎
fermé janv., fév., dim. soir et lundi hors sais. – **Repas** 120 bc/225 – 🍽 40 – **8 ch** 350/450 –
½ P 350.

CITROEN Gar. Dupuy, à Bertric Burée
✆ 05 53 91 93 33

RENAULT Gar. Duche, ✆ 05 53 91 60 05

VERTOU *44 Loire-Atl.* 🔲 ③ – *rattaché à Nantes.*

VERTUS *51130 Marne* 🔲 ⑯ *G. Champagne* – *2 495 h alt. 85.*
Voir Mont Aimé★ S : 5 km.
Paris 139 – Reims 47 – Châlons-en-Champagne 31 – Épernay 21 – Fère-Champenoise 18 –
Montmirail 39.

Host. Reine Blanche, av. Louis Lenoir ✆ 03 26 52 20 76, Fax 03 26 52 16 59, ᴌᴀ, 🔲 – ▤
📺 ☎ 🅿 – 🔺 45. ᴀᴇ ⓞ ☎
fermé fév. – **Repas** 135/295 – 🍽 55 – **30 ch** 395/495 – ½ P 380.

à Bergères-les-Vertus *Sud : 3,5 km par D 9 – 536 h. alt. 108* – ✉ *51130 Vertus :*

Mont-Aimé ☞, ✆ 03 26 52 21 31, Fax 03 26 52 21 39, ☎, 🏊, ☎ – 📺 ☎ ⴺ 🅿 – 🔺 50.
ᴀᴇ ⓞ ☎
Repas *(fermé dim. soir)* 110/300 ♨, enf. 60 – 🍽 55 – **30 ch** 290/420 – ½ P 400.

Les VERTUS *76 S.-Mar.* 🔲 ④ – *rattaché à Dieppe.*

VERVINS 02140 Aisne 53 ⑯ G. Flandres Artois Picardie – 2 663 h alt. 147.

Paris 177 – St-Quentin 50 – Charleville-Mézières 69 – Laon 36 – Reims 87 – Valenciennes 80.

🏨 **Tour du Roy,** ✆ 03 23 98 00 11, Fax 03 23 98 00 72, 🏤, 🚗 – ✦ 📺 ☎ ✔ ﴾ 🖭 🄰🄴 ⑩ GB, ﴾ ch
Repas (fermé dim. soir et lundi midi hors sais.) (dim. et fêtes prévenir) 98 (déj.), 180/450 bc – 🖭 70 – **18 ch** 450/800 – ½ P 470/650.

CITROEN Gar. Renaud, La Chaussée de Fontaine ✆ 03 23 98 00 08 🄽 ✆ 03 23 98 00 08
OPEL Legoc Macogne, N 2 à Fontaine-les-Vervins ✆ 03 23 98 10 49

⓪ Dupont Pneus, 147 av. des Champs Elysées à Hirson ✆ 03 23 58 11 11
Euromaster, rte de Guise à Fontaine-les-Vervins ✆ 03 23 98 30 79

Le VÉSINET 78 Yvelines 55 ⑳,, 101 ⑬ – voir à Paris, Environs.

Dans la liste des rues des plans de villes,
les noms en rouge indiquent les principales voies commerçantes.

VESOUL 🄿 70000 H.-Saône 66 ⑤ ⑥ G. Jura – 17 614 h alt. 221.
Voir Colline de la Motte ✳★ 30 mn.
🄱 Office de Tourisme r. Bains ✆ 03 84 75 43 66, Fax 03 84 76 54 31.
Paris 360 ① – Besançon 50 ② – Belfort 65 ① – Épinal 88 ① – Langres 78 ① – Vittel 89 ①.

VESOUL

Aigle-Noir (R. de l')	2	Kennedy (Bd)	24
Annonciades (R. des)	4	Moulin-des-Prés	
Bains (R. des)	6	(Pl. du)	27
Faure (R. Edgar)	10	République (Pl. de la)	29
Fleurier (R. de)	12	St-Georges (R.)	30
Gevrey (R.)	16	Salengro (R. Roger)	31
Grand-Puits (Pl. du)	21	Tanneurs (R. des)	32
Grandes-Faulx (R. des)	22	Vendémiaire (R.)	33
Ilottes (R. des)	23	Verlaine (R.)	35

Alsace-Lorraine (R. d')	3
Gaulle (Bd Ch.-de)	14
Genoux (R. Georges)	15
Girardot (R. du Cdt)	20
Leblond (R.)	25
Morel (R. Paul)	26

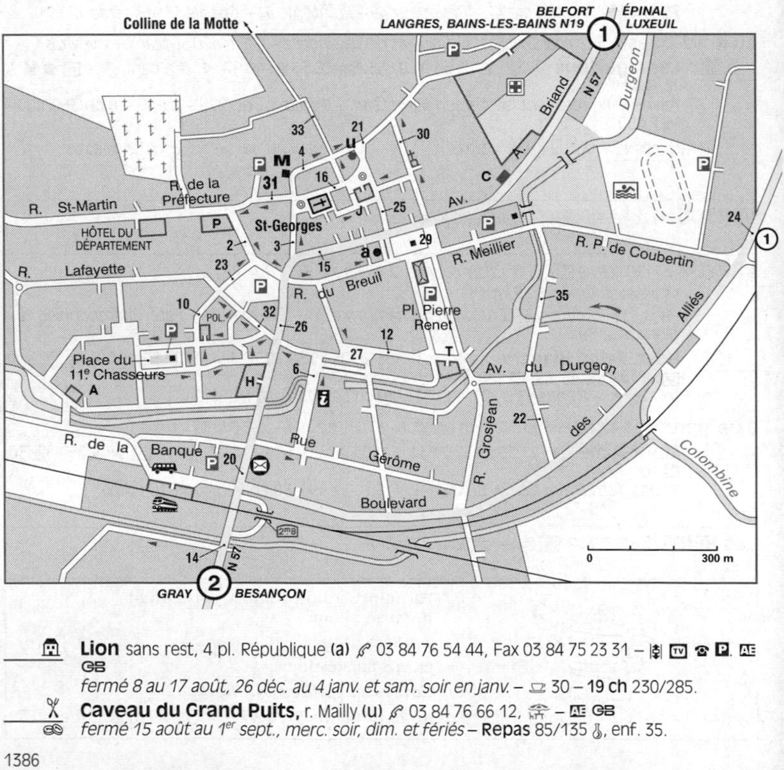

🏨 **Lion** sans rest, 4 pl. République (a) ✆ 03 84 76 54 44, Fax 03 84 75 23 31 – 🛗 📺 ☎ 🄿, 🄰🄴 GB
fermé 8 au 17 août, 26 déc. au 4 janv. et sam. soir en janv. – 🖭 30 – **19 ch** 230/285.

✗ **Caveau du Grand Puits,** r. Mailly (u) ✆ 03 84 76 66 12, 🏤 – 🄰🄴 GB
GB fermé 15 août au 1er sept., merc. soir, dim. et fériés – **Repas** 85/135 ♣, enf. 35.

1386

à Frotey-lès-Vesoul *par ① : 2 km – 1 455 h. alt. 225 –* ⊠ *70000 :*

 Eurotel, rte Luxeuil ℰ 03 84 75 49 49, Fax 03 84 76 55 78 – 🔟 ☎ ❤️ 🄵 🄿. 🄰🄴 🄶🄱
Repas *(fermé dim. soir)* 100/350 ♨, enf. 60 – ☑ 35 – **20 ch** 290 – ½ P 225/275.

CITROEN Succursale, à Frottey-les-Vesoul
ℰ 03 84 75 76 77
FORD Gar. Dormoy, rte de Paris ℰ 03 84 97 11 11
PEUGEOT Succursale, rte de Gray à Noidans-les-
Vesoul par ② ℰ 03 84 96 84 96 Ⓝ
ℰ 03 80 61 53 03
RENAULT Gar. Bougueret, ZI à Noidans-les-Vesoul
par ② ℰ 03 84 76 27 11

Ⓦ Euromaster, 22 bd Charles-de-Gaulle
ℰ 03 84 75 34 32
Hyper Pneus, av. de la Gare ℰ 03 84 76 46 47
Pneus et Sces D.K., N 19 ZAC Petit Montmarin
ℰ 03 84 75 23 29

VEUIL *36 Indre* 🄺🄸 ⑧ *– rattaché à Valençay.*

VEULES-LES-ROSES *76980 S.-Mar.* 🄵🄸 ③ *G. Normandie Vallée de la Seine – 753 h alt. 15 –
Casino .*
🄱 *Office de Tourisme r. Dr-Girard* ℰ 02 35 97 63 05.
Paris 190 – Dieppe 27 – Fontaine-le-Dun 8 – Rouen 58 – St-Valery-en-Caux 8.

XXX **Les Galets,** à la plage ℰ 02 35 97 61 33, Fax 02 35 57 06 23 – 🄰🄴 ⑩ 🄶🄱
fermé 5 janv. au 3 fév., mardi soir et merc. sauf juil.-août – **Repas** 150/400, enf. 87.

Le VEURDRE *03320 Allier* 🄶🄸 ③ *G. Auvergne – 595 h alt. 190.*
Paris 266 – Bourges 67 – Moulins 35 – Montluçon 67 – Nevers 33 – St-Amand-Montrond 52.

 Pont Neuf, ℰ 04 70 66 40 12, Fax 04 70 66 44 15, 🏤, parc, 🏊, 🏖, 🎾 – ⚿ 🔟 ☎ 🄿. 🄰🄴
⑩ 🄶🄱
fermé 25 au 31 oct., 15 déc. au 15 janv. et dim. soir du 15 oct. au 30 mars – **Repas** 82/225 ♨
– ☑ 40 – **36 ch** 265/330 – ½ P 280/310.

In this Guide,
*a symbol or a character, printed in **black** or another colour
in light or **bold** type,
does not have the same meaning.*
Please read the explanatory pages carefully.

VEYNES *05400 H.-Alpes* 🄱🄸 ⑤ *– 3 148 h alt. 827.*
Paris 664 – Gap 25 – Aspres-sur-Buëch 9 – Sisteron 50.

X **La Sérafine,** Les Parois Est : 2 km par rte Gap et rte secondaire ℰ 04 92 58 06 00,
Fax 04 92 58 09 11, 🏤 – 🄰🄴 ⑩ 🄶🄱
28 mars-23 nov. et fermé merc. midi, jeudi midi, vend. midi, lundi et mardi – **Repas**
(nombre de couverts limité, prévenir) 135/225.

CITROEN Gar. Ribeiro, ℰ 04 92 58 01 41 Ⓝ
ℰ 04 92 58 01 41

FORD Technic Auto, ℰ 04 92 58 02 23
RENAULT Gar. Central, ℰ 04 92 58 01 39 Ⓝ
ℰ 04 92 58 01 39

VEYRIER-DU-LAC *74 H.-Savoie* 🄷🄴 ⑧ *– rattaché à Annecy.*

VÉZAC *24 Dordogne* 🄷🄵 ⑰ *– rattaché à Beynac et Cazenac.*

VÉZELAY *89450 Yonne* 🄶🄵 ⑮ *G. Bourgogne – 571 h alt. 285 Pèlerinage (22 juillet).*
Voir Basilique Ste-Madeleine★★★ *: tour* ❋★*.*
Env. Site★ *de Pierre-Perthuis SE : 6 km.*
🄱 *Office de Tourisme r. St-Pierre* ℰ 03 86 33 23 69, Fax 03 86 33 34 00.
Paris 222 – Auxerre 53 – Avallon 16 – Château-Chinon 61 – Clamecy 23.

 Poste et Lion d'Or, ℰ 03 86 33 21 23, Fax 03 86 32 30 92, 🏤, 🌳 – 🔟 ☎ 🄿. 🄰🄴 🄶🄱
21 mars-11 nov. – **Repas** *(fermé mardi midi et lundi)* 115/240, enf. 60 – ☑ 44 – **39 ch**
320/600 – ½ P 330/390.

 Le Pontot 🍃 sans rest, ℰ 03 86 33 24 40, Fax 03 86 33 30 05, ≤ – ☎. ⑩ 🄶🄱 🄹🄲🄱
20 mars-2 nov. – ☑ 60 – **10 ch** 600/900.

 Le Compostelle Ⓜ sans rest, ℰ 03 86 33 28 63, Fax 03 86 33 34 34, 🌳 – 🔟 ☎ ♿. 🄰🄴
🄶🄱 🄹🄲🄱
fermé 1er janv. au 7 fév. – ☑ 35 – **18 ch** 260/320.

à St-Père *Sud-Est : 3 km par D 957 – 348 h. alt. 148 –* ⊠ *89450 .*

Voir *Église N.-Dame★.*

🏠🏠🏠
✿✿✿ **L'Espérance** (Meneau) ⌘, ℰ 03 86 33 39 10, Fax 03 86 33 26 15, ≤, « Salle à manger dans une verrière s'ouvrant sur le jardin », 𝐼ₛ, ⫶, – 🍴 rest 🎬 ☎ 🅿 – 🏛 50. 🖭 ⓪ ⊞
Repas *(fermé fév., merc. midi et mardi)* (prévenir) 360 (déj.), 500/860 et carte 670 à 860 – ⊇ 130 – **34 ch** 500/1400, 6 appart – ½ P 850/980
Spéc. Terrine d'écrevisses aux truffes. Rougets aux échalotes et betteraves rouges. ''Oeuvre d'agneau'' en trois services. **Vins** Vézelay, Chablis.

🏠 **La Renommée** sans rest, ℰ 03 86 33 21 34, Fax 03 86 33 34 17 – ☎ ⅍ 🅿. 🖭 ⊞
fermé fév. et merc. du 15 nov. au 1ᵉʳ mars – ⊇ 34 – **19 ch** 165/320.

XX **Le Pré des Marguerites,** ℰ 03 86 33 33 33, Fax 03 86 33 34 73, ≤, 🎄, 🛋 – 🍴 🅿. 🖭 ⓪ ⊞
Repas 115 bc/230 bc, enf. 70.

à Fontette *Est : 5 km par D 957 –* ⊠ *89450 Vézelay :*

🏠🏠 **Crispol** Ⓜ ⌘, rte Avallon ℰ 03 86 33 26 25, Fax 03 86 33 33 10, ≤ colline de Vézelay, 🎄, « Décor contemporain original », 🛋 – 🎬 ☎ ⅍ ⇦ 🅿. ⊞
fermé 10 janv. au 20 fév. et lundi (sauf hôtel de juil. à sept.) – **Repas** 120/280 – ⊇ 50 – **12 ch** 350/450 – ½ P 360/400.

🏠 **Les Aquarelles** ⌘, ℰ 03 86 33 34 35, Fax 03 86 33 29 82, 🎄 – ☎ ⅍ 🅿. ⊞. ⅏ rest
fermé 1ᵉʳ janv. au 15 mars, mardi soir et merc. du 15 nov. au 31 déc. – **Repas** carte 100 à 140 – ⊇ 32 – **10 ch** 230/295 – ½ P 305.

VEZELS-ROUSSY *15130 Cantal* 🖸🖸 ⑫ *– 120 h alt. 730.*
Paris 584 – Aurillac 22 – Entraygues-sur-Truyère 27.

🏠 **La Bergerie** ⌘, ℰ 04 71 49 42 90, Fax 04 71 49 44 70, ≤, 🎄, 𝐼ₛ, ⫶ – 🎬 ☎ 🅿. ⊞
♨ *fermé 7 janv. au 7 fév. –* **Repas** 65/128 ⅃, enf. 35 – ⊇ 25 – **15 ch** 200/220 – ½ P 210.

VÉZÉNOBRES *30360 Gard* 🖸🖸 ⑱ *G. Gorges du Tarn – 1 312 h alt. 213.*
Voir ⁎⁎★ *du sommet du village.*
🛈 *Office de Tourisme (mai-oct.) ℰ 04 66 83 62 02, Mairie (hors saison) ℰ 04 66 83 51 26.*
Paris 709 – Alès 13 – Nîmes 34 – Uzès 30.

🏠 **Le Relais Sarrasin,** N 106 ℰ 04 66 83 55 55, Fax 04 66 83 66 83, 🎄 – 🖃 🎬 ☎ ℂ 🅿. ⊞
♨ *fermé 15 déc. au 15 janv. et dim. du 1ᵉʳ oct. à Pâques –* **Repas** 75/115 ⅃, enf. 39 – ⊇ 30 – **18 ch** 165/330 – ½ P 185/230.

VIA *66 Pyr.-Or.* 🖸🖸 ⑯ *– rattaché à Font-Romeu.*

VIALAS *48220 Lozère* 🖸🖸 ⑦ *– 384 h alt. 620.*
Paris 659 – Alès 42 – Florac 40 – Mende 65.

XXX **Chantoiseau** (Pagès) ⌘ avec ch, ℰ 04 66 41 00 02, Fax 04 66 41 04 34, ≤, ⫶ – 🎬 ☎ 🅿.
✿ 🖭 ⓪ ⊞. ⅏
1ᵉʳ avril-30 oct. et fermé mardi soir et merc. hors sais. – **Repas** 95 (déj.), 180/450 et carte 260 à 410, enf. 60 – ⊇ 50 – **15 ch** 299/450 – ½ P 410
Spéc. ''Pompétou'' de truite fario haché et fumé, sauce ''romescuo''. Cuisses de grenouilles sautées au vieux jambon et herbes folles. Carré d'agneau du Mont Lozère au romarin et gros haricots. **Vins** Costières de Nîmes.

VIBRAC *16 Charente* 🖸🖸 ⑬ *– rattaché à Jarnac.*

VIBRAYE *72320 Sarthe* 🖸🖸 ⑯ *– 2 609 h alt. 167.*
Paris 171 – Le Mans 44 – Brou 42 – Châteaudun 52 – Mamers 48 – Nogent-le-Rotrou 39 – St-Calais 17.

XX **Chapeau Rouge** avec ch, pl. H. de Ville ℰ 02 43 93 60 02, Fax 02 43 71 52 18 – 🎬 ☎ ⅍.
♨ 🅿 – 🏛 40. ⊞
fermé 15 au 31 août, 15 au 31 janv., dim. soir et lundi – **Repas** 82/190 ⅃, enf. 65 – ⊇ 45 – **14 ch** 240/280 – ½ P 260/310.

VIC-EN-BIGORRE 65500 H.-Pyr. 🔢 ⑧ – 4 893 h alt. 216.
Paris 775 – Auch 62 – Pau 44 – Aire-sur-l'Adour 53 – Mirande 38 – Tarbes 18.

🏠 **Le Tivoli**, pl. Gambetta 🕿 05 62 96 70 39, Fax 05 62 96 29 74, 🏠 – 🔲 🕿. ⑩ 🆎
⊖ **Repas** *(fermé lundi)* 55 (déj.), 70/200 🍷, enf. 35 – 🖵 23 – **27 ch** 180/220 – ½ P 150/180.

❌❌ **Le Réverbère** ⚓ avec ch, r. Alsace 🕿 05 62 96 78 16, Fax 05 62 96 79 85, 🏠 – 🔲 🕿. 🆎
⊖ ⑩ 🆎
fermé 1ᵉʳ au 15 mars, 15 au 31 oct. et dim. soir – **Repas** 75/230 – 🖵 28 – **10 ch** 220/240 –
½ P 210/220.

VICHY ◀🆂▶ 03200 Allier 🔢 ⑤ *G. Auvergne* – 27 714 h alt. 340 – Stat. therm. (10 fév.-13 déc.) –
Casino Palais des Congrès/Opéra BZ.
Voir *Parc des Sources*★ BYZ – *Les Parcs d'Allier*★ BZ – *Chalets*★ *(boulevard des États-Unis)*
BYZ – *Site des Hurlevents* ≼★ 4,5 km par ②.
🏌 de Vichy Sporting Club 🕿 04 70 32 39 11 A.
🄸 Office de Tourisme 19 r. du Parc 🕿 04 70 98 71 94, Fax 04 70 31 06 00.
Paris 406 ① – Clermont-Ferrand 54 ③ – Montluçon 94 ⑥ – Moulins 56 ① – Roanne 69 ①.

Plan page suivante

🏯 **Les Célestins** Ⓜ, 111 bd États-Unis 🕿 04 70 30 82 00, Fax 04 70 30 82 01, 🏠, « En
bordure du parc d'Allier », 🔲, 🌊 – 🕼 🕼 🔲 🕿 📞 ঙ 🖨 – 🏛 60. 🆎 ⑩ 🆎 🉐
🍽 rest   BY e
L'Empereur : **Repas** 210/360, enf. 75 – **L'Albert Londres** *(fermé dim. soir de nov. à mars)*
Repas 120/150, enf. 75 – 🖵 85 – **120 ch** 750/1400, 10 appart – ½ P 905/995.

🏯 **Aletti Palace H.**, 3 pl. Joseph Aletti 🕿 04 70 31 78 77, Fax 04 70 98 13 82, 🏠, « Élégante atmosphère début de siècle », 🔲 – 🕼 🕼 🔲 🕿 📞 ঙ – 🏛 150. 🆎 ⑩ 🆎   BZ u
fermé nov. – **La Véranda :** **Repas** 140/240, enf. 90 – 🖵 70 – **126 ch** 550/760, 7 appart –
½ P 495/560.

🏛 **Novotel Thermalia**, 1 av. Thermale 🕿 04 70 31 04 39, Fax 04 70 31 08 67, 🏠, 🔲, 🌊 –
🕼 🕼 🔲 🕿 ঙ 📭 – 🏛 100. 🆎 ⑩ 🆎   BY q
Repas 97/135 🍷, enf. 50 – 🖵 52 – **128 ch** 520 – ½ P 383.

🏛 **Pavillon d'Enghien** Ⓜ, 32 r. Callou 🕿 04 70 98 33 30, Fax 04 70 31 67 82, 🏠, 🔲 – 🕼
🔲 🕿. 🆎 ⑩ 🆎   BY b
fermé 22 déc. au 1ᵉʳ fév. – **Jardins d'Enghien** *(fermé dim. soir et lundi)* **Repas**
69(déj.)/120, enf. 39 – 🖵 39 – **22 ch** 345/465 – P 340/400.

🏛 **Magenta**, 23 av. W. Stucki 🕿 04 70 31 80 99, Fax 04 70 31 83 40 – 🕼 🔲 🕿. 🆎 🆎.
🍽 rest   BY r
mi-avril-mi-oct. – **Repas** 95 (dîner), 110/190 – 🖵 40 – **62 ch** 340/450 – P 530/650.

🏛 **de Grignan**, 7 pl. Sévigné 🕿 04 70 32 08 11, Fax 04 70 32 47 07 – 🕼 🔲 rest 🔲 🕿 –
🏛 35. 🆎 ⑩ 🆎 🉐. 🍽
fermé nov. – **Repas** 90 bc/145 🍷, enf. 35 – 🖵 32 – **120 ch** 190/330 – P 330/345.   BZ v

🏛 **Chambord et rest. Escargot qui Tète**, 82 r. Paris 🕿 04 70 31 22 88,
⊖ Fax 04 70 31 54 92 – 🕼 🔲 rest 🔲 🕿. 🆎 ⑩ 🆎 🉐   CY k
fermé vacances de fév. – **Repas** *(fermé lundi de sept. à juin et dim. soir sauf août)* 85/250,
enf. 55 – 🖵 32 – **29 ch** 180/260 – P 290/350.

🏛 **Brest et St Georges**, 27 r. Paris 🕿 04 70 98 22 18, Fax 04 70 98 28 70 – 🕼 🔲 🕿 📭. 🆎
⊖ 🆎. 🍽 rest   CY m
fermé 20 fév. au 1ᵉʳ mars – **Repas** 80/240 – 🖵 32 – **33 ch** 250/295 – P 290/340.

🏛 **Moderne**, 8 r. M. Durand-Fardel 🕿 04 70 31 20 21, Fax 04 70 98 45 04 – 🕼 🔲 rest 🔲 🕿.
🆎 🆎. 🍽   BY s
15 avril-15 oct. – **Repas** 100 – 🖵 30 – **40 ch** 200/320 – P 290/330.

🏠 **Ibis** Ⓜ, 1 av. Victoria 🕿 04 70 31 53 53, Fax 04 70 31 55 05 – 🕼 🕼 🔲 🕿 ঙ 🖨 – 🏛 60.
🆎 ⑩ 🆎   BY d
Repas 99 bc/110 bc, enf. 39 – 🖵 40 – **139 ch** 296/337 – P 346.

🏠 **Arverna H.** sans rest, 12 r. Desbrest 🕿 04 70 31 31 19, Fax 04 70 97 86 43 – 🕼 🔲 🕿 📞
🖨. 🆎 ⑩ 🆎 🉐   CY g
fermé 19 au 24 oct., 20 déc. au 4 janv. et dim. du 1ᵉʳ déc. au 1ᵉʳ mars – 🖵 33 – **26 ch**
180/270.

🏠 **Venise** sans rest, 25 av. A. Briand 🕿 04 70 31 83 23, Fax 04 70 31 02 97 – 🕼 cuisinette 🕼
🔲 🕿 – 🏛 50. 🆎 🆎   BZ e
🖵 30 – **25 ch** 220/250.

🏠 **Vichy Tonic** sans rest, 6 av. Prés. Doumer 🕿 04 70 31 45 00, Fax 04 70 97 67 37 – 🕼 🔲
🕿. 🆎 ⑩ 🆎   CZ h
🖵 30 – **36 ch** 250/290.

VICHY

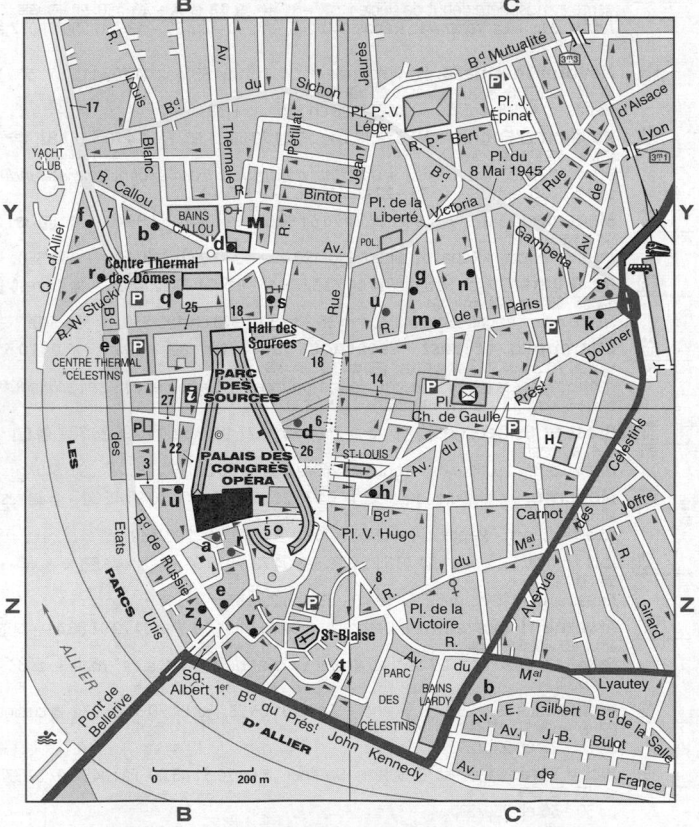

🏠 **Arcade** Ⓜ sans rest, 11 bd P. Coulon ☎ 04 70 98 18 48, Fax 04 70 97 72 63 – 🖨 📺 ☎ 🌾 ᚼ
🅿, 🆎 ⓞ 🅶🅱   BY   f
⊠ 35 – **48 ch** 265/300.

🏠 **Atlanta** sans rest, 23 r. Pasteur ☎ 04 70 98 42 95, Fax 04 70 98 24 81 – 📺 ☎ 🌾 ᚼ. 🆎
🅶🅱   CY   n
fermé 21 déc. au 7 janv. – ⊠ 30 – **11 ch** 215/245.

🏠 **Fréjus** ⟿, 6 r. Presbytère ☎ 04 70 32 17 22, Fax 04 70 32 42 10, 😀 – 🖨 📺 ☎. 🆎 ⓞ 🅶🅱
 2 mai-15 oct. – **Repas** 65/162 ⅄ – ⊠ 30 – **31 ch** 140/220 – P 260/310.   BZ   t

🏠 **Londres** sans rest, 7 bd Russie ☎ 04 70 98 28 27, Fax 04 70 98 29 37 – ☎. 🅶🅱   BZ   z
25 mars-15 oct. – ⊠ 28 – **20 ch** 120/250.

XXX **L'Envolée**, 44 av. E. Gilbert ☎ 04 70 32 85 15, Fax 04 70 32 14 17 – 🍽. 🅶🅱   CZ   b
fermé 21 au 26 déc., merc. midi et mardi – **Repas** 130/195 et carte 160 à 250.

XX **L'Alambic**, 8 r. N. Larbaud ☎ 04 70 59 12 71 – 🍽. 🅶🅱   CY   u
fermé 24 août au 11 sept., 24 fév. au 15 mars, mardi midi et lundi – **Repas** (nombre de
couverts limité, prévenir) 160/280.

XX **La Table d'Antoine**, 8 r. Burnol ☎ 04 70 98 99 71 – 🍽. 🅶🅱   BZ   d
fermé 5 au 19 janv., dim. soir et lundi sauf fériés – **Repas** 95/269, enf. 65.

XX **de l'Opéra**, 6 passage Noyer ☎ 04 70 98 36 17, 😀 – 🅶🅱. ✂   BZ   r
1ᵉʳ mai-30 sept. et fermé lundi – **Repas** carte 240 à 340.

XX **Piquenchagne**, 69 r. Paris ☎ 04 70 98 63 45 – 🆎 🅶🅱   CY   s
fermé 22 juil. au 6 août, vacances de fév., mardi soir et merc. – **Repas** 90/150 ⅄.

XX **Brasserie du Casino**, 4 r. Casino ☎ 04 70 98 23 06, Fax 04 70 98 53 17, « Décor authentique d'une brasserie des années 30 » – 🆎 🅶🅱   BZ   a
fermé nov., vacances de fév. et merc. – **Repas** 85 (déj.)/145 ⅄.

à Bellerive-sur-Allier : *rive gauche* - A – *8 543 h. alt. 340* – ⊠ *03700* :

🏠 **Campanile**, 74 av. Vichy ☎ 04 70 59 32 33, Fax 04 70 59 81 90, 😀, 🌳 – ⇥📺 ☎ 🌾 ᚼ 🅿
⊸ 🎱 25. 🆎 ⓞ 🅶🅱   A   b
Repas 84 bc/107 bc, enf. 39 – ⊠ 32 – **46 ch** 278.

X **Chez Mémère** ⟿ avec ch, Chemin de Halage ☎ 04 70 59 89 00, ≤, 😀, 🌳 – 📺 ☎ 🅿. 🆎
🅶🅱   A   n
1ᵉʳ avril-30 sept. et fermé merc. midi et mardi en sept. – **Repas** 145/195, enf. 45 – ⊠ 30 –
8 ch 200/230.

à Vichy-Rhue *Nord : 5 km par D 174* – ⊠ *03300 Cusset* :

XX **La Fontaine**, ☎ 04 70 31 37 45, Fax 04 70 98 96 66, 😀 – 🆎 ⓞ 🅶🅱
fermé 15 au 30 oct., 22 déc. au 10 janv., mardi soir et merc. – **Repas** 125/168 ⅄.

à Abrest *par ② : 4 km* – *2 544 h. alt. 290* – ⊠ *03200* :

XX **La Colombière** avec ch, Sud-Est : 1 km sur D 906 ☎ 04 70 98 69 15, Fax 04 70 31 50 89,
≤, « Jardin ombragé en terrasses » – 🍽 rest 📺 ☎ 🅿. 🆎 ⓞ 🅶🅱
fermé mi-janv. à mi-fév., dim. soir et lundi – **Repas** 95/280, enf. 40 – ⊠ 30 – **4 ch** 155/280.

à St-Yorre *par ② : 8 km* – *3 003 h. alt. 275* – ⊠ *03270* :

🏠🏠 **Aub. Bourbonnaise**, 2 av. Vichy ☎ 04 70 59 41 79, Fax 04 70 59 24 94, 😀, 🏊 – 📺 ☎
🅿. 🅶🅱
fermé 15 au 30 nov., 1ᵉʳ fév. au 10 mars, dim. soir et lundi midi d'oct. à juin – **Repas** 72/210
⅄, enf. 40 – ⊠ 35 – **13 ch** 200/380, 6 duplex – ½ P 270/290.

BMW Auto-Contrôle, ZI Vichy Rhue à Creuzier-le-
Vieux ☎ 04 70 98 65 80
CITROEN Vichy Thermal Autom., rte de Paris à
Cusset par ① ☎ 04 70 59 16 55
LANCIA, CHRYSLER Perfect-Car., rte de l'Aéroport
à Charmeil ☎ 04 70 32 51 34
NISSAN Gar. Jean-Jaurès, 63/65 r. J.-Jaurès
☎ 04 70 31 42 00
PEUGEOT Olympic Garage, rte de St-Pourçain à
Charmeil par ⑥ ☎ 04 70 32 42 84 🅽
☎ 04 70 58 67 70

RENAULT SO.D.A.VI., 18 av. de Vichy à Bellerive-
sur-Allier ☎ 04 70 32 22 77 🅽 ☎ 04 70 58 63 05
ROVER Gar. Baril, allée des Ailes à Creuzier le
Vieux ☎ 04 70 98 62 73
VAG Vichy Auto Sport, rte Aéroport Vichy à
Charmeil ☎ 04 70 31 05 75

⑩ Euromaster, 40 bd Hôpital ☎ 04 70 98 10 69
Gaudry-Pneu - Point S, 26-28 r. Bartins à Cusset
☎ 04 70 97 63 63

*Die neuen Grünen **Michelin-Reiseführer** :*

- ausführliche Beschreibungen
- praktische, übersichtliche Hinweise
- farbige Pläne, Kartenskizzen und Fotos
... und natürlich stets gewissenhaft aktualisiert.
Benutzen Sie immer die neusten Ausgaben.

VIC-LE-COMTE 63270 P.-de-D. 🔢 ⑮ G. Auvergne – 4 155 h alt. 472.

Voir *Ste-Chapelle*★.

Paris 439 – Clermont-Ferrand 25 – Ambert 57 – Issoire 16 – Thiers 41.

à Longues *Nord-Ouest : 4 km par D 225* – ✉ *63270 Vic-le-comte :*

XX **Le Comté**, ℰ 04 73 39 90 31, Fax 04 73 39 24 58 – 🅿. 🖼
fermé vacances de fév., dim. soir et lundi – **Repas** 100/320, enf. 62.

à Parent-Gare *Sud-Ouest : 5 km – 696 h. alt. 420* – ✉ *63270 Vic-le-comte :*

🏠 **Mon Auberge**, ℰ 04 73 96 62 06, Fax 04 73 96 90 14 – 📺 ☎. 🖼
fermé déc. et dim. sauf juil.-août – **Repas** *(fermé dim. soir de nov. à mars et lundi sauf juil.-août)* 75/240 🍴, enf. 50 – ☕ 30 – **7 ch** 150/250 – ½ P 220/270.

VICO 2A Corse-du-Sud 🔢 ⑮ – voir à Corse.

VIC-SUR-AISNE 02290 Aisne 🔢🔢 ③ – 1 775 h alt. 50.

Paris 104 – Compiègne 23 – Laon 53 – Noyon 28 – Soissons 18.

XX **Lion d'Or**, ℰ 03 23 55 50 20, Fax 03 23 55 59 09 – 🅰 ⓞ 🖼
fermé 7 au 28 juil., mardi soir, dim. soir et lundi – **Repas** 90/175 🍴, enf. 48.

VIC-SUR-CÈRE 15800 Cantal 🔢🔢 ⑫ G. Auvergne (plan) – 1 968 h alt. 678.

🅱 *Office de Tourisme av. Mercier* ℰ 04 71 47 50 68, Fax 04 71 49 60 63.

Paris 552 – Aurillac 21 – Murat 28.

🏨 **Family H.**, ℰ 04 71 47 50 49, Fax 04 71 47 51 31, 🛌, 🔳, 🌳, 🎾 – 🛗 cuisinette 📺 ☎ 📞
🍴 🅿. 🅰 ⓞ 🖼. 🚫 rest
Repas 85/150 🍴, enf. 49 – ☕ 38 – **55 ch** 410 – ½ P 295/345.

🏨 **Vic H.**, ℰ 04 71 47 50 22, Fax 04 71 47 50 18, 🛌, 🌳 – 🛗 📺 ☎ 🚗 – 🔬 25. 🅰 ⓞ 🖼
🚫 rest
1ᵉʳ mai-30 oct. – **Repas** 85/170 – ☕ 38 – **47 ch** 260/280 – ½ P 280/310.

🏨 **Bel Horizon**, ℰ 04 71 47 50 06, Fax 04 71 49 63 81, ≤, 🌳 – 🛗 ☎. 🖼
fermé 15 nov. au 10 déc. – **Repas** 68/250, enf. 40 – ☕ 30 – **30 ch** 200/260 – ½ P 250.

🏨 **Beauséjour**, ℰ 04 71 47 50 27, Fax 04 71 49 60 04, parc, 🛌 – 🛗 ☎ 🅿. 🅰 🖼. 🚫 rest
début mai-1ᵉʳ oct.
Repas 75/130 🍴 – ☕ 30 – **60 ch** 200/340 – ½ P 230/290.

🏠 **Sources**, ℰ 04 71 47 50 30, Fax 04 71 49 63 55, 🌳 – ☎ 📞 🅿. 🖼. 🚫 rest
15 mai-30 sept., 26 déc.-2 janv. et week-ends de mi-janv. à mi-mars – **Repas** 90/120 🍴, enf. 52 – ☕ 38 – **38 ch** 240/280 – ½ P 265/275.

au Col de Curebourse *Sud-Est : 6 km par D 54* – ✉ *15800 Vic-sur-Cère :*

🏨 **Host. St-Clément** 🏖, ℰ 04 71 47 51 71, Fax 04 71 49 63 02, ≤ montagne et vallée, 🌿,
parc – ☎ 🅿. 🖼. 🚫 rest
fermé 3 janv. au 1ᵉʳ fév., dim. soir et lundi hors sais. – **Repas** 85/250, enf. 45 – ☕ 35 – **27 ch** 320 – ½ P 300.

RENAULT Gar. Dameron, ℰ 04 71 47 50 32 🅽 ℰ 04 71 47 50 32

VIDAUBAN 83550 Var 🔢🔢 ⑦, 🔢🔢🔢 ㉒ ㉓ – 5 460 h alt. 60.

🅱 *Office de Tourisme pl. F. Maurel (juin-sept.)* ℰ 04 94 73 10 28.

Paris 843 – Fréjus 30 – Cannes 62 – Draguignan 19 – Toulon 63.

🏠 **La Fontaine** Ⓜ, rte du Luc : 1,5 km ℰ 04 94 99 91 91, Fax 04 94 73 16 49 – 🍽 🛏 rest 📺
☎ 🍴 🅿. 🖼
Repas 55/110 🍴 – ☕ 35 – **14 ch** 250/390 – ½ P 280/320.

XX **Concorde**, pl. G. Clemenceau ℰ 04 94 73 01 19, Fax 04 94 73 11 01, 🌿 – 🅰 🖼
fermé merc. – **Repas** 140/320.

VIEILLE-TOULOUSE *31 H.-Gar.* 🅑🅑 ⑱ – *rattaché à Toulouse.*

VIEILLEVIE *15120 Cantal* 🄬🄶 ⑫ *G. Gorges du Tarn* – *146 h alt. 220.*
Paris 613 – Aurillac 45 – Rodez 50 – Entraygues-sur-Truyère 18 – Figeac 43 – Mont-
salvy 13.

🏠 **Terrasse**, ℘ 04 71 49 94 00, Fax 04 71 49 92 23, 🍽, 🔟, 🐴, 🛎 – 🕿 🄿, ⓞ 🄶🄱
🍴 *1er avril-15 nov.* – **Repas** 60/160 ⅋ – ☲ 40 – **26 ch** 230/270 – ½ P 260.

VIENNE ◁◎▷ *38200 Isère* 🄬🄳 ⑪ ⑫, 🄫🄫🄮 ㉞ *G. Vallée du Rhône* – *29 449 h alt. 160.*
Voir *Site*★ – *Cathédrale St-Maurice*★★ BY – *Temple d'Auguste et de Livie*★★ B B – *Théâtre
romain*★ CY – *Église*★ *et cloître*★ *de St-André-le-Bas* BY – *Esplanade du Mont Pipet* ⇜★ CY
– *Anc. église St-Pierre*★ *: musée lapidaire*★ AZ – *Groupe sculpté*★ *de l'église de Ste-
Colombe* AY.

🄱 *Office de Tourisme 3 cours Brillier* ℘ 04 74 85 12 62, Fax 04 74 31 75 98.
Paris 490 ① – Lyon 32 ① – Chambéry 100 ② – Grenoble 87 ② – St-Étienne 48 ① –
Valence 72 ⑤.

Plan page suivante

🏠 **La Pyramide** (Henriroux) Ⓜ, 14 bd F. Point par ④ ℘ 04 74 53 01 96, Fax 04 74 85 69 73,
✿✿ 🍽, 🐴 – 📶 ✑ 🔟 🄮 🐴, 🔛 🄿 – 🛄 25. 🄰🄴 ⓞ 🄶🄱
Repas *(fermé jeudi midi et merc. du 15 sept. au 15 juin)* 275 bc (déj.), 430/630 et carte 480 à
660, enf. 105 – ☲ 105 – **20 ch** 650/970, 4 appart
Spéc. Foie gras poêlé et foie gras poché, magret fumé et magret poêlé en marbré.
Homard à la cornouaillaise. Piano au chocolat en ''ut'' praliné. **Vins** Condrieu, Côtes-du-
Rhône.

🏠 **Central** sans rest, 7 r. Archevêché ℘ 04 74 85 18 38, Fax 04 74 31 96 33 – 📶 🔟 🕿 🐴. 🄰🄴
🄶🄱 🄹🄲🄱   BY u
fermé 21 déc. au 5 janv. – ☲ 35 – **25 ch** 290/350.

✕✕ **Bec Fin**, 7 pl. St-Maurice ℘ 04 74 85 76 72, Fax 04 74 85 15 30, 🍽 – 🗐. 🄶🄱   AY r
fermé dim. soir et lundi – **Repas** 125/325.

✕✕ **Magnard**, 45 cours Brillier ℘ 04 74 85 10 43, Fax 04 74 78 02 80, 🍽 – 🗐. 🄶🄱   BZ e
🍴 *fermé lundi soir et mardi* – **Repas** 85/250, enf. 55.

✕   **Le Cloître**, 2 r. Cloître ℘ 04 74 31 93 57, Fax 04 74 85 03 51, 🍽 – 🗐. 🄶🄱   BY n
fermé 11 au 17 août, sam. midi, dim. et fériés – **Repas** 95/195.

à Baraton *par* ②, *D 41, D 75 et C 4 : 13 km* – ✉ *38700 Septème :*

🏠 **Baraton** ◈, ℘ 04 74 58 29 66, Fax 04 74 58 27 23, 🍽 – ✑✕ 🔟 🕿 🐴 🄿. 🄶🄱
🍴 *fermé dim. soir* – **Repas** 75/185 ⅋ – ☲ 30 – **11 ch** 200/300 – ½ P 260/280.

à Pont-Évêque *par* ② *: 4 km* – *5 385 h. alt. 190* – ✉ *38780 :*

🏠🏠 **Midi** ◈, pl. Église ℘ 04 74 85 90 11, Fax 04 74 57 24 99, 🍽, 🔟, 🐴 – 🔟 🕿 🄿. 🄰🄴 ⓞ
🄶🄱
fermé 23 déc. au 6 janv. et dim. – **Repas** snack (dîner seul.) 95 ⅋ – ☲ 38 – **17 ch** 295/355 –
½ P 240/290.

à Estrablin *par* ② *: 9 km* – *2 931 h. alt. 223* – ✉ *38780 :*

🏠🏠 **La Gabetière** sans rest, sur D 502 ℘ 04 74 58 01 31, Fax 04 74 58 08 98, parc, 🔟 – 🔟 🕿
🄿. 🄰🄴 ⓞ 🄶🄱
☲ 34 – **12 ch** 230/350.

à Reventin-Vaugris (village) *par* ④, *N 7 et D 131 : 9 km* – *1 331 h. alt. 230* – ✉ *38121 :*

✕✕ **La Maison de l'Aubressin,** Nord : 1 km par rte secondaire ℘ 04 74 58 83 02, ≼, 🍽,
« Cadre soigné », 🐴 – 🄿. 🄶🄱
fermé 15 au 31 mars, 1er au 15 oct., dim. soir et lundi – **Repas** 195/430, enf. 90.

à Chonas l'Amballan *au Sud par* ④ *et N 7 : 9 km* – *1 005 h. alt. 250* – ✉ *38121 :*

🏠🏠🏠 **Host. Marais St-Jean** ◈, ℘ 04 74 58 83 28, Fax 04 74 58 81 96, 🍽, 🐴 – 🗐 ch 🔟 🕿
🄿 – 🛄 30. 🄰🄴 ⓞ 🄶🄱. ✂ rest
fermé fév. et mars – **Repas** *(fermé jeudi midi et merc.)* 150/400, enf. 80 – ☲ 65 – **10 ch**
540/590 – ½ P 485/510.

🏠🏠 **Domaine de Clairefontaine** (Girardon) ◈, ℘ 04 74 58 81 52, Fax 04 74 58 80 93, ≼,
✿   🍽, parc, 🛎 – 🗐 rest 🕿 🐴 🄿. 🄰🄴 ⓞ 🄶🄱. ✂ rest
fermé déc. et janv. – **Repas** *(fermé dim. soir et lundi)* 150/350 et carte 250 à 340, enf. 80 –
☲ 45 – **16 ch** 200/400 – ½ P 295/395
Spéc. Homard rôti à la minute, minestrone de légumes aux herbes folles. Rosace d'agneau
rôti au romarin. Crêpe en chaud et froid au Grand Marnier. **Vins** Côtes-du-Rhône blanc,
Saint-Joseph.

VIENNE

Éperon (R. de l') .... BY 12
Marchande (R.) .... BY
Miremont (Pl. de) ...... BY 18
Orfèvres (R. des) ...... BY 20
Ponsard (R.) .... BY 28
Romestang (Cours) .... BZ

Acqueducs (Chin. des) . CY
Allmer (R.) .... BZ 2
Allobroges (Pl. des) .... AZ
Asiaticus (Bd) .... AZ
Beaumur (Montée) ... BCZ
Boson (R.) .... AZ
Bourgogne (R. de) ..... BY
Brenier (R. J.) .... BY
Briand (Pl. A.) .... BY 3
Brillier (Cours) .... ABZ
Capucins (Pl. des) .... BCY
Célestes (R. des) ...... CY 4
Chantelouve (R.) ...... BY 5
Charité (R. de la) ..... BCY 6
Cirque (R. du) .... CY 7
Clémentine (R.) .... BY 8
Clercs (R. des) .... BY 9
Collège (R. du) .... BY 10
Coupe-Jarret (Montée) . BZ
France (Quai Anatole). BCY
Gère (R. de) .... CY
Hôtel-de-Ville (Pl. de l') . BY 13
Jacquier (R. H.) .... BY 14
Jaurès(Q. Jean) ...... AYZ
Jeu-de-Paume (Pl. du).. BY 15
Jouffray (Pl. C.) .... AZ
Juiverie (R. de la) ...... BZ 16
Lattre de T. (Pont de) . ABY
Pajot (Quai) .... BY 22
Palais (Pl. du) .... BY 23
Peyron (R.) .... BZ 24
Pilori (Pl. du) .... BY 25
Pipet (R.) .... CY
République (Bd et Pl.) ABZ 29
Rhône Sud (Bd du) ..... AZ
Riondet (Quai) .... AZ
Rivoire (Pl. A.) .... CY
Romanet (R. E.) .... ABZ
St-André-le-Haut (R.) ... CY 34
St-Louis (Pl.) .... BY
St-Marcel (Montée) .. CYZ
St-Maurice (Pl.) .... AY
St-Paul (Pl.) .... BY
St-Pierre (Pl.) .... AZ
Schneider (R.) .... CY 37
Sémard (Pl. P.) .... BZ
Table-Ronde (R. de la) . . BY 38
Thomas (R. A.) .... CY
Tupinières (Montée des) CZ
Ursulines (R. des) ...... CY 39
Verdun (Cours de) ...... AZ
Victor-Hugo (R.) .... BCYZ
11-Novembre
(R. du) .... AZ 43

STE-COLOMBE (RHÔNE)

Briand (Pl. A.) .... AY
Cochard (R.) .... AY
Égalité (Pl. de l') .... AY
Garon (R.) .... AY
Herbouville (Q. d') ..... AY
Joubert (Av.) .... AY
Nationale (R.) .... AY
Petits Jardins (R. des) . . AY

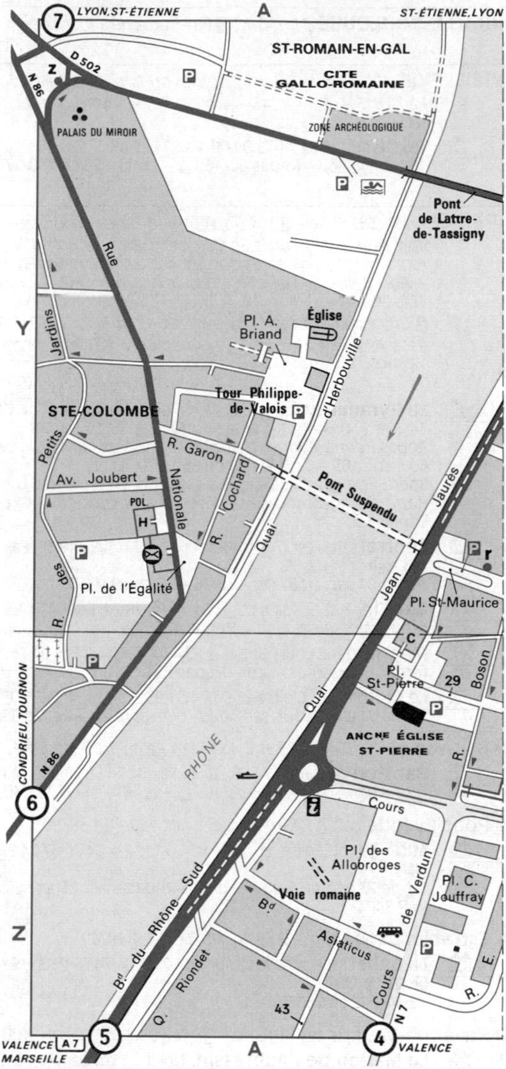

à Chasse-sur-Rhône *par ① : 8 km (Échangeur A7 - sortie Chasse-sur-Rhône) – 4 566 h. alt. 180 – ✉ 38670 :*

Mercure Ⓜ, ☎ 04 72 24 29 29, Fax 04 78 07 04 43, – ⇅ ⇆ ▤ rest TV ☎ ☏ ♿ P – 🏔 25 à 70. AE ⓓ GB
Repas 102, enf. 50 – ☕ 53 – **115 ch** 340/465.

CITROEN Autom. Vienne Sud, 163 av. Gén.-Leclerc par ④ ☎ 04 74 31 15 80 N ☎ 04 76 74 07 09
FIAT, ALFA ROMEO R.V.L., 27 quai Riondet ☎ 04 74 53 05 54
FORD Gar. Central, 76 av. Gén.-Leclerc ☎ 04 74 53 13 44
PEUGEOT Barbier Autom., 140 av. Gén.-Leclerc par ④ ☎ 04 74 53 22 75

RENAULT Gar. du Rhône, 151 av. Gén.-Leclerc par ④ ☎ 04 74 31 44 70 N ☎ 04 74 31 44 70

Ⓜ Delphis Vulcopneu, 4-6 av. Beauséjour ☎ 04 74 53 23 05
Euromaster, 93 av. Gén.-Leclerc ☎ 04 74 53 19 17
Vulco, 4-6 av. Beauséjour ☎ 04 74 53 23 05

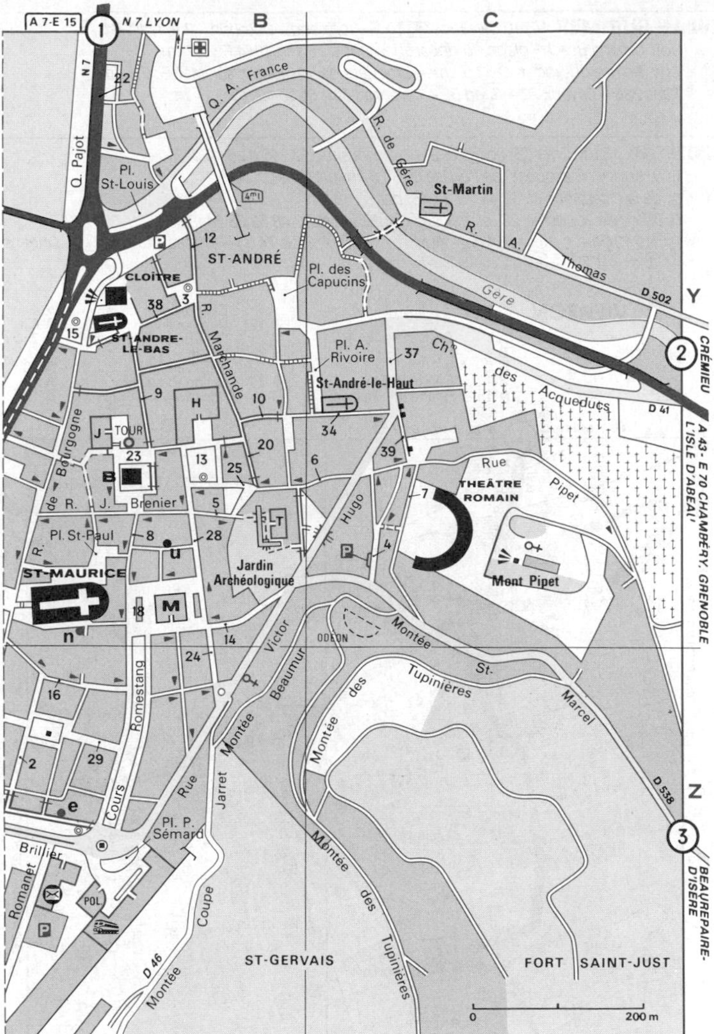

Grüne Michelin-Führer in deutsch

Paris
Atlantikküste
Auvergne Berry Limousin Périgord
Bretagne
Burgund Jura
Côte d'Azur (Französische Riviera)
Elsaß Vogesen Champagne
Korsika
Provence
Pyrenäen Roussillon Gorges du Tarn
Schlösser an der Loire

Deutschland
Frankreich
Italien
Österreich
Schweiz
Spanien

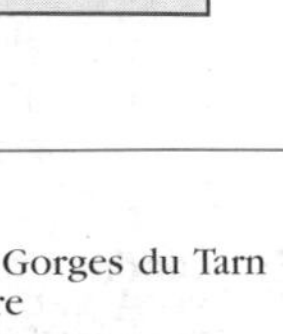

VIERVILLE-SUR-MER 14710 Calvados 54 ④ G. Normandie Cotentin – 256 h alt. 41.
Voir *Omaha Beach : plage du débarquement du 6 juin 1944 E : 2,5 km.*
Env. *Pointe du Hoc★★ O : 7,5 km – Cimetière de St-Laurent-sur-Mer E : 7,5 km.*
Paris 286 – Bayeux 22 – Caen 52 – Carentan 32 – St-Lô 42.

VIERZON ◁⊕▷ 18100 Cher 64 ⑲ ⑳ G. Berry Limousin – 32 235 h alt. 122.
Env. *Brinay : fresques★ de l'église SE : 7,5 km par ④ et D 27.*
🏌 de la Picardière ℘ 02 48 75 21 43, par ② : 8 km.
🛈 Office de Tourisme 26, pl. Vaillant-Couturier ℘ 02 48 52 65 24, Fax 02 48 71 62 21.
Paris 210 ① – Bourges 34 ③ – Auxerre 141 ② – Blois 74 ⑤ – Châteauroux 62 ④ – Orléans 87 ① – Tours 113 ⑤.

VIERZON

	République (R. de la) . . . . **A** 16		Cauchoric (R. de la) . . . . **A** 4	
	Romain-Rolland (R.) . . . . . **B**		Desmoulins (R. C.) . . . . . . **A** 6	
Brunet (R. A.) . . . . **B**	Voltaire (R.) . . . . **B** 20		Dr-P.-Roux (R. du) . . . . . . **B** 7	
Foch (Pl. du Mar.) . . . . . **B** 9			Gaulle (R. Gén.-de) . . . . **A** 10	
Joffre (R. du Mar.) . . . . **B** 12	Baron (R. Bl.) . . . . **A** 2		Nation (Bd de la) . . . . . . **A** 13	
Péri (Pl. Gabriel) . . . . . **A** 15	Briand (Pl. Aristide) . . . . . **B** 3		Roosevelt (R. Th.) . . . . . . **B** 18	

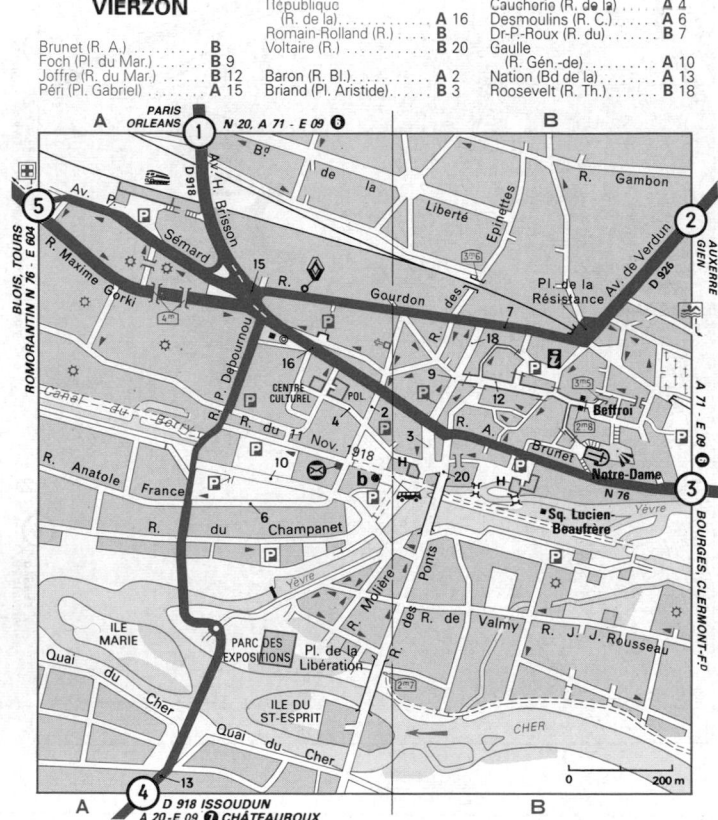

🏨 **Continental**, rte Paris par ① : *1,5 km* ℘ 02 48 75 35 22, Fax 02 48 71 10 39 – 🛗 📺 ☎ ✆
🅿 – 🔏 30. 🆎 ① 🇬🇧
Repas snack (dîner seul.) (résidents seul.) carte environ 110 🍴 – ☲ 38 – **37 ch** 170/265.

🏨 **Arche H.**, Forum République ℘ 02 48 71 93 10, Fax 02 48 71 83 63 – 🛗 📺 ☎ 🚗. 🆎 ①
🇬🇧
A b
fermé dim. et lundi midi d'oct. à mai – **Repas** snack 75 🍴 – ☲ 35 – **40 ch** 210/350.

à l'échangeur A 71-Vierzon-Est par ③ : *4 km* – ✉ 18100 Vierzon :

🏨 **Primevère** Ⓜ, rte de Bourges ℘ 02 48 75 19 42, Fax 02 48 75 22 02 – 📺 ☎ ৬ 🅿 – 🔏 25
42 ch.

CITROEN Générale Autom. ZAC échangeur A 71, rte de Bourges ✆ 02 48 71 43 22
FORD Gar. Delouche, 50 r. Breton
✆ 02 48 71 00 32
OPEL Courtoisie Autom., 47 av. du 14 Juillet
✆ 02 48 71 87 08
RENAULT Vega Autom., 41 r. Gourdon
✆ 02 48 71 03 33 Ⓝ ✆ 08 00 05 15 15

VAG Vierzon Ctre Auto, 8 r. Bas de Grange
✆ 02 48 71 70 61

Ⓜ Euromaster, 23,25 av. du 14 juillet
✆ 02 48 75 15 02
Gaudichon, 24 r. Pasteur ✆ 02 48 75 80 74
Pneus Europe Sce, 24 rte de Brinay
✆ 02 48 75 06 34

VIEUX-BOUCAU-LES-BAINS 40480 Landes ⅄⅄ ⑯ G. Pyrénées Aquitaine – 1 210 h alt. 5.

🏖 🏄 de la Côte d'Argent ✆ 05 58 48 54 65 N par D 652 puis D 117.
🛈 Office de Tourisme Le Mail ✆ 05 58 48 13 47, Fax 05 58 48 15 37.
Paris 738 – Biarritz 44 – Mont-de-Marsan 87 – Bayonne 37 – Castets 27 – Dax 35 – Mimizan 54.

🏠 **Côte d'Argent**, ✆ 05 58 48 13 17, Fax 05 58 48 01 15, 斎 – 📺 ☎ 🄿, GB
fermé 1er oct. au 15 nov. et lundi du 15 nov. au 31 mai – **Repas** 92/170 – ☲ 30 – **36 ch** 260/330 – ½ P 280/320.

CITROEN Gar. Duchon, ✆ 05 58 48 10 42   RENAULT Gar. Canicas, ✆ 05 58 48 15 31
PEUGEOT Gar. Lafarie, ✆ 05 58 48 10 82

VIEUX-MAREUIL 24340 Dordogne ⅄⅄ ⑤ G. Périgord Quercy – 350 h alt. 129.
Paris 491 – Angoulême 44 – Périgueux 44 – Brantôme 16 – Limoges 90 – Ribérac 32.

🏰 **Château de Vieux Mareuil** 🦢, Sud-Est : 1 km par D 939 ✆ 05 53 60 77 15, Fax 05 53 56 49 33, ≤, 斎, « Demeure du 15e siècle dans un parc », 🏊 – 📺 ☎ & 🄿, 🄰🄴 ⓪ GB 🄹🄲🄱
1er avril-30 sept. – **Repas** (fermé dim. soir et lundi sauf juil.-août) 150/250, enf. 60 – ☲ 60 – **14 ch** 550/700 – ½ P 550/600.

VIEUX-MOULIN 60 Oise ⅄⅄ ③ – rattaché à Compiègne.

VIF 38450 Isère ⅄⅄ ④ – 5 788 h alt. 320.
Paris 583 – Grenoble 18 – Le Bourg-d'Oisans 45 – Monestier-de-Clermont 17 – Villard-de-Lans 42.

🏠 **Paix**, 10 r. Desaix ✆ 04 76 72 46 75, Fax 04 76 72 74 99, 斎, 🦌 – 📺 ☎ 🄿, GB
🍴 **Repas** 80/170 🍷 – ☲ 35 – **7 ch** 190/270 – ½ P 220.

VAG Gar. St-Joseph, ✆ 04 76 72 66 83

Le VIGAN ⬅ 30120 Gard ⅄⅄ ⑯ G. Gorges du Tarn (plan) – 4 523 h alt. 221.
Voir Musée Cévenol★.
🛈 Office de Tourisme pl. du Marché ✆ 04 67 81 01 72, Fax 04 67 81 86 79 (en saison : fermé dim. après-midi).
Paris 722 – Montpellier 63 – Alès 64 – Lodève 50 – Mende 104 – Millau 72 – Nîmes 76.

🏠 **Commerce** sans rest, 26 r. Barris ✆ 04 67 81 03 28 – ☎ 🄿, GB, 🦌
fermé vacances de Toussaint, de fév. – ☲ 26 – **15 ch** 85/230.

🍴 **Le Chandelier**, 19 r. Pouzadou ✆ 04 67 81 17 04 – GB
🍴 fermé fév., dim. soir et lundi – **Repas** 79/140.

au Rey Est : 5 km par D 999 – ✉ 30570 Valleraugue :

🏰 **Château du Rey** 🦢, ✆ 04 67 82 40 06, Fax 04 67 82 47 79, 斎, parc, 🏊 – 📺 ☎ 🄿, GB
fermé janv. et fév. – **L'Abeuradou** ✆ 04 67 82 49 32 (fermé dim. soir et lundi sauf juil.-août)
Repas 95/250 🍷, enf. 45 – ☲ 46 – **12 ch** 320/480 – ½ P 326/406.

à Pont d'Hérault Est : 6 km par D 999 – ✉ 30570 Valleraugue :

🏰 **Maurice**, ✆ 04 67 82 40 02, Fax 04 67 82 46 12, 斎, 🏊, 🦌, 🦋 – 🍽 rest 📺 ☎ 🄿, GB
Repas (fermé dim. soir du 1er oct. à Pâques) 160/380 – ☲ 45 – **14 ch** 320/480 – ½ P 320.

CITROEN Gar. Teissonnière, ✆ 04 67 81 03 11   PEUGEOT Gar. Arnal, ✆ 04 67 81 03 77

VIGEOIS 19 Corrèze ⅄⅄ ⑧ – rattaché à Uzerche.

VIGNOUX-SUR-BARANGEON _18500 Cher_ 🟦🟦 ⑳ – _1 844 h alt. 157._

Paris 218 – _Bourges 25_ – _Cosne-sur-Loire 68_ – _Gien 70_ – _Issoudun 36_ – _Vierzon 9._

XXX **Le Prieuré** ⬙ avec ch, rte St-Laurent (D 30) ℰ 02 48 51 58 80, Fax 02 48 51 56 01, 🏡,
🔥, ☞ – 🔟 ☎ 🅿️, 🅖🅑
fermé 20 août au 3 sept., vacances de fév., mardi soir et merc. sauf hôtel en juil.-août –
Repas 100 (déj.), 158/245 et carte 240 à 310 – 🔲 37 – **7 ch** 270/370 – ½ P 275.

VILLAGE-NEUF _68 H.-Rhin_ 🟦🟦 ⑩ – _rattaché à St-Louis._

VILLAINES-LA-JUHEL _53700 Mayenne_ 🟦🟦 ⑫ – _3 171 h alt. 185._

Paris 252 – _Alençon 31_ – _Le Mans 57_ – _Bagnoles-de-l'Orne 31_ – _Mayenne 28._

🏠🏠 **Le Jardin Gourmand,** rte Evron ℰ 02 43 03 22 20, Fax 02 43 03 38 97, 🏡 – 🛗 🔟 ☎ 🅰️
🖨️ – 🅰 50. 🅰🅔 ⑩ 🅖🅑
Repas _(fermé dim. soir)_ 50/198 🍷 – 🔲 37 – **23 ch** 165/270 – ½ P 205.

🏠 **Oasis** 🅼 sans rest, rte Javron : 1 km ℰ 02 43 03 28 67, Fax 02 43 03 35 30 – 🔟 ☎ 🅰️ 🅿️.
🅖🅑 🅹🅲🅱
🔲 35 – **12 ch** 200/395.

Une réservation confirmée par écrit est toujours plus sûre.

VILLANDRY _37510 I.-et-L._ 🟦🟦 ⑭ – _776 h alt. 50._

Voir _Château★★_ : _jardins★★★,_ G. Châteaux de la Loire.

Paris 254 – _Tours 17_ – _Azay-le-Rideau 12_ – _Chinon 32_ – _Langeais 10_ – _Saumur 51._

🏠🏠 **Cheval Rouge,** ℰ 02 47 50 02 07, Fax 02 47 50 08 77 – ▤ rest ☎ 🅿️ 🅖🅑
fermé 1ᵉʳ fév. au 15 mars et lundi sauf fériés – **Repas** 95/200, enf. 55 – 🔲 38 – **18 ch**
300/320 – ½ P 380/390.

VILLAR-D'ARÈNE _05480 H.-Alpes_ 🟦🟦 ⑦ – _178 h alt. 1650 – Sports d'hiver : 1 650/2 400 m_ ⚡🛷 💃.
Paris 648 – _Briançon 36_ – _Le Bourg-d'Oisans 32_ – _Gap 124_ – _La Grave 3_ – _Grenoble 83_ – _Col
du Lautaret 8._

🏠 **Le Faranchin,** N 91 ℰ 04 76 79 90 01, Fax 04 76 79 92 88, ≤, 🏡 – ☎ 🅿️. 🅰🅔 🅖🅑
🐕 _10 au 20 avril, 1ᵉʳ juin-15 oct. et 1ᵉʳ janv.-31 mars –_ **Repas** 70/170 🍷, enf. 45 – 🔲 37 – **39 ch**
155/310 – ½ P 195/275.

VILLARD-DE-LANS _38250 Isère_ 🟦🟦 ④ _G. Alpes du Nord_ – _3 346 h alt. 1040_ – _Sports d'hiver :
1 150/2 170 m_ ⚡ 2 ⚡ 29 💃.

Voir _Gorges de la Bourne★★★_ – _Route de Valchevrière★ O par D 215ᶜ._

Env. _Grottes de Chorance★_ : _grotte de Coufin★★ O : 20 km puis 30 mn._

🏔 de Corrençon-en-Vercors ℰ 04 76 95 80 42, S : 6 km par D 215.

🛈 Office de Tourisme pl. Mure-Ravaud ℰ 04 76 95 10 38, Fax 04 76 95 98 39.

Paris 587 ① – _Grenoble 35_ ① – _Die 69_ ② – _Lyon 125_ ① – _Valence 68_ ② – _Voiron 46_ ①.

Plan page ci-contre

🏠🏠 **Christiania et rest. Le Tétras,** av. Prof. Nobecourt (k) ℰ 04 76 95 12 51,
Fax 04 76 95 00 75, ≤, 🏡, 🔥, 🏊, 🖨️ – 🛗 🔟 ☎. 🅰🅔 ⑩ 🅖🅑 🅹🅲🅱. ❄ rest
15 mai-20 sept. et 15 déc.-15 avril – **Repas** carte 190 à 250, enf. 70 – 🔲 52 – **23 ch** 350/600
– ½ P 465/540.

🏠🏠 **Eterlou** ⬙, 129 chemin Galizon (e) ℰ 04 76 95 17 65, Fax 04 76 95 91 41, ≤, 🔥, 🖨️, ❄ –
🔟 ☎ 🅿️. 🅰🅔 🅖🅑 🅹🅲🅱. ❄ rest
25 juin-31 août et 20 déc.-31 mars – **Repas** 160/295 – 🔲 40 – **20 ch** 400/550 – ½ P 450/
480.

🏠🏠 **Pré Fleuri** ⬙, rte Cochettes (t) ℰ 04 76 95 10 96, Fax 04 76 95 56 23, ≤, 🏡, 🖨️ – 🔟 ☎
🅿️. 🅖🅑. ❄
1ᵉʳ juin-1ᵉʳ oct. et 20 déc.-20 avril – **Repas** 123/200 – 🔲 40 – **20 ch** 340/380 – ½ P 345/
349.

🏠 **Georges,** av. Gén. de Gaulle (u) ℰ 04 76 95 11 75, Fax 04 76 95 92 66, 🏊, 🖨️, ❄ – 🔟 🅖🅑
🅖🅑. ❄ rest
hôtel : 1ᵉʳ juin-15 oct. et 20 déc.-20 avril ; rest. : fermé 31 oct. au 14 déc. – **Repas** 100/120
🍷, enf. 60 – 🔲 42 – **20 ch** 230/320 – ½ P 290.

🏠 **Villa Primerose** sans rest, quartier Bains (d) ℰ 04 76 95 13 17, ≤, 🖨️ – ☎ 🅿️. 🅖🅑
fermé 25 oct. au 20 déc. – 🔲 35 – **18 ch** 220/250.

VILLARD-DE-LANS

Les plans de villes
sont orientés
le Nord en haut.

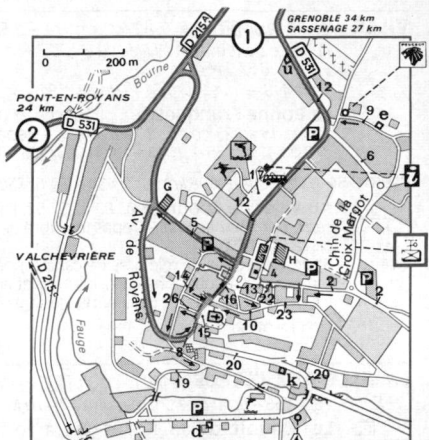

au Balcon de Villard *rte Côte 2000, Sud-Est : 4 km par D 215 et D 215⁶ –* ⊠ *38250 Villard-de-Lans :*

🏠 **Playes** ♦, ℘ 04 76 95 14 42, Fax 04 76 95 58 38, ≼, 🏤, 🐎, ℀ – 📺 ☎ 🅿. GB
⚞ ch
début juin-15 sept. et 20 déc.-20 avril – **Repas** 95/170, enf. 50 – ☲ 37 – **20 ch** 260/360 –
½ P 300/340.

à Corrençon-en-Vercors *Sud : 6 km par D 215 – 264 h. alt. 1105 –* ⊠ *38250 :*

🏠🏠 **du Golf** M ♦, Les Ritons ℘ 04 76 95 84 84, Fax 04 76 95 82 85, ≼, 🏤, ⃝, 🐎 – 📺 ☎ 🅿.
AE ⓪ GB
avril-nov. – **Repas** *(fermé dim. soir et lundi midi sauf de juin à août)* 110 (déj.)/165 – ☲ 60 –
12 ch 750 – ½ P 590.

PEUGEOT Gar. Rolland, La Conterie   RENAULT Gar. Chavernoz, ℘ 04 76 95 15 61
℘ 04 76 95 12 69   VAG Stat. des Olympiades, ℘ 04 76 95 11 42

VILLARD-ST-SAUVEUR *39 Jura* 🔟 ⑮ *– rattaché à St-Claude.*

VILLARS-LES-DOMBES *01330 Ain* 🎷 ② , 🔢 ⑥ *G. Vallée du Rhône – 3 415 h alt. 281.*
Voir *Vierge à l'Enfant★ dans l'église – Parc ornithologique★ S : 1 km.*
🏌 *du Clou ℘ 04 74 98 19 65, S : 3 km par N 83 ;* 🏌🏌 *du Gouverneur ℘ 04 72 26 40 34, SO :*
8 km par D 904 et D 6.
🅱 *Office de Tourisme, pl. de la Mairie ℘ 04 74 98 06 29.*
Paris 433 – Lyon 37 – Bourg-en-Bresse 31 – Villefranche-sur-Saône 27.

🏠 **Ribotel** *sans rest, rte Lyon ℘ 04 74 98 08 03, Fax 04 74 98 29 55 –* 🖪 📺 ☎ ₺ 🅿. AE GB
JCB
☲ 40 – **47 ch** 245/290.

❌❌ **Jean-Claude Bouvier,** *rte Lyon ℘ 04 74 98 11 91, Fax 04 74 98 24 42 –* 🅿. AE GB
Repas *fermé 2 au 14 janv., dim. soir et lundi* 145/298, enf. 70.

à Bouligneux *Nord-Ouest : 4 km par D 2 – 274 h. alt. 282 –* ⊠ *01330 :*

❌❌❌ **Aub. des Chasseurs,** ℘ 04 74 98 10 02, Fax 04 74 98 28 87, 🏤 – GB
fermé 20 déc. au 25 janv., mardi soir et merc. – **Repas** 130/300, enf. 95.

❌❌ **Le Thou,** ℘ 04 74 98 15 25, Fax 04 74 98 13 57, 🏤, 🐎 – 🍽. GB
fermé 1ᵉʳ au 15 oct., fév., lundi et mardi – **Repas** 171/304.

❌ **Host. des Dombes,** ℘ 04 74 98 08 40, Fax 04 74 98 16 63, 🏤 – 🅿. GB
fermé 1ᵉʳ au 10 juil., 1ᵉʳ au 21 fév. mardi soir et merc. – **Repas** 90 (déj.), 125/215 ⌀.

VILLARS-SOUS-DAMPJOUX *25190 Doubs* 🔢 ⑱ *– 422 h alt. 362.*
Paris 479 – Besançon 84 – Baume-les-Dames 42 – Montbéliard 22 – Morteau 49.

❌❌ **Sur les Rives du Doubs,** *à Dampjoux, Sud : 1 km ℘ 03 81 96 93 82, Fax 03 81 96 46 61,*
🏤 – 🅿. GB. ℀
fermé 2 au 15 janv., mardi soir et merc. – **Repas** 150/220.

VILLÉ *67220 B.-Rhin* [62] ⑧ ⑨ *G. Alsace Lorraine – 1 550 h alt. 260.*

🛈 *Office de Tourisme à la Mairie* ℘ *03 88 57 11 57 et pl. Marché (saison)* ℘ *03 88 57 11 69, Fax 03 88 57 04 54.*

Paris 418 – Strasbourg 54 – Lunéville 81 – St-Dié 39 – Ste-Marie-aux-Mines 26 – Sélestat 16.

🏠 **La Bonne Franquette**, 6 pl. Marché ℘ 03 88 57 14 25, Fax 03 88 57 08 15 – ⚡ ☎. **GB**
fermé 15 au 25 nov. et 10 au 28 fév. – **Repas** *(fermé mercredi soir et jeudi)* 66 (déj.), 100/350 bc ⅃, enf. 55 – � 40 – **10 ch** 265/335 – ½ P 245/285.

rte de Sélestat *Sud-Est : 6 km sur D 424 –* ⊠ *67730 Châtenois :*

%%% **Au Valet de Coeur**, ℘ 03 88 85 67 51, Fax 03 88 85 67 84 – **P.** **AE** **①** **GB** **JCB**
❀ *fermé dim. soir et lundi* – **Repas** (nombre de couverts limité, prévenir) 180 (déj.), 200/420 et carte 330 à 430
Spéc. Millefeuille de foie gras de canard poêlé aux cèpes (sept. à déc.). Petits boudins de sandre aux grenouilles fraîches, jus à l'ail et au persil. Streusel tiède aux quetsches flambées à la vieille prune (août à déc.). **Vins** Riesling, Tokay-Pinot gris.

CITROEN Gar. Jost, ℘ 03 88 57 15 44

La VILLE-AUX-CLERCS *41160 L.-et-Ch.* [64] ⑥ *– 1 114 h alt. 143.*

Paris 158 – Brou 41 – Châteaudun 27 – Le Mans 73 – Orléans 71 – Vendôme 17.

🏛 **Le Manoir de la Forêt** ॐ, à Fort-Girard, Est : 1,5 km par rte secondaire ℘ 02 54 80 62 83, Fax 02 54 80 66 03, ≤, ☆, parc – 📺 ☎ **P.** – ஜ் 30. **AE** **GB**
fermé dim. soir et lundi midi en hiver – **Repas** 150/285 – ☲ 45 – **19 ch** 295/460 – ½ P 450/580.

VILLECOMTAL-SUR-ARROS *32730 Gers* [82] ⑬ *– 773 h alt. 177.*

Paris 787 – Auch 49 – Pau 57 – Aire-sur-l'Adour 66 – Tarbes 25.

%% **Le Rive Droite**, ℘ 05 62 64 83 08, Fax 05 62 64 84 02, ☆, ☞ – **AE** **①** **GB**
fermé 2 au 15 janv., sam. midi et vend. – **Repas** 70 (déj.), 105/200.

Le Guide change, changez de guide tous les ans.

VILLECROZE *83690 Var* [84] ⑥, **114** ㉑ *G. Côte d'Azur – 1 029 h alt. 300.*

Voir Belvédère★ N : 1 km.

🛈 *Syndicat d'Initiative Grand' Rue* ℘ *04 94 67 50 00.*

Paris 828 – Aups 8 – Brignoles 39 – Draguignan 21.

%% **Le Colombier**, rte Draguignan ℘ 04 94 70 63 23, Fax 04 94 70 63 23 – **P.** **GB**
fermé 17 nov. au 13 déc., mardi soir en hiver et lundi sauf juil.-août – **Repas** 120/260, enf. 70.

au Sud-Est *: 3,5 km par D 557 et rte secondaire –* ⊠ *83690 Salernes :*

% **Au Bien Être** ॐ avec ch, ℘ 04 94 70 67 57, ☆, ⅃, ☞ – 📺 ☎ **P.** **GB**. ⚘ ch
fermé vacances de Toussaint et de fév. – **Repas** *(fermé dim. soir et lundi hors sais.)* 115/225, enf. 60 – ☲ 42 – **8 ch** 320/580 – ½ P 320.

VILLEDIEU-LES-POÊLES *50800 Manche* [59] ⑧ *G. Normandie Cotentin* **(plan)** *– 4 356 h alt. 105.*

🛈 *Office de Tourisme pl. des Costils* ℘ *02 33 61 05 69, Mairie* ℘ *02 33 61 00 16 (hors saison).*
Paris 314 – St-Lô 35 – Alençon 122 – Avranches 22 – Caen 80 – Flers 59.

🏛 **Le Fruitier** Ⓜ, pl. Costils ℘ 02 33 90 51 00, Fax 02 33 90 51 01 – ⃗ 📺 ☎ ఉ ⇐ – ஜ் 60.
ℰ **GB**
fermé 22 déc. au 11 janv. – **Repas** 80/172, enf. 45 – ☲ 35 – **48 ch** 200/280, 10 duplex – ½ P 255/288.

🏛 **St-Pierre et St-Michel**, pl. République ℘ 02 33 61 00 11, Fax 02 33 61 06 52 – 📺 ☎ ✆.
GB
fermé 19 janv. au 16 fév. et vend. du 5 nov. au 31 mars – **Repas** 82 (déj.), 115/225, enf. 45 – ☲ 35 – **23 ch** 260/295 – ½ P 260/285.

%% **Manoir de l'Acherie** ॐ avec ch, à l'Acherie Est : 3,5 km par déviation N 175 et D 554
ℰ ℘ 02 33 51 13 87, Fax 02 33 61 89 07, ☆, « Dans la campagne », ☞ – 📺 ☎ ఉ **P.** –
ஜ் 100. **AE** **GB**
fermé dim. soir de nov. à mars et lundi sauf le soir en juil.-août – **Repas** 90/220, enf. 50 – ☲ 38 – **14 ch** 220/340 – ½ P 310/350.

PEUGEOT Gar. Jouenne, ZA les Monts Havards   RENAULT Villedieu Garage, rte d'Avranches
℘ 02 33 61 00 35 **N** ℘ 02 33 61 09 60   ℘ 02 33 61 00 70

VILLE-DI-PIETRABUGNO *2B H.-Corse* 🟨🟨 ③ – *voir à Corse (Bastia).*

VILLE-EN-TARDENOIS *51170 Marne* 🔲🔲 ⑮ *G. Champagne – 530 h alt. 161.*
Paris 124 – Reims 21 – Châlons-en-Champagne 58 – Château-Thierry 38 – Épernay 25 –
Fère-en-Tardenois 26 – Soissons 51.

✕ **Aub. du Postillon,** D 380 ✆ 03 26 61 83 67, Fax 03 26 61 84 64 – 🅰🅴 ⬜⬜
Repas 87/230, enf. 45.

VILLEFORT *48800 Lozère* 🟨🟨 ⑦ *G. Gorges du Tarn – 700 h alt. 600.*
Env. *Belvédère du Chassezac★★ N : 9 km puis 15 mn.*
🏌 *de la Garde-Guérin* ✆ 04 66 46 81 30, N : 9 km par D 906.
🛈 *Office de Tourisme r. Église* ✆ 04 66 46 87 30.
Paris 626 – Alès 55 – Aubenas 61 – Florac 65 – Mende 57 – Pont-St-Esprit 90 –
Le Puy-en-Velay 87.

🏠 **Balme,** ✆ 04 66 46 80 14, Fax 04 66 46 85 26, 🍴 – ☎ 🚗, 🅰🅴 ⓞ ⬜⬜
fermé 12 au 17 oct., 15 nov. au 15 fév., dim. soir et lundi hors sais. – **Repas** 125/275, enf. 50
*– ⊑ 37 – **18 ch** 175/325 – ½ P 235/335.*

CITROEN Gar. Bedos, ✆ 04 66 46 80 07 🅽 ✆ 04 66 46 80 07

VILLEFRANCHE-D'ALLIER *03430 Allier* 🔲🔲 ⑫ *G. Auvergne – 1 360 h alt. 270.*
Paris 340 – Moulins 51 – Bourbon-l'Archambault 31 – Montluçon 25 – Montmarault 12.

🏨 **Le Relais Bourbonnais** Ⓜ, 1 r. Gare ✆ 04 70 07 40 01, Fax 04 70 07 48 36, 🍴, 🚗 – 📺
⬜⬜ ☎ 🅿. ⬜⬜
fermé 23 au 30 déc. et dim. soir – **Repas** 65/220 🍷, enf. 45 – ⊑ 31 – **14 ch** 215/305 –
½ P 230.

VILLEFRANCHE-DE-CONFLENT *66500 Pyr.-Or.* 🟨🟨 ⑰ *G. Pyrénées Roussillon – 261 h alt. 435.*
Voir *Ville forte★ – Fort Liberia★.*
🛈 *Office de Tourisme pl. Église* ✆ 04 68 96 22 96.
Paris 915 – Perpignan 52 – Mont-Louis 30 – Olette 10 – Prades 6 – Vernet-les-Bains 6.

🏠 **Le Vauban** sans rest, 5 pl. Église ✆ 04 68 96 18 03 – ☎. 🅰🅴 ⬜⬜
fermé nov. et janv. – ⊑ 25 – **16 ch** 200/230.

✕✕✕ **Aub. Saint-Paul,** 7 pl. Église ✆ 04 68 96 30 95, 🍴 – ⬜⬜
fermé janv. et lundi – **Repas** 130/340 et carte 240 à 370.

✕✕ **Au Grill,** 81 r. St-Jean ✆ 04 68 96 17 65 – ⬜⬜
🚗 *fermé 20 nov. au 15 déc., mardi soir et merc. sauf juil.-août* – Repas 90/125 🍷, enf. 45.

VILLEFRANCHE-DE-LAURAGAIS *31290 H.-Gar.* 🔲🔲 ⑲ *– 3 316 h alt. 175.*
Paris 731 – Toulouse 35 – Auterive 27 – Castelnaudary 24 – Castres 57 – Gaillac 89 –
Pamiers 40.

à Gardouch *Sud-Ouest : 2 km – 889 h. alt. 200 – ✉ 31290 :*

✕ **La Marotte,** ✆ 05 61 27 19 46, Fax 05 61 27 19 46 – 🅰🅴 ⬜⬜, 🚿
fermé 15 déc. au 8 janv., dim. soir, mardi soir et merc. – **Repas** 90/190.

PEUGEOT Gar. Chastaing, ✆ 05 61 81 60 41 🅽   RENAULT Gar. du Marès, ✆ 05 61 81 60 08
✆ 05 61 27 03 31

VILLEFRANCHE-DE-ROUERGUE 🚗 *12200 Aveyron* 🟨🟨 ⑳ *G. Gorges du Tarn – 12 291 h*
alt. 230.
Voir *La Bastide★ : place Notre-Dame★, église Notre-Dame★ – Ancienne chartreuse*
St-Sauveur★ par ③.
🛈 *Office de Tourisme Promenade Guiraudet* ✆ 05 65 45 13 18, Fax 05 65 45 55 58.
Paris 610 ① – Rodez 57 ① – Albi 68 ③ – Cahors 61 ④ – Montauban 74 ④.

Plan page suivante

🏨 **L'Univers,** pl. République (1er étage) **(s)** ✆ 05 65 45 15 63, Fax 05 65 45 02 21 – 📺 ☎ 📞
⬜⬜ 🚗 – 🛁 30. 🅰🅴 ⓞ ⬜⬜
Repas *(fermé 7 au 14 juin, 6 au 13 déc., vend. soir et sam. d'oct. à juin)* 75/295 🍷, enf. 60 –
⊑ 39 – **30 ch** 185/350 – ½ P 260/300.

🏠 **Francotel et rest. Le Ranch** Ⓜ, Centre Escale par ① *et D1ᴱ : 1 km* ✆ 05 65 81 17 22,
⬜⬜ Fax 05 65 45 56 09, 🏊, – 🛌 🍴 ⬛ 📺 ☎ 📞 🛁 🅿. – 🛁 80. 🅰🅴 ⓞ ⬜⬜
Repas *(fermé dim. sauf juil.-août)* 78/120 🍷, enf. 40 – ⊑ 39 – **42 ch** 275/295, 8 duplex –
½ P 225.

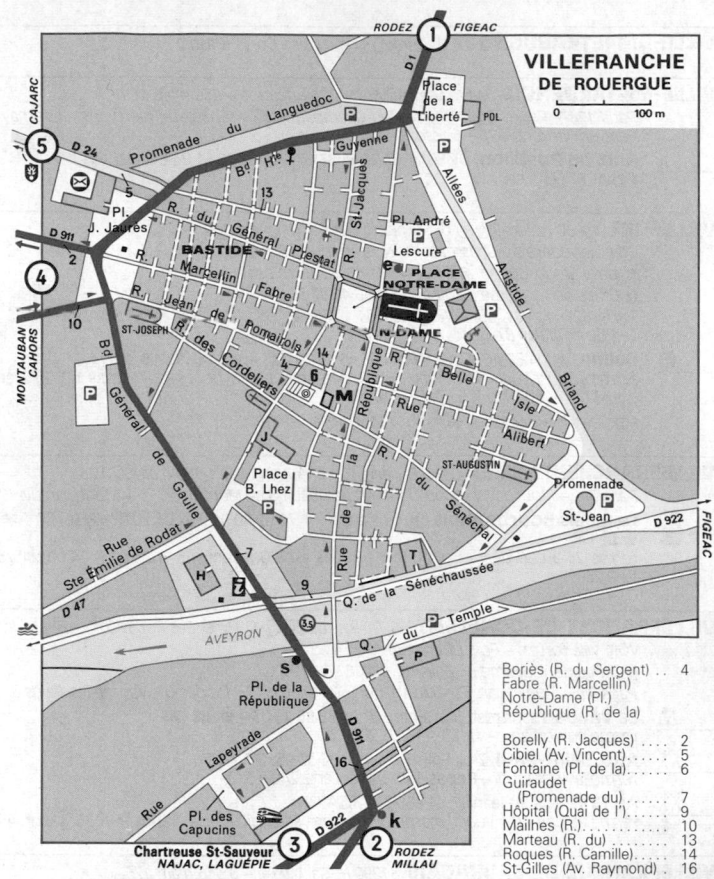

VILLEFRANCHE DE ROUERGUE

0   100 m

Boriès (R. du Sergent) .. 4
Fabre (R. Marcellin)
Notre-Dame (Pl.)
République (R. de la)

Borelly (R. Jacques) 2
Cibiel (Av. Vincent)...... 5
Fontaine (Pl. de la)...... 6
Guiraudet
  (Promenade du) 7
Hôpital (Quai de l')..... 9
Mailhes (R.). 10
Marteau (R. du) 13
Roques (R. Camille)..... 14
St-Gilles (Av. Raymond) . 16

✗ **Le Bellevue**, 5 av. du Ségala **(k)** ℰ 05 65 45 23 17 – 🚗, ☺⧉
🍴 *fermé 19 fév. au 5 mars, mardi soir et merc. sauf été* – **Repas** 85/195.

✗ **L'Assiette Gourmande**, pl. A. Lescure **(e)** ℰ 05 65 45 25 95, 🏠 – ☺⧉
🍴 *fermé vacances de printemps, de Toussaint, merc. soir et mardi hors sais. et dim.* – **Repas**
75/170 ₰.

au Farrou *par* ① : *4 km –* ⊠ *12200 Villefranche-de-Rouergue* :

🏰 **Relais de Farrou** 🅼, ℰ 05 65 45 18 11, Fax 05 65 45 32 59, 🏠, 🗶, ⅃, 🐎, ✵ – ⟷✕
  ▤ ch 📺 ☎ ✓ ₺ 🄿 – 🔏 25. ☺⧉
  fermé 1ᵉʳ au 10 mars, 25 oct. au 3 nov. et 22 au 27 déc. – **Repas** *(fermé dim. soir et lundi
  d'oct. à juin)* 122/350 ₰, enf. 70 – ⊆ 44 – **25 ch** 320/450 – ½ P 345/375.

CITROEN Gar. Lizouret, rte de Toulonjac par ⑤
  ℰ 05 65 45 01 74
FIAT-LANCIA MERCEDES Gar. Gaubert, rte de
  Montauban ℰ 05 65 45 19 65 🈁 ℰ 05 65 45 33 11
PEUGEOT Gar. Trébosc, rte de Montauban par ④
  ℰ 05 65 45 59 54
RENAULT S.A.D.A.R., rte de Cahors par ④
  ℰ 05 65 45 21 83

Ⓜ Euromaster, Les Plantades, rte Hte du Farrou
  ℰ 05 65 81 10 03
Vulco, av. du 8 mai 1945 ℰ 05 65 45 14 67
Vulco, rte de Toulouse ℰ 05 65 45 05 44

Les **cartes routières**, les **atlas**, les **guides Michelin**
sont indispensables aux déplacements professionnels
comme aux voyages d'agrément.

VILLEFRANCHE-DU-PÉRIGORD 24550 Dordogne **75** ⑰ G. Périgord Quercy – 827 h alt. 220.

🔖 Syndicat d'Initiative, r. Notre-Dame ℰ 05 53 29 98 37.

Paris 579 – Agen 79 – Cahors 40 – Sarlat-la-Canéda 47 – Bergerac 66 – Périgueux 85 – Villeneuve-sur-Lot 50.

🏛 **Les Bruyères,** ℰ 05 53 29 97 97, Fax 05 53 31 28 51, ⌇, ☞ – ☎. ⊞
fermé 3 au 17 mars, 17 au 30 nov., 26 janv. au 2 fév. et lundi d'oct. à juin – **Repas** 58 (déj.), 90/230 ♣, enf. 45 – ☲ 30 – **10 ch** 210/230 – ½ P 265.

VILLEFRANCHE-SUR-MER 06230 Alpes-Mar. **84** ⑨ ⑩, **115** ㉗ G. Côte d'Azur – 8 080 h alt. 30.

Voir Rade★★ – Vieille ville★ – Chapelle St-Pierre★ – Musée Volti★.

🔖 Office de Tourisme square F.-Binon ℰ 04 93 01 73 68, Fax 04 93 76 63 65.

Paris 934 ⑤ – Nice 6 ③ – Beaulieu-sur-Mer 4 ③.

Accès et sorties : Voir plan de Nice.

VILLEFRANCHE-SUR-MER

Cauvin (Av. V.) 2
Corderie (Quai de la) 3
Corne-d'Or (Bd de la) 5
Courbet (Quai Amiral) 6
Église (R. de l') 7
Foch (Av. du Maréchal) 8
Gallieni (Av. Général) 9
Gaulle (Av. Général-de) 10
Grande-Bretagne (Av. de) 12
Joffre (Av. du Maréchal) 14
Leclerc (Av. Général) 15
Marinières
(Promenade des) 16
May (R. de) 18
Obscure (R.) 19
Paix (Pl. de la) 20
Poilu (R. du) 22
Pollonais (Pl. A.) 24
Ponchardier (Quai Amiral) 25
Poullan (Pl. F.) 26
Sadi-Carnot (Av.) 28
Settimelli-Lazare (Bd) 30
Soleil d'Or (Av. du) 31
Verdun (Av. de) 32
Victoire (R. de la) 34
Wilson (Pl.) 35

Les **cartes Michelin**
sont constamment
tenues à jour.

Michelin maps
are kept up to date.

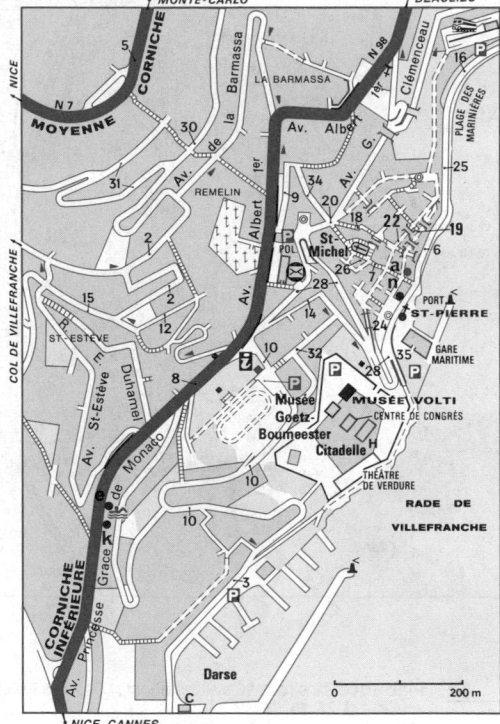

🏨🏨 **Welcome,** quai Courbet **(n)** ℰ 04 93 76 76 93, Fax 04 93 01 88 81, ≤, 佘 – 🛗 ☰ ch 📺 ☎.
⚐ ⑩ ⊞ ◸ᴄʙ
fermé 15 nov. au 20 déc. – **Le St-Pierre** ℰ 04 93 76 79 93 (fermé lundi sauf le soir en sais.)
Repas 140/255 – **32 ch** ☲ 700/920 – ½ P 500/610.

🏨 **Flore** 🅼, av. Princesse Grace de Monaco **(e)** ℰ 04 93 76 30 30, Fax 04 93 76 99 99, ≤, 佘,
⌇ – 🛗 ☰ 📺 ☏ & ⇔ 🅿 – 🔏 30. ⚐ ⑩ ⊞ ◸ᴄʙ
Le Fleuron : **Repas** 130/240, enf. 60 – ☲ 60 – **31 ch** 650/1000 – ½ P 440/700.

🏨 **Versailles,** av. Princesse Grace de Monaco **(k)** ℰ 04 93 01 89 56, Fax 04 93 01 97 48,
≤ rade, 佘, ⌇ – 🛗 ☰ ch 📺 ☎ 🅿. ⚐ ⑩ ⊞
fermé nov. à fin déc. – **Repas** (fermé lundi hors sais.) 145, enf. 90 – ☲ 50 – **49 ch** 550/800 –
½ P 500/580.

❌❌ **Mère Germaine,** quai Courbet **(a)** ℰ 04 93 01 71 39, Fax 04 93 76 94 28, ≤, 佘 – ⚐
⊞
fermé 17 nov. au 23 déc. – **Repas** 210/280.

VILLEFRANCHE-SUR-SAÔNE 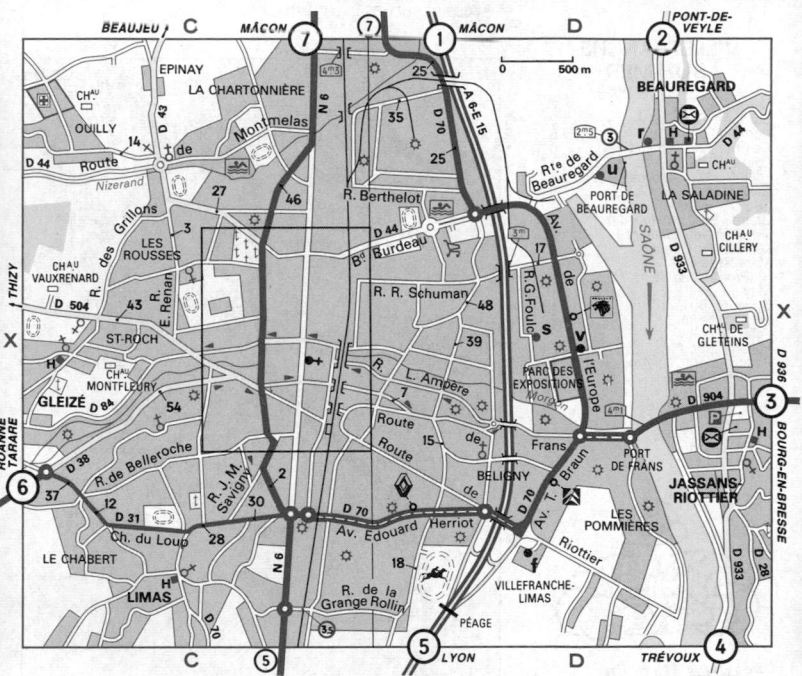 69400 Rhône **74** ①, **110** ③ *G. Vallée du Rhône –*
29 542 h alt. 190.

du Beaujolais 𝒫 04 74 67 04 44 à Lucenay, 8 km par ④.

Office de Tourisme r. de Thizy 𝒫 04 74 68 05 18, Fax 04 74 68 44 91.

Paris 432 ⑦ – Lyon 34 ⑤ – Bourg-en-Bresse 54 ③ – Mâcon 38 ⑤ – Roanne 72 ⑥.

VILLEFRANCHE-SUR-SAÔNE

Barbusse (Bd Henri)	**CX** 2	Chabert (Ch. du)	**CX** 12	Maladière (R. de la)	**CX** 30
Beaujolais (Av. du)	**CX** 3	Charmilles (Av. des)	**CX** 14	Nizerand (R. du)	**CX** 35
Berthier (R. Pierre)	**DX** 7	Condorcet (R.)	**DX** 15	Paradis (R. du)	**CX** 37
		Desmoulins (R. Camille)	**DX** 17	Pasquier (Bd Pierre)	**DX** 39
		Écossais (R. de l')	**DX** 18	St-Roch (Montée)	**CX** 43
		Joux (Av. de)	**DX** 25	Salengro (Bd Roger)	**CX** 46
		Leclerc (Bd du Gén.)	**CX** 27	Savoye (R. C.)	**DX** 48
		Libération (Av. de la)	**CX** 28	Tarare (R. de)	**CX** 54

Plaisance sans rest, 96 av. Libération 𝒫 04 74 65 33 52, Fax 04 74 62 02 89 – 📶 📺 ☎ ✆
🚗 🅿 – 🔥 25. 🖭 ⓪ 🆖   AZ n
fermé 24 déc. au 1ᵉʳ janv. – 🖵 38 – **68 ch** 316/460.

Newport 🅼, av. de l'Europe Z.I. Nord-Est 𝒫 04 74 68 75 59, Fax 04 74 09 08 89, 🌤 – ⚒
📺 ☎ ✆ 🖢 🅿 – 🔥 60. 🖭 🆖   DX v
Repas *(fermé sam. midi et dim.)* 75/130 🍷, enf. 45 – 🖵 34 – **38 ch** 240/265 –
½ P 200.

Ibis, échangeur A 6 (péage Villefranche) 𝒫 04 74 68 22 23, Fax 04 74 60 41 67, 🌤, 🏊 – 📶
🖢 📺 ☎ 🅿 – 🔥 50. 🖭 ⓪ 🆖   DX f
Repas 95, enf. 39 – 🖵 36 – **115 ch** 285.

Aub. Faisan Doré, Nord-Est : 2,5 km par bd Burdeau et rte Beauregard
𝒫 04 74 65 01 66, Fax 04 74 09 00 81, 🌤 – 🅿. 🖭 🆖   DX u
fermé lundi d'oct. à avril et dim. soir – **Repas** 145/380 et carte 260 à 340.

Ferme du Poulet 🅼 avec ch, 180 r. Mangin, Z.I. Nord-Est 𝒫 04 74 62 19 07,
Fax 04 74 09 01 89, 🌤 – 📶 🖢 🍽 ch 📺 ☎ 🅿. 🖭 🆖   DX s
fermé 4 au 24 août et dim. soir – **Repas** 180/340 et carte 270 à 400 – 🖵 50 – **10 ch**
380/480.

VILLEFRANCHE-SUR-SAÔNE

Nationale (R.) . . . . **BYZ**

Belleville (R. de) . . . . . . **BY** 5
Carnot (Pl.) . . . . **BZ** 9
Faucon (R. du) . . . . **BY** 19
Fayettes (R. des) . . . . . **BZ** 20
Grange-Blazet (R.) . . . . **BZ** 23
Marais (Pl. des) . . . . . . **BZ** 32

République (R. de la) . . **AZ** 41
Salengro (Bd Roger) . . . **AY** 46
Savigny (R. J. M.) . . . . . **AZ** 47
Sous-Préfecture (Pl.) . . **AZ** 49
Sous-Préfecture (R.) . . **AZ** 50
Stalingrad (R. de) . . . . . **BZ** 52

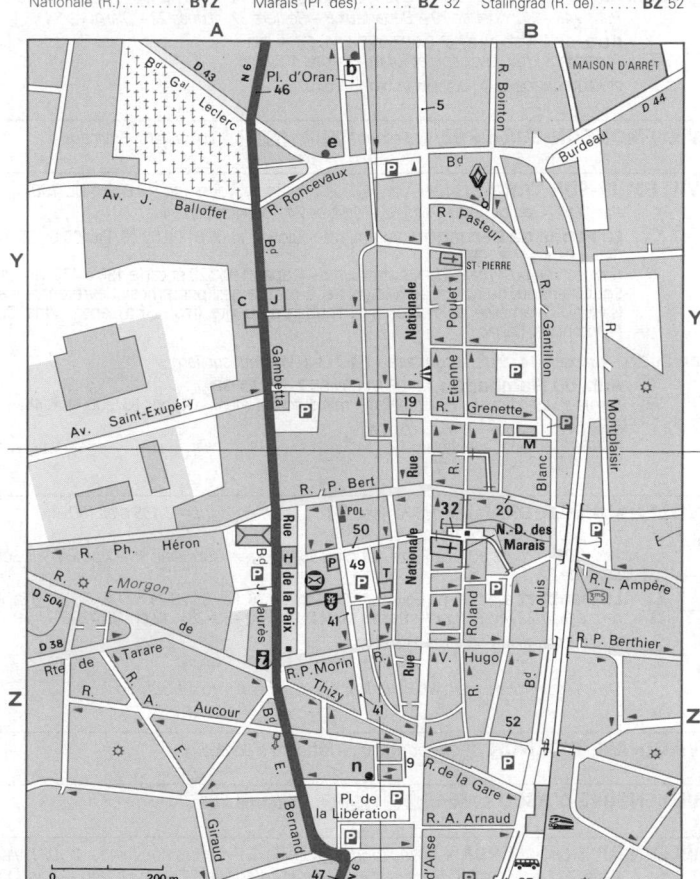

XX **Le Cèdre,** 196 r. Roncevaux ℰ 04 74 68 03 69, Fax 04 74 65 04 69, 🌤 – AE ⓞ GB.
⬙
AY e
fermé 4 au 18 août, dim. soir et lundi – **Repas** 98/210 ⬙.

X **Au Vieux St-Pierre,** 16 pl. Oran ℰ 04 74 68 34 94 – GB
AY b
fermé 8 au 25 août et dim. – **Repas** 70/110 ⬙.

ALFA ROMEO Gar. Devaux, 361 r. d'Anse
ℰ 04 74 65 12 00
CITROEN Gar. Thivolle, 695 av. T.-Braun
ℰ 04 74 65 26 09 ◍ ℰ 04 74 65 27 10
PEUGEOT Gar. Nomblot, 1193 av. de l'Europe
ℰ 04 74 68 90 90 ◍
ℰ 06 07 75 82 06
RENAULT Gar. Longin, 15 r. Bointon
ℰ 04 74 65 25 66

RENAULT Villefranche Autom., 19 av. E.-Herriot
à Limas ℰ 04 74 02 31 31 ◍
ℰ 04 74 65 27 10
VAG Gar. de l'Europe, 1050 r. Ampère
ℰ 04 74 65 50 59

🔘 Euromaster, ZI av. E.-Herriot
ℰ 04 74 65 29 75

Pour aller loin rapidement,
*utilisez les **cartes Michelin** des pays d'Europe à 1/1 000 000.*

VILLEJUIF 94 Val-de-Marne 61 ①., 101 ㉖ – voir à Paris, Environs.

VILLEMAGNE-L'ARGENTIÈRE 34600 Hérault 83 ④ G. Gorges du Tarn – 365 h alt. 193.
Paris 746 – Montpellier 79 – Bédarieux 8 – Béziers 37 – Lunas 22 – Olargues 24.

✕ **Aub. de l'Abbaye,** ℘ 04 67 95 34 84, 斎 – GB
fermé janv., fév., dim. soir et lundi – **Repas** 100/215.

RENAULT Gar. Pascal, à Hérépian ℘ 04 67 95 04 87

VILLEMOISSON-SUR-ORGE 91 Essonne 60 ⑩., 101 ㉟ – voir à Paris, Environs.

VILLEMUR-SUR-TARN 31340 H.-Gar. 82 ⑧ G. Pyrénées Roussillon – 4 840 h alt. 108.
Paris 664 – Toulouse 40 – Albi 63 – Castres 74 – Montauban 24.

※※※ **La Ferme de Bernadou** (Voisin), rte Toulouse ℘ 05 61 09 02 38, Fax 05 61 35 94 87, ≤,
☸ 斎, « Parc » – P. GB
fermé 3 fév. au 3 mars, dim. soir et lundi – **Repas** 130/320 et carte 190 à 420, enf. 100
Spéc. Papillote de turbot au foie gras et aux asperges (printemps). Lièvre en trois services
(saison). Caramélisé de fraises à la rhubarbe confite (mai à fin sept.). **Vins** Côtes du
Frontonnais, Gaillac.

au Sud : 5 km par D 14 et rte secondaire – ⊠ 31340 Villemur sur Tarn :

✕ **Aub. du Flambadou,** ℘ 05 61 09 40 72 – P. AE GB
fermé 1er au 11 sept., 15 au 22 janv., mardi soir et merc. – **Repas** 85/200, enf. 45.

CITROEN Gar. Vacquié, ℘ 05 61 09 01 60
PEUGEOT Gar. Terral, à Pechnauquié
℘ 05 61 09 00 70

VILLENAUXE-LA-GRANDE 10370 Aube 61 ⑤ G. Champagne – 2 135 h alt. 80.
Voir Déambulatoire★ de l'église.
Paris 105 – Troyes 60 – La Ferté-Gaucher 36 – Nogent-sur-Seine 15 – Romilly-sur-Seine 21 –
Sézanne 22.

※※ **Le Flaubert** avec ch, pl. Église ℘ 03 25 21 38 26, Fax 03 25 21 59 88, 斎 – TV ☎ &. GB
fermé 9 au 22 fév. et lundi – **Repas** 85/160, enf. 40 – ☲ 28 – **12 ch** 180/200 – ½ P 170.

RENAULT Gar. Pautre, ℘ 03 25 21 30 52

Une réservation confirmée par écrit est toujours plus sûre.

VILLENAVE-D'ORNON 33 Gironde 71 ⑨ – rattaché à Bordeaux.

VILLENEUVE D'ASCQ 59 Nord 51 ⑯., 111 ㉓ – rattaché à Lille.

VILLENEUVE-DE-MARSAN 40190 Landes 82 ① ② G. Pyrénées Aquitaine – 2 107 h alt. 80.
Paris 701 – Mont-de-Marsan 19 – Aire-sur-l'Adour 22 – Auch 89 – Condom 64 –
Roquefort 17.

🏨 **Hélène Darroze** ⌂, ℘ 05 58 45 20 07, Fax 05 58 45 82 67, 斎, ⅃, ☞ – TV ☎ P –
☸ ▵ 25. AE ⓞ GB JCB
fermé 2 au 23 janv., dim. soir et lundi d'oct. à mai – **Repas** 290/420 et carte 300 à 410 •
57 Grand Rue ℘ 05 58 45 29 92 **Repas** 140 bc, enf. 65 – ☲ 80 – **14 ch** 480/780 –
½ P 680/880
Spéc. "Escaoutoun" landais lié au brebis basque, cèpes poêlés et cèpes rapés à cru (printemps-automne). Foie gras frais de canard rôti en croûte de pain de seigle. Baba imbibé
d'un vieil armagnac, fruits de saison rôtis. **Vins** Madiran, Pacherenc du Vic Bilh.

🏨 **Europe** ⌂, ℘ 05 58 45 20 08, Fax 05 58 45 34 14, 斎, ⅃, ☞ – TV ☎ ❤ P. AE ⓞ GB
JCB
Repas 120 (déj.), 170/360 – ☲ 75 – **9 ch** 380/480 – ½ P 400/620.

CITROEN Gar. Roumégnoux, ℘ 05 58 45 22 05

VILLENEUVE-DES-ESCALDES 66760 Pyr.-Or. 86 ⑯ – alt. 1350.
Paris 863 – Font-Romeu-Odeillo-Via 13 – Ax-les-Thermes 44 – Bourg-Madame 6 –
Perpignan 102 – Prades 56.

🏠 **Relais du Belloch,** ℘ 04 68 30 07 24, ≤, ☞ – TV ☎ P. GB
fermé 1er nov. au 20 déc. – **Repas** 70/135, enf. 45 – ☲ 30 – **24 ch** 200/270 – ½ P 220/235.

VILLENEUVE-EN-MONTAGNE *71390 S.-et-L.* **69** ⑧ – *134 h alt. 456.*

Paris 359 – Chalon-sur-Saône 24 – Autun 48 – Beaune 41 – Le Creusot 20 – Mâcon 76.

✗ **Quatre Vents** avec ch, ℰ 03 85 96 99 66, Fax 03 85 90 90 44, 🌤 – 📺, ☞
fermé 3 janv. au 3 fév., lundi soir et mardi – **Repas** 75 bc (déj.), 100/165 ⅄ – ☞ 40 – **8 ch**
150/250 – ½ P 190/235.

VILLENEUVE-LA-GARENNE *92 Hauts-de-Seine* **55** ⑳., **101** ⑮ – *voir à Paris, Environs.*

VILLENEUVE-LA-SALLE *05 H.-Alpes* **77** ⑧ ⑱ – *voir à Serre-Chevalier.*

VILLENEUVE-LE-COMTE *77174 S.-et-M.* **61** ②, **106** ㉒ – *1 297 h alt. 126.*

Paris 40 – Lagny-sur-Marne 13 – Meaux 20 – Melun 37.

🍴🍴🍴 **Bonne Marmite**, 15 r. Gén. de Gaulle ℰ 01 60 43 00 10, Fax 01 60 43 11 01, 🌤, 🌿 – 🅿.
🆎 ⓞ ☞
fermé 5 au 22 août, vacances de fév., mardi et merc. – **Repas** 160/340 et carte 250 à 390,
enf. 85.

Ask your bookseller for the catalogue of **Michelin publications.**

VILLENEUVE-LÈS-AVIGNON *30400 Gard* **81** ⑪ ⑫ *G. Provence* **(plan)** – *10 730 h alt. 23.*

Voir *Fort St-André★ : ≼★★ AV – Tour Philippe-le-Bel ≼★★ AV – Vierge en ivoire★★ et
couronnement de la Vierge★★ au musée municipal AV M – Chartreuse du Val-de-Bénédic-
tion★ AV.*

🄱 *Office de Tourisme 1 pl. Ch.-David ℰ 04 90 25 61 33, Fax 04 90 25 91 55 et en saison :
58 r. de la République ℰ 04 90 25 37 02.*
Paris 681 ② – Avignon 5 ⑤ – Nîmes 46 ⑥ – Orange 22 ⑦ – Pont-St-Esprit 42 ⑥.

Plan : voir à Avignon.

🏰 **Le Prieuré** ॐ, 7 pl. Chapître ℰ 04 90 25 18 20, Fax 04 90 25 45 39, parc, « Jardins et
❀ terrasse ombragés », ⛲, ❈ – 📶 🍴 📺 ☎ 🅿 – 🛗 30. 🆎 ⓞ ☞, ❈ rest   AV t
21 mars-2 nov. – **Repas** *(fermé merc. du 21 mars au 23 avril)* 200/460 et carte 320 à 550,
enf. 130 – ☞ 80 – **26 ch** 550/1250, 10 appart
Spéc. Ecrasée d'artichauts violets et grosses langoustines au jus de presse. Saint-Pierre
clouté de laurier, rôti à l'arête. Chariot de pâtisseries, sorbets et glaces. **Vins** Laudun,
Cairanne.

🏰 **La Magnaneraie** Ⓜ ॐ, 37 r. Camp de Bataille ℰ 04 90 25 11 11, Fax 04 90 25 46 37,
🌤, « Beaux aménagements dans une ancienne demeure du 15ᵉ siècle », ⛲, 🌿, ❈ – 📶
📺 ☎ ☞ 🅿 – 🛗 25. 🆎 ⓞ ☞ ᴶᶜᴮ   AV b
Repas 170/450, enf. 100 – ☞ 70 – **27 ch** 600/1800 – ½ P 680/850.

🏠 **Atelier** sans rest, 5 r. Foire ℰ 04 90 25 01 84, Fax 04 90 25 80 06, « Maison du 16ᵉ siècle,
patio » – 📺 ☎ ☞, 🆎 ⓞ ☞ ᴶᶜᴮ   AV e
fermé début nov. à début déc. – ☞ 40 – **19 ch** 270/460.

🍴🍴 **Aubertin**, 1 r. de l'Hôpital ℰ 04 90 25 94 84 – 🍴. 🆎 ☞ ᴶᶜᴮ   AV n
fermé dim. soir et lundi sauf juil.-août – **Repas** 160/240.

✗ **Le St-André**, 4 bis Montée du Fort ℰ 04 90 25 63 23, Fax 04 90 25 68 90 – ☞ AV u
🐟 *fermé le midi en juil., mardi midi et lundi –* **Repas** 120/150.

VILLENEUVE-LOUBET *06270 Alpes-Mar.* **84** ⑨, **115** ㉖ *G. Côte d'Azur* – *11 539 h alt. 10.*

Voir *Musée de l'Art culinaire★ (fondation Auguste Escoffier)* Y M2.

🄱 *Office de Tourisme, r. de l'Hôtel de ville ℰ 04 93 20 20 09, Fax 04 93 20 16 49 et rte du
bord de mer ℰ 04 93 20 49 14, Fax 04 93 20 40 23.*
*Paris 916 ⑤ – Nice 16 ③ – Antibes 10 ④ – Cagnes-sur-Mer 4 ③ – Cannes 20 ⑤ – Grasse
23 ⑥ – Vence 13 ①.*

Plans : voir à Cagnes-sur-Mer-Villeneuve-Loubet-.

🏠 **Hamotel** ॐ sans rest, Hameau du Soleil, rte La Colle-sur-Loup ℰ 04 93 20 86 60,
Fax 04 93 73 33 94 – 📶 📺 ☎ 📞 ☞ 🅿. 🆎 ⓞ ☞ ᴶᶜᴮ
☞ 40 – **30 ch** 350/410.

🏠 **La Franc Comtoise** ॐ, Grange Rimade, rte La Colle-sur-Loup ℰ 04 93 20 97 58,
Fax 04 92 02 74 76, ⛲, 🌿 – 📶 📺 ☎ 🅿. ☞, ❈ ch
fermé 20 oct. au 1ᵉʳ déc. – **Repas** *(fermé dim. soir et lundi d'oct. à juin)* 120/150 – ☞ 20 –
30 ch 330/395 – ½ P 315.

à Villeneuve-Loubet-Plage :

🏨 **Le Galoubet** Ⓜ ⬥ sans rest, 174 av. Castel ℰ 04 92 13 59 00, Fax 04 92 13 59 29, ⌿, ⌿
– 🆅 ☎ & 🅿 – 🔺 35. 🆎 🆖 ⬥
⌑ 40 – **22 ch** 400/450.

🏨 **Bahia** sans rest, rte bord de mer (N 98) ℰ 04 93 20 21 21, Fax 04 93 20 96 96, ⌿, ⬥, ⌿
– 🛗 🗐 🆅 ☎ ⬥ 🅿 🆎 ⓪ 🆖
⌑ 25 – **50 ch** 530/820.

🏨 **Syracuse** sans rest, av. Batterie ℰ 04 93 20 45 09, Fax 04 93 20 29 30, ⩽ – 🛗 cuisinette 🆅
☎ & 🅿 🆖
fermé 15 déc. au 15 janv. – ⌑ 35 – **39 ch** 320/650.

MERCEDES Succursale, av. Baumettes N 7 ℰ 04 93 73 06 11 🅽 ℰ 08 00 24 24 30

La guida cambia, cambiate la guida ogni anno.

VILLENEUVE-SUR-LOT ◈ 47300 L.-et-G. **79** ⑤ *G. Pyrénées Aquitaine* – 22 782 h alt. 51.
ⅅ₈ de Castelnaud ℰ 05 53 01 60 19, par ① N 21 : 12,5 km.
🖪 Office de Tourisme 1 bd République ℰ 05 53 36 17 30.
Paris 600 ① – Agen 31 ⑤ – Bergerac 61 ① – Bordeaux 144 ⑥ – Brive-la-Gaillarde 144 ③ –
Cahors 74 ③ – Libourne 121 ⑥ – Mont-de-Marsan 123 ⑥ – Pau 189 ⑥.

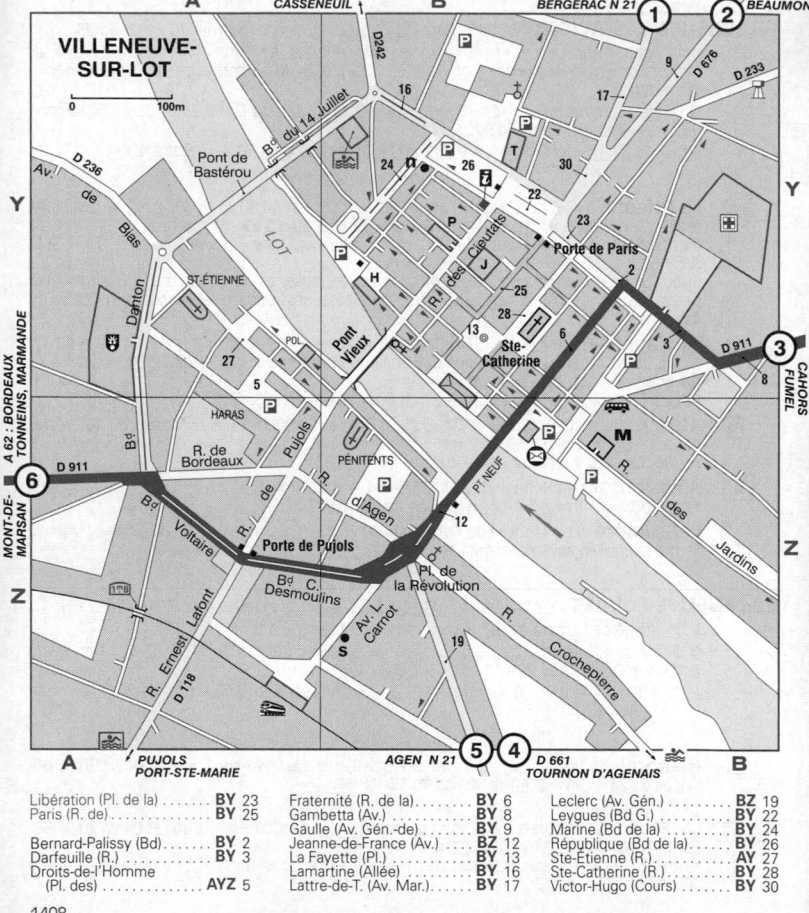

🏠 **La Résidence** sans rest, 17 av. L. Carnot ℘ 05 53 40 17 03, Fax 05 53 01 57 34 – 📺 ☎
🛏, GB   BZ s
🖵 28 – **17 ch** 125/285.

🏠 **Les Platanes** sans rest, 40 bd Marine ℘ 05 53 40 11 40, Fax 05 53 70 71 95 – 📺 ☎. GB
fermé 20 déc. au 6 janv. – 🖵 27 – **21 ch** 110/250.   BY n

XXX **Host. du Rooy,** chemin de Labourdette par ④ ℘ 05 53 70 48 48, Fax 05 53 49 17 74,
🏡, parc – 🅿. AE GB
fermé 22 juin au 7 juil., 5 au 11 janv., dim. soir et lundi – **Repas** 135/250 et carte 200 à 320,
enf. 80.

à Pujols *Sud-Ouest : 4 km par D 118 et C 207 -* **AZ** *– 3 608 h. alt. 180 –* ⊠ *47300* .
   Voir ⩽★.

🏨 **des Chênes** ⌂ sans rest, ℘ 05 53 49 04 55, Fax 05 53 49 22 74, ⩽, ⌓ – 📺 ☎ ✆ 🅿. AE
① GB
fermé 29 déc. au 4 janv. et dim. en janv. – 🖵 45 – **20 ch** 230/390.

XXX **La Toque Blanche** (Lebrun), ℘ 05 53 49 00 30, Fax 05 53 70 49 79, ⩽, 🏡 – ▤ 🅿. AE ①
⍟ GB
fermé 16 au 30 juin, 24 nov. au 8 déc., dim. soir et lundi de sept. à juil. et lundi midi en août
– **Repas** 145/450 et carte 300 à 500, enf. 80
Spéc. Escalope de foie de canard aux poires caramélisées. Pigeon en cocotte aux choux.
Pied de cochon rôti farci à l'ancienne. **Vins** Buzet, Côtes de Duras.

XX **Aub. Lou Calel,** ℘ 05 53 70 46 14, Fax 05 53 70 49 79, ⩽ Villeneuve, 🏡 – GB
🍴 *fermé 3 au 11/6, 14 au 29/10, 3 au 16/1, mardi soir et merc. de sept. à juil., merc. midi et
mardi en août* – **Repas** 85/200, enf. 70.

XX **Le Figuier,** ℘ 05 53 36 72 12, 🏡, cadre provençal – GB
*fermé vacances de Toussaint, 1er au 16 janv., vacances de fév., dim. soir et lundi sauf
juil.-août* – **Repas** carte environ 130 🍷, enf. 45.

à St-Sylvestre-sur-Lot *par* ③ *: 9 km sur D 911 – 2 040 h. alt. 65 –* ⊠ *47140* :

🏰 **Château Lalande** Ⓜ ⌂, ℘ 05 53 36 15 15, Fax 05 53 36 15 16, 🏡, « Château des 13e
et 18e siècles dans un parc », 🛁, ⌓, ⚒ – ⬦ ▤ rest 📺 ☎ 🅿. 🚗 40. AE ① GB
Repas 160 (déj.), 200/360 – 🖵 75 – **22 ch** 850/1200 – ½ P 690/865.

à Penne-d'Agenais *par* ④ *: 11 km – 2 394 h. alt. 207 –* ⊠ *47140* .
   Voir *Table d'orientation* ⩽★.

🏠 **Le Compostelle** Ⓜ ⌂, ℘ 05 53 41 12 41, Fax 05 53 41 00 20, 🏡 – 📺 ☎ & 🅿 – 🚗 30.
🛏 GB
fermé 5 au 20 janv. – **Repas** *(fermé vend. soir, sam. midi et dim. soir d'oct. à avril)* 65/158 🍷
– 🖵 28 – **26 ch** 245/300 – ½ P 210.

rte d'Agen *par* ⑤ *: 3 km –* ⊠ *47300 Villeneuve-sur-Lot :*

🏠 **Campanile,** ℘ 05 53 40 27 47, Fax 05 53 40 27 50, 🏡 – ⋉ ▤ rest 📺 ☎ ✆ & 🅿 –
🛏 🚗 25. AE ① GB
Repas 84 bc/107 bc, enf. 39 – 🖵 32 – **46 ch** 278.

CITROEN S.A.L.G., 28 av. J.-Bordeneuve par ⑥   ⓦ Euromaster, rte de Fumel, ZAC de Parasol
℘ 05 53 01 58 01   ℘ 05 53 70 12 57
PEUGEOT Gar. de Bordeaux, rte de Bordeaux à Bias   Sabatié Pneus, 13 av. J.-Bordeneuve
par ⑥ ℘ 05 53 40 56 05 🅽 ℘ 05 53 01 90 55   ℘ 05 53 70 65 75
RENAULT Villeneuve-Auto, av. de Bordeaux à Bias   Villeneuve Pneus, rte de Bordeaux à Bias
par ⑥ ℘ 05 53 40 55 54 🅽 ℘ 05 53 40 55 54   ℘ 05 53 40 28 55

VILLENEUVE-SUR-YONNE 89500 Yonne 🖲🛈 ⑭ *G. Bourgogne* **(plan)** *– 5 054 h alt. 74.*
   Paris 132 – Auxerre 45 – Joigny 18 – Montargis 45 – Nemours 57 – Sens 14 – Troyes 78.

XX **La Lucarne aux Chouettes** ⌂ avec ch, quai Bretoche ℘ 03 86 87 18 26,
Fax 03 86 87 22 63, ⩽, 🏡, « Maisons du 17e siècle aménagées avec élégance » – 📺 ☎. AE
GB
fermé dim. soir et lundi sauf juil.-août – **Repas** 98/168, enf. 60 – 🖵 50 – **4 ch** 490/830.

PEUGEOT Gar. Lesellier, 23 fg St-Nicolas ℘ 03 86 87 04 24

VILLENY 41220 L.-et-Ch. 🖲🛈 ⑧ *– 324 h alt. 132.*
   Paris 163 – Orléans 38 – Blois 37 – Romorantin-Lanthenay 32.

🏨 **Les Chênes Rouges** ⌂, Sud-Ouest : 2,5 km par D 113 et D 18 ℘ 02 54 98 23 94,
Fax 02 54 98 23 99, 🏡, « Dans la forêt, en bordure d'étang », ⌓ – 📺 ☎ & 🅿. AE GB
fermé 1er fév. au 10 mars, dim. soir et lundi de sept. à mai sauf fériés – **Repas** (dîner seul.
sauf dim. et fériés) 170/190 – 🖵 75 – **10 ch** 650/800 – ½ P 545/645.

VILLEPARISIS 77 S.-et-M. 🔲 ⑫., 🔲 ⑲ – voir à Paris, Environs.

VILLEPINTE 93 Seine-St-Denis 🔲 ⑪., 🔲 ⑧ – voir à Paris, Environs.

VILLEQUIER 76490 S.-Mar. 🔲 ⑤ G. Normandie Vallée de la Seine – 822 h alt. 6.

Voir Site★ – Musée Victor-Hugo★.

Paris 167 – Le Havre 51 – Rouen 40 – Bourg-Achard 29 – Lillebonne 13 – Yvetot 18.

❌ **Grand Sapin** avec ch, 𝒫 02 35 56 78 73, Fax 02 35 95 69 27, ≤, 🍽, « Terrasse au bord de la Seine », 🌳 – 📺 ☎ 🅿, 😁
fermé 15 nov. au 1er déc., 10 fév. au 10 mars, mardi soir et merc. sauf juil.-août – **Repas** 65/190 ⅄ – ⬜ 25 – **5 ch** 250/290.

VILLERAY 61 Orne 🔲 ⑲ – rattaché à Nogent-le-Rotrou.

VILLEREST 42 Loire 🔲 ⑦ – rattaché à Roanne.

VILLEROY 89 Yonne 🔲 ⑬ – rattaché à Sens.

VILLERS-BOCAGE 14310 Calvados 🔲 ⑮ G. Normandie Cotentin – 2 845 h alt. 140.

🅱 Office de Tourisme pl. Gén.-de-Gaulle 𝒫 02 31 77 16 14.

Paris 262 – Caen 28 – Argentan 73 – Avranches 77 – Bayeux 26 – Flers 44 – St-Lô 37 – Vire 35.

❌❌❌ **Trois Rois** avec ch, 𝒫 02 31 77 00 32, Fax 02 31 77 93 25, 🌳 – 📺 ☎ 🅿, 🆑 ⓪ 😁
fermé 23 au 30 juin, janv., dim. soir et lundi sauf fériés – **Repas** 125/300 et carte 210 à 320 – ⬜ 45 – **14 ch** 200/400.

CITROEN Gar. Breville, 𝒫 02 31 77 17 98

VILLERS-COTTERÊTS 02600 Aisne 🔲 ③ G. Flandres Artois Picardie – 8 867 h alt. 126.

Voir Forêt de Retz★ E par D 973.

Env. La Ferté-Milon : château★ (bas-reliefs★), vitraux★ de l'église St-Nicolas, musée Jean-Racine, S : 9,5 km – Abbaye de Lieu-Restauré : rose★ de l'église, O : 9 km.

🅱 Office de Tourisme 2 pl. A.-Briand 𝒫 03 23 96 30 03, Fax 03 23 96 24 85.

Paris 80 – Compiègne 33 – Laon 61 – Meaux 42 – Senlis 40 – Soissons 22.

🏨 **Régent** sans rest, 26 r. Gén. Mangin 𝒫 03 23 96 01 46, Fax 03 23 96 37 57, « Ancien relais de poste du 18e siècle » – 📺 ☎ 🅿, 🆑 ⓪ 😁
fermé dim. soir de nov. à mars sauf fêtes – ⬜ 30 – **17 ch** 215/375.

❌ **L'Orthographe**, 63 r. Gén. Leclerc 𝒫 03 23 96 30 84, Fax 03 23 96 82 71 – 🅿, 🆑 ⓪ 😁
🇯🇨🇧
fermé 14 au 31 juil., dim. soir et merc. – **Repas** 89 (déj.), 120/180.

❌ **Commerce**, 17 r. Gén. Mangin 𝒫 03 23 96 19 97, Fax 03 23 96 43 72, 🍽 – 😁
fermé 14 au 28 août, 22 janv. au 13 fév., dim. soir et lundi – **Repas** (dim. prévenir) 80/135.

à Coeuvres-et-Valsery Nord : 12,5 km par D 81 et D 811 – 449 h. alt. 37 – ✉ 02600 Villers-Cotterets :

❌ **Aub. de la Couronne**, 𝒫 03 23 55 83 83, « Cadre rustique » – 🆑 😁
fermé juil., 5 au 11 janv., dim. soir et lundi sauf fériés – **Repas** 135 (sauf week-ends) et carte 190 à 280.

CITROEN Gar. des Sablons, 52 av. de la Ferté Milon
𝒫 03 23 96 04 96
PEUGEOT Gar. Féry, 75 r. Gén.-Leclerc
𝒫 03 23 96 19 64 🄽 𝒫 03 23 96 19 64
VAG Villers Autom., av. Ferté-Milon
𝒫 03 23 96 56 60

📳 Euromaster, 6 r. V.-Hugo 𝒫 03 23 96 13 64
Hurand Pneu-Vulco, av. de la Ferté-Milon
𝒫 03 23 96 13 84

VILLERSEXEL *70110 H.-Saône* 66 ⑥ ⑦ *G. Jura – 1 460 h alt. 287.*

Paris 387 – Besançon 66 – Belfort 42 – Lure 18 – Montbéliard 35 – Vesoul 28.

🏠 **Terrasse**, rte Lure 𝒫 03 84 20 52 11, Fax 03 84 20 56 90, 佘, 禾 – 🆃🆅 ☎ ℃ 🄿 GB
⊖ *fermé 15 déc. au 2 janv., vend. soir et dim. soir hors sais.* – **Repas** 65/260 🦴, enf. 44 – ⊈ 30
– **15 ch** 200/290 – ½ P 210/250.

🏠 **Commerce**, 𝒫 03 84 20 50 50, Fax 03 84 20 59 57, 佘 – 🆃🆅 ☎ 🄿, GB
⊖ *fermé 5 au 19 oct. et 1er au 12 janv.* – **Repas** *(fermé dim. soir)* 60/260 🦴, enf. 42 – ⊈ 35 –
17 ch 170/230 – ½ P 185/220.

VILLERS-LE-LAC *25130 Doubs* 70 ⑦ *G. Jura – 4 203 h alt. 730.*

Voir Saut du Doubs★★★ NE : 5 km – Lac de Chaillexon★ NE : 2 km.

🛈 *Office de Tourisme r. Berçot 𝒫 03 81 68 00 98.*

Paris 473 – Besançon 69 – Basel 120 – La Chaux-de-Fonds 17 – Morteau 6 – Pontarlier 37.

🏠🏠 **France** (Droz), 8 pl. Cupillard 𝒫 03 81 68 00 06, Fax 03 81 68 09 22 – 🆃🆅 ☎ ⇦ – ♨ 30.
❀ 🄰🄴 ⓞ GB
fermé 20 déc. au 1er fév. – **Repas** *(fermé dim. soir et lundi)* 160/380 et carte 280 à 390 🦴 –
⊈ 50 – **14 ch** 300/320 – ½ P 330/340
Spéc. Sandre à la réglisse, pousse pierre et pétales de tomates. Homard à la noisette. Gratin
à la banane et au vieux rhum. **Vins** Arbois blanc et rouge.

PEUGEOT Gar. Franco Suisse, Les Terres Rouges 𝒫 03 81 68 03 47 Ⓝ 𝒫 03 81 68 03 47

VILLERS-LES-POTS *21 Côte-d'Or* 66 ⑬ *– rattaché à Auxonne.*

VILLEURBANNE *69 Rhône* 74 ⑪ ⑫,, 110 ⑭ *– rattaché à Lyon.*

VILLIÉ-MORGON *69910 Rhône* 74 ① *– 1 522 h alt. 262.*

Voir La Terrasse ⋇★★ près du col du Fût d'Avenas NO : 7 km, G Vallée du Rhône.

Paris 413 – Mâcon 22 – Lyon 57 – Villefranche-sur-Saône 23.

🏠🏠 **Le Villon** Ⓜ, 𝒫 04 74 69 16 16, Fax 04 74 69 16 81, 佘, 🌊, 禾, ⋇ – 🆃🆅 ☎ 🄿 – ♨ 60. GB
fermé 15 déc. au 25 janv., dim. soir et lundi d'oct. à avril – **Repas** 110/235 – ⊈ 38 – **45 ch**
270/330.

⌂ **Parc** sans rest, 𝒫 04 74 04 22 54 – ☎
fermé merc. – ⊈ 27 – **9 ch** 140/180.

PEUGEOT Gar. Granger, 𝒫 04 74 04 23 24 Ⓝ 𝒫 04 74 04 23 24

VILLIERS-LE-BÂCLE *91 Essonne* 60 ⑩,, 101 ㉓ *– voir à Paris, Environs.*

VIMOUTIERS *61120 Orne* 55 ⑬ *G. Normandie Vallée de la Seine – 4 723 h alt. 95.*

🛈 *Office de Tourisme 10 av. Gén.-de-Gaulle 𝒫 02 33 39 30 29.*

*Paris 193 – Caen 59 – L'Aigle 46 – Alençon 67 – Argentan 31 – Bernay 39 – Falaise 36 –
Lisieux 28.*

🏠🏠 **H. Escale du Vitou** ⌂, centre de loisirs, rte Argentan : 2 km par D 916
𝒫 02 33 39 12 04, Fax 02 33 36 13 34, ≤, 佘, parc, ⋇ – 🆃🆅 ☎ 🄿 – ♨ 25 à 80. GB
Le Vitou 𝒫 02 33 39 12 37 *(fermé janv., dim. soir et lundi sauf juil.-août)* **Repas** 78/200 –
⊈ 40 – **17 ch** 180/250 – ½ P 190/210.

CITROEN Gar. Goubin, 8 av. Foch 𝒫 02 33 39 01 95   **Gar. Noël-Gérard**, 15 av. Dr.-Dentu
Gar. Letourneur, 17 r. d'Argentan   𝒫 02 33 39 00 27
𝒫 02 33 39 03 65

VINAY *51 Marne* 56 ⑯ *– rattaché à Épernay.*

VINCELOTTES *89 Yonne* 65 ⑤ *– rattaché à Auxerre.*

VINCENNES *94 Val-de-Marne* 56 ⑪,, 101 ⑰ *– voir à Paris, Environs.*

VINCEY *88 Vosges* 62 ⑮ *– rattaché à Charmes.*

VINEUIL *41 L.-et-Ch.* 64 ⑦ *– rattaché à Blois.*

VINZIER 74500 H.-Savoie 🎯 ⑰ – 620 h alt. 920.

Paris 583 – Thonon-les-Bains 14 – Abondance 16 – Évian-les-Bains 15 – Genève 48 – Montreux 45.

XX **Relais de Savoie "Pré aux Merles"**, ℰ 04 50 73 61 05, 😷, 🍴 – ℙ, ☺

fermé 14 sept. au 3 oct., janv. et lundi (sauf fév. et juil.-août) – **Repas** 100 (déj.), 160/185.

PEUGEOT Gar. Girard, ℰ 04 50 73 61 16

VIOLÈS 84150 Vaucluse 🎯 ② – 1 360 h alt. 94.

Paris 662 – Avignon 33 – Carpentras 19 – Nyons 33 – Orange 13 – Vaison-la-Romaine 17.

XX **Mas de Bouvau** avec ch, rte Cairanne : 2 km ℰ 04 90 70 94 08, Fax 04 90 70 95 99, 😷, 🍴 – ℙ, ☺, ☒ ch

fermé 25 août au 4 sept., 20 au 30 déc., vacances de fév., dim. soir et lundi sauf juil.-août – **Repas** 135/270 ♨, enf. 70 – ☲ 48 – **5 ch** 330/380 – ½ P 320/360.

VIRE ⬙ 14500 Calvados 🎯 ⑨ G. Normandie Cotentin – 12 895 h alt. 275.

🐟 au lac de la Dathée ℰ 02 31 67 71 01, 8 km SO par D 150.

🅱 Office de Tourisme square de la Résistance ℰ 02 31 68 00 05, Fax 02 31 67 69 40.

Paris 297 ③ – St-Lô 40 ① – Caen 62 ① – Flers 31 ③ – Fougères 68 ④ – Laval 104 ④ – Rennes 117 ④.

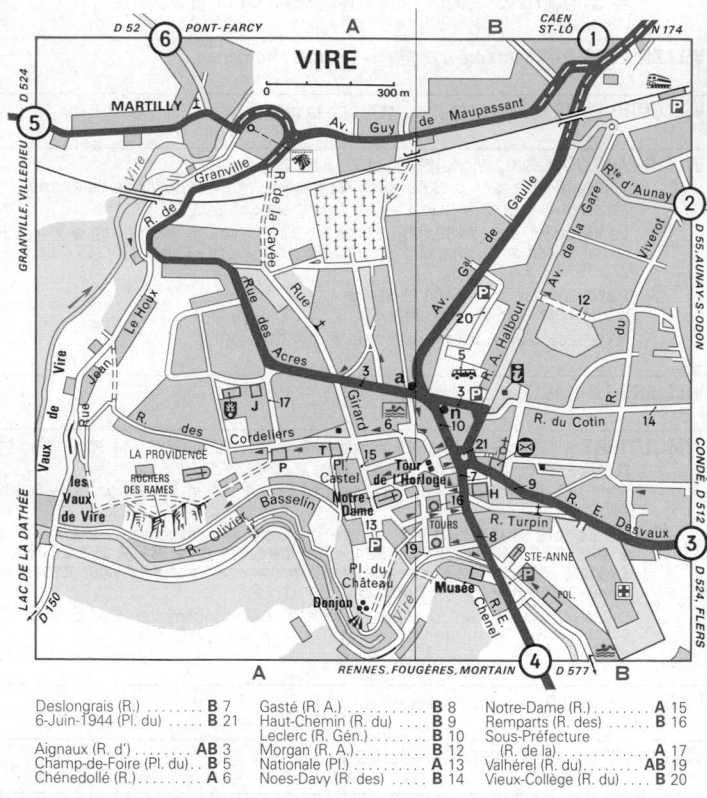

🏨 **France**, 4 r. Aignaux ℰ 02 31 68 00 35, Fax 02 31 68 22 65 – 🛗 📺 ☎ ✆ 🚗, ☒ ⓞ ☺

fermé 22 déc. au 10 janv. – **Repas** 58/220 ♨, enf. 48 – ☲ 32 – **20 ch** 175/350 – ½ P 240/260.
A a

🏨 **St-Pierre** Ⓜ sans rest, 20 r. Gén. Leclerc ℰ 02 31 68 05 82, Fax 02 31 68 22 65 – 🛗 📺 ☎ ✆ – 🅰 50. ☒ ⓞ ☺

fermé 22 déc. au 2 janv. – ☲ 32 – **29 ch** 170/300.
B n

1412

rte de Flers par ③ : 2,5 km sur D 524 – ⊠ 14500 Vire :

🏯🏯🏯 **Manoir de la Pommeraie,** ℰ 02 31 68 07 71, Fax 02 31 67 54 21, « Jardin » – 🅿. 🕮
⓪ ☖☗
fermé dim. soir et lundi – **Repas** 105 (déj.), 140/300.

à St-Germain-de-Tallevende par ④ : 5 km – 1 584 h. alt. 201 – ⊠ 14500 :

🍴 **Aub. St-Germain,** pl. Église ℰ 02 31 68 24 13 – ⓪ ☖☗
☗ *fermé vacances de fév., dim. soir et lundi* – **Repas** 70/210, enf. 42.

ALFA ROMEO, FIAT, LANCIA B.M.J. Onésime II, r. de
l'Eglise de Neuville ℰ 02 31 68 09 98
CITROEN Gar. Prunier, 29 rte de Caen par ①
ℰ 02 31 68 33 87
FORD Car. Gosselin, rte de Caen ℰ 02 31 68 01 59
PEUGEOT Gar. Gournay, 19 rte de Granville
ℰ 02 31 68 11 86 🅽 ℰ 02 31 50 64 84

RENAULT S.N.A.V., rte de Caen par ①
ℰ 02 31 66 17 38 🅽 ℰ 02 31 25 93 44
VAG Gar. Lemauviel, rte de Caen
ℰ 02 31 68 00 78

◉ Clabeaut Pneus, rte d'Aunay
ℰ 02 31 68 56 57
Colin Pneus, 77 rte d'Aulnay ℰ 02 31 68 38 65

VIROFLAY 78 Yvelines⑥⓪ ⑩ ,, ⦿⓪⑥ ⑯,, ⦿⓪⓵ ㉔ – *voir à Paris, Environs.*

VIRONVAY 27 Eure⑤⑤ ⑰ – *rattaché à Louviers.*

VIRY 74 H.-Savoie⑦④ ⑥ – *rattaché à St-Julien-en-Genevois.*

VIRY-CHATILLON 91 Essonne⑥⓵ ①,, ⦿⓪⓵ ㊱ – *voir à Paris, Environs.*

VITERBE 81 Tarn⑧② ⑩ – *rattaché à St-Paul-Cap-de-Joux.*

During the season, particularly in resorts, it is wise to book in advance.

VITRAC 24200 Dordogne⑦⑤ ⑰ – 743 h alt. 150.

Voir *Site★ du château de Montfort NE : 2 km* – *Cingle de Montfort★ NE : 3,5 km*,
G. Périgord Quercy.
Paris 526 – Brive-la-Gaillarde 60 – Sarlat-la-Canéda 8 – Cahors 55 – Gourdon 23 – Lalinde 50 –
Périgueux 74.

🏛 **Domaine de Rochebois** Ⓜ 🌿, Est: 2 km par D 703 ℰ 05 53 31 52 52,
☗ Fax 05 53 29 36 88, ≤, 🏛, « Parc, piscine et golf » – 🛗 🖵 📺 ☎ ⌕ ♿.🅿. – 🏊 100. 🕮 ⓪
☖☗ ✻ rest
mi-avril-fin oct. – **Repas** 190/395 – ⊇ 70 – **36 ch** 891/1500, 4 duplex – ½ P 680/1000.

🏛 **Plaisance,** au port ℰ 05 53 28 33 04, Fax 05 53 28 19 24, 🏛, 🏊, 🛥, ✻ – 🛗 📺 ☎ ⌕ ♿.
☗ 🕮 ☖☗
fermé 15 nov. au 6 fév. – **Repas** *(fermé vend. sauf de Pâques au 15 oct.)* 75/230, enf. 50 –
⊇ 38 – **42 ch** 210/350 – ½ P 270/310.

🍴🍴 **La Treille** avec ch, ℰ 05 53 28 33 19, Fax 05 53 30 38 54, 🏛 – 📺 ☎. 🕮 ☖☗
fermé janv., lundi soir et mardi d'oct. à avril – **Repas** 120/315 – ⊇ 38 – **8 ch** 165/240 –
½ P 275.

au Nord-Ouest : 3 km par rte La Roque-Gageac et rte secondaire – ⊠ 24200 Vitrac :

🍴🍴 **La Sanglière,** ℰ 05 53 28 33 51, Fax 05 53 28 52 31, 🏊, ✻ – 🖵 🅿. ☖☗
🍴 *25 mars-1er oct. et fermé dim. soir et lundi sauf juil.-août* – Repas 90/290, enf. 45.

VITRAC 15220 Cantal⑦⑥ ⑪ – 294 h alt. 490.

Paris 568 – Aurillac 25 – Figeac 43 – Rodez 79.

🏠 **Aub. de la Tomette** 🌿, ℰ 04 71 64 70 94, Fax 04 71 64 77 11, 🏛, 🏊, ✻ – 📺 ☎. 🕮
☗ ☖☗ ✻ rest
1er avril-15 déc. – **Repas** 68/185 🍷, enf. 48 – ⊇ 40 – **19 ch** 230/300 – ½ P 258/305.

VITRÉ 35500 I.-et-V.⑤⑨ ⑱ G. Bretagne – 14 486 h alt. 106.

Voir ≤★★ *des D178* B *et D857* A – *Château★★ : tour de Montalifant* ≤★ A – *La Ville★ : rue
Beaudrairie★★* A 5, *remparts★* B, *église Notre-Dame★* B – *Tertres noirs* ≤★★ *par* ④ – *Jardin
public★ par* ③.
Env. *Champeaux : place★, stalles★ et vitraux★ de l'église 9 km par* ④.
🏌 *des Rochers-Sévigné* ℰ 02 99 96 52 52, S : 6 km par ②.
🅱 *Office de Tourisme promenade St-Yves* ℰ 02 99 75 04 46, Fax 02 99 74 02 01.
Paris 310 ① – Châteaubriant 52 ③ – Fougères 30 ⑤ – Laval 39 ① – Rennes 38 ④.

Minotel sans rest, 47 r. Poterie ℰ 02 99 75 11 11, Fax 02 99 75 81 26 – 📺 ☎. 🆎 ☷
⌖ 32 – **16 ch** 225/320.
AB b

Chêne Vert, pl. Gén. de Gaulle ℰ 02 99 75 00 58 – 📺 ☎ 🚗. ☷
B a
fermé 22 sept. au 22 oct., vend. soir hors sais. et sam. – **Repas** 80/170 – ⌖ 36 – **22 ch**
140/300.

Taverne de l'Écu, 12 r. Baudrairie ℰ 02 99 75 11 09, Fax 02 99 75 82 97, « Vieille maison
du 16ᵉ siècle » – 🆎 ☷
A e
fermé dim. soir – **Repas** 77/158 ⅃.

Le Pichet, 17 bd Laval par ① ℰ 02 99 75 24 09, Fax 02 99 75 81 50, 🏠, 🌳 – 🆎 ☷
fermé dim. soir et lundi – **Repas** 120 bc/210 ⅃, enf. 50.

Petit Billot, 5 r. Gén. Leclerc ℰ 02 99 74 68 88, Fax 02 99 74 75 21 – ☷
B t
fermé 22 déc. au 1ᵉʳ janv., dim. soir en sais. et sam. hors sais. – **Repas** 85/180.

CITROEN Gar. Pinel, rte de Laval par ①
ℰ 02 99 75 06 52
PEUGEOT Gar. Gendry, av. d'Helmstedt par ②
ℰ 02 99 75 00 57
RENAULT Gar. Martin, 18 r. de Fougères
ℰ 02 99 75 01 74

RENAULT Gar. Guilmault, rte de Laval par ①
ℰ 02 99 75 00 53 🅽 ℰ 02 99 74 91 55

Ⓜ Euromaster, av. d'Helmstedt
ℰ 02 99 75 17 75

The Guide changes, so renew your Guide every year.

VITRY-LE-FRANÇOIS ◁▷ 51300 Marne 🔢 ⑧ G. Champagne – 17 033 h alt. 105.
🅱 Office de Tourisme pl. Giraud ℰ 03 26 74 45 30, Fax 03 26 72 12 76.
Paris 178 ⑤ – Bar-le-Duc 48 ② – Châlons-en-Champagne 32 ① – Troyes 78 ⑤ –
Verdun 94 ②.

Plan page ci-contre

Poste, pl. Royer-Collard ℰ 03 26 74 02 65, Fax 03 26 74 54 71, ⌃ᵩ – 📶 📺 ☎ – 🔺 60. 🆎
🅾 ☷ 🇯🇨🇧
BZ a
Repas (fermé 20 déc. au 4 janv. et dim.) 108/240, enf. 60 – ⌖ 55 – **31 ch** 290/480.

La Cloche, 34 r. A. Briand ℰ 03 26 74 03 84, Fax 03 26 74 15 52, 🏠 – 📺 ☎ 🚗. 🆎 🅾
☷
AZ s
fermé 2 au 20 janv. et dim. soir de janv. à avril – **Repas** 110/280 ⅃, enf. 67 – ⌖ 37 – **24 ch**
190/360.

Gourmet des Halles, 11 r. Soeurs ℰ 03 26 74 48 88, Fax 03 26 72 54 28 – ▤. ☷
fermé mardi soir – **Repas** 63/148 ⅃, enf. 42.
AY e

VITRY-LE-FRANÇOIS

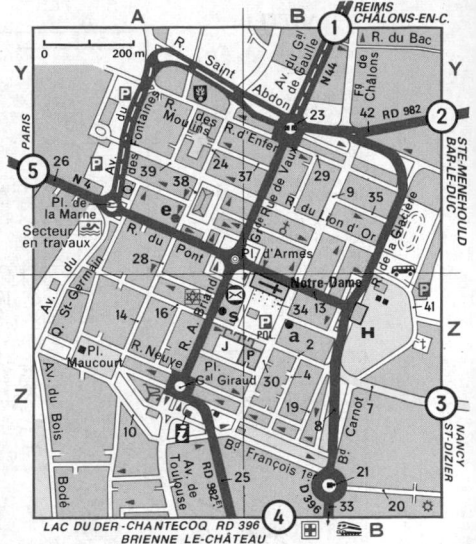

Armes (Pl. d') . . . . **ABY**
Briand (R. Aristide) . . . . . . **AZ**
Gde-Rue-de-Vaux . . . . . . **BY**
Leclerc (Pl. Mar.) . . . . . . **BY** 23
Pont (R. du) . . . . **AY**

Arquebuse (R. de l') . . . . . **BZ** 2
Beaux-Anges (R. des) . . . **BZ** 4
Bourgeois (Fg Léon) . . . . **BZ** 7
Carnot (Av.) . . . . **BZ** 8
Chêne-Vert (R. du) . . . . . **BY** 9
Dominé (Bd du Col.) . . . . **AZ** 10
Dominé-de-Verzet (R.) . . **AZ** 13
Guesde (R. Jules) . . . . . . **AZ** 14
Hauts-Pas (R. des) . . . . . **AZ** 16
Hôtel-de-Ville (R. de l') . . **BZ** 19
Jaurès (Av. Jean) . . . . . . **BZ** 20
Joffre (Pl. Mar.) . . . . **BZ** 21
Minimes (R. des) . . . . . . **AY** 24
Moll (Av. du Col.) . . . . . . **AZ** 25
Paris (Av. de) . . . . **AY** 26
Petit-Denier (R. du) . . . . . **AY** 28
Petite-Rue-de-Vaux . . . . **AY** 29
Petite-Sainte (R. de la) . . **BZ** 30
République (Av. de la) . . . **BZ** 33
Royer-Collard (Pl.) . . . . . . **BZ** 34
St-Éloi (Rue de) . . . . **BY** 35
St-Michel (Rue) . . . . **ABY** 37
Sœurs (R. des) . . . . **AY** 38
Tour (R. de la) . . . . **AY** 39
Vieux-Port (Rue du) . . . . **AY** 41
Vitry-le-Brûlé (Fg de) . . . **BY** 42

CITROEN Blacy Autom., N 4 à Blacy par ⑤
℘ 03 26 74 15 29
NISSAN Soubert Autom., 18 r. du Vieux Port
℘ 03 26 74 60 82
OPEL Gar. Labroche, 201 av. de Champagne à
Frignicourt ℘ 03 26 74 13 58
PEUGEOT Vitry-Champagne-Autom., 2 av. de Paris
par ⑤ ℘ 03 26 74 11 47 **N** ℘ 03 26 74 11 47
RENAULT Bourgin Autom., av. du Bois Legras
par ② ℘ 03 26 74 52 02 **N** ℘ 06 07 35 87 03

SEAT Gar. Baudin, 62 fg de Vitry-le-Brûlé
℘ 03 26 74 66 06

⑩ Euromaster, 138 av. Gén.-Leclerc à Frignicourt
℘ 03 26 72 27 33
Pneus Legros Sud Point S, 14 av. de Paris
℘ 03 26 74 04 14

VITTEAUX 21350 Côte-d'Or 𝟨𝟧 ⑱ G. Bourgogne – 1 064 h alt. 320.
Paris 259 – Dijon 47 – Auxerre 99 – Avallon 54 – Beaune 69 – Montbard 34 – Saulieu 34.

✗ **Vieille Auberge,** ℘ 03 80 49 60 88 – ﾃ ᴳᴮ
⊖ fermé 25 au 30 juin, 12 au 28 nov., vacances de fév., merc. sauf le midi du 14 juil. au 30 août
et mardi soir – **Repas** 80/170 ⅃, enf. 45.

VITTEL 88800 Vosges 𝟨𝟤 ⑭ G. Alsace Lorraine – 6 296 h alt. 347 – Stat. therm. (mi-fév./mi-déc.) –
Casino AY.
Voir Parc★ BY.
𝟿 ⸦ⁱⁱ𝟾 ⸦ⁱ𝟾 ℘ 03 29 08 18 80 BY.
🛈 Office de Tourisme av. Bouloumié ℘ 03 29 08 08 88, Fax 03 29 08 37 99.
Paris 342 ② – Épinal 42 ① – Belfort 123 ① – Chaumont 85 ② – Langres 73 ② – Nancy 71 ①.

Plan page suivante

🏨 **Angleterre,** r. Charmey ℘ 03 29 08 08 42, Fax 03 29 08 07 48, ﬞ, ﾃ – 🛗 📺 ☎ ✆ ♿ 🅿 –
🔏 100. ﾃ ⓞ ᴳᴮ. ✠ rest   AZ u
fermé 20 déc. au 5 janv. – **Repas** 120/200 – ⊡ 45 – **60 ch** 340/500 – ½ P 320/400.

🏨 **Bellevue,** 503 av. Châtillon ℘ 03 29 08 07 98, Fax 03 29 08 41 89, ﾃ – ✠ 📺 ☎ 🅿 –
🔏 40. ﾃ ⓞ ᴳᴮ   AYZ b
15 avril-30 sept. – **Repas** 100/195 ⅃, enf. 45 – ⊡ 45 – **36 ch** 250/400 – ½ P 310/330.

🏨 **Castel Fleuri** ⟐, 218 r. Metz ℘ 03 29 08 05 20, ﾃ, ﾃ – ☎ 🅿. ᴳᴮ   BZ k
hôtel : 20 mai-25 sept. ; rest. : 1ᵉʳ juin-25 sept. – **Repas** 90 (dîner), 99/140 – ⊡ 29 – **33 ch**
215/299 – ½ P 211/247.

🏨 **Beauséjour** ⟐, 160 av. Tilleuls ℘ 03 29 08 09 34, Fax 03 29 08 29 84, ﾃ – ✠ ☎.
⊖ ᴳᴮ   AY a
15 avril-5 oct. – **Repas** 72/105 ⅃, enf. 42 – ⊡ 29 – **37 ch** 160/275 – ½ P 260/435.

✗ **Le Rétro,** 158 r. Jeanne d'Arc ℘ 03 29 08 05 28, ﾃ – ﾃ ⓞ ᴳᴮ   BZ e
⊖ fermé 23 au 30 juin, 24 déc. au 12 janv., sam. midi et lundi – **Repas** 65 (déj.), 85/180 ⅃,
enf. 50.

VITTEL

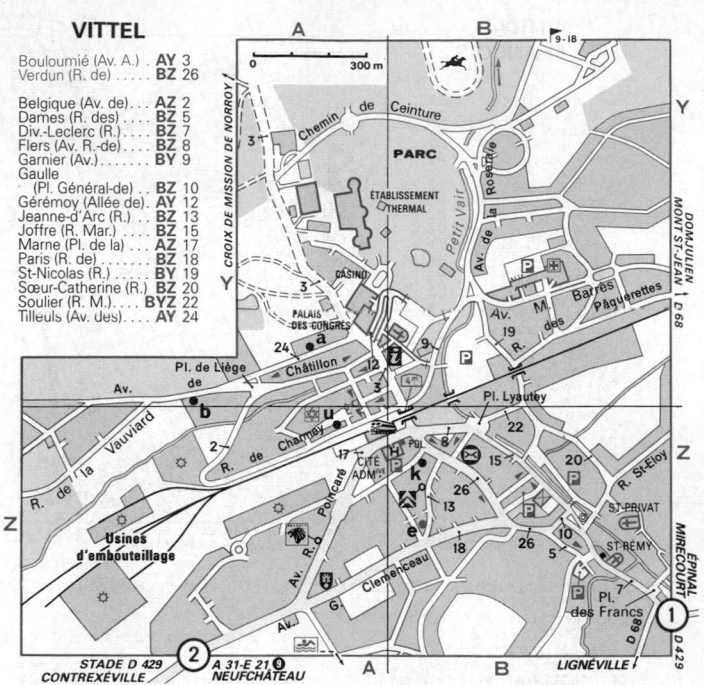

à l'Ouest par r. des Serres AZ : 3 km – ⊠ 88800 Vittel :

🏨 **Orée du Bois** ⬙, ♂ 03 29 08 88 88, Fax 03 29 08 01 61, 🌳, ♨, 🏊, ⚏, ❈ – ➦ 📺 ☎ ✆
☞ 🄿 – 🛦 30. 🆎 🅶🅱 ❀ ch
Repas (fermé dim. soir du 1er nov. au 28 fév.) 66/180 ♪, enf. 40 – ⬒ 37 – **36 ch** 252/298 –
½ P 266/270.

CITROEN Gar. Villeminot, 106 r. J.-d'Arc   PEUGEOT Gar. Rambaud, 288 av. Poincaré
♂ 03 29 08 19 44 🄽 ♂ 03 29 08 19 44   ♂ 03 29 08 05 24 🄽 ♂ 03 29 08 19 44

VIVÈS 66 Pyr.-Or. 86 ⑲ – rattaché au Boulou.

VIVIERS-DU-LAC 73 Savoie 74 ⑮ – rattaché à Aix-les-Bains.

Le VIVIER-SUR-MER 35960 I.-et-V. 59 ⑥ – 1 012 h alt. 6.
Paris 382 – St-Malo 22 – Dinan 36 – Dol-de-Bretagne 8 – Fougères 62 – Le Mont-
St-Michel 32.

🏨 **Bretagne** (annexe 🏠 10 ch), ♂ 02 99 48 91 74, Fax 02 99 48 81 10, ♨ – 📺 ☎ 🄿 🆎 ⓞ
🅶🅱
fermé 1er déc. au 15 fév., dim. soir hors sais. et lundi sauf le soir en sais. – **Repas** 100/350,
enf. 55 – ⬒ 36 – **26 ch** 260/320 – ½ P 320/360.

VIVONNE 86370 Vienne 68 ⑬ G. Poitou Vendée Charentes – 2 955 h alt. 103.
Paris 355 – Poitiers 21 – Angoulême 93 – Confolens 61 – Niort 64 – St-Jean-d'Angély 102.

🏠 **Le St-Georges** 🅼, Gde rue (près église) ♂ 05 49 89 01 89, Fax 05 49 89 00 22 – 📺 ☎ ✆
☞ &. 🅶🅱, ❀ rest
Repas (fermé dim. soir) (dîner seul.)(résidents seul.) 65 bc – ⬒ 35 – **28 ch** 220/270 –
½ P 210/230.

❌ **La Treille,** av. Bordeaux ♂ 05 49 43 41 13, Fax 05 49 89 00 72, 🌳 – 🅶🅱
☞ fermé vacances de fév. et merc. soir hors sais. – **Repas** 75/220 ♪.

PEUGEOT Gar. Babeau, ♂ 05 49 43 41 29 🄽 ♂ 05 49 43 41 29

VIZILLE *38220 Isère* 77 ⑤ *G. Alpes du Nord – 7 094 h alt. 270.*
Voir *Château*★.
Office de Tourisme ✆ *04 76 68 15 16 - Mairie* ✆ *04 76 68 08 22.*
Paris 584 – Grenoble 19 – Le Bourg-d'Oisans 32 – La Mure 23 – Villard-de-Lans 46.

Château de Cornage, Nord : 1 km par Z.I. Cornage et rte secondaire ✆ 04 76 68 28 00, Fax 04 76 68 23 50, ≤, « Parc », – P – 30 à 100.
AE GB
Repas 89/315, enf. 80 – 46 – **17 ch** 250/350 – ½ P 280.

CITROEN Chabuel Autom., ✆ 04 76 68 29 80
RENAULT Gar. Muzet, ✆ 04 76 78 70 00 N
✆ 04 76 68 28 28
RENAULT Vizille Autom., ✆ 04 76 68 05 36 N
✆ 04 76 68 05 36

VIZZAVONA (col de) *2B H.-Corse* 90 ⑥ *– voir à Corse.*

VOGELGRUN *68 H.-Rhin* 62 ⑳ *– rattaché à Neuf-Brisach.*

Jährlich eine neue Ausgabe.
Aktuellste Informationen, jährlich für Sie!

VOIRON *38500 Isère* 77 ④ *G. Alpes du Nord – 18 686 h alt. 290.*
Voir *Caves de la Chartreuse*★ **BZ**.
Office de Tourisme 58 cours Becquart Castelbon ✆ *04 76 05 00 38, Fax 04 76 65 63 21.*
Paris 549 ① *– Grenoble 28* ④ *– Bourg-en-Bresse 114* ① *– Chambéry 43* ② *– Lyon 87* ① *– Romans-sur-Isère 73* ④ *– Valence 88* ④ *– Vienne 67* ④.

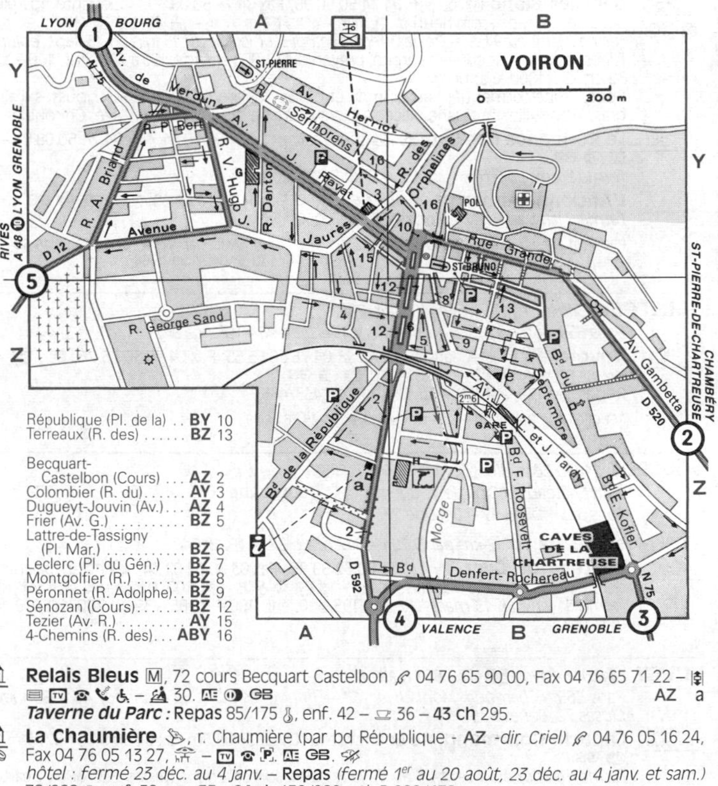

République (Pl. de la)	BY	10
Terreaux (R. des)	BZ	13
Becquart-Castelbon (Cours)	AZ	2
Colombier (R. du)	AY	3
Dugueyt-Jouvin (Av.)	AZ	4
Frier (Av. G.)	BZ	5
Lattre-de-Tassigny (Pl. Mar.)	BZ	6
Leclerc (Pl. du Gén.)	BZ	7
Montgolfier (R.)	BZ	8
Péronnet (R. Adolphe)	BZ	9
Sénozan (Cours)	BZ	12
Tezier (Av. R.)	AY	15
4-Chemins (R. des)	ABY	16

Relais Bleus M, 72 cours Becquart Castelbon ✆ 04 76 65 90 00, Fax 04 76 65 71 22 – – 30. AE GB **AZ a**
Taverne du Parc : Repas 85/175, enf. 42 – 36 – **43 ch** 295.

La Chaumière, r. Chaumière (par bd République - **AZ** *-dir. Criel)* ✆ 04 76 05 16 24, Fax 04 76 05 13 27, – P. AE GB.
hôtel : fermé 23 déc. au 4 janv. – **Repas** *(fermé 1er au 20 août, 23 déc. au 4 janv. et sam.)* 78/200, enf. 50 – 35 – **24 ch** 130/280 – ½ P 280/470.

XX **Serratrice,** 3 av. Tardy ℰ 04 76 05 29 88, Fax 04 76 05 45 62 – ▣ ⓞ ☒   BZ e
fermé 20 juin au 3 sept., dim. soir et lundi – **Repas** - produits de la mer - 105 bc (déj.),
145/480, enf. 70.

XX **Eden,** par ② : *1 km sur D 520* ℰ 04 76 05 17 40, Fax 04 76 05 70 32, ≤, ㈕, ㆑ – ▣. ▣ ⓞ
☒
fermé 3 au 10 mars, 25 août au 8 sept., dim. soir et lundi sauf fériés – **Repas** 118/250.

FORD Gar. Gauduel, ZI des Blanchisseries N 75   **RENAULT** Rives Autom., 302 r. du Plan à Rives
par ① ℰ 04 76 05 06 99   par ① ℰ 04 76 91 03 06
OPEL Eclair Autom., av. J.-Kennedy   **VAG** Gar. du Parc, 1 av. de Paviot
ℰ 04 76 05 04 04   ℰ 04 76 05 04 83
PEUGEOT Gar. Guilmeau, ZI des Blanchisseries N 75
par ① ℰ 04 76 67 07 87   ⓦ Euromaster, bd Denfert-Rochereau
RENAULT Performance Autom., ZI du Parvis, rte de   ℰ 04 76 05 06 39
Rives ℰ 04 76 66 11 22

VOISINS-LE-BRETONNEUX *78 Yvelines* 🔟 ⑨., 🔟🔟 ㉒ – *voir à St-Quentin-en-Yvelines.*

VOLONNE *04290 Alpes-de-H.-P.* 🔟🔟 ⑯ *G. Alpes du Sud* – *1 387 h alt. 450.*
Paris 720 – *Digne-les-Bains 28* – *Château-Arnoux-St-Auban 3* – *Forcalquier 33* – *Manosque
44* – *Sault 68* – *Sisteron 13.*

X **Aub. des Deux Tours,** ℰ 04 92 62 60 11, Fax 04 92 62 60 11, ㈕ – ☒
fermé 20 déc. au 20 janv., dim. soir sauf juil.-août et lundi – **Repas** 95/275, enf. 50.

VONNAS *01540 Ain* 🔟🔟 ② – *2 381 h alt. 200.*
Paris 408 – *Mâcon 19* – *Bourg-en-Bresse 25* – *Lyon 63* – *Villefranche-sur-Saône 41.*

🏨 **Georges Blanc** Ⓜ ⑇, ℰ 04 74 50 90 90, Fax 04 74 50 08 80, « Élégante hostellerie au
❀❀❀ bord de la Veyle, jardin fleuri », ⟓, ⑇ – ▯ ▣ ☎ ⇄ – ⓰ 80. ▣ ⓞ ☒
fermé 2 janv. au 9 fév. – **Repas** *(fermé mardi sauf le soir du 15 juin au 15 sept. et lundi sauf
fériés)* *(nombre de couverts limité, prévenir)* 470/850 et carte 480 à 700, enf. 160 – ☲ 105 –
32 ch 900/1800, 6 appart
Spéc. Crêpe parmentière au saumon et caviar. Poularde de Bresse aux gousses d'aïl et foie
gras. "Panouille" bressane glacée à la confiture de lait. **Vins** Mâcon-Azé, Chiroubles.

🏨 **La Résidence des Saules** ⑇ sans rest, ℰ 04 74 50 90 51, Fax 04 74 50 08 80 – ▣ ☎.
▣ ☒
fermé 2 janv. au 9 fév. – ☲ 105 – **6 ch** 550, 4 appart.

X **L'Ancienne Auberge,** ℰ 04 74 50 90 50, Fax 04 74 50 08 80, ㈕ – ▣ ⓞ ☒
fermé 2 janv. au 9 fév. – **Repas** 110 (déj.)/230.

PEUGEOT Gar. Mousset, ℰ 04 74 50 06 02   RENAULT Gar. Morel, ℰ 04 74 50 15 66
                                                                            🔟 ℰ 04 74 50 15 66

VOREPPE *38340 Isère* 🔟🔟 ④ – *8 446 h alt. 229.*
Paris 559 – *Grenoble 18* – *Chambéry 43* – *Lyon 96* – *Valence 84.*

🏨 **Novotel** Ⓜ, près échangeur A 48 ℰ 04 76 50 55 55, Fax 04 76 56 76 26, ㈕, ⟓, ㆑ – ▮
⇉ ▤ ▣ ☎ ⚲ & ▣ – ⓰ 25 à 130. ▣ ⓞ ☒
Repas 105/175, enf. 50 – ☲ 52 – **114 ch** 435/465.

PEUGEOT Gar. Buissière, 30 rte de Palluel ℰ 04 76 56 61 39

VOUGEOT *21640 Côte-d'Or* 🔟🔟 ⑫ – *176 h alt. 239.*
Voir *Château du Clos de Vougeot*★ *0, G. Bourgogne.*
Paris 325 – *Dijon 17* – *Beaune 27.*

à Gilly-lès-Cîteaux *Est : 2 km par D 251* – *517 h. alt. 227* – ✉ *21640 :*

🏨 **Château de Gilly** ⑇, ℰ 03 80 62 89 98, Fax 03 80 62 82 34, « Ancien palais abbatial
cistercien, jardins à la française », ⑇ – ▮ ▣ ☎ & ▣ – ⓰ 100. ▣ ⓞ ☒ ⓙⒸⒷ. ⑇ rest
fermé 31 janv. au 13 mars – **Repas** 195/410, enf. 100 – ☲ 85 – **39 ch** 700/1450, 9 appart –
½ P 780.

VOUGY *74130 H.-Savoie* 🔟🔟 ⑦ – *867 h alt. 471.*
Paris 565 – *Chamonix-Mont-Blanc 48* – *Thonon-les-Bains 52* – *Annecy 46* – *Bonneville 7* –
Cluses 7 – *Genève 35.*

XXX **Capucin Gourmand,** rte Bonneville ℰ 04 50 34 03 50, Fax 04 50 34 57 57, ㈕ – ▣. ▣
ⓞ ☒
fermé 16 août au 9 sept., 5 au 12 janv., dim. soir et lundi – **Repas** 220/380 et carte 240 à
340.

VOUILLÉ *86190 Vienne* 🔟🔟 ⑬ – *2 574 h alt. 118.*
Paris 345 – *Poitiers 18* – *Châtellerault 45* – *Parthenay 33* – *Saumur 87* – *Thouars 55.*

 Cheval Blanc avec ch, *℘ 05 49 51 81 46,* Fax 05 49 51 96 31 – 📺 ☎ 🅿. 🆎 ⓪ 🆖, ✻
 Repas 70/220 🍷, enf. 48 – ⊂⊃ 32 – **11 ch** 130/270 – ½ P 180/210.

 Annexe Le Clovis 🏠 Ⓜ sans rest, – 📺 ☎ ✆ &. – 🏛 30. 🆎 ⓪ 🆖. ✻
 ⊂⊃ 32 – **30 ch** 250/320.

VOULAINES-LES-TEMPLIERS *21290 Côte-d'Or* 🔟🔟 ⑨ – *383 h alt. 265.*
Paris 252 – *Chaumont 54* – *Châtillon-sur-Seine 20* – *Dijon 77.*

 La Forestière 🦢 sans rest, *℘ 03 80 81 80 65,* 🌳 – ☎ 🅿. 🆖
 ⊂⊃ 30 – **10 ch** 215/285.

VOUVANT *85120 Vendée* 🔟🔟 ⑯ *G. Poitou Vendée Charentes* – *829 h alt. 70.*
Voir *Église★* – *Château : tour Mélusine★* (✲★).
 🅱 Office de Tourisme *℘ 02 51 00 86 80,* Fax *02 51 00 89 42.*
Paris 411 – *Bressuire 44* – *Fontenay-le-Comte 16* – *Parthenay 48* – *La Roche-sur-Yon 61.*

 Aub. Maître Pannetier avec ch, *℘ 02 51 00 80 12,* Fax 02 51 87 89 37 – 📺 ☎. 🆖
 fermé vacances de fév. – **Repas** *(fermé dim. soir et lundi sauf juil.-août)* 70/350, enf. 45 –
 ⊂⊃ 35 – **7 ch** 200/270 – ½ P 260/280.

VOUVRAY *37210 I.-et-L.* 🔟🔟 ⑮ *G. Châteaux de la Loire* – *2 933 h alt. 55.*
Paris 240 – *Tours 9* – *Amboise 17* – *Blois 50* – *Château-Renault 26.*

 Le Grand Vatel avec ch, 8 av. Brûlé *℘ 02 47 52 70 32,* Fax 02 47 52 74 52, 🍽 – ☎ ✆ 🅿.
 🆎 🆖. ✻ ch
 fermé 1ᵉʳ au 15 mars, 1ᵉʳ au 15 déc., dim. soir de sept. à juin et lundi sauf hôtel en juil.-août
 – **Repas** 125 (déj.), 148/230 – ⊂⊃ 40 – **7 ch** 230/270 – ½ P 270/290.

à Noizay *Est : 8,5 km par D 46 et D 1 –* ✉ *37210 :*

 Château de Noizay 🦢, *℘ 02 47 52 11 01,* Fax 02 47 52 04 64, ≤, 🍽, parc, « Château
 du 16ᵉ siècle », 🏊, ✻ – 📺 ☎ 🅿 – 🏛 25. 🆎 🆖. ✻ rest
 fermé 2 janv. au 14 mars – **Repas** 150 (déj.), 240/360 – ⊂⊃ 85 – **14 ch** 650/1300 – ½ P 760/
 1085.

 RENAULT Gar. des Sports, *℘ 02 47 52 73 36*

VOVES *28150 E.-et-L.* 🔟🔟 ⑱ – *2 785 h alt. 146.*
Paris 99 – *Chartres 24* – *Ablis 35* – *Bonneval 23* – *Châteaudun 38* – *Étampes 50* – *Orléans 57.*

 Quai Fleuri 🦢, rte Auneau *℘ 02 37 99 15 15,* Fax 02 37 99 11 20, 🍽, parc – ✲ 📺 ☎ ✆
 &. 🅿 – 🏛 40. 🆎 🆖
 fermé 24 déc. au 8 janv., dim. soir et soirs fériés – **Repas** 79/255 🍷, enf. 52 – ⊂⊃ 45 – **17 ch**
 295/490 – ½ P 330.

 CITROEN Gar. Jeannot, *℘ 02 37 99 01 70* 🅽   RENAULT Gar. Nadler, *℘ 02 37 99 17 82*
 ℘ 02 37 99 01 70
 PEUGEOT Gar. Poupaux, *℘ 02 37 99 10 55* 🅽
 ℘ 02 37 99 10 55

La VRINE *25 Doubs* 🔟🔟 ⑥ – *alt. 836 –* ✉ *25520 Goux-les-Usiers.*
Paris 454 – *Besançon 49* – *Morteau 30* – *Mouthier-Haute-Pierre 12* – *Pontarlier 10* –
Salins-les-Bains 43.

 Ferme H., *℘ 03 81 39 47 74,* Fax 03 81 39 21 87 – 📺 ☎ 🛏 🅿. 🆖
 Repas *(fermé dim. soir et lundi)* 85/210 🍷 – ⊂⊃ 30 – **34 ch** 210/230 – ½ P 250.

WAHLBACH *68 H.-Rhin* 🔟🔟 ⑩ – *rattaché à Altkirch.*

WANGENBOURG *67710 B.-Rhin* 🔟🔟 ⑧ ⑨ *G. Alsace Lorraine* – *alt. 452.*
Voir *Site★.*
Env. *Château et cascade du Nideck★★ SO : 9 km puis 1 h 15.*
 🅱 Office de Tourisme rte Gén.-de-Gaulle *℘ 03 88 87 32 44.*
Paris 470 – *Strasbourg 42* – *Molsheim 30* – *Sarrebourg 37* – *Saverne 20* – *Sélestat 59.*

 Parc 🦢, *℘ 03 88 87 31 72,* Fax 03 88 87 38 00, ≤, 🍽, « Parc ombragé », 🏊, ✻ – 🛗 ☎
 🅿 – 🏛 50. 🆖. ✻
 fermé 3 nov. au 22 déc. et 3 janv. au 22 mars – **Repas** 110/265 🍷, enf. 60 – ⊂⊃ 55 – **34 ch**
 284/415 – ½ P 380.

La WANTZENAU 67 B.-Rhin 62 ⑩ – rattaché à Strasbourg.

WASSELONNE 67310 B.-Rhin 62 ⑨ G. Alsace Lorraine – 4 916 h alt. 220.

🏢 Office de Tourisme pl. Gén.-Leclerc (15 juin-15 sept.) ♒ 03 88 87 17 22.

Paris 463 – Strasbourg 26 – Haguenau 41 – Molsheim 15 – Saverne 14 – Sélestat 49.

✗   **Au Saumon** avec ch, r. Gén. de Gaulle ♒ 03 88 87 01 83, Fax 03 88 87 46 69, 🌐 – 📺 ☎
⛧ 🗛 🆎 ⓞ 🆖
fermé 20 déc. au 4 janv., dim. soir et lundi hors sais. – **Repas** 90/170 ⓖ, enf. 45 – ☑ 33 –
12 ch 140/240 – ½ P 260/310.

à Romanswiller Ouest : 3,5 km par D 224 – 1 155 h. alt. 220 – ⊠ 67310 :

✗   **Aux Douceurs Marines,** 2 rte Wangenbourg ♒ 03 88 87 13 97, Fax 03 88 87 28 21, 🌐
🆘 – 🅿, 🆎 🆖, ⌚
fermé vacances de Toussaint, de fév., mardi soir et merc. – **Repas** 60/240 ⓖ, enf. 35.

CITROEN Gar. Bohnert, ♒ 03 88 87 03 72   RENAULT Gar. Kern, ♒ 03 88 87 01 92 🅽
♒ 03 88 87 27 27

WESTHALTEN 68250 H.-Rhin 62 ⑱ G. Alsace Lorraine – 770 h alt. 240.

Paris 480 – Colmar 21 – Guebwiller 10 – Mulhouse 28 – Thann 26.

✗✗✗   **Aub. Cheval Blanc** (Koehler) Ⓜ ⌚ avec ch, ♒ 03 89 47 01 16, Fax 03 89 47 64 40 – 🈯
⛧ 🍽 rest 📺 ☎ ⛧, 🅿 – 🈹 30. 🆖
fermé 24 juin au 3 juil. et 3 au 26 fév. – **Repas** *(fermé dim. soir et lundi)* 155/410 et carte 240
à 370 ⓖ, enf. 75 – ☑ 55 – **12 ch** 330/460 – ½ P 440/470
Spéc. Foie gras. Minute de saumon façon "tarte flambée". Noisettes de chevreuil (15 mai
au 31 janv.). **Vins** Tokay-Pinot gris, Pinot noir.

WETTOLSHEIM 68 H.-Rhin 62 ⑲ – rattaché à Colmar.

WIMEREUX 62930 P.-de-C. 51 ① G. Flandres Artois Picardie – 7 109 h alt. 7.

🏌 ♒ 03 21 32 43 20, N : 2 km.

Paris 295 – Calais 34 – Arras 114 – Boulogne-sur-Mer 6 – Marquise 12.

🏠   **Centre,** 78 r. Carnot ♒ 03 21 32 41 08, Fax 03 21 33 82 48, ☂ – 📺 ☎ ⛧ 🅿, 🆖
fermé 2 au 9 juin et 20 déc. au 31 mars) 99/170 ⓖ – ☑ 35 – **25 ch** 265/290.

🏠   **Paul et Virginie,** 19 r. Gén. de Gaulle ♒ 03 21 32 42 12, Fax 03 21 87 65 85, 🌐 – 📺 ☎
🅿, 🆖, ⌚ ch
fermé 5 déc. au 22 janv. et dim. de sept. à juin sauf le midi d'avril à oct. – **Repas** 102/180 –
☑ 42 – **15 ch** 198/420 – ½ P 245/300.

✗✗✗   **La Liégeoise et Atlantic H.** avec ch, digue de mer (1er étage) ♒ 03 21 32 41 01,
Fax 03 21 87 46 17, ⇐ – 🈯 📺 ☎ 🅿 – 🈹 70. 🆎 ⓞ 🆖 🗾
fermé vacances de fév. – **Repas** *(fermé dim. soir)* 110/220 et carte 260 à 340 – ☑ 48 – **10 ch**
450/500 – ½ P 430.

✗✗   **Epicure,** 1 r. Gare ♒ 03 21 83 21 83, Fax 03 21 33 53 20 – 🆎 🆖
fermé vacances de Noël, dim. soir et merc. – **Repas** (nombre de couverts limité, prévenir)
125/230.

RENAULT Gar. Coquart, 5 pl. O.-Dewavrin   🅖 Clinique du Pneu, N 1 à Marquise
♒ 03 21 32 40 02   ♒ 03 21 92 86 61

WIMILLE 62 P.-de-C. 51 ① – rattaché à Boulogne-sur-Mer.

Find your way in **PARIS** using the following **Michelin publications :**

No **9** for public transport

No **10** the town plan on one sheet
with No **12**, a street index.

No **11** the town plan, in atlas form, with street index,
useful addresses and a public transport leaflet.

No **14** the town plan, in atlas form, with street index.

For sightseeing in **Paris** : the **Green Tourist Guide**

These publications are designed to be used in conjunction with each other.

WISEMBACH *88520 Vosges* 62 ⑱ *– 370 h alt. 500.*

Paris 406 – Colmar 43 – Épinal 65 – St-Dié 15 – Ste-Marie-aux-Mines 11 – Sélestat 33.

XX **Blanc Ru** avec ch, ✆ 03 29 51 78 51, Fax 03 29 51 70 67, ⛱, 🛋 – TV ☎ P. ⓓ GB
fermé 16 au 30 sept., fév., dim. soir et lundi – **Repas** 110/220 🍷 – ☕ 36 – **7 ch** 270/340 – ½ P 270.

WISSEMBOURG <SP> *67160 B.-Rhin* 57 ⑲ *G. Alsace Lorraine – 7 443 h alt. 157.*

Voir *Vieille ville* : église St-Pierre et St-Paul** A – *Col du Pigeonnier* ≤* *5 km par* ③.

Env. *Village** d'Hunspach 11 km par* ②.

ℹ *Office de Tourisme pl. République* ✆ *03 88 94 10 11, Fax 03 88 94 18 82.*

Paris 498 ③ – Strasbourg 63 ② – Haguenau 31 ② – Karlsruhe 41 ② – Sarreguemines 83 ③.

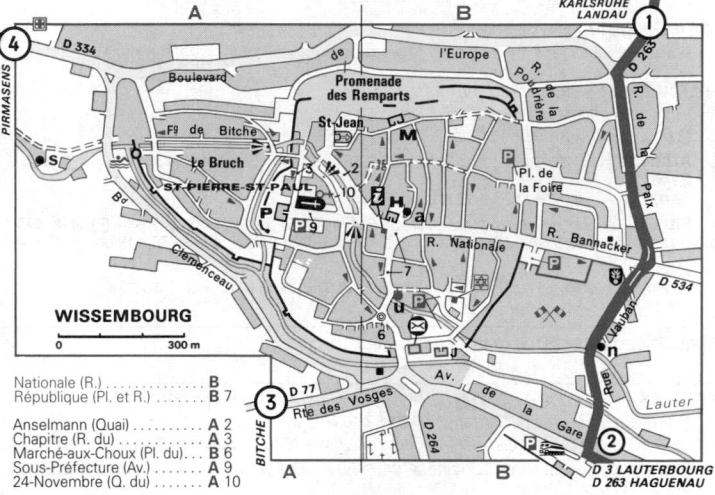

Nationale (R.) . . . . B
République (Pl. et R.) . . . . B 7

Anselmann (Quai) . . . . A 2
Chapitre (R. du) . . . . A 3
Marché-aux-Choux (Pl. du) . . . B 6
Sous-Préfecture (Av.) . . . . A 9
24-Novembre (Q. du) . . . . A 10

🏠 **Au Moulin de la Walk** 🐦, 2 r. Walk ✆ 03 88 94 06 44, Fax 03 88 54 38 03, ⛱, 🛋 – TV ☎ P. GB. ✂ ch — A s
fermé 16 juin au 3 juil., 10 janv. au 1er fév., dim. soir et lundi – **Repas** 180/240 🍷 – ☕ 37 – **25 ch** 330/360 – ½ P 340/360.

🏠 **Host. du Cygne,** 3 r. Sel ✆ 03 88 94 00 16, Fax 03 88 54 38 28, ⛱ – ▤ rest TV ☎ ✆ P. GB. ✂ ch — B a
fermé 1er au 16 juil., fév., jeudi midi et merc. – **Repas** 120/200, enf. 65 – ☕ 35 – **16 ch** 300/350 – ½ P 320.

🏠 **Alsace** sans rest, 16 r. Vauban ✆ 03 88 94 98 43, Fax 03 88 94 19 60 – TV ☎ ♿. AE ⓓ GB — B n
fermé 22 déc. au 11 janv. – ☕ 32 – **41 ch** 230/286.

XX **L'Ange,** 2 r. République ✆ 03 88 94 12 11, Fax 03 88 94 12 11, ⛱ – AE GB — B u
fermé 1er au 15 août, vacances de fév., mardi soir et merc. – **Repas** 165 (déj.), 230/330 🍷.

à Altenstadt *par* ② *: 2 km –* ✉ *67160 Wissembourg :*

XX **Rôtisserie Belle Vue,** ✆ 03 88 94 02 30, Fax 03 88 54 80 14, ⛱ – P. GB
fermé 11 août au 2 sept., lundi et mardi – **Repas** 150/290 🍷.

RENAULT Gar. Grasser, allée Peupliers par ② ✆ 03 88 94 96 00

YENNE *73170 Savoie* 74 ⑮ *G. Alpes du Nord – 2 449 h alt. 229.*

Paris 519 – Aix-les-Bains 21 – Bellegarde-sur-Valserine 57 – Belley 12 – Chambéry 26 – La Tour-du-Pin 35.

XX **La Diligence,** ✆ 04 79 36 80 78 – GB
fermé 15 au 30 nov., 15 au 31 janv., dim. soir et lundi – **Repas** 70/200 🍷.

CITROEN Gar. Gache, ✆ 04 79 36 90 08
PEUGEOT Gar. Berger, ✆ 04 79 36 70 20
RENAULT Gar. Clément, ✆ 04 79 36 72 32 N ✆ 08 00 05 15 15

YERVILLE 76760 S.-Mar. 🗗🖸 ⑭ – 1 948 h alt. 156.

　　Paris 165 – Rouen 33 – Dieppe 41 – Fécamp 48 – Le Havre 68.

XX **Voyageurs** avec ch, ☎ 02 35 96 82 55, Fax 02 35 96 16 86, 🍴 – 📺 🖭, ☺
　　fermé dim. soir et lundi sauf fériés – **Repas** 80/265 – ☷ 32 – **10 ch** 180/300.

YEU (Ile d') ★★ 85 Vendée 🗗🖸 ⑪ G. Poitou Vendée Charentes – 4 941 h.

　　Accès par transports maritimes, pour **Port-Joinville**.

　　🚢 depuis **Fromentine**. Traversée 40 ou 70 mn – Renseignements à Régie Départe-
　　mentale des Passages d'Eau de la Vendée, B.P. 16, 85550 La Barre-de-Monts ☎ 02 51
　　49 59 69, Fax 02 51 49 59 70.

　　🚢 depuis **Barbâtre (la Fosse)** et **St-Gilles-Croix-de-Vie** : services saisonniers –
　　Renseignements et Tarifs : Vedettes Inter-Iles Vendéennes 85630 Barbâtre ☎ 02 51
　　39 00 00, Fax 02 51 39 54 26.

Port-de-la-Meule – ⊠ 85350 L'Ile d'Yeu.

　　Voir Côte Sauvage★★ : ≤★★ E et O – Pointe de la Tranche★ SE.

Port-Joinville – ⊠ 85350 L'Ile d'Yeu.

　　Voir Vieux Château★ : ≤★★ SO : 3,5 km – Grand Phare ≤★ SO : 3 km.
　　🛈 Office de Tourisme pl. Marché ☎ 02 51 58 32 58.

🏠 **Atlantic H.** 🅼 sans rest, quai Carnot ☎ 02 51 58 38 80, Fax 02 51 58 35 92, ≤ – 📺 ☎ ♿.
　　🆎 ☺, ✁
　　fermé 4 au 27 janv. – ☷ 33 – **15 ch** 335/385.

🏠 **Flux H.** 🐾, 27 r. P.-Henry ☎ 02 51 58 36 25, Fax 02 51 59 44 57, ≤, 🍴, 🍴 – 📺 ☎ 🖭, ☺
☺　fermé 24 nov. au 5 janv. – **Repas** (fermé dim. soir) 85/200, enf. 55 – ☷ 38 – **15 ch** 330/400 –
　　½ P 330/360.

　　RENAULT Gar. Cantin, 55 r. de la Saulzaie à l'Ile d'Yeu ☎ 02 51 58 33 80 🗵 ☎ 02 51 58 33 80

YFFINIAC 22 C.-d'Armor 🗗🖸 ③ – rattaché à St-Brieuc.

YSSINGEAUX ◀🆂🅿▶ 43200 H.-Loire 🗗🖸 ⑧ G. Vallée du Rhône – 6 118 h alt. 829.

　　🛈 Office de Tourisme pl. Carnot ☎ 04 71 59 10 76.
　　Paris 568 – Le Puy-en-Velay 28 – Ambert 72 – Privas 104 – St-Étienne 52 – Valence 94.

🏠 **Le Cygne**, 7 et 8 r. Alsace-Lorraine ☎ 04 71 59 01 87, Fax 04 71 65 17 82, 🍴 – 📺 ☎ 🖭, 🆎
☺　☺
　　Repas (fermé dim. soir d'oct à avril) 70/193 🍷 – ☷ 40 – **18 ch** 200/235 – ½ P 195/220.

XX **Le Bourbon** avec ch, 5 pl. Victoire ☎ 04 71 59 06 54, Fax 04 71 59 00 70 – 📺 ☎ – 🈺 25.
　　🆎 ☺
　　fermé 19 au 30 juin, janv., lundi sauf juil.-août et dim. soir – **Repas** 90/320, enf. 70 – ☷ 44 –
　　11 ch 280/360 – ½ P 255/290.

CITROEN Gar. Morison, à Bellevue ☎ 04 71 59 00 68　　Gar. Sagnard, ZI La Guide, ☎ 04 71 59 03 39
🗵 ☎ 04 71 59 00 68
CITROEN Gar. Surrel, r. de Verdun Sud par D 7　　Ⓦ R.I.P.A. Pneus, à Ste-Sigolène
☎ 04 71 59 07 46 🗵 ☎ 04 71 59 09 44　　☎ 04 71 66 19 73 🗵 ☎ 04 71 66 19 73
RENAULT Gar. Durand, ZI de la Guide　　Relais du Pneu, 33 r. Alsace Lorraine
☎ 04 71 59 13 31　　☎ 04 71 59 18 13
Gar. **Chapuis**, av. Mar.-de-Vaux
☎ 04 71 59 05 24 🗵 ☎ 04 71 59 15 80

YVES 17340 Char.-Mar. 🗗🖸 ⑬ – 893 h alt. 9.

　　Paris 474 – La Rochelle 25 – Châtelaillon-Plage 9 – Rochefort 14.

🏠 **L'Air Marin** 🅼, N 137 ☎ 05 46 56 18 15, Fax 05 46 56 22 27, ≤, 🍴, 🏊 – 📺 ☎ 📞 ♿ 🖭,
☺　☺
　　Repas 75/300, enf. 40 – ☷ 40 – **43 ch** 315/345 – ½ P 265.

Participez à notre effort permanent
de mise à jour

Adressez-nous vos remarques
et vos suggestions.

Cartes et guides Michelin

46 avenue de Breteuil - 75324 Paris Cedex 07

YVETOT *76190 S.-Mar.* 🔲 ⑬ *G. Normandie Vallée de la Seine – 10 807 h alt. 147.*

Voir *Verrières*★★ *de l'église* **E**.

🛈 *Office de Tourisme pl. Victor Hugo* ℘ *02 35 95 08 40 et à la Mairie (hors saison)* ℘ *02 35 95 14 54.*

Paris 172 ② *– Le Havre 55* ⑤ *– Rouen 36* ② *– Dieppe 54* ② *– Fécamp 35* ⑤ *– Lisieux 87* ⑤*.*

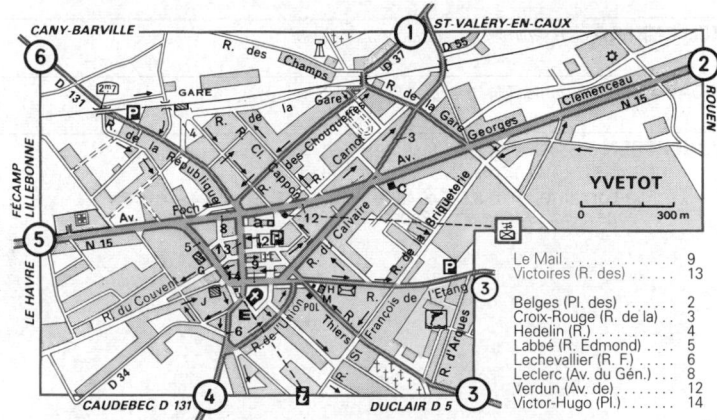

Le Mail	9
Victoires (R. des)	13
Belges (Pl. des)	2
Croix-Rouge (R. de la) . .	3
Hedelin (R.)	4
Labbé (R. Edmond)	5
Lechevallier (R. F.)	6
Leclerc (Av. du Gén.) . . .	8
Verdun (Av. de)	12
Victor-Hugo (Pl.)	14

🏠 **Havre,** pl. Belges (a) ℘ 02 35 95 16 77, Fax 02 35 95 21 18 – 📺 🅿 ⇔. 🅰🅴 GB
La Closerie ℘ 02 35 95 65 65 *(fermé dim. soir sauf fêtes)* **Repas** 95/175 ♨, enf. 50 – ☑ 55 – **28 ch** 350 – ½ P 250/350.

à Motteville *Est : 9 km par rte d'Amiens, N 29 et D 20 – 706 h. alt. 160 –* ⊠ *76970 :*

XX **Aub. du Bois St-Jacques,** à la Gare ℘ 02 35 96 83 11, Fax 02 35 96 23 18 – 🅿. GB
🞰 *fermé août, lundi soir et mardi* – **Repas** 75/175, enf. 50.

à Croix-Mare *par* ② *et N 15 : 8 km – 591 h. alt. 156 –* ⊠ *76190 Yvetot :*

XX **Aub. de la Forge,** ℘ 02 35 91 25 94, « Cadre rustique » – 🅿. 🅰🅴 ⓞ GB
🞰 *fermé mardi soir et merc. sauf fêtes* – **Repas** 99/245 bc, enf. 60.

CITROEN Gar. Aribit Benard, ZA d'Auzebosc par ④
℘ 02 35 95 40 31 🔃 ℘ 02 35 95 40 31
FIAT Gar. Guillot, ZA N 15 à Ste-Marie-des-Champs
℘ 02 35 95 18 44
FORD Viking Autom., 14 av. Gén.-Leclerc
℘ 02 35 95 12 99
PEUGEOT Autom. Leroux, N 15 bis à Valliquerville
par ⑤ ℘ 02 35 95 16 66

RENAULT S.E.L.C.O., N 15 par ⑤
℘ 02 35 95 00 88

🞰 Aube Pneus Point S, ZI ℘ 02 35 56 89 89
Pain Pneus, 58 r. F.-Lechevalier
℘ 02 35 95 42 13
Rouen Pneus Caux, à Ourville-en-Caux
℘ 02 35 27 60 35

YVOIRE *74140 H.-Savoie* 🔟 ⑱ ⑰ *G. Alpes du Nord – 432 h alt. 380.*

Voir *Village médiéval*★ *: jardin des Cinq Sens*★ *.*

🛈 *Office de Tourisme pl. Mairie* ℘ *04 50 72 80 21, Fax 04 50 72 91 61 et au Port de Plaisance (saison)* ℘ *04 50 72 87 06.*

Paris 567 – Thonon-les-Bains 16 – Annecy 70 – Bonneville 42 – Genève 28.

🏠🏠 **Pré de la Cure,** ℘ 04 50 72 83 58, Fax 04 50 72 91 15, ≤, �, 🍃 – 🕴 📺 ☎ ⇔ 🅿. 🅰🅴
🞰 GB
13 mars-2 nov. – **Repas** *(fermé merc. en mars, avril et oct.)* 100/270, enf. 58 – ☑ 40 – **25 ch** 330/350 – ½ P 350.

🏠 **Vieux Logis,** ℘ 04 50 72 80 24, Fax 04 50 72 90 76, 🌫 – 📺 ☎ 🖐🅿 – 🔒 25. 🅰🅴 ⓞ GB
15 mars-15 nov. – **Repas** *(fermé lundi)* 98/190, enf. 59 – ☑ 39 – **11 ch** 330/350.

XX **Port** Ⓜ ⑊ avec ch, ℘ 04 50 72 80 17, Fax 04 50 72 90 71, ≤, 🌫, « Terrasse au bord du lac » – ▤ ch 📺 ☎. 🅰🅴 GB. ⑊
15 mars-30 oct. et fermé merc. en mars et oct. – **Repas** 110 (déj.), 155/195 – ☑ 40 – **4 ch** 700/800.

XX **A la Vieille Porte,** ℘ 04 50 72 80 14, Fax 04 50 72 92 04, 🌫, « Maison du 14ᵉ siècle, terrasse avec ≤ lac et village », 🍃 – GB
1ᵉʳ mars-25 nov. et fermé lundi sauf juil.-août – **Repas** 140 (déj.), 170/290 ♨, enf. 50.

XX **Flots Bleus** ⑊ avec ch, ℘ 04 50 72 80 08, Fax 04 50 72 84 28, ≤, 🌫, « Terrasse ombragée face au lac » – 📺 ☎. 🅰🅴 GB
avril-fin sept. – **Repas** 100/310, enf. 58 – ☑ 42 – **11 ch** 280/360 – ½ P 302/342.

YZEURES-SUR-CREUSE *37290 I.-et-L.* **68** ⑤ *– 1 747 h alt. 74.*

Paris 317 – Poitiers 66 – Châteauroux 72 – Châtellerault 28 – Tours 84.

La Promenade, ☎ 02 47 91 49 00, Fax 02 47 94 46 12 – TV ☎. GB
fermé 15 janv. au 15 fév. et mardi – **Repas** 100/255, enf. 45 – ☕ 41 – **15 ch** 245/315 – ½ P 280.

ZELLENBERG *68 H.-Rhin* **62** ⑲ *– rattaché à Riquewihr.*

ZICAVO *2A Corse-du-Sud* **90** ⑦ *– voir à Corse.*

ZOUFFTGEN *57330 Moselle* **57** ③ *– 597 h alt. 250.*

Paris 342 – Luxembourg 20 – Metz 49 – Thionville 16.

XX **La Lorraine,** ☎ 03 82 83 40 46, Fax 03 82 83 48 26, ⛱, 🚗 – P. GB
fermé mardi soir et merc. – **Repas** 160/360, enf. 80.

Distances

entre principales villes

Quelques précisions

Au texte de chaque localité vous trouverez la distance des villes environnantes et celle de Paris.

Les distances sont comptées à partir du centre-ville et par la route la plus pratique, c'est-à-dire celle qui offre les meilleures conditions de roulage, mais qui n'est pas nécessairement la plus courte.

Pour avoir un itinéraire plus détaillé, consultez le minitel : 36 15 MICHELIN.

Distances

between major towns

Commentary

The text on each town includes its distance from its immediate neighbours and from Paris.

Distances are calculated from centres and along the best roads from a motoring point of view – not necessarily the shortest.

For more detailed route planning, consult Minitel : 36 15 MICHELIN.

Distances entre principales villes
Distances between major towns

Marseille – Strasbourg : 810 km

1427

1428

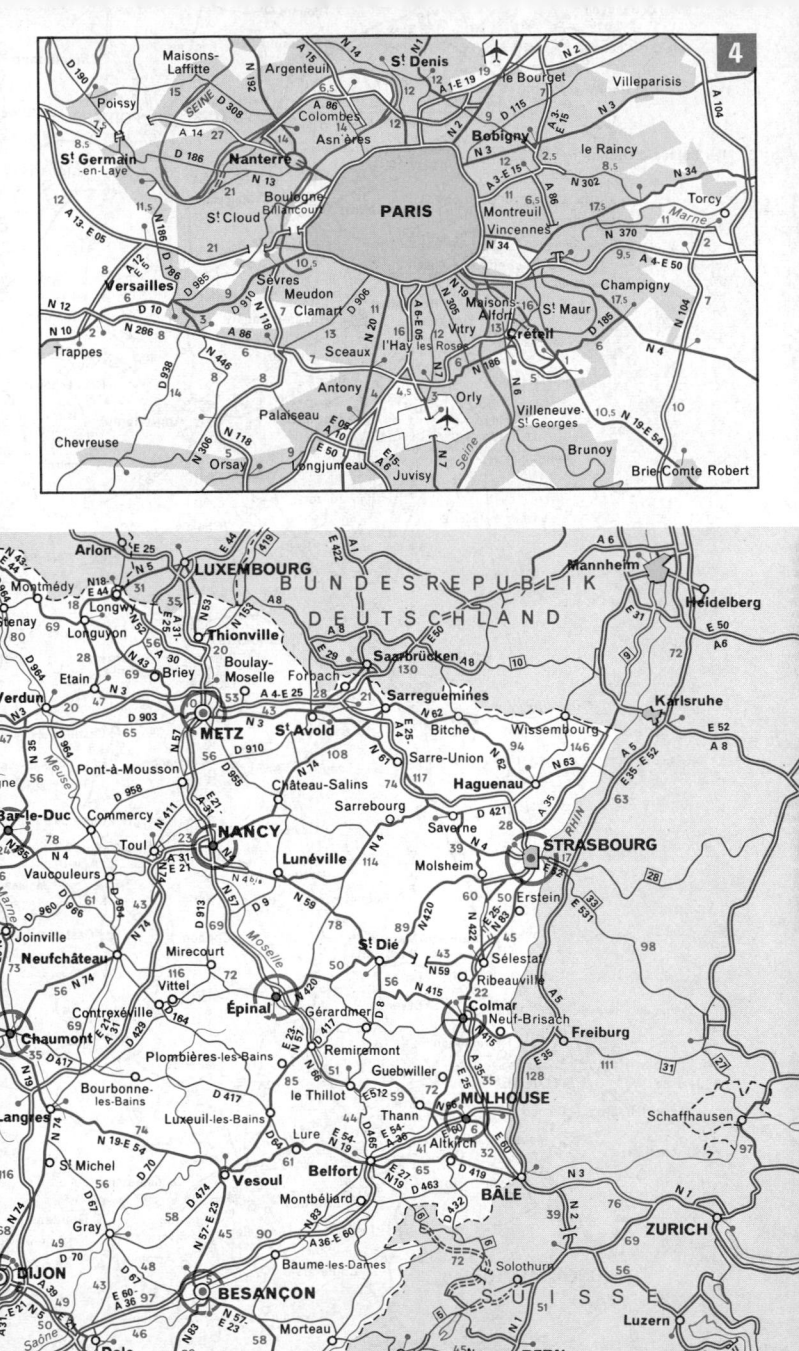

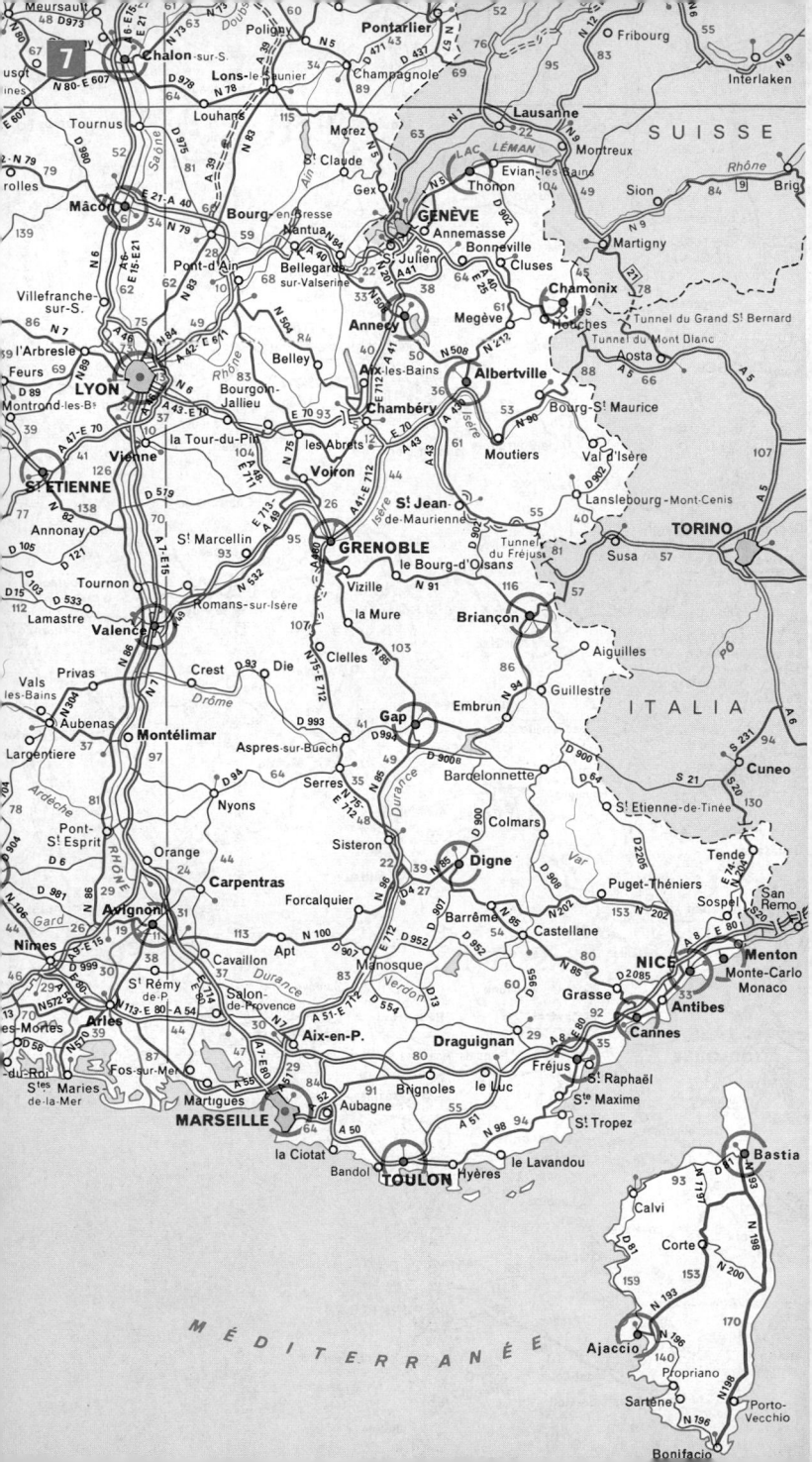

Calendrier des vacances scolaires

Voir pages suivantes

School holidays calendar

See next pages

ACADÉMIES ET DÉPARTEMENTS

Zone A

Caen (14-50-61), Clermont-Ferrand (03-15-43-63), Grenoble (07-26-38-73-74), Lyon (01-42-69), Montpellier (11-30-34-48-66), Nancy-Metz (54-55-57-88), Nantes (44-49-53-72-85), Rennes (22-29-35-56), Toulouse (09-12-31-32-46-65-81-82).

Zone B

Aix-Marseille (04-05-13-84), Amiens (02-60-80), Besançon (25-39-70-90), Dijon (21-58-71-89), Lille (59-62), Limoges (19-23-87), Nice (06-83), Orléans-Tours (18-28-36-37-41-45), Poitiers (16-17-79-86), Reims (08-10-51-52), Rouen (27-76), Strasbourg (67-68).

Zone C

Bordeaux (24-33-40-47-64), Créteil (77-93-94), Paris-Versailles (75-78-91-92-95).

Nota : La Corse bénéficie d'un statut particulier.

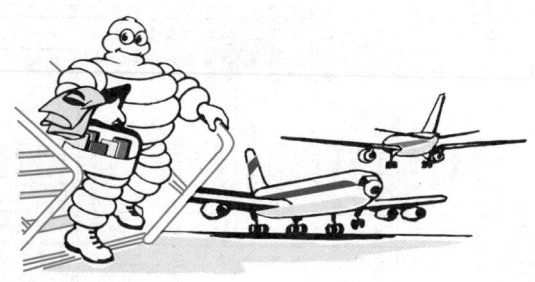

1997 MARS

1	S	s Aubin
2	D	s Charles le B.
3	L	s Guénolé
4	M	s Casimir
5	M	s Olive
6	J	s° Colette
7	V	s° Félicité
8	S	s Jean de D.
9	D	s° Françoise
10	L	s Vivien
11	M	s° Rosine
12	M	s° Justine
13	J	s Rodrigue
14	V	s° Mathilde
15	S	s° Louise
16	D	s° Bénédicte
17	L	s Patrice
18	M	s Cyrille
19	M	s Joseph
20	J	PRINTEMPS
21	V	s° Clémence
22	S	s° Léa
23	D	Rameaux
24	L	s° Cath. de Su.
25	M	s Humbert
26	M	s° Larissa
27	J	s Habib
28	V	s Gontran
29	S	s Gwladys
30	D	PAQUES
31	L	s Benjamin

AVRIL

1	M	s Hugues
2	M	s° Sandrine
3	J	s Richard
4	V	s Isidore
5	S	s° Irène
6	D	Annonciation
7	L	s J.-B. de la S.
8	M	s° Julie
9	M	s Gautier
10	J	s Fulbert
11	V	s Stanislas
12	S	s Jules
13	D	s Ida
14	L	s Maxime
15	M	s Paterne
16	M	s Benoît-J.
17	J	s Anicet
18	V	s Parfait
19	S	s° Emma
20	D	s° Odette
21	L	s Anselme
22	M	s Alexandre
23	M	s Georges
24	J	s Fidèle
25	V	s Marc
26	S	s° Alida
27	D	Jour du Souv.
28	L	s° Valérie
29	M	s° Cath. de Si.
30	M	s Robert

MAI

1	J	FÊTE DU TR.
2	V	s Boris
3	S	ss Phil., Jacq.
4	D	s Sylvain
5	L	s° Judith
6	M	s° Prudence
7	M	s° Gisèle
8	J	ASC./VICT. 45
9	V	s Pacôme
10	S	s° Solange
11	D	F. Jeanne d'Arc
12	L	s Achille
13	M	s° Rolande
14	M	s Matthias
15	J	s° Denise
16	V	s Honoré
17	S	s Pascal
18	D	PENTECÔTE
19	L	s Yves
20	M	s Bernardin
21	M	s Constantin
22	J	s Émile
23	V	s Didier
24	S	s Donatien
25	D	F. des Mères
26	L	s Bérenger
27	M	s Augustin
28	M	s Germain
29	J	s Aymard
30	V	s Ferdinand
31	S	Visitation

JUIN

1	D	Fête-Dieu
2	L	s° Blandine
3	M	s Kévin
4	M	s° Clotilde
5	J	s Igor
6	V	s Norbert
7	S	s Gilbert
8	D	s Médard
9	L	s° Diane
10	M	s Landry
11	M	s Barnabé
12	J	s Guy
13	V	s Antoine de P.
14	S	s° Élisée
15	D	s° Germaine
16	L	s J.-F. Régis
17	M	s Hervé
18	M	s Léonce
19	J	s Romuald
20	V	s Silvère
21	S	ETE
22	D	s Alban
23	L	s° Audrey
24	M	s Jean-Bapt.
25	M	s Prosper
26	J	s Anthelme
27	V	s Fernand
28	S	s° Irénée
29	D	ss Pierre, Paul
30	L	s Martial

JUILLET

1	M	s Thierry
2	M	s Martinien
3	J	s Thomas
4	V	s Florent
5	S	s° Antoine
6	D	s° Mariette
7	L	s Raoul
8	M	s Thibaut
9	M	s° Amandine
10	J	s Ulrich
11	V	s Benoît
12	S	s Olivier
13	D	ss Henri, Joël
14	L	FÊTE NAT.
15	M	s Donald
16	M	N.-D. Mt-Carmel
17	J	s° Charlotte
18	V	s Frédéric
19	S	s Arsène
20	D	s° Marina
21	L	s Victor
22	M	s° Marie-Mad.
23	M	s° Brigitte
24	J	s° Christine
25	V	s Jacques
26	S	ss Anne, Joa.
27	D	s° Nathalie
28	L	s Samson
29	M	s° Marthe
30	M	s° Juliette
31	J	s Ignace de L.

AOÛT

1	V	s Alphonse
2	S	s Julien-Eym.
3	D	s° Lydie
4	L	s J.-M. Vianney
5	M	s Abel
6	M	Transfiguration
7	J	s Gaëtan
8	V	s Dominique
9	S	s Amour
10	D	s Laurent
11	L	s° Claire
12	M	s° Clarisse
13	M	s Hippolyte
14	J	s Evrard
15	V	ASSOMPTION
16	S	s Armel
17	D	s Hyacinthe
18	L	s° Hélène
19	M	s Jean-Eudes
20	M	s Bernard
21	J	s Christophe
22	V	s Fabrice
23	S	s° Rose de L.
24	D	s Barthélemy
25	L	s Louis
26	M	s° Natacha
27	M	s° Monique
28	J	s Augustin
29	V	s° Sabine
30	S	s Fiacre
31	D	s Aristide

1997 SEPTEMBRE

1	L	s Gilles
2	M	s° Ingrid
3	M	s Grégoire
4	J	s° Rosalie
5	V	s° Raïssa
6	S	s Bertrand
7	D	s° Reine
8	L	Nativité N.-D.
9	M	s Alain
10	M	s° Inès
11	J	s Adelphe
12	V	s Apollinaire
13	S	s Aimé
14	D	La S° Croix
15	L	s Roland
16	M	s° Édith
17	M	s Renaud
18	J	s° Nadège
19	V	s° Émilie
20	S	s Davy
21	D	s Matthieu
22	L	AUTOMNE
23	M	s Constant
24	M	s° Thècle
25	J	s Hermann
26	V	ss Côme, Dam.
27	S	s Vinc. de Paul
28	D	s Venceslas
29	L	s Michel
30	M	s Jérôme

OCTOBRE

1	M	s° Th. de l'E.-J.
2	J	s Léger
3	V	s Gérard
4	S	s Fr. d'Assise
5	D	s° Fleur
6	L	s Bruno
7	M	s Serge
8	M	s° Pélagie
9	J	s Denis
10	V	s Ghislain
11	S	s Firmin
12	D	s Wilfried
13	L	s Géraud
14	M	s Juste
15	M	s° Th. d'Avila
16	J	s° Edwige
17	V	s Baudouin
18	S	s Luc
19	D	s René
20	L	s° Adeline
21	M	s° Céline
22	M	s° Élodie
23	J	s Jean de C.
24	V	s Florentin
25	S	s Crépin
26	D	s Dimitri
27	L	s° Emeline
28	M	ss Sim., Jude
29	M	s Narcisse
30	J	s° Bienvenue
31	V	s Quentin

NOVEMBRE

1	S	TOUSSAINT
2	D	Défunts
3	L	s Hubert
4	M	s Charles
5	M	s° Sylvie
6	J	s° Bertille
7	V	s° Carine
8	S	s Geoffroy
9	D	s Théodore
10	L	s Léon
11	M	ARMIST. 1918
12	M	s Christian
13	J	s Brice
14	V	s Sidoine
15	S	s Albert
16	D	s° Marguerite
17	L	s° Élisabeth
18	M	s° Aude
19	M	s Tanguy
20	J	s Edmond
21	V	Prés. de Marie
22	S	s° Cécile
23	D	s Clément
24	L	s° Flora
25	M	s° Catherine L.
26	M	s° Delphine
27	J	s Séverin
28	V	s Jacq. de la M.
29	S	s Saturnin
30	D	Avent

DÉCEMBRE

1	L	s° Florence
2	M	s° Viviane
3	M	s Xavier
4	J	s° Barbara
5	V	s Gérald
6	S	s Nicolas
7	D	s Ambroise
8	L	Im. Conception
9	M	s P. Fourier
10	M	s Romaric
11	J	s Daniel
12	V	s° Jeanne F.-C.
13	S	s° Lucie
14	D	s° Odile
15	L	s° Ninon
16	M	s° Alice
17	M	s Gaël
18	J	s Gatien
19	V	s Urbain
20	S	s Abraham
21	D	HIVER
22	L	s Franc.-Xavier
23	M	s Armand
24	M	s° Adèle
25	J	NOËL
26	V	s Étienne
27	S	s Jean
28	D	ss Innocents
29	L	s David
30	M	s Roger
31	M	s Sylvestre

1998 JANVIER

1	J	J. DE L'AN
2	V	s Basile
3	S	s° Geneviève
4	D	Épiphanie
5	L	s Edouard
6	M	s Mélaine
7	M	s Raymond
8	J	s Lucien
9	V	s° Alix
10	S	s Guillaume
11	D	s Paulin
12	L	s° Tatiana
13	M	s° Yvette
14	M	s° Nina
15	J	s Rémi
16	V	s Marcel
17	S	s° Roseline
18	D	s° Prisca
19	L	s Marius
20	M	s Sébastien
21	M	s° Agnès
22	J	s Vincent
23	V	s Barnard
24	S	s Fr. de Sales
25	D	Conv. s Paul
26	L	s° Paule
27	M	s° Angèle
28	M	s Th. d'Aquin
29	J	s Gildas
30	V	s° Martine
31	S	s° Marcelle

FÉVRIER

1	D	s° Ella
2	L	Présentation
3	M	s Blaise
4	M	s° Véronique
5	J	s° Agathe
6	V	s Gaston
7	S	s° Eugénie
8	D	s° Jacqueline
9	L	s° Apolline
10	M	s Arnaud
11	M	N.-D. Lourdes
12	J	s Félix
13	V	s° Béatrice
14	S	s Valentin
15	D	s Claude
16	L	s° Julienne
17	M	s Alexis
18	M	s° Bernadette
19	J	s Gabin
20	V	s° Aimée
21	S	s P. Damien
22	D	s° Isabelle
23	L	s Lazare
24	M	Mardi-Gras
25	M	Cendres
26	J	s Nestor
27	V	s° Honorine
28	S	s Romain

1998 MARS

1	D	Carême
2	L	s Charles le B.
3	M	s Guénolé
4	M	s Casimir
5	J	s Olive
6	V	s° Colette
7	S	s° Félicité
8	D	s Jean de D.
9	L	s° Françoise
10	M	s Vivien
11	M	s° Rosine
12	J	s° Justine
13	V	s Rodrigue
14	S	s° Mathilde
15	D	s° Louise

Parution de votre nouveau Guide 1998.

Issue of your new Guide 1998.

D'où vient cette auto ?
Where does that car come from ?

Voitures françaises :

Le régime normal d'immatriculation en vigueur comporte :
– un numéro d'ordre dans la série (1 à 3 ou 4 chiffres)
– une, deux ou trois lettres de série (1ʳᵉ série . A, 2ᵉ série . B,... puis AA, AB,... BA,...)
– un numéro représentant l'indicatif du département d'immatriculation.

Exemples : 854 BFK 75 : Paris – 127 HL 63 : Puy-de-Dôme.

Voici les numéros correspondant à chaque département :

01 Ain	32 Gers	64 Pyrénées-Atl.
02 Aisne	33 Gironde	65 Pyrénées (Htes)
03 Allier	34 Hérault	66 Pyrénées-Or.
04 Alpes-de-H.-Pr.	35 Ille-et-Vilaine	67 Rhin (Bas)
05 Alpes (Hautes)	36 Indre	68 Rhin (Haut)
06 Alpes-Mar.	37 Indre-et-Loire	69 Rhône
07 Ardèche	38 Isère	70 Saône (Hte)
08 Ardennes	39 Jura	71 Saône-et-Loire
09 Ariège	40 Landes	72 Sarthe
10 Aube	41 Loir-et-Cher	73 Savoie
11 Aude	42 Loire	74 Savoie (Hte)
12 Aveyron	43 Loire (Hte)	75 Paris
13 B.-du-Rhône	44 Loire-Atl.	76 Seine-Mar.
14 Calvados	45 Loiret	77 Seine-et-M.
15 Cantal	46 Lot	78 Yvelines
16 Charente	47 Lot-et-Gar.	79 Sèvres (Deux)
17 Charente-Mar.	48 Lozère	80 Somme
18 Cher	49 Maine-et-Loire	81 Tarn
19 Corrèze	50 Manche	82 Tarn-et-Gar.
2A Corse-du-Sud	51 Marne	83 Var
2B Hte-Corse	52 Marne (Hte)	84 Vaucluse
21 Côte-d'Or	53 Mayenne	85 Vendée
22 Côtes d'Armor	54 Meurthe-et-M.	86 Vienne
23 Creuse	55 Meuse	87 Vienne (Hte)
24 Dordogne	56 Morbihan	88 Vosges
25 Doubs	57 Moselle	89 Yonne
26 Drôme	58 Nièvre	90 Belfort (Ter.-de)
27 Eure	59 Nord	91 Essonne
28 Eure-et-Loir	60 Oise	92 Hauts-de-Seine
29 Finistère	61 Orne	93 Seine-St-Denis
30 Gard	62 Pas-de-Calais	94 Val-de-Marne
31 Garonne (Hte)	63 Puy-de-Dôme	95 Val d'Oise

Voitures étrangères :

Des lettres distinctives variant avec le pays d'origine, sur plaque ovale placée à l'arrière du véhicule, sont obligatoires (F pour les voitures françaises circulant à l'étranger).

A	*Autriche*	FIN	*Finlande*	NL	*Pays-Bas*
AL	*Albanie*	FL	*Liechtenstein*	P	*Portugal*
AND	*Andorre*	GB	*Gde-Bretagne*	PL	*Pologne*
B	*Belgique*	GR	*Grèce*	RL	*Liban*
BG	*Bulgarie*	H	*Hongrie*	RO	*Roumanie*
BIH	*Bosnie-Herzégovine*	HR	*Croatie*	RUS	*Russie*
CDN	*Canada*	I	*Italie*	S	*Suède*
CH	*Suisse*	IL	*Israël*	SK	*Slovaquie*
CZ	*République Tchèque*	IRL	*Irlande*	SLO	*Slovénie*
D	*Allemagne*	L	*Luxembourg*	TN	*Tunisie*
DK	*Danemark*	LT	*Lituanie*	TR	*Turquie*
DZ	*Algérie*	LV	*Lettonie*	UA	*Ukraine*
E	*Espagne*	MA	*Maroc*	USA	*États-Unis*
EW	*Estonie*	MC	*Monaxo*	V	*Vatican*
F	*France*	N	*Norvège*	YU	*Yougoslavie*

Immatriculations spéciales :

CMD *Chef de mission diplomatique (orange sur fond vert)*

CD *Corps diplomatique ou assimilé (orange sur fond vert)*

D *Véhicules des Domaines*

C *Corps consulaire (blanc sur fond vert)*

K *Personnel d'ambassade ou de consulat ou d'organismes internationaux (blanc sur fond vert)*

TT *Transit temporaire (blanc sur fond rouge)*

W *Véhicules en vente ou en réparation*

WW *Immatriculation de livraison*

Notes

Notes